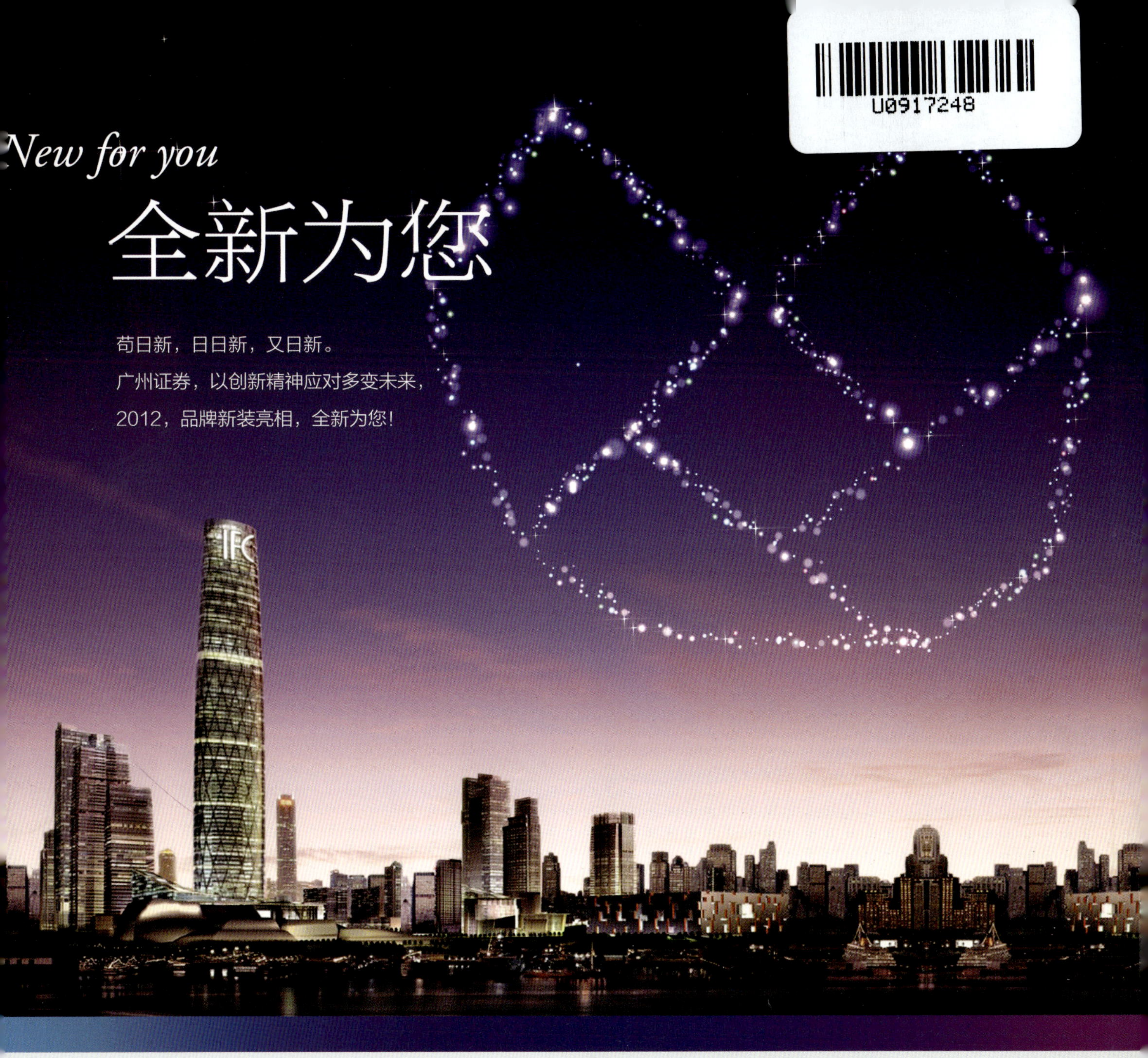
New for you
全新为您
苟日新，日日新，又日新。
广州证券，以创新精神应对多变未来，
2012，品牌新装亮相，全新为您！

中国建设银行将恪尽职守，勤勉尽责，牢固树立“以客户为中心”的经营理念，不断加强风险管理和内部控制，严格履行托管人的各项职责，切实维护资产持有人的合法权益，为资产委托人提供高质量的托管服务。

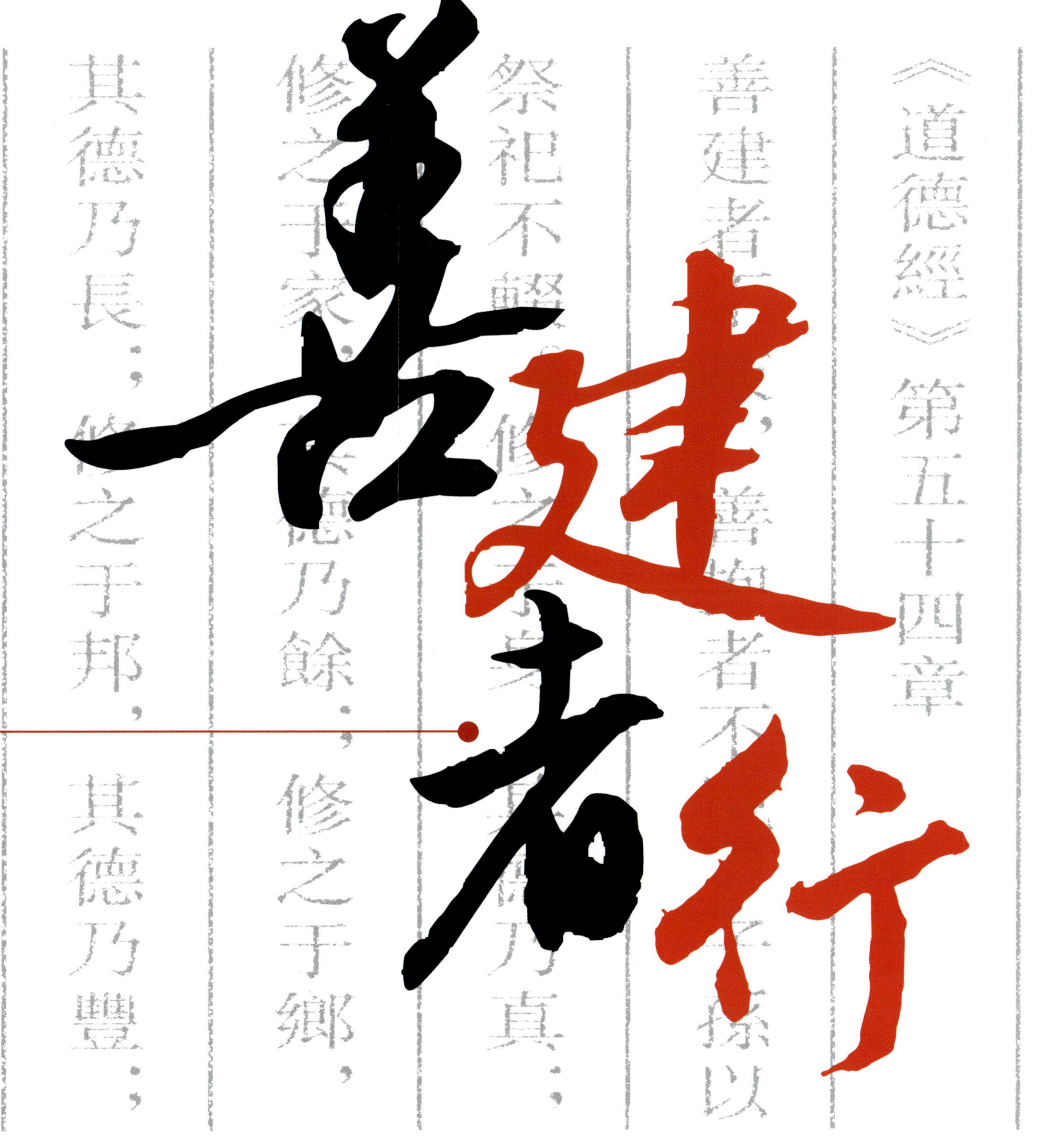

善建者不拔，善抱者不脱。——《道德经》

大行德广

资产托管部 ASSET CUSTODY DEPARTMENT

交通银行托管业务走过了十多年不断发展创新之路，业务领域和范围不断拓宽，服务手段和服务内容不断深化，风险控制能力不断增强，逐步建立并形成了自身业务特色，已成为国内各类资产托管资格齐全的商业银行之一，在市场上树立了良好的服务形象。截至 2011 年 12 月末，我行托管资产总规模达到人民币 8,397.37 亿元 ，较年初增长 18.98% ，其中信托、保险、私募等新型托管业务快速发展 。

交通银行托管业务起步于 1998 年，是国内第一批五家托管银行之一，拥有齐全的业务资格，包括证券投资基金托管业务资格、委托资产托管资格、全国社会保障基金理事会委托资产与自营资产托管资格、QFII 托管资格、QDII 托管资格、基本养老保险个人账户托管资格、农村社会保障基金托管资格、投资连结保险产品托管资格、保险资金股票投资托管资格、企业年金基金托管资格、产业投资基金托管资格等。

交通银行一直把业务创新作为托管业务发展的生命线，在国内托管行业中，始终走在业务创新的前列，具有丰富的多领域托管服务创新经验和能力，享有较好的业务创新声誉：托管国内第一只开放式基金，第一只纯债券基金，第一只伞型基金；成功当选亚洲债券二期(ABF2)中国子基金(准 QFII)的次托管人；首批开展 QFII 托管业务；成功托管我国金融市场上第一单租赁权资产证券化业务；成功托管我国首只完全以人民币募集的区域性产业投资基金(渤海产业基金)；推出国内首单专户理财托管服务，等等。

交通银行在业务起步时就非常重视内控环境的建设，先后建立了一套比较完备、行之有效的内部风险控制机制。交通银行注重引入国际先进的风险管理理念，不断提升风险管理水平。2002 年率先进行引入外部审计对托管业务开展内控评审的尝试，2006 年成功将国际审计标准 SAS70 的风控理念引入内控管理，通过评审出具审计报告，并把 SAS70 标准审计列入交通银行托管业务每年的常规工作予以实施，有效建立了风险控制的长效机制。

交通银行托管业务以快速的服务响应、专业的服务水准、良好的服务质量、灵活的系统功能打造了“专业用心、换您放心”的服务形象，在业内享有较好的口碑，得到了监管部门和客户的认可，被香港著名财经杂志《财资》评为中国地区最佳次托管银行、国内《首席财务官》杂志评为最佳资产托管奖、最佳企业年金奖。

交通银行托管服务经过十多年发展已逐步被广大客户认可，形成了一定的品牌形象，与全国社保理事会、国内知名的基金公司、保险公司、证券公司、信托公司等金融机构建立了托管合作关系；在开展企业年金托管业务以来，其服务对象进一步延伸至分布全国涉及电力、航空、烟草、金融、石化、港口、基础设施建设等行业的数家大型企业。此外，交通银行资产托管业务也在积极与知名的全球托管银行展开紧密合作，为境内合格的机构投资者投资境外市场搭建高效的服务平台。

交通银行是中国证券业协会托管委员会以及银行业协会托管专业委员会的成员单位，拥有一支专业的业务运作团队。该团队人员具有多年基金、证券和银行的从业经验，专业分布合理，职业技能优良，职业道德素质过硬，保证了交行的专业水准。

交流融通　诚信永恒

交通银行在香港联交所成功上市

交通银行与汇丰银行战略合作签约仪式

渤海产业投资基金设立仪式

百年历史　民族品牌

恒久发展　丰裕社会

恒丰银行成都分行成立于2007年4月26日。目前，辖设乐山分行、达州分行、南充分行、成都玉带桥支行、成都金沙支行和成都蛟龙港支行6家分支机构及11家自助银行，恒丰银行成都经济技术开发区支行已获准筹建。

恒丰银行成都分行成立以来，始终秉承"恒久发展、丰裕社会，恒久发展、永远盈丰"的经营理念，立足成都，服务四川，全面贯彻落实科学发展观，认真执行国家信贷货币政策，积极支持四川经济社会事业发展。截至2012年末，资产总额665亿元，各项存款余额517亿元，各项贷款余额170亿元。

恒丰银行成都分行凭借健康稳健的发展受到了业界和公众的广泛好评，先后被成都市人力资源和社会保障局、成都市总工会等单位联合授予"成都市和谐劳动关系企业"称号，被成都市高新区管委会授予"企业经营优秀奖"，被成都市公安局评选为"平安示范单位"；在"中国（成都）金融总评榜"活动中荣获"最佳成长型银行"、"最佳中小企业金融服务奖"，入选"2012四川服务业企业100强"，分行营业部和成都玉带桥支行被四川省银行业协会评选为"2011年度四川银行业百家文明规范服务示范单位"，分行营业部被中国银行业协会评选为"2012年度中国银行业文明规范服务千佳示范单位"等多项荣誉称号。

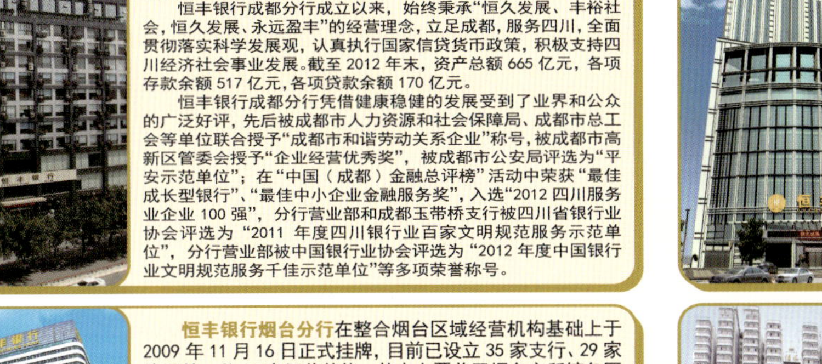

恒丰银行重庆分行成立于2009年8月7日。目前已设立永川、江北、高新、万州、大渡口、南岸、九龙坡、涪陵、两江9家支行，开设自助银行22家，ATM机布点65处。

恒丰银行重庆分行在重庆市委、市政府的正确领导下，在当地人民银行、银监局的指导和帮助下，以支持重庆的崛起为己任，以提高经济效益为目标，以持续稳定健康发展为主题，以强化内部控制和管理为重点，积极开拓各项业务，为帮扶民营，服务三农，助力重庆科学发展做出恒丰人的贡献。截至2012年末，恒丰银行重庆分行资产总额达到908亿元，各项存款余额为698亿元，各项贷款余额为145亿元。

重庆分行先后荣获"最佳贵金属投资理财银行"、"年度最具社会责任银行"、"最佳中小企业融资银行"、"最让客户满意银行"、"重庆市青年文明号"、"重庆渝中区文明单位"、"2012年度中国银行业文明规范服务千佳示范单位"等荣誉称号。

恒丰银行烟台分行在整合烟台区域经营机构基础上于2009年11月16日正式挂牌，目前已设立35家支行、29家分理处，共65家经营单位，基本上覆盖了烟台市所辖各区及各县市。

烟台分行认真学习贯彻落实"十八大"会议精神，进一步改进金融服务方式、完善金融服务功能、提高金融服务效率和水平。树立以客户为中心，"以卓越的服务　创卓越的品牌"的服务理念，提供温馨、优质、高效的金融服务，立足烟台，服务社会，各项业务稳健发展，取得了良好的社会效益和经济效益。截至2012年末，资产总额864亿元，各项存款余额814亿元，各项贷款余额383亿元。

恒丰银行烟台分行以服务地方社会经济发展为己任，荣获"2012年度中国银行业文明规范服务千佳示范单位"、"2012年山东省银行业文明规范服务示范单位"、烟台市"最佳中小企业服务银行"等多项荣誉称号。

恒丰银行福州分行成立于2010年5月14日。目前辖设鼓楼支行、福清支行2家分支机构及3家自助银行。

成立以来，恒丰银行福州分行以科学发展观为引领，贯彻落实国家宏观调控与监管政策的总体要求，积极践行"恒久发展、丰裕社会"的理念，围绕"防案件、控风险、多创利、育人才"十二字方针，转变经营管理理念，积极调整市场策略，强化银行风险管控，夯实内部基础工作，有效整合营销资源，取得了较好的经营业绩。截至2012年末，福州分行资产总额达236亿元，各项存款余额为176亿元，各项贷款余额为34亿元。

恒丰银行昆明分行成立于2010年10月9日。目前设有东风路支行、滇池度假区支行以及上东城离行式自助银行。

恒丰银行昆明分行以促进云南经济建设为工作重点，大力支持当地企业发展，积极投身绿色经济强省、民族文化强省和中国向西南开放的"桥头堡"建设，服务当地经济，实现了银行的持续健康发展。截至2012年末，资产总额164亿元，各项存款余额159亿元，各项贷款余额48亿元。

恒丰银行昆明分行全体干部员工将牢记"恒久发展、丰裕社会"的理念，进一步加强金融服务，提高服务质量，提升金融创新能力，丰富金融服务方式，以崭新的姿态和良好的形象，快速融入到云南蓬勃发展的经济大潮中去，以实际行动为繁荣本地经济、促进云南省"两强一堡"建设做出更大的贡献。

恒丰银行西安分行成立于2010年12月17日，目前，下辖营业部、高新支行、东大街支行3家分支机构。

恒丰银行西安分行秉持"恒丰发展　丰裕社会"的社会理念，在各级地方政府、监管部门及总行的领导和关怀下，准确把握国家宏观经济政策，积极投身陕西地方经济建设，重点支持陕西省制造业、有色金属、文化产业、租赁与服务等行业，为陕西省经济建设做出了应有贡献。截至2012年末，资产总额308亿元，各项存款余额218亿元，各项贷款余额53亿元。

恒丰银行西安分行在陕西银监局、陕西省银行业协会协腾讯大秦网共同举办的"2012年银行业最满意服务机构"评选活动中荣获"2012年服务满意银行奖"。

恒丰银行宁波分行成立于2012年3月7日。

宁波分行自成立以来，始终秉承"恒久发展，丰裕社会"的理念，以董事长"防案件、控风险、多创利、育人才"的十二字方针为指引，确立了"以人为本、从严治行、稳健经营、效益第一"的发展思路，在不到一年的时间里，取得了长足的发展。截至2012年末，资产总额170亿元，各项存款余额160亿元，各项贷款余额22亿元。

宁波分行将继续认真贯彻落实国家各项宏观调控政策，坚决执行监管部门的各项规定和要求；积极响应宁波市委、市政府"六个加快"战略部署，紧紧围绕宁波产业经济转型升级、智慧城市建设、海洋经济示范区建设等主题，大力支持中、小、微型企业的发展，为社会各界提供更多、更便捷、更高效的服务；全力打造成业绩优良、运营安全、服务优质的精品银行。

恒丰银行苏州分行成立于2010年2月11日。目前，已设立张家港支行、常熟支行等分支机构。

苏州分行始终坚持以科学发展观为引领，以"恒久发展，丰裕社会"为宗旨，以"依法合规、稳健经营"为基本原则，紧贴市场，强化营销，持续创新，不断推出特色金融产品，构建综合金融服务平台，满足客户多样化的金融需求，努力推进各项业务又好又快发展，实现了社会与经济效益的双提升。截至2012年末，资产总额222亿元，各项存款余额217亿元，各项贷款余额76亿元。

未来发展红，苏州分行将继续立足于地方经济，努力实现辖内各区、市（县）机构全覆盖，主动提供全面、优质、便捷、高效的服务，为推动地方经济的转型升级多做贡献。

恒丰银行温州分行成立于2011年7月6日。温州分行秉承"恒久发展　丰裕社会"的理念，立足温州，辐射周边县市，选择优质客户，支持经营良好的企业客户，积极为温州经济建设提供高效、便捷的金融服务。截至2012年末，资产总额196亿元，各项存款余额168亿元，各项贷款余额26亿元。

温州分行将坚持依法合规经营，以优质高效服务创造卓越品质，以勤廉务实作风打造和谐团队，团结奋进，开拓创新，攻坚克难，攀高争先，全力打造"和谐、高效、学习、拼搏"的现代化商业银行。

客户至上　质量至上

拼搏　奉献　灵活　创新

www.egbank.com.cn

坚持科学发展观　打造现代一流商业银行

真诚 所以信赖

北京银行成立于 1996 年，是一家中外资本融合的新型股份制银行。成立 17 年来，北京银行依托中国经济腾飞崛起的大好形势，先后实现引资、上市、跨区域、综合化等战略突破。目前，已在北京、天津、上海、西安、深圳、杭州、长沙、南京、济南及南昌等 10 大中心城市设立 200 多家分支机构，发起设立北京延庆、浙江文成及吉林农安村镇银行，成立香港和荷兰阿姆斯特丹代表处，发起设立国内首家消费金融公司——北银消费金融公司，首批试点合资设立中荷人寿保险公司，开辟和探索了中小银行创新发展的经典模式。

董事长：闫冰竹先生

截至 2012 年 9 月末，北京银行资产总额 1.12 万亿元，今年前三季度实现净利润 100 亿元，人均创利 131 万元，品牌价值 106 亿元，一级资本排名全球千家大银行 132 位，各项经营指标均达到国际银行业先进水平，被誉为“人均最赚钱的银行”。

17 年来，北京银行积极履行社会责任，在医疗、教育、慈善等方面向社会捐助超过 5000 万元人民币，充分彰显了企业社会责任。凭借优异的经营业绩和优质的金融服务，北京银行赢得了社会各界的高度赞誉，先后荣获“全国文明单位”、“最佳区域性银行”、“中国最佳城市商业零售银行”、“2009 年度亚洲十大最佳上市银行”、“中国上市公司百强企业”、“中国社会责任优秀企业”、“最具持续投资价值上市公司”及“中国优秀企业公民”等称号。

证券简称: 北京银行　证券代码: 601169

总行地址：北京市西城区金融大街丙17号　邮编：100033
全国统一客服电话：**95526**

2010年3月1日，北京银行国内首获监管机构批准的北银消费金融公司开业仪式在钓鱼台国宾馆举行。

北京银行
BANK OF BEIJING
● 最佳区域性银行●
●中国最佳城市商业零售银行●
●2009年度亚洲十大最佳上市银行●
●中国上市公司百强企业●
●中国社会责任优秀企业●
●最具持续投资价值上市公司●
●中国最佳城市商业零售银行●
●全国文明单位●

国元证券
GUOYUAN S

地址：深圳市福田区金田路 4018 号安联大厦 28 层 A01、B01(b) 单元(518026)
电 话：0755-82083788 网 址：http://www.cfsc.com.cn

法人代表、总裁 洪家新先生

华鑫证券有限责任公司是经中国证券监督管理委员会批准，于 2001 年 3 月在深圳市注册成立的全国性综合类证券经营机构，注册资本 16 亿元人民币。华鑫证券的前身是成立于 1988 年 5 月的西安证券，西安证券是我国西部地区最早成立的证券公司。

华鑫证券共有四家股东，均为实力雄厚、信誉卓著的大型国有企业集团或上市公司。其中控股股东是上海仪电控股（集团）公司，该公司是上海市国资委授权国有资产经营单位。

华鑫证券经营范围横跨证券、基金、期货三大领域，形成了较为完备的金融控股架构。公司是摩根士丹利华鑫基金管理有限公司第一大股东，是摩根士丹利华鑫证券有限责任公司、华鑫期货有限公司的控股股东。

华鑫证券的业务范围包括证券经纪、证券自营、资产管理、投资咨询及财务顾问业务。此外，公司还拥有开放式基金代销业务资格、上证 50ETF 一级交易商资格、股指期货 IB 业务资格、全国银行间拆借业务资格、沪，深证券交易所大宗交易、融资融券等业务资格，可以为广大投资者提供优质的综合化金融服务。

华鑫证券在全国各地设有分支机构，其中公司下设 3 家分公司：上海分公司、自营分公司、西安分公司，并在北京、上海、西安、深圳、江苏等地拥有 21 家证券营业部。

华鑫证券成立以来，秉承“规范、专业、创新”的企业文化，倡导“以不断提升客户价值增长为导向，持续创造健康财富”的核心价值观。公司以人为本，求真务实，关爱员工，和谐发展，努力打造一个人才培育、成长、创新的良好平台，吸引了各方优秀人才的加入。

华鑫证券立足中高端市场，全力打造“鑫智汇”证券理财品牌，为投资者提供差异化、特色化的专业服务。公司构建了立体化投资咨询服务体系，借助金融资讯专用平台，为客户提供证券研究、投资评级、智能化数据分析 和选股决策等精准服务，引领价值投资，全方位满足客户多元化理财需求。

华鑫证券偕同摩根士丹利华鑫基金、摩根士丹利华鑫证券、华鑫期货，致力于为客户提供优质的金融服务，为中国资本市场发展做出卓越贡献，为股东带来持续回报，为员工创造发挥才能、实现价值的机会。公司将紧紧抓住中国资本市场改革开放带来的机遇，从容应对挑战，推动公司建设成为勇于创新、特色服务、品牌卓越的专业化金融机构。

公司各分支机构联系方式及地址

上海分公司	021-64339000	上海市徐汇区肇嘉浜路 750 号 4 幢
上海证券自营分公司	021-34638430	上海市闵行区浦江镇浦雪路 329 号 3 楼
西安分公司	029-68680333	西安市莲湖区南二环西段群贤路 6 号西安锦都花园 10202 号

公司各证券营业部联系方式及地址

上海淞滨路证券营业部	021-5667 2424	上海市淞滨路 600 号北翼商厦四楼
上海漕宝路证券营业部	021-6451 4647	上海市漕宝路 221 号
上海茅台路证券营业部	021-6290 3301	上海市茅台路 596 号
上海斜土路证券营业部	021-6422 8585	上海市斜土路 1939 号 D 幢裙房一、二楼
上海嘉定证券营业部	021-5991 5414	上海市梅园路 226 号二楼
上海金山证券营业部	021-5732 0739	上海市朱泾镇东风路 15 号
上海惠南镇人民东路证券营业部	021-5802 4374	上海市南汇区人民东路 2881 号
上海武宁路证券营业部	021-6254 6146	上海市武宁路 1067 号
上海凌河路证券营业部	021-6895 7328	上海市浦东凌河路 269 号（美华国际酒店二楼）
上海松江证券营业部	021-6775 2822	上海市松江区文诚路 228 号 2 楼
上海龙吴路证券营业部	021-6452 5078	上海市龙吴路 5555 号
上海莘庄证券营业部	021-6488 1288	上海市沪闵路 6018 号
上海浦雪路证券营业部	021-3430 3899	上海市浦雪路 329 号
西安红光街证券营业部	029-8762 9755	西安市红光街 39 号
西安科技路证券营业部	029-6891 2226	西安市高新区科技路 1 8 号新科大厦
西安解放路证券营业部	029-8741 5619	西安市解放路 236 号 6 层
西安群贤路证券营业部	029-8835 4131	西安市群贤路 6 号
西安阎良红安路证券营业部	029-8684 6199	西安市阎良区红安路 6 号
深圳深南东路证券营业部	0755-2588 9969	深圳市罗湖区深南东路 4003 号世界金融中心 A 座 23 层 ABCH 单元
北京车公庄大街证券营业部	010-8830 6678	北京市车公庄大街 12 号中核大厦二层
常州晋陵中路证券营业部	0519-8119 9808	江苏省常州市钟楼区晋陵中路 168 号三楼

交银施罗德，
坚持一路领
做有国际视野的卓越投资管
© Bank of Communications Schroders Fund Management Co., Ltd

公司简介

交银施罗德基金管理有限公司成立于 2005 年 8 月，由交通银行股份有限公司、施罗德投资管理有限公司以及中国国际海运集装箱(集团)股份有限公司共同发起设立，为首批银行系基金公司之一。

公司先后取得了 QDII 资格及特定资产管理业务(专户理财)资格，为投资人提供更多全球视野、专业独具的理财产品和投资服务。

近期所获奖项

2012年3月，交银成长荣膺《中国证券报》第九届中国基金业金牛奖评选“**五年期股票型金牛基金**”。

2012年3月，交银成长荣膺《证券时报》2011年度中国基金业明星基金评选“**五年持续回报股票型明星基金奖**”。

2011年4月，在由《上海证券报》举办的第八届“金基金”奖评选中，公司荣获“**海外投资回报公司奖**”。

公募产品

截至2012年四季度末，交银施罗德旗下公募基金资产管理规模572.78亿元，共管理了24只公募产品。（数据来源：交银施罗德，截至2012.12.31）

股票型基金：交银精选、交银成长、交银蓝筹、交银先锋、交银趋势、交银制造、交银核心
混合型基金：交银稳健、交银行业、交银主题
债券型基金：交银添利、交银增利、交银双利、交银纯债
货币型基金：交银货币
QDII 基金：交银环球、交银资源
保本型基金：交银荣安保本
理 财 产 品：交银21天
指 数 基 金：交银深证300价值ETF、治理ETF、交银治理、交银价值、交银等权

专户理财

公司拥有强大的专户理财团队，并根据客户的委托期限和随时间变化的风险收益偏好，开发了4大类近12个专户产品方案，产品运作稳健，得到投资人的广泛认可。

保本策略型：运用专业投资组合管理技术的低风险产品。投资对象为固定收益证券和股票，运用投资组合保险策略（CPPI或TIPP）或无风险套利策略。

安本增利型：保守投资风格，力求获得高于债券指数或银行存款的收益率，投资对象以固定收益证券和一级市场新股申购为主。

稳健增长型：风险适中的产品。投资对象是股票和固定收益证券，在这两大类资产见进行合理配置，实现资产的中长期稳定增值。

积极进取型：预期风险收益较高的产品。投资对象以股票为主。

基金有风险，投资需谨慎

地址：中国 上海市浦东新区世纪大道201号渣打银行大厦10楼 邮编:200120
WWW.JYFUND.COM 400-700-5000
传真：(86-21) 6105 5054 邮箱：services@jysld.com

西部证券

公司地址：西安市东新街232号陕西信托大厦16-17层

客服电话：95582　邮编：710004　www.westsecu.com

和衷共济 共谋发展 风控至上 稳中求先

董事长：刘建武先生

西部证券股份有限公司(股票代码：002673)前身为陕西省证券公司，于1988年9月经中国人民银行批准设立。2001年元月，经中国证监会核准，在陕西证券合并重组宝鸡证券、陕西信托和西北信托所属证券营业部的基础上设立西部证券股份有限公司，公司注册资本金12亿元人民币，是全国首批规范类证券公司和第19家创新类证券公司。

西部证券股份有限公司现有员工2000余名，在陕西、北京、上海、深圳、山东、江苏、河南、河北、广西、甘肃、宁夏等地区共设有62家证券营业部，在上海设有从事自营业务、客户资产管理业务的第一、二分公司和研究发展中心。2008年5月，公司控股子公司——西部期货有限公司正式挂牌成立，与公司主营业务协同运作，独立经营。公司与纽约银行梅隆资产管理国际有限公司于2010年7月合资设立的纽银梅隆西部基金管理有限公司致力于在公募和私募基金管理业务领域为客户提供一流服务。

做最有盈利价值和增值潜力的券商

公司成立以来，建立了完善的法人治理结构和严密科学的内部控制体系，合规守法经营，造就了一支具有共同使命感和价值观的员工队伍，形成了“和衷共济，共谋发展，风控至上，稳中求先”的企业文化，走出了一条规范管理、稳中求先、注重效益的渐进式发展之路，取得了连续十一年盈利的历史经营业绩。2008年，公司被证监会评为“账户规范工作先进集体”，并先后被国家审计署评为2002-2004年度、2005-2007年度和2008-2010年度“全国内部审计先进单位”称号，成为全国唯一一家连续三次获此殊荣的证券公司。

2012年5月3日，公司在深圳证券交易所正式挂牌上市，西部证券迎来了一个崭新的发展机遇期。伴随着公司资本规模的迅速扩张，公司各项业务的发展空间将大幅扩展，公司将在继承和巩固之前发展成果的前提下，继续以建设最具盈利价值和增值潜力的证券公司为总目标，借力资本市场，在新的平台上持续稳健经营，着力改善公司业务结构，创新业务发展模式，不断提高核心竞争力，有效提升创新能力，进一步提高公司整体盈利能力和抗风险能力，使公司发展成为运营能力领先、内控水平一流、服务品质上乘、各项业务协调发展的国内一流证券经营机构。

责任 共赢 和谐

中国20家最具影响力证券公司

网址：www.gjzq.com.cn

热线电话：4006-600109

专业创造价值
诚信铸就未来

董事长冉云先生

国金证券股份有限公司（以下简称“国金证券”或“公司”）前身为成都证券，于1990年12月经中国人民银行批准成立，注册地在四川省成都市，是国内第一批专业证券公司之一。2008年2月5日，经中国证券监督管理委员会核准，公司在上海证券交易所挂牌上市交易，股票简称“国金证券”，股票代码“600109”，是沪深300指数、上证180指数、上证180金融股指数和上证中型企业指数成份股。公司控股国金期货有限责任公司、国金鼎兴投资有限公司，参股国金通用基金管理有限责任公司。

公司愿景是成为“受人尊重的公众公司”，并以“差异化增值服务商”为经营理念。公司形成“以研究咨询为驱动，以经纪业务为基础，以投资银行业务为重点突破，以自营业务和创新业务为重要补充”的“一体两翼”业务发展模式。

公司秉承“规范管理、稳健经营、深化服务、科学创新”的经营理念及“专业创造价值，诚信铸就未来”的服务理念，取得了良好的经营业绩。成立至今连续保持21年年终税前盈利。在中国证券报、上海证券报、证券时报、证券日报联合主办的“1990－2010：走向资本强国——中国证券市场20年回顾与展望暨第四届中国上市公司市值管理高峰论坛”活动中，荣获“中国20家最具影响力证券公司奖”。

2012
中國證券業年鑒
CHINA SECURITIES YEAR BOOK

总第二十期 ㊦

营口港务股份有限公司

股票代码：600317 股票简称：营口港

勇立潮头敢为先 百舸争流看今朝

营口港务股份有限公司是2000年3月6日经辽宁省人民政府辽政[2000]46号文批复，由营口港务集团有限公司作为主发起人，联合其他四家公司共同发起设立的股份有限公司。公司于2000年3月22日在辽宁省工商行政管理局登记注册成立，注册资本为15,000万元，总股本15,000万股。

2002年1月16日，公司首次公开发行1亿股A股股票，发行价格5.90元/股。2002年1月31日，公司股票在上海证券交易所挂牌上市，股票代码：600317。

面对历史赋予难得的机遇，面对千载难逢的发展契机。营口港将充分依托《振兴东北老工业基地》和《辽宁沿海经济带发展规划》两大国策，利用东北地区最近的出海口这一良好的区位优势，不断发展公司生产规模，大力建设适应区域经济发展所需的大型化、深水化、集装箱化码头，充分发挥港口的辐射和聚集作用，带动腹地临港工业的发展，通过港口经济本身的乘数效应，临港产业集群的集聚效应，循序渐进的示范效应，促进区域经济一体化，从而推动营口地区乃至辽宁中部城市群的发展，进而推动辽宁省甚至东北地区经济的发展。

协办单位

图书在版编目(CIP)数据

中国证券业年鉴. 2012/ 中国证券业年鉴编辑委员会 编.
上海:复旦大学出版社, 2013.4
ISBN 978-7-309-09587-6

Ⅰ.中…　Ⅱ.中…　Ⅲ.资本市场—中国—2012—年鉴　Ⅳ.F832.51-54

中国版本图书馆 CIP 数据核字(2013)第 047184 号

中国证券业年鉴(2012 · 总第二十期)
中国证券业年鉴编辑委员会 编

责任编辑　岑品杰　张咏梅　鲍雯妍　宋朝阳　张志军
封面设计　上海众证文化传播有限公司
出版发行　复旦大学出版社有限公司出版发行
　　　　　上海市国权路 579 号　　邮编 200433
经　　销　新华书店
印　　刷　上海泰业印刷有限公司
开　　本　850mm×1168mm　1/16
印　　张　160
插　　页　260
字　　数　4800 千字
版　　次　2013 年 4 月第 1 版　2013 年 4 月第 1 次印刷

定　　价　人民币 1980 元　港币 2680 元　美元 400 元

编辑说明

《中国证券业年鉴》以客观、公正、全面、权威的历史使命，忠实记录了我国证券市场的发展轨迹，向海内外各界人士宣传、展现我国证券市场的发展成就，做出了应有的贡献；并给后人查阅、研究我国证券市场历史年度的动态，提供了权威资料。做好中国证券业历史的编辑整理工作，保证中国证券业历史记录的有序延续，是我们的历史使命。自 1993 年创刊以来，《中国证券业年鉴》已经逐渐成长为一个展示公司业绩、总结市场成就、记录中国证券业历史、向海内外各界人士展现和推介中国证券市场形象的权威窗口。《中国证券业年鉴》每年出版一次，分上、中、下三册向国内外公开发行。

《中国证券业年鉴》(2012. 总第二十期)主要反映本年度中国金融、证券、基金、期货、保险、债券市场及企业制度建设和发展方面的情况和最新动态，供海内外有关机关、社团、学校、研究部门、企事业单位及社会各界人士做进一步研究参考使用。为推动中国证券业的规范化和国际化、建设有中国特色的社会主义市场经济服务。

《中国证券业年鉴(2012)》内容设置专论、中国金融市场、中国证券市场、中国基金市场、中国期货市场、中国保险市场、中国证券业人物纪实与访谈、优秀企业选介等部分，另有彩色图片 1260 幅。

《中国证券业年鉴(2012)》的资料直接来源于公司的公告和报告、国务院有关部委及各省、市相关单位提供的材料，保证了《年鉴》的权威性和准确性。《中国证券业年鉴(2012)》基本保持上一期的内容和体例，同时充实了原有的编章，重点充实了各省、市、自治区证券市场的详细资料，突出反映了 2012 年我国证券市场的整体发展状况。但由于中国证券业仍处于快速发展阶段，加上各地区的发展不平衡以及我们的水平有限，难免出现一些疏漏，敬请读者谅解和指正。

《中国证券业年鉴》由上海、深圳证券交易所和中国证券业年鉴编辑委员会共同主办，总编辑由张育军、宋丽萍担任。在编辑出版过程中得到了国务院有关部门，中国证券监督管理委员会及各省、直辖市、自治区证监局，上海证券交易所，深圳证券交易所，香港联合证券交易所，中国证券报社，中国证券登记结算有限责任公司，大同煤业股份有限公司及证券界有关领导、专家的指导和支持，在此我们表示最诚挚的感谢。

中国证券业年鉴编辑部

中国证券业年鉴理事会

（以下排名不分先后）

王道明	黑龙江北大荒农业股份有限公司	董事长
张建台	天津市房地产发展(集团)股份有限公司	董事长
陈　平	马应龙药业集团股份有限公司	董事长
何国纯	广西五洲交通股份有限公司	董事长
刘相学	鲁银投资集团股份有限公司	董事长
包士金	江苏吉鑫风能科技股份有限公司	董事长
石维国	中天城投集团股份有限公司	副董事长
张广慧	山西证券股份有限公司	党委书记、董事长
李晓安	华龙证券有限责任公司	董事长
杨光裕	长城基金管理有限公司	董事长
郭本恒	光明乳业股份有限公司	总裁
顾伟国	中国银河证券股份有限公司	总裁
毛　勇	泰豪科技股份有限公司	总裁
洪家新	华鑫证券有限责任公司	总裁
王义芳	财达证券有限责任公司	董事长
赵学军	嘉实基金管理有限公司	总经理
刘平春	深圳华侨城股份有限公司	总经理
张相军	山东金岭矿业矿业股份有限公司	董事长
陆　涛	金元证券股份有限公司	总裁
尚　健	国投瑞银基金管理有限公司	总经理
钱　卫	中银国际证券有限责任公司	执行总裁
王德贤	安徽山鹰纸业股份有限公司	董事长
王文京	用友软件股份有限公司	董事长、总裁
任志强	华远地产股份有限公司	董事长
张近东	苏宁电器股份有限公司	董事长
袁　泽	新疆新鑫矿业股份有限公司	董事局主席
焦　云	七台河宝泰隆煤化工股份有限公司	董事长
夏　平	南京银行	行长
李春宏	江苏连云港港口股份有限公司	董事长
杨建东	云南盐化股份有限公司	董事长
张恺颙	陕西延长石油化建股份有限公司	董事长
刘世春	金融街控股股份有限公司	董事长
张增光	唐山冀东水泥股份有限公司	董事长
锁炳勋	安徽金种子酒业股份有限公司	董事长
曾昭秦	山东天业恒基股份有限公司	董事长
邱　卫	湖南新五丰股份有限公司	董事长
王龙雏	厦门象屿股份有限公司	董事长
谢长军	龙源电力股份有限公司	总经理
张永年	四川成渝高速公路股份有限公司	董事会秘书
侯　毅	深圳市新纶科技股份有限公司	董事长
于国权	江苏长青农化股份有限公司	董事长
杨　振	加加食品集团股份有限公司	董事长

中国证券业年鉴编辑委员会

地　　址：上海浦东桃林路 18 号环球广场 B 座 2809 室

邮　　编：200135

电　　话：021－22819146

传　　真：021－22819145

邮　　箱：shcwq@ vip. 163. com

目　录

第一编　专　论

第二编　中国金融市场

第三编　中国证券市场

第二节　上海证券交易所上市公司/财务指标 …… 979

第三节　深圳证券交易所上市公司/财务指标…… 1229

第四编　中国基金市场

第二章　基金托管机构

第三章　基金管理公司

第六编　中国保险市场

第七编　中国证券业人物纪实与访谈

第八编　中国证券市场优秀企业选介

■上市公司

※上交所上市公司※

※深交所上市公司※

※中小板上市公司※

■三板上市公司

■证券服务机构

※会计师事务所※

※律师事务所※

※资产评估机构※

※证券公司营业部※

插页目录

上册

中册

下 册

中国证券业年度人物

财达证券
CAIDA SECURITIES

注册地址：河北省石家庄市自强路35号
办公地址：石家庄市桥西区自强路35号庄家金融大厦23至26层
邮政编码：050000
互联网网址：www.s10000.com
电子信箱：cdzq@cdzq.com
联系电话：0311－66006223
传真电话：0311－66006200

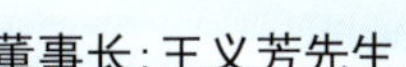

董事长:王义芳先生

总经理:翟建强先生

财达证券公司于 2002 年 4 月正式设立，是经中国证监会审核批准的一家证券专营机构，目前是河北省内唯一的法人证券公司。现注册资本 14.169 亿元，拥有 102 家证券营业部，其中省内 91 家，省外 11 家，分布于上海、深圳、北京、天津、福建、河南、佳木斯等地；业务经营范围为：证券经纪、证券投资咨询、证券自营、证券投资基金代销；注册地为石家庄市自强路 35 号，公司董事长王义芳，总经理、法定代表人翟建强。

诚实守信　规范发展

多年发展公司获得了社会各界的广泛赞誉：2007 年、2009 年、2010 年、2011 四度荣获“河北省金融贡献奖”；石家庄市地税局、国税局联合授予公司 2007、2008 年度“诚信纳税 A 级企业”；2009 年，公司因经济效益突出，省国资委授予公司二〇〇九年度经济效益特别贡献奖；2010 年河北省纳税百强企业；2009、2010 分获“2009 年中国券商势力榜第 18 位、2010 中国最具发展潜力证券公司”殊荣；公司总经理翟建强当选 2010 年度“河北十大经济风云人物”。特别是，2010 年 7 月，在中国证监会对证券公司分类评价中，公司以良好的经营业绩和较高的合规管理水平，成功晋级“A”类券商行列，2011 年保持良好佳绩，再次被评为“A”类券商；净利润最佳排名在全国 107 家证券公司中位居第 21 位。

一流的信息系统

公司呼叫中心员工晨会

WWW.S10000.COM

上海證券交易所
SHANGHAI STOCK EXCHANGE

地址：上海市浦东南路528号证券大厦　邮编：200120
总机：68808888　传真：68804868　网址：www.sse.com.cn

法制　监管　自律　规范

上海证券交易所成立于1990年11月26日，同年12月19日开业，归属中国证监会直接管理。秉承“法制、监管、自律、规范”的八字方针，上海证券交易所致力于创造透明、开放、安全、高效的市场环境，切实保护投资者权益，其主要职能包括：提供证券交易的场所和设施；制定证券交易所的业务规则；接受上市申请，安排证券上市；组织、监督证券交易；对会员、上市公司进行监管；管理和公布市场信息。

上证所下设办公室、人事（组织）部、党办纪检办、交易管理部、发行上市部、公司管理部、会员部、债券业务部、国际发展部、基金业务部、市场监察部、法律部、投资者教育部、系统运行部 、技术开发部、技术规划与服务部、信息中心、研究中心、财务部、稽核部、行政服务中心（保卫部）、北京中心等二十二个部门，以及两个子公司上海证券通信有限责任公司、上证所信息网络有限公司，通过它们的合理分工和协调运作，有效地担当起证券市场组织者的角色。

上证所市场交易采用电子竞价交易方式，所有上市交易证券的买卖均须通过电脑主机进行公开申报竞价，由主机按照价格优先、时间优先的原则自动撮合成交。上交所新一代交易系统峰值订单处理能力达到 80000 笔 / 秒，系统日双边成交容量不低于 1.2 亿笔，相当于单市场 1.2 万亿元的日成交规模，并且具备平行扩展能力。

经过多年的持续发展，上海证券市场已成为中国内地首屈一指的市场。截至 2011 年年底，上证所拥有 931 家上市公司，上市股票数 975 个，股票市价总值 14.84 万亿元。2011 年股票筹资总额 3199.69 亿元。一大批国民经济支柱企业、重点企业、基础行业企业和高新科技企业通过上市，既筹集了发展资金，又转换了经营机制。

齐鲁证券有限公司 QILU SECURITIES CO.,LTD. 青岛分公司

青岛分公司开业典礼

齐鲁证券有限公司青岛分公司成立于2012年1月13日，作为职能部门，负责管辖青岛地区所属营业部，注册地位于青岛市崂山区金融中心，依山傍海，环境优美，交通便利。

青岛分公司的成立，是齐鲁证券适应市场变化、行业发展和自身管理规模不断扩大的新形势而采取的重要举措。分公司的成立，体现了齐鲁证券立足山东，辐射全国资本市场的经营指导思想，将在推动地方产业结构调整升级，促进经济增长方式转变等方面发挥积极作用。

未来，青岛分公司将以证券经纪业务为基础，不断完善服务网络，加大对机构客户的服务力度，全面整合区域内投资银行、固定收益、新三板、投资顾问模块的人力资源和业务资源，建成齐鲁证券在青岛地区的综合业务落地平台。

青岛分公司2012半年度经营分析会议

总经理：尹戈先生

尹戈，男，1979年6月出生，经济学学士，管理学硕士，中共党员，现任齐鲁证券有限公司青岛分公司总经理。稳重、成熟、干练是尹戈给人的第一印象，但在稳重的背后，他还有一种有主见的果断，做事雷利风行，敢说敢做，绝不拖泥带水，他不轻易地决断，但一经深思熟虑，决定难改，当然也是正确的决断；他思维敏捷，能敏锐捕捉行业的热点，证券行业发展迅速，他能从发展中不断寻求创新改革，新业务、新产品、新部门永远是他的追求；在无关轻重的小事上，他不会与人计较；在是非性的问题上，不轻易让步。他现在的工作需要他有一定的沟通协调能力，这方面他的优点也使他能够做好现在的工作。他以人为本，广开言路，知人善任，对员工一视同仁，始终坚持让广大员工发表自己的看法，亮出自己的观点；坚持不放弃是他永远的信念。

分公司和营业部总经理合照

青岛香港中路证券营业部

总经理：傅咏梅女士

傅咏梅，女，1971年12月出生，中国民主建国会会员，1993年毕业于山东师范大学汉语言文学专业，助理经济师，现任齐鲁证券有限公司青岛香港中路证券营业部总经理。

自1993年踏入金融行业以来，历任淄博信托证券总部交易管理部副经理；齐鲁证券淄博人民西路营业部交易管理部经理；齐鲁证券有限公司经纪业务总部市场营销部高级业务经理；齐鲁证券市场营销部总经理助理；齐鲁证券有限公司机构客户部总经理助理；齐鲁证券济南经十路营业部总经理等职务。

傅咏梅同志业务知识扎实，管理经验丰富，具有准确的投资眼光和极强的个人魅力，2012年加入齐鲁证券青岛香港中路营业部伊始，便用其独特的工作方式和管理理念在最短的时间将整个营业部上下凝聚到一起，她雷厉风行的工作作风与其对员工润物细无声的关怀形成了鲜明对比，在她的带领下营业部荣获青岛分公司颁发的"2012年度市场拓展优胜营业部"荣誉称号；齐鲁证券有限公司颁发的"2012年度优秀营业部"荣誉称号；青岛证监局颁发的"青岛辖区2012年度证券衍生品交易特色品牌营业部"荣誉称号等。

青岛江西路证券营业部

总经理：陈庆之女士

陈庆之，1971年4月出生，经济学学士，研究生学历，高级经济师，中共党员。现任齐鲁证券有限公司青岛江西路营业部总经理，青岛证券会协会副会长、经纪业务委员会主任。

从业17年来，先后担任营业部总经理、管理总部总经理等职务，具有扎实的专业知识及先进的管理经验，做事果敢，能够敏锐捕捉行业热点，锐意改革，在她的领导下营业部各项工作节节攀升，2009年、2010年连续两年被公司评为"优秀营业部"称号，2011年3月营业部被青岛市政府评为"青岛市金融发展先进单位"。2012年1月被青岛市证监局评为"投行业务特色品牌营业部"，2012年5月被上海证券交易所评为"蓝筹市场创新业务宣传先进营业部"，并公开表彰，2012年11月在"2012第五届青岛金融风云榜"评选活动中获青岛辖区"2012年度十佳证券公司"称号。2013年1月获青岛证监局颁发"最佳综合类品牌营业部"。

反洗钱业务培训

青岛香港中路民航大厦证券营业部

总经理：王黎先生

王黎，男，汉族，1964 年 9 月出生，1994 年开始从事证券行业，现任齐鲁证券青岛香港中路民航大厦营业部总经理，2010 年 12 月 -2011 年 2 月兼任青岛联合协作中心主任。

王黎同志从事证券经纪业务多年，具备丰富的证券营业部管理经验。在日照工作期间，带领所辖营业部超额完成公司各项任务，业务指标在公司名列前茅。来到青岛香港中路民航大厦营业部之后，迅速带领全体员工扭转了这个营业部多年经营不利的局面。目前该营业部除套利交易不断壮大之外，客服水平明显提高、市场营销渐次发力，投行业务取得突破，营业部的各项业务正朝着健康有序的方向发展。

营业部大厅

青岛正阳路证券营业部

总经理：商鸿钧先生

商鸿钧先生，现任青岛正阳路证券营业部总经理，1971 年 1 月出生，中共党员。他的工作经历如下：

1991 年 7 月 1 日 -1995 年 4 月 1 日在寿光人民银行工作

1995 年 4 月 1 日 -2002 年 10 月 1 日任寿光证券营业副总经理

2002 年 10 月 1 日 -2007 年 1 月 10 日任天同证券寿光营业部总经理

2007 年 1 月 10 日 -2008 年 12 月 9 日任齐鲁证券潍坊东风东街营业部临时负责人

2008 年 12 月 9 日 -2009 年 3 月 2 日任齐鲁证券青岛管理总部副总经理

2009 年 3 月 2 日 - 至今齐鲁证券青岛正阳路营业部

2012 年年会

胶南珠海中路证券营业部

总经理：薛勇先生

薛勇，男，1990 年毕业于青岛大学历史系，1995 年起从事证券行业，历任原山东证券胶南营业部办公室主任、副总经理、原天同证券胶南营业部总经理、齐鲁证券日照管理总部副总经理、齐鲁证券日照圣岚路营业部总经理，现任齐鲁证券胶南珠海中路营业部总经理。

薛勇同志从事证券行业十多年，具有较为丰富的专业知识和管理经验，所管理的营业部在业务创新和团队建设方面卓有成效。在拓展业务的同时，注重与当地政府、企业的沟通互动，立足服务当地经济建设，为营业部长远发展奠定了良好基础，营业部各项业务指标完成情况在公司中名列前茅。

产品推介会

青岛胶州证券营业部

总经理：杨春庆先生

杨春庆，男，毕业于南京工业大学自动化与计算机专业，获工学学士学位。现任齐鲁证券青岛胶州营业部总经理。

杨春庆同志业务能力很强，很敬业，很能干，富有激情和创造力。在江西路营业部工作期间，带领团队多次夺得业务指标桂冠，在民航大夏营业部主持工作期间，狠抓合规经营，为营业部平稳过度和发展做出了一定贡献。胶州营业部成立后，倾注了全部精力，致力于营业部的创新和转型，打造了具有胶州特色的财富管理中心，加强投资者教育工作，为客户提供最优质的服务，真正实现客户资产的保值增值。与胶州市政府签署了战略合作协议，建立了专业化的投融资平台，在传统业务稳步发展的基础上，着力打造非通道业务，为有融资需求的机构或个人提供专业的建议书和融资渠道，截止到 2012 年底，营业部各项业务指标在总公司所有同期设立的营业部排名中名利第一。

开业典礼

有风险　投资需谨慎】

鹏元之道 以诚为本

鹏元资信评估有限公司原名为“深圳市资信评估公司”，成立于1993年，先后经中国人民银行、中国证监会、国家发改委认可，在全国范围内从事信用评级业务。作为中国最早成立的评级机构之一，鹏元始终坚持“独立、客观、公正”的评级理念，遵循“客户至上、保证质量、服务先行”的经营宗旨，将防范金融风险和维护社会信用作为经营使命。

目前，鹏元的业务品种包括上市公司债券评级、非上市公司（企业）债券评级、借款企业信用评级、上市公司治理评级、招投标企业评级、中小企业私募债券评级等十余种，公司整体评级技术一直处于国内领先水平。

鹏元与深圳证券信息有限公司共同开发的“上市公司治理评级体系”为深圳证券交易所投入使用，是国内首个付诸于实际应用的公司治理评级体系。目前，鹏元已初步建成包含深沪两地全部上市公司治理等级结果的“上市公司治理评级数据库”。同时，鹏元还积极参与中国证监会发起的“公司治理专项活动”，协助监管机构和证券交易所对上市公司进行公司治理知识培训。自2007年以来，鹏元连续作为特别支持机构为上市公司“百强”暨中小板“50强”评选活动提供专业的公司治理评级。

同时，鹏元拥有一支专业化、高素质的研究团队。2011年，中央财经大学与鹏元合作创建“中财-鹏元地方财政投融资研究所”，对地方财政投融资问题进行持续、深入的研究；2010年，公司作为唯一的非政府机构被邀请参与“十二五”期间报国务院审批的重点专项规划——社会信用体系建设规划的编制工作；2009年，鹏元参与研究的课题“国家开发银行商业化改制对债券市场的影响”荣获“国家开发银行创新成果特殊贡献奖”，负责研究的课题“全覆盖债券的国际经验及中国的现实选择”荣获“国家开发银行创新成果一等奖”。

【鹏元资质】

- 1993年3月，中国人民银行深圳特区分行批准，获得从事贷款企业评级业务资格；
- 1997年12月，中国人民银行批准，成为首批具有在全国范围内从事企业债券评级业务资格的9家评级机构之一；
- 2007年9月，中国证监会核准，成为首批获得证券市场资信评级业务资格的评级机构之一；
- 2008年9月，国家发改委批准，企业债券评级业务资格，成为全国第一家正式获得国家发改委书面批文的评级机构；
- 2009年11月，中国人民银行贵阳中心支行核定，获得贵州省信贷市场企业主体信用评级资格；
- 2010年3月，中国人民银行上海分行核定，获得上海市信贷市场企业主体信用评级从业资格；
- 2012年8月，证券及期货事务监察委员会核准，鹏元资信评估（香港）有限公司获得“第10类受规管活动：提供信贷评级服务”的牌照。

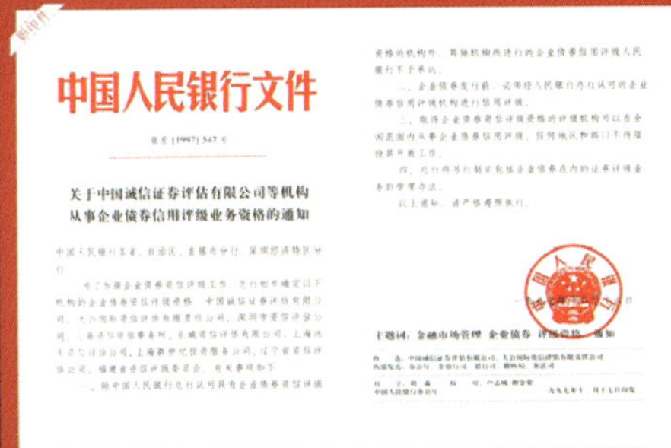

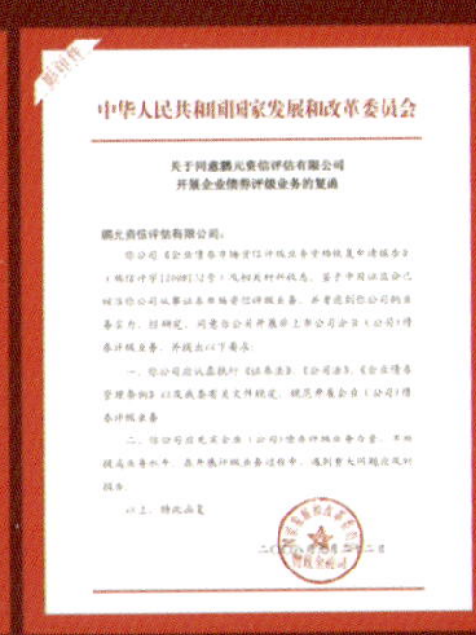

國楓凱文律師事務所
GRANDWAY LAW OFFICES

国枫凯文证券及资本市场业务

国枫凯文律师事务所是中国领先的综合性律师事务所，创立于 1994 年，是中国最早的合伙制律师事务所之一；经过二十年的稳健整合与发展，现已成为中国最大的综合性律师事务所之一。国枫凯文总部设于北京，在上海、深圳、广州、重庆、成都和西安设有分所，目前拥有律师和专业人员超过 400 名。

国枫凯文作为全国最早获得从事证券法律业务资格的律师事务所之一，在中国资本市场法律服务领域居引领地位。国枫凯文成功为数百家企业的境内外首次公开发行上市、再融资、收购兼并和重大资产重组等项目提供了优质法律服务，2011-2012 年连续两年荣登全国从事证券法律业务律师事务所 IPO 项目通过发审会审核数量之首。

国枫凯文数名合伙人曾经或正在担任中国证监会主板、创业板发行审核委员会委员、并购重组审核委员会委员、上海证券交易所上市咨询委员会委员和深圳证券交易所上市委员会委员。国枫凯文多次受中国证监会委托，参与若干涉及发行上市和上市公司监管的部门规章和规范性文件的起草和修订工作。

荣誉及社会评价

- 2011-2012 年连续两年荣登全国从事证券法律业务律师事务所 IPO 项目通过发审会审核数量之首
- 钱伯斯 2012 年度最佳资本市场律师事务所提名
- 中国创业投资暨私募股权投资 2012 年度企业境内上市最佳法律顾问机构第二名
- 2012 年度中国企业上市优秀服务机构金手指奖、全国法律服务最具竞争力十大诚信品牌
- 2010-2011 年中国上市公司最信赖律师事务所
- 2011 年《新财富》杂志发行人律师市场份额 TOP25、发行人律师定价权 TOP25 两项排名中均位列前五名
- 2011 年彭博杂志（Bloomberg）中国国内 IPO 发行人法律顾问 10 强
- 2010 年 ALB 最佳并购项目大奖提名
- 2010 年《商法》中国优秀证券律师事务所
- 2010 年彭博杂志律师事务所兼并收购业务法律顾问第三名

业务范围

- 股份制改造及重组
- 境内首次公开发行股票并上市
- 上市公司配股
- 上市公司公开发行、非公开发行股票
- 上市公司债券发行
- 上市公司收购兼并、资产置换等重大资产重组
- 上市公司股权激励
- 上市公司常年法律顾问
- 非上市股份公司股权挂牌交易
- 非上市公司融资
- 资产证券化和金融衍生工具
- 私募基金和风险投资
- 证券投资基金公司的设立、变更及其他行政许可申请
- 期货公司设立、变更及其他行政许可申请
- 境外证券发行上市及境外上市公司再融资、投资、收购兼并和重组

KING&WOOD MALLESONS
金杜律师事务所
我们相信联合的力量
WE BELIEVE IN THE POWER OF
TOGETHER
客户至上 团队合作
创新务实 追求卓越
www.kwm.com
www.kingandwood.com

金杜律师事务所简介

金杜律师事务所是亚太地区最大律师事务所联盟，在中国、澳大利亚、香港及其他国际金融中心共拥有21个办公室，全球员工总人数达3,800人，能同时提供中国、香港、澳大利亚和英国法律服务。

2012年，AcritasSharplegal旗下的国际著名刊物《全球精英品牌指南》通过对全球5000家大型跨国企业法律顾问的调查问卷做出国际律所排名,金杜律师事务所荣登国际律所排名第16名。

金杜作为成立最早的中国合伙制律师事务所之一，经过20年的发展，在为中国企业提供服务的几乎所有法律服务领域具备了丰富的经验和卓越的综合实力，在融资、外商投资、公司事务、证券业务、并购、国际贸易、争议解决业务、知识产权保护、劳动法、反垄断、公司合规业务、破产重整、不良资产处置、资产证券化、风险投资和杠杆收购业务等各个方面都处于中国法律服务的最前沿。金杜目前在中国（包括香港）拥有230多名合伙人，1,200多名律师及法律专业人士，员工总数近2,000人。在国内外商界和同行中赢得了很高的声誉和评价。

金杜是中国最早取得从事证券业务资格的律师事务所之一。多年来金杜曾代表发行人及承销商参与过数百件各类境内外股票首次公开发行及增发业务，并协助客户处理与股权融资、债券融资、基金、上市公司并购重组以及上市公司日常咨询等大量业务，客户涵盖了化工、房地产、建筑、制造、交通运输、金融保险、能源矿产、电信传媒、医疗保健、食品农业、零售贸易等众多的行业类别，并在能源矿产和金融保险行业取得了卓越成绩。四大国有商业银行（工商银行、农业银行、中国银行、交通银行）、五大保险公司（中国人保、中国人寿、平安保险、太平洋保险、新华保险）、众多证券公司及中国石油、中国石化、中国海洋石油、神华能源、兖州煤业、大同煤业等大型国企都是我们的长期客户。

金杜律师事务所奖项

金杜20年来获得各类国内、国际法律大奖上百个，其中2012年度：

- 被Legal Business，The lawyer Awards评为“年度最佳国际律师事务所”；
- 被钱伯斯亚太大奖及国际金融法律评论亚洲大奖评为“年度最佳中国律师事务所”；
- 被亚洲法律事务所中国大奖评为“年度最佳北京律师事务所”。
- 被Asian-Mena杂志调研报告评为“年度最佳保险领域律师事务所”。
- 和记港口控股信托上市项目被亚洲法律杂志中国/东南亚地区大奖评为“年度最佳股票市场交易大奖”；
- 兖州煤业发行担保票据交易项目被中国法律商务大奖评为“年度中国最佳交易大奖”。

金杜律师事务所
地址：北京市朝阳区东三环中路7号北京财富中心写字楼A座40层　邮编：100020
电话：8610-5878 5588　传真：8610-5878 5599　网站：www.kwm.com\www.kingandwood.com

立足中国　布局全球

大成律师助力资本市场发展

境内大成

重庆　长春　长沙　常州　福州　广州　南宁　哈尔滨　海口　杭州　合肥　济南　吉林　昆明　南昌
南通　南京　内蒙古　青岛　四川　上海　深圳　沈阳　苏州　天津　太原　武汉　无锡　乌鲁木齐　西宁
西安　厦门　银川　郑州　舟山

中国香港　中国台湾

境外大成

纽约　洛杉矶　芝加哥　法国　新加坡

境外成员单位及合作机构分布地区

澳门、澳大利亚、爱尔兰、安哥拉、阿根廷、奥地利、波兰、韩国、柬埔寨、莫桑比克、马来西亚、葡萄牙、瑞典、匈牙利、越南、意大利、伊朗、印度、以色列、智利

总部

北京市东城区东直门南大街 3 号国华投资大厦 5、12、15 层
电话：010-5813 7799
传真：010-5813 7788
E-mail：capital@dachenglaw.com
网址：www.dachenglaw.com

大成律师事务所

金诚同达律师事务所

地址：北京市朝阳区建国门外大街 1 号国贸大厦 10 层
电话：010-57068585
网址：www.jtnfa.com

关于我们

金诚同达创立于 1992 年年底，其总部设在北京，并在上海、深圳、沈阳、西安、成都、乌鲁木齐设有分所和办公室。金诚同达现拥有 260 多位优秀的专业律师，已发展成为中国境内规模最大、最富活力的律师事务所之一。2000 年金诚同达被司法部命名为“部级文明律师事务所”，2005 年被中华全国律师协会评为“全国优秀律师事务所”，2006 年被《亚洲法律事务》杂志（ALB）评选为“亚洲地区蓬勃发展中的 30 家律所”。

专业团队

金诚同达集萃了众多跨领域的专家型法律人才，其中众多律师拥有美国、欧洲、日本等知名法学院的教育背景和美国、英国、德国、日本、香港的律师事务所工作经验。金诚同达秉承“守信金诚，励志同达”的理念和“同心合力，事业腾达”的目标，倡导“法理精神、一品服务”和“服务创造价值”。金诚同达致力于运用其资深专业技术和丰富实践经验竭诚为客户提供专业、全方位的法律服务。金诚同达律师能够切实地从客户的立场和观点出发并结合案件具体情况，在各个业务领域都提供高水准的优质法律服务。金诚同达以学者型的严谨态度、专家型的服务水平、团队型的合作模式和国际化的质量标准严格要求自己。金诚同达正在成为客户最为信任和依赖的重要伙伴。

公司与证券业务

金诚同达是最早拥有证券法律业务从业资格的律师事务所之一，自中国证券市场创立阶段即开始从事相关法律服务，多年来累积了丰富的专业知识和实务经验。金诚同达深谙公司及证券类法律、法规和监管规则，熟悉公司及证券类业务的运作与流程，同相关部门和中介机构建立了长期的、良好而稳定的沟通与合作关系。多年来，金诚同达承办的证券业务，包括为拟上市公司提供股份制改造、在境内外发行股票并上市（包括在国内外主板、中小企业板、创业板、三板以及其他类别的证券市场上市）的法律服务（IPO），为上市及非上市公司的私募、增发、配股、股权转让、重组（包括借壳上市等）、改制（包括国有企业改制等）、股权收购与反收购、重大资产收购、重大投资（包括独资、合资、合作、联营及其他类型的投资等），发行优先股、债券（包括可转债、分离交易可转债、企业债券、公司债券、金融债券、短期融资券等）、权证、股权或期权激励（奖励）等提供法律服务，以及为证券公司、期货公司、各类基金与投资公司提供相关法律服务等。此外，金诚同达还为各类公司提供常年法律顾问服务，及诉讼、仲裁、清算、破产等其他法律服务。

业 绩

金诚同达办理的具有里程碑意义的项目如下：

第一家境内跨交易所多家上市公司合并
第一家股权分置改革后全流通概念下上市公司
第一批中小企业板上市公司
第一家信托公司通过吸收合并方式借壳上市
第一家由律师组成清算工作组全面接管清算证券公司
第一家国有控股上市公司公开实行股权激励制度
第一家上市公司采用托管方式进行业务整合并解决同业竞争问题
第一批财务公司发行金融债券
第一家上市公司通过国家股全部回购进行股权重组并实现国有公司民营化
第一家持续赢利上市公司全额资产置换彻底改变主营业务
第一家上市公司国有大股东通过实施破产进行债务重组和股权重组
第一家突破既往规则通过定向转增进行股权分置改革

Add : 10/Floor, China World Tower No.1 Jianguo Menwai Avenue Beijing 100004 China
Tel : 86-10-5706 8585
Web : www.jtnfa.com

About Us

JT&N was founded in 1992 in Beijing by a group of young PRC attorneys dedicated to create a global law firm in China. Headquartered in Beijing with regional offices in Shanghai, Shenzhen, Shenyang, Xi' an, Chengdu and Urumchi. JT&N is one of the largest and most dynamic full-service law firms in China with over 260 attorneys. In 2000, JT&N was awarded "Ministerial Preeminent Law Firm" by the Ministry of Justice. In 2005, JT&N was awarded "National Preeminent Law Firm" by All China Lawyers Association. In 2006, JT&N was awarded "30 Fastest Growing Law Firms in Asia" by Asia Legal Business ("ALB").

Professional Team

JT&N gathers attorneys who are experts in inter-disciplinary practice. Many JT&N partners bring substantial international legal experience to their practice at the firm – our attorneys have practiced with major international law firms in US, UK, Germany, Japan and Hong Kong, and many of them hold advanced degrees from top-tier PRC, US and European universities and law schools. With the aim to unite all efforts to achieve career growth, JT&N's attorneys take initiatives to provide high quality legal service based on the jurisprudent spirit. JT&N is valued by its clients for its ability to deliver tailored, integrated, strategic and technical legal advice on every aspect of a wide variety of transactions in China. The firm' s multi-disciplinary expertise in supporting global clients underpins our success.

JT&N's philosophy is grounded in the fundamental view that every client has the entire firm at its disposal, with the result that the skills and experience of every practice area are brought to bear on whichever matter may require them. The firm excels at providing highly focused and knowledgeable local expertise within the context of an international, "big-picture" sensibility. Our attorneys closely align themselves with the perspective and concerns of our clients while at the same time remaining alert to local issues, regulations and business customs. JT&N's ability at operating on all these levels with a high degree of excellence in each of them makes the firm an important and trusted resource for our clients.

Corporate and Securities Practice

JT&N was one of the first law firms in China to be qualified by the PRC government to provide legal services in the securities and capital markets field, and the firm has had a dynamic and successful practice in this area since the re-establishment of China' s securities markets in the early 1990s and has accumulated advance knowledge and practical experience. The attorneys in JT&N are well versed in corporate and securities laws and regulations as well as the operation and procedures of the corporate and securities transactions, and have established a long-term and stable cooperation relationship with relevant governmental authorities and intermediary institutions. For the past several decades, JT&N has provided legal service in various securities and corporate transactions, including the conversion of the corporation form for pre-IPO companies, domestic and overseas IPOs (including main board, SMEs board, GEM board, the New Third Board in Chinese stock exchanges and other stock exchanges), private placements, secondary equity offerings, rights issuance, restructure and reorganization (including shareholding reform for state-owned companies), takeover and reverse merger, mergers and acquisitions, major investment (including the equity joint venture, cooperation joint venture, joint-operation and other investment forms), preferred stock offering, debt issuance (including convertible bonds, detachable convertible bonds, corporate bonds and debentures, bank debentures, short-term financing), warrants, equity incentive schemes. JT&N has also provided legal service to security companies, future companies, funds and investment companies. JT&N attorneys also routinely act as outside counsel to companies on the full range of legal issues affecting such companies, including activities outside the securities markets such as compliance, labor and employment, litigation, arbitration, liquidation and bankruptcy matters.

Preeminent Achievements

During the past several decades, JT&N has represented various clients in the following milestone projects:

- the first merger between public companies listed in Shanghai and Shenzhen stock exchanges
- the first listed company with the status of "full circulation" after the reform of non-tradable shares
- the first listed company on the SME Board
- the first reverse merger by the trust company
- the first liquidation team led by attorneys for the receivership of the security company
- the first employees stock option plan by the state-owned public company
- the first public company utilizing the way of trusteeship to integrate business and solve the problem of competition
- the first financial companies to issue bank debenture
- the first privatization of the state-owned public company by repurchase of all of its state-owned shares
- the first asset swaps of the public company to change its major business
- the first state-owned public company utilizing the way of bankruptcy to implement debt and equity restructuring
- the first non-tradable share reform of the public company by special transfer of shares to tradable-shares' shareholders

廣東信達律師事務所 SHU JIN LAW FIRM

信近于义 言可复也
夫仁者 己欲立而立人 己欲达而达人

管理团队

业务领域

- 证券、投资、公司业务
- 商事仲裁和诉讼业务
- 破产及非破产清算业务
- 外商投资业务
- 房地产开发管理及融资业务
- 银行、金融业务
- 劳动关系及劳资争议业务
- 常年法律顾问及综合性法律服务
- Securities investment and corporation
- Commercial arbitration & litigation
- Bankruptcy liquidation and non-bankruptcy liquidation
- Foreign direct investment and joint ventures
- Real estate development and financing
- Banking and financing
- Employment relations & employee/management disputes
- Legal counseling & comprehensive legal services

基本概况

信达律师事务所于 1993 年在深圳设立，是中国最早获批设立的合伙制律师事务所之一。总部办公地点位于深圳市中心商务区核心地带，与未来的深圳证券交易所办公大楼仅一路之隔。

公司与证券业务是信达律师所的核心业务。经过二十年的经营与发展，信达律师所在全国证券法律业务领域已享有盛誉，并成为证券法律服务界的品牌律师事务所之一。近年来信达律师所参与完成了数百家企业境内外首次公开发行股票、公开与非公开增发股票、配股、公司债券发行等项目，为众多企业提供资产重组、重大收购、股份制改造等法律业务，并参与多家海外收购等项目。

信达律师所长期以来与境内外各类证券服务机构保持着良好的业务联系，并多次受邀参与证券监管部门或其他政府组织的证券类法律、法规、规章的研讨、修订和培训工作。

二十年的执业过程中，信达律师所荣获诸多荣誉，是 Legal 500 及亚洲法学在中国推荐的律师事务所之一。

律师团队

信达律师所拥有合伙人近四十名，主办律师、律师助理上百名，律师多毕业于国内外著名法学院校，其中 80% 以上获硕士及以上学位。部分资深律师执业超过二十年，并有律师受聘担任了深圳证券交易所的上市委员会委员、中国证监会创业板发行审核委员会委员、深圳国际仲裁院仲裁员、多家证券公司的内核委员、深交所特聘的企业改制上市培训专家以及多个地方政府上市领导小组办公室的专家团成员等。近年来，信达律师所多名律师前往英美等国留学深造，之后回所继续执业，为信达律师所的律师团队增添了国际化、多元化因素。

业绩展示

近五年，信达参与完成了企业境内外首次公开发行股票项目和上市公司再融资项目近六十个；其中首发项目包括荣盛石化（002493. SZ）、欣旺达（300207. SZ）、川大智胜（002253. SZ）、英飞拓（002528. SZ）、达实智能（002421. SZ）、珠海鼎利（300050. SZ）、量子高科（300149. SZ）、星河生物（300143. SZ）、新城控股（1030. HK）、长虹佳华（8016. HK）、百勤油服（2178. HK）等；再融资以及重大重组等其他证券项目包括中信海直可转债、德豪润达非公开发行和公司债、日海通讯非公开发行、德福莱中小企业债、嘉力达中小企业债、新城控股公司债、万科 B 股转 H 股、深能源重大资产重组暨非公开发行等。

信达目前担任万科股份（000002. SZ）、招商地产（000024. SZ）、华联控股（000036. SZ）、中航地产（00003. SZ）、中信海直（000099. SZ）、粤华包（200986. SZ）、长城科技（0074. HK）等数十家主板、中小板和创业板上市公司以及境外上市公司的常年法律顾问；

信达与境内外投资机构保持广泛和长期的合作，提供过法律服务的投资机构包括赛富、平安信托、光大控股、东方富海、同创伟业、高特佳、深创投、厚生投资、TCL 创投等境内外知名机构；

2009 年，信达荣获《亚洲法律杂志》（ALB）主办的“ALB China Law Award 2009 深圳律师事务所”年度大奖；2011 年，信达被《证券时报》主办的中国最具竞争力创投机构（CCVC/PE）评选为 2010 年度最佳中介机构—“年度最佳律师事务所”。

About Shu Jin

Established in Shenzhen in 1993, Shu Jin Law Firm is one of the first partnership law firms in China. Our headquarters is situated in the heart of the Central Business District, opposite to the new office building of Shenzhen Stock Exchange.

Securities and corporate financing are our core practice areas, which, with 20 years of management and development, have earned us a high good reputation in nationwide legal market of securities services and have established us one of the well-known law firms in such market. In recent years, we have assisted hundreds of companies in initial public offerings (IPO), equity issuance in public and non-public stock market, allotment of shares, bond issuance, etc., provided professional legal services for a full range of companies in the course of asset or shareholding restructuring, and significant mergers and acquisitions, etc. and participated a variety of projects of overseas mergers.

We are maintaining good business contacts with various securities service agencies in PRC or outside PRC for a long time. We have been invited by securities regulators or other government organizations to take part in the discussion and revision of securities laws and regulations and relevant training for many times.

With the outstanding track record, Shu Jin Law Firm has received numerous honors and awards and has ever been listed as one of the best law firms in China recommended by Legal 500 and Asia Law & Practice.

About Our Team

Shu Jin Law Firm is comprised of around 40 partners and more than 100 full-time lawyers and paralegals. Most of our lawyers graduated from renowned domestic and foreign law schools, among whom the majority hold master's or higher degrees. Some senior lawyers have been practicing laws for more than twenty years. And some lawyers were or are employed as the members of the Listing Committee of Shenzhen Stock Exchange, members of the Issuance Examination Commission of China Securities Regulatory Commission, arbitrators of Shenzhen Court of International Arbitration or inner examination members of securities companies. In addition, some lawyers have been appointed as the training specialists or members of expert panel for enterprises' reorganization and IPO by Shenzhen Stock Exchange or local governmental offices particularly established for listing affairs. In recent years, many of our lawyers have obtained law degrees either in USA or UK, and introduce foreign experiences and new ideas into our firm, which has made and will make our law firm more internationalized and diversified.

Achievements

In the past five years, we have participated and completed about 60 projects concerning IPO and equity refinancing. The clients assisted by our firm operate in a wide array of industries. Now, Shu Jin is the perennial legal adviser of over 30 renowned listed companies. And Shu Jin is maintaining extensive and long-term cooperation with well-known investment organization in PRC or outside PRC.

In 2009, Shu Jin was awarded “Shenzhen Law Firm of the Year-ALB China Law Awards” by Asian Legal Business (ALB). In 2011, Shu Jin was selected as “Best Law Firm of 2010” by China Competitive VC/ PE, an activity held by Securities Times.

中信建投证券股份有限公司

CHINA SECURITIES CO.,LTD.

湖南分公司

服务创造价值　诚信赢得客户

总经理田兵及各营业部经理合影

中信建投证券股份有限公司是经中国证监会批准设立的全国性大型综合证券公司。公司注册地为北京，注册资本为 61 亿元，是目前行业评级最高级别的 A 类 AA 级证券公司。

中信建投证券股份有限公司湖南分公司是中信建投证券在湖南省的分支机构，现辖 7 家证券营业部。其中湖南省会城市长沙市三家，省内地级市株州市、衡阳市、郴州市、张家界市各一家，分公司驻长沙。

在中国证券市场发展历程中，湖南分公司员工奉行“诚信为本、专注专业、客户至上、成长共赢”的经营理念，勤奋敬业，以全方位的服务范围和高效专业的服务水平树立了中信建投证券在三湘大地的良好的企业品牌形象。

湖南分公司在以总经理为首的经营班子的领导下，锐意进取，开拓创新。在整合优化内部架构和人力资源的基础上，搭建了综合业务服务平台，强化了业务条线的功能，扩大了业务合作范围，丰富了理财产品资源，使营业部在新的业务支持平台上成为客户的财富管理者，将“通道型”的营业部重塑成“理财型”的营业部，在营业部业务转型上开始了新的步伐。

诚信　专注　成长　共赢

机构间业务合作

中信建投证券股份有限公司

CHINA SECURITIES CO.,LTD.

北京南大红门路证券营业部

总经理：陈纲先生

首席投资顾问：张勇先生

中信建投证券股份有限公司北京南大红门路证券营业部地处北京南中轴路，地理位置优越，交通便利。营业部前身是证券服务部，最早成立于 2000 年，并于 2008 年升级成为证券营业部。长期以来，营业部以一流的专业团队、丰富的从业经验和稳健的经营作风，不断努力，开拓进取。凭借着始终如一的热情服务和持续稳步增长的业绩，营业部于 2010 年获得了中信建投证券股份有限公司授予的“明星营业部”称号。

首席投资顾问张勇，1975 年 9 月出生，西安交通大学金融学博士，西北政法大学经济学硕士，通过注册金融分析师(CFA)一级考试，曾在国信证券西安营业部、国都证券研究所、国都证券中关村营业部从事投资分析和咨询工作。具有 15 年证券市场投资经验，擅长基本面分析和选股，投资风格稳健，对行业的方向性选择较为准确。目前在中信建投证券北京南大红门路证券营业部担任首席投资顾问，带领团队开展年费制投顾咨询服务，突破了券商普遍通过提高佣金费率收费的模式，使客户利益得到保障，实现券商和客户的双赢。

营业部集体照

团队活动

投资教育讲座

团队建设

中国银河证券股份有限公司 北京金融街证券营业部

总经理：赵宏亮先生

营业部年中会

中国银河证券股份有限公司北京金融街证券营业部原名北京月坛证券营业部，于2009年11月更名，成立于1994年5月5日，时为北京工总行信托证券营业部；1998年9月，更名为中国华融信托投资公司北京证券交易营业部；2000年8月，并入中国银河证券公司为中国银河证券有限责任公司北京月坛证券营业部；2007年4月更名为中国银河证券股份有限公司北京月坛证券营业部；现为中国银河证券股份有限公司北京地区的中心营业部。服务上"客户至上"、经营上"数一数二"是金融街营业部历来弘扬的企业精神，其精髓文化"比学赶超传帮带"塑造出一支与时俱进、拼搏进取的职业队伍。十几年来，在广大客户的关爱下，营业部每年一个台阶，正以日新月异的快速变化发展着，取得了不菲的成绩：客户队伍不断壮大，目前已7万多户，客户资产总值7000亿元左右；各项经营指标在北京220多家营业部中名列前茅；先后获得"首都文明标兵单位"、"证券业规范化服务优秀单位"、2006年"全国金融系统'五一'劳动奖状"、2008年"迎奥运、讲文明、树新风"活动先进集体、2008、2009、2010、2011连续四年获评"中国明星证券营业部二十强"，2011年由北京证监局推荐参评全国文明单位。

金融街营业部毗邻金融街，地处繁华市区，交通十分便利；设有大、中户室和散户交易厅，交易环境宽敞舒适；开通了工行、招行、建行、中行等16家银行的三方存管业务，实现客户交易保证金的实时划转；拥有1620条电话委托线路，提供网上交易服务，保证了交易通道的畅通、快捷、高效；取得代办股份转让主办券商资格，提供三板股份确权、交易和过户以及中关村园区股份转让服务；提供期货IB业务服务；首批获融资融券业务资格；首批获买断式购回业务试点资格。

金融街营业部一贯秉承规范经营、以客户为中心的价值理念，致力于为客户提供更优的金融产品、更好的服务、更具人文特色的交易环境。

雄厚的资金实力　一流的人才队伍　丰富的专业经验　稳健的经营作风

北京金融街证券营业部 地址：北京市西城区丰汇园21号楼　营业部联系电话:010-58872888、010-58872678

西南証券 深圳滨河大道证券营业部

SOUTHWEST SECURITIES BINHE ROAD BROKERAGE OF SHENZHEN

投资报告会

团队协作训练

西南证券股份有限公司深圳滨河大道营业部地处深圳市滨河大道与彩田路交汇处联合广场B座三楼，地理位置优越、环境良好、交通便利。营业部拥有先进完备的硬件设施，功能强大的计算机信息系统，高速的网络传输保证了信息传输安全快捷，"通达信"网上委托系统，为投资者提供闪电式快速交易。营业部内设客户室及培训室，多套行情分析系统，充分满足专业投资者的看盘需求。我部首席投资顾问、大型财经证券电视直播节目——《交易日》常设特约评论员刘艾先生带领着营业部经验丰富、专业精湛的投顾团队，以专业化的服务水准，为投资者决策提供专业建议。

营业部总经理寄语：

我们是一个渴望成功，富有主见，追求不断超越的优秀团队……　在信仰、希望、挚爱和顿悟中，成就一生中最美好的时光……

营业部特色服务：

"西南金点子"系列资讯产品：依托我公司高端的"369理财"系列资讯产品，为投资者提供专业理财服务。内容包括：盘中实时资讯、盘前、盘后分析、金点子投资组合等。

专业化投资顾问服务：

我部定期举办投资报告会和投资者联谊活动，为投资者提供专业、周到的服务。

具备执业资格的专业投资顾问为投资者提供个性化投资服务，包括向公司研发中心定制行业及个股研究报告、收集整理深度专业资讯、邀请客户参加VIP客户沙龙、通过电话等方式对大盘走势及市场热点进行实时交流等等，指导投资者专业和理性投资、踩准市场节奏。

国泰君安证券
GUOTAI JUNAN SECURITIES

行+服务 专为钻卡会员行家尊享 〉 优+服务 专为金卡会员优越打造 〉 惠+服务 专为银卡会员惠心而设 〉 你的 专属投资顾 私享财富社

国泰君安证券是国内规模最大、经营范围最宽、机构分布最广、服务客户最众的证券公司之一。拥有金融证服务全业务牌照。旗下设国泰君安金融控股有限公司（注册地香港）、国泰君安期货有限公司、国泰君安证券资管理有限公司、国泰君安创新投资有限公司、国联安基金管理有限公司5家子公司，在全国29个省、自治区、辖市设有26家分公司、193个营业部（含35个直属营业部）。国泰君安证券被誉为最受尊敬的证券公司，是品美誉度最高的证券公司之一。多年致力打造"钻石文化"为精髓的企业文化，坚持"诚信、亲和、专业、创新"的经理念，秉持"创建一流、追求卓越"的企业精神，落实"满足和创新客户需求、提升和创造客户价值"企业使命，赢了各方的良好称赞，在各类评奖中屡获殊荣。2004-2010年，公司连年位居《世界品牌实验室》中国500最具价品牌评比"中国券商品牌价值第一"。2008-2010年连年获评中国证监会券商分类评价A类AA级。

国泰君安证券宁波彩虹北路营业部于1994年设立，1999年由原国泰证券宁波营业部和原君安证券宁波业部合并而成，是宁波最早成立的营业部之一。十几年来营业部始终奉行以客户为中心的服务理念，良好的社信誉，各项业务不断发展，取得了骄人的成绩，在宁波树立了较好的服务品牌，经营规模、经济效益和管理水平宁波的券商中均名列前茅，是甬城最具竞争力的证券营业部之一。

君弘网址：www.junhongclub.com　公司网址：www.gtja.com
客服热线：95521\87742030　宁波营业部地址：江东区彩虹北路97号

西南証券 重庆沧白路证券营业部
SOUTHWEST SECURITIES CANGBAI ROAD BROKERAGE OF CHONGQING

西南证券成立于1999年，注册资本23.23亿元，是唯一一家注册地在重庆的全国综合性证券公司，经营范围包括：券经纪、证券承销保荐及财务顾问、证券自营、资产管理、融资融券、证券投资基金代销。2009年2月26日，西南证券在海证券交易所挂牌上市，成为中国第九家上市证券公司，是重庆第一家A股上市金融机构。公司现有员工近3000名，41营业网点遍布国内19个经济中心城市，在北京、上海、深圳、成都、重庆5地设有投资银行业务部，并于2010年设立了事直接投资业务的全资控股子公司——西证股权投资有限公司，注册资本4亿元。

西南证券股份有限公司重庆沧白路证券营业部，位于重庆市渝中区解放碑核心中央商务区。营业部成立于1991年月，依托优越的经济基础，以"至诚，至精"的服务理念，充分发挥高超的专业技能，历经二十载风雨，发展成为重庆地区规最大的营业部之一，在重庆资本市场占有举足轻重的地位。作为辖区内营业部的翘楚，营业部长期与多家上市公司、基金各大机构客户保持良好的战略合作关系，并拥有以多名投资顾问为核心的投资理财服务团队，依托公司强大的研发力量投行资源，以专业服务量身定制投资理财规划，以实战经验提供专业的理财指导，以产品配置引导全新投资理念，不断提咨询服务核心竞争力。营业部场地宽敞，环境优雅，拥有最齐全、最先进的交易渠道及交易手段，提供西南证券新干线行情系统、金典钱龙、大智慧、同花顺、WIND讯、ETF专业套利工具、超音速快速交易跑道、手机炒股等多种特色专业分析交易软件，并可进行大宗交易。营业部还将于2012年年初实施同城搬迁，旨在解放碑地打造以价值客户为主的"商务高端投资会所"，树立行业服务典范。营业部曾荣获《证券时报》颁发的"2008年度最佳区域明星营业部"、中共重庆市委颁发的"红旗党部"、重庆市政府颁发的"巾帼文明岗"、共青团重庆市委、中国人民银行重庆分行颁发的"青年文明号"、重庆市金融工会颁发的"先进职工小家"、重庆市证券期货业协颁发的投资者教育工作"红旗单位"等荣誉称号，在2006年-2009年连续4年保持重庆地区交易量排名前3名。

营业部员工合影

高端营销活动

财富研讨交流会

第四编
中国基金市场

第一章 中国基金市场概况

基金托管银行名录(2012年12月)

序号	托管人名称	注册地点	取得托管资格时间	网 址	地 址	电话
1	中国工商银行股份有限公司	北京	1998-2-24	www.icbc.com.cn	北京市西城区复兴门内大街55号	95588
2	中国农业银行股份有限公司	北京	1998-5-29	www.abchina.com	北京市海淀区复兴路甲23号	95599
3	中国银行股份有限公司	北京	1998-7-7	www.boc.cn	北京市西城区复兴门内大街1号	95566
4	中国建设银行股份有限公司	北京	1998-3-18	www.ccb.com	北京市西城区金融大街25号	95533
5	交通银行股份有限公司	上海	1998-7-3	www.bankcomm.com	上海市银城中路188号	95559
6	华夏银行股份有限公司	北京	2005-2-23	www.hxb.com.cn	北京市东城区建国门内大街22号华夏银行大厦	95577
7	中国光大银行股份有限公司	北京	2002-10-23	www.cebbank.com	北京市西城区复兴门外大街6号光大大厦	95595
8	招商银行股份有限公司	深圳	2002-11-6	www.cmbchina.com	广东省深圳市深南大道7088号招商银行大厦	95555
9	中信银行股份有限公司	北京	2004-8-18	www.ecitic.com	北京市东城区朝阳门北大街8号富华大厦C座	95558
10	中国民生银行股份有限公司	北京	2004-7-9	www.cmbc.com.cn	北京市西城区复兴门内大街2号	95568
11	兴业银行股份有限公司	福州	2005-4-25	www.cib.com.cn	上海市江宁路168号兴业大厦9层	95561
12	上海浦东发展银行股份有限公司	上海	2003-9-10	www.spdb.com.cn	上海市中山东一路12号	95528
13	北京银行股份有限公司	北京	2008-6-3	www.bankofbeijing.com.cn	北京市西城区金融大街丙17号	010-96169
14	深圳发展银行股份有限公司	深圳	2008-8-6	www.sdb.com.cn	广东省深圳市深南东路5047号	95501
15	广东发展银行股份有限公司	广州	2009-5-4	www.gdb.com.cn	广东省广州市农林下路83号广发银行大厦	95508
16	中国邮政储蓄银行有限责任公司	北京	2009-7-16	www.psbc.com	北京市西城区宣武门西大街131号	66599767
17	上海银行股份有限公司	上海	2009-8-18	www.bankofshanghai.com	上海市银城中路168号	021-58358255
18	渤海银行股份有限公司	天津	2010-6-29	www.cbhb.com.cn	天津市河西区马场道201-205号	400-888-8811
19	宁波银行股份有限公司	宁波	2012-10-30	www.nbcb.com.cn	浙江省宁波市鄞州区宁南南路700号	96528

基金管理公司名录

序号	公司名称	公司代码	注册资本(万元)	注册地点	成立时间	网 址	地 址	电话
1	国泰基金管理有限公司	50010000	11000	上海	1998年3月	www.gtfund.com	上海市浦东新区世纪大道100号上海环球金融中心39楼	4008-888-688 021-38569000
2	南方基金管理有限公司	50020000	15000	深圳	1998年3月	www.southernfund.com	深圳市福田中心区福华一路6号免税商务大厦31-33层	400-889-8899
3	华夏基金管理有限公司	50030000	23800	北京	1998年3月	www.ChinaAMC.com	北京市西城区金融大街33号通泰大厦B座3层	400-818-6666
4	华安基金管理有限公司	50040000	15000	上海	1998年5月	www.huaan.com.cn	上海市世纪大道8号上海国金中心2期31、32层	400-885-0099
5	博时基金管理有限公司	50050000	25000	深圳	1998年7月	www.bosera.com	深圳市福田区深南大道招商银行大厦29-30层	95105568
6	鹏华基金管理有限公司	50060000	15000	深圳	1998年12月	www.phfund.com.cn	深圳市福田区福华三路168号深圳国际商会中心第43层	400-678-8999
7	长盛基金管理有限公司	50070000	15000	深圳	1999年3月	www.csfunds.com.cn	深圳市福田区福中三路1006号诺德中心8层GH单元	400-888-2666
8	嘉实基金管理有限公司	50080000	15000	上海	1999年3月	www.jsfund.cn	上海市浦东新区世纪大道8号上海国金中心二期23楼01-03单元	400-600-8800
9	大成基金管理有限公司	50090000	20000	深圳	1999年4月	www.dcfund.com	深圳市福田区深南大道7088号招商银行大厦32-33层	400-888-5558
10	富国基金管理有限公司	50100000	18000	上海	1999年4月	www.fullgoal.com.cn	上海市浦东新区世纪大道8号上海国金中心二期16-17楼	400-888-0688 95105686
11	易方达基金管理有限公司	50110000	12000	广州	2001年4月	www.efunds.com.cn	广州市体育西路189号城建大厦19、25、27、28楼	400-881-8088
12	宝盈基金管理有限公司	50120000	10000	深圳	2001年5月	www.byfunds.com	深圳市深南大道6008号特区报业大厦15楼	400-8888-300
13	融通基金管理有限公司	50130000	12500	深圳	2001年5月	www.rtfund.com	深圳市南山区华侨城汉唐大厦13、14层	400-883-8088
14	银华基金管理有限公司	50140000	20000	深圳	2001年5月	www.yhfund.com.cn	北京市东城区东长安街1号东方广场东方经贸城中二办公楼15层	400-678-3333
15	长城基金管理有限公司	50150000	15000	深圳	2001年12月	www.ccfund.com.cn	深圳市福田区益田路6009号新世界商务中心40-41层	400-886-8666
16	银河基金管理有限公司	50160000	15000	上海	2002年5月	www.galaxyasset.com	上海市浦东新区世纪大道1568号15层	400-820-0860
17	泰达宏利基金管理有限公司	50170000	18000	北京	2002年7月	www.aateda.com	北京市西城区金融大街7号英蓝国际金融中心南楼3层	400-698-8888

序号	公司名称	公司代码	注册资本（万元）	注册地点	成立时间	网　址	地　址	电话
18	国投瑞银基金管理有限公司	50180000	10000	深圳	2002 年 6 月	www. ubssdic. com	深圳市福田区金田路 4028 号荣超经贸中心 46 层	400 - 880 - 6868
19	万家基金管理有限公司	50190000	10000	上海	2002 年 8 月	www. ttasset. com	上海市浦东新区福山路 450 号新天国际大厦 23 层	400 - 888 - 0800
20	金鹰基金管理有限公司	50200000	25000	广州	2002 年 12 月	www. gefund. com. cn	广州市沿江中路 298 号江湾商业中心大厦 22 层	020 - 83936180
21	招商基金管理有限公司	50210000	21000	深圳	2002 年 12 月	www. cmfchina. com	深圳市福田区深南大道 7088 号招商银行大厦 28 层	400 - 887 - 9555
22	华宝兴业基金管理有限公司	50220000	15000	上海	2003 年 2 月	www. fsfund. com	上海市浦东新区世纪大道 100 号上海环球金融中心 58 层	400 - 700 - 5588
23	摩根士丹利华鑫基金管理有限公司	50230000	22750	深圳	2003 年 3 月	www. msfunds. com. cn	深圳市福田区中心四路 1 号嘉里建设广场一期二座 17 楼	400 - 888 - 8668
24	国联安基金管理有限公司	50240000	15000	上海	2003 年 3 月	www. gtja - allianz. com	上海市陆家嘴环路 1318 号星展银行大厦 9 楼	400 - 700 - 0365
25	海富通基金管理有限公司	50250000	15000	上海	2003 年 4 月	www. hftfund. com	上海市浦东新区陆家嘴花园石桥路 66 号东亚银行金融大厦 36 - 37 层	400 - 884 - 0099
26	长信基金管理有限责任公司	50260000	15000	上海	2003 年 4 月	www. cxfund. com. cn	上海市银城中路 68 号时代金融中心 9 楼	400 - 700 - 5566
27	泰信基金管理有限公司	50270000	20000	上海	2003 年 5 月	www. ftfund. com	上海市浦东新区浦东南路 256 号华夏银行大厦 37 层	400 - 888 - 5988
28	天治基金管理有限公司	50280000	16000	上海	2003 年 5 月	www. chinanature. com. cn	上海市浦东新区莲振路 298 号 4 号楼 231 室	400 - 886 - 4800
29	景顺长城基金管理有限公司	50290000	13000	深圳	2003 年 6 月	www. invescogreatwall. com	深圳市福田区中心四路 1 号嘉里建设广场第一座 21 层	400 - 888 - 8606
30	广发基金管理有限公司	50300000	12000	珠海	2003 年 7 月	www. gffunds. com. cn	珠海市拱北情侣南路 255 号 4 层	95105828
31	兴业全球基金管理有限公司	50310000	15000	上海	2003 年 9 月	www. xyfunds. com. cn	上海市浦东新区张杨路 500 号时代广场 20 楼	400 - 678 - 0099
32	诺安基金管理有限公司	50330000	15000	深圳	2003 年 12 月	www. lionfund. com. cn	深圳市深南大道 4013 号兴业银行大厦 19 - 20 层	400 - 888 - 8998
33	申万菱信基金管理有限公司	50340000	15000	上海	2003 年 12 月	www. swbnpp. com	上海市淮海中路 300 号香港新世界大厦 40 层	400 - 880 - 8588
34	中海基金管理有限公司	50350000	14666. 67	上海	2004 年 3 月	www. zhfund. com	上海市浦东新区银城中路 68 号 2905 - 2908 及 30 层	400 - 888 - 9788
35	光大保德信基金管理有限公司	50360000	16000	上海	2004 年 4 月	www. epf. com. cn	上海市延安东路 222 号外滩中心 46 楼	400 - 820 - 2888
36	华富基金管理有限公司	50370000	12000	上海	2004 年 3 月	www. hffund. com	上海市陆家嘴环路 1000 号 31 层	400 - 700 - 8001
37	上投摩根基金管理有限公司	50380000	25000	上海	2004 年 4 月	www. 51fund. com	上海市浦东新区富城路 99 号震旦大厦 20 楼	400 - 889 - 4888
38	东方基金管理有限责任公司	50390000	10000	北京	2004 年 6 月	www. orient - fund. com	北京市西城区锦什坊街 28 号 1—4 层	010 - 66578578
39	中银基金管理有限公司	50400000	10000	上海	2004 年 6 月	www. bociim. com	上海市浦东银城中路 200 号中银大厦 45 层	400 - 888 - 5566
40	东吴基金管理有限公司	50410000	10000	上海	2004 年 8 月	www. scfund. com. cn	上海市源深路 279 号	021 - 50509666
41	国海富兰克林基金管理有限公司	50420000	22000	南宁	2004 年 9 月	www. ftsfund. com	南宁市总部路 1 号中国——东盟科技企业孵化基地一期 C - 6 栋 2 层	021 - 38789555
42	天弘基金管理有限公司	50430000	18000	天津	2004 年 10 月	www. thfund. com. cn	天津市河西区马场道 59 号天津国际经济贸易中心 A 座 16 层	400 - 710 - 9999
43	华泰柏瑞基金管理有限公司	50440000	20000	上海	2004 年 11 月	www. aig - huatai. com	上海市浦东民生路 1199 弄证大五道口广场 1 号楼 17 层	400 - 888 - 0001
44	新华基金管理有限公司	50450000	16000	重庆	2004 年 12 月	www. ncfund. com. cn	重庆市江北区建新东路 85 号附一号 1 层 1 - 1	400 - 710 - 8866
45	汇添富基金管理有限公司	50460000	10000	上海	2005 年 1 月	www. htffund. com	上海市富城路 99 号震旦大厦 21 楼	400 - 888 - 9918
46	工银瑞信基金管理有限公司	50470000	20000	北京	2005 年 6 月	www. icbccs. com. cn	北京市西城区金融大街丙 17 号北京银行大厦 8 层	400 - 811 - 9999
47	交银施罗德基金管理有限公司	50480000	20000	上海	2005 年 7 月	www. jysld. com	上海市浦东新区世纪大道 201 号渣打银行大厦 10 楼	400 - 700 - 5000
48	信诚基金管理有限公司	50490000	20000	上海	2005 年 8 月	www. citicprufunds. com. cn	上海市浦东新区世纪大道 8 号上海国金中心汇丰银行大楼 9 层	400 - 666 - 0066
49	建信基金管理有限责任公司	50500000	20000	北京	2005 年 9 月	www. ccbfund. cn	北京市西城区金融大街 7 号英蓝国际金融中心 16 层	400 - 819 - 5533
50	华商基金管理有限公司	50510000	10000	北京	2005 年 9 月	www. hsfund. com	北京市西城区平安里西大街 28 号院中海国际中心 19 层	400 - 700 - 8880
51	汇丰晋信基金管理有限公司	50520000	20000	上海	2005 年 10 月	www. hsbcjt. cn	上海市富城路 99 号震旦大厦 35 楼	021 - 38789998
52	益民基金管理有限公司	50530000	10000	重庆	2005 年 12 月	www. ymfund. com	北京市宣武区宣武门外大街 10 号庄胜广场中央办公楼南翼 13A	400 - 650 - 8808
53	中邮创业基金管理有限公司	50540000	10000	北京	2006 年 2 月	www. postfund. com. cn	北京市海淀区西直门北大街 60 号首钢国际大厦 10 层	400 - 880 - 1618
54	信达澳银基金管理有限公司	50550000	10000	深圳	2006 年 4 月	www. fscinda. com	深圳市福田区深南大道 7088 号招商银行大厦 24 楼	400 - 8888 - 118
55	诺德基金管理有限公司	50560000	10000	上海	2006 年 5 月	www. lordabbettchina. com	上海市陆家嘴环路 1233 号汇亚大厦 12 楼	400 - 888 - 0009
56	中欧基金管理有限公司	50570000	12000	深圳	2006 年 5 月	www. lcfunds. com	上海市浦东新区花园石桥路 66 号东亚银行金融大厦 8 层	021 - 68609700
57	金元惠理基金管理有限公司	50580000	24500	上海	2006 年 11 月	www. jykbc. com	上海浦东新区陆家嘴花园石桥路 33 号花旗集团大厦 3608 室	400 - 666 - 0666
58	浦银安盛基金管理有限公司	50590000	20000	上海	2007 年 7 月	www. py - axa. com	上海市淮海中路 381 号中环广场 38 楼	400 - 882 - 8999
59	农银汇理基金管理有限公司	50600000	20000	上海	2008 年 2 月	www. abc - ca. com	上海市浦东新区世纪大道 1600 号浦项商务广场 7 层	021 - 61095599
60	民生加银基金管理有限公司	50610000	30000	深圳	2008 年 10 月	www. msjyfund. com. cn/	深圳市福田区益田路 6009 号新世界商务中心 42 楼	400 - 888 - 8388
61	纽银梅隆西部基金管理有限公司	50620000	20000	上海	2010 年 6 月	www. bnyfund. com	上海市浦东新区世纪大道 100 号上海环球金融中心 19 楼	021 - 38572999
62	浙商基金管理有限公司	50630000	30000	杭州	2010 年 9 月	www. zsfund. com	杭州市下城区环城北路 208 号 1801 室	0571 - 2819000
63	平安大华基金管理有限公司	50640000	30000	深圳	2010 年 12 月	fund. pingan. com/ index. shtml	深圳市福田区金田路大中华国际交易广场 8 层	400 - 800 - 4800
64	富安达基金管理有限公司	50650000	16000	上海	2011 年 4 月	www. fadfunds. com	上海市浦东新区世纪大道 1568 号 29 楼	400 - 630 - 6999

序号	公司名称	公司代码	注册资本（万元）	注册地点	成立时间	网　址	地　址	电话
65	财通基金管理有限公司	50660000	20000	上海	2011 年 5 月	www.ctfund.com	上海市虹口区吴淞路 619 号 505 室	400－820－9888
66	方正富邦基金管理有限公司	50670000	20000	北京	2011 年 6 月	www.founderff.com	北京市西城区太平桥大街 18 号丰融国际大厦 11 层	400－818－0990
67	长安基金管理有限公司	50680000	20000	上海	2011 年 8 月	www.changanfunds.com	上海市虹口区丰镇路 806 号 3 幢 371 室	400－820－9688
68	国金通用基金管理有限公司	50690000	28000	北京	2011 年 10 月	www.gfund.com/gjjj/index.html	北京市怀柔区府前街三号楼 3－6	400－020－0018
69	安信基金管理有限责任公司	50700000	20000	深圳	2011 年 11 月	www.essencefund.com	深圳市福田区益田路 6009 号新世界商务中心 36 层	400－808－8088
70	德邦基金管理有限公司	50710000	12000	上海	2012 年 2 月	www.dbfund.com.cn	上海市虹口区吴淞路 218 号宝矿国际大厦 35 层	400－821－7788
71	华宸未来基金管理有限公司	50720000	20000	上海	2012 年 3 月	www.hcmiraefund.com	上海市虹口区四川北路 859 号中信广场 16 楼	021－26066999
72	红塔红土基金管理有限公司	50730000	20000	深圳	2012 年 5 月	www.htamc.com.cn	深圳市南山区侨香路 4068 号智慧广场 A 座 801 室	0755－61865878
73	英大基金管理有限公司	50740000	12000	北京	2012 年 6 月	www.ydamc.com	北京市朝阳区东三环中路 1 号环球金融中心西塔 22 楼 2201	010－57835666
74	江信基金管理有限公司	50750000	10000	北京	2012 年 12 月	暂无	北京市海淀区北三环西路 99 号西海国际中心 A 座 20 层	暂无
75	中原英石基金管理有限公司	50760000	20000	上海	2012 年 12 月	暂无	上海市邯郸路 135 号 5 幢 101 室	暂无
76	华润元大基金管理有限公司	50770000	20000	深圳	2012 年 12 月	暂无	深圳市南山区粤兴二道 6 号武汉大学深圳产学研大楼 B815 房	暂无
77	前海开源基金管理有限公司	50780000	12000	深圳	2012 年 12 月	暂无	深圳市南山区粤兴二道 6 号武汉大学深圳产学研大楼 B815 房	暂无

证券投资基金名录(2012 年 12 月)

序号	基金名称	基金简称
1	华安创新证券投资基金	华安创新混合
2	南方稳健成长证券投资基金	南方稳健成长混合
3	华夏成长证券投资基金	华夏成长混合
4	国泰金鹰增长证券投资基金	国泰金鹰增长股票
5	鹏华行业成长证券投资基金	鹏华行业成长混合
6	富国天源平衡混合型证券投资基金	富国天源平衡混合
7	易方达平稳增长证券投资基金	易方达平稳增长混合
8	融通新蓝筹证券投资基金	融通新蓝筹混合
9	长盛成长价值证券投资基金	长盛成长价值混合
10	南方宝元债券型基金	南方宝元债券
11	宝盈鸿利收益证券投资基金	宝盈鸿利收益混合
12	博时价值增长证券投资基金	博时价值增长混合
13	华夏债券投资基金	华夏债券
14	嘉实成长收益证券投资基金	嘉实成长收益混合
15	华安 MSCI 中国 A 股指数增强型证券投资基金	华安中国 A 股增强指数
16	大成价值增长证券投资基金	大成价值增长混合
17	银华优势企业证券投资基金	银华优势企业混合
18	万家 180 指数证券投资基金	万家 180 指数
19	国投瑞银融华债券型证券投资基金	国投瑞银融华债券
20	泰达宏利价值优化型成长类行业证券投资基金	泰达宏利成长股票
21	泰达宏利丰价值优化型周期类行业证券投资基金	泰达宏利周期股票
22	泰达宏利价值优化型稳定类行业证券投资基金	泰达宏利稳定股票
23	招商安泰系列开放式证券投资基金－股票	招商安泰股票
24	招商安泰系列开放式证券投资基金－平衡型	招商安泰平衡混合
25	招商安泰债券开放式证券投资基金	招商安泰债券
26	大成债券投资基金	大成债券
27	金鹰成份股优选证券投资基金	金鹰成份优选混合
28	南方避险增值基金	南方避险增值混合
29	南方避险增值基金	南方避险增值贰号混合
30	嘉实增长开放式证券投资基金	嘉实增长混合
31	嘉实稳健开放式证券投资基金	嘉实稳健混合
32	嘉实债券开放式证券投资基金	嘉实债券
33	鹏华普天债券投资基金	鹏华普天债券
34	鹏华普天收益证券投资基金	鹏华普天收益混合
35	宝康消费品证券投资基金	华宝兴业宝康消费品混合
36	宝康灵活配置证券投资基金	华宝兴业宝康配置混合
37	宝康债券投资基金	华宝兴业宝康债券
38	银河稳健证券投资基金	银河稳健混合
39	银河收益证券投资基金	银河收益债券
40	德盛稳健证券投资基金	国联安稳健混合
41	海富通精选证券投资基金	海富通精选混合
42	博时裕富证券投资基金	博时裕富指数
43	华夏回报证券投资基金	华夏回报混合
44	融通债券投资基金	融通债券
45	融通深证 100 指数证券投资基金	融通深证 100 指数
46	融通蓝筹成长基金	融通蓝筹成长混合
47	景顺长城优选股票证券投资基金	景顺长城优选股票
48	景顺长城货币市场证券投资基金	景顺长城货币
49	景顺长城动力平衡证券投资基金	景顺长城动力平衡混合
50	长盛中信全债指数增强型债券投资基金	长盛全债指数增强债券
51	长城久恒平衡型证券投资基金	长城久恒平衡混合
52	富国天利增长债券投资基金	富国天利增长债券
53	广发聚富证券投资基金	广发聚富混合
54	国泰金龙债券证券投资基金	国泰金龙债券
55	国泰金龙行业精选证券投资基金	国泰金龙行业混合
56	易方达策略成长证券投资基金	易方达策略成长混合
57	华安现金富利投资基金	华安现金富利货币
58	招商现金增值开放式证券投资基金	招商现金增值货币
59	博时现金收益证券投资基金	博时现金收益货币
60	泰信天天收益开放式证券投资基金	泰信天天收益货币
61	银华保本增值证券投资基金	银华保本增值混合
62	南方现金增利基金	南方现金增利货币
63	海富通收益增长证券投资基金	海富通收益增长混合
64	华夏经典配置混合型证券投资基金	华夏经典混合
65	长信利息收益开放式证券投资基金	长信利息收益货币
66	易方达 50 指数证券投资基金	易方达上证 50 指数
67	摩根士丹利华鑫基础行业证券投资基金	大摩基础行业混合
68	银河银泰理财分红证券投资基金	银河银泰混合
69	嘉实服务增值行业开放式证券投资基金	嘉实服务增值行业混合
70	华夏现金增利证券投资基金	华夏现金增利货币

序号	基金名称	基金简称
71	申万巴黎盛利精选证券投资基金	申万巴黎盛利精选混合
72	德盛小盘精选证券投资基金	国联安小盘精选混合
73	国投瑞银景气行业证券投资基金	国投瑞银景气行业混合
74	融通行业景气证券投资基金	融通行业景气混合
75	华宝兴业多策略增长开放式证券投资基金	华宝兴业多策略股票
76	兴业可转债混合型证券投资基金	兴业可转债混合
77	鹏华中国50开放式证券投资基金	鹏华中国50混合
78	长城久泰中信标普300指数证券投资基金	长城久泰标普300指数
79	诺安平衡证券投资基金	诺安平衡混合
80	长盛动态精选证券投资基金	长盛动态精选混合
81	金鹰中小盘精选证券投资基金	金鹰中小盘精选混合
82	招商先锋证券投资基金	招商先锋混合
83	大成蓝筹稳健证券投资基金	大成蓝筹稳健混合
84	富国天益价值证券投资基金	富国天益价值股票
85	国泰金马稳健回报证券投资基金	国泰金马稳健混合
86	博时精选股票证券投资基金	博时精选股票
87	景顺长城内需增长开放式证券投资基金	景顺长城内需增长股票
88	泰信先行策略开放式证券投资基金	泰信先行策略混合
89	天治财富增长证券投资基金	天治财富增长混合
90	泰达荷银行业精选证券投资基金	泰达荷银精选股票
91	广发稳健增长开放式证券投资基金	广发稳健增长混合
92	华夏大盘精选证券投资基金	华夏大盘精选混合
93	银华－道琼斯88精选证券投资基金	银华－道琼斯88指数
94	华安宝利配置证券投资基金	华安宝利配置混合
95	光大保德信量化核心证券投资基金	光大保德信量化股票
96	易方达积极成长证券投资基金	易方达积极成长混合
97	上投摩根中国优势证券投资基金	上投摩根中国优势混合
98	万家保本增值证券投资基金	万家增强收益债券
99	中海优质成长证券投资基金	中海优质成长混合
100	南方积极配置证券投资基金	南方积极配置股票(LOF)
101	东方龙混合型开放式证券投资基金	东方龙混合
102	申万巴黎盛利强化配置混合型证券投资基金	申万巴黎盛利强化配置混合
103	诺安货币市场证券投资基金	诺安货币
104	大成精选增值混合型证券投资基金	大成精选增值混合
105	银河银富货币市场基金	银河银富货币
106	上证50交易型开放式指数证券投资基金	华夏上证50ETF
107	中银国际中国精选混合型开放式证券投资基金	中银中国混合(LOF)
108	海富通货币市场证券投资基金	海富通货币
109	博时主题行业股票证券投资基金	博时主题行业股票(LOF)
110	天治品质优选混合型证券投资基金	天治品质优选混合
111	长信银利精选开放式证券投资基金	长信银利精选股票
112	银华货币市场证券投资基金	银华货币
113	东吴嘉禾优势精选混合型开放式证券投资基金	东吴嘉禾优势精选混合
114	易方达货币市场基金	易方达货币
115	广发小盘成长股票型证券投资基金	广发小盘成长股票(LOF)
116	华富竞争力优选混合型证券投资基金	华富竞争力优选混合
117	宝盈泛沿海区域增长股票证券投资基金	宝盈泛沿海增长股票
118	景顺长城鼎益股票型证券投资基金	景顺长城鼎益股票(LOF)
119	嘉实货币市场基金	嘉实货币
120	华宝兴业现金宝货币市场基金	华宝兴业现金宝货币
121	富国天瑞强势地区精选混合型证券投资基金	富国天瑞强势混合
122	泰达荷银风险预算混合型证券投资基金	泰达荷银风险预算混合
123	鹏华货币市场证券投资基金	鹏华货币
124	富兰克林国海中国收益证券投资基金	国富中国收益混合
125	上投摩根货币市场基金	上投摩根货币
126	中信现金优势货币市场基金	中信现金优势货币
127	华泰柏瑞盛世中国股票型证券投资基金	华泰柏瑞盛世中国股票
128	融通巨潮100指数证券投资基金	融通巨潮100指数(LOF)
129	广发货币市场基金	广发货币
130	长城货币市场证券投资基金	长城货币
131	大成货币市场证券投资基金	大成货币
132	中银国际货币市场证券投资基金	中银货币

序号	基金名称	基金简称
133	光大保德信货币市场基金	光大保德信货币
134	中海分红增利混合型证券投资基金	中海分红增利混合
135	国泰货币市场证券投资基金	国泰货币
136	华夏红利混合型证券投资基金	华夏红利混合
137	南方高增长证券投资基金	南方高增长股票(LOF)
138	德盛安心成长混合型证券投资基金	国联安安心成长混合
139	万家公用事业行业股票型证券投资基金	万家公用事业行业股票(LOF)
140	海富通股票证券投资基金	海富通股票
141	博时稳定价值债券投资基金	博时稳定价值债券
142	汇添富优势精选混合型证券投资基金	汇添富优势精选混合
143	嘉实沪深300指数证券投资基金	嘉实沪深300指数(LOF)
144	工银瑞信核心价值股票型证券投资基金	工银核心价值股票
145	新华优选分红混合型证券投资基金	新华优选分红混合
146	易方达稳健收益债券型证券投资基金	易方达稳健收益债券
147	摩根士丹利华鑫资源优选混合型证券投资基金	大摩资源优选混合(LOF)
148	银华核心价值优选股票型证券投资基金	银华价值优选股票
149	交银施罗德精选股票证券投资基金	交银精选股票
150	天弘精选混合型证券投资基金	天弘精选混合
151	上投摩根阿尔法股票型证券投资基金	上投摩根阿尔法股票
152	兴业趋势投资混合型证券投资基金	兴业趋势投资混合(LOF)
153	泰达荷银货币市场基金	泰达荷银货币
154	申万巴黎新动力股票型证券投资基金	申万巴黎新动力股票
155	富国天惠精选成长混合型证券投资基金	富国天惠成长混合(LOF)
156	招商优质成长股票型证券投资基金	招商优质成长股票(LOF)
157	华宝兴业动力组合股票型证券投资基金	华宝兴业动力组合股票
158	华夏收入股票型证券投资基金	华夏收入股票
159	建信恒久价值股票型证券投资基金	建信恒久价值股票
160	长盛货币市场基金	长盛货币
161	诺安股票证券投资基金	诺安股票
162	广发聚丰股票型证券投资基金	广发聚丰股票
163	德盛精选股票证券投资基金	国联安精选股票
164	东方精选混合型开放式证券投资基金	东方精选混合
165	融通易支付货币市场证券投资基金	融通易支付货币
166	天治核心成长股票型证券投资基金	天治核心成长股票(LOF)
167	交银施罗德货币市场证券投资基金	交银货币
168	景顺长城资源垄断股票型证券投资基金	景顺长城资源垄断股票(LOF)
169	中银持续增长股票基金	中银增长股票
170	工银瑞信货币市场基金	工银货币
171	汇添富货币市场基金	汇添富货币
172	易方达深证100交易型开放式指数证券投资基金	易方达深证100ETF
173	光大保德信红利混合基金	光大保德信红利股票
174	南方多利增强债券型证券投资基金	南方多利中短期债券
175	泰达荷银效率优选混合基金	泰达荷银效率优选混合(LOF)
176	长城消费增值股票型证券投资基金	长城消费增值股票
177	大成沪深300指数证券投资基金	大成沪深300指数
178	上证180交易型开放式指数证券投资基金	华安上证180ETF
179	华泰柏瑞中短期债券投资基金	华泰柏瑞稳本增利债券
180	国投瑞银核心企业股票型基金	国投瑞银核心企业股票
181	建信货币市场基金	建信货币
182	嘉实超短债证券投资基金	嘉实超短债债券
183	上投摩根双息平衡混合型基金	上投摩根双息平衡混合
184	兴业货币市场基金	兴业货币
185	信诚四季红混合型基金	信诚四季红混合
186	长信金利趋势股票型基金	长信金利趋势股票
187	广发策略优选混合型证券投资基金	广发策略优选混合
188	汇丰晋信2016生命周期开放式证券投资基金	汇丰晋信2016周期混合
189	万家货币市场基金	万家货币
190	海富通强化回报混合型证券投资基金	海富通强化回报混合
191	博时平衡配置混合型基金	博时平衡配置混合
192	富国天时货币市场基金	富国天时货币
193	中小企业板交易型开放式指数基金	华夏中小板ETF
194	银华优质增长基金	银华优质增长股票

序号	基金名称	基金简称
195	易方达价值精选股票型证券投资基金	易方达价值精选股票
196	富兰克林弹性市值股票型证券投资基金	国富弹性市值股票
197	华宝兴业收益增长混合型证券投资基金	华宝兴业收益增长混合
198	泰信双息双利债券型证券投资基金	泰信双息双利债券
199	华富货币市场基金	华富货币
200	交银施罗德稳健配置混合型证券投资基金	交银稳健配置混合
201	景顺长城新兴成长股票基金	景顺长城新兴成长股票
202	天治天得利货币市场基金	天治天得利货币
203	招商安本增利债券型证券投资基金	招商安本增利债券
204	申万巴黎收益宝货币市场基金	申万巴黎收益宝货币
205	工银瑞信精选平衡混合型证券投资基金	工银精选平衡混合
206	益民货币市场基金	益民货币
207	鹏华价值优势股票型证券投资基金(LOF)	鹏华价值优势股票(LOF)
208	中信稳定双利债券型证券投资基金	中信稳定双利债券
209	嘉实主题精选混合型证券投资基金	嘉实主题混合
210	南方稳健成长贰号证券投资基金	南方稳健成长贰号混合
211	东方金账簿货币市场基金	东方金账簿货币
212	汇天富均衡增长股票型证券投资基金	汇添富均衡增长股票
213	华夏平稳增长混合型证券投资基金	华夏稳增混合
214	华夏回报二号证券投资基金	华夏回报二号混合
215	易方达策略成长二号混合型证券投资基金	易方达策略成长二号混合
216	摩根士丹利华鑫货币市场基金	大摩货币
217	长城安心回报混合型证券投资基金	长城安心回报混合
218	华安宏利股票型证券投资基金	华安宏利股票
219	建信优选成长股票型证券投资基金	建信优选成长股票
220	大成财富管理 2020 生命周期	大成 2020 生命周期混合
221	光大保德信新增长股票型证券投资基金	光大保德信新增长股票
222	兴业全球视野股票型证券投资基金	兴业全球视野股票
223	上投摩根成长先锋基金	上投摩根成长先锋股票
224	博时价值增长贰号证券投资基金	博时价值增长贰号混合
225	汇丰晋信龙腾股票型开放式基金	汇丰晋信龙腾股票
226	中邮核心优选股票型证券投资基金	中邮核心优选股票
227	国泰金鹏蓝筹价值混合型证券投资基金	国泰金鹏蓝筹混合
228	中银国际收益混合型证券投资基金	中银收益混合
229	景顺长城内需增长贰号股票型证券投资基金	景顺长城内需贰号股票
230	海富通风格优势股票型证券投资基金	海富通风格优势股票
231	交银施罗德成长基金	交银成长股票
232	华宝兴业先进成长股票型基金	华宝兴业先进成长股票
233	长信增利动态策略股票型证券投资基金	长信增利动态策略股票
234	富国天合稳健优选股票型证券投资基金	富国天合稳健股票
235	国投瑞银创新动力股票型证券投资基金	国投瑞银创新动力股票
236	融通动力先锋股票型证券投资基金	融通动力先锋股票
237	银华富裕主题股票证券投资基金	银华富裕主题股票
238	南方绩优成长股票型证券投资基金	南方绩优成长股票
239	上证红利交易型开放式指数证券投资基金	友邦华泰上证红利 ETF
240	诺安价值增长股票型证券投资基金	诺安价值增长股票
241	益民红利成长混合型证券投资基金	益民红利成长混合
242	长盛中证指数 100 证券投资基金	长盛中证 100 指数
243	华夏优势增长股票型证券投资基金	华夏优势增长股票
244	信城精萃成长股票型证券投资基金	信诚精萃成长股票
245	万家和谐增长混合型证券投资基金	万家和谐增长混合
246	泰达荷银首选企业股票型证券投资基金	泰达荷银首选企业股票
247	申万巴黎新经济混合型证券投资基金	申万巴黎新经济混合
248	工银瑞信稳健成长股票型证券投资基金	工银稳健成长股票
249	嘉实策略增长混合型证券投资基金	嘉实策略混合
250	泰信优质生活股票型证券投资基金	泰信优质生活股票
251	东吴价值成长双动力股票型证券投资基金	东吴双动力股票
252	长盛同智优势成长混合型证券投资基金(LOF)	长盛同智优势混合(LOF)
253	鹏华动力增长混合型证券投资基金(LOF)	鹏华动力增长混合(LOF)
254	大成积极成长股票型证券投资基金	大成积极成长股票
255	宝盈策略增长股票型证券投资基金	宝盈策略增长股票
256	德盛优势股票证券投资基金	国联安优势股票
257	中欧新趋势股票型证券投资基金(LOF)	中欧新趋势股票(LOF)
258	长城久富核心成长股票型证券投资基金(LOF)	长城久富股票(LOF)
259	建信优化配置混合型证券投资基金	建信优化配置混合
260	信达澳银领先增长股票型证券投资基金	信达澳银领先增长股票
261	汇添富成长焦点股票型证券投资基金	汇添富成长焦点股票
262	中海能源策略混合型证券投资基金	中海能源策略混合
263	银河银信添利债券型证券投资基金	银河银信添利债券
264	华富成长趋势股票型证券投资基金	华富成长趋势股票
265	富兰克林国海潜力组合股票型证券投资基金	国富潜力组合股票
266	招商核心价值混合型证券投资基金	招商核心价值混合
267	易方达价值成长混合型证券投资基金	易方达价值成长混合
268	海富通精选贰号混合型证券投资基金	海富通精选贰号混合
269	汇丰晋信动态策略混合型证券投资基金	汇丰晋信动态策略混合
270	华安中小盘成长股票型证券投资基金	华安中小盘成长股票
271	国泰金鼎价值精选混合型证券投资基金	国泰金鼎价值混合
272	博时第三产业成长股票证券投资基金	博时第三产业股票
273	上投摩根内需动力股票型证券投资基金	上投摩根内需动力股票
274	诺德价值优势股票型证券投资基金	诺德价值优势股票
275	华夏蓝筹核心混合型证券投资基金(LOF)	华夏蓝筹混合(LOF)
276	鹏华优质治理股票型证券投资基金(LOF)	鹏华优质治理股票(LOF)
277	富国天博创新主题股票型证券投资基金	富国天博创新股票
278	融通领先成长股票型证券投资基金	融通领先成长股票(LOF)
279	工银瑞信增强收益债券型证券投资基金	工银增强收益债券
280	南方成份精选股票兴证券投资基金	南方成份精选股票
281	华商领先企业混合型证券投资基金	华商领先企业混合
282	国泰金牛创新成长股票型基金	国泰金牛创新股票
283	华泰柏瑞积极成长混合型基金	华泰柏瑞积极成长混合
284	大成创新成长混合型证券投资基金	大成创新成长混合
285	广发大盘成长混合型证券投资基金	广发大盘成长混合
286	华宝兴业行业精选股票型证券投资基金	华宝兴业行业精选股票
287	景顺长城精选蓝筹股票型证券投资基金	景顺长城精选蓝筹股票
288	博时新兴成长股票型证券投资基金	博时新兴成长股票
289	益民创新优势混合型证券投资基金	益民创新优势混合
290	工银瑞信红利股票型证券投资基金	工银红利股票
291	大成优选股票型证券投资基金(LOF)	大成优选股票(LOF)
292	华安策略优选股票型证券投资基金	华安策略优选股票
293	泰达荷银市值优选股票型证券投资基金	泰达荷银市值优选股票
294	长城品牌优选股票型证券投资基金	长城品牌优选股票
295	交银施罗德蓝筹股票证券投资基金	交银蓝筹股票
296	金元惠理宝石动力保本混合型证券投资基金	金元惠理宝石保本混合
297	中邮核心成长股票型证券投资基金	中邮核心成长股票
298	光大保德信优势配置股票型证券投资基金	光大保德信优势配置股票
299	诺安中短债证券基金	诺安优化收益债券
300	华夏复兴股票型证券投资基金	华夏复兴股票
301	长盛同德主题增长股票型证券投资基金	长盛同德主题股票
302	南方隆元产业主题股票型证券投资基金	南方隆元产业主题股票
303	国泰沪深 300 指数证券投资基金	国泰沪深 300 指数
304	华夏行业精选股票型证券投资基金(LOF)	华夏行业股票(LOF)
305	嘉实优质企业股票型开放式证券投资基金	嘉实优质企业股票
306	大成景阳领先股票型证券投资基金	大成景阳领先股票
307	易方达科讯股票型证券投资基金	易方达科讯股票
308	国投瑞银成长优选股票型政权投资基金	国投瑞银成长优选股票
309	国投瑞银稳定增利债券型证券投资基金	国投瑞银稳定增利债券
310	汇添富增强收益债券型证券投资基金	汇添富增强收益债券
311	华夏希望债券型证券投资基金	华夏希望债券
312	易方达增强回报债券型证券投资基金	易方达增强回报债券
313	南方盛元红利股票型证券投资基金	南方盛元红利股票
314	广发增强债券型证券投资基金	广发增强债券
315	交银施罗德增利债券证券投资基金	交银增利债券
316	中银动态策略股票基金	中银策略股票
317	中海稳健收益债券基金	中海稳健收益债券
318	工银瑞信信用添利债券型证券投资基金	工银添利债券

序号	基金名称	基金简称
319	宝盈资源优选股票型证券投资基金	宝盈资源优选股票
320	浦银安盛价值成长股票型证券投资基金	浦银安盛价值成长股票
321	天弘永利债券型证券投资基金	天弘永利债券
322	东吴行业轮动股票型证券投资基金	东吴行业轮动股票
323	华安稳定收益债券型证券投资基金	华安稳定收益债券
324	兴业社会责任股票型证券投资基金	兴业社会责任股票
325	天治创新先锋股票型证券投资基金	天治创新先锋股票
326	宝盈增强收益债券型证券投资基金	宝盈增强收益债券
327	诺安灵活配置混合型证券投资基金	诺安灵活配置混合
328	上投摩根双核平衡混和型证券投资基金	上投摩根双核平衡混合
329	益民多利债券型证券投资基金	益民多利债券
330	银河竞争优势成长股票型证券投资基金	银河成长股票
331	嘉实研究精选股票型证券投资基金	嘉实研究精选股票
332	博时特许价值股票型证券投资基金	博时特许价值股票
333	富国天成红利灵活配置混合型证券投资基金	富国天成红利混合
334	鹏华丰收债券基金	鹏华丰收债券
335	华富收益增强债券型证券投资基金	华富收益增强债券
336	东方策略成长股票型开放式证券投资基金	东方策略成长股票
337	长盛创新先锋灵活配置混合型证券投资基金	长盛创新先锋混合
338	信诚盛世蓝筹股票型证券投资基金	信诚盛世蓝筹股票
339	国投瑞银稳健增长灵活配置混和型证券投资基金	国投瑞银稳健增长混合
340	国泰金鹿保本增值混合证券投资基金(二期)	国泰金鹿保本混合(二期)
341	南方优选价值股票型证券投资基金	南方优选价值股票
342	易方达中小盘股票型证券投资基金	易方达中小盘股票
343	招商大盘蓝筹股票型证券投资基金	招商大盘蓝筹股票
344	长信双利优选灵活配置混合型证券投资基金	长信双利优选混合
345	泰信优势增长灵活配置混合型证券投资基金	泰信优势增长混合
346	建信稳定增利债券型证券投资基金	建信稳定增利债券
347	万家双引擎灵活配置混合型证券投资基金	万家双引擎灵活配置混合
348	富兰克林国海深化价值股票型证券投资基金	国富深化价值股票
349	申万巴黎竞争优势股票型证券投资基金	申万巴黎竞争优势股票
350	汇添富蓝筹稳健灵活配置混合型证券投资基金	汇添富蓝筹稳健混合
351	广发核心精选股票型证券投资基金	广发核心精选股票
352	华泰柏瑞价值增长股票型证券投资基金	华泰柏瑞价值增长股票
353	汇丰晋信2026生命周期证券投资基金	汇丰晋信2026周期混合
354	中欧新蓝筹灵活配置混合型证券投资基金	中欧新蓝筹混合
355	新华优选成长股票型证券投资基金	新华优选成长股票
356	信达澳银精华灵活配置混合型证券投资基金	信达澳银精华配置混合
357	工银瑞信大盘蓝筹股票型证券投资基金	工银大盘蓝筹股票
358	农银汇理行业成长股票型证券投资基金	农银行业成长股票
359	大成强化收益债券型证券投资基金	大成强化收益债券
360	银华领先策略股票型证券投资基金	银华领先策略股票
361	长城稳健增利债券型证券投资基金	长城稳健增利债券
362	金元惠理成长动力灵活配置混合型证券投资基金	金元惠理成长动力混合
363	嘉实多元收益债券型证券投资基金	嘉实多元债券
364	华商盛世成长股票型证券投资基金	华商盛世成长股票
365	泰达荷银集利债权型证券投资基金	泰达荷银集利债券
366	信诚三得益债券型证券投资基金	信诚三得益债券
367	华宝兴业大盘精选股票型证券投资基金	华宝兴业大盘精选股票
368	长盛积极配置债券型证券投资基金	长盛积极配置债券
369	易方达科汇灵活配置混合型证券投资基金	易方达科汇灵活配置混合
370	鹏华盛世创新股票型证券投资基金	鹏华盛世创新股票(LOF)
371	华安核心优选股票型证券投资基金	华安核心股票
372	招商安心收益债券型证券投资基金	招商安心收益债券
373	德胜红利股票型证券投资基金	国联安红利股票
374	景顺长城公司治理股票型证券投资基金	景顺长城公司治理股票
375	华夏策略精选灵活配置混合型证券投资基金	华夏策略混合
376	富兰克林国海强化收益债券型证券投资基金	国富强化收益债券
377	海富通稳健添利债券型证券投资基金	海富通稳健添利债券
378	光大保德信增利收益债券型证券投资基金	光大保德信增利收益债券
379	天治稳健双盈债券型证券投资基金	天治稳健双盈债券
380	诺德主题灵活配置混合型证券投资基金	诺德灵活配置混合
381	东吴优信稳健型证券投资基金	东吴优信稳健债券
382	南方恒元保本混合型证券投资基金	南方恒元保本混合
383	中银稳健增利债券型证券投资基金	中银增利债券
384	易方达科翔股票型证券投资基金	易方达科翔股票
385	富国天鼎中证红利指数增强型证券投资基金	富国天鼎中证指数增强
386	建信核心精选股票型证券投资基金	建信核心精选股票
387	大成策略回报股票型证券投资基金	大成策略回报股票
388	天弘永定价值成长股票型证券投资基金	天弘永定价值成长股票
389	银华增强收益债券型证券投资基金	银华增强收益债券
390	中海蓝筹灵活配置混合型证券投资基金	中海蓝筹混合
391	汇丰晋信平稳增利债券型证券投资基金	汇丰晋信平稳增利债券
392	金鹰红利价值灵活配置混合型证券投资基金	金鹰红利价值混合
393	申万巴黎添益宝债券型证券投资基金	申万巴黎添益宝债券
394	东方稳健回报债券型证券投资基金	东方稳健回报债券
395	农银汇理恒久增利债券型证券投资基金	农银恒久增利债券
396	华富策略精选灵活配置混合型证券投资基金	华富策略精选混合
397	长信利丰债券型证券投资基金	长信利丰债券
398	广发沪深300指数证券投资基金	广发沪深300指数
399	浦银安盛优化收益债券型证券投资基金	浦银安盛优化收益债券
400	长城双动力股票型证券投资基金	长城双动力股票
401	国投瑞银货币市场基金	国投瑞银货币
402	上投摩根中小盘股票型证券投资基金	上投摩根中小盘股票
403	交银施罗德保本混合型证券投资基金	交银保本混合
404	汇添富价值精选股票型证券投资基金	汇添富价值精选股票
405	华商收益增强债券型证券投资基金	华商收益增强债券
406	华宝兴业增强收益债券型证券投资基金	华宝兴业增强收益债券
407	光大保德信均衡精选股票型证券投资基金	光大保德信均衡精选股票
408	诺德增强收益债券型证券投资基金	诺德增强收益债券
409	工银瑞信沪深300指数证券投资基金	工银沪深300指数
410	诺安成长股票型证券投资基金	诺安成长股票
411	国泰双利债券证券投资基金	国泰双利债券
412	德盛增利债券证券投资基金	国联安增利债券
413	信诚经典优债债券型证券投资基金	信诚经典优债债券
414	宝盈核心优势灵活配置混合型证券投资基金	宝盈核心优势混合
415	嘉实量化阿尔法股票型证券投资基金	嘉实量化阿尔法股票
416	金元惠理丰利债券型证券投资基金	金元惠理丰利债券
417	南方沪深300指数证券投资基金	南方沪深300指数
418	兴业有机增长灵活配置混合型证券投资基金	兴业有机增长混合
419	富兰克林国海成长动力股票型证券投资基金	国富成长动力股票
420	易方达行业领先企业股票型证券投资基金	易方达行业领先股票
421	民生加银品牌蓝筹灵活配置混合型证券投资基金	民生加银品牌蓝筹混合
422	鹏华沪深300指数证券投资基金(LOF)	鹏华沪深300指数(LOF)
423	中银行业优选灵活配置混合型证券投资基金	中银优选混合
424	信达澳银稳定价值债券型证券投资基金	信达澳银稳定价值债券
425	农银汇理平衡双利混合型证券投资基金	农银平衡双利混合
426	泰达宏利品质生活灵活配置混合型证券投资基金	泰达宏利品质生活混合
427	交银施罗德先锋股票证券投资基金	交银先锋股票
428	华安强化收益债券型证券投资基金	华安强化收益债券
429	融通内需驱动股票型证券投资基金	融通内需驱动股票
430	泰信蓝筹精选股票型证券投资基金	泰信蓝筹精选股票
431	中欧稳健收益债券型证券投资基金	中欧稳健收益债券
432	银河行业优选股票型证券投资基金	银河行业股票
433	银华和谐主题灵活配置混合型证券投资基金	银华和谐主题混合
434	海富通领先成长股票型证券投资基金	海富通领先成长股票
435	华泰柏瑞货币市场证券投资基金	华泰柏瑞货币
436	东吴进取策略灵活配置混合型证券投资基金	东吴进取策略混合
437	万家精选股票型证券投资基金	万家精选股票
438	国泰区位优势股票型证券投资基金	国泰区位优势股票
439	建信收益增强债券型证券投资基金	建信收益增强债券
440	浦银安盛精致生活灵活配置混合型证券投资基金	浦银安盛精致生活
441	富国优化增强债券型证券投资基金	富国优化增强债券
442	博时信用债券投资基金	博时信用债券

序号	基金名称	基金简称
443	申万菱信消费增长股票型证券投资基金	申万菱信消费增长股票
444	广发聚瑞股票型证券投资基金	广发聚瑞股票
445	招商行业领先股票型证券投资基金	招商行业领先股票
446	汇丰晋信大盘股票型证券投资基金	汇丰晋信大盘股票
447	东方核心动力股票型开放式证券投资基金	东方核心动力股票
448	中海量化策略股票型证券投资基金	中海量化策略股票
449	上投摩根纯债债券型证券投资基金	上投摩根纯债债券
450	长城景气行业龙头灵活配置混合型证券投资基金	长城景气行业龙头混合
451	诺安增利债券型证券投资基金	诺安增利债券
452	银华内需精选股票型证券投资基金(LOF)	银华内需精选股票
453	金鹰行业优势股票型证券投资基金	金鹰行业优势股票
454	汇添富上证综合指数证券投资基金	汇添富上证综合指数
455	华夏沪深300指数证券投资基金	华夏沪深300指数
456	新华泛资源优势灵活配置混合型证券投资基金	新华泛资源优势混合
457	天治趋势精选灵活配置混合型证券投资基金	天治趋势精选混合
458	华富价值增长灵活配置混合型证券投资基金	华富价值增长混合
459	民生加银增强收益债券型证券投资基金	民生加银增强收益债券
460	兴业磐稳增利债券型证券投资基金	兴业磐稳增利债券
461	中欧价值发现股票型证券投资基金	中欧价值发现股票
462	泰信增强收益债券型证券投资基金	泰信债券增强收益
463	长信恒利优势股票型证券投资基金	长信恒利优势股票
464	华泰柏瑞行业领先股票型证券投资基金	华泰柏瑞行业领先股票
465	宝盈货币市场证券投资基金	宝盈货币
466	博时策略灵活配置混合型证券投资基金	博时策略混合
467	万家稳健增利债券型证券投资基金	万家稳健增利债券
468	嘉实回报灵活配置混合型证券投资基金	嘉实回报混合
469	信诚优胜精选股票型证券投资基金	信诚优胜精选股票
470	上证中央企业50交易型开放式指数证券投资基金	工银上证央企ETF
471	国联安主题驱动股票型证券投资基金	国联安主题驱动股票
472	易方达沪深300指数证券投资基金	易方达沪深300指数
473	富兰克林国海沪深300指数增强型证券投资基金	国富沪深300指数增强
474	中银中证100指数增强型证券投资基金	中银中证100指数增强
475	大成行业轮动股票型证券投资基金	大成行业轮动股票
476	鹏华精选成长股票型证券基金	鹏华精选成长股票
477	金元惠理价值增长股票型证券投资基金	金元惠理价值增长股票
478	诺德成长优势股票型证券投资基金	诺德成长优势股票
479	摩根士丹利华鑫领先优势股票型证券投资基金	大摩领先优势股票
480	南方中证500指数证券投资基金(LOF)	南方中证500指数(LOF)
481	上证180公司治理交易型开放式证券投资基金	交银上证180公司治理ETF
482	华宝兴业中证100指数证券投资基金	华宝兴业中证100指数
483	华安上证180交易型开放式指数证券投资基金联接基金	华安上证180ETF联接
484	交银施罗德上证180公司治理交易型开放式指数证券投资联接基金	交银上证180公司治理ETF联接
485	农银汇理策略价值股票型证券投资基金	农银策略价值股票
486	海富通中证100指数证券投资基金(LOF)	海富通中证100指数(LOF)
487	中邮核心优势灵活配置混合型证券投资基金	中邮核心优势灵活配置混合
488	光大保德信动态优选灵活配置混合型证券投资基金	光大保德信动态优选混合
489	诺安中证100指数证券投资基金	诺安中证100指数
490	景顺长城能源基建股票型证券投资基金	景顺长城能源基建股票
491	国泰中小盘成长股票型证券投资基金(LOF)	国泰中小盘成长股票
492	国投瑞银瑞和沪深300指数分级证券投资基金	国投瑞银沪深300指数分级
493	银华沪深300指数证券投资基金	银华沪深300指数(LOF)
494	建信沪深300指数证券投资基金(LOF)	建信沪深300指数(LOF)
495	华商动态阿尔法灵活配置混合型证券投资基金	华商动态阿尔法混合
496	长盛量化红利策略股票型证券投资基金	长盛量化红利股票
497	广发中证500指数证券投资基金(LOF)	广发中证500指数(LOF)
498	东吴新经济股票型证券投资基金	东吴新经济
499	中欧中小盘股票型证券投资基金(LOF)	中欧中小盘股票(LOF)
500	嘉实中证锐联基本面50指数证券投资基金(LOF)	嘉实基本面50指数(LOF)
501	华富中证100指数证券投资基金	华富中证100指数
502	摩根士丹利华鑫强收益债券型证券投资基金	大摩强收益债券
503	博时上证超级大盘交易型开放式指数证券投资基金联接基金	博时上证超大盘ETF联接
504	上证超级大盘交易型开放式指数证券投资基金	博时上证超大盘ETF
505	银河沪深300价值指数证券投资基金	银河沪深300价值指数
506	招商中小盘精选股票型证券投资基金	招商中小盘股票
507	汇添富策略回报股票型证券投资基金	汇添富策略回报股票
508	华安动态灵活配置混合型证券投资基金	华安动态灵活配置混合
509	天弘周期策略股票型证券投资基金	天弘周期策略股票
510	富国沪深300增强证券投资基金	富国沪深300指数增强
511	汇丰晋信中小盘股票型证券投资基金	汇丰晋信中小盘股票
512	华夏盛世精选股票型证券投资基金	华夏盛世股票
513	南方深证成份交易型开放式指数证券投资基金联接基金	南方深证成份ETF联接
514	深证成份交易型开放式指数证券投资基金	南方深证成份ETF
515	泰达宏利红利先锋股票型证券投资基金	泰达宏利红利股票
516	浦银安盛红利精选股票型证券投资基金	浦银安盛红利精选股票
517	易方达深证100交易型开放式指数证券投资基金联接基金	易方达深证100ETF联接
518	信达澳银中小盘股票型证券投资基金	信达澳银中小盘股票
519	上投摩根行业轮动股票型证券投资基金	上投摩根行业轮动股票
520	大成中证红利指数证券投资基金	大成中证红利指数
521	新华钻石品质企业股票型证券投资基金	新华钻石品质企业股票
522	民生加银精选股票型投资基金	民生加银精选股票
523	鹏华中证500指数证券投资基金	鹏华中证500指数(LOF)
524	宝盈中证100指数增强型证券投资基金	宝盈中证100指数增强
525	信诚中小盘股票型证券投资基金	信诚中小盘股票
526	工银瑞信中小盘成长股票型证券投资基金	工银瑞信中小盘股票
527	申万菱信沪深300价值指数型证券投资基金	申万沪深300价值指数
528	中银蓝筹精选灵活配置混合型证券投资基金	中银蓝筹混合
529	金元惠理核心动力股票型证券投资基金	金元惠理核心动力股票
530	泰信周期回报债券型证券投资基金	泰信周期回报债券
531	农银汇理中小盘股票型证券投资基金	农银中小盘股票
532	中海上证50指数增强型证券投资基金	中海上证50指数增强
533	长信中证中央企业100指数证券投资基金(LOF)	长信中证中央企业100指数(LOF)
534	易方达上证中盘交易型开放式指数证券投资基金	易方达上证中盘ETF
535	南方策略优化股票型证券投资基金	南方策略优化策略
536	易方达上证中盘交易型开放式证券投资基金联接基金	易方达上证中盘ETF联接
537	国投瑞银沪深300金融地产指数证券投资基金(LOF)	国投瑞银沪深300金融地产指数(LOF)
538	金鹰稳健成长股票型证券投资基金	金鹰稳健成长股票
539	海富通中小盘股票型证券投资基金	海富通中小盘股票
540	光大保德信中小盘股票型证券投资基金	光大保德信中小盘股票
541	国联安双禧中证100指数分级证券投资基金	国联安双禧中证100指数分级
542	广发内需增长灵活配置混合型证券投资基金	广发内需增长混合
543	兴业合润分级股票型证券投资基金	兴业合润分级股票
544	华宝兴业上证180价值交易型开放式指数证券投资基金联接基金	华宝兴业上证180价值ETF联接
545	华宝兴业上证180价值交易型开放式指数证券投资基金	华宝兴业上证180价值ETF
546	泰达宏利中证财富大盘指数证券投资基金	泰达宏利财富大盘指数
547	诺安中小盘精选股票型证券投资基金	诺安中小盘精选股票
548	汇添富民营活力股票型证券投资基金	汇添富民营活力股票
549	银华深证100指数分级证券投资基金	银华深证100指数分级
550	东吴货币市场证券投资基金	东吴货币
551	华安行业轮动股票型证券投资基金	华安行业轮动股票
552	富国通胀通缩主题轮动股票型证券投资基金	富国通胀通缩主题股票
553	摩根士丹利华鑫卓越成长股票型证券投资基金	大摩卓越成长股票
554	中邮核心主题股票型证券投资基金	中邮核心主题股票
555	上证社会责任交易型开放式指数证券投资基金	建信上证社会责任ETF
556	建信上证社会责任交易型开放式指数证券投资基金联接基金	建信上证社会责任ETF联接

序号	基金名称	基金简称
557	鹏华信用增利债券型证券投资基金	鹏华信用增利债券
558	博时创业成长股票型证券投资基金	博时创业成长股票
559	嘉实价值优势股票型证券投资基金	嘉实价值优势股票
560	汇丰晋信低碳先锋股票型证券投资基金	汇丰晋信低碳先锋股票
561	华商产业升级股票型证券投资基金	华商产业升级股票
562	大成核心双动力股票型证券投资基金	大成核心双动力股票型
563	华泰柏瑞量化先行股票型证券投资基金	华泰柏瑞量化先行股票
564	国联安信心增益债券型证券投资基金	国联安信心增益债券
565	招商深证100指数证券投资基金	招商深证100指数
566	中欧沪深300指数增强型证券投资基金(LOF)	中欧沪深300指数增强(LOF)
567	诺德中小盘股票证券投资基金	诺德中小盘股票
568	长信中短债证券投资基金	长信中短债债券
569	民生加银稳健成长股票型证券投资基金	民生加银稳健成长股票
570	东吴新创业股票型证券投资基金	东吴新创业股票
571	交银施罗德主题优选灵活配置混合型证券投资基金	交银主题优选混合
572	银河蓝筹精选股票型证券投资基金	银河蓝筹股票
573	新华行业周期轮换股票型证券投资基金	新华行业周期轮换股票
574	博时宏观回报债券型证券投资基金	博时宏观回报债券
575	中海货币市场证券投资基金	中海货币
576	信达澳银红利回报股票证券投资基金	信达澳银红利回报股票
577	信诚深度价值股票型证券投资基金	信诚深度价值股票(LOF)
578	长盛沪深300指数证券投资基金(LOF)	长盛沪深300指数(LOF)
579	鹏华上证民营企业50交易型开放式指数证券投资基金联接基金	鹏华上证民企50ETF联接
580	鹏华上证民营企业50交易型开放式指数证券投资基金	鹏华上证民企50ETF
581	华商稳健双利债券型证券投资基金	华商稳健双利债券
582	天弘深证成份指数证券投资基金(LOF)	天弘深证成份指数(LOF)
583	国泰价值经典股票型证券投资基金	国泰价值经典股票(LOF)
584	工银瑞信双利债券型证券投资基金	工银瑞信双利债券
585	易方达消费行业股票型证券投资基金	易方达消费行业股票
586	中银价值精选灵活配置混合型证券投资基金	中银价值混合
587	中证南方小康产业交易型开放式指数证券投资基金	南方小康ETF
588	中证南方小康产业交易型开放式指数证券投资基金联接基金	南方小康ETF联接
589	嘉实稳固收益债券型证券投资基金	嘉实稳固收益债券
590	农银汇理大盘蓝筹股票型证券投资基金	农银大盘蓝筹股票
591	国投瑞银优化增强债券型证券投资基金	国投瑞银优化增强债券
592	诺安主题精选股票型证券投资基金	诺安主题精选股票
593	金元惠理消费主题股票型证券投资基金	金元惠理消费主题股票
594	上证周期行业50交易型开放式指数证券投资基金	海富通上证周期50ETF
595	汇添富医药保健股票型证券投资基金	汇添富医药保健
596	海富通上证周期行业50交易型开放式指数证券投资基金联接基金	海富通上证周期ETF联接
597	银华成长先锋混合型证券投资基金	银华成长先锋混合
598	申万巴黎深证成指分级证券投资基金	申万深成
599	兴业沪深300指数增强型证券投资基金(LOF)	兴业沪深300指数(LOF)
600	南方广利回报债券型证券投资基金	南方广利回报债券
601	深证红利交易型开放式指数证券投资基金	工银深证红利ETF
602	工银瑞信深证红利交易型开放式指数证券投资基金联接基金	工银深证红利ETF联接
603	华商策略精选灵活配置混合型证券投资基金	华商策略精选混合
604	融通深证成分指数证券投资基金	融通深证成分指数
605	建信内生动力股票型证券投资基金	建信内生动力股票
606	华安上证龙头企业交易型开放式指数证券投资基金联接基金	华安上证龙头ETF联接
607	上证龙头企业交易型开放式指数证券投资基金	华安上证龙头ETF
608	长信量化先锋股票型证券投资基金	长信量化先锋股票
609	广发行业领先股票型证券投资基金	广发行业领先股票
610	富兰克林国海中小盘股票型证券投资基金	国富中小盘股票
611	海富通稳固收益债券型证券投资基金	海富通稳固收益债券
612	农银汇理货币市场证券投资基金	农银货币
613	博时转债增强债券型证券投资基金	博时转债增强债券

序号	基金名称	基金简称
614	中银稳健双利债券型证券投资基金	中银双利债券
615	上证大宗商品股票交易型开放式指数证券投资基金	商品ETF
616	国联安上证大宗商品股票交易型开放式指数证券投资基金连接基金	国联安上证商品ETF联接
617	中欧增强回报债券型证券投资基金	中欧增强回报债券
618	银华信用双利债券型证券投资基金	银华信用双利债券
619	摩根士丹利华鑫消费领航混合型证券投资基金	大摩消费领航混合基金
620	嘉实主题新动力股票型证券投资基金	嘉实主题新动力股票
621	华宝兴业新兴产业股票型证券投资基金	华宝兴业新兴产业
622	富国可转债证券投资基金	富国可转债
623	招商上证消费80交易型开放式指数证券投资基金联接基金	招商上证消费80ETF联接
624	上证消费80交易型开放式指数证券投资基金	招商上证消费80ETF
625	汇丰晋信消费红利股票型证券投资基金	汇丰晋信消费红利股票
626	中海环保新能源主题灵活配置混合型证券投资基金	中海环保新能源混合
627	博时行业轮动股票型证券投资基金	博时行业轮动股票
628	浦银安盛沪深300指数增强型证券投资基金	浦银安盛沪深300指数增强
629	泰信发展主题股票型证券投资基金	泰信发展主题股票基金
630	国投瑞银中证下游消费与服务产业指数证券投资基金(LOF)	国投瑞银中证消费服务指数(LOF)
631	金鹰主题优势股票型证券投资基金	金鹰主题优势股票
632	上投摩根大盘蓝筹股票型证券投资基金	上投摩根大盘蓝筹股票
633	华安稳固收益债券型证券投资基金	华安稳固收益债券
634	大成深证成长40交易型开放式指数证券投资基金联接基金	大成深证成长40ETF联接
635	深证成长40交易型开放式指数证券投资基金	大成深证成长40ETF
636	交银施罗德趋势优先股票证券投资基金	交银趋势股票
637	鹏华消费优选股票型证券投资基金	鹏华消费优选股票
638	银河创新成长股票型证券投资基金	银河创新股票
639	建信保本混合型证券投资基金	建信保本混合
640	纽银策略优选股票型证券投资基金	纽银策略优选股票
641	泰达宏利领先中小盘股票型证券投资基金	泰达宏利中小盘股票
642	国联安货币市场证券投资基金	国联安货币
643	华泰柏瑞上证中小盘交易型开放式指数证券投资基金联接基金	华泰柏瑞上证中小盘ETF联接
644	汇添富保本混合型证券投资基金	汇添富保本混合
645	上证中小盘交易型开放式指数证券投资基金	华泰柏瑞上证中小盘ETF
646	长城中小盘成长股票型证券投资基金	长城中小盘股票
647	易方达医疗保健行业股票型证券投资基金	易方达医疗行业股票
648	新华中小盘小市值优选股票型证券投资基金	新华中小市值优选股票
649	民生加银内需增长股票型证券投资基金	民生加银内需增长股票
650	富国上证综指交易型开放式指数证券投资基金联接基金	富国上证综指ETF联接
651	南方优选成长混合型证券投资基金	南方优选成长混合
652	上证综指交易型开放式指数证券投资基金	富国上证综指ETF
653	东吴中证新兴产业指数证券投资基金	东吴中证新兴
654	泰信周期回报债券型证券投资基金	泰信债券周期回报
655	中欧新动力股票型证券投资基金	中欧新动力股票(LOF)
656	信诚中证500指数分级证券投资基金	信诚中证500指数
657	申万巴黎稳益宝债券型证券投资基金	申万巴黎稳益宝债券
658	浦银安盛货币市场证券投资基金	浦银安盛货币
659	广发聚祥保本混合型证券投资基金	广发聚祥保本混合
660	华商稳定增利债券型证券投资基金	华商稳定增利债券
661	银华中证等权重90指数分级证券投资基金	银华中证等权90指数分级
662	招商安瑞进取债券型证券投资基金	招商安瑞进取债券
663	景顺长城中小盘股票型证券投资基金	景顺长城中小盘股票
664	嘉实多利分级债券型证券投资基金	嘉实多利分级债券(LOF)
665	中海增强收益债券型证券投资基金	中海增强收益债券
666	信诚货币市场证券投资基金	信诚货币
667	景顺长城稳定收益债券型证券投资基金	景顺长城稳定收益债券
668	汇添富社会责任股票型证券投资基金	汇添富社会责任股票
669	国泰上证180金融交易型开放式指数证券投资基金	国泰上证180金融ETF联接

序号	基金名称	基金简称
670	上证180金融交易型开放式指数证券投资基金	国泰上证180金融ETF
671	华富量子生命力股票型证券投资基金	华富量子生命力股票
672	诺安上证新兴产业交易型开放式指数证券投资基金联接基金	诺安上证新兴产业ETF联接
673	上证新兴产业交易型开放式指数证券投资基金	诺安上证新兴产业ETF
674	长城积极增利债券型证券投资基金	长城积极增利债券
675	农银汇理沪深300指数证券投资基金	农银沪深300指数
676	东方保本混合型开放式证券投资基金	东方保本混合型基金
677	国泰保本混合型证券投资基金	国泰保本混合
678	大成保本混合型证券投资基金	大成保本混合
679	工银瑞信消费服务行业股票型证券投资基金	工银消费服务股票
680	华安升级主题股票型证券投资基金	华安升级主题股票
681	博时卓越品牌股票型证券投资基金(LOF)	博时卓越品牌股票(LOF)
682	上证非周期行业100交易型开放式指数证券投资基金	海富通上证非周期ETF
683	鹏华丰盛稳固收益债券型证券投资基金	鹏华丰盛债券
684	华宝兴业可转债债券型证券投资基金	华宝兴业可转债债券
685	海富通上证非周期行业100交易型开放式指数证券投资基金联接基金	海富通上证非周期ETF联接
686	诺德优选30股票型证券投资基金	诺德30股票
687	兴全绿色投资股票型证券投资基金(LOF)	兴全绿色投资股票(LOF)
688	建信双利策略主题分级股票型证券投资基金	建信双利分级股票
689	中邮中小盘灵活配置混合型证券投资基金	中邮中小盘灵活配置混合
690	诺安保本混合型证券投资基金	诺安保本混合
691	光大保德信信用添益债券型证券投资基金	光大保德信信用添益债券
692	南方中证50债券指数证券投资基金(LOF)	南方中证50债券指数(LOF)
693	金鹰保本混合型证券投资基金	金鹰保本混合
694	摩根士丹利华鑫多因子精选策略股票型证券投资基金	大摩多因子策略股票
695	浙商聚潮产业成长股票型证券投资基金	浙商聚潮产业成长股票
696	国联安优选行业股票型证券投资基金	国联安优选行业股票
697	长盛同鑫保本混合型证券投资基金	长盛同鑫保本混合
698	亚债中国债券指数基金	华夏亚债中国指数
699	嘉实领先成长股票型证券投资基金	嘉实领先成长股票
700	银河保本混合型证券投资基金	银河保本混合
701	华商价值精选股票型证券投资基金	华商价值精选股票
702	金鹰中证技术领先指数增强型证券投资基金	金鹰中证技术领先指数增强
703	广发中小板300交易型开放式指数证券投资基金	广发中小板300ETF
704	广发中小板300交易型开放式指数证券投资基金联接基金	广发中小板300联接
705	泰信中证200指数证券投资基金	泰信中证200指数基金
706	博时深证基本面200交易型开放式指数证券投资基金联接基金	博时深证基本面200ETF联接
707	深证基本面200交易型开放式指数证券投资基金	博时深证基本面200ETF
708	信达澳银产业升级股票型证券投资基金	信达澳银产业升级股票
709	大成内需增长股票型证券投资基金	大成内需增长股票
710	鹏华新兴产业股票型证券投资基金	鹏华新兴产业股票
711	申万菱信量化小盘股票型证券投资基金(LOF)	申万菱信量化小盘股票(LOF)
712	中欧鼎利分级债券型证券投资基金	中欧鼎利分级债券
713	上证国有企业100交易型开放式指数证券投资基金	中银上证国企100ETF
714	汇添富可转换债券债券型证券投资基金	汇添富可转换债券
715	易方达安心回报债券型证券投资基金	易方达安心回报债券
716	南方保本混合型证券投资基金	南方保本混合
717	华安可转换债券债券型证券投资基金	华安可转债债券
718	交银施罗德先进制造股票证券投资基金	交银先进制造股票
719	深证电子信息传媒产业(TMT)50交易型开放式指数证券投资基金	深证TMT50ETF
720	招商深证电子信息传媒产业(TMT)50交易型开放式指数证券投资基金联接基金	招商深证TMT50ETF联接
721	银华永祥保本混合型证券投资基金	银华永祥保本混合
722	中银转债增强债券型证券投资基金	中银转债增强债券
723	农银汇理增强收益债券型证券投资基金	农银增强收益债券
724	上投摩根新兴动力股票型证券投资基金	上投摩根新兴动力股票
725	新华灵活主题股票型证券投资基金	新华灵活主题股票
726	国投瑞银中证上游资源产业指数证券投资基金(LOF)	国投瑞银中证上游资源产业指数(LOF)
727	汇丰晋信科技先锋股票型证券投资基金	汇丰晋信科技先锋股票
728	东吴增利债券型证券投资基金	东吴增利债券
729	银河消费驱动股票型证券投资基金	银河消费股票
730	嘉实深证基本面120交易型开放式指数证券投资基金联接基金	嘉实深证基本面120联接
731	深证基本面120交易型开放式指数证券投资基金	嘉实深证基本面120ETF
732	信诚新机遇股票型证券投资基金(LOF)	信诚新机遇股票(LOF)
733	富兰克林国海策略回报灵活配置混合型证券投资基金	国富策略回报混合
734	兴全保本混合型证券投资基金	兴全保本混合
735	天治成长精选股票型证券投资基金	天治成长精选股票
736	上证180成长交易型开放式指数证券投资基金	上证180成长ETF
737	华宝兴业上证180成长交易型开放式指数证券投资基金联接基金	华宝兴业上证180成长ETF联接
738	诺安多策略股票型证券投资基金	诺安多策略股票
739	富国低碳环保股票型证券投资基金	富国低碳环保股票
740	上投摩根强化回报债券型证券投资基金	上投摩根强化回报债券
741	工银瑞信添颐债券型证券投资基金	工银添颐债券
742	易方达资源行业股票型证券投资基金	易方达资源行业股票
743	金元惠理保本混合型证券投资基金	金元惠理保本混合
744	国泰事件驱动策略股票型证券投资基金	国泰事件驱动股票
745	纽银新动向灵活配置混合型证券投资基金	纽银新动向混合
746	金鹰策略配置股票型证券投资基金	金鹰策略配置股票
747	招商安达保本混合型证券投资基金	招商安达保本混合
748	深证民营交易型开放式指数证券投资基金	民营ETF
749	华安深证300指数证券投资基金(LOF)	华安深圳300指数(LOF)
750	鹏华深证民营交易型开放式指数证券投资基金联接基金	鹏华深证民营ETF联接
751	农银汇理策略精选股票型证券投资基金	农银策略精选股票
752	深证基本面60交易型开放式指数证券投资基金	深证基本面60ETF
753	建信深圳基本面60交易型开放式指数证券投资基金联接基金	建信深证基本面60ETF联接
754	嘉实信用债券型证券投资基金	嘉实信用债券
755	深证300交易型开放式指数证券投资基金	汇添富深证300ETF
756	上证380交易型开放式证券投资基金	南方上证380ETF
757	易方达创业板交易型开放式指数证券投资基金联接基金	易方达创业板ETF联接
758	易方达创业板交易型开放式指数证券投资基金	易方达创业板ETF
759	南方上证380交易型开放式证券投资基金联接基金	南方上证380ETF联接
760	广发制造业精选股票型证券投资基金	广发制造业精选股票
761	平安大华行业先锋股票型证券投资基金	平安大华行业先锋股票
762	富安达优势成长股票型证券投资基金	富安达优势成长股票
763	深证300价值交易型开放式指数证券投资基金	交银深证300价值ETF
764	交银施罗德双利债券证券投资基金	交银双利债券
765	银华消费主题分级股票型证券投资基金	银华消费分级股票
766	汇添富深证300交易型开放式指数证券投资基金联接基金	汇添富深证300ETF联接
767	交银施罗德深证300价值交易型开放式指数证券投资基金联接基金	交银深证300价值ETF联接
768	东吴新产业精选股票型证券投资基金	东吴新产业精选股票
769	富国中证500指数增强型证券投资基金(LOF)	富国中证500指数增强(LOF)
770	长信内需成长股票型证券投资基金	长信内需成长股票
771	工银瑞信主题策略股票型证券投资基金	工银主题策略股票
772	长盛同祥泛资源主题股票型证券投资基金	长盛同祥泛资源股票
773	泰信中小盘精选股票型证券投资基金	泰信中小盘精选
774	富国天丰强化收益债券型证券投资基金	富国天丰强化债券封闭
775	汇丰晋信货币市场基金	汇丰晋信货币
776	博时回报灵活配置混合型证券投资基金	博时回报混合
777	大成中证内地消费主题指数证券投资基金	大成中证内地消费主题指数
778	中海消费主题精选股票型证券投资基金	中海消费股票
779	摩根士丹利华鑫深证300指数增强型证券投资基金	大摩深证300指数增强
780	海富通国策导向股票型证券投资基金	海富通国策导向股票
781	建信恒稳价值混合型证券投资基金	建信恒稳价值混合
782	中邮上证380指数增强型证券投资基金	中邮上证380指数增强
783	民生加银景气行业股票型证券投资基金	民生加银景气行业股票
784	中银中小盘成长股票型证券投资基金	中银中小盘成长股票
785	农银汇理中证500指数证券投资基金	农银中证500指数

序号	基金名称	基金简称
786	大成可转债增强债券型证券投资基金	大成可转债增强债券
787	易方达双债增强债券型证券投资基金	易方达双债增强债券
788	泰达宏利中证500指数分级证券投资基金	泰达宏利500指数分级
789	财通价值动量混合型证券投资基金	财通价值动量混合
790	富国产业债债券型证券投资基金	富国产业债
791	长盛同禧信用增利债券型证券投资基金	长盛同禧信用增利债券
792	长盛同瑞中证200指数分级证券投资基金	长盛同瑞中证200分级
793	华安信用四季红债券型证券投资基金	华安信用四季红债券
794	嘉实周期优选股票型证券投资基金	嘉实周期优选股票
795	银华中证内地资源主题指数分级证券投资基金	银华中证内地资源指数分级
796	申万菱信可转债债券型证券投资基金	申万菱信可转债债券
797	华富中小板指数增强型证券投资基金	华富中小板指数增强
798	国投瑞银新兴产业混合型证券投资基金(LOF)	国投瑞银新兴产业混合(LOF)
799	建信双息红利债券型证券投资基金	建信双息红利债券
800	华安科技动力股票型证券投资基金	华安科技动力股票
801	国投瑞银瑞银保本混合型证券投资基金	国投瑞银瑞源保本混合
802	景顺长城核心竞争力股票型证券投资基金	景顺长城核心竞争力股票
803	汇添富信用债债券型证券投资基金	汇添富信用债债券
804	平安大华深证300指数增强型证券投资基金	平安大华深证300指数增强
805	方正富邦创新动力股票型证券投资基金	方正富邦创新动力股票
806	工银瑞信保本混合型证券投资基金	工银保本混合
807	嘉实安心货币市场基金	嘉实安心货币
808	银华永泰积极债券型证券投资基金	银华永泰积极债券
809	东方增长中小盘混合型开放式证券投资基金	东方增长中小盘混合
810	国泰信用互利分级债券型证券投资基金	国泰信用互利分级债券
811	长城久兆中小板300指数分级证券投资基金	长城久兆中小300指数分级
812	工银瑞信睿智中证500指数分级证券投资基金	工银中证500指数
813	信诚沪深300指数分级证券投资基金	信诚沪深300指数分级
814	招商优势企业灵活配置混合型证券投资基金	招商优势企业混合
815	上投摩根健康品质生活股票型证券投资基金	上投摩根健康品质生活股票
816	光大保德信行业轮动股票型证券投资基金	光大保德信行业轮动股票
817	国联安信心增长定期开放债券型证券投资基金	国联安定期开放债券
818	泰信保本混合型证券投资基金	泰信保本混合
819	华宝兴业医药生物优选股票型证券投资基金	华宝兴业医药生物
820	博时添颐债券型证券投资基金	博时添颐债券
821	诺安新动力灵活配置混合型证券投资基金	诺安新动力混合
822	中海上证380指数证券投资基金	中海上证380指数
823	浙商聚潮新思维混合型证券投资基金	浙商聚潮新思维混合
824	民生加银中证内地资源主题指数型证券投资基金	民生加银中证内地资源主题指数
825	金鹰持久回报分级债券型证券投资基金	金鹰持久回报分级债券
826	东吴深证100指数增强型证券投资基金(LOF)	东吴深证100指数增强(LOF)
827	汇添富逆向投资股票型证券投资基金	汇添富逆向投资股票
828	长安宏观策略股票型证券投资基金	长安宏观策略
829	南方新兴消费增长分级股票型证券投资基金	南方新兴消费增长分级股票
830	摩根士丹利华鑫主题优选股票型证券投资基金	大摩主题优选股票
831	广发聚财信用债券型证券投资基金	广发聚财信用债券
832	国泰中小板300成长交易型开放式指数证券投资基金	国泰中小板300成长ETF联接
833	中小板300成长交易型开放式指数证券投资基金	国泰中小板300成长ETF
834	景顺长城优信增利债券型证券投资基金	景顺长城优信增利债券
835	建信深证100指数增强型证券投资基金	建信深证100指数增强
836	国泰成长优选股票型证券投资基金	国泰成长优选股票
837	大成新锐产业股票型证券投资基金	大成新锐产业股票
838	招商产业债券型证券投资基金	招商产业债券
839	诺德周期策略股票型证券投资基金	诺德周期策略股票基金
840	嘉实中创400交易型开放式指数证券投资基金	嘉实中创400联接
841	中创400交易型开放式指数证券投资基金	中创400
842	国联安双力中小板综指分级证券投资基金	国联安双力中小板综指分级
843	长盛电子信息产业股票型证券投资基金	长盛电子信息产业股票
844	诺安中证创业成长指数分级证券投资基金	诺安中证创业成长指数分级
845	中欧盛世成长分级股票型证券投资基金	中欧盛世
846	长信可转债债券型证券投资基金	长信可转债债券
847	兴全轻资产投资股票型证券投资基金(LOF)	兴全轻资产股票(LOF)
848	融通创业板指数增强型证券投资基金	融通创业板指数
849	博时上证自然资源交易型开放式指数证券投资基金联接基金	博时上证自然资源ETF联接
850	上证自然资源交易型开放式指数证券投资基金	博时上证自然资源ETF
851	信诚双盈分级债券型证券投资基金	信诚双盈分级债券
852	中欧信用增利分级债券型证券投资基金	中欧信用
853	鹏华价值精选股票型证券投资基金	鹏华价值精选股票
854	长城优化升级股票型证券投资基金	长城优化升级股票
855	农银汇理消费主题股票型证券投资基金	农银消费主题股票
856	民生加银信用双利债券型证券投资基金	民生加银信用双利债券
857	富安达策略精选灵活配置混合型证券投资基金	富安达策略精选混合
858	工银瑞信基本面量化策略股票型证券投资基金	工银量化策略股票
859	易方达纯债债券型证券投资基金	易方达纯债债券
860	华泰柏瑞沪深300交易型开放式指数证券投资基金	华泰柏瑞沪深300ETF
861	嘉实沪深300交易型开放式指数证券投资基金	嘉实沪深300ETF
862	广发深证100指数分级证券投资基金	广发深证100指数分级
863	信诚周期轮动股票型证券投资基金(LOF)	信诚周期轮动股票(LOF)
864	浙商沪深300指数分级证券投资基金	浙商沪深300指数分级
865	申万菱信中小板指数分级证券投资基金	申万菱信中小板指数分级
866	华安月月鑫短期理财债券型证券投资基金	华安月月鑫短期理财债券
867	汇添富理财30天债券型证券投资基金	汇添富理财30天债券
868	长盛同庆中证800指数分级证券投资基金	长盛同庆中证800分级
869	浦银安盛中证锐联基本面400指数证券投资基金	浦银安盛基本面400
870	中银沪深300等权重指数证券投资基金(LOF)	中银沪深300等权重指数(LOF)
871	富兰克林国海研究精选股票型证券投资基金	国富研究精选股票
872	华安季季鑫短期理财债券型证券投资基金	华安季季鑫短期理财债券
873	金鹰核心资源股票型证券投资基金	金鹰核心资源股票
874	泰达宏利逆向策略股票型证券投资基金	泰达宏利逆向股票
875	海富通中证内地低碳经济主题指数证券投资基金	海富通中证内地低碳指数
876	诺安汇鑫保本混合型证券投资基金	诺安汇鑫保本混合
877	华泰柏瑞沪深300交易型开放式证券投资基金联接基金	华泰柏瑞沪深300ETF联接
878	建信转债增强债券型证券投资基金	建信转债增强债券
879	平安大华策略先锋混合型证券投资基金	平安大华策略先锋混合
880	华商主题精选股票型证券投资基金	华商主题精选股票
881	金鹰中证500指数分级证券投资基金	金鹰中证500指数分级
882	华宝兴业中证短融50指数债券型证券投资基金	华宝兴业中证短融50指数债券
883	广发消费品精选股票型证券投资基金	广发消费品精选股票
884	汇添富理财60天债券型证券投资基金	汇添富理财60天债券
885	上证180等权重交易型开放式指数证券投资基金	180ETF
886	中邮战略新兴产业股票型证券投资基金	中邮战略新兴产业股票
887	鹏华金刚保本混合型证券投资基金	鹏华金刚保本混合
888	新华优选消费股票型证券投资基金	新华优选消费股票
889	华安双月鑫短期理财债券型证券投资基金	华安双月鑫短期理财债券
890	大成景恒保本混合型证券投资基金	大成景恒保本混合
891	光大保德信添天利季度开放短期理财债券型证券投资基金	光大保德信添天利理财债券
892	农银汇理信用添利债券型证券投资基金	农银信用添利债券
893	安信策略精选灵活配置混合型证券投资基金	安信灵活配置混合
894	银华中小盘精选股票型证券投资基金	银华中小盘股票
895	中海保本混合型证券投资基金	中海保本混合
896	天弘现金管家货币市场基金	天弘现金管家货币
897	交银施罗德荣安保本混合型证券投资基金	交银荣安保本混合
898	华安沪深300指数分级证券投资基金	华安沪深300指数分级
899	景顺长城上证180等权重交易型开放式指数证券投资基金联接基金	景顺长城上证180等权重指数
900	上投摩根分红添利债券型证券投资基金	上投摩根分红添利债券
901	长安沪深300非周期行业指数证券投资基金	长安沪深300非周期指数
902	嘉实优化红利股票型证券投资基金	嘉实优化红利股票
903	纽银稳健双利债券型证券投资基金	纽银稳健双利债券
904	富国高新技术产业股票型证券投资基金	富国高新技术产业股票
905	招商中证大宗商品股票指数分级证券投资基金	招商中证大宗商品指数分级
906	易方达量化衍伸股票型证券投资基金	易方达量化衍伸股票
907	长盛同鑫二号保本混合型证券投资基金	长盛同鑫二号保本混合
908	汇添富理财14天债券型证券投资基金	汇添富理财14天债券
909	财通多策略稳健增长债券型证券投资基金	财通多策略稳健增长债券
910	广发理财年年红债券型证券投资基金	广发理财年年红债券
911	南方润元纯债债券型证券投资基金	南方润元纯债债券
912	招商信用增强债券型证券投资基金	招商信用增强债券
913	中银主题策略股票型证券投资基金	中银主题策略股票
914	富安达增强收益债券型证券投资基金	富安达增强收益债券

序号	基金名称	基金简称
915	融通医疗保健股票型证券投资基金	融通医疗保健股票
916	国泰信用债券型证券投资基金	国泰信用债券
917	金元惠理新经济主题股票型证券投资基金	金元惠理新经济主题股票
918	汇丰晋信恒生A股行业龙头指数证券投资基金	汇丰晋信恒生行业龙头指数
919	万家中证创业成长指数分级证券投资基金	万家中证创业成长指数分级
920	长城保本混合型证券投资基金	长城保本混合
921	交银施罗德阿尔法核心股票型证券投资基金	交银阿尔法核心股票
922	民生加银红利回报灵活配置混合型证券投资基金	民生加银红利回报混合
923	天弘债券型发起式证券投资基金	天弘债券发起式
924	东吴保本混合型证券投资基金	东吴保本混合
925	南方理财14天债券型证券投资基金	南方理财14天债券
926	建信社会责任股票型证券投资基金	建信社会责任股票
927	华安逆向策略股票型证券投资基金	华安逆向策略股票
928	益民核心增长灵活配置混合型证券投资基金	益民核心增长混合
929	招商安盈保本混合型证券投资基金	招商安盈保本混合
930	华宝兴业资源优选股票型证券投资基金	华宝兴业资源优选股票
931	工银瑞信7天理财债券型证券投资基金	工银瑞信理财债券
932	上证50等权重交易型开放式指数证券投资基金	银华上证50等权ETF
933	博时医疗保健行业股票型证券投资基金	博时医疗保健行业股票
934	大成中证500沪市交易型开放式指数证券投资基金联接基金	大成中证500沪市ETF联接基金
935	摩根士丹利华鑫多元收益债券型证券投资基金	大摩多元收益债券
936	中证500沪市交易型开放式指数证券投资基金	中证500沪市ETF
937	建信双周安心理财债券型证券投资基金	建信双周理财债券
938	国金通用国鑫灵活配置混合型发起式证券投资基金	国金通用国鑫发起
939	嘉实理财宝7天债券型证券投资基金	嘉实理财宝7天债券
940	银华上证50等权重交易型开放式指数证券投资基金联接基金	银华上证50等权ETF联接
941	鹏华纯债债券型证券投资基金	鹏华纯债债券
942	信达澳银消费优选股票型证券投资基金	信达澳银消费优选股票
943	农银汇理深证100指数增强型证券投资基金	农银深证100指数
944	光大保德信添盛双月理财债券型证券投资基金	光大保德信添盛理财债券
945	华安安心收益债券型证券投资基金	华安安心收益债券
946	博时信用债纯债债券型证券投资基金	博时信用纯债债券
947	泰信中证锐联基本面400指数分级证券投资基金	泰信基本面400分级
948	华商中证500指数分级证券投资基金	华商中证500指数分级
949	诺德深证300指数分级证券投资基金	诺德S300
950	华夏安康信用优选债券型证券投资基金	华夏安康债券
951	富兰克林国海恒久信用债券型证券投资基金	国富恒久信用债券A/C
952	平安大华保本混合型证券投资基金	平安大华保本混合
953	长盛同辉深证100等权重指数分级证券投资基金	长盛同辉深100等权重分级
954	汇添富多元收益债券型证券投资基金	汇添富多元收益债券
955	浙商聚盈信用债债券型证券投资基金	浙商聚盈信用债债券
956	中银保本混合型证券投资基金	中银保本混合
957	大成月添利理财债券型证券投资基金	大成月添利理财债券
958	易方达中小板指数分级证券投资基金	易方达中小板指数分级
959	广发双债添利债券型证券投资基金	广发双债添利债券
960	万家信用恒利债券型证券投资基金	万家信用恒利债券
961	银河主题策略股票型证券投资基金	银河主题股票
962	嘉实增强收益定期开放债券型证券投资基金	嘉实增强收益定期债券
963	中银理财14天债券型证券投资基金	中银理财14天债券
964	国泰6个月短期理财债券型证券投资基金	国泰6个月短期理财债券
965	南方金粮油商品股票型证券投资基金	南方金粮油商品股票
966	安信目标收益债券型证券投资基金	安信目标收益债券
967	德邦优化配置股票型证券投资基金	德邦优化股票
968	上投摩根中证消费服务领先指数证券投资基金	上投摩根中证消费服务指数
969	鹏华中证A股资源产业指数分级型证券投资基金	鹏华资源分级
970	东方强化收益债券型证券投资基金	东方强化收益债券
971	汇添富理财28天债券型证券投资基金	汇添富理财28天
972	富国7天理财宝债券型证券投资基金	富国7天理财宝债券
973	南方理财60天债券型证券投资基金	南方理财60天债券
974	华夏理财30天债券型证券投资基金	华夏理财30天债券
975	工银瑞信睿智深证100指数分级证券投资基金	工银深证100指数分级
976	光大保德信添天盈季度理财债券型证券投资基金	光大保德信添天盈理财债券
977	长盛添利30天理财债券型证券投资基金	长盛添利30天理财债券
978	中银理财60天债券型发起式证券投资基金	中银理财60天债券
979	工银瑞信14天理财债券型发起式证券投资基金	工银14天理财债券发起
980	交银施罗德理财21天债券型证券投资基金	交银理财21天债券
981	交银施罗德沪深300行业分层等权重指数证券投资基金	交银施罗德沪深300分层等权指数
982	易方达中债新综合债券指数发起式证券投资基金	易方达中债新综合债券指数发起式(LOF)
983	工银瑞信信用纯债债券型证券投资基金	工银信用纯债债券
984	农银汇理行业轮动股票型证券投资基金	农银行业轮动股票
985	建信纯债债券型证券投资基金	建信纯债债券
986	大成现金增利货币市场基金	大成现金增利货币
987	景顺长城支柱产业股票型证券投资基金	景顺长城支柱产业股票
988	方正富邦红利精选股票型证券投资基金	方正富邦红利精选股票
989	中邮稳定收益债券型证券投资基金	中邮稳定收益债券
990	富国纯债债券型发起式证券投资基金	富国纯债债券发起
991	华安日日鑫货币市场基金	华安日日鑫货币
992	易方达月月利理财债券型证券投资基金	易方达月月利理财债券
993	信诚理财7日盈债券型证券投资基金	信诚理财7日盈债券
994	平安大华添利债券型证券投资基金	平安大华添利债券
995	上投摩根核心优选股票型证券投资基金	上投摩根核心优选股票
996	天弘安康养老混合型证券投资基金	天弘安康养老混合
997	长盛添利60天理财债券型发起式证券投资基金	长盛添利60天理财发起式
998	大成理财21天债券发起式证券投资基金	大成理财21天债券发起式
999	金鹰元泰精选信用债债券型证券投资基金	金鹰元泰精选债券
1000	诺安双利债券发起式证券投资基金	诺安双利债券发起
1001	银河领先债券型证券投资基金	银河领先债券
1002	华泰柏瑞稳健收益债券型证券投资基金	华泰柏瑞稳健收益
1003	博时安心收益定期开放债券型证券投资基金	博时安心收益定期开放债券
1004	金鹰货币市场证券投资基金	金鹰货币
1005	招商理财7天债券型证券投资基金	招商理财7天债券
1006	诺安中小板等权重交易型开放式指数证券投资金	诺安中小板等权重ETF
1007	诺安中小板等权重交易型开放式指数证券投资基金联接基金	诺安中小板等权重ETF联接
1008	国泰现金管理货币市场基金	国泰现金管理货币
1009	国投瑞银纯债债券型证券投资基金	国投瑞银纯债债券
1010	银华中证中票50指数债券型证券投资基金(LOF)	银华中证中票50指数债券
1011	摩根士丹利华鑫量化配置股票型证券投资基金	大摩量化配置股票
1012	嘉实纯债债券型发起式证券投资基金	嘉实纯债债券
1013	中欧货币市场基金	中欧货币
1014	国联安中债信用债指数增强型发起式证券投资基金	国联安中债信用债指数增强
1015	广发纯债债券型证券投资基金	广发纯债债券
1016	中银纯债债券型证券投资基金	中银纯债债券
1017	富国强收益定期开放债券型证券投资基金	富国强收益定期开放债券
1018	兴全商业模式优选股票型证券投资基金(LOF)	兴全商业模式优选(LOF)
1019	民生加银现金增利货币市场基金	民生加银现金增利货币
1020	安信平稳增长混合型发起式证券投资基金	安信平稳增长混合发起
1021	鹏华理财21天债券型证券投资基金	鹏华理财21天债券
1022	东方央视财经50指数增强型基金	东方央视财经50指数
1023	交银施罗德纯债债券型发起式证券投资基金	交银纯债债券发起
1024	建信月盈安心理财债券型证券投资基金	建信月盈安信理财
1025	财通保本混合型发起式证券投资基金	财通保本混合发起式
1026	南方安心保本混合型证券投资基金	南方安心保本混合
1027	新华纯债添利债券型发起式证券投资基金	新华纯债添利债券
1028	汇添富收益快线货币市场基金	汇添富收益快线货币
1029	华安信用增强债券型证券投资基金	华安信用增强债券
1030	中银理财7天债券型证券投资基金	中银理财7天债券
1031	国泰金泰平衡混合型证券投资基金	国泰金泰
1032	华夏沪深300交易型开放式指数证券投资基金	华夏沪深300ETF
1033	纽银稳定增利债券型发起式证券投资基金	纽银稳定增利债券
1034	国泰民安增利债券型发起式证券投资基金	国泰民安增利债券
1035	华安7日鑫短期理财债券型证券投资基金	华安7日鑫短期理财债券
1036	方正富邦货币市场基金	方正富邦货币
1037	长盛同丰分级债券型证券投资基金	长盛同丰分级债
1038	华宝兴业现金添益交易型货币市场证券投资基金	华宝兴业现金添益交易型货币市场
1039	开元证券投资基金	南方开元封闭
1040	兴华证券投资基金	华夏兴华封闭
1041	安信证券投资基金	华安安信封闭
1042	裕阳证券投资基金	博时裕阳封闭

序号	基金名称	基金简称
1043	普惠证券投资基金	鹏华普惠封闭
1044	泰和证券投资基金	嘉实泰和封闭
1045	同益证券投资基金	长盛同益封闭
1046	景宏证券投资基金	大成景宏封闭
1047	汉盛证券投资基金	富国汉盛封闭
1048	裕隆证券投资基金	博时裕隆封闭
1049	安顺证券投资基金	华安安顺封闭
1050	兴和证券投资基金	华夏兴和封闭
1051	普丰证券投资基金	鹏华普丰封闭
1052	天元证券投资基金	南方天元封闭
1053	金鑫证券投资基金	国泰金鑫封闭
1054	同盛证券投资基金	长盛同盛封闭
1055	景福证券投资基金	大成景福封闭
1056	汉兴证券投资基金	富国汉兴封闭
1057	通乾证券投资基金	融通通乾封闭
1058	鸿阳证券投资基金	宝盈鸿阳封闭
1059	科瑞证券投资基金	易方达科瑞封闭
1060	丰和价值证券投资基金	嘉实丰和价值封闭
1061	久嘉证券投资基金	长城久嘉封闭
1062	银丰证券投资基金	银河银丰封闭
1063	国投瑞银瑞福深证100指数分级股票型证券投资基金	国投瑞银瑞福分级封闭
1064	建信优势动力股票型证券投资基金	建信优势动力封闭
1065	国泰估值优势可分离交易股票型证券投资基金	国泰估值优势分级封闭
1066	招商信用添利债券型证券投资基金	招商信用添利债券
1067	银华信用债券型证券投资基金	银华信用债券封闭
1068	华富强化回报债券型证券投资基金	华富强债
1069	富国汇利分级债券型证券投资基金	富国汇利分级债券
1070	信诚增强收益债券型证券投资基金	信诚增强收益债券
1071	大成景丰分级债券型证券投资基金	大成景丰分级债券
1072	易方达岁丰添利债券型证券投资基金	易方达岁丰添利债券
1073	鹏华丰润债券型证券投资基金	鹏华丰润债券封闭
1074	天弘添利分级债券型证券投资基金	天弘添利分级债券
1075	交银施罗德信用添利债券证券投资基金	交银信用添利债券
1076	工银瑞信四季收益债券型证券投资基金	工银四季收益债券
1077	国投瑞银双债增利债券型证券投资基金	国投瑞银双债债券封闭
1078	泰达宏利聚利分级债券型证券投资基金	泰达聚利债券
1079	富国天盈分级债券型证券投资基金	富国天盈分级债券
1080	万家添利分级债券型证券投资基金	万家添利分级债券
1081	博时裕祥分级债券型证券投资基金	博时裕祥分级债券
1082	建信信用增强债券型证券投资基金	建信信用增强债券
1083	长信利鑫分级债券型证券投资基金	长信利鑫分级债券
1084	广发聚利债券型证券投资基金	广发聚利债券
1085	海富通稳进增利分级债券型证券投资基金	海富通稳进增利分级债券(LOF)
1086	华泰柏瑞信用增利债券型证券投资基金	华泰柏瑞信用增利债券
1087	天弘丰利分级债券型证券投资基金	天弘丰利分级债券
1088	鹏华丰泽分级债券型证券投资基金	鹏华丰泽分级债券
1089	浦银安盛增利分级债券型证券投资基金	浦银安盛增利分级债券
1090	天治稳定收益债券型证券投资基金	天治稳定收益债券
1091	诺德双翼分级债券型证券投资基金	诺德双翼分级债
1092	融通四季添利债券型证券投资基金	融通四季添利债券
1093	中银信用增利债券型证券投资基金	中银信用增利债券
1094	银河通利分级债券型证券投资基金	银河通利分级债券
1095	富国新天锋定期开放债券型证券投资基金	富国新天锋定期开放债券
1096	信达澳银稳定增利分级债券型证券投资基金	信达澳银稳定增利分级债券
1097	南方金利定期开放债券型证券投资基金	南方金利定期开放债券
1098	国联安双佳信用分级债券型证券投资基金	国联安双佳信用分级债券
1099	易方达永旭添利定期开放债券型证券投资基金	易方达永旭定期开放债券
1100	工银瑞信纯债定期开放债券型证券投资基金	工银纯债定期开放债券
1101	汇添富季季红定期开放债券型证券投资基金	汇添富季季红定期开放债券
1102	浦银安盛幸福回报定期开放债券型证券投资基金	浦银幸福A
1103	鹏华中小企业纯债债券型发起式证券投资基金	鹏华中小企业债券
1104	融通岁岁添利定期开放债券型证券投资基金	融通岁岁添利债券
1105	民生加银平稳增利定期开放债券型证券投资基金	民生加银平稳增利
1106	信诚添金分级债券型证券投资基金	信诚添金分级债券
1107	华夏全球精选股票型证券投资基金	华夏全球股票(QDII)
1108	嘉实海外中国股票股票型证券投资基金	嘉实海外中国股票(QDII)
1109	银华全球核心优选证券投资基金	银华全球优选(QDII – FOF)
1110	南方全球精选配置证券投资基金	南方全球精选配置(QDII – FOF)
1111	华宝兴业海外中国成长股票型证券投资基金	华宝兴业海外中国股票(QDII)
1112	上投摩根亚太优势股票型证券投资基金	上投摩根亚太优势股票(QDII)
1113	工银瑞信中国机会全球配置股票型证券投资基金	工银全球股票(QDII)
1114	海富通中国海外精选股票型证券投资基金	海富通中国海外股票(QDII)
1115	交银施罗德环球精选价值证券投资基金	交银环球精选股票(QDII)
1116	易方达亚洲精选股票型证券投资基金	易方达亚洲精选股票(QDII)
1117	招商全球资源股票型证券投资基金	招商全球资源股票(QDII)
1118	国泰纳斯达克100指数证券投资基金	国泰纳斯达克100指数(QDII)
1119	工银瑞信全球精选股票型证券投资基金	工银全球精选股票(QDII)
1120	长盛环球景气行业大盘精选股票型证券投资基金	长盛环球行业股票(QDII)
1121	国投瑞银全球新兴市场精选股票型证券投资基金(LOF)	国投瑞银新兴市场股票(QDII – LOF)
1122	汇添富亚洲澳洲成熟市场(除日本外)优势精选股票型证券投资基金	汇添富亚澳成熟优选股票
1123	博时大中华亚太精选股票证券投资基金	博时大中华亚太精选股票(QDII)
1124	广发亚太(除日本)精选股票型证券投资基金	广发亚太精选股票
1125	建信全球机遇股票型证券投资基金	建信全球机遇股票(QDII)
1126	华安香港精选股票型证券投资基金	华安香港精选股票(QDII)
1127	嘉实恒生中国企业指数证券投资基金	嘉实H股指数(QDII)
1128	鹏华环球发现证券投资基金	鹏华环球发现(QDII – FOF)
1129	富国全球债券证券投资基金	富国全球债券(QDII – FOF)
1130	华泰柏瑞亚洲领导企业股票型证券投资基金	华泰柏瑞亚洲领导企业股票(QDII)
1131	银华抗通胀主题证券投资基金(LOF)	银华抗通胀主题(QDII – FOF – LOF)
1132	中证南方金砖四国指数证券投资基金	南方金砖四国指数(QDII)
1133	信诚金砖四国积极配置证券投资基金(LOF)	信诚四国配置(QDII – FOF – LOF)
1134	诺安全球黄金证券投资基金	诺安全球基金(QDII – FOF)
1135	海富通大中华精选股票型证券投资基金	海富通大中华股票(QDII)
1136	上投摩根全球新兴市场股票型证券投资基金	上投摩根全球新兴市场股票
1137	招商标普金砖四国指数证券投资基金(LOF)	招商标普金砖四国指数(QDII – LOF)
1138	中银全球策略证券投资基金(FOF)	中银全球策略(QDII – FOF)
1139	华宝兴业成熟市场动量优选证券投资基金(QDII)	华宝兴业成熟市场
1140	大成标普500等权重指数证券投资基金	大成标普500等权重指数QDII
1141	长信美国标准普尔100等权重指数增强型证券投资基金	长信标普100等权重指数(QDII)
1142	博时抗通胀增强回报证券投资基金	博时抗通胀增强回报(QDII – FOF)
1143	易方达黄金主题证券投资基金(LOF)	易方达黄金主题(QDII – LOF – FOF)
1144	华安大中华升级股票型证券投资基金	华安大中华升级股票(QDII)
1145	建信新兴市场优选股票型证券投资基金	建信新兴市场股票(QDII)
1146	广发标普全球农业指数证券投资基金	广发全球农业指数(QDII)
1147	富国全球顶级消费品股票型证券投资基金	富国全球顶级消费品股票(QDII)
1148	泰达宏利全球新格局证券投资基金	泰达宏利全球新格局(QDII – FOF)
1149	嘉实黄金证券投资基金(LOF)	嘉实黄金(QDII – FOF – LOF)
1150	汇添富黄金及贵金属证券投资基金(LOF)	汇添富黄金及贵金属(QDII – LOF – FOF)
1151	景顺长城大中华股票型证券投资基金	景顺长城大中华股票(QDII)
1152	诺安全球收益不动产证券投资基金	诺安全球收益不动产(QDII)
1153	南方中国中小盘股票指数证券投资基金(LOF)	南方中国中小盘股票指数(QDII – LOF)
1154	诺安油气能源股票证券投资基金(LOF)	诺安油气能源(QDII – FOF – LOF)
1155	华宝兴业标普石油天然气上游股票指数证券投资基金(LOF)	华宝油气
1156	鹏华美国房地产证券投资基金	鹏华美国房地产(QDII)
1157	信诚全球商品主题证券投资基金(LOF)	信诚全球商品主题(QDII – FOF – LOF)
1158	富兰克林国海亚洲(除日本)机会股票型证券投资基金	国富亚洲机会股票(QDII)
1159	上投摩根全球天然资源股票型证券投资基金	上投摩根全球天然资源股票(QDII)
1160	华安标普全球石油指数证券投资基金(LOF)	华安标普全球石油指数(QDII – LOF)
1161	国泰大宗商品配置证券投资基金(LOF)	国泰大宗商品(QDII – LOF)
1162	交银施罗德全球自然资源证券投资基金	交银全球资源股票(QDII)
1163	易方达标普全球高端消费品指数增强型证券投资基金	易方达标普消费品指数增强(QDII)
1164	博时标普500指数型证券投资基金	博时标普500指数(QDII)
1165	建信全球资源股票型证券投资基金	建信全球资源股票(QDII)
1166	嘉实全球房地产证券投资基金	嘉实全球房地产(QDII)
1167	恒生交易型开放式指数证券投资基金	华夏恒生ETF
1168	易方达恒生中国企业交易型开放式指数证券投资基金	易方达恒生国企(QDII – ETF)

基金代销机构名录(2011年9月)

1. 商业银行(58家)

(1)全国性商业银行(17家)

编号	机构名称	网址	联系地址	电话	核准时间
1	中国工商银行	www.icbc.com.cn	北京市西城区复兴门内大街55号	95588	2001年8月
2	中国农业银行	www.abchina.com	北京市东城区建国门内大街69号	95599	2001年12月
3	中国银行	www.boc.cn	北京市西城区复兴门内大街1号	95566	2001年12月
4	中国建设银行	www.ccb.com	北京市西城区金融大街25号	95533	2001年7月
5	交通银行	www.bankcomm.com	上海市银城中路188号	95559	2001年9月
6	中信银行	www.ecitic.com	北京市东城区朝阳门北大街8号富华大厦C座	95558	2002年1月
7	深圳发展银行	www.sdb.com.cn	深圳市深南东路5047号	95501	2002年5月
8	上海浦东发展银行	www.spdb.com.cn	上海市中山东一路12号	95528	2002年7月
9	招商银行	www.cmbchina.com	深圳市深南大道7088号招商银行大厦	95555	2001年12月
10	兴业银行	www.cib.com.cn	上海市江宁路168号兴业大厦9层	95561	2002年8月
11	中国民生银行	www.cmbc.com.cn	北京市西城区复兴门内大街2号	95568	2002年9月
12	中国光大银行	www.cebbank.com	北京市西城区复兴门外大街6号光大大厦	95595	2003年1月
13	华夏银行	www.hxb.com.cn	北京市东城区建国门内大街22号华夏银行大厦	95577	2004年11月
14	广发银行	www.gdb.com.cn	广州市农林下路83号广发银行大厦	95508	2005年7月
15	中国邮政储蓄银行	www.psbc.com	北京市西城区金融大街3号	95580	2006年7月
16	浙商银行	www.czbank.com	杭州市庆春路288号	95527	2008年8月
17	渤海银行	www.cbhb.com.cn	天津市河西区马场道205号	400-888-8811	2009年10月

(2)城市商业银行(30家)

编号	机构名称	网址	联系地址	电话	核准时间
1	北京银行	www.bankofbeijing.com.cn	北京市西城区金融大街丙17号	010-96169	2004年10月
2	上海银行	www.bankofshanghai.com.cn	上海市黄浦区中山东二路585号	021-962888	2005年1月
3	平安银行	www.18ebank.com	深圳市深南中路1099号平安大厦	0755-961202	2006年7月
4	宁波银行	www.nbcb.com.cn	宁波市中山东路294号	96528	2008年2月
5	青岛银行	www.qdcb.com	青岛市香港中路68号	0532-96588	2008年5月
6	徽商银行	www.hsbank.com.cn	合肥市安庆路79号徽商银行大厦	96588	2008年7月
7	东莞银行	www.dongguanbank.cn	东莞市城区运河东一路193号	0769-22118118	2008年10月
8	南京银行	www.njcb.com.cn	南京市淮海路50号	025-96400	2008年10月
9	杭州银行	www.hccb.com.cn	杭州市凤起路432号	96523	2009年1月
10	临商银行	www.lsbchina.com	临沂市沂蒙路336号	400-699-6588	2009年2月
11	温州银行	www.wzcb.com.cn	温州市车站大道温州银行大楼	0577-96699	2009年5月
12	汉口银行	www.hkbchina.com	武汉市建设大道933号	027-82656666	2009年6月
13	江苏银行	www.jsbchina.cn	南京市洪武北路55号置地广场	400-869-6098	2009年9月
14	洛阳银行	www.bankofluoyang.com.cn	洛阳市洛阳新区开元大道256号	96699	2010年1月
15	乌鲁木齐商业银行	www.uccb.com.cn	乌鲁木齐市新华北路8号	96518	2010年2月
16	烟台银行	www.ytcb.com	烟台市芝罘区海港路25-18号	400-831-1777	2010年6月
17	齐商银行	www.qsbank.cc	淄博市张店区金晶大道105号	0533-96588	2010年9月
18	浙江民泰商业银行	www.mintaibank.com	温岭市三星大道168号	0576-86109988	2010年10月
19	大连银行	www.bankofdl.com	大连市中山区中山路88号	400-664-0099	2010年10月
20	哈尔滨银行	www.hrbcb.com.cn	哈尔滨市道里区尚志大街160号	400-609-6358	2010年10月
21	重庆银行	www.cqcbank.com	重庆市渝中区邹容路153号	96899 400-709-6899	2010年11月
22	浙江稠州商业银行	www.czcb.com.cn	浙江省义乌市江滨路义乌乐园东侧	0571-96527 400-809-6527	2010年11月
23	天津银行	www.tccb.com.cn	天津市河西区友谊路15号	400-696-0296 022-960296	2011年2月
24	河北银行	www.sccb.com.cn	石家庄市平安北大街28号	400-612-9999 0311-96368	2011年5月
25	嘉兴银行	www.jxccb.com	嘉兴市建国南路409号	0573-96528 400-839-6528	2011年6月
26	广州银行	www.gzcb.com.cn	广州市广州大道北195号	020-96699	2011年7月
27	西安银行	www.96779.com.cn	西安市东四路35号	029-96779	2011年9月
28	长沙银行	www.cscb.cn	长沙市芙蓉中路1段433号	96511	2011年9月
29	金华银行	www.jhccb.com.cn	金华市金东区光南路668号	0579-96528 400-711-6668	2011年9月
30	包商银行	www.bsb.com.cn	包头市青山区钢铁大街6号	96016(内蒙) 976210(宁波、深圳)	2011年9月

(3)农村商业银行(11 家)

编号	机构名称	网址	联系地址	电话	核准时间
1	上海农商银行	www. shrcb. com	上海市延安西路 728 号华敏翰尊国际	021 - 962999	2008 年 2 月
2	北京农商银行	www. bjrcb. com	北京市西城区阜成门内大街 410 号	96198	2008 年 4 月
3	张家港农村商业银行	www. zrcbank. com	张家港市人民中路 66 号	0512 - 96065	2009 年 12 月
4	深圳农村商业银行	www. 961200. net	深圳市深南东路 3038 号合作金融大厦	961200	2010 年 1 月
5	东莞农村商业银行	www. dgrcc. com	东莞市城区南城路 2 号	0769 - 961122	2011 年 2 月
6	常熟农村商业银行	www. csrcbank. com	常熟市新世纪大道 58 号	962000	2011 年 7 月
7	顺德农村商业银行	www. sdebank. com	佛山市顺德区大良新城区拥翠路 2 号	0757 - 22223388	2011 年 8 月
8	重庆农村商业银行(业务网点仅限于县级支行及城市地区网点,不包括三农服务性网点)	www. cqrcb. com	重庆市江北区洋河东路 10 号	966866	2011 年 8 月
9	吴江农村商业银行	www. wjrcb. com	吴江市中山南路 1777 号	96068	2011 年 9 月
10	江南农村商业银行	www. jnbank. cc	常州市延陵中路 668 号	96005	2011 年 9 月
11	江阴农村商业银行	www. jybank. com. cn	江阴市澄江中路 1 号	0510 - 96078	2011 年 9 月

2. 证券公司(94 家)

编号	机构名称	网址	联系地址	电话	核准时间
1	国泰君安证券	www. gtja. com	上海市延平路 135 号	400 - 888 - 8666	2002 年 7 月
2	广发证券	www. gf. com. cn	广州市天河北路 183 号大都会广场 42 层	020 - 87555888 - 875	2002 年 8 月
3	国信证券	www. guosen. com. cn	深圳市红岭中路 1012 号国信证券大厦 26 层	800 - 810 - 8868	2002 年 8 月
4	招商证券	www. newone. com. cn	深圳市福田区益田路江苏大厦 A 座 39 - 45 层	95565	2002 年 8 月
5	华泰联合证券	www. lhzq. com	深圳市深南东路 5047 号发展银行大厦 25 层	400 - 888 - 8555	2002 年 8 月
6	中信证券	www. cs. ectitic. com	北京市朝阳区新源南路 6 号京城大厦 3 层	95558	2002 年 8 月
7	海通证券	www. htsec. com	上海市淮海中路 98 号金钟广场 19 层	400 - 888 - 8001	2002 年 10 月
8	申银万国证券	www. sywg. com. cn	上海市常熟路 171 号	021 - 962505	2002 年 10 月
9	西南证券	www. swsc. com. cn	重庆市渝中区临江支路 2 号合景国际大厦 A 座 22 - 25 层	023 - 63786187	2003 年 1 月
10	华龙证券	www. hlzqgs. com	兰州市城关区静宁路 308 号	0931 - 8730264	2003 年 1 月
11	大同证券	www. dtsbc. com. cn	太原市青年路 8 号	0351 - 4167056	2003 年 1 月
12	民生证券	www. mszq. com	北京市朝阳区朝外大街 16 号中国人寿大厦 1901	400 - 619 - 8888	2003 年 1 月
13	山西证券	www. sxzq. net	太原市府西街 69 号山西国际贸易中心	0351 - 8686868	2003 年 1 月
14	长江证券	www. cjsc. com. cn	武汉市江汉区新华路特 8 号	400 - 888 - 8999	2003 年 2 月
15	中信万通证券	www. zxwt. com. cn	青岛市东海西路 28 号	96577	2003 年 2 月
16	广州证券	www. gzs. com. cn	广州市先烈中路 69 号东山广场主楼 5 层	020 - 961303	2003 年 2 月
17	兴业证券	www. xyzq. com. cn	上海市浦东陆家嘴东路 166 号/福州市湖东路 99 号标力大厦 18 层	021 - 68419974	2003 年 2 月
18	华泰证券	www. htsc. com. cn	南京市中山东路 90 号华泰证券大厦	400 - 888 - 8168	2003 年 2 月
19	渤海证券	www. ewww. com. cn	天津市河西区宾水道 3 号	022 - 28455588	2003 年 2 月
20	中信金通证券	www. bigsun. com. cn	杭州市中河南路 11 号万凯庭院商务楼 A 座	0571 - 96598	2003 年 2 月
21	万联证券	www. wlzq. com. cn	广州市东风东路 836 号东峻广场 3 座 34 - 35 层	400 - 888 - 8133	2003 年 2 月
22	国元证券	www. gyzq. com. cn	合肥市寿春路 179 号国元大厦	400 - 888 - 8777	2003 年 2 月
23	湘财证券	www. xcsc. com	上海市浦东新区陆家嘴环路 958 号华能联合大厦 5 层	021 - 68865111	2003 年 3 月
24	东吴证券	www. dwjq. com. cn	苏州市爱河桥路 28 号	0512 - 96288	2003 年 12 月
25	东方证券	www. dfzq. com. cn	上海市中山南路 318 号 2 号楼	021 - 962506	2004 年 4 月
26	光大证券	www. ebscn. com	上海市浦东南路 528 号上海证券大厦南塔 16 层	400 - 888 - 8788	2004 年 4 月
27	上海证券	www. 962518. com	上海市九江路 111 号 4 楼	021 - 962518	2004 年 5 月
28	国联证券	www. glsc. com. cn	无锡市县前东街 168 号国联大厦 6 层	0510 - 82588168	2004 年 6 月
29	浙商证券	www. stocke. com	深圳市福田区益田路江苏大厦 A 座	95105665	2004 年 6 月
30	平安证券	www. xmpb. com	深圳市福田区八卦岭八卦三路平安大厦	95511	2004 年 8 月
31	华安证券	www. huaans. com. cn	合肥市阜南路 166 号 A 座	96518	2004 年 8 月
32	东北证券	www. nesc. cn	吉林省长春市自由大路 1138 号证券大厦	0431 - 9668899	2004 年 7 月
33	南京证券	www. njzq. com. cn	南京市玄武区鼓楼大钟亭 8 号	025 - 83364032	2004 年 8 月
34	长城证券	www. cc168. com. cn	深圳市福田区深南大道 6008 号特区报业大厦	0755 - 82288968	2004 年 8 月
35	国海证券	www. ghzq. com. cn	广西自治区南宁市滨湖路 46 号	400 - 888 - 8100	2004 年 9 月
36	财富证券	www. cfzq. com	长沙市芙蓉中路二段 80 号顺天财富中心	0731 - 4403360	2004 年 9 月
37	东莞证券	www. dgzq. com. cn	东莞市莞城区可园南路 1 号金源中心	0769 - 961130	2004 年 9 月
38	中原证券	www. ccnew. com	郑州市经三路 15 号广汇国际贸易大厦	0371 - 967218	2004 年 10 月
39	国都证券	www. guodu. com	北京市东城区东直门南大街 3 号国华投资大厦	800 - 810 - 8809	2004 年 11 月
40	恒泰证券	www. cnht. com. cn	呼和浩特市新城区东风路 111 号	0471 - 4961259	2004 年 11 月
41	中银国际证券	www. bocichina. com	上海市浦东银城中路 200 号中银大厦	021 - 68604866	2004 年 11 月
42	齐鲁证券	www. qlzq. com. cn	济南市经十路 128 号	0531 - 82084184	2004 年 11 月
43	华西证券	www. hx168. com. cn	成都市陕西街 239 号	400 - 888 - 8818	2004 年 11 月

编号	机构名称	网址	联系地址	电话	核准时间
44	国盛证券	www. gsstock. com	南昌市永叔路15号信达大厦	0791－6285337	2004年11月
45	新时代证券	www. xsdzq. cn	北京市西城区月坛北街2号月坛大厦15层	010－68083601	2004年11月
46	华林证券	www. chinalions. com	深圳市福田区民田路178号华融大厦6层	400－880－2888	2004年11月
47	中金公司	www. cicc. com. cn	北京市建国门外大街1号国贸大厦2座	010－85679238	2004年12月
48	宏源证券	www. ehongyuan. com	乌鲁木齐市建设路2号宏源大厦	010－62294600	2004年12月
49	广发华福证券	www. hfzq. com. cn	福州市鼓楼区温泉街道五四路157号	0591－96326	2005年1月
50	世纪证券	www. csco. com. cn	深圳市深南大道7088号招商银行大厦	0755－83199599	2005年2月
51	德邦证券	www. tebon. com. cn	上海市浦东新区福山路500号城建国际中心26层	021－68761616－8125	2005年2月
52	金元证券	www. jyzq. com. cn	深圳市福田区益田路4001号时代金融中心	400－888－8228	2005年4月
53	西部证券	www. westsecu. com	西安市东新街232号信托大厦	029－87419999	2005年4月
54	东海证券	www. longone. com. cn	上海市浦东新区东方路989号中达广场	0519－8166222	2004年9月
55	中航证券	www. scstock. com	南昌市抚河北路291号江西教育出版大厦	0791－6768763	2005年4月
56	第一创业证券	www. firstcapital. com. cn	深圳市罗湖区笋岗路12号中民时代广场B座	0755－25832686	2005年3月
57	中信建投证券	www. csc108. com	北京市东城区朝内大街188号	400－888－8108	2005年12月
58	财通证券	www. goodyou. com. cn	杭州市解放路111号	0571－96336	2006年7月
59	安信证券	www. essences. com. cn	深圳市福田区金田路4018号安联大厦	0755－82825555	2007年4月
60	银河证券	www. chinastock. com. cn	北京市西城区金融街35号国际企业大厦C座	400－888－8888	2007年5月
61	华鑫证券	www. cfsc. com. cn	上海市肇嘉浜路750号	021－64339000	2008年1月
62	瑞银证券	www. ubs. com	北京市西城区金融大街7号英蓝国际金融中心	010－58328888	2008年2月
63	国金证券	www. china598. com	成都市东城根上街95号	400－666－6598	2008年3月
64	中投证券	www. cjis. cn	深圳市福田区益田路与福华三路交界处深圳国际商会中心	400－600－8008	2008年3月
65	中山证券	www. zszq. com. cn	深圳市福田区益田路江苏大厦B座	0755－82943750	2008年3月
66	红塔证券	www. hongtazq. com	昆明市北京路155号附1号红塔大厦	0871－3577927	2008年3月
67	日信证券	www. rxzq. com. cn	北京西城区闹市口1号长安兴融中心西楼11层	010－88086830	2008年5月
68	西藏同信证券	www. xzsec. com	上海市永和路118弄东方企业园24号	400－881－1177	2008年5月
69	方正证券	www. foundersc. com	长沙市芙蓉中路二段200号	0731－95571	2008年6月
70	联讯证券	www. lxzq. com. cn	惠州市下埔路14号	0752－2119397	2008年6月
71	天源证券	www. tyzq. com. cn	深圳市民田路新华保险大厦18层	0755－3333118－8806	2008年8月
72	江海证券	www. jhzq. com. cn	哈尔滨市香坊区赣水路56号	0451－82269280	2008年8月
73	银泰证券	www. ytzq. net	深圳市福田区竹子林四路紫竹七道18号光大银行大厦	0755－83703759	2008年12月
74	民族证券	www. e5618. com	北京市西城区金融大街5号新盛大厦A座6－9层	400－889－5618	2008年12月
75	华宝证券	www. cnhbstock. com	上海市陆家嘴环路166号未来资产大厦	021－38929908	2009年1月
76	厦门证券	www. xmzq. com. cn	厦门市莲前西路2号莲富大厦17层	0592－5163588	2009年1月
77	爱建证券	www. ajzq. com	上海市南京西路758号(博爱大厦)20层－25层	021－32229888	2009年1月
78	英大证券	www. vsun. com	深圳市深南中路华能大厦30楼	0755－26982993	2009年3月
79	信达证券	www. cindasc. com	北京市西城区三里河东路5号中商大厦10层	400－800－8899	2009年7月
80	东兴证券	www. dxzq. net	北京市西城区金融大街5号新盛大厦B座12－15层	010－66555383	2009年7月
81	华融证券	www. hrsec. com. cn	北京市西城区月坛北街26号恒华国际商务中心A座9层	010－58568162	2009年9月
82	天风证券	www. tfzq. com	武汉市东湖新技术开发区关东园路2号高科大厦4层	028－86712334	2009年11月
83	大通证券	www. estock. com	大连市中山区延安路1号保嘉大厦	400－816－9169	2009年12月
84	财达证券	www. s10000. com	石家庄市桥西区自强路35号庄家金融大厦	400－612－8888	2009年12月
85	中天证券	www. stockren. com	沈阳市和平区光荣街23甲	400－618－0315	2010年1月
86	财富里昂证券	www. cf－clsa. com	上海市浦东新区福山路500号城建中心15层	021－38784818	2010年2月
87	五矿证券	www. wkzq. com. cn	深圳市福田区荣超经贸中心47楼	400－184－0028	2010年4月
88	高华证券	www. ghsl. cn	北京市西城区金融大街7号英蓝国际中心18层	010－66273000	2010年5月
89	华创证券	www. hczq. com	贵阳市中华北路216号华创大厦	0851－960872	2010年6月
90	恒泰长财证券	www. cczq. net	长春市珠江路439号长财大厦	0431－82951765	2010年7月
91	万和证券	www. wanhesec. com	深圳市福田区深南大道7028号时代科技大厦20层西厅	0755－25170332	2010年9月
92	中邮证券	www. cnpsec. com. cn	西安市太白北路320号华弘大厦	400－888－8005	2010年11月
93	首创证券	www. sczq. com. cn	北京市西城区德胜门外大街115号德胜尚城E座	400－620－0620	2011年2月
94	国开证券	www. stockfly. com. cn	北京市东城区东直门南大街3号国华投资大厦17层	010－85285202 010－85285217	2011年5月

3. 证券投资咨询机构(1家)

编号	机构名称	网址	联系地址	电话	核准时间
1	天相投顾	www. txsec. com	北京市西城区金融大街19号富凯大厦B座701	010－66045666	2004年7月

分级基金名录

序号	分级基金代码	分级基金名称	主基金代码	基金全称
1	1001	华夏债券 A/B	1001	华夏债券投资基金
2	1003	华夏债券 C	1001	华夏债券投资基金
3	1011	华夏希望债券 A	1011	华夏希望债券型证券投资基金
4	1013	华夏希望债券 C	1011	华夏希望债券型证券投资基金
5	1021	华夏亚债中国指数 A	1021	亚债中国债券指数基金
6	1023	华夏亚债中国指数 C	1021	亚债中国债券指数基金
7	1031	华夏安康债券 A	1031	华夏安康信用优选债券型证券投资基金
8	1033	华夏安康债券 C	1031	华夏安康信用优选债券型证券投资基金
9	1057	华夏理财 30 天债券 A	1057	华夏理财 30 天债券型证券投资基金
10	1058	华夏理财 30 天债券 B	1057	华夏理财 30 天债券型证券投资基金
11	1061	华夏收益债券(QDII)A	1061	华夏海外收益债券型证券投资基金
12	1063	华夏收益债券(QDII)C	1061	华夏海外收益债券型证券投资基金
13	1077	华夏理财 21 天债券 A	1077	华夏理财 21 天债券型证券投资基金
14	1078	华夏理财 21 天债券 B	1077	华夏理财 21 天债券型证券投资基金
15	20002	国泰金龙债券 A	20002	国泰金龙债券证券投资基金
16	20012	国泰金龙债券 C	20002	国泰金龙债券证券投资基金
17	20019	国泰双利债券 A	20019	国泰双利债券证券投资基金
18	20020	国泰双利债券 C	20019	国泰双利债券证券投资基金
19	20027	国泰信用债券 A 类	20027	国泰信用债券型证券投资基金
20	20028	国泰信用债券 C 类	20027	国泰信用债券型证券投资基金
21	20029	国泰 6 个月短期理财债券 A	20029	国泰 6 个月短期理财债券型证券投资基金
22	20030	国泰 6 个月短期理财债券 B	20029	国泰 6 个月短期理财债券型证券投资基金
23	20031	国泰现金管理货币 A	20031	国泰现金管理货币市场基金
24	20032	国泰现金管理货币 B	20031	国泰现金管理货币市场基金
25	20033	国泰民安增利债券 A 类	20033	国泰民安增利债券型发起式证券投资基金
26	20034	国泰民安增利债券 C 类	20033	国泰民安增利债券型发起式证券投资基金
27	40003	华安现金富利货币 A	40003	华安现金富利投资基金
28	41003	华安现金富利货币 B	40003	华安现金富利投资基金
29	40009	华安稳定收益债券 A	40009	华安稳定收益债券型证券投资基金
30	40010	华安稳定收益债券 B	40009	华安稳定收益债券型证券投资基金
31	40012	华安强化收益债券 A	40012	华安强化收益债券型证券投资基金
32	40013	华安强化收益债券 B	40012	华安强化收益债券型证券投资基金
33	40022	华安可转债债券 A 类	40022	华安可转换债券债券型证券投资基金
34	40023	华安可转债债券 B 类	40022	华安可转换债券债券型证券投资基金
35	40028	华安月月鑫短期理财债券 A	40028	华安月月鑫短期理财债券型证券投资基金
36	40029	华安月月鑫短期理财债券 B	40028	华安月月鑫短期理财债券型证券投资基金
37	40030	华安季季鑫短期理财债券 A	40030	华安季季鑫短期理财债券型证券投资基金
38	40031	华安季季鑫短期理财债券 B	40030	华安季季鑫短期理财债券型证券投资基金
39	40033	华安双月鑫短期理财债券 A	40033	华安双月鑫短期理财债券型证券投资基金
40	40034	华安双月鑫短期理财债券 B	40033	华安双月鑫短期理财债券型证券投资基金
41	40036	华安安心收益债券 A 类	40036	华安安心收益债券型证券投资基金
42	40037	华安安心收益债券 B 类	40036	华安安心收益债券型证券投资基金
43	40038	华安日日鑫货币 A	40038	华安日日鑫货币市场基金
44	40039	华安日日鑫货币 B	40038	华安日日鑫货币市场基金
45	40042	华安 7 日鑫短期理财债券 A	40042	华安 7 日鑫短期理财债券型证券投资基金
46	40043	华安 7 日鑫短期理财债券 B	40042	华安 7 日鑫短期理财债券型证券投资基金
47	50006	博时稳定价值债券 B	50006	博时稳定价值债券投资基金
48	50106	博时稳定价值债券 A	50006	博时稳定价值债券投资基金
49	50011	博时信用债券 A/B	50011	博时信用债券投资基金
50	50111	博时信用债券 C	50011	博时信用债券投资基金
51	50016	博时宏观回报债券 A/B 类	50016	博时宏观回报债券型证券投资基金
52	50116	博时宏观回报债券 C 类	50016	博时宏观回报债券型证券投资基金
53	50019	博时转债增强债券 A 类	50019	博时转债增强债券型证券投资基金
54	50119	博时转债增强债券 C 类	50019	博时转债增强债券型证券投资基金
55	50023	博时天颐债券 A 类	50023	博时天颐债券型证券投资基金
56	50123	博时天颐债券 C 类	50023	博时天颐债券型证券投资基金

序号	分级基金代码	分级基金名称	主基金代码	基金全称
57	50028	博时安心收益定期开放债券A类	50028	博时安心收益定期开放债券型证券投资基金
58	50128	博时安心收益定期开放债券C类	50028	博时安心收益定期开放债券型证券投资基金
59	50029	博时理财30天债券A	50029	博时理财30天债券型证券投资金
60	50129	博时理财30天债券B	50029	博时理财30天债券型证券投资金
61	50030	人民币	50030	博时亚洲票息收益债券型证券投资基金 Bosera Asian Bond Fund
62	50202	美元现汇	50030	博时亚洲票息收益债券型证券投资基金 Bosera Asian Bond Fund
63	50203	美元现钞	50030	博时亚洲票息收益债券型证券投资基金 Bosera Asian Bond Fund
64	70008	嘉实货币A	70008	嘉实货币市场基金
65	70088	嘉实货币B	70008	嘉实货币市场基金
66	70015	嘉实多元债券A	70015	嘉实多元收益债券型证券投资基金
67	70016	嘉实多元债券B	70015	嘉实多元收益债券型证券投资基金
68	70025	嘉实信用债券A	70025	嘉实信用债券型证券投资基金
69	70026	嘉实信用债券C	70025	嘉实信用债券型证券投资基金
70	70028	嘉实安心货币A	70028	嘉实安心货币市场基金
71	70029	嘉实安心货币B	70028	嘉实安心货币市场基金
72	70035	嘉实理财宝7天债券A	70035	嘉实理财宝7天债券型证券投资基金
73	70036	嘉实理财宝7天债券B	70035	嘉实理财宝7天债券型证券投资基金
74	70037	嘉实纯债债券A	70037	嘉实纯债债券型发起式证券投资基金
75	70038	嘉实纯债债券C	70037	嘉实纯债债券型发起式证券投资基金
76	80009	长盛同禧信用增利债券A	80009	长盛同禧信用增利债券型证券投资基金
77	80010	长盛同禧信用增利债券C	80009	长盛同禧信用增利债券型证券投资基金
78	80016	长盛添利30天理财债券A	80016	长盛添利30天理财债券型证券投资基金
79	80017	长盛添利30天理财债券B	80016	长盛添利30天理财债券型证券投资基金
80	80018	长盛添利60天理财发起式A	80018	长盛添利60天理财债券型发起式证券投资基金
81	80019	长盛添利60天理财发起式B	80018	长盛添利60天理财债券型发起式证券投资基金
82	90002	大成债券A/B	90002	大成债券投资基金
83	92002	大成债券C	90002	大成债券投资基金
84	90005	大成货币A	90005	大成货币市场证券投资基金
85	91005	大成货币B	90005	大成货币市场证券投资基金
86	90021	大成月添利债券A	90021	大成月添利理财债券型证券投资基金
87	91021	大成月添利债券B	90021	大成月添利理财债券型证券投资基金
88	90022	大成现金增利货币A	90022	大成现金增利货币市场基金
89	91022	大成现金增利货币B	90022	大成现金增利货币市场基金
90	90023	大成理财21天债券A级	90023	大成理财21天债券发起式证券投资基金
91	91023	大成理财21天债券B级	90023	大成理财21天债券发起式证券投资基金
92	100007	富国7天理财宝债券A	100007	富国7天理财宝债券型证券投资基金
93	101007	富国7天理财宝债券B	100007	富国7天理财宝债券型证券投资基金
94	100025	富国天时货币A	100025	富国天时货币市场基金
95	100028	富国天时货币B	100025	富国天时货币市场基金
96	100035	富国优化增强债券A/B	100035	富国优化增强债券型证券投资基金
97	100037	富国优化增强债券C	100035	富国优化增强债券型证券投资基金
98	100066	富国纯债债券发起A/B	100066	富国纯债债券型发起式证券投资基金
99	100068	富国纯债债券发起C	100066	富国纯债债券型发起式证券投资基金
100	100070	富国强收益A	100070	富国强收益定期开放债券型证券投资基金
101	100071	富国强收益C	100070	富国强收益定期开放债券型证券投资基金
102	100072	富国强回报定期开放债券A	100072	富国强回报定期开放债券型证券投资基金
103	100073	富国强回报定期开放债券C	100072	富国强回报定期开放债券型证券投资基金
104	110006	易方达货币A	110006	易方达货币市场基金
105	110016	易方达货币B	110006	易方达货币市场基金
106	110007	易方达稳健收益债券A	110007	易方达稳健收益债券型证券投资基金
107	110008	易方达稳健收益债券B	110007	易方达稳健收益债券型证券投资基金
108	110017	易方达增强回报债券A	110017	易方达增强回报债券型证券投资基金
109	110018	易方达增强回报债券B	110017	易方达增强回报债券型证券投资基金
110	110027	易方达安心回报债券A	110027	易方达安心回报债券型证券投资基金
111	110028	易方达安心回报债券B	110027	易方达安心回报债券型证券投资基金
112	110035	易方达双债增强债券A	110035	易方达双债增强债券型证券投资基金
113	110036	易方达双债增强债券C	110035	易方达双债增强债券型证券投资基金
114	110037	易方达纯债债券A类	110037	易方达纯债债券型证券投资基金
115	110038	易方达纯债债券C类	110037	易方达纯债债券型证券投资基金

序号	分级基金代码	分级基金名称	主基金代码	基金全称
116	110050	易方达月月利理财债券 A	110050	易方达月月利理财债券型证券投资基金
117	110051	易方达月月利理财债券 B	110050	易方达月月利理财债券型证券投资基金
118	110052	易方达双月利理财债券 A	110052	易方达双月理财债券型证券投资基金
119	110053	易方达双月利理财债券 B	110052	易方达双月理财债券型证券投资基金
120	121011	国投瑞银货币 A	121011	国投瑞银货币市场基金
121	128011	国投瑞银货币 B	121011	国投瑞银货币市场基金
122	121012	国投瑞银优化增强债券 A/B	121012	国投瑞银优化增强债券型证券投资基金
123	128112	国投瑞银优化增强债券 C	121012	国投瑞银优化增强债券型证券投资基金
124	121013	国投瑞银纯债债券 A	121013	国投瑞银纯债债券型证券投资基金
125	128013	国投瑞银纯债债券 B	121013	国投瑞银纯债债券型证券投资基金
126	121007	国投瑞银瑞福优先封闭	121099	国投瑞银瑞福深证 100 指数分级证券投资基金
127	150001	国投瑞银瑞福进取封闭	121099	国投瑞银瑞福深证 100 指数分级证券投资基金
128	150005	银河银富货币 A	150005	银河银富货币市场基金
129	150015	银河银富货币 B	150005	银河银富货币市场基金
130	160123	南方中证 50 债券指数(LOF)A	160123	南方中证 50 债券指数证券投资基金(LOF)
131	160124	南方中证 50 债券指数(LOF)C	160123	南方中证 50 债券指数证券投资基金(LOF)
132	150049	南方消费收益	160127	南方新兴消费增长分级股票型证券投资基金
133	150050	南方消费进取	160127	南方新兴消费增长分级股票型证券投资基金
134	160127	南方新兴消费增长分级股票	160127	南方新兴消费增长分级股票型证券投资基金
135	160128	南方金利定期开放债券 A	160128	南方金利定期开放债券型证券投资基金
136	160129	南方金利定期开放债券 C	160128	南方金利定期开放债券型证券投资基金
137	150010	国泰优先	160212	国泰估值优势可分离交易股票型证券投资基金
138	150011	国泰进取	160212	国泰估值优势可分离交易股票型证券投资基金
139	150066	互利 A	160217	国泰信用互利分级债券型证券投资基金
140	150067	互利 B	160217	国泰信用互利分级债券型证券投资基金
141	160217	国泰互利	160217	国泰信用互利分级债券型证券投资基金
142	150104	华安沪深 300 指数分级 A	160417	华安沪深 300 指数分级证券投资基金
143	150105	华安沪深 300 指数分级 B	160417	华安沪深 300 指数分级证券投资基金
144	160417	华安沪深 300 指数分级	160417	华安沪深 300 指数分级证券投资基金
145	150043	博时裕祥分级债券封闭 B	160513	博时裕祥分级债券型证券投资基金
146	160514	博时裕祥分级债券 A	160513	博时裕祥分级债券型证券投资基金
147	160602	鹏华普天债券 A	160602	鹏华普天债券投资基金
148	160608	鹏华普天债券 B	160602	鹏华普天债券投资基金
149	160606	鹏华货币 A	160606	鹏华货币市场证券投资基金
150	160609	鹏华货币 B	160606	鹏华货币市场证券投资基金
151	150061	丰泽 B	160618	鹏华丰泽分级债券型证券投资基金
152	160619	丰泽 A	160618	鹏华丰泽分级债券型证券投资基金
153	150100	鹏华资源 A	160620	鹏华中证 A 股资源产业指数分级型证券投资基金
154	150101	鹏华资源 B	160620	鹏华中证 A 股资源产业指数分级型证券投资基金
155	160620	鹏华资源分级	160620	鹏华中证 A 股资源产业指数分级型证券投资基金
156	150032	多利优先	160718	嘉实多利分级债券型证券投资基金
157	150033	多利进取	160718	嘉实多利分级债券型证券投资基金
158	160718	嘉实多利分级债券	160718	嘉实多利分级债券型证券投资基金
159	150098	长盛同庆 800A	160806	长盛同庆中证 800 指数分级证券投资基金
160	150099	长盛同庆 800B	160806	长盛同庆中证 800 指数分级证券投资基金
161	160806	长盛同庆中证 800 分级	160806	长盛同庆中证 800 指数分级证券投资基金
162	150064	长盛同瑞 A	160808	长盛同瑞中证 200 指数分级证券投资基金
163	150065	长盛同瑞 B	160808	长盛同瑞中证 200 指数分级证券投资基金
164	160808	长盛同瑞中证 200 分级	160808	长盛同瑞中证 200 指数分级证券投资基金
165	150108	长盛同辉深 100 等权重 A	160809	长盛同辉深证 100 等权重指数分级证券投资基金
166	150109	长盛同辉深 100 等权重 B	160809	长盛同辉深证 100 等权重指数分级证券投资基金
167	160809	长盛同辉深 100 等权重分级	160809	长盛同辉深证 100 等权重指数分级证券投资基金
168	150115	长盛同丰分级债券 B	160810	长盛同丰分级债券型证券投资基金
169	160811	长盛同丰分级债券 A	160810	长盛同丰分级债券型证券投资基金
170	150025	景丰 A	160915	大成景丰分级债券型证券投资基金
171	150026	景丰 B	160915	大成景丰分级债券型证券投资基金
172	150020	富国汇利分级债券封闭 A	161014	富国汇利分级债券型证券投资基金
173	150021	富国汇利分级债券封闭 B	161014	富国汇利分级债券型证券投资基金
174	150041	富国天盈分级债券封闭 B	161015	富国天盈分级债券型证券投资基金

序号	分级基金代码	分级基金名称	主基金代码	基金全称
175	161016	富国天盈分级债券 A	161015	富国天盈分级债券型证券投资基金
176	150106	易方达中小板指数分级 A	161118	易方达中小板指数分级证券投资基金
177	150107	易方达中小板指数分级 B	161118	易方达中小板指数分级证券投资基金
178	161118	易方达中小板指数分级	161118	易方达中小板指数分级证券投资基金
179	161119	易方达中债新综指发起式(LOF)A	161119	易方达中债新综合债券指数发起式证券投资基金(LOF)
180	161120	易方达中债新综指发起式(LOF)C	161119	易方达中债新综合债券指数发起式证券投资基金(LOF)
181	150008	国投瑞银瑞和小康沪深 300 指数	161207	国投瑞银瑞和沪深 300 指数分级证券投资基金
182	150009	国投瑞银瑞和远见沪深 300 指数	161207	国投瑞银瑞和沪深 300 指数分级证券投资基金
183	161207	国投瑞银瑞和沪深 300 指数	161207	国投瑞银瑞和沪深 300 指数分级证券投资基金
184	150079	通利债 B	161505	银河通利分级债券型证券投资基金
185	161506	通利债 A	161505	银河通利分级债券型证券投资基金
186	161603	融通债券 A/B 类	161603	融通债券投资基金
187	161693	融通债券 C 类	161603	融通债券投资基金
188	161608	融通易支付货币 A	161608	融通易支付货币市场证券投资基金
189	161615	融通易支付货币 B	161608	融通易支付货币市场证券投资基金
190	161618	岁岁添利 A	161618	融通岁岁添利定期开放债券型证券投资基金
191	161619	岁岁添利 B	161618	融通岁岁添利定期开放债券型证券投资基金
192	150096	招商中证商品 A	161715	招商中证大宗商品股票指数分级证券投资基金
193	150097	招商中证商品 B	161715	招商中证大宗商品股票指数分级证券投资基金
194	161715	招商中证大宗商品指数分级	161715	招商中证大宗商品股票指数分级证券投资基金
195	150018	银华稳进	161812	银华深证 100 指数分级证券投资基金
196	150019	银华锐进	161812	银华深证 100 指数分级证券投资基金
197	161812	银华 100	161812	银华深证 100 指数分级证券投资基金
198	150030	银华金利	161816	银华中证等权重 90 指数分级证券投资基金
199	150031	银华鑫利	161816	银华中证等权重 90 指数分级证券投资基金
200	161816	银华 90	161816	银华中证等权重 90 指数分级证券投资基金
201	150047	银华瑞吉	161818	银华消费主题分级股票型证券投资基金
202	150048	银华瑞祥	161818	银华消费主题分级股票型证券投资基金
203	161818	银华消费	161818	银华消费主题分级股票型证券投资基金
204	150059	银华金瑞	161819	银华中证内地资源主题指数分级证券投资基金
205	150060	银华鑫瑞	161819	银华中证内地资源主题指数分级证券投资基金
206	161819	银华资源	161819	银华中证内地资源主题指数分级证券投资基金
207	161821	银华 50A	161821	银华中证中票 50 指数债券型证券投资基金(LOF)
208	161822	银华 50C	161821	银华中证中票 50 指数债券型证券投资基金(LOF)
209	150116	永兴 B	161823	银华永兴纯债分级债券型发起式证券投资基金
210	161824	永兴 A	161823	银华永兴纯债分级债券型发起式证券投资基金
211	150038	万家利 B	161908	万家添利分级债券型证券投资基金
212	161909	万家利 A	161908	万家添利分级债券型证券投资基金
213	150090	万家创 A	161910	万家中证创业成长指数分级证券投资基金
214	150091	万家创 B	161910	万家中证创业成长指数分级证券投资基金
215	161910	万家中创	161910	万家中证创业成长指数分级证券投资基金
216	150057	长城久兆稳健指数	162010	长城久兆中小板 300 指数分级证券投资基金
217	150058	长城久兆积极指数	162010	长城久兆中小板 300 指数分级证券投资基金
218	162010	长城久兆中小板 300 指数分级	162010	长城久兆中小板 300 指数分级证券投资基金
219	150078	回报 B	162105	金鹰持久回报分级债券型证券投资基金
220	162106	回报 A	162105	金鹰持久回报分级债券型证券投资基金
221	150088	金鹰 500A	162107	金鹰中证 500 指数分级证券投资基金
222	150089	金鹰 500B	162107	金鹰中证 500 指数分级证券投资基金
223	162107	金鹰 500	162107	金鹰中证 500 指数分级证券投资基金
224	162210	泰达宏利集利债券 A	162210	泰达宏利集利债券型证券投资基金
225	162299	泰达宏利集利债券 C	162210	泰达宏利集利债券型证券投资基金
226	150034	泰达宏利聚利 A	162215	泰达宏利聚利分级债券型证券投资基金
227	150035	泰达宏利聚利 B	162215	泰达宏利聚利分级债券型证券投资基金
228	150053	泰达稳健	162216	泰达宏利中证 500 指数分级证券投资基金
229	150054	泰达进取	162216	泰达宏利中证 500 指数分级证券投资基金
230	150044	海富通稳进增利分级债券 A 类	162308	海富通稳进增利分级债券型证券投资基金
231	150045	海富通稳进增利分级债券 B 类	162308	海富通稳进增利分级债券型证券投资基金
232	150012	国联安双禧 A 中证 100 指数(场内简称:双禧 A)	162509	国联安双禧中证 100 指数分级证券投资基金
233	150013	国联安双禧 B 中证 100 指数(场内简称:双禧 B)	162509	国联安双禧中证 100 指数分级证券投资基金

序号	分级基金代码	分级基金名称	主基金代码	基金全称
234	162509	国联安双禧中证 100 指数(场内简称:双禧 100)	162509	国联安双禧中证 100 指数分级证券投资基金
235	150069	国联安双力 A 中小板综指(场内简称:双力 A)	162510	国联安双力中小板综指分级证券投资基金
236	150070	国联安双力 B 中小板综指(场内简称:双力 B)	162510	国联安双力中小板综指分级证券投资基金
237	162510	国联安双力中小板综指(场内简称:国安双力)	162510	国联安双力中小板综指分级证券投资基金
238	150080	国联安双佳信用分级债券(场内简称:双佳 B)	162511	国联安双佳信用分级债券型证券投资基金
239	162512	国联安双佳信用分级债券(场内简称:双佳 A)	162511	国联安双佳信用分级债券型证券投资基金
240	150083	广发深证 100 指数分级 A	162714	广发深证 100 指数分级证券投资基金
241	150084	广发深证 100 指数分级 B	162714	广发深证 100 指数分级证券投资基金
242	162714	广发深证 100 指数分级	162714	广发深证 100 指数分级证券投资基金
243	150094	泰信基本面 400A	162907	泰信中证锐联基本面 400 指数分级证券投资基金
244	150095	泰信基本面 400B	162907	泰信中证锐联基本面 400 指数分级证券投资基金
245	162907	泰信基本面 400	162907	泰信中证锐联基本面 400 指数分级证券投资基金
246	150042	长信利鑫分级债 B	163003	长信利鑫分级债券型证券投资基
247	163004	长信利鑫分级债 A	163003	长信利鑫分级债券型证券投资基
248	150022	申万收益	163109	申万菱信深证成指分级证券投资基金
249	150023	申万进取	163109	申万菱信深证成指分级证券投资基金
250	163109	申万深成	163109	申万菱信深证成指分级证券投资基金
251	150085	中小板 A	163111	申万菱信中小板指数分级证券投资基金
252	150086	中小板 B	163111	申万菱信中小板指数分级证券投资基金
253	163111	申万中小	163111	申万菱信中小板指数分级证券投资基金
254	150073	诺安稳健	163209	诺安中证创业成长指数分级证券投资基金
255	150075	诺安进取	163209	诺安中证创业成长指数分级证券投资基金
256	163209	诺安中创	163209	诺安中证创业成长指数分级证券投资基金
257	150016	合润 A	163406	兴业合润分级股票型证券投资基金
258	150017	合润 B	163406	兴业合润分级股票型证券投资基金
259	163406	兴全合润分级股票	163406	兴业合润分级股票型证券投资基金
260	163802	中银货币 A 类	163802	中银货币市场证券投资基金
261	163820	中银货币 B 类	163802	中银货币市场证券投资基金
262	163811	中银双利债券 A 类	163811	中银稳健双利债券型证券投资基金
263	163812	中银双利债券 B 类	163811	中银稳健双利债券型证券投资基金
264	163816	中银转债增强债券 A 类	163816	中银转债增强债券型证券投资基金
265	163817	中银转债增强债券 B 类	163816	中银转债增强债券型证券投资基金
266	150114	中海惠裕分级债券发起式 B	163907	中海惠裕纯债分级债券型发起式证券投资基金
267	163908	中海惠裕分级债券发起式 A	163907	中海惠裕纯债分级债券型发起式证券投资基金
268	150027	天弘添利分级债券封闭 B	164206	天弘添利分级债券型证券投资基金
269	164207	天弘添利分级债券 A	164206	天弘添利分级债券型证券投资基金
270	150046	天弘丰利分级债券封闭 B	164208	天弘丰利分级债券型证券投资基金
271	164209	天弘丰利分级债券 A 类	164208	天弘丰利分级债券型证券投资基金
272	150055	工银 500A	164809	工银瑞信睿智中证 500 指数分级证券投资基金
273	150056	工银 500B	164809	工银瑞信睿智中证 500 指数分级证券投资基金
274	150112	工银 100A	164811	工银瑞信睿智深证 100 指数分级证券投资基金
275	150113	工银 100B	164811	工银瑞信睿智深证 100 指数分级证券投资基金
276	150036	建信稳健	165310	建信双利策略主题分级股票型证券投资基金
277	150037	建信进取	165310	建信双利策略主题分级股票型证券投资基金
278	165310	建信双利	165310	建信双利策略主题分级股票型证券投资基金
279	150028	信诚中证 500 指数分级 A	165511	信诚中证 500 指数分级证券投资基金
280	150029	信诚中证 500 指数分级 B	165511	信诚中证 500 指数分级证券投资基金
281	165511	信诚中证 500 指数分级	165511	信诚中证 500 指数分级证券投资基金
282	150051	信诚沪深 300 指数分级 A	165515	信诚沪深 300 指数分级证券投资基金
283	150052	信诚沪深 300 指数分级 B	165515	信诚沪深 300 指数分级证券投资基金
284	165515	信诚沪深 300 指数分级	165515	信诚沪深 300 指数分级证券投资基金
285	150081	信诚双盈分级债券 B	165517	信诚双盈分级债券型证券投资基金
286	165518	信诚双盈分级债券 A	165517	信诚双盈分级债券型证券投资基金
287	150068	诺德双翼分级债券 B	165705	诺德双翼分级债券型证券投资基金
288	165706	诺德双翼分级债券 A	165705	诺德双翼分级债券型证券投资基金
289	150092	诺德 300A	165707	诺德深证 300 指数分级证券投资基金
290	150093	诺德 300B	165707	诺德深证 300 指数分级证券投资基金
291	165707	诺德 S300	165707	诺德深证 300 指数分级证券投资基金
292	166003	中欧稳健收益债券 A	166003	中欧稳健收益债券型证券投资基金

序号	分级基金代码	分级基金名称	主基金代码	基金全称
293	166004	中欧稳健收益债券 C	166003	中欧稳健收益债券型证券投资基金
294	150039	鼎利 A	166010	中欧鼎利分级债券型证券投资基金
295	150040	鼎利 B	166010	中欧鼎利分级债券型证券投资基金
296	166010	中欧鼎利分级债券	166010	中欧鼎利分级债券型证券投资基金
297	150071	盛世 A	166011	中欧盛世成长分级股票型证券投资基金
298	150072	盛世 B	166011	中欧盛世成长分级股票型证券投资基金
299	166011	中欧盛世成长分级股票	166011	中欧盛世成长分级股票型证券投资基金
300	150087	信用 B	166012	中欧信用增利分级债券型证券投资基金
301	166013	信用 A	166012	中欧信用增利分级债券型证券投资基金
302	166014	中欧货币 A	166014	中欧货币市场基金
303	166015	中欧货币 B	166014	中欧货币市场基金
304	150119	纯债 B	166016	中欧纯债分级债券型基金
305	166017	纯债 A	166016	中欧纯债分级债券型基金
306	150082	信达澳银稳定增利债券 B	166105	信达澳银稳定增利分级债券型证券投资基金
307	166106	信达澳银稳定增利债券 A	166105	信达澳银稳定增利分级债券型证券投资基金
308	150110	华商 500A	166301	华商中证 500 指数分级证券投资基金
309	150111	华商 500B	166301	华商中证 500 指数分级证券投资基金
310	166301	华商中证 500 指数分级	166301	华商中证 500 指数分级证券投资基金
311	150062	浦银安盛增利分级债券 A	166401	浦银安盛增利分级债券型证券投资基金
312	150063	浦银安盛增利分级债券 B	166401	浦银安盛增利分级债券型证券投资基金
313	150076	浙商稳健	166802	浙商沪深 300 指数分级证券投资基金
314	150077	浙商进取	166802	浙商沪深 300 指数分级证券投资基金
315	166802	浙商沪深 300 指数分级	166802	浙商沪深 300 指数分级证券投资基金
316	166902	民生加银平稳增利债券 A	166902	民生加银平稳增利定期开放债券型证券投资基金
317	166903	民生加银平稳增利债券 C	166902	民生加银平稳增利定期开放债券型证券投资基金
318	180008	银华货币 A	180008	银华货币市场证券投资基金
319	180009	银华货币 B	180008	银华货币市场证券投资基金
320	180025	银华信用双利债券 A	180025	银华信用双利债券型证券投资基金
321	180026	银华信用双利债券 C	180025	银华信用双利债券型证券投资基金
322	180029	银华永泰积极债券 A	180029	银华永泰积极债券型证券投资基金
323	180030	银华永泰积极债券 C	180029	银华永泰积极债券型证券投资基金
324	200003	长城货币 A	200003	长城货币市场证券投资基金
325	200103	长城货币 B	200003	长城货币市场证券投资基金
326	200013	长城积极增利债券 A	200013	长城积极增利债券型证券投资基金
327	200113	长城积极增利债券 C	200013	长城积极增利债券型证券投资基金
328	202102	南方多利增强债券 C	202102	南方多利增强债券型证券投资基金
329	202103	南方多利增强债券 A	202102	南方多利增强债券型证券投资基金
330	202105	南方广利回报债券 A/B	202105	南方广利回报债券型证券投资基金
331	202107	南方广利回报债券 C	202105	南方广利回报债券型证券投资基金
332	202108	南方润元纯债债券 A/B	202108	南方润元纯债债券型证券投资基金
333	202110	南方润元纯债债券 C	202108	南方润元纯债债券型证券投资基金
334	202301	南方现金增利货币 A	202301	南方现金增利基金
335	202302	南方现金增利货币 B	202301	南方现金增利基金
336	202303	南方理财 14 天债券 A	202303	南方理财 14 天债券型证券投资基金
337	202304	南方理财 14 天债券 B	202303	南方理财 14 天债券型证券投资基金
338	202305	南方理财 60 天债券 A	202305	南方理财 60 天债券型证券投资基金
339	202306	南方理财 60 天债券 B	202305	南方理财 60 天债券型证券投资基金
340	202307	南方理财 30 天债券 A	202307	南方理财 30 天债券型证券投资基金
341	202308	南方理财 30 天债券 B	202307	南方理财 30 天债券型证券投资基金
342	206003	鹏华信用增利债券 A	206003	鹏华信用增利债券型证券投资基金
343	206004	鹏华信用增利债券 B	206003	鹏华信用增利债券型证券投资基金
344	206016	鹏华理财 21 天债券 A	206016	鹏华理财 21 天债券型证券投资基金
345	206017	鹏华理财 21 天债券 B	206016	鹏华理财 21 天债券型证券投资基金
346	210010	金鹰元泰信用债 A	210010	金鹰元泰精选信用债债券型证券投资基金
347	210011	金鹰元泰信用债 C	210010	金鹰元泰精选信用债债券型证券投资基金
348	210012	金鹰货币 A	210012	金鹰货币市场证券投资基金
349	210013	金鹰货币 B	210012	金鹰货币市场证券投资基金
350	213007	宝盈增强收益债券 A/B	213007	宝盈增强收益债券型证券投资基金
351	213917	宝盈增强收益债券 C	213007	宝盈增强收益债券型证券投资基金

序号	分级基金代码	分级基金名称	主基金代码	基金全称
352	213009	宝盈货币 A	213009	宝盈货币市场证券投资基金
353	213909	宝盈货币 B	213009	宝盈货币市场证券投资基金
354	217003	招商安泰债券 A	217003	招商安泰债券开放式证券投资基金
355	217203	招商安泰债券 B	217003	招商安泰债券开放式证券投资基金
356	217004	招商现金增值货币 A	217004	招商现金增值开放式证券投资基金
357	217014	招商现金增值货币 B	217004	招商现金增值开放式证券投资基金
358	217025	招商理财 7 天债券 A	217025	招商理财 7 天债券型证券投资基金
359	217026	招商理财 7 天债券 B	217025	招商理财 7 天债券型证券投资基金
360	233012	大摩多元收益债券 A	233012	摩根士丹利华鑫多元收益债券型证券投资基金
361	233013	大摩多元收益债券 C	233012	摩根士丹利华鑫多元收益债券型证券投资基金
362	240006	华宝兴业现金宝货币 A	240006	华宝兴业现金宝货币市场基金
363	240007	华宝兴业现金宝货币 B	240006	华宝兴业现金宝货币市场基金
364	240012	华宝兴业增强收益债券 A	240012	华宝兴业增强收益债券型证券投资基金
365	240013	华宝兴业增强收益债券 B	240012	华宝兴业增强收益债券型证券投资基金
366	253020	国联安增利债券 A	253020	德盛增利债券证券投资基金
367	253021	国联安增利债券 B	253020	德盛增利债券证券投资基金
368	253050	国联安货币 A	253050	国联安货币市场证券投资基金
369	253051	国联安货币 B	253050	国联安货币市场证券投资基金
370	253060	国联安定期开放债券 A	253060	国联安信心增长定期开放债券型证券投资基金
371	253061	国联安定期开放债券 B	253060	国联安信心增长定期开放债券型证券投资基金
372	260102	景顺长城货币 A	260102	景顺长城货币市场证券投资基金
373	260202	景顺长城货币 B	260102	景顺长城货币市场证券投资基金
374	261001	景顺长城稳定收益债券 A 类	261001	景顺长城稳定收益债券型证券投资基金
375	261101	景顺长城稳定收益债券 C 类	261001	景顺长城稳定收益债券型证券投资基金
376	261002	景顺长城优信增利债券 A 类	261002	景顺长城优信增利债券型证券投资基金
377	261102	景顺长城优信增利债券 C 类	261002	景顺长城优信增利债券型证券投资基金
378	270004	广发货币 A	270004	广发货币市场基金
379	270014	广发货币 B	270004	广发货币市场基金
380	270029	广发聚财信用债券 A 类	270029	广发聚财信用债券型证券投资基金
381	270030	广发聚财信用债券 B 类	270029	广发聚财信用债券型证券投资基金
382	270044	广发双债添利债券 A 类	270044	广发双债添利债券型证券投资基金
383	270045	广发双债添利债券 C 类	270044	广发双债添利债券型证券投资基金
384	270046	广发理财 30 天债券 A 类	270046	广发理财 30 天债券型证券投资基金
385	270047	广发理财 30 天债券 B 类	270046	广发理财 30 天债券型证券投资基金
386	270048	广发纯债债券 A 类	270048	广发纯债债券型证券投资基金
387	270049	广发纯债债券 C 类	270048	广发纯债债券型证券投资基金
388	288101	华夏货币 A	288101	华夏货币市场基金
389	288201	华夏货币 B	288101	华夏货币市场基金
390	290007	泰信债券增强收益 A	290007	泰信增强收益债券型证券投资基金
391	291007	泰信债券增强收益 C	290007	泰信增强收益债券型证券投资基金
392	310338	申万菱信收益宝货币 A	310338	申万菱信收益宝货币市场基金
393	310339	申万菱信收益宝货币 B	310338	申万菱信收益宝货币市场基金
394	310378	申万菱信添益宝债券 A	310378	申万菱信添益宝债券型证券投资基金
395	310379	申万菱信添益宝债券 B	310378	申万菱信添益宝债券型证券投资基金
396	320002	诺安货币 A	320002	诺安货币市场证券投资基金
397	320019	诺安货币 B	320002	诺安货币市场证券投资基金
398	320008	诺安增利债券 A	320008	诺安增利债券型证券投资基金
399	320009	诺安增利债券 B	320008	诺安增利债券型证券投资基金
400	360008	光大保德信增利收益债券 A	360008	光大保德信增利收益债券型证券投资基金
401	360009	光大保德信增利收益债券 C	360008	光大保德信增利收益债券型证券投资基金
402	360013	光大保德信信用添益债券 A 类	360013	光大保德信信用添益债券型证券投资基金
403	360014	光大保德信信用添益债券 C 类	360013	光大保德信信用添益债券型证券投资基金
404	360017	光大保德信添天利理财债券 A 类	360017	光大保德信添天利季度开放短期理财债券型证券投资基金
405	360018	光大保德信添天利理财债券 B 类	360017	光大保德信添天利季度开放短期理财债券型证券投资基金
406	360019	光大保德信添天盈理财债券 A 类	360019	光大保德信添天盈季度理财债券型证券投资基金
407	360020	光大保德信添天盈理财债券 B 类	360019	光大保德信添天盈季度理财债券型证券投资基金
408	360021	光大保德信添盛双月理财债券 A 类	360021	光大保德信添盛双月理财债券型证券投资基金
409	360022	光大保德信添盛双月理财债券 B 类	360021	光大保德信添盛双月理财债券型证券投资基金
410	370010	上投摩根货币 A	370010	上投摩根货币市场基金

序号	分级基金代码	分级基金名称	主基金代码	基金全称
411	370010	上投摩根货币 B	370010	上投摩根货币市场基金
412	370021	上投摩根分红添利债券 A 类	370021	上投摩根分红添利债券型证券投资基金
413	370022	上投摩根分红添利债券 B 类	370021	上投摩根分红添利债券型证券投资基金
414	371020	上投摩根纯债债券 A	371020	上投摩根纯债债券型证券投资基金
415	371120	上投摩根纯债债券 B	371020	上投摩根纯债债券型证券投资基金
416	372010	上投摩根强化回报债券 A 类	372010	上投摩根强化回报债券型证券投资基金
417	372110	上投摩根强化回报债券 B 类	372010	上投摩根强化回报债券型证券投资基金
418	380001	中银理财 14 天债券 A 类	380001	中银理财 14 天债券型证券投资基金
419	380002	中银理财 14 天债券 B 类	380001	中银理财 14 天债券型证券投资基金
420	380003	中银理财 60 天债券发起 A 类	380003	中银理财 60 天债券型发起式证券投资基金
421	380004	中银理财 60 天债券发起 B 类	380003	中银理财 60 天债券型发起式证券投资基金
422	380005	中银纯债债券 A 类	380005	中银纯债债券型证券投资基金
423	380006	中银纯债债券 C 类	380005	中银纯债债券型证券投资基金
424	380007	中银理财 7 天债券 A 类	380007	中银理财 7 天债券型证券投资基金
425	380008	中银理财 7 天债券 B 类	380007	中银理财 7 天债券型证券投资基金
426	380010	中银理财 30 天债券 A 类	380010	中银理财 30 天债券型证券投资基金
427	380011	中银理财 30 天债券 B 类	380010	中银理财 30 天债券型证券投资基金
428	392001	中海货币 A 类	392001	中海货币市场证券投资基金
429	392002	中海货币 B 类	392001	中海货币市场证券投资基金
430	395011	中海增强收益债券 A 类	395011	中海增强收益债券型证券投资基金
431	395012	中海增强收益债券 C 类	395011	中海增强收益债券型证券投资基金
432	410004	华富收益增强债券 A	410004	华富收益增强债券型证券投资基金
433	410005	华富收益增强债券 B	410004	华富收益增强债券型证券投资基金
434	420002	天弘永利债券 A	420002	天弘永利债券型证券投资基金
435	420102	天弘永利债券 B	420002	天弘永利债券型证券投资基金
436	420006	天弘现金管家货币 A 类	420006	天弘现金管家货币市场基金
437	420106	天弘现金管家货币 B 类	420006	天弘现金管家货币市场基金
438	420008	天弘债券发起式 A 类	420008	天弘债券型发起式证券投资基金
439	420108	天弘债券发起式 B 类	420008	天弘债券型发起式证券投资基金
440	450005	国富强化收益债券 A	450005	富兰克林国海强化收益债券型证券投资基金
441	450006	国富强化收益债券 C	450005	富兰克林国海强化收益债券型证券投资基金
442	450018	国富恒久信用债券 A 类	450018	富兰克林国海恒久信用债券型证券投资基金
443	450019	国富恒久信用债券 C 类	450018	富兰克林国海恒久信用债券型证券投资基金
444	460006	华泰柏瑞货币 A	460006	华泰柏瑞货币市场证券投资基金
445	460106	华泰柏瑞货币 B	460006	华泰柏瑞货币市场证券投资基金
446	460008	华泰柏瑞稳健收益债券 A	460008	华泰柏瑞稳健收益债券型证券投资基金
447	460108	华泰柏瑞稳健收益债券 C	460008	华泰柏瑞稳健收益债券型证券投资基金
448	470010	汇添富多元收益债券 A	470010	汇添富多元收益债券型证券投资基金
449	470011	汇添富多元收益债券 C	470010	汇添富多元收益债券型证券投资基金
450	470014	汇添富理财 14 天债券 A	470014	汇添富理财 14 天债券型证券投资基金
451	471014	汇添富理财 14 天债券 B	470014	汇添富理财 14 天债券型证券投资基金
452	470021	汇添富理财 21 天债券发起式 A	470021	汇添富理财 21 天债券型发起式证券投资基金
453	471021	汇添富理财 21 天债券发起式 B	470021	汇添富理财 21 天债券型发起式证券投资基金
454	470030	汇添富理财 30 天 A	470030	汇添富理财 30 天债券型证券投资基金
455	471030	汇添富理财 30 天 B	470030	汇添富理财 30 天债券型证券投资基金
456	470058	汇添富可转换债券 A	470058	汇添富可转换债券债券型证券投资基金
457	470059	汇添富可转换债券 C	470058	汇添富可转换债券债券型证券投资基金
458	470060	汇添富理财 60 天债券 A	470060	汇添富理财 60 天债券型证券投资基金
459	471060	汇添富理财 60 天债券 B	470060	汇添富理财 60 天债券型证券投资基金
460	470088	汇添富信用债 A	470088	汇添富信用债债券型证券投资基金
461	470089	汇添富信用债 C	470088	汇添富信用债债券型证券投资基金
462	471028	汇添富理财 28 天 A	471028	汇添富理财 28 天债券型证券投资基金
463	472028	汇添富理财 28 天 B	471028	汇添富理财 28 天债券型证券投资基金
464	485005	工银增强收益债券 B	485105	工银瑞信增强收益债券型证券投资基金
465	485105	工银增强收益债券 A	485105	工银瑞信增强收益债券型证券投资基金
466	485007	工银添利债券 B	485107	工银瑞信信用添利债券型证券投资基金
467	485107	工银添利债券 A	485107	工银瑞信信用添利债券型证券投资基金
468	485011	工银瑞信双利债券 B	485111	工银瑞信双利债券型证券投资基金
469	485111	工银瑞信双利债券 A	485111	工银瑞信双利债券型证券投资基金

序号	分级基金代码	分级基金名称	主基金代码	基金全称
470	485014	工银添颐债券 B	485114	工银瑞信添颐债券型证券投资基金
471	485114	工银添颐债券 A	485114	工银瑞信添颐债券型证券投资基金
472	485018	工银 7 天理财债券 B	485118	工银瑞信 7 天理财债券型证券投资基金
473	485118	工银 7 天理财债券 A	485118	工银瑞信 7 天理财债券型证券投资基金
474	485019	工银信用纯债债券 B	485119	工银瑞信信用纯债债券型证券投资基金
475	485119	工银信用纯债债券 A	485119	工银瑞信信用纯债债券型证券投资基金
476	485020	工银 14 天理财债券发起 B	485120	工银瑞信 14 天理财债券型发起式证券投资基金
477	485120	工银 14 天理财债券发起 A	485120	工银瑞信 14 天理财债券型发起式证券投资基金
478	485022	工银 60 天理财债券 B	485122	工银瑞信 60 天理财债券型证券投资基金
479	485122	工银 60 天理财债券 A	485122	工银瑞信 60 天理财债券型证券投资基金
480	519023	海富通稳健添利债券 C	519023	海富通稳健添利债券型证券投资基金
481	519024	海富通稳健添利债券 A	519023	海富通稳健添利债券型证券投资基金
482	470078	汇添富增强收益债券 C	519078	汇添富增强收益债券型证券投资基金
483	519078	汇添富增强收益债券 A	519078	汇添富增强收益债券型证券投资基金
484	519111	浦银安盛优化收益债券 A	519111	浦银安盛优化收益债券型证券投资基金
485	519112	浦银安盛优化收益债券 C	519111	浦银安盛优化收益债券型证券投资基金
486	519118	浦银安盛幸福回报债券 A 类	519118	浦银安盛幸福回报定期开放债券型证券投资基金
487	519119	浦银安盛幸福回报债券 B 类	519118	浦银安盛幸福回报定期开放债券型证券投资基金
488	519152	新华纯债添利债券发起 A 类	519152	新华纯债添利债券型发起式证券投资基金
489	519153	新华纯债添利债券发起 C 类	519152	新华纯债添利债券型发起式证券投资基金
490	519186	万家稳健增利债券 A	519186	万家稳健增利债券型证券投资基金
491	519187	万家稳健增利债券 C	519186	万家稳健增利债券型证券投资基金
492	519188	万家信用恒利债券 A	519188	万家信用恒利债券型证券投资基金
493	519189	万家信用恒利债券 C	519188	万家信用恒利债券型证券投资基金
494	519505	海富通货币 A	519505	海富通货币市场证券投资基金
495	519506	海富通货币 B	519505	海富通货币市场证券投资基金
496	519509	浦银安盛货币 A	519509	浦银安盛货币市场证券投资基金
497	519510	浦银安盛货币 B	519509	浦银安盛货币市场证券投资基金
498	519517	汇添富货币 B	519518	汇添富货币市场基金
499	519518	汇添富货币 A	519518	汇添富货币市场基金
500	460003	华泰柏瑞稳本增利债券 B	519519	华泰柏瑞金字塔稳本增利债券型证券投资基金
501	519519	华泰柏瑞稳本增利债券 A	519519	华泰柏瑞金字塔稳本增利债券型证券投资基金
502	519588	交银货币 A	519588	交银施罗德货币市场证券投资基金
503	519589	交银货币 B	519588	交银施罗德货币市场证券投资基金
504	519666	银河银信添利债券 B	519666	银河银信添利债券型证券投资基金
505	519667	银河银信添利债券 A	519666	银河银信添利债券型证券投资基金
506	519680	交银增利债券 A/B	519680	交银施罗德增利债券证券投资基金
507	519682	交银增利债券 C	519680	交银施罗德增利债券证券投资基金
508	519683	交银双利债券 A/B	519683	交银施罗德双利债券证券投资基金
509	519685	交银双利债券 C	519683	交银施罗德双利债券证券投资基金
510	519716	交银理财 21 天债券 A	519716	交银施罗德理财 21 天债券型证券投资基金
511	519717	交银理财 21 天债券 B	519716	交银施罗德理财 21 天债券型证券投资基金
512	519718	交银纯债债券发起 A/B	519718	交银施罗德纯债债券型发起式证券投资基金
513	519720	交银纯债债券发起 C	519718	交银施罗德纯债债券型发起式证券投资基金
514	519888	汇添富收益快线 A	519888	汇添富收益快线货币市场基金
515	519889	汇添富收益快线 B	519888	汇添富收益快线货币市场基金
516	519976	长信可转债债券 C	519977	长信可转债债券型证券投资基金
517	519977	长信可转债债券 A	519977	长信可转债债券型证券投资基金
518	519998	长信利息收益货币 B	519999	长信利息收益开放式证券投资基金
519	519999	长信利息收益货币 A	519999	长信利息收益开放式证券投资基金
520	530009	建信收益增强债券 A	530009	建信收益增强债券型证券投资基金
521	531009	建信收益增强债券 C	530009	建信收益增强债券型证券投资基金
522	530014	建信双周理财债券 A	530014	建信双周安心理财债券型证券投资基金
523	531014	建信双周理财债券 B	530014	建信双周安心理财债券型证券投资基金
524	530020	建信转债增强债券 A	530020	建信转债增强债券型证券投资基金
525	531020	建信转债增强债券 C	530020	建信转债增强债券型证券投资基金
526	530021	建信纯债债券 A	530021	建信纯债债券型证券投资基金
527	531021	建信纯债债券 C	530021	建信纯债债券型证券投资基金
528	530028	建信月盈安心理财债券 A	530028	建信月盈安心理财债券型证券投资基金

序号	分级基金代码	分级基金名称	主基金代码	基金全称
529	531028	建信月盈安心理财债券 B	530028	建信月盈安心理财债券型证券投资基金
530	530029	建信双月安心理财债券 A	530029	建信双月安心理财债券型证券投资基金
531	531029	建信双月安心理财债券 B	530029	建信双月安心理财债券型证券投资基金
532	540005	汇丰晋信平稳增利债券 A	540005	汇丰晋信平稳增利债券型证券投资基金
533	541005	汇丰晋信平稳增利债券 C	540005	汇丰晋信平稳增利债券型证券投资基金
534	540011	汇丰晋信货币 A	540011	汇丰晋信货币市场基金
535	541011	汇丰晋信货币 B	540011	汇丰晋信货币市场基金
536	550004	信诚三得益债券 A	550004	信诚三得益债券型证券投资基金
537	550005	信诚三得益债券 B	550004	信诚三得益债券型证券投资基金
538	550006	信诚经典优债债券 A	550006	信诚经典优债债券型证券投资基金
539	550007	信诚经典优债债券 B	550006	信诚经典优债债券型证券投资基金
540	550010	信诚货币 A	550010	信诚货币市场证券投资基金
541	550011	信诚货币 B	550010	信诚货币市场证券投资基金
542	550012	信诚理财 7 日盈债券 A	550012	信诚理财 7 日盈债券型证券投资基金
543	550013	信诚理财 7 日盈债券 B	550012	信诚理财 7 日盈债券型证券投资基金
544	550015	信诚季季添金	550017	信诚添金分级债券型证券投资基金
545	550016	信诚岁岁添金	550017	信诚添金分级债券型证券投资基金
546	582001	东吴优信稳健债券 A	582001	东吴优信稳健型证券投资基金
547	582201	东吴优信稳健债券 C	582001	东吴优信稳健型证券投资基金
548	582002	东吴增利债券 A	582002	东吴增利债券型证券投资基金
549	582202	东吴增利债券 C	582002	东吴增利债券型证券投资基金
550	583001	东吴货币 A	583001	东吴货币市场证券投资基金
551	583101	东吴货币 B	583001	东吴货币市场证券投资基金
552	590009	中邮稳定收益债券 A	590009	中邮稳定收益债券型证券投资基金
553	590010	中邮稳定收益债券 C	590009	中邮稳定收益债券型证券投资基金
554	610003	信达澳银稳定价值债券 A	610003	信达澳银稳定价值债券型证券投资基金
555	610103	信达澳银稳定价值债券 B	610003	信达澳银稳定价值债券型证券投资基金
556	630003	华商收益增强债券 A	630003	华商收益增强债券型证券投资基金
557	630103	华商收益增强债券 B	630003	华商收益增强债券型证券投资基金
558	630007	华商稳健双利债券 A	630007	华商稳健双利债券型证券投资基金
559	630107	华商稳健双利债券 B	630007	华商稳健双利债券型证券投资基金
560	630009	华商稳定增利债券 A	630009	华商稳定增利债券型证券投资基金
561	630109	华商稳定增利债券 C	630009	华商稳定增利债券型证券投资基金
562	630012	华商现金增利货币 A	630012	华商现金增利货币市场基金
563	630112	华商现金增利货币 B	630012	华商现金增利货币市场基金
564	660002	农银恒久增利债券 A	660002	农银汇理恒久增利债券型证券投资基金
565	660102	农银恒久增利债券 C	660002	农银汇理恒久增利债券型证券投资基金
566	660007	农银货币 A	660007	农银汇理货币市场证券投资基金
567	660107	农银货币 B	660007	农银汇理货币市场证券投资基金
568	660009	农银增强收益债券 A	660009	农银汇理增强收益债券型证券投资基金
569	660109	农银增强收益债券 C	660009	农银汇理增强收益债券型证券投资基金
570	675011	纽银稳健双利债券 A	675011	纽银稳健双利债券型证券投资基金
571	675013	纽银稳健双利债券 C	675011	纽银稳健双利债券型证券投资基金
572	675021	纽银稳定增利债券 A	675021	纽银稳定增利债券型发起式证券投资基金
573	675023	纽银稳定增利债券 C	675021	纽银稳定增利债券型发起式证券投资基金
574	686868	浙商聚盈信用债债券 A	686868	浙商聚盈信用债债券型证券投资基金
575	686869	浙商聚盈信用债债券 C	686868	浙商聚盈信用债债券型证券投资基金
576	690002	民生加银增强收益债券 A	690002	民生加银增强收益债券型证券投资基金
577	690202	民生加银增强收益债券 C	690002	民生加银增强收益债券型证券投资基金
578	690006	民生加银信用双利债券 A	690006	民生加银信用双利债券型证券投资基金
579	690206	民生加银信用双利债券 C	690006	民生加银信用双利债券型证券投资基金
580	690010	民生加银现金增利 A	690010	民生加银现金增利货币市场基金
581	690210	民生加银现金增利 B	690010	民生加银现金增利货币市场基金
582	700005	平安大华添利债券 A	700005	平安大华添利债券型证券投资基金
583	700006	平安大华添利债券 C	700005	平安大华添利债券型证券投资基金
584	710301	富安达增强收益债券 A	710301	富安达增强收益债券型证券投资基金
585	710302	富安达增强收益债券 C	710301	富安达增强收益债券型证券投资基金
586	710501	富安达现金通货币 A	710501	富安达现金通货币市场证券投资基金
587	710502	富安达现金通货币 B	710501	富安达现金通货币市场证券投资基金

序号	分级基金代码	分级基金名称	主基金代码	基金全称
588	730003	方正富邦货币 A	730003	方正富邦货币市场基金
589	730103	方正富邦货币 B	730003	方正富邦货币市场基金
590	740601	长安货币 A	740601	长安货币市场证券投资基金
591	740602	长安货币 B	740601	长安货币市场证券投资基金
592	750002	安信目标收益 A	750002	安信目标收益债券型证券投资基金
593	750003	安信目标收益 C	750002	安信目标收益债券型证券投资基金

QFII 名录(2012 年 12 月)

序号	QFII 中文全称	QFII 外文全称	注册地	境内托管行	资格批时间
1	瑞士银行	UBS AG	瑞士	花旗银行	2003 - 5 - 23
2	野村证券株式会社	Nomura Securities Co. ,Ltd.	日本	农业银行	2003 - 5 - 23
3	摩根士丹利国际股份有限公司	Morgan Stanley & Co. International Limited	英国	汇丰银行	2003 - 6 - 5
4	花旗环球金融有限公司	Citigroup Global Markets Limited	英国	德意志银行	2003 - 6 - 5
5	高盛公司	Goldman, Sachs & Co.	美国	汇丰银行	2003 - 7 - 4
6	德意志银行	Deutsche Bank Aktiengesellschaft	德国	花旗银行	2003 - 7 - 30
7	香港上海汇丰银行有限公司	The Hongkong and Shanghai Banking Corporation Limited	中国香港	建设银行	2003 - 8 - 4
8	荷兰安智银行股份有限公司	ING Bank N. V.	荷兰	渣打银行	2003 - 9 - 10
9	摩根大通银行	JPMorgan Chase Bank, National Association	美国	汇丰银行	2003 - 9 - 30
10	瑞士信贷(香港)有限公司	Credit Suisse (HongKong) Limited	中国香港	工商银行	2003 - 10 - 24
11	渣打银行(香港)有限公司	Standard Chartered Bank (HongKong) Limited	中国香港	中国银行	2003 - 12 - 11
12	日兴资产管理有限公司	Nikko Asset Management Co. ,Ltd.	日本	交通银行	2003 - 12 - 11
13	美林国际	Merrill Lynch International	英国	汇丰银行	2004 - 4 - 30
14	恒生银行有限公司	Hang Seng Bank Limited	中国香港	建设银行	2004 - 5 - 10
15	大和证券资本市场株式会社	Daiwa Securities Capital Markets Co. ,Ltd.	日本	工商银行	2004 - 5 - 10
16	雷曼兄弟国际(欧洲)公司	Lehman Brothers International (Europe)	英国	农业银行	2004 - 7 - 6
17	比尔及梅林达盖茨信托基金会	Bill & Melinda Gates Foundation	美国	汇丰银行	2004 - 7 - 19
18	景顺资产管理有限公司	INVESCO Asset Management Limited	英国	中国银行	2004 - 8 - 4
19	苏格兰皇家银行有限公司	The Royal Bank of Scotland N. V.	荷兰	汇丰银行	2004 - 9 - 2
20	法国兴业银行	Société Générale	法国	汇丰银行	2004 - 9 - 2
21	巴克莱银行	Barclays Bank PLC	英国	渣打银行	2004 - 9 - 15
22	德国商业银行	Commerzbank AG	德国	工商银行	2004 - 9 - 27
23	富通银行	Fortis Bank NV - SA	比利时	中国银行	2004 - 9 - 29
24	法国巴黎银行	BNP Paribas	法国	农业银行	2004 - 9 - 29
25	加拿大鲍尔公司	Power Corporation of Canada	加拿大	建设银行	2004 - 10 - 15
26	东方汇理银行	Credit Agrigole Corporate and Investment Bank	法国	汇丰银行	2004 - 10 - 15
27	高盛国际资产管理公司	Goldman Sachs Asset Management International	英国	汇丰银行	2005 - 5 - 9
28	马丁可利投资管理有限公司	Martin Currie Investment Management Ltd	英国	花旗银行	2005 - 10 - 25
29	新加坡政府投资有限公司	Government of Singapore Investment Corporation Pte Ltd	新加坡	渣打银行	2005 - 10 - 25
30	柏瑞投资有限责任公司	PineBridge Investment LLC	美国	中国银行	2005 - 11 - 14
31	淡马锡富敦投资有限公司	Temasek Fullerton Alpha Investments Pte Ltd	新加坡	汇丰银行	2005 - 11 - 15
32	JF 资产管理有限公司	JF Asset Management Limited	中国香港	建设银行	2005 - 12 - 28
33	日本第一生命保险株式会社	The Dai - ichi Life Insurance Company, Limited	日本	中国银行	2005 - 12 - 28
34	星展银行有限公司	DBS Bank Ltd	新加坡	农业银行	2006 - 2 - 13
35	安保资本投资有限公司	AMP Capital Investors Limited	澳大利亚	建设银行	2006 - 4 - 10
36	加拿大丰业银行	The Bank of Nova Scotia	加拿大	中国银行	2006 - 4 - 10
37	比联金融产品英国有限公司	KBC Financial Products UK Limited	英国	花旗银行	2006 - 4 - 10
38	法国爱德蒙得洛希尔银行	La Compagnie Financierr Edmond de Rothschild Banque	法国	中国银行	2006 - 4 - 10
39	耶鲁大学	Yale University	美国	汇丰银行	2006 - 4 - 14
40	摩根士丹利投资管理公司	Morgan Stanley Investment Management Inc.	美国	汇丰银行	2006 - 7 - 7
41	英国保诚资产管理(香港)有限公司	Prudential Asset Management (Hongkong) Limited	中国香港	农业银行	2006 - 7 - 7
42	斯坦福大学	Stanford University	美国	汇丰银行	2006 - 8 - 5
43	通用电气资产管理公司	GE Asset Management Incorporated	美国	汇丰银行	2006 - 8 - 5
44	大华银行有限公司	United Overseas Bank Limited	新加坡	工商银行	2006 - 8 - 5
45	施罗德投资管理有限公司	Schroder Investment Mangement Limited	英国	交通银行	2006 - 8 - 29
46	汇丰环球投资管理(香港)有限公司	HSBC Global Asset Management (Hong Kong) Limited	中国香港	交通银行	2006 - 9 - 5
47	瑞穗证券株式会社	Mizuho Securities Co. ,Ltd	日本	建设银行	2006 - 9 - 5
48	瑞银环球资产管理(新加坡)有限公司	UBS Global Asset Management (Singapore) Ltd	新加坡	花旗银行	2006 - 9 - 25
49	三井住友资产管理株式会社	Sumitomo Mitsui Asset Management Company, Limited	日本	花旗银行	2006 - 9 - 25
50	挪威中央银行	Norges Bank	挪威	汇丰银行	2006 - 10 - 24

序号	QFII 中文全称	QFII 外文全称	注册地	境内托管行	资格批时间
51	百达资产管理有限公司	Pictet Asset Management Limited	英国	汇丰银行	2006-10-25
52	哥伦比亚大学	The Trustees of Columbia University in the City of New York	美国	汇丰银行	2008-3-12
53	保德信资产运用株式会社	Prudential Asset Management Co. ,Ltd.	韩国	建设银行	2008-4-7
54	荷宝基金管理公司	Robeco Institutional Asset management B. V.	荷兰	花旗银行	2008-5-5
55	道富环球投资管理亚洲有限公司	State Street Global Advisors Asia Limited	中国香港	渣打银行	2008-5-16
56	铂金投资管理有限公司	Platinum Investment Company Limited	澳大利亚	汇丰银行	2008-6-2
57	比利时联合资产管理有限公司	KBC Asset Management N. V.	比利时	工商银行	2008-6-2
58	未来资产基金管理公司	Mirae Asset Global Investments Co. , Ltd.	韩国	工商银行	2008-7-25
59	安达国际控股有限公司	ACE INA International Holdings, Ltd.	美国	工商银行	2008-8-5
60	魁北克储蓄投资集团	Caisse de dép? t et placement du Québec	加拿大	汇丰银行	2008-8-22
61	哈佛大学	President and Fellows of Harvard College	美国	工商银行	2008-8-22
62	三星资产运用株式会社	Samsung Investment Trust Management Co. , Ltd.	韩国	中国银行	2008-8-25
63	联博有限公司	AllianceBernstein Limited	英国	汇丰银行	2008-8-28
64	华侨银行有限公司	Oversea-Chinese Banking Corporation Limited	新加坡	建设银行	2008-8-28
65	首域投资管理(英国)有限公司	First State Investment Management (UK) Limited	英国	花旗银行	2008-9-11
66	大和证券投资信托株式会社	DAIWA Asset Management Co.	日本	中国银行	2008-9-11
67	壳牌资产管理有限公司	Shell Asset Management Company B. V.	荷兰	花旗银行	2008-9-12
68	普信国际公司	T. Rowe Price International, Inc.	美国	汇丰银行	2008-9-12
69	瑞士信贷银行股份有限公司	Credit Suisse AG	瑞士	工商银行	2008-10-14
70	大华资产管理有限公司	UOB Asset Management Ltd	新加坡	工商银行	2008-11-28
71	阿布达比投资局	ABU Dhabi Investment Authority	阿联酋	汇丰银行	2008-12-3
72	德盛安联资产管理卢森堡	Allianz Global Investors Luxembourg S. A.	卢森堡	工商银行	2008-12-16
73	资本国际公司	Capital International, Inc.	美国	汇丰银行	2008-12-18
74	三菱日联摩根士丹利证券股份有限公司	Mitsubishi UFJ Morgan Stanley Securities Co. , Ltd.	日本	中国银行	2008-12-29
75	韩华投资信托管理株式会社	Hanwha Investment Trust Management Co. , Ltd.	韩国	花旗银行	2009-2-5
76	安石新兴市场管理有限公司	Ashmore EMM, L. L. C.	美国	汇丰银行	2009-2-10
77	DWS 投资管理有限公司	DWS Investment S. A.	卢森堡	汇丰银行	2009-2-24
78	韩国产业银行	The Korea Development Bank	韩国	建设银行	2009-4-23
79	韩国友利银行股份有限公司	Woori Bank Co. , Ltd	韩国	工商银行	2009-5-4
80	马来西亚国家银行	Bank Negara Malaysia	马来西亚	汇丰银行	2009-5-19
81	罗祖儒投资管理(香港)有限公司	Lloyd George Management (Hong Kong) Limited	中国香港	汇丰银行	2009-5-27
82	邓普顿投资顾问有限公司	Templeton Investment Counsel, LLC	美国	汇丰银行	2009-6-5
83	东亚联丰投资管理有限公司	BEA Union Investment Management Limited	中国香港	工商银行	2009-6-18
84	日本住友信托银行股份有限公司	The Sumitomo Trust & Banking Co. , Ltd.	日本	花旗银行	2009-6-26
85	韩国投资信托运用株式会社	Korea Investment Trust Management Co. , Ltd	韩国	工商银行	2009-7-21
86	霸菱资产管理有限公司	Baring Asset Management Limited	英国	汇丰银行	2009-8-6
87	安石投资管理有限公司	Ashmore Investment Management Limited	英国	工商银行	2009-9-14
88	纽约梅隆资产管理国际有限公司	BNY Mellon Asset Management International Limited	英国	建设银行	2009-11-6
89	宏利资产管理(香港)有限公司	Manulife Asset Management (Hong Kong) Limited	中国香港	花旗银行	2009-11-20
90	野村资产管理株式会社	Nomura Asset Management CO. , Ltd	日本	工商银行	2009-11-23
91	东洋资产运用(株)	Tongyang Asset Management Corp.	韩国	花旗银行	2009-12-11
92	加拿大皇家银行	Royal Bank of Canada	加拿大	工商银行	2009-12-23
93	英杰华投资集团全球服务有限公司	Aviva Investors Global Services Limited	英国	工商银行	2009-12-28
94	常青藤资产管理公司	Ivy Investment Management Company	美国	花旗银行	2010-2-8
95	达以安资产管理公司	DIAM Co. , Ltd.	日本	汇丰银行	2010-4-20
96	法国欧菲资产管理公司	OFI Asset Management	法国	渣打银行	2010-5-21
97	安本亚洲资产管理公司	Aberdeen Asset Management Asia Limited	新加坡	花旗银行	2010-7-6
98	KB 资产运用	KB Asset Management Co. , Ltd.	韩国	花旗银行	2010-8-9
99	富达基金(香港)有限公司	Fidelity Investments Management (Hong Kong) Limited	中国香港	汇丰银行	2010-9-1
100	美盛投资(欧洲)有限公司	Legg Mason Investements (Europe) Limited	英国	花旗银行	2010-10-8
101	香港金融管理局	Hong Kong Monetary Authority	中国香港	花旗银行	2010-10-27
102	富邦证券投资信托股份有限公司	Fubon Securities Investment Trust Co. Ltd.	中国台湾	建设银行	2010-10-29
103	群益证券投资信托股份有限公司	Capital Securities Investment Trust Corporation	中国台湾	汇丰银行	2010-10-29
104	蒙特利尔银行投资公司	BMO Investments Inc.	加拿大	工商银行	2010-12-6
105	瑞士宝盛银行	Bank Julius Bear & Co. ,Ltd	瑞士	花旗银行	2010-12-14
106	科提比资产运用株式会社	KTB Asset Management Co. ,Ltd	韩国	建设银行	2010-12-28
107	领先资产管理	Lyxor Asset Management	法国	建设银行	2011-2-16
108	宝来证券投资信托股份有限公司	Polaris International Securities Investment Co. Ltd.	中国台湾	花旗银行	2011-3-4
109	忠利保险有限公司	Assicurazioni Generali S. P. A.	意大利	工商银行	2011-3-18
110	西班牙对外银行有限公司	Banco Bilbao Vizcaya Argentaria, S. A.	西班牙	中信银行	2011-5-6
111	国泰证券投资信托股份有限公司	Cathay Securities Investment Trust Co. , Ltd.	中国台湾	汇丰银行	2011-6-9

序号	QFII 中文全称	QFII 外文全称	注册地	境内托管行	资格批时间
112	复华证券投资信托股份有限公司	Fuh Hwa Securities Investment Trust Co., Ltd.	中国台湾	花旗银行	2011-6-9
113	亓简资产管理公司	Comgest S. A.	法国	德意志银行	2011-6-24
114	东方汇理资产管理香港有限公司	Amundi Hong Kong Limited	中国香港	建设银行	2011-7-14
115	贝莱德机构信托公司	BlackRock Institutional Trust Company, N. A.	美国	花旗银行	2011-7-14
116	GMO 有限责任公司	Grantham, Mayo, Van Otterloo & Co. LLC	美国	汇丰银行	2011-8-9
117	新加坡金融管理局	Monetary Authority of Singapore	新加坡	汇丰银行	2011-10-8
118	中国人寿保险股份有限公司(台湾)	China Life Insurance Co., Ltd. (Taiwan)	中国台湾	建设银行	2011-10-26
119	新光人寿保险股份有限公司	Shin Kong Life Insurance Co., Ltd.	中国台湾	花旗银行	2011-10-26
120	普林斯顿大学	Princeton University	美国	汇丰银行	2011-11-25
121	新光投信株式会社	Shinko Asset Management Co., Ltd.	日本	汇丰银行	2011-11-25
122	加拿大年金计划投资委员会	Canada Pension Plan Investment Board	加拿大	汇丰银行	2011-12-9
123	泛达公司	Van Eck Associates Corporation	美国	工商银行	2011-12-9
124	瀚博环球投资公司	Hansberger Global Investors, Inc.	美国	渣打银行	2011-12-13
125	安耐德合伙人有限公司	EARNEST Partners LLC	美国	建设银行	2011-12-13
126	泰国银行	Bank of Thailand	泰国	汇丰银行	2011-12-16
127	科威特政府投资局	Kuwait Investment Authority	科威特	工商银行	2011-12-21
128	北美信托环球投资公司	Northern Trust Global Investments Limited	英国	交通银行	2011-12-21
129	台湾人寿保险股份有限公司	Taiwan Life Insurance Co., Ltd.	中国台湾	花旗银行	2011-12-21
130	韩国银行	The Bank of Korea	韩国	汇丰银行	2011-12-21
131	安大略省教师养老金计划委员会	Ontario Teachers´Pension Plan Board	加拿大	汇丰银行	2011-12-22
132	韩国投资公司	Korea Investment Corporation	韩国	汇丰银行	2011-12-28
133	罗素投资爱尔兰有限公司	Russell Investments Ireland Limited	爱尔兰	汇丰银行	2011-12-28
134	迈世勒资产管理有限责任公司	Metzler Asset Management GmbH	德国	工商银行	2011-12-31
135	华宜资产运用有限公司	HI Asset Management Co., Ltd.	韩国	工商银行	2011-12-31
136	新韩法国巴黎资产运用株式会社	Shinhan BNP Paribas Asset Management Co., Ltd.	韩国	汇丰银行	2012-1-5
137	家庭医生退休基金	Stichting Pensioenfonds voor Huisartsen	荷兰	汇丰银行	2012-1-5
138	国民年金公团(韩国)	National Pension Service	韩国	花旗银行	2012-1-5
139	三商美邦人寿保险股份有限公司	Mercuries Life Insurance Co., Ltd.	中国台湾	汇丰银行	2012-1-30
140	保德信证券投资信托股份有限公司	Prudential Financial Securities Investment Trust Enterprise	中国台湾	汇丰银行	2012-1-31
141	信安环球投资有限公司	Principal Global Investors LLC	美国	建设银行	2012-1-31
142	医院管理局公积金计划	Hospital Authority Provident Fund Scheme	中国香港	汇丰银行	2012-1-31
143	全球人寿保险股份有限公司	TransGlobe Life Insurance Inc.	中国台湾	花旗银行	2012-2-3
144	大众信托基金有限公司	Public Mutual Berhad	马来西亚	花旗银行	2012-2-3
145	明治安田资产管理有限公司	Meiji Yasuda Asset Management Company Ltd.	日本	花旗银行	2012-2-27
146	国泰人寿保险股份有限公司	Cathay Life Insurance Co., Ltd.	中国台湾	汇丰银行	2012-2-28
147	三井住友银行株式会社	Sumitomo Mitsui Banking Corporation	日本	中国银行	2012-2-28
148	富邦人寿保险股份有限公司	Fubon Life Insurance Co., Ltd.	中国台湾	花旗银行	2012-3-1
149	美国友邦保险有限公司	American International Assurance Company, Limited	中国香港	中国银行	2012-3-5
150	纽伯格伯曼欧洲有限公司	Neuberger Berman Europe Limited	英国	工商银行	2012-3-5
151	马来西亚国库控股公司	KHAZANAH NASIONAL BERHAD	马来西亚	工商银行	2012-3-7
152	资金研究与管理公司	Capital Research and Management Company	美国	汇丰银行	2012-3-9
153	日本东京海上资产管理株式会社	Tokio Marine Asset Management Co., Ltd.	日本	汇丰银行	2012-3-14
154	韩亚大投 证券 株式会社	Hana Daetoo Securities Co., Ltd.	韩国	民生银行	2012-3-29
155	兴元资产管理有限公司	Genesis Asset Managers, LLP	美国	工商银行	2012-3-30
156	伦敦市投资管理有限公司	City of London Investment Managementi Company Limited	英国	汇丰银行	2012-3-30
157	摩根资产管理(英国)有限公司	JPMorgan Asset Management (UK) Limited	英国	工商银行	2012-3-30
158	冈三资产管理股份有限公司	Okasan Asset Management Co., Ltd.	日本	汇丰银行	2012-3-30
159	预知投资管理公司	Prescient Investment Management PTY LTD	南非	工商银行	2012-4-18
160	东部资产运用株式会社	Dongbu Asset Management Co., Ltd.	韩国	建设银行	2012-4-20
161	骏利资产管理有限公司	Janus Capital Managemente LLC	美国	汇丰银行	2012-4-20
162	瑞穗投信投资顾问有限公司	Mizuho Asset Management Co., Ltd.	日本	汇丰银行	2012-4-26
163	瀚森全球投资有限公司	Henderson Global Investors Limited	英国	渣打银行	2012-4-28
164	欧利盛资产管理有限公司	Eurizon Capital S. A.	卢森堡	工商银行	2012-5-2
165	中银国际英国保诚资产管理有限公司	BOCI-Prudential Asset Management Limited	中国香港	渣打银行	2012-5-3
166	富敦资金管理有限公司	Fullerton Fund Management Co., Ltd.	新加坡	工商银行	2012-5-4
167	利安资金管理公司	Lion Global Investors Limited	新加坡	花旗银行	2012-5-7
168	忠利基金管理有限公司	GENERAIL Fund Management S. A.	卢森堡	建设银行	2012-5-23
169	威廉博莱公司	William Blair & Company, LLC	美国	汇丰银行	2012-5-24
170	天达资产管理有限公司	Investec Asset Management Limited	英国	花旗银行	2012-5-28
171	安智投资管理亚太(香港)有限公司	ING Investment Management Aisa Pacific (Hong Kong) Limited	中国香港	花旗银行	2012-6-4
172	三菱日联资产管理公司	Mitsubishi UFJ Asset Management Co., Ltd	日本	汇丰银行	2012-6-4

序号	QFII 中文全称	QFII 外文全称	注册地	境内托管行	资格批时间
173	中银集团人寿保险有限公司	BOC Group Life Assurance Company Limited	中国香港	农业银行	2012-7-12
174	霍尔资本有限公司	Hall Capital Partners LLC	美国	花旗银行	2012-8-6
175	得克萨斯大学体系董事会	Board of Regents of The University of Texas System	美国	汇丰银行	2012-8-6
176	南山人寿保险股份有限公司	Nan Shan Life Insurance Company, Ltd.	中国台湾	花旗银行	2012-8-6
177	SUVA 瑞士国家工伤保险机构	Suva	瑞士	花旗银行	2012-8-13
178	不列颠哥伦比亚省投资管理公司	British Columbia Investment Management Corporation	加拿大	汇丰银行	2012-8-17
179	惠理基金管理香港有限公司	Value Partners Hong Kong Limited	中国香港	汇丰银行	2012-8-21
180	安大略退休金管理委员会	Ontario Pension Board	加拿大	中国银行	2012-8-29
181	教会养老基金	The Church Pension Fund	美国	工商银行	2012-8-31
182	麦格理银行有限公司	Macquarie Bank Limited	澳大利亚	花旗银行	2012-9-4
183	瑞典第二国家养老金	Andra AP-fonden	瑞典	汇丰银行	2012-9-20
184	海通资产管理(香港)有限公司	Hai Tong Asset Management (HK) Limited	中国香港	交通银行	2012-9-20
185	IDG 资本管理(香港)有限公司	IDG CAPITAL MANAGEMENT (HK) LIMITED	中国香港	建设银行	2012-9-20
186	杜克大学	Duke University	美国	工商银行	2012-9-24
187	卡塔尔控股有限责任公司	Qatar Holding LLC	卡塔尔	农业银行	2012-9-25
188	瑞士盈丰银行股份有限公司	EFG Bank AG	瑞士	花旗银行	2012-9-26
189	海拓投资管理公司	Cutwater Investor Services Corporation	美国	中国银行	2012-10-26
190	奥博医疗股份有限公司	OrbiMed Advisors LLC	美国	花旗银行	2012-10-26
191	新思路投资有限公司	New Silk Road Investment Pte. Ltd.	新加坡	汇丰银行	2012-10-26
192	贝莱德资产管理北亚有限公司	BlackRock Asset Management North Asia Limited	中国香港	花旗银行	2012-10-26
193	摩根证券投资信托股份有限公司	JPMorgan Asset Management Taiwan	中国台湾	建设银行	2012-11-5
194	全球保险集团美国投资管理有限公司	AEGON USA Investment Management, LLC	美国	花旗银行	2012-11-5
195	鼎晖投资咨询新加坡有限公司	CDH Investment Advisory Private Limited	新加坡	建设银行	2012-11-7
196	瑞典北欧斯安银行有限公司	Skandinaviska Enskilda Banken AB(publ)	瑞典	中国银行	2012-11-12
197	嘉实国际资产管理有限公司	Harvest Global Investments Limited	中国香港	中国银行	2012-11-12
198	灰石投资管理有限公司	Greystone Managed Investments Inc.	加拿大	工商银行	2012-11-21
199	统一证券投资信托股份有限公司	Uni-President Assets Management Corporation	中国台湾	汇丰银行	2012-11-21
200	大和住银投信投资顾问株式会社	Daiwa SB Investments Ltd.	日本	农业银行	2012-11-19
201	毕盛资产管理有限公司	APS Asset Management Pte Ltd	新加坡	建设银行	2012-11-27
202	中信证券国际投资管理(香港)有限公司	CITIC Securities International Investment Management (HK) Limited	中国香港	工商银行	2012-12-11
203	太平洋投资策略有限公司	Pacific Alliance Investment Management (HK) Limited	中国香港	建设银行	2012-12-11
204	易方达资产管理(香港)有限公司	E Fund Management (Hongkong) Co., Limited	中国香港	汇丰银行	2012-12-11
205	高瓴资本管理有限公司	Hillhouse Capital Management Limited	中国香港	建设银行	2012-12-11
206	永丰证券投资信托股份有限公司	SinoPac Securities Investment Trust Co., Ltd	中国台湾	工商银行	2012-12-13
207	华夏基金(香港)有限公司	China Asset Management (Hong Kong) Limited	中国香港	汇丰银行	2012-12-25

2011 年度基金行业整体概况

(一)基金行业搜索指数

受行业市场收缩态势影响,基金行业全年搜索指数呈下降趋势。

2011 年,基金整体市场发展延续了 2008 年以来的收缩态势,基金资产管理规模由 2010 年末的 2.52 万亿元降至 2.17 万亿垢,缩水比例达 12.83%。在萧瑟的行业氛围中,网民对于基金行业的关注度也遭遇寒冬,全年日均搜索指数仅为 94.29 万。

从各个季度来看,年初受到元旦及春节的影响,网民搜索指数呈下降趋势,春节过后,由于多支基金产品普遍上涨且适逢基金新产品发行,网民关注度迅速飙升,Q1 日均搜索指数为 95.31 万,其中农历新年过后的一段时间里,搜索指数均值接近 110 万;进入 Q2,基金市场整体发展的低迷状态使得网民关注程度下降,日均搜索指数为 98.93 万;Q3 基金市场迭创新低,除少数抗跌基金获得正收益外,多数基金集体亏损,萧瑟的行业氛围可能使得网民更为保守,浓郁的观望态度引起日均搜索指数下降约 3%,为 96.00 万;Q4 基金行业搜索指数持续下跌,降幅达到 9.38%,季度日均搜索指数跌破 87 万。

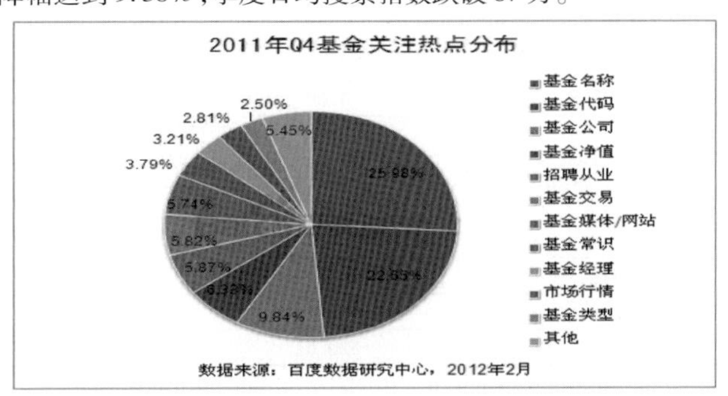

(二)基金关注热点分布

Q4 基金行业热点分布变化不大,招聘从业[①]信息年末受到网民关注。

从关注热点的分布看,2011 年 Q4 基金行业关注热点排位变化不大,基金名称、基金代码、基金净值等与基金产品相关的内容关注占比分别为 25.98%、22.65% 和 6.33%,网民搜索过程中指向基金产品的目的性仍然较强,但可能受基金市场下滑的影响,这三类关注点的比例均有所下降。而临近年末,随着证券从业资格考试的到来,招聘从业信息受到网民的关注,关注度由 Q3 的 4.87% 提高到 5.87%,排名也升至第五。

①招聘从业主要包括行业内资质考试,如证券从业资格考试等。

2011 年度基金规模统计

基金类型	基金支数	基金期末总份额(亿份)	基金资产净值(亿元)
股票型	447	14,106.79	10,891.84
混合型	185	6,700.86	5,634.72
债券型	142	1,433.81	1,455.62
货币型	49	2,929.84	2,929.48
QDII	49	907.65	569.91
短期理财债券型	0	0	0
全市场	872	26,078.95	21,481.57

2011 年度 QDII 投资地域分布趋势统计(按季度)

单位:亿元

国家/地区	2011 年第 1 季度	2011 年第 2 季度	2011 年第 3 季度	2011 年第 4 季度
中国台湾	12.10	14.00	11.25	9.21
瑞士	0.23	0.12	0.38	0.35
澳大利亚	28.74	24.18	16.05	17.54
日本	3.61	2.71	2.09	1.74
菲律宾	0.02	0.09	0.03	0.02
比利时	0.09	0.06	0.02	0.02
泰国	5.27	4.38	6.14	5.18
巴西	0.50	0.36	0.24	0.36
西班牙	0.15	0.09	0.08	0.00
捷克	0.02	0.02	0.02	0.02
中国香港	318.73	283.87	191.38	229.20
新加坡	13.09	9.60	5.37	5.51
意大利	0.02	0.05	0.05	0.01
波兰	0.00	0.03	0.02	0.02
印度尼西亚	5.82	7.62	8.33	9.04
芬兰	0.02	0.02	0.01	0.00
法国	1.54	1.32	1.14	1.01
墨西哥	0.05	0.04	0.03	0.06
美国	61.88	57.32	34.15	35.67
百慕大	0.02	0.02	0.01	0.01
挪威	0.05	0.04	0.13	0.14
卢森堡	0.06	0.06	0.03	0.03
德国	0.36	0.48	0.45	0.41
瑞典	0.08	0.05	0.01	0.02
土耳其	0.00	0.02	0.02	0.01
加拿大	2.63	2.34	1.13	1.17
马来西亚	4.69	4.40	1.99	2.32
韩国	29.79	31.62	20.31	16.64
南非	0.11	0.22	0.17	0.33
新西兰	0.02	0.01	0.02	0.02
英国	21.13	22.21	13.18	13.81
印度	0.00	0.00	9.39	0.00
荷兰	0.11	0.09	0.11	0.11
合计	520.61	478.57	287.37	356.51

2011 年度 QDII 投资地域分布统计

单位：亿元

国家/地区	投资额度(公允价值)	基金投资净值比例(百分比)
中国香港	229.20	40.19668829%
美国	36.18	6.34600335%
澳大利亚	17.54	3.0757138%
韩国	16.64	2.91846218%
英国	13.81	2.4218355%
印度尼西亚	9.04	1.58581022%
中国台湾	8.69	1.52480698%
新加坡	5.51	0.96703408%
泰国	5.18	0.90777043%
马来西亚	2.32	0.40668771%
日本	1.74	0.30543768%
加拿大	1.17	0.20499368%
法国	1.01	0.17697632%
德国	0.41	0.07238811%
巴西	0.36	0.06243722%
瑞士	0.34	0.06046757%
南非	0.33	0.05729155%
挪威	0.14	0.02541042%
荷兰	0.11	0.01890021%
墨西哥	0.06	0.00965515%
卢森堡	0.03	0.00511881%
瑞典	0.02	0.00429008%
波兰	0.02	0.0041252%
新西兰	0.02	0.00359475%
菲律宾	0.02	0.00353355%
比利时	0.02	0.00340506%
捷克	0.02	0.00276314%
土耳其	0.01	0.00227024%
百慕大	0.01	0.00211499%
意大利	0.01	0.00134335%

2011 年度基金资产组合统计

单位：亿元

基金类型	权益投资	固定收益投资	金融衍生品投资	买入返售金融资产	银行存款和清算备付金合计	其他	合计
股票型	9,077.54	453.61	0.00	222.77	949.69	309.41	11,013.01
混合型	3,757.78	1,264.10	0.00	191.21	445.88	51.04	5,710.02
债券型	80.30	1,893.96	0.00	18.67	59.26	52.60	2,104.79
货币型	0.00	975.81	0.00	642.21	1,414.65	71.87	3,104.54
QDII	358.83	9.51	0.15	14.75	55.82	136.86	575.92
短期理财债券型	0.00	0.00	0.00	0.00	0.00	0.00	0.00
全市场	13,274.45	4,596.99	0.15	1,089.62	2,925.30	621.78	22,508.28

2011 年度托管银行托管基金资产净值和份额规模汇总统计表

序号	托管银行简称	托管资格批复日期	托管基金数量	托管基金资产净值(亿元)	托管基金资产净值市场占比(%)	托管基金份额规模(亿份)	托管基金份额规模市场占比(%)
1	工商银行	1998-2-24	252	6505.36	29.68	7738.6	29.19
2	建设银行	1998-3-18	223	5112.76	23.33	5941.1	22.41
3	中国银行	1998-7-7	137	3592.59	16.39	4557.5	17.19
4	农业银行	1998-5-29	116	2581.87	11.78	3163.1	11.93
5	交通银行	1998-7-3	60	1734.31	7.91	2317.1	8.74

序号	托管银行简称	托管资格批复日期	托管基金数量	托管基金资产净值（亿元）	托管基金资产净值市场占比(%)	托管基金份额规模（亿份）	托管基金份额规模市场占比(%)
6	招商银行	2002-11-6	41	662.05	3.02	777.14	2.93
7	光大银行	2002-10-23	14	417.54	1.9	502	1.89
8	民生银行	2004-7-9	14	330.51	1.51	403.15	1.52
9	兴业银行	2005-4-26	14	289.2	1.32	301.59	1.14
10	浦发银行	2003-9-10	9	280.15	1.28	311.64	1.18
11	中信银行	2004-8-18	13	158.5	0.72	211.8	0.8
12	华夏银行	2005-2-23	7	133.01	0.61	162.42	0.61
13	邮储银行	2009-7-16	8	85.68	0.39	86.33	0.33
14	广发银行	2009-5-4	1	16.5	0.08	16.77	0.06
15	上海银行	2009-8-18	2	12.13	0.06	12.39	0.05
16	渤海银行	2010-6-29	1	3.2	0.01	3.09	0.01
17	深圳发展银行	2008-8-6	2	3.04	0.01	4.26	0.02
	合计		914	21918.4		26510	

2011 年基金公司资产净值和份额规模汇总统计表

（注:剔除联接基金重复部分口径）

序号	基金管理公司简称	管理基金资产净值（亿元）	管理基金资产净值市场占比(%)	管理基金资产净值排名	管理基金份额规模（亿份）	管理基金份额规模市场占比(%)	管理基金份额规模排名
1	华夏	1,790.88	8.26%	1/66	1,756.02	6.71%	1/66
2	嘉实	1,374.98	6.34%	2/66	1,653.44	6.31%	2/66
3	易方达	1,356.37	6.26%	3/66	1,635.05	6.24%	3/66
4	南方	1,134.78	5.23%	4/66	1,321.17	5.05%	5/66
5	博时	1,083.75	5.00%	5/66	1,367.69	5.22%	4/66
6	广发	978.63	4.51%	6/66	1,114.92	4.26%	6/66
7	华安	781.78	3.61%	7/66	972.99	3.72%	9/66
8	大成	728.96	3.36%	8/66	993.45	3.79%	7/66
9	工银瑞信	690.27	3.18%	9/66	980.95	3.75%	8/66
10	银华	651.23	3.00%	10/66	691.49	2.64%	10/66
11	富国	594.64	2.74%	11/66	673.03	2.57%	11/66
12	上投摩根	500.09	2.31%	12/66	588.88	2.25%	14/66
13	鹏华	498.21	2.30%	13/66	572.41	2.19%	16/66
14	汇添富	487.13	2.25%	14/66	603.91	2.31%	12/66
15	建信	480.69	2.22%	15/66	596.01	2.28%	13/66
16	诺安	460.35	2.12%	16/66	576.03	2.20%	15/66
17	交银施罗德	450.99	2.08%	17/66	510.5	1.95%	18/66
18	中银	434.65	2.00%	18/66	503.01	1.92%	20/66
19	国泰	429.65	1.98%	19/66	557.32	2.13%	17/66
20	长盛	403.45	1.86%	20/66	466.66	1.78%	22/66
21	融通	394.37	1.82%	21/66	494.28	1.89%	21/66
22	景顺长城	384.07	1.77%	22/66	503.46	1.92%	19/66
23	招商	375.04	1.73%	23/66	422.3	1.61%	26/66
24	华宝兴业	363.21	1.68%	24/66	424.65	1.62%	25/66
25	国投瑞银	363.14	1.67%	25/66	455.29	1.74%	23/66
26	海富通	320.83	1.48%	26/66	447.14	1.71%	24/66
27	兴业全球	316.52	1.46%	27/66	314.51	1.20%	29/66
28	长城	281.57	1.30%	28/66	393.96	1.50%	28/66
29	华商	274.14	1.26%	29/66	289	1.10%	31/66
30	中邮创业	251.45	1.16%	30/66	420.41	1.61%	27/66
31	光大保德信	229.53	1.06%	31/66	307.41	1.17%	30/66
32	泰达宏利	219.87	1.01%	32/66	246.59	0.94%	33/66
33	长信	180.81	0.83%	33/66	251.65	0.96%	32/66
34	万家	166.99	0.77%	34/66	237.94	0.91%	34/66
35	国海富兰克林	147.48	0.68%	35/66	163.29	0.62%	38/66
36	农银汇理	145.35	0.67%	36/66	162.87	0.62%	39/66
37	银河	143.63	0.66%	37/66	154.53	0.59%	40/66

序号	基金管理公司简称	管理基金资产净值（亿元）	管理基金资产净值市场占比(%)	管理基金资产净值排名	管理基金份额规模（亿份）	管理基金份额规模市场占比(%)	管理基金份额规模排名
38	华泰柏瑞	134.1	0.62%	38/66	201.84	0.77%	35/66
39	信诚	125.61	0.58%	39/66	142.74	0.55%	42/66
40	中海	123.23	0.57%	40/66	197.6	0.75%	36/66
41	国联安	122.73	0.57%	41/66	147.06	0.56%	41/66
42	申万菱信	119.33	0.55%	42/66	187.53	0.72%	37/66
43	东吴	115.31	0.53%	43/66	142.27	0.54%	43/66
44	摩根士丹利华鑫	99.42	0.46%	44/66	95	0.36%	47/66
45	汇丰晋信	86.77	0.40%	45/66	90.89	0.35%	50/66
46	东方	82.25	0.38%	46/66	93.27	0.36%	49/66
47	泰信	79.64	0.37%	47/66	129.07	0.49%	44/66
48	宝盈	76.06	0.35%	48/66	128.33	0.49%	45/66
49	天弘	73.97	0.34%	49/66	98.9	0.38%	46/66
50	华富	73.92	0.34%	50/66	93.74	0.36%	48/66
51	新华	64.35	0.30%	51/66	62.72	0.24%	53/66
52	金鹰	60.47	0.28%	52/66	85.37	0.33%	51/66
53	信达澳银	58.27	0.27%	53/66	61.7	0.24%	55/66
54	中欧	52.11	0.24%	54/66	61.82	0.24%	54/66
55	民生加银	51.66	0.24%	55/66	57.59	0.22%	57/66
56	益民	45.97	0.21%	56/66	68.41	0.26%	52/66
57	诺德	33.78	0.16%	57/66	42.24	0.16%	58/66
58	天治	33.5	0.15%	58/66	61.61	0.24%	56/66
59	平安大华	27.15	0.13%	59/66	29.61	0.11%	59/66
60	浦银安盛	23.42	0.11%	60/66	26.79	0.10%	60/66
61	方正富邦	13.12	0.06%	61/66	13.13	0.05%	61/66
62	财通	10.58	0.05%	62/66	10.58	0.04%	63/66
63	金元比联	9.7	0.04%	63/66	11.73	0.04%	62/66
64	浙商	7.62	0.04%	64/66	9.1	0.03%	64/66
65	纽银梅隆西部	5.8	0.03%	65/66	7.58	0.03%	65/66
66	富安达	4.21	0.02%	66/66	4.41	0.02%	66/66
全市场统计：		21,683.54	100.00%		26,186.83	100.00%	

2011年基金管理公司基本经营数据统计表

序号	管理人简称	基金只数	基金总份额(亿份)	基金总净值(亿元)	募集规模(亿元)
1	宝盈基金管理有限公司	9	128.32	76.06	0.00
3	博时基金管理有限公司	28	1,384.13	1,083.21	80.18
4	财通基金管理有限公司	1	10.59	10.58	10.59
5	长城基金管理有限公司	13	393.95	281.57	26.32
6	长盛基金管理有限公司	19	466.73	403.45	82.98
7	长信基金管理有限公司	13	251.65	180.81	15.00
8	大成基金管理有限公司	26	1,012.61	743.16	57.62
9	东方基金管理有限公司	8	93.27	82.25	22.05
10	东吴基金管理有限公司	11	142.27	115.31	26.80
11	方正富邦基金管理有限公司	1	13.14	13.12	13.14
12	富安达基金管理有限公司	1	4.41	4.21	10.53
13	富国基金管理有限公司	26	677.35	597.96	67.16
15	工银瑞信基金管理有限公司	21	992.92	698.63	143.50
2	光大保德信基金管理有限公司	10	307.41	229.53	26.27
16	广发基金管理有限公司	21	1,122.03	983.83	73.72
14	国海富兰克林基金管理有限公司	9	163.28	147.49	10.14
17	国联安基金管理有限公司	14	155.75	128.54	42.12
18	国泰基金管理有限公司	23	567.60	438.08	64.45
19	国投瑞银基金管理有限公司	18	455.22	363.14	30.78
20	海富通基金管理有限公司	20	452.66	324.89	26.29
21	华安基金管理有限公司	26	990.72	795.35	78.84
22	华宝兴业基金管理有限公司	21	432.78	370.13	38.45

序号	管理人简称	基金只数	基金总份额(亿份)	基金总净值(亿元)	募集规模(亿元)
23	华富基金管理有限公司	10	93.74	73.92	9.68
24	华商基金管理有限公司	9	288.97	274.13	46.16
25	华泰柏瑞基金管理有限公司	12	202.66	134.65	10.43
26	华夏基金管理有限公司	26	1,756.07	1,790.88	29.27
27	汇丰晋信基金管理有限公司	11	90.89	86.77	17.30
28	汇添富基金管理有限公司	19	606.02	489.03	113.07
29	嘉实基金管理有限公司	31	1,657.14	1,377.89	132.30
30	建信基金管理有限公司	21	603.13	486.96	114.25
31	交银施罗德基金管理有限公司	18	503.00	449.67	56.56
32	金鹰基金管理有限公司	9	85.36	60.47	21.71
33	金元比联基金管理有限公司	7	11.73	9.70	2.78
34	景顺长城基金管理有限公司	15	503.43	384.07	48.68
35	民生加银基金管理有限公司	6	57.59	51.66	43.83
36	摩根士丹利华鑫基金管理有限公司	9	94.99	99.42	14.66
37	南方基金管理有限公司	32	1,346.83	1,152.91	109.59
38	纽银基金管理有限公司	2	7.58	5.80	14.10
39	农银汇理基金管理有限公司	11	162.88	145.35	73.02
40	诺安基金管理有限公司	18	582.11	464.53	110.07
41	诺德基金管理有限公司	6	42.24	33.78	11.81
42	鹏华基金管理有限公司	27	577.29	502.11	84.47
43	平安大华基金管理有限公司	2	29.60	27.15	36.16
44	浦银安盛基金管理有限公司	7	26.79	23.42	46.80
45	融通基金管理有限公司	12	494.31	394.37	0.00
46	上投摩根基金管理有限公司	15	588.95	500.09	24.81
47	申万菱信基金管理有限公司	13	187.53	119.33	17.06
48	泰达宏利基金管理有限公司	17	246.60	219.87	61.68
49	泰信基金管理有限公司	11	129.07	79.64	12.78
50	天弘基金管理有限公司	7	98.89	73.97	16.68
51	天治基金管理有限公司	9	61.61	33.50	7.45
52	万家基金管理有限公司	10	237.94	166.99	37.24
53	新华基金管理有限公司	7	62.72	64.35	12.73
54	信诚基金管理有限公司	14	142.75	125.61	41.04
55	信达澳银基金管理有限公司	6	61.70	58.27	8.35
56	兴业全球基金管理有限公司	11	314.52	316.52	35.16
57	易方达基金管理有限公司	31	1,742.26	1,433.13	132.15
58	益民基金管理有限公司	4	68.41	45.97	0.00
59	银河基金管理有限公司	13	154.53	143.63	15.82
60	银华基金管理有限公司	23	691.48	651.23	76.74
61	招商基金管理有限公司	22	440.61	388.69	48.85
62	浙商基金管理有限公司	1	9.10	7.62	12.71
63	中海基金管理有限公司	11	197.60	123.23	10.35
64	中欧基金管理有限公司	9	61.82	52.11	12.77
65	中银基金管理有限公司	15	503.00	434.65	72.00
66	中邮创业基金管理有限公司	6	420.41	251.45	21.65
合计		914	26,464.65	21,879.79	2,771.68

2011 年基金交易佣金排名

券商名称	交易佣金(亿元)
申银万国	2.77
中信证券	2.71
国泰君安	2.07
国信证券	2.05
东方证券	1.95
海通证券	1.84
招商证券	1.82
中金公司	1.81
华泰联合	1.77
广发证券	1.66
银河证券	1.56
兴业证券	1.51
安信证券	1.5
长江证券	1.4
光大证券	1.26

2011年基金新进持股占流通股比例前40个股

代码	名称	上市日期	持股总量（万股）	持股占流通股比（%）	持有基金数	年初至3月29日涨跌幅（%）
002298. SZ	鑫龙电器	2009－09－29	1468.38	18.79	16	55.08
600433. SH	冠豪高新	2003－06－19	2921.52	11.70	4	22.05
002349. SZ	精华制药	2010－02－03	572.34	10.59	7	－10.85
000750. SZ	国海证券	1997－07－09	1111.72	7.59	5	37.40
000995. SZ	ST皇台	2000－08－07	1084.11	6.11	5	2.54
300089. SZ	长城集团	2010－06－25	279.44	5.80	2	－4.71
300017. SZ	网宿科技	2009－10－30	399.05	5.60	7	18.97
002438. SZ	江苏神通	2010－06－23	129.40	4.63	3	17.49
300062. SZ	中能电气	2010－03－19	184.31	4.18	3	－3.79
600371. SH	万向德农	2002－09－16	697.23	4.09	8	－11.01
002587. SZ	奥拓电子	2011－06－10	85.44	4.07	4	－19.44
002288. SZ	超华科技	2009－09－03	172.93	3.60	3	68.24
600758. SH	红阳能源	1996－10－29	390.54	3.41	2	10.11
600847. SH	ST渝万里	1994－03－24	240.06	2.71	1	－7.51
002447. SZ	壹桥苗业	2010－07－13	125.84	2.57	7	0.07
600149. SH	ST廊发展	1999－10－14	824.72	2.54	4	27.75
002318. SZ	久立特材	2009－12－11	251.64	2.38	7	－4.09
002538. SZ	司尔特	2011－01－18	87.94	2.31	1	12.37
000626. SZ	如意集团	1996－11－28	466.13	2.31	2	4.73
600645. SH	中源协和	1993－05－04	600.04	1.86	1	18.96
000797. SZ	中国武夷	1997－07－15	574.02	1.72	4	33.25
002581. SZ	万昌科技	2011－05－20	45.00	1.66	3	3.10
002211. SZ	宏达新材	2008－02－01	283.98	1.31	3	－6.17
000796. SZ	易食股份	1997－07－03	293.34	1.19	3	－1.39
600077. SH	宋都股份	1997－05－20	139.45	1.06	2	30.57
000582. SZ	北海港	1995－11－02	85.41	1.02	2	1.06
600520. SH	中发科技	2002－01－08	107.03	0.95	2	9.65
300023. SZ	宝德股份	2009－10－30	20.00	0.89	1	－2.09
002378. SZ	章源钨业	2010－03－31	66.10	0.85	14	35.20
600885. SH	ST力阳	1996－02－05	122.77	0.80	2	44.31
000004. SZ	国农科技	1991－1－14	65.99	0.79	1	3.21
300069. SZ	金利华电	2010－04－21	20.98	0.78	1	－0.37
300160. SZ	秀强股份	2011－01－13	18.21	0.78	2	0.20
000615. SZ	湖北金环	1996－10－16	148.85	0.70	1	7.14
300009. SZ	安科生物	2009－10－30	61.46	0.64	3	－8.30
000929. SZ	兰州黄河	1999－06－23	115.81	0.62	2	9.25
002184. SZ	海得控制	2007－11－16	79.54	0.61	3	15.32
002361. SZ	神剑股份	2010－03－03	46.20	0.61	1	3.77
000981. SZ	ST兰光	2000－06－22	39.15	0.60	1	19.02
002071. SZ	江苏宏宝	2006－10－12	107.10	0.59	2	－10.65

2011年基金公司管理资产前十名

序号	基金公司	管理资产（亿元）	市场占比	排名
1	华夏	1,790.88	8.17%	1/66
2	易方达	1,433.11	6.54%	2/66
3	嘉实	1,377.89	6.29%	3/66
4	南方	1,152.91	5.26%	4/66
5	博时	1,094.17	4.99%	5/66
6	广发	983.80	4.49%	6/66
7	华安	795.34	3.63%	7/66
8	大成	743.14	3.39%	8/66
9	工银瑞信	698.63	3.19%	9/66
10	银华	651.23	2.97%	10/66

2012 年上半年基金规模统计

基金类型	基金支数	基金期末总份额(亿份)	基金资产净值(亿元)
股票型	497	13,821.60	11,170.25
混合型	197	6,411.51	5,594.93
债券型	170	2,063.54	2,187.01
货币型	51	3,589.16	3,588.78
QDII	54	879.27	561.17
短期理财债券型	0	0	0
全市场	969	26,765.09	23,102.14

2012 上半年各类基金涨幅前十及后十

权益类基金涨幅前十

股票型涨幅前十		混合型涨幅前十	
名称	涨幅(%)	名称	涨幅(%)
广发聚瑞	19.66	富国天瑞强势精选	17.50
广发核心精选	18.14	中银收益	15.65
中欧中小盘	16.81	交银主题优选	12.98
中欧新动力	16.44	泰达宏利效率优选	12.98
上投摩根新兴动力	15.80	中银蓝筹精选	11.21
万家精选	14.70	银华和谐主题	11.05
国富中小盘	13.79	国联安小盘精选	10.06
华宝兴业新兴产业	13.22	交银稳健配置混合	9.98
天弘永定成长	13.14	嘉实策略增长	9.57
交银先锋股票	12.88	嘉实增长	9.56

权益类基金涨幅后十

股票型涨幅后十		混合型涨幅后十	
名称	涨幅(%)	名称	涨幅(%)
融通领先成长	-2.48	中海能源策略	-1.64
易方达资源行业	-2.51	益民创新优势	-1.94
平安大华行业先锋	-2.55	国联安稳健	-2.84
金元惠理核心动力	-2.56	益民红利成长	-2.84
汇丰晋信科技先锋	-2.68	诺德主题灵活配置	-3.18
银河蓝筹精选	-2.77	纽银新动向	-3.47
上投摩根阿尔法	-2.83	华富竞争力优选	-3.84
鹏华消费优选	-3.86	汇丰晋信动态策略	-3.93
金鹰策略配置	-5.22	宝盈核心优势	-4.25
富安达优势成长	-5.34	国泰金龙行业精选	-5.71

债券型基金涨幅前后十

债券型基金涨幅前十		债券型基金涨幅后十	
名称	涨跌幅(%)	名称	涨跌幅(%)
天治稳健双盈	12.96	嘉实超短债	2.48
交银信用添利	11.81	上投摩根纯债 A	2.42
南方广利回报 AB	10.96	益民多利债券	2.22
南方多利增强 A	10.38	信诚三得益债券 A	2.18
工银瑞信信用添利 A	9.74	华夏亚债中国 A	2.11
长城积极增利 A	9.38	大成强化收益 A	1.90
信达澳银稳定 A	9.20	长盛积极配置	1.64
泰信周期回报	9.12	富国可转债	1.13
交银增利债券 A	8.72	长盛中信全债	1.03
易方达增强回报 A	8.50	汇添富可转债 A	0.41

2012年上半年基金资产组合统计

单位:亿元

基金类型	权益投资	固定收益投资	金融衍生品投资	买入返售金融资产	银行存款和清算备付金合计	其他	合计
股票型	9,448.91	463.74	0.00	391.96	758.34	233.05	11,296.01
混合型	3,823.60	1,164.20	0.00	250.11	388.43	72.09	5,698.42
债券型	96.46	2,752.33	0.00	52.10	162.17	117.70	3,180.76
货币型	0.00	1,392.60	0.00	312.16	2,220.00	143.56	4,068.32
QDII	368.46	6.05	0.06	2.68	57.72	133.09	568.06
短期理财债券型	0.00	0.00	0.00	0.00	0.00	0.00	0.00
全市场	13,737.43	5,778.92	0.06	1,009.01	3,586.67	699.49	24,811.58

2012年2季度末基金管理公司规模

基金公司	2012年2季度规模(亿元)	2012年1季度规模(亿元)	规模变化(亿元)	2012年2季度同业排名	2012年1季度同业排名
华夏	1860.86	1824.36	36.50	1	1
易方达	1633.27	1517.89	115.39	2	2
嘉实	1481.99	1220.82	261.17	3	3
南方	1238.06	1123.97	114.08	4	5
广发	1203.54	1123.11	80.43	5	6
博时	1194.40	1142.02	52.39	6	4
华安	848.02	736.52	111.50	7	7
汇添富	798.87	489.28	309.59	8	14
富国	708.59	612.93	95.66	9	10
大成	691.83	680.82	11.00	10	8
银华	681.84	613.15	68.69	11	9
工银瑞信	668.49	524.71	143.78	12	11
鹏华	577.38	495.93	81.45	13	13
招商	559.65	513.93	45.73	14	12
中银	517.96	416.26	101.70	15	19
交银施罗德	491.55	460.90	30.65	16	16
诺安	471.68	462.36	9.32	17	15
建信	450.45	419.55	30.90	18	17
融通	436.73	407.55	29.18	19	20
上投摩根	431.79	418.33	13.45	20	18
国泰	410.95	381.08	29.87	21	22
景顺长城	396.92	388.90	8.03	22	21
华泰柏瑞	367.08	125.53	241.54	23	40
华宝兴业	362.28	336.14	26.14	24	24
国投瑞银	340.30	345.18	-4.88	25	23
兴业全球	322.30	316.22	6.08	26	26
海富通	300.43	301.93	-1.49	27	27
长城	296.50	281.00	15.51	28	28
华商	262.93	270.04	-7.11	29	29
长盛	252.26	327.19	-74.93	30	25
中邮创业	250.44	247.04	3.40	31	30
泰达宏利	244.65	214.06	30.58	32	32
万家	239.31	171.17	68.13	33	34
光大保德信	238.40	238.49	-0.09	34	31
长信	205.31	202.42	2.89	35	33
银河	165.12	135.58	29.54	36	37
农银汇理	161.03	133.10	27.94	37	38
国联安	160.09	135.91	24.18	38	36
国海富兰克林	150.51	140.29	10.21	39	35
信诚	147.05	129.97	17.08	40	39

基金公司	2012 年 2 季度规模(亿元)	2012 年 1 季度规模(亿元)	规模变化(亿元)	2012 年 2 季度同业排名	2012 年 1 季度同业排名
申万菱信	129.57	111.64	17.94	41	43
天弘	128.83	82.60	46.23	42	46
中海	125.41	118.06	7.35	43	41
东吴	115.53	116.50	-0.97	44	42
摩根士丹利华鑫	104.64	101.90	2.74	45	44
东方	98.86	93.05	5.81	46	45
宝盈	97.96	79.54	18.43	47	48
汇丰晋信	81.88	81.94	-0.06	48	47
华富	79.61	79.26	0.35	49	49
民生加银	77.18	30.41	46.77	50	58
新华	75.04	72.86	2.18	51	50
泰信	72.76	71.54	1.22	52	51
金鹰	69.57	64.21	5.36	53	52
中欧	64.88	55.89	8.99	54	54
信达澳银	60.65	57.09	3.56	55	53
益民	43.92	44.53	-0.62	56	55
天治	43.16	34.91	8.25	57	57
诺德	40.66	43.15	-2.49	58	56
浦银安盛	26.05	21.35	4.70	59	60
平安大华	24.57	21.59	2.99	60	59
纽银梅隆西部	19.25	4.76	14.49	61	63
浙商	14.32	14.96	-0.64	62	61
金元惠理	8.66	8.78	-0.13	63	62
安信	7.44		7.44	64	
富安达	6.77	3.77	3.00	65	66
长安	3.57	3.84	-0.27	66	65
财通	3.08	3.86	-0.79	67	64
方正富邦	1.71	1.25	0.46	68	67
汇总	23846.34	21448.87	2397.47	68	67

资料来源:海通证券

注:1. 统计数量时,不含 59 只 QDII 基金,对于债券 ABC、货币 AB 以及分级基金按一只计,ETF 及联接基金算两只。2. 统计规模时含联接基金,对于债券 ABC、货币 AB 以及分级基金按一只计,规模合并统计。

2012 年二季度末各类型基金的数量和规模

产品类型	2012 年 2 季度产品数量	2012 年 2 季度规模(亿元)	2012 年 1 季度规模(亿元)
主动股票型	314	7032.77	6934.17
指数型	174	3716.27	3171.78
平衡混合型	98	2009.06	1984.21
偏股混合型	79	3277.37	3265.08
偏债混合型	7	68.87	69.60
生命周期混合型	3	87.18	84.76
保本型	27	527.21	487.34
纯债债券型	107	1917.84	1188.14
偏债债券型	78	947.74	532.11
货币型	52	3601.52	2971.04
封闭型	28	660.50	760.64
汇总	967	23846.34	21448.87

2012 年中报显示各类型基金利润

基金类型	参与汇总的基金数目	本期利润(元)
股票型	469	50,830,246,347.58
混合型	175	24,139,761,912.35
债券型	235	8,854,628,483.84
货币型	83	8,050,953,317.47
封闭式	47	5,343,303,895.65

基金类型	参与汇总的基金数目	本期利润(元)
保本型	22	1,549,695,167.35
QDII	54	987,624,039.17
总计	1,085	99,756,213,163.41

2012年中报显示基金公司管理费收入排行

基金管理人	基金数量	管理人报酬(亿元)[2012年中报]	管理人报酬(亿元)[2011年中报]	管理费降幅
华夏基金	26	10.97	13.29	-17%
嘉实基金	33	7.62	8.68	-12%
易方达基金	31	7.44	8.25	-10%
南方基金	33	6.82	7.24	-6%
广发基金	22	6.32	6.88	-8%
博时基金	31	5.43	5.97	-9%
大成基金	27	4.3	6.33	-32%
银华基金	23	4.08	4.93	-17%
华安基金	27	3.94	4.41	-11%
富国基金	26	3.68	3.86	-5%

2012年中期各类型基金规模统计

产品类型	2012年2季度产品数量	2012年2季度规模(亿元)	2012年1季度规模(亿元)
保本型	27	527.21	487.34
纯债债券型	110	2119.07	1188.14
封闭型	28	660.49	760.64
股票型	314	7048.73	6934.17
货币型	52	3601.52	2971.04
偏股混合型	79	3277.37	3265.08
偏债混合型	7	68.87	69.60
偏债债券型	75	746.51	532.11
平衡混合型	98	2009.06	1984.21
生命周期混合型	3	87.18	84.76
指数型	174	3716.19	3171.78
QDII	59	575.24	621.41
汇总	1026	24437.45	22070.28

注：

1. 统计数量时，对于债券ABC、货币AB以及分级基金按一只计，ETF及联接基金算两只。
2. 统计规模时含联接基金，对于债券ABC、货币AB以及分级基金按一只计，规模合并统计。

2012年中期基金公司规模数据报告

基金公司	旗下基金					权益类产品					固定收益类产品				
	2012年2季度末基金只数	2012年2季度末基金规模(亿元)	规模排名	2012年1季度末基金规模(亿元)	规模排名	2012年2季度末基金只数	2012年2季度末基金规模(亿元)	规模排名	2012年1季度末基金规模(亿元)	规模排名	2012年2季度末基金只数	2012年2季度末基金规模(亿元)	规模排名	2012年1季度末基金规模(亿元)	规模排名
华夏	26	1997.43	1	1975.31	1	20	1567.35	1	1609.29	1	6	430.08	3	366.02	1
易方达	34	1645.94	2	1527.61	2	26	1183.43	3	1171.91	2	8	462.50	1	355.70	3
嘉实	35	1584.77	3	1329.81	3	27	1274.07	2	1097.37	3	8	310.70	9	232.44	7
南方	34	1350.26	4	1246.54	4	29	903.60	4	929.69	4	5	446.66	2	316.85	6
广发	24	1207.82	5	1127.91	6	20	815.46	5	779.06	6	4	392.37	5	348.85	4
博时	32	1204.62	6	1150.27	5	25	808.52	6	792.16	5	7	396.09	4	358.12	2
华安	31	854.82	7	744.89	7	22	584.96	9	586.68	8	9	269.86	11	158.22	12
汇添富	22	803.69	8	494.69	15	16	423.58	12	421.26	11	6	380.11	6	73.43	19
富国	28	711.60	9	616.39	10	18	445.83	11	419.07	12	10	265.78	12	197.33	9
大成	28	693.07	10	682.22	8	23	622.58	8	623.00	7	5	70.49	22	59.22	20
银华	24	686.03	11	618.01	9	19	625.99	7	565.80	9	5	60.04	25	52.20	22
工银瑞信	24	679.20	12	536.24	12	17	353.51	18	352.29	18	7	325.70	8	183.96	10
鹏华	29	579.08	13	497.86	14	22	398.62	14	379.93	14	7	180.46	14	117.93	13
招商	25	562.22	14	516.90	13	18	198.73	33	186.79	32	7	363.49	7	330.11	5
上投摩根	18	538.36	15	539.96	11	14	343.96	19	364.23	15	4	194.40	13	175.73	11
中银	17	521.86	16	420.64	19	12	217.16	31	195.79	30	5	304.70	10	224.85	8
诺安	21	496.48	17	489.70	16	18	455.94	10	446.96	10	3	40.54	31	42.74	25

基金公司	旗下基金					权益类产品					固定收益类产品				
	2012年2季度末基金只数	2012年2季度末基金规模(亿元)	规模排名	2012年1季度末基金规模(亿元)	规模排名	2012年2季度末基金只数	2012年2季度末基金规模(亿元)	规模排名	2012年1季度末基金规模(亿元)	规模排名	2012年2季度末基金只数	2012年2季度末基金规模(亿元)	规模排名	2012年1季度末基金规模(亿元)	规模排名
交银施罗德	20	494.02	18	462.61	17	16	378.11	16	345.49	19	4	115.91	17	117.11	14
建信	24	475.31	19	423.87	18	18	335.30	20	340.77	20	6	140.01	16	83.10	18
融通	14	436.73	20	407.55	20	11	398.77	13	381.71	13	3	37.96	33	25.84	31
国泰	27	415.11	21	384.31	22	23	331.25	21	352.67	17	4	83.85	21	31.64	28
景顺长城	18	397.44	22	389.41	21	15	386.15	15	363.13	16	3	11.30	49	26.27	30
华泰柏瑞	14	367.75	23	126.30	40	11	360.30	17	121.90	34	3	7.45	52	4.40	52
华宝兴业	23	364.30	24	338.44	24	18	301.21	23	302.68	23	5	63.09	23	35.76	27
国投瑞银	18	340.99	25	346.00	23	14	242.63	27	246.11	27	4	98.36	18	99.90	15
兴业全球	12	322.30	26	316.22	26	10	310.97	22	306.14	21	2	11.33	48	10.08	45
海富通	21	303.27	27	305.11	27	17	257.45	25	267.61	24	4	45.82	30	37.50	26
长城	15	296.50	28	281.00	28	12	271.59	24	264.98	25	3	24.91	36	16.01	38
华商	10	262.93	29	270.04	29	7	236.32	28	239.36	28	3	26.62	35	30.68	29
长盛	20	252.77	30	327.70	25	16	229.15	29	305.01	22	4	23.62	37	22.69	34
中邮创业	7	250.44	31	247.04	30	7	250.44	26	247.04	26					
泰达宏利	18	245.09	32	214.57	32	15	206.78	32	193.89	31	3	38.31	32	20.68	36
万家	10	239.31	33	171.17	34	6	88.60	43	84.69	44	4	150.71	15	86.48	17
光大保德信	12	238.40	34	238.49	31	8	218.01	30	224.11	29	4	20.38	40	14.38	40
长信	14	205.74	35	202.94	33	9	116.83	37	115.18	36	5	88.92	20	87.77	16
银河	14	165.12	36	135.58	37	11	113.75	38	111.91	38	3	51.37	28	23.68	32
农银汇理	13	161.03	37	133.10	38	9	137.99	35	120.31	35	4	23.04	39	12.78	42
国联安	17	160.09	38	135.91	36	12	110.30	39	112.37	37	5	49.79	29	23.54	33
国海富兰克林	11	151.85	39	143.57	35	10	150.69	34	142.38	33	1	1.16	58	1.19	56
信诚	17	148.18	40	131.14	39	12	85.30	44	85.86	43	5	62.87	24	45.27	24
申万菱信	14	129.57	41	111.64	43	10	122.12	36	104.34	40	4	7.46	51	7.30	47
天弘	8	128.83	42	82.60	46	4	31.00	55	30.47	55	4	97.83	19	52.13	23
中海	13	125.41	43	118.06	41	10	105.20	40	101.87	41	3	20.21	41	16.19	37
东吴	12	115.53	44	116.50	42	9	104.02	41	106.60	39	3	11.51	46	9.90	46
摩根士丹利华鑫	10	104.64	45	101.90	44	8	93.21	42	94.87	42	2	11.42	47	7.03	48
东方	8	98.86	46	93.05	45	6	83.99	45	80.11	45	2	14.88	42	12.94	41
宝盈	9	97.96	47	79.54	48	7	64.02	49	64.10	48	2	33.95	34	15.44	39
汇丰晋信	11	81.88	48	81.94	47	9	79.97	46	79.87	46	2	1.91	56	2.07	54
华富	10	79.61	49	79.26	49	7	24.97	57	24.69	58	3	54.64	26	54.57	21
民生加银	8	77.18	50	30.41	58	6	23.34	59	27.89	57	2	53.84	27	2.52	53
新华	8	75.04	51	72.86	50	8	75.04	47	72.86	47					
泰信	12	72.76	52	71.54	51	8	63.48	50	61.08	49	4	9.28	50	10.46	44
金鹰	12	69.57	53	64.21	52	11	64.45	48	59.33	50	1	5.12	53	4.88	50
中欧	11	64.88	54	55.89	54	7	41.47	53	33.61	54	4	23.40	38	22.28	35
信达澳银	7	60.65	55	57.09	53	5	56.40	51	56.50	51	2	4.25	55	0.60	58
益民	4	43.92	56	44.53	55	2	42.48	52	42.86	52	2	1.43	57	1.67	55
天治	9	43.16	57	34.91	57	6	30.01	56	29.76	56	3	13.15	44	5.16	49
诺德	8	40.66	58	43.15	56	6	35.68	54	38.58	53	2	4.98	54	4.56	51
浦银安盛	8	26.05	59	21.35	60	5	12.93	61	9.44	61	3	13.12	45	11.91	43
平安大华	3	24.57	60	21.59	59	3	24.57	58	21.59	59					
纽银梅隆西部	3	19.25	61	4.76	63	2	4.63	65	4.76	63	1	14.62	43		
浙商	3	14.32	62	14.96	61	3	14.32	60	14.96	60					
金元惠理	7	8.66	63	8.78	62	6	7.91	62	8.04	62	1	0.75	59	0.74	57
安信	1	7.44	64			1	7.44	63							
富安达	2	6.77	65	3.77	66	2	6.77	64	3.77	66					
长安	2	3.57	66	3.84	65	2	3.57	66	3.84	65					
财通	1	3.08	67	3.86	64	1	3.08	67	3.86	64					
方正富邦	1	1.71	68	1.25	67	1	1.71	68	1.25	67					
汇总	1026	24437.45		22070.28		788	17968.97		17377.49		238	6468.48		4692.80	

注:

1. 统计数量时,对于债券ABC、货币AB以及分级基金按一只计,ETF及联接基金算两只。
2. 统计规模时含联接基金,对于债券ABC、货币AB以及分级基金按一只计,规模合并统计。
3. 固定收益类产品包括纯债债券型、偏债债券型、货币型以及富国全球债券,其他记作权益类产品。

2012年度新发行基金一览

基金代码	基金简称	发行公司	基金类型	募集份额(亿份)	成立日期	基金经理
511990	华宝兴业现金添益	华宝兴业基金	货币型	18.03	2012-12-27	陈昕
040042	华安7日鑫短期理财债券A	华安基金	货币型	17.15	2012-12-26	黄勤
040043	华安7日鑫短期理财债券B	华安基金	货币型	12.51	2012-12-26	黄勤
510330	华夏沪深300ETF	华夏基金	指数型	6.03	2012-12-25	张弘弢

基金代码	基金简称	发行公司	基金类型	募集份额(亿份)	成立日期	基金经理
160811	长盛同丰分级债券 A	长盛基金	创新封基	13.5	2012－12－27	杨衡
730003	方正富邦货币 A	方正富邦基金	货币型	4.42	2012－12－26	杨通
730103	方正富邦货币 B	方正富邦基金	货币型	4.11	2012－12－26	杨通
380007	中银理财 7 天债券 A	中银基金	货币型	21.7	2012－12－24	白洁
380008	中银理财 7 天债券 B	中银基金	货币型	15.01	2012－12－24	白洁
040045	华安信用增强债券	华安基金	债券型	9.11	2012－12－24	郑可成
519889	汇添富收益快线货币 B	汇添富基金	货币型	3	2012－12－21	陈加荣
519888	汇添富收益快线货币 A	汇添富基金	货币型	3	2012－12－21	陈加荣
020033	国泰民安增利债券 A	国泰基金	债券型	4.55	2012－12－26	张一格
020034	国泰民安增利债券 C	国泰基金	债券型	13.65	2012－12－26	张一格
530028	建信月盈安心理财债券 A	建信基金	货币型	125.26	2012－12－20	朱建华
531028	建信月盈安心理财债券 B	建信基金	货币型	47.86	2012－12－20	朱建华
206016	鹏华理财 21 天债券 A	鹏华基金	货币型	12.03	2012－12－19	刘太阳
206017	鹏华理财 21 天债券 B	鹏华基金	货币型	8.87	2012－12－19	刘太阳
550015	信诚添金分级债券季季添金	信诚基金	创新封基	21.66	2012－12－12	王国强
160810	长盛同丰分级债券	长盛基金	债券型	19.97	2012－12－27	杨衡
150115	长盛同丰分级债券 B	长盛基金	创新封基	6.47	2012－12－27	杨衡
020031	国泰现金管理货币 A	国泰基金	货币型	16.39	2012－12－11	姜南林
020032	国泰现金管理货币 B	国泰基金	货币型	16.4	2012－12－11	姜南林
630012	华商现金增利货币 A	华商基金	货币型	1.51	2012－12－11	刘晓晨
630112	华商现金增利货币 B	华商基金	货币型	3.62	2012－12－11	刘晓晨
217025	招商理财 7 天债券 A	招商基金	货币型	35.76	2012－12－7	孙海波
217026	招商理财 7 天债券 B	招商基金	货币型	15.18	2012－12－7	孙海波
550017	信诚添金分级债券	信诚基金	创新封基	30.93	2012－12－12	王国强
550016	信诚添金分级债券岁岁添金	信诚基金	创新封基	9.27	2012－12－12	王国强
675021	纽银稳定增利债券 A	纽银基金	债券型	0.52	2012－12－25	李健
675023	纽银稳定增利债券 C	纽银基金	债券型	4.71	2012－12－25	李健
100070	富国强收益定期开放债券 A	富国基金	创新封基	3.76	2012－12－18	冯彬
100071	富国强收益定期开放债券 C	富国基金	创新封基	4.98	2012－12－18	冯彬
519718	交银纯债 A	交银施罗德	债券型	14.92	2012－12－19	胡军华
519720	交银纯债 C	交银施罗德	债券型	6.24	2012－12－19	胡军华
690010	民生加银现金增利货币 A	民生加银基金	货币型	14.39	2012－12－18	陈薇薇
690210	民生加银现金增利货币 B	民生加银基金	货币型	130.13	2012－12－18	陈薇薇
166014	中欧货币 A	中欧基金	货币型	5.98	2012－12－12	姚文辉
166015	中欧货币 B	中欧基金	货币型	9.8	2012－12－12	姚文辉
202213	南方安心	南方基金	保本型	24.16	2012－12－21	陈键
519152	新华纯债添利 A	新华基金	债券型	5.59	2012－12－21	贲兴振
519153	新华纯债添利 C	新华基金	债券型	40.35	2012－12－21	贲兴振
090023	大成理财 21 天债券发起 A	大成基金	货币型	22.16	2012－11－29	陶铄
091023	大成理财 21 天债券发起 B	大成基金	货币型	14.05	2012－11－29	陶铄
400018	东方央视财经 50 指数	东方基金	指数型	5.46	2012－12－19	吴长凤
750005	安信平稳增长混合发起	安信基金	混合型	2.06	2012－12－18	汪建
720003	财通保本	财通基金	保本型	3.47	2012－12－20	曹丽娟
070037	嘉实纯债债券 A	嘉实基金	债券型	1.7	2012－12－11	曲扬
070038	嘉实纯债债券 C	嘉实基金	债券型	12.14	2012－12－11	曲扬
210012	金鹰货币 A	金鹰基金	货币型	6.39	2012－12－7	汪仪
210013	金鹰货币 B	金鹰基金	货币型	22.86	2012－12－7	汪仪
080018	长盛添利 60 天理财债券 A	长盛基金	货币型	20.33	2012－11－29	杨衡
080019	长盛添利 60 天理财债券 B	长盛基金	货币型	2.18	2012－11－29	杨衡
110050	易方达月月利理财债券 A	易方达基金	货币型	25.88	2012－11－26	石大怿
110051	易方达月月利理财债券 B	易方达基金	货币型	10.67	2012－11－26	石大怿
040038	华安日日鑫货币 A	华安基金	货币型	5.75	2012－11－26	郑可成
040039	华安日日鑫货币 B	华安基金	货币型	3.52	2012－11－26	郑可成
001065	华夏海外收益债券现汇	华夏基金	QDII	6.82	2012－12－7	刘鲁旦
001061	华夏海外收益债券 A	华夏基金	QDII	8.37	2012－12－7	刘鲁旦
001063	华夏海外收益债券 C	华夏基金	QDII	11.4	2012－12－7	刘鲁旦

基金代码	基金简称	发行公司	基金类型	募集份额(亿份)	成立日期	基金经理
001066	华夏海外收益债券现钞	华夏基金	QDII	1.55	2012-12-7	刘鲁旦
550012	信诚理财7日盈债券A	信诚基金	货币型	14.26	2012-11-27	王国强
550013	信诚理财7日盈债券B	信诚基金	货币型	14.13	2012-11-27	王国强
380005	中银纯债债券A	中银基金	债券型	28.74	2012-12-12	陈国辉
380006	中银纯债债券C	中银基金	债券型	22.34	2012-12-12	陈国辉
163415	兴全商业模式优选股票	兴业全球基金	股票型	5.46	2012-12-18	董承非
233015	大摩量化配置股票	摩根士丹利华鑫基金	股票型	10.95	2012-12-11	张靖
121013	国投瑞银纯债债券A	国投瑞银基金	债券型	25.81	2012-12-11	李怡文
128013	国投瑞银纯债债券B	国投瑞银基金	债券型	25.81	2012-12-11	李怡文
270048	广发纯债债券A	广发基金	债券型	3.71	2012-12-12	张芊
270049	广发纯债债券C	广发基金	债券型	24.44	2012-12-12	张芊
253070	国联安中债信用债指数增强	国联安基金	债券型	4.72	2012-12-12	薛琳
050028	博时安心收益定期债券A	博时基金	创新封基	12.11	2012-12-6	陈凯杨
050128	博时安心收益定期债券C	博时基金	创新封基	11.12	2012-12-6	陈凯杨
161821	银华中证中票50指数债券A	银华基金	债券型	26.64	2012-12-13	张翼
161822	银华中证中票50指数债券C	银华基金	债券型	7.24	2012-12-13	张翼
159921	诺安中小板等权重ETF	诺安基金	指数型	2.53	2012-12-10	宋德舜
320022	诺安中小板等权重ETF联接	诺安基金	指数型	4.09	2012-12-10	宋德舜
090022	大成现金增利货币A	大成基金	货币型	25.39	2012-11-20	王立
091022	大成现金增利货币B	大成基金	货币型	23.28	2012-11-20	王立
460008	华泰柏瑞稳健收益债券A	华泰柏瑞基金	债券型	22.59	2012-12-4	沈涛
460108	华泰柏瑞稳健收益债券C	华泰柏瑞基金	债券型	22.59	2012-12-4	沈涛
420009	天弘安康养老混合	天弘基金	混合型	3.3	2012-11-28	李蕴炜
730002	方正富邦红利精选	方正富邦基金	股票型	2.31	2012-11-20	张璐
519669	银河领先债券	银河基金	债券型	6.6	2012-11-29	韩晶
519716	交银21天A	交银施罗德	货币型	85.06	2012-11-5	林洪钧
370024	上投核心优选股票	上投摩根基金	股票型	2.84	2012-11-28	孙芳
100066	富国纯债A	富国基金	债券型	5.41	2012-11-22	邹卉
100068	富国纯债C	富国基金	债券型	13.2	2012-11-22	邹卉
485020	工银14天理财债券发起B	工银瑞信基金	货币型	22.27	2012-10-26	魏欣
485120	工银14天理财债券发起A	工银瑞信基金	货币型	68.64	2012-10-26	魏欣
700005	平安大华添利债券A	平安大华基金	债券型	13.73	2012-11-27	孙健
700006	平安大华添利债券C	平安大华基金	债券型	9.84	2012-11-27	孙健
210010	金鹰元泰信用债A	金鹰基金	债券型	4.61	2012-11-29	汪仪
210011	金鹰元泰信用债C	金鹰基金	债券型	13.22	2012-11-29	汪仪
260117	景顺长城支柱产业	景顺长城基金	股票型	10.93	2012-11-20	陈晖
320021	诺安双利债券	诺安基金	债券型	13.96	2012-11-29	夏俊杰
380003	中银理财60天债券A	中银基金	货币型	27.01	2012-10-26	王妍
380004	中银理财60天债券B	中银基金	货币型	4.53	2012-10-26	王妍
001057	华夏理财30天债券A	华夏基金	货币型	18.49	2012-10-24	李广云
001058	华夏理财30天债券B	华夏基金	货币型	7.21	2012-10-24	李广云
530021	建信纯债A	建信基金	债券型	19.11	2012-11-15	黎颖芳
531021	建信纯债C	建信基金	债券型	149.58	2012-11-15	黎颖芳
485019	工银信用纯债债券B	工银瑞信基金	债券型	31.45	2012-11-14	何秀红
485119	工银信用纯债债券A	工银瑞信基金	债券型	7.55	2012-11-14	何秀红
080016	长盛添利30天A	长盛基金	货币型	29.41	2012-10-26	杨衡
080017	长盛添利30天B	长盛基金	货币型	11.98	2012-10-26	杨衡
590009	中邮稳定收益债券A	中邮基金	债券型	5.19	2012-11-21	张萌
590010	中邮稳定收益债券C	中邮基金	债券型	26.84	2012-11-21	张萌
660015	农银汇理行业轮动	农银汇理基金	股票型	5.32	2012-11-14	魏伟
160621	鹏华中小企业债券	鹏华基金	创新封基	9.87	2012-11-5	戴钢
360020	光大添天盈理财债券B	光大保德信	货币型	3.25	2012-10-25	韩爱丽
360019	光大添天盈理财债券A	光大保德信	货币型	17.27	2012-10-25	韩爱丽
202305	南方理财60天A	南方基金	货币型	51.08	2012-10-19	夏晨曦
202306	南方理财60天B	南方基金	货币型	—	2012-10-19	夏晨曦
100007	富国7天理财宝债券A	富国基金	货币型	54.55	2012-10-19	郑迎迎

基金代码	基金简称	发行公司	基金类型	募集份额(亿份)	成立日期	基金经理
101007	富国7天理财宝债券B	富国基金	货币型	42.56	2012－10－19	郑迎迎
166903	民生加银平稳增利C	民生加银基金	创新封基	2.56	2012－11－15	陈薇薇
166902	民生加银平稳增利A	民生加银基金	创新封基	10.13	2012－11－15	陈薇薇
161618	融通岁岁添利债券A	融通基金	创新封基	12.99	2012－11－6	蔡奕奕
161619	融通岁岁添利债券B	融通基金	创新封基	18.21	2012－11－6	蔡奕奕
471028	汇添富理财28天债券A	汇添富基金	货币型	15.55	2012－10－18	曾刚
472028	汇添富理财28天债券B	汇添富基金	货币型	1.53	2012－10－18	曾刚
161119	易方达新综合债券A	易方达基金	债券型	7.35	2012－11－8	胡剑
161120	易方达新综合债券C	易方达基金	债券型	6.49	2012－11－8	胡剑
519714	交银等权	交银施罗德	指数型	3.01	2012－11－7	屈乐伟
380001	中银理财14天债券A	中银基金	货币型	42.21	2012－9－24	王妍
380002	中银理财14天债券B	中银基金	货币型	21.68	2012－9－24	王妍
090021	大成月添利债券A	大成基金	货币型	36.35	2012－9－20	王立
091021	大成月添利债券B	大成基金	货币型	14.83	2012－9－20	王立
020029	国泰6个月短期理财债券A	国泰基金	货币型	15.95	2012－9－25	吴晨
020030	国泰6个月短期理财债券B	国泰基金	货币型	1.33	2012－9－25	吴晨
150112	深证100A	工银瑞信基金	创新封基	—	2012－10－25	何江
150113	深证100B	工银瑞信基金	创新封基	—	2012－10－25	何江
164811	工银深证100指数分级	工银瑞信基金	指数型	4.71	2012－10－25	何江
400016	东方强化收益债券	东方基金	债券型	6.32	2012－10－9	王丹丹
519188	万家恒A	万家基金	债券型	14.84	2012－9－21	朱虹
519189	万家恒C	万家基金	债券型	14.84	2012－9－21	朱虹
001031	华夏安康优选债券A	华夏基金	债券型	25.6	2012－9－11	曲波
001033	华夏安康优选债券C	华夏基金	债券型	29.16	2012－9－11	曲波
370023	上投中证消费指数	上投摩根基金	指数型	4.44	2012－9－25	黄栋
750002	安信目标收益债券A	安信基金	债券型	4.08	2012－9－25	李勇
750003	安信目标收益债券C	安信基金	债券型	15.39	2012－9－25	李勇
202027	南方金粮油	南方基金	股票型	3.37	2012－9－25	郭国栋
150100	鹏华资源分级A	鹏华基金	创新封基	—	2012－9－27	杨靖
150101	鹏华资源分级B	鹏华基金	创新封基	—	2012－9－27	杨靖
160620	鹏华资源分级	鹏华基金	指数型	6.43	2012－9－27	杨靖
070033	嘉实增强收益定期债券	嘉实基金	创新封基	33.87	2012－9－24	陈雯雯
360021	光大双月理财债券A	光大保德信	货币型	26.63	2012－9－5	韩爱丽
360022	光大双月理财债券B	光大保德信	货币型	7.8	2012－9－5	韩爱丽
530014	建信双周理财A	建信基金	货币型	119.71	2012－8－28	朱建华
531014	建信双周理财B	建信基金	货币型	38.32	2012－8－28	朱建华
770001	德邦优化配置	德邦基金	股票型	3.23	2012－9－25	白仲光
270044	广发双债添利债券A	广发基金	债券型	5.21	2012－9－20	谭昌杰
270045	广发双债添利债券C	广发基金	债券型	15.94	2012－9－20	谭昌杰
150106	易方达稳健	易方达基金	创新封基	—	2012－9－20	王建军
150107	易方达进取	易方达基金	创新封基	—	2012－9－20	王建军
161118	易方达中小指数分级	易方达基金	指数型	4.01	2012－9－20	王建军
160809	长盛同辉100等权分级	长盛基金	指数型	8.44	2012－9－13	刘斌
150108	长盛同辉深100等权重A	长盛基金	创新封基	—	2012－9－13	刘斌
150109	长盛同辉深100等权重B	长盛基金	创新封基	—	2012－9－13	刘斌
070035	嘉实理财宝7天债券A	嘉实基金	货币型	58.47	2012－8－29	桑迎
070036	嘉实理财宝7天债券B	嘉实基金	货币型	36.81	2012－8－29	桑迎
485018	工银7天理财债券B	工银瑞信基金	货币型	96.42	2012－8－22	魏欣
485118	工银7天理财债券A	工银瑞信基金	货币型	296.11	2012－8－22	魏欣
519118	浦银幸福A	浦银安盛基金	创新封基	16.18	2012－9－18	薛铮
519119	浦银幸福B	浦银安盛基金	创新封基	3.98	2012－9－18	薛铮
519679	银河主题策略	银河基金	股票型	3.42	2012－9－21	成胜
217024	招商安盈保本	招商基金	保本型	45.6	2012－8－20	孙海波
163823	中银保本混合	中银基金	保本型	42.19	2012－9－19	李建
470010	汇添富多元收益债券A	汇添富基金	债券型	9.43	2012－9－18	曾刚
470011	汇添富多元收益债券C	汇添富基金	债券型	10.45	2012－9－18	曾刚

基金代码	基金简称	发行公司	基金类型	募集份额(亿份)	成立日期	基金经理
700004	平安大华保本混合	平安大华基金	保本型	10.19	2012-9-11	孙健
100061	富国中国中小盘股票	富国基金	QDII	2.5	2012-9-4	张峰
762001	国金通用国鑫发起	国金通用基金	混合型	1.79	2012-8-28	吴强
050027	博时信用债纯债债券	博时基金	债券型	13.77	2012-9-7	皮敏
660014	农银深证100增强	农银汇理基金	指数型	4.14	2012-9-4	宋永安
686868	浙商聚盈信用债债券A	浙商基金	债券型	1.13	2012-9-18	洪慧梅
686869	浙商聚盈信用债债券C	浙商基金	债券型	1.74	2012-9-18	洪慧梅
450018	国富恒久信用债券A	国海富兰克林基金	债券型	5.58	2012-9-11	刘怡敏
450019	国富恒久信用债券C	国海富兰克林基金	债券型	2.48	2012-9-11	刘怡敏
040036	华安安心收益债券A	华安基金	债券型	3.53	2012-9-7	郑可成
040037	华安安心收益债券B	华安基金	债券型	5.15	2012-9-7	郑可成
162907	泰信基本面400指数分级	泰信基金	指数型	3.01	2012-9-7	陈大庆
610007	信达澳银消费优选股票	信达澳银基金	股票型	6.53	2012-9-4	钱翔
150094	泰信基本面400A	泰信基金	创新封基	—	2012-9-7	陈大庆
150095	泰信基本面400B	泰信基金	创新封基	—	2012-9-7	陈大庆
090020	大成中证500沪市联接	大成基金	指数型	3.22	2012-8-28	苏秉毅
160916	大成优选股票	大成基金	股票型	—	2012-7-27	刘明
202303	南方理财14天A	南方基金	货币型	70.09	2012-8-14	夏晨曦
202304	南方理财14天B	南方基金	货币型	70.09	2012-8-14	夏晨曦
206015	鹏华纯债债券	鹏华基金	债券型	23.86	2012-9-3	刘太阳
165707	诺德深证300指数分级	诺德基金	指数型	4.97	2012-9-10	张敬燕
150092	诺德深证300指数分级A	诺德基金	创新封基	—	2012-9-10	张敬燕
150093	诺德深证300指数分级B	诺德基金	创新封基	—	2012-9-10	张敬燕
166301	华商中证500分级	华商基金	指数型	3.45	2012-9-6	田明圣
150110	华商中证500A	华商基金	创新封基	—	2012-9-6	田明圣
150111	华商中证500B	华商基金	创新封基	—	2012-9-6	田明圣
233012	大摩多元收益债券A	摩根士丹利华鑫基金	债券型	8.06	2012-8-28	李轶
233013	大摩多元收益债券C	摩根士丹利华鑫基金	债券型	26.41	2012-8-28	李轶
510440	中证500沪市ETF	大成基金	指数型	5.41	2012-8-24	苏秉毅
420008	天弘债券发起式A	天弘基金	债券型	5.84	2012-8-10	刘冬
420108	天弘债券发起式B	天弘基金	债券型	27.63	2012-8-10	刘冬
050026	博时医疗保健行业	博时基金	股票型	2.77	2012-8-28	李权胜
180033	银华上证50等权联接	银华基金	指数型	2.86	2012-8-29	周大鹏
510430	银华上证50等权ETF	银华基金	指数型	11.8	2012-8-23	周大鹏
000071	华夏恒生ETF联接	华夏基金	QDII	8.55	2012-8-21	王路
110031	易方达恒生ETF联接	易方达基金	QDII	32.22	2012-8-21	张胜记
000075	华夏恒生联接现汇	华夏基金	QDII	—	2012-8-21	王路
000076	华夏恒生联接现钞	华夏基金	QDII	—	2012-8-21	王路
110032	易方达恒生联接现汇	易方达基金	QDII	—	2012-8-21	张胜记
110033	易方达恒生联接现钞	易方达基金	QDII	—	2012-8-21	张胜记
040035	华安逆向策略股票	华安基金	股票型	2.33	2012-8-16	陆从珍
217023	招商信用增强债券	招商基金	债券型	37.19	2012-7-20	胡慧颖
240022	华宝兴业资源优选	华宝兴业基金	股票型	5.03	2012-8-21	蔡目荣
530019	建信社会责任股票	建信基金	股票型	11.11	2012-8-14	许杰
270043	广发理财年年红债券	广发基金	创新封基	5.43	2012-7-19	谭昌杰
582003	东吴保本	东吴基金	保本型	7.76	2012-8-13	丁蕙
270042	广发纳斯达克100指数	广发基金	QDII	2.55	2012-8-15	邱炜
560006	益民核心增长混合	益民基金	混合型	11.56	2012-8-16	侯燕琳
690009	民生加银红利回报	民生加银基金	混合型	30.45	2012-8-9	吴剑飞
159920	华夏恒生ETF	华夏基金	QDII	35.86	2012-8-9	王路
510900	易方达恒生ETF	易方达基金	QDII	16.17	2012-8-9	张胜记
161820	银华纯债信用债券	银华基金	债券型	19.45	2012-8-9	于海颖
200016	长城保本	长城基金	保本型	19.16	2012-8-2	钟光正
620008	金元惠理新经济主题股票	金元惠理基金	股票型	7.29	2012-7-31	潘江
161910	万家中创指数分级	万家基金	指数型	4.12	2012-8-2	吴涛
020028	国泰信用债券C	国泰基金	债券型	23.21	2012-7-31	胡永青

基金代码	基金简称	发行公司	基金类型	募集份额(亿份)	成立日期	基金经理
020027	国泰信用债券 A	国泰基金	债券型	4.68	2012-7-31	胡永青
150090	万家中创指数分级 A	万家基金	特定策略	—	2012-8-2	吴涛
150091	万家中创指数分级 B	万家基金	创新封基	—	2012-8-2	吴涛
710301	富安达增强收益债券 A	富安达基金	债券型	2.05	2012-7-25	黄强
710302	富安达增强收益债券 C	富安达基金	债券型	4.01	2012-7-25	黄强
163822	中银主题策略股票	中银基金	股票型	8.95	2012-7-25	甘霖
519712	交银阿尔法核心	交银施罗德	股票型	11.45	2012-8-3	龙向东
471014	汇添富理财 14 天债券 B	汇添富基金	货币型	33.01	2012-7-10	王栩
470014	汇添富理财 14 天债券 A	汇添富基金	货币型	84.84	2012-7-10	王栩
161616	融通医疗保健行业	融通基金	股票型	3.36	2012-7-26	吴巍
070031	嘉实全球房地产	嘉实基金	QDII	8.36	2012-7-24	高茜
110030	易方达量化衍伸	易方达基金	股票型	2.49	2012-7-5	罗山
202108	南方润元 A	南方基金	债券型	85.62	2012-7-20	夏晨曦
202110	南方润元 C	南方基金	债券型	—	2012-7-20	夏晨曦
164702	汇添富季季红定期开放债券	汇添富基金	创新封基	6.22	2012-7-26	陆文磊
720002	财通多策略稳增债券	财通基金	债券型	36.08	2012-7-13	曹丽娟
080015	长盛同鑫二号保本	长盛基金	保本型	13.65	2012-7-10	蔡宾
100060	富国高新技术产业股票	富国基金	股票型	3.41	2012-6-27	王海军
420006	天弘现金管家货币 A	天弘基金	货币型	5.76	2012-6-20	刘冬
420106	天弘现金管家货币 B	天弘基金	货币型	6.58	2012-6-20	刘冬
161117	易方达永旭添利债券	易方达基金	创新封基	16.85	2012-6-19	马喜德
160417	华安沪深 300 指数分级	华安基金	指数型	6.07	2012-6-25	牛勇
150104	华安沪深 300 指数分级 A	华安基金	创新封基	—	2012-6-25	牛勇
150105	华安沪深 300 指数分级 B	华安基金	创新封基	—	2012-6-25	牛勇
040033	华安双月鑫短期理财债券 A	华安基金	货币型	36.63	2012-6-14	杨柳
040034	华安双月鑫短期理财债券 B	华安基金	货币型	18.64	2012-6-14	杨柳
070032	嘉实优化红利股票	嘉实基金	股票型	5.89	2012-6-26	郭志喜
539003	建信全球资源股票	建信基金	QDII	4.98	2012-6-26	赵英楷
360017	光大添天利季度理财债券 A	光大保德信	货币型	6.31	2012-6-19	韩爱丽
360018	光大添天利季度理财债券 B	光大保德信	货币型	1.93	2012-6-19	韩爱丽
470060	汇添富理财 60 天债券 A	汇添富基金	货币型	156.34	2012-6-12	曾刚
471060	汇添富理财 60 天债券 B	汇添富基金	货币型	4.25	2012-6-12	曾刚
675011	纽银稳健双利债券 A	纽银基金	债券型	4.37	2012-6-26	闫旭
675013	纽银稳健双利债券 C	纽银基金	债券型	10.25	2012-6-26	闫旭
180031	银华中小盘股票	银华基金	股票型	2.6	2012-6-20	金斌
150096	招商中证商品 A	招商基金	创新封基	—	2012-6-28	王平
150097	招商中证商品 B	招商基金	创新封基	—	2012-6-28	王平
161715	招商中证大宗商品指数分级	招商基金	指数型	10.63	2012-6-28	王平
750001	安信灵活配置混合	安信基金	混合型	7.43	2012-6-20	陈振宇
164810	工银纯债定期开放债券	工银瑞信基金	创新封基	48.09	2012-6-21	杜海涛
660013	农银汇理信用添利债券	农银汇理基金	创新封基	9.72	2012-6-19	吴江
162512	国联安双佳 A 信用分级债券	国联安基金	创新封基	11.48	2012-6-4	黄志钢
050025	博时标普 500	博时基金	QDII	3.1	2012-6-14	胡俊敏
740101	长安沪深 300 非周期	长安基金	指数型	2.77	2012-6-25	王磊
519710	交银荣安保本混合	交银施罗德	保本型	16.32	2012-6-20	项廷锋
370021	上投分红添利债券 A	上投摩根基金	债券型	13.8	2012-6-25	赵峰
370022	上投分红添利债券 B	上投摩根基金	债券型	8.57	2012-6-25	赵峰
270041	广发消费品精选股票	广发基金	股票型	6.49	2012-6-12	冯永欢
040030	华安季季鑫短期理财债券 A	华安基金	货币型	46.9	2012-5-23	杨柳
040031	华安季季鑫短期理财债券 B	华安基金	货币型	8.37	2012-5-23	杨柳
519150	新华优选消费股票	新华基金	股票型	6.69	2012-6-13	崔建波
090019	大成景恒保本混合	大成基金	保本型	10.72	2012-6-15	朱文辉
590008	中邮战略新兴产业	中邮基金	股票型	5.76	2012-6-12	厉建超
540012	汇丰晋信恒指 A 股	汇丰晋信基金	指数型	2.64	2012-8-1	方磊
393001	中海保本	中海基金	保本型	4.75	2012-6-20	刘俊
240021	华宝兴业中证短融 50	华宝兴业基金	债券型	18.23	2012-6-12	陈昕

基金代码	基金简称	发行公司	基金类型	募集份额(亿份)	成立日期	基金经理
162511	国联安双佳信用分级债券	国联安基金	创新封基	16.4	2012-6-4	黄志钢
150080	国联安双佳B信用分级债券	国联安基金	创新封基	4.92	2012-6-4	黄志钢
206013	鹏华金刚保本混合	鹏华基金	保本型	18.6	2012-6-13	戴钢
263001	景顺长城上证180联接	景顺长城基金	指数型	2.45	2012-6-25	江科宏
510420	景顺长城上证180ETF	景顺长城基金	指数型	12.7	2012-6-12	江科宏
118002	易方达标普消费品指数	易方达基金	QDII	3.84	2012-6-4	费鹏
630011	华商主题精选股票	华商基金	股票型	4.06	2012-5-31	梁永强
040028	华安月月鑫短期理财债券A	华安基金	货币型	160.63	2012-5-9	杨柳
040029	华安月月鑫短期理财债券B	华安基金	货币型	21.59	2012-5-9	杨柳
470030	汇添富理财30天债券A	汇添富基金	货币型	215.37	2012-5-9	曾刚
471030	汇添富理财30天债券B	汇添富基金	货币型	29.05	2012-5-9	曾刚
530020	建信转债增强债券A	建信基金	债券型	6.34	2012-5-29	彭云峰
531020	建信转债增强债券C	建信基金	债券型	46.46	2012-5-29	彭云峰
150088	金鹰中证500指数分级A	金鹰基金	创新封基	—	2012-6-5	林华显
150089	金鹰中证500指数分级B	金鹰基金	创新封基	—	2012-6-5	林华显
162107	金鹰中证500指数分级	金鹰基金	指数型	3.93	2012-6-5	林华显
460300	华泰柏瑞沪深300联接	华泰柏瑞基金	指数型	3.67	2012-5-29	张娅
700003	平安大华策略先锋混合	平安大华基金	混合型	4.59	2012-5-29	颜正华
519034	海富通中证内地低碳指数	海富通基金	指数型	7.56	2012-5-25	刘璎
210009	金鹰核心资源	金鹰基金	股票型	4.03	2012-5-23	陈晓
450011	国富研究精选	国海富兰克林基金	股票型	7.52	2012-5-22	徐荔蓉
166105	信达增利	信达澳银基金	创新封基	3.04	2012-5-7	孔学峰
150082	信达利B	信达澳银基金	创新封基	0.91	2012-5-7	孔学峰
166106	信达利A	信达澳银基金	创新封基	2.13	2012-5-7	孔学峰
160128	南方金利A	南方基金	创新封基	9.54	2012-5-17	李璇
160129	南方金利C	南方基金	创新封基	6.68	2012-5-17	李璇
229002	泰达宏利逆向股票	泰达宏利基金	股票型	5.53	2012-5-23	焦云
519709	交银全球资源股票	交银施罗德	QDII	6.29	2012-5-22	郑伟辉
163821	中银沪深300等权重指数	中银基金	指数型	14.91	2012-5-17	周小丹
165518	信诚双盈分级债券A	信诚基金	创新封基	2.55	2012-4-13	曾丽琼
519117	浦银安盛基本面400指数	浦银安盛基金	指数型	4.14	2012-5-14	陈士俊
159919	嘉实沪深300ETF	嘉实基金	指数型	193.33	2012-5-7	杨宇
150085	中小板A份额	申万菱信基金	创新封基	—	2012-5-8	张少华
150086	中小板B份额	申万菱信基金	创新封基	—	2012-5-8	张少华
161019	富国新天锋定期开放债券	富国基金	创新封基	9.46	2012-5-7	赵恒毅
110037	易方达纯债债券A	易方达基金	债券型	32.43	2012-5-3	马喜德
110038	易方达纯债债券C	易方达基金	债券型	51.58	2012-5-3	马喜德
163111	申万中小板	申万菱信基金	指数型	7.85	2012-5-8	张少华
510300	华泰柏瑞沪深300ETF	华泰柏瑞基金	指数型	329.69	2012-5-4	张娅
150076	浙商稳健	浙商基金	创新封基	—	2012-5-7	关永祥
150077	浙商进取	浙商基金	创新封基	—	2012-5-7	关永祥
166802	浙商沪深300指数分级	浙商基金	指数型	3.54	2012-5-7	关永祥
690006	民生信用双利债券A	民生加银基金	债券型	12.62	2012-4-25	乐瑞祺
690206	民生信用双利债券C	民生加银基金	债券型	37.66	2012-4-25	乐瑞祺
150083	广发深证100A	广发基金	创新封基	—	2012-5-7	陆志明
150084	广发深证100B	广发基金	创新封基	—	2012-5-7	陆志明
162714	广发深证100指数分级	广发基金	指数型	5.68	2012-5-7	陆志明
160216	国泰商品	国泰基金	QDII	3.09	2012-5-3	崔涛
150087	中欧增利B	中欧基金	创新封基	2.21	2012-4-16	聂曙光
166013	中欧增利A	中欧基金	创新封基	5.15	2012-4-16	聂曙光
166012	中欧信用增利分级债券	中欧基金	创新封基	7.36	2012-4-16	聂曙光
165517	信诚双盈分级债券	信诚基金	创新封基	3.64	2012-4-13	曾丽琼
150081	信诚双盈分级债券B	信诚基金	创新封基	1.09	2012-4-13	曾丽琼
710002	富安达策略精选混合	富安达基金	混合型	5.83	2012-4-25	黄强
660012	农银消费主题	农银汇理基金	股票型	16.3	2012-4-24	曹剑飞
161506	银河通利A	银河基金	特定策略	17.76	2012-4-25	索峰

基金代码	基金简称	发行公司	基金类型	募集份额(亿份)	成立日期	基金经理
200015	长城优化升级	长城基金	股票型	5.23	2012-4-20	徐九龙
161505	银河通利分级债券	银河基金	创新封基	25.38	2012-4-25	索峰
150079	银河通利B	银河基金	创新封基	7.61	2012-4-25	索峰
165516	信诚周期轮动股票	信诚基金	股票型	3.08	2012-5-7	张光成
206012	鹏华价值精选股票	鹏华基金	股票型	3.35	2012-4-16	程世杰
161613	融通创业板指数增强	融通基金	指数型	4.87	2012-4-6	王建强
050024	博时上证自然资源联接	博时基金	指数型	3.09	2012-4-10	胡俊敏
510410	博时上证自然资源ETF	博时基金	指数型	9.1	2012-4-10	胡俊敏
080012	长盛电子信息产业	长盛基金	股票型	4.37	2012-3-27	王克玉
217022	招商产业债券	招商基金	债券型	24.07	2012-3-21	张国强
162106	金鹰回报A	金鹰基金	创新封基	3.42	2012-3-9	邱新红
163412	兴全轻资产投资股票	兴业全球基金	股票型	9.94	2012-4-5	陈扬帆
150073	诺安稳健	诺安基金	创新封基	—	2012-3-29	梅律吾
150075	诺安进取	诺安基金	创新封基	—	2012-3-29	梅律吾
160416	华安标普石油指数	华安基金	QDII	5.29	2012-3-29	徐宜宜
163209	诺安中证创业成长指数分级	诺安基金	指数型	12.09	2012-3-29	梅律吾
519976	长信可转债债券C	长信基金	债券型	3.08	2012-3-30	李小羽
519977	长信可转债债券A	长信基金	债券型	0.66	2012-3-30	李小羽
378546	上投全球天然资源	上投摩根基金	QDII	4.13	2012-3-26	张军
150069	国联安双力A中小板综指	国联安基金	创新封基	—	2012-3-23	黄志钢
150070	国联安双力B中小板综指	国联安基金	创新封基	—	2012-3-23	黄志钢
090018	大成新锐产业	大成基金	股票型	20.5	2012-3-20	刘安田
070030	嘉实中创400联接	嘉实基金	指数型	3.78	2012-3-22	杨宇
159918	嘉实中创400ETF	嘉实基金	指数型	2.87	2012-3-22	杨宇
162105	金鹰持久回报分债	金鹰基金	债券型	4.88	2012-3-9	邱新红
162510	国联安中小板指分级	国联安基金	指数型	8.09	2012-3-23	黄志钢
150078	金鹰回报B	金鹰基金	创新封基	1.47	2012-3-9	邱新红
020026	国泰成长优选	国泰基金	股票型	4.09	2012-3-20	张玮
150071	中欧盛世A	中欧基金	创新封基	—	2012-3-29	周蔚文
150072	中欧盛世B	中欧基金	创新封基	—	2012-3-29	周蔚文
166011	中欧盛世成长分级	中欧基金	股票型	5.21	2012-3-29	周蔚文
530018	建信深证100增强	建信基金	指数型	17.47	2012-3-16	梁洪昀
570008	诺德周期策略	诺德基金	股票型	5.68	2012-3-21	陈国光
233011	大摩主题优选	摩根士丹利华鑫基金	股票型	4.43	2012-3-13	盛军锋
270029	广发聚财信用债券A	广发基金	债券型	10.75	2012-3-13	代宇
270030	广发聚财信用债券B	广发基金	债券型	34.29	2012-3-13	代宇
160127	南方新兴消费分级	南方基金	股票型	19.3	2012-3-13	杜冬松
470098	汇添富逆向投资	汇添富基金	股票型	8.4	2012-3-9	顾耀强
150049	南方消费收益	南方基金	创新封基	—	2012-3-13	杜冬松
150050	南方消费进取	南方基金	创新封基	—	2012-3-13	杜冬松
261002	景顺长城信增债券A	景顺长城基金	债券型	12.53	2012-3-15	佘春宁
261102	景顺长城信增债券C	景顺长城基金	债券型	5.58	2012-3-15	佘春宁
690008	民生中证资源指数	民生加银基金	指数型	6.83	2012-3-8	江国华
166801	浙商聚潮新思维	浙商基金	混合型	7.85	2012-3-8	陈志龙
165806	东吴深证100增强	东吴基金	指数型	3.85	2012-3-9	唐祝益
399011	中海上证380	中海基金	指数型	2.67	2012-3-7	陈明星
740001	长安宏观策略	长安基金	股票型	3.84	2012-3-9	雷宇
320018	诺安新动力灵活配置	诺安基金	混合型	6.42	2012-3-5	赵苏
050023	博时天颐债券A	博时基金	债券型	5.21	2012-2-29	杨永光
050123	博时天颐债券C	博时基金	债券型	15.41	2012-2-29	杨永光
020025	国泰中小板300联接	国泰基金	指数型	6.93	2012-3-15	章赟
159917	国泰中小板300ETF	国泰基金	指数型	3.45	2012-3-15	章赟
163819	中银信用增利债券	中银基金	创新封基	22.08	2012-3-12	奚鹏洲
240020	华宝医药生物优选	华宝兴业基金	股票型	5.54	2012-2-28	范红兵
165706	诺德双翼分级债券A	诺德基金	创新封基	2.69	2012-2-16	赵滔滔
161614	融通四季添利债券	融通基金	创新封基	12.82	2012-3-1	蔡奕奕

基金代码	基金简称	发行公司	基金类型	募集份额(亿份)	成立日期	基金经理
253060	国联安信心增长债 A	国联安基金	创新封基	1.25	2012-2-22	邹新进
253061	国联安信心增长债 B	国联安基金	创新封基	1.21	2012-2-22	邹新进
290012	泰信保本	泰信基金	保本型	2.22	2012-2-22	董山青
165705	诺德双翼分级债券	诺德基金	债券型	4.04	2012-2-16	赵滔滔
150068	诺德双翼分级债券 B	诺德基金	创新封基	1.35	2012-2-16	赵滔滔
457001	国富亚洲	国海富兰克林基金	QDII	3.28	2012-2-22	曾宇
360016	光大行业轮动	光大保德信	股票型	9.26	2012-2-15	于进杰
164809	工银中证 500 分级	工银瑞信基金	指数型	3.41	2012-1-31	何江
150055	工银中证 500 分级 A	工银瑞信基金	创新封基	—	2012-1-31	何江
150056	工银中证 500 分级 B	工银瑞信基金	创新封基	—	2012-1-31	何江
165515	信诚沪深 300 分级	信诚基金	指数型	3.9	2012-2-1	吴雅楠
150051	信诚沪深 300 分级 A	信诚基金	创新封基	—	2012-2-1	吴雅楠
150052	信诚沪深 300 分级 B	信诚基金	创新封基	—	2012-2-1	吴雅楠
377150	上投健康品质生活	上投摩根基金	股票型	6.72	2012-2-1	董红波
162010	长城久兆中小板 300	长城基金	指数型	9.66	2012-1-30	余礼冰
150057	长城久兆中小板稳健	长城基金	创新封基	—	2012-1-30	余礼冰
150058	长城久兆中小板积极	长城基金	创新封基	—	2012-1-30	余礼冰
217021	招商优企灵活配置	招商基金	混合型	14.12	2012-2-1	欧阳东华

第二章　基金托管机构

中国工商银行资产托管部

1998年2月，经中国人民银行和中国证监会批准，中国工商银行成为大陆第一家具备证券投资基金托管资格的商业银行。资产托管部是中国工商银行从事资产托管业务的专业机构，设有总经理室、综合管理处、证券投资基金处、委托资产一处、委托资产二处、全球资产处、托管业务运作中心、交易监督处、研究发展处、信息服务处和内部风险控制处，并在上海、深圳分别设有托管分部。截至2012年12月末，中国工商银行资产托管部共有员工157人，平均年龄30岁，95%以上员工拥有大学本科以上学历，高管人员均拥有研究生以上学历或高级技术职称。

作为中国大陆托管服务的先行者，中国工商银行自1998年在国内首家提供托管服务以来，秉承"诚实信用、勤勉尽责"的宗旨，依靠严密科学的风险管理和内部控制体系、规范的管理模式、先进的营运系统和专业的服务团队，严格履行资产托管人职责，为境内外广大投资者、金融资产管理机构和企业客户提供安全、高效、专业的托管服务，展现优异的市场形象和影响力。建立了国内托管银行中最丰富、最成熟的产品线。拥有包括证券投资基金、信托资产、保险资产、社会保障基金、安心账户资金、企业年金基金、QFII资产、QDII资产、股权投资基金、证券公司集合资产管理计划、证券公司定向资产管理计划、商业银行信贷资产证券化、基金公司特定客户资产管理、QDII专户资产、ESCROW等门类齐全的托管产品体系，同时在国内率先开展绩效评估、风险管理等增值服务，可以为各类客户提供个性化的托管服务。中国工商银行是国内目前资产托管品种最多、托管规模最大、托管服务最优的银行，连续十三年保持市场份额第一的优势，截至2012年年末，中国工商银行共托管证券投资基金282只，其中开放式基金277只，封闭式基金5只。托管基金资产总额8134.65亿元，市场占有率29.02%，托管各项资产规模超过39000亿元。

自2003年以来，该行连续九年获得香港《亚洲货币》、英国《全球托管人》、香港《财资》、美国《环球金融》、内地《证券时报》、《上海证券报》等境内外权威财经媒体评选的35项最佳托管银行大奖，是获得奖项最多的国内托管银行，优良的服务品质获得国内外金融领域的持续认可和广泛好评。

中国工商银行致力于为优秀的资本市场参与者提供最专业的托管服务，同时积极响应客户需求，逐步搭建全球托管网络体系，托管服务已由国内延伸到全球，服务范围涵盖国内资产托管服务和全球资产托管服务，可以为客户提供包括基本服务和增值服务在内的全面托管服务。

中国建设银行投资托管业务部

一、业务概述

1998年3月，经中国证券监督管理委员会和中国人民银行核准，中国建设银行成为我国第二家具有证券投资基金托管人资格的托管银行。同年5月，中国建设银行总行正式设立基金托管部。2006年12月，中国建设银行基金托管部更名为中国建设银行投资托管服务部。2012年11月，中国建设银行投资托管服务部再次更名为中国建设银行投资托管业务部。目前，中国建设银行投资托管业务部主要负责全行各类投资托管业务的经营与管理，具体职责包括承担投资托管业务的整体规划、市场开发和营销、托管产品研究和设计、业务运营服务、风险防范和控制等工作。

经过监管部门批准或认可，目前，中国建设银行现具有证券投资基金、合格境外机构投资者境内证券投资、合格境内机构投资者境外证券投资、社会保障基金、企业年金基金、委托资产、信托财产、保险资产、证券公司受托投资资产、基本养老保险个人账户基金、产业投资基金和住房公积金等多种托管业务资格，是托管业务品种最全的银行之一。中国建设银行托管的业务种类已达二十余种，形成了能够满足各类投资者需求的托管业务体系，产品呈现多元化和系列化趋势；涉及市场包括国内交易所市场、银行间市场、产权市场和柜台交易市场，以及国外所有成熟市场和部分新兴市场；合作客户涵盖基金公司、保险公司、证券公司、信托公司、养老金公司、企业年金客户、境外投资机构、产业投资基金、私募股权基金、商业银行、各类专户投资者等领域；提供的服务包括财产保管、交易交割、资金结算和清算、会计服务、估值服务、投资监督、风险绩效评价等，并在不断地开发与完善。

二、2012年投资托管业务发展情况

2012年，中国建设银行投资托管业务紧紧围绕市场和客户需求，不断提升服务能力，强化基础管理与建设，保障投资运营安全，投资托管规模持续增长，品牌形象全面提升。

（一）投资托管规模快速增长，市场地位稳步提升

截至2012年年末，中国建设银行投资托管业务规模达到2.7万亿元，增幅31%。证券投资基金托管新增市场领先，新增托管基金61只，新增托管基金份额1553亿份。托管基金净值6231亿元，市场排名第二位。保险资产托管跨越式增长，托管规模达到4195亿元，增幅55%。QFII资产客户新增取得历史最好成绩，在台湾地区和PE机构领域确立国内同业领先优势。分行投资托管业务大力发展，托管规模1.6万亿元，增幅28%。

（二）囊括国内外托管行业奖项，赢得品牌声誉

2012年中国建设银行再次获得英国《全球托管人》权威专业杂志"中国最佳托管银行"奖，同时还赢得国内《每日经济观察》"最佳基金托管银行"奖，以及和讯网"最佳资产托管银行"奖。

（三）坚持以市场为导向，以产品为抓手，及时满足客户产品需求

2012年，中国建设银行根据投资者从追求相对收益向固定收益转变的趋势，积极调整产品策略，主动将权益类为主的产品向低风险、短期和固定收益类转移，及时提供当期市场最受投资人欢迎的产品及有发展潜力的产品。

（四）创新产品、服务、流程与机制，客户服务能力整体提升

2012 年，中国建设银行成为第一批债券型理财基金的托管银行，市场效应良好。与基金公司合作，托管了多个行业系列指数 ETF 基金、黄金 ETF、国债 ETF 基金等托管产品。广泛借鉴国外先进经验，从制度建设、系统搭建、人员配置、客户储备方面，积极研究、设计新型托管资产服务。以流程银行为理念，设计出基于托管平台的股权投资基金一揽子服务方案，满足了客户多方面需求。中国建设银行在市场实现货币基金直销赎回资金提速到 T+0.5 日到账并可用的流程机制，极大提高了客户资金的周转使用效率。

（五）建制度、控风险、重培训，投资托管业务基础管理能力不断加强

一是认真推进制度建设，确保业务发展有章可循。制定了《保险资金实业投资托管业务暂行管理办法》等多部基础性业务管理制度，以及《企业年金基金受托财产托管账户业务操作规程》等多项业务操作规范与指引。二是加强业务管理与风险防控，确保营运质量与效率。制定了《托管业务生产运营中心业务管理暂行规定》，完善了生产运营中心的日常管理，明确了职责分工、运营管理、业务检查、风险控制等方面的管理规范。三是将内控检查和风险管理工作半径扩大至全行，全面组织合同签署、产品审批、运营管理、客户准入等内容的全行托管业务风险排查活动。四是加强投资托管业务培训，员工投资托管运营操作技能不断提高。举办股指期货、融资融券、香港结算规则、SWFIT 系统应用等一系列专业技术培训；举办多期信托、理财、股权和养老金托管业务分行管理人员和专业人员培训班；执业资格培训对象从总行本部扩大至全行托管条线人员，累计培训千人余次。

（六）着眼集约化和全球化，托管业务基础性战略规划与建设不断推进

2012 年，中国建设银行统筹生产布局，推进托管运营集约化建设，以总行管理与控制，上海、深圳两地生产运营的格局正在逐步形成。不断加大科技投入，推进全流程、自动化托管业务系统建设，全力打造托管业务核心竞争力。同时，立足国际化发展，加速推进托管全球化布局，积极打造全球资产托管营运能力。

中国银行托管及投资者服务部

一、基本情况

1912 年 2 月，经孙中山先生批准，中国银行正式成立。在中华人民共和国成立前的 37 年间，中国银行先后是当时的国家中央银行、国际汇兑银行和外贸专业银行。在动荡的历史年代，中国银行作为民族金融的支柱，以服务大众、振兴民族金融业为己任，稳健经营，锐意进取，各项业务取得了长足发展。新中国成立后，中国银行成为国家指定的外汇外贸专业银行，继续保持和发扬了顽强创业的企业精神，为国家对外经贸发展、开展经济建设作出了贡献。1994 年，随着金融体制改革的深化，中国银行由外汇外贸专业银行向功能完善、服务全面的国有商业银行转化。

1994 年和 1995 年，中国银行分别成为香港地区、澳门地区的发钞银行。2004 年 8 月 26 日，中国银行股份有限公司在北京注册成立，中国银行成为国家控股的股份制商业银行，标志中国银行向建立拥有良好公司治理机制的现代化股份制商业银行的目标迈出了一大步，中国银行历史翻开了新的一页。中国银行于 2006 年 6 月 1 日在香港联合交易所（股份代号:3988）上市，同年 7 月 5 日亦在上海证券交易所（股份代号:601988）挂牌上市，进一步扩大了中国银行在国际市场和国内市场的实力和影响力，为中国银行的百年品牌再添美誉。中国银行是国内主要金融服务提供商之一，业务范围涵盖商业银行、投资银行和保险领域，旗下有中银香港、中银国际、中银保险、中银基金、中银航空租赁、中银投资等控股金融机构。商业银行为中国银行的主营业务，包括公司金融、个人金融和金融市场等业务。目前，中国银行曾先后 8 次被《欧洲货币》评选为“中国最佳银行”和“中国最佳国内银行”，连续 20 年入选美国《财富》杂志“世界 500 强”企业，多次被《财资》评为“中国最佳国内银行”，被美国《环球金融》杂志评为“中国最佳外汇银行”。在美国斯坦福大学和 IDG 集团评选的全球竞争力品牌“中国 TOP10”中，中国银行榜上有名。在 A+H 资本市场整体上市后，中国银行荣获《投资者关系》“最佳 IPO 投资者关系奖”等多个重要奖项。2011 年，中国银行荣获《21 世纪经济报道》评选的“亚洲最具影响力银行”、“年度最佳中资私人银行”、“最佳企业公民奖”。2009 年，中国银行荣获《亚洲金融》“中国最佳私人银行”奖项。2011 年，中国银行荣获英国《金融时报》“中国银行业产品创新奖”。2010 年中国银行在《亚洲银行家》亚洲零售银行卓越大奖评选中获“中国区贸易金融奖”、“亚太区最佳网点建设奖”、“亚太地区人民币业务清算奖”。

作为中国金融行业的百年品牌，中国银行在注重稳健经营的同时积极进取，不断创新，创造了国内银行业的许多第一，在国际结算、外汇资金和贸易融资等领域得到业界和客户的广泛认可和赞誉。中国银行是中国国际化程度最高的银行。1929 年，中国银行在伦敦设立第一家海外分行，此后在世界各大金融中心相继开设分支机构。中国银行在国内同业中率先引进国际管理技术人才和经营理念，不断向国际化一流大银行的目标迈进。截至 2011 年年末，除在中国内地外，中国银行在香港、澳门及 32 个国家和地区拥有分支机构，海外员工数量超过 20,000 名，拥有广泛的国际银行网络。

二、托管业务介绍

1998 年 7 月，经中国证监会（证监基金字[1998]24 号文）和中国人民银行核准，中国银行成为国内首批五家从事基金托管业务的银行之一。同年 10 月中国银行总行基金托管部成立，并在上海和深圳设立了托管分部。基金托管部是中国银行负责托管业务市场研究、产品开发、市场营销、业务操作、客户服务和辖内管理的专业职能部门。随着业务范围的不断扩大和服务范围的不断拓宽，2005 年初中国银行以上市为契机，对托管业务组织架构、业务流程和管理流程进行了再造，并将基金托管部正式更名为“托管及投资者服务部”，进一步体现了以客户为中心的经营理念。2011 年，中国银行被《金融理财》杂志社评选为第二届“金貔貅奖”的“年度最佳满意度托管银行”，系该行首次获得此类奖项。

按照前、中、后线适当分离的原则，中国银行托管及投资者服务部下设覆盖销售、市场、运营、风险管理与合规、信息科技、行政管理等多个团队，配备了足开花够数量的合格人员，拥有员工 130 余人。中国银行托管及投资者服务部拥有一支高素质的托管队伍，大部分员工具有丰富的银行、证券、基金从业经验，且具有海外工作、学习或培训经历，60% 以上的员工具有硕士以上学位或高级职称。总经理室成员、主要业务团队的负责人和高级管理人员曾长期在海外从事金融工作，熟悉海内外市场的运作。

中国银行拥有最为齐全的托管客户群和托管产品线。在托管产品方面，目前中国银行的业务范围已经从最初的证券投资基金托管扩大到社保基金、保险资金、合格境外机构投资者(QFII)境内证券投资资金、合格境内机构投资者(QDII)境外证券投资资金、企业年金、投资连结保险产品、信托资金、券商理财计划资金、私募股权基金、证券化资金、专户理财、产业投资基金等各种机构客户资金托管业务，涵盖了基金、社保、保险、QDII、QFII、信托、证券、实业等各个领域。

中国银行一贯重视托管业务和服务的创新，自基金托管部门成立之始，就十分重视产品研发，充分保证了在证券投资基金、社保基金、保险资金、QFII、QDII、企业年金、信托资金、券商理财计划资金、资产证券化资金、专户理财资金、股权投资基金、银行理财资金、交易资金等几乎所有的托管领域，中国银行都成为国内首家或首批托管银行。在证券投资基金托管方面，截至2011年年底，中国银行托管了33家基金管理公司管理的137只基金，托管的基金包括股票型基金、债券型基金、平衡型基金、货币市场基金等所有主要的基金类别以及保本基金、上市开放式基金(LOF)、交易所交易基金(ETF)等创新基金产品。中国银行于2009年9月2日募集完成的"中银专户主题1号"特定多个客户资产管理计划(即"一对多专户"产品)，成功叙做了业内首单，并在该项业务上一直保持市场领先地位。同时，中国银行还竭诚为合格境外机构投资者(QFII)提供优质托管服务，目前为13家QFII提供托管服务，并与多家潜在QFII进行托管合作的实质洽谈；同时中国银行还被多家外资银行选为其QFII托管业务资金清算代理行。目前中国银行是QFII托管资产规模最大的中资QFII托管银行。

中国银行结合国际先进托管业务设计思想和信息技术，推出了完全自主知识产权的全球托管系统，用信息化手段和国际化的管理思维，为客户提供账户管理、指令管理、公司行动及清算交收等境外托管业务的基础服务内容，并以此为基础服务平台，整合了财务估值、投资监督、绩效评估等子系统，作为全球托管服务的增值服务平台，实现不同系统、不同模块间的相互协作，共同构建统一、全面的全球托管服务平台，为全球托管业务的开展提供了强有力的网络化、电子化和信息化的支持，为客户提供"一站式"的全球投资服务。

中国银行在香港、澳门台湾地区及其他国家机构586家，覆盖了纽约、伦敦、东京、香港、法兰克福和新加坡等主要的国际金融中心，并与近4000家国外银行建立了代理关系。依托传统的国际业务优势以及与全球托管银行的合作和自身不断的努力，中国银行有信心和能力为境内外客户的全球投资提供安全、诚信、规范、勤责、创新、增值的托管服务。

中国农业银行托管业务部

中国农业银行是国内首批获取证券投资基金托管业务资格的商业银行之一，是国内资产管理行业和资产托管市场兴盛发展的重要见证者和参与者。中国农业银行托管业务以其强大的整体实力、优异的服务品质、严密的风控体系、先进的技术系统，受到了客户和市场的广泛认可。

中国农业银行是国内托管产品体系最为完善的托管银行之一，已全面覆盖证券投资基金托管、基金管理公司特定客户资产托管、券商资产管理托管、信托计划保管、人民币理财产品托管、交易及专项资金托管、股权投资基金托管、保险资产托管、合格境外机构投资者(QFII)资产托管、合格境内机构投资者(QDII)资产托管、企业年金基金托管、农保(社保)资金保管等诸多品种。中国农业银行建立了满足各类投资者需求的托管服务体系，产品呈现多元化和系列化趋势。

中国农业银行托管业务发展势头良好。截至2012年年末托管资产规模近3万亿元，居行业前列；其中，保险资产托管规模超万亿元，居业内首位。中国农业银行合作客户广泛，与基金公司、保险公司、证券公司、信托公司、商业银行、全国社保基金理事会等海内外业内知名资产管理机构建立了托管合作关系。其服务对象遍布全国，从电力、烟草、石化、金融等大中型企业进一步延伸至行政事业单位、高端个人客户、基金会等社会团体。

中国农业银行托管服务水平业内领先。中国农业银行始终坚持以客户为中心，积极响应市场需求，科学合理设计托管产品，及时开发系统。中国农业银行通过持续优化流程，提高服务效率，提升服务质量，完善服务内容，以标准化的基础服务和个性化的增值服务满足各类客户的需求。2012年托管业务品牌声誉持续提升，荣获2012年度第十届中国财经风云榜"最佳资产托管银行"称号。

中国农业银行风控体系严密高效。中国农业银行按照国际标准严格完善风险管理制度，健全内部控制体系，构建风险控制组织架构，落实风险控制措施，有效防范和化解业务风险，切实履行托管人职责，确保托管资产安全。建立了异地灾难环境备份中心和应急方案，有效保证业务处理的连续性。2012年，中国农业银行再次通过了ISAE3402(原SAS70)国际内部控制审计。

中国农业银行托管业务系统水平领先。中国农业银行拥有功能强大的托管业务系统平台，技术性能安全稳定，系统集成管理具有前瞻性和先进性。中国农业银行加大系统开发力度，增加科技投入，继续推进全流程、自动化托管业务系统建设。2012年，中国农业银行全国推广使用托管业务清算管理(CPS)系统，优化了清算资金汇划流程，提高了资金汇划风险控制水平。

中国农业银行托管业务部全体员工将继续本着"开拓进取、勤勉尽责、诚实守信、严谨自律"的执业原则，为广大客户提供安全、专业、高效的托管服务。

交通银行资产托管部

一、业务概况

交通银行总行设资产托管部。现有员工具有多年基金、证券和银行的从业经验，具备基金从业资格，以及经济师、会计师、工程师和律师等中高级专业技术职称，员工的学历层次较高，专业分布合理，职业技能优良，职业道德素质过硬，是一支诚实勤勉、积极进取、开拓创新、奋发向上的资产托管从业人员队伍。

截至2012年12月末，交通银行共托管证券投资基金76只，包括博时现金收益货币、博时新兴成长股票、长城久富股票(LOF)、富国汉兴封闭、富国天益价值股票、光大保德信中小盘股票、国泰金鹰增长股票、海富通精选混合、华安安顺封闭、华安宝利配置混合、华安策略优选股票、华安创新股票、华夏蓝筹混合(LOF)、华夏债券、汇丰晋信2016周期混合、汇丰晋信龙腾股票、汇丰晋信动态策略混合、汇丰晋信平稳增利债券、汇丰晋信大盘股票、汇丰晋信低碳先锋股票、汇丰晋信消费红利股票、建信优势封闭、金鹰红利价值混合、金鹰中小盘精选混合、大摩货币、农银恒久增利债券、农银行业成长股票、农银平衡双利混合、鹏华普惠封闭、鹏华普天收益混合、鹏华普天债券、鹏华中国50混合、鹏华信用增利、融通行业景气混合、泰达宏利成长股票、泰达宏利风险预算混合、泰达宏利稳定股票、泰达宏利周期股票、天治创新先锋股票、天治核心成长股票(LOF)、万家公用事业行业股票(LOF)、易方达科汇灵活配置混合、易方达科瑞封闭、易方达上证50指数、易方达科讯股票、银河银富货币、银华货币、中海优质成长混合、兴全磐稳增利债券、华富中证100指数、工银瑞信双利债券、长信量化先锋股票、华夏亚债中国指数、博时深证基本面200ETF、博时深证基本面200ETF联接、建信信用增强债券、富安达优势成长股票、工银主题策略股票、汇丰晋信货币、农银汇理中证500指数、建信深证100指数、富安达策略精选混合、金鹰中证500指数分级、工银瑞信纯债定期开放债券、富安达收益增强债券、易方达恒生中国企业ETF、易方达恒生中国企业ETF联接、光大保德信添盛双月债券、浦银安盛幸福回报债券、浙商聚盈信用债债券、德邦优化配置股票、汇添富理财28天债券、金鹰元泰精选信用债债券、诺安中小板等权重ETF、诺安中小板等权重ETF联接、中邮稳定收益债券。此外,还托管了全国社会保障基金、保险资产、企业年金、QFII、QDII、信托计划、证券公司集合资产计划、ABS、产业基金、专户理财等12类产品,托管资产规模实现1.5万亿元。

二、服务品种

(一)证券投资基金托管

交通银行自1998年7月获得基金托管资格,从封闭式基金托管起步,一直致力于业务的创新和发展,如今交通银行的证券投资基金托管业务已经发展成为一项比较成熟、有较高知名度、市场竞争能力较强的中间业务品种,曾先后托管了国内第一只开放式基金、第一只纯债券基金、第一只伞型基金、首批货币市场基金之一、首只跟踪上证50指数的基金、第一只生命周期型基金,创造了多个第一。

(二)全国社保基金资产托管

2002年年底,交通银行从全国社会保障基金理事会托管人招标中脱颖而出,成为全国社保基金首批两家托管行之一。交通银行以高度社会责任感,勤勉尽责地履行托管人义务,为全国社保基金提供高质量的托管服务。

(三)保险资金托管业务

2005年3月,保监会核准交通银行从事保险公司股票资产托管业务。保险资金托管业务是交通银行接受保险行业客户的委托,对其委托资产提供托管服务。具体包括:为委托资产分别开立银行账户和证券账户,安全保管各类资产;为委托资产提供安全、高效的资金清算服务,并执行资产委托人和投资管理人发送的其他资金清算指令;为委托资产单独建账,进行会计核算;对各投资管理人的投资行为进行监控,确保其投资符合监管部门的要求、符合事先确定的投资范围和投资比例;及时与投资管理人进行账务核对;按要求向监管部门提供各类报表;编制托管报告;保管与各保险行业客户有关的重要合同及业务资料等。

(四)券商集合/定向资产管理计划托管

交通银行根据与证券公司签订的《集合资产管理计划托管协议》或《定向资产管理合同》,为资产管理计划的资产提供资产保管、资金清算、会计核算、交易监管等托管服务。

(五)企业年金托管

2005年8月,经劳动和社会保障部批准,交通银行成为首批获得企业年金基金托管业务资格的商业银行之一。如今交通银行企业年金托管客户涉及电力、航空、铁路运输、烟草、金融、石化、港口、基础设施建设等行业的多家大型企业,而且获得了国内多个省市地方社保的整体移交托管项目。

(六)国际托管

2003年9月,交通银行托管了首个QFII项目:日兴资产管理公司的封闭式基金——"日兴中国人民币国债母基金",这是中国首个QFII基金项目。目前交通银行不仅为QFII资产提供托管服务,而且与知名的全球托管银行展开了紧密合作,为境内合格的机构投资者投资境外市场搭建高效的服务平台。

(七)信托资金保管

信托资金保管业务是指交通银行根据国家颁布的有关法律法规的规定和信托资产托管合同的约定,作为信托资金保管人,接受受托人的委托,对信托资产进行保管,办理信托资金名下清算、核算、估值及其资金往来等业务,并对信托财产的投资情况、收益分配情况等进行监督。曾托管首只银行、信托公司、担保公司合作的新型理财产品——得利宝"宝蓝"系列人民币理财产品。

(八)私募股权基金托管

私募股权基金托管业务是指交通银行作为托管人,为有限合伙型、公司型、信托契约型等各种组织形式的私募股权投资基金提供的基金项下资金清算、核算、估值、投资监督等托管服务的总称。目前私募股权基金包括产业投资基金、创业投资基金、私募PE基金等。

(九)资产证券化类产品托管

2006年5月交通银行开始托管由东方证券股份有限公司作为计划管理人的远东首期租赁资产支持收益专项资产管理计划。远东首期租赁资产支持收益专项资产计划是中国金融市场上首只上市交易的国内租赁业资产证券化项目,也是交通银行托管的首只资产证券化创新产品,它的获批标志着交通银行在资产证券化托管业务上的突破。

(十)基金管理公司特定资产管理计划托管业务

基金管理公司特定资产管理计划托管业务是指基金管理公司向特定客户募集资金或接受特定客户财产委托,为资产委托人的利益进行证券投资,托管银行为该委托财产提供托管服务的业务。2008年3月交通银行与客户签订了国内首单基金公司特定资产管理计划的资产管理合同。

中国光大银行投资与托管业务部

2002年10月,经中国人民银行和中国证券监督管理委员会批准同意,中国光大银行成为继工、农、中、建、交行后第六家获得证券投资基金托管资格的国内商业银行。中国光大银行投资与托管业务部拥有一支高素质的员工队伍。人员知识构成中,涉及证券、基金、银行、会计、计算机、法律、国际金融等专业,能够为基金托管业务提供全方位的知识支持。50%以上人员具有海外金融机构培训经历。

截至2012年12月31日,中国光大银行股份有限公司托管国投瑞银创新动力股票型证券投资基金、国投瑞银景气行业证券投资基金、国投瑞银融华债券型证券投资基金、摩根士丹利华鑫资源优选混合型证券投资基金(LOF)、摩根士丹利华鑫基础行业证券投资基金、工银瑞信保本混合型证券投资基金、博时转债增强债券型证券投资基金、大成策略回报股票型证券投资基金、大成货币市场证券投资基金、建信恒稳价值混合型证券投资基金、光大保德信量化核心证券投资基金、光大保德信添天利季度开放短期理财债券型证券投资基金、国联安双佳信用分级债券型证券投资基金、泰信先行策略开放式证券投资基金、招商安本增利债券型证券投资基金、中欧新动力股票型证券投资基金(LOF)、国金通用国鑫灵活配置混合型发起式证券投资基金、农银汇理深证100指数增强型证券投资基金、益民核心增长灵活配置混合型证券投资基金、建信纯债债券型证券投资基金、兴业商业模式优选股票型证券投资基金(LOF),共21只证券投资基金,托管基金资产规模723.59亿元。同时,开展了证券公司集合资产管理计划、专户理财、企业年金基金、QDII、银行理财、保险债权投资计划等资产的托管及信托公司资金信托计划、产业投资基金、股权基金等产品的保管业务。

作为国内获得基金托管人资格的首批股份制银行,近年来,光大银行始终以"忠诚守护,勤勉尽责"为宗旨,牢固树立"阳光托管"的品牌与服务理念,坚持"在发展中创新,在创新中发展"的工作思路,长期致力于向委托人、投资人提供优质的托管服务,努力促进基金业生态环境发展,提高托管人增值服务水平。

目前,光大银行具有证券投资基金、QFII境内证券投资、全国社会保障基金、企业年金基金、保险资金等全部资产托管资质,产品链延伸至包括证券投资基金、企业年金基金、信托计划资金、券商集合资产管理计划、基金专户理财、券商专户理财、私募基金、银行理财、QDII、产业投资基金、股权基金及企业债等在内的10多类品种。

资产托管业务开办以来,光大银行在业务运作上积累了丰富的实践经验,培养了一批专业人才,为客户打造了高效的"一站式"托管服务,创造了业内的多项第一:首批获得企业年金基金托管人和账户管理人双资格;最早将托管机制引入银行理财产品;首家托管证券公司集合资产管理计划;托管业内规模最大的文化产业基金;首次举办"托管银行投资绩效评估与风险管理研讨会";首次开展投资者教育活动,等等。

依托光大集团的综合经营优势,光大银行将致力于不断整合集团内部的保险、证券、信托、基金、资产管理公司等多种金融资源,努力为客户提供全方位托管服务,在为客户创造价值的过程中实现自身的不断发展。

招商银行资产托管部

2002年8月,招商银行成立基金托管部;2005年8月,经报中国证监会同意,更名为资产托管部,下设业务支持室、产品管理室、业务营运室、稽核监察室4个职能处室,现有员工52人。2002年11月,经中国人民银行和中国证监会批准获得证券投资基金托管业务资格,成为国内第一家获得该项业务资格上市银行;2003年4月,正式办理基金托管业务。招商银行作为托管业务资质最全的商业银行,拥有证券投资基金托管、受托投资管理托管、合格境外机构投资者托管(QFII)、全国社会保障基金托管、保险资金托管、企业年金基金托管等业务资格。

招商银行确立"因势而变、先您所想"的托管理念和"财富所托、信守承诺"的托管核心价值,独创"6S托管银行"品牌体系,以"保护您的业务、保护您的财富"为历史使命,不断创新托管系统、服务和产品:在业内率先推出"网上托管银系统"、托管业务综合系统和"6心"托管服务标准,首家发布私募基金绩效分析报告,开办国内首个托管银行网站,成功托管国内第一只券商集合资产管理计划、第一只FOF、第一只信托资金计划、第一只股权私募基金、第一家实现货币市场基金赎回资金T+1到账、第一只境外银行QDII基金、第一只红利ETF基金、第一只"1+N"基金专户理财、第一家大小非解禁资产、第一单TOT保管,实现从单一托管服务商向全面投资者服务机构的转变,得到了同业认可。

经过九年发展,招商银行资产托管规模快速壮大。2011年,招商银行实现托管费收入5.10亿元,托管资产突破5000亿元,托管日均存款达到274亿元,各项指标均创历史新高。托管产品数量、托管资产规模稳居中小托管银行第一,开放式基金托管新增数量与首发规模居股份制托管银行第一,内部控制连续五年通过ISAE3402国际认证,第二次被境外权威媒体《财资》评为"中国最佳托管专业银行",被《21世纪经济报道》评为"2011年度VC/PE最佳托管银行"。

截至2012年11月30日,招商银行股份有限公司托管了招商安泰系列证券投资基金(含招商安泰股票型投资基金、招商安泰平衡型证券投资基金和招商安泰债券投资基金),招商现金增值证券投资基金、华夏经典配置混合型证券投资基金、长城久泰沪深300指数证券投资基金、中信现金优势货币市场基金、光大保德信货币市场证券投资基金、华泰柏瑞金字塔稳本增利债券型证券投资基金、海富通强化回报混合型证券投资基金、光大保德信新增长股票型证券投资基金、富国天合稳健优选股票型证券投资基金、上证红利交易型开放式指数证券投资基金、德盛优势股票型证券投资基金、华富成长趋势股票型证券投资基金、光大保德信优势配置股票型证券投资基金、益民多利债券型证券投资基金、德盛红利股票证券投资基金、上证中央企业50交易型开放式指数证券投资基金、上投摩根行业轮动股票型证券投资基金、中银蓝筹精选灵活配置混合型证券投资基金、南方策略优化股票型证券投资基金、兴全合润分级股票型证券投资基金、中邮核心主题股票型证券投资基金、长盛沪深300指数证券投资基金(LOF)、中银价值精选灵活配置混合型基金、中银稳健双利债券型证券投资基金、银河创新成长股票型证券投资基金、嘉实多利分级债券型证券投资基金、国泰保本混合型证券投资基金、华宝兴业可转债债券型证券投资基金、建信双利策略主题分级股票型证券投资基金、诺安保本混合型证券投资基金、鹏华新兴产业股票型证券投资基金、博时裕祥分级债券型证券投资基金、上证国有企业100交易型开放式指数证券投资基金、华安可转换债券债券型证券投资基金、中银转债增强债券型证券投资基金、富国低碳环保股票型证券投资基金、诺安油气能源股票证券投资基金(QDII-LOF)、中银中小盘成长股票型证券投资基金、国泰成长优选股票型证券投资基金、兴全轻资产投资股票型证券投资基金(LOF)、易方达纯债债券型证券投资基金、中银沪深300等权重指数证券投资基金(LOF)、中银保本混合型证券投资基金、嘉实增强收益定期开放债券型证券投资基金、工银瑞信14天理财债券型发起式证券投资基金、鹏华中小企业纯债债券型发起式证券投资基金、诺安双利债券型发起式证券投资基金共50只开放式基金及其他托管资产,托管资产为10275.11亿元人民币。

招商银行始终把维护投资者利益作为工作宗旨,认真履行托管人职责,严格按照法律法规和托管协议规定,安全保管委托资产,监控托管资产投资运作,建立了全面的风险管理和内部控制体系:在组织体系上,赋予稽核监察室在总经理直接领导下,以"独立、客观、公正"的监督原则,对各项托管业务、各个业务环节进行全方位、全程的风险监控;在管理制度上,健全了基金托管业务的规章制度、岗位职责、各项业务管理办法和操作规程,从业务管理、操作流程、会计核算、内控监察、系统管理、应急处理和内部管理等建立了一整套完备的管理制度体系;在监督体制上,充分开发托管系统监督自动化监督功能,采取了事前预防、事中监控和事后稽核的监督方式,实行了"自控、互控、监控"三道风险控制防线,对投资管理人投资行为和对投资组合进行实时和事后监督;在应急处理方面,建立了托管系统异地灾备中心,对各类突发事件建立了完备应急方案,对重要岗位人员、主要业务系统、软件和数据建立了备份,确保托管资产保管安全性和托管业务持续正常运营。

按照"零差错"的高标准和高要求,招商银行致力于为托管客户提供高效、便利、周到、全面的金融服务。招商银行注重从细节入手,强化流程化控制,不断规范和优化托管业务流程处理,提高业务操作效率;深入研究托管新业务、新规则和新政策,与投资管理人积极合作,不断探索和改进资产估值核算体系;依托招商银行企业银行"现金池"管理技术,整合托管客户个性化需求和托管资金管理要求,设计托管资产"直通式"处理模式,对托管业务进行不落地处理,总行对托管资产账户远程控制,实现托管资金异地清算"零在途",委托人或投资管理人可突破托管资金账户开户地域的限制,享受网上集中化处理的资金账户实时查询及业务信息本地化服务,托管资金清算效率较高,业务操作风险得到有效控制,为投资人、基金管理公司、证券公司、信托投资公司及其他资产管理公司提供优质托管服务,在业界得到了广泛的认同和肯定。

本着"诚实信用、勤勉尽责、服务创新、追求卓越"的经营宗旨,招商银行将在安全保管托管资产、合规稳健高效运作前提下,追求卓越、锐意创新,不断满足客户多样性、差异性的业务需求,为投资者和资产管理人提供安全、优质、高效的托管服务。

兴业银行资产托管部

兴业银行股份有限公司于 2005 年 4 月 26 日取得基金托管资格,基金托管资格批准文号:证监基金字[2005]74 号,办公地点常设上海。兴业银行股份有限公司总行设资产托管部,托管的业务品种涵盖了证券投资基金、基金公司特定客户资产、证券公司集合资产管理计划、证券公司定向资产、保险资金、集合资金信托、单一资金信托、合格境内机构投资者资产(QDII)、商业银行理财产品、产业投资基金、私募股权基金、直投基金、资产证券化资金、基本养老保险个人账户基金、账户监管类资产等多个业务门类。资产托管部下设综合管理处、运营管理处、稽核监察处、市场处、委托资产管理处、科技支持处、期货业务管理处、期货存管结算处、养老金管理中心等 9 个处室,共有员工 80 余人,100% 员工拥有大学本科以上学历,业务岗位人员均具有基金从业资格。截至 2012 年 9 月 30 日,兴业银行已托管开放式基金 15 只——兴业趋势投资混合型证券投资基金(LOF)、长盛货币市场基金、光大保德信红利股票型证券投资基金、兴业货币市场证券投资基金、兴业全球视野股票型证券投资基金、万家和谐增长混合型证券投资基金、中欧新趋势股票型证券投资基金(LOF)、天弘永利债券型证券投资基金、万家双引擎灵活配置混合型证券投资基金、天弘永定价值成长股票型证券投资基金、兴业有机增长灵活配置混合型证券投资基金、中欧沪深 300 指数增强型证券投资基金、民生加银内需增长股票型证券投资基金、兴全保本混合型证券投资基金、中邮战略新兴产业股票型证券投资基金,托管基金财产规模 289.56 亿元。

兴业银行资产托管业务发展迅速,成立以来,该行已托管了证券投资基金、券商集合理财计划、集合资金信托计划、以及 QDII、股权投资基金等各类产品,资产托管业务规模及市场占有率在同类商业银行中居于前列。目前,该行已经能够开展八大类资产托管业务,包括:证券投资基金托管业务、证券公司委托资产托管业务、信托资金托管业务、合格境内机构投资者资产托管业务、社会保障基金托管业务、股权投资基金托管业务、商业银行理财产品托管业务、非投资类委托资产托管业务等。

客户需求是兴业银行营销活动的起点,服务源自真诚是兴业银行资产托管业务的服务宗旨。高学历、经验丰富的专业化托管从业人员、严密有效的风险控制体系、先进完善的托管系统是兴业银行托管业务蓬勃发展的坚实基础。通过发挥全行资源优势和借助兴业银行强大的结算、销售渠道,兴业银行在市场分析、产品研发、营销策划、募集发行到持续销售等环节上力求为客户资产管理提供更多的优质服务。

兴业银行将严格恪守托管业务操守,凭借兴业银行专业化服务能力和处事认真负责的原则,在依法全力保障客户资产安全的前提下,努力实现客户资产运用的多元化需求。兴业银行将通过提供专业化服务、强化服务品质、持续关注细节,树立兴业一流资产托管业务品牌。

上海浦东发展银行资产托管部

一、概况

上海浦东发展银行于 2003 年 2 月正式成立了独立的总行基金托管部,2005 年正式更名为上海浦东发展银行资产托管部。资产托管部下设市场发展部、托管运作部、运行保障部、内控管理部等 4 个职能部门,在 2003 年 12 月成立了深圳分部。资产托管部全体人员均在本科学历以上,其中硕士以上学历占 70%;均具有多年金融从业经历,100% 以上人员具有基金从业资格。

上海浦东发展银行于 2003 年 9 月 10 日获得基金托管资格,截至 2012 年 6 月 30 日,共托管国泰金龙行业精选基金、国泰金龙债券基金、天治财富增长基金、嘉实优质企业基金、广发小盘成长基金、汇添富货币基金、长信金利趋势基金、国联安货币基金、银华永泰积极债券基金 9 只开放式证券投资基金,托管基金资产净值总规模为 309.21 亿元。

二、产品与服务

充分满足您需求的专业优势,拥有全面的托管业务资格。获准证券投资基金、证券公司受托理财业务、资金信托计划、投资连接保险、中比产业投资基金、全国社保基金、基本养老个人账户基金等多项资产托管业务资格。个性化的托管服务。根据您的要求并结合资产管理人的特点,向您提供全面的个性化资产托管服务。完善的托管业务内控体系。"制度先行"和"风控优先"的指导思想下,建立了科学合理的组织架构、完善的业务规章制度和内部控制制度,确保托管业务平稳运行。1993 年始任上海市养老保险基金独家代理行,现为中国第一个由银行担保的"嘉实－浦安保本基金"托管银行、中国第一家规范运作的中外合资产业基金"中比直接股权投资基金"的独家托管银行。

值得您充分信赖的技术系统自主开发的托管业务综合处理系统(SAFEs),采用国内第三代托管行业最新技术平台,支持多个托管业务产品在共同的技术平台上独立运行,个性化、模块化、权限控制自动化的特色处于国内领先地位。

"笃守诚信、严格自律、勤勉尽责、创造卓越",上海浦东发展银行致力于打造资产托管业务品牌,更关注于对客户的服务与承诺!在全面借鉴和重构国内外托管模式的基础上,我们不仅创新推出了系列资产托管产品,还配备了高效的资金清算网络、先进的托管业务综合处理系统、完善的内部风险控制制度以及专业的托管运作团队,以确保提供优质的资产托管服务!

中国民生银行资产托管部

中国民生银行股份有限公司于2004年7月9日获得基金托管资格,成为《中华人民共和国证券投资基金法》颁布后首家获批从事基金托管业务的银行。为了更好地发挥后发优势,大力发展托管业务,中国民生银行股份有限公司资产托管部从成立伊始就本着充分保护基金持有人的利益、为客户提供高品质托管服务的原则,高起点地建立系统、完善制度、组织人员。资产托管部目前共有员工52人,平均年龄33岁,100%员工拥有大学本科以上学历,80%以上员工具有硕士以上学历。基金业务人员100%都具有基金从业资格。截至2012年12月31日,该行共托管基金19只,分别为天治品质优选混合型证券投资基金、融通易支付货币市场证券投资基金、东方精选混合型开放式证券投资基金、天治天得利货币市场基金、东方金账簿货币市场基金、长信增利动态策略证券投资基金、华商领先企业混合型证券投资基金、银华深证100指数分级证券投资基金、华商策略精选灵活配置混合型证券投资基金、光大保德信信用添益债券型证券投资基金、工银瑞信添颐债券型证券投资基金、建信深证基本面60交易型开放式指数证券投资基金、建信深证基本面60交易型开放式指数证券投资基金联接基金、国投瑞银瑞源保本混合型证券投资基金、浙商聚潮新思维混合型证券投资基金、建信转债增强债券型证券投资基金、工银瑞信睿智深证100指数分级证券投资基金、农银汇理行业轮动股票型证券投资基金和建信月盈安心理财债券型证券投资基金。托管基金资产净值为637.38亿元。

中国民生银行股份有限公司基金托管业务内部风险控制组织结构由中国民生银行股份有限公司稽核部、资产托管部内设稽核监督处及资产托管部各业务处室共同组成。总行稽核部对各业务部门风险控制工作进行指导、监督。资产托管部内设独立、专职的内部稽核监督处,负责拟定托管业务风险控制工作总体思路与计划,组织、指导、协调、监督各业务处室风险控制工作的实施。各业务处室在各自职责范围内实施具体的风险控制措施。

中国民生银行股份有限公司从控制环境、风险评估、控制活动、信息沟通、监控等五个方面构建了托管业务风险控制体系。

(1)坚持风险管理与业务发展同等重要的理念。托管业务是商业银行新兴的中间业务,中国民生银行股份有限公司资产托管部从成立之日起就特别强调规范运作,一直将建立一个系统、高效的风险防范和控制体系作为工作重点。随着市场环境的变化和托管业务的快速发展,新问题新情况不断出现,中国民生银行股份有限公司资产托管部始终将风险管理放在与业务发展同等重要的位置,视风险防范和控制为托管业务生存和发展的生命线。

(2)实施全员风险管理。完善的风险管理体系需要从上至下每个员工的共同参与,只有这样,风险控制制度和措施才会全面、有效。中国民生银行股份有限公司资产托管部实施全员风险管理,将风险控制责任落实到具体业务处室和业务岗位,每位员工对自己岗位职责范围内的风险负责。

(3)建立分工明确、相互牵制的风险控制组织结构。托管部通过建立纵向双人制,横向多处室制的内部组织结构,形成不同处室、不同岗位相互制衡的组织结构。

(4)以制度建设作为风险管理的核心。中国民生银行股份有限公司资产托管部十分重视内部控制制度的建设,已经建立了一整套内部风险控制制度,包括业务管理办法、内部控制制度、员工行为规范、岗位职责及涵括所有后台运作环节的操作手册。以上制度随着外部环境和业务的发展还会不断增加和完善。

(5)制度的执行和监督是风险控制的关键。制度执行比编写制度更重要,制度落实检查是风险控制管理的有力保证。中国民生银行股份有限公司资产托管部内部设置专职稽核监督处,依照有关法律规章,每两月对业务的运行进行一次稽核检查。总行稽核部也不定期对资产托管部进行稽核检查。

(6)将先进的技术手段运用于风险控制中。在风险管理中,技术控制风险比制度控制风险更加可靠,可将人为不确定因素降至最低。托管业务系统需求不仅从业务方面而且从风险控制方面都要经过多方论证,托管业务技术系统具有较强的自动风险控制功能。

中信银行托管部

2004年8月18日,经中国证监会和中国银监会核准,中信银行获得证券投资基金托管资格。中信银行托管部内设市场发展部、托管营运部、投资者服务部和企业年金部四个职能部门,拥有一批高素质的专业托管人才,90%以上人员具有基金从业资格,40%以上的人员具有硕士研究生以上学历,90%以上人员具有三年以上银行或证券基金从业经历。截至2012年12月31日,中信银行已托管20只开放式证券投资基金及证券公司资产管理产品、信托产品、企业年金、股权基金、QDII等其他托管资产,总托管规模逾7251亿元。

中信银行托管部建立了一套独立、先进的托管业务技术系统,业务功能完善,系统处理能力强,各种安全防范设施稳定可靠,具备安全保管财产的条件和资金核算清算和投资监督能力,配备了独立的门禁系统和电话录音、录像监控系统,确保托管业务运作相对独立。托管中心积聚了一批高素质的员工队伍,具有丰富的资金清算、会计核算、市场营销、风险控制等方面的经验,为托管业务安全运作打下了坚实的基础。

为保障托管业务健康发展,中信银行制订了一整套完善的规章制度;建立了科学的风险控制流程,营造良好的内部控制环境,形成自控、互控、监控三道防线;加强了系统安全性建设,建立了数据备份中心和应急处理方案,具备应急处理能力。

中信银行托管部各项资产托管规模突破七千亿元,业务涵盖了证券投资基金、信托资产、券商集合及定向资产、QDII、资产证券化、产业基金(创业投资基金)、PE(私募)股权基金、企业年金八大领域。确立了以托管产品门类齐全、服务专业化和开拓创新为特征的行业形象与市场地位。

华夏银行资产托管部

一、概况

2005年2月23日,华夏银行股份有限公司经中国证券监督管理委员会和中国银行业监督管理委员会核准,获得证券投资基金托管资格,是《证券投资基金托管资格管理办法》

实施后取得证券投资基金托管资格的第一家银行。该项资格的获得，为华夏银行开拓托管业务领域、增加托管业务品种奠定了基础，使得华夏银行在中间业务领域的竞争实力得到进一步提升。华夏银行资产托管部内设市场综合室、交易管理室、风险管理室和销售管理室4个职能处室。资产托管部共有员工32人，高管人员拥有硕士以上学位或高级职称。

自成立以来，华夏银行基金托管部本着“诚实信用、勤勉尽责”的行业精神，始终遵循“安全保管基金资产，提供优质托管服务”的原则，坚持以客户为中心的服务理念，依托严格的内控管理、先进的技术系统、优秀的业务团队、丰富的业务经验，严格履行法律和托管协议所规定的各项义务，为广大基金份额持有人和资产管理机构提供安全、高效、专业的托管服务，取得了优异业绩。截至2012年12月底，已托管长城货币市场基金、国联安德盛精选股票型证券投资基金、万家货币市场基金、诺安优化收益债券型证券投资基金、益民红利成长混合型证券投资基金、东吴行业轮动股票型证券投资基金、申万菱信稳益宝债券型证券投资基金、诺德双翼分级债券型证券投资基金和浙商沪深300指数分级证券投资基金及其他受托资产产品，托管各类资产规模4,566.19亿元。

二、产品与服务

华夏银行可以为客户提供的托管业务产品已基本覆盖境内市场主要托管业务品种：开放式证券投资基金托管；全国社会保障基金托管；基本养老保险基金托管；券商集合理财产品托管；QDII（境外代客理财产品）托管；信托资产托管；企业年金托管；其他受托资产托管。华夏银行向客户提供的服务，可分为基础托管服务和增值托管服务：基础托管服务包括：资产保管；安全保管托管资产；独立建账、分别核算，保证所托管资产的独立、完整；为委托人开立与管理银行存款账户、资金清算账户；为委托人开立与管理证券账户。增值服务包括：市场资讯及深度研究报告等信息服务；现金管理；报表/报告定制；风险预警服务；投资绩效分析；公司行动服务，如代领股息、红利、代理投票表决服务等。

三、完善的内控体系

华夏银行托管业务建立了前后台分离、相互制约的管理组织结构，各部门、岗位在自身职责范围内落实其岗位风险控制责任，相互制衡。为防范风险，在加强教育培训和员工自律的基础上，制定了27项基金业务内控规章制度，使基金托管业务一开始就走上制度化、规范化的道路。同时，开展多种形式地检查监督，定期向监管部门上报基金监督和内控监察稽核报告，持续建立和完善风险评估、风险预警机制和重大可疑情况报告制度，确保内控体系的有效性。

华夏银行资产托管部承诺，我们将努力做到“诚实信用，勤勉尽责”，切实履行托管人职责，保护委托人利益；保证会计核算的完整规范；保证资金清算的及时、安全、准确；保证交易监督完整、高效；严格管理，加强内控，防范风险。

平安银行资产托管部

平安银行股份有限公司（简称：平安银行，股票代码：000001）是中华人民共和国第一家面向社会公众公开发行股票并上市的商业银行。

2012年6月15日，根据《中国银监会关于深圳发展银行吸收合并平安银行的批复》（银监复〔2012〕192号），深发展已完成吸收合并平安银行的所有法律手续，深发展和平安银行（“原两行”）已经正式合并为一家银行。2012年8月2日，原深发展银行更名为平安银行股份有限公司，简称平安银行。

2012年1－9月，平安银行总资产达14775.31亿元，总贷款达7050.84亿元，总存款达9353.97亿元，净利润103.46亿元，不良贷款率为0.80%，拨备覆盖率209.40%；资本充足率和核心资本充足率分别为11.30%和8.47%，符合监管要求。

平安银行总行设资产托管部，下设企划分析、运营管理、营销管理和投资监督4个团队，现有员工33人。

平安银行于2008年1月4日经深圳市银监局核准，获得运营信托保管业务资格；2008年8月6日经中国证监会和中国银监会核准，获得证券投资基金托管资格；2010年1月2日经中国银监会核准，获得全国社会保障基金托管资格；平安银行已具备七大类20多种资产托管服务，与多家基金公司、证券公司、信托公司、商业银行等展开了紧密的合作。

广东发展银行资产托管部

广发银行股份有限公司成立于1988年，是国务院和中国人民银行批准成立的我国首批股份制商业银行之一，总部设于广东省广州市，注册资本154亿元。二十多年来，广发银行栉风沐雨，艰苦创业，以自己不断壮大的发展历程，见证了中国经济腾飞和金融体制改革的每一个脚印。

2006年，广发银行成功重组，引入了花旗集团、中国人寿、国家电网、中信信托等世界一流的知名企业作为战略投资者。重组后，广发银行紧紧围绕“建设一流商业银行”的战略目标，注重战略规划的执行，坚持“调结构、打基础、抓创新、促发展”，强化风险控制，坚持又好又快可持续发展，取得了良好的经营业绩。

2010年12月底，广发银行资本净额566亿元，资产总额8144亿元，本外币各项存款余额6289亿元，各项贷款余额4668亿元。根据英国《银行家》杂志对全球1000家大银行排定的位次，广发银行已连续多年入选全球银行500强。

广东发展银行股份有限公司于2009年5月4日获得中国证监会、银监会核准开办证券投资基金托管业务，基金托管业务批准文号：证监许可[2009]363号。广东发展银行股份有限公司总行设资产托管部，是从事资产托管业务的职能部门，内设业务运行团队、监督稽核团队和市场营销团队，部门全体人员均具备本科以上学历和基金从业资格，部门经理以上人员均具备研究生以上学历。截至2012年年底，该行共托管基金5只。

上海银行资产托管部

上海银行成立于1995年12月29日，是一家由国有股份、中资法人股份、外资股份及个人股份共同组成的股份制商业银行，总行设在上海。目前注册资本42.34亿元。

上海银行成立以来，以支持社会经济发展为己任，以“点滴用心、相伴成长”为服务理念，稳健经营，规范管理，积极发挥自身优势，在为社会各界提供优质金融服务过程中，逐步形成了自己的经营特色，获得了良好的社会效益和经营业绩，成为一家具有活力和生机，拥有良好品牌形象的新型股份制商业银行。

自2005年获批在城市商业银行系统中率先实现跨区域发展以来，上海银行已先后在宁波、南京、杭州、天津、成都、深圳、北京、苏州等地设立分行，分支机构延伸至长三角、珠三角、环渤海湾以及中西部地区，初步构建起区域性布局的战略框架。目前，上海银行拥有营业网点270余个，设有自助银行170余个，布放自助服务类终端设备（ATM、CDM、XDM、ASM等）2000余台，并与全球70个国家及地区近600家境内外银行的总行、分支机构建立了代理行网络关系。此外，上海银行还设立了信用卡中心和小企业金融服务中心等专营机构，发起设立了闵行上银村镇银行、衢江上银村镇银行。

近年来，上海银行市场竞争力和影响力不断提高。在英国《银行家》公布的2011年“全球前1000家银行”中，按一级资本排序，上海银行位列全球银行业第194位；多次被《亚洲银行家》杂志评为“中国最佳城市零售银行”；先后荣获“上海市著名商标”、“最具价值的上海服务商标”、“全国小企业贷款工作先进单位”、“小企业优秀客户服务银行”、“全国再就业先进单位”、“最佳企业形象奖”、“全国银行间市场优秀交易成员”等称号，“中国银行业世博金融服务组织奖”、“中国银行业世博金融服务创新奖”等荣誉。

截至2011年年底，上海银行资产总额6554.26亿元；存款总额4663.24亿元，贷款总额3341.30亿元；资本充足率为11.72%；拨备覆盖率276.62%。

上海银行股份有限公司总行下设资产托管部，是从事资产托管业务的职能部门，内设托管运作团队、稽核监督团队、运行保障团队和市场拓展团队，平均年龄30岁，100%员工拥有大学本科以上学历，业务岗位人员均具有基金从业资格。

上海银行股份有限公司于2009年8月21日获得中国证监会、银监会核准开办证券投资基金托管业务，批准文号：中国证监会证监许可［2009］814号。

截至2012年年底，上海银行成功托管天治成长精选股票型证券投资基金和浦银安盛增利分级债券型证券投资基金2只公募基金。

中国邮政储蓄银行托管业务部

2009年7月23日，中国邮政储蓄银行经中国证券监督管理委员会和中国银业监督管理委员会联合批准，获得证券投资基金托管资格，是我国第16家托管银行。中国邮政储蓄银行自取得证券投资基金托管资格，目前可托管证券投资基金、基金管理公司特定客户资产管理计划、银行理财产品、信托产品、证券公司集合资产管理计划等类型产品。中国邮政储蓄银行作为一家新兴的托管银行，从开放式基金、一对多专户理财等产品的托管起步，将持续致力于托管业务的创新和发展，为投资者和合作伙伴提供安全可靠、优质精心的资产托管服务。拥有一支专业化、年轻化的托管业务团队，所有人员均具有本科以上学历和金融学、会计学的专业背景。

截至2012年12月31日，中国邮政储蓄银行托管的证券投资基金共17只，包括中欧中小盘股票型证券投资基金（LOF）（166006）、长信中短债证券投资基金（519985）、东方保本混合型开放式证券投资基金（400013）、万家添利分级债券型证券投资基金（161908）、长信利鑫分级债券型证券投资基金（163003）、天弘丰利分级债券型证券投资基金（164208）、鹏华丰泽分级债券型证券投资基金（160618）、东方增长中小盘混合型开放式证券投资基金（400015）、长安宏观策略股票型证券投资基金（740001）、金鹰持久回报分级债券型证券投资基金（162105）、中欧信用增利分级债券型证券投资基金（166012）、农银汇理消费主题股票型证券投资基金（660012）、浦银安盛中证锐联基本面400指数证券投资基金（519117）、天弘现金管家货币市场基金（420006）、汇丰晋信恒生A股行业龙头指数证券投资基金（540012）、华安安心收益债券型证券投资基金040036（A类）、040037（B类）、东方强化收益债券型证券投资基金（400016）。托管的特定客户资产管理计划共14只，其中9只已到期，包括南方—灵活配置之出口复苏1号资产管理计划、景顺长城基金—邮储银行—稳健配置型特定多个客户资产管理计划、银华灵活精选资产管理计划、长盛灵活配置资产管理计划、富国基金—邮储银行—绝对回报策略混合型资产管理计划、光大保德信—邮储银行—灵活配置1号客户资产管理计划、大成—邮储银行—灵活配置1号特定多个客户资产管理计划、银华灵活配置资产管理计划、长盛—邮储—灵活配置2号资产管理计划、南方灵活配置2号资产管理计划、鹏华基金鹏诚理财高息债分级2号资产管理计划、华安基金—增益分级债券型特定多个客户资产管理计划等。中国邮政储蓄银行已形成涵盖证券投资基金、基金公司特定客户资产管理计划、信托计划、银行理财产品（本外币）、私募基金、证券公司定向资产管理计划、保险资金等多种资产类型的托管产品体系，托管规模达1，943.87亿元。

中国邮政储蓄银行坚持以客户为中心、以服务为基础的经营理念，依托专业的托管团队、灵活的托管业务系统、规范的托管管理制度、健全的内控体系、运作高效的业务处理模式，为广大基金份额持有人和众多资产管理机构提供安全、高效、专业、全面的托管服务，并获得了合作伙伴一致好评。

渤海银行基金托管部

渤海银行是1996年以来国务院批准设立的第一家全国性股份制商业银行，是第一家在发起设立阶段就引入境外战略投资者的中资商业银行，也是第一家总部设在天津的全国性股份制商业银行；是由天津泰达投资控股有限公司、渣打银行（香港）有限公司、中国远洋运输（集团）总公司、国家开发投资公司、宝钢集团有限公司、天津信托有限责任公司和天津商汇投资（控股）有限公司等7家股东发起设立的，注册资本总额达到85亿元人民币。2005年12月30日成立，2006年2月正式对外营业。截至2011年年末，渤海银行分支机构网点总数60家，其中一级分行13家、二级分行1家、同城和异地支行46家。

截至2011年年末，渤海银行资产总额3124.88亿元，比年初增长17.88%；负债总额2959.80亿元，比年初增长15.77%；贷款总额（含贴现）1125.47亿元，比年初增长21.76%；存款总额（不含同业）1620.43亿元，比年初增长20.64%。全行实现营业收入64.19亿元，比上年增长62.94%；成本收入比44.64%，比上年下降6.53个百分点；实现税后净利润18.38亿元。不良贷款率0.14%，拨备覆盖率1227.50%，资本充足率11.77%，存贷比67.78%，均符合监管要求。

在由《21世纪经济报道》主办的“第六届21世纪亚洲金融年会暨2011年亚洲银行竞争力排名研究报告”发布仪式上，渤海银行荣获“2011年中资银行稳健成长奖”；在由《每日经济新闻》主办的“金鼎奖”评选活动中，渤海银行荣获“最具潜力股份制商业银行奖”；在由中国金融认证中心联合近40家成员行共同举办的“2011中国电子银行年会”上，渤海银行荣获“2011年中国网上银行最具发展潜力奖”；在由《亚洲银行家》主办的“2011中国奖项计划”发布会上，渤海银行个人网银荣获《亚洲银行家》“2011 年度中国最佳网络银行”奖项；在由《卓越理财》杂志社举办的“卓越 2011 年度金融理财排行榜”中，渤海银行荣获“卓越股份制商业银行奖”、“卓越金融理财产品奖”、“卓越银行卡奖”和“卓越电子银行奖”四项大奖；在第六届中国中小企业家年会上，渤海银行连续五年蝉联中国中小商业企业协会评选的“全国支持中小企业发展十佳商业银行”奖项；在第二届全国服务业公众满意度专项调研盛典大会上，渤海银行“携手创富”品牌再次荣获“2011 中国中小企业金融服务客户满意十佳典范品牌”奖项；在第七届中国银行业年会及银行创新产品系列评奖中，渤海银行“渤乐省利通”创服产品获得商业银行创新之星“民生授信奖”；在第四届“中国最受尊敬暨最佳零售银行”评选中，渤海银行“渤乐省利通”创服产品获得“2011 最佳小微企业金融服务品牌”奖项。

渤海银行总行设基金托管部，下设市场营销、托管运作、稽核监督、运行保障四个团队，配备有人员共 15 名。部门全体人员均具备本科以上学历和基金从业资格，高管人员和团队负责人均具备研究生以上学历。

渤海银行于 2010 年 6 月 29 日获得中国证监会、银监会核准开办证券投资基金托管业务，2011 年 5 月 3 日获得中国保监会核准开办保险资金托管业务。渤海银行始终秉承“诚实信用、勤勉尽责”的宗旨，严格履行资产托管人职责，为投资者和金融资产管理机构提供安全、高效、专业的托管服务，并依据不同客户的需求，提供个性化的托管服务和增值服务，获得了合作伙伴一致好评。

目前，渤海银行托管业务已涵盖信托计划保管、商业银行理财产品托管、证券投资基金托管、基金管理公司特定客户资产管理托管、证券公司客户资产管理托管、股权投资基金托管、保险资金托管等业务品种。

北京银行资产托管部

北京银行成立于 1996 年 1 月，是一家中外资本融合的上市银行。成立 16 年来，北京银行秉承“为客户创造价值，为股东创造收益，为员工创造未来，为社会创造财富”的神圣使命，依托中国经济持续快速发展的大好形势，先后实现引资、上市、跨区域、综合化等战略突破。目前，已在北京、天津、上海、西安、深圳、杭州、长沙、南京、济南及南昌等十大中心城市设立 200 多家分支机构，发起设立北京延庆、浙江文成及吉林农安村镇银行，成立香港和荷兰阿姆斯特丹代表处，发起设立国内首家消费金融公司——北银消费金融公司，首批试点合资设立中荷人寿保险公司，开辟和探索了中小银行创新发展的经典模式。

截至 2012 年 9 月，北京银行资产总额 1.12 万亿元，2012 年前三季度实现净利润 100 亿元，人均创利 131 万元，品牌价值 106 亿元，一级资本排名全球千家大银行 132 位，各项经营指标均达到国际银行业先进水平，被誉为“人均最赚钱的银行”。

凭借优异的经营业绩和优质的产品服务，北京银行赢得了社会各界的高度赞誉，近年来先后荣获“全国文明单位”、“最佳区域性银行”、“中国最佳城市商业零售银行”、“亚洲十大最佳上市银行”、“中国上市公司百强企业”、“中国社会责任优秀企业”、“最具持续投资价值上市公司”及“中国优秀企业公民”等称号。

北京银行总行设资产托管部，下设资金清算岗、会计核算岗、投资监督岗、风险稽核岗、市场营销岗等岗位，现有员工 12 人。

作为国内首家获得证券投资基金托管业务资格的城市商业银行，北京银行秉持“真诚，所以信赖”的经营理念，不断加强风险管理和内部控制，严格履行托管人的各项职责，切实维护资产持有人的合法权益，为资产委托人提供高质量的托管服务。经过多年稳步发展，北京银行托管资产规模不断扩大，托管业务品种不断增加，已形成包括基金专户理财、信托计划、银行理财、股权投资基金等产品在内的托管业务体系。北京银行专业高效的托管服务能力和业务水平，赢得了业内的高度认同。

第三章　基金管理公司

国泰基金管理有限公司

【基本情况】

法定名称:国泰基金管理有限公司

英文名称:GUOTAI ASSET MANAGEMENT CO. , LTD.

注册地址:上海市浦东新区峨山路91弄98号201A

办公地址:上海市世纪大道100号上海环球金融中心39层

法人代表:陈勇胜

总 经 理:金　旭

成立时间:1998年3月5日

公司属性:中外合资

注册资本:1.1亿元

联系电话:021-38569000

客服热线:400-888-8688

传真号码:021-38561800

邮政编码:200001

公司网址:www. gtfund. com

【公司概况】

国泰基金成立于1998年3月,是国内首批规范成立的基金管理公司之一。历经14年的市场磨砺,公司稳步发展,目前进入了新的发展阶段。2010年全球最大的保险集团之一意大利忠利集团正式收购公司30%的股权,国泰基金变身为中外合资基金公司,双方就投资管理、产品研发、风险控制、基金营销等多方面展开交流与合作,加快了公司的国际化步伐。

目前公司已拥有包括公募基金、社保基金投资管理人、企业年金投资管理人、特定客户资产管理业务和合格境内机构投资者等业务资格,是行业内极少数拥有"全牌照"业务资格的资产管理公司之一。

自1998年3月23日公开发行国内第一只封闭式基金——基金金泰以来,国泰基金的产品线不断得到丰富和完善。截至2012年9月30日公司旗下共管理着29只公募基金(3只封闭式基金和26只开放式基金)和包括专户、年金、社保、投资咨询在内的近60个资产委托组合,形成了丰富的资产管理产品线,能够满足不同风险偏好投资者的需求。

14年来,国泰基金始终秉承"以最大的专业性和勤勉为投资人实现长期稳定的财富增值"的经营宗旨,赢得了包括全国社会保障基金理事会在内的数百万投资人的信任。在为投资者创造物质财富的同时,也不忘承担起作为企业公民的社会责任,通过"红蜡烛助教计划"开展支学助教活动,积极践行"和谐社会"的价值观,为社会精神财富的创造贡献力量。

【公司大事记】

1998年3月5日,经中国证监会批准,国泰基金管理有限公司在上海成立。当时的注册资本为6000万元人民币。

1998年3月23日,基金金泰公开发行,3月27日成立,4月7日在上交所上市,基金代码"500001"。

1999年10月15日,基金金鑫公开发行,10月21日成立,11月26日在上交所上市,基金代码"500011"。

2000年4月26日,在对原珠江基金清理规范后设立基金金盛,6月30日在深交所上市,基金代码为"184703",8月24日扩募成功。

2000年5月16日,在对原建业基金、沈阳公众基金、陕建基金清理规范后设立基金金鼎,8月4日在上交所上市,基金代码为"500021",10月19日扩募成功。

2000年8月22日,公司增资扩股,注册资本增加为1.1亿元人民币。

2001年5月30日,公司第二届董事会第二次会议增选4名符合证监会要求条件,且有深厚学养的经济学家、金融专家和法律专家为独立董事。

2001年9月3日,公司与瑞士银行资产管理集团签定《投资与业务合作协议》。

2002年4月16日,公司第一只开放式基金——国泰金鹰增长基金公开发行,5月8日成立。

2002年6月13-15日,公司搬迁办公楼至浦东金融中心世纪大道1600号浦项商务广场。

2002年7月2-3日,中国证券业协会第三次会员大会在北京召开,时任公司总经理李春平先生当选为中国证券业协会理事。

2002年10月25日 ,国泰金龙基金方案上报证监会,12月初通过发行评审。

2002年11月20日,普华永道二期管理咨询启动,建立标准业务流程和关键业绩指标体系,引进科学的考核和薪酬体系。

2003年3月5日,公司5周年庆。公司通过一系列简朴、诚恳的活动,广邀各界朋友,共同回顾基金业5年历史,为行业未来的发展献计献策。

2003年3月28日,中国证监会正式批复同意国泰君安证券股份有限公司转让该公司部分股权至上海仪电控股(集团)公司的申请。

2003年10月24日-12月5日,国泰金龙系列基金正式发行,12月9日成立,首发募集资金达到25.71亿元。

2003年12月30日:中国证监会正式批复同意宏源证券股份有限公司转让该公司全部股权至上海国有资产经营有限公司和国泰君安证券股份有限公司的申请。

2004年5月,国泰金马稳健回报基金发行,9月,荣获全国社会保障基金理事会投资管理人资格。

2005年3月,公司市场体系划分为营销策划、基金销售及客户服务三个部门,进一步理顺了公司市场业务的内部管理关系,明确了各自的功能和职责。

2005年5月,公司搬迁新址,新的办公地址为延安东路700号港泰商务广场23楼。

2005年5月,在托管银行——中国农业银行的大力协助下,公司成功发行了货币基金,货币基金的首发规模超过44亿元,6月21日正式成立。

2005 年 8 月，网上交易正式上线，该服务手段的推出方便了投资人对公司旗下基金的买卖，对公司的销售能力的提升具有深远的影响。

2005 年 9 月，金融工程部开始运作，对公司客户服务，新产品核心盈利模式设计、投资策略、交易策略、绩效评估、风险评价提供数量化的“计算金融”支持。

2005 年 9 月，公司完成档案升级工作，成为基金行业首家获得档案二级先进资质的公司。

2005 年 10 月，公司为中高层管理人员举行了以“与时俱进，争创一流，建设高绩效的国泰基金管理团队”为主题的体验式培训活动，取得了良好的效果。

2005 年 10 月，公司初步完成信息系统三年发展规划草案，该草案本着“安全、可靠、稳定、可扩展、高性能、低成本”的原则，对内部管理、投研交技术支持及客户服务技术支持等三方面系统提出柔性设计，强化前台业务的导向性作用。

2005 年 11 月，公司荣获“世界金融实验室 2005 年中国 10 大最受尊敬的基金公司”的称号，金鼎基金荣获“世界金融实验室 2005 年中国 10 佳最具投资价值基金产品”的年度大奖，基金金鼎基金经理被评为“2005 年中国 25 位最具影响力的基金经理”。

2005 年 12 月，公司荣获“21 世纪经济报道”颁发的 2005 年度“最佳风险控制奖”。

2005 年 12 月，公司第一届职代会胜利召开，会议号召公司全体员工要认清形势，振奋精神，积极主动地做好本职工作，发挥主人翁作用，努力为公司的发展作出积极的贡献。

2005 年 12 月，公司召开党员大会，在原党支部基础上经上级党委批准成立了公司党总支部委员会。

2006 年 1 月，经中国证监会基字[2006]4 号文批准，公司股东浙江国际信托投资有限责任公司将其所持有的本公司 20% 的股权全部转让给万联证券有限责任公司。

2006 年 1 月，公司召开团员大会，正式成立团支部。

2006 年 1 月，金鹰增长开放式基金实施分红，向基金持有人按每 10 份基金份额派发现金红利 0.33 元。

2006 年 2 月，金龙行业精选开放式基金实施分红，每 10 份基金份额派发现金红利 0.40 元。

2006 年 2 月，为进一步健全公司党的组织和机构，加强公司党组织及广大党员作用的发挥，结合公司业务分布及现有党小组的情况，经公司党总支研究决定，在现有各党小组构成基础上，组建成立了四个党支部。

2006 年 3 月，金鹿保本正式发行，首发募集规模超过 25 亿元人民币。金鹿保本基金是继金象保本基金之后公司管理的第二支保本基金。

2006 年 3 月，国泰金马稳健回报基金向基金份额持有人按每 10 份基金份额派发现金红利 0.3 元。

2006 年 4 月，公司牵头召开行业人力资源论坛会议，有超过 30 家的基金公司的人力资源负责人参加了会议，会议主要就基金公司的绩效管理等专业问题进行了讨论。

2006 年 7 月，公司在北京、上海分别召开了投资策略研讨会，邀请公司重要机构客户、渠道客户与基金经理、研究部总监共同探讨公司上半年投资情况和下半年的投资策略。

2006 年 7 月，公司响应证监会、金融服务办的号召，全面部署落实反商业贿赂的各项工作。

2006 年 8 月，金鹏基金正式发行，首发募集规模超过 12.48亿元人民币。

2006 年 9 月，人力资源管理系统（E－HR）已完成基本功能设计和测试，为公司人力资源管理效率的提高奠定了基础。

2006 年 12 月，封闭式基金金盛荣获《中国证券报》第四届中国基金业金牛奖“封闭式持续优胜金牛基金”的称号。

2007 年 1 月，在京沪实力媒体《理财周刊》等联合举办的“2006 年度理财产品评选”活动中，国泰金鹏蓝筹价值基金荣获“2006 年度基金产品最受关注奖”。

2007 年 4 月，在《中国证券报》第三届基金金牛奖评选中，基金金盛荣获“封闭式持续优胜金牛基金”奖。

2007 年 4 月，在《大众证券报》等机构举办的第二届基金年度状元奖中，荣获“2006 年度十佳基金公司”奖。

2007 年 5 月，在《证券时报》第二届明星基金评选中，基金金盛荣获“封闭式明星基金”奖。

2008 年 1 月，国泰基金荣获第五届财经风云榜“2007 年度最具成长性的基金公司”。

2008 年 1 月，国泰金龙行业精选基金荣获京沪穗实力媒体“2007 年度基金产品金奖”。

2008 年 1 月，国泰金龙行业精选基金荣获证券时报“三年持续回报明星基金奖”。

2008 年 2 月，荣获特定客户资产管理业务资格。

2008 年 4 月，荣获合格境内机构投资人资格。

2008 年 6 月，国泰金鹿保本增值基金转入第二个保本周期（二年）。

2009 年 1 月，国泰金龙债券基金荣获《中国证券报》“2008 年度开放式债券型金牛基金”、《上海证券报》2008 年度“金基金－债券型基金奖”、《证券时报》“2008 年度债券型明星基金奖”。

2009 年 1 月，国泰深圳分公司获批设立。

2009 年 2 月，国泰基金与纳斯达克 OMX 集团签署独家许可协议，使用纳斯达克 100 指数在中国开发场内交易产品。

2009 年 3 月 11 日，国泰双利债券基金成立。

2009 年 3 月 26 日，国泰基金总经理金旭在纳斯达克参加开市敲钟仪式，这也是境内基金行业获此邀请的第一人。

2009 年 5 月 27 日，国泰区位优势基金成立。

2009 年 6 月，国泰基金首个“红蜡烛图书室”在山东临沂建成。

2009 年 7 月，国泰基金与意大利忠利保险有限公司正式签署《全面合作及投资备忘录》。

2009 年 9 月，国泰基金第 2 个和第 3 个“红蜡烛图书室”在河南大别山和甘肃迭部建成。

2009 年 9 月 23 日，国泰基金首只“一对多”产品——国泰隆金顺利发行结束。

2009 年 10 月 19 日，国泰金盛“封转开”为国泰中小盘成长基金成立。

2009 年 11 月，国泰基金第 4 个“红蜡烛图书馆”在陕西延安建成。

2010 年 2 月 10 日，国泰估值优势分级封闭基金成立。

2010 年 3 月 22 日，国内首只海外指数基金——国泰纳斯达克 100 指数基金获批正式发行。

2010 年 4 月 29 日，国泰纳斯达克 100 指数基金（QDII）成立。

2010 年 5 月，国泰基金荣获《证券时报》五项大奖，国泰基金管理公司荣获“2009 年度十大明星基金公司”、国泰金龙行业混合基金荣获“2009 年度三年持续回报积极混合型明星基金奖”、国泰金牛创新股票基金荣获“2009 年度股票型明星基金奖”、国泰金马稳健混合基金荣获“2009 年度积极混合型明星基金奖”、国泰金鹏蓝筹混合基金荣获“2009 年度积极混合型明星基金奖”。

2010 年 5 月，国泰基金荣获《中国证券报》7 项大奖，国泰基金管理有限公司荣获“2009 年度金牛基金管理公司”、国泰金鹰增长股票基金荣获“2009 年度开放式股票型金牛基金奖”、国泰金牛创新股票基金荣获“2009 年度开放式股票型金牛基金奖”、国泰金马稳健混合基金荣获“2009 年度开放式混合型金牛基金奖”、国泰金鹏蓝筹混合基金荣获“2009 年度开放式混合型金牛基金奖”、国泰金鼎价值混合基金荣获“2009 年度开放式混合型金牛基金奖”、国泰金鑫封闭基金荣获“2009 年度封闭式金牛基金奖”。

2010 年 6 月，国泰基金荣获《上海证券报》2 项大奖，国泰金鹰增长股票基金荣获“2009 年度金基金三年期分红奖”、国泰金牛创新成长基金荣获“2009 年度金基金一年期产品奖”。

2010 年 6 月 21 日，国泰基金对外发布公告，公司股东中国建银投资有限责任公司、万联证券有限责任公司已将其所持有的国泰基金管理有限公司合计 30% 的股权转让给意大利忠利集团。国泰基金正式成为合资基金公司，公司目前股东结构为：中国建银投资有限责任公司出资比例为 60%、意大利忠利集团出资比例为 30%、中国电力财务有限公司出资比例为 10%。

2010 年 8 月 13 日，国泰基金第 16 只开放式基金——国泰价值经典股票基金（LOF）成立。

2011 年 3 月，上证 180 金融交易型开放式指数证券投资基金及其联接基金成立。

2011 年 4 月，荣获《证券时报》2010 年度十大明星基金公司奖。

2011 年 4 月，国泰保本混合型证券投资基金成立。

2011 年 4 月，金旭总经理在哈佛中国年会发表演讲，并获得论坛组委会授予的社会责任奖。

2011 年 8 月，国泰事件驱动策略股票型证券投资基金成立。

2011 年 9 月，金旭总经理等公司高管带队，由公司员工、股东单位代表、渠道和客户代表组成的 4 支队伍再次奔赴甘肃、湖北等地，连续第 4 年开展助学支教活动。

2011 年 12 月，国泰信用互利分级债券型证券投资基金成立。

2012 年 3 月，中小板 300 成长交易型开放式指数证券投资基金及其联接基金成立。

2012 年 3 月，国泰成长优选股票型证券投资基金成立。

2012 年 3 月，荣获《上海证券报》金基金评选“2011 年度金基金 · 海外投资回报公司奖”。旗下国泰金牛创新基金获“三年期金基金 · 股票型基金奖”。国泰金龙行业精选基金获“一年期金基金 · 分红基金奖”。荣获《中国证券报》金牛基金评选“2011 年度十大金牛基金公司奖”。旗下国泰金牛创新基金获“三年期金牛股票型基金奖”。荣获《证券时报》明星基金评选“五年持续回报明星基金公司奖”、“2011 年度十大明星基金公司奖”。旗下国泰金牛创新基金获“三年期持续回报股票型明星基金奖”。国泰金鹰增长基金获“五年期持续回报股票型明星基金奖”。国泰金龙行业精选基金获“五年期持续回报积极混合型明星基金奖”。

2012 年 5 月，国泰大宗商品配置证券投资基金（LOF）成立，成为国泰基金旗下第二只 QDII 产品。

【股东概况】

排序	股东名称	持股比例
1	中国建银投资有限责任公司	60%
2	意大利忠利集团	30%
3	中国电力财务有限公司	10%

【旗下基金】

基金代码	基金简称	基金类型	基金经理
020001	国泰金鹰增长	股票型	何江旭
020002	国泰金龙债券 A	债券型	吴晨
020003	国泰金龙行业精选	混合型	崔海峰
020005	国泰金马稳健	混合型	余荣权
020009	国泰金鹏蓝筹	混合型	黄刚
519021	国泰金鼎价值	混合型	邓时锋
020010	国泰金牛创新	股票型	范迪钊
020011	国泰沪深 300	指数型	章赟　林海
020012	国泰金龙债券 C	债券型	吴晨
020015	国泰区位优势	股票型	邓时锋
020018	国泰金鹿保本 2 期	混合型	邱晓华　沙骎
020019	国泰双利债券 A	债券型	范迪钊　胡永青
020020	国泰双利债券 C	债券型	范迪钊　胡永青
020015	国泰区位优势	股票型	邓时锋
160211	国泰中小盘	指数型	张玮
160213	国泰纳斯达克 100	QDII	崔涛
160215	国泰价值经典	指数型	黄焱
020021	国泰上证 180 金融 ETF 联接	ETF	章赟
510230	国泰上证 180 金融 ETF	ETF	章赟
020022	国泰保本	混合型	沙骎　邱晓华
020023	国泰事件驱动	股票型	王航
160217	国泰互利分级债券	债券型	吴晨
020007	国泰货币	货币型	胡永青
020033	国泰民安增利债券 A	债券型	张一格

【旗下封闭式基金】

序号	成立年度	基金代码	基金简称	基金类型
1	1998	500001	基金金泰	封闭式
2	1999	500011	基金金鑫	封闭式
3	2010	150010	国泰估值优先	创新封闭式

【公司高管】

陈勇胜，董事长，硕士，20 年证券从业经历。1982 年起在中国建设银行总行、中国投资银行总行工作。历任综合计划处、资金处副处长、国际结算部副总经理（主持工作）。1992 年起任国泰证券公司国际业务部总经理，公司总经理助理兼北京分公司总经理，1998 年 3 月起任国泰基金管理公司总经理，1999 年 10 月起任董事长。

金旭，总经理，法学硕士，19 年证券从业经历。1993 年 7 月至 2001 年 11 月在中国证监会工作，历任法规处副处长、深圳监管专员办事处机构处副处长、基金监管部综合处处长。2001 年 11 月至 2004 年 7 月在华夏基金管理有限公司任党支部副书记、副总经理。2004 年 7 月至 2006 年 1 月在宝盈基金管理有限公司任总经理。2006 年 1 月至 2007 年 5 月在梅隆全球投资有限公司北京代表处任首席代表。2007 年 5 月加盟国泰基金管理有限公司。

林海中，硕士研究生，10 年证券基金从业经历。2002 年 8 月至 2005 年 4 月在中国证监会信息中心工作，历任专业助理、主任科员；2005 年 4 月至 2012 年 6 月在中国证监会基金监管部工作，历任主任科员、副处长、处长。2012年6月起加盟国泰基金管理有限公司，2012年8月起任公司督察长。

南方基金管理有限公司

【基本情况】

法定名称：南方基金管理有限公司
英文名称：China Southern Fund Management Co.，Ltd.
注册地址：深圳市深南大道4009号投资大厦7层
办公地址：深圳市福田中心区福华一路6号
免税商务大厦31－33层
法人代表：吴万善
总 经 理：吴万善（代）
成立时间：1998年3月6日
公司属性：中资
注册资本：1.5亿元
联系电话：0755－82763888
客服热线：400－889－8899
传真号码：0755－82763889
邮政编码：518048
公司网址：www. southernfund. com

【公司概况】

南方基金管理有限公司成立于1998年3月6日，为国内首批获中国证监会批准的三家基金管理公司之一，成为中国证券投资基金行业的起始标志。南方基金总部设在深圳，注册资本1.5亿元人民币。股东结构为：华泰证券股份有限公司（45%）；深圳市投资控股有限公司（30%）；厦门国际信托有限公司（15%）；兴业证券股份有限公司（10%）。目前，公司在北京、上海、合肥等地设有分公司，在香港设有子公司——南方东英资产管理有限公司，这也是境内基金公司获批成立的第一家境外分支机构。

公司拥有一支高素质、经验丰富的专业化团队。现有员工350余人，超过55%的员工具有硕士以上学历，近70%的员工具有7年以上的证券从业经历，其中投研人员的平均证券从业年限为8年，40%的投研人员具有海外学习或工作经验。

公司经历了中国证券市场多次牛熊交替的长期考验，以持续优秀的投资业绩、完善周到的客户服务，赢得了广大基金投资人、社保理事会、企业年金客户、专户客户的认可和信赖。截至2010年年底，公司管理资产规模接近1900亿元，位居行业前列。旗下管理公募基金共26只，产品数量位列行业第一。其中开放式基金24只、封闭式基金2只，公募基金资产管理规模约1200亿元，累计向基金持有人分红达到442亿元，拥有客户数量突破1100万人。私募业务管理规模超过700亿元，在行业中持续保持领先地位。南方基金已经发展成为国内产品种类最丰富、业务领域最全面、经营业绩优秀、资产管理规模最大的基金管理公司之一。

【公司大事记】

1998年，南方基金管理有限公司管理的国内第一只规范的封闭式证券投资基金——基金开元成功发行上市，开创了中国基金业的新纪元。

2001年9月，南方基金管理公司首批推出了开放式基金——南方稳健成长基金，引领行业潮流。

2002年9月，南方基金管理有限公司又率先推出了国内首只债券型开放式基金——南方宝元债券型基金。

2002年12月，南方基金管理有限公司在全国社会保障基金投资管理人评选中力拔头筹。

2003年5月，南方基金管理公司再次引领行业之先，推出了国内首只保本型开放式基金——南方避险增值基金，并以51.93亿元的首发规模创下国内开放式基金的新纪录。

2004年3月，南方现金增利基金以80.49亿元再次刷新国内开放式基金的首发纪录，成为当时国内发行规模最大的一只基金。

2004年8月，南方积极配置基金正式发行，成为国内首只上市开放式基金（LOF）。

2005年5月，南方高增长基金正式开始发行。

2005年8月，南方基金管理有限公司获得首批企业年金基金投资管理人资格。

2006年3月，南方多利基金正式发行，为国内第一只规范的中短债类基金，首发规模达89.77亿元。

2006年6月，南方稳健贰号基金发行，首发规模达52.57亿份，成为国内第一只复制基金。

2006年11月，南方绩优成长基金发行，首发规模达124.77亿份，成为到发行结束之日止发行时间最短的百亿基金；

2006年11月，南方高增长基金每基金单位分红高达0.747元，创下基金单次分红的最高纪录，并引来投资者的踊跃申购，两天之内申购量超过100亿元。

2007年4月，南方稳健贰号基金实施拆分，投资者申购踊跃，一天之内申购量约300亿元，启动比例确认机制，确认比例只有约1/4。

2007年5月，由于南方金元封转开而来的南方成份精选基金集中申购，发行当日结束发行，发行规模接近预计上限，发行规模107.59亿元。

2007年7月，南方基金首家获得基金QDII业务资格。

2007年8月，南方基金管理资产规模突破2000亿元。

2007年9月，国内首只股票型QDII产品——南方全球精选配置基金发行，一天之内认购量约500亿元，经主管机关和相关部门批准后，该基金最后以40亿美元（折合人民币约300亿元）的额度进行比例确认。

2007年11月9日，基金隆元终止上市，并成功实现封转开，变更为旗下第十二只开放式证券投资基金——南方隆元产业主题（股票型）。

2007年12月6日，南方隆元产业主题基金集中申购，募集规模92.61亿元。

2008年2月18日，首批获得特定客户资产管理业务资格。

2008年3月21日，发行、成立旗下第13只开放式证券投资基金——南方盛元红利（股票型），募集规模62.17亿元。

2008年6月18日，发行、成立旗下第14只开放式证券投资基金——南方优选价值（股票型），募集规模11.39亿元。

2008年6月27日，中国证监会核准公司在香港设立南方东英资产管理有限公司。

2008年11月12日，发行、成立旗下第15只开放式证券投资基金——南方恒元保本混合型基金，募集规模22.11亿元。

2009年3月26日，发行、成立旗下第16只开放式证券投资基金——南方沪深300指数证券投资基金，募集规模15.81亿元。

2009 年 9 月 2 日，南方基金－光大银行首只专户“一对多”产品获批，南方基金成为国内首批拿到专户“一对多”产品批文的基金公司之一。

2009 年 9 月 25 日，发行、成立旗下第 17 只开放式证券投资基金——南方中证 500 指数证券投资基金（LOF），募集规模为 32.23 亿元。

2009 年 9 月 28 日，发行、成立旗下第 1 只一对多理财产品——南方—光大—灵活配置 1 号资产管理计划。

2009 年 12 月 4 日，发行、成立旗下第 18 只开放式证券投资基金——深证成份交易型开放式指数证券投资基金（ETF），募集规模为 41.28 亿元。

2009 年 12 月 9 日，发行、成立旗下第 19 只开放式证券投资基金——南方深证成份交易型开放式指数证券投资基金联接基金，募集规模为 32.72 亿元。

2010 年 3 月 31 日，发行、成立旗下第 20 只开放式证券投资基金——南方策略优化股票型证券投资基金，募集规模为 22 亿元。

2010 年 8 月 27 日，发行、成立旗下第 21 只开放式证券投资基金——中证南方小康产业交易型开放式指数证券投资基金，募集规模为 6.56 亿元。

2010 年 8 月 27 日，发行、成立旗下第 22 只开放式证券投资基金——中证南方小康产业交易型开放式指数证券投资基金联接基金，募集规模为 8.99 亿元。

2010 年 11 月 3 日，发行、成立旗下第 23 只开放式证券投资基金——南方广利回报债券型证券投资基金，募集规模为 45.65 亿元。

2010 年 12 月 9 日，发行、成立旗下第 24 只开放式证券投资基金——南方金砖四国指数证券投资基金，募集规模为 6.36亿元。

2011 年 1 月 30 日，发行、成立旗下第 25 只开放式证券投资基金——南方优选成长混合型证券投资基金，募集规模为 22.17 亿元。

2011 年 5 月 17 日，发行、成立旗下第 26 只开放式证券投资基金——中证 50 债券指数证券投资基金（LOF），为国内首只债券指数 LOF 基金，募集规模为 28.26 亿元。

2011 年 6 月 21 日，发行、成立旗下第 27 只开放式证券投资基金——南方保本混合型证券投资基金，募集规模为 49.6 亿元。

2011 年 9 月 16 日，发行、成立旗下第 28 只开放式证券投资基金——上证 380 交易型开放式指数证券投资基金（ETF），募集规模为 3.3 亿元。

2011 年 9 月 20 日，发行、成立旗下第 29 只开放式证券投资基金——南方上证 380 交易型开放式指数基金联接基金，募集规模为 3.24 亿元。

2011 年 9 月 26 日，发行、成立旗下第 30 只开放式证券投资基金——南方中国中小盘股票指数证券投资基金，募集规模为 3 亿元。

2011 年 12 月 21 日，首批获得人民币境外合格机构投资者（RQFII）资格。

2012 年 3 月 13 日，发行、成立旗下第 31 只开放式证券投资基金——南方新兴消费增长分级股票型证券投资基金，募集规模为 19.3 亿元。

2012 年 5 月 17 日，发行、成立旗下第 32 只开放式证券投资基金——南方金利定期开放债券型证券投资基金，募集规模为 16.2 亿元。

2012 年 7 月 20 日，发行、成立旗下第 33 只开放式证券投资基金——南方润元纯债债券型证券投资基金，募集规模为 85.62 亿元。

2012 年 8 月 14 日，发行、成立旗下第一只短期理财基金、旗下第 34 只开放式证券投资基金——南方理财 14 天债券型证券投资基金，募集规模为 70.09 亿元。

2012 年 9 月 25 日，发行、成立旗下第 35 只开放式证券投资基金——南方金粮油商品股票型证券投资基金，募集规模为 33.73 亿元。

2012 年 10 月 12 日，入选保险资金投资管理人。

2012 年 10 月 19 日，发行、成立旗下第 36 只开放式证券投资基金——南方理财 60 天债券型证券投资基金，募集规模为 51.08 亿元。

【公司荣誉】

公司荣誉：

南方日报社　2011 年度南方金融社会责任奖

上海证券报社　2011 年度金基金——海外投资回报公司

股市动态分析 2011 品牌管理与营销策划十佳基金公司

北京商报社　2011 最佳社会责任奖——南方基金

网易金钻奖——2011 年度最佳债券基金品牌

每日经济新闻第二届中国高端私人理财金鼎奖——最佳基金公司

凤凰网　2011 年度最具影响力基金品牌

理财周报　2012 年中国最佳社会责任基金公司

银行间市场清算所股份有限公司 2011 年度基金信托类结算成员前五名

基金奖：

南方日报社　2012 最佳金融营销创意奖——南方“壹定投”微视频营销策划

中国证券报　2011 年一年期股票型金牛基金奖——南方成份

【股东概况】

排序	股东名称	持股比例
1	华泰证券有限责任公司	45%
2	深圳市投资控股有限公司	30%
3	厦门国际信托投资股份有限公司	15%
4	兴业证券股份有限公司	10%

【旗下基金】

基金代码	基金简称	基金类型	基金经理
160105	南方积配	股票型	李源海
160106	南方高增	股票型	谈建强、张原
160123	南方中证 50 债券 A	债券型	刘朝阳
160124	南方中证 50 债券 C	债券型	刘朝阳
202212	南方保本	混合型	孙鲁闽
510290	南方上证 380ETF	ETF	杨德龙
202025	南方上证 380ETF 联接	ETF	杨德龙
160125	南方中国中小盘指数	指数型	黄亮
160127	南方新兴消费分级	股票型	杜冬松、张旭
202001	南方稳健	混合型	马北雁、李源海
202002	南稳贰号	混合型	马北雁、李源海
202003	南方绩优	股票型	张原、史博

基金代码	基金简称	基金类型	基金经理
202101	南方宝元	债券型	蒋朋宸、李璇、应帅
202102	南方多利 C	债券型	李璇
202202	南方避险	混合型	孙鲁闽
202801	南方全球	QDII	黄亮、徐明宇
202005	南方成份	股票型	陈键、应帅
202007	南方隆元	股票型	汪澂、蒋朋宸
202009	南方盛元	股票型	蒋峰
202011	南方优选 A	股票型	谈建强
202211	南方恒元	混合型	陈虎
202015	南方 300	指数型	潘海宁
160119	南方中证 500	指数型	潘海宁
202103	南方多利 A	债券型	李璇
159903	深证成份 ETF	ETF	潘海宁
202017	南方深成 ETF 联接	ETF	潘海宁
202019	南方策略	股票型	刘治平
202021	中证南方小康 ETF 联接	ETF	杨德龙、柯晓
202105	南方广利回报债券 A/B	债券型	韩亚庆
510160	中证南方小康 ETF	ETF	杨德龙、柯晓
160121	南方金砖四国指数	指数型	黄亮
202107	南方广利债券 C	债券型	韩亚庆
202023	南方优选成长	混合型	谈建强
202108	南方润元 A	债券型	夏晨曦
202110	南方润元 C	债券型	夏晨曦
202027	南方金粮油	股票型	郭国栋
202213	南方安心	混合型	陈键
202301	南方增利 A	货币型	韩亚庆、刘朝阳
202302	南方增利 B	货币型	韩亚庆、刘朝阳
202303	南方理财 14 天 A	货币型	夏晨曦
202304	南方理财 14 天 B	货币型	夏晨曦
202305	南方理财 60 天 A	货币型	夏晨曦
202306	南方理财 60 天 B	货币型	夏晨曦
202307	南方理财 30 天 A	货币型	夏晨曦
202308	南方理财 30 天 B	货币型	夏晨曦
184688	基金开元	封闭式	汪澂
184698	基金天元	封闭式	陈键
160128	南方金利 A	创新封闭式	李璇
160129	南方金利 C	创新封闭式	李璇

【公司高管】

吴万善先生，董事长，中共党员，工商管理硕士，高级经济师。历任中国人民银行江苏省分行金融管理处科员、中国人民银行南京市分行江宁支行科员、华泰证券有限责任公司发行部副经理、总经理助理、副总经理、总裁，现任华泰证券有限责任公司董事长兼党委副书记、南方基金管理有限公司董事长代总裁。

高良玉先生，董事，中共党员，经济学硕士，经济师。历任南京农业大学审计处干部、中国人民银行金融管理司主任科员、中国证监会发行部副处长。1998 年加入南方基金担任副总经理、总裁，现任南方基金管理有限公司副董事长、南方东英资产管理有限公司(香港)董事会主席。

杨小松先生，督察长，中共党员，会计学硕士，注册会计师。历任德勤国际会计师行会计专业翻译，光大银行证券部职员，证监会国际部、上市部、发行部主任科员、副处长、处长(期间曾派往美国 NASDAQ 工作)，证监会上海监管局党委委员兼局长助理、副局长，证监会发行监管部副主任。2012 年加入南方基金，现任南方基金管理有限公司督察长、党委委员、党委副书记。

华夏基金管理有限公司

【基本情况】

法定名称：华夏基金管理有限公司
英文名称：CHINA ASSET MANAGEMENT CO., LTD.
注册地址：北京市顺义区天竺空港工业区 A 区
办公地址：北京市西城区金融大街 33 号通泰大厦 B 座 8 层
法人代表：王东明
总　经　理：滕天鸣
成立时间：1998 年 4 月 9 日
注册资本：2.38 亿元
公司属性：中资
联系电话：(010) 88066508
客服热线：400－818－6666
传真号码：(010) 88066566
邮政编码：100032
公司网址：www.chinaamc.com

【公司概况】

华夏基金管理有限公司成立于 1998 年 4 月 9 日，是经中国证监会批准成立的首批全国性基金管理公司之一。公司总部设在北京，在北京、上海、青岛、南京、杭州、广州、成都设有分公司，在香港及深圳设有子公司。公司以专业、严谨的投资研究为基础，为投资人提供优质的投资理财产品和服务。

历经多年牛市熊市的洗礼，华夏基金规范运作、稳健经营，以雄厚的综合实力保持了基金行业的领先地位。截至 2012 年 12 月底，旗下基金累计分红超过 800 亿元。

成立十五年来，华夏基金的业务持续快速发展，获得了基金行业全部业务牌照。华夏基金是首批全国社保基金管理人、首批企业年金基金管理人、境内首批 QDII 基金管理人、境内首只 ETF 基金管理人，以及特定客户资产管理人、保险资金投资管理人，香港子公司是首批 RQFII 基金管理人。华夏基金是业务领域最广泛的基金管理公司之一。

华夏基金在业内最早提出“研究创造价值”的投资理念，制定了严格的投资管理流程和制度，目的是通过专业、严谨的投资，获取稳定、可靠的收益。华夏基金的投研团队，吸收了大批海内外专业人士，具有高水准的职业操守、丰富的投资经验和突出的研究能力。基金经理平均从业年限超过 10 年。各基金经理在分享团队智慧的同时，能够充分发挥主观能动性，团队整体富有经验且充满锐气，在投资管理方面具有独立性和前瞻性。

华夏基金建立了完善的基金产品线，旗下共有 32 只开放式基金，2 只封闭式基金，从低风险、低收益的货币市场基金到高风险、高收益的股票基金，可以满足各类风险偏好投资者的需求。公司还管理着多只全国社保基金投资组合，已经被超过 160 家大中型企业确定为年金投资管理人，并被多家客户确定为特定客户资产管理人。公司是境内管理基金数目最多、品种最全的基金管理公司之一。

【公司大事记】

1998 年，公司正式成立，同年公司管理的第一只基金——华夏兴华基金成功上市。

1999 年，我国最早的优化指数型基金——华夏兴和基金成立。

2000 年,公司正式提出"为信任奉献回报"的企业宗旨和"诚信、尊重、创新、共享"的经营理念,同年公司注册资本由 7000 万元增加到 13800 万元。

2001 年,国内首批开放式基金之一——华夏成长基金成立。

2002 年,公司在国内基金业率先推出基金后端收费模式。同年,公司取得全国社保理事会确定的首批投资管理人资格。

2003 年,中共中央政治局委员、北京市委书记刘淇同志视察华夏基金管理公司。

2004 年,国内首只 ETF——上证 50ETF 成功发行。同年公司独家获得亚洲债券基金中国子基金管理人资格。

2005 年,公司获得首批企业年金基金投资管理人资格。

2006 年,中小板 ETF 成功发行,首发规模 39.65 亿元。国内首批复制基金——华夏回报二号基金成立,首发规模 63 亿元;中国首例"封转开"基金华夏平稳增长基金成立,基金规模 23.46 亿元;华夏优势增长基金成功发行,首发规模 141 亿元。

2007 年 1 月 10 日,第四届中国基金业金牛奖揭晓,公司荣获"2006 年度十大金牛基金公司奖";华夏债券基金荣获"2006 年度开放式债券型金牛基金奖";华夏现金增利基金荣获"2006 年度开放式货币市场基金金牛基金奖";上证 50ETF 荣获"2006 年度开放式指数型金牛基金奖"。

2007 年 1 月 26 日,公司在和讯网主办的"2006 年度财经风云榜"活动中获得"2006 年度中国十大品牌基金公司奖"、"2006 年度中国基金业杰出创新奖",华夏现金增利基金荣获"2006 年度十大明星基金奖",公司总经理范勇宏获得了 200 万网友评选出的"2006 年度中国基金业杰出掌门人奖"。

2007 年 1 月 27 日,公司获得《21 世纪经济报道》评选的"2006 年中国基金管理公司综合实力奖",华夏债券基金获得"2006 年债券型基金三年持续表现奖"。

2007 年 2 月 16 日,公司在搜狐主办的"2006 年度基金评选"活动中获得"2006 年度明星基金管理人",华夏大盘精选基金获得"2006 年度股票型基金明星基金"。

2007 年 3 月,公司在亚洲权威资产管理杂志《亚洲资产管理》(*Asia Asset Management*)2006 年评奖活动中,获得"亚洲地区最佳客户服务奖"与"中国最佳社会服务奖",同时获得"中国最佳零售策略奖"特别提名与"中国最佳创新产品奖"特别提名。

2007 年 3 月 13 日,华夏债券基金在全球著名基金评级机构美国晨星资讯有限公司主办的"晨星基金经理年度奖"(Morningstar Fund Manager of the Year Award)评选活动中,蝉联"晨星(中国)2006 年度债券型基金经理奖"。

2007 年 4 月 6 日,公司在《上海证券报》主办的"第四届中国最佳基金公司评选"活动中成为唯一一家荣获"中国最佳基金公司 TOP 大奖"的基金公司,这是公司第二次获得该奖项,并已连续四年在《上海证券报》的基金评选中获奖。华夏现金增利基金经理韩会永荣获"最佳货币型开放式基金经理单项奖"。

2007 年 4 月 25 日,在美国 ETF 专业网站 Exchangetraded-funds. com 举办的第三届全球 ETF 大奖评选中,华夏基金旗下的中小板 ETF 荣获"亚太地区最佳创新 ETF 奖"。

2007 年 4 月 27 日,在《证券时报》2006 年度明星基金评选中,华夏基金获得了"明星基金管理公司奖",华夏大盘精选基金获得"股票型明星基金奖",华夏现金增利基金获得"货币市场明星基金奖"。

2007 年 5 月,华夏蓝筹核心基金公告集中申购结果,募集资金 438 亿元。

2007 年 5 月 11 日,华夏蓝筹核心基金开始办理日常赎回业务。

2007 年 5 月 28 日,华夏蓝筹核心基金在深圳证券交易所上市交易。

2007 年 5 月 30 日,华夏蓝筹核心基金开始办理日常申购业务。

2007 年 7 月,华夏基金荣膺由世界品牌实验室和世界经理人周刊联合主办的 2007 年(第四届)中国品牌高峰会评选的"2007 年度中国品牌 500 强"。

2007 年 7 月,华夏基金管理获得中国证监会正式批复,获准开展境外证券投资管理业务(QDII)。2007 年 8 月 13 日,在《中国证券报》评选的"2006 年度投资者关系管理表现最佳单项奖"中,华夏基金获得"最佳机构投资人奖"。

2007 年 8 月 27 日,华夏基金设立成都分公司。

2007 年 9 月 10 日,华夏复兴股票型证券投资基金成立。

2007 年 10 月 9 日,华夏全球精选股票型证券投资基金成立。

2007 年 10 月,公司总经理范勇宏获得由中国证券研究设计中心、和讯网和《证券市场周刊》共同评选的"基金业十年杰出贡献人物奖"。

2007 年 10 月,华夏基金获得由《第一财经日报》评选的"金融品牌价值十佳基金公司奖"。

2007 年 10 月,华夏基金网站在《证券时报》主办的第八届"中国优秀财经证券网站"评选活动上荣获"中国最佳基金网站奖"。

2007 年 11 月 17 日,华夏大盘精选基金荣获第三届中国证券市场年会"2007 年中国证券市场高成长开放式基金金算盘奖"。

2007 年 12 月 14 日,华夏行业精选基金集中申购提前结束。

2007 年 12 月,华夏基金在搜狐主办的"2007 年度搜狐理财网络调查暨年底调查"活动中荣获"2007 年最有影响力基金品牌奖"、"2007 最有影响力基金投资者教育奖"和"2007 年最受欢迎基金新产品奖"三项大奖。

2007 年 12 月,华夏大盘精选基金在南都周刊第一届金基奖评选中获得"2007 年度最佳业绩回报基金奖"。

2008 年 1 月,华夏基金获得由中证报、中国银河证券、天相投顾、中信证券共同评选的"2007 年度十大金牛基金公司"奖,其中华夏大盘精选基金获得"2007 年度开放式股票型金牛基金"、华夏红利与华夏平稳增长基金获得"2007 年度开放式混合型金牛基金"、华夏现金增利基金获得"2007 年度开放式货币市场金牛基金"。

2008 年 1 月,在楚天传媒集团 2007 年度理财总评榜评选活动中,华夏基金获得"最值得托付的基金管理公司奖",华夏大盘精选基金获得"最受欢迎的股票型基金奖",华夏平稳增长基金获得"最具成长性混合型基金奖"。

2008 年 1 月,华夏基金获得由《中国总会计师》杂志社与"中国国际财务战略管理研究会"共同评选的"2007 年度十佳金融服务机构"奖。

2008 年 1 月,在《理财周刊》、第一理财网、北京青年报、广州日报联合举办的"2007 年度理财产品评选"中,华夏红利基金获得"2007 年度基金产品金奖"。

2008 年 1 月 11 日，华夏基金在证券时报社主办的“2007 年度中国明星基金暨最佳托管银行评选”中，荣获“中国基金业十年持续回报明星基金奖”、“十大明星基金公司奖”，其中华夏大盘精选基金荣获“2007 年度股票型基金明星奖”，华夏红利基金荣获“2007 年度平衡型基金明星奖”。

2008 年 1 月，在《钱经》杂志、《东方早报》等多家媒体联盟举办的“2007 年度中国理财总评榜”的评比中，华夏基金被评为“2007 年度值得托付的基金公司”和“2007 年度最具价值基金公司”，华夏大盘精选基金被评为“2007 年度最受欢迎的股票型基金”，华夏平稳增长基金被评为“2007 年度最具成长性混合型基金”。

2008 年 1 月 20 日，在《21 世纪经济报道》主办的“中国赢基金奖”的评比中，华夏基金获得“2007 年中国基金公司综合实力大奖”、“2007 年中国基金管理公司最佳基金营销奖”、“2007 年中国基金管理公司最佳年度表现奖”和“2007 年中国基金管理公司最佳投资团队奖”四项大奖，华夏大盘精选基金获得“进取混合型开放式基金三年持续表现奖”和“2007 年中国开放式进取混合型基金最佳表现奖”，华夏红利混合型基金获得“2007 年中国开放式灵活混合型基金最佳表现奖”。

2008 年 1 月 20 日，在和讯网举办的 2007 年度财经风云榜颁奖活动中，华夏基金获得“2007 年度中国十大品牌基金公司奖”，范勇宏总经理获得“2007 年度中国十大基金业杰出掌门人奖”，华夏大盘精选基金获得“2007 年度最佳股票型基金奖”，华夏现金增利基金获得“2007 年度最佳货币市场型基金奖”。

2008 年 2 月 18 日，华夏基金获得北京市顺义区委区政府授予的“2007 年度区域经济百强企业”、“2007 年度财政贡献突出企业”称号。

2008 年 2 月 22 日，公司正式获得特定资产管理业务资格。

2008 年 2 月 28 日，在金融界、清华大学中国金融研究中心共同主办的“影响力·基金年会暨 2007 年度 BOB 基金评选颁奖”典礼中，公司获得“2007 年度 BOB 最佳基金管理公司”，华夏大盘精选基金、华夏红利基金、华夏优势增长基金、华夏平稳增长基金分别获得“2007 年度 BOB 最佳基金”。

2008 年 2 月 28 日，在新浪财经“2007 理财产品评选之基金公司评选”中，公司获得最受网友信赖的十大基金公司。

2008 年 2 月 28 日，华夏基金客户服务中心获得“客户联络中心标准体系五星级认证（CCCS 五星级认证）”，是基金行业唯一通过此权威认证的企业。

2008 年 2 月，华夏基金为南方地区冰冻雪灾捐款 130 万元。

2008 年 3 月 6 日，在亚洲权威的资产管理行业杂志《亚洲资产管理》（*Asia Asset Management*）的评选中，华夏基金获得“中国增长最快速基金管理公司”、“亚洲地区最具创新投资者教育”等四项大奖。

2008 年 3 月 10 日，华夏希望债券基金成立。

2008 年 3 月 14 日，在“理柏中国基金 2008”奖项评选中，华夏大盘精选基金获得 1 年期、2 年期、3 年期基金奖，华夏红利基金获得 1 年期基金奖。

2008 年 3 月 28 日，在《上海证券报》主办的第五届“中国基金业金基金评选”中，华夏基金获得“中国最佳基金公司 TOP 大奖”和“中国基金业十年杰出贡献基金公司奖”。华夏大盘精选基金获得“2007 年股票型金基金奖”。

2008 年 4 月 20 日，在晨星（中国）和《财富中国》联合举办了基金年度评奖中，华夏基金获得“2007 最佳持续创富基金公司”、“2007 最佳风险控制基金公司”，华夏大盘精选基金获得“开放式基金最佳年度回报基金奖，华夏大盘精选基金经理王亚伟获得“2007 最佳价值发现基金人物奖”。

2008 年 4 月 27 日，在《北京青年报》联合银河基金研究中心举办的年度“北青基金年度财星榜”评选中，华夏基金获得“2008 年金牌全能团队”称号。

2008 年 4 月，在亚洲权威财经杂志《亚洲投资者》（*Asian Investor*）举办的“2008 年度投资成就奖”中，华夏基金成为唯一一家获得“年度中国最佳基金公司”奖，同时还获得了“一年期最佳投资回报奖”。

2008 年 5 月，华夏基金荣获美国《读者文摘》信誉品牌“2008 白金奖”，成为该次评选活动中唯一一家获奖基金公司。获得白金奖的品牌，其评选得分至少是最主要竞争对手的两倍以上。

2008 年 5 月 16 日，2008 福布斯中国优选基金揭晓，华夏大盘精选基金排名第一。

2008 年 5 月 26 日，百度 2008 亿万网民心目中的理财品牌榜揭晓，华夏基金获得“2008 亿万网民心目中的中国十大品牌基金公司”，华夏大盘精选基金获得“2008 亿万网民心目中的中国十大明星基金”，华夏基金 E 网通获得“2008 亿万网民心目中的中国基金业杰出电子商务奖 ”。

2008 年 6 月，华夏基金公司和员工为四川汶川灾区捐款捐赠超过 350 万元。

2008 年 6 月 27 日，华夏基金在 2007 - 2008 年度中国最佳客户服务评选颁奖典礼上，获得“中国最佳客户服务奖”和“中国最佳客户服务中心奖”两项大奖。

2008 年 9 月 4 日，第九届“中国优秀财经证券网站”评选结果揭晓，华夏基金获得“2008 年度金融机构网站十佳管理团队奖”。

2008 年 9 月 5 日，华夏复兴股票型证券投资基金开放日常赎回、转换转出业务。

2008 年 9 月，在《理财周报》举办的“2008 最受尊敬的基金公司”评选中，华夏基金获得“2008 中国最受尊敬基金公司”、“2008 最佳回报基金公司”等四项大奖。

2009 年 1 月，华夏基金开展中学生社会实践课，旨在培养青少年的理财意识。

2009 年 8 月，华夏基金参与北京市顺义区社会福利慈善协会主办的助学项目，帮助城乡低保家庭和其他特殊困难家庭的学生就学。

2009 年 12 月，由华夏基金员工发起的“华夏人慈善基金会”正式成立，基金会以“促进人的发展与环境和谐”为宗旨，是未来华夏基金开展公益事业、践行社会责任的平台。同年，基金会向宁夏自治区同心县“生态移民项目”捐赠 40 万元，用于移民新村特色种植、养殖技术、节水灌溉等劳动技能培训。

2010 年 4 月，华夏人慈善基金会开展了生态移民技能培训项目，捐赠人民币 40 万元，用于在各移民新村开展特色种植、养殖技术、节水灌溉等劳动技能培训，通过帮助贫困村民获取最新的农业知识，提升他们的产能产效，早日脱贫致富。

2010 年 4 月，青海省玉树县发生地震灾害，华夏基金公司及全体员工通过华夏人慈善基金会向灾区捐款 100 万元。华夏基金香港公司向中联办捐款专户捐赠港币 10 万元整。

2010 年 8 月 7 日，甘肃舟曲发生了特大泥石流灾害。华夏人慈善基金会迅速响应，短短 9 天内便完成了 7000 余件物资的采购,金额403674.29元,在广大志愿者的积极帮助下,陆续发往灾区。

2010年10月,华夏人慈善基金会联合玉树州教育局,捐赠24万元,采购高质量燃煤共计200吨,覆盖了9所学校今冬的燃煤需求,保障了共计11239名学生和教职工的冬季取暖。

2010年11月11日,华夏人慈善基金会正式捐赠5万元人民币,用于在山西省天镇县唐八里村机井建设。该机井建设成功后,预计可满足200亩耕地的灌溉需求,覆盖近60户的200余位村民的用水问题。

【股东概况】

股东名称	持股比例
中信证券股份有限公司	49%
南方工业资产管理有限责任公司	11%
山东省农村经济开发投资公司	10%
POWER CORPORATION OF CANADA	10%
山东海丰国际航运集团有限公司	10%
无锡市国联发展(集团)有限公司	10%
合计	100%

【旗下基金】

基金代码	基金简称	类型	基金经理
000001	华夏成长	混合型	童汀、乐瑞祺
000011	华夏大盘精选	混合型	巩怀志
000021	华夏优势增长	股票型	罗泽萍、巩怀志
000031	华夏复兴	股票型	程海泳、崔同魁
000041	华夏全球精选	QDII	杨昌桁、周全 崔强
001001	华夏债券A/B	债券型	李中海 魏镇江
001003	华夏债券C	债券型	李中海、魏镇江
002001	华夏回报	混合型	胡建平张剑
002011	华夏红利	混合型	谭琦、赵航、严鸿宴
002021	华夏回报二号	混合型	胡建平张剑
003003	华夏现金增利	货币型	曲波
519029	华夏平稳增长	混合型	王海雄
510050	华夏上证50ETF	指数型	方军
159902	华夏中小板ETF	指数型	方军
160311	华夏蓝筹	混合型	陈兵
160314	华夏行业精选	股票型	孙彬、贺振华
001011	华夏希望债券A	债券型	韩会永
001013	华夏希望债券C	债券型	韩会永
002031	华夏策略精选	混合型	谭琦
000051	华夏沪深300	指数型	方军、徐弘弢
510330	华夏沪深300ETF	指数型	张弘弢
000061	华夏盛世精选	股票型	阳琨
288001	华夏经典	混合型	王海雄
288002	华夏收入	股票型	郑煜
288102	中信双利	债券型	李广云
288101	华夏货币A	货币型	曲波
288201	华夏货币B	货币型	曲波
159920	华夏恒生ETF*	指数型	张弘弢 王路
000075/000076	华夏恒生ETF联接(美元)*	指数型	张弘弢、王路
001021	华夏亚债中国债指A	债券型	邓湘伟
0010213	华夏亚债中国债指B	债券型	邓湘伟
001031	华夏安康优选债券A	债券型	曲波
001033	华夏安康优选债券C	债券型	曲波
001057	华夏理财30天债券A	货币型	李广云
001058	华夏理财30天债券B	货币型	李广云
001061	华夏海外收益债券A	债券型	刘鲁旦
001063	华夏海外收益债券C	债券型	刘鲁旦
001065	华夏海外收益债券现汇	债券型	刘鲁旦
510330	华夏沪深300ETF	指数型	张弘弢
500008	华夏兴华	封闭式	阳琨
500018	华夏兴和	封闭式	阳琨

【公司高管】

王东明先生,董事长,硕士,高级经济师。现任中信证券股份有限公司董事长、中信基金管理有限责任公司董事长、中国国际信托投资公司董事、协理,中信控股有限责任公司董事、中信国际金融控股有限公司董事、中信资本市场控股有限公司董事。曾任中信证券有限责任公司副总经理、总经理、董事,北京华远经济建设公司副总经理,加拿大枫叶银行证券公司部门副经理,南方证券公司副总裁,华夏证券公司发行部副总经理等职务。

滕天鸣先生,总经理,硕士。曾任机构理财部总经理、公司总经理助理、公司副总经理等。

方瑞枝女士,督察长,硕士。曾在中国金融出版社工作。

华安基金管理有限公司

【基本情况】

法定名称:华安基金管理有限公司
英文名称:Hua An Fund Management Co., Ltd.
注册地址:上海市浦东南路360号新上海国际大厦38层
办公地址:上海市浦东新区世纪大道8号上海国金中心二期31层
法人代表:朱仲群
总 经 理:李 勍
成立时间:1998年6月4日
公司属性:中资
注册资本:1.5亿元
联系电话:021-38969960
客服电话:40088-50099
传真号码:021-68863223
邮政编码:200120
公司网址:http://www.huaan.com.cn

【公司概况】

华安基金管理有限公司经中国证监会证监基金字[1998]20号文批准于1998年6月设立,是国内首批基金管理公司之一,注册资本1.5亿元人民币,公司总部设在上海陆家嘴金融贸易区。目前的股东为上海电气(集团)总公司、上海国际信托有限公司、上海工业投资(集团)有限公司、上海锦江国际投资管理有限公司和国泰君安投资管理股份有限公司。

截至2012年12月31日,华安基金共有36只公募基金,位居行业第4。公募基金管理规模达到955.90亿元,14年稳居行业前十。从业绩上来看,股票投资能力有11年居行业前1/2,7年居前1/3,5年居前1/4。华安基金管理有限公司旗下共管理了华安安信封闭、华安安顺封闭2只封闭式证券投资基金，华安创新混合、华安中国 A 股增强指数、华安现金富利货币、华安宝利配置混合、华安宏利股票、华安中小盘成长股票、华安策略优选股票、华安核心优选股票、华安稳定收益债券、华安动态灵活混合、华安强化收益债券、华安行业轮动股票、华安上证 180ETF、华安上证 180ETF 联接、华安上证龙头企业 ETF、龙头 ETF 联接、华安升级主题股票、华安稳固收益债券、华安可转换债基金、华安深证 300 指数基金（LOF）、华安科技动力股票、华安四季红债券、华安香港精选股票、华安大中华升级股票、华安标普石油指数基金（QDII - LOF）、华安月月鑫短期理财债券、华安季季鑫短期理财债券、华安双月鑫短期理财债券、华安七日鑫短期理财债券、华安沪深 300 指数分级、华安逆向策略、华安日日鑫货币、华安安心收益债券、华安信用增强债券等 34 只开放式基金。

【公司大事记】

1999 年 6 月，华安获准成为第一批可管理两只基金的基金管理公司。

2001 年 2 月，华安被“机构投资者论坛”（Institutional Investor）吸收为第一个中国大陆会员。

2001 年 9 月，推出了国内第一只开放式基金——华安创新证券投资基金。

2002 年 9 月，推出了国内第一只开放式指数型证券投资基金——华安 180 指数增强型证券投资基金。

2003 年 4 月，成为业内第一家参照“实时企业”（Real Time Company）的要求，推出 7 * 24 小时“全天候”理财服务的基金管理公司。

2003 年 12 月，推出了国内第一只准货币市场基金——华安现金富利基金。

2006 年 9 月，推出中国第一只外币基金产品——华安国际配置基金。

2007 年 4 月，华安旗下封闭式基金安瑞到期，转型为开放式基金——华安中小盘成长基金。

2007 年 8 月，华安旗下封闭式基金安久到期，转型为开放式基金——华安策略优选基金，申购首日突破 700 亿元。

2007 年 10 月，华安旗下中国第一只开放式基金华安创新分拆，净值回归 1 元。

2007 年 12 月，华安基金管理公司管理资产规模突破 1000 亿元，服务客户近 600 万。

2008 年 4 月，推出了旗下第一只债券型基金——华安稳定收益债券型基金，进一步完善了产品线。

2008 年 5 月，举行了公司十周年庆典暨华安全新品牌形象和 LOGO 发布会。十年再上路，华安以全新的品牌形象和投资者一起再出发。

2008 年 10 月，推出了旗下第十一只开放式证券投资基金——华安核心优选股票型证券投资基金。

2009 年 4 月，推出了旗下第二只债券型基金——华安强化收益债券型证券投资基金。

2009 年 9 月，推出旗下第十三只开放式证券投资基金——华安上证 180 交易型开放式指数证券投资基金联接基金，实现了基金业的创新，使得投资者能够以投资于普通开放式基金的资本量投资于交易型开放式指数基金。

2009 年 12 月，推出旗下第十四只开放式证券投资基金——华安动态灵活配置混合型证券投资基金。

2010 年 9 月，推出了第二只海外投资基金（QDII）华安香港精选股票型证券投资基金。

2010 年 5 月，推出旗下第十五只开放式证券投资基金——华安行业轮动股票型证券投资基金。

2011 年 9 月，国内第一只开放式基金——华安创新混合配置基金发行十周年。至今中国开放式基金已然走过十年风雨岁月。

2011 年 12 月，上证 180ETF 正式纳入融资融券标的证券。

2011 年 12 月，旗下全资子公司——华安资产管理（香港）有限公司的 RQFII（人民币合格境外机构投资者）资格正式获得证监会批准，成为成功入围首批获准该项资格的机构之一。

2011 年 12 月，华安基金总部搬迁至上海国金中心。

2012 年 4 月，国内首批固定组合类创新基金破茧，华安月月鑫、季季鑫短期理财基金正式获批。

【股东概况】

排序	股东名称	持股数量（万股）	持股比例
1	上海国际信托投资有限公司	3000.00	20%
1	上海电气（集团）总公司	3000.00	20%
1	上海锦江国际投资管理有限公司	3000.00	20%
1	国泰君安投资管理股份有限公司	3000.00	20%
1	上海工业投资（集团）有限公司	3000.00	20%

【旗下基金】

基金代码	基金简称	类型	基金经理
040001	华安创新	混合型	汪光成
040002	华安中国 A 股	指数型	牛勇
040003	华安现金富利 A	货币型	黄勤、杨柳
040013	华安现金富利 B	货币型	黄勤、杨柳
040004	华安宝利配置	混合型	陆从珍、康平
040005	华安宏利	股票型	尚志民、陈逊
040007	华安中小盘成长	股票型	吴丰树、康平
040008	华安策略优选	股票型	殷鸣
040009	华安稳定收益债券 A	债券型	贺涛
040010	华安稳定收益债券 B	债券型	贺涛
510180	180ETF	指数型	许之彦章海默
040011	华安核心	股票型	陈俏宇吴丰树
040012	华安强化收益债券 A	债券型	苏玉平
040013	华安强化收益债券 B	债券型	苏玉平
040180	华安 180ETF 联接	ETF	许之彦章海默
040015	华安动态灵活配置混合	混合型	张翥
040016	华安行业轮动股票	股票型	吴丰树
040018	华安香港精选股票	QDII	翁启森、苏圻涵
510190	上证龙头企业 ETF	ETF	牛勇
040019	华安稳固收益债券	债券型	郑可成
040190	华安龙头 ETF 联接	指数型	牛勇
040020	华安升级主题	股票型	陈俏宇
040021	华安大中华股票	QDII	翁启森苏圻涵
040022	华安可转债债券 A	债券型	贺涛
040023	华安可转债债券 B	债券型	贺涛
160415	华安深证 300 指数（LOF）	指数型	许之彦
040025	华安科技动力	股票型	汪光成
040026	华安信用四季红债券	债券型	黄勤、苏玉平
160417	华安沪深 300 指数分级	指数型	牛勇、张昊
040035	华安逆向策略	股票型	陆从珍
040036	华安安心收益债券 A	债券型	郑可成

基金代码	基金简称	类型	基金经理
040037	华安安心收益债券 B	债券型	郑可成
040045	华安信用增强债券	债券型	贺涛、郑可成
040038	华安日日鑫货币 A	货币型	郑可成、张晟刚
040039	华安日日鑫货币 B	货币型	郑可成、张晟刚
040042	华安七日鑫 A	货币型	黄勤、张晟刚
040043	华安七日鑫 B	货币型	黄勤、张晟刚
160416	华安石油指数	QDII	徐宜宜
040028	华安月月鑫短期理财 A	理财型	杨柳
040029	华安月月鑫短期理财 B	理财型	杨柳
040030	华安季季鑫短期理财 A	理财型	杨柳
040039	华安季季鑫短期理财 B	理财型	杨柳
040042	华安七日鑫 A	理财型	黄勤张晟刚
040043	华安七日鑫 B	理财型	黄勤张晟刚
500003	华安安信	封闭式	陈俏宇
500009	华安安顺	封闭式	尚志民

【公司高管】

朱仲群先生，研究生学历。历任中国人民银行人事司、办公厅副处长、处长，国家开发银行办公厅处长，中国光大银行大连分行行长助理、监察室副主任，中国平安人寿保险股份有限公司北京分公司党委副书记兼副总经理、党委书记兼总经理，长城人寿保险股份有限公司总经理、副董事长、董事，现任上海国际集团有限公司总经理助理，华安基金管理有限公司董事长。

李勍先生，大学学历，高级管理人员工商管理硕士（EMBA）。历任中国兴南（集团）公司证券投资部副总经理，北京汇正财经顾问有限公司董事总经理，上海证券交易所深圳办事处主任，中国投资信息有限公司董事总经理，现任华安基金管理有限公司董事、总裁。

薛珍女士，研究生学历，11 年证券、基金从业经验，曾任华东政法大学副教授，中国证监会上海证管办机构处副处长，中国证监会上海监管局信息调研处处长，中国证监会上海监管局法制工作处处长，现任华安基金管理有限公司督察长。

博时基金管理有限公司

【基本情况】

法定名称：博时基金管理有限公司
英文名称：Boshi Fund Management Co., Ltd.
办公地址：深圳市福田区深南大道 7088 号招商银行大厦 29 – 30 层
法人代表：杨　鹏
总 经 理：何　宝
成立时间：1998 年 7 月 13 日
公司属性：中资
注册资本：1 亿元
联系电话：0755 – 83169999
客服热线：95105568
传真号码：0755 – 83195140
公司网址：www.bosera.com

【公司概况】

博时基金管理有限公司成立于 1998 年 7 月 13 日，是中国内地首批成立的五家基金管理公司之一。注册资本 1 亿元人民币，总部设在深圳，在北京、上海、郑州、沈阳、成都设有分公司。博时基金公司的股东为招商证券股份有限公司、中国长城资产管理公司、天津港（集团）有限公司、璟安实业有限公司、上海盛业资产管理有限公司、丰益实业发展有限公司、广厦建设集团有限责任公司。博时基金公司的经营范围包括基金募集、基金销售、资产管理和中国证监会许可的其他业务，是一家为客户提供专业投资服务的资产管理机构。

“为国民创造财富”是博时的使命。博时基金公司的投资理念是“做投资价值的发现者”。股票投资强调以内部研究为基础的基本面分析，持续挖掘业绩稳定增长、有核心竞争力、有成长潜力的上市公司。坚信股票的二级市场价格终将反映企业的内在价值，坚守对企业的深入把握这一获取收益、规避风险的根本方法。

截至 2012 年 12 月 31 日，博时基金共管理博时价值增长混合基金、博时沪深 300 指数基金、博时现金收益货币基金、博时精选股票基金、博时主题行业股票（LOF）基金、博时稳定价值债券基金、博时平衡配置混合基金、博时价值增长贰号混合基金、博时第三产业股票基金、博时新兴成长股票基金、博时特许价值股票基金、博时信用债券基金、博时策略混合基金、博时上证超大盘 ETF 基金、博时上证超大盘 ETF 联接基金、博时创业成长股票基金、博时大中华亚太精选股票（QDII）基金、博时宏观回报债券基金、博时转债增强债券基金、博时行业轮动股票基金、博时抗通胀增强回报（QDII – FOF）基金、博时卓越品牌股票基金、博时深证基本面 200ETF 基金、博时深证基本面 200ETF 联接基金、博时裕祥分级债券基金、博时回报混合基金、博时天颐债券基金、博时上证自然资源 ETF 基金、博时上证自然资源 ETF 联接基金、博时标普 500 指数（QDII）基金、博时医疗保健行业股票基金、博时信用债纯债基金、博时安心收益定期开放债券基金等三十三只开放式基金和博时裕阳封闭、博时裕隆封闭两只封闭式基金，并且受全国社会保障基金理事会委托管理部分社保基金，以及多个企业年金账户、特定资产管理账户。截至 2012 年 12 月 31 日，博时管理的公募基金资产规模逾 1371 亿元人民币，累计分红超过 579 亿元人民币。博时基金公司是目前我国资产管理规模最大的基金公司之一，养老金资产管理规模在同业中名列前茅。

【公司大事记】

1998 年 7 月 13 日，经中国证监会证监基字［1998］26 号文件批准，博时基金管理有限公司在北京正式成立。

2008 年 1 月 7 日，由《中国证券报》主办、银河证券、天相投资顾问公司和中信证券协办的“第五届中国基金业金牛奖”评选结果揭晓，博时、华夏、易方达等 10 家基金管理公司荣获 2007 年度“金牛基金管理公司”称号。博时旗下两只基金同时获奖，基金裕隆获评为“2007 年度封闭式金牛基金”，博时主题行业获评为“2007 年度开放式股票型金牛基金”。

2008 年 1 月 10 日，由网易财经主办、《基金观察》协办的“中国基金十年高峰论坛暨 2007 年中国十大金钻基金公司颁奖盛典”中，博时等 10 家基金管理公司荣获“2007 年中国十大金钻基金公司”称号，同时博时还荣获“2007 年最具人气基金公司”称号。

2008 年 1 月 16 日，由《理财周刊》、《第一理财网》、《北京青年报》、《广州日报》等联合举办“2007 年度理财产品评选”

颁奖典礼在上海举行，博时第三产业成长基金荣获“2007 年度基金产品金奖”的称号。

2008 年 1 月 20 日，由国内著名财经网站和讯网主办的“2007 年度中国财经风云榜”在北京揭晓，博时荣获“中国十大品牌基金公司”、“中国基金业杰出电子商务奖”两项荣誉，博时总裁肖风荣获“中国基金业杰出掌门人奖”，博时主题行业基金经理邓晓峰荣获“中国十大明星基金经理”。

2008 年 1 月 20 日，由 21 世纪经济报道主办的 21 世纪中国资本市场年会在北京举行，会上颁发了“中国赢基金奖”。博时基金公司获得“2007 年中国基金公司综合实力大奖”和“2007 年中国基金管理公司最佳最快成长奖”的荣誉。

2008 年 1 月 22 日，由华夏时报主办的“2007 华夏机构投资者年会暨华夏理财总评榜颁奖盛典”在北京举行，博时等三家基金管理公司荣获“最佳基金事件营销奖”称号。

2008 年 1 月 23 日，《卓越理财》杂志、金融界网站、中央人民广播电台都市之声联合举办的“卓越 2007 金融理财排行榜”颁奖典礼在北京举行，博时裕富荣获“卓越 2007 金融理财排行榜最受欢迎基金产品奖”。

2008 年 2 月 1 日，全国银行间同业拆借中心根据交易成员 2007 年参与银行间本币市场交易的成绩和交易中遵章守法、恪守信用情况以及对交易系统建设的支持，选出了 120 家“2007 年度优秀交易成员”，博时位列其中，这是博时基金连续四年当选“全国银行间市场优秀交易成员”。

2008 年 2 月 20 日，经证券期货业科学技术奖励委员会和中国证监会批准，证券期货业首届科学技术奖获奖项目在北京揭晓，在信息系统的建设与应用方面创造了基金行业 6 项第一的博时基金公司荣获证券期货业首届科学技术奖最佳创新奖。

2008 年 2 月 21 日，由中国企业年金网主办的 2007 年度优秀企业年金基金管理机构评选结果日前揭晓，博时基金荣获“2007 年度最佳企业年金投资管理人”称号。

2008 年 2 月 28 日，由金融界网站和清华大学中国金融研究中心主办的首届“影响力 · 基金年会暨 2007BOB 基金评选颁奖”在北京举行，博时等 10 家基金管理公司荣获“2007 年度 BOB 基金公司”称号，同时博时旗下的“博时主题行业基金”、“博时精选股票基金”和“基金裕隆”还荣获“2007 年度 BOB 最佳基金产品”称号。（注：BOB 即 Best of the best，优中最优）

2008 年 3 月 18 日，由东方财富网、新民晚报联合主办的“2007 年百姓最喜爱的十大股票基金评选”系列活动结果在上海揭晓。经过一个月的读者投票和专家评选，博时主题行业基金被评为“2007 年百姓最喜爱的十大股票基金”。

2008 年 3 月 22 日，由证券时报社主办、安信证券协办的“2007 年度中国明星基金暨最佳托管银行评选”颁奖典礼在深圳举行。博时凭借公司综合实力荣获“2007 年度十大明星基金公司”称号。同时，博时主题行业基金获“2007 年度股票型基金明星奖”，基金裕阳荣获“2007 年度封闭式基金明星奖”。

2008 年 3 月 28 日，上海证券报第五届“金基金”奖及“中国基金业十年杰出贡献奖”在北京揭晓。博时荣获“中国基金业十年杰出贡献奖”，博时主题行业基金荣获 2007 年度股票型“金基金”奖。

2008 年 4 月 27 日，由《北京青年报》杂志主办的“2008 年北青基金年度财星榜”颁奖典礼在北京举行，博时基金公司荣获“金牌价值团队”奖。

2008 年 5 月 15 日，博时公司及员工共向地震灾区捐款 300 万元。在 5 月 12 日四川汶川县发生强烈地震后，博时基金发扬“扶贫济困，奉献爱心”的公司传统，公司及员工向地震灾区捐款 100 万元，以帮助四川灾区同胞，缓解燃眉之急。5 月 15 日，为进一步支持抗灾重建工作，博时公司追加捐款 200 万元，至此，博时基金公司和员工共捐款 300 万元。

2008 年 5 月 20 日，博时基金荣获“2008 亿万网民心目中的中国十大品牌基金公司”奖，肖风总经理荣获“2008 年影响中国基金业发展的十佳领导人”奖。2008 年 4 月，百度财经进行了为期一个月的“2008 亿万网民心目中的理财品牌榜评选”活动，博时基金公司和公司总经理肖风先生分别获十佳品牌基金公司及十佳领导人的称号。

2008 年 6 月 2 日，世界品牌实验室（World Brand Lab）发布了 2008 年（第五届）《中国 500 最具价值品牌排行榜》。在这份基于财务分析、消费者行为分析和品牌强度分析而获得的中国品牌国家队阵容中，博时以 32.68 亿元的品牌价值荣居 234 位。博时在基金公司中位居榜首。

2008 年 6 月 21 日，博时主题行业基金获评为“十大最受重庆市民喜爱基金产品”。

2008 年 7 月 3 日，博时基金获中国最佳客户服务中心管理奖。2008 年 7 月 3 日，中国最佳客户服务评选揭晓，博时基金获中国最佳客户服务中心管理奖。中国最佳客户服务评选至今已经连续成功举办了三届，对推动“中国服务”品牌化起到了积极的推动作用。

2008 年 7 月 10 日，博时基金公司在中国科学院设立博时奖学金，用以支持该院金融与经济管理、数学和系统科学领域的研究生教育。

2008 年 7 月 13 日，作为国内资产管理规模最大的基金公司之一的博时基金迎来了自己十周岁的生日，博时基金从公司经营收入中出资 100 万元，与其他组织机构一起参与什邡市特殊学校的援建工作，至此，博时基金及员工为地震灾区累计捐款、捐物超过 400 万元。

2008 年 9 月 20 日，由《理财周报》主办的“2008 中国基金业领袖峰会”在上海举行，博时在会上被授予“2008 中国最受尊敬基金公司”的称号。

2008 年 10 月 25 日，由《北大商业评论》、国际人力资源管理协会和国家劳动和社会保障部职业杂志社联合举办的第五届中国人力资源管理年度盛典暨 2008 中国人力资源年度评选结果在北京揭晓，博时公司获得 2008 年度“中国行业十佳雇主企业”称号。这是博时公司第三次获得该项荣誉。

2008 年 11 月 4 日，全球权威性的投资管理类杂志——《美国机构投资者》（*Institutional Investor*）在上海宣布了中国 2008 年前 20 名基金排名榜，博时基金以 353 亿美元的资产总值位列第二。

2008 年 11 月 9 日，由证券日报社主办的“第四届中国证券市场年会”在北京举行，博时第三产业基金在会上获颁“2008 年中国证券市场开放式基金金算盘奖”。

2008 年 12 月 18 日，博时基金在“2008 搜狐金融理财网络盛典”的网络评选中获得“2008 年最有影响力基金品牌奖”。

2008 年 12 月 28 日，博时基金在金融时报社主办的“2008 中国最佳金融机构排行榜”的评选中获得“年度最佳基金公司”奖。

2009 年 1 月 8 日，和讯“第六届中国财经风云榜”在北京正式发布结果，博时基金公司获得“2008年度品牌基金公司”、“2008年度最佳投资者关系基金公司”、“2008年度最佳基金网上交易平台”三项大奖，同时博时稳定价值债券投资基金基金经理过钧获得“2008年度稳健投资基金经理”奖项。

在2009年1月14日，揭晓的第六届中国基金业金牛奖评选中，博时获得6个奖项，成为获奖最多的基金公司之一。此次博时基金蝉联获得“金牛基金管理公司”的称号，基金裕隆、博时主题行业、博时平衡配置分别获得“封闭式持续优胜金牛基金”、“开放式股票型持续优胜金牛基金”和“2008年度同业领先开放式混合型基金”的奖项。另外，博时稳定价值、博时现金收益分别获得“2008年度开放式债券型金牛基金”和“2008年度开放式货币市场金牛基金”奖项。

2009年1月18日，博时基金在2008年华夏理财总评榜“金蝉奖”的评选中获得“最佳基金投研团队”奖。

2009年1月20日，博时公司独家荣获《亚洲资产管理》（*Asia Asset Management*）杂志颁发的两项大奖，公司获得“最佳中国基金公司奖”，公司副总裁李全获得“2008年度亚太地区最佳营销人物奖”。

2009年2月20日，博时基金获得“2008年度十佳投资基金公司”，该评选由中国金融品牌主流媒体宣传联盟主办。

2009年3月3日，“晨星（中国）2008年度基金奖”颁奖典礼在香港举行，博时公司旗下博时平衡配置基金荣获开放式配置型基金提名奖。截至2008年12月31日，该基金过去一年回报在同类基金中名列前茅，同时被晨星评为两年期五星级基金。统计数据显示，博时平衡配置基金自2006年5月31日成立以来，至2009年2月27日，在遭遇2008年股市深幅调整的情况下，投资回报率为109.34%。

2009年3月4日，博时主题行业基金获得“2008年（第三届）钻石基金TOP10”荣誉。

2009年3月9日，博时在由《21世纪经济报道》主办的“21世纪中国赢基金奖”的评选中，蝉联“中国基金公司综合实力大奖”。同时，博时荣获“中国基金公司最佳研究团队奖”。

2009年3月17日，2008－2009年度《钱经》中国财富管理年会中，博时获得两个奖项：2008－2009年度暨第二届中国理财总评榜“中国基金业发展成就奖”和2008－2009年度暨第二届中国理财总评榜“最具竞争力基金公司”。

2009年3月20日，2009年“理柏中国基金奖”揭晓，博时获得三个奖项，其中博时平衡配置基金分别获得一年期平衡混合型和二年期平衡混合型两项大奖；博时主题行业基金获得二年期股票型基金奖。理柏基金奖是一项国际大奖，是全球基金管理业的传统年度奖项。

2009年3月20日，在由证券时报社主办的“2008年度中国明星基金及最佳托管银行”评选中，博时基金荣获三个奖项：“2008年度十大明星基金公司奖”；博时稳定价值获“2008年度债券型明星基金奖”；基金裕隆获得“三年持续回报封闭式明星基金奖”。

2009年3月27日，由上海证券报、中国证券网主办的第六届“金基金”系列评选活动中，公司荣获“2008年度最佳风险控制奖”，同时，博时平衡配置基金、基金裕隆分别荣获“2008年度积极配置型金基金”、“2008年度三年期封闭式金基金”称号。

2009年3月29日，博时基金获评为“中国企业信息化500强”。

2009年4月3日，博时基金跻身广东综合纳税百强。

2009年4月9日，在由金融界网站、中国社会工作协会主办的“2008中国金融企业慈善榜”发布活动中，博时基金荣获“金融行业卓越贡献奖”。

2009年4月22日，备受关注的第六届“深圳知名品牌”评价活动经过严格的评审正式揭晓，博时作为基金行业唯一入选的品牌顺利通过复审，继续享有“深圳知名品牌”称号三年。

2009年6月16日，世界品牌实验室（World Brand Lab）在北京发布了2009年（第六届）《中国500最具价值品牌排行榜》。在这份中国品牌国家队阵容中，博时以35.52亿元的品牌价值，位居第230位，在基金行业中继续位居榜首，这也是博时第六次上榜。在前六次的评估中，博时基金分别以2004年19.68亿元、2005年22.53亿元、2006年24.28亿元、2007年25.45亿元、2008年32.68亿元的品牌价值榜上有名。

2009年9月22日，博时在由《理财周报》主办的“2009中国最受尊敬基金公司”评选中，荣获此次评选的最高奖项——“2009中国基金行业卓越贡献大奖”，同时，还获得“2009最佳公司治理基金公司”以及“2009最佳品牌塑造基金公司”两项大奖。

2009年9月25日，博时在由证券时报社主办的第十届中国优秀财经证券网站评选中荣获“年度最佳基金网站”奖项。

2009年12月23日，博时基金在由搜狐网主办的2009搜狐金融理财网络盛典中，荣获“2009年最有影响力基金品牌奖”奖项。

2010年1月20日，博时基金在“影响中国2009腾讯网络盛典”评选活动中荣获“2009年度最佳投研团队”奖项。

2010年1月21日，博时基金在2009第三届中国机构投资者年会暨“金蝉奖”颁奖盛典中获得“最佳基金管理团队”奖。

2010年1月22日，博时基金在由和讯网发起、中国证券市场研究设计中心（SEEC）等机构联合主办的2009第七届财经风云榜大型网络评选活动中，获得“十大品牌基金公司”奖。

2010年4月，在中金在线举办的“2009年度财经排行榜”基金网友投票评选活动中，博时基金获得“2009年度十大品牌基金公司”奖项。

2010年5月23日，第七届中国基金业金牛奖评奖结果揭晓，博时基金2010年连续第三次荣获中国基金业最具权威的“金牛基金公司”奖，并获得首次设立的“金牛特别贡献奖”，旗下基金博时裕隆封闭、博时主题行业股票、博时平衡配置混合和博时现金收益货币均蝉联金牛奖项，分别获得“三年期封闭式持续优胜金牛基金”、“三年期开放式股票型持续优胜金牛基金”、“三年期开放式混合型持续优胜金牛基金”和“2009年度开放式货币市场金牛基金”奖项。

2010年6月24日，由上海证券报社主办、中国银河证券基金研究中心和晨星资讯（深圳）有限公司提供技术支持的第七届中国“金基金奖”评选揭晓，博时基金共获得三项大奖，其中，公司荣誉为：2009年度“金基金·TOP公司奖”；旗下博时主题行业股票证券投资基金获得了2009年度“金基金·三年期主动型股票基金奖”；博时平衡配置混合型证券投资基金获得了2009年度“金基金·三年期平衡型基金奖”。

2010年6月28日，世界品牌实验室（World Brand Lab）在

北京发布了 2010 年(第 76 届)《中国 500 最具价值品牌排行榜》。在这份中国品牌国家队阵容中,博时以 38.36 亿元的品牌价值,位居第 228 位,在基金行业中继续位居榜首,这也是博时连续第 7 次上榜。

2010 新浪金麒麟论坛"于 2010 年 11 月 2 日召开,博时基金荣获"2010 年度基金公司网民最满意奖"。博时基金为客户服务的完善与优化所付出的努力,多年来已逐步被投资者所注意,被业界与媒体认可与赞同。

博时荣获《亚洲资产管理》三项大奖。2011 年 1 月 19 日,博时公司获得由《亚洲资产管理》(*Asia Asset Management*)杂志颁发的"2010 年度中国最佳投资者教育奖",博时上证超大盘 ETF 获得"2010 年度中国最佳新发 ETF 奖",博时大中华亚太精选股票基金(QDII)获得"2010 年度中国最佳新发 QDII 基金奖"。

2011 年 4 月 8 日,在由上海证券报社主办,中国银河证券股份有限公司、晨星资讯(深圳)有限公司和上海证券有限责任公司三家基金评价机构担任技术支持的"金基金"奖的评选中,博时平衡配置混合型证券投资基金获得 2010 年度"金基金三年期产品奖 · 平衡型基金奖",博时稳定价值债券投资基金获得 2010 年度"金基金三年期产品奖 · 债券基金奖"。

2011 年 6 月 28 日,世界品牌实验室发布了 2011 年中国 500 最具价值品牌榜。博时基金管理公司凭着 2010 年持续的品牌创新和优秀的客户服务,品牌价值一年内提升了近 20 亿元,达到 56.24 亿元,位列品牌榜 227 名,连续 8 年成为国内最具品牌价值的基金公司。

2011 年 7 月 7 日,由中国信息协会、中国服务贸易协会两大国家级协会共同主办的 2010 – 2011 第六届中国最佳客户服务评选活动圆满落幕。在这次评选活动中,博时客户服务中心喜获"中国最佳客户服务中心"、"中国优秀客户服务代表"两项荣誉。

2011 年 7 月 8 日,在"第二届基金投资者网上集体接待日"活动会中博时基金荣获"2010 年基金五星品牌奖"、"2010 ~2011 基金投资者最佳服务奖"。

2011 年 7 月 11 日,全球知名商业杂志《福布斯》中文版发布了 2011 年中国基金排行榜,共有 50 只公募基金产品登上各类型榜单。其中,博时主题行业股票(LOF)荣登 2011 中国最佳股票型基金榜单。

2011 年 7 月 12 日,博时平衡配置基金获评为"2011 年中国基金夏季之星"。

2011 年 10 月 10 日,博时基金荣获香港知名财经杂志《资本杂志》颁发"资本卓越大中华退休组合基金大奖",以表扬博时基金在国内养老金的卓越表现。

2011 年 11 月 1 日,在"2011 年度网易金钻奖评选"中,博时基金荣获"最佳基金创新品牌奖"。

2011 年 11 月 25 日,由新财富杂志主办的第九届新财富最佳分析师颁奖典礼在深圳举办,博时基金管理公司荣获"第四届新财富最具慧眼基金管理公司"奖项。

2011 年 11 月 25 日,"2011 第一财经年会 · CFV 颁奖晚宴"在北京金融街威斯汀大酒店成功举行。本次颁奖揭晓了"2011 第一财经金融价值榜"各类奖项,其中,博时基金荣获"年度基金理财品牌"奖。

2011 年 10 月 26 日,由《理财周报》主办的 2011 中国基金业领袖峰会在深圳举行。博时基金管理公司荣获"2011 中国最佳资产配置基金公司"奖项。

2011 年 12 月 3 日,由和讯网主办的"2011 基金业突围与可持续发展暨基金行业财经风云榜颁奖典礼"在深圳举行,博时基金获得了和讯财经风云榜基金行业类评选中的"2011 年度十大品牌基金公司"和"2011 年度最佳基金产品创意主题"两项大奖。

2011 年 12 月 9 日,由东方财富网主办的"2011 东方财富风云榜"在北京正式揭晓,博时基金荣获"2011 年度最佳企业年金投资管理人"。

2011 年 12 月 9 日,由证券时报主办的"第十二届金融 IT 创新暨优秀财经网站评选"结果揭晓,博时基金荣获"最佳客服热线"奖项,成为基金行业内唯一获此殊荣的公司。"中国优秀财经证券网站"评选活动经过十多年的发展,已经成为金融业界范围最广、影响最大、最具权威性的品牌评选活动之一。

2012 年 1 月 30 日,博时抗通胀增强回报基金在《亚洲资产管理》(*Asia Asset Management*)举办的"2011 年卓越之最表现大奖"中获大会颁发的"中国最佳新发 QDII 基金"奖项,这也是我司连续两年获得该奖项。

2012 年 2 月 28 日,由凤凰网主办的"2012 金凤凰金融盛典暨 2011 年度颁奖礼"在北京举行。博时基金荣获"2011 年最具影响力基金投研团队奖"。

2012 年 3 月 26 日,在证券时报"2011 年度中国基金业明星奖"评选中,我司共获得七项大奖:博时基金管理有限公司获得"2011 年度十大明星基金公司奖"、博时特许价值股票基金获得"三年持续回报股票型明星基金奖"、博时主题行业股票基金和博时特许价值股票基金获得"2011 年度股票型明星基金奖"、博时价值增长基金和博时价值增长贰号基金获得"2011 年度平衡混合型明星基金奖"、博时裕隆封闭获得"2011 年度封闭式明星基金奖"。

2012 年 3 月 28 日,由中国证券报社主办,银河证券、天相投顾、招商证券、海通证券协办的"2012 年金牛基金论坛暨第九届中国基金业金牛奖颁奖盛典"在京举行。博时基金荣膺六项大奖,分别是:我司荣获"金牛基金管理公司"、博时裕隆封闭荣获"五年期封闭式金牛基金"、博时主题行业荣获"五年期股票型金牛基金"、博时第三产业荣获"2011 年度股票型金牛基金"、博时特许价值荣获"2011 年度股票型金牛基金"、博时价值增长荣获"2011 年度混合型金牛基金"。

2012 年 3 月 28 日,由理财周报主办的"2012 中国金融品牌管理者年会暨 2011 中国金融品牌「金象奖」颁奖典礼"在京举行。"博时抗通胀增强回报基金"营销事件荣获 2011 中国金融品牌「金象奖」之"2011 中国金融品牌年度十大营销事件"。

2012 年 4 月 6 日,由北京青年报、北青传媒共同打造的"财星榜"及商业行业最佳合作伙伴奖上周末在北京揭晓,博时基金被评为年度金牌基金公司。

2012 年 4 月 20 日,由上海证券报社主办的第九届中国"金基金"奖评选揭晓,博时基金管理有限公司获得 2011 年度"金基金 · TOP 公司奖",博时主题行业股票基金获得 2011 年度"五年期金基金 · 股票型基金奖",博时价值增长混合基金获得 2011 年度"一年期金基金 · 偏股混合型基金奖"。本次金基金奖评选由上海证券报社主办,中国银河证券股份有限公司、晨星资讯(深圳)有限公司和上海证券有限责任公司三家基金评价机构担任技术支持,评审委员会由政府部门专家学者、商业银行基金托管部负责人和业内知名资深人士构成,各基金持有人也通过网络投票参与了"金基金"奖的评选。

2012年5月25日，在由21世纪经济报道主办的"2011年度赢基金奖"评选中，博时基金荣获"2011年度中国最佳基金公司"奖项。

2012年6月28日，世界品牌实验室（WBL）在北京发布2012年（第九届）《中国500最具价值品牌》排行榜，博时基金以61.92亿元的品牌价值位列第220名，成为入选该榜单四家基金公司中的第一名。

2012年10月30日，在由理财周报主办的2012中国基金业领袖峰会上，主办方发布了2012中国最受尊敬基金公司榜单。博时基金共获三项大奖，其中博时基金公司获得"2012中国最受尊敬基金公司"和"2012中国最佳价值发现基金公司"两个奖项，公司总裁何宝获得"2012基金公司最受尊敬总裁"奖项。

2012年12月5日，在证券时报主办的"2012金融IT创新暨优秀财经网站评选"中，博时基金荣获"最佳网上交易基金平台"和"最佳客服热线"两个项奖，以表彰博时在电子商务和客户服务方面的优秀成绩。由证券时报主办的"金融IT创新暨优秀财经网站"评选活动经过十多年的发展，已经成为金融业界范围最广、影响最大、最具权威性的品牌评选活动之一。

2012年12月14日，东方财富风云榜颁奖典礼在上海举行，博时基金荣获"2012年度最佳企业年金投资管理人"奖项。"2012东方财富风云榜"由东方财富网主办，分众传媒协办，长江商学院、复旦大学管理学院和上海交通大学上海高级金融学院作为学术支持单位。

【股东概况】

排序	股东名称	持股数量（万股）	持股比例
1	招商证券股份有限公司	7300	49%
2	中国长城资产管理公司	2500	25%
3	天津港（集团）有限公司	600	6%
3	璟安实业有限公司	600	6%
3	上海盛业资产管理有限公司	600	6%
3	丰益实业发展有限公司	600	6%
4	广厦建设集团有限责任公司	200	2%

【旗下基金】

基金代码	基金简称	类型	基金经理
050001	博时价值增长	混合型	温宇峰
050002	博时300	指数型	王红欣胡俊敏
050003	博时现金收益	货币型	张勇
050004	博时精选股票	股票型	马乐
050006	博时稳定价值债券B	债券型	张勇
050007	博时平衡配置	混合型	皮敏、姜文涛
050008	博时第三产业	股票型	刘彦春
050009	博时新兴成长	股票型	韩茂华、曾鹏
050010	博时特许价值	股票型	胡俊敏
050201	博时价值增长贰号	混合型	温宇峰
160505	博时主题	股票型	邓晓峰
050011	博时信用A	债券型	过钧
051011	博时信用B	债券型	过钧
050111	博时信用C	债券型	过钧
050012	博时策略	混合型	张勇、王燕
050106	博时稳定价值债券A	债券型	张勇
050013	博时上证超大盘联接	ETF	方维玲
510020	博时上证超大盘ETF	ETF	方维玲
050014	博时创业成长	股票型	孙占军
050015	博时大中华亚太精选	QDII	张溪冈
050016	博时宏观债券A	债券型	皮敏
051016	博时宏观债券B	债券型	皮敏
050116	博时宏观债券C	债券型	皮敏
050019	博时转债增强债券A	债券型	过钧
050119	博时转债增强债券C	债券型	过钧
160512	博时卓越品牌	股票型	聂挺进
159908	博时深证200ETF	指数型	赵云阳
050020	博时抗通胀增强	QDII	章强
050021	博时深证200联接	指数型	赵云阳
050022	博时回报灵活配置	混合型	姜文涛
184692	基金裕隆	封闭式	温宇峰
500006	基金裕阳	封闭式	王燕
160513	博时裕祥分级债券	债券型	陈芳菲
160514	博时裕祥分级债券	债券型	陈芳菲
150043	博时裕祥分级债券B	债券型	陈芳菲
510410	博时上证自然资源	ETF	胡俊敏
050024	博时上证自然资源ETF联接	ETF	胡俊敏
050025	博时标普500指数	QDII	王红欣胡俊敏
050026	博时医疗保健行业股票	股票型	李权胜
050023	博时天颐债券A	债券型	杨永光
050123	博时天颐债券C	债券型	杨永光
050027	博时信用债纯债	债券型	皮敏
050028	博时安心收益债券A	债券型	陈凯杨
050128	博时安心收益债券C	债券型	陈凯杨

【公司高管】

杨鹌女士，硕士，董事长。1983年起先后在中国银行国际金融研究所、香港中银集团、招商银行证券部、深圳中大投资管理公司、长盛基金管理公司、中信基金管理有限公司工作。现任招商证券股份有限公司董事、总经理。

何宝先生，经济学博士，总经理。1998年起曾先后在上海飞机制造厂、全国社保基金理事会投资部、中国投资公司投资部工作。2011年9月加入博时基金管理有限公司，现任公司总经理。

孙麒清女士，商法学硕士。曾供职于广东深港律师事务所。2002年加入博时基金管理有限公司，曾任监察法律部法律顾问，现任公司督察长兼监察法律部总经理。

鹏华基金管理有限公司

【基本情况】

法定名称：鹏华基金管理有限公司
英文名称：Penghua Fund Management Co., Ltd.
注册地址：深圳市福田区福华三路与益田路交汇处深圳国际商会中心43层
办公地址：深圳市福田区福华三路与益田路交汇处深圳国际商会中心43层
法人代表：何　如
总 经 理：邓召明
成立时间：1998年12月22日
公司性质：中外合资
注册资本：1.5亿元
联系电话：400－678－8999
传真号码：0755－82021125
邮政编码：518001
公司网址：www.phfund.com.cn

【公司概况】

鹏华基金管理有限公司成立于 1998 年 12 月 22 日，注册资本 1.5 亿元人民币，目前的股东由国信证券股份有限公司、意大利欧利盛资本资产管理股份公司（Eurizon Capital SGR S. P. A.）、深圳市北融信投资发展有限公司组成，三家股东的出资比例分别为 50%、49%、1%，业务范围包括基金募集、基金销售、资产管理及中国证监会许可的其他业务。截至 2012 年 12 月 31 日，公司管理资产总规模达到 1313.35 亿元，管理两只封闭式基金、三十一只开放式基金、六只全国社保投资组合。

2007 年 6 月 22 日，经中国证监会《关于同意鹏华基金管理有限公司股权变更及修改公司章程的批复》（证监基金字［2007］178 号）批准，公司原股东深圳市北融信投资发展有限公司、方正证券有限责任公司、安徽国元信托投资有限责任公司将其持有的占本公司总股本 49% 的股权一次性整体转让给意大利欧利盛金融集团股份公司（Eurizon Capital SGR S. P. A.），中国商务部于 6 月 27 日向本公司颁发了外商投资企业批准证书（商外资资审字［2007］0259 号）。

2009 年 8 月 6 日，经中国证监会《关于核准鹏华基金管理公司变更股权的批复》（证监许可［2009］746 号）批准，该公司原股东意大利欧利盛金融集团股份公司将其持有的公司 49% 的股权转让给意大利欧利盛资本资产管理股份公司（Eurizon Capital SGR S. P. A.）。

作为《证券投资基金管理暂行办法》颁布后成立的第六家规范化的基金管理公司，鹏华基金自成立以来，一直秉承“进取、求实”的企业精神，坚持“信任高于一切”的企业理念，把风险控制放在业务发展首位。公司还成立了中国基金业第一个投资者俱乐部——“鹏友会”，为广大投资者“尽心尽力，真诚服务”，其稳健经营、规范运作的鲜明形象已为市场熟知和认可。

面对资产管理行业巨大的发展机遇，鹏华基金将在进一步提高基金管理水平、完善市场服务体系、新业务开发、国际合作、内部管理变革等多方面加快步伐，努力进取，坚持做持有人的“成长股”，为客户带来长期持续的回报。

【公司大事记】

1998 年 12 月 22 日，鹏华基金管理有限公司经中国证监会批准正式成立，注册资本金 8000 万元。

1999 年 1 月 6 日，鹏华首只封闭式基金普惠证券投资基金成立。

1999 年 7 月 14 日，鹏华首只优化指数封闭式基金普丰证券投资基金成立。

2001 年 09 月 26 日，公司注册资本由 8000 万元增加到 1.5 亿元。

2002 年 5 月 24 日，鹏华首只开放式基金鹏华行业成长开放式证券投资基金成立。

2002 年 08 月 12 日，鹏华基金管理有限公司北京分公司在北京注册成立。

2002 年 08 月 15 日，鹏华基金管理有限公司上海分公司在上海注册成立。

2002 年 12 月 13 日，全国社会保障基金理事会正式签发《关于投资管理人评审有关问题的通知》的文件（社保基金办［2002］53 号），公司被确定为全国社会保障基金首批投资管理人。

2002 年 12 月 16 日，鹏华获得社保基金理事会批准，成为全国社会保障基金首批六家投资管理人之一。

2003 年 7 月 8 日，普天债券开放式证券投资基金和普天收益开放式证券投资基金同时成立。

2004 年 4 月 30 日，鹏华中国 50 开放式证券投资基金成立。

2005 年 4 月 5 日，鹏华货币市场证券投资基金成立。

2006 年 7 月 11 日，鹏华价值优势股票型证券投资基金（LOF）成立。

2006 年 12 月 28 日，鹏华动力增长混合型基金（LOF）成立。

2007 年 5 月 8 日，鹏华优质治理股票型证券投资基金（LOF）开始募集，5 月 9 日募集结束。该基金由原基金普华和基金普润两只封闭式基金合并转型而成，也是国内首只由分别在沪、深两个交易所上市的两只封闭式基金成功合并转型的开放式基金。

2007 年 6 月 22 日，经中国证券监督管理委员会批准，本公司原股东深圳市北融信投资发展有限公司、方正证券有限责任公司、安徽国元信托投资有限责任公司将其持有的占本公司总股本 49% 的股权一次性整体转让给意大利欧利盛金融集团股份公司，中国商务部于 6 月 27 日向本公司颁发了外商投资企业批准证书（商外资资审字［2007］0259 号）。

2008 年 2 月 14 日，经中国证券监督管理委员会批准，公司成为获得从事特定客户资产管理业务资格的首批投资管理人之一。

2008 年 4 月 25 日，经中国证券监督管理委员会批准，公司获得作为合格境内机构投资者从事境外证券投资管理业务的资格。

2008 年 5 月 21 日，鹏华丰收债券型证券投资基金成立。

2008 年 9 月 26 日，鹏华盛世创新证券投资基金（LOF）成立。

2009 年 3 月 27 日，鹏华沪深 300 指数证券投资基金（LOF）成立。

2009 年 8 月 6 日，经中国证券监督管理委员会批准，本公司原股东意大利欧利盛金融集团股份公司将其持有的本公司 49% 的股权转让给意大利欧利盛资本资产管理股份公司。

2009 年 9 月 4 日，鹏华精选成长股票型证券投资基金成立。

2010 年 1 月 29 日，鹏华中证 500 指数证券投资基金（LOF）成立。

2010 年 4 月 16 日，鹏华基金管理有限公司武汉分公司在武汉注册成立。

2010 年 5 月 26 日，鹏华信用增利债券型证券投资基金成立。

2010 年 7 月 29 日，鹏华上证民营企业 50 交易型开放式指数证券投资基金及其联接基金成立。2010 年 9 月 30 日，鹏华环球发现证券投资基金成立，该基金是鹏华基金旗下首只海外投资基金。

2010 年 11 月 25 日，鹏华丰润债券型证券投资基金成立。

2010 年 12 月 23 日，鹏华消费优选股票型证券投资基金成立。

2011 年 4 月 25 日，鹏华丰盛稳固债券型证券投资基金成立。

2011 年 6 月 15 日，鹏华新兴产业股票型证券投资基金成立。

2011 年 9 月 2 日，鹏华深证民营交易型开放式指数证券投资基金及其联接基金成立。

2011 年 11 月 25 日,鹏华美国房地产证券投资基金成立。

2011 年 12 月 8 日,鹏华丰泽分级债券型证券投资基金成立。

2012 年 4 月 16 日,鹏华价值精选股票型证券投资基金成立。

2012 年 6 月 13 日,鹏华金刚保本混合型证券投资基金成立。

2012 年 9 月 3 日,鹏华纯债债券型证券投资基金成立。

2012 年 9 月 27 日,鹏华中证 A 股资源产业指数分级证券投资基金成立。

2012 年 11 月 5 日,鹏华中小企业纯债债券型发起式证券投资基金成立。

2012 年 12 月 19 日,鹏华理财 21 天债券型证券投资基金成立。

【公司荣誉】

2006 年 4 月,鹏华基金荣获“电子商务明星奖”。

2006 年 11 月,在第七届中国优秀证券网站评选活动中,鹏华基金喜获“中国优秀财经证券网站”最佳创新基金网站奖。

2006 年 4 月,鹏华基金荣获“电子商务明星奖”。

2007 年 1 月,在由和讯网发起的大型网络评选活动“2006 年度财经风云榜”中,鹏华基金推出的鹏友 e 家 e 起理财服务月系列活动荣获“2006 年度中国基金业杰出电子商务奖”。

2007 年 1 月,第四届中国基金业金牛奖揭晓,鹏华基金荣获 2006 年度“金牛基金管理公司”称号。基金普华荣获 2006 年度“封闭式金牛基金”称号,鹏华中国 50 荣获 2006 年度“开放式股票型金牛基金”。

2007 年 5 月,在由证券时报举办的第二届中国明星基金评选活动中,鹏华中国 50 基金荣获“股票型明星基金奖”。

2007 年 7 月,鹏华中国 50 获得“2007 年钻石基金”奖。

2007 年 9 月,在第二届“亚洲品牌盛典”上,鹏华基金荣获“亚洲品牌年度大奖”和“亚洲品牌 500 强”。

2008 年 1 月,鹏华中国 50 基金在证券时报“2007 年度中国明星基金”评选活动中荣获“三年持续回报明星基金奖”。

2008 年 12 月,首届中国电子金融金爵奖揭晓,鹏华基金鹏友 e 家获用户满意的电子金融品牌鹏华基金捧得中国最佳客户服务规范奖。

2009 年 1 月,第六届中国基金业金牛奖揭晓,鹏华行业成长荣获“2008 年度同业领先开放式混合型基金”。

2009 年 3 月,鹏华行业成长获银河“全五星”评级。

2009 年 7 月,鹏华基金在《证券时报》主办的“第四届中国最佳客户服务评选”中,捧得“中国最佳客户服务管理奖”。

2009 年 9 月,鹏华基金在《理财周报》主办的“2009 年最受尊敬基金公司暨第二届中国基金业领袖峰会”中荣获“2009 最受尊敬基金公司”及“2009 最佳公司治理基金公司”称号。

2010 年 3 月,鹏华中国 50 基金在“理柏中国基金奖 2010”评选中荣获五年期灵活混合型基金奖。

2010 年 4 月,鹏华基金在由证券时报社主办、晨星资讯(深圳)有限公司提供数据支持的 2009 年度“中国基金业明星基金奖”评选中获得“2009 年度十大明星基金公司”奖,鹏华丰收债券基金获得了“2009 年度积极债券型明星基金”奖。

2010 年 5 月,鹏华基金在由中国证券报联袂银河证券、天相投顾、招商证券、海通证券四大基金评价机构共同推出的“中国基金业金牛奖”中获得“2009 年度金牛基金管理公司”,鹏华丰收债券基金、鹏华价值优势基金(LOF)、鹏华中国 50 混合基金分别获得“2009 年度开放式债券型金牛基金”、“2009 年度开放式股票型金牛基金”及“2009 年度开放式混合型金牛基金”奖项。

2010 年 8 月,鹏华基金在由证券时报主办的“科技引领未来——第十一届金融 IT 创新暨优秀财经网站评选”中荣获“2010 年度金融机构 IT 创新十强”。

2010 年 8 月,鹏华基金喜获“深圳名片——最能代表 30 年深圳形象的知名金融品牌”奖项。

2010 年 9 月,鹏华基金“两个伍佰 · 同样精彩”鹏华中证 500 营销案例荣获中国金融品牌论坛“中国基金品牌十佳营销案例”。

2011 年 1 月,鹏华基金在首届中国企业“风险智能榜”评选中获得“风险智能榜”优秀企业称号,鹏华基金是证券基金行业的唯一一家上榜公司。

2011 年 3 月,鹏华中国 50 基金获得《证券时报》“五年持续回报积极混合型明星基金奖”。

2011 年 4 月,鹏华中国 50 基金获得《中国证券报》“2010 五年持续优胜混合型金牛基金”。

【股东概况】

排序	股东名称	持股数量(万股)	持股比例
1	国信证券有限责任公司	7500.00	50%
2	Eurizon Capital SGR S. P. A	7350.00	49%
3	深圳市北融信投资发展有限公司	150.00	1%

【旗下基金】

基金代码	基金简称	类型	基金经理
160602	鹏华普天债券 A	债券型	阳先伟
160603	鹏华普天收益	混合型	张卓
160605	鹏华中国 50	混合型	陈鹏
160606	鹏华货币 A	货币型	李君
160609	鹏华货币 B	货币型	李君
160607	鹏华价值优势	股票型	程世杰
160608	鹏华普天债券 B	债券型	阳先伟
206001	鹏华行业成长	混合型	张卓
206002	鹏华精选成长	股票型	刘苏
160610	鹏华动力增长	混合型	黄鑫
160611	鹏华优质治理	股票型	谢可
160612	鹏华丰收债券	债券型	阳先伟
160613	鹏华盛世创新	股票型	伍旋
160615	鹏华沪深 300	指数型	杨靖
206003	鹏华信用增利债券 A	债券型	刘建岩
206004	鹏华信用增利债券 B	债券型	刘建岩
160616	鹏华中证 500	指数型	方南
206005	鹏华上证民企 50 联接	ETF	方南
206006	鹏华环球发现	QDII	张钶、裘韬
510070	鹏华上证民企 50ETF	ETF	方南
206007	鹏华消费优选	股票型	王宗合
206008	鹏华丰盛稳固债券	债券型	初冬
206009	鹏华新兴产业	股票型	陈鹏、梁浩
159911	鹏华深证民营 ETF	ETF	方南
206010	鹏华深证民营联接	ETF	方南
206011	鹏华美国房地产	QDII	裘韬

基金代码	基金简称	类型	基金经理
184689	鹏华普惠	封闭式	杨俊
184693	鹏华普丰	封闭式	陈鹏
160617	鹏华丰润债券	债券型	阳先伟
160618	鹏华丰泽分级债券	债券型	戴钢
206016	鹏华理财 21 天债券 A	理财型	刘太阳
206017	鹏华理财 21 天债券 B	理财型	刘太阳
206012	鹏华价值精选	股票型	程世杰、王学兵
206013	鹏华金刚保本	混合型	戴钢、王宗合
206015	鹏华纯债	债券型	刘太阳
160620	鹏华中证 A 股资源	指数型	杨靖
160621	鹏华中小企业纯债	债券型	戴钢

【公司高管】

何如先生，董事长，硕士，高级会计师。历任中国电子器件公司深圳公司副总会计师兼财务处处长、总会计师、常务副总经理、总经理、党委书记，深圳发展银行行长助理、副行长、党委委员、副董事长、行长、党委副书记，现任国信证券股份有限公司董事长、党委书记，鹏华基金管理有限公司董事长。

邓召明先生，总裁，经济学博士，讲师。历任北京理工大学管理与经济学院讲师、中国兵器工业总公司主任科员、中国证监会处长、南方基金管理有限公司副总经理，现任鹏华基金管理有限公司总裁。

高鹏先生，督察长，经济学硕士。历任博时基金管理有限公司监察法律部监察稽核经理，鹏华基金管理有限公司监察稽核部副总经理、监察稽核部总经理、职工监事，现任鹏华基金管理有限公司督察长、监察稽核部总经理。

嘉实基金管理有限公司

【基本情况】

法定名称：嘉实基金管理有限公司

英文名称：Harvest Fund Management Co. , Ltd.

注册地址：上海市浦东新区世纪大道 8 号上海国金中心二期 23 楼 01 - 03 单元

办公地址：北京市建国门北大街 8 号华润大厦 16 层

法人代表：安　奎

总 经 理：赵学军

成立时间：1999 年 3 月 1 日

公司属性：中外合资

注册资本：1.5 亿元

联系电话：010 - 65188866

客服热线：400 - 600 - 8800

传真号码：010 - 65185678

邮政编码：100005

公司网址：www. jsfund. cn

【公司概况】

1999 年 3 月，嘉实基金经中国证监会批准成立，并于 2005 年 6 月成为合资基金管理公司，目前嘉实的股东为中诚信托有限责任公司、立信投资有限责任公司与德意志资产管理公司。嘉实拥有证券投资基金设立与管理、全国社保基金投资管理人、企业年金投资管理人、基金公司开展境外证券投资管理业务和基金管理公司特定客户资产管理业务资格。截至 2012 年 12 月 30 日，资产管理规模超过 2873 亿元，居行业前列。

嘉实服务于全社会的基础社会保障——全国社保基金和地方社保基金；也为包括企业年金和商业保险在内的补充性社会保障提供直接或间接的服务；还为企业提供公募基金的理财服务，以及定制个性化的特定客户投资管理服务（含高端个人客户），使他们的资产保值、增值；通过共同基金管理与投资，帮助更多人群启动事业梦想，供养子女读书深造，享受恬静、富足的晚年生活。

截至 2012 年 12 月 31 日，基金管理人共管理 2 只封闭式证券投资基金、37 只开放式证券投资基金，具体包括嘉实泰和封闭、嘉实丰和价值封闭、嘉实成长收益混合、嘉实增长混合、嘉实稳健混合、嘉实债券、嘉实服务增值行业混合、嘉实优质企业股票、嘉实货币、嘉实沪深 300ETF 联接（LOF）、嘉实超短债债券、嘉实主题混合、嘉实策略混合、嘉实海外中国股票（QDII）、嘉实研究精选股票、嘉实多元债券、嘉实量化阿尔法股票、嘉实回报混合、嘉实基本面 50 指数（LOF）、嘉实价值优势股票、嘉实稳固收益债券、嘉实 H 股指数（QDII - LOF）、嘉实主题新动力股票、嘉实多利分级债券、嘉实领先成长股票、嘉实深证基本面 120ETF、嘉实深证基本面 120ETF 联接、嘉实黄金（QDII - FOF - LOF）、嘉实信用债券、嘉实周期优选股票、嘉实安心货币、嘉实中创 400ETF、嘉实中创 400ETF 联接、嘉实沪深 300ETF、嘉实优化红利股票、嘉实全球房地产（QDII）、嘉实理财宝 7 天债券、嘉实增强收益定期债券、嘉实纯债债券。其中嘉实增长混合、嘉实稳健混合和嘉实债券属于嘉实理财通系列基金。同时，管理多个全国社保基金、企业年金、特定客户资产投资组合。

近五百名员工共同协作，使嘉实建立起成熟高效的投资研究团队和市场服务团队，在起伏跌宕的市场中屡创佳绩，更赢得了行业里的诸多赞誉。

14 年来，“远见者稳进”的公司理念引领着嘉实前行。凭借规范、稳健、务实的管理风格、科学理性的投资运作以及投资者利益至上的经营理念，嘉实为广大投资者创造了丰厚的投资回报，并跻身于国内优秀的基金管理公司行列。

【公司大事记】

1999 年 3 月，经中国证监会批准，嘉实基金管理有限公司在北京成立。

1999 年 4 月，嘉实管理的第一只基金基金泰和成立。

2001 年 12 月，嘉实与英国保诚集团达成技术合作协议。

2002 年 11 月，嘉实首只开放式基金——嘉实成长收益基金成立。

2002 年 12 月，嘉实获得首批全国社保基金投资管理人资格。

2003 年 5 月，嘉实注册地迁至上海浦东。

2003 年 7 月，嘉实第一只伞型基金——理财通系列基金成立。

2004 年 12 月，国内第一只银行担保的保本基金——嘉实浦安保本基金成立。

2004 年 12 月，嘉实管理资产总规模超过 300 亿元。

2005 年 6 月，德意志资产管理公司参股嘉实，嘉实成为国内最大的合资基金公司之一。

2005 年 8 月，嘉实被劳动和社会保障部选为首批企业年金投资管理人。

2006 年 12 月，嘉实基金成为中国首家资产管理规模超过千亿的基金公司。

2007 年 1 月，嘉实基金荣获《中国证券报》“2006 年度金牛基金管理公司"奖；旗下嘉实理财通增长基金获"开放式股票型持续优胜金牛基金"奖；基金泰和获"2006年度封闭式金牛基金"奖；嘉实货币获"2006年度开放式货币市场金牛基金"奖。

2007年1月，嘉实基金荣获和讯网、中国证券市场研究设计中心评选的"2006年度中国十大品牌基金公司"、"2006年度中国基金业杰出营销案例奖"，嘉实总经理赵学军先生获"2006年度中国基金业杰出掌门人奖"。

2007年1月，嘉实基金荣获《21世纪经济报道》评选的"2006年基金管理公司综合实力奖"。

2007年2月，嘉实荣获2006搜狐理财年度评选"明星基金管理人"奖。

2007年4月，"爱在嘉实"公益活动全面启动。

2007年6月，由嘉实基金、联想控股融科投资管理顾问公司举办的"中国房地产投资基金（REITs）发展研讨会"在京召开。

2007年8月，嘉实获得QDII资格，成为中国首家符合资格开展境外证券投资管理业务的中外合资基金管理公司。

2007年10月，嘉实海外中国股票型证券投资基金成立。

2007年10月，嘉实基金正式成为西门子（中国）有限公司企业年金计划唯一投资管理人。

2007年11月，嘉实基金正式成为BP（中国）有限公司企业年金计划唯一投资管理人。

2007年11月，嘉实基金与德意志资产管理公司共同举办的"全球机构投资人高峰会议"在京召开。

2007年12月，嘉实基金荣获《新京报》2007年度"金字招牌"评选的"年度最佳基金公司奖"。

2007年12月，嘉实基金荣获搜狐网2007年度金融网络盛典"最受尊敬基金公司奖"。

2007年12月，嘉实基金荣获《成都商报》颁发的"2007年度成都基民最信任的五大基金公司奖"。

2007年12月，由中国主流媒体理财联盟共同发起的"2007中国年度理财总评榜"评选中，嘉实基金获得"2007年度最具价值基金公司奖"。

2008年1月，嘉实基金荣获由网易财经、基金观察共同发起的"中国基金10年高峰论坛"评选出的"2007年中国十大金钻基金公司"奖及"2007年中国基金公司投研能力杰出"奖。

2008年1月，嘉实基金荣获由南都周刊、南方都市报、证券日报共同评选的"2007年度最具公信力基金公司"奖。

2008年2月，嘉实基金成为第一批获准开展特定客户资产管理业务的基金管理公司。

2008年4月，嘉实基金获得普华永道出具的SAS70国际认证。

2008年11月，嘉实全新运营数据中心建成并全面投入使用。

2009年2月，嘉实国际资产管理公司完成在香港的注册，获发香港证监会第四类（投资咨询）和第九类（资产管理）牌照。

2009年3月，嘉实基金机构业务板块进行全面重组，新业务体系由五个业务团队构成。

2009年4月，国内首只量化基金投资者信心指数——"嘉实中国基金投资者信心指数"推出。

2009年8月，嘉实国际（HGI）迁址至香港中环交易广场。

2009年9月，嘉实基金第一批"一对多"4只产品获批发行，伴随着"一对多"产品的集体亮相，嘉实产品设计的差异化受到市场高度关注。

2009年10月，由"嘉实守护天使基金"捐建的首个公益项目——"嘉实博爱小学"在雅安石龙落成。

2009年12月，国内首款基本面指数基金——嘉实中证锐联基金面50指数基金成立，填补了国内基本面指数产品的空白。

2010年3月，嘉实基金与德意志资产联合举办的以"变革与机遇"为主题的"2010年国际投资论坛"在京举行

2010年5月，嘉实基金首次获得全球投资业绩标准（GIPS）国际认证。

2010年9月10日，嘉实基金正式签约成为2010年至2014年连续五年的"中国网球公开赛白金赞助商"。

2010年9月，嘉实恒生中国企业指数基金以首发超10亿元的规模创下近两年来QDII基金首发新高。

2010年11月，HGI获发香港证监会第一类（证券交易）牌照，获准在香港进行证券交易。

2010年12月，以"让业绩的旗帜高高飘扬"为主题的嘉实基金2011年大型投资策略会在海南三亚举行。

2011年1，月嘉实基金整体资产管理规模位列"2010年度前十大竞争组基金公司排名"首位。

2011年2月，成立嘉实另类投资集团（HAI），完成另类投资平台的建设并启动业务。

2011年2月，任命蔡秉华先生为嘉实国际（HGI）CEO。

2011年3月，嘉实基金董事会选举新一届公司董事会和监事会成员，新任董事长安奎先生经中国证监会核准高管任职资格于8月5日正式上任。

2011年6月，嘉实基金第三届运动会在京举行。

2011年8月，嘉实基金首只ETF基金——嘉实深证基本面120ETF及其联接基金成立。

2011年9月，嘉实基金以"白金赞助商"身份参与中国网球公开赛，获得超过2200万美元的国际媒体品牌曝光价值。

2011年9月，以"全球经济再平衡过程中的投资机会"为主题的嘉实－DB机构投资论坛在京召开。

2011年9月，中共嘉实基金管理有限公司总支部换届选举大会召开，选举产生新一届党总支委员会。

2011年9月，嘉实上海办公室迁址至上海国金中心二期。

2011年12月，嘉实基金2011年度累计捐资219万元，用于青海省海南藏族自治州共和县小学教学楼、甘肃成县县域基础教育提升项目。

2012年2月，嘉实官网全新改版上线。

2012年3月，嘉实财富管理有限公司（HWM）在上海注册成立，7月迁址上海国金中心。

2012年4月，嘉实投资者回报研究中心网站正式上线，该中心以"预测、配置、选基"为主要职能，同期推出自主研发的嘉实FAS系统，将助力于投资人获取实实在在的投资回报。

2012年4月，嘉实沪深300ETF首发募集193.32亿份。

2012年5月，嘉实沪深300ETF成功募集193亿元，在深圳证券交易所挂牌上市。2012年5月HGI（60%股权）与KranoCapital（40%股权）正式成立了合资公司HarvestKrane，该公司旨在美国和加拿大地区销售HGI及其关联公司的产品及战略。

2012年7月，嘉实国际资产管理及嘉实另类投资集团迁址香港交易广场。

2012 年 7 月，嘉实捐助公益活动“嘉实－西部阳光”心舞夏令营，实现留守儿童舞蹈梦。

2012 年 8 月，嘉实沪深 300 指数证券投资基金（LOF）基金份额持有人大会成功召开，共征集 36 万客户授权，创业界先河。

2012 年 9 月，嘉实基金管理公司与英国高富诺基金管理公司联手组建一个专注投资于大中华区的私募地产基金管理平台——嘉实地产投资管理有限公司（简称“嘉实地产”），汉威资本创始人任荣将出任嘉实地产行政总裁。

2012 年 10 月，嘉实基金以白金赞助商身份连续第三年赞助中国网球公开赛。

2012 年 11 月，证监会主席助理张育军先生走访嘉实基金调研，对公司运营及战略布局给予高度肯定。

2012 年 11 月，嘉实资本（HCM）首批获准成立另类子公司，首只私募 ABS 产品成功募集。

2012 年 12 月，嘉实投资者回报研究中心发布国内首个投资者授权基金投资管理账户——嘉实 HiFAS 定制账户并向投资人开放。

2012 年 12 月，嘉实管理年金突破 300 亿元。

2012 年 12 月，嘉实财富管理有限公司（HWM）获证监会批准，取得独立基金销售牌照。

【股东概况】

排序	股东名称	持股数量（万股）	持股比例
1	中诚信托投资有限责任公司	6000.00	40%
2	立信投资有限责任公司	4500.00	30%
3	德意志资产管理（亚洲）有限公司	4500.00	30%

【旗下基金】

基金代码	基金简称	类型	基金经理
070001	嘉实成长收益	混合型	刘天君、任竞辉
070002	嘉实理财增长	混合型	邵健
070003	嘉实理财稳健	混合型	林青
070005	嘉实理财债券	债券型	曲扬
070006	嘉实服务增值行业	混合型	陈勤
070008	嘉实货币 A	货币型	魏莉
070088	嘉实货币 B	货币型	魏莉
070009	嘉实超短债	债券型	魏莉
070010	嘉实主题	混合型	马惠明
070011	嘉实策略增长	混合型	张弢、邵健
070012	嘉实海外	QDII	钟山
070099	嘉实优质	股票型	刘天君
159919	嘉实沪深 300ETF	指数型	杨宇、张宏民
160706	嘉实沪深 300ETF 联接	指数型	杨宇
070013	嘉实研究精选	股票型	张弢
070015	嘉实多元债券 A	债券型	王茜
070016	嘉实多元债券 B	债券型	王茜
070017	嘉实量化阿尔法	股票型	陶羽
070018	嘉实回报	混合型	赵勇
070019	嘉实价值优势	股票型	陈勤、顾义河
070020	嘉实稳固收益债券	债券型	陈绪新
070021	嘉实主题新动力	股票型	齐海滔
160716	嘉实基本面 50	指数型	杨阳
160717	嘉实 H 股指数	QDII	张宏民
070022	嘉实领先成长	股票型	邵秋涛
070023	嘉实深证 120 联接	ETF	杨阳
159910	嘉实深证 120ETF	ETF	杨阳
070025	嘉实信用债券 A	债券型	陈雯雯
070026	嘉实信用债券 C	债券型	陈雯雯
070027	嘉实周期优选	股票型	詹凌蔚
160719	嘉实黄金	QDII	杨阳
070028	嘉实安心货币市场 A	货币型	桑迎
070029	嘉实安心货币市场 B	货币型	桑迎
150032	嘉实多利分级债优先	债券型	王茜
150033	嘉实多利分级债进取	债券型	王茜
500002	嘉实泰和	封闭式	任竞辉
184721	嘉实丰和	封闭式	顾义河
070030	嘉实中创 400 联接	ETF	杨宇
159918	嘉实中创 400ETF	ETF	杨宇
070031	嘉实全球房地产	QDII	蔡德森
070032	嘉实优化红利	股票型	郭志喜
070033	嘉实增强收益定期债券	债券型	陈雯雯
070035	嘉实理财宝 7 天债券 A	理财型	桑迎
070036	嘉实理财宝 7 天债券 B	理财型	桑迎
070037	嘉实纯债债券 A	债券型	曲扬
070038	嘉实纯债债券 C	债券型	曲扬

【公司高管】

安奎先生，董事长，大学本科，中共党员，曾任吉林农业机械研究所主任；吉林省信托投资公司外经处处长、香港吉信有限公司总经理；吉林省证券公司总经理；东北证券有限责任公司监事长；吉林天信投资公司总经理；中诚信托有限责任公司副总经理。2011 年 8 月 5 日起任嘉实基金管理有限公司董事长。

赵学军先生，董事、总经理。中共党员，经济学博士。1987 年 7 月至 1990 年 9 月在天津通信广播公司电视设计所任助理工程师。1992 年 12 月至 1993 年 6 月在外经贸部中国仪器进出口总公司任经济师。1993 年 7 月至 1994 年 8 月在北京商品交易所任信息处长。1994 年 8 月至 1995 年 5 月在天津纺织原材料交易所任总裁、法定代表人。1995 年 5 月至 1997 年 5 月在商鼎期货经纪有限公司任副总经理兼上海营业部总经理。1998 年 6 月至 1998 年 9 月在北京证券有限公司任基金部总经理助理、阜成路营业部总经理助理。1998 年 9 月至 2000 年 10 月在大成基金管理有限公司助理总经理、副总经理。2000 年 10 月至今在嘉实基金管理有限公司任总经理。

王炜女士，督察长，中共党员，法学硕士。曾就职于中国政法大学法学院、北京市陆通联合律师事务所、北京市智浩律师事务所、新华保险股份有限公司。曾任嘉实基金管理有限公司法律部总监。

长盛基金管理有限公司

【基本情况】

法定名称：长盛基金管理有限公司

英文名称：Changsheng Fund Management Co. ,Ltd.

注册地址：深圳市福田区福中三路 1006 号诺德中心八层 GH 单元

办公地址：北京市海淀区北太平庄路 18 号北京城建大厦 A 座 20－22 层

法人代表：凤良志

总 经 理：周　兵

成立时间:1999年3月26日
公司性质:中外合资
注册资本:1.5亿元
联系电话:010-82255818
传真号码:010-82255988
邮政编码:518001
公司网址:www.csfunds.com.cn

【公司概况】

长盛基金管理有限公司(以下简称"公司")成立于1999年3月26日,是国内最早成立的十家基金管理公司之一,也是首批获得全国社保基金管理资格的六家基金管理公司之一。公司注册资本为人民币1.5亿元,总部设在北京,在北京、上海、郑州、杭州、成都设有分公司。公司的股东为国元证券股份有限公司、新加坡星展银行有限公司、安徽省信用担保集团有限公司、安徽省投资集团控股有限公司。公司的经营范围包括基金募集、基金销售、资产管理及中国证监会许可的其他业务,是一家为客户提供专业投资理财服务的资产管理机构。

截至2012年12月31日,公司共管理长盛成长价值混合基金、长盛创新先锋混合基金、长盛积极配置债券基金、长盛量化红利股票基金、长盛环球行业股票(QDII)基金、长盛同鑫保本混合基金、长盛同鑫二号保本混合基金、长盛同祥泛资源股票基金、长盛同禧信用增利债券基金、长盛货币基金、长盛同智优势混合(LOF)基金、长盛同庆中证800分级基金、长盛沪深300指数(LOF)基金、长盛中证100指数基金、长盛同瑞中证200分级基金、长盛同辉深100等权重分级基金、长盛全债指数增强债券基金、长盛动态精选混合基金、长盛同德主题股票基金、长盛电子信息产业基金、长盛添利30天理财债券基金、长盛添利60天理财发起式基金、长盛同丰分级债券基金共二十三只开放式基金和基金同益、同盛两只封闭式基金,并且受全国社会保障基金理事会委托管理部分社保基金,以及多个专户产品。公司同时兼任境外QFII基金和专户理财产品的投资顾问。截至2012年12月31日,公司管理的公募基金资产规模逾人民币300亿元,累计分红超过人民币195亿元。

【公司大事记】

1999年3月,长盛基金管理有限公司正式成立。

1999年4月,公司首只基金基金同益在深圳交易所上网发行。

1999年11月,基金同盛在深圳交易所发行,并成为国内首只向保险公司定向配售的证券投资基金,超额认购倍数达65倍。

2000年5月,基金同智正式上市交易。

2001年7月,公司与北京大学光华管理学院及荷兰银行集团共同举办"社保基金国际研讨会"。

2001年8月,基金同德正式上市交易。

2002年9月,公司首只开放式基金——长盛成长价值基金发行成立。

2002年12月,公司获得全国社保理事会股票和债券委托管理资格,成为国内最早获得社保基金管理资格的六家基金管理公司之一。

2003年2月,公司与中国国际航空公司在京举行了"国航知音"旅客合作项目签约仪式,实现基金管理公司与国航的首次全面合作。

2003年10月,长盛中信全债指数基金正式成立。该基金成立53天后即进行分红,创下开放式基金的最快分红记录。

2004年5月,长盛动态精选基金成功发行,募集规模超过41亿份额。

2004年10月,长盛新一届董事会成立,标志着长盛进入一个新的发展时期。

2005年1月,在由《21世纪经济报道》主办的21世纪(2004)年度"赢基金"奖评奖中,公司荣获"2004年中国基金管理公司综合表现奖";基金同智荣获"2004年中国封闭式基金最佳表现奖"。

2005年3月,长盛公司荣获"21世纪年度中国赢基金奖"中2004年"中国基金管理公司综合表现奖"。

2005年4月,"晨星(中国)2004年度基金经理奖"在深圳揭晓,基金同德获得"小规模封闭式基金提名奖"。

2005年4月,由中国证券报联合中国银河证券、中信证券及天相投资顾问公司共同举办的第二届中国基金业"金牛奖"评选揭晓,基金同智喜获封闭式金牛基金奖。

2005年6月,公司于4月联合北京了望投资顾问公司,在现有基金持有人中开展的问卷调查活动圆满成功。共回收答卷1756封。在调查活动抽奖中,8名参与者分别获得本次调查活动的一、二、三等奖。

2005年7月,公司成功夺得又一社保投基金资组合的管理权,资产管理和风险控制能力再次得到肯定。至此,公司管理的社保投资组合多达4只。

2005年8月,公司联合经济观察报,在重庆举办了首届"中国长江基金论坛"。来自银行、证券公司、机构投资者和专业媒体近200名嘉宾,以及国内外知名专家、学者齐聚山城重庆,围绕"证券市场的历史机遇和投资策略"的主题进行了广泛、深入的交流和探讨。

2005年8月,根据证监会有关精神,经公司第三届董事会第五次会议审议通过,公司决定本着谨慎、稳健的原则,利用公司固有资金6000万元,投资本公司管理的开放式和封闭式基金。

2005年8月,公司信息系统升级取得圆满成功,改版后新的公司网站投入运行,公司的信息系统建设走在基金行业的前列。

2005年9月,公司发布迁址公告。自10月8日起,公司办公地址迁至北京市海淀区北太平庄路18号北京城建大厦A座20-22层。公司发展揭开新的篇章。

2005年10月,长盛基金持有人手机短信服务正式开通。持有人在开通这一服务后,就可以通过手机短信方式查询基金净值、账户资产、积分情况等信息。

2005年12月,长盛货币市场基金正式成立。该基金发行期共募集基金份额36亿份,远远超出当年新发货币基金平均约26亿份的首募规模。

2006年1月,在由21世纪经济报道报社主办的21世纪(2005)年度"赢基金"奖评奖中,公司荣获"2005年中国基金管理公司封闭式基金整体表现奖"。

2006年4月,公司顺利开通农业银行金穗卡用户基金网上直销业务,同时对网上交易客户开始实行费率优惠。

2006年5月,公司与中证指数有限公司签署了"中证100指数使用许可协议",成为首批三家获得该指数授权使用权的基金管理公司之一,这也标志着长盛可以开发基于该指数的指数基金产品并推向市场。

2006 年 6 月，历时两个多月的长盛“客户信息征集”活动圆满结束。活动通过网站、电话、传真和信件等形式征集了客户的联系信息，为公司更好地服务这些客户创造了条件。

2006 年 6 月，公司开通全国统一长途免费客服号码 400－888－2666，客户可以更加方便和低成本地享受公司的客户服务，公司客服水平再上新台阶。

2006 年 6 月，公司宣布拟引入新加坡星展资产管理公司(DBSAM)，持有股份 33%。星展资产管理公司为新加坡星展银行(DBS)的全资子公司。

2006 年 8 月至 9 月，由公司主办的“长盛杯——我的基金营销故事”在中国农业银行员工中圆满举行。

2006 年 9 月初，2006 年度长盛基金公司投资报告会在海拉尔举行。

2006 年 9 月，公司与新加坡星展银行资产管理公司(DBSAM)在北京正式签署了《星展银行中国卓越 A 股基金投资顾问服务协议》，此举标志着双方在产品开发、投资管理及国际业务上全面合作的开始。

2006 年 10 月，长盛中证 100 指数基金开始在中国农业银行等机构发行。11 月 22 日，该基金正式成立，发行期共募集超过 40 亿份额，有效开户数超过 11 万户。

2006 年 12 月，基金同智基金份额持有人大会在北京举行，高票通过基金同智“封转开”方案。

2007 年 1 月，基金同智圆满完成“封转开”集中申购，加上原有基金转换的份额，长盛同智优势成长基金总份额达到 117 亿余份，并正式开始运作。

2007 年 9 月，长盛基金公司经中国证监会批准，获得 QDII 资格。

2007 年 10 月，长盛债券被银河证券评为双五星级基金。堪称业内投资业绩表现最稳定的开放式基金。

2007 年 10 月，银河证券统计，截至 2007 年 9 月 24 日，长盛动态精选基金最近三年的总回报率达到 391.37%，居同类基金第一。2007 年 9 月，长盛旗下的封闭式基金同德日前被天相投资评为五星级基金，基金同益被评为四星级基金。

2007 年 11 月，长盛同智优势成长混合型基金荣获“2007 中国证券市场高成长开放式基金金算盘奖”。

2007 年 11 月，长盛电子商务系统曾在第八届“中国优秀财经证券网站”评选活动中荣获“最佳电子营销基金网站奖”。

2007 年 12 月，搜狐网举办的“2007 金融理财网络盛典”年度颁奖晚会上，长盛基金被评为“最好用基金电子商务奖”。

2008 年 1 月，陈礼华总经理获和讯网“2007 年度基金业十大杰出掌门人奖”。

2008 年 6 月，长盛创新先锋灵活配置基金正式成立。

2008 年 10 月，公司旗下第二只债券基金——长盛积极配置债券基金成立。

2009 年 5 月，长盛同庆可分离交易股票型证券投资基金正式成立。首募当日近 150 亿元，创自 08 年全球金融海啸以来最大发行规模。

2009 年 8 月，长盛基金的管理资产规模已超过 1000 亿元，跻身千亿军团。

2009 年 9 月，长盛基金首只“一对多”产品获批。

2009 年 10 月，长盛旗下基金已经累计向持有人分红 170 余亿元。

2009 年 10 月，长盛基金旗下第二只“一对多”产品——长盛灵活配置资产管理计划日前获准发行。

2009 年 10 月，长盛基金与中国银行合作推出的首只“一对多”产品——长盛同心灵活配置资产管理计划发行。

2009 年 10 月，国际权威财经杂志 *Institutional Investor* 杂志公布中国基金公司资产管理规模排名，长盛基金资产总规模(含社保基金)位列十大基金公司第九位。

2009 年 11 月，长盛携手农行启动“关爱家人”定投活动。

2009 年 11 月，旗下长盛量化红利策略股票型基金正式成立，募集基金份额超过 12.5 亿份，其中长盛基金自购 3000 万份，有效认购户为 15070 户。

2009 年 12 月，长盛基金获得国家外汇管理局批准 7 亿美元的境外证券投资外汇额度。

2010 年 1 月，长盛基金成为 2010 年首只宣布获批的 QDII 基金产品，华尔街常青树——高盛资产管理公司将担任该产品的全球顾问。

2010 年 4 月，长盛基金启动了爱心赈灾行动，向灾区人民捐赈 47 万元，并紧急联络、慰问灾区投资者。

2010 年 4 月，长盛基金启动了以“保护环境，绿化家园”为主题的“长盛林”绿色工程。

2010 年 5 月，为适应公司业务拓展的需要，进一步做好公司在中西部地区的销售及客户服务工作，长盛基金管理有限公司设立郑州分公司。

2010 年 5 月，长盛环球景气行业大盘精选股票型证券投资基金基金正式成立，募集基金份额为 340,041,384.63 份。

2010 年 6 月，聘任公司董事凤良志先生担任公司董事长，聘任朱剑彪先生担任公司副总经理职务。

2010 年 6 月，股指期货推出后的首只标准沪深 300 指数基金(LOF)——长盛沪深 300 指数基金(LOF)，正式获得中国证监会批准。

2010 年 7 月，长盛基金“2010 年下半年投资策略”系列报告会在北京民族饭店陆续举行，数百名投资者应邀参加了本系列投资巡讲活动。

2010 年 7 月，为适应公司业务拓展的需要，长盛基金管理有限公司设立杭州分公司。

2010 年 8 月，长盛沪深 300 指数证券投资基金(LOF)基金正式成立，募集基金份额为 898,915,869.33 份。

2011 年 1 月 1 日，长盛积极配置债券基金以全年15.54% 的净值增长率摘得同类债券基金桂冠。

2011 年 5 月 24 日，长盛同鑫保本基金正式成立，该基金是长盛旗下第一只保本基金，募集份额为 30.3211 亿份。

2011 年 5 月，聘任周兵先生担任公司总经理。

2011 年 10 月 26 日，长盛同祥泛资源基金正式成立，募集份额为 941,658,939.32 份。

2011 年 12 月 6 日，长盛同瑞分级基金正式成立，募集份额为 623,196,268.63 份。

2011 年 12 月 6 日，长盛同禧信用增利债券基金正式成立，募集份额为 3,700,861,505.32 份，其中同禧 A 募集份额 1,919,811,572.88份、同禧 B 募集份额 1,781,049,932.44 份。

2011 年 12 月 6 日，长盛同瑞分级基金正式成立，募集份额为 623,196,268.63 份。

2012 年 3 月 27 日，长盛电子信息产业股票基金正式成立，募集份额为 436,781,526.34 份。

2012 年 4 月 10 日，长盛同庆基金基金份额持有人大会在北京举行，高票通过长盛同庆基金转型方案。

2012 年 7 月 10 日，长盛同鑫二号保本混合型证券投资基金正式成立，募集份额为 1,364,877,570.48 份。

2012 年 9 月 13 日，长盛同辉深证 100 等权重指数分级证券投资基金正式成立，募集份额为 844,062,743.33 份。

2012 年 10 月 26 日，长盛添利 30 天理财债券型证券投资基金正式成立，募集份额为 4,138,676,687.06 份。

2012 年 11 月 29 日，长盛添利 60 天理财债券型发起式证券投资基金正式成立，募集份额为 2,251,782,733.94 份。

2012 年 12 月 27 日，长盛同丰分级债券型证券投资基金正式成立，募集份额为 1,997,372,126.07 份。

【公司荣誉】

公司奖项：

2006 年 2 月，公司在中国证券报"第三届中国基金业金牛奖"评选中荣获 2005 年"金牛基金管理公司"；基金同智获得 2005 年"封闭式持续优胜金牛基金"，基金同益、同德获得 2005 年"封闭式金牛基金"。

2006 年 4 月，公司在由上海证券报举办的第三届"中国最佳基金公司奖"暨首届"最受投资者欢迎的基金经理奖"评选中获得基金公司年度"最快进步奖"。在由证券时报举办的"2005 年度明星基金奖"评选中喜获"明星基金管理公司奖"，旗下基金同益喜获"封闭式明星基金奖"。

2007 年 5 月，2006 年证券时报年度明星基金评奖揭晓，公司再次获得"明星基金管理公司"大奖。

2008 年 1 月，获《证券时报》"2007 年中国明星基金管理公司"。

2008 年 2 月，获得特定客户理财业务资格。

2009 年 1 月，获《证券时报》"2008 年度市场营销明星基金公司"奖。

2009 年 9 月，长盛基金管理有限公司荣获《证券时报》"2009 年年度最佳基金网站"称号。

2009 年 10 月，长盛基金管理有限公司再次荣获海通证券"基金公司股票投资管理能力"5 星评级。

2010 年 7 月，长盛基金公司荣获《上海证券报》"金基金·创新公司奖"。

2012 年 3 月，长盛创新先锋混合型基金在证券时报社主办，晨星资讯等机构提供数据支持的 2011 年度明星基金奖评选中获两项大奖：三年持续回报平衡混合型明星基金奖和 2011 年度平衡混合型明星基金奖。

产品奖项：

2007 年 9 月，长盛旗下的封闭式基金同德被天相投资评为五星级基金，基金同益被评为四星级基金。

2007 年 10 月，银河证券统计，截至 2007 年 9 月 24 日，长盛动态精选基金最近三年的总回报率达到 391.37%，居同类基金第一。

2007 年 10 月，长盛债券被银河证券评为双五星级基金。堪称业内投资业绩表现最稳定的开放式基金。

2008 年 3 月，长盛中信全债指数增强型债券基金获得上海证券报"2007 年度金基金最佳债券基金奖"称号。

2008 年 3 月，长盛中信全债指数增强型债券基金获得上海证券报"2007 年度金基金最佳债券基金奖"称号。

2010 年 5 月，长盛中信全债指数增强型债券基金荣获第七届中国基金业金牛奖"三年期开放式债券型持续优胜金牛基金"。

2010 年 5 月，长盛同益封闭基金荣获第七届中国基金业金牛奖"2009 年度封闭式金牛基金"。

2011 年 3 月，长盛同德主题增长基金获证券时报"2010 年三年持续回报股票型明星基金奖"。

2011 年 3 月，长盛创新先锋基金获证券时报"2010 年度积极混合型明星基金奖"。

【股东概况】

排序	股东名称	持股数量(万股)	持股比例
1	国元证券有限责任公司	6150.00	41%
2	新加坡星展资产管理有限公司	4950.00	33%
3	安徽省创新投资有限公司	1950.00	13%
3	安徽省投资集团有限责任公司	1950.00	13%

【旗下基金】

基金代码	基金简称	类型	基金经理
080001	长盛成长价值	混合型	刘斌
080011	长盛货币	货币型	梁婷、贾志敏
510080	长盛全债指数强债	债券型	梁婷
510081	长盛动态精选	混合型	邓永明
519039	长盛同德主题增长	股票型	邓永明
519100	长盛中证 100	指数型	冯雨生
160805	长盛同智优势成长	混合型	王宁
080002	长盛创新先锋	混合型	王克玉
080003	长盛积极配置债券	债券型	吴达
080005	长盛量化红利	股票型	刘斌
080006	长盛环球行业精选	QDII	吴达
160807	长盛沪深 300	指数型	冯雨生
080007	长盛同鑫保本	保本型	蔡宾
080008	长盛同祥泛资源主题	股票型	王克玉
080009	长盛同禧信增债券 A	债券型	蔡宾、贾志敏
080010	长盛同禧信增债券 C	债券型	蔡宾、贾志敏
160808	长盛同瑞 200 分级	指数型	王超
184690	基金同益	封闭式	张锦灿
184699	基金同盛	封闭式	侯继雄
160806	长盛同庆 800 分级	指数型	王宁、王超
080012	长盛电子信息产业	股票型	王克玉
080015	长盛同鑫二号保本	保本型	蔡宾
160809	长盛同辉深证 100	指数型	刘斌、王超
080016	长盛添利 30 天 A	理财型	杨衡
080017	长盛添利 30 天 B	理财型	杨衡
080018	长盛添利 60 天 A	理财型	杨衡
080019	长盛添利 60 天 B	理财型	杨衡
160811	长盛同丰分级 A	债券型	杨衡
150115	长盛同丰分级 B	债券型	杨衡

【公司高管】

凤良志先生，董事长，博士，高级经济师。历任安徽省政府办公厅第二办公室副主任、安徽省国际信托投资公司副总经理、安徽省证券管理办公室主任、安徽省政府驻香港窗口公司(黄山有限公司)董事长、安徽省国际信托投资公司副总经理(主持工作)、安徽国元控股(集团)有限责任公司暨国元信托有限责任公司董事长。现为国元证券股份有限公司(原国元证券有限责任公司)董事长。

周兵先生，董事、总经理，硕士，经济师。曾任中国银行总行综合计划部副主任科员、香港南洋商业银行内地融资部副经理、香港中银国际亚洲有限公司企业财务部经理、广发证券股份有限公司北京业务总部副总经理(期间兼任海南华银国际信托投资公司北京证券营业部托管组负责人)、北京朝阳门大街证券营业部总经理。2004 年 10 月加入长盛基金管理有限公司,曾任公司副总经理。现任长盛基金管理有限公司总经理。

叶金松先生,学士,会计师。历任美菱股份有限公司财会部经理,安徽省信托投资公司财会部副经理,国元证券有限责任公司清算中心主任、风险监管部副经理、经理等职。现任长盛基金管理有限公司督察长。

大成基金管理有限公司

【基本情况】

法定名称:大成基金管理有限公司
英文名称:Da Cheng Fund Management Co. , Ltd.
注册地址:深圳市福田区深南大道 7088 号
招商银行大厦 32 层
办公地址:深圳市福田区深南大道 7088 号
招商银行大厦 32 - 33 层
法人代表:张树忠
总 经 理:王 颢
成立时间:1999 年 4 月 12 日
公司性质:中资
注册资本:2 亿元
联系电话:0755 - 83183388
传真号码:0755 - 83199588
客服热线:400 - 8868 - 666
邮政编码:518040
公司网址:www. dcfund. com. cn

【公司概况】

大成基金管理有限公司(以下简称“公司”)成立于 1999 年 4 月 12 日,注册资本金人民币 2 亿元,是中国首批获准成立的老十家基金管理公司之一。公司总部设在广东省深圳市,主要业务是公募基金的募集和管理,还具有全国社保基金投资管理业务资格、特定客户资产管理资格、QDII 业务资格及保险资金管理人资格。

经过十多年的稳健发展,公司形成了强大稳固的综合实力,一直稳居前十大基金公司行列。公司旗下基金产品齐全、风格多样,构建了涵盖货币市场基金、债券型基金、混合型基金、股票型基金和指数型基金的完备产品线。截至 2012 年 12 月 31 日,资产管理规模近千亿元人民币,旗下有 33 只公募基金产品和多只特定客户资产管理组合。其中,开放式基金 29 只:大成价值增长混合、大成债券、大成蓝筹稳健混合、大成精选增值混合、大成货币、大成沪深 300 指数、大成 2020 生命周期混合、大成积极成长股票、大成创新成长混合(LOF)、大成景阳领先股票、大成策略回报股票、大成强化收益债券、大成行业轮动股票、大成中证红利指数、大成核心双动力股票、大成深证成长 40ETF、大成深证成长 40ETF 联接、大成内需增长股票、大成保本混合、大成可转债增强债券、大成中证内地消费主题指数、大成新锐产业股票、大成优选股票(LOF)、大成景恒保本混合、大成中证 500 沪市 ETF、大成中证 500 沪市 ETF 联接、大成月添利债券、大成现金增利货币、大成理财 21 天债券发起式;封闭式证券投资基金 2 只:大成景宏封闭、大成景福封闭;1 只创新型基金:大成景丰分级债券;1 只 QDII 基金:大成标普 500 等权重指数。

公司实行董事会领导下的总经理负责制,在“专业管理专业”的管理理念下,充分发挥各专业委员会的专业职能。公司组织架构完整稳定,职责明晰,并根据业务发展不断更新完善,现有 20 个职能部门。

成立十多年来,公司打造了一只具有良好职业素养和丰富经验的投资研究团队,各项业务迅猛发展,综合实力不断提升,为广大投资者带来了丰厚回报。截至 2012 年 12 月 31 日,公司旗下基金已累计向投资者分红超过 300 亿元人民币。

公司已经形成了覆盖全国的营销网络,在北京、上海、西安、成都、武汉、福州、沈阳、广州和南京等地设立了九家分公司,并在香港设立了子公司。香港子公司大成国际资产管理有限公司稳步推进国际业务,已成功发行 3 只公募产品和 1 只私募产品,并成为首批获得 RQFII 资格的中资资产管理公司。

在为投资人奉献回报的同时,公司一直积极参与社会公益事业,并于 2009 年 4 月 12 日设立了基金业第一家慈善基金会——广东省大成慈善基金会,向社会表明了我们在践行社会责任方面的态度和决心。截至 2012 年年底,大成慈善基金会累计捐助金额近 800 万元。

“成为中国基金业的领军企业”是大成基金管理有限公司追求的目标。公司将继续坚持为持有人奉献长期稳健回报的核心理念,努力保持投资风格的稳定性及投资业绩的可持续性,与持有人共同分享中国经济的增长。

【公司大事记】

1999 年 4 月 12 日,大成基金管理有限公司成立。

1999 年 5 月 4 日,景宏证券投资基金基金合同生效,基金规模 20 亿份,存续期 15 年。

2002 年 11 月 11 日,公司第一只开放式基金——大成价值增长证券投资基金合同生效。

2003 年 4 月,率先在业内建立基金运营业务异地灾难备份中心。

2003 年 9 月,在上海建立业内最大客户服务中心。

2004 年 3 月,推出开放式基金网上交易业务。

2006 年 12 月,基金景业成为首只封转开方案获持有人大会全票通过的封闭式基金。

2007 年 8 月 1 日,创新型封闭式基金大成优选股票型证券投资基金基金合同生效。

2008 年 1 月,公司获得合格境内机构投资者(QDII)业务资格。

2008 年 3 月,公司获得特定客户资产管理业务资格。

2009 年 3 月,公司武汉、西安、成都、沈阳、福州五地分公司获中国证监会批复同意。

2009 年 4 月 12 日,为庆祝成立 10 周年,公司在深圳、北京、上海、武汉、西安、成都、福州、沈阳等地开展植树造林活动。

2009 年 4 月,公司出资设立的大成慈善基金会经广东省民政厅批准,正式设立。

2009 年 10 月,香港公司——大成国际资产管理有限公司正式开业。

2010 年 7 月,中资基金公司在香港发行的首只公募产品——大成中证中国内地消费 ETF 在香港交易所上市。

2010 年 9 月,广州分公司成立。

2010 年 12 月,公司获得全国社保基金境内委托投资管理人资格。

2011 年 9 月，南京分公司成立。

2011 年 12 月，公司香港子公司获人民币合格境外投资者（RQFII）业务资格。

【股东概况】

排序	股东名称	持股数量（万股）	持股比例
1	中泰信托投资有限责任公司	9600.00	48%
2	光大证券有限责任公司	5000.00	25%
2	中国银河证券有限责任公司	5000.00	25%
3	广东证券股份有限公司	400.00	2%

【旗下基金】

基金代码	基金简称	类型	基金经理
090001	大成价值增长	混合型	何光明
090002	大成债券基金 A	债券型	王立
092002	大成债券 C	债券型	王立
090003	大成蓝筹稳健	混合型	施永辉
090004	大成精选增值	混合型	刘安田
090005	大成货币 A	货币型	王立
091005	大成货币 B	货币型	王立
090006	大成 2020 生命周期	混合型	曹雄飞
519017	大成积极成长	股票型	孙蓓琳
519019	大成景阳领先	股票型	刘泽兵
519300	大成沪深 300	指数型	苏秉毅
160910	大成创新成长	混合型	杨建勋
090007	大成策略回报	股票型	徐彦
090008	大成强债 A/B	债券型	陈尚前
090009	大成行业轮动	股票型	黄万青
090010	大成中证红利指数	指数型	胡琦
090011	大成核心双动力	股票型	孙蓓琳
090012	大成深证成长 40 联接	ETF	苏秉毅
159906	大成深证成长 40ETF	ETF	苏秉毅
090013	大成保本	混合型	陈尚前朱文辉
096001	大成标普 500	QDII	冉凌浩
090015	大成内需增长	股票型	杨丹
090016	大成内地消费指数	指数型	胡琦
090017	大成可转债增强债券	债券型	朱文辉
184691	基金景宏	封闭式	黄万青
184701	基金景福	封闭式	杨丹
160916	大成优选	股票型	刘明、汤义峰
160915	大成景丰分级债券	创新封闭式	陈尚前、陶铄
090018	大成新锐产业股票	股票型	刘安田
090019	大成景恒保本	混合型	朱文辉
510440	大成中证 500 沪市 ETF	ETF	苏秉毅
090020	中证 500 沪市 ETF 联接	ETF	苏秉毅
090021	大成月添利 A	理财型	陶铄、王立
091021	大成月添利 B	理财型	陶铄、王立
090022	大成现金增利 A	货币型	王立
091022	大成现金增利 B	货币型	王立
090023	大成理财 21 天债 A	理财型	陶铄
091023	大成理财 21 天债 B	理财型	陶铄

【公司高管】

张树忠先生，董事长，经济学博士。1989 年 7 月—1993 年 2 月，任中央财经大学财政系讲师；1993 年 2 月—1997 年 3 月，任华夏证券股份有限公司投资银行总部总经理、研究发展部总经理；1997 年 3 月—2003 年 7 月，任光大证券股份有限公司总裁助理兼北方总部总经理、资产管理总监；2003 年 7 月—2004 年 6 月，任光大保德信基金管理公司董事、副总经理；2004 年 6 月—2006 年 12 月，任大通证券股份有限公司副总经理；2007 年 1 月—2008 年 1 月，任大通证券股份有限公司总经理；2008 年 1 月—2008 年 4 月，任职中国人保资产管理股份有限公司；2008 年 4 月起任中国人保资产管理股份有限公司副总裁、党委委员；2008 年 11 月起同时担任大成基金管理有限公司董事长。

王颢先生，董事，总经理，国际工商管理专业博士。2000 年 12 月—2002 年 9 月，任招商证券股份有限公司深圳管理总部副总经理、机构管理部副总经理；2002 年 9 月加入大成基金管理有限公司，历任助理总经理、副总经理；2008 年 11 月起担任大成基金管理有限公司总经理。

杜鹏女士，督察长，研究生学历。1992—1994 年，历任原中国银行陕西省信托咨询公司证券部驻上交所出市代表、上海业务部负责人；1994—1998 年，历任广东省南方金融服务总公司投资基金管理部证券投资部副经理、广东华侨信托投资公司证券总部资产管理部经理；1998 年 9 月参与大成基金管理有限公司的筹建；1999 年 3 月至今，任大成基金管理有限公司督察长兼监察稽核部经理。

富国基金管理有限公司

【基本情况】

法定名称：富国基金管理有限公司
英文名称：Fullgoal Fund Management Co.，Ltd.
注册地址：上海市浦东新区花园石桥路 33 号花旗集团大厦 5、6 层
办公地址：上海市浦东新区花园石桥路 33 号花旗集团大厦 5、6 层
法人代表：陈　敏
总 经 理：窦玉明
成立时间：1999 年 4 月 13 日
公司属性：中外合资
注册资本：1.8 亿元
联系电话：021－68597788
客服热线：400－888－0688
传真号码：021－68597799
邮政编码：200001
公司网址：www.fullgoal.com.cn

【公司概况】

富国基金于 1999 年在北京成立，是经中国证监会批准设立的首批十家基金管理公司之一。公司注册资本为 1.8 亿元人民币，总部设于上海，在北京、深圳、成都设有分公司。2003 年加拿大蒙特利尔银行参股，富国基金成为国内首批十家基金公司中第一家实现外资参股的基金公司。经过十年多的发展，富国基金不仅在中国资本市场的演进中积累了丰富的投资管理经验，而且不断将外方股东的先进理念和管理技术融入到公司经营管理的各项实践中，为投资者提供专业化的基金投资理财服务。

富国基金的主要业务包括共同基金（含 QDII）、企业年金基金、全国社保基金、特定客户资产管理等。截至 2011 年第三季度末，富国基金共管理运作 19 只公募基金、多个特定客户资产管理计划及企业年金基金管理专户，公募基金管理资

产规模达628亿元,其中公募基金资产规模位于前十大基金公司之列,成立以来累计实现基金分红近300亿元,为遍布全国的460多万个人和机构客户提供投资管理服务。

根据天相投顾的《基金管理公司综合评级》报告,富国基金在公司基本实力、投资管理能力和稳定性情况三个方面的综合评定中名列前茅,连续获得"五星级"基金管理公司评级。

【股东概况】

排序	股东名称	持股数量(万股)	持股比例
1	海通证券股份有限公司	4999.50	27.775%
1	申银万国证券股份有限公司	4999.50	27.775%
1	加拿大蒙特利尔银行	4999.50	27.775%
2	山东省国际信托投资有限公司	3001.50	16.675%

【旗下基金】

基金代码	基金简称	类型	基金经理
100016	富国天源平衡	混合型	李晓铭
100018	富国天利增长	股票型	饶刚、杨贵宾
100020	富国天益价值	混合型	陈戈
100022	富国天瑞强势	混合型	宋小龙
100025	富国天时货币 A	货币型	刁羽、邹卉
100028	富国天时货币 B	货币型	刁羽、邹卉
100026	富国天合稳健优选	股票型	尚鹏岳
100029	富国天成红利	混合型	于江勇
519035	富国天博创新主题	股票型	毕天宇
161005	富国天惠成长精选	混合型	朱少醒
100032	富国天鼎中证红利	指数型	徐幼华
100035	富国优化强债 A/B	债券型	钟智伦
100037	富国优化强债 C	债券型	钟智伦
100038	富国量化沪深 300	指数型	李笑薇
100039	富国通胀通缩	股票型	赵涛、尚鹏岳
100050	富国全球债券	债券型	张峰
100051	富国可转换债券	债券型	杨贵宾
100053	富国上证综指联接	ETF	李笑薇、王保合
510210	富国上证综指 ETF	ETF	李笑薇、王保合
100055	富国全球顶级消费品	QDII	张峰
100056	富国低碳环保	股票型	李晓铭
161017	富国中证 500	指数型	李笑薇、徐幼华
100058	富国产业债债券	债券型	钟智伦
161010	富国天丰强化债券	债券型	饶刚、钟智伦
161014	富国汇利分级	创新封闭式	饶刚
161015	富国天盈分级债券	创新封闭式	刁羽
500015	基金汉兴	封闭式	朱杰
500005	基金汉盛	封闭式	贺轶

【公司高管】

陈敏女士,董事长,中共党员,工商管理硕士,经济师。历任上海市信托投资公司副处长、处长;上海市外经贸委处长;上海万国证券公司党委书记;申银万国证券股份有限公司副总裁、党委委员。2004年开始担任富国基金管理有限公司董事长。

窦玉明先生,董事,总经理,硕士。历任北京中信国际合作公司交易员;深圳君安证券公司投资经理;大成基金管理有限公司基金经理助理;嘉实基金管理有限公司投资总监、总经理助理、副总经理兼基金经理。2008年开始担任富国基金管理有限公司总经理。

范伟隽先生,督察长,中共党员,硕士研究生。曾任毕马威华振会计师事务所项目经理,中国证监会上海监管局主任科员、副处长。2012年10月20日开始担任富国基金管理有限公司督察长。

易方达基金管理有限公司

【基本情况】

法定名称:易方达基金管理有限公司
英文名称:E Fund Management Co., Ltd.
注册地址:广东省珠海市横琴新区宝中路3号
4004-8室
办公地址:广州市天河区珠江新城珠江东路30号
广州银行大厦40-43楼
法人代表:叶俊英
总 经 理:刘晓艳
成立时间:2001年4月17日
公司属性:中资
注册资本:1.2亿元
联系电话:020-38797888
客服热线:400-881-8088
传真号码:020-38799488
邮政编码:510620
公司网址:www.efunds.com.cn

【公司概况】

易方达基金管理有限公司成立于2001年4月17日,旗下设有北京、广州、上海分公司和香港子公司。易方达秉承"取信于市场,取信于社会"的宗旨,坚持"在诚信规范的前提下,通过专业化运作和团队合作实现持续稳健增长"的经营理念,以严格的管理、规范的运作和良好的投资业绩,赢得市场认可。2004年10月,易方达取得全国社会保障基金投资管理人资格。2005年8月,易方达获得企业年金基金投资管理人资格。2007年12月,易方达获得合格境内机构投资者(QDII)资格。2008年2月,易方达获得从事特定客户资产管理业务资格。截至2012年12月31日,易方达旗下共管理39只开放式基金、1只封闭式基金和多个全国社保基金资产组合、企业年金及特定客户资产管理业务,资产管理总规模近2500亿元。

●经营稳健,管理规范

易方达基金高度重视健全内部管理体制和完善风险防范机制,成立伊始便在业内率先制定"内部控制大纲",对公司治理结构、内部控制制度体系与制度管理、内部控制基本要点、控制环境、持续的控制检验作出规范,在此基础上制定了大量规章制度,初步形成了一套具有公司特色、合乎基金行业规范运作要求的制度化管理体系,保证了公司的合规、高效运作,获得了国家主管部门和中介评估机构的充分肯定。

●以人为本,人才优势明显

基金业是"人的事业",易方达成立伊始,便努力打造一支高度专业化的基金管理团队。截至2012年12月31日,公司员工人数近400人,平均年龄31岁,其中具有硕士以上学历的占员工总数的60.75%,具有复合专业背景的占28.50%。公司高管人员人均金融从业时间18年以上,全部具有经济学或管理学教育背景。易方达基金的投资研究队伍专业、稳健、勇于进取,投资管理人员平均证券从业时间10

年，97.83%的投资人员具有硕士以上学历，具有理工科背景的占63.04%，具有复合专业背景的占54.34%；100%的研究人员具有硕士以上学历，具有理工科背景的占54.38%，具有复合专业背景的占43.86%。

●业绩稳定，回报丰厚

完善的制度、严格的管理、规范的运作使公司始终保持各方面业务持续增长的良性发展态势，投资业绩综合排名始终在国内基金公司中名列前茅。截至2012年12月31日，公司旗下基金累计分红近500亿元，为投资者创造了良好的回报。

●研究主导，投研良性互动

公司一贯秉承价值投资理念，强调研究在投资中的主导作用，不断追求研究的深度和前瞻性。目前，公司已自主培养和建立起一支高素质的研究员队伍，形成了研究主导的投资文化，研究注重深度挖掘、实地调研、持续跟踪，投资与研究相互促进、良性互动，为公司取得优异投资业绩打下了坚实基础。

●服务客户，细致深入

专业坦诚是易方达的服务理念。公司不断致力于改进客户服务质量、加强多方沟通协调、完善和创新服务方式。目前，公司已与多家机构签订了合作协议，并推出了开放式基金的网上交易平台，努力为广大客户提供更多的交易便利和优惠。

易方达将继续坚持以诚信和业绩立足，不断开拓创新，积极进取，努力为投资者创造最优回报。

【公司大事记】

2001年4月17日，易方达基金管理有限公司正式成立。

2001年6月20日，在清理规范广东省6只联网投资基金的基础上，易方达旗下的科汇、科翔、科讯证券投资基金分别在深圳、上海证券交易所挂牌交易。

2001年7月12日，科汇、科翔、科讯证券投资基金完成扩募工作，分别扩募至8亿份基金单位。

2001年12月15日，易方达顺利通过中国证监会和境外投资基金专家小组对开放式基金准备情况的现场检查，获得了高度评价。

2002年3月12日，易方达旗下第四只封闭式基金——科瑞证券投资基金正式成立，总规模30亿份基金单位。

2002年8月23日，易方达第一只开放式基金——易方达平稳增长证券投资基金宣告成立，设立募集期共募集46.78亿份基金单位。

2003年12月09日，易方达旗下第二只开放式基金——易方达策略成长证券投资基金宣告成立，设立募集期共募集20.35亿份基金单位。

2004年3月22日，易主达旗下第三只开放式基金——易方达50指数证券投资基金宣告成立，设立募集期共募集50.49亿份基金单位。

2004年7月25日，易方达公司正式向投资者推出网上基金交易业务，投资者通过互联网即可直接认（申）购易方达旗下基金。

2004年9月09日，易主达旗下第四只开放式基金——易方达积极成长证券投资基金宣告成立，设立募集期共募集11.58亿份基金单位。

2004年10月23日，全国社保基金理事会公布增加4家全国社保基金投资管理人资格名单，易方达以优异的成绩在29家参评基金公司、证券公司中脱颖而出，获得社保基金管理人资格。

2004年12月30日，易方达原投资总监江作良被聘为中国证监会第七届股票发行审核委员会委员。

2005年2月02日，易方达旗下第五只开放式基金——易方达货币市场基金公告成立，设立募集期共募集36.22亿份基金单位。

2005年8月02日，易方达获得企业年金基金投资管理人资格。

2005年9月19日，易方达旗下第六只开放式基金——易方达月月收益中短期债券基金公告成立，设立募集期共募集114亿份基金单位。

2006年3月24日，易方达基金管理公司与广东某知名国有企业集团签订企业年金投资管理合同，正式启动该业务。

2006年3月25日，易方达深证100ETF正式公告基金合同生效，认购份额达到51.57亿元。

2006年6月13日，易方达价值精选股票型证券投资基金合同生效，募集基金份额总额为117.91亿份。

2006年8月17日，易方达策略成长二号混合型证券投资基金合同生效，募集基金份额总额为36.57亿份。

2007年4月30日，易方达价值成长混合型证券投资基金合同生效，实施比例配售后募集基金份额总额为108.74亿份。

2007年11月30日，易方达基金管理有限公司发起成立广东省易方达教育基金会。

2007年12月13日，易方达基金管理有限公司获得合格境内机构投资者（QDII）从事境外证券投资管理业务资格。

2007年12月18日，科讯证券投资基金正式由封闭式基金转为开放型基金，新基金名称为“易方达科讯股票型证券投资基金”。

2008年2月14日，经中国证监会批复同意，易方达基金管理有限公司获得从事特定客户资产管理业务资格。

2008年3月19日，易方达增强回报债券基金合同生效，认购份额超过30亿份。

2008年6月19日，易方达中小盘股票型证券投资基金合同生效，认购份额超过12亿份。

2008年10月09日，科汇证券投资基金正式由封闭式基金转型为开放式基金，新基金名称为“易方达科汇灵活配置混合型证券投资基金”。

2008年11月13日，科翔证券投资基金正式由封闭式基金转型为开放式基金，新基金名称为“易方达科翔股票型证券投资基金”。

2009年3月26日，易方达行业领先企业股票型证券投资基金合同生效，认购份额超过41亿份。

2009年8月26日，易方达沪深300指数证券投资基金合同生效，认购份额168.8亿份。

2009年12月1日，易方达深证100交易型开放式指数证券投资基金联接基金合同生效，认购份额超过189亿份。

2010年1月21日，易方达亚洲精选股票型证券投资基金合同生效，认购份额近6亿份。

2010年3月29日，易方达上证中盘交易型开放式指数证券投资基金合同生效，认购份额超过27亿份。

2010年3月31日，易方达上证中盘交易型开放式指数证券投资基金联接基金合同生效，认购份额超过20亿份。

2010年8月20日，易方达消费行业股票型证券投资基金合同生效，认购份额超过63亿份。

2010年11月9日，易方达岁丰添利债券型证券投资基金合同生效，认购份额超过 26 亿份。

2011 年 1 月 28 日，易方达医疗保健行业股票型证券投资基金合同生效，认购份额超过 38 亿份。

2011 年 5 月 6 日，易方达黄金主题证券投资基金（LOF）基金合同生效，认购份额超过 26 亿份。

2011 年 6 月 21 日，易方达安心回报债券型证券投资基金合同生效，认购份额近 18 亿份。

2011 年 8 月 16 日，易方达资源行业股票型证券投资基金合同生效，认购份额超过 24 亿份。

2011 年 9 月 20 日，易方达创业板交易型开放式指数证券投资基金及联接基金合同生效，认购份额超过 9 亿份。

2011 年 12 月 1 日，易方达双债增强债券型证券投资基金合同生效，认购份额超过 16 亿份。

2011 年 12 月 21 日，易方达资产管理（香港）有限公司经中国国证监会批准、并于 2012 年 1 月 2 日经中国外管局批准，成为人民币合格境外投资者公募基金（RQFII）的投资管理人。

2012 年 5 月 3 日，易方达纯债债券型证券投资基金合同生效，认购份额超过 80 亿份。

2012 年 6 月 4 日，易方达标普全球高端消费品指数增强型证券投资基金合同生效。

2012 年 7 月 5 日，易方达量化衍伸股票型证券投资基金合同生效。

2012 年 8 月 9 日，易方达恒生中国企业交易型开放式指数证券投资基金合同生效。

2012 年 8 月 21 日，易方达恒生中国企业交易型开放式指数证券投资基金联接基金合同生效。

2012 年 9 月 20 日，易方达中小板指数分级证券投资基金合同生效。

2012 年 11 月 9 日，易方达中债新综合债券指数发起式证券投资基金（LOF）基金合同生效。

2012 年 11 月 26 日，易方达月月利理财债券型证券投资基金基金合同生效。

【股东概况】

排序	股东名称	持股数量（万股）	持股比例
1	广东粤财信托投资有限公司	3000.00	25%
2	广发证券股份有限公司	3000.00	25%
3	广东美的电器股份有限公司	3000.00	25%
4	重庆国际信托投资有限公司	2000.00	16.67%
5	广州市广永国有资产经营有限公司	1000.00	8.33%

【旗下基金】

基金代码	基金简称	类型	基金经理
110001	易方达平稳增长	混合型	陈皓
110002	易方达策略成长	混合型	蔡海洪
110003	易方达上证 50	指数型	林飞
110005	易方达积极成长	混合型	何云峰
110006	易方达货币 A	货币型	马喜德
110016	易方达货币 B	货币型	马喜德
110007	易方达稳健债券 A	债券型	胡剑
110008	易方达稳健债券 B	债券型	胡剑
110009	易方达价值精选	股票型	吴欣荣
110010	易方达价值成长	混合型	潘峰
110029	易方达科讯	股票型	宋昆
112002	易方达策略二号	混合型	蔡海洪
159901	易方达深证 100ETF	ETF	林飞、王建军
110011	易方达中小盘	股票型	张坤
110012	易方达科汇灵活配置	混合型	冯波
110013	易方达科翔	股票型	付浩
110015	易方达行业领先	股票型	冯波
110017	易方达增强债券 A	债券型	钟鸣远、王晓晨
110018	易方达增强债券 B	债券型	钟鸣远、王晓晨
110019	易基深证 100 联接	指数型	林飞、王建军
110020	易方达沪深 300	指数型	张胜记
110021	易基上证中盘联接	指数型	张胜记
110022	易方达消费行业	股票型	萧楠
118001	易方达亚洲精选	QDII	管宇
510130	易方达上证中盘 ETF	ETF	张胜记
110023	易方达医疗保健行业	股票型	李文健
110025	易方达资源行业	股票型	郭杰
110026	易方达创业板联接	指数型	王建军
159915	易方达创业板 ETF	ETF	王建军
110027	易方达安心债券 A	债券型	钟鸣远
110028	易方达安心债券 B	债券型	钟鸣远
110035	易方达双债强债 A	债券型	张磊
110036	易方达双债强债 C	债券型	张磊
161116	易方达黄金主题	QDII	管宇
161115	易方达岁丰添利债券	债券型	钟鸣远
161117	易方达永旭添利	债券型	马喜德
110037	易方达纯债 A	债券型	马喜德
110038	易方达纯债 C	债券型	马喜德
118002	易方达标普高端消费品	QDII	费鹏
110030	易方达量化衍伸	股票型	罗山
510900	易方达恒生中国企业	QDII	张胜记
110031	易方达恒生中国企业人民币	指数型	
110032	易方达恒生中国企业美元现汇	指数型	
110033	易方达恒生中国企业美元现钞	指数型	
150106	易方达中小板指数分级 A	指数型	王建军
161118	易基中小板份额	指数型	王建军
161119	易方达中债新综指（LOF）A	债券型	胡剑、张非默
161120	易方达中债新综指（LOF）C	债券型	胡剑、张非默
110050	易方达月月利 A	理财型	石大怿
110051	易方达月月利 B	理财型	石大怿
500056	基金科瑞	封闭式	郑希

【公司高管】

叶俊英先生，经济学博士，董事长。曾任中国南海石油联合服务总公司条法部科员、副科长、科长，广东省烟草专卖局专卖办公室干部，广发证券有限责任公司投资银行部总经理、公司董事、副总裁，易方达基金管理有限公司董事兼总裁、副董事长兼总裁。现任易方达基金管理有限公司董事长。

刘晓艳女士，经济学博士，董事、总裁。曾任广发证券有限责任公司投资理财部副经理、基金经理，基金投资理财部副总经理、基金资产管理部总经理，易方达基金管理有限公司督察员兼监察部总经理、总裁助理兼市场部总经理、公司副总裁、常务副总裁。现任易方达基金管理有限公司董事、总裁，兼任易方达资产管理（香港）有限公司董事长。

张南女士，博士。曾任广东省经贸委产业政策处副处长，易方达基金管理有限公司市场拓展部副总经理，现兼任易方达基金管理有限公司监察部总经理。

宝盈基金管理有限公司

【基本情况】

法定名称：宝盈基金管理有限公司
英文名称：Baoying Fund Management Co. ,Ltd.
注册地址：深圳市深南路6008号特区报业大厦1501室
办公地址：深圳市深南路6008号特区报业大厦15层、26层
法人代表：李建生
总 经 理：汪　钦
成立时间：2001年5月18日
公司属性：中资
注册资本：1亿元
联系电话：0755－83516688
客服热线：400－8888－300
传真号码：0755－83275119
邮政编码：518034
公司网址：www.byfunds.com

【公司概况】

宝盈基金管理有限公司成立于2001年5月18日，注册资本人民币1亿元，注册地深圳。公司股东实力雄厚，分别为中铁信托有限责任公司、成都工业投资集团有限公司、中国对外经济贸易信托有限公司。

公司主要经营业务是发起设立证券投资基金（以下简称基金）、基金管理、特定客户资产管理以及证监会批准的其他业务。公司旗下基金产品齐全、风格多样。目前，公司共管理基金9只，已构建了涵盖股票型基金、债券型基金、指数型基金、混合型基金和货币市场基金等较完备的产品线，能够满足各类风险偏好投资者的需求。2008年3月，公司获特定客户资产管理业务资格。目前，已管理多只特定客户资产管理产品。

在投资研究方面，公司坚持“研究创造价值，风险管理创造收益”的理念，通过打造投研一体化平台，力争为投资人创造持续良好的投资回报。

在内部控制方面，公司秉持“投资者利益至上”的首要原则，高度重视合规文化的建设，通过加强制度建设和监察稽核工作，将风险控制贯穿在业务操作的各个环节，保证业务运作合法合规。

公司弘扬“进取、共享、和谐”的企业文化，坚持“规范管理求效益、诚信创新谋发展、回报服务创品牌”的经营理念，做投资人信赖的资产管理者，为投资者提供优质的理财服务。

【公司大事记】

2001年5月18日，宝盈基金管理有限公司在深圳成立。

2001年12月10日，鸿阳证券投资基金成立，成立规模20亿份。

2001年12月25日，鸿飞证券投资基金完成扩募，规模达5亿份。

2002年10月8日，宝盈基金第一只开放式基金——宝盈鸿利收益证券投资基金成立，该基金是国内首只收益型开放式基金。

2004年6月29日，宝盈公司获中国证监会批准，完成股权转让，转让后的股权结构为衡平信托投资有限责任公司（49%）、成都工业投资经营有限责任公司（26%）、中国对外经济贸易信托投资有限公司（25%）。

2005年3月8日，国内首只区域型证券投资基金——宝盈泛沿海区域增长股票证券投资基金成立。

2005年10月17日，宝盈公司获得ISO9000质量管理体系认证。

2006年1月，宝盈泛沿海区域增长股票证券投资基金喜获深圳市证券业协会举办的“深圳年度金融创新奖”。

2007年1月19日，宝盈策略增长股票型证券投资基金成立。

2007年2月13日，宝盈基金投资俱乐部正式启动。

2007年5月9日，业内首家电子商务品牌网站——爱宝网（ibao.byfunds.com）隆重上线。

2008年3月13日，经中国证监会批准，获得特定客户资产管理业务资格。

2008年3月21日，在《中国证券投资基金年鉴》“2007年首届中国基金行业年度评选”活动中获得“投资者教育创新奖”。

2008年4月15日，鸿飞证券投资基金完成封转开，更名宝盈资源优选股票型证券投资基金。

2008年424日，宝盈基金第一项投资顾问业务——建津财富2号证券投资信托产品正式成立。

2008年5月15日，宝盈增强收益债券型基金成立。

2008年5月30日，公司“爱宝网电子商务平台”荣获“2007年深圳资本圈年度成就奖”。

2009年8月6日，宝盈货币市场证券投资基金成立。

2010年2月10日，宝盈中证100指数增强型证券投资基金成立。

2011年11月25日，由《新财富》杂志主办第九届新财富最佳分析师评选活动中，宝盈基金管理有限公司获得“第四届新财富最具慧眼基金的管理公司”奖。

2011年12月3日，由和讯网主办的第九届财经风云榜活动中，获得“2011年度最佳客户服务奖”。

【股东概况】

排序	股东名称	持股比例
1	中铁信托有限责任公司	49%
2	成都工业投资经营有限责任公司	26%
3	中国对外经济贸易信托投资有限公司	25%

【旗下基金】

基金代码	基金简称	类型	基金经理
213001	宝盈鸿利	混合型	高峰
213002	宝盈泛沿海	股票型	高峰
213003	宝盈策略	股票型	余述胜
213006	宝盈优势	股票型	王茹远
213009	宝盈货币A	货币型	陈若劲、于启明
213909	宝盈货币B	货币型	陈若劲、于启明
213007	宝盈债券A	债券型	陈若劲
213907	宝盈债券B	债券型	陈若劲
213917	宝盈债券C	债券型	刘丰元、陈若劲
213008	宝盈资源	股票型	彭敢
213010	宝盈100	指数型	温胜普、余述胜
184728	基金鸿阳	封闭式	彭敢

【公司高管】

李建生女士，董事长，中共党员，本科。曾在黑龙江建设兵团、铁道部基建总局工作。1989年始历任中国铁路工程总

公司副处长、高级会计师、副总会计师,现任衡平信托有限责任公司董事长,中国中铁股份有限公司副总裁、财务总监兼总法律顾问。

汪钦先生,总经理,中共党员,经济学博士。曾就职于中国人民银行河南省分行教育处,海南港澳国际信托投资公司证券部,历任三亚东方实业股份有限公司副总经理,国信证券有限责任公司研究所所长,长城基金管理有限公司总经理助理,长城基金管理有限公司副总经理。

孙胜华先生,督察长,中共党员,法学硕士。曾在中国信达信托总公司、中国信达资产管理公司、英国 Wyvern (China) 投资银行、中国泛海控股集团、民生证券有限责任公司、华夏基金管理有限公司从事法律工作。现任宝盈基金管理有限公司总经理助理兼监察稽核部总监。

融通基金管理有限公司

【基本情况】

法定名称:融通基金管理有限公司
英文名称:Rongtong Fund Management Co., Ltd.
注册地址:深圳市南山区华侨城汉唐大厦13、14层
办公地址:深圳市南山区华侨城汉唐大厦13、14层
法人代表:田德军
总 经 理:奚星华
成立时间:2001年5月22日
公司性质:中外合资
注册资本:1.25亿元
联系电话:0755-26948666
客服热线:400-883-8088
传真号码:0755-26935005
邮政编码:518035
公司网址:www.rtfund.com

【公司概况】

融通基金管理有限公司经中国证监会监基字[2001]8号文批准,于2001年5月22日在深圳正式成立,是中国第二批基金管理公司之一,注册资本1.25亿元人民币。总部设在深圳,在北京、上海及深圳设有分公司。公司在法人治理结构、投资管理、内控体系、组织架构等各方面充分体现了"新基金、新体制"。

公司在基金管理上实行投资决策委员会领导下的基金经理负责制。目前公司旗下共有十七只基金,其中十六只开放式基金:融通新蓝筹混合、融通通利系列基金(由融通债券A/B、C、融通深证100指数和融通蓝筹成长混合三只子基金构成)、融通行业景气混合、融通巨潮100指数(LOF)、融通易支付货币、融通动力先锋股票、融通领先成长股票(LOF)、融通内需驱动股票、融通深证成份指数、融通四季添利债券、融通创业板指数、融通医疗保健行业股票、融通岁岁添利定期开放债券和融通丰利四分法基金,一只封闭式基金(融通通乾封闭)。

【公司大事记】

2000年7月31日,融通基金管理有限公司(筹)第一次发起人会议在北京召开。

2000年11月2日,融通基金管理有限公司获准筹建。

2001年2月13日,融通基金管理有限公司(筹)第二次发起人会议在深圳召开。

2001年5月8日,融通基金管理有限公司获准开业。

2001年5月22日,融通基金管理有限公司正式成立。

2001年6月2-3日,公司创立大会暨2000年股东会、第一届董事会第一次会议、第一届第一次监事会议在北京召开。

2007年2月3日,公司发布《融通基金管理有限公司关于公司高级管理人员变更的公告》,根据《证券投资基金法》、《证券投资基金行业高级管理人员任职管理办法》的规定,经公司第二届董事会第十二次临时会议审议,并报经中国证券监督管理委员会深圳证券监管局审核通过,免去刘小山的公司副总经理职务。

2007年2月5日,公司发布《融通基金管理有限公司关于公司高级管理人员变更的公告》根据《证券投资基金法》、《证券投资基金行业高级管理人员任职管理办法》的规定,经公司第二届董事会第十一次临时会议通过,并报经中国证券监督管理委员会审核批准(证监基金字[2007]16号文),聘任刘模林为公司副总经理。

2007年2月15日,融通动力先锋证券投资基金基金开始办理赎回业务。

2007年3月2日,公司发布《融通基金管理有限公司关于基金经理变更的公告》,聘用陈晓生、严菲担任融通蓝筹成长证券投资基金的基金经理职务,免去易万军融通蓝筹成长证券投资基金的基金经理职务;聘用郝继伦担任通乾证券投资基金的基金经理职务,免去张英飚通乾证券投资基金的基金经理职务。

2007年3月2日,通宝证券投资基金召开基金份额持有人大会。于2007年4月2日下午2时30分,在北京金融街威斯汀大酒店(北京市西城区金融大街乙9号,电话:010-66068866)现场方式召开,审议关于通宝证券投资基金转型有关事项的议案。

2007年4月13日,公司发布《融通基金管理有限公司关于公司股东变更的公告》,经融通基金管理有限公司2006年第一次临时股东会会议审议通过,并报中国证监会、中国商务部审核批准,本公司原股东陕西省国际信托投资股份有限公司、华林证券有限责任公司分别将其持有的公司20%股权全部转让给日兴资产管理有限公司。

经公司2006年第三次临时股东会会议审议通过,并报中国证监会(证监基金字[2006]264号)的批准,公司原股东联合证券有限责任公司将其持有的公司20%股权全部转让给新时代证券有限责任公司。

上述转让事项全部变更完成后,公司的股东及其出资比例将为:河北证券有限责任公司40%、日兴资产管理有限公司40%、新时代证券有限责任公司20%。

2007年4月25日,公司发布《通宝证券投资基金终止上市公告》,基金通宝将于2007年4月30日终止上市,自基金通宝终止上市之日起,基金名称变更为融通领先成长股票型证券投资基金(LOF)。

2007年6月25日,融通领先成长股票型证券投资基金(LOF)(基金代码:161610)定于2007年6月25日起开始办理日常申购、赎回业务。

2007年6月25日,公司发布《融通基金管理有限公司关于基金经理变更的公告》,决定聘用邹曦担任融通行业景气证券投资基金的基金经理职务。

2007年7月,融通新蓝筹基金荣获由《基金观察》杂志社、晨星(中国)等机构评出的"2007年TOP10钻石基金"奖。

2007年8月4日,根据《融通基金管理有限公司章程》的

规定,经公司第二届董事会第三次会议及2006年度股东会会议审议批准,并报经中国证监会深圳证券监管局审核通过:公司第二届董事会由以下人员组成:孟立坤、曹凤岐、强力、林义相、Miyazato Hiroki(宫里启晖)、Allen Yan(颜锡廉)、马金声、吕秋梅、吴冶平,其中曹凤岐、强力、林义相为独立董事。

2007年9月24日,根据《关于融通基金管理有限公司北京、上海分公司总机号码变更的公告》,自2007年9月24日起融通基金管理有限公司北京分公司总机号码变更为010－66190999;上海分公司总机号码变更为021－38429510。

2007年9月28日,根据《融通基金管理有限公司关于增聘基金经理的公告》,1.决定增聘鲁万峰先生担任融通动力先锋证券投资基金的基金经理职务,该基金现任基金经理陈晓生先生继续担任基金经理职务;2.决定增聘刘泽兵先生担任通乾证券投资基金的基金经理职务,该基金现任基金经理郝继伦先生继续担任基金经理职务;3.决定增聘戴春平先生担任融通新蓝筹证券投资基金的基金经理职务,该基金现任基金经理刘模林先生继续担任基金经理职务。

2008年1月,融通基金公司荣获由中国证券报主办第五届中国基金业金牛奖的2007年度“金牛基金管理公司”称号。

2008年1月,融通基金公司荣获由网易财经主办2007年度“中国十大金钻基金公司评选”的“金钻基金公司”称号。

2008年1月,融通行业景气基金荣获由证券时报主办“中国明星基金评选”的“2007年度股票型基金明星奖”。

2008年1月,融通基金公司荣获由和讯网主办的第五届财经风云榜“2007年度最具成长性的基金公司”。

2008年1月,融通基金公司荣获由证券时报主办2007年度“中国明星基金评选”的“2007年度市场营销明星基金公司”。

2008年3月,融通新蓝筹基金获“理柏中国基金奖2008”的“五年期最佳人民币进取灵活混合型基金”奖项。

2008年3月,融通基金公司荣获上证报、中国证券网主办的第五届“金基金”评选的“最佳营销服务”奖。

2008年3月31日,根据《融通基金管理有限公司关于基金经理变更的公告》,免去冯宇辉先生融通行业景气证券投资基金的基金经理职务,免去陶武彬先生融通债券证券投资基金和融通易支付货币市场证券投资基金的基金经理职务;聘用乔羽夫先生担任融通债券证券投资基金和融通易支付货币市场证券投资基金的基金经理职务。

2008年10月21日,经融通基金管理有限公司2008年第一次临时股东会会议审议通过,并报中国证监会核准,新时代证券有限责任公司受让河北证券有限责任公司持有的本公司40%股权。本次股权转让事项的相关变更登记手续正在办理中。转让事项全部变更完成后,本公司的股东及其出资比例将为:新时代证券有限责任公司60%、日兴资产管理有限公司40%。

2009年3月3日,根据《证券投资基金法》、《证券投资基金行业高级管理人员任职管理办法》的有关规定,经公司第三届董事会第一次会议审议通过,并报经中国证券监督管理委员会核准(证监许可[2009]162号文),聘任秦玮先生为公司副总经理。

2009年3月13日,经融通基金管理有限公司2008年第一次临时股东会会议审议通过,并报中国证监会核准,新时代证券有限责任公司受让河北证券有限责任公司持有的本公司40%股权。本次股权转让事项的相关变更登记手续现已办理完毕,本次股权变更后,本公司的股东及其出资比例为:新时代证券有限责任公司60%、日兴资产管理有限公司40%。

2009年3月16日,融通内需驱动证券投资基金正式向全国发售。

2009年3月,融通基金公司荣获由证券时报主办“2008年度中国明星基金暨最佳托管银行评选”的“2008年度投资者教育明星基金公司”。

2009年4月22日,融通内需驱动证券投资基金基金合同正式生效,募集规模2,955,174,216.52份基金份额。

2009年5月15日,经公司研究决定,并报经中国证券业协会注册登记和深圳证监局审核备案,聘任郑毅先生、王建强先生为融通深证100指数证券投资基金基金经理,聘任郑毅先生、王建强先生为融通巨潮100指数证券投资基金(LOF)基金经理,免去张野所任的融通深证100指数证券投资基金基金经理和融通巨潮100指数证券投资基金(LOF)基金经理职务。

2009年5月25日,融通内需驱动股票型证券投资基金定于2009年5月25日起开始办理日常申购、赎回业务。

2009年8月26日,经公司研究决定,并报经中国证券业协会注册登记和深圳证监局审核备案,聘任张敏先生为融通新蓝筹证券投资基金基金经理,刘模林先生继续担任融通新蓝筹证券投资基金基金经理职务。

2010年2月6日,经融通基金管理有限公司总经理办公会研究决定,同意郝继伦先生因个人原因不再担任通乾证券投资基金基金经理的职务,刘泽兵先生继续担任通乾基金基金经理。

2010年3月13日,经公司研究决定,聘任管文浩先生为融通领先成长股票型证券投资基金(LOF)的基金经理,陈文涛先生不再担任融通领先成长股票型证券投资基金(LOF)的基金经理,公司另有任用。刘模林先生继续担任融通领先成长股票型证券投资基金(LOF)的基金经理。

2010年3月15日,经融通基金管理有限公司第三届董事会第六次临时会议审议通过,同意孟立坤先生辞去公司董事长职务。同意吕秋梅女士辞去公司总经理职务,并决定由公司副总经理秦玮先生代为履行公司总经理职务,代为履行公司总经理职务的时间不超过90日。

2010年4月17日,经公司研究决定,同意郑毅先生因个人原因辞去融通深证100指数证券投资基金和融通巨潮100指数证券投资基金(LOF)基金经理职务。王建强先生继续担任融通深证100指数证券投资基金和融通巨潮100指数证券投资基金(LOF)基金经理职务。

2010年4月23日,经公司研究决定,聘任汪忠远先生为融通新蓝筹证券投资基金基金经理,刘模林先生、张敏先生继续担任融通新蓝筹证券投资基金基金经理职务。

2010年5月22日,融通基金管理有限公司第三届董事会第七次临时会议通过决议,选举田德军先生担任公司董事长职务。

2010年5月,融通通乾封闭荣获由《中国证券报》主办“第七届中国基金业金牛奖”的“2009年度封闭式金牛基金”称号。

2010年10月11日,融通深证成份指数证券投资基金正式向全国发售。

2010年11月15日,融通深证成份指数证券投资基金基金合同正式生效,募集规模1,848,841,553.44份基金份额。

2010年12月16日,融通深证成份指数股票型证券投资基金定于 2010 年 12 月 16 日起开始办理日常申购、赎回业务。

2011 年 1 月 22 日，融通动力先锋股票：鲁万峰离任，陈晓生继续任融通动力先锋基金经理；融通领先成长股票（LOF）：刘模林离任，管文浩继续任融通领先成长（LOF）基金经理；融通内需驱动股票：邹曦离任，陈晓生、鲁万峰继续任融通内需驱动股票基金经理。

2011 年 3 月 24 日，融通基金管理有限公司新任总经理：奚星华；新任副总经理：颜锡廉（ALLEN YAN）；新任督察长：涂卫东。

2011 年 3 月 24 日，融通动力先锋股票：陈晓生离任，郭恒担任融通动力先锋股票基金经理；融通新蓝筹混合：张敏离任，刘模林、汪忠远继续任融通新蓝筹混合基金经理；融通蓝筹成长混合：陈晓生离任，严菲继续任融通蓝筹成长混合基金经理；融通内需驱动股票：陈晓生离任，鲁万峰继续任融通内需驱动股票基金经理。

2011 年 4 月 6 日，融通新蓝筹混合：吴巍新任，刘模林离任，汪忠远继续任融通新蓝筹混合基金经理。

2011 年 4 月，融通通乾封闭荣获由中国证券报主办"第八届中国基金业金牛奖"的"2010 年度封闭式金牛基金"称号。

2011 年 6 月 11 日，融通深证 100 指数：陶武彬新任，王建强继续任融通深证 100 指数基金经理。

2011 年 10 月 13 日，融通易支付货币：蔡奕奕新任，乔羽夫继续任融通易支付货币基金基金经理。

2011 年 11 月 3 日，融通易支付货币：乔羽夫离任，蔡奕奕继续任融通易支付货币基金基金经理。

2011 年 12 月 8 日，融通深证 100 指数：陶武彬离任，王建强继续任融通深证 100 指数基金经理。

2012 年 1 月 5 日，融通内需驱动股票：周珺新任，鲁万峰继续任融通内需驱动股票基金经理。

2012 年 1 月 11 日，融通四季添利债券证券投资基金正式向全国发售。

2012 年 1 月 12 日，融通通乾封闭：汪忠远新任，刘泽兵继续任融通通乾封闭基金经理。

2012 年 1 月 12 日，融通行业景气混合：严菲新任，邹曦继续任融通行业景气混合基金经理

2012 年 1 月 19 日，融通行业景气混合：邹曦离任，严菲继续任融通行业景气混合基金经理；融通内需驱动股票：鲁万峰离任，周珺继续任融通内需驱动股票基金经理；融通通乾封闭：刘泽兵离任，汪忠远继续任融通通乾封闭基金经理。

2012 年 2 月 20 日，融通债券投资基金进行份额分类并增加收费模式，分为融通债券 A（原融通债券前）、融通债券 B（原融通债券后）和融通债券 C（新增份额分类）。

2012 年 3 月 1 日，融通四季添利债券型证券投资基金基金合同正式生效，合同生效后两年内封闭运作，在深圳证券交易所上市交易，基金合同生效满两年后，转为上市开放式基金（LOF）。募集规模 1,281,761,462.73 份基金份额。

2012 年 3 月 5 日，融通创业板指数增强型证券投资基金正式向全国发售。

2012 年 4 月 6 日，融通创业板指数增强型证券投资基金基金合同正式生效，募集规模 487,321,720.94 份基金份额。

2012 年 5 月 2 日，融通易支付货币市场证券投资基金进行份额分类并增加收费模式，分为融通易支付货币 A、融通易支付货币 B。

2012 年 5 月 7 日，融通创业板增强型指数股票型证券投资基金定于 2012 年 5 月 7 日起开始办理日常申购、赎回业务；个人投资者仅限定投申购方式，单笔定投上限 1 万元。

2012 年 6 月 25 日，融通医疗保健行业股票型证券投资基金正式向全国发售。

2012 年 7 月 3 日，融通行业景气混合：邹曦新任，严菲继续任融通行业景气混合基金经理。

2012 年 7 月 26 日，融通医疗保健行业股票型证券投资基金基金合同正式生效，募集规模 336,147,352.89 份基金份额。

2012 年 7 月 25 日，融通新蓝筹混合：姚昆新任，吴巍、汪忠远继续任融通新蓝筹混合基金经理。

2012 年 8 月 10 日，融通领先成长股票（LOF）：余志勇新任，管文浩继续任融通领先成长股票（LOF）基金经理。

2012 年 8 月 29 日，融通债券 A/B、C：张李陵新任，乔羽夫继续任融通债券 A/B、C 基金经理。

2012 年 8 月 31 日，融通债券 A/B、C：乔羽夫离任，张李陵继续任融通债券 A/B、C 基金经理；融通四季添利债券：乔羽夫离任，蔡奕奕继续任融通四季添利债券基金经理。

2012 年 9 月 6 日，融通医疗保健行业股票：蒋秀蕾新任，吴巍继续任融通医疗保健行业股票基金经理。

2012 年 10 月 9 日，融通岁岁添利定期开放债券型证券投资基金正式向全国发售。

2012 年 11 月 6 日，融通岁岁添利定期开放债券型证券投资基金基金合同正式生效，募集规模 3,119,837,355.31 份基金份额。

【公司荣誉】

2004 年 4 月，融通新蓝筹混合荣获晨星（中国）2003 年度最佳配置型基金提名。

2004 年 4 月，公司在"上证报最佳基金公司"评选活动中获得"透明度最高基金公司奖"。

2004 年 8 月，融通新篮筹混合在由《中国证券报》主办的"首届中国基金金牛奖"评选活动中获得"中国金牛基金"称号。

2005 年 1 月，公司与日兴资产管理有限公司签署合作协议，为全球首家海外 A 股基金提供投资研究咨询服务。

2006 年 1 月，融通易支付货币以其创新的服务功能荣获深圳证券业协会"2005 年度金融创新奖"。

2007 年 7 月，融通新蓝筹混合荣获由晨星（中国）等机构评出的"2007 年 TOP10 钻石基金"奖。

2008 年 1 月，公司荣获由《中国证券报》主办第五届中国基金业金牛奖的"2007 年度金牛基金管理公司"称号。

2008 年 1 月，融通行业景气混合获得由《证券时报》主办 2007 年度"中国明星基金评选"的"2007 年度股票型基金明星奖"。

2008 年 1 月，融通基金公司荣获由《证券时报》主办 2007 年度"中国明星基金评选"的"2007 年度市场营销明星基金公司"。

2008 年 3 月，融通基金公司荣获由《上海证券报》、中国证券网主办的第五届"金基金"评选的"最佳营销服务"奖。

2009 年 3 月，融通基金公司荣获由《证券时报》主办"2008 年度中国明星基金暨最佳托管银行评选"的"2008 年度投资者教育明星基金公司"。

2010 年 5 月，融通通乾封闭获得由《中国证券报》主办

"第七届中国基金业金牛奖"的"2009 年度封闭式金牛基金"称号。

2011 年 4 月，融通通乾封闭获得由《中国证券报》主办"第八届中国基金业金牛奖"的"2010 年度封闭式金牛基金"称号。

【股东概况】

排序	股东名称	持股数量(万股)	持股比例
1	新时代证券有限责任公司	7500.00	60%
2	日兴资产管理有限公司	5000.00	40%

【旗下基金】

基金代码	基金简称	类型	基金经理
161601	融通新蓝筹	混合型	吴巍、汪忠远
161603	融通债券 A	债券型	张李陵
161653	融通债券 B	债券型	张李陵
161604	融通深证 100	指数型	王建强
161605	融通蓝筹成长	混合型	严菲
161606	融通行业景气	混合型	邹曦、严菲
161608	融通易支付货币 A	货币型	蔡奕奕
161615	融通易支付货币 B	货币型	蔡奕奕
161609	融通动力先锋	股票型	郭恒
161607	融通巨潮 100(LOF)	指数型	王建强
161610	融通领先成长	股票型	余志勇
161611	融通驱动	股票型	周珺
161612	融通深成指	指数型	王建强、李勇
161613	融通创业板指数	指数型	王建强、李勇
161614	融通四季添利	债券型	蔡奕奕
161616	融通医疗保健	股票型	吴巍、蒋秀蕾
161618	融通岁岁添利 A	债券型	蔡奕奕
161619	融通岁岁添利 B	债券型	蔡奕奕
500038	基金通乾	封闭式	汪忠远

【公司高管】

董事长田德军先生，经济学博士，现任新时代证券有限责任公司总经理。历任中信证券股份有限公司投资银行业务主管，上海远东证券有限公司董事长兼总经理。2010 年至今任公司董事长。

总经理奚星华先生，经济学硕士，历任黑龙江省证券公司宏观行业研究员；北京时代博讯高科技有限公司投资业务副总经理；长财证券经纪有限责任公司总裁；恒泰长财证券有限责任公司执行董事、法定代表人。2011 年起任公司总经理。

督察长涂卫东先生，法学硕士。历任国务院法制办公室(原国务院法制局)财金司一处主任科员，中国证监会基金监管部监管一处处级干部，中国证监会公职律师。2009 年至今任中共融通基金管理有限公司支部委员会副书记。2011 年至今任公司督察长。

银华基金管理有限公司

【基本情况】

法定名称：银华基金管理有限公司
英文名称：Yinhua Fund Management Co.，Ltd.
注册地址：深圳市深南大道 6008 号特区报业大厦 19 层
办公地址：北京市东城区东长安大街 1 号东方广场东方经贸城 C2 办公楼 10 层 2－8 室、15 层
法人代表：王珠林
总 经 理：王立新
成立时间：2001 年 5 月 28 日
公司属性：中资
注册资本：2 亿元
联系电话：010－85186558
传真号码：010－58163027
邮政编码：518034
公司网址：www.yhfund.com.cn

【公司概况】

银华基金成立于 2001 年 5 月，成立 11 年以来，凭借诚信、规范、稳健、务实的运作风格，银华基金致力于为广大投资者提供专业的资产管理服务，逐步发展为一个具有大资金管理能力的综合型资产管理公司，截至 2011 年年底，公司资产管理规模位列行业前十，跻身国内优秀基金管理公司行列。

公司致力于提供有质量的资产管理和理财服务，帮助投资者打造高品质的财富生活。为实现这一目标，公司强调通过严格的制度和流程化管理提升服务质量。2005 年 8 月，银华基金获得企业年金基金投资管理人资格，成为国内 9 家首批获此资格的基金管理公司之一。2007 年 10 月底，银华基金管理公司正式获得合格境内机构投资者(QDII)资格，获准开展境外证券投资管理业务。在接下来的 2008 年 2 月，银华基金管理公司获得特定客户资产管理业务资格。2010 年 12 月，银华基金管理有限公司获得"社保基金境内委托投资管理人"资格。2012 年 10 月，银华基金管理有限公司获得保险资金投资管理人资格。至此，银华基金成为业内为数不多的同时拥有企业年金基金投资管理人资格、合格境外机构投资者业务资格、特定客户资产管理业务资格和社保基金境内委托投资管理人资格、保险资金投资管理人资格的全牌照基金管理公司。

作为一个资产管理者，为持有人提供长期稳健的回报是银华基金的核心价值所在。11 年来，银华旗下管理的多只基金业绩排名同类产品前列，并获得多项业内大奖，多次赢得独立专业机构高度评价，为持有人带来了可持续的稳健投资回报。银华基金因为整体业绩表现突出，五度荣膺"金牛基金公司"。

时至今日，银华基金旗下管理着二十七只基金，建立了覆盖股票型、配置型、债券型、货币型、保本型和 QDII 基金的较为完善的产品线，为数百万不同风险收益特征和理财需求的客户提供专业的资产管理服务。

在稳健经营的基础上，我们致力于让风险收益特征各异的投资者在银华享受到全面的理财服务。未来，在继续完善产品线基础上，我们还将努力在企业年金管理、独立账户资产管理、QDII 等领域拓展自己的业务。继续为自己所追求的目标——投资改变生活而执著前行。

公司将继续秉承"诚信经营赢得客户、优质服务贴近客户、一流业绩回报客户"的质量管理方针，帮助更多的普通人实现他们的财富梦想。

【公司大事记】

2000 年 1 月 24 日，证监会批准清理四川国债投资基金。

2000 年 4 月 12 日，银华基金管理有限公司筹备组成立。

2000 年 7 月 24 日，完成基金资产置换、转托管等全部清

理工作。

2000 年 10 月 18 日，证监会批准筹建银华基金管理有限公司。

2000 年 10 月 25 日，于北京，召开银华基金管理有限公司创立大会，选举产生公司第一届董事会、监事会和经营班子。

2000 年 10 月 31 日，签署《更换管理人协议》，银华基金管理有限公司(筹)成为新任的基金管理人。

2000 年 11 月 10 日，正式向证监会递交开业申请。

2001 年 1 月 19 日，根据证监会意见，选聘四位独立董事，并对公司章程及相关的规章制度进行修改。

2001 年 4 月 13 日，通过证监会组织的专家评审会的开业审查。

2001 年 5 月 10 日，证监会发下发《关于同意银华基金管理有限公司开业申请的批复》(证监基金字[2001]7 号)一文，标志公司正式获得开业资格。

2001 年 5 月 28 日，公司获得营业执照、基金管理公司法人许可证及法人机构代码证，标志公司正式成立，并获得经营权。

截至 2006 年年底，银华基金管理资产总规模超过 300 亿元，列国内 10 大基金管理公司之列。

2007 年 3 月 2 日，银华保本增值基金顺利进入第二个保本周期的运作。

2007 年 3 月 15 日，在海南三亚召开了公司 2006 年度股东会及第三届第三次董事会、第三届第二次监事会议。

2007 年 5 月 10 日，银华核心价值优选基金正式实施基金份额拆分。

截至 2007 年 6 月 30 日，根据基金二季报披露的数据统计，银华基金旗下所管理的基金资产总规模达到 670 亿元，继续位居国内 10 大基金管理公司之列。

2007 年 7 月，银华基金管理公司顺利通过了英国标准协会(BSI)三年一度的 ISO9001 质量认证体系复审。

截至 2007 年 9 月 30 日，根据基金三季报披露的数据统计，银华基金旗下管理的基金资产总规模超过 1000 亿元，稳居国内 10 大基金管理公司之列。

2007 年 10 月，底银华基金管理公司正式获得 QDII 资格，获准开展境外证券投资管理业务。

2008 年 2 月，银华基金管理公司正式获得特定客户资产管理业务资格，获准开展相关业务。

2008 年 5 月 26 日，银华旗下首只 QDII 基金——银华全球核心优选基金正式成立。

2008 年 8 月 20 日，银华领先策略基金正式成立。

2008 年 12 月 3 日，银华旗下首只债券型基金——银华增强收益债券基金正式成立。

2009 年 1 月 7 日，经公司股东会决议通过，并获得中国证券监督管理委员会批准，银华基金原股东南方证券股份有限公司将持有的 21% 股权转让给山西海鑫实业股份有限公司。同时，银华基金管理有限公司注册资本从 1 亿元人民币增加至 2 亿元人民币。

2009 年 4 月 27 日，旗下第 12 只基金——银华和谐主题灵活配置混合型基金正式成立。

2009 年 7 月，银华旗下封闭式基金——基金天华到期，并顺利转型为银华内需主题股票型基金(LOF)。

2009 年 10 月 14 日，银华旗下首只纯被动管理指数型基金——银华沪深 300 指数基金(LOF)正式成立。

2010 年 3 月，银华保本增值基金第二个保本周期到期，顺利转入第三个保本周期的运作。在此前进行的集中申购中，银华保本增值创造 1 天销售近百亿元的佳绩。

2010 年 5 月，银华深证 100 指数分级基金正式成立，该基金为银华旗下首只分级基金，该基金采取优化的分级机制，将基金份额分为低风险的银华稳进、高杠杆的银华锐进及模拟指数收益的银华深证 100 母基金三类份额。

2010 年 6 月，银华信用债券型基金正式成立，该基金为银华旗下首只以信用债为主要投资标的的债券型产品，封闭期三年，期满后转为上市开放式基金。

2010 年 10 月，银华成长先锋混合型证券投资基金正式成立，该基金采取积极、主动的资产配置策略，重点投资于成长型行业和公司及信用债券，注重风险与收益的平衡，力争实现基金资产长期增值。

2010 年 12 月，银华抗通胀主题基金及银华信用双利债券基金成立。

2010 年 12 月，银华基金管理有限公司获得社保基金境内委托投资管理人资格。

2011 年 3 月，银华中证等权重 90 指数分级证券投资基金成立，该基金完全复制标的指数中证等权重 90 指数，是第一只跟踪跨市场蓝筹指数的分级基金。该基金采取分级运作，具有低风险、收益相对稳定的银华金利份额、高风险、高收益预期的银华鑫利份额以及具有较高风险、较高收益预期的银华 90 份额，为投资者提供了多样化的理财选择。

2011 年 4 月，在由《证券时报》主办的 2010 年度“中国基金业明星基金奖”评选中，银华基金管理有限公司荣获“2010 年度十大明星基金公司”称号，旗下银华富裕主题股票基金基金摘得“三年持续回报股票型明星基金奖”。

2011 年 4 月，银华基金管理有限公司在由《中国证券报》主办的第八届金牛奖评选中荣获“2010 年度十大金牛基金管理公司”称号，旗下基金银华富裕主题股票基金也同时荣膺“2010 三年持续优胜股票型金牛基金”。

2011 年 6 月，银华永祥保本混合型证券投资基金成立，该基金采用投资组合保险技术，在确保保本期到期时本金安全的基础上，通过保本资产和收益资产的动态平衡配置管理，实现组合资产的稳定增长和保本期间收益的最大化。

2011 年 9 月，银华消费主题分级股票型证券投资基金成立，该基金主要投资于大消费行业中具有持续增长潜力的优质上市公司，以分享中国经济增长与结构转型带来的投资机会，追求超越业绩比较基准的投资回报，力争实现基金资产的中长期稳定增值。

2011 年 12 月，银华中证内地资源主题指数分级证券投资基金成立，该基金采用完全复制法，按照成份股在中证内地资源主题指数中的组成及其基准权重构建股票投资组合，以拟合、跟踪中证内地资源主题指数的收益表现，并根据标的指数成份股及其权重的变动而进行相应调整。

2011 年 12 月，银华永泰积极债券型证券投资基金成立，该基金通过积极主动的可转换债券投资管理，力争为投资者提供最优的当期收益和稳定的长期投资回报。

2012 年 6 月，银华中小盘精选股票型证券投资基金成立，该基金通过投资于具有竞争优势和较高成长性的中小盘股票，力求在有效控制投资组合风险的前提下，寻求基金资产的长期增值。

2012 年 8 月，银华纯债信用主题债券型证券投资基金(LOF)成立，该基金以信用债券为主要投资对象，在控制信用风险的前提下，力求为基金持有人提供稳健的当期收益和总投资回报。

2012 年 8 月，上证 50 等权重交易型开放式指数证券投资基金成立，该基金为 ETF 基金，跟踪标的为上证 50 等权重指数，投资于核心蓝筹股。

【公司荣誉】

2006 年 2 月，银华基金管理公司在《中国证券报》主办，由中国银河证券有限责任公司、中信证券股份有限公司、天相投资顾问有限公司联合举行的第三届金牛奖评选中荣获“2005 年度十大金牛基金管理公司”称号及 2005 年度创新奖两项大奖。

2007 年 1 月，银华基金蝉联“2006 年度金牛基金公司”奖，旗下银华核心价值优选基金获选“2006 年度开放式股票型金牛基金”称号。

2007 年 5 月，在由《证券时报》主办的“2006 证券时报年度明星基金评选”中，银华基金管理公司获得“明星基金管理公司奖”，银华优质增长基金获得“大基金明星奖”。

2008 年 1 月，在由《中国证券报》主办的“第五届中国基金业金牛奖”评选中，银华基金管理公司荣获“2007 年度金牛基金公司”奖，这是银华基金连续第三次获此殊荣。

2008 年 1 月 11 日，在由《证券时报》主办、安信证券协办的“2007 年度中国明星基金评选”中，银华基金管理公司获得“市场营销明星基金公司”奖。同时，银华旗下的增强型指数基金银华 - 道琼斯 88 精选基金获得“三年持续回报明星基金奖”。

2008 年 3 月 31 日，在由《上海证券报》主办的 2007 年“金基金”评选中，银华基金管理有限公司获“最佳投资者关系”大奖。

在由《证券时报》主办的“2008 中国明星基金评选”中，银华基金旗下银华核心价值优选基金凭借持续稳健的优异表现，获得“三年持续回报股票型明星基金奖”。

2010 年 5 月 19 日，在由《证券时报》主办、晨星资讯（深圳）有限公司提供数据支持的 2009 年度“中国基金业明星基金奖”中，凭借 2009 年的优异表现，银华基金管理有限公司获得“2009 年度十大明星基金公司”称号，银华核心价值优选股票基金、银华富裕主题股票基金、银华领先策略股票基金荣获“2009 年度股票型明星基金奖”，银华增强收益债券基金荣获“2009 年度积极债券型明星基金奖”。

2010 年 5 月，银华基金管理有限公司在由《中国证券报》主办，中国银河证券、天相投资顾问、招商证券、海通证券联合协办的第七届金牛奖评选中荣获“2009 年度十大金牛基金管理公司”称号，旗下基金银华价值优选股票基金和银华富裕主题股票基金也同时荣膺“2009 年度开放式股票型金牛基金”。

2010 年 6 月 21 日，银华富裕主题股票型基金在晨星（中国）2009 年度基金奖评选中荣获“股票型基金奖”，成为业内唯一获此殊荣的股票型基金。

2010 年 6 月 21 日，银华基金管理有限公司在由《上海证券报》主办，中国银河证券研究所基金研究中心和晨星资讯（深圳）有限公司提供技术支持的第七届中国“金基金奖”评选中荣获“金基金・投资回报公司奖”，旗下基金银华核心价值优选股票型证券投资基金获得“金基金・主动型股票基金奖”，银华增强收益债券型证券投资基金获得“金基金・债券基金奖”。

2011 年 4 月，在由《证券时报》主办的 2010 年度“中国基金业明星基金奖”评选中，银华基金管理有限公司荣获“2010 年度十大明星基金公司”称号，旗下银华富裕主题股票基金摘得“三年持续回报股票型明星基金奖”。

2011 年 4 月，在由上海证券报社主办，中国银河证券、上海证券、晨星资讯（深圳）有限公司提供技术支持的第八届中国“金基金”奖评选中。银华富裕主题股票基金获“金基金三年期产品・主动型股票基金奖”。

2011 年 4 月，银华基金管理有限公司在由《中国证券报》主办的第八届金牛奖评选中荣获“2010 年度十大金牛基金管理公司”称号，旗下基金银华富裕主题股票基金也同时荣膺“2010 三年持续优胜股票型金牛基金”。

【股东概况】

排序	股东名称	持股比例
1	西南证券有限责任公司	49%
2	第一创业证券有限责任公司	29%
4	东北证券有限责任公司	21%
3	山西海鑫实业股份有限公司	1%

【旗下基金】

基金代码	基金简称	类型	基金经理
180001	银华优势企业	混合型	金斌、廖平
180002	银华保本增值	混合型	姜永康
180003	银华道琼斯 88 精选	指数型	陈秀峰
180008	银华货币 A	货币型	于海颖
180009	银华货币 B	货币型	于海颖
180010	银华优质增长	股票型	郭建兴
180012	银华富裕主题	股票型	王华
180013	银华领先策略	股票型	刘春雨
183001	银华全球优选	QDII	乐育涛
519001	银华价值优选	股票型	陆文俊、倪明
180015	银华增强债券	债券型	姜永康
180018	银华和谐主题	混合型	陆文俊
161810	银华内需精选（LOF）	股票型	徐子涵、邹积建
161811	银华沪深 300（LOF）	股票型	周大鹏
161812	银华深证 100 分级	指数型	周毅
161813	银华信用	债券型	张翼
180020	银华成长先锋混合	混合型	李宇家
161815	银华抗通胀主题	QDII	王海
180025	银华双利债券 A	债券型	王怀震
180026	银华双利债券 C	债券型	王怀震
161816	银华中证等权 90 分级	指数型	张凯
180028	银华永祥保本	混合型	姜永康、于海颖
161818	银华消费分级	股票型	韩广哲
161819	银华资源指数分级	指数型	马君
180029	银华永泰积极债券 A	债券型	王怀震
180030	银华永泰积极债券 C	债券型	王怀震
180031	银华中小盘	股票型	金斌、廖平
161820	银华纯债	债券型	于海颖
510430	上证 50 等权 ETF	ETF	周大鹏
180033	银华上证 50 等权 ETF 联接	指数型	周大鹏
161821	银华中证中票 50A	债券型	张翼
161822	银华中证中票 50C	债券型	张翼

【公司高管】

王珠林先生，董事长，经济学博士。历任甘肃省职工财经学院财会系讲师；甘肃省证券公司发行部经理；中国蓝星化学工业总公司处长,蓝星清洗股份有限公司董事副总经理、董事会秘书,蓝星化工新材料股份公司筹备组组长;西南证券有限责任公司副总裁;中国银河证券股份有限公司副总裁;西南证券股份有限公司董事、总裁。此外,还曾先后担任中国证监会发行审核委员会委员、中国证监会上市公司并购重组审核委员会委员、中国证券业协会投行专业委员会委员、盐田港集团外部董事、国投电力控股股份有限公司独立董事、上海城投控股股份有限公司独立董事等职务。现任银华基金管理有限公司董事长、西南证券股份有限公司董事、财政部资产评估准则委员会委员、重庆市证券期货业协会会长、北京大学公共经济管理研究中心研究员。

王立新先生,董事总经理,经济学博士。历任中国工商银行总行科员;南方证券股份有限公司基金部副处长;南方基金管理有限公司研究开发部、市场拓展部总监;银华基金管理有限公司总经理助理、副总经理、代总经理、代董事长。现任银华基金管理有限公司总经理。

凌宇翔先生,督察长,工商管理硕士。曾任职于重庆国际信托投资公司证券总部,西南证券有限责任公司基金管理部总经理。

长城基金管理有限公司

【基本情况】

法定名称:长城基金管理有限公司

英文名称:Great Wall Fund Management Co. ,Ltd.

注册地址:深圳市福田区益田路 6009 号新世界商务中心 41 层

办公地址:深圳市福田区益田路 6009 号新世界商务中心 40 -41 层

法人代表:杨光裕

总 经 理:熊科金

成立时间:2001 年 12 月 27 日

公司属性:中资

注册资本:1.5 亿元

联系电话:0755 -23982338

传真号码:0755 -23982328

客服热线:400 -8868 -6666

邮政编码:518026

公司网址:www.ccfund.com.cn

【公司概况】

长城基金管理有限公司成立于 2001 年 12 月 27 日,是经中国证监会批准设立的第 15 家基金管理公司,由长城证券有限责任公司、东方证券股份有限公司、北方国际信托股份有限公司、中原信托有限公司共同出资设立。公司的经营范围为基金募集、基金销售、资产管理和中国证监会许可的其他业务。

长城基金管理有限公司一直秉承“诚信、规范、专业、创新”的经营理念,坚持基金持有人利益至上的经营原则,凭借完善的公司治理结构、严格的风险控制、规范的业务流程、高效专业的员工团队、开放与学习的文化氛围,努力打造一流的基金管理公司品牌,竭诚为客户提供优质的投资理财产品和服务。

目前,长城基金管理有限公司管理着长城久富核心成长股票型证券投资基金(LOF)、久嘉证券投资基金、长城久恒平衡型证券投资基金、长城久泰沪深 300 指数证券投资基金、长城货币市场证券投资基金、长城消费增值股票型证券投资基金、长城安心回报混合型证券投资基金、长城品牌优选证券投资基金、长城稳健增利债券型证券投资基金、长城双动力股票型证券投资基金、长城景气行业龙头灵活配置混合型证券投资基金、长城中小盘成长股票型证券投资基金、长城积极增利债券型证券投资基金、长城久兆中小板 300 指数分级证券投资基金、长城优化升级股票型证券投资基金、长城保本混合型证券投资基金十六只基金。

【公司大事记】

2002 年 4 月 18 日,基金久富在深圳证券交易所挂牌交易。

2002 年 5 月 16 日,基金久富开始扩募。

2002 年 5 月 28 日,基金久富成功扩募到 5 亿份基金单位。

2002 年 6 月 6 日,基金久富扩募后的可流通基金单位在深圳证券交易所上市交易。

2002 年 7 月 1 日,基金久嘉上网发行。

2002 年 7 月 2 日,基金久嘉的发行及申购缴款工作结束,20 亿份基金单位顺利募足。其中,网上认购为 15.69 亿份基金单位。

2002 年 8 月 27 日,基金久嘉在深圳证券交易所挂牌上市。

2003 年 9 月 1 日,公司管理的第一只开放式基金——长城久恒平衡型证券投资基金公开发行。

2003 年 10 月 31 日,长城久恒平衡型证券投资基金正式成立。

2004 年 4 月 12 日,公司管理的国内首只跟踪中信标普 300 指数的开放式基金——长城久泰中信标普 300 指数证券投资基金公开发行。

2004 年 5 月 21 日,长城久泰中信标普 300 指数证券投资基金正式成立。

2005 年 4 月 22 日,长城货币市场证券投资基金公开发行。

2005 年 5 月 30 日,长城货币市场证券投资基金正式成立。公司构建起“平衡型股票基金——指数型股票基金——货币市场基金”的产品线。

2006 年 3 月 6 日,公司管理的第六只基金——长城消费增值股票型证券投资基金公开发行。

2006 年 4 月 6 日,长城消费增值股票型证券投资基金正式成立。

2006 年 7 月 18 日,公司管理的第七只基金——长城安心回报混合型证券投资基金公开发行。

2006 年 8 月 22 日,长城安心回报混合型证券投资基金正式成立。

2007 年 2 月 12 日,由久富证券投资基金转型而来的“长城久富核心成长股票型证券投资基金(LOF)”基金合同正式生效。

2007 年 7 月 20 日,公司管理的第八只基金——长城品牌优选股票型证券投资基金公开发行。

2007 年 8 月 6 日,长城品牌优选股票型证券投资基金正式成立。

2008 年 7 月 18 日,公司管理的第九只基金——长城稳健增利债券型证券投资基金公开发行。

2008 年 8 月 27 日,长城稳健增利债券型证券投资基金正式成立。

2008 年 12 月 10 日,公司管理的第十只基金——长城双动力股票型证券投资基金公开发行。

2009 年 1 月 15 日，长城双动力股票型证券投资基金正式成立。

2009 年 6 月 1 日，公司管理的第十一只基金——长城景气行业龙头灵活配置混合型证券投资基金公开发行。

2009 年 6 月 30 日，长城景气行业龙头灵活配置混合型证券投资基金正式成立。

2010 年 3 月 12 日，长城基金管理有限公司深圳分公司正式成立。

2010 年 5 月 12 日，长城基金管理有限公司上海分公司正式成立。

2010 年 12 月 20 日，公司管理的第十二只基金——长城中小盘成长股票型证券投资基金公开发行。

2011 年 1 月 27 日，长城中小盘成长股票型证券投资基金正式成立。

2011 年 3 月 10 日，公司管理的第十三只基金——长城积极增利债券型证券投资基金公开发行。

2011 年 4 月 12 日，长城积极增利债券型证券投资基金正式成立。

2011 年 5 月 6 日，长城基金管理有限公司北京分公司正式成立。

2011 年 12 月 19 日，公司管理的第十四只基金——长城久兆中小板 300 指数分级证券投资基金公开发行。

2012 年 1 月 30 日，长城久兆中小板 300 指数分级证券投资基金正式成立。

2012 年 3 月 19 日，公司管理的第十五只基金——长城优化升级股票型证券投资基金公开发行。

2012 年 4 月 20 日，长城优化升级股票型证券投资基金正式成立。

2012 年 7 月 4 日，公司管理的第十六只基金——长城保本混合型证券投资基金公开发行。

2012 年 8 月 2 日，长城保本混合型证券投资基金正式成立。

2012 年 12 月 20 日，公司管理的第十七只基金——长城岁岁金理财债券型证券投资基金公开发行。

【公司荣誉】

2007 年 9 月 20 日，《齐鲁晚报》启动的“山东百姓最信赖的基金公司”理财评选揭晓，长城基金喜获“山东百姓最信赖的基金公司”奖项。

2007 年 12 月 20 日，“2007 搜狐金融理财网络调查报告”暨年底评选揭晓，长城基金获得“2007 年最佳基金客户服务奖”。

2008 年 1 月 20 日，和讯网主办的第五届财经风云榜揭晓，长城基金荣获“最具成长性的基金公司”奖项。

2008 年 1 月 11 日，证券时报主办、安信证券协办的“2007 年度中国明星基金暨最佳托管银行评选”结果揭晓，长城基金荣膺“十大明星基金公司”奖项。

2008 年 3 月 30 日，《大众理财顾问》杂志举办的“2007 最受消费者青睐的基金公司”评选结果揭晓，长城基金荣获“卓越成长奖”。

2008 年 12 月 18 日，“2008 搜狐金融理财网络盛典”揭晓，长城基金再次荣获“2008 年最有影响力客户服务奖”。

2009 年 1 月 8 日，和讯网“2008 年度第六届中国财经风云榜”揭晓，长城基金荣获“2008 年度十大品牌基金公司”奖项。

2009 年 3 月，中国主流媒体理财联盟主办、《钱经》杂志社承办的“2008 – 2009 年度第二届中国理财总评榜”揭晓，长城基金荣获“最佳服务基金公司”奖项。

2009 年 4 月，金融界网站联合中国社会工作协会共同主办的“2008 中国金融企业慈善榜”揭晓，长城基金荣获“2008 中国金融企业慈善榜基金业突出贡献奖”。

2011 年 10 月，由理财周报主办的《2011 中国三千万基金持有人最尊敬基金公司调查报告》在深圳发布，长城基金荣获“2011 中国最具发展潜力基金公司”奖项。

产品荣誉：

2009 年 1 月 14 日，证券时报主办、安信证券协办的“2008 年度中国明星基金暨最佳托管银行评选”揭晓，长城基金旗下基金久嘉荣获“三年持续回报封闭式明星基金奖”。

2009 年 3 月 27 日，上海证券报社举办的第六届中国基金业“金基金”揭晓，长城久恒平衡型基金荣获 2008 年度积极配置型基金“金基金”奖。

2010 年 5 月，由《中国证券报》主办的第七届中国基金业金牛奖评选结果在京揭晓，长城消费增值股票型基金荣获“2009 年度开放式股票型金牛基金”。

人物荣誉：

2006 年 4 月，上海证券报主办的“第三届中国最佳基金公司暨最受投资者欢迎的基金经理评选”揭晓，基金久富基金经理荣获“最受投资者欢迎的封闭式基金经理奖”。

2007 年 3 月 13 日，长城久富基金经理荣获国际权威评级机构晨星（中国）2006 年度中国基金经理奖提名。

2008 年 5 月 18 日，国际金融报评选的“金牌基金和金牌基金经理双年奖”揭晓，长城久泰基金经理杨建华同时荣获“金牌基金经理”称号。

【股东概况】

排序	股东名称	持股比例
1	长城证券有限责任公司	47.059%
2	东方证券股份有限公司	17.647%
3	北方国际信托投资股份有限公司	17.647%
4	中原信托投资有限公司	17.647%

【旗下基金】

基金代码	基金简称	类型	基金经理
162006	长城久富核心	股票型	杨建华
200001	长城久恒平衡	混合型	王文祥
200002	长城久泰沪深 300	指数型	杨建华
200006	长城消费增值	股票型	刘颖芳
200007	长城安心回报	混合型	徐九龙
200008	长城品牌	股票型	杨毅平
200009	长城稳健增利	债券型	史彦刚
200011	长城景气行业龙头	混合型	蒋劲刚
200010	长城双动力	股票型	王文祥
200012	长城中小盘成长	股票型	杨建华
200013	长城积极增利债券 A	债券型	钟光正
200113	长城积极增利债券 C	债券型	钟光正
200003	长城货币 A	货币型	邹德立
200103	长城货币 B	货币型	邹德立
162010	长城久兆中小板 300	指数型	余礼冰
200015	长城优化	股票型	刘颖芳
200016	长城保本	混合型	钟光正
184722	基金久嘉	封闭式	蒋劲刚

【公司高管】

杨光裕先生，中共党员，硕士。历任江西省审计厅办公室主任，长城证券有限责任公司副总裁，现任长城基金管理有限公司董事长。

熊科金先生，经济学硕士。历任中国银行江西信托投资公司证券业务部负责人，中国东方信托投资公司南昌证券营业部总经理、公司证券总部负责人，华夏证券有限公司江西管理总部总经理，中国银河证券有限责任公司基金部负责人、银河基金管理有限公司筹备组负责人，银河基金管理有限公司副总经理、总经理。2011 年 7 月进入长城基金管理有限公司，现任公司总经理。

车君女士，中共党员，经济学硕士。曾任职于深圳本鲁克斯实业股份有限公司，1993 年起先后在中国证监会深圳监管局市场处、机构监管处、审理执行处、稽查一处、机构监管二处、党办等部门工作，历任副主任科员、主任科员、副处长、正处级调研员等职务。现任公司督察长兼监察稽核部总经理。

国投瑞银基金管理有限公司

【基本情况】

法定名称：国投瑞银基金管理有限公司
英文名称：UBS SDIC Fund Management Co.，Ltd.
注册地址：上海市虹口区东大名路 638 号 7 层
办公地址：深圳市福田区金田路 4028 号
荣超经贸中心 46 层
法人代表：钱　蒙
总 经 理：刘纯亮(代)
督 察 长：刘　凯
成立时间：2002 年 6 月 13 日
公司属性：中外合资
注册资本：1 亿元
客服电话：400－880－6868
联系电话：021－2505 9999
传真号码：021－3531 5989
公司网址：www.ubssdic.com

【公司概况】

国投瑞银基金管理有限公司（以下简称“国投瑞银基金”）是中国第一家外方持股比例达到最高上限的合资基金管理公司，股东为国投信托有限公司和瑞银集团，分别持有公司 51% 和 49% 的股权。自 2005 年合资以来，国投瑞银展现出快速发展的蓬勃朝气和勇于创新的开拓精神，迅速成长为一家具备较强综合实力的基金公司。公司的目标是建立品牌认知、资产规模、投资业绩、产品创新、诚信声誉均达一流的资产管理公司。

截至 2012 年 12 月 31 日，公司共管理着 16 只开放式基金和 2 只创新型分级基金和 1 只封闭式债券基金，涵盖市场上主要基金品种，产品线完整，公募基金管理规模达 367.40 亿元。公司获得了 QDII、RQFII 资格，并为 QFII、信托计划共计 40 多亿元人民币提供投资咨询服务；自 2008 年获得特定客户资产管理业务资格以来，公司专户业务发展迅猛，已成功运作管理专户逾 40 个，累计管理资金超过 36 亿元，产品涵盖灵活配置型、稳健增利型等常规产品，还包括分级、期指套利、商品期货、QDII 等创新品种。

【年度经营】

2012 年 3 月，证券时报“2011 年度中国基金业明星奖”评选结果揭晓，国投瑞银基金一举捧回 4 座奖杯，除荣获 2011 年度十大明星基金公司称号外，旗下国投瑞银稳健增长混合基金获得 2011 年度和三年持续回报平衡混合型明星基金两项大奖，国投瑞银创新动力股票基金也荣获五年持续回报股票型明星基金。

2012 年 3 月，国投瑞银稳健增长混合基金获得晨星（中国）2011 年度混合型基金奖，是境内唯一获奖的混合型基金。

2012 年 4 月，在上海证券报举办的 2011 年度“中国基金业金基金奖”评选活动中，国投瑞银融华债券基金荣获“三年期平衡型金基金奖”，该基金也是“三年期平衡型”奖项唯一的获奖基金。

2012 年 5 月，国投瑞银旗下一款托管于交通银行的商品期货套利专户产品，完成在上海期货交易所开户，已正式获取交易编码，成为上期所首个特殊单位客户，这标志着基金专户产品正式进入商品期货市场。

2012 年 6 月，国投瑞银瑞福分级基金份额持有人大会以现场方式召开，大会讨论并通过了《关于国投瑞银瑞福分级股票型证券投资基金基金合同延期及修改相关事项的议案》，并经中国证监会核准生效。依据基金份额持有人大会决议，瑞福分级基金延期并转型为“国投瑞银瑞福深证 100 指数分级证券投资基金”。

2012 年 7 月 17 日，瑞福分级基金基金合同正式生效并进入过渡期，在开放两级份额赎回申购结束募集后，瑞福优先份额余额为 36.46 亿份，瑞福进取份额余额为 36.46 亿份，份额余额总额为 72.92 亿份。2012 年 8 月 14 日，国投瑞银瑞福深证 100 指数分级证券投资基金进入分级运作期。

2012 年 12 月 11 日，国投瑞银纯债债券型证券投资基金正式成立，首募份额 25.81 亿份。

2012 年 12 月 21 日，国投瑞银资产管理（香港）有限公司于 2012 年 12 月 17 日取得中国证监会关于核准人民币合格境外机构投资者的批复，正式获批 RQFII（人民币合格境外机构投资者）业务资格。

【投资管理】

历经多年市场的磨砺，国投瑞银基金在整体综合实力和投资管理水平上不断提高，在银河证券发布的《2012 年下半年基金公司股票投资主动管理能力综合评价报告》中，国投瑞银在参评的 67 家基金公司中排名第 10。

旗下基金整体业绩稳健。2012 年度国投瑞银旗下不乏表现突出的产品：在混合型基金中，国投瑞银稳健增长混合基金勇夺五机构五星评级，即晨星三年期五星、银河证券三年期五星，最近一年总回报率在晨星同类基金中排名第 1；国投瑞银新兴产业混合基金最近一年总回报率在晨星同类基金中排名第 2。在指数产品中，银河证券数据显示，国投瑞银沪深 300 金融地产行业指数基金在标准指数型股票基金中排名第 1（共 82 只）。在 QDII 产品中，晨星数据显示，截至 2012 年 12 月 28 日，国投瑞银全球新兴市场精选股票基金在全部 51 只 QDII 基金中排名第 3。

【客户服务】

国投瑞银基金坚持客户关注的服务理念，视声誉为最宝贵的财产，建立了多层次服务体系，为客户提供标准化服务、个性化服务和增值服务。“睿友会”会员俱乐部是国投瑞银为个人投资者提供的基金理财服务平台，采取俱乐部会员制形式，集资讯、咨询、交易、增值、互动等服务于一身，倡导“平常心投资，睿智心管理”的理财理念和从容生活态度，为投资者带来更优质的服务体验。针对投资人需求，国投瑞银基金成立国投瑞银财富学院，该学院是公司携手合作伙伴搭建的融投资人教育、专业理财知识传播和客户服务于一体的立体平台。

2012 年，国投瑞银基金客户服务再次升级，公司与《中国证券投资基金年鉴》及多家银行、券商渠道合作，在全国范围内启动“国投瑞银‘安心投资健康生活’暨 2012 年度中国基金投资者服务巡讲大型公益活动”，该活动陆续在广州、南京、杭州、福州、长春等多个城市举办，受到广大投资者的关注与好评。

【社会责任】

自合资以来，国投瑞银基金一直恪守受托责任，在努力创造持续稳健的投资业绩的同时，也一直不忘履行企业公民的社会责任。自 2010 年起，公司已连续三年与知名高校、公益组织联合举办扶持大学生社会实践的社会公益活动，截至 2012 年向该项目共捐助 40 万元。其中，2012 年，公司向上海交通大学教育基金会捐助 10 万元，开展“调研中国？创想未来”2012 大学生社会实践公益扶持计划，在为期 4 个月的活动中，来自上海交通大学的 141 名学子们参与了 10 个实践调研项目，活动结束后，多个项目荣获嘉奖，相关项目还惠及当地民众及贫困学生共计 160 人左右。除此以外，公司员工还自发捐款成立了国投瑞银“爱心基金”，由员工自己管理、积极寻找有切实困难的救助对象，实施精准援助。

【股东概况】

排序	股东名称	出资金额（万元）	持股比例
1	国投信托投资公司	5100.00	51%
2	瑞士银行集团（UBS AG）	4900.00	49%

【旗下基金】

基金代码	基金简称	类型	基金经理
121001	国投融华	债券型	孟亮
121002	国投景气	混合型	马少章
121003	国投核心	股票型	綦缚鹏
121005	国投创新	开放式	徐炜哲
121008	国投成长优选	开放式	綦缚鹏
121009	国投稳定增利	债券型	陈翔凯
121006	国投稳健增长	混合型	马少章、朱红裕
121011	国投货币 A	货币型	陈翔凯
128011	国投货币 B	货币型	陈翔凯
161211	国投金融地产指数	指数型	孟亮
161210	国投全球新兴市场	QDII	汤海波
121012	国投增强债 A	债券型	李怡文
121212	国投增强债 A	债券型	李怡文
128112	国投瑞银增强债 C	债券型	李怡文
161213	国投消费指数	指数型	孟亮
161216	国投瑞银双债增利	封闭债券型	陈翔凯
161217	国投瑞银中证指数	指数型	刘伟、董晗
161219	国投瑞银新兴产业	混合型	徐炜哲、马少章、孟亮
121010	国投瑞银瑞源保本	混合型	李怡文
121099	瑞福分级	创新型	路荣强
121007	瑞福优先	创新型	路荣强
150001	瑞福进取	创新型	路荣强
161207	瑞和 300	创新型	路荣强
121013	国投瑞银纯债 A	债券型	李怡文
128013	国投瑞银纯债 B	债券型	李怡文

【公司高管】

钱蒙先生，董事长，中国籍，硕士，现任国家开发投资公司总裁助理、国投信托有限公司董事长。曾任国投资产管理公司总经理，安徽省六安市市委副书记，兴业基金管理公司董事，国家开发投资公司金融投资部总经理，国家开发投资公司经营部副主任、主任，国投机轻有限公司业务经理、副总经理，国家开发投资公司机电轻纺业务部业务经理，国家机电轻纺投资公司工程师、副处长，国家计委干部、主任科员。

刘纯亮先生，副总经理代任总经理，中国籍，经济学学士，中国注册会计师协会和特许公认会计师公会（ACCA）会员。曾任北京建工集团总公司会计，柏德豪（BDO）关黄陈方国际会计师行会计师、中国证券监督管理委员会稽查员，博时基金管理有限公司监察法律部负责人、督察长。

银河基金管理有限公司

【基本情况】

法定名称：银河基金管理有限公司
英文名称：Galaxy Asset Management Co. ,Ltd.
注册地址：上海市世纪大道 1568 号中建大厦 15 层
办公地址：上海市世纪大道 1568 号中建大厦 15 层
法人代表：徐　旭
总 经 理：尤象都
成立时间：2002 年 6 月 14 日
公司性质：中资
注册资本：1.5 亿元
联系电话：021 – 38568888
客服热线：400 – 820 – 0860
传真号码：021 – 38568800
邮政编码：200122
公司网址：www. galaxyasset. com

【公司概况】

银河基金管理有限公司成立于 2002 年 6 月 14 日，是经中国证券监督管理委员会按照市场化机制批准成立的第一家基金管理公司，是中央汇金公司旗下专业资产管理机构。

银河基金公司的经营范围包括发起设立、管理基金等，注册资本 1.5 亿元人民币，注册地中国上海。银河基金公司的股东分别为：中国银河金融控股有限责任公司（控股股东）、中国石油天然气集团公司、首都机场集团公司、上海市城市建设投资开发总公司、湖南电广传媒股份有限公司。银河基金公司成立以来，股权结构稳定。

银河基金公司构建了管理规范、机制健全、分工明确、运作高效、相互制衡的治理结构。股东会、董事会、监事会、经理层、督察长权责分明，报告路径清晰、完整。银河基金公司实行独立董事制度，独立董事在公司内部风险控制、重大经营决策、基金经理选拔等重要事项的决定中发挥重要作用，并对经理层进行监督。

银河基金公司成立以来，已发行并管理多只基金，涵盖股票、混合、债券、货币等系列品种。旗下基金投资稳健、运作规范、业绩稳定，体现出优良的基金管理能力。凭借旗下基金稳健卓越的业绩表现，银河基金赢得独立专业机构的高度评价。

银河基金公司倡导企业实践并承担社会责任，秉持并恪守“基金持有人利益优先”和“基金持有人利益最大化”之企业核心价值观，以集体的智慧和勇气持续改善共生的商业环境和商业生态。

银河基金公司致力于为基金持有人创造价值,创建具有“品格和特色的资产管理公司”,努力成为“运营规范、投资稳健、信誉卓著”的一流财富管理机构。

【公司大事记】

2002 年 6 月 14 日,银河基金管理公司成立,成为中国证券监督管理委员会(CSRC)按照市场化机制批准成立的第一家基金管理公司。

2002 年 8 月 15 日,银丰证券投资基金(封闭式)成立。

2002 年 9 月 10 日,银丰证券投资基金在上海证券交易所成功上市。

2003 年 4 月 14 日,银河基金管理公司北京分公司成立。

2003 年 7 月 1 日,银河基金管理公司广州分公司成立。

2003 年 8 月 4 日,银河银联系列基金(伞型基金,包括银河稳健证券投资基金和银河收益证券投资基金)成立。

2004 年 3 月 30 日,银河银泰理财分红证券投资基金成立。

2004 年 11 月 24 日,银河基金管理公司哈尔滨分公司成立。

2004 年 11 月 29 日,银河基金管理公司南京分公司成立。

2004 年 12 月 20 日,银河银富货币市场基金成立。

2005 年 1 月 17 日,银河基金管理公司深圳分公司成立。

2005 年 12 月,银河银联收益基金荣膺晨星(MorningStar)2005 年度配置型基金经理提名奖。

2005 年,银河基金管理公司全体员工自发向印尼海啸赈灾捐款 2 万元。

2006 年 2 月,银河银联收益基金荣膺《中国证券报》“第三届基金金牛奖”及“开放式债券型金牛基金”称号。

2006 年 2 月,银河银联收益基金荣膺《新财经》第二届中国优秀基金评选“年度绩效优异奖”。

2006 年 3 月,银河银联收益基金荣膺《Value》“最佳债券型基金”称号。

2006 年 4 月,银河基金管理公司党委荣获中共中国银河证券有限责任公司党委“先进基层党组织”称号。

2006 年 9 月,银河基金管理公司荣获上海证券交易所第七届职工运动会“优秀组织奖”。

2007 年 1 月,根据 WIND 资讯统计,各大媒体网站相继发布,银河基金公司旗下银河稳健证券投资基金获得 2006 年度全市场积极配置型基金收益率第一名(状元)。

2007 年 3 月,银河稳健证券投资基金荣膺理柏(Lipper)2007 年度理柏中国基金奖。

2007 年 3 月 14 日,银河银信添利债券型证券投资基金成立。

2007 年 12 月,银河基金管理公司在第一届中国金基奖年会暨 2007 最具公信力基金公司评选中荣膺“2007 最具公信力基金公司”称号。

2008 年 1 月,根据 WIND 资讯统计,各大媒体网站相继发布,银河基金公司旗下银河收益证券投资基金获得 2007 年度全市场普通债券型基金收益率第一名(状元)。

2008 年 2 月 28 日,经中国证监会批准,银河稳健证券投资基金实施拆分。

2008 年 3 月 14 日,银河稳健证券投资基金荣膺理柏(Lipper)2008 年度中国基金奖之“两年期最佳人民币平衡混合型基金奖”。

2008 年 3 月 28 日,银河稳健证券投资基金在《上海证券报》第五届“金基奖”评选活动中荣膺积极配置型“金基金”。

2008 年 3 月 30 日,银河基金管理公司在《大众理财顾问》举办的“2007 最受消费者青睐的基金公司”评选活动中荣膺“卓越服务奖”。

2008 年 5 月 16 日,银河银联收益基金在《国际金融报》举办的“金牌基金和金牌基金经理双年奖”评选活动中,荣膺“金牌基金”。

2008 年 5 月 26 日,银河竞争优势成长股票型基金成立。

2009 年 4 月 10 日,银河基金管理公司注册资本由人民币 1 亿元增加为人民币 1.5 亿元,2008 年 9 月 27 日公司注册地由原上海虹口区东大名路 908 号变更为上海市浦东新区世纪大道 1568 号 15 层。公司办公地址由原上海市东大名路 908 号金岸大厦 3 楼搬迁至上海市世纪大道 1568 号中建大厦 15 层。

2009 年 4 月 24 日,银河行业优选股票型基金成立。

2009 年 12 月 28 日,银河沪深 300 价值指数证券投资基金成立。

2010 年 7 月 17 日,银河蓝筹精选股票型证券投资基金成立。

2010 年 12 月 29 日,银河创新成长股票型证券投资基金成立。

2011 年 5 月 31 日,银河保本混合型证券投资基金成立。

2011 年 7 月 29 日,银河消费驱动股票型证券投资基金成立。

2012 年 4 月 25 日,银河通利分级债券型证券投资基金成立。

2012 年 9 月 21 日,银河主题策略股票型证券投资基金成立。

2012 年 11 月 29 日,银河领先债券型证券投资基金成立。

【公司荣誉】

2006 年 9 月日,银河基金管理公司荣获上海证券交易所第七届职工运动会“优秀组织奖”。

2007 年 12 月日,银河基金管理公司在《南都周刊》、《南方都市报》、《证券日报》举办的第一届中国金基奖年会暨 2007 最具公信力基金公司评选中荣膺“2007 最具公信力基金公司”称号。

2008 年 3 月 30 日,银河基金管理公司在《大众理财顾问》举办的“2007 最受消费者青睐的基金公司”评选活动中荣膺“卓越服务奖”。

2008 年 12 月 20 日,银河基金管理公司“鼠来宝”网上基金在中国电子商务协会等举办的第二届中国电子金融发展年会荣获中国电子金融“金爵奖”——电子商务优秀示范企业电子商务应用案例。

2009 年 9 月 22 日,银河基金管理公司在《理财周报》主办的 2009 年最受尊敬基金公司评选中荣膺“2009 年最佳投资者教育基金公司”。

2009 年 12 月 23 日,银河基金管理公司在“搜狐”主办的 2009 搜狐金融理财网络评选中荣获“2009 年最有影响力客户服务奖”。

2010 年 5 月 19 日,银河基金管理公司在《证券时报》“中国基金业明星基金奖”评奖中荣获“2009 年度十大明星基金公司”。

2011 年 3 月 31 日,银河基金管理公司在《证券时报》“中国基金业明星基金奖”评奖中荣获“2010 年度十大明星基金公司”。

2012 年 3 月 26 日，银河基金管理公司在《证券时报》“中国基金业明星基金奖”评奖中荣获“2011 年度三年持续回报明星基金公司奖”。

2012 年 3 月 28 日，银河基金管理公司在《中国证券报》主办的第九届中国基金业金牛奖评选中荣获“金牛进取公司奖”。

2012 年 11 月 16 日，银河基金管理公司在第八届中国基金业金算盘奖评选活动中荣获“最佳投资者关系奖”。

2013 年 1 月 11 日，银河基金管理有限公司荣获金融界网站“基金行业最受关注固定收益投资品牌奖”。

基金所获荣誉：

2009 年 1 月 14 日，银河稳健证券投资基金在《证券时报》主办的“2008 年度中国明星基金暨最佳托管银行”评选中荣获“三年持续回报平衡型明星基金奖”。

2010 年 5 月 19 日，银河银信添利债券基金在《证券时报》“中国基金业明星基金奖”评奖中荣获“2009 年度普通债券型明星基金奖”。

2010 年 5 月 19 日，银河稳健证券投资基金在《证券时报》“中国基金业明星基金奖”评奖中荣获“2009 年度三年持续回报平衡混合型明星基金奖”。

2010 年 5 月 23 日，银丰证券投资基金在《中国证券报》主办的第七届中国基金业金牛奖评选中荣获“三年期封闭式持续优胜金牛基金”。

2010 年 6 月 21 日，银河银泰理财分红证券投资基金在《上海证券报》主办的第七届“金基金奖”评选中荣获“金基金－分红基金奖”。

2011 年 3 月 31 日，银河稳健证券投资基金在《证券时报》“中国基金业明星基金奖”评奖中荣获“五年持续回报平衡混合型明星基金奖”。

2011 年 3 月 31 日，银河银泰理财分红证券投资基金在《证券时报》“中国基金业明星基金奖”评奖中荣获“2010 年度平衡混合型明星基金奖”。

2011 年 3 月 31 日，银河行业优选股票型基金在《证券时报》“中国基金业明星基金奖”评奖中荣获“2010 年度股票型明星基金奖”。

2011 年 4 月 10 日，银河行业优选股票型基金在《中国证券报》主办的第八届中国基金业金牛奖评选中荣获“2010 年度股票型金牛基金”。

2011 年 4 月 10 日，银河稳健证券投资基金在《中国证券报》主办的第八届中国基金业金牛奖评选中荣获“五年期混合型金牛基金”。

2012 年 3 月 26 日，银河银泰理财分红证券投资基金在《证券时报》主办的 2011 年度“中国基金业明星基金奖”评奖中荣获“三年持续回报平衡混合型明星基金奖”。

2012 年 3 月 26 日，银河竞争优势成长股票型基金 在《证券时报》主办的 2011 年度“中国基金业明星基金奖”评奖中荣获“三年持续回报股票型明星基金奖”。

2012 年 3 月 26 日，银河稳健证券投资基金在《证券时报》主办的 2011 年度“中国基金业明星基金奖”评奖中荣获“五年持续回报平衡混合型明星基金奖”。

【股东概况】

排序	股东名称	持股数量(万股)	持股比例
1	中国银河金融控股有限责任公司	7500.00	50%
2	中国石油天然气集团公司	1875.00	12.5%
2	上海市城市建设投资开发总公司	1875.00	12.5%
2	北京首都机场集团公司	1875.00	12.5%
2	湖南电广传媒股份有限公司	1875.00	12.5%

【旗下基金】

基金代码	基金简称	类型	基金经理
151001	银河稳健	股票型	钱睿南
151002	银河收益	债券型	韩晶、张矛
150103	银河银泰理财	混合型	张杨
519667	银河银信添利 A	债券型	韩晶
519666	银河银信添利 B	债券型	韩晶
519668	银河竞争优势成长	股票型	丁杰人
519669	银河领先	债券型	韩晶
519670	银河行业优选	股票型	成胜
519671	银河沪深 300 价值	指数型	罗博
519672	银河蓝筹精选	股票型	徐小勇
519674	银河创新成长	股票型	王培
519676	银河保本	混合型	索峰、孙伟仓
519678	银河消费驱动	股票型	刘风华、卢轶乔
150005	银河银富 A	开放式	张矛、周珊珊
150015	银河银富 B	开放式	张矛、周珊珊
161506	银河通利分级 A	债券型	索峰、张矛
150079	银河通利分级 B	债券型	索峰、张矛
519679	银河主题策略	股票型	成胜
500058	基金银丰	封闭式	神玉飞、钱睿南

【公司高管】

董事长徐旭女士，中共党员，经济学博士学位。历任中国人保信托投资公司总裁助理、研究中心副主任，中国银河证券有限责任公司企划部（党委宣传部）负责人、总经理、研究中心主任、总裁办主任兼党委办公室主任、机关党委委员。现任中国银河金融控股有限责任公司党委委员、董事会执行委员会委员。

总经理尤象都先生，中共党员，硕士研究生学历。历任国家经济体制改革委员会宏观司财税处、投资处副处长，中信实业银行北京分行（后为总行营业部）办公室副主任（主持工作）、信贷部副总经理兼综合处处长、资产保全部副总经理、支行管理处副处长（主持工作）、西单支行负责人，财政部综合司综合处副处长、处长，兴业银行北京分行月坛支行行长，中国银河金融控股有限责任公司投资部负责人，银河基金管理有限公司副总经理等职。

督察长李立生先生，硕士研究生学历。历任建设部标准定额研究所助理研究员，中国华融信托投资公司证券总部研究发展部副经理，中国银河证券有限责任公司研究中心综合研究部副经理，银河基金管理有限公司筹备组成员，银河基金管理有限公司研究部总监、基金管理部总监、基金经理、金融工程部总监、产品规划部总监等职。

泰达宏利基金管理有限公司

【基本情况】

法定名称：泰达宏利基金管理有限公司

英文名称：ABN AMRO TEDA Fund Management Co., Ltd.

注册地址：北京市西城区金融大街 7 号英蓝国际金融中心南楼 3 层

办公地址:北京市西城区金融大街 7 号英蓝国际金融中心南楼 3 层
法人代表:刘惠文
总 经 理:缪钧伟
成立时间:2002 年 6 月 6 日
公司属性:中外合资
注册资本:1.8 亿元
联系电话:010 - 66577728
传真号码:010 - 66577666
客服热线:400 - 698 - 8888
公司网址:www.mfcteda.com

【公司概况】

泰达宏利基金管理有限公司原名湘财合丰基金管理有限公司、湘财荷银基金管理有限公司、泰达荷银基金管理有限公司,成立于 2002 年 6 月,是中国首批合资基金管理公司之一,注册资本金为 1.8 亿元人民币。截至 2012 年 6 月 30 日,公司管理着包括泰达宏利价值优化型系列基金、泰达宏利行业精选基金、泰达宏利风险预算混合型基金、泰达宏利货币市场基金、泰达宏利效率优选混合型基金、泰达宏利首选企业股票型基金、泰达宏利市值优选股票型基金、泰达宏利集利债券型基金、泰达宏利品质生活灵活配置混合型基金、泰达宏利红利先锋股票型基金、泰达宏利中证财富大盘指数型基金、泰达宏利领先中小盘股票型基金、泰达宏利全球新格局基金、泰达宏利聚利分级债券基金、泰达宏利中证 500 指数分级基金、泰达宏利逆向策略股票型基金在内的十八只证券投资基金。

泰达宏利在对国内资本市场深刻理解的基础之上,着力构建了一套完整的投资管理体系,在严格的风险管理以及积极主动的投资思路指引下,运用国际化的行业分析方法,坚持价值与成长相结合的投资理念、深入分析行业长期发展趋势、注重对上市公司内在品质的考量。这种全球投资智慧和本土市场管理经验的完美结合,使得泰达荷银取得了令业界和投资人瞩目的卓越业绩。旗下泰达宏利成长基金凭借持续稳定的业绩回报,屡次荣获由国际权威基金评级机构晨星公司(Morning Star)以及理柏(Lipper)的专业肯定;合丰成长基金获得 2008 年度开放式股票型基金回报率第一名并荣获年度同业领先开放式股票型基金奖(《中国证券报》,2009 年 1 月 12 日),合丰成长基金和荷银预算基金同时获得 2009 年最值得投资的 50 只基金(《理财周刊》,2009 年 1 月);同时公司也多次获得专业媒体颁发的"2008 年度资产配置明星基金公司"(《证券时报》,2009 年 1 月 14 日)、"2008 年最具成长性基金公司"(和讯网,2009 年 1 月 8 日)、"市民眼中的金牌投资基金公司"(《北京青年报》,2008 年 12 月 29 日)、"2008 年最有影响力投资者教育奖"(搜狐网,2008 年 12 月 18 日)等荣誉称号。这些充分说明了专业评级机构、新闻媒体以及广大的投资者对于泰达荷银基金管理公司的品牌和实力的认可。

"财智分享　合赢人生",泰达宏利矢志成为受人尊敬的基金管理公司,通过分享专业经验、创造优异的投资业绩;提供高品质的客户服务,给予客户持续的价值回报,共创富足、健康的和谐社会。

【公司荣誉】

2009 年 9 月 15 日,泰达荷银精选(现泰达宏利精选)基金经理刘青山入选福布斯中国十佳基金经理——《福布斯中国》。

2009 年 1 月 14 日,泰达荷银(现泰达宏利)荣获 2008 年度资产配置明星基金公司奖——《证券时报》。

2009 年 1 月 12 日,泰达荷银成长基金(现泰达宏利成长)获得年度同业领先开放式股票型基金奖——《中国证券报》。

2011 年 4 月 21 日,泰达宏利精选基金荣获 2010 年度股票型基金奖——晨星(中国)。

2011 年 4 月 10 日,泰达宏利精选基金获评五年期股票型金牛基金——《中国证券报》。

2011 年 4 月 10 日,泰达宏利成长基金获评三年期股票型金牛基金——《中国证券报》。

2011 年 3 月 31 日,泰达宏利成长基金荣获三年持续回报积极混合型明星基金奖——《证券时报》。

2011 年 3 月 31 日,泰达宏利成长基金荣获 2010 年度积极混合型明星基金奖——《证券时报》。

2012 年 4 月 20 日,泰达宏利荣获 2010 年度十大明星基金公司奖——《证券时报》。

2012 年 4 月 20 日,泰达宏利预算基金获评中国金基金平衡型基金奖——《上海证券报》。

2012 年 4 月 20 日,泰达宏利荣获中国金基金成长公司奖——《上海证券报》。

2012 年 3 月 29 日,泰达宏利红利基金获评 2011 年度股票型金牛基金——《中国证券报》。

2012 年 2 月 28 日,泰达宏利基金管理有限公司副总经理、投资总监获评西城突出贡献人才——人民网。

【股东概况】

排序	股东名称	持股比例
1	北方国际信托投资股份有限公司公司	51%
2	宏利资产管理(香港)有限公司	49%

天津泰达投资控股有限公司成立于 2001 年,其企业规模和实力位居天津市首位,经营范围涉及银行、经纪业务、保险、证券及其他多种行业。旗下的北方信托是经国务院、中国人民银行批准成立的大型国有股份制金融机构,是全国首家引入外资股份的信托投资公司。

宏利金融(Manulife Financial)成立于 1887 年,总部位于加拿大多伦多,具有超过 120 年的发展历史,其业务遍布全球 19 个国家;具有良好的风控文化、经营稳健,获得多个业内财务实力最高评级。宏利金融的主要业务范围为共同基金、个人保险及财富管理、团体福利及退休金、团体寿险及医疗保险等。目前,宏利金融在亚洲 10 个国家和地区开展业务,已经拥有 9 家资产管理公司。中国首家合资人寿保险公司——中宏保险,就是宏利金融与中国中化集团合资成立的。

【旗下基金】

基金代码	基金简称	类型	基金经理
162201	泰达宏利成长	股票型	梁辉、邓艺颖
162202	泰达宏利周期	股票型	刘金玉、陈桥宁
162203	泰达宏利稳定	股票型	焦云、胡涛
162204	泰达宏利精选	股票型	刘青山
162205	泰达宏利预算	混合型	吴俊峰
162207	泰达宏利效率	混合型	陈少平、胡涛
162208	泰达宏利首选	股票型	刘金玉

基金代码	基金简称	类型	基金经理
162209	泰达宏利市值	股票型	吴俊峰
162210	泰达宏利集利 A	债券型	卓若伟
162299	泰达宏利集利 C	债券型	卓若伟
162211	泰达宏利品质	混合型	梁辉
162206	泰达宏利货币	货币型	胡振仓
162212	泰达宏利红利先锋	股票型	梁辉
162213	泰达宏利财富大盘	指数型	刘欣
162214	泰达宏利中小盘	股票型	陈少平
229001	泰达宏利全球新格局	QDII	胡兴
162215	泰达聚利分级债券	债券型	胡振仓
150034	泰达宏利聚利 A	债券型	胡振仓
150035	泰达宏利聚利 B	债券型	胡振仓
162216	泰达中证 500 分级	指数型	刘欣
150053	泰达稳健	指数型	刘欣
150054	泰达进取	指数型	刘欣
229002	泰达宏利逆向策略	股票型	焦云

【公司高管】

刘惠文先生，董事长。毕业于吉林大学经济系，经济学学士学位，高级经济师。1996—2001 年任天津泰达集团有限公司总经理。自 2001 年起担任天津泰达投资控股有限公司董事长兼总经理。自 2005 年起兼任渤海财产保险股份有限公司、北方国际信托投资股份有限公司等核心企业的董事长。

缪钧伟先生，总经理。毕业于复旦大学和香港城市大学，获得理学学士、经济学硕士和金融学博士学位；1998 年 10 月至 2003 年 2 月任证监会基金部副处长；2003 年 3 月至 2006 年 8 月任海富通基金管理有限公司副总经理。2007 年 2 月起任泰达荷银基金管理有限公司总经理。

张萍女士，督察长。毕业于中国人民大学和中国科学院，管理学和理学双硕士。先后任职于中信公司、毕马威国际会计师事务所等公司，从事财务管理和管理咨询工作。2002 年起在嘉实基金管理有限公司工作，任监察稽核部副总监。2005 年 10 月起任泰达荷银基金管理有限公司风险管理部总监。2006 年 11 月起任泰达荷银基金管理有限公司督察长。

万家基金管理有限公司

【基本情况】

法定名称：万家基金管理有限公司
英文名称：WanJia Asset Management Co.，Ltd.
注册地址：上海市浦东新区浦电路 360 号
　　　　　陆家嘴投资大厦 9 层
办公地址：上海市浦东新区浦电路 360 号
　　　　　陆家嘴投资大厦 9 层
法人代表：毕玉国
总 经 理：吕宜振
成立时间：2002 年 8 月 23 日
公司属性：中资
注册资本：1 亿元
联系电话：021－38619999
客服热线：400－888－0800
传真号码：021－38619888
邮政编码：200122
公司网址：www.wjasset.com

【公司概况】

万家基金管理有限公司，原名为天同基金管理有限公司，于 2002 年 8 月 23 日正式成立。于 2006 年 2 月 20 日正式更名为万家基金管理有限公司。

万家基金管理有限公司严格遵守基金合同，运作透明规范，以为百姓提供高水准的理财服务为经营目标，以对投资者的不同需求提供差异化服务为动力，在投资组合管理、定量分析以及风险控制方面追求高专业水准，是国内一家独具特色和发展潜力的基金管理公司。

【公司大事记】

2002 年 8 月 23 日，天同基金管理有限公司正式成立。

2003 年 3 月 15 日，天同 180 指数证券投资基金正式成立。

2004 年 9 月 28 日，天同保本增值证券投资基金正式成立。

2005 年 7 月 8 日，天同公用事业股票型证券投资基金正式成立。

2006 年 2 月 20 日，公司正式更名为万家基金管理有限公司，旗下产品全部更名为“万家”系列。

2006 年 2 月，万家基金管理有限公司在由《新财经》杂志社主办，中国银河证券基金研究中心担任研究顾问的“《新财经》第二届中国基金及基金管理公司评选”中荣获“营销创新奖”。

2006 年 3 月，万家保本增值基金凭借着较高的收益和更低的风险，荣获了 2006 年 3 月《科学与财富》举办的 2005 年中国最佳基金评选的“2005 年度中国最佳保本基金”的称号。万家保本增值基金入选晨星公司评出的“2005 年中国最具投资价值的 50 只基金”。

2006 年 5 月 24 日，万家货币市场证券投资基金正式成立。

2006 年 9 月，万家和谐增长基金产品设计及其电子商务解决方案获得 2006 中国国际金融（银行）技术暨设备展览会优秀解决方案奖。

2006 年 11 月 30 日，万家和谐增长混合型证券投资基金正式成立。

2007 年 11 月，公司与大成、上投摩根等 20 家基金公司一同获得了由《齐鲁晚报》评选的“最受山东投资者欢迎的 20 家基金公司”的殊荣。

2007 年 11 月，万家 180 指数基金在第三届中国证券市场年会上荣获由《证券日报》颁发的“高成长开放式基金金算盘奖”。

2008 年 1 月，万家货币市场基金在中国理财总评榜活动中荣获“最受欢迎的货币型基金”奖。

2008 年 1 月，万家公用事业行业基金荣获证券时报“2007 年平衡型基金明星奖”。

2008 年 1 月，万家公用事业行业基金荣获《新民晚报》评选的“2007 最受老百姓欢迎的基金”中“十大最具特色基金”称号。

2008 年 6 月 26 日，万家双引擎灵活配置混合型证券投资基金基金合同生效。

2009 年 5 月 18 日，万家精选股票型证券投资基金正式成立。

2009 年 8 月 12 日，万家稳健增利债券型证券投资基金正式成立。

2011 年 3 月 17 日，万家中证红利指数型证券投资基金正式成立。

2011 年 6 月 2 日，万家添利分级债券型证券投资基金成立。

2012 年 8 月 2 日，万家中证创业成长指数分级证券投资基金成立。

2012 年 9 月 21 日，万家信用恒利债券型证券投资基金成立。

【公司荣誉】

2008 年 1 月，万家公用事业行业基金荣获《证券时报》"2007 年平衡型基金明星奖"。

2009 年 1 月，万家双引擎灵活配置混合型证券投资基金荣获《证券时报》"2008 年度新基金明星奖"。

2009 年 1 月，万家货币市场证券投资基金荣获《证券时报》"2008 年度货币市场明星基金奖"。

2010 年 5 月，万家货币市场证券投资基金荣获《中国证券报》"2009 年度开放式货币市场金牛基金奖"。

2010 年 6 月，万家双引擎灵活配置混合型证券投资基金荣获《上海证券报》2009 年度"金基金 · 一年期分红基金奖"。

2010 年 6 月，万家增强收益债券型证券投资基金荣获《上海证券报》2009 年度"金基金 · 三年期债券基金奖"。

2011 年 4 月，万家货币市场基金荣获《中国证券报》"2010 年度开放式货币市场金牛基金奖"。

2012 年 3 月，万家货币市场基金荣获《中国证券报》"2011 年度开放式货币市场金牛基金奖"。

【股东概况】

排序	股东名称	持股数量(万股)	持股比例
1	齐鲁证券有限公司	4900.00	49%
2	新疆国际实业股份有限公司	4000.00	40%
3	山东省国有资产投资控股有限公司	1100.00	11%

齐鲁证券有限公司是经中国证监会批准，由莱芜钢铁集团有限公司、兖矿集团有限公司、济钢集团有限公司等出资设立的大型综合类证券公司，注册资本 52.12 亿元，员工 5000 余人，在全国十多个省市设有 130 多家分支机构，控股鲁证期货公司、万家基金管理公司和鲁证投资管理公司。多年来，在监管部门的科学监管和关心支持下，公司秉承"合规创造价值，诚信铸造品牌，人才提升效率，创新推动发展"的经营理念，逐步形成了以证券经纪业务、投资银行业务、证券投资业务、资产管理业务、固定收益业务为基本架构的完善的业务体系，建立了研究咨询、信息技术、市场营销、合规管理、风险控制等强有力的业务支持与管理体系。

新疆国际实业股份有限公司成立于 1999 年 3 月，是由新疆对外经济贸易(集团)有限责任公司作为发起人，联合其他四家发起人共同设立的股份有限公司，2000 年 9 月在深圳证券交易发行上市，截至目前公司注册资本为人民币 4.81 亿元。上市以来，公司依托新疆优势资源，实施多元化、实业化、国际化战略，已逐步发展成为跨行业、跨地区的大中型能源企业，企业经营效益和经营规模逐年提高。今后，公司将依托新疆丰富的油气、煤炭等资源优势和区位优势，以能源产业为支柱，房地产业为补充，国际贸易为纽带，积极开拓中亚、欧洲、国内市场，实现公司可持续发展。

山东省国有资产投资控股有限公司是由山东省国资委出资设立的大型国有投资控股公司，成立于 2005 年 11 月，注册资本 16 亿元。公司经营范围：省国资委授权的国有产(股)权经营管理，托管经营，重大产业项目的融资、投资与经营管理，国有产权交易，不良资产处置等资产管理业务，资本运营，投融资服务，投资咨询，省国资委授权或委托的其他业务。

【旗下基金】

基金代码	基金简称	类型	基金经理
161902	万家增强债券	债券型	孙驰
161903	万家公用事业	股票型	吴印、朱颖、马云飞
519180	万家 180	指数型	吴涛
519181	万家和谐增长	混合型	华光磊、宁冬莉
519183	万家双引擎灵活配置	混合型	吴印、朱颖
519185	万家精选	股票型	马云飞、吴印
519186	万家稳健增利 A	债券型	唐俊杰
519187	万家稳健增利 C	债券型	唐俊杰
161907	万家中证红利	指数型	张鹏、吴涛
519508	万家货币	货币型	孙驰、唐俊杰
161908	万家添利分级	债券型	邹昱
161910	万家中创	债券型	吴涛
519188	万家信用恒利 A	债券型	朱虹
519189	万家信用恒利 C	债券型	朱虹

【公司高管】

董事长：毕玉国先生，中共党员，硕士学历，高级会计师、注册企业风险管理师。历任莱钢股份公司炼铁厂财务科科长、莱钢股份公司财务处成本科科长、莱钢集团财务部副部长、莱钢驻日照钢铁有限公司财务总监等职；2004 年 1 月至今，在齐鲁证券有限公司工作，曾任齐鲁证券计划财务部总经理，现任齐鲁证券有限公司副总经理兼财务负责人、万家基金管理有限公司董事长。

总经理：吕宜振先生，中共党员，博士研究生。曾任易方达基金管理有限公司研究主管，信诚基金管理有限公司研究总监，天弘基金管理有限公司投资总监，本公司副总经理等职。2012 年 12 月起任公司总经理。

督察长：李振伟先生，中共党员，大学本科，学士学位，高级经济师。1998 年 6 月起从事证券监管工作，先后任证监会济南证管办党委办公室、上市处主任科员，证监会济南证管办上市处、机构处副处长，证监会山东证监局机构处副处长、处长，本公司总经理、监事会主席等职。2012 年 4 月起任本公司督察长。

金鹰基金管理有限公司

【基本情况】

法定名称：金鹰基金管理有限公司

英文名称：GOLDEN EAGLE ASSET MANAGEMENT CO., LTD

注册地址：广东省珠海市吉大九洲大道东段商业银行大厦 7 楼 16 单元

办公地址：广州市天河区体育西路 189 号城建大厦 22－23 层

董 事 长：刘 东

总 经 理：殷克胜

成立时间：2002 年 12 月 25 日

公司属性：中资企业

注册资本：2.5 亿元

联系电话：020－83282855

客服电话:400 - 6135 - 888
传真号码:020 - 83282856
邮政编码:510620
公司网址:www.gefund.com.cn

【公司概况】

金鹰基金管理有限公司2002年成立,注册资本2.5亿元人民币。股东包括广州证券有限责任公司、广州药业股份有限公司、广东美的电器股份有限公司、东亚联丰投资管理有限公司,分别持有49%、20%、20%和11%的股份。

公司现设有基金管理部、研究发展部、产品研发部、金融工程部、固定收益投资部、集中交易部、专户投资部、市场拓展部、机构客户部、监察稽核部、运作保障部、综合管理部十二大职能部门及广州分公司、北京分公司、上海分公司。目前公司员工有100余人。

公司坚持"进取、求实、稳健、规范"的理念,以严格的管理、规范的运作和优秀的业绩,赢得了市场的认可,资产管理规模逐步扩大。

公司管理资产的资产规模和旗下基金业绩呈持续上升态势。据银河数据显示,2008年,金鹰中小盘精选混合基金在164只股票型基金中业绩排名第三;2009年,金鹰中小盘精选混合基金在82只混合型基金中业绩排名第二;2010年,金鹰中小盘精选混合基金在29只混合偏股型基金中业绩排名第二;2011年,金鹰保本混合基金在12只保本基金中业绩排名第二。

公司管理资产规模持续增长,整个公司正以良好的发展步伐向前迈进着。截至2012年12月7日,公司旗下拥有金鹰成份优选混合、金鹰中小盘精选混合、金鹰红利价值混合、金鹰行业优势股票、金鹰稳健成长股票、金鹰主题优势股票、金鹰保本混合、金鹰中证技术领先指数增强、金鹰策略配置股票、金鹰持久回报分级债券、金鹰核心资源股票、金鹰中证500指数分级、金鹰元泰信用债债券、金鹰货币等共十四只基金。

【公司大事记】

2002年11月6日,金鹰基金管理有限公司成立。

2003年6月16日,金鹰成份股优选证券投资基金成立。

2003年9月23日,金鹰基金管理有限公司广州分公司成立。

2004年2月25日,金鹰基金管理有限公司北京分公司成立。

2004年5月27日,金鹰中小盘精选证券投资基金成立。

2012年3月9日,金鹰持久回报分级债券型证券投资基金成立。

2007年,金鹰成份股优选证券投资基金以132%年度净值增长率跃居同类86只积极配置型股票基金前三名,在所有331只开放式基金年度净值增长率总排名中居62位而进入前20%行列,获得《证券时报》授予广州唯一"六星级基金"、2007年十大明星基金等美誉。

2008年12月4日,金鹰红利价值灵活配置混合型证券投资基金成立。

2008年,金鹰中小盘证券投资基金年度业绩排名居同类基金前三,金鹰成份股优选证券投资基金年度业绩排名居同类基金前50%。

2008年,金鹰基金管理有限公司被《上海证券报》评为业绩最佳的六家基金公司之一(《上海证券报》2008年6月30日),是连续两年保持整体业绩优良和持续改善的少数基金公司之一(《证券时报》2009年1月5日),同时并被评为2008年最佳资产配置的基金公司(《证券时报》2009年1月14日)。

2009年7月1日,金鹰行业优势股票型证券投资基金成立。

2009年,金鹰中小盘证券投资基金连续二年保持前三,被晨星和银河评为五星级基金。

2009年,金鹰基金管理有限公司在"2008年度中国明星基金暨最佳托管银行公司评选活动"中被评为"基金资产最佳配置公司"(《证券时报》2009年1月14日)、在《证券日报》主办的第五届中国证券市场年会上,被评为2009年"金算盘"基金奖。

2009年,金鹰中小盘证券投资基金在"21世纪2008年中国赢基金奖"评选活动中获"开放式进取混合型基金最佳表现奖"(华财社网站2009年3月12日,《21世纪经济报道》2009年3月16日)。

2010年4月8日,金鹰基金管理有限公司以公开招聘的市场化手段引进殷克胜总经理、郭容辰副总经理等专业管理人才,为公司实施市场化改革奠定了基础。

2010年4月14日,金鹰稳健成长股票型证券投资基金成立。

2010年12月3日,金鹰基金管理有限公司完成股权变更,变更后股东为广州证券有限责任公司、广州药业股份有限公司、广东美的电器股份有限公司、东亚联丰投资管理有限公司,分别持有49%、20%、20%和11%的股份。

2010年12月20日,金鹰主题优势股票型证券投资基金成立。

2010年,金鹰基金管理有限公司在《上海证券报》主办的"金基金"评选活动中获"成长公司奖"、在人民网主办的首届"民富奖"基金评选中获"中国基金最佳风格基金管理人"奖、在《21世纪经济报道》主办的"中国赢基金奖"评选中获"中国最具成长潜力基金公司"奖。

2011年5月16日,金鹰基金管理有限公司完成注册资本由壹亿元人民币增加为贰亿伍仟万元人民币的变更。

2011年5月17日,金鹰保本混合型证券投资基金成立。

2011年6月1日,金鹰中证技术领先指数增强型证券投资基金成立。

2011年6月9日,金鹰基金管理有限公司上海分公司成立。

2011年7月18日,金鹰基金管理有限公司广州分公司搬迁至"广州市体育西路189号城建大厦22-23层"。

2011年9月1日,金鹰策略配置股票型证券投资基金成立。

2011年10月26日,金鹰基金管理有限公司在理财周报主办的"中国最受尊敬基金公司"评选活动中获"2011中国最佳公司治理基金公司"奖。

2011年10月26日,金鹰基金总经理殷克胜在理财周报主办的"中国最受尊敬基金公司"活动中获"2011中国基金业年度新锐人物"奖。

2011年12月14日,金鹰基金管理有限公司获中国证监会批准从事特定客户资产管理业务。

2012年4月23日,金鹰中小盘证券投资基金在上海证券报主办的第九届"金基金"评选活动中荣获2011年度"一年期金基金·分红基金奖"。

2012年5月23日,金鹰核心资源股票型证券投资基金成立。

2012 年 6 月 5 日，金鹰中证 500 指数分级证券投资基金成立。

2012 年 7 月 11 日，金鹰基金深圳分公司成立。

2012 年 11 月 30 日，金鹰元泰精选信用债债券证券投资基金成立。

2012 年 12 月 7 日，金鹰货币市场证券投资基金成立。

【公司荣誉】

2007 年 12 月 28 日，金鹰成份股优选证券投资基金在晨星基金评级积极配置型基金中业绩排名第三。

2008 年 1 月 7 日，金鹰成份股优选证券投资基金被证券时报评为“六星级基金”。

2008 年 1 月 11 日，金鹰成份股优选证券投资基金荣获《证券时报》2007 年中国明星基金评选“2007 年度平衡型基金明星奖”。

2009 年 1 月 14 日，金鹰基金管理有限公司荣获《证券时报》2008 年度中国明星基金评选“2008 年度资产配置明星基金公司”。

2011 年 4 月 1 日，金鹰中小盘精选混合荣获《证券时报》2010 年度评选“三年持续回报平衡混合型明星基金奖”。

2011 年 4 月 11 日，金鹰基金管理有限公司荣获《上海证券报》第八届中国“金基金”评选“成长公司奖”。

2011 年 4 月 14 日，金鹰中小盘精选混合基金荣获《中国证券报》第八届金牛奖评选“三年期混合型金牛基金”奖。

2012 年 04 月 23 日，金鹰中小盘精选证券投资基金荣获《上海证券报》第九届金基金评选 2011 年度“一年期金基金·分红基金奖”。

【股东概况】

排序	股东名称	持股数量(万股)	持股比例
1	广州证券有限责任公司	12250.00	49%
2	广州药业股份有限公司	5000.00	20%
2	广东美的集团股份有限公司	5000.00	20%
3	东亚联丰投资管理有限公司	2750.00	11%

【旗下基金】

基金代码	基金简称	类型	基金经理
162102	金鹰中小盘精选	股票型	杨绍基、朱丹
210001	金鹰成份优选	混合型	杨绍基、林华显
210002	金鹰红利价值	混合型	朱丹
210003	金鹰行业优势	股票型	彭培祥、冯文光
210004	金鹰稳健成长	股票型	杨绍基
210005	金鹰主题优势	股票型	冼鸿鹏、彭培祥
210006	金鹰保本	保本型	邱新红
210007	金鹰中证技术指数	指数型	朱丹
210008	金鹰策略配置	股票型	杨绍基

【公司高管】

刘东先生，董事长，经济学硕士，高级经济师。曾在中国现代国际关系研究所、中国信达信托投资公司驻武汉证券交易中心任职，历任中国信达信托投资公司北京营业部总经理、证券业务总部副总经理，新疆宏源信托投资股份有限公司总经理助理兼证券业务总部总经理，宏源证券股份有限公司党委委员、副总经理，宏源期货有限公司董事长，现任广州证券有限责任公司总经理。经公司第三届董事会第十六次会议选举通过，并报经中国证监会核准，2010 年 4 月起担任公司董事长。

殷克胜先生，总经理，经济学博士。曾在综合开发研究院(中国深圳)、深圳市体改办任职，历任深圳证监局法规处副处长、上市公司处处长，鹏华基金管理有限公司董事、常务副总经理，方正证券股份有限公司基金公司筹备组组长等职。经公司第三届董事会第十六次会议选举通过，并报经中国证监会核准，2010 年 4 月起担任公司总经理。

苏文锋先生，经济学硕士。历任广州市经济管理干部学院外贸经济系党支部书记，南方证券广州分公司研究发展部总经理、大德路营业部总经理、投资银行部总经理，华鼎担保投资有限公司副总经理等职，2006 年 3 月起担任金鹰基金管理有限公司市场拓展部副总监，2008 年 9 月起担任公司督察长。

招商基金管理有限公司

【基本情况】

法定名称：招商基金管理有限公司

英文名称 China Merchants Fund Management Co. ,Ltd.

注册地址深圳市深南大道 7088 号招商银行大厦 28 层

办公地址深圳市深南大道 7088 号招商银行大厦 28 层

法人代表：马蔚华

总 经 理：许小松

成立时间：2002 年 12 月 27 日

公司属性：合资企业

注册资本：2.1 亿元

联系电话：0755－83196666

客服热线：400－887－9555

传真号码：0755－83196405

邮政编码：518040

公司网址：www.cmfchina.com

【公司概况】

招商基金管理有限公司是由中国证监会批准设立的第一家中外合资的基金管理公司。公司成立于 2002 年 12 月 27 日，注册资本为 2.1 亿元人民币，其中招商银行股份有限公司持股 33.4%，招商证券股份有限公司持股 33.3%，荷兰投资(ING Investment Management B. V.)持股 33.3%。公司的经营范围包括发起设立基金、基金管理业务和中国证监会批准的其他业务。

招商基金将以国际化和规范化作为鲜明特色，努力为投资者提供一流的投资理财服务。公司从创建开始就全方位借鉴国际市场的先进经验和技术，形成了高效卓越的团体、标准化的业务流程、开放与学习的文化氛围。

招商基金将以取信于市场、取信于社会为宗旨，秉承诚信、融合、创新、卓越的经营理念，努力成为客户推崇、股东满意、员工热爱、具有国际竞争力的基金管理公司。

【股东概况】

排序	股东名称	出资额(万元)	持股比例
1	招商银行	7014.00	33.4%
2	ING 荷兰投资	6993.00	33.3%
2	招商证券股份有限公司	6993.00	33.3%

【旗下基金】

基金代码	基金简称	类型	基金经理
217001	招商安泰	股票型	王景
217002	招商安泰平衡	混合型	王景
217003	招商安泰债券 A	债券型	张婷
217203	招商安泰债券 B	债券型	张婷
217004	招商现金增值货币 A	货币型	胡慧颖
217014	招商现金增值货币 B	货币型	胡慧颖
217005	招商先锋	混合型	袁野
217008	招商安本增利债券	债券型	张婷
217009	招商核心价值	混合型	赵龙
161706	招商优质成长	股票型	张慎平
217011	招商安心收益	债券型	孙海波
217010	招商大盘蓝筹	股票型	袁野、陈玉辉
217012	招商行业领先	股票型	张慎平
161713	招商信用添利	债券型	张国强
217013	招商中小盘精选	股票型	吴昊
217015	招商全球资源	QDII	牛若磊
217016	招商深证 100	指数型	王平
217017	招商上证消费 80 联接	指数型	王平、罗毅
510150	招商上证消费 80ETF	指数型	王平、罗毅
161714	招商标普金砖四国	QDII	刘冬、牛若磊
217018	招商安瑞进取债券	债券型	王景
217019	招商深证 TMT50 联接	指数型	王平、罗毅
159909	招商深证 TMT50ETF	指数型	王平、罗毅
217020	招商安达保本	保本型	张国强
217021	招商优企灵活配置	混合型	赵龙
217022	招商产业债	债券型	张国强、胡慧颖
161715	招商大宗商品	指数型	王平
217023	招商信用增强	债券型	胡慧颖
217024	招商安盈保本	混合型	吴昊、孙海波
217025	招商理财 7 天 A	理财型	孙海波
217026	招商理财 7 天 B	理财型	孙海波

【公司高管】

马蔚华，男，西南财经大学经济学博士，美国南加州大学荣誉博士，高级经济师。1982—1985 年，在辽宁省计委工作，历任副处长、副秘书长；1985—1986 年，在辽宁省委办公厅工作；1986—1988 年，在中共安徽省委办公厅工作；1988—1990 年，任中国人民银行办公厅副主任；1990—1992 年，任中国人民银行计划资金司副司长；1992—1998 年，任中国人民银行海南省分行行长兼国家外汇管理局海南分局局长；1999 年 3 月至今任招商银行行长。现任招商基金管理有限公司董事长。

许小松，男，经济学博士。历任深圳证券交易所综合研究所副所长，南方基金管理有限公司首席经济学家、副总经理，国联安基金管理有限公司总经理，2011 年加入招商基金管理有限公司，现任公司总经理、董事。

欧志明，男，华中科技大学经济学及法学双学士、投资经济硕士。2002 年加入广发证券深圳业务总部任机构客户经理；2003 年 4 月至 2004 年 7 月于广发证券总部任风险控制岗从事风险管理工作；2004 年 7 月加入招商基金管理有限公司，曾任法律合规部高级经理、副总监、总监，现任公司督察长兼董事会秘书。

华宝兴业基金管理有限公司

【基本情况】

法定名称：华宝兴业基金管理有限公司
英文名称：Fortune SGAM Fund Management Co. ,Ltd.
注册地址：上海市浦东新区世纪大道 100 号
上海环球金融中心 58 楼
办公地址：上海市浦东新区世纪大道 100 号
上海环球金融中心 58 楼
法人代表：郑安国
总 经 理：裴长江
成立时间：2003 年 3 月 7 日
公司属性：中外合资
注册资本：1.5 亿元
联系电话：021 - 38505888
客服热线：400 - 700 - 5588
传真号码：021 - 38505777
邮政编码：200121
公司网址：www. fsfund. com

【公司概况】

华宝兴业基金管理有限公司于 2003 年 2 月 12 日获准开业，是国内首批中外合资基金管理公司，也是国内首家由信托公司和外方资产管理公司发起设立的中外合资基金管理公司，股东背景强大，股权结构简单稳定。

在组织结构上，华宝兴业下设投资管理部、研究部、金融工程部、产品开发部、市场开发部、市场支持部、机构理财部、北京分公司、南方分公司（筹）、交易部、清算登记部、信息技术部、人力资源部、行政财务部。在投资管理上，作为首批中外合资基金管理公司，华宝兴业充分利用中外股东的资源，引进、吸收、消化法兴资产在国际市场上的经验和技术，并结合国内市场的需求，形成了科学、合理并具特色的投资、营销和管理体系。

【公司大事记】

2002 年 10 月 21 日，中国证监会批准我公司筹建申请，成为我国第一批获准筹建的中外合资基金管理。

2003 年 2 月 12 日，中国证监会批准公司开业，成为我国第二家开业的中外合资基金管理公司。

2003 年 7 月 15 日，经中国证监会批准，宝康系列开放式证券投资基金正式成立。

2004 年 5 月 11 日，华宝兴业多策略增长开放式证券投资基金正式成立。

2005 年 1 月 4 日，华宝兴业基金管理有限公司北京分公司经中国证监会批准开业。

2005 年 3 月 31 日，华宝兴业现金宝货币市场基金成立。

2005 年 11 月 17 日，华宝兴业动力组合股票型证券投资基金正式成立。

2006 年 2 月 23 日，中国证监会批准公司从事向特定对象提供投资咨询服务业务。

2006 年 6 月 15 日，华宝兴业收益增长混合型证券投资基金正式成立。

2006 年 11 月 7 日，华宝兴业先进成长股票型证券投资基金正式成立。

2007 年 6 月 2 日,华宝兴业基金管理有限公司的注册资本由人民币 1 亿元增加为人民币 1.5 亿元,股东持股比例变更为:华宝信托投资有限责任公司 51%,法国兴业资产管理有限责任公司 49%。

2007 年 6 月 14 日,华宝兴业行业精选股票型证券投资基金正式成立。

2007 年 12 月 12 日,华宝兴业基金管理有限公司深圳分公司成立。

2008 年 3 月 6 日,中国证监会批准公司从事特定客户资产管理业务。

2008 年 5 月 7 日,华宝兴业海外中国成长股票型证券投资基金正式成立。

2008 年 10 月 7 日,华宝兴业大盘精选股票型证券投资基金正式成立。

2009 年 2 月 17 日,华宝兴业增强收益债券型证券投资基金正式成立。

2009 年 9 月 29 日,华宝兴业中证 100 指数证券投资基金基金正式成立。

2010 年 4 月 23 日,华宝兴业上证 180 价值交易型开放式指数证券投资基金及联接基金正式成立。

2010 年 12 月 7 日,华宝兴业新兴产业股票型证券投资基金正式成立。

2011 年 1 月 4 日,华宝兴业基金管理有限公司的股东及持股比例为:华宝信托有限责任公司 51%,领先资产管理有限公司 49%,公司注册资本保持不变。

2011 年 3 月 15 日,华宝兴业成熟市场动量优选证券投资基金正式成立。

2011 年 4 月 27 日,华宝兴业可转债债券型证券投资基金正式成立。

2011 年 8 月 4 日,华宝兴业上证 180 成长交易型开放式指数证券投资基金正式成立。

2011 年 8 月 9 日,华宝兴业上证 180 成长交易型开放式指数证券投资基金联接基金正式成立。

2011 年 9 月 29 日,华宝兴业标普石油天然气上游股票指数证券投资基金(LOF)正式成立。

2012 年 2 月 28 日,华宝兴业医药生物优选股票型证券投资基金正式成立。

2012 年 6 月 12 日,华宝兴业中证短融 50 指数债券型证券投资基金正式成立。

2012 年 8 月 21 日,华宝兴业资源优选股票型证券投资基金正式成立。

经中国证监会批准,华宝兴业资产管理(香港)有限公司于 2011 年 12 月成立,2012 年 11 月获得了香港证券及期货事务监察委员会颁发的第 4 类(就证券提供意见)和第 9 类(提供资产管理)业务牌照。

【公司荣誉】

公司荣誉:

2009 年 1 月 12 日,在《中国证券报》主办的"第六届中国基金业金牛奖"评选中,华宝兴业宝康消费品基金荣获"2008 年度同业领先开放式股票型基金"。

2009 年 1 月 12 日,在《中国证券报》主办的"第六届中国基金业金牛奖"评选中,华宝兴业多策略增长基金荣获"2008 年度开放式股票型持续优胜金牛基金"。

2009 年 3 月 27 日,在《上海证券报》主办的第六届中国基金业"金基金"奖评选中,华宝兴业多策略增长基金荣获 2008 年度"金基金·股票型基金奖"。

2010 年 5 月 23 日,在《中国证券报》主办的第七届"中国基金业金牛奖"评选中,华宝兴业入选十大"2009 年度金牛基金管理公司"。

2010 年 6 月 21 日,在由《上海证券报》主办的第七届中国"金基金奖"评选中,华宝兴业荣获 2009 年度"金基金·投资回报公司奖"。

2011 年,在由和讯主办的"2010 年度第八届中国财经风云榜"评选中,华宝兴业荣"基金业最佳创意营销奖"。

基金荣誉:

2009 年 3 月 27 日,在《上海证券报》主办的第六届中国基金业"金基金"奖评选中,华宝兴业基金公司荣获 2008 年度"金基金·最具潜力奖"。

2010 年 5 月 19 日,在《证券时报》主办的"2009 年度中国基金业明星基金奖"评选中,华宝兴业宝康灵活配置基金荣获"2009 年度平衡混合型明星基金奖"。

2010 年 5 月 19 日,在《证券时报》主办的"2009 年度中国基金业明星基金奖"评选中,华宝兴业先进成长基金荣获"2009 年度三年持续回报股票型明星基金奖"。

2010 年 5 月 23 日,在《中国证券报》主办的第七届"中国基金业金牛奖"评选中,华宝兴业宝康消费品混合型基金荣获"2009 年度开放式混合型金牛基金"。

2010 年 5 月 23 日,在《中国证券报》主办的第七届"中国基金业金牛奖"评选中,华宝兴业收益增长混合型基金荣获"2009 年度开放式混合型金牛基金"。

2010 年 5 月 23 日,在《中国证券报》主办的第七届"中国基金业金牛奖"评选中,华宝兴业多策略增长股票型基金荣获"五年期开放式股票型持续优胜金牛基金"。

2011 年,在《证券时报》主办的 2010 年度中国基金业明星基金奖评选中,华宝兴业宝康消费品基金荣获"三年持续回报平衡混合型明星基金奖"。

【股东概况】

排序	股东名称	出资额(万元)	持股比例
1	华宝信托投资有限责任公司	76550.00	51%
2	领先资产管理有限公司	7350.00	49%

华宝信托是宝钢集团金融发展的战略核心,注册资本 10 亿元,投资业绩,资产质量在国内同业名列前茅。

领先资产管理有限公司是法国兴业银行集团的全资子公司,为全球创新性资产管理解决方案的主要提供者之一,其业务主要集中于指数跟踪(ETF)投资、量化和结构性投资和另类投资等三大类快速发展的资产管理业务领域,目前管理的资产规模已超过 684 亿欧元。

宝钢集团和法国兴业银行集团致力于开拓中国金融市场,双方志存高远、精诚合作;作为中法股东全力打造的智慧结晶,公司凭借与生俱来的优良"基因",从成立伊始就站在较高的起跑线上。

【旗下基金】

基金代码	基金简称	类型	基金经理
240001	华宝宝康消费	股票型	胡戈游
240002	华宝宝康配置	混合型	郭鹏飞
240003	华宝宝康债券	债券型	李栋梁

基金代码	基金简称	类型	基金经理
240004	华宝动力	股票型	刘自强
240005	华宝多策略	混合型	王智慧
240006	华宝货币 A	货币型	陈昕
240007	华宝货币 B	货币型	陈昕
240008	华宝收益	混合型	邵喆阳
240009	华宝先进成长	股票型	朱亮
240010	华宝行业精选	股票型	蒋宁
240011	华宝大盘精选	股票型	范红兵、王智慧
240012	华宝强债 A	债券型	华志贵
240013	华宝强债 B	债券型	华志贵
240014	华宝中证 100	指数型	徐林明、陈建华
241001	华宝海外中国成长	QDII	周欣
510030	上证 180 价值 ETF	指数型	徐林明
240016	华宝 180 价值联接	指数型	徐林明
240017	华宝新兴产业	股票型	郭鹏飞
240018	华宝可转债	债券型	华志贵
241002	华宝成熟市场	QDII	尤柏年
240019	华宝上证 180 成长联接	指数型	徐林明
510280	华宝上证 180 成长 ETF	指数型	徐林明
162411	华宝油气	QDII	尤柏年
240020	华宝兴业医药生物	股票型	范红兵、王智慧
240021	华宝短融 50	债券型	陈昕
240022	华宝兴业资源优选	股票型	蔡目荣
511990	华宝添益	货币型	陈昕

【公司高管】

郑安国先生，董事长，博士、高级经济师。曾任南方证券有限公司发行部经理、投资部经理、南方证券有限公司投资银行部总经理助理、南方证券有限公司上海分公司副总经理、南方证券公司研究所总经理级副所长、华宝信托投资有限责任公司副总经理、总经理、总裁。现任华宝兴业基金管理有限公司董事长、华宝信托有限责任公司董事长、华宝投资有限公司董事、总经理，中国太平洋保险（集团）股份有限公司董事。

裴长江先生，董事，硕士、经济师。曾任上海万国证券公司闸北营业部经理助理、经理，申银万国证券股份有限公司浙江管理总部副总经理，申银万国证券股份有限公司经纪总部副总经理，华宝信托投资有限责任公司投资总监。现任华宝兴业基金管理有限公司总经理。

刘月华先生，督察长，硕士。曾在冶金工业部、国家冶金工业局、中国证券业协会等单位工作。现任华宝兴业基金管理有限公司督察长。

摩根士丹利华鑫基金管理有限公司

【基本情况】

法定名称：摩根士丹利华鑫基金管理有限公司
英文名称：Morgan Stanley Huaxin Fund Management CO.,Ltd.
注册地址：深圳市福田区中心四路 1 号嘉里建设广场第二座第 17 层 01 – 04 室
办公地址：深圳市福田区中心四路 1 号嘉里建设广场一期二座 17 楼
法人代表：王文学
总 经 理：于　华
成立时间：2003 年 3 月 14 日
公司属性：中外合资
注册资本：2.275 亿元
联系电话：0755 – 88318883
传真号码：0755 – 82990384
邮政编码：518033
公司网址：www.msfunds.com.cn

【公司概况】

摩根士丹利华鑫基金管理有限公司（Morgan Stanley Huaxin Fund Management Company Limited，简称摩根士丹利华鑫基金）于 2008 年 6 月 12 日完成工商注册登记变更，是一家中外合资基金管理公司（公司前身为于 2003 年 3 月 14 日成立的巨田基金管理有限公司），注册资本为 2.275 亿元人民币，注册地是深圳市。摩根士丹利华鑫基金总部现处深圳，另在北京设有分公司。

公司股东主要为华鑫证券有限责任公司、摩根士丹利国际控股公司、深圳市招融投资控股有限公司、深圳市中技实业（集团）有限公司等国内外机构。其中国内主要股东华鑫证券有限责任公司于 2001 年 3 月在深圳市注册成立，是全国性综合类证券经营机构。公司核心业务包括有价证券的发行、自营和代理买卖以及财务顾问等，在北京、上海、西安和深圳拥有 21 家营业部。外资方股东摩根士丹利是一家全球领先的国际性金融服务公司，业务范围涵盖投资银行、证券、投资管理以及财富管理，在全球 33 个国家设有超过 600 家办事处，为各地企业、政府机关、事业机构和个人投资者提供服务。

摩根士丹利华鑫基金管理有限公司将一如既往，为客户提供一流的服务，并希望在未来几年，凭借中外股东的强大资源，进一步扩大业务领域和规模。

【股东概况】

排序	股东名称	持股数量（万股）	持股比例
1	华鑫证券有限责任公司	8999.9	39.560%
2	摩根士丹利国际控股公司	8500.0825	37.363%
3	深圳招融投资控股有限公司	2499.9975	10.989%
4	汉唐证券有限责任公司	1499.9075	6.593%
5	深圳市中技实业（集团）有限公司	1250.1125	5.495%

【旗下基金】

基金代码	基金简称	类型	基金经理
233001	大摩基础行业	混合型	盛军锋
163302	大摩资源优选	混合型	何滨
163303	大摩货币	货币型	李轶
233005	大摩强收益	债券型	洪天阳
233006	大摩领先优势	股票型	刘红、钱斌
233007	大摩卓越成长	股票型	盛军锋、钱斌
233008	大摩消费领航	混合型	卞亚军
233009	大摩多因子策略	股票型	张靖、刘钊
233010	大摩深证 300 增强	指数型	赵立松、程志田
233011	大摩主题优选	股票型	盛军锋
233012	大摩多元收益 A	债券型	李轶
233013	大摩多元收益 C	债券型	李轶
233015	大摩量化配置	股票型	张靖

【公司高管】

王文学先生，英国格林威治大学项目管理硕士。2000 年 12 月至今任华鑫证券有限责任公司董事长。1993 年 7 月至

2000 年 12 月任西安证券有限责任公司副总经理、总经理、董事长。曾任人民银行西安分行担任体改、外汇管理、稽核副处长。现任本公司董事长。

于华先生，北京大学经济学学士，比利时鲁汶大学工商管理硕士、金融博士，美国注册金融分析师（CFA）。曾任英国里丁大学经济系金融财务讲师，加拿大魁北克大学管理学院金融终身教授，深圳证券交易所综合研究所所长，加拿大鲍尔集团亚太分公司基金与保险业务副总裁，加拿大伦敦人寿保险公司北京代表处首席代表，大成基金管理有限公司董事、总经理，摩根士丹利投资管理公司董事总经理、中国业务主管。现任本公司董事、总经理；兼任中国证券业协会基金业委员会副主任委员，国际资产管理协会董事。

李锦女士，吉林大学经济管理学院国际金融专业硕士。15 年证券从业经验。曾就职于巨田证券有限责任公司，历任交易管理总部综合管理部经理助理，总经理办公室主任助理，资产管理部理财部副经理、经理；曾任巨田基金管理有限公司基金运营部副总监、总监，总经理助理兼基金运营部总监。现任公司督察长。

国联安基金管理有限公司

【基本情况】

法定名称：国联安基金管理有限公司

英文名称：Guotai Junan Allianz Fund Management Co. ,Ltd.

注册地址：上海市浦东新区陆家嘴环路 1318 号星展银行大厦 9 楼

办公地址：上海市浦东新区陆家嘴环路 1318 号星展银行大厦 9 楼

法人代表：符学东

总 经 理：邵杰军

成立时间：2003 年 4 月 3 日

公司属性：合资企业

注册资本：1.5 亿元

联系电话：021 – 38992888

传真号码：021 – 50151880

客服热线：400 – 700 – 0365

邮政编码：200121

公司网址：www. vip – funds. com

【公司概况】

国联安基金管理有限公司，是中国第一家获准筹建的中外合资基金管理公司，由享誉全球、来自德国的安联集团（AllianzAG）和蜚声中国的国泰君安证券公司合力打造。公司注册资金 1.5 亿元人民币。公司的经营范围包括发起设立基金、基金管理业务和中国证监会批准的其他业务。

截至 2012 年 11 月 9 日，公司旗下共管理 17 只基金：国联安德盛稳健证券投资基金、国联安德盛小盘精选证券投资基金、国联安德盛安心成长混合型证券投资基金、国联安德盛精选股票证券投资基金、国联安德盛优势股票证券投资基金、国联安德盛红利股票证券投资基金、国联安德盛增利债券证券投资基金、国联安主题驱动股票型证券投资基金、国联安双禧中证 100 指数分级证券投资基金、国联安信心增益债券型证券投资基金、上证大宗商品股票交易型开放式指数证券投资基金、国联安上证大宗商品股票交易型开放式指数证券投资基金联接基金、国联安货币市场证券投资基金、国联安优选行业股票型证券投资基金、国联安信心增长定期开放债券型证券投资基金、国联安双力中小板综指分级证券投资基金和国联安双佳信用分级债券型证券投资基金。国联安稳健混合、国联安小盘精选混合和国联安安心成长混合是混合型基金。国联安精选票、国联安优势股票、国联安红利股票、国联安主题驱动股票和国联安优选行业股票是股票型基金。国联安增利债券和国联安信心增益债券为债券型基金。国联安双禧中证 100 指数分级为投资中证 100 指数的指数分级基金。商品 ETF 为交易型开放式基金，国联安上证商品 ETF 联接为商品 ETF 的联接基金。国联安货币为货币市场基金。国联安定期开放债券为定期开放债券型基金。国联安双力中小板综指分级为投资中小板综合指数的指数分级基金。国联安双佳信用分级债券为主要投资信用债券的债券分级基金。

在组织结构上，国联安基金下设投资组合管理部、研究部、数量化策略部、交易部、风险管理部、机构理财部、市场发展部、渠道代销部、北京分公司、信息技术部、基金事务部、财务部、人力资源部、合规和内部审计部，同时设有投资决策委员会、风险控制委员会和独立的督察长。

【公司大事记】

2002 年 6 月 25 日，安联集团与国泰君安证券在德国慕尼黑正式签署了《发起人协议暨合资经营合同》。

2002 年 10 月 16 日，国联安基金管理有限公司正式获准筹建，这是国内第一家获准筹建的中外合资基金管理公司。

2003 年 4 月 3 日，国联安基金管理有限公司获准正式开业。

2003 年 8 月 8 日，国联安首只基金——国联安德盛稳健证券投资基金正式成立。

2004 年 4 月 12 日，国联安德盛小盘精选证券投资基金正式成立。

2005 年 7 月 13 日，国内首只“绝对收益”型基金——国联安德盛安心成长混合型证券投资基金成立。

2005 年，中国十大最受尊敬的基金公司 ——世界金融实验室。

2005 年，中国基金产品创新奖 ——《21 世纪经济报道》。

2005 年度最佳营销团队 ——《Value》。

2005 年度，优秀基金公司网站奖 ——《Value》。

2005 年 12 月 28 日，公司旗下首只股票型基金——国联安德盛精选股票证券投资基金成立。

2006 年 4 月，获 2005 年度营销明星奖 ——《证券时报》。

2006 年 11 月 18 日，获首届中国优秀基金站“最佳设计建设奖”——搜狐财经、《网络传播》杂志。

2007 年 1 月 24 日，公司旗下第五只基金——国联安德盛优势股票证券投资基金成立。

2007 年 12 月，获“2007 投资者教育优秀奖”——东方财富网。

2008 年 1 月，获“中国基金行业客户服务十大影响力品牌”——《中国联合商报社》、《人民日报》、《市场报》等。

2008 年 7 月 24 日，聘任许小松先生担任国联安基金管理有限公司总经理。

2008 年 10 月 22 日，公司旗下第六只基金——国联安德盛红利股票证券投资基金成立。

2009 年 3 月 11 日，公司旗下首只债券型基金——国联安德盛增利债券证券投资基金成立。

2009 年 3 月，获“21 世纪中国赢基金——中国基金公司最佳潜力奖”——《21 世纪经济报道》。

2009 年 8 月 26 日，公司旗下第八只基金——国联安主题驱动股票型证券投资基金成立。

2010 年 4 月 16 日，公司旗下创新型基金——国联安双禧中证 100 指数分级证券投资基金成立，2010 年 6 月 18 日于深圳证券交易所上市交易。

2010 年 6 月 22 日，公司旗下第十只基金——国联安信心增益债券证券投资基金成立 。

2010 年 11 月 26 日，公司旗下第一只 ETF 基金——上证大宗商品股票交易型开放式指数投资基金成立，2011 年 1 月 25 日于上海证券交易所上市交易。

2010 年 12 月 1 日，国联安上证大宗商品股票交易型开放式指数证券投资基金联接基金宣告成立。

2011 年 1 月 26 日，国联安货币市场证券投资基金成立。

2011 年 4 月，获第八届中国“金基金・创新公司奖”——《上海证券报》。

2011 年 5 月 23 日，国联安优选行业股票型证券投资基金成立。

2011 年 6 月，国联安基金公司荣获 2010 年度中国赢基金奖活动“2010 年度中国最佳创新基金公司”奖项。

2012 年 2 月 22 日，国联安信心增长定期开放债券型证券投资基金成立。

2012 年 3 月 23 日，国联安双力中小板综指分级证券投资基金成立。

2012 年 3 月，国联安主题驱动基金摘得中国基金业明星奖评选“2011 年度股票型明星基金奖”。

2012 年 6 月 4 日，国联安双佳信用分级债券型证券投资基金成立。

【股东概况】

排序	股东名称	出资额（万元）	持股比例
1	国泰君安证券股份有限公司	7650.00	51%
2	安联集团（Allianz AG）	7350.00	49%

国泰君安证券是是目前国内规模最大、经营范围最宽、机构分布最广的证券公司之一。由原国泰证券有限公司和原君安证券有限责任公司通过新设合并、增资扩股，于 1999 年 8 月 18 日组建成立，目前注册资本 47 亿元，第一、二、三大股东分别为上海国有资产经营有限公司、中央汇金公司和深圳市投资管理公司。公司所属的 3 家子公司、5 家分公司、23 家区域营销总部及所辖的 113 家营业部分布于全国 28 个省、自治区、直辖市、特别行政区。

国泰君安研究所以行业和上市公司的动态跟踪研究见长，是国内同类机构中规模最大、研究力量最强、配套设施最完善的研究机构。作为中国较早开展资产管理业务的证券公司，国泰君安一直在遵循现有政策法规的前提规范运作、创新发展。早在 1993 年 12 月，公司前身君安证券有限公司率先发起设立了“君安 93 国库券再投资受益券”（简称“君安受益”）。在成立的四年期间，“君安受益”取得了骄人业绩，高居中国当时各基金收益之榜首。国泰君安经过多年的资产管理业务实践，积累了大量实践经验，同时积极引进国际一流资产管理机构的管理运作经验，从规章制度、职业操守、业务运作、客户服务、投资理念、投资决策、风险控制等方面实现了规范化、标准化和流程化。国泰君安在资产管理业务方面积累了丰富的经验，拥有强大的客户基础、高素质的专业人才和成功的业务模式，为国联安基金管理有限公司的运作提供强大支持。

国泰君安一直非常关注并致力于基金业的发展，对中国基金业的发展有着较为深刻的认识，在基金管理运作方面积累了较为丰富的经验，为国联安基金公司的长远发展打下了坚实的基础。

安联集团于 1890 年在德国慕尼黑创立，是全球顶级金融服务集团之一，拥有标准普尔的信贷评级（AA - 评级），其股票在法兰克福、伦敦、巴黎、苏黎世和纽约上市，总市值居全球保险类上市公司第二。安联集团是目前世界上最大的保险集团。

安联集团在全球 70 多个国家设有 700 余家子公司，近 174,000 名员工为世界各地的 6000 万客户提供广泛的金融服务，业务范围涵盖银行、资产/基金管理、人寿、医疗、财产和意外保险等众多领域。

安联集团的资产管理业务通过旗下德盛安联资产管理公司（Allianz Global Investors）开展。至 2004 年底，资产管理规模共计 1.078 万亿欧元（逾 1.46 万亿美元），为全球第二大资产管理机构，在全球范围成功管理 400 多只开放式基金。基金种类涵盖从货币市场基金、债券基金到股票基金的所有基金种类，基金的投资范围涵盖了所有主要金融市场、地区和行业。客户既包括养老基金、保险公司、大型公司、政府机构和中央银行，也包括全球的机构和个人投资者，其业务中心遍布全球各地。安联集团旗下包括全球最大和业绩最显赫的固定收益类资产管理公司——太平洋投资管理公司（Pacific Investment Management Company，简称 PIMCO），其公司总部设在美国的 Newport Beach。

安联集团凭借在产品开发及产业、市场深入研究方面的优势，建立了资产管理领域的专业形象；结合全球投资研究平台与周密的金融服务网络，为客户提供国际化的优质资产管理服务。

安联集团拥有遍布全球五大洲的研究团队，拥有资深的行业研究专家和国际著名的经济学家，研究资源遍及全球各经济领域及行业。安联集团还拥有独具特色的草根研究团队（Grassroots SM）、全球 300 名研究人员和 40000 个相关的信息来源对投资研究提供强大市场依据和补充。

【旗下基金】

基金代码	基金简称	类型	基金经理
253010	国联安德盛安心成长	混合型	吴照银
255010	国联安稳健	混合型	施卫平
257010	国联安德盛小盘精选	混合型	邹新进
257020	国联安德盛精选	股票型	魏东
257030	国联安德盛优势	股票型	韦明亮
257040	国联安德盛红利	股票型	施卫平
253020	国联安德盛增利债 A	债券型	冯俊
253021	国联安德盛增利债 B	债券型	冯俊
257050	国联安主题驱动	股票型	韦明亮
150012	国联安双禧中证 100A	指数型	黄欣
253030	国联安信心增益债券	债券型	冯俊、袁新钊
257060	国联安上证商品 ETF 联接	指数型	黄欣
162509	国联安双禧中证 100	指数型	黄欣
150012	国联安双禧中证 100	分级	黄欣
150013	国联安双禧中证 100	分级	黄欣
1612510	国联安双力中小板综指	指数型	黄志钢
150069	国联安双力中小板综指	分级	黄志钢
150070	国联安双力中小板综指	分级	黄志钢

基金代码	基金简称	类型	基金经理
162511	国联安双佳信用分级	分级	黄志钢
162512	国联安双佳信用分级 A	分级	黄志钢
150080	国联安双佳信用分级 B	分级	黄志钢
253070	国联安中债信用债	指数型	薛琳
510170	国联安上证商品 ETF	ETF	黄欣
257070	国联安优选行业	股票型	王忠波
253050	国联安货币 A	货币型	薛琳
253051	国联安货币 B	货币型	薛琳
253060	国联安信心增长债 A	债券型	邹新进、袁新钊
253061	国联安信心增长债 B	债券型	邹新进、袁新钊

【公司高管】

符学东先生，董事长，经济学硕士，高级经济师，中共党员。历任国家体制改革委员会分配司副处长，国泰证券有限公司总裁助理，国泰君安证券股份有限公司副总裁。现担任国联安基金管理有限公司董事长。

邵杰军先生，董事、总经理，研究生学历。1993 年 4 月起任职于万国证券公司和申银万国证券股份有限公司。1998 年 6 月加盟华安基金管理有限公司，担任常务副总裁，先后分管投资研究、市场营销、海外投资管理等多个业务领域。2011 年 11 月加盟国联安基金管理有限公司，现担任国联安基金管理有限公司董事、总经理。

周浩先生，督察长，法学硕士。曾先后任职于中国证券监督管理委员会和上海航运产业基金管理有限公司。2012 年 2 月加盟国联安基金管理有限公司，现担任国联安基金管理有限公司督察长。

海富通基金管理有限公司

【基本情况】

法定名称：海富通基金管理有限公司

英文名称：Fortis Haitong Investment Management Co.,Ltd.

注册地址：中国上海市浦东世纪大道 88 号金茂大厦 37 层

办公地址：上海市浦东新区花园石桥路 66 号东亚银行金融大厦 36－37 层

法人代表：邵国有

总 经 理：田仁灿

成立时间：2003 年 4 月 1 日

公司性质：中外合资

注册资本：1.5 亿元

联系电话：021－38650999

客服热线：400－884－0099

传真号码：021－50479997

邮政编码：200120

公司网址：www.hftfund.com

【公司概况】

海富通基金管理有限公司成立于 2003 年 4 月，是中国首批获准成立的中外合资基金管理公司。

从 2003 年 8 月开始，海富通先后募集成立了 20 只开放式基金。截至 2011 年 12 月 31 日，海富通管理的公募基金资产规模超过 325 亿元人民币。

作为国家人力资源和社会保障部首批企业年金基金投资管理人，截至 2011 年 12 月 31 日，海富通为 50 多家企业近 160 亿元的企业年金基金担任了投资管理人。作为首批特定客户资产管理业务资格的基金管理公司，截至 2011 年 12 月 31 日，海富通旗下专户理财管理资产规模达 28 亿元。2004 年末开始，海富通为 QFII（合格境外机构投资者）及其他多个海内外投资组合担任投资咨询顾问，截至 2011 年 12 月 31 日，投资咨询及海外业务规模近 200 亿元人民币。

海富通同时还在不断践行其社会责任。公司自 2008 年启动“绿色与希望－橄榄枝公益环保计划”，针对汶川震区受灾学校、上海民工小学、安徽老区小学进行了物资捐赠，向内蒙古库伦旗捐建了公益林。此外，海富通还积极推进投资者教育工作，推出了以“幸福投资”为主题和特色的投资者教育活动，向投资者传播长期投资、理性投资的理念。

【公司大事记】

2001 年 11 月，海通证券与富通基金管理公司就成立首批中外合资基金管理有限公司的事宜，签署了合作协议。

2002 年 11 月 28 日，海富通基金管理有限公司（筹建）获得筹建批准。

2003 年 8 月 22 日，海富通精选证券投资基金成功募集 36.98 亿份基金单位，正式成立。

2003 年 7 月 28 日 海富通基金管理公司开通网上交易。

2003 年 4 月 18 日，海富通基金管理有限公司获得营业执照。

2003 年 4 月 1 日，海富通基金管理有限公司获得中国证监会开业批准。

2004 年 11 月 26 日，海富通货币市场证券投资基金正式发行。

2004 年 3 月 12 日，海富通收益增长证券投资基金成功募集 130.7 亿份基金单位，正式成立。

2004 年 2 月 5 日，海富通收益增长证券投资基金正式发行。

2005 年 8 月 1 日，海富通获得劳动和社会保障部认定的企业年金基金投资管理人资格。

2005 年 7 月 30 日，海富通股票证券投资基金成功募集 4.2 亿份基金单位，正式成立。

2005 年 6 月 10 日，海富通股票证券投资基金正式发行。

2005 年 2 月 16 日，海富通基金入选 2004 年度全国银行间拆借市场优秀交易成员。

2005 年 1 月 10 日，海富通货币市场证券投资基金成功募集 9.6 亿份基金单位，正式成立。

2006 年 10 月，海富通成为 B 股基金投资咨询顾问。

2006 年 10 月 19 日，海富通风格优势股票型证券投资基金成功募集 22.1 亿份基金单位，正式成立。

2006 年 5 月 27 日，聘请陈洪、阎小庆先生担任海富通基金管理有限公司副总经理。

2006 年 5 月 25 日，海富通强化回报证券投资基金成功募集 25.6 亿份基金单位，正式成立。

2006 年 2 月 14 日，海富通的注册资本由人民币 1 亿元增加至人民币 1.5 亿元，其中：海通证券出资人民币 7650 万元，比利时富通基金管理公司出资人民币 7350 万元；双方的出资比例从原来的 67%：33% 变更为 51%：49%。

2007 年 12 月 28 日，海富通首个 QDII（合格境内机构投资者）基金产品“海富通中国海外精选股票型证券投资基金“已经获得中国证监会的批准募集发行。

2007 年 11 月 22 日，首届“海富通在线会议室”召开。

2007 年 11 月，海富通连续中标全国电力企业年金项目。

2007年8月，海富通基金管理公司获得QDII资格，将首推全球精选中国概念股票基金产品。

2007年6月，交大·海富通投资者教育研究基金揭牌，标志着海富通投资者教育活动进入了一个崭新阶段。

2007年6月，海富通客户服务部推出"海富通QQ情"服务，向基金份额持有人提供实时在线的投资咨询服务。

2007年5月，网上交易新增浦发银行渠道。

2007年5月，海富通公司副总裁、投资总监陈洪先生被选为新一届发审委委员，作为基金业的两名代表之一。

2007年4月9日，海富通精选二号证券投资基金成功募集86亿份基金单位，合同正式生效。

2007年2月，海富通成为韩华Dream & Green中国股票基金投资咨询顾问。

2007年1月，富通银行获国家外汇管理局批准新增QFII额度1亿美元，总额度达到5亿美元。新增额度除用于扬子基金的重新开放申购外，一部分用于发起设立小盘A股基金。

2007年1月，海富通先后和吉林亚泰、淮北矿业、海尔集团、光大银行、淮南矿业、沪杭甬高速、江苏盐业、陕西秦龙电力等企业签署合同，成为他们企业年基金基金的投资管理人。

2008年11月中旬，海富通参加北京的"金博会"和上海的"理财博览会"，与投资者近距离交流。

2008年10月17，海富通旗下的第一支债券基金海富通稳健添利基金顺利募集，并于2008年10月24日基金合同正式生效。

2008年9月8日，海富通旗下的第一支债券基金海富通稳健添利基金开始发售。

2008年7月28日，海富通基金管理公司申报的海富通稳健添利债券型基金获得核准发行批复（证监许可（2008）985号）。

2008年5月，海富通基金管理公司旗下海富通中国海外精选基金于2008年5月19日起发行。

2008年3月，海富通基金管理有限公司获中国证监会核准，已经获得特定客户资产管理业务资格。

2008年1月，中国石油天然气集团公司企业年金理事会最终企业年金基金投资管理人资格确定，海富通基金获得该公司年金投资管理业务的第一大单。

2009年3月，海富通旗下的第四只股票基金海富通领先成长股票型基金开始发售。

2009年5月，海富通基金管理有限公司搬迁至新办公地址办公（上海市浦东新区花园石桥路66号东亚银行金融大厦36－37层）。

2009年6月，海富通中国海外精选股票型基金第二次分红。

2009年9月，海富通首只"一对多"产品、与中信建投合作发行的"创新成长资产管理计划"在9月16日提前结束募集。

2009年10月，海富通首只指数基金——海富通中证100指数基金（LOF）成立。

2009年12月，海富通基金年金管理规模突破百亿元。

2010年1月，海富通中小盘股票型证券投资基金获得中国证监会核准募集。

2010年2月，海富通获授权开发相关ETF产品，A股首现行业配置指数。

2010年2月，海富通基金获准设立香港子公司——海富通资产管理（香港）有限公司。

2010年2月，获国家外汇管理局批复，境外投资额度调升至10亿美元。

2010年3月29日，"富通基金管理公司"变更为"法国巴黎投资管理BE控股公司"，法国巴黎投资管理公司通过全资控股巴黎投资管理BE持有本公司49%的股权。

2010年4月，香港全资子公司——海富通资产管理（香港）有限公司完成公司注册及商业登记。

2010年4月，海富通中小盘基金募集成立。

2010年5月，《中国证券报》"第七届中国基金业金牛奖"评选中，海富通基金荣获"海外投资金牛基金公司"大奖。

2010年9月，在惠誉评级2010年度复评中连续获得惠誉M2+（中国）国内资产管理人优秀评级。

2010年9月，上证周期行业50ETF及其联接基金募集成立。

2010年11月，海富通稳固收益债券型基金基金成立。

2010年11月，海富通资产管理（香港）有限公司正式成立。

2010年12月，获得社保基金管理业务资格。

2011年1月，海富通大中华精选股票型证券投资基金成立。

2011年1月，在天相一季度基金公司评级报告中，综合排名第七，获AAAAA评级。

2011年4月，上证非周期行业100交易型开放式指数证券投资基金、海富通上证非周期行业100交易型开放式指数证券投资基金联接基金成立。

2011年5月，海富通基金管理有限公司总裁田仁灿新书《这样投资更幸福：你应该知道的投资密码》面世 。

2011年9月，海富通稳进增利分级债券型证券投资基金成立 。

2011年11月，海富通国策导向股票型证券投资基金成立。

2011年12月，海富通香港子公司获首批RQFII业务资格。

【公司荣誉】

2005年4月，《中国证券报》第二届中国基金业金牛奖；海富通精选被评为开放式股票型金牛基金。

2006年4月，《上海证券报》最佳管理团队奖。

2006年4月，《证券时报》品牌推广明星奖。

2006年2月，《中国证券报》第三届中国基金业金牛奖。

2007年5月，《证券时报》第二届中国明星基金——三年持续回报明星基金奖——海富通精选基金。

2007年4月，《上海证券报》第四届中国基金公司奖最佳风险控制奖。

2007年1月，《中国证券报》第四届中国基金业金牛奖。

2008年3月，《证券时报》2007年度中国明星基金评选"新基金明星奖"——海富通风格优势股票基金。

2009年1月，海富通货币获《中国证券报》"2008年度开放式货币市场金牛基金"。

2009年1月，海富通精选二号获《中国证券报》"2008年度同业领先开放式混合型基金"。

2009年1月，《证券时报》2008年度货币市场明星基金奖。

2010年5月，《中国证券报》评选的"第七届中国基金业金牛奖"，海富通基金获"海外投资金牛基金公司"大奖。

2011 年 4 月,《中国证券报》主办的"第八届中国基金业金牛奖"评选,海富通基金获得"2010 年度金牛基金管理公司"大奖。

2011 年 4 月,《上海证券报》主办的第八届中国"金基金奖"评选,海富通基金获得"2010 年度金基金公司奖——海外投资回报公司"大奖。

2011 年 3 月,《证券时报》社主办的 2010 年度"中国基金业明星奖",海富通基金荣获 2010 年度"十大明星基金公司"大奖。

【股东概况】

排序	股东名称	持股数量(万股)	持股比例
1	海通证券股份有限公司	7650.00	51%
2	法国巴黎投资管理 BE 控股公司	7350.00	49%

【旗下基金】

基金代码	基金简称	类型	基金经理
519003	海富通收益增长	混合型	牟永宁
519005	海富通股票	股票型	陈绍胜
519007	海富通强化回报	混合型	蒋征、陈绍胜
519011	海富通精选	股票型	陈洪、蒋征
519013	海富通风格优势	股票型	牟永宁
519015	海富通精选贰号	混合型	蒋征
519505	海富通货币 A	货币型	邵佳民
519506	海富通货币 B	货币型	邵佳民
519601	海富通中国海外	QDII	杨铭
519023	海富通稳健添利债 C	债券型	邵佳民
519024	海富通稳健添利债 A	债券型	邵佳民
519025	海富通领先成长	股票型	陈绍胜
162307	海富通中证 100	指数型	刘璎
519026	海富通中小盘	股票型	程岽
519027	海富通上证周期联接	ETF	刘璎
510110	海富通上证周期 ETF	ETF	刘璎
519030	海富通稳固收益	债券型	邵佳民
519602	海富通大中华精选	QDII	杨铭
510120	海富通上证非周期 ETF	ETF	刘璎
519032	海富通上证非周期联接	ETF	刘璎
519033	海富通国策导向	股票型	牟永宁
162308	海富通稳增分级债券	创新封闭式	邵佳民
150044	海富通稳增债券 A	创新封闭式	邵佳民
150045	海富通稳增债券 B	创新封闭式	邵佳民

【公司高管】

邵国有先生,董事长,副教授。历任吉林大学校党委副书记、长春师范学院校党委书记、长春新世纪广场有限公司副董事长兼总经理、海通证券股份有限公司宣传培训中心总经理。2003 年至今任海富通基金管理有限公司董事长。

田仁灿先生,董事、总经理,比利时籍,工商管理学硕士。历任法国金融租赁 Euroequipement S. A. 公司总裁助理、富通银行区域经理、大中华地区主管、富通基金管理亚洲有限公司投资经理、业务发展部总经理、首席执行官。2003 年至今任海富通基金管理有限公司董事、总经理。

章明女士,督察长,硕士。历任加拿大蒙特利尔 BBCC Tech & TradeInt'lInc 公司高级财务经理、加拿大蒙特利尔 Dalma Investment, FutureElectronics 公司产品专家、海通证券股份有限公司对外合作部经理。2003 年至今任海富通基金管理有限公司督察长。

长信基金管理有限公司

【基本情况】

法定名称:长信基金管理有限公司

英文名称:Chang Xin Asset Management Co. ,Ltd.

注册地址:上海市浦东新区银城中路 68 号 9 楼

办公地址:上海市浦东新区银城中路 68 号 9 楼

法人代表:田　丹

总 经 理:蒋学杰

成立时间:2003 年 4 月 28 日

公司性质:中资

注册资本:1.5 亿元

联系电话:021 - 61009999

传真号码:021 - 61009800

邮政编码:200122

公司网址:www. cxfund. com. cn

【公司概况】

长信基金管理有限责任公司由长江证券股份有限公司、上海海欣(集团)股份有限公司、武汉钢铁股份有限公司共同发起设立,于 2003 年 4 月 28 日经中国证券监督管理委员会批准,并于 2003 年 5 月 9 日成立。注册资本 1.5 亿元人民币,公司的经营范围包括发起设立基金、基金管理业务和中国证监会批准的其他业务。

股东会是公司的最高权力机构,下设董事会和监事会。公司组织管理实行董事会领导下的总经理负责制,总经理、副总经理、督察长组成公司的经营管理层。在经营管理层下设内部控制委员会、投资决策委员会两个非常设委员会,以及金融工程部、国际业务部、专户理财部、投资管理部、研究发展部、固定收益部、交易管理部、基金事务部、市场开发部、信息技术部、监察稽核部、综合行政部、产品开发部等十三个职能部门,并根据公司发展需要设北京分公司、深圳分公司和武汉办事处。

成立多年以来,长信基金——一个怀有远大梦想的公司,以强烈的进取心和开拓精神成为业内一颗冉冉升起的明星,在"真诚坦率、认真负责"的企业文化的推动下,长信公司正朝着可持续健康发展的方向稳步前进。

【公司荣誉】

2006 年度

长信利息收益基金被北京商报评为 2006 年最牛货币市场基金。

银河证券基金研究中心推出的《2006 年基金管理公司股票投资管理能力综合评价报告》中,长信基金管理有限责任公司排名第 7。

2007 年度

长信银利获评银河五星基金和证券时报六星基金。

长信基金被证券日报评为 2007 年表现最好的十家基金管理公司之一。

长信增利基金被《基金观察》杂志和晨星(中国)联合评选为"2007TOP10 钻石基金之新"。

长信增利基金被上海《新闻晨报》评为"2007 年十大新秀基金。

长信金利基金荣获 2007 年第五届上海理财博览会最受

欢迎基金类理财产品称号。

长信基金管理有限责任公司获得《新京报》金字招牌评选"2007 年度金牌基金公司"。

长信基金管理有限责任公司获得中国年度理财总评榜"最具价值基金公司"称号(华商报业集团主办)。

长信增利获得《证券时报》2007 年度新基金明星奖。

长信基金管理有限责任公司获得《南方都市报》、《南都周刊》和《证券日报》联合评选的"2007 年度最佳管理团队奖"。

长信增利基金获得《南方都市报》、《南都周刊》和《证券日报》联合评选的"2007 年度最佳业绩回报奖"。

长信基金管理有限责任公司获得东方财富网评选的"2007 投资者教育优秀奖"。

长信基金管理有限责任公司获得由东方财富网和《新民晚报》联合评选的"十大最具潜力公司"称号。

2008 年度

长信利息收益基金获得由中国证券报评选"2008 年度开放式货币市场金牛基金"(2009 年 1 月 12 日)。

长信利息收益基金获得《基金观察》杂志评选的"2008 最具潜力货币基金"。

长信基金管理有限责任公司获得《新财富》评选的"首届新财富最具慧眼奖"。

长信基金管理有限责任公司获得百度评选的"2008 最具潜力基金公司"。

长信基金管理有限责任公司获得《钱江晚报》评选的"第三届浙江理财博览会十佳基金品牌"称号。

2009 年,电子商务"金爵奖"之基金电子商务最具成长力企业——中国电子商务协会。

2010 年,可信网站示范单位——中国互联网信息中心。

2010 年,电子商务"金爵奖"之最佳基金电子商务营销案例——中国电子商务协会。

2010 年,最佳基金网站奖——证券时报。

2010 年,最具影响力基金投资者教育奖——搜狐网。

2011 年,最佳网上交易基金平台——证券时报。

2011 年,年度基金业社会责任奖——东方财富网。

2011 年,年度最佳客户服务奖——和讯网。

2012 年,2012 最佳网上交易基金平台——证券时报。

【股东概况】

排序	股东名称	持股数量(万股)	持股比例
1	长江证券有限责任公司	7350.00	49%
2	上海海欣集团股份有限公司	5149.50	34.33%
3	武汉钢铁股份有限公司	2500.50	16.67%

【旗下基金】

基金代码	基金简称	类型	基金经理
519993	长信增利动态策略	股票型	胡志宝
519995	长信金利趋势	股票型	宋小龙、胡志宝
519997	长信银利精选	股票型	安昀、苏纯
519991	长信双利优选	混合型	谈洁颖
519999	长信利息收益货币 A	货币型	万莉、刘波
519998	长信利息收益货币 B	货币型	万莉、刘波
519989	长信利丰债券	债券型	李小羽
519987	长信恒利优势	股票型	叶松
163001	长信央企 100	股票型	胡倩
519985	长信中短债	债券型	张文琍
519983	长信量化先锋	股票型	胡倩
163001	长信中证央企 100	指数型	胡倩
519981	长信美国标普 100	QDII	薛天
519979	长信内需成长	股票型	安昀
163004	长信利鑫分级债券 A	创新封闭式	张文琍
150042	长信利鑫分级债券 B	创新封闭式	张文琍
163006	长信利众分级 A	创新封闭式	刘波
150102	长信利众分级 B	创新封闭式	刘波
519977	长信可转债	债券型	李小羽、刘波
519976	长信可转债	债券型	李小羽、刘波

【公司高管】

田丹,董事长,硕士,1985 年起进入金融、证券行业,先后在人民银行湖北省分行、湖北证券公司、三峡证券公司、长江证券公司任部门及公司领导。出任长信基金管理有限责任公司董事长前为长江证券有限责任公司董事、总裁。

蒋学杰,总经理,经济学硕士,澳大利亚墨尔本大学商学院 MBA。曾任中南财经大学财政金融学院财政系教师、武汉科技信托投资公司武昌证券营业部总经理,并兼公司总助,副总等职、Loftus Capital Partners Limited, Australia 旗下基金亚洲市场投资组合及私人股权投资的亚洲区域负责人、KVB Kunlun Pty Ltd, Australia 金融衍生产品持牌交易投资顾问、长信基金管理有限责任公司副总经理等职。现任公司总经理。

周永刚,督察长,硕士,经济师。曾任湖北证券有限责任公司武汉自治街营业部总经理,长江证券有限责任公司北方总部总经理兼北京展览路证券营业部总经理,长江证券有限责任公司经纪业务总部副总经理兼上海代表处主任、上海汉口路证券营业部总经理。

泰信基金管理有限公司

【基本情况】

法定名称:泰信基金管理有限公司

英文名称:First - Trust Fund Management Co. , Ltd.

注册地址:上海市浦东新区浦东南路 256 号 37 层

办公地址:上海市浦东新区浦东南路 256 号华夏银行大厦 36 - 37 层

法人代表:孟凡利

总 经 理:葛 航

成立时间:2003 年 5 月 8 日

公司属性:中资

注册资本:2 亿元

客服热线:400 - 888 - 5988

联系电话:021 - 20899188

传真号码:021 - 20899008

邮政编码:200120

公司网址:www. ftfund. com

【公司概况】

泰信基金管理有限公司(First - Trust Fund Management Co. ,Ltd.)是山东省国际信托投资有限公司(现更名为山东省国际信托有限公司)联合江苏省投资管理有限责任公司、青岛国信实业有限公司共同发起设立的基金管理公司。公司于2002 年9 月24 日经中国证券监督委员会批准正式筹建,2003 年5 月8 日获准开业,是以信托投资公司为主发起人而发起设立的基金管理公司。

公司目前下设市场部、营销部(分华东、华北、华南三大营销中心和电子商务部)、客服中心、基金投资部、研究部、专户投资部、理财顾问部、清算会计部、信息技术部、风险管理部、监察稽核部、计划财务部、综合管理部、北京分公司、深圳分公司。截至2012 年12 月底,公司有正式员工115 人,多数具有硕士以上学历。所有人员在最近三年内均未受到所在单位及有关管理部门的处罚。

截至2012 年12 月底,泰信基金管理有限公司旗下共有泰信天天收益货币、泰信先行策略混合、泰信双息双利债券、泰信优质生活股票、泰信优势增长混合、泰信蓝筹精选股票、泰信债券增强收益、泰信发展主题股票、泰信债券周期回报、泰信中证200 指数、泰信中小盘精选股票、泰信保本混合、泰信中证基本面400 指数分级共13 只开放式基金及泰信财富分级2 号、泰信财富分级3 号、泰信财富分级4 号、泰信乐享分级1 号、泰信恒益高息债分级共5个资产管理计划。

【股东概况】

排序	股东名称	出资额(万元)	持股比例
1	山东省国际信托投资有限公司	9000	45%
2	江苏省投资管理有限责任公司	6000	30%
3	青岛国信实业有限公司	5000	25%

【旗下基金】

基金代码	基金简称	类型	基金经理
290001	泰信天天收益货币	货币型	胡哲
290002	泰信先行策略	混合型	朱志权、袁园
290003	泰信双息双利债券	债券型	何俊春
290004	泰信优质生活	股票型	刘毅、戴宇虹
290005	泰信优势增长	混合型	朱志权
290006	泰信蓝筹精选	股票型	柳菁、车广路
290007	泰信强债A	债券型	何俊春
291007	泰信强债B	债券型	何俊春
290008	泰信发展主题	股票型	刘毅
290009	泰信周期回报	债券型	何俊春
290010	泰信中证200	指数型	陈大庆
290011	泰信中小盘	股票型	柳菁
290012	泰信保本	混合型	董山青
162907	泰信中证400 分级	股票型	陈大庆
290014	泰信现代服务业	股票型	戴宇虹

【公司高管】

孟凡利先生,董事长,博士,教授。曾先后任山东经济学院财务会计系副主任、主任,山东省财政厅副厅长,山东省鲁信投资控股集团有限公司副董事长、总经理,现任山东省鲁信投资控股集团有限公司董事长、党委书记、总经理,兼山东省国际信托有限公司董事长。

葛航先生,总经理,学士。1989 年7 月加入山东省国际信托有限公司,曾任山东省国际信托有限公司租赁部高级业务经理、自营业务部经理。

吴胜光先生,督察长,硕士,高级经济师。曾任南京大学城市与资源系副主任、江苏省国际信托投资公司投资银行部业务二部经理、信泰证券有限责任公司投资银行部副总经理。

天治基金管理有限公司

【基本情况】

公司名称:天治基金管理有限公司
英文名称:China Nature Asset Management Co.,Ltd.
注册地址:上海市浦东新区莲振路298 号4 号楼231 室
办公地址:上海复兴西路159 号
法人代表:高福波
总 经 理:赵玉彪
成立时间:2003 年5 月27 日
注册资本:1.6 亿元
公司属性:中资
联系电话:021 -64371155
客服电话:400 -098 -4800
传真号码:021 -64374934
邮政编码:200031
公司网址:www.chinanature.com.cn

【公司概况】

天治基金管理有限公司于2003 年5 月成立,由吉林省信托有限责任公司、中国吉林森林工业集团有限责任公司、吉林市国有资产经营有限责任公司三家股东共同出资发起设立,各股东出资比例分别为48.75%、38.75%、12.50%。公司注册资本1.6 亿元人民币,注册地为上海。

目前,天治公司旗下共有九只开放式基金,分别是天治财富增长基金(配置型)、天治品质优选基金(配置型)、天治核心成长基金(股票型)、天治创新先锋基金(股票型)、天治成长精选基金(股票型)、天治稳健双盈基金(债券型)、天治天得利基金(货币型)和天治趋势精选基金(配置型)、天治稳定收益债券基金(债券型)。

经过多年的积累,天治基金形成了一支精干、团结、自信的人才队伍,逐渐摸索出适合的投资模式。

天治基金秉承以诚感人,以信立业,顺天而治,顺势而为,以智慧发现规律,依规律共享财富增长的经营理念,力争为投资者提供优质的基金理财服务,与投资者共同分享中国经济发展的成果,回报投资者的信任。

【股东概况】

序号	股东名称	出资额(万元)	持股比例
1	吉林省信托投资有限责任公司	7800.00	48.75%
2	中国吉林森林工业(集团)总公司	6200.00	38.75%
3	吉林市国有资产经营有限责任公司	2000.00	12.5%

【旗下基金】

基金代码	基金简称	类型	基金经理
350001	天治财富增长	混合型	周雪军
350002	天治品质优选	混合型	秦海燕、吴战峰
350004	天治天得利货币	货币型	吴亮谷
163503	天治核心	股票型	秦海燕
350005	天治创新先锋	股票型	陈勇

基金代码	基金简称	类型	基金经理
350006	天治稳健双盈债券	债券型	秦娟
350007	天治趋势精选	混合型	吴战峰
350008	天治成长精选	股票型	章旭峰
350009	天治稳定收益债券	债券型	秦娟

【公司高管】

高福波先生,董事长,研究生学历,高级经济师,历任吉林省白山市人民银行任办公室主任、副行级助理稽察、吉林省白山市农村信用联社任理事长、党委书记、吉林省农村信用联社任资金信贷处负责人、副主任,现任吉林省信托有限责任公司党委书记、董事长、天治基金管理有限公司董事长。

赵玉彪先生,董事、总经理,硕士,历任吉林省信托有限责任公司上海证券业务部交易部经理、吉 林省信托有限责任公司上海洪山路证券营业部经理兼驻上海证券交易所出市代表、上海金路达投资管理有限公司总经理、天治基金管理有限公司董事长,现任天治基金管理有限公司总经理。

刘伟先生,督察长,本科学历,高级工程师。曾任吉林省信托投资有限责任公司产权交易部副经理、自营基金部副经理、基金业务部副总经理,上海全路达创业投资管理有限公司董事长。

景顺长城基金管理有限公司

【基本情况】

法定名称:景顺长城基金管理有限公司
英文名称:Invesco Great Wall Fund Management Co., Ltd.
注册地址:深圳市福田区中心四路 1 号嘉里建设广场第一座 21 层
办公地址:深圳市福田区中心四路 1 号嘉里建设广场第一座 21 层
法人代表:赵如冰
总 经 理:许义明
成立时间:2003 年 6 月 12 日
公司属性:中外合资
注册资本:1.3 亿元
联系电话:0755 - 82370388
客服热线:400 - 888 - 8606
传真号码:0755 - 25987356
邮政编码:518040
公司网址:www.invescogreatwall.com

【公司概况】

景顺长城基金管理有限公司成立于2003 年 6 月 12 日,是经中国证监会证监基金字[2003]76 号文批准设立的国内首家中美合资的基金管理公司。景顺长城基金管理有限公司由景顺集团下属景顺资产管理有限公司与长城证券有限责任公司联合开滦(集团)有限责任公司和大连实德集团有限公司共同发起设立,其中景顺资产管理有限公司和长城证券有限责任公司各持有 49% 的公司股份。公司注册资本 1.3 亿元人民币,总部设在深圳,在北京、上海、广州设有分公司。

景顺长城秉承“为每一个信赖我们的客户持续地创造财富”的公司宗旨和“客户为先、投资领先、专业诚信、追求卓越”的经营理念,始终如一地把保护投资者利益放在第一位,力保客户资产的保值增值,致力于成为中国资产管理行业的持续领跑者。作为第一家中美合资的基金管理公司,景顺长城充分利用中外股东的资源优势,引进、吸收、消化景顺集团的全球化视野和资产管理能力,并结合国内市场的特色和实际需要,形成了极具特色的“四大支柱体系”,即管理体系、投资体系、营销体系和技术平台体系,以卓越的绩效、专业的团队、严谨的管理和优质的资源,为投资者创造长期而稳定的收益。目前,景顺长城旗下管理了 19 只开放式基金,建立了覆盖高中低风险等级的较为完善的产品线,在股票型基金的管理上形成了独特的优势。

【公司荣誉】

2010

和讯网 2010 年度基金业奖项评选

和讯网 2010 年度基金业最佳创意营销奖精明职场定投

2010 年度中国基金业明星基金评选

2010 年度股票型明星基金奖能源基建基金

2011

《亚洲资产管理》杂志 Bestofthe Best Awards 评选

中国区最佳投资者教育奖“精明理财杯”基金投资大赛

2011 东方财富风云榜评选

最佳基金定投品牌景顺长城“精明 i 定投”

和讯网“财经风云榜”评选

“最佳电子商务平台”奖网上直销智能定投业务——“精明 I 定投”

2012

东方财富网最佳定投品牌奖

【股东概况】

排序	股东名称	持股数量(万股)	持股比例
1	长城证券有限责任公司	6370.00	49%
2	景顺资产管理有限公司	6370.00	49%
3	开滦(集团)有限责任公司	130.00	1%
3	大连实德集团有限公司	130.00	1%

【旗下基金】

基金代码	基金简称	类型	基金经理
260101	景顺长城优选	股票型	陈嘉平、丛林
260102	景顺长城货币 A	货币型	毛从容
260202	景顺长城货币 B	货币型	毛从容
260103	景顺长城动力平衡	混合型	毛从容
260104	景顺长城内需增长	股票型	王鹏辉、杨鹏
260108	景顺长城新兴成长	股票型	邓春鸣
260109	景顺长城内需增长贰号	股票型	王鹏辉、杨鹏
260110	景顺长城精选蓝筹	股票型	唐成德
162605	景顺长城鼎益	股票型	张继荣
162607	景顺长城资源垄断	股票型	陈晖
260111	景顺长城公司治理	股票型	邓春鸣
260112	景顺长城能源基建	股票型	余广
260115	景顺长城中小盘	股票型	王鹏辉、杨鹏
261001	景顺长城稳定债券 A	债券型	余春宁
261101	景顺长城稳定债券 C	债券型	余春宁
262001	景顺长城大中华	QDII	谢天翎
260116	景顺长城核心竞争力	股票型	余广、陈嘉平
261002	景顺长城优信增利 A	债券型	余春宁

基金代码	基金简称	类型	基金经理
261102	景顺长城优信增利 C	债券型	余春宁
260117	景顺长城支柱产业	股票型	陈晖、贾殿村
510420	景顺长城上证 180ETF	指数型	江科宏
263001	景顺长城上证 180ETF 联接	指数型	江科宏

【公司高管】

赵如冰先生，董事长，武汉水利电力学院（现武汉大学）动力系本科毕业，辽宁大学经济学硕士。曾任葛洲坝水力发电厂主任、研究员级高级工程师，葛洲坝至上海超高压直流输电葛洲坝站站长、书记，葛洲坝水力发电厂办公室主任兼外办主任，华能南方开发公司党组书记、总经理，华能房地产开发公司副总经理，中住地产开发公司总经理、党组书记，长城证券有限责任公司董事、副董事长、党委副书记等职。2009 年加入本公司，现任公司董事长。

许义明先生，总经理，香港大学社会科学学士及香港城市大学金融工程学硕士。曾先后就职于前美国大通银行香港、台湾及伦敦分行财资部，汇丰银行总行中国环球市场部；之前曾担任台湾景顺证券投资信托股份有限公司董事兼总经理、景顺香港大中华区业务拓展总监等职务。2009 年加入本公司，现任公司董事兼总经理。

黄卫明先生，督察长，中国人民大学法学硕士。历任国家工商局市场司主任科员，国泰君安证券公司总裁助理兼人力资源部总经理，中国证监会期货部、非上市公众公司部等主任科员、副处长、处长。2010 年加入本公司，现任公司督察长。

兴业全球基金管理有限公司

【基本情况】

法定名称：兴业全球基金管理有限公司

英文名称：Aegon - Industrial Fund Management Co. , Ltd.

注册地址：上海市黄浦区金陵东路 368 号

办公地址：上海市张杨路 500 号时代广场 20 层

法人代表：兰　荣

总 经 理：杨　东

成立时间：2003 年 9 月 30 日

公司性质：中外合资

注册资本：1.5 亿元

联系电话：021 - 20398888

客服热线：400 - 678 - 0099

传真号码：021 - 20398858

邮政编码：200122

公司网址：www. xyfunds. com. cn

【公司概况】

兴业全球基金管理有限公司（原名“兴业基金管理有限公司”，以下简称“公司”）经证监基金字[2003]100 号文批准于 2003 年 9 月 30 日成立。2008 年 1 月，中国证监会批复（证监许可[2008]6 号），同意全球人寿保险国际公司（AEGON International B. V. ）受让公司股权并成为公司股东。2008 年 4 月 9 日，公司完成股权转让、变更注册资本等相关手续后，公司注册资本为人民币 1.2 亿元，其中兴业证券股份有限公司的出资占注册资本的 51%，全球人寿保险国际公司的出资占注册资本的 49%。2008 年 7 月，经中国证监会批准（证监许可[2008]888 号），公司于 2008 年 8 月 25 日完成变更公司名称、注册资本等相关手续后，公司名称变更为“兴业全球基金管理有限公司”，注册资本增加为 1.5 亿元人民币，其中两股东出资比例不变。

自成立以来，公司始终以“基金持有人利益最大化”为首要经营目标，遵循诚信、规范、稳健的经营方针，倡导严谨、求实、高效的管理作风，以风险控制、长期投资、价值投资的投资理念，专业、专注、创新的运营方式管理和运用基金资产，为基金持有人提供一流的投资理财服务。

目前，公司旗下共管理着兴全可转债混合型基金、兴全趋势混合型基金（LOF）、兴全货币市场基金、兴全全球视野股票型基金、兴全社会责任股票型基金、兴全有机增长混合型基金、兴全磐稳增利债券型基金、兴全合润分级股票型基金、兴全沪深 300 指数增强型基金（LOF）、兴全绿色投资股票型基金（LOF）、兴全保本混合型基金、兴全轻资产投资股票型基金（LOF）和兴全商业模式优选股票型基金（LOF）等十三只基金。

近年来公司及旗下基金取得的荣誉有：兴全趋势混合型基金获“五年期混合型金牛基金”（《中国证券报》）、兴全全球视野股票型基金获“五年期股票型金牛基金”（《中国证券报》）、兴全可转债混合型基金获“五年期混合型金牛基金”（《中国证券报》）、兴全社会责任股票型基金获“三年期股票型金牛基金”（《中国证券报》）等荣誉。公司也因旗下基金业绩突出，2007 - 2011 连续五年荣膺《中国证券报》评选的“年度十大金牛基金公司”称号。

【公司大事记】

2003 年 9 月 30 日，经中国证监会批准，兴业基金管理有限公司在上海成立。注册资本 9800 万元。

2004 年 4 月 2 日，兴业可转债混合型证券投资基金公开发行，2004 年 5 月 11 日正式成立，募集份额 32.82 亿份。兴业可转债基金是国内首只可转债投资基金。

2005 年 9 月 19 日，兴业趋势投资混合型证券投资基金公开发行，2005 年 11 月 3 日正式成立，募集份额 9.27 亿份。兴业趋势投资基金首次引入趋势投资理念，投资上强调顺势而为，把握投资对象中长期趋势，追求中长期收益。

2006 年 4 月 12 日，兴业货币市场证券投资基金公开发行，2006 年 4 月 27 日正式成立，募集份额 17.3 亿份。

2006 年 8 月 15 日，兴业全球视野股票型证券投资基金公开发行，2006 年 9 月 20 日正式成立，募集份额 32.86 亿份。兴业全球视野基金是国内首只系统运用“全球视野”投资理念的证券投资基金。

2007 年 5 月 11 日，兴业趋势投资混合型证券投资基金（LOF）实施拆分，拆分比例为 1:3.9939。

2007 年 8 月 7 日，兴业银行、兴业证券、兴业基金管理公司在福州共同签署《关于进一步深入开展战略联盟合作备忘录》，开创了国内银行、证券、基金三类金融机构通力合作、结成战略合作联盟的先河。

2008 年 3 月 28 日，兴业社会责任股票型证券投资基金公开发行，2008 年 4 月 30 日正式成立，募集份额 13.88 亿份。兴业社会责任基金是国内首只系统运用“社会责任”投资理念的证券投资基金。

2008 年 4 月 12 日，由 Industrial Fund Management Co. , Ltd. 变更为 AEGON - INDUSTRIAL Fund Management Co. , Ltd. 。公司注册资本由人民币 9,800 万元变更为人民币1.2

亿元，其中，兴业证券股份有限公司的出资占注册资本的51%，全球人寿保险国际公司的出资占注册资本的49%。

2008年8月25日，经中国证监会批准，公司中文名称变更为"兴业全球基金管理有限公司"公司注册资本增加到人民币1.5亿元，兴业证券股份有限公司和全球人寿保险国际公司的出资比例不变。

2008年12月31日，经中国证监会批准，公司获准从事特定客户资产管理业务。

2009年2月23日，兴业有机增长混合型证券投资基金公开发行，2009年3月25日正式成立，募集份额19.80亿份。兴业有机增长基金是国内首只明确提出"有机增长"投资理念的证券投资基金。

2009年7月1日，兴业磐稳增利债券型证券投资基金公开发行，2009年7月23日正式成立，募集份额14.18亿份。

2010年3月15日，兴业合润分级股票型证券投资基金公开发行，2010年4月22日正式成立，募集份额33.28亿份。

2010年10月12日，兴业沪深300指数增强型基金(LOF)公开发行，2010年11月2日正式成立，募集份额29.55亿份。

2010年12月17日，经中国证监会批准，公司旗下九只开放式基金从2011年1月1日起变更名称(各只基金的基金代码保持不变)。以兴业趋势投资混合型证券投资基金(LOF)为例，名称变更后为"兴全"趋势投资混合型证券投资基金(LOF)，简称"兴全"趋势混合基金。

2011年4月6日，兴全绿色投资股票型基金(LOF)公开发行，2011年5月6日正式成立，募集份额20.22亿份。

2011年7月4日，兴全保本混合型基金公开发行，2011年8月3日正式成立，募集份额14.93亿份。

2012年2月27日，兴全轻资产投资股票型基金公开发行，2012年4月5日正式成立，募集份额9.94亿份。

2012年11月12日，兴全商业模式优选股票型基金公开发行，2012年12月18日正式成立，募集份额5.46亿份。

【公司荣誉】

2010年5月，《证券时报》、晨星资讯(深圳)——"2009年度十大明星基金公司"。

2010年5月，《中国证券报》——"金牛特别贡献奖"。

2010年5月，《中国证券报》——"2009年度十大金牛基金公司"。

2010年6月，《上海证券报》、银河证券、晨星资讯(深圳)——2009年度"金基金·投资回报公司奖"。

2010年11月，中国电子商务协会——"最佳网上基金公司"。

2010年12月，和讯网——2010年度最具成长性基金公司。

2010年12月，和讯网——2010年创新基金公司。

2010年12月，凤凰网——2010年最受投资者信任奖"。

2011年4月，《中国证券报》——"2010年度十大金牛基金公司"。

2011年11月，中国电子商务协会——"用户满意十大电子金融品牌"。

2011年12月，《21世纪经济报道》——"2011年中国基金公司最佳研究团队"。

2012年3月，《中国证券报》，"2011年度十大金牛基金公司"。

【股东概况】

排序	股东名称	持股数量(万股)	持股比例
1	兴业证券股份有限公司	7650.00	51%
2	全球人寿保险国际公司	7350.00	49%

【旗下基金】

基金代码	基金简称	类型	基金经理
340001	兴全可转债	混合型	杨云
340005	兴全货币	货币型	张睿
340006	兴全全球视野	股票型	董承非、杨大力
163402	兴全趋势	混合型	王晓明、杨岳斌
340007	兴全社会责任	股票型	傅鹏博
340008	兴全有机增长	混合型	陈扬帆
340009	兴全磐稳增利	债券型	张睿
163406	兴全合润分级	股票型	谢治宇
150016	兴全合润分级A	股票型	谢治宇
150017	兴全合润分级B	股票型	谢治宇
163407	兴全沪深300	指数型	申庆
163409	兴全绿色投资	股票型	陈锦泉
163411	兴全保本	混合型	杨云
163412	兴全轻资产	股票型	陈扬帆
163415	兴全商业模式	股票型	董承非、吴圣涛

【公司高管】

兰荣先生，董事长，1960年生，中共党员，高级工商管理硕士、高级经济师。历任福建省建设银行投资处干部，福建省福兴财务公司科长，兴业银行总行计划资金部副总经理，兴业银行证券业务部副总经理，福建兴业证券公司总裁，兴业证券股份有限公司董事长、总裁、党委书记。现任兴业证券股份有限公司董事长兼兴业全球基金管理有限公司董事长、中国证券业协会副会长。

杨东先生，总经理，1970年生，高级工商管理硕士。历任福建兴业证券公司上海业务部总经理助理，证券投资部副总经理兼上海业务部副总经理，兴业证券股份有限公司证券投资部总经理，兴业证券股份有限公司总裁助理、投资总监。现任兴业全球基金管理有限公司总经理。

冯晓莲女士，督察长，1964年生，中共党员，高级工商管理硕士、高级经济师。先后就职于新疆兵团组织部、新疆兵团驻海南办事处、海南国际信托公司，历任兴业银行党办副科长，兴业证券股份有限公司人力资源部副总经理、人力资源部总经理、合规与风险管理部总经理，兴业全球基金管理有限公司总经理助理。现任兴业全球基金管理有限公司督察长。

广发基金管理有限公司

【基本情况】

法定名称：广发基金管理有限公司
英文名称：GF Fund Management Co.,Ltd.
注册地址：广东省珠海市拱北情侣南路255号4层
办公地址：广州市海珠区琶洲大道东1号保利国际广场南塔31-33层
法人代表：王志伟
总 经 理：林传辉
成立时间：2003年7月30日

公司属性:中资
注册资本:1.2 亿元
联系电话:020－83936666
客服热线:95105828
传真号码:020－89899158
邮政编码:510308
公司网址:www.gffunds.com.cn

【公司概况】

广发基金管理有限公司成立于2003年8月,是经中国证监会批准设立的专业基金管理公司,总部设在广州,公司注册资本金1.2亿元人民币。公司目前拥有公募基金、特定客户资产管理业务、合格境内机构投资者(QDII)资格、企业年金投资管理人以及社保基金投资管理人等业务资格,是业内少数具有"全牌照"管理资格的基金管理公司之一。

公司目前管理着二十四只证券投资基金、多个企业年金及特定客户资产管理专户,截至2012年6月30日,公司管理公募基金资产总规模达1207.82亿元。公司坚持"专业创造价值、客户利益为上"的经营思想,致力成为业绩优秀、管理规范、行业领先、具有可持续发展能力、全能型的资产管理公司,为投资者谋求长期稳定的收益。

【公司大事记】

2003年8月,经中国证监会批准,广发基金管理有限公司成立。

2003年12月,广发管理的第一只基金——广发聚富混合基金成立。

2005年2月,广发管理的第一只LOF基金——广发小盘成长股票基金成立。

2005年5月,广发管理的第一只货币市场基金——广发货币基金成立。

2005年6月,广发基金网上交易系统上线,投资者可通过广发基金网上直销购买基金。

2006年12月,公司成立仅三年,公募资产管理规模进入业内前六。

2007年11月,广发基金获原劳动和社会保障部颁发的企业年金投资管理人资格。

2007年12月,广发基金成为资产管理规模超过千亿元的基金公司,资产管理规模位列行业第六。

2008年1月,广发基金跟工行合作开办定投业务,并于2007年成为国内首个拥有百万定投客户的基金管理公司。

2008年2月,广发基金获中国证券监督管理委员会批准从事特定客户资产管理业务。

2008年3月,广发管理的第一只债券基金——广发强债基金成立。

2009年1月,广发基金获得合格境内机构投资者(QDII)资格,成为符合资格开展境外证券投资管理业务的基金管理公司。

2010年8月,广发管理的第一只QDII基金——广发亚太精选股票基金成立。

2010年12月,广发基金在香港设立全资子公司——广发国际资产管理有限公司。

2010年12月,广发基金获得第三批社保基金管理人资格。

2011年3月,广发管理的第一只保本基金——广发聚祥保本基金成立。

2011年9月,广发基金香港分公司获发香港证监会第四类(投资咨询)和第九类(资产管理)牌照。

【股东概况】

排序	股东名称	持股数量(万股)	持股比例
1	广发证券股份有限公司	5799.60	48.33%
2	烽火通信科技股份有限公司	2000.40	16.67%
2	香江投资有限公司	2000.40	16.67%
3	广东康美药业股份有限公司	1200.00	10%
4	广州科技风险投资有限公司	999.60	8.33%

【旗下基金】

基金代码	基金简称	类型	基金经理
270001	广发聚富	混合型	祝俭
270002	广发稳健增长	混合型	李琛
270004	广发货币A	货币型	温秀娟
270014	广发货币B	货币型	温秀娟
270005	广发聚丰	股票型	傅友兴、易阳方
270006	广发策略优选	混合型	冯永欢
270007	广发大盘成长	混合型	程琨、冯永欢
162703	广发小盘成长	股票型	陈仕德
270008	广发核心精选	股票型	朱纪纲
270009	广发增强债券	债券型	谢军
270010	广发沪深300	指数型	陈盛业
270021	广发聚瑞	股票型	刘明月
162711	广发中证500	指数型	陈盛业
270022	广发内需增长	混合型	陈仕德
270023	广发亚太精选	QDII	丁靓、潘永华
270025	广发行业领先	股票型	刘晓龙
270024	广发聚祥保本	保本型	李琛、谢军
270026	广发中小板300联接	指数型	陆志明、魏军
159907	广发中小板300ETF	指数型	陆志明、魏军
270027	广发全球农业指数	QDII	邱炜
162712	广发聚利债券	债券型	代宇
270028	广发制造业精选	股票型	李巍
270029	广发聚财信用A	债券型	代宇
270030	广发聚财信用B	债券型	代宇
162714	广发深证100分级	指数型	陆志明
150083	广发深证100分级A	指数型	陆志明
150084	广发深证100分级B	指数型	陆志明
270041	广发消费品精选	股票型	冯永欢
270042	广发纳斯达克100指数	QDII	邱炜
270043	广发年年红	债券型	谭昌杰
270044	广发双债添利A	债券型	谭昌杰
270045	广发双债添利C	债券型	谭昌杰
270048	广发纯债A	债券型	任爽、张芊
270049	广发纯债C	债券型	任爽、张芊

【公司高管】

王志伟,董事长,男,经济学硕士,高级经济师。兼任广东省第十届政协委员,广东省政府决策咨询顾问委员会企业家委员,广东金融学会常务理事,江西财经大学客座教授。历任广发证券董事长兼党委书记、广东发展银行党组成员兼副行长,广东发展银行行长助理,广东发展银行信托投资部总经理,广东发展银行人事教育部经理,广东省委办公厅政治处人事科科长等职务。

林传辉，副董事长，男，大学本科学历，现任广发基金管理有限公司总经理，兼任广发国际资产管理有限公司董事长。曾任广发证券投资银行总部北京业务总部总经理、投资银行总部副总经理兼投资银行上海业务总部副总经理、投资银行部常务副总经理。

段西军，督察长，男，博士。曾在广东省佛山市财贸学校、广发证券股份有限公司、中国证券监督管理委员会广东监管局工作。

诺安基金管理有限公司

【基本情况】

法定名称：诺安基金管理有限公司
英文名称：Lion Fund Management Co., Ltd.
注册地址：深圳市深南大道 4013 号兴业银行大厦 19 – 20 层
办公地址：深圳市深南大道 4013 号兴业银行大厦 19 – 20 层
法人代表：秦维舟
总 经 理：奥成文
成立时间：2003 年 12 月 9 日
公司属性：中资
注册资本：1.5 亿元
联系电话：0755 – 83026688
传真号码：0755 – 83026677
客服热线：400 – 888 – 8998
邮政编码：518043
公司网址：www.lionfund.com.cn

【公司概况】

诺安基金成立于 2003 年 12 月，目前公司旗下管理着 19 只开放式基金。截至 2011 年 12 月底，公司管理资产总规模近 500 亿元，拥有客户数量超过 400 万。

诺安基金拥有一只优秀的团队，公司曾荣获和讯网“2009 年度第七届中国财经风云榜年度最具创意营销奖”、第五届中国基金业金牛奖“2007 年度十大金牛基金公司”(《中国证券报》2008 年 1 月 15 日)、《证券时报》“2007 年度十大明星基金公司”(《证券时报》2008 年 3 月 17 日)、“第三届亚洲品牌盛典”之“中国成长品牌百强”，旗下诺安灵活配置混合基金荣获“第七届中国基金业金牛奖 2009 年度开放式混合型金牛基金”(《中国证券报》2010 年 5 月 26 日)、“2009 年度平衡混合型明星基金奖”(《证券时报》2010 年 5 月 19 日)、“2009 年第五届中国资本市场年会”之“金算盘奖”，诺安股票曾荣获第五届中国基金业金牛奖“2007 年度开放式股票型金牛基金”(《中国证券报》2008 年 1 月 15 日)。

“智汇财富，稳见未来”，诺安基金管理有限公司致力于以科学严谨的专业知识，以稳健的风格，以卓越的远见在瞬息万变的市场中为投资者实现长期持久的投资回报。

【公司大事记】

2003 年 12 月 9 日，诺安基金管理有限公司获准成立。注册地为深圳市。

2006 年 4 月 17 日，诺安基金联合中国工商银行开办诺安平衡基金基金定投业务。

2006 年 4 月 20 日，诺安基金正式开通全国统一客户服务电话：400 – 888 – 8998。

2006 年 7 月 17 日，诺安中短债基金基金合同正式生效。

2006 年 8 月 1 日，诺安中短债基金开始办理日常申购、赎回业务。

2006 年 8 月，诺安平衡基金荣登《投资有道 · 基金观察》评选出的十大钻石基金行列。

2006 年 8 月 28 日，诺安货币基金通过中国工商银行开办“利添利”账户理财业务。

2006 年 10 月 16 日，诺安基金管理有限公司正式推出与中国建设银行、银联电子支付服务有限公司合作开发的基金网上交易业务

2006 年 11 月 21 日，诺安价值增长基金基金合同生效。

2006 年 12 月 8 日，诺安价值增长基金定开始办理日常申购业务。

2007 年 1 月 4 日，诺安基金管理有限公司开展诺安股票基金限量持续销售活动。

2007 年 1 月，诺安平衡基金荣获《21 世纪经济报道》评选的“2006 年中国开放式配置型基金最佳表现奖”。

2007 年 2 月 9 日，诺安价值增长基金开始办理日常赎回业务。

2007 年 4 月 20 日，根据银河证券基金研究中心的《2006 年基金管理公司股票投资管理能力综合评价》，诺安基金在参评的 45 家基金公司中位列第 4，连续两年跻身前 5 名。

2007 年 4 月 23 日，中国工商银行新增诺安股票基金为定投业务基金产品。

2007 年 8 月 29 日，诺安中短期债券基金正式转型为诺安优化收益债券型基金。

2007 年 11 月，诺安基金网上交易开通农行金穗卡。

2007 年 12 月 12 日，诺安基金旗下五只基金在招商银行正式开通基金定投业务。

2008 年 1 月 4 日，公司注册资本增加至 1.5 亿元。

2008 年 1 月 7 日，在第五届中国基金业金牛奖评选中，诺安基金荣获“2007 年度金牛基金公司”，诺安股票基金荣获“2007 年度开放式股票型金牛基金”。

2008 年 1 月 24 日，增加中国银行为诺安平衡基金、诺安股票基金的代销机构。

2008 年 2 月 1 日，增加建设银行为旗下基金代销机构，并开通基金定投业务。

2008 年 2 月 15 日，获证监会批准，成为首批从事特定客户资产管理业务的公司之一。

2008 年 2 月 29 日，增加交通银行为旗下基金代销机构，并开通基金定投业务。

2008 年 4 月 15 日，诺安灵活配置基金开始发售。

2008 年 5 月 6 日，诺安基金 QDII 资格获批，获准从事境外证券投资管理业务。

2008 年 5 月 21 日，诺安灵活配置基金正式成立。

2009 年 3 月 10 日，诺安成长股票基金正式成立。

【股东概况】

排序	股东名称	持股数量(万股)	持股比例
1	中国对外经济贸易信托投资有限公司	6000.00	40%
1	深圳市捷隆投资有限公司	6000.00	40%
2	北京中关村科学城建设股份有限公司	3000.00	20%

【旗下基金】

基金代码	基金简称	类型	基金经理
320001	诺安平衡	混合型	夏俊杰
320002	诺安货币 A	货币型	张乐赛
320019	诺安货币 B	货币型	张乐赛
320003	诺安股票	股票型	杨谷、邹翔
320004	诺安优化债券	债券型	汪洋
320005	诺安价值增长	股票型	刘红辉、周心鹏
320006	诺安灵活配置	混合型	夏俊杰
320007	诺安成长	股票型	刘红辉
320008	诺安增利债券 A	债券型	汪洋
320009	诺安增利债券 B	债券型	汪洋
320010	诺安中证 100	指数型	梅律吾
320011	诺安中小盘精选	股票型	周心鹏
320012	诺安主题精选	股票型	杨谷
320013	诺安全球黄金	QDII	宋青
320015	诺安保本	混合型	张乐赛
320014	诺安上证新兴联接	指数型	宋德舜
510260	诺安上证新兴 ETF	指数型	宋德舜
320016	诺安多策略	股票型	王永宏
320017	诺安全球不动产	QDII	朱富林、赵磊
163208	诺安油气能源	QDII	宋青
320018	诺安新动力	混合型	赵苏
163209	诺安中证创业指数分级	指数型	梅律吾
320020	诺安汇鑫保本	混合型	张乐赛
320021	诺安双利	债券型	夏俊杰、汪洋
159921	诺安中小板等权重 ETF	指数型	宋德舜
320022	诺安中小板等权重 ETF 联接	指数型	宋德舜

【公司高管】

秦维舟先生，董事长，工商管理硕士。历任北京中联新技术有限公司总经理、香港昌维发展有限公司总经理、香港先锋投资有限公司总经理、中国新纪元有限公司副总裁、诺安基金管理有限公司副董事长。

奥成文先生，总经理，经济学硕士，经济师。曾任中国通用技术(集团)控股有限责任公司资产经营部副经理、中国对外经济贸易信托投资有限公司投资银行部副总经理。2002 年 10 月开始参加诺安基金管理有限公司筹备工作，曾任公司督察长，现任公司总经理。

陈勇先生，督察长，经济学硕士。曾任国泰君安证券公司固定收益部业务董事、资产管理部基金经理、民生证券公司证券投资总部副总经理。2003 年 10 月加入诺安基金管理有限公司，历任研究员、研究部总监，现任公司督察长。

申万菱信基金管理有限公司

【基本情况】

法定名称：申万菱信基金管理有限公司
英文名称：SWS MU Fund Management Co., Ltd.
注册地址：上海市淮海中路 300 号香港新世界大厦 40 层
办公地址：上海市淮海中路 300 号香港新世界大厦 40 层
法人代表：姜国芳
总 经 理：姜国芳(代)
成立时间：2004 年 1 月 15 日
公司性质：中外合资
注册资本：1.5 亿元
联系电话：021－63353535
客服热线：400－880－8588
传真号码：021－63353858
邮政编码：200021
公司网址：www.swbnpp.com

【公司概况】

申万菱信基金管理有限公司(SWS MU Fund Management Co., Ltd)成立于 2004 年 1 月 15 日，注册地位于中国上海，注册资本为 1.5 亿元人民币。现有股东申银万国证券股份有限公司(Shenyin & Wanguo Securities Co., Ltd.)持有 67% 的股权，三菱 UFJ 信托银行株式会社(Mitsubishi UFJ Trust and Banking Corporation)持有 33% 的股权。

申万菱信立足于“以客为先，创新求变，专业管理，业绩至上”的经营理念，以负责的态度、高效的管理、专业的服务，全力为投资者提供丰厚的投资回报。公司成立以来，业务增长迅速，在北京、广州先后建立了分公司，目前旗下管理 14 只开放式基金，资产管理规模约 165 亿元，客户数超过 200 万户(截至 2012 年 12 月 31 日，数据来源 WIND)。

公司经过努力，逐渐形成了规范、诚信、专业、稳健的运作风格。展望未来，申万菱信将继续依靠强大的股东背景，不断丰富和完善产品线，借助完善高效的客户服务体系，通过海内外资深专业人士组成的精英团队为投资者提供优质的理财服务！依托丰富的全球和本土运作经验，采用成熟的投资及风险管理技术，实现客户资产的保值增值，努力打造国内领先、国际知名的财富管理中心！

【股东概况】

排序	股东名称	持股数量(万股)	持股比例
1	申银万国证券股份有限公司	10050.00	67%
2	三菱 UFJ 信托银行株式会社	4950.00	33%

【旗下基金】

基金代码	基金简称	类型	基金经理
310308	申万盛利精选	混合型	谭涛
310318	申万盛利强化	混合型	古平
310328	申万新动力	开股票型	欧庆铃
310338	申万收益宝 A	货币型	周鸣
310339	申万收益宝 B	货币型	周鸣
310358	申万新经济	混合型	徐爽
310368	申万竞争优势	股票型	张鹏
310378	申万添益宝债券 A	债券型	周鸣
310379	申万添益宝债券 B	债券型	周鸣
310388	申万消费增长	股票型	欧庆铃、单黎鸣
310398	申万沪深 300	指数型	张少华
163109	申万深成指分级	指数型	张少华
150022	申万深成指分级收益	指数型	张少华
150023	申万深成指分级进取	指数型	张少华
310508	申万稳益宝债券	债券型	古平
163110	申万量化小盘	股票型	张少华、刘忠勋
310518	申万可转换债券	债券型	周鸣
163111	申万中小板分级	指数型	张少华
150085	申万中小板分级 A	指数型	张少华
150086	申万中小板分级 B	指数型	张少华

【公司高管】

姜国芳先生，董事长，高级经济师，工商管理硕士。1980—1984 年任职于中国人民银行上海市分行，1984—1992 年任职于中国工商银行上海市分行组织处，1992 年至 1996 年任职于上海申银证券有限公司，董事副总经理、党委副书记。1996—2004 年 2 月任申银万国证券股份有限公司执行副总裁，兼申银万国(香港)有限公司董事长。2004 年 2 月至今任申万菱信基金管理有限公司(原申万巴黎基金管理管理有限公司)董事长。

来肖贤先生，督察长，经济学硕士，曾任本公司监察稽核总部副总经理。在本公司任职之前，曾任申银万国证券股份有限公司国际业务总部投资分析师、部门副经理，并作为筹备组主要成员参与筹建申万巴黎基金管理有限公司。

中海基金管理有限公司

【基本情况】

法定名称：中海基金管理有限公司
英文名称：Zhong Hai Fund Management Co. , Ltd.
注册地址：上海市浦东新区银城中路 68 号 2905 – 2908 室及 30 层
办公地址：上海市浦东新区银城中路 68 号 2905 – 2908 室及 30 层
法人代表：陈浩鸣
总 经 理：黄　鹏
成立时间：2004 年 03 月 18 日
公司性质：中外合资
注册资本：14666.67 万元
联系电话：021 – 38789788
客服热线：400 – 888 – 9788
传真号码：021 – 68419525
邮政编码：200120
公司网址：www. zhfund. com. cn

【公司概况】

中海基金管理有限公司是一家立志成为“国际一流资产管理公司”的中外合资公募基金管理公司，成立于 2004 年 3 月 18 日，前身为国联基金管理有限公司。2006 年 7 月，中国海洋石油总公司旗下中海信托股份有限公司入主成为公司第一大股东，公司相应更名为“中海基金管理有限公司”。总部位于上海浦东陆家嘴金融圈，在北京设有分公司。公司现注册资本为 146,666,700 元人民币，各方股东持股比例为：中海信托股份有限公司 41.591%、国联证券股份有限公司 33.409%、法国爱德蒙德洛希尔银行股份有限公司 25.00%。

公司旗下目前拥有包括不同类型、不同风格的公募基金以及多款专户产品(“一对一”与“一对多”)在内的较为完整的产品线，涵盖了主动管理与被动管理、权益投资与固定收益投资等不同领域，在以能源及新能源为视角的主题投资、债券投资和量化投资方面已形成独有特色。成立 8 年来，先后服务机构与个人投资者 200 余万人(家)，并获得投资者广泛好评。公司现有包括公募基金经理、专户投资经理及分析师在内的近 40 人的投资研究团队，通过扎实研究，努力为客户创造价值。公司还拥有 20 余人的渠道服务和客户服务团队，为遍布全国的投资者提供理财顾问、投资者教育等服务。

在为投资者、股东创造经济价值的同时，中海基金管理有限公司积极践行“企业公民”的义务，坚持投身社会公益事业。公司于 2008 年发起“十年树木，百年树人”活动，一方面号召客户停用纸质对账单，爱护森林、保护环境；另一方面，将节约下的费用资助上海市的农民工子弟小学的学生，三年多来，先后组织了“关注流动花朵——走进虹梅小学”、“1 + 1 看世博”及“乘高铁，赏古都”等丰富多彩的活动，得到农民工子弟小学师生、慈善机构、教育机构及媒体的广泛关注，并在上海市证监局组织的基金公司公益活动评比中荣获大奖。此外，公司还在都江堰市天马中学成立了“中海基金爱心书吧”，组织员工义务劳动支持“5. 12”地震救灾物资搬运等，较好地展现了公司及员工的良好精神风貌。

【公司大事记】

2004 年 3 月 5 日，根据中国证监会证监基金字[2004]24 号文件，公司正式获准开业。

2004 年 3 月 18 日，公司经上海市工商行政管理局批准正式成立，注册资金 10000 万元人民币。

2004 年 6 月 24 日，国联优质成长证券投资基金喜获批文。中国证券监督管理委员会于 6 月 24 日正式签发《关于同意国联优质成长证券投资基金设立的批复》的文件(证监基金字[2004]92 号)。

2004 年 7 月 23 日，国联优质成长证券投资基金喜获批文。中国证券监督管理委员会于 6 月 24 日正式签发《关于同意国联优质成长证券投资基金设立的批复》的文件(证监基金字[2004]92 号)。

2004 年 7 月 23 日，公司与交通银行签订了《代销协议》。交通银行成为“国联优质成长证券投资基金”的主代销银行。

2004 年 7 月 29 日，国联优质成长证券投资基金于 2004 年 8 月 18 日正式开始发行，截至日期为 2004 年 9 月 23 日。

2004 年 9 月 28 日，国联优质成长证券投资基金正式成立。(中国证监会基金部函[2004]116 号)

2005 年 1 月 1 日，公司获得上证红利指数首家使用许可。

2005 年 4 月 23 日，公司与中国农业银行签订了国联分红增利混合型基金《托管协议》、《代销协议》。中国农业银行成为“国联分红增利混合型证券投资基金”的托管银行和主代销银行。

2005 年 4 月 25 日，国联分红增利混合型证券投资基金获得发行批文。(证监基金字[2005]67 号)

2005 年 4 月 26 日，国联分红增利混合型证券投资基金于 2005 年 4 月 29 日正式开始发行，截至日期为 2005 年 6 月 5 日。

2006 年 7 月 3 日，国联基金管理有限公司自 2006 年 7 月 3 日起正式更名为中海基金管理有限公司，注册资本金增加至 1.3 亿元人民币。中海信托投资有限责任公司成为第一大股东。

2006 年 8 月 16 日，中海基金管理有限公司于 2006 年 8 月 16 日将旗下开放式基金进行更名，原“国联优质成长证券投资基金”更名为“中海优质成长证券投资基金”；原“国联分红增利混合型证券投资基金”更名为“中海分红增利混合型证券投资基金”。

2007 年 2 月 26 日，中国证券监督管理委员会基金监管部下发《关于同意中海能源策略混合型证券投资基金募集的批复》(证监基金字[2007]51 号)，中海能源策略混合型证券投资基金于 2007 年 3 月 8 日至 4 月 9 日向社会公开募集。

2007 年 3 月 8 日，中海能源策略混合型证券投资基金开始募集。在募集首日，投资者认购非常踊跃。为充分保护基金持有人利益，根据相关规定，提前结束该基金的募集，募集截至日由原定的 2007 年 4 月 9 日提前至 2007 年 3 月 8 日，即募集首日 2007 年 3 月 8 日为该基金最后一个募集日。

2007 年 3 月 13 日，中海能源策略混合型证券投资基金正式成立（基金部函[2007]58 号），并于 2007 年 3 月 21 日起开始办理日常申购业务。

2007 年 3 月 26 日，暂停中海能源策略混合型证券投资基金的申购业务。

2007 年 3 月 22 日，本公司法定代表人变更为储晓明先生。根据中海基金管理有限公司第一届董事会第十四次会议的决议，因工作需要，华伟荣先生辞去董事长职务，选举储晓明先生为董事长。依照《公司法》和公司章程的规定，本公司法定代表人变更为储晓明先生，工商变更手续于 2007 年 3 月 22 日在上海市工商行政管理局办理完毕。此前，中国证监会已核准储晓明先生的董事长任职资格。

2007 年 7 月 10 日，中海基金管理有限公司第一届董事会第二十五次会议决议，李涛先生不再担任中海分红增利混合型证券投资基金基金经理职务，同意聘任王雄辉先生担任中海分红增利混合型证券投资基金基金经理。

2007 年 7 月 10 日，中海基金管理有限公司第一届董事会第二十五次会议决议，彭焰宝先生不再担任中海优质成长证券投资基金基金经理职务，同意聘任李涛先生担任中海优质成长证券投资基金基金经理。

2007 年 7 月 30 日，经中海基金管理有限公司（以下简称“公司”）第一届董事会第二十三次会议审议通过，同意聘任康伟先生担任公司总经理。康伟先生的总经理任职资格已获中国证监会核准（证监基金字[2007]215 号文）。

2007 年 7 月 31 日，经中海基金管理有限公司第一届董事会第二十三次会议审议通过，同意雷建辉先生辞去公司总经理职务。上述事项已按规定向中国证监会和上海证监局报告。

2008 年 1 月 10 日，经中海基金管理有限公司第一届董事会第三十二次会议决议，同意增加朱晓明先生担任中海优质成长证券投资基金基金经理。朱晓明先生将与李涛先生共同管理中海优质成长证券投资基金。

2008 年 1 月 10 日，经中海基金管理有限公司第一届董事会第三十二次会议决议，同意增加李延刚先生担任中海能源策略混合型证券投资基金基金经理。李延刚先生将与朱晓明先生共同管理中海中海能源策略混合型证券投资基金。

2008 年 2 月 14 日，经中海基金管理有限公司第一届董事会第三十一次会议审议通过，决定聘任方培池先生担任公司副总经理，其任职资格已报中国证监会审核批准（证监许可[2008]193 号）。

2008 年 2 月 18 日，中国证券监督管理委员会基金监管部下发《关于核准中海稳健收益债券型证券投资基金募集的批复》（证监基金字[2008]197 号），中海稳健收益债券型证券投资基金于 2008 年 3 月 10 日至 4 月 3 日向社会公开募集。

2008 年 2 月 14 日，中国证券监督管理委员会下发《关于核准中海基金管理有限公司从事特定客户资产管理业务的批复》（证监许可[2008]254 号），公司成为首批获得该业务资格的基金管理公司。

2008 年 2 月 18 日，中国证券监督管理委员会下发《关于核准中海基金管理有限公司设立北京分公司的批复》（证监许可[2008]266 号）。

2008 年 2 月 18 日，中海基金管理有限公司北京分公司正式成立。

2008 年 10 月 6 日，中海基金管理有限公司自 2008 年 10 月 6 日起，办公场地搬迁至银城中路 68 号 29 楼。公司联系电话、传真及邮编维持不变。

2008 年 10 月 15 日，中海蓝筹灵活配置混合型证券投资基金于 2008 年 10 月 15 日起正式发行。

2008 年 11 月 24 日，中海基金管理有限公司完成股权变更，法国爱德蒙得洛希尔银行股份有限公司受让云南烟草兴云投资股份有限公司所持有的本公司 15.385% 股权。本次股权转让完成后，本公司股东及其持股比例分别为：中海信托股份有限公司 46.923%、国联证券股份有限公司 37.692%、法国爱德蒙得洛希尔银行股份有限公司 15.385%。

2008 年 12 月 3 日，中海蓝筹灵活配置混合型证券投资基金正式成立（基金部函[2008]507 号），杨大力先生担任中海蓝筹灵活配置混合型证券投资基金基金经理。

2009 年 2 月 6 日，副总经理刘辉先生因个人原因辞去公司副总经理职务。

2009 年 4 月 28 日，聘任李延刚先生担任公司副总经理职务，其任职资格已报中国证券监督管理委员会审核批准（证监许可[2009]323 号）。

2009 年 4 月 30 日，获得中国证券监督管理委员会《关于核准中海量化策略股票型证券投资基金募集的批复》（证监许可[2009]347 号）。

2009 年 5 月 21 日，调整中海稳健收益债券型证券投资基金基金经理人选，免去张顺太先生中海稳健收益债券型证券投资基金基金经理职务。欧阳凯先生继续担任该基金基金经理职务。

2009 年 5 月 21 日，调整中海分红增利混合型证券投资基金基金经理人选，免去刘文超先生中海分红增利混合型证券投资基金基金经理职务。李延刚先生继续担任该基金基金经理职务。

2009 年 6 月 2 日，调整中海优质成长证券投资基金基金经理人选，增聘杨济如女士担任中海优质成长证券投资基金基金经理。中海优质成长证券投资基金基金经理由朱晓明先生同杨济如女士共同担任。

2009 年 6 月 2 日，调整中海分红增利混合型证券投资基金基金经理人选，增聘陶林健先生担任中海分红增利混合型证券投资基金基金经理。中海分红增利混合型证券投资基金基金经理由李延刚先生同陶林健先生共同担任。

2009 年 6 月 3 日，调整中海能源策略混合型证券投资基金基金经理人选，免去李延刚先生中海能源策略混合型证券投资基金基金经理职务。施恒新先生继续担任该基金基金经理职务。

2009 年 6 月 23 日，调整中海分红增利混合型证券投资基金基金经理人选，免去李延刚先生中海分红增利混合型证券投资基金基金经理职务。陶林健先生继续担任该基金基金经理职务。

2009 年 6 月 23，调整中海优质成长证券投资基金基金经理人选，免去朱晓明先生中海优质成长证券投资基金基金经理职务。杨济如女士继续担任该基金基金经理职务。

2009 年 6 月 24 日，中海量化策略股票型证券投资基金正式成立（基金部函[2009]418 号），李延刚先生担任中海量化策略股票型证券投资基金基金经理。

2009 年 9 月 3 日，经中海基金管理有限公司第二届董事会第十六次会议审议通过，同意康伟先生辞去公司总经理职务，聘任陈浩鸣先生担任公司总经理。陈浩鸣先生的总经理任职资格已获中国证券监督管理委员会核准（证监许可［2009］881 号文）。

2010 年 1 月 7 日，获得中国证券监督管理委员会《关于核准中海上证 50 指数增强型证券投资基金募集的批复》（证监许可［2010］20 号）。

2010 年 2 月 8 日，根据中海基金管理有限公司股东会决议，并经中国证监会批准，本公司对公司章程进行了修订。根据公司章程的相关修订，"法定代表人由董事长担任"修订为"法定代表人由总经理担任"。依照《公司法》和公司章程的规定，本公司法定代表人由储晓明先生变更为陈浩鸣先生。以上公司章程修订及法定代表人变更的工商变更手续已于 2010 年 2 月 4 日在上海市工商行政管理局办理完毕。

2010 年 3 月 3 日，调整中海蓝筹灵活配置混合型证券投资基金基金经理人选，杨大力先生不再担任中海蓝筹灵活配置混合型证券投资基金基金经理职务，由许定晴女士担任该基金基金经理职务。

2010 年 3 月 3 日，调整中海稳健收益债券型证券投资基金基金经理人选，欧阳凯先生不再担任中海稳健收益债券型证券投资基金基金经理职务，由刘俊先生担任该基金基金经理职务。

2010 年 3 月 25 日，中海上证 50 指数增强型证券投资基金正式成立（基金部函［2010］145 号），陈明星先生担任中海上证 50 指数增强型证券投资基金基金经理。

2010 年 4 月 24 日，顾建国先生因工作原因不再担任公司副总经理职务。

2010 年 5 月 5 日，调整中海能源策略混合型证券投资基金基金经理人选，施恒新先生不再担任中海能源策略混合型证券投资基金基金经理职务，由陶林健先生担任该基金基金经理职务。

2010 年 6 月 5 日，方培池先生因个人原因不再担任公司副总经理职务。

2010 年 6 月 28 日，获得中国证券监督管理委员会《关于核准中海货币市场证券投资基金募集的批复》（证监许可［2010］872 号）。

2010 年 7 月 28 日，中海货币市场证券投资基金正式成立（基金部函［2010］463 号），江小震先生担任中海货币市场证券投资基金基金经理。

2010 年 12 月 9 日，中海环保新能源主题灵活配置混合型证券投资基金正式成立（基金部函［2010］737 号），夏春晖先生担任中海环保新能源主题灵活配置混合型证券投资基金基金经理。

2010 年 12 月 18 日，经中海基金管理有限公司第二届董事会第三十三次会议审议通过，同意储晓明先生辞去公司董事长职务。

2010 年 12 月 30 日，经中海基金管理有限公司董事会审议通过，决定免去宋宇先生督察长职务，聘请宋宇先生担任副总经理职务，聘请朱冰峰先生担任督察长职务。宋宇先生的副总经理任职资格及朱冰峰先生的督察长任职资格已获中国证券监督管理委员会核准（证监许可［2010］1908 号文）。

2011 年 3 月 23 日，中海增强收益债券型证券投资基金正式成立（基金部函［2011］171 号），江小震先生担任中海增强收益债券型证券投资基金基金经理。

2011 年 4 月 27 日，经中国证券监督管理委员会（证监许可［2011］258 号）、中华人民共和国商务部（商外资资审字［2008］0298 号）批准，公司注册资本由 130,000,000 元人民币增加至 146,666,700 元人民币，其中法国爱德蒙得洛希尔银行股份有限公司增加出资 16,666,700 元人民币，各股东的持股比例分别为：中海信托股份有限公司 41.591%、国联证券股份有限公司 33.409%、法国爱德蒙德洛希尔银行股份有限公司 25.00%。此次增资扩股后，法国爱德蒙得洛希尔银行股份有限公司将进一步把其在资产管理领域先进的风险控制技术、公司治理和累积了 260 余年的资产管理经验引入中海基金，为公司长远发展打下坚实基础。

2011 年 11 月 9 日，中海消费主题精选股票型证券投资基金正式成立（基金部函［2011］861 号），骆泽斌先生担任中海消费主题精选股票型证券投资基金基金经理。

2012 年 3 月 7 日，中海上证 380 指数型证券投资基金正式成立（基金部函［2012］120 号），陈明星先生担任中海上证 380 指数型证券投资基金基金经理。

2012 年 6 月 20 日，中海保本混合型证券投资基金正式成立（基金部函［2012］506 号），刘俊先生担任中海保本混合型证券投资基金基金经理。

【股东概况】

排序	股东名称	持股数量（万）	持股比例
1	中海信托投资有限责任公司	6100.01472	41.591%
2	国联证券有限责任公司	4899.98778	33.409%
3	法国爱德蒙得洛希尔银行	3666.6675	25%

【旗下基金】

基金代码	基金简称	类型	基金经理
398001	中海优质成长	混合型	俞忠华
398011	中海分红增利	混合型	笪菲
398021	中海能源策略	混合型	许定晴、王巍
395001	中海稳健债券	债券型	刘俊
398041	中海量化策略	股票型	俞忠华
398031	中海蓝筹灵活	混合型	王巍
399001	中海上证 50	股票型	彭海平
398051	中海环保新能源	混合型	夏春晖
395011	中海增强债券 A	债券型	江小震
395012	中海增强债券 C	债券型	江小震
398061	中海消费精选	股票型	骆泽斌
392001	中海货币 A	货币型	冯小波
392012	中海货币 B	货币型	冯小波
399011	中海上证 380	股票型	陈明星
393001	中海保本	混合型	刘俊

【公司高管】

陈浩鸣先生，董事长。中央财经大学硕士，高级经济师。现任中海信托股份有限公司总裁。历任海洋石油开发工程设计公司经济师，中国海洋石油总公司财务部保险处主管、资产处处长，中海石油投资控股有限公司总经理，中海信托股份有限公司副总裁、中海基金管理有限公司总经理。

黄鹏先生，总经理。复旦大学金融学专业硕士。历任上海市新长宁（集团）有限公司销售经理，上海浦东发展银行股份有限公司大连分行行长秘书，中海信托股份有限公司综合管理部经理助理、投资管理部经理、风控委员会委员。2007

年10月进入本公司工作,曾任董事会秘书、总经理助理兼营销中心总经理,2011年10月至今任本公司总经理。

朱冰峰先生,学士。历任长江律师事务所律师、华虹(集团)有限公司法律顾问、锦天城律师事务所律师、上海证监局副处级职务。2009年10月进入中海基金管理有限公司工作,曾任总经理助理,现任督察长。

光大保德信基金管理有限公司

【基本情况】

法定名称:光大保德信基金管理有限公司
英文名称:Everbright Pramerica Fund Management Co., Ltd.
注册地址:上海市延安东路222号外滩中心46层
办公地址:上海市延安东路222号外滩中心46层
法人代表:林 昌
总 经 理:傅德修
成立时间:2004年4月22日
公司性质:中外合资
注册资本:1.6亿元
联系电话:021-33074700
客服热线:400-820-2888
传真号码:021-63351152
邮政编码:200002
公司网址:www.epf.com.cn

【公司概况】

光大保德信基金管理有限公司(光大保德信)成立于2004年4月,由中国光大集团控股的光大证券股份有限公司(光大证券)和美国保德信金融集团(保德信)旗下的保德信投资管理有限公司(保德信投资管理)共同创建,公司总部设在上海,注册资本为人民币1.6亿元,两家股东分别持有55%和45%的股份。公司主要从事基金发起、设立和管理业务,今后,将在法律法规允许的范围内为各类投资者提供更多资产管理服务。

公司下设八个常设部门,包括投资部、监察稽核部、信息技术部、财务部、运营部、市场部、销售部、人力资源部。投资部负责对基金资产进行投资和管理,在控制风险的前提下使基金资产获得持续稳定的收益;监察稽核部负责对公司基金投资运作、内部管理、制度执行及遵守法律法规情况独立地履行检查、评估、报告、建议职能;信息技术部负责公司信息系统的建设、客户关系管理及开放式基金管理系统的建设与维护;财务部负责制定公司财务计划、制作财务报表以及配合会计事务所的审计;运营部负责与销售机构进行基金日常交易的资金清算、基金资产的会计核算、开放式基金的注册登记业务以及客户服务;市场部负责基金产品设计、基金产品营销策划、公司及产品的宣传推广;销售部负责基金产品的销售和渠道管理;人力资源部负责公司人员招聘、行政管理及企业文化的建设等。

【公司大事记】

2004年3月24日,公司获得了中国证监会(证监基金字[2004]42号)发布的《关于同意光大保德信基金管理有限公司开业的批复》;4月22日,公司获得上海市工商行政管理局"企合沪总字第035703号"《企业法人营业执照》;4月23日,公司获得中国证监会颁发的编号为A036"基金管理公司法人许可证"。自此,公司可以正式从事基金业务,此举成为公司业务发展的重要标志。

2004年6月11日,经中国证监会证监基金字[2004]85号文件批准,公司首只基金——光大保德信量化核心证券投资基金获得设立批复,并于2004年7月20日至8月20日发售;8月27日基金合同正式生效,总募集规模为2,544,287,215.94元人民币。

2004年10月11日,经中国证监会批准,公司英文名称由"Everbright Prumerica Fund Management Co., Ltd."变更为"Everbright Pramerica Fund Management Co., Ltd.",公司中文名称维持不变。

2005年4月1日,公司发布公告,经中国证监会的核准,由林昌先生担任光大保德信基金管理有限公司董事长。

2005年4月25日,公司的第二只基金产品——光大保德信货币市场基金获得设立批复(中国证监会证监基金字[2005]69号文),并于5月16日至6月3日期间在全国发售。6月9日基金合同正式生效,总募集规模为1,439,643,105.95元人民币。

2005年10月12日,公司发布公告,公司注册资本由人民币1亿元增加到人民币1.6亿元。原股东持股比例保持不变,仍为:光大证券股份有限公司67%,保德信投资管理有限公司33%。

2005年11月18日,公司发布公告,经公司二届五次董事会审议通过,同意汤臣先生(Paul Thompson)辞去公司总经理职务,聘任傅德修先生担任公司总经理。傅德修先生的总经理任职资格已获中国证监会核准。

2005年12月21日,公司的第三只基金产品——光大保德信红利股票型证券投资基金获得同意募集的批复(中国证监会证监基金字[2005]206号文),并于2006年2月9日至2006年3月17日期间在全国发售。2006年3月24日基金合同正式生效,总募集规模为532,471,074.61元人民币。

2006年7月3日,公司的第四只基金产品——光大保德信新增长股票型证券投资基金获得同意募集的批复(中国证监会证监基金字[2006]129号文),并于2006年8月7日至2006年9月8日期间在全国发售。2006年9月14日基金合同正式生效,总募集规模为409,913,619.78元人民币。

2007年8月6日,公司的第五只基金产品——光大保德信优势配置股票型证券投资基金获得同意募集的批复(中国证监会证监基金字[2007]223号文),并于2007年8月21日在全国发售。2007年8月24日基金合同正式生效,总募集规模为9,905,973,604.86元人民币。

2008年7月28日,公司的第六只基金产品——光大保德信增利收益债券型证券投资基金获得同意募集的批复(中国证监会证监许可[2008]983号文),并于2008年9月22日至2008年10月24日在全国发售。2008年10月29日基金合同正式生效,总募集规模为1,366,024,807.30元人民币。

2008年10月31日,公司的第七只基金产品——光大保德信均衡精选股票型证券投资基金获得同意募集的批复(中国证监会证监许可[2008]1249号文),并于2009年2月2日至2009年2月27日在全国发售。2009年3月4日基金合同正式生效,总募集规模为1,040,503,238.27元人民币。

2009年8月6日,公司的第八只开放式基金产品——光大保德信动态优选灵活配置混合型证券投资基金获得同意募集的批复(中国证监会证监许可[2009]753号),并于

2009 年 9 月 2 日至 2009 年 10 月 23 日在全国发售。2009 年 10 月 28 日基金合同正式生效，总募集规模为 733,193,496.79元人民币。

2010 年 1 月 20 日，公司的第九只开放式基金产品——光大保德信中小盘股票型证券投资基金获得同意募集的批复（中国证监会证监许可[2010]98 号），并于 2010 年 3 月 8 日至 2010 年 4 月 9 日在全国发售。2010 年 4 月 14 日基金合同正式生效，总募集规模为 888,592,845.80 元人民币。

2011 年 1 月，公司发布公告，中方股东光大证券股份有限公司向外方股东保德信投资管理有限公司转让光大保德信 12% 的股权，双方股东的持股比例变更为：光大证券持有 55% 的股份，保德信持有 45% 的股份。

2011 年 3 月 30 日，公司的第十只开放式基金产品——光大保德信信用添益债券型证券投资基金获得同意募集的批复（中国证监会证监许可[2011]465 号），并于 2011 年 4 月 11 日至 2011 年 5 月 11 日在全国发售。2011 年 5 月 16 日基金合同正式生效，总募集规模为 2,627,358,006.58 元人民币。

2011 年 8 月 24 日，公司的第十一只开放式基金产品——光大保德信行业轮动股票型证券投资基金获得同意募集的批复（中国证监会证监许可[2011]1341 号），并于 2012 年 1 月 4 日至 2012 年 2 月 10 日在全国发售。2012 年 2 月 15 日基金合同正式生效，总募集规模为 925,897,664.07元人民币。

2012 年 5 月 21 日，公司的第十二只开放式基金产品——光大保德信添天利季度开放短期理财债券型证券投资基金获得同意募集的批复（中国证监会证监许可[2012]672 号），并于 2012 年 5 月 28 日至 2012 年 6 月 12 日在全国发售。2012 年 6 月 19 日基金合同正式生效，总募集规模为 823,786,627.31 元人民币。

2012 年 8 月 8 日，公司的第十三只开放式基金产品——光大保德信添盛双月理财债券型证券投资基金获得同意募集的批复（中国证监会证监许可[2012]1071 号），并于 2012 年 8 月 24 日至 2012 年 9 月 3 日在全国发售。2012 年 9 月 5 日基金合同正式生效，总募集规模为 3,443,822,310.62 元人民币。

【股东概况】

排序	股东名称	出资额（万元）	出资比例
1	光大证券股份有限公司	8800.00	55%
2	保德信投资管理有限公司	7200.00	45%

【旗下基金】

基金代码	基金简称	类型	基金经理
360001	光大量化核心	股票型	钱钧
360003	光大货币	货币型	韩爱丽
360005	光大红利	股票型	于进杰
360006	光大新增长	股票型	高宏华
360007	光大优势配置	股票型	周炜炜
360010	光大均衡精选	股票型	黄素丽
360011	光大配置	混合型	王健
360008	光大增利债券 A	债券型	陆欣
360009	光大增利债券 C	债券型	陆欣
360012	光大中小盘	股票型	李阳
360013	光大添益债券 A	债券型	陆欣
360014	光大添益债券 C	债券型	陆欣
360016	光大行业轮动	股票型	于进杰、魏晓雪
360017	光大添天利 A	理财型	韩爱丽
360018	光大添天利 B	理财型	韩爱丽
360019	光大添天盈 A	理财型	韩爱丽
360020	光大添天盈 B	理财型	韩爱丽
360021	光大添盛 A	理财型	韩爱丽
360022	光大添盛 B	理财型	韩爱丽

【公司高管】

林昌先生，董事长，北京大学硕士，中国国籍。历任光大证券南方总部研究部总经理；投资银行一部总经理；南方总部副总经理；投资银行总部总经理；光大证券助理总裁。

傅德修先生，董事，美国哥伦比亚大学硕士，中国（香港）国籍。曾任富达基金管理公司（Fidelity）业务总监，瑞士银行瑞银环球资产管理公司（UBS）执行董事暨大中国区主管，友邦华泰基金管理有限公司总经理。现任光大保德信基金管理有限公司的总经理。

盛松先生，董事，北京大学硕士，中国国籍。历任中国光大国际信托投资公司证券部交易部经理，光大证券资产管理总部总经理；2003 年参加光大保德信基金管理有限公司筹备工作。现任光大保德信基金管理有限公司的督察长。

华富基金管理有限公司

【基本情况】

法定名称：华富基金管理有限公司
英文名称：Huafu Fund Management Co.，Ltd.
注册地址：上海市浦东新区陆家嘴环路 1000 号 31 层
办公地址：上海市浦东新区陆家嘴环路 1000 号 31 层
法人代表：章宏韬
总　经　理：姚怀然
成立时间：2004 年 4 月 19 日
公司性质：中资
注册资本：1.2 亿元
联系电话：021－68886996
客服热线：400－700－8001
传真号码：021－68887997
邮政编码：200120
公司网址：www.hffund.com

【公司概况】

华富基金管理有限公司是按照市场化机制设立的专业基金管理公司。公司于 2004 年 4 月 19 日在上海正式注册成立，注册资金为人民币 1.2 亿元。

经过多年的积累，华富基金形成了一支精干、团结、自信的人才队伍，逐渐摸索出适合的投资模式。投资团队长期从事投资、研究工作，具有丰富的投资经验。公司凭借团结、高效、锐意、创新的投资团队，以规范、务实的管理风格，科学、理性、健康的投资运作为基金持有人提供专业化、高质量的金融服务。

华富基金管理有限公司是国内证券投资基金业的新锐，秉承"诚信、稳健、专业、进取"的经营理念，致力于为投资人提供专业化、高质量的基金理财服务。

【股东概况】

排序	股东名称	持股数量(万股)	持股比例
1	华安证券有限责任公司	5880.00	49%
2	安徽省信用担保集团有限公司	3240.00	27%
3	合肥兴泰控股集团有限公司	2880.00	24%

华安证券股份有限公司注册资本金为人民币 22.05 亿元,公司股东主要是国有或国有控股的上市公司和大型企业,现有安徽省国有资产运营有限公司、中国烟草总公司安徽省公司、安徽省皖能股份有限公司、黄山旅游发展股份有限公司等 14 家;公司在安徽省内各市、县及北京、上海、广州、深圳等主要城市设有 26 家证券营业部和 43 家证券服务部(正按规定进行规范)。

安徽省信用担保集团有限公司直属安徽省政府,为省属大型国有独资企业,注册资本为人民币 28.66 亿元。公司的宗旨是以国家产业政策为导向,围绕省委、省政府的经济发展战略,为中小企业搭建融资服务平台,促进地方经济发展。公司为奇瑞汽车有限公司和长盛基金管理有限公司的股东。

合肥兴泰控股集团有限公司是经合肥市国资委批准设立并授权经营的国有独资公司,注册资本为人民币 8.7 亿元。公司以金融为主业,以打造金融控股公司为目标,代表合肥市委、市政府承担建立和完善地方金融服务体系的重任。目前公司控股合肥兴泰信托有限责任公司、安徽兴泰租赁有限公司和安徽兴泰典当有限责任公司,是合肥科技农村商业银行和池州九华农村商业银行的第一大股东,参股徽商银行、国元证券及国元农业保险公司等金融企业。

【旗下基金】

基金代码	基金简称	类型	基金经理
410001	华富竞争力	股票型	郭晨
410002	华富货币	货币型	胡伟
410003	华富成长趋势	股票型	龚炜
410004	华富增强债券 A	债券型	胡伟
410005	华富增强债券 B	债券型	胡伟
410006	华富策略精选	混合型	郭晨
410007	华富价值增长	混合型	郭晨
410008	华富中证 100	指数型	朱蓓
410009	华富量子生命力	股票型	朱蓓
410010	华富中小板指数增强	指数型	朱蓓

【公司高管】

章宏韬先生,董事长,本科学历,工商管理硕士学位。历任安徽省农村经济管理干部学院政治处职员,安徽省农村经济委员会调查研究处秘书、副科秘书,安徽证券交易中心综合部(办公室)经理助理、副经理(副主任),安徽省证券公司合肥蒙城路营业部总经理,华安证券有限责任公司总裁办副主任、总裁助理兼办公室主任,现任华安证券有限责任公司党委委员、副总裁,华安期货有限责任公司董事。

姚怀然先生,公司总经理,学士学位、研究生学历。历任人民银行安徽省分行金融管理处主任科员,安徽省证券公司营业部经理、总办主任、总经理助理兼证券投资总部总经理,华安证券有限责任公司总裁助理兼证券投资总部总经理,华富基金管理有限公司董事长。

满志弘女士,公司督察长,管理学硕士,CPA。曾任道勤控股股份有限公司财务部总经理,华富基金管理有限公司监察稽核部副总监兼董事会秘书。

上投摩根基金管理有限公司

【基本情况】

法定名称:上投摩根基金管理有限公司

英文名称:China International Fund Management Co. , Ltd.

注册地址:上海市富城路 99 号震旦大厦 20 层

办公地址:上海市富城路 99 号震旦大厦 20 层

法人代表:陈开元

总　经　理:章硕麟

成立时间:2004 年 5 月 25 日

公司属性:中外合资

注册资本:2.5 亿元

联系电话:021 - 38794888

客服热线:400 - 889 - 4888

传真号码:021 - 68881130

邮政编码:200120

公司网址:www. 51fund. com

【公司概况】

上投摩根基金管理有限公司是经中国证监会证监基字[2004]56 号文批准,于 2004 年 5 月 12 日成立的合资基金管理公司。2005 年 8 月 12 日,基金管理人完成了股东之间的股权变更事项。公司注册资本保持不变,股东及出资比例分别由上海国际信托有限公司 67% 和摩根资产管理(英国)有限公司 33% 变更为目前的 51% 和 49%。

2006 年 6 月 6 日,基金管理人的名称由"上投摩根富林明基金管理有限公司"变更为"上投摩根基金管理有限公司",该更名申请于 2006 年 4 月 29 日获得中国证监会的批准,并于 2006 年 6 月 2 日在国家工商总局完成所有变更相关手续。

2009 年 3 月 31 日,基金管理人的注册资本金由 1.5 亿元人民币增加到 2.5 亿元人民币,公司股东的出资比例不变。该变更事项于 2009 年 3 月 31 日在国家工商总局完成所有变更相关手续。

自成立以来,无论投资环境顺逆,上投摩根都不负所托,为投资者争取最佳主动管理回报。凭借旗下基金稳健卓越的业绩表现,上投摩根在业内脱颖而出,赢得独立专业机构高度评价,并迅速跻身国内基金业领先行列。

今日,上投摩根本土投研团队精英荟萃,更有摩根富林明海外投资团队鼎力支持,将继续以国际视野掌握中国投资契机,为投资者带来持续优异的业绩表现。

上投摩根基金管理公司致力于与中国基金市场和投资者的共同成长,立志成为中国投资人的国际投资专家和国际投资人的中国投资专家。专业诚信的经营原则:始终将投资者的利益放在首位,诚实守信,为投资者创造最大价值;服务导向的经营原则:提供全方位、深层次、国际标准的资产管理服务;优质稳健的基金业绩经营原则:追求长期稳健的基金业绩,而非注重眼前利益;本地化长期耕耘经营原则:本地优势与国际视野充分结合,因地制宜的发展策略。

上投摩根基金管理公司借鉴摩根富林明资产管理 150 多年的投资经验,通过科学合理的流程管理和投资体制,在合规合法的前提下为投资人积累更多阳光下的财富。在公司的投资运作中，重视以国际化的视野审视国内市场，发掘新的投资机会，为国内的投资者提供更多国际化的专业服务。

持续优异的投资业绩主要源自具有国际水准的投资研究团队。上投摩根借助中西合璧的一流投资管理平台，为投资人打造出众的投资业绩。

作为合资公司，上投摩根获得了来自摩根富林明资产管理在全球管理超过10,000亿美元团队的强大支持。大中华投资管理团队常驻香港，为区域内最资深的投资管理队伍之一。团队成员平均拥有16年投资经验，在摩根富林明资产管理平均任职6年以上。此外，另有11位深谙大中华市场的资深投资专家直接为合资公司提供长期强有力的后援支持。

【公司大事记】

2004年，上投摩根经中国证监会证监基字[2004]56号文批准，于2004年5月12日成立。同年8月，推出上投摩根中国优势基金，受到了市场广泛关注。

2005年，上投摩根率先推出了“致富100”百场理财知识讲座活动，百场讲座全部围绕子女教育、养老、购房购车等与百姓生活息息相关的热门理财话题，为投资者带来深入浅出的全新理财观念。

2006年，上投摩根创建大型基金理财知识普及活动“摩根基金大学”，讲座内容从基金产品的基本概念到基金投资策略，从子女教育到个人养老，以及总结基金投资误区等，几乎涵盖了投资者所关注的所有领域。同年，上投摩根的股票投资管理能力排名处于全市场前列，展现出了良好的、持续性较长的专业化资产管理风采。

2007年，上投摩根内需动力和上投摩根亚太优势均创造了当时的基金销售记录。面对火爆的牛市，上投摩根长时间暂停旗下全部股票型基金的申购业务，以保持基金合理运作环境，争取稳健的基金业绩。同年，上投摩根点燃“火炬行动”，通过真实反映十位基金持有人的理财生活，连接十位基金持有人的理财人生，最终播撒倡导健康理财文化的“火种”。

2008年，上投摩根率先在基金定投客户中，将投资目的为儿女教育成长基金的人群细分出来，创造出了“亲子定投”的概念。此外，上投摩根启动了新的大型投资主题活动“新致富100”，旨在引导投资者更深刻地理解投资精髓，内容涵盖海外投资、女性理财、子女教育、社会公益、投资者体验等多项内容。

2009年，上投摩根在业内率先提出了群星计划，将人才、产品、绩效和获利有机地结合，包括外部人才招聘、内部人才培养、投研信息交流、投研成果结合等一系列的步骤和流程，最终全面提高基金业绩。

2010年，上投摩根进入二次起飞阶段，公司规模排名显著提升，投研团队的精神面貌焕然一新，投研力量得到不断增强，业绩也得到明显改善。

2011年，上投摩根香港子公司和厦门分公司于7月先后成立。

2012年10月，上投摩根南京办事处于10月成立。

【股东概况】

排序	股东名称	持股数量(万股)	持股比例
1	上海国际信托投资有限公司	12750.00	51%
2	摩根富林明资产管理(英国)有限公司	12250.00	49%

【旗下基金】

基金代码	基金简称	类型	基金经理
370010	上投货币A	货币型	王亚南、孟晨波
370011	上投货币B	货币型	王亚南、孟晨波
373010	上投摩根双息平衡	混合型	冯刚、孙芳
375010	中国优势	混合型	杨安乐
377010	上投摩根阿尔法	股票型	欧宝林
377016	亚太优势	QDII	杨逸枫、张军
377020	上投摩根内需动力	股票型	王孝德
378010	上投摩根成长先锋	股票型	唐倩
373020	上投双核	混合型	罗建辉
371020	上投纯债A	债券型	王亚南
371120	上投纯债B	债券型	王亚南
379010	上投中小盘	股票型	董红波
377530	上投行业轮动	股票型	冯刚
376510	上投大盘蓝筹	股票型	罗建辉
378006	上投全球新兴市场	QDII	王邦祺
372010	上投强化回报A	债券型	杨成、赵峰
372110	上投强化回报B	债券型	杨成、赵峰
377240	上投新兴动力	股票型	杜猛
377150	上投健康品质生活	股票型	董红波
378546	上投全球天然资源	QDII	张军
370021	分红添利A	债券型	赵峰
370022	分红添利B	债券型	赵峰
370023	上投消费领先	股票型	黄栋
370024	核心优选	股票型	孙芳
370025	轮动添利A	债券型	杨成
370026	轮动添利C	债券型	杨成

【公司高管】

陈开元先生，董事长。大学本科学历，中共党员，高级经济师。先后任职于上海市财政局第三分局，共青团上海市财政局委员会，英国伦敦Coopers & Lybrand咨询公司等，曾任上海市财政局对外经济财务处处长，现任上海国际集团有限公司副总经理。

章硕麟先生，总经理。获台湾大学商学硕士学位。曾任怡富证券投资顾问股份有限公司任协理、摩根大通证券副总经理、摩根富林明证券股份有限公司董事长。

陈星德先生，督察长。毕业于中国政法大学，获法学博士学位。任国投瑞银基金管理有限公司监察稽核部总监。

中银基金管理有限公司

【基本情况】

法定名称：中银基金管理有限公司
英文名称：BOC International Investment Management Co., Ltd.
注册地址：中国上海浦东银城中路200号中银大厦45层
办公地址：中国上海浦东银城中路200号中银大厦45层
法人代表：谭　炯
执行总裁：李道滨
成立时间：2004年8月12日
公司属性：中外合资
注册资本：1亿元
联系电话：021－38834999
客服热线：400－888－5566
传真号码：021－68872488

邮政编码:200121
公司网址:www. bociim. com

【公司概况】

中银基金管理有限公司是由中国银行股份有限公司(以下简称中国银行)和贝莱德投资管理有限公司(以下简称贝莱德)两大全球著名领先金融品牌强强联合组建的中外合资基金管理公司,致力于长期参与中国基金业的发展,努力成为国内领先的基金管理公司。

中银基金管理有限公司前身为中银国际基金管理有限公司,于2004年7月29日正式开业,是由中银国际和美林投资管理合资组建(2006年9月29日美林投资管理有限公司与贝莱德投资管理有限公司合并,合并后新公司名称为"贝莱德投资管理有限公司")。经过三年多的发展,中银国际基金管理有限公司凭借公司在基金管理卓越的业绩表现在业内脱颖而出,并荣获中国最佳风险管理基金管理公司荣誉称号和中国投资者教育优秀奖。经中国证监会和中国商务部批准,并已在国家工商总局完成了注册变更手续,中银国际基金管理有限公司更名为中银基金管理有限公司。

中银基金管理有限公司汇集海内外具有丰富经验和良好职业道德,具备团队精神和创新意识的资深投资管理人才,组成了国际化与本土化相结合的中西合璧的专业化团队,致力于以诚信服务大众,用智慧创造财富,为投资者提供丰富的投资产品和国际标准的投资管理服务。公司将充分发挥中外股东的全球经验和资源优势,引入外方股东在全球资产管理市场的成功经验、技术和智慧,与中国本土经验相结合,为广大投资者提供专业化的投资理财服务。

【公司大事记】

2004年6月28日,中银国际基金管理公司获得中国证券监督管理委员会的开业批准。

2004年7月29日,中银国际基金管理公司在沪隆重举行开业典礼。

2007年2月5日,中国银行总行张燕玲副行长莅临我司视察指导工作。

2007年6月29日,中银国际基金管理有限公司第一届董事会第四次会议(书面会议)成功举行。

2007年7月27日,中银增长基金(163803)实施拆分,由于投资者申购踊跃,拆分当日规模就超过100亿份目标规模,百亿限额一日售罄。

2007年8月13日,中银收益基金(163804)实施大比例分红,每十份基金份额派发现金红利11元,这是该基金成立十个月以来第三次分红。

2007年8月17日,中银收益基金(163804)于2007年8月13日实施大比例分红,每十份派发现金红利11元,分红后随即开展为期两周的持续销售和集中服务活动。截至8月17日,其申购份额迅速超过规定的80亿份上限,原定8月24日结束的持续营销活动提前结束。

2007年8月29日,中银国际基金管理有限公司第一届董事会第五次会议(现场会议)在北京成功举行。

2007年8月29日,中银国际基金管理有限公司第五次股东会会议(现场会议)在北京成功举行。

2007年9月21日,公司荣获中国最佳风险管理基金管理公司荣誉称号。

2007年11月28日,公司联合《上海证券报》、《上海金融报》、东方财富网、《中国证券报》、新浪网等十多家主流媒体共同组织中银基金理财讲堂——走进高校投资者教育系列活动暨"中银基金杯"大学生明日之星基金理财精英选拔赛,在上海复旦大学拉开帷幕。

2007年12月25日,经中国证券监督管理委员会批复,同意中国银行股份有限公司直接控股中银基金。

2007年12月27日,中银基金理财讲堂——走进高校投资者教育系列活动闭幕式暨"中银基金杯"大学生明日之星基金理财精英选拔赛决赛,在上海交通大学成功举行。

2007年12月31日,公司荣获中国投资者教育优秀奖。

2008年1月30日,中银基金管理有限公司第二届董事会第一次会议在北京成功举行。

2008年1月11日,在证券时报社主办 的"2007年度中国明星基金暨最佳托管银行评选"中,中银中国基金获评"2007年度中国明星基金奖"。

2008年1月30日,中银基金管理有限公司2008年第一次股东会会议在北京成功举行 。

2008年1月16日,公司名称变更为中银基金管理有限公司。同时公司的英文名称变更为 Bank of China Investment Management Co., Ltd. 。

2008年1月30日,中银基金管理有限公司第二届董事会第一次会议在北京成功举行。

2008年1月30日,中银基金管理有限公司2008年第一次股东会会议在北京成功举行。

2008年2月15日,中银基金管理公司第五只基金产品——中银动态策略股票型基金获得中国证监会募集批准,将择期公开发售 。

2008年2月18日,"中银基金管理有限公司"揭牌典礼在北京隆重举行。中国银行总行肖钢董事长,贝莱德董事长兼首席执行官劳伦斯芬克先生、中国银行总行王永利副行长、总行各相关部门的总经理、公司董事长贾建平先生、公司执行总裁陈儒先生、公司原董事长平岳先生、公司部分董事、监事、来自股东单位和机构客户的200余名贵宾等出席了此次揭牌典礼。

2008年2月20日,中银基金管理有限公司2008年第二次股东会在北京成功举行。

2008年3月3日,中银基金管理有限公司第五只基金产品——"中银动态策略股票型证券投资基金"(163805)正式发售。此次基金募集规模上限为120亿元人民币,投资者即日起可通过中国银行、中国工商银行等各代销机构的基金销售网点和中银基金直销中心进行认购。

2008年3月21日,在第三届中国证券投资基金业年会暨2007年首届中国基金行业年度评选中,中银基金管理有限公司荣获"投资者教育创新奖"。

2008年3月28日,在第五届中国基金业"金基金"系列评选活动中,中银基金管理有限公司荣获中国最佳基金管理公司"最具潜力奖"与"最佳投资者关系奖"入围奖;中银中国基金荣获最佳配置基金"金基金"奖。

2008年3月28日,中银基金管理有限公司第五只基金产品"中银动态策略股票型证券投资基金"发行圆满成功。

2008年4月3日,中银动态策略股票型开放式证券投资基金基金合同生效。

2008年4月3日,中银动态策略股票型开放式证券投资基金基金合同生效。

2008年4月7日，由《理财周刊》联合深圳科学生活博览会国际理财展组委会举办的“2008年最受市民欢迎的理财产品”评选活动结果揭晓，我司旗下中银增长基金荣获最受欢迎理财产品奖。

2008年4月8日，中银基金管理有限公司在上海市“知荣辱、讲文明、迎世博、建诚信”系列活动之2007上海市“年度诚信企业”评选活动中荣获“2007年度企业诚信建设奖”。

2008年5月13日，2008年5月12日14时28分，我国四川汶川县发生8级强烈地震。中银基金全体员工踊跃为灾区捐款捐物奉献爱心，及时伸出援助之手。5月13日，公司已经通过中国证券业协会和中行上海分行向我国四川省地震灾区捐赠首批善款13.35万元人民币。

2008年5月19日，5月19日14时28分，中银基金在公司多功能会议室举行四川汶川大地震哀悼仪式，在公司管理层的带领下，全体员工默哀3分钟，向四川汶川大地震遇难同胞表示深切哀悼。在哀悼仪式上，公司员工自发第二次捐款69701元。公司全体党员同时踊跃交纳特殊党费，已通过上级党委统一捐至受灾地区。同时，公司再次捐赠善款10万元，中银基金共捐赠善款30余万元，公司的爱心捐赠活动还在进行中。

2008年5月19日，中银基金管理有限公司荣膺“2008年中国蓝筹公司年会——中国十大金牌基金公司”奖。

2008年5月21日，中银基金管理有限公司第二届董事会合规委员会第一次会议（电话会议）成功召开。

2008年5月22日，中银基金管理有限公司第二届董事会第三次会议（电话会议）成功召开。

2008年6月11日，贝莱德投资管理有限公司副董事长兼全球股票投资总监Bob Doll先生一行与我司进行业务交流。

2008年6月12日，中国银行总行王永利副行长莅临我司视察指导工作。

2008年6月13日，中银基金管理公司年度新员工培训工作在上海东方绿洲正式开始。

2008年7月4日，中国银行总行肖钢董事长莅临我司视察指导工作。

2008年7月18日，中银基金管理公司第六只基金产品——中银稳健增利债券型基金正式获得中国证监会发行批准，成为2008年公司获批的第二只基金产品。

2008年8月29日，中国银行总行黄定坚总稽核莅临我司视察工作。

2008年9月6日，经中国证监会核准，公司获得特定客户资产管理业务资格。

2008年9月20日，公司荣获“最佳风险控制基金公司”、“最佳公司治理基金公司”荣誉称号。

2008年10月13日，中银基金管理有限公司第六只基金产品——“中银稳健增利债券型证券投资基金”（163806）正式发售。投资者即日起可通过中国银行、中国工商银行等各代销机构的基金销售网点和中银基金直销中心进行认购。

2008年11月7日，中银基金管理有限公司第六只基金产品“中银稳健增利债券型证券投资基金”发行圆满成功。

2008年11月14日，中银稳健增利债券型证券投资基金基金合同生效。

2008年12月1日，中银基金管理有限公司第二届董事会第五次会议成功召开。

2008年12月20日，中银基金管理有限公司在首届中国电子金融“金爵奖”评选中荣获“用户满意的电子金融品牌”、“最佳网上基金公司”荣誉称号。

2009年1月7日，中银基金旗下第七只基金产品——中银行业优选灵活配置混合型证券投资基金，正式获得中国证监会募集批准。

2009年1月8日，2008年度财经风云榜单日前揭晓，中银基金管理有限公司荣膺“最佳投资者关系基金公司”荣誉称号。

2009年1月13日，中银基金管理有限公司第二届董事会第六次会议成功召开。

2010年2月5日，中银基金管理有限公司第二届董事会第十次会议成功召开。

2010年2月5日，中银基金管理有限公司第九只基金产品——中银蓝筹精选灵活配置混合型证券投资基金发行圆满成功。

2010年2月11日，中银基金管理有限公司第九只基金产品——中银蓝筹精选灵活配置混合型证券投资基金正式成立。

2010年3月01日，中银中国基金获得海通证券三年期综合系列基金评级五星级基金。

2010年3月05日，中国银行总行金融市场总部岳毅总裁莅临中银基金视察指导工作。

2010年4月22日，中银基金管理有限公司第二届董事会第十一次会议成功召开。

2010年4月22日，中银基金旗下最新三只专户理财“一对多”产品已结束募集并于今日完成相关备案程序，正式成立。至此，中银基金专户理财“一对多”已有8只产品，成为国内同类业务中产品数量最多的基金公司之一。

2010年6月1日，中银基金旗下第十只基金产品——中银价值精选灵活配置混合型证券投资基金，正式获得中国证监会募集批准。

2010年7月19日，中银基金旗下第十只基金产品——“中银价值精选灵活配置混合型证券投资基金”（163810）正式发售。投资者即日起可通过中国银行、招商银行、中国工商银行、中国建设银行等代销机构的基金销售网点和中银基金直销中心进行认购。

2010年8月22日，中银基金管理有限公司第二届董事会第十二次会议成功召开。

2010年8月25日，中银价值精选灵活配置混合型证券投资基金基金合同生效。

2010年9月1日，中银基金旗下第十一只基金产品——中银稳健双利债券型证券投资基金，正式获得中国证监会募集批准。

2010年10月18日，中银基金旗下第十一只基金产品——“中银稳健双利债券型证券投资基金”（163811）正式发售。投资者即日起可通过中国银行、招商银行、中国建设银行等代销机构的基金销售网点和中银基金直销中心进行认购。

2010年11月12日，中国银行总行李早航副行长莅临我司视察指导工作。

2010年11月25日，中银银稳健双利债券型证券投资基金基金合同生效。

2011年1月6日，中银基金旗下第十二只基金产品——“中银全球策略证券投资基金”（163812）正式发售。投资者即日起可通过中国银行、建设银行、工商银行、招商银行等代销机构的基金销售网点和中银基金直销中心进行认购。

2011 年 2 月 23 日，中银基金管理有限公司第二届董事会第十三次会议成功召开。

2011 年 3 月 3 日，中银全球策略证券投资基金基金合同生效。

2011 年 4 月 21 日，中国银行总行李早航副行长莅临我司视察指导工作。

2011 年 5 月 16 日，中银基金旗下第十三只基金产品——“上证国有企业 100 交易型开放式指数证券投资基金”（网上现金发行代码：510273）正式发售。

2011 年 5 月 30 日，中银基金旗下第十四只基金产品——“中银转债增强债券型证券投资基金”（基金代码：163816、163817）正式发售。

2011 年 6 月 16 日，中银上证国有企业 100 交易型开放式指数证券投资基金基金合同生效。

2011 年 6 月 28 日，中银基金管理有限公司第三届董事会第一次会议成功召开。

2011 年 6 月 29 日，中银转债增强债券型证券投资基金基金合同生效。

2011 年 10 月 17 日，中银基金旗下第十五只基金产品——“中银中小盘成长股票型证券投资基金”（基金代码：163818）正式发售。

2011 年 11 月 23 日，中银中小盘成长股票型证券投资基金基金合同生效。

2012 年 1 月 30 日，中银基金旗下第十六只基金产品——“中银信用增利债券型证券投资基金”（基金代码：163819）正式发售。

2012 年 3 月 12 日，中银信用增利债券型证券投资基金基金合同生效。

2012 年 4 月 9 日，中银基金旗下第十七只基金产品——中银沪深 300 等权重指数基金（LOF）（基金代码：163821）正式发售。

2012 年 5 月 9 日，财政部 2012 年金融企业会计信息质量检查中银基金进点见面会顺利召开。

2012 年 5 月 17 日，中银沪深 300 等权重指数证券投资基金基金合同生效。

2012 年 7 月 2 日，中银基金旗下第十八只基金产品——中银主题策略股票型证券投资基金（基金代码：163822）正式发售。

2012 年 7 月 25 日，中银主题策略股票型证券投资基金基金合同生效。

2012 年 7 月 29 日，中银基金管理有限公司喜迎八周年华诞。

2012 年 8 月 13 日，中银基金旗下第十九只基金产品——中银保本混合型证券投资基金（基金代码：163823）正式发售。

2012 年 8 月 31 日，中国银行 · 中银基金综合经营发展研讨会成功召开。

2012 年 9 月 17 日，中银基金旗下第二十只基金产品——中银理财 14 天债券型证券投资基金（基金代码：380001、380002）正式发售。

2012 年 9 月 19 日，中银保本混合型证券投资基金基金合同生效。

2012 年 9 月 24 日，中银理财 14 天债券型证券投资基金基金合同生效。

2012 年 10 月 18 日，中银基金旗下第二十一只基金产品——中银理财 60 天债券型发起式证券投资基金（基金代码：380003、380004）正式发售。

2012 年 10 月 26 日，中银理财 60 天债券型发起式证券投资基金基金合同生效。

2012 年 11 月 14 日，中银基金旗下第二十二只基金产品——中银纯债债券型证券投资基金（基金代码：380005、380006）正式发售。

【公司荣誉】

2008 年 1 月，公司旗下中银中国基金荣获“2007 年中国明星基金奖”（《证券时报》主办）。

2008 年 3 月，公司荣获“2007 年中国最佳基金公司——最具潜力奖”、“最佳投资者关系奖”入围奖（《上海证券报》主办）。

2008 年 3 月，公司旗下中银中国基金荣获“2007 年积极配置型‘金基金’奖”（《上海证券报》主办）。

2009 年 1 月，中银基金管理有限公司在由《中国证券报》主办的第六届中国基金业金牛奖评选中荣获 2008 年度新秀奖。

2009 年 3 月，在由《上海证券报》主办的第六届中国基金业“金基金”奖评选中，中银中国基金荣获三年优胜“金基金 – 积极配置型基金奖”。

2009 年 3 月，在由《上海证券报》主办的第六届中国基金业“金基金”奖评选中，中银基金荣获“金基金 – 最快进步奖”入围奖。

2010 年 5 月，在《中国证券报》主办的“第七届中国基金业金牛奖”评选中，中银基金管理公司荣获“2009 年度金牛创新奖”。

2010 年 5 月，在《中国证券报》主办的“第七届中国基金业金牛奖”评选中，中银中国基金荣获“三年期开放式混合型持续优胜金牛基金”。

2010 年 6 月，在上海证券报主办的第七届中国“金基金奖”评选中，中银中国基金荣获 2009 年度“金基金三年期偏股型混合基金奖”。

2011 年 4 月，在“晨星（中国）2010 年度基金奖”评选中，中银增利基金荣获“晨星（中国）2010 年度债券型基金奖”。

2011 年 4 月，在《上海证券报》主办的第八届中国“金基金奖”评选中，中银中国基金荣获 2010 年度三年期“金基金 · 偏股型混合基金奖”。

2011 年 3 月，在《证券时报》主办的“2011 中国基金业明星奖”评选中，中银基金管理有限公司荣获“长期回报明星基金公司奖”。

2011 年 3 月，在《证券时报》主办的“2011 中国基金业明星奖”评选中，中银中国基金荣获“三年持续回报积极混合型明星基金奖”。

2011 年 4 月，在《中国证券报》主办的“第八届中国基金业金牛奖”评选中，中银增利基金荣获“2010 年度债券型金牛基金”。

2011 年 4 月，在《中国证券报》主办的“第八届中国基金业金牛奖”评选中，中银中国基金荣获“2010 三年持续优胜混合型金牛基金”。

2011 年 4 月，在《中国证券报》主办的“第八届中国基金业金牛奖”评选中，中银基金管理有限公司荣获“金牛基金管理公司”。

2012 年 3 月，在中国证券报主办的“第九届中国基金业金牛奖”评选中，中银基金管理有限公司荣膺“债券投资金牛基金公司”。

2012 年 3 月，在中国证券报主办的“第九届中国基金业金牛奖”评选中，中银增利债券基金荣获“2011 年度债券型金牛基金奖”。

2012 年 3 月，在中国证券报主办的“第九届中国基金业金牛奖”评选中，中银中国基金荣获“五年期混合型金牛基金奖”。

2012 年 3 月，在证券时报主办的“2011 年度中国基金业明星基金奖”评选中，中银基金管理有限公司荣膺“三年持续回报明星基金公司”。

2012 年 3 月，在证券时报主办的“2011 年度中国基金业明星基金奖”评选中，中银增利基金荣获“2011 年度普通债券型明星基金奖”。

2012 年 3 月，在证券时报主办的“2011 年度中国基金业明星基金奖”评选中，中银中国基金荣获“五年持续回报平衡混合型明星基金奖”。

2012 年 3 月，在“晨星（中国）2012 年度基金奖”评选中，中银增利基金荣获“晨星（中国）2012 年度债券型基金奖”。

2012 年 4 月，在上海证券报主办的“第九届中国金基金奖”评选中，中银基金管理有限公司荣膺“2011 年度金基金·债券投资回报公司奖”。

【股东概况】

排序	股东名称	出资额（万元）	持股比例
1	中国银行股份有限公司	8350.00	83.5%
2	贝莱德投资管理（英国）有限公司	相当于人民币 1650 万元的美元	16.5%

【旗下基金】

基金代码	基金简称	类型	基金经理
163801	中银中国	混合型	孙庆瑞
163802	中银货币	货币型	白洁
163803	中银增长	股票型	孙庆瑞、张琦
163804	中银收益	混合型	陈军、甘霖
163805	中银策略	股票型	彭砚
163806	中银增利债券	债券型	李建、奚鹏洲
163807	中银优选	混合型	张琦
163808	中银中证 100	指数型	陈军、周小丹
163809	中银蓝筹	混合型	甘霖、孙庆瑞
163810	中银价值混合	混合型	张发余、彭砚
163811	中银双利债券 A	债券型	陈国辉、奚鹏洲
163812	中银双利债券 B	债券型	陈国辉、奚鹏洲
163813	中银全球策略	QDII	唐华
163816	中银转债 A	债券型	李建
163817	中银转债 B	债券型	李建
510270	中银国企 100ETF	指数型	周小丹
163818	中银中小盘成长	股票型	王涛
163819	中银信用	债券型	奚鹏洲
163821	中银 300E	股票型	周小丹
163822	中银主题	股票型	史彬、甘霖
163823	中银保本	混合型	李建
380001	中银理财 14 天债券 A	理财型	王妍
380002	中银理财 14 天债券 B	理财型	王妍
380003	中银理财 60 天债券 A	理财型	王妍
380004	中银理财 60 天债券 B	理财型	王妍
380005	中银纯债 A	债券型	陈国辉
380006	中银纯债 C	债券型	陈国辉
380007	中银理财 7 天债券 A	理财型	白洁
380008	中银理财 7 天债券 B	理财型	白洁

【公司高管】

谭炯先生，董事长，武汉大学硕士研究生，高级经济师、云南省人民政府特殊津贴专家。历任中国银行武汉市青山支行行长、党总支书记、中国银行西藏自治区分行行长、党委书记、中国银行云南省分行行长、党委书记等职。

李道滨先生，董事，清华大学法学博士。中银基金管理有限公司执行总裁。2000 年 10 月至 2012 年 4 月任职于嘉实基金管理有限公司，历任市场部副总监、总监、总经理助理和公司副总经理。具有 13 年基金行业从业经验。

欧阳向军先生，加拿大国籍，督察长。加拿大西安大略大学毅伟商学院工商管理硕士（MBA）和经济学硕士。曾在加拿大太平洋集团公司、加拿大帝国商业银行和加拿大伦敦人寿保险公司等海外机构从事金融工作多年，也曾任蔚深证券有限责任公司（现英大证券）研究发展中心总经理、融通基金管理公司市场拓展总监、监察稽核总监和上海复旦大学国际金融系国际金融教研室主任、讲师。

东方基金管理有限责任公司

【基本情况】

法定名称：东方基金管理有限责任公司

英文名称：Orient Fund Management Co.，Ltd.

注册地址：北京市西城区锦什坊街 28 号 1－4 层

办公地址：北京市西城区锦什坊街 28 号 1－4 层

法人代表：崔　伟

总 经 理：孙晔伟

成立时间：2004 年 6 月 11 日

公司属性：中资

注册资本：1 亿元

联系电话：010－66295888

客服热线：400－628－5888

传真号码：010－66295999

邮政编码：100033

公司网址：www.orient－fund.com

【公司概况】

东方基金管理有限责任公司成立于 2004 年 6 月，股东为东北证券股份有限公司、中辉国华实业（集团）有限公司、河北省国有资产控股运营有限公司和渤海国际信托有限公司。

成立至今，东方基金秉承“诚信是基，回报为金”的经营宗旨，凭借规范、稳健、务实的管理风格以及科学理性的投资运作模式，致力于全球性的开拓思维与本土化的务实行动，努力为广大投资者创造了丰厚的投资回报。

作为以诚信而立的资产管理人，为持有人创造长期稳健的回报是东方基金的核心价值所在。公司成立以来，已经建立起了一套成熟、高效的投资决策、风险控制、研究支持、运作保障和市场拓展体系。

“稳健投资创造持久价值”，未来东方基金将以市场为导向，投资者利益为中心，依托公司完善的治理结构、科学化的风险控制流程，树立知名品牌，提升核心竞争力，努力为千千万万持有人创造优质理财服务，并携手广大投资者共创资本市场美好明天。

【公司大事记】

2004 年 6 月 11 日，东方基金管理有限责任公司成立。

2004 年 11 月 25 日，东方龙混合型开放式证券投资基金成立。

2006 年 1 月 11 日，东方精选混合型开放式证券投资基金成立。

2006 年 8 月 2 日，东方金账簿货币市场证券投资基金成立。

2007 年 7 月，东方精选基金获基金观察颁发的“2007 钻石基金之新”称号。

2007 年 12 月，东方基金管理有限责任公司获华夏时报颁发的“最佳基金持续营销奖”。

2008 年 1 月，东方精选基金获《中国证券报》颁发的“2007 年混合型金牛基金”奖。

2008 年 1 月，东方精选基金获《证券时报》颁发的“2007 年平衡型明星基金”奖。

2008 年 1 月，由和讯网举办的“2007 年度中国财经风云榜”颁奖典礼上，东方精选基金经理付勇、于鑫先生获“2007 年度中国十大明星基金经理”称号。

2008 年 3 月，东方精选获由《新民晚报》和东方财富网联合颁发的“2007 年百姓最喜爱的十大股票基金”称号。

2008 年 5 月，东方基金管理有限责任公司获百度财经颁发的“亿万网民心目中的 2008 最具潜力基金公司”称号。

2008 年 6 月 3 日，东方策略成长股票型开放式证券投资基金成立。

2008 年 11 月，东方基金管理有限责任公司获中国国际金融博览会组委会颁发的“2009 最具潜力基金公司”称号。

2008 年 12 月 10 日，东方稳健回报债券型证券投资基金成立。

2009 年 6 月 19 日，东方核心动力股票型证券投资基金成立。

2009 年 6 月，东方精选入选“2009 福布斯基金排行榜”股票基金前 30 强。

2010 年 5 月，东方精选基金获《中国证券报》颁发的“2009 年混合型金牛基金奖”。

2010 年 5 月，东方精选基金获《证券时报》颁发的“2009 年积极混合型明星基金奖”。

2010 年 8 月，东方精选基金获《上海证券报》颁发的“金基金・2009 年偏股型混合基金奖”。

2011 年 4 月 14 日，东方保本混合型证券投资基金成立。

2011 年 12 月，东方基金管理有限责任公司获和讯网颁发的“2011 年度最具成长性基金公司奖”。

2011 年 12 月，东方基金管理有限责任公司获东方财富网颁发的“2011 年度最具投资能力奖”。

2011 年 12 月，东方龙、东方策略成长基金经理于鑫获搜狐网颁发的“2011 年度最佳基金经理奖”。

2011 年 12 月 28 日，东方增长中小盘混合型证券投资基金成立。

2012 年 1 月，东方龙、东方策略成长基金经理于鑫获和讯网颁发的“2011 年度最佳基金经理奖”。

2012 年 3 月，东方基金管理有限责任公司获《证券时报》颁发的“明星基金成长奖”。

2012 年 3 月，东方基金管理有限责任公司获凤凰网颁发的“2011 年度最佳投研团队奖”。

2012 年 3 月，东方精选基金获《证券时报》颁发的“积极混合型明星基金奖”。

2012 年 3 月，东方龙基金获《证券时报》颁发的“平衡混合型明星基金奖”。

2012 年 3 月，东方策略成长基金获《证券时报》颁发的“股票型明星基金奖”。

2012 年 4 月，东方基金管理有限责任公司获《上海证券报》颁发的“股票投资回报公司奖”。

2012 年 4 月，东方龙基金获《中国证券报》颁发的“混合型金牛基金奖”。

2012 年 4 月，东方龙基金获《上海证券报》颁发的“金基金・灵活配置型基金奖”。

2012 年 4 月，东方基金管理有限责任公司获《北京青年报》颁发的“2011 年度最佳静态投资奖”。

2012 年 4 月，东方精选基金获《上海证券报》颁发的“金基金・3 年期偏股型混合基金奖”。

2012 年 4 月，东方基金管理有限责任公司获《中国证券报》颁发的“金牛进取奖”。

【股东概况】

持股单位	出资金额(万元)	持股比例
东北证券股份有限公司	4600 万元	46%
中辉国华实业(集团)有限公司	1800 万元	18%
渤海国际信托有限公司	1800 万元	18%
河北省国有资产控股运营有限公司	1800 万元	18%
合计	10000 万元	100%

【旗下基金】

基金代码	基金简称	类型	基金经理
400001	东方龙混合型基金	混合型	于鑫
400003	东方精选混合	混合型	庞飒、于鑫、呼振翼、朱晓栋
400005	东方金账簿货币	货币型	王丹丹
400007	东方策略成长	股票型	于鑫
400009	东方稳健回报	债券型	杨林耘
400011	东方核心动力	股票型	张岗
400013	东方保本	保本型	张岗杨林耘
400015	东方增长中小盘	混合型	呼振翼
400016	东方强化收益	债券型	王丹丹
400018	东方央视财经 50	指数型	吴长凤

【公司高管】

崔伟先生，董事长，经济学博士。历任中国人民银行副主任科员、主任科员、副处级秘书，中国证监会党组秘书、秘书处副处长、处长，中国人民银行东莞中心支行副行长、党委委员，中国人民银行汕头中心支行行长、党委书记兼国家外汇管理局汕头中心支局局长，中国证监会海南监管局副局长兼党委委员、局长兼党委书记，中国证监会协调部副主任兼中国证监会投资者教育办公室召集人；现任东方基金管理有限责任公司董事长，兼任东北证券股份有限公司董事、吉林大学商学院教师、中国证券投资基金业协会理事。

孙晔伟先生，董事，经济学博士。历任吉林省社会科学院助理研究员，东北证券股份有限公司投资银行部经理，东方基金管理有限责任公司督察长，新华基金管理有限公司总经理助理，安信证券股份有限公司基金公司筹备组副组长，安信基金管理有限责任公司副总经理；现任东方基金管理有限责任公司总经理。

李景岩先生，督察长，硕士，中国注册会计师。具有15年证券从业经历，曾任东北证券股份有限公司延吉证券营业部财务经理、北京管理总部财务经理。2004年6月加盟本公司，曾任财务主管，财务部经理，财务负责人，综合管理部经理兼人力资源部经理、总经理助理。

东吴基金管理有限公司

【基本情况】

法定名称：东吴基金管理有限公司
英文名称：Soochow Asset Management Co.，Ltd.
注册地址：上海市源深路279号
办公地址：上海市源深路279号
法人代表：吴永敏
总 经 理：任少华
成立时间：2004年9月2日
公司属性：中资
注册资本：1亿元
联系电话：021-50509888
客服热线：400-821-0588
传真号码：021-50509884
邮政编码：200120
公司网址：www.scfund.com.cn

【公司概况】

东吴基金管理有限公司是经中国证监会批准成立的全国性基金管理公司。公司成立于2004年9月，总部位于上海。注册资本1亿元人民币。

公司股东为东吴证券股份有限公司（占49%股份）、上海兰生（集团）有限公司（占30%股份）、江阴澄星实业集团有限公司（占21%股份）。其中，东吴证券股份有限公司注册资本20亿元，并于2011年12月12日在上海证券交易所挂牌上市，主要从事证券代理买卖、证券自营买卖、证券承销和上市推荐、企业重组、收购与兼并、基金与资产管理等业务；上海兰生（集团）有限公司是由上海市人民政府批准组建的以国有资产管理、进出口贸易为主的国有大型企业集团，集团现有成员企业18家，拥有总资产74.82亿多元，净资产近24.74亿元；江阴澄星实业集团有限公司，主要从事实业投资，涉足磷化工、工程塑料、化肥农药、仓储物流、国际贸易、金融投资、房地产、风险投资等领域。

公司经营范围包括基金管理业务、发起设立基金和经中国证监会批准的其他业务。自2005年发行第一支基金以来，公司逐渐形成了高中低风险结合的完善产品线，并走出了一条独具特色的新兴产业投资产品线，凸显了战略投资基于成长性公司的产品线优势。除了公募业务之外，公司还始终致力于业务多元化发展，公司专户资格已获批，机构理财、专户投资、QDII等新业务也已准备有序。

依托新兴产业方面的先发优势和良好的投资业绩，公司先后荣获最具投资价值基金公司、最佳投资团队、中国证券报金牛进取奖、上海证券报金基金·股票投资回报公司奖、证券时报明星基金公司成长奖、证券日报金算盘奖、金基金·成长公司奖。由于业绩表现突出，公司多支基金产品也获得业界殊荣。东吴行业轮动获理财周刊“年度最佳表现股票型基金”；东吴双动力获中国证券报“股票型金牛基金”，东吴策略获中国证券报“混合型金牛基金”；东吴嘉禾获证券时报“积极混合型明星基金奖”，东吴双动力获证券时报“股票型明星基金奖”，东吴策略获证券时报“积极混合型明星基金奖”。东吴基金和中央电视台财经频道在上海联合举办的“新经济财富论坛”，已成为业内一年一度的饕餮盛宴，强化了东吴基金在新兴产业方面的权威形象。

东吴基金拥有一支经验丰富而又充满活力的专业团队，平均年龄33岁，其中硕士以上学历占50%；具有5年以上基金、证券从业经历的占60%；公司高管和主要投资管理人员的平均金融从业年限为10年，具有丰富的实践操作经验和管理经验。

作为传统吴文化与前沿经济理念的有机结合，东吴基金崇尚"以人为本，以市场为导向，以客户为中心，以价值创造为根本出发点"的经营理念；遵循“诚而有信、稳而又健、和而有铮、勤而又专、有容乃大”的企业格言；树立了“做价值的创造者、市场的创新者和行业的思想者”的远大理想，创造性地树立公司独特的文化体系，在众多基金管理公司中树立自己鲜明的企业形象。

【公司大事记】

2004年9月，东吴基金在上海注册成立，注册资本金为1亿元。

2006年12月15日，东吴旗下第二只基金——东吴价值成长双动力正式成立，募集基金21.44亿份。

2007年1月31日，东吴基金荣获由《人民日报》、《市场报》等单位联合评选的“中国基金管理十大影响力品牌”。

2007年4月，东吴基金联合中国工商银行推出定期定额投资计划。

2007年7月2日，东吴基金开通中国建设银行龙卡储蓄卡基金网上交易。

2007年8月8日，东吴基金新增交通银行为代销机构并开办定期定额投资业务。

2007年11月1日，东吴基金携手中国农业银行开通金穗通宝储蓄卡网上交易。

2007年11月19日，东吴基金旗下的东吴双动力基金以优异的业绩表现被《证券日报》、国务院发展研究中心评为“2007年十大高成长基金”金算盘奖。

2007年11月29日，东吴双动力基金新增中国工商银行为代销机构。

2007年12月19日，东吴基金新增中国建设银行为代销机构。

2008年1月7日，东吴基金旗下基金在中国建设银行全面推出“定期定额投资”计划。

2008年2月18日，东吴基金携手中国证券网、证券之星举办为期三个月的大型网络征文有奖活动。

2008年2月22日，东吴旗下第三只基金——东吴行业轮动股票型证券投资基金募集申请获中国证监会审批通过。

2008年3月17日，东吴旗下第三只基金——东吴行业轮动股票型证券投资基金正式公开通过各大银行、券商发售。

2008年4月17日，东吴行业轮动股票型证券投资基金结束募集,净认购金额为人民币 3,171,531,068.11 元。

2008 年 4 月 24 日,东吴行业轮动股票型证券投资基金基金合同生效。

2008 年 5 月 15 日,东吴行业轮动股票型证券投资基金开放申购。

2008 年 5 月 18 日,东吴基金携手中国证券网、证券之星举办为期三个月的大型网络征文有奖活动圆满结束。

2008 年 7 月 22 日,东吴行业轮动股票型证券投资基金打开日常赎回。

2008 年 11 月 5 日,东吴优信稳证券投资基金正式成立效。

2008 年 11 月 12 日,东吴优信稳健债券型证券投资基金开始办理日常申购业务。

2008 年 12 月 31 日,东吴优信稳健债券型证券投资基金开始办理日常赎回业务。

2009 年 5 月 6 日,东吴进取策略灵活配置混合型开放式证券投资基金正式成立。

2009 年 9 月 17 日,捐款举办"阳光育人计划——东吴基金专期"公益活动,资助 11 名品学兼优的少数民族大学生完成学业。

2009 年 10 月 15 日,与《上海证券报》联合举办东吴新经济财富论坛,引起业内广泛关注。

2009 年 12 月 30 日,公司第六只基金产品——东吴新经济股票型基金正式成立,首发募集达 8.01 亿份。

2010 年 5 月 11 日,公司第 7 只基金产品——东吴货币市场证券投资基金正式成立,首发募集达 44.33 亿份。

2010 年 6 月 29 日,公司第 8 只基金产品——东吴新创业证券投资基金正式成立,首发募集达 4.34 亿份。

2010 年 10 月,《理财周报》主办最受尊敬基金公司的评选活动中,被评为"最具潜力基金公司"。

2010 年 11 月,《证券日报》主办的中国证券市场年会基金评选中,被评为"金算盘基金公司"。

2010 年 11 月,《新财富》杂志主办的评选活动中,被评为"第三届新财富最具慧眼基金管理公司"。

2011 年 2 月 1 日,公司第 9 只基金产品——东吴中证新兴产业指数基金正式成立,首发募集达 19.77 亿份。

2011 年 4 月,在《证券时报》举办的明星基金评选中,被评为"2010 年度明星基金公司成长奖"。

2011 年 4 月,在《上海证券报》举办的金基金评选中,被评为"2010 年度金基金.股票投资回报公司奖"。

2011 年 4 月,在《中国证券报》举办的金牛基金评选中,被评为"2010 年度金牛进取奖"。

2011 年 4 月 23 日,东吴基金和中央电视台财经频道联合举办第二届新经济财富论坛,政府、金融界、产业界的权威专家学者汇聚一堂,对未来新兴产业投资进行了全景式展望和分析,成为 2011 年新兴产业投资的一大盛会。

2011 年 7 月 27 日,公司第十只基金产品——东吴增利债券基金正式成立,首发募集 4.27 亿份。

2011 年 9 月 28 日,公司第十一只基金产品——东吴新产业精选股票基金正式成立,进一步丰富了公司的产品线,为投资者提供了更多选择。

【股东概况】

排序	股东名称	持股数量(万股)	持股比例
1	东吴证券有限责任公司	4900.00	49%
2	上海兰生(集团)有限公司	3000.00	30%
3	江阴澄星实业集团有限公司	2100.00	21%

【旗下基金】

基金代码	基金简称	类型	基金经理
580001	东吴嘉禾优势	混合型	邹国英
580002	东吴动力	股票型	唐祝益
580003	东吴行业轮动	股票型	任壮
580005	东吴策略	混合型	唐祝益
582001	东吴优信债券 A	债券型	丁蕙
582201	东吴优信债券 C	债券型	丁蕙
580006	东吴新经济	股票型	邹国英
580007	东吴新创业	股票型	周健
583001	东吴货币 A	货币型	韦勇
583101	东吴货币 B	货币型	韦勇
585001	东吴中证新兴	指数型	周健
582002	东吴增利债券 A	债券型	韦勇
582202	东吴增利债券 C	债券型	韦勇
580008	东吴新产业	股票型	任壮
165806	东吴深证 100	指数型	刘元海
580009	东吴内需增长	混合型	刘元海
582003	东吴保本	混合型	丁蕙

【公司高管】

吴永敏先生,董事长,硕士,高级审计师、高级经济师,中共党员。历任苏州市财政局科员、苏州市税务局三分局局长、苏州市税务局科长、苏州市审计局副局长。现任东吴证券股份有限公司董事长,中共东吴证券股份有限公司党委书记。

任少华先生,董事,博士,经济师,中共党员。历任苏州市人民检察院助理检查员,苏州中辰期货公司总经理助理,苏州证券投资部总经理、资产管理部总经理、副总经济师,东吴证券有限责任公司资产管理总部总经理、总经济师、总裁助理兼任期货筹备组组长、研究所所长,东吴证券股份有限公司党委委员、副总裁,东吴期货有限公司董事长。现任东吴基金管理有限公司总经理。

国海富兰克林基金管理有限公司

【基本情况】

法定名称:国海富兰克林基金管理有限公司

英文名称:Franklin Templeton Sealand Fund Management Co., Ltd.

注册地址:广西南宁市琅东滨湖路 46 号

办公地址:上海浦东世纪大道 8 号上海国金中心二期 9 层

法人代表:吴显玲

总 经 理:李雄厚

成立时间:2004 年 11 月 15 日

公司属性:中外合资

注册资本:2.2 亿元

联系电话:021 -38555555

客服热线:400 -700 -4518

传真号码:021 -68883050

邮政编码:200120

公司网址:www.ftsfund.com

【公司概况】

国海富兰克林基金管理有限公司成立于2004年11月，由国海证券有限责任公司和富兰克林邓普顿基金集团全资子公司邓普顿国际股份有限公司共同出资组建，目前公司注册资本2.2亿元人民币，国海证券有限责任公司持有51%的股份，邓普顿国际股份有限公司持有49%的股份。富兰克林邓普顿基金集团是世界知名基金管理公司，在全球市场上有超过60年的投资管理经验。国海富兰克林基金管理有限公司引进富兰克林邓普顿基金集团享誉全球的投资机制、研究平台和风险控制体系，力争成为国内一流的基金管理公司。

公司经营理念：诚信、稳健、前瞻、一流。

公司使命：成为中国一流的资产管理机构，以我们的核心价值与独特视野为指导，为客户提供高质量的投资方案和出色的服务，并吸引、激励和保留优秀人才。

目前，公司实行董事会领导下的总经理负责制，在管理层设有投资决策委员会和风险管理委员会两个专门委员会。在机构设置上，公司下设研究分析部、投资管理部、基金市场部、机构销售部、零售业务部、基金事务部、信息技术部、行政管理部和监察稽核部9个部门和中央交易室，并成立了上海分公司和深圳分公司。

【公司荣誉】

2008年

荣获《证券时报》2008年度资产配置明星基金公司奖。

旗下基金荣誉

2007年

富兰克林国海弹性市值股票型基金荣获《中国证券报》2007年度开放式股票型金牛基金奖。

富兰克林国海弹性市值股票型基金荣获《证券时报》主办、安信证券协办的“2007年度中国明星基金暨最佳托管银行评选”——2007年度股票型基金明星奖。

2008年

富兰克林国海弹性市值股票型基金荣获晨星（Morningstar）“2008年度股票型基金奖”提名，其中2008年度的股票型基金奖空缺，本基金是五只基金提名奖的其中之一。

富兰克林国海弹性市值股票型基金荣获《中国证券报》“第六届中国基金业金牛奖评选”的2008年度同业领先开放式股票型基金奖。

2009年

富兰克林国海弹性市值股票型基金荣获晨星（Morningstar）三年期股票型基金五星评级。

2010年

富兰克林国海弹性市值股票型基金荣获《上海证券报》2009年度“金基金三年期产品奖”。

富兰克林国海深化价值股票型基金荣获晨星（中国）2009年最佳股票型基金奖提名。

富兰克林国海弹性市值股票型基金荣获《证券时报》“2009年度三年持续回报股票型明星基金奖”。

富兰克林国海弹性市值股票型基金荣获晨星（Morningstar）三年期股票型基金五星评级。

富兰克林国海中国收益混合型基金荣获晨星（Morningstar）三年期标准混合型基金四星评级。

富兰克林国海潜力组合股票型基金荣获晨星（Morningstar）三年期股票型基金四星评级。

2011年

富兰克林国海弹性市值股票型基金荣获晨星（Morningstar）五年期股票型基金五星评级，三年期四星评级。

富兰克林国海潜力组合股票型基金荣获晨星（Morningstar）三年期股票型基金四星评级。

富兰克林国海深化价值股票型基金荣获晨星（Morningstar）三年期股票型基金四星评级。

富兰克林国海中国收益混合型基金荣获晨星（Morningstar）三年期标准混合型基金四星评级。

【股东概况】

排序	股东名称	持股比例
1	国海证券有限责任公司	51%
2	坦伯顿国际股份有限公司	49%

【旗下基金】

基金代码	基金简称	类型	基金经理
450001	国富收益	混合型	刘怡敏、徐荔蓉
450002	国富弹性	股票型	张晓东
450003	国富潜力	股票型	朱国庆
450004	国富价值	股票型	张晓东
450005	国富强化收益A	债券型	刘怡敏
450006	国富强化收益C	债券型	刘怡敏
450007	国富成长动力	股票型	刘伟亭
450008	国富沪深300	指数型	赵晓东
450009	国富中小盘	股票型	赵晓东
450010	国海策略回报配置	混合型	朱国庆
457001	国海亚洲机会	QDII	曾宇
450011	国富研究精选	股票型	徐荔蓉
450018	国富恒久信用A	债券型	刘怡敏、刁晖宇
450019	国富恒久信用C	债券型	刘怡敏、刁晖宇

【公司高管】

董事长吴显玲女士，中共党员，管理学硕士，经济师。历任中国人民银行广西壮族自治区金融管理处主任科员，广西证券交易中心副总经理（主持全面工作），广西证券登记有限责任公司法定代表人、总经理，广西证券有限责任公司副总裁，国海证券有限责任公司副总经理，国海富兰克林基金管理有限公司督察长。现任国海富兰克林基金管理有限公司董事长。

总经理李雄厚先生，中山大学经济学硕士。历任中国工商银行深圳市分行业务发展部高级经理、宝安证券营业部负责人、上海证券业务部筹建负责人，鹏华基金管理有限公司市场部渠道销售主管，招商基金管理有限公司营销管理部总监，友邦华泰基金管理有限公司副总经理，景顺投资管理有限公司（INVESCO HK）机构业务联席总监、国海富兰克林基金管理有限公司副总经理。现任国海富兰克林基金管理有限公司总经理。

督察长李彪先生，硕士研究生，副研究员。历任内蒙古大学经济系讲师、中国证监会海南证监局期货机构监管处副处长、证券机构监管处处长、稽查处处长、国海富兰克林基金管理有限公司督察长助理。现任国海富兰克林基金管理有限公司督察长。

天弘基金管理有限公司

【基本情况】

法定名称：天弘基金管理有限公司

英文名称：Tianhong Asset Management Co.，Ltd.

注册地址:天津市河西区马场道天津国际经济贸易中心A座16层
办公地址:天津市河西区马场道天津国际经济贸易中心A座16层
法人代表:李　琦
总 经 理:郭树强
成立时间:2004年10月25日
公司属性:中资
注册资本:1.8亿元
联系电话:022-83310208
客服热线:022-83310988
传真号码:022-83865569
邮政编码:300203
公司网址:www.thfund.com.cn

【公司概况】

天弘基金管理有限公司(以下简称"公司"或"本公司")是经中国证监会证监基金字[2004]164号文批准于2004年11月8日成立,注册资本金为人民币1.8亿元。公司股东为天津信托有限责任公司(持股比例48%)、内蒙古君正能源化工股份有限公司(持股比例36%)、芜湖高新投资有限公司(持股比例16%)。

截至2012年12月20日,本公司旗下管理的基金有天弘精选混合型证券投资基金、天弘永利债券型证券投资基金、天弘永定价值成长股票型证券投资基金、天弘周期策略股票型证券投资基金、天弘深证成份指数证券投资基金(LOF)、天弘添利分级债券型证券投资基金、天弘丰利分级债券型证券投资基金、天弘现金管家货币市场基金、天弘债券型发起式证券投资基金和天弘安康养老混合型证券投资基金。

公司下设股票投资部、固定收益部、中央交易室、市场部、渠道部、电子商务部、客户服务部、机构业务一部、机构业务二部、机构销售一部、机构销售二部、机构营销部、机构产品部、风险管理部、监察稽核部、信息技术部、基金运营部、财务部、综合管理部、人力资源部和北京分公司、上海分公司、广州分公司。

【公司大事记】

2003年5月19日,天弘基金管理有限公司获批筹建。

2004年10月20日,中国证监会批复,天弘基金管理有限公司获准开业。

2005年10月8日,天弘精选基金合同生效。

2008年4月18日,天弘永利债券型基金合同生效。

2008年5月24日,经公司股东会决议通过,并经中国证监会核准,内蒙古君正能源化工股份有限公司受让公司原股东山西漳泽电力股份有限公司所持有的本公司26%股权。公司股权结构变更为:天津信托投资有限责任公司出资比例为48%;兵器财务有限责任公司出资比例为26%;内蒙古君正能源化工股份有限公司出资比例为26%。

2008年9月20日,公司获得由《理财周报》携手理柏等机构评选出的"2008最具发展潜力奖"。

2008年12月2日,天弘永定股票型基金合同生效。

2008年12月30日,公司获得由首届《北京青年报》"北青财星榜"评选出的唯一一个2008年"市民眼中的金牌成长基金公司"奖。

2009年11月,公司获得由"北京国际金融博览会"出的"2009年最具成长性基金公司"奖和"2009年最佳品牌塑造基金公司"奖。

2009年12月17日,天弘周期策略股票型基金合同生效。

2010年8月12日,天弘深证成份指数基金(LOF)基金合同生效。

2010年12月3日,天弘添利分级债券基金合同生效。

2011年11月11日,公司在第七届中国证券市场年会上获得"金算盘奖"。

【股东概况】

排序	股东名称	持股数量(万股)	持股比例
1	天津信托投资有限公司	4800.00	48%
2	兵器财务有限责任公司	2600.00	26%
2	乌海市君正能源化工有限责任公司	2600.00	26%

【旗下基金】

基金代码	基金简称	类型	基金经理
420001	天弘精选	开放式	高喜阳
420002	天弘永利A	债券型	陈钢、姜晓丽
420102	天弘永利B	债券型	陈钢、姜晓丽
420003	天弘永定	股票型	李蕴炜
420005	天弘周期策略	股票型	高喜阳
420006	天弘现金管家A	货币型	刘冬、王登峰
420106	天弘现金管家B	货币型	刘冬、王登峰
164205	天弘深成LOF	指数型	李蕴炜
420008	天弘债券发起式A	债券型	刘冬
420108	天弘债券发起式B	债券型	刘冬
164206	天弘添利	债券型	陈钢
164207	天弘添利A	债券型	陈钢
150027	天弘添利B	债券型	陈钢
164208	天弘丰利分级	债券型	陈钢、刘冬
164209	天弘丰利A	债券型	陈钢、刘冬
150046	天弘丰利B	债券型	陈钢、刘冬
420009	天弘安康养老	混合型	李蕴炜、姜晓丽

【公司高管】

李琦先生,董事长,硕士。历任天津市民政局事业处团委副书记,天津市人民政府法制办公室、天津市外经贸委办公室干部,天津信托投资公司条法处处长,天津信托投资有限责任公司总经理助理兼条法处处长。现任天津信托投资有限责任公司副总经理。

郭树强先生,董事,总经理,硕士。历任华夏基金管理有限公司交易主管、基金经理、研究总监、机构投资总监、投资决策委员会委员、机构投资决策委员会主任、公司管委会委员、公司总经理助理。

童建林先生,督察长,大学本科,高级会计师。历任当阳市产权证券交易中心财务部经理、副总经理,亚洲证券有限责任公司宜昌总部财务主管、宜昌营业部财务部经理、公司财务会计总部财务主管,华泰证券有限责任公司上海总部财务项目主管,本公司基金会计、监察稽核部副总经理、监察稽核部总经理。现任本公司督察长。

华泰柏瑞基金管理有限公司

【基本情况】

法定名称:华泰柏瑞基金管理有限公司
英文名称:huatai-pinebridge fund management co., Ltd.

注册地址:上海市民生路1199弄证大五道口广场1号楼17层
办公地址:上海市民生路1199弄证大五道口广场1号楼17层
法人代表:齐　亮
总 经 理:韩　勇
成立时间:2004年11月18日
公司属性:合资企业
注册资本:2亿元
联系电话:021－38601777
客服热线:400－888－0001
传真号码:021－38601799
邮政编码:200135
公司网址:http://www.huatai-pb.com/

【公司概况】

华泰柏瑞基金管理有限公司(以下简称:华泰柏瑞基金)是一家中外合资基金管理公司(原友邦华泰基金管理有限公司),公司股东为华泰证券股份有限公司、柏瑞投资有限责任公司、苏州新区高新技术产业股份有限公司。公司于2004年11月18日正式成立,现注册资本人民币2亿元,总部位于上海,下设北京和深圳分公司。公司经营范围包括基金管理业务、发起设立基金及中国证监会批准的其他业务。

公司自成立以来,奉行"主动投资"与"被动投资"并行的公司战略,致力于做中国ETF专家。公司是国内最早推出ETF产品的中外合资基金管理公司之一,凭借精准的指数跟踪能力,杰出的后台运营保障能力,公司旗下的上证红利ETF受到投资者的广泛认可,公司由此积累了丰富的ETF管理经验。

华泰柏瑞基金成立7年多来,以完善的制度,严格的管理,规范的运作,严谨细致的工作精神践行"您的一分投资,我们十分对待"的企业理念,充分结合外方股东在资产管理方面的国际经验以及华泰证券等中方股东在中国本地市场的经验优势,为个人及机构投资者提供满足其需要的金融产品和高水平的理财服务。

【公司大事记】

2004年4月,经证监会批准,友邦华泰基金管理有限公司正式成立。公司由AIG Global Investmet Corp.(AIGGIC)与华泰证券有限责任公司、苏州新区高新技术产业股份有限公司等共同发起,注册资金1亿元。

2005年4月,首只基金友邦华泰盛世中国股票型证券投资基金成立。

2005年9月,经证监会批准,外方股东AIGGIC和华泰证券所持股权同比例从33%增加至49%,公司股东及出资比例变更为:AIGGIC49%、华泰证券49%、苏州高新2%,公司注册资本保持不变。

2006年4月,第二只基金中友邦华泰中短期债券投资基金成立。

2006年8月,友邦华泰基金管理有限公司北京分公司成立。

2006年9月,经证监会核准,公司注册资金从原来的1亿元增资到2亿元,本次为股东同比例增资。

2006年11月,第三只基金友邦华泰上证红利ETF成立。

2007年5月,第四只基金友邦华泰积极成长混合型证券投资基金成立。

2007年12月,友邦华泰中短期债券投资基金转型为友邦华泰金字塔稳本增利债券型证券投资基金。

2008年3月,友邦华泰基金管理有限公司深圳分公司成立。

2008年5月,经证监会核准,公司获得专户理财业务资格。

2008年7月,友邦华泰价值增长股票型证券投资基金成立。

2008年7月,经证监会核准,公司获得QDII业务资格。

2009年1月,公司喜迁自购新办公大楼。

2009年5月,第六只基金友邦华泰货币市场基金成立。

2009年8月,第七只基金友邦华泰行业领先股票型证券投资基金成立。

2009年10月,公司首只专户理财一对多产品获批。

2009年12月,红杉1号、2号专户理财一对多产品成立。

2010年4月,公司更名为华泰柏瑞基金管理有限公司。

2010年5月,华泰柏瑞红利ETF喜获《中国证券报》主办第7届中国基金业2009年度开放式指数型金牛基金奖。

2010年6月,华泰柏瑞红利ETF斩获《上海证券报》主办的第7届中国"金基金.指数基金奖(1年期)"。

2010年6月,第八只基金华泰柏瑞量化先行股票型证券投资基金成立。

2010年8月,华泰柏瑞网站喜获《证券时报》"第11届金融IT创新暨优秀财经网站评选"最佳网上投资顾问奖。

2010年12月,第九只基金华泰柏瑞亚洲领导企业股票型证券投资基金成立。

2011年1月,第十只基金上证中小盘交易型开放式指数证券投资基金成立。第十一只基金华泰柏瑞上证中小盘交易型开放式指数证券投资基金联接基金成立。

2011年3月,在《证券时报》举办的中国基金业明星奖评选中华泰柏瑞价值增长股票型基金荣获"2010年度股票型明星基金奖"。

2011年3月,华泰柏瑞量子1号资产管理计划专户产品成立。

2011年4月,上证红利ETF蝉联《上海证券报》主办的第八届"金基金·指数基金奖(1年期)"。

2011年8月,华泰柏瑞套保增值1号资产管理计划专户产品成立。

2011年9月,第十二只基金华泰柏瑞信用增利债券型证券投资基金成立。

2011年10月,华泰柏瑞价值增长股票基金获"海通证券股票型基金五星评级(三年)"。

2011年10月,华泰柏瑞价值增长股票基金获"招商证券股票型基金五星评级(三年)"。

2012年4月,上证红利ETF第3次蝉联《上海证券报》主办的第九届"金基金－指数基金奖(1年期)"。

2012年5月,第十三只基金华泰柏瑞沪深300交易型开放式指数证券投资基金成立。

2012年5月,第十四只基金华泰柏瑞沪深300交易型开放式指数证券投资基金联接基金基金成立。

2012年月8月,华泰柏瑞策略对冲1号资产管理计划专户产品成立。

2012年月9月,华泰柏瑞获得首批保险资金投资管理人资格。

2012 年 11 月，华泰柏瑞基金·招商银行——长安信托稳健 14 号专户（一对一）成立。

2012 年 12 月，第十五只基金华泰柏瑞稳健收益债券型证券投资基金成立。

【股东概况】

排序	股东名称	持股比例
1	华泰证券股份有限公司	49%
2	柏瑞投资	49%
3	苏州新区高新技术产业股份有限公司	2%

【旗下基金】

基金代码	基金简称	类型	基金经理
460001	华泰柏瑞盛世	股票型	汪晖
510220	中小盘 ETF	指数型	张娅、柳军
460220	中小盘 ETF 联接	指数型	张娅、柳军
510880	上证红利 ETF	指数型	张娅、柳军
519519	华泰柏瑞增利 A	债券型	陈东
460003	华泰柏瑞增利 B	债券型	陈东
460002	华泰柏瑞成长	混合型	方伦煜
460005	华泰柏瑞价值	股票型	沈雪峰
460007	华泰柏瑞领先	股票型	吕慧建
460009	华泰柏瑞量化	股票型	王本昌
460010	华泰亚洲企业	QDII	黄明仁
510300	沪深 300ETF	指数型	张娅、柳军
460300	沪深 300ETF 联接	指数型	张娅、柳军
460006	华泰柏瑞货币 A	货币型	郑青
460106	华泰柏瑞货币 B	货币型	郑青
164606	华泰柏瑞信用	债券型	沈涛
460008	华泰柏瑞稳健 A	债券型	沈涛
460108	华泰柏瑞稳健 C	债券型	沈涛

【公司高管】

齐亮先生，董事长，硕士，1994—1998 年任国务院发展研究中心情报中心处长、副局长，1998—2001 年任中央财经领导小组办公室副局长，2001—2004 年任华泰证券有限责任公司副总裁。

韩勇先生，总经理，博士，曾任职于君安证券有限公司、华夏证券有限公司和中国证券监督管理委员会，2007 年 7 月至 2011 年 9 月任华安基金管理有限公司副总经理。2011 年 10 月加入华泰柏瑞基金管理有限公司。

陈晖女士，督察长，硕士，1993—1999 年任江苏证券有限责任公司北京代表处代表，1999—2004 年任华泰证券有限责任公司北京总部总经理。

新华基金管理有限公司

【基本情况】

法定名称：新华基金管理有限公司
英文名称：New China Fund Management Co., Ltd.
注册地址：重庆市渝中区邹容路 68 号大都会商厦 32 层
办公地址：重庆市渝中区较场口 88 号 A 座 7－2
法人代表：陈　重
总 经 理：孙枝来
成立时间：2004 年 12 月 9 日
公司属性：中资
注册资本：1.6 亿元
联系电话：023－63710818
客服热线：400－819－8866
传真号码：023－63710263
邮政编码：400010
公司网址：www.ncfund.com.cn

【公司概况】

2004 年 12 月 9 日，新华基金管理有限公司经中国证券监督管理委员会批准正式注册成立。公司注册地为重庆市，经营管理中心在北京市，它是由国家有关部门核准的首家在我国西部设立的基金管理公司。

公司经营范围是：基金管理业务、发起设立基金、从事中国证券监督管理委员会批准的其他业务（上述范围内国家有专项规定的按规定办理）。

公司注册资本为 1 亿元人民币，主发起人为新华信托股份有限公司。2011 年 10 月 27 日本公司的注册资本由 1 亿元人民币增加到 1.6 亿元人民币。

公司内部设有市场营销部、投资管理部、运作保障部、监察稽核部、综合管理部、专户管理部等部门及风险管理委员会和投资管理委员会。

公司目前旗下有七只基金产品，即新华优选分红混合偏股型基金、新华优选成长股票型基金、新华泛资源优势混合型基金、新华钻石品质企业股票型基金、新华行业周期轮换股票型基金、新华中小市值优选股票型基金和新华灵活主题股票证券投资基金。根据银河证券基金研究中心数据统计，新华优选成长基金 2009 年净值增长率 115.21%，排名标准股票型基金第二名；新华优选分红基金 2009 年净值增长率99.73%，排名混合偏股型基金第三名；新华泛资源优势基金收益率位居 2009 年同期发行基金前列。目前，公司已经和中国工商银行、中国建设银行、中国农业银行、交通银行、招商银行、中信银行等几家主要银行签订了基金托管或代销协议，使基金销售主渠道得到完善。此外，公司还与多家证券公司、保险公司以及信托公司等金融机构建立了良好的合作关系。

【公司大事记】

2004 年 12 月 9 日，新世纪基金管理有限公司取得了营业执照正式成立，成为西南地区第一家基金管理公司。

2005 年 7 月 28 日，公司第一只基金"世纪分红"开始募集（2005 年 7 月 28 日—2005 年 9 月 9 日），有效认购约 6.9 亿元，9 月 16 日"世纪分红"正式成立。

2008 年 5 月 26 日，公司第二只基金"世纪成长"开始募集（2008 年 5 月 26 日—2008 年 6 月 27 日，延长至 7 月 18 日），有效认购约 2.78 亿元，7 月 25 日"世纪成长"正式成立。

2009 年 6 月 2 日，公司第三只基金"世纪资源"开始募集（2009 年 6 月 2 日—2009 年 7 月 8 日），有效认购约 31.32 亿元，7 月 14 日"世纪资源"正式成立。

2009 年 9 月 26 日，证监会下发了"关于核准新世纪基金管理有限公司变更公司名称、变更住所的批复"，公司正式更名为"新华基金管理有限公司"。

2010 年 1 月 4 日，公司第四只基金"新华钻石"开始募集（2010 年 1 月 4 日—2010 年 1 月 29 日），有效认购约 19.37 亿元，2 月 3 日"新华钻石"正式成立。

2010 年 6 月 17 日，公司第五只基金"新华行业"开始募集（2010 年 6 月 17 日—2010 年 7 月 16 日），有效认购约 3.48

亿元,7 月 21 日"新华行业"正式成立。

2011 年 1 月 4 日,公司第六只基金"新华市值"开始募集(2011 年 1 月 4 日—2011 年 1 月 25 日),有效认购约 7.4 亿元,2 月 28 日"新华市值"正式成立。

2011 年 6 月 1 日,公司第七只基金"新华主题"开始募集(2011 年 6 月 1 日—2011 年 7 月 8 日),有效认购约 5.3 亿元,7 月 13 日"新华主题"正式成立。

2011 年 10 月 27 日,公司完成增加注册资本、新增股东及修改公司章程的工商变更登记手续。经中国证券监督管理委员会《关于核准新华基金管理有限公司变更注册资本的批复》(证监许可[2011]1622 号)同意,公司的注册资本由 1 亿元增加到 1.6 亿元,同时,就增加注册资本、股东出资及新增股东等内容本公司修改了公司章程。

【股东概况】

排序	股东名称	持股数量(万股)	持股比例
1	新华信托投资股份有限公司	7680.00	48%
2	陕西蓝潼电子投资有限公司	4800.00	30%
3	上海大众环境产业有限公司	2200.00	13.75%
4	杭州永原网络科技有限公司	1320.00	8.25%

新华信托股份有限公司,成立于 1979 年,是中国最早的信托投资公司之一,总部设在重庆。2001 年 10 月,公司完成重新登记;2007 年 9 月,经中国银行业监督管理委员会核准,公司重新换发金融许可证。截至 2008 年底,公司信托服务费收入及占比在信托行业内位列前茅,管理资产约 230 亿元人民币。迄今,公司累计实现融资约 800 亿元、外汇 5 亿美元,承销发行债券约 86 亿元,代理发行国债数亿元。公司主动探索信托业务发展模式,建立了综合投行业务、资产管理业务、功能信托业务等三大业务架构。公司积极实施大客户战略及渠道战略,致力于与国内金融机构合作构建金融服务联盟。分别与中国农业银行、国家开发银行等金融机构建立了战略合作关系,在房地产信托、资产证券化试点等领域全面合作,并拥有一批稳定的、在行业处于领先地位的客户群和战略合作伙伴。

陕西蓝潼电子投资有限公司成立于 2001 年 11 月,注册资金 1.5 亿元。经营范围:信息产业、电子、计算机、高新技术产业、农业、房地产业、建筑工程、汽车产业、交通运输的投资及咨询、投资咨询、财务顾问(专控除外)。

上海大众环境产业有限公司,成立于 2003 年 7 月 14 日,公司经营范围是"投资运营城市自来水供应及污水处理工程,投资固废处理工程基础设施,资产经营,房地产开发经营,建筑装潢"。现为上海大众公用事业(集团)股份有限公司全资子公司。作为上市公司的并表单位,公司一直拥有规范的公司治理体系、完善的内部管理制度和严密的信息管理制度。

杭州永原网络科技有限公司,成立于 2004 年 3 月 29 日,公司经营范围是"计算机软、硬件技术开发、技术服务、技术咨询、成果转让,网络工程系统集成,计算机及配件的维修及租赁;批发、零售:电子计算机及配件,办公自动化设备,网络设备,数码设备;其他无需报经审批的一切合法项目"。

【旗下基金】

基金代码	基金简称	类型	基金经理
519087	新华分红	混合型	曹名长
519089	新华成长	股票型	王卫东、崔建波
519091	新华泛资源	混合型	崔建波、桂跃强
519093	新华企业	股票型	曹名长、李昱
519095	新华轮换	股票型	周永胜、何潇
519097	新华中小市值优选	股票型	王卫东、桂跃强
519099	新华灵活主题	股票型	李昱

【公司高管】

陈重先生,金融学博士。历任原国家经委中国企业管理协会研究部副主任、主任;中国企业报社社长;中国企业管理科学基金会秘书长;重庆市政府副秘书长;中国企业联合会常务副理事长;幸福人寿保险公司筹备负责人。2008 年 3 月始任新世纪基金管理有限公司董事。

孙枝来先生,董事、总经理,硕士。历任上海财经大学研究中心副主任、涌金期货经纪公司副总经理、上海君创财经顾问有限公司副总经理、总经理、新时代证券有限公司副总经理,现任新世纪基金管理有限公司总经理。

齐岩先生,督察长,学士。历任中信证券股份有限公司解放北路营业部职员、中信证券股份有限公司天津管理部职员、中信证券股份有限公司天津大港营业部综合部经理,现任新世纪基金管理有限公司督察长。

汇添富基金管理有限公司

【基本情况】

法定名称:汇添富基金管理有限公司

英文名称:China Universal Asset Management Co. ,Ltd.

注册地址:上海市黄浦区大沽路 288 号 6 幢 538 室

办公地址:上海市富城路 99 号震旦国际大厦 22 楼

法人代表:潘鑫军

总　经　理:林利军

成立时间:2005 年 2 月 3 日

公司性质:中资

注册资本:1 亿元

联系电话:021 - 28932888

客服热线:400 - 888 - 9918

传真号码:021 - 28932998

邮政编码:200120

公司网址:http://www.99fund.com/

【公司概况】

汇添富基金是一家高起点、国际化、充满活力的基金公司,奉行"正直、激情、团队、客户第一、感恩"的公司文化,致力成为高质量的"快乐基金"。

汇添富基金旗下管理基金产品涵盖股票基金、指数基金、混合基金、保本基金、债券基金、货币市场基金及 QDII 基金,现总计管理有 28 只基金,不同风险收益特征的多层次产品线基本完善。公司旗下基金业绩历经牛熊考验,整体表现优秀,长期投资业绩持续居于业内领先。汇添富的资产管理规模自成立以来保持了较好的稳健快速增长,稳定位于业内排名前列。

在各项资产管理业务蓬勃发展的同时,汇添富基金还坚持强调完善的公司治理体系和科学的公司治理文化,是亚洲公司治理协会(ACGA)的首家中国会员企业。汇添富基金致力于为员工提供完善的个人职业发展规划和良好的工作与成长平台,并努力营造愉悦简单的工作氛围,员工具有强烈的忠诚度和归属感。2011 年,汇添富荣登《财富》中文版“卓越雇主——中国最适宜工作的公司”榜,成为国内唯一上榜的基金公司。

汇添富基金在业内率先获得 QDII 资格。同时,汇添富于 2007 年即与全球顶尖投资管理公司资本国际(Capital International)缔结 QDII 合作关系。汇添富是业内最早一批获准设立海外子公司的基金管理公司。汇添富资产管理(香港)有限公司已于 2010 年 2 月正式成立,其积极参与境外资产管理业务,是汇添富基金管理公司开展跨境业务和合作的重要平台。2011 年 12 月,汇添富资产管理(香港)有限公司获得 RQFII 资格(人民币合格境外机构投资者)及首批 RQFII 额度 11 亿元人民币。汇添富人民币债券基金成为最早发售的 RQFII 产品之一。

汇添富基金在业内首批获得了专户资产管理资格。汇添富在业内率先开展专户业务,最早组建了实力强大的专业团队,成功打造了“添富牛专户”的专户业务品牌,积累了丰富的专户资产管理经验,并拥有骄人的投资管理业绩。目前汇添富管理有多只“一对一”和“一对多”资产管理计划,业绩、规模均在行业处于领先地位。这使得“添富牛专户”品牌在高端客户和核心渠道中具备非常强的号召力和口碑,“添富牛”已成为专户市场中一个响当当的金字招牌。

汇添富基金已获得社保基金境内委托投资管理人资格,所管理的社保组合业绩稳健出色。

自成立以来,汇添富基金屡获殊荣。除了连续三届(2006、2007、2008)获中国证券报“中国基金业金牛奖”评选两项以上大奖,汇添富还荣获了包括“2008 年度十大明星基金公司”、第六届“金基金”评选“投资者关系奖”等一系列行业大奖。2011 年,汇添富又一次一举囊括证券类三大报 2010 年度多个权威奖项。

“九层之台,起于垒土;千里之行,始于足下”,汇添富基金成立至今,以一流的企业文化汇聚中外精英,开发市场欢迎的产品系列,建立高效的销售渠道,提供优质的客户服务,实施一流的投资风险管理,坚持基于深入基本面研究的长期价值投资理念,以长期稳定的优秀投资业绩回报投资人。

通过全体员工的共同努力,汇添富致力于经过长期艰苦不懈的奋斗,稳步发展成为中国最佳的资产管理公司之一,并逐步发展成为全球资产管理行业最优秀的中国有关资产的管理人之一,成为拥有中国资产管理行业最为优秀的团队、最具有影响力的品牌和最为稳定优秀的业绩的中国资产管理公司之一。

截至 2012 年年底,公司旗下各类基金已有 27 只,公募基金资产管理规模近 900 亿元,基金份额持有人户数近 400 万,基金产品涵盖股票型、指数型、混合型、债券型以及货币市场基金,形成了覆盖高、中、低各类风险收益特征的较为完善的产品线。

【公司大事记】

2002 年 12 月,汇添富基金公司筹备组向中国证监会提交公司筹建申请。

2002 年 12 月 31 日,中国证监会以基金部设审函[2002]025 号文予以正式受理。

2004 年 5 月 16 日,中国证监会以证监基金字[2004]71 号文批准公司筹建。

2005 年 1 月 12 日,中国证监会以证监基金字[2005]5 号文批准公司开业。

2005 年 2 月 3 日,完成工商登记,公司取得企业法人营业执照,正式设立。

2007 年 1 月,汇添富优势精选基金荣获第四届中国基金业金牛奖——2006 年度开放式混合型金牛基金——《中国证券报》。

2007 年 1 月,汇添富基金管理公司荣获第四届中国基金业金牛奖——2006 年度新秀奖——《中国证券报》。

2007 年 1 月,汇添富基金管理公司荣获中国赢基金奖——2006 年中国基金管理公司年度最具潜力奖——《21 世纪经济报道》。

2007 年 1 月,汇添富优势精选基金获“2006 年度财经风云榜”2006 年度十大明星基金——和讯网。

2007 年 1 月 29 日,汇添富优势精选基金第三次分红,每 10 份基金份额派发红利 1.00 元人民币。

2007 年 2 月 8 日,汇添富优势精选基金第四次分红,每 10 份基金份额派发红利 1.00 元人民币。

2007 年 2 月 28 日,汇添富均衡增长基金第一次分红,每 10 份基金份额派发红利 1.00 元人民币。

2007 年 2 月 28 日,汇添富优势精选基金第五次分红,每 10 份基金份额派发红利 1.00 元人民币。

2007 年 3 月,汇添富基金管理公司荣获“ 大智慧杯 ”2006 年度十佳基金公司——中国证券投资者年度评选 ——大 智慧汇添富成长焦点股票型证券投资基金正式成立,首募规模 99.99 亿份。发行期投资者反应热烈,广州、上海、北京等地区出现 了投资者在凌晨四、五点钟就排队购买的现象。该基金在开始发售后半小时内达到发行上限,创下了当时中国基金业最短的基金销售记录。

2007 年 3 月 30 日,汇添富优势精选基金第六次分红,每 10 份基金份额派发红利 0.8 元人民币。

2007 年 4 月,汇添富基金管理公司荣获第四届“ 中国最佳基金公司 ”最具潜力奖——《上海证券报》。

2007 年 5 月,汇添富优势精选基金荣获小基金明星奖——《证券时报》。

2007 年 5 月,汇添富基金管理公司荣获 2006 年度明星基金公司新秀奖——《证券时报》。

2007 年 5 月,汇添富基金管理公司荣获基金营销明星奖——《证券时报》。

2007 年 7 月,汇添富优势精选基金被评选为“10 大钻石基金之新”——《基金观察》。

2007 年 8 月 3 日,汇添富均衡增长基金第二次分红,每 10 份基金份额派发红利 1.00 元人民币。

2007 年 8 月,汇添富优势精选基金、汇添富均衡增长基金被评选为 2007 年度“10 大明星基金”——《东亚经贸新闻》。

2007 年 8 月,汇添富基金管理有限公司荣获十大最受欢迎基金公司 —— 2007 年度十佳基金评选 ——《新闻晨报》。

2007 年 8 月,汇添富均衡增长基金荣获十大人气基金 —— 2007 年度十佳基金评选 ——《新闻晨报》。

2007 年 8 月,汇添富成长焦点基金荣获十大特色基金 —— 2007 年度十佳基金评选 ——《新闻晨报》。

2007 年 8 月 29 日,汇添富成长焦点基金第一次分红,每 10 份基金份额派发红利 1.00 元人民币。

2007 年 9 月 13 日,汇添富成长焦点基金第二次分红,每 10 份基金份额派发红利 0.50 元人民币。

2007 年 9 月,2007 年度中国最受尊敬基金公司 —— 21

世纪报系《理财周报》。

2007 年 9 月,2007 年度最佳回报基金公司 —— 21 世纪报系《理财周报》。

2007 年 10 月,汇添富基金获 QDII(合格境内机构投资者)资格。

2007 年 12 月,汇添富基金荣获"2007 年度最具公信力基金公司"大奖——第一届金基奖年会——《南都周刊》。

2007 年 12 月,汇添富基金投资总监张晖、基金经理庞飒获得"2007 年度最具公信力基金经理"奖项——第一届金基奖年会——《南都周刊》。

2007 年 12 月,汇添富基金荣获"2007 年度最具公信力基金公司"大奖——第一届金基奖年会——《南都周刊》。

2007 年 12 月,汇添富旗下添富优势精选基金荣获"2007 年度最佳业绩回报基金"奖项——第一届金基奖年会——《南都周刊》。

2007 年 12 月,2007 年最好用基金电子商务奖 —— 搜狐财经频道。

2007 年 12 月,汇添富基金携手全球最大共同基金公司——资金国际(Capital International)。

2007 年 12 月,中国最具决策力基金公司 —— 2007 中国国际投资论坛系列评选。

2008 年 1 月,添富园荣获用户满意电子金融品牌——中国电子金融发展年会——中国电子商务协会。

2008 年 1 月,汇添富 400 客户服务中心荣获用户满意电子金融服务品牌——中国电子金融发展年会——中国电子商务协会。

2008 年 1 月,汇添富基金管理公司荣获 2007 年中国基金管理公司综合实力大奖——"中国赢基金奖"综合奖——《21 世纪经济报道》。

2008 年 1 月,汇添富基金管理公司荣获 2007 年中国基金管理公司最佳投资团队奖——"中国赢基金奖"综合奖——《21 世纪经济报道》。

2008 年 1 月,汇添富基金管理公司荣获 2007 年中国基金管理公司最佳公司治理奖——"中国赢基金奖"综合奖——《21 世纪经济报道》。

2008 年 1 月,汇添富基金管理公司荣获 2007 年度最具成长性基金公司——第五届财经风云榜——和讯网。

2008 年 1 月,汇添富基金管理公司荣获最具价值基金公司(全国)——2007 年度理财总评榜——中国主流媒体理财联盟。

2008 年 1 月,汇添富基金管理公司荣获最具竞争力基金公司(陕西地区)——2007 年度理财总评榜——中国主流媒体理财联盟。

2008 年 1 月,汇添富基金管理公司荣获最具价值基金公司(吉林地区)——2007 年度理财总评榜——中国主流媒体理财联盟。

2008 年 1 月,汇添富基金管理公司荣获最具竞争力基金公司(重庆地区)——2007 年度理财总评榜——中国主流媒体理财联盟。

2008 年 1 月,汇添富优势精选基金荣获最受欢迎的混合型基金(全国)——2007 年度理财总评榜——中国主流媒体理财联盟。

2008 年 1 月,汇添富优势精选基金荣获最受欢迎的混合型基金(上海地区)——2007 年度理财总评榜——中国主流媒体理财联盟。

2008 年 1 月,汇添富基金管理公司荣获 2007 年中国最受尊敬基金公司——中国基金十年高峰论坛——网易财经。

2008 年 1 月,汇添富基金管理公司荣获 2007 年中国基金公司投资回报优秀奖——中国基金十年高峰论坛——网易财经。

2008 年 1 月,汇添富优势精选基金荣获 2007 年度开放式混合型金牛基金——第五届中国基金业金牛奖评选 ——《中国证券报》。

2008 年 1 月,汇添富基金管理公司荣获 2007 年度"金牛基金管理公司"称号——第五届中国基金业金牛奖评选——《中国证券报》。

2008 年 2 月,汇添富优势精选基金获得"2007 年百姓最喜爱的十大股票基金"称号——《新民晚报》、东方财富网。

2008 年 2 月,汇添富基金公司获得"2007 年十大最受欢迎的基金公司"称号——《新民晚报》、东方财富网。

2008 年 2 月,汇添富基金公司成为首批获得专户理财资格的基金公司。

2008 年 2 月,汇添富基金正式加入亚洲公司治理协会(ACGA)。

2008 年 3 月,汇添富基金公司获得"2007 年最佳管理团队奖"——《上海证券报》"金基金"评比。

2008 年 3 月 6 日,添富增收基金成立。

2008 年 5 月 28 日,汇添富优势精选基金第七次分红,每 10 份基金份额派发红利 11.30 元人民币。

2008 年 7 月 8 日,添富蓝筹基金成立。

2008 年 9 月,汇添富基金公司获得"2008 中国最受尊敬基金公司"——《理财周报》。

2009 年 1 月 15 日,第六届中国基金业金牛奖揭晓,汇添富基金第三次问鼎"金牛基金管理公司",汇添富优势精选基金荣获开放式混合型持续优胜金牛基金奖,汇添富均衡增长基金荣获 2008 年度同业领先开放式股票型基金奖 。

2009 年 1 月 16 日,由《证券时报》主办、安信证券协办的"2008 年度中国明星基金暨最佳托管银行评选"揭晓,汇添富荣获"2008 年度十大明星基金公司"称号,汇添富优势精选基金获得"三年持续回报平衡型明星基金奖" 。

2009 年 2 月 2 日,添富价值基金成立 。

2009 年 3 月 15 日,《上海证券报》第六届中国基金业"金基金"奖颁奖典礼暨"2009 中国基金高峰论坛"评选中,汇添富基金荣获 2008 年度"金基金——投资者关系奖" 。

2009 年 4 月 1 日,添富蓝筹稳健灵活配置混合型证券投资基金实施分红,每 10 份基金份额派发红利 0.3 元。

2009 年 5 月 13 日,中国证监会正式批复同意汇添富基金设立香港子公司 。

2009 年 5 月 25 日,中国第一只上证综合指数基金——汇添富上证综合指数基金正式发行 。

2009 年 7 月 1 日,中国第一只上证综合指数基金——汇添富上证综合指数基金正式成立。

2009 年 7 月 28 日,汇添富、第一财经启动"河流与孩子金沙江流域助学计划 2009" 。

2009 年 7 月 28 日,汇添富基金携手各大银行、券商推出"家有儿女 定投添富"主题活动 。

2009 年 12 月,汇添富策略回报股票基金成立。本基金为汇添富旗下第一只采用"自上而下"的方式进行投资的基金。

2010 年 2 月,汇添富基金全资子公司——汇添富资产管理(香港)有限公司成立。

2010 年 5 月，汇添富民营活力股票基金成立。本基金是国内首只民营企业基金，专注于挖掘优秀民营企业。

2010 年 6 月，汇添富亚澳成熟优选股票基金成立。本基金为汇添富旗下第一只投资海外市场的基金。

2010 年 9 月 21 日，汇添富基金旗下第 12 只基金产品——汇添富医药保健股票型证券投资基金发行并成立，是国内首只主动性行业基金，首发规模 40.85 亿元。同时汇添富将每月提取基金净管理费收入的 5%，捐赠至上海汇添富公益基金会，用于医疗卫生方面的公益救助。

2010 年 12 月 24 日，汇添富获得社保委托投资管理人资格，成为行业内为数不多的获此资格的基金公司之一。

2010 年 12 月 31 日，汇添富公益基金会携手上海市癌症康复联合举办的"2011 新年送阳光 千人进病房"活动启动仪式举行。

2011 年 1 月，上海汇添富公益基金会和上海市癌症康复俱乐部联合举办的"上海市癌症康复俱乐部优秀志愿者表彰暨 2011 新年联欢会"在云峰剧场举行。

2011 年 1 月，汇添富荣获"一对多"专户最佳品牌奖——《每日经济新闻》。

2011 年 1 月，汇添富基金荣获"2010 年度十大品牌基金公司""2010 年度最佳基金电子商务服务平台"——2010 年度第八届和讯财经风云榜 。

2011 年 1 月 26 日，汇添富基金旗下第 13 只基金产品——汇添富保本混合型证券投资基金发行成立，首发规模 25.07 亿。

2011 年 3 月，汇添富基金荣获"2010 年度十大明星基金公司奖"，汇添富策略回报股票型基金荣获"2010 年度股票型明星基金奖"——《证券时报》。

2011 年 3 月 29 日，汇添富基金旗下第 14 只基金产品——汇添富社会责任股票型证券投资基金成立，是"十二五"规划提出之后推出的首只社会责任基金，首发规模 56.23 亿元。

2011 年 4 月，汇添富基金旗下基金产品汇添富增强收益债券基金在第八届晨星奖评选中从 498 只参选基金中脱颖而出，荣获"晨星年度基金奖债券型基金提名奖"。

2011 年 4 月，汇添富基金公司在由《上海证券报》主办的"金基金奖"评选中荣获"金基金·创新公司奖"。旗下基金汇添富策略回报股票基金荣获 2010 年度一年期"金基金·主动性股票基金奖"。

2011 年 4 月，汇添富基金旗下基金产品汇添富优势精选混合基金在由《中国证券报》主办的"第八届金牛奖"评选中荣获"2010 五年持续优胜混合型金牛基金"。

2011 年 6 月 17 日，汇添富基金旗下第 15 只基金产品——汇添富可转换债券债券型证券投资基金成立，首发规模 9.23 亿份。

2011 年 6 月 27 日，"晨星"完美入住汇添富理财社区。

2011 年 7 月 25 日，汇添富基金"河流 & 孩子"2011 助学计划甘肃夏河起航。

2011 年 8 月 18 日，添富策略基金以最近一年实现 12.22% 的增长获评一年期标准股票型五星基金，汇添富价值精选基金以最近两年实现 18.50% 的增长获评两年期标准股票型五星基金。

2011 年 8 月 31 日，汇添富基金旗下第 16 只基金产品——汇添富黄金及贵金属基金正式成立，是国内首只贵金属基金。

2011 年 9 月 17 日，汇添富基金旗下第 17 只基金产品——深证 300 交易型开放式指数证券投资基金正式成立。

2011 年 9 月 19 日，《财富》中文版两年一度的"卓越雇主——中国最适宜工作的公司"榜单近期发布，汇添富基金是唯一上榜基金公司。

2011 年 9 月 22 日，全国首只贵金属基金——汇添富黄金及贵金属基金正式打开申购。

2011 年 9 月 29 日，汇添富基金旗下第 18 只基金产品——汇添富深证 300 交易型开放式指数证券投资基金联接基金成立。

2011 年 10 月 12 日，银河证券《三季度基金管理公司股票投资主动管理能力评价报告》，汇添富在资产规模超过 500 亿的大型基金公司中，汇添富基金三季度股票投资能力位居首位。

2011 年 10 月 20 日，汇添富基金联手中信银行推出全国首张现金增值 CTE 信用卡：现金宝联名信用卡。

2011 年 11 月 29 日，上海地区基金公司总经理沙龙在汇添富举行。来自上海地区 34 家基金公司的总经理畅谈基金业未来发展。

2011 年 12 月 20 日，汇添富基金旗下第 19 只基金产品——汇添富信用债债券型证券投资基金成立。

2011 年 12 月 21 日，汇添富资产管理（香港）有限公司成为第一批获得人民币合格境外机构投资者资格的基金公司之一。

2011 年 12 月 30 日，汇添富资产管理（香港）有限公司获得 11 亿元人民币 RQFII 额度。

2012 年 1 月 17 日，汇添富（香港）首只 RQFII 产品汇添富人民币债券基金开始募集，是首只在港发行的 RQFII 基金产品。

2012 年 3 月 9 日，汇添富基金旗下第 20 只基金产品——汇添富逆向投资股票型证券投资基金成立。汇添富逆向投资基金是国内首只逆向投资基金，首募规模 8.4 亿元，是进入 2012 年后第二只首募金额超过 8 亿元的偏股型基金。

2012 年 3 月 30 日，汇添富凭借在企业文化建设及团结凝聚员工群众等方面卓有成效的工作成果，荣获"上海金融系统 2010－2011 年度先进职工之家"称号。

2012 年 4 月 11 日，汇添富基金凭借在慈善公益事业上的长期坚持和突出贡献，在第二届上海慈善表彰大会上荣获"上海慈善奖爱心捐赠企业"奖，成为唯一一家获奖的基金管理公司。

2012 年 5 月 9 日，汇添富基金旗下第 21 只基金产品——汇添富理财 30 天债券型证券投资基金成立。理财 30 天基金作为首只面向低风险、高流动性和战胜通胀这三个普通投资者理财需求的创新产品一经推出便得到市场的热烈反映，首募规模达到历史性 244 亿，刷新了债券型基金的募集记录。

2012 年 5 月 18 日，汇添富基金凭借"货币基金关联信用卡还款"项目获得"2011 年度上海金融创新成果奖一等奖"，成为证券基金业唯一夺魁机构。

2012 年 5 月 25 日，汇添富基金"投资论道"研讨会在杭州西子湖畔顺利召开。

2012 年 6 月 12 日，汇添富旗下第 22 只基金产品——汇添富理财 60 天债券型证券投资基金成立。汇添富理财 60 天是继理财 30 天基金之后又一重大创新，首募规模超过 160 亿元。

2012 年 6 月 20 日，汇添富基金主办的"2012 年中小企业债业务研讨会"在苏州顺利召开。

2012 年 7 月 10 日，汇添富基金旗下第 23 只基金产品——汇添富理财 14 天债券型证券投资基金成立，首募规模超过 110 亿。

2012 年 7 月 26 日，汇添富基金旗下第 24 只基金产品——汇添富季季红定期开放债券型证券投资基金成立，首募规模达到 6.22 亿元。

2012 年 7 月 27 日，汇添富"河流孩子"助学计划第五季在贵州省黎平县龙额乡正式启动，这将是汇添富公益基金会捐建的第五所添富小学。

2012 年 7 月 31 日，汇添富货币基金份额持有人大会顺利召开，这是汇添富首次召开基金份额持有人大会。

2012 年 8 月 24 日，由汇添富公益基金会资助援建的美姑县井叶特西乡添富小学落成。

2012 年 8 月 30 日，汇添富基金与巴西交易所在"第三届中巴资本市场论坛"上签署了《全面合作备忘录》，成为国内首家与巴西交易所全面合作的基金管理公司，为今后中国投资者投资南美市场创造了机会。

2012 年 9 月 18 日，汇添富旗下第 25 只基金产品多元收益债券型证券投资基金成立，募集规模达 19.88 亿元。

2012 年 10 月 11 日，汇添富基金于业内首家开通了货币基金网上直销 T+0 赎回业务，这一业务创新实现了货币基金赎回实时到账功能，并可即时取现，是汇添富继理财基金之后的又一创举。

2012 年 10 月 18 日，汇添富旗下第 26 只基金产品汇添富理财 28 天债券型证券投资基金成立，首募规模 17.08 亿。

2012 年 11 月 12 日，中国证监会张育军主席助理一行莅临汇添富，和汇添富人共同探讨行业未来发展，也对汇添富今后的工作开展作出指示。

2012 年 12 月 21 日，汇添富旗下第 27 只基金产品汇添富收益快线货币市场基金成立，首募规模 37.28 亿。汇添富收益快线货币市场基金首次实现了中国货币市场基金的场内实时申赎功能，极大地提升了货币基金的流动性，也有望成为证券市场中交易最快最便捷、流动性最高的理财产品。

【公司荣誉】

2006 年 4 月，汇添富基金荣获 2005 年度明星基金年度新星奖——《证券时报》。

2007 年 1 月，汇添富优势精选基金荣获第四届中国基金业金牛奖"2006 年度开放式混合型金牛基金"——《中国证券报》。

2007 年 1 月，汇添富基金公司荣获第四届中国基金业金牛奖"2006 年度新秀奖"——《中国证券报》。

2007 年 4 月，汇添富基金公司荣获第四届"中国最佳基金公司"最具潜力奖——《上海证券报》。

2007 年 5 月，汇添富基金公司荣获 2006 年度明星基金公司新秀奖——《证券时报》。

2008 年 1 月，汇添富基金公司荣获第五届中国基金业金牛奖评选"2007 年度金牛基金管理公司"——《中国证券报》。

2008 年 1 月，汇添富优势精选基金荣获第五届中国基金业金牛奖评选"2007 年度开放式混合型金牛基金"——《中国证券报》。

2008 年 3 月，汇添富基金公司获得"2007 年最佳管理团队奖"——《上海证券报》。

2009 年 1 月，汇添富均衡增长基金荣获第六届中国基金业金牛奖评选"2008 年度同业领先开放式股票型基金"——《中国证券报》。

2009 年 1 月，汇添富优势精选基金荣获第六届中国基金业金牛奖评选 2008 年"开放式混合型持续优胜金牛基金"——《中国证券报》。

2009 年 1 月，汇添富基金公司荣获第六届中国基金业金牛奖评选"2008 年度金牛基金管理公司"——《中国证券报》。

2009 年 1 月，汇添富优势精选基金获得"三年持续回报平衡型明星基金奖"——《证券时报》。

2009 年 1 月，汇添富基金荣获"2008 年度十大明星基金公司"——《证券时报》。

2009 年 3 月，汇添富基金荣获第六届"金基金"评选"投资者关系奖"——《上海证券报》。

2010 年 12 月，汇添富策略回报基金以 38.82% 的风险调整后收益成为 2010 年股票基金的亚军——海通证券。

2011 年 3 月，汇添富策略回报股票型基金荣获"2010 年度股票型明星基金奖"——《证券时报》。

2011 年 3 月，汇添富基金公司荣获 2010 年度"中国基金业明星奖"评选"2010 年度十大明星基金公司奖"——《证券时报》。

2011 年 4 月，汇添富增强收益债券基金荣获第八届"晨星年度基金奖债券型基金提名奖"——晨星基金网。

2011 年 4 月，汇添富优势精选混合基金荣获第八届金牛奖评选"2010 五年持续优胜混合型金牛基金"——《中国证券报》。

2011 年 4 月，汇添富基金公司荣获 2010 年度"金基金·创新公司奖"——《上海证券报》。

2011 年 4 月，汇添富策略回报股票基金荣获 2010 年度一年期"金基金 - 主动性股票基金奖"——《上海证券报》。

2011 年 6 月，汇添富基金公司获得"2010 年度中国赢基金奖"评选"2010 年度中国基金公司最佳投资团队"——《21 世纪经济报道》。

2011 年 7 月，汇添富基金公司获得"基金投资者最佳服务奖"——全景网。

2011 年 9 月，汇添富基金公司获得 2011 年度"卓越雇主:中国最适宜工作的公司"——《财富》(中文版)。

2011 年 11 月，汇添富货币基金荣获"最佳货币基金品牌"——网易。

2012 年 1 月，汇添富基金公司获评基金经理人年会 2011 最佳电子商务平台建设奖——搜狐。

2012 年 1 月，汇添富基金公司荣获"年度最佳投资研究团队奖"——《每日经济新闻》。

2012 年 1 月，汇添富交行添富牛 2 号获得"年度最佳基金一对多产品奖"——《每日经济新闻》。

2012 年 3 月，汇添富基金公司荣获"2011 年度最具影响力基金投研团队"——凤凰网。

2012 年 4 月，汇添富基金荣获"上海慈善奖"——上海市民政局。

2012 年 4 月，公司获得 2011 年基金行业品牌与营销策划十佳公司奖项——《股市动态分析周刊》。

2012 年 5 月，汇添富荣获 2011 年度上海金融创新成果奖一等奖——上海市政府。

2012 年 9 月，汇添富基金公司获评"最佳口碑基金公司奖"——《每日经济新闻》。

2012 年 9 月，汇添富添富牛系列产品获评"最佳口碑产品奖"——《每日经济新闻》。

2012 年 9 月，汇添富基金光大双喜牛 1 号获评"最佳创新产品奖”——《每日经济新闻》。

2012 年 11 月,汇添富基金获评“2012 中国最佳社会责任基金公司”奖——《理财周报》。

2012 年 11 月,汇添富基金获评“2012 中国最佳品牌建设基金公司”奖——《理财周报》。

2012 年 11 月,汇添富基金获评“2012 中国最受尊敬基金公司”奖——《理财周报》。

2012 年 12 月,汇添富人民币债券基金获得“杰出基金业务——客户服务奖”——《新城财经》。

2012 年 12 月,汇添富基金获评 2012 年度最佳基金电子商务平台奖——《和讯网》。

2012 年 12 月,汇添富基金获评 2012 年度“最佳专户理财品牌”——《东方财富网》。

2012 年 12 月,汇添富基金获评 2012 年度“最具创新力基金公司”——《东方财富网》。

2012 年 12 月,汇添富“河流孩子”公益助学计划荣获“2011 - 2012 年度上海青年志愿者优秀项目奖”——共青团上海市委员会。

【股东概况】

排序	股东名称	持股数量(万股)	持股比例
1	东方证券股份有限公司	4700.00	47%
2	文汇新民联合报业集团	2650.00	26.5%
2	东航金戎控股有限责任公司	2650.00	26.5%

【旗下基金】

基金代码	基金简称	类型	基金经理
519008	汇添富优势	股票型	苏竞、王栩
519018	汇添富均衡增长	股票型	叶从飞、韩贤旺、苏竞
519068	汇添富成长焦点	股票型	齐东超
519517	汇添富货币 B	货币型	王珏池
519518	汇添富货币 A	货币型	王珏池
519078	汇添富增收 A	债券型	陆文磊
470078	汇添富增收 C	债券型	陆文磊
519066	汇添富蓝筹	混合型	苏竞
470007	汇添富上证综合指数	指数型	吴振翔
519069	汇添富价值精选	股票型	陈晓翔
470008	汇添富回报	股票型	顾耀强
470009	汇添富民营	股票型	齐东超
470888	汇添富亚澳优选	QDII	王致人
470006	汇添富医药保健	股票型	王栩、周睿
470028	汇添富社会责任	股票型	欧阳沁春
470018	汇添富保本	保本型	陈加荣
470058	汇添富可转债 A	债券型	曾刚
470059	汇添富可转债 C	债券型	曾刚
164701	汇添富黄金及贵金属	QDII	赖中立
470068	汇添富深证 300 联接	指数型	吴振翔
159912	汇添富深证 300ETF	指数型	吴振翔
470088	汇添富信用债债券 A	债券型	陈加荣
470089	汇添富信用债债券 C	债券型	陈加荣
470098	汇添富逆向投资	股票型	顾耀强
470030	汇添富理财 30 天 A	理财型	曾刚
471030	汇添富理财 30 天 B	理财型	曾刚
470060	汇添富理财 60 天 A	理财型	曾刚
471060	汇添富理财 60 天 B	理财型	曾刚
470014	汇添富理财 14 天 A	理财型	王栩
471014	汇添富理财 14 天 B	理财型	王栩
164702	汇添富季季红	债券型	陆文磊
470010	汇添富多元收益债券 A	债券型	曾刚
470011	汇添富多元收益债券 C	债券型	曾刚
471028	汇添富理财 28 天 A	理财型	曾刚
472028	汇添富理财 28 天 B	理财型	曾刚
519888	汇添富收益快线货币 A	货币型	陈加荣
519889	汇添富收益快线货币 B	货币型	陈加荣

【公司高管】

潘鑫军先生,董事长。中国国籍,1961 年出生,澳门科技大学工商管理硕士。现任东方证券股份有限公司党委书记、董事长。历任中国工商银行股份有限公司上海分行长宁支行党委书记、行长兼国际机场支行党支部书记,东方证券股份有限公司党委副书记、总裁;党委书记、董事长兼总裁。

林利军先生,董事,总经理。中国国籍,1973 年出生,美国哈佛大学商学院工商管理硕士,复旦大学世界经济系硕士,历任上海证券交易所办公室主任助理、上市部总监助理,曾任职于中国证监会创业板筹备工作组,哈佛大学毕业后就职于美国道富金融集团(State Street Global Advisor)从事投资和风险管理工作。

李文先生,督察长。中国国籍,1967 年出生,厦门大学管理学博士,高级经济师,中国注册会计师。历任中国人民银行厦门市分行稽核监督处科员,中国人民银行杏林支行副行长,中国人民银行厦门中心支行银行管理处处长助理、金融机构监管二处副处长,东方证券股份有限公司稽核总部总经理、资金财务管理总部总经理等。

工银瑞信基金管理有限公司

【基本情况】

法定名称:工银瑞信基金管理有限公司

英文名称:Credit Suisse Asset Management Co., Ltd.

注册地址:北市西城区金融大街丙 17 号北京银行大厦 8 层

办公地址:北市西城区金融大街丙 17 号北京银行大厦 8 层

法人代表:李小鹏

总 经 理:郭特华

成立时间:2005 年 6 月 21 日

公司属性:中外合资

注册资本:2 亿元

联系电话: 010 - 66583333

客服电话: 400 - 811 - 9999

传真号码: 010 - 66583158

邮政编码: 100033

公司网址: www.icbccs.com.cn

【公司概况】

工银瑞信基金管理有限公司是我国第一家由国有商业银行直接发起设立并控股的合资基金管理公司。自 2005 年成立以来,公司坚持“以稳健的投资管理,为客户提供卓越的理财服务”为使命,依托强大的股东背景、稳健的经营理念、科学的投研体系、严密的风控机制和资深的管理团队,立足国际化、专业化、规范化,致力于为广大投资者提供一流的投资管理服务。

公司秉持“以人为本”的理念,全方位引入国内外优秀人才，组建了一支风格稳健、诚信敬业、创新进取、团结协作的专业团队。公司在行业内率先建立以现金为基础的长短期激励机制，实现了队伍稳定、控制风险、长期发展以及为投资者创造稳健回报等多重目标的统一。

六年多来，公司以长期良好的业绩和全面周到的服务赢得了广大客户的信赖，各项业务快速发展。截至2011年底，公司拥有共同基金、QDII、企业年金、特定资产管理、社保基金投资管理人等多项业务资格，是业内具有“全资格”的12家基金公司之一，也是唯一具备“全资格”、唯一在境外设立分支机构的银行系基金公司。截至2011年底，公司为近400万共同基金客户和逾1200个年金、专户客户提供资产管理服务，旗下拥有21只共同基金和多个年金、专户组合，资产管理规模突破1000亿元。

公司先后荣获《中国证券报》“2006年度金牛基金管理公司新秀奖”、“2008年度金牛基金管理公司”、“2011年度金牛基金管理公司”，《上海证券报》“2007年度中国基金公司最佳风险控制奖”、“2010年度债券投资回报公司奖”，《证券时报》“2011年度明星基金公司”、“2008年度中国明星基金公司”等权威奖项，是深受社会各界和广大持有人认可的品牌基金公司。

【公司大事记】

2005年4月6日，中国人民银行公布，经国务院批准，中国人民银行、中国银监会和中国证监会共同确定中国工商银行等三家银行为首批直接投资设立基金管理公司的试点银行。

2005年4月28日，中国工商银行正式获得中国银监会批准发起设立基金管理公司，是三家试点银行中第一家获得正式筹建资格的商业银行。

2005年6月4日，中国证监会对中国工商银行、瑞士信贷第一波士顿、中国远洋运输（集团）总公司合资成立基金公司的申请进行了批复，同意设立工银瑞信基金管理有限公司。

2005年6月21日，工银瑞信基金管理有限公司正式成立，成为我国第一家由银行直接发起设立并控股的合资基金管理公司。

2005年7月5日，工银瑞信基金管理有限公司在北京举行了隆重的开业典礼及揭牌仪式。中国证监会副主席桂敏杰，中国人民银行行长助理刘士余，中国银监会主席助理车迎新，中国工商银行行长姜建清、副行长杨凯生，瑞士信贷第一波士顿亚太区主席兼首席执行官 Paul Calello 等出席了开业典礼并致辞。

2005年8月31日，工银瑞信核心价值基金成立。

2006年3月16日，工银瑞信引入瑞士信贷第一波士顿独有的股票估值与分析系统 HOLT，用国际化的视野分析中国证券市场，该系统专长于通过 CFROI 和 DCF 进行全方位的业绩分析和股票估值，历经20多年实践检验，深入分析和理解全球18000多家上市公司，考察范围覆盖中国A股，截至2006年2月末，涵盖274只A股（占A股总市值的66%），139只H股，19只海外上市股票。

2006年3月20日，工银瑞信货币市场基金成立。

2006年7月13日，工银瑞信精选平衡基金成立。

2006年7月18日，工银瑞信基金管理公司在京举办周年庆典。中国证券监督管理委员会桂敏杰副主席、中国证券监督管理委员会基金监管部孙杰主任、中国人民银行金融市场司沈炳熙副司长、中国银行业监督管理委员会银行监管一部董铁峰副主任、中国保险业监督管理委员会资金部孙建勇主任、劳动保障部基金监督司陈良司长等嘉宾出席会议并做发言，对公司取得的阶段性成功予以了高度肯定。

2006年12月6日，工银瑞信稳健成长基金成立。

2007年5月11日，工银瑞信增强收益债券型基金成立。

2007年7月18日，工银瑞信红利股票型基金成立。

2007年8月10日，公司通过全球投资业绩标准（GIPS）验证达标，成为国内资产管理行业首家通过 GIPS 检验并实现达标的基金管理公司。

2007年9月5日，公司举行核心价值两周年老客户回馈活动。

2007年10月8日，工银瑞信基金管理有限公司获得中国证监会正式批复，获准开展境外证券投资管理业务，公司成为自7月5日《合格境内机构投资者境外证券投资管理试行办法》实施后，首家拿到 QDII 资格的银行系基金公司。

2007年11月19日，劳动和社会保障部发布《劳动和社会保障部关于公布第二批企业年金基金投资管理机构的公告》，我公司在24家申请的基金管理公司中脱颖而出，成为获得第二批企业年金基金投资管理人资格的3家基金管理公司之一。

2008年1月8日，工银瑞信货币市场基金荣获“2007年度开放式货币市场金牛基金”称号。

2008年2月14日，工银瑞信中国机会全球配置股票型基金成立。

2008年2月18日，公司正式签署获企业年金基金投资管理人资格后的首单企业年金基金投资管理合同。

2008年2月14日，中国证监会公布包括工银瑞信在内的首批9家获得特定资产业务管理资格的基金公司名单。至此，工银瑞信成为首家拥有企业年金资产管理业务资格、境外证券投资管理业务资格和特定客户资产管理业务资格的银行系基金公司。

2008年4月14日，工银瑞信信用添利债券型基金成立。

2008年6月10日，公司正式搬入位于金融大街丙17号北京银行大厦7-8层的新办公场所。

2008年8月4日，工银瑞信大盘蓝筹股票型基金成立。

2008年8月19日，公司签署获得特定资产管理业务资格后的首单合同。

2009年1月12日，公司荣获中国证券报“2008年度十大金牛基金公司”，在获奖的10家基金公司居第二位。工银价值同时荣获该报“2008年度同业领先开放式股票型基金”。

2009年3月5日，工银瑞信沪深300指数基金成立。

2009年8月26日，工银上证央企 ETF 成立。

2010年2月10日，工银瑞信中小盘成长股票基金成立。

2010年5月25日，工银瑞信全球精选股票基金成立。

2010年5月23日，工银瑞信信用添利债券型基金荣获《中国证券报》评选的“2009年度开放式债券型金牛基金”。

2010年8月16日，工银瑞信双利债券基金成立。

2010年11月9日，工银瑞信深证红利 ETF 及其联接基金成立。

2010年12月24日，工银瑞信获社保基金境内委托投资管理人资格。

2011年2月10日，工银瑞信四季收益债券基金成立。

2011年4月11日，公司荣获上海证券报社主办、银河证券、晨星资讯参与评选的“2010年度金基金·债券投资回报公司奖”。

2011年4月14日，工银增强收益债基金荣获《中国证券报》2010 年度“三年持续优胜债券型金牛基金”称号。

2011 年 4 月 21 日,工银瑞信消费服务行业股票基金成立。

2011 年 5 月,郭特华总经理获评《亚洲投资者》(AsianInvestor)“亚洲资产管理行业最具影响力的 25 位女性”,成为中国大陆唯一获此殊荣者。

2011 年 8 月 10 日,工银瑞信添颐债券基金成立。

2011 年 10 月 24 日,工银瑞信主题策略股票基金成立。

2011 年 11 月 18 日,工银瑞信资产管理(国际)有限公司获得了香港证券及期货事务监察委员会颁发的第 4 类(就证券提供意见)和第 9 类(提供资产管理)业务牌照。至此,工银瑞信香港子公司正式宣告成立。

2011 年 11 月 26 日,经工银瑞信股东会审议通过并报中国证券监督管理委员会批准,公司股东进行了股权转让:中国远洋运输(集团)总公司、瑞士信贷分别将所持有的公司 20%、5% 的股权转让给中国工商银行股份有限公司,变更后的公司股东及其持股比例分别为:中国工商银行股份有限公司:80%,瑞士信贷:20%。

2011 年 12 月 27 日,工银瑞信保本混合基金成立。

【股东概况】

排序	股东名称	持股比例
1	中国工商银行	80%
2	瑞士信贷银行股份有限公司	20%

【旗下基金】

基金代码	基金简称	类型	基金经理
481001	工银价值	股票型	何江旭
481004	工银成长	股票型	曹冠业
481006	工银红利	股票型	杨军
482002	工银货币	货币型	魏欣、杜海涛
483003	工银精选平衡	混合型	杨军
485105	工银强债 A	债券型	杜海涛
485005	工银强债 B	债券型	杜海涛
485107	工银添利 A	债券型	江明波
485007	工银添利 B	债券型	江明波
481008	工银大盘蓝筹	股票型	胡文彪、王筱苓
486001	工银全球配置	QDII	游凛峰、郝康
481009	工银沪深 300	指数型	何江
510060	工银上证央企 50ETF	ETF	何江、赵栩
481010	工银中小盘	股票型	王筱苓、郝联峰、胡文彪
486002	工银全球精选	QDII	游凛峰
159905	工银深证红利 ETF	ETF	何江、赵栩
481012	工银深证红利 ETF 联接	指数型	何江、赵栩
485111	工银双利债券 A	债券型	欧阳凯、王佳女、宋炳珅
485011	工银双利债券 B	债券型	欧阳凯、王佳女、宋炳珅
481013	工银消费服务行业	股票型	何江旭、王勇
485114	工银添颐债券 A	债券型	杜海涛、宋炳珅
485014	工银添颐债券 B	债券型	杜海涛、宋炳珅
481015	工银主题策略	股票型	曹冠业、黄安乐
164809	工银中证 500 分级指数	指数型	何江
150055	工银中证 500A	指数型	何江
150056	工银中证 500B	指数型	何江
487016	工银保本	混合型	何秀红、欧阳凯、王勇
487021	工银保本 2 号混合发起	混合型	欧阳凯、王勇
164808	工银四季债券	债券型	何秀红、江明波
481017	工银量化策略	股票型	游凛峰、郝联峰
164810	工银纯债定期开放债券	债券型	杜海涛
164811	工银深证 100 指数分级	指数型	何江
150112	工银深证 100A	指数型	何江
150113	工银深证 100B	指数型	何江
485118	工银 7 天理财债券 A	债券型	魏欣
485018	工银 7 天理财债券 B	债券型	魏欣
485119	工银信用纯债债券 A	债券型	何秀红
485019	工银信用纯债债券 B	债券型	何秀红
485120	工银 14 天理财债券 A	债券型	魏欣、谷衡
485020	工银 14 天理财债券 B	债券型	魏欣、谷衡

【公司高管】

李晓鹏先生,董事长,经济学博士。自 2005 年 10 月起任中国工商银行股份有限公司副行长。1984 年加入中国工商银行,2004 年 9 月任中国工商银行副行长,曾任中国工商银行河南省分行副行长、总行营业部总经理、四川省分行行长、中国华融资产管理公司副总裁、中国工商银行行长助理兼北京市分行行长等职。目前兼任中国工商银行(阿拉木图)股份公司董事长、中国工商银行(中东)有限公司董事长、工银金融租赁有限公司董事长、中国城市金融学会副会长、中国农村金融学会副会长、中国银行业协会金融租赁专业委员会主任和行业发展研究委员会主任。

郭特华女士,董事,博士,现任工银瑞信基金管理有限公司总经理,历任中国工商银行总行商业信贷部、资金计划部副处长,中国工商银行总行资产托管部处长、副总经理。

朱碧艳女士,督察长,硕士。1997 - 1999 年中国华融信托投资公司证券总部经理,2000 - 2005 年中国华融资产管理公司投资银行部、证券业务部高级副经理。

交银施罗德基金管理有限公司

【基本情况】

法定名称:交银施罗德基金管理有限公司

英文名称:Bank of Communications Schroder Fund Management Co. ,Ltd.

注册地址:上海市交通银行大楼 2 层(裙)

办公地址:上海市浦东新区世纪大道 201 号渣打银行大厦 10 层

法人代表:钱文挥

总 经 理:战 龙

成立日期:2005 年 8 月 4 日

注册资本:2 亿元

公司属性:中外合资

联系电话:021 - 61055050

客服热线:400 - 700 - 5000

传真号码:021 - 61055034

邮政编码:200120

公司网址:www. jysld. com

【公司概况】

交银施罗德基金管理有限公司是由交通银行和施罗德投资管理有限公司、中国国际集装箱海运(集团)股份有限公司共同发起设立的合资基金管理公司,三方持股比例分别为 65%、30%、5%。公司总部设于上海并在北京、广州设有分公司,注册资本为 2 亿元。截止到 2012 年 12 月 31 日,公司有员工 211 人,其中 55% 的员工具有硕士以上学历。

成立至今，一直秉承“诚信百年、专业理财”的经营宗旨，以诚信和专业作为公司的立身之本，以“稳健源自前瞻”作为公司的核心价值主张，打造“专业、纪律、协作”的团队，营造“激情、包容、关爱”的企业文化，致力于在策略上远见，投资上前瞻，服务上领先，为投资人提供多元化的、全球视野的、专业独具的理财产品和投资服务。公司成立至今已获得包括“金牛奖”在内的众多荣誉，得到了普通投资者和各机构的广泛关注和认可。

目前，公司旗下共管理着包括股票型基金、混合型基金、债券型基金、QDII 基金以及 ETF 基金等类型在内的超过 20 只公募基金产品。同时，作为国内专户理财业务的“先驱者”，公司在专户理财、投资咨询业务方面上也积极开拓业务，较为成功地管理着数只专户理财产品，有力地推动了公司业务的多元化发展。

站在巨人肩上，我们将秉承百年传承的诚信，兼收千锤百炼的专业方法，勤勉尽责，规范运作，力争成为业绩出众、服务一流、深受投资者青睐的基金管理公司。

【公司大事记】

2005 年 9 月 29 日，首只基金——交银施罗德精选股票证券投资基金发行成功。

2006 年 1 月 20 日，第二只基金、首只银行号货币基金——交银施罗德货币市场基金发行成功。

2006 年 2 月 20 日，交银精选基金实现银行号基金的首次分红。

2006 年 3 月 05 日，荣膺《大众证券》、新浪网“2005 年度最受市场关注金奖”。

2006 年 4 月 18 日，荣膺《上海证券报》“中国最佳基金公司・最具潜力奖”，为获奖基金公司中最“年轻”的一家，也是唯一获奖的银行号基金公司。

2006 年 4 月 21 日，荣膺《证券时报》“最具增长潜力基金公司奖”。

2006 年 6 月 14 日，第三只基金——交银施罗德稳健配置混合型证券投资基金发行成功。

2006 年 7 月 5 日，资产管理规模突破 100 亿元。

2006 年 8 月 11 日，成立一周年庆典暨首届交银施罗德投资理财论坛隆重举行。

2006 年 10 月 23 日，第四只基金——交银施罗德成长股票证券投资基金发行成功。

2006 年 10 月 27 日，资产管理规模达到 172.14 亿元。

2007 年 3 月 15 日，交银施罗德网站推出了客户服务质量调查，并通过汇总客户意见，对网站、客服电话等方面进行了进一步完善，在此后修订完成了《交银施罗德客户服务手册》。

2007 年 4 月 6 日，在《上海证券报》和中国证券网主办的第四届“中国最佳基金公司奖”评选中摘得“最佳管理团队奖”。

2007 年 5 月 8 日，在《证券时报》2006 年度明星基金评选”中获得“2006 年明星基金公司新秀奖”。

2007 年 8 月 1 日，公司第五只基金——交银施罗德蓝筹股票证券投资基金成功发行，1 天内申请认购金额突破 380 亿元。

2007 年 11 月 2 日，在由“第一财经”发起，携手国内政府主管部门以及国际著名商学院、国际权威咨询机构，面向中国金融业的大型年度评选中，荣膺“2007 第一财经金融品牌价值榜十佳基金公司”。

2007 年 11 月 22 日，经中国证监会批准，交银施罗德获得 QDII（合格境内机构投资者）资格，获准开展境外证券投资管理业务。

2008 年 1 月 11 日，在由《证券时报》主办、安信证券协办的“2007 年度中国明星基金暨最佳托管银行评选”中，荣获“投资者教育明星基金公司奖”。

2008 年 2 月 26 日，获得“特定客户资产管理业务”（专户理财）资格。

2008 年 3 月 25 日，专户理财业务第一单落户交银施罗德，资产委托金额近亿元。

2008 年 3 月 25 日，公司第六只基金、公司首只债券型基金——交银施罗德增利债券证券投资基金发行成功，发行规模超百亿，刷新同期基金发行纪录。

2008 年 5 月 21 日，为表达对四川汶川地震受难者的哀思和对灾区人民的援助，公司向地震灾区捐款 60 万元，员工募集善款 16.52 万元人民币。

2008 年 6 月 13 日，由《南方都市报》主办、交银施罗德全程协办的“责任中国・环袋创意设计大赛”拉开帷幕。

2008 年 8 月 15 日，公司第七只基金、首只海外投资基金——交银施罗德环球精选价值证券投资基金发行成功。

2008 年 8 月 29 日，公司获准开发上证公司治理指数 ETF 基金产品。

2008 年 10 月 24 日，感恩回报・放飞梦想——交银施罗德成立三周年庆典暨财富论坛隆重举行。

2008 年 11 月 27 日，由《第一财经日报》发起的“2008 第一财经金融价值榜（CFV）”评选活动中，公司荣膺“年度投资回报奖”。

2008 年 12 月 18 日，由搜狐理财频道主办，数字 100 市场咨询有限公司协办的“2008 搜狐金融理财网络盛典”中，公司荣获“2008 年最有影响力基金新产品奖”。

2008 年 12 月 18 日，由新浪网主办的“新浪・康师傅 2008 网络盛典”中，交银稳健基金经理郑拓荣获“2008 年年度十大基金经理奖”。

2009 年 1 月 8 日，由和讯网发起，中国证券市场研究设计中心等机构联合主办的大型网络评选活动“2008 年度第六届中国财经风云榜”中，公司荣获“2008 最具成长性的基金公司”。

2009 年 1 月 14 日，由证券时报社主办、安信证券协办的“2008 年度中国明星基金暨最佳托管银行评选”结果揭晓，公司荣获“2008 年度十大明星基金公司”、“基金公司明星管理团队”奖。

2009 年 1 月 15 日，公司旗下第八只基金、公司首只保本基金——交银施罗德保本混合型证券投资基金成功结束发行，并实现了 2009 年基金销售末日比例配售的第一次。

2009 年 3 月 10 日，公司获准开办专户境外资产管理业务。

2009 年 4 月 7 日，在中国证券投资基金年鉴举办的“2008 年度中国基金行业年度评选”中获得“最佳投资者服务奖”。

2009 年 4 月 10 日，公司旗下第九只基金、第四只股票型基金——交银施罗德先锋股票证券投资基金成立。

2009 年 6 月 1 日，公司新版网站正式上线，除了拥有更快的浏览速度以及更好的使用体验外，新网站还新增了多项功能，方便投资者查询使用。

2009 年 6 月 30 日，公司旗下基金资产净值达 625.48 亿元，在全国基金公司中位列第九，成为唯一一家进入前十的银行号基金公司，同时也是前十名中最年轻的基金公司。

2009 年 9 月 25 日，公司旗下首只指数基金——上证 180 公司治理交易型开放式指数证券投资基金及其联接基金成立，首发募集共计超过 80 亿元。

2010 年 4 月，交银施罗德“爱·定投”系列定投活动正式推出。

2010 年 5 月 12 日，交银施罗德爱心基金会正式成立，基金会以“扶危救急，扶难助学，奉献爱心，共建和谐”为宗旨，向公司内招募志愿者，积极开展公益事业。

2010 年 6 月 30 日，公司旗下第 12 只基金交银主题优选混合基金成立，总募集规模达到 32.35 亿元，成为同期发行基金中的佼佼者。

2010 年 8 月 6 日，公司成立五周年特别活动“感恩同行，与您为伍”网络活动结合公司第四届“金伯乐”客户回馈活动正式启动。

2010 年 12 月 22 日，公司旗下第十三只基金——交银施罗德趋势优先股票证券投资基金成立，首募规模超 26 亿份。

2011 年 1 月 27 日，公司旗下第十四只基金、首只创新型封闭式基金——交银施罗德信用添利债券证券投资基金成立，募集规模近 19 亿份。

2011 年 4 月 11 日，在由《上海证券报》举办的第八届“金基金”奖评选中，公司荣获“海外投资回报公司奖”。

2011 年 4 月 14 日，由《中国证券报》、中央电视台财经频道联合举办的“第八届(2010 年度)中国基金业金牛奖颁奖盛典”评选揭晓，交银成长基金荣获“2010 三年持续优胜股票型金牛基金”。

2011 年 12 月 3 日，由和讯网主办的“基金业突围与可持续发展——2011 基金业发展论坛暨基金行业财经风云榜颁奖典礼”中，公司荣获“2011 年度最佳基金电子商务服务平台”。

2012 年 1 月 12 日，由搜狐网主办的“搜狐金融德胜论坛——基金经理人年会”在北京召开，公司报送的“交银施罗德 VIP 客户俱乐部”项目在评选中荣获“2011 投资者服务奖”。

2012 年 3 月 9 日，公司荣获由中央人民广播电台(CNR)中国之声颁发的“最传播——2011 年度优秀广告主”。

2012 年 3 月，旗下交银成长荣膺《中国证券报》第九届中国基金业金牛奖评选“五年期股票型金牛基金”。

2012 年 3 月，旗下交银成长荣膺《证券时报》2011 年度中国基金业明星基金评选“五年持续回报股票型明星基金奖”。

2012 年 4 月，旗下交银制造荣膺《股市动态分析》2011 基金行业品牌与营销策划排行榜评选“基金新产品营销策划案例”奖项。

2012 年 5 月 22 日，公司旗下第二只 QDII 基金——交银施罗德全球自然资源证券投资基金成立，募集资金 6.29 亿元。

2012 年 6 月 20 日，公司旗下第二只保本型基金产品——交银施罗德荣安保本混合型证券投资基金成立，募集资金 16.32 亿元。

2012 年 8 月 3 日，公司旗下首只量化基金产品——交银施罗德阿尔法核心股票型证券投资基金成立，募集资金 11.45 亿元。

2012 年 10 月 30 日，由《理财周报》开展的“寻找中国最受尊敬基金公司”评选活动，公司总裁战龙先生荣获“2012 基金公司最受尊敬总裁”。

2012 年 11 月 5 日，公司旗下首只短期理财基金——交银施罗德理财 21 天债券型证券投资基金成立，募集资金 85.06 亿元。

2012 年 11 月 7 日，公司旗下第三只指数基金——交银施罗德沪深 300 行业分层等权重指数证券投资基金成立，募集资金 3.01 亿元。

2012 年 12 月 18 日，在由和讯网主办、和讯基金频道及财经中国会承办的“第十届中国财经风云榜——基金高峰论坛”上，公司总裁战龙先生荣膺“第十届财经风云榜之十大基金掌门人”。

2012 年 12 月 19 日，公司旗下首只发起式基金——交银施罗德纯债债券型发起式证券投资基金成立，募集资金21.17 亿元。

【股东概况】

排序	股东名称	持股比例
1	交通银行股份有限公司	65%
2	施罗德投资管理有限公司	30%
3	中国国际集装箱海运(集团)股份有限公司	5%

【旗下基金】

基金代码	基金简称	类型	基金经理
519588	交银货币 A	货币型	林洪钧
519589	交银货币 B	货币型	林洪钧
519688	交银精选	股票型	管华雨、张鸿羽
519690	交银稳健	混合型	张科兵
519692	交银成长	股票型	管华雨
519694	交银蓝筹	股票型	张媚钗
519680	交银债券 A	债券型	李家春
519681	交银债券 B	债券型	李家春
519682	交银债券 C	债券型	李家春
519696	交银环球	QDII	郑伟辉、晏青
519697	交银行业	混合型	张迎军
519698	交银先锋	股票型	史伟、李永兴
519686	交银治理	指数型	屈乐伟
510010	180 治理 ETF	指数型	屈乐伟
519700	交银主题	混合型	史伟
519702	交银趋势	股票型	张迎军
519704	交银制造	股票型	张科兵
519683	交银双利债券 A	债券型	李家春
519684	交银双利债券 B	债券型	李家春
519685	交银双利债券 C	债券型	李家春
519706	交银深证 300 联接	指数型	屈乐伟
159913	交银深证 300ETF	指数型	屈乐伟
164902	交银添利	债券型	林洪钧
519709	交银资源	QDII	郑伟辉、饶超
519710	交银荣安保本	保本型	项廷锋
519712	交银核心	股票型	龙向东
519714	交银等权	指数型	屈乐伟
519716	交银 21 天 A	理财型	林洪钧
519717	交银 21 天 B	理财型	林洪钧
519718	交银纯债 A	债券型	胡军华
519719	交银纯债/B	债券型	胡军华
519720	交银纯债 C	债券型	胡军华

【公司高管】

钱文挥先生，董事长，硕士学历。现任交通银行股份有限公司执行董事，副行长。历任中国建设银行资产负债管理委员会办公室主任兼上海分行副行长、资产负债管理委员会办公室主任兼体制改革办公室主任兼上海分行副行长、资产负债管理部总经理、资产负债管理部总经理兼重组改制办公室主任、交通银行股份有限公司副行长兼上海分行行长。

战龙先生，董事，总经理，CFA、CPA，硕士学历。历任安达信（新加坡）有限公司审计师，澳洲信孚基金管理有限公司投资风险管理副总监，信安资产管理亚洲有限公司投资风险管理总监，荷兰国际投资管理亚太有限公司中国区总经理，招商基金管理有限公司常务副总经理，富达国际中国董事总经理。

苏奋先生，督察长，纽约城市大学工商管理硕士。历任交通银行广州分行市场营销部总经理助理、副总经理，交通银行纽约分行信贷管理部经理、公司金融部经理、信用风险管理办公室负责人，交通银行投资管理部投资并购高级经理，交银施罗德基金管理有限公司综合管理部总监。

信诚基金管理有限公司

【基本情况】

法定名称：信诚基金管理有限公司
英文名称：CITIC－Prudential Fund Management Company Ltd.
注册地址：上海市陆家嘴东路166号中国保险大厦8层
办公地址：上海市陆家嘴东路166号中国保险大厦8层
法人代表：张翔燕
总 经 理：王俊锋
成立时间：2005年1月12日
公司性质：中外合资
注册资本：2亿元
联系电话：021－68649788
客服热线：400－666－0066
传真号码：021－51085168
邮政编码：200120
公司网址：www.citicprufunds.com.cn

【公司概况】

信诚基金管理有限公司成立于2005年9月，注册资本人民币2亿元，其中，中信信托有限责任公司和英国保诚集团各持股权49%，中新苏州工业园区创业投资有限公司持股2%。

中方主要股东中信信托承接了中信集团的所有信托类资产、负债及业务，是银监会直接监管的三家全国性信托投资公司之一。中信集团作为具有较大规模的国际化大型跨国企业集团，目前拥有44家子公司（银行），其业务主要集中在金融、实业和其他服务业领域。截至2010年年底，中信集团总资产25391亿人民币（数据来源：中信集团）。2011年，中信集团入选美国《财富》杂志全球500强排行榜，排名第220位。

外方股东英国保诚集团股份有限公司的母公司英国保诚集团于1848年在伦敦创立，是一家全球金融服务机构，在英国、美国、欧洲和亚洲市场提供人寿保险和基金管理服务。截至2010年年底，英国保诚集团全球客户超过2500万名，管理资产达3400亿英镑（数据来源：英国保诚集团）。据美国《财富》杂志公布的2011年全球500强排行榜，英国保诚集团排名第91位。

2006年起，信诚基金开始发展投资咨询业务，目前为QFII（合格境外机构投资者）账户担任投资咨询顾问。

2009年，信诚基金获得QDII（合格境内机构投资者）牌照，在全球化金融服务领域迈出了重要的一步。2010年12月，公司首只QDII基金——信诚金砖四国积极配置基金（LOF）的基金合同生效。2011年12月，公司第二只QDII基金——信诚全球商品主题基金（LOF）的基金合同生效。

截至2011年年底，公司旗下拥有14只投资风格鲜明的基金，建立了较为完善丰富的产品线，为客户提供了多样化的投资选择。

【公司大事记】

2005年9月30日，信诚基金管理有限公司获准成立。

2006年3月，信诚首只开放式基金信诚四季红混合型基金获准发行。

2006年4月29日，信诚四季红混合型证券投资基金成立，募集规模30.06亿份。

2006年11月27日，信诚精萃成长股票型基金正式成立，募集份额达32.7亿份。

2008年6月4日，信诚盛世蓝筹股票型基金基金合同生效，募集份额达4.56亿份。

2008年9月27日，信诚三得益债券型基金基金合同生效，募集份额达19.92亿份。

2009年3月11日，信诚经典优债债券型基金基金合同生效，募集份额达15.64亿份。

2009年8月26日，信诚优胜精选股票型基金基金合同生效，募集份额达23.56亿份。

2010年2月10日，信诚基金管理有限公司旗下第七只基金产品——信诚中小盘股票型基金基金合同生效，募集份额达6.04亿份，有效开户数达到7352户。

2010年7月30日，信诚基金管理有限公司旗下第八只基金产品——信诚深度价值股票型基金（LOF）基金合同生效，募集份额达5.24亿份，有效开户数达到6478户。

2010年9月29日，信诚基金管理有限公司旗下第九只基金产品——信诚增强收益债券型证券投资基金基金合同生效，募集份额达22.66亿份，有效开户数达到5849户。

2010年12月18日，信诚基金管理有限公司旗下第十只基金产品——信诚金砖四国积极配置证券投资基金（LOF）基金基金合同生效，募集份额达3.99亿份，有效开户数达到3809户。

2011年2月11日，信诚基金管理有限公司旗下第十一只基金产品——信诚中证500指数分级证券投资基金基金合同生效，募集份额达3.74亿份，有效开户数达到3763户。

2011年3月23日，信诚基金管理有限公司旗下第十二只基金产品——信诚货币市场证券投资基金基金合同生效，募集份额达30.10亿份，有效开户数达到3542户。

2011年8月1日，信诚基金管理有限公司旗下第十三只基金产品——信诚新机遇股票基金（LOF）基金基金合同生效，募集份额达4.24亿份，有效开户数达到6952户。

【股东概况】

排序	股东名称	持股数量（万股）	持股比例
1	中信信托投资有限责任公司	9800.00	49%

排序	股东名称	持股数量(万股)	持股比例
1	英国保诚集团股份有限公司	9800.00	49%
2	中新苏州工业园区创业投资有限公司	400.00	2%

中信信托有限责任公司(简称“中信信托”或者“公司”)是经国家金融监管部门批准设立的全国性金融机构。其前身中信兴业信托投资公司是中国中信集团公司的全资子公司,成立于1988年3月5日。2002年中信信托完成了重组、更名、改制和重新登记。2007年根据《信托公司管理办法》的有关规定,和中国银行业监督管理委员会《关于中信信托投资有限责任公司变更公司名称和业务范围的批复》,“中信信托投资有限责任公司”更名为“中信信托有限责任公司”,英文名称变更为“CITIC TRUST CO.,LTD.”。2005年、2006年公司曾二次增资扩股,目前公司注册资本为人民币12亿元(其中,外汇2,300万美元)。公司股东有两家,分别是中国中信集团公司和中信华东(集团)有限公司。

英国保诚集团于1848年在伦敦成立,是英国较大规模的国际金融集团,业务遍及欧洲、美国和亚洲。截至2010年年底,英国保诚集团全球客户超过2500万名,管理资产达3400亿英镑(数据来源:英国保诚集团)。据美国《财富》杂志公布的2011年全球500强排行榜,英国保诚集团排名第91位。英国保诚集团为客户提供全面的金融服务产品,其中包括寿险、退休保障、投资基金、银行、投资管理和财产险。

中新苏州工业园区创业投资有限公司(以下简称:中新创投)成立于2001年11月,由苏州创业投资集团、苏州工业园区股份有限公司、中新苏州工业园区开发有限公司共同出资成立。公司主要从事如下业务:高新技术的直接投资,相关产业的创业投资基金和创业投资管理公司的发起与管理;企业收购、兼并、重组、上市策划、企业管理咨询;国际经济技术交流及相关业务;主营业务以外的其他投资项目。

【旗下基金】

基金代码	基金简称	类型	基金经理
550001	信诚四季红	混合型	闫志刚
550002	信诚精萃成长	股票型	吕宜振
550003	信诚蓝筹	股票型	张光成
550004	信诚三得益债券A	债券型	王国强
550005	信诚三得益债券B	债券型	王国强
550006	信诚优债A	债券型	李仆、王旭巍
550007	信诚优债B	债券型	李仆、王旭巍
550008	信诚优胜精选	股票型	黄小坚、杨建标
550009	信诚中小盘	股票型	闫志刚、程亮
165508	信诚深度价值	股票型	谭鹏万
165509	信诚增强收益债券	创新封闭型	王旭巍
550010	信诚货币A	货币型	曾丽琼
550011	信诚货币B	货币型	曾丽琼
165510	信诚金砖四国	QDII	刘儒明
165511	信诚中证500分级	指数型	吴雅楠
150028	信诚中证500A	创新封闭型	吴雅楠
150029	信诚中证500B	创新封闭型	吴雅楠
165512	信诚新机遇	股票型	刘浩
165513	信诚全球商品主题	QDII	李舒禾
165515	信诚沪深300分级	指数型	吴雅楠
150051	信诚沪深300分级A	创新封闭型	吴雅楠
150052	信诚沪深300分级B	创新封闭型	吴雅楠

【公司高管】

张翔燕女士,董事长,硕士学位。历任中信银行总行营业部副总经理、综合计划部总经理,中信银行北京分行副行长、中信银行总行营业总部副总经理,中信证券股份有限公司副总经济师,中信控股有限责任公司风险管理部总经理。现任中信控股有限责任公司副总裁。

王俊锋先生,总经理、首席执行官,工商管理硕士。历任国泰基金管理有限公司市场部副总监、华宝兴业基金管理有限公司市场总监、瑞银环球资产管理(香港)有限公司北京代表处首席代表、瑞银证券有限责任公司资产管理部总监。现任信诚基金管理有限公司总经理、首席执行官。

唐世春先生,督察长,法学硕士,历任北京天平律师事务所律师;国泰基金管理有限公司监察稽核部法务主管;友邦华泰基金管理有限公司法律监察部总监、总经理助理兼董事会秘书。2007年6月1日加入信诚基金管理有限公司。现任信诚基金管理有限公司督察长。

建信基金管理有限责任公司

【基本情况】

法定名称:建信基金管理有限责任公司

英文名称:CCB Principal Asset Management Co.,Ltd.

注册地址:北京市西城区金融大街19号富凯大厦

办公地址:北京市西城区金融大街7号
英蓝国际金融中心16层

法人代表:江先周

总 经 理:孙志晨

成立时间:2005年9月19日

公司属性:中外合资

注册资本:2亿元

联系电话:010-66228800

客服热线:400-819-5533

传真号码:010-66228001

邮政编码:100034

公司网址:www.ccbfund.cn

【公司概况】

建信基金管理公司成立于2005年9月,注册地在北京,注册资本金为2亿元人民币,是国内首批由商业银行发起设立的基金管理公司。股东分别为中国建设银行股份有限公司、信安金融服务公司、中国华电集团资本控股有限公司,持股比例分别为65%、25%及10%。建信基金管理公司业务范围包括基金募集、基金销售、资产管理和中国证监会许可的其他业务。

公司具有特定客户资产管理业务资格和合格境内机构投资者(QDII)资格。公司构建了较为完善的公募基金产品线,拥有多个特定客户资产管理计划,并为多家机构提供投资咨询服务,特定客户资产管理业务及投资顾问业务居业内前列。

公司旗下基金整体业绩优良,投资能力不断提升,管理水平稳步提高。2011年,建信基金股票主动投资能力在60家基金公司中列入前五,资产管理规模排名升至第15位。

凭借出色的业绩表现,2012年3月,公司荣获《中国证券报》等机构评选的“2011年度金牛基金管理公司”奖,同时建信稳定增利债券基金荣获“三年期债券型金牛基金”奖，建信优势动力封闭基金荣获“2011 年度封闭式金牛基金”奖。

2012 年 3 月，公司荣获《证券时报》等机构评选的“三年持续回报明星基金公司奖”，同时建信核心精选股票基金、建信恒久价值股票基金荣获“三年持续回报股票型明星基金奖”。

2012 年 4 月，公司荣获《上海证券报》等机构评选的“2011 年度金基金 · TOP 公司奖”，同时建信稳定增利债券基金荣获“三年期金基金 · 债券基金奖”。

截至 2011 年 12 月 31 日，公司资产管理规模已经突破 486.93 亿元；公司旗下拥有 21 只不同风险收益特征的基金产品，为超过 370 万客户提供理财服务。

公司积极回馈持有人，截至 2011 年 12 月 31 日，公司旗下公募基金累计分红金额超过 157.53 亿元，得到了投资者的广泛认可。

【公司荣誉】

2008 年 4 月 20 日，建信基金管理公司在“《财富中国》－晨星网超级基金奖”的评选中荣获“2007 最具潜力创富基金公司”。

2008 年 3 月 28 日，建信基金管理公司荣获由《上海证券报》等机构评选的“金基金－－社会责任奖”基金公司。

2008 年 1 月 16 日，建信货币市场基金荣获《中国证券报》等机构评选的“2007 年度开放式货币市场金牛基金”奖。

2009 年 3 月 27 日，在由中国证券业协会主办的“2009 年中国证券投资基金业年会”上，公司荣获 2008 年度中国基金行业“最具成长奖”。

2009 年 1 月 14 日，在由证券时报社主办的“2008 年度中国明星基金暨最佳托管银行评选”中，公司荣获“2008 年度投资者教育明星基金公司奖”，建信稳定增利债券型基金荣获“2008 年度新基金明星奖”。

2009 年 1 月 12 日，建信货币市场基金荣获《中国证券报》等机构评选的“2008 年度开放式货币市场金牛基金”奖。

2010 年 5 月 23 日，建信稳定增利债券基金荣获由《中国证券报》等机构评选的“2009 年度开放式债券型金牛基金”奖。

2010 年 5 月 23 日，建信基金管理公司荣获由《中国证券报》等机构评选的“债券投资金牛基金公司”奖。

2011 年 3 月 31 日，建信核心精选股票基金在证券时报主办的“2010 年度基金业明星奖”评选中获“2010 年度股票型明星基金奖”。

2011 年 3 月 31 日，建信基金管理公司在证券时报主办的“2010 年度基金业明星奖”评选中获“2010 年度十大明星基金公司”奖。

2011 年 4 月 10 日，在由《中国证券报》主办的第八届中国基金业金牛奖评选榜单中，建信基金管理公司荣获“债券投资金牛基金公司”称号。

2012 年 3 月 26 日，建信恒久价值股票基金在《证券时报》主办的“2011 年度明星基金奖”评选中获“三年持续回报股票型明星基金奖”。

2012 年 3 月 26 日，建信核心精选股票基金在《证券时报》主办的“2011 年度明星基金奖”评选中获“三年持续回报股票型明星基金奖”。

2012 年 3 月 26 日，建信基金管理公司在《证券时报》主办的“2011 年度明星基金奖”评选中获“三年持续回报明星基金公司奖”。

2012 年 3 月 29 日，在由《中国证券报》主办的第九届中国基金业金牛奖评选中，建信优势动力股票基金荣获“2011 年度封闭式金牛基金”奖。

2012 年 3 月 29 日，在由《中国证券报》主办的第九届中国基金业金牛奖评选中，建信稳定增利债券基金荣获“三年期债券型金牛基金”奖。

2012 年 3 月 29 日，在由《中国证券报》主办的第九届中国基金业金牛奖评选中，建信基金管理公司荣获“金牛基金管理公司”称号。

2012 年 4 月 23 日，在由《上海证券报》主办的第九届中国“金基金”奖评选中，建信稳定增利债券基金荣获“三年期金基金 · 债券基金奖”。

2012 年 4 月 23 日，在由《上海证券报》主办的第九届中国“金基金”奖评选中，建信基金管理公司荣获“2011 年度金基金 · TOP 公司奖”。

【股东概况】

排序	股东名称	出资额（万元）	持股比例
1	中国建设银行股份有限公司	13000.00	65%
2	美国信安金融集团	5000.00	25%
3	中国华电集团公司	2000.00	10%

【旗下基金】

基金代码	基金简称	类型	基金经理
530001	建信恒久价值	股票型	邱宇航、顾中汉
530002	建信货币	货币型	彭云峰
530003	建信优选成长	股票型	姚锦
530005	建信优化配置	混合型	陶灿、乔林建、顾中汉
530006	建信核心精选	股票型	王新艳
530008	建信稳定增利债券	债券型	钟敬棣
530009	建信增强债券 A	债券型	李菁
531009	建信增强债券 C	债券型	李菁
165309	建信沪深 300	股票型	梁洪昀
530010	建信责任	股票型	叶乐天
510090	责任 ETF	股票型	叶乐天
539001	建信全球机遇股票	QDII	赵英楷
530011	建信内生动力	股票型	万志勇
530012	建信保本	保本型	黎颖芳、彭云峰
165310	建信双利分级	股票型	马志强
539002	建信新兴市场	QDII	赵英楷
530015	建信深证 60 联接	股票型	梁洪昀
159916	建信深证 60ETF	股票型	梁洪昀
530016	建信恒稳价值	混合型	许杰
530017	建信双息红利债券	债券型	钟敬棣
150003	建信优势动力	封闭型	万志勇、姜锋
150036	建信稳健	创新封闭型	马志强、万志勇
150037	建信进取	创新封闭型	马志强、万志勇
165311	建信信用增强债券	封闭型	李菁
530018	建信深证 100 指数增强	股票型	梁洪昀
530019	建信社会责任	股票型	姚锦、许杰
530020	建信转债增强债券 A	债券型	彭云峰
531020	建信转债增强债券 C	债券型	彭云峰
530021	建信纯债	债券型	黎颖芳、朱建华
531021	建信纯债	债券型	黎颖芳、朱建华
539003	建信全球资源股票	QDII	赵英楷

【公司高管】

江先周先生，董事长。1986 年获财政部财政科学研究所经济学硕士学位。1993 年获英国 Heriot – Watt 大学商学院国际银行金融学硕士学位，1999 年参加哈佛商学院高级管理培训项目(PMD74)。历任中国建设银行行长办公室副处长，中国建设银行国际业务部处长，中国建设银行行长办公室副主任，中国建设银行国际业务部副总经理，中国建设银行基金托管部总经理，中国建设银行基金托管部总经理兼机构业务部总经理，中国建设银行基金托管部总经理。

孙志晨先生，总经理、执行董事。1985 年获东北财经大学经济学学士学位。历任中国建设银行总行筹资部证券处副处长，建设银行总行筹资部、零售业务证券处处长，中国建设银行零售业务部证券处处长，中国建设银行个人银行业务部债券登记与交易中心处长，建设银行总行个人银行业务部、个人金融业务部副总经理。

路彩营女士，督察长。1979 年毕业于河北大学经济系计划统计专业。历任中国建设银行副主任科员、主任科员、副处长、处长，华夏证券部门副总经理、重庆审计特派办总经理，宝盈基金管理公司首席顾问(公司副总经理级)，建信基金管理公司监事长。

华商基金管理有限公司

【基本情况】

法定名称：华商基金管理有限公司

英文名称：Huashang Fund Management Co. , Ltd.

注册地址：北京市西城区平安里西大街 28 号
中海国际中心 19 层

办公地址：北京市西城区平安里西大街 28 号
中海国际中心 19 层

法人代表：李晓安

总 经 理：王 锋

成立日期：2005 年 12 月 20 日

注册资本：1 亿元

公司属性：中资

联系电话：010 – 58573600

客服电话：400 – 700 – 8880

传真号码：010 – 58573520

邮政编码：100034

公司网址：www. hsfund. com

【公司概况】

华商基金管理有限公司是一家经中国证监会批准设立、为客户提供专业理财服务的资产管理机构。华商基金以“诚为本，智慧创造财富”为公司发展理念，坚持“以人为本”的发展战略，坚守"基金份额持有人利益至上"的价值准则，努力把华商基金打造成为广大投资者信赖的基金品牌。

华商基金旗下管理的产品覆盖了多种基金类型，均取得了较好的投资业绩。公司资产管理规模大幅增长，市场影响力迅速提升，综合实力快速提高，在投资研究、市场开拓、客户服务等方面表现出良好的发展势头，得到了越来越广泛的关注和认同。

【公司大事记】

2005 年 12 月 20 日，华商基金管理有限公司成立。

2007 年 4 月 6 日，华商基金公司旗下的第一只产品华商领先企业基金获中国证监会证监许可[2007]98 号文批准募集。

2007 年 5 月 15 日，华商领先企业基金成立。

2008 年 5 月 16 日，华商基金公司旗下的第二只产品华商盛世成长基金获中国证监会证监许可[2008]705 号文批准募集。

2008 年 9 月 23 日，华商盛世成长基金成立。

2008 年 10 月 31 日，华商基金公司旗下的第三只产品华商收益增强基金获中国证监会证监许可[2008]1250 号文批准募集。

2009 年 1 月 23 日，华商收益增强基金成立。

2009 年 9 月 4 日，华商基金公司旗下的第四只产品华商动态阿尔法基金获中国证监会证监许可[2009]892 号文核准募集。

2009 年 11 月 24 日，华商动态阿尔法基金成立。

2010 年 4 月 7 日，华商基金公司旗下的第五只产品华商产业升级基金获中国证监会证监许可[2010]417 号文核准募集。

2010 年 5 月 4 日，华商基金公司旗下的第六只产品华商稳健双利基金获中国证监会证监许可[2010]590 号文核准募集。

2010 年 6 月 18 日，华商产业升级基金成立。

2010 年 8 月 9 日，华商稳健双利基金成立。

2010 年 10 月 15 日，华商基金公司旗下的第七只产品华商策略精选基金获中国证监会证监许可[2010]1393 号文核准募集。

2010 年 11 月 9 日，华商策略精选基金成立。

2011 年 1 月 6 日，华商基金公司旗下的第八只产品华商稳定增利基金获中国证监会证监许可[2011]16 号文核准募集。

2011 年 3 月 15 日，华商稳定增利基金成立。

2011 年 3 月 23 日，华商基金公司旗下的第九只产品华商价值精选基金获中国证监会证监许可[2011]440 号文核准募集。

2011 年 5 月 31 日，华商价值精选基金成立。

2011 年 11 月 23 日，华商基金公司旗下的第十只产品华商主题精选基金获中国证监会证监许可[2011]1858 号文核准募集。

2012 年 5 月 31 日，华商主题精选基金成立 2012 年 2 月 27 日，华商基金公司旗下的第十一只产品华商中证 500 基金获中国证监会证监许可[2012]244 号文核准募集。

2012 年 9 月 6 日，华商中证 500 基金成立 2012 年 11 月 7 日，华商基金公司旗下的第十二只产品华商现金增利货币基金获中国证监会证监许可[2012]1467 核准募集。

2012 年 12 月 11 日，华商现金增利货币市场基金成立。

【公司荣誉】

2007 年 11 月，杰出表现奖第三届北京国际金融展览会。

2008 年 1 月，2007 年度最具成长性的公司——第五届中国财经风云榜(和讯网主办)。

2008 年 1 月，华商领先企业基金荣获 2007 年度新锐基金——2007 年度中国理财总评榜(中国主流媒体理财联盟主办)。

2008 年 2 月，2007 年度最受网友信赖的十大基金公司——2007 理财产品评选(新浪网主办)。

2008 年 3 月，2007 年度十佳基金公司——中国基金企业评选(中国基金网主办)。

2008 年 3 月，2007 年度卓越团队——2007 最受中国投资者青睐的基金公司评选(《大众理财顾问》杂志主办)。

2008年4月,金牌开拓团队——北青基金年度财星榜(《北京青年报》主办)。

2008年4月,华商领先企业荣获最受欢迎理财产品——第二届中国(深圳)国际科学生活博览会(《理财周刊》主办)。

2008年9月,2008最具发展潜力基金公司——2008中国最受尊敬基金公司评选(《理财周报》主办)。

2008年11月,最具慧眼奖——第六届新财富最佳分析师评选(《新财富》主办)。

2008年11月,华商盛世成长荣获最受欢迎理财产品——第六届上海理财博览会(《理财周刊》主办)。

2008年12月,2008最有影响力基金公司风险提示奖——2008搜狐金融理财网络盛典(搜狐网主办)。

2009年1月,最具潜力基金公司——2008年度中国(沈阳)理财总评榜(《华商晨报》主办)。

2009年9月,2009最具发展潜力基金公司——2009中国最受尊敬基金公司(《理财周报》主办)。

2009年12月,2009最有影响力基金投研团队奖——2009搜狐金融理财网络盛典(搜狐网主办)。

2010年1月,2009年度最佳投研团队基金公司——2009和讯财经风云榜(和讯网主办)。

2010年1月,最具灵活配置基金——2009第三届中国机构投资者年会(《华夏时报》主办)。

2010年5月,华商盛世成长荣获2009年度股票型明星基金奖——2009年度中国基金业明星基金奖(《证券时报》主办)。

2010年5月,金牛进取奖;华商盛世成长荣获2009年度开放式股票型金牛基金——2009中国基金业金牛奖(《中国证券报》主办)。

2010年6月,2009年度"金基金·成长公司"奖——第七届中国"金基金奖"(《上海证券报》主办)。

2010年6月,2009年度开放式股票型基金最佳表现奖——2009年"中国赢基金奖"(《21世纪经济报道》主办)。

2010年11月,2010最佳营销创新基金公司;华商盛世成长基金经理孙建波荣获"2010年度基金行业新锐人物"奖——2010最受尊敬基金公司评选(《理财周报》主办)。

2010年12月,年度基金理财品牌奖——2010第一财经金融价值榜(《第一财经日报》主办)。

2010年12月,2010年最具影响力基金新产品——2010搜狐金融理财网络盛典(搜狐网主办)。

2010年12月,华商盛世成长股基优秀业绩基金——2010年"大众证券杯"优秀基金(《大众证券报》主办)。

2011年1月,2010年最强势投资者信赖公司——2010年华夏时报金蝉奖(《华夏时报》主办)。

2011年1月,2010年最具成长性基金公司;华商盛世成长基金经理孙建波荣获"最佳基金经理"奖——2010和讯财经风云榜(和讯网主办)。

2011年3月,2010年度十大明星基金公司奖;华商盛世成长基金荣获"2010年度股票型明星基金奖"——2010年度中国基金业明星基金奖(《证券时报》主办)。

2011年4月,金牛基金管理公司奖;华商盛世成长基金2010年度股票型金牛基金奖;华商领先企业基金2010年度混合型金牛基金奖——2010中国基金业金牛奖(《中国证券报》主办)。

2011年4月,金基金·股票投资回报公司奖;华商盛世成长基金2010年度一年期金基金·主动型股票基金奖——第八届中国"金基金奖"(《上海证券报》主办)。

2011年5月,华商盛世成长基金荣获2010年中国基金产品年度业绩奖最佳股票型基金;华商动态阿尔法基金2010年中国基金产品年度业绩奖,最佳混合型基金——中国基金"民富奖"(人民网主办)。

2011年6月,2010年度最佳表现基金公司奖——21世纪赢基金(《21世纪经济报道》主办)。

2011年7月,2010年基金品牌建设进步奖——全景基金品牌研究中心主办。

2011年12月,2011年度基金业最佳创意营销奖——2011和讯财经风云榜(和讯网主办)。

2012年1月,华商盛世成长基金经理孙建波荣获"优秀基金经人"奖——2012搜狐金融德胜论坛(搜狐网主办)。

2012年1月,2011年度最佳产品创新基金公司奖——2011年度金融理财产品服务口碑榜(口碑理财网主办)。

2012年3月,华商盛世成长基金三年期股票型金牛基金奖——2011中国基金业金牛奖(中国证券报主办)。

2012年12月,华商基金获得基金行业最佳创意营销奖——2012年第十届中国财经风云榜(和讯网主办)。

【股东概况】

排序	股东名称	持股比例
1	华龙证券有限责任公司	46%
2	中国华电集团财务有限公司	34%
3	济南钢铁集团总公司	20%

【旗下基金】

基金代码	基金简称	类型	基金经理
630001	华商领先	混合型	田明圣、申艳丽
630002	华商盛世	股票型	刘宏
630003	华商强债A	债券型	梁伟泓
630103	华商强债B	债券型	梁伟泓
630005	华商动态阿尔法	混合型	梁永强
630006	华商产业	股票型	刘宏
630007	华商稳健A	债券型	张永志
630107	华商稳健B	债券型	张永志
630008	华商策略精选	混合型	田明圣
630009	华商稳定增利A	债券型	张永志
630109	华商稳定增利C	债券型	张永志
630010	华商价值精选	股票型	刘宏
630011	华商主题精选	股票型	梁永强
166301	华商中证500分级	指数型	田明圣
150110	华商中证500A	指数型	田明圣
150111	华商中证500B	指数型	田明圣
630012	华商现金增利A	货币型	刘晓晨
630112	华商现金增利B	货币型	刘晓晨

【公司高管】

李晓安先生,董事长,清华大学EMBA。历任天水市信托投资公司办公室主任、副总经理、总经理、党委书记,天水市财政局副局长、局长、党组书记,现任华龙证券有限责任公司董事长兼总裁。

王锋先生,总经理,工学学士、经济学硕士。曾任博时基金管理公司研究部研究员、基金经理助理,云南国际信托投资管理有限公司资产管理总部执行总经理、华商基金管理有限公司投资管理部总经理、公司投资决策委员会成员、华商领先企业混合型证券投资基金基金经理、公司副总经理等职务。

周亚红女士，督察长，经济学博士。2011 年 7 月加入华商基金管理有限公司，曾任云南财经大学金融系副教授，博时基金管理有限公司研究员、TA 主管、产品设计师、渠道主管、市场部副总经理，国金通用基金管理有限公司（筹）总经理助理等职务。

汇丰晋信基金管理有限公司

【基本情况】

法定名称：汇丰晋信基金管理有限公司
英文名称：HSBC Jintrust Fund Management Co.，Ltd.
注册地址：上海市浦东新区富城路 99 号震旦大厦 35 层 01、02、04 室
办公地址：上海市浦东新区富城路 99 号震旦大厦 35 层
法人代表：杨小勇
总 经 理：王 栋
成立时间：2005 年 11 月 16 日
公司属性：中外合资
注册资本：2 亿元
联系电话：021 – 38789898
客服热线：021 – 38789998
传真号码：021 – 38789999
邮政编码：200120
公司网址：www.hsbcjt.cn

【公司概况】

2005 年 11 月，汇丰环球投资管理有限公司（HSBC Jintrust Fund Management Co.，Ltd.）（以下简称“汇丰投资管理”）及山西信托有限责任公司（以下简称“山西信托”）共同创建汇丰晋信基金管理有限公司（以下简称“汇丰晋信”），公司总部设在上海，注册资本为人民币 2 亿元。

汇丰晋信融合了两大金融机构的成就、实力、专才和承诺；融合了中外力量和东西智慧；融合了山西信托和汇丰投资管理的深厚本土经验及国际视野。

汇丰晋信致力于为投资者提供专业实用的投资建议、适合其需求的投资产品、以及高品质的账户管理和咨询服务，让投资不再是一个令人难以涉足的领域。

【股东概况】

排序	股东名称	出资额（万元）	持股比例
1	山西信托投资有限责任公司	10200.00	51%
2	汇丰投资管理（英国）有限公司	9800.00	49%

【旗下基金】

基金代码	基金简称	类型	基金经理
540001	汇丰晋信 2016	混合型	侯玉琦
540002	汇丰晋信龙腾	股票型	林彤彤廖志峰
540003	汇丰晋信策略	混合型	王春
540004	汇丰晋信 2026	混合型	刘辉
540005	汇丰晋信增利 A	债券型	钟小婧郑宇尘
541005	汇丰晋信增利 C	债券型	钟小婧郑宇尘
540006	汇丰晋信大盘	股票型	王品
540007	汇丰晋信中小盘	股票型	廖志峰
540008	汇丰晋信低碳	股票型	刘辉
540009	汇丰消费红利	股票型	王品
540010	汇丰晋信科技先锋	股票型	曹庆
540011	汇丰晋信货币 A	货币型	李媛媛
541011	汇丰晋信货币 B	货币型	李媛媛
540012	汇丰晋信恒生 A 股	指数型	方磊

【公司高管】

杨小勇先生，董事长，硕士学历。曾任山西省委组织部正处级干部、山西省信托投资公司副总经理、山西省国信投资（集团）公司副总经理、山西光信实业有限公司副董事长。现任山西省国信投资（集团）公司党委书记、山西信托有限责任公司副董事长。

王栋先生，总经理，硕士学历。中国注册会计师（CPA）和特许金融分析师（CFA）。曾任汇丰环球投资管理（英国）有限公司产品开发培训生、汇丰环球投资管理（香港）有限公司亚太企业拓展经理，其后参与筹建汇丰晋信基金管理有限公司。公司成立至今历任财务总监、特别项目部总监、国际业务与战略伙伴部总监、总经理助理。

古韵女士，督察长，硕士学历。曾任国泰君安证券股份有限公司法律事务总部副经理，国联安基金管理有限公司监察稽核部副总监、监察稽核部总监、董事会秘书和总经理助理。

益民基金管理有限公司

【基本情况】

法定名称：益民基金管理有限公司
英文名称：YIMIN Asset Management Co.，Ltd.
注册地址：重庆市江北区建新南路 16 号
办公地址：北京市宣武区宣外大街 6 号庄胜广场中央办公楼南翼 13A
法人代表：翁振杰
总 经 理：雷学军
成立时间：2005 年 12 月 12 日
公司性质：中资
注册资本：1 亿元
联系电话：010 – 63105556
客服电话：400 – 650 – 8808
传真号码：010 – 63100588
邮政编码：100010
公司网址：www.ymfund.com

【公司概况】

益民基金管理有限公司，是 2005 年 12 月 1 日经中国证监会（证监基金字［2005］192 号）批准设立的，注册资本 1 亿元人民币，注册地为重庆市。目前，公司主要办公场所在北京市宣武区。公司的经营范围主要是发起设立基金、基金管理业务和中国证监会批准依法从事的其他业务。

公司由重庆国际信托有限公司、中国新纪元有限公司和中山证券有限责任公司共三家公司发起设立，依次占股 49%、31%、20%。

一路走来，益民基金和投资者共同经历了中国资本市场发展的日新月异，也分享了财富增长的快乐。受人之托，忠人之事，我们始终牢记着投资者的信任，坚守职业道德，置诚信于首位。“路遥知马力，稳健创财富”，我们以严谨的态度，踏实的精神致力于为投资者创造更多投资回报。

带着对中国证券市场的坚定信心，面对世界上最具活力的资本市场，迎接我们的将是前所未有的机遇和挑战。阔步迈入“十二五”发展的新时期，作为成长型的基金公司，我们立志于打造一流的业绩与一流的服务，以感恩之心回馈投资人，股东，员工和社会，成为具有市场影响力的品牌基金公司，为中国基金行业创造新的辉煌，为社会创造更大价值与贡献。我们希望与您一起感受时代前进的喜悦，分享中国经济成长的丰硕成果，在财富之路上与您相伴，成为您值得信赖的理财伙伴。

【公司大事记】

2005 年 12 月 29 日，益民基金管理有限公司成立。

2006 年 5 月 23 日，益民基金管理公司北京分公司成立。

2006 年 6 月 27 日，益民货币市场基金发行。

2006 年 10 月 23 日，益民红利成长混合型证券投资基金发行。

2007 年 5 月 8 日，益民红利成长基金累计净值 2.0265 元，距该基金成立仅 168 天，刷新了新基金净值“翻倍”的最快纪录。

2007 年 6 月 4 日，推出免费服务热线 400－650－8808。

2007 年 7 月 11 日，益民创新优势混合型证券投资基金成立。

2008 年 5 月 21 日，益民多利债券基金成立。

2009 年 6 月 27 日，益民基金公司股权变更。股东及其持股比例分别为：重庆国际信托有限公司 49%、中国新纪元有限公司 31%、中山证券有限责任公司 20%。

2009 年 12 月，益民基金总经理祖煜上任。

2011 年 1 月，益民基金新任总经理雷学军上任。

【股东概况】

排序	股东名称	持股数量（万股）	持股比例
1	重庆国际信托投资有限公司	4900.00	30%
2	中国新纪元有限公司	3100.00	25%
3	中山证券有限责任公司	2000.00	20%

【旗下基金】

基金代码	基金简称	类型	基金经理
560001	益民货币	货币型	李勇钢
560002	益民红利成长	混合型	蒋俊国
560003	益民创新优势	混合型	李勇钢、韩宁
560005	益民债券	债券型	李勇钢、郑研研
560006	益民核心增长	混合型	侯燕琳、韩宁

【公司高管】

翁振杰，董事长，男，工学硕士，曾任解放军通讯工程学院教官。历任重庆益民信息系统工程公司副总经理、陕西国力实业有限公司总经理、中关村科技发展股份有限公司副总经理等职，从事企业经营管理和投资管理工作近 20 年，现任重庆国际信托投资有限公司总裁。代为履行总经理职责。

雷学军，总经理，男，1966 年生，硕士研究生。曾任原华夏证券有限公司投资银行部高级经理、光大证券北京投资银行部、资产管理部总经理、嘉实基金管理有限公司机构理财部总监、湘财荷银基金管理有限公司总经理助理兼市场总监、泰达宏利（原泰达荷银）基金管理有限公司副总经理。2011 年 1 月始任益民基金管理有限公司总经理。

刘伟，督察长，男，经济学硕士，曾任山西省计划与发展委员会助理研究员、光大国际投资咨询公司部门经理、总经理助理、光大期货经纪有限公司副总经理、中信证券股份有限公司研究部研究员、重庆国际信托投资有限公司基金管理部总经理。2005 年 12 月始任益民基金管理有限公司督察长。

中邮创业基金管理有限公司

【基本情况】

法定名称：中邮创业基金管理有限公司
英文名称：China Post & Capital Fund Management Co.，Ltd.
注册地址：北京市海淀区西直门北大街 60 号首钢国际大厦 10 层
办公地址：北京市海淀区西直门北大街 60 号首钢国际大厦 10 层
法人代表：吴　涛
总 经 理：周　克
成立时间：2006 年 5 月 8 日
公司属性：合资企业
联系电话：010－82295160
客服电话：400－880－1618
传真号码：010－82295160
邮政编码：100082
公司网址：www.postalfund.com

【公司概况】

经中国证监会批准，中邮创业基金管理有限公司于 2006 年 5 月 8 日在北京正式成立。中邮创业基金主要从事于证券投资基金的发起、发行、设立与管理业务。注册资本 1 亿元人民币，注册地为北京。核心股东为：首创证券有限责任公司、中国邮政集团公司。

中邮创业基金先后设立、管理“中邮核心优选”股票基金、“中邮核心成长”股票基金、“中邮核心优势”灵活配置混合基金、“中邮核心主题”股票基金、“中邮中小盘”灵活配置混合基金、“中邮上证 380”指数增强基金等多只证券投资基金，取得了较好的经营业绩。截至 2011 年底，中邮创业基金资产管理规模达到 251.45 亿元。

本着及时回报投资者的原则，截至 2012 年 3 月，公司成立四年多时间内，中邮创业基金累计实施分红 22 次，共计分红金额 93.66 亿元。中邮核心优选股票基金自 2006 年 9 月 28 日成立以来，在 16 个月内实现分红 12 次，每 10 份份额累计分红 12.2 元。中邮核心优势灵活配置混合基金自 2009 年 10 月 28 日成立后 28 天即在封闭期分红，截至 2011 年 1 月每 10 份份额累计分红 1.8 元。中邮核心主题股票基金自 2010 年 5 月 19 日成立以来至 2011 年 1 月每 10 份份额累计分红 1.6 元。中邮上证 380 指数增强基金自 2011 年 11 月 22 日成立以来至 2012 年 3 月每 10 份份额累计分红 0.6 元。

成立以来，中邮创业基金先后获得过《上海证券报》“中国最佳基金公司最具潜力奖”，《证券时报》“明星基金公司新秀奖”、“年度中国基金业明星基金公司奖”。中邮创业基金旗下产品中邮核心优选股票基金两次荣获《中国证券报》“年度金牛基金奖”，中邮核心优势灵活配置混合基金获得《证券时报》“年度中国明星基金奖”。

中邮创业基金拥有一支诚信、专业、高效、进取的员工队伍。公司共有员工110余名，其中博士、硕士占39%以上，半数以上员工具有5年以上金融从业经验。

中邮创业基金以人为本，积极营造“真诚沟通、和谐互助、快乐工作、快乐生活”的文化氛围，将员工个人职业发展与公司发展紧密结合，建立起一套行之有效的与员工贡献相匹配的长效激励机制和可持续的人才培养机制，保证了公司竞争力的稳定和持久。

【股东概况】

股东名称	持股比例
首创证券有限责任公司	47%
中国邮政集团公司	29%
三井住友银行股份有限公司	24%

【旗下基金】

基金代码	基金简称	类型	基金经理
590001	中邮核心优选	股票型	厉建超
590002	中邮核心成长	股票型	邓立新
590003	中邮核心优势	混合型	邓立新
590005	中邮核心主题	股票型	刘霄汉
590006	中邮中小盘配置	混合型	方何、许进财
590007	中邮上证380增强	指数型	方何
590008	中邮战略新兴产业	股票型	厉建超、任泽松
590009	中邮稳定收益A	债券型	张萌
590010	中邮稳定收益C	债券型	张萌

【公司高管】

吴涛先生，公司董事长，大学本科，15年证券从业经验。曾任国家外汇管理局储备司干部、中国新技术创业投资公司深圳证券营业部总经理、首创证券有限公司总经理，现任首创证券有限公司董事长。

周克先生，中共党员，硕士研究生，12年金融从业经历。曾任中信实业银行总行开发部副总经理、首创证券有限公司副总经理，现任中邮创业基金管理有限公司总经理。

郭建华先生，硕士研究生，10年证券从业经历。曾任长城证券有限公司研发中心总经理助理、长城证券有限公司海口营业部总经理。现任中邮创业基金管理有限公司督察长。

信达澳银基金管理有限公司

【基本情况】

法定名称：信达澳银基金管理有限公司

英文名称：First State Cinda Fund Management Co., Ltd.

注册地址：广东省深圳市福田区深南大道7088号招商银行大厦24层

办公地址：广东省深圳市福田区深南大道7088号招商银行大厦24层

成立日期：2006年6月5日

注册资本：1亿元

公司属性：中外合资

法定代表：何加武

总 经 理：何加武(代)

办公电话：0755－83172666

客服电话：400－888－8118

传真号码：0755－83196151

邮政编码：518040

网址：www.fscinda.com

【公司概况】

信达澳银基金管理有限公司由中国信达资产管理公司和澳洲联邦银行的全资附属公司康联首域集团共同发起，是国内首家由国有资产管理公司控股的基金管理公司，也是澳洲在中国合资设立的第一家基金管理公司。

公司注册地点在中国深圳，注册资本1亿元人民币，其中中国信达资产管理公司出资5400万元人民币，占54%；康联首域集团有限公司出资4600万元人民币，占46%。

公司建立了健全的法人治理结构，根据《中华人民共和国公司法》的规定设立了股东会、董事会和执行监事。股东会层面设立公司咨询委员会，董事会层面设立风险控制委员会和薪酬考核委员会两个专门委员会，并建立了独立董事制度。公司总经理负责公司的日常运作，并由各委员会包括投资审议委员会和风险管理委员会协助其议事决策。

公司致力于通过完善治理结构，健全绩效评价与激励机制，强化董事和管理团队的诚信勤勉义务和责任，建立良好的内部关系，提高经营者及员工的积极性，为基金投资者和全体股东创造良好的回报。

作为中外合资基金公司，信达澳银基金管理公司在借鉴外方股东成熟经验，结合中国市场特点的基础上，成功设计了公司的第一支基金产品——“信达澳银领先增长股票型证券投资基金”。该产品于2007年2月获得中国证监会批准募集。2007年3月5日，信达澳银领先增长股票型证券投资基金仅用一个工作日就完成了首次发行募集工作，募集规模近90亿基金份额。创下了中国基金业新公司新基金发行首日即以接近目标上限结束募集的新记录，树立了公司的市场形象，提高了品牌知名度。

公司建立了投研一体化的基金投资运作体系，形成了独具特色的投资研究模式和投资理念，汇聚了一批优秀的、拥有丰富从业经验的投资研究人才，为今后基金投资运作实践奠定了良好的基础。公司在外方股东康联首域集团的大力支持下，创建了一套以纯粹“自下而上”方式精选股票为理念，以科学分工、合理授权为组织方式的具有信达澳银特色的投资管理模式。从基金合同生效日2007年3月8日至9月30日，公司首只基金信达澳银领先增长基金份额净值增长至1.9061元，在当年成立的所有基金中名列前茅。

公司建立了安全高效、风险可控的基金后台运营保障系统，为公司基金业务展开奠定了良好的硬件基础。一是对公司信息技术系统进行了优化，为公司日常办公运转以及基金投资运作、市场营销等业务全面展开建立了较为完善的信息技术保障体系。二是建立了合理高效、风险可控的基金清算和基金会计业务流程。三是建立了较为完善的客户服务体系，制订了较为全面的客户服务制度和服务手册，形成了一套规范的客户服务流程。

信达澳银基金管理公司将秉持“规范、诚信、创新、回报”的经营理念，以“好公司、好团队、好产品、好回报”为发展目标，成为投资者信任的基金管理人。

【公司大事记】

2010 年 2 月 25 日，信达澳银领先增长股票型基金实施 2010 年的首度分红，以 2010 年 2 月 1 日为收益分配基准日，每 10 份基金份额派发红利 0.8 元，红利发放日为 2 月 26 日。

2010 年 4 月 10 日，公司组织全体员工参加由深圳市城建局、深圳市绿色基金会等单位联合发起举办的 2010 年“绿色和谐深圳”植树活动，员工们亲手在深圳市中心公园植树 100 棵。

2010 年 4 月 16—18 日，公司在东莞松山湖凯悦酒店举办全体员工参加的“公司 2010 年度经营工作会议暨基金发行动员会”。

2010 年 4 月 20 日，公司积极响应中国证券业协会发起的“证券行业向青海玉树灾区献爱心”的捐款活动，向发生 7.1级强震的玉树地震灾区捐款 30 万元，用于支援当地的抗震救灾工作，帮助灾区群众渡过难关、重建家园，所捐善款将通过民政部捐送灾区。"

2010 年 5 月 4 日，公司旗下第五只基金——信达澳银红利回报股票型基金获得中国证监会[2010]571 号文核准发行，基金代码 610005，托管行为中国建设银行。

2010 年 7 月 23 日，公司旗下第五只基金——信达澳银红利回报股票型基金结束募集，募集总额 5.95 亿元，此次募集的有效认购户数为 11995 户。

2010 年 9 月 3 日，公司“在线客服”平台正式上线，丰富了服务渠道。

2010 年 9 月 16 日，公司“基金经理在线”平台正式开通，每月中旬将邀请我公司基金经理与投资者直接进行在线交流。

2010 年 12 月，完成了信达资产管理公司的集团网络办公平台子平台的建设，实现了集团信息化的前期准备工作。

2010 年 12 月 4 至 6 日，公司参加了在深圳会展中心举行的 2010 中国(深圳)国际金融博览会，并荣获“2010 中国(深圳)国际金融博览会最佳服务奖”。

2010 年 12 月 17 日，公司在由搜狐财经主办的“搜狐 2010 金融理财网络盛典”颁奖典礼中荣获“最有影响力基金客户服务奖”。

2010 年 12 月 20 日，公司偏股型基金业绩获认可，投资总监王战强荣膺《投资者报》评选的“2010 年最佳投资总监 TOP10”称号。

2010 年 12 月 20 日，手机网上交易系统正式上线。

2011 年 1 月 12 日，公司投资副总监曾国富先生荣获和讯网“2010 年度最佳基金经理奖”。

2011 年 3 月 11 日至 13 日，公司在深圳紫荆山庄召开“2011 年度工作会议”，主要是回顾 2010 年的经营工作情况并向全体员工发布 2011 年的经营工作计划和目标。

2011 年 3 月 20 日，公司组织全体总部员工在深圳市龙岗龙城公园开展“绿色大运纪念林”植树活动。

2011 年 6 月 13 日，公司旗下第六只基金——信达澳银产业升级股票型证券投资基金成立，首次募集规模 8.35 亿元人民币，有效认购户数为 11,045 户。

2011 年 11 月 3 日至6 日，信达总公司携手包括我公司在内的旗下九家子公司，首次以集团形式亮相参加了第七届北京国际金融博览会。

2011 年 12 月 3 日，公司荣获和讯网“2011 年度基金业最佳创意营销奖”。

2011 年 12 月 13 日，以现场方式召开第三届董事会第一次会议，选举第三届董事会董事长、副董事长，决定薪酬考核委员会、风险控制委员会成员，聘任董事会秘书，并形成董事会决议。

2011 年 12 月 16 日至 18 日，公司作为基金业的代表，参加了 2011 中国(深圳)国际金融博览会，参展期间累计接待投资者 300 余人。这是公司连续第二次参加中国(深圳)国际金融博览会。

2012 年 1 月 15 日，海通证券近日发布的《基金公司权益及固定收益类资产业绩排行榜》显示，2011 年信达澳银基金投资业绩表现突出，在多项榜单中名列前茅。

2012 年 2 月 14 日，信达澳银消费优选股票型基金获得证监会批复。

2012 年 4 月 10 日，据上海证券基金研究中心发布“2012 年一季度基金评级”，信达澳银领先增长基金三年综合评级和三年择时能力获评 5 星评级，信达澳银精华灵活配置基金三年综合评级和三年选证能力获评 4 星。

2012 年 5 月 7 日，公司旗下第七只基金——信达澳银稳定增利分级债券基金成立，首次募集规模 3.04 亿元人民币，有效认购户数为 3,219 户。

2012 年 5 月 17 日，公司获得中国证监会核准开展专户理财业务的批复。

2012 年 6 月 13 日，银河证券最新统计显示，截至 6 月 8 日，信达澳银稳定价值债券基金 A/B 份额过去三个月净值增长率分别达到 7.18% 和 7.08%，在 81 只同类型基金中排名第 1 位和第 2 位。

2012 年 6 月 15 日，公司举办“喜迎老客户·同庆六周年”开放日活动，邀请 30 位基金持有人代表走进公司深圳总部。

【股东概况】

排序	股东名称	持股比例
1	中国信达资产管理股份有限公司	54%
2	康联首域集团	46%

【旗下基金】

基金代码	基金简称	类型	基金经理
610001	信达澳银增长	股票型	王战强
610002	信达澳银配置	混合型	李坤元、杜蜀鹏
610003	信达澳银债券 A	债券型	孔学峰、吴江
610103	信达澳银债券 B	债券型	孔学峰、吴江
610004	信达中小盘	股票型	曾国富
610005	信达澳银红利	股票型	林钟斌、周强松
610006	信达澳银产业升级	股票型	张俊生
610007	信达澳银消费优选	股票型	钱翔
166106	信达澳银稳定增利分级 A	债券型	孔学峰
150082	信达澳银稳定增利分级 B	债券型	孔学峰

【公司高管】

何加武先生，董事长。中南财经大学本科毕业；1982 年 8 月至 1996 年 1 月在中国建设银行总行工作，历任科长、副处长、处长、副主任；1996 年 1 月至 1997 年 6 月任中国信达信托投资公司副总经理；1997 年 6 月至 2003 年 6 月任宏源证券股份有限公司总经理；2003 年 6 月至 2005 年 1 月任宏源证券股份有限公司副董事长；2005 年 1 月至 2006 年 4 月任中国信达资产管理公司金融风险研究中心研究员；2006 年 4 月起任信达澳银基金管理有限公司董事长。

黄晖女士，督察长，加拿大 Concordia University 经济学硕士，历任大成基金管理公司研究部分析师、市场部主管产品设计副总监、规划发展部副总监、机构理财部总监等职务；曾参与英国政府"中国金融人才培训计划"（FIST 项目），赴伦敦任职于东方汇理证券公司（伦敦）；曾借调到中国证监会基金部工作，参与老基金重组、首批开放式基金评审等工作。现任信达澳银基金管理有限公司督察长兼董事会秘书。

诺德基金管理有限公司

【基本情况】

法定名称：诺德基金管理有限公司
英文名称：Lord Abbett China Asset Management Co.，Ltd.
注册地址：上海市陆家嘴环路 1233 号汇亚大厦 12 层
办公地址：上海市陆家嘴环路 1233 号汇亚大厦 12 层
法人代表：杨忆风
总 经 理：潘福祥
成立日期：2006 年 6 月 8 日
公司属性：合资企业
注册资本：1 亿元
联系电话：021 - 68879999
客服热线：400 - 888 - 0009
传真号码：021 - 68882526
邮政编码：200120
公司网址：http://www.lordabbettchina.com

【公司概况】

诺德基金管理有限公司是由美国独立资产管理公司——诺德·安博特公司（Lord Abbett & Co. LLC，以下简称"LORD ABBETT"）联合国内著名的长江证券股份有限公司（以下简称"长江证券"）和清华控股有限公司（以下简称"清华控股"）共同发起设立的基金管理公司，公司注册资本为 1 亿元人民币，其中 LORD ABBETT 出资相当于 4900 万元人民币的等额美元，占股 49%，长江证券出资 3000 万元人民币，占股 30%，清华控股出资 2100 万元人民币，占股 21%。公司总部位于上海浦东陆家嘴环路 1233 号汇亚大厦 12 层。

公司具有在业界独一无二的股东背景。作为一家中外合资的基金管理公司，诺德基金管理有限公司不仅和其他同行一样，拥有一个国际投资专家——LORD ABBETT；一个本土投资专家——长江证券，而且拥有一个为国际国内资本市场培育了众多华人投资专家的"摇篮"——清华大学的背景。这使得公司具有将先进投资经验和先进投资理论进行有机结合，从而引导市场投资风尚的得天独厚的优势。

以公司控股股东 LORD ABBETT 公司 70 多年来创下的投资传奇，公司所积累的经验正在或即将为更多的公司基金持有人所分享。

而今，这些投资智慧已植入诺德基金管理有限公司。公司将利用在海外近百年的成功投资经验，为国内投资者理财。公司的发展战略规划是：以开放式基金业务为导向，以各类金融创新业务为辅助，逐步由单一的基金管理公司向多层次、全方位的资产管理公司转变。

【公司大事记】

2004 年 4 月 29 日，LORD ABBETT、长江证券和清华控股三方正式签署《发起人协议》和《股东协议》，并正式组建诺德基金筹备组。

2005 年 9 月 22 日，正式签署位于上海浦东汇亚大厦的办公室租赁协议，全面开始办公室装修、办公家具及设备购置以及信息系统建设工作。

2006 年 1 月 4 日，办公室全部装修完毕，办公家具及设备全部购置到位，信息系统成功搭建并完成了相关调试，筹备组搬入新办公室正常办公。

2006 年 5 月 12 日，公司正式收到中国证券监督管理委员会的"关于同意设立诺德基金管理有限公司的批复"。

2006 年 6 月 8 日，公司在国家工商行政管理局正式注册。

2006 年 8 月 8 日，公司开业庆典在上海浦东香格里拉大酒店隆重举行。

2006 年 8 月 8 日，公司 2006 年股东会暨第一届董事会第一次会议在公司本部召开。

2007 年 1 月 12 日，中国证监会正式批复，核准张欣担任公司督察长。

2007 年 3 月 23 日，诺德价值优势股票型证券投资基金的募集申请获得中国证监会批准，拟募集金额 80 亿元人民币。

2007 年 4 月 3 日，诺德价值优势股票型证券投资基金的募集时间经中国证监会批准，拟于 2007 年 4 月 16 日正式对外募集。

2007 年 4 月 16 日，诺德价值优势股票型证券投资基金获得广大投资者的热情认购，认购金额逾 150 亿元，公司按照全程比例配售的方法，对认购金额予以部分确认，最终确认的认购金额约为人民币 80 亿元，对超过的部分退还给投资者。

2007 年 6 月 6 日，诺德价值优势股票型证券投资基金开始办理申购、赎回业务。

2007 年 6 月 20 日，公司 2007 年股东会暨第一届董事会第二次会议在公司本部召开。

2007 年 7 月 5 日，上海市委常委、浦东新区区委书记杜家毫，浦东新区副区长过剑飞率浦东新区区委办、金融办、人事局、财政局、社发局、税务局、陆家嘴功能区的领导十余人来我公司视察、调研。同行的还有上海证监局副局长严旭及机构监管二处处长陶耿。公司董事长李格平、总经理杨忆风、副总经理潘福祥等陪同视察，并向杜书记、严局长一行汇报了我公司的运营情况。

2007 年 12 月 13 日，公司第一届董事会第三次会议在公司本部召开。

2008 年 6 月 11 日，诺德主题灵活配置混合型证券投资基金的募集申请获得中国证监会批准。

2008 年 10 月 8 日，诺德基金旗下第二只基金——诺德主题灵活配置混合型证券投资基金公开募集，并于 2008 年 11 月 5 日正式成立。

2008 年 12 月 15 日，诺德增强收益债券型证券投资基金的募集申请获得中国证监会批准。

2009 年 1 月 19 日起，诺德基金旗下第三只基金——诺德增强收益债券型证券投资基金公开募集，并于 2009 年 3 月 4 日正式成立。

2009 年 6 月 9 日，诺德成长优势股票型证券投资基金的募集申请获得中国证监会批准。

2009 年 8 月 10 日起，诺德基金旗下第四只基金——诺德成长优势股票型证券投资基金公开募集，并于 2009 年 9 月 22 日正式成立。

2010 年 3 月 8 日，诺德中小盘股票型证券投资基金的募集申请获得中国证监会批准。

2010 年 5 月 24 日起,诺德基金旗下第五只基金——诺德中小盘股票型证券投资基金公开募集,并于 2010 年 6 月 28 日正式成立。

2011 年 3 月 4 日,诺德优选 30 股票型证券投资基金的募集申请获得了中国证监会的批准。

2011 年 4 月 1 日起,诺德基金旗下第 6 只基金——诺德优选 30 股票型证券投资基金正式公开募集,并于 2011 年 5 月 5 日正式成立。

2011 年 9 月 13 日起,杨忆风先生由总经理转任董事长;潘福祥先生由副总经理转任总经理。公司相关决议已由公司第二届董事会第七次会议审议通过,并经中国证监会核准。

2011 年 10 月 20 日,诺德双翼分级债券型证券投资基金的募集申请获得了中国证监会的批准。

2011 年 12 月 27 日,诺德基金管理有限公司从事特定客户资产管理业务的申请获得了中国证监会的批准。

2012 年 1 月 9 日起,诺德基金旗下第 7 只基金——诺德双翼分级债券型证券投资基金正式公开募集,并于 2012 年 2 月 16 日正式成立。

2012 年 2 月 13 日起,诺德周期策略股票型证券投资基金正式公开募集,并于 2012 年 3 月 21 日正式成立。

2012 年 8 月 1 日起,诺德基金旗下第九只基金诺德深证 300 指数分级证券投资基金公开募集,并于 2012 年 9 月 10 日正式成立。

【股东概况】

排序	股东名称	持股比例
1	Lord Abbett	49%
2	长江证券股份有限公司	30%
3	清华控股有限公司	21%

【旗下基金】

基金代码	基金简称	类型	基金经理
570001	诺德价值	股票型	薛珠、胡志伟
571002	诺德配置	混合型	陈国光
573003	诺德收益	债券型	赵滔滔、张辉
570005	诺德成长优势	股票型	胡志伟
570006	诺德中小盘	股票型	周勇
570007	诺德优选 30	股票型	张辉
165705	诺德双翼分级	债券型	赵滔滔
165706	诺德双翼分级 A	债券型	赵滔滔
150068	诺德双翼分级 B	债券型	赵滔滔
165707	诺德 S300	股票型	薛珠、张敬燕
150092	诺德 300A	股票型	薛珠、张敬燕
150093	诺德 300B	股票型	薛珠、张敬燕
570008	诺德周期策略	股票型	胡志伟、陈国光

【公司高管】

杨忆风先生,董事长。清华大学学士,美国 University of Wisconsin - Madison 电子材料与器件博士,金融学硕士。曾在美国多家金融机构任职,包括 General ReAsset Management, J&W Seligman & Co. , Vantage Investment Advisors, Munder-Capital Management, Lord, Abbett & Co. LLC,历任分析师、基金经理、资深基金经理、研究主管、资深投资顾问和董事经理、诺德基金管理有限公司成立后曾担任董事、总经理职务。

潘福祥先生,董事,总经理。清华大学学士、硕士,中国社会科学院金融学博士。历任清华大学经济管理学院院长助理、安徽省国投上海证券总部副总经理和清华兴业投资管理有限公司总经理,清华大学经济管理学院和国家会计学院客座教授,诺德基金管理有限公司董事、副总经理。

张欣先生,督察长,清华大学学士,美国 Wayne State University 经济学硕士,New York University 工商管理硕士,曾任美国 Alliance Bernstein L. P. 固定收益研究部副总裁、MONY Capital Management, Inc. 董事投资经理和 Moody´s Investors Service 分析师。

中欧基金管理有限公司

【基本情况】

法定名称:中欧基金管理有限公司
英文名称:Lombarda China Fund Management Co. , Ltd.
注册地址:上海市浦东新区花园石桥路 66 号
东亚银行金融大厦 8 层
办公地址:上海市浦东新区花园石桥路 66 号
东亚银行金融大厦 8 层
法人代表:唐　步
总 经 理:刘建平
成立时间:2006 年 7 月 19 日
公司属性:中外合资
注册资本:1.2 亿元
联系电话:021 - 68609600
客服热线:400 - 700 - 9700
传真号码:021 - 33830351
邮政编码:200120
公司网址:www. lcfunds. com

【公司概况】

中欧基金管理有限公司(以下简称中欧基金)正式成立于 2006 年 7 月 19 日注册资本为人民币 1.2 亿元,总部位于上海陆家嘴金融贸易区。中欧基金由中外三方股东合资组建:意大利意联银行股份合作公司(简称 UBI)出资 5,880 万人民币,占公司注册资本的 49%;国都证券有限责任公司出资 5,640 万元人民币,占公司注册资本的 47%;万盛基业投资有限责任公司出资 480 万元人民币,占公司注册资本的 4%。

成立以来,中欧基金坚持追求业绩和服务双轮驱动,深切关注基金持有人利益,目前旗下共有 11 只基金,已建成一条拥有债券基金、混合基金、股票基金、指数基金等较为完备的产品线。

【公司大事记】

2004 年 10 月 24 日,三方股东隆巴达和皮埃蒙特银行股份有限公司、国都证券有限责任公司、平顶山煤业(集团)有限责任公司正式签署《发起人及股东协议》,正式组建中欧基金筹备组,向证监会报送关于设立公司的申请报告。

2005 年 10 月 10 日,筹备组迁入上海浦东金茂大厦办公。

2005 年 10 月 18 日,顺利通过上海证监局的现场检查。

2006 年 1 月 18 日,证监会召开专家评审会审议公司设立申请。

2006 年 6 月 5 日,获得商务部《外商投资企业批准证书》。

2006 年 7 月 19 日,公司完成在深圳的工商登记注册,正式成立。

2007 年 1 月 29 日,公司第一只基金“中欧新趋势股票型证券投资基金(LOF)"成立。

2008 年 7 月,公司注册地从深圳迁入上海。

2008 年 7 月 25 日,公司第二只基金"中欧新蓝筹灵活配置混合型证券投资基金"成立。

2009 年 1 月,证监会批复隆巴第及皮埃蒙特银行与 Banche Popolari Unite S. c. p. a. 合并后的意大利意联银行股份合作公司(Unione di Banche Italiane S. c. p. a.)为公司股东。

2009 年 4 月 24 日,公司第三只基金"中欧稳健收益债券型证券投资基金"成立。

2009 年 7 月 24 日,公司第四只基金"中欧价值发现股票型证券投资基金"成立。

2009 年 8 月,公司总部由上海金茂大厦迁入东亚银行金融大厦新址。

2009 年 12 月 30 日,公司第五只基金"中欧中小盘股票型证券投资基金(LOF)"成立。

2010 年 6 月 24 日,公司第六只基金"中欧沪深 300 指数增强型证券投资基金(LOF)"成立。

2010 年 12 月 2 日,公司第七只基金"中欧增强回报债券型证券投资基金

2011 年 2 月 10 日,公司第八只基金"中欧新动力股票型证券投资基金(LOF)"成立。

2011 年 6 月 16 日,公司第九只基金"中欧鼎利分级债券型证券投资基金"成立。

2011 年 10 月 11 日,公司原股东中国平煤神马能源化工集团有限责任公司(原平顶山煤业(集团)有限责任公司)将其持有的我司 4% 股权转让给万盛基业投资有限责任公司事宜获得证监会批复。

2011 年 11 月 4 日,公司股权变更登记手续完毕,万盛基业投资有限责任公司正式成为我司股东。

2012 年 3 月 5 日,证监会批复同意北京分公司成立。

2012 年 3 月 29 日,公司第十只基金"中欧盛世成长分级股票型证券投资基金"成立。

2012 年 3 月,中欧新蓝筹灵活配置混合型证券投资基金荣获证券时报评选的"三年持续回报积极混合型明星基金"称号。

2012 年 4 月 16 日,公司第十一只基金"中欧信用增利分级债券型证券投资基金"成立。

2012 年 4 月 17 日,北京分公司正式成立。

2012 年 4 月,中欧价值发现股票型证券投资基金荣获上海证券报评选的"2011 年一年期金基金·股票型基金"奖。

2012 年 8 月 10 日,一对多专户理财产品"中欧基金广发银行优化增利分级 1 号资产管理计划"成立。

2012 年 10 月 10 日,一对多专户理财产品"中欧基金招商银行德信双核 1 号资产管理计划"成立。

2012 年 10 月 30 日,一对多专户理财产品"中欧基金广发银行绥宝 1 号资产管理计划"成立。

2012 年 12 月 20 日,一对多专户理财产品"中欧基金—积极增长 1 号资产管理计划"成立。

2012 年 12 月 20 日,一对多专户理财产品"中欧基金—金域蓝湾—量化智能指数化投资 1 号资产管理计划"成立。

【股东概况】

排序	股东名称	持股数量(万股)	持股比例
1	意大利意大利意联银行股份有限公司	5880.00	49%
2	国都证券有限责任公司	5640.00	47%
3	万盛基业投资有限责任公司	480.00	4%

【旗下基金】

基金代码	基金简称	类型	基金经理
166001	中欧新趋势	股票型	周蔚文
166002	中欧新蓝筹	混合型	周蔚文
166003	中欧债券 A	债券型	姚文辉
166004	中欧债券 C	债券型	姚文辉
166005	中欧价值	股票型	苟开红
160006	中欧中小盘	股票型	王海
160007	中欧沪深 300	指数型	张大方
160008	中欧强债	债券型	聂曙光
166009	中欧动力	股票型	苟开红
166010	中欧鼎利分级	创新封闭型	聂曙光
150039	中欧鼎利分级 A	创新封闭型	聂曙光
150040	中欧鼎利分级 B	创新封闭型	聂曙光
166011	中欧盛世	股票型	周蔚文
150071	中欧盛世 A	股票型	周蔚文
150072	中欧盛世 B	股票型	周蔚文
166012	中欧信用	债券型	聂曙光、姚文辉
166013	中欧信用 A	债券型	聂曙光、姚文辉
150087	中欧信用 B	债券型	聂曙光、姚文辉
160014	中欧货 A	债券型	姚文辉
160015	中欧货 B	债券型	姚文辉

【公司高管】

唐步先生,中欧基金管理有限公司董事长,中国籍。20 年以上证券从业经验。历任上海证券中央登记结算公司副总经理,上海证券交易所会员部总监、监察部总监,大通证券股份有限公司副总经理,国都证券有限责任公司副总经理、总经理。

刘建平先生,中欧基金管理有限公司总经理,中国籍。北京大学法学硕士,16 年以上证券及基金从业经验。历任北京大学助教、副科长;中国证券监督管理委员会基金监管部副处长;上投摩根基金管理有限公司督察长。

黄桦先生,中欧基金管理有限公司督察长,中国籍。复旦大学经济学硕士,22 年以上证券及基金从业经验。历任上海爱建信托公司场内交易员,上海万国证券公司部门经理助理、部门经理,申银万国证券股份有限公司研究发展中心部门经理,光大证券有限责任公司助理总经理,光大保德信基金管理有限公司信息技术部总监,信诚基金管理有限公司运营部、信息技术部总监,中欧基金管理有限公司分管运营副总经理。

金元惠理基金管理有限公司

【基本情况】

法定名称:金元惠理基金管理有限公司

英文名称:Value Partners Goldstate Fund Management Co. , Ltd.

注册地址:上海市浦东新区花园石桥路 33 号
花旗集团大厦 3608 室

办公地址:上海市浦东新区花园石桥路 33 号
花旗集团大厦 3608 室

法人代表:任开宇

总 经 理:张嘉宾
成立时间:2006 年 11 月 13 日
公司属性:中外合资
注册资本:2.45 亿元
联系电话:021 - 68881801
客服热线:400 - 666 - 0666
传真号码:021 - 68881875
邮政编码:200120
公司网址:www.jykbc.com

【公司概况】

金元惠理基金管理有限公司成立于 2006 年 11 月,是国内首家港资入股的合资基金管理公司。公司注册地为上海,注册资本 2.45 亿元人民币,其中金元证券股份有限公司持有 51% 的股份,惠理基金管理香港有限公司持有 49% 的股份。

惠理基金管理香港有限公司是亚洲首屈一指的资产管理公司,其母公司惠理集团有限公司是唯一于香港联合交所主板上市的资产管理公司。金元惠理基金管理有限公司将借助双方股东在投资机制、研究平台、营销资源和风控体系等方面的优势,着力发展成为有社会责任感、运作规范、受投资者信任和喜爱的资产管理公司。

公司日常经营管理由总经理负责。公司根据经营运作需要设置基金投资部、专户投资部、研究部、固定收益及量化部、产品开发部、市场运营部、机构理财部、北京办事处、华东营销中心、华南营销中心、市场拓展部、信息技术部、基金事务部、交易部、财务部、人事行政部、监察稽核部等 17 个职能部门。此外,公司董事会下设风险控制与合规审核委员会、资格审查委员会和薪酬管理委员会,公司总经理下设投资决策委员会和风险控制委员会。

【股东概况】

排序	股东名称	持股比例
1	金元证券有限责任公司	51%
2	惠理基金管理香港有限公司	49%

【旗下基金】

基金代码	基金简称	类型	基金经理
620001	金元惠理宝石动力	保本型	晏斌、侯斌、谷伟
620002	金元惠理成长	混合型	侯斌、晏斌
620003	金元惠理丰利	债券型	谷伟、李杰
620004	金元惠理增长	股票型	晏斌、潘江、冯志刚
620005	金元惠理核心动力	股票型	晏斌、侯斌
620006	金元惠理消费主题	股票型	黄奕、冯志刚、晏斌
620007	金元惠理保本	保本型	谷伟、李杰
620008	金元惠理主题	股票型	潘江、晏斌
620009	金元惠理惠利保本	混合型	李杰

【公司高管】

任开宇先生,董事,董事长,博士学位。曾任长春证券有限公司总裁助理,新华证券有限公司监事长,金元证券有限公司投行总监。2008 年至今,任金元证券股份有限公司副总裁;现任金元惠理基金管理有限公司董事长。

张嘉宾先生,董事,工商管理硕士。曾任深业美国公司(新泽西)副总裁,瑞银华宝(纽约)业务经理,富国基金管理有限公司总经理助理、市场总监,信诚基金管理有限公司副总经理、首席市场官,中国光大资产管理有限公司(香港)首席运营官,民生加银基金管理有限公司总经理,现任金元惠理基金管理有限公司总经理。

凌有法先生,督察长,硕士学位。曾任华宝信托有限公司发展研究中心研究员、债券业务部高级经理,联合证券有限公司固定收益部业务董事,金元证券有限公司资产管理部首席研究员,首都机场集团公司资本运营部专家。

浦银安盛基金管理有限公司

【基本情况】

法定名称:浦银安盛基金管理有限公司
英文名称:AXA SPDB Investment Managers Co.,Ltd.
注册地址:上海市浦东新区浦东大道 981 号 3 幢 316 室
办公地址:上海市淮海中路 381 号中环广场 38 层
法人代表:姜明生
总 经 理:郁蓓华
成立日期:2007 年 8 月 28 日
注册资本:2 亿元
公司属性:中外合资
联系电话:021 - 23212888
客服热线:400 - 882 - 8999
传真号码:021 - 23212800
邮政编码:200020
公司网址:http://www.py - axa.com

【公司概况】

浦银安盛基金管理有限公司,是一家中法合资的银行系基金管理公司。公司由上海浦东发展银行股份有限公司、法国安盛投资管理公司、上海盛融投资有限公司共同发起设立。2007 年 8 月 5 日经中国证券监督管理委员会批准,于 2007 年 8 月在上海正式成立,公司注册资本为 2 亿元人民币。

作为中国证券市场第 59 家基金管理公司,一家银行系的合资基金管理公司,我们将立足于为投资人提供贵宾式的投资理财服务。

【公司大事记】

2007 年 7 月 17 日,中国证监会批复同意设立浦银安盛基金管理有限公司。

2007 年 8 月 5 日,浦银安盛基金管理有限公司正式成立。

2007 年 8 月 28 日,浦银安盛基金管理有限公司在上海举行了隆重的成立仪式。

2008 年 3 月 10 日,浦银安盛首只新基金——浦银价值正式发行。

2008 年 3 月 10 日,浦银安盛成为首只基金发行即开通电子直销平台。

2008 年 4 月 16 日,浦银安盛成长价值股票型证券投资基金合同生效。

2008 年 4 月 17 日,浦银安盛推出基金持有人积分计划。

2008 年 5 月 12 日,浦银价值基金开放申购业务。

2008 年 5 月 19 日,浦银安盛推出定期定额申购业务。

2008 年 7 月 7 日,浦银价值基金开放赎回业务。

2008 年 10 月 15 日,浦银安盛电子直销开通建行卡、定期定额申购。

2008 年 11 月 24 日,浦银安盛第二只基金浦银收益正式发行。

2008 年 12 月 30 日，浦银安盛第二只基金浦银收益正式成立。

2009 年 1 月 12 日，浦银收益基金开放申购赎回业务。

2009 年 2 月 19 日，浦银安盛开展 2009"聪明理财"感恩回馈。

2009 年 3 月 19 日，电子直销新增农行卡并支持定投。

2009 年 4 月 27 日，浦银安盛精致生活混合型基金开始发行。

2009 年 6 月 4 日，浦银安盛精致生活混合型基金正式成立。

2009 年 6 月 26 日，浦银安盛开通基金转换业务，首个开通渠道为网络。

2009 年 6 月 29 日，浦银生活基金开放日常申购赎回。

2009 年 10 月 28 日，浦银安盛红利精选股票型基金开始发行。

2009 年 12 月 3 日，浦银安盛红利精选股票型基金正式成立。

2010 年 8 月 28 日，一次有意义的周年庆活动——浦银安盛向舟曲灾区捐款。

2010 年 12 月 10 日，浦银安盛沪深 300 指数增强型证券投资基金。

2011 年 2 月 21 日，浦银安盛货币市场证券投资基金开始发行。

2011 年 3 月 9 日，浦银安盛货币市场证券投资基金正式成立。

2011 年 5 月 23 日，浦银货币基金参加中信银行开通的信用卡"基金。

2011 年 11 月 7 日，浦银安盛增利分级债券型证券投资基金开始发行。

2011 年 12 月 13 日，浦银安盛增利分级债券型证券投资基金正式成立。

2012 年 4 月 5 日，浦银安盛中证锐联基本面 400 指数证券投资基金。

2012 年 5 月 14 日，浦银安盛中证锐联基本面 400 指数证券投资基。

2012 年 8 月 15 日，浦银安盛幸福回报定期开放债券型基金开始发行。

2012 年 9 月 18 日，浦银安盛幸福回报定期开放债券型基金正式成立。

【股东概况】

排序	股东名称	持股比例
1	上海浦东发展银行	51%
2	法国安盛投资管理公司	39%
3	上海盛融	10%

【旗下基金】

基金代码	基金简称	类型	基金经理
519110	浦银价值	股票型	蒋建伟
519111	浦银收益 A	债券型	蒋建伟
519112	浦银收益 C	债券型	蒋建伟
519113	浦银生活	混合型	吴勇
519115	浦银红利	股票型	吴勇
519116	浦银 300	指数型	陈士俊
519509	浦银货币 A	货币型	薛铮
519510	浦银货币 B	货币型	薛铮、蒋文玲
166401	浦银增利分级债券	债券型	薛铮、蒋文玲
519117	浦银 400	指数型	陈士俊
519118	浦银幸福 A	债券型	薛铮
519119	浦银幸福 B	债券型	薛铮

【公司高管】

姜明生先生，董事长，本科学历。历任中国工商银行总行信托投资公司业务一部副总经理；招商银行总行信托投资部副总经理；招商银行北京分行行长助理；招商银行广州分行副行长（主持工作）；招商银行总行公司银行部总经理；招商银行上海分行党委书记、副行长（主持工作）；招商银行上海分行党委书记、行长。2007 年 4 月加入上海浦东发展银行，任总行党委委员。2007 年 9 月起任上海浦东发展银行总行副行长，2007 年 10 月至今兼上海浦东发展银行上海分行党委书记、行长。自 2009 年 11 月起兼任本公司董事长。

郁蓓华女士，复旦大学工商管理硕士。自 1994 年 7 月起，在招商银行上海分行工作，历任银行职员、招商银行宝山支行副行长、招商银行上海分行会计部总经理、计财部总经理，招商银行上海分行行长助理、副行长，招商银行信用卡中心副总经理。自 2012 年 7 月 23 日起担任本公司总经理。

喻庆先生，中国政法大学经济法专业硕士，中国人民大学应用金融学硕士研究生学历。历任申银万国证券有限公司国际业务总部高级经理；光大证券有限公司（上海）投资银行部副总经理；光大保德信基金管理有限公司副督察长、董事会秘书和监察稽核总监。现任本公司督察长。

农银汇理基金管理有限公司

【基本情况】

法定名称：农银汇理基金管理有限公司

英文名称：ABC－CA Fund Management Co., Ltd.

注册地址：上海市浦东新区世纪大道 1600 号
浦项商务广场 7 层

办公地址：上海市浦东新区世纪大道 1600 号
浦项商务广场 7 层

法人代表：刁钦义

总 经 理：许红波

成立日期：2008 年 3 月 18 日

注册资本：2 亿元

公司属性：中外合资

联系电话：021－61095588

客服热线：400－689－5599

传真号码：021－61095556

邮政编码：200122

公司网址：http://www.abc-ca.com/

【公司概况】

农银汇理基金管理有限公司（ABC－CA Fund Management Co., Ltd.），由中国农业银行（Agricultural Bank of China）、东方汇理资产管理公司（Amundi Asset Management）及中

国铝业股份有限公司(Aluminum Corporation of China Limited)共同出资组建,其中中国农业银行持股51.67%,东方汇理资产管理公司持股33.33%,中国铝业股份有限公司持股15%。公司注册地在上海,注册资本2.2亿元人民币。

农银汇理基金致力于打造中国基金业的旗舰品牌,奉献专业智慧,为投资人提供优质、贴心的理财服务,帮助投资人实现财富增值。公司的目标是,成为一家投资人信赖、同行尊敬的优秀基金管理公司。

【股东概况】

排序	股东名称	出资额(元)	持股比例
1	中国农业银行	103,333,334	51.67%
2	东方汇理资产管理公司	66,666,667	33.33%
3	中国铝业股份有限公司	30,000,000	15.00%

【旗下基金】

基金代码	基金简称	类型	基金经理
660001	农银成长	股票型	曹剑飞
660002	农银增利A	债券型	史向明
660102	农银增利C	债券型	史向明
660003	农银双利	混合型	付柏瑞、魏伟
660004	农银策略价值	股票型	程涛
660005	农银中小盘	股票型	程涛
660006	农银大盘蓝筹	股票型	李洪雨
660007	农银货币A	货币型	吴江
660107	农银货币B	货币型	吴江
660008	农银沪深300	指数型	宋永安
660009	农银增强收益A	债券型	史向明
660109	农银增强收益C	债券型	史向明
660010	农银策略精选	股票型	张惟
660011	农银中证500	指数型	张惟
660012	农银消费主题	股票型	曹剑飞、付娟
660013	农银信用添利	债券型	吴江
660014	农银深证100	指数型	宋永安
660015	农银行业轮动	股票型	魏伟

【公司高管】

刁钦义先生,董事长。1976年起从事金融工作,具有三十余年金融从业经验。1980年起历任中国农业银行山东省龙口市支行行长、山东省分行部门负责人及副行长、青岛分行行长、山东省分行行长。2010年起历任中国农业银行信贷管理部总经理、运营管理总监,现任中国农业银行投资总监。2012年8月起兼任农银汇理基金管理有限公司董事长。

许红波先生,总经理,工学学士,高级工程师。1982年至1998年在水利部工作,先后担任处长、副司长等职务,1998年开始在中国农业银行工作,历任中国农业银行市场开发部、机构业务部副总经理,总行总经理级干部。

翟爱东先生,督察长,高级工商管理硕士。具有20余年金融从业经验。1988年起先后在中国农业银行《中国城乡金融报》社、国际部、伦敦代表处、个人业务部、信用卡中心工作。2004年11月起参加农银汇理基金公司筹备工作。2008年3月起任农银汇理基金管理有限公司董事会秘书、监察稽核部总经理,2012年1月起任农银汇理基金管理有限公司督察长。

民生加银基金管理有限公司

【基本情况】

法定名称:民生加银基金管理有限公司
英文名称:MINSHENG ROYAL Fund Management Co., Ltd.
注册地址:深圳市福田区益田路6009号新世界商务中心42层
办公地址:深圳市福田区益田路6009号新世界商务中心42层
董 事 长:万青元
总 经 理:俞岱曦
成立时间:2008年11月3日
公司属性:中外合资
注册资本:3亿元
联系电话:0755-23999888
客服热线:400-8888-388
传真号码:0755-23999800
邮政编码:518026
公司网址:http://www.msjyfund.com.cn/

【公司概况】

民生加银基金管理有限公司于2008年11月3日成立,由中国民生银行股份有限公司(China Minsheng Banking Corp., Ltd.)、加拿大皇家银行(Royal Bank of Canada)和三峡财务有限责任公司共同发起设立,持股比例分别为63.33%、30%和6.67%。公司注册资本叁亿元人民币,注册地深圳。

作为一家具有银行背景的中外合资基金管理公司,同时站在中国基金业十年发展的基础上,民生加银将牢牢把握公司的先天优势资源,善用后发优势,以专业化、市场化的经营理念打造公司“专业化投研、流程化管理、理财规划式营销服务和稳定的核心团队”为目标的核心竞争力,努力建设成为一个国际先进、诚信、稳健、专业、创新、客户高度信赖、持有人利益最大化的专业资产管理公司。

民生加银基金管理有限公司设有股东会、董事会、监事会;董事会下设专门委员会:审计委员会、合规与风险管理委员会、薪酬与提名委员会;经营管理层下设专门委员会:投资决策委员会、风险控制委员会,以及设立常设部门:深圳管理总部、工会办公室、监察稽核部、投资部、研究部、专户理财部、金融工程与产品部、渠道管理部、市场策划中心、机构一部、机构二部、客服与电子商务中心、运营管理部、交易部、信息技术部、综合管理部、财务部。

截至2012年12月底,民生加银基金管理有限公司管理11只开放式基金:民生加银品牌蓝筹灵活配置混合型证券投资基金、民生加银增强收益债券型证券投资基金、民生加银精选股票型证券投资基金、民生加银稳健成长股票型证券投资基金、民生加银内需增长股票型证券投资基金、民生加银景气行业股票型证券投资基金、民生加银中证内地资源主题指数投资基金、民生加银信用双利债券型证券投资基金、民生加银红利回报灵活配置混合型证券投资基金、民生加银平稳增利定期开放债券型证券投资基金、民生加银现金增利货币市场基金。

【公司大事记】

2007年12月27日,中国民生银行股份有限公司正式获得中国银行业监督管理委员会批准，由中国民生银行联合加拿大皇家银行、三峡财务有限责任公司共同发起设立民生加银基金管理有限公司。

2008 年 10 月 15 日，中国证券监督管理委员会对中国民生银行股份有限公司、加拿大皇家银行、三峡财务有限责任公司合资成立基金公司的申请进行批复，核准设立民生加银基金管理有限公司。

2008 年 10 月 20 日，民生加银基金管理有限公司获得中华人民共和国商务部颁发的《中华人民共和国外商投资企业批准证书》。

2008 年 11 月 3 日，民生加银基金管理有限公司完成工商注册登记程序，依法正式成立。

2008 年 11 月 6 日，民生加银基金管理有限公司获得中国证券监督管理委员会颁发的《中华人民共和国基金管理资格证书》。

2008 年 11 月 17 日，民生加银基金管理有限公司第一届董事会第一次会议暨 2008 年第一次股东大会胜利召开。会议确认杨东同志担任董事长；确认聘任张嘉宾同志为总经理；确认聘任朱晓光同志为督察长。

2008 年 11 月 18 日，民生加银基金管理有限公司在深圳举行了隆重的开业典礼暨揭牌仪式。中共深圳市委常 委、副市长陈应春，中国民生银行股份有限公司董事长董文标、副行长赵品璋，加拿大皇家银行首席运营官 Frank Lippa 等出席了开业典礼并致词。

2008 年 12 月 3 日，经中共中国民生银行委员会研究决定，成立中国共产党民生加银基金管理有限公司委员会。并任命杨东同志为书记，赵尚恒同志为副书记，张嘉宾同志、朱晓光同志为委员。

2009 年 1 月 22 日，民生加银品牌蓝筹灵活配置混合型证券投资基金获中国证券监督管理委员会核准募集。

2009 年 3 月 27 日，民生加银品牌蓝筹灵活配置混合型证券投资基金成立。

2009 年 6 月 5 日，民生加银增强收益债券型证券投资基金获中国证券监督管理委员会核准募集。

2009 年 7 月 21 日，民生加银增强收益债券型证券投资基金成立。

2009 年 12 月 8 日，民生加银精选股票型证券投资基金获中国证券监督管理委员会核准募集。

2010 年 2 月 3 日，民生加银精选股票型证券投资基金成立。

2010 年 5 月 4 日，民生加银稳健成长股票型证券投资基金获中国证券监督管理委员会核准募集。

2010 年 6 月 29 日，民生加银稳健成长股票型证券投资基金成立。

2010 年 12 月 9 日，民生加银内需增长股票型证券投资基金获中国证券监督管理委员会核准募集。

2011 年 1 月 28 日，民生加银内需增长股票型证券投资基金成立。

2011 年 6 月 7 日，民生加银景气行业股票型证券投资基金获中国证券监督管理委员会核准募集。

【股东概况】

排序	股东名称	持股数量(万股)	持股比例
1	中国民生银行股份有限公司	12000.00	63.33%
2	加拿大皇家银行	6000.00	30%
3	三峡财务有限责任公司	2001.00	6.67%

【旗下基金】

基金代码	基金简称	类型	基金经理
690001	民生蓝筹	股票型	江国华
690002	民生强债 A	债券型	乐瑞祺
690202	民生强债 C	债券型	乐瑞祺
690003	民生精选	股票型	江国华
690004	民生稳健	股票型	蔡锋亮
690005	民生内需增长	股票型	蔡锋亮
690007	民生景气行业	股票型	吴剑飞、乐瑞祺
690008	民生内地资源	指数型	江国华
690006	民生信用双利 A	债券型	陈薇薇、乐瑞祺
690206	民生信用双利 C	债券型	陈薇薇、乐瑞祺
690009	民生红利回报	混合型	吴剑飞
166902	民生平稳增利 A	债券型	陈薇薇
166903	民生平稳增利 C	债券型	陈薇薇
690010	民生现金增利 A	货币型	陈薇薇
690210	民生现金增利 B	货币型	陈薇薇

【公司高管】

万青元先生，董事长，硕士，高级编辑。历任中国人民银行金融时报社记者部副主任，中国民生银行总行办公室公关策划处处长，主任助理、副主任，企业文化部副总经理（主持工作）。现任中国民生银行董事会秘书、董事会办公室主任、民生加银基金管理有限公司党委书记、董事长。

俞岱曦先生，总经理，硕士。历任鹏华基金管理有限公司行业分析师，嘉实基金管理有限公司基金经理，中银基金管理有限公司副总经理，2011 年 9 月加入民生加银基金管理有限公司，现任民生加银基金管理有限公司党委副书记、总经理。

张力女士，督察长，硕士。曾任中国民生银行北京管理部投资银行处处长、公司部处长、民生加银基金管理有限公司总经理助理兼北京营销中心总经理，现任民生加银基金管理有限公司督察长。

纽银梅隆西部基金管理有限公司

【基本情况】

法定名称：纽银梅隆西部基金管理有限公司
英文名称：BNY Mellon Western Fund Management Co.,Ltd.
注册地址：上海市浦东新区世纪大道 100 号上海环球金融中心 19 层
办公地址：上海市浦东新区世纪大道 100 号上海环球金融中心 19 层
法人代表：安保和
总 经 理：安保和（代）
成立日期：2010 年 7 月 20 日
注册资本：2 亿元
公司属性：中外合资
联系电话：021－38572888
客服信箱：service@bnyfund.com
邮政编码：200120
公司网址：http://www.bnyfund.com/cn/

【公司概况】

纽银梅隆西部基金管理有限公司(BNY Mellon Western Fund Management Co.,Ltd.,简称"纽银基金")于2010年7月20日在上海成立,注册资本2亿元人民币。中方股东西部证券股份有限公司出资51%,外方股东纽约银行梅隆资产管理国际有限公司出资49%。

公司将以打造良好业绩、为投资者获取长期收益为重,辅以纽约梅隆逾二百年的金融服务业界盛誉与强大的海外投资团队的支持,以丰富的产品和周到的服务为投资者创造收益。

【公司大事记】

2010年6月28日,纽银梅隆西部基金管理有限公司正式获得中国证监会批准。

2010年7月20日,纽银梅隆西部基金管理有限公司完成工商注册,公司正式成立。

2010年7月21日,纽银梅隆西部基金管理有限公司向中国证监会领取了《基金管理资格证书》。

2011年1月25日,纽银策略优选股票型证券投资基金正式成立。

2011年8月18日,纽银新动向灵活配置混合型证券投资基金正式成立。

2011年12月13日,纽银梅隆西部基金管理有限公司正式获得中国证监会批准的从事特定客户资产管理业务资格。

2012年4月9日,纽银稳健双利债券型证券投资基金获批。

2012年6月26日,纽银稳健双利债券型证券投资基金正式成立。

2012年11月5日,纽银稳定增利债券型发起式证券投资基金获批。

2012年12月25日,纽银稳定增利债券型发起式证券投资基金正式成立。

【股东概况】

排序	股东名称	出资额(元)	持股比例
1	西部证券股份有限公司	10200,00	51%
2	纽约银行梅隆资产管理国际有限公司	98,000,000	49%

【旗下基金】

基金代码	基金简称	类型	基金经理
671010	纽银策略优选	股票型	闫旭
673010	纽银新动向	混合型	闫旭
675011	纽银稳健双利A	债券型	李健
675013	纽银稳健双利C	债券型	李健
675021	纽银稳定增利A	债券型	李健
675023	纽银稳定增利C	债券型	李健

【公司高管】

安保和先生,董事长,硕士研究生,高级经济师。毕业于西安交大商学院,获工商管理硕士学位,17年证券从业经历。1993年起任陕西省科技风险投资公司经理。1994年起任中国工商银行陕西省信托投资有限责任公司经理。1997年起在陕西信托投资有限公司工作,历任公司总经理助理、董事会秘书、副总经理。2001年起任西部证券股份有限公司董事总经理。

徐剑钧先生,督察长,博士研究生,高级经济师。毕业于陕西师范大学、复旦大学及西北大学,分别获理学硕士(基础数学)和经济学博士学位。曾在英国爱丁堡大学从事资本市场研究工作,15年证券从业经历。1995年3月起任陕西省证监会市场部负责人。1995年10月起任陕西证券有限公司总经理助理。2001起任西部证券股份有限公司副总经理。现任公司督察长。

浙商基金管理有限公司

【基本情况】

法定名称:浙商基金管理有限公司

英文名称:Zheshang Fund Management Co.,Ltd.

注册地址:浙江省杭州市下城区环城北路208号1801室

办公地址:浙江省杭州市文三路90号东部软件园1号楼2楼

法人代表:高　玮

总 经 理:周一烽

成立日期:2010年10月21日

注册资本:3亿元

公司属性:中资

联系电话:0571-28822288

传真电话:0571-28191830

客服电话:400-067-9908

邮政编码:310012

公司网址:http://www.zsfund.com

【公司概况】

浙商基金管理有限公司于2010年10月正式成立,是一家获中国证监会批准设立的基金管理公司,公司注册地为浙江省杭州市。

浙商证券有限责任公司、浙江浙大网新集团有限公司、通联资本管理有限公司、养生堂有限公司分别占公司注册资本的25%,公司注册资本3亿元人民币。

【公司大事记】

2007年4月,首次发起人会议,决议筹建浙商基金管理有限公司。

2008年6月,公司筹备组收到中国证监会对公司设立申请的受理通知书。

2009年5月,开始两只基金全流程模拟运行。

2009年9月,公司通过中国证监会现场检查。

2010年4月,通过中国证监会专家评审会评审。

2010年9月,公司获中国证监会核准的设立批文。

2010年10月,公司于浙江省工商行政管理局注册成立。

2010年10月,公司取得中国证监会核发的《基金管理资格证书》。

2011年3月,公司首只基金产品"浙商聚潮产业成长股票型基金"获得中国证监会核准发售。

2011年5月,公司首只基金产品"浙商聚潮产业成长股票型基金"结束募集,正式公告成立。

2011年12月,公司第二只基金产品"浙商聚潮新思维混合型证券投资基金"获得中国证监会核准募集发售。

2011年12月,公司经中国证监会核准取得特定客户资产管理业务资格。

2012年1月,公司获得中国证监会上海监管局核发的关于设立上海分公司的批准文件。

2012 年 3 月,公司第二只基金产品"浙商聚潮新思维混合型证券投资基金"结束募集,正式公告成立。

2012 年 5 月,公司第三只基金产品"浙商沪深 300 指数分级证券投资基金"结束募集,正式公告成立。

2012 年 7 月,经公司股东会审议通过,本公司注册资本由人民币壹亿元增加至人民币 3 亿元。

2012 年 9 月,公司第四只基金产品"浙商聚盈信用债债券型证券投资基金"结束募集,正式公告成立。

【股东概况】

排序	股东名称	出资额(元)	持股比例
1	浙商证券有限责任公司	2500,00	25%
1	通联资本管理有限公司	2500,00	25%
1	养生堂有限公司	2500,00	25%
1	浙江浙大网新集团有限公司	2500,00	25%

【旗下基金】

基金代码	基金简称	类型	基金经理
688888	浙商聚潮产业成长	股票型	姜培正、方维
166801	浙商聚潮新思维	混合型	陈志龙、张文洁
166802	浙商沪深 300	指数型	关永祥
686868	浙商聚盈信用 A	债券型	洪慧梅
686869	浙商聚盈信用 C	债券型	洪慧梅

【公司高管】

高玮女士,董事长,1968 年生,浙江大学数学系博士,高级工程师。历任财通证券经纪有限责任公司电脑中心副经理、市场管理总部经理、稽核部经理、职工监事。现任浙商证券有限责任公司合规总监;浙商期货有限公司董事。

周一烽先生,董事,1962 年生,复旦大学经济系学士、上海社会科学院经济学硕士、美国亚利桑那州立大学凯瑞商学院 EMBA。历任上海市社会科学院宏观经济研究室副主任、上海企业发展研究所副所长;广联(南宁)投资有限公司总经理特别助理及证券投资业务负责人;上海广联投资有限公司总经理;中泰信托投资有限责任公司副总裁;大成基金管理有限公司副总经理兼投资总监。现任浙商基金管理有限公司总经理兼投资决策委员会主席。

闻震宙先生,督察长,1975 年生,中国人民大学本科学历,会计师。历任方正证券有限责任公司清算中心主任、苏州中辰期货经纪有限公司财务部总监、浙商证券有限责任公司合规审计部合规组长。

平安大华基金管理有限公司

【基本情况】

法定名称:平安大华基金管理有限公司

注册地址:深圳市福田区金田路大中华国际交易广场 8 层

办公地址:深圳市福田区金田路大中华国际交易广场 8 层

法人代表:杨秀丽

总 经 理:李克难

成立日期:2011 年 1 月 7 日

注册资本:3 亿元

公司属性:中外合资

联系电 话:0755 - 22625535

客服电话:400 - 800 - 4800

客服信箱:fundservice@ pingan. com. cn

公司网址:http://fund. pingan. com/

【公司概况】

平安大华基金管理有限公司(以下简称"平安大华")作为中国平安集团旗下成员,是中国平安"保险、银行、投资"综合金融业务架构中的关键一环,也是中国平安投资系列业务的重要组成部分。

平安大华总部位于深圳,注册资本金为 3 亿元人民币,是目前中国内地基金业注册资本金最高的基金公司之一。其中,中国平安集团控股子公司平安信托有限责任公司持有 60.7% 的股份,新加坡大华资产管理有限公司持有 25% 股份,三亚盈湾旅业有限公司持有 14.3%。

作为一家为客户提供专业投资服务的资产管理机构,平安大华坚信"研究创造价值",建立并不断完善投研一体化平台和风险控制体系,以对上市公司的深入调查研究为基石,同时把握安全边际、恪守投资边界,实现专业组合投资。

秉承"规范、诚信、专业、创新"企业管理理念,平安大华致力于通过持续稳定的投资业绩,不断丰富的客户服务手段及服务内容,为投资人提供多样化的基金产品和高品质的理财服务,从而实现"以专业承载信赖"的品牌承诺,成为深得投资人信赖的基金管理公司。

【股东概况】

排序	股东名称	出资额(万元)	持股比例
1	平安信托有限责任公司	18210	60.7%
2	新加坡大华资产管理有限公司	7,500	25%
3	三亚盈湾旅业有限公司	4,290	14.3%

【旗下基金】

基金代码	基金简称	类型	基金经理
700001	平安大华行业先锋	股票型	颜正华
700002	平安大华深证 300	指数型	焦巍
750003	平安大华策略先锋	混合型	颜正华
750004	平安大华保本	混合型	孙健
750005	平安大华添利 A	债券型	孙健
750006	平安大华添利 C	债券型	孙健

【公司高管】

杨秀丽女士,董事长,硕士,高级经济师。曾任平安保险公司办公室主任;平安保险公司办公室、董事会秘书处主任、秘书长;平安保险公司总经理室总经理助理、副总经理;平安证券有限责任公司董事长兼总经理;中国平安保险(集团)股份有限公司副总经理。

李克难先生,总经理,博士。曾任湖南大学教师;湖南省政府经济研究信息中心经济预测处副处长、副研究员;湖南省政府研究室宏观经济处正处级研究员;湖南省委省政府经济发展战略研究小组成员;湘财证券公司副总裁兼研发中心总经理、副总裁兼北京管理总部总经理;湘财荷银基金管理公司总经理;信达澳银基金管理公司总经理。

肖宇鹏先生,督察长,学士。曾任中国证监会江西证监局主任科员及中国证监会上海专员办证券公司风险处置一处副处长。现任平安大华基金管理有限公司督察长。

富安达基金管理有限公司

【基本情况】

法定名称:富安达基金管理有限公司
英文名称:Fuanda Fund Management Co., Ltd.
注册地址:上海市浦东新区世纪大道1568号中建大厦29层
办公地址:上海市浦东新区世纪大道1568号中建大厦29层
法人代表:张华东
总 经 理:李剑峰
成立日期:2011年4月27日
注册资本:2.88亿元
公司属性: 中资
公司电话:021-61870999
客服电话:400-630-6999
传真电话:021-61870888
客服信箱:service@fadfunds.com
邮政编码:200122
公司网址:http://www.fadfunds.com

【公司概况】

富安达基金管理有限公司(以下简称“公司”)经中国证监会证监许可[2011]544号文批准设立,于2011年4月27日成立。目前公司股东为南京证券股份有限公司,持有股份49%;江苏交通控股有限公司,持有股份26%;南京市河西新城区国有资产经营控股(集团)有限责任公司,持有股份25%。注册资本为2.88亿元人民币。截止到2012年12月31日,公司总人数71人,具有基金从业资格的人数为67人,其中49%以上的员工具有硕士以上学历。

富安达基金管理有限公司拥有一支高素质、经验丰富的专业化团队,秉承“诚信、专业、稳健、规范、创新”的经营理念,始终将“基金持有人利益最大化”作为首要经营目标,为客户提供卓越的理财服务。目前公司发行的基金产品投资稳健、运作规范、业绩稳定,赢得业内外好评。公司现拥有公募基金和特定客户资产管理业务资格,各类产品线正在有序拓展与逐步完善之中。

公司倡导“勤勉、进取、敦朴、和谐”的企业文化,怀揣“富国、安民、达天下”的愿景,致力于为基金持有人创造价值,为把公司打造成“专业精良、治理完善、诚信合规、运作稳健”的现代资产管理企业而努力奋斗!

【公司大事记】

2008年11月11日,三家股东召开发起人大会及签字仪式,签署公司章程、发起人协议等文件。

2008年12月15日,向中国证监会上报筹建申请材料。

2009年3月2日,中国证监会正式受理申报材料。

2009年7月15日,中国证监会同意启动公司现场筹建工作。

2009年12月10日,向上海证监局上报现场验收申请。

2010年5月21日,中国证监会对公司进行现场检查验收。

2010年10月22日,公司筹建通过中国证监会组织的专家评审会。

2011年4月13日,公司获中国证监会正式批文。

2011年4月25日,公司股东会2011年第一次会议、第一届董事会第一次会议、第一届监事会第一次会议顺利召开。

2011年4月27日,公司领取工商营业执照,正式成立。

2011年5月3日,公司取得中国证券监督管理委员会核发的《基金管理资格证书》。

2011年5月5日,公司网站及客服系统正式上线。

2011年8月1日,公司首只产品——富安达优势成长股票型证券投资基金获中国证监会核准。

2011年8月16日,富安达基金管理有限公司首只产品——富安达优势成长股票型证券投资基金(基金代码710001)开始全国发行,发行期为一个月,至9月16日结束。

2011年8月17日,中国证券监督管理委员会下发证监许可[2011]1309号《关于核准富安达基金管理有限公司蒋晓刚基金行业高级管理人员任职资格的批复》,核准蒋晓刚基金行业高级管理人员任职资格,对蒋晓刚任公司副总经理无异议。

2011年9月16日,富安达基金管理有限公司首只产品——富安达优势成长股票型证券投资基金(基金代码710001)募集结束,本次募集的净认购金额为人民币1,052,562,578.33元。本次募集有效认购户数为8,214户,本息合计募集基金份额总额为1,052,684,607.12份。

2011年9月29日,富安达基金管理有限公司张华东董事长、总经理李剑锋、副总经理蒋晓刚一行拜访了交通银行总行,受到了交通银行胡怀邦董事长的热情接见。

2011年9月30日,富安达基金管理有限公司富安达基金管理有限公司2011年度临时股东会会议、第一届董事会第三次会议在南京国际会议大酒店顺利举行。

2011年10月31日,富安达基金管理有限公司分工会正式成立。

2011年12月9日,富安达基金管理有限公司第一届监事会第二次会议在南京国际会议大酒店召开。

2011年12月27日,经中国证监会核准,富安达基金管理有限公司特定客户资产管理业务资格顺利获批。

2012年1月9日,公司第一届董事会资格审查与薪酬委员会第二次会议在南京九华饭店召开。

2012年1月9日,公司第一届董事会第四次会议在南京九华饭店召开。

2012年1月15日,富安达基金管理有限公司2011年度总结表彰大会在上海浦东假日酒店召开。

2012年1月15日,富安达基金管理有限公司2012迎春联欢会及晚宴在上海浦东假日酒店隆重举行。

2012年2月17日,公司第一届董事会合规与风险控制委员会第一次会议在南京国际会议大酒店召开。

2012年2月28日,经上级党委批准,中共富安达基金管理有限公司党总支正式成立,李剑锋总经理任党总支书记。

2012年3月12日,富安达基金管理有限公司2011年度股东会、第一届董事会第六次会议、第一届监事会第三次会议在南京中山陵四方城2号南京国际会议大酒店召开。

2012年3月19日,富安达基金管理有限公司第二只产品——富安达策略精选灵活配置混合型证券投资基金(基金代码710002)正式全国发行。

2012年3月27日,上海证监局韩康副局长、上海市基金同业公会副会长兼秘书长李频一行莅临我公司视察指导。

2012年4月10日,南京市国资委黄玉银主任、副书记欧阳怀霜、副主任王浩康、黄菇原,以及发展改革处、考核评价处等相关领导一行莅临公司视察指导。

2012 年 4 月 23 日,富安达策略精选灵活配置混合型证券投资基金发行结束。共募集认购金额约人民币 5.87 亿元,基金成立份额约 5.83 亿份。

2012 年 5 月 21 日,经中国证监会证监许可[2012]677 号文《关于核准富安达增强收益债券型证券投资基金募集的批复》核准,富安达增强收益债券型证券投资基金于正式获批。

2012 年 6 月 8 日,富安达基金管理有限公司开业一周年庆典大会在公司大会议室隆重举行。李剑锋总经理和张华东董事长作了重要讲话和指示,勉励大家继续秉承艰苦创业的指导思想,加快向现代财富管理机构迈进。

2012 年 6 月 9 日,富安达基金党总支组织公司全体党员和员工,赴中国共产党的诞生地——嘉兴南湖,举行了“迎七一”系活动。

2012 年 7 月 2 日,富安达增强收益债券型证券投资基金(基金代码 A 类 710301,C 类 710302)正式全国发行。

2012 年 7 月 23 日,富安达增强收益债券基金募集结束,共募集认购份额约 6.06 亿份。成立份额约 6.06 亿份。

2012 年 8 月 7 日,南京市人民政府副秘书长、市金融办主任翁国玖、南京紫金控股董事长王海涛、南京银行行长夏平一行多人莅临公司视察指导工作。

2012 年 9 月 6 日,深圳证监局基金处李强处长、段皓静副处长、上海证监局基金处谢芳处长一行多人莅临公司调研指导。

2012 年 10 月 27 日,南京大学 EMBA 金融投资与资本运作高级课程班师生一行近 40 人来我公司访问交流。

2012 年 11 月 2 日,经中国证监会证监许可[2012]1440 号文《关于核准富安达现金通货币市场证券投资基金募集的批复》核准,公司首只货币型基金产品——富安达现金通货币市场证券投资基金获批。

2012 年 11 月 12 日,公司第一届董事会第九次会议、2012 年度第一次股东会在南京国际会议大酒店举行。

2012 年 11 月 18 日,富安达基金发展战略研讨工作会议召开,公司高管及全体中层干部出席。

2012 年 12 月 13 日,根据公司 2012 年度第一次股东会决议,公司完成增资扩股事宜,注册资本由人民币 1.6 亿元增加至人民币 2.88 亿元。

2012 年 12 月 28 日,中国证券监督管理委员会下发证监许可[2012]1758 号《关于核准富安达基金管理有限公司设立子公司的批复》。核准富安达基金管理有限公司设立全资子公司。子公司名称为富安达资产管理(上海)有限公司,注册地为上海市,注册资本为 2000 万元,业务范围为特定客户资产管理业务以及中国证监会许可的其他业务。

【股东概况】

股东	出资额(万元人民币)	持股比例
南京证券有限责任公司	14,112	49%
江苏交通控股有限公司	7,488	26%
南京市河西新城区国有资产经营控股(集团)有限责任公司	7,200	25%

【旗下基金】

基金代码	基金简称	类型	基金经理
710001	富安达优势成长	股票型	孔学兵
710002	富安达策略精选	混合型	黄强
710301	富安达增强收益 A	债券型	黄强
710302	富安达增强收益 C	债券型	黄强

【公司高管】

张华东先生,中共党员,硕士研究生,正高级经济师。历任解放军战士、班长、营部代书记、南京高速齿轮箱厂办公室主任、南京市机械工业局办公室秘书、南京东风专用汽车制造总厂副厂长、总经济师、厂长、南京东风汽车工业(集团)公司副总经理、总经济师、总经理兼党委书记、南京证券有限责任公司党委书记兼副总经理,现任南京证券有限责任公司董事长兼党委书记。

李剑锋先生,中共党员,大学本科学历,高级经济师。历任南京市证券公司营业部经理、投资部经理,南京证券有限责任公司投资管理部总经理兼研究发展部总经理,公司党委委员、副总裁,分管投资管理总部、研究所等部门工作,公司自营投资决策委员会主任,现任富安达基金管理有限公司董事、总经理。

陈宁先生,中共党员,研究生学历,历任南京国际信托公司证券总部副总经理、总经理,南京国信资产管理公司总经理,现任富安达基金管理有限公司督察长。

方正富邦基金管理有限公司

【基本情况】

法定名称:方正富邦基金管理有限公司

英文名称:Founder Fubon Fund Management Co., Ltd.

注册地址:北京市西城区太平桥大街 18 号
丰融国际大厦北区 11 层

办公地址:北京市西城区太平桥大街 18 号
丰融国际大厦北区 11 层

法人代表:雷　杰

总 经 理:邹　牧

成立日期:2011 年 7 月 8 日

公司属性:中外合资

注册资本:2 亿元

公司电话:010 - 57303700

客服电话:400 - 818 - 0990

传真电话:010 - 57303716

客服信箱:services@ founderff. com

邮政编码:100032

公司网址:http://www. founderff. com

【公司概况】

方正富邦基金管理有限公司于 2011 年 6 月 30 日正式获批,是首家获中国证监会批准设立的陆台合资基金管理公司。公司注册资本为 2 亿元人民币。其中,方正证券股份有限公司出资 66.7%,富邦证券投资信托股份有限公司出资 33.3%,公司注册地为北京市。作为首家获批的陆台合资基金管理公司,方正富邦基金管理有限公司开启了两岸基金领域合作的新篇章。

方正富邦基金管理有限公司是继两岸银行、证券及期货、保险业《两岸金融监管合作备忘录》(两岸 MOU)签署后大陆与台湾基金行业合作筹建基金公司的首例。也是《海峡两岸经济合作框架协议》(ECFA)于 2010 年 9 月 12 日正式生效后首家获批的陆台合资基金管理公司。方正富邦基金的扬帆起航，象征着两岸的合作交流从通邮、通航、通商上升到了更深层次的金融领域合作，同时也为将来两地资本市场的进一步深化合作奠定了基础。

【股东概况】

股东名称	持股比例
方正证券股份有限公司	66.7%
富邦证券投资信托股份有限公司	33.3%

【旗下基金】

基金代码	基金简称	基金类型	基金经理
730001	方正富邦创新动力	股票型	刘晨
730002	方正富邦红利	股票型	张璐
730003	方正富邦货币市场 A	货币型	杨通
730103	方正富邦货币市场 B	货币型	杨通

【公司高管】

雷杰先生，董事长，工商管理硕士。曾任光大证券有限公司投资银行部总经理，金元证券有限公司副总裁，武汉证券有限责任公司董事长、总裁，北大方正集团有限公司副总裁等职务。现任方正证券股份有限公司董事长及瑞信方正证券有限责任公司董事长。

邹牧先生，总经理，东北财经大学博士。曾任北京汽车制造厂科员、华夏证券股份有限公司高级经理、首创证券有限责任公司董事会秘书、大通证券股份有限公司营业部总经理、鹏华基金管理有限公司北方理财中心总经理、华富基金管理有限公司北京办事处负责人、总经理助理兼市场拓展部总监、机构理财部总监、公司副总经理。

赖宏仁先生，督察长，暨南大学博士。曾任中国台湾省财政部台北市国税局税务员、中国台湾省金管会证期局秘书、富邦证券金融股份有限公司业务及账务主管、富邦证券投资信托股份有限公司销售主管、富邦证券投资信托股份有限公司基金后台主管（估值、TA、客服）。

财通基金管理有限公司

【基本情况】

法定名称：财通基金管理有限公司
英文名称：Caitong Fund Management Co.，Ltd.
注册地址：上海市虹口区吴淞路 619 号 505 室
办公地址：上海市银城中路 68 号时代金融中心 41 楼
法人代表：阮　琪
总 经 理：陈东升
成立日期：2011 年 6 月 21 日
注册资本：2 亿元
公司属性：中资
公司电话：021－68886666
客服电话：400－820－9888
传真电话：021－68888169
客服信箱：service@ ctfund. com
邮政编码：200120
公司网址：http://www. ctfund. com

【公司概况】

财通基金管理有限公司由财通证券有限责任公司、杭州市工业资产经营投资集团有限公司和浙江升华拜克生物股份有限公司共同发起设立。注册资本 2 亿元人民币。注册地上海。

财通基金始终秉承“持有人利益至上”的核心价值观，致力于为客户提供专业优质的资产管理服务。公司现有员工 70 余人，管理人员和主要业务骨干的证券、基金从业平均年限在 10 年以上。自 2011 年 6 月成立以来，公司所发行的公募基金产品表现稳健，并坚持“持续分红”特色品牌，获得一定市场口碑；2011 年 12 月获准从事特定客户资产管理业务（通称“专户业务”），目前已成功运作管理多单专户产品，包括创新型的商品期货专户，力争打造出创新型特色化的专户品牌。

财通基金坚持价值投资理念，以研究驱动投资，注重金融工程建设；坚持以客户利益为出发点，设计各种风险收益特征的产品，在合适的时机发行；公司提供多维度、人性化的客户服务，始终与持有人保持信息透明；注重风险控制和合规经营，建立了完备的风险控制体系，最大限度地保证客户的利益。

【公司大事记】

2011 年 5 月 31 日，财通基金管理有限公司正式。

2011 年 7 月 5 日，财通基金管理有限公司正式公告成立。

2011 年 12 月 1 日，财通价值动量混合型证券投资基金合同生效，募集份额超过 10 亿份。

2011 年 12 月 13 日，财通基金管理有限公司正式获得中国证监会批准的从事特定客户资产管理业务资格。

2012 年 2 月 8 日，财通基金管理有限公司注册资本由人民币 1 亿元增加至人民币 2 亿元。

2012 年 7 月 13 日，财通多策略稳健增长债券型证券投资基金合同生效，募集份额超过 36 亿份。

2012 年 8 月 10 日，财通基金首只商品期货专户产品成立，募集资金达 7969. 8 万元。

2012 年 9 月 17 日，财通基金创新定制 ESG 指数 中证财通中国可持续发展 100（ECPI ESG）指数正式发布。

【股东概况】

股东	出资额（万元人民币）	持股比例
财通证券有限责任公司	8,000	40%
杭州市工业资产经营投资集团有限公司	6,000	30%
浙江升华拜克生物股份限公司	6,000	30%

【旗下基金】

基金代码	基金简称	类型	基金经理
720001	财通价值动量	混合型	吴松凯
720002	财通稳健增长	债券型	曹丽娟
720003	财通保本	混合型	曹丽娟、赵媛媛

【公司高管】

阮琪先生，董事长，工商管理硕士，高级会计师。历任浙江省杭州市财政局综合计划处副处长，处长兼杭州市财政局国债服务部主任，社会保障处处长，现任财通证券有限责任公司总经理助理。

陈东升先生，董事总经理，经济学硕士和工商管理硕士。历任深圳市艺术品拍卖公司总经理，国信证券有限公司总裁室主管，融通基金管理有限公司市场部总监、北京中心主任，上海金信投资控股公司业务拓展中心总经理，友邦华泰基金管理公司市场总监、总经理助理、首席市场官。

黄惠女士，督察长，工商管理硕士、EMBA。历任张家界旅游股份有限公司董事会秘书，方正证券有限责任公司北京代表处主任，中国证券投资者保护基金有限公司高级经理。

长安基金管理有限公司

【基本情况】

法定名称：长安基金管理有限公司
英文名称：Changan Fund Management Co.，Ltd.
注册地址：上海市虹口区丰镇路 806 号 3 幢 371 室
办公地址：上海市浦东新区芳甸路 1088 号紫竹国际大厦 16 层
法人代表：万跃楠
总 经 理：黄 陈
成立日期：2011 年 9 月 5 日
公司属性：中资
注册资本：2 亿元
联系电话：021 – 20329999
客服热线：400 – 820 – 9688
传真电话：021 – 5059 – 8018
客服信箱：service@ changanfunds. com
邮政编码：201204
公司网址：http://www. changanfunds. com

【公司概况】

长安基金管理有限公司（以下简称"公司"）成立于 2011 年 9 月 5 日，注册资本 2 亿元人民币。公司由长安国际信托股份有限公司作为主要发起人，联合上海美特斯邦威服饰股份有限公司、上海磐石投资有限公司、兵器装备集团财务有限责任公司共同出资设立。

遵照基金份额持有人利益优先、独立运作和相互制衡的公司治理原则，公司设立股东会、董事会、监事会。董事会下设合规与风险管理委员会和薪酬与提名委员会。每个委员会均有独立董事参与，以充分发挥独立董事的作用。

公司将本着合规、专业、创新、融合的经营管理理念，依法合规经营，加强风险管理，探索建立长效激励约束机制，构建和谐的企业文化，打造一流的投研团队，力争用较短的时间将公司建设成为"专业精良、治理完善、诚信合规、运作稳健"的现代资产管理机构。

【公司大事记】

2011 年 8 月 25 日，长安基金管理有限公司获中国证监会核准设立，成为中国境内第 67 家基金管理公司。

根据《上海市基金同业公会章程》，第一届第三次理事会审核财通基金管理有限公司、富安达基金管理有限公司、长安基金管理有限公司 3 家单位正式成为上海市基金同业公会的新成员。至此，上海市基金同业公会共有会员单位 57 家，其中 34 家本地基金公司，23 家异地基金分公司。

2011 年 12 月 9 日，长安宏观策略股票型证券投资基金获中国证监会核准。

2011 年 12 月 13 日，长安基金管理有限公司正式获得中国证监会批准的从事特定客户资产管理业务资格。

2012 年 2 月 2 日 – 3 月 7 日，长安宏观策略股票型证券投资基金公开发售。

2012 年 3 月 9 日，长安宏观策略股票型证券投资基金合同生效。

2012 年 5 月 14 日 – 6 月 13 日，长安沪深 300 非周期行业指数证券投资基金发售。

2012 年 6 月 25 日，长安沪深 300 非周期行业指数证券投资基金发售。

2012 年 12 月 14 日，长安基金专户子公司获准设立。

【股东概况】

股东名称	持股比例
长安国际信托股份有限公司	40%
上海美特斯邦威服饰股份有限公司	33%
上海磐石投资有限公司	18
兵器装备集团财务有限责任公司	9%

【旗下基金】

基金代码	基金简称	类型	基金经理
740001	长安宏观策略	股票型	雷宇
740101	长安沪深 300	指数型	王磊

【公司高管】

万跃楠先生，董事，经济学博士。曾任南昌保险学校教师、中国证监会处长、长沙通程实业集团有限公司总裁、特华投资控股有限公司执行总裁、兵器装备集团财务有限责任公司副总经理和安信期货有限责任公司董事长等职，现任长安基金管理有限公司董事长。

黄陈先生，总经理，金融学博士。曾任中国工商银行总行政策室、发展规划部、投资银行部等部门主任科员、副处长，工银瑞信基金管理有限公司战略发展部总监，汤森路透中国区投资及咨询业务董事总经理、中国区机构投资者业务负责人等职。

张洪水先生，督察长，中国科学院研究生院管理学博士。曾任中国证监会机构监管部副处长，中国证券业协会资格管理部、场外市场委、发展战略委主任等职。

国金通用基金管理有限公司

【基本情况】

法定名称：国金通用基金管理有限公司
英文名称：Gfund Management Co.，Ltd.
注册地址：北京市怀柔区府前街三号楼 3 – 6
办公地址：北京市西城区武定侯街 2 号泰康国际大厦 20 层
董 事 长：纪 路
总 经 理：尹庆军
成立日期：2011 年 11 月 2 日
注册资本：2.8 亿元人民币
公司属性：中资公司
联系电话：010 – 88005888
客服电话：4000 – 2000 – 18
联系传真：010 – 88005666
客服信箱：service@ gfund. com
邮政编码：100033
公司网址：http://www. gfund. com

【公司概况】

国金通用基金管理有限公司(英文名称:Gfund Management Co.,Ltd.)成立于2011年11月2日,是经中国证监会批准成立的从事基金募集、基金销售、资产管理以及中国证监会许可的其他业务的专业资产管理公司。

公司股东为国金证券股份有限公司、苏州工业园区地产经营管理公司、广东宝丽华新能源股份有限公司、中国通用技术(集团)控股有限责任公司,四家企业共同出资2.8亿元人民币,出资比例分别为49%、19.5%、19.5%和12%。

国金证券股份有限公司是一家资产质量优良、专业团队精干、创新能力突出、服务特色鲜明的上市证券公司,是沪深300指数、上证180指数、上证180金融股指数和上证中型企业指数成份股。

苏州工业园区地产经营管理公司成立于2000年,是苏州工业园区管委会直属最大的国有企业,注册资本155亿元,总资产500多亿元。

广东宝丽华新能源股份有限公司是1997年1月在深圳证券交易所上市的新能源电力公司,已经确立了以新能源电力为核心、以房地产开发和建设施工为基础、以现代金融投资为动力的主营业务架构,是中国证券市场中的新能源电力龙头上市公司,是深证红利、泰达环保、南方低碳、巨潮公司治理等多个重要指数样本股。

中国通用技术(集团)控股有限责任公司是由国务院国资委履行出资人职责、中央直接管理的国有重要骨干企业,是我国最大的先进技术装备引进服务商、最大的轻工产品和医药保健品进出口商、最大的移动通信终端产品分销与服务商,同时是我国重要的装备制造商、国际工程承包商、医药生产与供应商、技术服务与咨询商及建筑地产商。

雄厚的股东背景为公司的渠道开发、市场销售等方面提供了强有力的支持,为公司的发展奠定了基础。

【公司大事记】

2011年8月18日,北京市金融局副局长朱元广同志带领证券期货服务处赴公司开展工作调研。

2011年9月23日,顺利通过中国证监会组织的现场检查。

2011年10月18日,取得中国证监会《关于核准设立国金通用基金管理有限公司的批复》(证监许可[2011]1661号)。

2011年11月2日,经北京市工商局批准,注册成立。

2012年2月17日,取得《基金管理资格证书》。

2012年5月21日取得中国证监会《关于核准国金通用基金管理有限公司从事特定客户资产管理业务的批复》(证监许可[2012]666号)。

2012年7月23日,公司首只发起式基金——国金通用国鑫灵活配置混合型发起式基金获得证监会募集批复。

2012年9月7日,公司完成增加注册资本及修改公司章程的工商变更登记手续,根据中国证监会《关于核准国金通用基金管理有限公司变更注册资本及修改公司章程的批复》(证监许可[2012]1171号),公司的注册资本由1.6亿元人民币增加至2.8亿元人民币。

【股东概况】

股东名称	持股比例
国金证券股份有限公司	49%
苏州工业园区地产经营管理公司	19.5%
广东宝丽华新能源股份有限公司	19.5%
中国通用技术(集团)控股有限责任公司	12%

【旗下基金】

基金代码	基金简称	类型	基金经理
762001	国金通用国鑫发起	混合型	吴强、徐艳芳

【公司高管】

纪路先生,董事长,学士。历任博时基金管理有限公司分析师、金信证券有限责任公司投资研究中心总经理、国金证券股份有限公司研究所总经理。现任国金证券股份有限公司副总经理,中国证券业协会证券公司专业评价专家,四川证券业协会创新咨询委员会主任委员。2011年11月至今任国金通用基金管理有限公司董事长。

尹庆军先生,总经理,硕士。历任中央编译局世界所助理研究员、办公厅科研外事秘书,中央编译出版社出版部主任,博时基金管理有限公司人力资源部总经理、董事会秘书、监事,国金通用基金管理有限公司筹备组拟任督察长,国金通用基金管理有限公司督察长。2012年7月至今任国金通用基金管理有限公司总经理。

李修辞先生,督察长,硕士。历任华夏证券研究所分析师,中国证券监督管理委员会研究中心、期货监管部、期货监管一部主任科员、副处长,国金通用基金管理有限公司总经理助理兼战略发展部总经理。2012年7月至今担任国金通用基金管理有限公司督察长。

安信基金管理有限责任公司

【基本情况】

法定名称:安信基金管理有限责任公司

注册地址:广东省深圳市福田区益田路6009号
　　　　新世界商务中心36层

办公地址:广东省深圳市福田区益田路6009号
　　　　新世界商务中心36层

董 事 长:牛冠兴

总 经 理:王连志

成立日期:2011年12月6日

注册资本:2亿元人民币

公司属性:中资公司

联系电话:0755-82509999

客服电话:4008-088-088

传真:0755-82799292

客服信箱:service@essencefund.com

公司网址:http://www.essencefund.com

【公司概况】

安信基金管理有限责任公司是经中国证监会批准,成立于2011年12月,总部位于深圳,注册资本2亿元人民币。公司股东为安信证券股份有限公司、五矿资本控股有限公司和中广核财务有限责任公司。安信基金管理有限责任公司经营范围包括基金募集、基金销售、特定客户资产管理以及中国证监会许可的其他业务,是为客户提供专业理财服务的资产管理机构。

【股东概况】

股东名称	持股比例
安信证券股份有限公司	49%
五矿资本控股有限公司	36%
中广核财务有限责任公司	15%

【旗下基金】

基金代码	基金简称	类型	基金经理
750001	安信灵活配置混合	混合型	陈振宇
750002	安信目标收益 A	债券型	李勇
750003	安信目标收益 C	债券型	李勇
750005	安信平稳增长	混合型	汪建、李勇

【公司高管】

牛冠兴先生，董事长，经济学硕士。历任武汉市人民银行硚口支行信贷员，武汉市工商银行古田办事处主任，武汉市工商银行江岸支行行长，武汉市工商银行副行长，招商银行总行信贷部总经理，招商证券股份有限公司总经理，招商基金管理有限公司董事长，南方证券行政接管组及广东证券托管组组长。现任安信证券股份有限公司董事长、安信基金管理有限责任公司董事长、中国证券业协会副会长。

王连志先生，董事，经济学硕士。历任长城证券有限责任公司投行部经理，中信证券股份有限公司投行部经理，第一证券有限责任公司副总经理，安信证券股份有限公司副总经理。现任安信基金管理有限责任公司总经理。

孙晓奇先生，督察长，经济学硕士。历任上海石化董事会秘书室高级经理，上海证券交易所债券基金部执行经理。现任安信基金管理有限责任公司督察长。

德邦基金管理有限公司

【基本情况】

法定名称：德邦基金管理有限公司
英文名称：Tebon Fund Management Co.，LTD
注册地址：上海市虹口区吴淞路218 号宝矿国际大厦35 层
办公地址：上海市虹口区吴淞路218 号宝矿国际大厦35 层
董 事 长：姚文平
总 经 理：易　强
成立日期：2012 年3 月27 日
注册资本：1.2 亿元
公司属性：中资企业
联系电话：021 －26010999
客服电话：400 －821 －7788
联系传真：021 －26010808
客服信箱：service@ dbfund. com. cn
邮政编码：200080
公司网址：http://www. dbfund. com. cn

【公司概况】

德邦基金管理有限公司（Tebon Fund Management Co.，LTD）成立于2012 年初，注册资金1.2 亿元人民币，是中国证监会审核批准成立的第70 家基金公司。公司以修身、齐家、立业、助天下为己任，倡导坦诚沟通、学习创新、规范透明、创造价值、分享发展的文化，秉持长期的价值投资理念，坚守严谨的风险控制底线，致力于增加客户财富，提升员工专业水准，体现股东价值最大化，成为专业的、富有创新精神、最受尊敬的资产管理公司之一。

2012 年9 月25 日公司旗下第一只公募基金——德邦优化配置股票型证券投资基金正式成立，由此揭开了公司资产管理的全新篇章。在大力发展公募业务的同时，公司还陆续成立了包括权益类、固定收益类等在内的特定资产管理产品，不仅为投资者带来了较为满意的回报，也为筹备中的德邦基金“专项子公司”——德邦创新资本有限责任公司的成立及发展奠定了基础。

【公司大事记】

2011 年8 月，迁入新办公地：上海市虹口区吴淞路218 号35 层。

2012 年2 月27 日，德邦基金获得证监会准予设立申请批复，同时获批特定客户资产管理业务资格（即专户资格）。

2012 年4 月9 日，德邦基金管理有限公司正式公告成立。

2012 年9 月25 日，德邦优化配置股票型证券投资基金基金合同生效（770001）。

2012 年10 月31 日，德邦基金首只债券型专户特定资产管理合同生效。

2012 年11 月16 日，德邦基金荣获第八届中国证券市场年会金算盘稳健成长奖。

【股东概况】

股东名称	持股比例
德邦证券有限责任公司	49%
西子联合控股有限公司	31%
浙江省土产畜产进出口集团有限公司	20%
合计	100%

【旗下基金】

基金代码	基金简称	类型	基金经理
720001	德邦优化配置	股票型	白仲光

【公司高管】

姚文平先生，董事长，硕士。现任德邦证券有限责任公司总裁，中国证券业协会人力资源委员会副主任，上海新金融研究院创始理事。曾在南京大学任教，曾任华泰证券有限责任公司研究所首席研究员，东海证券有限责任公司副总裁。

易强先生，总经理，硕士，曾任金元比联基金管理有限公司总经理，招商基金管理有限公司业务发展部副总监，比利时联合资产管理有限公司中国地区业务发展总监，比利时联合资产管理有限公司上海代表处首席代表。

唐涵颖女士，督察长，硕士，曾任中国证券监督管理委员会上海监管局监管干部，上海农商银行同业金融部经理。有8 年以上会计、监察、稽核等工作经历。中国注册会计师。

第五编
中国期货市场

第一章 中国期货市场概况

2011年国内期货市场数据盘点

2011年,国内三大商品期货交易所各迎来一新品种上市,虽然全年期货市场成交量10.54亿手,同比下降32.72%,成交额137.51万亿元,同比下降11.03%,但股指期货稳步发展,成交量与成交额分别有9.89%和6.56%的增长幅度。

根据期货业协会统计,各期货交易所去年成交情况显示,上海期货交易所2011年累计成交量为3.08亿手,累计成交额为43.45万亿元,分别占国内市场29.24%和31.60%的份额,成交量与成交额同比下降50.44%和29.62%。郑州商品交易所2011年累计成交量为4.06亿手,累计成交额33.42万亿元,分别占国内市场38.55%和24.30%的份额,成交量与成交额同比下降18.04%和增长8.17%。大连商品交易所2011年累计成交量为2.89亿手,累计成交额为16.88万亿元,占国内市场27.42%和12.27%的份额,成交量与成交额同比下降28.31%和19.07%。与三大商品期货交易所成交全线下降相比,股指期货则出现了稳步增长态势。中国金融期货交易所2011年累计成交量5041.19万手,累计成交额为43.77万亿元,分别占国内市场4.78%和31.83%的份额,成交量与成交额同比增长9.89%和6.56%。

2011年,三大商品交易所均推出一个新品种,分别为:2011年3月24日,上海期货交易所铅合约上市,挂盘首日合约基准价为18350元/吨;2011年4月15日,大连商品交易所焦炭合约上市,挂盘首日各合约基准价从2180元/吨~2220元/吨不等;2011年10月28日,郑州商品交易所甲醇期货合约上市,挂盘首日合约基准价3050元/吨。

从各品种活跃度来看,全年成交超过1亿手的有棉花、白糖、PTA、天然橡胶四品种,成交量分别为1.39亿手、1.28亿手、1.21亿手和1.04亿手。若从成交额方面统计,股指、棉花、天然橡胶、铜全年成交额均超过10万亿元,其中,沪深300股指期货高达43.77万亿元。

2011年成交量同比增减情况看,上期所各品种累计成交量同比下降达五成,大商所和郑商所同比下降28.31%和18.04%。由于2011年黄金大牛市及其后的震荡行情,使得沪金期货活跃度大幅提升,全年成交量同比翻番。与之相比,锌、燃料油、早籼稻、豆粕等成交量同比降幅过半。

四大期货交易所成交额占有率来看,中金所占有率最高,达31.83%,其次为上期所,为31.6%,郑商所和大商所成交额分别占比24.3%和12.27%。若从成交量角度统计,各交易所市场占有率则出现明显不同,郑商所以38.55%排名第一,其次为上期所和大商所,而中金所的股指期货全年成交量仅占国内市场4.78%的份额。此外,从年末各品种持仓量考虑,大商所各品种累计持仓量排名第一,占据市场43.48%的份额。

整体来看,2011年国内股票市场与期货市场均处于相对低迷状态。A股成交量创三年新低,期货市场则在连续十年放量后,去年出现逾三成的下滑。股市与期市相关性日益体现,特别是股指期货的的上市使我国迈入金融期货时代后,充分发挥了对证券市场的套期保值功能。

据STCN资金流向快报数据显示,1月16日,沪深两市共流出资金98.15亿元,连续第4个交易日净流出。其中,沪市净流出45.03亿元,深市净流出53.13亿元。主力资金合计流出27.06亿元。

指数方面,上证180指数成份股合计资金流出20.10亿元,深证成指成份股资金流出7.66亿元,沪深300指数成份股资金流出37.15亿元。以股本规模计,流通盘中大盘股资金流出14.87亿元,中盘股资金流出20.63亿元,小盘股资金流出62.68亿元。

行业方面,按照衍生申万一级行业分类计,有2个行业资金净流入,23个行业资金净流出。其中,保险流入资金0.55亿,成为资金最关注的行业;有色金属流出资金11.32亿,有较明显的资金出逃现象。

银行业已持续3个交易日净流入资金,共流入资金8.10亿,居行业连续流入天数榜首位。机械设备业已持续4个交易日净流出资金,共流出资金37.49亿,为行业连续流出天数榜第一。

保税科技已持续17个交易日净流入资金,累计流入资金0.48亿,居个股连续流入天数榜首位。ST皇台已持续23个交易日净流出资金,累计流出资金1.71亿,为个股连续流出天数榜第一。

股指期货方面,IF1201合约收报2352.00点,下跌2.47%;成交28.68万手,持仓量减3489手,收报2.80万手;资金共流出35.33亿。

2011中国期货业八大嬗变

2011年12月23日(来源:证券日报)

编者按

2011年的期货业以惨淡开篇,回暖收尾。在期货市场交易量剧减的背景下,整个期货业经历了几个大变化,投资咨询业务开闸,分类监管结果首次对外公布,三家期货公司获批境外业务试点,期货公司之间的两宗大的并购案,铅期货、焦炭期货、甲醇期货上市交易以及新的机构投资者进入股指期货市场。在经历3年的爆发式增长后,今年的期货业迎来了一次大的调整和喘息之机,下半年交易所重启佣金返还在寒冬中带给期货业一丝暖意。

期货成交额同比减半

期货公司集体过冬

据中国期货业协会最新统计资料表明,2011年前11月全国期货市场累计成交量为9.8亿手,累计成交额为126万亿,同比分别下降32.85%和9.44%。业内人士表示,以2011年期货市场的低迷来看,全年期货市场成交量恐不能超过12亿手,而2011年这个数据是31亿手,累计成交额恐不能超过150万亿元,而这还不到2011年全年累计成交额309万亿元的一半。

国内期货市场在一系列严厉的监管政策下，2011 年前两个季度，全国期货市场成交量大幅下滑。从中期协今年统计的前 11 个月的期货市场成交情况中可以看出，今年上半年全国期货市场交易规模下降的月份居多，1 月、2 月、4 月、6 月均为下降，而仅有 3 月、5 月有所上升，而下半年以来，期货市场略微"回暖"，除 10 月期货市场交易规模呈下降状态之外，7 月、8 月、9 月、11 月均呈现出上升状态。

同 2010 年 11 月成交量和成交额同比分别增长 79.54% 和 224.71% 相比，今年 11 月的市场成交水平已大幅回落，以单边计算，当月全国期货市场成交量为 1.12 亿手，成交额为 13 万亿元，同比分别下降 47.19% 和 38.58%，环比分别增长 25.26% 和 27.26%。市场人士表示，由于 2010 年 11 月份创造了成交量 4.24 亿手，成交金额 44 万亿元的单月最高记录，2011 年 11 月同期出现大幅回落较正常，该月成交量也基本接近这 4 年的平均水平。

而品种方面，与去年的棉花白糖不同，铜和黄金成为今年期货市场最活跃的品种。分析师表示，由于市场的低迷，传统的避险品种黄金成为热捧的对象，与之相适应的黄金期货也成交水平也大幅攀升，而铜作为传统的交易品种，金属金融属性兼具使之持仓金额稳居有色金属第一名。

随着期货市场规模的萎缩，整个期货行业在经历了 3 年的爆发式增长之后，迎来了全行业的一次调整。"大合约"的推出、保证金的提高、双边手续费的收取等等，致使投机资金被挤出，期货公司手续费收入减少，而上半年交易所佣金返还政策的取消，也让绝大多数的中小期货公司挣扎在盈亏的边缘。

虽然行业利润同比下滑，但排名前 20 的期货公司所受影响不大，个别公司的利润反而小幅上升，行业集中度提高了。据调查，今年券商系期货公司虽然整体发展速度有所减缓，但增长情况仍好于非券商系。

不过，最近有业界人士表示，在经历数年快速增长之后，今年的期货行业的调整可以说是难得的喘息良机。市场快速增长的背后，隐藏着监管能否跟得上市场发展，以及期货公司忽视公司基础建设的隐患。从这个角度来说，市场的刹车、调整，对监管层和期货公司是有好处的。

期货投资咨询业务开闸

差异化经营时代来临

"期货投资咨询"于今年 9 月开闸。此前的 8 月中下旬，宏源期货、华泰长城期货、浙商期货、永安期货、海通期货、新湖期货等 14 家期货公司被中国证监会核准，成为《期货公司期货投资咨询业务试行办法》自今年 5 月 1 日施行以来，首批取得期货投资咨询业务资格的期货公司。据了解，目前已有 40 家左右的期货公司获得期货投资咨询业务的牌照，部分公司已经完成了工商登记变更。

据了解，投资咨询业务是证监会近年筹划的期货公司创新业务之一，与境外期货经纪业务和资产管理业务（CTA）并称为期货业三大转型业务。而期货投资咨询业务的破茧，意味着期货公司将告别长期凭借单一经纪业务的"同质化"竞争时代，进入期货公司"差异化"经营时代。

不过截至目前，期货投资咨询业务仍然处于摸索阶段，该业务的盈利模式也没有统一的收费标准。期货公司人士表示，由于目前期货市场上尚未形成付费的习惯。尤其在行情多变的情况下，如果没有更有价值、指导性更强的东西提交给投资者，要想从中赚钱很难。

或许在目前的大环境之下，期货投资咨询业务的象征意义更强，业内人士也对该业务之后的境外期货经纪业务和资产管理业务更为期盼。

据 2011 年 5 月 1 日《期货公司期货投资咨询业务试行办法》规定，期货公司申请该业务需要满足：公司注册资本不低于 1 亿元、净资本不低于 8000 万元；最近 6 个月净资本等风险监管指标持续符合监管要求；至少 1 名具有 3 年以上期货从业经历和取得期货投资咨询业务从业资格的高管人员，至少 5 名具有两年以上期货从业经历和取得期货投资咨询业务从业资格的从业人员；公司最近 3 年持续合规经营；具有完备的业务管理制度等。

然而，过 8000 万元门槛易，拥有合格的高端期货人才却难。相关数据显示，目前期货业从业人数不足 2.7 万人，远远不能满足目前 10 多万的人才缺口和今后越来越快的行业发展速度。据了解，中国期货业协会每年举行五次期货从业资格考试为我国期货行业输送优质人才，但通过率并不高。而 2011 年期货从业资格考试中新增加的作为进入期货咨询从业资格凭证的"期货投资分析"科目的通过率，则更是差强人意。

中国期货业协会的数据显示，"期货投资分析"首次考试共有 15590 人报名，最终走入考场的有 12608 人，且顺利通过考试的仅为 2759 人，占全部参考人数的 21.88%。通过率只有两成，大部分考生都没能顺利过关。

而 2011 年 7 月初进行的第二次期货投资分析考试成绩显示，仅有 1751 人过关，其合格率较首次考试的 21.88% 下降了 3.34%。据了解，在参加二次考试的 9446 名考生中，不少来自 5 月 29 日已参加了首次期货投资分析考试但落榜的期货业人士。

有观察者指出，从课本及考试中可以看出，期货投资咨询的工作范围和业务内容已经完全覆盖甚至替代了原来传统的所谓研发，也比原有的研发要求更高更专更深，使真正的研发力量转化为生产力的要求更加清晰明了，目前许多期货公司在研发方面虽然也有不少进步，但距离客户的真正需求还有很远的路要走。

年内三新品上市交易

大合约制约活跃度

新品不常有，今年特别多。2011 年，期货市场品种进一步丰富。对于期货市场来说，真正上市一个新的品种是很不容易的，但今年国内三大商品交易所却一下子上市了铅、焦炭、甲醇三个新品种，可谓迎来一轮新品上市潮。

上海期货交易所、大连商品交易所、郑州商品交易所分别于今年 3 月 24 日、4 月 15 日、10 月 28 日上市了铅期货、焦炭期货、甲醇期货，3 个新上市的品种对合约的设计都是以"大合约"的形式呈现。

铅、焦炭、甲醇期货的上市不仅为套保企业提供了保持长期稳定经营的优良工具，而且为投机者提供了对冲获利的机会，同时为我国获得相关产业的定价权打开了通途。

不过，新上市的品种均实施了大合约制度，从实践来看，铅和焦炭没有出现上市爆炒，但其流动性也不容乐观。目前，铅、焦炭、甲醇这三个"大合约"品种交易相对比较低迷，交易清淡。其中，铅和焦炭期货的总成交量不足万手，流动性不足已影响到了企业参与的积极性。

有业内人士表示，2012 年或还将有期货新品种获批上市，比如目前各界都比较期待的生猪期货、白银期货，还有原油期货等。

不光是商品期货，金融期货也有望迎来新的品种。近日，中国金融期货交易所总经理朱玉辰在第七届中国国际期货大会上表示,中金所在做好沪深300(2571.674,-11.08,-0.43%)指数期货的基础上,多打造几个品种。中金所将本着像沪深300指数的模式,产品线将在条件成熟下逐步铺展开来。

他透露,目前中金所也在做一些规划和准备,在指数方面研究第二个指数中证500指数,将来还要配套一个创业板指数,争取这些指数能够覆盖到全市场,同时还有其他不同风格的指数,共同形成一个指数家族。他认为利率期货也是一个方向,可作为利率期货标的的国债是很有价值的品种,中国国债余额有6.3万亿元,是很大的现货市场,发展国债期货有利于助推国债在二级市场的活跃。此外,还有外汇期货,包括人民币对外币的期货等。

分类监管结果首次公布

行业格局酿变

2011年8月15日,中国期货业协会公布了2011年期货公司分类结果。据了解,这是期货公司分类监管制度实施三年以来首次对外公布结果。

分类评价结果显示,在参与分类评价的163家期货公司中,A类20家,占比12.3%,其中其中AA级3家,分别为中国国际期货、浙江永安期货、中粮期货。

据了解,获得A类评级标志着期货公司风险管理能力、市场竞争力、培育和发展机构投资者的状况、持续合规的综合状况评价在行业内最高,能够控制业务风险。

此外,华泰长城期货、广发期货、南华期货、海通期货、银河期货、浙商期货、江苏弘业期货、浙江中大期货、新湖期货、国泰君安期货、上海中期期货、申银万国期货等17家公司获得A级。光大期货、格林期货等39家公司获得B类,占比23.9%,其中BBB级14家,BB级15家,B级10家。C类79家,占比48.5%,其中CCC级21家,CC级39家,C级19家;D类25家,占比15.3%。

期货公司分类评价自实施以来,一直未向市场公开。据了解,证监会在广泛深入征求市场各方意见的基础上,对2009年颁布的《期货公司分类监管规定(试行)》进行了全面修订,增加了评价指标,使得分类评价更加客观公正地反映期货公司情况。修订后,删除了"期货公司不得对外公布分类结果"的内容。同时,监管部门决定从2011年起尝试在每年分类评价工作结束后向社会公开期货公司分类评价结果。

有人士表示,向社会公布分类评价结果有利于形成期货公司公开透明的发展环境,保障客户对期货公司的知情权,发挥市场监督作用,也有助于促进期货公司通过提高合规能力和市场竞争力获得更高的评级。

另一方面,公开分类评价结果会不会对评级靠后的公司产生过多负面影响呢?有期货公司高管认为,客户选择期货公司主要看其市场服务能力,而现行的分类评价制度以考核期货公司的合规水平为主,合规与市场服务能力不能直接画等号,而且期货公司各有不同的产业、研发特色,投资者在选择期货公司时不会简单依据评级。

据了解,多年来在商品期货市场上的沉淀,使得优秀传统期货公司在风险控制上具有独特的优势,传统期货公司其实具备的是"长跑"能力,由于深度的专业性,因此即便是特殊法人机构对传统期货公司也有潜在的需求。而新的券商系期货公司更擅长于营销突破能力。

三公司获批境外业务试点

"走出去"迎来实质进展

中国国际期货、中粮期货和永安期货于2011年9月初收到中国证监会的通知,获准参与境外期货经纪业务试点筹备工作。据了解,此次批准的境外期货经纪业务,是指国内的企业或个人可以通过有试点资格的期货公司,参与境外交易所的全球期货交易。

据悉,中国证监会计划开放的只是国内期货公司代理境外商品期货及其衍生产品的交易,不包括金融期货在内。在筹备工作完成后,国内相关企业就可以通过有试点资质的期货公司,直接与美国、英国等全球主要资本市场进行对接,建立中国期货与世界期货之间的通道,形成"中国境外期货直通车"。

近日,参与该项业务试点的永安期货总经理施建军表示,境外期货经纪业务的筹备工作正在有序进行。除了人才储备外,在交易技术、交易制度、合作伙伴、风控体系、合同细节等方面,永安都在进行研究和准备,整个工作的进展还比较顺利。他认为,金融衍生品是期货公司未来20年不得不面临的考验。企业需要更加主动地学习境外期货知识,以期在风险管理上做得更为到位。

可以说境外期货经纪业务试点的筹备针对的是国内企业日益增多的"涉外"期货服务需求,有企业界人士表示,中国"入世"以来,国内的企业竞争越来越多的面向国际,利用期货市场避险的需求也在不断增加。但由于企业参与外盘交易还需自行换汇,每人最高只有5万美元的额度,这对于有风险管理需求的企业显然不够,也不方便。而有了国内期货公司可参与境外期货业务试点后,企业参与外盘套保会好很多。而国内期货市场此前基本接近于封闭性市场,只有31家大型央企获批可以在境外期货市场开展期货业务。

据介绍,境外业务试点解决换汇问题的方式可能是先由试点公司向国家外汇局统一申请换汇额度,企业或个人用人民币开户后,由试点公司在审批额度内,将其兑换成相应外汇币种参与境外市场。

据了解,2006年3月,格林期货、永安期货、广发期货、中国国际期货、金瑞期货和南华期货6家期货公司,先后获得中国证监会的批准,准许赴港设立分支机构从事期货业务。不过这些在香港开设的期货业务机构,不能代理境外资金进入内地交易,内地资金也不能通过它在香港交易。

两宗大并购案震动期货界

1+1能否>2

在经历了2010年到2011年的期货公司增资潮之后,期货公司之间的并购大幕也开始了。两大"并购案"所涉及的4家期货公司也将于今日(23日)进行客户移仓。随后,中国国际期货合并珠江期货、中证期货并购新华期货的资金整合将很快进行。

北京工商大学证券期货研究所所长胡俞越在微博上对此做出分析,认为期货行业进入兼并重组与竞争格局,这两宗并购拉开了新一轮期货行业兼并重组浪潮。期货公司是以其专业化为市场提供专业服务的,应当形成国企系(央企系)、民企系、券商系三足鼎立的期货公司分工明确、功能匹配、规模适度、结构合理的市场竞争格局。

有观察者表示,两个期货公司合并案,均体现出了优势互补、强强联合的特点,这是一个好的开始。业内人士分析说,与增加注册资本相比,并购优点显而易见:一是有助于网点迅速扩张,二是有利于人员迅速补充。

中国中期(14.99,-0.01,-0.07%)2011年9月披露,公司参股公司国际期货拟以3.875亿元的代价溢价吸收合并同行珠江期货。其中包括现金1.5亿元和合并后存续公司中国国际期货2500万股股权(按9.5元/股计算,折合2.375亿元)。珠江期货原股东之一广东双飞龙投资控股有限公司承接中国国际期货2500万股股权,成为中国国际期货新股东,珠江期货原其他股东退出。

兼并珠江期货后,国际期货的营业部网点会扩充到50家。国际期货在全国一共31家营业部,其中包括筹备中的两家,而原珠江期货为19家营业部,珠江期货现有营业部将全部并入国际期货,合并之后总共为50家。

而中证期货和新华期货两家的合并,是传统期货公司和券商系期货公司的优势互补,其中也有地域的互补。市场传闻并购资金将达3亿元,收购完成后,新华期货将被注销。据了解,总部在深圳的中证期货原来只有8家营业部,在数量上并不占优势,而原新华期货拥有11家营业部,多数分布在浙江和东北地区,均是中证期货没有覆盖到的区域,双方可以形成良性互补。

20111年10月21日,中证期货发公告称,拟斥3.1175亿元收购新华期货全部股权,中证期货作为合并后的存续公司,注册资本(8亿元)及股权结构(中信证券(13.54,-0.32,-2.31%)全资子公司)均保持不变。

期货公司之间优势互补,强强联合不失为一种理想与便捷的扩张方式,而从监管层的态度来看,对期货的兼并也是较为支持的,高层官员多次表示"推动期货公司通过兼并、重组等多种途径做优做强",而且在监管要求上制定了规则鼓励兼并重组。

期指创上市以来新低

年内期现市场高度拟合

期指迎来了自上市以来的新低。昨日,IF指数盘中将最低点打至2311点,这比去年7月2日的2488点低177点,也比今年10月20日的2506点低了195点。虽然不断在创造着新低,但进入2011年之后,期指市场与沪深300现货市场拟合度较2010年进一步提高。据中金所专家表示,目前期指与沪深300指数价格拟合度基本在99%以上,而去年一般为98%。

期货最重要的功能之一就是价格发现,而期现联动,就是期货指数对现货指数不同程度的引领作用,这也是期货价格发现功能的一种表现形式。期指上市不到半年,就具备了成熟市场的多项基本特征,其中合约期价始终围绕股市现价波动,期现价格拟合度较好。此后,期现走势更加吻合。

2011年,期指的12只主力合约均已平稳交割完毕。16日,12月的第三个周五,成为期指上市以来最大持仓交割日,12400手,比今年6月17日交割的IF1106合约的10634手还多了1766手。至此,期指上市以来,已有20个合约实现顺利交割。期指上市后,现货沪深300指数的波动率明显降低,而在交割日期指有效收敛于现货指数,从未出现过交割日效应,也说明期现市场拟合度较高。

从连续当月合约与现指价差表现上看,价差多数时段落在-10点到20点的大概率区间内,从今年1月至11月底,平均价差3.7点左右,而在去年10月至11月这一阶段,由于行情大起大落,价差波动却明显加大,期现价差最高超过120点,最低也跌至-40点以下。

期指与沪深300现货指数间基差结构的变化令期现套利机会基本消除,而机构套利资金的介入令期现价差快速收敛。虽然今年期指也出现过期现价差扩大,并超过期现套利成本的情况,但高价差持续性不足。

期指上市后,现货沪深300指数的波动率明显降低,而在交割日期指有效收敛于现货指数,从未出现过交割日效应,也说明期现市场拟合度较高。现货指数波动明显收窄的现象在期指上市1年后的变化最为明显,这种现象出现主要体现于期指市场机构投资者参与数量不断增加,导致期现市场拟合度不断提高,期现价差的有效收敛令期指合约平稳交割,说明股指期货的发展已经日趋平稳和理性,期货和现货市场成功实现良性互动。目前市场机构力量仍有限,但随着制度的修定,如有更多机构投资者参与进来,市场运行会更有效。

机构阵营迎来新成员

信托抢得岁末期指开户首单

股指期货交易的机构投资者阵营,于岁末正式迎来了信托公司这一新成员。

12月上旬,华宝信托旗下信托产品——"励石一号",通过海通期货成功在中国金融期货交易所开户,取得阳光私募参与股指期货的第一个交易编码。这是继券商、基金有序入市后,股指期货引入机构投资者工作迈出的重要一步,期指市场又迎来了一个新的机构投资者。在此之前,华宝信托已获中国银监会批准,获得股指期货交易业务资格。

据了解,阳光私募"励石一号"投资于A股股票、封闭式证券投资基金、开放式证券投资基金(含ETF,不含LOF)、货币市场基金、金融衍生产品(含以套期保值为目的的股指期货交易)、银行存款等其他投资品种。该信托计划预计投资于股指期货等金融衍生品,从而为对冲市场风险提供了新的工具。

继基金、券商、QFII等机构投资者相继获准参与期指后,2011年6月底,银监会印发了《信托公司参与股指期货交易业务指引》,意味着纯信托形式的阳光私募可以正式参与期指的交易。随后的8月下旬,又出现了保险资金或参与期指的消息。

业内人士认为,目前正是私募参与股指期货的好时机。A股市场持续低迷,传统的股票型基金难以保证稳定的业绩,此时参与股指期货符合市场环境;市场规模持续扩大,为机构入市提供充足市场容量。

不过,根据期货业协会公布信息来看,期指成交量在全国市场的比重依旧偏低,截至2011年11月底,只有4.5%,而这一数字在发达国家可以达到30%左右。可见,我国期指的成交情况同全球相比还有比较大的差距,扩容空间巨大。

据中国期货业协会最新统计资料显示,2011年1—11月中国金融期货交易所累计成交量为4407万手,累计成交额为39万亿元,同比分别增长6.75%和6.79%,分别占全国市场的4.50%和30.84%。

据了解,股指期货上市以来,中金所一直倡导理性的风险管理文化,积极发展和培育机构投资者,机构投资者在股指期货交易中逐步扮演重要的角色,绝大部分机构利用股指期货这个风险管理工具,成功规避了现货市场波动的风险,获得了稳定的投资收益。

2011年中国期货市场十大新闻

2012年1月4日　来源:期货日报

一、国务院清理整顿各类交易场所

国务院办公厅2011年11月11日发布《国务院关于清理整顿各类交易场所切实防范金融风险的决定》,建立由证监会牵头,有关部门参加的"清理整顿各类交易场所部际联席会议”制度，统筹协调有关部门和省级人民政府清理整顿违法证券期货交易工作，督导建立对各类交易场所和交易产品的规范管理制度。

针对当前一些交易场所未经批准违法开展证券期货交易活动，其中存在的管理不规范、严重投机和价格操纵、个别交易场所股东直接参与买卖甚至侵吞客户资金、经营者卷款逃跑等问题，此次清理整顿明确，除依法经国务院或国务院期货监管机构批准设立从事期货交易的交易场所外，任何单位一律不得以集中竞价、电子撮合、匿名交易、做市商等集中交易方式进行标准化合约交易。

二、期货投资咨询业务放行

《期货公司期货投资咨询业务试行办法》2011 年 4 月 1 日正式发布，并于 5 月 1 日开始实施。8 月 19 日，首批 14 家期货公司获得期货投资咨询业务资格，标志着该业务正式开展。

期货投资咨询业务是期货公司除经纪、结算等传统业务外被放行的首项新业务，有利于期货公司差异化经营发展。此后，中国国际期货、中粮期货和永安期货获得参与境外期货经纪业务试点的筹备工作，期货公司业务创新取得积极进展。

三、年度交易量出现明显下滑

经过连续 5 年的高速增长之后，2011 年全国期货市场交易量交易额出现明显下滑。2011 年全国期货市场累计成交量为 10.54 亿手，累计成交额为 137.51 万亿元，同比分别下降 32.72% 和 11.03%。这是自 2005 年以来国内期市年成交量和成交额首次下降。在以“稳物价”为中心的国内宏观经济调控大背景下，期市自 2010 年年末开始采取了提高保证金及手续费等调控措施，交易成本的提高是交易活跃度下降的最直观因素。

四、期货公司两宗大并购案完成

中国国际期货吸收合并珠江期货、中证期货并购浙江新华期货，两宗强强联合并购案开启了期货公司通过兼并重组做大做强的序幕。9 月 9 日，中国中期(000996)发布公告，宣布公司参股的中国国际期货拟以 3.875 亿元的对价(1.5 亿元现金 +2500 万股股权)吸收合并珠江期货；10 月 21 日，中证期货发布公告称，拟以自有资金 3.1175 亿元收购浙江新华期货全部股权。两宗并购案均获监管部门批准并完成了公司工商变更及客户账户持仓转移工作。

五、铅、焦炭、甲醇三大期货品种上市

2011 年，国内期货市场品种创新稳步推进。3 月 24 日、4 月 15 日、10 月 28 日，铅、焦炭、甲醇三大期货品种分别上市。值得关注的是，3 个新上市品种的合约乘数较早期上市品种有明显提高，其中，铅期货为每手 25 吨，焦炭期货为每手 100 吨，甲醇期货为每手 50 吨。至此，国内期货市场已上市交易 26 个商品期货品种和 1 个金融期货品种，为相关经济实体进行风险管理提供了良好的平台，提升了期货市场服务实体经济的能力。

六、证监会开展期货账户规范工作

中国证监会 9 月 2 日发布《关于开展期货市场账户规范工作的决定》，对期货市场账户管理进行规范。此次账户规范工作主要集中在两方面：一是对长期不用的客户账户进行休眠处理，让休眠账户退出交易领域，待客户申请时再予以激活；二是对非休眠的历史账户按照《期货市场客户开户管理规定》进行规范，全部纳入统一开户系统。账户规范工作从账户管理这一基础环节入手，将较彻底地解决期货市场二十年发展过程中积累的账户管理遗留问题，使期货市场实名制和统一开户等基础制度最终得到全面和彻底的落实。

七、《期货交易管理条例》修改工作基本完成公开征求意见

12 月 21 日，国务院法制办公室、中国证券监督管理委员会共同起草的《国务院关于修改 <期货交易管理条例> 的决定(征求意见稿)》公开征求意见。

对于 2007 年 4 月起施行的《期货交易管理条例》，此次修改主要包括三方面内容：一是明确了“期货交易”的定义，删去了有关“变相”期货交易的规定；二是进一步完善了期货交易制度的一些具体规定；三是规定地方政府查处取缔非法期货交易场所的职责。

八、证监会首次公示期货公司分类评价结果三家公司获 AA 评级

证监会首次公示期货公司分类评价结果。在 163 家期货公司参评的 2011 年分类评价中，A 类公司 20 家，其中 AA 级 3 家，A 级 17 家；B 类 39 家，其中 BBB 级 14 家，BB 级 15 级，B 级 10 家；C 类 79 家，其中 CCC 级 21 家，CC 级 39 家，C 级 19 家；D 类 25 家。中国国际期货、永安期货、中粮期货获 AA 评级。与 2010 年的结果相比，2011 年 A 类公司多 2 家，B 类公司少 5 家，C 类公司多 8 家，D 类公司少 4 家，没有 E 类公司。

期货公司资本实力继续提高，出现注册资本超 10 亿元期货公司。海通期货、中国国际期货、广发期货等期货公司 2011 年纷纷增资，注册资本金达到或超过 10 亿元，其中广发期货注册资本金增至 11 亿元，成为国内注册资本金最大的期货公司。截至三季度末，国内 163 家期货公司注册资本合计 270.1 亿元，净资本 308.5 亿元，同比增幅均在 30% 以上，期货公司资本实力继续保持快速提高势头。

九、中期协出台期货业诚信建设实施指导意见进一步加强行业诚信建设

为建立健全期货行业诚信体系，优化市场发展的软环境，从整体上提高期货行业诚信道德水平，树立期货行业诚信形象，中国期货业协会制定发布《期货业诚信建设实施指导意见》，并于 11 月在全国开展“期货诚信建设宣传月”活动。

根据中期协的统一安排，各期货公司积极开展诚信教育和培训工作，采用各种形式对公司员工进行诚信宣传教育，并在各自辖区签署《期货诚信建设宣言》。

十、机构客户陆续入市丰富期市客户类型

2011 年，各类机构客户进入期货市场的步伐明显加快，除传统产业客户外，证券公司、基金管理公司等“特殊单位客户”对期货市场的参与热情逐渐升温。截止到 11 月底，中金所共开立 220 余个特殊法人账户，其中有 40 余个券商自营账户、逾 10 个证券集合账户、近 100 个证券定向账户和逾 60 个基金专户账户。此外，信托账户也已获批开户，合格境外机构投资者(QFII)被允许参与期指交易，基金管理公司特定客户资产管理计划被允许参与商品期货交易，券商、基金及信托已形成全面介入期市之势。

为了适应机构投资者参与期货交易的需要，证监会 12 月 15 日就《期货市场客户开户管理规定》的修改公开征求意见。此次修改，将从开户环节解决各类机构客户的入市障碍。

全国期货公司名录

辖区	公司名称	业务范围	注册资本（万元）	营业部数量
安徽	徽商期货有限责任公司	商品期货经纪、金融期货经纪	5200	7
	华安期货有限责任公司	商品期货经纪、金融期货经纪、期货投资咨询	20000	4
	安粮期货有限公司	商品期货经纪、金融期货经纪	10000	4
北京	北京中期期货有限公司	商品期货经纪、金融期货经纪	14000	10
	格林期货有限公司	商品期货经纪、金融期货经纪、期货投资咨询	28018	13
	冠通期货经纪有限公司	商品期货经纪、金融期货经纪、期货投资咨询	10000	11
	宏源期货有限公司	商品期货经纪、金融期货经纪、期货投资咨询	20000	9
	中衍期货有限公司	商品期货经纪、金融期货经纪	13500	2
	金鹏期货经纪有限公司	商品期货经纪、金融期货经纪	10090	7
	经易期货经纪有限公司	商品期货经纪、金融期货经纪	20000	10
	北京首创期货有限责任公司	商品期货经纪、金融期货经纪	15000	14
	安信期货有限责任公司	商品期货经纪、金融期货经纪、期货投资咨询	28600	2
	国元海勤期货有限公司	商品期货经纪、金融期货经纪	20000	6
	银建期货经纪有限责任公司	商品期货经纪、金融期货经纪	5000	5
	国都期货有限公司	商品期货经纪、金融期货经纪	20000	4
	中钢期货有限公司	商品期货经纪、金融期货经纪、期货投资咨询	28000	8
	中粮期货有限公司	商品期货经纪、金融期货经纪、期货投资咨询	55000	12
	银河期货有限公司	商品期货经纪、金融期货经纪、期货投资咨询	60000	16
	第一创业期货有限责任公司	商品期货经纪、金融期货经纪	10000	1
	中国国际期货有限公司	商品期货经纪、金融期货经纪、期货投资咨询	100000	47
	英大期货有限公司	商品期货经纪、金融期货经纪、期货投资咨询	35000	9
	京都期货有限公司	商品期货经纪、金融期货经纪	10000	0
	民生期货有限公司	商品期货经纪、金融期货经纪	10000	12
重庆	中信建投期货经纪有限公司	商品期货经纪、金融期货经纪、期货投资咨询	35000	11
	华创期货有限责任公司	商品期货经纪、金融期货经纪	10000	1
	西南期货经纪有限公司	商品期货经纪、金融期货经纪	3000	1
	中电投先融期货有限公司	商品期货经纪、金融期货经纪	10000	6
	大华期货有限公司	商品期货经纪、金融期货经纪	30000	14
大连	渤海期货有限公司	商品期货经纪、金融期货经纪	15000	10
	大连良运期货经纪有限公司	商品期货经纪、金融期货经纪	10000	7
	北方期货经纪有限责任公司	商品期货经纪、金融期货经纪	5500	5
	国富期货有限公司	商品期货经纪	3000	0
福建	兴业期货有限公司	商品期货经纪、金融期货经纪	30000	7
	金友期货经纪有限责任公司	商品期货经纪、金融期货经纪	6000	6
甘肃	甘肃陇达期货经纪有限公司	商品期货经纪、金融期货经纪	10904	3
广东	江南期货经纪有限公司	商品期货经纪、金融期货经纪	3000	3
	华联期货有限公司	商品期货经纪、金融期货经纪、期货投资咨询	10000	4
广东	广发期货有限公司	商品期货经纪、金融期货经纪、期货投资咨询	110000	24
	华南期货经纪有限公司	商品期货经纪	5000	0
	广晟期货有限公司	商品期货经纪、金融期货经纪	12000	6
	集成期货有限公司	商品期货经纪、金融期货经纪	5500	8
	摩根大通期货有限公司	商品期货经纪、金融期货经纪	16000	1
	华泰长城期货有限公司	商品期货经纪、金融期货经纪、期货投资咨询	60000	28
	广永期货有限公司	商品期货经纪、金融期货经纪、期货投资咨询	15000	9
	盛达期货有限公司	商品期货经纪、金融期货经纪	5000	3
	广州期货有限公司	商品期货经纪、金融期货经纪	12792	2
海南	金元期货经纪有限公司	商品期货经纪、金融期货经纪	15000	5
	华融期货有限责任公司	商品期货经纪、金融期货经纪	12000	1
	海南金海岸期货经纪有限公司	商品期货经纪	3000	0
	中银国际期货有限责任公司	商品期货经纪、金融期货经纪	10000	1
河北	河北恒银期货经纪有限公司	商品期货经纪、金融期货经纪	5000	6
河南	万达期货有限公司	商品期货经纪、金融期货经纪	24000	13
	国信期货有限责任公司	商品期货经纪、金融期货经纪	30000	10
	中原期货有限公司	商品期货经纪、金融期货经纪	8000	5
黑龙江	黑龙江三力期货经纪有限责任公司	商品期货经纪	3580	4
	大通期货经纪有限公司	商品期货经纪	3000	4
	黑龙江时代期货经纪有限公司	商品期货经纪	3000	1
湖北	长江期货有限公司	金融期货经纪、商品期货经纪	20000	7
	美尔雅期货经纪有限公司	商品期货经纪;金融期货经纪	5990	15
湖南	方正期货有限公司	商品期货经纪、金融期货经纪	20000	9
	大有期货有限公司	商品期货经纪、金融期货经纪	15000	7
	德盛期货有限公司	商品期货经纪、金融期货经纪	10000	10
	湖南金信期货经纪有限公司	商品期货经纪、金融期货经纪	10000	5
吉林	天富期货有限公司	商品期货经纪、金融期货经纪、期货投资咨询	15000	8
	吉粮期货有限公司	商品期货经纪	13000	3
	中融汇信期货有限公司	商品期货经纪、金融期货经纪	20000	2
	天鸿期货经纪有限公司	商品期货经纪、金融期货经纪	6300	1
江苏	东海期货有限责任公司	商品期货经纪、金融期货经纪、期货投资咨询	20000	22
	江苏弘业期货有限公司	商品期货经纪、金融期货经纪、期货投资咨询	38000	30
	国联期货有限责任公司	商品期货经纪、金融期货经纪、期货投资咨询	20000	17
	南证期货有限责任公司	商品期货经纪、金融期货经纪	10000	5
	创元期货经纪有限公司	商品期货经纪、金融期货经纪	6800	6
	锦泰期货有限公司	商品期货经纪、金融期货经纪、期货投资咨询	30000	9
	新纪元期货有限公司	商品期货经纪、金融期货经纪	10800	8
	江苏文峰期货经纪有限责任公司	商品期货经纪、金融期货经纪	10000	5
	江苏东华期货经纪有限公司	商品期货经纪、金融期货经纪	5000	7
	道通期货经纪有限公司	商品期货经纪、金融期货经纪	5000	3
	华证期货经纪有限公司	商品期货经纪、金融期货经纪	4000	4

辖区	公司名称	业务范围	注册资本（万元）	营业部数量
江西	江西瑞奇期货经纪有限公司	商品期货经纪、金融期货经纪	5600	9
辽宁	江海汇鑫期货有限公司	商品期货经纪、金融期货经纪	10000	6
	华海期货有限公司	商品期货经纪、金融期货经纪	3000	3
	江信国盛期货有限责任公司	商品期货经纪	3000	1
内蒙古	鑫鼎盛期货有限公司	商品期货经纪、金融期货经纪	5000	2
宁波	宁波杉立期货经纪有限公司	商品期货经纪、金融期货经纪	10000	6
青海	财富期货有限公司	商品期货经纪、金融期货经纪	20000	1
山东	鲁证期货有限公司	商品期货经纪、金融期货经纪	52000	20
	招金期货有限公司	商品期货经纪、金融期货经纪、期货投资咨询	10000	5
	中州期货有限公司	商品期货经纪、金融期货经纪	10000	5
山西	山西三立期货经纪有限公司	商品期货经纪、金融期货经纪	3000	5
	和合期货经纪有限公司	商品期货经纪、金融期货经纪	3000	1
	中辉期货经纪有限公司	商品期货经纪、金融期货经纪	6200	12
	晟鑫期货经纪有限公司	商品期货经纪	7000	8
陕西	迈科期货经纪有限公司	商品期货经纪、金融期货经纪	12000	9
	陕西省长安期货经纪有限公司	商品期货经纪、金融期货经纪	3000	1
	西部期货有限公司	商品期货经纪、金融期货经纪	8000	3
上海	海通期货有限公司	商品期货经纪、金融期货经纪、期货投资咨询	100000	23
	国泰君安期货有限公司	商品期货经纪、金融期货经纪、期货投资咨询	50000	12
	上海东证期货有限公司	商品期货经纪、金融期货经纪、期货投资咨询	50000	8
	光大期货有限公司	商品期货经纪、金融期货经纪、期货投资咨询	35000	16
	申银万国期货有限公司	商品期货经纪、金融期货经纪、期货投资咨询	77600	9
	上海中期期货经纪有限公司	商品期货经纪、金融期货经纪、期货投资咨询	20000	10
	东吴期货有限公司	商品期货经纪、金融期货经纪、期货投资咨询	20000	12
	国投中谷期货有限公司	商品期货经纪、金融期货经纪、期货投资咨询	20000	5
	海证期货有限公司	商品期货经纪、金融期货经纪、期货投资咨询	16000	5
	东兴期货有限责任公司	商品期货经纪、金融期货经纪	10800	3
	中信新际期货有限公司	商品期货经纪、金融期货经纪	20000	2
	东航期货经纪有限责任公司	商品期货经纪、金融期货经纪	10000	1
	上海大陆期货有限公司	商品期货经纪、金融期货经纪、期货投资咨询	10000	13
	华闻期货经纪有限公司	商品期货经纪、金融期货经纪	10000	3
	华鑫期货有限公司	商品期货经纪、金融期货经纪	10000	1
	恒泰期货有限公司	商品期货经纪、金融期货经纪	10000	0
	华元期货有限责任公司	期货经纪业务、金融期货经纪；期货投资咨询	10000	2
	上海良茂期货经纪有限公司	商品期货经纪、金融期货经纪	7000	7
	上海久恒期货经纪有限公司	商品期货经纪、金融期货经纪	8000	0
	上海中财期货有限公司	商品期货经纪、金融期货经纪、期货投资咨询	12000	17

辖区	公司名称	业务范围	注册资本（万元）	营业部数量
上海	上海浙石期货经纪有限公司	商品期货经纪、金融期货经纪	20000	2
	上海东亚期货有限公司	商品期货经纪、金融期货经纪	10000	0
	上海通联期货有限公司	商品期货经纪、金融期货经纪	12500	0
	上海金源期货经纪有限责任公司	商品期货经纪、金融期货经纪	4000	4
	上海东方期货经纪有限责任公司	商品期货经纪	3000	0
	上海普民期货经纪有限公司	商品期货经纪	3000	0
	新湖期货有限公司	商品期货经纪、金融期货经纪、期货投资咨询	22500	16
	湘财祈年期货经纪有限公司	商品期货经纪、金融期货经纪	7800	8
深圳	中航期货经纪有限公司	商品期货经纪、金融期货经纪	6500	4
	金瑞期货有限公司	商品期货经纪、金融期货经纪	20400	9
	天琪期货有限公司	商品期货经纪、金融期货经纪	30000	7
	中证期货有限公司	商品期货经纪、金融期货经纪	80000	18
	五矿期货有限公司	商品期货经纪、金融期货经纪	50000	5
	神华期货经纪有限公司	商品期货经纪、金融期货经纪	5000	7
	海航东银期货有限公司	商品期货经纪、金融期货经纪	10000	14
	深圳瑞龙期货有限公司	商品期货经纪、金融期货经纪	10000	1
	平安期货有限公司	商品期货经纪、金融期货经纪、期货投资咨询	12000	1
	招商期货有限公司	商品期货经纪、金融期货经纪、期货投资咨询	30000	2
	乾坤期货有限公司	商品期货经纪、金融期货经纪	3000	3
	广东鸿海期货有限公司	商品期货经纪、金融期货经纪	5000	1
	深圳金汇期货经纪有限公司	商品期货经纪、金融期货经纪	8000	2
四川	成都倍特期货经纪有限公司	商品期货经纪、金融期货经纪	3500	10
	华西期货有限责任公司	商品期货经纪、金融期货经纪	12000	3
	国金期货有限责任公司	商品期货经纪、金融期货经纪	15000	4
天津	一德期货经纪有限公司	金融期货、商品期货经纪	13000	8
	和融期货经纪有限责任公司	金融期货、商品期货经纪	6500	1
	象屿期货有限责任公司	金融期货、商品期货经纪	10000	4
	科信期货经纪有限公司	商品期货经纪	10000	1
	津投期货经纪有限公司	商品期货经纪	8500	2
	天津金谷期货经纪有限公司	商品期货经纪	8000	0
厦门	国贸期货经纪有限公司	商品期货经纪、金融期货经纪	10000	8
	瑞达期货经纪有限公司	商品期货经纪、金融期货经纪、期货投资咨询	12000	23
新疆	金石期货有限公司	商品期货经纪、金融期货经纪	6600	7
	新疆天利期货经纪有限公司	商品期货经纪、金融期货经纪	3000	3
云南	云晨期货有限责任公司	商品期货经纪、金融期货经纪	5000	2
	红塔期货有限责任公司	商品期货经纪、金融期货经纪	10100	6
浙江	浙江省永安期货经纪有限公司	商品期货经纪、金融期货经纪、期货投资咨询	86000	26
	国海良时期货有限公司	商品期货经纪、金融期货经纪	10000	9
	南华期货有限公司	商品期货经纪、金融期货经纪、期货投资咨询	45000	26
	浙江中大期货有限公司	商品期货经纪、金融期货经纪、期货投资咨询	10000	16
	宝城期货有限责任公司	商品期货经纪、金融期货经纪、期货投资咨询	12000	12

辖区	公司名称	业务范围	注册资本（万元）	营业部数量
浙江	浙江新世纪期货经纪有限公司	商品期货经纪、金融期货经纪	5000	9
	浙江大地期货经纪有限公司	商品期货经纪、金融期货经纪	10000	7
	浙商期货有限公司	商品期货经纪、金融期货经纪、期货投资咨询	50000	17
	信达期货有限公司	商品期货经纪、金融期货经纪、期货投资咨询	30000	11
	浙江大越期货经纪有限责任公司	商品期货经纪、金融期货经纪	10000	7

全国期货公司营业部名录

辖区	机构名称	地址
安徽	安粮期货有限公司	合肥市芜湖路168号同济大厦11层
	徽商期货有限责任公司	合肥市芜湖路258号3号楼6层、7层、6号楼2层
	华安期货有限责任公司	合肥市长江中路425号6、7层
	南华期货有限公司芜湖营业部	芜湖市中山北路77号侨鸿国际商城904、906、908室
	海航东银期货有限公司合肥营业部	合肥市濉溪路287号金鼎国际广场A座1702、1703、1707、1708室
	国信期货有限责任公司淮南营业部	淮南市田家庵区朝阳中路新天地中央广场2103、2104、2105、2106室
	国联期货有限责任公司合肥营业部	合肥市长江西路3号春天大厦503室
	江苏弘业期货有限公司合肥营业部	合肥市蜀山区长江西路200号置地投资广场1306、1307、1310室
	汇鑫期货经纪有限公司蚌埠营业部	蚌埠市涂山东路1757号投资大厦12楼
	上海金源期货经纪有限责任公司铜陵营业部	铜陵市淮河大道1220号铜商品市场1701室
	黑龙江三力期货经纪有限责任公司合肥营业部	合肥市芜湖路319号
	浙江中大期货经纪有限公司合肥营业部	合肥市包河区屯溪路239号富广大厦1504、1505室
	上海中财期货有限公司合肥营业部	合肥市庐阳区淮河路288号香港广场1306、1307室
	徽商期货有限责任公司芜湖营业部	芜湖市中山路步行街金鼎广场金龙阁1102室
	徽商期货有限责任公司马鞍山营业部	马鞍山市花雨路348号海外海大厦423号
	徽商期货有限责任公司阜阳营业部	阜阳市颍州中路107号嘉泰大厦302号
	华安期货有限责任公司芜湖营业部	芜湖市新芜路新利商厦8号3楼
	安粮期货有限公司芜湖营业部	芜湖市黄西路35号证券大厦第7层
	安粮期货有限公司淮南营业部	淮南市朝阳中路91号科技大厦8楼
	大华期货有限公司合肥营业部	合肥市庐阳区濉溪路118号汇丰广场办1－1806、1807、1808室
	海通期货有限公司合肥营业部	合肥市庐阳区濉溪路278号财富广场三期C座1101室
	海证期货有限公司芜湖营业部	芜湖市文化路25号皖江金融大厦12层
	华安期货有限责任公司阜阳营业部	阜阳市颍州中路58号绿洲大厦第二层
	大有期货有限公司合肥营业部	合肥市濉溪路278号财富广场1908、1909、1910室
	国都期货有限公司合肥营业部	合肥市濉溪路168号新天地国际广场501、502、503、504、505室
	宏源期货有限公司合肥营业部	合肥市包河区马鞍山路绿地赢海国际大厦C座602、603、604室
	金信期货有限公司合肥营业部	合肥市马鞍山南路绿地赢海国际大厦D座707、708、709室
	中证期货有限公司马鞍山营业部	马鞍山市花山区益寿路中央花园4栋C座2楼
北京	北京中期期货有限公司	北京市朝阳区东三环北路38号院1号楼泰康金融大厦22层
	金鹏期货经纪有限公司	北京市西城区复兴门内金融街27号投资广场B座9层
	国都期货有限公司	北京市东城区东直门南大街3号国华投资大厦8层、10层
	中粮期货有限公司	北京市东城区东直门南大街5号中青旅大厦15层
	北京首创期货有限责任公司	北京市西城区闹市口大街1号院长安兴融中心4号楼11层
	宏源期货有限公司	北京市西城区太平桥大街19号4B
	第一创业期货有限责任公司	北京市西城区平安里西大街26号新时代大厦四层南侧
	冠通期货经纪有限公司	北京市朝阳区朝阳门外大街甲6号万通中心4座18层
	银河期货有限公司	北京市复兴门外大街A2号中化大厦8层
	国元海勤期货有限公司	北京市海淀区西三环北路89号中国外文大厦A座907、908、909室
	经易期货经纪有限公司	北京市西城区百万庄北街6号
	中衍期货有限公司	北京市朝阳区光华路15号院1号楼1804－1807室
	中钢期货有限公司	北京市海淀区海淀大街8号A座19层
	安信期货有限责任公司	北京市东城区北三环东路36号环球贸易中心A座26层
	格林期货有限公司	北京市西城区金融大街27号投资广场B座5层和20层
	银建期货经纪有限责任公司	北京市丰台区芳古园一区29号楼3层
	中国国际期货有限公司	北京市朝阳区建国门外光华路14号1幢1层、2层、9层、11层、12层
	京都期货有限公司	北京市西城区德胜门外大街115号德胜尚城E座1层
	英大期货有限公司	北京市朝阳区呼家楼(京广中心)3层301室
	民生期货有限公司	北京市东城区建国门内大街28号民生金融中心A座16层
	国投中谷期货有限公司北京西直门南小街营业部	北京市西直门南小街147号五层
	财达期货有限公司北京首体南路营业部	北京市海淀区首体南路20号国兴大厦D座二层
	上海良茂期货经纪有限公司北京营业部	北京市亚运村汇园公寓K座1216－1217室
	浙江省永安期货经纪有限公司北京营业部	北京市东城区金宝街58号华丽大厦6层
	广发期货有限公司北京营业部	北京市朝阳区安慧里4区15号楼中国五矿大厦9层
	华泰长城期货有限公司北京营业部	北京市朝阳区北三环东路28号易亨大厦12层1209号
	华闻期货期货经纪有限公司北京营业部	北京市朝阳区东三环北路丙2号天元港中心B座808室
	上海大陆期货有限公司北京营业部	北京市朝阳门外吉祥里103号中国工艺大厦七层
	江海汇鑫期货有限公司北京朝阳北路营业部	北京市朝阳区朝阳北路237号5层506、507室
	浙江中大期货经纪有限公司北京营业部	北京市东城区安定门外大街138号地坛大厦A0503、A0505、A0506
	渤海期货有限公司北京营业部	北京市朝外大街乙6号朝外SOHO－23层2306室
	神华期货经纪有限公司北京营业部	北京市海淀区苏州街18号院D4座3A－01
	天琪期货经纪有限公司北京营业部	北京市朝阳区朝阳门外大街18号丰联广场B座12层1217室
	大通期货经纪有限公司北京营业部	北京市朝阳区光华路7号(汉威大厦)5B16室
	招金期货有限公司北京营业部	北京市朝阳区朝阳北路237号楼26层3001、3002、3003
	南华期货有限公司北京营业部	北京市宣武区宣武门外大街28号B座8层801、802、803、805、806室

辖区	机构名称	地址
	北方期货经纪有限公司北京营业部	北京市朝阳区安贞西里三区26号浙江大厦503、504、505
	光大期货有限公司北京营业部	北京市西城区月坛北街2号月坛大厦东配楼三层
	江苏弘业期货经纪有限公司北京营业部	北京市西城区月坛南街甲12号北京万丰怡和商务会馆3层
	江苏新纪元期货经纪有限公司北京营业部	北京市东城区东直门外大街48号东方银座5层
	浙江新世纪期货经纪有限公司北京营业部	北京市西城区黄寺大街23号北广大厦1111号
	道通期货经纪有限公司北京营业部	北京市海淀区板井路79号三层北区
	海航东银期货有限公司北京营业部	北京市东三环广中心商务楼1001室
	银河期货经纪有限公司北京营业部	北京市朝阳区东三环北路38号北京国际中心4号楼9层
	华海期货经纪有限公司北京营业部	北京市海淀区西直门北大街甲43号金运大厦b座1416
	中信建投期货经纪有限公司北京营业部	北京市东城区朝阳门北大街6号首创大厦207室
	天富期货经纪有限公司北京营业部	北京市东城区东中街40号元嘉国际A座301
	万达期货经纪有限公司北京营业部	北京市西城区德外大街123号德胜尚城G座2层
	鲁证期货有限公司北京平安里西大街营业部	北京市西城区平安里西大街28号楼701－01、09室
	一德期货经纪有限公司北京营业部	北京市东城区北三环东路36号北京环球贸易中心E栋7层02/03房间
	国信期货经纪有限公司北京营业部	北京市朝阳区北辰东路8号汇欣大厦1号楼B0801室
	成都倍特期货经纪有限公司北京营业部	北京市东城区北三环东路36号环球贸易中心D座705－706室
	迈科期货经纪有限公司北京朝阳门北大街营业部	北京市东城区朝阳门北大街1号新保利大厦11层C
	中钢期货有限公司北京安外大街营业部	北京市东城区安外大街蒋宅口中联大厦七层701室
	北京中期期货经纪有限公司北京金融街营业部	北京市西城区金融街7号百盛写字楼7019号
	长江期货有限公司北京新源里营业部	北京市东城区建国门北大街8号华润大厦一层103单元
	中国国际期货有限公司北京霄云路营业部	北京市朝阳区麦子店西路3号新恒基国际大厦1314－1329室
	经易期货经纪有限公司北京安立路营业部	北京市朝阳区安立路80号马哥孛罗大厦1005室
	乾坤期货经纪有限公司月坛北街营业部	北京市西城区月坛北街2号月坛大厦A座七层A706－A707号
	北京首创期货有限责任公司北京北辰东路营业部	北京市朝阳区北辰东路8号亚运村1号门
	金瑞期货经纪有限公司北京金融街营业部	北京市西城区金融街5号新盛大厦1102房
	宏源期货有限公司北京海淀北一街营业部	北京市海淀区北一街2号首创拓展大厦406室
	国泰君安期货有限公司北京建国门外大街营业部	北京市朝阳区建国门外大街乙12号双子座大厦东塔29层2901－2902
	冠通期货经纪有限公司北京知春路营业部	北京市海淀区知春路118号知春大厦A座1001室
	中粮期货经纪有限公司北京北辰东路营业部	北京市朝阳区北辰东路8号汇欣大厦A401
	海通期货有限公司南礼士路营业部	北京市西城区南礼士路66号1号楼建威大厦812－815室
	中银万国期货有限公司北京劲松九区营业部	北京市朝阳区劲松九区909号楼4楼
	广永期货经纪有限公司北京中关村大街营业部	北京市海淀区中关村大街11号A1108室
	中证期货有限公司北京建国门外大街营业部	北京市朝阳区建国门外大街8号楼8层801

辖区	机构名称	地址
	金鹏期货经纪有限公司北京海鹰路营业部	北京市丰台区丰台科学城海鹰路1号院7号楼503房
	财富期货有限公司北京建外大街营业部	北京市朝阳区建国门外大街甲6号爱思开大厦204室
	上海东证期货有限公司北京安苑路营业部	北京市朝阳区小关北里45号世纪嘉园5号楼6层
	民生期货有限公司北京北三环中路营业部	北京市西城区北三环中路23号燕莎盛世大厦四层409、410室
	浙商期货有限公司北京光华路营业部	北京市朝阳区光华路甲14号诺安大厦12层1202室
	中国国际期货有限公司北京金融大街营业部	北京市西城区金融大街1号金亚光大厦11层05、06室
	国金期货有限责任公司北京金融大街营业部	北京市西城区金融大街27号投资广场B1106、B1108
	信达期货有限公司北京裕民路营业部	北京市朝阳区裕民路12号中国国际科技会展中心A座506
	上海中期期货经纪有限公司北京知春路营业部	北京市海淀区知春路106号太平洋国际大厦905、906室
	上海中财期货有限公司北京光华路营业部	北京市朝阳区光华路22号5层03单元611室
	新湖期货有限公司北京东直门南大街营业部	北京市东直门南大街甲3号5层501室
	格林期货有限公司北京建国门外大街营业部	北京市朝阳区建国门外大街乙12号双子座大厦西塔12层1201A
	晟鑫期货经纪有限公司北京东直门外大街营业部	北京市东城区东直门外大街46号天恒大厦1203室
	第一创业期货有限责任公司北京朝外大街营业部	北京市朝阳区朝外大街乙12号昆泰国际大厦5层0－508号
	五矿期货有限公司北京东中街营业部	北京市东城区东中街6号北写字楼第六层F号
	湘财祈年期货经纪有限公司北京建国路营业部	北京市朝阳区建国路108号丰树大厦1402室
	招商期货有限公司北京西直门北大街营业部	北京市海淀区西直门北大街60号首钢国际大厦5层0507－0508室
	大连良运期货经纪有限公司北京永安东里营业部	北京市朝阳区永安东里甲3号院1号楼2207E
	中晟期货有限公司北京西直门大街营业部	北京市海淀区西直门北大街32号院1号楼5层606
	金鹏期货经纪有限公司北京太平桥营业部	北京市西城区太平街6号富力摩根中心D座1012、1015
	徽商期货有限责任公司北京南竹杆胡同营业部	北京市东城区南竹杆胡同6号楼4层07
	北京首创期货有限责任公司北京长虹桥营业部	北京市朝阳区东三环北路19号嘉盛中心B2座中青大厦601、602室
	东海期货有限公司北京西三环北路营业部	北京市海淀区西三环北路87号9层4－901
	大华期货有限公司北京北三环中路营业部	北京市西城区北三环中路6号3栋13层1306
	北京中期期货有限公司北京彩和坊路营业部	北京市海淀区彩和坊路8号2层213室
重庆	中信建投期货经纪有限公司	重庆市渝中区中山三路107号上站大楼平街11－B，名义层11－A，8－B4，9－B、C
	大华期货有限公司	重庆市渝中区较场口88号得意世界18楼
	中电投先融期货有限公司	重庆市渝中区邹容路邹容广场A座14楼
	华创期货有限责任公司	重庆市渝中区中山三路131号希尔顿商务大厦13楼
	西南期货经纪有限公司	重庆渝中区中山三路168号中安大厦9楼
	华创期货有限责任公司重庆江北营业部	重庆市江北区建新北路一支路6号未来国际大厦7楼
	中电投先融期货有限公司重庆市沙坪坝营业部	重庆市沙坪坝区小龙坎新街85－7号

辖区	机构名称	地址
	中电投先融期货有限公司解放碑营业部	重庆市渝中区八一路177号雨田大厦10楼
	中电投先融期货有限公司重庆万州营业部	重庆市万州区高笋塘85号15楼
	大华期货有限公司重庆新南路营业部	重庆市渝北区高新区新南路164号0905、0906
	浙江中大期货经纪有限公司重庆营业部	重庆市渝中区邹容路50号丰岛国际商务大厦27楼
	成都倍特期货经纪有限公司重庆营业部	重庆市江北区洋河一路68号C幢17-3、17-4
	中国国际期货有限公司重庆营业部	重庆市渝中区中山三路168号中安大厦15楼
	中钢期货有限公司重庆营业部	重庆市渝中区上清寺路9号环球广场20楼
	国联期货有限责任公司重庆营业部	重庆市渝中区中山三路162号16-1号
	光大期货有限公司重庆营业部	重庆市渝中区民族路168号光大银行大厦3楼
	渤海期货有限公司重庆营业部	重庆市南岸区南坪浪高凯悦大厦B座19楼A1
	南华期货有限公司重庆营业部	重庆市南岸区亚太路1号1幢1层1-2
	北京首创期货有限责任公司重庆营业部	江北区观音桥建新南路1号中信大厦22-8、22-9-1、22-9-2
	国元海勤期货有限公司重庆营业部	重庆市江北区观音桥步行街9号12-4号
	海通期货有限公司重庆营业部	重庆市渝中区中华路178号23-3#、23-4#、23-5#
	东海期货有限责任公司重庆营业部	重庆市渝中区民族路108号B幢3-1、3-2号
	英大期货有限公司重庆营业部	重庆市江北区杨河一村78号20楼01号
	万达期货有限公司重庆营业部	重庆市南岸区江南大道8号1栋8层办公3号、4号
	上海中财期货有限公司重庆营业部	重庆市南岸区江南大道8号2栋6层办公7号、8号、9号、10号
	格林期货有限公司重庆营业部	重庆市渝北区财富大道2号4层1号、2号
	新纪元期货有限公司重庆营业部	重庆市江北区西环路8号B幢8-2、8-3、8-3A号
	新湖期货有限公司重庆营业部	重庆市江北区建新东路36号平安国际大厦10层
	浙江永安期货经纪有限公司重庆营业部	重庆市江北区五里店转盘曼哈顿广场宏邦大厦10楼
	中信建投期货经纪有限公司重庆龙山一路营业部	重庆市渝北区冉家坝龙山一路5号扬子江商务小区4幢10-2和10-5号
大连	渤海期货有限公司	大连市中山区玉光街11号远洋大厦B座写字间1单元9层
	大连良运期货经纪有限公司	大连市沙河口区会展路129号大连国际金融中心A座-大连期货大厦3701-3707号房间
	北方期货经纪有限责任公司	大连市沙河口区中山路478号华邦上都A座3层
	国富期货有限公司	大连市沙河口区会展路129号大连国际金融中心A座-大连期货大厦2808号房间
	渤海期货有限公司大连营业部	友好广场远洋大厦B座806
	大连良运期货经纪有限公司大连营业部	期货大厦2008
	大通期货经纪有限公司大连营业部	期货大厦2210
	天琪期货有限公司大连营业部	会展中心东四楼东侧部分
	天富期货有限公司大连营业部	期货大厦2506B
	兴业期货有限公司大连营业部	期货大厦1906A、1906B、1907
	中融汇信期货有限公司大连营业部	期货大厦2305
	汇鑫期货经纪有限公司大连营业部	期货大厦2206B、2207、2211
	江信国盛期货有限公司大连营业部	期货大厦2007
	深圳瑞龙期货有限公司大连营业部	期货大厦2304
	海航东银期货有限公司大连营业部	期货大厦2404

辖区	机构名称	地址
	中证期货有限公司大连营业部	期货大厦2508
	金瑞期货有限公司大连营业部	期货大厦2201
	广发期货有限公司大连营业部	期货大厦2202、2203
	金元期货有限公司大连营业部	期货大厦2108
	集成期货有限公司大连营业部	期货大厦2307
	华泰长城期货有限公司大连营业部	期货大厦2312
	广永期货有限公司大连营业部	期货大厦2311
	金汇期货经纪有限公司大连营业部	期货大厦2308
	中国国际期货有限公司大连期货大厦营业部	期货大厦2503、2504
	中国国际期货有限公司大连大交所营业部	大连市沙河口区会展路129号大连国际金融中心A座-2902、2903、2905
	安徽徽商期货有限责任公司大连营业部	大连市沙河口区会展路129号大连国际金融中心A座-2507
	安粮期货有限公司大连营业部	大连市沙河口区会展路129号大连国际金融中心A座-2204
	中衍期货有限公司大连营业部	大连市中山区572号星海旺座605
	金鹏期货经纪有限公司大连营业部	大连市沙河口区会展路129号大连国际金融中心A座-2004、2010
	经易期货经纪有限公司大连营业部	大连市沙河口区会展路129号大连国际金融中心A座-2011、2306A
	中粮期货经纪有限公司大连营业部	大连市沙河口区会展路129号大连国际金融中心A座-2102、2103
	冠通期货有限公司大连营业部	大连市沙河口区会展路129号大连国际金融中心A座-2705、2706
	中钢期货有限公司大连营业部	大连市沙河口区会展路129号大连国际金融中心A座-2112
	北京首创期货有限责任公司大连营业部	大连市沙河口区会展路129号大连国际金融中心A座-2505
	宏源期货有限公司大连营业部	大连市沙河口区会展路129号大连国际金融中心A座-2105
	国都期货有限公司大连营业部	大连市沙河口区会展路129号大连国际金融中心A座-1909、1910
	格林期货有限公司大连营业部	大连市沙河口区会展路129号大连国际金融中心A座-2005
	银河期货有限公司大连营业部	大连市沙河口区会展路129号大连国际金融中心A座-2401
	国元海勤期货有限公司大连营业部	大连市沙河口区会展路129号大连国际金融中心A座-2406B、2407
	一德期货有限公司大连营业部	大连市沙河口区会展路129号大连国际金融中心A座-2303、2309、2310
	中国国际期货有限公司大连中山广场营业部	大连市中山区同兴街10号东亚银行大厦1501、1502、1503、1509
	国信期货有限公司大连营业部	大连市沙河口区高尔基路737号和平现代城E座3楼
	中原期货有限公司大连营业部	大连市沙河口区会展路129号大连国际金融中心A座-2405
	万达期货有限公司大连营业部	大连市沙河口区会展路129号大连国际金融中心A座-2102、2103
	招金期货有限公司大连营业部	大连市沙河口区会展路115号百年汇6-2-5-5
	英大期货有限公司大连营业部	大连市沙河口区会展路129号大连国际金融中心A座-1908
	鲁证期货有限公司大连营业部	大连市沙河口区会展路129号大连国际金融中心A座-1902、1903
	中州期货有限公司大连营业部	大连市沙河口区会展路129号大连国际金融中心A座-2406A
	迈科期货有限公司大连营业部	大连市沙河口区会展路115号百年汇1301
	国投中谷期货有限公司大连营业部	大连市沙河口区会展路129号大连国际金融中心A座-1901、1912
	上海大陆期货有限公司大连营业部	大连市中山区延安路9号一方大厦13层A、B、F

辖区	机构名称	地址
	金源期货经纪有限公司大连营业部	大连市沙河口区会展路67号百年汇A座5号楼705室
	光大期货有限公司大连营业部	大连市沙河口区会展路129号大连国际金融中心A座-2002、2003
	上海中期期货经纪有限公司大连营业部	大连市沙河口区会展路129号大连国际金融中心A座-2212
	中信新际期货有限公司大连营业部	大连市沙河口区星海广场B2区8号12幢一单元1-3层1号
	东航期货经纪有限公司大连营业部	大连市沙河口区会展路81号百年汇5B-2-1102
	海通期货有限公司大连营业部	大连市中山区人民路虹源大厦36层10、9、8
	上海东证期货经纪有限公司大连营业部	大连市沙河口区会展路129号大连国际金融中心A座-2411、2412
	申银万国期货有限公司大连营业部	大连市沙河口区会展路129号大连国际金融中心A座-2110、2111
	江苏东华期货经纪有限公司大连营业部	大连市沙河口区会展路67号百年汇D座702
	东海期货有限公司大连营业部	大连市沙河口区会展路129号大连国际金融中心A座-1904、1905
	江苏弘业期货经纪有限公司大连营业部	大连市沙河口区会展路129号大连国际金融中心A座-2301、2302
	南华期货期货有限公司大连营业部	大连市沙河口区中山路554D-6号和平现代城B座3层4号
	新湖期货有限公司大连营业部	大连市沙河口区会展路129号大连国际金融中心A座-2701、2702
	浙商期货有限公司大连营业部	大连市沙河口区会展路129号大连国际金融中心A座-2802
	宝城期货有限公司大连营业部	大连市沙河口区会展路129号大连国际金融中心A座-2001、2006B
	信达期货有限公司大连营业部	大连市沙河口区会展路129号大连国际金融中心A座-2408、2409
	晟鑫期货经纪有限公司大连营业部	大连市沙河口区会展路129号大连国际金融中心A座-2104、2109
	山西三立有限公司大连营业部	大连市沙河口区会展路129号大连国际金融中心A座-2402、2403
	中辉期货经纪有限公司大连营业部	大连市沙河口区会展路129号大连国际金融中心A座-2205、2206A
	大华期货有限公司大连营业部	大连市沙河口区会展路129号大连国际金融中心A座-2106A、2106B
	中信建投期货经纪有限公司大连营业部	大连市中山区同兴街10号东亚银行大厦903
	国联期货有限公司大连营业部	大连市沙河口区会展路129号大连国际金融中心A座-大连期货大厦2510、2511号房间
	民生期货有限公司大连营业部	大连市中山区五五路32-1号安达商务大厦711】12室
	国泰君安期货有限公司大连营业部	大连市沙河口区会展路129号大连国际金融中心A座2703
福建	兴业期货有限公司	福州市鼓楼区温泉街道湖东路268号6层(兴业证券大厦)
	金友期货经纪有限责任公司	福州市鼓楼区华林路93号燃料大厦六层
	浙江省永安期货经纪有限公司福州营业部	福州市五一北路106号新侨联广场七层
	光大期货有限公司福州营业部	福州市华林路207号东网大厦8楼
	浙江中大期货有限公司福州营业部	福州市五一中路平安大厦二十二层
	新湖期货有限公司福州营业部	福州市鼓楼区水部街道五一北路129号榕城商贸中心十一层02室
	北方期货经纪有限责任公司福州营业部	福州市五一北路106号新侨联广场14层
	招金期货有限公司福州营业部	福州市鼓楼区华大街道北环中路131号时代金典大厦2层
	格林期货有限公司福州营业部	福州市鼓楼区东大路36号花开富贵A座17层
	国贸期货经纪有限公司福州营业部	福州市鼓楼区温泉街道湖东路189号凯捷大厦4层01室
	上海大陆期货有限公司福州营业部	福州市湖东路169号天骜大厦四楼
	广发期货有限公司福州营业部	福州市鼓楼区古田路121号华福大厦四层
	银河期货有限公司福州营业部	福州市鼓楼区东水路88号闽发大厦12层
	美尔雅期货经纪有限公司福州营业部	福州市鼓楼区东街7号信息广场西区9层
	东海期货有限责任公司福州营业部	福州市台江区五一南路1号联信中心20层01室
	国联期货有限责任公司福州营业部	福州市鼓楼区水部街道五一北路129号榕城商贸中心25层02号
	兴业期货有限公司福州营业部	福州市鼓楼区湖东路99号七星大厦16层
	江苏弘业期货有限公司福州营业部	福州市鼓楼区东街33号武夷中心十三层
	渤海期货有限公司福州营业部	福州市东街92号中福广场9层
	湘财祈年期货经纪有限公司福州营业部	福州市湖东路168号宏利大厦21层B3、B4、B5、A4、A5
	中国国际期货有限公司福州营业部	福州市鼓楼区五一北路力宝天马广场14层E、F单元
	金鹏期货经纪有限公司福州营业部	福州市鼓楼区五四路159号世界金龙大厦12层A区
	广晟期货有限公司福清营业部	福清市加州城9号楼三层
	上海良茂期货经纪有限公司福清营业部	福清市一拂路新亚商贸中心9层
	瑞达期货经纪有限公司泉州营业部	泉州市丰泽街建行大厦十层
	瑞达期货经纪有限公司晋江营业部	晋江市崇德路273号工行大厦17楼
	国贸期货经纪有限公司晋江营业部	晋江市青阳泉安中路晋江国贸中心大厦702、705
	瑞达期货经纪有限公司石狮营业部	石狮市金林路兴业银行21层
	国贸期货经纪有限公司泉州营业部	泉州市田安南路外代大厦四层
	上海良茂期货经纪有限公司泉州营业部	泉州市温陵北路72号泉州五交大楼2层
	兴业期货有限公司泉州营业部	泉州市丰泽区田安路汇源大厦A座3层
	海通期货有限公司泉州营业部	泉州市丰泽区田安路与泉秀路交叉路"先锋大厦"3-F2
	金友期货经纪有限责任公司晋江营业部	晋江市青阳镇曾井小区16层
	象屿期货有限责任公司晋江营业部	晋江市竹树下小区晋江福隆花园(二区)双龙路71#、73#、75#号
	大华期货有限公司泉州营业部	泉州市丰泽区丰泽街中段南测中银大厦20楼
	中辉期货经纪有限公司莆田营业部	莆田市城厢区梅园路三信花园五楼
	瑞达期货经纪有限公司三明营业部	三明市梅列区崇桂新村46幢二层
	国贸期货经纪有限公司三明营业部	三明市梅列区和仁新村31幢二层
	瑞达期货经纪有限公司漳州营业部	漳州市芗城区胜利路外经贸广场十四层
	国贸期货经纪有限公司漳州营业部	漳州市芗城区胜利西路向荣大厦七层
	瑞达期货经纪有限公司龙岩营业部	龙岩市中山路改造二期5#楼凯丰商厦七楼
	国贸期货经纪有限公司龙岩营业部	龙岩市九一北路闽西图书城大楼八楼
	金友期货经纪有限责任公司龙岩营业部	龙岩市新罗区西城西桥九一南路38号矿泉大厦2层
	上海良茂期货经纪有限公司宁德营业部	宁德市闽东大广场A幢701、702
	国贸期货经纪有限公司南平营业部	南平市解放路101号紫云商住大楼二层
	瑞达期货经纪有限公司福州营业部	福州市鼓楼区温泉街道五四路89号置地广场十六层02室
	中信建投期货经纪有限公司漳州营业部	漳州市芗城区华联商厦第七层
	金友期货经纪有限责任公司漳州营业部	漳州市芗城区南昌路111号凌波大厦七层
	金友期货经纪有限责任公司福安营业部	福安市城南金山南路50号1号楼2-3层

辖区	机构名称	地址
	兴业期货有限公司漳州营业部	漳州市芗城区水仙大街42号闽南商业城综合楼A座(新城大厦)三楼东南侧角
	东兴期货有限责任公司福州营业部	福州市台江区洋中街道学军路1号群升国际A地块1#楼2层17、18、19、45、46号
甘肃	甘肃陇达期货经纪有限公司	甘肃省兰州市城关区静宁路308号4楼
	南华期货公司兰州营业部	兰州市城关区临夏路街道庆阳路488号万盛商务大厦26楼
	海航东银期货公司兰州营业部	兰州市城关区庆阳路169号陇鑫大厦写字楼21层04、06号
	海通期货公司兰州营业部	兰州市城关区皋兰路街道广场南路107号第11层004、005室、006室、1107室,第2单元13层1301室、1302室。
	万达期货公司兰州营业部	兰州市城关区张掖路1号保利大厦14楼1401、1402室
	中大期货公司酒泉营业部	酒泉市肃州区北大街37号5楼
	陇达期货公司酒泉营业部	酒泉市新城区世纪大道玉门油田新天地商业街2号楼三层
广东	江南期货经纪有限公司	广东省东莞市南城区体育路2号鸿禧中心6层B11、B12室
	华联期货有限公司	广东省东莞市可园南路1号金源中心16楼
	广发期货有限公司	广东省广州市天河区体育西路57号红盾大厦14、15楼
	华南期货经纪有限公司	广东省广州市体育西路111号建和中心大厦15楼
	广晟期货有限公司	广州市海珠区新港东路1000号(保利世界贸易中心)801、802、813、814、902、913房
	集成期货有限公司	广东省广州市天河区珠江新城华夏路10号富力中心第11层03、04单元
	摩根大通期货有限公司	中山市东区中山四路盛景园三期A2幢8层6卡
	华泰长城期货有限公司	广州市越秀区先烈中路65号东山广场东楼5层、11层、12层
	广永期货有限公司	广州市天河区体育西路57号第10层、12层
	盛达期货有限公司	广东省广州市解放南路123号金汇大厦六楼南区
	广州期货有限公司	广东省广州市天河区临江大道5号第21层04、05、06单元
	华联期货有限公司广州营业部	广东省广州市天河区林和西路9号1701房
	华联期货有限公司东莞樟木头营业部	广东省东莞市樟木头镇帝豪路88号广盈办公楼二楼
	华联期货有限公司东城营业部	广东省东莞市东城区东城大道御景大厦三楼303#
	华联期货有限公司揭阳营业部	揭阳市东山黄岐山大道以西建阳路以南金城广场宾馆第十一层
	广发期货有限公司珠海营业部	广东省珠海市吉大园林路景乐路口海洲大厦901号单元
	广发期货有限公司中山营业部	广东省中山市中山四路35号财富大厦2楼201房
	广发期货有限公司肇庆营业部	肇庆市天宁北路75号之一发展广场17层03、04、05、08房
	广发期货有限公司汕头营业部	广东省汕头市金园区海滨路5号
	广发期货有限公司江门营业部	广东省江门市蓬江区迎宾大道中118号2幢808－809房
	广发期货有限公司广州营业部	广东省广州市越秀区寺右新马路111－115号19楼1918房
	广发期货有限公司佛山营业部	广东省佛山市南海区南海大道北路51号财汇大厦1014、1015室
	广发期货有限公司东莞营业部	广东省东莞市东城南路联和商业大厦首层101号
	广晟期货有限公司顺德营业部	广东省佛山市顺德区乐从镇乐从社区居委会建设路A143号P－5铺

辖区	机构名称	地址
	广晟期货有限公司汕头营业部	广东省汕头市长平路93号华乾大厦10楼
	广晟期货有限公司南海营业部	广东省佛山市黄岐广佛路34号
	广晟期货有限公司番禺营业部	广东省广州市番禺区市桥镇光明北路233号绿茵庭园办公楼7楼
	中国国际期货有限公司珠海营业部	广东省珠海市吉大海滨南路47号光大国际贸易中心2003房
	中国国际期货有限公司肇庆营业部	广东省肇庆市天宁北路75号之一18E07－08号
	中国国际期货有限公司广州营业部	广东省广州市体育东路148号南方证券大厦14楼1408单元
	中国国际期货有限公司湛江营业部	广东省湛江市霞山区人民大道南18号华侨大厦五楼南面
	中国国际期货有限公司清远营业部	广东省清远市人民二路二十三号卓越大厦6层01、602、603、604号
	中国国际期货有限公司梅州营业部	广东省梅州市彬芳大道88号第12层
	中国国际期货有限公司江门营业部	广东省江门市蓬江区迎宾大道中118号2幢911－912单元
	中国国际期货有限公司惠州营业部	广东省惠州市惠城区下埔路23号金融大厦1905、1906房
	中国国际期货有限公司佛山营业部	广东省佛山市南海区桂城南海大道北61号经委大厦3楼
	中国国际期货有限公司番禺营业部	广州市番禺区石基镇广华南路71号东瀚园2座写字楼301、302房
	中国国际期货有限公司东莞营业部	广东省东莞市南城区胜和大朗村塘贝路口胜和商住广场A座七层A1
	中国国际期货有限公司中山营业部	中山市东区中山四路盛景园三期A2幢15层1卡
	集成期货有限公司中山营业部	广东省中山市中山四路63号华凯商务大厦107、108号
	集成期货有限公司顺德营业部	广东省佛山市顺德区乐从镇乐从居委会细海工业区9－1号F西13号
	集成期货有限公司清远营业部	广东省清远市新城4号区16座富华大厦B幢三楼南边302号
	集成期货有限公司南海营业部	广东省佛山市南海区大沥镇广云路1号通发大厦四楼2号场地
	集成期货有限公司佛山营业部	广东省佛山市季华五路29号广发大厦第十五层
	集成期货有限公司东莞营业部	东莞市南城区元美路与鸿福路交汇处东莞财富广场1栋(A、B)座写字楼2单元805、806号
	华泰长城期货有限公司珠海营业部	广东省珠海市吉大海滨南路47号2308、2309室
	华泰长城期货有限公司中山营业部	广东省中山市石岐区兴中道6号假日广场1栋510室
	华泰长城期货有限公司湛江营业部	广东省湛江市湛江开发区观海路183号荣基国际广场公寓25层01号、02号、03号、05号、06号、07号、08号房
	华泰长城期货有限公司韶关营业部	广东省韶关市浈江区熏风路14号鼎禾会社201和202号
	华泰长城期货有限公司茂名营业部	广东省茂名市光华南路118号润威商厦1002室
	华泰长城期货有限公司惠州营业部	广东省惠州市惠城区新岸路1号世贸中心16层F
	华泰长城期货有限公司佛山营业部	佛山市禅城区季华五路21号1401、1402、1403、1404室
	华泰长城期货有限公司番禺营业部	广东省广州市番禺区市桥繁华路1号友谊中心1603房
	华泰长城期货有限公司东莞营业部	广东省东莞市南城区胜和路华凯大厦802B
	广永期货有限公司中山营业部	广东省中山市起湾道宝利大厦9楼F座
	广永期货有限公司顺德营业部	广东省佛山市顺德区容桂街道办事处德胜居委会桥东路10号首层
	广永期货有限公司广州营业部	广东省广州市天河区花城大道7号五楼E5房

辖区	机构名称	地址
	广永期货有限公司佛山营业部	广东省佛山市禅城区季华五路3号瑞山大厦10楼
	广永期货有限公司新塘营业部	广州市增城新塘镇东坑三横中路1号汇创国贸大厦第一幢17层03室
	盛达期货有限公司珠海营业部	广东省珠海市吉大景山路188号粤财大厦2501室
	盛达期货有限公司佛山营业部	佛山市禅城区城门头路18号二十一层2104、2105、2106单元
	广州期货有限公司佛山南海营业部	佛山市南海区大沥镇九龙小商品批发城主楼3号西501、502、503房及主楼3号东502房
	广东鸿海期货有限公司顺德营业部	广东省佛山市顺德区大良沿江北路121号建设大厦五楼
	海通期货有限公司广州营业部	广东省广州市天河区林和西路9号耀中广场1716B
	国金期货有限公司广州营业部	广东省广州市天河区体育西路191号中石化大厦B塔3806号房
	中信建投期货经纪有限公司广州营业部	广东省广州市越秀区东风路410－412号602房自编605房
	中辉期货经纪有限公司广州营业部	广东省广州市天河区天河北路183－187号4001、4002、4003房
	中航期货经纪有限公司汕头营业部	广东省汕头市龙湖区金砂东路124号华美大厦三楼西梯302房
	国投中谷期货有限公司广州营业部	广东省广州市天河区天河北路183号大都会广场2705室
	银河期货经纪有限公司佛山南海营业部	广东省佛山市南海区桂城南海大道北57号十楼
	新纪元期货有限公司广州营业部	广东省广州市越秀区东风东路703大院29号十一层
	万达期货有限公司湛江营业部	广东省湛江市霞山区人民大道南28号怡福大厦A幢701、702、703、705、706、708房
	万达期货有限公司广州营业部	广州市天河区体育西路123号新创举大厦22层A区
	上海大陆期货有限公司广州营业部	广东省广州市越秀北路222号越良大厦15层
	瑞达期货经纪有限公司汕头营业部	广东省汕头市金平区金砂路99号君悦华庭1栋514号、519号、520号
	瑞达期货经纪有限公司广州营业部	广东省广州市越秀区先烈中路69号1007－1008室
	乾坤期货有限公司广州营业部	广东省广州市天河区体育西路103号维多利广场A塔1502单元
	南华期货有限公司广州营业部	广州市天河区天河北路28号时代广场7楼东728、东729室、天河区天河北路30号东902房
	美尔雅期货经纪有限公司广州营业部	广东省广州市中山三路33号中华广场B座21楼08－09室
	金瑞期货有限公司佛山营业部	广东省佛山市禅城区城门头西路1号1203－1204室
	光大期货有限公司广州营业部	广东省广州市天河区天河北路689号1809、1810单元
	东海期货有限公司广州营业部	广东省广州市海珠区宝岗大道268号中新大厦1913、1914、1915单元
	渤海期货有限公司广州营业部	广东省广州市越秀区东风东路745号紫园国际商务大厦416、417室
	北方期货经纪有限责任公司广州营业部	广东省广州市天河区珠江新城华强路3号之二富力盈力大厦北塔907室
	民生期货有限公司广州营业部	广州市越秀区广州大道中299号605房
	中银万国期货有限公司广州营业部	广州市天河区体育东路108号西塔17楼1705－1707单元
	江苏弘业期货经纪有限公司广州营业部	天河区体育东路136,138号自编层第九层中09－11房
	浙江省永安期货经纪有限公司广州营业部	广州市天河区临江大道路5号第26层06单位

辖区	机构名称	地址
	招商期货有限公司广州营业部	广州市天河区珠江新城华穗路5号11楼1101A房
	浙商期货有限公司广州营业部	广州市海珠区琶洲大道东8号818、819房
	国泰君安期货有限公司广州营业部	广州市天河区体育西路111－115单号9楼AB
	成都倍特期货经纪有限公司广州营业部	广州市天河区珠江东路13号7楼01单元
广西	银建期货经纪有限责任公司南宁营业部	南宁市民族大道93号新兴大厦A幢17层
	广晟期货有限公司南宁营业部	南宁市民族大道127号铂宫国际24层
	万达期货有限公司南宁营业部	南宁市金湖路59号地王国际商会中心36层I室
	广发期货有限公司南宁营业部	南宁市青秀区地王国际商会中心40层
	华泰长城期货有限公司南宁营业部	南宁市民族大道137号春晖花园A区办公楼1501号
	国联期货有限责任公司南宁营业部	南宁市金浦路16号汇东国际E座28层
	中电投先融期货经纪有限公司南宁营业部	南宁市金湖路63号金源现代城18层
	民生期货有限公司南宁营业部	南宁市金浦路16号汇东国际F座12层
	成都倍特期货经纪有限公司南宁营业部	南宁市金洲路25号太平洋世纪广场A座12层
	宝城期货有限责任公司南宁营业部	南宁市金湖路26－1号东方国际商务港A座6层
	大连良运期货经纪有限公司南宁营业部	南宁市民族大道115－1号现代国际大厦10层
	宏源期货有限公司南宁营业部	南宁市民族大道115－1号现代国际大厦7层
	中国国际期货有限公司南宁营业部	南宁市金湖路38号6层
	江苏弘业期货经纪有限公司南宁营业部	南宁市金洲路25号太平洋世纪广场A座21层
	大华期货有限公司桂林营业部	桂林市中山中路3号桂林饭店综合楼4层
	瑞达期货经纪有限公司柳州营业部	柳州市景行路19号方东大厦6层
	冠通期货经纪有限公司柳州营业部	柳州市潭中东路17号华信国际A座1单元12层
	中辉期货经纪有限公司柳州营业部	柳州市潭中中路8号华泰大厦16层
	中粮期货经纪有限公司南宁营业部	南宁市金湖路63号金源CBD现代城1325号
	海航东银期货有限公司南宁营业部	南宁市民族大道127号铂宫国际2211－2212室
	国海良时期货有限公司南宁营业部	南宁市金湖路26－1号东方国际商务港A座四楼
	上海大陆期货有限公司柳州营业部	柳州市景行路19号方东大厦5层
	海通期货有限公司南宁营业部	南宁市民族大道131号航洋国际城恒富中心2号楼2016、2018－9室
	南证期货有限责任公司北海营业部	北海市北海大道201号华美财富广场A座B区701号
	大有期货有限责任公司南宁营业部	广西南宁市兴宁区朝阳路66号砖石广场19楼
	浙江新华期货经纪有限公司玉林营业部	玉林市人民中路6路12东门商业广场B栋21层
	光大期货有限公司南宁营业部	南宁市民生路131号绿都商厦商住楼第31层
	美尔雅期货有限公司南宁营业部	南宁市民生路38号南宁饭店主楼十三层
贵州	东海期货有限责任公司贵阳营业部	贵阳市延安东路1号邮政大厦8楼
	中银万国期货有限公司贵阳营业部	贵阳市陕西路99号创世纪新城北楼二层
	冠通期货经纪有限公司贵阳营业部	贵阳市都司路中天商务港10楼C座
	海航东银期货有限公司贵阳营业部	贵阳市环城北路157号赤天化大厦10楼
	华泰长城期货有限公司贵阳营业部	贵阳市都司路62号鸿灵都市商住楼25层

辖区	机构名称	地址
	瑞达期货经纪有限公司贵阳营业部	贵州省贵阳市云岩区富水北路68号贵州省物资综合大楼15楼3-6号
	北方期货经纪有限责任公司贵阳营业部	贵州省贵阳市富水北路68号贵州物资综合楼第16层1号、5号、6号房
	广发期货有限公司贵阳营业部	贵州省贵阳市延安中路40号兴中元大厦B座M层
海南	金元期货经纪有限公司	海南省海口市南宝路36号证券大厦一楼、五楼
	华融期货有限责任公司	海南省海口市龙昆北路53-1号三楼
	海南金海岸期货经纪有限公司	海口市国贸大道45号银通中心20层
	中银国际期货有限责任公司	上海浦东世纪大道1589号长泰国际金融大厦905单元
	道通期货海口营业部	海南省海口市滨海大道81号南洋大厦22层2201-2203室
	天富期货海口营业部	海南省海口市国贸大道49-1号港澳发展大厦24层B1、B2
	海通期货海口营业部	海南省海口市滨海大道123号鸿联商务广场9C房
	海航东银期货海口营业部	海南省海口市玉沙路5号国贸中心大厦33A
	新湖期货海口营业部	海南省海口市国贸路2号海南时代广场15层北侧
	江苏弘业期货海口营业部	海口市大同路38号财富中心1606室
	中国国际期货海口营业部	海南省海口市国贸大道CMEC大厦第十六层东区
	海证期货海口营业部	海南省海口市金龙路51号万利隆商务大厦9层
	国海良时期货三亚营业部	三亚市三亚湾路蓝色海岸B、C段
	鲁证期货海口营业部	海南省海口市国贸路56号北京大厦22层F、G号
	东海期货海口营业部	海南省海口市大同路38号财富中心1402、1405室
河北	河北恒银期货经纪有限公司	河北省石家庄市桥东区槐安东路90号国富大厦三层
	河北恒银期货经纪有限公司衡水营业部	河北省衡水市育才南大街29号广厦酒店北侧三楼
	河北恒银期货经纪有限公司承德营业部	河北省承德市南营子大街永兴大厦B座七层
	河北恒银期货经纪有限公司唐山营业部	河北省唐山市路北区大里路228号
	河北恒银期货经纪有限公司邯郸营业部	河北省邯郸市人民路219号邯郸国际商务中心20层2013、2014室
	河北恒银期货经纪有限公司沧州营业部	河北省沧州市浮阳北大道28号棣园新村北公建楼二楼
	黑龙江三力期货经纪有限责任公司石家庄营业部	河北省石家庄市中山东路289号长安广场15层1501室、1503室
	冠通期货经纪有限公司秦皇岛营业部	河北省秦皇岛市港城大街176号八达大厦9楼
	中辉期货经纪有限公司石家庄营业部	石家庄市裕华西路9号裕园广场C座一单元1903室
	北京中期期货有限公司保定营业部	河北省保定市时代路56号国贸大厦十层1011、1012室
	津投期货经纪有限公司秦皇岛营业部	河北省秦皇岛市海港区新华街9号新天地商务中心A座2201、2218
	华泰长城期货有限公司石家庄营业部	河北省石家庄中山西路188号中华商务中心A座1608、1611室
	晟鑫期货经纪有限公司石家庄营业部	河北省石家庄市桥西区中山西路48号华银大厦1502、1503室
	大华期货有限公司石家庄营业部	河北省石家庄市桥西区自强路35号庄家金融大厦903室
	民生期货有限公司唐山营业部	河北省唐山市路北区友谊路81号天元大厦302、303室

辖区	机构名称	地址
	中辉期货经纪有限公司唐山营业部	河北省唐山市新华道世博大厦11层1113室、1115室、1116室、1118室
	美尔雅期货经纪有限公司石家庄营业部	河北省石家庄市中山西路83号东方大厦第九层927室
	浙江省永安期货经纪有限公司石家庄营业部	河北省石家庄市长安区中山东路322号开元大厦A-2-1002室
	北京中期期货有限公司唐山营业部	河北省唐山市高新区建设北路152号(东方大厦C座0812、0815房间)
	大连良运期货经纪有限公司石家庄营业部	河北省石家庄市长安区广安街36号银泰国际大厦18层1803、1804室
	中电投先融期货有限公司石家庄营业部	河北省石家庄市长安区广安街91号世纪方舟B-811
	中国国际期货有限公司石家庄营业部	河北省石家庄市桥西区中华南大街172号泰丰大厦1701、1703室
	中信建投期货经纪有限公司廊坊营业部	河北省廊坊市广阳区广阳道20号中太大厦707、708、709室
	信达期货有限公司石家庄营业部	河北省石家庄市平安南大街30号万隆大厦5层501、502、503、504、510、511室
	锦泰期货有限公司石家庄营业部	河北省石家庄市新华区康乐街8号尚德国际商务中心509、510室
	北京中期期货有限公司邯郸营业部	河北省邯郸市人民东路98号招贤大厦1009、1010室
	中钢期货有限公司唐山营业部	河北省唐山市建设北路152号东方大厦B座9388、9688室
	海通期货有限公司石家庄营业部	河北省石家庄市长安区育才街56号九派大厦A-1-1903
	天富期货有限公司唐山营业部	河北省唐山市路北区大理路121号
	河北恒银期货经纪有限公司廊坊营业部	河北省廊坊市新华路76号天利得益商务中心第15层1508、1509、1510、1511室
	银河期货有限公司唐山营业部	河北省唐山市路北区煤医道12号
	上海中财期货有限公司唐山营业部	河北省唐山市路北区智源里和馨园1-3-203、1-4-202
河南	万达期货有限公司	郑州市郑东新区商务内环路27号楼1单元3层01号、2单元3层02号
	国信期货有限责任公司	郑州市郑东新区商务外环路13号绿地峰会天下5层502、503室
	中原期货有限公司	河南省郑州市郑东新区商务外环路10号中原广发金融大厦四楼
	银建期货经纪有限责任公司郑州营业部	郑州市未来大道69号未来公寓1406室
	北京首创期货有限责任公司郑州营业部	郑州市未来大道69号未来大厦1601室
	宏源期货有限公司郑州营业部	郑州市未来大道69号未来公寓1407室
	国都期货有限公司郑州营业部	郑州市金水区黄河路26号中孚大厦8楼D座
	冠通期货经纪有限公司郑州营业部	郑州市未来大道69号未来大厦1602、1606、1618、1619室
	金鹏期货经纪有限公司郑州营业部	郑州市商务内环路10号1804、1805、1806
	一德期货有限公司郑州营业部	郑州市未来大道69号未来大厦1806室
	中粮期货有限公司郑州营业部	郑州市未来大道69号未来大厦1008室
	格林期货有限公司郑州营业部	郑州市纬四路东段十九号广发大厦11层
	上海良茂期货经纪有限公司郑州营业部	郑州市未来路69号未来大厦2008A
	上海大陆期货有限公司郑州营业部	郑州市郑东新区商务内环路15号7层702号
	上海金源期货经纪有限责任公司郑州营业部	郑州市未来大道69号未来公寓1201室
	国投中谷期货有限公司郑州营业部	郑州市未来路69号未来大厦2210室
	华闻期货经纪有限公司郑州营业部	郑州市未来大道69号未来大厦1711、1712室

辖区	机构名称	地址
	和融期货经纪有限责任公司郑州营业部	郑州市未来大道69号未来公寓407室
	中证期货有限公司郑州营业部	郑州市郑东新区商务外环路14号18层1803号-1807号
	中国国际期货有限公司郑州营业部	郑州市郑东新区商务外环路28号22层01、02、03、04号
	海航东银期货有限公司郑州营业部	郑州市未来大道69号未来公寓907室
	神华期货经纪有限公司郑州营业部	郑州市未来大道69号未来大厦2001室
	五矿期货有限公司郑州营业部	郑州市郑东新区商务外环路13号22层2201、2206、2207号
	广发期货有限公司郑州营业部	郑州市未来大道69号未来公寓608室
	集成期货有限公司郑州营业部	郑州市未来路69号未来公寓902室、905室、101室、1608室
	华泰长城期货有限公司郑州营业部	郑州市未来大道69号未来公寓601、602、603、605、616室
	中国国际期货有限公司郑州郑商所营业部	郑州市未来大道69号未来大厦805、811室
	大连良运期货经纪有限公司郑州营业部	郑州市未来大道69号未来大厦1612室
	渤海期货有限公司郑州营业部	郑州市未来大道69号未来大厦1709室
	江苏东华期货经纪有限公司郑州营业部	郑州市未来大道69号未来公寓1501室
	东海期货有限责任公司郑州营业部	郑州市未来大道69号未来大厦908A
	创元期货经纪有限公司郑州营业部	郑州市未来大道69号未来公寓303室
	锦泰期货有限公司郑州营业部	郑州市郑东新区CBD商务内环12号海逸名门22号楼3楼
	南华期货有限公司郑州营业部	郑州市未来路73号锦江国际花园1幢南14层
	新湖期货有限公司郑州营业部	郑州市未来大道69号未来大厦806、812、1410室
	民生期货有限公司郑州营业部	郑州市未来大道69号未来大厦903、905、906室
	山西三立期货经纪有限公司郑州营业部	郑州市未来路69号未来公寓1205、1216室
	晟鑫期货经纪有限公司郑州营业部	郑州市未来大道69号未来公寓701房、702房
	金元期货经纪有限公司郑州营业部	郑州市未来大道未来公寓1105、916、1203、1305室
	大有期货有限公司郑州营业部	郑州市金水区经三路32号财富广场6号楼3层
	国信期货有限责任公司南阳营业部	南阳市卧龙区卧龙路382号5楼西区
	中原期货有限公司新乡营业部	新乡市人民路中段靖业大厦三楼
	格林期货有限公司洛阳营业部	洛阳市西苑路6号友谊宾馆5层501-510室
	金石期货有限公司郑州营业部	郑州市郑东新区商务内环路23号楼6号商铺3层
	吉粮期货经纪有限公司郑州营业部	郑州市未来大道69号未来公寓1001室
	国联期货有限责任公司郑州营业部	郑州市未来大道69号未来大厦1212室
	江苏弘业期货有限公司郑州营业部	郑州市金水区未来大道69号未来大厦1605、1610室
	中国国际期货有限公司洛阳营业部	洛阳涧西区西苑路付6号芳达商务会馆13楼1307-1310号
	湘财祈年期货经纪有限公司郑州营业部	郑州市经三路15号广汇国贸大厦A1601楼
	上海中财期货有限公司郑州营业部	郑州市未来大道69号未来公寓816、707室
	金瑞期货有限公司郑州营业部	郑州市未来路69号未来公寓1405号、1507号、1605号、1616号
	上海中期期货经纪有限公司郑州营业部	郑州市未来大道69号未来公寓716、802室
	海通期货有限公司郑州营业部	郑州市未来大道69号未来大厦18层1810B、1808房间
	红塔期货有限责任公司郑州营业部	郑州市未来大道69号未来大厦1715、1716室
	光大期货有限公司郑州营业部	郑州市金水区未来大道69号未来大厦1208室
	中国国际期货有限公司安阳营业部	安阳市北关区人民大道与红旗路交叉口东南角金豪商务楼三层D号
	江南期货经纪有限公司郑州营业部	郑州市未来大道69号未来大厦2222室
	银河期货有限公司郑州营业部	郑州市未来大道69号未来大厦2005、2006室
	鲁证期货有限公司郑州营业部	郑州市未来大道69号未来大厦802室
	中原期货有限公司灵宝营业部	灵宝市长安路与函谷路交叉口(灵宝市文化活动中心紫金影城四楼)
	上海东证期货有限公司郑州营业部	郑州市未来大道69号未来大厦1507室
	经易期货经纪有限公司郑州营业部	郑州市金水区经三北路32号财富广场1号楼25层西北西南户
	申银万国期货有限公司郑州营业部	郑州市金水区未来大道69号未来大厦1011室
	中辉期货经纪有限公司郑州营业部	郑州市未来大道69号未来大厦908c
	中信建投期货经纪有限公司郑州营业部	郑州市未来大道69号未来大厦2205、2211室
	中国国际期货有限公司郑州未来路营业部	郑州市未来路69号未来大厦1901、1902、1903、1912室
	宝城期货有限公司郑州营业部	郑州市未来大道69号未来大厦1201、1202室
	中原期货有限公司南阳营业部	南阳市人民路175号粮业大厦三楼
	浙江新华期货经纪有限公司郑州营业部	郑州市未来大道69号未来大厦810室
	迈科期货经纪有限公司郑州营业部	郑州市未来路69号未来大厦14楼1409室
	大华期货有限公司郑州营业部	郑州市未来路69号未来大厦15楼1506室
	徽商期货有限责任公司郑州营业部	郑州市未来大道69号未来大厦808室
	国信期货有限责任公司洛阳营业部	洛阳市涧西区南昌路南端兴隆花园29-2幢2层
黑龙江	黑龙江三力期货经纪有限责任公司	黑龙江省哈尔滨市道里区中央大街185号金谷大厦
	大通期货经纪有限公司	黑龙江省哈尔滨市南岗区西大直街118号1号楼6层
	黑龙江时代期货经纪有限公司	哈尔滨市香坊区中山路172号哈高新区富阳创业中心(常青大厦)15层
	大通期货经纪有限公司牡丹江营业部	牡丹江市西安区平安街3号久山大厦16层1610、1611室
	黑龙江时代期货经纪有限公司大庆营业部	黑龙江省大庆市让胡路区奥林国际公寓商业区G区写字楼1812、1813室
	黑龙江三力期货经纪有限责任公司佳木斯营业部	黑龙江省佳木斯市向阳区近江路34号
	天琪期货有限公司哈尔滨营业部	哈尔滨市南岗区长江路99-9号辰能大厦B栋6层
	银河期货有限公司哈尔滨营业部	哈尔滨市香坊区中山路172号(常青大厦1001、1002、1008、1010室)
	北京首创期货有限责任公司哈尔滨营业部	哈尔滨市南岗区玉山路10号D栋(一层、二层、501室)5号门市
	天琪期货有限公司大庆营业部	大庆市让胡路区昆仑大街186号四楼
	广发期货有限公司哈尔滨营业部	哈尔滨市南岗区花园街235号东方大厦1203室

辖区	机构名称	地址
	南华期货有限公司哈尔滨营业部	哈尔滨市香坊区中山路93号201、811、812、813、815室
	海航东银期货有限公司哈尔滨营业部	哈尔滨市经开区南岗集中区昆仑商城康顺街34号
	信达期货有限公司哈尔滨营业部	哈尔滨市南岗区长江路157号欧倍德中心5层3号、5层25号
	天琪期货有限公司佳木斯营业部	黑龙江省佳木斯市前进区保卫路宜福都市公寓8号1、2层
	津投期货经纪有限公司哈尔滨营业部	哈尔滨市道里区西三道街1号
	海通期货有限公司哈尔滨营业部	哈尔滨市南岗区嵩山路78号2层6号、7号写字间
湖北	长江期货有限公司	湖北省武汉市汉口新华路特8号长江证券大厦
	美尔雅期货经纪有限公司	武汉市江汉北路八号
	长江期货有限公司江岸营业部	武汉市沿江大道159号时代广场1栋8层3室、4室
	长江期货有限公司青山营业部	湖北省武汉市武昌区纺机路43号江南花园1层2号及2层2号
	长江期货有限公司江汉营业部	湖北省汉口解放大道单洞路口1号国际大厦A座三楼
	长江期货有限公司硚口营业部	湖北省武汉市硚口区解放大道109号34号楼1-2层4号
	长江期货有限公司黄石营业部	湖北省黄石市团城山开发区桂林南路1号附二楼
	美尔雅期货经纪有限公司黄石营业部	湖北省黄石市交通路121号名门世界7楼701-702室
	美尔雅期货经纪有限公司襄樊营业部	湖北省襄樊市樊城区解放路63号米公小学2楼
	美尔雅期货经纪有限公司荆州营业部	湖北省荆州市北京中路219号广源大厦12楼
	美尔雅期货经纪有限公司武昌营业部	湖北省武汉市武昌区中南路7号中商广场写字楼B座1707-1709号
	美尔雅期货经纪有限公司十堰营业部	湖北省十堰市人民北路68号大都会广场写字楼21层
	美尔雅期货经纪有限公司宜昌营业部	湖北省宜昌市东山大道时代天骄10楼
	美尔雅期货经纪有限公司武汉市青山营业部	湖北省武汉市友谊大道996号华城广场24栋1号商铺2楼
	中国国际期货有限公司武汉营业部	武汉市江汉区建设大道566号新世界国贸大厦2座7层
	中国国际期货有限公司武昌营业部	武汉市武昌区中南路1号国际金融贸易大厦17层
	中国国际期货有限公司襄樊营业部	襄樊市樊城区长虹路323号金座大厦7层
	海通期货有限公司武汉营业部	武汉市武昌区武珞路456号新时代商务中心33层2、3、4号
	神华期货经纪有限公司武汉营业部	武汉市武昌区武珞路中南国际城B座28楼
	北方期货经纪有限公司武汉营业部	武汉市武昌区八一路87号银海华庭A座二层
	中航期货经纪有限公司武汉营业部	武汉市武昌区紫阳东路77号伟鹏大厦5楼
	广发期货有限公司武汉营业部	武汉市建设大道709号建银大厦1758
	宝城期货有限公司武汉营业部	武汉市武昌区中山路347号中铁大厦707室
	金信期货有限公司武汉营业部	武汉市洪山区中北路166号普提金商务中心B座17楼
	浙江省永安期货经纪有限公司武汉营业部	武汉市江汉区长江日报路77号投资大厦8楼

辖区	机构名称	地址
	中钢期货有限公司武汉营业部	武汉市江汉区新华路139号凯盟大厦三层
	万达期货有限公司武汉营业部	武汉市江汉区建设大道568号新世界国贸大厦I座1503室
	华泰长城期货有限公司武汉营业部	武汉市江汉区建设大道847号瑞通广场B座1002室
	江苏弘业期货有限公司武汉营业部	武汉市江汉区中山大道818号平安大厦2208-2209室
	湘财祈年期货经纪有限公司汉口营业部	武汉市江汉区新华路139号凯盟大厦701室
	南证期货有限责任公司汉口营业部	武汉市解放大道单洞路口国际大厦B栋15楼
	华闻期货经纪有限公司武汉营业部	武汉市硚口区武胜路72号泰和广场3701室
	瑞达期货经纪有限公司武汉营业部	武汉市江汉区唐家墩路7、9、11号武汉菱角湖万达广场A栋A2单元7层2-9室
	上海中财期货有限公司武汉营业部	湖北省武汉市硚口区沿河大道236-237号A栋1号10层
	大华期货有限公司武汉营业部	武汉市江岸区建设大道648号雷王金融中心17层
湖南	方正期货有限公司	长沙市芙蓉中路一段372号方正证券大厦4楼
	大有期货有限公司	长沙市开福区芙蓉中路一段478号运达国际广场写字楼21楼
	德盛期货有限公司	长沙市五一西路2号第一大道14楼
	湖南金信期货有限公司	长沙市车站北路459号证券大厦5楼
	方正期货有限公司郴州营业部	湖南省郴州市五岭广场日月路1号雄森酒店12层
	方正期货有限公司岳阳营业部	湖南省岳阳市金鹗中路228号源商务中心十七楼西区
	方正期货有限公司娄底营业部	湖南省娄底市站前路10号鹏天大酒店东附3楼
	方正期货有限公司常德营业部	湖南省常德市武陵区人民路278号新华大厦401号
	大有期货有限公司株洲营业部	湖南省株洲市家润多广场A栋15楼
	大有期货有限公司岳阳营业部	湖南省岳阳市南湖大道292号中房大厦四楼
	金信期货有限公司永州营业部	湖南省永州市冷水滩区湘永路117号中国银行10楼
	金信期货有限公司郴州营业部	湖南省郴州市人民西路2号郴州大厦9楼
	金信期货有限公司衡阳营业部	衡阳市船山西路48号1栋综合楼8楼
	德盛期货有限公司岳阳营业部	岳阳市南湖大道银都大厦16楼C、D座
	德盛期货有限公司吉首营业部	吉首市人民北路13号明珠商业广场4楼
	德盛期货有限公司娄底营业部	娄底市氐星路春园步行街西入口第12栋4楼
	德盛期货有限公司株洲营业部	株洲市建设中路356号湖南火电科技大厦第四层
	德盛期货有限公司郴州营业部	郴州市天一名邸14楼
	德盛期货有限公司常德营业部	常德市武陵区人民中路金泰利商业广场601室
	德盛期货有限公司永州营业部	永州市冷水滩区潇湘步行街C区四楼
	德盛期货有限公司衡阳营业部	衡阳市石鼓区常胜东路1号腾龙大厦2楼

辖区	机构名称	地址
	德盛期货有限公司益阳营业部	益阳市益阳大道南侧289号嘉信大厦8楼810－815,822－826号
	德盛期货有限公司长沙营业部	长沙市天心区芙蓉中路二段144号城市之心大厦15楼1501－1509,1517号
	国联期货有限责任公司长沙营业部	长沙市芙蓉中路一段469号湖南新闻大厦12层
	湘财祈年期货经纪有限公司长沙营业部	长沙市雨花区芙蓉中路二段359号佳天国际新城北栋21楼
	浙江省永安期货经纪有限公司长沙营业部	长沙市芙蓉区五一大道800号中隆国际大厦25楼
	光大期货有限公司长沙营业部	长沙市开福区芙蓉中路一段478号运达国际广场写字楼1505室
	江苏弘业期货有限公司长沙营业部	长沙市芙蓉区韶山北路139号文化大厦1701室
	上海中财期货有限公司长沙营业部	长沙市芙蓉中路三段426号5楼
	中信建投期货经纪有限公司长沙营业部	长沙市芙蓉区五一大道800号中隆国际大厦903室
	大华期货有限公司长沙营业部	长沙市雨花区芙蓉中路二段359号佳天国际新城北栋29楼
	北京首创期货有限责任公司长沙营业部	长沙市芙蓉区五一大道800号中隆国际大厦801室
	瑞达期货经纪有限公司长沙营业部	长沙市韶山北路298号汇富中心A座1020室
	上海东证期货有限公司长沙营业部	长沙市天心区芙蓉中路二段168号天玺大酒店7楼701室
	宝城期货有限公司长沙营业部	长沙市雨花区芙蓉中路二段279号金源大酒店天麒楼14楼1401室
	东海期货有限公司长沙营业部	长沙市芙蓉中路388号定王大厦2127房
	广永期货有限公司长沙营业部	长沙市五一大道389号华美欧大厦705房,706房
	江海汇鑫期货有限公司长沙营业部	长沙市韶山北路355号鸿铭中心商业街门面D栋208号
	华泰长城期货有限公司长沙营业部	长沙市芙蓉区韶山北路159号通程国际大酒店1301室
	国海良时期货有限公司长沙营业部	长沙市雨花区中意一路158号中建大厦裙楼二楼
	中辉期货经纪有限公司长沙营业部	长沙市芙蓉区五一大道766号中天广场行政公馆15楼15022－15027、15037－15038房
	海证期货有限公司长沙营业部	长沙市天心区芙蓉中路2段168号－1号摩天大厦24楼2439
	金鹏期货经纪有限公司长沙营业部	长沙市芙蓉区芙蓉中路二段80号顺天国际财富中心2206室
	新湖期货有限公司长沙营业部	长沙市天心区芙蓉中路二段198号新世纪大厦1701－1704房
吉林	天富期货有限公司	吉林省长春市长春大街500号写字楼东侧1－3层
	吉粮期货有限公司	长春市建设街1307号
	中融汇信期货有限公司	长春市人民大街4848号华贸国际2604－2605室
	天鸿期货经纪有限公司	吉林省长春市人民大街7088号伟峰国际1804－1805室
	中国国际期货有限公司长春营业部	南关区人民大街7088号伟峰国际商务广场1108室
	渤海期货有限公司长春营业部	朝阳区建设街2007号
	大连良运期货经纪有限公司长春营业部	朝阳区康平街889号润天国际大厦十一楼
	天富期货有限公司吉林市营业部	吉林市解放中路208－6号
	天富期货有限公司延吉营业部	延吉市爱丹路1171－2号延弘大厦西侧一层、二层
	天富期货有限公司通化营业部	通化市滨江西路5577号3号办公楼1－2层
	天琪期货有限公司长春营业部	朝阳区西安大路1688号新润天国际7楼703室
	国泰君安期货有限公司四平营业部	四平市铁东区南一纬路629号
	万达期货有限公司长春营业部	朝阳区西安大路1688号新润天国际大厦1807－1808室
	经易期货经纪有限公司长春营业部	长春市人民大街4111号兆丰国际12层1201、1213室
	银河期货经纪有限公司长春营业部	长春市朝阳区西民主大街1161号7层
	光大期货有限公司长春营业部	朝阳区解放大路2677号光大大厦15层1511、1513、1515室
	国泰君安期货有限公司长春营业部	吉林省长春市朝阳区延安大路565号盛世国际五楼5019、5020房间
	浙江新华期货经纪有限公司吉林营业部	吉林市船营区解放中路111－8号四层
	兴业期货有限公司长春营业部	吉林省长春市康平街889号润天国际24层
	天鸿期货经纪有限公司长春营业部	长春市朝阳区延安大路465号富苑盛世城3031室
	浙江省永安期货经纪有限公司长春营业部	吉林省长春市人民大街7088号新吉粮大酒店23楼
江苏	创元期货经纪有限公司	江苏省苏州市三香路120号万盛大厦2楼、3楼
	道通期货经纪有限公司	江苏省南京市鼓楼区广州路188号苏宁环球大厦5层02座
	东海期货有限责任公司	江苏省常州市延陵西路23、25、27、29号
	国联期货有限责任公司	无锡市人民中路97号10楼
	华证期货有限公司	江苏省宜兴市人民中路153号华证大厦
	江苏东华期货经纪有限公司	南京市白下区王府大街63号5层
	江苏弘业期货有限公司	南京市中华路50号
	江苏文峰期货经纪有限责任公司	南通市环城南路128号飞马大厦三层
	锦泰期货有限公司	江苏省南京市中央路258－28号锦盈大厦
	南证期货有限责任公司	南京市秦淮区长乐路226号长乐花园01幢1号－4,1号－7,1号－8
	新纪元期货有限公司	徐州市淮海东路153号
	创元期货经纪有限公司常州营业部	常州市广化街20号1102室
	创元期货经纪有限公司苏州市常熟营业部	常熟市虞山镇南门大街9号常熟市人民桥小商品市场大楼316、322、326、328室
	创元期货经纪有限公司苏州市吴江营业部	江苏省吴江市松陵镇花园路2518号鼎盛银座商务楼418室
	创元期货经纪有限公司无锡营业部	无锡市北大街22－412、413
	创元期货经纪有限公司徐州营业部	徐州市青年路皇城大厦A座1－09、A座1夹层07
	东海期货有限责任公司常州营业部	江苏省常州市新北区通江中路369号4001室
	东海期货有限责任公司淮安营业部	江苏省淮安市淮海北路8号淮海购物广场A区C座1002室
	东海期货有限责任公司江阴营业部	江苏省江阴市香山路29号华西村金融楼301、302、304、308、309、310、311、312、313室

辖区	机构名称	地址
	东海期货有限责任公司南京营业部	南京市汉中路1号2901室I、H单元
	东海期货有限责任公司南通营业部	江苏省南通市人民中路71号润友大厦6楼
	东海期货有限责任公司苏州营业部	江苏省苏州市苏州工业园区苏雅路388号新天翔商业广场2幢601-5室
	东海期货有限责任公司无锡营业部	无锡市中山路159号时代中心大厦21层
	国联期货有限责任公司常州营业部	常州市延陵西路19号嘉宏大厦10楼
	国联期货有限责任公司江阴营业部	江阴市澄江中路5-1号东都大厦301-303室
	国联期货有限责任公司南通营业部	南通市南大街290号崇川大厦4楼
	国联期货有限责任公司苏州营业部	苏州工业园区苏雅路388号新天翔商业广场2幢903、904室
	国联期货有限责任公司盐城营业部	盐城市人民中路2号建设大厦4楼
	国联期货有限责任公司扬州营业部	扬州市扬子江中路617号崇文国际大厦5幢1305-1311室
	国联期货有限责任公司宜兴营业部	宜兴市光明西路2号神马小区6号楼
	华证期货有限公司无锡营业部	无锡市中山路333号华光大厦3楼A.A1
	华证期货有限公司徐州营业部	徐州市中山北路29号国贸大厦20楼A1A2A3
	江苏东华期货经纪有限公司苏州营业部	苏州市干将西路399号403室
	江苏东华期货经纪有限公司泰州营业部	泰州市海陵区青年北路219号金茂大厦716室
	江苏东华期货经纪有限公司无锡营业部	无锡市崇安区中山路359号东方广场B座21层M单元
	江苏东华期货经纪有限公司张家港营业部	张家港市新风桥东境
	江苏弘业期货有限公司常州营业部	常州市关河东路66号1610、1611室
	江苏弘业期货有限公司连云港营业部	江苏省连云港市新浦区苍梧路6号龙河大厦二期工程1101-1108号
	江苏弘业期货有限公司南通营业部	南通市姚港路6号方天大厦703室
	江苏弘业期货有限公司苏州营业部	苏州市高新区狮山路35号金河国际大厦34层
	江苏弘业期货有限公司宿迁营业部	江苏省宿迁市青海湖路80号中兴?君临国际广场A-1505、1506、1507
	江苏弘业期货有限公司泰州营业部	泰州市海陵区迎春西路21号108-109,206-210室
	江苏弘业期货有限公司无锡营业部	无锡市中山路531-1706、1707、1708、1709室
	江苏弘业期货有限公司徐州营业部	徐州市中山南路成功大厦22层
	江苏弘业期货有限公司盐城营业部	盐城市华邦东厦2幢1906、1907、1908室
	江苏弘业期货有限公司扬州营业部	扬州市汶河北路19号南方证券大厦7楼
	江苏弘业期货有限公司镇江营业部	镇江市中山东路18号京凌大厦9楼C座
	江苏文峰期货经纪有限责任公司常州营业部	常州市延陵西路99号嘉业国贸广场17楼E座
	江苏文峰期货经纪有限责任公司连云港营业部	连云港市新浦区朝阳中路168号祥源国际大厦703室
	江苏文峰期货经纪有限责任公司苏州营业部	苏州市平江区人民路3188号9幢107室
	江苏文峰期货经纪有限责任公司无锡营业部	无锡市青祁路86号二楼
	江苏文峰期货经纪有限责任公司盐城营业部	盐城市建军东路38号四楼
	锦泰期货有限公司常熟营业部	常熟市黄河路263号C楼202室
	锦泰期货有限公司常州营业部	常州市怀德中路48号申龙商务广场17楼
	锦泰期货有限公司连云港营业部	连云港市新浦区郁洲南路12号万源花苑B综合楼202室
	锦泰期货有限公司苏州营业部	苏州市沧浪区干将东路599号东凌商务大厦307、308室
	锦泰期货有限公司无锡营业部	无锡市解放西路193号华通大厦4楼
	锦泰期货有限公司扬州营业部	扬州市文昌西路56号公元国际大厦1幢510室
	南证期货有限责任公司无锡营业部	无锡市北大街72号国信大厦10楼
	南证期货有限责任公司扬州营业部	江苏省扬州市文昌西路56号公元国际大厦1幢920室
	新纪元期货有限公司常州营业部	常州市武进区湖塘镇延政中路2号B2008、B2009
	新纪元期货有限公司南京营业部	南京市玄武区新街口街道北门桥路10号3层
	新纪元期货有限公司苏州营业部	苏州市工业园区现代大道苏华路2号国际大厦6层
	华泰长城期货有限公司南京营业部	南京市中山东路288号新世纪广场4703室
	浙江中大期货经纪有限公司南京营业部	江苏省南京市庐山路158号嘉业国际城4幢2505室
	方正期货有限公司南京营业部	江苏省南京市玄武区黄埔路2号黄埔科技大厦B楼7层
	中钢期货有限公司南京营业部	南京市户部街15号兴业大厦311室
	光大期货有限公司南京营业部	南京市中山北路45号15楼1500-1503、1507、1518室
	瑞达期货经纪有限公司南京营业部	南京市中山东路300号长发中心01幢606
	华泰长征期货有限公司无锡营业部	无锡市中山路343号东方广场A座22楼1座
	上海中期期货经纪有限公司无锡营业部	无锡市人民中路118号金鼎大厦A座301
	浙江省永安期货经纪有限公司无锡营业部	江苏省无锡市中山路333号华光大厦20楼
	上海中财期货有限公司无锡营业部	江阴市华士镇华陆路80号
	广发期货有限公司无锡营业部	无锡市中山路359号吟春大厦10层FGH单元
	东吴期货有限公司苏州营业部	苏州工业园区金鸡湖路88号1幢201、206、208室
	方正期货有限公司苏州营业部	苏州市东吴北路299号吴中大厦25楼
	上海中期期货经纪有限公司苏州营业部	苏州市干将西路1359号5楼
	海航东银期货有限公司苏州营业部	苏州市养育巷229号
	中国国际期货有限公司苏州营业部	江苏省苏州市新区狮山路35号金河国际大厦1001、1002、1003室
	大有期货有限公司南京营业部	南京市山西路8号金山大厦A楼2603-2607室
	东吴期货有限公司常熟营业部	常熟市海虞北路48-1号四楼

辖区	机构名称	地址
	东吴期货有限公司张家港营业部	张家港市杨舍镇长安中路235号一至三层
	中粮期货经纪有限公司苏州市张家港营业部	江苏省张家港市人民中路40号江苏银行四楼
	东吴期货有限公司吴江营业部	吴江市松陵镇中山南路1729号上领大厦907室、908室
	东吴期货有限公司吴中营业部	苏州吴中经济开发区东吴南路165号3幢2、3层
	神华期货经纪有限公司无锡营业部	无锡市北塘区兴源北路401号(北创科技园一期大楼12－16、17、19)
	东吴期货有限公司昆山营业部	昆山市玉山镇人民路1号3、4楼
	东吴期货有限公司太仓营业部	太仓市城厢镇滨河东路168－19号一至三层
	华泰长城期货有限公司南通营业部	南通市青年中路69号通明大厦A座401室
	冠通期货经纪有限公司南通营业部	江苏省南通市姚港路6号方天大厦407、408室
	南华期货有限公司南通营业部	南通市南大街89号(南通总部大厦)六层603、604室
	美尔雅期货经纪有限公司常州营业部	常州市怀德中路50－1601、1602、1603、1607
	海证期货有限公司江阴靖江园区营业部	江苏省靖江市江阴靖江园区沿江高等级公路21号二号楼2－121室
	方正期货有限公司扬州营业部	江苏省扬州市文昌西路316号(来鹤台广场3楼)
	海通期货有限公司常州营业部	常州市天宁区关河东路66号九洲环宇商务广场A座1709、1710室
	上海东证期货有限公司常州营业部	常州市延陵西路23、25、27、29号1618－1658室
	方正期货有限公司常州营业部	常州市延陵西路99号嘉业国茂大厦1504、1505室
江西	江西瑞奇期货经纪有限公司	江西省南昌市广场南路333号恒茂国际华城16号楼A座6楼
	江西瑞奇期货经纪有限公司九江营业部	九江市滨江路573号五丰大厦三楼
	江西瑞奇期货经纪有限公司上饶营业部	上饶市信州区五三大道162号综合楼二楼
	江西瑞奇期货经纪有限公司萍乡营业部	萍乡市跃进南路93号恒隆国际大厦6楼
	江西瑞奇期货经纪有限公司赣州营业部	赣州市红旗大道56号创意大厦2楼
	江西瑞奇期货经纪有限公司新余营业部	江西省新余市仙来东大道720号
	江西瑞奇期货经纪有限公司吉安营业部	吉安市吉州区阳明东路3号人民剧院大楼三楼
	江西瑞奇期货经纪有限公司宜春营业部	宜春市中山中路青龙大酒店B座9楼
	江西瑞奇期货经纪有限公司抚州营业部	抚州市赣东大道679号(原82号)卫生局培训中心三楼
	江西瑞奇期货经纪有限公司南昌营业部	南昌市红谷滩新区红谷中大道788号江信国际花园公建18号楼－203室
	金瑞期货有限公司南昌营业部	江西省南昌市八一大道366号省建行大厦附楼三楼
	江南期货经纪有限公司南昌营业部	江西省南昌市广场南路198号运通宾馆三楼
	南证期货有限责任公司南昌营业部	江西省南昌市东湖区叠山路119号天河大厦9－10楼A座
	国联期货有限责任公司南昌营业部	江西省南昌市北京西路88号江信国际大厦17楼
	宝城期货有限责任公司南昌营业部	江西省南昌市中山路150号地王广场7楼
	瑞达期货经纪有限公司南昌营业部	江西省南昌市洪城路8号长青国贸大厦第11层1102单元
	成都倍特期货经纪有限公司南昌营业部	江西省南昌市东湖区八一大道357号财富广场A座18层1801号房
	中信建投期货经纪有限公司南昌营业部	江西省南昌市西湖区八一大道96号华龙国际大厦1303－1305
	浙江省永安期货经纪有限公司南昌营业部	江西省南昌市东湖区洪都北大道636号西格玛商务中心604－605室
	江苏弘业期货经纪有限公司南昌营业部	江西省南昌市西湖区桃苑大厦Ⅱ区B座三层东南面东北面
	上海中财期货有限公司南昌营业部	江西省南昌市青云谱区解放西路49号明珠广场H栋601、602、614室
	格林期货有限公司南昌营业部	江西省南昌市红谷滩新区赣江北大道1号中航国际广场1008－1011室
	金瑞期货有限公司赣州营业部	江西省赣州市章贡区黄屋坪路1号星光华城三楼
辽宁	江海汇鑫期货有限公司	沈阳市沈河区青年大街51－2号12层
	华海期货有限公司	沈阳市沈河区团结路9号(1－9－1)
	江信国盛期货有限责任公司	鞍山市铁东区新华街35栋4号2－3层
	浙江省永安期货经纪有限公司沈阳营业部	沈阳市沈河区北站路53号财富中心B座23层
	浙江省永安期货经纪有限公司鞍山营业部	鞍山市铁东区胜利南路40号金龙大厦四楼
	中国国际期货有限公司沈阳营业部	沈阳市沈河区北站路59号财富中心E座(19－5、6、7)
	海通期货有限公司沈阳营业部	沈阳市沈河区北京街7号辽宁有色大厦4楼
	银河期货有限公司沈阳营业部	沈阳市沈河区悦宾街1号1606室
	信达期货有限公司沈阳营业部	沈阳市沈河区惠工街56号8层
	北京首创期货有限责任公司沈阳营业部	沈阳市和平区十一纬路25号辽宁出版集团智能大厦1号楼5－3、5－4、5－6、5－7、5－8室
	南华期货有限公司沈阳营业部	沈阳市沈河区北站路51号新港澳国际大厦9层C室、15层C室
	新湖期货有限公司沈阳营业部	沈阳市沈河区惠工街10号卓越大厦15层1505、1506、1507、1508
	鲁证期货有限公司沈阳营业部	沈阳市和平区南京北街161号嘉润东方香榭里大厦C座七层
	江海汇鑫期货有限公司沈阳市市府大路营业部	沈阳市沈河区市府大路286号甲B座1－2层
	东海期货有限责任公司沈阳营业部	沈阳市和平区青年大街390号皇朝万鑫C座1701室
	上海中期期货经纪有限公司沈阳营业部	沈阳市沈河区友好街19号奉天银座B座806－809室
	大连良运期货经纪有限公司沈阳营业部	沈阳市皇姑区黄河南大街110号110栋1－17－1、1－17－2、1－17－3、1－17－4室
	英大期货有限公司沈阳营业部	沈阳市沈河区北站路53号沈阳财富中心B座第13层6号
	东吴期货有限公司沈阳营业部	沈阳市沈河区北站路115号(1906)
	银建期货经纪有限责任公司沈阳营业部	沈阳市和平区北五马路45.47.49号
	华融期货有限责任公司沈阳营业部	沈阳市市府大路290号(A座27层8－17室)
	华海期货有限公司鞍山营业部	鞍山市铁东区解放街道嘉宝丽园201网点8号
	华海期货有限公司盘锦营业部	盘锦市兴隆台区泰山路兴隆综合楼A
	冠通期货经纪有限公司沈阳营业部	沈阳市沈河区北京街51号(1－10－1)(1－10－11)

辖区	机构名称	地址
	宝城期货有限责任公司沈阳营业部	沈阳市和平区南三经街20号嘉隆大厦6层606室
	江苏弘业期货有限公司沈阳营业部	沈阳市沈河区北站路57号(21－3,21－4)
	渤海期货有限公司沈阳营业部	沈阳市和平区和平北大街28号华利大厦15－2、15－6室
	上海大陆期货有限公司沈阳营业部	沈阳市和平区青年大街322号(昌鑫大厦F座701－704)
	中证期货有限公司沈阳营业部	沈阳市沈河区惠工街124号中韩大厦14－5甲、14－5乙、14－6甲、14－6乙
内蒙古	鑫鼎盛期货有限公司	内蒙古呼和浩特市回民区新华大街82号内蒙古体育文化活动综合楼(奥体大酒店十层)
	国元海勤期货有限公司通辽营业部	内蒙古通辽市建国路37号通粮大厦9层
	大华期货有限公司呼和浩特营业部	内蒙古呼和浩特市赛罕区大学西路36号学府康都C座2层
	民生期货有限公司包头营业部	内蒙古包头市钢铁大街46号金顶商务大厦905
	北京首创期货有限责任公司包头营业部	内蒙古包头市青山区振华小区规划测绘院西附楼四楼
	北京中期期货经纪有限公司包头营业部	内蒙古包头市东河区巴彦塔拉西大街8号融石大厦四层
	金鹏期货经纪有限公司鄂尔多斯市营业部	内蒙古鄂尔多斯市东胜区创业大厦A座六楼601室
	上海中财期货有限公司赤峰营业部	内蒙古赤峰市红山区长青街嘉信房产综合楼5楼
	瑞达期货经纪有限公司鄂尔多斯市营业部	内蒙古鄂尔多斯市东胜区吉劳庆北路6号街坊金辉大厦A座九层907－908房
	鑫鼎盛期货有限公司呼和浩特营业部	内蒙古呼和浩特市回民区新华大街82号内蒙古体育文化活动综合楼(奥体大酒店十层)
宁波	宁波杉立期货经纪有限公司	浙江省宁波市中山东路796号11层1至8室
	宁波杉立期货经纪有限公司慈溪营业部	浙江省慈溪市开发大道1277号香格大厦1809室
	宁波杉立期货经纪有限公司余姚营业部	浙江省余姚市新建北路1号城市金座10楼
	宁波杉立期货经纪有限公司鄞州营业部	浙江省宁波市鄞州区首南街道鄞县大道东段1299号0125幢1002室
	浙江省永安期货经纪有限公司宁波营业部	浙江省宁波市江东区彩虹南路11号嘉汇国贸A座5楼
	浙江省永安期货经纪有限公司余姚营业部	浙江省余姚市城区新建北路232号中塑国际大厦7楼
	南华期货有限公司宁波营业部	浙江省宁波市和义路77号汇金大厦9楼
	南华期货有限公司慈溪营业部	浙江省慈溪市浒山街道开发大道1277号香格大厦7楼
	南华期货有限公司余姚营业部	浙江省余姚市舜达西路285号中塑商务中心3号楼1601室
	上海浙石期货经纪有限公司宁波营业部	浙江省宁波市海曙区灵桥路255号中宁大厦1101室
	光大期货有限公司宁波营业部	浙江省宁波市海曙区华楼巷19号天一豪景A3－11室
	浙江大地期货经纪有限公司宁波营业部	浙江省宁波市海曙区冷静街8号9楼
	浙江大越期货经纪有限责任公司余姚营业部	浙江省余姚市城区长安路218号(中宇锦江大厦)6楼
	中国国际期货经纪有限公司宁波营业部	浙江省宁波市海曙区东渡路55号华联写字楼22层
	浙商期货有限公司宁波营业部	浙江省宁波市海曙区南站东路16号15楼、17楼
	国泰君安期货有限公司宁波营业部	浙江省宁波市海曙区中山西路2号恒隆中心26层
	东海期货有限责任公司宁波营业部	浙江省宁波市江北区北岸财富中心9幢(5－4)号
	一德期货经纪有限公司宁波营业部	浙江省宁波市江东区彩虹北路48号波特曼大厦8－7号
	新世纪期货经纪有限公司宁波营业部	浙江省宁波市海曙区车轿街69号恒泰大厦8－5号
	华泰长城期货有限公司宁波营业部	浙江省宁波市海曙区柳汀街230号2幢8306、8308室
	中辉期货经纪有限公司宁波营业部	浙江省宁波市海曙区和义路168号万豪中心1703
	鲁证期货有限公司宁波营业部	浙江省宁波市江北区槐树路36号<1－20>－<1－22>
	中粮期货有限公司宁波营业部	浙江省宁波市江东区世纪东方商业广场3、5、6号003幢12－7、12－8号
	银河期货有限公司宁波营业部	浙江省宁波市海曙区华楼巷19号天一豪景A座301室
	上海中期期货经纪有限公司宁波营业部	浙江省宁波市江东区中兴路775号天润商座3幢3号10楼
	北京中期期货经纪有限公司宁波营业部	浙江省宁波市江东区中兴路719号098幢13－3、13－4、13－5、13－6、13－7室
	浙江中大期货经纪有限公司宁波营业部	浙江省宁波市江东区福明路828号13－2、13－3、13－4
	江苏弘业期货有限公司宁波营业部	浙江省宁波市江东区惊驾路555号泰富广场A座1903室
宁夏	格林期货有限公司银川营业部	宁夏银川市解放西街2号老大楼商务写字楼13楼16号
	甘肃陇达期货经纪有限公司银川营业部	宁夏银川市新华东街78号凤凰商业广场A座5楼
	浙江新华期货经纪有限公司银川营业部	宁夏银川市文化西街106号银川国际贸易中心B栋8楼B01、B03、B05、B06室(营业部于2012年1月变更为中证期货有限公司银川营业部)
青岛	金友期货经纪有限责任公司青岛营业部	青岛市市南区中山路44－60号百盛国际商务中心1510室
	经易期货经纪有限公司青岛营业部	青岛市市南区东海西路35号太平洋中心3号楼4层
	烟台中州期货经纪有限公司青岛营业部	青岛市市南区南京路9号联合大厦19层
	英大期货有限公司青岛营业部	青岛市市南区东海西路43号西塔楼7层A号房
	广发期货有限公司青岛营业部	青岛市市南区东海西路39号世纪大厦15层1501室
	中国国际期货有限公司青岛营业部	青岛市市南区东海西路41号海悦东海世家2栋西2单元2103
	格林期货有限公司青岛营业部	青岛市市南区山东路2号甲华仁国际大厦17层F、G区
	江苏弘业期货有限公司青岛营业部	青岛市市南区香港中路10号颐和国际大厦A栋2301、2303户
	华泰长城期货有限公司青岛营业部	青岛市市南区香港中路12号丰合广场A栋3层A户
	中证期货有限公司青岛营业部	青岛市市南区香港中路6号世贸中心B座105室
	南华期货有限公司青岛营业部	青岛市市南区闽江路2号1单元2501室
	新湖期货有限公司青岛营业部	青岛市市南区东海西路39号世纪大厦1808、1809
	鲁证期货有限公司青岛营业部	青岛市市南区江西路78号
	光大期货有限公司青岛营业部	青岛市市南区香港西路67号光大国际金融中心12F/JK室
	海通期货有限公司青岛营业部	青岛市市南区南京路2号绮丽大厦1301、1302室
	浙江省永安期货经纪有限公司青岛营业部	青岛市市南区香港中路40号906室

辖区	机构名称	地址
	迈科期货经纪有限公司青岛营业部	青岛市市南区香港中路10号颐和国际A座906、907室
	中电投先融期货有限公司青岛营业部	青岛市市南区香港中路10号颐和国际A座2901室
	金瑞期货有限公司青岛营业部	青岛市市南区东海西路5号甲华银大厦16层4户
	银河期货有限公司青岛营业部	青岛市市南区香港中路12号C201户
	宝城期货有限责任公司青岛营业部	青岛市开发区紫金山路117号华林广场C座中端四层
	北京中期期货有限公司青岛营业部	青岛市市南区香港中路61号阳光大厦A座21楼EH单元
	华安期货有限责任公司青岛营业部	青岛市市南区闽江路2号国华大厦B座2804室
	冠通期货经纪有限公司青岛营业部	青岛市市南区香港中路20号北栋21层2102、2106房间
	国联期货有限责任公司青岛营业部	青岛市市南区东海西路35号2栋3层2,3,4户
	东海期货有限责任公司青岛营业部	青岛市市南区东海西路39号世纪大厦17层D、E户
	成都倍特期货经纪有限公司青岛营业部	青岛市市南区香港西路67号光大国际金融中心5楼JK室
	中粮期货有限公司青岛营业部	青岛市市南区东海西路17号海信大厦1508、1509房间
	万达期货有限公司青岛营业部	青岛市市南区东海中路2号环海大厦20层E-02室
	锦泰期货有限公司青岛营业部	青岛市市南区闽江2号国华大厦2单元1801室
青海	财富期货有限公司	青海省西宁市城中区西大街18号神力大厦12层
	财富期货有限公司北京建外大街营业部	北京市朝阳区建国门外大街甲6号SK大厦204室
山东	鲁证期货有限公司	济南市经七路86号证券大厦15、16楼
	招金期货有限公司	山东省淄博市张店区柳泉路45号甲3号5层
	烟台中州期货经纪有限公司	烟台市兰山区迎春大街133-1科技创业大厦1楼
	鲁证期货有限公司济南营业部	济南市天桥区英贤街19号4楼、8楼
	鲁证期货有限公司烟台营业部	烟台市芝罘区北马路75号三水国际商务大厦9楼
	鲁证期货有限公司淄博营业部	淄博市张店区新村西路158号凤阳大酒店8楼
	鲁证期货有限公司临沂营业部	临沂市兰山区沂蒙路426号天基大厦六层
	鲁证期货有限公司济宁营业部	济宁市洸河路123号兴唐金茂大厦807室
	鲁证期货有限公司潍坊营业部	潍坊市奎文区东风东街299号6层
	鲁证期货有限公司东营营业部	东营市东营区济南路20号鑫都大厦8楼
	鲁证期货有限公司德州营业部	德州市东方红路5号中泰大厦16层
	中州期货有限公司临沂营业部	临沂市兰山区沂蒙路454号1号楼801室
	中州期货有限公司东营营业部	东营市东营区济南路47号科贸中心9层
	中州期货有限公司济南营业部	济南市市中区经七路386号房金大厦十层
	招金期货有限公司潍坊营业部	山东省潍坊市四平路33号甲齐力大厦四楼408室
	北京首创期货有限责任公司济南营业部	山东省济南市泉城路268号永安大厦9层902室
	江苏弘业期货有限公司济南营业部	山东省济南市市中区经七路88号房地产大厦14楼
	国信期货有限责任公司济南营业部	山东省济南市泉城路268号永安大厦901室
	上海中财期货有限公司济南营业部	山东省济南市解放路112号历东商务大厦16楼
	华元期货有限责任公司济南营业部	山东省济南市历下区佛山街28号银都商务中心二楼
	银河期货有限公司济南营业部	山东省济南市经七路83号
	浙江省永安期货经纪有限公司淄博营业部	山东省淄博市高新区柳泉路107号国贸大厦24层
	浙江省永安期货经纪有限公司济南营业部	山东省济南市历下区泺源大街29号5层
	成都倍特期货经纪有限公司济南营业部	山东省济南市泺源大街229号金龙大厦主楼17层
	大华期货有限公司日照营业部	山东省日照市东港区泰安路179号国际大厦B座10层
	东兴期货有限责任公司烟台营业部	山东省烟台市南大街9号金都大厦23层
	中国国际期货有限公司济南营业部	山东省济南市市中区纬二路51号山东商会大厦B座1601室
	金鹏期货经纪有限公司临沂营业部	山东省临沂市兰山区金雀山路10号开元上城国际B座1918、1919室
	上海中期期货经纪有限公司邹城营业部	山东省邹城市太平东路51号中国银行北区1层、9层
	一德期货经纪有限公司德州市商贸大道营业部	山东省德州市德城区商贸大道粮食物流中心综合楼东侧二层
	浙江新华期货经纪有限公司济南营业部	山东省济南市历下区历山路142号山东凯旋商务中心A座七层D区
	中证期货有限公司淄博营业部	淄博市张店区人民西路12号甲1号招商银行5楼
	中信建投期货经纪有限公司济南营业部	山东省济南市泺源大街150号中信广场楼602、606、607室
	新湖期货有限公司济南营业部	济南市历下区历山路157号6层601室
	美尔雅期货经纪有限公司济南营业部	济南市历下区经十路17703号华特广场B105、B107室
	宏源期货有限公司济南营业部	山东省济南市历下区文化西路13号海辰办公写字楼2-501室
	渤海期货有限公司济南营业部	济南市历下区解放路112号正大时代广场1811.1812.1813.1814.1815.1819室
	中钢期货有限公司济南营业部	济南市南门大街2号银座泉城大酒店B座二楼206-212
	浙江大地期货经纪有限公司济南营业部	济南市历下区文化西路13号海辰办公写字楼1-302
	浙江中大期货经纪有限公司济南营业部	济南市市中区纬二路51号山东商会大厦9层904单元
	英大期货有限公司潍坊营业部	潍坊市东风东街360号
	英大期货有限公司临沂营业部	山东省临沂市兰山区金雀山一路141号京元大厦9楼
	英大期货有限公司济南营业部	山东省济南市泺源大街5号良友富临大厦5楼
	英大期货有限公司东营营业部	山东省东营市北一路747号东赵大厦16层
山西	山西三立期货经纪有限公司	山西省太原市府西街69号1幢东塔楼16层
	和合期货经纪有限公司	山西省太原市菜园东街2号

辖区	机构名称	地址
	中辉期货经纪有限公司	山西省太原市新建路39号
	晟鑫期货经纪有限公司	山西省阳泉市德胜东街23号
	山西三立期货经纪有限公司临汾营业部	山西临汾棉花巷19号楼
	山西三立期货经纪有限公司晋城营业部	山西晋城市文昌东街319号
	民生期货有限公司阳泉营业部	山西省阳泉市新建路274号
	民生期货有限公司大同营业部	山西省大同市操场城街甲6号洪泰大厦10层1010、1011号房
	民生期货有限公司运城营业部	运城市盐湖区人民北路147号丰喜环球财富大厦
	民生期货有限公司太原营业部	太原市小店区亲贤北街31号太行世纪综合楼408、409室
	和合期货经纪有限公司大同营业部	大同市文昌路1号诚益大厦4层406室
	晟鑫期货经纪有限公司太原营业部	太原市小店区长治路103号阳光国际商务中心A座0904、0905
	晟鑫期货经纪有限公司晋中营业部	山西省晋中市榆太路106号隆源大厦三层
	晟鑫期货经纪有限公司长治营业部	长治市长兴中路43号
	大华期货有限公司太原营业部	山西省太原市新建路78号新闻大厦25层
	海航东银期货有限公司太原营业部	太原市小店区长风街12号新纪元大酒店1606－1613房间及1603房间
	海通期货有限公司太原营业部	太原市小店区长治路111号世贸大厦A座25层08室
	上海中财期货有限公司太原营业部	太原市杏花岭区府西街69号山西国际贸易中心东塔楼10层1010号
	南华期货有限公司太原营业部	太原市迎泽区解放南路2号山西景峰国际商务大厦2501、2502室
	上海东证期货有限公司太原营业部	太原市小店区并州南路6号鼎太风华第一幢B座0502、0503室
	湘财祈年期货经纪有限公司太原营业部	太原市小店区平阳路1号金茂国际数码中心大厦1幢A座17层A、B号
	瑞达期货有限责任公司太原营业部	太原市小店区长风大街705号(和信商业广场)1幢(塔楼)28层804－808室
	万达期货有限公司太原营业部	太原市小店区长治路111号世贸大厦A座24层A07、A08室
	东兴期货有限责任公司太原营业部	太原是小店区南内环街98－2号财富大厦22层2219、2219A、2221室
	中国国际期货有限公司太原营业部	太原市迎泽区解放南路2号山西景峰国际商务大厦604室
	东海期货有限责任公司太原营业部	太原市小店区王村南街65号山西投资大厦第六层南厅西三跨、北厅西二跨
	中粮期货有限公司太原营业部	太原市杏花岭区府西街69号山西国际贸易中心西塔楼20层2009单元
陕西	迈科期货经纪有限公司	西安市高新区唐延路33号迈科国际大厦22层
	陕西省长安期货经纪有限公司	西安市和平路99号金鑫国际七层708室
	西部期货有限公司	西安市东新街232号陕西信托大厦3层
	经易期货经纪有限公司西安营业部	陕西省西安市新城区新科路1号
	西部期货有限公司宝鸡营业部	陕西省宝鸡市经二路东段163号
	西部期货有限公司西安营业部	西安市高新区科技路48号创业广场A201室

辖区	机构名称	地址
	西部期货有限公司榆林营业部	榆林市榆阳区长城南路1号龙腾国际大酒店9层
	广发期货有限公司西安营业部	陕西省西安市北大街55号新时代广场4层I座
	山西三立期货经纪有限公司西安营业部	陕西省西安市二环南路100号金叶现代之窗10层
	中原期货经纪有限公司咸阳营业部	陕西省咸阳市渭城区新兴南路98号双保大厦二层
	陕西省长安期货经纪有限公司汉中营业部	陕西省汉中市汉台区东大街2号
	江苏弘业期货经纪有限公司西安营业部	陕西省西安市北大街55号新时代广场12C
	中辉期货经纪有限公司西安营业部	陕西省西安市高新区科技路48号创业广场B座1506室
	上海中财期货有限公司西安营业部	西安市碑林区和平路22号盛唐国际3楼304、307、308室
	国元海勤期货经纪有限公司西安营业部	西安市高新区高新四路13号朗臣大厦17楼11701、11702室
	国信期货有限责任公司榆林营业部	榆林市幸福路1号金穗大厦1层
	金元期货经纪有限公司西安营业部	西安市碑林区和平路118号和平银座11楼1101、1102室、1015室
	迈科期货经纪有限公司榆林营业部	榆林市经济开发区兴达路榆林国际商务大厦8楼C段
	迈科期货经纪有限公司西安营业部	西安市莲湖区北大街55号新时代广场7层H、I号
	北京中期期货经纪有限公司西安营业部	西安市高新区高新路42号金融大厦12层
	海通期货有限公司西安营业部	西安市高新区科技四路2号枫林绿洲G区3号商业楼10201室、10202室
上海	上海良茂期货经纪有限公司	上海市卢湾区打浦路198号
	东航期货经纪有限责任公司	上海市闵行区吴中路686弄3号D幢16楼
	中信新际期货有限公司	上海市浦东新区浦东大道1085号C座401室
	恒泰期货有限公司	上海市浦东新区松林路357号19层
	上海大陆期货有限公司	上海市凯旋路3131号明申中心大厦25楼、26楼
	东吴期货有限公司	上海市黄浦区西藏南路1208号6楼、10楼EFGH室
	东兴期货有限责任公司	上海市虹口区杨树浦路248号22层
	上海东证期货有限公司	上海市浦东新区浦电路500号期货大厦14层
	上海东亚期货有限公司	上海市浦东新区松林路300号期货大厦2202－2205室
	光大期货有限公司	上海市福山路458号303、601－602、1104－1106、1301－1303、1311－1312室
	国泰君安期货有限公司	上海市静安区延平路121号三和大厦26层
	海证期货有限公司	上海市虹口区临平北路19号
	海通期货有限公司	上海市浦东新区世纪大道1589号17楼、6楼01－04单元、25楼
	华闻期货经纪有限公司	上海市浦东大道720号国际航运金融大厦22楼A、B、C、D、M、N室
	上海久恒期货经纪有限公司	上海市浦东新区世纪大道1500号12楼北座
	上海金源期货经纪有限责任公司	上海市浦东新区源深路273号(1、2楼)

辖区	机构名称	地址
	上海普民期货经纪有限公司	上海市普陀区中山北路2550号820-824
	上海中期期货经纪有限公司	上海市浦东新区浦电路500号期货大厦11楼
	上海东方期货经纪有限责任公司	上海市浦东新区松林路300号1603室
	华鑫期货有限公司	上海市黄埔区宁海东路200号申鑫大厦28楼及2701、2703、2705、2706室
	华元期货有限责任公司	上海市浦东新区浦电路500号1202-1205室
	申银万国期货有限公司	上海市浦东新区东方路800号7、8、10楼
	上海通联期货有限公司	上海市浦东新区陆家嘴环路958号7楼
	上海中财期货经纪有限公司	上海市浦东新区陆家嘴环路958号23楼、2402室
	国投中谷期货有限公司	上海市东大名路638号五层
	上海浙石期货经纪有限公司	上海市浦东新区浦电路438号双鸽大厦10-G室
	新湖期货有限公司	上海市裕通路100号36层
	湘财祈年期货经纪有限公司	上海市虹口区四川北路859号1006室
	安信期货有限责任公司上海营业部	世纪大道1589号长泰国际金融大厦16层11单元
	北京首创期货有限责任公司上海营业部	徐汇区南丹东路181号2楼
	北京中期期货有限公司上海营业部	松林路300号上海期货大厦2501室
	渤海期货有限公司上海营业部	浦电路500号期货大厦3001室
	华泰长城期货有限公司上海世纪大道营业部	世纪大道1589号长泰国际金融大厦7层01-05单元
	长江期货有限公司上海世纪大道营业部	世纪大道1589号8楼01-02单元
	成都倍特期货经纪有限公司上海营业部	浦电路500号期货大厦2901室
	大华期货有限公司上海期货大厦营业部	松林路300号3004室、1805A室
	大通期货经纪有限公司上海营业部	浦东南路1289号华融大厦1010室
	大有期货有限公司上海营业部	中山北路2550号物贸大厦2楼
	东海期货有限责任公司上海营业部	世纪大道1568号33楼01-04单元
	甘肃陇达期货经纪有限公司上海营业部	浦电路500号期货大厦1602室
	格林期货有限公司上海营业部	福山路458号1506、1507、1508室
	冠通期货经纪有限公司上海营业部	松林路300号期货大厦2604室
	广发期货有限公司上海营业部	浦电路500号上海期货大厦2801、2804、2805室
	国都期货有限公司上海黄兴路营业部	杨浦区黄兴路1725号1001、1002、1003、1006室
	国海良时期货有限公司上海营业部	世纪大道1777号东方希望大厦8层G、H室
	国金期货有限责任公司上海芳甸路营业部	芳甸路1088号紫竹国际大厦501单元
	国联期货有限责任公司上海营业部	世纪大道1589号6楼10-11单元

辖区	机构名称	地址
	国贸期货经纪有限公司上海营业部	上海市浦东新区张杨路620号中融恒瑞大厦东楼902、903B1室
	国信期货有限责任公司上海陆家嘴环路营业部	陆家嘴环路958号华能大厦15楼
	安粮期货有限公司上海营业部	浦电路500号期货大厦2401室
	海航东银期货有限公司上海营业部	静安区南京西路580号南证大厦1801室
	红塔期货有限责任公司上海田林东路营业部	徐汇区田林东路414弄12号1楼
	宏源期货有限公司上海源深路营业部	浦东新区源深路1088号1501室、2104室
	华安期货有限责任公司上海竹林路营业部	浦东新区竹林路101号1004室
	华证期货经纪有限公司上海营业部	浦电路500号期货大厦2601B室
	汇鑫期货经纪有限公司上海营业部	浦东新区张杨路500号15F-EF座
	吉粮期货经纪有限公司上海营业部	杨浦区翔殷路1128号2104、2106室
	中融汇信期货有限公司上海营业部	松林路300号期货大厦1703室
	江苏东华期货经纪有限公司上海营业部	中山北路2550号物贸大厦805-808室、1825室
	江苏弘业期货经纪有限公司上海营业部	世纪大道1589号609、1210、1211室
	金瑞期货有限公司上海营业部	上海市浦东新区东方路16号6楼
	金石期货有限公司上海营业部	福山路458号同盛大厦1203-1206室
	金元期货经纪有限公司上海营业部	世纪大道1589号长泰国际金融大厦1808-1809室
	经易期货经纪有限公司上海营业部	浦东南路855号世界广场16楼E、F座
	英大期货有限公司上海营业部	浦电路500号期货大厦2301B、2302室
	鲁证期货有限公司上海营业部	浦电路438号双鸽大厦1801、1802室
	迈科期货经纪有限公司上海营业部	福山路458号同盛大厦705室
	南华期货有限公司上海虹桥路营业部	虹桥路663号1楼、3楼、7楼
	南华期货有限公司上海营业部	世纪大道1589号长泰国际金融大厦26楼
	宁波杉立期货经纪有限公司上海营业部	松林路300号期货大厦1501A室
	平安期货经纪有限公司上海营业部	浦电路500号期货大厦2003室
	瑞达期货经纪有限公司上海延安西路营业部	成都北路199号401室
	神华期货经纪有限公司上海营业部	虹口区吴淞路218号宝矿国际大厦1201室
	晟鑫期货经纪有限公司上海营业部	浦电路500号期货大厦2301室C
	天富期货有限公司上海营业部	浦电路438号双鸽大厦1105室
	万达期货有限公司上海营业部	浦电路500号期货大厦2802、2803室
	国元海勤期货有限公司上海营业部	松林路300号期货大厦3101室
	五矿期货经纪有限责任公司上海营业部	浦电路500号期货大厦2101室

辖区	机构名称	地址
	西南期货经纪有限公司上海营业部	浦电路500号期货大厦1802B室、1803室
	湘财祈年期货经纪有限公司上海北京西路营业部	静安区北京西路1399号3楼A座
	象屿期货有限责任公司上海营业部	上海市浦东新区松林路357号22层D/E/F1
	新湖期货有限公司世纪大道营业部	世纪大道1589号1801－04单元
	信达期货有限公司上海营业部	世纪大道1589号长泰国际金融大厦20楼05单元
	兴业期货有限公司上海营业部	浦电路500号期货大厦2002、2005室
	一德期货经纪有限公司上海营业部	中山北路2550号物贸大厦1604－1608室
	银河期货经纪有限公司上海源深路营业部	上海市浦东新区源深路1088号1203－1206室
	银建期货有限公司上海营业部	松林路357号2001－2005室
	招金期货有限公司上海营业部	中山北路1777号1905、1906室
	浙江省永安期货经纪有限公司上海营业部	浦电路500号期货大厦3102室
	浙江新华期货经纪有限公司上海世纪大道营业部	世纪大道1589号1203－1204室
	浙江新世纪期货经纪有限公司上海营业部	中山北路2550号物贸大厦905－908室
	浙江中大期货经纪有限公司上海延安东路营业部	黄浦区延安东路618号20层A2C室、首层109室
	浙商期货有限公司上海营业部	松林路357号25层2502－2506室
	中钢期货有限公司上海营业部	松林路300号2704室
	中国国际期货有限公司上海营业部	浦电路500号期货大厦1705、2502、2701室
	中航期货经纪有限公司上海营业部	徐汇区龙华西路396号4楼
	中粮期货有限公司上海营业部	松林路300号期货大厦2303－2304室
	中信建投期货经纪有限公司上海营业部	世纪大道1589号长泰国际金融大厦8楼08－11单元
	中银国际期货有限责任公司上海世纪大道营业部	世纪大道1589号长泰国际金融大厦901室
	中证期货有限公司上海营业部	世纪大道1777号东方希望大厦9层C、D、E、H室
	东吴期货有限公司上海牡丹江路营业部	上海宝山区牡丹江路1211号310室、311室
	东吴期货有限公司上海世纪大道营业部	浦东新区世纪大道1600号12A5－8室
	东吴期货有限公司上海肇嘉浜路营业部	上海市徐汇区肇嘉浜路746号1401B室
	光大期货有限公司上海肇嘉浜路营业部	上海市肇嘉浜路680号金钟大厦811室
	光大期货有限公司上海新闸路营业部	上海市静安区新闸路1518号2楼
	国泰君安期货有限公司上海期货大厦营业部	浦电路500号期货大厦2001B室
	国泰君安期货有限公司上海曲阳路营业部	虹口区曲阳路910号复城国际11号楼705/706室
	国泰君安期货有限公司上海中山北路营业部	普陀区中山北路3000号506—508单元
	海通期货有限公司上海期货大厦营业部	上海市浦东新区浦电路500号期货大厦2201B
	海通期货有限公司上海番禺路营业部	上海市长宁区番禺路3号裙房3A6、3A7、3F1室
	海证期货有限公司上海期货大厦营业部	松林路300号期货大厦2703室
	上海大陆期货有限公司上海长寿路营业部	上海市普陀区长寿路137号财富时代大厦1726室
	上海大陆期货有限公司上海金沙路营业部	上海市嘉定区金沙路75号汇金商务大厦802、806室
	上海大陆期货有限公司上海中山北二路营业部	上海市虹口区中山北二路1515号石油大厦D座508室
	上海大陆期货有限公司上海中山北路营业部	上海市普陀区中山北路3000号1105室
	上海大陆期货有限公司上海福山路营业部	上海市浦东新区福山路500号1903室
	上海东证期货有限公司上海延安西路营业部	上海市长宁区延安西路500号1601、1602室
	上海东证期货有限公司上海中山南路营业部	上海市黄浦区中山南路318号2号楼35楼
	上海良茂期货经纪有限公司上海宣化路营业部	上海市宣化路157号
	上海中财期货有限公司上海甘河路营业部	上海市虹口区甘河路8号203室
	上海中财期货有限公司上海襄阳南路营业部	上海市徐汇区襄阳南路365号B座
	上海中期期货经纪有限公司上海漕溪北路营业部	上海市徐汇区漕溪北路18号6B室
	上海中期期货经纪有限公司上海中山北路营业部	上海市中山北路2000号17层
	申银万国期货有限公司上海期货大厦营业部	上海市浦东新区浦电路500号期货大厦2903室、2105B室
	申银万国期货有限公司上海新昌路营业部	上海市黄浦区新昌路180号2楼
	华鑫期货有限公司上海浦东南路营业部	上海市浦东新区浦东南路379号金穗大厦8楼C座
	中辉期货经纪有限公司上海世纪大道营业部	上海市浦东新区世纪大道1589号1810、1811室
	中国国际期货有限公司上海南京西路营业部	黄浦区南京西路288号1905、1906室
	珠江期货有限公司上海营业部	浦东新区松林路300号期货大厦1308－1310室
	新纪元期货有限公司上海浦东南路营业部	浦东南路256号1905B室
	摩根大通期货有限公司上海营业部	静安区南京西路1601号越洋国际广场4204室、4205C室
	浙江大越期货经纪有限责任公司上海东方路营业部	浦东新区东方路899号909－912室
	海通期货有限公司上海纪念路营业部	虹口区纪念路465号3楼
	中信新际期货有限公司上海浦东大道营业部	上海市浦东新区浦东大道1085号C座402、405室
	国投中谷期货有限公司上海期货大厦营业部	浦东新区浦电路500号期货大厦1804室
	华元期货有限责任公司上海曲阳路营业部	上海市虹口区曲阳路666号8层888室
	徽商期货有限责任公司上海期货大厦营业部	浦东新区松林路300号期货大厦1505室
	美尔雅期货经纪有限公司上海源深路营业部	浦东新区源深路1088号1806室
	金鹏期货经纪有限公司上海期货大厦营业部	浦东新区松林路300号期货大厦1704室
深圳	中航期货经纪有限公司	深圳市福田区深南大道2008号中国凤凰大厦2栋5层512、513、501室

辖区	机构名称	地址
	深圳金汇期货经纪有限公司	深圳市福田区深南大道6013号中国有色大厦18楼
	金瑞期货有限公司	广东省深圳市福田区福虹路9号世界贸易广场A座2302－2304室、2401－2408室、38楼
	天琪期货有限公司	深圳市福田区深南大道4009号投资大厦三层01、04A区、13区E1－E3区、E4－1区
	中证期货有限公司	深圳市福田区中心三路8号卓越时代广场二期14层
	神华期货经纪有限公司	广东省深圳市福田区深南大道6008号特区报业大厦西区29F
	五矿期货有限公司	深圳市福田区益田路西福中路北新世界商务中心4801－A、4802－B、4803、4804
	海航东银期货有限公司	广东省深圳市福田区深南中路2068号华能大厦中区18层
	深圳瑞龙期货有限公司	深圳市福田区福中三路诺德金融中心主楼33D
	平安期货有限公司	广东省深圳市福田区中心区东南部时代财富大厦26B、26C、26D、26E、26F房
	招商期货有限公司	深圳市福田区福华一路6号免税商务大厦9层9－15单元及5层2、3、4、5、A单元
	广东鸿海期货有限公司	广东省深圳市福田区深南大道与金田路交界西南深圳国际交易广场2612、2613、2614、2615、2616
	乾坤期货有限公司	深圳市福田区深南大道4009号投资大厦2楼
	金瑞期货有限公司深圳南山营业部	深圳市南山区商业文化中心区海岸大厦(西座1701)
	天琪期货有限公司深圳营业部	深圳市福田区中心区卓越皇岗世纪中心1号楼19楼1906、1907、1908单元
	神华期货经纪有限公司深圳市南山大道营业部	深圳市南山区南山大道1175号新绿岛大厦8B
	深圳金汇期货经纪有限公司深圳营业部	深圳市福田区福华三路与金田路交汇处卓越世纪中心4栋1401－1402
	经易期货经纪有限公司深圳营业部	深圳市福田区福中三路1006号诺德中心18E
	江南期货经纪有限公司深圳营业部	深圳市福田区深南中路3024号航空大厦28楼
	广发期货有限公司深圳营业部	深圳市福田区中心区26－3中国凤凰大厦1栋15B
	方正期货有限公司深圳营业部	深圳市福田区金田路3037号金中环大厦4303室
	格林期货有限公司深圳营业部	广东省深圳市福田区金田路诺德中心9楼E单元
	国信期货有限责任公司深圳营业部	深圳市红岭中路1010号深圳国际信托大厦1907室
	迈科期货经纪有限公司深圳营业部	深圳市福田区益田路西福中路北新世界商务中心18层1802、1803、1804、1805
	瑞达期货经纪有限公司深圳营业部	深圳市福田区联合广场A1510
	宝城期货有限公司深圳营业部	深圳市福田区中心区深圳中心商务大厦1901－1906
	光大期货有限公司深圳营业部	深圳市福田区益田路6009号新世界商务中心2701－2702
	华泰长城期货有限公司深圳金田路营业部	深圳市福田区金田路与福中路交界东南荣超经贸中心1009
	华泰长城期货有限公司深圳竹子林营业部	深圳市福田区竹子林紫竹七道中国经贸大厦22层ABCDEFGHJ及13层ABC单元
	中粮期货经纪有限公司深圳营业部	深圳市福田区福华一路6号免税商务大厦2306
	新湖期货有限公司深圳营业部	深圳市福田区金田路4028号荣超经贸中心2405、2406室

辖区	机构名称	地址
	国泰君安期货有限公司深圳营业部	深圳市福田区益田路6009号新世界商务中心603
	湘财祈年期货经纪有限公司深圳营业部	深圳市福田区福华三路168号深圳国际商会中心0606、0608
	中国国际期货有限公司深圳市宝安宝民路营业部	深圳市宝安3区宝民路中粮地产集团中心609、610单元
	中国国际期货有限公司深圳市福田益田路营业部	深圳市福田区益田路6003号荣超商务中心A座15层
	南华期货有限公司深圳营业部	深圳市福田区金田路1028号荣超经贸中心812、2703、2705室
	中国国际期货有限公司深圳市罗湖深南东路营业部	深圳市罗湖区深南东路2010号奥康德大厦10楼西侧
	金元期货经纪有限公司深圳营业部	深圳市福田区上步南路1001号金峰大厦4F
	安信期货有限责任公司深圳营业部	深圳市福田区深南大道2008号中国凤凰大厦1栋7D、7E
	上海金源期货经纪有限责任公司深圳营业部	深圳市福田区福华一路98号卓越大厦1706A
	中航期货经纪有限公司深圳市南山营业部	深圳市南山区登良路南油第二工业区205栋7层701(恒裕中心A座)
	五矿期货有限公司深圳营业部	深圳市福田区上步南路锦峰大厦12B
	第一创业期货有限责任公司深圳营业部	深圳市深南大道4013号兴业银行3A层
	海通期货有限公司深圳营业部	深圳市福田区福华三路168号国际商会中心2810室
	银河期货经纪有限公司深圳营业部	深圳市福田中心区中心商务大厦1901－1904、1915－1918室
	鲁证期货有限公司深圳营业部	深圳市福田区深南大道与民田路交界西南新华保险大厦723、725、726、728单元
四川	成都倍特期货经纪有限公司	成都市青羊区青龙街51号倍特康派大厦第1幢9层1－11号及13层6号
	华西期货有限责任公司	成都市青羊区通惠门路3号
	国金期货有限责任公司	成都市东大街芷泉段229号1栋2单元28层
	成都倍特期货经纪有限公司绵阳营业部	四川省绵阳市涪城区临园路东段54号临园商务大厦16楼
	华西期货有限责任公司攀枝花营业部	攀枝花市东区大河北路149号4楼
	华西期货有限责任公司南充营业部	四川省南充市顺庆区丝绸路6号5楼
	华西期货有限责任公司泸州营业部	四川省泸州市龙马潭区龙南路66号1幢3号4层
	南华期货有限公司成都营业部	成都市下西顺城街30号广电士百达国际大厦5楼
	瑞达期货经纪有限公司成都营业部	成都市青羊区顺城大街229号顺城大厦6楼、8楼
	瑞达期货经纪有限公司乐山营业部	乐山市市中区龙游路西段46号3楼8号
	经易期货经纪有限公司成都营业部	成都市青羊区锦里东路2号宏达大厦11楼F座
	迈科期货经纪有限公司成都营业部	成都总府路2号时代广场A座21F09－10
	申银万国期货有限公司成都营业部	成都市槐树街2号申银万国大厦3楼
	广州期货有限公司成都营业部	成都市东大街下东大街2168号1栋22层2、3、4号
	广发期货有限公司成都营业部	成都市青羊区下南大街2号宏达国际广场18楼17－19号
	中国国际期货有限公司成都营业部	成都市武侯区人民南路四段19号1栋20层1－1、1－2、1－3、2号

辖区	机构名称	地址
	华泰长城期货有限公司成都营业部	成都市锦江区新光华街1号航天科技大厦8层806号
	中粮期货经纪有限公司成都营业部	成都市锦江区人民南路二段1号仁恒置地广场写字楼14楼1403单元
天津	一德期货有限公司	天津市和平区解放路188号信达广场14层
	和融期货经纪有限责任公司	天津市河西区气象台路100号
	象屿期货有限责任公司	天津经济技术开发区广场东路20号E4－C－5层西侧
	财达期货有限公司	天津市和平区君隆广场1,2号楼西安道2号501－503
	津投期货经纪有限公司	天津市河西区马场道59号国际贸易中心大厦A座9层
	天津金谷期货经纪有限公司	天津市和平区卫津路73号嘉利大厦2704－2708
	格林期货有限公司天津营业部	天津市和平区贵州路4号龙通大厦210号
	鲁证期货有限公司天津营业部	天津市开发区广场东路20号滨海金融街E3－B－11层
	北京中期期货经纪有限公司天津营业部	天津市和平区西康路35号出版大厦302
	银建期货经纪有限责任公司天津营业部	天津市河东区新开路冠福大厦2508室
	国泰君安期货有限公司天津营业部	天津市和平区郑州道18号港澳大厦6层
	民生期货有限公司天津营业部	天津市河西区徐州道5号外代大厦701室
	光大期货有限公司天津营业部	天津市河西区围堤道53号丽晶大厦1003室
	海航东银期货有限公司天津营业部	天津市和平区张自忠路240号港湾中心写字楼12B02
	上海大陆期货有限公司天津营业部	天津市和平区张自忠路240号港湾中心写字楼1－1－903
	南华期货有限公司天津营业部	天津市河西区友谊路41号大安大厦A座802
	北京首创期货有限责任公司天津营业部	天津开发区第三大街51号W2－ABC－4层中B区
	成都倍特期货经纪有限公司天津营业部	天津市河东区十一经路61号人保大厦22楼
	江苏弘业期货经纪有限公司天津营业部	天津市河西区围堤道53号丽晶大厦2202－2203A
	上海中财期货有限公司天津营业部	天津市和平区马场道114号二楼
	一德期货经纪有限公司天津营业部	天津市河西区围堤道103号峰汇广场A座1804室
	一德期货经纪有限公司天津滨海新区营业部	天津市开发区广场东路20号滨海金融街E4－C－208室
	象屿期货有限责任公司天津营业部	天津市河西区卫津南路21号新金龙大厦四层
	冠通期货经纪有限公司天津营业部	天津市河北区中山路290号万科中心大厦17层
	浙商期货有限公司天津营业部	天津市河西区友谊路5号北方金融大厦17层FHI座
	华泰长城期货有限公司天津营业部	天津市河西区友谊路35号城市大厦20层2002室
厦门	国贸期货经纪有限公司	厦门市湖滨南路国贸大厦11层、2层A1单元、5层B1单元
	瑞达期货经纪有限公司	厦门市思明区塔埔东路169号十三层
	中国国际期货有限公司厦门营业部	厦门市湖滨南路81号光大银行大厦11楼
	华证期货经纪有限公司厦门营业部	厦门市嘉禾路321号汇腾大厦1406室
	吉粮期货有限公司厦门营业部	厦门市湖滨南路258号鸿翔大厦21C－D
	象屿期货有限责任公司厦门营业部	厦门市湖滨北路68号厦门人民保险大厦二十层2007－2010单元
	东海期货有限责任公司厦门营业部	厦门市湖滨北路78号兴业银行大厦16楼
	海航东银期货有限公司厦门营业部	厦门市莲前西路2号莲富大厦写字楼10楼D座
	东吴期货有限公司厦门营业部	厦门市思明区嘉禾路386号财富广场B栋904单元
	兴业期货有限公司厦门营业部	厦门市思明区湖滨东路11号邮电广通大厦16层1601－1602室
	北京首创期货有限责任公司厦门营业部	厦门市思明区湖滨南路90号立信广场2304室
	国信期货有限责任公司厦门营业部	厦门市同安区银湖中路85号莲福大厦3层308、310、318室
	上海良茂期货经纪有限公司厦门营业部	厦门市思明区厦禾路877号胜骏广场305室、304室
	国元海勤期货有限公司厦门营业部	厦门市思明区莲岳路1号磐基中心1707－1708室
	中粮期货经纪有限公司厦门营业部	厦门市思明区厦禾路银行中心189号2212－2215室
	神华期货经纪有限公司厦门营业部	厦门市思明区厦禾路820号帝豪大厦506A
	金友期货经纪有限责任公司厦门营业部	厦门市东渡路61号振华大厦B座201室至204室
	瑞达期货经纪有限公司厦门营业部	厦门市湖滨西路大西洋海景城15楼C
	鑫鼎盛期货有限公司厦门营业部	厦门市鹭江道2号第一广场15楼1505－1507
	浙江大地期货经纪有限公司厦门营业部	厦门市思明区鹭江道96号之一钻石海岸A区23层2705单元
	万达期货有限公司厦门营业部	厦门市思明区塔埔东路168号1701单元
	广永期货有限公司厦门营业部	厦门市思明区厦禾路668号海翼大厦B栋5层02单元
新疆	金石期货有限公司	乌鲁木齐市解放北路90号天际大厦
	新疆天利期货经纪有限公司	乌鲁木齐市天山区西河坝后街137号瑞达国际大厦七楼
	金石期货有限公司石河子营业部	石河子市北四路167号四楼
	金石期货有限公司昌吉营业部	昌吉市延安北路198号东方广场16楼（1613室、1615室、1616室、1618室、1619室、1620室）
	金石期货有限公司库尔勒营业部	库尔勒市人民西路金都广场19楼
	金石期货有限公司哈密营业部	哈密市爱国北路18号电力宾馆C楼三层
	金石期货有限公司乌鲁木齐北京路营业部	新疆乌鲁木齐市北京南路416号盈科国际中心五层5、6、7号房
	新疆天利期货经纪有限公司克拉玛依营业部	克拉玛依市友谊路169号友谊大厦五楼
	新疆天利期货经纪有限公司伊犁营业部	伊宁市新伊犁河路怡安家园1号综合楼三楼
	新疆天利期货经纪有限公司阿克苏营业部	阿克苏市南大街2号新农大厦五楼
	万达期货有限公司乌鲁木齐营业部	乌鲁木齐市新华北路80号金谷大厦A座8楼
	宏源期货有限公司乌鲁木齐营业部	乌鲁木齐市天山区文艺路233号宏源大厦13楼
云南	云晨期货有限责任公司	云南省昆明市人民东路111号
	红塔期货有限责任公司	云南省昆明市北辰财富中心商住楼A幢28层（2801－A、B、C、D号）

辖区	机构名称	地址
	云晨期货有限责任公司蒙自营业部	云南省蒙自县天马路4号建行大楼三楼
	云晨期货有限责任公司楚雄营业部	云南省楚雄市鹿城南路2号新龙江广场6楼1号
	红塔期货有限责任公司昆明营业部	云南省昆明市祥云街55－59号银佳大厦16楼
	红塔期货有限责任公司大理营业部	云南省大理市建设西路6号建行大理南诏支行五楼
	红塔期货有限责任公司曲靖营业部	云南省曲靖市麒麟北路2号银利大酒店第20层
	北京首创期货有限责任公司昆明营业部	云南省昆明市护国路2－4号广业大厦15楼A区
	万达期货有限公司昆明营业部	云南省昆明市三市街6号柏联广场9楼901－910号
	乾坤期货有限公司昆明营业部	云南省昆明市青年路389号志远大厦23层C座
	浙江中大期货经纪有限公司昆明营业部	云南省昆明市东风东路84号国联大厦三楼
	银河期货经纪有限公司昆明营业部	云南省昆明市东风西路123号三合商利大厦13层A座
	长城伟业期货有限公司昆明营业部	云南省昆明市武成路13#地块天昊大厦1幢15楼B座
	宝城期货有限责任公司昆明营业部	云南省昆明市北京路900号颐高数码中心A座9楼
	五矿期货有限公司昆明营业部	云南省昆明市盘龙区北京路与北辰大道交口西南角拓城时代大厦A栋13楼2号
	广发期货有限公司昆明营业部	云南省昆明市护国路69号护国大厦15楼A座
	中国国际期货有限公司昆明营业部	云南省昆明市官渡区拓东路45号世博大厦11楼C1－C2号
浙江	浙江省永安期货经纪有限公司	杭州市潮王路208号浙江协作大厦3、6－10楼
	国海良时期货有限公司	杭州市河东路91号
	南华期货有限公司	杭州市上城区西湖大道193号定安名都三层
	浙江中大期货有限公司	杭州中山北路中大广场五矿大厦三楼
	宝城期货有限责任公司	杭州市求是路8号公元大厦南裙1－301、1－501,,北楼301、302、303
	浙江新世纪期货经纪有限公司	杭州市体育场路335号
	浙江大地期货经纪有限公司	杭州市延安路511号元通大厦12楼
	浙商期货有限公司	杭州市庆春路173号8－10层
	信达期货有限公司	杭州市文晖路108号浙江出版物资大厦12、16楼
	浙江大越期货经纪有限责任公司	绍兴市解放北路186号
	浙江省永安期货经纪有限公司萧山营业部	杭州市萧山区通惠中路1号泰富广场1幢506－509室
	浙江省永安期货经纪有限公司温州营业部	温州市小南路巴黎大厦2楼
	浙江省永安期货经纪有限公司金华营业部	金华市八一南街387号信华大楼12楼
	浙江省永安期货经纪有限公司义乌营业部	义乌市宾王路68号房地产交易大厦14楼
	浙江省永安期货经纪有限公司嘉兴营业部	嘉兴市建国南路317号惠青商务楼4层
	浙江省永安期货经纪有限公司绍兴营业部	绍兴市崇贤街9号1901－1905室
	浙江省永安期货经纪有限公司台州营业部	台州市市府大道253号曙光大厦9楼
	浙江省永安期货经纪有限公司瑞安营业部	瑞安市安阳街道隆山东路505号新湖大厦C单元22楼室
	南华期货有限公司温州营业部	温州市市府路口大自然大厦三期1号楼2302室
	南华期货有限公司嘉兴营业部	嘉兴市中山路133号粮食综合大楼五楼
	南华期货有限公司绍兴营业部	浙江省绍兴市越城区中兴路中兴商务楼501、601
	南华期货有限公司台州营业部	台州市耀达路99号现代购物广场401号
	南华期货有限公司萧山营业部	杭州市萧山区北干街道金城路429号/431号天汇园1幢2单元301/302室
	南华期货有限公司永康营业部	永康市丽州中路63号11楼
	浙商期货有限公司瑞安营业部	瑞安市长虹路二轻大厦五楼
	浙商期货有限公司温州营业部	温州市飞霞北路175号9楼
	浙商期货有限公司嘉兴营业部	嘉兴市国浩广场综合楼5楼
	浙商期货有限公司义乌营业部	义乌市宾王路223号一层、九层
	浙商期货有限公司台州营业部	台州世界贸易中心写字楼A区11层A－1123、A－1125、A－1127、A－1129
	浙商期货有限公司舟山营业部	舟山市定海区人民南路6号南珍大厦12楼
	浙商期货有限公司杭州中河中路营业部	浙江省杭州市中河中路281号1505、1506、1507、1508室
	浙商期货有限公司绍兴营业部	浙江省绍兴市城南绿洲写字楼五层
	浙商期货有限公司湖州营业部	浙江省湖州市现代广场3幢12A07－12A12、12A15室
	浙商期货有限公司萧山营业部	杭州市萧山区北干街道金城路540号心意广场3幢802室
	浙商期货有限公司丽水营业部	丽水市莲都区北苑路198号201－3、202－2室
	浙江中大期货有限公司温州营业部	温州市小南路205号2楼
	浙江中大期货有限公司温岭营业部	温岭市万昌路118号邮政大楼11楼
	浙江中大期货有限公司海宁营业部	海宁市海洲西路218号4楼
	浙江中大期货有限公司永康营业部	永康市解放街8号供销大厦4楼
	浙江中大期货有限公司义乌营业部	义乌市丹溪北路18号雪峰商务大厦22层
	浙江中大期货有限公司上虞营业部	浙江省上虞市百官街道王充路568号颖泰大厦601室
	浙江新世纪期货经纪有限公司嵊州营业部	嵊州市官河路682号4楼
	浙江新世纪期货经纪有限公司湖州营业部	湖州市新天地写字楼13层1318－1320室
	浙江新世纪期货经纪有限公司萧山营业部	萧山城厢镇商业新世纪广场C座八楼
	浙江新世纪期货经纪有限公司温州营业部	浙江省温州市飞霞南路439号鹿城建行大楼二楼北
	浙江新世纪期货经纪有限公司东阳营业部	浙江省东阳市吴宁街道办事处双岘路18号“信用联社大厦”G楼(一层)
	浙江新世纪期货经纪有限公司衢州营业部	衢州市狮桥街2号6楼

辖区	机构名称	地址
	浙江大地期货经纪有限公司台州营业部	台州市路桥区腾达路塑料化工市场1501-1504号
	浙江大地期货经纪有限公司衢州营业部	浙江省衢州市下街165号
	浙江大地期货经纪有限公司温州营业部	温州市黎明中路143号海关大楼四层东首
	浙江大地期货经纪有限公司诸暨营业部	诸暨市暨阳北路8号东方时代广场C幢401号
	信达期货有限公司乐清营业部	乐清市乐成镇乐怡路2号乐怡大厦3楼
	信达期货有限公司金华营业部	金华市中山路331号海洋大厦8楼
	信达期货有限公司富阳营业部	富阳市富春街道江滨西大道57号国贸中心写字楼901-902室
	信达期货有限公司台州营业部	台州市路桥区银安街679号501-510室
	信达期货有限公司义乌营业部	义乌市宾王路158号6楼
	国海良时期货有限公司绍兴营业部	诸暨市朱公路58号1-3层
	国海良时期货有限公司柯桥营业部	浙江省绍兴县柯桥湖西路228号发展广场-轻纺大厦B楼12层
	国海良时期货有限公司越城营业部	绍兴市迪荡新城北辰广场1603、1604室
	国海良时期货有限公司湖州营业部	湖州市威莱大街142号粮食大厦7楼
	国海良时期货有限公司台州营业部	台州温岭市万昌中路海关大楼北楼一楼
	宝城期货有限责任公司临海营业部	浙江省临海市大洋街道临海大道(中)45号
	宝城期货有限责任公司温州营业部	温州市鹿城区来福门松台大厦1幢1801、1802、1803室
	浙江大越期货经纪有限责任公司温州营业部	浙江省温州市车站大道裕达大厦1幢三层301-305室
	浙江大越期货经纪有限责任公司湖州营业部	德清县武康镇永安街148号东湖大厦四楼
	浙江大越期货经纪有限责任公司柯桥营业部	绍兴柯桥万商路精工大厦4楼
	浙江大越期货经纪有限责任公司杭州营业部	杭州市西湖区紫荆花路2号联合大厦A座1107室
	浙江大越期货经纪有限责任公司上虞营业部	上虞市城北新区锦茂大厦20楼2001室
	新湖期货有限公司杭州营业部	杭州市江干区剧院路358号宏程国际大厦2502、2503室
	新湖期货有限公司临海营业部	临海市东方大道8号建设大楼4层
	新湖期货有限公司嘉兴营业部	嘉兴市中环广场东区A-1203室
	新湖期货有限公司温州营业部	温州市市府路新益大厦1幢1102室
	宁波杉立期货经纪有限公司台州营业部	台州市黄岩城关环城东路258号交通大厦10楼1013室
	宁波杉立期货经纪有限公司温州营业部	温州市车站大道时代商住广场北幢601室
	上海浙石期货经纪有限公司杭州营业部	杭州市密渡桥路1号B幢3楼
	国信期货有限责任公司杭州营业部	杭州市江干区新塘路65号元华旺座1幢1701室
	银河期货经纪有限公司杭州营业部	杭州市解放路26号金衙庄大厦10楼
	江苏弘业期货有限公司杭州营业部	杭州市西湖大道18号新东方大厦B座1401室
	上海中财期货有限公司杭州营业部	杭州市体育场路458号中财金融广角二楼
	海通期货有限公司杭州营业部	杭州市凤起路334号同方财富大厦610室
	鲁证期货有限公司杭州营业部	杭州市延安路466号省经贸大楼15楼

辖区	机构名称	地址
	鲁证期货有限公司温州营业部	温州市小南路国鼎大厦写字楼六层608室
	广发期货有限公司杭州营业部	杭州西湖大道239号,定安路126号(耀江广厦)7003A、7003B室
	国泰君安期货有限公司杭州营业部	杭州市西湖大道58号金隆花园南区三层1号
	万达期货有限公司温州营业部	温州市人民路浦发大楼二层
	国金期货有限责任公司杭州营业部	杭州市文三路535号莱茵达大厦15层1502室(实际楼层为12层)
	中证期货有限公司温岭营业部	温岭市东辉北路152号万昌大厦二楼
	中证期货有限公司绍兴营业部	绍兴市中兴路288号现代大厦B幢401-402室
	中证期货有限公司义乌营业部	义乌市稠城丹溪路西侧F3号楼5-8号地块(丹溪北路65号)3楼、5楼
	中证期货有限公司杭州营业部	杭州延安路515号国信大厦11楼1117室
	红塔期货有限责任公司杭州营业部	浙江省杭州市中河中路222号21层2101室、2102室、2103室、2104室、2105室
	中粮期货经纪有限公司杭州营业部	杭州市滨江区江南大道288号1幢(康恩贝大厦B座)1001室
	经易期货经纪有限公司台州营业部	台州市黄岩区劳动北路黄岩总商会大厦11层
	宏源期货有限公司杭州营业部	杭州市拱墅区华浙广场1号18楼
	格林期货有限公司杭州营业部	杭州市庆春路25-29号远洋大厦8层B、C、D单元
	美尔雅期货经纪有限公司杭州营业部	杭州市西湖区杭大路9号聚龙大厦东3楼B室
	中银万国期货有限公司杭州营业部	杭州市延安路328号恒通大厦401、402室
	中国国际期货有限公司杭州营业部	杭州市西湖区杭大路15号嘉华国际商务中心706室
	瑞达期货经纪有限公司杭州营业部	杭州市上城区钱江路58号赞成·太和广场608-610室
	中辉期货经纪有限公司温州营业部	浙江省温州市车站大道高联大厦23层B2室、1层A1室
	盛达期货有限公司杭州营业部	杭州市江干区迪凯国际中心2101、2102、2103、2104室
	新纪元期货有限公司杭州营业部	杭州市上城区江城路889号香榭商务大厦E7、E7-1、F7室

2012 年全国期货公司分类评价结果

根据《期货公司分类监管规定》(证监会公告[2011]9号),经期货公司自评、中国证监会派出机构初审、期货公司分类监管评审委员会复核和评审等程序,确定2012年各期货公司分类结果如下:

2012 年期货公司分类评价结果

序号	期货公司名称	分类评价结果
1	中国国际期货有限公司	AA
2	浙江省永安期货经纪有限公司	AA
3	中证期货有限公司	AA
4	中粮期货有限公司	AA
5	广发期货有限公司	A
6	国泰君安期货有限公司	A
7	银河期货有限公司	A
8	南华期货有限公司	A

序号	期货公司名称	分类评价结果
9	海通期货有限公司	A
10	华泰长城期货有限公司	A
11	江苏弘业期货有限公司	A
12	浙商期货有限公司	A
13	光大期货有限公司	A
14	金瑞期货有限公司	A
15	鲁证期货有限公司	A
16	万达期货有限公司	A
17	申银万国期货有限公司	A
18	上海中期期货经纪有限公司	A
19	招商期货有限公司	A
20	浙江中大期货有限公司	A
21	国投中谷期货经纪有限公司	A
22	上海东证期货有限公司	A
23	新湖期货有限公司	BBB
24	瑞达期货经纪有限公司	BBB
25	迈科期货经纪有限公司	BBB
26	长江期货有限公司	BBB
27	格林期货有限公司	BBB
28	中信建投期货经纪有限公司	BBB
29	北京中期期货有限公司	BBB
30	大地期货有限公司	BBB
31	五矿期货有限公司	BBB
32	国信期货有限责任公司	BBB
33	中钢期货有限公司	BBB
34	国联期货有限责任公司	BBB
35	东海期货有限责任公司	BBB
36	信达期货有限公司	BBB
37	方正期货有限公司	BBB
38	国海良时期货有限公司	BBB
39	宏源期货有限公司	BB
40	安信期货有限责任公司	BB
41	一德期货有限公司	BB
42	盛达期货有限公司	BB
43	经易期货经纪有限公司	BB
44	北京首创期货有限责任公司	BB
45	中辉期货经纪有限公司	BB
46	美尔雅期货经纪有限公司	BB
47	成都倍特期货经纪有限公司	BB
48	徽商期货有限责任公司	BB
49	摩根大通期货有限公司	BB
50	华安期货有限责任公司	BB
51	新纪元期货有限公司	BB
52	中投天琪期货有限公司	BB
53	国贸期货经纪有限公司	BB
54	英大期货有限公司	BB
55	兴业期货有限公司	B
56	上海东亚期货有限公司	B
57	中信新际期货有限公司	B
58	东吴期货有限公司	B
59	渤海期货有限公司	B
60	锦泰期货有限公司	B
61	宝城期货有限责任公司	B
62	冠通期货经纪有限公司	B
63	华西期货有限责任公司	B
64	财富期货有限公司	B
65	安粮期货有限公司	B
66	上海中财期货有限公司	B
67	东航期货有限责任公司	B
68	金元期货经纪有限公司	B
69	创元期货经纪有限公司	B
70	中融汇信期货有限公司	B
71	浙江大越期货经纪有限责任公司	B
72	上海大陆期货有限公司	B
73	海航东银期货有限公司	B
74	浙江新世纪期货有限公司	CCC
75	云晨期货有限责任公司	CCC
76	中州期货有限公司	CCC
77	华鑫期货有限公司	CCC
78	大连良运期货经纪有限公司	CCC
79	上海金源期货经纪有限责任公司	CCC
80	上海浙石期货经纪有限公司	CCC
81	南证期货有限责任公司	CCC
82	金鹏期货经纪有限公司	CCC
83	红塔期货有限责任公司	CCC
84	大有期货有限公司	CCC
85	金石期货有限公司	CCC
86	神华期货经纪有限公司	CCC
87	上海良茂期货经纪有限公司	CCC
88	山西三立期货经纪有限公司	CCC
89	民生期货有限公司	CCC
90	中衍期货有限公司	CCC
91	大华期货有限公司	CCC
92	宁波杉立期货经纪有限公司	CCC
93	中电投先融期货有限公司	CCC
94	道通期货经纪有限公司	CCC
95	江海汇鑫期货有限公司	CCC
96	国金期货有限责任公司	CCC
97	江西瑞奇期货经纪有限公司	CCC
98	江苏东华期货有限公司	CCC
99	广州期货期货公司	CCC
100	天富期货有限公司	CCC
101	平安期货有限公司	CCC
102	中航期货经纪有限公司	CCC
103	德盛期货有限公司	CC
104	天鸿期货经纪有限公司	CC
105	江信国盛期货有限责任公司	CC
106	华海期货有限公司	CC
107	广永期货有限公司	CC
108	广晟期货有限公司	CC
109	深圳金汇期货经纪有限公司	CC
110	华联期货有限公司	CC
111	西部期货有限公司	CC
112	北方期货经纪有限责任公司	CC
113	大通期货经纪有限公司	CC
114	国都期货有限公司	CC

序号	期货公司名称	分类评价结果
115	国元海勤期货有限公司	CC
116	海证期货有限公司	CC
117	和融期货经纪有限责任公司	CC
118	京都期货有限公司	CC
119	乾坤期货有限公司	CC
120	陕西省长安期货经纪有限公司	CC
121	深圳瑞龙期货有限公司	CC
122	金谷期货有限公司	CC
123	中银国际期货有限责任公司	CC
124	鑫鼎盛期货经纪有限公司	CC
125	东兴期货有限责任公司	CC
126	国富期货有限公司	CC
127	恒泰期货有限公司	CC
128	华闻期货经纪有限公司	CC
129	湘财祈年期货经纪有限公司	CC
130	象屿期货有限责任公司	CC
131	财达期货有限公司	CC
132	晟鑫期货经纪有限公司	CC
133	华龙期货有限公司	CC
134	金友期货经纪有限责任公司	C
135	广东鸿海期货有限公司	C
136	西南期货经纪有限公司	C
137	金信期货有限公司	C
138	新疆天利期货经纪有限公司	C
139	中原期货有限公司	C
140	江南期货经纪有限公司	C
141	上海东方期货经纪有限责任公司	C
142	招金期货有限公司	C
143	和合期货经纪有限公司	C
144	华创期货有限责任公司	C
145	东方汇金期货有限公司	C
146	文峰期货有限公司	C
147	华元期货有限责任公司	C
148	第一创业期货有限责任公司	C
149	银建期货经纪有限责任公司	C
150	华融期货有限责任公司	C
151	河北恒银期货经纪有限公司	C
152	集成期货有限公司	C
153	上海久恒期货经纪有限公司	C
154	津投期货经纪有限公司	D
155	海南金海岸期货经纪有限公司	D
156	黑龙江时代期货经纪有限公司	D
157	上海通联期货有限公司	D
158	黑龙江三力期货经纪有限责任公司	D
159	上海普民期货经纪有限公司	D
160	华证期货有限公司	D
161	华南期货经纪有限公司	D

2011 年度期货公司按注册资本排名

序号	公司名称	注册资本
1	广发期货有限公司	110000.00
2	海通期货有限公司	100000.00
3	中国国际期货有限公司	100000.00
4	浙江省永安期货经纪有限公司	86000.00
5	中证期货有限公司	80000.00
6	申银万国期货有限公司	77600.00
7	华泰长城期货有限公司	60000.00
8	银河期货有限公司	60000.00
9	中粮期货有限公司	55000.00
10	鲁证期货有限公司	52000.00
11	国泰君安期货有限公司	50000.00
12	上海东证期货有限公司	50000.00
13	五矿期货有限公司	50000.00
14	浙商期货有限公司	50000.00
15	南华期货有限公司	45000.00
16	江苏弘业期货有限公司	38000.00
17	光大期货有限公司	35000.00
18	英大期货有限公司	35000.00
19	中信建投期货经纪有限公司	35000.00
20	大华期货有限公司	30000.00
21	国信期货有限责任公司	30000.00
22	锦泰期货有限公司	30000.00
23	信达期货有限公司	30000.00
24	兴业期货有限公司	30000.00
25	招商期货有限公司	30000.00
26	中投天琪期货有限公司	30000.00
27	安信期货有限责任公司	28600.00
28	格林期货有限公司	28018.00
29	中钢期货有限公司	28000.00
30	万达期货有限公司	24000.00
31	新湖期货有限公司	22500.00
32	金瑞期货有限公司	20400.00
33	财富期货有限公司	20000.00
34	长江期货有限公司	20000.00
35	东海期货有限责任公司	20000.00
36	东吴期货有限公司	20000.00
37	方正期货有限公司	20000.00
38	国都期货有限公司	20000.00
39	国联期货有限责任公司	20000.00
40	国投中谷期货有限公司	20000.00
41	国元海勤期货有限公司	20000.00
42	宏源期货有限公司	20000.00
43	华安期货有限责任公司	20000.00
44	经易期货经纪有限公司	20000.00
45	上海浙石期货经纪有限公司	20000.00
46	上海中期期货经纪有限公司	20000.00
47	中融汇信期货有限公司	20000.00
48	中信新际期货有限公司	20000.00
49	海证期货有限公司	16000.00
50	摩根大通期货有限公司	16000.00
51	北京首创期货有限责任公司	15000.00
52	渤海期货有限公司	15000.00
53	大有期货有限公司	15000.00
54	广永期货有限公司	15000.00
55	国金期货有限责任公司	15000.00

序号	公司名称	注册资本
56	金元期货经纪有限公司	15000.00
57	天富期货有限公司	15000.00
58	北京中期期货有限公司	14000.00
59	中衍期货有限公司	13500.00
60	吉粮期货有限公司	13000.00
61	一德期货有限公司	13000.00
62	广州期货有限公司	12792.00
63	上海通联期货有限公司	12500.00
64	宝城期货有限责任公司	12000.00
65	广晟期货有限公司	12000.00
66	华融期货有限责任公司	12000.00
67	华西期货有限责任公司	12000.00
68	迈科期货经纪有限公司	12000.00
69	平安期货有限公司	12000.00
70	瑞达期货经纪有限公司	12000.00
71	上海中财期货有限公司	12000.00
72	中原期货有限公司	11000.00
73	甘肃陇达期货经纪有限公司	10903.56
74	东兴期货有限责任公司	10800.00
75	红塔期货有限责任公司	10100.00
76	金鹏期货经纪有限公司	10090.00
77	中州期货有限公司	10000.00
78	安粮期货有限公司	10000.00
79	财达期货有限公司	10000.00
80	大地期货有限公司	10000.00
81	大连良运期货经纪有限公司	10000.00
82	德盛期货有限公司	10000.00
83	第一创业期货有限责任公司	10000.00
84	东航期货经纪有限责任公司	10000.00
85	冠通期货经纪有限公司	10000.00
86	国海良时期货有限公司	10000.00
87	国贸期货经纪有限公司	10000.00
88	海航东银期货有限公司	10000.00
89	恒泰期货有限公司	10000.00
90	华创期货有限责任公司	10000.00
91	华联期货有限公司	10000.00
92	华闻期货经纪有限公司	10000.00
93	华鑫期货有限公司	10000.00
94	华元期货有限责任公司	10000.00
95	江海汇鑫期货有限公司	10000.00
96	江苏文峰期货经纪有限责任公司	10000.00
97	金信期货有限公司	10000.00
98	京都期货有限公司	10000.00
99	民生期货有限公司	10000.00
100	南证期货有限责任公司	10000.00
101	宁波杉立期货经纪有限公司	10000.00
102	上海大陆期货有限公司	10000.00
103	上海东亚期货有限公司	10000.00
104	深圳瑞龙期货有限公司	10000.00
105	象屿期货有限责任公司	10000.00
106	招金期货有限公司	10000.00
107	浙江大越期货经纪有限责任公司	10000.00
108	浙江中大期货有限公司	10000.00
109	中电投先融期货有限公司	10000.00
110	中银国际期货有限责任公司	10000.00
111	津投期货经纪有限公司	8500.00
112	金谷期货有限公司	8000.00
113	上海久恒期货经纪有限公司	8000.00
114	深圳金汇期货经纪有限公司	8000.00
115	西部期货有限公司	8000.00
116	新纪元期货有限公司	7828.00
117	湘财祈年期货经纪有限公司	7800.00
118	上海良茂期货经纪有限公司	7000.00
119	晟鑫期货经纪有限公司	7000.00
120	创元期货经纪有限公司	6800.00
121	金石期货有限公司	6600.00
122	和融期货经纪有限责任公司	6500.00
123	中航期货经纪有限公司	6500.00
124	天鸿期货经纪有限公司	6300.00
125	中辉期货经纪有限公司	6200.00
126	金友期货经纪有限责任公司	6000.00
127	美尔雅期货经纪有限公司	5990.00
128	江西瑞奇期货经纪有限公司	5600.00
129	北方期货经纪有限责任公司	5500.00
130	集成期货有限公司	5500.00
131	江信国盛期货有限责任公司	5260.53
132	徽商期货有限责任公司	5200.00
133	道通期货经纪有限公司	5000.00
134	广东鸿海期货经纪有限公司	5000.00
135	河北恒银期货经纪有限公司	5000.00
136	华南期货经纪有限公司	5000.00
137	江苏东华期货经纪有限公司	5000.00
138	神华期货经纪有限公司	5000.00
139	盛达期货有限公司	5000.00
140	鑫鼎盛期货有限公司	5000.00
141	银建期货经纪有限责任公司	5000.00
142	云晨期货有限责任公司	5000.00
143	浙江新世纪期货有限公司	5000.00
144	华证期货有限公司	4000.00
145	上海金源期货经纪有限责任公司	4000.00
146	成都倍特期货经纪有限公司	3500.00
147	大通期货经纪有限公司	3000.00
148	国富期货有限公司	3000.00
149	海南金海岸期货经纪有限公司	3000.00
150	和合期货经纪有限公司	3000.00
151	黑龙江时代期货经纪有限公司	3000.00
152	华海期货有限公司	3000.00
153	江南期货经纪有限公司	3000.00
154	乾坤期货有限公司	3000.00
155	山西三立期货经纪有限公司	3000.00
156	陕西省长安期货经纪有限公司	3000.00
157	上海东方期货经纪有限责任公司	3000.00
158	上海普民期货经纪有限公司	3000.00
159	西南期货经纪有限公司	3000.00
160	新疆天利期货经纪有限公司	3000.00

2011 年度期货公司按净资本排名

序号	公司名称	净资本
1	海通期货有限公司	119187.44
2	广发期货有限公司	116484.36
3	江苏弘业期货有限公司	96039.50
4	浙江省永安期货经纪有限公司	92030.32
5	中粮期货有限公司	85488.35
6	申银万国期货有限公司	82560.45
7	中国国际期货有限公司	78387.98
8	南华期货有限公司	77866.96
9	中证期货有限公司	77817.07
10	华泰长城期货有限公司	76603.96
11	浙商期货有限公司	71404.66
12	银河期货有限公司	69998.42
13	国泰君安期货有限公司	66474.54
14	鲁证期货有限公司	60343.59
15	新湖期货有限公司	54639.80
16	上海东证期货有限公司	52838.21
17	五矿期货有限公司	52719.75
18	金瑞期货有限公司	49385.65
19	光大期货有限公司	45404.57
20	中信建投期货经纪有限公司	44836.04
21	万达期货有限公司	40965.56
22	招商期货有限公司	38897.36
23	国信期货有限责任公司	38263.92
24	上海中期期货经纪有限公司	35404.82
25	中钢期货有限公司	35330.96
26	国投中谷期货有限公司	33878.30
27	方正期货有限公司	32436.11
28	瑞达期货经纪有限公司	31910.15
29	格林期货有限公司	31376.29
30	中投天琪期货有限公司	31061.08
31	浙江中大期货有限公司	28740.73
32	信达期货有限公司	28443.42
33	东海期货有限责任公司	26499.87
34	中信新际期货有限公司	26261.66
35	大华期货有限公司	26058.85
36	英大期货有限公司	25533.24
37	长江期货有限公司	25496.33
38	兴业期货有限公司	25436.41
39	北京中期期货有限公司	24675.62
40	迈科期货经纪有限公司	24282.35
41	宏源期货有限公司	23872.33
42	国联期货有限责任公司	22952.56
43	华安期货有限责任公司	22827.74
44	安信期货有限责任公司	22825.21
45	金元期货经纪有限公司	21825.12
46	锦泰期货有限公司	21813.70
47	东吴期货有限公司	21663.56
48	上海浙石期货经纪有限公司	20592.74
49	财富期货有限公司	20119.91
50	大地期货有限公司	19732.21
51	中融汇信期货有限公司	18939.53
52	国海良时期货有限公司	18874.85
53	经易期货经纪有限公司	18581.87
54	摩根大通期货有限公司	18124.53
55	渤海期货有限公司	17274.90
56	冠通期货经纪有限公司	16008.95
57	上海通联期货有限公司	15824.60
58	一德期货有限公司	15419.07
59	美尔雅期货经纪有限公司	15129.72
60	华闻期货经纪有限公司	15103.07
61	国金期货有限责任公司	15081.20
62	浙江新世纪期货有限公司	14714.66
63	上海东亚期货有限公司	14442.55
64	成都倍特期货经纪有限公司	14363.19
65	中辉期货经纪有限公司	13853.90
66	浙江大越期货经纪有限责任公司	13738.71
67	宝城期货有限责任公司	13637.61
68	上海大陆期货有限公司	13511.54
69	国元海勤期货有限公司	13440.66
70	金鹏期货经纪有限公司	13434.12
71	云晨期货有限责任公司	13236.69
72	北京首创期货有限责任公司	13177.85
73	海航东银期货有限公司	12959.21
74	海证期货有限公司	12877.15
75	徽商期货有限责任公司	12629.60
76	华西期货有限责任公司	12476.92
77	宁波杉立期货经纪有限公司	12426.96
78	东航期货经纪有限责任公司	12206.20
79	国贸期货经纪有限公司	11802.08
80	新纪元期货有限公司	11656.55
81	中原期货有限公司	11486.20
82	天富期货有限公司	11420.50
83	中州期货有限公司	11315.20
84	甘肃陇达期货经纪有限公司	11276.56
85	大连良运期货经纪有限公司	10996.08
86	大有期货有限公司	10956.71
87	吉粮期货有限公司	10943.08
88	广晟期货有限公司	10898.71
89	上海中财期货有限公司	10889.13
90	中电投先融期货有限公司	10846.55
91	广州期货有限公司	10803.72
92	平安期货有限公司	10705.01
93	华元期货有限责任公司	10611.11
94	广永期货有限公司	10482.97
95	红塔期货有限责任公司	10400.80
96	国都期货有限公司	10238.01
97	德盛期货有限公司	10128.26
98	江苏文峰期货经纪有限责任公司	9946.40
99	象屿期货有限责任公司	9945.52
100	华联期货有限公司	9836.35
101	南证期货有限责任公司	9808.55
102	创元期货经纪有限公司	9547.17

序号	公司名称	净资本
103	华创期货有限责任公司	9329.08
104	恒泰期货有限公司	9196.36
105	江苏东华期货经纪有限公司	9130.11
106	华融期货有限责任公司	9002.24
107	华鑫期货有限公司	8883.81
108	招金期货有限公司	8865.07
109	中衍期货有限公司	8765.73
110	江海汇鑫期货有限公司	8756.35
111	上海久恒期货经纪有限公司	8674.56
112	金信期货有限公司	8545.80
113	上海良茂期货经纪有限公司	8188.85
114	深圳瑞龙期货有限公司	8141.77
115	民生期货有限公司	8021.86
116	深圳金汇期货经纪有限公司	7943.31
117	上海金源期货经纪有限责任公司	7693.79
118	津投期货经纪有限公司	7596.25
119	东兴期货有限责任公司	7470.39
120	江西瑞奇期货经纪有限公司	7276.41
121	安粮期货有限公司	7243.65
122	中银国际期货有限责任公司	7030.19
123	道通期货经纪有限公司	6891.43
124	财达期货有限公司	6694.17
125	京都期货有限公司	6673.63
126	金友期货经纪有限责任公司	6494.74
127	金石期货有限公司	6224.33
128	集成期货有限公司	6057.49
129	神华期货经纪有限公司	5846.33
130	西部期货有限公司	5769.45
131	和融期货经纪有限责任公司	5721.90
132	盛达期货有限公司	5692.70
133	湘财祈年期货经纪有限公司	5594.99
134	中航期货经纪有限公司	5538.11
135	第一创业期货有限责任公司	4833.00
136	广东鸿海期货经纪有限公司	4618.38
137	金谷期货有限公司	4577.62
138	天鸿期货经纪有限公司	4215.52
139	北方期货经纪有限责任公司	4131.01
140	新疆天利期货经纪有限公司	3797.13
141	江信国盛期货有限责任公司	3757.95
142	银建期货经纪有限责任公司	3731.49
143	鑫鼎盛期货有限公司	3586.07
144	晟鑫期货经纪有限公司	3577.83
145	河北恒银期货经纪有限公司	3528.36
146	上海东方期货经纪有限责任公司	3432.18
147	西南期货经纪有限公司	3194.84
148	山西三立期货经纪有限公司	3107.66
149	陕西省长安期货经纪有限公司	2656.74
150	上海普民期货经纪有限公司	2647.67
151	大通期货经纪有限公司	2687.70
152	江南期货经纪有限公司	2466.44
153	华证期货有限公司	2317.00
154	华海期货有限公司	2291.27
155	国富期货有限公司	2176.84
156	海南金海岸期货经纪有限公司	2079.89
157	和合期货经纪有限公司	2054.50
158	黑龙江时代期货经纪有限公司	1899.19
159	乾坤期货有限公司	1874.99
160	华南期货经纪有限公司	1422.70

来源：期货业协会

2011 年度期货公司按净资产排名

序号	公司名称	净资产
1	广发期货有限公司	123616.55
2	海通期货有限公司	119680.84
3	中国国际期货有限公司	118576.21
4	浙江省永安期货经纪有限公司	103593.15
5	江苏弘业期货有限公司	101863.47
6	中证期货有限公司	93831.34
7	中粮期货有限公司	88097.90
8	申银万国期货有限公司	84337.29
9	南华期货有限公司	79749.34
10	华泰长城期货有限公司	76863.37
11	银河期货有限公司	71407.78
12	浙商期货有限公司	70906.42
13	鲁证期货有限公司	67932.60
14	国泰君安期货有限公司	67329.05
15	上海东证期货有限公司	56740.20
16	新湖期货有限公司	55764.36
17	五矿期货有限公司	54772.83
18	金瑞期货有限公司	50292.59
19	英大期货有限公司	46725.23
20	光大期货有限公司	46575.94
21	中信建投期货经纪有限公司	44865.72
22	万达期货有限公司	42818.38
23	锦泰期货有限公司	41105.80
24	招商期货有限公司	40673.37
25	中钢期货有限公司	39090.39
26	国信期货有限责任公司	38285.08
27	信达期货有限公司	35857.39
28	格林期货有限公司	35435.36
29	上海中期期货经纪有限公司	35056.96
30	瑞达期货经纪有限公司	33695.94
31	国投中谷期货有限公司	33629.59
32	中投天琪期货有限公司	32264.17
33	方正期货有限公司	31499.04
34	兴业期货有限公司	29001.08
35	浙江中大期货有限公司	28580.94
36	东海期货有限责任公司	28303.75
37	大华期货有限公司	27670.52
38	国联期货有限责任公司	27562.59
39	中信新际期货有限公司	27214.12
40	经易期货经纪有限公司	26720.98
41	长江期货有限公司	26431.72

序号	公司名称	净资产
42	迈科期货经纪有限公司	24962.33
43	宏源期货有限公司	24957.30
44	安信期货有限责任公司	24582.57
45	北京中期期货有限公司	24566.95
46	国海良时期货有限公司	23193.92
47	华安期货有限责任公司	22751.78
48	东吴期货有限公司	22739.15
49	金元期货经纪有限公司	21924.10
50	上海浙石期货经纪有限公司	21810.85
51	财富期货有限公司	20468.79
52	中融汇信期货有限公司	20060.70
53	大地期货有限公司	20054.69
54	国元海勤期货有限公司	19233.69
55	摩根大通期货有限公司	18235.64
56	国都期货有限公司	17984.13
57	渤海期货有限公司	17005.89
58	一德期货有限公司	16965.59
59	冠通期货经纪有限公司	16332.44
60	上海通联期货有限公司	16172.03
61	美尔雅期货经纪有限公司	16025.58
62	金鹏期货经纪有限公司	16018.89
63	华闻期货经纪有限公司	15981.51
64	大有期货有限公司	15810.09
65	浙江新世纪期货有限公司	15607.80
66	海证期货有限公司	15601.11
67	国金期货有限责任公司	15421.31
68	上海中财期货有限公司	14812.39
69	宝城期货有限责任公司	14541.60
70	上海东亚期货有限公司	14353.81
71	北京首创期货有限责任公司	14122.95
72	华西期货有限责任公司	14009.31
73	浙江大越期货经纪有限责任公司	13921.12
74	云晨期货有限责任公司	13292.79
75	中辉期货经纪有限公司	13187.09
76	成都倍特期货经纪有限公司	13149.41
77	天富期货有限公司	12986.38
78	海航东银期货有限公司	12985.82
79	上海大陆期货有限公司	12977.24
80	宁波杉立期货经纪有限公司	12820.03
81	平安期货有限公司	12679.70
82	中衍期货有限公司	12678.18
83	广晟期货有限公司	12650.89
84	国贸期货经纪有限公司	12609.21
85	东航期货经纪有限责任公司	12165.42
86	新纪元期货有限公司	11805.11
87	广州期货有限公司	11793.51
88	中原期货有限公司	11665.92
89	徽商期货有限责任公司	11579.52
90	甘肃陇达期货经纪有限公司	11519.97
91	吉粮期货有限公司	11466.45
92	大连良运期货经纪有限公司	11375.29
93	广永期货有限公司	11275.25
94	华联期货有限公司	11253.96
95	中州期货有限公司	11238.62
96	红塔期货有限责任公司	11226.74
97	中电投先融期货有限公司	11196.32
98	江苏文峰期货经纪有限责任公司	11061.35
99	华融期货有限责任公司	10863.36
100	安粮期货有限公司	10829.10
101	华元期货有限责任公司	10682.05
102	招金期货有限公司	10673.77
103	德盛期货有限公司	10616.87
104	中银国际期货有限责任公司	10573.99
105	东兴期货有限责任公司	10376.39
106	象屿期货有限责任公司	10242.01
107	华鑫期货有限公司	10179.82
108	南证期货有限责任公司	10164.16
109	江海汇鑫期货有限公司	10150.74
110	华创期货有限责任公司	9936.91
111	恒泰期货有限公司	9646.09
112	创元期货经纪有限公司	9434.46
113	金信期货有限公司	9122.27
114	江苏东华期货经纪有限公司	9059.20
115	上海久恒期货经纪有限公司	8855.07
116	津投期货经纪有限公司	8647.91
117	江西瑞奇期货经纪有限公司	8591.76
118	深圳金汇期货经纪有限公司	8516.01
119	深圳瑞龙期货有限公司	8493.78
120	京都期货有限公司	8281.22
121	民生期货有限公司	8267.14
122	财达期货有限公司	7941.61
123	上海良茂期货经纪有限公司	7806.90
124	金谷期货有限公司	7661.56
125	银建期货经纪有限责任公司	7516.54
126	上海金源期货经纪有限责任公司	7476.87
127	集成期货有限公司	7468.37
128	道通期货经纪有限公司	7040.58
129	神华期货经纪有限公司	6876.39
130	西部期货有限公司	6706.14
131	金友期货经纪有限责任公司	6683.96
132	中航期货经纪有限公司	6679.93
133	金石期货有限公司	6333.71
134	和融期货经纪有限责任公司	6087.14
135	湘财祈年期货经纪有限公司	6076.77
136	第一创业期货有限责任公司	5946.54
137	盛达期货有限公司	5867.63
138	广东鸿海期货经纪有限公司	5105.53
139	北方期货经纪有限责任公司	4811.33
140	河北恒银期货经纪有限公司	4700.28
141	天鸿期货经纪有限公司	4468.24
142	晟鑫期货经纪有限公司	4305.55
143	江信国盛期货有限责任公司	4250.18
144	鑫鼎盛期货有限公司	4179.83
145	新疆天利期货经纪有限公司	3717.68

序号	公司名称	净资产
146	华证期货有限公司	3681.90
147	上海东方期货经纪有限责任公司	3524.34
148	西南期货经纪有限公司	3079.96
149	陕西省长安期货经纪有限公司	3049.35
150	上海普民期货经纪有限公司	2958.84
151	和合期货经纪有限公司	2830.11
152	江南期货经纪有限公司	2742.24
153	华海期货有限公司	2735.41
154	大通期货经纪有限公司	2725.11
155	国富期货有限公司	2456.74
156	山西三立期货经纪有限公司	2365.34
157	海南金海岸期货经纪有限公司	2314.86
158	黑龙江时代期货经纪有限公司	2079.17
159	乾坤期货有限公司	1954.78
160	华南期货经纪有限公司	1926.46

来源:期货业协会

2011年度期货公司按客户权益排名

序号	公司名称	客户权益
1	浙江省永安期货经纪有限公司	656980.62
2	中证期货有限公司	639996.92
3	中国国际期货有限公司	569582.00
4	中粮期货有限公司	539198.70
5	海通期货有限公司	531134.16
6	国泰君安期货有限公司	484115.05
7	华泰长城期货有限公司	465033.67
8	银河期货有限公司	398889.01
9	南华期货有限公司	367134.73
10	广发期货有限公司	346590.30
11	中银万国期货有限公司	334275.52
12	光大期货有限公司	316085.82
13	万达期货有限公司	296926.89
14	国投中谷期货有限公司	279303.73
15	金瑞期货有限公司	241950.18
16	新湖期货有限公司	227925.67
17	上海中期期货经纪有限公司	225723.66
18	上海东证期货有限公司	221908.95
19	格林期货有限公司	214906.93
20	鲁证期货有限公司	207747.98
21	招商期货有限公司	206012.80
22	浙商期货有限公司	203218.16
23	江苏弘业期货有限公司	170729.49
24	长江期货有限公司	169643.11
25	五矿期货有限公司	155636.19
26	经易期货经纪有限公司	154176.59
27	中钢期货有限公司	150323.87
28	浙江中大期货有限公司	148858.64
29	北京首创期货有限责任公司	143003.57
30	国联期货有限责任公司	137215.11
31	北京中期期货有限公司	133651.36
32	瑞达期货经纪有限公司	133239.82
33	成都倍特期货经纪有限公司	132915.46
34	兴业期货有限公司	132812.42
35	安信期货有限责任公司	131568.31
36	东海期货有限责任公司	131475.23
37	信达期货有限公司	125900.06
38	方正期货有限公司	117344.82
39	迈科期货经纪有限公司	114475.15
40	国信期货有限责任公司	113181.28
41	宏源期货有限公司	111307.02
42	中投天琪期货有限公司	108875.00
43	一德期货有限公司	107827.13
44	中信建投期货经纪有限公司	103723.53
45	大地期货有限公司	101319.63
46	中信新际期货有限公司	100396.35
47	冠通期货经纪有限公司	97607.22
48	宝城期货有限责任公司	94433.30
49	美尔雅期货经纪有限公司	92475.80
50	国海良时期货有限公司	91834.04
51	东吴期货有限公司	91516.73
52	摩根大通期货有限公司	90943.51
53	英大期货有限公司	84178.41
54	华安期货有限责任公司	80370.59
55	上海大陆期货有限公司	79777.90
56	大华期货有限公司	73477.79
57	徽商期货有限责任公司	72656.48
58	浙江大越期货经纪有限责任公司	71029.08
59	中辉期货经纪有限公司	70370.20
60	国贸期货经纪有限公司	69506.09
61	上海东亚期货有限公司	69037.75
62	金元期货经纪有限公司	67759.01
63	华西期货有限责任公司	64734.64
64	上海金源期货经纪有限责任公司	64227.55
65	大连良运期货经纪有限公司	63500.66
66	东航期货经纪有限责任公司	62352.88
67	上海中财期货有限公司	62099.99
68	浙江新世纪期货有限公司	61970.78
69	华联期货有限公司	61263.72
70	渤海期货有限公司	60418.37
71	国金期货有限责任公司	59388.36
72	海航东银期货有限公司	58879.69
73	华鑫期货有限公司	53481.25
74	南证期货有限责任公司	53024.38
75	华元期货有限责任公司	52852.53
76	中电投先融期货有限公司	50595.58
77	新纪元期货有限公司	49334.21
78	中银国际期货有限责任公司	49286.76
79	锦泰期货有限公司	48791.56
80	创元期货经纪有限公司	48554.05
81	广永期货有限公司	47078.32
82	江苏东华期货经纪有限公司	45902.73
83	大有期货有限公司	44713.49
84	金鹏期货经纪有限公司	43684.74
85	道通期货经纪有限公司	43237.15

序号	公司名称	客户权益
86	红塔期货有限责任公司	42636.43
87	宁波杉立期货经纪有限公司	42580.07
88	北方期货经纪有限责任公司	41863.20
89	天富期货有限公司	41785.33
90	江西瑞奇期货经纪有限公司	41783.13
91	财富期货有限公司	41288.79
92	国都期货有限公司	41281.17
93	江海汇鑫期货有限公司	40607.93
94	安粮期货有限公司	37450.44
95	广晟期货有限公司	36473.23
96	深圳金汇期货经纪有限公司	35659.38
97	云晨期货有限责任公司	35593.35
98	恒泰期货有限公司	34620.90
99	中州期货有限公司	32708.85
100	湘财祈年期货经纪有限公司	32628.26
101	上海良茂期货经纪有限公司	32170.98
102	国元海勤期货有限公司	31569.61
103	山西三立期货经纪有限公司	30863.05
104	中衍期货有限公司	30116.88
105	上海通联期货有限公司	29673.87
106	集成期货有限公司	29652.54
107	神华期货经纪有限公司	29626.19
108	广东鸿海期货经纪有限公司	28196.74
109	平安期货有限公司	27999.38
110	西部期货有限公司	27671.75
111	金石期货有限公司	27130.19
112	中原期货有限公司	26536.01
113	民生期货有限公司	26455.43
114	第一创业期货有限责任公司	26026.05
115	德盛期货有限公司	24029.75
116	金友期货经纪有限责任公司	23944.40
117	中航期货经纪有限公司	23318.09
118	上海浙石期货经纪有限公司	22950.60
119	海证期货有限公司	22170.42
120	江苏文峰期货经纪有限责任公司	22005.36
121	招金期货有限公司	21709.09
122	华闻期货经纪有限公司	21416.22
123	东兴期货有限责任公司	20793.49
124	广州期货有限公司	19813.87
125	银建期货经纪有限责任公司	18542.49
126	金信期货有限公司	18511.10
127	江南期货经纪有限公司	18294.19
128	盛达期货有限公司	18240.74
129	河北恒银期货经纪有限公司	16955.99
130	大通期货经纪有限公司	16480.05
131	象屿期货有限责任公司	12900.12
132	华创期货有限责任公司	12575.27
133	和融期货经纪有限责任公司	12025.14
134	中融汇信期货有限公司	10874.89
135	陕西省长安期货经纪有限公司	10708.81
136	天鸿期货经纪有限公司	10583.18
137	华证期货有限公司	10524.08
138	上海东方期货经纪有限责任公司	9776.24
139	乾坤期货有限公司	9235.80
140	华融期货有限责任公司	9220.19
141	和合期货经纪有限公司	7553.16
142	晟鑫期货经纪有限公司	7523.23
143	甘肃陇达期货经纪有限公司	6847.40
144	吉粮期货有限公司	6474.89
145	国富期货有限公司	5777.62
146	津投期货经纪有限公司	5321.59
147	金谷期货有限公司	4620.30
148	新疆天利期货经纪有限公司	4210.00
149	华海期货有限公司	3765.26
150	上海久恒期货经纪有限公司	3320.38
151	深圳瑞龙期货有限公司	3312.17
152	西南期货经纪有限公司	1907.38
153	财达期货有限公司	969.07
154	海南金海岸期货经纪有限公司	965.79
155	鑫鼎盛期货有限公司	959.75
156	京都期货有限公司	938.66
157	江信国盛期货有限责任公司	567.62
158	黑龙江时代期货经纪有限公司	450.31
159	上海普民期货经纪有限公司	388.61
160	华南期货经纪有限公司	334.56

来源:期货业协会

2011 年度期货公司按净利润排名

序号	公司名称	净利润
1	浙江省永安期货经纪有限公司	14198.76
2	中国国际期货有限公司	13288.96
3	广发期货有限公司	9021.72
4	国泰君安期货有限公司	8631.04
5	中粮期货有限公司	8039.65
6	中证期货有限公司	8014.20
7	银河期货有限公司	7618.04
8	华泰长城期货有限公司	7475.46
9	浙商期货有限公司	7250.27
10	江苏弘业期货有限公司	7104.58
11	海通期货有限公司	6610.11
12	鲁证期货有限公司	6588.14
13	瑞达期货经纪有限公司	6131.65
14	金瑞期货有限公司	5889.68
15	光大期货有限公司	5607.07
16	南华期货有限公司	5448.56
17	格林期货有限公司	5000.71
18	招商期货有限公司	4818.40
19	万达期货有限公司	4817.03
20	长江期货有限公司	4696.81
21	新湖期货有限公司	4603.85
22	迈科期货经纪有限公司	4418.03
23	浙江中大期货有限公司	4404.85
24	中信建投期货经纪有限公司	4182.22

序号	公司名称	净利润
25	国信期货有限责任公司	4169.12
26	申银万国期货有限公司	3533.09
27	上海中期期货经纪有限公司	3271.77
28	上海东证期货有限公司	3170.16
29	北京中期期货有限公司	2996.07
30	方正期货有限公司	2844.33
31	徽商期货有限责任公司	2751.36
32	大地期货有限公司	2418.54
33	上海东亚期货有限公司	2392.90
34	信达期货有限公司	2294.95
35	成都倍特期货经纪有限公司	2279.60
36	东海期货有限责任公司	2269.93
37	国投中谷期货有限公司	2234.92
38	华安期货有限责任公司	2174.01
39	盛达期货有限公司	2152.64
40	宏源期货有限公司	2087.27
41	经易期货经纪有限公司	2047.16
42	中投天琪期货有限公司	1825.71
43	美尔雅期货经纪有限公司	1782.38
44	浙江新世纪期货有限公司	1726.64
45	东吴期货有限公司	1623.78
46	冠通期货经纪有限公司	1600.92
47	五矿期货有限公司	1584.42
48	中辉期货经纪有限公司	1578.44
49	浙江大越期货经纪有限责任公司	1458.25
50	中信新际期货有限公司	1428.83
51	渤海期货有限公司	1373.42
52	国联期货有限责任公司	1362.17
53	东航期货经纪有限责任公司	1358.53
54	金元期货经纪有限公司	1313.55
55	安信期货有限责任公司	1277.94
56	金鹏期货经纪有限公司	1238.88
57	创元期货经纪有限公司	1144.50
58	摩根大通期货有限公司	1127.12
59	华西期货有限责任公司	1123.25
60	云晨期货有限责任公司	1073.80
61	宝城期货有限责任公司	1012.45
62	一德期货有限公司	1000.19
63	上海金源期货经纪有限责任公司	998.30
64	中电投先融期货有限公司	936.91
65	江苏东华期货经纪有限公司	862.16
66	华联期货有限公司	831.46
67	国贸期货经纪有限公司	804.06
68	上海浙石期货经纪有限公司	802.89
69	中州期货有限公司	788.96
70	道通期货经纪有限公司	779.41
71	锦泰期货有限公司	765.02
72	江西瑞奇期货经纪有限公司	755.97
73	新纪元期货有限公司	751.63
74	宁波杉立期货经纪有限公司	735.47
75	国海良时期货有限公司	715.00
76	大有期货有限公司	560.17
77	江苏文峰期货经纪有限责任公司	551.67
78	上海大陆期货有限公司	544.21
79	安粮期货有限公司	507.63
80	海航东银期货有限公司	470.80
81	广晟期货有限公司	451.50
82	华元期货有限责任公司	437.12
83	恒泰期货有限公司	431.59
84	上海良茂期货经纪有限公司	412.81
85	南证期货有限责任公司	401.47
86	甘肃陇达期货经纪有限公司	377.39
87	大连良运期货经纪有限公司	363.29
88	上海通联期货有限公司	362.56
89	英大期货有限公司	339.42
90	兴业期货有限公司	326.27
91	金友期货经纪有限责任公司	313.92
92	集成期货有限公司	309.10
93	红塔期货有限责任公司	277.16
94	中原期货有限公司	256.65
95	财富期货有限公司	249.55
96	德盛期货有限公司	236.56
97	华闻期货经纪有限公司	208.05
98	北京首创期货有限责任公司	143.15
99	海证期货有限公司	132.85
100	金谷期货有限公司	125.61
101	深圳金汇期货经纪有限公司	108.15
102	平安期货有限公司	88.11
103	北方期货经纪有限责任公司	84.69
104	江南期货经纪有限公司	84.49
105	新疆天利期货经纪有限公司	81.91
106	广东鸿海期货经纪有限公司	59.82
107	上海东方期货经纪有限责任公司	46.53
108	和合期货经纪有限公司	35.71
109	中融汇信期货有限公司	21.96
110	广州期货有限公司	21.29
111	华证期货有限公司	20.50
112	国金期货有限责任公司	16.58
113	招金期货有限公司	15.58
114	上海普民期货经纪有限公司	12.43
115	东兴期货有限责任公司	8.41
116	象屿期货有限责任公司	-49.42
117	国都期货有限公司	-49.54
118	黑龙江时代期货经纪有限公司	-51.96
119	津投期货经纪有限公司	-113.70
120	陕西省长安期货经纪有限公司	-138.38
121	大通期货经纪有限公司	-156.38
122	海南金海岸期货经纪有限公司	-170.50
123	国富期货有限公司	-197.12
124	财达期货有限公司	-210.19
125	西南期货经纪有限公司	-220.47
126	华创期货有限责任公司	-229.25
127	江信国盛期货有限责任公司	-236.07
128	上海久恒期货经纪有限公司	-256.27

序号	公司名称	净利润
129	和融期货经纪有限责任公司	-257.40
130	国元海勤期货有限公司	-280.55
131	华海期货有限公司	-281.34
132	中航期货经纪有限公司	-301.07
133	江海汇鑫期货有限公司	-303.29
134	华南期货经纪有限公司	-312.15
135	山西三立期货经纪有限公司	-314.00
136	民生期货有限公司	-365.18
137	金石期货有限公司	-372.76
138	乾坤期货有限公司	-373.48
139	神华期货经纪有限公司	-401.46
140	河北恒银期货经纪有限公司	-417.06
141	中银国际期货有限责任公司	-430.36
142	西部期货有限公司	-452.36
143	广永期货有限公司	-484.84
144	银建期货经纪有限责任公司	-513.83
145	第一创业期货有限责任公司	-529.48
146	鑫鼎盛期货有限公司	-584.84
147	湘财祈年期货经纪有限公司	-663.94
148	华鑫期货有限公司	-678.72
149	天富期货有限公司	-681.96
150	京都期货有限公司	-701.18
151	大华期货有限公司	-726.08
152	深圳瑞龙期货有限公司	-746.71
153	天鸿期货经纪有限公司	-879.50
154	金信期货有限公司	-911.02
155	吉粮期货有限公司	-1113.52
156	晟鑫期货经纪有限公司	-1240.11
157	华融期货有限责任公司	-1531.09
158	中衍期货有限公司	-1658.02
159	上海中财期货有限公司	-3391.13
160	中钢期货有限公司	-4763.42

来源:期货业协会

2011 年度期货公司按手续费收入排名

序号	公司名称	手续费收入
1	浙江省永安期货经纪有限公司	33456.18
2	海通期货有限公司	27926.49
3	中国国际期货有限公司	27857.61
4	江苏弘业期货有限公司	27182.21
5	银河期货有限公司	26746.52
6	南华期货有限公司	24632.09
7	国泰君安期货有限公司	22861.47
8	中证期货有限公司	22399.17
9	华泰长城期货有限公司	21792.21
10	广发期货有限公司	21050.83
11	鲁证期货有限公司	20943.43
12	浙商期货有限公司	18736.43
13	浙江中大期货有限公司	17513.19
14	瑞达期货经纪有限公司	15943.32
15	中银万国期货有限公司	15672.20
16	中粮期货有限公司	14111.44
17	光大期货有限公司	13464.71
18	东海期货有限责任公司	12790.11
19	国联期货有限责任公司	12766.40
20	国海良时期货有限公司	12708.21
21	宝城期货有限责任公司	12096.28
22	金瑞期货有限公司	12073.86
23	中辉期货经纪有限公司	11979.53
24	长江期货有限公司	11496.14
25	成都倍特期货经纪有限公司	11486.80
26	万达期货有限公司	11396.19
27	方正期货有限公司	11309.04
28	徽商期货有限责任公司	11305.32
29	信达期货有限公司	10892.94
30	中信建投期货经纪有限公司	10702.39
31	美尔雅期货经纪有限公司	10354.83
32	新纪元期货有限公司	10310.64
33	新湖期货有限公司	10274.76
34	格林期货有限公司	10247.64
35	上海中期期货经纪有限公司	10229.32
36	北京中期期货有限公司	10137.12
37	迈科期货经纪有限公司	9768.00
38	国信期货有限责任公司	9172.83
39	上海东证期货有限公司	8995.73
40	大地期货有限公司	8985.27
41	东吴期货有限公司	8749.47
42	招商期货有限公司	8381.05
43	经易期货经纪有限公司	8342.37
44	宏源期货有限公司	8118.08
45	浙江新世纪期货有限公司	8080.88
46	兴业期货有限公司	7954.68
47	上海中财期货有限公司	7783.62
48	华安期货有限责任公司	7502.80
49	海航东银期货有限公司	7266.02
50	渤海期货有限公司	7092.26
51	中投天琪期货有限公司	7005.04
52	北京首创期货有限责任公司	6818.39
53	英大期货有限公司	6373.53
54	盛达期货有限公司	6174.71
55	冠通期货经纪有限公司	6139.51
56	东航期货经纪有限责任公司	5859.46
57	华西期货有限责任公司	5852.55
58	一德期货有限公司	5825.64
59	安信期货有限责任公司	5747.79
60	国贸期货经纪有限公司	5695.44
61	江西瑞奇期货经纪有限公司	5564.78
62	神华期货经纪有限公司	5518.92
63	中钢期货有限公司	5453.16
64	上海大陆期货有限公司	5347.69
65	锦泰期货有限公司	5280.59
66	浙江大越期货经纪有限责任公司	5171.16

序号	公司名称	手续费收入
67	创元期货经纪有限公司	4952.91
68	上海良茂期货经纪有限公司	4876.90
69	南证期货有限责任公司	4851.35
70	金元期货经纪有限公司	4794.92
71	中州期货有限公司	4745.89
72	大有期货有限公司	4450.72
73	民生期货有限公司	4389.71
74	安粮期货有限公司	4375.90
75	大华期货有限公司	4296.68
76	德盛期货有限公司	4250.29
77	华鑫期货有限公司	4201.22
78	国投中谷期货有限公司	4159.82
79	金石期货有限公司	4121.32
80	山西三立期货经纪有限公司	4052.92
81	金鹏期货经纪有限公司	4017.41
82	道通期货经纪有限公司	3974.05
83	集成期货有限公司	3958.65
84	华联期货有限公司	3799.83
85	中衍期货有限公司	3773.57
86	大连良运期货经纪有限公司	3531.05
87	中电投先融期货有限公司	3529.43
88	华元期货有限责任公司	3520.78
89	湘财祈年期货经纪有限公司	3486.02
90	国金期货有限责任公司	3408.89
91	上海东亚期货有限公司	3388.46
92	中信新际期货有限公司	3301.22
93	五矿期货有限公司	3301.19
94	宁波杉立期货经纪有限公司	3266.98
95	江苏东华期货经纪有限公司	3203.95
96	江海汇鑫期货有限公司	3145.95
97	红塔期货有限责任公司	3010.59
98	广晟期货有限公司	2990.42
99	广永期货有限公司	2967.28
100	招金期货有限公司	2759.53
101	中原期货有限公司	2733.94
102	金友期货经纪有限责任公司	2730.98
103	上海金源期货经纪有限责任公司	2667.94
104	广东鸿海期货经纪有限公司	2474.53
105	华证期货有限公司	2352.32
106	江苏文峰期货经纪有限责任公司	2284.27
107	国元海勤期货有限公司	2175.99
108	云晨期货有限责任公司	2160.59
109	海证期货有限公司	2149.93
110	北方期货经纪有限责任公司	2043.00
111	西部期货有限公司	2037.50
112	广州期货有限公司	1975.86
113	深圳金汇期货经纪有限公司	1955.04
114	上海浙石期货经纪有限公司	1904.95
115	天富期货有限公司	1846.00
116	中银国际期货有限责任公司	1836.59
117	国都期货有限公司	1748.59
118	金信期货有限公司	1736.89
119	银建期货经纪有限责任公司	1734.66
120	中融汇信期货有限公司	1708.06
121	江南期货经纪有限公司	1690.68
122	中航期货经纪有限公司	1664.34
123	华闻期货经纪有限公司	1566.10
124	摩根大通期货有限公司	1542.31
125	上海通联期货有限公司	1482.51
126	和合期货经纪有限公司	1444.61
127	平安期货有限公司	1380.05
128	河北恒银期货经纪有限公司	1313.83
129	象屿期货有限责任公司	1204.88
130	新疆天利期货经纪有限公司	1171.86
131	华创期货有限责任公司	1099.24
132	第一创业期货有限责任公司	1072.96
133	晟鑫期货经纪有限公司	1059.34
134	华融期货有限责任公司	932.10
135	恒泰期货有限公司	930.05
136	甘肃陇达期货经纪有限公司	921.00
137	金谷期货有限公司	749.82
138	津投期货经纪有限公司	704.58
139	东兴期货有限责任公司	671.36
140	大通期货经纪有限公司	571.11
141	吉粮期货有限公司	515.00
142	陕西省长安期货经纪有限公司	486.93
143	华海期货有限公司	468.98
144	财富期货有限公司	455.98
145	国富期货有限公司	421.83
146	西南期货经纪有限公司	414.68
147	乾坤期货有限公司	344.93
148	深圳瑞龙期货有限公司	313.05
149	和融期货经纪有限责任公司	285.30
150	天鸿期货经纪有限公司	248.17
151	上海东方期货经纪有限责任公司	175.76
152	鑫鼎盛期货有限公司	155.09
153	上海久恒期货经纪有限公司	109.61
154	海南金海岸期货经纪有限公司	94.91
155	京都期货有限公司	78.61
156	华南期货经纪有限公司	74.64
157	财达期货有限公司	65.49
158	黑龙江时代期货经纪有限公司	35.38
159	上海普民期货经纪有限公司	35.30
160	江信国盛期货有限责任公司	32.00

来源:期货业协会

2011 年度中国期货市场期货交易情况统计表

日期	大连商品交易所		上海期货交易所		郑州商品交易所		中国金融期货交易所	
	成交量(万手)	成交金额(亿元)	成交量(万手)	成交金额(亿元)	成交量(万手)	成交金额(亿元)	成交量(万手)	成交金额(亿元)
2010 年累计	80633.55	417058.81	124379.63	1234794.99	99181.01	617998.88	9174.66	821397.94
2011.01	2195.58	14324.93	1853.70	28528.68	2628.62	23366.82	433.82	39956.30
2011.02	1772.55	10126.36	1583.79	22540.18	2547.78	24152.06	298.72	28624.78
2011.03	2257.74	13638.70	2867.27	36048.46	4774.77	51221.49	446.41	43756.02
2011.04	2004.06	13300.07	1951.44	25340.87	3897.28	39749.23	312.69	30986.91
2011.05	2128.68	13478.34	2544.84	33694.69	4366.88	41454.08	341.30	31690.59
2011.06	2029.35	12493.96	2052.48	28263.39	3545.83	30324.74	367.50	32774.08
2011.07	2321.86	14397.70	1769.41	25191.88	4000.26	32614.40	347.09	32061.57
2011.08	2770.37	16587.43	2534.65	38666.08	4478.26	31686.16	459.27	39427.01
2011.09	3117.63	17781.28	2772.68	46143.15	3613.12	22655.57	491.08	39946.29
2011.10	2601.94	13120.34	3653.24	48300.32	2273.98	12942.92	413.27	32457.39
2011.11	3474.73	18140.85	4611.68	64396.44	2618.78	13502.64	496.45	39905.13
2011.12	2230.20	11366.28	2628.74	37420.21	1898.37	10543.26	634.02	46073.49
2011 年累计	28904.69	168756.22	30823.92	434534.35	40643.92	334213.37	5041.62	437659.55

注:自 2011 年 1 月份起,成交量和成交金额数据按照单边统计。

2012 年 1 - 6 月中国期货市场期货交易情况统计表

日期	大连商品交易所		上海期货交易所		郑州商品交易所		中国金融期货交易所	
	成交量(万手)	成交金额(亿元)	成交量(万手)	成交金额(亿元)	成交量(万手)	成交金额(亿元)	成交量(万手)	成交金额(亿元)
2010 年累计	80633.55	417058.81	124379.63	1234794.99	99181.01	617998.88	9174.66	821397.94
2011.04	2004.06	13300.07	1951.44	25340.87	3897.28	39749.23	312.69	30986.91
2011.05	2128.68	13478.34	2544.84	33694.69	4366.88	41454.08	341.30	31690.59
2011.06	2029.35	12493.96	2052.48	28263.39	3545.83	30324.74	367.50	32774.08
2011.07	2321.86	14397.70	1769.41	25191.88	4000.26	32614.40	347.09	32061.57
2011.08	2770.37	16587.43	2534.65	38666.08	4478.26	31686.16	459.27	39427.01
2011.09	3117.63	17781.28	2772.68	46143.15	3613.12	22655.57	491.08	39946.29
2011.10	2601.94	13120.34	3653.24	48300.32	2273.98	12942.92	413.27	32457.39
2011.11	3474.73	18140.85	4611.68	64396.44	2618.78	13502.64	496.45	39905.13
2011.12	2230.20	11366.28	2,628.74	37,420	1898.37	10543.26	634.02	46073.49
2011 年累计	28904.69	168756.22	30823.92	434534.35	40643.92	334213.37	5041.62	437659.55
2012.01	1150.50	5959.92	1811.73	27669.03	1152.30	6654.15	554.16	40230.35
2012.02	2003.00	10185.95	2661.18	40226.09	1674.73	9459.41	793.66	60768.49
2012.03	3328.68	16454.18	2305.16	35207.25	1764.02	9428.03	699.89	54838.26
2012.04	3023.94	15004.23	1426.76	25162.78	1352.65	7977.56	606.25	46742.59
2012.05	5108.78	22187.13	2516.34	40080.15	2414.92	14322.46	720.74	56844.05
2012.06	4994.67	22351.82	2448.39	38701.83	4163.93	21240.28	713.91	54311.21

注:自 2011 年 1 月份起,成交量和成交金额数据按照单边统计。

2012年12月份全国期货市场交易情况统计

交易所	品种	今年12月成交量（手）	去年12月交易量（手）	同比增减百分比（%）	今年12月成交金额（亿元）	去年12月成交金额（亿元）	同比增减百分比（%）	今年1-12月成交总量（手）	去年1-12月成交总量（手）	同比增减百分比（%）	今年1-12月成交金额（亿元）	去年1-12月成交金额（亿元）	同比增减百分比（%）	今年1-12月成交金额所占份额（%）	去年1-12月成交金额所占份额（%）	同比增减百分比（%）
上海期货交易所	铜	2,986,797	6,527,814	-54.25	8,585.73	18,190.25	-52.80	57,284,835	48,961,130	17.00	163,744.71	149,667.09	9.41	9.57%	10.88%	-12.08
	铝	251,200	390,494	-35.67	192.40	311.94	-38.32	3,942,680	9,953,918	-60.39	3,094.90	8,535.17	-63.74	0.18%	0.62%	-70.86
	锌	1,391,721	3,077,309	-54.77	1,077.31	2,325.62	-53.68	21,100,924	53,663,483	-60.68	16,131.88	46,182.75	-65.07	0.94%	3.36%	-71.93
	铅	6,159	7,622	-19.19	23.49	29.28	-19.78	68,646	293,280	-76.59	265.01	1,280.80	-79.31	0.02%	0.09%	-83.37
	黄金	454,194	822,484	-44.78	1,557.40	2,754.48	-43.46	5,916,745	7,221,758	-18.07	20,182.19	25,488.04	-20.82	1.18%	1.85%	-36.37
	天胶	4,414,957	8,609,813	-48.72	11,038.29	10,942.76	0.87	75,176,266	104,286,399	-27.91	154,493.48	165,237.11	-6.50	9.03%	12.02%	-24.87
	燃料油	162	1,064	-84.77	0.41	2.70	-84.94	9,132	1,971,141	-99.54	23.71	964.39	-97.54	0.00%	0.07%	-98.02
	螺纹钢	27,008,917	6,850,662	294.25	10,137.36	2,863.12	254.07	180,562,480	81,884,789	120.51	67,385.62	37,177.51	81.25	3.94%	2.70%	45.65
	线材	307	147	108.84	0.12	0.06	90.93	2,717	3,242	-16.19	1.06	1.49	-28.80	0.00%	0.00%	-42.78
	白银	3,188,088			3,167.35			21,264,954			20,654.30			1.21%		
	小　计	39,702,502	26,287,409	51.03	35,779.85	37,420.21	-4.38	365,329,379	308,239,140	18.52	445,976.86	434,534.36	2.63	26.06%	31.60%	-17.52
郑州商品交易所	强麦	692,299	373,537	85.34	176.90	88.75	99.32	25,806,687	7,911,704	226.18	6,536.30	2,237.91	192.07	0.38%	0.16%	134.71
	棉花	973,785	1,427,604	-31.79	939.06	1,477.57	-36.45	21,033,646	139,046,624	-84.87	20,944.31	181,297.30	-88.45	1.22%	13.18%	-90.72
	白糖	10,868,645	8,817,464	23.26	5,938.09	5,450.61	8.94	148,290,190	128,209,968	15.66	84,094.98	88,335.38	-4.80	4.91%	6.42%	-23.50
	PTA	12,807,714	7,926,275	61.59	5,261.89	3,282.43	60.30	121,263,913	120,546,513	0.60	47,980.83	58,082.25	-17.39	2.80%	4.22%	-33.62
	菜籽油	286,456	130,462	119.57	141.68	61.39	130.79	6,257,419	4,327,965	44.58	3,192.01	2,252.88	41.69	0.19%	0.16%	13.86
	早籼稻	342,303	208,368	64.28	93.11	51.63	80.33	3,839,892	5,927,416	-35.22	1,044.38	1,519.09	-31.25	0.06%	0.11%	-44.75
	甲醇	84,444	94,885	-11.00	116.24	129.80	-10.45	3,797,412	316,107	1,101.31	5,384.97	454.60	1,084.55	0.31%	0.03%	851.89
	普麦	108	5,079	-97.87	0.13	1.08	-87.88	107,163	153,160	-30.03	29.03	33.96	-14.51	0.00%	0.00%	-31.30
	玻璃	16,136,920			4,295.48			16,136,920			4,295.48			0.25%		
	油菜籽	137,084			72.30			137,084			72.30			0.00%		
	菜籽粕	421,207			99.96			421,207			99.96			0.01%		
	小　计	42,750,965	18,983,674	125.20	17,134.83	10,543.26	62.52	347,091,533	406,439,457	-14.60	173,674.55	334,213.36	-48.03	10.15%	24.30%	-58.24
大连商品交易所	豆一	2,604,645	1,297,823	100.69	1,244.63	557.44	123.27	45,475,425	25,239,532	80.18	21,451.63	11,365.29	88.75	1.25%	0.83%	51.68
	豆二	384	386	-0.52	0.18	0.18	0.35	10,400	10,662	-2.46	4.94	5.08	-2.78	0.00%	0.00%	-21.88
	豆粕	22,921,258	3,442,930	565.75	7,761.47	980.53	691.56	325,876,653	50,170,334	549.54	115,866.82	16,267.90	612.24	6.77%	1.18%	472.35
	玉米	1,199,999	2,152,770	-44.26	293.88	481.78	-39.00	37,824,356	26,849,738	40.87	9,059.27	6,304.49	43.70	0.53%	0.46%	15.47
	豆油	6,559,832	3,898,652	68.26	5,689.85	3,439.73	65.42	68,858,554	58,012,550	18.70	64,307.44	57,775.73	11.31	3.76%	4.20%	-10.56
	LLDPE	5,925,353	9,617,710	-38.39	3,114.43	4,554.30	-31.62	71,871,537	95,219,058	-24.52	36,425.50	49,663.56	-26.66	2.13%	3.61%	-41.06
	棕榈油	8,048,867	1,325,965	507.02	5,532.56	1,047.45	428.19	43,310,013	22,593,961	91.69	32,414.47	20,194.25	60.51	1.89%	1.47%	28.99
	PVC	405,087	498,203	-18.69	133.13	171.05	-22.17	6,900,153	9,438,431	-26.89	2,332.40	3,749.61	-37.80	0.14%	0.27%	-50.01
	焦炭	6,461,877	67,607	9,458.00	10,745.63	133.81	7,930.52	32,915,885	1,512,734	2,075.92	51,348.71	3,430.25	1,396.94	3.00%	0.25%	1,102.93
	小　计	54,127,302	22,302,046	142.70	34,515.75	11,366.28	203.67	633,042,976	289,047,000	119.01	333,211.17	168,756.17	97.45	19.47%	12.27%	58.67
中金所	沪深300指数	14,852,949	6,340,168	134.27	104,035.64	46,073.49	125.80	105,061,825	50,411,860	108.41	758,406.78	437,658.55	73.29	44.32%	31.83%	39.25
全国期货市场		151,433,718	73,913,297	104.88	191,466.08	105,403.24	81.65	1,450,525,713	1,054,137,457	37.60	1,711,269.36	1,375,162.44	24.44	100.00%	100.00%	0.00%

期货交易管理条例

2007年3月6日中华人民共和国国务院令第489号公布　根据2012年10月24日《国务院关于修改〈期货交易管理条例〉的决定》修订）

第一章　总则

第一条　为了规范期货交易行为，加强对期货交易的监督管理，维护期货市场秩序，防范风险，保护期货交易各方的合法权益和社会公共利益，促进期货市场积极稳妥发展，制定本条例。

第二条　任何单位和个人从事期货交易及其相关活动，应当遵守本条例。

本条例所称期货交易，是指采用公开的集中交易方式或者国务院期货监督管理机构批准的其他方式进行的以期货合约或者期权合约为交易标的的交易活动。

本条例所称期货合约，是指期货交易场所统一制定的、规定在将来某一特定的时间和地点交割一定数量标的物的标准化合约。期货合约包括商品期货合约和金融期货合约及其他期货合约。

本条例所称期权合约，是指期货交易场所统一制定的、规定买方有权在将来某一时间以特定价格买入或者卖出约定标的物（包括期货合约）的标准化合约。

第三条　从事期货交易活动，应当遵循公开、公平、公正和诚实信用的原则。禁止欺诈、内幕交易和操纵期货交易价格等违法行为。

第四条　期货交易应当在依照本条例第六条第一款规定

设立的期货交易所、国务院批准的或者国务院期货监督管理机构批准的其他期货交易场所进行。

禁止在前款规定的期货交易场所之外进行期货交易。

第五条　国务院期货监督管理机构对期货市场实行集中统一的监督管理。

国务院期货监督管理机构派出机构依照本条例的有关规定和国务院期货监督管理机构的授权，履行监督管理职责。

第二章　期货交易所

第六条　设立期货交易所，由国务院期货监督管理机构审批。

未经国务院批准或者国务院期货监督管理机构批准，任何单位或者个人不得设立期货交易场所或者以任何形式组织期货交易及其相关活动。

第七条　期货交易所不以营利为目的，按照其章程的规定实行自律管理。期货交易所以其全部财产承担民事责任。期货交易所的负责人由国务院期货监督管理机构任免。

期货交易所的管理办法由国务院期货监督管理机构制定。

第八条　期货交易所会员应当是在中华人民共和国境内登记注册的企业法人或者其他经济组织。

期货交易所可以实行会员分级结算制度。实行会员分级结算制度的期货交易所会员由结算会员和非结算会员组成。

第九条　有《中华人民共和国公司法》第一百四十七条规定的情形或者下列情形之一的，不得担任期货交易所的负责人、财务会计人员：

（一）因违法行为或者违纪行为被解除职务的期货交易所、证券交易所、证券登记结算机构的负责人，或者期货公司、证券公司的董事、监事、高级管理人员，以及国务院期货监督管理机构规定的其他人员，自被解除职务之日起未逾5年；

（二）因违法行为或者违纪行为被撤销资格的律师、注册会计师或者投资咨询机构、财务顾问机构、资信评级机构、资产评估机构、验证机构的专业人员，自被撤销资格之日起未逾5年。

第十条　期货交易所应当依照本条例和国务院期货监督管理机构的规定，建立、健全各项规章制度，加强对交易活动的风险控制和对会员以及交易所工作人员的监督管理。期货交易所履行下列职责：

（一）提供交易的场所、设施和服务；

（二）设计合约，安排合约上市；

（三）组织并监督交易、结算和交割；

（四）为期货交易提供集中履约担保；

（五）按照章程和交易规则对会员进行监督管理；

（六）国务院期货监督管理机构规定的其他职责。

期货交易所不得直接或者间接参与期货交易。未经国务院期货监督管理机构审核并报国务院批准，期货交易所不得从事信托投资、股票投资、非自用不动产投资等与其职责无关的业务。

第十一条　期货交易所应当按照国家有关规定建立、健全下列风险管理制度：

（一）保证金制度；

（二）当日无负债结算制度；

（三）涨跌停板制度；

（四）持仓限额和大户持仓报告制度；

（五）风险准备金制度；

（六）国务院期货监督管理机构规定的其他风险管理制度。

实行会员分级结算制度的期货交易所，还应当建立、健全结算担保金制度。

第十二条　当期货市场出现异常情况时，期货交易所可以按照其章程规定的权限和程序，决定采取下列紧急措施，并应当立即报告国务院期货监督管理机构：

（一）提高保证金；

（二）调整涨跌停板幅度；

（三）限制会员或者客户的最大持仓量；

（四）暂时停止交易；

（五）采取其他紧急措施。

前款所称异常情况，是指在交易中发生操纵期货交易价格的行为或者发生不可抗拒的突发事件以及国务院期货监督管理机构规定的其他情形。

异常情况消失后，期货交易所应当及时取消紧急措施。

第十三条　期货交易所办理下列事项，应当经国务院期货监督管理机构批准：

（一）制定或者修改章程、交易规则；

（二）上市、中止、取消或者恢复交易品种；

（三）上市、修改或者终止合约；

（四）变更住所或者营业场所；

（五）合并、分立或者解散；

（六）国务院期货监督管理机构规定的其他事项。

国务院期货监督管理机构批准期货交易所上市新的交易品种，应当征求国务院有关部门的意见。

第十四条　期货交易所的所得收益按照国家有关规定管理和使用，但应当首先用于保证期货交易场所、设施的运行和改善。

第三章　期货公司

第十五条　期货公司是依照《中华人民共和国公司法》和本条例规定设立的经营期货业务的金融机构。设立期货公司，应当经国务院期货监督管理机构批准，并在公司登记机关登记注册。

未经国务院期货监督管理机构批准，任何单位或者个人不得设立或者变相设立期货公司，经营期货业务。

第十六条　申请设立期货公司，应当符合《中华人民共和国公司法》的规定，并具备下列条件：

（一）注册资本最低限额为人民币3000万元；

（二）董事、监事、高级管理人员具备任职资格，从业人员具有期货从业资格；

（三）有符合法律、行政法规规定的公司章程；

（四）主要股东以及实际控制人具有持续盈利能力，信誉良好，最近3年无重大违法违规记录；

（五）有合格的经营场所和业务设施；

（六）有健全的风险管理和内部控制制度；

（七）国务院期货监督管理机构规定的其他条件。

国务院期货监督管理机构根据审慎监管原则和各项业务的风险程度，可以提高注册资本最低限额。注册资本应当是实缴资本。股东应当以货币或者期货公司经营必需的非货币财产出资，货币出资比例不得低于85%。

国务院期货监督管理机构应当在受理期货公司设立申请之日起6个月内，根据审慎监管原则进行审查，作出批准或者不批准的决定。

未经国务院期货监督管理机构批准，任何单位和个人不得委托或者接受他人委托持有或者管理期货公司的股权。

第十七条　期货公司业务实行许可制度，由国务院期货监督管理机构按照其商品期货、金融期货业务种类颁发许可证。期货公司除申请经营境内期货经纪业务外，还可以申请经营境外期货经纪、期货投资咨询以及国务院期货监督管理机构规定的其他期货业务。

期货公司不得从事与期货业务无关的活动，法律、行政法规或者国务院期货监督管理机构另有规定的除外。

期货公司不得从事或者变相从事期货自营业务。

期货公司不得为其股东、实际控制人或者其他关联人提供融资，不得对外担保。

第十八条　期货公司从事经纪业务，接受客户委托，以自己的名义为客户进行期货交易，交易结果由客户承担。

第十九条　期货公司办理下列事项，应当经国务院期货监督管理机构批准：

（一）合并、分立、停业、解散或者破产；

（二）变更业务范围；

（三）变更注册资本且调整股权结构；

（四）新增持有5%以上股权的股东或者控股股东发生变化；

（五）设立、收购、参股或者终止境外期货类经营机构；

（六）国务院期货监督管理机构规定的其他事项。

前款第三项、第六项所列事项，国务院期货监督管理机构应当自受理申请之日起20日内作出批准或者不批准的决定；前款所列其他事项，国务院期货监督管理机构应当自受理申请之日起2个月内作出批准或者不批准的决定。

第二十条　期货公司办理下列事项，应当经国务院期货监督管理机构派出机构批准：

（一）变更法定代表人；

（二）变更住所或者营业场所；

（三）设立或者终止境内分支机构；

（四）变更境内分支机构的经营范围；

（五）国务院期货监督管理机构规定的其他事项。

前款第一项、第二项、第四项、第五项所列事项，国务院期货监督管理机构派出机构应当自受理申请之日起20日内作出批准或者不批准的决定；前款第三项所列事项，国务院期货监督管理机构派出机构应当自受理申请之日起2个月内作出批准或者不批准的决定。

第二十一条　期货公司或者其分支机构有《中华人民共和国行政许可法》第七十条规定的情形或者下列情形之一的，国务院期货监督管理机构应当依法办理期货业务许可证注销手续：

（一）营业执照被公司登记机关依法注销；

（二）成立后无正当理由超过3个月未开始营业，或者开业后无正当理由停业连续3个月以上；

（三）主动提出注销申请；

（四）国务院期货监督管理机构规定的其他情形。

期货公司在注销期货业务许可证前，应当结清相关期货业务，并依法返还客户的保证金和其他资产。期货公司分支机构在注销经营许可证前，应当终止经营活动，妥善处理客户资产。

第二十二条　期货公司应当建立、健全并严格执行业务管理规则、风险管理制度，遵守信息披露制度，保障客户保证金的存管安全，按照期货交易所的规定，向期货交易所报告大户名单、交易情况。

第二十三条　从事期货投资咨询业务的其他期货经营机构应当取得国务院期货监督管理机构批准的业务资格，具体管理办法由国务院期货监督管理机构制定。

第四章　期货交易基本规则

第二十四条　在期货交易所进行期货交易的，应当是期货交易所会员。

符合规定条件的境外机构，可以在期货交易所从事特定品种的期货交易。具体办法由国务院期货监督管理机构制定。

第二十五条　期货公司接受客户委托为其进行期货交易，应当事先向客户出示风险说明书，经客户签字确认后，与客户签订书面合同。期货公司不得未经客户委托或者不按照客户委托内容，擅自进行期货交易。

期货公司不得向客户作获利保证；不得在经纪业务中与客户约定分享利益或者共担风险。

第二十六条　下列单位和个人不得从事期货交易，期货公司不得接受其委托为其进行期货交易：

（一）国家机关和事业单位；

（二）国务院期货监督管理机构、期货交易所、期货保证金安全存管监控机构和期货业协会的工作人员；

（三）证券、期货市场禁止进入者；

（四）未能提供开户证明材料的单位和个人；

（五）国务院期货监督管理机构规定不得从事期货交易的其他单位和个人。

第二十七条　客户可以通过书面、电话、互联网或者国务院期货监督管理机构规定的其他方式，向期货公司下达交易指令。客户的交易指令应当明确、全面。

期货公司不得隐瞒重要事项或者使用其他不正当手段诱骗客户发出交易指令。

第二十八条　期货交易所应当及时公布上市品种合约的成交量、成交价、持仓量、最高价与最低价、开盘价与收盘价和其他应当公布的即时行情，并保证即时行情的真实、准确。期货交易所不得发布价格预测信息。

未经期货交易所许可，任何单位和个人不得发布期货交易即时行情。

第二十九条　期货交易应当严格执行保证金制度。期货交易所向会员、期货公司向客户收取的保证金，不得低于国务院期货监督管理机构、期货交易所规定的标准，并应当与自有资金分开，专户存放。

期货交易所向会员收取的保证金，属于会员所有，除用于会员的交易结算外，严禁挪作他用。

期货公司向客户收取的保证金，属于客户所有，除下列可划转的情形外，严禁挪作他用：

（一）依据客户的要求支付可用资金；

（二）为客户交存保证金，支付手续费、税款；

（三）国务院期货监督管理机构规定的其他情形。

第三十条　期货公司应当为每一个客户单独开立专门账户、设置交易编码，不得混码交易。

第三十一条　期货公司经营期货经纪业务又同时经营其他期货业务的，应当严格执行业务分离和资金分离制度，不得混合操作。

第三十二条　期货交易所、期货公司、非期货公司结算会员应当按照国务院期货监督管理机构、财政部门的规定提取、管理和使用风险准备金,不得挪用。

第三十三条　期货交易的收费项目、收费标准和管理办法由国务院有关主管部门统一制定并公布。

第三十四条　期货交易的结算,由期货交易所统一组织进行。

期货交易所实行当日无负债结算制度。期货交易所应当在当日及时将结算结果通知会员。

期货公司根据期货交易所的结算结果对客户进行结算,并应当将结算结果按照与客户约定的方式及时通知客户。客户应当及时查询并妥善处理自己的交易持仓。

第三十五条　期货交易所会员的保证金不足时,应当及时追加保证金或者自行平仓。会员未在期货交易所规定的时间内追加保证金或者自行平仓的,期货交易所应当将该会员的合约强行平仓,强行平仓的有关费用和发生的损失由该会员承担。

客户保证金不足时,应当及时追加保证金或者自行平仓。客户未在期货公司规定的时间内及时追加保证金或者自行平仓的,期货公司应当将该客户的合约强行平仓,强行平仓的有关费用和发生的损失由该客户承担。

第三十六条　期货交易的交割,由期货交易所统一组织进行。

交割仓库由期货交易所指定。期货交易所不得限制实物交割总量,并应当与交割仓库签订协议,明确双方的权利和义务。交割仓库不得有下列行为:

(一)出具虚假仓单;

(二)违反期货交易所业务规则,限制交割商品的入库、出库;

(三)泄露与期货交易有关的商业秘密;

(四)违反国家有关规定参与期货交易;

(五)国务院期货监督管理机构规定的其他行为。

第三十七条　会员在期货交易中违约的,期货交易所先以该会员的保证金承担违约责任;保证金不足的,期货交易所应当以风险准备金和自有资金代为承担违约责任,并由此取得对该会员的相应追偿权。

客户在期货交易中违约的,期货公司先以该客户的保证金承担违约责任;保证金不足的,期货公司应当以风险准备金和自有资金代为承担违约责任,并由此取得对该客户的相应追偿权。

第三十八条　实行会员分级结算制度的期货交易所,应当向结算会员收取结算担保金。期货交易所只对结算会员结算,收取和追收保证金,以结算担保金、风险准备金、自有资金代为承担违约责任,以及采取其他相关措施;对非结算会员的结算、收取和追收保证金、代为承担违约责任,以及采取其他相关措施,由结算会员执行。

第三十九条　期货交易所、期货公司和非期货公司结算会员应当保证期货交易、结算、交割资料的完整和安全。

第四十条　任何单位或者个人不得编造、传播有关期货交易的虚假信息,不得恶意串通、联手买卖或者以其他方式操纵期货交易价格。

第四十一条　任何单位或者个人不得违规使用信贷资金、财政资金进行期货交易。

银行业金融机构从事期货交易融资或者担保业务的资格,由国务院银行业监督管理机构批准。

第四十二条　国有以及国有控股企业进行境内外期货交易,应当遵循套期保值的原则,严格遵守国务院国有资产监督管理机构以及其他有关部门关于企业以国有资产进入期货市场的有关规定。

第四十三条　国务院商务主管部门对境内单位或者个人从事境外商品期货交易的品种进行核准。

境外期货项下购汇、结汇以及外汇收支,应当符合国家外汇管理有关规定。

境内单位或者个人从事境外期货交易的办法,由国务院期货监督管理机构会同国务院商务主管部门、国有资产监督管理机构、银行业监督管理机构、外汇管理部门等有关部门制订,报国务院批准后施行。

第五章　期货业协会

第四十四条　期货业协会是期货业的自律性组织,是社会团体法人。

期货公司以及其他专门从事期货经营的机构应当加入期货业协会,并缴纳会员费。

第四十五条　期货业协会的权力机构为全体会员组成的会员大会。

期货业协会的章程由会员大会制定,并报国务院期货监督管理机构备案。

期货业协会设理事会。理事会成员按照章程的规定选举产生。

第四十六条　期货业协会履行下列职责:

(一)教育和组织会员遵守期货法律法规和政策;

(二)制定会员应当遵守的行业自律性规则,监督、检查会员行为,对违反协会章程和自律性规则的,按照规定给予纪律处分;

(三)负责期货从业人员资格的认定、管理以及撤销工作;

(四)受理客户与期货业务有关的投诉,对会员之间、会员与客户之间发生的纠纷进行调解;

(五)依法维护会员的合法权益,向国务院期货监督管理机构反映会员的建议和要求;

(六)组织期货从业人员的业务培训,开展会员间的业务交流;

(七)组织会员就期货业的发展、运作以及有关内容进行研究;

(八)期货业协会章程规定的其他职责。

期货业协会的业务活动应当接受国务院期货监督管理机构的指导和监督。

第六章　监督管理

第四十七条　国务院期货监督管理机构对期货市场实施监督管理,依法履行下列职责:

(一)制定有关期货市场监督管理的规章、规则,并依法行使审批权;

(二)对品种的上市、交易、结算、交割等期货交易及其相关活动,进行监督管理;

(三)对期货交易所、期货公司及其他期货经营机构、非期货公司结算会员、期货保证金安全存管监控机构、期货保证金存管银行、交割仓库等市场相关参与者的期货业务活动,进行监督管理;

(四)制定期货从业人员的资格标准和管理办法,并监督实施;

(五)监督检查期货交易的信息公开情况;

（六）对期货业协会的活动进行指导和监督；

（七）对违反期货市场监督管理法律、行政法规的行为进行查处；

（八）开展与期货市场监督管理有关的国际交流、合作活动；

（九）法律、行政法规规定的其他职责。

第四十八条　国务院期货监督管理机构依法履行职责，可以采取下列措施：

（一）对期货交易所、期货公司及其他期货经营机构、非期货公司结算会员、期货保证金安全存管监控机构和交割仓库进行现场检查；

（二）进入涉嫌违法行为发生场所调查取证；

（三）询问当事人和与被调查事件有关的单位和个人，要求其对与被调查事件有关的事项作出说明；

（四）查阅、复制与被调查事件有关的财产权登记等资料；

（五）查阅、复制当事人和与被调查事件有关的单位和个人的期货交易记录、财务会计资料以及其他相关文件和资料；对可能被转移、隐匿或者毁损的文件和资料，可以予以封存；

（六）查询与被调查事件有关的单位的保证金账户和银行账户；

（七）在调查操纵期货交易价格、内幕交易等重大期货违法行为时，经国务院期货监督管理机构主要负责人批准，可以限制被调查事件当事人的期货交易，但限制的时间不得超过15个交易日；案情复杂的，可以延长至30个交易日；

（八）法律、行政法规规定的其他措施。

第四十九条　期货交易所、期货公司及其他期货经营机构、期货保证金安全存管监控机构，应当向国务院期货监督管理机构报送财务会计报告、业务资料和其他有关资料。

对期货公司及其他期货经营机构报送的年度报告，国务院期货监督管理机构应当指定专人进行审核，并制作审核报告。审核人员应当在审核报告上签字。审核中发现问题的，国务院期货监督管理机构应当及时采取相应措施。

必要时，国务院期货监督管理机构可以要求非期货公司结算会员、交割仓库，以及期货公司股东、实际控制人或者其他关联人报送相关资料。

第五十条　国务院期货监督管理机构依法履行职责，进行监督检查或者调查时，被检查、调查的单位和个人应当配合，如实提供有关文件和资料，不得拒绝、阻碍和隐瞒；其他有关部门和单位应当给予支持和配合。

第五十一条　国家根据期货市场发展的需要，设立期货投资者保障基金。

期货投资者保障基金的筹集、管理和使用的具体办法，由国务院期货监督管理机构会同国务院财政部门制定。

第五十二条　国务院期货监督管理机构应当建立、健全保证金安全存管监控制度，设立期货保证金安全存管监控机构。

客户和期货交易所、期货公司及其他期货经营机构、非期货公司结算会员以及期货保证金存管银行，应当遵守国务院期货监督管理机构有关保证金安全存管监控的规定。

第五十三条　期货保证金安全存管监控机构依照有关规定对保证金安全实施监控，进行每日稽核，发现问题应当立即报告国务院期货监督管理机构。国务院期货监督管理机构应当根据不同情况，依照本条例有关规定及时处理。

第五十四条　国务院期货监督管理机构对期货交易所、期货公司及其他期货经营机构和期货保证金安全存管监控机构的董事、监事、高级管理人员以及其他期货从业人员，实行资格管理制度。

第五十五条　国务院期货监督管理机构应当制定期货公司持续性经营规则，对期货公司的净资本与净资产的比例，净资本与境内期货经纪、境外期货经纪等业务规模的比例，流动资产与流动负债的比例等风险监管指标作出规定；对期货公司及其分支机构的经营条件、风险管理、内部控制、保证金存管、关联交易等方面提出要求。

第五十六条　期货公司及其分支机构不符合持续性经营规则或者出现经营风险的，国务院期货监督管理机构可以对期货公司及其董事、监事和高级管理人员采取谈话、提示、记入信用记录等监管措施或者责令期货公司限期整改，并对其整改情况进行检查验收。

期货公司逾期未改正，其行为严重危及期货公司的稳健运行、损害客户合法权益，或者涉嫌严重违法违规正在被国务院期货监督管理机构调查的，国务院期货监督管理机构可以区别情形，对其采取下列措施：

（一）限制或者暂停部分期货业务；

（二）停止批准新增业务或者分支机构；

（三）限制分配红利，限制向董事、监事、高级管理人员支付报酬、提供福利；

（四）限制转让财产或者在财产上设定其他权利；

（五）责令更换董事、监事、高级管理人员或者有关业务部门、分支机构的负责人员，或者限制其权利；

（六）限制期货公司自有资金或者风险准备金的调拨和使用；

（七）责令控股股东转让股权或者限制有关股东行使股东权利。

对经过整改符合有关法律、行政法规规定以及持续性经营规则要求的期货公司，国务院期货监督管理机构应当自验收完毕之日起3日内解除对其采取的有关措施。

对经过整改仍未达到持续性经营规则要求，严重影响正常经营的期货公司，国务院期货监督管理机构有权撤销其部分或者全部期货业务许可、关闭其分支机构。

第五十七条　期货公司违法经营或者出现重大风险，严重危害期货市场秩序、损害客户利益的，国务院期货监督管理机构可以对该期货公司采取责令停业整顿、指定其他机构托管或者接管等监管措施。经国务院期货监督管理机构批准，可以对该期货公司直接负责的董事、监事、高级管理人员和其他直接责任人员采取以下措施：

（一）通知出境管理机关依法阻止其出境；

（二）申请司法机关禁止其转移、转让或者以其他方式处分财产，或者在财产上设定其他权利。

第五十八条　期货公司的股东有虚假出资或者抽逃出资行为的，国务院期货监督管理机构应当责令其限期改正，并可责令其转让所持期货公司的股权。

在股东按照前款要求改正违法行为、转让所持期货公司的股权前，国务院期货监督管理机构可以限制其股东权利。

第五十九条　当期货市场出现异常情况时，国务院期货监督管理机构可以采取必要的风险处置措施。

第六十条　期货公司的交易软件、结算软件，应当满足期货公司审慎经营和风险管理以及国务院期货监督管理机构有关保证金安全存管监控规定的要求。期货公司的交易软件、结算软件不符合要求的，国务院期货监督管理机构有权要求期货公司予以改进或者更换。

国务院期货监督管理机构可以要求期货公司的交易软件、结算软件的供应商提供该软件的相关资料，供应商应当予以配合。国务院期货监督管理机构对供应商提供的相关资料负有保密义务。

第六十一条　期货公司涉及重大诉讼、仲裁，或者股权被冻结或者用于担保，以及发生其他重大事件时，期货公司及其相关股东、实际控制人应当自该事件发生之日起 5 日内向国务院期货监督管理机构提交书面报告。

第六十二条　会计师事务所、律师事务所、资产评估机构等中介服务机构向期货交易所和期货公司等市场相关参与者提供相关服务时，应当遵守期货法律、行政法规以及国家有关规定，并按照国务院期货监督管理机构的要求提供相关资料。

第六十三条　国务院期货监督管理机构应当与有关部门建立监督管理的信息共享和协调配合机制。

国务院期货监督管理机构可以和其他国家或者地区的期货监督管理机构建立监督管理合作机制，实施跨境监督管理。

第六十四条　国务院期货监督管理机构、期货交易所、期货保证金安全存管监控机构和期货保证金存管银行等相关单位的工作人员，应当忠于职守，依法办事，公正廉洁，保守国家秘密和有关当事人的商业秘密，不得利用职务便利牟取不正当的利益。

第七章　法律责任

第六十五条　期货交易所、非期货公司结算会员有下列行为之一的，责令改正，给予警告，没收违法所得：

（一）违反规定接纳会员的；

（二）违反规定收取手续费的；

（三）违反规定使用、分配收益的；

（四）不按照规定公布即时行情的，或者发布价格预测信息的；

（五）不按照规定向国务院期货监督管理机构履行报告义务的；

（六）不按照规定向国务院期货监督管理机构报送有关文件、资料的；

（七）不按照规定建立、健全结算担保金制度的；

（八）不按照规定提取、管理和使用风险准备金的；

（九）违反国务院期货监督管理机构有关保证金安全存管监控规定的；

（十）限制会员实物交割总量的；

（十一）任用不具备资格的期货从业人员的；

（十二）违反国务院期货监督管理机构规定的其他行为。

有前款所列行为之一的，对直接负责的主管人员和其他直接责任人员给予纪律处分，处 1 万元以上 10 万元以下的罚款。

有本条第一款第二项所列行为的，应当责令退还多收取的手续费。

期货保证金安全存管监控机构有本条第一款第五项、第六项、第九项、第十一项、第十二项所列行为的，依照本条第一款、第二款的规定处罚、处分。期货保证金存管银行有本条第一款第九项、第十二项所列行为的，依照本条第一款、第二款的规定处罚、处分。

第六十六条　期货交易所有下列行为之一的，责令改正，给予警告，没收违法所得，并处违法所得 1 倍以上 5 倍以下的罚款；没有违法所得或者违法所得不满 10 万元的，并处 10 万元以上 50 万元以下的罚款；情节严重的，责令停业整顿：

（一）未经批准，擅自办理本条例第十三条所列事项的；

（二）允许会员在保证金不足的情况下进行期货交易的；

（三）直接或者间接参与期货交易，或者违反规定从事与其职责无关的业务的；

（四）违反规定收取保证金，或者挪用保证金的；

（五）伪造、涂改或者不按照规定保存期货交易、结算、交割资料的；

（六）未建立或者未执行当日无负债结算、涨跌停板、持仓限额和大户持仓报告制度的；

（七）拒绝或者妨碍国务院期货监督管理机构监督检查的；

（八）违反国务院期货监督管理机构规定的其他行为。

有前款所列行为之一的，对直接负责的主管人员和其他直接责任人员给予纪律处分，处 1 万元以上 10 万元以下的罚款。

非期货公司结算会员有本条第一款第二项、第四项至第八项所列行为之一的，依照本条第一款、第二款的规定处罚、处分。

期货保证金安全存管监控机构有本条第一款第三项、第七项、第八项所列行为的，依照本条第一款、第二款的规定处罚、处分。

第六十七条　期货公司有下列行为之一的，责令改正，给予警告，没收违法所得，并处违法所得 1 倍以上 3 倍以下的罚款；没有违法所得或者违法所得不满 10 万元的，并处 10 万元以上 30 万元以下的罚款；情节严重的，责令停业整顿或者吊销期货业务许可证：

（一）接受不符合规定条件的单位或者个人委托的；

（二）允许客户在保证金不足的情况下进行期货交易的；

（三）未经批准，擅自办理本条例第十九条、第二十条所列事项的；

（四）违反规定从事与期货业务无关的活动的；

（五）从事或者变相从事期货自营业务的；

（六）为其股东、实际控制人或者其他关联人提供融资，或者对外担保的；

（七）违反国务院期货监督管理机构有关保证金安全存管监控规定的；

（八）不按照规定向国务院期货监督管理机构履行报告义务或者报送有关文件、资料的；

（九）交易软件、结算软件不符合期货公司审慎经营和风险管理以及国务院期货监督管理机构有关保证金安全存管监控规定的要求的；

（十）不按照规定提取、管理和使用风险准备金的；

（十一）伪造、涂改或者不按照规定保存期货交易、结算、交割资料的；

（十二）任用不具备资格的期货从业人员的；

（十三）伪造、变造、出租、出借、买卖期货业务许可证或者经营许可证的；

（十四）进行混码交易的；

（十五）拒绝或者妨碍国务院期货监督管理机构监督检查的；

（十六）违反国务院期货监督管理机构规定的其他行为。

期货公司有前款所列行为之一的，对直接负责的主管人员和其他直接责任人员给予警告，并处 1 万元以上 5 万元以下的罚款；情节严重的，暂停或者撤销任职资格、期货从业人员资格。

期货公司之外的其他期货经营机构有本条第一款第八项、第十二项、第十三项、第十五项、第十六项所列行为的，依照本条第一款、第二款的规定处罚。

期货公司的股东、实际控制人或者其他关联人未经批准擅自委托他人或者接受他人委托持有或者管理期货公司股权的，拒不配合国务院期货监督管理机构的检查，拒不按照规定履行报告义务、提供有关信息和资料，或者报送、提供的信息和资料有虚假记载、误导性陈述或者重大遗漏的，依照本条第一款、第二款的规定处罚。

第六十八条　期货公司有下列欺诈客户行为之一的，责令改正，给予警告，没收违法所得，并处违法所得 1 倍以上 5 倍以下的罚款；没有违法所得或者违法所得不满 10 万元的，并处 10 万元以上 50 万元以下的罚款；情节严重的，责令停业整顿或者吊销期货业务许可证：

（一）向客户作获利保证或者不按照规定向客户出示风险说明书的；

（二）在经纪业务中与客户约定分享利益、共担风险的；

（三）不按照规定接受客户委托或者不按照客户委托内容擅自进行期货交易的；

（四）隐瞒重要事项或者使用其他不正当手段，诱骗客户发出交易指令的；

（五）向客户提供虚假成交回报的；

（六）未将客户交易指令下达到期货交易所的；

（七）挪用客户保证金的；

（八）不按照规定在期货保证金存管银行开立保证金账户，或者违规划转客户保证金的；

（九）国务院期货监督管理机构规定的其他欺诈客户的行为。

期货公司有前款所列行为之一的，对直接负责的主管人员和其他直接责任人员给予警告，并处 1 万元以上 10 万元以下的罚款；情节严重的，暂停或者撤销任职资格、期货从业人员资格。

任何单位或者个人编造并且传播有关期货交易的虚假信息，扰乱期货交易市场的，依照本条第一款、第二款的规定处罚。

第六十九条　期货公司及其他期货经营机构、非期货公司结算会员、期货保证金存管银行提供虚假申请文件或者采取其他欺诈手段隐瞒重要事实骗取期货业务许可的，撤销其期货业务许可，没收违法所得。

第七十条　期货交易内幕信息的知情人或者非法获取期货交易内幕信息的人，在对期货交易价格有重大影响的信息尚未公开前，利用内幕信息从事期货交易，或者向他人泄露内幕信息，使他人利用内幕信息进行期货交易的，没收违法所得，并处违法所得 1 倍以上 5 倍以下的罚款；没有违法所得或者违法所得不满 10 万元的，处 10 万元以上 50 万元以下的罚款。单位从事内幕交易的，还应当对直接负责的主管人员和其他直接责任人员给予警告，并处 3 万元以上 30 万元以下的罚款。

国务院期货监督管理机构、期货交易所和期货保证金安全存管监控机构的工作人员进行内幕交易的，从重处罚。

第七十一条　任何单位或者个人有下列行为之一，操纵期货交易价格的，责令改正，没收违法所得，并处违法所得 1 倍以上 5 倍以下的罚款；没有违法所得或者违法所得不满 20 万元的，处 20 万元以上 100 万元以下的罚款：

（一）单独或者合谋，集中资金优势、持仓优势或者利用信息优势联合或者连续买卖合约，操纵期货交易价格的；

（二）蓄意串通，按事先约定的时间、价格和方式相互进行期货交易，影响期货交易价格或者期货交易量的；

（三）以自己为交易对象，自买自卖，影响期货交易价格或者期货交易量的；

（四）为影响期货市场行情囤积现货的；

（五）国务院期货监督管理机构规定的其他操纵期货交易价格的行为。

单位有前款所列行为之一的，对直接负责的主管人员和其他直接责任人员给予警告，并处 1 万元以上 10 万元以下的罚款。

第七十二条　交割仓库有本条例第三十六条第二款所列行为之一的，责令改正，给予警告，没收违法所得，并处违法所得 1 倍以上 5 倍以下的罚款；没有违法所得或者违法所得不满 10 万元的，并处 10 万元以上 50 万元以下的罚款；情节严重的，责令期货交易所暂停或者取消其交割仓库资格。对直接负责的主管人员和其他直接责任人员给予警告，并处 1 万元以上 10 万元以下的罚款。

第七十三条　国有以及国有控股企业违反本条例和国务院国有资产监督管理机构以及其他有关部门关于企业以国有资产进入期货市场的有关规定进行期货交易，或者单位、个人违规使用信贷资金、财政资金进行期货交易的，给予警告，没收违法所得，并处违法所得 1 倍以上 5 倍以下的罚款；没有违法所得或者违法所得不满 10 万元的，并处 10 万元以上 50 万元以下的罚款。对直接负责的主管人员和其他直接责任人员给予降级直至开除的纪律处分。

第七十四条　境内单位或者个人违反规定从事境外期货交易的，责令改正，给予警告，没收违法所得，并处违法所得 1 倍以上 5 倍以下的罚款；没有违法所得或者违法所得不满 20 万元的，并处 20 万元以上 100 万元以下的罚款；情节严重的，暂停其境外期货交易。对单位直接负责的主管人员和其他直接责任人员给予警告，并处 1 万元以上 10 万元以下的罚款。

第七十五条　非法设立期货交易场所或者以其他形式组织期货交易活动的，由所在地县级以上地方人民政府予以取缔，没收违法所得，并处违法所得 1 倍以上 5 倍以下的罚款；没有违法所得或者违法所得不满 20 万元的，处 20 万元以上 100 万元以下的罚款。对单位直接负责的主管人员和其他直接责任人员给予警告，并处 1 万元以上 10 万元以下的罚款。

非法设立期货公司及其他期货经营机构，或者擅自从事期货业务的，予以取缔，没收违法所得，并处违法所得 1 倍以上 5 倍以下的罚款；没有违法所得或者违法所得不满 20 万元的，处 20 万元以上 100 万元以下的罚款。对单位直接负责的主管人员和其他直接责任人员给予警告，并处 1 万元以上 10 万元以下的罚款。

第七十六条　期货公司的交易软件、结算软件供应商拒不配合国务院期货监督管理机构调查，或者未按照规定向国务院期货监督管理机构提供相关软件资料，或者提供的软件资料有虚假、重大遗漏的，责令改正，处 3 万元以上 10 万元以下的罚款。对直接负责的主管人员和其他直接责任人员给予警告，并处 1 万元以上 5 万元以下的罚款。

第七十七条　会计师事务所、律师事务所、资产评估机构等中介服务机构未勤勉尽责，所出具的文件有虚假记载、误导性陈述或者重大遗漏的，责令改正，没收业务收入，暂停或者撤销相关业务许可，并处业务收入 1 倍以上 5 倍以下的罚款。

对直接负责的主管人员和其他直接责任人员给予警告，并处3万元以上10万元以下的罚款。

第七十八条　任何单位或者个人违反本条例规定，情节严重的，由国务院期货监督管理机构宣布该个人、该单位或者该单位的直接责任人员为期货市场禁止进入者。

第七十九条　国务院期货监督管理机构、期货交易所、期货保证金安全存管监控机构和期货保证金存管银行等相关单位的工作人员，泄露知悉的国家秘密或者会员、客户商业秘密，或者徇私舞弊、玩忽职守、滥用职权、收受贿赂的，依法给予行政处分或者纪律处分。

第八十条　违反本条例规定，构成犯罪的，依法追究刑事责任。

第八十一条　对本条例规定的违法行为的行政处罚，除本条例已有规定的外，由国务院期货监督管理机构决定；涉及其他有关部门法定职权的，国务院期货监督管理机构应当会同其他有关部门处理；属于其他有关部门法定职权的，国务院期货监督管理机构应当移交其他有关部门处理。

第八章　附则

第八十二条　本条例下列用语的含义：

（一）商品期货合约，是指以农产品、工业品、能源和其他商品及其相关指数产品为标的物的期货合约。

（二）金融期货合约，是指以有价证券、利率、汇率等金融产品及其相关指数产品为标的物的期货合约。

（三）保证金，是指期货交易者按照规定交纳的资金或者提交的价值稳定、流动性强的标准仓单、国债等有价证券，用于结算和保证履约。

（四）结算，是指根据期货交易所公布的结算价格对交易双方的交易结果进行的资金清算和划转。

（五）交割，是指合约到期时，按照期货交易所的规则和程序，交易双方通过该合约所载标的物所有权的转移，或者按照规定结算价格进行现金差价结算，了结到期未平仓合约的过程。

（六）平仓，是指期货交易者买入或者卖出与其所持合约的品种、数量和交割月份相同但交易方向相反的合约，了结期货交易的行为。

（七）持仓量，是指期货交易者所持有的未平仓合约的数量。

（八）持仓限额，是指期货交易所对期货交易者的持仓量规定的最高数额。

（九）标准仓单，是指交割仓库开具并经期货交易所认定的标准化提货凭证。

（十）涨跌停板，是指合约在1个交易日中的交易价格不得高于或者低于规定的涨跌幅度，超出该涨跌幅度的报价将被视为无效，不能成交。

（十一）内幕信息，是指可能对期货交易价格产生重大影响的尚未公开的信息，包括：国务院期货监督管理机构以及其他相关部门制定的对期货交易价格可能发生重大影响的政策，期货交易所作出的可能对期货交易价格发生重大影响的决定，期货交易所会员、客户的资金和交易动向以及国务院期货监督管理机构认定的对期货交易价格有显著影响的其他重要信息。

（十二）内幕信息的知情人员，是指由于其管理地位、监督地位或者职业地位，或者作为雇员、专业顾问履行职务，能够接触或者获得内幕信息的人员，包括：期货交易所的管理人员以及其他由于任职可获取内幕信息的从业人员，国务院期货监督管理机构和其他有关部门的工作人员以及国务院期货监督管理机构规定的其他人员。

第八十三条　国务院期货监督管理机构可以批准设立期货专门结算机构，专门履行期货交易所的结算以及相关职责，并承担相应法律责任。

第八十四条　境外机构在境内设立、收购或者参股期货经营机构，以及境外期货经营机构在境内设立分支机构（含代表处）的管理办法，由国务院期货监督管理机构会同国务院商务主管部门、外汇管理部门等有关部门制订，报国务院批准后施行。

第八十五条　在期货交易所之外的国务院期货监督管理机构批准的交易场所进行的期货交易，依照本条例的有关规定执行。

第八十六条　不属于期货交易的商品或者金融产品的其他交易活动，由国家有关部门监督管理，不适用本条例。

第八十七条　本条例自2007年4月15日起施行。1999年6月2日国务院发布的《期货交易管理暂行条例》同时废止。

期货从业人员管理办法

中国证券监督管理委员会令第48号

颁布日期:20070704　实施日期:20070704

第一章　总则

第一条　为了加强期货从业人员的资格管理，规范期货从业人员的执业行为，根据《期货交易管理条例》，制定本办法。

第二条　申请期货从业人员资格（以下简称从业资格），从事期货经营业务的机构（以下简称机构）任用期货从业人员，以及期货从业人员从事期货业务的，应当遵守本办法。

第三条　本办法所称机构是指：

（一）期货公司；

（二）期货交易所的非期货公司结算会员；

（三）期货投资咨询机构；

（四）为期货公司提供中间介绍业务的机构；

（五）中国证券监督管理委员会（以下简称中国证监会）规定的其他机构。

第四条　本办法所称期货从业人员是指：

（一）期货公司的管理人员和专业人员；

（二）期货交易所的非期货公司结算会员中从事期货结算业务的管理人员和专业人员；

（三）期货投资咨询机构中从事期货投资咨询业务的管理人员和专业人员；

（四）为期货公司提供中间介绍业务的机构中从事期货经营业务的管理人员和专业人员；

（五）中国证监会规定的其他人员。

第五条　中国证监会及其派出机构依法对期货从业人员

进行监督管理。

中国期货业协会（以下简称协会）依法对期货从业人员实行自律管理，负责从业资格的认定、管理及撤销。

第二章　从业资格的取得和注销

第六条　协会负责组织从业资格考试。

第七条　参加从业资格考试的，应当符合下列条件：

（一）年满18周岁；

（二）具有完全民事行为能力；

（三）具有高中以上文化程度；

（四）中国证监会规定的其他条件。

第八条　通过从业资格考试的，取得协会颁发的从业资格考试合格证明。

第九条　取得从业资格考试合格证明的人员从事期货业务的，应当事先通过其所在机构向协会申请从业资格。

未取得从业资格的人员，不得在机构中开展期货业务活动。

第十条　机构任用具有从业资格考试合格证明且符合下列条件的人员从事期货业务的，应当为其办理从业资格申请：

（一）品行端正，具有良好的职业道德；

（二）已被本机构聘用；

（三）最近3年内未受过刑事处罚或者中国证监会等金融监管机构的行政处罚；

（四）未被中国证监会等金融监管机构采取市场禁入措施，或者禁入期已经届满；

（五）最近3年内未因违法违规行为被撤销证券、期货从业资格；

（六）中国证监会规定的其他条件。

机构不得任用无从业资格的人员从事期货业务，不得在办理从业资格申请过程中弄虚作假。

第十一条　期货从业人员辞职、被解聘或者死亡的，机构应当自上述情形发生之日起10个工作日内向协会报告，由协会注销其从业资格。

机构的相关期货业务许可被注销的，由协会注销该机构中从事相应期货业务的期货从业人员的从业资格。

第十二条　取得从业资格考试合格证明或者被注销从业资格的人员连续2年未在机构中执业的，在申请从业资格前应当参加协会组织的后续职业培训。

第三章　执业规则

第十三条　期货从业人员必须遵守有关法律、行政法规和中国证监会的规定，遵守协会和期货交易所的自律规则，不得从事或者协同他人从事欺诈、内幕交易、操纵期货交易价格、编造并传播有关期货交易的虚假信息等违法违规行为。

第十四条　期货从业人员应当遵守下列执业行为规范：

（一）诚实守信，恪尽职守，促进机构规范运作，维护期货行业声誉；

（二）以专业的技能，谨慎、勤勉尽责地为客户提供服务，保守客户的商业秘密，维护客户的合法权益；

（三）向客户提供专业服务时，充分揭示期货交易风险，不得作出不当承诺或者保证；

（四）当自身利益或者相关方利益与客户的利益发生冲突或者存在潜在利益冲突时，及时向客户进行披露，并且坚持客户合法利益优先的原则；

（五）具有良好的职业道德与守法意识，抵制商业贿赂，不得从事不正当竞争行为和不正当交易行为；

（六）不得为迎合客户的不合理要求而损害社会公共利益、所在机构或者他人的合法权益；

（七）不得以本人或者他人名义从事期货交易；

（八）协会规定的其他执业行为规范。

第十五条　期货公司的期货从业人员不得有下列行为：

（一）进行虚假宣传，诱骗客户参与期货交易；

（二）挪用客户的期货保证金或者其他资产；

（三）中国证监会禁止的其他行为。

第十六条　期货交易所的非期货公司结算会员的期货从业人员不得有下列行为：

（一）利用结算业务关系及由此获得的结算信息损害非结算会员及其客户的合法权益；

（二）代理客户从事期货交易；

（三）中国证监会禁止的其他行为。

第十七条　期货投资咨询机构的期货从业人员不得有下列行为：

（一）利用传播媒介或者通过其他方式提供、传播虚假或者误导客户的信息；

（二）代理客户从事期货交易；

（三）中国证监会禁止的其他行为。

第十八条　为期货公司提供中间介绍业务的机构的期货从业人员不得有下列行为：

（一）收付、存取或者划转期货保证金；

（二）代理客户从事期货交易；

（三）中国证监会禁止的其他行为。

第十九条　机构或者其管理人员对期货从业人员发出违法违规指令的，期货从业人员应当予以抵制，并及时按照所在机构内部程序向高级管理人员或者董事会报告。机构应当及时采取措施妥善处理。

机构未妥善处理的，期货从业人员应当及时向中国证监会或者协会报告。中国证监会和协会应当对期货从业人员的报告行为保密。

机构的管理人员及其他相关人员不得对期货从业人员的上述报告行为打击报复。

第四章　监督管理

第二十条　中国证监会指导和监督协会对期货从业人员的自律管理活动。

第二十一条　协会应当建立期货从业人员信息数据库，公示并且及时更新从业资格注册、诚信记录等信息。

中国证监会及其派出机构履行监管职责，需要协会提供期货从业人员信息和资料的，协会应当按照要求及时提供。

第二十二条　协会应当组织期货从业人员后续职业培训，提高期货从业人员的职业道德和专业素质。

期货从业人员应当按照有关规定参加后续职业培训，其所在机构应予以支持并提供必要保障。

第二十三条　协会应当对期货从业人员的执业行为进行定期或者不定期检查，期货从业人员及其所在机构应当予以配合。

第二十四条　期货从业人员违反本办法以及协会自律规则的，协会应当进行调查、给予纪律惩戒。

期货从业人员涉嫌违法违规需要中国证监会给予行政处罚的，协会应当及时移送中国证监会处理。

第二十五条　协会应当设立专门的纪律惩戒及申诉机

构,制订相关制度和工作规程,按照规定程序对期货从业人员进行纪律惩戒,并保障当事人享有申诉等权利。

第二十六条　协会应当自对期货从业人员作出纪律惩戒决定之日起 10 个工作日内,向中国证监会及其有关派出机构报告,并及时在协会网站公示。

第二十七条　期货从业人员受到机构处分,或者从事的期货业务行为涉嫌违法违规被调查处理的,机构应当在作出处分决定、知悉或者应当知悉该期货从业人员违法违规被调查处理事项之日起 10 个工作日内向协会报告。

第二十八条　协会应当定期向中国证监会报告期货从业人员管理的有关情况。

第二十九条　期货从业人员违反本办法规定的,中国证监会及其派出机构可以采取责令改正、监管谈话、出具警示函等监管措施。

七)户的不合理要求,由及其相中期货制约费,制订,报中国证监会核第三十条　期货从业人员自律管理的具体办法,包括从业资格考试、从业资格注册和公示、执业行为准则、后续职业培训、执业检查、纪律惩戒和申诉等,由协会制订,报中国证监会核准。

第五章　罚则

第三十一条　未取得从业资格,擅自从事期货业务的,中国证监会责令改正,给予警告,单处或者并处 3 万元以下罚款。

第三十二条　有下列行为之一的,中国证监会根据《期货交易管理条例》第七十条处罚:

(一)任用无从业资格的人员从事期货业务;

(二)在办理从业资格申请过程中弄虚作假;

(三)不履行本办法第二十三条规定的配合义务;

(四)不按照本办法第二十七条的规定履行报告义务或者报告材料存在虚假内容。

第三十三条　违反本办法第十九条的规定,对期货从业人员进行打击报复的,中国证监会根据《期货交易管理条例》第七十条、第八十一条处罚。

第三十四条　期货从业人员违法违规的,中国证监会依法给予行政处罚。但因被迫执行违法违规指令而按照本办法第十九条第二款的规定履行了报告义务的,可以从轻、减轻或者免予行政处罚。

第三十五条　协会工作人员不按本办法规定履行职责,徇私舞弊、玩忽职守或者故意刁难有关当事人的,协会应当给予纪律处分。

第六章　附则

第三十六条　本办法自公布之日起施行。2002 年 1 月 23 日发布的《期货从业人员资格管理办法(修订)》(证监发[2002]6 号)同时废止。

期货公司管理办法

中国证券监督管理委员会令第 43 号

颁布日期:20070409　　实施日期:20070415

第一章　总则

第二章　设立、变更与业务终止

第三章　公司治理

第四章　经纪业务规则

第五章　客户资产保护

第六章　监督管理

第七章　法律责任

第八章　附则

第一章　总则

第一条　为了规范期货公司的经营活动,加强对期货公司的监督管理,保护客户的合法权益,促进期货市场积极稳妥发展,根据《公司法》和《期货交易管理条例》等法律、行政法规,制定本办法。

第二条　在中华人民共和国境内设立的期货公司,适用本办法。

第三条　期货公司应当遵守法律、行政法规和中国证券监督管理委员会(以下简称中国证监会)的规定,审慎经营,履行对客户的诚信义务。

第四条　期货公司的控股股东、实际控制人和其他关联人不得滥用权利,不得占用期货公司的资产或者挪用客户保证金和其他资产,不得损害期货公司、客户的合法权益。

第五条　中国证监会及其派出机构依法对期货公司及其分支机构实行监督管理。

中国期货业协会、期货交易所依法对期货公司实行自律管理。

期货保证金安全存管监控机构依法对保证金安全实施监控。

第二章　设立、变更与业务终止

第六条　申请设立期货公司,除应当符合《期货交易管理条例》第十六条规定的条件外,还应当具备下列条件:

(一)具有期货从业人员资格的人员不少于 15 人;

(二)具备任职资格的高级管理人员不少于 3 人。

第七条　申请设立期货公司,股东应当具有中国法人资格,持有 5% 以上股权的股东应当具备下列条件:

(一)实收资本和净资产均不低于人民币 3000 万元,持续经营 2 个以上完整的会计年度,在最近 2 个会计年度内至少 1 个会计年度盈利;或者实收资本和净资产均不低于人民币 2 亿元;

(二)净资产不低于实收资本的 50%,或有负债低于净资产的 50%,不存在对财务状况产生重大不确定影响的其他风险;

(三)包括对期货公司的出资在内的累计对外长期股权投资不超过自身净资产;

(四)没有较大数额的到期未清偿债务;

(五)近 3 年内未因违法违规经营受到行政处罚或者刑事处罚;

(六)未因涉嫌违法违规经营正在被有权机关立案调查或者采取强制措施;

(七)在近 3 年内作为金融机构的股东或者实际控制人,或者作为上市公司的控股股东或者实际控制人,没有滥用股东权利、逃避股东义务等不诚信行为;

(八)其自然人股东、法定代表人或者高级管理人员没有被采取证券、期货市场禁入措施,或者禁入期限届满已逾 2 年;没有被撤销证券、期货高级管理人员任职资格或者从业人员资格,或者自被撤销之日起已逾 2 年;不存在《公司法》第一百四十七条第一款所列情形;

(九)不存在中国证监会根据审慎监管原则认定的其他

不适合参股期货公司的情形。

第八条　设立期货公司，持有100%股权的股东除应当符合本办法第七条规定的条件外，净资本应当不低于人民币10亿元；股东不适用净资本或者类似指标的，净资产应当不低于人民币15亿元。

第九条　期货公司有关联关系的股东持股比例合计达到5%的，持股比例最高的股东应当符合本办法第七条规定的条件。

期货公司有关联关系的股东持股比例合计达到100%的，持股比例最高的股东应当符合本办法第八条规定的条件。

第十条　申请设立期货公司，应当向中国证监会提交下列申请材料：

（一）设立期货公司申请书；

（二）公司章程草案；

（三）经营计划；

（四）发起人名单及其审计报告；

（五）拟任用高级管理人员和从业人员名单、简历和相关资格证明；

（六）拟订的期货业务制度、内部控制制度和风险管理制度文本；

（七）场地、设备、资金证明文件；

（八）律师事务所出具的法律意见书；

（九）中国证监会规定的其他申请材料。

第十一条　按照本办法设立的期货公司，可以从事商品期货经纪业务；从事其他期货业务的，还应当取得相应的业务资格。

第十二条　期货公司申请金融期货经纪业务资格，应当具备下列条件：

（一）申请日前2个月的风险监管指标持续符合规定的标准；

（二）具有健全的公司治理、风险管理制度和内部控制制度，并有效执行；

（三）符合中国证监会期货保证金安全存管监控的规定；

（四）具有从事金融期货经纪业务的详细计划；

（五）业务设施和技术系统符合相关技术规范且运行状况良好；

（六）高级管理人员近2年内未受过刑事处罚，未因违法违规经营受过行政处罚，无不良信用记录，且不存在因涉嫌违法违规经营正在被有权机关调查的情形；

（七）不存在被中国证监会及其派出机构采取《期货交易管理条例》第五十九条第二款、第六十条规定的监管措施的情形；

（八）不存在因涉嫌违法违规经营正在被行政、司法机关立案调查的情形；

（九）近2年内未因违法违规经营受过刑事处罚或者行政处罚。但期货公司控股股东或者实际控制人变更，高级管理人员变更比例超过50%，对出现上述情形负有责任的高级管理人员和业务负责人已不在公司任职，且已整改完成并经期货公司住所地的中国证监会派出机构验收合格的，可不受此限制；

（十）控股股东净资产不低于人民币3000万元；

（十一）控股股东和实际控制人近2年内未受过刑事处罚，未因违法违规经营受过行政处罚，且不存在因涉嫌违法违规经营正在被有权机关立案调查的情形；

（十二）中国证监会根据审慎监管原则规定的其他条件。

第十三条　期货公司申请金融期货经纪业务资格，应当向中国证监会提交下列申请材料：

（一）金融期货经纪业务资格申请书；

（二）加盖公司公章的营业执照和业务许可证复印件；

（三）股东会或者董事会关于期货公司申请金融期货经纪业务资格的决议文件；

（四）申请日前2个月月末的期货公司风险监管报表，及申请日前2个月的风险监管指标持续符合规定标准的书面保证；

（五）公司治理、风险管理制度和内部控制制度文本及执行情况报告；

（六）从事金融期货经纪业务的计划书；

（七）业务设施和技术系统运行情况报告；

（八）《高级管理人员情况表》、《主要部门负责人情况表》和《从业人员情况表》；

（九）经具有证券、期货相关业务资格的会计师事务所审计的前1年度财务报告；申请日在下半年的，还应提供经审计的半年度财务报告；

（十）控股股东的经具有证券、期货相关业务资格的会计师事务所审计的最近一期的财务报告；

（十一）律师事务所就期货公司是否符合本办法第十二条第（六）项、第（八）项、第（九）项和第（十一）项规定的条件，以及股东会或者董事会决议是否合法出具的法律意见书；

（十二）若存在本办法第十二条第（九）项规定的情形的，还应提供期货公司住所地的中国证监会派出机构出具的整改验收合格的专项意见书；

（十三）中国证监会规定的其他申请材料。

第十四条　期货公司变更股权有下列情形之一的，应当经中国证监会批准：

（一）单个股东的持股比例增加到5%以上，或者有关联关系的股东合计持股比例增加到5%以上；

（二）持有5%以上股权的股东受让股权，或者有关联关系且合计持有5%以上股权的股东受让股权。

第十五条　期货公司变更股权有本办法第十四条所列情形的，应当符合下列条件：

（一）拟变更的股权不存在被查封、冻结等情形；

（二）期货公司与股东之间不存在交叉持股的情形，期货公司不存在为股权受让方提供任何形式财务支持的情形；

（三）涉及的股东符合本办法第七条、第八条、第九条规定的条件。

第十六条　期货公司变更股权有本办法第十四条所列情形的，应当向中国证监会提交下列申请材料：

（一）变更股权申请书；

（二）股东会关于变更股权的决议文件；

（三）股权转让合同，以及其他股东放弃优先购买权的承诺书；

（四）变更后期货公司股东股权背景情况图；

（五）间接持有期货公司5%及以上股权的自然人情况申报表；

（六）期货公司关于变更后股东之间是否存在关联关系、期货公司是否为股权受让方提供任何形式财务支持的情况说明；

（七）拟增加出资额的股东的股东会或者董事会做出的相关决议；

（八）拟增加出资额的股东以及符合本办法第九条规定

的股东的基本情况报告；

（九）拟增加出资额的股东以及符合本办法第九条规定的股东的审计报告；

（十）拟增加出资额的股东以及符合本办法第九条规定的股东关于投资期货公司的可行性报告和计划；

（十一）律师事务所出具的法律意见书；

（十二）中国证监会规定的其他材料。

第十七条　期货公司变更注册资本，应当符合下列条件：

（一）变更后注册资本不低于所从事的期货业务的注册资本最低限额；

（二）模拟计算的变更注册资本后的净资本和其他财务指标满足风险监管指标标准；

（三）增加注册资本的，拟增加出资或者受让股权的股东应当符合本办法第七条、第八条、第九条的规定。

第十八条　期货公司变更注册资本，应当经中国证监会审核，期货公司应当向中国证监会提交下列申请材料：

（一）变更注册资本申请书；

（二）股东会关于变更注册资本的决议文件；

（三）股东变更出资的合同，以及其他股东放弃优先购买权的承诺书；

（四）变更注册资本的详细方案；

（五）模拟计算的变更注册资本后的资产负债表、风险监管报表；

（六）本办法第十六条第（四）项至第（十一）项规定的材料；

（七）中国证监会规定的其他材料。

第十九条　期货公司变更股权或者注册资本，单个股东或者有关联关系的股东拟持有期货公司100%股权的，中国证监会根据审慎监管原则进行审查，做出批准或者不批准的决定。

第二十条　期货公司变更法定代表人，拟任法定代表人应当具备任职资格。期货公司应当向住所地的中国证监会派出机构提交下列申请材料：

（一）变更法定代表人申请书；

（二）股东会关于变更法定代表人的决议文件。公司章程另有规定的，从其规定；

（三）拟任法定代表人任职资格证明；

（四）中国证监会规定的其他材料。

第二十一条　期货公司变更住所，应当妥善处理客户的保证金和持仓，拟迁入的住所和拟使用的设施应当符合期货业务的需要。期货公司在中国证监会不同派出机构辖区变更住所的，还应当符合下列条件：

（一）符合持续性经营规则；

（二）近2年内无重大违法违规经营记录，未发生重大风险事件；

（三）中国证监会根据审慎监管原则规定的其他条件。

第二十二条　期货公司变更住所，应当向拟迁入地中国证监会派出机构提交下列申请材料：

（一）变更住所申请书；

（二）变更住所的详细计划；

（三）拟变更后的住所所有权或者使用权证明和消防检验合格证明；

（四）妥善处理客户保证金和持仓的报告；

（五）中国证监会规定的其他材料。

第二十三条　期货公司申请设立营业部，应当具备下列条件：

（一）未因涉嫌违法违规经营正在被有权机关调查，近1年内未因违法违规经营受到行政处罚或者刑事处罚；

（二）申请日前3个月符合期货公司风险监管指标标准；

（三）符合有关客户资产保护和期货保证金安全存管监控的规定；

（四）公司治理和内部控制制度符合有关规定并有效执行；

（五）拟任负责人具备任职资格条件，业务岗位工作人员具备期货从业人员资格；

（六）业务岗位职责明确、分工合理，与营业部的经营计划相适应；

（七）具有符合期货业务需要的营业场所和设施；

（八）中国证监会根据审慎监管原则规定的其他条件。

第二十四条　期货公司申请设立营业部，应当向拟设立营业部所在地的中国证监会派出机构提交下列申请材料：

（一）设立营业部申请书；

（二）拟设立营业部的决议文件；

（三）申请日前3个月月末的风险监管报表；

（四）营业部的管理制度文本；

（五）拟任负责人任职资格申请材料或证明；

（六）拟任用从业人员名册、期货从业人员资格证书复印件；

（七）营业场所所有权或者使用权证明和消防检验合格证明；

（八）中国证监会规定的其他材料。

第二十五条　期货公司营业部变更负责人的，拟任负责人应当具备相应的任职资格。

期货公司应当向营业部所在地的中国证监会派出机构提交关于变更负责人申请书和拟任负责人任职资格证明。

第二十六条　期货公司营业部变更营业场所的，应当妥善处理客户的保证金和持仓，拟迁入的营业场所和拟使用的设施应当满足期货业务的需要。

期货公司应当向营业部所在地的中国证监会派出机构提交下列申请材料：

（一）变更营业部营业场所申请书；

（二）变更营业部营业场所的详细计划；

（三）对客户保证金和持仓妥善处理的情况报告；

（四）拟变更后的营业场所所有权或者使用权证明和消防检验合格证明；

（五）中国证监会规定的其他材料。

本办法所称期货公司变更营业部营业场所仅限于在中国证监会同一派出机构辖区内变更营业场所。

第二十七条　期货公司营业部终止的，应当先行妥善处理该营业部客户的保证金和其他资产，结清期货业务并终止经营活动。

期货公司应当向营业部所在地的中国证监会派出机构提交下列申请材料：

（一）终止营业部申请书；

（二）拟终止营业部的决议文件；

（三）关于处理客户的保证金和其他资产、结清期货业务并终止经营活动的情况报告；

（四）中国证监会规定的其他材料。

第二十八条　期货公司因遭遇不可抗力等正当事由申请停业的，应当妥善处理客户的保证金和其他资产，清退或转移客户。

期货公司恢复营业的，应当符合期货公司持续性经营规则。停业期限届满后，期货公司仍未能恢复营业或者仍不符合持续性经营规则的，中国证监会可以根据《期货交易管理条例》第二十一条第一款的规定注销其期货业务许可证。

第二十九条　期货公司停业的，应当向中国证监会提交下列申请材料：

（一）停业申请书；

（二）停业决议文件；

（三）关于处理客户的保证金和其他资产、结清期货业务的情况报告；

（四）中国证监会规定的其他材料。

第三十条　期货公司解散、破产的，应当先行妥善处理客户的保证金和其他资产，结清期货业务。

期货公司被撤销所有期货业务许可的，应当妥善处理客户的保证金和其他资产，结清期货业务；公司继续存续的，应当依法办理名称、营业范围和公司章程等工商变更登记，存续公司不得继续以期货公司名义从事期货业务，其名称中不得有"期货"或者近似字样。

第三十一条　期货公司设立、变更、解散、破产、被撤销期货业务许可或者其营业部设立、变更、终止的，期货公司应当在中国证监会指定的报刊或者媒体上公告。

第三十二条　期货公司及其营业部的许可证由中国证监会统一印制。许可证正本或者副本遗失或者灭失的，期货公司应当在30日内在中国证监会指定的报刊或者媒体上声明作废，并持登载声明向中国证监会重新申领。

第三章　公司治理

第三十三条　期货公司应当按照明晰职责、强化制衡、加强风险管理的原则，建立并完善公司治理。

第三十四条　期货公司与其控股股东在业务、人员、资产、财务、场所等方面应当严格分开，独立经营，独立核算。

期货公司的控股股东、实际控制人不得超越期货公司股东会、董事会任免期货公司的董事、监事、高级管理人员，或者非法干预客户保证金存管、交易、结算、风险管理、财务会计和营业部管理等经营管理活动。

期货公司不得向股东做出最低收益、分红的承诺；期货公司向股东、实际控制人及其关联人提供期货经纪服务的，不得降低风险管理要求。

第三十五条　期货公司股东会应当按照《公司法》和公司章程，对职权范围内的事项进行审议和表决。股东会每年应当至少召开一次会议。

期货公司股东应当按照出资比例行使表决权。

第三十六条　期货公司的股东及实际控制人出现下列情形之一的，应当在3日内通知期货公司：

（一）所持有的期货公司股权被冻结、查封或者被强制执行；

（二）质押所持有的期货公司股权；

（三）决定转让所持有的期货公司股权；

（四）不能正常行使股东权利或者承担股东义务，可能造成期货公司治理的重大缺陷；

（五）涉嫌严重违法违规经营，被有权机关调查、采取强制措施；

（六）变更名称；

（七）合并、分立或者进行重大资产、债务重组；

（八）被撤销、接管、托管、关闭，或者解散、破产；

（九）其他可能影响期货公司股权变更的情形。

期货公司股东发生前款规定情形的，期货公司及其相关股东应当在5日内向期货公司住所地的中国证监会派出机构提交书面报告；期货公司实际控制人发生前款第（五）项至第（八）项所列情形的，期货公司及其实际控制人应当在5日内向期货公司住所地的中国证监会派出机构提交书面报告。

第三十七条　期货公司有下列情形之一的，应当立即书面通知全体股东，并向期货公司住所地的中国证监会派出机构报告：

（一）公司或其董事、监事、高级管理人员因涉嫌重大违法违规被有权机关立案调查或者采取强制措施；

（二）拟更换董事长、总经理；

（三）财务状况恶化，不符合中国证监会规定的风险监管指标标准；

（四）客户发生重大透支、穿仓；

（五）发生突发事件，对期货公司和客户利益产生或者可能产生重大不利影响；

（六）其他可能影响期货公司持续经营的情形。

中国证监会及其派出机构对期货公司及其营业部作出的整改通知、监管措施和行政处罚等，期货公司应当书面通知全体股东。

第三十八条　期货公司应当设立董事会。董事会每年应当至少召开两次会议。董事会会议记录应当真实、准确、完整。

第三十九条　期货公司的董事会除应当行使《公司法》规定的职权外，还应当履行下列职责：

（一）审议并决定客户保证金安全存管制度，确保客户保证金存管符合有关客户资产保护和期货保证金安全存管监控的各项要求；

（二）审议并决定风险管理、内部控制制度。

第四十条　具有实行会员分级结算制度期货交易所结算业务资格的期货公司和独资期货公司等应当设独立董事。

独立董事应当保持独立性，不得在期货公司担任除董事以外的其他职务，不得与期货公司及其控股股东、实际控制人或者其他关联人存在可能妨碍其进行独立客观判断的关系。

独立董事应当遵守法律、行政法规和中国证监会的规定，遵守公司章程，对期货公司负有忠实义务和勤勉义务，维护客户、期货公司和全体股东的合法权益。期货公司的其他董事、监事和高级管理人员应当积极配合、协助独立董事履行职责。

第四十一条　期货公司应当按照《公司法》的规定设立监事会或监事，切实保障监事会和监事对公司经营情况的知情权。监事会或者监事应当按照《公司法》和公司章程的规定履行其职责。

第四十二条　期货公司章程应当就法定代表人对外代表公司进行经营活动时，违反董事会决定的公司经营计划和期货保证金安全存管、风险管理、内部控制等制度或者其他董事会决议的行为，规定法定代表人应当承担的责任与相应的责任追究程序。

第四十三条　期货公司应当设首席风险官，对期货公司经营管理行为的合法合规性、风险管理进行监督、检查。

首席风险官发现涉嫌占用、挪用客户保证金等违法违规行为或者可能发生风险的，应当立即向中国证监会派出机构和公司董事会报告。

期货公司拟解聘首席风险官的，应当有正当理由并向中国证监会派出机构报告。首席风险官不履行职责的，中国证监会及其派出机构有权责令更换。

第四十四条　期货公司的董事长、总经理、首席风险官之间不得存在近亲属关系。董事长和总经理不得由一人兼任。

第四十五条　期货公司应当合理设置业务部门及其职能，建立交易、结算、风险管理、财务等岗位责任制度，对关键岗位及业务实施重点控制，确保前、中、后台业务分开。

期货公司交易、结算、财务业务应当由不同部门和人员分开办理。

第四十六条　期货公司应当设立风险管理部门或者岗位，管理和控制期货公司的经营风险。

期货公司应当设立合规审查部门或者岗位，对期货公司经营管理行为的合法合规性进行审查、稽核。

第四十七条　期货公司应当按照中国证监会的规定对营业部实行统一结算、统一风险管理、统一资金调拨、统一财务管理和会计核算，建立规范、完善的营业部岗位责任制度和业务操作规程。

期货公司不得与他人合资、合作经营管理营业部，不得将营业部承包、租赁或者委托给他人经营管理。

第四章　经纪业务规则

第四十八条　期货公司应当按照审慎经营的原则，建立并有效执行风险管理、内部控制、期货保证金存管等业务制度和流程，保持财务稳健并持续符合中国证监会规定的风险监管指标标准，确保客户的交易安全和资产安全。

第四十九条　期货公司应当遵循诚实信用原则，以专业的技能，勤勉尽责地执行客户的委托，维护客户的合法权益。

期货公司应当避免与客户的利益冲突，当无法避免时，应当确保客户利益优先。

第五条　除《期货交易管理条例》第二十六规定的情形外，下列人员不得以本人或者他人名义从事期货交易：

（一）无民事行为能力人或者限制民事行为能力人；

（二）期货公司的工作人员及其配偶；

（三）中国证监会及其派出机构、期货交易所、期货保证金安全存管监控机构和中国期货业协会的工作人员及其配偶。

第五十一条　客户开立账户，必须出具中国公民身份证明或者中国法人资格或者其他经济组织资格的合法证件，中国证监会另有规定的除外。

第五十二条　期货公司在为客户开立账户前，应当向客户出示《期货交易风险说明书》，由客户签字确认已了解《期货交易风险说明书》的内容，并签订期货经纪合同。期货公司不得为未签订《期货经纪合同》的客户开立账户。

《〈期货经纪合同〉指引》、《期货交易风险说明书》的内容和格式由中国期货业协会制定。

期货公司应当根据《〈期货经纪合同〉指引》及时更新《期货经纪合同》格式文本，报中国期货业协会审查备案，并报住所地的中国证监会派出机构备案。

期货公司对外发布的广告宣传材料，应当自发布之日起5个工作日内报住所地的中国证监会派出机构备案。

第五十三条　期货公司应当向客户充分揭示期货交易的风险，在其营业场所备置期货交易相关法规、期货交易所业务规则，并公开相关期货经纪业务流程、相关从业人员资格证明等资料供客户查阅。

期货公司应当在期货经纪合同、本公司网站和营业场所提示客户可以通过中国期货业协会网站查询其从业人员资格公示信息。

第五十四条　期货公司应当按照规定为客户申请交易编码。期货公司办理客户销户手续时，应当按照规定及时向期货交易所申请注销客户的交易编码。

第五十五条　客户需要委托他人办理下达指令、调拨资金等事项的，应当在期货经纪合同中指定受托人及明确其受托权限，约定联络方式、指令下达方式并预留受托人签字。

第五十六条　客户可以通过书面、电话、计算机、互联网等委托方式下达交易指令。以书面方式下达交易指令的，客户应当填写书面交易指令单；以电话方式下达交易指令的，期货公司应当同步录音；以计算机、互联网等委托方式下达交易指令的，期货公司应当以适当的方式保存该交易指令。

第五十七条　期货公司为客户提供互联网委托服务的，应当建立互联网交易风险管理制度，并对客户进行互联网交易风险的特别提示。

第五十八条　期货公司应当按照时间优先的原则传递客户交易指令。

第五十九条　期货公司应当在期货经纪合同中约定风险管理的标准、条件及处置措施。

第六十条　期货公司应当在每日交易闭市后为客户提供交易结算报告。客户应当按照期货经纪合同约定的时间和方式查询交易结算报告的内容。

期货公司应当根据期货交易所或者有结算业务资格的机构的结算结果对客户进行当日结算，结算科目的内容、格式、处理方式和处理日期应当与期货交易所保持一致。

期货公司应当在期货经纪合同、本公司网站和营业场所提示客户可以通过期货保证金安全存管监控机构查询服务系统，查询期货交易结算结果和有关期货交易的其他信息。

第六十一条　客户对交易结算报告的内容有异议的，应当在期货经纪合同约定的时间内向期货公司提出书面异议；客户对交易结算报告的内容无异议的，应当按照期货经纪合同约定的方式确认。客户既未对交易结算报告的内容确认，也未在期货经纪合同约定的时间内提出异议的，视为对交易结算报告内容的确认。

客户有异议的，期货公司应当在期货经纪合同约定的时间内予以核实。

第六十二条　期货公司应当制定并执行错单处理业务规则。

第六十三条　期货公司应当建立客户资料档案，除依法接受调查和检查外，应当为客户保密。

第六十四条　期货公司应当建立、健全客户投诉处理制度。期货公司应当将客户的投诉材料及处理结果存档。

第六十五条　期货公司之间或者期货公司与客户之间发生期货业务纠纷的，可以提请中国期货业协会、期货交易所调解处理。

第六十六条　客户与期货公司的委托关系终止的，应当办理相关的销户手续。期货公司不得将客户未注销的资金账号、交易编码借给他人使用。

第六十七条　期货公司应当建立交易、结算、财务数据的备份制度。

有关开户、变更、销户的客户资料档案应当自期货经纪合同终止之日起至少保存20年；交易指令记录、交易结算记录、错单记录、客户投诉档案以及其他业务记录应当至少保存 20 年。

期货公司以电子数据方式保存或者备份相关资料的，应当确保电子数据的真实、可靠，采取有效措施防止电子数据被篡改、损毁，保存的电子数据资料应当能随时转化为纸质形式。

第六十八条　期货公司可以委托经中国证监会批准的其他机构从事中间介绍业务。

第五章　客户资产保护

第六十九条　期货公司存管的期货保证金属于客户所有，除依据《期货交易管理条例》第二十九条划转客户保证金外，禁止任何单位或者个人以任何形式占用、挪用。期货公司破产或者清算时，客户的保证金和充抵保证金的其他资产不属于破产财产或者清算财产。非因客户本身的债务或者法律、行政法规规定的其他情形，不得查封、冻结、扣划或者强制执行客户的保证金和充抵保证金的其他资产。

客户的保证金应当与期货公司的自有资产相互独立、分别管理。

第七十条　期货公司应当在依法批准的期货保证金存管银行开立期货保证金账户。

期货公司开立、变更或者撤销期货保证金账户的，应在当日向其住所地的中国证监会派出机构和期货保证金安全存管监控机构备案，并通过规定的方式向客户披露期货保证金账户开立、变更或者撤销情况。

客户应当将保证金存入期货公司通过期货保证金安全存管监控机构网站披露的期货保证金账户。

期货保证金账户是指期货公司在期货保证金存管银行开立的用于存放和管理客户保证金的专用存款账户，包括期货公司在期货交易所所在地开立的、用于与期货交易所办理期货业务资金往来的专用资金账户。

第七十一条　期货公司存管的客户保证金应当全额存放在期货保证金账户和期货交易所专用结算账户内，严禁在期货保证金账户和期货交易所专用结算账户之外存放客户保证金。

第七十二条　客户应当向期货公司登记以本人名义开立的用于存取保证金的期货结算账户。

期货公司和客户应当通过备案的期货保证金账户和登记的期货结算账户转账存取保证金。

第七十三条　期货公司应当按照期货保证金安全存管监控的规定，及时向期货保证金安全存管监控机构报送信息。

第七十四条　期货保证金存管银行未能按照中国证监会有关规定向期货保证金安全存管监控机构报送有关期货保证金信息的，期货公司应当按照中国证监会及其派出机构的要求将期货保证金转存至其他符合规定的期货保证金存管银行。

第七十五条　期货公司应当按照期货交易所规则，使用自有资金缴存结算担保金、结算准备金，并维持最低数额的结算准备金等专用资金，确保客户期货交易的正常进行和客户保证金的安全。

第七十六条　客户在期货交易中违约造成保证金不足的，期货公司应当以风险准备金和自有资金垫付，不得占用其他客户的保证金。

期货公司应当按照规定提取、管理和使用风险准备金，不得挪作他用。

第六章　监督管理

第七十七条　期货公司应当按照规定定期报送年度报告、月度报告等有关资料。

期货公司的董事、高级管理人员、财务负责人应当对年度报告签署确认意见；法定代表人、经营管理的主要负责人和财务负责人应当对月度报告签署确认意见。

在期货公司年度报告、月度报告上签字的人员，应当保证报告的内容真实、准确、完整；对报告内容有异议的，应当注明自己的意见和理由。

第七十八条　中国证监会及其派出机构可以要求下列机构或者个人，在指定的期限内报送与期货公司经营管理和财务状况等相关的资料：

（一）期货公司及其董事、监事、高级管理人员及其他工作人员；

（二）期货公司的股东、实际控制人或者其他关联人；

（三）为期货公司提供相关服务的会计师事务所、律师事务所、资产评估机构等中介服务机构。

第七十九条　期货公司的股东、实际控制人或者其他关联人在期货公司从事期货交易的，期货公司应当自开户之日起 5 个工作日内向其住所地的中国证监会派出机构备案，定期向全体股东、董事会和监事会或者监事报告相关交易情况，并定期向其住所地的中国证监会派出机构报告相关交易情况。

第八十条　发生下列事项之一的，期货公司应当在 5 个工作日内向其住所地的中国证监会派出机构书面报告：

（一）变更名称、公司章程；

（二）发生本办法第十四条规定情形以外的股权变更；

（三）作出终止业务等重大决议；

（四）任免董事、监事、高级管理人员、财务负责人、营业部负责人，或者高级管理人员的分工发生变更；

（五）被有权机关立案调查或者采取强制措施；

（六）中国证监会规定的其他事项。

发生影响或者可能影响期货公司经营管理、财务状况或者客户资产安全的重大事件的，期货公司应当立即向中国证监会派出机构报告，说明事件的起因、目前的状态、可能发生的后果以及应对方案或者措施。

第八十一条　期货公司聘请或者解聘会计师事务所的，应当自作出决定之日起 5 个工作日内向其住所地的中国证监会派出机构报告；解聘会计师事务所的，应当说明理由。

中国证监会派出机构有理由认为会计师事务所不适合从事期货公司审计业务的，可以要求期货公司予以更换。

第八十二条　期货公司应当按照中国证监会的规定公开披露其基本情况、经营管理状况等有关信息。

第八十三条　有关机构和个人报送、提供或者披露的资料、信息应当真实、准确、完整，不得有虚假记载、误导性陈述或者重大遗漏。

第八十四条　中国证监会可以组织派出机构对期货公司或者营业部实施定期或者不定期的现场检查。

中国证监会派出机构可以对辖区内期货公司或者营业部实施现场检查。

中国证监会及其派出机构依法履行职责进行检查时，检查人员不得少于 2 人，并应当出示合法证件和检查通知书，不得泄露所知悉的商业秘密。

第八十五条　中国证监会及其派出机构有权采取下列措

施，对期货公司或者营业部的经营管理、业务活动、财务状况等进行检查：

（一）询问期货公司及其营业部的工作人员，要求其对被检查事项作出解释、说明；

（二）查阅、复制与被检查事项有关的文件、资料；

（三）查询期货公司及其营业部的期货保证金账户；

（四）检查期货公司及其营业部的交易、结算及财务等电脑系统。

第八十六条　中国证监会及其派出机构认为期货公司可能存在下列情形之一的，可以要求其聘请中介服务机构进行专项审计、评估或者出具法律意见：

（一）期货公司的年度报告、月度报告或者临时报告等存在虚假记载、误导性陈述或者重大遗漏；

（二）违反有关客户资产保护和期货保证金安全存管监控规定或者风险监管指标管理规定；

（三）中国证监会根据审慎监管原则认定的其他重大情形。

期货公司应当配合有关中介服务机构工作，如实提供有关文件和资料。

第八十七条　期货公司及其股东、实际控制人或者其他关联人，为期货公司提供相关服务的会计师事务所、律师事务所、资产评估机构等中介服务机构涉嫌违反本办法有关规定的，中国证监会及其派出机构可以与其负责人以及相关工作人员进行监管谈话，责令改正，出具警示函。

第八十八条　期货公司或其营业部有下列情形之一的，中国证监会及其派出机构可以依据《期货交易管理条例》第五十九条的规定，采取相应的监管措施：

（一）公司治理不健全或者未有效执行，部门或者岗位设置存在较大缺陷，关键业务岗位或者人员缺位或者未履行应有职责等情况，可能影响期货公司持续经营；

（二）期货经纪业务规则不健全或者未有效执行，风险管理或者内部控制等存在较大缺陷，经营管理混乱，可能影响期货公司持续经营或者客户交易安全；

（三）期货结算业务规则不健全或者未有效执行，可能损害其他期货公司或者客户的合法权益；

（四）不符合有关客户资产保护或者期货保证金安全存管监控规定，可能影响客户资产安全；

（五）未按规定实行营业部统一管理制度，经营管理存在较大风险或者风险隐患；

（六）未按规定委托中间介绍业务，业务活动存在较大风险或者风险隐患；

（七）交易、结算或者财务系统存在重大缺陷的，可能造成有关数据失真或者损害客户合法权益；

（八）股东、实际控制人或者其他关联人出现停业、重大风险或者涉嫌严重违法违规等重大情况，可能影响期货公司治理或者持续经营；

（九）存在可能影响财务稳健状况的纠纷、仲裁、诉讼；

（十）报送、提供或者出具的有关报告、材料或者信息等存在虚假、误导或者遗漏；

（十一）不符合其他持续性经营规则规定或者出现其他经营风险的情形。

对经过整改仍未达到经营条件的期货公司营业部，中国证监会派出机构有权依法关闭该营业部。

第八十九条　未经中国证监会批准，任何个人或者单位及其关联人擅自持有期货公司5%以上股权，或者通过提供虚假申请材料等方式成为期货公司股东，中国证监会可以责令其限期转让股权。

该股权在转让之前，不具有表决权、分红权。

第九十条　期货公司的股东、实际控制人或其他关联人有下列情形之一的，中国证监会及其派出机构可以责令其限期整改：

（一）占用期货公司的资产，可能影响期货公司持续经营；

（二）直接任免期货公司的董事、监事、高级管理人员，或者非法干预期货公司经营管理活动；

（三）股东未按照出资比例行使表决权；

（四）报送、提供或者出具的有关报告、材料或者信息等存在虚假、误导或者遗漏。

因前款情形致使期货公司不符合持续性经营规则或者出现经营风险的，中国证监会及其派出机构可以依据《期货交易管理条例》第五十九条的规定责令控股股东转让股权或者限制其行使股东权利。

第七章　法律责任

第九十一条　未经中国证监会批准，任何个人或者单位及其关联人擅自持有期货公司5%以上股权，或者通过提供虚假申请材料等方式成为期货公司股东，情节严重的，给予警告，单处或者并处3万元以下罚款。

第九十二条　期货公司及其营业部接受未办理开户手续的单位或者个人委托进行期货交易，或者将客户的资金账号、交易编码借给其他单位或者个人使用的，给予警告，单处或者并处3万元以下罚款。

第九十三条　会计师事务所、律师事务所、资产评估机构等中介服务机构不按照规定履行报告义务，提供或者出具的报告、材料、意见不完整，责令改正，没收业务收入，单处或者并处3万元以下罚款。对直接负责的主管人员和其他责任人员给予警告，并处3万元以下罚款。

第九十四条　期货公司及其营业部有下列行为之一的，根据《期货交易管理条例》第七十条处罚：

（一）未按照规定将客户保证金与期货公司的自有资产相互独立、分别管理；

（二）未按照规定缴存结算担保金、结算准备金，或者未维持最低数额的结算准备金等专用资金；

（三）对股东、实际控制人及其关联人的期货交易降低风险管理要求，侵害其他客户合法权益；

（四）以合资、合作、联营方式设立营业部，或者将营业部承包、出租给他人，或者违反营业部集中统一管理规定；

（五）在期货保证金账户和期货交易所专用结算账户之外存放客户保证金；

（六）向期货保证金安全存管监控机构报送的信息存在虚假、误导或者重大遗漏；

（七）占用客户保证金；

（八）违反中国证监会有关结算业务管理规定，利用结算业务关系损害其他期货公司及其客户合法权益；

（九）违反规定委托中间介绍业务，损害客户合法权益；

（十）违反中国证监会有关风险监管指标规定；

（十一）拒不配合、阻碍或者破坏中国证监会及其派出机构监督管理；

（十二）违反有关期货投资者保障基金管理规定；

（十三）违反有价证券充抵保证金的有关规定。

第九十五条　期货公司及其营业部有下列情形之一的，根据《期货交易管理条例》第七十一条处罚：

（一）发布虚假广告或者进行虚假宣传，诱骗客户参与期货交易；

（二）不按照规定变更或者撤销期货保证金账户，或者不按照规定的方式向客户披露期货保证金账户信息。

第八章　附则

第九十六条　香港、澳门服务提供者参股期货公司的，适用中国证监会有关规定。

第九十七条　本办法自2007年4月15日起施行。2002年5月17日发布的《期货经纪公司管理办法》（中国证券监督管理委员会令第7号）、中国证监会发布的《关于期货经纪公司营业部设立、变更、终止有关问题的通知》（证监期货字［2004］41号）、《关于期货经纪公司变更法定代表人、注册资本、股东或者股权结构、住所有关问题的通知》（证监期货字［2004］42号）、《关于期货经纪公司设立、解散、合并有关问题的通知》（证监期货字［2004］46号）、《关于期货经纪公司股东资格及相关问题的通知》（证监期货字［2005］155号）同时废止。

期货公司资产管理业务试点办法

中国证券监督管理委员会令第81号

《期货公司资产管理业务试点办法》已经2012年5月22日中国证券监督管理委员会第18次主席办公会议审议通过，现予公布，自2012年9月1日起施行。

中国证券监督管理委员会主席：郭树清

2012年7月31日

第一章　总则

第一条　为有序开展期货公司资产管理业务（以下简称资产管理业务）试点工作，规范试点期间资产管理业务活动，保护投资者合法权益，根据《期货交易管理条例》相关规定，制定本办法。

第二条　资产管理业务是指期货公司接受单一客户或者特定多个客户的书面委托，根据本办法规定和合同约定，运用客户委托资产进行投资，并按照合同约定收取费用或者报酬的业务活动。

第三条　期货公司从事资产管理业务，应当遵循公平、公正、诚信、规范的原则，恪守职责、谨慎勤勉，保护客户合法权益，公平对待所有客户，防范利益冲突，禁止各种形式的利益输送，维护期货市场的正常秩序。

客户应当独立承担投资风险，不得损害国家利益、社会公共利益和他人合法权益。

第四条　中国证监会及其派出机构依法对资产管理业务实施监督管理。

第五条　中国期货业协会（以下简称中期协）根据自身职责依法对资产管理业务及有关高级管理人员、业务人员实施自律管理。

期货交易所根据自身职责依法对资产管理业务实施自律管理。

中国期货保证金监控中心公司（以下简称监控中心）依法对资产管理业务实施监测监控。

第二章　业务试点资格

第六条　期货公司具备下列条件的，可以申请资产管理业务试点资格：

（一）净资本不低于人民币5亿元；

（二）申请日前6个月的风险监管指标持续符合监管要求；

（三）最近两次期货公司分类监管评级均不低于B类B级；

（四）近3年未因违法违规经营受到行政、刑事处罚，且不存在因涉嫌违法违规经营正在被有权机关调查的情形；

（五）近1年不存在被监管机构采取《期货交易管理条例》第五十九条第二款、第六十条规定的监管措施的情形；

（六）具有可行的资产管理业务实施方案；

（七）具有5年以上期货、证券或者基金从业经历，并取得期货投资咨询业务从业资格或者证券投资咨询、证券投资基金等证券从业资格的高级管理人员不少于1人；具有3年以上期货从业经历或者3年以上证券、基金等投资管理经历，并取得期货投资咨询业务从业资格的业务人员不得少于5人；前述高级管理人员和业务人员最近3年无不良诚信记录，未受到行政、刑事处罚，且不存在因涉嫌违法违规正在被有权机关调查的情形；

（八）具有独立的经营场地和满足业务发展需要的设施；

（九）具有完备的资产管理业务管理制度；

（十）中国证监会根据审慎监管原则规定的其他条件。

第七条　期货公司申请资产管理业务试点资格，应当提交以下材料：

（一）资产管理业务试点申请书；

（二）资产管理业务实施方案，其内容应当包括目标市场和目标客户的定位、主要投资策略、业务发展规划、防范利益冲突的制度安排等；

（三）股东会关于期货公司申请从事资产管理业务试点资格的决议文件；

（四）加盖公司公章的《企业法人营业执照》复印件、《经营期货业务许可证》复印件；

（五）申请日前6个月的期货公司风险监管报表；

（六）最近3年的期货公司合规经营情况说明；

（七）资产管理业务管理制度文本，其内容应当包括业务管理、人员管理、业务操作、风险控制、交易监控、防范利益冲突、合规检查等；

（八）拟从事资产管理业务的高级管理人员和业务人员的名单、简历、相关任职资格和从业资格证明，以及公司出具的诚信合规证明材料；

（九）有关经营场地和设施的情况说明；

（十）经具有证券、期货相关业务资格的会计师事务所审计的前一年度财务报告；申请日在下半年的，还应当提供经审计的半年度财务报告；

（十一）律师事务所就期货公司是否符合本办法第六条第（四）项、第（七）项规定的条件，以及股东会决议是否合法所出具的法律意见书；

（十二）中国证监会规定的其他材料。

第八条　中国证监会自受理期货公司资产管理业务试点资格申请之日起2个月内，作出批准或者不予批准的决定。

未取得资产管理业务试点资格的期货公司，不得从事资产管理业务。

第三章 业务规范

第九条 资产管理业务的客户应当具有较强资金实力和风险承受能力。单一客户的起始委托资产不得低于100万元人民币。期货公司可以提高起始委托资产要求。

第十条 期货公司董事、监事、高级管理人员、从业人员及其配偶不得作为本公司资产管理业务的客户。

期货公司股东、实际控制人及其关联人以及期货公司董事、监事、高级管理人员、从业人员的父母、子女成为本公司资产管理业务客户的,应当自签订资产管理合同之日起5个工作日内,向住所地中国证监会派出机构备案,并在本公司网站上披露其关联关系或者亲属关系。

第十一条 期货公司应当与客户签订书面资产管理合同,按照合同约定对客户提供资产管理服务,承担资产管理受托责任。

期货公司应当勤勉、专业、合规地为客户制定和执行资产管理投资策略,按照合同约定管理委托资产,控制投资风险。

第十二条 资产管理业务的投资范围包括:

(一)期货、期权及其他金融衍生品;

(二)股票、债券、证券投资基金、集合资产管理计划、央行票据、短期融资券、资产支持证券等;

(三)中国证监会认可的其他投资品种。

资产管理业务的投资范围应当遵守合同约定,不得超出前款规定的范围,且应当与客户的风险认知与承受能力相匹配。

第十三条 期货公司应当保持客户委托资产与期货公司自有资产相互独立,对不同客户的委托资产独立建账、独立核算、分账管理。

资产管理业务投资期货类品种的,期货公司与客户应当按照期货保证金安全存管有关规定管理和存取委托资产。

期货公司与第三方发生债务纠纷、期货公司破产或者清算时,客户委托资产不得用于清偿期货公司债务,且不属于其破产财产或者清算财产。

第十四条 期货公司不得通过电视、报刊、广播等公开媒体向公众推广、宣传资产管理业务或者招揽客户。

期货公司不得公开宣传资产管理业务的预期收益,不得以夸大资产管理业绩等方式欺诈客户。

第十五条 客户应当以真实身份委托期货公司进行资产管理,委托资产的来源及用途应当符合法律法规规定,不得违反规定向公众集资。

客户应当对委托资产来源及用途的合法性进行书面承诺。

第十六条 期货公司应当向客户充分揭示资产管理业务的风险,说明和解释有关资产管理投资策略和合同条款,并将风险揭示书交客户当面签字或者盖章确认。

第十七条 客户应当对市场及产品风险具有适当的认识,主动了解资产管理投资策略的风险收益特征,结合自身风险承受能力进行自我评估。

期货公司应当对客户适当性进行审慎评估。

第十八条 资产管理合同应当明确约定,由客户自行独立承担投资风险。

期货公司不得向客户承诺或者担保委托资产的最低收益或者分担损失。

期货公司使用的客户承诺书、风险揭示书、资产管理合同文本应当包括中期协制定的合同必备条款,并及时报住所地中国证监会派出机构备案。

第十九条 资产管理业务投资期货类品种的,期货公司应当按照期货市场开户管理规定为客户开立或者撤销所管理的账户(以下简称期货资产管理账户),申请或者注销交易编码,对期货资产管理账户及其交易编码进行单独标识、单独管理。

资产管理业务投资非期货类品种的,期货公司应当遵守相关市场的开户规定,开立或者撤销用于资产管理的联名账户及其他账户。期货公司应当自开立账户之日起5个工作日内向监控中心备案。

开户备案前,期货公司不得开展资产管理交易活动。

第二十条 期货公司应当在资产管理合同中与客户明确约定委托期限、追加或者提取委托资产的方式和时间等。

第二十一条 期货公司应当每日向监控中心投资者查询系统提供客户委托资产的盈亏、净值信息。

期货公司和监控中心应当保障客户能够及时查询委托资产的盈亏、净值信息。

第二十二条 期货公司可以与客户约定收取一定比例的管理费,并可以约定基于资产管理业绩收取相应的报酬。

第二十三条 期货公司应当与客户明确约定风险提示机制,期货公司要根据委托资产的亏损情况及时向客户提示风险。

期货公司应当与客户明确约定,委托期间委托资产亏损达到起始委托资产一定比例时,期货公司应当按照合同约定的方式和时间及时告知客户,客户有权提前终止资产管理委托。

第二十四条 期货公司从事资产管理业务,发生变更投资经理等可能影响客户权益的重大事项时,期货公司应当按照合同约定的方式和时间及时告知客户,客户有权提前终止资产管理委托。

第二十五条 当客户委托资产发生权属变更等重大情形,可能影响资产管理业务正常进行的,期货公司有权按照合同约定提前终止资产管理委托。

第二十六条 期货公司应当与客户在资产管理合同中明确约定资产管理委托终止的具体事由、后续事宜处理、责任承担等相关事项。

资产管理委托终止的,期货公司应当按照合同约定办理下列手续:

(一)及时结清相关费用,将剩余委托资产返还给客户;

(二)及时撤销期货资产管理账户;

(三)及时撤销非期货类投资账户。

第四章 业务管理和风险控制制度

第二十七条 期货公司应当建立健全并有效执行资产管理业务管理制度,加强对资产管理业务的交易监控,防范业务风险,确保公平交易。

第二十八条 期货公司应当对资产管理业务进行集中管理,其人员、业务、场地应当与其他业务部门相互独立,并建立业务隔离墙制度。

第二十九条 期货公司应当有效执行资产管理业务人员管理和业务操作制度,采取有效措施强化内部监督制约和奖惩机制,强化投资经理及相关资产管理人员的职业操守,防范利益冲突和道德风险。

第三十条 资产管理业务投资经理、交易执行、风险控制等岗位必须相互独立,并配备专职业务人员,不得相互兼任。

期货公司应当将资产管理业务投资经理、交易执行和风险控制等岗位的业务人员及其变动情况，自人员到岗或者变动之日起5个工作日内向住所地中国证监会派出机构备案。

第三十一条　期货公司应当有效执行资产管理业务风险控制制度，对期货资产管理账户日常交易情况和非期货类投资账户进行风险识别、监测，及时执行风险控制措施。

第三十二条　期货公司应当有效执行资产管理业务交易监控制度，对期货资产管理账户之间、期货资产管理账户与期货经纪业务客户账户之间、非期货类投资账户之间进行的可疑交易或者不公平交易行为进行监控，对资产管理投资策略及其执行情况、持仓头寸及其比例进行监控，并于月度结束后5个工作日内向住所地中国证监会派出机构及监控中心报告。

第三十三条　期货公司及其资产管理人员不得以获取佣金、转移收益或者亏损等为目的，在同一或者不同账户之间进行不公平交易，损害客户合法权益。

第三十四条　期货公司应当对不同期货资产管理账户之间、期货资产管理账户与期货经纪业务客户账户之间、非期货类投资账户之间同日同向交易、临近交易日的同向交易和反向交易的交易时机和交易价差进行监控和分析，防止不公平交易和利益输送行为。

期货公司应当严格禁止不同期货资产管理账户之间、期货资产管理账户与期货经纪业务客户账户之间、非期货类投资账户之间可能导致不公平交易和利益输送的同日反向交易。

第三十五条　发生以下情形之一的，期货公司资产管理部门应当立即向公司总经理和首席风险官报告：

（一）资产管理业务被交易所调查或者采取风险控制措施，或者被有权机关调查；

（二）客户提前终止资产管理委托；

（三）其他可能影响资产管理业务开展和客户权益的情形。

第三十六条　期货公司首席风险官负责监督资产管理业务有关制度的制定和执行，对资产管理业务的合规性定期检查，并依法履行督促整改和报告义务。

期货公司首席风险官向住所地中国证监会派出机构报送的季度报告、年度报告中应当包括本公司资产管理业务的合规及其检查情况。

第三十七条　期货公司应当按照本办法和期货公司信息公示有关要求，在中期协网站上对资产管理业务试点资格、从业人员、主要投资策略、投资方向及其风险特征等基本情况进行公示。

第五章　账户监测监控

第三十八条　期货公司应当按照期货保证金安全存管规定向监控中心报送期货资产管理账户的数据信息。

期货公司应当每日向监控中心报送非期货类投资账户的盈亏、净值等数据信息。

第三十九条　期货公司期货资产管理账户应当遵守期货交易所风险控制管理规定等相关要求。

第四十条　期货交易所应当对期货公司的期货资产管理账户及其交易编码进行重点监控，发现期货资产管理账户违法违规交易的，应当按照职责及时处置并报告中国证监会。

第四十一条　监控中心应当对期货公司的期货资产管理账户及其交易编码进行重点监测监控，发现期货资产管理账户重大异常情况的，应当按照职责及时报告中国证监会及其派出机构。

第四十二条　中国证监会派出机构发现资产管理业务存在违法违规或者重大异常情况的，应当对期货公司进行核查或者采取相应监管措施，有关核查结果和监管措施应当及时报告中国证监会。

第六章　监督管理和法律责任

第四十三条　期货公司从事资产管理业务，其净资本应当持续符合中国证监会有关期货公司风险监管指标的规定和要求。

第四十四条　期货公司应当按照规定的内容与格式要求，于月度结束后7个工作日内向中国证监会及其派出机构报送资产管理业务月度报告。

期货公司应当于年度结束后3个月内向中国证监会及其派出机构提交上一年度资产管理业务年度报告。

本条第一款、第二款规定的定期报告应当由期货公司的资产管理业务负责人、首席风险官和总经理签字。

第四十五条　期货公司应当按照《期货公司管理办法》规定的年限和要求，妥善保存有关资产管理业务的实施方案、投资策略、客户承诺书、风险揭示书、合同、财务、交易记录、监控记录等业务材料和信息。

第四十六条　资产管理业务提前终止、被交易所调查或者采取风险控制措施，或者被有权机关调查的，期货公司应当立即报告中国证监会及其派出机构。

第四十七条　中国证监会及其派出机构可以对期货公司资产管理业务进行定期或者不定期检查。

第四十八条　期货公司及其业务人员开展资产管理业务不符合本办法规定，涉嫌违法违规或者存在风险隐患的，中国证监会及其派出机构应当依法责令其限期整改，同时可以采取监管谈话、责令更换有关责任人员等监管措施并记入诚信档案。

第四十九条　期货公司限期未能完成整改或者发生下列情形之一的，中国证监会可以暂停其开展新的资产管理业务：

（一）风险监管指标不符合规定；

（二）高级管理人员和业务人员不符合规定要求；

（三）超出本办法规定或者合同约定的投资范围从事资产管理业务；

（四）其他影响资产管理业务正常开展的情形。

前款规定情形消除并经检查验收后，期货公司可以继续开展新的资产管理业务。

第五十条　期货公司或者其业务人员开展资产管理业务有下列情形之一，情节严重的，中国证监会可以撤销其资产管理业务试点资格，并依照《期货交易管理条例》第七十条、第七十一条等有关规定作出行政处罚；涉嫌犯罪的，依法移送司法机关：

（一）在公开媒体上向公众推广、宣传资产管理业务或者招揽客户；

（二）以夸大资产管理业绩等方式欺诈客户；

（三）接受单一客户的起始委托资产低于本办法规定的最低限额；

（四）明知客户资金来自违规集资，仍接受其委托开展资产管理业务；

（五）接受未对资产来源及用途的合法性进行书面承诺

的客户的委托开展资产管理业务；

（六）向客户承诺或者担保委托资产的最低收益或者分担损失；

（七）以获取佣金、转移收益或者亏损等为目的，在同一或者不同账户之间进行不公平交易；

（八）占用、挪用客户委托资产；

（九）以自有资产或者假借他人名义违规参与期货公司资产管理业务；

（十）报送或者提供虚假账户信息；

（十一）其他违反本办法规定的行为。

第七章　附则

第五十一条　本办法第二条所称期货公司接受特定多个客户的委托从事资产管理业务的具体规定，由中国证监会另行制定。

第五十二条　期货公司开展资产管理业务，投资于本办法第十二条第一款第（二）项规定的非期货类品种的，应当遵守相应法律法规规定及有关监管要求。

第五十三条　本办法自 2012 年 9 月 1 日起施行。

期货营业部管理规定（试行）

中国证券监督管理委员会公告〔2011〕33 号

现公布《期货营业部管理规定（试行）》，自 2012 年 5 月 1 日起施行。

中国证券监督管理委员会

二〇一一年十一月三日

第一章　总则

第一条　为规范期货公司营业部（以下简称营业部）的经营活动，加强对营业部的监督管理，根据《期货交易管理条例》、《期货公司管理办法》（证监会令第 43 号）等法规、规章，制定本规定。

第二条　中国证监会派出机构（以下简称派出机构）按照属地监管原则，对辖区内营业部的设立、变更、终止及日常经营活动进行监督管理。

第二章　经营条件

第三条　营业部应当具备满足期货业务需要的营业场所，且营业场所符合以下条件：

（一）营业场所属于产权清晰、使用权稳定的经营性房产，且期货公司拥有该房产所有权或者使用权证明；

（二）营业场所具备消防设施和灭火器材，保持安全出口和应急通道顺畅，符合消防安全管理规定；

（三）中国证监会规定的其他条件。

营业部变更营业场所的，拟迁入营业场所应当符合上述条件，并经营业部所在地派出机构批准。

第四条　营业部应当具备满足期货业务需要的办公、通讯、交易等设施，且设施符合以下条件：

（一）营业部应当配备 2 条以上网络通讯线路，保证营业部的正常交易；

（二）营业部应当配备 2 条以上具有录音功能的电话线路；

（三）营业部应当采取双路供电，或者在单路供电情况下，备用供电措施能够提供正常业务运行 4 小时的供电时间；

（四）营业部信息技术系统应当符合有关监管要求，保证运行安全和稳定；

（五）营业部应当设立投资者教育园地、现场开户场地以及专门的财务和档案室（柜室）；

（六）营业部应当配备满足开户管理要求的相关影像采集设备；

（七）营业部应当配备防火、外围隔离以及防盗设施；

（八）中国证监会规定的其他条件。

第五条　营业部应当设立信息公示栏，且按照相关规定公示下列事项：

（一）中国期货业协会网址及期货公司网址；

（二）期货公司及营业部的投诉和服务电话；

（三）营业部从业人员的姓名、照片、岗位、任职时间、从业资格号等信息；

（四）提示投资者可以通过中国期货业协会网站查询期货公司及营业部从业人员资格公示信息，通过期货保证金安全存管监控机构查询服务系统查询期货交易结算结果和期货交易相关的其他信息；

（五）中国证监会规定的其他事项。

上述信息发生变化的，营业部应当于变化之日起 5 个工作日内对营业场所公示信息进行变更。

第六条　营业部负责人在任职前，应当按照相关规定取得任职资格。

期货公司按照相关规定为取得任职资格的拟任营业部负责人办理任职手续并报告相关派出机构。

营业部负责人变更的，拟任负责人应当具备任职资格，期货公司按照相关规定办理变更手续。

第七条　营业部负责人应当在营业部所在地实地履行职责，全面负责营业部的日常经营管理工作。

营业部负责人不得兼任其他营业部负责人，且不得在期货公司总部兼任除董事以外的职务。

营业部负责人拟连续离岗 10 个工作日以上的，期货公司应当临时指定 1 名符合营业部负责人任职条件的人员代为履行职责，并提前 5 个工作日向营业部所在地派出机构报告。营业部负责人 1 年内累计离岗时间超过 3 个月的，期货公司应当更换营业部负责人，法律法规另有规定的除外。

期货公司指定的代为履职人员不符合任职条件的，派出机构可以要求期货公司更换代为履职人员。

代为履职人员应当实地履行职责，履职期间暂停管理公司的其他事务。

第八条　营业部负责人拟自行离职的，应当在离职前 1 个月向期货公司提出申请。期货公司在接到营业部负责人离职申请之日起 5 个工作日内向营业部所在地派出机构报告，并在 3 个月内完成营业部负责人变更。

拟离职营业部负责人应当切实履行职责直至营业部负责人变更手续完成。拟离职营业部负责人在完成变更手续前离职的，期货公司应当指定期货公司经理层人员代为履行职责，并在 5 个工作日内报告营业部所在地派出机构。

代为履职人员应当实地履行职责，履职期间暂停管理公司的其他事务。

第九条　营业部负责人离任的，期货公司应当按照相关规定向营业部所在地派出机构报告。期货公司应当对离任营业部负责人任职期间的合规经营情况进行离任审计，公司总经理、首席风险官对离任审计报告签字确认。期货公司应当在营业部负责人离任之日起 3 个月内将离任审计报告报送营业部所在地派出机构。

第十条　期货公司应当建立营业部负责人强制休假与定期审计制度或者轮岗制度。

第十一条　营业部业务岗位应当分工合理、职责明确，且岗位分工应当符合以下要求：

（一）营业部应当设立市场开发、开户与合同管理、交易、信息技术管理、财务等业务岗位，确保前、中、后台业务分开；

（二）营业部业务岗位应当有专职的工作人员；

（三）营业部工作人员素质和从业经历等能够满足相关业务岗位的需要；

（四）营业部财务岗位工作人员具有会计从业资格证书；

（五）中国证监会规定的其他要求。

第十二条　除营业部负责人外，营业部工作人员不得少于 5 人；营业部从事期货业务活动的工作人员应当取得期货从业资格。

第三章　内部控制

第十三条　营业部各项内部控制制度由期货公司统一制定，并报营业部所在地派出机构备案。内部控制制度包括以下项目：

（一）期货公司对营业部统一结算、统一风险管理、统一资金调拨、统一财务管理及会计核算的管理制度；

（二）营业部岗位职责及人员管理制度；

（三）营业部信息技术系统管理及应急制度；

（四）营业部合同、印章及档案管理制度；

（五）营业部市场营销管理制度；

（六）营业部投资者回访制度；

（七）营业部投资者教育、投资者投诉处理制度；

（八）反洗钱制度；

（九）中国证监会规定的其他管理制度。

第十四条　营业部在与投资者签订期货经纪合同，为投资者开立账户前，应当向投资者充分揭示期货交易的风险，审慎评估投资者的财务状况、期货专业知识、交易经验、风险偏好和风险承受能力，不得误导无投资意愿或无风险承受能力的投资者参与期货交易。

投资者参与股指期货交易的，营业部还应当审查投资者是否满足股指期货投资者适当性制度的有关要求。

第十五条　营业部在与投资者签订期货经纪合同，为投资者开立账户时，应当严格按照期货市场统一开户的要求，做好投资者身份核对、投资者影像资料留存、投资者期货结算账户登记等工作。

第十六条　营业部应当加强开户及合同管理，开户及合同管理应当符合以下要求：

（一）营业部应当指定专门的合同签署人负责与投资者签订期货经纪合同，合同签署人应当获得期货公司的授权；

（二）营业部应当严格执行期货公司的期货经纪合同管理制度，建立期货经纪合同的收发、存档及借阅记录台账；

（三）营业部应当使用期货公司连续编号、统一印制的期货经纪合同；

（四）营业部签署的期货经纪合同应当一式三份，期货公司、营业部、投资者各执一份，期货经纪合同内容应当填写完整和规范；

（五）期货公司应当建立投资者开户的二级复核制度，营业部相关责任人员应当在开户资料上签字留痕；

（六）营业部应当在投资者开户完成 1 个月内，将投资者开户资料文本报送至期货公司总部，并留存相关资料文本或者电子文档，以备营业部所在地派出机构检查；

（七）营业部应当通过期货公司总部统一为投资者申请交易编码，分配资金账户，统一在期货公司交易结算系统中维护投资者的开户资料。

第十七条　期货公司应当建立统一的结算制度，期货业务的结算由期货公司总部统一进行，营业部不得承担结算任务。

营业部应当于每日收市后，核对投资者的电话委托交易及手工出入金等情况，向期货公司核实存在的差异。

营业部应当按照合同约定及期货公司规定向投资者提供结算账单。

第十八条　期货公司应当建立统一的风险管理制度，不断健全、完善风险控制体系。

营业部履行部分风险控制职责的，期货公司应当直接管理营业部的风险管理人员。

第十九条　营业部投资者的交易指令必须通过期货公司风险控制系统或者期货公司风险控制人员进行事先风险控制。

营业部不得使用电话、交易所内远程终端等方式直接将投资者的交易指令传送至期货交易所场内交易席位。

第二十条　期货公司存在主、辅交易系统的，期货公司应当统一管理主、辅交易系统的风险控制，统一操作设置主、辅交易系统的风险控制参数。

营业部不得设置交易系统的相关参数。

第二十一条　期货公司应当建立统一追加保证金、统一强行平仓等风险管理制度，统一执行相关的风险控制措施。

营业部应当按照期货公司的统一要求，协助开展风险控制相关工作。

第二十二条　营业部应当执行期货公司统一的手续费政策。期货公司统一设置投资者的手续费费率参数。

第二十三条　期货公司对投资者实施动态风险监控，每日进行风险测算。

营业部应当按照期货公司的统一要求，对经常出现保证金不足、交易频繁等重点投资者的风险状况进行及时跟踪与监测，加强对投资者的风险管理。

第二十四条　期货公司应当加强对期货保证金专用账户的管理，完善期货保证金账户的设立、变更和撤销手续。

期货公司可以根据业务发展需要对营业部保证金专用账户资金进行实时监控。对不能进行实时监控的营业部保证金专用账户，期货公司总部应当定期和不定期地进行检查和压力测试。

营业部保证金专用账户的资金，由期货公司总部统一管理和调拨，营业部无权调拨。

第二十五条　营业部应当严格执行期货公司的出入金管理制度。

期货公司统一管理投资者银期转账出金操作。

营业部投资者通过非银期转账方式出金的，应当符合期货保证金安全存管的相关规定，且投资者的出金需经期货公司总部财务、结算部门审核。

第二十六条　期货公司对营业部实行统一的财务管理和会计核算，建立统一的财务管理和会计核算制度，明确期货公司和营业部的职责与业务操作流程。

营业部自有资金由期货公司统一管理与控制。

第二十七条　营业部数量超过 5 家的，期货公司应当建立统一的网络财务软件核算系统，加强对营业部的财务管理。

第二十八条　营业部根据期货公司统一财务管理和会计核算制度的要求，承担编制凭证等职能的，依据合法有效的会计原始凭证进行会计核算；营业部财务人员应当审核原始凭证的合法性、真实性和完整性。

营业部根据期货公司的凭证管理制度，需要将原始凭证和记账凭证提交期货公司的，应当留存复印件或电子文档，以备营业部所在地派出机构检查。

第二十九条　营业部应当在财务室或相对隔离的财务柜室妥善保管财务印章和财务凭证等有关财务用品和资料。

营业部应当建立财务印章和财务空白凭证的双人管理和审批使用制度，并做好使用登记工作。

第四章　合规管理

第三十条　期货公司应当建立、完善内部合规检查制度，将营业部合规检查纳入期货公司统一合规检查工作的范围。

第三十一条　期货公司合规检查部门应当每年对营业部的经营合规情况进行 1 次以上现场检查，检查包括以下事项：

（一）营业部负责人履职情况及从业人员执业情况；

（二）营业部岗位设置情况及人员资格情况；

（三）营业场所及设施合规情况；

（四）营业部内部控制制度执行情况；

（五）期货公司统一结算、统一风险管理、统一资金调拨、统一财务管理及会计核算执行情况；

（六）信息技术系统运行情况；

（七）中国证监会规定的其他事项。

第三十二条　期货公司应当在完成营业部合规检查 10 个工作日内，将检查情况和发现的问题报告营业部所在地派出机构。

期货公司应当留存营业部的合规检查报告，并于每年 3 月底前将期货公司上一年度对营业部的合规检查报告报送公司住所地派出机构。

第五章　监督管理

第三十三条　营业部不符合本规定有关要求的，派出机构应当依法采取相应的监管措施。

第三十四条　营业部负责人自行离职未履行本规定第九条有关程序的，派出机构可以依法采取相应的监管措施并将营业部负责人的行为记入诚信档案。

第三十五条　派出机构在对营业部负责人离任审计报告审查过程中，发现违法违规行为的，应当依据相关规定进行处理。

第三十六条　营业部所在地派出机构可以根据营业部合规经营的情况，要求期货公司增加合规检查次数。

第三十七条　派出机构对营业部采取限期整改、暂停业务、撤销许可证等监管措施的，应当将采取监管措施的相关文件抄送期货公司及公司住所地派出机构；营业部在上述事项发生后 3 个工作日内向期货公司报告。

第三十八条　派出机构因营业部管理问题对期货公司采取限期整改、暂停业务等监管措施的，应当将采取监管措施的相关文件抄送营业部所在地派出机构。

第六章　附则

第三十九条　本规定自 2012 年 5 月 1 日起施行。

证券期货市场诚信监督管理暂行办法

第一章　总则

第一条　为了加强证券期货市场诚信建设，保护投资者合法权益，维护证券期货市场秩序，促进证券期货市场健康稳定发展，根据有关法律、行政法规，制定本办法。

第二条　中国证券监督管理委员会（以下简称中国证监会）建立全国统一的证券期货市场诚信档案数据库（以下简称诚信档案），记录证券期货市场诚信信息。

第三条　记入诚信档案的诚信信息的界定、采集与管理，诚信信息的公开、查询，诚信约束、激励与引导等，适用本办法。

第四条　公民（自然人）、法人或其他组织从事证券期货市场活动，应当诚实信用，遵守法律、行政法规、规章和依法制定的自律规则，禁止欺诈、内幕交易、操纵市场以及其他损害投资者合法权益的不诚实信用行为。

第五条　中国证监会鼓励、支持诚实信用的公民、法人或其他组织从事证券期货市场活动，实施诚信约束、激励与引导。

第六条　中国证监会可以和国务院其他部门、地方政府、司法机关、行业组织建立诚信监督合作机制，实施诚信信息共享，推动健全社会信用体系。

第二章　诚信信息的采集

第七条　下列从事证券期货市场活动的公民、法人或其他组织的诚信信息，记入诚信档案：

（一）证券业从业人员和期货从业人员；

（二）发行人、上市公司及其董事、监事、高级管理人员、主要股东和实际控制人；

（三）证券公司、基金管理公司、期货公司及其董事、监事、高级管理人员、主要股东和实际控制人；

（四）会计师事务所、律师事务所、保荐机构、财务顾问机构、资产评估机构、投资咨询机构、信用评级机构等证券期货服务机构及其从业人员；

（五）独立基金销售机构、基金评价机构及其相关业务人员，非公开募集基金管理人、合格境外机构投资者、合格境内机构投资者及其主要投资管理人员，境外证券类机构驻华代表机构及其首席代表；

（六）为证券期货业提供信息技术服务或者软硬件产品的供应商；

（七）为发行人、上市公司提供投资者关系管理及其他公关服务的服务机构及其人员；

（八）其他有与证券期货市场活动相关的违法失信行为的公民、法人或其他组织。

第八条　本办法所称诚信信息包括：

（一）公民的姓名、性别、国籍、身份证件号码，法人或其他组织的名称、住所、组织机构代码等基本信息；

（二）中国证监会、国务院其他主管部门等其他省部级及以上单位和证券期货交易所、证券期货市场行业协会、证券登记结算机构等全国性证券期货市场行业组织（以下简称证券期货市场行业组织）作出的表彰、奖励、评比，以及信用评级机构作出的信用评级；

（三）中国证监会及其派出机构作出的行政许可决定；

（四）发行人、上市公司及其主要股东、实际控制人，董事、监事和高级管理人员，重大资产重组交易各方，及收购人所作的公开承诺的未履行或未如期履行、正在履行、已如期履行等情况；

（五）中国证监会及其派出机构作出的行政处罚、市场禁入决定和采取的监督管理措施；

（六）证券期货市场行业组织实施的纪律处分措施和法律、行政法规、规章规定的管理措施；

（七）因涉嫌证券期货违法被中国证监会及其派出机构调查及采取强制措施；

（八）因涉嫌证券期货犯罪被中国证监会及其派出机构移送公安机关、人民检察院处理；

（九）因证券期货犯罪或其他犯罪被人民法院判处刑罚；

（十）因证券期货侵权、违约行为被人民法院判决承担较大民事赔偿责任；

（十一）因违法开展经营活动被银行、保险、财政、税收、环保、工商、海关等相关主管部门予以行政处罚；

（十二）违背诚实信用原则的其他行为信息。

第九条　本办法第七条所列公民、法人或其他组织所受表彰、奖励、评比和信用评级信息，由其自行向中国证监会及其派出机构申报，记入诚信档案。

第十条　本办法第八条第（一）项、第（三）项至第（八）项诚信信息，由中国证监会及其派出机构、证券期货市场行业组织依其职责采集并记入诚信档案。

第十一条　本办法第八条第（九）项至第（十一）项诚信信息，由中国证监会及其派出机构通过政府信息公开、信用信息共享等途径采集并记入诚信档案。

第十二条　记入诚信档案的诚信信息所对应的决定或者行为经法定程序撤销、变更的，中国证监会及其派出机构将相应删除、修改该诚信信息。

第十三条　本办法第八条规定的违法失信信息，在诚信档案中的效力期限为5年，但因证券期货违法行为被行政处罚、市场禁入、刑事处罚的违法信息，其效力期限为10年。

前款所规定的期限，自对违法失信行为的处理决定作出之日起算，被行政处罚、市场禁入、刑事处罚的，自处罚执行完毕或禁入期满之日起算。

第三章　诚信信息的公开与查询

第十四条　本办法第八条第（二）、（三）、（四）、（六）项信息和第（五）项的行政处罚、市场禁入信息依法向社会公开。

第十五条　除本办法第十四条规定之外的诚信信息，公民、法人或其他组织可以根据本办法规定向中国证监会及其派出机构申请查询。

第十六条　公民、法人或其他组织提出诚信信息查询申请，符合以下条件之一的，中国证监会及其派出机构应当予以办理：

（一）公民、法人或其他组织申请查询自己的诚信信息的；

（二）发行人、上市公司申请查询拟任董事、监事、高级管理人员的诚信信息的；

（三）发行人、上市公司申请查询拟参与本公司并购、重组的公民、法人或其他组织的诚信信息的；

（四）发行人、上市公司申请查询拟委托的证券公司、证券服务机构及其相关从业人员的诚信信息的；

（五）证券公司、证券服务机构申请查询其所提供专业服务的发行人、上市公司及其董事、监事、高级管理人员、控股股东和实际控制人的诚信信息的；

（六）证券公司、基金管理公司、期货公司、证券期货服务机构申请查询已聘任或拟聘任的董事、监事、高级管理人员或其他从业人员的诚信信息的；

（七）中国证监会规定的其他条件。

第十七条　公民、法人或其他组织提出诚信信息查询申请，应当提供如下材料：

（一）查询申请书；

（二）身份证明文件；

（三）办理本办法第十六条第（二）项至第（六）项查询申请的，查询申请书应经查询对象签字或盖章同意，或有查询对象的其他书面同意文件。

第十八条　公民、法人或其他组织提出的查询申请，符合条件，材料齐备的，中国证监会及其派出机构应当自收到查询申请之日起5个工作日内反馈。

第十九条　公民、法人或其他组织申请查询的诚信信息属于国家秘密，其他公民、法人或其他组织的商业秘密及个人隐私的，中国证监会及其派出机构不予查询，但应当在答复中说明。

第二十条　记入诚信档案的公民、法人或其他组织，认为其诚信信息具有本办法第十二条规定的应予删除、修改情形的，或者具有其他重大、明显错误的，可以向中国证监会及其派出机构申请更正。

中国证监会及其派出机构收到公民、法人或其他组织的信息更正申请后，应当在15个工作日内进行处理，并将处理结果告知申请人。确有本办法第十二条规定的应予删除、修改情形的，或者其他重大、明显错误情形的，应予更正。

第二十一条　公民、法人或其他组织通过查询获取诚信信息的，不得泄露或提供他人使用，不得进行以营利为目的的使用、加工或处理，不得用于其他非法目的。

第四章　诚信约束、激励与引导

第二十二条　中国证监会及其派出机构审核行政许可申请，应当查阅申请人以及申请事项所涉及的有关当事人的诚信档案。

第二十三条　中国证监会及其派出机构审核行政许可申请，发现申请人以及有关当事人有本办法第八条第（四）项中的未履行或未如期履行承诺信息，或者第（五）项至第（十一）项规定的违法失信信息的，可以要求申请人或受申请人委托为行政许可申请提供证券期货服务的有关机构，进行口头或书面说明、解释。

第二十四条　根据本办法第二十三条规定进行书面说明、解释的，申请人或有关证券期货服务机构应当在规定期限内提交书面回复意见。

书面回复意见应就如下事项进行说明：

（一）诚信信息所涉及相关事实的基本情况；

（二）有关部门对申请人所作决定的执行及其他后续情况，并提供证明材料；

（三）有关证券期货服务机构关于诚信信息对行政许可事项是否构成影响的分析。

第二十五条　申请人或有关证券期货服务机构的书面回复意见不明确，有关分析、说明不充分的，中国证监会及其派出机构可以直接或者委托有关机构对有关事项进行核查。

第二十六条　根据本办法第二十三条、第二十四条、第二十五条进行书面说明、解释或核查的时间，不计入行政许可审核法定期限。

第二十七条　行政许可申请人以及申请事项所涉及的有关当事人有本办法第八条第（四）项中的未履行或未如期履行承诺信息，或者第（五）项至第（十一）项规定的违法失信信息之一，属于法定不予许可条件范围的，中国证监会及其派出机构应当依法作出不予许可的决定。

申请人以及申请事项所涉及的有关当事人的诚信信息虽不属于法定不予许可条件范围，但有关法律、行政法规和规章对行政许可法定条件提出诚实信用要求、作出原则性规定或设定授权性条款的，中国证监会及其派出机构可以综合考虑诚信状况等相关因素，审慎审核申请人提出的行政许可申请事项。

第二十八条　非行政许可事项、业务创新试点申请人有本办法第八条第（四）项中的未履行或未如期履行承诺信息，或者第（五）项至第（十一）项规定的违法失信信息之一的，中国证监会及其派出机构可以暂缓或不予审批、安排，但申请人能证明该违法失信信息与非行政许可事项或业务创新明显无关的除外。

第二十九条　中国证监会及其派出机构在非行政许可审批、业务创新试点安排中，可以在法律、行政法规规定的范围内，对于同等条件下诚信状况较好的申请人予以优先审批、安排。

第三十条　中国证监会及其派出机构在对公民、法人或其他组织进行行政处罚、实施市场禁入和采取监督管理措施中，可以查阅诚信档案，在综合考虑当事人违法行为的性质、情节以及损害投资者合法权益的程度的基础上，将当事人的诚信状况作为确定处罚幅度、禁入期间和监督管理措施类别的酌定因素。

第三十一条　中国证监会及其派出机构在开展监督检查等日常监管工作中，可以综合考虑被监管的机构及其人员的诚信状况，有针对性地进行现场检查和非现场检查，或者适当调整、安排现场检查的对象、频率和内容。

第三十二条　公民、法人或其他组织公开发布证券期货市场评论信息，所述事实内容与实际情况不相符合的，或者存在其他显著误导公众情形的，中国证监会及其派出机构可以对其出具诚信关注函，记入诚信档案，并可将有关情况向其所在工作单位、所属主管部门或行业自律组织通报。

证券期货投资咨询机构及其人员公开发布证券期货市场评论信息违反规定的，依照有关规定处理、处罚。

公民、法人或其他组织利用公开发布证券期货市场评论信息进行内幕交易、操纵市场等违法行为的，依法予以处罚；构成犯罪的，由司法机关依法追究刑事责任。

第三十三条　证券期货市场行业组织应当教育和鼓励其成员以及从业人员遵守法律，诚实信用。对遵守法律、诚实信用的成员以及从业人员，可以给予表彰、奖励。

中国证监会鼓励证券期货市场行业组织等建立证券期货市场诚信评估制度，组织开展对有关行业和市场主体的诚信状况评估，并将评估结果予以公示。

第三十四条　上市公司、证券公司、基金管理公司、期货公司和证券期货服务机构等应当不断完善内部诚信监督、约束制度机制，提高诚信水平。

中国证监会及其派出机构对前款规定机构的内部诚信监督、约束制度机制建设情况进行检查、指导，并可将检查情况在行业和辖区内进行通报。

第三十五条　对有本办法第八条第（四）项中的未履行或未如期履行承诺信息，或者第（五）项至第（十一）项规定的违法失信信息的公民，中国证监会及其派出机构、证券期货市场行业组织可以不聘任其担任下列职务：

（一）中国证监会主板、创业板发行审核委员会委员；

（二）中国证监会上市公司并购重组审核委员会委员；

（三）中国证监会及其派出机构、证券期货市场行业组织成立的负有审核、监督、核查、咨询职责的其他组织的成员。

第五章　监督与管理

第三十六条　中国证监会诚信监督管理机构履行下列职责：

（一）界定、组织采集证券期货市场诚信信息；

（二）建立、管理诚信档案，组织、督促诚信信息的记入；

（三）组织办理诚信信息的公开、查询和共享；

（四）建立、协调实施诚信监督、约束与激励机制；

（五）中国证监会规定的其他诚信监督管理与服务职责。

第三十七条　中国证监会各派出机构负责接收、办理住所地在本辖区的公民、法人或其他组织根据本办法规定提出的诚信信息记入申报、诚信信息查询申请、诚信信息更正申请等事项。

第三十八条　中国证监会及其派出机构、证券期货市场行业组织，未按照本办法规定及时、真实、准确、完整地记入诚信信息，造成不良后果的，按照有关规定对相关责任人员进行行政处分；情节严重的，依法追究法律责任。

第三十九条　公民、法人或其他组织对自己申报和依法报告、公告的诚信信息的真实性、准确性、完整性负责。

公民、法人或其他组织申报、报告和公告的诚信信息，有虚假内容的，中国证监会及其派出机构可以采取责令改正、监管谈话、出具警示函、责令公开说明等监督管理措施；情节严重的，依法追究法律责任。

第四十条　公民、法人或其他组织违反本办法规定获取、使用、泄露诚信信息的，中国证监会及其派出机构可以采取责令改正、监管谈话、出具警示函等监督管理措施；情节严重的，依法追究法律责任。

第六章　附则

第四十一条　中国证监会及其派出机构办理诚信信息查询，除可以收取打印、复制、装订、邮寄成本费用外，不得收取其他费用。

第四十二条　证券期货市场行业组织在履行自律管理职责中，查询诚信档案，实施诚信约束、激励的，参照本办法有关规定执行。

第四十三条　本办法自 2012 年 9 月 1 日起施行。

证券期货市场统计管理办法

中国证券监督管理委员会令第 60 号

《证券期货市场统计管理办法》已经 2008 年 10 月 28 日中国证券监督管理委员会第 243 次主席办公会议审议通过，现予公布，自 2009 年 3 月 1 日起施行。

中国证券监督管理委员会主席：尚福林

二〇〇九年一月八日

第一章　总则

第一条　为了规范证券期货市场统计行为，发挥统计在反映证券期货市场基础信息和动态状况、加强证券期货市场监管中的作用，根据《中华人民共和国统计法》、《中华人民共和国证券法》、《中华人民共和国证券投资基金法》、《期货交易管理条例》、《证券公司监督管理条例》和《中华人民共和国统计法实施细则》等法律、行政法规，制定本办法。

第二条　证券期货市场统计的基本任务是对证券期货市场发展情况进行统计调查、统计分析，提供证券期货市场统计资料和统计咨询意见，实行统计监督。

第三条　证券期货市场统计调查对象（以下简称统计调查对象）应当如实提供证券期货统计资料，不得虚报、瞒报、拒报、迟报，不得伪造、篡改。

本办法所称的统计调查对象，包括证券公司、证券投资基金管理公司、期货公司及其分支机构，基金托管银行、基金销售机构、合格境外机构投资者托管银行，从事证券期货服务业务的投资咨询机构、财务顾问机构、资信评级机构、资产评估机构、会计师事务所、律师事务所，上市公司、非上市公众公司，证券期货交易所、证券登记结算机构、证券业协会、期货业协会、证券投资者保护基金公司、期货保证金监控中心等市场主体。

第四条　中国证券监督管理委员会（以下简称中国证监会）建立集中统一领导，分业务、分级负责的统计管理体制。

中国证监会负责全国证券期货市场（以下简称证券期货市场）的统计工作，中国证监会派出机构负责辖区内的证券期货统计工作。

第五条　中国证监会制定证券期货市场统计标准，发布证券期货市场统计资料或者可能影响证券期货市场稳定运行的其他统计资料。

第六条　统计资料的管理、使用和公布，应当遵守国家档案管理制度、保密制度和证券期货监督管理信息公开制度、证券期货市场诚信档案管理制度，保守统计调查对象的商业秘密，维护证券期货市场公开、公平、公正的原则。

第二章　统计机构和统计人员

第七条　中国证监会统计部门履行以下职责：

（一）组织证券期货市场统计调查工作，搜集、整理证券期货统计资料，管理、公布、汇编、对外提供证券期货市场统计资料；

（二）对证券期货市场运行、发展、风险等情况进行统计分析，编制证券期货市场统计报表，出具统计报告，提出有关的政策建议；

（三）建立健全证券期货统计制度，制定证券期货市场统计标准，完善证券期货统计指标体系，对统计法律、行政法规、本办法及中国证监会制定的统计制度的执行情况进行指导和检查监督，对中国证监会派出机构、统计调查对象的统计工作进行考核评估；

（四）建设并管理证券期货统计信息自动化系统和统计数据库体系；

（五）负责办理与会外单位之间的统计协调工作；

（六）办理中国证监会派出机构统计调查项目和证券期货市场统计调查项目补充内容的备案；

（七）组织开展证券期货市场统计人员的业务培训。

第八条　中国证监会履行监管职责的其他部门（以下简称中国证监会其他部门）对其职责范围内的统计调查对象进行统计调查，搜集、整理证券期货统计资料。

中国证监会其他部门应当配合中国证监会统计部门的工作。

第九条　中国证监会统计部门建立证券期货市场统计工作联席会议机制，其成员单位包括中国证监会统计部门、中国证监会其他部门、证券期货交易所、证券登记结算机构等。

除中国证监会统计部门之外的其他成员单位按照约定的格式与内容，定期或者不定期地向中国证监会统计部门报送本单位搜集、整理、管理的证券期货统计资料。证券期货市场统计工作联席会议机制确保成员之间实现信息互联共享，并承担以下职能：

（一）分析评价证券期货统计标准，提出补充、修改的建议；

（二）研究统计工作中遇到的新问题、新情况，加强各单位间的协调、配合；

（三）讨论其他与证券期货统计工作有关的重大事项。

第十条　中国证监会派出机构应当指定或者设立专门处室履行统计职责，其统计职责包括：

（一）配合中国证监会统计部门完成证券期货市场统计调查任务，搜集、整理、提供辖区内证券期货统计资料；

（二）组织辖区内的证券期货统计调查工作，搜集、整理、管理、公布、对外提供证券期货统计资料；

（三）对辖区内证券期货发展情况进行统计分析，出具统计报告，提出有关政策建议；

（四）对辖区内统计调查对象执行统计法律、行政法规、本办法及中国证监会制定统计制度的情况进行检查监督。

第十一条　统计调查对象应当设立统计部门或者指定部门、人员负责统计工作。

第十二条　中国证监会其他部门、派出机构配置专职的统计人员。统计调查对象应当配备专职或者兼职的统计人员。

统计人员应当具备良好的职业道德，具备必要的证券期货市场基础知识、统计专业基础知识和必备的计算机操作技能。

第十三条　统计人员应当依法如实搜集、报送统计资料。

统计人员应当对其负责搜集、审核、录入的统计资料和调查对象报送的统计资料的真实性负责，不得伪造、篡改统计资料，不得以任何方式要求统计调查对象提供不真实的统计资料。

第十四条　统计人员依法履行统计职责，不受任何单位和个人非法干预。

第十五条　中国证监会统计部门组织对统计人员的专业培训，加强职业道德教育，提高统计工作水平。

第三章　统计调查和统计分析

第十六条　中国证监会统计部门负责制定证券期货市场统计调查项目。中国证监会派出机构在执行前述统计调查项目时，可以根据本辖区的实际情况和监管工作需要，对统计调查内容作出补充，并报中国证监会统计部门备案。

中国证监会派出机构负责制定辖区内证券期货统计调查项目，并报中国证监会统计部门备案。

第十七条　中国证监会统计部门制定证券期货市场统计标准，以保障统计调查中采用的指标涵义、计算方法、分类目录、调查表式等方面的标准化。

中国证监会其他部门、中国证监会派出机构开展统计调查的，应当适用中国证监会统计部门制定的统计标准。

第十八条　中国证监会及其派出机构在组织统计调查时，应当对统计调查内容、调查对象、统计资料的报送时间、格式及方式等内容作出明确规定。

中国证监会及其派出机构可以采用公文、传真、电话、电子邮件以及网络等统计调查方式。涉及保密内容的统计调查，应当遵循保密管理的相关规定。

第十九条　统计调查对象应当在规定时限内，按照规定的统计调查内容与格式，向中国证监会及其派出机构报送统计资料。统计资料还应当符合中国证监会统计部门制定的统计标准。

第二十条　统计调查对象应当做好基层统计报表的收集、审核和汇总工作，保证统计资料的真实、准确和完整。

统计调查对象应当向中国证监会及其派出机构报送经单位负责人审核、签署的统计数据，并在填报说明中，对基层数据的上报情况及本期数据的异常变动等情况作出说明。

第二十一条　统计调查对象发现报送的统计资料有误的，应当立即报告中国证监会及其派出机构，组织本单位的统计部门或者人员予以核实订正后，及时向中国证监会及其派出机构作出书面更正与说明。必要时，还应当依法及时公开披露。

第二十二条　统计调查应当以定期调查为基础，以抽样调查为补充，综合运用全面调查、重点调查、行政业务记录等方法，搜集、整理证券期货基本统计资料。

第二十三条　中国证监会统计部门应当定期分析、研究证券期货市场和宏观经济发展情况，并就其对证券期货业发展的影响等情况进行调查研究。

中国证监会统计部门可以根据证券期货监管工作的需要，对一些市场高度关注、关系证券期货市场发展大局的情况进行分析、研究。

第二十四条　地方各级人民政府或者国务院其他部门派出机构组织证券期货统计调查的，统计调查对象应当及时向中国证监会派出机构报告。

中国证监会派出机构应当及时了解统计调查内容及其进展情况；必要时，应当及时就统计资料的一致性等问题，与地方各级人民政府或者国务院其他部门派出机构协商。

统计调查属于证券期货市场统计调查一部分的，中国证监会派出机构应当及时报告中国证监会统计部门。中国证监会统计部门应当及时就统计资料的一致性等问题，与国务院其他部门协商。

第四章　统计资料管理和公布

第二十五条　中国证监会统计部门统一管理证券期货市场统计资料。

中国证监会其他部门、派出机构负责本部门或者单位统计资料的管理工作。

统计调查对象应当按照法律、行政法规的要求，加强统计资料的管理工作。

统计资料档案的保管、调用和移交，应当遵守国家有关档案管理的规定。

第二十六条　中国证监会及其派出机构应当建立健全统计资料的审核、整理、交接和存档等管理制度。

中国证监会统计部门应当建设统一的证券期货统计信息自动化系统，实现与中国证监会其他部门、中国证监会派出机构、证券期货交易所、证券登记结算机构等单位统计资料电子化管理系统、证券期货市场诚信档案系统的对接。

第二十七条　中国证监会及其派出机构应当建立健全统计资料提供和公布制度。

证券期货市场统计资料或者可能影响证券期货市场稳定运行的统计资料应当由中国证监会统计部门对外提供或者公布。

中国证监会派出机构可以对外提供或者公布本辖区证券期货统计资料。

第二十八条　统计调查对象或者其他单位公布统计资料应当遵守法律、行政法规和中国证监会的规定，不得编造、伪造统计资料，扰乱证券期货市场秩序。

第五章　监督管理与法律责任

第二十九条　中国证监会统计部门、中国证监会派出机构可以对统计调查对象的以下情况，实施定期或者不定期检查：

（一）统计部门或者指定负责统计工作的部门、人员的配置情况；

（二）统计工作的独立性；

（三）基层统计报表的收集、审核和汇总工作及其真实、准确、完整程度；

（四）有关统计法律、行政法规、中国证监会规定的其他要求的执行情况。

第三十条　检查分为现场检查与非现场检查。

现场检查时，检查人员不得少于两人，并应当出示合法证件和检查通知书。检查人员有权采取下列措施：

（一）询问统计调查对象的有关人员，要求其对检查事项作出说明；

（二）查阅、复制统计调查对象与检查事项有关的文件、资料、凭证等；

（三）要求统计调查对象及其有关人员提交与检查事项有关的自查报告。

非现场检查时，中国证监会统计部门、中国证监会派出机构可以要求统计调查对象提供备查资料及其说明或者自查报告。

第三十一条　统计调查对象应当配合中国证监会统计部门、中国证监会派出机构的检查工作。任何单位、个人不得干扰和妨碍检查工作。

第三十二条　对于违反本办法规定的统计调查对象，中国证监会可以对其采取以下监督管理措施：

（一）责令改正；

（二）监管谈话；

（三）出具警示函；

（四）责令参加培训。

第三十三条　统计调查对象有下列行为之一的，中国证监会可以给予警告，单处或者并处罚款：

（一）虚报、瞒报、漏报统计资料；

（二）伪造、篡改统计资料；

（三）拒报或者无故迟报统计资料；

（四）拒绝或者妨碍统计检查。

对前款行为负有直接责任的管理人员和其他直接责任人员，中国证监会可以给予警告，单处或者并处罚款。

第三十四条　统计调查对象或者其他单位违反本办法第二十八条规定，作出虚假陈述或者信息误导，扰乱证券期货市场的，中国证监会按照《证券法》第二百零七条、《期货交易管理条例》第七十一条的规定予以处罚。

第三十五条　统计调查对象报送的监管信息包含统计资料，其报送或者信息披露行为违反法律、行政法规、中国证监会规定的，按照相关规定处理。

第三十六条　中国证监会统计部门、中国证监会其他部门和中国证监会派出机构的工作人员违反国家有关保密规定，擅自公开证券期货统计资料的，中国证监会依照有关规定给予行政处分。

第六章　附则

第三十七条　证券期货交易所、证券期货业协会、证券登记结算机构等自律组织组织统计调查的，应当适用中国证监会统计部门规定的统一的统计标准。

前款所称的自律组织可以制定本单位统计工作制度，并报中国证监会统计部门备案。

第三十八条　本办法自2009年3月1日起施行。

证券期货业信息安全保障管理办法

中国证券监督管理委员会令第82号

《证券期货业信息安全保障管理办法》已经2012年8月23日中国证券监督管理委员会第22次主席办公会议审议通过，现予公布，自2012年11月1日起施行。

中国证券监督管理委员会主席：郭树清

2012年9月24日

第一章　总则

第一条　为了保障证券期货信息系统安全运行，加强证券期货业信息安全管理工作，促进证券期货市场稳定健康发展，保护投资者合法权益，根据《证券法》、《证券投资基金法》、《期货交易管理条例》及信息安全保障相关的法律、行政法规，制定本办法。

第二条　证券期货业信息安全保障、管理、监督等工作适用本办法。

第三条　证券期货业信息安全保障工作实行“谁运行、谁负责，谁使用、谁负责”、安全优先、保障发展的原则。

第四条　证券期货业信息安全保障的责任主体应当执行国家信息安全相关法律、行政法规和行业相关技术管理规定、技术规则、技术指引和技术标准，开展信息安全工作，保护投资者交易安全和数据安全，并对本机构信息系统安全运行承担责任。

前款所称责任主体，包括承担证券期货市场公共职能的机构、承担证券期货行业信息技术公共基础设施运营的机构等证券期货市场核心机构及其下属机构（以下简称核心机构），证券公司、期货公司、基金管理公司、证券期货服务机构等证券期货经营机构（以下简称经营机构）。

第五条　开展证券客户交易结算资金第三方存管业务，银证、银期、银基转账和结算业务，基金托管和销售业务的机构应当按照有关规定保障相关业务系统的安全运行。

第六条　为证券期货业提供软硬件产品或者技术服务的供应商（以下简称供应商），应当保证所提供的软硬件产品或者技术服务符合国家及证券期货业信息安全相关的技术管理规定、技术规则、技术指引和技术标准。

第七条　中国证监会支持、协助国家信息安全管理部门组织实施信息安全相关法律、行政法规，依法对证券期货业信息安全保障工作实施监督管理。

中国证监会派出机构按照授权履行监督管理职责。

第八条　中国证监会及其派出机构与国家信息安全管理部门、相关行业管理部门建立信息安全协调机制，与国家有关专业安全机构和标准化组织建立信息安全合作机制。

第九条　证券、期货、证券投资基金等行业协会（以下简称证券期货行业协会）依照本办法的规定，对会员的信息安全工作实行自律管理。

第十条　核心机构依照本办法的规定，对市场相关主体关联信息系统的安全保障工作进行督促、指导。

第二章　基本要求

第十一条　核心机构和经营机构应当具有合格的基础设施。机房、电力、空调、消防、通信等基础设施的建设符合行业信息安全管理的有关规定。

第十二条　核心机构和经营机构应当设置合理的网络结构，划分安全区域，各安全区域之间应当进行有效隔离，并具有防范、监控和阻断来自内外部网络攻击破坏的能力。

第十三条　核心机构和经营机构应当建立符合业务要求的信息系统。信息系统应当具有合理的架构，足够的性能、容量、可靠性、扩展性和安全性，能够支持业务的运行和发展。

第十四条　核心机构应当对交易、行情、开户、结算、风控、通信等重要信息系统具有自主开发能力，拥有执行程序和源代码并安全可靠存放，在重要信息系统上线前对执行程序和源代码进行严格的审查和测试。

第十五条　核心机构和经营机构应当具有防范木马、病毒等恶意代码的能力，防止恶意代码对信息系统造成破坏，防止信息泄露或者被篡改。

第十六条　核心机构和经营机构应当建立完善的信息技术治理架构，明确信息技术决策、管理、执行和内部监督的权责机制。

第十七条　核心机构和经营机构应当建立完善的信息技术管理制度和操作规程，并严格执行。

第十八条　核心机构应当制定本机构与市场相关主体信息系统安全互联的技术规则，并报中国证监会备案。

核心机构依法督促市场相关主体执行技术规则。

第十九条　核心机构应当提供多种互为备份的远程接入方式，保证市场相关主体安全接入，并对市场相关主体的远程接入进行监控与管理。

第三章　持续保障要求

第二十条　核心机构和经营机构应当保障充足、稳定的信息技术经费投入，配备足够的信息技术人员。

第二十一条　核心机构和经营机构应当根据行业规划和本机构发展战略，制定信息化与信息安全发展规划，满足业务发展和信息安全管理的需要。

第二十二条　核心机构和经营机构开展信息系统新建、升级、变更、换代等建设项目，应当进行充分论证和测试。

第二十三条　核心机构交易、行情、开户、结算、通信等重要信息系统上线或者进行重大升级变更时，应当组织市场相关主体进行联网测试，并按规定进行报告。

第二十四条　核心机构和经营机构应当规范开展信息技术基础设施和重要信息系统的运行维护，保障系统安全稳定运行。

第二十五条　核心机构应当指导市场相关主体正确运行

维护与本机构互联的系统和通信设施。

第二十六条　核心机构和经营机构应当建立数据备份设施，并按照规定在同城和异地保存备份数据。

第二十七条　核心机构和经营机构应当建立重要信息系统的故障备份设施和灾难备份设施，保证业务活动连续。

第二十八条　核心机构和经营机构应当按照规定向中国证监会指定的证券期货业数据中心报送数据。报送的数据必须真实、完整、准确、及时。

证券期货业数据中心应当按照中国证监会的有关规定开展行业数据的集中保存工作，确保数据的安全、完整、可靠。

第二十九条　核心机构负责建设和运营行业信息技术公共基础设施。

第三十条　核心机构和经营机构应当加强信息安全保密管理，保障投资者信息安全。

第三十一条　核心机构和经营机构应当建立网络与信息安全风险检测、监测、评估和预警机制，发现风险隐患应当及时处置，并按照规定进行报告。

第三十二条　核心机构和经营机构应当建立信息安全应急处置机制，及时处置突发信息安全事件，尽快恢复信息系统的正常运行，并按照规定进行报告，不得迟报、漏报、瞒报。

核心机构和经营机构应当对信息安全事件进行内部调查、责任追究和采取整改措施，并配合中国证监会及其派出机构对事件进行调查处理。

与核心机构和经营机构发生信息安全事件相关的软硬件产品或者技术服务供应商，应当配合相关调查工作。

第三十三条　核心机构应当每年组织市场相关主体进行一次信息安全应急演练，并于实施前 15 个工作日向中国证监会报告。

第三十四条　核心机构和经营机构应当对信息技术人员进行培训，确保其具有履行岗位职责的能力。

第三十五条　核心机构和经营机构应当建立信息安全内部审计制度，定期开展内部审计，对发现的问题进行整改。

第四章　产品及服务采购要求

第三十六条　核心机构和经营机构应当建立供应商管理制度，定期对供应商的资质、专业经验、产品和服务的质量进行了解和评估。

第三十七条　核心机构和经营机构在采购软硬件产品或者技术服务时，应当与供应商签订合同和保密协议，并在合同和保密协议中明确约定信息安全和保密的权利和义务。

涉及证券期货交易、行情、开户、结算等软件产品或者技术服务的采购合同，应当约定供应商须接受中国证监会及其派出机构的信息安全延伸检查。

第三十八条　核心机构和经营机构采购的软硬件产品或者技术服务应当满足审慎经营和风险管理的要求。软硬件产品或者技术服务不符合要求，影响核心机构和经营机构持续经营的，中国证监会有权要求核心机构和经营机构予以改进或者更换。

第五章　行业自律

第三十九条　证券期货行业协会应当制定信息技术指引，督促、引导会员执行国家和行业信息安全相关规定和技术标准。

第四十条　证券期货行业协会应当引导行业加强信息技术人才队伍建设，定期组织信息技术培训和交流，提高信息技术人员执业素质。

第四十一条　证券期货行业协会应当引导鼓励行业信息技术研究与创新，增强自主可控能力，组织开展科技奖励，促进行业科技进步。

第四十二条　证券期货行业协会应当引导供应商规范参与行业信息化与信息安全工作，促进市场公平竞争，促进供应商与市场相关主体共同发展。

第六章　监督管理

第四十三条　中国证监会建立统一组织、分级负责的信息安全监督管理体制。

中国证监会信息安全管理部门负责证券期货业信息安全工作的组织、协调和指导；相关业务监管部门依照职责范围对核心机构和经营机构的信息安全进行监督、检查；派出机构根据授权对辖区内经营机构的信息安全进行监督、检查。

第四十四条　中国证监会依法组织制定证券期货业信息安全管理规定和技术标准。

第四十五条　中国证监会及其派出机构依照职责范围，对核心机构和经营机构进行信息安全检查或者委托国家、行业有关专业安全机构进行安全检查。核心机构和经营机构应当配合检查。

核心机构和经营机构的信息安全管理不能达到规定要求的，中国证监会及其派出机构责令其限期改正，改正前可以暂停或者限制其部分或者全部证券期货经营业务活动。

第四十六条　中国证监会及其派出机构可以要求核心机构和经营机构提供信息安全相关资料。

核心机构和经营机构应当及时、准确、完整地提供相关资料。

第四十七条　中国证监会组织制定证券期货业信息安全应急预案，督促、指导行业开展信息安全应急工作。

第四十八条　中国证监会有权对核心机构、经营机构的信息安全事件进行调查处理。

对于损害投资者合法权益或者影响证券期货市场安全稳定运行的信息安全事件，中国证监会依法对相关单位采取监督管理措施或者行政处罚。

第四十九条　中国证监会对发现的系统漏洞、安全隐患、产品缺陷进行全行业通报。

第五十条核心机构和经营机构违反本办法规定，中国证监会可以视情节，依法对其采取责令改正、监管谈话、出具警示函、公开谴责、责令定期报告、责令处分有关人员、撤销任职资格、暂停或者限制证券期货经营业务活动等措施；情节严重的，给予警告、罚款。

第七章　附则

第五十一条　本办法自 2012 年 11 月 1 日起施行。《证券期货业信息安全保障管理暂行办法》(证监信息字〔2005〕5 号)同时废止。

第二章　期货交易机构

第一节　中国金融期货交易所

中国金融期货交易所

中国金融期货交易所是经国务院同意，中国证监会批准，由上海期货交易所、郑州商品交易所、大连商品交易所、上海证券交易所和深圳证券交易所共同发起设立的金融期货交易所。中国金融期货交易所于2006年9月8日在上海成立，注册资本为5亿元人民币。中国金融期货交易所的成立，对于深化金融市场改革，完善金融市场体系，发挥金融市场功能，具有重要的战略意义。

中国金融期货交易所的宗旨是发展社会主义市场经济，完善资本市场体系，发挥金融期货市场的功能，保障金融期货等金融衍生品交易的正常进行，保护交易当事人的合法权益和社会公共利益，维护金融市场正常秩序。

中国金融期货交易所的主要职能是：组织安排金融期货等金融衍生品上市交易、结算和交割；制订业务管理规则；实施自律管理；发布市场交易信息；提供技术、场所、设施服务；中国证监会许可的其他职能。

中国金融期货交易所在交易方式、结算制度等方面充分借鉴了国际市场的先进经验，并结合中国的市场实际，以高起点、高标准的原则建设中国的金融衍生品市场。

中国金融期货交易所实行结算会员制度，会员分为结算会员和非结算会员，结算会员按照业务范围分为交易结算会员、全面结算会员和特别结算会员。实行结算会员制度，形成多层次的风险控制体系，强化了中国金融期货交易所的整体抗风险能力。

中国金融期货交易所采用电子化交易方式，不设交易大厅和出市代表。金融期货产品的交易均通过交易所计算机系统进行竞价，由交易系统按照价格优先、时间优先的原则自动撮合成交。采用电子化交易方式体现了中国金融期货交易所的高效、透明、国际化的发展思路。

中国金融期货交易所肩负着建立和发展中国金融期货市场的艰巨任务。中国金融期货交易所坚持以科学发展观为指导，本着稳健发展、与时俱进的原则，打造一个健康规范、高效透明、积极创新、技术先进的金融期货交易所，为提高经济的风险承受能力、增加经济弹性以及促进经济增长发挥积极作用。

组织机构：

股东大会是公司的权力机构。公司设董事会，对股东大会负责，并行使股东大会授予的权力。董事会设执行委员会，作为董事会日常决策、管理、执行机构。董事会下设交易、结算、薪酬、风险控制、监察调解等专门委员会。

公司目前设总经理1人，副总经理2人。

公司目前设有市场部、交易部、结算部、监查部、技术部、信息部、研发部、财务部、人力资源部、总经理办公室、行政部等11个部门。

董事会成员：

董 事 长：桂敏杰

副董事长：张育军

董　　事：张慎峰　杨迈军　刘兴强　宋丽萍　张　凡

职能部门：

市场部

主要职责：负责市场开发与培育；产品和服务推广；投资者教育培训等。

交易部

主要职责：负责交易运作管理；风险监控管理；会员、投资者管理与服务等。

结算部

主要职责：负责结算服务；结算风险管理；结算会员管理等。

监查部

主要职责：负责违规行为查处；监管协作；内审及本所法律事务处理等。

技术部

主要职责：负责系统的开发、运行、维护和升级等。

信息部

主要职责：负责信息经营；信息服务；网站管理等。

研发部

主要职责：负责产品开发设计；专项课题研究；国际交流与合作等。

财务部

主要职责：负责财务预决算；日常财务会计和税务工作；资金与投资管理等。

人力资源部

主要职责：负责员工招聘录用；薪酬福利；绩效考核；培训；外事等。

总经理办公室

主要职责：负责各部门业务综合协调；对外联络等。

行政部

主要职责：负责行政服务和后勤保障工作等。

地址：浦东世纪大道1600号陆家嘴商务广场6楼

邮编：200122

电话：021－5016－0666

传真：021－5016－0606

网址:www. cffex. com. cn
电子邮件:rd@ cffex. com. cn
信访投诉电话:021 －50160299
信访投诉传真:021 －50160298
信访投诉邮箱:xinfang@ cffex. com. cn

中国金融期货交易所交易规则

第一章　总则

第一条　为规范期货交易行为,保护期货交易当事人的合法权益和社会公共利益,根据国家有关法律、行政法规、规章和《中国金融期货交易所章程》,制定本规则。

第二条　中国金融期货交易所(以下简称交易所)根据公开、公平、公正和诚实信用的原则,组织经中国证券监督管理委员会(以下简称中国证监会)批准的期货合约、期权合约交易。

第三条　本规则适用于交易所组织的期货、期权交易活动。交易所、会员、客户、期货保证金存管银行及期货市场其他参与者应当遵守本规则。

第二章　品种与合约

第四条　交易所上市经中国证监会批准的交易品种。

第五条　期货合约是指由交易所统一制定的、规定在将来某一特定的时间和地点交割一定数量标的物的标准化合约。

第六条　期权合约是指由交易所统一制定的、规定买方有权在将来某一时间以特定价格买入或者卖出约定标的物(包括期货合约)的标准化合约。

第七条　期货合约主要条款包括合约标的、报价单位、最小变动价位、合约月份、交易时间、最低交易保证金、每日价格最大波动限制、最后交易日、交割方式、交易代码等。

第八条　期权合约主要条款包括合约标的、报价单位、最小变动价位、合约月份、交易时间、执行价格间距、卖方交易保证金、每日价格最大波动限制、最后交易日、执行方式、交易代码等。

第九条　合约的附件与合约具有同等法律效力。

第十条　交易日为每周一至周五(国家法定假日除外)。每一交易日各品种的交易时间安排,由交易所另行公告。

第三章　会员管理

第十一条　会员是指根据有关法律、行政法规和规章的规定,经交易所批准,有权在交易所从事交易或者结算业务的企业法人或者其他经济组织。

第十二条　交易所的会员分为交易结算会员、全面结算会员、特别结算会员和交易会员。

第十三条　交易结算会员、全面结算会员和特别结算会员具有与交易所进行结算的资格。

交易结算会员只能为其客户办理结算、交割业务。

全面结算会员可以为其客户和与其签订结算协议的交易会员办理结算、交割业务。

特别结算会员只能为与其签订结算协议的交易会员办理结算、交割业务。

第十四条　交易会员可以从事经纪或者自营业务,不具有与交易所进行结算的资格。

第十五条　会员的接纳、变更和终止,须经交易所会员资格审查委员会预审,董事会批准,报告中国证监会,并予以公布。

第十六条　会员享有下列权利:

(一)在交易所从事规定的交易、结算和交割等业务;

(二)使用交易所提供的交易设施,获得有关期货交易的信息和服务;

(三)按照交易所交易规则行使申诉权;

(四)交易所交易规则及其实施细则规定的其他权利。

第十七条　会员应当履行下列义务:

(一)遵守国家有关法律、行政法规、规章和政策;

(二)遵守交易所的章程、交易规则及其实施细则和有关决定;

(三)按照规定缴纳各种费用;

(四)接受交易所监督管理;

(五)履行与交易所所签订协议中规定的相关义务;

(六)交易所规定应当遵守的其他义务。

第十八条　申请成为交易所会员应当符合法律、行政法规、规章和交易所规定的资格条件。

第十九条　申请或者变更会员资格应当向交易所提出书面申请,在获得交易所批准后,与交易所签订相关协议。

第二十条　会员发生合并、分立的,应当向交易所重新申请会员资格,由交易所进行审核。

第二十一条　交易所建立会员联系人制度。会员应当设业务代表一名、业务联络员若干名,组织、协调会员与交易所的各项业务往来。

第二十二条　会员违反交易所的会员管理规定或者不再满足会员资格条件的,交易所有权暂停其业务或者取消其会员资格。

第二十三条　交易所制定会员管理办法,对会员进行监督管理。

第四章　交易业务

第二十四条　期货交易是指在交易所内集中买卖某种期货合约、期权合约的交易活动。

第二十五条　会员可以根据业务需要向交易所申请设立一个或者一个以上的席位。

第二十六条　客户委托会员进行交易,应当事先通过会员办理开户登记。

第二十七条　会员在为客户开立账户前,应当向客户出示《期货交易风险说明书》,经客户签字确认后,与客户签订《期货经纪合同》。

第二十八条　交易所实行客户交易编码制度。会员和客户应当遵守一户一码制度,不得混码交易。

第二十九条　客户可以通过书面、电话、互联网等委托方式以及中国证监会规定的其他方式,向会员下达交易指令。

第三十条　交易指令分为市价指令、限价指令及交易所规定的其他指令。

市价指令是指不限定价格的、按照当时市场上可执行的最优报价成交的指令。市价指令的未成交部分自动撤销。

限价指令是指按照限定价格或者更优价格成交的指令。限价指令当日有效,未成交部分可以撤销。

第三十一条　会员接受客户委托指令后,应当将客户的所有指令通过交易所集中交易,不得进行场外交易。

第三十二条　交易指令成交后，交易所按照规定发送成交回报。

第三十三条　每日交易结束后，会员应当按照规定方式获取并核对成交记录。

会员有异议的，应当在当日以书面形式向交易所提出。未在规定时间内提出的，视为对成交记录无异议。

第三十四条　交易所实行套期保值额度审批制度。套期保值额度由交易所根据套期保值申请人的现货头寸、资信状况和市场情况审批。

第三十五条　会员进行期货交易，应当按照规定向交易所缴纳手续费。

第五章　结算业务

第三十六条　结算业务是指交易所根据交易结果、公布的结算价格和交易所有关规定对交易双方的交易盈亏状况进行资金清算和划转的业务活动。

第三十七条　期货交易的结算，由交易所统一组织进行。

第三十八条　交易所实行会员分级结算制度。交易所对结算会员进行结算，结算会员对其受托的交易会员进行结算，交易会员对其客户进行结算。

第三十九条　交易所实行保证金制度。保证金是交易所向结算会员收取的用于结算和担保期货合约履行的资金。

经交易所批准，会员可以用中国证监会认定的有价证券充抵保证金。

第四十条　保证金分为结算准备金和交易保证金。结算准备金是指未被合约占用的保证金；交易保证金是指已被合约占用的保证金。

第四十一条　结算会员向交易会员收取的保证金不得低于交易所规定的保证金标准。结算会员有权根据市场运行情况和交易会员的资信状况调整对其收取保证金的标准。

第四十二条　交易所在期货保证金存管银行开设专用结算账户，用于存放结算会员的保证金及相关款项。

结算会员应当在保证金存管银行开设期货保证金账户，用于存放其客户及受托交易会员的保证金及相关款项。

第四十三条　交易所与结算会员之间的期货业务资金往来应当通过交易所专用结算账户和结算会员专用资金账户办理。

第四十四条　会员应当将客户缴纳的保证金存放于期货保证金账户，并与其自有资金分别保管，不得挪用。

第四十五条　交易所实行当日无负债结算制度。

第四十六条　结算会员结算准备金余额低于规定水平且未按时补足的，如结算准备金余额小于规定的最低余额，不得开仓；如结算准备金余额小于零，交易所可以按照规定对其进行强行平仓。

第四十七条　交易会员只能委托一家结算会员为其办理结算交割业务，交易会员应当与结算会员签订协议，并将协议报交易所备案。

第四十八条　交易会员和结算会员可以根据交易所规定，向交易所申请变更委托结算关系，交易所审批后为其办理。

第四十九条　结算会员应当建立结算风险管理制度。结算会员应当及时准确地了解客户及受托交易会员的盈亏、费用及资金收付等财务状况，控制客户及受托交易会员的风险。

第五十条　交易所应当按照手续费收入的20%的比例提取风险准备金。风险准备金应当单独核算，专户存储。

第六章　交割业务

第五十一条　期货交易的交割，由交易所统一组织进行。

第五十二条　期货交割采用现金交割或者实物交割方式。

第五十三条　现金交割是指合约到期时，按照交易所的规则和程序，交易双方按照规定结算价格进行现金差价结算，了结到期未平仓合约的过程。

第五十四条　实物交割是指合约到期时，按照交易所的规则和程序，交易双方通过该合约所载标的物所有权的转移，了结到期未平仓合约的过程。

第七章　风险控制

第五十五条　交易所实行价格限制制度。价格限制制度分为熔断制度与涨跌停板制度。熔断与涨跌停板幅度由交易所设定，交易所可以根据市场风险状况调整期货合约的熔断与涨跌停板幅度。

第五十六条　交易所实行持仓限额制度。持仓限额是指交易所按照一定原则规定的会员或者客户持有合约的最大数量，获批套期保值额度的会员或者客户持仓不受此限。同一客户在不同会员处开仓交易的，其对某一合约的持仓合计不得超出该客户的持仓限额。

第五十七条　交易所实行大户持仓报告制度。会员或者客户对某一合约持仓达到交易所规定的持仓报告标准的，会员或者客户应当向交易所报告。客户未报告的，会员应当向交易所报告。

交易所可以根据市场风险状况，制定并调整持仓报告标准。

第五十八条　交易所实行强行平仓制度。会员或者客户存在违规超仓、未按照规定及时追加保证金等违规行为或者交易所规定的其他情形的，交易所有权对相关会员或者客户采取强行平仓措施。

强行平仓盈利部分按照有关规定处理，发生的费用、损失及因市场原因无法强行平仓造成的损失扩大部分由相关会员或者客户承担。

第五十九条　交易所实行强制减仓制度。期货交易出现涨跌停板单边无连续报价或者市场风险明显增大情况的，交易所有权将当日以涨跌停板价格申报的未成交平仓报单，以当日涨跌停板价格与该合约净持仓盈利客户按照持仓比例自动撮合成交。

第六十条　交易所实行结算担保金制度。结算担保金是指结算会员依交易所规定缴纳的，用于应对结算会员违约风险的共同担保资金。

第六十一条　交易所实行风险警示制度。交易所认为必要的，可以分别或者同时采取要求会员和客户报告情况、谈话提醒、发布风险警示函等措施，以警示和化解风险。

第六十二条　期货交易出现涨跌停板单边无连续报价或者市场风险明显增大情况的，交易所可以采取调整涨跌停板幅度、提高交易保证金标准及强制减仓等风险控制措施化解市场风险。

交易所采取强制减仓措施的，应当经交易所董事会执行委员会审议批准。

采取上述风险控制措施后仍然无法释放风险的，交易所应当宣布进入异常情况，由交易所董事会决定采取进一步的风险控制措施。

第六十三条　结算会员无法履约时，交易所有权采取下列措施：

（一）暂停开仓；

（二）按照规定强行平仓，并用平仓后释放的保证金履约赔偿；

（三）依法处置充抵保证金的有价证券；

（四）动用该违约结算会员缴纳的结算担保金；

（五）动用其他结算会员缴纳的结算担保金；

（六）动用交易所风险准备金；

（七）动用交易所自有资金。

交易所代为履约后，由此取得对违约会员的相应追偿权。

第六十四条　有根据认为会员或者客户违反交易所交易规则及其实施细则并且对市场正在产生或者将产生重大影响的，为防止违规行为后果进一步扩大，交易所可以对该会员或者客户采取下列临时处置措施：

（一）限制入金；

（二）限制出金；

（三）限制开仓；

（四）提高保证金标准；

（五）限期平仓；

（六）强行平仓。

前款第（一）、（二）、（三）项临时处置措施，可以由交易所总经理决定，其他临时处置措施由交易所董事会决定，并及时报告中国证监会。

第八章　异常情况处理

第六十五条　在期货交易过程中，出现下列情形之一的，交易所可以宣布进入异常情况，采取紧急措施化解风险：

（一）因地震、水灾、火灾等不可抗力或者计算机系统故障等不可归责于交易所的原因导致交易无法正常进行；

（二）会员出现结算、交割危机，对市场正在产生或者将产生重大影响；

（三）出现本规则第六十二条情况并采取相应措施后仍未化解风险；

（四）交易所规定的其他情况。

出现前款第（一）项异常情况时，交易所总经理可以采取调整开市收市时间、暂停交易等紧急措施；出现前款第（二）、（三）、（四）项异常情况时，交易所董事会可以决定采取调整开市收市时间、暂停交易、调整涨跌停板幅度、提高交易保证金、限期平仓、强行平仓、限制出金等紧急措施。

第六十六条　交易所宣布进入异常情况并决定采取紧急措施前应当报告中国证监会。

第六十七条　交易所宣布进入异常情况并决定暂停交易的，暂停交易的期限不得超过 3 个交易日，但经中国证监会批准延长的除外。

第九章　信息管理

第六十八条　交易所期货交易信息所有权属于交易所，由交易所统一管理和发布。

第六十九条　交易所期货交易信息是指期货、期权上市合约的交易行情、各种交易数据、统计资料、交易所发布的各种公告信息以及中国证监会指定披露的其他相关信息。

第七十条　交易所发布的信息包括：合约名称、合约月份、开盘价、最新价、涨跌、收盘价、结算价、最高价、最低价、成交量、持仓量及其持仓变化、会员成交量和持仓量排名等其他需要公布的信息。

信息发布应当根据不同内容按照实时、每日、每周、每月、每年定期发布。

第七十一条　交易所应当采取有效通讯手段，建立同步报价和即时成交回报系统。

第七十二条　交易所的行情发布正常，但因公共媒体转发发生故障，影响会员和客户交易的，交易所不承担责任。

第七十三条　交易所、会员不得发布虚假的或者带有误导性质的信息。

第七十四条　交易所、会员和期货保证金存管银行不得泄露业务中获取的商业秘密。

经批准，交易所可以向有关监管部门或者其他相关单位提供相关信息，并执行相应的保密规定。

第七十五条　为保证交易数据的安全，交易所应当实行异地数据备份。

第七十六条　交易所管理和发布信息，有权收取相应费用。

第十章　监督管理

第七十七条　交易所依据本规则和有关规定，对与交易所期货交易有关的业务活动实施自律监督管理。

第七十八条　交易所监督管理的主要内容为：

（一）监督、检查期货市场法律、行政法规、规章和交易规则的落实执行情况，控制市场风险；

（二）监督、检查各会员业务运作及内部管理状况；

（三）监督、检查各会员的财务、资信状况；

（四）监督、检查期货保证金存管银行及期货市场其他参与者与期货有关的业务活动；

（五）调解、处理期货交易纠纷，调查处理各种违规案件；

（六）协助司法机关、行政执法机关依法执行公务；

（七）对其他违背公开、公平、公正原则、制造市场风险的行为进行监督管理。

第七十九条　交易所履行监督管理职责时，可以行使下列职权：

（一）查阅、复制与期货交易有关的信息、资料；

（二）对会员、客户、期货保证金存管银行以及期货市场其他参与者等单位和人员进行调查、取证；

（三）要求会员、客户、期货保证金存管银行以及期货市场其他参与者等被调查者对被调查事项做出申报、陈述、解释、说明；

（四）交易所履行监督管理职责所必需的其他职权。

第八十条　交易所、会员和期货保证金存管银行应当遵守中国证监会有关期货保证金安全存管监控的规定。

第八十一条　交易所履行监督管理职责时，可以按照有关规定行使调查、取证等职权，会员、客户、期货保证金存管银行及期货市场其他参与者应当配合。

第八十二条　会员、客户、期货保证金存管银行及期货市场其他参与者应当接受交易所对其期货业务的监督管理，对不如实提供资料、隐瞒事实真相、故意回避调查或者妨碍交易所工作人员行使职权的单位和个人，交易所可以按照有关规定采取必要的限制性措施或者进行处罚。

第八十三条　交易所每年应当对会员遵守交易所交易规则及其实施细则的情况进行抽样或者全面检查，并将检查结果上报中国证监会。

第八十四条　交易所发现会员、客户、期货保证金存管银行及期货市场其他参与者在从事期货相关业务时涉嫌违规的，应当立案调查；情节严重的，交易所可以采取相应措施防止违规行为后果进一步扩大。

第八十五条　交易所工作人员不能正确履行监督管理职责的，会员、客户、期货保证金存管银行及期货市场其他参与者有权向交易所或者中国证监会投诉、举报。经查证属实的，应当严肃处理。

第八十六条　交易所制定违规违约处理办法对违规违约行为进行处理。

第八十七条　交易所在中国证监会统一组织和协调下，与证券交易所、证券登记结算机构和期货保证金安全存管监控机构等相关机构，建立对期货市场和相关市场的信息共享等监管协作机制。

第十一章　争议处理

第八十八条　会员、客户、期货保证金存管银行及期货市场其他参与者之间发生的有关期货业务纠纷，可以自行协商解决，也可以提请交易所调解。

第八十九条　提请交易所调解的当事人，应当提出书面调解申请。经调解达成协议后，交易所制作调解书，经双方当事人签收后生效。

第九十条　当事人也可以依法向仲裁机构申请仲裁或者向人民法院提起诉讼。

第九十一条　会员与交易所发生争议，可以依照与交易所签订的协议约定申请仲裁或者向人民法院提起诉讼。

第十二章　附则

第九十二条　交易所可以根据本规则制定实施细则或者办法。

第九十三条　本规则由交易所董事会负责解释。

第九十四条　本规则的制定和修改须经交易所股东大会通过，报中国证监会批准。

第九十五条　本规则自2007年6月27日起施行。

中国金融期货交易所交易细则

第一章　总则

第一条　为规范期货交易行为，保护期货交易当事人的合法权益，保障中国金融期货交易所（以下简称交易所）期货交易的顺利进行，根据《中国金融期货交易所交易规则》，制定本细则。

第二条　交易所、会员、客户应当遵守本细则。

第二章　品种与合约

第三条　交易所上市品种为股票指数以及经中国证券监督管理委员会（以下简称中国证监会）批准的其他期货品种。

第四条　期货合约是指由交易所统一制定的、规定在将来某一特定的时间和地点交割一定数量标的物的标准化合约。

第五条　股指期货合约主要条款包括合约标的、合约乘数、报价单位、最小变动价位、合约月份、交易时间、每日价格最大波动限制、最低交易保证金、最后交易日、交割日期、交割方式、交易代码、上市交易所等。

合约附件与合约具有同等法律效力。

第六条　沪深300股指期货合约的合约标的为沪深300指数。该指数由中证指数有限公司编制和发布。

第七条　沪深300股指期货合约的合约乘数为每点人民币300元。股指期货合约价值为股指期货指数点乘以合约乘数。

第八条　沪深300股指期货合约以指数点报价。

第九条　沪深300股指期货合约的最小变动价位是0.2点指数点。该合约交易报价指数点须为0.2点的整数倍。

第十条　沪深300股指期货合约的合约月份为当月、下月及随后两个季月。季月是指3、6、9、12月。

第十一条　沪深300股指期货合约的最后交易日为合约到期月份的第三个周五，最后交易日即为交割日。最后交易日为法定假日或者因不可抗力未交易的，以下一交易日为最后交易日和交割日。

到期合约交割日的下一交易日，新的月份合约开始交易。

第十二条　股指期货的交易时间为交易日9:15－11:30（第一节）和13:00－15:15（第二节），最后交易日交易时间为9:15－11:30（第一节）和13:00－15:00（第二节）。

第十三条　沪深300股指期货合约的每日价格最大波动限制是指其每日价格涨跌停板幅度，为上一交易日结算价的±10%。

第十四条　股指期货合约到期时采用现金交割方式。

第十五条　股指期货合约的交易单位为“手”，1手等于1张合约。期货交易须以交易单位的整数倍进行。

第三章　席位管理

第十六条　席位是指会员向交易所申请设立的、参与交易与接受监管及服务的基本业务单位。会员可以根据业务需要向交易所申请一个或者一个以上的席位。

第十七条　会员申请席位，应当具备下列条件：

（一）经营状况良好，无严重违法违规记录；

（二）通讯、资金划拨条件符合交易所要求；

（三）配备符合交易所要求的业务系统及相关专业人员；

（四）有健全的规章制度和交易管理办法；

（五）业务系统的建设和管理符合中国证监会相关技术管理规范的要求。

第十八条　会员申请席位，应当提交下列材料：

（一）近两年期货交易基本情况；

（二）包含新增席位的理由、条件、可行性论证等内容的申请报告；

（三）机构、人员现状及拟负责交易管理事务的主要人员的名单、简历、专业背景等基本情况；

（四）交易管理的业务制度（包括数据安全管理制度）；

（五）计算机系统、通讯系统（包括通讯线路）、系统软件、应用软件等配置清单；

（六）交易所要求提供的其他材料。

第十九条　交易所在收到符合要求的申请报告和有关材料之日起15个工作日内，对申请报告做出书面批复。

第二十条　会员应当在收到交易所同意其席位申请的批复后5个工作日内，与交易所签订席位使用协议。无故逾期的，视为放弃。会员申请增加席位需与交易所另行签订席位使用协议。

第二十一条　席位使用费按年收取。席位年申报量不超过20万笔的，年使用费为人民币2万元；席位年申报量超过20万笔的，年使用费为人民币3万元。申报量是指买入、卖出以及撤销委托笔数的总和。

席位撤销时，已收取的席位使用费不予退还。

第二十二条　会员交易设施安装和系统调试完成之后，达到交易所规定标准且符合开通条件的，方可投入使用。

第二十三条　会员应当加强席位管理和交易业务系统维护，主要设施需要更换或者作技术调整时，应当事先征得交易所同意。席位迁移出原登记备案地，应当事先报交易所审批。交易所有权对席位的使用情况进行监督检查。

第二十四条　有下列情形之一的，席位予以撤销：

（一）会员提出撤销申请，经交易所核准；

（二）私下转包、转租或者转让席位；

（三）管理混乱、存在严重违规行为或者经查实已不符合开通条件；

（四）利用席位窃密或者破坏交易所系统；

（五）所属会员被取消会员资格；

（六）交易所认为其不适宜拥有席位。

第二十五条　由于交易系统、通讯系统等交易设施发生故障，致使10%以上的会员不能正常交易的，交易所应当暂停交易，直至故障消除为止。

第四章　价格

第二十六条　交易所应当及时发布开盘价、收盘价、最高价、最低价、最新价、涨跌、最高买价、最低卖价、申买量、申卖量、结算价、成交量、持仓量等与交易有关的信息。

第二十七条　开盘价是指某一期货合约开市前5分钟内经集合竞价产生的成交价格。集合竞价未产生成交价格的，以集合竞价后第一笔成交价为开盘价。

第二十八条　收盘价是指某一期货合约当日交易的最后一笔成交价格。

第二十九条　最高价是指一定时间内某一期货合约成交价中的最高成交价格。

第三十条　最低价是指一定时间内某一期货合约成交价中的最低成交价格。

第三十一条　最新价是指某一期货合约在当日交易期间的即时成交价格。

第三十二条　涨跌是指某一期货合约在当日交易期间的最新价与上一交易日结算价之差。

第三十三条　最高买价是指某一期货合约当日买方申请买入的即时最高价格。

第三十四条　最低卖价是指某一期货合约当日卖方申请卖出的即时最低价格。

第三十五条　申买量是指某一期货合约当日交易所交易系统中未成交的最高价位申请买入的下单数量。

第三十六条　申卖量是指某一期货合约当日交易所交易系统中未成交的最低价位申请卖出的下单数量。

第三十七条　结算价是指某一期货合约当日一定时间内成交价格按照成交量的加权平均价。结算价是进行当日未平仓合约盈亏结算和计算下一交易日交易价格限制的依据。

第三十八条　成交量是指某一期货合约在当日交易期间所有成交合约的单边数量。

第三十九条　持仓量是指期货交易者所持有的未平仓合约的单边数量。

第五章　指令与成交

第四十条　交易指令分为市价指令、限价指令及交易所规定的其他指令。

市价指令是指不限定价格的、按照当时市场上可执行的最优报价成交的指令。市价指令的未成交部分自动撤销。

限价指令是指按照限定价格或者更优价格成交的指令。限价指令在买进时，必须在其限价或者限价以下的价格成交；在卖出时，必须在其限价或者限价以上的价格成交。限价指令当日有效，未成交部分可以撤销。

第四十一条　市价指令只能和限价指令撮合成交，成交价格等于即时最优限价指令的限定价格。

第四十二条　交易指令的报价只能在合约价格限制范围内，超过价格限制范围的报价视为无效。

交易指令申报经交易所确认后生效。

第四十三条　交易指令每次最小下单数量为1手，市价指令每次最大下单数量为50手，限价指令每次最大下单数量为200手。

第四十四条　开盘集合竞价在交易日开市前5分钟内进行，其中前4分钟为买、卖指令申报时间，后1分钟为集合竞价撮合时间。集合竞价产生的成交价格为开盘价。

集合竞价未产生成交价格的，以集合竞价后第一笔成交价为开盘价。

集合竞价期间不接受市价指令申报。

集合竞价撮合时间不能撤单。

第四十五条　集合竞价采用最大成交量原则，即以此价格成交能够得到最大成交量。高于集合竞价产生的价格的买入申报全部成交；低于集合竞价产生的价格的卖出申报全部成交；等于集合竞价产生的价格的买入或者卖出申报，根据买入申报量和卖出申报量的多少，按照少的一方的申报量成交。

第四十六条　开盘集合竞价中的未成交部分指令自动参与开市后竞价交易。

第四十七条　限价指令竞价交易时，交易所系统将买卖申报指令以价格优先、时间优先的原则进行排序，当买入价大于、等于卖出价则自动撮合成交。撮合成交价等于买入价（bp）、卖出价（sp）和前一成交价（cp）三者中居中的一个价格。即：

当 bp≥sp≥cp，则：最新成交价 = sp

bp≥cp≥sp，　最新成交价 = cp

cp≥bp≥sp，　最新成交价 = bp

集合竞价未产生开盘价的，以上一交易日收盘价为前一成交价，按照上述办法确定第一笔成交价。

第四十八条　新上市合约的挂盘基准价由交易所确定并提前公布。挂盘基准价是确定新合约上市首日交易价格限制的依据。

第六章　交易编码

第四十九条　交易所实行交易编码制度。交易编码是指会员和客户进行期货交易的专用代码。

第五十条　交易编码由会员号和客户号两部分组成。交易编码由十二位数字构成，前四位为会员号，后八位为客户号。如客户交易编码为001200000001，则会员号为0012，客户号为00000001。

第五十一条　客户可以在不同的会员处开户，但在交易所内只能有一个客户号。其交易编码中会员号不同，客户号相同。

第五十二条　会员应当按照交易所系统中关于客户资料录入的提示输入客户资料，不得跳栏或者漏输。

第五十三条　会员应当通过电子文档方式将客户开户、变更及销户资料向交易所备案，并保证客户资料真实、准确。

第五十四条　会员在交易所系统中录入客户开户资料后，客户交易编码由系统自动生成，经交易所审核后方可使用。

第五十五条　证券公司、证券投资基金等特定客户开立客户号应当向交易所提交书面开户申请，由交易所为其开立客户号。

第五十六条　会员应当建立客户开户、变更及销户资料档案。自然人客户资料为《自然人客户开户登记表》和本人身份证复印件；法人客户资料为《法人客户开户登记表》、营业执照复印件和组织机构代码证复印件；客户销户资料包括《客户销户申请表》等。

对上述资料，会员应当自期货经纪合同终止之日起至少保存20年。

第五十七条　有下列情形之一的，客户交易编码予以注销：

（一）客户备案资料不真实；

（二）客户被认定为市场禁止进入者；

（三）未按照交易所要求提供客户备案资料；

（四）客户申请注销；

（五）交易所认定的其他情形。

第五十八条　客户提供虚假的资料或者会员协助客户使用虚假资料开户的，交易所责令会员限期平仓，平仓后注销该客户交易编码，同时按照《中国金融期货交易所违规违约处理办法》的有关规定进行处理。

第七章　附则

第五十九条　违反本细则规定的，交易所按照本细则和《中国金融期货交易所违规违约处理办法》的有关规定处理。

第六十条　本细则由交易所负责解释。

第六十一条　本细则自2007年6月27日起实施。

中国金融期货交易所结算细则

第一章　总则

第一条　为规范期货结算行为，保护期货交易当事人的合法权益和社会公共利益，防范和化解期货市场风险，保障中国金融期货交易所（以下简称交易所）期货结算的正常进行，根据《中国金融期货交易所交易规则》，制定本细则。

第二条　结算业务是指交易所根据交易结果、公布的结算价格和交易所有关规定对交易双方的交易保证金、盈亏、手续费及其他有关款项进行资金清算和划转的业务活动。

第三条　交易所的结算实行保证金制度、当日无负债结算制度、结算担保金制度和风险准备金制度等。

第四条　交易所实行会员分级结算制度。交易所对结算会员结算，结算会员对其受托的客户、交易会员结算，交易会员对其受托的客户结算。

第五条　交易所、会员、客户、期货保证金存管银行应当遵守本细则。

第二章　结算机构

第六条　结算机构是指交易所内设置的结算部和会员的结算部门。交易所结算部负责交易所期货交易的统一结算、保证金管理、结算担保金管理、风险准备金管理及结算风险的防范。

第七条　交易所结算部的主要职责为：

（一）登录编制结算会员的结算账表；

（二）办理资金往来汇划业务；

（三）统计、登记和报告交易结算情况；

（四）处理会员交易中的账款纠纷；

（五）办理结算、交割业务；

（六）管理保证金、结算担保金、风险准备金；

（七）控制结算风险；

（八）监督期货保证金存管银行与交易所的期货结算业务；

（九）法律、行政法规、规章和交易所规定的其他职责。

第八条　会员应当设立结算部门。

第九条　在交易所成交的期货合约均应当通过交易所结算部进行结算。

第十条　交易所实行会员分级结算制度。交易所结算部负责交易所与结算会员之间的结算工作；结算会员的结算部门负责该结算会员与交易所、客户、交易会员之间的结算工作；交易会员的结算部门负责该交易会员和结算会员、客户之间的结算工作。

第十一条　交易所有权检查会员的结算资料、财务报表及相关的凭证和账册。

第十二条　会员结算部门应当妥善保管结算资料、财务报表及相关凭证、账册，以备查询和核实。

第十三条　结算交割员是指经结算会员单位授权，代表结算会员办理结算和交割业务的人员。每一结算会员应当指派两名以上（含两名）的结算交割员。

结算交割员应当符合中国证券监督管理委员会（以下简称中国证监会）关于期货从业人员资格的有关规定，经交易所培训合格，取得《中国金融期货交易所结算交割员培训合格证书》，并经所属结算会员授权后取得《中国金融期货交易所结算交割员证》（以下简称《结算交割员证》）。

第十四条　结算交割员应当履行下列职责：

（一）办理结算会员出入金业务；

（二）获取交易所提供的结算数据，并及时进行核对；

（三）办理其他结算、交割业务。

第十五条　结算交割员在交易所办理结算与交割业务时，应当出示《结算交割员证》，否则交易所不予办理。

第十六条　《结算交割员证》仅限本人使用，不得伪造、涂改、借用。结算会员在其结算交割员发生变动时，应当及时到交易所办理相关手续。

第十七条　结算机构及其工作人员应当保守交易所和会员的商业秘密。

第三章　期货保证金存管银行

第十八条　期货保证金存管银行是与交易所签订协议，协助交易所办理期货交易结算业务的银行。

第十九条　期货保证金存管银行享有下列权利：

（一）开设交易所专用结算账户和会员期货保证金账户；

（二）存放用于期货交易的保证金等相关款项；

（三）了解会员在交易所的资信情况；

（四）法律、行政法规、规章和交易所规定的其他权利。

第二十条　期货保证金存管银行应当履行下列义务：

（一）根据交易所提供的票据或者指令优先划转结算会

员的资金；

（二）及时向交易所通报会员在资金结算方面的不良行为和风险；

（三）保守交易所和会员的商业秘密；

（四）在交易所出现重大风险时，协助交易所化解风险；

（五）向交易所提供会员期货保证金账户的资金情况；

（六）根据交易所的要求，协助交易所核查会员资金的来源和去向；

（七）根据中国证监会或者交易所的要求，对会员期货保证金账户中的资金采取必要的监管措施；

（八）根据交易所交易规则及其实施细则开展业务；

（九）法律、行政法规、规章和交易所规定的其他义务。

第四章　日常结算

第二十一条　交易所在期货保证金存管银行开设专用结算账户，用于存放结算会员的保证金及相关款项。

第二十二条　结算会员应当在期货保证金存管银行开设期货保证金账户，用于存放保证金及相关款项。

第二十三条　结算会员在交易所所在地的期货保证金存管银行开设的期货保证金账户称为专用资金账户。

交易所与结算会员之间期货业务资金的往来通过交易所专用结算账户和结算会员专用资金账户办理。

第二十四条　交易所对结算会员存入交易所专用结算账户的保证金实行分账管理，为各结算会员设立明细账户，按日序时登记核算每一结算会员出入金、盈亏、交易保证金、手续费等。

第二十五条　结算会员对客户、交易会员存入结算会员保证金账户的保证金实行分账管理，为每一客户、交易会员设立明细账户，按日序时登记核算出入金、盈亏、交易保证金、手续费等。

第二十六条　交易会员只能委托一家特别结算会员或者全面结算会员为其进行结算。

第二十七条　交易所实行结算担保金制度。结算担保金是指由结算会员依交易所规定缴纳的，用于应对结算会员违约风险的共同担保资金。

第二十八条　交易所在银行开立结算担保金专用账户，对结算会员缴纳的结算担保金进行专户管理。

结算会员应当在交易所指定的银行开立结算担保金专用账户，用于与交易所结算担保金专用账户之间进行结算担保金缴纳、调整的资金划转。结算担保金的缴纳、调整的标准按照《中国金融期货交易所风险控制管理办法》及其他相关规定执行。

第二十九条　交易所在结算担保金专用账户下为每一结算会员设立明细账户，并按照中国证监会和交易所有关规定进行管理，所得收入在扣除必要费用和税费后依照相关规定返还结算会员。交易所按照季度核算每一结算会员的结算担保金变化。

第三十条　交易所、结算会员应当按照有关规定和期货保证金存管银行签订期货保证金存管协议。

交易所有权在不通知结算会员的情况下通过期货保证金存管银行从结算会员专用资金账户中收取各项应收款项，并且有权随时查询该账户的资金情况。

第三十一条　结算会员开立、更名、更换或者注销专用资金账户，应当凭交易所签发的专用通知书到期货保证金存管银行办理。

第三十二条　交易所实行保证金制度。保证金分为结算准备金和交易保证金。

第三十三条　结算准备金是指结算会员在交易所专用结算账户中预先准备的资金，是未被合约占用的保证金。

第三十四条　结算会员的结算准备金最低余额标准为人民币 200 万元，应当以自有资金缴纳。交易所有权根据市场情况调整结算会员结算准备金最低余额标准。

第三十五条　交易所根据结算会员每日结算准备金余额中的货币资金部分，以不高于交易所与银行协商确定的利率标准计算利息，在每年的 3 月下旬、6 月下旬、9 月下旬、12 月下旬将利息划入结算会员专用资金账户或者转入结算会员结算准备金。

第三十六条　交易保证金是指结算会员存入交易所专用结算账户中确保履约的资金，是已被合约占用的保证金。当买卖双方成交后，交易所按照保证金标准向双方收取交易保证金。

交易所按照买入和卖出的持仓量分别收取交易保证金。

第三十七条　交易保证金的收取标准按照《中国金融期货交易所风险控制管理办法》的有关规定执行。

第三十八条　结算会员向客户、交易会员收取交易保证金的标准不得低于交易所向结算会员收取交易保证金的标准。交易会员向客户收取交易保证金的标准不得低于结算会员向交易会员收取交易保证金的标准。

第三十九条　交易所实行当日无负债结算制度。

当日交易结束后，交易所按照当日结算价对结算会员结算所有合约的盈亏、交易保证金及手续费、税金等费用，对应收应付的款项实行净额一次划转，相应增加或者减少结算准备金。

结算会员在交易所结算完成后，按照前款原则对客户、交易会员进行结算；交易会员按照前款原则对客户进行结算。

第四十条　交易所根据当日成交合约按照规定标准计收结算会员的手续费。股指期货的手续费标准为成交金额的万分之零点五。

交易所有权对手续费标准进行调整。

第四十一条　当日结算价是指某一期货合约最后一小时成交价格按照成交量的加权平均价。

合约最后一小时无成交的，以前一小时成交价格按照成交量的加权平均价作为当日结算价。该时段仍无成交的，则再往前推一小时。以此类推。合约当日最后一笔成交距开盘时间不足一小时的，则取全天成交量的加权平均价作为当日结算价。

合约当日无成交的，当日结算价计算公式为：当日结算价 = 该合约上一交易日结算价 + 基准合约当日结算价 - 基准合约上一交易日结算价，其中，基准合约为当日有成交的离交割月最近的合约。合约为新上市合约的，取其挂盘基准价为上一交易日结算价。基准合约为当日交割合约的，取其交割结算价为基准合约当日结算价。根据本公式计算出的当日结算价超出合约涨跌停板价格的，取涨跌停板价格作为当日结算价。

采用上述方法仍无法确定当日结算价或者计算出的结算价明显不合理的，交易所有权决定当日结算价。

第四十二条　期货合约以当日结算价作为计算当日盈亏的依据。具体计算公式如下：

当日盈亏 = Σ[（卖出成交价 - 当日结算价）　卖出量　合约乘数] + Σ[（当日结算价 - 买入成交价）　买入量　合

约乘数］+（上一交易日结算价 - 当日结算价）　（上一交易日卖出持仓量 - 上一交易日买入持仓量）　合约乘数

第四十三条　当日盈亏在当日结算时进行划转，盈利划入结算会员结算准备金，亏损从结算会员结算准备金中扣划。

当日结算时，结算会员账户中的交易保证金超过上一交易日结算时的交易保证金部分从结算准备金中扣划，交易保证金低于上一交易日结算时的交易保证金部分划入结算准备金。

手续费、税金等各项费用从结算准备金中扣划。

第四十四条　结算准备金余额的具体计算公式如下：

当日结算准备金余额 = 上一交易日结算准备金余额 + 上一交易日交易保证金 - 当日交易保证金 + 当日盈亏 + 入金 - 出金 - 手续费等。

第四十五条　结算完毕后，结算会员的结算准备金余额低于最低余额标准时，该结算结果即视为交易所向结算会员发出的追加保证金通知，两者的差额即为追加保证金金额。

交易所发出追加保证金通知后，可以通过期货保证金存管银行从结算会员专用资金账户中扣划。若未能全额扣款成功，结算会员应当在下一交易日开市前补足至结算准备金最低余额。未能补足的，如结算准备金余额小于结算准备金最低余额，不得开仓；如结算准备金余额小于零，交易所按照《中国金融期货交易所风险控制管理办法》的规定进行处理。

第四十六条　交易所可以根据市场风险状况，在交易过程中向风险较大的结算会员发出追加保证金的通知，并可以通过期货保证金存管银行从结算会员专用资金账户中扣划。若未能全额扣款成功，结算会员应当按照交易所的要求在规定时间内补足保证金。结算会员未能按时补足的，交易所有权对其采取限制开仓、强行平仓等风险控制措施。

第四十七条　交易所本着安全、准确、快捷的原则为结算会员办理出入金业务。

入金是指从结算会员专用资金账户向交易所专用结算账户划入资金的行为；出金是指从交易所专用结算账户向结算会员专用资金账户划出资金的行为。

（一）入金

1. 票据支付。结算会员可以用专用资金账户开出的支票、本票和贷记凭证入金。结算会员用此类方式划入的资金，经期货保证金存管银行确认到账后，交易所将增加结算会员在交易所内的结算准备金。

2. 银行扣划。结算会员可以在每个交易日交易结束之前向交易所提出书面或者电子划款申请，经期货保证金存管银行确认到账后，交易所将增加结算会员在交易所内的结算准备金。

（二）出金

结算会员可以在每日交易结束之前向交易所提出书面或者电子划款申请，经交易所审核后通知期货保证金存管银行于当日收市后在结算会员的专用资金账户和交易所专用结算账户之间进行划转。

第四十八条　结算会员出金应当符合交易所规定。结算会员的出金标准为：

可出金额 = 实有货币资金 - 交易保证金 - 结算准备金最低余额

交易所可以根据市场风险状况对结算会员出金标准做适当调整。

第四十九条　有下列情形之一的结算会员、交易会员和客户，交易所可以限制结算会员出金：

（一）涉嫌重大违规，经交易所立案调查的；

（二）因投诉、举报、交易纠纷等被司法部门、交易所或者其他有关部门正式立案调查，且正处在调查期间的；

（三）交易所认为市场出现重大风险时；

（四）交易所认为必要的其他情形。

第五十条　当日结算完成后，结算会员应当通过交易所系统获得相关的结算数据。

第五十一条　因特殊情况造成交易所不能按时提供结算数据的，交易所另行通知提供结算数据的时间和方式。

第五十二条　结算会员每天应当及时取得交易所提供的结算数据，做好核对工作，并妥善保存，该数据应当至少保存20年，但对期货交易有争议的，应当保存至该争议消除时为止。

第五十三条　结算会员对结算数据有异议的，应当在不迟于下一交易日开市前30分钟以书面形式通知交易所。情况特殊的，结算会员可以在下一交易日开市后2小时内以书面形式通知交易所。

结算会员未在前款规定时间内对结算数据提出书面异议的，视为认可结算数据的正确性。

第五十四条　交易所在每月的第一个交易日向结算会员提供上月的《中国金融期货交易所资金结算核对单》（加盖结算专用章），在每季的第一个交易日向结算会员提供上季的《中国金融期货交易所结算担保金核对单》（加盖结算专用章），作为结算会员核查的依据。

第五章　交易会员更换结算会员

第五十五条　会员出现下列情形之一的，交易所可以为交易会员办理更换结算会员手续：

（一）结算协议期满后，结算会员与交易会员不再续约；

（二）结算协议履行期间，结算会员与交易会员同意提前终止结算协议；

（三）全面结算会员或者特别结算会员因故不能为交易会员进行结算；

（四）交易所认定的其他情形。

第五十六条　发生第五十五条第（一）项情形的，交易会员和移入结算会员应当在交易会员和移出结算会员的结算协议期满前30日之前向交易所提交下列材料：

（一）《交易会员更换结算会员申请书》；

（二）交易会员和移入结算会员签订的结算协议；

（三）交易所规定的其他材料。

发生第五十五条第（二）、（三）、（四）项情形的，交易会员和移入结算会员除提交前款规定材料外，还应当提交交易会员与移出结算会员结算协议的终止协议。

第五十七条　交易所对申请材料进行审批。交易所批准后，通知交易会员、移出结算会员、移入结算会员变更结算关系的约定日期。

第五十八条　交易所在约定日结算后为交易会员、结算会员办理变更结算关系，将交易会员的持仓及相应的交易保证金从移出结算会员移至移入结算会员，并提供移转的持仓清单由交易会员、移出结算会员、移入结算会员确认。

第五十九条　会员应当核对移转的持仓清单，一经确认，不得更改。

第六十条　在约定日结算后，出现下列情形之一的，交易所可以暂停办理变更手续：

（一）市场出现重大风险时；

(二)交易所认定的其他情形。

第六十一条　交易所按照持仓移转的数量收取变更手续费。变更手续费标准为人民币 10 元/手,从移入结算会员的结算准备金中扣划。

交易所有权对变更手续费标准进行调整。

第六章　客户移仓

第六十二条　会员因故不能从事金融期货经纪业务或者发生合并、分立、破产时,由会员提出移仓申请并经交易所批准,或者中国证监会要求移仓的,交易所可以对该会员进行客户移仓。

第六十三条　会员提交的移仓申请材料应当包括移出会员及其客户、移入会员同意移仓的声明书及需要移转的客户持仓的详细清单。移入会员或者移出会员为交易会员的,还应当提交其委托结算的结算会员同意移仓的声明书。

第六十四条　移仓申请批准后,交易所通知会员约定移仓日。

第六十五条　交易所将在约定移仓日的当日结算完成后,为会员实施客户移仓,并提供移转的客户持仓清单由移入会员、移出会员确认。移入会员或者移出会员为交易会员的,还应当将移转的客户持仓清单提交给其委托结算的结算会员确认。

第六十六条　移仓内容包括客户的持仓及相应的交易保证金。

第六十七条　会员应当核对移转的客户持仓清单,一经确认,不得更改。

第七章　交割结算

第六十八条　期货交割采用现金交割或者实物交割方式。

现金交割是指合约到期时,按照交易所的规则和程序,交易双方按照交易所公布的交割结算价进行现金差价结算,了结到期未平仓合约的过程。

实物交割是指合约到期时,按照交易所的规则和程序,交易双方通过该合约所载标的物所有权的转移,了结到期未平仓合约的过程。

第六十九条　股指期货合约采用现金交割方式。

股指期货合约最后交易日收市后,交易所以交割结算价为基准,划付持仓双方的盈亏,了结所有未平仓合约。

第七十条　股指期货交割结算价为最后交易日标的指数最后 2 小时的算术平均价。交易所有权根据市场情况对股指期货的交割结算价进行调整。

第七十一条　股指期货的交割手续费标准为交割金额的万分之零点五,交易所有权对交割手续费标准进行调整。

第八章　风险与责任

第七十二条　结算会员对其在交易所成交的合约负有承担风险的责任。

第七十三条　风险管理实行分级负责。交易所对结算会员进行风险管理,结算会员对与其签订结算协议的交易会员进行风险管理,会员对其受托的客户进行风险管理。

第七十四条　结算会员无法履约时,交易所有权按照规定依次采取下列保障措施:

(一)暂停开仓;

(二)强行平仓,并用平仓后释放的保证金履约赔偿;

(三)动用该违约结算会员缴纳的结算担保金;

(四)动用其他结算会员缴纳的结算担保金;

(五)动用交易所风险准备金;

(六)动用交易所自有资金。

交易所代为履约后,由此取得对违约会员的相应追偿权。

第七十五条　交易所实行风险准备金制度。风险准备金是指由交易所设立,用于为维护期货市场正常运转提供财务担保和弥补因交易所不可预见风险带来亏损的资金。

第七十六条　风险准备金的来源:

(一)交易所按照手续费收入的 20% 的比例,从管理费用中提取;

(二)符合国家财政政策规定的其他收入。

当风险准备金达到一定规模时,经中国证监会批准后可以不再提取。

第七十七条　风险准备金应当单独核算,专户存储。

第七十八条　风险准备金的动用应当经交易所董事会批准,并报告中国证监会后,按照规定的用途和程序进行。

第九章　附则

第七十九条　违反本细则规定的,交易所按照本细则和《中国金融期货交易所违规违约处理办法》的有关规定处理。

第八十条　本细则由交易所负责解释。

第八十一条　本细则自 2007 年 6 月 27 日起实施。

中国金融期货交易所会员管理办法

第一章　总则

第一条　为加强会员管理,保护会员的合法权益,规范会员在中国金融期货交易所(以下简称交易所)的业务活动,根据《中国金融期货交易所交易规则》,制定本办法。

第二条　会员是指根据有关法律、行政法规和规章的规定,经交易所批准,有权在交易所从事交易或者结算业务的企业法人或者其他经济组织。

第三条　交易所的会员分为交易会员和结算会员。

第四条　本办法适用于会员及其从业人员。

第二章　交易会员

第五条　交易会员可以从事经纪或者自营业务,不具有与交易所进行结算的资格。

第六条　申请交易所交易会员资格的,应当符合下列基本条件:

(一)中华人民共和国境内登记注册的企业法人或者其他经济组织;

(二)承认并遵守交易所的交易规则及其实施细则;

(三)具有良好的信誉和经营历史,近 3 年未有不良经营记录,无严重违法行为记录或者被期货交易所、证券交易所取消会员资格的记录;

(四)具有健全的组织机构和财务管理制度及完善的期货业务管理制度、内部控制制度和风险管理制度;

(五)具备满足业务需要的期货从业人员;

(六)具有满足开展业务所需要的设备、场地;

(七)符合中国证监会期货保证金安全存管监控的有关规定;

(八)期货业务系统符合交易所的相关规定;

(九)交易所根据市场发展需要和审慎原则规定的其他

条件。

第七条　期货公司申请交易会员资格的，除符合本办法第六条的基本条件外，还应当取得中国证监会金融期货经纪业务资格许可。

第八条　非期货公司申请交易会员资格的，除符合本办法第六条的基本条件外，还应当符合下列条件：

（一）依法核准登记的金融机构；

（二）符合相关主管部门的规定。

第九条　申请交易会员资格，应当向交易所提交下列文件：

（一）经法定代表人签字的交易会员资格申请书；

（二）会员入会登记表；

（三）与结算会员签订的结算协议；

（四）期货公司申请交易会员资格的，应当提供加盖公章的中国证监会核发的金融期货经纪业务许可证明文件复印件；

（五）加盖公章的营业执照复印件；

（六）加盖公章的组织机构代码证复印件；

（七）公司章程、主要股东名册及其持股比例；

（八）住所（经营场所）使用证明；

（九）《会员期货业务系统检查表》及相关文档；

（十）公司风险管理制度、内部控制制度、业务流程及相关业务制度等；

（十一）从事经纪业务的，申请日前2个月月末的期货公司风险监管报表以及公司保证其申请日前2个月风险监管指标持续符合规定标准的书面说明；

（十二）《高级管理人员情况表》、《主要部门负责人情况表》和《从业人员情况表》；

（十三）经具有证券、期货相关业务资格的会计师事务所审计的最近1年的财务报告；

（十四）交易所要求提供的其他文件或者材料。

第十条　交易所在收到符合要求的申请材料之日起30个工作日内，提出审核意见，并对符合交易会员条件的申请单位发出会员资格批准通知书。

第十一条　申请单位应当在交易所发出会员资格批准通知书之日起30个工作日内，与交易所签署《中国金融期货交易所交易会员协议》，并办理相关手续。逾期未办理的，视为自动放弃申请会员资格。

第十二条　申请单位办理完毕相关手续后，即取得交易会员资格，交易所制发会员证书，并报告中国证监会。

第十三条　交易会员可以申请席位，使用席位应当遵守交易所的有关规定。

第十四条　交易会员申请变更受托结算会员的，应当按照《中国金融期货交易所结算细则》的相关规定办理。

第三章　结算会员

第十五条　结算会员可以从事结算业务，具有与交易所进行结算的资格。结算会员按照业务范围分为交易结算会员、全面结算会员和特别结算会员。

交易结算会员只能为其受托客户办理结算、交割业务。

全面结算会员既可以为其受托客户也可以为与其签订结算协议的交易会员办理结算、交割业务。

特别结算会员只能为与其签订结算协议的交易会员办理结算、交割业务。

第十六条　申请交易所结算会员资格的，应当符合下列条件：

（一）本办法第六条规定的条件；

（二）取得中国证监会金融期货结算业务资格许可。

第十七条　申请成为结算会员应当向交易所提交下列文件：

（一）本办法第九条第（二）项、第（五）项至第（十二）项规定的文件；

（二）经法定代表人签字的结算会员资格申请书；

（三）中国证监会核发的金融期货结算业务许可证明文件；

（四）经具有证券、期货相关业务资格的会计师事务所审计的前3年度财务报告；申请日在下半年的，还应当提供经审计的半年度财务报告；

（五）经具有证券、期货相关业务资格的会计师事务所审计的控股股东的最近一期的财务报告；

（六）交易所要求提供的其他文件或者材料。

第十八条　交易所在收到符合要求的申请材料之日起30个工作日内，提出审核意见，并对符合结算会员条件的申请单位发出会员资格批准通知书。

第十九条　申请单位应当在交易所发出会员资格批准通知书之日起30个工作日内，办理下列事项：

（一）签署《中国金融期货交易所结算会员协议》；

（二）在期货保证金存管银行开设专用资金账户和结算担保金专用账户；

（三）缴纳结算担保金；

（四）办理有关人员的授权手续；

（五）交易所规定应当办理的其他事项。

逾期未办理的，视为自动放弃申请会员资格。

第二十条　申请单位办理完手续后，即取得结算会员资格，交易所制发会员证书，并报告中国证监会。

第四章　会员资格的变更和终止

第二十一条　会员不得转让其会员资格，但可以申请变更或者终止会员资格。交易所在会员资格发生变化后，报告中国证监会。

第二十二条　会员资格的变更是指交易会员、交易结算会员或者全面结算会员资格之间的转换。

第二十三条　会员申请变更会员资格的，应当符合本办法规定的条件，并向交易所提交经法定代表人签字的变更会员资格申请书及本办法规定的其他材料。

第二十四条　交易所在收到符合要求的申请材料之日起30个工作日内，提出办理意见，并对符合条件的会员发出批准变更通知书。

会员应当在交易所发出批准变更通知书之日起30个工作日内，办理下列事项：

（一）结算会员申请变更为交易会员的，按照本办法第十一条的有关规定办理手续；结清与交易所的全部债权和债务；退还各种票据和交易所颁发的各种证件；办理专用资金账户和结算担保金专用账户的销户手续；交易所规定应当办理的其他事项。

（二）交易会员申请变更为结算会员的，应当按照本办法第十九条的有关规定办理手续。

（三）交易结算会员和全面结算会员之间变更的，应当按照新结算会员资格缴纳结算担保金。

变更会员资格的，会员应当与交易所重新签署协议，原协议同时终止。

逾期未办理的，视为自动撤销变更申请。

第二十五条　会员申请终止会员资格的，应当向交易所提交下列材料：

（一）经法定代表人签字的终止会员资格申请书；

（二）交易所要求提供的其他文件或者材料。

第二十六条　交易所在收到符合要求的申请材料之日起 30 个工作日内，提出办理意见，并对符合条件的会员发出终止会员资格通知书。

第二十七条　会员应当在交易所发出终止会员资格通知书之日起 30 个工作日内，办理下列事项：

（一）了结合约持仓；

（二）结清与交易所的全部债权、债务；

（三）退还各种票据和交易所颁发的各种证件；

（四）办理专用资金账户的销户手续；

（五）交易所规定应当办理的其他事项。

第二十八条　交易所同意终止会员资格的，注销其会员资格，报告中国证监会，并予以公布。

会员资格证书自注销之日起失效。

第二十九条　会员存在下列情形之一的，不得申请变更或者终止会员资格：

（一）因经济纠纷、违法或者犯罪接受国家有关部门立案调查、处理；

（二）因涉嫌违规，被交易所立案调查；

（三）因违法、违规被交易所处以通报批评、暂停期货交易、结算业务等处罚，且处罚期满未逾 3 个月；

（四）与交易所存在债务纠纷且尚未结清；

（五）交易所规定的其他情形。

第三十条　会员发生合并、分立的，应当向交易所重新申请会员资格。

第五章　会员联系人

第三十一条　交易所建立会员联系人制度。会员应当设业务代表一名，代表会员组织、协调会员与交易所的各项业务往来。

业务代表由会员公司高级管理人员担任。

会员应当为业务代表履行职责提供便利条件，会员董事、监事、高级管理人员及相关人员应当配合业务代表的工作。

第三十二条　会员应当设业务联络员若干名，根据业务代表的授权行使职责。

第三十三条　会员推荐业务代表，应当向交易所提交下列文件：

（一）会员推荐文件；

（二）高级管理人员任职证明文件；

（三）拟推荐人员的联络方式；

（四）拟推荐人员的期货从业人员资格证书。

会员推荐业务联络员，应当提交前款第（一）、第（三）项和第（四）项文件。

第三十四条　交易所在收到符合要求的申请材料之日起 5 个工作日内，做出审批意见。

第三十五条　业务代表应当履行下列职责：

（一）组织办理交易、结算与交割等相关业务；

（二）办理交易所会员资格、席位等相关业务；

（三）报送交易所要求的公司文件；

（四）组织会员相关业务人员参加交易所举办的培训；

（五）组织与交易所期货业务相关的内部培训；

（六）配合交易所对交易及相关系统进行改造、测试；

（七）每日登录交易所系统，及时接收交易所发送的通知以及业务文件等，并予以协调落实；

（八）及时将会员更新总部、分支机构的相关资料及其他信息告知交易所；

（九）督促会员及时履行报告义务；

（十）督促会员及时缴纳各项费用；

（十一）协调、组织业务联络员的工作；

（十二）交易所要求履行的其他职责。

第三十六条　业务代表或者业务联络员出现下列情形之一的，会员应当立即予以更换：

（一）业务代表或者业务联络员离职离岗；

（二）业务代表不再担任高级管理人员职务；

（三）连续 1 个月以上不能履行职责；

（四）履行职责时出现重大错误，产生严重后果；

（五）交易所认为不适宜继续担任业务代表或者业务联络员的其他情形。

会员对存在前款规定情形的业务代表或者业务联络员不予更换的，交易所可以要求更换。

第三十七条　会员向交易所申请更换业务代表或者业务联络员，应当提交更换申请书及本办法第三十三条所规定的文件。

第三十八条　业务代表空缺期间，会员法定代表人应当履行业务代表职责，直至会员推荐新的业务代表并经交易所审核批准。

第六章　会员报告

第三十九条　会员向交易所报送的信息和资料应当真实、准确、完整。

第四十条　会员应当向交易所履行下列定期报告义务：

（一）每月前 7 个工作日内报送上月统计报表及风险控制指标监管报表；

（二）每年 4 月 30 日前报送上年度经审计的财务报告和交易所要求的年度报告材料；

（三）交易所规定的其他报告。

第四十一条　会员有下列情形之一的，应当在 10 个工作日内向交易所书面报告：

（一）法定代表人变更；

（二）注册资本总额或者股权结构变更；

（三）名称、住所、经营范围及联系方式变更；

（四）净资本等风险控制指标不符合中国证监会规定标准；

（五）增加或者减少分支机构；

（六）发生重大诉讼案件或者经济纠纷；

（七）取得其他交易所会员资格；

（八）因违法、违规受到司法机关、期货市场监管部门、行政执法部门或者其他交易所处罚；

（九）会员改聘会计师事务所；

（十）股东大会或者股东会、董事会决议被依法撤销或者宣告无效；

（十一）交易所规定的其他情形。

第四十二条　会员发生下列情形之一的，应当立即向交易所报告，并持续报告进展情况：

（一）重大业务风险；

（二）重大技术故障；

（三）不可抗力或者意外事件可能影响客户正常交易。

第四十三条　交易所可以根据审慎管理原则，要求会员对期货交易、内部控制、风险控制和技术系统运行等情况进行自查，并提交专项自查报告。

第七章　监督管理

第四十四条　会员及其从业人员应当遵守国家有关法律、行政法规、规章和交易所交易规则及其实施细则等规定，接受中国证监会和交易所的监督管理。

第四十五条　会员有下列情形之一的，交易所有权要求其限期整改，并有权终止其会员资格：

（一）国家主管机关撤销工商登记或者予以解散；

（二）国家主管机关撤销业务许可；

（三）法院裁定宣告破产；

（四）不能履行会员义务；

（五）违反相关法律法规或者被主管机关给予行政处分逾期仍不改正；

（六）违反交易所交易规则及其实施细则，情节严重；

（七）日常业务行为违背诚实信用原则，导致客户遭受重大损失；

（八）被中国证监会宣布为市场禁止进入者；

（九）私下转让经纪业务、结算业务，将经纪业务、结算业务委托给他人管理或承包给他人经营；

（十）交易所规定的其他情形。

第四十六条　会员不得接受下列单位和个人的委托为其进行期货交易：

（一）国家机关和事业单位；

（二）中国证监会、期货交易所、中国期货保证金监控中心和中国期货业协会的工作人员；

（三）证券、期货市场禁止进入者；

（四）未能提供开户证明材料的单位和个人；

（五）无民事行为能力人或者限制民事行为能力人；

（六）中国证监会及交易所规定的其他不得从事期货交易的单位或个人。

第四十七条　开户、变更、销户的客户资料档案应当自期货经纪合同终止之日起至少保存20年；交易指令记录、交易结算记录、错单记录、客户投诉档案以及其他业务记录应当至少保存20年。

第四十八条　会员从事经纪业务的，应当将交易所发布的即时行情和公告信息等市场信息及时在营业场所公布。

未经交易所批准，会员不得将上述信息提供给任何第三方从事经营活动，不得在非营业场所将上述信息提供给其客户以外的其他机构和个人。

第四十九条　会员应当及时、准确传递客户交易指令。委托成交后，会员应当及时通知客户。未经客户委托，不得擅自代客户进行期货交易。会员不得隐瞒重要事项或者使用其他不正当手段诱骗客户发出交易指令。

第五十条　会员收取的客户保证金归客户所有，任何单位和个人不得占用和挪用。

会员不得将收取的客户保证金用于自身经营活动或者充抵自身债务；不得允许他人擅自使用客户保证金或者擅自用客户保证金为他人提供担保。

第五十一条　结算会员对其受托结算的合约承担全部责任，交易会员、客户无法履约时，结算会员应当代替交易会员、客户先行履行结算交割义务，再向交易会员、客户追索。

第五十二条　会员为控制交易风险，需要对客户持仓实施强行平仓的，应当遵守双方合同规定的标准和条件，并以合同约定的方式通知客户。

第五十三条　会员应当维护交易所的声誉，协助交易所处理突发或异常事件。出现突发或异常事件时，会员应当做好对客户的解释工作。

第五十四条　交易所有权定期或者不定期对会员执行交易所交易规则及其实施细则的情况进行检查，会员应当根据交易所的安排积极配合。

第五十五条　会员高级管理人员和从业人员应当符合中国证监会的有关规定。

第五十六条　会员从业人员在交易所从事期货业务，应当经会员授权，会员从业人员在交易所从事的业务活动由所在会员承担全部责任。会员从业人员在同一时期内，只能受聘于一家会员，不得在其他会员处兼职。

会员变更、取消其从业人员期货业务授权的，应当及时通知交易所，并对交易所接到通知前其从业人员的业务活动承担全部责任。

第五十七条　会员资格终止后，该会员对其从业人员的授权自动失效。

第八章　附则

第五十八条　违反本办法规定的，交易所按照本办法和《中国金融期货交易所违规违约处理办法》的有关规定处理。

第五十九条　本办法由交易所负责解释。

第六十条　本办法自2007年6月27日起实施。

中国金融期货交易所风险控制管理办法

第一章　总则

第一条　为加强期货交易风险管理，保护期货交易当事人的合法权益，保障中国金融期货交易所（以下简称交易所）期货交易的正常进行，根据《中国金融期货交易所交易规则》，制定本办法。

第二条　交易所风险管理实行保证金制度、价格限制制度、持仓限额制度、大户持仓报告制度、强行平仓制度、强制减仓制度、结算担保金制度和风险警示制度。

第三条　交易所、会员和客户应当遵守本办法。

第二章　保证金制度

第四条　交易所实行保证金制度。保证金分为结算准备金和交易保证金。

第五条　股指期货合约最低交易保证金标准为10%。期货交易过程中，出现下列情形之一的，交易所可以根据市场风险状况调整交易保证金标准，并向中国证券监督管理委员会（以下简称中国证监会）报告：

（一）期货交易出现涨跌停板单边无连续报价（以下简称单边市）；

（二）遇国家法定长假；

（三）交易所认为市场风险明显变化；

（四）交易所认为必要的其他情形。

第六条　交易所调整期货合约交易保证金标准的，在当日结算时对该合约的所有持仓按照调整后的交易保证金标准进行结算。

第七条　结算准备金的管理适用《中国金融期货交易所结算细则》的有关规定。

第三章　价格限制制度

第八条　交易所实行价格限制制度。价格限制制度分为熔断制度与涨跌停板制度。熔断与涨跌停板幅度由交易所设定，交易所可以根据市场风险状况调整期货合约的熔断与涨跌停板幅度。

第九条　股指期货合约的熔断幅度为上一交易日结算价的 ±6%，涨跌停板幅度为上一交易日结算价的 ±10%。最后交易日不设熔断机制，涨跌停板幅度为上一交易日结算价的 ±20%。

第十条　每日开市后，股指期货合约申报价触及熔断价格且持续 5 分钟的，该合约启动熔断机制。申报价触及熔断价格且持续 5 分钟，是指只有熔断价格的买入（卖出）申报、没有熔断价格的卖出（买入）申报，或者一有卖出（买入）申报就成交、但未打开熔断价格的情形。

（一）熔断机制启动后的连续 5 分钟内，该合约买卖申报在熔断价格区间内继续撮合成交。5 分钟后，熔断机制终止，涨跌停板幅度生效。

（二）股指期货合约申报价触及熔断价格未持续 5 分钟，第一节交易结束的，第二节交易开始后重新进行熔断检查。

（三）熔断机制启动后不足 5 分钟，第一节交易结束的，熔断机制终止；第二节交易开始后，涨跌停板幅度生效。

（四）收市前 30 分钟内，不设熔断机制。熔断机制已经启动的，终止执行。

（五）每日只启动一次熔断机制。

第十一条　期货合约以熔断价格或者涨跌停板价格申报的，成交撮合实行平仓优先、时间优先的原则。

第十二条　单边市是指某一合约收市前 5 分钟内出现只有停板价格的买入（卖出）申报、没有停板价格的卖出（买入）申报，或者一有卖出（买入）申报就成交、但未打开停板价格的情形。

第十三条　期货合约在某一交易日（该交易日称为 Dt 交易日，Dt 前一交易日称为 Dt－1 交易日，Dt 后一交易日称为 Dt＋1 交易日，依次类推，下同）出现单边市，Dt 交易日为最后交易日的，则该合约直接进行交割；Dt 交易日不是最后交易日的，交易所将区分下列情形采取相应措施：

（一）Dt 交易日与 Dt－1 交易日同方向累计涨跌幅度小于 16% 的，Dt 交易日结算时该合约的交易保证金标准按照 12% 收取，收取标准已高于 12% 的按照原标准收取。

（二）Dt 交易日与 Dt－1 交易日同方向累计涨跌幅度大于等于 16% 的，交易所有权根据市场情况采取下列风险控制措施中的一种或者多种：提高交易保证金标准、限制开仓、限制出金、限期平仓、强行平仓、暂停交易、调整涨跌停板幅度、强制减仓或者其他风险控制措施。

第十四条　期货合约 Dt＋1 交易日未出现单边市，Dt＋1 交易日结算时交易保证金标准按照正常标准收取。

第四章　持仓限额制度

第十五条　交易所实行持仓限额制度。持仓限额是指交易所规定会员或者客户可以持有的、按照单边计算的某一合约持仓的最大数量。

第十六条　同一客户在不同会员处开仓交易，其在某一合约的持仓合计不得超出该客户的持仓限额。

第十七条　会员和客户的股指期货合约持仓限额具体规定如下：

（一）对客户某一合约单边持仓实行绝对数额限仓，持仓限额为 600 张；

（二）对从事自营业务的交易会员某一合约单边持仓实行绝对数额限仓，每一客户号持仓限额为 600 张；

（三）某一合约单边总持仓量超过 10 万张的，结算会员该合约单边持仓量不得超过该合约单边总持仓量的 25%。

获批套期保值额度的会员或者客户持仓，不受前款限制。

第十八条　会员、客户持仓达到或者超过持仓限额的，不得同方向开仓交易。

第五章　大户持仓报告制度

第十九条　交易所实行大户持仓报告制度。交易所可以根据市场风险状况，公布持仓报告标准。

会员或者客户某一合约持仓达到交易所规定的持仓报告标准的，会员或者客户应当向交易所报告。客户未报告的，会员应当向交易所报告。

第二十条　会员或者客户的持仓达到交易所规定报告标准的，应当于下一交易日收市前向交易所报告。交易所有权要求会员、客户再次报告或者补充报告。

第二十一条　达到交易所规定报告标准的会员或者客户应当提供下列材料：

（一）《大户持仓报告表》，内容包括会员名称、会员号、客户名称和客户号、合约代码、持仓量、交易保证金、可动用资金等；

（二）资金来源说明；

（三）法人客户的实际控制人资料；

（四）开户材料及当日结算单据；

（五）交易所要求提供的其他材料。

第二十二条　会员应当对达到交易所规定报告标准的客户所提供的有关材料进行审核。会员应当保证客户所提供材料的真实性和准确性。

第二十三条　交易所有权对会员或者客户提供的材料进行核查。

第二十四条　客户在不同会员有持仓，且合计达到报告标准的，应当向交易所报告。客户未报告的，由交易所指定受托会员按照本办法第二十一条报送该客户的有关材料。

第六章　强行平仓制度

第二十五条　交易所实行强行平仓制度。强行平仓是指交易所按照有关规定对会员、客户持仓实行平仓的一种强制措施。

第二十六条　会员、客户出现下列情形之一的，交易所对其持仓实行强行平仓：

（一）结算会员结算准备金余额小于零，且未能在规定时限内补足；

（二）客户、从事自营业务的交易会员持仓超出持仓限额标准，且未能在规定时限内平仓；

（三）因违规、违约受到交易所强行平仓处罚；

（四）根据交易所的紧急措施应予强行平仓；

（五）其他应予强行平仓的情形。

第二十七条　强行平仓先由会员在开市后第一节交易时

间内执行，交易所另有规定的除外。会员未在规定时限内执行完毕的，由交易所强制执行。

（一）会员执行

因本办法第二十六条第（一）、（二）项情形强行平仓的，强行平仓原则由会员自行确定，强行平仓结果应当符合交易所规定。

（二）交易所执行

1. 因本办法第二十六条第（一）项情形强行平仓的：

其需要强行平仓的头寸，由交易所按照上一交易日结算后合约总持仓量由大到小顺序，优先选择持仓量大的合约作为强行平仓的合约，再按照该合约所有客户持仓比例分配。

交易所对多个结算会员强行平仓的，按照应当追加保证金数额由大到小的顺序依次选择强行平仓的结算会员。

2. 因本办法第二十六条第（二）项情形强行平仓的：

交易所对超仓头寸进行强行平仓；客户在多个会员处持仓的，按照持仓数量由大到小的顺序选择会员强行平仓。

3. 因本办法第二十六条第（三）、（四）、（五）项情形强行平仓的，交易所根据涉及的会员或者客户的具体情况确定强行平仓头寸。

当会员同时因本办法第二十六条第（一）、（二）项情形强行平仓时，交易所先按照第（二）项情形确定强行平仓头寸，再按照第（一）项情形确定强行平仓头寸。

第二十八条　强行平仓的执行程序

（一）通知

交易所以“强行平仓通知书”（以下简称通知书）的形式向有关结算会员下达强行平仓要求。通知书除交易所特别送达以外，随当日结算数据发送，有关结算会员可以通过交易所系统获得。

（二）执行及确认

1. 开市后，有关会员应当自行平仓，直至符合交易所规定；

2. 结算会员超过规定平仓时限而未执行完毕的，剩余部分由交易所执行强行平仓；

3. 强行平仓结果随当日成交记录发送，有关信息可以通过交易所系统获得。

第二十九条　强行平仓的价格通过市场交易形成。

第三十条　因价格涨跌停板限制或者其他市场原因，无法在规定时限内完成全部强行平仓的，其剩余强行平仓数量可以顺延至下一交易日继续强行平仓，仍按照第二十七条原则执行，直至符合交易所规定。

第三十一条　因价格涨跌停板限制或者其他市场原因，无法在当日完成全部强行平仓的，交易所根据当日结算结果，对该会员做出相应处理。

第三十二条　因价格涨跌停板限制或者其他市场原因，有关持仓的强行平仓只能延时完成的，因此产生的亏损，由直接责任人承担；未能完成平仓的，该持仓持有者应当继续对此承担持仓责任或者交割义务。

第三十三条　由会员执行的强行平仓产生的盈利归直接责任人；由交易所执行的强行平仓产生的盈亏相抵后的盈利按照国家有关规定执行；因强行平仓产生的亏损由直接责任人承担。

直接责任人是客户的，强行平仓后产生的亏损，由该客户所在会员先行承担后，自行向该客户追索。

第七章　强制减仓制度

第三十四条　交易所实行强制减仓制度。强制减仓是指交易所将当日以涨跌停板价格申报的未成交平仓报单，以当日涨跌停板价格与该合约净持仓盈利客户按照持仓比例自动撮合成交。

第三十五条　强制减仓的方法

（一）同一客户双向持仓的，其净持仓部分的平仓报单参与强制减仓计算，其余平仓报单与其反向持仓自动对冲平仓。

（二）申报平仓数量的确定

申报平仓数量是指在 Dt 交易日收市后，已在交易所系统中以涨跌停板价格申报无法成交的、且客户合约的单位净持仓亏损大于等于 Dt 交易日结算价 10% 的所有持仓。

客户不愿按照上述方法平仓的，可在收市前撤单。

（三）客户合约单位净持仓盈亏的确定

客户合约的单位净持仓盈亏是指客户该合约的持仓盈亏的总和除以净持仓量。客户该合约持仓盈亏的总和是指客户该合约所有持仓中，Dt－2 交易日（含）前成交的按照 Dt－2 交易日结算价、Dt－1 交易日和 Dt 交易日成交的按照实际成交价与 Dt 交易日结算价的差额合并计算的盈亏总和。

（四）单位净持仓盈利客户平仓范围的确定

根据上述方法计算的单位净持仓盈利大于零的客户的盈利方向净持仓均列入平仓范围。

（五）平仓数量的分配原则

1. 在平仓范围内按照盈利大小的不同分成三级，逐级进行分配。

首先分配给单位净持仓盈利大于等于 Dt 交易日结算价的 10% 的持仓（以下简称盈利 10% 以上的持仓）；其次分配给单位净持仓盈利小于 Dt 交易日结算价的 10% 而大于等于 6% 的持仓（以下简称盈利 6% 以上的持仓）；最后分配给单位净持仓盈利小于 Dt 交易日结算价的 6% 而大于零的持仓（以下简称盈利大于零的持仓）。

2. 以上各级分配比例均按照申报平仓数量（剩余申报平仓数量）与各级可平仓的盈利持仓数量之比进行分配。

盈利 10% 以上的持仓数量大于等于申报平仓数量的，根据申报平仓数量与盈利 10% 以上的持仓数量的比例，将申报平仓数量向盈利 10% 以上的持仓分配实际平仓数量；

盈利 10% 以上的持仓数量小于申报平仓数量的，根据盈利 10% 以上的持仓数量与申报平仓数量的比例，将盈利 10% 以上的持仓数量向申报平仓客户分配实际平仓数量。再把剩余的申报平仓数量按照上述的分配方法依次向盈利 6% 以上的持仓、盈利大于零的持仓分配；还有剩余的，不再分配。

（六）强制减仓的执行

强制减仓于 Dt 交易日收市后执行，强制减仓结果作为 Dt 交易日会员的交易结果。

（七）强制减仓的价格

强制减仓的价格为该合约 Dt 交易日的涨跌停板价格。

（八）强制减仓当日结算时交易保证金标准按照正常标准收取。

按照本条进行强制减仓造成的经济损失由会员及其客户承担。

第三十六条　该合约在采取上述措施后风险仍未释放的，交易所宣布进入异常情况，并按照有关规定采取风险控制措施。

第八章　结算担保金制度

第三十七条　交易所实行结算担保金制度。结算担保金是指由结算会员依交易所规定缴存的，用于应对结算会员违约风险的共同担保资金。

第三十八条　结算担保金分为基础结算担保金和变动结算担保金。基础结算担保金是指结算会员参与交易所结算交割业务必须缴纳的最低结算担保金数额。变动结算担保金是指结算会员结算担保金中超出基础结算担保金的部分,随结算会员业务量的变化而调整。结算担保金应当以现金形式缴纳。

(一)各类结算会员的基础结算担保金为:交易结算会员人民币 1000 万元,全面结算会员人民币 2000 万元,特别结算会员人民币 3000 万元。结算会员在签署《中国金融期货交易所结算会员协议》后的 5 个交易日内,将基础结算担保金存入交易所结算担保金专用账户。

(二)交易所每季度最后一个交易日收市后,根据市场总体情况,确定全市场的结算担保金总额,通知结算会员其应当分担的结算担保金。

每个结算会员根据业务量按照比例分担结算担保金总额。结算会员应当分担的结算担保金 = 结算担保金总额 (20%　该会员上一季度日均交易量/交易所上一季度日均交易量 +80%　该会员上一季度日均持仓量/交易所上一季度日均持仓量)。

结算会员应当分担的结算担保金数额与其基础结算担保金数额取大者,作为结算会员新季度应当缴纳的结算担保金数额。交易所在新季度开始的第 5 个交易日第一节结束后,通过银行将结算担保金余额的超出部分划至结算会员结算担保金专用账户,将需要补交的结算担保金从结算会员结算担保金专用账户中扣划。

结算会员需要补交结算担保金的,应当在新季度的第 5 个交易日前将补交数额存入其结算担保金专用账户。

(三)交易所可以根据市场风险情况调整结算担保金的收取时间以及结算担保金总额,并有权对个别结算会员提高结算担保金。

第三十九条　结算会员结算准备金小于零,且未能在规定时限内补足的,交易所采取强行平仓等措施后,结算准备金仍小于零,交易所先使用该违约结算会员的结算担保金补足,不足部分再按照比例使用其他结算会员缴纳的结算担保金。

其他结算会员分摊比例为其结算担保金余额占当前未使用结算担保金总额之比,分摊的金额以其缴纳的结算担保金为限。

第四十条　结算会员缴纳的结算担保金,依本办法第三十九条使用后,应于 5 个交易日内按照原缴纳标准,将需要补足的部分存至其结算担保金专用账户。交易所于第 5 个交易日第一节结束后通过银行从结算会员结算担保金专用账户中扣划。

第四十一条　结算会员未能按期缴纳、补足结算担保金的,按照《中国金融期货交易所违规违约处理办法》有关规定处理。

第四十二条　动用结算担保金后,交易所由此取得对违约会员的相应追偿权。

第九章　风险警示制度

第四十三条　交易所实行风险警示制度。交易所认为必要的,可以分别或者同时采取要求会员和客户报告情况、谈话提醒、书面警示、公开谴责、发布风险警示公告等措施中的一种或者多种,以警示和化解风险。

第四十四条　出现下列情形之一的,交易所有权约见指定的会员高管人员或者客户谈话提醒风险,或者要求会员或者客户报告情况:

(一)期货价格出现异常;

(二)会员或者客户交易异常;

(三)会员或者客户持仓异常;

(四)会员资金异常;

(五)会员或者客户涉嫌违规、违约;

(六)交易所接到涉及会员或者客户的投诉;

(七)会员涉及司法调查;

(八)交易所认定的其他情况。

第四十五条　交易所实施谈话提醒应当遵守下列要求:

(一)交易所发出书面通知,约见指定的会员高管人员或者客户谈话,客户应当由会员指定人员陪同;

(二)交易所安排谈话提醒时,应当将谈话时间、地点、要求等以书面形式提前一天通知会员;

(三)谈话对象确因特殊情况不能参加的,应当事先报告交易所,经交易所同意后可以书面委托有关人员代理;

(四)谈话对象应如实陈述、不得故意隐瞒事实;

(五)交易所工作人员应当对谈话的有关信息予以保密。

交易所要求会员或者客户报告情况的,有关报告方式和报告内容参照大户报告制度执行。

第四十六条　交易所通过情况报告和谈话,发现会员或者客户有违规嫌疑、交易头寸有较大风险的,有权对会员或者客户发出《风险警示函》。

第四十七条　发生下列情形之一的,交易所有权在指定媒体上对有关会员和客户进行公开谴责:

(一)不按照交易所要求报告情况和谈话的;

(二)故意隐瞒事实,瞒报、错报、漏报重要信息的;

(三)故意销毁违规违约证明材料,不配合交易所调查的;

(四)经查实存在欺诈客户行为的;

(五)经查实参与分仓和操纵市场的;

(六)交易所认定的其他违规行为。

交易所对相关会员或者客户进行公开谴责的同时,对其违规行为,按照《中国金融期货交易所违规违约处理办法》的有关规定处理。

第四十八条　发生下列情形之一的,交易所有权发出风险警示公告,向全体会员和客户警示风险:

(一)期货价格出现异常;

(二)期货价格和现货价格出现较大差距;

(三)会员或者客户涉嫌违规、违约;

(四)会员或者客户交易存在较大风险;

(五)交易所认定的其他情形。

第十章　附则

第四十九条　违反本办法规定的,交易所按照本办法和《中国金融期货交易所违规违约处理办法》的有关规定处理。

第五十条　本办法由交易所负责解释。

第五十一条　本办法自 2007 年 6 月 27 日起实施。

中国金融期货交易所信息管理办法

第一章　总则

第一条　为规范信息的发布、经营、传播和使用,保障客户充分、及时、有效地获得信息,维护中国金融期货交易所(以下简称交易所)的信息权利,根据有关法律、行政法规、规章及《中国金融期货交易所交易规则》,制定本办法。

第二条　本办法所称信息是指与在交易所交易的产品有关的任何信息与数据,以及能够直接或者间接传达全部或者部分前述信息与数据的任何形式的描述,包括在交易所交易活动中产生的所有上市品种的交易行情、各种交易数据统计资料、交易所发布的各种公告和通知,以及中国证券监督管理委员会(以下简称中国证监会)指定披露的其他相关信息。

法律、行政法规、规章和监管部门禁止披露的信息,不在本办法所称的信息范围内。

第三条　交易所对信息享有所有权,未经交易所授权许可,任何单位和个人不得从事与交易所信息有关的业务,包括发布、经营、增值开发或者传播交易所信息等。

第四条　交易所可以独立、与第三方合作或者委托第三方对交易所信息进行经营管理。

第五条　交易所提供信息实行有偿原则,根据有关法律、行政法规、规章或者备忘录为协助监管部门或者其他相关单位履行监管职责而提供的除外。

第六条　因不可抗力、意外事件等原因,导致交易信息及设备传输中断或者发生故障无法正常运作时,交易所不承担任何责任。

第七条　交易所发布的信息分法定披露信息和非法定披露信息。法定披露信息是指根据有关法律、行政法规和规章,交易所必须予以披露的信息。法定披露信息以外的属于非法定披露信息。

第八条　交易所信息的发布、经营、传播和使用适用本办法。交易所、会员、信息服务机构、软件开发公司、客户,以及其他经营、传播和使用交易所信息的组织和个人应当遵守本办法。

第二章　信息内容及发布

第九条　交易所根据有关规定和市场需要发布不同层次的即时、延时、每日、每周、每月交易信息,各类统计信息以及合约历史数据。

第十条　即时信息是指与集中交易所显示的行情基本同步且连续的市场行情信息,即实时行情。

实时行情:合约名称、合约月份、最新价、涨跌、成交量、持仓量、申买价、申卖价、申买量、申卖量、结算价、开盘价、收盘价、最高价、最低价、前结算价。

第十一条　每日信息是指每个交易日结束后发布的有关当日的交易信息。

每日信息包括下列主要内容:

(一)每日行情:合约名称、合约月份、开盘价、最高价、最低价、收盘价、前结算价、结算价、涨跌、成交量、持仓量、持仓量变化、成交额。

(二)活跃月份合约前20名会员的成交量、持仓量。

第十二条　每周信息是指每周最后一个交易日结束后发布的有关本周的交易信息。

每周信息包括下列主要内容:

每周行情:合约名称、合约月份、周开盘价、最高价、最低价、周收盘价、涨跌(本周收盘价与上周末结算价之差)、持仓量、持仓量变化(本周末持仓量与上周末持仓量之差)、周末结算价、成交量、成交额。

第十三条　每月信息是指每月最后一个交易日结束后发布的有关本月的交易信息。

每月信息主要内容有:

每月行情:合约名称、合约月份、月开盘价、最高价、最低价、涨跌(本月末收盘价与上月末结算价之差)、持仓量、持仓量变化(本月末持仓量与上月末持仓量之差)、月末结算价、成交量、成交额。

第十四条　交易所通过交易所系统、互联网站、会员席位等方式发布信息,并通过经交易所授权的信息服务机构、公共媒体等机构传播信息。

第十五条　会员、信息服务机构、软件开发公司等机构对其从交易所获得的不宜公开的信息承担保密义务。

第十六条　会员、信息服务机构、公共媒体、软件开发公司等机构应当书面承诺不得发布虚假的或者带有误导性质的信息。

第三章　信息服务

第十七条　信息服务业务分为信息传播服务业务和信息增值服务业务。从事信息服务业务,应当经交易所许可或者授权,并与交易所签订信息经营许可协议。

信息传播服务业务是指经交易所许可或者授权,向其他机构传输,或者向信息终端用户(以下简称终端用户)、社会公众传播交易所信息的服务业务。

信息增值服务业务是指经交易所许可或者授权,对交易所信息进行加工,产生增值的服务业务。

第十八条　申请信息传播服务业务,应当具备下列条件:

(一)应当自行建立信息服务系统,能够提供以市场为导向的显示应用系统;

(二)具有终端收费的市场运作经验,具备有为市场提供可靠服务的切实可行的商业计划;

(三)应当设置监控中心,具有控制功能,并配置软、硬件工程师;

(四)具备必要的接收或者储存交易信息的设备或者方式,能够有效地防止交易信息的非授权接收、传播或者使用;

(五)公司财务状况良好;

(六)近2年无商业方面的不良记录;

(七)交易所规定的其他条件。

前款第四项中的设备或者方式包括:接收或者储存设备的种类、配置、数量、安置处所、有关的工作程序、规章制度。

第十九条　申请信息增值服务业务,除满足本办法第十八条第(四)、(五)、(六)、(七)项之规定外,还应当具有信息增值开发的能力和资质。

第二十条　申请信息服务业务的,应当依照交易所规定向交易所提交下列材料:

(一)交易所信息服务业务申请表,并注明申请从事的业务类型;

(二)法定代表人或者负责人身份证件;

(三)工商行政管理部门核发的营业执照;

(四)组织机构代码证;

(五)经会计师事务所审核的最近一个会计年度的财务报告;

(六)特许行业者需附主管机关的许可证照;

(七)申请成为分传播机构的,还应当提供其信息来源合法的证明文件;

(八)交易所要求提供的其他材料。

第二十一条　申请直接连接交易所系统的,应当首先通过交易所连接测试。其与交易所系统连接时,不得影响交易所交易业务,必要时交易所可以限制其连接。

从事信息服务业务的机构改变连接方式的，应当事先报交易所同意。

第二十二条　从事信息服务业务的机构以及交易所会员应当与交易所签订交易信息经营许可协议，严格依照交易信息经营许可协议接收、储存、在许可的区域内传播交易信息或者在其基础上进行增值开发，履行交易信息经营许可协议规定的义务。

未经交易所许可，从事信息服务业务的机构不得将交易信息用于信息经营许可协议载明的许可用途之外的任何目的。

第二十三条　从事信息传播服务业务的机构及交易所会员在传播交易所信息时，应当保证其真实、准确、完整，并且在传播过程中明确注明信息来源。

从事信息传播服务业务的机构或者交易所会员，发现其传输、传播的交易信息或者同时传播的新闻信息内容有错误时，应当立即通知交易所，及时更正并公开说明。

第二十四条　从事信息传播服务业务的机构或者交易所会员，在传输或者传播交易信息时，应当采取必要的技术措施以防止该信息被盗用、窃取或者外接使用。

不符合前款规定的，交易所有权自行或者要求其他从事信息传播服务业务的机构暂停或者终止向其提供交易信息。

从事信息传播服务业务的机构或者交易所会员未经交易所同意，不得将交易信息出售或者转让他人，或者以任何方式再转接到其他场所。

第二十五条　从事信息传播服务业务的机构向其他机构传输交易信息，供后者进行再传播或者增值开发的，应当通知交易所，并要求后者提供其已获得交易所合法授权或者许可的证明。后者未提供前述证明的，从事信息传播服务业务的机构不得向其提供交易信息。

第二十六条　从事信息传播服务业务的机构应当将每日传输或者传播的信息内容保留30日以上，以备交易所随时检查。

从事信息传播服务业务的机构，法定代表人、联系人、营业地址、联系电话、传真号码以及其他经交易所规定应当申报的事项发生变更的，应当于该事实发生之日起10个工作日内向交易所报告。

第二十七条　信息传播服务机构应当准确记录其客户的信息，以及与收费有关的记录和资料。前述信息、记录和资料应当保留20年以上，以备交易所检查。

第二十八条　为便于交易所监督，信息传播服务机构应当在签署信息经营许可协议后的7日内，为交易所提供并安装能正常接收其传播内容的用户接收终端。

第二十九条　从事信息增值服务业务的机构在对信息进行增值开发时，应当保证信息的真实、准确、完整。对于经其加工处理后的信息，应当明显标示增值开发机构名称及加注说明，并承担法律责任。

从事信息增值服务业务的机构发现经其加工处理后的信息有错误或者可能误导客户时，应当立即通知交易所，及时更正并公开说明。

第三十条　从事信息增值服务业务的机构对信息进行的增值开发应当仅限于信息服务的目的。未经交易所事先书面同意，信息增值服务机构不得为信息服务以外的任何目的进行增值开发。

第四章　信息使用

第三十一条　终端用户是指向交易所授权的信息服务机构订购交易信息服务的信息最终接收者。终端用户只能从交易所授权的信息服务机构处获取交易信息。

第三十二条　信息服务机构应当与终端用户签订书面协议，协议内容应当明确规定终端用户应当遵守本办法有关规定，以及终端用户盗接、转接交易信息的处罚措施及应负的责任。信息服务机构应当将其签订的用户协议报交易所备案。

第三十三条　交易所查询终端用户信息的，信息服务机构应当立即提供其与用户签订的协议副本及该用户的相关信息。

第三十四条　信息服务机构应当编制信息设备使用明细表并报送交易所，有新增或者变动的应当于每月7日前报送交易所。传输至境外的，应当按照其与交易所约定的时间编制境外使用说明书报送交易所。

第三十五条　信息服务机构应当通过用户协议要求其用户承诺其接收的信息仅供自身使用，不得将交易信息出售或者转让他人，或者以任何方式进行再传播。

信息服务机构应当防止其用户未经交易所授权，以任何方式将交易信息进行再传播，或者将交易信息提供给他人进行再传播。

信息服务机构应当协助交易所对其用户进行监管，不得规避或者拒绝履行协助义务。

第三十六条　发现或者认为可能存在针对交易所信息的侵权行为的，信息服务机构应当立即通知交易所，协助交易所展开调查，并配合交易所针对侵权行为采取包括诉讼在内的法律措施。

第五章　收费标准

第三十七条　从事与交易信息有关的信息传播和信息增值服务业务的，应当按照交易所规定的收费标准缴纳费用。

第三十八条　交易所可以根据实际情况变更收费项目和收费标准。

第三十九条　交易所根据有关规定和市场情况，区分法定披露信息和非法定披露信息，并根据不同档次或者深度的实时、延时、每日、每周、每月、每年等交易信息，以及各类统计信息和合约历史数据库确定不同的收费标准。

第六章　监督管理

第四十条　对未经交易所许可，擅自发布、传输和传播交易信息的机构和个人，交易所有权终止其接收、传输和传播交易所信息，要求信息传播服务机构对其进行屏蔽，并追究其法律责任。

对未经交易所许可，擅自对交易信息进行增值开发的机构和个人，交易所有权要求其停止增值开发，禁止其使用增值开发成果，要求信息传播服务机构对其进行屏蔽，并追究法律责任。

交易所要求信息传播服务机构对上述机构和个人进行屏蔽的，信息传播服务机构应当立即执行。

第四十一条　信息服务机构应当将约定的增值开发成果向交易所备案。未履行备案义务的，交易所有权终止向其提供交易信息，要求信息传播服务机构对其进行屏蔽，并可根据已签署的交易信息经营许可协议进行处理。

第四十二条　已获交易所许可传播和增值开发信息的机构违反本办法的，交易所根据已签署的交易信息经营许可协议进行处理。

第四十三条　交易所会员使用、传播交易所信息的，除遵守本办法有关规定外，还应当遵守《中国金融期货交易所会员管理办法》的有关规定。

第四十四条　交易所会员违反本办法的，交易所将根据《中国金融期货交易所违规违约处理办法》以及相关协议进行处理。

第七章　附则

第四十五条　本办法由交易所负责解释。

第四十六条　本办法自2007年6月27日起实施。

中国金融期货交易所违规违约处理办法

第一章　总则

第一条　为依法对期货市场进行管理，规范期货交易行为，保障期货市场参与者的合法权益，根据《期货交易管理条例》、《期货交易所管理办法》、《中国金融期货交易所章程》和《中国金融期货交易所交易规则》等有关规定，制定本办法。

第二条　中国金融期货交易所（以下简称交易所）对参与期货交易的会员、客户、期货保证金存管银行及期货市场其他参与者违规违约行为的调查、认定和处理适用本办法。

第三条　交易所根据公平、公正的原则，以事实为依据，依照国家法律、行政法规、规章和本办法，对期货市场的违规行为和违约行为进行调查、认定和处理。

违规行为涉嫌犯罪的，移交司法机关处理。

第四条　交易所调查、认定和处理违规行为和违约行为，应当做到事实清楚、证据确凿、程序规范、适用规定准确、处理决定适当。

第二章　稽查与立案、调查

第五条　稽查是指交易所根据其各项规章制度，对会员、客户、保证金存管银行及期货市场其他参与者的业务活动进行的监督和检查。

稽查包括日常稽查和专项稽查。

第六条　交易所履行监管职责时，可以行使下列职权：

（一）查阅、复制与期货交易有关的信息、资料；

（二）对会员、客户、保证金存管银行等单位和人员进行调查、取证；

（三）要求会员、客户、保证金存管银行等被调查者申报、陈述、解释、说明有关情况；

（四）制止、纠正、处理违规违约行为；

（五）交易所履行监管职责所必需的其他职权。

第七条　会员、客户、保证金存管银行及期货市场其他参与者应当接受交易所的监督检查，配合交易所履行监管职责，如实提供交易所要求提供的文件和资料。

第八条　交易所受理书面或者口头投诉、举报。受理口头投诉、举报应当制作笔录或者录音。

第九条　投诉、举报人应当身份真实、明确；除法律、行政法规和规章另有规定外，交易所应当为投诉人、举报人保密。

第十条　对日常稽查和专项稽查工作中发现的、投诉举报的、监管部门和司法机关等单位移交的或者通过其他途径获得的线索进行审查后，认为有违规行为发生的，交易所应当予以立案调查。

第十一条　对已立案的期货违规案件，交易所指定专人负责调查。

第十二条　调查取证应当由两名以上调查人员参加，并出示合法证件或者交易所的证明文件。

第十三条　调查人员认为自己与本案有利害关系或者存在其他可能影响案件公正处理情形的，应当申请回避。

被调查人员认为调查人员与本案有关、可能影响公正办案的，有权申请有关人员回避。

交易所认为调查人员应当回避的，指令其回避。

第十四条　证据包括书证、物证、视听资料、电子记录、证人证言、当事人陈述、调查笔录、鉴定结论等能够证明案件真相的一切材料。法律法规另有规定的，依照法律法规执行。

证据应当调查核实方能作为定案的根据。

第十五条　询问被调查人应当制作调查笔录。调查笔录应当交被调查人核对，核对无误后由被调查人和调查人员签名。被调查人拒绝签名的，调查人员应当注明原因。

书证、物证的提取应当制作提取笔录，注明提取的时间和地点，并由被调查人签名。被调查人拒绝或者无法签名的，由见证人签名。

视听资料、电子记录的收集应当注明收集或者制作的时间、地点、方式、使用的设备及保存的条件，并由被调查人或者见证人签名。

调查取证时需要复制原件的，应当注明原件的保存单位（或者个人）和出处，由原件保存单位（或者个人）签注“与原件核对无误”，并由其盖章或者签名。

鉴定结论应当由中国证监会或者交易所认可的鉴定单位做出，并由鉴定单位和鉴定人签字盖章。

第十六条　会员、客户和期货保证金存管银行涉嫌违规，经交易所立案调查的，在确认违规行为之前，为防止违规后果进一步扩大，保障处理决定的执行，交易所可以对被调查人采取下列限制性措施：

（一）限期说明情况；

（二）暂停登录新的客户编码；

（三）限制入金；

（四）限制出金；

（五）限制开仓；

（六）降低持仓限额；

（七）提高保证金标准；

（八）限期平仓；

（九）强行平仓。

采取前款第（一）至（六）项限制性措施，可以由交易所总经理决定；其他限制性措施由交易所董事会决定，并及时报告中国证监会。

第十七条　交易所调查人员在稽查、立案调查过程中，应当严格遵守保密制度，不得滥用职权。

违反前款规定的，交易所根据不同情节对其给予相应的处分。

第三章　违规违约处理

第十八条　会员具有下列违反会员管理规定情形之一的，责令改正，并根据情节轻重给予谈话提醒、书面警示、通报批评、公开谴责、限制开仓、强行平仓、取消会员资格的处罚：

（一）以欺骗手段获取会员资格或者在资格变更中具有违规情形；

（二）有重大变更事项或者会员经营状况和财务状况发生重大变化，未按照规定的期限和要求向交易所书面报告，或者未按照规定的期限和要求向交易所报送财务报表等有关材料；

（三）任用不具备资格的期货从业人员；

（四）违反交易所会员联系人制度规定；

（五）不按照规定缴纳各种费用、不履行会员义务；

（六）拒不配合交易所稽查；

（七）违反交易所会员管理规定的其他情形。

第十九条　会员或者客户具有下列违反交易管理规定情形之一的，责令改正，并根据情节轻重给予谈话提醒、书面警示、通报批评、公开谴责、限制开仓、强行平仓、取消会员资格、宣布为市场禁止进入者的处罚：

（一）接受不符合规定条件的单位或者个人委托；

（二）违规办理开户手续；

（三）违反交易编码管理规定；

（四）违反交易所席位管理规定；

（五）窃取商业秘密或者破坏交易所系统；

（六）违反交易所交易管理规定的其他情形。

上述违规行为同时构成违约的，应当按照相关协议中关于违约责任条款的约定，向交易所支付惩罚性违约金。没有违规所得或者违规所得不满 10 万元的，支付 50 万元以下惩罚性违约金；违规所得 10 万元以上的，支付违规所得 1 倍以上 5 倍以下惩罚性违约金。

会员有本条所列行为的，交易所可以给予责任人暂停从事交易所期货业务的处罚；情节严重的，取消其从事交易所期货业务的资格。

第二十条　会员具有下列欺诈客户行为之一的，责令改正，并根据情节轻重给予谈话提醒、书面警示、通报批评、公开谴责、限制开仓、强行平仓、取消会员资格、宣布为市场禁止进入者的处罚：

（一）向客户做获利保证或者不按照规定向客户出示风险说明书；

（二）在经纪业务中与客户约定分享利益、共担风险；

（三）不按照规定接受客户委托或者不按照客户委托内容擅自进行期货交易；

（四）隐瞒重要事项或者使用其他不正当手段，诱骗客户发出交易指令；

（五）向客户提供虚假成交回报；

（六）未将客户交易指令下达到交易所；

（七）交易所规定的其他欺诈客户的行为。

上述违规行为同时构成违约的，依照本办法第十九条第二款的规定处理。

会员有本条所列行为的，对责任人依照本办法第十九条第三款的规定处理。

第二十一条　全面结算会员、特别结算会员有下列行为之一的，责令改正，并根据情节轻重给予谈话提醒、书面警示、通报批评、公开谴责、限制开仓、强行平仓、取消会员资格、宣布为市场禁止进入者的处罚：

（一）不按照规定接受交易会员委托或者不按照交易会员委托内容擅自进行期货交易；

（二）未将交易会员的交易指令下达到期货交易所；

（三）向交易会员提供虚假成交回报；

（四）违反交易所交易管理规定的其他行为。

上述违规行为同时构成违约的，依照本办法第十九条第二款的规定处理。

全面结算会员、特别结算会员有本条所列行为的，对责任人依照本办法第十九条第三款的规定处理。

第二十二条　会员或者客户有下列影响期货交易价格行为之一的，责令改正，并根据情节轻重给予书面警示、通报批评、公开谴责、限制开仓、强行平仓、取消会员资格、宣布为市场禁止进入者的处罚：

（一）单独或者合谋，集中资金优势、持仓优势或者利用信息优势联合或者连续买卖合约，操纵期货交易价格；

（二）蓄意串通，按照事先约定的时间、价格和方式相互进行期货交易，影响期货交易价格或者期货交易量；

（三）以自己为交易对象，自买自卖，影响期货交易价格或者期货交易量；

（四）为影响期货市场行情囤积相关现货；

（五）不以成交为目的或者明知申报的指令不能成交，仍恶意或者连续输入交易指令企图影响期货价格，扰乱市场秩序、转移资金或者进行利益输送；

（六）利用内幕信息或者国家秘密进行期货交易或者泄露内幕信息影响期货交易；

（七）通过其他方式影响期货交易价格的行为。

上述违规行为同时构成违约的，依照本办法第十九条第二款的规定处理。

会员有本条所列行为的，对责任人依照本办法第十九条第三款的规定处理。

第二十三条　会员或者客户在进行套期保值额度申请和交易时，有欺诈或者违反交易所规定行为的，交易所有权不受理套期保值申请或者取消已批准的套期保值额度，并视情节轻重，给予谈话提醒、书面警示、通报批评、取消会员资格、宣布为市场禁止进入者的处罚；对已使用套期保值额度建仓的会员或者客户，交易所还有权采取强行平仓，并依照本办法第十九条第二款的规定处理。

第二十四条　会员具有下列违反结算管理规定行为之一的，责令改正，并根据情节轻重给予谈话提醒、书面警示、通报批评、公开谴责、限制开仓、强行平仓、取消会员资格、宣布为市场禁止进入者的处罚：

（一）未将自有资金与客户资金分户存放；

（二）未对客户保证金实行分账管理；

（三）无正当理由拖延客户出入金；

（四）向客户收取的交易保证金低于规定标准；

（五）允许客户在保证金不足时开仓交易；

（六）挪用或者擅自允许他人挪用客户资金或者套用不同账户资金；

（七）任用不具备期货从业人员资格的员工办理结算交割业务；

（八）未按照规定向客户提供有关成交结果、资金结算报表；

（九）未按照规定设立结算部门；

（十）未实行当日无负债结算制度；

（十一）违反期货保证金安全存管监控机构有关规定；

（十二）未按照规定提取、管理和使用风险准备金；

（十三）伪造、涂改或者未按照规定保存期货交易、结算、交割资料；

（十四）违反交易所结算管理规定的其他行为。

上述违规行为同时构成违约的，依照本办法第十九条第二款的规定处理。

会员有本条所列行为的，对责任人依照本办法第十九条第三款的规定处理。

第二十五条　结算会员具有下列违反结算管理规定行为之一的，责令改正，并根据情节轻重给予谈话提醒、书面警示、通报批评、公开谴责、限制开仓、强行平仓、取消会员资格、宣布为市场禁止进入者的处罚：

（一）未按时足额缴纳保证金；

（二）交易结算会员私下为交易会员进行结算；

（三）未按照规定向交易所足额缴纳结算担保金；

（四）任用不具备结算交割员资格的人员办理结算交割员业务；

（五）结算交割员未按照规定办理结算交割员业务的。

上述违规行为同时构成违约的，依照本办法第十九条第二款的规定处理。

结算会员有本条所列行为的，对责任人依照本办法第十九条第三款的规定处理。

第二十六条　全面结算会员、特别结算会员受托为交易会员结算，具有下列违反结算管理规定行为之一的，责令改正，并根据情节轻重给予谈话提醒、书面警示、通报批评、公开谴责、限制开仓、强行平仓、取消会员资格、宣布为市场禁止进入者的处罚：

（一）违反规定受托为不符合规定条件的交易会员进行结算；

（二）未与交易会员签订委托结算协议，或者未将委托结算协议向交易所报备，自行为交易会员进行结算的；

（三）未对交易会员保证金实行分账管理；

（四）允许交易会员在保证金不足的情况下进行开仓交易；

（五）向交易会员收取的最低结算准备金低于交易所规定标准；

（六）向交易会员收取的保证金低于交易所保证金标准的；

（七）挪用交易会员保证金，或者违规划转交易会员保证金的；

（八）未对交易会员执行当日无负债结算的；

（九）向交易会员收取结算担保金的；

（十）在协议有效期间，擅自终止为交易会员结算的；

（十一）违反中国证监会和交易所规定的其他行为。

上述违规行为同时构成违约的，依照本办法第十九条第二款的规定处理。

全面结算会员、特别结算会员有本条所列行为的，对责任人依照本办法第十九条第三款的规定处理。

第二十七条　结算交割员具有下列行为之一的，给予谈话提醒、书面警示、通报批评处罚；情节严重的，给予暂停结算交割员资格或者取消结算交割员资格的处罚：

（一）采取虚假、欺骗和不正当手段骗取结算交割员资格；

（二）伪造、涂改、借用结算交割员证件；

（三）未按照规定办理结算交割员业务。

第二十八条　期货保证金存管银行未履行法定或者约定义务的，责令改正，交易所对其处以谈话提醒、书面警示、通报批评、公开谴责、暂停或者终止交易所期货保证金存管业务的处罚。

期货保证金存管银行的违规行为同时构成违约的，依照本办法第十九条第二款的规定处理。

第二十九条　会员或者客户具有下列违反风险控制管理规定行为之一的，责令改正，并根据情节轻重给予谈话提醒、书面警示、通报批评、公开谴责、限制开仓、强行平仓、取消会员资格、宣布为市场禁止进入者的处罚。

（一）利用分仓等手段，规避交易所的持仓限制，超量持仓；

（二）未按照大户持仓报告制度及时向交易所履行申报义务，或者作虚假报告、隐瞒不报；

（三）会员未按照规定采取强行平仓措施；

（四）违反风险警示制度有关要求；

（五）违反交易所风险控制制度的其他行为。

上述违规行为同时构成违约的，依照本办法第十九条第二款的规定处理。

会员有本条所列行为的，对责任人依照本办法第十九条第三款的规定处理。

第三十条　会员、客户、信息服务机构、期货保证金存管银行及期货市场其他参与者具有下列违反信息管理办法规定行为之一的，责令改正，并根据情节轻重给予谈话提醒、书面警示、通报批评、公开谴责、强行平仓、限制开仓、取消会员资格、宣布为市场禁止进入者的处罚：

（一）会员未将交易所发布的即时行情和公告信息等市场信息及时在营业场所公布；

（二）未经交易所授权，擅自发布、传输和传播交易所信息；

（三）未经交易所授权，将交易信息出售或者转让他人，或者以任何方式再转接到其他地方；

（四）未经交易所授权，向其他机构传输交易信息，供其进行再传播或者增值开发；

（五）未经交易所授权，将交易信息用于信息经营协议载明用途之外；

（六）未经交易所授权，擅自对交易信息进行增值开发或者未履行约定的增值开发成果备案义务；

（七）发现传输或者传播的交易信息内容有错误，未按照规定处理；

（八）不履行保密义务，擅自公开不宜公开的信息；

（九）故意制造、散布虚假或者误导性信息；

（十）违反交易所信息管理办法规定的其他行为。

上述违规行为构成违约行为的，依照本办法第十九条第二款的规定处理。

有本条所列行为的，对责任人依照本办法第十九条第三款的规定处理。

第三十一条　会员、客户、期货保证金存管银行及期货市场其他参与者违反本办法规定，有下列行为之一的，责令改正，给予谈话提醒、书面警示、通报批评、限制开仓、取消会员资格、宣布为市场禁止进入者的处罚：

（一）故意规避或者拒绝、阻挠交易所依法对期货交易相关行为进行监督检查；

（二）进行虚假性、误导性或者遗漏重要事实的申报、陈述、解释或者说明；

（三）提供虚假的文件、资料或者信息。

第三十二条　被交易所宣布为市场禁止进入者的，自宣布生效之日起20个交易日内了结持仓、交易业务和相关债权债务。

被中国证监会或者其他期货交易所宣布为市场禁止进入者的，在市场禁止进入期限内不得从事本交易所的期货业务。

第三十三条　交易所工作人员违反有关规定的，按照法律、行政法规、规章和交易所内部规章制度处理。

第三十四条　有多种违规行为的，分别定性，数罚并用，多次违规的，从重或者加重处罚。

第四章　裁决与执行

第三十五条　交易所对违规行为调查核实后，事实清楚、证据确凿的，依照交易所章程、交易规则及本办法规定予以裁决。

第三十六条　交易所做出裁决，应当制作处理决定书。处理决定书应当包括下列内容：

（一）当事人的姓名或者名称、住所；

（二）违规事实和证据；

（三）处理或者处罚的种类和依据；

（四）处理或者处罚决定的履行方式和期限；

（五）申请复议的途径和期限；

（六）做出处理决定的日期。

第三十七条　处理决定书应当送达当事人，并同时分送有关协助执行部门。处理决定书可以邮寄送达，邮件寄出后，市内 3 日、市外 7 日视为送达；当事人非会员的，可以由会员送达。

按照中国证监会的规定需要抄报违规处理情况的，同时抄报中国证监会。

第三十八条　处理决定书自送达之日起生效。

当事人对处理决定书不服的，可以于处理决定书生效之日起 10 日内向交易所书面申请复议一次，复议期间不停止决定的执行。

第三十九条　交易所应当于收到复议申请书之日起 30 日内做出复议决定，复议决定为终局决定。

第四十条　处理决定中包括惩罚性违约金的，当事人应当在处理决定书生效之日起 5 日内将惩罚性违约金如数缴纳至交易所指定的银行账户。逾期不缴付的，当事人是结算会员的，交易所从结算会员专用资金账户中划付。当事人不是结算会员的，有关结算会员应当协助交易所划拨其在该结算会员处的资金。

对会员工作人员的惩罚性违约金，由会员代缴。

第五章　纠纷调解

第四十一条　会员、客户、期货保证金存管银行及期货市场其他参与者之间发生期货交易纠纷的，可以自行协商解决，也可以提请交易所调解。

第四十二条　交易所的调解机构是交易所董事会下设的调解委员会，其常设办事机构设在交易所监查部门。

第四十三条　调解应当在事实清楚、责任明确的基础上依据国家有关期货交易的法律、行政法规、规章和交易所的规章制度进行。

第四十四条　当事人向调解委员会提出调解申请，应当从其知道或者应当知道其合法权益被侵害之日起 30 日内提出。

第四十五条　当事人申请调解应当符合下列条件：

（一）有调解申请书；

（二）有具体的事实、理由和请求；

（三）属于调解委员会的受理范围。

第四十六条　当事人向调解委员会申请调解，应当提交书面申请和有关材料。

调解申请书应当写明下列事项：

（一）当事人的姓名、性别、年龄、职业、工作单位和住所，或者单位名称、住所和法定代表人或者负责人的姓名、职务；

（二）请求调解的事实、理由及要求；

（三）有关证据。

第四十七条　当事人根据有关规定负有举证的责任。调解委员会认为必要时，可以调查收集证据。

第四十八条　调解委员会应当在查明事实，分清是非和当事人自愿的基础上调解，促使当事人相互谅解，达成协议。

第四十九条　经调解达成的协议应当记录在案，并制作调解书，由双方当事人签收后生效。

第五十条　调解书应当写明下列内容：

（一）双方当事人的名称、住所、法定代表人或者负责人的姓名及职务；

（二）争议的事项和请求；

（三）协议结果。

第五十一条　调解委员会应当在受理调解后 30 日内结案；到期未结案的，调解委员会应当向当事人说明理由。双方当事人要求继续调解的，调解委员会应当继续调解。一方要求终止调解的，应当终止调解。

第五十二条　调解不成的，当事人可以依法提请仲裁机构仲裁或者向人民法院提起诉讼。

第六章　附则

第五十三条　本办法未作规定的违规行为处理，适用交易所其他相关规则的规定。

第五十四条　本办法所称“以上”、“以下”均含本数。

第五十五条　本办法由交易所负责解释。

第五十六条　本办法自 2007 年 6 月 27 日起实施。

中国金融期货交易所套期保值管理办法

第一章　总则

第一条　为发挥期货市场的套期保值功能，促进期货市场的规范发展，根据《中国金融期货交易所交易规则》，制定本办法。

第二条　会员、客户在中国金融期货交易所（以下简称交易所）从事套期保值业务应当遵守本办法。

第二章　套期保值额度的申请与审批

第三条　交易所实行套期保值额度审批制度。客户申请套期保值额度的，应当向其开户的会员申报，会员对申报材料进行审核后向交易所办理申报手续。

会员申请套期保值额度的，直接向交易所办理申报手续。

第四条　申请套期保值额度的会员或者客户，应当填写《中国金融期货交易所套期保值额度申请（审批）表》，并向交易所提交下列申请材料：

（一）自然人客户应当提交本人身份证复印件，会员或者法人客户应当提交营业执照副本复印件、组织机构代码证复印件以及近 2 年经审计的资产负债表、损益表、现金流量表；

（二）近 6 个月的现货交易情况；

（三）申请人的套期保值交易方案；

（四）申请人历史套期保值交易情况说明；

（五）会员对申请人材料真实性的核实声明；

（六）交易所规定的其他材料。

第五条　申请人可以一次申请多个月份合约的套期保值额度。合约最后交易日前 10 个交易日（含）内，交易所不受理该合约的套期保值额度申请。

第六条　套期保值额度由交易所根据套期保值申请人的现货市场交易情况、资信状况和市场情况审批。批准的套期保值额度不超过其所提供的套期保值证明材料中所申请的数量。

第七条　交易所在收到套期保值额度申请后5个交易日内完成审核,并按照下列情形分别处理:

(一)符合套期保值条件的,通知其准予办理;

(二)不符合套期保值条件的,通知其不予办理;

(三)相关申请材料不足的,告知申请人补充申请材料。

交易所应当将套期保值的审核结果报告中国证监会。

第八条　套期保值额度分合约进行审批,在合约最后交易日前(含)有效,有效期内可以重复使用。

第九条　交易所有权根据市场情况对套期保值额度进行调整。

第十条　申请人需要调整套期保值额度时,应当及时向交易所书面提出变更申请。

第三章　套期保值监督管理

第十一条　交易所对申请人提供的有关经营状况、资信情况及期货、现货市场交易行为进行监督和调查,会员及相关客户应当予以协助和配合。

交易所有权要求获批套期保值额度的申请人,报告现货、期货交易情况。

第十二条　交易所对会员或者客户获批套期保值额度的使用情况进行监督管理。

会员或者客户套期保值期货持仓超过其相应的现货资产配比要求的,交易所有权要求其限期调整;逾期未进行调整或者调整后仍不符合要求的,交易所有权对其套期保值额度进行调整或者取消其套期保值额度,必要时可以采取限制开仓、限期平仓、强行平仓等处置措施。

第十三条　获批套期保值交易的会员或者客户在套期保值额度内频繁进行开平仓交易的,交易所有权对其采取谈话提醒、书面警示、调整或者取消已批准的套期保值额度、限制开仓、限期平仓、强行平仓等措施。

第十四条　会员或者客户在进行套期保值申请和交易时,存在欺诈或者违反交易所规定的其他行为的,交易所有权调整或者取消其套期保值额度,将其已建立的持仓予以部分或者全部强行平仓,并按照《中国金融期货交易所违规违约处理办法》的有关规定处理。

第四章　附则

第十五条　违反本办法规定的,交易所按照本办法和《中国金融期货交易所违规违约处理办法》的有关规定处理。

第十六条　本办法由交易所负责解释。

第十七条　本办法自2007年6月27日起实施。

中国金融期货交易所结算会员结算业务细则

第一章　总则

第一条　为规范结算会员的期货结算行为,加强对结算会员结算业务的监督管理,根据《期货公司金融期货结算业务试行办法》和《中国金融期货交易所交易规则》,制定本细则。

第二条　本细则所称结算会员结算业务是指中国金融期货交易所(以下简称交易所)特别结算会员、全面结算会员对其受托结算的交易会员办理的期货结算业务。

第三条　结算会员从事期货结算业务,应当遵守法律、行政法规、规章和交易所交易规则及其实施细则,建立健全内部控制制度,审慎经营,履行诚信义务。

第四条　结算会员从事期货结算业务时,应当公平对待交易会员及其客户,不得从事不正当竞争。

第五条　结算会员、交易会员应当遵守本细则。

第二章　结算协议

第六条　交易会员应当委托结算会员为其进行结算,且只能委托一家结算会员为其进行结算。

第七条　结算会员受托为交易会员结算,应当签订结算协议,并报交易所备案。

第八条　结算会员与交易会员签订结算协议,应当遵守法律、行政法规、规章和交易所的规定,协议应当包括下列内容:

(一)交易指令下达方式及审查或者验证措施;

(二)保证金标准;

(三)交易会员结算准备金最低余额;

(四)风险管理措施、条件及程序;

(五)结算流程;

(六)手续费标准;

(七)通知事项、方式及时限;

(八)不可归责于协议双方当事人所造成损失的情形及其处理方式;

(九)协议变更和解除;

(十)违约责任;

(十一)争议处理方式;

(十二)双方约定的且不违反法律、行政法规、规章规定的其他事项。

第九条　结算协议期满且协议双方中的一方不再续约的,应当在协议约定期限内向另一方提出。

第十条　结算协议履行期间,协议双方中的一方欲提前终止协议的,应当在协议约定期限内向另一方提出并取得一致意见。

第十一条　结算会员与交易会员签订结算协议,发生下列情形之一的,应当于5个交易日内报交易所备案:

(一)修改结算协议条款;

(二)终止结算协议;

(三)结算协议到期;

(四)交易所规定的其他情形。

第十二条　交易会员更换结算会员的,应当在交易会员和移出结算会员结算协议期满前30日之前向交易所申请办理更换结算会员手续。

第十三条　结算会员应当保守交易会员的商业秘密。

第三章　交易

第十四条　交易会员应当按照交易所的规定为其客户申请交易编码。交易所将开户成功和交易编码的确认信息发送给交易会员后,交易会员应当及时告知结算会员。

第十五条　交易会员注销客户交易编码的,按照前条规定的程序办理。

第十六条　交易会员下达的交易指令应当通过结算会员进入交易所。

结算会员可以按照结算协议的约定对交易会员的指令采取必要的限制措施。

第十七条　结算会员应当按照时间优先的原则传递交易会员的交易指令。

第十八条　交易会员下达的交易指令进入交易所后,结算会员应当及时将从交易所取得的委托回报和成交结果反馈给交易会员。

第十九条　交易会员对委托回报和成交结果有异议的，应当在当日及时向结算会员、交易所提出。

第二十条　客户申请套期保值额度的，应当向其开户的交易会员申报，交易会员对申报材料进行审核后向交易所办理申请手续。

交易所对客户的套期保值申请材料进行审核，确定其套期保值额度后，应当及时将套期保值额度告知结算会员和交易会员。

第二十一条　交易会员申请套期保值额度的，直接向交易所办理申请手续。

交易所对交易会员的套期保值申请材料进行审核，确定其套期保值额度后，应当及时将套期保值额度告知结算会员和交易会员。

第四章　结算

第二十二条　特别结算会员应当在期货保证金存管银行开设期货保证金账户，用于存放交易会员的保证金及相关款项。

全面结算会员应当在期货保证金存管银行开设期货保证金账户，用于存放其客户和交易会员的保证金及相关款项。

交易会员是期货公司的，应当在期货保证金存管银行开设期货保证金账户，用于存放其客户保证金及相关款项。

交易会员不是期货公司的，应当在期货保证金存管银行开设期货结算账户，用于存放其保证金及相关款项。

第二十三条　结算会员向交易会员收取的保证金归交易会员所有。除用于交易会员的期货交易外，任何机构或者个人不得占用、挪用。

交易会员向客户收取的保证金归客户所有。除用于客户的期货交易外，任何机构或者个人不得占用、挪用。

第二十四条　交易会员是期货公司的，其与结算会员的期货业务资金往来，只能通过各自的期货保证金账户办理。

交易会员不是期货公司的，其与结算会员的期货业务资金往来，通过交易会员的期货结算账户和结算会员的期货保证金账户办理。

第二十五条　结算会员应当对交易会员存入结算会员期货保证金账户的保证金实行分账管理，为每一交易会员设立明细账户，按日序时登记核算每一交易会员的出入金、盈亏、交易保证金、手续费等。

第二十六条　结算会员为交易会员结算应当按照买入和卖出的持仓量分别收取交易保证金，且交易保证金标准不得低于交易所对该结算会员的收取标准。

第二十七条　结算会员和交易会员应当在结算协议中约定交易会员结算准备金最低余额。结算准备金最低余额不得低于人民币 50 万元，交易会员应当以自有资金缴纳。

第二十八条　结算会员为交易会员结算的，应当建立并执行当日无负债结算制度。

当日交易结束后，结算会员应当根据交易所公布的当日结算价，按照交易所的计算方法计算交易会员所有合约的盈亏，同时计算交易保证金及手续费、税金等费用。

当日盈利划入交易会员结算准备金，当日亏损从交易会员结算准备金中扣划。

交易会员账户中的交易保证金超过上一交易日结算时的交易保证金部分从结算准备金中扣划，交易保证金低于上一交易日结算时的交易保证金部分划入结算准备金。

手续费、税金等费用从交易会员的结算准备金中扣划。

第二十九条　结算会员应当按照结算协议的约定，为交易会员办理出入金，无正当理由不得拖延。

第三十条　结算会员应当与交易会员约定结算数据收取、查询和确认的时间和方式。结算会员应当本着安全、准确、及时的原则为交易会员发送结算数据。

结算会员对交易会员的所有结算科目的内容、格式、处理方式和处理日期应当与交易所保持一致。

第三十一条　交易会员对结算会员发送的结算数据有异议的，应当以书面形式在结算协议约定的时间内提出；交易会员对结算数据无异议的，应当按照结算协议约定的方式确认。

交易会员在结算协议约定的时间内既未对结算数据的内容确认，也未提出异议的，视为对结算数据内容的确认。

交易会员有异议的，结算会员应当在结算协议约定的时间内予以核实。

交易会员未在结算协议约定的时间内提出异议的，不得再提出异议。

第三十二条　交易会员和结算会员可以根据《中国金融期货交易所结算细则》的规定向交易所提出办理交易会员更换结算会员的申请。

交易所批准交易会员更换结算会员的，移出结算会员、交易会员和移入结算会员应当于交易所通知的日期变更委托结算关系。

第三十三条　在交易所办理交易会员更换结算会员业务过程中，交易会员和结算会员应当相互予以配合。

第五章　风险管理

第三十四条　结算会员对其受托的客户和交易会员进行风险管理，交易会员对其受托的客户进行风险管理。

第三十五条　结算会员应当依照中国证监会、交易所的规定建立对其受托的客户和交易会员的保证金管理制度。

第三十六条　结算会员可以根据交易会员的资信及市场情况调整保证金标准。

第三十七条　调整期货合约交易保证金标准的，结算会员应当在当日结算时对该合约的所有持仓按照调整后的交易保证金标准进行结算。交易会员保证金不足的，应当在下一个交易日开市前追加到位。

第三十八条　交易所开市前，交易会员结算准备金余额小于规定或者约定最低余额的，结算会员应当禁止其开仓。

第三十九条　结算会员不得向交易会员收取结算担保金。

第四十条　全面结算会员的持仓超过交易所持仓限额的，其客户、交易会员均不得同方向开仓交易；特别结算会员的持仓超过交易所持仓限额的，其交易会员不得同方向开仓交易。

第四十一条　交易会员客户的持仓达到交易所规定的持仓报告标准的，客户应当通过交易会员于下一交易日收市前向交易所报告。客户未报告的，交易会员应当向交易所报告。

第四十二条　结算会员应当建立并执行对交易会员的强行平仓制度。

第四十三条　交易会员的结算准备金余额低于约定标准的，应当及时追加保证金或者自行平仓。交易会员未在结算协议约定的时间内追加保证金或者自行平仓的，结算会员有权将该交易会员的持仓强行平仓。

第四十四条　发生下列情形的，结算会员应当按照结算协议约定的原则和措施对交易会员及其客户的持仓采取强行平仓措施：

（一）交易会员的结算准备金余额小于零且未能在结算协议约定时间内补足；

（二）交易会员或者其客户发生其他应当予以强行平仓的违规违约行为。

第四十五条　结算会员和交易会员在结算协议中应当约定强行平仓执行原则。强行平仓可以参照交易所的执行原则，也可以采取其他原则。

第四十六条　结算会员对交易会员采取强行平仓措施的，强行平仓发生的费用、损失以及因市场原因无法强行平仓造成的损失扩大部分均由交易会员承担。

交易会员承担损失后，有权向有责任的客户追偿。

第四十七条　交易所根据规定进行强制减仓的，结算会员应当配合交易所实施强制减仓，化解市场风险。

第四十八条　交易所根据规定宣布进入异常情况的，结算会员应当配合交易所化解市场风险。

第四十九条　交易会员在期货交易中违约的，应当承担违约责任。

结算会员应当先以该交易会员的保证金承担其违约责任；保证金不足的，结算会员应当以风险准备金和自有资金代为承担违约责任，并由此取得对该交易会员的相应追偿权。

第五十条　结算会员认为必要的，可以对交易会员进行风险提示。

第六章　监督管理

第五十一条　结算会员、交易会员及其从业人员应当遵守国家有关法律、行政法规、规章和交易所交易规则及其实施细则等规定，接受中国证监会和交易所的监督和管理。

第五十二条　结算会员应当谨慎、勤勉地办理期货结算业务，控制结算业务风险；建立结算业务风险隔离机制和保密制度，平等对待结算会员的客户、交易会员及其客户，防范利益冲突，不得利用结算业务关系及因此获得的信息损害交易会员及其客户的合法权益。

第五十三条　交易会员应当谨慎、勤勉地控制其客户交易风险，不得利用结算业务关系损害为其结算的结算会员及其客户的合法权益。

第五十四条　交易结算会员不得为交易会员进行结算；全面结算会员、特别结算会员只能为符合规定条件的交易会员进行结算。

第五十五条　结算会员应当将自有资金与受托结算的交易会员保证金分账管理，交易会员保证金应当专户存储，严禁挪用。

第五十六条　结算会员不得将收取的交易会员保证金用于自身经营活动或者清偿自身债务；不得允许他人使用交易会员保证金或者用交易会员保证金为他人经营活动提供担保。

第五十七条　结算会员不得以任何方式欺诈交易会员。

第五十八条　结算会员、交易会员应当维护交易所的声誉，协助交易所处理各种突发或者异常事件。出现突发或者异常事件时，结算会员应当做好交易会员和客户的解释工作。

第七章　附则

第五十九条　违反本细则规定的，交易所按照本细则和《中国金融期货交易所违规违约处理办法》的有关规定处理。

第六十条　本细则由交易所负责解释。

第六十一条　本细则自 2007 年 6 月 27 日起实施。

中国金融期货交易所
2011 年度自律管理工作报告

2011 年是“十二五”开局之年，也是中国金融期货交易所（以下简称本所）实现股指期货安全运行、市场功能逐步发挥的重要一年。在中国证监会的正确领导和统一部署下，本所以科学发展观为统领，以确保市场稳健运行为重点，坚持“高标准、稳起步、强监管、防风险、重功能、促发展”的十八字方针，牢牢守住不发生系统性风险的底线，继续秉承强势监管理念不放松，在巩固和提升上下工夫，不断改进工作作风，全力确保股指期货市场安全平稳健康规范发展。

一、坚持强势监管理念，及早采取措施遏制违规苗头，对违规行为“零容忍”

本所继续坚持强势监管理念，认真履行一线监管职责，严厉打击异常交易行为，及早采取措施遏制违规苗头，对各类违规行为继续保持“零容忍”的态度，发现一起查处一起。

本所利用处于市场监管一线的地位，发挥及时发现潜在市场异动、及时采取措施制止的优势，通过及时发现和制止异常交易行为，防范异常交易行为进一步发展为情节严重的违规行为和价格操纵等性质和后果特别严重的违法行为，从而避免、减少违法违规行为对市场的危害。

2011 年，本所继续严肃查处各类异常交易行为、违规行为，采取电话提示会员首席风险官、发出市场监查关注函、约见会员总经理及首席风险官谈话等监管措施 284 次，其中包括对 8 个客户采取限制开仓的监管措施。

同时，本所通过健全工作机制、提升技术手段，进一步加强和完善异常交易信息报送工作。

二、全面提升风险实时监控能力，积极防范系统性风险

本所继续突出监控在防范风险、打击违规中的基础地位，不断强化实时监控手段，加强监控针对性，不放过任何风险隐患。

一是从严确定监控排查标准，盘中全程加强交易行为监控，深入分析价格瞬间大幅波动等异常情况，及时发现市场风险隐患和违规动向。二是改进传闻监控手段，结合系统监控与人工搜索，多维度监控市场传闻，及时排查引起盘中异动的信息传闻，积极防范信息型操纵。三是进一步主动采取措施确保合约顺利交割，加强盘中交易行为监控，防范到期日操纵风险。四是强化系统性风险的研究与防范。加强股指期货市场风险预警监测指标研究，提升系统性风险测量和揭示能力；在跨市场监管协作各方支持下，深入研究跨市场风险传递的防范机制；深入分析国外相关法规、案例，加深对期货市场操纵行为类型、认定标准的认识。

三、持续深入开展督导检查，严肃查处违反适当性制度行为

股指期货投资者适当性制度（以下简称适当性制度）是按照“将适当的产品销售给适当的投资者”原则建立的股指期货市场重要制度安排。开业以来，本所严格贯彻落实该项制度，对保护投资者合法权益和确保市场安全平稳运行有重要意义。适当性制度现场督导检查，是本所指导和推动会员落实该项制度的关键环节。2011 年，本所坚持标准不降、力度不减，在巩固基础和不留盲区上下工夫，将现场督导检查重点落在新会员及重点地区、重点公司上，并结合“五位一体”（证监会、证监会各地派出机构、期货业协会、期货交易所、期货保证金监控中心）监管协作机制，不断深化适当性制度现场督导检查工作的内涵。

（一）通过“三个全覆盖”强化现场督导检查效果，严肃查处违反适当性制度行为

2011 年，本所共对 84 家会员开展适当性制度现场督导检查，共检查包括自然人、一般法人和特殊法人在内的客户 1621 个；股指期货开户以来累计检查客户数约占总开户数的 12%。

在持续开展适当性制度现场督导检查中，本所通过“三个全覆盖”强化检查效果。一是会员所属辖区全覆盖，2011 年被检查会员覆盖本所会员所属全部 30 个监管辖区，其中 42 家来自上海、北京、浙江、江苏、广东、深圳这六个交易量大、客户数多的重点区域，占被检查会员总数的 50%。二是新入会员辅导全覆盖，对 2011 年新入会的全部 13 家会员均及时予以适当性制度相关工作辅导，宣讲监管政策及合规要求。三是被采取监管措施会员回访全覆盖。对适当性制度实施以来因违反该制度而被采取监管措施的 9 家会员适时安排回访，切实保证制度落实。

针对检查中发现的问题，本所牢牢把握适当性制度关键指标是否实质性达标的原则，有针对性地采取各种措施。对于违反适当性制度行为坚持严肃查处，2011 年对 7 家会员采取监管措施；对于操作流程或内部管理不规范问题，采取现场纠正、谈话提醒等方式予以规范。

（二）积极发挥“五位一体”监管协作效力，不断深化适当性制度检查内涵

一是在适当性制度检查工作中，与“五位一体”监管协作各方密切沟通，积极发挥协作机制的效力。在检查对象上，按照“五位一体”监管协作的精神，本所着重加强对分类监管评价结果不佳会员的适当性制度现场检查力度。在违规处理上，根据期货保证金监控中心和相关证监局发现的部分会员涉嫌违反适当性制度的线索，本所快速反应、密切配合，及时予以处理。

二是积极摸索，深化适当性制度现场督导检查的内涵。一方面，为提升各项监管措施的落实效果，在开展适当性制度现场检查的同时，探索性地开展针对会员全部业务环节的合规运作检查督促工作。另一方面，重视对会员的调查与交流，向会员了解适当性制度执行中的难点，同时传递其他会员的有效做法和有益经验，帮助会员完善自身的制度建设。

四、加强跨市场联合研究，细化跨市场监管协作机制，防范跨市场风险隐患

跨市场监管协作，是防范和化解跨市场风险、打击跨市场操纵行为、确保股票市场和股指期货市场平稳运行的重要制度安排。本所与跨市场监管协作各方进一步深化、细化跨市场监管协作机制，同时加快推进跨市场联合分析研究，进一步发挥跨市场监管协作机制的效力。

一是以重点课题为突破口，加快推进跨市场联合研究。与跨市场监管协作各方充分利用资源优势，针对股指期货市场与股票市场最新变化，以若干重点研究课题为突破口，合理分工、协同一致，积极调研、深入分析，及时互相通报研究成果，为防范系统性风险的跨市场传递打好基础。

二是进一步优化定期例会机制，细化业务交流内容。与跨市场监管协作各方通过会议及时交流股指期货市场与股票市场交易情况与运行特点，研究应对跨市场风险的措施，分享一线监管经验。

三是巩固跨市场信息交换机制，提高及时性与有效性。与跨市场监管协作各方以信息交换为主要抓手，继续加强信息共享，及时把握相关市场情况。

四是完善跨市场协同分析排查机制，及时启动盘中沟通的“绿色通道”。与沪深证券交易所密切配合，及时通过“绿色通道”沟通信息，及时排查盘中异常交易，严密监控跨市场交易行为，防范跨市场操纵风险。

五、深入开展会员合规管理培训，培育行业合规文化、强化会员自律监管

会员合规管理水平事关股指期货市场运行环境及广大投资者的合法权益。本所高度重视各会员的合规管理，持续开展各种教育培训活动，帮助各会员深化理解股指期货各项监管措施、牢固掌握合规管理的工作方法与注意事项，显著提升会员合规意识，为股指期货的平稳运行营造良好的秩序环境。

通过精心筹备、周密部署、妥善安排，本所牢牢把握首席风险官这一会员落实各项监管措施的枢纽，2011 年举办三期股指期货合规管理培训班，面向 141 家会员的首席风险官、分管合规业务副总经理及合规人员 200 余人。通过不断丰富内容和形式，培训班被打造成集政策解读、经验传递、理念传播于一身的合规管理交流平台。通过授课、座谈、交流相结合的形式，充分发挥“面对面、多对多”优势，在交流中深化会员合规理念。

六、持续深化投资者教育，推动教育培训工作向机制化、常态化纵深发展

本所持续深化投资者教育工作，深化完善和拓展补充已有培训产品，在原有基础上初步形成市场普及培训、业务专题培训以及行业人才培训等三大培训系列。本所培训工作继续沿着“机制化、常规化、高端化、学院化”的方向深化，对帮助广大投资者树立正确的投资理念、强化风险防范意识起到十分重要的作用。

培训是投资者教育的重要途径，本所与相关单位针对不同受众特点，设计多层次立体式培训体系，推动投资者教育工作向机制化、常态化纵深发展。一是通过会员合作培训等方式，不断巩固针对初级投资者的市场普及培训。2011 年，先后与 90 家会员联合举办 371 场培训，平均每周 7 场，最高峰达一周 29 场，覆盖全国 105 个大、中、小城市，走进 300 多家期货营业部，培训人数达 8 万人，为 2011 年股指期货新增开户人数的 2 倍以上。二是通过各种业务培训班，持续强化一线从业人员的实际业务能力。2011 年，举办 2 期针对会员公司业务人员的交易结算及风控业务培训班，培训学员 400 余名，涉及会员近百家。及时解决业务人员在股指期货业务开展过程中遇到的各种理论和实践问题。三是以“股指期货套期保值研修班”、“金融期货高级管理课程”等形式，继续推进金融期货专业人才培训。2011 年，套期保值研修班累计举办 40 场，培训超过 1.1 万人次，参训人员覆盖 70 多家证券、40 多家基金，以及期货、银行、保险、信托、上市公司等各类机构上千家。

七、完善业务规则，加大资源投入，夯实自律监管基础

本所致力于构建科学完善的业务制度和规则体系，根据市场发展的实际需要，结合股指期货市场运行状况，不断完善相关制度规则，适时出台有针对性的监管措施，加大人员、技术等监管资源的投入力度，夯实履行自律监管职责的基础。

（一）不断完善监管措施，及时调整业务规则，提升监管工作规范性

一是针对股指期货季月合约价格瞬间大幅波动及时采取措施。本所在实时监控中发现，部分投资者使用市价指令不慎，导致季月合约数次出现价格瞬间大幅波动。本所着眼于交易所前端控制，及时采取暂停接受两个季月合约市价指令

申报的措施，自 2011 年 8 月 8 日起执行。措施执行后，季月合约价格瞬间大幅波动显著减少。

二是制定并发布《中国金融期货交易所实际控制关系账户报备指引(试行)》，自 2011 年 3 月 14 日起执行，进一步明确监管标准和程序，加强对实际控制关系账户的常态化管理。

在制定和修订具体业务规则过程中，本所严格执行有关规定和要求，规范立项、起草、意见征求、审议、报告和报批等各操作环节，确保业务规则的规范性、透明性，提高科学性和可执行性。

(二)加大人员、技术等资源投入，强化监管履职能力

在人员配备上，本所不断保持监查部门力量的稳定性，并通过各种培训提升监查队伍整体业务素质。

在技术支持上，为满足一线监管的新需求，本所不断优化风险实时监控系统、跨市场信息平台、大户报告系统、会员客户管理系统、信息传闻监控系统等各类技术系统功能。

本所通过加大人员和技术的投入，进一步强化监查部门履行实时监控、异常交易行为处置、案件调查、跨市场监管协作、会员合规检查与市场分析等各项职能的能力。

2011 年以来，股指期货市场总体运行平稳，市场交投活跃，交易量适中，持仓稳步放大，价格走势合理，避险保值环境良好。本所将继续夯实基础，严格监管，不断巩固自律监管效果，提高自律监管水平，守住不发生系统性风险的底线，全力守护市场“三公”原则，维护广大投资者的合法权益，实现股指期货市场持续健康稳定运行，更好地服务国民经济发展。

2011 年度股指期货交易统计

品种名称	本期成交量	去年同期成交量	同比增减	本期成交额	去年同期成交额	同比增减	本期持仓量	去年同期持仓量	同比增减
股指期货	50411860	45873295	4538565	4376585521.650	4106987672.958	269597848.692	48443.0	29805.0	18638

说明：
(1)价格:300 元/点
(2)成交量、持仓量:手(按单边计算)
(3)成交额:万元(按单边计算)

2012 年度股指期货交易统计

品种名称	本期成交量	去年同期成交量	同比增减	本期成交额	去年同期成交额	同比增减	本期持仓量	去年同期持仓量	同比增减
股指期货	105061825	50411860	54649965	7584067787.796	4376585521.650	3207482266.146	110386.0	48443.0	61943

说明：
(1)价格:300 元/点
(2)成交量、持仓量:手(按单边计算)
(3)成交额:万元(按单边计算)

中国金融期货交易所会员地域分布及联系方式

会员号	会员全称	会员简称	会员类型	所属辖区	公司地址	邮编	联系电话	公司网址
0001	国泰君安期货有限公司	国泰君安	全面结算会员	上海	上海市延平路 121 号三和大厦 6c	200042	021－52138857	www.gtjaqh.com
0002	南华期货有限公司	南华期货	全面结算会员	浙江	杭州市西湖大道 193 号定安名都 3 层	310002	0571－87839234	www.nanhua.org
0003	浙江省永安期货经纪有限公司	浙江永安	全面结算会员	浙江	杭州市湖王路 208 号浙江协作大厦 6－8 楼	310005	0571－88388190	www.yafco.com
0005	一德期货有限公司	一德期货	全面结算会员	天津	天津市和平区解放北路 188 号信达广场 16 层	300020	022－58298788	www.ydqh.com.cn
0006	鲁证期货有限公司	鲁证期货	全面结算会员	山东	济南市市中区经七路 86 号 15、16 层	250012	0531－86018869	www.lzqh.net.cn
0007	光大期货有限公司	光大期货	全面结算会员	上海	上海市福山路 458 号同盛大厦 13 楼 1301－1303、1311、1312	200040	021－22169060	www.ebfcn.com
0008	东海期货有限责任公司	东海期货	全面结算会员	江苏	江苏省常州市延陵西路 23,25,27,29 号	213003	021－6878166 0519－88115814	www.qh168.com.cn
0009	浙商期货有限公司	浙商期货	全面结算会员	浙江	杭州市黄姑山路 9 号 9－10 层	310012	4007005186	www.zjtmqh.com
0010	中粮期货有限公司	中粮期货	全面结算会员	北京	北京市东城区东直门南大街 5 号中青旅大厦 15 层	100013	010－51230878	www.zlqh.com
0011	华泰长城期货有限公司	华泰长城	全面结算会员	广东	广州市越秀区先烈中路 65 号东山广场东楼 11 层	510095	020－22371306	www.gwf.com.cn
0012	五矿期货有限公司	五矿期货	全面结算会员	深圳	深圳市福田区益田路西福中路北新世界商务中心 4801－A、4802－B、4803、4804	518026	0755－83752338	www.starfutures.com.cn
0016	广发期货有限公司	广发期货	全面结算会员	广东	广东省广州市天河区体育西路 57 号红盾大厦 14、15 楼	510620	020－38456888	www.gfqh.com.cn
0017	信达期货有限公司	信达期货	全面结算会员	浙江	杭州市文晖路 108 号浙江出版物资大厦 12、16 楼	310004	0571－28132660	www.cindaqh.com
0018	中证期货有限公司	中证期货	全面结算会员	深圳	深圳市华富路海外装饰大厦 B 座二楼	518031	0755－83200909	www.citicsf.com
0019	金瑞期货有限公司	金瑞期货	全面结算会员	深圳	深圳市福田区福虹路 9 号世贸广场 A 座 38 层、C 层	518033	0755－83662122	www.jrqh.com.cn
0100	浙江新世纪期货有限公司	新世纪	交易结算会员	浙江	浙江省杭州市体育场路 335 号	310006	0571－85155690	www.zjncf.com.cn
0101	经易期货经纪有限公司	经易期货	交易结算会员	北京	北京市西城区百万庄北街 6 号经易大厦	100037	010－68331566	www.jyfco.com
0102	兴业期货有限公司	兴业期货	交易结算会员	福建	福州市鼓楼区湖东路 99 号七星大厦 16 层	350001	0591－88319977	www.xyfutures.com.cn
0103	上海良茂期货经纪有限公司	上海良茂	交易结算会员	上海	上海市打浦路 198 号	200023	021－63058548	www.51qh.com

会员号	会员全称	会员简称	会员类型	所属辖区	公司地址	邮编	联系电话	公司网址
0105	平安期货有限公司	平安期货	交易结算会员	深圳	深圳市福田区振华路设计大厦15楼	518031	0755－83786060	www.pa18.com
0106	格林期货有限公司	格林期货	交易结算会员	北京	北京市西城区金融街27号投资广场B座20层	100032	010－66214406	www.greenfutures.com.cn
0107	同信久恒期货经纪有限公司	同信久恒	交易结算会员	上海	上海市浦东新区世纪大道1500号12楼北座	200122	021－68416686	www.jhqh.com
0108	国贸期货经纪有限公司	国贸期货	交易结算会员	厦门	厦门市湖滨南路国贸大厦11层	361004	0592－5898889	www.itf.com.cn
0109	银河期货有限公司	银河期货	交易结算会员	北京	北京市西城区复兴门外大街A2号中化大厦8层	100045	010－58363266 010－58363288	www.yhqh.com.cn
0110	宝城期货有限责任公司	宝城期货	交易结算会员	浙江	浙江省杭州市求是路8号公元大厦东南裙楼三层、五层	310013	0571－88151166	www.zjjdqh.com
0111	东吴期货有限公司	东吴期货	交易结算会员	上海	上海市西藏南路1208号6楼	200011	021－63128000	www.dwfutures.com
0112	北京首创期货有限责任公司	北京首创	交易结算会员	北京	北京市朝阳区北辰东路8号亚运村1号门	100101	010－84973088	www.scqh.com.cn
0113	国信期货有限责任公司	国信期货	交易结算会员	河南	郑州市郑东新区商务外环路13号5层502、503室	450008	0371－65835300 0371－65835309	www.guosenqh.com.cn
0115	中信建投期货经纪有限公司	中信建投	交易结算会员	重庆	重庆市渝中区中山三路107号皇冠大厦11楼	400014	023－63610929	www.cfc108.com
0116	长江期货有限公司	长江期货	交易结算会员	湖北	湖北省武汉市汉口解放大道单洞路口1号国际大厦A坐三楼	430022	027－85868588	www.cjfco.com.cn
0117	金元期货经纪有限公司	金元期货	交易结算会员	海南	海南省海口市南宝路36号证券大厦1楼	570206	0898－66552008	www.jyqh.cn
0118	国联期货有限责任公司	国联期货	交易结算会员	江苏	无锡市金融一街8号	214121	0510－82752315	www.glqh.com
0119	万达期货有限公司	万达期货	交易结算会员	河南	郑州市郑东新区商务内环路27号	450016	0371－69106655	www.wdfco.com
0120	和融期货经纪有限责任公司	和融期货	交易结算会员	天津	天津市河西区气象台路100号气象大厦三层	300074	022－23330060	www.hrqh.com
0121	中钢期货有限公司	中钢期货	交易结算会员	北京	北京市海淀区海淀大街8号A座19层	100080	010－62685676	www.zgfcc.com
0122	国投中谷期货有限公司	国投中谷	交易结算会员	上海	上海市东大名路638号五层	200080	021－68401202	www.zgqh.com.cn
0123	海航东银期货有限公司	海航东银	交易结算会员	深圳	深圳市深南中路2068号华能大厦18楼	518031	0755－83684268	www.dyqh.com.cn
0125	华闻期货经纪有限公司	华闻期货	交易结算会员	上海	上海浦东大道720号国际航运金融大厦22楼	200120	021－50368918	www.hwqh.com.cn
0126	渤海期货有限公司	渤海期货	交易结算会员	大连	大连市沙河口区会展路18号大连商品交易所西区355室	116023	0411－84807555	www.bhfcc.com
0127	云晨期货有限责任公司	云晨期货	交易结算会员	云南	云南省昆明市人民东路111号	650051	0871－3142012	www.ycfutures.com
0128	江苏弘业期货有限公司	江苏弘业	交易结算会员	江苏	江苏省南京市中华路50号弘业大厦9楼	210001	025－52264117	www.ftol.com.cn
0129	国金期货有限责任公司	国金期货	交易结算会员	四川	四川省成都市锦江区东大街芷泉段229号1栋2单元28层	610061	028－86713680	www.gjqh.com.cn
0130	国都期货有限公司	国都期货	交易结算会员	北京	北京市东城区东直门南大街3号国华投资大厦10层	100007	010－64008822	www.guodu.cc
0131	申银万国期货有限公司	申银万国	交易结算会员	上海	上海市黄浦区新昌路180号1楼	200003	021－63276699	www.sywgqh.com.cn
0132	中航期货经纪有限公司	中航期货	交易结算会员	深圳	深圳市福田区深南大道2008号中国凤凰大厦2栋5层512、513、501室	518026	0755－28069186	www.cafco.com.cn
0133	海通期货有限公司	海通期货	交易结算会员	上海	上海市浦东新区世纪大道1589号长泰国际金融大厦17楼	200122	021－61649910	www.hfqh.com
0135	冠通期货有限公司	冠通期货	交易结算会员	北京	北京市朝阳区北三环中路2号6层	100011	010－62368907	www.gtfutures.com.cn
0136	招商期货有限公司	招商期货	交易结算会员	深圳	深圳市福田区福田区免税商务大厦9层9－15单元及5层2、3、4、5、A单元	518048	0755－82763148	qh.newone.com.cn
0137	宏源期货有限公司	宏源期货	交易结算会员	北京	北京市西城区太平桥大街19号4层4B	100140	010－88085299	www.hongyuanqh.com.cn
0138	上海通联期货有限公司	上海通联	交易结算会员	上海	上海陆家嘴环路958号7楼(华能联合大厦)	200120	021－68866986	www.tlqh.com.cn
0139	南证期货有限责任公司	南证期货	交易结算会员	江苏	江苏省南京市秦淮区长乐路226号长乐花园01幢1号	210006	025－52865001	www.klfco.cn
0145	大华期货有限公司	大华期货	交易结算会员	上海	上海市浦东新区源深路1088号7楼	200122	021－38529700	www.dhqh.com.cn
0146	浙江中大期货有限公司	浙江中大	交易结算会员	浙江	浙江省杭州市中山北路310号2层3层18层	310003	0571－85777049	www.zdqh.com
0147	华安期货有限责任公司	华安期货	交易结算会员	安徽	合肥市长江中路419号华安期货大厦	230061	0551－2839058	www.haqh.com
0148	上海浙石期货经纪有限公司	上海浙石	交易结算会员	上海	上海市浦东新区浦电路438号双鸽大厦10G室	200122	021－50586903 0571－87812161	www.zsqh.com
0149	民生期货有限公司	民生期货	交易结算会员	北京	北京市东城区建国门内大街28号民生金融中心A座16层	100005	010－85127555	www.msqh.com
0150	安信期货有限责任公司	安信期货	交易结算会员	北京	北京市东城区北三环东路36号环球贸易中心A座26层	100013	010－59113666	www.anxinqh.com.cn
0151	锦泰期货有限公司	锦泰期货	交易结算会员	江苏	江苏省南京市中央路258－28号锦盈大厦5－7层	210009	025－83116186	www.swfuture.com
0152	新湖期货有限公司	新湖期货	交易结算会员	上海	上海市裕通路100号36层	200070	4008888398	www.xinhu.cn
0153	东航期货有限责任公司	东航期货	交易结算会员	上海	上海市吴中路686弄3号东航金融中心16楼	201103	021－64056666	www.kiiik.com
0155	海证期货有限公司	海证期货	交易结算会员	上海	上海市虹口区临平北路19号	200086	021－65218887	www.hicend.com
0156	上海东证期货有限公司	上海东证	交易结算会员	上海	上海市中山南路318号东方国际金融广场21层(200010)	200122	021－68400610	www.dzqh.com.cn
0157	金友期货经纪有限责任公司	金友期货	交易结算会员	厦门	厦门市东渡路61号振华大厦B座二楼	361012	0592－5619928	www.jinyouqh.com
0158	华联期货有限公司	华联期货	交易结算会员	广东	东莞市城区可园南路1号金源中心16层	523000	0769－22213338	www.hlqh.com

会员号	会员全称	会员简称	会员类型	所属辖区	公司地址	邮编	联系电话	公司网址
0159	中国国际期货有限公司	中国国际	交易结算会员	北京	北京市朝阳区建国门外光华路14号1幢1层、9层、11层、12层	100020	0755-23818333 010-65082700	www.cifco.net
0160	西部期货有限公司	西部期货	交易结算会员	陕西	西安市东新街232号信托大厦三层	710004	029-87406680	www.westfutu.com
0161	大连良运期货经纪有限公司	大连良运	交易结算会员	大连	大连市中山区五五路12号大连良运大酒店6层	116001	0411-82589097	www.lyqh.cn
0162	湘财祈年期货经纪有限公司	湘财祈年	交易结算会员	湖北	武汉市新华路139号凯盟大厦701室	430022	027-85499321	www.xcqnqh.com
0165	中银国际期货有限责任公司	中银国际	交易结算会员	海南	上海浦东世纪大道1589号长泰国际金融901-905室	200122	021-61088088	www.bocifco.com
0166	广晟期货有限公司	广晟期货	交易结算会员	广东	广东省广州市天河区珠江新城华夏路10号富力中心29层07-08单元	510623	020-38927888	www.risingqh.com
0167	北京中期期货有限公司	北京中期	交易结算会员	北京	北京市朝阳区东三环北路38号院1号楼泰康金融大厦22层2201室	100026	010-64630966	www.bjcifco.net
0168	中投天琪期货有限公司	中投天琪	交易结算会员	深圳	深圳市福田区深南大道4009号投资大厦3层01、04A区	518035	0755-82912912	www.tqfutures.com
0169	天富期货有限公司	天富期货	交易结算会员	吉林	吉林省长春市长春大街500号写字楼东侧1-3层	130041	0431-88543611	www.tfqh.com
0170	瑞达期货股份有限公司	瑞达期货	交易结算会员	厦门	福建省厦门市思明区塔埔东路169号13层	361009	0592-2290626	www.xmrd.net
0171	国元海勤期货有限公司	国元海勤	交易结算会员	北京	北京市海淀区西三环北路89号中国外文大厦A座907、908、909室	100089	021-68402806	www.gyhqqh.com
0175	英大期货有限公司	英大期货	交易结算会员	北京	北京市东城区建国门内大街乙18号院英大国际大厦2层	100005	010-51960409	www.ydfut.com
0200	徽商期货有限责任公司	徽商期货	交易会员	安徽	安徽省合肥市芜湖路260号	230061	0551-2865913	www.hsqh888.com
0201	中电投先融期货有限公司	中电投	交易会员	重庆	重庆市渝中区邹容路141-155号邹容广场A座14楼	400010	023-63799129	www.xrqh.com
0202	上海中期期货经纪有限公司	上海中期	交易会员	上海	上海市浦东新区浦电路500号11楼	200122	021-61090799	www.shcifco.com
0203	乾坤期货有限公司	乾坤期货	交易会员	深圳	广东省深圳市福田区深南大道4009号投资大厦二楼	518048	0755-83998699	www.qkfutures.com
0205	上海中财期货有限公司	上海中财	交易会员	上海	上海市浦东新区陆家嘴环路958号23楼	200120	021-68866688	www.zcqh.com
0207	新纪元期货有限公司	新纪元	交易会员	江苏	江苏省徐州市淮海东路153号	221000	0516-83831118 0516-83831121	www.neweraqh.com.cn
0208	浙江大越期货经纪有限责任公司	浙江大越	交易会员	浙江	浙江省绍兴市解放北路186号7楼	312000	0574-85120647	www.dyqh.info
0209	江苏东华期货有限公司	江苏东华	交易会员	江苏	江苏省南京市王府大街63号5楼	210004	025-84207734	www.dhfutures.com
0210	文峰期货有限公司	文峰期货	交易会员	江苏	南通市青年东路15号锦峰大厦301室	226001	0513-85529853 0513-85537847	www.wfqh.com
0211	江西瑞奇期货经纪有限公司	江西瑞奇	交易会员	江西	江西省南昌市广场南路205号恒茂国际华城16号楼A座6楼	330003	0791-6663672 0791-6663536	www.jxrich.com
0212	银建期货经纪有限责任公司	银建期货	交易会员	北京	北京市丰台区方庄芳古园一区29楼	100078	87611499-100	www.yjqh.com
0213	大地期货有限公司	大地期货	交易会员	浙江	浙江省杭州市延安路511号	310006	0571-85103151	www.ddqh.com
0215	大有期货有限公司	大有期货	交易会员	湖南	湖南省长沙市芙蓉中路466号海东青大厦5楼	410011	0731-4317777	www.dayouf.com
0217	广永期货有限公司	广永期货	交易会员	广东	广州市天河区体育西路57号10楼	510620	020-85598116 020-85582215	www.gyqh.net
0218	金鹏期货经纪有限公司	金鹏期货	交易会员	北京	北京市西城区金融大街27号投资广场B座九层	100032	010-66211412 010-66211413	www.jifco.com.cn
0219	创元期货经纪有限公司	创元期货	交易会员	江苏	江苏省苏州市三香路120号万盛大厦2楼、3楼	215004	0512-68278744	www.cyqh.com.cn
0220	中信新际期货有限公司	中信新际	交易会员	上海	上海市浦东大道1085号中信五牛城C座4楼	200135	021-61051166	www.citicf.com
0221	华西期货有限责任公司	华西期货	交易会员	四川	成都市青羊区通惠门路三号	610015	028-86286183	www.hxqh168.com
0222	上海东亚期货有限公司	上海东亚	交易会员	上海	上海市浦东新区松林路300号期货大厦2203室	200122	021-68400499	www.dyqh.cn
0223	中融汇信期货有限公司	中融汇信	交易会员	吉林	长春市人民大街4848号华贸国际2604-2605室	130022	0431-85805705	www.51qihuo.com
0225	红塔期货有限责任公司	红塔期货	交易会员	云南	昆明市北辰财富中心商住楼A幢28层(2801-ABCD号)	650224	0871-3614907	www.hongtaqh.com
0226	江南期货经纪有限公司	江南期货	交易会员	广东	广东省东莞市南城区体育路2号鸿禧中心六层B11-B12	523009	0769-22806989	www.scfuture.com
0227	金信期货有限公司	金信期货	交易会员	湖南	长沙市车站北路459号证券大厦5楼	410001	0731-2258815	www.hnjxqh.com
0228	河北恒银期货经纪有限公司	河北恒银	交易会员	河北	石家庄市槐安东路90号国富大厦三层	050020	0311-87893568 0311-87894059	www.hbhyqh.com
0229	美尔雅期货经纪有限公司	美尔雅	交易会员	湖北	湖北省武汉市江汉北路8号	430022	027-85734992	www.mfc.com.cn
0230	华证期货有限公司	华证期货	交易会员	江苏	江苏省宜兴市人民中路135号华证大厦	214206	0510-87961121	www.hzfutures.com
0231	山西三立期货经纪有限公司	山西三立	交易会员	山西	山西省太原市府西街69号山西国际贸易中心东塔18层	30002	0351-8689068	www.sxslqh.com.cn
0232	成都倍特期货经纪有限公司	成都倍特	交易会员	四川	四川省成都市青羊区青龙街51号倍特康派大厦9楼	610031	028-86268191	www.btqh.com
0233	国海良时期货有限公司	国海良时	交易会员	浙江	浙江杭州市河东路91号	310014	0571-85237429	www.lsqh.com.

会员号	会员全称	会员简称	会员类型	所属辖区	公司地址	邮编	联系电话	公司网址
0235	中衍期货有限公司	中衍期货	交易会员	北京	北京市朝阳区光华路15号院1号楼1804－1807室	100026	010－62388810	www.crfco.com.cn
0236	宁波杉立期货经纪有限公司	宁波杉立	交易会员	宁波	宁波市中山东路796号东航大厦11楼	315040	0574－87716697	www.nbslqh.com
0237	迈科期货经纪有限公司	迈科期货	交易会员	陕西	西安市高新开发区唐延路33号迈科国际大厦22层	710075	029－88830600	www.maikefutures,com
0238	北方期货经纪有限责任公司	北方期货	交易会员	大连	大连市沙河口区中山路478号华邦上都三层	116021	0411－39779911	www.bfqh.com
0239	道通期货经纪有限公司	道通期货	交易会员	江苏	江苏省南京市鼓楼区广州路188号苏宁环球大厦5层02座	210024	025－83276958	www.doto－futures.com
0240	新疆天利期货经纪有限公司	新疆天利	交易会员	新疆	新疆乌鲁木齐市人民路33号瑞达国际大厦七楼	830002	0991－2314100	www.xjtlqh.com
0242	第一创业期货有限责任公司	第一创业	交易会员	北京	北京市西城区平安里西大街26号新时代大厦四层南侧	100034	010－63197000	www.fcfco.cn
0243	中辉期货经纪有限公司	中辉期货	交易会员	山西	山西省太原市新建路39号乡海大厦16层	030002	0351－8225066	www.zhqh.cn
0245	恒泰期货有限公司	恒泰期货	交易会员	上海	上海市浦东新区松林路通茂大厦357号19层	200122	021－68405212	www.cnhtqh.com.cn
0246	集成期货有限公司	集成期货	交易会员	广东	广州市天河区珠江新城华夏路10号富力中心11层03、04单元	510623	020－28023116	www.jclqh.com
0247	摩根大通期货有限公司	摩根大通	交易会员	广东	广东省中山市竹苑路102号	528403	0760－88880999	
0248	陕西省长安期货经纪有限公司	陕西长安	交易会员	陕西	陕西省西安市和平路99号金鑫国际大厦707室	710001	029－87206088	www.cafut.cn
0249	中原期货有限公司	中原期货	交易会员	河南	河南省郑州市郑东新区商务外环路10号中原广发金融大厦四楼	450046	0371－68599199	www.zyfutures.com
0251	华融期货有限责任公司	华融期货	交易会员	海南	海南省海口市海秀中路51－1号星华大厦11层	570206	0898－66779160	www.hrfutu.com.cn
0252	金石期货有限公司	金石期货	交易会员	新疆	新疆乌鲁木齐市解放北路90号	830002	0991－2331305	www.jsfco.com
0253	上海大陆期货有限公司	上海大陆	交易会员	上海	上海市凯旋路3131号明申中信大厦25楼	200030	021－54071888	www.dlqh.com
0255	华创期货有限责任公司	华创期货	交易会员	重庆	重庆市渝中区中山三路131号希尔顿商务大厦13楼	400015	023－89039818	www.359qh.com
0256	盛达期货有限公司	盛达期货	交易会员	广东	广东省广州市解放南路123号金汇大厦6楼601	510120	020－83271198	www.ztqh.com.cn
0257	广东鸿海期货有限公司	广东鸿海	交易会员	广东	广东省深圳市福田区深南大道与金田路交界西南深圳国际交易广场2612－2616室	518034	0755－23997599	www.gdhhqh.com
0258	财富期货有限公司	财富期货	交易会员	青海	青海省西宁市城中区西大街18号12层	810000	010－85679699	www.cfqh.com
0259	江海汇鑫期货有限公司	江海汇鑫	交易会员	辽宁	沈阳市和平区和平北大街93号	110002	024－31308888	www.hxqh.com
0260	德盛期货有限公司	德盛期货	交易会员	湖南	湖南省长沙市五一西路2号第一道14楼	410005	0731－82893307	www.dsf.cn
0261	神华期货经纪有限公司	神华期货	交易会员	广东	广东省深圳市深南大道6008号特区报业大厦西区29F	518000	0755－83517606	www.shqhgs.com
0262	华海期货有限公司	华海期货	交易会员	辽宁	沈阳市沈河区团结路1－9－1	110013	010－82211853	www.hhqh.net
0263	上海金源期货经纪有限责任公司	上海金源	交易会员	上海	上海市浦东新区源深路273号	200135	021－68559999	www.jyqh.com.cn
0265	方正期货有限公司	方正期货	交易会员	湖南	湖南省长沙市芙蓉中路一段372号四楼	410008	0731－84312738	www.founderfu.com
0266	华鑫期货有限公司	华鑫期货	交易会员	上海	上海市黄浦区宁海东路200号申鑫大厦27、28楼	200021	021－63558998	www.shhxqh.com
0267	华元期货有限责任公司	华元期货	交易会员	上海	上海市浦电路500号1202－1205室	200122	021－68400066	www.huayuanfco.com
0268	深圳金汇期货经纪有限公司	深圳金汇	交易会员	深圳	深圳市福田区深南大道6013号中国有色大厦18楼	518040	0755－83472883	www.szjhqh.com
0269	和合期货经纪有限公司	和合期货	交易会员	山西	太原市迎泽区菜园东街2号	030012	0351－7342728	www.hhqh.com.cn
0270	东兴期货有限责任公司	东兴期货	交易会员	上海	上海市虹口区杨树浦路248号瑞丰国际大厦22楼	200082	021－65458108	www.dxqh.net
0271	中州期货有限公司	中州期货	交易会员	山东	烟台市莱山区迎春大街133－1科技创业大厦	264003	0535－6692331	www.zzfco.net
0272	鑫鼎盛期货有限公司	鑫鼎盛	交易会员	福建	福州市鼓楼区水部街道福新路239号吉翔双子星大厦1#－2#楼连体5层01商场	350001	0591－38113228	www.XDSQH.com
0273	深圳瑞龙期货有限公司	深圳瑞龙	交易会员	深圳	深圳市福田区福中三路诺德金融中心主楼33D	518026	0755－88262464	www.rlqh.cn
0275	象屿期货有限责任公司	象屿期货	交易会员	天津	天津开发区广场东路20号E4－C－5层西侧	300457	022－59997500	www.xiangyuqh.com
0276	安粮期货有限公司	安粮期货	交易会员	安徽	合肥市芜湖路168号同济大厦10层、11层	230001	4006269988	www.ahcoffco.com
0277	京都期货有限公司	京都期货	交易会员	北京	北京市西城区德外大街115号德胜尚城E座1层	100088	010－59366016 010－59366036	www.jingduqh.com
0278	广州期货有限公司	广州期货	交易会员	广州	广州市天河区临江大道5号保利中心21楼04－06单元	510623	020－22139800	www.gzf2010.com.cn
0279	华龙期货有限公司	华龙期货	交易会员	甘肃	甘肃省兰州市城关区静宁路308号信托大厦4楼	730030	0931－8894403	www.hlqhgs.com
0280	大通期货经纪有限公司	大通期货	交易会员	黑龙江	哈尔滨市南岗区西大直街118号01号楼6层	150001	0451－86257057	www.dtqh.com.cn
0281	国富期货有限公司	国富期货	交易会员	大连	大连市沙河口区会展路129号大连国际金融中心A座2808室	116023	0411－88853026	www.gffcc.com

第二节　上海期货交易所

上海期货交易所

上海期货交易所是依照有关法规设立的，履行有关法规规定的职责，受中国证监会集中统一监督管理，并按照其章程实行自律管理的法人。上海期货交易所目前上市交易的有黄金、白银、铜、铝、锌、铅、螺纹钢、线材、燃料油、天然橡胶等十种期货合约。

上海期货交易所坚持以科学发展观为统领，深入贯彻国务院关于推进资本市场改革开放和稳定发展的战略决策，依循"夯实基础、深化改革、推进开放、拓展功能、加强监管、促进发展"的方针，严格依照法规政策制度组织交易，切实履行市场一线监管职责，致力于创造构建安全、有序、高效的市场机制，营造公开公平公正和诚信透明的市场环境，长期目标是：努力建设成为规范、高效、透明，综合性、国际化的衍生品交易所，未来五年的目标是：建设成为一个在亚太时区以基础金属、贵金属、能源、化工等大宗商品为主的主要期货市场，发挥期货市场发现价格、规避风险的功能，为国民经济发展服务。

上海期货交易所现有会员200多家（其中期货经纪公司会员占近80%），在全国各地开通远程交易终端700多个。

随着行业风险控制能力的强化提高、市场交易的持续活跃和规模的稳步扩大，市场功能及其辐射影响力显著增强，铜期货价格作为世界铜市场三大定价中心权威报价之一的地位进一步巩固；天然橡胶期货价格得到国内外各方的高度关注；燃料油期货在探索能源期货发展的道路上稳健运行；锌期货上市，与铜、铝期货关联，初步形成了有色金属期货品种系列；黄金期货上市，为促进黄金市场的发展，增进商品期货市场与金融市场的联系开辟了新路径；钢材期货上市，将逐步优化钢材价格形成机制，促进钢铁工业健康有序发展，进一步提高我国钢铁工业的国际竞争力。

按照《上海期货交易所章程》，会员大会是本所的权力机构，由全体会员组成；理事会是会员大会的常设机构，下设监察、交易、交割、会员资格审查、调解、财务、技术、产品等8个专门委员会。

总经理为本所法定代表人。本所设有办公室、发展研究中心、文化建设办公室、新闻信息部、国际合作部、有色金属部、能源化工部、黄金钢材部、会员服务和投资者教育部、交易部、结算部、监查部、法律事务部、技术中心、人力资源部、党委办公室（纪律检查办公室）、内审合规部、财务部、行政部、北京联络处等20个职能部门。

根据国务院颁布的《期货交易管理条例》及中国证监会发布的《期货交易所管理办法》等法规，交易所建立了交易运作和市场管理规章制度体系。

交易所拥有适用可靠的计算机交易系统，通过高容量光纤及数据专线、双向卫星、三所联网等通讯手段确保前台和远程交易的实时和安全可靠。同时，通过中心数据库实现结算、资金、交割、异地交割仓库、风险监控等系统数据的实时同步传送和交换。

为维护市场稳定和投资者合法权益，交易所建有多元结合的风险控制体系，主要包括以交易规范为准则的一系列制度措施；以量化系列指标与计算机自动化运作相结合的风险预警系统；以全程控制风险为目标，按职能分工落实相关责任制的风险动态跟踪、分析、应对的工作机制。

上海期货交易所坚持监管、服务两手抓的理念，坚持稳健运行，稳步发展，推进改革创新，深化服务，真诚地为会员及投资者提供全面及时的各项服务。

交易所实行保证金和每日无负债结算制度，通过指定的结算银行每天对会员的交易进行集中清算，会员负责对其客户交易进行清算。交易所实行实物交割履约制度，合约到期须在规定期限内，以实物交割方式履约。交易所指定交割仓库为交割双方提供相关服务。客户交割须通过会员办理。

交易所坚持维护投资者合法权益的基本宗旨，制订、实施风险控制管理制度，健全风险监控机制，保证市场规范有序地运行。

交易所通过建立的卫星广播网和公共电讯网，将实时和延时交易行情经授权的国内外信息资讯机构进行同步信息发布。通过实时行情短信播报服务系统和电话语音报价服务系统，向市场提供动态交易行情咨询服务。交易所通过自建的网站（http://www.shfe.com.cn/）及时规范地向市场发布交易、交割、持仓、库存等各类统计数据资料及相关信息。交易所还通过新闻媒体报道、电话咨询交流、举办多种形式的培训班、开展各种形式的对外交流等形式，向会员、投资者及社会提供咨询、培训等服务。

通讯地址：上海市浦东新区浦电路500号

邮政编码：200122

电话：021－68400000

传真：021－68401198

E－mail：info@shfe.com.cn

上海期货交易所大事记

2011年1月大事记

1月6日，理事长王立华会见武汉市市委书记杨松率领的党政代表团一行。

1月11－12日，理事长王立华出席浦东新区人大四次会议。

1月13－14日，总经理杨迈军、理事长王立华出席全国证券期货监管工作会议。

1月14日，纪委书记宋幼滨出席全国证券期货监管系统纪检监察工作会议。

1月15－21日，理事长王立华列席上海市第十三届人民代表大会第四次会议。

1月20日，副总经理霍瑞戎出席由证监会期货一部召开的"完善期货市场手续费制度座谈会"。

1月21日，总经理助理褚玦海会见泰国农业部长Supachal Phosu 先生和泰国橡胶委员会一行。

1 月 26 日,理事长王立华会见伦敦金属交易所董事会主席 Brain Bender 先生一行。

2011 年 2 月大事记

2 月 11 日,我所举行北京灾备中心正式启用仪式。证监会副主席桂敏杰,主席助理姜洋出席仪式,并按钮启动北京灾备系统正式运行。总经理杨迈军,副总经理劳光熊一同出席启动仪式。

2 月 14 日,副总经理霍瑞戎、总经理助理褚玦海出席证监会期货一部召开的农产品期货市场运行分析会。

2 月 16 日,证监会纪委书记李小雪及研究中心一行来我所张江中心调研,并听取总经理杨迈军的工作汇报。全体所领导一同出席此次调研。

2 月 17 日,总经理杨迈军出席证监会党校校务委员会工作会议。

2 月 22 日,理事长王立华出席新湖期货与创业投资落户上海闸北区揭牌仪式。

2 月 24 日,总经理杨迈军出席证监会行业协会座谈会。

2 月 25 日,总经理杨迈军、副总经理霍瑞戎出席我所 2011 年度媒体恳谈会。

2 月 24 - 26 日,副总经理劳光熊出席证监会期货一部主办的"期货行业信息系统风险分析会议"。

2011 年 3 月大事记

3 月 1 日,总经理杨迈军,理事长王立华,总经理助理褚玦海出席"有色金属期货市场功能发挥调研报告研讨会"。

3 月 3 日,总经理杨迈军,总经理助理褚玦海、席志勇出席"铅期货合约及规则论证会"。

3 月 8 日,总经理杨迈军会见 CME 名誉主席 Leo Melamed 先生及总裁 Phupinder Gill 先生一行五人,副总经理霍瑞戎、滕家伟陪同接待。

3 月 10 日,我所举行第二届理事会第二十次会议,会议由理事长王立华主持,全体理事出席会议。副总经理劳光熊、滕家伟,总经理助理席志勇列席会议。

3 月 11 日,总经理助理席志勇出席证监会稽查局主办的"期货盗码交易案件协调会"。

3 月 14 日,总经理杨迈军出席上海市政协经济委员会金融专题筹备会。

3 月 15 日,总经理杨迈军,理事长王立华赴京向证监会党委汇报我所工作。

3 月 16 日,副总经理霍瑞戎会见瑞士期货期权协会会长 PaulMeire 先生一行。

3 月 24 日,我所举办铅期货上市仪式。总经理杨迈军主持仪式,中国证监会主席尚福林和上海市市长韩正共同为铅期货合约揭牌,并为开盘交易鸣锣。上海市委常委、副市长屠光绍,中国有色金属工业协会会长康义,中国证监会主席助理姜洋等领导出席了上市仪式。

3 月 24 日,总经理杨迈军出席期货保证金监控中心管委会第八次会议。

3 月 25 日,副总经理霍瑞戎出席上海市政协专题会议。

3 月 25 - 26 日,总经理杨迈军,副总经理劳光熊出席全国期货监管工作座谈会。

3 月 28 - 29 日,总经理杨迈军、副总经理滕家伟出席证券期货监管系统组织人事工作会议。

3 月 30 日,我所召开中层以上干部会议,总经理杨迈军传达全国期货监管工作座谈会、证券期货监管系统组织人事工作会议精神。

2011 年 4 月大事记

4 月 1 日,理事长王立华、副总经理劳光熊会见解放军第五十六研究所一行。

4 月 1 日,副总经理滕家伟出席 2011 年上海金融业联合会第二次理事长工作会议。

4 月 14 - 15 日,纪委书记宋幼滨参加中国证监会工会女职工委员会第二次全体(扩大)会议。

4 月 15 日,总经理杨迈军出席大连商品交易所焦炭期货上市仪式。

4 月 21 - 22 日,纪委书记宋幼滨出席证监会关于工程建设领域突出问题专项治理工作培训交流会。

4 月 22 日,总经理杨迈军、总经理助理褚玦海参加国家能源局召开的原油期货推进会。

4 月 24 - 25 日,副总经理劳光熊出席"证券期货业信息化领导小组第六次会议"。

4 月 27 日,理事长王立华,总经理助理褚玦海会见来访的第三十期中央党校中青年干部培训班成员并座谈。

4 月 28 日,总经理杨迈军会见来访的中央党校 2011 春中青一班成员并座谈。理事长王立华,纪委书记宋幼滨,副总经理劳光熊、滕家伟,总经理助理褚玦海、席志勇一同出席。

2011 年 5 月大事记

5 月 4 日 -5 日,理事长王立华、副总经理劳光熊、滕家伟赴四川参加理事会技术委员会 2011 年度工作会议和专业委员会组织工作研讨会。

5 月 6 日,证监会研究中心主任祁斌来我所举办讲座,纪委书记宋幼滨主持讲座。

5 月 17 日,理事长王立华主持召开我所第二届理事会第二十一次会议,全体理事出席。副总经理劳光熊列席会议。

5 月 19 日 - 21 日,总经理杨迈军出席 2011 陆家嘴论坛并作主题演讲。理事长王立华,副总经理滕家伟出席论坛。

5 月 24 日,副总经理滕家伟赴京出席第 37 届国际证监会组织年会筹备会议。

5 月 25 日,总经理杨迈军接待云南证监局范辉局长一行来所交流。

5 月 26 日,总经理杨迈军出席中国政研会"全国思想政治工作加强人文关怀和心理疏导现场经验交流会"。

5 月 27 日 - 29 日,我所举行第八届上海衍生品市场论坛。上海市副市长屠光绍、中国证监会主席助理姜洋出席并致辞;中国证监会前主席周正庆、周道炯,前副主席陈耀先、范福春出席论坛并作书面致辞。我所总经理杨迈军主持论坛开幕式。理事长王立华,纪委书记宋幼滨,副总经理劳光熊、霍瑞戎、滕家伟,总经理助理褚玦海、席志勇出席论坛并主持有关分会。

2011 年 6 月大事记

6 月 8 日 -9 日,总经理杨迈军、副总经理滕家伟出席我所首届媒体研讨班。

6 月 9 日,纪委书记宋幼滨出席上海市党政负责干部大会。

6 月 16 日 - 17 日,副总经理滕家伟赴京出席合作媒体座谈会。

6 月 21 日,总经理杨迈军、副总经理滕家伟出席"证监会处级干部任职培训班"。

6 月 21 日,总经理杨迈军会见来访的工商银行总经理罗熹一行。

6月22日，副总经理劳光熊出席“2011年度上海证券交易所安全运行与技术发展研讨会”。

6月24日，总经理杨迈军出席“证券期货监管系统纪念建党90周年暨表彰先进大会”。

6月26日－27日，纪委书记宋幼滨参加全国纪检监察系统纪念中国共产党成立90周年表彰大会暨反腐倡廉建设理论研讨会。

6月28日－29日，总经理杨迈军参加证监会期货一部主办的《期货法》立法研究座谈会。

6月29日，总经理助理褚玦海会见来访的中国（太原）煤炭交易中心党组书记、主任曲剑午一行。

6月30日，副总经理滕家伟出席纪念建党90周年暨证监会党校成立10周年座谈会。

6月30日，全体所领导出席我所“创先争优”表彰大会暨纪念建党90周年红歌会。

2011年7月大事记

7月6日，总经理杨迈军参加大商所与期货期权世界（FOW）联合主办的2011中国及全球衍生品市场发展论坛。

7月11日－12日，总经理杨迈军参加中共上海市第九届委员会第十五次全体会议。

7月12日，理事长王立华在北京出席由中国黄金集团公司、世界黄金协会、英国黄金矿业服务公司三方主办的《黄金年鉴2011》中文版发布会并致辞。

7月18日，总经理杨迈军参加证监会组织召开的半年形势分析会。

7月20日，总经理杨迈军会见澳新银行首席执行官MikeSmith一行。

7月20日，总经理杨迈军出席首届沪上金融家颁奖仪式。

7月20日，总经理助理褚玦海会见浙江省国际贸易集团有限公司副总经理楼国庆一行。

7月21日，总经理杨迈军参加“沪上金融家对话国际商业精英”论坛。

7月26日，总经理杨迈军会见澳帝华（Optiver）董事长兼首席执行官京雍汉 Johann Kaemingk 一行。。

7月26日，副总经理滕家伟出席我所半年度保密工作会议。

7月27日，总经理杨迈军出席2011－2015中央党校经济学部调研基地挂牌仪式。

7月29日，总经理杨迈军出席上海金融业联合会第三次理事长会议。

7月29日，理事长王立华出席第二届理事会有色金属产品委员会第二次会议。

2011年8月大事记

8月2日－5日，总经理杨迈军、副总经理劳光熊、滕家伟赴大连商品交易所、深圳证券交易所调研，并分别出席东北、广东地区会员座谈会。

8月3日－4日，纪委书记宋幼滨出席在宁夏银川市召开的2011年全国证券期货监管系统纪检监察半年工作会议。

8月3日，理事长王立华出席上海期货交易所理事会结算委员会第一次会议。

8月9日，总经理杨迈军、总经理助理褚玦海接待宁波市党政代表团一行参观交易所。

8月11日，总经理杨迈军出席2011年“上期杯”全国金融系统桥牌赛开幕式。

8月12日，理事长王立华、副总经理劳光熊出席上海期货交易所第二届理事会财务委员会第十五次会议。

8月19日，纪委书记宋幼滨参加证监会纪律检查委员会在广州市召开的巡视工作制度研讨会。

8月24日，总经理杨迈军、理事长王立华、副总经理劳光熊出席上海期货交易所第二届理事会第二十二次会议。

8月31日，总经理杨迈军、总经理助理席志勇出席证监会期货一部举办的“推动制定期货法工作汇报会”。

2011年9月大事记

9月1日，副总经理滕家伟出席2011年我所第二期媒体研讨班。

9月2日，总经理助理褚玦海出席洋山首批大宗商品企业入驻颁证仪式暨期货保税交割试点情况发布会。

9月9日，总经理杨迈军参加国际原油市场研讨会。

9月8日，总经理助理褚玦海会见中国人寿集团公司缪建民副总裁一行。

9月14日，理事长王立华会见智利铜业研究机构 CESCO 总裁 Patrick Cussen 一行。

9月16日，总经理杨迈军赴北京参加证监会国际顾问委员会第八次会议。

9月17日，理事长王立华、总经理助理褚玦海出席第四届中国有色金属现货？期货互动峰会并致辞。

9月20日，总经理杨迈军、理事长王立华、副总经理劳光熊访问中国解放军总参谋部第56研究所。

9月26日，总经理杨迈军出席中国金融期货交易所2011年度股东大会、董事会。

9月28日－29日，副总经理劳光熊出席套期保值会计准则课题中期研讨会。

2011年10月大事记

10月9日，总经理杨迈军出席中国社科院陆家嘴研究基地挂牌仪式。

10月13日，副总经理劳光熊出席上海市重要信息系统信息安全保障工作会议。

10月13日，纪委书记宋幼滨赴延安参加党支部支委培训班。

10月19日，总经理助理席志勇、副理事长武小强出席上海期货交易所第二届理事会交易委员会第十三次会议。

10月26日，副总经理劳光熊出席2011年度证券期货业科学技术奖励会。

10月26日－28日，纪委书记宋幼滨参加四所工会主席联席会议。

10月27日，理事长王立华主持召开第二届理事会第二十三次会议。总经理杨迈军、副总经理滕家伟、褚玦海、总经理助理席志勇、副理事长武小强出席会议。

10月27日－28日，副总经理霍瑞戎参加证监会期货一部召开的期货交易所新闻宣传工作座谈会。

2011年11月大事记

11月1日，总经理杨迈军、纪委书记宋幼滨、副总经理劳光熊参加证监会纪委会计部张江项目检查反馈意见会。

11月3日，总经理杨迈军、纪委书记宋幼滨、副总经理劳光熊、滕家伟、褚玦海、总经理助理席志勇接待中央第二企业金融巡视组专项调研小组来访参观并座谈。

11月8日，副总经理滕家伟参加证监会会管单位年终考核调研座谈会。

11月10日，理事长王立华出席“第二届期货机构投资者年会”并致辞。

11 月 15 日，副理事长武小强出席中国期货业协会第三届理事会第四次会长工作会。

11 月 17 日，副总经理霍瑞戎出席“2011 中国？武汉金融博览会暨中国中部(湖北)创业投资大会。

11 月 17 日，副理事长武小强出席上海期货交易所第二届理事会监察委员会第九次会议。

11 月 18 日，理事长王立华出席上海期货交易所第二届理事会黄金钢材产品委员会第二次会议以及能源化工产品委员会第二次会议。

11 月 22 日，总经理杨迈军出席 2011 年上海金融业联合会第四次理事长工作会议。

11 月 24 日，理事长王立华、副总经理褚玦海会见中钢集团公司总经理贾宝军一行。

11 月 28 日，总经理杨迈军出席“第十四届孙冶方经济科学奖颁奖大会”。

11 月 29 日，总经理杨迈军接待第一财经传媒有限公司总经理秦朔一行。

11 月 30 日，总经理杨迈军出席“开展白银期货交易座谈会”。

11 月 30 日，副总经理劳光熊出席证监会第八次会管机构财务会议。

2011 年 12 月大事记

12 月 1 日，总经理杨迈军出席“铁矿石资源保障及基地建设座谈会”。

12 月 2 日，副理事长武小强出席中期协第三届理事会第六次会议。

12 月 7 日，副总经理霍瑞戎接待来访的彭博新闻社全球市场新闻部主任编辑 Kenneth KohnI 一行。

12 月 14 日，总经理杨迈军赴北京参加国家能源局石油天然气司举办的“加快我国原油期货市场建设推进协调会”。

12 月 16 日，全体所领导出席 2011 年上海期货交易所年度颁奖礼。

12 月 20 日，全体所领导出席中国证监会在上海期货交易所举办的期货发展座谈会。

12 月 21 日，理事长王立华出席上海期货交易所第二届理事会调解委员会 2011 年工作会议。

12 月 22 日，理事长王立华出席上海期货交易所第二届理事会结算委员会第二次会议。

12 月 27 日，理事长王立华主持召开上海期货交易所第二届理事会第二十四次会议。总经理杨迈军、副总经理劳光熊、霍瑞戎、滕家伟、总经理助理席志勇、副理事长武小强出席会议。

2011 年交易概况

交易品种	交易日数	成交金额	成交金额比重	日均成交金额	交割金额
al_f	244	170703376.30	1.96%	699604.00	1028632.59
au_f	244	509760793.44	5.87%	2089183.58	22953.37
cu_f	244	2993341852.19	34.44%	12267794.48	1062387.35
fu_f	244	19287733.47	0.22%	79048.09	199171.66
pb_f	192	25615929.78	0.29%	133416.30	48911.45
rb_f	244	743550287.35	8.56%	3047337.24	15363.90
ru_f	244	3304742295.62	38.03%	13544025.80	171238.15
wr_f	244	29897.99	0.00%	122.53	0.00
zn_f	244	923654948.00	10.63%	3785471.10	575693.33
Total	244	8690687114.12	100.00%	35617570.14	3124351.79
交易品种	交易日数	成交量	成交量比重	日均成交量	交割量
al_f	244	19907836	3.23%	81589.49	121580
au_f	244	14443516	2.34%	59194.74	726
cu_f	244	97922260	15.88%	401320.74	31720
fu_f	244	3942282	0.64%	16156.89	41770
pb_f	192	586560	0.10%	3055.00	1259
rb_f	244	163769578	26.57%	671186.80	3150
ru_f	244	208572798	33.83%	854806.55	10080
wr_f	244	6484	0.00%	26.57	0
zn_f	244	107326966	17.41%	439864.61	67075
Total	244	616478280	100.00%	2526550.33	277360

注：1、成交量单位为手，双边计算；成交金额单位为万元，双边计算。
2、交割量单位为手，单边计算；交割金额单位为万元，单边计算。

第三节　大连商品交易所

大连商品交易所

大连商品交易所成立于1993年2月28日，是经国务院批准并由中国证监会监督管理的四家期货交易所之一，也是中国东北地区唯一一家期货交易所。经中国证监会批准，目前上市交易的有玉米、黄大豆1号、黄大豆2号、豆粕、豆油、棕榈油、线型低密度聚乙烯、聚氯乙烯和焦炭9个期货品种。

成立二十年以来，大商所规范运营、稳步发展，已经成为我国重要的期货交易中心。截至2012年末，大商所共有会员178家，指定交割库91个，2012年期货成交量和成交额分别达12.66亿手和66.64万亿元。根据美国期货业协会（FIA）公布的全球主要衍生品交易所成交量排名，2012年上半年大商所在全球排名第12位。

经过多年发展，大商所期货品种价格已成为国内市场的权威价格，为相关各类生产经营提供了价格"指南针"和"避风港"的作用，并为国家宏观调控提供了有效的价格参考。近年来，大商所先后面向东北粮食主产区开展了以培训期货知识、免费信息服务及推动"公司＋农户、期货＋订单"模式试点等为主要内容的"千村万户"市场服务工程，面向产业企业开展了以现代市场经营和期货市场参与模式推广为主要内容的"千厂万企"市场服务工程，积极探索期货市场服务产业的新路，进一步强化市场功能发挥，促进了相关产业稳步健康发展，也为大连区域性金融中心建设和东北地区振兴做出了积极贡献！

2007年国务院批准的《东北地区振兴规划》提出"依托大连商品交易所，大力发展期货贸易，建设亚洲重要的期货交易中心"；2009年国务院通过的《辽宁沿海经济带发展规划》和《关于进一步实施东北地区等老工业基地振兴战略的若干意见》再次对大商所建设亚洲重要期货交易中心提出了新的更高的要求。大商所将牢牢把握发展机遇，朝着一流期货交易所的目标不断向前迈进。

组织结构：

会员大会是交易所的权力机构，由全体会员组成。

理事会是会员大会的常设机构，现有理事长1人。理事会由13名理事组成，其中会员理事为9名、非会员理事为4名。

理事会下设监察、交易、工业品种、农业品种、会员资格审查、调解、财务、技术等8个专门委员会。

交易所行政领导班子现有总经理1人、副总经理2人、总经济师1人、总经理助理1人。总经理为交易所法定代表人。

交易所设有总经理办公室、理事会办公室、战略规划办公室、研究中心、系统规划办公室、交易部、农业品事业部、工业品事业部、清算部、技术运维中心、新闻信息部、国际合作部、产业拓展部、会员服务部、期货学院、法律事务部、监察部、财务部、人力资源部、审计部和纪检监察办公室等20个职能部门，3个派出机构：北京发展与服务总部、上海发展与服务总部、广州发展与服务总部，2个直属单位：大连飞创信息技术有限公司、大连商品交易所行政服务有限公司。

领导成员

党委书记、理事长：刘兴强

党委副书记、总经理：李正强

党委副书记、监事会筹备组负责人：李鸣

党委委员、纪委书记：赵庆国

党委委员、副总经理：王凤海、朱丽红

总经济师：夏耘

总经理助理：刘志强

社会公益：

大商所长期致力于捐资助学、扶贫帮困、援助灾区等各项社会公益事业，积极承担社会责任。

捐资助学方面，大商所曾分别向辽宁省大连市、丹东市及安徽省太湖县的希望工程捐赠资金，并参与援建了太湖县希望学校。自2000年以来，大商所用于捐资助学的款项已达292万余元。

扶贫帮困方面，大商所通过向上级主管部门上缴扶贫专项经费、向地方慈善总会和"残疾人联合会"捐款、资助贫困地区修建公路、加强农村学校供暖、慰问低保贫困户等多种方式进行扶贫帮困，2000年以来累积扶贫资金达586万余元。

捐助灾区方面，大商所分别于2008年向南方雪灾地区和四川汶川地震灾区捐款，于2010年向青海省玉树地震灾区、甘肃省舟曲灾区和辽宁省丹东鸭绿江水灾地区进行了捐款，积极支援灾区重建，自2008年以来捐助灾区的款项达991万余元。

附：大商所近年部分扶贫帮困、捐助灾区活动清单

2008年向南方雪灾受灾地区捐款100万元

2008年向汶川地震灾区捐款312.275万元

2008年向中国证监会上缴扶贫专项经费20万元

2010年向青海玉树地震灾区捐款150万元

2010年向甘肃舟曲灾区捐款150万元

2010年向丹东鸭绿江遭受水灾地区捐款300万元

2010年向"残疾人联合会"捐款10万元

2010年帮助庄河市吴炉镇榆书房村小学加强供暖及慰问当地低保户，共花费9537.2元

2011年向庄河市吴炉镇榆书房村资助15万元用以修建公路，并于每年春节看望村内低保户，发放慰问金及慰问品。

2011年向中国证监会上缴扶贫专项经费20万元

地址：中国大连会展路129号

邮编：116023

电话：0411－84808888

传真：0411－84808588

大连商品交易所交割细则

第一章　总　则

第一条　为保证大连商品交易所（以下简称交易所）期

货交割业务的正常进行，规范实物交割行为，根据《大连商品交易所交易规则》，制定本细则。

第二条　黄大豆1号、黄大豆2号、豆粕、豆油、棕榈油、玉米、线型低密度聚乙烯、聚氯乙烯合约的交割采用实物交割方式。实物交割是指交易双方按照合约和规则的规定通过该期货合约所载商品所有权的转移，了结未平仓合约的过程。

第三条　客户的实物交割须由会员办理，并以会员名义在交易所进行。

第四条　个人客户不允许交割。自交割月第一个交易日起，交易所对个人客户的交割月份持仓予以强制平仓。最后交易日结束后，个人客户交割月份合约的持仓仍未能平仓的，首先由会员代为履约，会员仍未能履约的，则按照本细则第十四章有关规定进行处理。

第五条　交易所黄大豆1号、黄大豆2号、豆粕、豆油、棕榈油、玉米、线型低密度聚乙烯、聚氯乙烯合约的交割业务按本细则进行，交易所、会员、客户及交割仓库必须遵守本细则。

第二章　期货转现货

第六条　期货转现货（以下简称期转现）是指持有同一交割月份合约的交易双方通过协商达成现货买卖协议，并按照协议价格了结各自持有的期货持仓，同时进行数量相当的货款和实物交换。

第七条　提出期转现申请的客户必须是单位客户，期转现的期限为该合约上市之日起至交割月份前一个月倒数第三个交易日（含当日）。

第八条　交易双方达成现货买卖协议后，应向交易所提交下述材料：

（一）期转现申请；

（二）现货买卖协议；

（三）相关的货款证明；

（四）相关的标准仓单、入库单、存货单等货物持有证明。

第九条　期转现分为标准仓单期转现和非标准仓单期转现。

第十条　采用标准仓单进行期转现时，会员应在交易日11:30前向交易所提出申请，交易所在申请的当日内予以审批。

卖方会员应在批准日结算前将相应数量的标准仓单交到交易所，买方会员应将按协议价格计算的全额货款划入交易所账户。

第十一条　采用非标准仓单进行期转现时，交易所在收到申请后的三个交易日内予以审批。

第十二条　标准仓单期转现的仓单交收和货款支付由交易所负责办理，具体流程见《大连商品交易所结算细则》，手续费按交割手续费标准收取。

卖方客户应在期转现批准日向买方客户提交增值税专用发票，迟交或未提交增值税发票的，按《大连商品交易所结算细则》有关规定处理。

第十三条　非标准仓单期转现的货物交收和货款支付由交易双方自行协商确定，交易所对此不承担保证责任，手续费按交易手续费标准收取。

采用非标准仓单进行期转现时，交易双方应在现货交易结束后向交易所提交货物交收和货款支付证明。交易所有权对交易双方的现货行为进行监督和核查。

第十四条　期转现批准日结算时，交易所将交易双方的期转现持仓按协议价格进行结算处理，产生的盈亏计入当日平仓盈亏。

第十五条　期转现的持仓从当日持仓量中扣除，交易结果不计入当日结算价和成交量。每个交易日结束后，交易所将当日执行的期转现有关信息予以公布。

第三章　滚动交割

第十六条　黄大豆1号、黄大豆2号、豆粕、豆油、玉米合约采用滚动交割。

第十七条　滚动交割是指在合约进入交割月以后，由持有标准仓单和卖持仓的卖方客户主动提出，并由交易所组织匹配双方在规定时间完成交割的交割方式。

第十八条　滚动交割由客户提出交割申请，会员代客户办理。办理时间为交割月第一个交易日至交割月最后交易日前一交易日。

第十九条　滚动交割流程的第一日是配对日。

（一）卖方申报交割。进入交割月后，同时持有标准仓单（已办理充抵保证金的仓单除外，下同）和交割月单向卖持仓的客户可以通过会员提出交割申请，会员在交割月第一个交易日至最后交易日前一交易日闭市前，均可向交易所申报交割。提出交割申请的相应持仓和仓单予以冻结，其卖持仓对应的交易保证金不再收取。

（二）买方申报意向。持有交割月单向买持仓的买方在交割月第一个交易日至最后交易日前一交易日闭市前可以向交易所申报交割意向。

第二十条　配对日闭市后，交易所通过系统为申请交割的卖方会员找出该交割月多头持仓，按照“申报交割意向的买持仓优先，持仓时间最长的买持仓优先”的原则进行交割配对。配对结果一经确定，买卖双方不得变更。

第二十一条　配对日闭市后，买方会员的配对买持仓的交易保证金转为交割预付款。

第二十二条　滚动交割结算价为配对日结算价。配对日结算时，交易所对买卖双方会员配对持仓按配对日结算价进行结算处理，产生的盈亏在当日的《大连商品交易所会员资金结算表》中单独列示。

第二十三条　配对日闭市后，配对持仓从交割月合约的持仓量中扣除，不再受持仓限额限制。《交割通知单》和配对结果等滚动交割信息随配对日结算单通过会员服务系统发送给买卖双方会员，会员服务系统一经发送，即视为已经送达。配对结果等信息通过相关公共媒体和信息商对社会公众发布。

第二十四条　配对结果确定后，买方应及时向卖方提供有关增值税发票开具内容的事项，卖方在配对日后7日内将增值税发票交付买方。

第二十五条　配对日后（不含配对日）第2个交易日为交收日。交收日闭市之前，买方会员须补齐与其配对交割月份合约持仓相对应的全额货款，办理交割手续。

第二十六条　交收日闭市后，交易所按“最少配对数”原则将卖方交割的各仓库仓单分配给对应的配对买方。分配结果一经确定，买卖双方不得变更。

第二十七条　交收日闭市后，交易所给买方会员开具《标准仓单持有凭证》。交易所将80%交割货款付给卖方会员，交易所在收到卖方会员提交的增值税专用发票后，将剩余的20%的货款付给卖方会员。

第二十八条　滚动交割违约是指在规定期限内，买方未能如数解付货款。构成交割违约的，按本细则第十四章的有关规定处理，其中违约合约价值按配对日结算价计算，征购和竞卖在最后交割日后集中进行。

第二十九条　在合约最后交易日后，所有未平仓合约的持有者须以交割履约。最后交易日闭市后，同一客户号买卖持仓相对应部分的持仓视为自动平仓，不予办理交割，平仓价按交割结算价计算。

交割结算价是期货合约自交割月第一个交易日起至最后交易日所有成交价格的加权平均价。

第三十条　最后交易日闭市后，交易所按"最少配对数"的原则通过计算机对交割月份持仓合约进行交割配对。配对结果一经确定，买卖双方不得变更。

第三十一条　最后交易日闭市后，交易所将交割月份买持仓的交易保证金转为交割预付款。

第三十二条　最后交割日闭市后，交易所按"最少配对数"原则将卖方交割的各仓库仓单分配给对应的配对买方。分配结果一经确定，买卖双方不得变更。

第三十三条　最后交割日闭市前，卖方会员须将与其交割月份合约持仓相对应的全部标准仓单和增值税发票交到交易所，买方会员须补齐与其交割月份合约持仓相对应的全额货款。

最后交割日闭市后，交易所给买方会员开具《标准仓单持有凭证》，交易所将80%的货款付给卖方会员，交易所在收到卖方会员提交的增值税专用发票后，将剩余的20%的货款付给卖方会员。

增值税发票的流转过程为：交割卖方客户给对应的买方客户开具增值税发票，客户开具的增值税发票由双方会员转交、领取并协助核实，交易所负责监督。

会员迟交或未提交增值税发票的，按《大连商品交易所结算细则》有关规定处理。

第四章　一次性交割

第三十四条 棕榈油、线型低密度聚乙烯和聚氯乙烯合约采用一次性交割。在合约最后交易日后，所有未平仓合约的持有者须以交割履约，同一客户号买卖持仓相对应部分的持仓视为自动平仓，不予办理交割，平仓价按交割结算价计算。

交割结算价是期货合约自交割月第一个交易日起至最后交易日所有成交价格的加权平均价。

第三十五条　最后交易日闭市后，交易所按"最少配对数"的原则通过计算机对交割月份持仓合约进行交割配对。配对结果一经确定，买卖双方不得变更。

第三十六条　最后交易日闭市后，交易所将交割月份买持仓的交易保证金转为交割预付款。

第三十七条　最后交割日闭市后，交易所按"最少配对数"原则将卖方交割的各仓库仓单分配给对应的配对买方。分配结果一经确定，买卖双方不得变更。

第三十八条　最后交割日闭市前，卖方会员须将与其交割月份合约持仓相对应的全部标准仓单和增值税发票交到交易所，买方会员须补齐与其交割月份合约持仓相对应的全额货款。

最后交割日闭市后，交易所给买方会员开具《标准仓单持有凭证》，交易所将80%的货款付给卖方会员，交易所在收到卖方会员提交的增值税专用发票后，将剩余的20%的货款付给卖方会员。

增值税发票的流转过程为：交割卖方客户给对应的买方客户开具增值税发票，客户开具的增值税发票由双方会员转交、领取并协助核实，交易所负责监督。

会员迟交或未提交增值税发票的，按《大连商品交易所结算细则》有关规定处理。

第五章　黄大豆1号交割标准

第三十九条　黄大豆1号合约交割标准品、替代品的质量标准和质量升扣价详见附件1《黄大豆1号品质技术要求》和《黄大豆1号质量差异升扣价》。

黄大豆1号指定交割仓库分为基准交割仓库和非基准交割仓库（详见附件2《大连商品交易所黄大豆1号指定交割仓库名录》），交易所可视情况对黄大豆1号指定交割仓库进行调整。

第四十条　黄大豆1号合约升贴水的差价款由货主同指定交割仓库结算。

第四十一条　黄大豆1号采用麻袋包装。麻袋规定为长107±5cm、宽74±3cm不破、不漏的麻袋。麻袋卫生要求为无毒害物质污染，无油污，无霉变，无严重的煤灰、石灰、铁锈、泥土、水渍等污染。交易所可根据现货市场情况对包装物标准进行调整。

第四十二条　黄大豆1号包装物数量按每吨11条麻袋计算。麻袋重量按每条0.9公斤计重。

第四十三条　麻袋缝口可以是机器缝口或手工缝口。机器缝口必须达到两头锁紧双趟标准；手工缝口必须达到双线16针以上（含16针）标准。麻袋缝口质量达不到标准，可由指定交割仓库调换麻袋或对缝口加针，由此发生的费用由卖方货主承担。

第四十四条　黄大豆1号包装物价格包含在合约交易价格中。

第六章　黄大豆2号交割标准

第四十五条　黄大豆2号合约交割标准品、替代品的质量标准和质量差异升扣价详见附件3《大连商品交易所黄大豆2号交割质量标准（FB/DCE　D001－2005）》。

黄大豆2号指定交割仓库分为基准交割仓库和非基准交割仓库（详见附件4《大连商品交易所黄大豆2号指定交割仓库名录》），交易所可视情况对黄大豆2号指定交割仓库进行调整。

第四十六条　黄大豆2号合约升贴水的差价款由货主同指定交割仓库结算。

第四十七条　黄大豆2号可以采用散粮或包粮进行交割，包粮的包装物为麻袋。包装物价格由交易所确定并在黄大豆2号合约上市时提前公布。

第四十八条　黄大豆2号合约的交易价格为散粮价格。包装款由货主同指定交割仓库结算。

第四十九条　麻袋规定为长107±5cm、宽74±3cm不破、不漏的麻袋。麻袋卫生要求为无毒害物质污染，无油污，无霉变，无严重的煤灰、石灰、铁锈、泥土、水渍等污染。交易所可根据现货市场情况对包装物标准进行调整。

第五十条　黄大豆2号的包装物数量按每吨11条麻袋计算。麻袋重量按每条0.9公斤计重。

麻袋缝口可以是机器缝口或手工缝口。机器缝口必须达到两头锁紧双趟标准；手工缝口必须达到双线16针以上（含16针）标准。麻袋缝口质量达不到标准，可由指定交割仓库调换麻袋或对缝口加针，由此发生的费用由卖方货主承担。

第五十一条　黄大豆 2 号散粮入库或出库时，原则上应以整仓为单位确定入库或出库数量。

第七章　豆粕交割标准

第五十二条　豆粕交割标准品的质量标准详见附件 5《大连商品交易所豆粕交割质量标准（F/DCE D001－2006）》。

豆粕指定交割仓库分为基准交割仓库和非基准交割仓库（详见附件 6《大连商品交易所豆粕指定交割仓库名录》），交易所可视情况对豆粕指定交割仓库进行调整。

第五十三条　用于交割的豆粕在入库时，货主需向指定交割仓库提交豆粕的生产厂家、生产日期、产品检验员以及是否转基因的证明和标识，厂家质量检验报告复印件等。

第五十四条 豆粕包装为新的编织袋，编织袋的有效宽度为 625mm－725mm，有效长度为 1075mm－1225mm。编织袋要求不破、不漏。对包装物的卫生要求为无毒害物质污染，无油污，无霉变，无严重的煤灰、石灰、铁锈、泥土、水渍等污染。同一客户同一批次入库的豆粕包装要求规格统一。交易所可根据现货市场情况对包装物标准进行调整。

豆粕的每一袋包装上必须印有品名、厂家名称、厂家地址、厂家电话、重量的标识，并在编织袋上缝制印有生产日期的标签。

第五十五条　豆粕包装物不计算件数，编织袋包装价格包含在合约交易价格中。

第八章　豆油交割标准

第五十六条　豆油交割标准品的质量标准详见附件 7《大连商品交易所豆油交割质量标准》。

豆油指定交割仓库分为基准交割仓库和非基准交割仓库，交易所可视情况对豆油指定交割仓库进行调整。

第九章　棕榈油交割标准

第五十七条　棕榈油交割标准品的质量标准详见附件 8《大连商品交易所棕榈油交割质量标准（F/DCE P001－2007）》。

棕榈油指定交割仓库分为基准交割仓库和非基准交割仓库，分别设在广东省、上海市、浙江省、江苏省和天津市等地，交易所可视情况对指定交割仓库进行调整。指定交割仓库名录由交易所另行公布。

第十章　玉米交割标准

第五十八条　玉米合约交割标准品、替代品的质量标准和质量差异升扣价详见附件 9《大连商品交易所玉米交割质量标准（FC/DCE D001－2007）》。

玉米指定交割仓库分为基准交割仓库和非基准交割仓库（详见附件 10《大连商品交易所玉米指定交割仓库名录》），交易所可视情况对玉米指定交割仓库进行调整。

第五十九条　玉米合约升贴水的差价款由货主同指定交割仓库结算。

第六十条　玉米可以采用散粮或包粮进行交割，包粮的包装物为麻袋。包装物价格由交易所确定并在玉米合约上市时提前公布。

第六十一条　玉米合约的交易价格为散粮价格。包装款由货主同指定交割仓库结算。

第六十二条　麻袋规定为长 107±5cm、宽 74±3cm 不破、不漏的麻袋。麻袋卫生要求为无毒害物质污染，无油污，无霉变，无严重的煤灰、石灰、铁锈、泥土、水渍等污染。交易所可根据现货市场情况对包装物标准进行调整。

第六十三条　玉米的包装物数量按每吨 12 条麻袋计算。麻袋重量按每条 0.9 公斤计重。

麻袋缝口可以是机器缝口或手工缝口。机器缝口必须达到两头锁紧双趟标准；手工缝口必须达到双线 16 针以上（含 16 针）标准。麻袋缝口质量达不到标准，可由指定交割仓库调换麻袋或对缝口加针，由此发生的费用由卖方货主承担。

第六十四条　玉米散粮入库或出库时，原则上应以整仓为单位确定入库或出库数量。

第十一章　线型低密度聚乙烯交割标准

第六十五条　线型低密度聚乙烯合约标准交割品的质量标准和包装物要求详见附件 11《大连商品交易所线型低密度聚乙烯交割质量标准（F/DCE L001－2007）》。

原产厂家认定的不合格产品和以回收料为原料生产的线型低密度聚乙烯不允许交割。

交易所推荐厂家推荐牌号（见附件 12）的线型低密度聚乙烯，货主能够提供《大连商品交易所黄大豆 1 号、黄大豆 2 号、玉米、线型低密度聚乙烯标准仓单管理办法》规定材料的，可免于质量检验。交易所可根据市场情况调整推荐厂家和牌号名录。

线型低密度聚乙烯指定交割仓库分为基准交割仓库和非基准交割仓库，分别设在上海市、宁波市、天津市、潍坊市和广州市等地，交易所可视情况对指定交割仓库进行调整。指定交割仓库名录由交易所另行公布。

第六十六条　线型低密度聚乙烯包装物价格包含在线型低密度聚乙烯合约价格中。

第六十七条　线型低密度聚乙烯交割品包装统一为 25Kg/袋，每吨 40 袋，无溢短。

第十二章　聚氯乙烯交割标准

第六十八条　聚氯乙烯标准品为质量标准符合国家标准《悬浮法通用型聚氯乙烯树脂（GB/T 5761－2006）》的 SG5 型一等品。优等品作为替代品允许交割，优等品和一等品之间不设等级升贴水。

第六十九条　交易所推荐厂家推荐品牌的聚氯乙烯，货主能够提供《大连商品交易所黄大豆 1 号、黄大豆 2 号、玉米、线型低密度聚乙烯、聚氯乙烯标准仓单管理办法》规定材料，经交割仓库审核同意后，可免于质量检验。推荐厂家推荐牌号的企业资格与名录由交易所确定并公布。

第七十条 聚氯乙烯指定交割仓库分为基准交割仓库和非基准交割仓库，分别设在广东省、上海市、浙江省、江苏省等地，交易所可视情况对指定交割仓库进行调整。指定交割仓库名录和升贴水由交易所确定并公布。

第七十一条　聚氯乙烯交割品要求使用原生产厂家或者其认可的包装，包装袋上应标明商标、产品名称、产品标准号、净质量、生产厂名称及地址，并标识产品型号。

包装材料为内衬塑料薄膜袋的牛皮纸袋、聚丙烯编制袋或牛皮纸与聚丙烯编制物复合袋，应保证产品在正常贮运中包装不破损，产品不被污染，不泄漏。每袋净重 25±0.2kg，每吨 40 袋，无溢短。

第七十二条　聚氯乙烯包装物价格包含在聚氯乙烯合约

价格中。

第十三章　交割费用

第七十三条　进行实物交割的双方应分别向交易所交纳交割手续费。

黄大豆1号交割手续费为4元/吨；检验费为2元/吨。

黄大豆2号交割手续费为4元/吨；检验费为3元/吨。

豆粕、豆油、棕榈油交割手续费为1元/吨；豆粕、豆油、棕榈油检验费见《大连商品交易所豆粕、豆油、棕榈油标准仓单管理办法》相关规定。

玉米交割手续费为1元/吨；检验费为1元/吨。

线型低密度聚乙烯、聚氯乙烯交割手续费为2元/吨；取样及检验收费实行最高限价，由交易所制定并公布。

第七十四条　入库、出库费用实行最高限价。

各指定交割仓库应在每年10月1日之前将下一年度入库、出库最高费用标准上报交易所，交易所核准后，于当年11月1日之前予以公布。

新增指定交割仓库的入库、出库最高费用标准自交易所公布之日起实施。

第七十五条　指定交割仓库杂项作业服务收费实行最高限价。各指定交割仓库杂项作业服务最高收费标准由交易所制定并公布。

第七十六条　黄大豆1号、黄大豆2号仓储及损耗费（包括储存费、保管损耗、熏蒸费）收取标准为0.40元/吨天，5月1日至10月31日期间，每天加收0.10元/吨的高温季节储存费。

豆粕仓储及损耗费（包括储存费、保管损耗、熏蒸费）收取标准为0.50元/吨天。

豆油、棕榈油仓储及损耗费（包括储存费、保管损耗）收取标准为0.90元/吨天。

玉米仓储及损耗费（包括储存费、保管损耗、熏蒸费）收取标准为0.50元/吨天，5月1日至10月31日期间，每天加收0.10元/吨的高温季节储存费。

线型低密度聚乙烯、聚氯乙烯仓储费收取标准为1元/吨天。

第七十七条　从标准仓单仓储及损耗费付止日后次日起至标准仓单注销之日止，发生的仓储及损耗费在每月末由指定期货保证金存管银行从标准仓单所属会员的专用资金账户划转到指定交割仓库。仓储及损耗费划转须在交易所的监督下进行。标准仓单仓储及损耗费付止日前和标准仓单注销日后次日起，发生的仓储及损耗费用由交割仓库与货主结清。线型低密度聚乙烯、聚氯乙烯标准仓单无损耗费。

第七十八条　交易所可根据国家政策规定和市场情况调整以上各项费用的收费标准。交易所将及时通知会员和指定交割仓库。

第七十九条　指定交割仓库对交易所未作规定的收费项目参照有关行业规定的收费标准收取。

第十四章　交割违约

第八十条　具有下列行为之一的，构成交割违约：

（一）在规定期限内，卖方未能如数交付标准仓单的；

（二）在规定期限内，买方未能如数解付货款的。

第八十一条　在计算买方交割违约合约数量时，违约部分应预留合约价值20%的违约金和赔偿金。

买、卖方交割违约合约数量的公式为：

卖方交割违约合约数量（手）＝应交标准仓单数量（手）－已交标准仓单数量（手）

买方交割违约合约数量（手）＝［应交货款（元）－已交货款（元）］÷（1－20%）÷交割结算价（元/吨）÷交易单位（吨/手）。

第八十二条　发生交割违约后，交易所于违约发生当日结算后通知违约方和相对应的守约方。违约通知通过会员服务系统随当日结算数据发送，会员服务系统一经发送，即视为已经送达。

守约方须在下一交易日11:00以前将终止交割或继续交割的选择意向书面递交交易所。逾期未递交选择意向的，交易所按终止交割处理。终止交割后，交易所交割担保责任了结。

第八十三条　构成交割违约的，由违约方支付违约部分合约价值5%的违约金，同时按以下办法处理：

（一）卖方违约的，买方可作如下的一项选择

1. 终止交割：交易所退还买方货款；

2. 继续交割：交易所在最后交割日后的三个交易日内发布标准仓单征购公告，并在最后交割日后的第7个交易日组织征购。征购成功，交易所支付给买方标准仓单；征购失败，卖方支付给买方违约部分合约价值15%的赔偿金，交易所退还买方交割货款后终止交割。卖方承担因征购产生的一切经济损失和费用。

（二）买方违约的，卖方可作如下的一项选择

1. 终止交割：交易所退还卖方标准仓单；

2. 继续交割：交易所在最后交割日后的三个交易日内发布标准仓单竞卖公告，并在最后交割日后的第七个交易日组织竞卖。竞卖成功，交易所支付给卖方交割货款；竞卖失败，买方支付给卖方违约部分合约价值15%的赔偿金，交易所退还卖方标准仓单后终止交割。买方承担因竞卖产生的一切经济损失和费用。

第八十四条　征购价格不高于交割结算价的125%，竞卖价格不低于交割结算价的75%。

第八十五条　若买卖双方都违约的，交易所按终止交割处理，并对双方分别处以违约部分合约价值5%的罚款。

第八十六条　会员发生部分交割违约时，违约会员所接标准仓单或所得货款可用于违约处理。

第八十七条　会员在实物交割环节上蓄意违约的，按《大连商品交易所违规处理办法》第二十五条规定执行。

第十五章　标准仓单征购、竞卖

第八十八条　标准仓单征购、竞卖是指发生交割违约后，在守约方选择继续交割的情况下，交易所公开买入、卖出标准仓单的行为。

第八十九条　标准仓单征购、竞卖由交易所委托具备资格的机构统一组织进行。客户参与标准仓单征购、竞卖须由会员代理，并以会员名义进行。

个人客户不允许参与标准仓单征购、竞卖。

第九十条　在最后交割日后的三个交易日内，交易所向全体会员和社会发布标准仓单征购、竞卖公告。

第九十一条　在最后交割日后的第七个交易日，交易所组织标准仓单征购、竞卖。

第九十二条　标准仓单征购、竞卖的报价是指对应期货合约的交割标准品在基准交割仓库交货的含增值税和包装物款项的价格。

第九十三条　参加标准仓单征购（竞卖）的会员在其可

流通的标准仓单被冻结或将货币资金存入交易所后取得参加征购(竞卖)的资格,并在征购、竞卖完成后按成交价结算货款。

征购(竞卖)仓单数量为:

可卖出仓单量(手)=被冻结仓单数量(手)

可买入仓单量(手)=预交货款(元)/交割结算价(元/吨)/交易单位(吨/手)。

第九十四条　标准仓单征购、竞卖按照"价格优先,数量优先"的原则进行。

第九十五条　征购起始价格为交割结算价的 125%;竞卖起始价格为交割结算价的 75%。

在交易中,会员根据当前价格申报买入(卖出)的数量。如果当前价格申报买入(卖出)的数量大于等于竞卖(征购)数量,则竞卖(征购)价格按照最小变动价位顺次提高(降低)。

会员在最新价格的申报不得撤销;除非是会员在最新价格的申报量大于其在次新价格的申报量,否则次新价格的申报不得撤销;最新和次新价格以外的其余价位的申报自动撤销。

第九十六条　最近一笔申报之后,如无人进行新的申报,则主持人可以宣布征购(竞卖)结束,并按照价格优先和相同价格按申报数量由大到小的顺序确定成交,如果数量相同则按时间先后顺序分配。

第九十七条　征购(竞卖)部分成功是指在起始征购(竞卖)中,申报数量小于征购(竞卖)数量。此时取全部申报为成交申报并在结束后将实际征购(竞卖)获得的仓单数量(货币资金)按对应违约方的违约数量占总的卖方(买方)违约数量的比例向对应守约方分配。

第九十八条　征购(竞卖)结束后,交易所将征购(竞卖)结果和配对结果予以公布;交易所并以成交价格对参与征购(竞卖)的卖方(买方)的货款进行结算(含包装物款项),并开具《标准仓单持有凭证》。

第九十九条　征购(竞卖)结束后,如果征购(竞卖)价格低于(高于)交割结算价,则以成交价对守约方进行结算,增值税发票由双方直接开具。

如果征购(竞卖)价格高于(低于)交割结算价,则以交割结算价对守约方进行结算,成交价与交割结算价之间的差额从违约方账户中支付。增值税发票以违约方为中间票据出具人分别开具。

第一百条　征购(竞卖)结束后,如征购(竞卖)部分成功,交易所对未成功部分合约按交割结算价计算合约价值的 15% 违约金从违约方账户划入守约方账户。如果同一违约方对应多个守约方,则对违约方的未成功部分合约按对应守约方的配对数量平均分配。

第一百零一条　征购(竞卖)结束后,增值税发票应在五个交易日内开给对应客户。会员迟交或未提交增值税发票的,参照《大连商品交易所结算细则》有关规定处理。

第一百零二条　交易所向违约方收取 5 元/吨的征购(竞卖)费用。

由征购(竞卖)产生的其他费用由违约方承担。

第一百零三条　未成交会员(客户)持相关凭证在征购、竞卖结束后到交易所办理资金清退和标准仓单解冻手续。

第一百零四条　征购、竞卖结果由交易所予以公开发布。

第十六章　附则

第一百零五条　违反本细则规定的,则交易所按《大连商品交易所违规处理办法》的有关规定处理。

第一百零六条　本细则的解释权属于大连商品交易所。

第一百零七条　本办法自公布之日起实施。

大连商品交易所交易细则

第一章　总则

第一条　为了规范期货交易行为,保护期货交易各方的合法权益,保障大连商品交易所(以下简称交易所)期货交易的顺利进行,根据《大连商品交易所交易规则》,制定本细则。

第二条　交易所、会员、客户必须遵守本细则。

第二章　席位管理

第三条　交易席位是会员将交易指令输入交易所计算机交易系统参与交易的通道。

交易席位分为场内交易席位和远程交易席位。远程交易是指会员在其营业场所,通过与交易所计算机交易系统联网的通信系统直接输入交易指令、参与交易所交易的一种交易方式。

第四条　会员在取得会员资格后,即取得一个场内交易席位。经交易所批准,可以增加交易席位。

第五条　会员增加交易席位仅是增加该会员的交易通道,交易所对会员的持仓限额、风险控制及其他有关方面的管理规定不变。

第六条　会员申请增加场内交易席位,须具备以下条件:

(一)经营状况良好;

(二)自申请之日起前三个月成交量连续排名前 50 位,或从事交易所期货交易的单量较多;

(三)交易所要求应具备的其他条件。

第七条　会员申请增加场内交易席位,须向交易所提交下列材料:

(一)填写完整的《大连商品交易所会员增加场内交易席位申请表》;

(二)近一年期货经纪业务的基本情况;

(三)申请增加场内交易席位说明;

(四)交易所要求提供的其他材料。

第八条　增加场内交易席位申请经交易所批准后,会员须与交易所签订协议书,协议期限为一年。使用费按年收取,每年为 2 万元人民币。

第九条　协议签署后,会员须在 10 个工作日内到交易所办理有关入场手续。无故逾期的,交易所有权取消其申请增加的场内交易席位。

第十条　如协议尚未到期,会员提出申请终止使用场内增加交易席位,经交易所批准后可提前解除协议。

第十一条　有下列情况之一的,交易所可撤销会员场内增加交易席位:

(一)申请材料不真实的;

(二)将席位全部或部分以出租或者承包等形式交由其他机构和个人使用的;

(三)管理混乱或者有严重违规行为的;

(四)已不具备增加场内交易席位条件的;

(五)使用期满,会员未重新提出申请的;

(六)交易所认为应予撤销的其他情况。

第十二条　会员终止使用场内增加交易席位或被交易所

撤销场内增加交易席位的,使用费不予返还。

第十三条　会员申请远程交易席位,应具备下列条件:

(一)经营状况良好;

(二)拟开设远程交易的所在地的通讯、资金划拨条件能满足交易所期货交易运作要求;

(三)有健全的规章制度和远程交易管理办法;

(四)有固定的远程交易场所;

(五)远程交易系统的建设和管理应符合中国证监会相关技术管理规范的要求。

第十四条　会员申请远程交易席位,须向交易所提交下列材料:

(一)填写完整的《大连商品交易所远程交易席位申请表》;

(二)近两年期货交易基本情况;

(三)交易所要求提供的其他材料;

第十五条　交易所应自收到会员提交的申请报告和有关材料之日起一个月内,对申请报告作出书面批复。

第十六条　会员在收到交易所同意其进行远程交易的批复后一周内,须与交易所签订远程交易协议书。无故逾期的,交易所有权取消其申请的远程交易席位。

第十七条　会员提出远程交易系统开通申请后,由交易所通知会员具体开通日期。

第十八条　开通远程交易的会员,其场内交易席位作为备用通道继续保留,在交易时间内,会员远程交易席位不能正常使用时,会员应通过场内交易席位进行交易。

会员如不委派出市代表进场,远程交易席位不能正常使用时,后果自负。

第十九条　会员必须加强对其远程交易的管理和远程交易系统的维护。主要设施需要更换或作技术调整时,必须事先征得交易所的同意。远程交易席位迁移出原登记备案地,须事先报交易所审批。交易所有权对远程交易席位的使用情况进行监督检查。

第二十条有下列情况之一的,交易所可撤销会员远程交易席位:

(一)申请材料不真实的;

(二)将席位全部或部分以出租或者承包等形式交由其他机构和个人使用的;

(三)管理混乱或者有严重违规行为的;

(四)已不具备使用远程交易席位条件的;

(五)利用远程交易系统从事交易以外的其他活动的;

(六)会员申请撤销的。

第二十一条　如会员丧失交易所会员资格,则其拥有的交易席位全部终止使用。

第二十二条　由于计算机终端、通讯系统等交易设施发生故障,致使10%以上的会员不能交易时,交易所应暂停交易,直至故障消除为止。

第三章　出市代表管理

第二十三条　出市代表是受会员委派并代表会员在交易大厅接受本会员的交易指令进行期货交易的人员,其在交易大厅与交易有关的行为由会员负责。

第二十四条　出市代表必须具备下列条件:

(一)年满十八周岁,具有完全民事行为能力;

(二)经交易所专业培训并取得合格证书;

(三)品行端正,有良好的职业道德;

(四)没有刑事处罚记录。

第二十五条　办理出市代表证件须提供会员法人委托书原件、出市代表申请表(加盖单位公章)、出市代表资格证、身份证、学历证等材料。

第二十六条　每个交易席位限两名出市代表进场,特殊情况须经交易所批准。

第二十七条　出市代表可在每个交易日开市前30分钟内进入交易大厅做开市准备,收市后30分钟内离开交易大厅。出市代表不得随意出入交易大厅,特殊情况须经场务管理人员批准。

交易期间出市代表不能空缺,因空缺出现的后果由会员负责。

第二十八条　出市代表须佩带有效证件、着指定的专用服装出入交易大厅。

第二十九条　出市代表应爱护交易大厅内的各种设施,严格按照交易所有关交易大厅计算机设备管理规定操作,损坏者要照价赔偿并按有关规定处罚。

第三十条　出市代表携带交易设备进出交易大厅须经交易所批准。

第三十一条　出市代表应服从交易所场务管理人员的管理。

第三十二条　出市代表应将交易所文件、通知等材料及时送交所在会员。

第三十三条　会员应妥善管理交易密码,因交易密码泄露造成的后果由会员承担。

第三十四条　出市代表不得有下列行为:

(一)无故迟到或早退;

(二)携带器械、提包、各种食品进入交易大厅;

(三)行为举止不文明,损害、破坏交易设施,影响交易大厅内的卫生环境;

(四)在交易大厅内未按要求着装;

(五)未按正常程序操作交易系统;

(六)在交易期间随意走动、互串交易席位、大声喧哗、打闹、玩游戏机等影响交易秩序;

(七)影响其他席位的正常交易或交易所场务管理人员的正常工作;

(八)借用、盗用其他会员的电话或交易终端;

(九)未经许可在交易大厅拍照、录像;

(十)伪造、转借出市代表证;

(十一)其他影响交易所声誉、交易大厅内正常秩序的行为。

第三十五条　会员辞退、更换出市代表或出市代表离开原会员须及时到交易所办理撤销委托手续,并交还出市代表证。会员如未能及时收回出市代表证,应通知交易所有关部门,得到回执后,即可免除会员责任。因未及时办理撤销手续或退回出市代表证所造成的后果由会员承担。

第三十六条　除会员合并、分立、破产以及经原会员同意外,被撤销出市代表授权的人员,交易所在三个月内不受理其到其他会员处任出市代表的注册申请。

第四章　价格

第三十七条　交易所应及时发布以下与交易有关的信息:

(一)开盘价。开盘价是指某一期货合约开市前五分钟内经集合竞价产生的成交价格。集合竞价未产生成交价格的,以集合竞价后第一笔成交价为开盘价。第一笔成交价格按《大连商品交易所交易规则》第六十条规定确定,此时前一成交价为上一交易日收盘价。

（二）收盘价。收盘价是指某一期货合约当日交易的最后一笔成交价格。

（三）最高价。最高价是指一定时间内某一期货合约成交价中的最高成交价格。

（四）最低价。最低价是指一定时间内某一期货合约成交价中的最低成交价格。

（五）最新价。最新价是指某交易日某一期货合约交易期间的即时成交价格。

（六）涨跌。涨跌是指某交易日某一期货合约交易期间的最新价与上一交易日结算价之差。

（七）最高买价。最高买价是指某一期货合约当日买方申请买入的即时最高价格。

（八）最低卖价。最低卖价是指某一期货合约当日卖方申请卖出的即时最低价格。

（九）申买量。申买量是指某一期货合约当日交易所交易系统中未成交的最高价位申请买入的下单数量。

（十）申卖量。申卖量是指某一期货合约当日交易所交易系统中未成交的最低价位申请卖出的下单数量。

（十一）结算价。结算价是指某一期货合约当日交易期间成交价格按成交量的加权平均价。当日无成交的，以上一交易日的结算价作为当日结算价。结算价是进行当日未平仓合约盈亏结算和确定下一交易日涨跌停板额的依据。

（十二）成交量。成交量是指某一合约在当日所有成交合约的双边数量。

（十三）持仓量。持仓量是指期货交易者所持有的未平仓合约的双边数量。

第三十八条　基本交易指令的种类：

（一）限价指令：指执行时必须按限定价格或更好价格成交的指令；

（二）市价指令：指执行时自动以同方向停板价格参与交易的指令；

（三）市价止损（盈）指令：指当市场价格触及客户预先设定触发价格时，指令立即转为市价指令；

（四）限价止损（盈）指令：指当市场价格触及客户预先设定触发价格时，指令立即转为限价指令；

（五）交易所规定的其他指令。

会员可以在交易开市之前或交易过程中预先制作预备指令，预备指令进入到交易系统后即为相应的基本交易指令。

黄大豆1号、黄大豆2号、豆粕、豆油、棕榈油、线型低密度聚乙烯、聚氯乙烯合约交易指令每次最大下单数量为1000手，玉米合约交易指令每次最大下单数量为2000手。

第三十九条 基本交易指令可以附加立即全部成交否则自动撤销和立即成交剩余指令自动撤销两种指令属性。

第四十条 交易所对指定合约提供套利交易指令，指令内各成分合约按规定比例同时成交。套利指令分为同品种跨期套利和跨品种套利指令，各指令具体内容如下：

名称	交易方式（从买方角度）	报价方式
同品种跨期套利交易指令	买入近月份合约，卖出同等数量远月份合约。	买（卖）套利价格 = 近月合约买（卖）申报价格 - 远月合约卖（买）申报价格
两个品种间套利交易指令	买入某品种某月份合约，卖出另一品种相同或不同月份合约。	买（卖）套利价格 = 第一品种买（卖）申报价格 - 第二品种卖（买）申报价格
压榨利润套利交易指令	卖大豆合约、买相同月份或不同月份豆粕和豆油合约	买（卖）套利价格 = 豆粕合约买（卖）申报价格 + 豆油合约买（卖）申报价格 - 大豆合约卖（买）申报价格

套利交易指令只能为限价指令，并且不能附加任何指令属性。

第四十一条　开盘集合竞价在某品种某月份合约每一交易日开市前5分钟内进行，其中前4分钟为期货合约买、卖指令申报时间，后1分钟为集合竞价撮合时间。

交易系统自动控制集合竞价申报的开始和结束并在计算机终端上显示。

第四十二条　集合竞价采用最大成交量原则，即以此价格成交能够得到最大成交量。高于集合竞价产生的价格的买入申报全部成交；低于集合竞价产生的价格的卖出申报全部成交；等于集合竞价产生的价格的买入或卖出申报，根据买入申报量和卖出申报量的多少，按少的一方的申报量成交。若有多个价位满足最大成交量原则，则开盘价取与前一交易日结算价最近的价格。

第四十三条　开盘集合竞价中的未成交申报单自动参与开市后竞价交易。

第四十四条　新上市合约的挂盘基准价由交易所确定并提前公布。挂盘基准价是确定新上市合约第一天交易涨跌停板的依据。

第四十五条　新上市合约的涨跌停板为合约规定的涨跌停板的两倍，如有成交，于下一交易日恢复到合约规定的涨跌停板；如当日无成交，下一交易日继续执行前一交易日涨跌停板。如连续三个交易日无成交，交易所可对挂盘基准价作适当调整。

对曾经有成交而目前无持仓的合约，交易所可以公布新的基准价。

第五章　交易编码制度

第四十六条　交易所实行交易编码制度。交易编码是指会员按照本细则编制的用于客户进行期货交易的专用代码。

第四十七条　交易编码分非期货公司会员交易编码和客户交易编码。交易编码由会员号和客户号两部分组成。

第四十八条　客户交易编码由十二位数字构成，前四位数是会员号，后八位数是客户号。如客户交易编码为000100001535，则会员号为0001，客户号为00001535。

第四十九条　非期货公司会员交易编码和客户交易编码位数相同，但后八位是其会员号，如非期货公司会员的会员号为120，则其非期货公司会员交易编码为012000000120。

第五十条　非期货公司会员交易编码与客户交易编码互不占用。

第五十一条　一个客户在交易所内只能有一个客户号，但可以在不同的期货公司会员开户。交易编码只能是会员号不同，而客户号必须相同。

第五十二条　期货公司会员必须按会员服务系统中关于客户资料录入的提示，输入客户资料信息的电子文档，不得跳栏或漏输。期货公司会员变更客户资料或注销交易编码，应及时通过会员服务系统更换相应的资料信息。

期货公司会员通过以上电子文档方式将客户开户、变更及销户资料向交易所备案。期货公司会员应保证备案客户资料的真实、准确。

第五十三条　期货公司会员在会员服务系统中录入客户开户资料后，客户交易编码由会员服务系统自动生成，经交易所确认后方可使用。

第五十四条　期货公司会员应建立客户开户、变更及销户资料档案。客户开户资料包括：个人客户为《期货市场个人客户开户登记表》(见附件1)和本人身份证复印件等;单位客户为《期货市场单位客户开户登记表》(见附件2)和具有中国法人资格或其他经济组织资格的合法证件复印件等;客户销户资料包括:《期货市场客户销户申请表》(见附件3)等。

期货公司会员对上述资料的保管期限不得少于5年。

第五十五条　有下列情况之一的,客户交易编码予以注销:

(一)客户备案资料不真实的;

(二)客户被认定为市场禁入者的;

(三)客户在期货公司已办理销户手续的;

(四)其他应予以注销的情形。

应注销的交易编码,期货公司会员须在结算后通过会员服务系统销户。

第五十六条　客户提供虚假的开户资料或期货公司会员协助客户使用虚假资料开户的,交易所责令期货公司会员限期平仓,平仓后注销该客户交易编码,同时按《大连商品交易所违规处理办法》的有关规定进行处理。

第六章　附则

第五十七条　违反本细则规定的,交易所按《大连商品交易所违规处理办法》的有关规定处理。

第五十八条　本细则解释权属于大连商品交易所。

第五十九条　本细则自公布之日起实施。

大连商品交易所聚氯乙烯期货合约

交易品种	聚氯乙烯
交易单位	5吨/手
报价单位	元(人民币)/吨
最小变动价位	5元/吨
涨跌停板幅度	上一交易日结算价的4%
合约月份	1,2,3,4,5,6,7,8,9,10,11,12月
交易时间	每周一至周五上午9:00~11:30,
下午13:30~15:00	
最后交易日	合约月份第10个交易日
最后交割日	最后交易日后第2个交易日
交割等级	质量标准符合《悬浮法通用型聚氯乙烯树脂(GB/T 5761－2006)》规定的SG5型一等品和优等品
交割地点	大连商品交易所指定交割仓库
最低交易保证金	合约价值的5%
交易手续费	不超过6元/手
交割方式	实物交割
交易代码	V
上市交易所	大连商品交易所

大连商品交易所指定交割仓库管理办法

第一章　总则

第一条　为加强大连商品交易所(以下简称交易所)指定交割仓库的管理,规范交割行为,保证交割正常进行,根据《中华人民共和国合同法》和《大连商品交易所交易规则》的有关规定,制定本办法。

第二条　指定交割仓库是指经交易所审定注册的,为期货合约履行实物交割的指定交割地点。

第三条　交易所依据本办法对指定交割仓库进行管理,指定交割仓库及其有关工作人员必须遵守本办法。

第二章　申请和审批

第四条　申请指定交割仓库必须具备以下条件:

(一)具有工商行政管理部门颁发的营业执照;

(二)固定资产和注册资本须达到交易所规定的数额;

(三)财务状况良好,具有较强的抗风险能力;

(四)具有良好的商业信誉,完善的仓储管理规章制度;近三年内无严重违法行为记录和被取消指定交割仓库资格的记录;

(五)承认交易所的交易规则、交割细则等;

(六)仓库主要管理人员必须有五年以上的仓储管理经验;

(七)堆场、库房有一定规模,有储存交易所上市商品的条件、设备完好、齐全、计量符合规定要求以及良好的交通运输条件;

(八)有严格、完善的商品检化验制度、商品出入库制度、库存商品管理制度等;

(九)交易所要求的其他条件。

第五条　申请成为指定交割仓库,须提供下列材料:

(一)申请书;

(二)工商行政管理部门颁发的营业执照复印件;

(三)注册会计师事务所出具的近两年审计报告原件或加盖会计师事务所印章的复印件;

(四)申请单位仓库土地使用证复印件及相关文件;

(五)申请单位上级主管部门或董事会出具的同意申请指定交割仓库的批准文件及有关单位出具的担保函;

(六)仓库管理制度及简介;

(七)交易所要求提供的其他文件。

第六条　指定交割仓库的审批程序:

(一)交易所根据前条所列材料进行初审;

(二)交易所根据初审结果派员对申请单位进行实地调查和评估;

(三)指定交割仓库需根据本办法,制定相应的操作规程或细则,经交易所审定后方可开展有关期货合约的实物交割业务;

(四)交易所根据实地调查和评估结果择优选用仓储企业,并与之签订《指定交割仓库协议书》。

第七条　指定交割仓库经交易所核定批准后须办理以下事宜:

(一)指定交割仓库签发标准仓单所需各种印章须到交易所备案;

(二)期货交割业务指定专人授权书及专人签字须到交易所备案;

(三)缴纳风险抵押金;

(四)指定交割仓库期货管理人员接受交易所的交割业务培训;

(五)交易所规定的其他事宜。

第八条　指定交割仓库申请放弃指定交割仓库资格,应向交易所递交《放弃指定交割仓库资格申请书》,并经交易所审核批准。

第九条　指定交割仓库放弃或被取消资格的，应办理以下事项：

（一）交割商品全部出库或全部变成现货；

（二）结清与交易所的债权债务；

（三）按交易所规定清退风险抵押金。

第十条　指定交割仓库资格的确认、放弃或取消，交易所应及时通告会员及指定交割仓库，并报中国证监会备案。

第三章　权利和义务

第十一条　指定交割仓库的权利：

（一）按交易所规定签发标准仓单；

（二）按交易所审定的收费项目、标准和方法收取有关费用；

（三）对交易所制定的有关实物交割的规定享有建议权；

（四）交易所交割细则和《指定交割仓库协议书》规定的其他权利。

第十二条　指定交割仓库的义务：

（一）遵守交易所的交割细则和其他有关规定，接受交易所的监管，及时向交易所提供有关情况；

（二）根据期货合约规定的标准，对用于期货交割的商品进行验收入库；

（三）按规定保管好库内的商品，确保商品安全；

（四）按标准仓单要求提供商品，积极协助货主安排交割商品的运输；

（五）保守与期货交易有关的商业秘密；

（六）参加交易所组织的年审；

（七）缴纳风险抵押金；

（八）变更法定代表人、注册资本、股东或股本结构、仓储场地等事项，应及时向交易所报告；

（九）每年初向交易所提交经审计的上年年度财务报告；

（十）出现法律纠纷时，在三个工作日内应向交易所报告；

（十一）对外出具有关货物所有权证明函件时，应在证明函件落款日期的前三个工作日内向交易所报告；

（十二）交易所交割细则和《指定交割仓库协议书》规定的其他义务。

第四章　日常业务

第十三条　指定交割仓库的日常业务分为三个阶段：商品入库、商品保管和商品出库。

第十四条　指定交割仓库应保证期货交割商品优先办理入、出库。

第十五条　经交割预报的商品在入库过程中，指定交割仓库应及时进行抽样检验或者验收，并将入库数量、检验结果及时录入计算机。

第十六条　指定交割仓库对期货交割业务进行计算机管理，期货账目及有关单据须按交易所规定的统一格式进行处理，并定期发送至交易所。

第十七条　指定交割仓库对检验后的样品应设专门地点存放，以备查验。

第十八条　期货货物须合理堆放。

第十九条　指定交割仓库应对保管的期货商品进行定期检测，检测内容包括：水分、温度、虫情、鼠情等，并做好记录以备查验。

第二十条　对水分较大或水分不均的期货商品，指定交割仓库应及时采取相应的保管措施，确保商品质量。

第二十一条　在高温季节（5月1日～10月31日），各指定交割仓库必须对露天保管的商品采取加盖顶席、苇席兜底的保管措施。

第二十二条　指定交割仓库在高温季节应及时对期货商品进行熏蒸。

第二十三条　指定交割仓库应定期灭鼠，减少期货商品损耗。

第二十四条　指定交割仓库在贮存线型低密度聚乙烯时、聚氯乙烯，应远离火种和热源，禁止阳光直接照射，禁止露天堆放。

第二十五条　指定交割仓库在贮存线型低密度聚乙烯、聚氯乙烯时，应配备托盘，防止垛位底部受潮。

第二十六条指定交割仓库在贮存线型低密度聚乙烯、聚氯乙烯时，应与氧化剂、酸碱类物品分开存放。

第二十七条指定交割仓库在贮存线型低密度聚乙烯、聚氯乙烯时，应将不同生产厂家、不同牌号商品分开存放。

第二十八条　线型低密度聚乙烯、聚氯乙烯指定交割仓库应保持库房通风、干燥、清洁，消防设施良好。

第二十九条　指定交割仓库必须积极配合货主发运商品，不得故意拖延。

第三十条　指定交割仓库应及时将出库商品的进度、垛位及发运方向等情况反馈到交易所。

第五章　监督管理

第三十一条　指定交割仓库必须对库存交割商品投保财产险。

第三十二条　指定交割仓库必须对期货交割商品单独设账管理。

第三十三条　指定交割仓库必须确定一名负责人主管期货交割业务，指定专人负责交割商品的管理和办理标准仓单业务。

第三十四条　为保证和提高交易所指定交割仓库为会员、客户的服务质量，切实改进仓库管理水平，交易所对指定交割仓库实行仓库自查、交易所抽查和年审制度。

自查制度。各指定交割仓库根据本办法、交割细则、标准仓单管理办法和仓库的实际情况，每月选择一项或几项工作内容进行检查，并将检查结果送交易所。

交易所抽查制度。交易所根据掌握的情况或会员、客户的反映，随时对各指定交割仓库的一项或多项工作进行抽查，并做好详细记录，以检查指定交割仓库在日常工作中对交易所的各项规定的执行情况。

年审制度。交易所每一年度对指定交割仓库的工作做一次年度检查和评比。交易所将根据审核评比结果，调整交割仓库的配货量和交割限量。对确不符合指定交割仓库要求又不能做改进的仓库，交易所将取消其指定交割仓库资格。

交易所审查的内容包括仓储设施、库容库貌、业务能力、业务实绩、账目管理、会员满意程度以及交易所认为必要的其他内容。

第三十五条　交易所有权根据市场情况调整指定交割仓库的交割限量。

第三十六条　指定交割仓库应向交易所缴纳风险抵押金作为仓库履行义务的保证。若未发生经济赔偿的，交易所将其利息返还给仓库，利息按中国人民银行公布的同期银行活期存款利率计算；若发生经济赔偿的，交易所首先用其所缴纳的风险抵押金赔偿，抵押金不足以赔偿的，交易所有权向指定交割仓库追索。

风险抵押金的具体数额和缴纳方式在指定交割仓库的协议书上明确。

第六章　附则

第三十七条　违反本办法规定的，交易所按《大连商品交易所违规处理办法》的有关规定处理。

第三十八条　本办法解释权属于大连商品交易所。

第三十九条　本办法自公布之日起实施。

大连商品交易所风险管理办法

第一章　总则

第一条　为了加强期货交易风险管理，维护期货交易各方的合法权益，保证大连商品交易所（以下简称交易所）期货交易正常的进行，根据《大连商品交易所交易规则》，制定本办法。

第二条　交易所风险管理实行保证金制度、涨跌停板制度、限仓制度、大户报告制度、强行平仓制度和风险警示制度。

第三条　交易所、会员、客户必须遵守本办法。

第二章　保证金制度

第四条　交易所实行保证金制度。黄大豆1号、黄大豆2号、豆粕、豆油、棕榈油、玉米、线型低密度聚乙烯、聚氯乙烯期货合约的最低交易保证金为合约价值的5%。

新开仓交易保证金按前一交易日结算时交易保证金收取。

交易所可以根据市场情况调整各合约交易保证金标准。

第五条　自黄大豆1号、黄大豆2号、豆粕、豆油、棕榈油、玉米、线型低密度聚乙烯、聚氯乙烯合约进入交割月份前一个月第一个交易日起，交易所将分时间段逐步提高该合约的交易保证金。合约在某一交易时间段的交易保证金标准自该交易时间段起始日前一交易日结算时起执行。

黄大豆1号、黄大豆2号、豆粕、豆油、棕榈油、玉米、线型低密度聚乙烯、聚氯乙烯合约临近交割期时交易保证金收取标准为：

交易时间段	交易保证金（元/手）
交割月份前一个月第一个交易日	合约价值的10%
交割月份前一个月第六个交易日	合约价值的15%
交割月份前一个月第十一个交易日	合约价值的20%
交割月份前一个月第十六个交易日	合约价值的25%
交割月份第一个交易日	合约价值的30%

第六条　随着合约持仓量的增大，交易所将逐步提高该合约交易保证金比例。

黄大豆1号、豆粕、聚氯乙烯合约持仓量变化时交易保证金收取标准为：

合约月份双边持仓总量（N）	交易保证金（元/手）
N ≤100万手	合约价值的5%
100万手＜N≤150万手	合约价值的8%
150万手＜N≤200万手	合约价值的9%
200万手＜N	合约价值的10%

黄大豆2号、豆油合约持仓量变化时交易保证金收取标准为：

合约月份双边持仓总量（N）	交易保证金（元/手）
N ≤50万手	合约价值的5%
50万手＜N≤60万手	合约价值的8%
60万手＜N≤70万手	合约价值的9%
70万手＜N	合约价值的10%

玉米合约持仓量变化时交易保证金收取标准为：

合约月份双边持仓总量（N）	交易保证金（元/手）
N ≤150万手	合约价值的5%
150万手＜N≤200万手	合约价值的8%
200万手＜N≤250万手	合约价值的9%
250万手＜N	合约价值的10%

棕榈油、线型低密度聚乙烯合约持仓量变化时交易保证金收取标准为：

合约月份双边持仓总量（N）	交易保证金（元/手）
N ≤25万手	合约价值的5%
25万手＜N≤30万手	合约价值的8%
30万手＜N≤35万手	合约价值的9%
35万手＜N	合约价值的10%

第七条　当某期货合约出现涨跌停板的情况，则该期货合约的交易保证金按本办法第三章的有关规定执行。

第八条　当某期货合约连续三个交易日按结算价计算的涨（跌）幅之和达到合约规定的最大涨跌幅的2倍，连续四个交易日按结算价计算的涨（跌）幅之和达到合约规定的最大涨跌幅的2.5倍，连续五个交易日按结算价计算的涨（跌）幅之和达到合约规定的最大涨跌幅的3倍时，交易所有权根据市场情况，采取单边或双边、同比例或不同比例、部分会员或全部会员提高交易保证金的措施。提高交易保证金的幅度不高于合约规定交易保证金的1倍。

交易所采取上述措施须事先报告中国证监会。

第九条　如遇法定节假日休市时间较长，交易所可以根据市场情况在休市前调整合约交易保证金标准和涨跌停板幅度。

第十条　对同时满足本办法有关调整交易保证金规定的合约，其交易保证金按照规定交易保证金数值中的较大值收取。

第三章　涨跌停板制度

第十一条　交易所实行价格涨跌停板制度，由交易所制定各期货合约的每日最大价格波动幅度。交易所可以根据市场情况调整各合约涨跌停板幅度。

第十二条　黄大豆1号、黄大豆2号、豆粕、豆油、棕榈油、玉米、线型低密度聚乙烯、聚氯乙烯合约交割月份以前的月份涨跌停板幅度为上一交易日结算价的4%，交割月份的涨跌停板幅度为上一交易日结算价的6%。

新上市期货合约的涨跌停板幅度为合约规定涨跌停板幅度的两倍，如合约有成交则于下一交易日恢复到合约规定的涨跌停板幅度；如合约无成交，则下一交易日继续执行前一交易日涨跌停板幅度。

第十三条　当某期货合约以涨跌停板价格申报时，成交撮合原则实行平仓优先和时间优先的原则。

第十四条　涨（跌）停板单边无连续报价是指某一期货

合约在某一交易日收市前5分钟内出现只有停板价位的买入（卖出）申报、没有停板价位的卖出（买入）申报，或者一有卖出（买入）申报就成交、但未打开停板价位的情况。

第十五条　当黄大豆1号、黄大豆2号、豆粕、豆油、棕榈油、玉米、线型低密度聚乙烯、聚氯乙烯合约在某一交易日（该交易日记为第N个交易日）出现涨跌停板单边无连续报价的情况，则当日结算时，该期货合约的交易保证金按合约价值的6%收取（原交易保证金比例高于6%的，按原比例收取），第N+1个交易日黄大豆1号、黄大豆2号、豆粕、豆油、棕榈油、玉米、线型低密度聚乙烯、聚氯乙烯合约的涨跌停板幅度为4%（原涨跌停板比例高于4%的，按原比例执行）。

第十六条　若第N+1个交易日出现与第N个交易日同方向涨跌停板单边无连续报价的情况，则第N+1个交易日结算时起，该黄大豆1号、黄大豆2号、豆粕、豆油、棕榈油、玉米、线型低密度聚乙烯、聚氯乙烯合约交易保证金按合约价值的7%收取（原交易保证金比例高于7%的，按原比例收取）。第N+2个交易日该黄大豆1号、黄大豆2号、豆粕、豆油、棕榈油、玉米、线型低密度聚乙烯、聚氯乙烯合约涨跌停板幅度不变。

第十七条　若某期货合约在某交易日未出现与上一交易日同方向涨跌停板单边无连续报价的情况，则该交易日结算时交易保证金恢复到正常水平，下一交易日该合约的涨跌停板幅度按合约规定执行。

第十八条　若第N+2个交易日出现与第N+1个交易日同方向涨跌停板单边无连续报价的情况，则在第N+2个交易日收市后，交易所将进行强制减仓，如连续同方向涨跌停板系因会员或客户交易行为异常引发，则按第七章规定处理。

第十九条　强制减仓是指交易所将当日以涨跌停板价申报的未成交平仓报单，以当日涨跌停板价与该合约净持仓盈利客户（或非期货公司会员，下同）按持仓比例自动撮合成交。同一客户持有双向头寸，则其净持仓部分的平仓报单参与强制减仓计算，其余平仓报单与其对锁持仓自动对冲。具体强制减仓方法如下：

（一）申报平仓数量的确定：

在第N +2个交易日收市后，已在计算机系统中以涨跌停板价申报无法成交的、且客户合约的单位净持仓亏损大于或等于第N +2个交易日结算价的5%（棕榈油合约标准为4%）的所有持仓。

若客户不愿按上述方法平仓可在收市前撤单，不作为申报的平仓报单。

（二）客户单位净持仓盈亏的确定：

$$\text{客户该合约单位净持仓盈亏}=\frac{\text{客户该合约持仓盈亏总和(元)}}{\text{客户该合约净持仓量(手)}\quad\text{交易单位(吨/手)}}$$

客户该合约持仓盈亏总和，是指客户该合约的全部持仓按其实际成交价与当日结算价之差计算的盈亏总和。

（三）净持仓盈利客户平仓范围的确定：

根据上述方法计算的客户单位净持仓盈利大于零的客户的所有投机持仓以及客户单位净持仓盈利大于或等于第N +2个交易日结算价的7%的保值持仓都列入平仓范围。

（四）平仓数量的分配原则及方法：

1．平仓数量的分配原则

（1）在平仓范围内按盈利的大小和投机与保值的不同分成四级，逐级进行分配。

首先分配给属平仓范围内单位净持仓盈利大于或等于第N+2个交易日结算价的6%以上的投机持仓（以下简称盈利6%以上的投机持仓）；

其次分配给单位净持仓盈利大于或等于第N+2个交易日结算价的3%以上而小于6%的投机持仓（以下简称盈利3%以上的投机持仓）；

再次分配给单位净持仓盈利小于第N+2个交易日结算价的3%而大于零的投机持仓（以下简称盈利大于零的投机持仓）；

最后分配给单位净持仓盈利大于或等于第N+2个交易日结算价的7%的保值持仓（以下简称盈利7%保值持仓）。

（2）以上各级分配比例均按申报平仓数量（剩余申报平仓数量）与各级可平仓的盈利持仓数量之比进行分配。

2．平仓数量的分配方法及步骤：

若单位净持仓盈利6%以上的投机持仓数量大于或等于申报平仓数量，则根据申报平仓数量与单位净持仓盈利6%以上的投机持仓数量的比例，将申报平仓数量向单位净持仓盈利6%以上的投机持仓分配实际平仓数量；

若单位净持仓盈利6%以上的投机持仓数量小于申报平仓数量，则根据单位净持仓盈利6%以上的投机持仓数量与申报平仓数量的比例，将单位净持仓盈利6%以上的投机持仓数量向申报平仓客户分配实际平仓数量。再把剩余的申报平仓数量按上述的分配方法向单位净持仓盈利3%以上的投机持仓分配；若还有剩余，则再向单位净持仓盈利大于零的投机持仓分配；若还有剩余，则再向单位净持仓盈利7%的保值持仓分配。若还有剩余则不再分配。

分配平仓数量以"手"为单位，不足一手的按如下方法计算：首先对每个交易编码所分配到的平仓数量的整数部分进行分配，然后按小数部分由大到小的顺序"进位取整"进行分配。

（五）强制减仓的执行

强制减仓于第N +2个交易日收市后由交易系统按强制减仓原则自动执行，强制减仓结果作为第N +2个交易日会员的交易结果。

（六）强制减仓的价格

强制减仓的价格为该合约第N +2个交易日的涨（跌）停板价。

（七）强制减仓当日结算时交易保证金恢复到正常水平，下一交易日该合约的涨跌停板幅度按合约规定执行。

（八）由上述减仓造成的经济损失由会员及其客户承担。

第二十条　该合约在采取上述措施后若风险仍未释放，则交易所宣布为异常情况，并按有关规定采取风险控制措施。

第四章　限仓制度

第二十一条　交易所实行限仓制度。限仓是指交易所规定会员或客户可以持有的，按单边计算的某一合约投机头寸的最大数额。

第二十二条　限仓实行以下基本制度：

（一）根据不同期货品种的具体情况，分别确定每一品种每一月份合约的限仓数额；

（二）某一月份合约在其交易过程中的不同阶段，分别适用不同的限仓数额，进入交割月份的合约限仓数额从严控制；

（三）采用限制会员持仓和限制客户持仓相结合的办法，控制市场风险；

（四）套期保值交易头寸实行审批制，其持仓不受限制。

第二十三条　同一客户在不同期货公司会员处开有多个

交易编码，各交易编码上所有持仓头寸的合计数，不得超出一个客户的限仓数额。

第二十四条　各合约的限仓数额，按该合约在交易全过程中所处的不同时期，分别确定。

（一）在合约上市交易的一般月份（交割月份前一个月以前的月份）期间，当该合约的市场总持仓量达到一定规模起，按市场总持仓量的一定比例确定限仓数额；在该合约的市场总持仓量达到该规模前，该合约限仓数额以绝对量方式规定。

（二）在合约进入交割月份前一个月和进入交割月期间，该合约限仓数额以绝对量方式规定。

第二十五条　当黄大豆1号、豆粕、玉米、聚氯乙烯一般月份合约单边持仓大于20万手时，期货公司会员该合约持仓限额不得大于单边持仓的25%，非期货公司会员该合约持仓限额不得大于单边持仓的20%，客户该合约持仓限额不得大于单边持仓的10%。

当黄大豆2号、豆油、线型低密度聚乙烯一般月份合约单边持仓大于10万手时，期货公司会员该合约持仓限额不得大于单边持仓的25%，非期货公司会员该合约持仓限额不得大于单边持仓的20%，客户该合约持仓限额不得大于单边持仓的10%。

当棕榈油一般月份合约单边持仓大于5万手时，期货公司会员该合约持仓限额不得大于单边持仓的25%，非期货公司会员该合约持仓限额不得大于单边持仓的20%，客户该合约持仓限额不得大于单边持仓的10%。

当黄大豆1号、豆粕、玉米、聚氯乙烯一般月份合约单边持仓小于等于20万手时，期货公司会员该合约持仓限额为50,000手，非期货公司会员该合约持仓限额为40,000手，客户该合约持仓限额为20,000手。

当黄大豆2号、豆油、线型低密度聚乙烯一般月份合约单边持仓小于等于10万手时，期货公司会员该合约持仓限额为25,000手，非期货公司会员该合约持仓限额为20,000手，客户该合约持仓限额为10,000手。

当棕榈油一般月份合约单边持仓小于等于5万手时，期货公司会员该合约持仓限额为12,500手，非期货公司会员该合约持仓限额为10,000手，客户该合约持仓限额为5,000手。

第二十六条　黄大豆1号、黄大豆2号、豆粕、聚氯乙烯合约进入交割月份前一个月和进入交割月期间，其持仓限额为：（单位：手）

交易时间段	期货公司会员	非期货公司会员	客户
交割月前一个月第一个交易日起	25,000	20,000	10,000
交割月前一个月第十个交易日起	12,500	10,000	5,000
交割月份	6,250	5,000	2,500

豆油、线型低密度聚乙烯合约进入交割月份前一个月和进入交割月期间，其持仓限额为：（单位：手）

交易时间段	期货公司会员	非期货公司会员	客户
交割月前一个月第一个交易日起	10,000	8,000	4,000
交割月前一个月第十个交易日起	5,000	4,000	2,000
交割月份	2,500	2,000	1,000

玉米合约进入交割月份前一个月和进入交割月期间，其持仓限额为：（单位：手）

交易时间段	期货公司会员	非期货公司会员	客户
交割月前一个月第一个交易日起	50,000	40,000	20,000
交割月前一个月第十个交易日起	25,000	20,000	10,000
交割月份	12,500	10,000	5,000

棕榈油合约进入交割月份前一个月和进入交割月期间，其持仓限额为：（单位：手）

交易时间段	期货公司会员	非期货公司会员	客户
交割月前一个月第一个交易日起	5,000	4,000	2,000
交割月前一个月第十个交易日起	2,500	2,000	1,000
交割月份	1,250	1,000	500

期货合约在某一交易时间段的持仓限额标准自该交易时间段起始日前一交易日结算时起执行。

第二十七条　会员或客户的持仓数量不得超过交易所规定的持仓限额。对超过持仓限额的会员或客户，交易所将于下一交易日按有关规定执行强行平仓。

一个客户在不同期货公司会员处开有多个交易编码，其持仓量合计超出限仓数额的，由交易所指定有关期货公司会员对该客户超额持仓执行强行平仓。

第二十八条　期货公司会员名下全部客户的持仓之和超过该会员的持仓限额的，期货公司会员原则上应按合计数与限仓数之差除以合计数所得比例，由该会员监督其客户减仓；应减仓而未减仓的，由交易所按有关规定执行强行平仓。

第五章　大户报告制度

第二十九条　交易所实行大户报告制度。当会员或客户某品种持仓合约的投机头寸达到交易所对其规定的投机头寸持仓限量80%以上（含本数）时，会员或客户应向交易所报告其资金情况、头寸情况，客户须通过期货公司会员报告。交易所可根据市场风险状况，调整改变持仓报告水平。

第三十条　会员和客户的持仓达到交易所报告界限的，会员和客户应主动于下一交易日15:00时前向交易所报告。如需再次报告或补充报告，交易所将通知有关会员。

第三十一条　达到交易所报告界限的期货公司会员应向交易所提供下列材料：

（一）填写完整的《期货公司会员大户报告表》（见附件2），内容包括会员名称、会员号、合约代码、现有持仓、持仓保证金、可动用资金、持仓客户数量、预报交割数量、申请交割数量；

（二）资金来源说明；

（三）其持仓量前五名客户的名称、交易编码、持仓量、开户资料及当日结算单据；

（四）交易所要求提供的其他材料。

第三十二条　达到交易所报告界限的非期货公司会员应向交易所提供下列材料：

（一）填写完整的《非期货公司会员大户报告表》（见附件3），内容包括会员名称、会员号、合约代码、现有持仓、持仓性质、持仓保证金、可动用资金、持仓意向、预报交割数量、申请交割数量；

（二）资金来源说明；

（三）交易所要求提供的其他材料。

第三十三条　达到交易所报告界限的客户应提供下列材料：

（一）填写完整的《客户大户报告表》（见附件4），内容包括会员名称、会员号、客户名称和编码、合约代码、现有持仓、持仓性质、持仓保证金、可动用资金、持仓意向、预报交割数量、申请交割数量等；

（二）资金来源说明；

（三）开户材料及当日结算单据；

（四）交易所要求提供的其他材料。

第三十四条　期货公司会员应对达到交易所报告界限的客户所提供的有关材料进行初审，然后转交交易所。期货公司会员应保证客户所提供的材料的真实性。

第三十五条　交易所将不定期地对会员或客户提供的材料进行核查。

第三十六条　客户在不同期货公司会员处开有多个交易编码，各交易编码持有头寸合计达到报告界限，由交易所指定并通知有关期货公司会员，负责报送该客户应报告情况的有关材料。

第六章　强行平仓制度

第三十七条　为控制市场风险，交易所实行强行平仓制度。强行平仓是指当会员、客户违规时，交易所对有关持仓实行平仓的一种强制措施。

第三十八条　当会员、客户出现下列情形之一时，交易所有权对其持仓进行强行平仓：

（一）会员结算准备金余额小于零，并未能在规定时限内补足的；

（二）持仓量超出其限仓规定的；

（三）因违规受到交易所强行平仓处罚的；

（四）根据交易所的紧急措施应予强行平仓的；

（五）其他应予强行平仓的。

第三十九条　强行平仓的执行原则：

强行平仓先由会员自己执行，时限除交易所特别规定外，一律为开市后第一节交易时间内。若时限内会员未执行完毕，则由交易所强制执行。因结算准备金小于零而被要求强行平仓的，在保证金补足至最低结算准备金余额前，禁止相关会员的开仓交易。

（一）由会员单位执行的强行平仓头寸的确定

1. 属第三十八条第（一）、（二）项的强行平仓，其需强行平仓头寸由会员单位自行确定，只要强行平仓结果符合交易所规则即可。

2. 属第三十八条第（三）、（四）、（五）项的强行平仓，其需强行平仓头寸由交易所确定。

（二）由交易所执行的强行平仓头寸的确定

1. 属第三十八条第（一）项的强行平仓，该会员所有客户按交易保证金等比例平仓原则进行强行平仓：

平仓比例 = 会员应追加交易保证金 / 会员交易保证金总额　100%

客户应平仓释放交易保证金 = 该客户交易保证金总额　平仓比例

其客户需要强行平仓的头寸由交易所按先投机、后套期保值的原则；并按上一交易日闭市后合约总持仓量由大到小顺序，先选择持仓量大的合约作为强行平仓的合约。

若多个会员需要强行平仓的，按追加保证金由大到小的顺序，先平需要追加保证金大的会员。

2. 属第三十八条第（二）项的强行平仓：若系一个会员超仓，其需强行平仓头寸由交易所按会员超仓数量与会员投机持仓数量的比例确定有关客户的平仓数量；若系多个会员超仓，其需强行平仓头寸按会员超仓数量由大到小顺序，先选择超仓数量大的会员作为强行平仓的对象；若系客户超仓，则对该客户的超仓头寸进行强行平仓，若客户在多个会员处持仓，则按该客户持仓数量由大到小的顺序选择会员强行平仓。若系会员和客户同时超仓，则先对超仓的客户进行平仓，再按会员超仓的方法平仓。

3. 属第三十八条第（三）、（四）、（五）项的强行平仓，强行平仓头寸由交易所根据涉及的会员和客户具体情况确定。

若会员同时满足第三十八条第（一）、（二）项情况，交易所先按第（二）项情况确定强行平仓头寸，再按第（一）项情况确定强行平仓头寸。

第四十条　强行平仓的执行：

（一）通知。

交易所以“强行平仓通知书”（以下简称通知书）的形式向有关会员下达强行平仓要求。通知书除交易所特别送达以外，通过会员服务系统随当日结算数据发送，有关会员可以通过会员服务系统获得。

（二）执行及确认。

1. 开市后，有关会员必须首先自行平仓，直至达到平仓要求；

2. 超过会员自行强行平仓时限而未执行完毕的，剩余部份由交易所直接执行强行平仓；

3. 强行平仓执行完毕后，由交易所记录执行结果并存档；

4. 强行平仓结果随当日成交记录发送，有关会员可以通过会员服务系统获得。

第四十一条　强行平仓的价格通过市场交易形成。

第四十二条　如因价格涨跌停板或其他市场原因而无法在当日完成全部强行平仓的，交易所根据结算结果，对该会员或客户做出相应的处理。

第四十三条　由于价格涨跌停板限制或其他市场原因，有关持仓的强行平仓只能延时完成的，因此发生的亏损，仍由直接责任人承担；未能完成平仓的，该持仓持有者须继续对此承担持仓责任或交割义务。

第四十四条　由会员单位执行的强行平仓产生的盈利仍归直接责任人；由交易所执行的强行平仓产生的盈亏相抵后的盈利部分予以罚没；因强行平仓发生的亏损由直接责任人承担。直接责任人是客户的，强行平仓后发生的亏损，由该客户开户所在期货公司会员先行承担后，自行向该客户追索。

第七章　异常情况处理

第四十五条 在期货交易过程中，当出现以下情形之一的，交易所可以宣布进入异常情况，采取紧急措施化解风险：

（一）地震、水灾、火灾等不可抗力或计算机系统故障等不可归责于交易所的原因导致交易无法正常进行；

（二）会员出现结算、交割危机，对市场正在产生或者将产生重大影响；

（三）期货价格出现同方向连续涨跌停板，有根据认为会员或者客户违反交易所交易规则及其实施细则并且对市场正在产生或者即将产生重大影响；

（四）交易所规定的其他情况。

出现前款第（一）项异常情况时，交易所总经理可以采取调整开市收市时间、暂停交易的紧急措施；出现前款第（二）、（三）、（四）项异常情况时，理事会可以决定采取调整开市收市时间、暂停交易、调整涨跌停板幅度、调整交易保证金、暂停开新仓、限期平仓、强行平仓、限制出金等紧急措施；

第四十六条 在棕榈油期货交易过程中，因战争、社会动荡、自然灾害等因素对棕榈油进口正在产生或者即将产生重大影响时，交易所可以宣布进入异常情况，交易所总经理可以采取调整开市收市时间、暂停交易、终止交易的紧急措施。终止交易当天结算时，棕榈油各合约月份全部持仓按照上一交易日结算价进行平仓。

第四十七条 交易所宣布异常情况并决定采取紧急措施前必须报告中国证监会。

对棕榈油合约采取终止交易紧急措施的，应当经中国证监会批准。

第四十八条 交易所宣布进入异常情况并决定暂停交易时，暂停交易的期限不得超过3个交易日，但经中国证监会批准延长的除外。

第八章　风险警示制度

第四十九条　交易所实行风险警示制度。当交易所认为必要时，可以分别或同时采取要求报告情况、谈话提醒、发布风险提示函等措施中的一种或多种，以警示和化解风险。

第五十条　出现下列情形之一的，交易所可以要求会员或客户报告情况，或约见指定的会员高管人员或客户谈话提醒风险：

（一）期货价格出现异常变动；

（二）会员或客户交易行为异常；

（三）会员或客户持仓变化较大；

（四）会员资金变化较大；

（五）会员或客户涉嫌违规；

（六）会员或客户被投诉；

（七）会员涉及司法调查或诉讼案件；

（八）交易所认定的其他情形。

交易所要求会员或客户报告情况的，会员或客户应当按照交易所要求的时间、内容和方式如实报告。

交易所实施谈话提醒的，会员或客户应当按照交易所要求的时间、地点和方式认真履行。如果使用电话提醒方式，应保留电话录音；如果当面谈话，应保存谈话记录。

第五十一条　发生下列情形之一的，交易所可以向全体或部分会员和客户发出风险提示函：

（一）期货市场交易出现异常变化；

（二）国内外期货或现货市场发生较大变化；

（三）会员或客户涉嫌违规；

（四）会员或客户交易存在较大风险；

（五）交易所认定的其他异常情形。

第九章　附则

第五十二条　违反本办法规定的，交易所按《大连商品交易所违规处理办法》的有关规定处理。

第五十三条　本办法解释权属于大连商品交易所。

第五十四条　本办法自公布之日起实施。

大连商品交易所黄大豆1号、黄大豆2号、玉米、线型低密度聚乙烯、聚氯乙烯标准仓单管理办法

第一章　总则

第一条为保障大连商品交易所（以下简称交易所）期货交割业务的正常进行，加强标准仓单管理，根据《大连商品交易所交易规则》制定本办法。

第二条　交易所黄大豆1号、黄大豆2号、玉米、线型低密度聚乙烯、聚氯乙烯标准仓单的生成、流通、注销等业务按本办法执行。

第三条　交易所、会员、客户及指定交割仓库办理与标准仓单有关的各项业务必须遵守本办法。

第二章　标准仓单

第四条　标准仓单是指由交易所统一制定的，交易所指定交割仓库在完成入库商品验收、确认合格后签发给货主的实物提货凭证。标准仓单经交易所注册后生效。

第五条　交易所通过计算机办理标准仓单的注册登记、交割、交易、充抵和注销等业务。标准仓单的持有形式为《标准仓单持有凭证》。

第六条　《标准仓单持有凭证》是交易所开具的代表标准仓单所有权的有效凭证，是在交易所办理标准仓单交割、交易、转让、充抵、注销的凭证，受法律保护。

第七条　《标准仓单持有凭证》的内容包括：会员名称、会员号、客户名称、客户码、品种、有效期、仓库名称、数量等。

第八条　标准仓单数量因交割、交易、转让、充抵、注销等业务发生变化时，交易所收回原《标准仓单持有凭证》，签发新的《标准仓单持有凭证》。

第九条　会员持有的《标准仓单持有凭证》必须由专人保管，不得涂改、伪造。如有遗失，会员须及时到交易所办理挂失等手续。

第十条　标准仓单可用于交割、转让、提货、充抵等。

第十一条　标准仓单充抵按《大连商品交易所结算细则》的有关规定执行。

第三章　黄大豆1号、黄大豆2号、玉米标准仓单的生成

第十二条　标准仓单生成包括交割预报、商品入库、验收、指定交割仓库签发及交易所注册等环节。

第十三条　货主向指定交割仓库发货前，必须到交易所办理交割预报，填写《交割预报表》，交易所在3个工作日内予以答复，并按“择优分配、统筹安排”的原则安排指定交割仓库。货主须向交易所安排的指定交割仓库发货。未办理交割预报入库的商品不能用于交割。

第十四条　会员办理交割预报时，必须按10元/吨向交易所缴纳交割预报定金。

第十五条　交割预报自办理之日起有效，有效期为40天。在有效期内按交割预报执行的，交割预报定金在商品入库后予以返还；部分执行的，按实际到货量返还；未按预报执行的，交割预报定金不予返还。

第十六条　已经交割过的商品如在原指定交割仓库继续进行交割，不需办理交割预报。

第十七条　办理完交割预报的货主在发货前，须将车号、品种、数量、到货时间等通知指定交割仓库，指定交割仓库凭《交割预报表》合理安排垛位、接收商品。

第十八条　交割商品入库后，会员凭指定交割仓库及交易所确认的《交割预报表》到交易所返还交割预报定金。

第十九条　货主如未按交易所安排的指定交割仓库发货，必须到交易所重新办理交割预报，同时该批商品必须倒运到交易所新安排的指定交割仓库进行交割，由此产生的费用及出现的后果由货主承担。

第二十条　商品收发重量以指定交割仓库检重为准。商品入库、出库，货主应到库监收监发。货主不到库监收监发

的,则认定货主对指定交割仓库所收所发的实物数量、质量没有异议。

第二十一条　指定交割仓库按交易所有关规定对入库商品的种类、质量、包装等进行检验。入库商品检验合格后,指定交割仓库填写《储存商品检验证明》(附指定交割仓库商品检验报告)报交易所。

第二十二条　交易所或交易所委托质检机构对指定交割仓库检验合格的商品进行核查,确认无误后,允许指定交割仓库向会员或客户开具《标准仓单注册申请表》。

第二十三条　《标准仓单注册申请表》上需注明会员号、客户码、交割品种、申请数量、水分等级、需加盖指定交割仓库公章和法定代表人章、仓库经办人签章、客户章(签字),同时注明开具日期及指定交割仓库仓储及损耗费用付止日。

第二十四条　会员或客户与指定交割仓库结清有关费用后,领取《标准仓单注册申请表》。会员或客户凭指定交割仓库开具的《标准仓单注册申请表》到交易所领取《标准仓单持有凭证》。

第二十五条　达不到期货标准的商品,货主如提出委托处理,指定交割仓库可视其自身的整理能力及商品的实际情况处理,处理费用由货主承担。

第二十六条　标准仓单自交易所注册之日起生效。

第四章　线型低密度聚乙烯、聚氯乙烯标准仓单的生成

第二十七条　标准仓单生成包括交割预报、商品入库、验收、指定交割仓库签发及交易所注册等环节。

第二十八条　货主向指定交割仓库发货前,必须到交易所办理交割预报,填写《交割预报表》,交易所在 3 个工作日内予以答复,并按"择优分配、统筹安排"的原则安排指定交割仓库。货主须向交易所安排的指定交割仓库发货。未办理交割预报入库的商品不能用于交割。

第二十九条　会员办理交割预报时,必须按 20 元/吨向交易所缴纳交割预报定金。

第三十条　交割预报自办理之日起有效,有效期为 40 天。在有效期内按交割预报执行的,交割预报定金在商品入库后予以返还;部分执行的,按实际到货量返还;未按预报执行的,交割预报定金不予返还。

第三十一条　已经交割过的商品如在原指定交割仓库继续进行交割,不需办理交割预报。

第三十二条　办理完交割预报的货主在发货前,须将车号、品种、数量、到货时间等通知指定交割仓库,指定交割仓库凭《交割预报表》合理安排接收商品入库。

第三十三条　货物入库过程中,发现包装不符合《大连商品交易所交割细则》规定的,交割仓库应拒收并及时通知货主。

第三十四条　交割商品入库后,会员凭指定交割仓库及交易所确认的《交割预报表》到交易所返还交割预报定金。

第三十五条　货主如未按交易所安排的指定交割仓库发货,必须到交易所重新办理交割预报,同时该批商品必须倒运到交易所新安排的指定交割仓库进行交割,由此产生的费用及出现的后果由货主承担。

第三十六条　商品收发重量以指定交割仓库检重为准。商品入库、出库,货主应到库监收监发。货主不到库监收监发的,则认定货主对指定交割仓库所收所发的实物数量、质量没有异议。

第三十七条　货主应委托交易所指定的质检机构对入库商品进行质量检验,检验项目按《大连商品交易所交割细则》规定的标准进行。

第三十八条　线型低密度聚乙烯、聚氯乙烯的质量检验应以同一厂家、同一牌号进行组批,每批 300 吨,超过 300 吨的应分若干批检验,不足 300 吨的按一批检验。

聚氯乙烯交割品的检验方法按 GB/T5761 – 2006 中第 5 项规定的试验方法执行,采样规则要求符合 GB/T6679 – 2003 固体化工产品采样通则。

第三十九条　交易所推荐境内厂家生产的推荐牌号线型低密度聚乙烯、聚氯乙烯,货主能够提供符合大连商品交易所规定的线型低密度聚乙烯、聚氯乙烯交割质量标准的生产厂家出具的产品质量证明原件和《质量承诺书》(具体格式见附件)原件及交易所规定的其他材料的,经指定交割仓库审核同意后,可免于质量检验。

产品质量证明应载有生产厂家、牌号、批号、签证日期、质量测试项目、质量测试结果和质量检验结论等信息。

第四十条　交易所推荐境外厂家生产的推荐牌号线型低密度聚乙烯、聚氯乙烯,货主能够提供符合大连商品交易所线型低密度聚乙烯、聚氯乙烯交割质量标准的商检证书原件和货运单据、《进口货物报关单》(或者《进境货物备案清单》)、《原产地证明书》、《海关进口关税专用缴款书》、《海关代征增值税专用缴款书》等材料复印件并加盖申请入库单位公章的,经指定交割仓库审核同意后,可免于质量检验。

第四十一条　交易所指定质检机构完成入库商品质量检验后,应出具商品检验报告正本一份,副本三份,并将正本提交货主,向交易所和指定交割仓库分别提交副本一份。

第四十二条　指定交割仓库应按照交易所有关规定对入库商品的厂家、牌号、质量、包装及相关材料和凭证进行验收,验收合格后填制《线型低密度聚乙烯检验证明》、《聚氯乙烯检验证明》报交易所。

第四十三条　交易所收到完整的报送材料后,由指定交割仓库向会员或客户开具《标准仓单注册申请表》。

第四十四条　境内生产的线型低密度聚乙烯申请注册标准仓单的,申请注册日期距商品生产日期不得超过 180(含 180)个自然日;境内生产的聚氯乙烯申请注册标准仓单的,申请注册日期距商品生产日期不得超过 120(含 120)个自然日。

境外生产的线型低密度聚乙烯申请注册标准仓单的,申请注册日期距商品《进口货物报关单》进口日期(或者《进境货物备案清单》进境日期)不得超过 180(含 180)个自然日;境外生产的聚氯乙烯申请注册标准仓单的,申请注册日期距商品《进口货物报关单》进口日期(或者《进境货物备案清单》进境日期)不得超过 120(含 120)个自然日。

第四十五条　《标准仓单注册申请表》上需注明会员号、客户码、交割品种、申请数量、需加盖指定交割仓库公章和法定代表人章、仓库经办人签章、客户章(签字),同时注明开具日期及指定交割仓库仓储费用付止日。

第四十六条　会员或客户与指定交割仓库结清有关费用后,领取《标准仓单注册申请表》。会员或客户凭指定交割仓库开具的《标准仓单注册申请表》到交易所办理标准仓单注册手续。

第四十七条　标准仓单自交易所注册之日起生效。

第五章　标准仓单的流通

第四十八条　标准仓单流通是指标准仓单用于在交易所

履行合约的实物交割、标准仓单交易及标准仓单在交易所外转让。

第四十九条　标准仓单进行实物交割的，按有关品种交割细则规定办理。

第五十条　有关标准仓单交易的组织和实施办法由交易所另行制定、公布。

第五十一条　标准仓单转让必须通过会员在交易所办理过户手续，同时结清有关费用。交易所向买方签发新的《标准仓单持有凭证》，原《标准仓单持有凭证》同时作废。未通过交易所办理过户手续而转让的标准仓单，发生的一切后果由标准仓单持有人自负。

第六章　标准仓单的注销

第五十二条　标准仓单注销是指标准仓单合法持有人到交易所办理标准仓单退出流通手续的过程。

第五十三条　标准仓单持有人注销标准仓单，须通过会员提交标准仓单注销申请及相应的《标准仓单持有凭证》。

第五十四条　标准仓单注销申请包括：会员名称、会员号、客户名称、客户码、注销品种、数量。

第五十五条　交易所注销相应的标准仓单，结清有关费用，并开具《提货通知单》。

第五十六条　货主在实际提货日 3 天前，凭《提货通知单》与指定交割仓库联系有关出库事宜。

第五十七条　货主提货时，须向指定交割仓库提供提货人身份证、提货人所在单位证明，同时与仓库结清自标准仓单注销日次日至提货日的有关费用。

第五十八条　货主必须在《提货通知单》开具后 10 个工作日内到指定交割仓库办理提货手续。逾期未办的，按现货提货单处理，凭现货提货单提取的商品，指定交割仓库不保证全部商品质量符合期货标准。

第五十九条　标准仓单相应的期货商品转为现货后，如需再次生成标准仓单，必须按期货合约标准重新检验，并按第三章或者第四章有关规定办理。

第六十条　国家法律、法规和其他规定禁止或限制流通、交易的货物不得进行标准仓单注册，违反上述规定的责任由原始标准仓单注册申请人承担。

标准仓单注册前产生的所有质量问题（包括未执行国家强制性标准），由原始标准仓单注册申请人承担责任。

第六十一条　所有的黄大豆 1 号、黄大豆 2 号、玉米、线型低密度聚乙烯、聚氯乙烯标准仓单在每年的 3 月份最后一个工作日之前必须进行标准仓单注销。

第七章　争议与处理

第六十二条　当货主与指定交割仓库就黄大豆 1 号、黄大豆 2 号、玉米的检验结果发生争议时，由交易所指定的质量检验机构进行复检，复检结果为解决争议的依据。交割质量争议的检验机构为交易所所在地的技术监督局下属的检测机构。

当货主与指定交割仓库就线型低密度聚乙烯、聚氯乙烯的检验结果发生争议时，可在接到商品检验报告或者《提货通知单》开具之日起 5 个工作日内向交易所提出复检申请，由交易所在指定质量检验机构中选取复检机构，复检结果为解决争议的依据。逾期未提出申请的，则视为对所交割商品质量无异议。

第六十三条　黄大豆 1 号、黄大豆 2 号、玉米复检费用由提出争议者先行垫付。复检结果与指定交割仓库的检验结果相符，由此产生的一切费用（检验费和差旅费等）和损失由提出争议者负担；复检结果与指定交割仓库的检验结果不相符，由此产生的一切费用（检验费和差旅费等）和损失由指定交割仓库负担。

线型低密度聚乙烯、聚氯乙烯入库时的复检费用由提出争议者负担。出库时的复检费用由提货方先行垫付，复检结果与大连商品交易所线型低密度聚乙烯交割质量标准相符的，由此产生的费用由提货方负担；不相符的，该费用由指定交割仓库负担。

第六十四条　买方或卖方与指定交割仓库之间产生交割纠纷，首先由双方自行协商解决，达不成一致意见的，应在发生交割纠纷后 15 日内以书面形式提请交易所调解，逾期交易所不再受理调解申请。调解不成的，可通过法律途径解决。交易所不受理已经出库的交割商品的质量和数量的争议。

第八章　附则

第六十五条　违反本办法规定的，交易所按《大连商品交易所违规处理办法》的有关规定处理。

第六十六条　本办法解释权属于大连商品交易所。

第六十七条　本办法自公布之日起实施。

2011 年度 DCE 会员成交排名

名次	会员号	会员简称	成交量（手）	名次	会员号	会员简称	成交额（元）
1	0103	中国国际	31,902,598	1	0103	中国国际	1,913,089,670,065
2	0078	万达期货	19,156,909	2	0070	宝城期货	1,312,471,659,725
3	0070	宝城期货	19,131,400	3	0078	万达期货	1,312,471,659,725
4	0109	浙江永安	17,158,491	4	0109	浙江永安	972,348,097,830
5	0117	江苏弘业	14,678,409	5	0117	江苏弘业	885,419,810,550
6	0187	徽商期货	13,839,857	6	0052	中粮期货	781,974,925,330
7	0052	中粮期货	13,083,622	7	0187	徽商期货	776,383,741,060
8	0051	银河期货	11,678,886	8	0193	珠江期货	741,076,038,935
9	0193	珠江期货	11,496,854	9	0110	中证期货	667,104,765,755
10	0091	浙江新华	11,453,756	10	0091	浙江新华	665,313,110,785
11	0173	广发期货	11,345,909	11	0051	银河期货	664,301,827,300
12	0097	浙商期货	11,215,798	12	0173	广发期货	650,702,195,705

名次	会员号	会员简称	成交量(手)	名次	会员号	会员简称	成交额(元)
13	0122	华泰长城	10,569,157	13	0122	华泰长城	644,401,565,885
14	0043	鲁证期货	10,513,217	14	0097	浙商期货	638,496,959,580
15	0049	海通期货	10,467,143	15	0049	海通期货	632,529,695,040
16	0046	东海期货	10,339,524	16	0046	东海期货	606,159,657,665
17	0110	中证期货	9,722,450	17	0043	鲁证期货	596,107,883,040
18	0160	冠通期货	9,479,446	18	0152	南华期货	551,807,167,380
19	0152	南华期货	8,877,601	19	0160	冠通期货	528,819,342,535
20	0022	东航期货	8,167,050	20	0022	东航期货	459,047,302,980
21	0011	中辉期货	7,968,770	21	0184	东证期货	458,524,608,900
22	0125	国投期货	7,942,406	22	0125	国投期货	452,955,757,795
23	0056	申银万国	7,595,279	23	0151	国海良时	433,404,161,910
24	0184	东证期货	7,478,976	24	0011	中辉期货	429,196,598,880
25	0151	国海良时	7,443,227	25	0107	浙江中大	415,135,984,220
26	0015	新湖期货	7,359,813	26	0056	申银万国	414,393,868,240
27	0014	信达期货	7,135,176	27	0015	新湖期货	398,504,233,450
28	0107	浙江中大	7,073,436	28	0014	信达期货	390,622,028,425
29	0030	国泰君安	6,585,318	29	0169	安粮期货	379,679,895,205
30	0020	渤海期货	6,468,850	30	0030	国泰君安	363,463,366,005
31	0095	北京首创	5,989,736	31	0020	渤海期货	353,402,705,090
32	0169	安粮期货	5,800,551	32	0095	北京首创	348,687,232,245
33	0074	大连良运	5,651,603	33	0133	兴业期货	326,193,130,435
34	0133	兴业期货	5,530,182	34	0074	大连良运	308,576,386,900
35	0135	上海中期	5,233,650	35	0135	上海中期	304,735,224,820
36	0057	美尔雅期货	5,216,670	36	0057	美尔雅期货	298,869,526,225
37	0105	光大期货	5,183,854	37	0105	光大期货	295,202,572,120
38	0161	国联期货	5,139,920	38	0161	国联期货	282,679,208,260
39	0115	金元期货	4,628,391	39	0018	宏源期货	261,849,516,415
40	0167	集成期货	4,580,142	40	0115	金元期货	260,650,796,995
41	0229	长江期货	4,485,243	41	0060	方正期货	260,250,597,420
42	0018	宏源期货	4,436,144	42	0167	集成期货	255,712,752,795
43	0058	北京中期	4,309,583	43	0229	长江期货	253,763,417,380
44	0060	方正期货	4,242,198	44	0058	北京中期	229,698,138,830
45	0050	浙江新世纪	4,179,209	45	0050	浙江新世纪	227,900,751,280
46	0114	江苏新纪元	3,972,656	46	0196	一德期货	227,101,489,845
47	0196	一德期货	3,944,641	47	0092	英大期货	225,461,630,940
48	0129	华安期货	3,777,096	48	0039	成都倍特	222,857,168,940
49	0039	成都倍特	3,718,301	49	0023	海航东银	213,214,611,090
50	0176	浙江大地	3,586,481	50	0114	江苏新纪元	212,410,980,965
51	0195	瑞达期货	3,567,639	51	0129	华安期货	210,965,274,215
52	0181	格林期货	3,567,077	52	0195	瑞达期货	210,866,216,935
53	0092	英大期货	3,495,945	53	0176	浙江大地	210,140,939,640
54	0023	海航东银	3,487,198	54	0143	东吴期货	205,433,263,610
55	0143	东吴期货	3,459,707	55	0181	格林期货	201,036,778,710
56	0138	经易期货	3,439,945	56	0138	经易期货	191,314,053,820
57	0153	北方期货	3,235,989	57	0156	国都期货	182,794,495,230
58	0120	天琪期货	3,091,590	58	0153	北方期货	181,616,644,000
59	0071	中信建投	3,054,729	59	0071	中信建投	180,833,533,440
60	0150	中晟期货	3,039,696	60	0201	红塔期货	165,984,114,530
61	0156	国都期货	2,945,491	61	0150	中晟期货	164,242,564,835
62	0134	五矿期货	2,944,146	62	0166	锦泰期货	163,806,270,560
63	0166	锦泰期货	2,800,124	63	0180	国贸期货	162,679,957,810
64	0180	国贸期货	2,699,832	64	0120	天琪期货	157,328,882,465
65	0104	创元期货	2,556,981	65	0206	金瑞期货	156,062,899,190
66	0066	国信期货	2,531,242	66	0134	五矿期货	150,535,927,465
67	0226	安信期货	2,524,086	67	0240	摩根大通	150,108,807,770
68	0026	浙江大越	2,386,113	68	0104	创元期货	144,640,214,395
69	0206	金瑞期货	2,310,976	69	0026	浙江大越	139,611,938,295
70	0149	上海良茂	2,304,955	70	0149	上海良茂	134,898,101,000
71	0212	神华期货	2,267,175	71	0131	华元期货	134,197,635,250

名次	会员号	会员简称	成交量(手)	名次	会员号	会员简称	成交额(元)
72	0102	上海中财	2,260,381	72	0123	华西期货	132,663,813,645
73	0016	汇鑫期货	2,224,406	73	0066	国信期货	131,499,628,835
74	0201	红塔期货	2,219,234	74	0226	安信期货	129,173,086,350
75	0240	摩根大通	2,217,760	75	0053	迈科期货	128,066,539,030
76	0072	山西三立	2,201,118	76	0102	上海中财	127,786,281,610
77	0131	华元期货	2,182,899	77	0212	神华期货	127,338,406,510
78	0148	民生期货	2,158,963	78	0148	民生期货	123,911,004,280
79	0216	晟鑫期货	2,153,683	79	0211	大华期货	122,917,337,920
80	0053	迈科期货	2,146,101	80	0136	上海大陆	121,802,770,185
81	0136	上海大陆	2,064,745	81	0189	烟台中州	120,533,811,215
82	0189	烟台中州	2,051,204	82	0016	汇鑫期货	118,350,309,360
83	0178	南证期货	2,024,029	83	0072	山西三立	115,132,487,630
84	0123	华西期货	1,949,008	84	0231	湘财祈年	111,431,501,670
85	0210	招商期货	1,931,951	85	0101	先融期货	110,205,755,365
86	0089	江西瑞奇	1,910,623	86	0178	南证期货	109,720,721,105
87	0218	大有期货	1,907,956	87	0089	江西瑞奇	108,197,781,590
88	0231	湘财祈年	1,812,496	88	0210	招商期货	107,683,859,405
89	0211	大华期货	1,800,967	89	0218	大有期货	106,634,102,020
90	0236	德盛期货	1,782,855	90	0236	德盛期货	104,980,704,840
91	0227	国元海勤	1,688,244	91	0042	金石期货	97,851,697,840
92	0033	中钢期货	1,688,194	92	0216	晟鑫期货	96,589,988,810
93	0042	金石期货	1,645,409	93	0033	中钢期货	96,084,808,510
94	0101	先融期货	1,631,606	94	0227	国元海勤	90,739,258,055
95	0065	和合期货	1,627,000	95	0202	中原期货	89,132,815,650
96	0202	中原期货	1,504,608	96	0065	和合期货	88,636,799,530
97	0190	招金期货	1,492,921	97	0190	招金期货	86,329,602,505
98	0093	江苏东华	1,459,343	98	0081	北京金鹏	86,323,256,340
99	0192	金友期货	1,457,623	99	0093	江苏东华	85,372,166,680
100	0139	道通期货	1,414,973	100	0192	金友期货	79,601,735,155
101	0081	北京金鹏	1,413,389	101	0245	华鑫期货	79,374,332,695
102	0158	天富期货	1,315,937	102	0021	国金期货	77,707,379,185
103	0021	国金期货	1,284,358	103	0139	道通期货	75,682,210,270
104	0245	华鑫期货	1,260,781	104	0118	上海金源	65,704,529,885
105	0118	上海金源	1,208,912	105	0158	天富期货	61,751,293,485
106	0170	宁波杉立	1,051,571	106	0170	宁波杉立	58,093,145,035
107	0172	湖南金信	890,459	107	0175	中信新际	56,943,902,315
108	0112	广晟期货	853,579	108	0113	华联期货	53,850,823,010
109	0113	华联期货	832,618	109	0172	湖南金信	48,866,656,955
110	0175	中信新际	828,811	110	0177	江苏文峰	48,697,409,390
111	0177	江苏文峰	827,828	111	0223	盛达期货	46,818,793,215
112	0221	广永期货	793,654	112	0112	广晟期货	46,519,926,520
113	0223	盛达期货	779,166	113	0221	广永期货	45,158,227,700
114	0037	中航期货	777,669	114	0037	中航期货	42,986,123,715
115	0012	银建期货	764,095	115	0012	银建期货	41,586,958,235
116	0215	云晨期货	734,257	116	0036	中粮集团	40,949,981,600
117	0062	华闻期货	724,348	117	0215	云晨期货	39,796,957,590
118	0182	河北恒银	707,602	118	0062	华闻期货	39,455,724,250
119	0225	广州期货	664,012	119	0220	华证期货	38,465,672,840
120	0080	国富期货	660,642	120	0182	河北恒银	37,174,632,305
121	0220	华证期货	611,161	121	0098	中粮四海丰	36,854,943,690
122	0213	深圳金汇	586,433	122	0225	广州期货	36,616,645,380
123	0098	中粮四海丰	571,252	123	0147	广东鸿海	31,110,467,330
124	0036	中粮集团	568,808	124	0080	国富期货	31,011,856,420
125	0147	广东鸿海	530,646	125	0207	象屿期货	30,406,260,270
126	0207	象屿期货	520,093	126	0048	江南期货	30,247,487,565
127	0239	重庆新涪	514,321	127	0239	重庆新涪	29,965,505,250
128	0171	大通期货	511,949	128	0213	深圳金汇	29,677,192,250
129	0168	华海期货	510,004	129	0242	中银国际	28,357,626,555
130	0048	江南期货	507,450	130	0157	上海浙石	27,438,784,060

名次	会员号	会员简称	成交量(手)	名次	会员号	会员简称	成交额(元)
131	0157	上海浙石	498,793	131	0168	华海期货	27,348,073,275
132	0242	中银国际	483,774	132	0126	海证期货	27,345,620,815
133	0244	第一创业	468,013	133	0171	大通期货	24,158,706,795
134	0126	海证期货	444,192	134	0244	第一创业	23,213,740,000
135	0164	西部期货	404,802	135	0164	西部期货	20,909,628,310
136	0186	恒泰期货	352,570	136	0241	深圳年年丰	20,562,535,900
137	0233	吉粮期货	343,476	137	0186	恒泰期货	18,144,497,670
138	0203	平安期货	297,939	138	0233	吉粮期货	17,859,265,935
139	0222	广东邦顺	279,678	139	0203	平安期货	17,614,683,980
140	0228	津投期货	269,454	140	0084	上海东亚	15,372,653,885
141	0205	东兴期货	247,165	141	0228	津投期货	14,771,144,715
142	0106	上海通联	242,627	142	0219	华创期货	14,661,011,075
143	0219	华创期货	241,341	143	0106	上海通联	14,143,578,500
144	0241	深圳年年丰	228,162	144	0205	东兴期货	13,021,154,580
145	0155	新疆天利	218,555	145	0222	广东邦顺	12,251,754,735
146	0075	深圳瑞龙	189,911	146	0075	深圳瑞龙	11,927,524,525
147	0084	上海东亚	186,049	147	0155	新疆天利	11,867,211,780
148	0069	甘肃陇达	177,999	148	0082	陕西长安	10,131,235,235
149	0019	华融期货	167,851	149	0019	华融期货	9,786,631,590
150	0082	陕西长安	144,352	150	0069	甘肃陇达	8,423,451,590
151	0235	中融汇信	132,663	151	0235	中融汇信	7,303,320,060
152	0108	上海普民	116,142	152	0096	天鸿期货	6,538,173,070
153	0096	天鸿期货	94,663	153	0108	上海普民	5,663,910,455
154	0141	西南期货	89,181	154	0141	西南期货	5,278,943,925
155	0145	华南期货	77,423	155	0025	乾坤期货	3,657,291,925
156	0246	京都期货	68,990	156	0246	京都期货	3,610,795,820
157	0025	乾坤期货	65,514	157	0067	天津金谷	3,009,994,860
158	0067	天津金谷	64,267	158	0035	和融期货	2,951,645,285
159	0209	上海久恒	59,446	159	0209	上海久恒	2,882,333,760
160	0121	鑫鼎盛期货	49,696	160	0145	华南期货	2,791,031,535
161	0035	和融期货	49,243	161	0121	鑫鼎盛期货	2,395,613,650
162	0085	黑龙江时代	44,581	162	0063	财达期货	2,129,229,845
163	0063	财达期货	44,414	163	0085	黑龙江时代	1,927,069,085
164	0200	中谷粮油	36,364	164	0194	海南金海岸	1,556,531,660
165	0230	财富期货	27,478	165	0230	财富期货	1,446,611,485
166	0194	海南金海岸	26,551	166	0088	河南阳光	1,020,296,860
167	0183	路易达孚	21,797	167	0183	路易达孚	1,000,069,540
168	0088	河南阳光	16,944	168	0200	中谷粮油	906,260,590
169	0165	江信国盛	16,238	169	0165	江信国盛	885,583,245
170	0243	温氏集团	13,926	170	0243	温氏集团	663,435,150
171	0247	东方期货	12,938	171	0247	东方期货	608,202,135
172	0040	中谷长春	10,386	172	0208	江海粮油	400,423,540
173	0208	江海粮油	4,865	173	0040	中谷长春	238,023,860
174	0100	黑龙江三力	1,267	174	0100	黑龙江三力	67,685,390

大连商品交易所2011年大事记

1月21日，为贯彻落实全国证券期货监管工作会议精神，总结工作，表彰先进，推动2011年工作再上新台阶，大商所在期货大厦召开了2010年度总结表彰大会。

1月26日，大连市金融发展促进会在大连成立，在当天召开的第一次会员大会暨第一届理事会上，大商所总经理刘兴强当选为首任会长。

3月5－14日，第十一届全国人民代表大会第四次会议在北京隆重召开，全国人大代表、大商所总经理刘兴强表示：在新的形势和要求下，大商所将全力以赴，根据全国证券期货监管工作会议部署，继续落实国家稳定物价总水平的要求，遏制市场过度投机，防止市场操纵，深化市场功能发挥，配合服务宏观调控大局；同时继续“练内功、打基础”，完善市场机制，稳妥推进期货品种和业务创新，为大连期货市场可持续发展、进一步增强服务能力注入新的活力。

4月15日，经中国证监会批准，焦炭期货合约在大连商品交易所上市交易。中国证监会主席尚福林和辽宁省委常委、大连市委书记夏德仁共同为焦炭期货合约揭牌，尚福林为开盘交易鸣锣。中国证监会主席助理姜洋宣读了中国证监会关于同意大连商品交易所上市焦炭期货的批复。来自国务院办公厅、国家发改委、工信部、商务部、证监会有关部门及派出机构负责人、辽宁省及大连市有关部门负责人、相关行业企业代表出席了上市仪式。上市仪式由大连商品交易所总经理刘兴强主持。

6月1－2日，由大商所和中国石油与化学工业联合会联合举办的"2011中国塑料产业大会"在宁波隆重召开。国家统计局总经济师姚景源，宁波市委常委、副市长余红艺，中国石油和化学工业联合会副会长赵俊贵，中国证监会研究中心主任祁斌，中国证监会期货监管一部副巡视员刘云峰等领导出席大会并做了发言或主题演讲。此次大会得到了产业界和期货界人士的热烈响应，来自中国石化联合会等4个国家级行业协会、8个省市塑料行业协会、200多家国内外石化企业、133家期货公司总计约650余位代表参加了大会，其中中石化、新疆天业、浙江远大等国内大型石油化工生产、贸易企业高层管理人员均出席了本次大会。本届大会还有来自美国、英国、日本、印度、新加坡、伊朗等境外专家和代表与会，国际化程度和影响力进一步提高。

6月29日，为纪念建党90周年，表彰先进，大商所召开"纪念中国共产党成立90周年暨表彰先进大会"。会上交易所党委书记、总经理刘兴强同志发表了重要讲话，并就加强交易所党建工作提出了几点具体要求：第一，要再提高对党建工作的认识和理解；第二，各级党员领导干部要切实落实"一岗双责"和发挥模范带头作用，为搞好党风廉政建设和所风建设站好岗、尽好责；第三，要紧密结合队伍特点和业务实际抓党建，做到虚实结合；第四，要加强党组织的思想建设和优秀人才的培养使用。会上，大商所4个先进党支部、3位优秀党务工作者和10位优秀共产党员受到表彰，8位新党员在党旗下进行了庄严的入党宣誓，各党支部进行了热情洋溢的红歌汇报演出。

7月6日，由大连商品交易所和期货期权世界（FOW）联合主办的"中国及全球衍生品市场发展论坛"在大连成功举行。中国证监会主席助理姜洋在论坛上作了题为"深化监管合作，促进共同发展"的主题讲话，大连市常务副市长肖盛峰代表大连市政府做了致辞，著名华人经济学家陈志武在本次论坛上作了专题演讲。来自全球17家衍生品交易所高层、国际金融机构和国内期货公司代表共300余人参加了论坛，围绕后金融危机时代中国及国际衍生品市场发展的有关问题进行了交流探讨。

8月2日，我国农业和农村经济问题权威专家、中央财经领导小组办公室副主任、中央农村工作领导小组办公室主任陈锡文来大商所调研并指导工作。利用此机会，大商所邀请其就我国"三农"和农业政策问题为全所员工进行了一次专题讲座。本次讲座传递了中央关于"三农"问题的有关决策，使全所员工对我国农业和农村经济发展状况有了更加全面的了解，对大商所加强和改进相关工作、更好地发挥期货市场功能、进一步推动社会主义新农村建设具有重要启示。

9月14日，大商所与中央电视台财经频道在期货大厦演播室举行"大连期货大厦演播室暨中央电视台财经频道大连分演播室落成典礼"。大连市委常委、常务副市长肖盛峰，大连市委常委、宣传部长袁克力，大连市政府副秘书长、市金融发展局局长曹煦，中央电视台财经频道总监郭振玺，大商所党委书记、总经理刘兴强为演播室落成剪彩，交易所纪委书记赵庆国主持落成典礼。

9月22日，由大商所主办、吉林粮食局等单位协办的第五届国际玉米产业大会在长春举行。吉林省副省长王守臣、中国证监会期货监管一部副主任彭俊衡、大商所副总经理郭晓利出席会议并致辞，北京大学国家发展研究院院长周其仁教授、国家发改委农经司副司长方言等在会上作了主题演讲，大商所副理事长曲立峰主持了开幕式。国家相关部委及地方政府部门、行业组织、国内大型玉米加工贸易和饲料养殖企业、期货公司、投资者代表，以及来自美国、韩国、日本等国家和地区的交易所、期货公司代表参加了当天的会议，其中现货企业代表有330多人、投资机构代表60多人，两者参会人数为历届玉米产业大会之最。

9月25日，大商所在大连市第44中学召开第二届职工运动会。交易所大连本部及三总部工作人员、飞创公司、行政公司全体工作人员和物业公司代表共近400名职工参加了运动会。本届职工运动会是大商所全体员工积极广泛参与的一次体育盛会，全体人员分别组成8支参赛代表队，共同角逐径赛、球类、趣味项目三类共14个项目的比赛。本届运动会是大商所建所以来举办的规模最大、参与人数最多的一次运动会，运动会上各代表队发扬了顽强拼搏、团结奋斗的优良传统，展现了交易所员工积极进取、昂扬向上的精神风貌。

11月12－13日，大商所和马来西亚衍生产品交易所在广州成功举办第六届国际油脂油料大会。中国证监会党委委员、主席助理姜洋，广东省人民政府副省长陈云贤，马来西亚种植及原产业部秘书长拿汀巴杜卡·诺玛拉、大连商品交易所总经理刘兴强，马来西亚衍生产品交易所首席执行官张敬成出席开幕式并致辞。大商所副总经理郭晓利主持了开幕式，来自14个国家和地区的310多家企业参加了本届大会。作为油脂油料和期货行业的高端品牌会议，国际油脂油料大会已成为国内外相关政府部门、行业组织、现货企业以及金融机构相关人员交流沟通、共谋发展的一个重要平台，在促进期现融合、推动产业发展等方面发挥了积极的作用。

第四节　郑州商品交易所

郑州商品交易所

郑州商品交易所(以下简称郑商所)是经国务院批准成立的我国首家期货市场试点单位,隶属中国证券监督管理委员会管理。

郑商所按照《期货交易管理条例》和《期货交易所管理办法》履行职能,依据《郑州商品交易所章程》、《郑州商品交易所交易规则》及其实施细则和办法实行自律性管理,遵循公开、公平、公正和诚实信用的原则,为期货合约集中竞价交易提供场所、设施及相关服务,并对期货交易进行一线监管。

郑商所实行会员制,会员大会是郑商所的权力机构,由全体会员组成。理事会是会员大会的常设机构,下设战略发展、品种、监察、交易、交割、会员资格审查、调解、财务、技术、结算等10个专门委员会。截止2012年底,郑商所共有会员209家,分布在全国27个省(市)、自治区,其中期货公司会员167家,占会员总数的80%。非期货公司会员42家,占会员总数的20%。

郑商所总经理为法定代表人。根据工作需要,内设办公室、党委办公室、理事会办公室、品种发展部、市场部、交割部、结算部、市场监察一部、市场监察二部、新闻信息部、法律事务部、技术规划与开发部、系统运行部、财务部、人力资源部、行政部、纪检监察室、审计室等18个职能部门。全资易盛信息技术有限公司、郑州商品交易所期货及衍生品研究所有限公司,以及北京研发中心等5个下属机构。

郑商所坚持规范运作,加强市场一线监管,安全组织交易,深化市场功能。目前上市交易期货品种有小麦(包括优质强筋小麦和普通小麦)、棉花、白糖、精对苯二甲酸、菜籽油、早籼稻、甲醇、玻璃、油菜籽和菜籽粕。各期货品种在促进相关产业经济发展方面功能作用日益显现。

郑商所实行保证金制、每日涨跌停板制、每日无负债结算制、实物交割制等期货交易制度,并积极适应市场发展要求,不断优化制度安排,更新监管理念,丰富监管手段,及时控制和化解市场风险,确保市场平稳运行。

郑商所拥有功能完善的交易、交割、结算、风险监控、信息发布和会员服务等电子化系统。会员和投资者也可以通过远程交易系统进行期货交易。期货交易行情信息通过路透社、彭博资讯、世华信息等多条报价系统向国内外同步发布。

郑商所注重加强对外交流与合作。1995年6月加入国际期权(期货)市场协会。2012年10月加入世界交易所联合会。先后与美国芝加哥期权交易所、芝加哥商业交易所、纽约-泛欧交易所集团,日本关西农产品交易所、东京谷物交易所,巴西期货交易所、印度多商品交易所、尼日利亚证券与商品交易所、香港交易及结算所有限公司等多家期货交易所签订了友好合作协议,定期交换市场信息,进一步扩大了郑商所在国际上的影响力。

面向未来,郑商所将以坚持"三公"原则、坚定不移地走科学发展道路为核心理念,以服务实体经济为宗旨,以强化一线监管和发挥市场功能为主线,力争在3至5年内逐步实现四大转变。即从以农产品期货为主向综合性品种体系转变;从单纯商品期货向既有商品期货又有指数产品和期权等新交易工具转变;从封闭型市场向开放型市场转变;从目前交易所体制向与现代期货市场发展相适应的新型交易所体制转变。努力将郑商所建设成为在国内和国际市场上具有重要地位和影响力的期货交易所。

组织结构

概述

会员大会是交易所的权力机构,由全体会员组成。理事会是会员大会的常设机构,设理事长1人。理事会由15名理事组成,其中会员理事9名、非会员理事6名。理事会下设战略发展、品种、监察、交易、交割、会员资格审查、调解、财务、技术、结算等10个专门委员会。理事会办公室是理事会的常设办事机构。

总经理为交易所法定代表人。交易所内设办公室、党委办公室、理事会办公室、品种发展部、市场部、交割部、结算部、市场监察一部、市场监察二部、新闻信息部、法律事务部、技术规划与开发部、系统运行部、财务部、人力资源部、行政部、纪检监察室、审计室等18个职能部门。全资易盛信息技术有限公司、郑州商品交易所期货及衍生品研究所有限公司,以及北京研发中心等5个下属机构。

领导成员

党委书记、理事长:张凡

党委副书记、副总经理:郭晓利

党委副书记、监事会筹备组负责人:张邦辉

党委委员、纪委书记:杨淑琴

党委委员、副总经理:梅宏斌巫克力张静

总经理助理:李予涛

总经理业务助理:魏振祥喻选锋

地址:郑州市未来路69号

邮编:450008

电话:0371-65610069

传真:0371-65613068

管理员信箱:czce@ czce. com. cn

2011年郑州商品交易所大事记

2011年1月8日,郑商所联合武汉大学共同举办期货业高级工商管理核心课程研修班开班仪式。

2011年1月30日,郑商所召开年终总结表彰大会。

2011年3月3日至9日,郑商所张凡总经理一行赴湖北、安徽、福建进行"期货服务三农"调研。

2011年3月14日至18日,郑商所张凡总经理、梅宏斌副总经理一行分别赴北京、大连、上海、深圳等地进行技术调研。

2011年4月12日,郑商所在江苏南京召开理事会财务委员会会议。

2011 年 4 月 19 日 –22 日,郑商所在江苏省溧阳市举办新疆涉棉企业棉花期货培训班。

2011 年 4 月 26 日,郑商所在江西婺源召开郑州商品交易所第五届理事会第九次会议。

2011 年 5 月 20 日,郑商所在北京举办"期货市场服务实体经济 30 人论坛"。

2011 年 5 月 21 –22 日,郑商所在登封召开郑州商品交易所人力资源管理工作会议。

2011 年 6 月 9 日至 13 日,郑商所组织员工赴井冈山进行爱国主义参观教育。

2011 年 6 月 30 日,郑商所举办庆祝建党 90 周年表彰大会暨文艺演出。

2011 年 7 月 28 日,张凡总经理、张静总经理助理一行赴陕西油脂集团调研期货市场服务实体经济情况。

2011 年 8 月 30 日,张凡总经理、梅宏斌副总经理一行赴深交所签署异地灾备中心建设协作框架协议。

2011 年 9 月 5 日,郑商所举办 2011 郑州农产品(粮油)期货论坛。

2011 年 9 月 6 日,郑商所召开早籼稻交割仓库年度工作会议暨优秀交割仓库表彰会。

2011 年 9 月 15 日,郑商所、河南省高院联合主办的"期货法制座谈会"在郑州召开。

2011 年 9 月 15 至 16 日,郑商所、中国证监会新疆证监局、新疆生产建设兵团棉花协会主办的"第二届新疆涉棉企业棉花期货培训班。

2011 年 9 月 26 日,中国证监会副主席刘新华视察第六届中国中部投资贸易博览会郑商所展区。

2011 年 10 月 13 –14 日,郑州商品交易所在杭州举办第八期中层业务人员培班。

2011 年 10 月 28 日,郑商所上市甲醇期货合约。

2011 年 11 月 14 日,郑州商品交易所、香港交易及结算所有限公司合作谅解备忘录签字仪式在郑州举行。

2011 年 12 月 1 日,郑商所在三亚召开郑州商品交易所第五届理事会第十次会议。

2011 年 12 月 19 日,中国证监会姚刚副主席一行赴郑商所视察指导工作。

2011 年 12 月 19 日,郑商所召开 2011 年度会员表彰大会。

郑州商品交易所 2011 年统计资料

2011 年与 2010 年成交量、成交金额、年末持仓量对比表

品种	2010 年成交量	2011 年成交量	同比增减	2010 年成交金额	2011 年成交金额	同比增减	2010 年末持仓量	2011 年末持仓量	同比增减
硬白小麦	3.51	15.29	335.62%	7.62	33.90	344.92%	2084	1892	-9.21%
优质强筋小麦	580.46	790.98	36.27%	1497.67	2237.43	49.39%	50305	83126	65.24%
一号棉花	8694.31	13904.42	59.93%	102965.75	181294.13	76.07%	165576	133111	-19.61%
白糖	30525.46	12819.34	-58.00%	167955.76	88323.72	-47.41%	289989	451081	55.55%
精对苯二甲酸	6141.51	12052.88	96.25%	25919.78	58073.67	124.05%	128054	185837	45.12%
菜籽油	952.06	432.01	-54.62%	4278.70	2249.07	-47.44%	91985	47445	-48.42%
早籼稻	2685.22	592.55	-77.93%	6331.37	1518.63	-76.01%	65963	25662	-61.10%
甲醇	-	31.61	-	-	454.60	-	-	7446	-
总计	49582.54	40639.07	-18.04%	308956.65	334185.15	8.17%	793956	935600	17.84%

注:1.成交量:万手;2.持仓量:手;3.成交金额:亿元;4.成交量、成交金额不包含期转现;5.成交量、成交金额、年末持仓量按单边统计。

2011 年最大日成交量和持仓量统计表

品种	最大日成交量(手)	日期	最大日持仓量(手)	日期
硬白小麦	3539	2011.09.02	6233	2011.08.02
优质强筋小麦	512457	2011.02.14	178534	2011.02.14
一号棉花	1795678	2011.05.10	443579	2011.07.27
白糖	1290350	2011.10.24	558881	2011.07.28
精对苯二甲酸	1489612	2011.08.17	291120	2011.11.22
菜籽油	61031	2011.01.19	119823	2011.06.07
早籼稻	255030	2011.05.31	108673	2011.05.30
甲醇	21873	2011.10.28	8250	2011.12.26
所有	2812478	2011.05.10	1425704	2011.07.27

注:1.最大日成交量不包含期转现。2.最大日成交量、最大日持仓量按单边统计。

2011 年分品种月成交量、成交金额统计表

		硬白小麦	优质强筋小麦	一号棉花	白糖	精对苯二甲酸	菜籽油	早籼稻	甲醇	合计
1 月	成交量	5021	1139655	8194603	10078620	5631027	560411	673904	—	26283241
	成交金额	11278.40	3176855.40	122409898.92	72105690.00	31236801.83	3018409.10	1692588.73	—	233651522.37
2 月	成交量	9418	2821365	9237593	6220251	6148845	387209	651614	—	25476295
	成交金额	22533.33	8459541.20	147244145.89	45406138.04	36592080.37	2071049.61	1714010.47	—	241509498.91
3 月	成交量	4311	842901	24672650	10918238	10383583	490481	430719	—	47742883
	成交金额	9838.55	2420234.13	369623496.06	76761019.33	59721673.64	2529532.23	1111323.21	—	512177117.15
4 月	成交量	8669	389594	20783095	8389989	8660821	432831	294213	—	38959212
	成交金额	19880.91	1113539.45	289090937.75	58360842.66	45811860.22	2280178.62	739934.67	—	397417174.28
5 月	成交量	9204	423521	24743303	9980987	6966880	549363	986334	—	43659592
	成交金额	20742.76	1213580.45	308915606.95	65375399.37	33554190.59	2854384.84	2550087.87	—	414483992.82
6 月	成交量	17324	324012	15648316	11687817	6478258	484245	817029	—	35457001
	成交金额	38624.37	915799.80	189046214.69	78539642.94	30056079.12	2546133.19	2096707.06	—	303239201.17
7 月	成交量	21102	272138	17633171	11539675	9577468	384779	573510	—	40001843
	成交金额	46235.60	753933.43	194311414.80	83233452.33	44293305.85	2027104.65	1475341.12	—	326140787.77
8 月	成交量	21776	370944	10645351	15848770	17120337	263394	508348	—	44778920
	成交金额	47489.57	1009320.33	113514621.17	115729985.29	83847646.75	1375774.95	1314962.44	—	316839800.50
9 月	成交量	22493	316381	4063314	15198270	16059274	263694	205586	—	36129012
	成交金额	48866.07	856607.79	43752000.53	103481598.22	76516285.15	1357518.95	528088.04	—	226540964.75
10 月	成交量	14733	272893	1191328	10378724	10372797	157146	311525	39905	22739051
	成交金额	32375.79	695742.32	12108150.62	69698731.33	44694491.07	773923.09	793042.80	629091.09	129425548.10
11 月	成交量	13870	363164	803824	9134551	15209346	216100	264566	181317	26186738
	成交金额	30554.16	872380.41	8149195.44	60038589.14	61614182.36	1042762.42	654551.47	2618912.15	135021127.54
12 月	成交量	4980	373187	1427604	8817464	7920188	130462	208106	94885	18976876
	成交金额	10609.62	886721.26	14775651.32	54506115.57	32798108.74	613885.06	515681.19	1298008.42	105404781.17

注:1. 成交量:手;2. 成交金额:万元;3. 成交量、成交金额不包含期转现;4. 成交量、成交金额按单边统计。

第三章　期货经纪机构

北京首创期货有限责任公司

基本概况：

北京首创期货有限责任公司(Beijing Capital Futures Co.，Ltd)成立于1996年1月，是由中国证券监督管理委员会批准、经北京工商行政管理局登记注册，从事商品期货经纪、金融期货经纪、期货投资咨询的大型专业期货公司，注册资金1.5亿元人民币。

首创期货是目前国内管理规范，非常有影响力的期货公司之一。首创期货一贯秉承规范运作的优良传统，拥有健全的风险控制体系，专业的商品期货、金融期货研发团队和领先的研发成果，以专业化的期货从业人员团队、雄厚的经济实力为基础，为客户提供长期的、细致的、可操作性的业务培训和卓越的、完善的、多元化的服务，全力打造国际一流的期货公司。

首创期货经过多年努力，业绩不断增长。研发团队倾力打造的数据资讯、套期保值、套利交易、程序化交易4个专业服务平台已全新出炉；业务团队以独特的交易理念、丰富的实践经验赢得客户的信赖与支持，尤其黄金、棉花、钢材等品种成绩显著；2010年首创期货推出了"股指期货期现套利系统"、"YTSS股指期货交易系统"，为股指期货投资者提供了有效的投资工具。公司成立至今，受到各大金融机构及媒体的支持与关注，荣获了众多奖项。市场认可了首创，首创赢得了客户。

首创期货拥有金融期货经纪业务资格、金融期货交易结算业务资格，是上海期货交易所、大连商品交易所、郑州商品交易所、中国金融期货交易所的会员单位，是中国期货业协会会员、北京期货商会理事单位，是北京地区首家开通银期转账的期货公司，在中国建设银行、中国农业银行、交通银行、中国工商银行和中国银行开通了全国集中式银期转账业务。

经营业绩：

全国成交金额排名

2007年全国期货经纪有限公司成交金额排名第24位
2006年全国期货经纪有限公司成交金额排名第9位
2005年全国期货经纪有限公司成交金额排名第9位

大连商品交易所排名

2008年上半年大连商品交易所成交金额排名第9位
2007年大连商品交易所成交金额排名第19位
2006年大连商品交易所成交金额排名第6位
2005年大连商品交易所成交金额排名第26位

企业荣誉：

2010年度荣获

大商所·和讯网十大农产品研发团队
大连商品交易所市场服务成就奖
郑州商品交易所棉花品种行业服务奖
郑州商品交易所市场服务奖
期货日报实盘大赛优秀指定交易商

2011年度荣获

大商所"优秀会员奖"；
期货日报&证券时报"最佳农产品产业服务奖"
期货日报&证券时报"最佳有色金属产业服务奖"
上海期货交易所"杰出产业分析师"
上海期货交易所"优秀有色金属分析师"
上海期货交易所"优秀黄金期货分析师"
大连商品交易所"第二阶段农产品组十佳团队"
和讯期货行业财经风云榜"最佳期货研究院"称号；

企业文化：

规范　诚信　创新　卓越

规范：规范驱动高效。首创以规范为运行之准绳，打造科学模式下的现代企业。

诚信：诚信驱动品质。首创以诚信为立业之本，成就大家风范。

创新：创新驱动进步。从思维到实践，首创力求自主创新，保持发展和领先。

卓越：卓越驱动突破。首创以追求卓越为动力，不断向客户提供高品质的服务。

营业网点：

北京首创期货有限责任公司

公司总部：北京市西城区闹市口大街1号院长安兴融中心4号楼11层
联系电话：010－58379300
开户咨询：010－58379551/9563
客服中心：010－58379560/9498

北京北辰东路营业部

地址：北京市朝阳区北辰东路8号亚运村1号门
电话：010－84973081/82/83

北京长虹桥营业部

地址：北京市朝阳区东三环北路19号楼601、602室
电话：010－65088620

上海营业部

地址：上海市徐汇区南丹东路181号二楼
电话：021－54061509

大连营业部

地址：大连市沙河口区会展路129号大连国际金融中心A座－大连期货大厦2505号房间
电话：0411－84800321

郑州营业部

地址：郑州市未来大道69号未来大厦1601室
电话：0371－65615346

哈尔滨营业部

地址：哈尔滨市南岗区玉山路10号D栋(一层、二层、501室)5号门市
电话：0451－82319355

昆明营业部
地址:昆明市护国路 2 －4 号广业大厦 B 幢 15 楼 A 区
电话:0871 －3116976
济南营业部
地址:济南市泉城路 268 号永安大厦 902 室
电话:0531 －86908558
沈阳营业部
地址:沈阳市和平区十一纬路 25 号辽宁出版集团智能大厦 1 号楼 5 层
电话:024 －88661555
厦门营业部
地址:厦门市思明区湖滨南路 90 号立信广场 2304 室
电话:0592 －3277300
天津营业部
地址:天津开发区第三大街 51 号 W2 －ABC －4 层中 B 区
电话:022 －59822868
长沙营业部
地址:长沙市芙蓉区五一大道 800 号中隆国际大厦 8 楼 801 室
电话:0731—82681607/1972
包头营业部
地址:包头市青山区振华小区规划测绘院西附楼四楼(独立楼梯)
电话:0472 －6167900
重庆营业部
地址:重庆市江北区建新南路 1 号 22 －8、22 －9 －1、22 －9 －2
电话:023 －86823000

北京中期期货有限公司

公司概述:

北京中期期货有限公司(简称“北京中期”)前身是 1992 年由国家经贸委批准,物资部组建成立的中国国际期货公司(中期公司)。2005 年,中期公司总部期货业务独立出来成立了北京中期期货经纪有限公司,2011 年更名为北京中期期货有限公司。公司的注册资本为 1.4 亿元,截至 2011 年 10 月 31 日,公司净资产本为 2.31 亿元。

北京中期是大连商品交易所、郑州商品交易所、上海期货交易所会员、中国金融期货交易所交易结算会员,同时,北京中期是中国期货业协会的理事单位(001 号会员)、北京期货商会副会长单位,多次被大连商品交易所、郑州商品交易所、上海期货交易所评为“优秀会员”、荣获“市场优胜奖”、“市场服务奖”、“企业服务奖”等奖项。在中国证监会 2009、2010 年开展的期货公司分类监管评比中,北京中期均被评为 A 类(2010 全行业 163 家期货公司中共有 18 家 A 类公司,连续两次获得 A 类的公司仅 13 家)。

公司在北京、天津、上海、宁波、西安、青岛、武汉、包头、保定、邯郸、唐山、大连、广州等地设有 13 家营业部。公司现有员工 300 多人,既拥有一批从业时间 10 年以上优秀专业中高层管理人才,又培养了一批充分认同公司文化的 80 后业务骨干,优秀的人才队伍为公司未来发展奠定了扎实的基础。

北京中期管理及业务团队经过十多年期货市场的规范运营,在期货行业树立了“规范、诚信、专业”的品牌形象,公司根据法律法规及监管要求,制定出一套规范化、标准化的期货经纪业务操作流程和守则、管理细则和风险防范措施等,确保核心期货经纪业务始终得以规范、稳健的运营。在各年分类监管评比中,公司合规、内控的得分一直保持满分。

经受国内期货市场十多年的历练,造就了公司专业、全面的风险控制体系和经验丰富的风控专家。公司一贯注重对日常风险控制工作的管理,在强化交易实时风险控制的同时,通过完善风控流程、加大风险培训、加强对客户强平执行力度、严格执行风控流程等一系列措施,强化对市场系统的综合防范及应对能力。多年来,北京中期从未发生过大的风险事件,良好的专业化诚信服务形象和标准规范的行业口碑为公司稳步发展营造了良好的基础。

公司已通过期货行业三类技术信息等级标准,目前为业内公司最高技术标准。公司拥有安全、稳定、高速的期货电子交易系统平台和专业化的技术管理模式,到各交易所均有多条互为备份、冗余的交易通讯专线,并采用电信、联通、电信通三路高速光纤接入用于客户网上交易,提供全方位技术服务与安全保障。

随着客户数量的不断增长,以及客户对服务、产品需求的日益提升,公司近年来持续加大客户服务投入,包括组建公司大客服团队,引进行业内各种先进的软件系统,如包括 QFII 系统、VIP 客户交易平台、CTA 业务管理系统、CRM 客户管理系统、套利软件等。同时,为客户推出个性化“定制”产品和交易“诊断”服务,提高客户服务层次和产品内容,打造一流服务平台。

经过多年探索和积累,公司的期货研究院已建立了“研究产业——服务产业——开发产业”的研发模式,形成覆盖宏观经济、商品市场及金融市场的全方位、多层次、高质量的研发体系,为投资者提供年度投资报告、月报、周报、日评与日报等定期报告,以及热点解读、套利套保方案等系列研究产品。20 多名高素质、专业化的分析师,为期货投资者及产业、机构客户提供从期货基础知识、风险管理、套期保值等一系列培训及产品服务。2009 年以来,公司不断加大研发投入,扩充研究团队规模,在继续保持研究品种全覆盖的基础上,从宏观研究、产业研究、策略研究上全面提升专业化水平,为公司产业和机构客户的服务提供强有力的支持。

随着股指期货的推出,公司全面加快产品创新步伐,公司引进高级专业人才,率先在业内设立了创新产品研发中心。以在行业内领先推出商品及股指期货咨询产品及收益类理财产品为目标,组建金融产品部和产业创新部作为金融及商品期货创新产品的专业设计开发团队,开发股指期货和商品期货的套利及固定收益产品。目前,相关套利产品模型和策略已完成设计,进入测试阶段。

秉承为行业创造价值、为投资者创造价值的经营理念,凭借多年的实践经验,以及伴随市场发展和客户需求不断提升的研发、服务能力,北京中期将按照“合规、稳健、专业”的要求,为投资者提供专业、优质的服务。

电话: +86 －10 －64635566, +86 －10 －85881188
传真: +86 －10 －64630965
地址:北京市朝阳区东三环北路 38 号院 1 号楼泰康金融大厦 22 层

财富期货有限公司

财富期货有限公司成立于 2004 年,是经中国证监会批准并在青海省工商局登记设立的专业期货公司,注册资金为人民币2亿元,期货经纪业务许可证号为30090000,营业执照注册号为630000100022224。公司具有中国证监会核准的商品期货经纪、金融期货经纪业务资格,拥有上海期货交易所、大连商品交易所、郑州商品交易所、和中国金融期货交易所交易席位,可代理客户进行铜、铝、锌、螺纹钢、天然橡胶、燃料油、大豆、棉花、豆粕、豆油、小麦、白糖、PTA、PVC、股指期货等国内期货交易所全部上市合约的期货交易。

公司注册地在西宁,并在北京朝阳区建国门外大街设有营业部,可以为客户提供全方位的期货经纪服务。

雄厚的股东背景

中国建银投资有限公司是财富期货有限公司的唯一股东。中国建银投资有限公司是经国务院批准从事投资与投资管理、资产管理与处置的国有独资公司,注册资本为人民币2,069,250万元整,实力雄厚,为财富期货有限公司提供各方面的强大支持。

先进的交易系统

公司采用委托中国国际金融有限公司开发的FTS远程电子交易系统与国内各期货交易所和期货保证金监控中心联网,交易结算安全快捷。投资者可以通过书面委托、电话委托、自助委托、远程委托等多种交易方式,实现与期货交易所的同步交易。FTS系统还可以与投资者的套利模型实现对接,从而为客户提供个性化的交易软件。先进的FTS期货结算软件系统为给客户提供及时的交易结算服务。

专业的服务

公司拥有高素质、具备职业操守和创新精神的服务团队,能够为机构和个人投资者持续提供专业的投资建议和优质的客户服务。销售交易部会定期举办期货知识培训和期货投资策略会,为客户系统讲解期货交易原理、交易流程、交易方式和市场动态,帮助客户更好地了解期货市场,规避交易风险。

联系方式

西宁总部:

公司地址:青海省西宁市城中区西大街18号神力大厦12层
邮政编码:810000
公司网址:www.cfqh.com
电子邮箱:sui_you@126.com
服务及投诉电话:4006501763

北京营业部:

公司地址:北京市建外大街甲6号SK大厦2层204室
邮政编码:100022
公司网址:www.cfqh.com
电子邮箱:zhangheng8848@gmail.com
服务及投诉电话:4006501763

大地期货有限公司

基本概况:

大地期货有限公司成立于1995年9月,作为专业的期货公司(工商登记注册号为330000000010485、中国证监会核发的期货业务许可证号为32020000),目前注册资金2.4亿元,拥有上海期货交易所、郑州商品交易所、大连商品交易所和中国金融期货交易所等国内现有的全部四家期货交易所的会员资格,广大投资者可在公司开展商品期货、金融期货的投资交易。

2012年3月7日,公司名称由"浙江大地期货经纪有限公司"变更为"大地期货有限公司"。公司经营范围:商品期货代理、金融期货经纪、期货投资咨询。

公司主要股东浙江省国际贸易集团有限公司,注册资本9.8亿元,经营规模和综合实力地位均处于全国领先地位。浙江国贸集团积极发展"商贸流通、金融服务、产业投资"三大业务板块,并将"非银行金融服务业务"作为未来发展的支柱产业予以培育打造。

大地期货成立以来,以管理创新塑造公司的活力,以品牌经营扬起拓展的风帆,以技术进步作为发展的助推器,遵循"客户至上、信誉第一"的方针,积极完善服务功能,构建了由公司网站、全国统一服务热线电话40088 40077、短信服务等多手段的综合服务平台,行情及交易系统完善、操作便捷。

公司专门设立了研发中心,为广大投资者提供期货市场信息咨询、投资报告等不同层次服务;同时积极引导投资者利用期货市场特有功能,开展期货上市品种套期保值和套利业务,为投资者创建"期现货结合,内外贸一体"业务新模式,形成了公司自己的特色。因而,公司随着我国期货市场的发展逐年壮大,经营的规模和综合指标都已位居全国同行业的前列。

营业网点:

宁波营业部

地址:宁波市海曙区冷静街8号银亿时代广场9-6
电话:0574-87193738
邮编:315000

衢州营业部

地址:衢州市柯城区下街165号
电话:0570-3053285
邮编:324000

台州营业部

地址:台州市路桥区腾达路台州塑料化工市场1501-1504号
电话:0576- 82567007
邮编:318000

温州营业部

地址:温州市黎明西路143号海关大楼四楼东首
电话:0577- 88102788
邮编:325000

诸暨营业部

地址:诸暨市暨阳北路8号时代商务中心C座4楼
电话:0575-81785991
邮编:311800

厦门营业部

地址:厦门市思明区鹭江道96号之一钻石海岸A幢2705
电话:0592-2058665
邮编:361001

济南营业部

地址:济南市历下区文化西路13号海辰办公写字楼1-302室
电话:0531-55638700
邮编:250063

上海营业部

地址:上海市浦东新区松林路357号通茂大酒店二十层C、D、B1室

电话:021－60756218
邮编:201200

北京营业部

地址:北京市海淀区西三环北路89号中国外文大厦B座1102室
电话:010－68731889
邮编:100089

东海期货有限责任公司

基本概况:

东海期货有限责任公司前身为建证期货经纪有限公司(1993年成立),该公司由原江苏常信与常州建证两家期货公司于1999年10月合并重组形成,2006年10月20日,公司控股股东常州投资集团与东海证券签订股权转让协议,东海证券受让其持有的公司全部股权,2007年8月7日,公司增资扩股至1.2亿元获批,10月9日,公司正式更名为"东海期货有限责任公司"。目前公司股东持股比例为:东海证券有限责任公司持股93.34%;江苏苏豪国际集团股份有限公司持股6.66%。东海期货有限责任公司是中国金融期货交易所全面结算会员(会员号008),上海期货交易所(席位号122)、郑州商品交易所(席位号210)、大连商品交易所(席位号46)的全权会员单位。公司注册地江苏省常州市延陵西路23、25、27、29号,注册资金1亿2千万元人民币。

东海特色:

●业绩卓越、品牌一流

东海期货有限责任公司在近十年的发展中取得了辉煌的业绩,代理交易规模曾连续三年位居行业三甲,连续六年名列全国十强。公司连续两届当选中国期货业协会理事会会员单位,多次被三大期货交易所评为优秀会员。东海品牌的影响力已经超出了行业范围,引起了社会各界的广泛关注,而且东海秉承"服务没有上限,创新永无止境"的服务理念不断努力,不断获得交易所、著名财经媒体及政府机构颁发的各类奖项。

1. 交易所奖

中国金融期货交易所:
2011年度优秀会员金奖
2011年度技术管理奖
郑州商品交易所:
2011年产业服务奖、市场发展奖、企业服务奖、产业客户开发服务奖
上海期货交易所:
2011年度优胜会员提名奖
大连商品交易所:
2011年市场服务成就奖

2. 媒体奖项

证券时报 & 期货日报:
2011年最佳金融期货服务奖
中国最具成长性期货公司
证券时报:
"2011年度金融机构创新项目"综合奖及"最佳期货网站"
期货日报:
第五届全国期货实盘交易大赛最佳指导奖
和讯财经:
投资者最满意的期货公司
最佳产业服务期货公司
最佳产品创新期货公司

3. 行业协会奖

连续三届当选为中国期货业协会理事会员
连续两届荣获上海同业公会副会长单位

2011年7月荣获第三届上海同业公会理事会员单位;上海市期货同业公会评选上海市期货公司信息技术创新项目。

●诚实守信、运作规范

期货是风险投资,在行情波动之外,更要注重交易代理机构的选择风险。东海长期以来一直以经营诚信运作规范在业内著称,我们的经营理念就是在规范中求发展,同时经过多年的实践和磨炼,公司的期货交易运作体系也日臻完善,市场风险承受能力得到不断增强。

●技术领先、创新致胜

在近几年的发展中,东海多次领风气之先推出技术革新,在业内率先推行网上交易,率先开通全国银期转账业务,率先推出动态跨界商品指数,率先推出WEB行情交易,率先推出网上营业厅。

公司具备业内领先的交易、结算等软硬件设施,拥有富远、博易、文华、大智慧、东海股指王以及手机期货行情(博易和大智慧两套)等行情系统,大智慧手机期货涵盖海外各大交易所和股票债券市场信息。

公司自主开发了具备"止损止盈、、追价止损功能、行情触发、成交触发、预埋单、持仓双击平仓、品种快速设置"等特色功能的交易系统,并配备先进的高速服务器,保证交易速度和效率,满足了数量在业内居前的公司客户同时在线的交易需求,并在交易所对多家公司系统稳定性的内部评测中取得第一。

●服务没有上限创新永无止境

业内首创网上营业厅。
业内首创实时跨界可交易的东海动态商品指数。
业内首创东海蛟龙web网上行情、网页交易系统。
业内全新推出价格分析预测系统"东海智慧眼"。
国内领先的上期技术综合交易平台。
国内领先的"东海潜龙"程序化高端交易平台。
国内领先的快期、开拓者、MC等多元化交易系统。
国内领先的客户关系管理系统及交易账户诊断系统。

●用心专注、值得托付

东海拥有一流的专业人才队伍,拥有一个稳健精干的管理团队,拥有一支朝气蓬勃的员工队伍(员工418人,研究团队42余人),具备持续稳健的经营管理能力和积极进取的市场开拓能力。公司绝大多数中层以上领导及业务骨干从业时间超过10年,在期货市场经营运作上积累了丰富的专业经验,对期货交易投资理念有着深刻的洞察和理解,在业内均享有一定的知名度。

服务体系:

更便捷的资金存取。

工、建、中、农、交五大银行全国银期转账全面开通,业内领先。

交易软件直接划转,跨越时空限制,资金即时到账。

大额出入金无限制,提前预报或一次性预报开启最大出金权限。

多元化交易系统,丰富的交易功能。

(1)顶点交易卡、易盛抄手系统、快期系统、博易闪电手、闪电王、文华一键通交易系统、文华mytrade2009。

(2)程序化交易系统:东海潜龙高端交易平台、开拓者、台湾MC、达钱交易系统、金字塔交易系统。

(3)功能:止盈止损功能、追价止损功能、快速反手功能、快速平仓功能、行情触发功能(服务器端,可设有效期)、高端客户风控模块及子账户功能(信托公司、基金公司、证券公司等机构适用)、指数化交易、股票期货跨市场套利、商品alpha套利、股票期货alpha套利、跨期套利。

(4)速度。

●囊括市场各类快速交易系统,客户自行选择适合自己的交易习惯。

●东海潜龙直连交易所席位,速度为40－50毫秒,股票期货跨市场套利(1.6秒300只股票和期货委托单同时下达)、公司为股指期货期现套利第一单。

●全面结算会员:中国金融期货交易所采取分级会员制,分别为全面结算会员、交易结算会员、交易会员三级会员制,全面结算会员为15家,交易结算会员61家,交易会员70家。

★交割结算服务:可享受期转现、提前交割、申请套期保值额度、仓单质押、抵押融资,全程协助办理各环节业务等服务。

★强大的研究咨询和贴近客户的投资服务

——丰富的信息咨讯

宏观经济、行业政策、市场分析、现货动态……

qh168全国获奖网站为您提供丰富全面的市场咨讯。

——实时的交易咨询

客户服务热线、网站专家在线、软件弹出窗口、网络、电话、QQ……

多个技术平台为您交易提供实时咨询指导。

——有价值的投资报告

日报、旬报、策略报告、研究报告……

东海研发团队为您精心打造各类投资报告,帮助您把握市场机会、赢得财富增值。

——多元化的增值服务

套期保值:为您的企业量身打造个性化的套保方案。

提供专业的价格风险管理咨询和服务。

套利交易:设计专业的套利交易方案,为您获取低风险的稳定收益。

程式交易:利用科学的系统交易方法,为您谋求资产的持续增值。

方正期货有限公司

基本概况:

方正期货有限公司于2008年3月由湖南泰阳期货经纪有限公司吸收合并苏州中辰期货经纪有限公司后更名而来,是由方正证券控股85%的大型期货公司。公司注册资本2亿元人民币,目前在全国设有南京、苏州、扬州、常州、深圳、郴州、岳阳、娄底、常德、北京、长沙(筹)等11家营业部和4个直属业务部;同时,方正期货依托方正证券遍布18个省(市)的99家营业网点逐步打造覆盖全国的业务网络。

方正期货已取得中国四大期货交易所会员资格,具有开展商品期货经纪业务和金融期货经纪业务资质。同时,公司正积极筹备国际丰贸易公司、期货资产管理(CTA)业务、境外期货代理等新业务试点工作。

业务介绍:

商品期货

商品期货是方正期货的强势业务,公司在农产品和金属等行业拥有众多优质客户,客户权益市场份额居行业前列。方正期货依托湖南省境内丰富的自然资源优势和"长三角"地区的经济优势,把农产品、有色金属作为服务产业的重要突破口,同时不断深化产业客户服务,积极从产供销三个环节与企业实现对接。

金融期货

方正期货于2010年6月11日正式获得金融期货业务会员资格,股指期货业务得以顺利启动。公司将通过网点扩增及借助方正证券营业网点,拓展金融期货业务。

企业荣誉:

2008年获上海期货交易所交易进步奖

2008年获大连商品交易所最具成长性会员奖

2009年获全国首批十八家A类期货公司称号

2009年获期货行业最高三级信息技术等级标准评定(全国十七家)

2009年获亚洲博鳌论坛"中国最具成长力期货公司"称号

2009年获大连商品交易所最具成长性会员奖、市场服务奖

2009年获郑州商品交易所市场成长奖、早籼稻品种优胜奖

2010年获上海期货交易所优胜会员奖

2010年获大连商品交易所市场服务成就奖

2010年获郑州商品交易所市场服务奖

2010年获邀参加中国证监会组织举办的"中国资本市场20年"成果展览会(全国仅五家期货公司受此邀请)

2010年获上海期货交易所"杰出产业服务分析师"大奖

2011年在第四届中国期货业发展高峰论坛暨最佳期货分析师评选中,获得股指期货和钢材期货最佳分析师大奖

2011年获中国金融期货交易所优秀交易会员奖

2011年获大连商品交易所市场服务成就奖

2012年获评"第十届中国财经风云榜"最佳产品创新期货公司

2012年获评"第十届中国财经风云榜"最佳投资者教育期货公司

营业网点:

方正期货有限公司总部

地址:湖南省长沙市芙蓉中路一段372号方正证券大厦四楼

邮编:410008

客服电话:95571、0731－84312738

传真:0731－84318087

公司邮箱:fzkf@ foundersc. com

方正期货苏州营业部

地址:江苏省苏州市东吴北路299号吴中大厦25层

邮编:215007

电话:0512－65162576

传真:0512－65105149

方正期货深圳营业部

地址:广东省深圳市福田区金中环商务大厦4303室

电话:0755－33092751

传真:0755－33345101

邮编:518048

方正期货常州营业部

地址:江苏省常州市延陵西路99号嘉业国贸广场32F－B

电话:0519－86811208

传真:0519 - 86811200
邮编:213003
方正期货岳阳营业部
地址:湖南省岳阳市金鹗中路 228 号景源商务中心十七楼
电话:0730 - 8831588
传真:0730 - 8831577
邮编:414000
方正期货南京营业部
地址:江苏省南京市黄埔路 2 号黄埔科技大厦 B 楼七层
电话:025 - 58061257
传真:025 - 58061198
邮编:210006
方正期货娄底营业部
地址:湖南省娄底市站前路 10 号鹏天大酒店附三楼
电话:0738 - 8297777
传真:0738 - 8376777
邮编:417000
方正期货扬州营业部
地址:扬州文昌西路 283 号金都汇商务楼 1 号楼 8 楼
电话:0514 - 82990208
传真:0514 - 82990209
邮编:225009
方正期货郴州营业部
地址:湖南省郴州市五岭广场日月路 1 号雄森酒店十二楼
电话:0735 - 2859888
传真:0735 - 2812211
邮编:423000
方正期货常德营业部
地址:湖南省常德市人民中路新华大厦四楼
电话:0736 - 7318188
传真:0736 - 7896788
邮编:41500
方正期货北京营业部
地址:北京市西城区阜外大街甲 34 号方正证券大厦 2 层
电话:010 - 68578687
传真:010 - 68578987
邮编:100037

格林期货有限公司

公司概述:

格林期货有限公司(简称"格林期货")成立于 1993 年 2 月,公司总部位于北京金融街,是中国成立最早的大型专业期货公司之一。

栉风沐雨近二十年,格林期货已经发展成为品牌优秀、布局合理、管理规范、团队稳健的知名期货公司。公司目前拥有国内全部四家期货交易所交易结算会员席位,是历届中国期货业协会理事单位。营业网点覆盖北京、上海、天津、大连、深圳、郑州、洛阳、银川、福州、青岛、杭州、重庆、南昌、广州、南京等全国 15 个省、市、自治区。公司总部还设有金融、金属、能源化工、农产品四个产品事业部,纵向覆盖相关的品种产业链。公司纵横交错的营销网络为遍及全国二十九个省市自治区、累计三万余名客户提供了及时专业的服务。

2006 年 3 月,公司获得中国证监会批准在香港设立子公司,成为国内首批在香港成立子公司的六家公司之一,加快了公司国际化进程。格林香港持有香港期货交易所的境外交易会员牌照,进一步打造"一站式"交易平台,无论是商品期货还是金融期货、境内期货交易还是境外期货交易,只要客户需要,都能在格林得到合法合规、高效安全和满意的服务。2011 年 8 月,格林期货首批获得中国证监会颁发的期货投资咨询业务资格。19 年来,公司多次获得交易所的各种嘉奖,多次被相关机构评为全国"最受欢迎和最具影响力"的期货公司。

近年来,格林人致力于开拓创新之路,在仓单创新、信息技术、研发、后台管理等方面都有所成效。

2011 年初推行的"仓单创新业务",通过银行、交割库、期货公司三方联合,为仓单持有人(企业)提供从产品收购到仓单注册再到销售的全流程、一站式的融资服务。随着市场经济的不断发展,仓单其金融属性正日益受到重视,通过与几大国有银行合作,格林期货在细致认真的市场调研后,推出了具有"先贷后押"、"在押交割"效果的业务模式,这一创新举措在保证了企业购货及市场交货需求的同时,又满足了银行风险管理及贷款回收的需求,为产业客户融资提供了新渠道,充分体现了期货市场服务实体经济的理念。

信息技术方面,上海机房的建设、在线交易系统的成功试行以及公司新版网站的上线都展现了格林以过硬的技术支持为核心竞争力的强大决心,公司在全国范围内首次采用郑州、上海、北京三地互联网络技术解决线路备份、互联互通,并将主交易系统与灾备系统有效整合,切实保证了网络系统的顺滑、快速和绝对安全,并形成了北京信息管理中心、上海交易中心、郑州灾备中心三地不同功能的有效契合。此外,公司集专业研发、科技实力、投资实战经验等集体智慧,自主研制开发了基于达钱软件平台(TradeStation、MultiCharts)、以及交易开拓者平台(Tradeblazer)的程序化交易系统和程序化交易模型,使客户的普通交易、套利交易、多账户交易和风险控制的操作更为便捷、简单,并有效实现持续化的利润增长。同时,公司还在多年研究和操作基础上开发了多套交易模型,在成本分析,风险控制和利润锁定等方面为客户提供了可靠的参考建议和操作工具。

在坚持自主创新和联合开发双管齐下的思路,格林研发对内加强团队建设,设立金融宏观研究部、商品行业研究部、套保套利研究部和程序化交易研究部等,对具体研发工作进行细分,逐步构架起"三级"研发模式。对外,格林研发与中科院联合开发格林—中科商品指数;并与清华大学等著名学府联合建立期货研究和培训基地,为公司发现和培养了一大批期货人才。此外,公司还在农产品产销区建立了棉花信息采集站点,通过大量的第一手信息来促进研发水平的提高,真正实现了理论与实践的结合,逐步形成完整的信息采集网络,实现创造研发,树立格林研发在业内的权威性。

在后台管理上,公司积极倡导体系化、服务化、责任化的管理模式。作为在期货行业发展近 20 年的老牌期货公司,格林期货在风险控制方面有着无可比拟的优势,一方面因为公司有多年跟随的丰富经验的一批风控人员,另一方面公司有科学高效的风控管理体系,这些都构成了整个公司平稳运营的重要因素。另外公司有着良好的客户基础,有大批认可格林且跟随公司多年的稳定且活跃的客户。在保证客户交易安全性的同时,公司在全国范围内,首家采用"CRM + CALL-CENTER + 工作流"客户服务系统,实现了对客户的"管家式"服务,便捷的操作,可快速解决客户提出的问题,全国客户只需拨打 400 - 700 - 9898,便可以完成自助下单、账户信息查询、国内外有关行情信息查询、国内实时行情查询、投资咨询、开户咨询、客户活动查询、投诉及建议等服务功能。

作为金融行业的一份子，格林期货坚持以推动期货行业发展、更好服务国民经济为己任，为建设更加完善、成熟的中国资本市场贡献力量。自2006、2007年连续两届承办"中国金融衍生品大会"以来，公司专业、规范、创新、先进的企业形象深入人心。近年，公司还主办了"金融危机影响下的投资机会与策略"系列研讨会，协同中国金融期货交易所举办"复杂经济形势下的投资风险管理论坛"。继2011年协同上海期货交易所召开"第八届上海衍生品市场论坛"、承办由大连商品交易所主办的"中国焦炭贸易与期货高峰论坛"、成功协办"2011郑州农产品（粮油）期货论坛"以及"2011广州第六届国际油脂油料大会"后，2012年公司再度携手三大交易所，赞助并参与了"第九届上海衍生品市场论坛"、"2012郑州农产品（白糖）期货论坛"、"第七届国际油脂油料大会"，会议均取得圆满成功，获得组委会及与会嘉宾的交口称赞。同时，随着国际市场的进一步开放，公司更致力于打造成为国际化交易平台，先后参加或举办了"第37届国际证监会组织（IOSCO）年会"、"第二届全球衍生品论坛"、"2012年全球贵金属市场投资策略分析论坛"等，并通过举办"格林期货——期货名人堂"，广邀国内外知名专家，及时掌握国内外一手信息，为广大客户指点迷津。各类大中型会议的成功举办，无不彰显了公司雄厚的竞争实力，格林期货更成为了广大客户心目中品牌与信心的保证。

在近二十年的风雨历程中，格林期货除不断加强自身发展外，还积极投身于公益慈善事业，主动承担社会责任，以实际行动向社会持续奉献爱心，树立了爱心企业的良好形象，公司热心参与各类社会公益活动，积极向救灾、扶贫，慈善基金等捐款达数百万元，2004年起，先后设立"爱心基金"，发起"一年捐助一所希望小学"的活动，在湖北、新疆、宁夏、河北、河南等地的希望小学留下爱心足迹。

格林期货始终坚守着"四个一"核心价值观。一种信念：坚定信心、百折不挠，对中国经济发展的前途充满信心、对中国期货市场发展的前途充满信心、对格林期货发展的前途充满信心；一种精神：开拓创新、敢为人先，格林期货秉承"开拓创新"的精神从培育市场、培育投资者开始，一步步地发展到了今天，依旧挺立在商海潮头，目光总是投向更远的前方；一种品质：诚实守信、包容谦和。坚持"诚信"原则，坚持规范运作，对客户一诺千金，提倡"自我吃亏"的精神；一种理念：以人为本、海纳百川，力求使人的价值通过不断的自我发展、自我充实以及外在的不断启发得到最大限度的发挥。

规范稳健的经营理念、多样化的财富管理工具、极具凝聚力的企业文化、完善的营销网络和特色营销渠道、先进稳定的信息技术系统、强大便捷的研发服务体系，使得格林在中国期货业积淀了优秀的商业服务品质和经营声誉。面对未来，格林将力持开拓创新的精神，努力进取，察用时势，道怀博大，以持之以恒的毅力锻造成为国际一流的金融服务机构，和中国金融界同行们共同应对新挑战，迎接中国金融衍生品市场蓬勃兴旺的春天。

企业愿景：

公司主营业务：

· 判断鉴别并量化产业链客户产品价格变动的风险。

· 协助客户管理风险，设计套利套保方案。

· 评估买卖趋势，指导客户优化投资交易。

· 为贸易和套保客户提供融资渠道。

· 提供中国期货交易市场交易代理和结算服务。

· 提供香港交易所期货交易代理和结算服务。

· 代理全球期货品种交易业务。

· 提供期货投资咨询服务。

企业理念与目标：

· 核心理念："老老实实做人，踏踏实实做事"。

· 管理理念："不规范，毋宁死"，坚守规范就是公司"生命线"的管理理念。

· 发展理念："创新发展，稳健经营"。

· 投资理念："立足研发，精心管理，追逐趋势，追求稳妥"。

· 服务理念：以客户资产增值为第一目标，打造"一站式"交易平台，提供"一站式"管家服务。

· 企业目标：成为具有一流规模与品牌、盈利能力强、以期货交易和咨询服务为专业核心并辅以其他配套金融服务、客户资产和公司市值均超过百亿元的综合性金融上市公司。

四个核心价值观：

· "一种信念"：坚定执着，百折不挠，对实现公司战略目标充满信心。

· "一种品质"：诚实守信，包容谦和。诚信是公司生存立业之本。

· "一种精神"：开拓创新，勇于进取。创新精神是公司发展的源动力。

· "一种理念"：以人为本，海纳百川。人才是公司最宝贵的资源和资本。

电话：010－66214406
传真：010－66214402
地址：北京市西城区金融街27号投资广场B5层、B1004室、B2003室、B2005－2008室
邮编：100033

光大期货有限公司

公司概述：

光大期货有限公司（EBF），是光大证券股份有限公司全资控股公司，注册资本达6亿元，拥有国内全部期货交易所的会员席位。公司前身南都期货成立于1993年，是国内首批专业期货公司之一.公司自成立以来，经营稳健，管理规范，服务专业，资产优良，在业内享有着良好的声誉。

光大期货有限公司（EBF），总部位于中国金融中心上海市，在上海肇家浜路、北京、大连、福州、宁波、郑州、青岛、长沙、天津、深圳等地开设了18家期货营业部，并计划在国内开设约20家期货营业部，同时依托光大证券遍布全国的营业网点，全方位拓展金融期货和商品期货经纪业务以及其他创新业务。公司致力于将服务网络覆盖每个地区，成为投资者的最佳选择，无论何时何地，都能提供投资者所需要的服务。

光大期货有限公司（EBF），全力打造一流交易平台，主机采用IBM560小型机，交易结算系统采用金仕达最新的V8T版本：公司执行严格的保证金封闭管理，开通所有经中国证监会授权银行的银期转账业务，为投资者提供快捷、安全服务。

光大期货有限公司（EBF），秉承"专业服务，诚信经营，创造价值，追求卓越"的经营理念，依托经验丰富，专业高效的工作团队，始终把投资者的需求放在第一位，真诚为投资者正确做出每一项投资决策提供专业高效的服务。

公司分支机构：

光大期货有限公司福州营业部

地址：福州市东大路 92 号华源大厦十五层 1503 室
邮编：350000
邮箱：fz@ ebfcn. com. cn

光大期货有限公司大连营业部

地址：大连市沙河口区会展路 129 号大连国际金融中心 A 座 - 大连期货大厦 2002、2003、2410 号房间
邮编：116001
邮箱：dl@ ebfcn. com. cn

光大期货有限公司宁波营业部

地址：浙江省宁波市海曙区华楼巷 19 号 3 - 11 室
邮编：315010
邮箱：nb@ ebfcn. com. cn

光大期货有限公司北京营业部

地址：北京市西城区月坛北街 2 号月坛大厦东配楼三层
邮编：100045
邮箱：bj@ ebfcn. com. cn

光大期货有限公司郑州营业部

地址：郑州市金水区未来大道 69 号未来大厦 1208A、1208B
邮编：450008
邮箱：zz@ ebfcn. com. cn

光大期货有限公司上海肇嘉浜路营业部

地址：上海市肇嘉浜路 680 号金钟大厦 811 室
邮编：200031
邮箱：zjb@ ebfcn. com. cn

光大期货有限公司青岛营业部

地址：青岛市市南区香港西路 67 号 12 层 JK 室
邮编：266071
邮箱：qd@ ebfcn. com. cn

光大期货有限公司天津营业部

地址：天津市河西区围堤道 53 号丽晶大厦 1003
邮编：300201
邮箱：tj@ ebfcn. com. cn

光大期货有限公司长沙营业部

地址：长沙市开福区芙蓉中路一段 478 号运达国际广场写字楼 1505 室
邮编：410005
邮箱：cs@ ebfcn. com. cn

光大期货有限公司长春营业部

地址：朝阳区解放大路 2677 号光大大厦 15 层 1511、1513、1515 室
邮编：130061
邮箱：cc@ ebfcn. com. cn

光大期货有限公司广州营业部

地址：广州市天河区天河北路 689 号 1809、1810 单元
邮编：510635
邮箱：gz@ ebfcn. com. cn

光大期货有限公司重庆营业部

地址：重庆市渝中区民族路 168 号光大银行大厦 3 楼
邮编：400010
邮箱：cq@ ebfcn. com. cn

光大期货有限公司南京营业部

地址：南京市中央路 288 号苏州银行大厦 5 楼
邮编：210008
邮箱：nj@ ebfcn. com. cn

光大期货有限公司深圳营业部

地址：深圳市福田区益田路西、福中路北新世界商务中心 2701、2702 室
邮编：518026
邮箱：sz@ ebfcn. com. cn

光大期货有限公司上海新闸路营业部

地址：上海市静安区新闸路 1518 号 2 楼
邮编：200040
邮箱：Xzl@ ebfcn. com. cn

光大期货有限公司南宁营业部

地址：南宁市民生路 131 号绿都商厦商住楼第 31 层 3119、3120、3121、3122、3123、3132
邮编：530012
邮箱：nn@ ebfcn. com. cn

光大期货有限公司海口营业部

地址：海南省海口市国贸大道 56 号北京大厦 20 层 F、G、H 房
邮箱：hk@ ebfcn. com. cn

光大期货有限公司武汉营业部

地址：武汉市张之洞路 224 号紫阳大厦 10 层
邮箱：wh@ ebfcn. com. cn

广发期货有限公司

公司概述：

广发期货有限公司成立于 1993 年 3 月，是国内成立较早、在工商管理机关注册的大型专业期货公司之一，现公司注册资本为 11 亿元人民币，是广发证券股份有限公司的全资子公司。公司总部位于广州，分别在北京、上海、郑州、珠海、青岛、大连、南宁、福州、武汉、西安、佛山、东莞、肇庆、江门、中山、广州、哈尔滨、杭州、无锡、深圳、汕头、成都、贵阳、昆明等地设有分支机构。另经中国证监会批准，2006 年，公司在香港设有全资子公司，现已形成立足珠三角地区，覆盖全国各主要城市，并通过香港辐射全球衍生品市场的业务网络。公司的经营范围为商品期货经纪、金融期货经纪、期货投资咨询，香港子公司可代理香港地区及境外的商品期货和指数、外汇、利率等衍生品业务。

1. 实力雄厚，资信良好

广发期货目前是期货行业中资金充裕，实力雄厚，资产质量和资信条件最好的公司之一。公司是中国期货业协会第二届和第三届理事会副会长单位、广东省证券期货业协会副会长单位、中国证监会证券期货业信息化工作专家委员会委员单位、全国金融标准化技术委员会证券分技术委员会委员单位、中国期货业协会第三届理事会申诉委员会及信息技术委员会委员单位、中国金融期货交易所全面结算会员。

2. 经营稳健，管理规范

公司秉承广发证券的企业文化，坚持“诚信、专业、创新、图强”的经营理念，十分注重健全内部管理体制和风险防范机制，已形成了一套具有自身特色，合乎期货公司规范运作的制度化管理体系。

3. 服务专业，地位领先

公司致力于发展与客户的长期合作关系，拥有一批专业的客户服务队伍，为客户提供优质的投资服务。依托广发证券雄厚的资本实力和金融背景，公司在全国范围内开展了期证合作，为投资者提供一站式的金融服务。根据中国期货业

协会的统计，自2003年以来，公司连续八年被评为上海期货交易所、大连商品交易所和郑州商品交易所的优秀会员。在中国金融期货交易所的综合实力排名中，位列全国前三。

4. 技术先进，安全快捷

公司十分重视信息技术在业务和管理中的应用，把信息技术的有效应用视为核心竞争力之一。公司是业内首家采用国家电信枢纽高标准机房的期货公司。公司主要网络机器设备都实现了双机热备，安装了先进的防火墙。公司有7条高速专线与各期交所进行连接并互为备份，且自建了上海、大连、郑州三地环网。公司备有多套交易系统供客户选择，开通了工农中建交五家银行的期银转账业务。此外，技术部门还开发完成多个业务和管理应用系统，形成了公司个性化服务技术平台。

5. 精英汇聚，研究先行

公司一贯重视专业人才队伍的建设，长期坚持"知识图强、求实奉献"的核心价值，凝聚和培养了一批行业精英。目前，公司共有员工408人，80%为本科以上学历，其中博士8人，硕士100人，拥有多位从事期货行业多年、经验丰富的专家型人才。公司研究力量雄厚，不但为客户提供各期货品种高水平的研究报告和咨询服务，更在金融期货的前瞻性研究方面积累了丰硕的成果，力求与客户一起创造期市制胜的先机。

2012年大事记：

2012年1月

公司总经理肖成博士前往北京参加全国金融工作会议。

公司总经理肖成博士作为广东省政协第十届委员会委员参加省政协十届五次会议。

公司总经理肖成博士受邀前往佛山参加"2012年广东金融界代表开年活动"。

公司总经理肖成博士参加了广东辖区证券期货监管工作会议，会上广东省副省长陈云贤和广东证监局领导发表了重要讲话。

2012年2月

广发期货2011年终工作会议在广州市珠岛宾馆召开，会上公司董事长赵桂萍和广发证券副总裁罗斌华就公司战略规划、绩效考核等方面提出了指导要求，公司总经理肖成博士做了公司年度工作报告并就团队建设方面进行了企业文化的培训。晚间，广发期货2012年迎春晚会在中侨会所举行，广发证券党委书记孙树明出席并发表重要讲话。

公司总经理肖成博士前往北京参加中国证监会期货二部举行的期货公司座谈会。

公司总经理肖成博士在中山参加了广东证券期货协会第五届理事会暨监事会第四次会议。

中期协会员单位座谈会在深圳举行，公司总经理肖成博士前往参会。

公司副总经理刘忠会及合规与法律事务部林书恒参加中期协在深圳举办的期货经纪合同标准化工作会议。

由广发期货发起的"深圳及广东辖区期货分析师论坛"在深圳顺利举办。中国期货分析师俱乐部理事广发期货研究总监邹功达、中国期货分析师俱乐部理事华泰长城期货副总经理胡天存、招商期货副总经理黄耀民、金瑞期货研究所所长朱峰、中证期货研究部总经理王晓黎、神华期货研发部经理黄凤国、金汇期货研发部经理蒋东林以及各公司优秀分析师代表与会期间详细阐述了所在公司研究现状、特色及未来规划，并就研发团队建设、研究员激励、投资咨询产品设计、投资咨询市场营销等共同关心的话题进行了广泛及深入的探讨。

公司总经理肖成博士前往广州凯旋华美达酒店参加中期协调研座谈会。

2012年3月

公司召开了第四届董事会第十一次会议。

公司副总经理刘忠会及信息技术部邓强参加由中期协主办的《期货公司信息安全事故案例手册》编写组第一次会议。

公司副总经理刘忠会前往上海参加上期所主办的期货市场业务座谈会。

公司总经理肖成博士前往海口参加大商所理事会会议。

公司总经理肖成博士在广州参加由欧阳卫民副市长主持的期货市场发展工作会议。

2012年4月

公司总经理肖成博士参加在广州市政府礼堂举办的广州市首批认定总部企业授牌大会，广发期货公司成为广州市首批认定总部企业。广州市长陈建华，副市长欧阳卫民等领导参加了会议。

公司总经理肖成博士参加在广州白云会展中心举办的省直机关党代表会议。

公司总经理肖成博士在市金融办参加了支持建设广州区域金融中心的座谈会。

公司召开了第四届第一次监事会议。

公司总经理肖成博士前往北京民族饭店参加了中期协主办的期货行业投资者教育工作创新交流会。

公司常务副总经理罗满生前往香港参加了上期所举办的在港中资期货公司座谈会。

公司副总经理刘忠会、首席风险官黎建华参加广东证监局主办的诚信建设主题调研座谈会。

2012年第六届中国期货分析师论坛在杭州召开，我公司作为大会的承办单位主办了"机构与衍生品分论坛"。

2012年5月

常务副总经理罗满生代表公司前往上海参加上期所白银期货上市仪式。

总经理肖成博士在香港文华东方酒店会见了牛津大学校长贺嘉敦教授及溥晓岚教授。

第二届全球衍生品大会在上海扬子江万丽大酒店举行，总经理肖成博士作为特邀嘉宾出席大会。

由中国证监会主办的"第37届国际证监会组织年会公开论坛"在北京国家会议中心召开，总经理肖成博士被邀作为嘉宾出席。

郑商所在北京忠良书院举办"期货市场服务实体经济30人论坛"，总经理肖成博士作为论坛嘉宾参与了"期权市场在中国的未来展望"的讨论。

中期协在北京民族饭店举办"期货公司服务'三农'和产业客户经验交流会"，总经理肖成博士作为发言嘉宾做了《以"投行+期货"的业务模式驱动全方位金融服务》的报告，引起了与会人员的广泛关注。

上期所在上海香格里拉酒店举办第九届上海衍生品论坛，总经理肖成博士作为论坛嘉宾参与了"中国贵金属市场建设及国际化"的讨论。

我公司在《上海证券报》主办的"2011年度中国证券期货市场品牌价值榜"评选中进入"中国期货市场最佳公司品牌十强"前三名。

公司荣誉：

●广发期货珠海营业部在2012年度珠海证券期货业理

财精英榜的评选中荣获“最佳财富管理团队”殊荣。

●荣获广州市人民政府颁发“广州市首批认定总部企业”殊荣。

●荣获广东证券期货业首届趣味运动会参赛奖。

●第五届中国最佳期货经营机构暨最佳期货分析师评选中荣获最佳金融期货服务奖。

●第五届中国最佳期货经营机构暨最佳期货分析师评选中荣获中国最佳期货公司。

●第五届中国最佳期货经营机构暨最佳期货分析师评选中荣获中国期货公司金牌管理团队。

●广发期货中山营业部在第五届中国最佳期货经营机构暨最佳期货分析师评选中荣获投资者教育杰出营业部。

●广发期货发展研究中心在第五届中国最佳期货经营机构暨最佳期货分析师评选中荣获中国金牌期货研究所第三名。

●在上海证券报举办的第四届中国期货品牌价值榜暨最佳期货分析师评选中荣获“2011 年度中国期货市场最佳公司品牌大奖”。

●广发期货郑州营业部在河南省证券期货业协会举办的河南省 2011 年度十佳期货营业部的评选活动中荣获“河南省 2011 年度十佳期货营业部”称号。

●在证券时报举办的第十三届中国金融 IT 创新暨优秀财经网站评选中荣获“2012 年度最佳期货公司网站”的称号。

●广发期货有限公司荣获广州市国家税务局以及广州市地方税务局颁发的 2010 - 2011 年度纳税信用等级“A 级纳税人”称号。

公司经营理念：

我们秉承广发证券的核心价值观：知识图强求实奉献。

我们的经营理念：诚信、专业、创新、图强。

我们的人才观：既做理论的探索者，又做资本市场的实践者；既在制度保护下成为物质财富的拥有者，更要成为高尚品德的秉承者。

我们的公民观：我们的成长根植于社会的土壤；我们价值的实现有赖于社会的认可和支持；我们怀抱感恩之心，热心公益，回馈社会。

诚信：对监管部门、对股东、对客户、对员工，我们坚持诚信务实. 稳健经营、规范管理。涸泽而渔是不可取的。客户是我们的朋友，我们的工作开展一定是站在客户的立场. 从客户的利益出发. 确保客户保证金和交易信息的安全。

专业：我们有专业的客户开发能力、专业的开户和客户服务能力、专业的风险控制能力、专业的研究咨询能力、专业的技术支持、专业的境外交易代理。在期货业的每一个领域，我们力求做精做专。

创新：客户的需求是我们创新的源泉，公司的每一个管理部门，每一个营业部都在创新。每天一个小小的创新，一个微不足道的改进，日积月累，成就了公司的长足进展。

图强：不论是捷报频传，还是阻力重重，我们从不放弃进取，从不放弃梦想。广发期货从不言败，没有目标是不可能壮大的。资源和环境只可依托，不能依靠。我们自强不息，奋斗不止。

我们有远大的蓝图，同时，我们深深懂得，千里之行，始于足下，我们有切实可行的奋斗目标，同时又具有扎扎实实的工作作风。我们坚信，前途永远是光明的。“不经历风雨. 怎么见彩虹，没有人能够随随便便成功”。在风雨中成长起来的企业更有可能成为“百年老店”。

国海良时期货有限公司

基本概况：

国海良时期货有限公司是经中国证监会核准、在国家工商部门登记注册的非银行金融机构。是郑州商品交易所、大连商品交易所、上海期货交易所、中国金融期货交易所会员，可代理国内所有上市期货品种的交易。公司是中国期货业协会首届理事单位，是郑州商品交易所第一、三、四、五届理事单位。

国海良时期货有限公司成立于 1996 年，总部位于浙江省杭州市。公司前身为浙江良时期货经纪有限公司，2009 年公司增资扩股后，更名为国海良时期货有限公司。公司现有注册资本 2 亿元，净资产约 2.5 亿元。公司控股股东国海证券股份有限公司是全国性综合类券商和首批规范类券商，已于 2011 年成功上市；第二大股东浙江省粮食集团有限公司是浙江省直属国有独资公司，是浙江省规模最大的粮食流通企业。

国海良时期货有限公司下设办公室、交易部、结算部、财务部、合规稽核部、信息技术部、客户服务中心、期货研究所、业务管理部、市场营销中心、市场发展部、机构客户部等部门，目前设有上海、湖州、绍兴、柯桥、越城、南宁、台州、三亚、长沙、柳州、金华(筹)等营业部。

公司坚持规范管理，注重综合研究，倡导理性投资，在业内具有良好的声誉和影响。公司倡导“忠诚”、“勤俭”、“专业”、“创新”的经营理念，愿与广大客户一起共创美好未来。

企业荣誉：

期货研究所蒋伟良荣获郑州商品交易所“2010 年度高级分析师”称号。

2009 年 1 月，期货研究所何燕艳荣获上海期货交易所“2008 年度金属优秀分析师”称号。

期货研究所化工研发团队获得大商所“八/九月度化工产品期货研发团队十佳”称号

期货研究所化工研发团队获得大商所“十/十一月度化工产品期货研发团队第二名

期货研究所农产品研发团队获得大商所“十一/十二月度农产品期货研发团队第二名

荣获上海期货交易所 2010 年度“会员进步奖”奖章。

荣获上海期货交易所 2011 年度“优胜会员提名奖”奖章

荣获第十届中国财经风云榜最具成长性期货公司、金牌 IT 服务期货公司

国联期货有限责任公司

基本概况：

国联期货有限责任公司成立于 1992 年，1993 年 4 月获得中国证监会颁发的首批期货经营许可证，是在江苏省注册的商品期货经纪、金融期货经纪、期货投资咨询的专业期货公司，公司注册资本 2 亿元人民币，是上海期货交易所(会员号 0018)、郑州商品交易所(会员号 0174)、大连商品交易所(会员号 0161)会员，中国金融期货交易所(会员号 0118)交易结算会员，是江苏省成立最早、经营规范、稳健的专业期货经纪公司。公司可代理国内所有商品及金融期货品种的交易、结算、交割，业务范围覆盖全国主要城市和地区。2011 年期货代理成交金额 33543.44 亿元，市场占有率 1.22%。2011 年公司资产总额 16.82 亿元，净资产 2.75 亿元，净资本 2.28 亿

元，客户权益达到13.72亿元。

公司隶属于实力雄厚、信誉卓越的大型金融、实业集团无锡市国联发展（集团）有限公司，创新类券商国联证券股份有限公司为公司的控股股东。公司拥有务实、高效、勇于开拓创新的领导集体和勤奋、敬业、乐于奉献的高素质员工队伍，拥有一批德才兼备并在行业内有一定知名度的专业人才。公司总部设在江苏无锡，经过十几年的不懈努力，现已在上海、重庆、南宁、大连等地成立了19家营业部。由于努力拓展市场，近几年连续获得四大交易所的嘉奖。

公司采用胜科金仕达、易胜和上期综合期货交易系统，并拥有文华财经、澎博资讯和倚天财经等多套国内优秀的行情资讯系统，为客户提供国联达钱及MC系统、摇钱树软件、交易开拓者系统和FIX2等操作和策略平台，特色交易软件有文华一键通、澎博闪电手、金仕达快枪手和点金手等，全方位地为客户提供交易及行情资讯服务，广泛适用于商品期货和股指期货。国联期货开通了交行、建行、工行、农行、中行全国范围银期转账业务，为投资者安全、便捷地参与商品、金融期货提供了良好的条件。国联期货专业网站提供操作策略平台，国内外专业的期货财经资讯，第一时间发表国联期货评述，及时转发国内外权威专业机构的数据和观点，并通过网站、邮件等形式向客户公布策略平台和发送国联期货投资报告，形成了一套专业、系统、完备的业务、管理、风控体系。

国联期货秉承“以服务为导向，以客户为中心”的服务理念，以客户利益为最高目标，本着“做大做强”的战略方针，以自己专业、诚挚的信念，专注研究市场，以团队的力量，专业的素质，规范的运作，为投资者提供最优质的金融服务平台！

公司地址：无锡市金融一街8号6楼
客服热线：4008888012
传真：0510－82759156
邮政编码：214121
网址：http://www.glqh.com
信箱：glqh@glsc.com.cn

国泰君安期货有限公司

公司概述：

国泰君安期货有限公司（GUO TAI JUNAN FUTURES CO.，LTD.），是国泰君安证券股份有限公司的全资子公司。公司注册资本5亿元，具有商品期货经纪业务和金融期货经纪业务资格，是国内首批获得金融期货全面结算业务资格的期货公司，是中国金融期货交易所的一号会员，同时也拥有上海期货交易所、大连商品交易所、郑州商品交易所的会员资格和交易结算席位。公司是中国期货业协会第二届、第三届理事会理事单位、中国证监会证券期货业信息化工作专家委员会委员单位、中国期货业协会信息技术委员会委员单位。公司总部位于上海，在上海、北京、天津、深圳、杭州、宁波、长春、四平、大连、广州等城市设有营业部，另有共计69个首批取得IB资格的营业网点，服务网点遍及全国29个省、直辖市和行政区。

公司具备强大的研发能力，创新设立了专兼职的研究服务体系，在国内券商系期货公司中最早开设的独立研究所，在业内率先成立了股指期货研究中心，秉承“贴近客户、贴近市场、贴近业务”的服务理念，向客户提供更有效、更深入的金融服务，达到了促营销、提服务、帮风控、固品牌的效果。公司具有业内一流的信息技术平台，达到行业三类技术标准（目前最高级别），针对股指期货成功开发了VIP交易系统，为客户提供稳定、快捷、高效的交易服务。同时公司已全面开通交通银行、工商银行、建设银行、农业银行、中国银行五大银行的银期转账业务。

公司具有规范而稳健的管理体系，依靠强大的股东背景优势，秉承“诚信为本、专业服务”的经营理念，形成并推行一套以技术为支撑、以人为本的制度化管理体系。

公司自成立以来，规模不断扩大，业绩不断提升，社会影响力不断扩大，特别是抓住股指期货推出的机遇，实现了历史性跨越，迈上了一个新的台阶。2010年，公司实现税前利润8159万元，日均客户权益43.49亿元，股指期货交易份额全国排名第一，客户权益、利润在上海地区排名第一，服务费收入排名第二；股指期货开户数约占全国6.8%，位列全行业第一；作为中国金融期货交易所全面结算会员，目前代理结算12家交易会员单位，列全行业第一。

近年来，公司多次被证券时报社评选为“最具成长性的期货公司”，被上海证券报社评为“中国最佳期货公司品牌十强”，被评为“2010第一财经金融价值榜——年度期货公司”，获得“2010年度上海市人民政府金融创新成果二等奖”，并获得四家期货交易所多项奖项等。

营业网点：

国泰君安期货公司依托股东国泰君安证券强大的网点优势，在国内设有期货营业部和证券IB营业部，分布于全国28个省、自治区、直辖市和特别行政区。国泰君安期货公司在全国的网点能大大满足国内客户的交易需求。

- 国泰君安期货公司——金融理财部
- 国泰君安期货公司——上海曲阳路营业部
- 国泰君安期货公司——上海期货大厦营业部
- 国泰君安期货公司——上海中山北路营业部
- 国泰君安期货公司——北京建国门外大街营业部
- 国泰君安期货公司——天津营业部
- 国泰君安期货公司——吉林长春营业部
- 国泰君安期货公司——吉林四平营业部
- 国泰君安期货公司——浙江杭州营业部
- 国泰君安期货公司——浙江宁波营业部
- 国泰君安期货公司——深圳营业部
- 国泰君安期货公司——辽宁大连营业部
- 国泰君安期货公司——广东广州营业部

公司大事记：

2011年9月22日：国泰君安期货广东广州营业部正式获准成立。

2011年7月12日：国泰君安期货辽宁大连营业部正式获准成立。

2011年6月24日：在北京由证券时报和期货日报共同举办的“第四届中国最佳期货经营机构暨最佳期货分析师评选”颁奖典礼中，国泰君安期货囊括六项大奖。

2011年2月11日：在2010年度上海金融创新奖颁奖大会中，国泰君安期货报送的《期货全面结算系统》项目获得2010年度上海金融创新成果奖二等奖。

2010年12月11日：在“2010第一财经金融峰会暨2010第一财经金融价值榜（CFV）颁奖典礼”中，国泰君安期货最终成为首家、也是唯一一家获奖的期货公司，荣获“年度期货公司”大奖。

2010年11月：在第四届中国电子金融发展年会暨第三

届中国电子金融"金爵奖"评选活动中,国泰君安期货获得"2010 拓展电子商务最佳期货公司"、"2010 最佳期货电子商务平台"、"2010 最具创新性电子金融营销案例"等三项大奖。

2010 年 8 月 25 日:国泰君安期货公司增资事宜获得证监会批准,注册资本由 3 亿元增加到 5 亿元。

2010 年 8 月 6 日:国泰君安期货广东深圳营业部正式获准成立。

2010 年 7 月:在第三届"中国优秀期货经营机构暨最佳分析师评选"中,国泰君安期货荣获"中国最具成长性期货公司"、"最佳 IB 服务商"和" 最佳钢材期货分析师"奖项。

2010 年 5 月 4 日:国泰君安期货公司增资事宜获得证监会批准,注册资本由 1.6 亿元增加到 3 亿元。

2010 年 4 月 6 日:国泰君安期货吉林长春营业部正式获准成立。

2010 年 2 月 9 日:国泰君安期货上海虹桥路营业部正式获准成立。

2010 年 1 月 26 日:1 月 26 日,大连商品交易所召开"2009 年度先进会员表彰大会",国泰君安期货荣获"2009 年度优秀会员"奖项。

2009 年 12 月 31 日:2009 年 12 月 31 日,在"2009 年度中金在线财经排行榜"评选活动中,国泰君安期货被评选为"最具影响力的期货公司"。

2009 年 11 月:在大连商品交易所举办的十大期货研发团队评选活动中,国泰君安期货获 10—11 月度农产品期货研发团队第三名(共有 104 个期货公司参加农产品团队评比)。

2009 年 11 月 27 日:在北京举行的第三届中国电子金融发展年会暨第二届中国电子金融"金爵奖"颁奖盛典中,国泰君安期货荣获最受用户喜爱的期货网站奖。

2009 年 10 月:国泰君安期货第二届"领航中国"期货精英沙龙在杭州举行,期货市场上的交易高手及 VIP 客户齐聚一堂,在风景如画的西子湖畔畅谈人生,交流投资心得。

2009 年 9 月:在《证券时报》倾力打造的第十届"中国优秀财经证券网站评选"活动中,国泰君安期货荣获"2009 年度最佳期货网站"奖。

2009 年 4 月—7 月:国泰君安期货携手金融界网站,期货日报网站,分别举办了"领航中国"期货实盘精英争霸赛和第三届全国期货实盘交易大赛。在前者赛事中,国泰君安期货选手涂乐蝉联大赛冠军,邓裕群囊获了大赛季军;在第三届期货实盘大赛中,国泰君安期货选手囊括了 5 项大赛三等奖,成绩骄人。

2009 年 6 月:2009 年 6 月,在证券时报社主办的"中国优秀期货公司评选"中,国泰君安期货获得"最具成长性期货公司"奖项,总裁何晓斌博士获评"期货业最具影响力人物"荣誉,钢材期货研究中心主任翟旭获评"最佳宏观经济分析师"荣誉。

2009 年 5 月:在上海证券报社主办的"中国期货市场品牌价值榜暨最佳分析师评选"活动中,国泰君安期货获得"最佳期货公司品牌十强"奖项,是少数几家获得此项殊荣的券商系期货公司之一。

2009 年 1 月:国泰君安期货有限公司分别获得了"上海期货交易所 2008 年度交易进步奖会员"、"大连商品交易所 2008 年度最具成长性会员"和"郑州商品交易 2008 年度最快进步奖会员"。研究员翟旭荣获上期所"2008 年度黄金优秀分析师"称号。

2008 年 12 月 20 日:2008 年 12 月 19 日—20 日在北京举行的第二届中国电子金融发展年会暨首届中国电子金融"金爵奖"颁奖盛典中,国泰君安期货荣获最具成长性期货电子商务平台奖。

2008 年 11 月 22 日:国泰君安期货"2008 领航中国"期货实盘精英争霸赛获奖选手齐聚上海,在富有异国风情的高档会所"雍福会"参加精英沙龙。

2008 年 11 月 13 日:为期三天的第六届理财博览会在上海展览中心隆重开幕。国泰君安期货有限公司派出阵容强大的理财专家团队,和投资者充分的进行了面对面的交流。

2008 年 8 月 - 10 月:国泰君安期货携手金融界网站,共同举办期货精英实盘争霸大赛,奖金累计高达百万,其中总冠军奖金为 50 万元。

2008 年 8 月 22 日:根据中国证监会宁波监管局《关于核准国泰君安期货有限公司设立宁波营业部的批复》(甬证监发[2008]91 号),国泰君安期货宁波营业部正式获准成立。

2008 年 7 月 18 日:国泰君安期货启动投资者服务月活动。国泰君安期货有限公司揭牌仪式在上海隆重举行。

2008 年 7 月 7 日:在百度公司举办的"2008 亿万网民心目中的理财品牌榜评选"活动中,国泰君安期货荣获 "2008 亿万网民心目中十大最具影响力的期货公司"奖项。

2008 年 7 月 4 日:根据中国证监会北京监管局《关于核准国泰君安期货有限公司设立北京建国门外大街营业部的批复》(京证期货[2008]94 号),国泰君安期货北京建国门外大街营业部正式获准成立。

2008 年 6 月 24 日:根据中国证监会浙江监管局《关于核准国泰君安期货有限公司设立杭州营业部的批复》(浙证监期货字[2008]50 号),国泰君安期货杭州营业部正式获准成立。

2008 年 5 月 7 日:在由证券时报主办的"谁是伟大时代的领跑者——首届中国优秀期货公司"评选中,国泰君安期货被评为"最具成长性期货公司",国泰君安期货公司总裁何晓斌博士被评为"期货业最具影响力人物"。

2008 年 4 月 25 日:国泰君安期货有限公司总裁何晓斌当选为上海期货同业公会监事长。

2008 年 4 月 15 日:根据中国证监会上海证监局《关于核准国泰君安期货有限公司设立上海期货大厦营业部的批复》(沪证监期货字[2008]33 号),国泰君安期货上海期货大厦营业部正式获准成立。

2008 年 3 月 19 日:根据中国证监会上海证监局《关于核准国泰君安期货有限公司设立上海中山北一路营业部的批复》(沪证监期货字[2008]26 号),国泰君安期货上海中山北一路营业部正式获准成立。

2008 年 3 月:国泰君安期货 1 至 3 月份在郑州商品交易所总成交量较去年同期增长 1227.65%

2008 年 1 月:国泰君安期货被华夏时报评为"最具影响力的期货公司"。

2007 年 12 月 11 日:根据中国证监会上海证监局《关于核准国泰君安期货经纪有限公司设立四平营业部的批复》(吉证监期货字[2007]19 号),国泰君安期货吉林四平营业部正式获准成立。

2007 年 12 月:国泰君安期货公司与中国工商银行上海分行签订全面业务合作协议。

2007 年 11 月 11 日:国泰君安期货公司接受 CCTV - 2《经济半小时》节目的特别专访。

2007 年 10 月 22 日:国泰君安期货公司成为中金所首批

两家全面结算会员之一，并喜获一号会员。

2007 年 9 月 25 日：中国证监会主席助理姜洋先生视察国泰君安期货。

2007 年 9 月 7 日：根据中国证监会《关于核准国泰君安期货经纪有限公司金融期货全面结算业务资格的批复》[证监期货字(2007)148 号]，国泰君安期货公司成为国内首批获得金融期货全面结算业务资格的期货公司。

2007 年 7 月 26 日：国泰君安期货公司股权变更和增资扩股事宜获得证监会批准，注册资本由 1 亿元增加至 1.6 亿元，并成为国泰君安证券全资控股子公司。

2007 年 6 月：国泰君安期货公司与新浪财经结成战略合作关系。

2007 年 6 月 – 8 月：国泰君安期货公司联合上海大众、新浪财经举办了"PASSAT 领驭——志在掌握"股指期货知识与仿真交易大赛，大赛的多项指标创中金所仿真交易单个会员最高峰值。

2006 年 8 月：国泰君安证券与浦发期货原股东签署了《浦发期货股权转让协议》，浦发期货原三家股东转让其全部股份。

国投中谷期货有限公司

公司概述：

国投中谷期货有限公司创始于 1993 年，注册资本 3 亿元，注册地上海。公司是中国期货业协会会员理事、大商所交割委员会主任委员和郑商所会员资格审查委员会委员。控股股东国家开发投资公司。

多年来，公司牢牢把握"为产业和机构客户服务"的宗旨，通过差异化竞争策略，在为客户提供多元化研发产品、一站式交割服务、风险管控体系设计方面形成了核心竞争优势，树立了"期货理财和风险管控专家"的品牌形象。

公司以良好的信誉、安全快捷的交易通道、规范严格的风险管理、丰富稳健的交易经验，竭诚为投资者提供专业化期货服务。

公司营业网点：

国投中谷期货有限公司北京西直门南小街营业部

客户服务与投诉电话：010 – 58747656

电子邮箱：yuzhicheng@ zgqh. com. cn

地址：北京市西城区西直门南小街 147 号 5 层

邮编：100034

国投中谷期货有限公司大连营业部

客户服务与投诉电话：0411 – 84807261

电子邮箱：wangxin@ zgqh. com. cn

地址：大连市沙河口区会展路 129 号大连国际金融中心 A 座 – 大连期货大厦 1901、1912 房间

邮编：116023

国投中谷期货有限公司郑州营业部

客户服务与投诉电话：0371 – 65615399

电子邮箱：furenjun@ zgqh. com. cn

地址：河南省郑州市未来大道 69 号未来大厦 2210 室

邮编：450008

国投中谷期货有限公司广州营业部

客户服务与投诉电话：020 – 85250363

电子邮箱：dingwei@ zgqh. com. cn

地址：广州市天河区天河北路 183 号大都会广场 2705 室

邮编：510620

国投中谷期货有限公司上海期货大厦营业部

客户服务与投诉电话：021 – 68401327

电子邮箱：liyangfan@ zgqh. com. cn

地址：上海市浦东新区浦电路 500 号期货大厦 1804 室

邮编：200122

国投中谷期货有限公司太原营业部

客户服务与投诉电话：0351 – 8333643

电子邮箱：jiangwei@ zgqh. com

地址：山西省太原市小店区长风街 113 号千禧世纪广场第一幢 C 单元 1101 – 1102 室

邮编：030006

海通期货有限公司

公司概述：

海通期货有限公司是海通证券股份有限公司(600837)控股子公司，注册资本 10 亿元，是国内首家通过 ISO9001：2008 质量管理体系认证的期货公司。公司拥有上海期货交易所、大连商品交易所、郑州商品交易所全权会员资格，是中国金融期货交易所交易结算会员。公司全面开通工商银行、中国银行、建设银行、农业银行、交通银行全国银期转账业务，为投资者提供专业、优质的期货经纪和风险控制服务。

公司拥有位居前列的市场规模和市场占有率；集聚一批业内有影响力、号召力的行业专家和卓越的员工团队；具备强大的研发能力、持续盈利的财务能力；具有高效的管理平台和海通特色的管理机制；享有较高的品牌价值和社会影响力。

海通期货核心价值：观勇担责任、矢志创新、追求卓越

海通期货经营目标：打造一流团队，提供一流服务，树立一流品牌，创造一流效益，争创国内规模大、实力强、服务全的新型期货公司

公司优势：

(1)海通期货成功上线新一代交易系统，代表了目前国际衍生品领域交易系统的先进水平。

新系统将传统交易系统的性能指标普遍提高了几个数量级，投资者充分肯定了其速度、稳定性、个性化和兼容性。

最快的交易速度、最强的处理能力。

(2)最先进的核心技术。采用创新的完全精确重演的分布式并行处理体系架构，使用内存数据库、多重索引技术、直接外键技术和高效事务管理技术，并首创了多业务主机同时工作、互为备份和自由加入的集群容错可靠性保障机制，获得五项软件著作权。

(3)最优异的性能指标。系统各项指标达到了国际先进技术水平，系统软件处理报单能力可达到 8000 笔/秒以上，交易核心可并发处理报单数为 2200 笔/秒以上，有效报单单程耗时仅 2 毫秒，每台前置可并发处理 5000 个在线客户，系统整体容量支持百万客户、百万持仓。

(4)最快速的交易通道。通过千兆光纤局域网接入中金所和上期所，通过三所联网主干接入大商所和郑商所，这使得综合交易平台核心交易的速度从网络层面获得了高保障。

(5)最安全稳定的技术保障。海通期货新一代交易系统所在机房位于上海期货交易所数据中心园区内，具备交易所级的一流机房条件，高标准的机房可保障机房内系统设备安全、可靠、稳定运行。

全进口梅兰日兰精密空调确保恒温、恒湿的机房环境。

高灵敏度火灾自动报警系统具有保护财产和生命安全的重要作用。

两路市电 + UPS + 油机供电系统保证持续供电。机房架空地板具备八级抗震能力。

(6)单点故障零切换。应用层依靠自开发的技术达到无单点故障,并实现了零切换时间,即任意业务主机停止工作,都不会对外部的业务服务有任何影响。而且可以在业务进行的过程中,根据需要自由地恢复因故暂停业务主机的工作,使系统重新回到停机前的高可靠性保障水平。

(7)精确重演机制。采用高效的排队机制,可实现业务请求完全序列化,即可实现精确重演机制。系统支持容错、灾备、自动回归测试(提升软件本身更新升级效率)、查错(交易序列完全可重演)等。支持同城、异地灾备系统,可以在较短的时间内切换到灾备系统。

(8)网络和多报盘均衡。综合交易平台有复杂严格的物理网络分隔,从物理网络层面保障了核心系统的安全性。可实现同一席位报盘双热备,多席位多报盘负载均衡。

(9)多样化的交易终端实现个性化的服务。安全的 API 接口有效控制了风险,交易接口全开放吸引了众多交易终端厂商的参与开发,可供客户自主选择使用。客户也可自由开发个性化的终端接入,海通期货提供程序化交易环境。

(10)最具竞争力的机构客户技术支持环境。海通期货与上海期货信息技术有限公司的战略合作关系保障了功能开发的领先性和系统运维的可靠性。

只有海通期货拥有独立部署的主生产环境,而其他经纪商是混用的交易环境。海通期货还使用程序化交易生产环境、测试环境、商品模拟环境、股指仿真环境,已建设北京异地热备主生产环境,保证交易的快捷、安全。

(11)实现对机构客户的特别支持功能。

①完美支持监管部门要求的一户多码、结算对账等要求。

②除标准的 API 接口,新开发支持 FIX 协议的技术接口,方便基金、QFII 等机构投资者直接接入。

③提供协助风控终端,支持获取风控数据。

④支持动态密钥登陆,保护投资者的交易安全。

交易席位报盘实现负载均衡,高性能的处理能力颠覆以往只有专用席位才能够提高报盘速度的理念。

海通期货支持机构客户专线接入,可从深圳通机房(支持 FIX 协议)快速接入海通期货交易系统。

(12)高效、热情、个性化的服务平台。海通期货为客户提供了工、农、建、交、中五大银行快捷、安全的资金进出渠道,并在开户登记、交易、结算、交割以及出入金等方面建立了完善、严格的风险监控制度,确保客户资金安全无虞。

风险监控系统的数据取自基于内存数据库的风控后台,完全与交易、结算分离、基于排队机制的风控后台也具有核心部件的热备和负载均衡能力,保障风控数据的高速。可靠高效的风险监控系统能及时准确揭示客户风险,并提前预警,通过在线即时、短信、邮件等方式及时通知客户。

海通期货在全国部署最为容余的行情服务器,为各类终端推送期货行业中最快的行情信息。

海通期货致力于打造以后台数据仓库为核心的综合管理平台,将交易系统、呼叫中心、MAS 高速短信平台、客服和研究咨询平台、客户评价体系、公司网站、财务核算、风险控制、合规经营、协同办公等系统进行集成,构建海通期货全方位信息技术服务平台。

世界金融发展史也是一部技术创新史,海通期货致力于打造一支作风硬朗、技术过硬的技术团队,高素质的技术团队保障公司战略目标的实现。

海通期货达到目前期货行业中最高的技术和管理等级标准。

宏源期货有限公司

基本概况:

宏源期货有限公司是经中国证监会批准,从事商品期货经纪、金融期货经纪、期货投资咨询的专业化金融服务企业。公司注册地为北京,注册资本 5.5 亿元人民币,是上海期货交易所、大连商品交易所、郑州商品交易所全权会员,中国金融期货交易所交易结算会员,中国期货业协会理事单位。

全资股东宏源证券股份有限公司(证券代码:000562)是中国第一家上市证券公司,是经中国证监会批准的全国性、综合类、创新类券商,全国首批保荐机构之一。

公司在北京、上海、乌鲁木齐、南宁、杭州、大连、郑州、合肥、济南、石家庄、昆明等地设有多家营业部,依托宏源证券近 90 家营业网点形成覆盖全国的服务网络。

公司拥有澎博、文华等行情系统,澎博闪电手、文华一键通、金仕达多账户、上海快期、易盛、掌上财富手机行情交易、证券期货套利等交易系统,交易开拓者、Multi Charts、文华等程序化交易软件,满足客户的多样化需求。开通工行、建行、交行、农行等全国银期转账系统,资金划转方便快捷。结合宏源证券研究所形成证券期货综合研究力量,为投资者提供及时准确的信息资讯、深度的研究报告和专业的投资咨询服务。

公司以市场为导向,以客户为中心,以专业化技能和高标准的服务,推动公司业绩快速成长,成为国内最具发展潜力的期货公司之一,多次荣获监管部门、交易所、行业协会和媒体奖励。

公司将竭诚为广大投资者提供多元化、标准化、个性化服务,以专业、诚信为投资者创造价值。

营业网点:

公司总部

地址:北京市西城区太平桥大街 19 号 4 层 4B

电话:010 - 88085299

上海源深路营业部

地址:上海市浦东新区源深路 1088 号 15 层 01 单元

电话:021 - 38571388

乌鲁木齐营业部

地址:乌鲁木齐市天山区文艺路 233 号宏源大厦 13 楼

电话:0991 - 2361099

北京海淀北一街营业部

地址:北京市海淀北一街 2 号首创拓展大厦(鸿城拓展大厦)406 室

电话:010 - 62699689

杭州营业部

地址:杭州市拱墅区华浙广场 1 号 18 楼

电话:0571 - 85279708

南宁营业部

地址:南宁市民族大道 115 - 1 号现代国际大厦 7 楼 717

电话:0771 - 5557241

郑州营业部

地址：郑州市商务外环路13号楼绿地峰会天下606室
电话：0371－55152557

大连营业部

地址：大连市沙河口区会展路129号大连国际金融中心A座大连期货大厦2105室
电话：0411－84806965

合肥营业部

地址：合肥市马鞍山南路与望江路交口绿地赢海国际大厦C座604室
电话：0551－63714086

济南营业部

地址：山东省济南市历下区文化西路13号海辰办公写字楼2－501室
电话：0531－89015007

石家庄营业部

地址：石家庄市裕华西路15号万象天成A座写字楼26层
电话：0311－67802111

昆明营业部

地址：昆明市官渡区春城路62号证券大厦1602室
电话：0871－8072123

华联期货有限公司

基本概况：

华联期货有限公司，简称“华联期货”，成立于1993年4月10日，位于东莞金融核心——金源中心，公司总部毗邻国家外汇管理局、中国人民银行东莞市中心支行、中国农业发展银行、东莞证券有限责任公司等金融机构，是国内首批取得期货业务经营许可权并一直植根于东莞的专业期货公司，同时也是目前东莞地区唯一一家由国有股东控股的本土期货公司。

2007年9月27日由东莞证券、东莞信托收购并将注册资本增加到人民币1亿元，公司共有四名股东，另外两名股东分别是东莞财信和锦龙股份（000712）。2008年1月，经中国证监会核准，取得金融期货经纪业务资格；同年4月，取得金融期货交易结算业务资格；同年7月，成为中国金融期货交易所交易结算会员。经过17年不懈的努力，经过华联人携手并肩团结一致的奋战，华联期货在商海变幻莫测的浪潮中汲取营养不断成长！目前的华联期货拥有上海期货交易所、大连、郑州商品交易所、中国金融期货交易所四家期货交易所席位。

目前，公司已开通中国农业银行、中国工商银行、中国建设银行、中国银行的银期转账业务，方便了客户资金的实时划拨。随着中国期货市场的不断发展和体制的完善，在华联期货朝气蓬勃的员工团队努力下，华联期货正一步步迈向新的高峰！

华联期货秉承“客户至上，稳健经营”的经营宗旨，全体员工怀着严谨求实的敬业精神和认真负责的工作态度，致力为客户提供优质高效服务，为东莞企业制定套期保值方案，帮助企业锁定经营成本，谋求与客户共同发展，实现公司与客户双赢！华联期货是您忠诚的投资伙伴，在新的征程中我们将一如既往，愿与您携手共进，共创辉煌！

发展历程：

1993年3月9日，东华实业集团注资“东莞华联期货经纪有限公司”成立。

1994年9月14日，全面开展国内期货代理业务。

1999年9月，增资扩股成功，注册资金由1000万元增至3000万元，进一步加强公司的抗风险能力，为日后发展奠定雄厚基础。

1999年9月，取得郑州交易所会员资格会员代号（0133）。

2001年2月，取得大连交易所会员资格会员代号（0113）。

2002年1月，取得上海交易所会员资格会员代号（M0276）。

2002年8月13日，东城营业部成立。

2003年，成为东莞地区首家开通网上交易系统的期货公司。

2007年9月27日，我公司获“证监期货字[2007]188号”批复核准公司变更注册资本由3000万元变更为1亿元及股权变更。

2007年11月29日，我公司获“广东证监函[2007]793号”批复核准公司公司住所变更为东莞市可园南路1号金源中心16层。

2007年12月3日，中国农业银行银期转账业务正式上线。

2008年1月8日，我公司获“证监许可[2008]7号”批复核准我公司金融期货经纪业务资格，经营范围变更为：商品期货经纪、金融期货经纪。

2008年3月10日，中国建设银行银期转账业务正式上线。

2008年3月14日，我司将原有的5位客户资金账号升级为9位资金账号[机构码（2位）+机构网点（2位）]+原有客户号（5位）。

2008年4月1日，我公司获“证监期货字[2008]432号”批复核准公司金融期货交易结算业务资格。

2010年6月1日，根据广东省工商行政管理局粤核变通内字【2010】第1000018779号《核准变更登记通知书》，公司名称由“东莞市华联期货经纪有限公司”变更为“华联期货有限公司”，为全国布局奠定了品牌基础。

2010年9月20日，广州营业部成立。

2011年8月29日，取得期货投资咨询业务资格，经营范围变更为：商品期货经纪、金融期货经纪、期货投资咨询。

2011年9月9日，揭阳营业部成立。

公司地址：东莞市城区可园南路1号金源中心16层
全国服务热线：4000－883－668
联系电话：0769－22113100
传真：0769－22217310

华泰长城期货有限公司

公司概述：

华泰长城期货有限公司（原长城伟业期货有限公司）成立于1994年3月28日，注册资本六亿元人民币，是拥有商品期货、金融期货牌照的大型期货公司，在中国期货市场中创出了自己的品牌。2011年，公司荣获四大期货交易所“2011年度优秀会员金奖”、“2011年度企业服务奖”、“2011年度市场发展奖”等22个奖项及媒体评出的“2011年度中国最佳期货公司”、“2011年度最佳期货研究院”等奖项。

回首来路，岁月如歌，公司成立于中国经济改革开放、期货市场开疆拓土的年代。18 年来，公司全体员工以坚定的信念度过了艰难和困惑，迎来了中国期货行业发展的曙光。公司不但保持了规模和业绩的持续增长，同时在规范管理方面创立了品牌：2000 年公司率先在全国范围内实现了在银行监管下的“期货保证金封闭运行管理机制”；2002 年公司协助北京大学经济学院率先开办“金融衍生品与期货高级研修班”；2008 年公司率先制定了《客户洗钱风险分级管理制度》，对期货行业开展反洗钱工作起到了积极的促进作用。面对全球金融市场的变革，我们选择与时俱进、一如既往，根据客户需求推动业务创新，我们将以诚信和勤勉共筑中国期货事业的巍峨长城！与您分享宏愿，助您迈向成功！

公司宗旨：

坚持在合规经营的基础上创造业绩。

坚持用专业的知识和精神服务客户。

坚持把保护客户合法权益放在首位。

坚持开展对投资者的风险意识教育。

坚持为实现客户保值需求做出努力。

坚持对客户、员工、股东永保忠诚。

我们的操守：

诚实、踏实、忠诚。

热心、耐心、细心。

稳健、专业、合规。

保护客户合法权益。

严守行业道德准则。

履行反洗钱法义务。

公司分支机构：

北京营业部

地址：北京市朝阳区北三环东路 28 号易亨大厦 12 层 1209 房

电话：010 - 64405616

传真：010 - 64405650

上海世纪大道营业部

地址：上海市浦东新区世纪大道 1589 号长泰国际金融大厦 7 层 01 - 05 单元

电话：021 - 68758098

传真：021 - 68752700

深圳金田路营业部

地址：深圳市福田区金田路与福中路交界东南荣超经贸中心 1009

电话：0755 - 23942178

传真：0755 - 83252677

湛江营业部

地址：湛江市湛江开发区观海路 183 号荣基国际广场公寓 25 层 01 - 08 号房

电话：0759 - 2669108

传真：0759 - 2106021

东莞营业部

地址：东莞市南城区胜和路华凯大厦 802B 室

电话：0769 - 22806930

传真：0769 - 22806929

佛山营业部

地址：佛山市禅城区季华五路 21 号金海广场 1401、1402、1403、1404 室

电话：0757 - 83809098

传真：0757 - 83806983

郑州营业部

地址：郑州市金水区未来大道 69 号未来公寓 601、602、603、605、616 室

电话：0371 - 65628001

传真：0371 - 65628002

南宁营业部

地址：南宁市民族大道 137 号春晖花园 A 区办公楼 1501 号房

电话：0771 - 5570376

传真：0771 - 5570372

南京营业部

地址：南京市中山东路 288 号新世纪广场 A 座 4703 室

电话：025 - 84671197

传真：025 - 84671123

石家庄营业部

地址：石家庄市中山西路 188 号中华商务中心 A 座 1608 室

电话：0311 - 85519307

传真：0311 - 85519306

汕头营业部

地址：汕头市龙湖区金砂路 116 号汕融大厦 1210、1212 号房

电话：0754 - 88488577

传真：0754 - 88488563

青岛营业部

地址：山东省青岛市香港中路 12 号丰合广场 A 座 3 楼 3A

电话：0532 - 85029801

传真：0532 - 85029802

韶关营业部

地址：韶关市浈江区熏风路 14 号鼎禾会社 201 和 202 号

电话：0751 - 8885679

传真：0751 - 8221951

中山营业部

地址：中山市石岐区兴中道 6 号假日广场南塔 510 室

电话：0760 - 88863108

传真：0760 - 88863109

番禺营业部

地址：广州市番禺区市桥街清河东路 338 号 2205、2206、2207 房

电话：020 - 84701499

传真：020 - 84701493

惠州营业部

地址：惠州市江北东江二路二号富力丽港中心酒店 24 层 01 号

电话：0752 - 2055272

传真：0752 - 2055275

大连营业部

地址：大连市会展路 129 号大连国际金融中心 A 座 - 大连期货大厦 2312 室

电话：0411 - 84807967

传真：0411 - 84807267

贵阳营业部
地址：贵阳市南明区都司路62号鸿灵－纽约纽约大厦25楼5－6号
电话：0851－5833569
传真：0851－5833570
深圳竹子林营业部
地址：深圳市福田区竹子林紫竹七道中国经贸大厦22层ABCDEFGHJ及13层ABC单元
电话：0755－83774627
传真：0755－83774706
无锡营业部
地址：无锡市中山路343号东方广场A座22楼H/I/J
电话：0510－82728358
传真：0510－82728913
珠海营业部
地址：珠海市吉大海滨南路47号光大国际贸易中心2308、2309室
电话：0756－3217877
传真：0756－3217881
武汉营业部
地址：武汉市江汉区瑞通广场B座10层1002室
电话：027－85487453
传真：027－85487455
昆明营业部
地址：昆明市人民中路169号移动通信大楼15层B座
电话：0871－65373933
传真：0871－65355199
宁波营业部
地址：宁波市海曙区柳汀街230号华侨酒店二期三层8306、8308号
电话：0574－83883688
传真：0574－83883828
南通营业部
地址：南通市青年中路69号4层401室
电话：0513－89013838
传真：0513－89013838
长沙营业部
地址：长沙芙蓉区韶山北路159号通程国际大酒店1301室
电话：0731－88271762
传真：0731－88271761
成都营业部
地址：成都市锦江区新光华街1号航天科技大厦8层806号
电话：028－86587606
传真：028－86587086
天津营业部
地址：天津市河西区友谊路35号君谊大厦20层2002室
电话：022－88356381
传真：022－88356380
杭州营业部
地址：杭州市朝晖路203号1502室
电话：0571－85362828
传真：0571－85362228
苏州营业部
地址：苏州工业园区苏惠路98号1107、1108室
电话：0512－87773326
传真：0512－87773302
期货研究所
深圳：0755－82537429　　0755－82790793
上海：021－68402232　　021－68402232

徽商期货有限责任公司

基本概况：

徽商期货有限责任公司成立于1996年2月，是经中国证监会批准、在国家工商局注册成立的安徽省第一家期货经纪公司，也是安徽省首家获得金融期货经纪业务资格的期货公司。

徽商期货由安徽省徽商集团有限公司控股，总部设在合肥，在北京、上海、大连、郑州、芜湖、马鞍山、阜阳、东莞、铜陵设有营业部。作为中国期货业协会会员单位，公司拥有上期所、大商所、郑商所、中金所会员资格。

公司配有先进的同步交易系统、行情分析系统、风险监控系统，实行保证金封闭式运行，确保客户资金的安全。公司采用胜科金仕达、易盛和恒生VIP以及上期综合期货交易系统，交易结算系统采用金仕达最新的V8T版本。并拥有文华财经、澎博资讯等多套国内优秀的行情资讯系统，为客户提供交易开拓者系统和掌上财富手机期货等操作和策略平台。特色交易软件有文华一键通、澎博闪电手、金仕达快枪手和点金手以及恒生5.0等。在上海上期技术张江中心建设部署了灾备机房。开通了交行、建行、工行、农行、中行全国范围银期转账业务，为投资者安全、便捷地参与期货提供了良好的条件。

徽商期货抓住机遇，更新观念，期货业务向纵深化发展，近几年以来经营业绩取得了飞跃式的发展，公司2012年荣获中国财经风云榜评选"投资者最满意期货公司"、"金牌产业服务期货公司"、"期货明星分析师团队"三项大奖，公司连续三年"全国十大期货研发团队"，连续三年"大连商品交易所年度会员金奖"，连续两年"中国最具区域影响力期货公司"，各交易所会员奖等荣誉40多项，公司是中国科技大学实践基地、安徽大学卓越期货人才培养基地。公司净资产收益率全国行业排名第二，客户数、交易量、利润几年来均增长了30倍以上，交易量、交易额跻身全国前列。市场占有率快速提升，公司不断发展壮大。

徽商期货秉承徽商传统，遵循"勤勉、创新、和协、诚信"和"严控风险、规范运作、稳健经营"的经营理念和宗旨，努力为广大投资者提供安全、高效的一流服务，实现客户利益和公司利益最大化的双赢目标，为期货市场和产业经济服务，在中国期货市场规范发展的春天里谱写新的篇章。

地址：合肥市芜湖路258号
电话：0551－62865776
传真：0551－62865899
邮箱：zhglb@hsqh888.com

江苏弘业期货有限公司

公司概述：

江苏弘业期货有限公司是经中国证监会批准的大型期货

经纪公司，注册资本3.8亿元，净资产10亿元。公司隶属于江苏省国资委监管的大型企业集团——江苏省苏豪控股集团有限公司，上市公司弘业股份（600128）、全国知名创业投资企业江苏弘业国际集团投资管理有限公司以及江苏省苏豪控股集团、江苏汇鸿国际集团等均是公司的主要股东，公司主营商品期货经纪、金融期货经纪。

弘业期货是中国期货业协会理事单位、江苏省期货业协会会长单位，公司总部位于江苏省南京市中华路50号弘业大厦，并在北京、上海等国内主要金融中心和重点城市设立28家营业部，实现全国性布局，是目前国内拥有营业部数量最多的期货公司。公司的综合竞争实力傲视同行：主营业务能力突出，主要经营指标多年来始终位居江苏省同行第一、全国前列；信息技术系统达到行业最高水平，并在业内首家自建完成异地灾备中心；同时公司拥有丰富的风险管理经验，连续十三年来保持合规、稳健经营。公司近年来还先后荣获"江苏省文明单位"、"江苏省青年文明号"、"江苏省五一劳动奖状"、"中国期货公司十强"以及各期货交易所优胜会员、产业服务优秀会员等荣誉称号。

弘业期货将继续秉承"稳健、高效、创新"的企业理念，严格防范风险，锐意开拓市场，不断提升核心竞争力，与广大投资者共创恢弘大业。

品牌优势：

（1）我们拥有34家开业及筹建的期货营业部，是国内营业网点最多的期货公司，覆盖上海、北京、广州等国际金融中心及国内主要省会城市，市场服务渠道便捷通畅。

（2）我们拥有行业最高等级的总部中心机房及业内唯一自建的异地灾备机房，一流的信息技术形成强有力支撑，客户交易安全高效。

（3）我们的综合竞争实力傲视同行，经纪业务能力排名全国前三。同时我们拥有丰富的风险管理实战经验，十多年来保持经营管理零风险。

（4）由海归博士领衔开发的程序化交易平台，为不同需求的投资者提供个性化服务。

（5）我们是具有重要影响力的品牌期货公司，是中国期货业协会理事单位和江苏省期货业协会会长单位，先后荣获省级青年文明号、省级五一劳动奖状、省级文明单位、"中国期货公司十强"、"中国最佳期货公司"等称号，多年来成就国内一流，世界知名。

（6）我们历经十多年磨砺，规模效益稳步扩张。2010年，公司代理交易额近5万亿元，各项财务经营指标同比增长100%。

（7）我们多年来和国内各大交易所和中国期货业协会保持良好合作，多次荣膺四大交易所"优秀会员"。

（8）我们的研究资讯能力业内闻名，每年均有上百篇研发报告刊载于业内主流媒体并先后出版多部著作，能为您提供各项专业增值服务。

（9）我们拥有科学高效的人力资源管理体系，管理团队保持十多年稳定，从业经验丰富、管理能力优秀。公司从业员工500人，人力资源丰富。

（10）我们的投资者教育活动遍及全国各地，创办"中国江苏国际期货论坛"，助推全国期货业新跃升。

公司2011年大事记：

1月，我司在各交易所2010年度表彰中喜获多项荣誉，分别是：上海期货交易所"优胜会员奖"、"铜企业服务奖"；大连商品交易所"优秀会员奖"；郑商所"菜籽油品种行业服务奖"、"企业服务奖"；中金所"优秀会员金奖"、"适当性制度落实奖"以及"技术管理奖"。

1月，我司召开2010年度工作总结大会。

1月，公司获评"江苏省文明单位"。

1月，我司机构管理总部被省部属企事业工会评为年度"工人先锋号"。

3月，弘业期货武汉营业部正式成立。

4月，弘业期货广州营业部正式成立。

4月，公司总部办公场所改造工程顺利竣工，苏豪控股董事长沙卫平、副总裁周勇亲临现场参与乔迁剪彩仪式。

5月，公司顺利完成增资，增资后公司净资产超10亿元，成为全国净资产金规模最大的期货公司。

5月，为纪念"五四"青年节，我司组织总部员工赴南京紫金山开展户外登山活动。

5月，我司参展第三届中国（南京）金融博览会。省委常委、常务副省长李云峰在董事长周勇陪同下巡视了我司展台。

5月，经上级组织批准，中共江苏弘业期货有限公司党委正式成立。

6月，公司正式更名为"江苏弘业期货有限公司"。

6月，公司获评"中国最佳期货公司"。

6月，公司党支部被省国资委党委表彰为"先进基层党组织"。

6月，我司党员崔隽被省国资委党委表彰为"优秀共产党员"。

6月，我司赴南大、南审等省内院校开展"期货进高校"系列讲座活动。

6月，公司参演江苏证券期货系统庆祝建党90周年文艺汇演。

7月，我司组织公司员工及家属一行八十余人，赴安徽泾县、宏村开展两日游活动。

7月，我司在总部大厦9楼会议室召开2011年上半年工作总结会。

7月，公司获评"平安金融创建活动先进集体"。

7月，弘业期货宁波营业部正式成立。

7－11月，我司开展新员工入职培训、业务人员职业技能培训等系列培训活动。

9月，公司在省内首批获准开展期货投资咨询业务期货投资咨询业务。

9月，弘业期货连云港营业部正式成立。

10月，我司赴南审、南农、南理工、南财、扬大等省内院校开展"2012校园招聘宣讲活动"。

10月，由工会牵头，公司创办"基层员工接待日"活动，深入推进企业民主化建设。

11月，由公司工会牵头，弘业期货、弘业投资成功举办"第二届职工运动会"。

11月，公司组织新员工在南京情侣园进行拓展训练。

11月，我司获准设立江苏省博士后创新实践基地，公司成为国内期货行业第一家正式获准设立博士后站的企业。

12月，我司组织全体在宁员工在南京1912街区举办"第五届职工卡拉OK大赛"。

12月，公司获评"四好领导班子先进集体"。

12月，公司获评大商所、和讯网"2011年全国十大能源化工产品期货研发团队"。

12月，我司参与承办"第七届中国（深圳）国际期货大会"。在大会期间设置展台，并举办技术创新专场交流会。

金鹏期货经纪有限公司

基本概况：

金鹏期货经纪有限公司（Jinpeng International Futures Co.,Ltd 简写：JIFCO）成立于1993年5月15日，是经中国证监会批准、在工商行政管理局登记注册，并在国内首批取得期货业务经营许可权的大型专业期货公司。她的前身是金鹏铜交易所，在中国期货业十几年的风雨历程中，金鹏公司本着“对客户负责、对股东负责、对事业负责、对未来负责”的宗旨，以倡导客户理性投资为理念，规范运作、稳健经营，赢得了客户的认可，受到业界的瞩目。公司业务辐射面、影响力始终处于行业前列，在年轻的中国期货史上有着光辉的一页。

公司总部位于北京市西城区金融大街27号投资广场B座九层，地处首都经济中心圈，毗邻中国证监会、银监会、保监会及国内外各大银行、金融机构，实时掌握高端金融信息、全球经济动向。

公司宗旨：对客户负责、对股东负责、对事业负责、对未来负责

公司成立之初，公司就提出“四个负责”的公司宗旨。经过十年来工作实践，这二十个字早已成为每一个金鹏人的行为准则。相信这一宗旨不仅仅对期货这一新兴行业有着核心作用，对每个从事服务行业职业人的职场生涯都具有广泛的指导意义。

对客户负责——不盲目追求短期经济效益，倡导客户理性投资，根据客户个性化需求设计有较高专业水准、有针对性的投资产品。以协助客户资本增值回报客户对金鹏的信任。

对股东负责——在现代企业制度下，规范经营，防范风险，稳健发展，以敬业负责的态度回报股东对员工的信任。

对事业负责——在年轻的中国期货业勇做排头兵。重视发挥期货市场套期保值、发现价格功能，更好地服务于中国市场经济的需要。

对未来负责——企业经营必须有立足长远的战略思想。不追求短期利益，在为中国期货市场做出贡献的同时，企业有长远的发展，成为业内的“百年老店”。

北京总部

地址：北京市西城区金融大街27号投资广场B座九层

电话：010－66211412

郑州营业部

地址：河南省郑州市未来大道69号未来公寓1707室

邮编：450008

客服热线：0371－65611147

传真：0371－65610851

Email：zz@jifco.com.cn

大连营业部

地址：大连星海国际会展中心东区302室

邮编：116023

传真：0411—84800342

Email：jpdl2008@126.com

金瑞期货有限公司

公司概述：

金瑞期货有限公司成立于1997年7月，控股股东为江西铜业集团。公司总部设在深圳，下辖上海、南昌、北京、大连、郑州、佛山、青岛、赣州、沈阳、深圳南山营业部及香港分公司。

金瑞期货坚持规范运作，稳健经营，打造出企业套期保值和套利的核心竞争力，在经济效益、经营管理、品牌形象等方面领行业之先。

1. 领先的经营业绩，突出的行业地位

金瑞期货十多年来发展迅猛，业绩卓越，综合经济效益在业内名列前茅。

金瑞期货是中国金融期货交易所的全面结算会员，是上海期货交易所理事单位，是上期所、大商所和郑商所均居前列的优秀会员单位，是全国首家获得国际权威机构ISO9001金融服务类认证的期货公司。

2. 知名的公司品牌，良好的市场形象

荣获深圳市“知名品牌”、“中国最佳期货公司”和“最佳产业服务奖”、“最具影响力期货公司”、“最受投资者喜爱的期货公司”等荣誉称号。2011年荣获“十大品牌期货公司”、“期货杰出掌门人”、“中国最佳机构服务”、“中国最佳期货公司”和“最佳产业服务奖”，三大交易所年度优秀会员奖。2010年获得了深圳市金融创新三等奖，这是公司首次获得此项荣誉，也是唯一获奖的期货公司。

3. 专业的研发团队，先进的投资技术

以丰富的实践经验和专业的理论水准为基础，致力于提供“专业化、个性化、精细化”服务，形成了套期保值和套利的核心竞争力，成为行业最具责任感的风险管理专家。

公司代理客户保证金中，70%是企业法人资金，国内最大的铜企业及规模领先的空调企业、微波炉企业以及重要的黄金、锌企业都是我们的客户。

成立了由宏观及策略、品种研究、金融期货、投资研究、套期保值小组等构成的研究所。首创了反向基差下的保值理论；首创了铜加工品远期合约点价机制；成功运作中国第一只挂钩期货的银行理财产品。

拥有由资深的“海归专家”和多年证券、基金实践经验的业务骨干组成的一流金融期货团队。运用多年在商品市场套期保值和套利业务上的经验，将数理模型和实战经验与IT技术相结合，开发了“股指期货套利交易系统”。

与中国金融期货交易所、《证券时报》合办了“中国股指期货机构投资者高峰论坛”；与深圳金融业协会举办了国内首次“私募基金股指期货酒会”。

与中国金融出版社合作，公开出版发行了《股指期货投资攻略》、《明明白白做期指》等专著，获得业内权威机构和广大投资者的广泛赞誉。

4. 优质的客户服务，放心的期货公司

秉承客户至上的服务理念，以不断提升客户满意度为己任，建立了完善的服务体系和投资者培训教育体系。

通过公司网站、400热线、短信平台和手机行情等服务平台或手段，为客户提供贴心而专业的服务。

安全便利的银期转账功能，全线开通交行、建行、工行、中行、农行的全国银期转账服务，是全国最先完成5大行上线运行的期货公司之一。

健全、完备的以风险管控为导向的内部控制体系，做到前、中、后台各级控制。通过先进的IT系统做到实时监控，实时风险试算，及时发出风险提示，妥善处置风险，有效地防止客户风险的累加，被监管部门称为“放心的期货公司”。

5. 先进的IT技术，便捷的交易平台

巨资投入，采用业内专业的交易软件，系统稳定、快捷。

获得国务院信息化办公室、中国证监会评选的“信息安全先进单位”称号。

先进的灾备系统，所有交易硬件线路均采用热备份方式，出现灾难性情况实时切换，做到 100% 不影响交易。

公司荣誉：

1. 2011 年获得荣誉

第八届“深圳知名品牌”荣誉称号。

《期货日报》和《证券时报》“中国最佳期货公司”、“最佳有色金属产业服务奖”；《上海证券报》“最佳服务机构奖”。

上海期货交易所年度优秀分析师评选活动，金瑞期货研究所高级分析师符彬、侯心强获评“有色金属优秀分析师”和“黄金优秀分析师”。

中国财经风云榜 2011 年度“十大品牌期货公司”、“期货杰出掌门人”、“最佳产业服务期货公司”、“最佳 IT 服务公司”。

郑州商品交易所“市场发展奖”。

2. 2010 年获得荣誉

深圳市金融创新三等奖，唯一获奖的期货公司。

中国财经风云榜“十大品牌期货公司”、“期货杰出掌门人”。

《证券时报》和《期货日报》“中国最佳期货公司”、“最佳产业服务奖”。

《上海证券报》“中国最佳机构服务”奖。

三大交易所的年度 8 项大奖，是深圳获奖最多的期货公司，分别为：

上海期货交易所 2010 年度优胜会员奖，铜、锌、黄金企业服务奖。

郑州商品交易所 2010 年度市场服务奖、PTA 产业服务奖。

大连商品交易所 2010 年度优秀会员奖、最具成长性农产品期货研发团队奖。

公司经营理念：

金瑞的理念是：以诚为节，信用守恒。

金瑞的经营思路是：与客户共创价值。

金瑞的远景：打造国内一流的综合性期货公司，向金融衍生品服务集团的方向发展。

金瑞的核心竞争力：套期保值和套利，真心实意为企业服务。

金瑞是大型国企——江铜集团的控股子公司，因此，在企业文化建设上，秉承和继承了江铜集团企业文化的相关元素和风格。江铜文化是一个较为成熟、仍在发展、卓有成效的企业文化。江铜理念：“用未来思考今天”；江铜核心价值观：“至高、至精、至诚、至远”；江铜企业使命：“共创、共享”；江铜经营理念：“与客户共创价值”；江铜道德：“以诚为节，信用守恒”；江铜作风：“规范、自省、协作、高效”。江铜的企业文化：“同心多样化”的战略追求和价值取向，为江铜及其下属公司的成长提供了持久的动力。金瑞公司员工对此有着强烈的认同感和归宿感。

地址：广东省深圳市福田区福虹路 9 号世界贸易广场大厦 A 座 38 楼
邮编：518033
电话：0755－82915076
传真：0755－83679349
电子邮件：shenzhen@ jrqh. com. cn

经易期货经纪有限公司

基本概况：

经易期货经纪有限公司成立于 1993 年 5 月 15 日，是国内期货行业中领先的、知名的专业期货经纪公司。法人代表：张必珍，现主要股东单位为经易控股集团有限公司、经易金业有限责任公司以及久勋（北京）咨询有限公司。公司在中国证监会备案的营业执照号码：110000009977330，期货经纪业务许可证号码：30990000。公司总部位于北京市西城区百万庄北街 6 号，为上海、大连、郑州三家期货交易所会员，经中国证监会批准取得金融期货经纪业务资格、金融期货交易结算业务资格和期货投资咨询业务资格，并已成为中国金融期货交易所首批交易结算会员。公司注册资本金 2 亿元，在北京、上海、大连、成都、青岛、深圳、西安、长春、郑州、浙江台州等地设有分支机构，武汉营业部和香港分公司正在筹建。

公司成立于期货市场建立之初，经历了中国期货市场从起步、试点到规范发展的全过程，在期货业务管理、风险控制、市场研究和客户服务等方面积累了丰富经验，具有很高的服务水平。

公司资信优良，经营业绩良好。从 2000 年以来，公司期货代理资金和交易额一直排名全国前列。在行业内享有良好声誉，多年来受到海内外金融机构和媒体的支持关注。公司目前是中国期货业协会理事单位，上海期货交易所理事单位，北京期货商会会长单位。2004 年 10 月以来公司被北京市地方税务局评为“纳税信誉 A 级企业”并保持至今。在和讯网举办的“中国财经风云榜”评选活动中，公司连续两年荣获最受喜爱的十大期货公司。2008 年公司被百度财经评为“亿万网民心目中的 2008 十大最具影响力期货公司”。2009 年荣获大连商品交易所市场服务奖，荣获上海期货交易所黄金企业服务奖等。2010 年荣获上海期货交易所锌企业服务奖等。

服务优良：公司遵循“系统、纪律、超越”的交易理念，以系统的专业交易制度，快捷的交易程序、严格的风险管理手段和严明的操作纪律为基础，竭诚为各类机构及个人投资者提供专业的期货交易、商品套期保值、投资理财及风险管理服务。公司总部大厦是经由意大利设计师设计装修的数码智能化建筑，光纤带接入因特网，全面实现网上自助交易。公司和营业部配备有路透、文华财经、彭博、富远等资讯信息系统和分析系统，可以满足广大客户的及时、多方位信息需求。公司交易环境舒适，客户交易便利。公司研究中心配备有多名资深的专业研究人员，可为客户提供专业的市场分析报告、投资顾问服务和市场信息服务。公司借鉴国际先进的分析系统，针对国内实际情况，为克服恐惧和贪婪的心态，研制出独具特色的 CCDP 程序化电脑交易系统，可以自动指导客户进行交易，自推出以来已经为公司及客户创造了数以千万元的利润。

人才济济：公司拥有一流的管理人才和期货交易人才，具有 10 年以上从业经验的人员有 20 余人，具有 5 年以上从业经验的人员 60 余人。他们受过正规的专业培训，拥有中国证监会颁发的期货从业人员资格证书，具有丰富的实际交易经验。

管理规范：公司严格遵循中国证监会规定的“统一结算、统一风险控制、统一资金调拨、统一财务管理和会计核算”的运作方式，制定了一系列严格的管理规章制度和监督激励办法，实行财务、风险、结算三线垂直管理模式，确保有条不紊、规范周到地为广大客户提供优良服务。

企业文化：

系统　纪律　超越　团结　务实

1. 系统

（1）情感需要依靠理智才能保持稳定。老板和员工关系也只有建立在一种制度上才能和谐统一。在一个管理制度健全的企业中，所有升迁都是凭借个人努力得来的。

（2）公司需要忠诚和有能力的员工业务才能进行；员工必须依赖公司的业务平台才能发挥自己的聪明才智。

2. 纪律勤奋

（1）借口就是一块敷衍别人、原谅自己的"挡箭牌"，就是一副掩饰弱点、推卸责任的"万能器"。

（2）拖延的背后是人的惰性在作怪，而借口是对惰性的纵容。

（3）有了寻找借口的恶习，做起事来往往就会不诚实。这样，你的工作必定遭人轻视，从而会轻视你的人品。

（4）无论什么工作，都需要这种不找任何借口去执行的人。

（5）不要用任何借口来为自己开脱或搪塞，完美的执行是不需要任何借口的。

（6）在现实生活中，许多人都认为欺骗、说谎话是一种有利可图的勾当。

（7）而一个骗人的人，却会在内心听到这种声音："我在说谎话，我不是一个诚实的人；我是一个卑污者，一个戴假面具者。"

（8）立即行动！这句话是最惊人的自动起动器。任何时刻，当你感到拖延苟且的恶习正悄悄地向你靠近，或当此恶习已迅速缠上你，使你动弹不得之际，你都需要用这句话来提醒自己。

（9）那些忠诚于老板，忠诚于企业的员工，都是努力工作，没有任何借口的员工。

3. 超越

（1）自愿承担艰巨的任务。

（2）以老板的心态对待公司，你就会成为一个值得信赖的人，一个老板乐于雇用的人，一个可能成为老板得力助手的人。

（3）对立情绪要不得，以老板的心态对待公司。

（4）尽职尽责完成自己的工作的人，最多只能算是称职的员工。如果在自己的工作中再"多加一盎司"，你就可能成为优秀的员工。

（5）如果一个员工只是照上面交代的去做事以换取薪水，这是不行的。每一个人都必须以预备成为老板的心态去做事。如果这样做了，在工作上一定会有种种新发现，其个人也会逐渐成长起来。

（6）能得体支使上司的员工。也就是提出自己对所负责工作的建议，并促使上司同意；或者对上司的指令等提出自己的看法，促使上司修正。

（7）在对雇主的忠诚方面，我们除了应该做好份内的事情之外，还应该表现出对雇主事业兴旺和成功的兴趣，不管雇主在不在场，都要像对待自己的东西一样照看好雇主的设备和财产。

4. 团结

（1）保持一颗积极、绝不轻易放弃的心，尽量发掘你周遭人或事物最好的一面，从中寻求正面的看法，让自己能有向前走的力量。

（2）你为一个人工作，如果他付给你薪水，那么你就应该真诚地、负责地为他干，称赞他、感激他，支持他的立场，和他所代表的机构站在一起。

（3）不要忘了感谢你周围的人、你的上司和同事。感谢给你提供机会的公司。

（4）待人如己。也就是凡事为他人着想，站在他人的立场上思考。"你是一名雇员时，应该多考虑老板的难处，给老板一些同情和理解；当自己成为一名老板时，则需要考虑雇员的利益，对他们多一些支持和鼓励。

（5）感恩已经成为一种普遍的社会道德。人可以为一个陌路人的点滴帮助而感激不尽，却无视朝夕相处的上司、同事的种种恩惠。将一切视之为理所当然，视之为纯粹的商业交换关系，这是许多公司员工之间矛盾紧张的原因之一。

（6）我们常常喜欢从外部环境来为自己寻找理由和借口，不是抱怨职位、待遇、工作的环境，就是抱怨同事、上司或老板，而很少问问自己：我努力了吗？我真的对得起这份工作吗？对努力工作的人，工作会给予他意想不到的奖赏。

5. 务实

（1）"没有任何借口"看起来似乎很绝对、很不公平，但是人生并不是永远公平的。

（2）有一个基本原则可用，而且永远适用。这个原则非常简单，就是永远不放弃，永远不为自己找借口。

（3）"与其找借口，不如说'我不知道'"。

（4）抛弃找借口的习惯，你就不会为工作中出现的问题而沮丧，甚至你可以在工作中学会大量的解决问题的技巧。

（5）无论是足球队还是企业，一个团队、一名队员或员工，如果没有完美的执行力，就算有再多的创造力也可能没有什么好的成绩。

（6）需要他发表意见的时候，坦而言之，尽其所能；对上司已做了决定的事情，就要坚决服从，努力执行，绝不表现自己的小聪明。

（7）并不是所有上司的指令都正确，上司也会犯错误。

（8）说谎话的人是不诚实的人，不诚实的人是很危险的。因为不诚实，所以不能够与人相处长久。

（9）记得提醒自己：你是在自己的公司里为自己做事，你的产品就是你自己。

（10）记住，这是你的工作！既然你选择了这个职业，选择了这个岗位，就必须接受它的全部，而不是仅仅只享受它给你带来的益处和快乐。就算是屈辱和责骂，那也是这个工作的一部分。如果说一个清洁工人不能忍受垃圾的气味，他能成为一个合格的清洁工吗？

（11）没有责任感的员工不是优秀的员工。责任感是简单而无价的。

（12）这种履行必须是发自内心的责任感，而不是为了获得奖赏或别的什么。

（13）世界上最愚蠢的事情就是推卸眼前的责任，认为等到以后准备好了、条件成熟了再去承担才好。在需要你承担重大责任的时候，马上就去承担它，这就是最好的准备。

（14）巴顿将军的名言是："自以为了不起的人一文不值。"

（15）人们习惯于为自己的过失寻找种种借口，以为这样就可以逃脱惩罚。正确的做法是，承认它们，解释它们，并为它们道歉。

企业荣誉：

2011 年度被评为纳税 A 级企业

荣获 2011 年度上海期货交易所颁发的优胜会员奖

荣获2011年度上海期货交易所颁发的产业服务优胜奖

荣获2011年度上海期货交易所颁发的铜产业服务奖

荣获2011年度上海期货交易所颁发的锌产业服务奖

荣获大连商品交易所颁发的2011年度最具成长性农产品期货研发团队称号

荣获大连商品交易所颁发的2011年度市场服务成就奖

2011年度荣获"最受投资者欢迎的专业金融机构"奖

2010年度荣获上海期货交易所锌企业服务奖

2010年度大连商品交易所市场服务成就奖

2009年度荣获十大研发团队第三名

2009年度荣获大商所市场服务奖

2009年度被评为纳税A级企业

2008年度荣获百度财经十大期货公司称号

2008年度荣获卓越期货公司称号

2007年度被评为纳税A级企业

2006年度荣获中国财经风云榜十大期货公司称号

迈科期货经纪有限公司

公司概述:

迈科期货经纪有限公司成立于1993年12月,原名:陕西五矿期货经纪有限公司。2003年11月公司进行了重组,更名为:迈科期货经纪有限公司,是国内第一批经中国证监会核发期货经纪业务许可证的期货公司(许可证号:31060000),公司是上海期货交易所、大连商品交易所、郑州商品交易所和中国金融期货交易所会员。

公司总部位于古城西安,在北京、上海、深圳、郑州、成都、大连、青岛、榆林、西安设有九家营业部。

公司多年来一直秉承服务投资者、服务企业、服务产业经济的经营理念,坚持走专业化发展的道路,为投资者提供最全面、较权威、多视角的行业资讯及服务,在全国有色金属期货领域具有很强影响力和知名度,得到了业内和有关部门的一致认可。

公司拥有一支经验丰富的高级管理团队,团队成员均为有色金属领域、期货行业管理岗位从业多年的专业人士,在期货市场建立初期就进入这个行业,有着丰富的经济管理和行业经营管理运作经验。

公司荣誉:

近年来,公司多次荣获交易所及行业奖励,其中2007年至今获得的奖励如下:

(1)荣获2007年上海期货交易所"铜交易优胜奖";

(2)荣获2008年上海期货交易所"服务企业优胜奖";

(3)荣获2008年上海期货交易所"交易优胜奖";

(4)荣获2009年陕西金融办"陕西期货行业一等奖";

(5)荣获2009年北京期货商会"北京期货行业突出贡献奖";

(6)荣获2010年上海期货交易所"优秀会员奖";

(7)荣获2010年上海期货交易所"会员进步奖";

(8)荣获2010年上海期货交易所"铜企业服务奖";

(9)荣获2010年上海期货交易所"锌企业服务奖";

(10)荣获2010年郑州商品交易所"行业成长奖";

(11)荣获2011年上海期货交易所"铜产业服务奖"第一名;

(12)荣获2011年上海期货交易所"优胜会员奖";

(13)荣获2011年上海期货交易所"产业服务优胜奖";

(14)在期货日报社及证券时报社联合举办的第四届中国期货经营机构评选活动中荣获"最佳有色金属产业服务奖";

以规范求生存,以创新求发展,迈科人始终以不懈的努力,高效的服务与您携手共进。

经营业绩:

2003年11月我们接管期货公司时,公司的客户保证金为371万元人民币,交易额26亿元人民币。

截至2010年12月止:

(1)客户保证金为:11.54亿元人民币;其中套期保值客户占客户总权益的89.39%。

(2)交易额为:3.8万亿元人民币。

(3)公司净资产为:2.06亿元人民币。

2010年,公司客户保证金占陕西辖区的82%,交易额占陕西辖区的89%,利润总额3419.47万元,比去年增加了75.26%,在全国期货行业也处于领先地位。

公司铜、锌的交易和交割中更是名列前茅。铜的2010年交割总量占上海金属交易所铜交割总量的30.2%。充分体现和发挥了公司在套期保值客户开发方面的成果及作用。

企业文化:

迈科在十多年的发展过程中,逐步形成了稳中有变的企业文化。"诚信、创新、求实、高效、卓越与兼容并蓄"是对迈科企业文化核心理念的最好概括。

·诚信是迈科立足社会、赢得客户的发展根基。

·创新是迈科与时俱进、求新求变的不竭源泉。

·求实是迈科低调做人、高调做事的作风体现。

·高效是迈科在瞬息万变的信息时代创造先机的法宝。

·卓越是迈科没有最好、只有更好的不懈追求。

·兼容并蓄则展示了迈科不择细流、海纳百川、物尽其用、人尽其才的宽阔胸怀。

这些理念为迈科"发现价值、创造价值"奠定了基础,并推动着迈科不断创造新的辉煌!

地址:陕西省西安市高新区唐延路33号迈科国际大厦22层

邮编:710075

网址:http://maikefutures.com

客户服务及投诉电话:029-88830600

电子邮箱:maikegroup@126.com

南华期货股份有限公司

公司概述:

南华期货股份有限公司成立于1996年,主要从事商品期货经纪、金融期货经纪、期货投资咨询、期货资产管理业务,是中国金融期货交易所首批全面结算会员单位,是上海期货交易所、郑州商品交易所、大连商品交易所的全权会员单位。公司注册资金4.5亿人民币。公司目前设有上海世纪大道、兰州、台州、宁波、嘉兴、大连、北京、郑州、成都、温州、慈溪、哈尔滨、绍兴、深圳、青岛、上海虹桥路、萧山、广州、沈阳、天津、芜湖、重庆、太原、永康、余姚、南通、普宁和厦门等28家营业部,并于2006年3月获得中国证监会批准于香港设立分支机构。

多年来,南华期货始终保持着健康稳定的发展势态,始终保持着良好的市场信誉和形象,期货代理交易额和客户保证金总量在同行中均名列前茅。公司于2002年在业内首家通过ISO9001：2000国际国内双认证，2010年初顺利通过ISO9001：2008质量管理体系换版认证，并建立起分析师的职称评级体系，形成了多层次、多角度的人才梯队。2001年，南华期货体现了极强的行业前瞻性和战略眼光，成立了业内第一家研究所，并陆续在北京、上海、深圳、哈尔滨设立了研究中心。确立了“研究创造价值”的核心理念，将研发能力作为公司的核心竞争力。

自成立以来，研究所独立或与浙江大学、上海财经大学等单位合作共同参与承担了多项课题的研究工作。目前，南华期货研究所已经成长为国内最知名的期货研究机构之一。2009年南华期货研究所与第一财经传媒有限公司共同编制的“第一财经？南华期货中国商品指数”正式对外发布，被誉为中国的“CRB”指数，填补了国内缺乏综合、及时反映大宗基础性商品价格波动的基准指标的空白。一流的科研成果、理论与实践的完美结合以及认真负责的态度，研究所得到了业内外人士的高度评价，并成为国内期货公司研究所的先行者和领跑者。期研所连续五年承办“中国期货分析师论坛”。这一国内期货研究的盛会，汇集了国内期货业理论界、实务界和政府监管部门的一流专家，有力地推动了我国期货研究水平的提高和进步。

2006年，经中国证监会批准，南华期货（香港）有限公司在香港成立，是国内南华期货股份有限公司全资拥有的附属公司，经营期货业务。2007年6月，获得香港证监会的批准，在香港经营香港及国际期货业务。2007年9月5日，公司正式开始运营。2009年7月，正式登记成为香港期货交易所参与者和香港期货结算所直接参与者。2010年，获得香港SFC批准5号牌照，新增“就期货合约提供意见”受规管业务。2011年3月，正式成为欧洲期权与期货交易所交易会员。同年4月成为香港商品交易所会员资格。9月，正式成为新加坡交易所衍生品市场交易会员。

南华期货（香港）有限公司立足于香港这个著名的国际金融市场上，为客户提供全方位的期货交易品种及优质多元化的期货服务平台；让客户随时随地接通国际市场；让客户的投资与国际市场同步进行，畅通无阻；让客户的投资不断创新增值；让客户得到称心满意的服务。

企业文化：

南华期货核心价值观：

诚信是金融企业的核心，人无信不立；

依法合规经营是获得社会广泛认同的基础；

加强风险管理是期货公司的首要任务；

服务创新是期货公司发展的旗帜；

不断提升服务能力是期货公司的永恒目标；

南华人才观：

相信蚂蚁雄兵，让有才能的人充分展现能力。

南华期货质量方针：

公平诚信，服务优良

南华期货经营目标：

持续提升客户满意度

南华期货经营要求：

规范自律，诚实信用，持续经营，踏实稳健

南华期货工作作风：

扎实、细致、务实、高效

南华期货管理重点：

注重研发，打造核心竞争能力

注重管理规范化、标准化

注重风险控制与管理制度建设

注重营业网点布局与建设

注重创新能力的培养

注重人才队伍的建设

注重公司电子化建设

公司实力：

规范化管理方面，公司于2002年率先在期货行业通过了ISO质量体系认证，目前该体系已运行了七年。2009年借助体系换版认证的机会，公司聘请了一家国外著名认证公司，通过专家们高水平的认证过程进一步促进公司管理水平全面提升，同时在OA和CRM等现代化办公管理软件平台的支持下，公司正努力朝着规范化、流程化、国际化管理目标迈进。

研究方面，在行业最为低迷的2001年，南华期货投资成立了业内第一家期货研究所，目前已经成长为国内最知名的期货研究机构之一，以研发能力为客户创造价值，建立了通过帮助客户成长从而获得公司成长的双赢格局。

客户服务方面，公司根据投资者所掌握的期货知识层次，设计基础、进阶、高端不同等级的培训服务，以满足投资者对期货知识的需求；针对新入市的投资者，公司除了为其提供更为贴心的培训服务外，还需帮助其树立正确的投资观念；对于参与培训意识强的投资者，也可以通过我司网站“预约讲座”栏目主动提出培训要求。

2009年以来，公司重点进行产业客户的开发和服务，成立了专门的产业服务部门，举办了一系列客户服务活动和报告会。同时，针对一些有需求的客户，组建了一个由产业服务部门、研究所和市场部组成的服务小组，提供个性化的服务。据统计，目前南华期货法人户占比已经接近4%。

在客户分类管理的基础上，南华期货致力于提升客户的满意度。公司推出“缘起相知、共赢天下”等一系列客户调查活动，以更加深入地了解客户需求，更好地服务客户。

行业地位：

南华期货成立十余年来，在行业持续低迷的背景下连续赢利，并始终以远高出行业平均成长速度成长，迄今为止共进行了五次增资，由十年前一千万元起家的浙江省内最小的区域性期货公司成长为注册资本达4.5亿元的国内大型期货公司之一。

自2005年起，我司在行业内综合排名始终名列前茅，市场份额占比持续上升，客户数、代理交易量、代理交易额与客户权益等经营指标稳步上扬。

2010年，南华期货全年代理额达5.98万亿，代理交易量6021.86万手，连续获得上海、郑州以及大连三家商品期货交易所的优胜会员奖，并荣获当年中国金融期货交易所五个奖项。

营业部方面，目前我司共有26家营业部，分支机构达27家。公司的营业网点已基本覆盖了中国主要的经济中心及区域经济中心，成为业内拥有营业部网点最多的期货公司之一。

公司荣誉：

2012年南华期货荣誉奖项：

杭州市服务业企业100强

杭州钢铁贸易行业协会理事单位

第8届中国（深圳）国际期货大会承办单位

“浙商杯”第三届浙江期货行业职工乒乓团体赛第七名

第六届全国期货实盘交易大赛最佳操作指导奖

金融服务业重点企业

优秀社会主义建设者－罗旭峰

产业客户开发服务奖
企业服务奖
市场发展奖

瑞达期货股份有限公司

公司概述：

瑞达期货股份有限公司（原瑞达期货经纪有限公司）成立于一九九三年，总部位于厦门，是经中国证监会核准、国家工商总局批准设立的全国性大型期货公司。现注册资本为叁亿元，经营范围为金融期货经纪，商品期货经纪，期货投资咨询。瑞达期货是上海期货交易所、大连商品交易所、郑州商品交易所三家交易所的会员；中国金融期货交易所的全国首批十家会员之一；是目前国内拥有分支机构最多、运行最规范、管理最先进的专业期货经营机构之一，也是福建省内期货成交金额最大、盈利水平最高的期货公司。

近二十年的辛勤开拓，瑞达期货已经形成了立足福建、深入全国的战略格局。在合规建设、营销模式、服务产品的创新上，一直处于行业领先水准。目前在全国 16 个省份拥有近 30 家营业部，同时在上海、深圳、福建设有瑞达期货研究院。连续多年在营业网点数量、经纪业务盈利能力、综合排名等均位于行业前列。

企业资质：

1993 年 3 月：期货经纪业务资格

2007 年 7 月：中国证监会核准的金融期货经纪业务资格

2007 年 10 月：中国金融期货交易所首批全国十家会员之一

2008 年 12 月：中国证监会核准的金融期货交易结算业务资格

2009 年 6 月：中国金融期货交易所交易结算会员

2011 年 9 月：通过《期货公司信息技术管理指引》三类标准验收

2011 年 11 月：中国证监会核准的期货投资咨询业务资格

企业荣誉：

2011 年：中国金融期货交易所"优秀会员金奖"

2011 年：上海期货交易所优胜会员提名奖、天然橡胶产业服务奖

2011 年：大连商品交易所最具成长性会员、市场服务奖

2011 年：郑州商品交易所行业增长进步奖、成长奖、产业客户开发服务奖

2011 年：中金在线"优秀研发机构"称号

2011 年：大连商品交易所全国十佳能源化工研发团队

2011 年：和讯期货第九届财经风云榜投资者最满意的期货公司、最佳期货研究院、最佳产品创新期货公司

2011 年：中金在线"优秀研发机构"称号

2011 年：大商所研发团队比赛全国第 5 名

2012 年《期货日报》中国最具成长性期货公司

地址：福建省厦门市思明区塔埔东路 169 号
（观音山国际商务运营中心 6 号楼）13 层
邮编：361001
传真：0592 – 2290633
客户举报与投诉电话：4008 – 8787 – 66
电子邮箱：gechang@ rdqh. com
招聘邮箱：ruidaqihuo@ 126. com　rdqhhr@ rdqh. com

上海东证期货有限公司

公司概述：

上海东证期货有限公司（简称"东证期货"）是东方证券股份有限公司全资子公司，注册资本达 5 亿元，系国内四家期货交易所的结算会员。

东证期货专注于金融期货和商品期货的研究与服务，提供权威、及时的研发产品服务和投资策略；专注于信息技术的创新，创建安全、快捷的交易通道，开发多样化、个性化的交易系统；专注于构筑全面的风险管理和客户服务平台。

东证期货管理团队管理经验丰富，业绩出众，在业内享有盛誉。人才管理及激励机制完善，公司拥有硕士学历以上人员占比 30%，具有海外证券和期货经历的高端人才占比 10%。

自成立以来，东证期货从未发生风险事故，公司稳健经营，稳步发展的经营宗旨始终引领着东证前行。凭借规范、务实及客户至上的服务理念，东证期货致力于成为国内一流衍生产品投资服务提供商。

企业文化：

经商有道，道正，则天地和，其势如潮，纳百川而归东海；
经商重术，术精，则百事兴，奇巧如筝，发百声而汇清泉；
为贾从商，唯重信守义，襟怀坦白，广结善缘，功至德达；
置业治事，重人本为上，自励励人，联袂同盟，问鼎九州。

公司产品：

以研究为动力：

研究员屡次获评"优秀分析师"，研究领域覆盖所有商品期货及股指期货，研究水平业内领先。

视服务为生命：

交易指导：

出色的交易指导服务。业已指导客户取得了实盘精英赛钢材组冠军等成绩。

全程培训：

包括基础知识、投资策略、套期保值、交易技巧、软件使用、风险控制等。

后台服务：

主机房已正式搬迁至张江上期所数据机房，新机房享受和上期所数据机房同等级别的维护管理。

上海中期期货经纪有限公司

公司概述：

上海中期期货经纪有限公司（简称上海中期）成立于 1993 年 2 月 28 日，是经中国证监会批准、国家工商行政管理局核准的独立法人公司。公司注册资本金 2 亿元人民币，控股股东兖矿集团为国家重点特大型企业集团，是全国 100 家现代企业制度和 120 家企业集团试点企业。兖矿集团拥有第一家同时在纽约、香港、上海三地上市的中国煤炭行业龙头企业——兖州煤业。

上海中期是上海期货交易所（会员号 008）、大连商品交易所（会员号 0135）、郑州商品交易所（会员号 0179）、中国金融期货交易所（会员号 0202）的正式会员 。

上海中期秉承"三信五精神"的企业文化，以相信期货，相信中期，相信自己，诚实守信合规经营的从业精神，止于至善的客户服务精神，战胜一切困难的拼搏精神，公司利益至上

的主人翁精神，主动自觉的企业家精神，谆谆教诲每一位中期员工。经过十几年的不懈努力，上海中期已成为国内最具影响力的大型期货经纪公司之一。多年来，上海中期的代理交易量和交易额一直名列国内期货公司前茅。

上海中期始终如一地坚持"稳健、卓越、专业、诚信、开拓"的服务理念，以人为本、创新发展，以最佳的业务运作方式，致力于为客户提供品质一流的产品和服务，实现客户和公司的双赢，以专业创造财富，以专心提升价值。

公司发展历程：

2009年8月3日，增资扩股，注册资本人民币2亿元，兖矿集团有限公司100%。

2008年2月19日，股权变更，注册资本人民币1亿元，兖矿集团有限公司96%、上海畅立科贸有限公司4%。

2007年8月29日，增资扩股、股权变更，注册资本人民币1亿元，兖矿集团有限公司96%、上海畅诺工贸有限公司4%。

2005年11月15日，股权变更，注册资本人民币1000万元，中国国际期货经纪有限公司33.33%、北京北美经贸发展有限公司公司18.67%、中国中期投资有限公司48%。

2005年5月12日，股权变更，注册资本人民币3000万元，中国国际期货经纪有限公司51.33%、北京北美经贸发展有限公司公司18.67%、中国中期期货经纪有限公司30%。

1995年12月21日，增资扩股，注册资本人民币叁仟万元，中国国际期货经纪有限公司30%、北美物产发展公司18.67%、河南恒声源实业有限公司26.67%、武汉华中期货经纪有限公司24.66%。

1995年9月15日，上海中期期货成立，上海中期期货经纪有限公司成立。

1993年2月28日，公司成立，中国国际期货经纪有限公司上海分公司成立。

公司分支机构：

上海中期期货经纪有限公司上海中山北路营业部

负责人：唐亦军
成立时间：2008年10月22日
所在地：上海市
许可证号：31561004
投诉电话：4006709898/(86)021－62045464
地址：上海市普陀区中山北路2000号17层
邮编：200063
电话：(86)021－62034218
传真：(86)021－62035700
电子邮箱：tangyijun@shcifco.com

上海中期期货经纪有限公司大连营业部

负责人：朱玉国
成立时间：2002年11月28日
所在地：大连市
许可证号：31561002
投诉电话：4006709898/(86)0411－84807877
地址：大连市沙河口区会展路129号大连国际金融中心A座－大连期货大厦2212号房间
邮编：116023
电话：(86)0411－84807977
传真：(86)0411－84807477
电子邮箱：zhuyuguo@shcifco.com

上海中期期货经纪有限公司苏州营业部

负责人：傅军
成立时间：2001年11月15日
所在地：江苏省苏州市
许可证号：31561001
投诉电话：4006709898/(86)0512－68287399
地址：苏州市干将西路1359号5楼
邮编：215004
电话：(86)0512－68278599
传真：(86)0512－68279882
电子邮箱：fujun@shcifco.com

上海中期期货经纪有限公司无锡营业部

负责人：徐海侠
成立时间：2006年2月21日
所在地：江苏省无锡市
许可证号：31561003
投诉电话：4006709898/(86)0510－82708237
地址：无锡市崇安区人民中路118号金鼎广场3A(301)室
邮编：214001
电话：(86)0510－82703386
传真：(86)0510－82708275
电子邮箱：xuhaixia@shcifco.com

上海中期期货经纪有限公司郑州营业部

负责人：史兴伟
成立时间：2008年10月22日
所在地：河南省郑州市
许可证号：31561005
投诉电话：4006709898/(86)0371－65611029
地址：郑州市未来大道69号未来公寓716室、802室
邮编：450008
电话：(86)0371－65611029
传真：(86)0371－65629132
电子邮箱：shixingwei@shcifco.com

上海中期期货经纪有限公司沈阳营业部

负责人：贾玲
成立时间：2008年12月22日
所在地：辽宁省沈阳市
许可证号：31561006
投诉电话：4006709898/(86)024－31270600
地址：沈阳市沈河区友好街19号奉天银座B座8层806－809室
邮编：110013
电话：(86)024－31270600　31270810
传真：(86)024－31270922
电子邮箱：jialing@shcifco.com

上海中期期货经纪有限公司北京知春路营业部

负责人：刘民
成立时间：2010年3月12日
所在地：北京市
许可证号：31561007
投诉电话：4006709898/(86)010－59712489
地址：北京市海淀区知春路106号太平洋国际大厦905、906室
邮编：100086
电话：(86)010－59714689
传真：(86)010－59714806

电子邮箱:liumin@ shcifco. com

上海中期期货经纪有限公司邹城营业部

负责人:宋聪
成立时间:2010 年 4 月 16 日
所在地:山东省邹城市
许可证号:31561008
投诉电话:4006709898/(86)0537 - 5308000
地址:山东省邹城市太平东路 51 号中国银行大厦一层和九层
邮编:273500
电话:(86)0537 - 5308000
传真:(86)0537 - 5308002
电子邮箱:songcong@ shcifco. com

上海中期期货经纪有限公司上海漕溪北路营业部

负责人:沈剑云
成立时间:2010 年 7 月 26 日
所在地:上海市
许可证号:31561009
投诉电话:4006709898/(86)021 - 64279668
地址:上海市徐汇区漕溪北路 18 号 4B、6B 室
邮编:200030
电话:(86)021 - 64279668
传真:(86)021 - 64686773
电子邮箱:shengjianyun@ shcifco. com

上海中期期货经纪有限公司宁波营业部

负责人:张延良
成立时间:2011 年 4 月 6 日
所在地:浙江省
许可证号:31561010
投诉电话:4006709898/(86)0574 - 87867601
地址:浙江省宁波市江东区中兴路 775 号天润商座 3 幢 3 号 10 楼
邮编:315040
电话:(86)0574 - 87867601
传真:(86)0574 - 87867607
电子邮箱:zhangyanliang@ shcifco. com

上海中期期货经纪有限公司临沂营业部

负责人:黄鹤翔
成立时间:2012 年 4 月 14 日
所在地:山东省临沂市
许可证号:31561011
投诉电话:4006709898/(86)0539 - 7576177
地址:临沂市兰山区银雀山路 58 号矿务局 1 号楼 13 层
邮编:276000
电话:(86)0539 - 7576177
传真:(86)0539 - 7577977
电子邮箱:huanghexiang@ shcifco. com

上海中期期货经纪有限公司西安营业部

负责人:黄伟敏
成立时间:2012 年 4 月 17 日
所在地:陕西省西安市
许可证号:31561012
投诉电话:4006709898/(86)029 - 88829509
地址:西安市高新区高新路 2 号西部国际广场 1 幢 2 单元 15 层 01 室
邮编:710075
电话:(86)029 - 88829509
传真:(86)029 - 88829505
电子邮箱:huangweimin@ shcifco. com

申银万国期货有限公司

公司概述:

申银万国期货有限公司系申银万国证券股份有限公司的控股子公司。公司注册资本金 7.76 亿元,在证券控股期货公司中资本金规模位列前茅。2007 年 8 月 7 日,经中国证监会批准,申银万国证券股份有限公司增资控股原天意期货经纪有限公司,并于同年 9 月 25 日更名为申银万国期货有限公司。2011 年 8 月 15 日,在中国期货业协会公布的 2011 年期货公司分类结果中,公司获得 A 类 A 级评价。2011 年 8 月 19 日,经中国证监会核准,公司首批获得期货投资咨询业务资格。申银万国期货有限公司具有商品期货经纪业务、金融期货经纪业务、期货投资咨询业务资格,是上海期货交易所、大连商品交易所、郑州商品交易所的会员及中国金融期货交易所交易结算会员。公司同时还是中国期货业协会的理事单位、上海市工商业联合会钢铁贸易商会金融与法律委员会副主任单位、上海钢铁服务业协会副会长单位。公司总部位于上海浦东陆家嘴金融功能区,在成都、贵阳、大连、北京、郑州、上海、杭州、广州、深圳、宁波、武汉设有营业部。

申银万国期货有限公司坚持“依法、合规、规范”的经营方针,依靠强大的股东背景优势,依托申银万国证券股份集团架构下申银万国证券研究所、申银万国巴黎基金公司、申银万国证券(香港)有限公司等专业咨询服务团队,致力于为客户提供优质的综合金融理财服务。申银万国期货有限公司获得中金所颁发的“2011 年度优秀会员金奖”及“客户管理奖”,上海期货交易所颁发的“2011 年度优胜会员奖”,大商所颁发的“优秀会员奖”、及郑商所颁发的“市场发展奖”和“产业客户开发奖”。期货日报和证券时报联合颁发的“中国最佳期货公司”,上海证券报颁发的“最快进步奖”、“最佳 IB 服务奖”等诸多交易所、媒体的多个奖项。

申银万国期货有限公司聚集了大量高学历、高素质、实战经验丰富的证券与期货的专业人才,拥有由博士、硕士等精英组成的一流高管队伍,公司的业务骨干 100% 具有本科以上学历,并且与各大高校、研究所建立了学术业务联系,吸引更多优秀人才加盟。在大商所举办的“2011 年十大研发团队”评选中,公司能源化工研究团队分别在第一阶段获得能源化工产品组十佳团队冠军和第二阶段亚军的好成绩。

申银万国期货有限公司研发中心拥有专业的资深分析师,同时整合申银万国证券研究所雄厚的研发资源,运用大量、及时的信息、数据和先进的挖掘分析模型,从期货的基本面和技术面为客户提供及时、全方位的咨询产品、研究报告、套利套保方案等增值服务。

申银万国期货有限公司具有安全、快捷的交易信息系统。公司投入巨资建设了高等级的计算机房主机房和灾备机房,构建了计算机网络系统和高性能的交易服务器。主机房所有服务器配备热备份设备、双链路可靠接入、数据进行主备机房实时同步,通过大容量高带宽网上交易系统,确保客户能够安全、快捷地进行交易。公司的交易技术系统通过了由期货行业、高校等技术专家的评审验收,以及上海计算机安全等级测评中心的认证。

申银万国期货有限公司以客户为中心，依托先进的信息技术系统和专业的研发资讯，组建了一支高素质、反应迅速的专业客户服务团队。目前公司已与工商银行、交通银行、建设银行、农业银行等多家银行开通了银期转账系统，旨在为客户提供安全、便捷的资金管理服务。同时，建立了个性化、高标准的客户服务和流程体系，努力实现对客户的差异化、个性化、增值化服务。同时，建立了个性化、高标准的客户服务体系。

申银万国期货有限公司以促进上海国际金融中心建设、推动中国金融衍生品创新和期货行业发展为重要使命，秉承“诚信服务、开拓创新、追求卓越、争创一流”的理念，与客户共同发展，共铸辉煌！

地址：上海浦东新区东方路800号宝安大厦7、8、10楼
电话：021－50588811
传真：021－50588822

万达期货有限公司

公司概述：

万达期货有限公司成立于1993年4月，是全国最早成立的大型期货公司之一，主营商品期货经纪、金融期货经纪、期货投资咨询、资产管理，目前注册资本人民币5.06亿元，拥有员工400余人，总部设在郑州。公司是国内三家期货交易所的全权会员，是中国金融期货交易所交易结算会员。

在组织结构方面，万达期货由研发机构、市场业务部门、营业部和职能支撑部门组成。研发机构有北京研究中心，广西南宁白糖研究中心和新疆棉花研究中心。市场业务部门有金属事业部、软商品事业部、油脂化工事业部、投资运营部、期货投资咨询部及资产管理部。营业部截至目前共有20家，分别设在乌鲁木齐、上海、北京、南宁、昆明、长春、大连、广州、杭州、武汉、兰州、湛江、青岛、重庆、太原、厦门、安阳、西安、合肥和南京。职能支撑部门有财务部，客服部，综合部，技术部，结算部，合规审计部，人力资源部，风控部等8个部门。产业事业部目前设有棉花产业事业部和原油产业事业部。

公司设有规范的股东会、董事会、监事会、独立董事、首席风险官，分别有相互制衡的制度及议事规则。万达期货有限公司由中储粮油脂有限公司、河南东方粮食贸易有限公司、广东粤财信托有限公司、山西东港工贸集团有限公司等多家实力雄厚的股东投资，其控股股东隶属于中国储备粮管理总公司。

公司发展简史：

1.1993年4月，河南万达期货经纪有限公司成立，注册资本2000万元。其中河南省粮食厅出资1000万元。

2.1999年5月，河南万达期货经纪有限公司增资至3000万元，其中河南省粮食贸易公司出资2500万元。

3.2004年06月，河南万达期货经纪有限公司乌鲁木齐营业部成立。

4.2005年12月，河南万达期货经纪有限公司上海营业部成立。

5.2006年07月，河南万达期货经纪有限公司北京营业部成立。

6.2006年12月，河南万达期货经纪有限公司南宁营业部成立。

7.2007年05月，公司迁址。

8.2007年9月，公司增资至6600万元，其中河南东方粮食贸易有限公司出资6100万元。

9.2007年11月，公司成功申请金融期货经纪业务资格和金融期货交易结算业务资格。

10.2007年12月，公司成功申请中金所交易结算会员资格。

11.2008年01月，河南万达期货经纪有限公司变更企业名称为万达期货有限公司；变更经营范围为：商品期货经纪、金融期货经纪。

12.2008年03月，万达期货有限公司昆明营业部成立。

13.2008年03月，万达期货有限公司长春营业部成立。

14.2008年04月，万达期货有限公司大连营业部成立。

15.2008年06月，万达期货有限公司广州营业部成立。

16.2008年09月，万达期货有限公司增资至1.26亿元人民币。

17.2008年09月，万达期货有限公司温州营业部成立。

18.2008年10月，万达期货武汉营业部成立。

19.2008年11月，《万达人》创刊。

20.2009年07月，万达期货有限公司兰州营业部成立。

21.2009年12月，万达期货有限公司增资至2.4亿元人民币。

22.2010年07月，万达期货有限公司湛江营业部成立。

23.2010年12月，万达期货青岛营业部成立。

24.2011年03月，万达期货有限公司重庆营业部成立。

25.2011年06月，万达期货有限公司太原营业部成立。

26.2011年09月，万达期货有限公司获批期货投资咨询业务。

27.2011年10月，万达期货有限公司厦门营业部成立。

28.2012年04月，万达期货有限公司安阳营业部成立。

29.2012年05月，万达期货温州营业部迁址杭州。

30.2012年06月，万达期货西安营业部成立。

31.2012年10月，万达期货有限公司增资至5.06亿元人民币。

32.2012年10月，万达期货有限公司合肥营业部成立。

33.2012年12月，万达期货有限公司南京营业部成立。

公司使命：

以客户资产保值增值为己任，毕生致力于期货事业，崇尚专业和服务，求索创新，敬业奉献，诚信为本，为把万达打造成百年万达并成为国际知名品牌而奋斗！

公司理念：

以人为本、合法合规、诚实守信、学习创新、服务至上、与时俱进、持续发展。

公司发展愿景：

把万达打造成一个诚信规范为基础，业绩为导向，爱心为核心的国际知名、国内一流的期货中介机构，在中国期货市场有话语权，争取成为行业第一批上市公司，通过收购、兼并把公司做大做强，成为可持续规范发展国内商品期货伟大的公司。

未来五年战略目标：

积极关心培养公司人才队伍的建设，始终把安全规范经营及客户资产保值、增值放在第一位，在以商品期货为主要发展基础上积极开拓股指、期权及其他金融期货市场。积极备战创新业务和境外期货代理。在打造学习型组织的同时，积极培养团队整体的专业化能力、研发能力以及提高全员的服务能力。根据业务发展需要，积极引进新股东，力争公司资本

金达到5到10亿元人民币。公司管理资产规模要达到80－－100亿。公司利润突破一亿元。新增10到15家营业部,在政策允许的情况下,积极为公司上市做准备。

企业核心价值观:

五爱三精神:爱自己、爱同事、爱期货、爱万达、爱祖国。

万达精神:克己奉公,兢兢业业的敬业精神;首战用我,用我必胜的亮剑精神;诚实重信,铁肩道义的信托精神。

万达人行为准则:

懂得感恩、学习创新、团结友爱、服务至上、注重细节,提倡正气、包容理解、忠诚企业、合作共赢。

万达人倡导:

◆员工要遵纪守法;

◆员工要诚信正直,反对弄虚作假,欺上瞒下;

◆员工保持健康心态,积极进取,反对消极心态;

◆员工与企业共发展,帮助员工进行职业规划,实现自我价值;

◆员工要快速有效执行,反对执行无果;

◆员工要先理解再执行,反对盲目不思考;

◆员工要积极学习专业知识,不断提高专业技能;

◆最大限度地尊重、理解关心员工

◆最终体现客户、员工、股东及企业的价值最大化

公司荣誉:

2012年

12月1日,公司荣获和讯网金牌产业服务期货公司和金牌期货研究院;

6月18日,公司荣获上海证券报"2011年度最佳机构服务奖";

7月18日,公司荣获期货日报"最佳能源化工产业服务奖",南宁营业部荣获"中国十佳期货营业部",公司员工崔仕嵬荣获"最佳白糖期货分析师"称号。

2011年

2011年1月,公司员工甘瑞被郑商所评为2010年"优秀出市代表";

6月24日,公司荣获"最佳农产品产业服务奖",南宁营业部荣获"中国十佳期货营业部",公司员工崔仕嵬荣获"最佳白糖期货分析师"称号,马丽萍荣获"最佳PVC期货分析师"称号,葛欢娜荣获"最佳玉米期货分析师"称号;

12月16日,公司荣获上期所优胜会员提名奖,产业服务优胜奖,铝产业服务奖,铅产业服务奖;

12月19日,公司荣获郑商所棉花产业服务奖,白糖产业服务奖,菜籽油产业服务奖,市场发展奖,企业服务奖,产业客户开发服务奖;

12月22日,我公司荣获大商所优秀会员金奖,产业拓展成就奖。

2010年

12月17日,公司荣获"2010年中国期货业最佳品牌奖";

12月23日,公司荣获郑州商品交易所"2010年度企业服务奖","2010年度市场服务奖","2010年度产业服务奖(白糖)","2010年度产业服务奖(早籼稻)","2010年度产业服务奖(菜籽油)","2010年度产业服务奖(小麦)","2010年度产业服务奖(棉花)";

12月24日,公司荣获上海期货交易所"2010年度铝企业服务奖";

12月27日,公司荣获大连商品交易所"2010年度优秀会员金奖","2010年度产业拓展成就奖"。

新湖期货有限公司

公司概述:

新湖期货有限公司(以下简称"新湖期货")成立于1995年,注册资金2.25亿,净资本5亿多元。由新湖中宝股份有限公司(证券代码600208)控股。

新湖期货前身为"天地期货",2008年1月份正式更名为"新湖期货",在以董事长马文胜为代表的优秀高管团队的带领下,新湖期货进入快速发展时期。2011年1月,新湖期货从杭州迁址上海,续写快速发展的新篇章。经过4年多的发展,新湖期货取得了突破性的业绩,截止到2011年底,员工规模由2008年初的50人扩大至460多人;营业部由最初的4家(嘉兴、临海、福州、郑州)增加到18家(嘉兴、临海、福州、郑州、温州、北京、沈阳、大连、青岛、上海、深圳、海口、济南、杭州、重庆、长沙、西安、厦门);为中国期货业协会副会长单位,上海期货同业协会会长单位,在行业内的影响力日益扩大。

业务范围:

新湖期货拥有为上海、大连、郑州三家期货交易所会员资格,并于2008年1月取得中国金融期货交易所交易结算会员资格。可代理客户从事国内所有品种的期货交易。新湖期货研究所和各营业部、事业部,从事与上市品种相关产业的调研、研究、开发和服务,可为企业、金融机构和投资者提供投资交易、套期保值、套利对冲交易、期现套利、投资产品与工具设计和实物交割等多种个性化服务产品和信息咨询服务,还可提供专业培训、产业调研、驻厂调研和企业保值方案设计等专项服务。2011年8月,新湖期货首批取得期货投资咨询业务资格,进一步拓展了公司的业务范围、提升公司的服务质量。

服务体系:

新湖期货一直坚持走产业化和专业化服务之路,秉承"财富共享才最有价值"的理念,突破传统思维方式,强化创新服务意识,形成以研究所为中心,以营业部事业部制为支点,以专业营销为平台,以先进技术为支持,以合规管理为文化的专业化、投行顾问式期货中介业务服务体系。

1.研究所开创"驻厂调研"模式,拓展产业服务渠道

新湖期货研究所总部位于上海,下设杭州、大连分部,利用区位优势,实现资源共享。研究团队由期货、证券业高端人才组成,多次获得行业"十大期货研发团队"称号,核心成员多次获得"优秀分析师"称号。研究所坚持走专业化服务之路,"驻厂调研"等创新服务模式得到了行业广泛认可与推广,可为企业、金融机构和投资者提供投资咨询、套期保值、投资产品工具设计等个性化产品和服务。

2.注重技术创新与服务升级,提升公司软实力

新湖期货拥有文华财经、富远、彭博等行情信息系统,恒生、易盛、澎博、交易开拓者(TB)、文华一键通等期货交易系统,可为客户提供完整的信息、交易、交割和结算服务。公司已开通上海、郑州、大连、中金交易所的异地同步网上交易系统,客户可随时随地自助委托交易。并已开通了全国工行、建行、交行、农行和中行银期转账业务,是国内全面开通银期转账业务的期货公司之一。

公司建有期货信息网站(WWW.XINHU.CN)、视频系统及客服中心、客户交易账户分析系统、手机交易信息服务系统等,为客户提供便捷专业服务。公司建有完善的客户培训系统,每个营业网点均能为客户提供专业培训服务。公司还构建了核心产业链企业的产业服务平台,每年举办多场次高端

产业会议。

公司荣誉：

2010/2011 年度：

·中国金融期货交易所—2010 年度优秀会员金奖、2010 年度投资者教育奖、2010 年度客户管理奖。

·郑州商品交易所—企业服务奖、市场服务奖。

·大连商品交易所—产业服务奖、金牌会员奖。

·上海期货交易所—2010 年优胜会员奖、2010 年度天然橡胶企业服务奖。

·年度优秀分析师—冯洁(杰出产业服务分析师)、翁鸣晓(钢材优秀分析师)。

·和讯网—2010 年度十大品牌期货公司、董事长马文胜荣获"2010 年度期货杰出掌门人"。

·理财一周报—2010 年度最具成长性的期货公司。

·搜狐理财网—2010 年中国期货业最佳品牌奖。

·金融时报—最佳交易系统安全奖。

2011/2012 年度：

·期货日报 & 证券时报第四届"中国最佳期货经营机构暨最佳期货分析师评选"——"中国最具成长性期货公司"、"最佳能源化工产业服务奖"、"行业最佳分析师"第一名 2 人、第二名 1 人、第三名 2 人、第五名 1 人。

·新华社上海分社"沪上十大金融家"评选—董事长马文胜荣获"沪上十大金融行业领袖"称号。

·第一财经"2011 第一财经金融价值榜"评选—董事长马文胜荣获"2011 第一财经年度期货人物"。

·和讯网"2011 年和讯期货行业财经风云榜"—"年度品牌期货公司"、"最佳产业服务期货公司"、董事长马文胜先生获得"行业杰出掌门人"。

·郑州商品交易所——市场发展奖、企业服务奖、产业客户开发服务奖、棉花品种产业服务奖、菜籽油品种产业服务奖。

·大连商品交易所——2011 年度优秀会员奖、2011 年度产业拓展成就奖、2011 年最具成长性农产品期货研发团队——2011 年最具成长性能源化工产品期货研发团队。

·中国金融期货交易所——2011 年度优秀会员金奖、2011 年度投资者教育奖、2011 年度适当性制度落实奖。

·上海期货交易所——优胜会员提名奖、2011 年度天然橡胶企业服务奖。

公司营业网点：

公司总部

地址：上海市裕通路 100 号洲际中心 36 楼
新湖期货有限公司
邮编：200070
电话：400－8888－398
传真：021－22155559

新湖期货研究所

上海总部：上海市裕通路 100 号洲际商务中心 36 层
杭州：杭州市江干区剧院路 358 号宏程国际 25 楼 2502
大连：大连市沙河口区会展路 129 号大连国际金融中心 A 座期货大厦 2702

温州营业部

地址：温州市车站大道金鳞花苑 2 幢 1101 室
邮编：325000
电话：0577－88991588
传真：0577－88988180

台州营业部

地址：台州市市府大道 557 号万家灯火都市广场 6 楼(市民广场对面)
邮编：318000
电话：0576－88053555
报单电话：0576－8981001189810012
应急报单：021－22155507

嘉兴营业部

地址：嘉兴市中环广场东区 A 座 1203 室
邮编：314000
电话：0573－82090662
传真：0573－82052419

北京营业部

地址：北京市东城区东直门南大街甲 3 号居然大厦 501 室
邮编：100007
电话：010－64006876
传真：010－64006010

沈阳营业部

地址：沈阳市沈河区惠工街 10 号卓越大厦 1507 室
邮编：110013
电话：024－31060016
传真：024－31060013

大连营业部

地址：大连市沙河口区会展路 129 号期货大厦 2701 房间
邮编：116023
电话：0411－84807691
传真：0411－84807519

郑州营业部

地址：郑州市未来大道 69 号未来大厦 1410 室
邮编：450008
电话：0371－65613558
传真：0371－65612810

青岛营业部

地址：青岛市东海西路 39 号世纪大厦 1809 室
邮编：266071
电话：0532－85796000
传真：0532－85790098

上海营业部

地址：上海浦东新区世纪大道 1589 号长泰国际金融大厦 1801－04 单元
邮编：200122
电话：021－61657295
传真：021－61657211

福州营业部

地址：福州市鼓楼区水部街道五一北路 129 号榕城商贸中心十一层 02 号
邮编：350001
电话：0591－87878217
传真：0591－83337962

深圳营业部

地址：深圳市福田区金田路 4028 号荣超经贸中心 2406 室
邮编：518035
电话：0755－23811813
传真：0755－23811800

海口营业部

地址:海南省海口市国贸大道2号海南时代广场15层
邮编:570106
电话:0898－36627000
传真:0898－36627135

济南营业部
地址:济南市历下区历山路157号天鹅大厦601
邮编:250013
电话:0531－80973106
传真:0531－80973196

杭州营业部
地址:杭州市江干区剧院路358号宏程国际大厦2502
邮编:310000
电话:0571－87782180
传真:0571－87782193

长沙营业部
地址:湖南省长沙市天心区芙蓉中路二段新世纪大厦1701－1704
邮编:410015
电话:0731－82772266
传真:0731－82776031

重庆营业部
地址:重庆市江北区建新东路36号平安国际大厦10－1
邮编:400003
电话:023－88518666
传真:023－88518951

厦门营业部
地址:厦门市思明区厦禾路1032号中国外运大厦A栋802室
邮编:361010
电话:059－25835135　5835137

新纪元期货有限公司

基本概况:

新纪元期货有限公司是1995年经中国证监会批准、国家工商行政管理局登记注册的最早成立期货公司之一,注册资本1.08亿元人民币。公司主要经营商品、金融期货经纪和期货投资咨询业务,拥有上海期货交易所、大连商品交易所、郑州商品交易所和中国金融期货交易所的全会员资格,是中国期货业协会的会员单位,是江苏省期货业协会的理事单位。

公司目前拥有北京、上海、广州、杭州、重庆、南京、苏州、无锡、常州等营业部,是淮海经济区唯一经营业务覆盖全国的非银行金融机构。

公司以"实现客户资本的增值是新纪元永远的追求"为核心理念,秉承"激情、创新、超越"的企业精神,遵循"至真至善,厚德载物,共生共赢,忠恕立业"的行为准则,致力于打造卓越的专业化、国际化综合金融平台,实现客户资本源源不断的增值、员工的多元化发展和股东的超额回报。

企业文化:

企业理念:实现客户资本的增值是新纪元永远的追求。

企业精神:激情、创新、超越。

企业使命:致力于打造卓越的专业化、国际化综合金融平台,实现客户资本源源不断的增值、员工的多元化发展和股东的超额回报。

行为准则:至真至善,厚德载物,共生共赢,忠恕立业。

营业网点:

总部
电话:0516－83831121　83831130
市场部电话:0516－83831122　83831112　83831119
客服部电话:0516－83831105　83831109　83831136
研究所电话:0516－83831185　83831160　83831127
报单电话:0516－83831126　83831128　83737927
传真:0516－83831100　83713116
地址:江苏省徐州市淮海东路153号
邮编:221005

北京东四十条营业部
客服总机:010－84261747、84261829
业务洽谈:010－84263809、84476252、84476251
客服直线:010－84261747、84261939
投诉建议:010－84263892
传真:010－84261675
地址:北京市东城区东四十条68号平安发展大厦4层403、407室
邮编:100027

南京营业部
业务咨询:025－84787997　84787998　84787999
技术咨询:025－84787989
人工报单:025－8478799284787993
传真:025－84787997
地址:南京市玄武区北门桥路10号04栋3楼
邮编:210018

广州营业部
电话:020－87750882　87750827　87750826
地址:广东省广州市越秀区东风东路703号粤剧院文化大楼11层
邮编:510080

苏州营业部
电话:0512－69560998　69560988
传真:0512－69560997
地址:苏州园区苏华路2号国际大厦六层
邮编:215021

常州营业部
电话:0519－88059972　0519－88059978
号码:0519－88051000
地址:江苏省常州市武进区延政中路2号世贸中心B栋2008－2009
邮编:213121

杭州营业部
电话:0571－56282608　56282606　56282603
传真:0571－56282601
地址:杭州市上城区江城路889号香榭商务大厦7－E
邮编:310009

上海浦东南路营业部
电话:021－61017393
传真:021－61017396
地址:上海市浦东新区浦东南路256号1905B室
邮编:200125

重庆营业部
电话:023－67917658
传真:023－67901088

地址：重庆市江北区西环路8号B幢8－2、8－3、8－3A号
邮编：400020

信达期货有限公司

基本概况：

信达期货有限公司成立于1995年10月，系经中国证券监督管理委员会核发《经营期货业务许可证》（许可证号32060000），浙江省工商行政管理局核准登记注册（注册号330000000014832）的专营国内期货业务的有限责任公司，公司由信达证券股份有限公司全资控股，注册资本3亿元人民币，是国内规范化、信誉高的大型期货公司之一。公司现拥有上海、大连、郑州商品交易所等三大期货交易所的全权会员资格和三个交易席位，可以为客户代理铜、铝、锌、橡胶、燃料油、黄金、钢材、大豆、豆粕、玉米、豆油、棕榈油、LLDPE、PVC、白糖、菜籽油、棉花、小麦、PTA、早籼稻、焦炭、铅等所有已上市品种的标准期货合约交易，向客户提供交易、结算、交割、信息咨询、培训等全方位服务。公司全新改版后的新网站www.cindaqh.com将以更快捷、更丰富的信息竭诚为您的交易提供最优的服务。

经营范围：

商品期货经纪、金融期货经纪、期货投资咨询。

公司是中金所15家全面结算会员之一，会员号0017。

公司总部设在杭州，下设北京、上海、沈阳、哈尔滨、大连、石家庄、广州、浙江乐清、浙江金华、浙江富阳、浙江台州、浙江义乌、浙江温州13家营业部。

历史沿革：

公司前身为浙江金迪期货经纪有限公司，成立于1995年10月，由金华市二轻工业总公司、浙江大学快威科技产业总公司等五家公司共同投资组建，注册资金2000万元。

1999年9月，广厦建设集团有限责任公司和浙江金华信华经济发展集团有限责任公司受让了公司全部股权，同时公司注册资本变更为人民币3000万元。

2005年9月，公司股东变更为金华通和置业有限公司和金华市合丰物资贸易有限公司，注册资金3000万元。

2007年11月，金华通和置业有限公司和金华市合丰物资贸易有限公司分别将其持有的股份转让给信达证券股份有限公司，同时信达证券股份有限公司增加出资7000万元，变更后公司注册资本为10000万元，信达证券股份有限公司为全资控股股东。

2008年4月，公司正式将名称由“浙江金迪期货经纪有限公司”更名为“信达期货有限公司”。

2008年6月，信达证券股份有限公司增加出资5000万元，变更后公司的注册资本为15000万元，信达证券股份有限公司为全资控股股东。

2011年6月，信达证券股份有限公司增加出资15000万元，变更后公司的注册资本为30000万元，信达证券股份有限公司为全资控股股东。

股东背景：

信达证券股份有限公司是于2007年9月成立的国内AMC系第一家证券公司，法定代表人张志刚。公司具有中国证监会核准的综合类证券业务资格，注册地为北京市，公司注册地在北京市，现注册资本为25.687亿元人民币，拥有68家营业部，全资控股信达期货有限公司。信达证券的主要出资人及控股股东是中国信达资产管理股份有限公司。中国信达资产管理股份有限公司是经国务院和人民银行批准，由财政部出资于1999年4月设立的国有独资非银行金融机构，注册资本金251亿人民币，是国内第一家金融资产管理公司。经过多年的发展，信达资产管理股份有限公司取得了良好的业绩，各项指标居行业领先水平。在完成不良资产处置的同时，信达资产管理股份有限公司依据国家相关政策积极探索商业化转型之路，陆续搭建了证券、基金、保险、信托等金融服务平台，综合服务金融集团的框架初步形成。

技术保障：

公司2008年投入2千多万元人民币新建IT生产运营系统，确保交易通道的安全、稳定、快捷，建立了北京、杭州、深圳、沈阳等高速行情接入中心，目前采用恒生期货交易系统和网上交易系统，人工报单方式和场内自助交易方式并存；备有富远行情系统、文华财经行情分析系统和博易大师行情分析系统，可供客户自由选择；通讯上实行3条2MSDH专线热备份联入交易所联网系统，交易系统安全稳定。

统一的研发服务平台：

研发中心依托信达资产管理股份有限公司，融合证券、期货、基金等多个金融领域的研发力量。目前北京、杭州、深圳三个研发中心已经建立了良好的沟通机制，具备了强大的协同研发能力，形成了统一的研发服务平台，为客户提供更广泛的金融资讯和全方位的投资理财产品及服务。研发中心力量雄厚，汇聚业内多名资深专家，研究人员90%拥有硕士以上学历。

企业文化：

公司以“诚信、规范、专业、创新”为经营思想，以“客户至上”为经营原则，以“专业创造价值”为核心理念。至诚的服务和至真的信誉，诚为客户所信赖。信达期货公司视客户为上帝，视信誉为生命，尊重客户权利，严守客户秘密，竭诚为广大客户进行套期保值、规避风险、投资获利等提供快捷、高效的渠道和优质的服务，使公司在变幻莫测的现代市场经济中运筹帷幄，乘风破浪，与客户共同发展。公司将充分运用资产管理公司金融综合业务平台的优势，进行金融创新，力争为广大客户提供更多、更全面的金融交叉产品，并最终提供全方位、一站式的金融服务。

营业网点：

总部

地址：杭州市文晖路108号浙江出版物资大厦12、16层
邮编：310004
电话：4006－728－728

上海营业部

地址：上海市浦东新区世纪大道1589号长泰国际金融大厦2005室
邮编：200122
电话：021－58307723

金华营业部

地址：金华市中山路331号海洋大厦8楼
邮编：321000
电话：0579－82328735

台州营业部

地址：台州市路桥区银安街679号耀江广场商务楼5楼
邮编：318050
电话：0576－82908872

大连营业部

地址：大连市沙河口区会展路 129 号大连国际金融中心 A 座－大连期货大厦 2408、2409 号房间
邮编：116023
电话：0411－84807776

哈尔滨营业部

地址：哈尔滨市南岗区长江路 157 号欧倍德中心 5 层 3 号、25 号
邮编：150090
电话：0451－87222486

石家庄营业部

地址：石家庄市平安南大街 30 号万隆大厦 5 层 501、502、503、504、510、511 室
邮编：050011
电话：0311－89691998

乐清营业部

地址：乐清市乐成镇乐怡路 2 号乐怡大厦 3 楼
邮编：325600
电话：0577－27857766

富阳营业部

地址：富阳市江滨西大道 57 号国贸中心写字楼 901－902
邮编：311400
电话：0571－23255888

沈阳营业部

地址：沈阳市沈河区惠工街 56 号 8 层
邮编：110013
电话：024－31973678

北京裕民路营业部

地址：北京市朝阳区裕民路 12 号中国国际科技会展中心 A 座 506 室
邮编：100029
电话：010－82252390

义乌营业部

地址：义乌市宾王路 158 号银都商务楼 6 楼
邮编：322000
电话：0579－85400018

广州营业部

地址：广州市天河区体育西路 111 号建和中心大厦 11 楼 C 单元
邮编：510620
电话：020－28862030

温州营业部

地址：温州市鹿城区车站大道京龙大厦 1 幢十一层 1 号
邮编：325000
电话：0577－88128818

兴业期货有限公司

基本概况：

兴业期货有限公司（简称兴业期货）成立于 1995 年 12 月，注册资本 3.3 亿元。兴业期货由兴业证券股份有限公司（以下简称兴业证券）投资控股。公司拥有上海期货交易所（会员号：0311）、大连商品交易所（会员号：0133）和郑州商品交易所（会员号：0268）的会员资格，并取得了中国金融期货交易所交易结算会员资格（会员号：0102），可以为客户提供境内所有已上市的商品期货与金融期货的交易和结算服务。

兴业期货具有券商背景。兴业证券控股兴业期货比例达到 97.18%，同时控股兴业基金并参股南方基金。兴业证券为创新类券商，法人治理结构健全，资产质量优良，业务品种齐全，经营范围涵盖证券自营和代理买卖、证券承销和上市推荐、证券投资咨询、委托资产管理、网上证券委托业务、发起设立证券投资基金等，已经形成以福建省为中心，依托上海、深圳、北京等中心城市，辐射全国的经营网络。

兴业期货风险管理制度健全，流程合理，风控得当。公司已经建立了事前事中事后的风险控制机制，强化了风险管理部在行使风险管理职权方面的独立性，建立了良性的风险管理环境以控制决策风险和操作风险；能够利用风险控制技术系统做好风险监控与风险处置工作，并有效运用信息系统功能，进行客户期货交易与持仓风险测算，积极防范期货交易风险，合理处置期货交易静态和动态风险。

兴业期货具有快捷安全的交易系统。公司投入千余万元组建了全新的中心机房，灾备中心建设正在实施中。我司拥有一支专业化的计算机人才队伍，为大规模开展期货业务构建了一个良好的技术平台，可以保证交易的快捷和安全。

兴业期货拥有一支成长中的期货研究队伍。公司与兴业证券联手打造的研发团队从基本面和技术面角度，运用定性和定量相结合的方法分析研究，定期发布投资策略报告，为客户提供个性化的信息资讯服务。

兴业期货提供个性化、高水准的客户服务。公司始终坚持以客户为中心，依托先进的信息技术系统和专业的研发团队，组建了一支高素质的客户服务团队，建立了一个对客户反应迅速、高质量、高标准的售后服务体系，并针对 VIP 客户的套保、套利需求，提供一揽子的解决方案。

在期货市场迎来高速发展之际，在金融期货平稳推出之际，兴业期货将保持原有商品期货优势，秉持“规范、稳健、服务、专业”的经营理念，提升员工价值，创造客户价值，竭诚为广大投资者提供全面、优质的金融服务。

一德期货有限公司

基本概况：

一德期货有限公司（First Futures Co.，Ltd.）成立于 1995 年 7 月，是经中国证监会批准，在天津工商局登记注册的，从事商品期货、金融期货和期货投资咨询的专业期货经营机构法人。

一德期货注册资本现为 1.3 亿元人民币（即将增资至 3 亿元），股东包括天津市财政投资管理中心、天津一德投资集团有限公司、地天泰集团有限公司、天津市春鹏预应力钢绞线有限公司和天津市恒兴钢业有限公司。

一德期货拥有中国证监会批准的商品期货经纪、金融期货经纪、期货投资咨询和金融期货全面结算业务资格，是中国金融期货交易所的全面结算会员，大连商品交易所、上海期货交易所和郑州商品交易所的全权会员，可代理客户从事国内所有上市品种的期货交易。

一德期货总部位于北方经济中心——天津，下辖北京北三环东路、上海、天津市区、天津滨海新区、大连、郑州、德州、宁波等 8 家营业部，初步形成以主要金融中心城市为主轴，逐步覆盖全国的市场推广和客户服务网络。

在期货业蓬勃发展的今天，一德期货将继续以专业、专注

为出发点，以专业化升级和技术创新为突破口，强化公司核心竞争力建设，推动“责任一德”、“科技一德”、“专业一德”、“传媒一德”建设，构建以经纪业务为龙头、以增值理财和风险管理业务为两翼、多层次、立体化的期货业务体系，努力成为期货领域最具竞争力、国际化、综合性的金融服务企业。

专业品质　引领未来

1. 深厚的专业积淀

·国内成立最早的期货公司之一，期货市场发展的见证者和亲历者。

·控股股东天津市财政投资管理中心，代表天津市政府出资。

·历史溯源和人员班底源自原天津联合期货交易所。

·位列天津市金融改革创新20项重点工作之一。

·创造连续十年客户整体盈利的佳绩。

2. 顶尖的业务资质

·拥有金融期货全面结算业务资格这一行业顶尖业务资质。

·三大商品期货交易所的全权会员、中国金融期货交易所005号全面结算会员。

·天津地区唯一具有股指期货开户资格的法人机构。

3. 一流的人才团队

·拥有一支胸怀伟略的高管团队，全部是中国第一代期货人，在期货行业从业十年以上。

·拥有一批业绩优良的投资专家，有着期货交易所、期货公司、证券公司、现货企业、投资公司和贸易公司等多元化经历，身经百战，成绩斐然。

·拥有宏观经济、产业分析、品种分析、策略分析、金融工程等领域的专业研究团队，为您提供全方位、立体化的金融服务。

·广纳银行、证券、期货、保险、基金、信托等行业优秀人才加盟，群英汇萃。

4. 稳定、高效、安全的交易平台

·通过信息技术分类评级三类标准，达到国内期货公司信息技术评级的最高级，是科技型期货公司的先行者。

·业内领先的天津、北京双机房热备份，拥有充分冗余的通讯链路，与四大交易所、五大商业银行并各营业部均采用专线连接，确保客户交易指令准确安全下达。

·提供人工电话报单、400自助报单、网上自助交易等多种指令下达方式。

·配备金仕达交易系统，满足海量客户交易需求；配备易盛交易系统，实现短线高手便捷、快速下单；配备上期技术综合交易平台，提供更快的交易速度、更稳定可靠的性能。

·配备多套程序化交易系统，实现自动/半自动交易；配备账户分析系统，对您的交易能力进行全方位评估，提供个性化操作建议。

5. 优质全面的客户服务

·全国统一客服电话4－007－008－365，每周7天，每天8小时，全年365天为您提供贴心服务。

·覆盖建行、交行、工行、农行、中行等五大商业银行的全国范围银期转账，为您提供安全、迅捷的资金存取服务。

·配备文华财经、澎博、Flash在线行情、财顺行情、一键通、闪电手、交易开拓者、掌上期货、期货小精灵等多套行情资讯分析系统，满足您的个性化需求。

·量身打造的高端期货培训、丰富全面的网站资讯、随时随地的短信、邮件、QQ信息提示，完备的增值理财和风险管理服务，帮助您掌握期货投资技巧，准确把握获利避险的良机。

企业文化：

一德企业文化精髓：

以人唯一、锤炼团队、张扬个性、激发合力

解放思想、干事创业、科学发展

诚信铸就品牌，专业创造价值

以客户需求为中心，以客户的长期稳定盈利为目标，与客户资产共成长。

一德核心价值观：

以人唯一，以德为先；注重业绩，推崇协作；勇于开拓，鼓励创新。

一德企业理念：

经营理念：与客户资产共成长

管理理念：以人唯一，以德为先

文化理念：一诺千金，德厚载富

一德企业精神：

诚信、专业、负责、创新

这种精神体现为：

对中国期货事业和公司发展的坚定信心；

以德为先、诚信负责的职业品质；

艰苦创业、战胜困难、开拓创新的职业精神；

以人唯一，个人价值与企业价值共成长的价值理念。

一德宣传用语：

德心德智德见未来

营业网点：

公司总部

地址：天津市和平区解放北路188号信达广场16层

电话：022－58298788

机构部

地址：天津市和平区解放北路188号信达广场16层

电话：022－58298753

北京北三环东路营业部

地址：北京市东城区北三环东路36号E栋7层02/03房间

电话：010－88312088　88312150

上海营业部

地址：上海市中山北路2550号物贸中心大厦1604－1608室

电话：021－62573180　62574270

天津营业部

地址：天津市河西区围堤道103号峰汇广场A座1804室

电话：022－28139206

大连营业部

地址：大连市沙河口区会展路129号大连国际金融中心A座－大连期货大厦2303、2309、2310室

电话：0411－84806701

郑州营业部

地址：郑州市未来大道69号未来大厦1806室

电话：0371－65612019　65612079

天津滨海新区营业部

地址：天津开发区广场东路20号滨海金融街E4－C－205、206、208室

电话：022－59820932　59820933

德州市商贸大道营业部

地址：山东省德州市德城区运粮路2号德州

粮食物流中心 2 层
电话:0534－5019156　5019160
宁波营业部
地址:浙江省宁波市江东区彩虹北路 48 号
波特曼大厦 8－7 室
电话:0574－87951915　87951925

银河期货有限公司

银河期货是经中国证券监督管理委员会批准,在中华人民共和国国家工商行政管理总局注册,隶属中国银河金融控股有限责任公司旗下,由中国银河证券股份有限公司控股的专业型金融企业,现注册资本为 3 亿元人民币。

银河期货是中国第一家中外合资期货公司,也是目前国内唯一一家同时具有著名国内投资银行和国际商业银行股东背景的期货公司。控股股东中国银河证券股份有限公司是由中国投资有限责任公司控股的国内知名综合类券商,在 2000－2007 年的经纪业务中,连续八年保持市场份额第一名;外方股东苏格兰皇家银行(RBS)也是声誉卓著、实力雄厚,根据 2007 年度利润排名,是当今世界第二大金融服务集团,在全球各地拥有庞大的机构网络,业务范围覆盖零售银行、公司及商业银行、金融市场、财富管理和保险。另一中方股东为银河保险经纪有限公司,银河保险经纪有限公司是经中国保监会批准的全国性保险经纪公司。银河保险经纪有限公司聚集了一大批优秀的风险顾问人士、行业工程师、雇员福利计划专家和资深投资管理人士。

2007 年,银河期货率先获得中国证监会的金融期货业务资格、交易结算资格和中国金融期货交易所交易结算会员资格,为黄金期货的上市和股指期货随后的推出铺平了道路。2008 年,在首届中国优秀期货公司评选中,银河期货获得"全国最具有成长性期货公司"称号,随后又在百度财经的评选中获得"亿万网民心目中的 2008 十大最具影响力期货公司"称号,进一步展现了自己的实力。

2008 年 12 月底公司同时受到了国内三家期货交易所的表彰,分别获得:大连商品交易所"最具成长性会员"、上海期货交易所"交易进步奖"、郑州商品交易所"市场进步奖"等称号。

银河期货作为一家国有控股的期货公司,以强大的股东背景,稳健的经营作风,专业化、细致化、人性化的期货交易服务,为您在开户、交易、交割等环节提供便利。

所获荣誉

2011 年 1 月 21 日召开的中国金融期货交易所 2010 年度优秀会员表彰大会上,荣获 2010 年度优秀会员金奖、2010 年度投资者适当性制度落实奖、2010 年度技术管理奖、2010 年度投资者教育奖、2010 年度功能发挥奖。

2010 年 12 月 17 日,银河期货荣获最佳产业服务期货公司。

"2010 年十大研发团队评选"第一阶段评选中,银河期货研究中心获得农产品组第一名和化工品组并列第三名。

地址:北京市西城区复兴门外大街 A2 号中化大厦 8 层
邮编:100045
电话:010－58363266,010－58363288
传真:010－58303988
网址:www.yhqh.com.cn
E－mail:yhqhzhb@chinastock.com.cn

英大期货有限公司

基本概况:

英大期货有限公司是由国网英大国际控股集团有限公司、英大国际信托有限责任公司、英大证券有限责任公司等单位出资组建的期货公司,实际控制人为国家电网公司。公司注册资本 3.5 亿元人民币。

英大期货有限公司是郑州商品交易所、大连商品交易所、上海期货交易所会员单位,中国金融期货交易所交易结算会员单位。公司现拥有博易大师、富远、文华财经三套行情系统及恒生、顶点交易系统,为投资者提供准确、及时的信息和行情服务,确保交易快捷、安全、方便。公司下设潍坊、大连、青岛、上海、临沂、济南、东营、沈阳、重庆、北京十家营业部。多年来,公司建立了完善的风险控制体系,"市场预测揭示风险,沟通交流提醒风险,投资方案锁定风险,配套服务减少风险",切实维护了广大投资者的利益,在业内树立了良好的品牌形象,为公司长远发展奠定了坚实基础。

1. 先进的企业文化

公司秉承"努力超越、追求卓越"的企业精神,坚持"诚信、责任、创新、奉献"的核心价值观。

2. 强大的研发咨询平台

公司汇聚了具有业内一流研究水平、实战成绩骄人的高级分析师作为研发团队的核心力量;辅以经验丰富、勤奋敬业的助理分析师作为基础支持。两者的紧密结合构筑了强大的研发团队,确保为客户提供高质量的专业咨询。研发团队以公司网站为平台,通过早中晚评论对行情走势进行深入细致分析,为客户提供中肯的投资建议;及时转载各类财经新闻及相关品种资讯;推出热线解盘及在线行情问答;不定期推出紧贴市场热点的专题报告,量身定做投资方案,为投资者提供全方位的增值服务。

3. 严格规范的风控管理

公司坚持"公开、公平、公正"的原则,遵循"规范、自律、诚信、责任"的理念,严格按照期货交易的各项法律法规和监管要求,维护客户利益。

4. 优质高效的服务

公司以满足客户需求为己任,在日常经营运作中,把客户服务工作制度化、规范化,并通过电话、邮件、短信等方式确保客户及时得到周到细致的服务。

企业文化:

1. 企业精神

"努力超越、追求卓越"的企业精神是公司和员工勇于超越过去、超越自我、超越他人,永不停步,追求企业价值实现的精神境界。

"两越"精神的本质是与时俱进、开拓创新、科学发展。公司奋勇拼搏,永不停顿地向新的更高的目标攀登,实现创新、跨越和突破,并以强烈的事业心和责任感,不断向更高标准看齐,向更高目标迈进。

2. 核心价值观

"诚信、责任、创新、奉献"的核心价值观是公司的价值追求,是公司和员工实现愿景和使命的信念支撑和根本方法。

"诚信",是企业立业、员工立身的道德基石。

"责任",是勇挑重担、尽职尽责的工作态度。

"创新",是企业发展、事业进步的根本动力。

"奉献",是爱国爱企、爱岗敬业的自觉行动。

营业网点：

潍坊营业部

电话：0536－8118666

地址：潍坊市东风东街360号世纪泰华A座15A02

大连营业部

电话：0411－84806388

地址：大连市沙河口区会展路129号大连国际金融中心A座－大连期货大厦1908号房间

青岛营业部

电话：0532－85976353

地址：青岛市市南区东海西路35号4栋8层A、C

上海营业部

电话：021－68401852

地址：上海市浦东新区浦电路500号期货大厦2301B、2302室

临沂营业部

电话：0539－3599288

地址：兰山区金雀山一路141号京元大厦（慧谷时空）9楼

济南营业部

电话：0531－66573218

地址：山东省济南市泺源大街5号良友富临大厦5楼

东营营业部

电话：0546－7757999

地址：山东省东营市北一路747号东赵大厦16层

沈阳营业部

电话：024－31280688

地址：沈阳市沈河区北站路53号财富中心B座13－6号

重庆营业部

电话：023－89183999

地址：重庆市江北区红旗河沟立交桥重庆国际商会大厦20层01号

北京东三环中路营业部

电话：010－65978338

地址：北京市朝阳区呼家楼（京广中心）3层301室

永安期货股份有限公司

公司概述：

永安期货股份有限公司（简称：永安期货）是国内同行中规模最大、业务范围最宽、研究实力最强的期货公司之一，现注册资本人民币8.6亿元。原名为浙江省永安期货经纪有限公司，经中国证监会、浙江工商管理局批准，2012年10月起正式改制成为股份有限公司。

永安期货拥有员工800余人，总部设在杭州，在北京、上海、广州、宁波等28个城市设有营业部，并在上海、大连、郑州3个城市设有办事处。

永安期货的经营范围包括商品期货经纪、金融期货经纪、期货投资咨询。

永安期货在港设有控股子公司——中国新永安期货有限公司，主要从事期货交易和咨询，及香港本地和香港证监会（SFC）认可的境外商品、金融期货经纪业务。

永安期货还参股设立浙江中邦实业有限公司，主要从事期货市场上市品种的现货贸易。

自成立以来，永安期货的经营规模牢固占据浙江省第一，且自2003年起，经营规模基本稳定在全国前三，是国内唯一连续十四年跻身全国十强行列的期货公司。

公司荣誉：

2012年度

公司获中国人民银行反洗钱局批准成为开展大额和可疑交易报告综合试点金融机构。

公司成功入围中金所会员期权业务准备联合研究计划承接机构，完成的联合研究计划并荣获一等奖。

公司荣获“浙商杯”第三届浙江期货行业职工乒乓球团体赛第一名。

公司在第六届全国期货实盘交易大赛中，荣获“最佳操作指导奖”。

在《期货日报》和《证券时报》共同举办的“第五届中国最佳期货经营机构评选暨最佳期货分析师评选活动”中，公司荣获“中国最佳期货公司、中国期货公司金牌管理团队、中国金牌期货研究所”。

沈阳营业部获得“中国十佳期货营业部”称号。

宁波营业部获得“投资者教育杰出营业部”称号。

公司分析师王敏荣获“最佳PVC期货分析师”称号。

徐加顺荣获“最佳钢材期货分析师”称号。

任新普荣获“最佳棉花期货分析师”称号。

夏天荣获“最佳豆类期货分析师”称号。

侯建荣获“最佳玉米期货分析师”称号。

公司在《上海证券报》举办的“中国期货市场品牌价值榜暨最佳分析师评选活动”中，荣获“中国期货市场最佳公司品牌十强”。

公司分析师吴剑剑荣获“最佳金属分析师”称号。

刘志葵荣获“最佳能源化工分析师”称号。

公司在参加由上海期货交易所举办的“2011年度优秀分析师（团队）评选活动”中，公司研究中心吴剑剑、张瑜荣获“品种类优秀分析师奖（有色金属）”。

徐加顺、李金禄荣获“品种类优秀分析师奖（钢材）”，刘志葵荣获“品种类优秀分析师奖（燃料油）”。

公司在“中国第一个期货公司数据榜——99期货风云榜”第一期十大最具业务能力的期货公司评选中，荣获第一名。

公司获由浙江省政府颁发的2011年度金融机构支持浙江中小企业发展“优秀奖”。

公司获由浙江省政府颁发的2011年度金融机构支持浙江经济社会发展“三等奖”。

公司在省国税、省地税2009－2010年度纳税信用等级评定中，被评定为“A级纳税人”，是全省唯一一家入选期货公司。

公司分析师在郑州商品交易所举办的“2011年度高级分析师评选“中，任新普获得“棉花高级分析师”荣誉称号；庞春艳获得“PTA高级分析师”荣誉称号。

公司员工周晗获得由浙江期货业协会组织，省内12家期货公司共同参与的“我与诚信”演讲比赛二等奖。

公司交易运作总部获得由中国人民银行授予的“全国反洗钱工作先进集体”荣誉称号。

行业地位：

1. 领先中国期货行业

公司历经十余年的发展，业已成为中国期货行业中的翘楚，在国内各交易所和行业自律机构中担任重要职务，致力于为中国期货行业的发展“添砖加瓦”。

2. 业务规模保持领先

公司锐意进取，勇于开拓，业务规模始终保持行业前列。截至 2011 年，公司的业务规模已连续 14 年排名全省第一，也是国内唯一一家业务规模连续 13 年跻身全国十强行列的期货公司。自 2003 年起，公司的业务规模和重要财务指标始终保持在全国前三甲之列。

3. 领军人物

公司总经理施建军在行业中具有较高的威望和地位，在多家机构中担任要职。

公司愿景：

在这个潮起云涌的时代，永安期货继续秉承合法合规、诚信自律的经营理念，抓住中国期货市场飞速发展历史机遇，抓住国家创新业务推出的关键点，以资产管理、金融工程、金融期货、国际化业务为突破口，积跬步而至千里，成为全国性、综合性、开放性，具备现代化金融管理体系的一流期货公司！

主业突出，平台完整，具有跨境服务能力，持续领跑行业。

首批拥有全部创新业务经营资格的综合类期货公司。

在国家政策许可时，成为首批上市公司。

地址：杭州市潮王路 208 号浙江协作大厦 3、6－10 楼

网址：www. yafco. com

E－mail：yaqh@ yafco. com

邮编：310005

招商期货有限公司

公司概述：

招商期货有限公司是招商证券股份有限公司的全资子公司，注册资本 3 亿元，是中国第一家获批的券商全资控股期货公司。公司具备上海期货交易所、大连商品交易所、郑州商品交易所、中国金融期货交易所四大期货交易所的交易结算会员资格，可代理中国期货市场所有期货品种的交易。

2008 年中国证监会核准招商证券为招商期货提供中间介绍（IB）业务资格，公司成为国内第一批与券商开展 IB 业务的期货公司。目前，IB 业务已在总部及获得中国证监会期货中间介绍业务开业资格的招商证券营业部全面展开，投资者可在招商证券营业部直接办理招商期货开户手续，并进行期货交易。

恪守招商传统的运营理念——合规稳健，协调发展。以保障客户资金安全和客户交易安全为生命线，斥巨资搭建安全可靠、性能卓越的交易系统。完善的制度流程管理，覆盖所有业务环节的合规、风控、稽查，全面掌控风险。

凭借招商卓越的人才机制——以人为本，任人唯贤。引进期货行业翘楚，自主培养学生精英，形成专业技能精湛、发展潜力巨大的员工队伍，支撑、优化着百年招商的运行管理品牌。

秉承招商独特的研发定位——立足市场，鼓励创新。公司研究所坚持独立客观、前瞻领先、贴近市场的研究方向，已在套利、程序化交易、短线交易等应用性领域取得显著成果，推出“智睿理财”系列产品。

承载招商真诚的服务理念——服务至上，成就价值。95565 客服专线无微不至地关爱着客户，一对一高端服务随时随地呵护着客户，详实多样的信息渠道全面精准地引领着客户，各类针对性培训切实真诚地辅导着客户。

“百年招商，一脉相承，励新图强，敦行致远。”我们怀着这份信仰，力争建设中国金融市场上服务一流、能力突出、品牌卓越的专业期货交易服务机构，打造客户信赖、社会尊重、股东满意、员工自豪的优秀企业。

公司管理：

一、合规管理目标

维护良好声誉、确保依法合规经营

二、合规管理文化

树立“合规创造价值、全员合规、合规从高层做起”的合规文化

1. 合规从高层做起

公司董事会、高级管理层高度重视公司经营的合规性，并承担有效管理公司合规风险的最终责任，积极在全公司推行“维护公司声誉、确保依法合规经营”的价值观念，促进公司各项合规制度得以有效实施。

2. 全员主动合规

合规是公司全体员工的基本职责，是各级员工的核心义务，是员工执业应遵守的最重要行为准则；合规不仅仅是公司合规管理部门及相关岗位的职责。

公司每位员工都是其所在岗位合规守法的践行者和直接责任人，有责任主动遵守法。

律、法规及准则。

3. 合规创造价值

合规管理能够通过防范合规风险发生、提升公司声誉、创造业务机会等方面为公司创造价值。

（1）合规能够避免因遭受法律制裁或监管处罚所导致的声誉或财务损失；

（2）合规能够直接或间接提升公司声誉和品牌价值，从而使得公司在业务拓展和创新上能够获得更多的机会；

（3）合规能够防止公司承担不必要或可能的经营风险，避免直接财务损失。

公司营业网点：

招商期货总部

地址：深圳市福田区福华一路免税商务大厦 9 楼

咨询电话：95565　0755－82763142

下单电话：95565－人工服务－期货咨询－2

邮编：518048

电子邮箱：zsqh@ cmschina. com. cn

招商期货北京西直门北大街营业部

地址：北京市海淀区西直门北大街 60 号
首钢国际大厦 5 楼

电话：010－82292293　010－82291683

邮编：100082

电子邮箱：zsqhbj@ cmschina. com. cn

招商期货广州营业部

地址：广州市天河区珠江新城华穗路 5 号
招商银行大厦 11 楼

电话：020－38038519　020－38336124

邮编：510627

电子邮箱：zsqhgz@ cmschina. com. cn

浙商期货有限公司

公司概述：

浙商期货有限公司是中国证监会核准设立的大型专业期货公司，于 1995 年 9 月在杭州成立，注册资本 5 亿元人民币，

全资控股股东为浙商证券股份有限公司。公司目前为中国金融期货交易所全面结算会员，上海、大连、郑州三家商品期货交易所会员。经营范围：商品期货经纪、金融期货经纪、期货投资咨询、资产管理。

公司组织架构精干完善，下设机构管理总部、市场营销总部、基金业务管理部、资产管理业务部、交易风控部、结算部、研究中心、客服中心、信息技术总部、财务部、办公室和稽核部等职能部门。现有期货营业部18家，分布在北京、天津、上海、广州、大连，和省内杭州、宁波、温州、义乌、绍兴、台州、湖州、嘉兴、丽水等地，初步形成遍布全国经济发达城市的营销网络。

十七年来，公司秉承规范管理、诚信经营、优质服务的理念，在期货行业内赢得了良好的口碑，连续多年被三家商品交易所评为"优秀会员金奖"，并在2011年荣获中国金融期货交易所优秀会员金奖、技术管理奖和适当性制度落实奖等多个奖项，公司综合实力稳居全国一流。

公司荣誉：

由大连商品交易所举办的"2012十大期货研发团队"评选中，公司被评为第二阶段农产品组十佳团队。

在第五届中国最佳期货经营机构评选活动中，浙商期货荣获"最佳能源化工产业服务奖"。

浙商期货荣获浙江省人民政府颁发的2011年度浙江省金融机构改革创新奖。

由大连商品交易所和和讯网共同举办的"2011十大期货研发团队"评选中，公司获得"最具成长性农产品期货研发团队"奖项。

在2011年度和讯财经风云榜期货业评选活动中，公司荣获"十大年度品牌期货公司"、"年度期货业杰出掌门人"和"最佳IT服务期货公司"三个奖项。

浙商期货有限公司荣获中国金融交易所2011年度优秀会员金奖，技术管理奖和适当性制度落实奖。

浙商期货有限公司荣获大连商品交易所2011年度优秀会员金奖。

浙商期货有限公司获得上海期货交易所2011年度优胜会员奖和锌产业服务奖。

浙商期货有限公司获得郑州商品交易所2011年度市场发展奖和产业客户发展奖。

浙商期货有限公司荣获中国金融交易所2010年度优秀会员金奖，技术管理奖，功能发挥奖，适当性制度落实奖。

浙商期货有限公司获得大连商品交易所2010年度优秀会员金奖和产业拓展成就奖。

浙商期货有限公司获得上海期货交易所2010年度优胜会员奖。

浙商期货有限公司获得郑州商品交易所2010年度期货产业服务奖、市场服务奖和企业服务奖。

浙商期货有限公司获得"2010年全国十大期货研发团队评选"农产品与化工团队十佳称号。

首批客户保证金封闭运行试点；首批客户保证金安全存管试点。

首批股指期货开户公司；诞生全国第一、第二位股指期货投资者。

浙商期货有限公司获得上海期货交易所2009年度交易优胜奖，黄金交易优胜奖，锌交易优胜奖。

浙商期货有限公司获得大连商品交易所2009年度优秀会员，交易优胜奖。

浙商期货有限公司获得郑州商品交易所2009年度市场优胜奖，PTA品种优胜奖。

浙江天马期货经纪有限公司获得2009年度11/12月度农产品期货研发团队十佳。

中大期货经纪有限公司

公司概述：

中大期货经纪有限公司成立于1993年，注册资本金1亿元人民币，是上市公司中大股份（股票代码：600704）的子公司，是上海期货交易所理事单位，大连商品交易所、郑州商品交易所和中国金融交易所会员单位。

公司总部设在杭州，营业场地2700多平方米，目前在北京、上海、重庆、福州、永康、温岭、温州、海宁、义乌设有12家营业部。

公司拥有先进的设备、贴心的客户服务和基础雄厚的研究团队，遵循"公开、公平、公正"的原则，秉承"规范经营、稳步发展"的经营方针，以灵活的合作方式、专业的顾问服务、便捷的交易通道、多样的研究报告、完善的培训体系，倡导理性投资，以客户的资金增值为目标，发挥自有的资源优势，竭诚为广大客户提供全方位的服务。

经中国证监会核准，公司经营范围为：商品期货经纪、金融期货经纪。

荣誉业绩：

2001－2009年连续九年期货代理额位列全国十强。

2002－2009年连续八年获得上海期货交易所交易优胜奖，并多次获得大连商品交易所和郑州商品交易所的优秀表彰。

2005－2009年连续五年荣获和讯网中国财经风云榜：最具影响力的期货公司。

2009年5月荣获《上海证券报》评选的"最佳期货公司品牌十强"。

2009年6月荣获《证券时报》评选的"中国最佳期货公司"。

2009年荣获大商所——和讯网的"2009年度十大期货研发团队农产品研发团队第二名"。

2010年5月荣获《上海证券报》评选的"2009年度中国期货市场最佳公司品牌大奖"。

2010年7月荣获《证券时报》和《期货日报》联合评选的"中国最佳期货公司"和"中国十佳期货营业部"。

地址：中国浙江杭州杭州市杭州市中山北路中大广场
　　五矿大厦302
电话：13655819479
传真：0571－85777291
编码：310003

中国国际期货有限公司

中国国际期货有限公司（简称"中国国际期货"）于1992年12月28日在人民大会堂正式成立，主要股东为中期集团、中国中期（股票交易代码：000996），主营商品期货、金融期货经纪业务、期货投资咨询业务以及资产管理业务。成立20年来，公司始终坚持诚实守信、信誉为先的经营理念，在期货领域励精图治、精耕细作，始终保持着中国期货行业的龙头地位，在中国证监会实行期货行业分类监管评价三年以来，年年获得排名第一的殊荣。

中国国际期货拥有北中国区、南中国区、东中国区等三个管理分部和54个营业部（含筹建），营业网点辐射全国，公司还拥有一支高端的、梯次配置优化的研究服务团队，云集大量具有海外工作和留学背景、名校毕业的高学历专业人才，专注于期货与金融衍生品领域的广度和深度研究。在宏观经济、金融工程、产业服务等方面实力雄厚，致力于为各类投资者提供各种策略型投资产品、指数型投资产品及组合型投资产品等高端服务产品。中国国际期货构建了完善的产业衍生业务服务支持平台，直接与企业和机构投资者进行对接，帮助企业和机构投资者制定套保套利方案，并提供综合型的配套服务项目。为了更好地服务客户，实现全国网点有效链接，公司建立了高清视频会议系统，并通过ERP系统进行业务流程标准化管理。

2006年，获中国证监会批准，中国国际期货成为首批赴香港设立分支机构的期货公司之一，同年，获香港证监会批准，中国国际期货（香港）有限公司（简称“香港中期”）正式营业，在香港经营香港及国际期货业务。中期香港开业当年即实现盈利，并一直保持稳健经营。2009年，中期香港成为实现境外交割的第一家国内期货公司分支机构。2010年，栉风沐雨17年的中国国际期货成功实现“三合一”，公司进入更为稳健的阶段。2011年，中国国际期货吸收合并珠江期货有限公司，拉开了国内期货行业强强合并的序幕。同年，作为中国曾经从事过境外期货业务代理的唯一一家获得境外三大期货交易所会员资格的期货公司，中国国际期货有限公司被中国证监会确定为参与境外期货业务试点筹备的期货公司。

作为行业的知名品牌，中国国际期货与时俱进，务实拓展，树立了良好的行业形象，多次获得行业内外的好评与表彰。公司先后获得“中国最具影响力企业”、“中国期货业特别贡献大奖”、“中国最佳期货公司”、“十大品牌期货公司”、“深圳知名品牌”、“深圳市政府金融创新奖”、“年度品牌期货公司大奖”、“北京市朝阳区优秀企业”以及期货交易所颁发的“最佳产业服务奖”等多项荣誉。

“始于梦想，止于至善”是中国国际期货一以贯之的服务理念，公司植根于产业客户和机构投资者，立足于期货市场基本功能的发挥，为铸造民族期货品牌不断追求卓越。多年来，公司积极关注市场需求动态，在业务管理、产品服务、技术手段等领域不断进行创新。公司推出了系列化基础分析产品，并自主研发了“快枪手”交易系统、中期数据库、衍生品实时风险预警与管理系统、策略宝变频程式化策略、中期商品指数等应用型金融产品系列。通过定期举办各种精品产业会议，如“橡胶高峰论坛”、“白糖高峰论坛”、“钢材高峰论坛”、“基金高峰论坛”等，积极为企业搭建交易咨询服务平台。2011年，中国国际期货峰会的隆重举行也开启了中国国际期货打造行业高端论坛的序幕。公司还结合市场需求，发起了“中小企业期货市场成长计划”、“走进企业，带专家上门会诊”、“区域产业结构优化助力计划”等创新活动，进一步丰富服务内容，提升服务质量。

多年来，中国国际期货与国内外各界媒体建立了长期、友好互惠的合作关系，通过视频连线、专题、评论、热点等节目制作，提升品牌建设和公众信誉度。中国国际期货不仅与新浪财经频道、和讯网、CCTV财经网站、新华网、搜狐财经频道等网站媒体深入合作，定期发表研究院的科研成果，还通过CCTV2、CCTV9、第一财经、东方卫视、深圳卫视等电视媒体机构，每日发布中期商品指数，参与制作一系列专题、评论、热点、连线等财经节目，成为商品期货类财经节目的业界知名品牌。同时公司也与《期货日报》、《证券时报》、《经济观察报》等国内一线财经报刊，进行全面合作，在期货行业内获得广泛好评。

在中国期货市场业务创新发展的新时期，中国国际期货进一步拓展战略发展空间，全新打造“柜台中期”、“网上中期”、“掌上中期”及“95162语音中期”四位一体的立体式服务体系，竭诚为广大客户提供全方位、高水准、专业化的优质期货顾问式服务，努力实现客户资产的保值、增值，铸就期货行业的民族品牌，打造多元化、全方位的金融服务和风险管理平台。未来，我们将立足国内、面向全球，致力于建立中国最具核心竞争力的24小时不间断交易的中国期货及金融衍生品交易中心！

地址：北京市朝阳区光华路16号中期大厦A座9层
邮编：100020
电话：010－65081080
网址：http://www.cifco.net

中辉期货经纪有限公司

基本概况：

中国现代最具活力的浙商和文化底蕴最为厚重的晋商携手合作——中辉期货经纪有限公司涅槃重生。它承载着勤奋务实、开拓创新的浙商精髓与恪守诚信、沉稳笃实的晋商精神之魂，谱写了中辉期货辉煌的新篇章。

公司注册资本为人民币6200万元，注册地址为山西省太原市新建路39号，由中捷缝纫机股份有限公司、山西中辉贸易有限公司、山西轻工塑料有限公司联合出资组建。经中国证监会核准，公司经营范围为：商品期货经纪、金融期货经纪。

中辉公司为投资者提供多种行情和交易软件，交易通道建设在业内处于领先水平。公司提供的行情软件有文华财经、博易大师、富远等；交易软件有恒生、易盛、闪电手、一键通等。公司已经与工、农、建、交、中行建立银期关系，客户银期转账方便快捷。公司在运作上，稳步扩张，管理规范；在经营上，信誉第一，勇于创新；在服务上，专职专能，客户至上。

企业荣誉：

2011年

被评为郑州商品交易所市场发展奖
被评为大连商品交易所最具成长性会员
被评为上海期货交易所优胜会员提名奖
被评为中国金融期货交易所优秀交易会员奖

2010年

被评为郑州商品交易所市场服务奖
被评为郑州商品交易所白糖品种行业服务奖
被评为大连商品交易所市场服务成就奖
被评为上海期货交易所优胜会员提名奖

中粮期货有限公司

公司概述：

中粮期货有限公司成立于1996年，注册资金55000万元人民币。大股东中粮集团（COFCO）是中国领先的农产品、食品领域多元化产品和服务供应商,主营业务包括:农产品贸易与加工、地产与酒店经营、金融服务等。中粮集团拥有中国食品(HK0506)、中粮控股(HK0606)、蒙牛乳业(HK2319)、中粮包装(HK0906)4 家香港上市公司,中粮屯河(600737)、中粮地产(000031)和丰原生化(000930)3 家内地上市公司。自 1994 年以来,一直位列《财富》世界 500 强企业。

中粮期货拥有中国金融期货交易所全面结算会员资格,上海、大连、郑州三家期货交易所的全权会员资格,是大连商品交易所和中国期货业协会的理事单位。公司设有北京、上海、大连、郑州、深圳、杭州、南宁、厦门、张家港、青岛、成都、宁波等 12 个营业部(含筹建营业部),可代理国内所有期货品种的交易和清算业务,同时为投资机构、保值商、投机商、个人投资者提供相关的培训及信息咨询服务。

中粮期货有着十余年的商品交割经验,交割量在各交易所均名列前茅。公司拥有专业的交割团队和完善的交割流程,在仓单注册、期转现等方面为客户提供高效的交割服务。中粮期货的专家团队由一批有着十几年国内外现货、期货业务经历的专业人员组成,长期与国内外同行及企业保持良好的交流与合作,对期货市场有着深刻的认识和理解。专家团队的成员多次被上海期货交易所、郑州商品交易所、大连商品交易所及证券时报等业内权威机构和媒体评为"优秀分析师"、"十佳分析师"。

分支机构:

中粮期货有限公司上海营业部
所在地:上海
许可证号:32211002
设立时间:2001 - 5 - 29
负责人:刘军
客户服务及投诉电话:021 - 68401547
详细地址:上海市浦东新区松林路 300 号上海期货大厦 2303 - 2304 室
邮政编码:200122
电子邮箱:cofcosh@ cofco. com

中粮期货有限公司郑州营业部
所在地:河南省郑州市
许可证号:32211003
设立时间:2001 - 11 - 19
负责人:朱静华
客户服务及投诉电话:0371 - 65611573
详细地址:郑州市金水区未来大道 69 号未来大厦 1008 室
邮政编码:450008
电子邮箱:cofcozz@ cofco. com

中粮期货有限公司大连营业部
所在地:辽宁省大连市
许可证号:32211001
设立时间:2001 - 6 - 12
负责人:于凌
客户服务及投诉电话:0411 - 39859558
详细地址:大连市沙河口区会展路 129 号大连国际金融中心 A 座 - 大连期货大厦 2803、2804 号房间
邮政编码:116023
电子邮箱:agri@ cofco. com

中粮期货有限公司北京北辰东路营业部
所在地:北京
许可证号:32211005
设立时间:2008 - 10 - 29
负责人:黄圣根
客户服务及投诉电话:010 - 84981579
详细地址:北京市朝阳区北辰东路 8 号汇欣大厦 A 座 608 室
邮政编码:100101
电子邮箱:huangsg@ cofco. com

中粮期货有限公司深圳营业部
所在地:广东省深圳市
许可证号:32211004
设立时间:2008 - 9 - 14
负责人:阎利群
客户服务及投诉电话:0755 - 33973113
详细地址:深圳市福田区福华一路免税商务大厦塔楼 23 楼 04B、05、06、07A 单元
邮政编码:518033
电子邮箱:zlqhsz@ cofco. co

中粮期货有限公司杭州营业部
所在地:浙江省杭州市
许可证号:32211007
设立时间:2009 - 6 - 29
负责人:徐劼
客户服务及投诉电话:0571 - 28058848
详细地址:杭州市滨江区江南大道 288 号 1 幢 1001 室
邮政编码:310052
电子邮箱:cofcohz@ cofco. com

中粮期货有限公司南宁营业部
所在地:广西省南宁市
许可证号:32211006
设立时间:2009 - 6 - 3
负责人:舒卫士
客户服务及投诉电话:0771 - 2511558
详细地址:南宁市金湖路 63 号金源 CBD 现代城 1325 号
邮政编码:530021
电子邮箱:shuws@ cofco. com

中粮期货有限公司厦门营业部
所在地:福建省厦门市
许可证号:32211008
设立时间:2010 - 2 - 9
负责人:张辉
客户服务及投诉电话:0592 - 2685806
详细地址:厦门市思明区厦禾路 189 号 2212 - 2215 室
邮政编码:361004
电子邮箱:Zhanghui99@ cofco. com

中粮期货有限公司苏州市张家港营业部
所在地:江苏省苏州市张家港
许可证号:32211009
设立时间:2010 - 4 - 7
负责人:殷建峰
客户服务及投诉电话:0512 - 58812667
详细地址:江苏省张家港市杨舍镇人民路 40 号(国贸酒店)四层
邮政编码:215600
电子邮箱:Yinjf@ cofco. com

中粮期货有限公司青岛营业部
所在地：青岛市
许可证号：32211010
设立时间：2010－10－18
负责人：耿敬
客户服务及投诉电话：0532－68899801
详细地址：青岛市市南区东海西路 17 号海信大厦 1508、1509 房间
邮政编码：266071
电子邮箱：gengjing@ cofco. com

中粮期货有限公司成都营业部
所在地：四川省成都市
许可证号：32211011
设立时间：2011－4－13
负责人：崔伟杰
客户服务及投诉电话：028－65335980
详细地址：成都市锦江区人民南路二段 1 号仁恒置地广场写字楼 14 楼 1403 单元
邮政编码：610016
电子邮箱：cuiwj88@ cofco. com

中粮期货有限公司宁波营业部
所在地：浙江省宁波市
许可证号：32211012
设立时间：2011－5－16
负责人：秦浩
客户服务及投诉电话：0574－27955887
详细地址：浙江省宁波市江东区世纪东方商业广场 3、5、6 号 003 幢 12－7、12－8
邮政编码：315040
电子邮箱：qinhao@ cofco. com

中粮期货有限公司太原营业部
所在地：山西省太原市
许可证号：32211013
设立时间：2011－12－29
负责人：王宝镭
客户服务及投诉电话：0351－8687875
详细地址：太原市杏花岭区府西街 69 号山西国际贸易中心西塔楼 2009 单元
邮政编码：030002
电子邮箱：Wang－bl@ cofco. com

中融汇信期货有限公司

基本概况：

中融汇信期货有限公司（以下简称"中融汇信"），原名为吉林金昌期货有限公司，成立于 1995 年 12 月 24 日，注册资本为人民币 2 亿元，是一家持有中国证券监督管理委员会颁发的经营期货业务许可证的金融机构，也是国内最早从事期货经纪业务的期货公司之一。

中融汇信是上海期货交易所、大连商品交易所、郑州商品期货交易所和中国金融期货交易所的会员。经营范围包括商品期货经纪、金融期货经纪业务。

中融汇信在上海、大连、长春设有营业网点，在郑州设有代表处，其交易量连续四年在上海期货交易所排名前 20 位。

中融汇信高度重视对内部管理体制和风险防范机制的健全和完善，形成了一套稳健、规范的制度化管理体系。公司将依托强大的股东背景，秉承"天道酬勤"的企业理念和"以德养身，以诚养心，固本求新"的企业文化，将中融汇信打造成为中国最卓越、最具领导力的金融衍生品服务专家。

企业文化：

1. 中融理念

中者，正也。大中至正，仁德之本；譬如北辰，居其所而众星供之。

融者，聚也。会泽百家，合而即济；譬如百川，入江海而终无穷尽。

2. 企业文化

严于管理精于业务信于客户追求卓越
以德修身以诚养心以义取利
以人为本天道酬勤

3. 技术

中融汇信期货投资近千万于 2011 年 6 月建成高质量数据中心，并且在张江高科拥有系统灾备中心，为客户提供安全、可靠的网上交易系统，并且为后续客服技术服务能力的提升奠定了坚实的基础。

交易系统软件多样化。具备金仕达、易盛两套系统。其中金仕达 V6P8 系统为公司核心交易后台和主用前台。在此系统上具备文华一键通、澎博闪电手等多种下单工具可供客户选择。

行情系统软件多样化，且承载能力强。现有文华、澎博二套行情系统供客户选择，通过负载均衡系统可随时调整服务器进行用户支持，确保行情承载需求。

专业化运维团队，有效保障系统稳定。总部技术部现有 11 位高级专业技术人员，在网络、安全和数据库等方面都拥有丰富的实战经验，来确保日常运维的稳定性。

4. 研究

中融汇信研究中心由金融衍生品研究组、原油能源研究组、工业品研究组和农产品研究组的四个研究团队组成，研究范围涵盖商品期货和金融期货等十几个活跃品种，为投资者提供更全面的市场分析。研究团队高级研究员均拥有近十年期货研究经验，多次获得优秀分析师奖项。

提供衍生品信息服务、产业服务、投资产品和专业工具等常规研究报告和应用型报告专业金融资讯服务，满足不同客户投资需求，融汇信托、期货、证券、银行等多方位资源，竭诚打造国内最专业的研究机构。

5. 服务

◆开户便捷

提供现场、400 热线、网站留言等多种预约开户通道，4006－386－586。

◆经纪服务内容

（1）全面代理上海期货交易所、大连商品交易所、郑州商品交易所的所有上市品种的交易服务；

（2）代理中国金融期货交易所金融期货的交易服务；

（3）提供网上交易、电话报单等多种交易方式，供客户自由选择；

（4）期货结算、交割、仓单质押等服务。

◆保证金安全保障方式

采用实名制开户，第三方银行托管资金，确保出入金划转安全。公司严格执行保证金封闭管理制度，客户保证金实时监控。

◆安全快捷的银期转账系统

开通全国银期转账业务,方便客户出入金。

◆投资者教育

依托公司的专业团队,通过现场、网络视频等方式为客户提供期货知识培训。

为企业或机构代为培养期货操作人才,量身定做期货套保方案并进行全面操作培训。

◆VIP 客户服务

由专人负责,为大客户建立专属档案,提供一站式的个性化专业服务:

(1)资讯类:根据投资者偏好,通过短信、邮件等方式为客户发送市场资讯、财经评论、专业研发报告等。

(2)不定期的邀请您参加各类报告会、研讨会、行业论坛等专题会议。

(3)交易策略设计(程序化交易、套利策略、套保方案设计)、企业风险管理服务。

展望和愿景:

成为中国最卓越、最具领导力的金融衍生品服务专家。

中衍期货有限公司

基本概况:

中衍期货有限公司(以下简称"公司")是经中国证监会核准,专门从事国内商品期货经纪、金融期货经纪的专业性期货公司,公司成立于 1996 年。公司注册地点及总部所在地为北京市朝阳区光华路 15 号泰达时代中心 1 号楼 1804 - 1807,公司注册资本 1. 35 亿元人民币,公司营业执照号:110000009902358,经营许可证号:30800000。

公司是上海期货交易所会员(156 号)、大连商品交易所会员(150 号)、郑州商品交易所会员(258 号),是中国金融期货交易所交易会员(0235 号)。

公司实行严格的保证金封闭运行,确保客户的资金安全,保证金监控中心账单查询系统方便客户随时随地关注自己账户最新情况。公司交易结算系统采用恒生最新版本,同时配有一键通、闪电手等快速下单软件供您选择,文华财经、博弈大师两套行情系统供客户免费下载使用,多条线路直通交易所,使客户无论身处何地均能实现安全、方便、快捷的网上交易,同时为优质资金客户提供专属 VIP 交易通道。公司开通中、农、工、建、交五大结算银行的全国银期转账系统,使客户足不出户即可轻松实现资金划转,资金进出自由、方便,是国内目前银期转账合作银行最多的期货公司。公司通过网络在线交流、视频同步行情点评、网站在线客服、4006881117 全国统一客服热线、点对点客户培训、定期行情研讨等,实现与投资者互动,及时为投资者答疑解惑。公司还可以为各类投资者设计套利交易模型,为企业客户量身定制套期保值策略,提供风险管理解决方案,为投资者提供最新鲜的资讯,使投资者尊享 VIP 服务。

公司秉承"客户至上"的服务理念,力求通过先进的技术系统、专业化的投资咨询和贴心的人文关怀,竭诚为广大期货投资者保驾护航,提供优质服务,与投资者共同成长。

总部:

咨询电话:010 - 57793558

邮箱:office@ crfco. com. cn

地址:北京市朝阳区光华路 15 号泰达时代中心 1 号楼
　　18 层中衍期货

邮编:100026

大连营业部:

电话:0411 - 84804727

传真:0411 - 84804557

邮箱:dalian@ crfco. com. cn

地址:辽宁省大连市沙河口区中山路 572 号 605

邮编:116023

北京营业部:

总机:010 - 62267227,62267218

邮箱:zsheng@ vip. 163. com

地址:北京市海淀区西直门北大街 32 号
　　枫蓝国际 A 座 606

邮编:100082

中证期货有限公司

公司概述:

中证期货有限公司(CITICS Futures Co. , Ltd.)是中信证券股份有限公司的全资子公司,由新中国第一家期货交易所——深圳有色金属交易所于 1999 年改制设立。公司注册资本 15 亿元,是中国金融期货交易所、上海期货交易所、大连商品交易所、郑州商品交易所会员和中国期货业协会理事单位。总部设在深圳,在北京、上海、沈阳、杭州、郑州、青岛、济南、大连等大中城市设有营业网点。2011 年成功吸收合并浙江新华期货,公司综合业务指标处于行业前列。

中证期货秉承"与客户共成长"的理念,坚持为产业客户、机构客户提供"专业化、规范化、国际化"的服务,把客户的需求作为公司服务创新的动力,在行业品牌、市场规模、经营效益方面实现快速发展,力争成为国内期货行业领先的现代金融企业。

公司大事记:

2007 年 11 月 29 日,公司获中国证监会核准金融期货经纪业务资格、金融期货全面结算业务资格。

2008 年 1 月 4 日,成为中国金融期货交易所第一批全面结算会员(会员号:18)。

2008 年 2 月 23 日,公司在深圳五洲宾馆举办"走进新市场 迎接新机会——208 年期货市场投资策略报告会"。

2008 年 2 月 27 日,设立青岛营业部。

2008 年 3 月 4 日,名称变更为:中证期货有限公司。

2008 年 11 月 25 日,设立杭州营业部。

2008 年 11 月 26 日,注册资本变更为:1. 5 亿元,经营范围变更为:商品期货经纪、金融期货经纪。

2008 年 11 月 29 日,公司在广东清远市举办"再生金属行业如何应对金融海啸高峰论坛"。

2009 年 2 月 28 日,公司举办"209 年期货投资年会"。

2009 年 5 月 15 日,公司举办"209 年华南地区塑料业产业论坛暨中证期货 PVC 期货推介会"。

2009 年 7 月 11 日,公司在深圳市民中心举办"209 年钢之家网站(深圳)钢市研讨会"。

2009 年 9 月 5 日,公司主办的"后金融危机下的棉纺织业形势报告会"在山东省青岛市举行。

2009 年 8 月 19 日,设立北京张自忠路营业部。

2010 年 4 月 10 日,由中证期货、中信证券联合主办的"论剑股指 赢在中国"投资策略报告会在深圳召开。

2010 年 6 月 25 日,公司在深圳举办"基金参与股指期货研讨会”，并成立了期货行业首家基金俱乐部——中证期货“金杜鹃”基金俱乐部。

2010 年 8 月 3 日，注册资本变更为：3 亿元（中信证券股份有限公司 100%）。

2011 年 3 月 3 日，山东证监局核准公司设立淄博营业部。

2011 年 3 月 16 日，和中国橡胶工业协会联合主办的“211 中国橡胶年会暨中国橡胶展”在青岛隆重举行。

2011 年 3 月 19 日，公司联合中国金融期货交易所、中信万通证券有限公司在青岛举办“股指期货投资策略报告会”。

2011 年 3 月 25 日，由中国金融期货交易所、中证期货有限公司主办，中信证券股份有限公司协办的“第三届中证期货机构投资者教育系列活动——机构投资者股指期货投研策略研讨会”在杭州举行。

2011 年 4 月 15 日，深圳证监局核准公司住所由深圳市华富路海外装饰大厦 B 座二楼变更为深圳市福田区中心三路 8 号卓越时代广场二期 14 层。

2011 年 5 月 22 日，《敢为天下先——深圳有色金属交易所的创建和发展纪实》发行仪式暨中证期货有限公司乔迁庆典在深圳福田香格里拉大酒店隆重举行。

2011 年 7 月 12 日，上海证监局核准公司上海营业部营业场所由上海市浦东新区松林路 300 号 313 室变更为上海市浦东新区世纪大道 1777 号东方希望大厦 9 层 CDEH 室，营业部名称变更为“中证期货有限公司上海世纪大道营业部”。

2011 年 8 月 3 日，中国证监会核准公司注册资本由 3 亿元变更为 8 亿元。

2011 年 8 月 10 日，设立淄博营业部。

2011 年 9 月 30 日，北京证监局核准公司北京张自忠路营业部营业场所由北京市东城区张自忠路 7 号院内东侧变更为北京市朝阳区建国门外大街 8 号国际财源中心 A 座 8 层 81，营业部名称变更为“中证期货有限公司北京建国门外大街营业部”。

2011 年 11 月 22 日，中国证监会核准公司吸收合并浙江新华期货经纪有限公司。

网站：www. citicsf. com
地址：深圳市福田区中心三路 8 号卓越时代广场二期 14 层
邮编：518048
全国统一客服：400 - 6789 - 819

第六编
中国保险市场

第一章　中国保险市场概况

中国保险监督管理委员会

中国保险监督管理委员会(简称中国保监会)成立于1998年11月18日,是国务院直属事业单位。根据国务院授权履行行政管理职能,依照法律、法规统一监督管理全国保险市场,维护保险业的合法、稳健运行。2003年,国务院决定,将中国保监会由国务院直属副部级事业单位改为国务院直属正部级事业单位,并相应增加职能部门、派出机构和人员编制。中国保险监督管理委员会内设16个职能机构,并在全国各省、直辖市、自治区、计划单列市设有35个派出机构。其中,16个内设部门如下所示:

(1)**办公厅(党委办公室、监事会工作部)**。拟定会机关办公规章制度;组织协调机关日常办公;承担有关文件的起草、重要会议的组织、机要、文秘、信访、保密、信息综合、新闻发布、保卫等工作。拟订派出机构管理、协调工作的规章制度,负责派出机构工作落实情况检查和信息收集整理等工作。负责保险信访和投诉工作;承办会党委交办的有关工作;负责国有保险公司监事会的日常工作。

(2)**发展改革部**。拟订保险业的发展战略、行业规划和政策;会同有关部门拟订保险监管的方针政策及防范化解风险的措施;会同有关部门研究保险业改革发展有关重大问题,提出政策建议并组织实施;会同有关部门对保险市场整体运行情况进行分析;对保监会对外发布的重大政策进行把关;归口管理中资保险法人机构、保险资产管理公司等的市场准入和退出;负责规范保险公司的股权结构和法人治理结构,并对公司的重组、改制、上市等活动进行指导和监督;负责保监会对外重要业务工作与政策的协调。

(3)**政策研究室**。负责保监会有关重要文件和文稿的起草;对保监会上报党中央、国务院的重要文件进行把关;研究国家大政方针在保险业的贯彻实施意见;研究宏观经济政策、相关行业政策和金融市场发展与保险业的互动关系;根据会领导指示,对有关问题进行调查研究;开展保险理论研究工作,负责指导和协调中国保险学会开展研究工作。

(4)**财务会计部(偿付能力监管部)**。拟定保险企业和保险监管会计管理实施办法;建立保险公司偿付能力监管指标体系;编制保监会系统的年度财务预决算;审核机关、派出机构的财务预决算及收支活动并实施监督检查;审核会机关各部门业务规章中的有关财务规定。负责机关财务管理。

(5)**保险消费者权益保护局**。拟订保险消费者权益保护的规章制度及相关政策;研究保护保险消费者权益工作机制,会同有关部门研究协调保护保险消费者权益重大问题;接受保险消费者投诉和咨询,调查处理损害保险消费者权益事项;开展保险消费者教育及服务信息体系建设工作,发布消费者风险提示;指导开展行业诚信建设工作;督促保险机构加强对涉及保险消费者权益有关信息的披露等工作。

(6)**财产保险监管部(再保险监管部)**。承办对财产保险公司的监管工作。拟定监管规章制度和财产保险精算制度;监控保险公司的资产质量和偿付能力;检查规范市场行为,查处违法违规行为;审核和备案管理保险条款和保险费率;审核保险公司的设立、变更、终止及业务范围;审查高级管理人员任职资格。承办对再保险公司的监管工作。拟定监管规章制度;监控保险公司的资产质量和偿付能力;检查规范市场行为,查处违法违规行为;审核保险公司的设立、变更、终止及业务范围;审查高级管理人员的任职资格。

(7)**人身保险监管部**。承办对人身保险公司的监管工作。拟定监管规章制度和人身保险精算制度;监控保险公司的资产质量和偿付能力;检查规范市场行为,查处违法违规行为;审核和备案管理保险条款和保险费率;审核保险公司的设立、变更、终止及业务范围;审查高级管理人员任职资格。

(8)**保险中介监管部**。承办对保险中介机构的监管工作。拟定监管规章制度;检查规范保险中介机构的市场行为,查处违法违规行为;审核保险中介机构的设立、变更、终止及业务范围;审查高级管理人员的任职资格;制订保险中介从业人员基本资格标准。

(9)**保险资金运用监管部**。承办对保险资金运用的监管工作。拟订监管规章制度;建立保险资金运用风险评价、预警和监控体系;查处违法违规行为;审核保险资金运用机构的设立、变更、终止及业务范围;审查高级管理人员任职资格;拟订保险保障基金管理使用办法,负责保险保障基金的征收与管理。

(10)**国际部**。承办中国保险监督管理委员会与有关国际组织、有关国家和地区监管机构和保险机构的联系及合作。负责中国保险监督管理委员会的外事管理工作;承办境外保险机构在境内设立保险机构,以及境内保险机构和非保险机构在境外设立保险机构及有关变更事宜的审核工作;承办境外保险机构在境内设立代表处的审核和管理事宜;对境内保险及非保险机构在境外设立的保险机构进行监管。

(11)**法规部**。拟订有关保险监管规章制度;起草有关法律和行政法规,提出制定或修改的建议;审核会机关各部门草拟的监管规章;监督、协调有关法律法规的执行;开展保险法律咨询服务,组织法制教育和宣传;承办行政复议和行政应诉工作。

(12)**统计信息部**。拟订保险行业统计制度,建立和维护保险行业数据库;负责统一编制全国保险业的数据、报表,抄送中国人民银行,并按照国家有关规定予以公布;负责保险机构统计数据的分析;拟订保险行业信息化标准,建立健全信息安全制度;负责保险行业信息化建设规划与实施;负责建立和维护偿付能力等业务监管信息系统;负责信息设备的建设和管理。

(13)**稽查局**。负责拟订各类保险机构违法违规案件调查的规则;组织、协调保险业综合性检查和保险业重大案件调查;负责处理保险业非法集资等专项工作;配合中国人民银行组织实施保险业反洗钱案件检查；调查举报、投诉的违法违规问题，维护保险消费者合法权益；开展案件统计分析、稽查工作交流和考核评估工作。

(14)人事教育部(党委组织部)。拟订会机关和派出机构人力资源管理的规章制度；承办会机关和派出机构及有关单位的人事管理工作；根据规定，负责有关保险机构领导班子和领导干部的日常管理工作；负责指导本系统党的组织建设和党员教育管理工作；负责会机关及本系统干部培训教育工作；会同有关部门提出对派出机构年度工作业绩的评估意见。

(15)监察局(纪委)。监督检查本系统贯彻执行国家法律、法规、政策情况；依法依纪查处违反国家法律、法规和政纪的行为；受理对监察对象的检举、控告和申诉。领导本系统监察(纪检)工作。

(16)党委宣传部(党委统战群工部)。负责本系统党的思想建设和宣传工作；负责思想政治工作和精神文明建设；负责指导和协调本系统统战、群众和知识分子工作。机关党委。负责会机关及在京直属单位的党群工作。

领导简介

党委书记、主席　项俊波

项俊波，男，1957 年 1 月出生，北京大学法学博士，研究员。曾任南京审计学院副院长、国家审计署审计管理司副司长、国家审计署京津冀特派办特派员，2000 年至 2002 年任国家审计署党组成员、人事教育司司长，2002 年 2 月任国家审计署党组成员、副审计长，2004 年 7 月任中国人民银行党委委员、副行长(其间：2005 年 8 月至 2007 年 6 月兼任中国人民银行上海总部主任)，2007 年 6 月任中国农业银行党委书记、行长，2009 年 1 月中国农业银行股份公司成立，任中国农业银行股份公司党委书记、董事长，2011 年 10 月任中国保险监督管理委员会党委书记、主席。

副主席　李克穆

李克穆：男，1952 年 7 月生，曾任国务院发展研究中心局长、党组成员，中央财经领导小组办公室副主任兼宏观经济组组长。现任中国保监会副主席。

副主席　周延礼

周延礼：男，1956 年 6 月生，曾任中国保监会上海保监办主任、中国保监会主席助理，现任中国保监会副主席。

副主席　王祖继

王祖继，男，1985 年 11 月加入中国共产党，1975 年 2 月参加工作，上海交通大学工业管理工程专业大学本科毕业，硕士学位，吉林大学经济学博士。现任中国保险监督管理委员会副主席、党委委员。

纪委书记　陈新权

陈新权，男，1954 年 8 月生，曾任中共中央金融工作委员会宣传部部长、监事会工作部部长，国有重点金融机构监事会主席。现任中国保监会纪委书记。

副主席　陈文辉

陈文辉，男，1963 年 4 月生，曾任中国保监会人身保险监管部主任、主席助理，现任中国保监会副主席。

主要职责

(1)拟定保险业发展的方针政策，制定行业发展战略和规划；起草保险业监管的法律、法规；制定业内规章。

(2)审批保险公司及其分支机构、保险集团公司、保险控股公司的设立；会同有关部门审批保险资产管理公司的设立；审批境外保险机构代表处的设立；审批保险代理公司、保险经纪公司、保险公估公司等保险中介机构及其分支机构的设立；审批境内保险机构和非保险机构在境外设立保险机构；审批保险机构的合并、分立、变更、解散，决定接管和指定接受；参与、组织保险公司的破产、清算。

(3)审查、认定各类保险机构高级管理人员的任职资格；制定保险从业人员的基本资格标准。

(4)审批关系社会公众利益的保险险种、依法实行强制保险的险种和新开发的人寿保险险种等的保险条款和保险费率，对其他保险险种的保险条款和保险费率实施备案管理。

(5)依法监管保险公司的偿付能力和市场行为；负责保险保障基金的管理，监管保险保证金；根据法律和国家对保险资金的运用政策，制定有关规章制度，依法对保险公司的资金运用进行监管。

(6)对政策性保险和强制保险进行业务监管；对专属自保、相互保险等组织形式和业务活动进行监管。归口管理保险行业协会、保险学会等行业社团组织。

(7)依法对保险机构和保险从业人员的不正当竞争等违法、违规行为以及对非保险机构经营或变相经营保险业务进行调查、处罚。

(8)依法对境内保险及非保险机构在境外设立的保险机构进行监管。

(9)制定保险行业信息化标准；建立保险风险评价、预警和监控体系，跟踪分析、监测、预测保险市场运行状况，负责统一编制全国保险业的数据、报表，并按照国家有关规定予以发布。

(10)承办国务院交办的其他事项。

中国保险监督管理委员会联系方式

地址：中国北京市西城区金融大街 15 号

邮编：100140

电话：(010)66286688

派出机构概况

目前，中国保监会在全国各省、直辖市、自治区、计划单列市设有 35 个派出机构。各派出机构根据中国保监会的授权履行辖区内保险业的行政管理职能，依照国家有关法律、法规和方针、政策，统一监督管理保险市场，维护保险业的合法、稳健运行，引导和促进保险业全面、协调、可持续发展。

派出机构的主要职责为：

(1)贯彻执行国家有关法律、法规和方针、政策，研究制订辖区内保险业发展战略规划；

(2)依据中国保监会的授权，依法对辖区内保险机构、保险中介机构的经营活动进行监督管理；

(3)根据中国保监会的规章，制订辖区内保险市场监管的相关实施细则、具体办法和工作措施；

(4)依法查处辖区内保险违法、违规行为，维护保险市场秩序，依法保护被保险人利益；

(5)监测、分析辖区内保险市场运行情况，预警、防范和化解辖区内保险风险，并将有关重大事项及时上报；

(6)负责辖区内保险公司分支机构、保险中介机构及其分支机构的市场准入、退出等有关事项的审批和管理工作；

(7)负责审查核准相关高级管理人员的任职资格；

(8)负责管理有关的保险条款及费率；

(9)归口管理辖区内保险行业协会、保险学会等行业社团组织；

(10)中国保监会交办的其他事项。

机构设置及分工

保监会各派出机构下设6个处室，分别为办公室（党委办公室）、财产保险监管处、人身保险监管处、保险中介监管处、统计研究处、人事教育处（党委组织处、党委宣传群工处、纪检监察处）。

各处室主要职责为：

办公室（党委办公室）：拟订保监局办公规章制度，组织协调日常办公；督办局领导批办的重要事项；组织承办重要会议；负责保监局公文处理工作，对各类公文进行核稿，承担有关文件的起草；负责新闻宣传工作，会同有关处室发布保监局对外新闻和信息；负责向保监会及地方政府和有关部门报送保监局工作信息和当地保险业重要情况；受理保险业务方面的信访投诉工作；负责承办有关的法律事务，统一受理行政许可申请，送达行政许可决定，颁发许可证；负责研究有关保险法律、法规、规章的执行情况，及时向保监会反馈意见，提出法律建议；负责保监局的档案、机要、保密及安全、保卫、消防工作；负责保监局行政后勤、物资采购与管理工作；负责保监局的财务管理工作，编制机关年度财务预决算；归口管理辖区内保险行业协会和保险学会等行业社团组织；负责保监局的外事管理；管理外资保险机构驻当地代表处的有关事务；承办地方有关的人大代表建议和政协提案；根据中国保监会党委工作规则，负责局党委办公室日常工作。

财产保险监管处：承办对辖区内财产保险市场的监管工作。根据国家法律法规及中国保监会规章，拟订和落实辖区内财产保险市场监管的相关实施细则、具体办法和工作措施；检查规范财产保险市场行为，对违法违规行为进行查处；负责辖区内财产保险公司、再保险公司分支机构的非现场监管；承办财产保险公司、再保险公司分支机构及财产保险公司营销服务部准入、变更、退出等事项的审批和管理工作；审查和管理财产保险公司、再保险公司分支机构高级管理人员任职资格；负责财产保险条款及费率的有关管理工作；研究财产保险市场运行情况，提出政策建议。

人身保险监管处：承办对辖区内人寿保险市场的监管工作。根据国家法律法规及中国保监会规章，拟订和落实辖区内人寿保险市场监管的相关实施细则、具体办法和工作措施；检查规范人身保险市场行为，对违法违规行为进行查处；负责辖区内人寿保险公司分支机构的非现场监管；承办人寿保险公司分支机构及营销服务部准入、变更、退出等事项的审批和管理工作；审查人寿保险公司分支机构高级管理人员任职资格；负责人身保险条款及费率（含短期健康险、短期意外险）的有关管理工作；研究人身保险市场运行情况，提出政策建议。

保险中介监管处：承办对辖区内保险中介市场的监管工作。根据国家法律法规及中国保监会规章，拟订和落实辖区内保险中介市场监管的相关实施细则、具体办法和工作措施；检查规范保险中介机构及其分支机构的市场行为，会同有关处室检查规范营销员及兼业代理机构的市场行为，对违法违规行为进行查处；负责保险中介机构及其分支机构的非现场监管；根据中国保监会的授权，承办保险中介机构及其分支机构准入、变更、退出等事项的审批和管理工作，审查有关高级管理人员任职资格；承办保险兼业代理机构的准入、变更、退出等事项；负责组织辖区内保险中介从业人员基本资格考试工作；研究保险中介市场运行情况，提出政策建议。

统计研究处：归口管理当地保险业统计资料和数据，汇总、编制和报送全辖区保险业数据、报表，对保险业统计数据进行分析并向保监会报送统计分析报告；负责向办公室提供对外发布和报送地方政府及有关部门的保险业统计数据；负责维护和管理保监局的保险监管信息系统、办公自动化系统和内部网站，根据授权负责辖区内的保险业信息化建设工作；负责维护保监局网络的正常运行，维护和管理保监局的计算机设备；研究、拟订当地保险业的发展规划和政策措施；调研、分析保险市场整体运行情况，研究监管工作和保险业发展中的重要问题，提出解决的意见和建议；负责保监局有关重要文件和文稿的起草工作。

人事教育处（党委组织处、党委宣传群工处、纪检监察处）：根据中国保监会的规章，拟订保监局人力资源管理的制度、办法并组织实施；按照干部管理权限，负责保监局的人员调配、考核任免、人员工资管理、专业技术职务管理、人事档案管理和干部教育培训等工作；负责保监局党的组织建设和党员教育管理工作；负责保监局党的思想建设、宣传和思想政治工作，负责统战、群工及工会、共青团、妇联等工作；负责保监局的纪检监察工作，承办中国保监会党委、纪委交办的其他有关工作；承办中国保监会对派出机构年度工作业绩考核、评估的有关工作。

派出机构联系方式

北京保监局

局　长：丁小燕

副局长：刘　峰

局长助理：刘跃林　罗　青

地　址：北京市西城区金融大街15号鑫茂大厦北楼9层、10层

邮　编：100032　　电　话：010－66060530

天津保监局

党委书记、局长：郭左践

副局长：李振达

局长助理：朱　迎

地　址：天津市和平区睦南道93号

邮　编：300050　　电　话：022－23145022

河北保监局

局　长：孙沛城

副局长：安秀洪

地　址：河北省石家庄市桥西区自强路35号金融大厦18层

邮　编：050051　　电　话：0311－87884612

山西保监局

局　长：慕福明

副局长：田　毅　杨春山

地　址：山西省太原市府东街89号禹皇大厦

邮　编：030002　　电　话：0351－3345015

内蒙古保监局

局　长：智鹏飞

副局长：刘　甄　徐德宁

地　址：内蒙古呼和浩特市赛罕区（金桥开发区）金桥路17号

邮　编:010010　　电　话:0471－4505390

辽宁保监局
局　长:张广增
副局长:高　翠
局长助理:刘　军
地　址:辽宁省沈阳市沈河区北京街 29 号
邮　编:110013　　电　话:024－22596567

吉林保监局
局　长:刘德江
副局长:张　刚
地　址:吉林省长春市经济技术开发区
　　　昆山路 1088 号
邮　编:130033　　电　话:0431－85862008

黑龙江保监局
局　长:齐少军
副局长:马良骏　桑秀奇
地　址:黑龙江省哈尔滨市南岗区红军街 15 号
　　　奥威斯发展大厦 20 层
邮　编:150001　　电　话:0451－53009291

上海保监局
党委书记:孙国栋
局　长:马学平
副局长:邓雄汉　邢　炜
局长助理:李　峰
地　址:上海市浦东新区合欢路 39 号
邮　编:200135　　电　话:021－38656666

江苏保监局
局　长:谢　宪
副局长:宋志华
局长助理:阎　波
地　址:江苏省南京市汉中路 169 号金丝利国际大厦 12 楼
邮　编:210029　　电　话:025－86793900

浙江保监局
局　长:吴勉坚
副局长:段宗华　刘　钢
地　址:浙江省杭州市体育场路 105 号凯喜雅大厦 12 楼
邮　编:310003　　电　话:0571－85777751

安徽保监局
局　长:李迎春
副局长:胡　皖　张雪峰
地　址:安徽省合肥市
邮　编:230001　　电　话:0551－5633900

福建保监局
局　长:朱增镳
副局长:王　斌　袁光林　吴朝生
地　址:福建省福州市五四路 111 号宜发大厦 16、21、22 层
邮　编:350003　　电　话:0591－87871590

江西保监局
局　长:张　兴
副局长:陈　静　邹东山
地　址:江西省南昌市永叔路 15 号信达大厦
邮　编:330003　　电　话:0791－6387002

山东保监局
局　长:任建国
副局长:陈进军　巩庆军
局长助理:鲁　青
地　址:山东省济南市泺源大街 150 号中信广场十层
邮　编:250011　　电　话:0531－85180509

河南保监局
局　长:欧　伟
副局长:卢振峰　刘殿尧　赵庆晗
地　址:河南省郑州市农业路 28 号报业大厦
邮　编:450008　　电　话:0371－63380612

湖北保监局
局　长:左绪文
副局长:焦清平　姚庆海
地　址:湖北省武汉市武昌区友谊大道 2 号 2008 新长江广场
邮　编:430062　　电　话:027－88937700

湖南保监局
局　长:陈　杰
副局长:熊志国　朱　正
地　址:湖南省长沙市三一大道 209 号
邮　编:410003　　电　话:0731－4825222

广东保监局
局　长:黄　洪
纪委书记:张辉烨
副局长:江裕棠
局长助理:赵　巍
地　址:广东省广州市东风东路 767 号东宝大厦 22 楼
邮　编:510600　　电　话:020－38361222

广西保监局
局　长:袁序成
副局长:文德旺　余利民
地　址:广西壮族自治区南宁市金湖路 52－1 号
　　　东方曼哈顿大厦 17 层
邮　编:530028　　电　话:0771－5536636

海南保监局
局　长:王小平
副局长:刘　勇
地　址:海南省海口市国贸大道 45 号银通国际中心 24 楼
邮　编:570125　　电　话:0898－68510331

重庆保监局
局　长:邓季达
副局长:秦士由　刘　梅

地　址:重庆市渝中区五一路 8 号帝都广场 A 塔 12 楼
邮　编:400010　　电　话:023 - 86668888

四川保监局

局　长:王虎林
副局长:倪荣鸣　唐亚山
地　址:四川省成都市青龙街 51 号倍特康派大厦
邮　编:610031　　电　话:028 - 86252541

贵州保监局

局　长:谭　论
副局长:陈清华　张曼红
地　址:贵州省贵阳市新华路 9 号乌江水电大厦 18 楼
邮　编:550002　　电　话:0851 - 5830149

云南保监局

局　长:侯建新
副局长:华日新　余祖典
地　址:云南省昆明市人民东路 6 号新华大厦 9 - 10 楼
邮　编:650051　　电　话:0871 - 3164047

陕西保监局

局　长:邓良鲜
副局长:毋育生
局长助理:王根修
地　址:陕西省西安市含北路陕西公路大厦 B 座 8、9 层
邮　编:710068　　电　话:029 - 88416505

甘肃保监局

局　长:张　瑞
副局长:王　勉　廖小林
地　址:甘肃省兰州市静宁路 308 号甘肃信托大厦 7 - 10 层
邮　编:730030　　电　话:0931 - 8831887

青海保监局

局　长:葛　翎
副局长:韩生玉　赵衍亮
地　址:青海省西宁市五四大街 13 号二十一世纪大厦
　　　10 - 11 层
邮　编:810001　　电　话:0971 - 6109909

宁夏保监局

局　长:李翰辉
副局长:朱泽潘
局长助理:亓新政
地　址:宁夏银川市金凤区新昌东路 158 号
　　　和信商务中心 B 座
邮　编:750002　　电　话:0951 - 5699000

新疆保监局

局　长:孙建宁
副局长:朱健民
局长助理:闫　力
地　址:新疆乌鲁木齐市南湖路 89 号温州大厦 25 - 27 层
邮　编:830002　　电　话:0991 - 3333500

深圳保监局

局　长:余龙华
副局长:陈　凤　赵宇龙
地　址:广东省深圳市福田区农林路 69 号深国投广场
　　　1 号写字楼 9 层
邮　编:518040　　电　话:0755 - 82531000

大连保监局

副局长:朱进元　任春生
地　址:辽宁省大连市中山区人民路 23 号虹源大厦
邮　编:116001　　电　话:0411 - 82825866

宁波保监局

局　长:江先学
副局长:姜国富
地　址:浙江省宁波市江东区兴宁路 47 号
　　　宁波大学商务中心
邮　编:315041　　电　话:0574 - 87848525

青岛保监局

局　长:王甲军
副局长:蔡兴旭　曹光中
地　址:山东省青岛市东海西路 39 号世纪大厦 28 层
邮　编:266071　　电　话:0532 - 85799121

厦门保监局

局　长:张柏玲
副局长:薛　江　柯甫榕
地　址:福建省厦门市鹭江道 98 号建行大厦 39 层
邮　编:361003　　电　话:0592 - 8122282

中国保险行业协会

中国保险行业协会成立于 2001 年 2 月 23 日,是经中国保险监督管理委员会审查同意并在国家民政部登记注册的中国保险业的全国性自律组织,是自愿结成的非营利性社会团体法人。2007 年 12 月 17 日,根据中国保监会《关于加强保险业社团组织建设的指导意见》(保监发[2007]118 号)精神,中国保险行业协会召开第三届会员代表大会并成功实现了换届,顺利开展了体制机制改革,建立了专职会长负责制,稳步推进人员队伍规范化、专业化、职业化建设。

截至目前,中国保险行业协会共有会员 218 家,其中保险公司 145 家、保险中介机构 37 家、地方保险行业协会 36 家。中国保险行业协会的最高权力机构是会员代表大会。理事会是会员代表大会的执行机构,理事会选举产生会长、副会长、常务理事。协会实行专职会长负责制,由专职会长负责协会日常工作。协会根据工作需要聘任秘书长和副秘书长。协会通过每年度召开理事会的形式共同商讨协会的工作。协会下设财产保险工作委员会、人身保险工作委员会、保险中介工作委员会、保险营销工作委员会和公司治理专业委员会五个分支机构,各分支机构的日常工作由协会相应工作部承担。协会还通过定期召开全国地方协会秘书长联席会议,交流情况,协调工作。目前,协会日常办事机构由办公室、法律事务部、信息部、培训部四个部门组成。

中国保险行业协会的宗旨是:遵守国家宪法、法律、法规

和经济金融方针政策，遵守社会道德风尚，深入贯彻科学发展观，依据《中华人民共和国保险法》，在国家对保险业实行集中统一监督管理的前提下，配合保险监管部门督促会员自律，维护行业利益，促进行业发展，为会员提供服务，促进市场公开、公平、公正，全面提高保险业服务社会主义和谐社会的能力。

保险行业协会的基本职责为：自律、维权、服务、交流。

自律：维护公平竞争的市场环境，通过签订自律公约、制定行业标准和行业指导性条款来约束不正当行为；弘扬诚实守信的职业道德，建立健全保险业诚信体系；加强保险从业人员和中介机构的自律管理，监督执业行为，进行自律惩戒。

维权：参与决策论证，提出有利行业发展的建议；开展调查研究，反映行业呼声；加强与监管机关和政府部门沟通，维护会员和消费者合法权益。

服务：以会员需要和行业发展需求为导向，切实增强提供服务的主动性和针对性，努力为会员单位，保险消费者及决策机关提供服务，促进行业健康发展。

交流：通过协会会员间、与国内外保险业间、与其他行业间的交流与合作，沟通情况、收集信息、引进技术、推广经验、反映业内动态，为会员、保险公司客户和社会公众服务。

领导介绍

金坚强会长

金坚强，中共党员，高级经济师，工商管理硕士，现任中国保险行业协会会长，兼任中国企业联合会、中国企业家协会副会长。历任国家外汇管理局南宁分局局长，中国人民银行南宁分行行长、党委书记，广东省农村合作金融办公室主任，中国保监会广西监管局局长、党委书记，中国保监会办公厅正局级巡视员等职。

1997 年，荣获广西壮族自治区省、市两级劳动模范光荣称号，并先后被聘为广西壮族自治区检察院金融高级顾问，广西大学、广西财经大学、上海交通大学海外教育学院兼职教授，北京大学中国保险与社会保障研究中心顾问。《运用校园管理理论，定位保监会派出机构职能》、《让保险成为县域经济发展的稳定器和助推器》、《中国保险业的战略选择》、《对建立政府与市场相结合的巨灾保险制度探索》等多篇文章在全国重要杂志和报刊中发表。

王治超秘书长

王治超，1965 年 8 月生，保险与社会保障博士，高级经济师，现任中国保险行业协会秘书长。1990 年开始在中国人民银行从事金融监管工作，先后参与过中国复关谈判、金融市场的对外开放、外资保险监管和中资保险监管。1997 年底作为国务院保险业整顿小组成员，参与补充养老保险、农村养老保险和职工互助保险的清理整顿工作。自 1998 年起在中国保监会工作，历任人身保险监管部监管处、精算处和制度处副处长、处长，2006 年 8 月至 2007 年 12 月任中国保监会江苏监管局副局长。

王治超博士拥有深厚的专业理论功底和丰富的金融保险工作经验，曾公开发表过多篇论文，并出版了《保险业实证研究》、《世界主要国家保险法律法规汇编》、《人身保险发展报告》和《人身保险从业人员职业道德》等著述。

苏耀辉副秘书长

苏耀辉，1963 年 2 月出生，中共党员，硕士，高级工程师。曾任国家国有资产管理局副处长、处长，国家财政部处长；2001 进入保险行业，历任中国人民保险公司（中国人保财险）电子商务中心副总经理、总经理、电子商务部总经理、客户服务管理部总经理，中国人保财险北京市分公司副总经理。2012 年 3 月聘任为中国保险行业协会副秘书长。

单鹏副秘书长

单鹏，1978 年生，中共党员，硕士研究生学历，经济师。2001 年参加并从事保险监管工作，曾任中国保监会沈阳办公室稽核检查处科员，中国保监会辽宁监管局人身保险监管处副主任科员、综合科副科长，中国保监会辽宁监管局办公室主任助理、副主任，曾在保险监管、社团管理理论研究方面公开发表过多篇论文。2008 年 7 月起担任辽宁省保险行业协会秘书长，2009 年 6 月当选辽宁省保险行业协会第五届理事会副会长兼秘书长。2010 年 8 月经公开竞聘任中国保险行业协会副秘书长。

E－MAIL：xinxi@ iachina. cn

电话：010－66290333

传真：010－66290331

010－66290335

地址：北京市西城区金融大街 15 号鑫茂大厦 7 层

邮编：100140

2011 年 1－12 月保险业经营情况表

单位：万元

项目	金额
原保险保费收入	143392512. 22
1、财产险	46178231. 58
2、人身险	97214280. 64
(1)寿险	86955913. 67
(2)健康险	6917212. 77
(3)人身意外伤害险	3341154. 20
养老保险公司企业年金缴费	4104683. 73
原保险赔付支出	39293732. 38
1、财产险	21869338. 06
2、人身险	17424394. 32
(1)寿险	13009348. 85
(2)健康险	3596650. 21
(3)人身意外伤害险	818395. 26
业务及管理费	18823799. 47
银行存款	177371710. 33
投资	377366746. 59
资产总额	601381032. 44
养老保险公司企业年金受托管理资产	13781773. 16
养老保险公司企业年金投资管理资产	13246962. 68

注：

1. 本表数据是保险业执行《关于印发<保险合同相关会计处理规定〉的通知》(财会[2009]15 号)后，各保险公司按照相关口径要求报送的数据。

2. "原保险保费收入"为按《企业会计准则(2006)》设置的统计指标，指保险企业确认的原保险合同保费收入。

3. "原保险赔付支出"为按《企业会计准则(2006)》设置的统计指标，指保险企业支付的原保险合同赔付款项。

4. 原保险保费收入、原保险赔付支出和业务及管理费为本年累计数，银行存款、投资和资产总额为月末数据。

5. 银行存款包括活期存款、定期存款、存出保证金和存出资本保证金。

6. 养老保险公司企业年金缴费指养老保险公司根据《企业年金试行办法》

和《企业年金基金管理试行办法》有关规定，作为企业年金受托管理人在与委托人签署受托合同后，收到的已缴存到托管账户的企业年金金额。

7. 养老保险公司企业年金受托管理资产指养老保险公司累计受托管理的企业年金财产净值，以托管人的估值金额为准，不含缴费已到帐但未配置到个人账户的资产。

8. 养老保险公司企业年金投资管理资产指养老保险公司累计投资管理的企业年金财产净值，以托管人的估值金额为准，不含缴费已到帐但未配置到个人账户的资产。

9. 养老保险公司企业年金缴费为本年累计数，养老保险公司企业年金受托管理资产和养老保险公司企业年金投资管理资产为季度末数据。

10. 养老保险公司企业年金缴费、养老保险公司企业年金受托管理资产、养老保险公司企业年金投资管理资产的统计频度暂为季度报。

11. 上述数据来源于各公司报送的保险数据，未经审计。

2011 年 1－12 月财产保险公司原保险保费收入情况表

单位：万元

资本结构	公司名称	原保险保费收入
中资	人保股份	17337226.91
	大地财产	1625562.47
	出口信用	1023427.38
	中华联合	2095460.71
	太保财	6159110.69
	平安财	8333256.04
	华泰	479777.59
	天安	782030.45
	大众	172159.87
	华安	488088.15
	永安	647204.22
	太平保险	580104.78
	民安	207985.33
	中银保险	289581.64
	安信农业	71374.09
	永诚	527584.18
	安邦	714885.18
	信达财险	121590.86
	安华农业	263501.45
	天平车险	402264.91
	阳光财产	1331669.26
	阳光农业	169191.42
	都邦	335598.07
	渤海	149996.92
	华农	24415.11
	国寿财产	1639556.86
	安诚	170992.05
	长安责任	182028.81
	国元农业	151388.74
	鼎和财产	119093.81
	中煤财产	8204.26
	英大财产	301559.51
	浙商财产	186144.69
	紫金财产	155051.72
	泰山财险	4599.60
	众诚保险	2392.52
	锦泰财产	15407.26
	长江财产	17.97
	小计	47269485.48
外资	美亚	105438.02
	东京海上	47387.43
	丰泰	24146.00
	太阳联合	14644.65
	丘博保险	15774.84
	三井住友	44836.31
	三星	42854.75
	安联	40364.91
	日本财产	29733.54
	利宝互助	51739.10
	安盟	8702.62
	苏黎世	26883.10
	现代财产	9804.55
	劳合社	2.00
	中意财产	21767.08
	爱和谊	3980.74
	国泰财产	16166.89
	日本兴亚	3471.62
	乐爱金	7001.01
	富邦财险	4888.83
	信利保险	1514.39
	小计	521102.39
合计		47790587.87

注：

1. 本表数据是保险业执行《关于印发＜保险合同相关会计处理规定〉的通知》（财会［2009］15 号）后，各保险公司按照相关口径要求报送的数据。

2. 原保险保费收入为本年累计数，数据来源于各产险公司报送保监会月报数据。

3. 原保险保费收入为各产险公司内部管理报表数据，未经审计，各产险公司不对该数据的用途及由此带来的后果承担任何法律责任。

4. 美亚包括美亚上海、美亚广州、美亚深圳。

5. 由于计算的四舍五入问题，各产险公司原保险保费收入可能存在细微的误差。

2011 年 1－12 月人身保险公司原保险保费收入情况表

单位：万元

资本结构	公司名称	原保险保费收入
中资	国寿股份	31825306.37
	太保寿	9320309.84
	平安寿	11896740.73
	新华	9479667.07
	泰康	6793738.74
	太平人寿	3145794.02
	建信人寿	128118.66
	天安人寿	73553.03
	光大永明	358530.80
	民生人寿	976563.93
	生命人寿	2336544.07
	国寿存续	1395383.52
	平安养老	499512.93
	中融人寿	10766.74
	合众人寿	998249.83
	太平养老	53204.20
	人保健康	458431.50
	华夏人寿	516440.61
	正德人寿	36135.89
	信泰	224822.87
	嘉禾人寿	316277.98

资本结构	公司名称	原保险保费收入
中资	长城	314919.72
	昆仑健康	8256.59
	和谐健康	168.73
	人保寿险	7036147.43
	国华	313947.00
	国寿养老	0.00
	长江养老	0.00
	英大人寿	65862.34
	泰康养老	0.00
	幸福人寿	504597.60
	阳光人寿	1595406.73
	百年人寿	190206.12
	中邮人寿	802338.07
	安邦人寿	10423.37
	利安人寿	50090.96
	小计	91736458.00
外资	中宏人寿	231403.63
	中德安联	100489.54
	金盛	159993.69
	信诚	343104.96
	交银康联	46569.55
	中意	358392.98
	友邦	818672.87
	海尔人寿	47168.47
	中荷人寿	148066.13
	中英人寿	354151.43
	海康人寿	117424.64
	招商信诺	192669.62
	长生人寿	25793.91
	恒安标准	102679.48
	瑞泰人寿	4187.35
	中法人寿	6553.70
	华泰人寿	304250.52
	国泰人寿	49673.87
	中美联泰	317504.07
	平安健康	13143.36
	中航三星	32379.67
	中新大东方	27468.86
	新光海航	18140.26
	汇丰人寿	29738.66
	君龙人寿	13960.22
	小计	3863581.45
合计		95600039.46

注：

1. 本表数据是保险业执行《关于印发<保险合同相关会计处理规定〉的通知》(财会[2009]15 号)后，各保险公司按照相关口径要求报送的数据。

2. 原保险保费收入为本年累计数，数据来源于各寿险公司报送保监会月报数据。

3. 原保险保费收入为各寿险公司内部管理报表数据，未经审计，各寿险公司不对该数据的用途及由此带来的后果承担任何法律责任。

4. 友邦合计包括友邦上海、友邦广州、友邦深圳、友邦北京、友邦苏州、友邦东莞和友邦江门。

5. 由于计算的四舍五入问题，各寿险公司原保险保费收入可能存在细微的误差。

6. 本表不含中华控股寿险业务。

2011 年 1 – 12 月养老保险公司企业年金业务情况表

单位：万元

公司名称	企业年金缴费	受托管理资产	投资管理资产
太平养老	550738.73	1798998.73	2152138.54
平安养老	957547.68	3740043.29	5392984.99
国寿养老	2068633.45	5133452.76	3891391.62
长江养老	362349.60	2725760.49	1810447.53
泰康养老	165414.26	383517.89	0.00
合计	4104683.73	13781773.16	13246962.68

注：

1. 企业年金缴费、受托管理资产、投资管理资产的统计口径；

2. 以上数据来源于各养老保险公司报送保监会统计报表数据，未经审计，目前统计频度暂为季度报。

2011 年 1 – 12 月全国各地区原保险保费收入情况表

单位：万元

地区	合计	财产保险	寿险	意外险	健康险
全国合计	143392512.22	46178231.58	86955913.67	3341154.20	6917212.77
北京	8209122.88	2325596.82	5058257.48	162041.53	663227.05
天津	2117432.66	751036.03	1186213.45	51795.99	128387.20
河北	7328886.63	2229182.47	4702108.89	128884.22	268711.05
辽宁	3762601.79	1346073.25	2142053.00	74026.30	200449.23
大连	1488301.05	521719.17	857502.59	30171.49	78907.80
上海	7531052.23	2333942.96	4538718.24	193319.48	465071.55
江苏	12000238.94	3799287.66	7410921.62	310769.40	479260.26
浙江	7306706.82	3103219.35	3715502.44	203347.80	284637.23
宁波	1485985.39	772854.36	634240.33	35402.95	43487.75
福建	3503803.75	1163626.45	2017767.94	93338.11	229071.25
厦门	820276.00	346922.19	403854.83	22441.60	47057.38
山东	8903083.64	2762840.81	5498751.22	197664.38	443827.23
青岛	1457268.55	559843.87	776896.18	30666.29	89862.20
广东	12190590.97	3677378.27	7573636.38	288399.61	651176.71
深圳	3599047.25	1397974.60	1905349.46	96555.82	199167.38
海南	537481.10	217804.76	283653.81	13800.87	22221.66
山西	3646684.20	1132821.05	2328689.86	60554.23	124619.06
吉林	2233581.79	690026.77	1408461.88	35144.40	99948.73
黑龙江	3177866.74	844916.38	2124333.55	60702.53	147914.28
安徽	4322981.27	1428172.81	2675256.00	68634.89	150917.57
江西	2522341.09	851294.75	1519860.06	54883.14	96303.15
河南	8398213.44	1633325.80	6371588.98	110223.49	283075.17
湖北	5018190.27	1147139.23	3532789.01	112414.40	225847.63
湖南	4435328.17	1231782.56	2897011.79	112835.05	193698.76
重庆	3118127.12	816271.81	2061872.80	103003.76	136978.75
四川	7787004.10	2250926.29	4990192.52	205228.19	340657.10
贵州	1318114.15	590349.28	631958.63	47786.73	48019.51
云南	2411024.08	1091676.90	1065226.27	94311.47	159809.43
西藏	75984.29	57290.14	7813.20	4303.25	6577.70
陕西	3437209.84	1015066.32	2219712.47	76410.44	126020.60
甘肃	1409270.05	464949.04	841569.85	34315.35	68435.81
青海	278927.84	137183.79	118606.72	8498.55	14638.78
宁夏	553367.02	218793.98	267019.51	16902.74	50650.80
新疆	2036154.79	785100.14	1028579.64	69228.91	153246.10
内蒙古	2297777.62	1166917.89	981151.26	55672.64	94035.83
广西	2126543.58	790617.43	1167135.20	67966.59	100824.36
集团、总公司本级	545941.12	524306.17	11656.62	9507.61	470.72

注：
1. 本表数据是保险业执行《关于印发<保险合同相关会计处理规定>的通知》(财会[2009]15号)后，各保险公司按照相关口径要求报送的数据。
2. 集团、总公司本级是指集团、总公司开展的业务，不计入任何地区。
3. 上述数据来源于各公司报送的保险数据，未经审计。

2011年保险专业中介机构经营情况报告

一、保险专业中介机构总体情况

截至2011年底，全国共有保险专业中介机构2554家，同比增加4家。其中，全国性保险专业代理机构32家，区域性保险专业代理机构1791家，保险经纪机构416家，保险公估机构315家。全国保险专业中介机构注册资本110.72亿元，同比增长21.94%；总资产170.94亿元，同比增长25.77%。

2011年，全国保险公司通过保险专业中介机构实现保费收入909.82亿元。全国保险专业中介机构实现业务收入150.65亿元，同比增长26.37%。

二、保险专业中介机构经营情况

(一)保险专业代理机构经营情况

2011年，全国保险专业代理机构实现保费收入529.72亿元。其中，实现财产险保费收入388.69亿元；实现人身险保费收入141.03亿元。

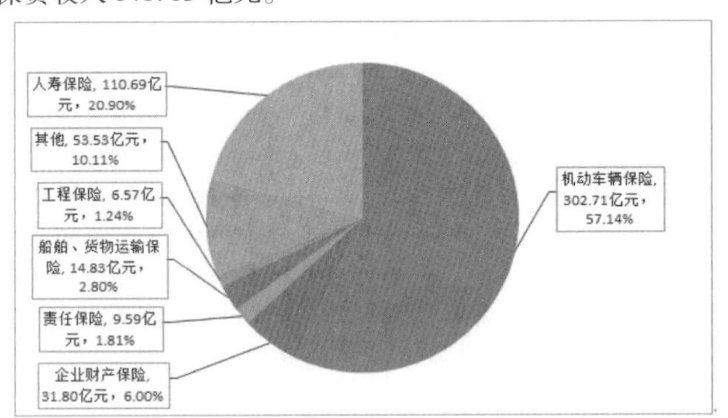

图1 2011年全国保险专业代理机构实现的保费收入构成情况

2011年，全国保险专业代理机构实现业务(佣金)收入81.53亿元，同比增长29.23%。其中，实现财产险佣金收入53.10亿元；实现人身险佣金收入28.43亿元。

(二)保险经纪机构经营情况

2011年，全国保险经纪机构实现保费收入380.10亿元。其中，实现财产险保费收入307.42亿元；实现人身险保费收入61.97亿元；实现再保险业务类保费收入10.71亿元。

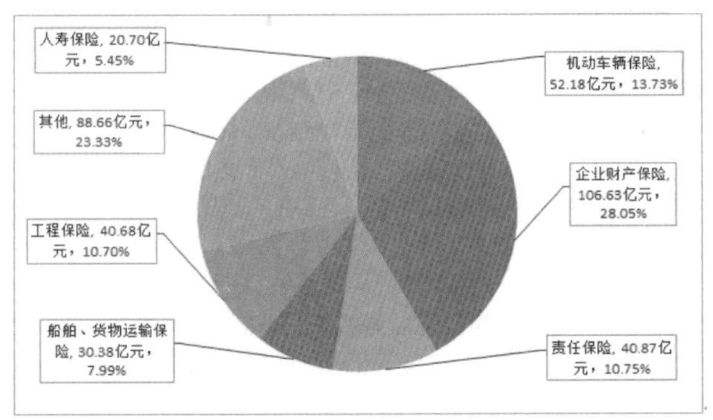

图2 2011年全国保险经纪机构实现的保费收入构成情况

2011年，全国保险经纪机构实现业务收入55.48亿元，同比增长26.21%。其中，实现财产险佣金收入42.37亿元；实现人身险佣金收入7.06亿元；实现再保险业务类佣金收入0.73亿元；实现咨询费收入5.32亿元。

(三)保险公估机构经营情况

2011年，全国保险公估机构实现业务收入13.64亿元，同比增长12.17%。其中，实现财产险公估服务费收入12.90亿元；实现人身险公估服务费收入0.07亿元；实现其他收入0.67亿元。

2012年1季度保险专业中介机构经营情况

一、保险专业中介机构总体情况

截至2012年1季度末，全国共有保险专业中介机构2553家，同比增加6家。其中，全国性保险专业代理机构43家，区域性保险专业代理机构1772家，保险经纪机构421家，保险公估机构317家。全国保险专业中介机构注册资本113.56亿元，同比增长19.86%；总资产173.25亿元，同比增长22.69%。

2012年1季度，全国保险公司通过保险专业中介机构实现保费收入238.76亿元。全国保险专业中介机构实现业务收入39.09亿元，同比增长20.17%。

二、保险专业中介机构经营情况

(一)保险专业代理机构经营情况

2012年1季度，全国保险专业代理机构实现保费收入153.55亿元。其中，实现财产险保费收入104.96亿元；实现人身险保费收入48.59亿元。

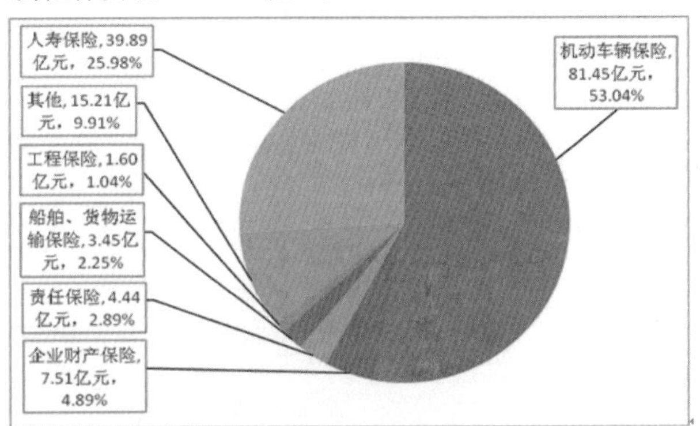

图1 2012年1季度全国保险专业代理机构实现的保费收入构成情况

2012年1季度，全国保险专业代理机构实现业务(佣金)收入24.02亿元，同比增长29.70%。其中，实现财产险佣金收入15.36亿元；实现人身险佣金收入8.66亿元。

(二)保险经纪机构经营情况

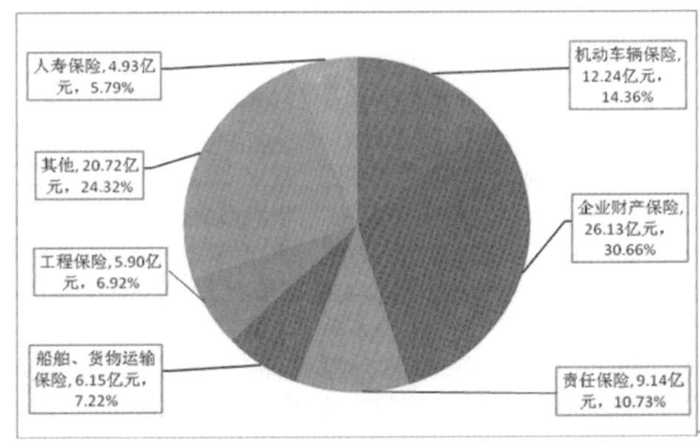

图2 2012年1季度全国保险经纪机构实现的保费收入构成情况

2012 年 1 季度,全国保险经纪机构实现保费收入 85.21 亿元。其中,实现财产险保费收入 69.19 亿元;实现人身险保费收入 13.25 亿元;实现再保险业务类保费收入 2.77 亿元。

2012 年 1 季度,全国保险经纪机构实现业务收入 12.08 亿元,同比增长 7.19%。其中,实现财产险佣金收入 9.28 亿元;实现人身险佣金收入 1.43 亿元;实现再保险业务类佣金收入 0.23 亿元;实现咨询费收入 1.14 亿元。

(三)保险公估机构经营情况

2012 年 1 季度,全国保险公估机构实现业务收入 2.99 亿元,同比增长 9.12%。其中,实现财产险公估服务费收入 2.87 亿元;实现人身险公估服务费收入 0.02 亿元;实现其他收入 0.10 亿元。

2012 年上半年保险专业中介机构经营情况

一、保险专业中介机构总体情况

截至 2012 年 2 季度末,全国共有保险专业中介机构 2551 家,同比减少 37 家。其中,全国性保险专业代理机构 44 家,区域性保险专业代理机构 1768 家,保险经纪机构 420 家,保险公估机构 319 家。全国保险专业中介机构注册资本125.18 亿元,同比增长 25.86%;总资产 189.07 亿元,同比增长 26.84%。

2012 年上半年,全国保险公司通过保险专业中介机构实现保费收入 494.22 亿元。全国保险专业中介机构实现业务收入 84.36 亿元,同比增长 21.93%。

二、保险专业中介机构经营情况

(一)保险专业代理机构经营情况

2012 年上半年,全国保险专业代理机构实现保费收入 307.44 亿元。其中,实现财产险保费收入 229.15 亿元;实现人身险保费收入 78.29 亿元。

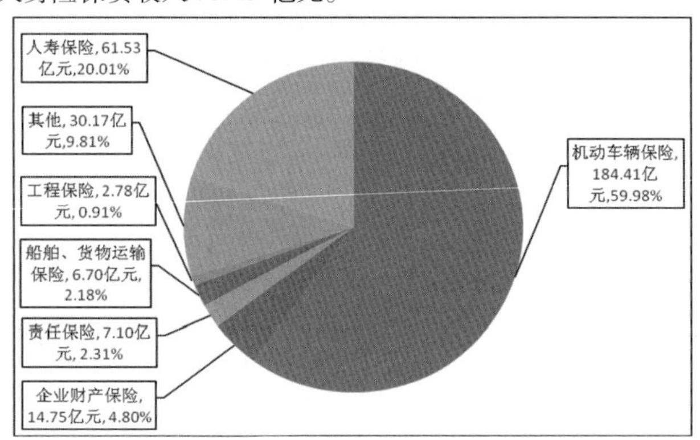

图 1 2012 年上半年全国保险专业代理机构实现的保费收入构成情况

2012 年上半年,全国保险专业代理机构实现业务(佣金)收入 51.34 亿元,同比增长 31.04%。其中,实现财产险佣金收入 35.51 亿元;实现人身险佣金收入 15.83 亿元。

(二)保险经纪机构经营情况

2012 年上半年,全国保险经纪机构实现保费收入 186.78 亿元。其中,实现财产险保费收入 154.13 亿元;实现人身险保费收入 26.88 亿元;实现再保险业务类保费收入5.77 亿元。

2012 年上半年,全国保险经纪机构实现业务收入 26.51 亿元,同比增长 9.00%。其中,实现财产险佣金收入 20.81 亿元;实现人身险佣金收入 2.88 亿元;实现再保险业务类佣金收入 0.42 亿元;实现咨询费收入 2.40 亿元。

(三)保险公估机构经营情况

2012 年上半年,全国保险公估机构实现业务收入 6.51 亿元,同比增长 14.41%。其中,实现财产险公估服务费收入 6.36 亿元;实现人身险公估服务费收入 0.04 亿元;实现其他收入 0.11 亿元。

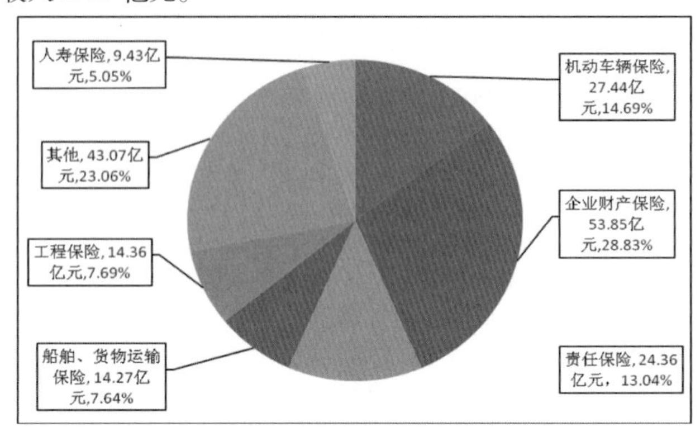

图 2 2012 年上半年全国保险经纪机构实现的保费收入构成情况

三、保险中介监管上半年主要工作及下半年工作重点

(一)上半年主要工作

上半年,保险中介监管按照"抓服务、严监管、防风险、促发展"的要求,积极稳妥推进营销队伍职业化,探索推进兼业代理专业化和专业中介规模化,继续深入开展保险公司中介业务检查,密切关注、及时防范和化解风险,全面推进保险中介市场持续健康发展。

1. 认真研究推进保险营销体制改革的政策措施

在认真分析现行保险营销体制存在的突出问题和改革形势的基础上,形成了《关于坚定不移推进保险营销体制改革的思路和措施》,即以科学发展观为指导,坚持以人为本,加快转变发展方式,按照体制更顺、管控更严、队伍更稳、素质更高的总体要求,坚定不移、稳妥渐进地推进保险营销体制改革工作。改革重点是:引导公司建立以业绩和服务质量为导向的考核机制;强化保险公司管控责任,加大对公司管理失控的处罚和问责力度;提高准入门槛,实施素质改善计划,改善保险营销职业形象;督促公司为营销员提供基本生活待遇和社会保障;鼓励探索保险销售新渠道、新模式;选择条件较好、市场冲击不大、风险可控的地区进行全方位的改革试点。

2. 堵疏结合,退进并举,推进兼业代理专业化,引导保险中介市场规模化

堵和退,就是通过调高市场准入门槛,严格限制区域性保险代理公司,限制增量。采取相应措施,逐步严格限制兼业代理机构的代理家数和业务范围,逐步减少兼业代理机构数量和市场份额,清理整顿小散乱差代理机构,减少存量;疏和进,就是要推动代理市场结构调整,引导、推动车行、银行、邮政代理保险业务专业化改革。同时,鼓励保险代理公司规模化、网络化发展。

一是促进保险中介市场转型升级。发布《关于暂停区域性保险代理机构和部分保险兼业代理机构市场准入许可工作的通知》(保监中介〔2012〕324 号),暂停区域性保险代理公司及其分支机构设立许可,以及金融机构、邮政以外的所有保险兼业代理机构资格核准。发布《关于进一步规范保险中介市场准入的通知》(保监中介〔2012〕693 号),除保险中介服务集团公司以及汽车生产、销售和维修企业、银行邮政企业、保险公司投资的注册资本为 5000 万元以上的保险代理、经纪

公司及其分支机构和全国性保险代理、经纪公司的分支机构的设立申请继续受理外，暂停其余所有保险专业中介机构的设立许可。

二是提出汽车销售维修类机构代理保险专业化改革思路。通过不同方式深入调研，并多次与汽车相关行业组织、汽车相关企业座谈，研究推进大型车商企业兼业代理整体转制问题。汽车销售维修类企业对专业化改革工作态度积极，表示将整合企业保险资源，配合改革工作。在前期批复庞大汽车贸易集团设立河北盛安汽车保险销售有限公司的基础上，指导和支持浙江、深圳、山东等地相继成立了汽车销售维修类企业独资的保险专业中介机构。3月，暂停汽车相关企业保险兼业代理资格核准。6月，暂停相关专业中介设立许可。

三是探索推动银行代理保险专业化改革。世界银行在2010年对我国金融监管的评估报告中，明确建议，银行成立专门的保险代理经纪公司，从事保险销售，实现银保业务与银行主营业务相隔离。通过由银行或者关联方出资、银行与现有经纪或者代理公司合作等方式，实现银行代理保险专业化，能够从体制机制上根本扭转销售误导、商业贿赂等各种突出问题，实现保险公司与银行合作关系合法、真实、透明。上半年，广东、内蒙、西安、厦门、湖北等保监局进行了摸底调研，部分区域性商业银行显示了较高的改革热情，积极开展可行性研究并进行试点。

四是积极推动邮政代理保险专业化改革。研究表明，通过代理模式专业化改革，一是便于整合中国邮政集团公司旗下邮政公司、邮储银行等子公司资源，开展保险销售业务；二是可以利用邮政系统网点和信誉优势，实现走出去，积极开展"三农"保险，积极服务小微企业。邮政代理保险专业化改革符合国务院对邮政体制的改革精神，可以理顺体制机制，并促进邮政资源的优化配置。上半年，我们与中国邮政集团公司基本达成共识，即由中国邮政集团公司出资设立保险销售公司，实现保险代理业务专业化发展。

五是促进保险中介集团化发展。落实《保险中介服务集团公司监管办法》（试行），支持民太安保险公估公司等四家公司设立保险中介服务集团公司的有关准备工作，向社会和行业大力宣导保险中介集团化发展的政策措施。指导泛华保险服务集团做好保险中介服务集团公司的设立准备工作，尽快解决其治理结构问题。

3. 严查重处，持续开展保险公司中介业务检查工作

上半年，按照"严监管"精神，继续深入推进保险公司中介业务检查、巩固深化成效，实现制度化、常规化。

一是组织开展现场检查工作。2012年1月9日，发布《关于开展2012年保险公司中介业务检查和清理整顿保险代理市场的通知》（保监发〔2012〕3号），就保险公司中介业务检查做出部署。几个月来，各保监局共检查22家保险法人公司的100多个机构，查阅各类凭证资料35万余份，查出违法违规套取资金5600多万元。目前，行政处罚工作正在抓紧落实，其中，15个保监局处罚了23个保险公司基层机构和11家保险中介公司，处罚金额达300余万元。

二是严格督促公司落实整改要求。去年11月，向14家基层机构中介业务违法违规较为严重的保险公司发出监管函，要求全面采取措施整改、加强中介业务管控。今年4月，全面汇总分析了各保险公司落实监管要求、加强中介业务合规管控的情况，向全行业通报了结果。特别是针对人保财险公司未按规定提交整改报告违规行为在保监会外网进行了披露，得到各主要新闻媒体及社会的关注和好评。

三是调研评估检查成效。4月以来，采取书面调研、集体座谈、实地调研等多种方式，向保险总公司、保险基层机构及保监局等各个方面，广泛调研、了解、掌握检查开展以来，保险公司加强内控、强化合规经营的新做法，保监局强化中介业务监管行之有效的新措施，各区域中介市场秩序的新变化。在此基础上，着手准备相关分析报告，全面反映中介业务检查成效。总体来看，通过持续严查重处，初步遏制了保险公司中介业务普遍违法违规的态势，倒逼保险公司增强合规意识，提高中介业务管控能力，改进管理制度机制，完善信息化手段。检查数据表明，保险公司中介业务违法违规的相对程度和绝对金额都在降低。

4. 密切关注市场，及时防范和化解风险

按照"抓早抓小、从重从快"的原则，关注和处理保险中介领域的风险。一是调查了解保险公司以大额资金设立多家保险中介机构问题，要求其采取措施防范风险。二是发布《关于进一步规范保险专业中介机构激励行为的通知》（保监中介〔2012〕202号）、《关于重申保险专业中介机构激励行为监管要求的通知》（保监中介〔2012〕559号），重点关注个别股权激励遗留问题较多的中介机构，建立股权激励事件处置情况日报机制，防范化解保险专业中介机构股权激励的风险。三是部署对涉嫌非法开展保险业务的"大爱保险集团"有关的保险中介机构进行重点检查，将风险隐患大的机构和人员清理出市场。四是发布《关于关注和防范保险中介领域风险的通知》（保监厅发〔2012〕40号），关注因保险营销员与保险公司发生利益纠纷，保险专业中介机构涉嫌从事非法集资，以及违规实施股权激励等可能引发的群体性事件，要求各保监局及时上报相关信息，强化系统内沟通协调机制，最大限度地防范化解风险。五是发布《关于进一步规范互联网保险业务的通知》（保监厅发〔2012〕27号），严肃处理违法违规开展互联网保险业务的单位和个人，发布《关于提示互联网保险业务风险的公告》（保监公告〔2012〕7号），向社会公众提示风险。

（二）下半年工作重点

下半年，保险中介监管将按照上半年全国保险监管工作会议要求，注重从体制机制上理顺保险代理与消费者、保险公司的关系，注意监管引导与市场选择相结合，采取堵疏结合、退进并举的措施，以"健康增量"逐步稀释和化解"问题存量"。总的思路是逐步推进保险公司中介业务规范化、兼业代理专业化、专业代理规模化、营销队伍职业化。同时，继续做好防范和化解风险工作。

1. 坚定不移、稳妥渐进推进保险营销体制改革，逐步实现销售队伍职业化

在《保险销售从业人员监管办法》颁布后，发布《关于坚定不移推进保险营销体制改革的通知》，进一步统一行业认识，坚定改革决心和信心。同时，做好通知相关政策、配套措施的政策解读和新闻宣传工作，统一行业思想，避免政策误解误读，稳妥渐进地将保险营销体制改革工作引向深入。

2. 突出重点，积极推动兼业代理专业化

一是加快推动车险代理专业化。发布推进汽车保险销售服务专业化的指导意见，一方面，限制和减少汽车销售维修类企业兼业代理准入；另一方面，鼓励和支持车险销售服务向专业化、规范化、规模化方向发展。鼓励有实力、有意愿的汽车相关企业整体转制，设立保险中介公司或与现有保险中介公司合作，将兼业代理网点统一纳入保险中介公

司管理，在机构准入、网点设立、从业人员要求等方面予以政策支持。对于转制的企业将按照优先审批、简化手续的原则办理。

二是积极推动银保专业化改革。一方面根据市场情况，适时加强监督检查，通过要求银行停止开展不合要求的互联网保险业务等“堵”的措施，逐步倒逼银行保险走专业化道路。另一方面，继续开展银保专业化调研和指导，积极宣传政策导向，鼓励具备条件的商业银行通过集团内合作、引进中介机构等方式，开展专业化试点。

三是鼓励邮政代理专业化改革。明确提出指导意见，支持邮政集团尽快开展模式重组，形成完整的保险销售服务综合平台。力争用 1 年左右时间，对邮政代理保险进行专业化再造，实现管控责任明确、经营风险可控。

3. 监管引导与市场选择相结合，稳步促进保险中介规模化

一是做好《关于进一步规范保险中介市场准入的通知》（保监中介〔2012〕693 号）发布后的政策解释等相关后续工作，统一标准。二是做好《保险专业代理机构监管规定》、《保险经纪机构监管规定》和《保险公估机构监管规定》的修订工作及配套文件出台。三是做好保险代理市场清理整顿工作，及时对过期及到期未申请延续的代理机构许可证进行公告注销，并在审核许可证有效期延续申请时，全面梳理 3 年来的经营管理情况，从严把握审核标准。在 2012 年 10 月 1 日前依法将一批注册资本和经营管理状况不符合监管要求的专业代理机构清理出市场。四是继续鼓励和规范保险中介集团化发展，做好保险中介集团公司的申请设立材料审核和验收工作。进一步加大政策宣导力度，鼓励民间资本投资设立保险中介集团公司。建立健全保险中介集团公司的常规监管机制。五是推动保险专业代理机构兼并重组、上市融资，增强资本实力；完善公司治理，提高管理水平和专业能力，形成规模化、网络化。

4. 强化保险公司管控责任，深入推进保险公司中介业务规范化

一是进一步做好今年检查工作收尾，坚持严查重处、严格追责、依法移送、及时披露、认真总结，保质按量全面完成今年检查任务。二是进一步深入了解总结市场、公司、监管等各方面的变化，全面分析，形成专门报告，全面反映中介业务检查工作开展以来在规范市场秩序，提高中介业务真实性，促进公司依法合规经营意识、加强管控能力、提升监管水平等多方面的成效。三是提前研究 2013 年中介业务检查工作。

5. 继续做好防范和化解风险工作

继续按照“抓早抓小、从严从快”的原则，关注市场中出现的传销、非法集资等风险苗头，迅速、有效地予以处置，防止风险蔓延。对于查处的违法违规案件，及时向新闻媒体通报，提示风险。加强对保险中介领域新问题的研究和总结，提高风险监测、分析和快速应对的能力。

2012 年 3 季度保险专业中介机构经营情况

一、机构情况

截至 2012 年 3 季度末，全国共有保险专业中介机构 2578 家，同比增加 11 家。其中，全国性保险专业代理机构 80 家，区域性保险专业代理机构 1735 家，保险经纪机构 436 家，保险公估机构 327 家。全国保险专业中介机构注册资本147.22 亿元，同比增长 41.34%；总资产 214.03 亿元，同比增长 33.99%。

2012 年前 3 季度，全国保险公司通过保险专业中介机构实现保费收入 712.08 亿元。全国保险专业中介机构实现业务收入 125.00 亿元，同比增长 17.50%。

二、经营情况

（一）保险专业代理机构经营情况

2012 年前 3 季度，全国保险专业代理机构实现保费收入 419.42 亿元。其中，实现财产险保费收入 311.48 亿元；实现人身险保费收入 107.94 亿元。

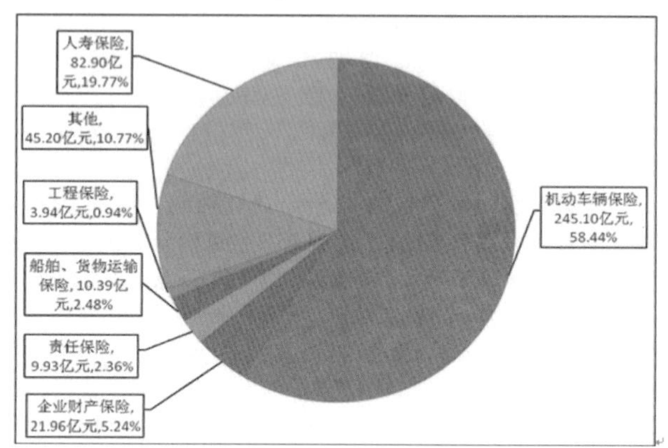

图 1　2012 年前 3 季度全国保险专业代理机构实现的保费收入构成情况

2012 年前 3 季度，全国保险专业代理机构实现业务（佣金）收入 71.53 亿元，同比增长 20.30%。其中，实现财产险佣金收入 49.02 亿元；实现人身险佣金收入 22.51 亿元。

（二）保险经纪机构经营情况

2012 年前 3 季度，全国保险经纪机构实现保费收入 292.66亿元。其中，实现财产险保费收入 240.27 亿元；实现人身险保费收入 42.11 亿元；实现再保险业务类保费收入 10.28 亿元。

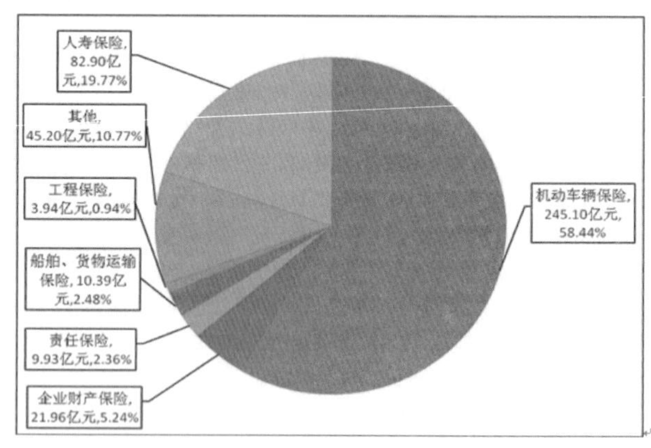

图 2　2012 年前 3 季度全国保险经纪机构实现的保费收入构成情况

2012 年前 3 季度，全国保险经纪机构实现业务收入 42.28亿元，同比增长 12.24%。其中，实现财产险佣金收入 32.95 亿元；实现人身险佣金收入 4.79 亿元；实现再保险业务类佣金收入 0.70 亿元；实现咨询费收入 3.84 亿元。

（三）保险公估机构经营情况

2012 年前 3 季度，全国保险公估机构实现业务收入 11.19亿元，同比增长 20.97%。其中，实现财产险公估服务费收入 10.72 亿元；实现人身险公估服务费收入 700 万元；实现其他收入 4000 万元。

2012年1－6月保险业经营情况表

单位:万元

项目	金额
原保险保费收入	85324640.31
1、财产险	26994861.76
2、人身险	58329778.56
(1)寿险	51648406.86
(2)健康险	4662031.73
(3)人身意外伤害险	2019339.97
养老保险公司企业年金缴费	3741784.00
原保险赔付支出	22627887.65
1、财产险	12199731.74
2、人身险	10428155.90
(1)寿险	8567810.04
(2)健康险	1423170.69
(3)人身意外伤害险	437175.17
业务及管理费	9718954.64
银行存款	225778045.09
投资	392262057.79
资产总额	677602308.91
养老保险公司企业年金受托管理资产	17226769.00
养老保险公司企业年金投资管理资产	15520613.00

注:

1. 本表数据是保险业执行《关于印发<保险合同相关会计处理规定〉的通知》(财会[2009]15号)后,各保险公司按照相关口径要求报送的数据。

2. "原保险保费收入"为按《企业会计准则(2006)》设置的统计指标,指保险企业确认的原保险合同保费收入。

3. "原保险赔付支出"为按《企业会计准则(2006)》设置的统计指标,指保险企业支付的原保险合同赔付款项。

4. 原保险保费收入、原保险赔付支出和业务及管理费为本年累计数,银行存款、投资和资产总额为月末数据。

5. 银行存款包括活期存款、定期存款、存出保证金和存出资本保证金。

6. 养老保险公司企业年金缴费指养老保险公司根据《企业年金试行办法》和《企业年金基金管理试行办法》有关规定,作为企业年金受托管理人在与委托人签署受托合同后,收到的已缴存到托管账户的企业年金金额。

7. 养老保险公司企业年金受托管理资产指养老保险公司累计受托管理的企业年金财产净值,以托管人的估值金额为准,不含缴费已到帐但未配置到个人账户的资产。

8. 养老保险公司企业年金投资管理资产指养老保险公司累计投资管理的企业年金财产净值,以托管人的估值金额为准,不含缴费已到帐但未配置到个人账户的资产。

9. 养老保险公司企业年金缴费为本年累计数,养老保险公司企业年金受托管理资产和养老保险公司企业年金投资管理资产为季度末数据。

10. 养老保险公司企业年金缴费、养老保险公司企业年金受托管理资产、养老保险公司企业年金投资管理资产的统计频度暂为季度报。

11. 上述数据来源于各公司报送的保险数据,未经审计。

2012年保险业经营情况表

单位:万元

项目	金额
原保险保费收入	154879298.09
1、财产险	53309273.47
2、人身险	101570024.62
(1)寿险	89080569.76
(2)健康险	8627607.13
(3)人身意外伤害险	3861847.73
养老保险公司企业年金缴费	6617266.36
原保险赔付支出	47163184.60
1、财产险	28163316.38
2、人身险	18999868.23
(1)寿险	15050143.88
原保险保费收入	154879298.09
(2)健康险	2981707.45
(3)人身意外伤害险	968016.90
业务及管理费	21714623.69
银行存款	234460040.26
投资	450965776.16
资产总额	735457303.92
养老保险公司企业年金受托管理资产	20090059.76
养老保险公司企业年金投资管理资产	17111617.63

注:

1. 本表数据是保险业执行《关于印发<保险合同相关会计处理规定〉的通知》(财会[2009]15号)后,各保险公司按照相关口径要求报送的数据。

2. "原保险保费收入"为按《企业会计准则(2006)》设置的统计指标,指保险企业确认的原保险合同保费收入。

3. "原保险赔付支出"为按《企业会计准则(2006)》设置的统计指标,指保险企业支付的原保险合同赔付款项。

4. 原保险保费收入、原保险赔付支出和业务及管理费为本年累计数,银行存款、投资和资产总额为月末数据。

5. 银行存款包括活期存款、定期存款、存出保证金和存出资本保证金。

6. 养老保险公司企业年金缴费指养老保险公司根据《企业年金试行办法》和《企业年金基金管理试行办法》有关规定,作为企业年金受托管理人在与委托人签署受托合同后,收到的已缴存到托管账户的企业年金金额。

7. 养老保险公司企业年金受托管理资产指养老保险公司累计受托管理的企业年金财产净值,以托管人的估值金额为准,不含缴费已到帐但未配置到个人账户的资产。

8. 养老保险公司企业年金投资管理资产指养老保险公司累计投资管理的企业年金财产净值,以托管人的估值金额为准,不含缴费已到帐但未配置到个人账户的资产。

9. 养老保险公司企业年金缴费为本年累计数,养老保险公司企业年金受托管理资产和养老保险公司企业年金投资管理资产为季度末数据。

10. 养老保险公司企业年金缴费、养老保险公司企业年金受托管理资产、养老保险公司企业年金投资管理资产的统计频度暂为季度报。

11. 上述数据来源于各公司报送的保险数据,未经审计。

2012年1－6月财产保险公司原保险保费收入情况表

单位:万元

资本结构	公司名称	原保险保费收入
中资	人保股份	10091108.55
	大地财产	899877.72
	出口信用	516396.64
	中华联合	1339864.22
	太保财	3517678.29
	平安财	4875037.20
	华泰	288853.94
	天安	409181.16
	大众	83963.60
	华安	295632.02
	永安	370623.07
	太平保险	366124.22
	民安	106701.90
	中银保险	179398.66
	安信农业	42769.50
	永诚	314536.37
	安邦	365532.21
	信达财险	94105.84
	安华农业	103519.50
	天平车险	222052.26
	阳光财产	713851.43
	阳光农业	203989.19
	都邦	161629.76
	渤海	79616.64

资本结构	公司名称	原保险保费收入
中资	华农	16795.14
	国寿财产	1133025.32
	安诚	70908.98
	长安责任	89713.71
	国元农业	68400.55
	鼎和财产	99564.33
	中煤财产	10357.61
	英大财产	319233.35
	浙商财产	105586.35
	紫金财产	105380.90
	泰山财险	8839.46
	众诚保险	6161.69
	锦泰财产	14717.32
	诚泰财产	1113.17
	长江财产	8332.54
	小计	27700174.33
外资	美亚	57338.58
	东京海上	26554.62
	丰泰	14444.66
	太阳联合	9467.17
	丘博保险	7939.57
	三井住友	24897.13
	三星	22068.49
	安联	28380.71
	日本财产	15583.24
	利宝互助	34216.07
	安盟	32695.11
	苏黎世	18573.87
	现代财产	4287.57
	劳合社	0.25
	中意财产	11350.74
	爱和谊	2749.39
	国泰财产	12402.90
	日本兴亚	2345.58
	乐爱金	4741.07
	富邦财险	6868.23
	信利保险	1302.73
	小计	338207.65
合计		28038381.98

注：

1. 本表数据是保险业执行《关于印发＜保险合同相关会计处理规定＞的通知》(财会[2009]15号)后，各保险公司按照相关口径要求报送的数据。

2. 原保险保费收入为本年累计数，数据来源于各产险公司报送保监会月报数据。

3. 原保险保费收入为各产险公司内部管理报表数据，未经审计，各产险公司不对该数据的用途及由此带来的后果承担任何法律责任。

4. 美亚包括美亚上海、美亚广州、美亚深圳。

5. 由于计算的四舍五入问题，各产险公司原保险保费收入可能存在细微的误差。

2012 年财产保险公司原保险保费收入情况表

单位：万元

资本结构	公司名称	原保险保费收入
中资	人保股份	19301796.44
	大地财产	1790222.28
	出口信用	1426007.21
	中华联合	2455580.68
	太保财	6955028.23
	平安财	9878620.39
	华泰	559151.95
	天安	812691.22
	大众	158498.17
	华安	574078.05
	永安	702533.26
	太平保险	776814.67
	民安	212988.52
	中银保险	414529.95
	安信农业	81117.36
	永诚	555684.29
	安邦	706370.97
	信达财险	242236.35
	安华农业	236081.85
	天平车险	464619.53
	阳光财产	1465958.45
	阳光农业	225810.15
	都邦	309649.59
	渤海	152757.36
	华农	36315.14
	国寿财产	2354179.71
	安诚	137580.83
	长安责任	178861.38
	国元农业	198382.30
	鼎和财产	147433.34
	中煤财产	21817.55
	英大财产	501498.56
	浙商财产	229333.12
	紫金财产	231343.44
	泰山财险	38484.19
	众诚保险	25755.48
	锦泰财产	49196.84
	诚泰财产	4155.86
	长江财产	11082.66
	华信财产	602.22
	鑫安汽车	2479.63
	小计	54627329.15
外资	美亚	110282.59
	东京海上	47159.85
	丰泰	26187.96
	太阳联合	15918.10
	丘博保险	13987.70
	三井住友	45971.79
	三星	51487.73
	安联	57540.56
	日本财产	29455.86
	利宝互助	71556.61
	安盟	70640.82
	苏黎世	34676.57
	现代财产	9308.04
	劳合社	44.29
	中意财产	22826.21
	爱和谊	4815.43
	国泰财产	26257.48
	日本兴亚	4409.41

资本结构	公司名称	原保险保费收入
外资	乐爱金	8682.37
	富邦财险	16183.78
	信利保险	4094.73
	小计	671487.86
合计		55298817.00

注：

1. 本表数据是保险业执行《关于印发＜保险合同相关会计处理规定〉的通知》(财会[2009]15号)后，各保险公司按照相关口径要求报送的数据。

2. 原保险保费收入为本年累计数，数据来源于各产险公司报送保监会月报数据。

3. 原保险保费收入为各产险公司内部管理报表数据，未经审计，各产险公司不对该数据的用途及由此带来的后果承担任何法律责任。

4. 美亚包括美亚上海、美亚广州、美亚深圳。

5. 由于计算的四舍五入问题，各产险公司原保险保费收入可能存在细微的误差。

2012年1－6月人身保险公司原保险保费收入情况表

单位：万元

资本结构	公司名称	原保险保费收入
中资	国寿股份	18543831.31
	太保寿	5522858.12
	平安寿	7537148.62
	新华	5594997.88
	泰康	3667438.86
	太平人寿	1921546.63
	建信人寿	278920.60
	天安人寿	76582.35
	光大永明	231702.53
	民生人寿	523363.10
	生命人寿	1431264.81
	国寿存续	598036.13
	平安养老	340645.28
	中融人寿	25706.24
	合众人寿	470478.19
	太平养老	48535.26
	人保健康	530692.31
	华夏人寿	314339.00
	正德人寿	9618.48
	信泰	119856.95
	嘉禾人寿	257769.61
	长城	163216.23
	昆仑健康	10188.01
	和谐健康	6280.36
	人保寿险	4266666.10
	国华	196868.62
	国寿养老	0.00
	长江养老	0.00
	英大人寿	59906.45
	泰康养老	0.00
	幸福人寿	325125.60
	阳光人寿	893175.51
	百年人寿	193070.39
	中邮人寿	823102.10
	安邦人寿	38828.75
	利安人寿	72896.36
	前海人寿	7.80
	华汇人寿	5302.37
	小计	55099966.89
外资	中宏人寿	116017.25
	中德安联	59604.28
	金盛	63433.25
	信诚	186764.63
	交银康联	42404.71
	中意	230125.58
	友邦	407154.67
	北大方正人寿	24057.03
	中荷人寿	79121.87
	中英人寿	193925.17
	海康人寿	80288.63
	招商信诺	110764.81
	长生人寿	17764.30
	恒安标准	82079.46
	瑞泰人寿	4257.26
	中法人寿	1880.70
	华泰人寿	167347.26
	国泰人寿	21839.81
	中美联泰	210212.68
	平安健康	11960.55
	中航三星	15751.46
	中新大东方	19339.09
	新光海航	10635.00
	汇丰人寿	21185.58
	君龙人寿	7407.66
	小计	2185322.66
合计		57285289.55

注：

1. 本表数据是保险业执行《关于印发＜保险合同相关会计处理规定〉的通知》(财会[2009]15号)后，各保险公司按照相关口径要求报送的数据。

2. 原保险保费收入为本年累计数，数据来源于各寿险公司报送保监会月报数据。

3. 原保险保费收入为各寿险公司内部管理报表数据，未经审计，各寿险公司不对该数据的用途及由此带来的后果承担任何法律责任。

4. 友邦合计包括友邦上海、友邦广州、友邦深圳、友邦北京、友邦苏州、友邦东莞和友邦江门。

5. 由于计算的四舍五入问题，各寿险公司原保险保费收入可能存在细微的误差。

6. 本表不含中华控股寿险业务968.78万元。

2012年人身保险公司原保险保费收入情况表

单位：万元

资本结构	公司名称	原保险保费收入
中资	国寿股份	32274080.63
	太保寿	9346080.14
	平安寿	12877117.27
	新华	9771851.97
	泰康	6157763.88
	太平人寿	3645549.83
	建信人寿	586757.13
	天安人寿	144983.01
	光大永明	399047.18
	民生人寿	890204.64
	生命人寿	2449026.23
	国寿存续	1317466.85
	平安养老	586921.64
	中融人寿	73659.01
	合众人寿	808466.99

资本结构	公司名称	原保险保费收入
中资	太平养老	92460.61
	人保健康	759972.86
	华夏人寿	587292.06
	正德人寿	18481.76
	信泰	204248.65
	农银人寿	414578.17
	长城	279610.64
	昆仑健康	32947.59
	和谐健康	10929.68
	人保寿险	6403030.20
	国华	317495.96
	国寿养老	0.00
	长江养老	0.00
	英大人寿	121251.76
	泰康养老	0.00
	幸福人寿	570705.89
	阳光人寿	1571962.95
	百年人寿	353227.66
	中邮人寿	1454639.72
	安邦人寿	124551.41
	利安人寿	129619.16
	前海人寿	27232.17
	华汇人寿	14684.68
	东吴人寿	4284.41
	珠江人寿	508.11
	弘康人寿	15.52
	吉祥人寿	2617.85
	小计	94825325.85
合资	中宏人寿	273195.63
	中德安联	137784.76
	工银安盛	475070.87
	信诚	362360.38
	交银康联	72103.07
	中意	431388.23
	友邦	869115.23
	北大方正人寿	50056.32
	中荷人寿	175573.36
	中英人寿	360104.56
	海康人寿	137715.30
	招商信诺	242153.71
	长生人寿	33148.12
	恒安标准	146856.76
	瑞泰人寿	9656.72
	中法人寿	3426.20
	华泰人寿	285686.34
	国泰人寿	44568.86
	中美联泰	466161.91
	平安健康	21074.57
	中航三星	27527.30
	中新大东方	29627.24
	新光海航	31290.29
	汇丰人寿	52876.78
	君龙人寿	14874.52
	复星保德信	140.23
	小计	4753537.28
合计		99578863.13

注：

1. 本表数据是保险业执行《关于印发<保险合同相关会计处理规定>的通知》(财会[2009]15 号)后，各保险公司按照相关口径要求报送的数据。

2. 原保险保费收入为本年累计数，数据来源于各寿险公司报送保监会月报数据。

3. 原保险保费收入为各寿险公司内部管理报表数据，未经审计，各寿险公司不对该数据的用途及由此带来的后果承担任何法律责任。

4. 友邦合计包括友邦上海、友邦广州、友邦深圳、友邦北京、友邦苏州、友邦东莞和友邦江门。

5. 由于计算的四舍五入问题，各寿险公司原保险保费收入可能存在细微的误差。

6. 本表不含中华控股寿险业务 1617.96 万元。

2012 年 1－6 月养老保险公司企业年金业务情况表

单位：万元

公司名称	企业年金缴费	受托管理资产	投资管理资产
太平养老	278349	2120094	2425321
平安养老	1703270	5079395	6164863
国寿养老	1452841	6576403	4838966
长江养老	167017	2943784	2091463
泰康养老	140307	507094	0
合计	3741784	17226769	15520613

注：

1. 企业年金缴费、受托管理资产、投资管理资产的统计口径。

2. 以上数据来源于各养老保险公司报送保监会统计报表数据，未经审计，目前统计频度暂为季度报。

2012 年养老保险公司企业年金业务情况表

单位：万元

公司名称	企业年金缴费	受托管理资产	投资管理资产
太平养老	587651.37	2399852.85	2605635.37
平安养老	2392573.50	5811358.86	6710671.61
国寿养老	2917599.40	8051372.60	5421207.75
长江养老	390284.22	3152168.74	2374102.90
泰康养老	329157.86	675306.71	——
合计	6617266.36	20090059.76	17111617.63

注：

1. 企业年金缴费、受托管理资产、投资管理资产的统计口径。

2. 以上数据来源于各养老保险公司报送保监会统计报表数据，未经审计，目前统计频度暂为季度报。

2012 年 1－3 月全国各地区原保险保费收入情况表

单位：万元

地区	合计	财产保险	寿险	意外险	健康险
全国合计	48348140.79	13004974.81	32028411.67	1025701.62	2289052.69
北京	2810343.14	702098.61	1792354.34	68592.97	247297.22
天津	695066.82	232274.06	414541.16	13149.46	35102.14
河北	2328651.20	634595.23	1564273.34	39624.19	90158.44
辽宁	1189809.13	340202.14	742707.28	19678.26	87221.44
大连	477288.93	138789.17	306661.21	8960.31	22878.24
上海	2649462.26	769769.67	1658716.01	62626.73	158349.85
江苏	4536311.62	1128361.75	3150719.54	99735.84	157494.50
浙江	2566872.29	881841.40	1531841.56	60429.70	92759.63
宁波	503272.40	215556.90	267400.91	9502.82	10811.77
福建	1195540.38	341811.74	735426.18	28764.60	89537.86
厦门	262306.91	95336.60	147257.97	6505.93	13206.40

地区	合计	财产保险	寿险	意外险	健康险
山东	2767371.35	766477.61	1817541.51	57492.08	125860.15
青岛	455048.83	150477.45	264212.20	8458.87	31900.31
广东	4031650.38	1011353.32	2731122.66	77204.92	211969.48
深圳	1120652.63	348000.61	678310.31	32339.54	62002.18
海南	181631.99	64095.49	108269.45	3513.82	5753.23
山西	1227577.42	338502.54	832787.05	16635.67	39652.16
吉林	690901.14	166285.52	479244.19	11148.02	34223.41
黑龙江	1054375.77	194492.65	792006.96	21611.28	46264.88
安徽	1653639.05	414600.28	1160833.17	20466.71	57738.89
江西	924411.73	229135.54	643278.95	19950.49	32046.75
河南	2776892.38	473192.94	2181272.96	35686.42	86740.06
湖北	1819193.64	345117.48	1374123.73	33798.28	66154.15
湖南	1441716.83	338942.25	1005896.55	36221.30	60656.73
重庆	1099634.10	237445.51	791710.43	28978.73	41499.43
四川	2624459.29	585999.38	1866260.90	56769.63	115429.38
贵州	439396.16	163594.13	245958.61	15623.97	14219.45
云南	761240.98	314156.72	359729.45	28816.75	58538.07
西藏	31356.06	23791.35	1793.71	2884.51	2886.49
陕西	1107971.45	294865.11	751026.58	22842.29	39237.47
甘肃	483973.68	140500.42	312641.13	10406.67	20425.46
青海	89498.18	37765.41	45689.87	1903.30	4139.60
宁夏	176526.30	63194.78	95790.18	4077.23	13464.11
新疆	701228.08	215945.46	402474.35	26334.07	56474.20
内蒙古	645258.73	260364.49	343040.93	13430.04	28423.26
广西	726965.85	247807.45	430929.15	19737.62	28491.63
集团、总公司本级	100643.71	98233.63	567.23	1798.60	44.25

注：

1. 本表数据是保险业执行《关于印发＜保险合同相关会计处理规定〉的通知》（财会［2009］15号）后，各保险公司按照相关口径要求报送的数据。

2. 集团、总公司本级是指集团、总公司开展的业务，不计入任何地区。

3. 上述数据来源于各公司报送的保险数据，未经审计。

2012年1－6月全国各地区原保险保费收入情况表

单位：万元

地区	合计	财产保险	寿险	意外险	健康险
全国合计	85324640.31	26994861.76	51648406.86	2019339.97	4662031.73
北京	4964175.72	1324308.08	3016186.98	115006.60	508674.06
天津	1301028.54	478680.99	710669.27	30809.05	80869.23
河北	4297971.70	1302346.09	2722543.42	80440.01	192642.18
辽宁	2207248.46	753314.20	1263507.54	43627.23	146799.49
大连	861196.60	291696.39	502559.91	17766.46	49173.85
上海	4640787.15	1389439.49	2833109.90	122255.06	295982.70
江苏	7334364.02	2221101.16	4606430.82	190669.83	316162.21
浙江	4538594.19	1765148.17	2467029.11	112880.51	193536.40
宁波	889254.73	433568.67	412977.94	18781.83	23926.29
福建	2140506.53	689610.64	1229360.16	57774.73	163761.00
厦门	484474.65	198107.36	245388.64	13636.76	27341.89
山东	5185369.67	1570075.50	3210753.55	117085.19	287455.44
青岛	828353.45	309815.37	444459.25	17674.67	56404.16
广东	6922788.34	2046845.71	4292189.96	164172.99	419579.68
深圳	2083420.65	752564.60	1144540.85	57533.34	128781.85
海南	328817.13	132094.36	175978.24	6971.27	13773.26
山西	2223796.13	684583.83	1419417.29	34871.27	84923.74
吉林	1331979.23	433310.53	808508.84	22984.65	67175.21
黑龙江	2080807.43	626860.17	1315385.61	39962.20	98599.45
安徽	2602531.39	816194.54	1636216.23	37744.88	112375.74
江西	1561131.26	493688.92	967417.49	35209.93	64814.92
河南	4732087.80	979237.73	3488773.69	69372.60	194703.78
湖北	3035064.03	716176.24	2112199.76	68334.06	138353.97
湖南	2576974.37	757409.36	1624002.70	64897.67	130664.64
重庆	1851432.24	485228.90	1223445.58	58943.99	83813.77
四川	4406935.04	1313272.94	2752224.66	118701.28	222736.17
贵州	811145.37	354055.11	398355.93	28180.74	30553.60
云南	1434337.12	630893.28	628109.07	56437.93	118896.84
西藏	56517.11	40781.12	5365.44	6209.56	4160.99
陕西	1993928.92	587687.00	1271075.33	47224.54	87942.05
甘肃	894050.13	304454.19	524891.68	20993.79	43710.47
青海	170272.28	80342.55	74741.18	5468.62	9719.94
宁夏	334801.35	139985.94	157353.40	9032.57	28429.45
新疆	1406016.42	590208.81	657586.70	53718.69	104502.22
内蒙古	1298390.37	597485.49	605091.76	32483.76	63329.35
广西	1281508.81	479329.76	699517.34	37029.33	65632.37
集团、总公司本级	232581.97	224958.58	1041.62	4452.39	2129.38

注：

1. 本表数据是保险业执行《关于印发＜保险合同相关会计处理规定〉的通知》（财会［2009］15号）后，各保险公司按照相关口径要求报送的数据。

2. 集团、总公司本级是指集团、总公司开展的业务，不计入任何地区。

3. 上述数据来源于各公司报送的保险数据，未经审计。

2012年1－9月全国各地区原保险保费收入情况表

单位：万元

地区	合计	财产保险	寿险	意外险	健康险
全国合计	120760009.52	39917903.56	71093467.40	3046120.59	6702517.96
北京	7096989.97	1976422.55	4325629.02	171501.66	623436.74
天津	1831658.46	695179.42	981047.67	42566.72	112864.65
河北	6053383.30	1930408.65	3743026.54	115023.44	264924.67
辽宁	3152482.99	1113920.97	1786283.10	62907.59	189371.33
大连	1239834.75	443590.68	696979.89	28507.76	70756.42
上海	6474411.17	1982880.63	3855139.25	186276.81	450114.48
江苏	10241089.45	3291757.01	6208147.97	278700.98	462483.49
浙江	6380687.52	2636800.66	3266159.29	180976.58	296750.99
宁波	1265103.68	650449.65	544441.78	31648.86	38563.40
福建	3025904.77	1008012.38	1702971.21	88309.01	226612.17
厦门	722599.94	307857.27	351869.65	20654.38	42218.64
山东	7488848.52	2343814.88	4545007.56	176080.47	423945.60
青岛	1206553.20	470982.15	628066.77	28090.85	79413.42
广东	9926609.46	3064025.39	5987621.58	254556.72	620405.77
深圳	3079962.54	1142479.26	1666361.69	83185.03	187936.56
海南	466497.17	188745.81	245245.44	11678.22	20827.70
山西	3049763.91	975440.35	1894101.93	52038.91	128182.72
吉林	1831624.12	616968.48	1088751.99	32811.26	93092.39
黑龙江	2784915.23	810269.53	1774099.32	57918.97	142627.41
安徽	3609035.47	1264653.84	2131814.87	57514.97	155051.79
江西	2149128.54	723781.84	1278557.18	51240.84	95548.67
河南	6616052.19	1477253.61	4751823.68	103558.93	283415.97
湖北	4201868.83	1031256.63	2852756.67	106049.09	211806.44
湖南	3654950.01	1086328.35	2274193.40	98945.86	195482.40
重庆	2600225.18	716272.83	1670044.84	88279.49	125628.02
四川	6256714.90	1951791.78	3802100.31	177611.91	325210.90
贵州	1179009.40	528611.01	557444.77	44793.61	48160.01

地区	合计	财产保险	寿险	意外险	健康险
云南	2093079.56	914475.22	918302.33	88065.00	172237.01
西藏	76185.55	54345.70	7515.19	8802.27	5522.39
陕西	2855902.11	870162.18	1783185.39	71218.51	131336.03
甘肃	1247455.53	439355.87	713382.19	30448.46	64269.01
青海	249968.72	120486.82	106622.32	8298.39	14561.18
宁夏	480412.92	201747.23	220394.48	13469.64	44801.57
新疆	1880300.56	771574.91	888328.53	73756.28	146640.84
内蒙古	1967643.48	961527.44	860671.05	48901.89	96543.10
广西	1841523.04	685868.82	984023.83	65159.76	106470.63
集团、总公司本级	481633.39	468403.75	1354.69	6571.49	5303.46

注:

1. 本表数据是保险业执行《关于印发<保险合同相关会计处理规定〉的通知》(财会[2009]15号)后,各保险公司按照相关口径要求报送的数据。

2. 集团、总公司本级是指集团、总公司开展的业务,不计入任何地区。

3. 上述数据来源于各公司报送的保险数据,未经审计。

2012年全国各地区原保险保费收入情况表

单位:万元

地区	合计	财产保险	寿险	意外险	健康险
全国合计	154879298.09	53309273.47	89080569.76	3861847.73	8627607.13
北京	9230871.31	2670227.95	5542688.11	217389.57	800565.68
天津	2381571.50	907859.48	1269828.31	55773.75	148109.96
河北	7661582.99	2586542.50	4590158.98	143020.53	341860.97
辽宁	4024157.79	1432438.29	2277603.14	82540.94	231575.42
大连	1606199.48	576564.05	900489.99	36060.67	93084.77
上海	8206368.07	2563782.44	4824489.29	243300.77	574795.57
江苏	13012804.80	4409248.48	7658651.63	352039.98	592864.72
浙江	8198769.77	3582222.09	4012467.42	231185.94	372894.32
宁波	1647056.24	862293.97	692512.92	40161.07	52088.28
福建	3847788.42	1337720.07	2114499.86	112730.97	282837.52
厦门	929176.67	414982.75	433191.94	26271.15	54730.83
山东	9677479.93	3176219.62	5724807.42	223859.21	552593.68
青岛	1602880.55	649315.02	814623.24	36777.48	102164.81
广东	12908561.91	4167961.45	7595106.96	331759.54	813733.96
深圳	4012657.05	1545093.32	2112359.48	107143.77	248060.48
海南	602705.69	251494.05	307554.52	16065.91	27591.21
山西	3846491.09	1277868.41	2341088.92	65532.07	162001.69
吉林	2325407.21	781122.62	1382347.92	39744.03	122192.63
黑龙江	3441498.37	992537.15	2195988.55	70053.69	182918.98
安徽	4536125.17	1690577.80	2578918.13	72604.43	194024.82
江西	2717188.84	974947.29	1552419.81	64572.64	125249.10
河南	8411318.01	1957714.54	5954889.10	127763.55	370950.82
湖北	5333105.59	1352533.08	3572885.76	130706.06	276980.69
湖南	4651142.74	1449599.49	2835608.63	120477.63	245456.99
重庆	3310267.03	952042.97	2069964.34	116318.10	171941.61
四川	8195283.43	2715082.95	4830719.00	230508.10	418973.38
贵州	1502155.49	703928.83	683547.11	54463.76	60215.79
云南	2712984.03	1235389.37	1162438.05	108437.61	206719.00
西藏	95372.34	65154.73	9794.34	12659.29	7763.98
陕西	3653273.14	1157809.79	2235881.22	88766.51	170815.62
甘肃	1587674.91	559390.89	908418.59	37299.72	82565.71
青海	324007.53	161507.74	132042.14	10569.47	19888.17
宁夏	626882.77	264735.41	287076.89	16758.47	58312.00
新疆	2355603.68	936810.09	1136768.86	90174.05	191850.67
内蒙古	2477437.20	1198369.52	1094517.78	58578.70	125971.20
广西	2382587.13	922535.48	1242501.24	82199.96	135350.45
集团、总公司本级	842860.23	825649.78	1720.20	7578.64	7911.61

注:

1. 本表数据是保险业执行《关于印发<保险合同相关会计处理规定〉的通知》(财会[2009]15号)后,各保险公司按照相关口径要求报送的数据。

2. 集团、总公司本级是指集团、总公司开展的业务,不计入任何地区。

3. 上述数据来源于各公司报送的保险数据,未经审计。

第二章 保险经营机构

安邦人寿保险股份有限公司

安邦人寿保险股份有限公司(以下简称“安邦人寿”)是2010年经中国保险监督管理委员会批准设立的全国性寿险公司,总部设在北京。截至目前,安邦人寿注册资本金为37.9亿元人民币,在全国寿险公司中注册资本金实力名列前茅。安邦人寿经营人寿保险、健康保险、意外伤害保险等各类人身保险业务、上述业务的再保险业务以及经中国保险监督管理委员会批准的其他业务。目前已开业的省级分公司达15家。

经营理念

安邦人寿秉承“一个客户,综合服务”的经营理念和“客户第一”的服务原则,在服务上力求尽善尽美,高质量的客户服务、创新的管理模式、优秀的企业文化和持之以恒的社会责任与担当得到了社会的高度认可,成立以来发展势头良好。

通过集团综合化经营平台,借鉴国内外先进的管理经验,借助强大的股东实力以及安邦保险集团在品牌、网络、客户资源、行业经验等方面的优势,安邦人寿不断整合资源、优化流程、强化服务、提高效率,致力于打造世界一流的金融企业。

专业服务

安邦人寿坚持走以客户为中心的专业化经营之路,建立了科学的集中管控体系与强大的销售支持平台,通过银保、个险、团险、电销、网销等多种营销渠道,向广大客户提供咨询、承保、核保、出单、理赔等全面、便捷、高效的服务,全方位满足客户的不同需求,并通过客户专线、短信平台、企业网站、电子商务平台、客户服务中心、保单服务人员等多渠道服务网络体系,7 * 24 小时全天候为客户竭诚服务。

我们承诺

安邦人寿始终坚持专业化经营,加强寿险产业链建设,了解和满足客户多样化的需求,为客户提供终身的全方位专业金融保险服务。在日常工作中,安邦人寿主动为客户提供迅速、准确、合理的理赔服务,资料齐全的案件在第一时间做出理赔核定,同时,在全国范围内为客户提供异地理赔服务。

地址:北京市朝阳区建国门外大街甲8号安邦大厦

邮编:100022

全国统一客服电话:400-88-95569

销售热线:400-111-1111

安信农业保险股份有限公司

上海历届市委、市政府领导都十分重视农业保险工作。1991年起,就积极主动地运用保险机制来化解农业生产中的自然风险,实行政府推动、保险公司代理、积余留地方、形成农业保险风险基金的模式并积累了丰富的农业保险经验。为有效贯彻落实“中央一号”文件精神,积极探索新形势下我国农业保险在不同地区的发展模式,2004年9月经中国保监会批准,成立了安信农业保险股份有限公司,现办公地址为共和新路3651号农保大厦,法定代表人李中宁。目前,公司注册资本金为5亿元人民币,股东由上海国际集团有限公司等十三家市、区(县)国有资产管理公司组成。

作为探索建立我国政策性农业保险制度的一个试点,公司除经营传统的种植业和养殖业农业保险外,还经营经中国保监会批准的财产保险、责任保险、信用和保证保险、短期健康和意外伤害保险及其他涉及农村、农民的财产保险及以上业务的再保险等。目前,公司经营的保险产品(主、附加险)共计400多个。

公司成立以来,始终秉持“安为上信为本”的经营理念,围绕“政府关注,农民需要”这一出发点,通过不断创新,积极探索、践行“服务三农、保障民生”的保险项目,为公司持续、健康、稳定发展提供了动力,体现了农业保险在参与社会管理、减轻政府公共管理负担、保障农民生产生活、服务社会主义新农村建设等方面的积极保障作用。

目前,公司下设浙江、江苏分公司2家,中心支公司4家,支公司13家,营销服务部2家。

而今公司正用稳健的步伐逐步走向成熟。新的征程是我们成就未来光辉的新起点。面对新的历史发展机遇,我们同您一样对公司未来的发展充满希望和信心。

总部:上海市共和新路3651号

热线:4008200081

渤海财产保险股份有限公司

渤海财产保险股份有限公司(简称“渤海保险”)由天津和滨海新区的国有骨干企业发起设立,2005年10月18日开业,是首家总部设在天津的全国性财产保险公司。2012年渤海保险成功引入大洋洲最大的非寿险公司澳大利亚保险集团(简称IAG)作为战略投资者。

渤海保险始终秉承积极、稳健、专业的经营理念,以科学发展观为指引,牢牢把握天津滨海新区作为国家保险改革试验区的历史机遇,成立以来在机构建设、业务发展、产品创新、人才引进与培养、资金汇集与运用等方面取得显著成果。

目前,渤海保险已经拥有25家省级机构,200多家地市级和县级机构,形成全国性销售服务网络。能够为广大客户提供车险、财产损失、责任、信用、保证、意外伤害、短期健康等11大类保险产品,与慕尼黑再保险、瑞士再保险等国际知名再保险公司建立长期稳定的合作关系,具备雄厚的承保能力。渤海保险先后承保了中国远洋、广州地铁、天津泰达津联电力、亚太VI号卫星、南水北调工程、海南航空、中国国电、波音复合材料、空客A320组装线、天津地铁等大项目和大型集团公司的保险业务,获得客户的一致好评。

渤海保险坚持“以客户为中心”的服务理念,不断加强服务能力建设,提升服务水平,致力于为客户提供专业、高效的风险管理方案,用精湛的技术帮助被保险人防范、化解身边的风险,用温馨的服务抚慰受伤的心灵,让人文关怀在服务的每个环节焕发光彩。

渤海保险积极承担社会责任,参与建设希望小学、设立助学基金等社会公益活动,以积极、健康的企业形象赢得社会各界的广泛赞誉。2009 年渤海保险被人民网评为"中国十佳最具成长性金融机构";2010 年被中国社会科学院评为 2010 年"卓越竞争力成长型保险公司";2010 年底渤海保险被认定为"天津市著名商标"。

面向未来,渤海保险将继续按照科学发展的要求,强化创新发展,着力提升综合竞争力,推动和实现可持续发展,向着专业化风险管理运营商的方向不断迈进。

联系我们:

全国统一客户服务电话:4006 – 11 – 6666

统一电话销售号码:4006 – 1111 – 00

总公司电话:022 – 23202888

长安责任保险股份有限公司

根据国务院"大力发展责任保险"的要求,由住房和城乡建设部牵头,十部委共同支持,历时十年组建了长安责任保险股份有限公司(以下简称长安责任保险)。2007 年 9 月 29 日经中国保险监督管理委员会批准开业,总部设在北京,法定代表人:刘智,注册资本为人民币 14.2 亿元。

长安责任保险作为我国第一家专业责任保险公司,经营范围除一般性的财产保险、信用保险、保证保险等险种,主要以责任保险为特色,并通过对高技术含量的责任保险产品创新与开发,拓展责任保险覆盖的领域,发挥责任保险的社会保障功能。截至 2012 年 12 月底,公司已设立有 11 家省级机构,下属三、四级机构共计 172 家。

公司开业以来,公司总资产为 41.9 亿元,累计实现保费收入 67.62 亿元,为社会承担风险金额 17816 亿元。

公司秉承"忠诚、专业、创新、进取"的核心价值观,弘扬"专业、专长、专家、专诚、专攻、专注"之精神,以勇担责任、服务社会为己任,致力为民众和社会提供独具特色、满足个性、品质高端的保险保障和服务。公司倡导海纳百川、和谐奋进的企业文化,关注社会,关注民生,关注员工,追求卓越,致力将公司建设成具有国际竞争力的专业责任保险公司。

联系我们:

地址:北京市崇文区安化北里 1 号长保大厦

邮编:100062

电话:010 – 51336688

传真:010 – 51336711

公司网址:www. capli. com. cn

长江养老保险股份有限公司

为适应多层次养老保障建设的发展,规范上海市原有企业年金的管理,在中国保监会、上海市政府的领导和支持下,长江养老保险股份有限公司于 2007 年 5 月 19 日,由上海国际集团、宝钢集团等 11 家国有大中型企业共同发起设立,同年获得国家人力资源社会保障部颁发的企业年金受托管理人、投资管理人和账户管理人三项资格。

2008 年 1 月,长江养老正式完成了上海市原有企业年金 186 亿资产从政府部门的整体平稳移交,各项服务不断不乱,年金资产保值增值。公司加快市场化转型,坚持创新发展,目前已在全国重点省市积极开展以企业年金和养老保障委托管理产品为主的养老金管理服务,并为全国客户做好专业年金服务。是国内一家专业化、标志性和具有公信力的养老金管理机构。截至 2011 年末,公司管理的年金受托资产规模为 272.58 亿元,投资管理资产规模为 181.04 亿,服务 6 千多家企业、近 80 万职工,业务规模在上海市场份额超过 90% 。

自成立以来,长江养老致力于参与多层次社会保障体系建设,完成了监管部门和市政府交与的重大任务,包括上海多层次养老保障体系可持续发展、社会化个人养老金账户平台、企业年金税优政策和制度、上海养老保障储备基金市场化运行模式等专项课题的研究,在国内首推中小企业集合年金计划、企业年金投资公租房债权计划创新,为多层次养老保险体系建设的加快推进做出了突出贡献。

长江养老坚持受益人利益最大化原则,稳健管理、尽责投资,几年来在国际金融危机严峻挑战的情况下,较好地实现了企业年金资产的保值增值目标,2011 年,长江养老作为投资管理人管理的年金资产整体收益率在全国 21 家年金投资管理人中排名第一,得到了人力资源社会保障部和广大企业、职工的充分肯定。公司连续四年被上海市政府评为上海市文明单位,连续两年获得上海市金融创新成果奖。

作为专营养老金管理的金融机构,长江养老以专业、稳健、诚信、客户至上的理念管理养老金资产;以人本、绿色、致密、迅捷的服务面向广大参保企业和职工,不仅取得了平稳、保值、增值的受托投资收益,也创建了面对集团公司和个人的包括网络、面对面、邮件及电话等立体化的服务渠道。同时长江养老还与大股东中国太保集团共同搭建了通畅全国的养老金服务网络,为广大企业和职工提供专业而卓越的养老金管理服务。

目前,公司注册资本为 7.88 亿元。最大股东为太保集团。公司员工 206 名,近 50% 的员工具有硕士及以上学历,形成了一支养老金资产管理的高素质专业人才队伍。

作为专营养老金管理的金融机构,长江养老积极履行和传播"受人之托,忠人之事"的信托文化,以"德奉天下,爱寄晚晴"的企业胸怀,专心、专注、专业于中国养老金管理事业,坚持以受益人利益为先,追求长期价值,服务和实现广大企业及员工的可持续发展,为推动多层次养老保障事业,为打造具有国际视野的,具有行业领先水平的专业养老金公司而不断努力!成为值得广大企业和受益人倚重和托付的养老金管理专家!

地址:上海市浦东南路 588 号浦发大厦

邮编:200120

电话:86 – 21 – 38606800

传真:86 – 21 – 38606805

网址:www. cj – pension. com. cn

邮箱:marketing@ cj – pension. com. cn

客户服务热线:400 – 820 – 9966

上海养老金总部

地址:上海市浦东南路 588 号浦发大厦 7 楼

邮编:200120

电话:86 – 21 – 38606800

传真:86 – 21 – 38606805

战略客户部

地址:北京市西城区丰盛胡同 28 号太平洋保险大厦 3 – 12

邮编:100032

传真:86 – 10 – 66170920

电话:86 – 10 – 66189800

北区养老金中心

地址:北京市西城区丰盛胡同 28 号太平洋保险大厦 3 – 12

邮编:100032
传真:86－10－66170920
电话:86－10－66189800

东区养老金中心

地址:上海市浦东南路588号浦发大厦7楼
邮编:200120
传真:86－21－38606805
电话:86－21－38606934

中南区养老金中心

地址:武汉市新华路218号浦发银行大厦7楼
邮编:430022
传真:86－27－85566725
电话:86－27－85566910

大众保险股份有限公司

大众保险股份有限公司是1995年元月在上海注册成立的股份制商业保险公司。公司由史带保险和再保险有限公司(Starr Insurance & Reinsurance Limited)、上海国际集团有限公司、上海国际集团资产管理有限公司、上海市城市建设投资开发总公司、上海大众公用事业(集团)股份有限公司、上海汽车工业销售有限公司等29家中、外资企业投资建立。现公司注册资本金为14.325亿元人民币。公司主要经营各类财产保险业务、再保险业务和资金运用业务。

经过十多年的发展,公司目前已在上海、江苏、浙江、安徽、福建、山东等省市创立了良好的公司品牌。在此期间,公司的营销服务网络有序延伸,客户数量稳定增加,保费规模逐年提高,资产规模不断扩张,现已成为一家具有一定专业水平和市场积累的专业财产保险公司。公司成立以来,先后承保了许多颇具影响的国家重点工程和项目,如上海世博会财产保险项目、上海中心大厦、上海多条越江隧道、越江大桥和轨道交通,以及南京第二长江大桥、杭州湾跨海大桥、青岛海湾跨海大桥、东海平湖油气田、石洞口电厂等国家重点项目和大型市政、能源类项目,赢得了客户的广泛好评。在2010年中国保监会、中央财经大学联合开展的"中国保险行业品牌竞争力研究调查"中,大众保险公司位列优势级,并在保险行业满意度测评指标中排名第一。2011年,为进一步加强资本实力,提升管理水平,公司作为上海市属金融国资国企改革重要组成部分,在上海市政府有力的推动和支持下,通过引进境外战略投资者,向史带国际集团旗下的史带保险和再保险有限公司定向增发2.865亿股普通股,正式与史带国际在全球展开全面战略合作。

史带国际成立于1950年,在全球范围内承保包括航空保险、水险、能源险、超额保险、财产保险、责任保险及意外健康保险等险种。现任集团董事长兼首席执行官莫里斯.格林伯格(Maurice Greenberg)在国际上被誉为"保险教父",曾在美国国际集团(AIG)任董事长和CEO,并在其掌舵长达38年间将AIG成功打造为世界第一的保险集团。当前,上海建设国际金融中心、国际航运中心目标的不断推进,为正在进入新一轮发展的大众保险带来了重大发展机遇。站在新的历史发展起点上,大众保险将坚持秉承"效益为先、稳健经营、协调发展"的经营理念,坚持"信誉为本、服务大众"的服务宗旨,依托战略投资者史带国际全球领先的专业技术和营运经验,发挥公司多年积累的本土优势与有利条件,以效益为中心,以改革促发展,以创新求进步,加快发展步伐,逐步实现"创造大众的信心与价值,造福于大众富裕与安宁,建设具社会领先的金融保险服务商"的公司长期发展愿景。

地址:上海市延安西路1033号大众金融大厦裙楼.
电话:86－21－23076666

华泰财产保险股份有限公司

华泰保险是一家集财险、寿险、资产管理于一体的金融保险集团,它的前身是1996年成立的华泰财产保险股份有限公司。2011年8月,经中国保监会批准,华泰保险集团股份有限公司完成更名,注册资本金为30.4亿元人民币,总部设在北京。

华泰保险长期坚持"集约化管理、专业化经营,质量效益型发展"的方针,经营稳健,旗下子公司主要依靠自身盈利积累投资建立,目前都已成为业内具有较大影响力的优秀企业。集团化改组完成后,华泰保险将发挥战略管控职能,加强战略规划、风险管控和服务统筹,不断提升集团的综合竞争优势。

2011年是公司集团化改组全面实施的一年。公司上下齐心协力,通力合作,圆满完成了集团化改组的各项行政审批手续,并在战略规划、建章建制、品牌建设、人才发展等方面开展了一系列卓有成效的工作。集团已完成了组织架构搭建,初步确立了集团管控体系;在全面总结发展经验的基础上,制定了集团"十二五"发展规划;并且初步建立了集团领导力培养体系,确立了统一的价值观和人才标准,为集团长远发展奠定了基础。

2012年是集团进入实质性运作的第一个完整年度。根据集团战略管控的总体定位,集团将在战略规划、风险管控和服务统筹三大职能的各个方面进一步深化、细化。在新的一年中,集团将大力推动战略规划的深化、细化和落实,确保战略的有效执行和各项预定目标的实现;同时进一步强化制度建设、队伍建设和风险管控等基础建设,实现集团整体管理能力的有效提升,为集团工作的全面展开以及实现价值创造打好根基,做好准备。

华泰的品牌由愿景目标、公司使命、服务承诺、企业口号及企业标识等要素构成

愿景目标:

华泰集团"十二五"时期的愿景目标是:2015年,华泰保险将成为一家特色鲜明、绩效领先、具有综合竞争力和市场影响力的金融保险集团。具体目标是:

——特色鲜明。打造有特色的产品、渠道和服务;为国际化客户提供全球化服务;在细分市场上份额领先。

——绩效领先。净资产收益率不低于15%;年业务收入达到300亿元;投资收益率高于市场平均水平。

——具有综合竞争力。产、寿、投资源共享,提供综合服务;客户/渠道资源共享,扩大销售;客服/IT资源共享,提升服务。

——具有市场影响力。规范管理,稳健经营,诚实守信,创新发展。

所获荣誉:

2011年6月,由金融界网站、《证券日报》保险周刊联合对外经贸大学保险学院在北京共同举办的首届"中国保险业品牌竞争力高峰会"上,华泰保险获评"最佳服务企业奖"。

2010年度中金在线财经排行榜评选中,华泰保险获评理赔服务最佳财险公司奖。

在2010年亚洲保险公司竞争力排名评比中,华泰保险凭

借各方面的出色表现,连续第二年被评为亚洲非寿险公司第六名,中国(内地)非寿险公司第四名。

社会责任:

华泰保险始终坚持对股东负责,对客户负责,对员工负责,对社会负责,对环境负责,致力于做一家负责任、有担当的企业。

地址:北京市西城区金融大街35号国际企业大厦

邮编:100033

电话:861059371888

华泰电话车险销售热线:4006012345

华泰财险全国统一客服专线:4006095509

华泰人寿全国统一客服专线:4008895509

华夏人寿保险股份有限公司

华夏人寿保险股份有限公司是2006年12月由天津港集团公司等多家大中型企业发起,经中国保监会批准设立的全国性保险公司,注册资本金40亿元,注册地在天津。截至2012年11月底,华夏人寿已有19家分公司、81家中心支公司、270家支公司及营销服务部(含在筹),覆盖了全国大部分经济发达区域。

华夏人寿秉承"持续稳健、价值成长"的经营理念,始终坚持"以客户为中心"的指导思想,以多元化的渠道为客户提供全方位的优质服务;以强大的信息支持系统和集中的规范管理打造统一的服务后援平台;以丰富和创新的产品为客户提供完善专业的保险保障。2011年底,华夏人寿各渠道呈现出业务快速增长、业务品质良好、可持续发展能力强的良好态势。在60多家寿险公司(含专业健康险和养老金公司)中,业务规模排名第15位。

公司在取得快速发展的同时,积极回馈社会,履行企业公民责任,先后在四川实施了长期资助汶川地震孤儿计划,在江苏启动了"华夏栋梁助学计划"、在河南实施了对贫困大学生的资助行动、在北京组织爱心团队向太阳村特殊儿童救助研究中心的孩子们送去了温暖和关怀、公司的成长与发展不断得到市场和社会的认可。

2008年,华夏人寿获得了"金贝奖优秀理财团队奖"和"中国保险业十大自主创新品牌"称号,2009年喜获"2009中国您好志愿服务成果特殊贡献奖"。2010年获得"最具成长性十佳金融机构"、"服务最好的保险公司"、"中国最值得信赖的十大寿险公司"、"最佳保险产品创新奖"等多项荣誉,公司品牌价值不断提升。

地址:北京市海淀区北三环西路99号院西海国际中心1号楼17层

邮编:100086

电话:69630000

民生人寿保险股份有限公司

民生人寿保险股份有限公司(以下简称"民生保险")2003年正式开业,注册资本60亿元。公司经营范围包括人寿保险、健康保险、意外伤害保险、上述保险业务的再保险业务和资金运用业务。

民生保险以"创造受人尊敬的公司"为企业愿景,以"为民生服务"为企业使命,奉行"利他共生,共创共享,共同富裕"的企业价值观,秉持"讲真话,干实事"的企业精神,坚持内涵式可持续发展之路,为广大民众提供真诚体贴、专业全面的风险保障服务。

民生保险自成立以来,始终坚持科学管理、稳健发展的理念,持续推动公司又好又快发展。截至2012年上半年,公司总资产突破400亿元,各项业务指标在同类公司中名列前茅,业务品质指标达到国内先进水平,偿付能力充足率始终保持健康水平。目前公司已拥有23个省级分公司、600多家分支机构,基本形成了覆盖全国的服务网络布局。

民生保险强调专业能力与职业道德并重的人才管理理念,倡导务实高效的工作作风、谦虚自律的做人态度,竭诚为广大客户提供诚挚、便捷、人性化的服务。

民生保险充分发挥保险经济补偿、资金融通和社会管理三大功能,探索建立自身成长与贡献社会兼具的商业模式。民生保险坚守保障是寿险本质的原则,先后研发了各类人寿险、健康险、意外伤害险和年金保险,形成了一套日臻完善的产品体系,不仅为客户提供了全面、专业的保障,还为社会、家庭的稳定肩负起一份责任。

民生保险始终把"以客户为中心"作为公司经营管理的重中之重。在抓好常规服务的同时,民生保险力求创新,不断推出客户服务新举措,在行业内率先推出"非常6+1"快速理赔服务,并多次提升快速理赔案件额度;连续推出客户服务节等大型客户回馈活动,获得广大客户好评。

民生保险勇于承担企业社会责任,积极倡导节能环保,投身重大灾难援助,帮扶社会教育事业,尽已所能回馈社会。几年来,先后投身援助白血病患儿、赞助"北京好人基金"、资助群众歌咏活动等公益活动。在国家发生重大灾害时,公司与灾区人民共度时艰,累计捐款捐物逾千万元,充分彰显了一家寿险企业回报社会的赤诚之心。

雄厚的资本实力、稳健的经营策略、科学的管理模式、专业的员工队伍、丰富的产品体系、优质的客户服务,民生保险将继续秉持"创造受人尊敬的公司"的企业愿景和"为民生服务"的企业使命,为广大客户的美好生活提供坚强保障,为伟大祖国的繁荣富强不懈努力。

地址:北京市朝阳区东三环北路38号民生大厦

电话:010-59206666

邮编:100026

民生人寿全国统一客户服务专线:95596

民太安保险公估股份有限公司

民太安保险公估股份有限公司是1994年经中国人民银行批准成立,2002年经中国保险监督管理委员会核准的国内第一家专门从事保险公估及相关业务的全国性保险服务机构,注册地和总部均设在深圳,现注册资本5000万元。

公司的主营业务主要有:财产保险公估与风险评估、汽车保险公估、医疗健康保险公估和汽车零配件报价服务。

自1999年中国保监会对公估业务收入进行统计以来,民太安连续9年位居国内同业第一,其中2007年公估服务费收入超过1.4亿元,同比2006年增长63%,占全国保险公估市场份额的19.23%。

截至2008年7月,民太安在深圳、广州、北京、上海、武汉、成都等大中城市设立了21家分公司,业务范围涉及全国23省(市、自治区)的近40个城市,形成了全国性业务发展网络和分业经营、专业管理的保险公估集团营运模式。

目前公司为包括中保财险、平安保险、太平洋财险在内的

20余家国内保险公司提供公估服务，并与东京海上火灾日动保险公司、法国ERGET保险公估公司等国外知名保险机构建立了战略联盟。

民太安在业内首创“与高校联合办学、批量培养公估人才”模式，并借鉴台湾同业先进经验培养出了一支高素质的公估队伍。截止2008年7月，公司与13所高校签署了联合办学协议，公司现有各类员工2300多人，85%以上有大专以上学历，其中硕士研究生以上学历27人，大学本科学历320人，持有公估证人数800多人，中级职称以上近100人。

民太安还与著名科研机构及大专院校、中国电力行业协会、中国纺织工业协会、中国机械工程学会设备维修分会等紧密联系，建立了一支包括电力行业、建筑工程、机械设备、食品工艺、化工电子、船舶汽车、港口工程等18类39个专业600多人的专家队伍，成为公司坚强的技术后盾。

公司积极贯彻自主创新的发展战略，自主研发的“汽车配件信息服务暨汽车配件报价系统”、“汽车保险理赔服务管理系统”先后荣获2005年度、2006年度深圳市金融创新奖三等奖和二等奖，并于2005、2006、2007年连续三年荣获“深圳市保险中介创新发展领先企业”的荣誉称号，以及“五星级服务示范单位”等荣誉。

为积极贯彻保监会吴定富主席在2006年3月份对深圳保险工作提出“一是要在全国保险业领先，二是要向成熟的保险市场看齐”重要指示，积极响应深圳市委市政府把深圳建设成为全国的“保险创新试验区”的战略部署，紧紧抓住国内保险行业又快又好发展和金融深化的战略机遇，深圳民太安保险公估有限公司于2006年6月引进了战略投资者，进一步壮大了资金实力。

2006年8月，公司第四届董事会提出以尽快实现民太安在国内上市为目标的中长期发展规划。按照上市规划及上市要求，公司完善了法人治理结构，推行了一系列公司内部机构改革和制度规范，初步建立了现代企业管理机制和扁平化、标准化、连锁可复制的经营模式。

2007年4月份，公司取得了深圳市拟改制上市中小企业登记备案确认证书，深圳市政府正式将民太安纳入深圳市重点扶持改制上市企业路线图计划；2007年7月，公司完成增资扩股，将注册资本增至5000万。

民太安人将秉承“公正营造和谐，专业服务社会”的经营理念和“公正、专业、高效”的服务理念，一如既往地为每位客户提供最好的专业服务，立志创一流的保险公估品牌，全面提升公估业服务经济社会发展的能力和水平，为构建社会主义和谐社会作出新的贡献。

地址：深圳市福田区商报路奥林匹克大厦14楼
电话：0755－83054333
传真：0755－83054358/4368
电子邮件：web@ mintaian. com

生命人寿保险股份有限公司

生命人寿保险股份有限公司是一家全国性的专业寿险公司，成立于2002年3月4日，总部现位于深圳。股东由深圳市富德金融投资控股有限公司、深圳市华信投资控股有限公司等资金雄厚的企业构成。公司现注册资本107.75亿元，是国内资本实力最强的寿险公司之一。

公司遵从“爱心、服务、创新、价值”的经营理念，秉持“内诚于心，外信于行”的核心价值观，不断倡导求新、求变、求发展。

目前，公司总资产已达917.8亿元，确立了中国加入WTO后新兴寿险公司领军企业的地位。

生命人寿建立了覆盖全国重点省市区域的营销网络和多元化服务平台，目前共拥有800多个分支机构和服务网点(含在筹)，超过13万人的管理和销售人员，为全国300多万客户提供包括人寿保险、意外险、健康险和养老保险在内的全方位风险保障解决方案和投资理财计划。

自成立以来，生命人寿相继获得了“亚洲品牌500强”、“中国寿险行业十大最具影响力知名品牌”、“中国最具成长性保险公司”、“十大最值得信赖的寿险公司”、“金融中国·2010年度最具综合实力保险品牌”、“2011年度最受信赖保险公司”等荣誉称号。

2011年7月15日，生命人寿控股子公司、深圳保险创新发展试验区金融创新试点企业生命保险资产管理有限公司开业；2012年5月7日，生命人寿控股子公司华信财产保险股份有限公司开业，标志着生命人寿从单一寿险公司向综合金融集团转变，生命集团化建设迈出实质性步伐。

生命人寿作为一家优秀的企业，在积极追求可持续价值增长的同时，致力于各类公益活动，履行企业的职责和义务。公司在南方冰灾、汶川地震、玉树地震等灾难发生后，积极主动奉献爱心，先后捐款捐物达千万元。公司还为中国维和警察和家属捐赠保额达5亿的意外伤害保险。2010年初，公司成立了“生命关爱基金”，成为业内首家专门为营销员队伍提供特别关爱和保障的爱心基金。

面向未来，生命人寿确立了“以价值为核心，以科学发展观为统领，以寿险行业的发展规律为指导，以全面优化公司法人治理为手段，强化经营，努力建设稳健、可持续发展的和谐生命”的基本指导思想，致力于发展成为业务结构合理、经营管理规范、制度机制完善、拥有可持续竞争优势的新兴寿险公司典范，为客户、为员工、为股东、为社会创造最大价值。

地址：深圳市福田区益田路荣超商务中心A栋32层
邮编：518048
邮箱：generalmanager@ sino－life. com
总机：0755－22669999
传真：0755－22669966
客服：95535－4008200035
网址：www. sino－life. com

太平人寿保险有限公司

太平人寿历史悠久，1929年始创于上海，1956年移师海外专营寿险业务，曾是中国近现代史上实力最强、规模最大、市场份额最多的民族保险企业之一，也是现今中国保险市场上经营时间最长和品牌历史最悠久的中资寿险公司之一。

2001年11月，中国保险(控股)有限公司(2009年6月更名为“中国太平保险集团公司”，简称“中国太平”)以“太平人寿”名义，全面恢复经营国内人身保险业务。2001年12月5日，在中国加入WTO前夕，太平人寿宣布在国内复业经营。复业后的“太平人寿”是我国第六家全国性寿险公司，总部设在上海。目前，公司注册资本金37.3亿元人民币，已在国内28个省、自治区和直辖市开设35家分公司和800余家三、四级机构，服务网络基本覆盖全国。截至2012年6月30日，太平人寿总资产近1600亿元人民币，期末有效承保金额达

9525 亿元人民币，已稳居国内中大型寿险公司行列，2007 年至 2012 年，连续六年跻身“中国企业 500 强”和“中国服务业企业 500 强”。

国内复业以来，太平人寿已走过十个完整经营年度，成功地在后“WTO”时代，走出了一条改革创新、专业发展之路。紧密围绕“用心经营诚信服务”的经营理念，太平人寿创建了具有太平特色的公司经营与业务发展模式；始终坚持“专业化经营、体系化运作”的经营思路，构筑起了稳固的业务发展平台，建立了领先的运营服务体系；坚持“高素质、高品质、高绩效”的“三高”人才发展战略，培育了一支具有竞争力的员工队伍；坚持“价值持续增长”的理念不动摇，业务结构不断优化，品质指标持续提高，保持着稳定的盈利水平，企业内含价值不断提升；强化了以“创新”为特色的核心竞争优势，深化了以“诚信、专业、价值”为核心的企业文化，奠定和巩固了公司持续健康成长的内在基因。国际权威评级机构惠誉国际（FITCH）于 2010 年将太平人寿评级提升至“A－”，评级展望为“稳定”。2011 年，惠誉国际继续为太平人寿作出“A－”评级。惠誉认为，太平人寿有较好的商誉、管理水平、经营环境和发展前景，具有较强的偿付能力和抗风险能力。

复业以来，太平人寿依托“中国太平”综合性、多元化经营平台，致力于为客户提供周全的保险保障和一站式、一揽子金融理财服务。截至 2012 年 6 月 30 日，公司已累计为近 2500 余万客户提供了保额高达 13.8 万亿元人民币的保险保障，累计向客户支付赔款和生存金总额近 100 亿元人民币，充分发挥了保险“社会稳定器”和“经济助推器”的职能。同时，太平人寿还勇于承担企业公民的社会责任，公司品牌形象和企业声誉获得客户、员工和社会的高度认可。

2012 年，是中国太平保险集团公司实施新三年战略规划的第一年，也是太平人寿步入新十年发展的首启之年，作为新时期中国太平战略实施的“领头羊”和战略支撑力量，太平人寿将勇担使命和责任，紧密围绕“三年再造一个新太平”的战略目标，积极践行“一个客户、一个太平”的品牌战略，开拓进取，改革创新，提升专业服务，争创行业一流，为将“中国太平”打造成为世界金融服务的杰出中国品牌贡献更大力量。

全国服务热线：95589

泰康人寿保险股份有限公司

泰康人寿保险股份有限公司系 1996 年 8 月 22 日经中国人民银行总行批准成立的全国性、股份制人寿保险公司。在董事长兼首席执行官陈东升为核心的专业化、国际化的管理团队领导下，因市而兴，因势而变，成长为一家以人寿保险为核心，拥有企业年金、资产管理、养老社区和健康保险等全产业链寿险服务的全国性大型保险公司。

泰康人寿一直重视公司治理结构的不断完善。2000 年 11 月，全面完成经国务院同意、保监会批准的外资募股工作，建立了国际化的公司治理结构。2011 年，泰康人寿引入高盛集团为公司股东，进一步提升了公司在企业治理、风险管理和内部控制方面的竞争力。

截至 2012 年 6 月底，泰康人寿总资产超 3800 亿元，净资产超 135 亿元，在全国设立了北京、上海、湖北、山东、广东等 35 家分公司，各级机构超 4400 家，构建起完整的服务网络为客户提供及时和周到的服务，累计理赔金额 89 亿元。2011 年，泰康人寿启用亚洲首位网球大满贯冠军李娜作为全球形象代言人，为青春、时尚、健康、幸福的品牌形象注入了新内涵，迎接新十五年的到来。

泰康人寿旗下拥有泰康资产管理有限责任公司、泰康养老保险股份有限公司和泰康之家投资有限公司。泰康资产是国内资本市场大型机构投资者之一，受托资产管理总规模超过 4100 亿元，综合投资收益率多年来保持优秀。泰康养老与泰康资产拥有企业年金受托人、账户管理人、投资管理人三项资格，形成了“三位一体”的企业年金服务体系，已基本完成全国化布局。泰康之家是经中国保监会批准设立的专业从事养老社区投资与经营的公司。2012 年，泰康之家旗舰社区在北京昌平奠基开工，养老社区生活体验馆开馆，中国保险业内首个保险产品与养老社区相结合的综合养老计划——“幸福有约终身养老计划”正式上市，一系列实质性举措标志着养老商业新模式在中国正式落地。

未来，泰康人寿将坚持专业化经营，深耕寿险产业链，为广大客户提供“从摇篮到天堂”持续一生的全方位金融保险服务，致力于让保险更便捷、更实惠，让泰康人寿成为人们生活的一部分。

电话：010－66429988

传真：010－66426397

地址：北京复兴门内大街 156 号泰康人寿大厦

邮编：100031

全国统一客户服务电话：95522

天安财产保险股份有限公司

天安财产保险股份有限公司是中国首家按照现代企业制度和国际标准组建的股份制商业保险公司，成立于 1994 年 10 月，总部设在上海浦东，注册资本 5,647,918,375 元人民币。

公司成立 19 年来，业务规模和机构建设快速发展，32 家分公司、1000 余家营业机构、14471 名员工遍布全国。公司投资成立了天安人寿保险公司，形成了产、寿险加投资的多元化经营格局，逐步成长为全国性的大型现代金融保险企业。

目前，公司已形成了有较强市场竞争力的产品体系，成功推进了新一代核心业务系统上线，努力打造出了 IT 竞争优势；建立了费率厘定工作流程，提高了产品开发和费率厘定工作质量；严格按照 ISO9001：2000 和 ISO14001：2004 国际质量认证体系进行管理，建立起一整套优质、高效的客服体系，完成了呼叫中心建设，并承保了一大批在国内外颇具影响力的重大项目，赢得了客户的信赖和好评，拥有了较高的品牌影响力。

回眸既往，展望前程，我们既为天安保险 19 年的潜心奋斗所积累的宝贵财富感到光荣和自豪，我们也为广大干部员工风雨同舟、不离不弃的忠诚付出感到欣慰和赞叹，我们更为各位股东对公司战略转型、永续前行的鼎力支持而倍感责任重大。

面对新的一年，我们对天安的未来充满信心。我们只有高扬创新的勇气，坚持“化险为夷、补天爱人”的企业精神，坚持“以客户为中心”的经营理念和“以奋斗者为本”的核心价值观，坚定不移地实施战略转型，深入推进改革，完善制度建设，转变经营模式，才能开启奋发有为的新征程。公司的五年规划为我们描绘了实现天安再次崛起的美好蓝图，我们将通过持续的奋斗，把天安保险建设成为经营机制先进、经营效益优良、客户服务体验满意、人均产能领先、经营合规、员工队伍稳定、品牌影响力较好的财险公司。

天安打击“三假”举报方式：
举报电话：021－61017878－3205
举报传真：021－68860159
举报邮箱：tazztf@ tianan－insurance. com
联系电话：021－61017878
投诉邮箱：tacs@ tianan－insurance. com
邮寄地址：上海浦东大道1号10楼
客服电话：021－95505
邮政编码：200120

新华人寿保险股份有限公司

新华人寿保险公司是经中国人民银行批准，于1996年8月成立的全国性、股份制专业寿险公司，经营业务包括各类人寿保险、健康保险和意外伤害保险业务。2000年8月，公司成功地向瑞士苏黎世保险公司、国际金融公司、日本明治生命保险公司、荷兰金融发展公司4家国外保险公司和金融集团增发了总股本24.9%的股份，而且入股资金已在2000年底全额到账，使公司注册资本增至12亿元以上。在国内保险企业中率先实现了资本国际化，这标志着新华人寿保险公司在与国际保险业接轨的进程上迈出了实质性的一步，并真正驶入了国际化发展的快车道。

新华保险已成为行业领先的、具有较大品牌影响力的寿险公司之一。新华保险在“中国企业500强”中的排名逐年上升，2010年名列“中国企业500强”第82名，“中国服务业企业500强”第30名。在世界品牌实验室（World职Brand-Lab）主办的世界品牌大会上，新华保险名列“2011年中国500最具价值品牌排行榜”第110位。在全国妇联“母亲水窖”十年表彰大会中，新华保险荣获全国妇联中国妇女发展基金会颁发的“中国妇女慈善奖”。在“中国质量万里行2011年3·15中国质量消费维权论坛”上，新华保险荣获中国质量万里行促进会颁发的“产品售后（公众公共）服务质量优秀企业”荣誉称号。在和讯网主办的“2011年度中国财经风云榜”中，新华保险获得“最受信赖寿险公司”和“中国保险业杰出品牌建设”两项大奖。在“第四届中国保险文化与品牌创新论坛暨第六届中国保险创新大奖评选”中，新华保险荣获“2011年度最具竞争力保险品牌”奖。

新华保险坚守“创造价值，稳健持续”的经营理念，致力于打造最优秀的企业，追求商业价值、社会价值最大化，自觉履行社会责任，积极投入公益慈善事业，为促进社会的和谐进步和改善人们生活质量做出了不懈的努力。稳健经营，创新发展，成为国内具有领先优势的寿险公司之一。关注经济民生，努力创造社会财富，发挥经济补偿功能，在社会保障制度改革中发挥积极作用。持续致力于公益慈善事业，广泛参与捐资助学、扶危济困、健康医疗、环境保护、体育事业等公益慈善项目，为改善民生、建设和谐社会做出了积极的贡献。1000万元，2006年以来，新华保险向甘肃、内蒙等严重缺水地区捐款1000万元，建设1万口“母亲水窖”，受益户数为11333户，受益人口达53421人。100所，2007年在四川省16个地市捐资兴建100所“新华保险——四川留守学生之家”，关爱农民工留守在家的孩子。35亿元，2008年，在南方雨雪冰冻灾害和“5·12”汶川地震中，新华保险均第一时间行动起来，寻找客户，主动理赔，以各种方式举全公司之力抗灾救灾。在汶川地震中，公司和员工捐款1500多万元用于救灾和灾后重建，为赴灾区救援的13000多名消防官兵赠送总保额35亿元的意外伤害保险。600万元，2010年，在青海玉树7.1级地震中，新华保险快速反应，发起“一个不能少”寻找灾区客户行动，公司和员工向灾区捐款超过600万元。

信达财产保险股份有限公司

信达财产保险股份有限公司成立于2009年8月，是经中国保险监督管理委员会批准，由中国信达资产管理股份有限公司作为主发起人，联合北京东方信达资产经营总公司、义马煤业集团股份有限公司、航天科技财务有限责任公司、国机财务有限责任公司等大中型国有企业及部分优秀民营企业发起设立的全国性财产保险公司。公司总部设在北京，注册资本金为10亿元人民币。截至2011年8月，公司已有北京、深圳、上海、广东、内蒙古、河南、江苏、重庆、浙江、新疆、山东、河北、山西、四川十四家省级分公司开业，湖北、辽宁分公司正在筹建中。在未来3至5年，信达财险将在全国主要省会城市及经济发达地区开设分支机构，形成覆盖全国的销售、服务网络。

信达财险公司的经营范围涵盖财产损失保险、责任保险、信用保险、保证保险、短期健康保险和意外伤害保险，及上述业务的再保险业务；同时，还包括国家法律、法规允许的保险资金运用业务及经保监会批准的其他业务等。信达财险公司不仅拥有完善的产品链，更在产品终端建立了完备的服务体系。已开通全国统一服务热线4008667788，并提供客户网上理赔、保单查询服务以及先进的查勘、救援服务等。

信达财险公司内设业务部门主要包括财产险管理部、车辆险管理部、意健险管理部、再保险管理部、市场开发部、银保业务部、营销管理部、客户服务部等，组成人员均为业内资深人士，将为客户提供专业、领先的产品和服务。

公司的发展使命是：为员工搭建舞台，为客户提供保障，为股东创造价值，为社会分担责任。公司将坚持注重企业经营效益，实现有价值的增长；坚持“以规范求生存、以创新求发展”；坚持以市场为导向，实施差异化和专业化战略；坚持以人为本，追求员工与企业共同成长。力争经过五至八年或更长时间的努力，把信达财险打造成为最具内涵价值和很强竞争力的知名财险企业。

地址：北京市东城区中街29号东环广场座3层
电话：4008667788
邮编：100027

信泰人寿保险股份有限公司

信泰人寿保险股份有限公司是经中国保险监督管理委员会批准，于2007年5月18日注册登记的全国性寿险公司。公司总部设于浙江杭州，注册资本14.91亿元，可经营各类人身保险业务，目前已开设浙江、江苏、北京、河北、福建、河南、山东、黑龙江、辽宁、上海、湖北、江西、宁波、广东、厦门、青岛、深圳17家分公司，大连分公司也已获得当地保监局筹建批复。

信泰人寿股东包括国有特大型企业、国内知名民营企业及世界500强外资企业等，公司法人治理结构合理、规范，符合现代企业制度的要求。

信泰人寿以“做稳健于世的百年金融控股蓝筹”为愿景，秉承“恒信、稳健、厚德、致远”的企业精神，以“为员工创造人生价值，为客户创造人生保障，为股东创造资本回报，为社会创造和谐安定”为使命，奉行“一朝结缘，一生守信”的品牌主张，致力于成为行业公认的践行保险营销理念的榜样，成为大众公认的能为其量身定做保险保障计划的保险人，成为投资市场上公认的最具升值潜力的上市保险企业。

经过几年的潜心经营，信泰人寿在业务发展和经营管理等各方面都取得了突出的成绩，成为中国保险市场上不可或缺的重要力量，广受社会各界的好评，公司先后荣获 2009 年、2010 年度“浙江省金融机构金融改革创新奖”、“2010 年度金融机构支持浙江经济社会发展基本奖三等奖”及“2010 年度服务创新奖”、“2011 年度浙江优秀金融企业”等多项荣誉。2011 年 6 月，信泰人寿成为第八届全国残疾人运动会高级赞助商和指定保险赞助商。

面对未来，信泰人寿将始终关注我国经济和社会生活的重大变化，忠实履行企业公民社会责任，坚持内涵价值发展，有效提升业务品质，不断加强内控管理和风险防范，切实保护保险消费者合法权益，确保公司的稳健运作和持续发展，并吸引有实力投资人，壮大公司实力，为公司集团化和多元化发展奠定基础。

地址：杭州市上城区定安路 68 号定安名都商务大厦
A 座 4 楼
电话：0571 － 87116666
传真：0571 － 87116711
邮编：310002
邮箱：kf@ sinatay. com
全国统一服务热线：4006008890
服务时间：8：30 － 20：30

幸福人寿保险股份有限公司

幸福人寿保险股份有限公司（以下简称“幸福人寿”）是经中国保险监督管理委员会批准，由中国信达资产管理公司、中国中旅（集团）公司、大同煤矿集团有限责任公司、奇瑞汽车股份有限公司、芜湖市建设投资有限公司、陕西煤化工集团有限公司等 15 家企业发起组建的全国性、股份制人寿保险公司。公司注册资本 11. 59 亿元人民币，注册地址为北京市。公司主要经营各类人身保险、健康保险、人身意外伤害保险以及与人身保险相关的新型产品和相应的再保险业务。

幸福人寿实力雄厚，具备以大型国有金融企业作为主要投资人的股东优势与实力，在人才结构上吸收了一批具有大型金融企业管理经验和丰富保险业从业经验的骨干人员加盟。幸福人寿，使幸福人寿在服务社会、追求卓越、创新发展方面成为同行业中新的典范。以服务社会为已任，为客户提供优质的金融服务，立志成为社会公益事业的积极倡导者和实践者，履行好自己的社会责任和义务。

幸福人寿保险股份有限公司员工具有高尚的职业操守、严谨的工作作风和精湛的业务技术；公司的管理团队秉承了银行、金融资产管理公司和一流保险公司规范、严谨的经营理念和工作作风。公司领导层具有较高的社会知名度、人脉资源和社交活动能力，长期在一流大型企业工作，具有丰富的工作经历和经验，具备了宽泛的国际化视野和深邃的发展战略眼光。

幸福人寿成立四年多以来，凭借优质的产品和专业的服务推动着公司的业务规模和综合实力在同行业的排名不断上升。截止 2010 年底，幸福人寿已累计实现保费收入和总资产双双超过百亿元，投资收益率连续三年位居行业前列。目前，幸福人寿已在北京、上海、陕西等 22 个省市开设分支机构，基本形成了覆盖全国的销售服务网络。幸福人寿开业第一年就开通了 95560 和 4006688688 两条服务热线，为客户提供 7 天 24 小时不间断服务，确保及时、准确的向客户兑现各项承诺。2009 年，幸福人寿成为国内首家全系统导入 ISO9001 质量管理体系认证标准的寿险公司，在合规管理和风险管理体系建设方面成为行业中的佼佼者。

地址：北京市东城区东中街 29 号东环广场 B 座 8 层
电话：86 － 10 － 66271800
传真：86 － 10 － 66271700
幸福热线：95560 或 4006688688
幸福网址：www. happyinsurance. com. cn
邮件地址：webmaster@ happyinsurance. com. cn

阳光保险集团股份有限公司

阳光保险集团股份有限公司（以下简称阳光保险）是国内七大保险集团之一、中国 500 强企业，由中国石油化工集团公司、中国南方航空集团公司、中国铝业公司、中国外运长航集团有限公司、广东电力发展股份有限公司等大型企业集团于 2005 年发起组建，注册资本金 67. 1059 亿元人民币，集团总资产近 800 亿元。公司股东实力强大，涉及行业广泛，股权结构合理，符合现代企业制度。目前拥有阳光财产保险股份有限公司、阳光人寿保险股份有限公司、阳光资产管理股份有限公司等多家专业子公司。

阳光保险充分发挥集团优势，有效整合产、寿险等保险资源，不断研究和开发满足客户各种保障需求的新型保险产品，着力打造强大的市场拓展能力、卓越的客户服务能力、杰出的风险管控能力和专业的资产管理能力，不断探索以客户为中心的经营模式，努力为客户提供以“闪赔”、“直赔”为特色的阳光服务。

阳光财产保险成立于 2005 年 7 月 28 日，是主要经营财产保险业务的全国性保险公司，注册资本金 26. 5 亿元人民币，保费收入行业排名第七。阳光产险成立以来，连续刷新国内新设保险公司年度保费规模的历史纪录，实现了又好又快的发展；公司开业 23 个月开始实现盈利，并连续保持盈利记录。目前阳光产险已有 36 家分公司开业运营，三四级分支机构 1000 余家，服务网络实现全国覆盖。

阳光人寿保险成立于 2007 年 12 月 17 日，是主要经营人寿保险、健康保险和意外伤害保险等一切人身险业务的全国性专业寿险公司，注册资本金 73. 37 亿元人民币，保费收入行业排名第九。阳光人寿保险成立以来发展势头良好，公司价值不断提升。自 2008 年起连续四年缔造同期开业公司新单期交标准保费和规模保费纪录。目前阳光人寿已有 30 家二级机构开业运营，三四级分支机构 500 余家。

阳光资产管理公司于 2012 年 12 月成立，前身是阳光保险集团资产管理中心，凭借专业的投资团队和“稳健、规范、专业”的投资理念，阳光保险投资收益连续多年居行业前列。早在 2010 年，阳光保险凭借良好的资产管理能力和风险控制能力成为业内除保险资产管理公司之外首家同时具有股票直接投资资格和无担保债资格的保险公司。

与不断壮大的企业实力相匹配的是阳光保险的责任与担当。阳光保险成立以来，在一系列重大事件中发挥了金融保险企业应尽的社会责任，践行着共同成长的企业使命。7 年来，阳光保险累计承担社会风险超过 40 万亿元，累计支付各类赔款近210亿元，创造就业机会超过10万多个，上缴税收突破80亿元，累计为7000多万个客户提供保险保障，累计向社会捐款超过2500万元。"5·12"汶川地震，捐款捐物超过300多万元；青海玉树"4·14"地震，向地震灾区捐款1000万元；2010年海南洪涝灾害，捐款200万元。此外，阳光保险先后开展了赞助我国第22次南极科考活动、与团中央合作开展了"全国青春建功新农村"暨促进农村青年转移就业创业活动，陆续在湖南、贵州、四川、山东、福建、西藏、云南等地捐建16所阳光保险博爱学校等一系列有影响的公益活动。为促使公益活动机制化、常态化，2009年3月阳光保险率先在行业内成立了全国性青年志愿者组织"阳光保险青年志愿者协会"，注资成立了"北京市阳光保险爱心基金会"。自2010年起，集团向符合条件的员工父母发放每月200元的父母赡养津贴，至2012年三季度，累计为8000多位员工父母发放员工赡养津贴近2000万元。

创新的管理模式、优秀的企业文化和持之以恒的社会责任与担当，得到了社会的高度认可，阳光保险相继获得：中国公益50强、中国红十字勋章、中国金融企业慈善榜保险业突出贡献奖，最具社会责任保险公司、中国最佳商业模式前三甲、最佳管理创新奖、金融行业首家"全国企业文化示范基地"、最佳雇主企业、最佳企业文化奖、理赔最迅速保险公司、最具竞争力保险公司等多项荣誉，成立五年进入中国企业500强(第307位)、中国服务业企业百强(第97位)，公司品牌形象和影响力不断提升。

董事长兼总裁张维功先生先后获得：2012CCTV中国经济年度人物、全国优秀企业家、中国金融年度人物、中国十大人民尊敬企业家、中国保险业十大年度人物、中国十大创业领袖、亚洲品牌十大最具影响力人物、中国品牌建设优秀企业家、"新中国60年中国保险60人"等荣誉。

阳光保险秉承"打造最具品质和实力的保险公司"的公司愿景，践行"共同成长"的使命和"诚信、关爱"、"创造价值"的核心价值观，发扬"战胜自我"的企业精神，致力于成为国际领先的保险金融集团。

财产险公司

地址：北京市朝阳区朝外大街乙12号1号楼昆泰国际大厦

邮编：100020

电话：861058289999

传真：861058289688

寿险公司

地址：北京市通州区通胡大街78号京贸中心二层

邮编：101100

电话：861059053566

传真：861059053700

阳光保险电话车险：4000－000－000

全国统一客服专线：95510

英大长安保险经纪有限公司

【简介】

成立十年来，长安公司遵照保监会提出的"社会化、市场化、专业化、国际化"的要求，规范运作，稳健经营，积极探索，在客户服务、业务规模、组织机构、员工队伍建设等方面均取得了长足的进步。营业范围涵盖保险经纪、企业管理咨询、风险管理咨询、投资管理咨询等诸多领域，业务涉及电力、化工、交通、煤炭、制造、运输、商业、传媒、教育等多个行业，经营业绩和企业效益连续八年在同行业遥遥领先。

2011年初，长安保险经纪有限公司改名为英大长安保险经纪有限公司。

【目标蓝图】

经过八年的市场磨砺，公司迈上了新的发展平台。有完善的内部管理、业务操作和客户服务规范，有高素质的员工队伍，有全心全意为客户服务的理念。当前，英大长安公司正在董事会的坚强领导下，上下同心，大力提升公司现代化管理水平、金融运作水平、优质服务水平，全力做实、做新、做强、做优，努力把公司建设成为"综合优势明显、行业地位牢固、业务发展多元、服务优质高效、管理科学规范、可持续发展后劲足、与国际接轨、国内行业影响力最强的一流现代企业"。

【发展建设】

长安保险经纪有限公司成立于2001年5月，主要由国家电网公司系统各网省电力公司出资组建，注册资本金2.29亿元人民币，公司总部设立于北京市，在全国各省设有27家分公司，3家控股公司。长安保险经纪有限公司成立以来，主要服务于国家电网公司系统所属单位和国内五大发电集团，在电力系统资产的风险咨询、保险安排、事故索赔和企业年金管理等业务领域发挥着重要作用，是国家电网公司系统金融平台建设的重要组成部分；同时，作为国内大型保险经纪公司之一，长安保险经纪有限公司连续十年收入行业排名第一。

2011年初，长安保险经纪有限公司改名为英大长安保险经纪有限公司。

【成绩】

英大长安公司注册资金2.29亿元人民币，由四十余家国内大型企业出资组建，实力雄厚，是全国最大的保险经纪公司。英大长安公司作为一家全国性保险经纪公司，遵照保监会提出的"社会化、市场化、专业化、国际化"的要求，规范运作。公司现有27家分公司和3家控股子公司，业务和组织服务网络遍布全国各地。

英大长安公司连续十年收入行业排名第一，是国内2300余家保险中介机构中第一家收入突破5亿元大关的企业，。2010年，公司实现收入近5.1亿元，利润超过2亿元，资产规模突破6亿元。在世界经理人集团主办、《蒙代尔》杂志承办的全球理财博览高峰会上评为"2007年度中国十佳保险经纪公司"第一名。

【业务范围】

英大长安保险经纪公司可以提供下列服务。

一、保险经纪业务

在协助客户进行全面科学风险评估的基础上，有针对性地为客户量身拟定投保方案，提供从选择保险公司、办理投保手续、协助被保险人索赔等一系列的保险经纪服务，具体服务有：

1. 客户风险评估

协助客户进行风险调查，对客户潜在风险进行全面系统的识别和归类，对损失概率和损失幅度进行估测，评价各种风险可能给客户带来的危害与隐患，提出风险管理建议。

2. 保险方案设计

根据客户具体的风险情况，了解客户保险需求，提出保险建议，设计保险方案。

3. 保险安排

采用科学合理的保险采购方式，协助客户选择资信良好、服务优良的保险公司，通过商务谈判确定合理的保险条件，协助客户办理投保手续，审核相关合同文件，并协助签署保险合同。

4. 协助索赔

在发生引致保险索赔案件时，协助客户办理保险索赔事宜。

5. 防灾防损

根据客户需求提供防灾防损服务，定期对客户进行有效的风险查勘、风险识别，估算最大损失，有针对性为编制防灾防损方案。

二、保险公估业务

公司拥有一支熟悉保险、法律、金融、工程等知识的专业化队伍，能够依靠自身专业知识，技术能力来处理承保前保险标的的检验、估价及风险评估以及出险后的保险标的查勘、检验、估损及理算工作，维护保险双方的正当权益，主要服务内容：

1. 承保前现时价值及风险评估

根据客户需求，对保险标的物现时价值及其风险状况的评估。即通过对投保标的物进行查勘、检验、鉴定，对承保标的物性质、条件及风险程度、责任范围等作出科学判断，对其现时价值作出估计，合理确定保险价值和保险金额。

2. 出险后协助理赔

根据客户委托，进行现场查勘，在现场查勘的基础上进行损失理算，确定保险财产损失程度，与保险人、被保险人进行协调，编制公估报告。

三、风险管理咨询业务

风险管理是各经济、社会单位在对其生产及日常生活中的风险进行识别、估测、评价的基础上，优化组合各种风险管理技术，对风险实施有效的控制、转移，妥善处理风险所致的结果，以期以最小的成本达到最大的安全保障的过程。公司风险管理咨询主要包括：

（1）企业全面风险管理体系建设。企业全面风险管理是一项系统工程，英大长安公司拥有一支专业对外风险管理咨询人才队伍，专门致力于为企业提供风险管理咨询服务，能够帮助企业在战略、法律、运营、市场、财务等方面执行风险管理风险管理基本流程，有针对性的制定风险管理策略，帮助客户实现全面风险管理的整合与提升。

（2）协助企业建立风险预警机制和内控方案。基于企业现有的内控流程，结合企业风险状况，帮助客户建立风险预警指标体系、制定业务管理内部风险控制方案。

（3）协助客户开展风险管理效果评价。根据企业需求，英大长安公司可以承接企业风险管理效率及效果的检查、评价、分析，通过风险管理效果评价，帮助企业改进风险管理现状。

地址：中国北京市宣武区南横东街 8 号都城大厦 12 层

电话：010－63411699

传真：010－63411222

邮编：100052

网站：www. caib. sgcc. com. cn

中国出口信用保险公司

中国出口信用保险公司（简称“中国信保”）是由国家出资设立、支持中国对外经济贸易发展与合作、具有独立法人地位的国有政策性保险公司，于 2001 年 12 月 18 日成立，目前已形成覆盖全国的服务网络。公司的经营宗旨是：“通过为对外贸易和对外投资合作提供保险等服务，促进对外经济贸易发展，重点支持货物、技术和服务等出口，特别是高科技、附加值大的机电产品等资本性货物出口，促进经济增长、就业与国际收支平衡”。

中国信保的业务范围包括：中长期出口信用保险业务；海外投资保险业务；短期出口信用保险业务；国内信用保险业务；与出口信用保险相关的信用担保业务和再保险业务；应收账款管理、商账追收等出口信用保险服务及信息咨询业务；进口信用保险业务；保险资金运用业务；经批准的其他业务。中国信保还向市场推出了具有多重服务功能的“信保通”电子商务平台和中小微企业投保平台，使广大客户享受到更加快捷高效的网上服务。

公司成立以来，出口信用保险对我国外经贸的支持作用日益显现。尤其在国际金融危机期间，出口信用保险充分发挥了稳定外需、促进出口成交的杠杆作用，帮助广大外经贸企业破解了“有单不敢接”、“有单无力接”的难题，在“抢订单、保市场”方面发挥了重要作用。截至 2012 年前三季度，中国信保累计支持的国内外贸易和投资的规模约 9466 亿美元，为上万家出口企业提供了出口信用保险服务，为数百个中长期项目提供了保险支持，包括高科技出口项目、大型机电产品和成套设备出口项目、大型对外工程承包项目等，累计向企业支付赔款 38.6 亿美元。同时，中国信保还累计带动 158 家银行为出口企业融资超过 1.3 万亿元人民币。

中国信保将努力建设成为定位明确、业务清晰、功能突出、偿付能力充足、治理规范、内控严密、运营安全、具备可持续发展能力的政策性保险公司。中国信保将围绕服务国家战略，通过提供政策性保险服务，在支持我国外经贸发展、实施“走出去”战略、保障国家经济安全以及促进经济增长、就业和国际收支平衡等方面，发挥更为重要的政策性作用。

企业文化：

企业精神：诚信开放创新

核心价值观：责任团队奉献

经营理念：客户至上服务为本

总部地址：北京市西城区丰汇园 11 号丰汇时代大厦

邮编：100033

电话：010－66582288

邮箱：webmaster@ sinosure. com. cn

中国平安保险（集团）股份有限公司

中国平安保险（集团）股份有限公司（以下简称“中国平安”，“公司”，“集团”）于 1988 年诞生于深圳蛇口，是中国第一家股份制保险企业，至今已发展成为融保险、银行、投资等金融业务为一体的整合、紧密、多元的综合金融服务集团。公司为香港联合交易所主板及上海证券交易所两地上市公司，股票代码分别为 2318 和 601318。

中国平安的企业使命是：对股东负责，资产增值，稳定回报；对客户负责，服务至上，诚信保障；对员工负责，生涯规划，安居乐业；对社会负责，回馈社会，建设国家。中国平安以“专业创造价值”为核心文化理念，倡导以价值最大化为导向，以追求卓越为过程，形成了“诚实、信任、进取、成就”的个人价值观，和“团结、活力、学习、创新”的团队价值观。集团贯彻“竞争、激励、淘汰”三大机制，执行“差异、专业、领先、长远”的经营理念。

中国平安的愿景是以保险、银行、投资三大业务为支柱，谋求企业的长期、稳定、健康发展，为企业各利益相关方创造持续增长的价值，成为国际领先的综合金融服务集团和百年老店。

中国平安通过旗下各专业子公司及事业部，即保险系列的中国平安人寿保险股份有限公司(平安寿险)、中国平安财产保险股份有限公司(平安产险)、平安养老保险股份有限公司(平安养老险)、平安健康保险股份有限公司(平安健康险);银行系列的平安银行股份有限公司(平安银行)、平安产险信用保证保险事业部(平安小额消费信贷;投资系列的平安信托有限责任公司(平安信托)、平安证券有限责任公司(平安证券)及中国平安证券(香港)有限公司(平安证券(香港))、平安资产管理有限责任公司(平安资产管理)及中国平安资产管理(香港)有限公司(平安资产管理(香港))、平安期货有限公司(平安期货)、平安大华基金管理有限公司(平安大华)、上海陆家嘴国际金融资产交易市场股份有限公司(陆金所)等,通过多渠道分销网络,以统一的品牌向超过7,400万客户提供保险、银行、投资等全方位、个性化的金融产品和服务。

中国平安拥有约49万名寿险销售人员及175,136名正式雇员。截至2012年6月30日,集团总资产达人民币26,449.99亿元,归属母公司股东权益为人民币1,467.62亿元。从保费收入来衡量,平安寿险为中国第二大寿险公司,平安产险为中国第二大产险公司。

中国平安在2012年《福布斯》“全球上市公司2000强”中名列第100位;美国《财富》杂志“全球领先企业500强”名列第242位,并蝉联中国内地非国有企业第一;除此之外,在英国WPP集团旗下MillwardBrown公布的“全球品牌100强”中,名列第78位。中国平安是中国金融保险业中第一家引入外资的企业,拥有完善的治理架构,国际化、专业化的管理团队。中国平安遵循“集团控股、分业经营、分业监管、整体上市”的管理模式,在一致的战略、统一的品牌和文化基础上,确保集团整体朝着共同的目标前进。中国平安拥有中国金融企业中真正整合的综合金融服务平台,位于上海张江的中国平安全国后援管理中心是亚洲领先的金融后台处理中心,公司据此建立起流程化、工厂化的后台作业系统,并借助电话、网络及专业的业务员队伍,为客户提供专业化、标准化、全方位的金融理财服务。通过业界首创的客户服务节及万里通、一账通等创新的服务模式,为客户提供增值服务。

中国平安以“专注为明天”为公益理念,致力于承担社会责任。在依法经营、纳税的过程中创造企业商业价值;在社会中尽到道德责任与慈善责任,将企业的核心价值观贯彻在环境、教育、红十字、社群等公益事业中。在环境公益上,继续推动“低碳100”项目,2011年全年,在MIT移动展业平台、寿险及信用卡电子单据方面的使用推广,共节省纸张约511.7吨,同时,还节省了1800逾万次的邮递寄发成本;在教育公益上,基础教育方面继续推进“支教行动”项目,平安已规划援建了超过百所希望小学,已有5,362名平安希望小学学生,共计获得289.95万元中国平安希望奖学金;高等教育方面继续推进“励志计划”项目,已有3,905名高校学子,共计获得1,409万元的励志计划论文奖、奖学金、创业大赛奖金;红十字公益方面,连续十年组织无偿献血活动,无偿献血量3,675余万毫升,并为逾2500名造血干细胞捐献者无偿提供了保险保障计划,捐赠保额累计超过9亿元;社群方面,2010年,中国平安成立了由50万名内、外勤员工组成的“员工志愿者协会”,广泛开展志愿者活动。

中国平安因此获得广泛的社会褒奖:连续十年获评“中国最受尊敬企业”,连续七年获评“中国最佳企业公民”,连续六年获评“最具责任感企业”,三年获评“第一财经·中国企业社会责任榜杰出企业奖”。

地址:广东省深圳市福田中心区福华路星河发展中心

中国人民保险集团股份有限公司

中国人民保险公司(简称中国人保)于1949年10月20日经中华人民共和国政务院批准在北京西郊民巷108号挂牌成立。作为新中国保险事业的缔造者和开拓者,中国人保在60多年的改革发展征程中,始终秉承“人民保险、服务人民”的使命,积极履行企业社会责任,为服务经济社会发展和保障国计民生,提供了全方位、高质量的保险保障和服务,铸就了新中国民族保险业的辉煌。

作为国内历史最悠久的保险公司,中国人保历经数次重大变革。1996年7月,中国人民保险公司改组为中国人民保险(集团)公司,下设中保财产保险有限公司、中保人寿保险有限公司、中保再保险公司三家专业子公司;1998年10月,根据国务院对中国保险业整体改革方案,中国人保集团下属三家子公司自成体系,原中保财产保险有限公司更名承继中国人民保险公司名称;2003年7月,经国务院同意、中国保监会批准,中国人保重组改制更名为中国人保控股公司。2007年6月,为秉承中国人保的历史和品牌,公司复名为中国人民保险集团公司。2009年9月,中国人保成功改制为中国人民保险集团股份有限公司,实现了从传统国有企业向现代国有控股金融保险集团的重大转变,迈出了国有保险集团整体股份制改革的第一步,在中国保险业发展史上具有里程碑式的意义。

目前,中国人保集团旗下拥有中国人民财产保险股份有限公司、中国人保资产管理股份有限公司、中国人民健康保险股份有限公司、中国人民人寿保险股份有限公司、人保投资控股有限公司、人保资本投资管理有限公司、中国人民保险(香港)有限公司、北京西长安街八十八号发展有限公司、中盛国际保险经纪有限公司、中人保险经纪有限公司、中元保险经纪有限公司、北京人保物业管理有限公司等10多家专业子公司,业务领域涵盖财产保险、人寿保险、健康保险、资产管理、保险经纪以及信托、基金等领域,形成了保险金融产业集群和综合经营集团架构,为社会公众和机构团体提供完善的保险金融服务。

中国人保集团旗下的中国人民财产保险股份有限公司2003年在香港联交所成功挂牌上市,成为中国内地大型国有金融企业海外上市“第一股”,是亚洲第一大非寿险公众公司;旗下的中国人民健康保险股份有限公司是国内第一家专业健康保险公司,致力于为中国最广大民众提供优质高效的健康保障和健康管理服务;旗下的中国人民人寿保险股份有限公司自2005年成立以来,成为了业务发展最快、成长性最好的寿险公司,创造了中国寿险业新的发展奇迹;旗下的中国人保资产管理股份有限公司是国内第一家保险资产管理公司,在业内率先引进海外战略投资者,首创委托、受托、托管三方运作模式,精心打造“国内领先、国际一流的综合性投资理财公司”。

近年来,中国人保始终坚持以科学发展观为统领,制定并实施新的发展战略,以巩固和加快发展财产险主业为立业之本,以超常规发展人身保险业务为振兴之策,以开拓资产管理、资本运作等领域为跨越之道,开创了又好又快发展的新局面。自2010年入榜世界《财富》500强以来,排位不断提升,已进入前300位行列。中国人保凭借领先技术和综合实力,相继成为北京2008年奥运会、2010年上海世博会、2010年广州亚运会保险合作伙伴,圆满地完成了为三大盛会保驾护航的重任。

"十二五"期间,中国人保将继续深入贯彻落实科学发展观,以加快转变发展方式为主线,坚定不移地推进新的发展战略,坚持改革重组整合创新,着力提升多元盈利能力、金融综合服务能力、风险防范能力和履行社会责任的能力,巩固又好又快发展势头,力争到 2015 年,将中国人保建设成为综合实力雄厚、盈利能力突出、整体运营高效、服务能力领先的一流保险金融集团。

地址:北京市海淀区清华西路 28 号

总机:+86 - 10 - 62616611

邮编:100084

网址:www. picc. com. cn

中国人民财产保险股份有限公司

中国人民财产保险股份有限公司(PICCP&C,简称"中国人保财险",下同)是经国务院同意、中国保监会批准,于 2003 年 7 月由中国人民保险集团公司发起设立的、目前中国内地最大的财产保险公司,注册资本 122.5598 亿元。其前身是 1949 年 10 月 20 日经中国人民银行报政务院财经委员会批准成立的中国人民保险公司。

中国人保财险是"世界 500 强"企业中国人民保险集团股份有限公司(PICC)旗下标志性主业。2003 年 11 月 6 日,公司在香港联交所成功挂牌上市,成为中国内地大型国有金融企业海外上市"第一股"。凭借综合实力,公司相继成为北京 2008 年奥运会、2010 年上海世博会保险合作伙伴,为北京奥运会和上海世博会提供全面的保险保障服务。2008 年,公司保费收入突破 1000 亿元,成为国内第一家年度保费突破千亿元大关的财产保险公司,进入全球财产保险业务前十强。2011 年,中国人保财险在全球可比上市财产保险公司中排名攀升至第七位,亚洲排名稳居第一。公司的车险保费收入突破 1000 亿元,成为国内财产保险企业首个年保费收入超千亿的单一险种;江苏、广东、河北分公司年度保费收入突破 100 亿元,成为中国财产保险业省级分公司首批百亿军团。

在六十多年的卓越历程里,中国人保财险以"人民保险、服务人民"为使命,秉承"以人为本、诚信服务、价值至上、永续经营"的经营理念,弘扬"求实、诚信、拼搏、创新"的企业精神,坚持以市场为导向、以客户为中心,积极履行优秀企业公民责任,为促进改革、保障经济、稳定社会、造福人民提供了强大的保险保障。同时,在服务经济社会发展全局和广大客户的实践中,创造和积累了市场领先的企业核心竞争优势。

品牌优势:PICC 品牌与共和国同生共长,在国内外享有广泛影响和显著声誉。中国人保财险先后被《欧洲货币》杂志评为"最受信赖保险公司",在行业首获"中国客户关怀标杆企业"称号,公司 95518 客户服务中心连续多年被评为"中国最佳呼叫中心",公司奥运营销获得中国广告协会最高荣誉"中国艾菲奖——金奖",在 2008 年、2009 年亚洲保险业竞争力排名中,公司连续被评为"亚洲最具竞争力非寿险公司"。2010 年,公司荣获"亚洲最佳非寿险公司"称号,并保持国际著名咨询企业穆迪公司对中国金融企业最高信用评级 A1 级。2010 年,被新华社等 9 家主流媒体联合评选为"转型·2010 年中国经济十大领军企业"。

人才优势:中国人保财险秉持"专家治司、技能制胜"的人才兴司战略,注重专业化团队建设,重视和加强人才培训,培养了一大批具有丰富经验的管理人才和遍及财产保险业务链各个环节的技术人才,精心打造了一支掌握财产保险业核心技能的专业化员工队伍。高层次、高效能的人才优势,为公司发展,服务客户提供了坚实的人才保证和智力支持。

产品优势:中国人保财险拥有完善的产品研发体系、强大的产品开发能力、门类齐全的在售产品种类,涵盖机动车辆险、财产险、船舶货运险、责任信用险、意外健康险、能源及航空航天险、农村保险等财产保险各个业务领域,拥有一批行业领先的创新产品。特别是为 2008 年北京奥运会、2010 年上海世博会开发了一系列具有中国特色和自主知识产权的专属保险产品。截至目前,公司共有保险产品 3200 多种。目前,公司平均每天开发 1 个新产品,为广大客户提供全方位、高质量的保险保障服务。

技术优势:中国人保财险在承保、理赔和再保险等核心技术领域处于国内财产保险业领先水平,在长期的业务实践中积累了大量的风险管理经验。公司是国内第一家引入精算技术开发产品的财产保险公司,在航空航天、核电站、能源、远洋船舶、大型工商企业、政府采购、农村保险等重要业务领域具有领先的技术优势。公司与国际再保险市场保持着长期稳定的战略合作关系,可以为各类客户提供完善的再保险保障服务。

服务优势:中国人保财险拥有遍布全国城乡的机构网络,包括 1 万多个机构网点,320 多个地(市)级承保、理赔/客服和财务中心。完善的销售和服务网络,对公司拓展服务领域,创新服务手段,提升服务水平,为客户提供专业化、差异化服务提供有力支撑。公司率先在全国开通 365 天 24 小时服务专线 95518,随时随地为客户提供报案、咨询、投诉、保险卡注册、车辆救援、预约投保和客户回访等多功能、个性化服务。

在谱写崭新的历史篇章之际,作为中国财产保险市场的龙头企业,中国人保财险根据中国人民保险集团股份有限公司的统一规划和部署,积极顺应转型趋势,以"十一五"取得的成绩为新的动力,以"做人民满意的保险公司"为共同愿景,勾画出了未来五年的发展蓝图,即以"四个一流"为标准,以四化建设为路径,以组织能力持续提升为驱动,加快转变发展方式,着力构建以价值增长为目标的发展模式,以成本管控为手段的盈利模式,以集约化经营为方向的管理模式,以客户为中心的服务模式,以市场为导向的竞争模式,力争进入全球可比财产保险公司前 5 名,股本回报率位居国际同业前列,确立在亚洲财产保险市场的引领地位,把公司建设成为一家现代化商业保险公司,为全面建设小康社会和构建社会主义和谐社会,做出新的更大贡献!

地址:北京朝阳区建国门外大街 2 号院 2 号楼

邮编:100022

电话:010—63156688

传真:010—85176028

网址:www. piccnet. com. cn

E - mail:webmaster@ picc. com. cn

中国人民人寿保险股份有限公司

中国人民人寿保险股份有限公司(简称中国人保寿险),是经国务院同意,中国保险监督管理委员会批准,由中国人民保险集团公司(简称中国人保)为主发起成立的全国性寿险公司。公司总部设在北京,注册资本金 20,133,405,131 元,公司总资产规模近 2500 亿元。主要经营人寿险、健康险、意外险、人身再保险和投资业务。

中国人保是中国公众对保险的第一联想，是中国保险业在国际上的杰出品牌形象代表，是2008年北京奥运会唯一国内保险合作伙伴、2010年上海世博会全球唯一保险合作伙伴和2010年广州亚运会保险合作伙伴，2009年度，中国人保入选美国《财富》杂志"世界500强"企业，排名第371位。人保寿险董事长吴焰、总裁李良温双双入选"2008中国保险十大年度人物"、2009年度"新中国60年保险业60大人物"，公司在第二届、第三届"金贝奖"金融理财产品评选中，当选2008年度"最佳设计与创新团队"、2009年度"最佳风险控制团队"。在2009年8月18日由中央电视台等多家中央媒体组织的"新中国成立60周年——推动中国经济、影响民众生活的60个品牌"大型评选活动中，中国人保寿险被评为"新中国60周年60个杰出品牌"，成为保险行业中唯一当选企业。2010年，公司先后被中央权威媒体评为"2009年中国十大最值得信赖的保险公司"、"2009年最具成长性保险品牌"、"2009年度成长最快企业"、"2009年最具潜力的保险公司"、"浙商最信赖的保险公司"、"2010年度最具成长性寿险公司"、"2010年度网友最信赖的保险公司"、"2010年度保险业最佳成长品牌"、"2010年度保险营销创新奖"等荣誉称号。

2010年1月，人保寿险金鼎富贵产品凭借强劲的市场竞争力、以客为尊的开发理念和富含价值的理财特色一举夺得"2009中国十大最佳理财产品"桂冠。2010年3月，在北京举行的第五届"中国大众理财年会"颁奖典礼上，公司"人保寿险和谐人生终身寿险（万能型）A款"荣获"2009年度最具价值创新型保险"大奖。在2011年3月北京召开的第六届"中国大众理财年会"暨"2010中国大众最信赖的保险产品"颁奖典礼上，"人保寿险福满人间两全保险（分红型）"荣获"2010年最具价值分红型两全保险"荣誉称号。

目前，公司在34个省市自治区、275个地市、1642县市区、近6万家银行网点都设有面向客户的销售和服务机构，可以满足广大客户全方位的保险需求。公司通过个人保险、银邮代理、团体保险、互动业务、电子商务、4008895518客户专线、短信平台、门户网站、电子商务、客户服务门店、保单服务人员等多渠道服务网络体系，向广大客户提供全面、便捷、高效的服务。

2009年，公司保费收入531亿元，继续保持行业第6位，同比增长76%，增速在大中型保险公司中位居第一。2010年，公司保费收入845亿元，同比增长60%，资产规模突破1860亿元，是近年来市场上业务发展最快、成长性最好的寿险公司。

近年来，中国人保积极履行企业社会责任，开展了广泛的慈善公益活动，取得了较大的社会关注度和影响力，先后赢得了"中华慈善奖"、"中国公益50强"、"中国民生行动先锋"、"人民社会责任奖"、"金融行业卓越贡献奖"、"2009第五届中国优秀企业公民"、"志愿服务贡献奖"、"金融社会责任奖"等荣誉称号，在"2009中国慈善排行榜"中位列前茅。

地址：北京市海淀区首体南路38号创景大厦7层

邮编：100037

全国统一客服电话：4008895518　010－58503377

中国人寿保险股份有限公司

基本概况：

中国人寿保险股份有限公司（"中国人寿"或"本公司"）是中国最大的寿险公司，总部位于北京。作为《财富》世界500强和世界品牌500强企业——中国人寿保险（集团）公司的核心成员，本公司以悠久的历史、雄厚的实力、专业领先的竞争优势及世界知名的品牌赢得了社会最广泛客户的信赖，始终占据中国寿险市场的主导地位。中国人寿的前身与中华人民共和国同龄，是国内最早经营保险业务的企业之一。1949年10月，中央政府批准组建了国内唯一的保险公司，由此开启了中国人寿的发展元年。2003年，中国人寿保险公司成功改制重组为中国人寿保险（集团）公司，并独家发起成立中国人寿保险股份有限公司。2003年12月17日、18日，中国人寿成功在纽约和香港上市，创造了2003年全球最大IPO。2007年1月9日中国人寿成功回归A股，在上海上市，成为首家在三地上市的金融保险企业。本公司注册资本为人民币28,264,705,000元。

企业文化：

公司秉持"成已为人，成人达已"的"双成"理念，倡导"求真务实、规范严谨、令行禁止、艰苦奋斗、创新争先"的工作作风，积极推进"外塑形象、内树精神"的文化建设工程，全面塑造"厚重诚信、自强致远"的企业品格。

1. 多元的产品与服务

中国人寿是中国领先的个人和团体人寿保险、年金产品、意外险和健康险供应商，公司控股中国人寿养老保险股份有限公司，参股中国人寿财产保险股份有限公司，并逐步涉足于其它保险相关领域。

2. 广泛的客户基础

中国人寿拥有最广泛的客户基础，是中国最知名的保险品牌之一。截至2012年6月30日，中国人寿拥有约1.44亿份有效的个人和团体人寿保险单、年金合同及长期健康险保单。

3. 是国内最大的机构投资者之一

中国人寿是国内最大的机构投资者之一，并通过控股的中国人寿资产管理有限公司成为中国最大的保险资产管理者。本公司持续优化投资布局，调整投资结构，力争取得良好的投资收益。截至2012年6月30日，本公司投资资产达人民币16,616.9亿元，较2011年末增长11.2%。

信用评级：

穆迪投资给予中国人寿A1保险财务实评级，展望为正面。标准普尔亦给予中国人寿AA－的长期本币交对手信用评级和财务实评级，展望为稳定。中国人寿亦获得惠誉国际A＋的保险公司财务实力评级（IFS），展望为稳定。

品牌美誉度不断提升。中国人寿连续十年入选《财富》"世界500强"，2012年排名第129位。本公司连续九年入选《福布斯》"全球上市公司2000强"，2012年位列第65位。在由世界品牌实验室发布的2012年《中国500最具价值品牌》排行榜中，中国人寿位列排行榜第5位。此外，公司是联交所唯一同时被纳入"恒生可持续发展企业指数系列"三种成份股的公司。

公司愿景：

立足公司实际，遵循寿险经营基本规律，积极探索实践中国人寿特色的寿险发展道路，保持中国寿险市场的领导者地位。

公司的战略目标：打造国际一流的寿险公司，不断迈进。

地址：北京市西城区金融大街16号中国人寿广场12层

邮编：100033

投资者关系热线：（008610）63632938

传真：（008610）66575112

投资者关系邮箱：ir@ e－chinalife. com

中国人寿养老保险股份有限公司

中国人寿养老保险股份有限公司是由中国人寿保险(集团)公司、中国人寿保险股份有限公司、中国人寿资产管理有限公司共同发起设立,具备劳动和社会保障部批准的企业年金基金受托人和账户管理人资格,从事企业年金管理的专业化养老保险公司。

中国人寿养老保险股份有限公司将认真履行受托人和账户管理人的职责,坚持高起点、高标准、高要求的原则,依托集团优势,发挥专业特长,整合企业年金服务资源,努力为企业提供全方位的企业年金管理服务。为实现党的十七大提出的"加快建立覆盖城乡居民的社会保障体系,保障人民基本生活"的要求,全面建设小康社会和构建社会主义和谐社会贡献力量。

1. 强大的股东实力

中国人寿养老保险股份有限公司(以下简称"公司")由中国人寿保险(集团)公司、中国人寿保险股份有限公司和中国人寿资产管理有限公司共同发起设立,总部设在北京,注册资本25亿元人民币。

中国人寿保险(集团)公司是国内最大的保险集团,截至2009年底总资产达到1.55万亿,占全行业境内总资产的37%。已经连续八年入选《财富》全球500强,2010年位居第118位,同时入选"品牌价值"全球500强,是中国唯一入选的保险品牌。

中国人寿保险股份有限公司是在纽约、香港、上海三地上市的全球市值最大的寿险公司,拥有15000多家分支机构和营业网点,80多万名各类销售人员,年保费收入近3000亿元。

中国人寿资产管理有限公司是国内资本市场最大的机构投资者,管理的资产总额超过1.4万亿元。2005年8月首批获得劳动和社会保障部批准的企业年金基金投资管理人资格。

借助中国人寿卓著的品牌实力和强大的资源优势,公司一定会实现又好又快发展,不断做大做强做优。

2. 完善的公司治理结构

公司建立了完善的法人治理结构,形成了董事会、监事会、管理层各司其职,各负其责,相互制衡,相互促进的决策、执行和监督机制。

3. 专业化的管理团队

公司总部设有15个部门。现有员工全部为大学以上学历。硕士研究生以上学历人员占员工总数的66%。绝大多数员工从事过寿险和年金业务,具有较高的理论水平和丰富的实践经验。

公司在全国各省区市和计划单列市设置了35家营业机构。可以为企业提供及时快捷的企业年金咨询与管理服务。

4. 先进的企业年金管理系统

公司"以客户为中心",借鉴国际先进的业务处理模式,汲取社会保障和金融领域业务管理精华,吸收中国人寿在寿险、养老保险和投资管理领域长期积累的应用系统建设经验,建立了基于多层应用体系架构、以"管理集中,服务延伸"为特色的企业年金管理系统。该系统功能齐全、扩展性强、适应性好、安全稳定,具备操作方便快捷、管理科学严谨、风险控制出色等优势,能够为客户提供包括柜面、传真、短信、邮件、95519呼叫中心、网上信息披露和查询等多渠道、个性化服务,可以确保企业年金计划持久、安全、高效运作。

5. 出色的受托管理能力

公司具有丰富的精算经验和领先的精算能力,自主研发了国内首个专业养老金精算咨询系统,能够为客户提供方便快捷的精算咨询服务,为企业量身定制企业年金计划,满足企业的个性化、多样化、差异化需求。公司以专业的受托管理能力为核心,以完善的受托管理系统为平台,以科学的监管机制为基础,以严密的风险控制为保障,从受托年金资产的安全、高效管理出发,制定符合市场、贴近企业的资产配置策略,对各运营机构进行有效管理、实时监督、完全评估,整合企业年金服务流程与价值链,为客户提供完整全面的企业年金计划管理服务。

6. 丰富的账户管理经验

中国人寿从1983年起开始经营补充养老保险业务,1998年开始对养老金业务实行个人账户式管理,为国内众多企业及绝大部分《财富》500强在华企业提供了数百亿元的补充养老金和团体年金保险保障,管理的个人账户数量达到1100多万个,积累了丰富的养老金管理经验,得到市场的广泛认同。2005年8月首批获得企业年金账户管理人资格后,依托深厚的养老金账户管理经验,发挥经营企业年金业务的综合优势,已经为数百家企业近70万人提供企业年金账户管理方案设计和专业化服务。

7. 严密的风险控制体系

公司设置了由监事会、审计和风险控制委员会、合规责任人、审计和风险管理部门、企业年金风险管理岗及企业年金稽核岗组成的五级风险管理组织架构。应用国际最新风险管理技术以及流程管理的最新内部控制理念,遵循国际标准的COSO风险管理框架与美国萨班斯法案404条款,形成针对企业年金业务运作、风险管理和监督检查的三个工作系统,进行事前、事中、事后三个环节的风险管理,有效控制风险,保障企业年金基金安全。

8. 庞大的服务网络

中国人寿系统覆盖全国的3000多家客户服务柜面、80余万名各类销售服务人员,可以为企业年金客户提供全国统一的、无差异的、便捷的服务。

客户可以通过95519客户服务专线、公司门户网站和短信平台查询账户信息,也可以到中国人寿全国各客户服务中心进行面对面咨询。

中国人寿正在着力打造"实力雄厚、管治先进、制度健全、内控严密、技术领先、队伍一流、服务优良、品牌杰出、发展和谐"的国际顶级金融保险集团。作为中国人寿的组成部分,公司将致力于建设国内最具影响力的专业养老保险公司,并最终成为国际顶级的专业养老保险公司。

地址:北京市西城区金融大街12号
邮编:100033
电话:010-63635888
传真:010-85626199

中国太平保险集团公司

中国太平保险集团公司(中国太平保险集团[香港]有限公司),简称"中国太平",是管理总部设在香港的国有金融保险集团。

中国太平是当今中国保险业历史最为悠久的民族品牌,1929年创立于上海,至20世纪40年代,已成为华商保险界之翘楚。1956 年太平保险与中国保险等其他民族保险企业一起成为原中国人民保险公司的附属公司，根据国家统一部署，专营境外业务。1999 年，原中国人民保险（集团）公司将境外业务及相关资产和负债剥离，并组建中国保险股份有限公司，成为其所有境外营业性机构的最终控股公司。中国保险股份有限公司与香港中国保险（集团）有限公司实行“两块牌子、一套班子”的管理模式。2001 年，以太平品牌在境内复业。2002 年 8 月，中国保险股份有限公司更名为中国保险（控股）有限公司。2009 年 5 月更名为中国太平保险集团公司。

中国太平经营区域包括中国大陆、港澳、欧洲、大洋洲、东亚及东南亚等国家和地区。业务范围涵盖寿险、产险、养老保险、再保险、再保险经纪及保险代理、证券经纪、资产管理和非金融投资等领域，业务种类齐全，为客户提供一站式综合金融保险服务。

截至 2011 年底，中国太平保险集团拥有 1 家上市公司、19 家子公司、84 家分公司和其他各级营业机构 1,200 余家。

2011 年，中国太平实现总保费 423 亿元人民币（下同），净利润 16 亿元。截至 2011 年底，集团总资产 1640 亿元，净资产 165 亿元，管理资产超过 2126 亿元。

集团旗下中国太平保险控股有限公司（HK00966）于 2000 年在香港联交所上市，是中国保险业第一家在境外上市的中资保险企业，已连续四年入选财富中国 500 强，2011 年列第 80 位。

寿险业务是中国太平持续发展的战略支撑力量，是集团业务和盈利的主要贡献者。旗下太平人寿保险有限公司自 2001 年在境内复业以来，坚持专业化、体系化运作，业务发展稳健，业务结构良好，具备较好的商誉、管理水平、经营环境和发展前景，获得惠誉国际“A－”评级。

企业文化

集团使命：

创造富裕的安宁生活

集团愿景：

打造世界金融服务杰出的中国品牌

集团经营理念：

用心经营，诚信服务

集团管理理念：

诚信立司，效益兴司，专业治司，合力强司

地址：北京市西城路广成街 4 号院 2 号楼 3－905 室

邮编：100140

电话：(8610)63600601

传真：(8601)63600605

地址：香港铜锣湾新宁道 8 号中国太平大厦 22 楼

电话：(852)28546100

传真：(852)25445269

中国太平洋财产保险股份有限公司

中国太平洋财产保险股份有限公司（以下简称“太平洋产险”）是中国太平洋保险（集团）股份有限公司（以下简称“中国太平洋保险”）旗下的一家专业子公司，为客户提供全面的财产保险产品和服务。公司总部设在上海。注册资本为人民币 95 亿元。

太平洋产险承保人民币和外币的各种财产保险、短期健康保险和意外伤害保险业务。公司承保业务涉及航空航天、电力能源、石油化工、基础建设以及金融贸易、船舶汽车、机械设备、电子通讯、仓储物流、纺织烟草、科技创新等各行各业、各个领域。公司在全国拥有 40 家分公司，2100 余家中心支公司、支公司、营业部和营销服务部，以及包括万余名销售代表在内的直销团队。

太平洋产险秉承“诚信天下、稳健一生、追求卓越”的核心价值观，实施以客户需求为导向的战略转型，坚持推动和实现可持续的价值增长，开拓进取，锐意创新，积极为客户提供风险保障服务。2011 年，公司总资产和净资产分别为 852.59 亿元和 236.95 亿元，实现财产保险业务收入 616.87 亿元，同比增长 19.5%，市场份额 12.89%，实现净利润 37.67 亿元，主要经营指标在国内产险市场上继续保持领先地位。2011 年，公司获得国际信用评估机构穆迪授予的 A1 保险财务实力评级，评级展望为稳定。

中国太平洋保险集团先后在上海证交所和香港联交所成功上市，2011 年分别入选美国《财富》、《福布斯》和英国《金融时报》世界 500 强企业。面向未来，中国太平洋保险以客户需求为导向，强化创新驱动和差异化发展，着力提升综合竞争力，推动和实现可持续的价值增长，向着“专注保险主业，价值持续增长，具有国际竞争力的一流保险金融服务集团”的目标迈进。

地址：中国上海市银城中路 190 号

网址：www.cpic.com.cn

电话车险：10108888

全国客户服务电话：95500

中国再保险（集团）股份有限公司

中国再保险（集团）股份有限公司（以下简称“中再集团”）由国家财政部和中央汇金投资有限责任公司发起设立，注册资本为人民币 364.08 亿元，两大股东各持 15.09% 和 84.91% 的股权，是目前中国惟一的再保险集团公司。

中再集团源于 1949 年 10 月成立的中国人民保险公司。1996 年，在中国人民保险公司再保险部的基础上成立中保再保险有限公司，填补了新中国保险史上没有再保险公司的空白；1999 年 3 月 18 日，中国再保险公司成立，实现了向现代商业再保险公司的历史性转变；2003 年 12 月 22 日，重组为中国再保险（集团）公司；2007 年 10 月，改制为中国再保险（集团）股份有限公司，跨入专业化、集团化、国际化经营的全新时期。

目前，中再集团控股 6 家子公司：中国财产再保险股份有限公司、中国人寿再保险股份有限公司、中国大地财产保险股份有限公司、中再资产管理股份有限公司、中国保险报业股份有限公司、华泰保险经纪有限公司。拥有再保险、直接保险、资产管理、保险经纪、保险传媒等完整保险产业链，形成了多元化和专业化的集团经营架构与管理格局。

历经数次重大变革的中再集团，在培育中国再保险市场、促进直接保险市场发展、服务社会与经济发展方面发挥了积极作用。作为“保险的保险”，中再集团在中国保险市场一直发挥再保险主渠道作用。在长期的发展过程中积累了丰富的资源，形成了多方面的优势。通过多年的经营实践，中再集团建立起一支包括精算、核保、核赔、风控、产品开发、战略研发在内的高水准的业务管理队伍，积累了大量的再保险业务数据以及具有较高理论水平和实践意义的技术资料，并在技术推广培训、自主开发技术成果等方面做了大量有益有效的工作。

作为中国再保险业的领军企业,中再集团在国际再保险市场正发挥越来越重要的作用。中再集团是中国核保险共同体主席成员与管理公司、中国航天保险联合体副主席成员、亚非保险与再保险联合会执委会成员。

站在新的历史起点,中再集团将以科学发展观为指导,以市场化、专业化和国际化为方向,发挥集团整体优势,提高创新能力、服务能力、风险管理能力,致力于打造具有核心竞争力的综合性国际再保险集团。

地址:北京市西城区金融街 11 号中国再保险大厦

邮编:100033

总机:86 - 10 - 66576666

传真:86 - 10 - 66576789

中华联合财产保险股份有限公司

中华联合财产保险股份有限公司是经中国保监会批准,于 2006 年 12 月由中华联合保险控股股份有限公司发起设立的全国性财产保险公司。其前身是由国家财政部、农业部专项拨款,新疆生产建设兵团组建成立的新疆兵团保险公司,成立于 1986 年 7 月 15 日,是我国第二家具有独立法人资格的国有独资保险公司。2002 年 9 月 20 日,经国务院同意,新疆兵团保险公司更名为中华联合财产保险公司,成为全国唯一一家以“中华”冠名的保险公司。2004 年 9 月,经中国保监会批准,公司实行“一改三”的整体改制方案,成立“中华联合保险控股股份有限公司”,下设“中华联合财产保险股份有限公司”和“中华联合人寿保险股份有限公司”两家独立法人子公司。2010 年 12 月,为了适应新的发展形势,公司总部从乌鲁木齐迁至北京。2012 年 10 月,经中国保监会审批,中华产险的注册资本金达到 145 亿元人民币,居国内财险公司第二位,偿付能力充足率达到 150% 以上,达到偿付能力充足Ⅱ类公司标准。

公司自 2002 年走出新疆、走向全国以来,实现了跨越式的发展。截至 2011 年底,公司已在全国设立了 23 家省级分公司、1900 多家各级经营机构,共有员工 27000 多名,形成了比较完整的营销服务网络,建立了一支高素质的保险经营与营销专业队伍。2011 年,公司实现保费收入 209 亿元,位居国内产险市场第四位,实现净利润 22.8 亿元,各项主要经营指标名列行业前茅。

公司的业务经营范围涵盖非寿险业务的各个领域,包括机动车辆保险、企业财产保险、家庭财产保险、工程保险、船舶保险、货物运输保险、责任保险、信用保证保险、农业保险以及短期健康保险和意外伤害保险等。近年又适时开发推出了电话营销专用车险、商务旅行意外伤害险、物流责任险、资产监管责任险、食品安全责任险等符合市场需求的新险种,还开发了一系列适合农村市场的涉农险种,目前经营的险种已达 400 多个。

公司始终践行“服务至上、信守承诺、回报社会”的服务宗旨,遵循“稳健、创新、持续、高效”的经营理念,勇于承担社会责任,通过诚信服务赢得市场,通过提供全方位的保险保障服务社会经济发展大局,得到了社会各界的广泛认可。公司曾连续四年入选“中国企业 500 强”和“中国服务业企业 500 强”;先后多次被授予“国家 A 级守信企业”、“诚信服务消费者满意单位”、“诚信经营示范单位”等称号;多次获得“亚洲品牌 500 强”、“亚洲品牌成长 100 强”、“中国 500 最具价值品牌”、“中国保险行业最具影响力品牌”、“中国最受信赖的财险公司”等荣誉。

站在新的历史起点,公司将以市场为导向,以客户为中心,以改革创新为驱动,着力实施“二次创业”发展战略,努力把公司建设成为一个“业外有影响、业内受尊重的创新型、多元化的保险集团公司”,为全面建设社会主义小康社会提供更加优质的保险保障服务。

地址:北京市西城区平安里西大街 28 号楼 21 层

邮编:100035

全国 24 小时服务热线:95585

电话投保热线:4001999999

电话:010 - 59561800

中煤财产保险股份有限公司

中煤财产保险股份有限公司是由山西煤炭工业社会保险事业局、中国中煤能源集团公司及山西省国有重点煤炭企业共 15 家单位发起成立,公司注册资本金 5 亿元人民币,注册地为山西太原,是首家总部设在山西省的全国性保险公司。公司于 2007 年 5 月 17 日筹建,2008 年 10 月正式成立,经营范围包括:财产损失险;责任保险;信用保险和保证保险;短期健康保险和意外伤害保险;上述业务的再保险业务;国家法律、法规允许的保险资金运用业务;经保监会批准的其他业务。

作为我国首家也是唯一一家具有煤炭行业背景的保险公司,中煤保险将以“管理高危风险,保障和谐社会”为使命,以成为“客户身边的高风险管理专家”为愿景,紧紧围绕“责任、创新、价值”这一核心价值观,秉持“诚信守法、突出特色、驾驭风险、追求效益”的经营理念,以煤炭等高危保险为核心,传统领域优质业务为重点,新型保险业务为突破,全力打造识别、防范、化解煤炭等高危行业风险的技术体系,大胆探索符合高危客户风险管理需要的特色产品和服务模式,专注高危、精益运营、诚信服务、稳健发展,努力为高危企业、高危行业职业人群提供周到、完善和全面的风险保障,努力为客户、股东、员工、社会公众和利益相关者创造价值,努力提升高危行业风险管理水平,促进经济发展与和谐社会建设做出应有的贡献。

“做客户身边的高风险管理专家”,“忠于承诺,管理未来”,是中煤保险人的郑重承诺,也是中煤保险践行社会责任的卓越追求!

地址:山西省太原市亲贤北街 72 号金泽大厦 4 层

邮编:030006

电话:86 - 0351 - 4118777

传真:86 - 0351 - 4118751

紫金财产保险股份有限公司

紫金财产保险股份有限公司是首家总部设在江苏省的全国性财产保险公司。公司注册资本金人民币 25 亿元,注册地江苏省南京市。紫金保险成立以来,秉承“始于责任,成于精细”的核心价值理念,以“追求价值保障,致力社会和谐”为使命,以“成为最具责任感的保险企业公民”为愿景,坚持创新驱动,打造“活力”紫金,坚持服务民生,打造“责任”紫金,坚持科学发展,打造“实力”紫金,实现了高起点组建、远战略规划、全国性布局、跨越式发展。

截至目前,公司下辖全国各级分支机构 165 家。其中,省级分公司 24 家、地市级中心支公司 59 家(含在筹)、县区级支公司与营销服务部82家(含在筹)。业务覆盖江苏全境和全国的北京、上海、浙江、河北、广东、山东、四川、河南、安徽、湖北、湖南、福建、宁波、青岛、内蒙古、天津、辽宁、广西、山西、深圳、厦门等21个省(市、区)。公司员工队伍达到3600余名,平均年龄34岁。累计实现保险业务收入超过45亿元,累计提供保险保障总额超过3万亿元。公司始终将"关注民生、紧贴民生、服务民生"作为不懈的追求,努力提高"对社会的保障能力、对经济的支持能力、对管理的参与能力",千方百计地探索保险服务的新领域,为经济社会发展做出了积极的贡献,先后获得"最受尊敬的25大江苏品牌"、"2011年度最具发展潜力(非寿险)"等荣誉。

展望未来,紫金保险将坚持以科学发展观为统领,吸引优秀人才,创新经营模式,合规稳健经营,培育竞争能力,服务经济建设,把紫金保险建设成"诚信、规范、专业、特色"的财产保险公司,把紫金打造成"江苏有优势、华东有影响、全国有特色"的保险品牌。

地址:南京市建邺区兴隆大街188号

邮编:210019

电话:+86(25)85669999

传真:+86(25)51807399

永安财产保险股份有限公司

永安财产保险股份有限公司成立于1996年9月28日,在中国经济改革开放的大潮中,历经15年,壮大于伟大的中华民族改革开放的历史进程之中。公司总部位于西安市,注册资本金26.632亿元,2010年,公司实现保费收入57.8996亿元。在全国16个省、市、自治区设有各类营业机构793个,其中:分公司20个,中心支公司147个,支公司117个,营销服务部510个,现有员工12600余人。

1. 永安财险不断发展

开业至今,永安保险公司积极履行保险经济补偿、资金融通和社会管理职能。努力实践"为客户创造满意,为股东创造财富,为社会创造价值,为员工创造机会"的企业使命。近年来,公司参与了"嫦娥一号"、"亚太六号"等卫星、"青藏铁路"、北京国际巨星长城演唱会、2005年珠峰测量活动人员意外险、安利五城市健步走、2006年世界斯诺克中国公开赛等保险项目的承保工作。与中国农业银行等12家银行签订了全面业务合作协议,与全球60多家再保险公司和主要再保险经纪人建立了广泛而密切的合作关系。

2. 永安财险社会责任

在2008年初冰冻雨雪灾害和5月12日汶川大地震中,公司共计赔款约2亿元。特别是"5.12"汶川大地震发生后,公司迅速出台相关措施,紧急向四川、甘肃、陕西等分公司拨付理赔、救灾资金850万元,公司及全体员工共计捐款386万元,有力支持了灾区重建。

2008年12月公司员工捐款100万元重建的白石沟乡永安保险希望小学正式奠基,2009年秋季正式投入使用。这些行动履行了企业公民的社会责任,为构建和谐社会做出了积极贡献。

3. 永安财险企业文化

以永安保险公司英文的第一个字母"Y"正写和倒写的字母"A"变形而来,形似一颗光彩夺目的钻石,磨砺千年,终获得大自然的精华,恒久尊贵,辉耀华夏,象征着永安保险扎根于西部沃土,实现对客户的永久保护。

企业精神:诚信、创新、敬业、和谐

诚信——诚信铸就品牌

敬业——敬业创造价值

创新——创新赢得未来

和谐——共同事业追求

企业使命:为客户创造满意;为员工创造机会;为股东创造效益;为社会创造价值。

服务理念:永安——永远为客户着想

员工行为规范:格物致知,知行合一;己所不欲,勿施于人;正心修身,和而不同。

官方网站:www.yaic.com.cn

客服电话:95502

永诚财产保险股份有限公司

永诚财产保险股份有限公司是由国内大型电力企业集团和产业投资集团共同发起组建的全国性股份制财产保险公司。公司于2004年9月经中国保险监督管理委员会批准正式成立,总部设于上海。公司业务经营范围包括财产损失保险、责任保险、信用保险和保证保险、短期健康保险和意外伤害保险、机动车辆保险、再保险业务、国家法律法规允许的保险资金运用业务及经保监会批准的其他业务。

1. 永诚财险的不断成长

成立初始,公司就确立了行业特色鲜明的发展使命,始终坚持专业化的市场定位,紧紧围绕观念创新、制度创新、产品创新和渠道创新,积极培育"成本、产品和风控"三大竞争优势,努力实现"电力能源承保技术能力领先于同业,电力能源市场份额领先于同业"的目标。经过近五年的奋力拼搏,公司的电力保险业务已跻身中国保险行业第一军团的行列。开业至今,公司已设立了27家省级分公司和160余家中心支公司及营销服务部,形成了全国性服务网络。

2. 永诚财产保险展望未来

面向未来,公司将深入贯彻"优化管理、控制风险、调整结构、促进发展"的经营方针,坚持以电力能源保险为立足点,大力拓展大型商业风险领域项目,加快推进"两个领先"战略目标的实施。抢抓发展机遇,加大创新力度,强化内控管理,努力塑造产品和服务的核心竞争力,朝着一流的产品、一流的服务、一流的管理和一流的效益发展方向迈进,持续提升市场竞争能力,推动公司健康快速发展。

3. 永诚财产保险企业文化

公司提倡"诚信、专业、效率、和谐"的价值观,追求"以人为本、求实创新、团结协作、锐意进取"的企业精神,积极探索民族保险专业化发展之路,努力将自身建设成为一个机制先进、经营规范、管理科学、技术领先、人才优秀的专业化综合性保险公司。

4. 永诚财险爱心公益

作为一家负责任的公众企业,公司在加快自身发展的同时,还把主动承担社会责任作为自己义不容辞的责任。公司成立至今,累计赔款支出已超过12亿元,为帮助受灾企业迅速恢复生产发挥了重要的作用。当国家出现灾难的时候,积极伸出援助之手,向地震灾区捐建希望学校,倾尽绵薄之力,帮助灾区人民重建家园,促进社会和谐发展。

2004年12月26日,印度洋发生海啸,公司组织员工为印度洋海啸灾区捐款。

2008年5月12日,四川汶川发生特大地震。全辖员工累计捐款42万余元。

2008年7月9日，公司联合加拿大枫信集团向四川省彭州市教育系统捐资折合人民币900余万元，专项用于通济镇思文小学的灾后重建工作。

2009年9月8日，永诚思文中心小学竣工建成，举行了简朴而隆重的落成典礼。

官方网站：www. alltrust. com. cn

客服电话：95552

招商信诺人寿保险有限公司

招商信诺人寿保险有限公司是由两家信誉卓著的百年名企共同出资创立的中美合资寿险公司。投资双方股东分别为美国信诺集团和招商局集团下属子公司。

美国信诺集团始创于1792年，是美国最大的保险公司之一，信诺在全球26个国家和地区注册，拥有28600多名雇员，其核心业务包括医疗健康、人寿、意外、残疾险及相关员工福利产品。信诺是《财富》500强的成员之一，拥有资产810亿美元，年收入超过182亿美元，其在全球28个国家和地区注册，其核心业务包括医疗健康、人寿、意外、残疾险及相关员工福利产品。

招商信诺汲取了信诺集团在全球的成功保险经营理念，一直致力成为中国市场上通过非代理人的直接行销方式提供包括寿险、意外险和补充医疗等“保障型”保险产品和服务的专家和领军企业，为我们的客户及其家庭提供意外和疾病时的财务保障。

1. 招商信诺公司荣誉

招商信诺2004年被中央电视台网站和《世界经理人》杂志评为“2004年度中国100最佳雇主”；2005年入选《财富》杂志“2005年度卓越雇主——中国最适宜工作的公司”；2008年招商信诺获得了由英国标准协会颁发的ISO 27001信息安全管理体系认证，是国内首家获得ISO 27001信息安全体系认证的中外合资保险公司。招商信诺成为唯一一家在08年和09年连续两年获得由《金融时报》与中国社会科学院金融研究所联合颁发的“年度最佳外资人身保险公司”。2009年招商信诺还荣获了由世界金融实验室颁发的“中国最值得信赖的十大寿险公司”。

招商信诺的建立，创造了中国保险界的诸多第一：

第一家中国进入WTO后，获准成立的中外合资寿险公司；

第一家总部设在深圳的中外合资寿险公司；

第一家在12个月内完成筹建的合资寿险公司；

第一家不采用代理人队伍的“另类”保险公司；

第一家以销售保障型产品为主的寿险公司。

2. 招商信诺公司特色

通过继续沿用信诺集团在全球的成功保险经营理念，我们一直致力于成为中国市场上通过非代理人的直接行销方式提供包括寿险、意外险和补充医疗等“保障型”保险产品和服务的专家和领军企业，为我们的客户及其家庭提供意外和疾病时的财务保障。

电话行销和银行保险是我们目前的两大主要业务渠道。无论是在电话上还是在我们合作银行的大堂中，您都可以享受同样方便快捷、严谨细致的保险服务，感受我们“客户为尊”的企业理念。

信，信誉来源于我们在中国长达200多年的渊远历史背景；诺，承诺来自于我们强大的资本后盾和股东实力。秉承着“诚信百年、一诺千金”的传统和追求，我们愿真诚地陪伴您共创辉煌人生！

招商信诺保险公司使命：

帮助我们的客户更加健康、更加幸福、更加有保障。

官方网站：http://www. cigna - cmc. com/

客服电话：400 - 888 - 8288

第七编

中国证券业人物纪实与访谈

让生活的基础，更坚实

冀东水泥以“共创、共赢”为核心价值观，以“让生活的基础更坚实”为宗旨，以“团结、创新、诚信、敬业”为企业精神。冀东水泥把建设资源节约型、环境友好型企业作为落实科学发展观、实现可持续发展的头等大事来抓，把绿色环保作为应尽的社会责任，以务实的工作态度认真做好节能减排各项工作，积极响应国家号召，大力推行绿色环保循环经济，让灰色水泥焕发出绿色的生机。

截止到2011年底，公司拥有51家控股子公司、2家分公司、4家合营公司，总资产超过400亿元，水泥年产能突破1.1亿吨，是一个以水泥生产为主业，集干粉砂浆、水泥外加剂、水泥助磨剂等新型建筑材料为一体的大型绿色环保型建材企业集团。

本栏目由唐山冀东水泥股份有限公司独家协办

2012年中国证券业人物纪实与访谈

心诚业精　志在非凡

——记北京翠微大厦股份有限公司董事长张丽君先生

张丽君，北京翠微集团总经理，北京翠微大厦股份有限公司董事长，工商管理硕士，全国劳动模范，五一劳动奖章获得者。作为翠微的领军人物，张丽君董事长重责、慎权、淡利，带领全体翠微人用心血和智慧将翠微品牌打造成享誉京城的成熟名品百货名店，翠微先后荣获了全国第一批"金鼎百货店"、"全国文明单位"、"全国顾客满意企业"等800多项荣誉称号。

在董事长张丽君的带领下，翠微秉承"心诚业精 志在非凡"的企业精神，着眼于可持续发展战略，在做精翠微大厦店的基础上，又先后开发了牡丹园店、龙德店、翠微广场购物中心、清河店和大成路店等5家分店。随着新店的不断开发，翠微经营规模得以迅速扩大，公司实际经营面积达到15.8万平方米，创造了年销售额超过50亿元的良好业绩，形成了以百货为主，超市、餐饮、购物中心多业态发展的连锁经营格局。

围绕"顾客利益永远是翠微人思考问题的出发点"的价值观念，翠微坚持诚信经营、精细管理、持续改进、创新发展，将消费者、供应商、企业员工视为三大顾客，力求做精服务细节，延伸服务内涵，打造一流的服务团队，创造一流的服务质量。

对消费者，董事长张丽君倡导具有翠微特色的"家人式"服务理念，以"全心全意投入、尽善尽美服务"为主旨，力求为顾客创造温馨如家、体贴如家、方便如家的氛围，并在此基础上推行了"零环节、零距离、零风险、零遗憾"的"四零"服务标准，得到了消费者的好评。

对供应商，翠微在全国第一家推出"一卡通"结算方式；在金融危机爆发时，在全国率先推出支持供商的三项政策；在与供商的合作中，推行市场信息共享，供商导购员加入翠微工会组织，导购员共同培训等方法，强化合作双赢。在营销中，以翠微店庆为代表的营销成为一个品牌，被写入清华大学营销案例，并获得全国杰出营销奖。2011年翠微店庆四天销售4.89亿元。

对员工，张丽君董事长始终坚持"为员工学习创造最好的条件，就是对员工最大的关心和爱护"的理念。以此为基础，公司围绕"知识更新，能力培养，思维变革，心理调整"强化学习培训，通过岗位竞聘，为员工创造公开、平等的竞争机会，规划员工的职业生涯；按照企业人才培养战略，输送了多名管理人员到国外参加EMBA学习；与大学联合开办"翠微商学院"，对员工进行学历教育；与区党校合作开办翠微党校对员工进行政治教育，形成了适应公司发展需要的初、中、高级梯次人才队伍。翠微坚持文化育人，将企业文化理念演变成管理措施，引导和规范员工的行为，通过企业文化的传导和榜样的示范作用，使员工增强了翠微文化的深刻认识，并逐渐融入到自觉的行为当中，涌现出30余个获市级以上荣誉称号的先进团队以及6名全国服务明星、8名北京市服务明星。

多年来，翠微在以张丽君董事长为核心的团队领导下，坚持以品牌、效益、发展为主线，坚持以人为本，坚定不移地提高经营管理效益，提升翠微品牌，增强发展能力，推动企业在新起点上实现跨越再发展。2012年5月3日，翠微股份实现了在上海证券交易所首次公开发行A股主板上市，正式迈入资本市场，在新起点上，董事长张丽君表示：上市对于翠微发展来讲，掀开了新的发展篇章。我们将继续秉承"心诚业精 志在非凡"的企业精神，学习和引进国际、国内现代零售业的管理理念和技术，不断完善管理模式，提升品牌价值，抓住机遇做强、做大。我们会将社会各界对我们的殷切期望和深厚情谊，转化为自强不息的动力，在新的起点上，续写更加灿烂辉煌的新篇章。

记苏宁电器股份有限公司董事长张近东先生

张近东，1963年出生，中国人民政治协商会议第十一届全国委员会委员，中国民间商会副会长，江苏省第十一届人民代表大会代表，苏宁电器股份有限公司董事长。

1990年苏宁电器创立于江苏南京，目前已成为中国最大的商业零售企业，名列中国民营企业前三强。2011年销售规模突破1900亿元，员工18万人，连锁网络覆盖海内外600多个城市，在中国大陆、香港地区及日本市场共拥有1700多家连锁店，品牌价值达815.68亿元，位列中国民营企业前三强，是中国最大的商业企业。

经过22年的发展，张近东先生坚持服务创新和后台优先发展战略，带领企业先后开创了"自营服务"、"3C+模式"、"后台战略"、"智慧苏宁"等一系列经营管理创新模式。随着苏宁新十年战略的发布，张近东先生也带领苏宁在线上线下融合发展，开创了"沃尔玛"+"亚马逊"的领先零售模式，并在2012年家电行业普遍遇冷的情况下，实现苏宁业绩的稳步增长。基于苏宁2012年的表现，福布斯将2012中国年度商业人物的唯一殊荣授予张近东，以认可和鼓励其在不甚乐观的宏观商业环境中，带领苏宁向困难和自我发起挑战的决心和勇气。福布斯认为，张近东体现了其一直崇尚的企业家精神。

在新的发展战略下，针对全新的商业模式，张近东旨在依托线上线下两大开放平台，建设智慧型供应链，在前台，基于多渠道、多业态的零售平台，苏宁将广泛拓展和整合各类产品、内容和服务，为消费者提供一站式的购物休闲娱乐的生活解决方案；在后端，苏宁通过全面整合各类社会资源，将采购、物流、资金、IT等核心竞争能力开放给产业链合作伙伴，构建良性稳健的零售生态圈。

2012 年，苏宁依托两大平台不断推进“去电器化”战略，线上苏宁易购通过开放平台不断引进更多品类的供应商，并在 9 月出资 6600 万美元收购红孩子，承接“红孩子”及“缤购”两大品牌和公司的资产、业务，全面升级苏宁易购母婴、化妆品的运营，进一步推进易购品类拓展、精细运营；线下实体店面通过苏宁电器和乐购仕进行双品牌运作，推出全新一代苏宁 Expo 超级店，经营品类涵盖 3C、传统家电、图书、百货、日用品、金融产品、虚拟产品等，并集合智能服务升级营造出全新购物体验，是苏宁“科技转型”的具体体现，预计未来三年内改造升级 400 家。

未来，苏宁将带来全品类综合经营、线上线下虚实互动、供应链物流 IT 全面开放的新型零售模式，布局实体零售、电子商务、定制销售“全渠道”，经营实物、虚拟、整体解决方案“全品类”，覆盖个人消费者、家庭用户、中小企业用户“全客群”。

在未来战略稳步践行的同时，张近东重视社会责任的履行，除积极承担产业发展、吸纳就业、依法纳税等责任外，还带领苏宁积极投身社会公益事业。2008 年，张近东个人捐赠 5000 万元支援汶川抗震救灾，创下当时个人捐赠之最。多年来，苏宁累计公益捐赠也已超过 7 亿元，由于企业经营出色、积极履行社会责任，苏宁经营管理案例被录入多所知名大学商学院管理教材。

张近东先后被中华全国工商联合会授予“优秀中国特色社会主义事业建设者”，被国家民政部授予“中华慈善奖”，荣获“CCTV2006 年度经济人物”，被党中央、国务院授予“全国劳动模范”荣誉称号，被中华青年联合会授予“中国青年五四奖章”，被中华慈善总会授予“中国十大公益楷模”，被《中国企业家》杂志连续五年评为“中国最具影响力的 25 位企业领袖”，被美国《财富》杂志评选为“中国最具影响力的 25 位商界领袖”和“2010 年度中国商人”，被中国扶贫基金会授予“中国消除贫困奖”。

实现“八个转变”，促进企业跨越式发展

——记唐山冀东水泥股份有限公司董事长张增光先生

近年来，国家实施“控制增量，优化存量”的政策，为大企业兼并重组，推进产业结构调整，促进企业发展提供了不可多得战略机遇。一方面，各大水泥企业抢抓时机，开始了如火如荼的并购之战，我国水泥行业已从群雄争霸的春秋时代，向大国割据的战国时代过渡。另一方面，水泥行业的竞争由传统的市场争夺转变为原材料资源和市场资源的双向控制，只有把控了市场份额和上游优势的原料资源，才能在激烈的行业竞争中占据主动地位。

面对严峻的宏观经济形势和行业发展态势，作为中国北方最大的水泥上市公司的冀东水泥及其控股股东冀东集团，更要把握“十二五”期间水泥行业结构调整的战略机遇期，实现自身发展模式的“八个转变”，进一步提升自身管控水平，转变发展方式，延伸产业价值链，开拓国际国内两个市场，以自己强大实力打破现有水泥行业的格局，进一步提升市场份额，增强区域话语权，以更加优异的业绩回报股东。作为冀东集团、冀东水泥的掌门人张增光董事长提出了实现公司跨越式发展的“八个转变”。

一是由市场多元向产业多元转变。我们的战略发展目标要求我们在“十二五”期间实现跨越式发展，继续局限于水泥产业、局限于地域性市场难以实现预期目标，因此要从“以水泥产品为主体的市场多元化”向以“水泥产业为基础的产业多元化”转变，将“相关多元”继续深化，实现多业并举。这个转变仍以继续壮大水泥、商品混凝土及其制品为基础，以完善相关产业链、增强竞争优势为近期、中期的发展方针，通过装备工程增强竞争力，通过房地产实现水泥、商混产业的有效延伸，加快矿业发展以控制上游资源，建成全国内外贸易物流体系使其成为集团发展的力量倍增器，通过科研开发带动各业务板块向更高层次发展，从而形成公司多个新的利润增长点。

二是由制造业企业向科工贸一体化企业转变。在确立多业并举的战略发展方向后，我们要通过完善产业链实现价值链的拓展，要由单纯的制造型工业企业，向集科技研发、加工制造、贸易于一体的企业转变，要做强价值链两头，大幅提升我们的科技研发实力和国际国内贸易的运作水平，获取价值链延伸带来的科研、贸易物流等环节的利润空间。同时，我们能够通过科技研发促进行业的发展，通过贸易更直接地从市场获取信息，延伸信息触角，实现对市场的更灵敏反应。通过扩展集团经营与发展的外延，通过全价值链的延伸，为客户提供一体化的产品与服务，实现产品与服务的整体增值，促进自身的良性发展。

三是由本土型企业向国际型企业转变。我们应当认识到，“十二五”发展要适应全球化的历史进程，集团的发展不仅是产业链的完善和价值链的拓展，还要与国际接轨，实现更广泛意义上的地域扩张。我们的投资发展区域要从单一关注本土市场，逐步实现向国内、国际两方面的拓展，要在有投资价值的国家开辟第二战场。

国际化不仅是地域上的扩张，也包含了更高层面发展所必需的元素，是通过投资生产、商贸获取国外水泥及装备的市场，通过投资商贸获取国外矿业资源，同时，也是实现自身管控机制、运营模式与国际接轨的手段，最终要通过国际化实现自身长足发展，向国际化的企业集团迈进。

四是由“制造商”向“制造商 + 供应商”转变。战略发展思路的确立决定了自身定位转变的必要性，我们在“十二五”期间要适应外部环境变化，要从战略发展需要出发考虑自身角色的转变。我们要从“制造商”向“制造商 + 供应商”的身份转变，从以自身为主的产品制造，转变为以客户为核心的“制造 + 供应”，不仅要为客户生产出产品，还要实现物流配送、技术服务等相关支持，实现与客户的无缝对接，实现有效供应，成为客户生产经营链条中的关键一环。这不仅是身份的改变，更是经营思想的改变，也是完善产业链、实现多业并举的必然选择。身份的转变也是与产业链和价值链的拓展息息相关，是自身对外延发展转变的响应。我们要通过这种转变，明确自身在产业中、在市场中的定位，指导我们的经营管理，增强集团的竞争实力、全面创效能力和可持续发展能力。

五是由外延发展为主向外延和内延并重转变。根据战略发展需要，在自身角色定位发生转变后，要明确如何进行自身建设，战略发展要内外并重。我们要由外延发展为主向外延和内延并重转变，以前以投资、建线、并购的规模扩张为主，现在考虑对外继续扩张，对内通过管理创新、技术创新、体制创新、机制创新等系统性创新不断增强企业内在素质，提升管理水平。集团内延式发展的关键在于加强自身建设、改善管理基础、完善业务链条、改善产品服务、加强生产运营管控、强化资金流、物流、信息流的精细化管理、加强内部资源的协调和配置，提升管理质量，获取更大收益。通过外延和内延并

重，实现大强并进的发展，保障战略目标的实现。

六是由经营管理型企业向战略管理型企业转变。伴随集团的快速发展，集团的总体规模日趋庞大，组织结构日趋复杂，在管理理念和管理思路上也必然要进行转变，唯此才能实行有效的企业管理，适应新时期的环境变化。

集团要实现从以前的经营管理型企业向战略管理型企业转变，这是经营管理理念的提升，转变的关键在于集团总部的定位，集团的核心功能应为资产管理和战略协调功能，要从当前的业务管理、控制与服务职能，向战略规划、监控与服务职能转变，重点掌控下属单位的发展方向和发展战略，将业务管理下移至战略业务单元，尽量避免干预下属单位的 具体日常经营活动；各战略业务单元应形成自己清晰的发展战略，并服务于集团整体战略，且作为独立的业务单元和利润中心，要有完善的组织架构、运作职能、总部授权的决 策权；集团总部通过对下属业务单元的战略规划、经营业绩、财务管理、人力资源管理等方面进行考核，实现有效管控；此外，要实现向战略管理型企业的转变，还必须明确集团内的授权体系，实现各部门、各单位的权责一致。

七是由生产经营型企业向资本运作型企业转变。集团在“十二五”期间要实现跨越式发展，单纯依靠自身生产经营的积累滚动发展难以实现预期目标，必须实施有效的资本运作，利用资本市场、利用市场法则，通过科学的资本运作和高效的资产经营，实现价值增值和效益增长。

集团要采用纵向与横向相结合的混合扩张型资本运作，要实现内涵式资本运作和外延式资本运作相结合。具体来说，伴随集团完善产业链、垂直一体化开展相应的资本运作，在 行业内甚至是关联产业内与其他企业实现横向资本运作；对内实施资产重组、置换等经营活动，实现内部业务重组、上市融资，对外实施收购兼并、金融股权投资、持股联盟等 资本运作。具体的资本运作活动开展要以集团的战略发展需要为依据，与集团的经营管理和业务拓展相匹配，服务于集团的总体发展，要大幅增加通过资本运作获取的收益，提 高公司的赢利速度和规模扩张速度。

八是由以直接市场竞争为主向以资源竞争为主转变。随着市场经济的发展，我们也不可避免地面临越来越激烈的市场竞争。竞争的层次也在逐渐提高，我们要尽量摆脱较低层次 的价格竞争和成本竞争，而关注更高层次的管理竞争和创新竞争，资源也成为未来各企业争夺的核心。谁掌握了行业资源，就意味着谁掌握了未来发展的先机。我们要注重在新时期实现对行业资源的获取，如煤矿、石灰石矿、商混用骨料、钢铁行业固定排放物等，这些都是上游原材料资源；而未来行业内下游的商贸物流网络的建立，也是行业里的重 要资源，我们掌握了这个网络资源，不仅可以获取商贸物流的增值利润，还可以影响原材料和制成品的流向；我们为行业内企业提供的维修服务与备品备件，同样可以视为一种 资源。因此，依靠掌握这些不同形式的资源，我们能够更科学、更有效地在内部实施资源配置，在外部市场中获得与其他企业相比的优势竞争地位，从而为我们“十二五”战略 大发展创造良好条件。对各板块关联度高的资源要进行重点研究，提炼共享资源，建立共享资源运行机制，提升集团资源配置能力和集团核心竞争力。

“八个转变”相辅相成，互为补充，八个转变的核心思想是冀东集团将以水泥为核心，完善产业链，以垂直多元化为主，跨国多元化和同心多元化为辅进行快速扩张，最终实现各板块统筹协调发展，实现公司战略目标。

国企的责任就是稳定

——访十八大代表、冀中能源董事长王社平先生

从8月1日起，王社平开始在煤炭、医药、航空等各个子公司间进行了长达一个月的调研。

作为十八大代表，冀中能源董事长、党委书记王社平掌舵的冀中能源2011年6月进入世界500强，2012年7月在世界500强中的排名提升128位，位列第330位。

面对当前复杂的经济形势，人们都期待看到冀中能源这个以跨行业重组而跻身世界500强企业的“黑马”如何应对时，王社平这位从煤炭重组起步，一路重组华北制药、组建河北航空的国企引航者，选择了短暂的沉默。

之后，从基层调研回来的王社平给出了这样的答案：继续走“以转型升级实现企业科学发展”之路，打好经济危机下“提质增效”攻坚战。

“越是在这个时候，越要“稳中求进”，通过转型升级、提高发展质量来应对当前复杂的经济形势。在经济形势持续低迷下，国企的责任就是稳定，即企业发展稳定，职工情绪稳定。”王社平说。

转型升级走出发展路

2008年6月，河北邢台，冀中能源成立后的第一次中层干部大会。

王社平站起身，双手撑住桌面，语气坚定而有力，“这些天，我一直在想，前些年煤矿为什么穷？那是因为我们只是低头挖煤，而没有去深思如何把煤炭做精做强。从今天开始 ，我们就要齐心协力打一场转型升级战。”王社平说。

正是有了“转型升级”这一清晰的思路，冀中能源煤炭产业走上了一条可持续发展之路。目前，冀中能源已形成了纵贯河北、横跨晋陕、北延内蒙古、西扩新疆的产业布局，掌 控煤炭资源储量由30亿吨增加到260亿吨，为企业提高发展后劲奠定了坚实的基础。

接下来，王社平的步伐并没有停止。2009年6月30日，昔日的“共和国医药长子”华北制药被冀中能源战略重组，“煤炭企业重组医药企业，这在全国还是头一份。”对此，王 社平坦陈自己“一夜未眠”。

但王社平知道，煤炭企业要持续发展，必须要未雨绸缪，两条腿、甚至多条腿走路。而且华北制药这一品牌有着辉煌的历史，作为国企，冀中能源有责任和义务去帮助它再现当年辉煌。

事实证明，王社平这种“跨行业重组分析论”是完全正确的：冀中能源接手华药后，短短三个月内就扭亏为盈，当年就实现了8000万元的经济效益；由冀中能源投资110亿元建起 的华药新园区，使华药的强大科研能力有了发挥之地。

善弈者谋势，不善弈者谋子。说的是下棋，喻的是把握大势。正是在这种思路下，冀中能源组建河北航空，在完成“从黑到白”的跨越后，又实现了“从千米巷道向万米高空” 的转型。

2011年，河北航空以转机型发展为重点，引进飞行员100多名，形成了以B737和E190为主要机型的自主运力体系。同时积极开辟优质航线，目前已通航25个城市23条航线。

产业结构调整下的转型升级使冀中能源发展的脚步加快，煤炭主业“一体”突飞猛进，医药、航空“两翼”愈发丰满，

电力、化工、机械制造、物流各个产业板块也都是成绩卓越。

2011 年 7 月 7 日，在"一体(煤炭)两翼(制药、航空)"的战略格局下，冀中能源提前五年进入世界 500 强，排名第 458 位。2012 年，虽然经济危机愈演愈烈，但是在"稳中求进、提质增效"的战略方针下，冀中能源仍以销售收入 336.608 亿美元的业绩位居世界 500 强的第 330 位，比 2011 年提升了 128 位。

国企责任重如山

谈起每次迈出重组步伐的初衷，王社平归结为两个字：责任。"国企肩上有两重责任，一个是企业发展、职工幸福，一个是奉献社会、报效国家，而这两重责任综合起来，就是国企必须要履行的社会责任。"王社平这样解释说。

王社平告诉记者，当年重组华北制药时，社会上一片哗然：煤炭与制药，一黑一白，八竿子打不着，重组能成功吗？冀中能源职工也有一些人不理解、不赞成：冀中能源蒸蒸日上，大家刚刚过上几天好日子，又要向不熟悉的医药行业进军，这好日子还能长久吗？

但王社平却挑起了这副重担。"做尽天下事，要体现一个'忠'字，这个'忠'，就是国企的社会责任。"王社平说。

在王社平看来，当前，在经济形势持续低迷下，国企的责任就是稳定，即企业发展稳定，职工情绪稳定。

"中国国企，是一种中国特有的企业形态，它是中国特色社会主义市场经济下的产物，无论什么时候，服务国家、服务社会、服务人民的职能不会变。"王社平说。

据王社平介绍，成立四年来，冀中能源已累计向社会提供优质煤炭资源 2.88 亿吨，上缴利税 436 亿元，为河北省国企利税第一名。不仅如此，在每个关系社会稳定和群众安居的关键时刻，冀中能源所彰显出的，都是国有大型企业特有的气魄和责任。

"目前，我们全面提升职工的幸福感，在提高企业抗风险能力的同时，保证职工有工可做，有才可施，没有后顾之忧，以企业的稳定来确保社会的稳定和谐。"王社平说。

低调，是为了走得更远

——专访万邦达环保技术股份有限公司董事长王飘扬先生

他，曾经师大体育专业的学生，毕业后留校任教做了一名体育老师。随后走出学校，潜心环保领域的工业污水处理，创立并带领自己的公司在深圳创业板成功上市，一路演绎着"废水大王"的传奇故事，2010 年荣登创业板富豪榜第五名。他就是北京万邦达环保技术股份有限公司董事长——王飘扬学长。曾经的传奇，今日的辉煌，就像一朵睡莲，浅浅地浮在水面上，可谓动人心魄！但岂知，在这绚丽芳华的背后是长久的坚持，是对心中梦想的孜孜以求。

一个周六的上午，王飘扬学长在公司会议结束之后拨冗接受我们采访。走进宽敞明亮而布置简洁的办公室，能隐约感觉到王学长的务实与低调。随后的言谈中，更加深切地感受到王学长的朴实亲和、对事业的自信和豪气、对师大的深厚感情。

沉潜内修，厚积薄发

王飘扬学长祖籍安徽淮南，少时勤奋好学，有一股不达目标不罢休的坚韧。1982 年，他以优异的成绩考入了北京师范大学体育教育专业，1986 年毕业之后留校任教，做了一名体育老师。当时置身于市场经济的大潮中，一个偶然的机会接触到当时方兴未艾的环保产业，洞察到其蕴藏的前景无限广阔，留校任教的王飘扬学长不甘于现状，辞去教师的职务，加入晓清环保公司。晓清环保公司成立于 1988 年，作为污水处理行业的开路先锋，堪称当时环保领域的旗帜。在晓清环保公司工作期间，王飘扬学长吃苦耐劳，拼命学习，工作成绩出色，获得了领导的赏识，先后担任河南分公司的总经理、北京总部人事部经理等重任。5 年的沉淀和积累，对之后创立万邦达，继续他在环保行业的传奇奠定了基础。

忆往昔十余载峥嵘岁月，世事风云变幻，改变不了的是昂扬的姿态和前行的步伐。

1998 年 4 月，万邦达成立。王飘扬学长带领公司走过了筚路蓝缕的艰辛创业期，一路默默无闻，在稳步行进中积蓄着力量。2006 年后，万邦达一鸣惊人，先后获得与神华宁煤，中石油下属的抚顺、吉林、大庆石化的大单，公司业务量出现爆炸式增长，一跃成为行业中的领军企业。

在低调中疾行的王学长始终没有停下前进的步伐。2007 年，"神华集团宁煤二甲醚水处理总承包工程"项目的成功实施，标志着万邦达正式为工业企业提供从给水、排水、到污水回用的全方位服务。2008 年，万邦达承做的"神华宁煤烯烃循环水系统工程"，处理水量达到每小时 18 万吨，是全世界最大的循环水处理系统之一。同年，采用最先进的双膜工艺的"神华宁煤基烯烃水处理 EPC 工程"，在规模和技术水平上均处于世界领先地位。随着技术上不断改进创新，在 2009 年万邦达又拓展了新的盈利模式，开创了中国大型工业水处理系统托管运营的先河，先后承担了"神华宁煤煤基烯烃项目水处理系统"、"神华宁煤二甲醚项目水处理系统"项目的运营管理服务，年营业收入可以达 8800 万元。从此公司开始提供大型工业水处理系统"全方位、全生命周期"的服务。2010 年 2 月 26 日，万邦达成功在创业板上市，成为工业水处理领域的第一家上市公司，其上市速度之快，亦让人叹为观止。业内分析人士认为，这正是万邦达十年磨一剑，沉潜内修的成果。2010 年 4 月 3 日，北京万邦达环保技术股份有限公司被评为"2009 年度水业最具成长性工程公司"。

万邦达至成立至今，有过静水深流的低调前行，也有过策马扬鞭的高歌猛进。王飘扬学长作为公司的"掌舵者"，带领公司员工朝着既定目标不断努力着。"如今辉煌的业绩证明以前的艰辛付出都是值得的。展望未来，万邦达也仍旧值得我们去为之付出。"王学长在一次员工大会上如是说到。

商海砥砺，静水深流

采访中，王飘扬学长透露，他很少接受媒体采访，也很少参加行业内的庆典活动。他认为，潜心做好自己的事，不需要媒体大肆渲染，也没必要引来太多的关注。面对行业内部激烈的竞争，他始终秉承一种互利共赢的理念，"同在一个行业，我们只有共同努力，把蛋糕做大，自己能分到的份额才会更多，而不是相互排挤，恶性竞争"。或许有人感兴趣，万邦达的客户都是神化、中石油这样的能源石化的行业巨头，这是怎么拿下的？王学长谈到，在一次行业内交流会，某公司高管欲向王学长请教经验，问："那么高端的客户，您们是怎么搞定的？"王学长笑言："碰巧呗！"看似轻松的一句话，却显出王学长的睿智和实干。成功没有捷径，需要苦练内功和坚持不懈。万邦达之所以能赢得大客户的信赖，很大程度上源于公司低调务实的作风和过硬的技术工艺，以及其"掌舵人"的宽厚豪爽的处事之道。

王飘扬学长坚信，水资源与能源事业对人类生存发展的至关重要，过去的14年，万邦达以高科技产品为后盾，以高素质的人才为依托，业务范围逐渐拓展，从单一工业污水处理拓展到集排水、给水、中水回用为一体的全方位服务，继而延伸到托管运营领域，并尝试为大客户提供“全寿命”周期业务模式，成功开发了工业污水回用、工业废水处理、循环冷却水处理、凝液水精制、净水处理、脱盐水处理、管理运行、能源的再生利用等大小上百个项目，为中国的能源性企业的水处理系统优化做出了杰出的贡献。万邦达的进步和发展也正是建立在对客户需求的深刻理解和最大化的满足上。

目前，万邦达已经形成了国际先进的工业水处理技术研发中心、设备的供应和成套中心，以治理石油化工和煤化工等水系统为专长的工程承包中心，以及相配套的工程运行管理和售后服务体系。万邦旗下的宁夏万邦达水务有限公司、吉林省固体废物处理有限责任公司、江苏万邦达环保科技有限公司也在积极拓展业务，致力于本地区工业水处理的重大项目。

崭新机遇，扬帆远航

近年来，我国经济发展面临的资源环境压力日益加大，政府酝酿开征环保税。这对于高能耗、高污染企业，无疑是一把高悬的利剑，但对万邦达这样的企业来说，这是一项重大的利好政策。环境保护税一旦开征，将大大刺激石油、化工以及火电等高能耗、高污染企业在环保方面的需求，环保类企业增长潜力巨大，将步入黄金发展期。2012年7月，《“十二五”节能环保产业发展规划》发布，节能环保产业被列入“十二五”时期七大战略性新兴产业之一，国家在环保领域投资将达3.7万亿，较“十一五”增长70%以上。2012年9月，国家能源局牵头的一个“煤变油”重大战略性自主创新项目，凭借过硬的技术和优质的服务，万邦达以积极的姿态介入，承担污水处理等项目，再次寻找到公司成长的发力点。

万邦达作为一家以卓越的设计与项目管理服务的企业，在工业水处理行业享有“工业水系统医生”的美誉。站在新的历史起点，面临国家对环保产业的重大利好政策，以及环保产业结构的转型升级，万邦达迎来前所未有的发展机遇。对万邦达未来的发展战略，王学长谈到，“潜心做好自己的事，力争打造工业污水处理工程的标杆，最后能在环保领域定标准、定思路、定思想。但这必须首先让公司上升到更高的台阶”。

谈到当前高校和企业协同创新平台的建设，王飘扬学长坦诚地说出了自己的想法，当前环保领域的技术创新力量各成体系，资源分散，效率低下，“一些委托科研机构做的重大课题，其成果难以真正落地，转化为可用的技术”，国家亟待建立产学研相结合的制度机制，促进高校、企业、科研机构见优质资源共享。而2012年5月，教育部、财政部推出的“高等学校创新能力提升计划”（简称“2011计划”），也旨在推进协同创新，鼓励高校同科研机构、行业企业开展深度合作，建立战略联盟，这对万邦达今后走产学研相结合的道路是一个崭新的机遇。“我们将依托北师大水科院、环境学院在水资源开发利用、水处理、环保等方面的科研优势，加大技术研发和新技术引进的投入及推广力度，稳步推进工程项目和托管运营两大主营业务，为相关专业的学生提供实习平台，拓展投资领域，通过与学校深度合作，力争为母校创办一家上市公司，不断巩固和提高公司的核心竞争力”。

木铎情深，奖掖后进

回忆起在师大的学习生活经历，王学长朴实而率真的话语令人倍感亲切。“其实跟你们现在经历都一样，大学的时间短暂而美好，好多时候我们都是懵懵懂懂地走过了人生中的美好时节，人真正的成长在于经历，好多东西只有经历过了才知道”。出身体育专业，促成了王学长豪爽、果敢的性格，也为他在之后事业发展上关键时刻重大抉择奠定了基础。正所谓，成功不是赢在起点，而是转折点。

对师弟师妹们成长发展的建议，王学长谈到，学习成长，关键的两点：做人、做事。成大业，致大成，需要志存高远，又坚守平常心。志存高远，首先对自己的目标有清晰的认识，常修为人之德，善养浩然之气，只有这样，面对成长过程中成败荣辱、顺逆得失，方能超脱不失准则，朝着心中的目标不断努力。然而，生命要远行，事业要发展，还需回到生活的朴实无华上来。只有把对理想的追求，转化为一种脚踏实地，持之以恒，平淡如水的生活常态，方能成就一番事业。离开学校，走上社会，更多的东西需要我们去经历，去体验，也只有经历过，思考了，才能体会深切。在前行的道路中，我们会遇到困难，会犯错误。在困难面前，我们需要持之以恒，对认定的目标，不折不扣地执行；遭遇失败，我们需要有一种敢于担当的心态，调整思路，先从主观方面找原因，而不是想当然地归咎于客观原因。只有这样，不断加强对自己心态和人格的修炼，方能为事业发展奠定坚实的基础。

谈及对师大精神、京师力量的理解，王学长不假思索地说道：“为人师表！成就大事，做人为先。”为人师表，这不仅是教师应该恪守的准则，对于每个成功的企业家而言，他们的立身处事之道，也都应该追求“人师世范”的精神境界。正所谓，气度涵养决定人生格局，底蕴的厚度决定事业的高度。

结语

师大人质朴真诚、务实低调的精神气质，在王飘扬学长的身上得到了全面展现。相信这种优秀的精神会一直传承下去，激励一代代师大人，寻找属于自己的那片舞台，挥洒激情，舞动青春！也相信万邦达在这种精神的引领下，渐行渐远，在环保领域创造新的辉煌。万邦之水，达至清源！

（文/刘江　贺辰）

与巨人同行不会掉队

——访保龄宝生物股份有限公司董事长刘宗利先生

“为耕者谋利，让食者健康。”创业不到15年的保龄宝，能于2009年在深交所成功上市，成为功能糖行业A支首股，成为行业领军企业，其背后的成长故事耐人寻味。

记者：保龄宝与国际跨国公司可口可乐合作已经超过了6年，以可口可乐、百事可乐、雀巢、卡夫、强生等国际知名企业为代表的核心客户占据了保龄宝总销售额的60%左右，与世界500强中的数十家食品企业实现了合作。支撑保龄宝与巨人同行的动力是什么？

刘宗利：第一步，你拉住了巨人的手你就不会掉队；第二步，你坐上火车，火车的速度就是你的速度，你坐上飞机，飞机的速度就是你的速度；第三步，与客户的眼睛同步聚焦，关心客户的客户，供应商的供应商。

记者：保龄宝与巨人是怎样牵手的？

刘宗利：保龄宝与巨人的首次合作是1998年与中国饮料行业的三强品牌之一“乐百氏”的合作，在合作中，公司针对该集团含乳饮料的特点，经过差异化分析，为其产品配置了相应品种的低聚糖，帮助其成功推出了“健康快车”系列产品，“健康快车”一问世便大受欢迎。之后，保龄宝又联姻“巨人”公司无锡健特，推出“脑白金”，添加了保龄宝公司低聚异麦芽功能糖的脑白金自1999年起风靡全国，一直经久不衰，成为家喻户晓的保健奇品，保龄宝也因此声名远扬，大量的合作伙伴蜂拥而至。尝到成功甜头后，我们将“产品导向性”的经营战略开始逐步向“市场导向型”转变，实现了公司战略的第一次华丽转身。

记者：可口可乐是全球最著名的软饮料品牌，听说其在选择供应商时，要求苛刻和标准严格。2005年之前，他们都未能在中国找到一家符合其标准的果葡糖浆生产企业，因此，中国市场上的可口可乐添加的都是蔗糖。最终，可口可乐牵手保龄宝，这背后的营销故事能否讲一下？

刘宗利：“种下梧桐树，引来金凤凰。”2003年10月，可口可乐来公司进行商务洽谈。看过我们公司之后，给了我们一个清单，他提出的标准有300多页，基本上可以订成很厚的一本书了。就是一个简单的糖浆，就有理化指标、卫生指标等，而且气味也要检测，可当时我们连设备都没有。这些标准十分苛刻，我们公司大多数人认为没有希望。“拉住巨人的手、才能齐步向前走。”经过几天几夜的思考与研究，我们决定放手一搏。

经过两年半的改进和调整，我们终于在2006年初通过了可口可乐公司的标准认证并开始供货。由此，中国市场上的可口可乐正式告别了蔗糖时代，保龄宝也成为当时可口可乐在中国惟一的果葡糖浆供应商。如今，我们的果葡糖浆生产线，便是为可口可乐在中国市场量身定制的样板“生产线”，公司也获得了可口可乐公司颁发的优秀供应商奖杯。从而我们企业也实现了“拉住巨人的手、齐步向前走”的战略转移。

记者：保龄宝一直秉承“以价值营销为主线”的发展战略，这是怎样的一种营销战略？

刘宗利：保龄宝的价值营销模式主要包括价值设计、价值创造、价值传递、价值放大四方面。

价值设计，主要体现为企业的自主创新能力。保龄宝专注于功能糖的研发和推广，通过创新驱动，形成了集国家级实验室、国家级检测分析中心、小试、中试、孵化、扩初、工业化生产为一体的创新体系，实现了国内功能糖市场从无到有、从小到大的转变，开辟了功能糖产业发展的新纪元。

价值创造，就是一个让市场认识产品价值的过程。企业有了好的产品并不意味着有了竞争力，只有市场认可了产品的价值所在，企业的利益才能得以实现。作为国内最早开发功能糖的企业，保龄宝积极倡导医食同源的消费理念，倡导“健康生活方式”，倡导“美丽中国源于健康饮食”，我们通过社会公益营养健康活动，进企业、参展会、办论坛、在媒体开办科普专栏，使保龄宝的营养价值、健康价值得到推广。2008年，保龄宝牵手可口可乐、伊利等企业，成为北京奥运会食品配料供应商。

价值传递，是把产品价值向政府公共平台推广的营销，站上这个平台，产品就占据了市场的制高点。为普及功能糖的应用，保龄宝联合多家企业共同推动“大众食品功能化、功能食品大众化”。经过不懈努力，功能糖的应用终于进入了国家公众营养计划，成为“治未病”的先锋。

价值放大，就是在创造财富的同时，企业实现与政府、社会、员工的和谐共赢。

（文/王伟　苏志远）

东方电热：倡导一种精神叫做“担当”

——记镇江东方电热科技股份有限公司总经理谭伟先生

为期三天的电热行业盛会——第二十七届全国电热元件与器具技术交流会及产品展销大会拟定于10月22日至24日在镇江召开。届时国内众多电热相关企业将聚集这座江南历史文化名城，共话行业发展之未来，共享技术创新成果，并通过展销会在实现产品推介的同时，以接受来自市场更为坚实的考验。

走进谭伟的办公室，他伏案正在润色会议发言稿。作为大会承办方镇江东方电热科技股份有限公司（下称“东方电热”）的总经理，谭伟更希望藉此盛会进一步促进国内电热行业的迅猛发展，为企业间的技术交流和产品交易搭建有力与广阔的平台，共创行业发展新局面。

当前，中国已成为世界电热产品使用大国，同时也成为世界电热产品生产基地，庞大的市场需求为电热产品生产企业及电热机械、材料、电热元件应用设备厂商提供了广阔的发展空间。作为电热行业内唯一一家上市公司，在谭伟看来，东方电热不仅需要肩负起立足国际市场的一流品牌建设，更需要有勇气面对整个行业发展的责任担当。他认为，无论是做人还是做企业，担当是一种责任，也是一种能力，更是一种精神！

行业引领中的责任担当

2011年5月18日注定是个里程碑式的日子。

东方电热在深圳证券交易所创业板成功上市，股票代码“300217”，成为镇江市首家在深市创业板上市的民营企业，同时也是业内凭借自身实力率先登陆资本市场的企业。

上市以来，东方电热公开向社会发行股票2300万股，募集资金近6亿元，其中超募资金达3.5亿元。资本有了，摆在眼前的就是“干什么”的问题。

“‘干什么’都不能少干研发，‘干什么’都不能让研发落后，‘干什么’都不能丢掉核心技术优势。”东方电热正在进行的4个募投项目当中，其中之一就是研发中心建设项目。项目建成后，一直困扰企业的研发场地和研发设备不足的难题可以得到有效解决。一个研发设施完备和功能全面的研发机构呼之欲出。

谭伟认为，研发中心的建设将使市场、生产与科研紧密结合起来，使原有的技术力量得到加强，对加快消化吸收国际、国内各种新技术，加快自主研发的进程，为企业提供充足的新产品、新技术的储备及开发新工艺，降低生产成本，提升企业核心竞争力，确保企业持续稳定的发展都有着重要意义。

东方电热自1992年成立以来，经过多年的自主研发，构建了较为完整的电加热知识产权体系，成为业务发展之本，公司已获授权专利47项，其中发明专利8项，实用新型专利29项，外观设计专利10项。2010年经江苏省科技厅批准，组建“江苏省特殊电热元件设计与制造工程技术研究中心”；2010年和江苏大学、江苏工业学院分别联合设立了“产学研基地”；2011年，多晶硅生产过程加热系统获省“自主创新重大成果奖”。

在企业得到长足发展的同时，东方电热自觉肩负起行业整体发展与提升的使命，从1999年参与起草JB/T4088—1999《日用管状电热元件》部颁行业标准以来，先后又参与起草了

JB/T10393—2002《电加热锅炉技术条件》标准和《爆炸性气体环境用防爆电加热器》国家标准。2010年沿用10年的JB/T4088—1999《日用管状电热元件》标准需要重新修订，东方电热积极参与，并承办了第二次工作会议，JB/T4088－2012《日用管状电热元件》新标准已于2012年5月24日发布，11月1日正式实施。

轨道客车用的电加热器对抗振动性能、工作温度限制、电安全性能、防燃性能、使用寿命等有较高要求。此类电加热器的最高水平在欧洲，国内轨道客车中的中、高档车型空调系统所用的电加热器大都自欧洲进口，高端市场长期被国外企业占据。东方电热组织科研人员经过一年多的攻坚克难，“中国制造”的电加热装置破茧成蝶，踏破壁垒禁区，“亮相”中档市场，试用评价良好，极大地鼓舞了国内业内同行。目前，东方电热已把研发视线投向了这一领域的高端市场。

人才凝聚中的人文担当

人才是企业发展的第一资源。

企业之间的人才争夺也最为激烈。谭伟告诉记者，公司自上市以来，先后引进国内外专业技术人才8名。这些业内精英的加盟使公司一批募投项目得到顺利上马，也为上市后的公司发展驶入“快车道”提供了人才保障。

据介绍，工业电加热器制造项目建成后，东方电热将新增年产四氯化硅冷氢化用电加热器60套、石化及其他行业用(防爆)电加热器500套、防爆电加热芯60台的能力；家用电器用电加热器(管)生产项目建成后，东方电热将新增年产空调用电加热器组件250万套的能力；年产600万支陶瓷PTC电加热器项目建成后，东方电热将新增年产陶瓷PTC电加热器600万支的能力。

在谭伟看来，募投项目之一“研发中心”的建设也有利于企业创造良好的人才流入环境，吸引优秀的技术人才。研发中心通过对员工系统的培养以及采取各种奖励激励措施，不仅可培养出优秀的电热方面专业技术人才，使企业的技术力量得到加强，还可使员工的个人价值得以体现，从而更好地留住人才。

东方电热对于人才的期待不仅体现在“呦呦鹿鸣”的渴望中，更让人看到有“周公吐辅”的真诚。谭伟认为，利益捆绑进来的人才不会长久，因此，企业对于人才、对于员工更应该注重人文关怀才，这样才会凝结员工与企业之间感情，使之愈久弥新。

2011年7月公司职工贾菊梅在下班途中遇车祸身亡，公司领导在第一时间赶赴其家庭慰问看望，同时发动全体员工捐款，在短短两天内就收到捐款1.86万元。汶川大地震发生后，东方电热用实际行动支持灾区，在不到三天的时间募集捐款16万余元，特殊党费2.68万余元。新区慈善总会成立，东方电热认捐人民币500万元，有力地推动了新区慈善事业的发展。

2012年9月1日，公司召开三届七次职代会，会议通过设立了“东方爱心基金”，以救助突遇困难，如患重病、意外事故、交通肇事逃逸、自然灾害等原因的员工。基金筹措来源公司每月5000元拨款，才外，东方电热员工每人每月交纳5元，由东方爱心基金会设立专门账户，负责保管与发放。

品牌缔造中的历史担当

在东方电热愿景表述中，“创建电热领先企业，成就东方百年品牌。”为企业的未来指明方向。打造电加热行业第一品牌也成为企业不二的选择。

2011年工业和信息化部、国家发展和改革委员会、财政部、商务部、中国人民银行、国家工商行政管理总局、国家质量监督检验检疫总局等7部委联合发文要求国内工业企业建立品牌战略，实施品牌经营，培育品牌文化。以增强企业国际竞争力，推动工业创新发展，促进科技成果向现实生产力转化，树立和维护质量信誉，打造“中国制造”的国际形象和影响力。

东方电热自1997年起连续15年被认定为江苏省高新技术企业、1998年起被江苏省人民政府授予“江苏省重合同守信用企业”、2008年被国家工商总局授予“全国守合同重信用企业”、坦克牌注册商标2004年被认定为江苏省著名商标，2011年11月29日被国家工商总局认定为“中国驰名商标”。这一系列的荣誉背后无不折射着企业觉醒的“品牌意识”。

东方电热是一家专业从事工业和民用高性能电加热器及其控制系统研发、制造和销售的行业龙头企业，产品通过CQC安全认证，欧共体CE认证、德国VDE认证和美国UL认证，是目前国内规模最大的空调辅助电加热器制造商、最大的冷藏陈列柜除霜电加热器制造商，与格力电器、美的电器、青岛海尔等主要空调生产企业建立了长期稳定的战略合作关系。由其自主研发的用于多晶硅生产过程中主要副产品——四氯化硅($SiCl_4$)冷氢化工艺下循环回收利用的电加热系统，解决了长期困扰我国多晶硅生产企业的污染问题(每生产1吨多晶硅会产生15－20吨四氯化硅)，该电加热系统的技术已经达到国际先进水平。

东方电热由创建于1992年的镇江市东方制冷空调设备配件有限公司整体变更，目前下辖一家控股的中外合资企业，五家全资子公司和三个分公司，员工逾千。公司总占地面积18万㎡，建筑面积15万㎡。公司总资产13.5亿元，2011年销售收入7.13亿元。公司以发行上市为契机，积极进取、不断创新，进一步扩大生产规模和业务范围，提高产品的科技含量，增强核心竞争力。

与东方电热同时代的那些民营企业大多止步于大浪淘沙残酷的自然竞争法则之中。而东方电热风雨兼程一路走来由小而大、由弱而强，如今跻身行业前列，成为行业翘楚，凭借什么法宝赢得了企业的壮大？对此，身为东方电热的总经理谭伟认为，法宝之一，首推诚信。他说，企业的诚信首先是人的诚信。东方电热无论交货还是给供应商付款信守诺言，绝无违约。企业核心价值观就是顾客至上，诚信为本。创新发展经营理念也是以诚信求发展。

法宝之二，在于企业的规模化经营。谭伟说，规模化经营可以使企业生产经营要素及其产品实行集中化，容易达到理想经济效益，实现规模经济。比如，企业规模性采购可使生产成本降低，规模性生产以实现产品品种齐全，占据足够的市场份额。

法宝之三，在于舍得投入新产品技术。开发新产品是企业生存和发展的关键。

谭伟说，“企业必须利用科技新成果不断进行新产品开发，才能在市场上有立足之地。没有产品开发能力，企业也就没有竞争能力。”在激烈的商战中，谁拥有新产品，谁就占据市场竞争的有利地位。企业要想在竞争中立于不败之地，就必须根据市场需求和竞争对手的变化，不断推陈出新，给市场注入“新鲜血液”，及时填补市场空白，抢占市场制高点，控制生产、流通和消费的导向权。

古人云：大事难事看担当，顺境逆境看襟怀。东方电热以一种搏击云天襟怀，倡导着一种叫做“担当”的精神。

而东方电热的百年品牌梦，正始于足下。

一正启源从树巅到云端

——访北京一正启源科技发展股份有限公司董事长赵嘉先生

拥有人才、经验和“云端”，拥有可以连通各地的数据网络，这就是它未来在中国的价值体现。

该怎样解释一正启源的业务呢？32 岁的董事长赵嘉想了想，把一正启源开发的青云协同门户办公系统比作工作版的开心网和 Facebook。

“传统办公系统软件都是同一个界面，比如像传统的用友软件，只要版本一样，装给哪个企业都是那个界面。每个企业没有能够体现自己业务特点和企业特点的模块，要装的话二次改动开发的成本会很高。我们的软件就不一样，充分实现了个性化，每个企业的工作界面都不同，使用我们的软件，能体现自己不同的特点和文化。比如我们企业的内网门户，就有自己的投票系统。年会去哪儿吃、春游去哪儿玩，企业都是通过投票来解决。我们门户上还有实时的天气预报，可以通过手机终端跟内网相连，我可以实时知道，比如出差到新加坡分公司、到美国分公司，知道那边的信息，预订会议室，通过门户达到这个功能。”

不仅如此，一正启源的管理软件的个性化还细致到了企业的每个员工。赵嘉说：“每个人的界面都不一样。每个人的工资条、报销单都不一样。就跟用开心网似的。你可以下载各种插件，这个插件可以用来管理照片，那个插件可以种菜、倒停车位。我们的软件就是这个功能，让每个员工由于岗位、职能不同，在操作我们的软件时使用不同的插件、不同的功能点，但最后到企业后台进行一个大融合，把你的文档、你的信息进行统一综合处理。简而言之，就是‘个性化办公，统一协同管理’。”

赵嘉说，一正启源服务的对象也很具代表性。一类用户是众多外企，如达索公司、索爱等国际一线公司；还有一类是航天科工等大型央企。自从 2005 年创办以来，经过七年发展，一正启源已经成长为一家在业内有影响的软件公司。近年来公司盈利状况良好。

和许多中国软件企业一样，一正启源是从为大型跨国企业做外包服务起步的。由于有位同学在微软工作，赵嘉幸运地靠上了微软这棵大树。创办初期，一正启源的角色是微软的解决方案提供商。赵嘉解释说，这就像是给微软打补丁，“用户购买了微软的产品后，可能会有一些个性化的需求，比如有人在使用 Word 文档时，出于安全保密的要求，不希望有某个功能，比如去除打印功能，不需要有发送给谁谁谁，我只希望你看这个文章，并且我要求你只能看多少次，或者某个时间段看这个文章，而后就消失了，就像 007 年电影里演的那样。但是，你买微软公司产品是不能做到这点的，但通过我们的服务是可以把你的 Office 变成这样的。”

这样的零敲碎打持续了两三年，一正启源在 2006 年成为微软的金牌合作伙伴，后来又成立了微软 Moss 技术研究院。通过与微软和 IBM 等巨头的合作，一正启源不仅取得了订单，学到了跨国巨头先进的服务理念和流程、手段，将微软具有前瞻性的技术转化为自己的产品和服务，而且拉住了与微软有合作关系的大量客户。微软对于一正启源来说，就像是一座金山，资源取之不尽用之不竭。直到现在，一正启源还是与微软维系着非常紧密的关系，也仍然在为微软进行外包服务，只是这一块占据营收的比例随着公司自主业务的发展而日趋减小。

现在，一正启源已经从最早的纯外包服务，进入了业务发展的新阶段。

赵嘉说，目前，一正启源不仅可以为目标客户群提供一条龙式全产业链的自主服务，“从解答，到出方案，到安装、数据托管……包圆了。”从今年开始，一正启源已经进入了业务发展的第三阶段：将把第二阶段开发的产品模块进行模块式打造，向全球发售。“这个月底我们的平台将要在美国上线，美国代理商全权代理我们上线的付费支付功能。”赵嘉解释说，通俗来说，就是把自己的产品放在类似于 APP 商店的“云端”平台，由客户自行挑选购买。“我们等于把 IT 产品面对面的购买形式变成了网上购买的形式。原来我们外包是一对一服务，几乎全公司就接一个单子或两个单子，到现在是面对面服务，到最后就是一对多服务，就是‘云端’服务。”

不仅如此，一正启源还计划对个人客户开放自己的“云端”，“有两类人可以跟我们合作，一类人是在这个平台统一的技术标准下，他也开发出一些小的模块或功能，只要符合我们的标准，经过我们的验证和测试，可以在这个平台上发售，我们进行结算就行了。第二是我们要吸纳大量的内容供应商，比如你是麦肯锡公司，你手上有 1 万个合同模板，可以在我们这个平台上来发售。我们会跟提供方来进行结算。”

虽然发展迅速，但赵嘉自认，一正启源还是一间小公司，提供的服务专而精，而这正是优势所在，是大企业的业务领域难以完全覆盖也不擅长的，“比如苹果，光做 iPhone 硬件和 APP 市场就够了，作为大的提供商，它的精力并不在于提供我们这样的专业服务；相反，它希望有更多的中小厂商来跟它进行战略互补。微软也是如此，跟我们是合作伙伴而不是竞争关系。”而和用友这样的大型软件公司相比，一正启源也有自己的优势，用友这样的大型本土软件公司已经形成了自己固定的产品模式，不可能再去无限迎合微软的产品模式，但一正启源就不一样，胜在身段灵活，不会介意以微软为主导，“可以在它的平台满足微软用户的需求。”

让赵嘉烦恼的是，公司的资金赶不上发展的速度。目前一正启源已经进行了两轮融资，“第一轮融资是 2007 年时候的天使投资，百万级别，”赵嘉说，“第二轮是在去年，投资方是东方汇富的阚治东，投资额逾千万元。”

说到今后的发展，赵嘉说，想把中国 IT 的传统产业链的价值做进一步提升。他讲了一个“都市放牛”的故事：

“前两天我们签了一个中兴牧业的单子，他们是养牛的，大约是几万头奶牛的规模，养殖基地在黑龙江黑河。这个企业规模很大，所有牛是从新西兰引进的，总部在上海，它的生产中心是在黑龙江黑河，所以就面临一个很麻烦的问题：怎么去管理？因为高层和养殖基地不在同一个地方。

“他们找到了我们。我们给中兴牧业设计了一个解决方案，包括了全产业链的服务。首先，我们给这个项目做了个整体规划，解决北京、上海、黑龙江三地办公的问题。从工程建设、种牛管理、数据统计，进行一个整合管理，我们做了个详细的规划。

“第二步，通过我们的研发，(制造出管理软件)把第一步的规划落地。

“第三步，我们把数据中心建立在北京，通过对数据中心的管理，达到第一步规划所有数据的整合和展现。

“按照传统模式，中兴牧业必须要在黑龙江或者上海建立一个 IT 中心。但是黑河那地方您知道，没有专业 IT 人员，高端 IT 人员不会去黑河的，而上海这边是一个管理公司，招一些上海的IT人员成本是非常高的。所以，将IT业务外包给我们公司，对各方来讲都是利益最大化的。

“同时，由于有云端服务的存在，我们的服务可以推广开来。以色列这家公司的客户不仅仅是中兴牧业一家，还有吉林、内蒙古几家牧业公司，有了这次合作作为基础，吉林的、内蒙古的，蒙牛、伊利的都可以放在我的数据中心进行统一管理和优化。在内蒙古，蒙牛建IT中心，要想找一流的IT人员，哪有啊？都集中在中关村、集中在北京，上海其实都少，上海是金融人才多一些。而我们拥有人才、经验和‘云端’，拥有可以连通各地的数据网络，这就是我们未来在中国的价值体现。”

（文章来源：《中国企业家》杂志）

记鲁银投资集团股份有限公司
董事长、总经理、法定代表人刘相学先生

一、主要工作简历

1976.1—1978.6 沂源县石桥公社工作。

1978.6—1984.6 山东韩旺铁矿工作。

1984.7—1987.6 莱钢教育中心会计班脱产学习。

1987.7—1996.8 山东韩旺铁矿任成本会计、财务副科长、经营部副部长。

1996.8—2007.8 莱钢集团公司财务处任成本科科长、副处长；莱钢股份公司财务处负责人；莱钢集团公司财务部部长；总经理助理。

2007.8—2010.1 鲁银投资集团股份有限公司公司总经理、法定代表人。

2010.1 至今鲁银投资集团股份有限公司董事长、总经理、法定代表人。

二、主要业绩

任职鲁银集团以来，针对公司产业分散、主业定位不明确、盈利能力低的现状，以振兴发展鲁银为己任，率先垂范，以身作则，团结带领领导班子和广大员工，紧紧围绕董事会和股东大会确定的各项任务目标，开拓进取、扎实工作，通过完善制度体系、加强基础管理、化解潜在风险、调整产业结构等手段，公司经济效益发生了历史性变化，使鲁银驶入发展的快车道，生产经营各项工作保持积极、快速、健康的发展态势。

（1）以经济效益为中心，促进公司跨越式发展。公司将提升经济效益、提高盈利水平作为经营工作的中心任务，积极调整经营思路，创造性地开展工作，对各项指标及节点进度计划进行层层分解，制定应对措施，挖掘市场潜力，强化生产管理，稳定产品质量，提高产品产量，持续推进降本增效工作，生产经营各项工作保持积极、快速、健康的发展态势。2010年，公司圆满完成了生产经营两大跨越的任务目标，利润总额实现了过亿元的重大突破。2011年，公司再接再厉，主要指标均比上年同期又有了大幅度提高，在2010年利润翻番的基础上，实现了利润总额再翻一番。2011年，公司销售收入、利润、净利润均创历史新高，全年累计实现销售收入56.92亿元，实现利润总额35465万元，实现净利润30071万元，分别比上年增长32.73%、210.71%和182.02%。

（2）强化公司内部治理，运作规范。坚持总经理办公会议制度，对“三重一大”事项进行充分研究讨论，确保决策科学性。在建立健全、严格施行三会一层法人治理结构基本制度和一系列管理规章制度的基础上，以内控制度建设为契机，健全完善各项管理制度，近年来建立健全规章制度60余项，实现了由粗放型管理向精细化管理的转变，管理的效率和效果显著提升。积极做好上市公司信息披露工作，加强董事监事人员培训，促进了公司规范化运作水平进一步提升。

（3）积极推进内部产业整合步伐，强化公司发展后劲。立足当前，着眼长远，推进集团发展战略研究，完成了“十二五”产业规划及其配套实施方案的编制工作，确立了公司“3+1”的产业发展规划格局，为公司持续健康发展奠定了基础。与青岛豪杰矿业签订股权转让与矿产资源开发合作协议，成功进入铁矿采选业，培育了公司发展新的利润增长点。响应我省建设文化强省的号召，成立了山东鲁银文化艺术品有限公司，积极拓展文化领域业务。房地产业完成了由单一住宅项目开发，向写字楼、商业街等多元化项目开发的转型，呈济南、青岛、莱芜三地并行发展格局。力排众议，在金融危机时期，成功运作了济南经十路写字楼项目，实现了丰厚利润，为后续发展积累了资金，实现了多项目并行开发的良性发展格局。配合房地产开发成立了弘德物业公司，使公司产业链条更趋完善。

（4）改善机关作风，积极组织各项调研活动，形成了日常调研、定期调研、管理层基层蹲点调研和专题调研相结合的调研体系。创立公司内部刊物《鲁银信息》和远程视频会议系统，为上下沟通和实时管理搭建了平台；坚持开展重点客户走访工作，加强了对行业及市场状况的了解，实现了对生产经营过程的服务、协调、监控、调度和实时管理，集团公司机关服务意识、大局观念和监督指导作用大大增强。

（5）强化计划管理、健全激励导向机制。改变单一计划指标，形成计划、奋斗和冲刺三档计划指标的经营计划体系，充分发挥经营计划对生产经营工作的引导和激励作用。建立起了以“净资产收益率”为核心的经济责任考核体系，形成了科学的业绩评价体系，实现了经济责任与经济利益的紧密结合。打破分配平均主义，进行分配体制改革，取消了学历工资，实施专业技术职称序列分配办法，有效强化了员工钻研岗位技能、专业技术的积极性。

（6）着力解决历史遗留问题。克服各种阻力圆满完成对巨额亏损、已严重资不抵债的烟台药业的股权转让工作，彻底摆脱了这一长期困扰集团发展的历史包袱，有效地改善了公司资产质量。成功盘活上海、深圳、济南多处闲置和不良资产，为公司生产经营资金提供了有益补充。积极推进停业子公司和不良债权清理，历史遗留问题得到妥善解决。公司资产负债率大幅下降，资产质量显著提高，财务状况明显好转。

（7）强化企业文化建设。紧紧围绕企业中心任务，充分发挥思想政治工作优势和先进文化的引领作用，积极做好形势任务教育，深入推进“新起点、新思维、新举措、新跨越”主题系列活动、“优化管理、降本增效、创新发展”劳动竞赛活动和合理化建议活动；通过联欢会、座谈会、演讲比赛、主题征文及讲座培训等活动，积极推进学习型组织和企业文化建设工作，进一步增强了员工的凝聚力、向心力，形成了干事创业、团结向上的浓厚氛围，有效推动了经营工作的高效运行。

三、主要荣誉

（1）莱钢集团劳动模范。

（2）在实现1000万吨钢奋斗目标中做出突出贡献，获个人一等功一次、二等功一次。

（3）创造的“实施钢铁成本系统优化大纲，促进成本持续降低”荣获2006年度管理创新与进步项目一等奖、2007年度山东省企业管理现代化创新成果一等奖、第二十一届山东省

企业管理现代化创新及优秀应用成果一等奖。

(4)创造的"面向企业价值最大化的管理效益纵深行"荣获第二十届省级一等企业管理现代化创新及优秀应用成果。

冀东装备揭牌成立 集团实施"多业并举"战略获得重大进展

——专访冀东装备张增光董事长和于宝池总经理

8月18日11时18分,是一个吉祥的时刻。在风光旖旎,美景如画的唐山南湖紫天鹅庄维景国际酒店,唐山冀东装备工程股份有限公司正式揭牌成立,这是冀东发展集团成功重组唐山陶瓷,将旗下装备板块中强势企业组装上市后的精彩亮相,在集团公司发展史上具有里程碑意义,是冀东发展集团实施"多业并举"新战略的阶段性重大成果之一,从此后,集团公司将实现两大主业上市公司比翼双飞之势。

为此,《中国建材报》记者采访了唐山冀东装备工程股份有限公司董事长张增光、总经理于宝池,新组建的装备工程公司明确将以打造中国著名、世界知名的高端装备制造企业为发展目标,以优异的业绩答谢社会各界的厚爱。

唐山陶瓷公司成立于1998年6月,并于当年8月在深交所挂牌上市,因经营亏损于2009年4月被深交所实行退市风险警示。唐山市委、市政府果断决定冀东发展集团重组ST唐陶,由装备工程板块借壳上市。2011年1月5日,通过了中国证监会《关于核准唐山陶瓷股份有限公司重大资产重组方案的批复》,显示资本市场对重组工作的认可,标志着冀东集团重组ST唐陶获得了阶段性成功,继而,在市委、市政府的主导支持下、在证监会的监督协助下、在各界股民的热切关注下,历经了一系列规范的程序和严谨的工作,唐山冀东装备工程股份有限公司诞生,并正式投入运营,新组建的上市公司实现了从陶瓷业向装备制造业的转型。

高起点强优势跃上崭新平台

张增光说,冀东发展集团成功重组唐山陶瓷得到了市政府及各有关部门的鼎力支持,这不仅是冀东集团的大事,也是全市保民生、调结构、促发展的幸事。

唐山陶瓷被成功重组的意义,首先,保护了上市公司广大投资者权益,维护了原唐陶公司广大职工的合法权益,对维护社会稳定有着重要的政治、社会意义。其次,是实现唐山市发展装备制造产业,建设现代装备制造及配套设施基地,延伸钢铁产业产品链条的重要转变,对唐山市转变经济发展方式有着重要意义。再次,使冀东发展集团获得了实现相关多元发展战略、做大做强装备制造业的重要平台,延伸产业链条,建设新的经济增长极,实现产业结构调整。这是冀东集团继水泥股份公司上市后又一上市公司,加大资本市场融资力度,可为企业发展提供充足资金支撑。

张增光对企业装备工程板块的发展做了较为详细的介绍,他说,"十一五"初,冀东集团确立了打造装备工程板块的发展战略,明确为跟进国际先进水平的高定位。"十一五"以来,冀东集团在夯实水泥装备制造业的基础上,成立装备研发中心,进军电气行业,强化水泥生产线工程建设安装与维修能力,一系列改革创新,高起点、高水准打造了完整的服务型水泥装备工程产业链,完成了冀东集团产业的战略转型,形成企业新的利润增长点。冀东集团装备工程板块成绩显著,并凸显为行业服务的特性,从而构成了建材行业引人注目的亮丽风景。

公司装备研发中心,形成产学研技术创新体系,具备了日产10000吨及以下水泥生产线全套设备的研发能力;冀东集团旗下有着百年历史的盾石机械公司具有水泥装备及配件制造能力8万吨和成套能力10万吨的实力;冀东集团组建了华北地区最大的生产低压成套开关的唐山盾石电气公司,可制造日产3000吨到10000吨水泥生产线的全套系列化电气和自动化设备,年产各种型号电气盘柜1万余面;盾石建筑公司、盾石筑炉公司拥有国际先进的专用维修设备、标准化作业模式和科学施工方案、培养锻炼了一支经验丰富的施工队伍,具备同时进行8条日产5000吨生产线的建设能力以及20条中大修规模的新型干法水泥生产线的维修能力。冀东集团成为全国唯一一家集水泥生产线工艺设计、装备研发制造、工程建设、安装调试、备品备件供应、生产线维修为一体的专业化集团。

冀东集团始终以自主创新为原动力,推进装备工程板块迅速发展,形成完整的水泥工程系统集成创新与服务能力。这次组入上市公司的四家企业是盾石机械公司、盾石建筑公司、盾石筑炉公司100%股权和盾石电气公司51%股权。这是冀东装备板块核心企业,有着悠久历史、或丰富实践经验、或强劲创新实力,并努力践行着产品、产业、服务三大转型。冀东集团盾石机械公司从制造水泥窑、磨等传统设备,实现向制造节能新型装备的突破,企业先后研制出水泥工业用高效冷却机、大型堆取料机、辊压机、锤式破碎机、矿渣超细粉立磨、原料立磨、水泥工业用皮带秤、料位计、高效布袋收尘器、科里奥利秤等新一代高效节能产品,既满足了国家水泥生产节能减排环保新标准要求,又拓宽了钢铁、冶金、化工等新领域市场,为我国新型干法水泥工业发展起到了示范和带动作用;2007年成立的盾石电气公司,以技术创新的优异成绩荣获了国家"高新技术企业"称号,成功进入国家新型电气装备制造业先进行列,其自主研发的新型节能和智能化电气成套产品,已获得20项国家专利,盾石电气公司已将国际一流技术、全新设计和优质服务呈现给社会,产品销往建材、钢铁、电力及化工等多个领域;盾石建筑公司、盾石筑炉公司原来是为水泥企业生产做保驾护航的服务型企业,在持续提高建设安装维修能力的同时,不断开发创新自己精心制造非标准设备和备品备件,创新服务模式,形成了保驾维修、包保维修、技改技措维修等系列维修保障体系,深受水泥行业各生产用户的欢迎和信赖。

张增光说,冀东集团装备工程板块的强势企业借壳上市,如同猛虎添翼,新的发展平台,将加速企业在短时期内,将装备制造、工程服务的能力、水平跃居全国机械装备制造行业的前列。

抓住发展机遇建设一流企业

张增光认为,高端装备制造业是国民经济发展和国防建设提供高端技术装备的战略性产业,具有技术密集、附加值高、成长空间大、带动作用强等特点,是产业链的核心环节。近年来,我国装备制造业取得了长足发展,但还不是装备制造强国,建设装备制造强国应最终实现核心技术自主化、高端产品国产化、出口产品高附加值化。为此国家在"十二五"重点支持发展的七大战略性新兴产业中确立:高端装备制造业、节能环保、新能源等产业。冀东集团要紧紧抓住国家发展战略性新兴产业所创造的巨大机遇,大力发展高端装备制造业、新能源产业,加快提升传统制造业。优秀企业要勇于承担社会责任,冀东装备工程公司将为振兴我国装备制造业做出新的贡献。

张增光介绍了新组建的冀东装备工程公司整体发展战略。他说，冀东装备工程公司明确了“突出重点，局部超越，以技术联盟推动技术创新，以研发生产环保节能装备为方向，走差异化发展之路”的发展战略；将实施“产品创新、装备升级、管理优化、人才建设”四项工程，促进企业实现市场转型、产品转型、发展转型；将企业建设成为集产品研发、设计、制造、安装调试与服务于一体的集成商和供应商。成为国际知名、国内著名的装备一流、管理一流、质量一流的现代化大型企业集群。

实施创新驱动推进转型升级

面对新的发展机遇，于宝池认为，机遇与挑战同在，优势与风险并存。冀东装备工程公司发展方向，是国家鼓励发展的新兴产业和生产性服务业，并已在节能环保装备、电气自动化产品制造、特色维修服务上奠定了坚实的基础，有着一定的市场认同，但同时需要进一步转型发展，调整提升，适应市场和社会的需要。因此企业必须保持奋发向上的精神风貌，脚踏实地的拼搏斗志，还必须保持清醒客观的思想认知态度，充分认识存在的问题和面对的风险。既要谋划长远，又要立足当前，借力上市，抓住机遇，学会用世界的眼光、战略思维、超前意识，思考新课题。不仅为企业赢得更多效益，更要向社会交上一份满意的答卷。

对于新公司当前具体要实施的工作，于宝池介绍说，要实现企业发展战略目标，公司将扎实做好以下工作：一是尽快完成公司治理机构、组织架构设置和人员配备工作，确保一批优秀的、适合上市公司发展的人才进入上市公司，为公司的发展壮大提供人才支持和保障。二是以提升科技创新、产品创新、研发创新实力为核心，打造以自主创新为主、同科研院所和国内外知名厂企与高校相结合的技术研发之路，完成节能环保新产品的研发与制造，实现产品结构的调整。三是优化公司的管理模式，以市场为导向，以人才为根本，以技术为动力，以质量为中心，建立科学、规范、高效的管理体系，建立适应市场需求的、共赢的营销体系和供应商体系。

于宝池说，装备工程公司转型任务十分艰巨，要从传统水泥装备向高端机械装备业转换，从服务建材行业到开拓国际市场，从而实现管控机制、运营模式与国际接轨，向国际化的企业集团迈进。装备工程公司将以创新为驱动力，打造高端装备企业，实现市场、产品、发展三个转型；走差异化路径，以优异质量和真诚服务，打造装备制造领域内的制造商、供应商、服务商的一流品牌。要实现三个转变，首先是经营思想的转变，要在产业发展、市场开拓、产品研发中找到准确的自身定位。通过科研开发由产品制造向产品创造转型，生产技术向工业自动化与工艺技术相结合的先进模式转型，产品结构向节能环保、高附加值、多元化方向发展，企业经营由制造型模式向服务型模式转型，由提供工程建设安装向提供系统设计解决方案保驾护航转型。在艰苦而有成效的系列转型之中，实现自身由制造商向“制造商 + 供应商 + 服务商”的身份转变。

于宝池说，装备制造业是为国民经济各行业提供技术装备的战略性产业，其水平高低是一个国家工业化程度的重要标志。我们有幸加入这个领域，肩负着重任。重组后的冀东装备工程公司将最大限度的为客户提供精良产品，为客户提供周到服务，为客户创造价值，为我国装备制造业的发展和振兴贡献力量。

冀东装备工程公司踌躇满志，并承载着行业的期待，正待扬帆远航。

（记者：刘荣慧）

围海股份：海堤建设第一股

——记浙江围海建设集团股份有限公司董事长冯全宏先生

一年前的 6 月 2 日，浙江围海建设集团股份有限公司在深圳中小板上市。这是从宁波走出来的全国专业海堤建设第一股。从矢志上市到梦想成真，围海人整整经历了 8 个年头。业绩扎实、主业突出和市场前景广阔，是围海在上市大考中赚取高分顺利踏上 IPO 道路的三个重要环节。

8 年修炼上市实力

围海股份董事长冯全宏说围海的上市之路很顺利，“从 2010 年 9 月申报到成功上市，仅用了 7 个月的时间。”但实际上，像围海这样，为了一个目标可以低调而充分准备 8 个年头的公司并不多。

围海公司在 2003 年实行股份制改造时，就已经立意要上市。冯全宏带领管理层对伦敦、纽约、新加坡、香港等地的证券交易所进行了考察。“因为我们做的业务全部在国内，如果在境外市场谋求上市，可能要做很多的前期宣传工作，而且维护成本也比较高，我们经比较后决定就在国内上市。”

当时国内 A 股上市的企业一般盘子较大，对于围海来说，这是一个相当高的门槛。冯全宏清醒地认识到上市是一个系统性工程，不确定因素很多，打好基础、储备实力、等待时机是最应该做的事情。老同事对冯宏全的评价是，有远见，但不冒进。“他经常为大家设定一个新的标杆，但从不勉强大家明天就能跨越它。”上市这个目标也是如此。

2004 年 5 月，经国务院批准，中国证监会批复同意深圳证券交易所在主板市场内设立中小企业板块，一个专门服务于中小企业的板块应运而生。中小板的设立，为中小企业进入资本市场融资开辟了专门通道，满足了处于高速成长期的广大中小企业旺盛的资金需求。围海人觉得，机会来了。在 7 年后，他们果然在中小板上市。

8 年时间打下的扎实基础是 IPO 成功的一大前提。围海公司在 2003 年改制前，年工程合同总额 2 亿元左右，工程结算收入 1.5 亿左右。改制后，公司的经营模式、盈利模式、管理模式、分配模式等更加有利于企业发展，连续 6 年在工程合同承接、工程结算收入、利润增长等三大指标上都实现了年递增 20% 以上的目标，股东年分红率达到 15% 以上。从 2003 年开始，围海公司就聘请专业会计师事务所每年对公司财务进行全面审计。会计师事务所在 2007 年、2008 年、2009 年、2010 年连续出具无保留意见，认为围海公司在财务方面已完全符合上市要求。

主业符合产业导向

“主业突出，这是我们的优势。”围海股份董秘成迪龙说。

改制后，公司的经营模式主业突出，符合国家的产业政策。围海公司的主业为水利与港口工程建设———海堤工程建设，包括海口岸、沿海岸、岛屿岸、近岸海岸堤修筑建造工程及相配套的水闸工程、部分水库建造和水库除险加固工程。上述工程合同承接额和工程结算收入，占公司财务收入的 95% 以上，而且公司主业发展为国家所鼓励发展的产业。

2010 年 10 月 18 日，是围海人在上市见面会上面对“考官”进行大考的日子。巧合的是，当天正是历史上罕见的超强台风“鲇鱼”登陆菲律宾，早上的电视新闻不断滚动播报。“我们准备材料的时候，为怎么解释台风动足了脑筋。因为我们做的核心业务就是防护海堤建设,防台抗台的。怕不是在海边生活的人对台风没概念。正好,大台风搞得大家都知道了我们所建工程的重要性。"成迪龙说。

同一天,《中共中央关于制定国民经济和社会发展第十二个五年规划的建议》也明确提出,要加强海堤建设。而这个正是围海的核心业务。

在"大考"当天,凭借国家产业导向的优势,冯全宏描述的行业发展前景让"考官"信服,"发展海洋经济,是国家确立的重大战略。国务院制定并出台了一系列沿海经济和海洋经济发展的鼓励政策,先后批复了福建海西、江苏沿海、辽宁'五点一线'、海南国际旅游岛、长三角、黄三角等 11 个区域发展规划。'十二五'期间,全国性的新一轮 50 年一遇的以上标准防护体系的建设也将拉开序幕,仅此类高标准海堤建设项目预计投入 1000 亿元以上。借助上市这个平台,通过实业与资本的有效结合,进一步提升公司的综合发展实力,让更多的投资者分享我们的发展成果。未来 3 年,确保主营业务收入年均复合增长率 20% 以上。"

2011 年 4 月 13 日,围海股份 IPO 过会。围海公司由不为公众熟知的一家企业,走进了公众视野,登上了中国资本市场的舞台。

募投项目进展顺利

根据围海股份的《招股说明书》,IPO 募集资金将投向舟山沥港渔港投资建设项目、专用设备购置项目、建设工程技术研究创新基地项目等。一年以后,围海的管理层告诉记者,募投项目进展非常顺利,其中,舟山沥港渔港一期项目今年下半年进入结算回购期,将收到第一期回购款。专用设备购置项目,目前插板船、液压对开驳、平板驳等专用船舶已经建造完成,年内将投入生产。待专用设备购置项目全部完成,公司的产能将得到较大提升,有助于业务规模的进一步扩大。

在围海的 2011 年报中还提到淤泥固化及深水爆破挤淤技术均取得一定突破。冯全宏告诉记者,公司的爆破挤淤技术已经得到成果转化,并已取得效益。深水爆破挤淤金塘项目已顺利完工,在该项目研制的深水爆破挤淤装药器也通过科技成果鉴定,经业内专家鉴定为国内领先水平。

"淤泥固化是一个前景很广阔的项目,我们把海堤建起来了,围起来的滩涂怎么变成可利用的土地呢?如果往滩涂里填石头,那要开山采石,不利于环境保护。最经济的办法是从塘外取淤泥填地。但淤泥要通过自然固化变成可以建高楼大厦的土地,可能需要 3 年到 5 年的时间。我们一直在研究,怎么把这个时间成本给缩小。现在,通过我们的淤泥固化技术,固化时间可以缩短到 3 个月以内。"冯全宏说,凭借这个技术,围海未来可以介入土地整理、土地改良等后期开发领域,投资者也一定能分享到更多的回报。

(作者:周静)

天晟新材:结构泡沫市场的引领者

——访常州天晟新材料股份有限公司董事长吕泽伟先生

吕泽伟:男,中国国籍,无境外居留权,1962 年 9 月出生,大专学历,高级经济师。现任本公司董事长兼总裁。1983 年至 1987 年,任职于常州市机械工业局科技情报站,1987 年至 1993 年,任常州兰和塑料化工有限公司销售部经理,1993 年至 1998 年,任常州市青龙塑料制品厂副厂长,1998 年至 2008 年 6 月,任常州市天晟塑胶化工有限公司董事长兼总经理。吕泽伟先生为常州市政协第十一届、第十二届委员,天宁区政协第五届委员、第七届常委,天宁区工商联副会长、副主席,常州包装协会副会长。

近日,科技部公布风力发电科技发展"十二五"专项规划。规划显示,特大型风电场建设和大规模海上风电开发将成为十二五期间风力发电科技的战略需求,规划风电新增装机 7000 万千瓦以上。此举将有力带动风电叶片的生产及其原材料结构泡沫的市场需求,作为结构泡沫行业的领军企业天晟新材将受益于此。

天晟新材在结构泡沫材料领域,与戴铂及阿瑞克思并肩站在世界的最尖端,公司自行研发的 Strucell 结构泡沫材料是目前国内唯一投入批量生产的该类型新材料产品。PVC 结构泡沫材料由于性能优越、价格适中的优点,被广泛应用于风电行业和船舶领域。

董事长吕泽伟在接受中国证券报记者采访时表示,2012 年,天晟新材将进一步调整产品结构,加大高毛利率产品的比重,并不断将储备产品推向市场。

调整产品结构　加大高毛利率产品比重

有资料显示,2011 年,中国新增安装风电机组 11409 台,装机容量 17630.9MW,累计安装风电机组 45894 台,装机容量 62364.2MW,年增长 39.4%。业内人士分析,风电行业的发展已经进入了平稳增长阶段。

根据国家十二五期间对风电行业的规划,风电发展将按照集中开发与分散发展并举的方式,推进风电大规模发展,增加风电在能源消费构成中的比重;加强海上风电技术研究,推进海上风电开发建设;加快风电产业升级,培育技术先进、具有国际竞争力的风电产业。到 2015 年底,风电总装机容量达到 1 亿千瓦,平均每年增加 1200 万千瓦,仅此即可带动结构泡沫需求 1.44 万吨。

天晟新材积极应对市场变化,一方面做好相关市场整合工作,通过与 3A 中国共同设立的合资企业,将销售形式调整为直销与经销相结合的模式,对行业内重点企业进行直销,加大成套芯材的销售比重。公司已分别取得中材科技及广东明阳对成套芯材的采购合同,采购金额预计为 1.6 亿元至 1.8 亿元。同时与中复连众及国电联合动力也在进行紧密的合作,争取 2012 年度完成国内风电叶片成套芯材 50% 的市场占有率。

截止 2011 年底,天晟新材 PVC 结构泡沫材料年产能 4500 吨,公司将进一步扩大产能,PVC 产能 2012 年年内达到 7000 吨。

与此同时,公司加快了 PVC 结构泡沫在轨道交通、船舶等其他领域的拓展应用。2012 年,公司将通过 CIM 车辆部件的成套供应,提高结构泡沫的应用点,实现车辆轻量化目标。吕泽伟介绍说,CIM 事业部去年 3 月份成立,团队共有 200 人,产品广泛应用于城市轻轨。现有生产车间占地 5000 平方米,未来募投项目 2 期的土地一旦建成,大部件的生产车间将全面投入使用。通过与南车及北车合作,根本上从原来只卖原材料的材料供应商,转变成做轻型车辆成套设备加工一体化的制造商,这将大大提高公司的盈利及竞争力,为公司未来的发展增添新的利润增长点。

2012 年,吕泽伟表示,公司仍将更进一步调整产品结构,优化结构泡沫产品在整个产品中的比重,加速产品产业化的进程,对客户结构进行调整。

储备产品丰富　瞄准市场厚积薄发

长期从事高分子发泡材料研发、生产和销售的天晟新材，打破国外技术垄断，在结构泡沫材料这一领域与国外巨头结成联盟，共同开发市场。

“公司最大的竞争优势在于保持技术上的领先。”吕泽伟表示，2011 年公司研发支出 1638 万元。占营业收入的 4%。研发费用逐年上升。公司技术中心正在研发的新技术可以归结为以下三大核心技术：高分子材料发泡技术、泡沫材料应用技术以及专项应用成套体系技术。截至目前公司已有 10 项专利，其中 4 项为发明专利，6 项为实用新型专利。

“坚持市场导向，根据市场前瞻性特点探索产品开发，做到预研一代、开发一代、设计一代、生产一代。”吕泽伟介绍说，公司目前的储备产品中，有 10 个正在进行试生产，其余的部分完成产品验收以及生产。其中建筑幕墙开发已经形成产业化，备受市场关注的 PMI 结构泡沫材料和 PP 挤出式结构泡沫材料已经在进行大中试。

为了保持技术优势，天晟新材致力于与高等院校结成战略联盟，建立以高等院校、专业研究院所为技术支撑，行业专家为企业技术顾问的高端平台，打造行业顶尖技术研发和人才培养中心。天晟新材与四川合作共建天晟——川大研究中心，为企业培养高层次技术人才及技术骨干，并利用高校院所的优势，对企业技术人员实现再培训再深造，提高技术人员的科研能力，进一步提升企业的技术创新能力。

“为了留住优秀的人才，公司推出股权激励方案，拟向包括公司董事、高级管理人员、核心业务人员在内的对象授予总量为 480 万份的股票期权，涉及股票标的为 480 万股，占目前公司股本总额的 3.42%。首次授予激励对象人数为 394 人，这占到了公司目前全体员工总数的 35.98%，”吕泽伟认为，较大范围的股权激励能够有效的激励员工，最大限度的调动每个员工的积极性和创造性，实际控制人也同时承诺以不少于前一年度实际收到的税后现金分红的 30% 作为激励对象行权的激励基金，这为激励对象提供了行权的实质帮助。

吕泽伟说，在激烈的市场竞争中企业要生存要发展，就必须不断地修练内功，才能保持领先。面对行业发展带给结构泡沫领域巨大的机遇，天晟人将始终以技术和创新为基础，以市场需求为导向，形成公司控制核心技术和目标市场、行业投资带动制造规模的产业链，真正向着结构泡沫市场的引领者迈进。

我希望做红色商人

——访成都红旗连锁股份有限公司党委书记、董事长、总经理曹世如女士

2011 年 12 月 18 日，中国商业服务业入世 10 周年大型纪念活动开幕式暨高峰论坛在京举行，成都红旗连锁股份有限公司荣获了“中国商业服务业入世十周年最具社会责任企业”。同年 12 月 19 日，在“2011 年度领秀榜”颁奖典礼上，成都红旗连锁股份有限公司荣获“2011 年度最贴近老百姓的连锁超市”称号，成都红旗连锁股份有限公司党委书记、董事长、总经理曹世如荣膺“2011 年度商业领秀人物”奖。辞旧迎新之际，成都红旗连锁股份有限公司（以下简称红旗连锁）再添殊荣。

走进红旗连锁，记者发现，这些荣誉已被“束之高阁”。在董事长曹世如的办公桌案头台历上，已翻到了 2012 年的崭新一页，上面赫然写着曹世如那刚毅有力的字体：2012 年经济不会大起大落。同时，记者还发现在她的案头上整齐摆放着包装精美的未拆封的香奈儿以及香气四溢的红玫瑰。因为这一天 2011 年的圣诞节刚过，于是，在这节庆未消余香缭绕的特殊日子里，红旗连锁党委书记、董事长、总经理曹世如接受了记者记者的专访。

一生与红色有缘红色让我充满激情

记者：曹总，与红旗连锁企业多次接触，发现您特别钟情红色，连企业员工的店徽和员工们的衣服都是红色的？您能谈谈其中的缘由吗？

曹世如：你们记者观察力太令人佩服了。在所有颜色里面，我最喜欢红色，红色使我充满激情。说到红色，我觉得这一生与红色有缘。例如，生在新中国，长在红旗下；少年就读于红星中学；青年时期上山下乡落户于红星公社的红星生产队；知青回城就业于成都红旗商场；后来又成了红旗连锁的老总。

记者：您如何看待激情与企业发展之间的关系呢？

曹世如：没有激情就成就不了事业，当然也成就不了企业。和我接触的人都说我始终像一个充满活力的少女，不时冒出一些新奇的想法。就说你们同行采访我的一个故事吧，在一次红旗连锁新店开张时候，他惊讶地问我：“曹总，你真奇怪，开第一个分店的时候，我看到你很兴奋，开 138 个分店，你还是这样充满激情。”我说，哪怕是开一家农村的放心店，我还是同样有激情。激情就是永无止境地追求成功。因为在我的人生观中，从不认为自己是一个成功的人，而是永远在通往成功的路上。这样，我就把克服困难当作一种乐趣，自己就会乐在其中，所谓艰辛也就不所惧了。

记者：您的新浪微博昵称为“扛红旗的人”，字里行间渗透着义无反顾、勇往直前的爱国情结及“先天下之忧而忧，后天下之乐而乐”的社会责任，您能谈谈两者之间的关系吗？

曹世如：没有共产党就没有新中国，没有新中国就没有今天的红旗连锁。这是激励我以及我的员工成长的座右铭。回想以前，在上个世纪 70 年代，我还是成都红旗商场的普通员工。20 多年过去了，是在红旗下成长的，红旗商场经历过典型的计划经济时代和市场经济与计划经济磨合的转型时代，以及今天日趋完善的市场经济时代。企业由小变大、由弱变强，得到了社会各界的认可。目前经营门店近 1200 家，中国连锁经营协会发布的“2010 年中国连锁百强”榜上，红旗连锁以 54 亿元的销售业绩位列排行榜第 59 位，连续 9 年入围中国连锁百强榜。

我希望做个红色商人用行动诠释我的希望

记者：很多人心目中都定位您是一名“红色商人”，那么，您是如何理解“红色商人”这个称号的？

曹世如：我个人认为，从大的方面来讲，社会主义的企业家不同于资本主义的资本家，其本质的区别是，社会主义企业家就必须承担社会责任，所以我会认真领会党和政府的方针、政策，把它融入在自己思想中，融化在企业文化中。从红旗连锁企业来言，我是一个企业家，但我牢记自己首先是一名党员、一名人大代表。我每天所忧，就是怎样让我的企业更快更好地发展，创造更多的财富，奉献更好的服务，以回馈社会、回报人民；我每天所虑，就是如何让我们的员工更好地成长，实现个人、企业、社会的和谐进步，而管理好红旗连锁这个庞大企业，其实也就体现了社会责任的一部分。

记者：业内人士曾称红旗连锁的这种精神为永不泯灭的

“红旗”情感，您如何看待？

曹世如：红旗连锁不断茁壮成长至今天，是因为红旗连锁坚守着特色经营。就是公司建立了党委、工会等组织，形成企业的领导核心，肩负着“员工之家”的作用，应认真贯彻落实党的方针政策。党员则在创优争先活动中，自觉“行动在前，要求更严”，争做服务标兵，争创党员示范岗，用实际行动感染广大员工。目前，企业的党员由最初的 3 人发展到现在的近 700 多人，企业及本人因此也先后荣获“全国优秀党建组织”、“中国杰出企业家”、“劳动模范”等称号。

记者：据了解，红旗连锁因此形成了自己独具特色的企业管理文化，随着时间的推移，并影响和改变着其他行业企业传统经营行为，其精髓价值体现在哪些方面？

曹世如：概括地讲，就是“十六”字方针，即忠于职责、胸怀大局、为人正派、廉洁奉公。而实践证明这“十六”字方针体现了两大特点：一是严格按照现代企业制度的要求进行管理和运作；二是围绕企业的经营和服务，扎实有效地开展党的工作，从而造就了一支富有战斗力的党员职工队伍。同时，以身作则的不折不扣的影响力也带动 10000 多名员工的无私敬业和大爱精神，这些行为还影响了上千家供货商，让他们和红旗连锁企业同步健康成长。

记者：对于基层员工，您倡导情感管理，企业员工都亲切地称您“曹嬢嬢、曹大姐”，对此您是如何认为的？

曹世如：适合才是硬道理，红旗连锁员工超过 13000 名，员工中 50% 以上为农民工，60% 以上为上世纪四五十年代出生的人，70% 以上为下岗妇女。俗话说：三个女人一台戏，在这样的特殊家庭，女性占了绝大多数，特别是中层干部和店长，绝大多数是女性。在我看来，女性干工作，其干劲更足，更加珍惜来之不易的工作机会，更具责任心，细心度更高，更重要是她们心态好、不浮躁。所以，红旗连锁的员工都相处得其乐融融，在各自的工作岗位上尽显其才。这些都让我深深感受到，作为一名企业家，对你的员工负责任，实际上也是对社会负责任。对员工负责，就是要将他们视为自己的亲人，而红旗连锁就是实现他们价值最大化的大家庭。作为这个大家庭的“家长”，必须注重企业内部的和谐，这一点也很重要。企业内部的和谐就是要把企业价值观念和员工利益融合与协调，才能产生合力。但我认为，协调与融合是相对矛盾性的统一体，因此必须遵守“游戏规则”，这个游戏规则就是企业自觉执行国家的相关法规和政策，譬如说，严格执行《劳动法》等，让员工感受到企业大家庭的温暖。同时，我们是中国企业，我们要恪守中国传统的道德理念和价值观念，遵守这些传统美德。如此，企业和员工就能胸怀大局，为人正派，惟有公平、正派才能产生和谐，这一点，我坚信。

记者：“诚信经商、便民利民”、“服务大众、方便人民”成就了红旗连锁，也成就了您作为共产党员那永不泯灭的对党和“红旗”的情感，那么，您又是如何理解这份红色商人的另类情感？

曹世如：人生最大的快乐就是自己的价值得到体现。如果一个人的奋斗目标仅是为了利或者名，那他一定会活得很累，而我感觉自己好像活得还有些潇洒。我的追求就是凭借我的智慧不断地创造发展事业，随着事业的不断壮大，又不断地为老百姓做更多的实事，为社会创造更多的财富，为更多的人解决更多的稳定工作，为社会做更多的贡献，这就是我人生最大的快乐，也是我一生追求的终极目标。我常说，怎样评估自身的价值，那就是：需要你的人越多，你的价值就越大。作为一名共产党员、一位有责任感的企业家，我希望做红色商人，同时，我要用行动诠释我的希望。

也许我们不是做得最多但肯定行动最快

记者：众所周知，“来源于社会，回报于社会”是红旗连锁企业“红旗精神”的主旋律，作为企业的董事长，您是如何理解这份责任的？

曹世如：企业家就要担负社会责任，企业家就应该融入到社会，特别是在国家转型期间，政府、社会、老百姓都需要很多的企业家和政府一起来共渡难关，尽我最大的力量来承担一些社会责任。所以，红旗连锁在大灾大难面前，每一次都走在了前面，除了率先带头参与慈善活动外，还倡导和要求职工在自己的岗位上爱岗敬业，通过给老百姓提供优质服务的方方面面、点点滴滴来体现慈善的意识。2008 年经历了一次次危机后，红旗连锁新开门店 200 余家，新增就业岗位近 2000 个，公司销售稳步增长，上缴税收上亿元。企业发展了，新增的就业岗位就可以录用更多需要帮助的特困职工、下岗职工、农民工。

记者：接触一些企业，大多是说得多落实得少，对此现象您怎么评价？

曹世如：做人诚信很重要。我很喜欢承担责任的人，不回避矛盾，说话算数，能承担责任。总的来说，我还是喜欢那种善解人意的人。我最不喜欢就是讲大话，说话不算数的人，我讨厌这种人。事实上，诚信是做人最基本的需要，作为一名商人，经商就是经营诚信。不久前，红旗连锁首开先河，邀请规模最大的 100 家供货商查看公司财务报表。当时我们这样做是对供货商负责，让供货商随时了解公司的状况，增加公司运作的透明度。供货商都说，和红旗连锁打交道，一点都不累，还很方便。如果要知道我们产品的销售情况，只需打开电脑浏览一下，就能将销售明细账尽收眼底。不久前，世界领先的市场研究、资讯分析服务公司——AC 尼尔森调查公司对成都消费市场进行了一次专项调查，红旗连锁成为市民认可度最高的超市。这也是社会对我们的认同。在红旗连锁的发展中，诚信为企业带来了最大的效益。今年，最值得我和红旗连锁人骄傲的是，我们的“红旗”商标被国家工商行政管理总局认定为“中国驰名商标”，我们成为在全川连锁超市中惟一获此殊荣的企业。对于企业来说，这是国家给予企业的最高荣誉。

记者：常言道：做一件好事容易，难得一辈子做好事，您能介绍一直能坚持社会责任的动力是什么？

曹世如：从小受母亲的影响很大，她教育我有能力就要做对社会、对国家有贡献的人，她鼓励我在人生路上要多做一些好事、善事。在上世纪 90 年代中期，国家转型的时候，看到很多人失业后家庭的经济来源断了，我看到那一双双非常渴望工作的无助眼神，那时候我无形中就有很强烈的意愿，希望通过自己的努力用能力来帮助他们。给我印象很深的是一次在红旗的招聘会上，有一位残疾的退伍军人见到了我后很激动，他说早就在报纸上熟悉了我及红旗连锁，非常希望能在红旗连锁得到一份工作。作为服务行业，我们对员工的形象、技能是有一些基本要求的，但考虑到身有残疾的他确实特别需要帮助，我当场还是决定录用了他。这个人现在都在我们公司，还进入了管理的岗位。我们红旗连锁有很多员工都是家庭困难、相对弱势的群体，因此我也一直感觉承担着很大的社会责任，他们非常需要这份工作。我们公司还成立了专门的帮困基金，专门帮助那些贫困的家庭，不把这些困难推给社会。在我的带动下，久而久之，我们公司的员工也形成了投入公益活动和慈善活动的良好风气。汶川大地震后红旗连锁向灾区陆续捐款达500万元，其中除我个人捐款30万元外，又以一名共产党员的身份交纳了特殊党费50万元。

记者：红旗连锁在便民举措上不断跟进，基本完成了为老百姓日常生活服务的便民举措，成为当地居民名副其实的“您的好邻居”。还通过这个平台，多次开展农超对接服务，解决了农产品滞销的燃眉之急，而且实惠了居民的菜篮子，能说说具体情况吗？

曹世如：我们积极响应商务部、农业部、中央财经频道开展农超对接服务的活动，既解决了农产品滞销的燃眉之急，而且实惠了居民的菜篮子，是富民惠民的一大举措。早在去年上半年，红旗连锁就与青白江区云顶乡五爱村西瓜大王彭兴树签下了1000余亩的西瓜种植订单，达成了相关的销售协议。在合作中，红旗连锁提供相应的资金平台，把西瓜大王的西瓜拿进红旗连锁卖场销售。同时，红旗连锁还先后与双流正兴镇云龙村、眉山市秦家镇签订了合作协议，将农民朋友种植的西瓜、无核枣、红提葡萄、丰水梨等直接进入红旗连锁各分店销售。这不仅使消费者在各超市可以购买到方便、实惠、放心的农产品，还为农村经济的发展提供了一个良好的销售平台。如今，农超对接服务范围从省内走向全国，到目前为止山东、陕西、江西、甘肃等滞销农产品在红旗连锁都搭建了一个良好的销售平台，真正发挥好红旗连锁的优势，为四川乃至全国的经济发展做出了贡献。所以说，红旗连锁发展至今，在体现社会责任价值方面，也许我们不是做得最多，但我们在社会呼吁下行动是最快的。

本土不等于保守红旗连锁从未停止创新

记者：曹总，您管理着如此庞大的公司，没想到还是玩微博的高手？

曹世如：说起来你可能还不相信，4个月前还不知微博为何物。有一次开会，身边坐的两位其他公司老总都在用手机发微博，我看到很有意思，就在他们的帮助下开通了微博。自此一发不可收拾，每天都要上微博，向博友们汇报自己的行程，收获真不小，目前粉丝已超过5000人。

记者：您怎么看待微博在商业领域的价值？

曹世如：一是利于建设企业品牌。微博搭建了与百姓的思想交流平台，通过直接交流，与消费者尤其是80后、90后新潮年轻人的思想真诚碰撞，加深了他们对红旗连锁服务品牌的了解和认识，也对红旗文化有了更加深刻的了解，更加深入人心。二是微博监督提升服务水准。譬如2011年8月1日我发了一条微博：“如果消费者对红旗连锁的服务和商品有任何意见及建议，敬请拨打投诉电话：028－86753936，或e－mail至投诉邮箱：tsb@ hqls. com. cn，公司将及时处理消费者的投诉，再次感谢消费者对红旗连锁的关心和关注。”之后我还提出，遇到服务态度极其恶劣的员工，消费者可以拍下来，传到网上，让我亲自处理。这一做法当时在公司内部引起了争议，有的员工认为，上传照片会侵犯员工的隐私权，但我认为，服务业就应该进行优质服务，在工作场所，在工作时间，穿着工作服，戴着工作牌，谈何隐私。于是，通过微博发布了自己的决定，并通过微博及时向消费者汇报处理进程，此举赢得了博友们的一致好评。现在有了网友们的监督，店员们都自觉地微笑服务，对红旗有百利而无一害。三是引导企业树立社会责任和大爱情怀。譬如，此前从甘肃购来滞销土豆，我在微博上全力以赴叫卖，数天内40吨土豆销售一空。网友表示：“您用行动支持土豆，我们用行动支持您！这次的土豆，牵动了全国。买土豆，其实是买爱心。”于是，红旗连锁卖盒饭、红旗连锁卖爱心土豆、红旗连锁卖爱心大白菜一时成为众多微博网友热议的话题。

记者：从微博娱乐到微博营销，这一现象再次说明本土企业与传统企业不能等同。同时，也让一些人对“红色商人就是传统经营”观念彻底粉碎。对此，您怎么认为？

曹世如：本土企业不等于都是保守的传统思想。在很多人的心目中，认为本土企业经营思想就是保守的、传统的。而事实证明，红旗连锁一路走来就没有停止过创新。我在“2007亚太最具创造力华商领袖”领奖时曾说过，是创新让红旗连锁由小做大、由弱变强，也是创新伴随着红旗连锁的一路成长，为了明天的红旗连锁我们会一直不断创新。例如，作为西部地区最具规模的商业连锁企业之一的红旗连锁，目前已采用了“POS/MIS自动化管理系统”，通过公司—分场—财务—配送等联网，加速了商品配送、周转、核算、收银等各环节的工作效率，提高了企业的现代化管理水平，为企业的规模化发展提供了技术保障。

为扩大“红旗”品牌的延伸，我们也一直不断地探索，拓展多元化经营。红旗宾馆、红旗连锁网购商城、24小时便利店等多个重点服务项目的成功开发极大丰富了公司的经营内容。红旗连锁还在各门店开展了蜀安驾校报名、公交卡消费和充值、电信缴费、中国移动手机充值、拉卡拉电子支付系统：信用卡还款、支付宝、水电气费代收等业务。这一系列便民、利民的优质服务项目都是我们通过多年总结和经验积累确立起来的，我们希望为顾客想得更多，为顾客做得更多。服务是企业安身立命之本，可以帮助品牌建立良好的口碑。更加重要的是，对于零售业品牌来说，服务质量的好坏甚至可以决定其品牌的命运。品牌，代表的是一种集体的认同度。谁的服务做得好谁就更容易建立顾客的品牌忠诚度，而拥有了重要的客户群，也就掌握了品牌得以生存的命脉。我想，随着红旗连锁打造的多功能便民服务平台的日益完善，在丰富“红旗”品牌内涵的同时也能提升品牌的美誉度和竞争力。我始终认为，企业应该置身于社会、服务于社会、求生于社会、回报于社会，立足本土市场，我们可以做得更好。譬如，在2011年市场诸多不确定因素影响下，红旗连锁为员工上缴的社保和为国家上缴的税额超过了2.6亿元，在明天和未来，我相信红旗会做得更好。

非常时期话投资

——访东方证券资产管理有限公司董事长王国斌先生

多年来历经券商业冷暖，最早转型，却一直坚守前线——他就是东方证券资产管理有限公司董事长王国斌。

在业内，王国斌率领的东方证券资产管理团队一直颇受瞩目，却十分低调。他们投资风格鲜明，旗下集合资产计划及定向理财产品在同类产品中名列前茅。就在东证资管成立两周年之际，本报记者采访了他。

非常时期话投资，弱势行情之下坚守价值投资理念的王国斌畅谈自己的“投资经”——站在目前的时点，股市正进入漫长的价值重构过程。我们需要“拥抱变化、与时俱进”。投资者需要寻找有壁垒、有护城河的公司；公司则需从资产图谱的广度来考虑资产配置。

股市生态悄然变化，如果投资有七种武器，王国斌倾向于熟练使用每一种武器，“我更喜欢运用多个策略，这是非常好的风险防范举措。”

一、投资之本

1. 股票投资是概率游戏

不应把钱押在小概率事件上,投资的全部是概率。

"资本市场的核心因素是不确定性,投资的本质正源于未来的不确定性。"王国斌认为,"股票投资是一个概率游戏,明智的人不应把钱押在小概率事件上。"

2. 投资关键当属提升概率

概率可以让我们更好地作出选择。比如,一家公司的业绩若超预期的概率有 70%,股价涨幅可能是 20%;而达不到一致预期的概率可能是 30%,但股价下跌的幅度可能达 50%,如何选择就不言而喻了。

"正因为投资是概率游戏,任何对未来的预测都是困难的,都可能犯错误,所以错误是我们工作的一部分。"但更重要的是,不能输了一副牌,其他牌就不打了,不认真了,投资的关键就是提升概率。

然而,与其相悖的是,资产管理行业是一个以结果论英雄的行业。短期来看,好结果不一定取决于正确的决策过程。

对此,王国斌强调,决策过程重于投资结果。建立在谨慎分析、训练有素基础上的投资决策,带来好的结果就是"大概率事件"。

3. 人才培养重在过程管理

作为一支团队的灵魂人物,王国斌认为,最难的挑战并不是偶尔把业绩做好,而是怎么样能够培养出一批可复制的团队,建立起自己的核心竞争力。

打个比方,"就像学高尔夫,我不在意你一开始打得有多远,我要的是你每个动作都能做对,如果动作对了,持之以恒地坚持训练下去,成绩一定会很好。"

谈及人才培养,王国斌坦言,我们衡量一位研究员,不是叫他推荐一个牛股,而是要看他能不能按我们要求的方式去思考。接下来,我们才会慢慢去寻找他们对判断问题胜算的概率。同时,更希望他们能够建立和完善自己的投资哲学。

正如此,重视过程管理的王国斌十分提倡专注、勤奋等品格的培养,他常说"财富源于专注,勤奋带来好运"。

二、投资之变

1. 股市生态悄然变化

"零和博弈"终结,散户比重将下降。

股市生态悄然变化,必然会导致操作规则的变化。

在股票供给不足、产业资本进入股市受限、无法做空的时代,个股股价几乎完全由场内买卖双方决定。于是,散户、大户和机构等各类资本纷纷利用自身优势相互博弈,希望从其他市场参与者手中获利,市场中的这一主要游戏规则也称为"零和博弈",即参与博弈的各方,在严格竞争下,一方的收益必然意味着另一方的损失,博弈各方的收益和损失相加总和永远为"零"。

2. "温水煮青蛙"还会继续,"壳"价值势必大打折扣

在王国斌眼里,这种"零和博弈"的局面正在终结。

近年来,绝大部分投资者都有一个明显感受——以往,股票被套后,不用太担心解套,总有"解放军";但从 2007 年开始,这一趋势开始转变,比如 48 元买入中石油,何时解套还是未知数,非常多的个股没能回到高点。

从 2007 年开始,股票供给出现了转变,已从卖方市场逐步向买方市场转化。但整体的估值还处于卖方时代,这样的估值必然要重构。王国斌判断,这一"温水煮青蛙"的过程还会继续。

统计显示,在 A 股 2300 多家上市公司中,绝大对数股票价格处于 5 – 10 元、10 元 – 20 元区间,占比高达 70% 左右。观察中国香港股市,股价低于 1 港元的公司达 700 家左右,1—2港元的公司超过 200 家,其余价格区间中的公司数均不足 200 家;美国股市中,1 美元以下公司占整个股票市场的 46%,1 – 10 美元区间的公司 1000 家,超过 30 美元的公司 2000 家左右。

这一股价分布是过去市场生态的反应,在股票供给严格受限背景下,大量无法 IPO 的公司期望借壳上市,"壳"的价值显著,这一独特价值直接导致上市公司股价无法向价值回归。从市场参与者角度看,在一个由博弈主导的市场中,股票价格不能长期低于市场主力的持股成本,即使股票价格远高于价值,但随着供应量增加,退市制度等改革的推进,"壳"价值势必大打折扣。

3. 股市可能"香港化",散户须自我保护

"当整个资本市场转入买方时代,很多企业因不能保护自己的利润而一蹶不振,加上证监会对重组的很好规范,整个股市可能要真正回到一个价值投资的时代,股市会香港化,有很多股票会变成仙股。"王国斌说。

他提醒,市场参与者需要时刻牢记概率,并要认识到市场正在发生的变化并及时调整。他甚至提醒,散户如果不能认识到市场的变化,就应该离开市场,这是对他们最好的保护。

事实上,从国外股票市场的发展历程来看,价值重构的过程将是个人投资者在参与者中占比不断下降的过程。美联储公布数据显示,从 20 世纪 60 年代以后,美国股票市场散户投资者从 90% 降到 40%。

投资之道

寻找有"护城河"的企业,弱市更显价值投资意义。

王国斌本人是一位逆向的长期价值投资者。

"在这个领域,如果一个人有耐心在一线做投资 10 年、20 年,甚至更久的时间,那他必将是市场上最有声望的投资人。"在团队建设上,他不在意当期表现有多好,而在意能在这个行业待多久;在投资上,需要去寻找稳健的、可积累的投资。

近年来的弱市格局,令大部分投资者很受伤,部分投资者甚至选择销户,价值投资到底适用不适用再度被讨论。

王国斌笃信,"价值投资有非常完整的逻辑,是对投资者很好的保护。"

从数学基础出发,投资有非常奇妙的复利效应。比如,连续 10 年里面 10% 的增长,跟一个连续 9 年 20% 的增长,最后一年突然跌个 50%,算一下哪个好?复利效应使风险规避成为投资中最重要的元素。

在整个业内生态链,二级市场投资者是最脆弱的一环,要学会保护自己,最好的方法就是寻求真正有价值的公司,寻找有"护城河"的企业。

"一部分人不敢做价值投资,是因为中国企业特有的治理方式,任何企业都得具体问题具体分析,使得很多人因为个别公司或者个别时间受到伤害而对企业治理感到绝望。"他坦言,自下而上的价值投资并不容易,不能指责投资者不按价值投资进行决策,监管层也应加强市场规则的制定,令市场环境更趋公开透明。

四、投资之窍

紧盯资产图谱,"同涨共跌"格局将变。

近年来证券市场改革和创新不断推进,更重要和长远的意义在于,整个金融市场将被彻底打通,其结果必然是资本市场回报平均化,因此,投资须从资产图谱的高度来考量资产配置。

在资产图谱中,从风险收益率从低到高的排序看,分别为储蓄、债券、股票、实业投资、VC/PE、对冲基金、房地产、艺术品等。

王国斌表示,以往,因受流动性等因素影响,各类资产在大部分时间都处于"同涨共跌"格局。比如,近年来,资产图谱中任何一个领域似乎都难以轻松赚钱;而在2007年前,除了储蓄、债券等收益较低外,股票、VC/PE、对冲基金、房地产、艺术品等领域都能轻松赚钱。未来,当资本市场回报平均化后,资产与资产的关联度将大大提升。

"资产与资产之间收益率的变化需要认真研究。随着资产与资产之间关联度的提高,必然会出现的结果是,一个资产领域商机的破灭,一定会在另一个领域涌现商机。"

目前,中国数十万亿的居民储蓄存款将逐渐转移到理财市场,投资管理人更需紧盯资产图谱,关注不同领域资产之间收益率的变化,帮助客户更快更及时地捕捉投资机会。

诺普信:第一品牌缘何而得?
——访深圳诺普信农化股份有限公司董事长卢柏强先生

在中国农药制剂行业,诞生成长于改革开放前沿的深圳诺普信农化股份有限公司是当之无愧的领跑者。

作为目前国内农药制剂行业唯一一家上市公司,2011年,诺普信实现销售15.6亿元,位居农药制剂行业第一。

诺普信拥有国内最大的水性化环保制剂研发和生产基地。在发达国家,农药制剂市场销售中水性化环保剂型产品平均占比为55%;我国的平均水平约为20%左右,而诺普信目前已达到60%以上。公司无公害农业果蔬用药品种数、新农药制剂发明专利数等指标均位居全国同行业第一。

2011年,在本报主办、由农民读者投票评选的"中国农民最喜爱农药品牌"活动中,诺普信获中国农药第一品牌。诺普信靠什么在数千家农药企业中脱颖而出?近日,记者走进诺普信,探究"第一品牌"背后的奥秘。

专注环保农药,引领行业技术升级

"我们只做一流产品,低于国际水平的产品我们不做,这是我们研发产品的'铁律'。"诺普信公司研究所所长李广泽博士对记者说。在诺普信,产品研发必须通过三道大关,才能交付工厂生产。第一关:一个产品的问世,要经过数百个系统的配方研究试验,才最终定型;第二关:定型产品后要经过冷贮、热贮、冻融、两年常温贮存等数十道检验关;第三关:产品定型还要与国内外同类产品开展多年多地(不同省、市、自治区)的田间药效比较试验,确保药效高于同类产品才能过生产关。

正是坚持这样的研发原则,公司从1999年成立以来,就一直把研发生产符合国际潮流和国家产业导向的环境友好型农药放在首位,成为国内水性化环保制剂的领头羊。目前诺普信水性化环保制剂有水微乳剂、悬浮剂、水乳剂、水分散粒剂四大系列,不仅促进了企业的高速发展,而且还推动了整个行业的环境友好制剂技术的进步和发展。

要掌握先进的水性化制剂技术并不容易,诺普信在科研上大胆投入,仅2011年科研资金就达7000多万元,建立了技术力量雄厚、功能完善的科研及产业化开发系统,整个技术系统有300多人,总部研究所有70多位专职研发人员,获得广东省和深圳市工程中心认定,获批建立国家级博士后工作站,承担了国家科技部十一五、十二五科技支撑计划、国家发改委高技术专项等重大科技项目。

悬浮剂长时间存贮结底、析水,稳定存贮期不超过两年等行业难题,诺普信5年前就已解决。号称"纳米农药"的微乳剂技术在诺普信实现大规模产业化,因其粒径小于100纳米、热稳定性较好、黏着性能强、药效明显等优点,迅速获得了消费者的认可。

推动乳油制剂的"绿色革命"是诺普信对行业的又一巨大贡献。水性化取代乳油制剂是一个趋势,但不是所有的农药都适合。能不能用植物源乳油取代传统的有机苯类溶剂?全国至少有上百家企业沿着这一思路开发绿色农药制剂。诺普信科研人员历时六年,通过数万次的试验,在对比研究了棕榈油、棉籽油、蓖麻油、玉米油、菜籽油、大豆油、松脂油、小桐子油等14种植物油之后,使这一行业难题得以破解。2010年10月,深圳市政府组织了论证会,诺普信的"松脂基植物油农药溶剂"技术得到四位院士、行业十多位专家一致肯定,认为"开发利用松脂制造农用溶剂项目符合国家产业政策,原料来源充足、可再生,安全环保,质量稳定,是'三苯'类轻芳烃溶剂的理想替代品,其产业化及应用技术成熟"。在实际使用中,诺普信松脂油农药表现出比传统乳油农药更好的环境降解性、叶面成膜性和渗透性,防治效果提升明显。目前,诺普信已将这种植物油溶剂开拓用于44个产品,绿色乳油制剂正在成为公司业务新的增长点。

技术服务密集覆盖,最大限度贴近农户

高度分散是中国农药行业现状,国内排名前20位的农药企业集团的销售额占比仅为23%。在制剂领域,行业人士曾普遍认为能做到几亿元就到顶了。而诺普信第一个在同行中打破"天花板",2008年就突破10亿元销售额。

"做农民需要的药,做环保的药,指导农民用药——13年来,我们只做这三件事。"诺普信董事长卢柏强说,"我们相信自己的产品能实实在在解决农民的问题,为什么不让更多的农民受益呢?"

鉴于我国农户分散经营方式及农村基层植保系统难以及时满足农民需求的现实,诺普信成立之初,就确定了"把植保技术和农药制剂开发应用结合起来的新路子,真心实意地为农民服务,实实在在为农民创造价值"的事业理论,承载了更多技术推广、农民教育的工作,并一直致力于打造无与伦比的营销力和技术服务体系。

在20世纪90年代,诺普信就曾在同行中第一个在电视台开办教农民科学用药的栏目;到今天,随着新农村建设的深入发展,农民的素质在逐步提高,农民对药效可靠、质量完美的农药产品更加渴求,需要更好的技术指导,帮助他们高效用药、安全用药,为此,诺普信建立了同行中最强最全、覆盖面最广、最贴近基层的技术服务网络,基本覆盖了全国近2800个农业县市。公司委派植保技术营销人员近3000人,常年为经销商和零售商提供技术支持,他们不仅积极开展专题技术讲座,向广大农民传授植保知识,而且还深入田间地头帮助、指导农民解决植保疑难杂症问题。

企业使命高远,社会责任融于公司"血脉"

国家农药工业十二五规划提出,鼓励优势企业实施兼并重组,提高产业集中度,培育销售额50亿元以上的企业集团。可以预见,农药行业将进入一个大洗牌时代。作为行业领军企业,诺普信将如何面对?

"早在两年前我们就提出了实现百亿元销售愿景,但这只是我们未来要达成的经营目标，并不是我们追求的全部。作为行业进步的推动者，我们提出'最大限度地造福农民，最大限度地提升农产品安全和环境保护，最大限度地推动中国农药产业的健康发展'，这就是诺普信在产业变迁和历史发展中所应该担当的角色和责任！"卢柏强说。

在卢柏强看来，企业的使命和愿景有多高、有多大，决定了企业未来的发展空间有多大，企业能做多大、走多远。正是在当初看到高毒农药和不会使用农药给农民和消费者安全带来的危害，激发他开始创业并提出专注"三件事"，到2000年提出"为农民提供最有价值的农药产品、创国内最有价值的农药品牌、做最全国最优秀的农药企业"的"三最使命"，到2010年改为"为农民提供最有价值的农药产品、为员工搭建最优事业平台、创全球最环保农药企业"的"新三最"使命，社会责任更加清晰而明确地融于诺普信的"血脉"，成为推动企业每一次变革和超越的强大力量。

"诺普信正在锻造一种更高的商业文明——企业不再以自我为中心，不再以利润规模为中心，不再以企业本身做强做大为惟一目标，而是更加注重企业与社会、环境、上下游、客户、员工的关系，以及企业对所有这些方面的贡献。"卢柏强说。在这样的商业文明下，"感恩客户、成就客户"、"创最优工作场所、铸最佳雇主品牌"等越来越多崭新的元素注入企业；诺普信在东莞生产基地成为农药行业无公害环保榜样；农药废弃物处理技术研发成功正准备推广；全国性的环保农药使用和推广知识培训公益活动开始筹划。

"就算是世界上只剩下10个农药企业，诺普信作为中国一流企业，也必在其中！"卢柏强掷地有声的一句话，这样为企业的未来定位。

（记者：朱先春）

从战略高度规划未来

——访天地源股份有限公司董事长俞向前先生

公司治理　铸就核心优势

笔者：近些年来，国内房地产业可谓风起云涌。而天地源股份有限公司的销售业绩每一年却在稳步提升，公司的资产规模也从最初的17.75亿元增长至现在的84.48亿元，成功跻身中国房地产百强企业。是什么让天地源股份有限公司的每一步迈得都如此平稳坚实？

俞向前：我一直有个观点，良好的公司治理是保障企业长期竞争力的决定性因素。

作为公众瞩目的上市公司，本着对股东、对社会负责任的态度，天地源一直不断致力于改善上市公司的治理结构，努力提升公司内部控制水平。

公司董事会通过设立战略委员会、提名委员会、薪酬与考核委员会、审计委员会，实施对天地源重大投资和经营活动的有效控制和科学决策。四位独立董事全部按专业门类参加董事会的四个专门委员会，一是当好诸葛亮，二是当好包青天。在为董事会的经营决策行为提供智力支持的同时，保证全体股东和公司的利益不受损害。此外，公司根据上交所《上市公司内部控制制度指引》，成立了审计内控部，建立健全了内部控制制度，全面实施企业内部控制基本规范，从机构和制度上，有效控制风险。

2011年，公司董事会继续贯彻"勤勉、规范、民主、价值"的运作理念，在不断完善公司治理结构、优化决策机制的基础上，根据资本市场的发展形势和监管要求，着重加强董事会建设，完善公司治理制度和内部控制体系，探索公司市值管理。严谨高效地对公司重大经营管理事项进行科学决策，注重发挥独立董事和各专门委员会的指导作用，使公司经营决策和信息披露工作日益规范，公司治理水平持续提升。

"对于天地源来说，俞向前的存在，意味着良好、稳健的'俞时代'的来临。"证券界的一位分析师这样说。

"学者型掌门人，实干型企业家"，这十二个字是业内人士评价俞向前时最常使用的字眼。现年45岁的俞向前曾任华夏证券公司西安营业部业务部经理、西部证券公司西安投资银行部总经理，天地源股份有限公司董事、总裁。现任天地源股份有限公司第六届董事会董事长。这位投资银行出身的博士董事长，求学在北方，祖籍南方，有着南北方兼有的风格：举止儒雅、思维缜密、平和从容、干练务实。

2007年俞向前掌舵后，4年多的时间里，天地源的业绩稳步增长。自2007年至2011年，天地源营收分别为10.90亿元、14.49亿元、18.58亿元、20.49亿元、23.42亿元；归属于股东的净利润分别为0.80亿元、1.26亿元、1.41亿元、1.89亿元、2.27亿元；实现每股收益则分别为0.1117元、0.1762元、0.1970元、0.2632元、0.3164元。加权平均净资产收益率分别为5.82%、8.82%、9.37%、11.61%、12.47%。

上述四项指标连续4年来实现的年平均增幅分别为：24.85%、45.93%、45.81%、28.56%。

俞向前的实干作风和创新思维，在这些实实在在的数据中得到了最好的印证。

近些年，天地源公司不动声色地按照"4+x战略"，实现了在西安和沿海三大经济区稳步布局。"理性发展，创造价值"，是俞向前带领下的天地源公司最根本的信念，从历史悠久的古城西安到人文江南的苏州金鸡湖畔，从经济浪潮的最前沿的珠三角深圳到国家经济新增长极环渤海天津，经过九年的稳步经营，实现了四大区域并举的全国化战略布局，天地源正以稳健而又坚定的步伐不断向前迈进。

天地源秉承着怎样的企业价值理念？何以形成并保持公司独特的优势？公司未来的发展战略是什么？这些都成为投资者关心的焦点。对此，笔者采访了公司董事长俞向前。

另外，天地源非常注重民主、科学决策。在股权高度集中的企业特别是国有企业，一言堂的现象时有发生。一言堂很可能带来决策问题，包括对个人没有任何好处。我的思路是要听到大家的真话，内心真实的意见，畅所欲言，只要是有利于公司发展，有利于科学决策，就都值得提倡。

我们董事会中有四位知名的独立董事，涉及财务、管理、法律、经济等方面，因为我们的注重民主，所以在决策过程中大家的积极性都能够被调动起来，在这种较为合理的内部结构与搭配下，为科学决策提供了良好的条件。

笔者：您认为公司现在具备的优势有哪些，又将以何种方式提升公司的整体竞争优势以确保企业的发展？

俞向前：从2005年开始，我们就从塑造天地源能力优势入手，来提升天地源的经营管理水平和业绩回报。

一是科学决策能力。在具体经营决策上，除了公司自身要注重严谨科学的决策外，还适时聘请相关专业中介机构和资深专业人士，借助外脑，在项目投资的可行性以及项目的具体实施方面提供决策服务，将决策风险降到最低。

二是规划设计能力。规划设计是项目成败的关键因素，公司一直注重规划设计能力的培养。近几年来，公司建立了全方位的市场研究体系，包括宏观经济形势的研究、市场发展趋势研究、楼盘供应量的研究、竞争对手研究、客户研究5个方面。这些全面、系统的研究工作使我们在项目策划和规划设计过程中，能够与国内、外知名的策划顾问公司和建筑设计公司进行深入而良性的互动，准确产品定位，提高产品市场竞争力，使开发的每一个项目都拥有了成功的基础。

在进行客户研究的过程中，天地源依托市场细分客户的全方位分析，深入了解其对土地、产品的需求，以梳理确定公司产品线，指导土地获取，提高项目运作效率。建立"客户——土地——产品"三者对应关系，指导公司下一步项目拓展，产品标准化、产品定位及营销工作等，为规模化扩张下企业品牌、产品品质、核心竞争力、快速复制、企业投资回报提供保障。

公司将产品类型设定为开发量大且相对擅长的中高端住宅。为更好地适应各区域市场不同的产品属性和地方要求，公司将产品线设定为三种不同风格：现代、新中式、简欧。

通过对成熟产品线及标准化产品体系的推广应用，实现项目的快速推动，迅速占领市场份额，获取资金快速回笼；通过标准化的产品的实施，使产品质量和整体品质得以保证和提高；通过产品的标识性、昭示性，发挥项目的品牌价值，同时提升企业品牌。

三是创新能力。天地源优越的机制和年轻的集体赋予了企业不断创新的能力。例如，天地源在西安具备成熟的开发经验和人脉资源，有利于获取战略性土地资源，再加上利用上海大量的信息和先进的经营理念，可以拓展思维，开阔视野，提升张力，通过西安与上海在管理理念、人才资源方面的互动和融合，显著增强了天地源的发展活力和创新能力。

这些年，我们西安、天津、惠州、深圳四大区域公司的整套管理流程、管理制度和内部工作体系已经建立并得到了完善。从各区域公司到总部职能部门，大家对制度流程的理解、把握都比较规范，全方位多角度运作的能力也比较到位，从内部管理角度开看，还是比较顺畅的。

战略规划　保驾稳健发展

笔者：研究天地源的发展历程，我们发现公司非常注重战略规划和战术创新，请您谈谈公司这些年主要都实施了哪些战略方针？

俞向前：近几年，结合公司的发展需要和自身的具体情况，我们通过聘请专业管理咨询机构对公司五年发展战略进行了规划。在与专家和独立董事充分论证的基础上，公司主要制订和实施了五大战略举措。

一是标准化战略：天地源标准化战略包含产品标准化、流程标准化、成本标准化、工程标准化、物业服务标准化等五个方面的策略。

二是精工战略：即是以现行有效的规范、标准和设计为依据，通过全员参与的管理方式，对工序全过程进行精心操作、严格控制和周密组织，最终实现产品优良的内在品质和精致的外观效果的统一，形成客户满意的产品。

三是价值网络战略：价值网络是由利益相关者之间相互影响而形成的价值生成、分配、转移和使用的关系及其结构。

四是高效运营战略：即在公司中强调执行文化和效率文化，立足完整的房地产价值链环节，树立"快"字当先的开发理念，加强企业快速决策和快速运营的机制建设，有效缩短开发周期，从而加快企业资金周转，提高公司盈利能力。

五是4+X市场发展战略：遵循"稳健发展，高效运营，积极创新，适度扩张"的指导思想，做强做大西安、长三角、珠三角、环渤海四个区域市场。并在此基础上，力争开辟新的区域市场。

笔者：2007年，西安的房地产市场一片繁荣，外地房地产企业纷纷进军西安。在此时，您果断作出"走出去"的决定，打响了天地源全国战略布局的第一步，是基于怎样的考虑？

俞向前：天地源要实现做大、做强的目标，就必须坚持做好主业；而坚持发展主业，实现收益最大化，天地源就必须走出去实现"全国化"战略。

2007年我接任董事长之初，就代表董事会给天地源提出"坚持发展主业，走全国化发展"的战略方向，并和公司的管理团队将其细化为"立足西安，巩固苏州，壮大深圳，发展天津"四区绽放的发展思路。

西安是天地源的"大本营"，不仅不能丢掉，还要继续保持在西安地产行业的领先地位；长三角和珠三角作为老牌的经济发达区域，房地产业运作已经十分成熟，利润率也比较诱人，而国内目前经济发展势头最好的就是"环渤海经济圈"，即将成为新的经济热点，因此这里很有可能成为国内地产巨头们下一个主要"战场"，天地源在该区域及时布局也是必然。

这种全国布局的战略正在延展和创造：西安区域公司在枫林意树、兰亭坊等项目的基础上，打造升级力作。丹轩坊即将面世，曲江新项目也基本落定；上海区域公司平江怡景项目景观示范区及展示样板间璀璨亮相，获得市场高度认可；深圳区域公司在七年不俗战绩基础上，惠州首个高档别墅御湾雅墅项目实现了新的突破，另外惠州东江项目也在积极推进中；天津区域公司津南区30万平方米欧筑1898项目也取得了很大进展，近日进行了认筹，成绩非常丰硕。

笔者：2012年是天地源的"核心竞争力提升年"。您认为要保持企业的竞争优势，实现企业的发展战略和目标愿景，最重要的因素是什么？

俞向前：是人。除了土地、资金外，建立人才优势、团队优势也是房地产业的重中之重。

吸引人的也许是薪金，但留住人的一定是企业文化。

在团队建设方面，我始终强调四点：一是团队建设的关键，对于区域公司来讲关键是看一把手和班子成员是否团结，对于部门来讲关键是看部门负责人，各公司、各部门负责人要严以律己、率先垂范，当好班长；二是要建立良好的决策、执行、激励、监督的运行机制，调动大家的积极性和创造性；三是关键岗位的人才一定要到位，技术业务要过硬；四是要倡导简单、责任、协作、学习、感恩、能力的组织氛围。

经过八年多的努力，天地源公司的员工队伍成为西北地区房地产行业中一支当之无愧的正规军。中层管理人员及高级技术人员中，研究生以上学历占52%，绝大多数都是中国知名高校毕业的优秀分子；房地产开发业务人员本科以上学历达76%以上。追求卓越建筑品质已成为天地源团队的共识和自觉行动，公司以人为本的企业文化和良好发展前景极大地吸引和凝聚着各界精英人才。

文化地产　打造立身之本

笔者：经过多年的摸索、积累和发展，在激烈的房地产市场竞争中，您认为天地源在行业中立身之本的特色在哪里？

俞向前：鉴于公司资本规模以及自身经验能力的积累等因素，天地源的企业定位是以开发中高端住宅为主，盈利能力强，富有特色的房地产开发企业。这个特色或者说差异化在哪里？经过我们多年的实践和大家的讨论总结，最后决定落实在文化地产上。

文化与地产结盟，是房地产市场走向成熟的标志。在文化地产体系中，文化不再是营销的概念和手段，而是成为提升项目价值的核心。房地产的综合性决定了文化要贯穿于各个业务层面，即要用文化引领策划定位、建筑设计、园林景观、建造装修、营销服务、物业服务、品牌推广、社区活动的全过程，从而加快推进天地源文化地产进程，更加彰显天地源文化地产特色。

天地源的文化地产至少应包括这样三个层面：一是研究地脉文化。我们是一个全国性发展的公司，每到一座城市，都有一个建筑与地域文化结合的问题。二是选择建筑文化。天地源通过建设三大产品线，推动文化地产与产品线结合的研究工作，制定了文化地产在建筑表现原则、表现形式和规范要点等方面的文件，使“文化”真正渗透到具体产品形式中去。三是营造并引导人脉文化、社区文化。

笔者：房地产市场的集中度越来越高，强者愈强趋势明显，加上政府对房地产行业的严厉调控政策等，行业的生存门槛在明显提高，您对未来房地产市场的趋势怎么看？

俞向前：在如今国家房地产调控力度不断加大的背景下，我们的选择仍然是进取。

房地产现在的调控，其实是两难的问题，政府既想把房地产支持好，又怕房价过快上涨。但是，房地产作为支柱产业，中国的城市化进程、人口红利还有10年左右，现在的调控政策是对投机、投资的一种打压，影响到了一些刚性需求，造成了一种观望。但是这种刚性需求迟早会释放。所以，我们长期还是看好房地产的，我认为现在是土地储备的好时期。调控对有实力的房地产公司是好事情。

2012年，预计房地产各项调控政策仍将持续，继续促进房价合理回归，房产税改革范围有望扩大。保障性住房方面也在加大建设力度，增加供给。另外，考虑到保障经济增长和扶持中小企业融资，在信贷和货币政策上有望有所松绑。考虑上述政策环境，预计房地产行业未来一年发展风险与机遇并存，仍然存在很大的不确定性。但我们也要认识到，这一轮市场触底后的增长应该是温和的。

我们对房地产行业市场走势的基本判断是：长期向好、中期趋稳、短期波动。

创造价值　勇担社会责任

笔者：在低迷的市场环境下，市值管理这一在内地市场投融资产业链上沉寂十余年的细分市场，似乎正加速激活。如何在不确定性中寻找确定性机会？具体到天地源，是怎么做的？

俞向前：随着资本市场监管力度的加强，市值对企业价值的反映必然越来越有效。近段时间，不少上市公司开始在股东大会上宣读市值管理计划。

在市值管理方面，天地源在三个方面进行了探索：一是强化投资者关系管理，在严格信息披露的基础上，积极保持与各类市场投资者的沟通和联络。采取“请进来、走出去”等方式，以开放的心态面对公司的各类股东和潜在投资者，将公司的有关情况进行介绍和说明。此外，公司还利用电话、网络等多种渠道与投资者展开交流，取得了较好的效果。二是有效地进行资本市场形象宣传报道，充分展示公司的品牌形象和内在价值，增强机构投资者、广大中小股东的投资信心。三是根据公司经营工作的特点和特色，聘请上海证券交易所和证券媒体专家来公司内训，提高公司投资者关系管理和危机公关处理能力。

笔者：“更多价值，更多关爱”，这是天地源的品牌主张。这一主张在天地源的企业价值之中如何体现？

俞向前：企业最重要的责任，就在于为社会创造价值。这些核心价值观被写入天地源的《价值九章》：客户为天，员工为地，社会为源。

兼顾利益相关方，全面履行一个企业公民的责任是我们对价值的基本判断与认识。作为一个上市公司，不但要关注短期利润和收益，更重要的是要关注企业的永续经营和持续发展，只有如此才能给股东的投资以合理的长期价值回报，才能赢得股东的信任和支持；天地源要加强品牌、企业文化等的建设，以提升企业综合效益；最终为股东构筑满意的价值天地。具体体现在四个方面：

一是要为投资者创造价值。

二是要为客户创造价值。作为房地产开发商，我们不只满足客户的物质需求与精神需求，同时更为关注客户的投资需求和产品的价值增长。

三是要对员工创造价值。我们有义务使企业的价值与员工的个人价值同步增长，让每一个到天地源的有识有才的人在这里找到实现人生价值的平台。

四是要对社会创造价值。天地源不仅为社会提供了数千个就业岗位，同时还是所在区域位居前列的纳税大户，以关爱环境、回报社会为己任。这些年来，天地源在赞助和推动各类体育赛事、建设希望小学和设立大学奖学金、通过各类活动进行中国传统文化精髓的弘扬等方面，做了许多努力和尝试。每年坚持开展“三个一工程”，即组织一场高水平的体育赛事、一场高雅的音乐会、一次精彩的经济文化讲坛（天地源大讲堂）。截至目前，天地源已援建成8所希望小学，受到了社会各界的关注与肯定。这些都是我们向社会进一步传达天地源“更多价值，更多关爱”的企业品牌主张，进而实现公司的社会价值的做法。

人民网访谈威海广泰董事长李光太先生全文实录

2012年11月30日

主持人：各位网友大家上午好，欢迎收看人民网视频访谈节目。今天为您请到的嘉宾是威海广泰空港设备股份有限公司董事长李光太先生。首先请您和网友打个招呼。

李光太：各位网友，今天非常荣幸能够来到人民网访谈现场。我今天主要把威海广泰公司的发展历程给网友们介绍一下，谢谢网友们能够收看。

主持人：我们了解到威海广泰的成长经历可以说是您个人的奋斗史，您50岁的时候才开始下海经商，可不可以给我们回忆一下您当时是怎么做出这个决定的？

李光太：我当年虽然50岁了，因为我一直从事电源设备，包括特种电源这方面的研究，1972年尼克松访华的时候，中国那时候用的飞机是苏式飞机，都是伊尔18，周总理出国时坐的都是伊尔18。当时用得是28伏的直流电，尼克松访华坐的是707飞机，那时候中国没有交流400赫兹的电源，都是靠进口，而尼克松也是从美国带的电源过来。后来中国民航开放以后，不断购买欧美飞机，所以电源设备只能靠美国进口。作为知识分子，总觉得有点不服气，为什么中国做不出这个东西呢？所以这就促使了我自己办这个厂。当年我在研究所，因为体制的问题，我无能为力把这个事搞起来，所以我个人想办一个工厂来从事这个产品的研究。

主持人：您本身就是研究员出身，企业成立之初，您自己也投入过技术研发这方面。刚才您说到出于爱国的热情，或者是发自内心您对研发本身有着极大的热情？

李光太：我本身就是搞研发的。我本人大学时对搞科研非常热衷，也正因为如此，我到了工作岗位后对于技术开发和搞新产品开发从内心特别爱好。

主持人：威海广泰从2007年上市到现在已经五年时间过去了，一路走过来您有没有什么感想？

李光太：一个民营企业的老板，对企业的发展要有不同的思路，我50岁了，有人会说你是不是为了赚点钱养老？我刚才说了，我本身就是事业心的驱使来干这个事，我想在晚年把这个事情干起来。因此开始搞电源设备，后来发现机场地面设备很多，我就瞄准了这个市场，一心搞开发，把所有的特种车辆都进行了技术开发。既然是为了搞事业，就要把事业做大，就不是为了赚点钱，我觉得应该把企业融入到社会，只要把它融入到社会，也就是把它"公"了，事业才能做大。而企业上市本身就使企业变成了公众的企业，这样才能把企业做大。我从2007年上市融资以后，并不简单是经济利益的增加，更重要的是品牌效益越来越大。上市之后，这几年我们的增长速度特别快，而且行业对广泰的认同度也不同了，使广泰赢得了很多市场机会，所以企业越做越好，发展这么快。

主持人：威海广泰现在已经成为亚洲地区最大的空港设备制造企业，这是不是可以说威海广泰现在主要的竞争对手是以欧美企业为主？

李光太：目前可以这么说，我们这几年把机场地面设备的六大作业板块都已经开发出来了，特别是高端设备，比如说货运，包括飞机牵引、机务设备，我们的高端设备在国内来讲是首屈一指的，而且很多都是独家生产。在近两年内，我们在这个过程中都是和欧美品牌竞争，我们现在的很多产品已经把欧美产品挤到国外去了，我们的市场占有率也比他们高很多。

主持人：现在这个行业在国际上的发展现状是什么样的？

李光太：空港地面设备这一块儿，欧美因为发展比较早，他们的技术是比较先进的。威海广泰成立20年来，一直致力于技术开发、技术创新。我们从小到大，从易到难，逐渐把整个地面设备都开发出来，因此我们现在和国际水平来讲基本是差不多的。国际上搞这个的厂家也不少，但几乎没有哪个公司能把所有的空港地面设备搞齐，而我们威海广泰是首屈一指的。我们目前的硬件规模、生产规模来讲也是最大的。但是我们国际市场的开发还没有那么大，仅限于国内，国际市场刚刚开始开发，因此销售收入在目前来讲还不是最大的。国外的企业都是小公司干的，没有太大的，都是一个公司干一个品种、两个品种，我们威海广泰一下能干二、三十个品种，这样的很少。

主持人：从国内一流的空港设备制造企业走到了亚洲龙头的地位，再到美国去建厂。您是否想要打破国际垄断，来证明中国的空港企业在国际领域仍是一流的，不比任何的国外企业差？10:21

李光太：我在2001年就制定了公司的愿景目标，是这么一句话：创世界一流品牌，广泰设备服务于全球每一个机场。广泰的定位不仅限于中国，而且要走向世界。从我们的愿景来说，广泰的设备服务于全社会。我们确实在向这个方向努力，在国际市场开发方面，目前已经有30多个国家和地区，都采用了我们的设备。比如东南亚地区，包括香港、台湾、东南亚、中亚、俄罗斯、中东地区，我们的产品也卖到了巴西、拉美地区以及欧洲。现在还没有到美国去的产品，我们有这个想法，时机还不成熟，在适当的时机我们可以考虑去美国，因为美国是航空销量最大的国家。不到美国市场去，不算是最大，不算是销售收入最大，因为美国的空港地面设备市场占整个世界的一半，不进美国不能算最大。

主持人：预祝企业可以走进美国去建厂。威海广泰负责建设运营的国家唯一的空港地面设备工程技术研究中心即将建成，相较企业早期采取的利用国际上的前沿科技进行产品开发策略，企业似乎越来越注重自主创新能力的建设？

李光太：是这样的，我们从2001年制定了新的发展方向。创业的前十年我们应该是在地面设备方面进行创新，因为中国整个航空业比较晚，地面设备发展的更晚，广泰的起步也比较晚，所以创业初期我们以仿形设计为主。2001年以后我们从仿形设计到自行设计，后来我们建立了技术开发中心，我们现在正在建一个综合实验室，将来我们自行设计的产品都会在综合实验室进行试验。通过试验，通过有限元分析和应力计算搞出一个自己的品牌，我们要向这个方向努力，公司已经在这样做。

主持人：我们知道威海广泰是以空港设施为主的企业，不过近些年来似乎也有意拓展了经营业务，扩大了产品类型，比如消防车的制造，企业是否会坚持差异化的经营路线，采取这种策略又是从一个什么样的出发点考虑的？

李光太：2001年以后，我们制定了产业多元化发展的战略，考虑到空港市场的容量比较小，企业要做大做强，必须要拓展新的市场。我们现在制定了产业多元化的方向采取技术外延型的发展，因为空港产品技术含量比较高，而且比较全面，专业门类比较全，所以我现在组建了一个很好的技术平台，机、电、液一体化技术平台，利用这个技术平台，我们完全可以走一条技术外延型的市场。

主持人：怎么理解？

李光太：利用空港设备平台，我们已经打造了一个技术平台，这个技术平台有搞结构设计的、有搞传动的、有搞液压、电气控制的，打造一个很完整的技术平台，这样就有能力使技术外延，所以我们走技术外延的道路。第一个就是消防车，实际也就是一个改装车，这与我们的技术外延发展一点没有矛盾，没有技术瓶颈，所以进入到这个行业，从技术上来讲非常轻松，但是我们要加大市场开发，把这个市场打开。现在我们还是这么走，现在公司制定了今后十年的发展目标，四大板块，一是航空空港设备板块，二是消防板块。这两个板块现在已经形成很好的销路。今年这两个板块我们能达到8个亿。三是特种车辆板块，是我们去年组建的，我们有改装车资质，本身我们的地面设备就是特种改装车辆，这个板块可以进一步发展大型矿山自卸车，还有一些其他的军用改装车。四是电力电子板块，这也是我们的技术外延，我们有搞机场变频电源的平台，从这个平台往外延伸，所以我们有光伏逆变、有源滤波等产品，和中科院电工所成立中科广泰电力电子研发中心，这也是一个高科技板块。今后十年我们要把这四个板块搞起来，使我们的市场份额更加扩大。

主持人：广泰的产品线已经延伸到了军用设备领域，关于企业这一领域的突破可否请李总为我们详细介绍一下。

李光太：我们空港设备本身民航、军航的设备很多都是通用的，利用民航空港的地面设备技术，今后陆军有陆航，海军有海军航空兵，空军有空军航空兵，他们都需要空港设备，我们这个产业就延伸过去了，现在做得很好。比如我们的电源设备已经向空军、海军、陆军航空兵进行延伸。同时现在除了目前的空港设备产业线延伸至外，还有军用改装车，成立了特种车辆板块，我们现在除了地面设备用的之外，军方的特种改装车我们也正在研发。

主持人：刚才您提到企业未来的大的发展战略，包括这四个板块的建设和构想，都是您本人提出来的吗？

李光太：都是根据每年的发展来提出来的，四个板块是2009 年提出来的。

主持人：为什么会在这个时间点提出呢？

李光太：我们的技术积累已经发展到这个水平，在 2009年的时候，正好是金融危机，那时候我们空港设备板块应该说从技术研发来讲很多品种已经开发完了，技术积累方面已经完成。下一步就是怎么提高产品质量，怎么扩大市场份额的问题，在这种情况下，企业再向前走，怎么走？这是必须思考的问题。这个行业已经做到这个份儿上了，目前市场占有率已经到达了 50% -60%，再怎么能把企业继续做大，就必须要思考企业的发展方向，所以就提出这四个板块了。现在这四个板块都开始了，2010 年消防车板块收购成功之后，紧接着 2011 年开始运作特种车板块和电力电子。

主持人：十八大于近期胜利闭幕，作为民营企业的成功代表，在十八大闭幕以后，国家对于民营企业的政策支持您有什么样的期盼？

李光太：我们企业这几年得到了政府非常大的支持，搞空港设备行业里没有大的企业，我们已经做到中国的最大了，其他的一些企业也都是民营企业。我们还没有感到有什么对民营企业的政策问题，我们上市公司没有感觉到资金的压力，银行也愿意贷款，所以没有资金瓶颈。国家这几年对民营企业的支持力度很大，2004 年以后我们从国家拿了五、六千万的扶持资金，这对我们来说力度也是很大的。我们期望十八大以后国家能稳定进行发展，中国民航提出要建民航大国、民航强国，“十二五”期间是建民航强国。另外我们看到了中国的强大，军用市场的前景广阔，因为中国海军、空军、陆军都有航空兵，这样军方发展的潜力可能更大。我们期盼国家能好，这样我们才能好。

主持人：威海广泰在制定未来战略的过程中，是依据国家未来制定发展战略的大背景下来制定企业的发展规划。在探索中国特色社会主义新型企业的道路上，威海广泰的创新点在哪儿？

李光太：首先是威海广泰的生存、发展要继续创新，这是重中之重，因此我们一开始创业就提出以技术开发为龙头，带动企业的发展，这几年我们一直坚持走这条路。前十年我们走得很成功，后十年提出要全面创新，除了技术创新还要管理创新、体制创新，在这个思想指导下，我们要把体制创新搞好，2007 年运作上市，要把企业交公，从这个开始起步，做到一定程度就把它交公，这样企业才能真正能够再发展。事实也证明，上市以后公司得到了非常快速的发展。在分配制度上，我们威海广泰做得也是不错的，我们上市以后有一个大股东控股，是广泰投资公司，实际上这个投资公司的股份组成就是我们的骨干员工持股。我们上市以后动员老股东按比例拿出一块来，在投资公司中留给后来的骨干力量确权，而且把这作为常态化的制度，每年对骨干员工都确权股份，把员工的积极性调动起来，这是我们独有的做法。

主持人：这是管理模式上讲。

李光太：是调动员工积极性，留住员工，这是重中之重，如果没有员工的稳定企业无法发展，我们在这块做了很好的创新。

主持人：广泰在追求企业发展和经济效益的同时，也在一直坚持推进企业的社会责任建设，可否请李总为我们介绍一下企业在社会责任方面所做的工作？

李光太：作为企业的社会责任，重中之重就是合规纳税，这是最大的社会责任。我们在这方面一直都做得非常好，按照国家的规定，从来都是按规纳税，我们的税收一年是四、五千万。在社会慈善方面我们也做了很多工作，每次抗震救灾，包括一些国家重大灾害，我们广泰都进行了资助。另外也参加社会组织的民间的慈善活动，给政府的慈善机构交一定的钱。同时我个人也把每年获得的政府奖金作为广泰慈善基金，给贫困学生助学，或者给孩子治疗疾病等等，做得不是太大。

主持人：近些年来关于大企业社会责任的问题讨论得越来越多，您本身对企业社会责任是怎么理解的？

李光太：我认为企业做大了之后就是社会的，说这个企业是我的，我是大股东也好，对我来讲这都是一个数字，我现在就是为社会做贡献，我们一切都根据社会的需要，根据国家的需要，从国家大背景来讲，我们应该为中国民航的发展、军航的发展，以及国家的富强做出我们的贡献，这就是最大的社会责任。

主持人：正如李总所说，企业的发展与企业社会责任工作的推进需要齐头并进，只有处理好企业和社会的关系，相信威海广泰未来的发展前景会更加美好。最后请李总给我们总结一下威海广泰未来会走什么样的发展方向？

李光太：我对威海广泰始终充满了信心，虽然我今年已经70 多岁了，前两天我和员工开玩笑，我希望我年轻 20 岁就好了，因为广泰的前景太好了。中国在 2020 年进入小康社会，中国民航在“十二五”期间也要变成民航强国，中国要复兴、要崛起，我们要建立强大的空军、海军，强大的航空兵，包括陆军航空兵，包括导弹、包括航天，这些地方都将是广泰的市场，我们的设备都可以为这些领域服务，所以这些领域发展好了，我们广泰的前景肯定非常好。我们又制定了四个发展板块，这四个板块都是朝阳行业，因此威海广泰的未来非常美好，我非常有信心。

主持人：非常感谢李总今天和我们分享了这么多企业一路走来的心路历程，我想威海广泰一定会像它的名字一样广阔地去开拓，前景一定会更加美好。

李光太：应该是这样，我也相信是这样的。

主持人：由于时间关系，今天的访谈就到这里，非常感谢网友的关注，下期节目再见。

从 6 人起家到布局海外手机游戏

——记北京极品无限科技发展股份有限公司董事长方奇先生

导读：2005 年，方奇与同学朋友成立了极品无限手机游戏公司。带着毕业不久的热情与大学时代对手机游戏的热爱，方奇开始了“一发不可收拾”的创业之路。

人们往往会对坚持梦想，执着于自己信念的人投以羡慕钦佩的眼光，方奇正是这令人羡慕的人之一。2005 年，方奇与同学朋友成立了极品无限手机游戏公司。带着毕业不久的热情与大学时代对手机游戏的热爱，方奇开始了“一发不可收拾”的创业之路。

极品无限创始人方奇

公司成立之初，与其他创业者一样，方奇只拥有6个员工，而正式员工更是只有1、2个。谈起这段经历，方奇用“痛并快乐着”来形容。“现在想想，非常怀念当年满腔热情状态，即便是在公司楼下吃盖饭，也非常开心。”方奇这样形容创业之初的状态。

对于大部分创业公司而言，在创业早期往往都有“艰辛”的回忆，方奇讲述了这样一个创业小插曲：由于公司刚成立的地点在一个老旧民居内，硬件设施已经老化。一日，在他与另一个创始人来到公司时，发现办公室早已“水漫金山”。

“当时我们不愿意让员工、实习生看到这样，因为肯定会影响士气嘛。”方奇说，而这样做的代价，就是两个创业“老板”一边拿着脸盆不断的“战斗”，一边给所有员工电话称“公司今日临时有事，决定休假一天”。

尽管现在方奇是用自嘲的口吻讲述着，但当年的执着与艰辛不时地在他眼中闪烁。

“每个人都有手机，但不是都有电脑”！

古语云，锲而舍之，朽木不折；锲而不舍，金石可镂。在对事业的执着和坚持下，方奇的极品无限经历了创业之初的阵痛，开始茁壮成长。

在2005年北京公司成立后，极品无限相继在沈阳、广州等地设立了分公司，2012年初，极品无限在美国纽约建立全资子公司；不久前，极品无限在深交所新三板挂牌。

方奇介绍，目前公司手机游戏分为单机与网游两条发展路线，而未来的主要策略将放在手机网游方面。“我们认为，随着智能机的发展，手机网游不会与PC网游有太大区别。”因此极品无限将重点发展手机网游业务。

对于许多手游厂商觊觎的页游业务，方奇肯定地表示不会涉及。他认为，“每个人都有手机，但不一定都有电脑”，因此未来也会坚定不移的继续手机游戏业务。

传统平台转战智能机平台

产品方面，极品无限正在大力开展IOS平台及手机网游方向。方奇介绍，2011年中，公司推出一款名为《crazypanda》的IOS产品，在推出20天下载量达到30w以上，目前该游戏已经移植到安卓平台，并也同样受到好评。

另外极品无限也在做一些大公司合作。据介绍，目前公司已经与大宇合作了《仙剑奇侠传－问心》、《轩辕剑天之痕》的产品版权，其中《仙剑奇侠传－问心》已经在java平台上线，近期还会登陆腾讯平台，《轩辕剑天之痕》则将在近期上线。方奇透露，“仙剑”上线首日，下载量已达数万。

从最初的6名员工，极品无限已经发展到目前的近200人规模，而公司也早已离开“发大水”的民居，来到了北京繁华地带的写字楼。在大多数人眼中，如今的方奇是光鲜的。但或许只有他自己心里知道，坚持两个字的分量。

（出自新浪游戏频道专访）

科技创新铺就成才路　大禹节水续写新篇章

——记甘肃大禹节水集团股份有限公司党委书记、董事长王栋先生

王栋，男，汉族，1964年12月出生，1991年1月入党，甘肃大禹节水集团公司党委书记、董事长。2005年甘肃省劳动模范，2008年享受国务院特殊津贴专家，2009年甘肃省领军人才，2010年甘肃省优秀党员带头人，2011年获得“十一五”国家科技计划执行突出贡献奖。

用党员拼搏精神促企业磐涅重生

12年前，为了拯救一个资不抵债的小厂和70多名工人，身为酒泉市水务局机关干部身份的王栋毅然放弃了稳定的工作，下海接手了当时即将面临破产的酒泉地区节水灌溉材料厂。面对一片狼藉的三间破厂房，多数员工都选择了各奔东西，只剩下十几个人还坚守在工厂，期待着新来的领导能给这里带来一线希望。王栋看着十几双期待的眼神，他提着资料上了兰州。那时，没几个人知道农业节水是怎么回事，与我们的未来有多大关系。王栋见人就讲水资源危机，讲水资源关系国家、百姓未来，讲农业节水美好前景……凭借着在水利系统工作多年积累的丰富的专业经验和锲而不舍的韧劲，终于打动了甘肃省水利厅领导，共同创立了大禹节水灌溉设备有限责任公司，由王栋担任董事长。整整一年半，王栋马不停蹄跑设备，跑资金，跑项目，没白天，没黑夜，没一分钱的工资，家里的房子都抵押给了银行，终于把企业从破产的边缘拉了回来。

2003年，王栋捕捉到国家开始重视、支持节水事业。经过不懈努力，大禹节水参与了政府节水工程项目。自此，企业磐涅重生，从一个破败不堪的小厂变成了四年经营收入达到8000万元的大企业，大禹节水开始进入了飞速发展的时期。

用科技创新理念塑高新企业形象

为了使企业在竞争日趋激烈的同行业中站稳脚跟，王栋十分重视节水灌溉与水资源高效利用等研究领域的创新。大禹节水刚刚起步，他就把眼光瞄向了世界节水市场前沿。2003年初，王栋专门奔赴以色列、美国，考察学习世界最先进的农业滴灌节水技术。回国后，他启动了压力补偿滴头项目的研究开发，这一设计理念要比当时代表国际最高水平的以色列技术更为先进。为了实现这个目标，王栋找到中国水利水电科学院，水利部科技推广中心，向专家学习请教、四处查找几乎是空白的技术资料，试制，失败，改进，再试制，再失败，再改进，一个只有十几克重的塑料制品，似乎在考验着他的毅力和意志。有人扛不住了，想打退堂鼓，王栋笑着劝大家：“我就不信，都是人，外国人能搞出来，我们咋能搞不出来。每前进一步，就朝成功迈进了一步。”

经过200多个日日夜夜的辛劳和付出，2003年10月，王栋带领大家研制的“压力补偿式滴头”，获得了“甘肃省十大优秀专利”。2004年取得了国家专利，填补了国内行业空白。随后，大禹节水公司成立了研发中心，并在天津公司成立中国工程院院士工作站，博士后工作站，高薪聘请了国家级的水利专家，每年研发2—3个与国际领先技术接轨的新产品，提高了产品科技含量。经过几年的发展，研发中心升级成了技术研究院，被国家科技部授予“高新技术企业”，现有研究人员70多人，其中高级职称就有15人。拥有“内镶切片式滴灌带”、“内镶贴片式紊流压力补偿滴灌头”、“内镶切片式地下滴灌管”等国内专利26件，国家重点新产品5种，取得国内商标26个，国际商标1个，还承担了国家863计划，水利部“948计划”研发项目。凭借技术优势，大禹节水形成一套产、学、研相结合的科研体系，形成了产品研发、生产制造、设计安装、售后维修的“一条龙”式全方位服务模式，走上了从引进吸收到自主研发，从局部突破到全面发展，从外围工艺到核心技术，具有大禹特色的科技创新之路。

用大禹治水精神做大禹节水事业

王栋终于成功了，成功地将一个面临破产的工厂打造成一个上市公司，而他把这一切都归功于他心中的一种信念和力量，那就是“党员、责任”。在企业最困难的时候，是党员顽

强拼搏的信念支撑着他；在企业发展壮大的时候，是党员不骄不躁的精神警醒着他。经过多年的奋斗和打拼，大禹节水公司已经发展成为国家级高新技术企业，总资产达到2.8亿元，辖乌鲁木齐、酒泉、武威、定西等五大节水灌溉、制药生产研发基地和28家海内外营销服务分支机构，年实现销售收入3.2亿元，实现利税3000万元，出口创汇500万美元，安置就业600余人。据统计，采用大禹滴灌后，棉花每亩节水65%以上，节肥15%以上，节省人工15倍以上，每亩综合增效246元。照此计算，11年来，大禹节水累计为节水滴灌的农民节支增效达5.3亿元。

2010年10月18日，“大禹节水”股票成功上市，王栋在接受记者采访时说：“上市成功，不仅给公司带来了机遇和荣耀，同时也让我肩负起了更大的责任和使命，财富的享受是有限的，荣耀的光环也是短暂的，但作为一名党员，对国家、民族的责任是永远的，也是重大的。”

在企业腾飞的时候，王栋没有忘记一个企业家应该承担的社会责任，他积极向农村小学捐赠教学器材支持农村教育，设置“大禹奖学金”资助农村贫困学生，向部分缺水乡镇捐赠节水设施，为生活困难和疾病患者提供资助。汶川大地震发生后的第二天，他就安排从行政经费中拿出10万元捐给了地震灾区，并带头向灾区捐款16680元，上交特殊党费1000元。2009年，又为北川中学捐资2万元。近年来，他通过多种形式向社会捐资、捐物达到180多万元。对此，王栋深感欣慰，高兴地说：“增加农民收入，帮助困难群体，既是中央的号召，也是作为一名党员的责任。能为国家尽责，为农民尽力，我活得才有价值。”

运用智猪博弈抵消利率市场化不利影响
——记吉林银行董事长、党委书记唐国兴先生

唐国兴：1959年出生，中共党员，工商管理硕士，高级经济师。

曾任中国工商银行吉林市分行科长，交通银行北海分行信贷部主任、副行长，交通银行大连分行计划处处长，交通银行大连开发区分行副行长（主持工作）、党委书记，中国民生银行大连分行副行长、党委委员，中国民生银行大连分行行长、党委书记，中国民生银行驻华南地区稽核检查中心主任、首席稽核检查官，中国民生银行驻华东地区稽核检查中心主任、首席检查官，吉林银行行长、党委副书记、董事。

现任吉林银行董事长、党委书记，吉林省第十一届人大代表，省人大财政经济委员会委员，为吉林省五一劳动奖章获得者。

编者提示：在博弈论经济学中，有一种“智猪博弈”理论，核心思想就是在大猪和小猪的竞争中，小猪的最佳竞争策略是选择等待和跟随。同样，作为个体，各中小金融机构在同业竞争中往往只能被动地接受不利影响，并在战略调整中选择跟随策略。结成联盟之后，联盟成员可以通过“小猪”的联盟增加体积和智慧，在应对利率市场化方面提高主动性和话语权。

生存难

笔者：亚洲金融合作联盟成立之际，正值国内金融监管由分业行至混业十字路口，成立联盟是缘于何种考虑？在大力促进创新型金融发展号召下，联盟与其他类型的银行合作形式有何不同？33家银行的具体准入标准是什么？

唐国兴：面对日益严峻的外部发展环境，中小金融机构的生存发展压力日益加大，为了更加有效地应对监管趋严、竞争加剧、金融脱媒及利率市场化等不利因素的挑战，中小金融机构急需团结起来，通过互助合作共赢的模式，提高应对危机与挑战的能力。同时，通过加强不同金融领域金融机构之间的合作，可以更好地适应金融混业经营的发展趋势，并有效促进自身的经营变革与可持续发展。

联盟成员的合作不仅仅是商业银行之间的合作，还包括信托、证券、金融租赁和保险等非银行金融机构，这是中小金融机构联手抵御金融风险的一个新尝试，抱团合作，可以更好地化解经营风险、实现优势互补。

联盟并不以资产规模作为吸收成员的标准，只要是合法合规的金融经营机构，认同联盟的章程和宗旨，就可以申请加入联盟。

风险大

笔者：中小金融机构生存环境目前广受关注，亚洲金融合作联盟成立显然恰逢其时，因其目的之一即是促进“中小金融机构联手抵御金融风险”。对于贵行来说，什么是最大的金融风险？今后联盟成员将以何种方式共同抵御风险，与此前会有什么不同？该风险联动机制如何建立才可获成功？

唐国兴：吉林银行作为成立不足5年的地方性中小商业银行，发展基础还较为薄弱，市场竞争地位还不稳固，在监管趋严，同业竞争加剧、利率市场化步伐加快、宏观经济发展形势不确定性加大等不利外部环境影响下，必须前瞻、审慎地评估和防范可能产生的风险，包括发展速度下降、资产质量恶化、经营成本上升、盈利能力下降、流动性不足等风险，这是我行需要防范的最大金融风险。

此次加入“亚洲金融合作联盟”正是我们为突破中小金融机构发展“瓶颈”所做的尝试之一。在共同抵御风险方面，一是通过设立风险合作基金，帮助联盟成员化解短期经营所面临的资本风险、流动性风险等实际问题；二是通过成立资产管理公司帮助联盟成员快速、高效地化解不良资产，调节资产结构，应对流动性风险；三是通过建立统一的异地灾备中心、IT集中采购平台、代收代付平台、中后台集中处理系统等共享平台，可以大幅降低运营成本，并提高自身的经营发展能力。

成员之间要有共识

笔者：亚洲金融合作联盟成员将在一个统一平台上共同开发快速融资工具，贵行初步设想，会打造哪些快速融资工具和实现哪些创新？其中，联盟建立风险合作基金和资产管理公司需具备什么条件？

唐国兴：成立风险合作基金和资产管理公司是“亚洲金融合作联盟”在风险管理合作方面的具体形式，能够成功建立、有效运行应具备以下条件：一是离不开各成员单位之间达成广泛共识；二是能够为联盟成员提供切实、有力的发展支持；三是要采用公司制的法人组织形式，进行公司化独立运作。

成员均必须认真履行条约

笔者：亚洲金融合作联盟成员在金融同业方面将采取什么措施，如沟通协调机制如何建立？共担风险方面可能有什么奖惩措施？怎样才能确保该机制切实得到执行？

唐国兴：为了保证联盟成员之间的合作有序、高效开展，成立了联盟风险管理委员会，并就委员会的组织机构、职责范围、议事规则、决议执行、成员权利义务等方面达成了共识。

为了加强会员单位之间的沟通协调，要求专业委员会每月必须沟通一次，可以通过电话会议、视频会议等多种形式，同时，每年要举办多次培训活动和专门研讨会，提高会员单位之间的沟通协调水平。

风险共担机制是联盟的重要合作机制之一。为了确保该机制得到有效执行，要求各成员单位要尽职尽责，认真履行相关条约。同时，联盟还将对风险合作的未来发展进行详细规划，提出具体实施路径图。

抵消利率市场化的不利影响

笔者：近日国内利率市场化改革明显提速，这项改革可能对银行业产生什么影响？在联盟基础上，联盟成员应对利率市场化有什么优势？

唐国兴：此次利率浮动弹性的加大，尤其是首次突破存款利率上限，被业界普遍视为利率市场化的关键一步。所产生的影响，除了会进一步加大银行同业之间存款竞争的激烈程度外，最直接的就是会进一步缩小商业银行的存贷利差空间，加上监管部门对银行收费的持续整治，势必会推动商业银行不得不尽快转变原有的盈利模式，不断降低对存贷利差的依赖程度。

利率市场化要求商业银行尤其是中小商业银行必须转变发展观念，调整业务结构，实现战略转型。在联盟的基础上，各会员单位之间可以通过在金融产品创新、业务合作与培训等方面加强合作，提高自身开展新型业务的能力，尤其是通过相互合作，可以大幅降低经营成本，抵消由于利率市场化导致的经营成本上升的不利影响。

在博弈论经济学中，有一种“智猪博弈”理论，核心思想就是在大猪和小猪的竞争中，小猪的最佳竞争策略是选择等待和跟随。同样，作为个体，各中小金融机构在同业竞争中往往只能被动地接受不利影响，并在战略调整中选择跟随策略。结成联盟之后，联盟成员可以通过“小猪”的联盟增加体积和智慧，在应对利率市场化方面提高主动性和话语权。

“巴Ⅲ”也带来机遇

笔者：面临中国版“巴Ⅲ”(《商业银行资本管理办法(试行)》)拟于明年1月1日开始实施，联盟成员面临什么共同挑战？

唐国兴：《商业银行资本管理办法(试行)》全面引入了巴塞尔III确立的资本质量标准及资本监管最新要求，涵盖了最低资本要求、储备资本要求和逆周期资本要求，促进银行资本充分覆盖银行面临的系统性风险和个体风险，既与国际金融监管改革统一标准保持了一致，也体现了促进国内银行业审慎经营、增强对实体经济服务能力的客观要求。实施新监管标准，将对银行业稳健运行和国民经济平稳健康发展发挥积极作用。

《商业银行资本管理办法(试行)》带给联盟成员的共同挑战有两个方面：一是资本补充的压力加大，要求我们必须不断提高自身的风险资产管理能力，不断拓宽融资渠道；二是业务结构调整的压力加大，要求我们必须尽快提高中间业务收入的占比，降低信贷资产及信贷利差收入的占比。同时，由于《办法》在提高商业银行资本监管标准的同时，还采取下调小微企业贷款和个人贷款的风险权重等措施，这要求我们在未来的发展中要主动扩大小微企业和个人贷款投放，更有效地服务实体经济。

《商业银行资本管理办法(试行)》执行后，对于中小商业银行来说，应该是挑战和机遇并存。一方面，虽然《办法》对于中小银行资本充足率要求10.5%，与现行的资本充足率监管要求保持了一致，但其对中小银行资本约束带来影响却是深远的，对资本风险的持续管理能力，越来越成为制约中小商业银行发展的核心因素；另一方面，《办法》下调了对小微企业、个人贷款的风险权重。小微企业风险权重从100%下调至75%，未使用信用卡的信用转换系数从50%细分为20%和50%两个档次，扶持中小企业贷款的政策信号非常清晰，而中小商业银行的主要客户是社区居民和中小微企业，《办法》的实施会扩大这种机遇，并会坚定中小商业银行继续致力于扶持中小、服务市民的信心和决心。

成员间的合作大于竞争

笔者：联盟提倡“抱团发展”，但联盟中业务和地域临近机构之间的竞争关系该如何处理？境外商业银行在联盟中可发挥什么作用？

唐国兴：近年来，中小商业银行尤其是城商行通过化解风险、推动改革实现了快速发展，然而在高速发展的同时，城商行也面临着一些问题有待破解。我们希望联盟合作大于竞争，这是新形势下加强金融合作的积极探索和自我创新，这必将有力地促进金融资源的有效整合，推动经营模式的不断变革与持续创新，增强中小银行的整体竞争力和社会影响力，从整体上提升自身抗风险能力。

业务和地域临近机构之间的竞争无法完全避免，但是，我们要在竞争中加强相互学习与合作，实现共同提高，不断增加双方在当地金融同业中的竞争地位。

联盟是一个开放的组织，我们希望成员能够在区域和类型上更加多元化，国外金融机构的加入不仅能让我们借鉴和汲取更多的国际先进经验，同时也为我们更好地实现跨区域经营以及未来可能的跨国经营奠定了良好的基础。

近距离向优秀银行学习

笔者：联盟对银行的小微业务性质、内部组织架构，乃至传统、文化、技术等方面，会造成什么影响？

唐国兴：加入亚洲金融合作联盟，将会开启吉林银行小微企业金融业务发展的新纪元。吉林银行小企业金融服务中心自成立以来，一直坚持“请进来、走出去”的方式，将同业间的交流学习作为寻求自身发展模式的重要手段之一，如赴民生银行、哈尔滨银行、包商银行考察学习，邀请同业专家进行培训指导等。其中一些好的经验做法已经在吉林银行的小企业业务中得以实际应用并取得了较好效果，如以信贷工厂模式批量化做业务。但仍有很多值得借鉴的优秀银行的理念方法，由于原银行间交流合作形式的限制，尚未成功复制，此次达成战略合作联盟后，将是吉林银行近距离向优秀银行学习的难得机会。

1. 对小微企业金融业务市场定位的影响

一是进一步拓宽对小微客户采取的批量化作业模式，使更多客户能成为这一模式的受益者；二是进一步强化贷款金额在500万元以下的小微业务的开展力度，将产业集群、绿色经济、高科技产业客户作为发展重点；三是以普惠金融的理念扶持处于初创期的小微客户，探索开展无抵押保证担保的小额信用贷款。

2. 对小微企业金融业务内部组织架构的影响

一是进一步强化小企业金融服务中心的管理服务职能，以矩阵式管理与各分支行形成有效合力开展小微金融业务；二是以准事业部式管理，开展无抵押小额信用贷款业务；三是通过进一步完善多层次的培训机制、激励约束机制，搭建一支素质过硬、数量充足的小微企业金融业务从业队伍。

3. 对小微企业金融业务文化的影响

一是更加注重"修炼内功",不断夯实基础,改进流程;二是对与吉林银行具有相似发展轨迹与背景的银行的成功经验,在满足一定前提条件下敢于借鉴;三是通过引进外脑,借助外部专业公司的力量,对吉林银行小微企业金融服务品牌进行有效传播推广。

4. 对小微企业金融业务技术的影响

一是进一步通过学习、技术移植、系统建设,在贷前、贷中、贷后各环节提高对客户的风险识别能力;二是进一步提高对小微企业提供全面金融服务的能力,如理财、现金管理、投行业务等。

改变金融领域的竞争格局

笔者:联盟对国内金融服务业发展可能带来什么冲击?贵行如何理解其中的自身优势、劣势、外在机遇以及威胁?

唐国兴:一是会显著改变现有金融领域的竞争格局,中小金融机构通过合作共赢与抱团取暖的方式,提高了自身的市场竞争力能力与持续发展能力;二是会在一定程度上促进金融混业经营的发展水平,不同金融领域金融机构通过合作联盟的平台加强合作,会大幅提高跨行业金融产品创新水平以及推动新型金融组织的出现;三是对现有的各自为战的市场竞争方式产生巨大冲击,各种类似的合作组织可能会不断涌现,推动了市场竞争方式的变革。

各联盟成员能否扬长避短、抓住机遇、同迎挑战,是决定联盟是否能够持续发展的关键。优势在于成员之间的合作弥补了自身的不足,提高了自身抵御风险的能力,劣势在于不同成员之间发展水平的不平衡,如何协调各类别成员之间的合作是联盟未来面临的一大挑战。吉林银行作为联盟的一员,期望着与联盟共同成长,共同壮大,推动联盟成为中国市场乃至亚洲市场上最活跃、最有活力、最具创造力的新型金融组织;成为令金融业羡慕,受社会尊重的新型金融合作平台;成为成长速度最快、综合收益最大的战略合作伙伴。

笔者:作为联盟成员,贵行在自身经营上可获得什么益处?

唐国兴:城商行发展到一定程度之后,对产品创新能力、风险控制能力和 IT 能力都提出新的要求,特别是在转型的趋势下,对城商行的发展提出更高的要求,而联盟的成立对成员机构的产品创新能力、经营能力尤其是风险控制能力的提升有很大帮助。成为联盟成员可以推动我行加强与其他成员单位的多方合作,尤其在吸收先进经营管理经验、产品与业务的共同合作与开发、人员的联合培训、信息资源共享等方面我行将获得较大的益处。

小微金融超越式发展

笔者:贵行在小微金融方面的成功经验,将如何在联盟内推广?进而产生新的合作方式,助力解决小微企业融资难?

唐国兴:将积极主动地与其他各金融机构建立合作关系,在合作中共同寻求更为广阔的发展空间,实现小微企业业务超越式发展。通过成立合作联盟,既能实现优势互补,又能提高各自竞争实力,是应对复杂多变的金融形势和日益激烈竞争环境的重要战略选择。

通过在合作联盟内组建"小微企业战略合作委员会",可以突破银行单一体系服务小微企业的局限,并可以实现各自在小微金融服务领域先进经验的传播与借鉴,突出和扩大合作的互补效应,形成综合优势。

1. 人员的交流学习

通过建立人才培训和交流学习机制,在提高小微金融服务专业人员业务素质的同时,可以将我行在服务小微企业方面的先进经验,包括特有的风险防范技术以及产品介绍给其他会员,可以快速提高其他会员单位在服务小微企业方面的水平。

2. 建立共享的违约信息通报平台

目前各银行对客户违约信息的取得主要通过人民银行的征信报告显示,然而,人民银行征信系统中小微企业的信息非常欠缺,征信报告以外的小微企业信用信息往往难以掌握,加大了小微企业贷款的潜在风险。通过搭建信息共享的违约通报平台,联盟成员间的小微企业客户违约信息将充分实现共享,从而对小微企业客户有更加充分的识别依据。

3. 运行机制的互补借鉴

联盟成员间大都为中小银行,服务小微企业的业务运行机制、管理模式各不相同,在一定程度上已经形成了各自的小微企业信贷文化,但随着金融形势的变化、金融服务手段的推陈出新,适应市场需求、适应客户需要的与时俱进的求变思想都不同程度存在。"亚洲金融合作联盟小微企业战略合作委员会"为联盟成员可提供互补借鉴的小微服务模式,提高联盟成员整体的核心竞争力。

4. 对企业采取统一的评级标准

对企业进行等级评定是银行信贷管理的一项重要工作,准确的企业等级是银行调整信贷结构、确定资金投向的重要依据。联盟成员行通过联合评级,统一标准、统一做法、统一条件、统一组织,可以事半功倍,且评级结果更具权威性,可操作性,作用更大、效果更佳。

5. 建立授信互信机制

由合作联盟牵头,在联盟成员间建立授信互信机制,彼此授予一定授信额度,在贷款担保、保函认可、承兑贴现等领域加大合作力度,拓展合作空间。

6. 产品创新的合作

目前,银行的产品创新普遍存在局限性,就是因为银行自身的服务功能、服务范围、服务手段、服务平台等存在或多或少的不完备所造成的。合作联盟及小微企业战略合作委员会的平台搭建,为小微企业金融产品创新打开了思维空间,产品的设计可突破单一成员的服务能力制约,基于联盟成员综合优势设计更具广泛竞争能力的金融服务产品。在具备条件时,可考虑成立联盟产品研发中心,为联盟成员服务,搭建更为完善的小微金融服务平台。

7. 公司化运营"小微融资平台"

在小微合作领域,各成员在服务小微客户达成一定共识的情况下,可公司化运营"小微融资平台",共同研究小微金融发展策略,统一品牌、统一产品、统一服务手段,组成全国性的小微信贷实体,提高联盟的品牌效应,提高"合作联盟"服务小微客户的全国影响力,打造全国第一品牌小微金融服务联合体。

二十五年,始终专注
——记广东金明精机股份有限公司董事长马镇鑫先生

马镇鑫,广东金明精机股份有限公司董事长,出生于 1951 年,中国国籍,无境外永久居留权,中山大学 EMBA。1987 年创办汕头市金砂区金明塑胶设备厂,获广东省先进民营企业工作者称号。自 2000 年起,历任中国人民政治协商会议汕头市金平区第二届委员会委员,汕头市金平区第一届、第二届人大代表，现任汕头市政协第十一届委员、汕头市金平区人大代表、人大常委，汕头工商联（总商会）副会长，中国塑料加工工业协会专家委员会专家。

二十五年，对于人生来说，是一段既漫长而又短暂的时光；而正是这既漫长而又短暂的二十五年，马镇鑫先生带领着他的员工们不断开拓创新，不断向世界展示着聪明和才智，用勤劳和智慧、真诚与执着倾心打造属于金明的品牌。

二十五年前，金明仅仅只是一家简陋的小作坊，而如今成为了众所周知的上市公司；二十五年前，金明只能敲敲打打做一些低层次的产品，而如今产品遍布国内外，引领整个塑机行业。

二十五年来，马镇鑫先生带领的金明始终专注，专注于薄膜吹塑行业的点点滴滴，专注于技术研发的创新与提高，或许也正因为如此，金明才能取得如此成就！

中国经济的快速发展，显然对塑胶行业也提出了更高的要求，中国的塑胶行业是否跟上发展的步伐，是否满足社会的发展要求，从而逐渐摆脱依赖进口的局面，已成为摆在我国塑胶企业面前的一个焦点问题。塑料行业的发展，有赖于设备、原料、制造工艺三个组成部分的共同发展，而坐落于广东汕头市的广东金明精机股份有限公司就是其中的佼佼者，是我国多层共挤食品包装、日用化工品包装、医药品包装、汽车塑料燃油箱制造以及军工军品包装领域、专业生产塑料加工装备最为璀璨的明珠。该公司董事长马镇鑫高瞻远瞩，瞄准世界项级水平，专注于设备的研究、开发、制造。一步一步迈向专业化顶峰，成为全球极有竞争力的优秀塑机供应企业。

金明公司在1987年成立之初，条件非常艰苦，厂房是租的，仅仅只是简陋的大棚，加工制造能力也都是非常简陋的，更谈不上新产品技术研发，只能加工一些简单的、技术含量低的塑料机械。但是，金明人不甘落后，也不甘敲敲打打做一些低层次的产品，于1990年投入资金研制一种自动操作的吹瓶机，从而摆脱了因产品结构的技术含量不高而在市场竞争处于被动劣势的局面。1993年，金明公司率先将PLC技术应用于吹瓶机控制系统，大大提高了机器的自动化程度。1994年，公司看准市场趋势，投入力量研发吹膜机，并于1995年研制成功10m幅宽大型吹膜机。1999年公司研制成功20m超宽幅三层共挤大型吹膜机组，不仅填补了国内空白，同时也是全亚洲最大的吹膜机组。2002年，公司的五层共挤薄膜吹塑机通过省级技术鉴定。2004年，公司被国家科技部认定为国家级高新技术企业，并被省科技厅、省发改委和省经贸局联合认定为“广东省多层共挤塑料加工装备工程技术研究开发中心”，同年，公司成功研制了七层共挤高阻隔膜吹塑机等先进的专用装备。2006年，公司研制的“医用输液袋五层共挤水冷式薄膜吹塑机组”科技成果通过了广东省科技厅组织的技术鉴定。2009年5月，金明公司搬迁到占地达6600平方米的新厂房，同时新购置了德国DMG大型五轴加工中心，标志着广东金明精机股份有限公司的发展迈上了一个新的台阶。2011年12月，广东金明精机股份有限公司于深交所创业板成功上市。

创新是企业发展的基石，持续不断创新更是企业保持青春活力、健康发展的根本，“靠科技振兴企业”是金明的发展宗旨。

经过25年的发展，金明现在已是一家国家级高新科技企业，获得多项国家级新产品，以及省科技进步一二三等奖、市科技进步一二等奖，128项国家授权专利。金明公司之所以能够从成立之初的小作坊发展到今天的国家级高新技术企业，是与重视技术进步和技术创新密不可分的。目前外部环境瞬息万变，市场需求日新月异，而竞争对手林立，同质化产品低价位产品充斥市场；为此金明设立了研究开发部与市场部，随时跟踪国内外行业级新讯息，预测市场需求，根据行业对新技术、新工艺、新材料、新装备的需求，及时定位新产品研发项目。长期以来做到储存一批新技术方案，研发一批新技术，生产一批新产品。因此基本年年都有新产品，而且技术上都是国内领先、国际先进的新产品。目前，公司坚持每年投入研发的各项费用占到销售额的5%以上，从事技术设计和新产品开发的工程技术人员超过70人，占企业员工总数20%以上。公司的研究开发部专职承担公司的新产品开发、新技术储备、协调老产品技术升级与改进、以及对外技术交流合作等工作。因此金明能在装备制造业中独领风骚付出了很大的代价。

可以说，金明的成就离不开马镇鑫先生，正因为马镇鑫先生的高瞻远瞩以及始终专注，才造就了金明如此之多的成就。而马镇鑫董事长本人也是殊荣连连，荣获“全国机械优秀企业家”、“中国塑料包装行业先进科技工作者”、“广东省塑料工业协会第四届理事会副会长”、“广东省先进民营企业工作者”、“汕头市政协第十一届委员”、“汕头市金平区人大代表”、“人大常委”，“汕头工商联（总商会）副会长”、“中国塑料加工工业协会专家委员会专家”等荣誉称号。

过去二十五年的专注与执着造就了金明，未来的二十五年，金明将继续专注于塑料机械装备行业，引领行业发展，谱写着属于金明的辉煌。

访湖北武大有机硅新材料股份有限公司董事长彭晓东

记者：彭董，您好。首先能简单介绍一下贵公司吗？

彭晓东：湖北武大有机硅新材料股份有限公司是在整体改制武汉大学化工厂的基础上，以武汉大学资产投资经营管理有限公司作为第一大股东，联合多家创新投资公司、风险投资公司和公司技术、管理骨干发起设立的股份有限公司，成立于2000年12月29日，注册资本为人民币8000万元。公司是湖北省高新技术企业，主营业务为精细有机硅新材料系列产品的研究、开发、生产、销售、技术服务和技术转让等。公司前身武汉大学化工厂创建于1958年，毛泽东主席曾亲临视察。作为新中国第一批高校产业代表的武大化工厂，半个世纪来，不断承担国家、省市的重点研究和产业化项目，多次获得国家、部、省市级科技成果奖，在有机硅行业享有良好的声誉和较高的地位。公司是中国氟硅有机材料工业协会、中国文物保护技术协会理事单位，中国表面活性剂工业协会、中国表面工程协会、中国磁记录材料工业协会成员单位。公司生产的WD牌系列产品已成为国内外行业知名品牌，产品应用遍及电子、通讯、汽车、电力、建材、橡胶、塑料、文物保护、航空航天、国防工业等几十个行业及领域，产品远销至亚太和欧洲的十几个国家及地区，公司在国际国内建立了良好的声誉。

记者：谢谢彭董，我知道贵公司是以有机硅新材料研发、生产为主的高科技企业，在中国有机硅行业内具有举足轻重的地位。那么贵公司在科研创新、实践方面的理念或者经验有没有什么能和大家分享一下的呢？

彭晓东：科技创新是一个民族进步的灵魂，是一个国家兴旺发展的不竭动力，也是一个企业永葆生机与活力的源泉，科技创新犹如一根红线贯穿于公司产业发展的历程之中，同时也给公司的研发团队以一个无形的研发助力。企业间的竞争，归根结底是人才的竞争。要驾驶武大有机硅这艘轮船驶向蔚蓝的海洋，必须拥有一流的水手。为了培养一流的水手，打造一支思想过硬、技术顶尖的员工队伍，公司树立了"创建学习型企业，争做知识性员工"目标，不定期举办精细化管理培训、有机硅专题培训和生产操作培训等，从管理、专业和技能多个层面和角度全面提升员工素质。2003 年，以武大有机硅为依托，中国氟硅有机材料工业协会技术培训中心在武汉大学成立。公司充分利用这一平台，分批选送员工参加培训，更是将员工培训活动定期化。公司还鼓励员工自我深造，并给予相应补贴，近年来，多名员工获得硕士或博士学位，为公司的研究创新奠定了稳固的技术人才基础。

记者：彭董，获悉贵公司于前段时间成功在新三板挂牌，首先恭喜您。

彭晓东：是的，谢谢！

记者：新三板的首次扩容后，贵公司成为首批挂牌企业之一，您对新三板这个概念又有何独特的见解呢？您又为何选择新三板。

彭晓东：见解谈不上，了解而已。首先说说新三板，所谓"新三板"是相对于"老三板"而言的。2000 年，为解决主板市场退市公司于两个停止交易的法人股市场公司的股份转让问题，由中国证券业协会出面，协调部分证券公司设了代办股份转让系统，被称之为"老三板"。由于在"老三板"中挂牌的股票品种少，且多数质量较低，要转到主板上市难度也很大，因此多年被冷落。为了改变中国资本市场这种柜台交易过于落后的局面，同时也为更多的高科技成长型企业提供股份流动机会，有关方面 2006 年在北京中关村科技园区建立了新的股份转让系统，这被称为"新三板"。再来说说为什么选择新三板，刚开始的时候我介绍过，公司前身是一家校办工厂，在 2000 年改制成公司后一直试图走资本化道路。想上中小板，条件太苛刻；想进创业板，IPO 排队时间太长，且市盈率太高，投机意味太浓，人容易浮躁，不利于小企业打基础。"就跟为小孩买衣服一样，一出手就买奢侈品牌容易滋生炫耀之风。"同时，业界普遍认为，创业板建立初衷是为中小企业服务，解决中小企业融资问题，但实际上目前创业板的进入门槛较高，众多中小微企业达不到上市条件。而在'新三板'挂牌的公司，通过股权转让、定向增资等方式进行融资则相对要容易得多。所以我们选择了"新三板"。

记江苏吴通通讯股份有限公司董事长万卫方先生

万卫方，男，1965 年 11 月出生，汉族，高级经济师，江苏吴通通讯股份有限公司法人代表、董事长。公司主要从事移动通信基站天馈系统产品的研发、生产和销售。依靠团结务实的团队，锐意进取，勇于创新，顺应改革形势，不断完善企业制度，完善内部经营管理机制。凭借过人的魄力和胆识，独特的经营管理手段，创新思维，带领团队克服困难，努力奋斗。2011 年公司实现销售额 2 亿余元，上缴税收 2500 多万元，利润近 3000 万元。万卫方先生引领着一家资产只有几十万元的小团队发展成为在资本市场运作的上市企业。

艰苦创业矢志不渝

自公司成立以来，万卫方先生带领吴通公司积极投身自主创新、科学发展的时代潮流，投身建设环保型、节约型、和谐型社会的伟大事业，闯出了一条当今民营企业与时俱进、科学发展的成功之路。1989 年 3 月 15 日，江苏吴通通讯股份有限公司的前身"吴县通讯器材三厂"在万卫方先生的努力下正式注册成立。随着公司各项改革的不断深入，在开拓新业务的同时，公司通过狠抓质量，狠抓服务，树立企业的诚信度，巩固发展业务量。同时，贷款引进先进设备，凭着良好的信誉与口碑，通过万卫方先生的领导和员工们的艰苦奋斗，公司在巩固了生产业务量的同时，提高了产量和销售额，进行着资本的原始积累。2010 年 9 月，公司整体股改，正式更名为江苏吴通通讯股份有限公司。2012 年 2 月，公司在深圳证券交易所创业板成功挂牌上市。

质量造就品牌品牌成就市场

"产业报国，造福社会"是万卫方先生早已确立的创业理想，万卫方先生在发展历程中，始终坚持走品牌发展战略，以品牌战略作为企业的核心战略，坚持倡导品质优先的发展思路，坚持走科技兴企之路，建立了一流的质量监控系统、完备的市场服务网络、诚信的企业文化，以品质创立品牌、以服务维护品牌、以文化培育品牌，从而受到了客户的广泛信赖。万卫方先生视质量为企业的生命，视诚信为企业的无形资产，质量就是企业的生命，质量就是无声的推销员，没有对产品技术、质量的精益求精，产品就不可能有竞争力，提高国际竞争力也是不可能的。万卫方先生制定出严密的采购控制程序和原材料检验验收作业指导书，通过对供应商的调查、质量保证能力评审、产品验证、试用、有关协议及合同的签订，确定合格供应商及其产品。经过严格的层层把关，保证有实力供应商进入公司的配套体系。

正是由于对品质的持续关注，公司"吴通"商标被认定为苏州市知名商标，江苏省著名商标，目前正在申报中国驰名商标。公司产品广泛被应用于中国移动、中国电信、中国联通基站馈线系统，并与国内知名通信设备制造商、天线制造商和 RF 电缆制造商有着密切的合作，在国际市场上的影响力也日趋扩大。

尊重人才，敢于创新

万卫方先生尊重人才，敢于授权，敢于创新，采用现代化管理模式，创建学习型企业，重视人才培训及人才晋升，每年企业用于各类培训的费用就达 20 多万元，使职工有了前进的动力。公司具备完善的职工代表大会制度，每月薪酬按时发放，合理纳税，给每位员工缴纳社会保险及公积金，为员工提供工作餐和各类福利。公司获得多项发明专利和实用新型专利，先后和南邮、北邮和东南大学达成了实习教育协议，为毕业生提供实习基地。公司始终坚持"以人为本，科技创新"的管理理念，以敏捷管理模式提高企业快速反应能力，持续改进质量管理的有效性，运用 ERP 信息管理系统为客户提供一流的产品和服务，为客户创造最大价值。

公司坚持"以人为本，科技创新"的管理理念，聘请高校教授、信产部科研院所高级工程师及专业资深人员作为技术顾问，有着强大的产品设计开发能力。公司与南京邮电大学联盟合作，在苏州建立南京邮电大学实践教育基地。2009 年与南京邮电大学进行产学研合作，联合攻克企业技术难题并申报政府科技攻关项目。2010 年，与南京邮电大学建立联合研究中心，进一步促进企业技术进步。同年，与东南大学、北京邮电大学建立产学研基地和物联网技术联合研究中心，进一步加强高新技术产品的研发。2010年9月,获得市政府批准建立了苏州市射频微波器件工程技术研究中心。

奉献爱心汇报社会

在经济实力不断增强的同时,公司先后支持教育事业、慈善事业和新农村建设等各项公益事业,累计出资和捐资百余万元,表达了亲民、爱民、助民的手足之情。正因为这样,吴通公司和万卫方先生连续赢得了一项项殊荣。公司先后被授予"江苏省创新型企业"、"高新技术企业"、"中国通信市场最有影响力的行业品牌"、"中国电子元件百强企业"等荣誉称号。万卫方先生多次被选为相城区政协委员、优秀党员、人大代表、社会主义事业建设者,积极参政议政为一方百姓谋取更大的福利。

"路漫漫其修远兮,吾将上下而求索"。面对未来通讯市场新的需求与更高的要求,万卫方先生正不断思索、不断求新和不断开拓,带领公司走向更加美好的未来!

华泰证券举力构建"全业务链"

——访华泰证券股份有限公司董事长吴万善先生

当吴万善出现在"金方向奖"颁奖晚会暨2012券商年会时,穿着蓝色短袖衬衣的他一脸轻松,隐藏在无框眼镜后的是淡定的眼神。前不久,业内普遍关注的华泰系整合刚刚完成,这位掌舵人心中的石头终于落了地。

席间,吴万善接受了记者的独家专访,他详细阐述了华泰证券(601688)正举集团之力构建的"全业务链体系",并清晰地描绘已为此建立的IT系统和分配制度。对这家经纪业务占据半壁江山的券商来说,广泛的客户资源如何进一步开发和共享是一个意义重大的问题。

作为华泰证券的创始人之一,吴万善董事长见证了这家公司21年的发展历程。21年间,华泰证券从江苏走向全国,并于2010年成功上市,旗下不单单是证券公司(持华泰联合98.186%),还扩展到华泰长城期货(持60%)、南方基金(持45%)、华泰柏瑞基金(持49%)、华泰紫金投资(全资)、华泰金融控股(香港)(全资)、江苏银行(持7.03%)、金浦产业投资基金管理有限公司(持7.5%)等,金控体系已经成型。

最难的是文化整合

2012年7月,随着吴晓东出任华泰联合董事长、刘晓丹担任总裁,这场证券行业独一无二的整合基本告落。自此,华泰联合吸收合并了华泰证券原有的投行项目和员工,定位为专业投行子公司。

"像华泰系这样的整合,以前在证券行业是没有过的。"吴万善抖了一下手中的烟灰,记忆似乎回到了从前。

他接着说:"当时就向证监会承诺,会平稳完成与华泰联合的整合。长远来看,也应该进行整合,这样才能实现协同效应、资源共享。"

也许从华泰证券控股华泰联合那一刻开始,华泰系的整合就已经开始了。截至2012年上半年,华泰证券持有华泰联合98.186%的股权。

曾经,华泰证券与华泰联合划江而治,各自的业务区域并不重复,市场化机制下的华泰联合更加激进,经纪、投行和研究所业务都是它的优势业务。

而华泰证券的实际控制人是江苏省国资委,国企文化背景下的华泰证券比较稳健,如何融合两家公司的文化是个挑战。

"最难的是文化整合,两家公司的文化有些差异。"吴万善坦言,"华泰联合比较灵活、市场化一些,华泰证券则比较稳健。"

定位投行子公司,曾让外界一直不解的是投行队伍如何整合。据吴万善称,华泰的投行团队与华泰联合的投行团队归并,并不存在各自为政的双轨制运作。

"两家券商其实后台很多东西是重复的,但整合不能简单直接地把重复的裁掉,要充分发挥两家的优势。"吴万善表示。

证券公司是个"以人为本"的行业,不像生产线企业还有流水线设备等固定资产。"华泰这样的大体系需要平衡,有些东西不是靠个人独力完成的,"吴万善对此做了不少思考,"以后,券商客户对服务能力的认可应该是基于公司平台,而不是个人或某个团队。"

经纪业务独大

整合了华泰联合之后,位于江苏的华泰证券的经纪实力也大大增强,合计营业部有223家,其中77家来自华泰联合。

在营业部数量上,华泰证券已经接近了银河证券的229个营业网点。

据理财周报记者统计,华泰证券的223家营业部中有81家分布在江苏,上半年贡献营业利润1.69亿元,平均每家营业部创造利润208万元左右,湖北、广东等也是优势区域。

"经纪业务在这样的年景中挣的钱不多,开发客户是很难的。"吴万善说道,"国外也有大得多的券商不能赚钱,华泰这么多年没亏损过,稳健经营很重要。激进固然在牛市中能冲得猛,看不出缺陷,但在熊市中就不行。"

2012年上半年,经纪业务收入占华泰证券营业收入的44%,在上市券商中仅次于长江证券(000783)和东北证券(000686)。营业部增加了,不过由于市场原因和行业佣金竞争的日趋激烈,市场份额有所下降,从2008年的7.35%跌至2011年的5.49%。但从利润上看,上半年营业利润率只比去年同期下降了9.49个百分点。

"华泰是靠规模来降低成本的,通过增加网上交易比重等方式将成本控制得低,加上原来华泰和华泰联合一些老营业部有很好的客户基础,这一块业务即使熊市也依然是挣钱的。"说到得意之处,吴万善仍然平静,好像正在讨论的不是自己而是别人。

谈及华泰证券的资产管理业务,他依旧坦然:"刚开始定位有点问题,比如量化产品其实比国泰君安还早。这里边,产品的设计、发行有一个市场判断和时机问题。"

他分析道:"有些券商在设计资管产品的时候就想着能不能给自己挣钱,而不是想着能不能给客户挣钱,传统的资管产品开发很少站在客户角度想。"吴万善总结道,"我经常讲,要做到让客户的利益最大化,客户利益最大化我们的利益也就最大化,而不能只想着证券公司怎么挣钱。"

本着这样的原则,今年华泰证券的首款保证金管理产品"华泰紫金天天发"首发募集金额41.9亿元。其追求的是绝对收益低风险类产品,0参与费、0赎回费及0管理费,极大化满足客户对低风险理财产品的需求。

"这一拨券商跟上一拨不同,上一拨面临的是市场问题,市场本身不规范,我们的券商有生存问题。当今的市场对券商来讲尤其是上市的券商,面临的是发展的问题,市场大家看不清楚,未来很难预测,但我觉得今年证监会的创新大会为券商下一步的发展提供了一个非常好的宽松环境。"

值得深思的是,将研究能力视为券商首要核心能力的券商负责人，吴万善是为数不多的一位。“新一轮的券商竞争还得靠核心能力，一方面是研究能力，现在券商的研究所只是一个部门，没有体现整个公司的文化、智慧和综合判断，对市场的影响力是远远不够的。”

他接着说：“第二是产品设计能力，根据不同客户的不同偏好设计不同的产品；第三是综合服务能力，未来竞争对券商的中后台要求会很高。”

IPO 最好的时期基本过去了。

专访中，吴万善向记者深入阐释了华泰证券正在全力打造的“全业务链体系”。

“我个人认为 IPO 市场最好的时期基本上过去了，前两年大规模超募，”吴万善表示，“未来券商的服务应该是全业务链、全方位的，假如客户需要资金，除了 IPO 以外我们有很多的方法和工具来满足他。”

吴万善对券商的前景依然保持乐观：“对我们券商来讲要创新，首先要解放思想，在控制风险的前提下更多站在客户角度满足客户需求，熊市也好、牛市也好，对我们券商来讲未来发展的空间仍然是巨大的。”

“比如经纪业务的客户，原来他到市场非常简单，现在我们不仅仅只做交易，还做很多其他的东西，比如理财产品或者其他的服务包括参与 PE 基金，全业务链可以完全满足客户的需求。”

出于这种“大投行”和“全业务链”的考虑，华泰证券似乎早就开始行动，“可以说‘形’有了。从 2007 年开始，每年都有巨额投入，现在已经建立起了包括 IT 系统在内的大后台。”其中 CRM（客户关系管理）系统是华泰证券全面转型的核心支撑之一。

“这个系统用来收集客户信息，所有包括经纪、资管、投行的客户资料都纳入这个数据库，我们就做最基础的客户分析，分析客户的交易偏好、潜在需求、为他做诊断。”

吴万善耐心地解释：“以前的证券市场像赌博，市场不好个人财富几万块放在账户里可以不动，资金量大的就不行，这是一种浪费，我们以客户的个性化需求为导向给他做方案。”

那么，原来各自为政的券商业务部门就会产生很多交集。“全业务链重要的就是共享客户，原来券商经纪业务的客户就局限在经纪，投行的客户是投行的客户，资管的客户是资管的客户，这些部门和客户都是割裂的。但客户并非只有一种需求，也许他不仅有 IPO 需求，还有债券需求、交易需求、财富管理需求。”

当对记者的见解表示赞同时，微靠在椅背上的吴万善端坐起来。

他接着说：“业务部门各自为政，原来客户对券商的黏度低，如果有某项业务让他不满意，他可能就会放弃这家券商，现在我们希望能做综合性服务，以客户需求为导向，实现资源最大化。”

但这样的全业务链构想最难的是各部门之间的资源整合，以及建立合理的利益分配制度。

“必须有一个利益分配机制，以前经纪、资管、投行就各管各的，有各自的客户，其他的业务不管也不懂。现在比如，市场行情不好，经纪业务很难拉到客户，单靠新客户开拓不挣钱，可如果他介绍一个有需求的客户给投行，内部介绍项目可以得到利润分成，这就让大家有动力服务客户。”

吴万善眼神温和而坚定，他说：“这样一来，所有业务都只是链条上的一部分，多部门协调实现资源共享。目前至少做到客户信息流动。”

金控体系延伸

全业务链需要一个强大的中后台。目前，华泰证券已经为此做了不少准备，可以说到了调整业务、建立利益分配机制的时候。

推而广之，这种构想也许不仅仅局限在券商内部。

华泰证券旗下金融资产众多，截至上半年，其全资子公司包括华泰紫金控股（香港）、华泰紫金投资、华泰金控投资（深圳），控股子公司包括华泰长城期货（60%）、华泰联合（98.186%），另外还扩展到南方基金（持 45%）、华泰柏瑞基金（持 49%）、江苏银行（持 7.03%）等资产。吴万善本人同时担任南方基金董事长。

“银行、券商的网点是有重复的，未来如果政策允许，全业务链可以延伸至银行券商网点共享，基金、券商的资产管理客户也可以共享。”吴万善表示，当前政策还没有放开。

而华泰证券旗下两家基金公司的特点有所不同，“华泰柏瑞主要是工具化的东西多一点，它的 ETF 已经搞了 6 年，量化产品跟牛熊市场关系不大，是做绝对收益的。而南方基金主要是做保本、低风险的产品多一些。”

不管从牌照，还是从规模和业绩，华泰证券已经晋升第一梯度的券商，但对海外并购和扩张，吴万善却有不同的思考：“这方面很难找到合适的并购对象，以前也谈过，但人家对你的文化认不认同是个问题。券商靠的是人，并购比生产类企业要复杂得多，如果认可度不高，人跑了就剩下牌子没用。”

而国内已有不少券商着力开拓香港市场，招商证券（600999）如此，中信证券（600030）更是通过并购里昂证券拓展国际业务。

“国际化这条路必须得有团队储备，储备条件和时机成熟了再走不迟，什么时候干什么样的事。”吴万善表示，“香港和国外成熟市场的人对国内券商尤其国企背景文化的券商也存在一些误解。”

据了解，华泰证券已经在上海买下了办公楼，公司称：“总部不会搬迁”，不过有些业务将重点延伸至上海。

抓住创新机遇实现弯道超车

——访宏源证券股份有限公司副董事长、总经理胡强先生

编者按：

中国证监会主席郭树清履新以来，释放了诸多改革信号，打造国际一流投行也是其中之一。在此之下，证券公司创新发展已成全行业共识。但如何界定创新的内涵和外延？如何让创新发展在证券公司微观落地？带着一系列热点问题，记者日前对宏源证券总经理胡强作了专访。

胡强认为，创新发展的内涵是指以提升客户价值、培育公司创新发展优势、增强核心竞争力和促进公司可持续发展为目的的一切改善改进、创新创造等活动，外延则应该包括但不限于公司组织、机制、业务、管理、服务、产品和技术等方面的改善、改进、变革和创新。对于创新发展的微观落地，宏源证券的做法是成立由董事长亲自挂帅的创新工作领导小组和由总经理担任主任的创新发展委员会，并从组织架构、激励机制和人力资源等方面对创新发展予以有效支持。

2011 年，对于宏源证券而言是不平凡的一年：受益于固定收益业务的发力，债券和股票承销金额达到 536.99 亿元，位列历史最佳的行业第七名；财富管理等增值服务初见成效；

收入结构渐趋合理，经纪业务全年收入贡献降至50%以下，明显低于行业平均水平，自营及承销业务贡献率达到38%。

宏源证券总经理胡强表示，无论是收入结构的改善，还是固定收益业务和承销保荐业务的快速发展，均得益于公司已达成共识的创新发展理念。

胡强认为，在当前证券行业格局相对固定的情况下，创新将引发行业一次新的大洗牌，而宏源证券在年初就确立“创新”为公司2012年工作的主题词，适时推出了公司内部鼓励创新发展的具体办法，目的就是通过创新促发展，将宏源证券打造成一流的金融服务公司，实现弯道超车。

创新是实现战略目标唯一出路

据悉，宏源证券去年即成立了由董事长亲自挂帅的创新工作领导小组和由总经理担任主任的创新发展委员会，并于今年2月制定了推动公司创新工作的试行办法。

胡强表示，作为全国首家上市券商，宏源证券一直致力于打造一流金融服务机构。在当前的竞争格局下，创新发展是实现这一战略构想的重要出路，乃至唯一出路。公司创新机构的设立和推动创新工作办法的出台，其目的都是为公司的创新发展保驾护航。

事实上，历经二十余年的发展，我国券商始终未能摆脱靠天吃饭的窘境。胡强笑称，我国券商员工是穿着西服的农民，收入完全由市场这个“天”决定。幸运的是，经纪业务近8年来相对丰厚的收益，为创新发展工作裹足不前的券商提供了“惰性”温床。但不幸的是，犹如温水中的青蛙，证券行业已被银行、保险和信托业远远甩在身后。

公开数据显示，截至2011年末，我国银行业、保险业和信托业总资产分别达到113万亿、6万亿和4.8万亿元，而证券业总资产仅为1.57万亿元。不仅如此，据证监会主席郭树清透露，截至2011年11月底，我国证券全行业总资产不到高盛公司的三分之一，净利润与摩根士丹利一家公司相当。

除了证券行业近年来产生惰性以外，胡强也认为，虽然证券公司综合治理工作取得了决定性成果，但期间出台的净资本扣减、证券保证金第三方存管等一系列监管政策，以及随后相对偏严的监管措施，也一定程度上造成证券行业的创新不足。

不过，证券行业经营的环境正在发生变化。据胡强判断，经纪业务佣金费率下滑趋势难以根本扭转，经纪业务竞争日趋白热化，传统业务的盈利空间不断压缩，将使得证券公司赖以生存的惰性不复存在；而“十二五”规划纲要开始逐步落实，服务实体经济需要强大的资本市场提供助推，加上郭树清提出建设国际一流投行的命题，以及就支持行业发展和加快创新转型提出的一系列举措和建议，将给行业带来新的发展机遇。

同时，“寒冬”也是证券公司苦练内功、增强自身机能的最好时机，是逼迫证券公司抛弃旧有模式，加快创新和转型升级的最好机遇。胡强认为，2012年，宏源证券将从抓创新、练内功和拼市场三方面作战略部署。创新发展必须是在风险可控和公司资源力所能及的前提之下实施，不能急于求成。因此“练内功”就是要完善公司风控体系，提升风险抵抗力，为公司的创新发展提供稳定的后方；“拼市场”是在守好公司传统优势业务的基础上，保证一定的盈利水平和能力，为加大对创新业务的投入提供必要支撑，使之尽快成为公司新的收入增长点，为公司未来的创新发展提供持续不断的资源投入和人力资本支持。

创新发展是系统性工程

在接受记者采访的过程中，胡强反复强调，创新发展并非仅指产品和业务创新，同样不宜将所有精力局限在产品和业务创新上，创新发展是一项系统性工程。

在胡强看来，证券公司创新发展的内涵是指以提升客户价值、培育公司创新发展优势、增强核心竞争力和促进公司可持续发展为目的的一切改善改进、创新创造等活动，外延则应该包括但不限于公司组织、机制、业务、管理、服务、产品和技术等方面的改善、改进、变革和创新。

据悉，在宏源证券今年2月制定的关于推动公司创新发展工作试行办法中，组织、机制、业务、管理、服务、产品和技术等方面的改善、改进、变革和创新均被纳入创新的范畴。“产品和业务创新至关重要，但不能急功近利。”胡强认为，公司组织、机制、业务、管理、服务、产品和技术等方面的改善、改进、变革和创新既可以保证产品和业务创新的可持续性，更可以使创新发展这一“高”而“空”的概念得以落地和充实，同时可以充分调动全员参与的热情。

不仅如此，为保障创新发展系统工程的执行，宏源证券制定了创新组织管理、创新项目管理、创新费用管理、创新绩效管理等多项细则。比如，在组织管理上，公司专门成立了创新发展委员会，作为创新工作的议事决策机构，并根据公司总经理办公会的授权，对创新工作的开展和运行进行论证、审议和决策。再比如，创新项目管理则包括了创新项目立项申报、评估审议、组织实施及结项等各阶段工作内容。

在创新费用管理方面，为保证公司创新工作顺利开展，宏源证券设立创新专项预算，用于创新研发及奖励等方面支出。胡强说，对于具有前瞻性、先进性、突破性的自主创新项目，公司将优先安排资源和人力投入。

在创新绩效管理方面，创新工作绩效评价将作为各单位《绩效合约》中单独一项考核指标，纳入公司年度绩效考核，且考核标准不低于10%。此外，宏源证券还设立了创新奖励，分为“创新项目奖”、“创新先进个人奖”、“创新组织推动奖”三个常规奖项以及“创新特别奖”特设奖项，作为对创新发展有突出贡献的单位和个人的奖励。

事实上，宏源证券的创新发展战略并非只是在战略层面推动，而是已在公司业务一线得以贯彻执行。记者获得的一份宏源证券奖励函显示，该公司北京东四环营业部去年上报了《关于在营业部成立事后监督组的建议》，提出在各营业部建立事后监督组，引导营业部员工更好地履行工作职责。宏源证券创新发展委员会认为，这项建议具有较强的创新性、可行性，是提升营业部管理水平的有益尝试，因此对这家营业部的这项建议给予一定的物质奖励，并在公司范围内通报表扬。

宏源证券以创新发展取胜市场

在胡强看来，宏源证券未来要实现“弯道超车”，跻身一流券商行列的目标，就必须在行业创新的思路、思维和空间打开后，在三个方面做足功课：一是看准创新发展的机会；二是创新发展要切中客户需求；三是要通过强大的执行力，让创新能够在公司落地，能为公司带来实实在在的效益。

胡强认为，今年将是行业创新发展的重要机遇期，整个行业未来势必会进行大洗牌。如果创新机遇抓不住或者不能在公司落地，不用说追赶一流投行，被彻底边缘化也不是没有可能。

事实上，据记者了解，宏源证券之所以能从新疆一隅走向全国，并由纯粹经纪商发展成为牌照齐全的综合性证券公司，正是由于该公司善于抓住行业发展中的重大机遇。尤其是自2005年至今，宏源证券几乎每年均因战略、制度、组织和业务等改进和改善而获益匪浅。

胡强指出,2005 年,宏源证券及时获评规范类券商资格,并于 2006 年成功托管并重组了新疆证券,一举使得旗下营业部翻倍,为宏源证券从新疆一隅走向全国奠定了坚实基础。

2007 年,宏源证券看准投行未来的发展机遇,下大力气抓投行的改革。受此影响,宏源的投行虽然仍难以与大型券商相比,但特色已然显现,特别是在中小企业项目承销方面,从中小板前 8 家企业和创业板首批 28 家企业中均能看到宏源证券作为保荐机构和主承销商的身影。也正因如此,宏源证券的股票承销业务排名已从行业三十名之外,上升至目前的二十名以内。也正是由于战略定位上的前瞻性,宏源证券 2011 年债券和股票承销金额达到 536.99 亿元,位列历史最佳的行业第七名。

2008 年,宏源证券重点抓好固定收益承销和投资业务,补齐了固定收益业务这条国内券商普遍存在的"短腿"。2011 年公司债券承销家数和金额分别排名第七名和第九名,跻身行业第一梯队,债券自营业务连年为公司盈利作出重要贡献。

2009 年,宏源证券开启资产管理业务大幕,发行了第一只集合理财产品。截至 2011 年底,公司资管规模已超过 40 亿元。

2010 年,作为证券行业的创新元年,融资融券业务和股指期货相继推出。宏源证券也在这一年抓住机会,获得了股指期货中间介绍(IB)业务和融资融券业务资格。其中,融资融券 2011 年日均余额达到了 4.5 亿元,息费等收入合计超过 6000 万元,占经纪业务收入的比重将近 5%。目前,融资融券业务已经成为公司迅猛增长的重要业务和新增的重要收入来源。

2011 年,宏源证券将内部协同整合定为公司最为重要的工作之一。胡强表示,与排名靠前的大型证券公司相比,宏源证券的专业性和品牌影响力有一定差距,但公司服务的态度和效率则可以实现超越。因为通过机制和文化,能够把公司的各个业务板块整合起来,为客户提供一站式金融服务。

胡强说,在满足信息隔离等防火墙基本要求的情况下,券商需要打破内部的组织架构和流程,真正像海外一流投行那样,按照客户分类来组织资源、设计流程,最终围绕客户需求有效整合公司内部资源和服务。目前,宏源证券的协同创新已经产生显著效果。比如在承销保荐业务方面,根据公司与客户的有关约定,股票承销业务的"大小非"可以托管到公司就近的证券营业部,以便为其提供一揽子服务。这使得公司托管的客户资产规模去年同比仅下降了 9.1%,而沪指同期大幅下降了 21%。

展望 2012 年,胡强表示,公司将今年的工作主题定位为创新,"这顺应了整个行业的变化,也是公司的主动应对。"当然,宏源证券的创新绝不仅仅限于业务和产品的创新,还涉及到公司运营管理的方方面面,只要有改进、有变革都可以称为创新。在此基础上,宏源证券才能实现弯道超车,向一流投行迈进。

(来源:证券时报　作者:李东亮)

追求卓越　再攀高峰

——访财达证券总经理、法人代表翟建强先生

记者:请问财达证券几年的发展取得了那些成就?

翟总:财达证券于 2002 年正式获批设立。经过 10 年发展,已从势单力薄的地方经纪类券商跃居为业内净利润 21 位的"新生代证券公司的代表";营业部由最初的 10 家发展到 102 家;注册资本由公司成立之初的 22955 万元增至 141690 万元;资产总额由 2006 年初的 72167 万元增至 2011 年底的 1076131 万元,实现 15 倍超常增长;客户数量由 2006 年初的 14.9 万户增至 2011 年末 144.7 万户,增长近十倍;2006 - 2011 年,累计实现利润总额 49.50 亿元、股东投资回报率高达 341.93%、净资产收益率 195.68%、国有资产保值增值率 375.03%;并获评"A"类券商成功跻身优秀券商行列。

记者:财达下一步的目标如何定位?有何目标和措施?

翟总:目前制约公司发展的最大因素就是功能不完善,特别是承销与保荐、资管等业务资格缺失,各业务间缺乏互补和相互支持。公司下一步将在进一步做大做强经纪业务的基础上,大力发展新业务,培育完善的公司业务体系。"十二五"期间,财达将以科学发展观为指导,以专业化金融服务为核心,立足河北,放眼全国,强化管理、锐意创新,将公司打造成功能完善、内控严密、运营安全、效益显著的区域一流证券公司。为此,我们将面向全国招聘贤才,强化公司自身建设,进一步提高公司的品牌知名度,在不断追求卓越中再攀新高峰。

第八编

中国证券市场优秀企业选介

能源旗舰　行业蓝筹

川投能源于 1993 年在上海证券交易所上市，证券代码 600674，前身是四川峨铁。1998 年，四川省投资集团有限责任公司（简称川投集团）入主川投能源，开创了公司发展的新纪元。截止 2012 年 6 月底，川投能源总资产达 153.64 亿元，净资产 81.58 亿元，控参股电力总装机容量达 1131.47　万千瓦，权益装机 346.6085 万千瓦，资产和装机规模在全国 31 家地方国资电力上市公司以及省内 71 家上市公司中名列前茅，在全省 6 家电力上市公司中位居第一。公司总股本 19.73 亿股，控股股东川投集团持有国有法人股 10.87 亿股，持股比例为 55.12%。川投能源现拥有二滩水电、田湾河、新光硅业、新光工程、嘉阳电力、天彭电力、交大光芒、长飞四川、国电大渡河 9 家投资关系企业。

川投能源秉承科学发展的理念，始终把全体股东利益最大化作为追求的目标，坚持优化资产结构，完善公司治理，规范经营管理，提高营运水平，提升公司形象，持续健康发展，努力实现“能源旗舰，行业蓝筹”的发展愿景，为回报股东、报效社会做出贡献。

本栏目由四川川投能源股份有限公司所独家协办

中国证券市场优秀企业选介

上市公司

※上交所上市公司※

【600004】广州白云国际机场股份有限公司

【基本情况】

广东素有祖国的南大门之称，是中国第一经济大省。作为广东省的省会——广州是中国最重要的交通枢纽之一，开创了中国民航机场事业发展的先河。20 世纪 30 年代初，广州白云机场建成启用，并在今后很长一段时间里成为中国对外交往的重要国门，始终位居中国机场发展的前列。

广州白云国际机场股份有限公司是一家主要从事旅客过港服务；与航空运输有关的地面服务、交通运输和仓储服务的公司. 公司是中国最大的机场企业之一，是我国南方地区最大的航空交通枢纽之一，2002 年完成 14.77 万飞机起降架次，排名全国第三；1,601 万人次旅客吞吐量，排名全国第三；59.26 万吨货邮吞吐量，排名全国第三。

2004 年 2 月 25 日，为进一步促进发展，经广东省人民政府批准，组建成立广东省机场管理集团公司，统一经营管理广州白云、汕头、湛江和梅县机场。其中广州白云、汕头、湛江机场为广东省经国家批准对外开放的航空一类口岸。广东机场集团成立以来，在民航局和广东省委省政府、广州市委市政府的领导和关心下，紧紧围绕“建设航空枢纽”的战略目标推进工作。至 2008 年底，四机场共与 40 余家航空公司建立了业务往来，已开通定期国内航线 130 余条，国际航线 60 余条，通达国内外 140 多个城市和地区。2009 年，全集团累计完成飞机起降 32.88 万架次，实现旅客吞吐量 3874.54 万人次，货邮吞吐量 96.60 万吨。

广东机场集团始终坚持以为航空公司和客户服务为理念，追求和谐、合作，汇聚各方力量，精诚共进，力争早日把白云机场建设成为亚太地区门户复合型航空枢纽，并以此带动属下各机场共同发展，为民航强国建设和地区经济社会发展作出更大贡献。

战略总目标是：将白云机场建设成为以广州市、广东省乃至泛珠三角地区为依托，辐射东南亚和太平洋地区的综合性中枢机场，并以此带动汕头、湛江、梅县等机场的共同发展，全面提升集团公司国际竞争力和盈利能力，提高广大员工的收入水平。

【主营业务】

以航空地面客货过港服务为主业，以与航空主业相关的延伸服务为辅助，形成以客货过港为主线，配合客货代理、航空配餐、场所出租、住宿餐饮、广告、商贸等业务的立体服务系统。

【经营业绩】

2012 年上半年报告期内，白云机场完成飞机起降 18.34 万架次，旅客吞吐量 2355.50 万人次，货邮吞吐量59.38万吨，同比分别增长 7.2%、7.4% 和 5.48%。上半年，公司立足结构调整、流程再造，加强规范化管理，在枢纽建设、服务、安全等各方面取得一系列成绩。

枢纽建设方面：中枢关键政策上取得突破，海关总署批准白云机场南航航班从 6 月 15 日起试行国际中转“通程航班”监管模式，有力推动了白云机场中枢建设和南航的枢纽转型。

服务方面：全面启动“开放办机场，服务大提升”活动，以此为契机建立开放的动态服务提升机制；积极参与 Skytrax 星级服务评审工作，进一步提升机场服务水平和国际竞争力。

安全方面：加强空防安全力度，完善航空安保管理体系，强化航站楼空防安全保卫工作和防爆安检工作，圆满完成了春运、两会和广交会等安全保障任务，未发生责任原因造成的航空安全、航空地面安全、空防安全和消防安全事故。

【企业文化】

企业精神：团结、诚信、廉洁、务实、创新、优质。

【企业荣誉】

1994 年，白云机场在中国 500 家最大服务业企业及行业评价中被列为中国最大服务业企业航空港第二位。

1995 年，白云机场被列为国有企业 500 强之一。

1998 年，白云机场被中国民航总局评为“文明机场”。

【600055】华润万东医疗装备股份有限公司

【公司概况】

华润万东医疗装备股份有限公司(简称：华润万东)，于 1997 年 5 月在上海证券交易所上市(股票代码：600055，曾用简称：万东医疗)。公司总部暨研发中心位于北京市中关村科技园电子城园区，在南京、重庆、杭州、西安、南昌、福州、武汉、济南等地设有分公司及办事处，营销及服务网络覆盖全国及世界 50 多个国家和地区，是国际知名、国内领先的医学影像设备供应商。

公司建有由数字影像设备工场、磁共振产品工场、核心部件工场构成的生产制造基地。还建有由放射技术研发中心、磁共振技术研发中心及工艺研究设计中心构成的影像技术研发基地。2007 年，公司被评为北京市百家自主创新试点企业。

公司占地面积 10 余万平方米，现有员工一千余人，具备年产 6000 套以上 X 射线设备的生产能力，是世界上最大的放射影像设备制造商之一。公司生产的“万东”品牌医学影像诊疗产品被评为北京市名牌产品，涵盖医用 X 射线诊断设备、磁共振成像设备领域内的多个门类，其中普及型产品国内市场占有率达到 50% 以上。

【企业文化】

公司理念

愿景：万东医疗致力于成为具备国际竞争力的医疗影像设备及服务提供商。

使命:关注生命,保障健康,为股东、客户、员工创造价值。

1. 关注生命:医学影像、生命监护、疾病分析是人们对生命体征的认知,关注生命是万东医疗所从事的崇高事业,我们时刻关注生命,为医院提供最有效的解决方案,这是我们的意义所在。

2. 保障健康:把现代科技服务于人类健康是万东医疗的责任。让员工健康成长、让企业健康发展、让人类幸福安康是万东医疗的奋斗目标。

3. 为股东、客户和员工创造价值:追求股东价值最大化是现代企业的核心理念和灵魂,为客户创造价值是企业生存之本,为员工创造价值是企业基业常青的内在要求。

【经营业绩】

2012 年上半年报告期内,公司实现营业收入 27,447 万元,同比降低 9.41%;归属于母公司的净利润 1,995 万元,同比降低 9.31%。营业收入和净利润减少原因主要是常规产品减少而大型设备销售比重不断提高,随着技术进步和市场竞争产品价格降低导致销售下降,同时公司为强化销售管理,降低运营风险,强化回款控制,导致报告期内大型设备销售实现过程相对延长。

【600074】江苏中达新材料集团股份有限公司

【基本概况】

江苏中达新材料集团股份有限公司(原南京中达)是专业从事软塑新材料研究开发、生产与销售的国家级高新技术企业集团,1997 年作为"中华制膜第一股"在上交所上市(简称:中达股份,股票代码:600074),2001 年被《新财富》杂志评为我国百强上市公司之一,2002 年 6 月被《中国证券报》和亚商企业咨询有限公司评选为中国最具发展潜力上市公司 50 强,2003 年公司产品荣获"中国塑料包装膜市场产品质量,用户满意、品质信誉第一品牌"。

江苏中达拥有国内一流的软塑新材料生产线和先进的软塑新材料制造技术及国内一流的软塑新材料研发中心,拥有一支国内知名的专家队伍和一大批软塑新材料行业的专业技术人才,具有强大的技术创新和新品研发能力。

江苏中达是我国"软塑材料生产基地"和国家"烟辅材料"定点生产企业,下属三大生产基地、十二家骨干企业,分布于江苏江阴、南京、成都、四川内江、厦门等地区;主要生产和销售 BOPP 薄膜系列材料、BOPET 薄膜系列材料、CPP 薄膜系列材料三大系列两百余种产品,总产能 22 万吨。其中 BOPP 薄膜生产规模国内第一,位居亚洲前列,BOPP 香烟专用包装薄膜产销量全国第一。

江苏中达是特级(AAA)信用企业、AAA 资信企业。自 1998 年通过了 ISO9002 质量体系认证后,每年都顺利通过国家权威认证机构的审核,2002 年 6 月,又通过了 2000 版 ISO9001 质量体系认证。集团 BOPP 主要生产基地江阴各企业,还通过了 ISO14000 环境标准的认证。

江苏中达在软塑新材料的研制开发方面取得了骄人的业绩,拥有独立的知识产权,多项产品获得了国家及省级优秀新产品奖。集团公司的核心产品为 BOPP 烟用包装薄膜,拥有八项国家专利技术,受到业内专家的关注和好评。

江苏中达立志成为世界一流的包装企业集团,做软塑包装行业的领头雁。

【经营业绩】

2012 年 1 月到 6 月,本公司实现主营业务收入为 83,197.33万元,较上年同期下降了 12.31%,实现主营业务成本为 82,279.38 万元,较上年同期增加了 1.22%,主营业务的毛利水平较上年同期下降了 13.23 个百分点。主要原因为:公司 BOPET 薄膜产品受前两年的爆发行情影响,新增产能大量释放,导致整个行业产品供大于求矛盾非常突出,毛利水平比去年同期下降了 23.44 个百分点;BOPP 薄膜产品市场依旧低迷,产品毛利率较上年同期下降了 6.6 个百分点,从而公司整体毛利水平较上年同期大幅下降。

【600078】江苏澄星磷化工股份有限公司

【基本概况】

澄星集团地处中国长江三角洲中心的江阴市,北临长江,东距上海虹桥机场 120 公里,西距南京禄口机场 130 多公里,距无锡机场、常州机场、南通机场各 30 多公里。沪宁、沿江、锡澄三条高速公路纵横穿越而过,海、陆、空交通运输十分便捷。

公司创办于 1984 年,目前主要涉及精细磷化工、石油化工(PET、PTA)、煤化工、液体化工品仓储物流和新能源新材料等产业领域。公司拥有独资和控股的子公司 50 余家,员工 6600 多名,产品销售覆盖全球 70 多个国家和地区,连续多年跻身中国企业 500 强前三百强,2010 年位列 276 位,在 2010 中国民企 500 强中位列 37 位。

公司磷化工产业核心企业——江苏澄星磷化工股份有限公司在上海证券交易所上市(简称"澄星股份"、代码 600078),是中国精细磷化工生产和销售的骨干企业。石油化工产业目前拥有年产 30 万吨的瓶级聚酯切片(PET)和年产 60 万吨精对苯二甲酸(PTA)。公司在江阴长江边建有 5 万吨级泊位的专用化工码头和 40 多万立方米化工储罐。拥有 200 列铁路自备化工专用罐车和 4000 个化工专用集装罐箱,拥有火力、水力自备发电厂 5 座,总装机容量达 50 多万千瓦,拥有自己的化工科研所及外贸进出口公司。此外,还战略性投了新材料、新能源及金融服务等其他行业业务。澄星集团已成为一个产、供、销、科、工、贸为一体,产品经营、贸易经营、资本经营相结合的综合性化工企业集团。

面向未来,澄星将继续以"百年澄星"为目标,按照资源节约型、环境友好型、经济循环型、综合效益型、和谐发展型的要求,为打造高新产品规模化、传统产业品牌化、经营战略国际化、企业管理现代化,具有竞争比较优势、永续发展的化工企业而努力奋斗。

【经营业绩】

2012 年上半年,全球经济增速趋缓,国内经济下行风险不断增加,精细磷化工行业面临着巨大考验,原辅材料价格持续维持高位,而下游市场供需不平衡导致产品销售价格下行压力大增,盈利空间被压缩,给公司经营业绩提升带来了一定压力和挑战,面对各种不利因素,公司董事会和经营层围绕年初制订的经营目标,坚持以市场为导向,以效益为核心,以降低生产成本和优化产品结构等降本降耗措施为抓手的经营策略,面对出口低迷的不利因素,公司积极拓展内贸市场份额,确保了公司在激烈的市场竞争中经营效益的总体平稳。2012 年 1 - 6 月公司实现营业收入 119,137.71 万元,比去年同期增加 26.38%;实现净利润 3,856.70 万元,比去年同期增加 7.43%。

【企业文化】

澄星精神:

不畏艰难,坚韧不拔的创业精神

艰苦奋斗，脚踏实地的实干精神

既讲竞争，又讲合作的团队精神

充满激情，敢想敢干的拼搏精神

团结协作，先公后私的奉献精神

敢创敢冒，勇于探索的创新精神

服从分配，服从全局，舍家为厂的牺牲精神

好学上进，博采众长，与时俱进的求学精神

企业方针：

品种立厂

科技兴厂

制度治厂

人才保厂

人人爱厂

经营理念：

积极打造澄星产业竞争优势，促进国际化、集团化、多元化的协调稳步发展

以技术提升质量，以质量创立品牌，以品牌赢得市场

不断创新，深化企业内部改革，激发持续创新发展

工作标准：

人有岗位、实绩到位；

物有定位、讲究实惠；

职责分清、奖罚分明。

【600088】中视传媒股份有限公司

【基本概况】

中视传媒股份有限公司注册于上海浦东，1997年在上海证券交易所挂牌上市（证券代码600088），在北京、江苏无锡、广东南海、浙江杭州四地设有分支机构。作为中央电视台控股的传媒类A股上市公司，中视传媒主营影视拍摄、电视节目制作与销售、影视拍摄基地开发和经营、影视设备租赁和技术服务、媒体广告代理等业务。

公司坚持与时俱进、开拓创新，“影视、旅游、广告”三大主业齐头并进。

截至2011年年末，公司累计独资或合拍180余部影视剧、100余部纪录片、栏目，共约4500多集、6000多小时可发行节目及素材储备。其中，电视剧《誓言无声》、《雪域情》、《名校》，电影《梅里雪山》、《美丽的大脚》、《5颗子弹》，电视电影《我们》、《生死劫》，纪录片《美丽中国》、《大国崛起》、《敦煌》、《抗战》、《楠溪江》等20余部作品获得“五个一”工程奖、华表奖、飞天奖、金鸡奖、金鹰奖、金星奖、金熊猫、艾美奖（美国）、金片盘奖（美国）、金雀奖（印度）等30多个国内外奖项。2011年，公司出品的电视剧《中国地》荣获“2011华鼎奖十佳电视剧奖”、“中国电视剧产业二十年百部优秀作品奖”，大型高清纪录片《美丽中国》荣获四川电视节“金熊猫”奖自然及环境类纪录片大奖。

公司拥有雄厚的技术力量、全套先进的影视制作设备和专业的制作团队，全面支持影视制作全流程业务。公司是国内最早进入高清晰度电视制作领域的企业，成功配合中央电视台完成频道改版制作任务，并为中央电视台重大题材和报道任务提供设备支持和技术服务，全力保障播出安全。

公司在江苏无锡、广东南海拥有3000多亩影视拍摄基地，景观纵跨中国魏晋、唐宋、明清、民国等历史年代，集古今精华，年接待摄制组近50个、游客250余万人。其中，无锡影视基地是国内建成最早的影视拍摄基地和文化旅游胜地，也是首家获评5A级旅游景区的影视文化旅游景区、首批国家影视指定拍摄基地和首批全国低碳旅游实验区。

公司独家代理经营中央电视台CCTV－10科教频道全频道广告资源，以独特的企业文化和创新服务理念，为国内外众多知名企业提供服务，先后获得“中央电视台优秀广告代理公司”、“中国最具影响力本土广告公司100强称号”、“中央电视台年度广告承包公司特别贡献奖”等荣誉称号。

【经营情况】

2012年上半年，公司经营出现结构性变化，受广告政策调整影响，公司经营压力持续加大。报告期内，公司共实现营业收入508，825，703.32元，较上年同期下降0.21%。其中：影视业务收入207，913，511.86元，比上年同期增长35.79%。主要因素是报告期内公司始终坚持贯彻“以影视业务为突破口，带动三大主营业务协调发展”的中长期发展战略，并下大力气持续推动影视业务转型突破战略的实施开展，继续坚持走影视剧精品路线，加大自制剧，定制剧业务力度，进一步完善营销渠道，使公司在国内影视剧业内的地位进一步得到巩固和提升，经济效益和社会效益开始显现，公司实现营业利润26，020，123.82元，比上年同期减少38.50%；归属于上市公司股东的净利润21，049，029.71元，比上年同期减少36.48%，利润下降的主要影响因素是上年末公司与中央电视台设备租赁整包合同到期，本报告期按照设备实际使用情况进行结算，致使影视业务中的租赁业务收入及利润下降较大；此外，受广告播出政策调整的影响，公司代理的一、八套晚间电视剧栏目片尾标版广告停播，酒广告数量受到限制，导致广告业务收入及利润下降，经营产生亏损。

【企业荣誉】

电视剧《中国地》荣获第26届中国电视金鹰奖“优秀电视剧奖”。

《美丽中国》荣获第六届“纪录·中国”创优评析二等奖。

《CCTV10低碳生活公益片》荣获“2011年度电视节目技术质量金帆奖”一等奖。

《中国地》、《大宅门》、《大明宫词》荣获“中国电视剧产业二十年群英榜——之百部优秀作品”奖。

《中国地》荣获“2011年华鼎奖十佳电视剧奖”。

中视广告荣获“2011年度中国广告金牌媒介策略公司”称号。

中视广告荣获“广告承包公司特别贡献奖”。

中视传媒总经理王焰荣获“百优理论人才”称号。

中视传媒荣获“2010中国最佳创富IR奖”。

《秘密列车》荣获北京电视台收视贡献三等奖。

《勇者无敌》荣获北京电视台影视剧金奖和上海东方卫视收视贡献奖。

《敦煌》荣获“金熊猫奖国际纪录片评选人文类评委会特别奖”。

中视传媒荣获“最佳投资者关系管理董秘奖”。

中视广告荣获“中央电视台2008年度优秀广告代理公司”荣誉称号。

《欢乐中国行》荣获“中国创意城市文化名片传媒特别奖。

【600094】上海大名城企业股份有限公司

【基本概况】

名城企业集团，创建于1986年，集团通过数十年的业务积累，成为主营业务集电子、钢铁、矿业、远洋航运、酒店、旅

游、综合房地产开发及城市商业综合体开发,商业运营管理的多元化企业集团,"诚信、务实、开拓、创新"是集团始终坚持的发展理念。集团旗下的房地产事业运用"一次性大规模、全过程品牌建设"的开发模式,打造了系列"名城"品牌,相继开发建设"大名城"、"江南名城"、"时代名城"、"名城港湾"、"东方名城"、"名城财富广场"、"名郡"、"名城国际"、"名城银河湾"、"温莎商业街"、"天鹅堡"、"名城城市广场"、"东部温泉旅游新城"等数十个优质地产品牌项目。集5A写字楼、商业街区、商业综合体、旅游文化园区、高尚住宅为一体的多种业态,赢得市场青睐,品牌家喻户晓。名城地产拥有房地产一级开发资质,名列中国地产百强,先后获得"中国经济百佳诚信企业"、"2010年度影响中国的房地产品牌企业"、"中国房地产领先企业"、"中国最值得尊重地产品牌企业"、"全国百家明星侨资企业","亚太最具实力领袖企业"、"2008－2009年度福州市热心公益事业茉莉花奖"、"2010－2011年度福州市热心公益事业大榕树金质奖"等殊荣。

坚持诚信经营,积极参与社会建设,勇当企业先锋,是名城人的坚定创业信念。名城地产2009—2011年连续三年跻身福建省纳税百强企业前20名,列全省房地产行业纳税第一,受到福建省人民政府赋予的福建省"百强纳税企业"称号,多次受到省政府的表彰。

集团旗下的房地产事业板块—上海大名城企业股份有限公司,经中国证监会批准,成功于2011年10月在上海证券交易所上市,股票简称"大名城",股票代码(A股600094、B股900940),公司注册资本15.12亿人民币,主营业务为房地产综合开发,并且拥有房地产一级开发资质。公司旗下拥有名城地产(福建)有限公司、东福名城(常州)置业发展有限公司、上海大名城贸易有限公司等控股子公司,以及名城豪生大酒店(福州)有限公司、福建顺隆实业有限公司、名城地产(永泰)有限公司、福州顺泰地产有限公司等二级子公司。

作为中国资本市场新锐的名城人,将在已取得的骄人业绩的面前,不骄不躁,秉承集团发展理念,更坚定地团结一致,攻坚志难再创新业,依法规范企业管理,不断创新企业理念,有效利用发展空间,积极拓展公司业务,提升与维护公司品牌,树立良好的公众形象,争取实现公司的最大经济效益与社会效益的经营宗旨,积极关注社会发展,为祖国的各项经济建设贡献力量。

【企业文化】

理念:

名城团队在名城品牌的旗帜下,凭着举重若轻的实力,举轻若重的团队精神,以诚信、务实、开拓、创新的名城文化,构建起名城地产独有的品牌与核心价值体系。

诚信、务实、开拓、创新

诚信:立事先立人,立人先立德

务实:大道求实,方可行稳致远

开拓:大胆实践,敢为天下先

创新:变革带动活力,创新赢得领先

使命:

为社会:社会责任是企业的第一使命

为客户:客户是企业的上帝

为合作伙伴:多方共赢,共同发展

价值:

企业价值是解决社会问题,为社会和消费者带来利益。

名城的价值是为消费者、为社会、为合作伙伴做出贡献,站在社会和服务对象的立场上来思考,如何给社会和别人带来好处和利益,如何以更小的代价去优化利用好资源,来实现自身的利益和价值。

个人价值是通过有效劳动,来解决企业的问题。

个人劳动价值的直接体现是为同事、为他人、为企业带来好处,最终要服务于名城的整体价值,为消费者和社会带来好处。

【600108】甘肃亚盛实业(集团)股份有限公司

【基本概况】

甘肃亚盛实业(集团)股份有限公司是一家以种植业为主的现代农业企业,公司成立于1995年12月6日,注册资本:173,699万元,法定代表人:杨树军,注册地址:甘肃省兰州市城关区秦安路105号,主要生产经营啤酒花、啤酒大麦、马铃薯、牧草、制种玉米、果蔬、花卉、棉花、辣椒等农产品及农业灌溉用滴灌设备等工业产品,是全国规模最大的啤酒花种植加工企业。公司下设17家分公司,6家全资子公司,2家控股子公司,现有员工共6,411人。目前,公司资产总额42.3亿元,其中净资产27.1亿元。

公司土地资源丰富,有权属的土地面积342万亩,其中耕地47.51万亩,是全国唯一拥有大量土地资源储备的农业类上市公司。公司集中全力聚焦现代农业,以跨越式发展为目标,通过生产经营和资本运营双轮驱动努力提升公司价值,不断创新体制和机制,优化资源配置,通过"建设大基地、培育大企业、形成大产业",大力发展特色优质高效农业,现已形成了啤酒花、马铃薯、优质牧草、制种、有机果蔬、节水灌溉设备等主导产业。2001年被国家科学技术部认定为"国家火炬计划重点高新技术企业"、"甘肃省高新技术企业";2003年被国家农业部、财政部等九部委确定为(第二批)"国家农业产业化重点龙头企业";2005年被国家农业部评为"农产品加工企业技术创新机构";2008年成为中国农业大学有机农业技术研究中心和中国有机农业产业发展联盟甘肃分中心。

公司农业生产方式先进、科研实力较强、农业产业链完善,生产的啤酒花、啤酒大麦、黑瓜籽、红富士苹果、早酥梨等5种农产品获国家级绿色食品标志,早酥梨在全国农业博览会上获得银奖。公司目前已拥有"亚盛"、"瑞盛·亚美特"两大省级名牌商标,"瑞盛·亚美特"牌滴灌管产品为中国优质名牌和中国驰名品牌。

公司在未来的发展中将继续以市场为导向,以实业经营为基础,以资本运营为动力,以科技创新为支撑,坚持"一抓、二转、三再造"的发展思路,聚焦现代农业,抢抓土地资源,使亚盛的发展战略由多元化向一体化转移,农业发展模式由传统农业向现代农业转变,通过实施项目带动战略,逐步完成现有产业的升级换代,提升公司的整体竞争力,使公司全面形成横向成群,纵向成链的现代农业发展新格局,并使公司成为国内土地资源最多、土地出产率最高、产业特色优势明显、产业扩张能力超强、股东利益回报丰厚、社会效益显著的西部最具竞争力的大型现代化农业企业集团。

【企业文化】

公司全体员工以"尊重和平等对待员工,创建和谐发展氛围,注重团队参与决策,强调岗位职责和职业道德,以敬业爱岗、恪尽职守为行为准则,为员工创造安全、健康、环保的工作环境"为企业的文化理念,以"创新发展思路,科学规范管理,注重员工的业绩和能力发展,建立良好的企业信誉和公共关系"为企业的价值观,以"创造性地理解和执行党的方针政策的胆略，锲而不舍、追求卓越的精神，雷厉风行、果断勇猛的作风，甘于孤寂、承受高处不胜寒的气量，善于学习、增强实力的楷模”为企业精神。以“市场开发为导向，科学技术研发为支撑，质量保证为基础，科学管理为手段，利润最大化和投资者回报最大化为目标”为经营理念，以“围绕现代农业建设，走产业化、集团化、股份化发展之路，整合现有资产，重整企业管理架构，进一步完善和优化融资渠道，建立一个稳定高质的职业经理人队伍和良好的企业信誉及品牌，与政府、金融界、新闻界建立良好的公共关系”为经营模式，把公司发展成为以农业、精细化工和商贸流通为主要产业的大型综合性龙头企业，将公司发展成为名副其实的、最受员工热爱的中国西部最大的农业上市公司和西部现代农业建设的排头兵、国家队。

【经营业绩】

2012 年上半年报告期内，公司总资产 5,603,901,582.17 元，比上年度末增加了 1,130,207,996.10 元，增幅为 25.26%；实现营业收入 774,069,157.52 元，同比增加 217,070,099.71 元，增幅为 38.97%；实现利润总额 115,038,371.84 元，同比增加了 32,562,705.93 元，增幅 39.48%；归属于上市公司股东的净利润 112,155,891.91 元，同比增加了 31,421,951.25元，增幅为 38.92%。

【600114】东睦新材料集团股份有限公司

【基本概况】

东睦新材料集团股份有限公司是由原宁波东睦粉末冶金有限公司改制而成的，第一家在国内上市的外资控股公司。公司注册资本 19,550 万元，其中日本国睦特殊金属工业株式会社持有公司 33.34% 的股份。

东睦新材料集团股份有限公司是目前国内最大的粉末冶金机械零件制造企业之一，是“国家重点高新企业”。公司目前拥有八家控股子公司或全资子公司，2010 年末公司的净资产 6.77 亿元人民币，总资产超过 14 亿元人民币，总产能超过 45,000 吨/年。产品广泛应用于轿车、摩托车、冰箱和空调压缩机、电动工具、家用电器等行业，其中部分产品出口到美国、日本和欧洲等国家和地区。

公司具有五十多年的粉末冶金专业生产经验，拥有包括 CNC 成形压机在内的一整套国际先进的粉末冶金生产设备和技术；同时，公司十分重视科技进步和新产品开发，建立了“宁波粉末冶金工程技术中心（省级）”和“宁波市区模具中心”，能自制各种粉末冶金模具，生产各种粉末冶金零件。

【企业荣誉】

2010 年 1 月，公司被采埃孚转向泵金城（南京）有限公司评为 2009 年度合格供应商。

2010 年 1 月，公司被比亚迪股份有限公司比亚迪汽车评为 2009 年度动力总成零部件最佳合作奖。

2010 年 1 月，公司被比亚迪汽车有限公司第十六事业部评为 2009 年度十大优秀供应商。

2009 年 9 月，公司在瑞智精密（股）公司 20 周年庆中被评为优秀供应商。

2009 年 9 月，公司被美的压缩机事业部评为品质优秀供应商。

2009 年 3 月，公司被中国机械通用零部件工业协会评为 2007—2008 年度自主创新先进企业。

2009 年 3 月，公司凸轮轴带轮（A548）被中国机械通用零部件工业协会评为 2008 中国机械通用零部件工业协会粉末冶金行业自主创新优秀新产品特等奖。

2009 年 3 月，公司奥氏体不锈钢取付板被中国机械通用零部件工业协会评为 2008 中国机械通用零部件工业协会粉末冶金行业自主创新优秀新产品特等奖。

2009 年 3 月，公司铁素体不锈钢 ABS 齿圈被中国机械通用零部件工业协会评为 2008 中国机械通用零部件工业协会粉末冶金行业自主创新优秀新产品特等奖。

2009 年 3 月，公司机油泵转子（E436、E437－1）被中国机械通用零部件工业协会评为 2008 中国机械通用零部件工业协会粉末冶金行业自主创新优秀新产品优秀奖。

2009 年 3 月，公司凸轮轴链轮 E493 被中国机械通用零部件工业协会评为 2008 中国机械通用零部件工业协会粉末冶金行业自主创新优秀新产品优秀奖。

2009 年 3 月，公司进气联结器 MA222、排气联结器 MA223、盖板 MA224 被中国机械通用零部件工业协会评为 2008 中国机械通用零部件工业协会粉末冶金行业自主创新优秀新产品优秀奖。

【经营业绩】

2012 上半年，公司实现营业收入 48,812.83 万元，同比下降 6.26%；营业利润 2,179.50 万元，同比下降 60.20%；利润总额 2,780.37 万元，同比下降 51.83%；实现净利润（归母公司）为 1,973.91 万元，同比下降 51.46%，扣除非经常性损益后的净利润为 1,585.01 万元，同比下降 58.07%；经营活动产生的现金流量净额为 10,758.69 万元，同比增加 40.76%；公司的粉末冶金制品总销量达 1.77 万吨，同比减少 11.05%。

【600119】长发集团长江投资实业股份有限公司

【基本概况】

长发集团长江投资实业股份有限公司，1998 年 1 月 15 日在上海证券交易所挂牌上市。2006 年 1 月完成股权分置改革，是一家以现代综合物流为主营业务的产业类上市公司。

公司顺应国家和上海市政府“十一五”规划中关于重点发展现代物流产业的战略要求，依托覆盖全球的物流服务网络、B2B 的物流电子商务平台，业务功能涵盖国际货运、公共信息平台、国内快件、市内货运等。公司现代物流龙头企业上海陆上货运交易中心，是上海市唯一政府授权的道路货运公共信息平台。公司依靠强大的公共信息平台、电子信息系统网络和长江流域及海外的众多代理机构，提供全方位的物流配套及增值服务。

上海道路货运公共信息平台

上海陆上货运交易中心于 2007 年 4 月 26 日正式启动，是上海市唯一政府授权的道路货运公共信息平台，以强大的系统网络为支持，汇集真实有效的相关行业信息，承担全国道路运输运价的信息发布，并通过信息平台为物流参与的各方提供配套服务，提高社会物流资源的使用效率，最终实现陆港、海港、空港的无缝对接，为上海国际航运、贸易中心建设提供保障。

长江现代物流服务平台

长江现代物流服务平台是长江投资实业股份有限公司的主营业务板块，旗下拥有 4 家现代物流企业，业务范围覆盖国际海运、国际空运、国际快递、精品物流配送、国内物流快递、陆上货运公共信息平台、城市配送等，拥有无船承运人资格证书并获得美国联邦海事委员会（FMC）认证、国际航空运输协会（IATA）会员证书、ISO9001：2000 质量管理体系证书和企业诚信度评估 A 级证书。已建立遍布全国的国内网络和遍布世界的全球网络，为世界各大物流企业在中国的主要合作伙伴。各业务板块之间既相对独立又互相衔接，形成一个以资源共享、优势互补为特点的现代物流产业群。

长江投资气象产业平台

公司投资控股的专业生产气象仪器高科技产品，拥有自主开发的 GPS 探空仪、火箭探空仪等新型高空和地面气象仪器；在国内同行业中具有一定的优势。特别是气象高空数字探空仪系列，属国家重点新产品，市场占有率雄居全国第一。

长江投资 BT 事业平台

公司投资的 BT 项目，有着丰富施工管理经验。2010 年浦东新区大川公路(原西乐路)新建工程 BT 项目，2011 年浦东新区拱极东路新建工程 BT 项目，多次得到浦东新区、上海市市政工程金奖。

【经营业绩】

2012 年上半年，公司实现营业利润 17,140,013.91 元，比上年同期减少 15.22%；归属于上市公司股东的净利润 16,724,045.22元，比上年同期增长 23.34%，净利润同比大幅提升的主要原因为物流主业通过近几年的培育，绩效正在逐步显现。

【企业荣誉】

公司下属企业上海长望气象科技有限公司朱成欣同志被授予创先争优世博先锋行动"五带头"共产党员称号。

长江经济联合发展(集团)股份有限公司董事长王亚奇在 12 月 6 日开幕的"2009 中国经济发展论坛"上荣获"保增长、促发展——2009 中国经济产业振兴年度人物创新奖"。

【社会责任】

2008 年，公司积极组织员工向四川汶川灾区捐款，共募集个人捐款 162,885 元，参加人数为 1723 人次。

集团公司还通过有关程序，通过民政系统向灾区捐款 200 万元。

2008 年，我国南方部分地区遭受了罕见的低温、雨雪冰冻灾害，多个地区处于停电困境。为全力配合上海发往贵州的应急照明救灾物资顺利抵达，公司在节前各项运输任务时间紧、任务重、压力大的情况下，1 月 31 日积极承接总部任务，紧急调运车辆，安排人员通宵加班，圆满完成了救灾物资的运输任务。

2007 年，公司及其下属企业员工积极响应市政府号召，开展"送温暖、献爱心"活动。各级领导班子、党员干部带头，慷慨解囊，纷纷捐款、捐物，为援助灾区、贫困地区重建家园，帮助受灾困难群众安全过冬伸出援手，献出爱心，公司上下爱心涌动、温情暖人。据统计，在短短一周时间内全公司捐款人数达 769 人，其中党员人数 167 人，累计捐款 24979.7 元。

【企业文化】

企业精神：

"三性"——创造性、责任性、操作性。

"三风"——顾全大局的作风、雷厉风行的作风、坚韧不拔的作风。

行为准则：

做实、做稳、做好，专注地做好每一件事。

【600120】浙江东方集团股份有限公司

【基本概况】

浙江东方集团股份有限公司是浙江省国际贸易集团旗下核心成员企业。公司成立于 1988 年，1992 年进行股份制改造，1997 年 12 月在上海证券交易所挂牌上市。

公司主要经营国际贸易、房地产开发及投资业务。其中国际贸易为传统主业，以出口纺织品服装和进口机械设备、原材料为主，贸易活动覆盖全球。公司下辖浙江东方集团振业进出口有限公司、浙江东方集团嘉业进出口有限公司等十二家进出口企业、浙江东方国际货运公司，以及大型生产型企业——宁波狮丹努集团，旗下"狮丹努"品牌为"浙江省著名商标"和"浙江省进出口名牌产品"。房地产为公司新兴主业，已先后开发了"杭州东方苑别墅"、"杭州西溪紫金庭园"、"湖州风雅频洲"、"杭州新帝朗郡"等项目，累计开发面积 40 余万方。其中"西溪紫金庭园"和"新帝郎郡"项目先后获得"全国人居经典综合大奖"，湖州风雅频洲项目获"全国最佳生态宜居楼盘奖"。公司还积极拓展多元化投资，参股浙江海康威视信息技术有限公司、安徽华安证券、广发证券、永安期货、浙江天堂硅谷投资公司等企业。截至 2009 年 6 月底，公司总资产为 33 亿元人民币；净资产为 11 亿元人民币；公司年销售额约 50 亿元人民币；年进出口总额约 7 亿美元。

在企业改革和发展过程中，浙江东方始终注重企业文化的培育，坚持"以人为本、诚信至上、绩效优先、和谐发展"的经营宗旨，建立了良好的商业品牌和社会声誉，连续十年被评为"AAA 级信用企业"、"全国外经贸质量效益型企业"。展望未来，在全球经济变革的浪潮中，浙江东方将一如继往地坚持改革创新之路、遵循互惠共赢的原则，抢抓机遇，转型升级，加快发展，打造浙江外经贸行业的龙头企业，为社会经济发展做出更大贡献。

【经营业绩】

2012 年上半年报告期内，公司实现销售收入 233,973 万元，同比下降 22.90%；利润总额 36,742 万元，同比增长 74.18%；归属于母公司的净利润 24,971 万元，同比增长 151.55%，公司利润的大幅增长，主要源自投资收益的增加。

【600143】金发科技股份有限公司

【基本情况】

金发科技是亚太第一、全球领先的新材料企业，依托高性能新材料的科研、生产、销售和服务，为创造更加安全、舒适、便捷的人类生活提供全新的材料解决方案，推动人类生活环境的持续改善，创造美好生活。

金发科技总部位于广州科学城，旗下拥有 15 家子(孙)公司，在南亚、北美等海外地区设有办事机构。金发科技的产品以自主创新开发为主，覆盖了改性塑料、特种工程塑料、精细化工材料、完全生物降解塑料、木塑材料、碳纤维及其复合材料等自主知识产权产品。金发科技材料以其良好的环境友好度和卓越的性能远销全球 130 多个国家和地区，为全球 1000 多家知名企业提供服务。

金发科技致力于解决人类日益严峻的环境问题，积极应对来自全球生存环境变化带来的挑战，通过均衡经济、环境社会的关系，实现可持续发展。

【经营业绩】

2012 年上半年报告期内，公司共销售各类改性塑料产品(不含贸易品)32.13 万吨，比上年同期增长3.95%；实现营业收入 60.23 亿元，比上年同期增长 2.40%；实现营业利润4.00 亿元，比上年同期下降 35.55%；归属于上市公司股东的净利润 3.98 亿元，比上年同期下降 29.90%。

【企业文化】

企业愿景：成为业界倍受推崇的、全球最优秀的新材料企业。

企业使命：与合作伙伴共同成长、共享成果，为社会提供优质的新材料产品，创造美好生活。

【企业荣誉】

广东十大创新企业、中国驰名商标、国家科技进步二等奖、中国专利优秀奖、加工贸易转型升级示范、国家高技术产业化示范工程、中国轻工业塑料加工行业十强企业、在2010中国民营企业500家中位列第188位、国家火炬计划优秀高新技术企业、全国轻工业卓越绩效先进企业、全国优秀民营科技企业、中国民营企业创新奖、海关诚信企业、广州十大诚信企业、2011年度纳税信用等级A级纳税人。

【600173】卧龙地产集团股份有限公司

【基本概况】

卧龙地产集团股份有限公司是一家在上海证券交易所A股上市的房地产集团企业（股票名称：卧龙地产；股票代码：600173），具有国家一级房地产开发资质，拥有控股子公司14家，广泛分布在清远、武汉、绍兴、上虞、银川、青岛等国内经济发达城市，总规划建筑面积近400万平方米。

卧龙地产全面推行ISO9001：2008质量管理体系，导入OA自动化办公、CRM信息化管理系统，实现现代企业管理。目前开发的“卧龙·天香华庭”、“卧龙·天香西园”、“卧龙·金湖湾”、“清远义乌商贸城”、“卧龙·丽景湾”、“卧龙·剑桥春天”、“卧龙·山水绿都”等几大系列楼盘均成为了当地地标性楼盘，赢得了广大消费者的喜爱和市场的充分肯定。

卧龙地产秉承“打造精品楼盘，成就完美生活”的经营理念，先后获“浙江房地产开发企业20强”、“中国房地产最具发展潜力企业”、“中国最具影响力品牌企业”、“浙江房地产十大新锐品牌”等荣誉称号。开发的工程项目或楼盘，也先后荣获“浙江省十佳别墅排屋”、“武汉市建筑工程黄鹤楼奖”、“中国城市魅力经典楼盘”、“中国品质典范住宅”、“最具投资价值商业地产”等50多项国家或地方奖项及荣誉称号。

【企业荣誉】

2011年5月，卧龙地产集团浙江省房地产品牌30强。

2010年4月，卧龙地产集团中国房地产最具发展潜力企业。

2010年4月，清远五洲2010最具投资价值商业地产。

2010年2月，卧龙地产集团上虞市现代服务业十强企业。

2010年2月，卧龙地产集团上虞市地方财政贡献奖企业。

2009年12月，卧龙地产集团2009浙江省房地产开发企业20强。

2009年11月，卧龙地产集团第五届中国证券市场年会金凤凰奖。

2009年9月，“卧龙·剑桥春天”武汉市建筑工程黄鹤楼奖。

2008年11月，卧龙地产集团绍兴市2008年度“房地产AAA级诚信企业”。

2008年3月，“卧龙·天香华庭”中国健康宜居示范楼盘。

2008年2月，卧龙地产集团2008中国最具影响力品牌企业。

2008年2月，“卧龙·天香华庭”2008中国十大生态住宅杰出项目。

2008年2月，“卧龙·金湖湾”2008中国十大宜居住宅杰出项目。

【经营业绩】

2012年上半年，公司实现营业收入3.92亿元，同比下降28.61%，营业利润7572.83万元，同比下降35.85%，归属于上市公司股东的净利润4786.92万元，同比下降48.89%，实现每股收益0.066元，同比下降48.84%，归属于上市公司股东的每股净资产1.94元，同比下降3.48%。

【600192】兰州长城电工股份有限公司

【基本概况】

兰州长城电工股份有限公司（简称长城电工）于1998年12月在上海证券交易所成功挂牌上市（股票代码为600192），现有资产总额27亿元。公司为中国电工电器行业的骨干企业，主要从事高中低压开关设备、高中低压电器元件、电气传动自动化装置、新能源装备等电工电器类产品和果蔬汁、水电的研发、生产与销售。

长城电工实行母子公司管理模式，旗下有电工电器集团、长城果蔬汁集团、新能源、水电装备集团和技术开发研究院等全资子公司，3户控股子公司和5户参股子公司。

经过多年来的发展，长城电工所属长城开关、二一三电器、天水电传、天水长控、长城果汁已成为国内同行业的知名品牌。主导产品均为省级以上名牌产品。公司拥有“长城”、“二一三牌电器”两个中国驰名商标。公司荣获高新技术企业称号，拥有2个国家级技术中心、5个省级技术中心和工程中心。

作为甘肃装备制造业的龙头企业，长城电工注重企业文化建设，坚持以人为本、以文化兴司，大力培育和弘扬“和合、忠诚、专业、创新”的企业精神，秉承“品质为本、顾客至上、依法为先、互利共赢”的经营理念，实施“发展做强高压、壮大做精中压、整合发展低压、系统集成服务、突出电工主业、两翼协调发展”产业发展战略，近年来，公司主要经济指标以每年15%以上的速度增长，新产品产值率达50%。“十一五”以来，共获国家、部省级科技进步奖181项，其中获国家科技进步二等奖4项，填补国内空白12项。公司主导起草国家标准6项，参与行业标准制定29项，拥有106项技术专利，多种产品和技术填补了国内空白，被列为中国电气工业100强企业第30位、甘肃工业企业100强第17位、甘肃省23户重点企业之一。

面对新形势、新机遇、新挑战，长城电工明确了“一二一五”“十二五”总体发展战略，即突出一个主业、发展两个产业、设立一个园区、建设五个基地，实施“统一品牌形象，统筹资源配置；围绕系统集成，专业分工协作；发挥区域优势，提升竞争实力；推进西部电器城建设，打造长城电工产业集群”的战略举措，实现到“十二五”末经营规模达到50亿元的发展目标。

【企业荣誉】

2012年，公司荣获2011年度全国“安康杯”竞赛先进集体荣誉称号。

2012年，公司荣获“第十三届中国电气工业100强”和“2012年度中国电气工业创新力10强”荣誉称号。

2011年，长城电工天水二一三电器有限公司“二一三牌“交流接触器、热过载继电器、按钮”等系列产品被省政府授予2010年甘肃省名牌产品称号。

2010 年，长城电工荣获“第十一届中国电气工业 100 强”荣誉称号。

【社会责任】

2010 年，甘肃陇南成县特大暴雨引发的山洪、泥石流等次生灾害，造成成县黄渚镇 10 个行政村和 23 家企业全部受灾，暴雨致使成县黄渚镇——大山深处这个出产铅锌的小镇一度沦为“孤岛”，群众的吃饭、喝水等成了问题。为了支援白银有色金属公司厂坝铅锌矿度过难关，公司领导亲临装运现场，指挥物资装运，由长开厂公司支援的 1551 箱方便面、60 件火腿肠、5 件榨菜和长城电工二一三公司支援的 2210 箱矿泉水，总价值 74138 元的救灾物资由天水长开公司党委书记白天洪和二一三公司党委书记杨大友带队火速送往白银公司厂坝铅锌矿。

2010 年，公司参加由甘肃省委宣传部联合多部门在兰州举办的“风雨同舟——情系舟曲大型赈灾义演”活动，并在晚会上为舟曲灾区捐款 60 万元，奉献了长城电工的一片爱心。

【经营业绩】

2012 年上半年报告期内，公司完成营业收入 97292. 54 万元，同比增长 11. 06%；营业利润 2624. 55 万元，同比增长 145. 50%；利润总额 3122. 05 万元，同比增长 70. 04%；归属于母公司净利润 2252. 70 万元，同比增长 76. 33%。营业利润，净利润大幅增长，主要是公司积极实施产品结构调整，盈利能力强的产品销售比重增加，铜材，银材等主要原材料采购价格下降。

【600200】江苏吴中实业股份有限公司

【基本概况】

江苏吴中实业股份有限公司成立于 1994 年，现有总股本 62370 万股，由苏州吴中投资控股有限公司控股。1999 年 4 月 1 日，公司 A 股在上海证券交易所上市。由于公司前身为普教系统校办企业，上市时被誉为“中国普教第一股”，是一家高科技、成长型上市公司。2000 年公司被江苏省科委认定为高新技术企业，2001 年被国家科技部火炬中心认定为火炬计划重点高新技术企业，公司曾被评为“江苏省十佳上市公司”，2010 年度又被评定为江苏省双百企业（100 家自主创新型企业）。

公司成立以来不断规范和完善治理结构，通过收购兼并和项目投资优化主业，全面实施品牌战略，目前已形成了以医药为核心产业，房地产为重要产业，投资为辅的产业发展格局。其中江苏吴中医药集团有限公司是国家火炬计划吴中医药产业基地的龙头骨干企业，2008 年被江苏省科技厅认定为省高新技术企业。2011 年吴中医药成功挂牌了由苏州市科技局认定的“苏州市企业院士工作站”，获得了“江苏省民营科技企业资质”、“江苏省创新发展先导企业”等荣誉称号，并成立了由苏州市科技局牵头的“苏州市（吴中）医药创新技术研究院”。医药集团通过资产兼并重组，以及企业内部整合，迅速建立了自身在行业中的优势，形成集研发、生产、销售为一体的完整的医药产业链。公司建立了省内唯一的基因药物工程技术中心，拥有输液剂、水针剂、粉针剂、胶囊剂、颗粒剂、片剂、乳剂、口服液等剂型及中药提取、多种原料药的生产线，且均通过国家 GMP 认证，主要从事包括生物药、化学药、现代中药在内的各种抗感染类、消化系统类、免疫调节类、心脑血管类、抗病毒类、维生素类、止血类的药品的生产、销售。目前共计申请专利 51 项，其中有 24 项已授权。

江苏中吴置业有限公司，致力于房地产开发经营，旗下苏州隆兴置业有限公司、宿迁市苏宿置业有限公司所开发的金枫美地、岚山别墅和苏苑花园、阳光华城分别在苏州和宿迁具有较高的知名度和美誉度，合作开发建设的 2 个政府定销房项目进度也十分顺利。

在投资业务上控股或参股了苏州兴瑞贵金属材料有限公司、江苏银行等一批发展迅速并已具有一定地位的潜力企业。

【发展战略】

公司的发展战略是：进一步稳固医药产业的基础地位和核心地位，集中公司优势资源重点发展，增加市场份额、现金流水平和对公司的利润贡献度；稳步发展房地产开发经营，形成在区域市场和产品细分市场有一定品牌效应和影响力的房地产开发企业；强化和提升双主业运营的管理和领驭能力，形成互为支撑、互为依托的产业发展格局。

【节能环保情况】

公司历来十分重视节能降耗和环境保护工作，继续坚持以“强化管理、落实责任、控制源头”的指导思想的工作思路，通过加大技改力度、优化工艺流程，使公司节能减排工作取得了一定的进展。有效的环保节能措施，不但有效降低了单产能消耗，提升了产品的盈利能力和市场竞争力，还提升了公司的安全环保环境，产生了较好的经济效益和社会效益。

【经营业绩】

2012 年上半年公司实现营业收入 183，336. 50 万元，同比增加 0. 31%，其中实现主营业务收入 182，996. 64 万元，同比增加 0. 18%，实现毛利 18，666. 94 万元，同比增加 25. 36%，实现净利润 1，226. 63 万元，同比增加 68. 13%。

【社会责任】

公司在追求企业最佳经济效益的同时，把履行社会责任作为推进企业科学发展、安全发展、健康发展的重要保障，通过上缴各项税收、提供就业岗位、参与各种公益活动等多途径回报社区、回报国家、回报社会。公司自上市以来累计用于各项公益事业捐赠资金共计 640 余万元（该数据是截至 2011 年底）。

公司坚持把依法纳税作为履行社会责任、回馈社会的最基本要求。长期以来，公司以依法经营、诚信纳税为荣，严守各项税收法律法规，依法履行纳税义务，及时、足额缴纳国家税款。公司自上市以来，累计缴纳各项税费共计 72166 余万元（该数据是截至 2011 年底）。

多年来公司一直致力于对我国教育事业的反哺工作，由于公司前身为普教系统校办企业公司，1999 年上市时被誉为“中国普教第一股”。数年来，公司通过对中国人民大学、南京医科大学、南京邮电大学及苏州大学等高校及中国教育基金会进行的各项捐助，为我国教育事业的健康发展尽一份绵力。此外，公司还积极投身于我国的希望小学建设工程，目前已在长春捐助并建成了两所希望小学。

公司长期以来在力所能及的范围内，积极参加教育、文化、科学、卫生、社区建设、扶贫济困、环境保护等社会公益活动。在历次救灾活动中，公司均积极响应各级党委和政府的号召，组织全公司开展募捐活动。特别是在 2008 年我国汶川大地震发生之后，公司一方面积极参加由集团统一组织的向灾区捐款活动，并通过吴中区慈善基金会向灾区捐赠现金人民币 50 余万元，另一方面紧急组织下属企业（当时江苏吴中服装集团有限公司仍为公司的控股子公司）生产了一批服装和药品，共计向灾区捐献价值 131. 8 万元的灾区急需药品和价值 187. 8 万元的“365”牌学生校服，充分体现了"一方有难，八方相助"的精神。公司及下属企业还不定期组织员工自愿进行"义务献血、募捐助残、扶贫帮困、为经济欠发达地区义务就诊等"活动积极主动承担社会责任。

【600208】新湖中宝股份有限公司

【基本情况】

新湖中宝股份有限公司（股票代码SH.600208，以下简称"公司"或"新湖中宝"）是浙江省最大的A股上市公司之一。公司主营地产、金融及其他投资。地产为新湖中宝主业，是公司成熟的业务板块，公司以"价值地产"为理念，深刻把握大势，合理选择时机，准确定位产品，不断提升品质，创造了"新湖地产"的良好品牌，获得了"中国房地产最具竞争力企业"、"中国地产20年最具影响力企业"、"中国最具价值地产上市公司"等称号。

公司还广泛涉足金融领域，形成了成规模的金融股权投资，目前是盛京银行、成都农村商业银行、吉林银行、湘财证券、新湖期货等金融机构的主要股东，隐含着巨大的增值潜力和价值。

【经营业绩及市场成就】

公司2011年度营业总收入66.88亿元，占浙江省2011年GDP的0.21%，占嘉兴市2011年GDP的3.0%。2011年共上缴税金8.06亿元，公司在职员工1463人。截止2011年底公司已实现土地储备占地面积966.64万平方米，规划建筑面积累计已达1515.75万平方米，土地储备项目36个，涉及城市23个，规模和实力居行业前列。

在追求市值最大化的战略目标下，新湖中宝稳健高速成长，并入选"沪深300指数"、"上证180指数"成分股，2007－2011年连续多年被评为中证"金牛百强"和"金牛地产十强"。公司董事长林俊波女士被评为中证"金牛最佳企业领袖"。公司在资本市场的影响力不断提升。

2012年，公司持续稳健经营，并获得多项荣誉。2012年6月28日，2012年度的中国房地产风尚大奖揭晓，新湖中宝凭借对市场走势的精准把控、对住宅品质的精益求精以及对发展战略的进一步深化布局，再度跑赢大势，在中国房地产行业中脱颖而出，荣膺中国地产风尚大奖——2012中国最具价值地产上市企业。2012年7月4日，董事长林俊波女士被上海证券交易所荣誉聘为上海证券交易所中小微企业成长导师。

【社会责任】

2012年，新湖中宝组织各类活动回馈广大业主。2012新湖·果岭端午节"粽"心感谢你活动，新湖香农庄亲子活动等，都获得了很好的口碑。同时，新湖中宝和浙江省体育总会、浙江省羽毛球协会共同主办2012全国羽毛球挑战赛，参与举办"光荣与使命—全国百名将军喜迎十八大书画作品展、书画笔会、书画展联谊会"等，极大地拓展了企业的品牌影响力。新湖中宝还热心于公益事业，2012年再度向新湖公益创投基金捐资1000万元人民币，这是继2011年向爱德基金会捐赠1000万元人民币成立"新湖公益创投基金"后，第二次向新湖基金注资。新湖基金自2011年成立以来，其支持的项目在公益界创造了多个第一，填补了多项空白：第一个长江源水生态保护站，第一家基金会服务园，第一份基金会独立研究报告……，这一年的成绩已得到了社会各界的好评。未来，新湖基金将在国内最早成立的、最具影响力的爱德基金会的策动下，致力于公益创新和行业健康发展，为助推公益创新，促进公益行业透明化，探索可持续发展的新模式再接再厉。

【600272】上海开开实业股份有限公司

【基本概况】

上海开开实业股份有限公司是国内首家既有A股又有B股，以服装业为主的上市公司。自改革开放以来，经过10多年不懈的市场开拓，产品经营，品牌拓展，资本运作，资产重组，公司从一家仅有20万资金，自产自销衬衫、羊毛衫的"前店后工场"式的小型百货商店，发展成现在有19.37亿资产的大型企业。

公司现有25家全资、控股、合营企业，有6家衬衫生产企业，生产基地面积达4.2万平方米，形成了年产450万件衬衫的大规模生产能力，并在全国范围内设立了42家销售分公司，26家总经销处，120多家开开专卖店（厅）和1500多个遍布全国的销售网点，形成了成熟稳定的全国销售网络。2001年公司主营业务收入为11.15亿元，利润总额6709万元。据国家统计局、中国行业企业信息发布中心统计，2001年"开开"牌衬衫在全国男衬衫销售量和销售额的占有率均居全国同行业第二位，并连续6年位居前位。另据上海市商业委员会商业信息中心，对上海30家超亿元商场的统计，2001年开开牌衬衫在上海市122只衬衫品牌中的销售量和销售额中均居第一位。

公司是"中国服装业十强企业"，荣获"中国服装业优势企业"称号，也是我国服装行业唯一同时荣获"中国十大名牌服装"和"中国十大名牌衬衫"称号的企业。1997年率先在业内通过ISO9002质量体系论证。开开牌产品连续7年被推荐为"上海名牌"产品，是上海名牌产品100强企业之一。2001年9月，开开牌衬衫荣获全国首批由中国名牌战略推进委员会颁发的"中国名牌"产品称号。2002年2月，开开牌商标被国家工商行政管理总局认定为"中国驰名商标"。

公司以衬衫为主导产品，已形成羊毛衫、西服、西裤、大衣、茄克、羊毛内衣、针织内衣、T恤、领带等多品种系列产品，并将高科技成果融入到开开牌服装之中，开发了一系列有高科技含量的新产品。

"开开牌"衬衫，注重人们穿着的气质风度、时尚高雅、舒适便捷、健康保健之追求，面料上选择质地轻薄、手感柔软、丰满滑糯、抗皱免烫、吸湿透气、色泽优雅高贵、垂悬性好的国内外中高档面料，款式中在领、袖、钮上融入欧美风格，符合时代气息，体现现代快节奏生活中男士的萧洒高雅或休闲浪漫的气质，营造出男士崭新的个性和青春活力。形成了多面料、多款式、多色泽的全棉系列、涤棉系列、纯棉免烫系列、纯毛精纺系列、CVC涤棉系列、秀泊莱斯系列、木代尔天然纤维系列、天丝纤维系列、SSP高级全棉免烫系列，并开始探索开发索澳尔大豆蛋白纤维精纺毛系列以及防蛀发防缩、抗菌、防辐射、防电磁波、抗静电等功能性系列产品，以满足各层次人士的穿着需求。

"开开牌"羊毛衫，是全国首批获得国际羊毛局颁发的纯羊毛标志定点销售的产品，采用纯新羊毛加工而成，"纯"象征着100%的羊毛，"新"指羊毛制品中不使用再生毛，形成了男女各式的可机洗羊毛衫系列、48支澳毛系列、丝光精纺毛系列、羊绒系列、精纺提花系列，粗纺毛系列，羊仔毛系列、可机洗厚薄型羊毛内衣裤系列、时装化内外穿精纺粗纺系列，以及羊毛加莱卡羊毛衫和内衣衫裤、各种混纺系列。款式上已从大众化保暖型向时装化、个性化、休闲化方向发展。“开开牌”针棉织品也形成了羊毛微元保健内衣系列，40 支的细针弹力、棉毛、提花、柔暖棉内衣衫裤系列，以及新开发的彩色棉、棉加莱卡紧身系列、棉微元系列、天丝和亚麻 T 恤。

“开开牌”高级西服是选用国内外高级面料及辅料，运用当今国际上西服最新设计理念和制造工艺，并按照当代东方人种的体型参数精心制作而成。产品追求古典浪漫、高雅含蓄的风格，顺应当今国际潮流，在“轻、薄、软、挺、活”上尤见功力。新推出的“K—CLASS”系列和“新世纪的男人优雅”系列是正直意义上的“新一代”西服，是严格按照世界顶级西服的代表作——意大利式西服的工艺精制而成。细心品味一下，其肩、领、钮、袖、廓形之细微之处，时尚而不失典雅，萧洒而不失高贵。目前产品已延伸到西裤、茄克、大衣、风衣、休闲便装和领带等系列。

开开牌服装以其优质的面料、精湛的工艺、上乘的质量、时尚的款式和完善的服务体系，赢得了广大消费者的青睐，在激烈的市场竞争中得以长盛不衰。开开牌衬衫还远销美国、日本、澳大利亚、西班牙、俄罗斯以及香港等国家和地区。

1998 年公司通过资产重组开始介入传统中医药产销领域，并逐步向具有高成长性的中西药物、生物医用材料行业发展。公司控股的上海雷允上药业西区有限公司，是一家融汇中华医药传统信誉和现代药品经营理念的药品经营企业。拥有中华老字号“雷允上”、“九和堂”商号和上海药品零售规模最大的雷允上药城以及 40 多家中西药房，还拥有一家上海第一家按 GMP 标准建造的中药制药厂，年销售收入达 2.45 亿元。公司还控股两家制药企业，生产西药和生物医药材料。

至此，公司已构筑成服装板块和医药板块并重的产业架构，以实现传统产业与高科技生物产业的互动发展。

【经营业绩】

2012 年上半年，公司实现营业利润 59,409,606.87 元，比上年同期增长 124.22%；归属于上市公司股东的净利润 59,832,394.90元，比上年同期增长 137.21%。

【企业荣誉】

2005 年公司“开开”牌产品荣获上海名牌产品称号

2006 年公司荣获质量体系证书

公司荣获质量管理先进企业证书

公司荣获著名商标证书

公司“开开”牌荣获中国服装行业质量金奖

公司“开开”牌荣获上海市质量金奖

公司“开开”牌男衬衫全国市场占有率前五

【600292】重庆九龙电力股份有限公司

【基本情况】

重庆九龙电力股份有限公司位于重庆市九龙坡区，是由中国电力投资集团公司控股的以环保和电力为主业的上市公司，公司股票简称“九龙电力”，股票代码“600292”，公司董事长刘渭清，总经理刘艺。

公司于 1994 年 6 月 30 日由四川省电力公司等 8 家国有大中型企业共同发起成立，1997 年第一大股东变更为重庆市电力公司，2000 年 11 月 1 日公司 A 股股票在上海证券交易所挂牌上市。2002 年底因电力体制改革，公司第一大股东变更为中国电力投资集团公司。

目前，公司共拥有 17 家下属企业，其中电力企业 3 家，分别是九龙发电分公司、重庆白鹤电力有限责任公司、重庆九龙电力燃料有限责任公司；环保企业 13 家，分别是中电投远达环保工程有限公司、重庆远达水务有限公司、重庆远达催化剂制造有限公司、乌苏分公司、朝阳分公司、开封分公司、新乡分公司、平顶山分公司、平东分公司、大连分公司、石家庄分公司、景德镇分公司、贵溪分公司；科技企业 1 家，重庆中电自能科技有限公司；参股公司 3 家，分别是中电投财务有限公司、重庆天弘矿业有限责任公司、西南证券有限责任公司。

截至 2012 年 9 月底，公司总资产 74.2 亿元，年销售收入 44 亿元，公司系统员工 1200 余人，特许经营装机容量 1352MW。公司自上市以来，每年都保持着较好的赢利水平，公司资产总额稳步增长。

公司环保产业快速发展，业务范围涉及火电厂烟气脱硫脱硝 EPC、脱硫脱硝特许经营、脱硝催化剂制造、水务产业、核环保等领域，拥有国家级企业技术中心、博士后工作站、国家地方联合工程研究中心等科技研发平台，是国家级创新型企业，2010 年荣获“中国环保科技创新最具影响力十大品牌”。

当前，公司正积极开展管控调整、全力推进环保战略实施，逐步实现从常规发电企业向科技环保企业战略转型，下阶段公司将以科技为依托，以市场为导向，以环保、节能和水务为主营业务，服务与产品并重，产业一体化协同发展，打造集团公司环保产业发展平台、专业技术服务平台和产业融资平台，建设国内领先、国际一流的大型科技环保公司。

【经营情况】

2012 年上半年报告期内，虽然公司发电业务仍持续低迷，但环保产业市场快速发展，目前环保业务已成为公司利润支撑，公司业绩同比大幅增长。

报告期内公司环保板块实现利润 8,845 万元，其中(1)随着公司脱硫特许经营项目全部投运，实现营业收入 28417 万元，实现利润 7220 万元；(2)公司控股子公司中电投远达环保工程公司上半年完成 8 个项目 11 台脱硫脱销装置的投运，工程建设质量良好。EPC 项目实现营业收入 25,064 万元，实现利润 901 万元；(3)报告期内销售催化剂 2874m^3，实现营业收入 8,253 万元，利润 759 万元。

【企业荣誉】

公司荣获了全国文明单位、全国五一劳动奖状、全国职工职业道德建设标兵单位、中电投集团先进集体、重庆市文明单位标兵、重庆市国企贡献奖等多项殊荣。

下属远达公司是国家创新型企业、中国烟气脱硝产业技术创新战略联盟理事长单位；2009 年被评为中国环保行业最具竞争力十大领军品牌。

公司 2010 年荣获“中国环保科技创新最具影响力十大品牌”。

【600302】西安标准工业股份有限公司

【基本概况】

西安标准工业股份有限公司(简称：标准股份)，组建于 1999 年，2000 年在上海证券交易所上市。在专业与创新的历史进程中，公司始终引领中国缝制设备行业快速成长，与全球服饰文化共同繁荣。“为服饰及相关产业提供先进成套设备和工艺服务方案”是公司现阶段的重大使命。

标准股份在缝制设备领域具有悠久的历史，60 余年来专注于工业缝纫机研发、生产。TYPICAL 作为影响广泛的缝制设备品牌，同样长期服务于中国和亚洲、欧洲、美洲、非洲地区。作为国内综合实力最强的缝制设备生产基地，公司在布局调整和资源整合的过程中，现已形成西安、临潼、菀坪三大生产基地，年生产能力80万台。经过60多年的技术积累，公司在工业缝纫机主业上已形成庞大的产品家族，包括高速单针平缝机、高速双针平缝机、高速绷缝机、高速包缝机、特种缝纫机、自动缝制单元等300多个系列品种，全面满足针织、服装、箱包等缝制过程的多层次需求。"标准"牌工业缝纫机是"中国驰名商标"，是国家商务部确定的出口重点扶持品牌。先后荣获缝制设备领域的最高奖——国家银质奖等上百个省、部级以上奖项。公司先后通过ISO9001质量管理和质量保证体系、欧盟CE安全体系、ISO14000环境管理体系等多项国际认证。

基于全球化的技术、人才平台，标准股份始终将自己置于不断创新的姿态。上个世纪80年代开始，公司与日本、德国、意大利等企业开展多层次的合作，逐渐从借鉴走向自主创新，在较长的一个阶段成为竞争的领先者。2009年，西安标准欧洲有限公司落座德国凯泽斯劳滕，成为公司面向欧洲非洲市场的高端技术研发中心、差异化产品制造中心、营销中心和客户服务中心，为公司注入尖端与严谨的新元素，从而给客户带来新的价值。

"客户第一"是公司始终坚持的经营理念，也是我们不断走向成功的源泉。在公司的概念中，客户不仅仅是我们直接服务的服饰加工和相关企业，同样包括零部件供应商和稳定的产品代理商。

"专业、创新、诚信、合作"是标准股份的核心价值观。

"专业"概念的提出，与公司"为服饰及相关产业提供先进成套设备和工艺服务方案"这一使命高度契合。公司60余年来专注工业缝纫机研发、生产。从上世纪80年代开始，公司就与国外企业在这一领域开展广泛的国际合作，不断致力于自主技术与国际先进技术的有机融合。集成多种技术路线，引领行业技术进步潮流，已经构成TYPICAL品牌差异化的一大特征。因此，专业一词，能够准确表述公司在行业中的信心与能力。

"合作"概念的提出，基于公司独特的文化属性。60余年来，融合中国东西部文化，融合东西方文化，已经成为公司难以复制的核心能力。公司秉持"客户第一"的经营理念，紧密联结终端，密切关注需求，发现价值、创造价值，为客户提供价值，与广大客户共同成长，是公司全员认同的发展的前提。

在全球一体化的今天，标准股份与广大客户共同成长。作为专业缝制设备制造商，我们竭诚努力，争当全球服饰和相关产业价值链中的主导力量。在普遍需求与个性需求多元交织的今天，我们将通过技术创新、品牌差异化和快速反应，不断满足客户需求，不断传递新的价值。"全球的标准、创新的标准、和谐的标准"是标准股份的企业愿景。

【企业荣誉】

2012年2月，公司被授予"陕西省信息化与工业化融合示范企业"。

2012年7月，被中共西安市国资委委员会授予活动"四强党组织"荣誉称号。

2012年5月，被中共西安市临潼区委、西安市临潼区人民政府授予2011年度工业促发展"先进企业"。

2012年4月，被中共西安市临潼区委、西安市临潼区人民政府授予2011年度纳税大户二等奖。

2012年2月，被中国标准工业集团有限公司授予"先进单位"称号。

【企业文化】

使命：为全球服饰及相关产业提供先进成套设备及工艺服务方案

愿景：全球的标准、创新的标准、和谐的标准

核心价值观：专业、创新、诚信、合作

经营理念：客户第一

主题词：专业、合作

【经营业绩】

2012年1－6月，公司实现营业收入421,313,542.77元，比去年同期减少26.38%，净利润1,342,974.69元，比去年同期减少89.75%。

【600307】甘肃酒钢集团宏兴钢铁股份有限公司

【基本概况】

甘肃酒钢集团宏兴钢铁股份有限公司地处甘肃河西走廊中部、万里长城西端的嘉峪关市，距河西重镇酒泉市22公里，距天下雄关嘉峪关关城5公里，距中外驰名的文化宝库莫高窟380公里。公司南接312国道，东临嘉峪关机场，环厂区铁路与兰新铁路衔接，交通便利。

1999年4月17日经甘肃省人民政府甘证函[1999]21号文批准，由酒泉钢铁（集团）有限责任公司（以下简称"酒钢集团"）作为主发起人，联合兰州铁路局、甘肃省电力公司、金川有色金属公司、西北永新化工股份有限公司共五家发起人以发起方式设立本公司。主发起人酒钢集团以所属炼铁厂、炼钢厂、二轧厂、销售处等单位的生产经营性资产折价入股，其余四家以现金方式入股。

公司设立时的注册资本为人民币52,800万元，经中国证券监督管理委员会证监发字[2000]157号文批准，本公司于2000年11月30日向社会公众公开发行普通股20,000万股（每股面值1元）；2000年12月20日，经上海证券交易所上证上字[2000]109号文核准，公司向社会公开发行的人民币普通股20,000万股获准在上海证券交易所上市交易（股票代码：600307；股票简称：酒钢宏兴），本公司注册资本变更为72,800万元。2006年6月公司实施每10股转增2股的资本公积金转增股本方案，注册资本变更为87,360万元人民币；2009年9月21日，经中国证券监督管理委员会证监许可[2009]983号文核准，本公司向酒钢集团非公开发行股票1,172,078,712股以购买其持有的嘉峪关本部钢铁主业铁前系统、碳钢轧钢系统、辅助系统的相关资产以及榆中钢铁100%股权，实现了酒钢集团碳钢主业的整体上市，公司注册资本变更为2,045,678,712元人民币。

公司主要从事钢铁及其压延产品的生产和销售，最终产品主要有高速线材、棒材、中厚板、热轧卷板、冷轧卷板、冷轧薄板及部分连铸钢坯。良好的产品质量和完善的售后跟踪服务，赢得了客户、赢得了市场，公司产品遍及国内28个省、区，并远销韩、日、美等国家和香港、台湾等地区，深受国内外用户的好评。

公司主要设备均从美、英、法、德、瑞典、西班牙等国家引进，具有大型化、连续化、自动化的特点，并通过不断的技术改造保持着国际先进水平。

公司产品执行的技术标准全部达到国家和行业标准，并获得中国冶金工业质量体系认证中心颁发的质量认证证书和ISO9001－2000质量体系认证注册，其中普通低碳钢无扭控冷热轧盘条等9种产品质量达到国际先进标准，高速线材系

列获“陇货精品”称号，普通高速线材和热轧带肋钢筋及 20g 锅炉用钢板获国家冶金局实物质量“金奖杯”，船板已通过中国、德国、英国、挪威等五国船级社认证，ER70S－6CO 气体保护焊丝钢高线盘条被国家科学技术部认定为“国家重点新产品”，其它 18 种产品曾分别获省、部优质产品称号。

公司坚持把节能减排、保护环境、发展循环经济作为转变发展方式的内在要求，做至节能与环保并行，已通过 ISO14001 环境体系认证注册和欧盟 CE 认证注册。

公司目前已形成本部、翼城、榆中三大钢铁生产基地，具有年产 700 万吨生铁、800 万吨钢、700 万吨材的综合生产能力；拥有镜铁山矿（铁、铜矿）、镜铁山矿黑沟矿区（铁矿）、石灰石矿及白云岩矿等四座矿山，具备年产 600 万吨铁矿石和 200 万吨石灰石的生产能力；拥有采矿、选矿、烧结、焦化、炼铁、炼钢、热轧、冷轧等一整套具备现代化生产工艺流程的钢铁资产，以及与之配套的能源动力系统、销售物流系统等资产，形成一条完整的钢铁生产一体化产业链条，是西北地区实力最强、设备装备最优、经济效益最佳、具有较大影响力的钢铁联合企业之一。

【企业荣誉】

2012 年，酒钢宏兴股份公司榆钢荣获甘肃省 A 级纳税信用等级单位。

2012 年，酒钢宏兴公司碳钢薄板厂荣获嘉峪关市文明单位称号。

2012 年，酒钢宏兴股份公司动力厂职工杜均当选为甘肃省出席党的十八大代表。

2012 年，酒钢宏兴公司镜铁山矿工会荣获全国机械冶金建材系统“先进集体”荣誉称号。

2012 年，酒钢宏兴公司镜铁山矿获甘肃省职工职业道德建设“十佳单位”荣誉称号。

2012 年，酒钢宏兴股份公司三项科技项目获甘肃省科技进步奖。

2012 年，酒钢宏兴公司翼钢焦化粗苯班荣获“山西省工人先锋号”称号。

2012 年，酒钢宏兴 3 项产品荣获“甘肃名牌产品”称号。

【经营业绩】

2012 年上半年报告期内，公司实现营业总收入 346.05 亿元，比上年同期增加 23.77%；实现利润总额 4.69 亿元，比去年同期减少 61.88%；归属于母公司股东的净利润 3.79 亿元，比去年同期减少 57.97%，主营业务，营业利润和净利润的下降主要是钢材价格下降所致。

【600310】广西桂东电力股份有限公司

【基本概况】

广西桂东电力股份有限公司（沪市上市公司，证券简称“桂东电力”，证券代码“600310”）系经广西壮族自治区人民政府桂政函［1998］114 号文批准，由广西贺州投资集团有限公司（原“贺州市电业公司”）作为主要发起人，以合面狮水电厂和供电公司等经营性电源和电网资产投入，于 1998 年 12 月 4 日成立。2001 年 1 月 12 日经中国证监会证监发行字【2001】4 号文核准，公司首次向社会公众公开发行 A 股 4500 万股，公司股票于 2001 年 2 月 28 日在上海证券交易所挂牌交易。经过 2006 年股权分置改革、2010 年完成非公开发行 A 股股票以及 2011 年完成资本公积金转增股本后，目前公司总股本为 27592.5 万股，控股股东为广西贺州投资集团有限公司，持有股份 144,049,329 股，持股比例为 52.21%。目前桂东电力拥有控股子公司 9 家，参股公司 2 家，以发供电为主业，涉足发供电、电子、证券、石油贸易、旅游等行业。截至 2011 年 12 月 31 日，公司总资产 51.392 亿元，净资产 18.49 亿元，营业收入 20.56 亿元，净利润 10474.75 万元，每股收益 0.38 元。

桂东电力成立时承接了母公司广西贺州投资集团有限公司（原“贺州市电业公司”）大部分的电源和全部经营性电网资产，形成了全国水利系统地电行业中厂网合一、网架覆盖面最宽最完整、唯一以 110KV 输电线路环网运行、拥有完整统一的发供电一体化体系，电网内发供电相互配套的地方电力企业。桂东电力上市以后，大力发展电源和电网建设，现有全资和控股水电总装机容量近 30.885 万千瓦（权益装机容量 26.54 万千瓦），220KV 变电站 2 座，220KV 线路 108.5 公里，110KV 变电站 12 座，110KV 线路 1200 公里，35KV 线路 475.28 公里，变电容量 131.7 万千伏安。供电营业范围包括桂东区域 6 县 3 市 2 矿，并与广东郁南县、罗定市以及临近的湖南省江永县、江华县、永州市等进行互为网间电量交换，形成较完整的区域电网。

【企业文化】

公司将坚持“以市场为导向，以技术和管理创新为动力，以顾客满意为目标”的基本经营理念，走规模生产，节能降耗降成本，扩大主营业务市场占有率，拓展高科技高效益经营领域的发展道路，确保公司利润的最大化和股东回报最大化。

核心理念：真诚服务社会

经营策略：以管理创新夯实基础管理，以质量优势开拓市场，以真诚服务赢得用户

经营目标：提供一流服务，实现一流业绩，创立一流企业

质量方针：以顾客满意为目标，持续改进创品牌

企业精神：团结、竞争、创新、进取

【经营情况】

2012 年上半年公司水电厂流域来水量总体好于去年同期，自发电量同比大幅增加，但受经济下滑，企业用电减少影响，供电量未能实现增长。1－6 月，公司下属的合面狮和控股的昭平，巴江口和下福四个水电厂合计完成发电量 75,482.69 万千瓦时，比去年同期增加 35.62%；实现财务售电量 116,057.23 万千瓦时，同比减少 23.70%；实现电力销售收入 54,594.40 万元，同比减少 20.59%；合并报表实现营业收入 144,280.37 万元，同比增加 43.73%（其中控股子公司桂东电子实现销售收入 6,183.11 万元，同比减少 69.87%，全资子公司钦州永盛实现销售收入 82,453.33 万元，同比增加 681.51%）；实现净利润 7,881.86 万元，同比减少 19.16%，每股收益 0.2857 元，同比减少 19.13%。

【600317】营口港务股份有限公司

营口港务股份有限公司是 2000 年 3 月 6 日经辽宁省人民政府辽政［2000］46 号文批复，由营口港务集团有限公司作为主发起人，联合其他四家公司共同发起设立的股份有限公司。公司于 2000 年 3 月 22 日在辽宁省工商行政管理局登记注册成立，注册资本为 15,000 万元，总股本 15,000 万股。营口港务股份有限公司的成立标志着营口港向资本市场迈出了关键的一步。经营范围：港口装卸、堆存、运输服务，钢结构工程，机件加工销售，港口机械、汽车配件、钢材、建材、橡胶制品销售，苫垫及劳保用品制作、销售，尼龙绳生产、销售等。

一、正式上市，向资本市场迈进第一步

2002 年 1 月，经中国证监会证监发行字［2001］102 号文批准，公司公开发行人民币普通股 10,000 万股，发行价格为 5.9 元/股，公开发行后公司总股本为 25,000 万股。2002 年 1 月 31 日，公司 10,000 万股社会公众股在上海证券交易所上市流通。股票代码 600317，简称"营口港"。

公司上市之初，就确定了公司的发展模式，即集团公司和上市公司同步发展的模式。利用上市公司在资本市场的融资平台，通过直接融资解决上市公司发展的资金问题，并将集团公司优质资产不断注入上市公司。港口行业作为基础性行业，建设的周期比较长，风险系数比较大，不确定因素比较多，把这些不利因素由集团公司承担，待资产建设完毕后再注入上市公司，形成收购之后就能马上产生效益的有利局面。这样的方式保证了上市公司的快速发展，为上市公司的资本运作提供了更大的舞台。

二、调整负债结构，发行债券，不断扩大公司股本规模

为调整负债结构，降低财务费用，扩大公司的生产规模，保证公司盈利能力的快速提高，实现公司的可持续发展，公司董事会经过严谨的论证，决议发行可转换公司债券。2004 年 5 月，公司发行 70,000 万元可转债，可转债募集资金用于收购集团公司的三期工程多用途泊位和成品油及液体化工品码头相关的在建工程并进行后续建设。2009 年 10 月，发行公司债的申请顺利通过中国证监会的审核。2010 年 3 月 23 日，公司债正式上市，简称为"10 营口港"。

三、完成股权分置改革，公司治理更加规范

公司于 2005 年 9 月份制订了股权分置改革草案，开始进入申报程序。12 月，公司股改方案以 98.93% 的比例一次性顺利通过股东大会审议。2006 年 1 月，公司完成股权分置改革。股改使股东利益更加趋于一致，公司治理更加规范，企业经营目标更加明确。

四、避免同业竞争，重大资产购买和重组，进一步扩大公司生产规模

为了实现公司的可持续发展，消除同业竞争，向整体上市目标迈进，2008 年公司通过定向发行股份和支付现金相结合的方式，购买港务集团公司鲅鱼圈港区 16#、17#、22#、46#、47#、52#、53#共计 7 个泊位的资产和业务。2011 年公司通过定向发行股份的方式，拟购买港务集团公司鲅鱼圈港区拥有的 54#－60#共计 7 个泊位的资产和业务。本次公司拟购买的 7 个泊位中，5 个为集装箱泊位，2 个为可兼做集装箱的泊位.交易完成后，可以减少关联交易，有效避免同业竞争，进一步朝整体上市的目标迈进。成为公司继续发展的主要驱动力，增强公司的综合竞争力。

五、把握历史机遇，开创科学发展的美好未来

国家制定的《东北地区振兴规划》政策的实施、建设辽宁沿海经济带上升为国家战略等将为公司的发展带来全新的机遇。公司位于环渤海经济圈与东北经济区的交界点，是东北地区最近的内陆出海口，且周边交通比较发达，具有非常明显的自然条件和区位优势。随着东北老工业基地的振兴、辽宁沿海经济带的建设，腹地经济将呈现快速发展态势，腹地的吞吐量将保持增长，由此公司吞吐量亟需提高，规模亟需扩大，以满足不断增长的货源要求。

面对历史赋予难得的机遇，面对千载难逢的发展契机。营口港将充分依托《振兴东北老工业基地》和《辽宁沿海经济带发展规划》两大国策，利用东北地区最近的出海口这一良好的区位优势，不断发展公司生产规模，大力建设适应区域经济发展所需的大型化、深水化、集装箱化码头，充分发挥港口的辐射和聚集作用，带动腹地临港工业的发展，通过港口经济本身的乘数效应，临港产业集群的集聚效应，循序渐进的示范效应，促进区域经济一体化，从而推动营口地区乃至辽宁中部城市群的发展，进而推动辽宁省甚至东北地区经济的发展。

【600323】南海发展股份有限公司

【基本概况】

南海发展股份有限公司是一家以从事城镇供水、污水处理、固废处理及市政基础设施建设运营为主业的股份制企业，是佛山市南海区首家 A 股上市公司(股票简称：南海发展，股票代码：600323)。2008 年末总资产 17.33 亿元，主营业务收入 4.12 亿元，归属于上市公司股东的净利润 9577.10 万元。

公司专注于供水主业，稳健经营，经多年发展。2008 年总供水量 3.26 亿立方米。公司目前拥有桂城水厂和南海第二水厂，控股佛山市南海九江自来水有限公司、供水设计能力 101 万立方米/日，供水范围覆盖南海区 700 多平方公里，服务人口 100 多万人，供水水质一直达到并超过国家规定的水质标准。

自 2004 年开始，公司积极拓展污水处理等市政环保业务，朝供排水一体化方向发展。2004 年末收购了南海区桂城污水处理厂资产和南海区平洲污水处理厂在建工程资产，2005 年至 2008 年又陆续收购并新建了一批污水处理项目，使污水处理业务呈现快速增长的势头。2006 年，收购并扩建南海区垃圾焚烧发电项目，总规模为日处理垃圾 2200 吨，固废处理业务将成为公司新的利润增长点。

【经营业绩】

本报告期实现营业收入 41815.87 万元，同比增长 34.86%；营业利润 10739.47 万元，同比增长 17.70%；利润总额 10814.78 万元，同比增长 16.17%；归属于母公司股东的净利润 9770.66 万元，同比增长 24.73%。

【600326】西藏天路股份有限公司

【基本情况】

西藏天路股份有限公司(以下简称"天路"或"公司")成立于 1999 年 3 月 29 日，公司股票于 2001 年 1 月 16 日在上海证券交易所成功上市，募集资金 26252.08 万元；2007 年通过非公开发行股票 4800 万股，募集资金 42432 万元；2008 年实施公积金转增股本后，注册资本为 45600 万元，2009 年实施转增股本后注册资本达到 5.472 亿元。截止到 2012 年 9 月 30 日，公司资产总额达 26.13 亿元，净资产达 12.17 亿元。

【业务资质】

公司具有建设部批准的公路路面工程专业承包一级资质、西藏自治区建设厅核准的公路工程施工总承包二级资质，公路路基、桥梁工程专业承包一级资质和市政公用工程施工总承包二级资质，房屋建筑工程施工总承包二级资质，铁路工程施工总承包三级资质。2009 年 6 月，顺利控股西藏天鹰公路技术开发有限公司，积极开展监理、检测等相关业务，实现产业初步升级，进一步完善建筑工业产业布局，有效提高建筑业经营能力和市场竞争力。

【主营业务及市场成就】

公司主营业务为公路工程施工的基础设施建设，主要承担西藏自治区内的公路、桥梁的建设任务。公司公路及桥梁施工能力、工程施工质量、公路建设市场占有率、高等级公路施工市场占有率、工程机械设备的先进程度及拥有量在西藏自治区内一直处于领先地位。公司的资金和技术力量雄厚，机械化施工程度高，经营管理规范。成立以来，累计已承建公路、房建、代建、监理、市政等项目 100 多，完成投资超过 50 亿元，曾承担过青藏公路、川藏公路、中尼公路等国道和区内主要干线公路的施工任务，修建了曲水、岗嘎、妥峡等大型公路桥梁，参与施工建设西藏重点工程——拉萨至贡嘎机场公路新改建工程雅鲁藏布江大桥和拉萨柳梧大桥工程，其中拉萨至贡嘎机场公路新改建工程路面工程成为全区沥青路面样板工程，拉萨柳梧大桥工程填补了我区立交桥工程建设的空白；参与青藏铁路建设，所承建工程多次受到青藏铁路总指挥部和拉萨指挥部以及中铁十九局好评及奖励，其中岗秀 1#特大桥、岗秀车站和地下水路堑工程被评为优质样板工程；承建的国道 318 线中尼公路至绒布寺公路养护工程为环境保护示范工程；承建的拉萨市金珠西路改扩建工程、拉萨市大昭寺周边环境整治工程、布达拉宫地下人行通道（全区第一个地下人行通道）等成为市政样板工程；承建的拉萨至贡嘎机场高速路填补了西藏无高速公路的空白；承建的西藏拉萨饭店改扩建工程达到五星级宾馆要求。

【质量管控】

公司所交验工程合格率达 100%，优质工程达 85% 以上。2008 年受交通厅委托管理全区第一个交通代建工程项目，为持续开展交通代建工程积累了第一手资料和丰富的工程代建经验。为有效提高公司经营能力和市场竞争力，顺利控股西藏天鹰公路技术开发有限公司，实现了拓展与延伸公路建设相关的设计、检测、监理业务目标。2006 年 4 月公司依据 ISO9001:2000《质量管理体系要求》、ISO14001:2004《环境管理体系要求及使用指南》、OHSAS18001:1999《职业健康安全体系规范》标准制定了 QES 管理体系，进行了三标一体化的贯标工作。

【科研成果】

公司多次组织专业技术人员参与国家、自治区级重大科研项目；2006—2010 年，参与交通部西部交通建设科技项目分题《青藏公路改建技术及示范技术研究》；2007—2011 年，作为项目执行负责人，参与西藏自治区交通厅科技项目《青藏公路改建完善工程路基路面稳定保障技术研究》；2009—2012 年，作为项目负责人，参与西部交通建设科技项目《西藏高海拔低温条件下路基路面养护技术研究》；1997—2000 年，参与交通部九？五联合攻关课题《高原多年冻土地区路基路面典型结构研究》，研究成果达到国际先进水平；2011—2012 年，参与国家西部交通建设科技项目《国家西部交通建设科技项目拉萨至贡嘎机场公路建设关键技术研究》。为了进一步向技术型、科研型、高素质企业靠拢，2011 年 6 月，公司与长安大学进行共同建立博士后流动站事宜进行洽谈，并达成了合作意向。

【资本运作】

2006 年 6 月，以 95.188% 的赞成率顺利完成股权分置改革工作。2007 年公司非公开发行 4800 万股普通股股票，募集资金 42,432 万元人民币，主要投资 28,000 万元对西藏高争建材股份有限公司单方增资，投资 7,981 万元收购西藏公路工程总公司持有的 43,597,783 股高争股份股权，使公司持有高争股份的股权增至 71.82%，为构建公司建材第二核心业务，完成建筑建材产业链的整合提供了现实保证。

2007 年，公司全面实施战略转型，在建筑建材业竞争日趋激烈的环境下，经自治区人民政府批准，在自治区国资委的大力支持下，转入发展以特色资源为依托的国有控股企业进程，按照“政府主导、市场运作、区内企业控股开发”尼木县冲江及冲江西铜矿的合作勘查开发基本原则，公司控股勘查开发冲江铜矿，目前勘查工作进展顺利。

【企业荣誉】

公司在取得了良好经济效益的同时也创造了良好的社会效益，荣膺全国“五一”劳动奖状两次、1999—2001 年全国优秀施工单位、全国守合同重信用企业之列、2002 年度全国上市公司综合绩效百强之列（综合排名第 97 位、成长性排名第 38 位），荣获自治区建设银行“AAA”企业、自治区国税局“A 级最佳信用度纳税人”、2006 年度、2007 年度全区国有企业纳税 25 强、2003 年、2004 年、2006 年全区诚信企业、2003 年全区纳税先进企业、2004 年区直“青年文明号”、2005 年全区优秀建筑企业、2005 年安全防范先进单位、中国工程建设协会“工程质量安全先进单位”、2006 年度全区安全生产先进企业、2008 年度全国公路建设施工企业重点工程劳动竞赛优胜奖、2009 年 5 月授予自治区创建园林城市先进集体、2009 年 7 月授予全国十大国企典型、2010 年 11 月授予“十一五”重点项目建设突出贡献先进集体，2012 年 7 月授予“全国创先争优先进基层党组织”，2012 年 10 月授予“全国就业先进集体”等多项国家、自治区级荣誉称号。

【发展战略】

作为区内唯一一家以基础设施建设为主业的上市公司，公司将继续完善法人治理结构和新的管理体制，不断规范相应的运行机制，并继续以市场为导向，加大投资力度。努力实现公司“巩固建筑业、配套建材业、科学发展矿产业”的发展战略，努力把西藏天路建成为主业突出、资产优良、股权多元、技术创新、管理科学、文化独特，具有强大市场竞争力的集公路、桥梁、房屋建筑、水利水电、铁路建设为一体的现代化企业。

“十二五”期间，公司按照“巩固建筑业、配套建材业、科学发展矿产业”的发展战略，进一步增强国有资产的控制力，提高国有企业的竞争力，确保国有资产保值增值，为股东创造更好的收益，不断发展成为以特色资源为依托的大型国有控股上市公司，实现“发展企业，服务社会，造福西藏”的夙愿，为西藏经济社会的跨越式发展做出应有的贡献。

【600332】广州药业股份有限公司

【基本概况】

广州药业股份有限公司（以下简称“广州药业”）由广州医药集团有限公司属下八家中成药制造企业和三家医药贸易企业于 1997 年 9 月 1 日重组成立，分别于 1997 年 10 月和 2001 年 2 月在香港联交所和上海证交所上市。如今，本公司旗下拥有八家中成药生产企业、一家植物药研发生产企业、四家医药贸易企业和两家医药研发机构。本公司主要从事中成药制造、医药贸易和新药研发等业务。

以销售额计算，广州药业是国内最大的中成药制造商，在中成药制造行业有着悠久的历史，并拥有众多的老字号品牌和丰富的产品资源。如今生产 23 种剂型共计 400 多个品种，包括 40 种国家二级中药保护品种，其中 20 种产品属广州药业独家生产品种。本公司属下九家生产企业已全部通过国家药品生产质量管理规范（GMP）认证，并全面实施具有国际先进水平的 SAPR3/ERP 系统管理。

广州药业亦是国内最大的医药贸易商之一，公司拥有华南地区最大的医药零售网络和医药物流配送中心。现经营10,000多种西药、中药和医疗器械产品，其中独家代理的国外名牌医药产品100多种。

如今，广州药业因其良好的经营业绩、规范的市场运作和高效的管理水平得到境内外资本市场及业界的关注与好评。

【企业文化】

独特才能生存，不同才能成功。观念领先半步就是财富。

社会发展是历史的必然。我们与社会存在差距，但我们充分认识突破的尺度，在改革的路上大胆进行创新。

技术创新是发展的核心动力，营销创新是发展的助动力，管理创新是发展的支撑点。善于借鉴，少走弯路；联系思索，勇于攀高。

【经营业绩】

2012年上半年报告期内，本公司的主营业务收入为人民币3,447,724千元，比上年同期增长24.44%；税前利润为人民币248,618千元，比上年同期增长20.79%；归属于本公司股东的净利润为人民币217,085千元，比上年同期增长20.86%。

【600343】陕西航天动力高科技股份有限公司

【基本概况】

陕西航天动力高科技股份有限公司成立于1999年12月，是中国航天科技集团公司航天推进技术研究院（航天六院）的控股公司，2003年挂牌上市，股票代码“600343”。

公司总部位于西安市高新技术产业开发区“航天民用科技产业园”，占地面积300余亩，注册资本2.39亿元，已发展成为拥有特种泵、燃气表、液力传动等三个事业部，烟台航天怡华、宝鸡航天泵业、江苏航天机电、江苏航天水力、西安航天消防、西安航天泵业、西安航天华威等七个子公司，具有自营进出口权的国家级重点高新技术企业。截止2011年底，公司总资产26亿元，全年主营业务收入12.3亿元，实现年均30%以上的业绩增长。

公司拥有一支年轻化、知识化、市场化的多层次科技人才队伍。总部现有员工1125人，其中：省部级突出贡献专家1人，享受政府特殊津贴的专家3人，省部级青年学术技术带头人2人，航天六院青年学术技术带头人6人，研究员及高级工程师（含高级技师）63名。工程技术人员及高级管理人员中，硕士39人，本科273人，合计占员工总数的28%。

公司是以航天军工流体技术（包括液体、气体）和惯性导航技术为核心技术，以从事系列民用产品的设计、开发、生产和销售的技术密集型公司。主营业务包括泵及液压传动系统、变矩器及液力传动系统、燃气表及流体计量系统和化工生物装备等。产品技术先进，科技含量高，附加值高，经济效益、社会效益显著，已成功应用于石油、化工、机械、电子、交通、能源等诸多领域。

回顾过去，我们信心百倍；展望未来，我们豪情满怀。围绕新目标，建设新航天，取得新成就，实现新跨越，是航天动力人不懈的追求。公司将秉承“两弹一星”精神、“航天”精神、“载人航天”精神以及“严、慎、细、实”的航天文化，坚持战略导向、客户导向，通过基于企业价值链核心功能的发挥，建立更具竞争力和演进性的管理体系，以完美品质求生存，以科技创新求发展，诚信共赢，和谐共生，以优良的经营业绩回报股东和社会。

【企业荣誉】

2008年公司再次被认定为“国家级高新技术企业”称号，同年获得国家人力资源和社会保障部颁发的“中央企业先进集体”荣誉称号。

2010年再次获得西安市“高新区营业收入百强企业”、“高新区特别贡献奖”、“知识产权优势企业”。

2011年荣获“西安高新开发区创建ISO14000环境管理体系示范企业”等。

此外公司还曾获得“全国工业产品生产许可证获证企业”、“陕西省消防产品生产先进企业”、“中国城市燃气协会团体会员”、中国国际高新技术成果交易会组委会颁布的优秀产品奖证书、北京天一正认证中心质量管理体系认证证书、“高新技术企业认证”、“环境管理体系认证”、十一五期间“放心工程”建设与创建安全达标单位、“航天质量认证中心质量认证体系认证证书”、“中国工程建设标准化协会单位会员证”、“中国工程机械工业协会单位会员证”、“陕西省消防协会副理事长单位”等。

2012年公司取得“中国石油天然气集团公司一级采购物资供应商准入资格证”。

【企业文化】

公司发展的指导思想：树立战略发展思想，以创新的动力、以市场为导向、以经济效益为中心、以国内、国际一流为目标，提升核心竞争力，实现跳跃式发展。

企业哲学：以人为本，实现个人与公司同步发展。

公司发展的基本方针：锐意创新，规模发展，超常发挥，铸造一流。

企业精神：务实、创新、诚信、敬业。

企业宗旨：追求技术先进，品质卓著，以良好的信誉赢得客户的满意。

企业最高目标：依托航天高科技，创国内、国际流体机械知名企业。

企业口号：精铸航天品牌，赶超世界先进。

【600354】甘肃省敦煌种业股份有限公司

【基本情况】

甘肃省敦煌种业股份有限公司是为搭建融资平台，加快区内优势产业发展而整合、重组酒泉境内的国有种子公司和棉花公司所设立的股份制企业，公司于1998年底经省人民政府批准设立，2003年12月29日公开发行7500万A股股票，2004年1月15日在上海证券交易所挂牌上市。

公司成立以来，在做强做大种子、棉花产业的基础上，采取合资合作、吸纳整合优势资源、加大项目建设投资力度、组建营销网络体系等方式，促进了公司快速发展。公司现有注册资本1.86亿元，总资产25.25亿元，分（子）公司28家，行业涉及种子、棉花、食品、证券投资等领域，共有员工1280余人。

公司依托河西走廊优越的自然资源和良好的农业生产基础条件，实行“公司联基地”、“基地联农户”的产业化经营模式，建立了60万亩稳定的制种基地和国内一流的大型种子加工生产线，拥有一整套国内同行业领先的从亲本提纯、扩繁、田间去杂、去雄授粉、清杂晾晒到收贮保管等过程的质量控制技术操作规程，建立了完善的种子质量控制体系，并通过委托育种、合作育种、联合开发、合资合作、整体吸纳、买断产权品种等形式，拥有玉米、小麦、水稻等自有知识产权品种共六十多个，形成了覆盖全国不同生态区的市场营销网络，年产销玉米、小麦、水稻、瓜类蔬菜、棉花等各类农作物种子近 1 亿公斤。2006 年，公司与世界 500 强企业美国杜邦集团先锋良种公司合资合作，投资 2000 万美元设立了敦煌种业先锋良种有限公司，利用先锋优势品种，扩大和提升中国玉米杂交种市场份额和品位，市场竞争实力大幅提升。

近年来，公司以加快发展特色优势产业和农业产业化经营为主线，又先后投资近 4 亿元建成建成果蔬制品、番茄制品、包装制品、棉蛋白油脂和脱水蔬菜加工等农副产品加工项目，生产的番茄粉、番茄酱、脱水洋葱等产品远销北美、欧洲、中东、东南亚等二十多个国家和地区，不断培育新的产业和新的经济增长点。

未来，公司将秉承敢为人先，迎难而上，诚信务实，公平重客的企业文化和理念，依托先进的生产技术、科学的管理机制、卓越的管理团队和优秀的产品品牌，加强与国内外业界同仁的交流与合作，共播希望的种子，同获成功的辉煌。

【企业荣誉】

敦煌种业的成长与发展，得到了社会各界的充分肯定和广泛赞誉，先后被国家九部委评为优秀农业产业化国家重点龙头企业，被国家工商局命名为全国守合同重信用企业，被甘肃省科技厅认定为省级高新技术企业，被甘肃省银行业协会认定为信贷诚信企业。公司"敦煌飞天"商标 2008 年被甘肃省商标认定委员会评为甘肃省著名商标。

【社会责任】

2011 年，市文明办、教育局、团市委、市青年联合会在市政广场举行"弘扬志愿精神，情暖贫困学生"千名移民乡贫困学生援助行动捐赠仪式。敦煌种业等 25 家单位和 6 位个人为移民乡的贫困小学生捐助价值 46 万元的现金、体育用品及图书等。敦煌种业作为此次捐助单位之一，独家一次性捐款 10 万元用于支持该活动。参加千名移民乡贫困学生援助行动，是敦煌种业响应市委号召，加强社会责任，对帮助移民乡镇贫困学生改善学习生活条件，顺利完成学业，加快移民乡镇脱贫致富步伐，推动公司企业文化建设，都具有重要意义。

2010 年，我省甘南藏族自治州舟曲县突发特大泥石流灾害，造成重大人员伤亡和财产损失。灾害发生后，公司党委高度重视，于 8 月 9 日第一时间转发了市委组织部转发省委组织部《关于迅速组织广大党员和员工投入甘南舟曲抗洪救灾工作的紧急通知》，公司工会转发了《酒泉市总工会关于转发甘肃省总工会关于支援舟曲县做好抢险救灾工作的通知》，要求各基层党组织、广大党员和员工发扬"一方有难，八方支援"的精神，积极向灾区送温暖、献爱心，为灾区抗洪救灾、妥善安置受灾群众生活和恢复重建贡献力量。

各分、子公司及时传达了公司党委、工会的通知精神，迅速行动起来，积极动员全体党员和广大员工捐款捐物，支援灾区重建和救灾工作。截止 8 月 18 日，已有敦煌种业总部和 25 家分、子公司累计捐款 51，636 元。

【600379】陕西宝光真空电器股份有限公司

【基本情况】

陕西宝光真空电器股份有限公司，占地面积 47 万平方米，建筑面积 15 万平方米，总资产 5.16 亿元，员工 1443 人，其中科技人员 264 人。

公司拥有国内一流的技术装备和生产线，拥有年生产真空灭弧室、真空开关设备 35 万只、3000 面的生产规模，在中国电真空行业独占鳌头，是我国生产真空灭弧室和真空开关设备的大型定点企业。主要产品：真空灭弧室、真空开关设备等六大类三百多个品种，具有标准化、系列化、小型化、多样化等特点。公司截至 2008 年，已累计生产、销售真空灭弧室 230 万只，广泛服务于电力、冶金、矿山、石化、铁路、广播、通讯、工业高频加热等配电系统，用户遍布国内所有省市，并出口到美国、日本、韩国、意大利、中国台湾、东南亚等国家和地区。

产品市场率占有率达 25% 以上，产、销量已连续多年居国内第一，技术、质量水平居国内领先地位，近几年公司一直保持 20% 以上的经济增长速度。公司被陕西省认定为高新技术企业，被国家科技部、中国科学院、科技部火炬中心认定为重点高新技术企业。1996 年，公司在全国无源器件行业中率先通过国际 ISO9002 质量体系认证；1999 年 10 月，通过了 ISO9001 质量体系认证。2001 年 12 月 24 日，公司 5000 万股 A 股股票（证券代码 600379）成功发行，并于 2002 年 1 月 16 日在上海证券交易所上市交易。

多年来，公司与西安高压电器研究所、电力科学研究院、西安交通大学、华中理工大学、德国西门子公司、法国施耐德公司、日本三菱公司、韩国 KCC 公司、中国台湾稻叶公司及鼎技公司等一直保持着密切、友好的技术合作与交流。

公司致力于在宝鸡建成全国最大的真空开关生产基地，形成产业化规模发展。宝光愿与国内外各界朋友真诚合作，共同进步，互惠发展，共创宝光美好未来！

【企业荣誉】

"宝光"牌系列产品科学的设计和卓越的质量，深受广大用户的肯定和欢迎，获得了多项荣誉。公司多个产品被列入国家级火炬计划和国家级重点新产品计划，获得省优、部优产品称号和科技成果奖 50 多项。"宝光牌"真空灭弧室多次荣获国家科技进步奖，被国家能源部确认为信得过产品，并荣获第五届亚太博览会金奖、莫斯科国际名优产品金奖和陕西省名牌产品称号。公司多次荣获国家、部委和省级优秀企业称号，被列入中国电子及通讯设备制造企业 100 家最佳经济效益企业。

【企业文化】

公司奉行"以人为本"的管理理念，坚持"唯才是举、优胜劣汰、德才兼备、公平公开"的原则，将"求实创新、与时俱进、关注顾客，特色精品"的企业精神贯穿于员工的培养过程中，为员工提供充分展示个人才华的工作岗位。

公司以"开创电真空产业的未来，振兴民族产业"为使命，以"真空灭弧室、电真空配件产品及开关设备产品"为核心发展领域，以"努力成为全球真空灭弧室及相关材料、配件的主要供应商"为目标，紧紧围绕市场需求，产学研相结合持续发展，长期与科研院所密切协作，优势互补，积极与国际知名公司合作，不断开拓国际市场。

【经营业绩】

2012 年 1－6 月，公司实现营业收入 32，603.57 万元，比去年同期增长 3%；但由于一季度同比出现亏损 251.01 万元，实现盈利 87.40 万元，比去年同期减少 82%。

【600382】广东明珠集团股份有限公司

【基本情况】

广东明珠集团股份有限公司是中国 A 股上市公司。证券简称：广东明珠。证券代码：600382。注册商标：明珠牌。

公司拥有大批经验丰富的工程技术人员，采用国际前沿技术的Pro/E设计软件和一流的检测手段。精心设计、专业制造的球阀、闸阀、截止阀、止回阀、蝶阀等各类阀门，是采用GB、API、BS、DIN标准设计生产，并可为客户提供个性化设计，承接来图来样生产。产品广泛应用于全球的航天、机械、石油、化工、轻工、食品、制药、纺织、冶炼等多个行业。

广东明珠在重点突出阀门生产和销售的同时，近几年来先后组建和收购了广东明珠药业有限公司、广东明珠珍珠红酒业有限公司、兴宁市明珠建筑工程有限公司、广东明珠集团深圳阀门有限公司、广东明珠集团广州阀门有限公司、广东省韶关众力发电设备有限公司等企业，已形成了以突出阀门为主，多产业、多元化共同发展的经济新格局。

【企业文化】

公司以"诚信、厚德、勤勉、精博"的企业精神，在长期的实践中逐步形成了明珠人坚忍不拔、锲而不舍的进取精神；任劳任怨、兢兢业业的奉献精神；讲求质量、工作高效的实干精神；着眼未来、勇于探索的开拓精神；勤勉自律、谨慎理智的尽责精神；规范经营，忠于职守的诚信精神；扶危帮困、情系员工的人文关怀。

明珠精神：诚信、厚德、勤勉、精博

经营理念：致力实业投资，做优做强广东明珠

【经营业绩】

2012年上半年，公司实现营业收入127,345,993.38元，比上年同期上升57.77%；实现营业利润109,843,528.18元，比上年同期上升38.02%；实现利润总额110,338,076.15元，比上年同期上升34.96%；实现归属于母公司所有者的净利润101,365,703.57元，比上年同期上升24.27%。

【600400】江苏红豆实业股份有限公司

【基本概况】

江苏红豆实业股份有限公司是红豆集团（江苏省重点企业集团，国务院120家深化改革试点企业之一）的核心子公司，前身是江苏省无锡县（现锡山区）红豆实业有限公司，成立于1995年6月16日。红豆股份于2001年1月8日在上海证交所挂牌上市。2004年9月8日成功增发3580万股A股。

红豆股份公司的主营业务为服装、房地产、毛线纱线印染的生产与销售，其中服装业务分为红豆男装、团购业务、网络销售、成衣生产四大板块，产品包括西服、衬衫、T恤、茄克、西裤、羊毛衫等。"红豆"商标被国家工商局认定为"中国驰名商标"，红豆西服、衬衫、T恤等五大主导产品通过ISO9002质量体系认证，红豆衬衫、西服相继被推举为中国名牌产品，并双获"国家免检产品"称号。红豆服装持续发展，以优异的销售业绩稳居中国服装业前列。

1995年以来，红豆股份公司不断推进品牌建设，实现转型升级。2004年，红豆西服荣获"2004中国青年最喜爱的服装品牌"，并第三次连获"全国西服质量优等品"称号，公司获得"全国西服质量管理先进单位"称号。2006年，红豆荣获"2004—2005中国服装品牌年度价值大奖"。2007年，红豆喜获服装行业最高荣誉——"中国服装品牌年度成就大奖"。2008年红豆服装全面转型，公司创新商业模式，不断提升品牌管理、生产管理、设计管理、卓越绩效管理，取得了突破性的发展。2009年，红豆西服获"出口免验"殊荣。2010年，红豆服装成为服装行业首家通过售后服务五星级认证的企业。2011年，公司被评为全国售后服务行业十佳单位。2012年，红豆荣获中国消费市场20年最具影响力品牌，红豆衬衫、男裤荣列市场销售前三位。

秉承"诚信创新奉献卓越"的精神，坚持"红豆模式"（现代企业制度+企业党建+企业社会责任）的引导，红豆股份必将迎来跨越式的发展，争创辉煌。

【600449】宁夏建材集团股份有限公司

【基本情况】

宁夏建材集团股份有限公司于1998年12月4日以发起方式设立，2003年8月公司股票在上海证券交易所上市交易（目前公司股票简称"宁夏建材"，股票代码：600449）。公司注册资本47831.88万元，地处宁夏回族自治区银川市西夏区新小线2公里处。经营范围：水泥制造、销售；水泥制品，水泥熟料、塑料管材、精细石膏的制造与销售，混凝土骨料的制造与销售；水泥用石灰岩开采（在许可规定的期限内经营）。截止2011年12月底，公司总资产74.12亿元，净资产37.91亿元，2011年度公司实现营业收入27.27亿元，实现利润总额4.67亿元，实现归属于母公司所有者的净利润3.53亿元。

2011年12月，公司通过向中国中材股份有限公司发行股份，换股吸收合并公司原控股股东宁夏建材集团有限责任公司，换股吸收完成后，宁夏建材集团有限责任公司注销，其所有的资产、负债、业务及人员全部由公司承继。公司名称由宁夏赛马实业股份有限公司变更为宁夏建材集团股份有限公司，公司股票简称由"赛马实业"变更为"宁夏建材"，公司控股股东变更为中国中材股份有限公司（该公司现持有公司47.57%的股权），公司实际控制人仍为中国中材集团有限公司。

公司现控制10家水泥生产企业，6家商品混凝土生产企业，控制水泥产能1600万吨/年，商品混凝土产能900万立方米/年。直接控制宁夏赛马水泥有限公司（公司持有其100%股权）、宁夏中宁赛马水泥有限公司（公司持有其100%股权）、宁夏石嘴山赛马水泥有限责任公司（公司持有其100%的股权）、固原市六盘山水泥有限责任公司（公司持有其100%的股权）、乌海赛马水泥有限责任公司（公司持有其100%的股权）、中材青海水泥有限责任公司（公司持有其100%的股权）、宁夏赛马科进混凝土有限公司（公司持有其51%的股权）、中材甘肃水泥有限责任公司（公司持有其98.415%的股权）、宁夏青铜峡水泥股份有限公司（公司持有其87.19%股权）、天水中材水泥有限责任公司（公司持有其80%的股权）、喀喇沁草原水泥有限公司（公司持有持98%的股权），参股乌海市西水水泥有限责任公司、包头市西水水泥有限责任公司各45%的股权。

公司生产技术全部采用新型干法生产工艺，主要产品有"赛马"牌、"青铜峡牌"、"双鹿"牌、"宁中宁"牌、"六盘山"牌普通硅酸盐、硅酸盐水泥及道路硅酸盐水泥、中低热水泥、油井水泥等。公司通过GB/T19001：2000idtISO9001：2000质量体系认证。"赛马"牌商标为中国驰名商标、"青铜峡牌"商标为宁夏著名商标。

公司先后荣获"全国质量百佳企业"、"全国环境保护先进企业"、"自治区先进企业"等荣誉称号。公司产品广泛应用于区内外的重点工程建设，远销北京、内蒙、甘肃、山西、西藏等省区，并获得了陕西咸阳国际机场、甘肃中川机场、银川河东机场、山西运城机场、宁夏贺兰山机场、拉萨贡嘎机场等重大工程项目的大量使用和好评。

【企业荣誉】

2012 年,宁夏建材“赛马”商标获评中国驰名商标。

2011 年,宁夏赛马实业股份有限公司获“十一五”节能降耗先进单位荣誉称号。

2011 年,宁夏赛马实业股份有限公司被授予“水泥行业信息化和工业化融合示范企业”和“水泥行业企业两化融合发展水平评估工作优秀组织奖”称号。

2011 年,赛马实业荣获自治区 2009 - 2010 年度“守合同重信用企业”。

2010 年,宁夏赛马实业荣获自治区 2010 年全区安全生产工作先进单位。

【600456】宝鸡钛业股份有限公司

【基本概况】

宝鸡钛业股份有限公司成立于 1999 年 7 月 21 日,由宝钛集团有限公司作为主发起人设立。并作为中国钛工业第一股于 2002 年 4 月 12 日在上海证券交易所成功上市(股票名称:宝钛股份;股票代码:600456)。公司是中国最大的钛及钛合金生产、科研基地,是国家高新技术企业,所在地被誉为“中国钛城”、“中国钛谷”。

公司拥有国际先进、完善的钛材生产体系,涵盖“熔铸、锻造、板、带材、无缝管、焊管、棒丝材、精密铸造、残废料处理、海绵钛”十大生产系统,目前已形成 25000 吨钛铸锭和 15000 吨钛加工材生产能力。主体装备由美、日、德、奥等十五个国家引进,2400W 电子束冷床炉、10t 真空自耗电弧炉、万吨自由锻压机、2500t 快锻机、高速棒丝生产线、钛带生产线(MB22 - Tl 型二十辊冷轧机)等都代表了国际领先的装备水平,2009、2010 年公司钛产品产量分别达到 1.7 万吨、1.8 万吨,跃居世界第二。

长期以来,公司是钛及钛合金材料国标、国军标的主要制定者,拥有先进成熟的工艺技术、完善的质保体系和检测系统,先后通过了 ISO9001:2008、GJB9001A - 2001 标准质量管理体系认证;通过了 AS/EN9100、PED、NORSOCK、NADCAP 认证;通过了美国波音公司、美国古德里奇公司、加拿大庞巴迪公司、英国罗罗公司、法国 AUBERT&DUVAL 公司、欧洲空客公司、德国 OTTOFUCHS 公司、法国 SNECMA 公司等数十家国外公司的体系认证和产品认可,树立了宝钛品牌的国际地位。

公司按照“引领市场,超越竞争”的经营理念,以品牌建设为主线,牢固树立“合作共赢,共同发展”的市场观,加大科技创新和新产品开发,拓展锆、镍、钢等新材料领域,产品广泛应用于航空、航天、舰船、氯碱化工、电力、冶金、医药及海洋工程等国民经济重要领域。远销美国、日本、德国、法国、英国、挪威、瑞典、新加坡、意大利、印度、韩国、中国台湾和中国香港等几十个国家及地区,逐步成为世界钛工业的重要组成部分。

【企业荣誉】

多年来为国防军工、尖端科技累计承担了 6000 多项新材料与新产品的研制、开发和生产,出色的完成了一大批国家重点科研课题和攻关项目,取得重大科技成果 571 项,其中国家级奖 19 项,获省部级科技进步奖 115 项。获国家发明专利 8 项。先后研制并转化为生产力的钛合金牌号有 60 个,试制了近 7000 项新产品。

【研发实力】

宝鸡钛业股份有限公司作为中国钛工业的龙头企业,是钛加工材国家标准和国军标的主要制订者,可以生产国际上所有的钛合金牌号,代表了我国钛加工技术的最高水平,其发展历程代表中国钛工业的发展历程,为我国第一颗氢弹的爆炸成功、第一艘核潜艇的胜利下水、第一颗软着陆卫星的顺利返回地面、首次向太平洋海域发射运载火箭、“神舟”系列宇宙飞船、“嫦娥”工程,提供了钛合金和其他有色金属材料制品,引领着中国钛加工技术的发展方向。

【经营业绩】

2012 年 1 - 6 月,公司实现钛产品销售量 6839 吨,其中钛材 5841 吨,营业收入 1,194,794,345.52 元,比上年同期减少 19.40%,净利润 844,345.20 元,比上年同期减少 89.13%。

【600459】贵研铂业股份有限公司

【基本情况】

贵研铂业股份有限公司(下称“公司”)根据国务院对 242 家科研院所管理体制进行改革的精神,经云南省人民政府云政复[2000]138 号文批准,由昆明贵金属研究所作为主发起人,联合云南铜业(集团)有限公司、红塔创新投资股份有限公司、云南烟草兴云投资股份有限公司、昆明冶金研究院等七家发起人于 2000 年 9 月共同发起设立的股份有限公司。本公司注册资本 8,595 万元,2005 年,总资产 5.2 亿元,净资产 3.86 亿元。

2005 年 7 月,根据省委省政府对国有企业整合重组的规划,贵研所和云锡集团公司强强联合,组建新的云锡集团,贵研所持有贵研铂业的股份变更为云锡集团持有。

公司是从事贵金属系列功能材料研究、开发和生产经营的专业企业。公司集新产品科研和产业化建设为一体,拥有一支以中国工程院院士为首的稳定的科研生产队伍,掌握着一系列贵金属功能材料的核心技术。公司产品涉及贵金属高纯材料、特种功能材料、信息功能材料、环境及催化功能材料四大类,300 多个品种、4000 余种规格,属国家产业政策重点支持的高技术特种功能材料行业,主要项目和产品在《当前国家重点鼓励发展的产业、产品和技术目录》、《当前优先发展的高技术产业化重点领域指南》之列,产品用户涵盖电子信息、航空、航天、船舶、汽车、生物医药、化学化工、建材、矿产冶金、环保能源等行业。

公司的主营业务包括贵金属特种功能材料、贵金属高纯功能材料、贵金属信息功能材料及贵金属环境及催化功能材料四大产业领域,主要产品为:汽车尾气净化催化剂、精细化工用催化剂、高浓度有机废水净化催化剂、微功耗多功能可燃性气体催化传感器、半导体气体传感器,贵金属铂、钯、铑、钌、铱、金、银各系列化合物等;贵金属焊接功能材料、测温材料、复合材料;贵金属矿产资源开发、二次资源回收利用;贵金属特种粉体(超细粉、球型粉、片状粉、复合粉等)、贵金属厚膜电子浆料、介质浆料、玻璃包封浆料、贵金属涂层及薄膜等。

作为国内贵金属功能材料生产开发的领先企业,贵研铂业股份有限公司集中了我国贵金属冶金、材料、化学、化工、加工、分析检测和经营管理等多学科各类专才,拥有一支以中国工程院院士为首的稳定的科研生产队伍,公司现有员工 330 人,其中高级工程师以上的技术人员占公司总人数 30% 以上,大专以上学历者占 80.37%,雄厚的人才实力为贵研在行业中独占鳌头奠定了深厚基础。坚实的人才背景,奠定了贵研铂业较为完善的技术创新体系与领先的技术水平,除了继承贵研所多项科研成果外,公司还自行开发研究取得一系列技术成果。目前公司(含控股子公司)拥有发明专利25项、专利申请权17项和非专利技术15项、非专利技术独占实施许可权164项,覆盖了公司主营业务的各个领域。

2003年4月21日,公司4000万股A股在上海证券交易所成功发行,5月正式挂牌上市,这预示着公司进一步融入资本舞台。在一个全新的起点上,贵研铂业正孕育着一次全新的航程。募集资金(2.59亿)将主要投入汽车尾气净化三效稀土基催化剂产业化项目、高性能电子电器用贵金属精密复合材料产业化项目、真空电子器件及半导体器件专用贵金属钎料产业化项目、建设信息产业用厚膜电子浆料产业化项目和氨氧化催化用铂基合金及其催化网产业化项目。

公司将坚持以贵金属高纯材料及贵金属功能材料为主业,积极向上下游延伸,稳步朝纵横向发展的经营战略,"建设三大基地,提升四种能力",即形成国内最大的汽车尾气催化剂生产销售基地,建成国家级高技术高技术新材料基地,建成具有领先技术的贵金属冶金化工基地;提升公司产业运营能力,资源控制能力,技术创新能力,资本运作能力。公司将以上市为契机,增强人才引进和培养力度,加大技术创新投入强度,形成主导产品核心竞争能力,做大做强贵金属功能材料业务,突出贵金属新材料特色优势,实施差异化战略;同时借助公司在贵金属精炼提纯及贵金属新材料深加工方面的技术优势,积极向贵金属资源综合开发利用和贵金属材料有关产品深加工和元器件方向延伸,实施纵向一体化战略;利用丰富的新材料制备加工核心共性技术,有选择地进入除贵金属以外的其他有色金属新材料领域及相关行业,实施相关多元化战略,努力形成资源优化配置、资本快速扩张和高科技产业跨越式发展的格局,把公司建成国内贵金属领域综合实力最强、国际上有重要影响的并有较强国际竞争力的大型高科技企业。

【企业荣誉】

2012年,公司贵金属化合物系列标准荣获2012年度全国有色标委会技术标准优秀奖一等奖。

2012年,贵研铂业股份有限公司被昆明市第十一届评优领导小组授予"昆明市第十一届优秀企业"荣誉,公司总经理朱绍武被评为"昆明市第十一届优秀企业家"。

2010年,贵研铂业被评为昆明市"劳动保障一级诚信企业"。

【经营业绩】

2012年上半年,公司累计实现营业收入154,111.34万元,比去年同期的158,870.81万元下降3.09%;利润总额4,579.53万元,比去年同期的4,362.62万元增长4.97%,公司贵金属产业实现利润总额4,968.56万元,比去年同期的4,327.18万元增长14.82%;实现净利润3,267.63万元,比去年同期的3,468.58万元下降5.79%;归属于母公司的净利润2,811.98万元,比去年同期2,977.80万元下降7.16%。

【600470】安徽六国化工股份有限公司

【基本情况】

安徽六国化工股份有限公司是国家重点发展的大型磷复肥生产骨干企业,设立于2000年12月,由铜陵化学工业集团公司为主发起人并控股。2004年3月5日,六国化工8000万股A股在上海证券交易所上市(股票代码600470),先后于2007年4月、2010年8月两次增发,现总股本为5.216亿股。公司现有总资产53亿元,年销售收入近60亿元;截至2012年6月底,公司本部在岗员工1613人,各类技术人员298人,高级专业技术人员15人。

公司主要从事磷矿采选,磷复肥、精细磷化工、合成氨和甲醇等生产与销售。现有1个本部、8个子公司,即:六国化工铜陵本部,全资子公司宿松六国矿业有限公司,控股子公司铜陵鑫克精细化工有限责任公司、铜陵国星化工有限责任公司、湖北六国化工股份有限公司、安徽省颍上鑫泰化工有限公司、江西六国化工有限责任公司,参股子公司宜昌明珠磷化工业有限公司、铜陵市绿阳建材有限责任公司。公司本部现有四套高浓度磷复肥生产装置,年产能120万吨。公司本部大合成氨、湖北六国高浓度磷复肥、国星化工硫磷铵等一批在建项目将于2012年下半年陆续投产,届时,公司化肥总产能将超过300万吨。

公司拥有"六国"、"施大壮"两件中国驰名商标,是全国磷酸二铵生产企业中唯一一家拥有两件中国驰名商标的企业。"六国"牌磷酸二铵荣获中国名牌产品、全国用户满意产品等称号;"六国"商标入围中国最有价值商标500强,是安徽省十大标志性品牌。

公司积极倡导"以人为本"企业文化,全力推行"三讲五心"特色企业文化,精心培育"感恩·服从·奋斗"企业价值观,牢固树立视员工如客户、视客户如员工的"员工·客户"理念,大力实施数据化、表格化、模版化、规范化和职业化"五化"精细化管理,竭力打造企业文化品牌。

"打造中国著名品牌,实现六国品牌国际化"是公司的核心发展战略。一是继续加强和巩固磷复肥主业在国内的地位,提升产品档次,扩大生产规模;同时采用高新技术延长产业链,大力发展煤化工。二是全面提升企业自主创新能力,把增强自主创新能力作为转变经济增长方式的中心环节,调整产业结构,提高产品科技含量,充分发挥硫、磷资源优势,开发生产工业级、食品级磷酸,进一步发展电子级磷酸以及精细磷酸盐产品。三是大力发展循环经济,创建节约型企业,重点做好氟资源回收利用。四是积极实施国际化战略,进一步加大与国际一流企业的合作力度。全力打造以磷化工为主体,煤化工、氟化工快速发展的产业化格局,把公司建设成国内领先、具有国际竞争力的一流化工生产企业。

公司坐落在具有3000年开采历史的中国古铜都——安徽省铜陵市,人杰地灵,风光旖旎,距中国佛教圣地九华山77公里,距世界著名风景胜地黄山144公里。公司滨临长江黄金水道,铁路专用线直达厂区,公路运输四通八达。

公司所处铜陵地区是国家重要的化学工业基地,拥有全国第二大硫铁矿山,其硫铁矿制酸和冶炼气制酸,年产在350万吨以上,是全国最大的硫酸产地。公司全资控股宿松六国矿业公司,参股宜昌明珠化工公司,进一步整合磷矿资源。这为公司走"酸肥结合、矿肥结合"的发展道路,扩大高浓度磷复肥的生产提供了得天独厚的条件。

【企业文化】

六国品牌:

公司大力推进品牌发展战略,先后向国家工商总局商标局申请了56件商标,"六国"、"六瑞"、"六国之星"、"六国肥娃"等45件商标已成功注册并使用。其中:"六国"系中国驰名商标,"六国"商标被评为安徽省十大标志性品牌之一,并入选中国最有价值商标五百强;"六国"牌磷酸二铵系中国名牌产品、安徽省名牌产品、全国用户满意产品,"六国"牌复合肥系安徽省名牌产品、全国用户满意产品,"六国"牌磷酸一铵系安徽省名牌产品。

公司“LANDGREEN”商标成功在印度、韩国、印度尼西亚、中国台湾等八个国家和地区注册，为公司走国际化道路打下品牌基础。

文化启源：

六国化工是国家重点发展的大型磷复肥生产骨干企业，在长期发展中形成了丰厚的文化积淀。自创业以来，奉行“精、细、严、实”的企业作风和“创建优秀文化，打造核心竞争力”的文化发展战略，形成了以“三讲五心”为核心内容的、具有六国特色的企业文化。

“三讲五心”文化，即讲感恩、讲服从、讲奋斗，有忠诚心、有团结心、有自责任心、有上进心、有奉献心。

2002 年至 2004 年，时任公司党委书记、总经理、副董事长黄化锋从培育团队精神入手，提出了“三支队伍”（一般员工、党员、中层管理人员）建设；在广大员工灌输“员工·客户”理念（视员工如客户、视客户如员工），大力开展“产品即人品”宣贯活动；推行和实施“五化”（数据化、表格化、模版化、规范化、职业化）精细化管理，培养精细严实工作作风。一系列文化战略的推行，在广大员工中产生了强烈反响，企业文化建设初步破题。2004 年 6 月 28 日，黄化锋在公司生产调度会上首次提出“三讲五心”文化，即讲感恩、讲服从、讲奋斗，有忠诚心、有责任心、有上进心、有团结心、有奉献心，掀开了公司特色文化建设新篇章。

讲感恩，就是培养做人的道理，要有勇于回报的思想。讲服从，就是要服从于企业的制度和原则、服从于企业的文化。讲奋斗，就是通过个人奋斗实现岗位成才，体现个人价值。“五心”是指对企业的忠诚心、对事业的责任心、对工作的进取心、对同志的团结心、对企业和社会的奉献心。倡导“五心”，其核心是培育对六国化工的忠诚心。

【经营业绩】

2012 年上半年，公司累计生产高浓度磷复肥 91.45 万吨（其中本部：50.85 万吨），总氨 8.79 万吨。实现营业收入 29.30亿元，比上年同期增加 85.98%，营业利润 2860.51 万元，归属于上市公司股东的净利润 4150.90 万元，分别比上年同期下降 63.71%、35.76%。

【600497】云南驰宏锌锗股份有限公司

【基本情况】

云南驰宏锌锗股份有限公司由云南冶金集团股份有限公司控股 51.64%，成立于 2000 年 7 月，总部位于爨文化的发祥地——“珠江源头第一市”的曲靖，是以铅锌产业为主，集地质勘探、采矿、选矿、冶金、化工、深加工、贸易和科研为一体的省属国有控股上市公司，股票代码“600497”。驰宏公司现任董事长董英、总经理陈进、党委书记武佩雄。

驰宏公司前身云南会泽铅锌矿，始成立于 1951 年 1 月，是我国第一个五年计划 156 个重点建设项目之一，也是中国最早从氧化铅锌矿中提取锗用于国防尖端工业建设的企业，为“两弹一星”的成功研制做出历史性贡献。经过 60 多年的改革发展，驰宏公司现有资产总额 151 亿元，在岗员工 13000 余人（含分、子公司），在国内的云南、四川、内蒙古、黑龙江、西藏及国外的加拿大、澳大利亚设有 20 多家企业，采选矿能力为 200 万吨/年，铅锌金属 30 万吨/年，原料自给率达 50% 以上，综合回收锗、金、银、镉、铋、碲、铟等十余个金属品种，综合竞争力居同行业前茅。特别是“十一五”以来，驰宏公司把握机遇、做大做强，实现了超越行业平均增长速度的跨越式发展，五年累计实现总产值257 亿元，利润 37 亿元，上缴税金 31 亿元，分别是“十五”期间的 6.76 倍、10.57 倍、8.85 倍，实现了国有资产的大幅增值；主要装备技术、技术经济指标、环保水平和劳动生产率大幅提高，“三废”排放指标处于领先水平，是铅锌冶炼行业的样板工厂、花园工厂，是国家第一批循环经济试点单位和国家“资源节约型、环境友好型”试点企业。近年来，驰宏公司先后荣获全国首批资源综合利用先进企业、全国设备管理优秀单位、国家科技攻关授奖成果单位、全国企业文化建设优秀单位、全国创新型企业等数百项荣誉称号，被评为“十二五期间最具投资价值的上市公司”。

驰宏公司“十一五”期间取得的成果，为“十二五”快速发展奠定了坚实的物质经济基础。“十二五”主要目标是：到 2015 年，新增铅锌金属保有储量 1000 万吨以上，铅锌精炼产能达到 100 万吨，实现销售收入 300 亿元，铅锌矿产资源综合回收利用率 80% 以上，主产品深加工能力提高到 40% 以上，主要技术、装备和经济指标达到国内一流、国际先进水平。2011 年是“十二五”开局之年，驰宏公司团结一致，战胜国际经济环境动荡、国内宏观调控紧缩、产品市场价格大幅下滑等困难，实现工业总产值 58.6 亿元，营业收入 63 亿元，利润总额 4.3 亿元，上缴税金 4.7 亿元。预计“十二五”期间，驰宏公司将累计实现总产值 800 亿元，利润 70 亿元，上缴税收 55 亿元，跃居铅锌企业生产规模和资源储备规模的国内第一位和世界前三甲。

展望未来，驰宏公司将继续发扬“驰骋天下、宏图高远”的企业精神，秉承“科学发展、和谐共荣的发展理念；市场为先、理性繁荣的市场理念；善待自然、和谐发展的环保理念”，加快转变发展方式，发展循环经济，不断延伸产品精深加工链，打造成为有色金属国际性矿业公司，为云南经济和中国有色金属工业的进步做出更大的贡献。

【企业荣誉】

2012 年，公司副董事长陈进获 2012 年度曲靖“十大经济人物”称号。

2012 年，公司总经理沈立俊获 2012 年度曲靖“十大创新人物”称号。

2012 年，公司荣获“全国循环经济工作先进单位”荣誉称号。

2012 年，公司被工业和信息化部、财政部认定为国家技术创新示范企业，成为云南省唯一获此殊荣的企业。

2012 年，公司被云南省委、省政府表彰为“云南省第十三批文明单位”。

2011 年，公司名列中国有色金属工业协会宣传工作先进单位榜单。

2011 年，公司被认定为云南省首批技术创新示范企业。

2011 年，公司荣获首届七彩云南保护行动“环保事业支持奖特别奖”。

【社会责任】

2012 年“9·7”地震，给彝良县、大关县造成了严重的人员伤害和财产损失。彝良驰宏矿业有限公司、大关驰宏矿业有限公司分别位于彝良县、大关县境内。在抗震救灾工作如火如荼的情况下，驰宏公司在抓好驻地企业抗震救灾和恢复建设的同时，也努力承担社会责任，向彝良县捐助赈灾款 80 万元，向大关县捐助赈灾款 50 万元，支持灾区群众尽快重建家园。

在“9·7”地震中，毛坪矿、冯家湾、猫猫山以及周边受灾职工及家属失去了生活的家园，在公司统一安排下外迁到花生地彝良驰宏小区。由于事发突然，许多职工和家属在转移过程中都来不及携带财务，转移到花生地之后，考虑到很多职工家属连换洗的衣服都没有，9 月 13 日，彝良驰宏公司出台文件对在受灾中失去住所没有地方可住的职工（包括离退休职工）及直系家属发放慰问金，解决他们的不时之需。

2010 年，为认真贯彻落实省委组织部、省国资委党委和冶金集团股份有限公司党委关于做好抗旱救灾工作的部署精神，充分发挥公司各级党组织和共产党员在抗旱救灾工作中的战斗堡垒作用和先锋模范作用，为打赢全省抗旱救灾攻坚战作出应有的贡献。3 月 25 日起，驰宏公司党委在各级党组织和共产党员中开展了“共产党员抗旱救灾特别捐献活动”。“通知”发出之后，公司各分、子公司各级党组织和共产党员积极响应，踊跃参与。截止 3 月 30 日，参加捐献活动达到 3640 人，总计捐款金额 1559627 元（含荣达公司）。其中：在职在岗党员 2258 人参加捐献活动，参与率达 100%，共捐款 1359012 元；非党员干部 114 人参加捐献活动，共捐款 97300 元；入党积极分子 455 人参加捐献活动，共捐款 46090 元；非党员员工 97 人参加捐献活动，共捐款 21980 元；离退休党员 678 人参加捐献活动，共捐款 34020 元；非党员退休职工 38 人参加捐献活动，共捐款 1225 元。

【经营情况】

2012 年上半年，面对复杂多变的市场形势，公司致力于提高企业战略管理能力和风险管控能力，坚持稳健经营，克服困难，积极应对低迷市况和成本上升压力等各方面的挑战，以经济效益为中心，着力推进冶炼项目的建设与投产，加快矿山建设与开发，深入内部挖潜，持续降本增效，充分发挥大营销平台的资源整合能力，各项重点工作得到稳步有序的推进。公司实现营业收入 53.16 亿元，较上年同期增长了 86.70%；实现归属于母公司股东的净利润 1.54 亿元，较上年同期下降 16.94%。

【600503】华丽家族股份有限公司

【基本情况】

华丽家族股份有限公司（上海证券交易所股票代码：600503）是上海著名房地产开发集团之一，拥有国家建设部颁发的一级开发资质，2010 年获上海市著名商标。公司以地产开发为核心业务，同时涉足建筑装饰（国家一级资质）、绿化环保等相关产业，并正在拓展商业地产、旅游地产、城市基础设施建设等业务。目前正积极开辟第二主业、涉及金融投资、生物制药、新能源、节能环保等股权运作投资，从而逐步培育公司新的业务增长点。

华丽家族的前身为上海华丽家族房地产开发有限公司，公司成立于 2001 年 1 月，由上海南江企业发展有限公司（南江集团的前身）和四位自然人投资设立，注册资本为人民币 5,000 万元。

2004 年 6 月，经公司股东会审议通过并经上海市工商行政管理局批准，上海华丽家族房地产开发有限公司变更公司名称为上海华丽家族（集团）有限公司。

2008 年 6 月，新智科技股份有限公司完成了资产负债整体出售暨以新增股份吸收合并上海华丽家族（集团）有限公司重大重组事宜，并将新智科技股份有限公司更名为华丽家族股份有限公司，从而实现华丽家族的间接上市。

华丽家族自创立之日起，就一直专注于上海中心城区精品住宅的开发，以“开发的是土地，经营的是艺术，创造的是价值”为经营理念，凭借专业和富有活力的团队，成功开发了“浦东华丽家族花园”、“华丽家族·古北花园”等沪上知名的精品楼盘，累积数年开发的“檀香别墅”项目更是奠定了公司在上海房地产市场的领先地位。

通过多年的经验积累和不断探索，华丽家族逐渐形成了“契合房地产消费品味，引领房地产消费趋势”的精品住宅设计理念和较为成熟的精品住宅房地产运作模式，主营业务取得了长足进步。公司已经从单个项目开发、单一的上海城区开发的项目型公司，逐渐发展成多个项目同时开发、跨区域开发的集团化运作的专业房地产开发商。

【企业文化】

1. 秉承“开发的是土地，经营的是艺术，创造的是价值”的企业经营理念。

2. 坚持“尊重建筑文化，在丰富产品内涵的同时，提升产品附加值”的企业精神。

3. 坚持“契合房地产消费品味，引领房地产消费趋势”的精品住宅设计理念。

华丽家族的企业文化植根于海派文化背景。海派文化兼收并蓄、融汇东西；海派建筑风格显著、形制严密；海派企业尊重商业逻辑、恪守诚信。揉和多元文化、海纳百川的海派文化滋养了华丽家族。

集团领导层拥有丰富经验和专业素质，注重团队精神。集团同样尊重员工的发展需求，为员工提供挑战性的工作机会，鼓励员工在工作中不断学习来提升专业能力，继而与企业共同成长。

【600516】方大炭素新材料科技股份有限公司

【基本情况】

方大炭素新材料科技股份有限公司（以下简称“方大炭素”）本部位于甘肃省兰州市红古区海石湾镇，东距甘肃省省会兰州市 113 公里，西距青海省省会西宁市 120 公里，地理位置十分重要，区位优势明显；公司交通运输、航空运输均十分便利；南临黄河支流大通、湟水两河，水资源丰富；厂区附近有刘家峡、龙羊峡、李家峡、盐锅峡等大型水电站，涩北——兰州输气管道从这里通过，水、电和天然气供应充沛，资源丰富，为公司的发展提供了得天独厚的条件。

方大炭素的前身——“兰州炭素厂”（行业代号 205 厂）始建于 1965 年，1996 年改制为国有独资的兰州炭素有限公司，2000 年 3 月经甘肃省批准更名为“兰州炭素集团有限责任公司”，属国家大型一类企业和国家经贸委确定的 1000 家重点国有企业。2001 年 4 月由兰州炭素集团公司发起设立兰州海龙新材料科技股份有限公司，并于 2002 年 8 月在上海证券交易所上市。2006 年 9 月 28 日，辽宁方大集团实业有限公司成功竞买到兰州炭素集团有限责任公司所持海龙科技公司 51.62% 的法人股，成为海龙科技公司的控股股东，顺利实现并完成了对海龙科技公司的并购、转制和重组。2006 年 12 月底，经国家工商行政管理总局批准，“兰州海龙科技新材料科技股份有限公司”更名为“方大炭素新材料科技股份有限公司”。

改制重组后，方大炭素成为辽宁方大集团实业有限公司控股的大型跨地区炭素企业。现拥有抚顺炭素有限责任公司、成都蓉光炭素股份有限公司、合肥炭素有限责任公司、北京方大炭素科技有限公司、抚顺莱河矿业有限公司等子公司，形成了前所未有的产业优势，已成为中国最大的民营炭素企业，是亚洲第一、世界前列的优质炭素制品生产供应基地，国内唯一新型炭砖生产基地。

方大炭素是亚洲最大的炭素制品生产供应基地。公司炭素制品综合生产能力达到 23 万吨，其中石墨电极和炭素新材料 20 万吨，炭砖 3 万吨。方大炭素按照各子公司设备和技术水平，优势互补，规范生产，分工协作，可生产国内外客户所需的各品种、规格的石墨电极和炭素制品。产品分为 3 大系列，38 个品种，126 种规格，主导产品有超高功率、高功率、普通功率石墨电极；高炉用微孔炭砖、半石墨质炭砖，铝用普通阴极炭砖、大截面半石墨质阴极炭砖，石墨化阴极炭砖，各种矿热炉用内衬炭砖；高档炭糊；特种石墨制品、生物炭制品、炭毡和炭/炭复合材料等炭素新材料产品，其中多项为国内首创。产品广泛应用于冶金、化工、机械、医疗、生物等行业和高科技领域，畅销全国 30 个省、市、自治区，并远销日本、欧美、东南亚及非洲等国家和地区。

方大炭素拥有国际先进水平的炭素制品生产设备。先后从美国、日本、德国引进了电热混捏机、二次焙烧隧道窑、电极清理机、高压浸渍等国际先进水平的关键性设备，特别是从日本引进的全自动配料、40MN 立捣卧压机设备，是当今世界最先进的大规格电极生产装备，还拥有国内先进水平的内串石墨化炉和 20000KVA 直流石墨化炉。公司现装备技术水平达到了国内一流、世界领先。

方大炭素基于四十多年炭素制品的研发、生产、经营历史，建立和健全了与炭素制品研发与生产特点相适宜的研发、生产、质量、设备、安全环保等管理体系。已经取得了 ISO9001 质量体系认证证书，产品质量达到了国际标准，公司整体工艺技术能力达到国际先进水平。

方大炭素先后获国家银质奖 12 项，冶金部优质产品奖 22 项，省优产品奖 3 项。高功率、超高功率石墨电极和高炉炭砖被甘肃省人民政府列为全省首批“陇货精品”。超高功率石墨电极、长寿高炉炭砖被国家五部委联合命名为国家重点新产品，核石墨、生物炭等炭素新材料的研究和生产保持国内领先地位。企业管理先后被授予“全国五一劳动奖状”等五十多个国家、省、部荣誉称号。

在今后的发展历程中，公司将继续坚持以科学发展观为指导，紧紧瞄准“产业报国，打造中国炭素航母，打造世界炭素旗舰”的企业发展目标，遵循办企业要有利于政府、有利于企业、有利于职工的企业价值观，坚持“以人为本，诚信为先”的企业精神，践行“取之于社会，回报于社会”的企业宗旨，依靠技术进步和精细管理，加快产品结构调整，优化资源配置，发挥装备优势，实施品牌战略，继续做优做强做精石墨电极、炭砖和炭素新材料三大拳头产品，形成优先发展炭素新材料，重点发展炭砖，稳定发展石墨电极的整体发展思路，走以科技创新带动企业发展的产业化、资源节约型、环境友好型可持续发展之路，努力实现公司经济又好又快发展。

我们坚信在辽宁方大集团董事局主席方威先生为核心的董事局领导下，方大炭素将乘风破浪，再接再厉，不断超越，在国际化的竞争环境中，成为世界一流炭素知名企业。

【经营业绩】

2012 年上半年，受公司下游钢铁等行业持续低迷影响，公司炭素制品销量和价格、铁精粉产品价格均同比下滑。营业总收入实现 201,232 万元，同比降低 3.54%；归属于母公司的净利润 25839 万元，同比降低 33.2%；基本每股收益 0.2020元。

【企业文化】

企业宗旨：取之于社会、回报于社会。

企业精神：以人为本、诚信为先。

企业价值观和经营理念：经营企业一定要对政府有利、对企业有利、对职工有利。

【企业荣誉】

2010 年公司被评为“甘肃省私营企业 100 强“，并排名第三位。

方大炭素先后获国家银质奖 12 项，冶金部优质产品奖 22 项，省优产品奖 3 项。高功率、超高功率石墨电极和高炉炭砖被甘肃省人民政府列为全省首批“陇货精品”。超高功率石墨电极、长寿高炉炭砖被国家五部委联合命名为国家重点新产品，核石墨、生物炭等炭素新材料的研究和生产保持国内领先地位。企业管理先后被授予“全国五一劳动奖状”等五十多个国家、省、部荣誉称号。

【600518】康美药业股份有限公司

【基本情况】

康美药业股份有限公司(简称“康美药业”)创建于 1997 年，2001 年在沪交所挂牌上市，股票代码 600518，是一家以中药饮片生产为核心，业务涵盖中药全产业链的现代化大型医药资源型企业、国家重点高新技术企业。

康美药业秉承“心怀苍生，大爱无疆”的核心价值观、“用爱感动世界，用心经营健康”的经营理念，专注于中医药事业，以促进行业发展为己任，以提高人们健康水平为目标，响应广东省“中医药强省建设”战略号召，积极打造中药全产业链，不断做强做大，已成为我国中药饮片龙头企业。公司现有总资产 169.8 亿元，净资产 101.5 亿元，员工 5000 多人。2012 年 1－9 月实现销售收入 78.96 亿元，同比增长 85%，净利润 10.06 亿元，同比增长 57%，股票市值达到 370 多亿元，在中国资本市场大医药行业排名第二。凭借在行业内的影响力和资本市场上的显著地位，康美药业作为新增样本股进入了上证公司治理指数，先后获评为中国 100 家最具成长性上市公司、中国民营企业制造业 500 强、中国制药工业百强。

积极实施中药全产业链战略。公司先后在全国各地投资超过 50 亿元建立 17 个涵盖药材种植、中药材交易市场、现代物流中心和产业基地等业务的企业，采取“公司＋农户”的合作方式与道地药材产地农民合作，在云南、四川、吉林、甘肃等地建立超过 5 万亩规范化种植基地。在广东、北京、上海、四川、吉林、安徽、甘肃等地建立了 11 个中药饮片生产基地，覆盖全国的生产布局已经基本完成。并购安徽亳州等中药材专业市场，接管康美(普宁)中药材专业市场，新建全国最大的康美(亳州)华佗国际中药城，管理全国 75% 以上的药材交易专业市场。在广东普宁市区投资 6 亿元建设全市第一家民营三甲标准综合医院，床位数超过 950 张，大大缓解当地医疗资源配置不足的局面。目前，上至药材种植、药材交易，下至生产开发、终端销售，康美药业已基本贯穿中药产业链的上、中、下游产业，业务已渗透到中药产业链的各个关键环节，为最大程度整合全产业链资源创造条件。

构建完善营销网络，创新商业模式。公司在北京、上海、广州、深圳、成都等全国 20 多个城市设立了分(子)公司、办事处，在华北、华东、华南、西南、东北等区域形成了较为完善的市场营销网络，构建了集医院销售、OTC、西药批发与配送、零售、连锁药店、电子商务等多种销售方式于一体的立体销售体系。公司与中国人保集团共同成立健康管理公司，携手开展健康管理服务和健康产品销售，打造健康产品的安利模式。大力推进电子商务建设，拓展新的销售渠道，建成了康美医药网(www.kmb2b.com)、康美中药网(www.kmzyw.com.cn)，以及全国唯一的“实体市场与虚拟市场相结合”的集中药材信息服务、中药材电子交易与结算服务为一体的中药材大宗交易平台(www.km518.cn)。

大力推进协同创新，不断提高自主创新能力。公司现拥有国内唯一的中药饮片国家地方联合工程研究中心、中药饮片标准重点研究室，以及拥有广东省中药标准化技术委员会、广东省中药饮片工程技术研究开发中心、广东省中药饮片企业重点实验室、广东中药产业技术创新联盟等中药产业公共服务和技术创新支撑平台，建立了广东省企业技术中心、企业博士后科研工作站，独家承担编制和运营我国唯一一个全国性的中药材价格指数“康美·中国中药材价格指数”，开创了民营企业承担国家价格信息化建设先河。与中国中医研究院、广州中医药大学等国内科研机构紧密合作，组建了陈可冀、王永炎等7位中科院、工程院院士组成的专家委员会。成立康美药物研究院，承担了多个国家科技支撑计划项目，率先提出并实施中药饮片小包装和色标管理，成为国内唯一参与国家标准制订的企业，参与多项国家和省级饮片炮制和质量标准制订，规范并提高了中药饮片质量及行业水平。拥有治疗心脑血管、呼吸道感染等疾病中成药产品41个，4个国家级新药在内的20多种化学药品及原料药。中医养生专家精心研制而成的康美菊皇茶已成为国内销量最大的保健袋装茶。拥有“康美”、“新开河”两个中国驰名商标，发明专利27件、外观设计专利35件、软件著作权11件。

打造百年康美，推进企业文化建设。公司投入巨资先后打造了《康美之恋》、《国参传奇》、《菊皇茶语》等大型音乐电视，开创了中药企业文化营销先河，创建了一个极具代表性的中药民族企业品牌，“康美”品牌走进千家万户。积极承担社会责任，热心公益慈善事业，多年来，公司捐款捐物2亿多元，受到社会的广泛认可。

康美药业将继续根植于中医药产业，进一步打造中药全产业链，增强各个业务环节的竞争力，创新集团管理模式，成为一个具有核心竞争力的世界级中医药企业。

我们热诚期盼与医药界广大朋友携手合作，共同推动我国医药事业健康发展。

【企业文化】

发现才能发明　发明才有发展

康美药业自创业以来始终肩负将民族传统中医药发扬光大、开创人类生命健康事业的时代责任和神圣使命，秉持发现才能发明，发明才有发展的理念，致力于西药研发、生物科技、现代中药融合发展的创新与开拓。

创新才能创造　创造才有创业

创新才能创造，创造才有创业。康美以哲学智慧融入企业文化，以创新精神培养企业理念，以科学创造推动事业发展。

诚实才能诚信　诚信才有成功

“成人达己，成己达人”。康美人深深懂得，只有成就人类的健康、成全社会的和谐，才能成功康美的事业。

善良才能善为　善为才有善报

“心做良田，百世耕之有余”，康美人以和谐之心视物，以博爱之心待人。“用爱感动世界，用心经营健康”，这是康美的企业理念，也是康美员工的坚定信念。

尽心才能尽力　尽力才有进步

尽心才能尽力，尽力才有进步。吸收汲取一切古今中外的人类自然科学和社会科学的文明营养，心系万众健康，立志医药济世，成就百年大业。

【经营业绩】

2012年上半年公司实现主营业务收入511,331.71万元，比上年同期增长83.11%，实现营业利润83,855.16万元，比上年同期增长46.52%，实现归属于母公司所有者的净利润70,795.47万元，比上年增长62.48%。

【600549】厦门钨业股份有限公司

【基本情况】

厦门钨业股份有限公司是在上海证券交易所上市的集团型股份公司，福建冶金(控股)公司为控股股东。公司前身是厦门氧化铝厂，始建于1958年，1982年开始转产钨制品，1984年更名为厦门钨品厂。1997年12月，厦门钨品厂以发起设立方式整体改制为厦门钨业股份有限公司。2002年11月，公司股票在上海证券交易所上市，公司现股本总额68,198万股。公司是国家级重点高新技术企业、国家火炬计划钨材料产业基地、国家首批发展循环经济示范企业。

公司主要从事钨精矿、钨钼中间制品、粉末产品、丝材板材、硬质合金、切削刀具、各种稀土氧化物、稀土金属、稀土发光材料、磁性材料和稀土贮氢、系列锂电池材料等其他能源新材料的生产、销售与研发。目前公司拥有包括钨矿山、钨冶炼、硬质合金、钨钼丝材、稀土矿山开发、稀土冶炼加工、国际贸易和房地产开发等共14个分公司、控股子公司，打造了从钨钼矿山→冶炼→深加工→钨钼二次资源回收的完整的产业链，形成了含稀土矿山开发、冶炼加工、稀土新材料、科研应用等较为完整的稀土产业体系。其中钨冶炼产品的生产能力达22000吨，居世界第一，是国内最大的仲钨酸铵、氧化钨、钨粉、碳化钨粉生产商和出口商，硬质合金占全国出口量的31%，厦钨的钨钼丝材的产销量占全国的60%以上，公司正加速深加工发展，争取在“十二五”期间，精密刀具成为国内最重要的制造商。

近年来，公司制定并实施“以钨为主业，以钼和能源新材料为两翼”的战略规划，在拓展、巩固钨钼产业市场地位的同时，积极发展包括稀土在内的能源新材料产业。厦钨已成为国内电池材料行业的重点企业，现拥有5000吨贮氢合金粉、6000吨各种锂离子正极材料产能，电池材料产销量已居国内前三位，其中贮氢合金粉产品市场占有率已连续三年居国内第一。

公司从2006年开始涉足稀土产业，已累计投资20亿元，建成了包括稀土贮氢合金、稀土发光材料、稀土磁性材料、稀土研发中心共四条稀土生产研发线。公司现已具5000吨15种稀土分离、2000吨稀土金属、2000吨高纯稀土氧化物、1600吨三基色荧光粉生产线、6000吨钕铁硼磁性材料(首期3000吨)生产线，装备水平居国内领先。在福建省政府及龙岩市政府、三明市政府的支持下，公司与龙岩市政府、三明市政府合资成立了由厦钨控股的稀土开发公司，统一开发、利用龙岩、三明两地的稀土矿产资源，为厦钨未来做大能源新材料产业提供可靠的资源保障。

厦钨自创建以来一直注重技术发展，建立了国家级的企业技术中心和国家钨材料工程技术中心，汇聚了众多相关产业的专家，从事研究工作。在快速发展的同时，力争占领技术制高点,不断完善产业结构,培育新的市场增长点,增强企业可持续发展能力,为打造最具竞争实力的、国际性一流公司而不懈奋斗。

【经营业绩】

2012 年上半年,公司实现合并营业收入 88.35 亿元,比上年同期减少 25.82%;实现营业利润 101,582 万元,比上年同期减少 52.86%;实现利润总额 106,921 万元,比上年同期减少50.20%;实现归属于上市公司股东的净利润 52,355 万元,比上年同期减少 48.71%;实现基本每股收益 0.7677 元,比上年同期减少 48.71%。

【企业文化】

企业宗旨:让员工实现自我价值,使用户得到满意服务,为股东取得丰厚回报。

【企业荣誉】

公司是国家级重点高新技术企业、国家火炬计划钨材料产业基地、国家首批发展循环经济示范企业。

【600557】江苏康缘药业股份有限公司

【基本情况】

江苏康缘药业股份有限公司,是国家新医药产业化基地的重点骨干企业、国家中药现代化示范企业、国家重点高新技术企业、国内 A 股上市公司、“国家博士后科研工作站”、“国家认定企业技术中心”。企业综合经济指标连续多年位居省内同行业榜首,全国制药工业企业 50 强;创新能力位居全国医药工业百强企业中前列。

近几年来,公司坚持“体制创新”和“科技创新”,以中药的现代化、国际化努力方向,运用现代药物研究的新工艺、新剂型、新辅料不断提升传统中药的技术内涵,先后开发国家级新药 100 余项,其中一类新药 1 个,二类新药 13 个,共获得国家级新药证书 29 个;先后承担国家“863”科研项目 3 项,国家计委高技术产业化示范工程 2 项、国家经贸委重大专项 2 项以及国家星火计划、火炬计划项目 7 项,申报国内外专利 76 项,其中申报国际专利 8 项,是江苏申报国际专利最多的企业。公司成功开发了六味地黄软胶囊等近十余个软胶囊系列新药,软胶囊制剂技术达到国内领先水平;自主开发的热毒宁注射液、痛安注射液是在国家最新注射剂认证规范指导下的代表品种;公司主导产品——桂枝茯胶囊已在美国进行二期临床试验。

企业产品研发中心,设有制剂研究所、药化研究所、药理研究所、工艺技术研究所、临床研究部、信息报批部、检测分析部、健康食品部八个部门。拥有一支包括 11 名博士、40 名硕士、8 名高级工程师在内的 140 多名本科以上科技人员组成的科技开发队伍。能够从事信息系统建设、处方筛选、药理筛选、工艺研究、质量标准研究、中试放大研究、临床研究、报批注册全过程药品研究工作。公司与中科院上海有机化学研究所、北京大学、中国药科大学、南京中医药大学等国内顶尖科研院校建立了天然药物实验室、生化药物实验室、江苏中康药物科技开发公司等 8 个共建实验室,现有在研品种主要涉及抗肿瘤、抗感染、心脑血管等治疗领域。

公司现代化中药生产基地,厂区面积 8.5 万平米,综合制剂车间 5.8 万平米,拥有通过国家 GMP 验证的胶囊、口服液、中药注射液、片剂、冲剂、小容量注射剂、冻干粉针剂、酊剂等十三条先进的生产线和配套的备料中心、质量检测中心、动力中心、管理中心等部门,整体生产水平在同行业处于领先地位。

公司拥有 1600 余人的专业营销队伍,分为妇科线、骨科线、抗感染线、零售及 C 类终端四大板块,在全国 28 个省市设有了 31 个销售分公司、131 个销售办事处。公司拥有自营出口权,部分产品出口日本、韩国、东南亚等国家和地区,在香港、加拿大、澳大利亚,设有分销中心、分公司。

【经营业绩】

2012 年上半年,公司合并报表实现营业收入 83388.35 万元,同比增长 13.21%,归属于上市公司股东的扣除非经常性损益的净利润 11825.75 万元,同比增长 27.99%,经营性现金净流量 10394.59 万元,同比增长 934.03%;其中母公司实现营业收入 70097.96 万元,同比增长 25.35%,净利润 9945.63 万元,同比增长 5.77%,经营性现金净流量 10294.72 万元,同比增长 512.24%。

【600562】江苏高淳陶瓷股份有限公司

【基本情况】

江苏高淳陶瓷股份有限公司位于南京市郊高淳县经济技术开发区,距我国最大的内河港南京港不足百公里,南京禄口国际机场 50 公里。厂区北侧的宁高高速公路互通沪宁、宁杭高速,交通便捷,在我国陶瓷企业中具有明显的区位优势。

高淳陶瓷创建于 1958 年,原是一家生产日用粗陶的手工作坊式山区小厂,上世纪八十年代致力于发展炻器出口餐具,成为江苏省陶瓷行业中的创汇创利大户,九十年代起在我国陶瓷业脱颖而出,连续十多年综合经济效益名列国内陶瓷行业首位,创下了连续 30 年盈利的行业记录。2003 年 1 月,公司股票在上海证券交易所上市,成为核准制条件下我国陶瓷行业唯一一家发行股票并上市的企业。

江苏高淳陶瓷股份有限公司是目前我国陶瓷行业唯一一家在日用陶瓷和高技术陶瓷领域均有广泛影响力的企业。公司的“玉泉”牌日用陶瓷是国家免检产品和中国陶瓷名牌产品,具有机械强度高、热稳定性能好、含铅镉熔出量低等特点,适用于机械洗涤、高温消毒和微波炉加热等现代生活方式,已畅销国际市场 30 年,近 6 年公司的窑变釉特色餐具在全美国百货店销售中连续保持销量第一;公司的高档骨质瓷被誉为“瓷中之王”,为北京人民大会堂等数百家高星级酒店选用,是高档酒店、现代家庭和高档礼品的首选用瓷。

公司与中国科学院上海硅酸盐研究所合作开发的用于汽车尾气处理的蜂窝陶瓷载体,主要装备自美国、日本引进,技术指标达到国内领先、国际先进水平,产品可满足欧Ⅳ标准的尾气排放要求,公司是目前我国规模最大、装备最先进的蜂窝陶瓷生产基地,已形成年产 600 万升蜂窝陶瓷、环保陶瓷、蓄热体的生产能力。

近半个世纪的风雨练历,江苏高淳陶瓷股份有限公司已从一个手工作坊发展成为一家上市公司。公司现有总资产 6.5 亿元,员工 2000 名,业务范围涉及日用陶瓷、高技术陶瓷、房地产、机械制造和贸易等,拥有江苏省高淳县固城镇日用陶瓷生产基地、江苏高淳经济开发区高技术陶瓷产业园、高淳县城房地产开发基地和山西省忻州市日用陶瓷生产等四大基地,公司被国际著名的《福布斯》杂志被为中国大陆最具发展潜力的百强企业之一。

江苏高淳陶瓷股份有限公司将秉承“丰富健康生活、促进陶瓷发展”的企业宗旨,抢住机遇,诚信开拓,团结奋进,积极推进企业集团化、产品名牌化、产业多元化和经营国际化战略,力争到 2010 年将江苏高淳陶瓷股份有限公司建成年销售额超十亿元、年利润超亿元，具有相当国际竞争力和品牌认知度的企业集团。

【经营情况】

2012 年报告期内，我国陶瓷出口在经历了 2011 年的短暂复苏后再次出现衰退。面对国际市场需求的变化，公司一方面及时调整出口生产布局，大幅缩小出口产能，另一方面大力突破骨瓷内贸市场，提升品牌影响力，继续培育蜂窝陶瓷、车用催化剂和非开挖设备业务，2012 全年完成销售收入 273，200，813.44 元，同比减少 7.51%，归属于上市公司股东的净利润 13，749，849.80，同比减少 18.29%。

【企业文化】

企业精神：诚信开拓、团结奋进。

企业理念：实践高技术、实现高品质。

经营理念：高技术、高品质、高效益。

【企业荣誉】

公司连续获得"全国轻工系统先进集体"、"全国自营出口先进生产企业"和"全国轻工质量效益型先进企业"等荣誉称号。

2011 年，在慧聪酒店网举办的十大评选活动中，江苏高淳陶瓷股份有限公司凭借其在陶瓷行业中的领导地位获得了"陶瓷餐具品牌价值奖"的荣誉称号。

【600567】安徽山鹰纸业股份有限公司

【基本概况】

安徽山鹰纸业股份有限公司前身为马鞍山市造纸厂，始建于 1957 年，1994 年改制为马鞍山市山鹰造纸有限责任公司，1999 年变更为安徽山鹰纸业股份有限公司。2001 年，公司成功在上海证券交易所上市，股票简称"山鹰纸业"，股票代码"600567"。

公司现为国家大型一档企业、高新技术企业、全国 30 家重点造纸企业、安徽省 50 强企业，生产规模和经济效益连续多年位居安徽省造纸行业首位和全国同行业前列。

公司山鹰牌注册商标为中国驰名商标。公司主导产品为箱纸板、瓦楞纸、瓦楞箱板纸箱、新闻纸和胶印书刊纸。箱纸板、瓦楞纸和瓦楞箱板纸箱被广泛用于家电、纺织、医药、电子、水果、饮料等多种商品的外包装，满足商品的贮运要求；新闻纸、胶印书刊纸则主要用于报纸书刊的印制，满足人们的阅读需要。

回顾过去，公司始终秉承外延扩张和内涵提高并重的发展方针，不断加大技术改造投入，辅以自备电站和港口码头的造纸综合配套项目建设，公司主业持续做大做强。目前，公司造纸年生产能力 100 万吨，瓦楞箱板纸箱年生产能力 6 亿平方米。在马鞍山、扬州、苏州、杭州、常州、嘉善等地，公司合计拥有 9 家控股子公司，其中：6 家全资纸制品公司，专门从事瓦楞箱板纸箱的生产和销售；1 家集装箱港口公司，年吞吐量 145 万吨，专门从事港口物资装卸等项业务。公司自备电站年发电能力 4 亿度，年供热能力 200 万吨。目前，公司已拥有较为完善的造纸综合配套能力，已形成包装纸、新闻纸和瓦楞箱板纸箱三大产品系列互动发展格局。公司正在建设总规模为年产 80 万吨的造纸项目，以继续巩固并提升市场地位，争取跻身行业前三甲。

展望未来，公司将继续坚持走发展生态纸业和循环经济之路，进一步做大、做强、做优，把公司打造成为产品一流、装备先进、管理规范、环境友好的百年企业。山鹰纸业将不只是一只不畏风雨雷电、搏击长空的"山鹰"，还将成为扶摇直上、展翅九万里、背负青天、雄视天下的"鲲鹏"。山鹰的明天一定会飞得更快更高，愿与各界朋友携手共进、共谋发展、再创辉煌。

【600571】信雅达系统工程股份有限公司

【基本情况】

信雅达系统工程股份有限公司（下称"信雅达"或"公司"）成立于 1996 年，是浙江省第一家在上海证券交易所上市的高科技软件企业（股票代码：600571），系国家计算机信息系统集成一级资质企业、国家规划布局内重点软件企业、全国 20 家优秀系统集成企业之一、国家火炬计划重点高新技术企业、国家 863 计划成果产业化基地、中国软件业百强企业、"中国软件欧美出口工程"试点企业（软件外包型 A 类）、中国 BPO 十强企业、浙江省第一家通过 CMM 认证的软件企业、是经国家密码管理委员会批准的商用密码产品生产定点单位。

信雅达现有员工 3000 余人，其中本科学历及以上的专业人员占 80% 以上，拥有一支高素质的专业队伍，具有较强的技术开发、技术创新的能力。信雅达在北京、上海、深圳、武汉等主要大中城市设有二十一家办事处和十五家控股子公司，在美国、印度、日本等国家设立了分支机构。公司设有国家博士后工作站和省级企业技术中心。经过多年积累，公司在金融软件、金融设备、金融服务、金融咨询等领域积累了自身的核心技术优势，先后获得三十余项国家专利（其中发明专利十四项）、两项国家 863 计划、五项国家重点新产品、十项国家级火炬计划项目、十项科技进步奖，拥有百余项自主知识产权的软件著作权。

公司自成立以来，秉承"诚信、文雅、速达、团结、创新"的作风，始终坚持自主创新，加强自主知识产权软件的开发和应用服务能力建设，致力于金融 IT 产业的发展。公司以金融作业和管理的现代化建设为自己的主营业务行业发展方向，从金融软件、金融设备、金融服务和金融咨询四个领域全面渗入金融行业，争做"金融 IT 创新先锋"。

【经营情况】

2012 年，信雅达公司在各级政府的指导和支持下，秉承"诚信、文雅、速达、团结、创新"的作风，坚持以金融软件、金融设备、金融服务和金融咨询为发展方向，经营稳健中求发展，公司主营业务收入和主营业务利润实现稳健增长。作为多年致力于金融 IT 产业的中国本土提供商，信雅达全面提升信息化建设、IT 技术水平和全方位服务能力。

1. 金融软件

金融行业是现代经济的支柱行业，而金融行业也一直以来是在 IT 方面投入最大的行业之一，信息化成为引领金融行业现代化建设的重要手段。在市场环境提供了良好机遇的同时，信雅达公司产品线逐步拓宽，业务向更广阔的金融信息化领域拓展。以客户为中心，因流程而改变。为在竞争激烈的"红海"中脱颖而出，实现提升核心竞争力，各银行纷纷借鉴国际一流同业的经验，加快业务流程再造，对无论是业务受理、渠道拓展、风险控制、客户服务，还是集中运营和精细化管理等多方面进行全方位改进，流程再造和渠道延展成为业界主题。信雅达提出"流程银行"的概念，参考先进银行核心系统的业务理念和设计模式，推出与中国银行业接轨并符合中国监管环境要求的新一代核心银行系统，实现各项业务功能"按需而变"的组合，全面打造流程银行、电子银行、外包银行、安全银行等产品，整合电子化渠道，建设全行级的共享服务中心平台，带来业务处理及经营管理模式的“技术革命”。

信雅达公司以为银行、证券、保险业提供 IT 服务为主营业务。如今，公司产品中国人民银行、中国工商银行、中国农业银行、中国银行、中国建设银行、交通银行、中国银联、中信、广发、招行、浦发、香港交通银行、各地城市商业银行等银行总行、及数百家地、市级以上分支机构获得广泛应用，并出口美国、德国、新西兰等三十多个国家。2012 年，信雅达拿下流程银行 80% 的市场份额，稳居市场领导地位，信雅达在电子文档影像产品市场占有率居国内第一，达 43.6%；CALL-CENTER 市场占有率居国内第一，达 30.0%；风险预警系统市场占有率居国内第一，达 34.7%。

2. 金融设备

信雅达在十余年的金融领域积累了丰富的行业应用经验和强大的技术实力，迄今为止已形成了非常完善的金融机具系列化产品，包括金融电子支付系统及终端设备、数据安全产品系列。其中金融支付终端产品系列涵盖了：电话 POS 系列、有线 POS 系列、无线 POS 系列、智能支付终端系列、手机盾、密码键盘系列，产品通过了 EMVL1&L2、PCI、银联直联认证、银联Ⅱ型认证、3C、CE、电信入网许可等一系列认证要求。其中信息安全产品涵盖了：手机盾、支付密码器/密押器、圈存器、银行统一密码服务平台、支付密码核验系统、资金汇划密押系统、主机加密系统、图像安全系统、金融通用加密机等系列，面向金融行业提供完整的安全解决方案，全方位保障金融等领域的数据信息安全。

随着科技的发展，金融服务特别是基于票据的金融业务面临越来越多的安全挑战，信雅达公司自主研发的电子支付密码因其密码的唯一性、与要素信息的关联性、国密认证的加密算法等特点，较之传统的仅凭印鉴来鉴别票据真伪的方式而言，可以 100% 的有效防范票据造假及诈骗的发生。多年的专注和不断发展，信雅达日益丰富支付密码产品，相继推出了豪华型、标准型、典雅型等不同型号的支付密码器，以满足不同用户的需要。2012 年，信雅达在完成全新产品线研发的基础上，实现加密机销售 200 台、POS 销售 14.5 万台，成为行业主流厂商；实现支付密码器销售 107 万台，达 30.7%，信雅达支付密码器市场占有率居国内第一。

3. 金融服务

国内银行服务外包的需求正在放大，已从设想规划阶段逐步转变为实际的需求，信雅达公司通过多年在金融服务外包业务中的积淀与开拓，通过优质的服务、规范的管理以及先进的技术，已得到银行客户的认可。目前，公司进一步完善和健全 BPO（金融流程服务外包）项目规范化、专业化、集约化运行管理体系，统一项目作业标准、管理考核标准，建立标准化的 BPO 项目立项、固定资产管理、项目成本控制原则，实现后台精细化管理，对在运行项目优化流程工艺，控制成本，提升盈利水平。目前，信雅达在杭州、合肥、苏州、大连设立了四大数据处理中心，各中心已经实现了业务作业的联合调度，运营能力伴随着新业务的不断接入上线以及逐渐提升，并积极推广远程外包模式，创造了中国 BPO 领域的独特模式。2012 年，BPO 业务在银行业尤其是保险业得到了进一步拓展，开始涉足社保、商业保险、医疗机构三方的数据平台建设。

信雅达大力发展软件外包 ITO 事业，作为全国 29 家“中国软件欧美出口工程”试点企业（软件外包型 A 类），信雅达拥有专业的 Sun Sourcing 团队，在杭州、大连、上海、北京、日本等地建立了软件外包开发基地，承接欧美、日本软件外包项目。迄今为止与 IBM、HP、富士通、三菱电机、Levi's、YSK、AABASE、ICBC、NEC、PFU 等海外公司建立了长期稳定的软件外包的业务往来，得到了海外用户的认可，并成为 IBM、HP 等机构的核心资源服务提供商。2012 年，面向国内金融市场的软件外包规模得到进一步发展壮大。

4. 金融咨询

信雅达基于多年来与优秀创新型金融企业合作的业务技术革新规划实施，为金融行业客户提供专业的咨询规划，包括流程银行建设咨询、呼叫中心建设和运维咨询、内容管理建设咨询、业务流程外包实施咨询，帮助金融企业加速提升战略发展、业务流程和技术革新等能力。

【工作思路】

基于 IT 产业的新形势，信雅达将继续发扬主营业务的行业优势，围绕产品化、专业化、全球化、规模化的经营战略，加大工作力度，做好做透主营业务，重点是金融 IT 领域。2013 年，公司将继续加大研发力度，在私有云、大数据、移动互联、信息安全等领域加强研究，推出新版工作流管理平台、云存储平台、移动银行平台、手机银行平台、手机盾、IC 卡套件、新加密机等引领行业风潮的新产品，确保主营业务实现持续的稳健增长。信雅达将始终坚持帮助用户成功、帮助合作伙伴成功、帮助员工成功的行动准则，谋求稳健、快速、持续的发展，与广大用户、合作伙伴、投资者和业界朋友们、同仁们携手奋进，竭尽全力，力争通过 3－5 年的努力，成为国内金融软件行业数一数二的品牌，为杭州“天堂硅谷”的建设尽一份力量。

【600577】铜陵精达特种电磁线股份有限公司

【基本情况】

铜陵精达特种电磁线股份有限公司（简称精达股份）位于中国古铜都——安徽省铜陵市，1990 年 2 月建厂，作为一家专业生产特种电磁线的制造商，精达股份经过 20 年的不断发展，已经成为中国最大、全球第四大的特种电磁线制造商。

公司拥有 11 个子公司，一个省级技术开发中心。其中 6 个中外合资生产型公司、3 个内资生产型公司、2 个贸易公司。员工总数 1750 人，工厂占地面积 520 亩。

公司主要生产设备、检测仪器从意大利、德国、奥地利、美国、丹麦等国家和中国台湾地区引进，自动化程度高，具有当代国际先进水平。

主要产品及生产能力：12 万吨特种漆包圆铜线、1.1 万吨特种漆包圆铝线，1.5 万吨汽车线和电子线、1 万吨工程线。其他产品有：5 万吨无氧铜杆、11 万只漆包/拉丝模具的维修/制作等。

精达主要产品广泛适用于家用电器、电子材料、电力设备、通讯仪器、汽车电机、电动工具等行业产品配套。在全国制冷压缩机领域，市场覆盖面达 80%，市场占有率为 35%。已经形成安徽、广东、天津、江苏四大生产基地，产品覆盖长三角、珠三角和环渤海地区，并有部分产品销往欧美、南亚地区。

精达股份 2002 年 9 月在上海证券交易所上市，股票代码：600577，2009 年末公司资产总额近 28 亿元。

精达股份是国家重点高新技术企业，2007 年被评为中国 500 家最大制造业之一。“精达”牌漆包线 2007 年被国家质量监督检验检疫总局授予“中国名牌产品”。

公司于 1996 年通过 ISO9002 标准质量保证体系认证，2002 年通过 ISO9001 和 QS/9000 标准质量管理体系认证，

2004 年通过了 ISO14001 环境管理体系认证和 OHSAS18001 职业健康安全管理体系认证。主导产品于 1997 年通过美国 UL 安全认证。

精达股份总部设在风景秀丽的中国古铜都—安徽省铜陵市经济技术开发区精达工业园内，交通便利，四通八达。

【企业文化】

公司宣言：在熟悉的领域乘风破浪，在边缘市场寻找商机，造“精达”之品牌、铸百年之“精达”。

企业核心价值观：对国家负责，对社会负责，对员工负责，对股东负责；确保国家利益、客户利益、员工利益、股东利益都得到体现。

企业精神：团结拼搏，进取敬业，全心服务，精益求精。

企业目标：创新、发展、共赢，成为同行业国内领先、世界先进企业。

企业宗旨：重质量“精益求精”，讲信誉“追求永恒”。

经营法则：成功的关键是进取。

经营理念：崇尚责任，崇尚竞争，追求品质，追求高效，以质量求生存，以市场带发展。

质量方针：（重新定）

质量服务：质量第一、用户至上、满足客户的利益为最高利益。

【经营业绩】

2012 年 1 - 6 月公司产品生产和销售总量分别为 92,569 吨和 92,576 吨，其中特种电磁线产品产量 65,051 吨，销售量 63,120 吨，销售收入 300,601.51 万元，与 2011 年同期相比分别下降 -4.37%，-5.92%，-28.40%。1 - 6 月公司营业利润 8,147.43 万元，与去年同期相比下降 -27.66%，归属于母公司所有者的净利润 7,801.16 万元，与去年同期相比增长 20.02%。

【600582】天地科技股份有限公司

【基本情况】

天地科技股份有限公司隶属中国煤炭科工集团有限公司，是 2000 年 3 月由煤炭科学研究总院作为主发起人设立的股份有限公司。公司 A 股股票于 2002 年 5 月 15 日在上海证券交易所挂牌上市，股票代码：600582。

中国煤炭科工集团有限公司是经国务院批准，由中煤国际工程设计研究总院、煤炭科学研究总院于 2008 年 6 月合并组建，是国务院国有资产监督管理委员会直接监管的中央科技型企业。2008 年 12 月 31 日，经国务院国资委批准，煤炭科学研究总院所持天地公司股份无偿划转到中国煤炭科工集团有限公司。

公司主营业务包括：矿山生产过程自动化、机械化、信息化设备开发、制造和系统集成；煤炭洗选设备开发、制造和选煤厂工程总承包；储装运快速定量装车成套装备及工程总承包；地下特殊施工技术开发和地下特殊工程施工承包；煤炭高效生产的技术服务、技术咨询和煤矿经营。

截至 2011 年底，公司在职员工总数 10613 人，其中各类专业技术人员 2974 人；中国工程院院士 1 人；高级职称人员 629 人；中级职称人员 930 人；博士 55 人，硕士 672 人，本科 2231 人。

公司自 2000 年成立以来，共取得科技成果 325 项，获得国家及省部级以上科技进步奖 122 项，专利 195 项（其中发明专利 14 项），软件著作权 39 项及专有技术 500 余项。

公司建立了规范的法人治理结构和科学的决策体系，进行了劳动、用工、人事三项制度改革，建立了适应公司发展的激励机制。公司于 2001 年通过了 ISO9001 质量管理体系认证。

公司以高科技、高质量、高效率服务于海内外客户。

【企业文化】

“创新文化”是公司企业文化的核心内涵，即“创新拥有未来”。

创新不是标新立异，也不止于具体的发明创造，“创新”是我们的一种潜意识，即无论是管理、生产、经营、科技等活动中，都自觉求新求变、追求卓越。

创新的主要内容包括创新、独创、创造。

（1）使用新技术：不断发现使企业立于市场领先水平的新技术。

（2）开发新产品：通过不断开发新产品，达到引导市场、增强企业竞争能力的双重效果。

（3）开拓新市场：新市场是支持企业增长的重要途径，要扩大现有市场并不断进入新的市场。

（4）再造新流程：根据环境变化及时改造企业内部流程，保持企业运行高效。

（5）发现新供应商：突破原材料的瓶颈限制，牢牢把握供应商，保证企业廉价、可靠的原材料供应。

（6）探索新组织形式：要建设学习型企业，通过多种企业组织形式，调动职工的积极性和挖掘潜力。

公司精神：坚韧、创造、协作、共赢。

坚韧：弘扬煤炭行业敢战斗的精神，坚韧不拔、永不满足、追求卓越。

创造：公司不断强大的原动力，坚持建设学习型的组织。

协作：公司获得最大凝聚力和合力、不断前进的保证，每一位员工不断提高的保证。

共赢：诚信和服务的经营思想，以共赢架起员工、客户、公众与社会之间的桥梁。

公司使命：煤炭工业现代化。

核心价值观：企业创新图强、员工致力致富、共同贡献社会。即“创造天地、拥有天地”。

远景目标：建设国际知名、国内一流的高科技企业。

公司理念：

①市场决胜、用户为先的经营理念。客户为先、实现共赢的经营思想。

②用科技资源做大市场的经营理念。利用科技资源做大、做活产品市场，把强大的科技资源优势转化为市场经营优势。

③综合经营的理念。以技术带工程，以服务带产品，以资本市场促产品市场。

④以人为本的个性化管理思想。物质与精神激励同步，员工、企业、客户与社会价值统一。

⑤品牌、专家和明星效应。开展“品牌、专家、明星”工程，以品牌和明星展示企业良好的社会公众形象。

⑥管理出效益的理念。强化科学管理，优化资源配置，使无形的管理资产变为有形的经济效益。

【经营业绩】

2012 年 1 - 6 月公司实现营业收入 64 亿元，同比增长 36.02%；实现归属于上市公司股东的净利润 4.79 亿元，同比增长 32.04%；经营活动产生的现金流量净额 0.26 亿元；基本每股收益 0.473 元；加权平均净资产收益率为 10.95%。

【600583】海洋石油工程股份有限公司

【基本情况】

海洋石油工程股份有限公司(股票简称:海油工程,股票代码:600583)以海洋油气田开发及配套工程的设计、建造与海上安装为主要业务,是中国最大的海上工程建造企业,也是中国目前唯一一家及海洋石油,天然气开发工程设计、陆地制造、海上安装、调试和维修于一体的大型工程总承包公司。

海油工程具有国内海洋工程界一流的资质水平,多年来公司以优异的业绩赢得了业界的认同。持有包括一级施工企业资质、甲级工程设计、ISO9001 质量管理体系、SMS 船舶管理体系等数十余种国际国内权威机构颁发的各种资格证书,并形成了全方位、多层次、宽领域和适应海洋工程建设总承包项目的人才架构。

海油工程的市场领域覆盖中国各个海域,并成功辐射到中东、东南亚和韩国等海域。先后为中国海洋石油有限公司、壳牌、BP、CACT 作业者集团、阿莫科、阿科、菲利普斯、德士古、道达尔、三菱重工、现代重工业株式会社等国内外知名公司提供过优质服务,完成了中国海域内 40 余座不同环境条件、不同油品特性油气田的总体设计、建造、海上安装与调试,其中渤海海域全部油气田工程的建设都是由公司参与或组织实施。公司有近 20 个项目获得国家级科技进步奖,其中崖城 13 - 1 陆地终端项目获中国建筑质量的最高奖——“鲁班奖”。公司将以市场为导向,客户为中心,按照职业化、专业化、国际化的发展思路,在做强做大油气田建设和维修主业的基础上,加快形成沿主业向中下游和深水领域发展的市场格局,全面推进具有较强国际竞争力、专业化、国际化能源工程公司的建设,实现企业可持续发展和股东利益最大化。

【经营情况】

2012 年上半年,面对国内外复杂严峻的经济形势,公司凝心聚力,心无旁骛,始终专注于主营业务发展,坚定不移地以提高发展质量和经营效益为宗旨,严格执行年度计划,以提升管理活动为契机狠抓基础建设,持续改善管理水平,努力开拓国内外市场。得益于中国近海油气开发工程量逐步增加的有利形势,公司承揽的工程量正在恢复性增长,建造业务增长尤为突出,安装业务从第二季度开始逐步铺开,海底管线铺设业务增速明显。针对报告期的业务特点,公司精心组织资源,克服各种不利因素,全力确保各项目平稳运行。继续推进“四大能力”建设,完成了 3 万吨级大型导管架的建造,建造能力提高到新水平。随着大型深水铺管起重船“海洋石油 201”的交付,公司装备实力具备深水作业能力,填补了公司大型深水作业装备的空白,进一步完善了船舶系列。

报告期实现销售收入 41.84 亿元,同比增长 72.70%,实现归属于上市公司股东的净利润 2.25 亿元,经营业绩呈现出稳步增长态势。

【600589】广东榕泰实业股份有限公司

【基本情况】

广东榕泰实业股份有限公司是国家重点高新技术企业、中国优秀民营科技企业、全国守合同重信用企业、广东省诚信纳税人、广东省优秀高新技术企业、广东省优秀民营企业、广东省百强民营企业、揭阳市 A 级纳税企业;连年荣膺揭阳市纳税光荣户(金奖);揭阳市环境友好企业。

公司是国内最大的氨基模塑料生产企业,生产能力 7.5 万吨/年(非公开募股项目达产后,生产能力将达 13.5 万吨/年)。公司的主要产品有 ML 氨基复合材料、仿瓷制品、甲醛、苯酐、增塑剂(DOP)。主导产品“榕泰”牌 ML 氨基复合材料获颁“中国名牌产品”称号。该产品通过了省级技术鉴定,并获国家发明专利,具有自主知识产权。曾获“广东省科技进步一等奖”、“国家重点新产品”、“广东省专利优秀奖”。产品在执行 GB13454 - 1992 标准的基础上,采用 ISO2112:1990(E)国际标准生产。

“榕泰”品牌深受用户的信赖,获广东省著名商标称号,并被认定为中国驰名商标。

公司组建有“广东省高分子复合材料工程技术研究开发中心”、“国家认定企业技术中心—广东榕泰实业股份有限公司技术中心”、企业博士后科研工作站等机构。

公司强化企业产品质量和环境管理,通过了 ISO9001 和 ISO14001 认证审核。公司力争到 2010 年把公司建成具有国际竞争力的国内知名化工材料生产企业。

【经营业绩】

2012 年上半年报告期内,公司实现营业收入 585,944,982.13 元,比上年同期减少 11.98%;营业利润 103,344,605.53 元,比上年同期增长 47.76%;归属于上市公司股东的净利润 90,994,407.83 元,比上年同期增长 46.39%。

【企业荣誉】

公司先后获得“国家级重点高新技术企业、实施火炬计划十五周年优秀高新技术企业和广东省优秀高新技术企业”等称号。2006 年,广东榕泰实业股份有限公司技术中心被国家发改委认定为“国家认定企业技术中心”。

【600614】上海鼎立科技发展(集团)股份有限公司

【基本情况】

上海鼎立科技发展(集团)股份有限公司前身是上海胶带股份有限公司。1992 年,胶带股份在上海证券交易所同时发行 A、B 股股票。截止目前,公司股本总额 567,402,596 股,其中 A 股 446,759,546 股,占公司股份总数的 78.74%,B 股 120,643,050 股,占公司股份总数的 21.26%。2006 年 4 月 12 日,鼎立建设集团股份有限公司收购三九企业集团持有本公司 29.5% 的股份,成为上市公司新的控股股东。

鼎立建设集团股份有限公司是一家规范化的股份制民营企业,拥有国家房屋建设工程施工总承包一级资质,建筑装饰装修工程专业承包一级资质,市政公用工程施工总承包一级资质,地基与基础、机电设备安装二级资质,以及涉外建筑施工经营权,并已通过 ISO9001 质量管理、OHSAS18001 职业卫生安全管理、ISO14001 环境管理三个体系的认证。近年来,先后在全国各地创出了“中国安装之星”、“省级金牌”、“白玉兰杯”、“钱江杯”、“浦江杯”、“东方杯”等优良工程和样板工程百余项,被业内誉为“建筑铁军”。鼎立建设集团股份有限公司作为公司第一大股东,给上市公司带来了民营企业灵活高效的经营机制,通过采取各项有效的管理措施开源节流,同时大力支持上市公司提高资产质量,增强盈利能力。

公司目前形成了以房地产业为主、医药业和橡胶业为辅的经营格局,下辖房地产开发公司主要有鼎立置业(淮安)有限公司、鼎立置业(上海)有限公司、东阳鼎立置业房地产开发有限公司和淮安盛德置业有限公司等,主要以开发二、三线城市房地产为主,其中鼎立置业(淮安)有限公司自 2006 年开始在江苏淮安逐步开发了徐杨小区、城东花园以及香榭丽花园等房地产项目，开发面积达 100 余万平方米；2009 年 9 月，公司全额投资近 7 亿元的淮安鼎立国际大酒店也如期开业。医药业主要有宁波药材股份有限公司、宁波中药饮片厂等，经营医药产品的制造、销售等。橡胶业主要为上海胶带橡胶有限公司、上海申一胶带有限公司，经营化工产品、化工原料、橡胶、胶带制品的开发、生产和设备制造。同时，还在境外设立了上海鼎立（美国）公司。

公司将本着“开拓进取，充分发挥管理及技术优势，提高企业核心竞争力，积极拓展国内外市场，创优质品牌，让顾客满意，回馈股东，回报社会”的经营宗旨，倡导务实创新、人才先导、追求卓越的企业文化，追求股东、客户与企业一起发展，共创价值、同享满意。

【经营业绩】

2012 年上半年，公司实现营业利润 20,659,883.17 元，比上年同期减少 6.49%；归属于上市公司股东的净利润 28,532,912.55元，比上年同期增长 9.18%。

【企业荣誉】

公司荣获全国守合同重信用企业证书

公司荣获全国优秀施工企业证书

公司荣获全国用户满意施工企业证书

公司董事长许宝星荣获中国十佳诚信企业家称号

公司荣获全国十佳诚信企业称号

公司荣获全国首批信用体系建设先进单位称号

公司董事长许宝星荣获中国经营管理大师

公司荣获中国民营企业家协会副会长单位

公司董事长许宝星荣膺中国优秀民营企业家称号

【企业文化】

我们的目标——卓越完美；我们的信念——领先时代

我们的追求——永无止境；我们的义务——服务社会

【600622】上海嘉宝实业（集团）股份有限公司

【基本情况】

嘉宝集团的前身是国内最大的电光源生产出口企业——上海嘉宝照明电器公司。作为全国首批股份制改革试点单位之一，公司于 1992 年 4 月进行股份制改造，同年 12 月在上海证券交易所上市（股票代码：600622），1994 年组建嘉宝集团。

公司自 2000 年“千禧年重组”、控股权回归嘉定区国资委以来，化解了退市风险和历史遗留问题，确立了“重点发展房地产业、巩固复壮工贸型企业、择机发展高附加值产业、进一步优化产业结构、积极做好优质资源储备”的经营思路，加快产业结构的战略性调整，不断强化内部管理，提升公司的核心竞争力，经营业绩呈现出持续、稳定、快速增长的发展态势。

集团现拥有上海嘉宝奇伊房产公司、上海嘉宏房产公司等全资、控股企业九家，重要参股企业十几家，2009、2010、2011 年分别实现净利润 2.79 亿元、3.38 亿元、2.66 亿元，净资产收益率分别达到 16.9%、17.85%、12.69%。截至 2011 年 12 月 31 日，公司净资产 21.92 亿元，总资产 60.30 亿元。目前，以房地产和物业租赁经营为主、以对外投资和工业制造业（主要包括电子元件和特殊光源）为辅的产业架构已基本形成。

【经营情况】

2012 年上半年，报告期内，面对欧债危机持续蔓延，宏观经济增速放缓，房地产市场处于低谷等复杂的外部经济形势，公司提出了“双保双控”（保稳定，保过冬，控风险，控节奏）的指导思想，实施“稳中求进”的发展策略，围绕“两个目标”（发展战略目标和年度预算目标），扎实推进各项工作，取得了良好的业绩。公司实现营业利润 236,124,191.41 元，比上年同期增长 850.90%；归属于上市公司股东的净利润 189,886,599.86元，比上年同期增长 681.93%。

【企业荣誉】

嘉宝集团下属上海嘉宝协力电子有限公司研制的“一种能有效散热的发光二极管水下集鱼灯”获国家知识产权局颁发的实用新型专利证书

嘉宝集团被《新闻晨报 · 地产星空》评为“2011 年度上海地产风尚企业”

嘉宝集团投资开发的嘉宝 · 紫提湾获得“上海市优秀住宅金奖”，嘉宝 · 紫提湾项目还被上海市住房保障与房屋管理局评为上海市 2011 年度节能省地型“四高”优秀小区

嘉宝集团被评为上海市拥军优属先进单位

嘉宝集团资信等级连续四年被评为 A 级

【社会责任】

2011 年春节前夕，嘉宝集团党政工团联合行动，积极开展一系列新春送温暖活动，先后为 55 户困难职工家庭送去了慰问品和慰问金，并看望了嘉定区福利院的老人们，为他们送上大米、食用油等爱心用品。在“蓝天下的至爱”慈善募捐活动中，嘉宝集团更是慷慨解囊，捐赠善款 40 余万元。

嘉宝集团党委书记、董事长、总裁钱明同志带领公司 40 多名员工来到清河路上扫雪。公司参与扫雪活动的各位同志冒着严寒和大雪，将清河路城中路以东 100 多米打扫得干干净净。

【600651】上海飞乐音响股份有限公司

【基本情况】

上海飞乐音响股份有限公司创立于 1984 年 11 月 18 日，是新中国第一家股份制上市公司。公司成立近 30 年来，规模不断扩大，股本从成立之初的 50 万股，扩大至 2011 年末的 61589 万股，2011 年营业收入达 19.75 亿元，2011 年末净资产 11.64 亿元。

公司成立以来，伴随战略调整，产业结构不断优化，逐步由原以音响生产销售、IC 卡、数字电视和电子部件等产业多元化，过渡到产业专业化，聚焦绿色照明，通过购并，做大做强，实现绿色照明产业超常规发展。

目前公司以全资子公司上海亚明照明有限公司为平台，形成了光源、电器、灯具、零部件产品系列，产品被广泛用于上海世博园、外滩、北京天安门、八达岭长城等著名建筑、体育场馆等，并以技术雄厚、产品齐全、质量上乘、服务优质而享誉海内外市场。为适应国际化发展的需要，2004 年公司又隆重推出了“1923”品牌，其光源系列产品，以优越的性价比，已经获得了用户的广泛赞誉。2009 年“亚”字牌商标被认定为“中国驰名商标”。

作为中国照明协会副理事长单位，公司将传承百年诚信，保持科技领先，以“倡导绿色照明，写意精彩生活”为使命，秉承“质量、诚信”之核心价值观，努力实现“成为中国一流的照明企业”的愿景，公司愿与广大业界同行共创新世纪的辉煌。

【经营情况】

2012 年上半年，国际政治经济环境复杂多变，国内经济发展面临的困难增多。欧债危机持续蔓延，外需不足矛盾突

出，中国经济运行承受较大下行压力，经济增速连续六个季度回落。面对诸多不利因素的影响，公司经营班子在董事会的领导下，通过降本增利，积极开拓国内外市场等手段积极应对公司实现营业利润 79，822，834.34 元，比上年同期减少 6.63%；归属于上市公司股东的净利润 65，402，693.58 元，比上年同期减少 31.48%。

【企业荣誉】

公司 IC 卡企业及产品荣获 QS9000 质量体系认证、ISO9000、ISO14000、ISO18000 认证和 VISA、MasterCard 认证

公司电子产品企业及产品荣获 ISO9000、ISO14000、ISO18000 认证、"上海名牌"九连冠、信用等级 AA 级

公司照明产品企业及产品荣获"亚"字牌商标获"上海市著名商标"、多次荣获"上海名牌"、ISO9000、ISO14000、ISO18000 认证、UL、CE、CCC、CQC 产品认证

公司被评为上海市优秀工业企业形象单位

公司被评为上海市重点工程实事立功竞赛优秀公司

公司被评为上海市高新技术企业

【社会责任】

2009 年新春来临之际，公司董事长、党委书记顾有根，总经理李志君，党委副书记、工会主席孙素勤分别慰问、看望了困难退休老劳模和困难职工，送上企业的关怀，使他们过一个温暖祥和的春节。

为落实市政府、市总工会关于 2009 年元旦、春节帮困送温暖的工作要求，公司各级领导高度重视，积极落实帮困资金。据统计，今年元旦、春节期间，公司各企业共筹集帮困资金 72600 元，帮困人数 232 人。

【600674】四川川投能源股份有限公司

【基本情况】

成都，天府之国，人杰地灵，是我国中西部地区重要的中心城市、西南地区政治、文化、科技、商贸、金融中心和交通通信枢纽。李白有诗云："九天开出一成都，万户千门入画图。草树云山如锦绣，秦川能及此间无。"是对成都极高的赞誉。长居于此的诗圣杜甫对成都也有"花重锦官城"的美誉。

四川川投能源股份有限公司（简称川投能源）就坐落在这青山绿水之间，植根于千里沃野之上。

川投能源于 1993 年在上海证券交易所上市，证券代码：600674，前身是四川峨铁。1998 年，四川省投资集团有限责任公司（简称川投集团）入主川投能源，开创了公司发展的新纪元。截至 2012 年 6 月底，川投能源总资产达 153.64 亿元，净资产 81.58 亿元，控参股电力总装机容量达 1131.47 万千瓦，权益装机 346.6085 万千瓦，资产和装机规模在全国 31 家地方国资电力上市公司以及省内 71 家上市公司中名列前茅，在全省 6 家电力上市公司中位居第一。公司总股本 19.73 亿股，控股股东川投集团持有国有法人股 10.87 亿股，持股比例为 55.12%。川投能源现拥有二滩水电、田湾河、新光硅业、新光工程、嘉阳电力、天彭电力、交大光芒、长飞四川、国电大渡河 9 家投资关系企业。

在控股股东川投集团和社会各界的关心支持下，川投能源通过一系列的资产重组，走上了健康、可持续发展的道路。2005 年，经过重大资产置换，奠定了主营业务由铁合金向电力主营的转变。2006 年，川投能源顺利完成股权分置改革工作。2007 年以来，通过非公开发行股票和现金收购等方式，将田湾河水电站 80% 股权优质水电资产、新光硅业 38.9% 股权新能源资产、二滩水电 48% 股权优质水电资产注入上市公司，川投能源确立了以水电为主、多晶硅新能源和高铁信息产业为辅的发展格局，逐步成长为主业突出、业绩优良、运作规范、公司治理好、市场形象佳的国有控股大型上市公司。

近年来，川投能源备受资本市场和社会各界青睐，连续入选"上证治理板块"、"上证 180 指数样本股"、"沪深 300 指数样本股"，荣获上海证券交易所评选的中国公司治理最高荣誉——"2011 年度董事会奖提名奖"、"2011 年度典型并购重组案例奖提名奖"。公司先后获得"中华全国总工会抗震救灾恢复重建工人先锋号"、"全国汶川地震灾后恢复重建先进集体"、"全国模范劳动关系和谐企业"等多项国家级荣誉。公司一直树立了诚信、负责的良好形象，1998 至 2011 年连续 13 年获得"四川省重合同守信用先进单位"称号。此外还获得"中国证券市场年会金凤凰奖"、"中国上市公司市值管理百家优秀公司"、"最守诚信上市公司"、"最具投资价值上市公司"、《上海证券报》"公司治理资本创新公司奖"等多项殊荣。在《每日经济新闻报》联合多家媒体和 116 家机构评委倾力打造的全国上市公司"口碑榜"评选中，被代表市场 2 万亿元资金的广大投资者评选为"最具成长潜力上市公司"。

川投能源秉承科学发展的理念，始终把全体股东利益最大化作为追求的目标，坚持优化资产结构，完善公司治理，规范经营管理，提高营运水平，提升公司形象，持续健康发展，努力实现"能源旗舰，行业蓝筹"的发展愿景，为回报股东、报效社会做出贡献。

【企业文化】

川投能源在做优做强做大的过程中，积极推动物质文明和精神文明"两手抓，双促进"，围绕打造"能源旗舰，行业蓝筹"的发展愿景，积极提炼和培育自身企业文化，不断丰富和提升企业文化内涵，使其符合公司未来发展定位。

川投能源在明确公司及各投资关系企业定位的基础上，提出了具备上市公司鲜明特色的企业文化，包括纲领性文化理念和分类文化理念，并在二者的引领下形成多元开放式企业文化构架。

企业定位"3+3 中心"

川投能源作为母公司和出资人代表，是战略决策中心、资本营运中心、财务控制中心。

各投资关系企业作为实业主体，是生产经营中心、成本控制中心、利润实现中心。

纲领性文化理念

核心价值观——博学增才，融和兴企

企业宗旨——资本创造价值，实干铸就基业

发展愿景——能源旗舰、行业蓝筹

企业使命——"三个共同"，即回报股东是我们共同的事业，报效社会是我们共同的责任，企业兴衰是我们共同的荣辱

企业精神——"四个一样"，即管理像军队一样，学习像学校一样，公司像家庭一样，同事像亲人一样

分类文化理念

发展理念——科学发展、和谐发展

管理理念——人为重，事为先

经营理念——"三精四细"，即经营上要精明，管理上要精心，业务上要精通；账要细算，单要细签，责要细分，绩要细考

资本运营理念——运动增值，效益优先

人才理念——以人为本、以德为重、以才为要

学习理念——快乐学习、高效学习、终身学习

服务理念——心手相连，共创未来

安全理念——安全责任大落实，安全意识大教育，安全知识大普及，安全行为大规范

【企业荣誉】

2011 年 11 月，川投能源荣获“最具成长潜力”口碑奖；

2011 年 12 月，荣获上海证券交易所评选的中国公司治理最高荣誉——“2011 年度董事会奖提名奖”、“2011 年度典型并购重组案例奖提名奖”；

在中国证券市场年会中，川投能源曾荣获中国证券市场年会“金凤凰奖。

【经营业绩】

2012 年上半年，公司实现销售收入（不含税）50460 万元，同比下降 0.99%；实现合并利润总额 9913.48 万元，同比下降 34.23%；实现归属于母公司的净利润 7145.31 万元，同比下降 39.62%；实现每股收益 0.0378 元；公司总资产153.54 亿元，归属于母公司净资产 81.58 亿元。利润同比下降的主要因素是受 1－5 月来水同比偏枯和国内经济增速下滑以及社会用电需求疲软等因素影响，公司主要发电企业田湾河公司和二滩公司的发电量较去年同期有所降低。

【600684】广州珠江实业开发股份有限公司

【基本情况】

广州珠江实业开发股份有限公司（简称“珠江实业”），前身为广州珠江房产公司，成立于 1985 年 4 月，是广州市成立最早的房地产综合开发企业之一。公司注册资本为18,703.94万元，经营范围：经营土地开发、承建、销售、租赁商品房；实业投资、物业管理；承接小区建设规划和办理拆迁、报建，工程咨询及自用有余的建筑物业展销；车辆保管；批发和零售贸易。

在激烈的房地产竞争中，公司始终以服务社会、服务广大消费者为出发点，坚持经济效益、社会效益和环境效益相统一，努力向社会提供高质的产品和优良的服务，公司的社会声誉不断提高，在广州市房地产行业中树立了良好的品牌形象。公司连续多次荣获国家、省、市和有关行业颁发的各种荣誉和奖项。1987 年被评定为一级城市建设综合开发公司；1990 年 9 月，由于公司在房地产开发产量、质量、成本、经济效益、社会效益五个方面，共十二项指标均达到省级先进企业标准，被授予“省级先进企业”称号；同年 10 月，公司被授予“全国房地产开发先进企业”称号；1994 年 8 月，公司荣获广州“一九九三年度开发综合经济实力十强企业”的称号；2001 年获国家建设部颁发的“房地产开发企业一级资质证书”，公司目前是广东省房地产协会、广州市房地产协会副会长单位。

1993 年 9 月经中国证券监督管理委员会审查批准，公司向社会公众发行股票。同年 10 月 28 日，公司股票在上海证券交易所上市挂牌交易，是广州市第一批上市公司之一，它标志了广州珠江实业开发股份有限公司创业的新纪元。

大浪淘沙，风云际会。十多年来，珠江实业始终关注城市的和谐构建，促进实现人居的最大理想，构筑健康有序的生活空间，营造丰富多彩的居住文化。经过十多年的艰苦创业，公司在房地产业中异军突起，业绩优良。公司秉承“开拓、求实、优质、高效”的企业方针，严格贯彻“质量第一，信誉第一”的经营宗旨，先后开发和建设了了广州市华乐大厦、淘金北小区、站前路小区、昌岗中路小区、百事佳新村、文昌南路建筑组团、金山阁、金威大厦、金昌大厦、淘金华庭、金盛大厦等小区和楼宇。这些楼宇造型美观、风格各异、质量优良、设计布局合理、环境优美、生活设施配套齐全、售后服务完善，深受社会各界人士的赞赏与欢迎。

珠江实业在广州市中央商务区——珠江新城等城市中心繁华地段还拥有 4 万多平方米的土地储备。在立足广州的同时，公司积极开拓泛三角地区的市场，尤其是强势地进入了长沙市场。目前正在当地规划开发大型的都市生态文化共生社区项目——“珠江花城”，项目规划总占地 917 亩，总建筑面积约 100 万平方米，是一个低密度、高绿化率的高档精致楼盘，首期开盘市场反响热烈，深受消费者欢迎。公司正逐步形成广州和长沙两极互动、协调发展的战略格局，发展前景非常光明。

珠江实业作为国有骨干房地产开发企业，开发建设的房地产项目种类繁多，除一般的中高档住宅、商住楼外，还积极参与建设了广州市多个公共建筑和市政设施，为广州市的城市建设也做出了突出贡献。

珠江实业在房地产开发行业取得长足发展的同时，与时俱进，形成了土地一级开发到各类房地产开发以及物业管理、物业经营、车场经营管理、建材供应等比较完整的产业链结构。

在新世纪，面对新形势、新机遇、新挑战，公司在总结企业发展与改革实践经验的基础上，积极地实施一系列的创新措施，进一步调整和制定企业发展的战略。公司将坚持开发和经营并重的经营特色，努力寻求新的经济增长点，谋求更大的发展，通过精品化定位、集约化经营、规范化管理和实施跨地域发展战略，不断深化提高珠江实业的品牌内涵和价值，占据和扩大市场份额，提升利润空间，增强主导产业和核心业务的竞争能力，壮大和提高企业的资产规模和质量，努力实现企业持续稳定的发展。

广州珠江实业开发股份有限公司执著于“信誉为重、品质为先”的企业文化与服务精神，贯彻“诚信服务、构筑精品”的企业质量方针，继续发扬“奋发图强、主动竞争、积极奉献、实业报国”的企业精神，迎接新世纪的挑战，并诚邀国内外商家，联合发展，携手创造美好的明天。

【经营业绩】

2012 年上半年，报告期内，公司实现营业收入 6.64 亿元，比上年同期增长 5.96%；实现利润总额 1.84 亿元，比上年同期增长 26.98%；实现净利润 1.38 亿元，比上年同期增长 26.98%；实现每股收益 0.44 元；净资产收益率为11.75%，比上年同期提升 0.16 个百分点；各项经济指标实现了稳步提升。

【600690】青岛海尔股份有限公司

【基本概况】

青岛海尔于 1993 年 11 月 19 日在上海证券交易所上市。作为海尔集团的核心企业之一，同时控股在香港主板上市的海尔电器集团有限公司，截至 2012 年 12 月 31 日，公司市值约 360 亿元，已成为中国 A 股市场最大的家电类上市公司之一。

自上市以来，青岛海尔注重创新，致力于为用户创造零缺陷、差异化、即需即供的产品和解决方案，实现企业有质量的、可持续的发展。通过构建“人单合一双赢”的先进商业模式，以用户需求为中心，不断强化自身创新水平，深入洞察市场以及客户需求变化，实现产品竞争力的不断提升，持续提高市场占有率。根据中怡康统计数据，截至 2012 年 9 月，公司三大

主营业务市场份额均实现了大幅提升。其中,冰箱业务依然表现抢眼,零售额份额和零售量份额分别达到了 30.05% 和 27.94%;洗衣机零售量份额累计同比提升高达 5.46%;空调业务零售量同比提升 3.08%。

在不断拓展国内市场的同时,公司不断提升品牌影响力和市场份额,增强自身盈利能力,根据世界权威市场调查机构欧睿国际发布的全球家电市场调查结果显示:2012 年,海尔大型家用电器品牌零售量在全球市场的占有率达到了8.6%,比 2011 年上升 0.8 个百分点,第四次蝉联全球第一。

进入 2012 年以来,家电行业国内外市场需求表现疲软,企业经营困难,行业整体呈下滑趋势。但最艰难的时期正是最考验企业综合实力的时刻。青岛海尔凭借自身核心竞争力在市场低迷环境下实现了高速增长,再次证明了作为行业领导品牌的市场地位。2012 年前三季度,青岛海尔实现了营业收入同比增长 6.37%,归属于母公司股东净利润同比增长 21.52%。

公司在产品不断创新过程中,同时注重品质保证,构建完整售后服务体系,不断提升客户满意度,在国家权威部门中国标准化研究院发布的“中国顾客满意度调查”活动中,海尔已经连续 7 年蝉联家电品牌满意度测评第一名;加强生产过程中环境保护力度,构建环境管理环境管理,不断推出环境友好性产品,同时在生产过程中降低能源消耗,2011 年万元产值能耗为 0.01222,比 2005 年下降 19.61%,将环境保护工作渗透在日常工作中,切实地为环境保护做出贡献。

青岛海尔凭借其先进的经营理念以及傲人的业绩分别在 2012 中国 500 强企业排行榜、2011 年度主板上市公司十佳管理团队、2011 年度主板上市公司价值百强、2011 年度金牛最受投资者信赖公司、2011 年度金牛上市公司百强、2012 年度中国上市公司十大创富创新榜等多个资本市场重量级奖项中榜上有名。而青岛海尔也将继续深化自身的战略发展,稳步提升核心竞争力,继续开拓国际化市场,带领行业发展逐步走出低谷再创佳绩!

【企业精神】

在战略上,海尔的目标是以“两个引领”创造互联网时代的全球化品牌,即:成为全球白电行业领先者和规则制定者及实现全流程用户体验驱动的虚实网融合。通过引领潮流的产品解决方案,不断满足用户的需求,同时掌握专利和标准的话语权,通过标准输出,带动整个产业链的出口。公司抓住互联网时代的机会,用户通过网络参与前端设计,再由海尔的实体网络快速送达需求。

在组织上,公司持续完善以自主经营体为基本创新单元的倒三角组织架构。通过一线员工发掘用户需求,再倒逼内部全流程人员,为实现用户需求、创造用户价值提供快速反应和支持。目前,公司已经建立起 2000 多个自主经营体,并不断推进自主经营体纵横沟通零距离的自优化建设。

在流程上,公司建立开放的信息化系统。对外,通过信息化平台与用户互动,及时把握用户需求,并以最优方案满足用户需求;对内,通过信息化系统及时掌握经营体的绩效和问题,通过提供资源和专业服务帮助经营体达成目标。

在文化上,海尔坚持“永远以用户为是,以自己为非”的是非观。永远以用户为是,不但要满足用户需求,还要创造用户需求;永远自以为非,只有自以为非才能不断挑战自我突破自我——实现以变制变、变中求胜。同时,海尔提倡员工发扬“两创”(创业和创新)精神,创业精神即企业家精神,海尔鼓励每个员工都应具有企业家精神,从被经营变为自主经营,成为自己的 CEO;创新精神的本质是创造新的价值,新的价值的创造来源于创造新的用户资源。在这样的文化下,促进员工自创新、自驱动、自运转。

【600713】南京医药股份有限公司

【基本概况】

南京医药股份有限公司(以下简称“公司”或“南京医药”)成立于 1951 年,于 1996 年在上海证券交易所上市,是国内医药流通业首家上市公司,治理结构规范。公司 2011 年营业收入 171 亿元,在 2012 年 7 月《财富》杂志公布的“中国 500 强”中,南京医药位列第 229 位。公司旗下 80 余家分子公司、员工近 7000 人,在全国八省一区 12 个城市拥有主要物流中心。公司是江苏、安徽、福建和新疆生产建设兵团药品器械储备定点单位以及解放军总后和海军药品器械储备定点单位;是中国医药设备工程协会之发起单位、中国医药商业协会会长单位、中国医保研究会常务理事单位、全国医保协会常务理事单位;ASHP(美国卫生系统药剂师学会)、UNPA(美国天然产品联盟协会)中国会员、马来西亚 HDC(清真产业发展局)Halal 认证中心中国唯一合作伙伴。

2012 年 9 月 16 日,公司与全球 500 强企业、全球医药流通行业优秀企业之一的联合博姿集团(AllianceBoots)签订战略合作协议,双方将进一步以药品批发零售和药妆保健品为主导,共同开拓中国医药市场。

【公司经营状况及市场成就】

南京医药立足占全国药品总量 42% 的华东,并辐射全国,当前市场网络覆盖八省一区,包括江苏、安徽、福建、新疆、辽宁、河南、四川、云南和湖北,并积极在现有市场区域外地区寻找合作机会。

公司 2010 年销售收入 153 亿元,EBITDA(息税摊销前利润)为 2.7 亿元。2011 年销售收入 171 亿元,EBITDA 为 2.3 亿元。

·公司物流体系

公司服务 48000 多家客户,包括医院、药品批发公司、连锁药店、社会药店等,其中三级医院 250 余家(全国三级医院有 1233 家),二级医院 500 多家(全国二级医院有 6523 家)。药品物流年配送金额 200 多亿元(含税汇总口径),年配送里程 1100 万公里,年配送次数 80 万家次;物流中心日均配送金额 7800 万元,平均存货周转天数 23 天。

·公司采购供应体系

长期服务于公司的上游供应商超过 6000 多家,其中关键供应商和长期合作伙伴包括:强生、默沙东、辉瑞、礼来、施贵宝、葛兰素史克、诺华、拜耳、安万特。在华的外商独资和中外合资药企前 63 家中,南京医药分销总量均排在前三位。

·公司人力资源体系

拥有国家认证的药师 1480 余人、执业药师 350 余人、健康管理师 30 余人、采购师 130 余人、专业物流师 30 余人、高级供应链管理师 20 余人,获国家人事部批准设立“企业博士后工作站”,进站博士 6 人。

·公司质量安全保证体系

设立药品质量检测与技术服务中心;设计药品质量追踪溯源系统;参照 GDP 标准以及欧盟、美国、澳洲等相关参数标准,制定南京医药的内部质量管理标准并实施;实施质量授权人制度;应用互联网、物联网和 RFID 技术,对药品(健康品包括医用耗材)的在厂、在途、在库、在售、在用和在监管实施全程质量控制。

·公司主要业务领域

1. 药事服务

国家医改方案正式确定以药事服务来推进医药分开(在美国的50个州已有49个州推行了药事服务)。南京医药和美国ASHP合作,连续7年在中国举办"中美药学服务论坛",并开展医疗机构药事服务试点。南京医药率先在全国七个省区全面实施药事服务创新模式。医疗机构将自己的药品采购、药品管理与内部物流等供应链管理业务外包给专业性第三方机构来经营和运作,依靠专业化管理提高供应链效率与效益,各供应链主体分享供应链增值收益。目前与南京医药开展药事服务合作的二、三级医院共277家,销售规模达到30亿元。

2. 健康服务连锁业务

健康服务连锁业务分布在江苏、安徽、福建、新疆、上海等地,拥有南京百信、合肥大药房、福州回春等九家区域品牌连锁机构,近500家直营、加盟零售药房,以及近1000家联盟药房,所有药房均通过GSP认证。2011年健康服务连锁销售总额近10亿元。公司下属控股子公司南京国药已取得国家互联网药品交易服务资格,成为江苏省具有网上药店资格,可向个人消费者提供网上药品交易的四家零售连锁企业之一,公司目前正在大力启动以电子商务和征信为基础的网购业务。

3. 现销快配

第一个在国内推出C&C(Cash&Carry)营销商业模式,面向社区、农村,以二级以下中小医院、社区卫生机构、连锁药房及社会药店,农村乡镇卫生院、药店、诊所等及商业分销为主要服务对象,客户覆盖近万家。以"现款交易、快速配送、服务创造价值"为主要服务模式,逐步建立以战略合作供应商的产品、OEM产品、普药产品为主、合资进口产品为辅的产品销售结构,实施国家基本用药目录和处方集品种的社区及农村两网医药专业化服务。

4. 医疗用品

依托南京医药网络平台,公司医疗用品营销网络已覆盖江苏、上海、浙江、安徽、福建、河南等地区,并与国内外医疗用品机构有着长期良好的合作伙伴关系,经营业绩一直位列全国同行业前三位。在南京、福州等中心城市拥有6家homecare(健康家园)旗舰店,并与健康服务连锁共同拥有200多家homecare连锁店。

5. 中药材贸易

南京医药和美国保健品协会、马来西亚HDC(国际清真认证发展管理局)、中国天然药物资源委员会等每年举办中国最大的"中药材国际贸易洽谈会暨天然药物资源和保健品高峰论坛"。以绿金在线为主要平台的中药材贸易已发展成为线上线下并存、年交易额近百亿元人民币的中药材交易平台。

【公司荣誉】

公司近年来获得的荣誉和资质有:

1. 国家级企业管理现代化创新成果(第十七届)《医药流通企业基于利益协同的药事服务管理》一等奖
2. 美国卫生系统药剂师学会(ASHP)中国会员
3. 中国医药设备工程协会医药物流设备工程专业委员会主席单位
4. 博士后科研工作站
5. 中国医药商业协会副会长单位
6. 首批中国医药商业行业AAA级信用等级
7. 中国AAA级信用企业
8. "20年20星"医药质量管理企业明星
9. 中国A股上市公司投资者关系100强
10. 药品质量诚信建设示范企业
11. 被中国医药商业协会授予2011－2012年度"最佳对医疗机构服务奖"、"最佳信息化实践奖"、"最佳物流管理创新奖"、"最佳质量管理创新奖"
12. 江苏省级企业管理现代化创新成果(第十七届)《基于企业战略发展的内部审计管理》一等奖
13. 江苏省信息化和工业化融合示范企业
14. 江苏省模范劳动关系和谐企业
15. 江苏省模范职工之家
16. 江苏省工人先锋号
17. 江苏省文明单位
18. 江苏企业文化优秀奖
19. 江苏省厂务公开民主管理先进单位
20. 江苏慈善奖——最具爱心慈善捐赠单位
21. "感谢状"——解放军总后卫生部等颁发(为感谢南京医药在四川512大地震药材应急保障中,做出突出贡献)
22. 南京市劳动关系和谐企业
23. 连续20年荣获南京市文明单位荣誉称号

【企业社会责任大事记】

南京医药作为国内医药流通业首家上市公司,伴随中国经济体制变革与发展的历程,逐步发展壮大。近十年以来,企业秉承"调整转型、创新再造"的战略方针,在追求创新发展的过程中,时刻牢记自身肩负的社会使命,努力做到企业与社会的和谐相融,义不容辞承担其应付责任。

2003年,公司组织抗击"非典"募捐支援活动,向"抗非"一线医护人员捐赠60万元药品。

2004年,在"走进江西、心系老区"红色之旅活动中对井冈山龙市希望小学进行捐助。

2005年,与18家国内外著名医药企业及多家省内大医院联合发起倡议,加入"健康江苏社区行",资助江苏省名医、专家组成的健康巡讲团,深入全省13个省辖市、数百个社区,行程数万公里,服务社区群众。

2006年,配合南京市委开展资助贫困学生的募捐活动。

2008年,四川汶川特大地震发生后,公司员工积极向慈善总会捐款、捐物达数十万元,党员响应中央号召缴纳特殊党费4万余元。

2010年,玉树、舟曲先后发生地震和泥石流,公司员工积极向慈善总会捐款。

2011年,中秋节前夕,南京医药向市儿童福利院赠送了价值4万多元的爱心月饼,得到多家媒体的报道赞誉。

2008年至今,成立南京首批义工团队;积极参与各项慈善活动,募集善款近40万元,全部用于捐助外来务工子弟学校等慈善活动。

在一场场灾难面前、一次次援助中,南京医药和她的员工们真情奉献,彰显大爱无疆的精神境界!

同时,南京医药是中国医药商业协会会长单位、中国医药设备工程协会之发起单位、中国医保研究会常务理事单位、全国医保协会常务理事单位;是ASHP(美国卫生系统药剂师学会)中国会员;承担了江苏、安徽、福建和新疆生产建设兵团药品器械储备以及解放军总后和海军药品器械储备任务。南京医药以自己的实际行动为行业的发展做出贡献。

值此医药行业大整合、大集中,医药卫生体制改革波澜壮阔之际，南京医药立足医药流通企业改革的前沿，顺势而为，以创新引领发展、以责任铸造成就，立志为社会和公众提供更健康、更安全、更有活力的健康产品与服务，成为社会尊重、公众信赖、员工满意的健康企业！

【600744】大唐华银电力股份有限公司

【基本概况】

大唐华银电力股份有限公司（以下简称“本公司或公司”）原名湖南华银电力股份有限公司，1993 年 1 月 16 日经湖南省体改委湘体改字（1993）10 号文件批准，由湖南省电力公司、工行湖南省信托投资公司、湖南华天实业集团公司、中国湖南国际经济技术合作煤炭公司、建行湖南省信托投资公司、湖南省华厦房地产开发公司 6 家法人共同发起，于 1993 年 3 月 22 日正式成立。

1996 年 8 月经中国证监会证监发审字（1996）151 号文批准，向社会公开发行社会公众股 4,800 万股；经上海证券交易所上证上（1996）70 号文审核同意，于 1996 年 9 月 5 日在上交所上市交易。公司总股份为 19,200 万元。

1997 年 4 月 30 日经湖南省证监委湘证监字（1997）第 115 号文件同意，以总股份 19,200 万股为基数向全体股东以 10:6 的比例送红股和 10:4 的比例由资本公积金转增股本，送转共计 19,200 万股，公司总股份增至 38,400 万股。

1999 年 8 月，经湖南省证监委湘证监字［1999］17 号文批准，并经中国证监会证监公司字［1999］67 号文复审同意，以 1998 年末总股份 38,400 万股为基数向全体股东按 10:4 的比例配售新股，每股配股价 8.80 元。配售股后，公司总股份增至 53,760 万股。

1999 年 10 月，以总股份 53,760 万股为基数，对全体股东每 10 股用资本公积转增 2 股，实施转增后公司总股份增至 64,512 万股。

2001 年，经中国证券监督管理委员会证监公司字（2001）92 号文核准，公司实施配股。配股股权登记日为 2001 年 12 月 10 日，以 2000 年末的股本 64,512 万股为基数，配股比例为每 10 股配 3 股，配股价为每股 7.00 元。共计增加流通股份 6,652.8 万股，配售股后公司总股份增至 71,164.8 万股。2002 年 2 月 1 日变更工商登记，注册号为 4300001000064，注册资本 71,164.8 万元。

2005 年 5 月根据国务院国有资产监督管理委员会《关于广西桂冠电力股份有限公司和湖南省华银电力股份有限公司国有股持股主体变更有关问题的批复》（国资产权［2005］172 号），公司 30,985.5 万股国家股（占公司总股本的 43.54%）由湖南省电力公司行政划转中国大唐集团公司持有。至此中国大唐集团成为公司的实际控制人。

2006 年公司进行股权分置改革，公司非流通股股东为获得所持公司非流通股上市流通权向公司流通股股东执行对价安排的基本情况为：由公司全体非流通股股东向方案实施股权登记日（2006 年 7 月 14 日）在册的流通股股东支付股票 100,416,496 股，中国大唐集团公司向全体流通股股东支付现金 9,764,831 元人民币，流通股股东每持有 10 股将获得 3.48320股股票和 0.34 元现金。至此，本公司无限售条件流通股合计 388,704,496 股，有限售条件流通股合计 322,943,504 股，其中：中国大唐集团公司持有限售条件流通股 237,263,477股，可上市流通时间为 2009 年 7 月 18 日；其他非流通股股东持有限售条件流通股合计 85,680,027 股，可上市流通时间为 2007 年 7 月 18 日。

2007 年 7 月 18 日，公司有限售条件流通股 85,680,027 股获准流通。中国大唐集团公司持有限售条件流通股 237,263,477 股待股改承诺兑现后可以解禁。目前，公司总股份 711,648,000 股，其中流通股 474,384,523 股，有限售条件流通股 237,236,477 股。

【成就业绩】

公司 96 年上市时，装机容量 25 万千瓦，总资产 1,481,965,892元，截至 2011 年三季度，公司在役装机容量 252.7 万千瓦，其中火电总装机容量 242 万千瓦，占全省统调火电装机容量 1416.5 万千瓦的 17.08%，1－9 月份火电发电量 85.34 亿千瓦时，占全省统调火电发电量 509.35 亿千瓦时的16.75%，总资产 14,288,394,610.81 元。

【投资者关系管理】

公司现已建立《公司信息披露事务管理制度》、《公司内幕信息知情人登记制度》、《公司接待特定对象调研采访管理制度》、《公司投资者关系管理制度》、《公司内幕交易防控工作业绩考核评价办法》。根据上述制度，公司公平对待所有股东，股东不论大小，一视同仁。公司设立投资者热线，介绍公司情况，回答投资者提问，搭建了一个与投资者沟通的平台。利用股东大会召开期间，我们与到会投资者就公司已披露经营状况、经营计划、经营环境、战略规划及发展前景等进行了沟通解释，回答了投资者关心的热点问题，帮助投资者作出理性的投资判断和决策。

对于部分投资者、证券服务机构、媒体的特殊调研要求。公司遵照信息披露的“公开、公平、公正”原则，不提前透露未经披露消息。回答问题、介绍公司情况不对券商、基金等机构有任何倾斜。

【企业文化】

公司核心价值观：人为本和为贵效为先

企业精神：务实和谐同心跨越

团队理念：上下同心协同高效

【社会责任】

我们始终把科学发展、安全生产、绿色运营、员工成长、和谐共赢作为全面履行社会责任的重要内容，不断提升企业可持续发展能力，全力打造本质安全型、资源节约型、环境友好型、科技创新型企业，努力实现企业与社会和谐共赢。

【经营业绩】

2012 年上半年，公司累计完成发电量 46.88 亿千瓦时，同比下降 9.99%；完成上网电量 44 亿千瓦时，同比下降 9.47%；实现营业收入 40.88 亿元，同比增加 3.61%；实现利润总额－3.12 亿元，同比减亏 0.50 亿元；归属于上市公司所有者的净利润为－3.13 亿元，同比减亏 0.43 亿元。

2012 年上半年，公司实现电力销售收入 18.65 亿元，同比减少 0.41 亿元，降幅 2.15%。

其中：因上网电量同比减少 9.47%，减少销售收入 1.81 亿元；因上网电价同比增加 37.11 元/兆瓦时，增加销售收入 1.40 亿元。上网电量减少的主要原因是今年以来全社会用电量增速持续下降，经济增长放缓引起发电利用小时下降。

2012 年上半年，公司实际发生电力销售成本 18.20 亿元，同比减少 1.44 亿元，降幅 7.32%。

其中：燃料成本 13.08 亿元，同比减少 1.35 亿元，降幅 9.34%。燃料成本减少的主要原因：

因供电量同比下降 9.51%，减少燃料成本 1.81 亿元；因供电煤耗同比下降 3.19 克/兆瓦时，减少燃料成本 0.12 亿元;因入炉标煤单价同比增加 43.50 元/吨,增加燃料成本 0.58亿元。

截至 2012 年 6 月底,公司拥有资产总额 154.69 亿元,负债总额 141.46 亿元,所有者权益总额 13.23 亿元,其中:归属于上市公司所有者权益 10.28 亿元。

【600761】安徽合力股份有限公司

【基本情况】

安徽合力股份有限公司(以下简称安徽合力)始建于 1958 年,1993 年进行股份制改造,1996 年在上海证券交易所公开上市,股票简称:安徽合力,证券代码:600761,公司主营业务为工业车辆、工程机械与关键零部件,注册资本 4.28 亿元。目前是我国规模最大、产业链条最完整、综合实力和经济效益最好的工业车辆研发、制造与出口基地;是目前我国叉车行业唯一的上市公司,拥有国家级企业技术中心,是国家创新型企业,国家火炬计划重点高新技术企业,安徽省工程机械建设(合肥)基地龙头企业,HELI 商标是中国驰名商标。

截至 2011 年末,企业资产总额 45 亿元,2011 年实现合并营业收入 63 亿元,汇总营业收入突破百亿。公司主要经济技术指标自 1991 年以来连续 21 年保持国内同行业第一,2009 年位居世界工业车辆前八。

经过近半个世纪的发展与创新,安徽合力目前已经形成了以安徽合肥合力工业园总部为中心,宝鸡合力叉车厂、衡阳合力工业车辆有限公司两个整机厂为两翼,合肥铸造工厂、安庆车桥厂、蚌埠液力机械厂三个部件厂及配套产业园为支撑的百亿产业平台,具有年产叉车整机 10 万台、铸件 20 万吨、油缸 60 万根、转向桥 10 万台套及相应的下料、金加工、涂装、装配和试验检测能力。

合力叉车主导产品是“合力、HELI”牌系列叉车,在线生产的 1700 多种型号、512 类产品全部具有自主知识产权,产品的综合性能处于国内领先、国际先进水平,公司在国内拥有自主的营销网络,在国内建立了 23 个省级营销网络和 320 多家二级代理销售服务网点,是国内叉车行业最完善,最健全的服务体系。在海外 72 个国家或地区建立了海外代理网络,产品销往世界 130 个国家和地区,其中欧美发达国家或地区占公司出口量的 60%。

“十二五”期间,安徽合力将以“创一流品牌、进世界五强”为目标,以科学发展为主题,以加快转变经济发展方式为主线,以自主创新为支撑,抓住黄金发展期,以全球性的战略眼光、全产业链的整体思维、全过程的高效管控、全方位的合作共赢,全面增强战略竞争能力,成为中国工业车辆行业的领导者,全球工业车辆行业的领先者,在“十二五”末实现产值突破 150 亿元。

【企业文化】

基本价值理念系统

核心价值观:以人为本、以精品回报社会

企业精神:求实、创新、团结、高效

企业目标:跻身世界叉车行业前列、创国际一流企业

经营宗旨:为顾客创造价值

管理理念:实时有效、追求卓越

企业作风:一丝不苟、运作快捷

单项价值理念系统

市场观:用户至上

工作观:生命价值体现,生活乐趣所在

质量观:企业的生命,员工的品质

人才观:重学习能力,重实践能力,重创新能力

效益观:经济效益与社会效益并重

发展观:持续、健康发展

品牌观:以精品塑造名牌,以创新发展品牌

合作观:诚信合作,实现共赢

【企业荣誉】

作为我国民族叉车工业的龙头企业和国家级创新型企业,“十一五”期间,安徽叉车集团发展迅速,2010 年实现产销近 6 万台,销售收入 50 亿元,分别是“十一五”初期的 2.5 倍以上,位列世界第 8 位。而辉煌成绩的取得,得益于企业自主创新能力的不断提升。

叉车集团拥有行业唯一的国家级企业技术中心,连续 7 年被评为优秀省认定企业技术中心,先后承担了国家创新能力建设项目、国家火炬计划项目、国家重点新产品项目和省重大科技攻关项目等一批重要的科研项目。

2010 年,公司加大新产品开发力度和基础研发能力建设,通过全体员工的共同努力,先后通过“安徽省重点实验室”和“合肥市环保叉车工程技术研究中心”的批建;申请专利 47 项,授权专利 36 项,其中 2 项发明专利;新产品开发取得了辉煌的成就:“G 系列 1 ~ 3.5t 内燃平衡重式叉车”列入国家火炬计划项目,“环保型 CPCD10 – 25 内燃平衡重式叉车”获得国家重点新产品,“G 系列 CPD30 型交流蓄电池叉车”获得安徽省高新技术产品,“CPD45 交流平衡重式叉车”、“CPCD250 – Vo 内燃平衡重式叉车”获得安徽省自主创新产品,“CPCD420 – 460 重型叉车”、“CPCD120 ~ 135 型内燃平衡重式叉车”、“CPD50 交流平衡重式蓄电池叉车”、“QYCD80 型 8t 内燃牵引车”,4 个新产品通过省级鉴定,公司的“1 – 4.5吨交流蓄电池叉车”获得安徽省科技进步一等奖,“CPCD280 – 320 – Vo 型内燃平衡重式叉车”获得合肥市科技进步二等奖。

自主创新能力的不断增强,为叉车集团连续 20 年雄踞国内叉车行业第一奠定了坚实基础,也必将为实现“十二五”末进入世界叉车行业前 5 强的目标提供有力的支撑。

【经营业绩】

2012 年上半年,公司实现合并营业收入 29.74 亿元,同比下降 10.69%;实现利润总额 2.46 亿元,同比下降12.29%;实现归属于母公司所有者的净利润 1.96 亿元,同比下降 6.79%。

【600763】通策医疗投资股份有限公司

【基本情况】

通策医疗投资股份有限公司(以下简称“通策医疗”)前身中燕纺织股份有限公司,系经北京市人民政府京政发(1995)121 号文批准由北京中燕实业集团公司联合其他五家股东以发起设立方式设立的股份有限公司,公司总股本为 16,032 万元。本公司现注册地址是浙江省杭州市上城区庆春路 225 号 406 室,注册资本 16032 万元。本公司经北京市人民政府京政函[1996]33 号文批复同意向社会公开发行股票(A 股),由北京市证监局京证监发(1996)3 号文批复,并经中国证券监督管理委员会批准,向社会公开发行 4032 万股社会公众股,并于同年 10 月 30 日在上海证券交易所挂牌上市交易,证券代码:600763。

公司根据国内和国际市场需求、自身发展能力和业务需

要，原名称中燕纺织股份有限公司已不符合目前公司的发展状况，2007 年 2 月 5 日公司名称变更为“通策医疗投资股份有限公司”。

通策医疗投资股份有限公司是国内第一家以口腔医疗连锁经营为主要经营模式的上市公司。

【公司宗旨】

公司以促进我国医疗事业发展为己任，突出医疗服务、医疗研究等业务，构建以医疗服务为支柱的控股型现代企业发展战略，运用实体运营和资本运营两种手段，开拓境内外市场，追求股东利益和社会效益最大化，把公司建成一个管理科学化、经营规模化、市场国际化的医疗服务企业。

【经营范围】

投资管理，经营进出口业务（国家法律法规限制或禁止的除外），医疗器械的销售；技术开发、技术咨询及技术服务。

【经营业绩】

2012 年上半年报告期内，公司总营业收入 171,586,459.09 元，比去年同期增长了 27.09%；归属母公司净利润 44,186,796.52 元，同比增加 38.42%。公司 2012 年上半年营业收入持续增加主要原因在于各子公司的营业收入和利润水平都有很大幅度的提高，特别是公司全资子公司杭州口腔医院有限公司，宁波口腔医院有限公司的营业收入持续增加。

【600765】中航重机股份有限公司

【基本情况】

中航重机股份有限公司（Avic Heavy Machinery Co., Ltd.）隶属中国航空工业集团公司。1996 年，公司股票在上海证券交易所上市（原贵州力源液压股份有限公司），是中国航空工业企业首家上市公司，被誉为“中国航空工业第一股”。多年来，中航重机股份有限公司（以下简称中航重机）秉承“航空报国，强军富民”宗旨，践行“敬业诚信、创新超越”理念，以航空技术为基础，建立了锻铸、液压、新能源投资三大业务发展平台，积极发展高端宇航锻铸造业务、高端液压系统业务、高端散热系统业务、中小型燃机成套业务，燃机成套向总承包、安装、运行维护等服务领域拓展，新能源投资业务以大力发展风力发电、燃气轮机综合应用发电和垃圾焚烧发电等为主业，辅以新能源相关领域关键技术和产业的投资，公司产品大量应用于国内外航空航天、新能源、工程机械等领域，成为了中国最具竞争力的高端装备制造企业。2010 年底，公司资产总额 79 亿元，净资产 27 亿元，员工 9345 余人。

中航重机在中航工业“两融、三新、五化、万亿”发展战略的指引下，努力发展具有系统竞争优势的、以航空技术为特色的军民两用高端装备制造产业，通过专业化整合和资本化运作，努力提升产业发展能力和核心竞争能力，做强做大产业规模，成为寓军于民、协调发展的产业代表，为投资者提供优厚的回报，为实现航空强国的伟大事业做出更大贡献。

【企业文化】

成为全球高端制造基础产业的服务商，新能源产业的践行者。

愿景是中航重机全体员工为之努力奋斗、不懈追求的美好前景和目标。中航重机未来将成为什么样的企业？公司将以高端制造基础产业材料供应和提供综合解决方案为核心业务，以打造和持续提升国际竞争力为目标，成为全球高端制造基础产业的服务商，长远目标是力争成为全球该产业发展的引领者。中航重机要走国际化开拓之路，通过与国际知名企业对标，创新管理模式和商业模式，整合、拓展和延伸产业链，调整和优化产业布局和结构，持续增强国际竞争力和影响力，成为视野国际化、产业国际化、市场国际化、人才国际化、管理国际化的全球化公司。

面对新能源产业的发展现状和趋势，中航重机在新能源领域并不过分强调规模和世界排名，而是要在这个领域内精耕细作，探索发展模式，不断培育和提升核心能力，成为新能源产业的践行者，近期目标是成为中航工业新能源产业的龙头和引领者，长远目标是成为全球该产业发展的推动者。

【经营业绩】

2012 年上半年报告期内，公司实现营业收入 233,990.11 万元，同比下降 12.43%；利润总额 5,270.22 万元，同比下降 66.64%；归属于上市公司股东的净利润 4,157.98 万元，同比下降64.16%。

【600770】江苏综艺股份有限公司

【基本概况】

综艺股份创立于江苏南通，1996 年在上海证券交易所上市，是江苏第一家乡镇企业上市公司。公司旗下有多家控股和参股子公司，部分企业入选国家首批百家创新型试点企业和国家高新技术企业。

综艺股份历经十多年的发展，坚持实施升级转型、超越竞争的蓝海发展战略，逐步完成了以新能源为龙头、信息产业和股权投资为两翼的产业布局，业务已拓展到欧洲和美国。

【新能源】

能源，人类社会经济发展的食粮，随着煤炭、石油等传统化石能源的日渐枯竭，大规模开发可再生能源已成为维系未来人类生存和发展的关键。太阳能作为最清洁、最环保、最经济的可再生能源，是国家新能源战略的重要支柱，也是综艺股份重点发展的业务。作为国内领先的太阳能光伏系统集成商之一，综艺股份致力于光伏产业的研发和全球运营，从生产国内领先的薄膜太阳能电池入手，着力布局太阳能产业链盈利能力较强的终端—光伏电站，率先进军海外光伏电站市场，在光伏电站建设和运营方面积累了成功的经验。公司先后在美国、意大利、德国、保加利亚和捷克等国建有光伏电站，并且随着公司建设的位于新泽西州 19MW 电站这一美国东部最大光伏电站的成功并网，公司已建设的电站实现并网超过 100MW。

【信息产业】

信息产业是国家重点培育发展的七大战略性产业之一。公司在高新技术产业努力打造具有自主知识产权和核心竞争力的信息高科技产业链，在信息接收、处理和应用方面初步完成产业布局。公司生产的高温超导滤波器、神州龙芯产品、密码支付芯片等为我国通讯、金融信息安全等方面提供了有力支撑。随着国家对自主知识产权信息技术的高度重视，信息产业将为公司成为高科技、高成长、高效益的企业提供强大动力。

【股权投资】

公司旗下控股子公司江苏高科技产业投资有限公司作为专业化、现代化、国际化的高科技投资控股公司，已先后投资中小企业 20 多家，其中已有 7 家在境内外上市。江苏高投在追求单个项目的高回报率同时正逐步转向注重投资大项目的稳健回报，目前持有紫金保险 1 亿股和长安保险 1 亿股以及对中国国际期货公司增资 1.7 亿元，投资基数的加大将会带来收益绝对额的增加。存量金融资产丰富，也将为江苏高投股权投资业务带来稳定的回报。

公司未来的发展将巩固新能源为龙头、信息产业与股权投资为两翼的产业布局，做大做强光伏太阳能产业，创建具有国际品牌和影响力的光伏企业；加强信息产业的整合和市场化力度，提升产业链价值，发挥自主知识产权的高新信息技术在国家政治、经济金融安全中的基础保障作用；在自我良性滚动发展的基础上，继续适度发展股权投资业务。公司将以高科技、高成长、高效益来回馈股东、造福员工、报答社会，为民族腾飞、绿色世界作出贡献。

【经营业绩】

2012年1－6月，公司实现营业收入436,634,048.55元，同比下降14.67%；营业利润183,244,532.08元，同比下降13.67%；净利润92,579,449.24元，同比下降17.86%。

【600775】南京熊猫电子股份有限公司

【基本情况】

南京熊猫电子股份有限公司于1992年4月由熊猫电子集团有限公司控股成立，是CEC中国电子旗下的骨干企业。其母公司熊猫集团连续二十四年位列中国电子信息百强企业前列，其历史可追溯到1936年，被誉为中国电子工业的摇篮。

1996年公司股票分别在香港联交所和上海证交所挂牌上市，成为我国电子信息行业第一个A＋H股上市公司。公司注册商标“熊猫PANDA”是电子行业第一个“中国驰名商标”。

熊猫电子拥有雄厚的科技开发实力，建有三个国家级工程技术开发中心，1个博士后工作站，科研开发水平居全国同行业领先地位。公司通过ISO－9001认证，建立了科学的质量管理体系和先进的企业管理信息系统。

十一五期间，科技创新驱动熊猫电子在转型中快速发展，产业领域包括通信、电子智能系统、电子装备、数字视音频、EMS电子制造服务、软件信息服务等，尤其在轨道交通智能系统、移动通信网络设备、工厂自动化装备、物联网、三网融合方面正朝着提供整体解决方案和高端系统集成转型升级，成功攻克了一批具有全局性、带动性的关键技术，承担了一批国家技术创新项目。

公司积极开展国际合作，与瑞典爱立信等跨国公司建立了多家合资企业，成为公司新的增长点和重要利润来源，具有良好的发展前景。

面对全球化竞争和科技迅猛发展的挑战，熊猫电子将在全面、协调、可持续的科学发展观指引下，着力自主创新，完善体制与机制变革，以科技进步培育产品竞争优势；以质量服务提升品牌市场价值；并以资源的优化配置推动企业综合实力的不断增强。努力为社会、客户、股东、员工创造价值，致力实现“把公司建设成为国内一流、国际知名的信息系统集成服务商和高端智能电子装备制造商”的战略目标。

【社会责任】

多年来，南京LG熊猫电器有限公司积极倡导“爱在中国，回报社会”理念，自觉履行优秀企业公民职责，通过帮助弱势群体，为创建和谐社会作出积极的努力。

2007年，6月8日上午，该公司来到南京市社会福利院，为福利院的孤、寡、残疾人送来温暖、播种希望，向福利院捐赠了6台洗衣机、4台冰箱、2台空调柜机，为两名大龄孤儿提供了就业岗位，同时，带领30名孤残人员去珍珠泉游玩，领略美丽的大自然景色。

随着时间的推移，福利院大龄孤儿的数量激增，他们很多都具有自理能力，能从事一定的社会工作。但由于福利院生活环境的特殊性，使他们在心理状态、学业状态都出现与正常人的差异，适应社会的难度较大。在社会就业形势面临日趋严峻的情形下，孩子们就业就更加困难。这次LG熊猫提供就业岗位，不仅缓解了福利院大龄孤儿的就业压力，也为他们融入社会、展现自我搭建了平台。此举打破以往企业公益活动的传统模式，实实在在的为政府和社会解决难题，将爱心援助活动真正落到实处。

【经营业绩】

按中国企业会计准则，2012年1－6月公司实现营业收入人民币10.56亿元，比去年同期增长25.25%；净利润人民币5,217.04万元，比去年同期增长49.75%。按香港财务报告准则，2012年1～6月公司实现营业收入人民币10.42亿元，比去年同期增长26.00%；股东应占净溢利人民币5,217.04万元，比去年同期增长49.75%。

【600784】鲁银投资集团股份有限公司

【基本情况】

鲁银投资集团股份有限公司是1993年3月经山东省人民政府批准以定向募集方式设立的股份有限公司。公司于1996年12月公开发行A股，并在上海证券交易所挂牌交易，公司注册资本49661.3746万元。截至2011年末，公司资产总额34.58亿元，实现年销售收入56.92亿元，年利润总额35465万元。

公司秉承“为客户创造价值，为股东创造效益，为职工创造机遇，为社会创造财富”的企业宗旨，以“创蓝筹企业，铸百年鲁银，实现股东、客户、员工、社会和谐共赢”为愿景，发扬“不畏艰难，不懈追求，不断创新”的鲁银精神，精细经营，规范运作，通过强化内部管理、优化产业结构，努力打造公司健康、快速、可持续发展之路，实现了连续两年利润翻番，盈利能力显著增强，公司步入发展的快车道。

公司位于济南市经十路10777号，总部设9个部门，下辖有带钢分公司、粉末冶金有限公司、粉末冶金制品有限公司、山东省鲁邦房地产开发有限公司、禹城羊绒纺织有限公司、山东毛绒制品有限公司、山东鲁银国际经贸有限公司、青岛豪杰矿业有限公司、鲁银文化艺术品有限公司等20家全资或控股子分公司。

主要经营范围：股权投资、经营与管理；投资于高新材料、生物医药、网络技术等高科技产业；高科技项目的开发、转让；机械、电子设备的销售；批准范围内的进出口业务；热轧带钢产品的生产、销售；羊绒制品的生产、销售。

公司主要产业包括钢铁、粉末冶金及制品、房地产开发、羊绒纺织及铁矿开采五部分。

公司带钢分公司主导产品为620mm低合金结构钢热轧钢带，具备年100万吨带钢生产能力。

公司粉末冶金产业拥有粉末冶金有限公司和禹城粉末冶金制品有限公司，具备较强的生产能力和研发能力，形成了良好的产业链和产业布局。粉末冶金有限公司是国家级高新技术企业，也是国家高技术研究发展计划（863计划）成果产业化基地，还原铁粉、水雾化粉合计产量居国内首位，生产能力居亚洲第3位，世界第5位，3种产品被国家评为“国家级重点新产品”，具有良好的品牌效应和技术优势。

以该公司为主承担的国家科技支撑计划"高性能钢铁粉末冶金材料关键技术研究与应用"等4个项目通过了国家科技部的专家论证和项目评审。禹城粉末冶金制品有限公司是国家级高新技术企业，主要生产铁基粉末冶金汽车同步器齿毂及汽车、家电、办公机械、纺织机械等粉末冶金配件，产品达300余种，生产能力在汽车同步器齿毂领域处于国内同行业的领先地位。

公司房地产业拥有山东省鲁邦房地产开发有限公司、济南鲁邦置业有限公司和莱芜鲁邦置业有限公司，近年来先后开发了"悦海豪庭"、"鲁邦广场"、"鲁邦新天地"、"能源大厦"等项目，形成了较好的品牌效应。其中，在青岛开发的"悦海豪庭"房地产项目入选"中国十大名盘"；在济南开发的能源大厦项目采用钢结构建筑，获得了中国房地产协会评选的"中国城市魅力经典楼盘奖"。

公司羊绒产业现拥有半精纺生产线60个台（套），年生产能力1500吨，产品主销日、韩、欧美等市场。禹城羊绒纺织有限公司是半精纺行业国家标准参与起草单位，被中国纺织工程学会授予"改革开放三十年推动中国纺织产业升级重大技术进步奖"，荣获中国纺织工业协会组织评选的"产品开发贡献奖"。公司纱线产品获得中国毛纺织行业协会评选的毛纺绒线（纱线）类产品精品奖2个、毛纺绒线（纱线）类产品优质产品奖3个。"鲁银"牌半精纺纱线，被山东省质量技术监督局认定为山东名牌产品。

公司控股的青岛豪杰矿业有限公司拥有面积为15.1平方公里区块的探矿权，勘探区块内共有5处铁矿矿体，其中2号矿体已探明储量484.5万吨。随着生产和勘探的开展，将逐步形成年产40万吨左右铁精粉生产能力。

公司全资子公司山东鲁银文化艺术品有限公司集文化艺术的讯息交流、营销交易、大众普及和专业研讨于一体，主要从事艺术品拍卖、收藏、鉴赏、投资、交易及文化艺术类研讨运营。

【600785】银川新华百货商业集团股份有限公司

【基本情况】

银川新华百货商业集团股份有限公司是宁夏唯一一家商业上市公司，成立与1997年1月3日，公司业态涉及百货、超市及电器连锁，现拥有5家子公司（银川新华百货连锁超市有限公司、宁夏物美新华商业有限公司、银川新华百货老大楼有限公司、银川新华百货东桥电器有限公司、青海新华百货商业有限公司），7家百货店（新华店、东方红店、购物中心店、老大楼店、中卫店、西夏店、现代城），公司各业态近百余家店铺遍及宁夏全区，是本地区最大的商业连锁集团及最重要的商贸流通企业。

经过上市前后几十年的稳健发展，公司本着"为股东创利润、为社会创财富、为员工创机会、为顾客创服务"的经营宗旨，不断传承和发扬"进我新华、就是一家"的新华百货独特文化，以优质的服务、商品及不断带给消费者全新的消费体验为发展目标，赢得了宁夏区内外消费者的一致好评。公司完善的管理体系、专业的优秀团队、健全的内控制度使得公司实现了向科学管理的转变，并为公司各项业务的拓展奠定了坚实的基础。目前公司形成以七家百货店为龙头的传统百货业，以大卖场、生活超市及便利店为主体的超市业态，以家电、数码通讯器材销售为主导的电器连锁等形成了公司整体经营业态的布局，作为一家业绩优良、管理规范、发展前景良好的上市公司，公司多次被评为全国内贸系统先进集体，全国执行物价、计量政策法规最佳单位，全国三八红旗集体，全国巾帼文明岗等，是全区文明单位。2011年，实现营业收入52.91亿元，净利润2.52亿元，每股收益1.22元，跨入全国商业百强企业。

在为社会经济发展做出贡献，谋求股东、企业利益与社会利益共同发展的同时，公司在切实履行必要的社会责任，始终视社会责任为己任，积极参与社会捐助、救济等公益事业，在非典侵袭、汶川地震、甲流肆虐、玉树抗震等各种考验面前挺身而出，踊跃捐助、积极救助失学儿童、贫困大学生，关爱孤儿，近几年累计捐款数百万余元。公司以企业自身的发展影响和带动地方经济的振兴，促进公司与社会、股东、客户、员工的协调和谐发展。

随着国家西部大开发政策的逐步落实实施，赋予了西部地区未来经济发展的较大机遇，同时伴随本区域城市化发展进程的加快，城市人口的相应增长，新的消费商圈将在未来逐步建立形成，消费市场面临大发展的有利时机，公司百货、超市、家电三业态同时面临机遇与外来挑战并存的局面，未来几年公司将坚持区域零售做强、做大战略目标不动摇，充分利用百货、超市、家电三业态近佰余家店铺分布于宁夏主要城市核心商圈的优势，在夯实发展基础的同时，加快拓展速度，积极抢占市场先机，进一步增强公司内生性增长动力，三业态将坚持规模扩大，不断加强营销网点布局建设、创新经营管理手段，以公司整体核心竞争力的提升，来促进公司的可持续发展，努力将公司打造成为西北地区最具竞争力和影响力的商业零售集团。

【经营情况】

2012年上半年，国家整体经济运行形势复杂多变，经济增速呈持续回落态势，本地区消费市场整体表现不佳，面临较大的增长压力.公司根据董事会年初确定的工作方针和思路，积极应对市场环境和行业增速放缓的不利局面，继续强化预算目标的达成和管理机制变革，推进重点项目建设和各业态网点扩张，不断提升运营模式，积极打造品类与服务两个优势，上半年整体发展呈现平稳增长态势。报告期内公司实现营业收入294,186.80万元，同比增长15.43%；实现归属于上市公司股东的净利润15599.62万元，同比增长14.75%。

【社会责任】

新华百货公益活动之慰问西吉县袁河孤儿院：

在西吉县袁河福利院生活着这样一群孩子，他们大多数父母离世，部分孩子父母离异并重新组建家庭，这些孩子现在由西吉民政局统一抚养。为体现党和政府对孤儿的关爱，9月26日，新华百货长期资助孤儿启动仪式在西吉县袁河孤儿院举行。自治区民政厅机关党委书记哈学华、西吉县副县长田俊秀、民政局局长马耀宏等政府领导及银川新华百货商业集团股份有限公司副总裁陆燕、马卫红等出席了启动仪式。

在了解到孤儿缺乏生活和学习用品后，新华百货为孩子们带来了羽绒服、牛奶、食品及学习用品。新华百货副总裁马卫红在启动仪式中表示"自2011年9月起，新华百货每个季度都会前来袁河孤儿院慰问孤儿，并将为考上大学的孤儿提供大学期间的费用资助。让孩子们走出大山，感受现代科技文明带来的社会进步。"整个启动仪式现场温暖如流，相信有了新华百货和社会各界的关爱，孩子们能够树立起健康、积极的人生观，能够充满追求梦想的勇气和信心，用自己的双手去创造属于自己的美好明天，为社会文明进步发挥少年栋梁的作用！

传承敬老孝亲美德构建和谐社会风尚：

敬老孝亲是中华民族的传统美德，是社会文明进步的重要标志。为传承和弘扬民族优秀文化传统，银川新华百货商业集团股份有限公司携手银川市民政局、银川市老龄办于8月27日在崇安社区广场举办了"弘扬敬老孝亲风尚关爱孤寡老人生活"免费为孤寡老人送米面油的慰问活动。

新华百货确保每月按时为100户孤寡老人免费送去大米、面粉、食用油各一份，保证持续稳定的做好这项服务工作。同时希望通过此次活动进一步营造全社会尊重老人、关心老人、照顾老人的氛围，并不断延伸和拓展服务孤寡老人的活动，真正让孤寡老人老有所养、老有所乐。

新华百货爱心妈妈六一前看望孩子们：

随着六一的到来，新华百货的爱心妈妈带着节日的问候来看望生活在这里的孩子们，并带来节日的问候。考虑到六一儿童节马上就要来了，孩子们没有一套音响设备，为了使孩子们能过一个快乐的节日，新华百货的爱心妈妈特意为其送来了一套音响及其它慰问品。看到自己曾经认养的女儿已经长高、长大了，爱心妈妈激动不已，和孩子紧紧拥抱在一起。孩子被爱滋润着，心里有说不出的快乐，脸上也露出了灿烂的微笑。

【600798】宁波海运股份有限公司

【公司概况】

宁波海运股份有限公司是在上海证券交易所挂牌交易的A股上市企业。1996年11月，以宁波海运(集团)总公司为主体发起人，以其所属的货轮运输分公司为基础，联合浙江省电力燃料总公司等四家发起人，以募集方式改建设立了宁波海运股份有限公司。经中国证监会批准，公司于1997年3月20日向社会公开发行4,100万股A股股票，并于同年4月23日在上海证券交易所上市交易。公司是浙江省第一家上市航运企业，主要经营我国沿海、长江中下游货物运输、国际远洋运输和交通基础设施、交通附设服务设施的投资等业务，自营和代理货物和技术的进出口。

截至2012年9月30日，公司总资产69.74亿元人民币，净资产19.55亿元人民币，总股本为87117.45万股。目前公司资产结构更趋合理，运力规模已在国内沿海干散货船经营规模中名列前茅。同时，公司积极致力于实现股东回报的最大化，上市14年来，公司累计现金分红达到9.08亿元，为投资者提供了实实在在的回报，确立了公司主业突出、持续发展的行业地位。

【业务发展】

公司积极奉行"诚信服务、稳健经营、规范运作、持续发展"的经营理念，坚持"提升海运主业，培育公路产业，优化投资企业，促进海陆并举，稳健持续发展"的发展战略。目前公司已形成以沿海和国际煤炭运输为主的专业化散货运输经营格局，经营辐射全国沿海港口和长江流域，航迹遍布世界30余个国家60多个港口。

2012年，受世界经济增速减缓、全球贸易需求不振的影响，航运市场供需矛盾加剧，运价持续下行，并在低谷徘徊，航运企业业绩明显下滑。面对异常严峻的市场形势，公司以"树信心、稳主业、调结构、防风险、挖潜力、控成本、促效益"为主线，按照"稳中求进，进中求好"的总要求，直面困难，凝心聚力，努力拼搏，确保公司各项经营管理工作正常开展。近年来，公司以新建和购入船龄低的二手船来发展船队规模，优化船队结构；同时公司加速淘汰高油耗、高维修成本和高安全风险的船舶，船队结构得到进一步改善。目前公司拥有一支从20,000吨级至75,000吨级国内沿海和远洋散货船为主体、共计19艘自有船舶、平均船龄12.95年、总运力规模近91.31万载重吨的海运船队。同时，公司"海陆并举"初显轮廓，公司控股的宁波海运明州高速公路有限公司投资建设的全长42.135公里的宁波市绕城高速公路西段项目产生了良好的社会效益。

公司拥有的全资子公司宁波海运(新加坡)有限公司和参股公司上海协同科技股份有限公司、宁波港海船务代理有限公司，主要涉及远洋运输、船舶代理、高新技术产业开发及投资等业务，通过优势互补和利益共享，提高了企业的抗风险能力和综合实力。

【企业治理】

公司严格按照《公司法》、《证券法》、《上市公司治理准则》等有关法律、法规，建立和完善了"三会一层"工作制度及规章制度，自觉接受股东的监督，规范公司运行，做到公司的决策和经营程序化、规范化、制度化和科学化，建立了比较完善的治理结构。

2012年根据法律法规及政府有关规章的调整情况，公司及时制订了与公司治理相关的内部管理制度；公司根据中国证监会等五部委《企业内部控制配套指引》的要求，聘请专业的内控咨询机构，针对企业实际情况，制订了《宁波海运股份有限公司内部控制评价管理制度》和《宁波海运股份有限公司内部审计管理制度》，促进了企业内控规范体系的基本建成。

【投资者关系管理】

公司严格执行《公司投资者关系管理办法》，在不违反信息披露制度等规定的前提下，客观、真实、准确、完整地介绍公司经营情况，使普通投资者能通过电话、传真及电子邮箱等方式方便地与公司进行沟通以及反映有关情况；公司在拓展投资者关系管理模式上下功夫，提供多层次的投资者服务，构建多种形式的信息沟通渠道及平台，按照监管机构要求及时准确地进行指定信息和重大事件的披露，整合投资者所需要的投资信息实现与投资者之间及时便捷的双向沟通与联系，与投资者、媒体和监督部门建立良好的公共关系；收集公司现有和潜在投资者的信息，将投资界对公司的评价和期望及时传递到公司决策层；认真履行信息披露义务，有效执行相关的信息披露事务管理制度，使所有股东都有平等的机会获得信息，维护投资者和公司的合法权益。

【社会责任】

公司积极推进企业的可持续发展，持之以恒地履行着社会责任，加强企业经营，持续为股东创造更大的价值；秉承"诚信服务"的经营理念，致力于提高运输质量和服务质量，满足客户的需求；秉承"以人为本"的管理理念，珍视员工的健康和安全，保障员工的合法权益；积极进行技术改造，加强环保投入力度，促进社会、经济和环境的可持续发展。

【600825】上海新华传媒股份有限公司

【基本情况】

上海新华传媒股份有限公司(简称"新华传媒"，股票代码：600825)，是国内唯一一家横跨出版发行和报刊经营行业的大型传媒企业，也是中国出版发行第一股。改制的先发优势，悠久的历史积淀，丰富的资源网络，以及优质的品牌和资本优势，为公司构建了较大的施展空间。

公司前身为上海时装股份有限公司、华联超市股份有限公司。1993 年 10 月,上海时装股份有限公司向社会公众公开发行普通股股票 2,000 万股,公司股票于 1994 年 2 月 4 日在上海证券交易所上市交易,股票简称"时装股份",股票代码"600825"。2000 年 7 月,公司原控股股东华联(集团)有限公司将其所持有的本公司 51,425,082 股国家股转让给上海华联商厦股份有限公司,并受让其所持有的上海华联超市公司 100% 股权,公司更名为"华联超市股份有限公司"。2006 年 9 月,上海新华发行集团有限公司受让本公司股份 118,345,834股(占总股本的 45.06%),成为本公司第一大股东,经过资产置换,公司主营业务由原来的经营连锁超市业务变更为经营文化传媒业务,公司名称变更为"上海新华传媒股份有限公司"。2008 年 1 月,公司完成定向增发,解放日报报业集团、上海中润广告有限公司分别以其传媒类经营资产认购公司 124,367,268 股股份。定向增发后,新华传媒在以图书发行业务为主业的基础上,增加报刊经营、报刊发行、报刊广告代理等业务,打造完整的平面媒体经营产业链,进一步提高了新华传媒在平面媒体经营领域的竞争实力,实现在平面媒体经营领域的发展战略。

新华传媒目前已形成图书发行、报刊经营、广告代理、电子商务及传媒投资等业务板块。其中公司所属的新华连锁是上海地区唯一使用"新华书店"集体商标的企业,在全市拥有大型书城、中小型新华书店门市等大中小不同类型的直营网点近 150 家,拥有中小学教材的发行权,图书零售总量占上海零售总量的 65% 以上;公司拥有《新闻晚报》、《申江服务导报》、《房地产时报》、《人才市场报》、《I 时代报》以及《上海学生英文报》等多家知名报刊的独家经营权;公司下属的上海中润解放传媒有限公司是《解放日报》、《新闻晨报》、《申江服务导报》等报刊的广告总代理商,在业界被誉为"媒体品牌管家"。

新华传媒通过对核心业务与相关经营资源的整合,全力推动企业发展创新业务,并加快业务转型,努力成为具有市场竞争力和文化影响力的综合性传媒经营企业。

【经营业绩】

2012 年上半年,公司实现营业利润 58,527,467.18 元,比上年同期减少 39.01%;归属于上市公司股东的净利润 65,071,920.36元,比上年同期减少 22.41%。

【企业荣誉】

2012 年 9 月 26 日,公司获得"全国文化体制改革工作先进单位"称号。

2012 年 4 月,第八届"新财富金牌董秘"评选,公司董事会秘书王左国再次当选,三届蝉联"新财富金牌董秘"。

2011 年,上海书展暨"书香中国"上海周,新华传媒荣获了"最佳组织奖"、三项"活动策划奖"。

申江服务导报再次获 2010 全国城市周报十强称号并获 2009 – 2010 中国品牌媒体百强。

公司被评为 2009 年上海企业 100 强第 86 名和 2009 年上海服务业企业 50 强第 42 名。

2009 年公司获评全国文化体制改革先进企业称号。

公司被评为"全国新闻出版行业抗震救灾先进集体"。

《申江服务导报》荣获广告价值贡献大奖。

新华传媒荣获"年度企业诚信奖"。

【社会责任】

青海玉树地震发生后,灾情牵动着上海人民的心,在紧张办博的同时,上海人民心系灾区。2010 年 4 月 20 日,市委、市人大、市政府、市政协等市级机关分别举行捐款活动,为地震灾区群众奉献爱心。在 4 月 20 日央视募捐活动特别节目现场,上海市宣传系统共捐款 1800 万元。其中,上海新华传媒股份有限公司捐款 200 万元。

四川汶川发生强烈地震后,上海新华传媒股份有限公司在全公司范围内紧急动员,全力支持抗震救灾工作。以公司名义在新闻出版总署组织的捐款活动中向灾区捐款 200 万元。全体职工也自发组织了各种形式的募捐活动。一些职工自发地将一个月的工资全部捐了出来,以表达对受灾地区人民的一份心意。

【600831】陕西广电网络传媒(集团)股份有限公司

【基本概况】

陕西广电网络传媒(集团)股份有限公司脱胎于黄河机电股份有限公司,1992 年 4 月成立,1994 年 2 月 24 日在上海证券交易所上市,是陕西省首批上市公司之一,证券代码 600831,股票简称"广电网络",属于文化与传播行业。

2001 年,陕西广电系统对"ST 黄河科"进行了大规模资产重组,置出了家电制造类资产,置入了广电传媒类资产,形成了以有线电视网络运营为主业的崭新业务格局,公司经营范围变更为广播电视信息网络的建设、开发、经营管理和维护,广播电视节目收转、传送;广播电视网络信息服务、咨询;广播影视节目策划、制作、发行;有线广播电视分配网的设计与施工,卫星地面接收设施设计、安装、施工;设计、制作、发布、代理国内外各类广告。

自 2001 年以来,广电网络在经历了网络整合、借壳上市、资产重组、产业提升、股权分置改革、增发新股募集资金 8.8 亿元等重大事项后,成为全国文化体制改革先锋,铸就了资本产业融合经典。以募集资金和自有资金收购全省广电网资产后,陕西省成为全国范围内第一个实现全省广电网资产整体上市的省份,进入产业大发展的二次腾飞阶段。

陕西广电网络传媒股份有限公司是陕西省行政区域内唯一合法的有线电视、有线数字电视运营商,同时也是陕西省行政区域内拥有合法 ISP 接入业务的服务商,是陕西省电子政务传输网支撑企业。

在国家广电总局的指导下,在陕西省委、省政府和省广电局的关怀、领导下,广电网络在文化体制改革的大潮中发展壮大,已成为陕西省信息化建设的主力军。多年艰苦创业,广电网络取得了辉煌的成就,主要表现在:

覆盖规模扩大。公司现拥有光缆 55000 公里,折合 120 万芯公里。光纤网络覆盖全省所有的市、县和 1400 个乡镇,20000 个行政村,乡镇覆盖率达到 80%、行政村覆盖率达到 70%;城乡人口覆盖率达 80%。

网络功能提升。围绕建设城市信息化平台和家庭多媒体终端,建设了 SDH 骨干传输网和 IP 网,搭建了全省传输、交换大平台,并对城域网进行双向改造,为用户提供 2M 到 1000M 的宽带网、专线接入服务。从而使陕西广电网从单一传输广播电视节目的行业网,发展为可以承载视频、语音、数据的多功能综合性信息化基础网络。

业务迅速发展。有线电视用户快速发展,截止 2008 年底,累计达到 410 多万户(其中数字电视用户 110.64 万户);建设广电宽带信息点 50 万个,发展广电宽带用户近 10 万户;作为陕西电子政务传输网的支撑企业,现已建设并运行了全省 6 个政务专网,并建设市、县行业专网 360 个,各类专线

3000 多条。有线电视数字化整体转换全面启动。

资本运作结硕果。股权分置改革和增发新股的成功使广电网络发生了翻天覆地的变化，给股东带来了丰厚的投资回报。几年来，广电网络还在推进陕西省城乡信息化建设、创新服务体系、安全优质播出等方面取得重要成果。

【企业荣誉】

树立了"两项中国第一，陕西广电创造"的品牌：陕西省成为国内第一个整合全省有线电视网络资产后、第一个实现整体上市的省份；同时，也开创了国内文化企业"借壳上市"后、再融资成功的先河。广电网络增发新股的成功，谱写了陕西上市公司资本运作的新篇章：刷新了陕西省上市公司通过证券市场单次融资金额的纪录，也成为陕西唯一重组融资成功的上市公司。

【企业文化】

秉承传播先进文化的企业理念，广电网络将以有线电视数字化整体转换为契机，以双向互动的广电网络平台为支撑，围绕建设城市信息化平台和家庭多媒体终端，积极扩展用户规模、大力拓展业务领域、全力打造传媒精品，以优质的服务回馈用户，以优异的业绩回报股东，以全面的信息化数字化网络平台为数字化新陕西贡献力量。

【经营业绩】

2012 年 1－6 月，公司实现营业收入 85，460．61 万元，同比增长 23.05%；实现归属于上市公司的净利润 7，804．07 万元，同比增长 11.89%。

【600832】上海东方明珠（集团）股份有限公司

【基本情况】

上海东方明珠（集团）股份有限公司成立于1992 年8 月，系中国第一家文化类上市公司。

公司成立以来，先后在文化休闲娱乐、新媒体、对外投资等领域进行多元化拓展，在规模、效益和品牌等方面取得了显著提升，实现了产业结构优化和业绩的稳健、快速发展。公司现有注册资本 31．86 亿元，截至 2011 年末，公司总资产117．84亿元，归属于母公司的净资产 72．27 亿元，被上海市人民政府列入 50 家重点大型企业，名列中国最具发展潜力上市公司 50 强、中国科技上市公司 50 强，"东方明珠"还被国家工商管理总局认定为中国驰名商标。

公司所属东方明珠广播电视塔是上海市标志性建筑，经过多年的精心打造和品牌经营，现已成为上海乃至中国现代化建设的标志、对外宣传和风貌展示的窗口、文化交流的纽带、改革开放的象征。

公司控股的上海国际会议中心拥有一家五星级酒店、风格各异的多功能会议厅和一个目前上海规模最大的宴会厅，先后成功承办了 APEC 会议、全球扶贫大会、全球工程师大会、上海合作组织峰会等重大国际性会议。作为东方明珠管理品牌输出的成功范例，上海东方绿舟管理中心管理着占地面积达 5600 亩的上海青少年校外活动营地"东方绿舟"，成为上海文化休闲娱乐的重要基地。公司与 AEG/NBA 联手经营上海世博演艺中心，引进顶级文娱演出、体育赛事，延伸文化旅游产业链，并成功承办了 2010 年上海世博会开、闭幕式。

东方明珠传输公司承担着整个上海地区无线广播和电视发射以及数据传输等任务，24 小时不间断的把几十套广播电视节目传输到上海乃至华东部分地区的千家万户，保持了在全国同行业的先进水平。

东方明珠依托文广集团的整体优势，积极介入媒体领域，确立了以新媒体产业为主导的战略发展方向。公司投资上海东方有线网络公司和太原有线电视网络公司，参建上海最具规模和影响的"东方网"，购买上海东视新闻娱乐频道和上视综合频道黄金广告时段。

公司立足创新经营，适应媒体技术日新月异的发展趋势，进一步加快在新媒体业务领域的开拓。2002 年 8 月，东方明珠和文广集团等单位共同发起创建了东方明珠移动电视有限公司，整合资金、节目、传输等多方优势，率先在中国推出了移动数字电视这一全新媒体，创下了中国第一、全球第二的记录。2005 年 7 月，东方明珠移动电视有限公司、上海东方宣传教育服务中心和东上海国际文化影视有限公司联合推进楼宇电视，开通了上海公共视频信息平台。2008 年，公司与申通地铁资产管理公司合资成立上海地铁电视有限公司，通过地铁电视建立一个涵盖所有上海重要市内交通网络的立体数字电视平台。与此同时，公司锲而不舍，以新理念、新技术、新模式致力于手机电视业务的开拓，2009 年，与广电总局建立战略合作关系，成为 CMMB 手机电视在上海地区的运营商。

东方明珠将以此为新的契机，加快推进新的发展战略，进一步增强核心竞争力，发展成为中国实力雄厚、具有重要影响力的大型文化企业集团，不断提升公司在资本市场上的良好形象，成为公众信赖的优质上市公司。

【经营业绩】

2012 年上半年，公司实现营业利润 393，252，913．67 元，比上年同期增长 12．38%；归属于上市公司股东的净利润 274，752，746．34 元，比上年同期增长 11．46%。

【企业荣誉】

2012 月 9 月，公司荣膺文化体制改革工作先进单位。

2012 年 5 月，公司荣获"第四届全国文化企业三十强"。

2011 年 8 月，上海东方明珠移动电视获得由上海市儿童健康基金会所颁发的 2011 年度"关爱儿童健康社会公益奖"。

2011 年 7 月 21 日，《上海地铁数字电视覆盖系统建设与网络管理》项目荣获"王选奖"一等奖，同时公司自主研发的《广播电视覆盖网规划软件》项目以及《隧道十六套调频广播覆盖系统研究与开发》项目分获二等奖、三等奖。

2011 年 4 月 27 日，东方明珠荣获 2010 年度上海市科技进步奖三等奖。

2009 年 11 月 7 日，公司获评"新中国 60 年有影响的 60 件广播电视大事"。

2008 年 11 月 19 日，公司被授予"国家文化产业示范基地"称号。

2008 年 11 月，东方明珠移动电视连获"中国新媒体年度十大品牌"以及"中国五大最具投放价值新媒体"两项殊荣。

2008 年 6 月，上海东方明珠集团股份有限公司获得"金牛奖 A 股市值百强"殊荣。

2008 年 2 月，上海东方明珠（集团）股份有限公司名列 2007 年上海企业 100 强。

【社会责任】

东方明珠移动电视已不仅是城市公共服务信息发布平台，更是受到政府各职能部门肯定的城市应急预警信息的发布渠道之一。其采用的无线数字电视广播技术，在台风"海葵"、"3·11"日本强震引起的核泄漏恐慌，上海地铁运营故障以及"党的十八大"等重大活动及城市应急状况下，通过滚动字幕、图文标版、视频新闻、直播连线、延时直播等多种发布形式，充分配合政府和相关职能部门，在第一时间准确地发布应急预警信息。

目前,东方明珠移动电视已与近 10 个政府委办局合作,每天滚动播出各类公共服务信息,包括与上海市气象局合作发布《今日气象最新》、与上海市环保局合作发布《空气质量状况》、与上海市公安局合作《防范伴你行》等,成为参与社会管理、与政府职能部门合作最多的官方户外移动电视,切实满足了户外移动人群对公共信息日益扩大的需求。

【600863】内蒙古蒙电华能热电股份有限公司

【基本情况】

内蒙古蒙电华能热电股份有限公司(简称:内蒙华电,股票代码:600863),是 1993 年经内蒙古自治区人民政府批准以包头第二热电厂为基础改制,由内蒙古电力(集团)有限责任公司、中国华能集团公司等作为发起人以社会募集方式设立。1994 年 3 月向社会公众公开发行人民币普通股股票(A 股)5,000 万股,同年 5 月 20 日"内蒙华电"股票在上海证券交易所挂牌交易,公司成为内蒙古自治区第一家上市公司。

公司主营火力发电、供应,蒸汽、热水的生产、供应、销售维护和管理;风力发电以及其他新能源发电和供应;对煤炭铁路及配套基础设施项目的投资、对煤化工、煤炭深加工行业投资、建设、运营管理,对石灰石等与电力生产相关的原材投资。

截至 2009 年年末,公司权益装机容量 572 万千瓦,实现营业收入 72 亿元。

公司目前全资拥有二家运营电厂、一家石灰石公司;控股拥有四家运营发电公司、一家煤炭公司;参股八家电力公司、一家煤炭公司、一家风电公司和一家铁路公司,同时开始涉足风电项目的开发,目前已开始两个风电项目建设,并规划储备了一些后续风电项目。公司控股股东为北方联合电力有限责任公司,持股比例目前占公司总股本的 71.08%,其余股份均为其他流通股东持有。

【主营业务】

火力发电、供应,蒸汽、热水的生产、供应、销售、维护和管理。

【经营业绩】

2012 年 1-9 月,公司上网电量完成 257.72 亿千瓦时,同比增加 21.57 亿千瓦时,增加 9.1%,其中:蒙西电网各电厂累计上网电量减少 6.81 亿千瓦时,向华北直送的上都电厂上网电量比上年增加了 28 亿千瓦时。

2012 年 1-9 月,公司实现营业总收入 82.83 亿元,同比增加 16.91 亿元,增长 25.65%。实现营业成本 61.35 亿元,同比增加 11.26 亿元,增幅 22.5%。实现营业利润 16.58 亿元,实现合并利润总额为 16.78 亿元,同比增加 2.3 亿元,增幅 16.09%;归母公司净利润实现 8.42 亿元,同比增加0.13亿元。

【企业文化】

企业使命:成为"为中国特色社会主义服务的红色公司;注重科技、保护环境的绿色公司;坚持与时俱进、学习创新、面向世界的蓝色公司"。

【600865】百大集团股份有限公司

【基本情况】

百大集团股份有限公司的前身为大型零售企业杭州百货大楼,1989 年开张营业。1992 年以定向募集方式改制为股份有限公司,1993 年组建集团公司,1994 年公司股票在上交所挂牌上市。2006 年,公司国有股份转让给西子联合控股有限公司,2008 年完成股权分置改革,公司由西子联合控股有限公司控股。公司旗下拥有浙江百大置业有限公司、杭州百大置业有限公司、杭州百货大楼、杭州大酒店、商居大厦物业管理分公司等多家分子公司。截止 2011 年底,公司总资产 44.21亿元。2011 年公司实现营业收入 12.98 亿元,利润总额 1.04亿元。公司先后被授予中国商业名牌企业,中国商业服务名牌企业,浙江省百强服务业、浙江省著名商标、浙江省知名商号、杭州市百强企业等荣誉称号。

目前,公司实施了战略转型,由百货业为主导转为发展房地产、商业贸易、酒店业、金融投资等现代服务业务,以商业地产板块为核心业务,以商贸运营和酒店连锁板块为周边业务,以金融投资板块为支持业务,有重点、有节奏地迈入协同、持续、整体发展的轨道,转型后,公司将秉承"创业、诚信、专业、共赢"的核心价值观,以"为全社会创造和谐商业空间;为合作者创造共赢利益空间;为公众创造人性化生活空间"为企业使命,提出"百大空间品质生活"的品牌口号。致力于发展成为驰骋中国商业地产,造就最具成长性的现代服务业集团。

【经营业绩】

2012 年在宏观经济形势更趋严峻的背景下,公司全体团结一致,积极应对,2012 年上半年报告期内实现营业收入 6.2 亿元,利润总额 5,920.93 万元,归属于上市公司股东的扣除非经常性损益的净利润 4,023.78 万元,同比下降 11.7%。净利润较去年同比下降的主要原因是酒店进行客房装修导致营业收入减少。

【企业文化】

一、愿景

驰骋中国商业地产,造就最具成长性的现代服务业集团。

二、使命

为全社会创造和谐商业空间;

为合作者创造共赢利益空间;

为公众创造人性化生活空间。

三、核心价值观

创业诚信专业共赢

四、品牌口号

百大空间品质生活

五、整体发展战略(简称:航母战略)

公司发展房地产、商业贸易、酒店业、金融投资等现代服务业务,以商业地产板块为核心业务(航空母舰),以商贸运营和酒店连锁板块为周边业务(护卫舰),以金融投资板块为支持业务(补给舰),有重点、有节奏地协同、持续、整体发展。

六、各子板块的发展定位

1. 商业地产板块:

发展定位:作为公司的核心主营业务,力争成为中国城市商业地产优秀开发运营商。

发展模式:采用住宅开发与商业地产开发一体化的模式进行房地产独立开发或合作开发;通过住宅和部分商业地产的开发销售以收回投资,并持有大部分商业物业出租或运营以获得稳定收益和持续升值。

产品品牌:百大空间。品牌口号和公司相同。

2. 酒店连锁板块:

发展定位:作为杭州主题文化特色连锁商务酒店的集团化经营和公司商业地产板块的定位与运营支持者。

发展愿景:打造具有杭州主题文化特色的中高端商务连锁酒店。

发展战略：杭州文化主题为特色的稳健扩张战略。

产品品牌：杭州大酒店

品牌口号：昨夜梦西子，今朝会杭州

3. 商贸运营板块：

发展定位：为商业地产板块配套，并为提升其效益开展商业定位策划与招商支持及部分自营业务的运营管理。

4. 金融投资板块：

发展定位：公司资金使用的优化者与和资金需求的提供支持者，公司持续发展和价值提升的倍增器。

【600868】广东梅雁吉祥水电股份有限公司

【基本情况】

广东梅雁吉祥水电股份有限公司原名“广东梅雁企业（集团）股份有限公司”，公司成立于1993年1月，公开发行的股票于1994年9月12日在上海证券交易所上市流通，证券代码为“600868”。公司上市后，依托证券市场不断扩大经营资本，优化产业结构。公司从1996年起逐步将产业结构朝水电行业调整，在各级党委、政府和社会各界的关心支持下，先后在广东梅州及广西柳州等两个地区投资建造了10个水电站。目前公司拥有6个水电站，电站总装机容量为12.9万千瓦。在发展水电能源的同时，公司积极发展高新技术项目，注重发明创造和技术革新，提高公司的核心竞争力。

经过十几年的经营发展，2011年度公司的总资产为36.4亿元，现有员工1100多人，拥有9家全资及控股公司，业务涉及水电能源、铜箔、水泥、矿产销售等。

2011年度，公司继续以降低银行负债、调整债务结构为中心，围绕健全内控、化解风险、创新管理、节能降耗四个方面实施了一系列经营管理措施。公司通过处置资产降低银行负债、调整债务结构，节约了财务费用支出。本报告期内共计归还银行借款约20,875万元、归还银行利息约12,167.28万元；为了进一步实现稳健经营，报告期内，公司加大了对生产企业的设备改造等资金投入，还通过加强生产运营管理、鼓励创新等措施逐步提升金象铜箔、梅雁旋窑水泥和梅雁矿业公司等控股公司的经营效益；金象铜箔公司成功研发了挠性线路板用高延展性地轮廓铜箔（VLP），项目研发过程中取得了4项专利，其中2项发明专利、新技术（新工艺）2项。产品投放市场反应良好，2012年2月被广东省评为高新技术产品、2012年3月被评为广东省重点新产品。

2011年度，公司合并的营业收入为65,562.97万元，净利润为1,553.93万元，归属于母公司的净利润988.64万元。

展望未来，公司将秉承“梅雁效益，众人得益”的宗旨，大力发展水电能源及高新技术产业，不断提高公司的核心竞争力，创造更多的效益回报社会、回报股东。

【经营业绩】

2012年上半年度，公司电站所处地区降雨情况较好，公司水利发电业务收入较去年同期大幅增加，实现了较好的收益；但公司生产制造业务在2012年上半年受到产品市场价格波动的影响以及设备改造等原因，营业收入较去年同期减少了22.09%。

报告期内，公司主营业务收入为312,944,619.69元，实现归属于母公司所有者的净利润3,781,765.82元，公司主要行业的经营情况如下：

（1）电力生产业务

报告期内，公司取得发电收入127,311,078.46元，比上年同期增加86.73%，营业利润率比上年同期增加40.9%。

（2）生产制造业务

公司生产制造业务主要产品为铜箔、水泥熟料和矿石。由于受到市场需求量下降、价格下跌等不利因素影响，以及部分控股公司因设备改造影响了正常生产等原因，报告期内，公司生产制造业的经营业务收入为171,561,153.49元，较去年同期减少了22.09%。

（3）出售资产情况

报告期内公司将所持梅县梅雁电子科技工业有限公司75%的股权转让给梅雁实业股份有限公司，获得转让收益315万元；公司出售土地和房产获得收益合计2146.78万元。

【600873】梅花生物科技集团股份有限公司

【基本情况】

公司前身为河北梅花味精集团有限公司，成立于2002年4月。梅花集团以生产经营味精为主业，依托既有生产链，现已形成一个庞大的产品谱系。梅花集团年产味精达50万吨，是全球最大的味精制造企业之一。梅花味精是国内著名面类、肉类、调味品类企业及多家跨国企业的首选供应商和战略合作伙伴，“梅花”于2007年荣获“中国驰名商标”以及“最具竞争力品牌”称号，该商标已在马德里协约国及以外国家和地区注册，产品销往全球50多个国家和地区。

公司视产品质量为企业生命，注重品牌建设。顺利通过ISO9001质量管理体系认证、ISO14001环境管理体系认证、HACCP食品安全卫生管理体系认证和ISO18001职业安全健康管理体系认证。梅花味精被农业部绿色食品办公室认定为“绿色食品”。“梅花”为中国驰名商标。“梅花”商标已在国外47个国家和地区注册。产品出口到西欧、北美、南美、东南亚等50多个国家和地区。是国内著名的食品生产企业、世界500强食品、商贸企业的直接供应商和合作伙伴。

【经营情况】

2012年上半年，受国内外经济综合影响，公司主要产品市场竞争进入白热化状态，报告期内氨基酸市场维持低迷走势，价格整体走势均呈现不同程度下滑。同时，主要原材料玉米价格一路上涨，在四月中旬出现小幅回落后，在六月中旬又重返上升通道。

报告期内，面临着行业整体低迷的市场状况，公司全体员工上下一心，以年初计划为总控目标，通过加强管理，技术创新等手段不断降低生产成本，减少宏观经济因素给公司带来的不利影响。报告期内，公司实现销售收入37.88亿元，同比增长28.86%，但由于同期产品价格的下降幅度远高于同期成本的下降幅度，导致公司产品特别是氨基酸产品的毛利下降。报告期内公司实现归属于母公司所有者净利润2.81亿元，同比下降28.33%。

【600889】南京化纤股份有限公司

【基本情况】

南京化纤股份有限公司前身系南京化纤厂，于1964年建成投产。1992年改制为股份制企业，1996年3月公司股票在上海证券交易所上市，并于2006年11月1日完成股权分置改革工作。现公司总股本3.07亿股，总资产21.34亿元。

公司坚持追求用户满意的经营宗旨，主产品是“金羚”牌粘胶纤维，产品除供国内销售外，还远销韩国、越南、巴基斯坦、印度尼西亚、菲律宾等东南亚国家，以及美国、巴西、土耳其等美洲、中东国家。公司尚有60000吨的浆粕生产能力，拥有15万吨/日供水能力的自来水厂。

为了进一步做大、做强企业，同时也为了积极响应南京市总体工业生产布局要求，公司以低成本扩张方式收购了大丰化纤厂，并通过与香港金汇投资有限公司合资，先后组建了南京法伯耳纺织有限公司和江苏金维卡纤维有限公司。公司于2008年全面完成了企业环保整体搬迁工作。目前，粘胶长丝生产已迁至六合红山精细化工园南京法伯耳有限公司内，年产粘胶长丝15000吨，另外5000吨/年粘胶长丝装置将于今年6月份开车投入试生产，与其配套的还建设有热电分厂（现有三台75吨/小时锅炉及配套的三台6MW汽轮发电机组）、5万吨/日工业水厂、5.6万吨/日的污水处理场和码头等辅助设施，在满足自身工艺生产用汽、供电和自发电的同时，还为合资公司兰精（南京）纤维有限公司提供工业水、汽、污水处理等公用工程服务。粘胶短丝生产已迁至盐城大丰海洋开发区江苏金维卡纤维有限公司内，年产粘胶短丝60000吨。此外，公司还出资近2000万美元（占股30%）与目前世界上粘胶纤维技术最为先进的奥地利Lenzing公司合资组建了兰精（南京）纤维有限公司专门从事粘胶短丝制销，总建设规模达24万吨/年，一期工程8万吨/年差别化粘胶短纤维已于07年5月份竣工投产，目前二期工程8万吨/年差别化粘胶短纤维也已开工。

另外，公司利用环保搬迁契机，正式涉足房地产业务。公司于2009年成立了子公司南京金羚房地产开发有限公司，当年就成功竞得原厂区地块的开发权并于4月份对该项目进行动工开发。房产业务有望成为公司的第二主业。

公司坚持以人为本的管理理念，现拥有员工3055人（不含合资公司），各类专业技术人员330人，其中中高级职称者78人。公司十分注重人才的培养和学术交流活动，目前已和国内多个大专院校、科研院所，以及欧美、日本、印度等十几个国家和地区进行广泛的技术合作和交流。同时，公司注重以技术提升竞争优势和工业节能环保工作，拥有先进的生产设备、雄厚的技术力量和产品研发能力。公司2008年“特种化学纤维纺前注射装置”、“多路分丝器”发明分别获得《国际发明展览会金奖》、《国际发明展览会银奖》；2009年“椤胶法废气处理工艺”技术获得江苏省《第七届江苏纺织技术创新奖》，同年“差别化粘胶长丝”和“化纤湿浆”获得《南京市自主创新产品》。公司近三年共申请专利11项，授权专利4项，两项发明专利在实质审查中。另外，2007年公司“金羚”牌粘胶长丝获得《江苏省名牌产品》；2008年公司再次被认定为高新技术企业，同年被评为南京市高成长科技创新型百优企业；2009年公司被认定为江苏省技术中心和南京市工程技术中心，同年“金羚”商标被评为“江苏省著名商标”。

公司厉行“执行、高效、创新、超越”的企业精神，在激烈的市场竞争中，始终坚持科学发展观，努力实现公司既定的“生产上提质降本、经营上创新创优、管理上强化细化、规模上做大做强”等各项生产经营目标，力争成为行业的领跑者。1999年公司通过了ISO9000国际质量体系认证。目前公司正加紧实施ISO14000环境管理体系、OHSAS18000职业安全卫生管理体系的论证工作，并将以此为契机，全方位地提高我们的工作质量和效率。

公司注重塑造积极、和谐、向上的企业文化，在继承和发扬公司老一辈化纤人不畏艰难、甘于奉献等优良传统的同时，与时俱进，将企业文化融入新的时代气息和人文精神，在明确各层级职责的同时更加强调团队的协作和配合，在工作上严格要求的同时更加关注员工思想上的波动和生活上的困难，协调处理好员工个人利益和企业整体利益、员工眼前利益和企业长远利益之间的关系，激发了员工士气、增强了员工的主人翁责任感和集体荣誉感，丰富了企业的人文精神，为企业健康、长远发展创造了积极、和谐、向上的文化氛围。

【经营业绩】

公司2012年1－6月实现营业收入5.66亿元，比去年同期减少21.39%，其中房地产确认销售收入2090.66万元；实现利润总额－2883.56万元，比去年同期下降187.33%；归属于母公司所有者的净利润－3150.92万元，比去年同期下降206.11%，其中公司实现的投资收益为－1107.89万元，主要为兰精（南京）纤维有限公司的当期亏损。

【企业荣誉】

2010年9月，我公司被中共南京市委、南京市人民政府授予“2007－2009年度市级文明单位”称号，公司获“2010年全球最具成长性的华商上市公司”荣誉称号。

【600900】中国长江电力股份有限公司

【基本情况】

中国长江电力股份有限公司是经原国家经贸委报请国务院同意后，由中国长江三峡集团公司作为主发起人以发起方式设立的股份有限公司，创立于2002年9月29日。2003年10月28日，公司首次公开发行人民币普通股2,326,000,000股，总股本为7,856,000,000股。2005年8月15日，公司实施股权分置改革方案，总股本变更为8,186,737,600股。2007年5月，“长电CWB1”认股权证行权，总股本变更为9,412,085,457股。2009年9月28日，公司实施重大资产重组，总股本变更为11,000,000,000股。2010年7月19日，公司实施资本公积金转增股本方案，总股本变更为16,500,000,000股。

公司是目前我国最大的水电上市公司，主要从事水力发电业务。截至报告期末，公司拥有葛洲坝电站全部发电资产、三峡工程已投产的左右岸电站26台发电机组、地下电站3台机组，以及电源电站2台机组，总装机容量为2,317.7万千瓦。此外，公司通过参股发电企业，拥有权益装机容量约278.76万千瓦。

根据三峡工程初步设计，三峡左右岸电站设计总装机容量为1,820万千瓦，由26台单机容量为70万千瓦的水轮发电机组组成，设计多年平均发电量为847亿千瓦时，三峡电站26台机组已全部投产。为提高三峡电站的检修、备用容量和调峰能力，充分利用长江汛期的水能资源，国务院三峡工程建设委员会批准三峡工程右岸扩建地下电站，地下电站共安装6台单机容量为70万千瓦的水轮发电机组，其中28号、30号、31号、32号机组已于2011年投产，27号、29号机组将于2012年全部建成投产。三峡工程全部竣工后，三峡电站的范围包括左岸和右岸电站26台机组（单机容量为70万千瓦）、地下电站6台机组（单机容量为70万千瓦）、电源电站2台机组（单机容量为5万千瓦），总装机容量为2,250万千瓦。

【经营分析】

2012年上半年，长江来水情况好于预期，公司抓住有利时机，积极优化调度，努力节水增加发电量，生产经营保持良好态势，圆满完成了上半年的各项工作任务，实现了业绩的增长。上半年公司共实现营业收入9,277,919,784.54元，营业利润 2,946,878,032.29 元,净利润 2,846,681,906.61 元,基本每股收益 0.1725 元。

1. 电力生产运营良好,发电量同比增加

上半年,长江流域来水与去年同期相比整体偏丰,同时,为满足拉沙减淤试验的条件,三峡水库较长时间维持高水位运行。面对此有利条件,公司通过优化梯级电站运行方式,使机组绝大部分时间处于最优运行区附近,提高了机组运行效率。上半年,公司共实现发电量 421.86 亿千瓦时,较上年同期增加 7.94%;三峡—葛洲坝梯级电站累计节水增发电量 23.68 亿千瓦时。

2. 电能销售顺利,电费足额回收

上半年,公司与湖北省电力公司签订了三峡电源电站和葛洲坝 0 号机组《2012 年度购售电协议》;与国家电网公司、南方电网公司就三峡"十二五"购售电合同初步达成一致。公司上半年电量考核情况良好,电费足额按时回收。

3. 带息负债规模减小,成本控制效果明显

上半年,公司加大债务偿还力度,带息负债规模减小;通过滚动发行短期融资券,保持合理的债务结构;克服加息的不利影响,努力控制各项成本开支,成本控制效果明显。

4. 稳妥推进资本运作

上半年,公司成功参与认购广州发展实业控股集团股份有限公司(以下简称广州控股)非公开发行的股份,并稳步推进节能产业基金设立的相关工作。

关于公司下半年工作,公司将加强水情预测和调度协调,提高水库调度和水资源综合运用水平,全力争取多发电;继续做好防洪度汛工作,确保安全度汛与设备安全稳定运行;积极推进三峡—向家坝电站联合蓄水优化方案的编制和实施工作,充分发挥梯级水电站之间的信息共享和联合调度作用;受托继续做好金沙江下游电站电力生产准备工作,积极参与向家坝电站设备安装调试及接机发电工作;持续推进葛洲坝电站机组更新增容和 500kV 开关站 GIS 改造项目;加强资本运作管理,稳妥推进地下电站第二批发电资产收购;进一步强化成本控制,扎实工作,努力完成年初确定的生产经营目标。

【600978】广东省宜华木业股份有限公司

【基本情况】

广东省宜华木业股份有限公司是专业生产和销售实木地板、复合地板及实木家具等木制品的大型股份制企业,股票简称:宜华木业,代码:600978,注册资本 11.5 亿元,总资产 80 亿元,是中国境内最大、最优秀的木地板、家具生产销售企业之一。

公司先后在海外 35 个国家和地区注册商标,以自有品牌出口和销售,产品畅销美洲、澳洲和欧洲等国家,在美国各州的经销网点达 2000 多个。2004 年 8 月 24 日,"宜华木业"股票在上海发行上市,成为汕头民企第一股,也是国内木地板行业第一股,树立了民营企业借助资本市场进行发展扩张的成功范例。

积极参与行业协会的发起和设立,主动参加行业协会的各项活动。公司加入了国际木地板协会和世界木材组织,是中国林产工业协会副会长单位、中国林产工业协会地板专业委员会副理事长单位、中国家具协会副理事长单位、木竹联盟创新战略企业发起单位和中国木材流通协会木门专业委员会副会长单位,是国家"863"计划成员企业。

2004 年底,美国对从中国进口的木制卧室家具进行反倾销,宜华木业积极应诉,据理力争,并协助其它中国家具企业与美国政府反倾销调查展开周旋,充分显示宜华人敢于挑战不平等贸易壁垒,维护自身及其他企业的利益的气概和决心。

宜华木业股份有限公司采取特许经营和区域总经销的模式,在国内 50 多个在大中城市建立了"宜华"家具、木地板专卖店 500 余家。在美国加州设立注册资本为 4,000 万美元的全资子公司——"宜华木业(美国)有限公司",这是中国企业在美国洛杉矶地区最大的投资项目,拥有办公及展示厅面积达 45 万平方英尺,成为当地最大的实木家具和实木地板售后服务中心;在东部高点建造 4 万平方英尺的展示厅;在拉斯维加斯拥有 3 万平米英尺的展示厅。

2004 年,宜华木业在原有的生产基础上投资兴建"宜华木业城",请德国专家规划设计,主要设备从德国、台湾引进,生产流程高度自动化。"宜华木业城"规划占地 1258 亩,总投资为 30 亿元人民币,是全球最大的单体木业加工基地之一。

目前,宜华木业拥有六大林业基地:梅州大埔、江西遂川、黑龙江伊春、非洲加蓬、南美洲、俄罗斯;实现对木材资源的循环利用,既有效地促进环境保护,保障了生产所需原材料的正常供给。八大制造基地:宜华木业总部、宜华木业城、汕头濠江、广州南沙、梅州汇胜、江西遂川、四川阆中、山东郯城。十大体验馆:汕头、广州、北京、武汉、乌鲁木齐、上海、成都、南京、大连、深圳等地区设立宜华家居体验馆,未来三年,在全国一线城市建立 31 家体验馆。国外网络:设立宜华木业(美国)有限公司,在欧洲、澳洲等国家设立终端销售网络,为宜华的可持续发展打下坚实基础。十一个生产厂区:木业本部、木业城、莱芜五厂、饶平嘉润工艺木制品有限公司、汕头市恒康装饰制品有限公司、汕头市宜华家具有限公司、梅州市汇胜木制品有限公司、广州市宜华家具有限公司以及在建的遂川县宜华家具有限公司(500 亩)、阆中市宜华家具有限公司(500 亩)和郯城县宜华家具有限公司(2000 亩),各工厂的项目完全投产后,总占地面积约 5500 亩,建筑面积约 300 万平方米,预计将达到年产实木家具 200 万套、木地板 600 万平方米。

宜华木业是全国木制品行业中唯一一家同时拥有"中国驰名商标"、"中国名牌产品"、"中国出口名牌"、"出口产品免验"四项国家级权威品牌,通过 ISO14024 环境标志产品保障体系和 FSC - COC 森林认证之产销监管链体系认证的高新技术企业,"宜华"品牌价值 49 亿元,连续四年上榜"中国最有价值品牌"。

【企业文化】

企业愿景:打造中国木业第一国际品牌

企业使命:为客户提供绿色家居环境

企业理念:

领导观:木性为仁

团队观:独木不成林

人才观:人性如木性,十年树木百年树人,观木而雕,因材施教

发展观:企业犹如一棵树,树有生命周期,而企业可通过科学管理来延长周期,实现永续经营

社会观:立于天地,回归自然

企业哲学:我善治木

企业价值观:奉献,拼搏,务实,创新

【企业荣誉】

宜华木业加入了国际木地板协会和世界木材组织，是中国林产工业协会副会长单位、中国林产工业协会地板专业委员会副理事长单位、中国家具协会副理事长单位、木竹联盟创新战略企业发起单位和中国木材流通协会木门专业委员会副会长单位，是国家“863”计划成员企业。

宜华木业是全国木制品行业中唯一一家同时拥有“中国驰名商标”、“国家免检产品”、“中国名牌产品”、“中国出口名牌”、“出口免验”五项国家级权威品牌，并通过“中国环境标志产品”、“FSC－COC产销监管链”认证的“高新科技企业”，连续四年上榜“中国最有价值品牌”，“宜华”品牌价值49亿元。

【经营业绩】

2012年上半年报告期内，公司实现营业收入147,915.13万元，比上年同期增加了16,000.81万元，同比增长12.13%；营业利润22,194.98万元，比上年同期增加了2,576.64万元，同比增长13.13%；实现净利润18,121.42万元，比上年同期增加了2,192.92万元，同比增长13.77%。

【600980】北矿磁材科技股份有限公司

【基本情况】

北矿磁材科技股份有限公司（简称北矿磁材）是由中央直属大型科技企业北京矿冶研究总院为主发起人，联合钢铁研究总院等5家企业共同发起设立的科技先导型股份有限公司。北矿磁材的成立是大型科研机构转制为科技企业并进一步建立现代企业制度的一项重大举措。

北矿磁材于2000年9月6日成立，2004年5月12日在上海证券交易所上市。首次发行社会公众股3,500万股，募集资金约2.3亿元，募集资金项目有助于公司由材料生产向器件生产的纵深发展；有助于进一步提高公司产品的附加值，对于提升中国磁性材料行业技术水平和国际市场竞争力具有重要意义。

北矿磁材从事磁性材料及器件的生产和研发已有四十余年的历史，是国内最早的铁氧体开发和生产单位之一，也是国家磁性材料工程技术研究中心的依托单位。公司产品销往中国各地以及欧、美、日港、台等生产厂家。是国内最大的铁氧体预烧料制造商之一。

北矿磁材继承了科研院所尊重知识，尊重人才，团结求实的的优良传统，拥有一支长期从事产品开发的高素质专业科研队伍和一批国内外知名专家。公司现有员工400余人，工程技术人员约150人，其中高级以上技术职称的专家有近40人。

“以质量求生存，以创新谋发展”是公司一直以来的质量方针与目标。北矿磁材早在1997年就在国内同行业中率先通过ISO9002国际质量体系认证，2000年通过了ISO9001认证，2007年公司主要产品又通过了ROSH认证。

近年来，公司不断的寻找新的发展机会，2009年9月9日，北矿磁材与西北创业集团合作共同出资成立了北矿磁材（包头）有限公司。2010年10月在北矿磁材与安徽万朗磁塑集团有限公司共同出资成立合资公司——北矿磁材（阜阳）有限公司。

北矿磁材奉行“以人为本，诚信经营，自强不息，追求卓越”的经营理念。不断开拓创新，以技术为核心、视质量为生命、奉用户为上帝，竭诚为您提供高品质的产品及无微不至的服务。

【经营业绩】

2012年上半年报告期内，公司实现合并营业收入总额14,315.18万元，与上年同期相比减少541.53万元，同比下降3.65%；归属于母公司的净利润－1,402.54万元，比去年同期减少956.98万元，下降214.78%。

【600982】宁波热电股份有限公司

【基本情况】

宁波热电股份有限公司座落于宁波市经济技术开发区，是目前宁波市最大的公用热电生产企业，也是宁波唯一的热、电、冷三联产企业。公司的前身是宁波开发区北仑热电有限公司，成立于1995年，主营业务为热电联产。公司十年来已连续为宁波北仑经济技术开发区和宁波保税区数十家纺织、化工、食品企业提供热力289万吨，电力10.88亿度，为开发区的经济建设作出了卓越的贡献。

宁波热电股份有限公司属基础产业，市场需求稳定增长，效益优良。热电联产具有显著的节能、环保效果，是国家政策重点支持发展的行业。

宁波北仑区是长江流域和东南沿海大宗散货物资的中转基地，以发展临港工业和高新技术产业为主导，是宁波市重要工业中心，也是华东地区重化工基地。作为首批国家级开发区的宁波经济技术开发区和宁波保税区都位于北仑区。

【经营情况】

2012年1月到6月，公司在宏观经济低迷，经济增速放缓，供热用户需求下降的环境下，稳抓主业，聚焦管理，通过加大技术改造力度，并举企业内部控制体系建设，促使公司平稳发展，共实现营业收入51,127.49万元，其中实现蒸汽销售量126.77万吨，实现蒸汽销售收入24,594.19万元，实现商品贸易销售收入23,466.25万元，实现替代电量12,559万度，实现替代电量收入1,975.69万元。实现归属于母公司的净利润4,166.66万元，基本每股收益0.2480元，加权平均净资产收益率5.68%。

【600983】合肥荣事达三洋电器股份有限公司

【基本情况】

合肥荣事达三洋电器股份有限公司是由原荣事达集团公司和日本三洋电机株式会社等共同投资成立的中日合资企业，坐落在合肥高新技术产业开发区，1994年11月正式投产，2004年7月公司在上海证券交易所A股正式上市（股票代码：600983）。目前主要股东：合肥市国有资产控股有限公司（原荣事达集团公司无偿划转）33.57%、三洋电机株式会社及其关联公司29.52%、社会流通股36.91%，注册资本：53280万元。公司主要生产洗衣机、冰箱、微波炉及核心部件等产品，洗衣机、微波炉市场占有率双双位居行业第三位，国际品牌第一位，进入中国家电行业第一阵营，帝度冰箱已进入国内外市场并广受好评。公司先后被评为“全国优秀外商投资企业”、“中国最具创新力企业”。

合肥三洋牢固树立“精品”意识，建有国家级技术中心和国家认可实验室，使科技优势转变为产业优势，实现传统家电产业优化升级。通过技术创新，不断加强结构优化和调整，实施自主创新重大项目“洗衣机用变频电机及控制系统”的研发，填补了国内直流直驱电机空白，技术达到国际先进水平。公司拥有三大生产制造基地，新增冰箱项目位于南岗机电产业园。冰箱项目引入国内外先进生产设备，全部投产后将实现产能400万台。公司拥有灵活的营销和服务体系，在全国建立了56家分公司、200多个办事处，1000多家技术服务中心、20000个销售网点。在国际市场上，通过与三洋电机合作的OUT－IN项目，洗衣机返销日本年销量达30万台。公司还与惠而浦、伊莱克斯等世界家电巨头建立战略性合作关系，产品远销东南亚、南美、欧洲、非洲等地区。

合肥三洋通过不断解放思想、变革创新，自2008年初提出"3351"发展战略以来，开始步入快速发展轨道，年平均增长率保持70%以上，创造了业界瞩目的"合肥三洋"奇迹。思迥异，做不同。2011年，合肥三洋正式推出公司自主高端品牌——DIQUA帝度，标志着公司由规模增长向品牌运营的国际化进程全面起航。公司以此为契机，启动未来五年发展新战略即"532"战略："五年后，实现冰箱、洗衣机、生活电器及核心部件三大品类年销售收入200亿，将公司打造成一个横跨冰、洗及小家电等多领域、多元化、多品牌的国际化家电巨头。"合肥三洋将以国际化的核心竞争力，争做中国家电行业中的"技术领航者、品质卓越者、利税领先者和社会责任的贡献者"。

【企业文化】

企业愿念

五年后，实现冰箱、洗衣机、生活电器及核心部件三大品类年销售收入200亿元，将公司打造成一个横跨冰、洗及小家电等多领域、多元化、多品牌的国际化家电巨头。

管理理念

法人治理：

股权明晰、管理科学、分工负责、有效沟通、集体决策

管理文化：

制度规范、信息透明、风清气正

6S管理方针：

做深做细做到位

【企业荣誉】

2012年5月，董事长金友华获"安徽省劳动模范"称号。

2012年4月，国家品牌培育试点企业。

2012年2月，安徽省进出口突出贡献奖。

2011年12月，成为首批合肥品牌示范企业。

2011年11月，中国家电科技进步一等奖。

2011年10月，合肥50强第十四位。

2011年9月，获2011年度洗衣机行业国内市场变频领军品牌。

2011年5月，检测中心获评国家认可实验室。

2011年1月，人力资源和社会保障工作先进单位。

2011年1月，2008－2009年度安徽省A级纳税信用单位。

2010年12月，第四届家博会"最佳布展"特等奖。

2010年11月，年度国内洗衣机行业DD变频洗衣机市场占有率第一。

2010年11月，年度国内洗衣机行业变频洗衣机领军品牌。

2010年10月，员工论文获得"中国家用电器技术大会""优秀论文"奖。

2010年8月，董事长金友华上榜"华德500强"。

2010年7月，合肥市科学技术奖三等奖。

2010年6月，省创新型试点企业。

2010年6月，省优秀外商投资企业。

2010年6月，全国顾客最佳满意十大品牌。

【经营业绩】

2012年上半年实现营业收入1,736,591,032.57元，比去年同期1,798,295,114.96元下降3.65%；实现净利润159,672,047.37元，比去年同期175,633,726.14元下降9.09%。

【600984】陕西建设机械股份有限公司

【基本概况】

陕西建设机械股份有限公司位于古城西安，始建于1954年，其前身为原国家建筑工程部直属企业"西北金属结构厂"。2001年更名为陕西建设机械股份有限公司，2004年在上海证券交易所挂牌上市（股票代码：600984）。公司占地面积30.9万平方米，拥有各类设备600余台套，其中高精尖设备60余台套。公司下设工程机械研究院、质量保证部等部门，有10个生产车间和1个全资子公司。现有员工1200余人，其中工程技术人员200余人（教授级高工11人）、高级技师15人。

经过近60年的发展，公司现已拥有筑养路机械、桩工机械、金属钢结构产品等3大类、50余个品种，包括大型沥青混凝土摊铺机、路面铣刨机、全液压稳定土拌和机、压路机、沥青搅拌设备、沥青碎石同步封层机、稀浆封层机、旋挖钻机、水平定向钻等施工机械，以及铁路运架设备、国防战备抢修装备和各种非标钢结构产品，成为我国道路工程机械、桥梁施工设备研发、制造、销售和服务的知名骨干企业。

公司产品广泛应用于公路铁路、航空工业、体育场馆、水利工程、工业厂房、桥梁工程建设等领域，在沈大高速、杭州湾大桥、首都机场、北京长安街改扩建等国家重点项目中发挥了重要作用。其中SCMC—ABG8620、7620沥青混凝土摊铺机、WBZ21、WB400稳定土拌和机多次被评为"全国用户满意产品"。公司连续7年被评为"全国用户满意服务单位"，先后获得"中国企业管理杰出贡献奖"、"全国建设机械行业技术创新工作先进单位"、"中质协工程机械服务十强企业"等数百项殊荣。

在新的历史机遇期，我们将秉承"锲而不舍，创造卓越"的企业精神，努力把陕西建设机械股份有限公司打造成为"技术一流、装备一流、质量一流、服务一流、环境一流"的现代化装备制造企业。

【企业荣誉】

我公司被认定为国家火炬计划重点高新技术企业、西安市及陕西省高新技术企业和陕西省企业技术中心，通过了GB/T19001质量管理体系、GB/T14001环境管理体系、GB/T28001职业健康安全管理体系和国家CMA计量认证，是我国摊铺机国家标准的主要起草单位。

【企业文化】

企业精神

锲而不舍，创造卓越。

经营理念

用我们的真诚和勤奋与用户和各方贤达合作共事，共筑未来。

企业作风

令行禁止，务期必克，疾劣如仇，视慢为耻。

企业职业道德

最大限度地使用户满意是我们永无止境的追求。

企业责任

服务客户、关爱员工、回报股东、奉献社会。

【经营业绩】

2012 年 1－6 月，公司实现主营业务收入 304，740，418.75 元，较上年同期增长 9.04%．其中，摊铺机系列产品收入 17，979.25 万元，较上年同期增长 43.33%，主要系公司优化营销策略，创新营销模式所致；租赁业务收入 651.75 万元，较上年同期增长 20.90%。

【600985】安徽雷鸣科化股份有限公司

【基本情况】

安徽雷鸣科化股份有限公司是以淮北矿业集团公司为主发起人，联合南京理工大学、安徽理工大学、煤炭科学研究总院爆破技术研究所、北京中煤雷耀经贸联合公司等 5 家单位共同发起设立。注册资本 5000 万元。公司前身九一 O 厂建立于 1969 年 12 月，1999 年 3 月改制为股份公司。公司 4000 万股 A 股股票于 2004 年 4 月 13 日在上海证券交易所发行，2004 年 4 月 28 日在上海证券交易所挂牌交易。是淮北市第一家上市公司，也是全国民爆器材行业的第一家上市公司。公司现有职工 731 人，其中管理及科研技术人员 152 人，生产人员 501 人，大中专毕业生 276 人，具有高级职称的人员 82 人。截至 2006 年 3 月 31 日，公司资产总额 3.2 亿元；其中流动资产为 2.3 亿元，主要分布在货币资金、应收账款、存货等环节。非流动资产为 8000 万元，主要分布在固定资产净额和长期股权投资。每股净资产 3.17 元，负债总额为 1900 万元，资本金为 9000 万元，所有者权益为 2.8 亿元，资产负债率为 6.21%。

公司主营业务是工业炸药和雷管的生产销售，承揽矿山和城市爆破工程。目前公司的生产能力为：水胶炸药及震源药柱 20000 吨，粉状铵锑炸药及膨化硝铵炸药 5000 吨，工业电雷管 4000 万发，工业火雷管 1000 万发，导爆管雷管 1000 万发，塑料导爆管 4000 万米；产品主要用于煤矿采掘、矿山开采、筑路建设、城镇改造等工程爆破。

目前公司拥有一家子公司和一家参股公司。其中，铜陵雷鸣双狮化工有限责任公司于 2003 年 12 月 24 日成立，由本公司和铜陵有色金属（集团）公司共同发起组建，注册资本 2100 万元，本公司占 55% 股份。主营业务为膨化硝胺炸药、乳化炸药制造、销售，民用爆破器材销售等。参股公司为淮北金岩高岭土开发有限责任公司，于 2000 年 7 月 1 日成立，注册资本 1749 万元，本公司占 19.95% 股份。

公司曾获得 82 项省部级以上荣誉称号，是全国精神文明建设先进单位；拥有专利技术 2 项，专有技术 7 项，是国家火炬计划重点高新技术企业和安徽省高新技术企业；公司民爆产品的生产规模、技术水平、工艺装备、基础管理均居国内同行业先进水平，拥有国内领先水平的水胶炸药自动化生产线；公司 76% 的产品是国家和省、部优质产品，其中水胶炸药获国家银质奖，并获安徽省首批向海内外推荐的优质名牌产品、省质量免检产品等称号，产品销往国内 21 个省、自治区，并出口东南亚、欧洲、非洲及港澳地区。

【企业文化】

雷鸣科化公司坚信企业的发展以人为本，充分发挥人的创造性，增强员工的凝聚力，强化员工的归属感，并积极倡导“创业、进取、奉献、合作”的团队精神。

雷鸣科化拥有优秀的领导群体，精诚团结，开拓创新，以科技为先导，使公司在多个领域取得了辉煌的业绩。

雷鸣科化拥有环境优美的办公场所，现代风格，绿色天地，花园式工厂，是全国文明单位。

雷鸣科化拥有作风过硬的职工队伍。丰富多才的群众文化活动展示了职工良好的精神风貌，弘扬了健康的文化。

【经营业绩】

2012 上半年，营业收入 294，776，081.23 元，营业利润 29，245，301.92元，投资收益 455，458.16 元，营业外收支净额 －120，534.43 元，实现利润 29，124，767.49 元。成本费用总额为 262，604，882.75 元，占营业收入的 89.09%，营业成本 202，458，364.37 元，营业毛利率 29.93%，营业利润率 9.92%。公司 2012 年上半年资产总额为 681，518，837.83 元，负债总额为 139，097，260.44 元，所有者权益为 451，385，624.96元，资产负债率为 20.41%，资产净利率为 3.09%，净资产收益率为 4.67%。

【600990】安徽四创电子股份有限公司

【基本情况】

安徽四创电子股份有限公司成立于 2000 年 8 月，位于合肥国家级高新技术产业开发区，是以中国电子科技集团公司第 38 所为主要发起人，联合中国物资开发投资总公司、中国电子进出口总公司等共同发起设立，以气象电子、通信导航、广播电视、公共安全等领域产品的开发、生产和销售为一体的软件企业和高科技上市公司。公司注册资本 5880 万元，截至 2006 年底，总资产已达 4.2 亿元。股票代码：600990。

公司坚持以人为本，重视人才的引进、培养，拥有较为完整的科研开发队伍，现有员工 690 多人，其中技术人员占 50%，有全国“百千万工程”人才、享受政府特殊津贴的专家 8 人，具有高、中级职称人数近 200 人。公司员工平均年龄 30 岁，呈现出朝气蓬勃的生机和活力，为公司的高速、持续发展提供了可靠的保证。

公司产品涉及气象电子、微波通讯、广播电视、公共安全、系统集成等多个领域，其中气象电子系列产品分布在全国各省、市、自治区达几百部之多，公司作为国家广播电视高频头系列产品定点生产基地，产品远销中东、欧洲和北美地区。

公司先后获得国家级、部省级科技进步奖 20 项，国家专利 3 项，承担有国家级创新项目、火炬计划项目和双高一优项目等。先后开发出我国第一部多普勒天气雷达（国家科技进步三等奖）、C 波段新一代多普勒天气雷达（国家重大技术装备优秀科技成果，安徽省科学技术一等奖）、我国第一部可移式新一代多普勒天气雷达、数字化图传设备（军方同类产品评比第一）、C 波段双基气象雷达（安徽省科技进步一等奖）、我国第一台 EVD 功能样机、我国第一部数字一体化调谐器并获国家专利；系列雷达专用芯片、EVD 控制芯片等专用芯片及其它产品。公司依托这些高科技产品，在业界取得了可喜的成绩，年平均发展速度远远超过行业平均水平。

公司一成立就确立了实践创新，追求卓越的核心理念，并将始终恪守观念创新、管理创新、产品创新、知识创新的行动准则，树立诚信、创新、务实、合作的价值观，不断培育激情＋亲情的两情文化，走一条技、工、金、贸一体化的成长之路，以振兴民族信息产业为已任，创建一个高科技、精益型、国际化的四创电子。

【发展历程】

2008 年第 4 季度

四创公司北斗卫星导航技术省级实验室顺利通过批复

由四创公司承办 2008 年中国（合肥）北斗卫星导航科技

与产业发展论坛隆重召开

四创公司获得高新区二OO八年度人力资源和劳动保障先进单位

国家人防领导专家来四创公司参观指导

四创公司应急指挥车通过首批安徽省自主创新产品认定

四创公司鲁加国总经理荣获“安徽十大杰出青年经济人物”称号

四创公司新一代X波段双偏振多普勒天气雷达落户农垦宝泉岭分局

2008年第3季度

四创公司获得广播电视设备器材入网认定证书

四创公司鲁加国总经理荣获“中央企业2008年抗震救灾优秀共产党员”称号

四创公司新获2项专利授权

1:用于二轴天线座雷达的俯仰转台

专利发明人:牛忠文、程海平

专利号:ZL 200720039950.0

2:用于改装车的多用途通用安装平台

专利发明人:程海平、牛忠文、陶余丹

专利号:ZL200720039946.4

2008年第2季度

四创公司喜获无线电发射设备型号核准证

2008年第1季度

四创公司顺利通过军品质量管理体系监督审核

四创公司荣列安徽省80户重要骨干工业企业名录

四创公司荣获安徽省“专、精、特、新”中小企业称号

2007年第4季度

10月22日,公司边界层风廓线雷达亮相第一届亚洲天气与水文雷达会议。

11月29日,在青岛奥帆赛气象应急服务指挥车、雷达车的激烈竞标中,公司以绝对的优势赢得本次竞标。

12月1日,公司的“对流层风廓线雷达”通过安徽省科学技术厅成果鉴定。

12月13日,公司通过装备承制单位资格审查。

2007年第3季度

自7月20日开始,公司某型号雷达在大杨店试验场接受了军方为期18天的比对试验,并取得了优异成绩。

7月,四创公司在民航中南空管局桂林空管站C波段多普勒天气雷达采购招标项目中一举中标。

8月3日-8月18日,四创公司首届文化节举行。

8月17日,公司三部雷达临危受命,赶赴防御台风“圣帕”第一线,进行了为期一周的监测预报台风的保障工作,在圆满完成任务后,社会各界给予了四创高度赞扬。

2007年8月17日,四创公司在杭州风廓线雷达系统工程标项——车载风廓线雷达系统项目招标中一举中标。

【企业文化】

四创使命是我们企业心灵深处的烙印,是我们四创员工的行为准则,包括宗旨和哲学。

以专业的技能和创新的精神,恪守诚信与效率原则,为客户提供品质超群的雷达、通信产品及相关产品和服务,保持公司的健康发展和持续增值,为股东、员工和社会提供良好回报,成为军民两用产业和谐发展的企业典范。

四创的企业作风:勤于探索勇于创新敢于竞争乐于奉献。

四创的意识体系:危机意识责任意识健康意识感恩意识。

四创的心智模型:开放的心态谦虚的心态学习的心态包容的心态。

四创的团队精神:共同参与共同思考共同成就共同分享。

四创的执行文化:多一点发现多一点思考多一点创新多一点行动。

创新——我们成长的动力

创新是我们企业发展的发动机,要使这个发动机不熄火,我们就要不断地打破原有的平衡,否定自我、超越自我,将创新的目标锁定在永远比竞争对手做得更好,永远为股东、员工和客户创造价值。

诚信——我们生存的保障

公司把“诚信为本”作为经营天条,是深切地认识到,诚信是公司生存发展、兴旺发达的根本保证。讲诚信就意味着公司能够获得市场信誉、赢得用户信任;讲诚信就意味着我们的员工要恪守基本职业道德,处理问题不欺上瞒下,不推卸责任(管理人员)、不做假账(财务人员),保守商业秘密(所有员工)。

务实——我们行为的准则

公司崇尚“点点滴滴求合理、扎扎实实做企业”的务实作风,我们确认公司务实的内涵是:思想现实、态度老实、措施切实、工作踏实、成绩扎实。在我们把务实作为行为准则的同时,我们还强调干部要学会务虚,坚持务虚和务实相结合,识势和做实相结合。

合作——我们发展的基石

竞争与合作已成为当今市场上的阴阳两股力量。我们要在公司的人、财、物、产、供、销各个环节都保持有适应性和创造性,合资合作、战略联盟等可能是我们最好的选择。

对待业务:不断学习—分析缺点,努力改正;观察标杆,模仿行动。

对待工作:精益求精—99%的成功敌不过1%的失误。

对待岗位:负责到底—岗位责任制只能规定“不错”,道德义务永远没有完成。

对待制度:责无旁贷—制度是企业对员工要求的下限,制度面前只有服从。

对待企业:忠心不二—关心企业是每一位员工的义务。

对待事业:兢兢业业—员工职业、企业经营都应该当作一种事业。

对待同事:双赢竞争—没有竞争就没有效率,过度竞争导致内耗,双赢竞争高效率。

对待职位:能上能下—坚持晋升的绩效优先,能上能下。

对待自己:严格要求—道德规范,理解认同都容易,在没有监督情况下履行困难。

对待他人:宽厚谦恭—企业是多层利益相关者的事业。

【经营业绩】

2012年上半年,实现营业收入2.78亿元,同比增长9.1%;营业利润549.39万元,比去年同期增长4.62%,归属于母公司的净利润949.79万元,同比增长22.95%。每股收益0.08元,比去年同期上升22.98%,归属于上市公司股东的每股净资产3.78元,同比增长2.19%。

【600993】马应龙药业集团股份有限公司

【基本情况】

马应龙(600993.SH)是一家经商务部首批认定的中华老字号企业,创始于公元1582年,于1995年引入第一大股东中国宝安集团。经过多年持续快速健康发展,如今已成长为一家专业化医药类上市公司。

马应龙以肛肠及下消化道领域为核心定位,深化实施品牌经营战略,推行"客户主体一元化,功能服务多元化"的思路,集药品经营、诊疗技术、医疗服务于一体,为肛肠病患者提供整合解决方案。

马应龙生产功能齐全,可生产剂型超过30种,拥有马应龙麝香痔疮膏、麝香痔疮栓、龙珠软膏等20多个品种的独家药品,可供生产的国药准字号药品超过300种。各类软膏年生产能力近亿支,栓剂生产能力过亿粒。生产设施先进,主要品种生产流水线及配套设施的技术水平已处于国内领先水平。

马应龙现有一支人员配备齐整、结构合理、优势互补的技术团队,并有一批从事药物合成、中药提取、制药工程和药理毒理及临床试验评价等方面研究的学科带头人。公司与北京大学药学院、中国药科大学等多家科研机构建立了长期的战略合作关系。经国家人事部核准公司与北京大学、中国军事医学科学院共同组建了博士后工作站。2009年,马应龙药业集团股份有限公司技术中心被国家发改委、科技部等五部委认定为国家级企业技术中心,马应龙创新药物研发团队被湖北省委组织部认定为首批"湖北省重点产业创新团队"。

据南方医药经济研究所研究数据表明,马应龙在痔疮药品零售市场的份额超过40%,成为治痔领域的第一品牌。在世界品牌实验室、世界经理人周刊联合评估的2012年"中国最具价值品牌500强"排行榜中,马应龙名列第190位,品牌价值达到了83.61亿元。2011年,马应龙八宝古方及眼药制作技艺被国务院认定为国家级非物质文化遗产。同年,马应龙荣获湖北省人民政府颁发的"长江质量奖"。

传承四百多年的历史文化,马应龙逐步形成了独特的企业文化体系。公司秉承"为顾客创造健康,为股东创造财富,为员工创造机会,为社会创造效益"的经营宗旨,倡导"以真修心,以勤修为"的哲学观,倡导"稳健经营、协调发展"的经营观,倡导"资源增值"的价值观,弘扬"龙马精神"的企业精神。马应龙将以实现中药现代化为己任,在品牌经营战略的指引下与时俱进,继往开来。

【601000】唐山港集团股份有限公司

【基本情况】

唐山港京唐港区是唐山市联合北京市共同投资建设的我国沿海重要港口,位于唐山市东南80公里处,综合能力位居全国港口18位。京唐港区地理位置显要,自然条件优越,建港谋划由来已久,是民主革命先驱孙中山先生在《建国方略》中拟建的"与纽约等大"、"为世界贸易之通路"的"北方大港"港址。自1989年动工兴建以来,数易其名,影响日增。京唐港区在发展中进步,在进步中实现了新的跨越,总结归纳出了联合发展、科技兴港、人才兴港、创新发展、开放发展、安全发展、协调发展、资本运作、多元化等独具特色的九大发展道路,在20年的时间里完成了其它兄弟港口数十年、上百年走过的历程。目前,京唐港区已建成第一、二港池全部和第三、四、五港池部分泊位,形成5个港池建设运营的整体格局。建成散杂、件杂、多用途、集装箱、煤炭、水泥、纯碱、液化石油气等各种功能的1.5~10万吨级泊位31个,设计通过能力7388万吨/20万标准箱。建成10万吨级航道,可满足10万吨级船舶单向、5万吨级以下船舶双向通航;建有各类堆场300万平米,各类仓储、铁路、导助航、辅建设施齐全。港口总资产达100多亿元。京唐港区腹地广阔,除以唐山地区为直接腹地外,兼济河北、京、津等其它周边地区,并辐射晋、蒙、陕、甘、宁、新等广袤的西部地区,水路通达50多个国家(地区),120多个港口。京唐港区是国家重点物资运输的重要港口,在我国煤炭、矿石、钢铁等货物运输中占有重要地位,是"北煤南运"七港之一。2008年港口货物吞吐量达7645万吨,同比增长69%。2009年,在建港运营二十周年之际,港口货物吞吐量达到10541万吨,同比增长38%,增幅居全国沿海港口第一,一举跨入我国亿吨大港行列,成为我国最年轻的亿吨大港。唐山港集团股份有限公司是唐山港的拓荒者,在京唐港区投资、建设、运营中发挥着主导作用,先后荣膺全国"五一劳动奖状"、全国"模范职工之家"、中国"最具成长性企业"、中国百佳诚信企业、中国交通百强企业等多项国家级荣誉称号。京唐港区建港技术独特创新,粉沙质海岸建港、挖入式港池布局均为全国首创,取得了以"中国港口协会科学技术奖"一等奖为代表的多项创新成果。

京唐港区前景壮阔,蓝图宏伟,在河北建设沿海经济社会发展强省实践中发挥着重要作用,勇当唐山科学发展示范区建设的排头兵,"四点一带"大规模开发建设率先发展的排头兵。按照唐山港"一港两区"模式,京唐港区与曹妃甸港区将逐步形成分工明确、各有侧重、协调发展的港口新格局。新的历史形势下,京唐港区将按照综合性、生态型、国际化的发展方向,加快功能调整,完善物流服务,搞好资本运营,发展产业链经济,推进码头深水化、泊位专业化、大型化、集装箱化和布局园区化,加速建设国内一流、国际知名的现代化科学发展示范港口。当前,港口项目建设如火如荼,五港池新建的液体化工码头和三港池新建的20#-22#已经试运营,20万吨级航道、25万吨级深水矿石码头、"两仓"建设等重点项目正在抓紧运作和建设。到2015年,港口货物吞吐量将达到1.5亿吨,集装箱达到100万标箱;2020年,吞吐量达到2亿吨,集装箱达到200万标箱。

【经营业绩】

2012年1-9月份,公司实现营业收入310,894.54万元,同比增长44.07%;实现利润总额69,175.36万元,同比增长31.80%;归属于母公司股东的净利润47,615.72万元,同比增长28.51%;实现基本每股收益0.2345元,同比增长11.57%。

【601028】江苏玉龙钢管股份有限公司

【企业概况】

风景秀丽,人杰地灵的江南重镇—无锡玉祁,凭借着独特的区位优势、发达的交通网络、完善的基础设施建设,孕育出一大批优秀民营企业。

江苏玉龙钢管股份有限公司就是这片神奇土地上最杰出的新星之一。江苏玉龙钢管股份有限公司前身为无锡县高频焊管厂,经过三十年的市场洗礼,摆脱计划经济的体制束缚,一举成为华东地区最大的螺旋缝埋弧焊钢管生产基地,公司占地面积32万平方米,总资产7亿元,员工1000余人,年销售收入30多亿元,是全国民营企业500强之一,也是国内最具实力的专业生产石油、天然气、水输送用及大型钢结构用钢管的综合生产厂家之一,玉龙股份拥有Φ219-Φ2540SAWH螺旋缝埋弧焊钢管机组10台套,年生产能力40万吨;Φ1422Φ813SAWL直缝埋弧焊钢管机组各一台套,年生产能力25万吨;Φ168Φ508HFW直缝高频电阻焊钢管两台套,年生产能力20万吨;400×400250×250300×300方矩形管机组各一台套，年生产能力20万吨；Φ920Φ20203PP/3PE/FBE内外防腐生产线两台套，年生产能力250万平方米。

2009年面对新的市场格局，玉龙股份高瞻远瞩投资6.46亿元兴建伊犁玉龙钢管有限公司，伊犁玉龙占地面积13万平方米，可年产25万吨油、气等长距离输送用钢管，年销售收入15亿元，税后利润1.5亿元。伊犁玉龙现拥有Φ1420－Φ1829SAWH螺旋缝埋弧焊钢管机组2台套，3PP/3PE/FBE内外防腐生产线1台套，在满足西部市场的同时也加快推进了进入俄罗斯、哈萨克斯坦等国际市场的步伐。

2012年玉龙股份在四川德阳兴建四川玉龙钢管有限公司，公司坐落于德阳市区东南部的德阳经济技术开发区，成德绵高新技术产业带上，区位优越，项目总投资5.5亿元，注册资金5000万元，占地面积13万平方米，公司拥有国内领域领先的Φ1016SAWL直缝埋弧焊钢管生产线1台套，Φ529SAWH螺旋缝埋弧焊钢管机组2台套，Φ1820SAWH螺旋缝埋弧焊钢管机组1台套，年生产能力22万吨，达产后预计销售12亿元。

玉龙股份采用立体营销战略，不断扩大国内市场份额，并且努力开拓国际市场，积极投身国际市场竞争，"玉龙牌"产品在满足国内需求的同时，也服务着众多国际知名企业。目前公司销售网络覆盖广西、四川、福建、海南、广州、深圳、沈阳、哈尔滨、西安、乌鲁木齐等全国大部分城市和地区，并远销至美国、加拿大、意大利、西班牙、智利、多米尼加、阿联酋、沙特、韩国、日本、泰国、越南、印尼、香港等国家和地区，为众多知名工程提供着优质产品，如"鸟巢"工程、"水立方"工程、国家大剧院、神华鄂尔多斯煤制油项目、神华包头煤化工有限公司煤制烯烃项目、中亚天然气管线配套工程、江西天然气工程等。

玉龙股份是中国钢管协会理事单位、中国冷弯型钢协会理事单位、中国建筑金属协会理事单位、中国城市燃气协会会员、中国石油天然气管道局合格供应商、中国石油化工集团公司一级合格供应商，"玉龙牌"方矩形管被认定为江苏省高新技术产品，"玉龙牌"商标被认定为中国驰名商标，企业被评为全国重合同守信用企业。

经过三十年的自我积累、自我发展，玉龙股份已进入品牌化、资本化、规模化运作新阶段，2011年11月玉龙股份成功上市，正式开启进入资本市场的大门，玉龙股份将从资本市场获得的直接融资有效的投入到生产设备的改造升级、产品科技含量的再提高，借助资本力量为企业未来规划注入更强劲的活力。

【经营情况】

2012上半年报告期内，公司共实现销售量23.56万吨，其中油气管7.77万吨，均比去年同期略有增长；实现营业收入112,956.09万元，归属于母公司股东的净利润5,652.76万元，同比分别下降10.14%、22.37%。在销量略有增长的情况下，公司收入下降的主要原因是钢材价格的下降，净利润下降的主要原因是由于市场竞争加剧，公司产品价差有所减少所导致。

【601101】北京昊华能源股份有限公司

【基本情况】

北京昊华能源股份有限公司是由京煤集团作为主发起人，联合中煤集团、首钢总公司、五矿发展以及煤科总院共同发起设立的，在北京工商局注册登记，设立日期为2002年12月31日，注册资本12亿元，法定代表人为耿养谋。2010年3月31日，公司在上交所上市。

主营煤炭生产及销售，主导产品为洁净、环保、优质的"京局洁"牌无烟煤。所生产无烟煤具有特低硫、特低磷、低氮、中低灰、低挥发分、高发热量和较高稳定性等特点。

属下已投产煤矿共计四个，分别为木城涧、大安山、长沟峪及高家梁煤矿。截至2010年末，公司拥有煤炭工业储量为近25亿吨。2009年、2010年和2011年，公司煤炭产量分别为513万吨、705万吨和877万吨。

公司国内煤炭销售采用直销方式，出口煤销售通过国家特许煤炭出口专营权的中煤集团和中国矿产代理出口完成。2009年、2010年和2011年，公司煤炭销量分别为544万吨、707万吨和1095万吨。

公司所在的京西煤田系中国五大无烟煤生产基地之一，公司无烟煤国内主要销售市场为华北、东北和华东地区。公司国内煤炭的主要客户为国内大型冶金及化工企业等，如河北钢铁集团、鞍本钢集团及首钢总公司等。

公司是国内无烟煤出口量最大的企业。2009年、2010年和2011年，公司出口煤销量分别为132万吨、195万吨和199万吨，占公司煤炭销售总量的24.32%、27.55%和18.24%。公司生产的无烟煤主要销往日本和韩国，主要客户为日本新日铁、韩国浦项制铁等。

公司生产的无烟煤主要应用于国内冶金、电力、化工及建材等行业。公司是中国北方距港口最近的无烟煤生产企业，具有交通运输便利及运输成本较低的优势。公司煤炭销售主要是通过铁路和港口运输方式完成。

公司已通过了ISO9001：2000质量管理体系认证和OHSAS18001：1999职业健康安全管理体系认证，拥有先进的质量检测技术和完善的储运系统。

截至2011年12月末，昊华能源实现资产总额108亿元，归属上市公司股东的所有者权益64亿元，税前利润18亿元。公司不断加大安全投入，强化安全管理，安全生产形势连续多年保持稳定。

凭借着骄人的业绩，昊华能源上市第一年便成功入选上证180指数和沪深300指数样本股，2011年更入选上市公司治理指数样本股，成为资本市场一颗升起的能源新星。公司先后获得"2011中国上市公司最具竞争力10强"和"2011中国上市公司最具投资价值10强"等荣誉。在由香港《大公报》组织的2011中国证券"金紫荆奖"评选活动中，管理层荣膺"最佳管理团队奖"。

【601118】海南天然橡胶产业集团股份有限公司

【基本情况】

海南天然橡胶产业集团股份有限公司成立于2005年3月，是农业产业化国家重点龙头企业。公司注册资本人民币39.31亿元，拥有胶园面积约353万亩，覆盖海南省17个市县，年产干胶能力21万吨，胶园面积和干胶产量分别占全国的30%左右，是中国最大的天然橡胶资源的拥有者和控制者，也是中国最大的天然橡胶加工企业，年加工能力达到32万吨。公司目前拥有25家橡胶基地分公司、1家种苗分公司、11家子公司、13家加工厂，员工共计七万余人。公司是集天然橡胶种植、初加工、深加工、贸易、物流、研发及橡胶木加工与销售等为一体的大型综合企业集团。

作为中国天然橡胶行业的开拓者和领军者，公司传承了海南农垦核心产业。海南农垦成立于1952年，当时是为了

"打破帝国主义对我国的经济封锁和橡胶禁运",党中央作出了"建立我们自己的橡胶生产基地"的决策,华南垦殖局海南分局宣告成立,随后中国人民解放军林业工程第一师,开始了在海南大规模垦殖种胶事业。经过三代农垦人近 60 年的努力,建成了我国最大的天然橡胶生产基地,形成了从天然橡胶种苗到加工配套的技术体系。

2011 年 1 月 7 日,公司成功登陆国内 A 股市场,实现了从传统的农业企业向现代企业的转变。当前,公司正处于崭新、充满勃勃生机的新时代,未来我们将严格按照上市公司要求,以合规稳健经营为立足点,培养创新品格,弘扬创新精神,提高创新能力,进一步提高企业核心竞争力,努力实现公司从传统生产型向现代经营型、从资源拥有型向资源控制型,产品由低端、单一化向高端、差异化转变,建立以全产业链协同管理为基础的双核运营模式,提升公司在中国橡胶市场的话语权和在国际天然橡胶市场的影响力,成为有社会责任感的农业与橡胶领域优秀的上市公司。

【经营业绩】

2012 年上半年,公司实现橡胶产品销售 15.37 万吨,同比增长 30.70%,实现营业收入 39.36 亿元,同比减少8.56%,上半年受天然橡胶销售价格大幅下跌影响,公司净利润同比出现了大幅下降,实现归属于上市公司股东的净利润1.43亿元,同比减少 66.19%。

【601126】北京四方继保自动化股份有限公司

【基本情况】

北京四方继保自动化股份有限公司成立于 1994 年,公司创始人是中国工程院首批院士杨奇逊教授。公司主要从事电力系统自动化及继电保护装置、电力系统安全稳定控制、高压直流输电控制、调度自动化、配网自动化、发电厂自动化控制系统、仿真培训系统、电力电子装备、轨道交通、工业自动化及清洁能源利用等领域的研究、开发、生产和销售,是为电力行业、公共事业及大型行业客户(石化、铁路、煤炭、冶金、轨道交通等)提供电力及综合自动化整体解决方案、优质产品和服务的高新技术企业。

目前,四方公司已有多达数十万套的数字式继电保护和智能二次设备、万余套变电站自动化系统及发电厂自动化系统正在成功运行。四方,成为电力行业二次成套设备的制造商和完整解决方案的提供商,公司的产品已成为电力系统继电保护与控制领域的主流产品。同时,四方公司先后在轨道交通、钢铁、石化、石油等领域取得了不菲的业绩,并在电厂及工业自动化领域取得了令人瞩目的进展。

基于完全自主知识产权的丰富产品体系,四方公司开拓性地在国内实现了技术成就的多个"第一",主要产品多次荣获国家科技进步奖及省部级科技进步奖,并拥有数百项专利技术及软件著作权,另外还主持或参与制定了一百多项国际、国家和行业标准。四方公司秉承"技术领先,永远创新"的企业宗旨,紧握电力改革开放的历史性机遇,先后在城乡电网改造、三峡工程、西电东送、全国电力联网、清洁能源开发、青藏铁路、1000 千伏特高压工程、城市轨道交通建设、智能电网、抗震救灾、北京奥运会、上海世博会、广州亚运会等国家重点工程项目中做出了突出贡献。

在国内市场占有率不断扩大的同时,四方公司在开拓国际市场方面也取得了令人瞩目的成绩。随着产品成功进入欧洲、亚洲及非洲市场,四方公司已经在国际上树立了中国高科技企业的新形象。

四方公司采用知识经济时代高科技企业的运作模式,为了向用户提供更可靠的产品,建立了一整套掌握核心工艺技术的生产线。目前,该生产线是国内同行业中自动化程度最高、生产设备最完备的装置生产线之一。同时,为了向用户提供更好的服务,四方公司另外开辟了南京和武汉两个重要的科研和生产基地,营销及技术服务网络已经遍及全国各省、市、自治区。

四方公司一直坚持以过程管理为导向,并于 1997 年通过了国际认证机构的 ISO9001 质量认证;2007 年通过国际著名认证机构 BSI 的 ISO9001 质量管理体系、ISO14001 环境管理体系和 OHSAS18001 职业健康安全管理体系的三合一管理体系认证。

天道酬勤,四方公司在发展过程中不断取得优异的成绩,成为行业的佼佼者。先后被对外贸易经济合作部评为"中国民族经济之花"企业;被科技部认定为"北京软件骨干企业";多次被国家发改委等四部委认定为"国家规划布局内重点软件企业";进入信息产业部公布的"中国软件产业最大规模前 100 家企业";被北京市地税局认定为"纳税信誉 A 类企业";荣获国家级"企业管理现代化创新成果"二等奖;荣获"国家火炬计划重点高新技术企业"称号。2007 年更是被国家发展和改革委员会、科技部、财政部、海关总署、国家税务总局五部委联合认定为"国家级企业技术中心";四方公司电力自动化监控设备被国家授予"中国名牌产品"荣誉。2008 年又通过了 KEMAIEC61850LevelA 认证和 CMMIL3 级评估。

现在,四方公司已成为我国电力行业和北京市中关村科技园区的知名企业,具有良好的企业形象和信誉,是中国电力自动化行业当之无愧的龙头企业。

【企业文化】

经过十多年的发展,确认了具有四方特色的企业文化:

以人为本:

四方公司企业文化的核心是"以人为本"的价值观。

对待员工:尊重和关心员工,为员工提供充分的发展空间。

对待客户:尊重客户,不忽略任何细小问题。

团队建设:个人的发展融于团队的发展。

公司目标:永远的创新,提供一流产品与服务,创建最优秀企业。

回报社会:

四方公司始终坚持关注时事、回馈社会的宗旨,在慈善募捐、希望工程、抗冰救灾、支援地震灾区、奥运保电等等各项社会活动中,都不遗余力,为建设和谐社会贡献自己的力量。

【研究开发】

研发概况

2005 年,四方公司研发中心被认定为北京市级企业技术中心。

2007 年,四方公司被国家发展和改革委员会、科技部、财政部、海关总署、国家税务总局 5 部委联合认定为"国家级企业技术中心"。

四方公司创始人杨奇逊院士是我国电力系统微机继电保护领域的开拓者,他领导下的研发团队的研究成果及产品一直处于行业领先地位,其科研成果先后多次获国务院颁发的国家科技进步奖以及省、部级科技进步奖,产品多次被纳入国家立项支持的重点新产品计划。这些产品应用在电力系统各项重大工程,如三峡工程、西电东送工程、全国联网工程、城乡电网改造以及超高压 750kV 示范工程等,为国家电网的建设做出了突出贡献。

1998年，四方公司与华北电力大学联合成立了"四方研究所"，2001年与清华大学合作成立了"电力系统稳定控制研究所"，进行具有战略性、前瞻性的科学研究，四方研究所除了完成科研任务外，每年还为国家培养一批硕士生和博士生，为我国电力系统及本公司输送了大批杰出人才。

同时，四方公司设立的研发中心、技术支持部、专家委员会与四方研究所共同组成一个科学研究、产品开发和产品实用化的全方位体系，进行产品项目的立项、开发、研制。这种创新机制表现出强大的生命力，不断研发出具有市场竞争力的高新技术产品。

2009年1月6日22点，晋东南－南阳－荆门特高压交流示范工程168小时试运行圆满结束。标志着四方公司承接的南阳站的综自工程和综自仿真系统、三个变电站的特高压线路保护、保护信息子站以及稳控和PMU设备等已经通过了特高压的实际检验。再次体现了四方公司在微机机电保护尖端领域中的领先优势和创新能力。

知识产权

四方继保自动化股份有限公司对所研发的产品和技术拥有完全的自主知识产权，并一贯注重知识产权的保护。截至2009年中，拥有已授权专利51项，计算机软件著作权77项。作为主要起草人，四方公司参加了66项国家和行业标准的制定，其中已颁布的标准有38项，多个新产品获得采用国际标准证书。

【经营业绩】

2012年上半年，公司实现营业收入86,492.63万元，营业利润5,909.77万元，利润总额8,046.46万元，归属上市公司股东的净利润7,062.31万元，同比增长30.58%。

【601188】黑龙江交通发展股份有限公司

【基本情况】

黑龙江交通发展股份有限公司，系原东北高速公路股份有限公司经国务院批准、中国证监会核准分立重组的公路版块的上市公司。2010年3月1日，经黑龙江省工商行政管理局核准公司注册成立，注册资本12.132亿元人民币。公司发起人股东为黑龙江省高速公路集团公司和华建交通经济开发中心，所持公司股份分别占公司总股本的49.19%和17.92%。2010年3月19日，公司股票在上海证券交易所挂牌上市，股票简称：龙江交通，股票代码：601188。

公司主要经营范围：投资、开发、建设和经营管理收费公路，销售机械设备及配件、机电产品、建筑材料，设计、制作、代理、发布国内各类广告，货物（或技术）进出口（国家禁止的项目除外，国营贸易管理和国家限制项目取得授权或许可后方可经营）。

公司成立以来，严格按照《公司法》、《证券法》等法律、法规的规定，以"三会"为核心，建立健全了现代企业制度。公司秉承"开拓创新、锐意进取、服务社会、持续发展、诚信经营、回报股东"的经营理念，全力打造法人治理结构完善、经营管理体系科学、资产质地优良、主营业绩突出、规模效益稳步增长、综合竞争力强的公路版块上市公司。

同时，公司与时俱进，结合实际制定了以"股权结构多元化、经营渠道多元化、人才结构多元化"为主的多元化发展战略，开创了龙江交通持续稳定发展的良好局面。经营上，积极整合优质资产，清理盘活低效资产，扩大经营规模，拓宽经营渠道，努力探求利润增长空间，树立全面、协调、可持续的发展观，紧紧围绕企业中心任务开展工作；管理上，务实创新，组建文化先进、作风过硬、业务精尖，团结向上、敬业爱岗的管理团队和员工队伍。以实施人性化、知识化、制度化以及不断创新为管理目标。为社会提供优质服务，为股东提供稳定增长的收益，收到了良好的经济效益和社会效益。

"服务社会，实现股东价值最大化"是龙江交通人的不懈追求。作为黑龙江省交通系统所属的唯一一家上市公司，龙江交通在省委、省政府的高度重视和关怀下，在广大股东和社会各界的支持与帮助下，以繁荣地方经济发展为己任，积极履行社会责任，承担社会义务，勇于投身黑龙江省"十大工程"和"八大经济区"的建设之中。恪守诚信经营、稳健发展的经营理念，努力打造文化先进、作风过硬、团结向上、行业竞争力强的高速公路企业。

乘风破浪会有时，直挂云帆济沧海！龙江交通人将紧紧抓住历史机遇，以高速公路的快速发展为契机，以科学的发展观为统领，从战略角度出发，加大资本运作力度，推进重点项目建设，不断完善资本结构，探索新的利润增长点，不断提高企业的企业核心竞争能力，树立良好的社会形象和资本市场形象努力将龙江交通打造成为知名企业和重要的融资平台，不断为振兴地区经济做出更多的贡献，携手广大投资者共创龙江交通的美好未来！

【经营业绩】

2012年上半年报告期内，公司继续以"多元化"发展战略为统领，以创建"安全路，文明路，畅通路"为目标，严格管理，控制成本，夯实主营业务基础，提高服务效能，主营收入实现了稳定增长。报告期内，公司总资产3,003,625,006.61元；实现主营业务收入156,325,670.70元；净利润65,883,398.56元，每股收益0.054元。

【601218】江苏吉鑫风能科技股份有限公司

【基本情况】

江苏吉鑫风能科技股份有限公司前身为江阴市吉鑫机械有限公司，创办于2003年12月。2008年6月，经有限公司股东会决议通过，整体变更设立为江苏吉鑫风能科技股份有限公司。公司于2011年5月6日在上海证券交易所挂牌，股票代码：601218，简称：吉鑫科技。

公司总投资超过10亿元，是一家拥有自主知识产权，集研发、生产、销售于一体的专业大型风力发电机组零部件企业，目前主要产品为兆瓦级大型风力发电机组用轮毂、底座、轴及轴承座、梁等铸件产品。

公司生产设备先进，建成了具有国内领先水平的MW级风机大型零部件生产线，形成风电关键零部件铸造、加工、表面处理一条龙配套生产能力。公司2010年风电铸件铸造能力达14万吨，机加工能力10万吨。根据中国农业机械工业协会风力机械分会提供的数据，公司是全国乃至全球规模最大的风电铸件生产企业。根据中国铸造协会2010年5月公布的"全国首届铸造行业综合百强"名单，公司位列铸造行业综合排名第九位，并位居铸造行业铸铁分行业排名第一位。

公司产品系列齐全，产品规格涵盖600KW、750KW、1MW、1.25MW、1.5MW、1.65MW、2MW、2.1MW、2.5MW、3MW、5MW系列等几十种风电铸件产品，是国内首先实现海上3MW风机轮毂研发和批量生产的企业，产品已于我国海上风电示范工程—上海东海大桥海上风电场安装运行；公司生产工序完整,覆盖模具制造、毛坯铸造、机加工和表面处理全部生产流程;公司研发实力雄厚,新品开发能力突出,自主研发的风电铸件材质质量达到国际先进水平;公司工艺水平先进,质量优势、成本优势明显。目前,公司的综合实力、经营业绩在行业中成绩突出,是我国风电铸件行业的龙头企业,也是目前全球规模最大的风电铸件生产基地之一。

公司始终坚持自主研发和科技创新,注重知识产权建设,拥有省级工程技术研究中心和企业研究生工作站,并参与了"风力发电机组球墨铸铁件"国家标准的起草制定工作;公司先后申报发明专利7项、实用新型专利2项,已获得发明专利授权5项、实用新型专利授权2项;公司拥有多项低温球墨铸铁材质和工艺方面的专利和非专利技术,并通过多项科技成果鉴定,其中有4件产品通过"省高新技术产品"认定。上述技术均为大功率风电铸件生产方面的关键和核心技术,并已成功转化用于生产经营。其中,"铸态无镍低温球铁铸造大型高韧部件的方法"获得国家知识产权局的发明专利授权,填补了国内低温球铁铸造技术的空白;MW级风电机组用轮毂获国家重点新产品证书,JIXIN牌大功率风力发电机主要零部件(轮毂、底座等)获江苏省名牌产品;MW级风机用轮毂等金属部件生产的关键技术及应用获2009年度江苏省科学技术进步二等奖;无冷铁无冒口铸造大功率风电低温球铁件轮毂底座新技术获中国机械工业科学技术三等奖。

凭借独特的材质优势和完善的服务体系,公司与国内风电整机龙头企业金风科技、华锐风电、东方汽轮机、湘电风能、上海电气以及美国GE、印度Suzlon、日本制钢所等世界著名风电设备制造商建立了长期、稳定的合作关系。公司连续两年(2009年、2010年)获金风科技授予的"特殊贡献奖",并被美国GE公司评为"2007年度最佳新供应商",被印度Suzlon公司评为"2007~2008年度最佳新供应商"。公司凭借领先的铸造技术和优异的产品质量,在风电铸件行业中树立了很高的市场影响力及产品美誉度,在行业内拥有良好的品牌优势,产品一直供不应求。

面对未来的机遇与挑战,吉鑫将继续秉承"和谐,务实,创新,诚信,共赢"的企业精神,坚持以客户的满意为目标,充分发挥自身的品牌优势、规模优势、质量优势、成本优势,不断提升核心竞争力,快速融入国际化竞争舞台,让"吉鑫"(JIXIN)品牌享誉世界。

【企业文化】

企业目标:做风能铸件行业的领跑者

企业精神:和谐,务实,创新,诚信,共赢

职工誓言:爱岗敬业、恪尽职守、求实创新、乐于奉献

广告语:集聚自然力量,奉献再生能源

【企业荣誉】

公司为"国家火炬计划重点高新技术企业"、"江苏省高新技术企业"、"江苏省优秀民营企业"、"江苏省百强民营科技企业"、"江苏省出口基地骨干企业"、"无锡市十佳效益型企业"、"江苏省风电产业技术创新联盟骨干单位",受到政府部门、行业协会多次表彰。

【601299】中国北车股份有限公司

【基本情况】

中国北车股份有限公司是经国务院同意,国务院国资委批准,由中国北方机车车辆工业集团公司联合大同前进投资有限责任公司(现已更名为北京北车投资有限责任公司)、中国诚通控股集团有限责任公司和中国华融资产管理公司,于2008年6月26日共同发起设立的股份有限公司。经中国证监会核准,中国北车于2009年12月29日在上海证券交易所上市。目前公司注册资本103.2亿元。总部设在北京。

中国北车是中国轨道交通装备制造行业的领军企业,也是世界轨道交通装备制造行业的重要成员。现有下属企业26家,其中全资子公司20家,控股公司5家,分公司1家。主要经营:铁路机车车辆(含动车组)、城市轨道车辆、工程机械机电设备、电子设备及相关部件等产品的研发、设计、制造、维修及服务;相关产品销售、技术服务及设备租赁业务;进出口业务,与以上业务相关的实业投资;资产管理;信息咨询业务。

中国北车汇集了一大批机车车辆专业及其它学科技术人才,技术开发实力雄厚,取得了一大批国家级重大科研成果。在首批"十一五"国家科技支撑计划重点项目立项中,承担了轨道交通运输装备所有自主研发项目。"机车战略超越,客车再创辉煌,货车持续领跑"战略取得显著成果。拥有时速200公里和时速300公里两个速度等级具有国际一流水平的动车组产品技术平台,自主研发了具有自主知识产权的高速动车组系列产品。CRH380BL型高速动车组创造了时速487.3公里的"世界铁路运营试验最高速",并成功投入京沪高铁运营。时速400公里高速综合检测列车被列入国家"十一五"重大科技成果。CRH3型高速动车组承担了京津、武广、沪宁等铁路客运专线运营任务。CRH5型动车组承担了京哈、京广、秦沈、石太等客运专线的运营任务;拥有4个国际一流的交流传动大功率机车产品技术平台,研制的和谐型系列大功率交流机车累计签单量占中国铁路市场采购总量的64%以上,是中国铁路干线货运的主力。"HXD3型大功率交流传动电力机车"项目荣获国家科技进步一等奖;持续领跑中国铁路货车技术发展方向,搭建了具有国际先进水平的货车产品技术平台,设计开发了中国铁路80%以上的货车车辆品种;城轨车辆研制始终保持行业领先地位,是国内唯一能够生产所有牵引方式、所有车体材质的城轨车辆企业,满足了国内外不同用户对城市轨道交通发展的需求。同时,依托核心技术优势,不断向相关多元化领域延伸,机电装备、工程机械等相关产业都呈现出良好的发展势头。国际市场快速拓展,产品出口全球五大洲60多个国家和地区。内燃机车、客车、货车批量进入发达国家市场。城轨地铁车辆成功打入香港、沙特等世界城轨地铁高端市场。大功率交流传动电力机车首次进军欧洲市场。在海外建立合资企业,实现了技术输出。骨干企业技术装备达到国际先进水平,机械加工、铸锻、钢结构制造和组装、电机电气等有显著优势。目前,中国北车拥有年新造电力和内燃机车1000台,动车组、铁路客车和城市轨道车辆4000辆,各型货车30000辆的能力;拥有年修理机车800台,动车组及各类轨道客车2000辆,各型货车32000辆的能力。同时,具有较强的配件配套生产能力。

面向未来,中国北车将以"接轨世界,牵引未来"为使命,以三步走发展战略为统领,统筹"成长"、"效益"、"健康"三者关系,进一步解放思想,开拓创新,大力推进经营模式创新、技术创新和管理创新,提升经营品质,调整产业结构,转变发展方式,努力打造轨道交通、通用机电、现代服务、战略新兴四大业务,全面建设以轨道交通装备为核心、为未来城市提供系统解决方案、具有国际竞争力的世界一流企业。"三步走"发展目标:第一步,三年再造一个北车,到2011年实现销售收入700亿元;第二步,四年时间再翻一番,到2015年实现销售收入1400亿元;第三步,2020年前进入世界500强。

【601515】汕头东风印刷股份有限公司

【基本情况】

汕头东风印刷股份有限公司最早创立于1983年12月30日，2012年2月16日成功登陆上交所A股主板（简称：东风股份，代码：601515）。

公司位于广东省汕头市潮汕路金园工业城，为外商投资股份有限公司。注册资本55600万元，固定资产4.4亿元。现有4个厂区占地面积近200亩，生产性建筑面积7万多平方米。公司主营业务为烟标印制及相关包装材料的设计、生产与销售。

近年来，公司不断优化产品结构，开拓创新，业务总量持续稳定增长，年生产能力达160万大箱，年产值超过10亿元人民币，经济规模跻身于全国大型印刷企业之列。

公司重视设备改造与技术创新，坚持高起点、超前引进国际一流水平的印刷设备与印刷技术，目前共拥有瑞士、德国、意大利、英国、美国、日本等国家生产的当今最为先进的印刷设备70多台套。

公司重视科技创新，全面推动绿色环保印刷，科技成果硕果累累。公司先后被认定为国家重点火炬计划高新技术企业、广东省高新技术企业、广东省企业技术中心、广东省印刷工程技术研究开发中心等。公司拥有激光全息图像载体的定位印刷设备和方法等24项专利，其中发明专利9项。

质量是企业的生命，公司十分重视产品质量，是广东省首家通过ISO质量管理体系认证的印刷企业，2008年10月，公司又通过了ISO14001环境管理体系和OHSAS18001职业健康安全管理体系的认证。2010年8月，公司通过了ISO9001－2008版的换版认证工作。

在狠抓质量的同时，公司注重基础管理，奉行"管理无小事，细节有管理；从细节做起，把小事做好"的管理理念，从小事抓起，从细节入手，促进公司管理工作实实在在地上台阶、上水平。

公司在发展壮大的同时积极回馈社会，实践着一个企业的社会责任与使命。近年来公司每年上缴税额超亿元，并在多所高等院校设立"东风印刷"奖学金。在灾难和危害发生时，公司积极捐款捐物，与灾区人民共度难关，近几年累计各类慈善捐款达到3000万元。

在印刷技术日益发达的今天，公司将锐意进取，执着追求，以严格的管理，一流的质量，诚实守信的经营，竭诚为所有客户服务。

【601678】滨化集团股份有限公司

【基本情况】

滨化集团股份有限公司（股票简称：滨化股份，股票代码：601678SH）注册资本6.6亿元，总资产41.4亿元。滨化股份具有四十年丰富的烧碱和环氧丙烷生产经验，是全国最早生产油田助剂的厂商之一，是我国最大的环氧丙烷及油田助剂供应商、国内最大的三氯乙烯供应商和重要的烧碱产品生产商，拥有良好的环氧丙烷、三氯乙烯、油田助剂和烧碱四大主营业务格局及独具特色的循环经济一体化生产模式，为国内化工氯碱行业具有较大影响力的企业，在业内享有良好的知名度和美誉度。现为中国氯碱工业协会常务理事、中国PO/PG行业协会会员、全国表面活性剂协作组理事会会员。2010年，滨化股份实现销售收入35.75亿元，实现利润4.63亿元，实现利税6.52亿元，企业综合竞争实力不断增强。

多年来，滨化股份先后获得了"全国五一劳动奖状"、"全国先进基层党组织"、"全国重合同守信用企业"、"全国工业重点行业效益十佳企业"、"全国行业经济效益百强企业"、"国家一级安全标准化企业"、"全国信息工作先进集体"、"全国设备管理优秀单位"、"2008年度中国化工行业技术创新示范企业"、"2008中国节能减排贡献企业"、"山东省高新技术企业"、"山东省管理创新优秀企业"等众多荣誉称号，公司拥有省级企业技术中心和国家级企业博士后工作站，是中国先进生产力示范研究基地。2010年6月，荣获"2010企业社会责任特别大奖"。

作为山东省三年以来在沪市A股挂牌的首家上市公司，滨化股份于2010年2月23日正式在上交所挂牌上市，融资20.9亿元，公司的成功上市，在企业形象和企业合规性管理方面将得到很大提升，同时也为资源配置、产业整合和资本运作及后续发展奠定了良好基础。2010年11月，滨化股份入选2009－2010年度新上市公司"创星50"排行榜，荣获2010年最具成长性新上市公司称号。

【经营业绩】

2012年1－6月报告期内，实现营业收入21.17亿元，较去年同期下降9.07%；实现营业利润2.77亿元，较去年同期下降42.55%；实现归属于母公司的净利润2.00亿元，较去年同期下降43.33%。

【601700】常熟风范电力设备股份有限公司

【基本情况】

常熟风范电力设备股份有限公司（原常熟市铁塔有限公司，始建于一九九二年，是国家电力公司归口管理企业），是生产高压，超高压输电线路镀锌铁塔、钢管组合塔、钢管杆、变电站钢构支架、及其它各种支撑钢结构件产品的专业公司。产品已在国内20多个省、市、自治区使用，并已出口到日本，澳大利亚、伊朗、伊拉克、韩国、缅甸等国家和地区。

自风范成立开始，以生产经营角钢铁塔为主。2000年开始，公司根据市场发展的需要，开始组建钢管铁塔生产线，并设立了第二个车间。当年先后购置了数控火焰切割机，铣边机，数控相贯切割机，数控板料折弯机，自动埋弧焊机，超声波探伤仪，X射线探伤仪，上辊万能式卷板机等设备和仪器，自行研制了组对平台等设备。

自2002年起，风范进入了迅猛发展时期，为了快速提供更优质的产品，公司专门添置了数控型钢联合生产线，数控型角钢钻孔生产线，数控冲、钻复合机，液压剪板机，数控等离子平面切割机，双工作台龙门移动式数控钻床，有效地改变了以往160mm及以上角钢只能用手工钻的工序，提高了生产效率和孔的光洁度，避免了斜孔和喇叭孔，从而保证了加工产品的精度和速度。

风范目前总占地面积三十八万平方米，工厂区内自备水运码头4个，拥有世界领先的各种自动化铁塔加工生产线，热镀锌生产线，金属切削设备，计量理化精密仪器等，是国内较具规模，技术装备先进，检测手段先进，综合实力很强的铁构件制造公司。

科技交流

风范为了进一步提高公司素质，在科技方面达到世界先进水平，自1992年起与国内几家著名的设计科研机构建立了长期合作的关系，这些机构有：上海同济大学、台湾中原大学、上海钢结构协会、广电部设计院、上海自动化研究所等。在一九九六年一月、一九九七年三月、八月与日本NESIC合作设计制造了ANT、KDD冲绳美军基地和日本长野冬季奥运会通讯平台构架，获得好评。另外，我公司的镀锌质量在国内具有领先水平，工艺在德国ASTM协会的著名镀锌专家托马斯H库克先生的指导下，使用德国公司的镀锌工艺，镀出的产品受到国内外专家的一致赞誉。我公司镀锌加工工艺已用于北京首都国际机场扩建和长安街灯柱改造等重点工程。风范还与美国ABB集团、瑞士POWERINVEST公司、法国GTMH、日本NEC公司、富士公司等世界著名的大公司和集团的输电部门及设计科研部门保持了良好关系，使我公司能继续向国际市场开发拓展。

公司现采用一套先进的铁塔设计放样计算机程序，并拥有自主知识产权。进行从铁塔三维结构分析、数据处理到样杆图、样板图的绘制及加工明细表全过程的微机化处理，实现微机放样数据与数控生产线终端直接联络控制，并执行生产和产品数量的统计。公司通过引进并自我完善的方式，还开发了一套先进的铁塔结构尺寸计算与校核程序和材料管理的数据库系统。始终保持更新的该系统，使风范在铁塔结构计算放样领域始终保持着国内领先水平，在相关行业内属于龙头地位。

2009年公司成立科学技术协会、风范电力设备股份有限公司研发中心，进行国内首个复合材料绝缘横担的研究，填补了国内该技术的空白，2009年12月在连云港正式挂网运行。

集团管理

公司在经营生产逐年发展的同时，不断地强化内部管理，各职能部门和生产单位责任分明，调度快捷，共同组成一个有机的整体，切实保证了公司生产经营的正常进行。公司十分注重强化原材料管理，按国家标准对入库钢材进行外观检验和理化试验，并按程序选择合格分供方定点供料，以确保原材料的质量。同时，也保证了原材料供应渠道的畅通，以确保工程的工期顺利进行。另外，公司十分注重企业的质量管理，以先进的工艺装备，雄厚的技术力量，完善的质量保证体系，向客户提供优质的产品和优良的服务，确保产品的出厂合格率为100%，合同履约率100%。

标志工程

在2000年世行贷款国际招标的江阴大跨越工程铁塔招标中，十几家国际知名企业参加投标，我们常熟风范电力设备股份有限公司一举中标。我公司成功加工了四基锚塔，协同江南造船厂加工了两基大跨越铁塔（总高346.5米，为世界最高输电线路铁塔）。2003年我公司加工了世界海拔最高4800米的西藏那安线工程1207吨。2004年初，我公司又成功加工了广东阳仙线跨江钢管塔（高度为162米，单基重量为565吨）。2005年3月我公司成功加工了国内首条西北750千伏输变电示范工程750kV官兰线铁塔1512吨。2005年2月我公司成功加工了国网公司又一条直流输电蔡白线工程，全线总计8426吨，我公司在加工质量和售后服务上受到了施工单位的一致好评。2005年12月我公司签订了国内第一条500kV同塔四回路利锡线工程合同，该工程由华东电力设计院设计，线路总长80公里，总重量达19937吨，全线均由我公司加工。这些证明了我们企业综合加工能力在国内外是具有一定实力的，是值得信赖和合作的公司。所提供的产品均赢得广泛赞誉。

风范一贯秉承以客户为中心的销售与服务理念，为客户提供从生产，运输，施工到售后的全程高质量、高速度服务。“信誉第一，用户至上”，是我公司全体员工的宗旨，公司领导定期或不定期地走访用户，调查产品的使用、运行情况，征求客户意见，以不断提高产品和服务的质量。我们常熟风范电力设备股份有限公司全体员工将努力拼搏，敢为人先，誓把本公司建设成为中国一流的铁塔企业和铁塔出口基地，并竭诚为世界电力事业的发展做出更大贡献。

【经营业绩】

2012年上半年报告期内，公司共签订合同13.23万吨，其中角钢8.27万吨，钢管4.96万吨，实现销售角钢8.22万吨，钢管塔和变电构支架1.98万吨，合计10.2万吨。实现营业收入75995.17万元，同比上升14.88%；净利润7521.86万元，同比上升0.83%。

【601872】招商局能源运输股份有限公司

【基本情况】

招商局能源运输股份有限公司成立于2004年12月31日，注册地为上海市浦东新区，成立时注册资本为22.33亿元。

公司船队资产原为招商局集团所拥有的能源运输船队资产，这些资产首先经过重组，整合集中到招商局集团（香港）有限公司在英属维尔京群岛新设立的能源运输投资有限公司名下，再由招商局香港将能源运输投资的股权无偿划转到招商局轮船股份有限公司名下，招商局轮船股份有限公司继而以招商局能源运输投资有限公司的股权作为出资，联合中石化集团、中化集团、中远集团及中海油渤海公司四家发起人共同发起设立公司。

公司主营业务为远洋油轮及散货船运输。截至2010年9月，公司现有油轮19艘合计载重吨约412万吨，平均船龄8岁；散货船16艘，合计载重吨约106万吨，平均船龄13岁。两个船队分别由公司全资拥有的两个专业管理公司海宏（香港）公司及香港明华进行日常经营管理。

除油轮及散货船运输业务以外，公司通过下属的合营企业中国液化天然气运输（控股）有限公司（简称“CLNG公司”）参与液化天然气专用船运输业务。该公司为我公司下属公司与中远集团下属的大连远洋运输公司合资成立的（各占50%权益），公司通过CLNG公司参与广东液化天然气进口项目、福建液化天然气进口项目和上海液化天然气进口项目的海上运输业务，目前该公司参与投资的5艘液化天然气专用船已经投入营运，另外1艘正在建设过程中，预计将于2012年底投入营运。

【公司特点】

1. 公司的运输业务包括油轮运输、散货船运输、液化天然气船运输，涵盖了能源运输的主要货种。近年通常油轮运输及散货运输占主营业务收入的比例约在7:3。这三类业务具有不同的风险收益特征，构成了多元化的业务组合，有利于稳定公司的经营业绩。

2. 公司油轮船队是目前国内运力规模最大的国际油轮船队，油轮船队结构多元化，规避单一市场波动风险能力相对较强；公司营运管理的国际化程度高，拥有一支具备多年国际航运经营管理经验的专业人员队伍，下属的海宏公司是将超级油轮引入亚太地区的先驱，与SHELL、CHEVRONTEXACO、Caltex等国际大型石油公司建立了长期合作关系，40多年来海宏公司取得的管理业绩和持续保持的安全记录被业界广为认可。

3. 中国进口原油规模增长迅速，带动进口原油运输需求快速增长。2005 年公司承运的中国进口原油尚不足中国当年进口原油总规模的 5%。中石化集团、中化集团及中国海洋石油总公司等中国主要石油进口企业已直接或间接在公司参股，并且与公司建立了战略合作关系，该等合作关系的建立为公司油轮运输业务的稳定发展提供了坚实的基础，未来公司的中国进口原油运输业务市场前景广阔。

4. 公司散货船队船型整齐，营运管理的国际化程度高，盈利能力相对稳定。该项业务收入是公司主营业务收入的重要组成部分。

5. 目前国内多个沿海省市都在筹建进口液化天然气项目，中国进口液化天然气运输业务前景广阔，公司下属公司与大连远洋运输公司合营的中国液化天然气运输（控股）有限公司（CLNG）是目前中国唯一的投资并已实际经营管理进口液化天然气业务的公司，进口液化天然气专用船通常拥有 25 年的长期租赁合同，运输收益稳定，该项业务的开展将有利于稳定公司未来的盈利水平。

【发展战略】

公司以远洋油轮运输业务为核心，积极开拓液化天然气运输业务，加强与战略伙伴的合作，以重点发展与中国进口能源相关的运输业务，争取经过三至五年的努力，将公司所属船队发展成为更具国际竞争力，保持国内领先地位，收益相对稳定并持续增长的大型能源运输船队。

【经营业绩】

2012 年上半年，公司实现营业利润 95,830,308.33 元，比上年同期减少 53.47%，主要因航运市场下滑；归属于上市公司股东的净利润 82,723,314.23 元，比上年同期减少 58.45%。

【企业荣誉】

招商局集团举行“十年”突出贡献奖颁奖仪式

招商轮船荣获“稳健经营奖”

招商轮船荣获“2008 年度主板上市公司百强”、“最受投资者欢迎上市公司网站”、“最佳投资者关系董秘”、“最佳投资者关系互动平台”等四项奖

黄少杰总经理荣获中央企业“劳动模范”称号

公司荣获招商局集团颁发的档案工作优秀单位奖

招商局集团被国务院国资委授予“业绩优秀企业”称号

【601877】浙江正泰电器股份有限公司

【基本情况】

浙江正泰电器股份有限公司成立于 1997 年 8 月，是正泰集团核心控股公司，也是中国低压电器行业产销量最大企业。公司专业从事配电电器、控制电器、终端电器、电源电器和电力电子等 100 多个系列、10000 多种规格的低压电器产品的研发、生产和销售。“正泰”商标被认定为中国驰名商标。公司荣获全国质量管理奖、首届浙江省政府质量奖、首届温州市市长质量奖，并于 2010 年 1 月 21 日在上海证券交易所成功上市，成为中国第一家以低压电器为主业的 A 股上市公司。

公司始终坚持自主创新，研究开发了一系列拥有自主知识产权、达到国际先进水平的低压电器产品。先后承担了国家“八五”、“九五”、“十五”等重点科技攻关项目，拥有数百项国内外专利。截至目前公司已开发 100 多个系列、200 多个基型的具有正泰自主知识产权的新产品，三大系列产品——可通信智能型万能式断路器、电子式过载继电器、智能型模块式塑壳断路器列入了国家科技部火炬计划项目。公司产品畅销全球 90 多个国家和地区，为电力、电网、石油化工、制造业、房地产、建筑业等各行业用户提供高效、便捷的电器产品与技术服务。公司在全国同行中率先通过 ISO9001 质量管理体系认证、ISO14001 环境管理体系认证、OHSAS18001 职业健康安全管理体系认证，并通过国际电工协会（IEC）CB、美国 UL、芬兰 FL、比利时 CEBEC、荷兰 KEMA、德国 VDE 等国际体系认证。

【企业荣誉】

近年来，公司被授予“全国就业与社会保障先进民营企业”、“全国机械工业先进集体”、“浙江省高新技术企业”、“温州市十大最具环保责任感企业”等荣誉。南存辉董事长当选为浙江省工商联主席，九届、十届、十一届全国人大代表，中华全国工商业联合会常委，同时担任中国工业经济联合会主席团主席、中国机械工业联合会副会长，曾荣获“优秀中国特色社会主义事业建设者”、“中国十大杰出青年”、“2002CCTV 中国经济年度人物”、“中国青年企业家管理创新金奖”、“中华慈善事业突出贡献奖”等称号。

【企业文化与愿景】

经济全球化时代，公司坚持“国际化、科技化、产业化”发展战略，大力开展制度创新、科技创新和管理创新，实现产品由中低档向中高档扩展，市场由国内向全球扩展，价值链由提供单体产品向提供系统解决方案扩展，经营由内生型发展为主向包括并购与资本运作在内的现代企业运营扩展，力争使正泰电器成为“世界一流的低压电器全面解决方案提供商”。

【经营业绩】

2012 年上半年，公司实现营业收入 435,272.84 万元，同比增长 8.77%；实现营业利润 65,085.55 万元，同比增长 21.68%；实现净利润 53,340.46 万元，同比增长 20.75%；实现归属于母公司净利润 48,773.23 万元，同比增长 20.43%。

【601989】中国船舶重工股份有限公司

【基本情况】

中国船舶重工股份有限公司是经国务院国有资产监督管理委员会批准，由中国船舶重工集团公司、鞍山钢铁集团公司、中国航天科技集团公司作为发起人，以发起设立方式成立的股份有限公司，于 2008 年 3 月 18 日在国家工商行政管理总局登记注册。根据中国证券监督管理委员会的批复，公司于 2009 年 12 月采取公开发行股票方式向社会公众发行股份 19.95 亿股。2009 年 12 月 16 日，公司在上海证券交易所挂牌上市。上市发行完成后公司总股本为 66.51 亿股，中国船舶重工集团公司持有 65.13% 的公司股份。

根据现代企业制度和资本市场的法律法规，公司建立了较为科学、完善的管理制度和治理结构。公司总部设有 8 个职能部门对 28 家全资及控股子公司的研发、生产经营、财务、投资、资本运营等业务进行对口管理，并按照证券主管部门的法规要求，设立了专门机构统一管理投资者关系工作、信息披露等业务，与资本市场形成了良好的互动关系。

【企业文化】

中国重工

精神：重工报国创新超越；

公司使命：发展船舶，保障军工，做强非船；

树立品牌，提高收益，增值资产；

遵守法规，尽职社会，塑造文化；

服务客户，成就员工，回报股东。

公司愿景：保持舰船造修、海洋工程在国内的领先优势，保持舰船装备也在国内的主导地位，不断发展军工产品，做强做大能源交通装备等非船产业，始终站在中国造船工业的最前列，努力发展成为国内最强最大、国际一流的舰船、海洋工程和能源交通装备企业。

【经营情况】

公司2011年重大资产重组完成后，已形成船舶制造及舰船配套、船舶修理及改装、舰船装备、海洋工程和能源交通装备及其他五大业务板块，成为我国规模最大的造修船及海洋工程制造企业之一。2012年3月28日，公司按计划完成了对控股股东7家目标资产的收购，丰富了公司军工产品门类，新增了煤机装备、水电装备等能源装备业务和高技术特种船业务，进一步巩固和提高了在军工业务、船舶制造、船舶修理改装、舰船装备、海洋工程等行业的领先地位，切实推进了“整体上市”步伐，有效提升了公司的核心竞争力与可持续发展能力。

2012年上半年，面对国内外经济形势严峻、国际航运市场和造船市场总体低迷的不利形势，公司加快结构调整力度、积极开拓市场、突出科技创新，实现了平稳发展，继续保持在行业中的领先地位。一是结构调整成效显著，海洋工程和能源交通装备及战略性新兴产业业务占比大幅提高，发展明显加快；二是科技创新步伐加快，一批新产品推向市场，一批新工艺、新设计投入使用；三是管理提升，通过推进精细化管理、加强子公司管控，降本增效，防范风险。

2012年上半年报告期内，公司实现营业收入291.85亿元，比上年同期增长2.46%，按同口径同比下降8.68%，利润总额29.96亿元，比上年同期下降24.27%，按同口径同比下降28.59%，归属于母公司所有者的净利润25.72亿元，比上年同期下降22.16%，按同口径同比下降26.82%。

2012年6月底，公司资产总额1786.33亿元，归属于母公司股东的所有者权益409.33亿元。报告期末，归属于母公司所有者的每股净资产2.79元，基本每股收益0.18元，加权平均净资产收益率6.22%。

报告期内，公司新增订单259.04亿元；截至2012年6月底，公司手持订单778.12亿元。

【603123】北京翠微大厦股份有限公司

【基本情况】

北京翠微大厦股份有限公司成立于2003年，是以百货业态为主，超市和餐饮等多种业态协同发展的大型现代化商业连锁企业，是北京最为著名的大型百货零售企业之一，荣获全国第一批“金鼎”百货店、全国商业服务业“十佳企业”、“全国(行业)顾客满意十大品牌”、“全国文明单位”、“北京市十大商业品牌金奖”“全国首批百家低碳示范商店”等荣誉称号。

2012年，经中国证监会“证监许可[2012]327号”文批准，公司向社会公开发行人民币普通股(A股)7,700万股，发行价格每股9元，发行后总股本为30,800万股。2012年5月3日，公司股票实现在上海证券交易所挂牌上市，证券简称为“翠微股份”，证券代码为“603123”。

公司秉承“心诚业精、志在非凡”的企业精神，以提升消费者的生活质量和生活品位，传播现代时尚消费文明，开辟现代生活新境界为使命，坚持走适度超前的成熟名品百货名店的发展之路，本着稳健扩张的原则，先后开办了翠微店、牡丹园店、龙德店、翠微广场购物中心、清河店、大成路店。近年来，公司在北京区域市场占有率排名位列前三甲。

翠微在自身发展的同时，始终关注和支持公益事业，把企业盈利、顾客满意、社会责任三者统一起来。近年来向社会教育事业、慈善事业、援助灾区建设等方面累计投入超过千万元。此外，翠微与清华大学等单位携手合作，采用新技术、新设备广泛开展节能减排工作，累计投资超过3000万元。

未来公司将以“认清形势、明确目标、把握机遇、持续发展”为行动指南，贯彻执行“突出主业、做强品牌、文化引领、做大规模”的经营理念，以品牌、效益、发展为主线，坚持规模与效益并举，努力将翠微打造成为北京领先的一流商业企业，创建全国著名的百货商业品牌。

【603333】四川明星电缆股份有限公司

【基本情况】

明星电缆创建于2003年，占地1000余亩，有川皖两大生产基地和华北、华南、华东、西南、石油化工等八大营销片区，共有员工1500余人，是集研发、生产、销售和服务于一体的国家高新技术企业，西南地区特种电缆龙头企业。于2012年5月7日，在上海证券交易所成功上市(股票简称：明星电缆，股票代码：603333)。

【主营业务及市场成就】

主导产品有核电站专用电缆、35kV高压交联电缆、橡套矿用、船用电缆、风力/太阳能发电电缆、军工、航天航空用特种电缆、海上石油平台用电缆等38大系列，产品广泛应用于核电、风电、石油石化新能源领域，军工、航天航空等诸多领域和重大工程。产品远销于全国34个省、市、自治区，并出口至印度、利比亚、哈萨克斯坦等20多个国家和地区，深受国内外用户信赖。公司创建近9年来，始终以高端电缆市场需求为导向，坚持技术创新、质量和服务为企业生存发展之本，以满足客户需求、引领行业发展作为强大驱动力，已成为国家创新型试点企业、国家AAAA级标准化良好行为企业、中国机械500强、中国电线电缆20强、全国企业文化建设先进企业、四川“工业企业最大规模、最佳效益100强”企业。

【企业荣誉】

明星电缆拥有四川和安徽两个省级企业技术中心，生产装备精良，先后从德国、法国、瑞士、比利时等世界一流设备厂家引进生产和检测设备，工艺技术达到国际同类先进水平，与中国核动力研究设计院、西安交通大学、哈尔滨理工大学、上海电缆研究所、武汉高压研究院建立了稳定的产学研战略联盟，为公司的人才培养和技术创新创造了良好的条件，为企业持续、健康快速的发展夯实了基础。先后获得了国家核安全局颁发的民用核安全设备设计、制造许可证，85项国家专利，国家及省级新产品和科技进步奖12项，列入国家火炬、省级技术创新计划重点项目15项，自主研制生产的核电站用1E级电缆、耐高温防火电缆等17个产品填补了国内空白。坚守生产合格率不一定是100%，但出厂合格率一定是100%的承诺，建立健全严格的产品质量管理体系，拥有国内先进的生产和检测仪器设备500余台，获得了ISO9001质量体系、ISO14001环境体系、OHSMS职业健康安全管理体系、GJB9001军标体系等认证，以及9国船级社证书。公司商标被国家工商行政管理总局商标评审委员会认定为“中国驰名商标”。

【社会责任】

明星电缆自创建以来,在发展的同时积极承担社会责任,回报社会,分别在抗震救灾、扶贫助学、认养大熊猫、救助五保老人和下岗工人再就业等社会公益事业捐款捐物共6582万元。特别是在"5.12"汶川特大地震发生后,公司先后投入1800多万元用于地震灾区抗震救灾和学校的灾后重建,是全国电缆行业捐赠最多的企业。党委书记、董事长李广元荣获慈善领域最高奖"中华慈善最具爱心行为楷模"。

【经营业绩】

2012年上半年,报告期内,公司实现营业收入58,096.27万元,营业利润3,718.01万元,利润总额4,193.33万元,归属于上市公司股东的净利润3,564.33万元,与去年同期相比营业收入增长了2.16%,营业利润增长9.46%,利润总额及归属于上市公司股东的净利润分别增长了15.52%,15.75%。

【企业文化与愿景】

明星电缆将继续发挥一流管理、一流人才、一流技术、一流设备、一流服务的整体优势,秉承"精湛技术、出色品质、持续改进、差异服务"的宗旨,"以专业和品质为客户提供优质服务"的企业使命,不断在产品多元化、效益规模化、技术高新化、体制现代化求突破,继续扩大和保持在特种电缆领域的引领地位,实现成为中国电缆行业全面解决方案主要供应商和服务专家的宏伟愿景目标。

【603366】日出东方太阳能股份有限公司

【基本概况】

日出东方太阳能股份有限公司公司致力于太阳能热水器、太阳能热水工程系统、太阳能采暖系统以及太阳能制冷空调系统等太阳能热利用产品的研发、生产与销售,拥有"太阳雨"、"四季沐歌"两大行业知名品牌,是目前国内太阳能热水器行业的龙头企业,也是行业内最主要的太阳能热水器出口企业之一。目前,公司在全国建立了江苏、山东、河南三个生产基地。产品销售覆盖了国内30多个省份以及海外近100个国家和地区。具备多类型太阳能热水器及集热系统产品的制造能力和完善的工艺技术,形成了真空管式、平板式、热管式太阳能热水器和工程热水系统等完整的产品线。

公司是国家发改委、科技部、财政部、海关总署以及国家税务总局联合认定的"国家认定企业技术中心";设有国家级"博士后科研工作站",与北京大学、东南大学等多所国内知名院校建立了横向的"产、学、研"合作关系。拥有多项国家专利和非专利技术,是《民用建筑太阳能热水系统评价标准》等14项国家标准以及《环境标志产品技术要求家用太阳能热水系统》行业标准的起草单位之一。

公司视产品质量为企业生命,建立了一套完善的质量管理体系,对产品设计开发、生产、安装和服务实施全过程标准化的管理和控制。先后通过了ISO9001、ISO14001及国家强制性产品认证等一系列认证。获得"2010年度江苏省质量奖";公司的检测中心也于2011年被认定为CNAS认可实验室,先后通过欧盟、美国、加拿大等多个国家和地区的国际产品认证。

公司秉承"创世界名牌,做百年企业"企业理念,奉行健康可持续发展的企业发展观,坚持在企业创造经济效益的同时,创造性地为客户提供有价值的服务,让员工享受公司成长的成果,通过参与社会公益事业回馈社会。公司努力打造永久经销商,设立了"企业大学",独具特色的企业文化体系已为公司持续健康发展提供了源动力。

【企业文化】

企业使命——让阳光改变生活用绿色还原世界

企业愿景——创世界名牌做百年企业

核心价值观——诚信·责任·感恩

工作作风——注重细节追求完美

企业作风——快速反应效率为先

企业发展观——健康可持续发展

企业经营观——创造性地为客户提供有价值的服务

企业责任观——关爱自然关爱生命以人为本止于至善

企业行为观——细节决定成败思路决定出路

企业人才观——人人是人才能者上庸者下平者让

企业领导观——沟通要有说服力能力要有征服力人格要有影响力

企业质量观——1%的质量缺陷是用户100%的灾难

企业研发观——用户的难题就是我们开发的课题

企业营销观——先卖信誉后卖产品

【603399】锦州新华龙钼业股份有限公司

【基本概况】

锦州新华龙是国内钼行业产品生产骨干企业之一,国家一类出口免检企业,经过多年的发展,已经成为集采矿、选矿、冶炼、加工、贸易于一体的专业化公司。公司创建于2003年6月,下辖3个全资子公司和2个控股公司,企业公司资产超10亿元,总部坐落在辽宁沿海经济战略带重点发展区域——国家级锦州经济技术开发区。

公司连续多年实施技改项目,建成工艺和技术完善成熟的回转窑,完全替代了原有落后的反射炉。同时建成与之匹配的环保项目亚硫酸钠工程,达到了绿色环保要求。企业自主设计新建的现代化钼铁冶炼自动化生产线,其技术装备水平和生产能力居国内领先地位。

公司先后从美国、日本引进国际先进水平的焙烧、自动化冶炼、环保等技术和检测设备,严格规范原辅料和产品质检制度,全面通过了质量、环境、职业健康安全管理三体系的认证和监督审核。

公司生产的主要产品性能均达到国内先进水平,并销往全国各大钢厂,出口到世界数十个国家和地区,钼铁生产量与销售量稳居中国钼业第一方阵,深加工产品——钼酸铵和高纯氧化钼的产量和质量居行业内前列。

公司积极组织实施名牌产品和商标战略,全力打造新华龙品牌,被国家农业部授予"全面质量管理达标验收合格单位"、辽宁省"诚信示范企业"、"守合同重信用企业"、"民营百强企业"和"名牌产品"、"著名商标"等称号,连续多年成为锦州市"工业十强企业",是注册地重点骨干纳税企业。

【企业文化】

企业文化是一个企业在长期经营实践中所凝结起来的一种文化氛围、企业精神、经营理念,并体现在企业全体员工所共有的价值观念、道德规范和行为方式中。锦州新华龙钼业股份有限公司以其卓越的经营实践,凝结成自己特有的企业文化。

一种竞争的文化:"开拓创新"

一种诚信的文化:"诚实守信"

"让客户赚不到钱的营销员不是一个合格的营销员"

一种执行的文化:"令行禁止"

一种实干的文化:"成功了也不张扬"

一种团结的文化:"善待客户、善待员工"

一种奉献的文化:"先奉献后索取"

一种负责的文化:"勇于承担责任"

【603766】隆鑫通用动力股份有限公司

【基本概况】

隆鑫通用动力股份有限公司创建于1993年,拥有业界最为完整的通用动力产品和系统匹配解决方案,以全面满足顾客需求为目标,帮助顾客实现持续的盈利与提升,共同创建广阔的未来。

隆鑫通用动力股份有限公司专注于低碳、成套动力的发展,形成发动机、通机、摩托车、新能源机车的产业集群,在行业内享有较高的知名度与美誉度,向全球100多个国家和地区提供优质的、高效的产品和服务,并与多家国际知名公司建立长期稳定的合作关系。

国际领先的研发实力,为隆鑫带来新的跨越式发展。在全球倡导节能减排之际,隆鑫积极寻找解决方案,掌握混合动力和电动机车的核心技术,并实现其产业化发展。

隆鑫"尊重人"的核心企业文化,"累并快乐着"的工作氛围,形成隆鑫较强的凝聚力、文化力、战斗力,在员工认同、顾客满意,合作方协同的基础上实现股东价值的持续提升,加速隆鑫的全面高速成长!

饮水思源,隆鑫积极回馈社会,履行企业公民责任,参与慈善事业,建设希望小学,抗震救灾等等,为和谐社会贡献一份力量。

追求无止境,功到自然成。隆鑫将继续坚持"隆鑫以发展为本,员工以隆鑫为荣、顾客以隆鑫为傲"的战略愿景,开拓创新、锐意进取、与时俱进,全力向"成为低碳成套动力产品的领先企业"的目标迈进!

【企业文化】

战略方向:成为低碳成套动力产品的领先企业。

企业理念:在员工认同、顾客满意、合作方协同的基础上实现股东价值的持续提升。

战略愿景:隆鑫以发展为本,员工以隆鑫为荣、顾客以隆鑫为傲。

发展策略:文化导向、目标牵引、机制推动、评价在线、分线指导、重点监控。

企业价值观:诚信、创新、速度、对称。

工作原则:沟通、共识、合力、提升。

管理方法:弄清情况、分析问题、揭示矛盾、找准方法、形成机制。

隆鑫九项做事原则:

1. 顾客至上原则

——研究与满足顾客需求是永恒的工作主线。

2. 决策原则

——以共识为基础,多选择并行考虑,立即验证,不急于决策。

3. 沟通原则

——重视沟通的作用,强调面对面、跨部门、多层级的定时沟通,沟通"为什么"比"做什么"更重要。"变更须初物、切换要开会"。

4. 持续改善原则

——持续消除八大浪费——过量生产浪费,不良生产浪费,多余工序浪费,过多库存浪费,物料搬运浪费,多余动作浪费,等待时间浪费,员工创造力浪费。

5. 一个流原则

——现场应达成"三无"——无间隔、无间断、问题无处无时隐藏。

6. 预防原则

——重视防错纠错方法的应用。

7. 现地现物原则

——解决问题和优化流程必须追溯源头、亲自观察,并验证所得数据与情况。

8. 技术应用原则

——技术应用的成熟性比技术的先进性更重要。验证充分可弥补设计的缺陷;验证标准的积淀与改善是设计规范的基础。

9. 标准化原则

——业务组织流程化、记录表单标准化、操作手段信息化是提升团队效率的重要途径。

※深交所主板上市公司※

【000001】平安银行股份有限公司

【基本情况】

平安银行股份有限公司(简称:平安银行,股票简称:平安银行,股票代码:000001)是原深圳发展银行股份有限公司("原深圳发展银行"或"原深发展")以吸收合并原平安银行股份有限公司("原平安银行")的方式完成两行整合并更名后的银行,是总部设在深圳的全国性股份制商业银行。中国平安保险(集团)股份有限公司(以下简称"中国平安")及其控股子公司持有平安银行股份共计约 26.84 亿股,占比约 52.38%,为平安银行的控股股东。

原深圳发展银行是中国内地第一家面向社会公众公开发行股票并上市的商业银行,于 1987 年 5 月首次公开发售人民币普通股,并于 1987 年 12 月 22 日正式成立,1991 年 4 月 3 日在深圳证券交易所上市。原平安银行的前身深圳市商业银行成立于 1995 年 6 月,是中国第一家城市商业银行。根据两行股东大会决议,并经相关监管机构批准,2012 年 6 月 12 日,原深圳发展银行以吸收合并平安银行的方式完成两行整合工作;2012 年 7 月 27 日,公司名称由深圳发展银行股份有限公司变更为平安银行股份有限公司。两行合并后,资产规模、网点覆盖和业务种类都得到显著提升,为更多客户提供更为优质、全面的综合产品与服务。

中国平安于 1988 年成立,是中国第一家股份制保险企业,已发展成为融保险、银行、投资等金融业务为一体的整合、紧密、多元的综合金融服务集团,为香港联合交易所主板及上海证券交易所两地上市公司,股票代码分别为 2318 和 601318。中国平安通过旗下各专业子公司及事业部,通过多渠道分销网络,以统一的品牌向超过 7,000 万客户提供保险、银行、投资等全方位、个性化的金融产品和服务。平安银行是中国平安在银行业务领域的重要支柱。

截至 2012 年 9 月底,平安银行总资产达 14,775 亿元,存款总额 9,354 亿元,贷款总额 7,051 亿元;2012 年前三季度,累计实现归属于母公司的净利润 102.4 亿元,同比增长 33.2%;非利息净收入 49.7 亿元,同比增长 64.6%。资本充足率和核心资本充足率分别为 11.30% 和 8.47%,符合监管标准。

平安银行拥有 28 家分行,400 多个营业网点,在北京、香港设立代表处,并与境外众多国家和地区的 600 多家银行建立了代理行关系。分行与营业网点覆盖了中国平安约 80% 的客户群。平安银行将依托中国平安强大的资源优势,包括约 7,000 万个人客户和 200 万个公司客户,提升交叉销售的广度与深度,并凭借中国平安强大的品牌、渠道、客户、产品、IT 等综合金融服务优势,探索一条银行业发展的创新路径。

面对纷繁多变的经营环境,平安银行制定了清晰、可持续的发展战略,扎实推进各项改革,稳步推动业务发展,在包括供应链金融、零售业务等核心业务领域方面继续加大投入,进一步夯实竞争优势。

在公司业务方面,平安银行确立了"面向中小企业,面向贸易融资"的发展战略,在全国率先推出围绕核心企业、开发上下游企业的全方位授信模式——"供应链金融",并保持在国内同业间的领先优势,品牌价值持续提升。同时,国际业务、离岸业务稳健发展,作为国内 4 家获得离岸网银业务资格的商业银行之一,为公司客户搭建起跨时空、全方位的银行服务体系。

零售业务方面,平安银行坚持以客户为中心、不断创新产品和服务,加强"一站式"综合金融服务能力。在信用卡方面,持续为客户提供专业贴心的服务,"安全、实惠、好用"的品牌形象深入人心,得到持卡人的广泛好评;不断提升中高端客户的专业产品和服务能力,持续为客户创造价值;个人贷款方面,以"新一贷"为代表的产品为客户提供更为便捷、简化和创新的服务;为响应国家经济转型的需求,大力拓展小企业为主的小微金融业务,本着高效、快速、灵活的服务理念,为小微企业提供贷款融资、结算、理财等服务。

资金同业业务在多领域展开与中小金融机构合作,获得多项业务资格,金融产品链进一步延伸。同时把握国内市场阶段性盈利机会,取得快速发展,同业市场份额稳步提升。

平安银行不断完善公司治理结构,提升科学决策能力,积极引进现代企业人力资源管理方法,在国内率先建立了财会、信贷、稽核垂直管理体系,全面加强风险控制,资产质量保持良好,资本实力显著增强。

平安银行通过业务和管理的发展不断提升企业品牌形象,并积极履行社会责任,多年来积极履行和实践企业社会责任的价值标准和行为准则,坚持诚信合规经营,维护客户利益,为社会提供优质金融产品和服务,保障员工合法权益,注重环保、热衷公益、回馈社会。近两年,平安银行荣获了最佳供应链金融服务银行、最具成长性银行、最具创新意识银行、年度最佳银行网站、年度最佳银行电子商务应用奖、最佳企业社会责任奖等殊荣。

未来,平安银行将持续发扬专业和创新的精神,努力提高服务水平和盈利能力,锐意进取,不断创新,迎难而上,进一步打造核心竞争力,以专业经营与服务为客户、员工、股东和社会创造更大价值,为实现"最佳银行"战略目标而不懈努力。

【主营业务】

经有关监管机构批准的各项商业银行业务。

【经营情况】

经中国银监会批准并在深圳市市场监督管理局完成相关变更手续后,本行于 2012 年 7 月 27 日正式更名为"平安银行股份有限公司",并于 2012 年 8 月 2 日起,本行证券简称变更为"平安银行",证券代码 000001 不变。

截至 2012 年第三季度报告期末,本行总资产达 14,775.31亿元,比年初增长 17.43%;存款总额 9,353.97 亿元,较年初增长 9.94%;贷款总额 7,050.84 亿元,较年初增长 13.61%;由于温州地区不良贷款显现,使全行不良贷款率有所上升,但总体质量可控,不良贷款率和拨备覆盖率分别为 0.80% 和 209.40%。

战略业务结构中,贸易融资授信余额较年初增长 20.60%,小微贷款余额较年初增长 14.47%,信用卡贷款余额较年初增长 55.07%,信用卡流通卡量达 1,048 万张,较年初增长 15.87%。零售存款较年初增长 13.38%,明显高于总存款增速。

2012 第三季度,本行实现归属于母公司的净利润 34.76 亿元,环比增长 4.32%,同比增长 17.60%;前三季度累计实现归属于母公司的净利润 102.38 亿元,同比增长 33.18%。前三季度非利息净收入 49.72 亿元,同比增长 64.60%;非利息净收入占比 16.83%,同比提高 2.24 个百分点,收入结构进一步改善。

【企业荣誉】

2012 年 1 月，我行"行 E 通·银银合作平台"荣获深圳市政府颁发的"深圳金融创新奖"二等奖。

2012 年 2 月，由我行自主开发的操作型数据存储（ODS）系统以及终端整合系统分别获得人民银行 2011 年度银行科技发展二等奖和三等奖。

2012 年 4 月，《新财富》杂志授予深发展董事会秘书徐进"第八届新财富优秀董秘"称号。

2012 年 4 月，济南分行在金融支持实体经济发展和服务民生方面做出了较好成绩，荣获山东省人民政府颁发的"2011 年度山东省金融创新奖"。

2012 年 5 月，在《国家外汇管理局综合司关于 2011 年度深圳发展银行执行外汇管理规定情况考核结果的通报》中，深发展获评"银行执行外汇管理规定考核 A 级"。

【000002】万科企业股份有限公司

【基本情况】

万科企业股份有限公司成立于 1984 年，1988 年进入房地产行业，1991 年成为深圳证券交易所第二家上市公司。经过二十多年的发展，成为国内最大的住宅开发企业，目前业务覆盖珠三角、长三角、环渤海三大城市经济圈以及中西部地区，共计 53 个大中城市。近三年来，年均住宅销售规模在 6 万套以上，2011 年公司实现销售面积 1075 万平米，销售金额 1215 亿元，销售规模居全球同行业首位。1991 年万科成为深圳证券交易所第二家上市公司，持续增长的业绩以及规范透明的公司治理结构，使公司赢得了投资者的广泛认可。公司在发展过程中先后入选《福布斯》"全球 200 家最佳中小企业"、"亚洲最佳小企业 200 强"、"亚洲最优 50 大上市公司"排行榜；多次获得《投资者关系》等国际权威媒体评出的最佳公司治理、最佳投资者关系等奖项。

在多年的经营中，万科坚持"不囤地，不捂盘，不拿地王"的经营原则；实行快速周转、快速开发，依靠专业能力获取公平回报的经营策略。产品始终定位于城市主流住宅市场，主要为城市普通家庭供应住房，2011 年所销售的 144 平米以下户型占比 89%。坚持快速销售、合理定价，要求各地下属公司楼盘推出后当月销售率达到 60% 以上。同时，公司坚持规范经营，不追求高利润率，过去 2005 年以来公司累计纳税额超过 500 亿元，且每年的纳税额均高于净利润。万科认为，坚守价值底线、拒绝利益诱惑，坚持以专业能力从市场获取公平回报，是万科获得成功的基石。公司致力于通过规范、透明的企业文化和稳健、专注的发展模式，成为最受客户、最受投资者、最受员工、最受合作伙伴欢迎，最受社会尊重的企业。凭借公司治理和道德准则上的表现，公司连续八次获得"中国最受尊敬企业"称号。

经过多年努力，万科逐渐确立了在住宅行业的竞争优势："万科"成为行业第一个中国驰名商标，旗下"四季花城"、"城市花园"、"金色家园"等品牌得到各地消费者的接受和喜爱；公司研发的"情景花园洋房"是中国住宅行业第一个专利产品和第一项发明专利；公司物业服务通过全国首批 ISO9002 质量体系认证；公司创立的万客会是住宅行业的第一个客户关系组织。同时也是国内第一家聘请第三方机构，每年进行全方位客户满意度调查的房地产企业。自创建以来，万科一贯主张"健康丰盛人生"，重视工作与生活的平衡；为员工提供可持续发展的空间和机会，鼓励员工和公司共同成长；倡导简单人际关系，致力于营造能充分发挥员工才干的工作氛围。2011 年，在全球人力资源咨询公司翰威特组织的"2011 年中国最佳雇主"评选中，被评为全球 TOP25 最佳雇主企业，连续两年蝉联"中国最佳雇主"。

万科致力于引领行业节能减排，持续推进绿色建筑及住宅产业化。2011 年，公司共成功申报绿色三星项目 273.7 万平方米，占全国总量的 50.7%。2007 年，万科建筑研究中心被建设部批准为国家住宅产业化基地。公司持续推进住宅产业化。2009 年，万科北京假日风景项目 B3#、B4#楼被授予"北京市住宅产业化试点工程"称号。东莞市万科建筑技术研究有限公司获得由广东省科学技术厅、广东省财政厅、广东省国家税务局、广东省地方税务局联合颁发的高新技术企业证书，是行业内第一家被认定的高新技术企业。2011 年实现工业化开工面积达 272 万平方米。

公司致力于不断提升产品品质。至 2011 年，万科共有 26 个项目获得"詹天佑大奖优秀住宅小区金奖"，其中天津公司水晶城、广州公司四季花城、中山公司城市风景项目先后获得"中国土木工程詹天佑大奖"。

万科在发展过程中积极实践自身的社会责任。2008 年，经万科企业股份有限公司发起，经国家民政部、国务院审核批准，万科公益基金会正式成立。至今为公益项目累计捐助超过 5907 万元，2011 年度总支出 1795 万元，项目主要集中在孤贫儿童大病救治及环保领域。

万科作为中国最大的房地产开发企业，每天有数以十万计的劳务工在万科的工地上辛勤工作。劳务工因病返贫、因病致贫一致困扰着他们的家庭、影响着其子女的教育、成长，这些问题一直为万科所关注。2011 年 4 月，万科宣布将从股东大会批准的企业公民专项费用中拨出五百万元人民币，启动"春天里行动"项目，为因贫困无力承担自身或其配偶子女的大病治疗费用、或因贫困致其子女无法完成教育的劳务工提供救助；并协助与支持施工单位等合作伙伴建立劳务工互助共济制度。

自 2008 年 6 月，万科公益基金会开始资助孤贫先天性心脏病患儿手术，在 30 个月里累计完成近 1700 例手术资助，救助范围遍布全国各地。万科公益基金会本着对所有捐助者善款负责的态度，通过企业志愿者走访及回访的方式，确保让那些最需要帮助的孩子得到最及时的救助。

万科始终关注在自身专业领域发挥优势、实践社会责任。2006 年以来，万科响应政府号召，积极参与各地保障房、廉租房建设。2007 年，万科在广州落成万汇楼，该项目是国内首例由企业出资、探索低收入人群居住问题的廉租房，被广东省建设厅列入"面向低收入群体租赁住房试点项目"。项目入住三年以来，不仅成为了近 1800 位居民的栖息之地，更受到了社会各界的关注和好评，成为国内在廉租房领域有益的实践，为廉租房的广泛建设提供了有价值的参考。目前，万科已竣工和在建的保障性住房共 367 万平方米。

2008 年，万科捐资 1.24 亿元，无偿建设四川绵竹、都江堰等多个汶川地震极重灾区的公共建筑。在捐建项目中，万科综合运用了 17 项防灾减震技术措施，不仅显著提高了建筑物的结构安全性，使所有项目均达到最高抗震设防等级，同时更关注了减灾、备灾、避难等理念的实践。

【经营业绩】

2012 年 1－6 月，公司实现结算面积 263.8 万平方米，同比增长 90.7%；实现结算收入 302.2 亿元，同比增长 55.4%；实现营业收入 307.2 亿元，净利润 37.3 亿元，同比分别增长

53.7%和25.1%。

截至2012上半年报告期末，公司合并报表范围内尚有1392万平方米已售资源未竣工结算，合同金额合计约1464亿元，较2011年末分别增长28%和20%，为未来的业绩体现奠定了良好基础。

【企业文化】

"让建筑赞美生命"是万科企业的核心理念，也是万科坚持的产品核心价值观。万科始终不懈地致力于为不同消费者提供展现自我、和谐共生的理想生活空间，保护环境、改善环境，促进人与自然的可持续发展。

万科之道：客户是最稀缺的资源，是万科存在的全部理由。

万科理念：万科相信，住宅建筑是一种与各种形态的生命息息相关的事业。作为住宅的建设者，满怀尊重之心，为人们建设安全、安心的绿色住宅，并创造和谐、健康丰盛的阳光生活。

万科愿景：成为中国房地产行业持续领跑者，卓越的绿色企业。

【企业荣誉】

公司在发展过程中先后入选《福布斯》"全球200家最佳中小企业"、"亚洲最佳小企业200强"、"亚洲最优50大上市公司"排行榜；多次获得《投资者关系》等国际权威媒体评出的最佳公司治理、最佳投资者关系等奖项。公司连续八次获得"中国最受尊敬企业"称号。2011年，在全球人力资源咨询公司翰威特组织的"2011年中国最佳雇主"评选中，被评为全球TOP25最佳雇主企业，连续两年蝉联"中国最佳雇主"。

【000006】深圳市振业(集团)股份有限公司

【基本情况】

深圳市振业(集团)股份有限公司是深圳市国有资产监督管理委员会直管的国有上市公司，成立于1989年5月，1992年在深圳证券交易所公开上市(股票简称：深振业A，股票代码：000006)，以房地产开发经营为主营业务，具备国家一级开发资质。拥有深圳市振业房地产开发有限公司、惠州市惠阳区振业创新发展有限公司、湖南振业房地产开发有限公司、西安振业房地产开发有限公司、天津市振业房地产开发有限公司、广西振业房地产股份有限公司等多家地区公司。

集团成立以来，发展迅速，资产规模与开发规模不断壮大，先后开发了振业花园、振业大厦、星海名城、翠海花园、振业城、峦山谷、振业国际商务中心、惠阳振业城、西安振业·泊墅、南宁振业·青秀山1号、天津振业·城中央等代表性项目，产品类别涉及普通居民住宅、商用物业、Townhouse、别墅等多种类型。累计开发面积数百万平方米。

集团先后被授予中国房地产百强、中国上市公司百强，广东地产三十强、深圳房地产十强、深圳市首届发展循环经济十佳企业、特区建立30年——深圳企业文化建设功勋企业等称号。开发的星海名城、翠海花园分别荣获国家建设部颁发的"人居经典综合奖"、"规划环境金质奖"；振业城以A级住宅性能认证有史以来最高分899分顺利通过建设部3A终审，被列为"国家建筑节能示范小区"。振业集团的影响力不断扩大，是房地产市场重要的开发力量。

【主营业务】

房地产开发、销售及租赁。

【经营情况】

2012年，公司加大项目销售力度，创新营销策略，狠抓项目开发建设，进一步强化企业管理，公司经营业绩较去年实现大幅增长。

2012年度，公司完成营业收入306,884.58万元，较上年同期增长18.52%；实现营业利润84,575.17万元，较上年同期增长50.07%；归属母公司所有者的净利润62,411.14万元，较上年同期增长43.82%。营业利润及净利润增长主要原因是本报告期内结算项目、结算面积的增加以及期间费用的减少。

公司股本128,570.96万元，较年初增长30%的主要原因是本报告期内实施了每10股送3股的2011年度利润分配方案。

【企业文化】

企业精神：诚信、和谐、认真、创新。

企业理念：创造价值，利益社会。

企业愿景：建造品质空间，共享完美人生。

【企业荣誉】

2012年度广东省雇主责任示范企业(2012年12月)

深圳市和谐劳动关系先进企业(2012年12月)

2012年度深圳企业文化建设示范基地(2012年12月)

2012年度深圳企业文化建设十佳单位(2012年12月)

2012广东上市公司综合实力10强(2012年11月)

2012广东最受尊敬房地产品牌企业10强(2012年11月)

2012第一财经·中国房地产价值榜——深沪A股·综合价值TOP10(2012年11月)

深圳房地产开发十强企业(2012年7月)

广东扶贫济困日活动优秀组织奖(2012年7月)

2012中国房地产上市公司百强(2012年5月)

【000027】深圳能源集团股份有限公司

【基本情况】

深圳能源集团股份有限公司前身系深圳能源投资股份有限公司，成立于1993年1月，由深圳市能源集团有限公司(成立于1991年6月)作为发起人而募集设立。1993年9月公司股票在深圳证券交易所上市，股票简称：深圳能源，股票代码：000027，是全国电力行业第一家在深圳上市的大型股份制企业，也是深圳市第一家上市的公用事业股份公司。

2007年12月20日，深圳能源投资股份有限公司通过非公开发行股票收购深圳市能源集团有限公司的股权和资产，实现了深圳市能源集团有限公司的整体上市，开创了国内电力公司整体上市的先河，公司的资产规模、竞争实力得到大幅提升。2008年4月7日，深圳能源投资股份有限公司更名为深圳能源集团股份有限公司。

深圳能源现有总股本为2,642,994,398股，其中深圳市深能能源管理有限公司(深圳市人民政府国有资产监督管理委员会占75%股份，华能国际电力股份有限公司占25%股份)持有1,684,644,423股，占总股本的63.74%，华能国际电力股份有限公司持有240,000,000股，占总股本的9.08%，其他股东持有718,349,975股，占总股本的27.18%。

深圳能源自成立以来，紧紧把握时代脉搏，科学选定战略方向，坚持"安全至上、成本领先、效益为本、环境友好"的经营理念，强化"清简务本、行必责实"的工作作风，优化治理、控制风险，保持有效增长、创造国际领先，全力打造“责任能源、实力能源、环保能源、和谐能源”。截至 2011 年底，深圳能源总资产 321 亿元，净资产 172 亿元，控股发电装机容量 604.15 万千瓦，主要电厂有深圳妈湾电厂（184 万千瓦）、广东河源电厂（120 万千瓦）、深圳东部电厂（117 万千瓦）、东莞广深沙角 B 电厂（70 万千瓦）、东莞樟洋电厂（36 万千瓦）、惠州丰达电厂（36 万千瓦）、加纳燃机电厂（20 万千瓦）、内蒙古风电场（16.95 万千瓦）。在大力拓展电力主业的同时，深圳能源坚持最高环保标准，以垃圾处理产业为依托，积极发展能源环保产业，目前已投产的深圳南山、宝安、盐田等 3 个垃圾焚烧发电厂日处理垃圾能力达 2450 吨，深圳、武汉等地区的筹建、在建项目投产后垃圾日处理能力将达 12250 吨。深圳能源现辖 20 余家成员企业，初步形成以电为主，能源环保等相关产业综合发展的战略格局，在深圳市国有企业综合实力排名中位居第一，连续多年入选中国工业企业 500 强，在产业市场和资本市场上树立起“诚信、绩优、规范、环保”的良好形象。

深圳能源先后荣获全国先进基层党组织、广东省“四好”领导班子先进集体、广东省“五一”劳动奖章、改革开放 30 年广东省功勋企业、深圳经济特区 30 年杰出贡献企业、联合国能源与环境促进事业国际合作奖、首届低碳中国突出贡献企业、中国品牌绿色贡献奖、国家级企业管理创新成果奖、最佳战略决策董事会、最佳行业领军奖、公司治理优秀单位等荣誉称号。

【主营业务】

各种常规能源和新能源的开发、生产、购销。

【经营业绩】

2012 年 1 – 6 月，公司实现营业总收入 6,447,399,831.72 元，同比下降 2.92%；净利润 666,455,899.34 元，同比下降 17.84%；其中归属于母公司股东净利润为 559,992,198.54 元，同比下降 19.12%；销售费用 25,616,478.26 元，管理费用 182,124,326.22 元，财务费用 226,090,712.00 元，分别同比增长 22.86%，9.11%，42.17%。

【企业文化】

企业精神：能者承载未来。

我们崇尚公平、宽容、正义、诚信的价值观。

【企业荣誉】

2011 年广东省五一劳动奖；

2011 年联合国工业发展组织“能源与环境促进事业国际合作奖”；

2011 年大运会保供电突出贡献奖；

2011 年全国先进基层党组织；

2011 年广东省先进基层党组织；

2011 年中国十大节能减排贡献企业。

【000049】深圳市德赛电池科技股份有限公司

【基本情况】

深圳市德赛电池科技股份有限公司（深圳证券交易所上市，简称：德赛电池，代码：000049），终级控股股东为惠州市德赛集团有限公司。公司的主营业务为移动电源系列产品，包括用于手机、电动工具等设备的电源保护板和充电器、用于电动汽车、储能电站的电源管理系统和充电机、锂聚合物电池、一次锂电池及其他种类电池的研究、开发和销售；电池材料、配件和设备，及新型电子元器件的开发、测试及销售；高科技项目开发和投资。

公司的远景目标是：将德赛电池发展成为全球知名品牌和著名的电源解决方案服务商及相关电池产品制造商。

公司在移动电源多个细分市场已经处于国内领先地位：小型移动电源保护线路板居国内同行之首，产品广泛应用于苹果、三星、诺基亚、索尼等公司的高端电子产品中；电动汽车电源管理系统多项技术获得国家专利，产品成功应用于北京奥运会、上海世博会等电动大巴；手机电池、MP4 电池、手提电脑、医疗设备用组合电池，已成为国内外知名客户的原配电池供应商；异形锂聚合物电池、高容量锂聚合物电池、一次锂锰电池、锂铁电池亦处于国内领先地位；碱性锌锰电池 2004 年被国家质监总局评为“国家免检产品”；锂离子充电电池于 2004 年荣获“中国名牌产品”称号。“德赛电池”品牌在市场上已得到广大消费者广泛认同。

承担公司未来产品孵化器的研究机构：德赛新能源研究院，技术力量雄厚，为清华大学、天津大学、北京交通大学等电化学及电子学博士后工作站，拥有经国家认可委员会（CNAS）认可的电池测试中心。在一次锂电池、二次锂聚合物电池、电动汽车电源管理系统、动力电池等产品方面已取得多项发明专利，发展前景广阔。

公司秉承德赛集团“勤、诚、学、勇、和”的核心理念，坚持“我们对每一块电池负责”的专业精神和“公开、公正、务实、高效”的管理理念，打造“客户服务、协同综效、创新”的三大核心组织能力和“高效高薪”的竞争优势，追求长远发展，力争成为全球知名的电池品牌和著名移动电源解决方案服务商及相关产品制造商。

【主营业务】

无汞碱锰电池、一次锂电池、锌空气电池、镍氢电池、锂聚合物电池、燃料电池及其他种类电池、电池材料、配件和设备的研究、开发和销售。

【经营情况】

2012 年上半年，公司围绕年度经营目标，紧紧抓住智能手机高速发展的市场机遇，积极应对复杂多变的市场环境，稳步推进各项工作，集中优势资源，聚焦高端市场，重点发展移动电源核心业务，尤其是电源管理系统业务，实现了业绩的进一步增长。在具体实施方面，公司努力增强公司核心业务竞争优势，强化各项业务的综合运营管理，进一步提升重点业务的收益能力和可持续发展能力。

2012 年上半年报告期内，公司主营业务经营状况良好，运营平稳，保持了良好的发展态势，实现营业收入 12.33 亿元，同比增长 49.52%；实现利润总额 7874.1 万元，同比增长 8.34%；实现净利润 6235.4 万元，同比增长 20.39%；其中归属于上市公司股东的净利润 4796.97 万元，同比增长 19.92%。

为进一步聚焦核心业务、调整产业结构，经 2012 年 06 月 27 日公司第六届董事会第十五次会议审议通过，公司决定对惠州蓝微下属处于持续亏损的控股子公司惠州锂电进行清算注销。

【企业文化】

远景目标：将德赛电池发展成为全球知名品牌和著名的电源解决方案服务商及相关电池产品制造商。

【企业荣誉】

碱性锌锰电池 2004 年被国家质监总局评为“国家免检产品”；锂离子充电电池于 2004 年荣获“中国名牌产品”称号。“德赛电池”品牌在市场上已得到广大消费者广泛认同。

【000050】天马微电子股份有限公司

【基本情况】

公司成立于1983年，1995年在深交所上市（股票代码000050），是专业生产、经营液晶显示器（LCD）及液晶显示模块（LCM）的高科技企业。经过二十多年的发展，现已发展成为一家集液晶显示器的研发、设计、生产、销售和服务为一体的大型公众上市公司。成员企业包括深圳天马、上海天马、成都天马、武汉天马、欧洲天马、美国天马、韩国天马等。拥有STN－LCD、CSTN－LCD、TFT－LCD及CF生产线及模块工厂。公司营销网络遍布全球，产品广泛应用于移动电话、MP3/MP4、车载显示、仪器仪表、家用电器等领域。在技术水平、产品质量、产品档次及市场占有率等方面均居国内同行业前列，已成为中小尺寸显示领域的领军企业。

未来的天马将以发展我国平板显示器产业为己任，努力将天马建成一个高技术、高效益、国际化的现代化大型企业集团，成为全球平板显示领域的一流企业。

【经营情况】

2012上半年，欧美、中国经济放缓，欧债危机从周边国家向核心国家延伸，美国经济复苏趋缓，液晶面板市场整体疲软。

受惠于智能手机和平板电脑的带动，全球中小尺寸显示屏需求在未来数年里将呈持续上升的趋势。全球车载、医疗等专业显示产品需求稳步提升。日、韩、台系竞争对手大举布局智能手机和平板电脑显示屏，在产能和技术等方面对公司构成威胁。

在去年面板显示行业大幅度整体亏损的背景下，今年虽然亏损幅度略有收窄，经营压力依然严峻。尽管2012下半年全球经济仍然低迷，但因受益于传统旺季及智能手机和平板电脑需求高速成长的影响，全球中小面板市场仍将保持成长态势。

在全球经济低迷的大背景下，2012年上半年，公司继续坚持“专注于中小尺寸显示领域，依靠技术领先，速度制胜以及个性化服务，实现可持续发展。”的战略，根据年初制订的年度经营计划，重点拓展智能手机与平板电脑市场，坚守大客户战略，积极推广原材料国产化，深挖产品结构调整的潜力。报告期内，公司智能手机市场份额相比上一年度有大幅提升；与国际大客户及国内大客户的合作进一步提升；国产原材料导入进展顺利，国外大型原材料供应商降价明显。在技术研发方面，提前布局前沿技术；在运营方面持续不断的提高供应链交付竞争力和运营成本竞争力，优化管理体系，总体上保持了公司的稳定健康发展。

2012年上半年报告期内，公司实现主营业务收入219,402万元，净利润1,085万元。销售收入中LCD为43,024万元，占总销售收入19.6%；LCM销售收入达176,378万元，占总销售收入80.4%。

【企业文化】

企业使命：创造精彩，引领视界。

企业愿景：全球显示领域的一流企业。

企业战略：专注于中小尺寸显示领域，依靠技术领先，速度制胜以及个性化服务，实现可持续发展。

企业价值观：以人为本开放融合诚实诚信客户导向勇于变革。

【企业荣誉】

2012年被工信部评为2012年（第26届）中国电子信息百强企业，位列第79位。

【000060】深圳市中金岭南有色金属股份有限公司

【基本情况】

深圳市中金岭南有色金属股份有限公司是以铅、锌、铜等有色金属生产为主业国际化经营的上市公司。公司集有色金属采、选、冶、加工、科研、建材、房地产开发、贸易仓储、金融为一体多行业综合经营。公司总部位于广东省深圳市，产业分布在中国和澳大利亚、加拿大、多米尼加、爱尔兰、马来西亚等国。

公司于1984年9月在深圳成立，注册资本20亿元，总资产143亿元。1997年1月在深圳证券交易所挂牌上市，连续11年位列中国企业500强。2010年被中央电视台评为“中国最受机构关注十大上市公司”之一。2011年入选《财富》中国企业500强第216名，深圳市100强企业第13名。2012年被评为“中国100大跨国公司跨国指数”第9名，入选深圳市“走出去”十大先锋企业。

公司拥有国家级技术中心，设立了“博士后科研工作站”。多年来，共获得省部级以上科技奖励近100项。其中，国家级奖励12项：科技进步一等奖二项、二等奖六项、三等奖三项，技术发明二等奖一项。

公司秉承“做不到，没有理由”的企业核心价值观，以铅、锌、铜为主，坚持多金属、国际化、一体化、集约化的经营理念，努力打造国际矿业旗舰企业。

【主营业务】

有色金属铅锌的采、选、冶、加工及电池锌粉等储能材料生产、铝型材加工、幕墙安装工程、出租汽车营运、房地产开发等。

【经营情况】

面对严峻形势，公司在巩固多金属国际化的基础上，紧紧围绕生产经营总目标，科学组织生产和营销，强化内部控制及预算管控，通过推进重点项目，拓展海外开发，克服不利因素影响，灵活应对市场的变化，保证了公司的生产经营成果。

2012年上半年报告期内，公司共实现营业收入81.15亿元，同比上年增长65.4%；实现归属于母公司所有者的净利润2.09亿元，同比下降40.48%。

【企业文化】

企业核心价值观：做不到，没有理由。

企业愿景：成为世界级铅锌行业旗舰企业。

企业使命：做中国有色中坚、做世界铅锌巨子。

经营理念：以资源为依托，以发展为主题，以管理为基础，以创新为动力，以效益为宗旨。

【企业荣誉】

连续11年位列中国企业500强。2010年被中央电视台评为“中国最受机构关注十大上市公司”之一。2011年入选《财富》中国企业500强第216名，深圳市100强企业第13名。2012年被评为“中国100大跨国公司跨国指数”第9名，入选深圳市“走出去”十大先锋企业。

【000061】深圳市农产品股份有限公司

【基本情况】

深圳市农产品股份有限公司以投资、开发、建设、经营和管理农产品批发市场为核心业务，是行业内最具规模的农产品批发市场连锁经营企业，国内农产品流通行业首家上市公司。经过23年的发展，公司成长为总资产100亿元、净资产

40 亿元的大型现代化农产品流通企业集团。

公司先后在深圳、南昌、上海、长沙、北京、成都、西安、柳州、合肥、惠州、昆明、沈阳、长春、南宁、银川、蚌埠、济南、广州、天津、九江、武汉等 21 个大中城市投资经营管理了 32 家大型农产品综合批发市场和大宗农产品网上交易市场，初步形成了一个全国性农产品交易、物流及综合服务平台，成为国内经营管理农产品批发市场的第一品牌。2011 年下属批发市场（含网上交易市场）农副产品年度总交易量超过 2300 万吨，年度总交易额超过 1300 亿元，约占全国规模以上批发市场交易总额的 10%。公司旗下批发市场每天有 4 万批发商、4 万车辆、20 万人次进场交易，每天向城市居民餐桌供应近 7 万吨农产品，向 2 亿多消费者提供优质安全的农产品。

公司积极创导“绿色交易”，打造“海吉星”农批市场高端品牌，不断引领农产品流通行业的创新与发展，在保障城市食品供应、确保食品安全、平抑和稳定食品价格、提高农产品供应链的流通效率、帮助农户实现产品价值并增加农民收入、带动农业产业化发展、促进各地三农问题的解决等方面发挥着不可替代的作用，取得了良好的经济效益和社会效益。

【主营业务】

农产品批发市场的开发、建设、经营和管理。

【经营业绩】

2012 年上半年报告期内，公司营业总收入 860,367,595.81 元，本报告期比上年同期增减 15.33%；归属于上市公司股东的净利润 91,183,108.71 元，本报告期比上年同期增减 -41.14%。

【企业文化】

企业愿景：打造国际一流的农产品流通网络。

核心价值观：服务、创新、笃信、共赢。

企业使命：网通天下、服务民生。

【企业荣誉】

2012 年，员工幸福工程建设项目被深圳市关爱行动组委会评为十佳创意项目；

2012 年，深圳市农产品融资担保公司获得 2012 年广东省金融创新奖三等奖；

2012 年，陈少群董事长获“新财富首届杰出领导力奖”；

2012 年，深圳海吉星国际农产品物流园荣获世界批发市场联合会颁发的 2012 年度国际批发市场大奖银奖，这是国内批发市场行业首次荣获国际大奖。

2012 年 4 月，员工幸福工程建设项目被深圳市关爱行动组委会评为十佳创意项目；

2012 年 4 月，陈少群董事长续聘为“农业部农产品市场流通专家顾问组成员”；

2012 年 6 月，深圳市农产品融资担保公司获得 2012 年广东省金融创新奖三等奖；

2012 年 6 月，陈少群董事长获“新财富首届杰出领导力奖”；

2012 年 9 月，深圳海吉星国际农产品物流园获世批联 2012 年度大奖银奖；

2012 年 11 月，《食品安全“云检测”服务管理系统在农产品流通领域中的应用》获“第二十二届广东省企业管理现代化创新成果一等奖”；《中国进口水果电子商务平台及在线供应链管理平台》获“第二十二届广东省企业管理现代化创新成果二等奖”；

2012 年 12 月，陈少群董事长获“广东省十大经济风云人物”。

【000078】深圳市海王生物工程股份有限公司

【基本情况】

深圳海王成立于 1989 年，是一家以医药工业和生物工程为核心的大型综合性企业集团。多年来，海王立足生物制药产业前沿，积极推动科技创新。在医药产业和生物工程产业等领域不断开拓，迅速成长。目前，海王的总资产规模已达到近 70 亿元，并拥有国内较高水平的医药产品研究开发体系、生产制造体系和市场营销体系，综合实力在中国医药产业界位居前列。海王，已成为国内健康产业领域具有广泛影响的知名品牌。

海王拥有两个国家级技术中心，并与国内外多所知名研究机构保持密切合作。2000 年，海王获批“国家高技术研究发展计划成果产业化基地”；同年，国家批准海王技术中心成立企业博士后科研工作站。2001 年，国家经贸委专文发布“国家认定企业技术中心 2001 年评价结果”，海王的两个国家级技术中心排名前列。

海王拥有两个现代化、多功能的大型制药工业基地——深圳海王工业城及长春制药基地，分别于 1998 年和 2000 年通过国家 GMP 认证，标志着海王的生产制造体系和质量监督体系都达到国内先进水平，并与国际先进行业标准接轨。

经过多年的培育，海王已基本形成了以大中城市为结点，辐射全国市场的营销体系，建立了以市场策略创新为特色的多层面、立体化的营销网络。目前，海王在国内设立了一百多个营销分部，其营销网络覆盖全国各省份的全部主要城市，并向美国、俄罗斯、澳大利亚、越南、香港等国家和地区出口产品。

海王的医药零售连锁事业成长迅速，已成为中国医药零售连锁业的主要力量。目前在深圳、昆明、常州、宁波、大连、广州等沿海发达城市已成功开设了 400 多家连锁健康药店，海王连锁药店是美国连锁药店协会的中国会员，并于 2000 年 8 月获得全国医药零售企业跨省连锁资格。

企业品牌战略：“健康成就未来”是海王品牌战略的核心理念，海王品牌的主题就是健康，海王的品牌战略紧紧围绕健康主题，通过有效的整合传播，将海王打造成国内健康事业领域内的强势品牌，并随着企业的发展壮大，秉承统一再统一、个性再个性的策略，以产品带品牌、以品牌促产品，实现海王品牌的不断延伸。

公众上市公司——海王集团控股的深圳市海王生物工程股份有限公司是在深圳证交所上市的高新技术企业（股票简称“海王生物”），重点发展生物工程药物，业绩优良，连续两年入选中国最具潜力上市公司 50 强。2000 年 12 月，经中国证监会批准，海王生物成功增发 A 股，本次增发所募集的资金，全部用于海王的核心产业及相关项目，这将大大增强海王的综合实力，使海王的发展进入一个崭新的阶段。

海王将以市场为导向，以科技为龙头，以创新为灵魂，瞄准世界高新技术产业前沿，把握国际高新技术发展趋势，利用已有的资源优势，建立健全医药产业系统，使产品开发、生产和营销过程系统化、规范化、集约化，不断扩大企业规模，提高企业经济效益和资源效益，力争在不远的将来，成为一个国内领先、极具国际竞争意识与能力的技术创新型制药企业。

【主营业务】

医药制造和医药商业流通。

【经营情况】

2012上半年报告期内，在宏观经济发生变化、行业竞争愈趋严峻的情况下，公司从业务模式创新和产品创新入手，加大市场开拓的广度和深度，继续巩固和发挥公司的业务优势，保持了公司业务规模和经营业绩的稳定增长。其中：公司医药商业流通体系随着药品“阳光集中配送”业务的横向拓展及其延伸业务的纵向深入，对公司业务规模和经营业绩的增长带来显著贡献；公司工业制造体系在药品持续降价的大环境下，通过推进药品销售渠道和终端体系建设、加快保健品及食品新产品上市节奏等营销策略，继续保持稳步增长。

2012年上半年公司实现营业收入3,122,874,508.84元，较上年同期上升19.36%，实现营业利润79,200,579.84元，较上年同期上升20.48%，主要原因是医药商业体系药品阳光集中配送业务销售规模持续快速增长，以及医药制造体系保健品、食品销售稳步增长；归属于母公司所有者的净利润50,838,205.99元较上年同期上升了21.06%，主要原因是公司销售规模上升所带来的利润增长；扣除非经常性损益后的净利润37,664,374.58元较上年同期上升35.60%，主要原因是公司经营业务持续向好，销售规模大幅上升带来的经营性利润增长。

在产品研发与技术创新方面，公司继续保持一贯的重视和持续投入，2012年上半年公司投入技术创新和项目研发的资金约人民币2,201.47万元，取得临床批件1项，完成化学药品申报生产3项，获得专利授权2项，新专利申请6项，完成科技立项申报7类共计16个品种，并获得科技立项拨款到账共计1,371.80万元。

【企业文化】

企业理念：健康成就未来。

【企业荣誉】

连续两年入选中国最具潜力上市公司50强。

2000年，海王获批“国家高技术研究发展计划成果产业化基地”；同年，国家批准海王技术中心成立企业博士后科研工作站。2001年，国家经贸委专文发布“国家认定企业技术中心2001年评价结果”，海王的两个国家级技术中心排名前列。

荣获2007年度“亚洲品牌500强”。

荣获“2011年深圳工业百强企业”称号。

【000088】深圳市盐田港股份有限公司

【基本情况】

为了充分利用资本市场，加快盐田港的建设和发展，深圳市属国有大型企业—深圳市盐田港集团有限公司在深圳市政府的领导下，通过资产整合和业务重组，于1997年7月21日独家发起成立了深圳市盐田港股份有限公司（以下简称“公司”）。1997年7月28日，公司股票“盐田港”在深圳证券交易所挂牌上市。目前，公司总股本12.45亿股。其中，国有法人股83875万股，社会公众股等40625万股。

【主营业务】

投资港口货物装卸与运输业务，码头建设工程管理，收费高速公路、桥梁运营，海关监管仓和其他港口配套仓储经营。

【经营业绩】

2012年归属于上市公司股东权益净利润39,935万元，比上年42,636万元减少2,701万元，降幅6.07%，其主要原因是上年同期含有隧道公司股权转让净收益5,215万元，剔除该不可比因素后，同比增加2,514万元，增幅6.72%。

【企业文化】

企业精神：团结和谐、务实尽责、诚信效益、开拓创新。

核心价值观：实现公司的持续发展和员工的不断进步。

经营理念：发扬诚信经营的理念、强化责任意识的理念、突出持续发展的理念、倡导人本和谐的理念。

【企业荣誉】

荣获“2005年度中国上市公司最佳治理100强”和“中国25家最受尊敬上市公司”荣誉称号。

2005年公司被全国著名媒体新浪网等评选为《中国十佳最重分红回报上市公司》。

2006年8月，“G盐田港”入选2006最佳成长上市公司50强。

公司凭借规范的运作和优秀的业绩，连续四年被深圳证券交易所评为信息披露优秀单位，连续四年入选“中证－亚商最具有发展潜力上市公司50强”。

【000090】深圳市天健（集团）股份有限公司

【基本情况】

深圳市天健（集团）股份有限公司系深圳市国资委控股企业，1999年在深圳证券交易所上市，主营业务为建筑施工、房地产开发和商业运营，旗下的知名企业包括深圳市市政工程总公司、深圳市天健房地产开发实业有限公司、深圳市天健商业物业运营有限公司等10余家。

深圳市市政工程总公司成立于1983年，拥有完备的建筑业企业资质，涉及市政、公路、房建、机电安装、轨道交通、水利水电等专业领域，其中包括市政公用工程施工总承包特级、公路工程施工总承包壹级和房屋建筑工程施工总承包壹级。100余项工程获市优、省优和国优荣誉，包括国家建筑工程最高奖“鲁班奖”和中国市政工程最高奖“金杯奖”。

深圳市天健房地产开发实业有限公司成立于1988年，房地产开发一级资质，已开发项目总建筑面积200多万平方米，集中在深圳、长沙、南宁、广州等地。

深圳市天健商业物业运营有限公司是商业物业策划和运营的专业机构，主要业务涵盖商业中心、酒店、写字楼及工业园区等。

【主营业务】

提供商品住宅的开发及销售、工程施工劳务、物业租赁服务。

【经营业绩】

2012年1－6月报告期内，公司实现营业收入133,716.89万元，比上年同期下降33.09%；实现营业利润15,275.76万元，比上年同期下降21.52%；实现净利润14,745.64万元，比上年同期增长0.13%。

营业收入，营业利润比上年同期下降的主要原因：一是报告期内可结转商品房销售收入比上年同期减少，本期公司房地产业实现营业收入43,366.57万元，比上年同期下降41.07%，实现营业利润11,728.57万元，比上年同期下降20.06%。二是公司建筑施工业上半年工程结算量减少，本期建筑施工业实现营业收入96,747.59万元，比上年同期降低20.74%，相应营业利润下降。

【企业文化】

企业愿景：造就高素质的员工队伍，持续创造价值，成为令人尊敬的城市综合运营商。

企业使命：营造宜居城市环境，提升城市品质品位。

核心价值观：自强不息厚德载物求索创新成就卓越。

【企业荣誉】

100 余项工程获市优、省优和国优荣誉，包括国家建筑工程最高奖"鲁班奖"和中国市政工程最高奖"金杯奖"。

【000099】中信海洋直升机股份有限公司

【基本情况】

中信海洋直升机股份有限公司前身中国海洋直升机专业公司是为促进海洋石油开发和通用航空发展，经国务院常务会议决定，由原国家经委、计委批准，于 1983 年 3 月成立的全国性通用航空公司。公司 1999 年 2 月改制为股份公司，2000 年 7 月发行股票并在深圳证券交易所挂牌上市，公司简称"中信海直"，股票代码"000099"。系中信集团旗下目前中国通用航空业首家及唯一的上市公司。

中信海直目前是中国规模最大的通用航空企业，具有通用航空全业务运营资质和能力，其主要经营范围是：陆上石油服务、海洋石油服务、人工降水、医疗救护、航空探矿、直升机引航作业、通用航空包机服务、公务飞行、空中游览、出租飞行、直升机机外载荷飞行、航空器代管业务、私用飞行驾驶执照培训、航空摄影、空中广告、海洋监测、渔业飞行、气象探测、科学实验、城市消防、空中巡查、航空护林、空中拍照。

中信海直总部设在广东省深圳市，在深圳、天津、湛江、海南东方建有直升机场；在北京、上海、浙江、福建等地设有作业基地；下辖中信通用航空有限责任公司、中信海直通用航空维修工程有限公司两个子公司和上海、天津、湛江三个分公司。业务遍布中国三大海域和全国主要城市。是国内通用航空业务涉及地域最多、保障能力最强的通用航空企业。

中信海直现拥有亚洲最大的直升机队，主力机型包括欧直超美洲豹系的 EC225 型、AS332L1 型，海豚系的 EC155B/B1 型、SA365N 型，意大利阿古斯塔的 A109E 型等航空器 30 多架，还拥有 DX900 型、Faicon2000 型公务机 2 架和 A－60＋型、A－170 型飞艇 2 艘，执管 Z－9、Z－11 型直升机和 AS350B3 型直升机 5 架。

中信海直现拥有一支技术精湛、训练有素、经验丰富的飞行员、机务人员和保障人员队伍，飞行员中有一批持有英国民航局的 JAA、美国民航局的 FAA 等国际飞行执照，另聘用部分持有 JAA 执照外籍飞行员，机长平均飞行小时在 6000 以上；机务人员有一批获得了欧洲航空安全局（EASA）颁发的机务维护执照，具有多年的使用机型维护经验和直升机维修资质；航务保障人员具有通讯、气象、航管等资质及保障能力。

中信海直有完善的管理体系，通过了英国标准协会的 ISO9001 质量体系认证，编制出了规范化管理的《营运总册》，在国内通航业界率先实行了标准化、规范化、程序化的管理。公司积极推进安全管理体系建设，保持了持续的安全。2002 年、2006 年和 2007 年度公司三度获得了中国民航总局颁发的中国民用航空企业最高荣誉奖项"金鸥杯"。

中信海直已先后为中海油、ACT、AMOCO、OXY、JHN、ESSO、BP、TEXACO、CHEVRON、TOTAL、STATOLL、PHILLIPS、HUSKY、ROC、DEVON 等 30 多家中外石油企业提供了飞行服务，为中国政府部门和企事业单位提供了公务飞行、抢险救灾、医疗救助等飞行服务。安全飞行时间逾 15 万小时，年飞行小时占全国通用航空飞行总量的 22%，海上石油直升机服务市场占有率在 60% 以上，经营规模和盈利能力在中国同行业处于领先地位。

中信海直积极履行社会责任，为国家和社会作出了贡献。中信海直参与了中国第 21 次、26 次南极科学考察和第 4 次北极科学考察；中信海直直升机曾跨出国门赴泰国参与印度洋海啸灾区救援工作；中信海直还担负中国交通部在东海、南海、渤海海域的海上救助任务。B－7951 号直升机机组曾因创造单机一次海上救起 17 人的记录，被中国国务院授予"海上救灾英雄机组"的光荣称号，被国际直升机协会命名为"最佳机组"。在"5·12"汶川抗震救灾中，中信海直迅速组织装备精良的 12 架直升机和经验最丰富的飞行员和机务保障人员飞赴灾区参加抗震救灾，出色地完成抗震救灾飞行任务。受到了中央国家机关、全国总工会、中国民航局、广东省、深圳市、中信集团等上级的表彰。得到了社会的普遍赞誉。

在国家经济增长的大背景下和国家建设民航强国、加快通用航空发展的重大战略决策的大环境下。中信海直作为中国通用航空业的领先企业，将保持和扩大直升机海上石油服务的发展优势，积极拓展陆上通用航空和航空维修业务，努力开发通用航空新业务，为中外客户提供优质安全的全方位服务，为把中信海直打造成为国内领先、国际知名的通用航空综合服务提供商的目标而奋斗。

【主营业务】

为国内外用户提供直升机海上石油服务及其他通用航空业务。

【经营情况】

2012 上半年报告期实现营业总收入 507,148,491.12 元，比上年同期增 16.61%，增加的主要原因是报告期服务于中海油的直升机固定月租金上涨及飞行作业量增加；报告期营业利润 85,674,641.09 元，比上年同期增加 1.11%；报告期归属于母公司股东的净利润 68,166,086.16 元，比上年同期增加 4.43%，增幅小于营业收入增幅的主要原因是报告期因人民币对港币汇率波动产生汇兑损失，致财务费用报告期比上年同期增 251.28%。

由于国家政策和外部经济环境变化的影响，报告期公司营业总成本增幅虽然大于公司营业总收入、营业利润、净利润的增幅，但公司业绩仍保持上升趋势，盈利能力稳步增强。

【企业文化】

经营理念：信用、价值、无障碍服务。

【企业荣誉】

中信海直 B－7951 号直升机机组曾因创造单机一次海上救起 17 人的记录，被中国国务院授予"海上救灾英雄机组"的光荣称号，被国际直升机协会命名为"最佳机组"。

在"5·12"汶川抗震救灾中，中信海直迅速组织装备精良的 12 架直升机和经验最丰富的飞行员和机务保障人员飞赴灾区参加抗震救灾，出色地完成抗震救灾飞行任务。受到了中央国家机关、全国总工会、中国民航局、广东省、深圳市、中信集团等上级的表彰。得到了社会的普遍赞誉。

【000100】TCL 集团股份有限公司

【基本情况】

TCL 集团股份有限公司创立于 1981 年，是中国最大的、全球性规模经营的消费类电子企业集团之一，旗下拥有三家上市公司：TCL 集团（SZ.000100）、TCL 多媒体科技（HK.1070）、TCL 通讯科技（HK.2618）。目前，TCL 已形成多媒体、通讯、华星光电和 TCL 家电四大产业集团，以及系统科技事业本部、泰科立集团、新兴业务群、投资业务群、翰林汇公司、房地产六大业务板块。

经过三十年的发展，TCL借中国改革开放的东风，秉承敬业奉献、锐意创新的企业精神，从无到有，从小到大，迅速发展成为中国电子信息产业中的佼佼者。1999年，公司开始了国际化经营的探索，在新兴市场开拓推广自主品牌，在欧美市场并购成熟品牌，成为中国企业国际化进程中的领头羊。

在发展壮大中，TCL确立了在自主创新方面的优势和能力：在TCL诞生了中国第一台免提式按键电话、第一台28寸大彩电、第一台钻石手机、第一台国产双核笔记本电脑等，很多具有划时代意义的创新产品。

2011年TCL全球营业收入608.34亿元人民币，6万多名员工遍布亚洲、美洲、欧洲、大洋洲等多个国家和地区。在全球40多个国家和地区设有销售机构，销售旗下TCL、Thomson等品牌彩电及TCL、Alcatel品牌手机。2011年TCL在全球各地销售1086万台液晶电视机，4361万部手机。

TCL集团旗下主力产业在中国、美国、法国、新加坡等国家设有研发总部和十几个研发分部。在中国、波兰、墨西哥、泰国、越南等国家拥有近20个制造加工基地。

2012年TCL品牌价值达583.26亿元人民币，继续蝉联中国彩电业第一品牌。

未来十年TCL将继续构建融设计力、品质力、营销力及消费者洞察系统为一体的"三力一系统"，将TCL打造成中国最具创造力的品牌。

【主营业务】

从事研究、开发、生产、销售电子产品及通讯设备、新型光电、液晶显示器件，五金交电，VCD、DVD视盘机，家庭影院系统，电子计算机及配件，电池，数字卫星电视接收机，建筑材料，普通机械。

【经营情况】

2012年1－6月，公司实现营业总收入298.09亿元，同比增长8.97%。其中，公司实现销售收入293.33亿元，同比增长10.12%；净利润4.80亿元，同比下降43.76%；归属于上市公司股东的净利润2.83亿元，同比下降47.50%。

报告期内，公司利润下滑的主要原因有：

（一）欧洲、拉美地区一直是公司通讯业务的重要市场，受欧债危机的影响和拉美地区汇率波动的冲击，公司在上述地区的贸易销售受到了一定的影响。TCL通讯报告期内虽有有多款智能手机产品上市，公司整体产品销售均价有所提升，但产品认证完成时间较短，销量推广尚未达预期。以上原因导致TCL通讯期内仅实现净利润0.86亿元，同比减少73.79%。

（二）华星光电业务仍处于产量爬坡阶段，新产品，新工艺正在逐步导入，且面板行业仍处于周期的低谷，导致华星光电经营性亏损4.28亿元。

（三）集团总部确认的专项补助收入同比减少1.7亿元，并因股票期权计划确认了0.26亿元非付现期权费用。

【企业文化】

企业愿景：成为受人尊敬和最具创新能力的全球领先企业。

企业使命：为顾客创造价值、为员工创造机会、为股东创造效益、为社会承担责任。

企业精神：敬业、诚信、团队、创新。

企业价值观：诚信尽职、公平公正、变革创新、知行合一、整体至上。

【企业荣誉】

美国第四十四届国际消费电子展（CES）上，TCL年度创新产品智能互联网3D电视荣膺"2011CES全球年度品质平板电视"和"2011CES年度最佳全能3D电视"双项大奖。P6100系列摘得"2010年度最佳满意度产品"奖和"先驱中国"2010－2011年度最佳全能3D技术大奖。

在第44届国际消费电子展"全球消费电子50强"TCL名列第25位全球电视品牌第六。

TCL荣获"中国最受尊敬企业.十年成就奖。

TCL在第五届"3·15可信赖品牌（产品）"荣获"2011年新消费放心品牌"大奖。

TCL获认定首家国家级创新型企业。

在2011智能电视市场发展论坛"智能之炫视觉之妙"一举包揽了"最具影响力智能电视品牌"和"2011年最佳画质智能3D电视"双项大奖。

TCL品牌在"2011中国最有价值品牌"评价中，品牌价值501.18亿元，居全国电视机制造业第一位。

TCL液晶电视背光控制系统及方法获得中国专利金奖。

TCL蝉联"2011年全球竞争力品牌·中国TOP10"。

2011"最具影响力的25位企业领袖"评选揭晓国际化先锋TCL李东生获终身成就奖。

【000150】宜华地产股份有限公司

【基本情况】

宜华地产股份有限公司成立于2000年2月，2007年11月成功上市，股票简称：宜华地产，股票代码：000150，是宜华集团控股的第二家上市公司，也是粤东地区房地产行业首家上市公司。

宜华地产现为广东省房地产协会副会长单位、汕头市房地产协会副会长单位；荣获"中国房地产先进单位"、"中国房地产示范单位"、"广东房地产10强"、"中国上市公司诚信企业100强"、"广东省守合同重信用企业"、"广东房地产最具抗风险能力10强"、"汕头市纳税大户"、"汕头市最具爱心慈善捐赠单位"等称号。

宜华地产成立以来，根据积累的工作实践，建立起一套科学和先进的企业管理体制。成功开发了一批大型高档商住区，从建筑风格到景观园林配套建设等都深受社会各界人士的青睐。

旗下的广东宜华物业公司现为汕头市物业管理协会副会长单位，是一家拥有省二级物业管理资质的企业，荣获"ISO9001质量管理体系认证"和"中国质量信用AAA＋企业"。辖下的"宜居华庭"、"宜嘉名都"等小区先后均获得了"广东省绿色住区"和"广东省物业管理示范小区"称号。

宜华地产现已发展成为涵盖房地产开发、物业管理、公路建设、工业地产、商业地产、旅游地产、城市基础设施建设等大型投资企业。目前，宜华地产的建设项目立足汕头、进入揭阳、梅州、湘潭、浏阳、四川省、山东省等全国各地。宜华地产为企业持续发展，理性而稳健地储备土地，以保障企业五到十年的项目开发需求。

目前宜华地产正以全新的姿态，稳健经营、迅猛发展、大步迈向辉煌的明天。

【经营情况】

2012年上半年，国家一方面继续实施房地产调控政策，遏制房地产投资性需求，巩固调控成果，同时一方面通过调整房贷利率优惠政策，保护首次购房和改善性需求，市场成交量开始回升；但由于房地产调控政策没有放松，加上市场库存量大,融资环境严峻,房地产企业资金面普遍偏紧。在此背景下,房地产企业经营压力依然很大。

面对复杂多变的市场形势,公司管理层积极顺应市场政策变化,把握市场走势,及时调整经营策略,合理安排开工项目进度,加大营销力度,促进销售,加快资金回笼;同时以开展内控实施工作为契机,完善内部控制体系,提升公司治理水平。2012 年上半年共实现营业总收入 4432 万元,实现净利润 283 万元,归属于母公司股东的净利润 283 万元,营业总收入比去年同比增加 88.94%,归属于母公司股东的净利润比去年增加 35.17%。

【000301】江苏吴江中国东方丝绸市场股份有限公司

【基本情况】

江苏吴江中国东方丝绸市场股份有限公司,原名吴江丝绸股份有限公司(上市公司代码 000301,以下简称公司),座落于“国家级丝绸星火密集区”的江苏省吴江市盛泽镇。公司由“江苏吴江丝绸集团有限公司”联合“江苏省丝绸集团有限公司”等四家企业共同发起设立。经中国证监会核准,公司于 2000 年成功登陆 A 股市场。2007 年 5 月,公司顺利完成股权分置改革。公司注册资本 121823.6445 万元。

公司确立“以市场为核心的纺织业现代综合服务商”的商业模式,以中国东方丝绸市场为载体,以区域内近万家纺织企业和纺织专业商户为服务对象,主要业务涉及对东方市场进行经营和管理,并提供电力、热能、广告等多项服务。公司下设市场经营管理部、盛泽热电厂、纺织后整理区管理部等 3 家分公司(分厂),设吴江丝绸房地产有限公司、吴江丝绸房产物业管理有限公司、江苏恒舞传媒有限公司、吉林省松原市华都石油开发有限公司等 4 家子公司,设天骄科技创业投资有限公司、江苏东方英塔安防保全系统股份有限公司等 2 家联营企业。

公司将以盛泽千年丝绸历史和商贸文化为财富,充分利用建设盛泽成为世界级纺织产业基地的发展机遇,依托良好的区域经济环境和市场空间,通过对东方市场核心区域开发升级、优化区域内纺织产业配套等资本运作与资源整合,并积极参与创投、股权投资等业务,创新投资机制,不断完善企业综合服务功能,积极发挥纺织业现代综合服务商的作用,推动和引导区域纺织产业升级,实现公司战略发展规划,实现股东权益最大化。

【主营业务】

房地产开发、营业房出租、热电、石油、天然气

【企业文化】

1. 企业文化

我们的愿景:成为全球纺织品生产商和交易商首选的市场服务商

2. 价值理念

企业使命:公司秉持感恩之理念,积极承担股东的勤谨之德,对客户的诚信之德,对员工的关爱之德和对社会的回报之德,向社会展示一个充满活力的纺织业现代综合服务商形象。

企业愿景:全球纺织品生产商和交易商首选的市场服务商。

企业精神:创新、高效、服务、和谐。

实现企业战略:轻资产、抗周期、高收益。

社会责任:勇于挑战、勤于回报、乐于反哺、善于关怀、诚于付出。

商业模式:以市场为中心的纺织业现代综合服务商。

【经营业绩】

2012 年中期,公司完成营业收入 42,337.03 万元,比上年同期增长 4.25%,实现营业利润 11,060.08 万元,比上年同期增长 38.85%,实现利润总额 11,072.14 万元,比上年同期增长 38.90%,实现归属于上市公司股东的净利润 8,378.08 万元,比上年同期增长 36.19%。

【000401】唐山冀东水泥股份有限公司

唐山冀东水泥股份有限公司是中国上市公司 500 强企业,是在原河北省冀东水泥厂的基础上,由河北省冀东水泥集团公司独家发起、以定向募集方式正式设立、组建的股份制企业。1996 年冀东水泥 A 股股票在深圳证券交易所上网发行并挂牌上市,是中国北方最大的水泥生产商和供应商。公司前身河北省冀东水泥厂于 1981 年开工建设国内第一条日产 4000 吨熟料新型干法水泥生产线,1983 年 12 月建成,经过国家验收和中日双方交接,于 1985 年 1 月 1 日正式投入生产,称为中国新型干法水泥工业的摇篮。

企业先后荣获“全国环境优美工厂”、“全国‘五一’劳动奖状”、“全国优秀企业(金马奖)”、“全国文明单位”、“全国企业文化建设先进单位”等荣誉称号,被誉为“中国水泥工业排头兵”。公司“盾石”商标于 2005 年被国家工商总局评定为中国驰名商标。

截止到 2011 年底,公司拥有 51 家控股子公司、2 家分公司、4 家合营公司,总资产超过 400 亿元,水泥年产能突破 1.1 亿吨,是一个以水泥生产为主业,集干粉砂浆、水泥外加剂、水泥助磨剂等新型建筑材料为一体的大型绿色环保型建材企业集团。

近年来,公司深入实施水泥板块“巩固华北、挺进东北、开拓西北”的“三北”发展战略,积极投身东北老工业基地振兴、西部大开发之中,以唐山为大本营,不断向东北、西北、京津冀、内蒙古区域发展,致力于打造横跨“三北”地区的大型水泥企业集团。目前,公司在全国 12 个省、区、直辖市拥有 48 条新型干法水泥生产线。

公司以著名的“盾石”牌硅酸盐水泥为主导产品,其中包括:中标、英标、美标等通用硅酸盐水泥,道路、油井、博格板超早强等专用水泥,中热/低热、抗硫酸盐等特种水泥,三个系列几十个品种,产品响誉中国华北、东北、西北地区以及亚洲、北美、中东、非洲等国家和地区。首都国际机场、秦沈客运专线、京沪高速铁路、京津铁路客运专线、曹妃甸港口、北京奥林匹克中心等国家重点工程均应用了“盾石”水泥。

唐山冀东水泥股份有限公司以国家建材产业政策为导向,在保持水泥主业竞争优势的同时,积极促进产品、产业优化升级,于 2000 年组建唐山盾石干粉建材有限责任公司,引进奥地利 90 年代国际先进的干粉砂浆生产线,年产全系列环保型“盾石”干粉砂浆 15 万吨,是中国最大的干粉砂浆生产企业。于 2003 年组建唐山冀东水泥外加剂有限责任公司,年产 5000 吨水泥助磨剂、20000 吨混凝土外加剂,是国内具有自主创新研发能力和自主知识产权助磨剂配方的为数极少的助磨剂生产企业之一,也是全国最大的液体助磨剂制造商。

公司以“共创、共赢”为核心价值观,以“让生活的基础更坚实”为宗旨,以“团结、创新、诚信、敬业”的企业精神,以“紧扣市场,追求高效”的经营理念,力求“为你做的多一点、细一点”。

展望未来,公司将坚持科学发展观,坚持存量优化与增量

发展互动,以国家产业结构调整升级政策为导向,抓住开发西北、振兴东北以及环渤海经济区建设的历史机遇,以一流的产品、一流的质量、一流的服务回报用户,回报社会。

【000402】金融街控股股份有限公司

【基本概况】

金融街控股股份有限公司(以下简称"公司")是一家在深圳证券交易所上市的房地产企业,业务区域涉及北京、天津、重庆、惠州等地,主要从事商务地产的开发、持有和经营,致力于成为中国商务地产领先企业。

公司始终坚持稳健经营,健康发展,2011 年公司实现房产销售签约额约 130 亿元,营业收入 96.4 亿元,净利润 20.2 亿元,完成总开复工面积 423 万平方米,截至 2011 年底,公司总资产为 597.2 亿元,净资产为 181.1 亿元,拥有可开发项目的总建筑面积约为 796 万平米,自持物业总建筑面积达到约 63 万平米;2012 年前三季度公司实现房产销售签约额约 131 亿元,营业收入 88.5 亿元,净利润 13.8 亿元,完成总开复工面积 470 万平方米,截至 2012 年 9 月底,公司总资产已达到 695.80 亿元,净资产为 189.03 亿元,总股本为 30.27 亿股,拥有 19 家二级子公司、7 家三级子公司,分别进入北京、重庆、天津、惠州等地投资并开发房地产项目。

公司始终坚持以客户为中心,为国内外金融机构、企业集团和城市中高端客户提供高品质的产品和服务,着力打造公司绿色、健康、科技、智能、文化的商务地产领军品牌。

公司始终尊重股东,高度重视对股东的回报,自 2000 年以来每个会计年度均通过现金分红或资本公积转增股本方式进行利润分配,2000－2011 年累积现金分红达到同期累积净利润的 33.11%。

公司在发展过程中屡获殊荣,2004－2012 年公司连续 9 年获得中国房地产上市公司综合实力 TOP10,2005－2012 年连续 8 年获得"中国蓝筹地产企业",2006－2012 年连续 7 年获得中国房地产品牌价值 TOP10,2008－2011 年,连续 4 年获得中国房地产上市公司盈利能力十强;同时,2009－2011 年,公司作为上市公司连续三年被深交所评为"信息披露优秀企业"。

公司正在以崭新的面貌迎接新的历史机遇。公司将继续以科学发展观为统领,以创新、发展为主题,锐意进取,努力实现公司的持续、稳定、健康的发展。

【金融街控股公司发展历程】

1992 年 6 月,北京西城区政府正式组成金融街建设指挥部,领导和指挥金融街的开发建设;

同年,北京市计委批准西城区计、建委"关于恢复西二环东侧金融一条街建设立项的请示",北京市金融街建设开发公司成立。

1998 年,北京市金融街建设开发公司改制为北京金融街建设开发有限责任公司。

2000 年 5 月,北京金融街建设集团收购重庆华亚,吸纳华西包装集团公司所持 4869.15 万股公司国有法人股,实现了公司在资本市场的出航。

2001 年 4 月,公司将注册地由重庆迁至北京。

2002 年,公司实施了上市后第一次 A 股增发方案,向社会公众发行人民币普通股 2,145 万股,募集资金约 4 亿元;

同年,金融街重庆置业有限公司成立,公司开始实施"立足北京、面向全国"的战略布局。

2004 年,公司实施了第二次 A 股增发。向社会公众增发人民币普通股 7,600 万股,募集资金约 7 亿元。

2005 年,金融街惠州置业公司成立,全面启动 200 多万平米金海湾国际滨海旅游区建设;

同年,公司进军天津,成立金融街津门(天津)置业有限公司、金融街津塔(天津)置业有限公司,启动 336.9 米天津地标性建筑—天津环球金融中心的建设。

2006 年 12 月,公司定向发行股份 11,428.57 万股,募集资金约 12 亿元;

同年,金融街(北京)置业有限公司成立,公司第一座自持酒店—北京金融街丽思卡尔顿正式营业。

2007 年,金融街购物中心正式开业。

2008 年 1 月,公司公开增发人民币普通股 30,000 万股,募集资金约 83 亿元。

2009 年 9 月,公司发行 2009 年第一期公司债券,募集资金约 56 亿元;

同年,公司收购北京金融街奕兴置业有限公司、北京奕环天和置业有限公司。

2011 年,天津环球金融中心津塔写字楼竣工,成为天津城市形象地标建筑。

2012 年,公司获得北京市西城区月坛南街地块二、地块三国有建设用地使用权,在积极参与金融街西拓方面迈出坚实一步;同年,公司在天津还获得了津和大(挂)2012－041 号地块国有建设用地使用权,继续扩大公司在天津的品牌影响力。

【公司成功项目介绍】

(一)北京金融街

1993 年国务院批复的《北京城市总体规划》,提出在西二环阜成门至复兴门一带建设国家级金融管理中心,集中安排国家级银行总行和非银行机构总部,北京金融街应运而生。

作为首都第一个大规模整体定向开发的金融功能区,经过二十年的发展,金融街已经成为对中国金融业最具影响力的金融中心区。

1. 汇聚金融资本,引领社会财富

北京金融街地处北京市中轴对称中心地带。南起复兴门大街,北至阜城门大街,西抵西二环路,东临太平桥大街,南北长约 1700 米,东西宽约 600 米,规划总占地面积 103 公顷。

目前,金融街区域已汇聚"一行三会"等国家最高金融业监管机构及工商银行、建设银行、中国银行、北京银行等银行总部。中国人寿、泰康人寿、中国再保险、银河证券、华夏基金等非银行总部。中国电信、中国移动、中国联通等 3 大电信运营商总部及长江电力、大唐电力、国电投资等电力总部,形成了强大的总部聚集效应。

金融街还吸引了 JP 摩根、加拿大皇家银行、高盛公司、瑞士银行、亚洲开发银行、EXCEL 基金等数十家国际知名金融巨头,使金融街从中国金融管理中心逐步发展成为国际化金融商务区。

2. 精细化区域设计,国际化的建设理念

在区域规划设计上,金融街均按照国际标准,并引入了国际化、生态化、人性化和充满活力的建设理念。

在金融街中心区的规划中,通过增加绿化面积,适当改变建筑物的外观形象,形成鳞次栉比的城市景观。使得区域内建筑组群、道路交通、连片绿地形成"点、线、面"浑然一体的景观效果,绿化率近 37%。

在道路交通上,建设以"一纵两横"(金融大街、广宁伯街、武定侯街)为架构的交通路网,并率先引入高效的地下分层式立体交通系统,将整个区域便捷地连接起来,提高了区域内人员出行和交往的效率。

在通讯服务上，规划设计了 5A 级综合通信系统，建成并投入使用的“双向光缆环”保证了区域内通信的高效畅通，满足了金融机构对信息系统的特殊需求。

在安全保障上，区域内的保安监控系统与公安指挥中心联网，提供二十四小时的保安服务，确保了金融机构的运营安全。

在配套服务上，区域内建造了国际一流水准的商务写字楼，规划建设了五星级酒店、金融家公寓、金融家俱乐部等完善的区域配套设施。并相继成立了金融街综合服务中心，金融街商会和北京国际金融人才服务中心。使得金融街成为北京功能丰富、配套齐全、布局合理、交通快捷、环境优美的金融生态花园，并成为北京乃至全国最具活力的金融中心。

3. 城市建设的新名片，金融产业的龙头

随着金融街中心区的建成，聚集于金融街地区的金融产业正在释放出巨大的能量。金融街独有的政策、监管、决策信息、资金调度、支付结算等突出优势，增强了首都的金融聚集效应，吸引了摩根大通银行（中国）有限公司等 70 余家国内外知名金融机构入驻，金融机构在金融街聚集发展的态势更加明显。

2012 年前三季度，金融街实现金融业增加值 840.2 亿元，占北京市金融业增加值的 45.7%，金融业法人单位 400 多家，金融从业人员平均人数 17.4 万人；金融机构资产规模 62.1 万亿，占全国金融资产总额近 50%；金融业实现营业收入 3766.3 亿元，利润 2009.6 亿元；实现三级税收 2249.8 亿元，超过全市三级税收总额的 1/3。

（二）天津环球金融中心

公司通过集办公、住宅、商业、休闲、购物等业态为一体的大型城市综合体项目——天津环球金融中心的建设和开发，为天津海河区域整体环境和未来产业集聚贡献了力量。

天津环球金融中心总建筑面积约 58 万平方米，集写字楼、超五星级酒店、豪华公寓、服务式公寓和顶级商业配套于一身。天津环球金融中心分为津塔和津门两大板块，津塔板块总建筑面积约 34 万平方米，由高度达 336.9 米的津塔写字楼和服务式公寓构成。津塔写字楼高 336.9 米，位列华北地区之首，定位智能型国际甲级写字楼，办公楼层采用大开敞无中柱设计，拥有齐全的国际水准配套设施。津塔公寓紧邻环球金融中心写字楼，门廊型建筑贴合天津新城市精神。津门板块总建筑面积约 24 万平方米，由圣・瑞吉斯酒店、津门公寓、商业及景观园林构成。

（三）重庆金融中心

公司通过金融街・重庆金融中心项目的建设为长江上游地区经济中心的建设贡献了力量，切实推进了重庆江北嘴成为长江上游金融中心的进展。

重庆金融中心位于重庆江北嘴 CBD，开发体量 23 万平方米，是江北嘴 CBD 核心区首个启动的纯商务项目。项目由 4 栋写字楼组成，已有多家大型金融机构入驻，包括华夏银行入驻 A 栋，中国平安、深发展银行入驻 B 栋，国家开发银行入驻 C 栋，人保寿险、上海银行入驻 D 栋。

【000404】华意压缩机股份有限公司

【基本情况】

华意压缩机股份有限公司于 1996 年 6 月 19 日在深交所挂牌上市，是江西省第二家、景德镇市第一家上市公司。公司总部位于瓷都景德镇，专业生产用于冰箱、冷柜、饮水机、制冰机及除湿机等制冷电器的各类压缩机。下辖两家子公司（嘉兴加西贝拉压缩机有限公司、荆州华意压缩机有限公司）。现压缩机年生产能力 3000 多万台，总资产 42 亿元，员工 6000 多人，市场占有率达 23.53%，居行业首位。

20 世纪 90 年代初，公司引进美国泰康公司最新无氟技术，从日本、德国、澳大利亚等国引进现代化设备，建成我国首条年产 100 万台无氟压缩机生产线。率先在国内举起环保大旗，是国内最先淘汰 R12 而采用 R134A 新制冷工质的企业，并首家推出无氟制冷压缩机。1996 年公司通过 ISO9001 质量体系认证，成为我国无氟压缩机的主要生产、出口基地之一。

公司所制造的无氟压缩机在当时是比较先进的绿色环保产品，公司的生产规模曾引起了中华人民共和国高层领导人的重视。李鹏、乔石、朱镕基、刘华清、吴邦国、吴官正等政府高层官员先后来公司视察，并对华意无氟环保产业给予高度评价和大力支持。联合国环保署也先后两次赠款 233 万美元，支持华意新工质制冷示范线的扩建与改造。

自 2007 年长虹入主华意压缩后，本着“员工满意、顾客满意、股东满意”的企业宗旨，公司的发展驶入了更高水平的快车道。

【经营情况】

2012 年上半年，公司共生产压缩机 1562 万台，销售压缩机 1496 万台，产销量分别比去年同期增长 9.65% 和10.16%；实现压缩机销售收入 277,003 万元，上半年主营业务销售收入完成全年目标的 54.31%，市场占有率继续名列行业首位，根据产业在线统计，2012 年上半年，公司压缩机市场占有率达到 26%；报告期内，公司实现营业收入 302,799.26 万元，比上年同期增长 0.48%；实现营业利润 9,128.06 万元，比上年同期增长 153.69%；归属于母公司所有者的净利润4,551.66 万元，比上年同期增长 195.35%。

【企业荣誉】

公司制造的 R134a 无氟压缩机以卓越品质被国家经贸委和国家科委评为“国家级重点新产品”，荣获国家科技进步三等奖，并被评为“全国用户满意产品”。

公司被列入国家火炬计划，是江西省唯一入选“首批国家火炬计划重点高新技术企业”名录的企业。

华意牌压缩机被国家质量检验检疫总局、中国名牌推进委员会认定为“中国名牌产品”，且被中国国际贸易促进委员会指定为向欧盟市场推荐产品。

“华意”商标被国家工商总局认定为“中国驰名商标”。

公司屡获殊荣，先后被省里评为“机电产品出口先进企业”、“江西省机械行业优秀企业”、“最具社会责任感企业”等。

公司被人力资源和社会保障部、中国机械工业联合会授予“全国机械工业先进集体”荣誉。

【000421】南京中北（集团）股份有限公司

【基本情况】

南京中北（集团）股份有限公司始创于 1979 年 7 月，1992 年 6 月，公司改制并跨入南京市首批股份制改革企业行列。1996 年 8 月，公司股票在深圳证券交易所成功上市。

中北集团是以公用事业类客运交通为主的综合性集团企业，是江苏省城市客运交通行业中最大的企业之一。集团以

“敬业、卓越”为企业精神，以“大众的期望，中北的追求”为质量方针，以“为股东、客户、社会和员工创造价值”为根本宗旨。创造了享受盛誉的“中北”服务品牌。集团于1998年引进ISO9000质量标准，于1999年通过认证并保持至今。

经过30多年的发展，南京中北集团已发展成为一个以公用事业为基础、专业化与多元化并举、资产质量优良的企业集团，经营业务拓展到出租汽车、公共汽车、旅游、房地产、物业、汽车服务、电力能源等多个领域，并积极在其他领域进行投资探索。

享受我们的周到服务，提高你的生活质量，是中北人努力追求的目标。与时俱进，不断超越，中北集团将以您的期望为动力，与您携手共创成功！

【经营业绩】

2012年上半年，公司实现营业收入95,990.14万元，较上年同期上升35.47%；利润总额15,601.22万元，较上年同期上升114.04%；归属于上市公司股东的净利润7,593.77万元，较上年同期上升64.59%，主要系公司楼盘交付确定收益较上年同期增加3,979.22万元。截至2012年6月30日，公司总资产278,529.37万元；归属于上市公司股东的所有者权益87,386.49万元。

报告期内，面对复杂多变的国内外经济环境，公司董事会审时度势，牢牢把握工作重点，以跨越发展为第一思路，以战略管控为第一目标，以科学管理为第一手段，出色完成各项经营指标和工作任务。

【000429】广东省高速公路发展股份有限公司

【基本情况】

广东省高速公路发展股份有限公司前身为广东佛开高速公路股份有限公司，成立于一九九三年二月。一九九三年六月经省政府批准，广东省高速公路公司（本公司之控股公司）将评估后的广佛高速公路有限公司75%和九江大桥100%权益折股重组并入，更名为广东省高速公路发展股份有限公司。本公司于一九九六年发行上市了13,500万股境内上市外资股（B股），被境内外传媒誉为“高速公路第一股”。发行B股后，经国家经济贸易部批准转为外商投资股份有限公司。一九九八年一月，公司又成功发行10,000万股人民币普通股（A股），并于一九九八年二月二十日在深圳证券交易所挂牌上市。公司于二零零六年二月十一七日完成股权分置改革，股改为公司的治理结构带来了改变，使公司的股权结构更加趋于合理。

公司主营高速公路、等级公路、桥梁的建设施工、公路、桥梁的收费和养护管理，汽车拯救、维修、清洗。兼营与公司配套的汽车运输、仓储业务。兼营与公司配套的汽车运输、仓储业务，作为广东省高速公路系统的主要融资窗口，积极参与高速公路和特大桥梁的建设开发。

目前参股、控股的项目公司达12个，为广东交通环境的改善和国家交通总体规划的实施作出了重大贡献。随着公司投资力度的加大和管理水平的提高，公司规模逐步壮大，经营业绩也实现持续稳定增长。截止至2011年末公司总资产达118.02亿元，净资产达41.15亿元，营业收入达10.78亿元。

【主营业务】

高速公路、等级公路，桥梁的建设施工，公路、桥梁的收费和养护管理，汽车拯救，维修，清洗，兼营和公司业务配套的汽车运输、仓储业务。

【经营情况】

2012上半年，公司参、控股的高速公路的车流量和通行费收入大部分保持稳定增长；广佛高速车流量和通行费同比基本持本；佛开高速由于部分扩建路段完工恢复通车，通行费收入略有增加；九江大桥由于实施了计重收费，通行费有所增加；深圳惠盐高速和京珠高速广珠段由于受2012年6月1日起广东省全省统一高速公路收费标准的影响，通行费收入有所下降；粤肇高速得益于去年云梧高速和粤肇高速二期项目通车，路网形成带动通行车流量和通行费收入均大幅上涨；广惠高速受广河高速开通分流了部分货车的影响，通行费收入有所下降；江中高速受广珠高速西线开通影响，诱增较多短途车辆；康大高速受韶赣高速通车、路网形成的诱增影响，通行费收入上升；赣康高速受隘瑞高速瑞金南枢纽互通开通影响，通行费收入大幅上升。

2012年1－6月营业收入：544,249,165.97元，同比增长6.08%，归属于上市公司股东的净利润157,483,597.89元，同比增长8.49%。

【企业文化】

企业理念：交通延伸美好生活。

企业精神：求实、开拓、团结、奉献。

【000430】张家界旅游集团股份有限公司

【基本情况】

张家界旅游集团股份有限公司（简称“张旅集团”，股票代码：000430）成立于1992年，为中国旅游版块第一家上市公司，被誉为“山水旅游第一股”，属综合型旅游企业。现任法定代表人袁祖荣，总裁罗选国，现有职工1000余人。公司主要从事旅游资源开发，旅游基础设施建设，旅游配套服务，与旅游有关的高科技开发，提供证券投资咨询服务。

2007年11月，张家界市经济发展投资集团有限公司成功重组张旅集团，通过项目优化，资产重组，使我公司成为一家以投资、开发、经营自然景区为主业的国有控股上市公司。目前，张旅集团旗下共有10个成员公司，分别为：张家界易程天下环保客运有限公司（以下简称“环保客运公司”，二级道路运输企业，专营武陵源核心景区环保客运）、张家界宝峰湖旅游实业发展有限公司（5A级景区）、张家界旅游集团股份有限公司武陵源分公司（经营十里画廊5A级观光景点）、湖南周洛旅游开发有限公司、张家界市杨家界索道有限公司、张家界市中国旅行社有限责任公司、张家界易程天下国际旅行社有限公司、张家界易程天下信息技术有限公司、张家界国际大酒店（4星级），参股临湘山水旅游产业发展有限公司（占20%）。景区环保客运车辆年运送游客达1200多万人次，旗下景区（点）年接待游客200多万人次。

张旅集团经过19年的发展变迁，在完善法人治理结构、依法开展经营管理活动方面取得了良好的成绩，形成了具有自身特色的经营管理文化。拥有较为完善的SOP/STP/SMP制度系统、规范的财务管理系统、成熟的市场开发系统、先进的人力资源开发系统、健全的战略绩效考核系统及内控系统。其成员公司也在不断地发展和长足的进步，其中，张旅集团旗下之环保客运公司于2003年通过ISO9001国际质量管理体系认证、ISO14001国际环境体系认证，2004年通过了OHSAS18001国际职业健康安全管理体系认证；还先后获得了“湖南省基层党的建设示范点”、“湖南省模范职工之家”、“湖南省青年文明号”等13项省级及以上的荣誉。宝峰湖景区于

2006 年被评为国家首批 5A 级景区，2010 年 3 月被央视网评为“中国十大魅力休闲湖泊”之一，并获得“最佳风情单项奖”。2009 年 12 月公司导游班被团中央和国家旅游局联合授予“国家级青年文明号”的称号。2012 年 6 月张旅集团被中共中央组织部授予“全国创先争优先进基层党组织”。

面对旅游市场的发展新趋势，作为湖南省的旅游龙头企业之一，张旅集团将严格遵循市场经济和旅游产业的规律进行运作，以市场为导向，多元化经营，努力探索科学的经营管理模式，打造完整的服务体系；秉承“创造和保护文化”、“可持续发展”的理念，不断充实和丰富经营项目的人性化内涵，致力于国际旅游精品线路的营建和民族文化神韵的展现，以期吸引更广大的中外游客。

【经营业绩】

2012 年上半年报告期内，公司实现营业收入 23,666 万元，较上年同期 17,831.63 万元增长了 5,834.37 万元，增幅 32.72%；营业利润 4,317.82 万元，较上年同期 3,198.13 万元增长了 1,119.69 万元，增幅 35.01%。

【000503】海虹企业(控股)股份有限公司

【基本情况】

海虹企业(控股)股份有限公司(以下简称“本公司”)原名海南化学纤维厂，系 1986 年 4 月经海南省工商行政管理局批准成立的国有企业，1991 年 9 月经改组为“海南化纤工业股份有限公司”，1992 年 11 月 30 日，在深圳证券交易所正式挂牌交易，证券代码:000503。

本公司发展战略是:以资产管理为核心，以控股、参股为手段，实现规模扩张和高速发展，发展成为跨行业、跨地域、综合性、多元化的大型投资及资产管理集团。

通过不断努力，本公司在广大投资者心目当中逐渐树立了良好市场形象和地位，成为中国新经济、高科技类上市公司当中具有影响力的优质公司之一。

【企业文化】

公司精神:海怀博大，虹彩傲天。持续创新，领军新经济!

经营宗旨(发展战略):以资产管理为核心，借助前瞻性的投资理念及先进的技术手段，在产业集群化的基础上发展成为大型投资及资产管理集团。

海虹理念:厚德，敬业，自强，超群

【经营业绩】

2012 年 1－6 月，公司共实现净利润 10,314,041.66 元，较去年同期减少 46.75%。公司利润下降主要因为报告期内投资收益减少。报告期内公司业务收入同比有大幅上升，共计实现营业收入 80,063,936.55 元，较去年同期增加了 47.03%，主要由于原有医药电子商务及电子交易业务经过转型创新有所增长，如北京等地收入增长所致。

【000513】丽珠医药集团股份有限公司

【基本情况】

丽珠医药集团股份有限公司是集医药研发、生产、销售为一体的综合性企业集团，创建于 1985 年 1 月，水连香港，地接澳门，据广州、深圳皆 2 小时车程，区位优势明显；公司注册资本为 3.06 亿元，系民营控股的上市公司。丽珠集团于 1993 年完成股份制改造，成为全国医药行业首家 A、B 股上市的公司。集团所属全资子公司 12 个，控股企业 10 个，现有员工 5000 人，大中专以上文化程度的员工占集团总人数的 83%，企业技术力量雄厚，装备优良，工艺先进，生产水平和质量水平处于行业领先地位。集团有 53 条生产线通过了 GMP 认证验收，营销企业也顺利通过了国家 GSP 认证，营销力量显著增强，丽珠医药集团已建立了覆盖国内市场的营销网络，与商业主渠道和数千家医院建立了稳定、良好的业务关系；随着质量体系的持续完善和提高，随着销售的快速增长，随着产能的不断扩大，随着新厂建设步伐的加快，丽珠集团将成为国内领先、国际一流的现代化制药龙头企业。

在党、政府和社会大众的关怀下，在集团全体员工的共同努力下，丽珠医药集团自 1989 年起连年跻身全国 500 家最大工业企业行列；1995 年起名列全国医药工业 50 强；1996 年被国家科委认定为火炬计划 76 家重点高新技术企业之一，被广东省列为重点发展的 70 家大型企业集团之一；1999 年被广东省认定为技术创新优势企业；“丽珠”注册商标于 1999 年 1 月被国家商标总局确定为中国“驰名商标”。2002 年 6 月，丽珠医药集团股权变动，现深圳健康元集团入主丽珠，成为第一大股东，两家在医药健康领域里的知名企业实现了强强联合，组成了以著名企业家朱保国董事长为首的公司高层管理团队，开始了迈向了第二次创业的崭新历程，丽珠以自身改革和创新的探索与实践走在了行业的前列。

最近几年，丽珠集团通过管理升级和营销再造，经营业绩迅速增长，企业效益显著提升，丽珠正朝着中国制药工业最卓越的目标前进，在民族实业领域全力打造一家致力于人类生命常青事业的伟大公司。

丽珠的快速发展，得到了党和政府的关怀，江泽民、朱镕基、李鹏、刘华清、田纪云、李铁映、谢非、迟浩田等党和国家领导人多次亲临丽珠视察工作，丽珠集团也更加勤奋的工作，坚定持续、健康、快速的发展战略，把自己打造成中国制药的第一军团，为人类生命的健康产业做出贡献。

【企业文化】

丽珠精神

务实:准确定位，扎实工作，注重数字，讲求效果。

创新:人人有创新意识，公司有创新机制，允许创新中的失误。

高效:以信息技术打造管理平台，以快速简洁提交工作效率。效率就是执行力，效率就是竞争力。

丽珠目标

成为中国医药行业最卓越的企业之一，在消化道用药，心脑血管用药和抗感染用药三大优势领域成为全中国的领导者，并具国际竞争力，同时，实现客户最高满意度，股东福利最大化和员工福利最大化。

【经营情况】

2012 年上半年，公司实现营业收入 188,499.72 万元，同比增加 41,355.97 万元，增幅 28.11%，其主要原因是公司通过进一步调整销售政，大考核力度，促使公司重点制剂类产品(主要为中药制剂，促性激素和消化道产品)收入增长较快。

2012 年上半年，公司实现营业利润 28,206.82 万元，同比增加 2,082.40 万元，增幅 7.97%，其主要原因是在公司主营业务收入同比增长的基上，销售费用及管理费用的同比增长更快。

2012 年上半年，公司实现归属于母公司所有者的净利润 22,870.50 万元，同比增加 784.33 万元，增幅 3.55%，其主要原因是在营业利润的长的基础上，营业外收入同比减少。公司实现归属于上市公司股东的扣除非经常性损益的净利润

21,768.08 万元,同比增加 1,585.30 万元,增幅.85%,与公司营业利润增速基本保持一致。

【000521】合肥美菱股份有限公司

【基本情况】

(一)基本情况介绍

1. 法定名称:合肥美菱股份有限公司
2. 英文名称:HEFEI MEILING CO. LTD.
3. 法定代表人:赵勇
4. 注册地址:安徽省合肥市经济技术开发区莲花路 2163 号
5. 总股本:636,449,338 元
6. 股票上市地:深圳证券交易所(以下简称“深交所”)
7. 股票简称及股票代码:美菱电器(A 股) 000521(A 股)
皖美菱 B(B 股) 200521(B 股)

(二)公司设立、上市及重大股权变动情况

公司系经安徽省体改委《关于组建合肥美菱股份有限公司的批复》(皖体改函字(1992)第 039 号)及中国人民银行安徽省分行(92)皖人银字第 427 号文批准,由其前身合肥美菱电冰箱总厂联合合肥电冰箱配件厂、合肥纸箱厂和合肥拉链厂共同发起、定向募集设立的股份有限公司,于 1992 年 11 月 25 日在合肥市工商行政管理局注册成立。

1993 年 8 月 30 日,经安徽省政府政秘(1993)166 号文批准,并经证监会证监发审字(1993)27 号文复审同意,公司首次向社会公开发行 3,000 万股,发行价格为人民币 4.8 元/股,并于同年 10 月 18 日在深交所上市。此次发行后,公司的总股本为 12,000 万股。

1994 年 12 月 26 日至 1995 年 3 月 8 日公司向全体股东以 10 股配 2 股方式进行配股,每股配售价为 3.88 元人民币/股,共配售 2,607 万股普通股。

1996 年,经中国证监会批准于同年 8 月 14 日发行境内上市外资股(B 股)10,000 万股,发行价格为人民币 3.30 元,并于 1996 年 8 月 28 日在深交所挂牌交易。

1997 年 7 月 29 日至 8 月 11 日进行了 A 股的配股,共配售 3,341.67 万股,并于 1997 年 8 月 23 日上市交易。至此公司总股本增加至 413,642,949 股。

2007 年 8 月 24 日,公司实施股权分置改革方案,本公司非流通股股东为获得其所持非流通股份的上市流通权,以其所持有的股份向 A 股流通股股东执行对价安排,A 股流通股股东每持有美菱电器 10 股 A 股流通股获得 1.5 股股份的对价安排,公司总股本不变。

2010 年 12 月底,公司以非公开发行股票的方式向特定投资者发行 11,673.15 万股人民币普通股(A 股),发行价格为 10.28 元/股,公司总股本增加至 530,374,449 股。2011 年 1 月 10 日,本公司新增股份 11,673.15 万股在深圳证券交易所上市。

2011 年 8 月,公司实施 2010 年度利润分配,以公司总股 530,374,449 股为基数,向全体股东每 10 股送 2 股派发现金红利人民币 0.5 元(含税),利润分配实施前本公司总股本为 530,374,449 股,利润分配实施后总股本增至 636,449,338 股。

2012 年 8 月,公司实施 2011 年度利润分配,以公司现有总股本 636,449,338 股为基数,实施资本公积金向全体股东每 10 股转增 2 股派发现金红利人民币 0.5 元(含税),本次利润分配及资本公积转增股本方案实施后,公司总股本将由 636,449,338 股增至 763,739,205 股,最终以中国证券登记结算有限责任公司深证分公司确认的为准。

(三)公司股东及控制关系

1. 公司前 10 大股东持股情况

截至 2012 年 6 月 30 日,公司前十名股东持股情况如下表所示:

股东名称	持股总数(股)	持股比例(%)	持有有限售条件股份数量(股)
四川长虹电器股份有限公司	137,356,942	21.58%	46,692,600
合肥兴泰控股集团有限公司	39,852,835	6.26%	601,164
正德人寿保险股份有限公司－万能保险产品	24,000,000	3.77%	－
宁波维创联合投资有限公司	10,800,000	1.70%	－
长虹(香港)贸易有限公司	20,971,519	3.30%	－
方正证券股份有限公司	10,800,000	1.70%	－
东海证券有限责任公司	10,800,000	1.70%	－
GUOTAI JUNAN SECURITIES (HONGKONG) LIMITED	13,716,869	2.16%	－
CAO SHENGCHUN	10,447,206	1.64%	－
龙芹芳	2,574,757	0.40%	－

2. 公司实际控制人为四川省绵阳市国有资产监督管理委员会,其结构如下图所示:

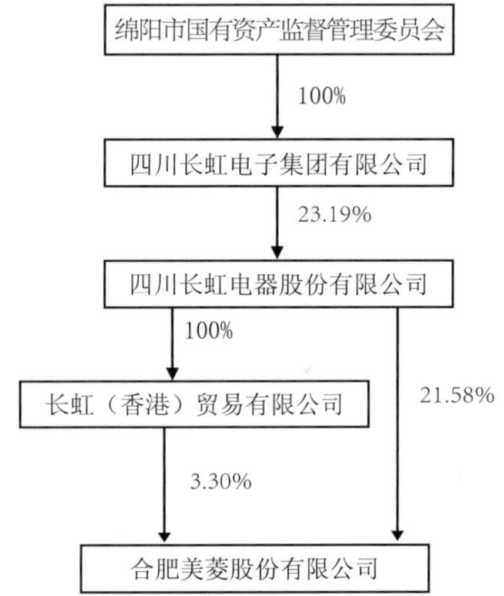

(四)公司发展概况

1983 年,合肥市第二轻工机械厂(美菱前身)转产家用冰箱,开始了 26 年的专业制冷之路。

1984 年,美菱第一台冰箱 BY－158 正式下线。

1992 年,合肥美菱股份有限公司正式成立。

1993 年,美菱 A 股成功上市,成为安徽省第一家上市企业。

1996 年,美菱 B 股在深圳成功上市,成为安徽第一家同时具有 A 股和 B 股的上市公司。

2002 年,美菱联合中科院成立中科美菱低温科技公司。

2005 年,四川长虹与合肥美菱进行战略重组,拉开了黑白联合的序幕。

2006 年,建设美菱合肥新厂区,全部建成后,将具有年 360 万台的冰箱(柜)生产能力,成为亚洲单体产能最大的冰箱制造基地。

2007 年,美菱合肥新厂区一期工程建成投产。

2007 年,江西美菱制冷有限公司 11 月 18 日举行揭牌仪式。

2008 年,美菱绵阳生产基地建成投产,美菱合肥新厂区二期工程建成投产。

雅典娜 BCD－450ZE9 获(CIDF)“中国企业产品创新设计金奖”。

美菱主持制定“中国家用深冷冰箱标准”。

美菱研发出日耗电量仅 0.27 度的超级节能冰箱。

美菱顺利入驻新厂区,开始了新的征程。

美菱连续四次中标家电下乡,抢占市场先机。

2009 年,美菱在中国质量万里行服务诚信企业明察暗访活动公布中,以满分 100 分的成绩位列行业第一,获产品售后服务质量优秀企业。

4 月,美菱推出“家电下乡冰箱十年免费保修”活动。

在“2009 中国高端冰箱流行趋势暨行业发展高峰论坛”上,美菱冰箱被评为“2008～2009 年度高端冰箱品牌 BEST-BUY”,美菱雅典娜 BCD－518HE9B 冰箱获评“2008～2009 年度经典对开多门冰箱”奖。

获得“2009 年度家电产品消费者满意度调研(冰箱类)最佳使用满意度品牌”;“2009 年度家电产品消费者满意度调研(冰箱类)最佳售后服务满意度品牌”;2009 年全国用户满意企业”等称号。

8 月,公司正式通过了国家质量技术监督检验总局的审核,获得了出口免验资格,成为安徽省首家获得出口免验资格的家电企业。

12 月,收购长虹空调和中山长虹空调股权资产,丰富了公司白电产品线,拓展新的盈利增长点,进一步做大做强白电产业。

2010 年,美菱技术中心再度获得“2009 年度安徽省优秀企业技术中心”荣誉称号。

2 月,美菱荣获“安徽省第一批产学研示范企业”称号,这也是安徽唯一荣获此称号的家电企业。

美菱荣膺“质量诚信会员企业”,成为安徽省惟一获此殊荣的家电企业。

通过近五年的科学研究,美菱终于攻克超低温冰箱电磁阀泄漏这一世界性难题,使改造后的电磁阀永不泄漏,美菱再次站到制冷冰箱科技制高点。

3 月,美菱股份有限公司收购美菱集团,品牌实现统一。

4 月,美菱成为首批“合肥市中小学生素质拓展基地”,这无疑是对美菱工业游活动的巨大肯定,同时也为公司进一步开展工业游相关工作奠定了基础。

8 月,美菱推出“冰箱品质服务美菱追求公平”品牌主张,将品质服务进行到底。

2011 年 2 月,美菱联手中国消费者协会设立“品质服务先行赔付保证金”,开创中国家电制造业先行赔付先河。

3 月,合肥市科技局完成对美菱“冰箱绿色节能功能技术研究中心”项目验收。

4 月,美菱获安徽省首家“自主创新品牌示范企业”。

美菱荣获“2010 年服务质量先进单位”称号,树立中国式服务典范。

雅典娜大冰箱生产基地土建开工,进一步加速美菱打造白电航母的步伐。

美菱顺利通过中国合格评定国家认可委员会专家的“国家实验室”复审,美菱中心实验室已具备国际水准。

5 月,美菱在由国家信息中心信息资源开发部主办的“2011 中国冰箱行业发展高峰论坛”中一举夺得 2010－2011 年度“行业卓越品质”和“行业畅销品牌”两项品牌大奖。美菱 BCD－237ZE3BR(D)和 BCD－350w 两款产品还分别荣获行业经典三门冰箱之星和经典多门冰箱之星。

11 月,由中国家用电器服务维修协会主办的“‘家电下乡·服务先行’成果及经验交流会”召开,美菱获得“家电下乡·服务先行 2010 — 2011 年度优秀企业”表彰。

12 月,美菱荣膺首批“合肥市品牌示范企业”。

美菱连续第六次中标家电下乡,再次成为下乡大赢家。

2012 年 3 月,美菱首度攻克深冷冰箱断电、系统故障不运行的难题,成功研发出二氧化碳后备系统,填补了我国在超低温冰箱后备系统技术领域的空白。

5 月,由中国标准化研究院能效标识管理中心主办的“2011 年中国节能产品企业领袖榜”颁奖典礼在北京召开,美菱荣膺“2011 年度中国高效节能产品企业领袖奖”,成为冰箱品类获奖的三大企业之一。

5 月,在由国家信息中心信息资源开发部联合中国家电网主办的“2011－2012 年冰箱行业高峰论坛”上,美菱一举夺得“行业节能标杆奖”,美菱产品 BCD－350WPB 和 BCD－450ZE9BF 还分获多门经典之星和智能之星两项产品大奖。

6 月,长虹－美菱节能家电核心技术新闻发布会召开。

6 月,公司首批申报的 237 个节能电冰箱(柜)产品,248 个节能空调产品,53 个节能洗衣机产品全部通过评审,入选节能产品惠民工程推广产品目录;公司节能产品惠民工程销售推广网络(销售门店)也完成备案。

【主营业务】

本公司属于家电制造业,目前主营电冰箱、冰柜、空调及洗衣机的生产与销售。经营范围:制冷电器、空调器、洗衣机、电脑数控注塑机、电脑热水器、塑料制品、包装品及装饰品制造,经营自产产品及技术出口业务和本企业所需原辅材料、机械设备、仪器仪表及技术进出口业务,百货销售,运输。

公司以“中国领先、世界一流的家用电器企业”为愿景,通过冰箱、冰柜业务,拉动洗衣机、空调业务发展,为消费者提供一流品质的产品,将美菱打造成一流的“白电”制造企业。

【公司治理】

公司严格按照《公司法》、《证券法》、中国证监会《上市公司治理准则》、《深圳证券交易所股票上市规则》等有关法律法规以及《公司章程》的要求,不断地建立、完善和优化公司的治理结构,建立和健全了内部管理和控制制度,持续深入开展公司治理、加强内部控制规范实施专项活动,进一步规范公司运作,提高公司治理水平。

公司在股东与股东大会、控股股东与公司、董事与董事会、监事和监事会、绩效评价与激励约束机制、利益相关者和信息披露与透明度等关系处理上,均严格按照中国证监会和深圳证券交易所的相关规定执行,运作规范。

1. 关于股东与股东大会。公司严格按照《上市公司股东大会规则》和《公司股东大会议事规则》等的规定和要求,召集、召开股东大会,能够确保全体股东特别是中小股东享有平等地位,充分行使自己的权力。

2. 关于公司与控股股东。公司拥有独立的业务和自主经营能力,在业务、人员、资产、机构、财务上独立于控股股东,公司董事会、监事会和内部机构独立运作。公司控股股东能严格规范自己的行为,没有超越公司股东大会直接或间接干预公司的决策和经营活动的行为。

3. 关于董事与董事会。公司严格按照《公司章程》规定的选聘程序选举董事;公司目前有独立董事四名,接近全体董事的二分之一,董事会的人数及人员构成符合法律法规和

《公司章程》的要求。公司全体董事能够依据《董事会议事规则》、《独立董事制度》等制度开展工作,认真出席董事会和股东大会,积极参加相关知识的培训,熟悉有关法律法规。同时,公司董事会还下设了战略、薪酬与考核、审计、提名四个专门委员会,各专门委员会依据相应的工作细节,分别承担公司重大工作事项讨论、决策及监督、评估的职能,提高公司董事会运作效率。

4. 关于监事与监事会。公司严格按照《公司法》、《公司章程》等的有关规定产生监事,监事会的人数及构成符合法律、法规的要求。公司监事能够按照《监事会议事规则》等的要求,认真履行自己的职责,对公司重大事项、关联交易、财务状况、董事和高管的履职情况等进行有效监督并发表独立意见。

5. 关于绩效评价和激励约束机制。公司正逐步建立和完善公正、透明的董事、监事和高管人员的绩效评价标准和激励约束机制,公司经理人员的聘任公开、透明,符合法律法规的规定。

6. 关于相关利益者。公司充分尊重和维护相关利益者的合法权益,实现社会、股东、公司、员工等各方利益的协调平衡,共同推动公司持续、稳健发展。

7. 关于信息披露与透明度。公司严格按照有关法律法规的规定和《信息披露管理制度》的规定,加强信息披露事务管理,履行信息披露义务,报告期内指定《证券时报》、《中国证券报》、《香港商报》和巨潮资讯网为公司信息披露的报纸和网站,真实、准确、及时和完整地披露信息,确保所有投资者公平获取公司信息。

【企业文化】

企业精神:亮剑、创新、奉献、团队。

企业宗旨:员工满意、客户满意、股东满意。

企业价值观:诚、智、勇。

企业愿景:中国领先、世界一流的家用电器企业。

企业使命:致力提升大众生活品质。

【经营状况】

2011 年国内外经济形势复杂多变,一是海外市场,美国金融危机引发的美国经济的急剧下滑,欧洲债权危机愈演愈烈,欧元区经济恶化升级,二是国内市场,国内经济继续处于“低增长、高通胀”,2011 年度全年 GDP 同比增长 9.2%,增速逐季回落。家电行业发展趋势趋于平缓,品牌竞争进一步加剧。2011 年公司在董事会的领导下,继续以“从营销推动型和机遇推动型,向战略推动型和能力推动型转变”作为战略指引,坚持“产品升级、优化成本、品质服务、变革创业”的经济方针,持续推进各项经营管理改善活动,立足自身,做强内功,提升管理,主动变革,强化营销,提升服务,在宏观环境不利的情况下,克服了原材料、人工等要素成本上涨的压力,保证了公司的稳步发展。

2011 年,公司主导产品冰箱(柜)、空调、洗衣机产销量较 2010 年同期有所提升,公司实现营业收入 90.04 亿元,同比增长 9.44%;实现归属于母公司所有者的净利润10,661.47万元,同比下降 67.28%。同时,根据统计,2011 年度公司冰箱产品在一二级市场销量累计占有率达 11.06%(中怡康),同比上升了 0.23 个百分点;在家电下乡市场销量累计占有率为 9.35%(买卖提市场研究中心),同比下降了 0.12 个百分点。2011 年度公司冰柜产品在一二级市场销量累计占有率为 6.26%(中怡康),同比上升了 1.16个百分点;在家电下乡市场销量累计占有率为4.05%(买卖提市场研究中心),同比上升了 0.19 个百分点。2011 年度公司空调产品销售结构大为改善,全年国内销售增速为 38.2%,出口销量增速约 30%。

2011 年,冰箱、冰柜业务实现销售收入 599,094.89 万元,较 2010 年同期增加 0.37%;空调业务实现销售收入 224,826.82 万元,较 2010 年同期增加 37.98%;洗衣机业务实现销售收入 13,951.20 万元,较 2010 年同期增加 101.90%;其他产品实现销售收入 9,984.88 万元,较 2010 年同期增加 134.37%。公司销售业绩稳步上升,充分展现了公司雄厚的综合实力及产品竞争力。

【成就业绩】

合肥美菱股份有限公司是中国重要的电器制造商之一,拥有合肥、绵阳和景德镇、中山四大制造基地,以及冰箱、冰柜、空调、洗衣机等多条产品线。公司主导产品美菱冰箱是首批中国名牌产品,国家出口免验产品。“美菱”商标被评为中国驰名商标,美菱品牌被列入中国最有价值品牌。美菱冰箱(柜)凭借良好的质量、健全的网络、可靠的性能和优质的服务等优势,更获国家商务部、财政部青睐,连续六次成为国家“家电下乡”工程指定品牌。

30 年来,美菱始终坚持“自主创新,中国创造”,一直矢志不移地专注制冷专业,以技术创新和产品创新精心打造企业核心竞争力。美菱成立安徽省首家 RoHS 公共检测中心,国家级企业技术中心、尖端研发团队,使美菱在节能、无霜、深冷、智能化等多个领域不断取得突破性成果,先后研发出数百款不同型号的冰箱产品,满足了不同层次的消费者需求,质量水准持续跃升。其中包括对开多门雅典娜系列高端冰箱、-192℃世界最冷冰箱、日耗电仅 0.23 度的顶级节能冰箱等多款引领行业发展潮流的产品。

为了给消费者营造一个公平的消费环境,2009 年,美菱在行业内率先提出“家电下乡冰箱,十年免费保修”,受到了三四级市场商家和消费者的欢迎,众多品牌纷纷跟进效仿。在此基础上,美菱不断丰富品质服务内涵,创造性的提出了“冰箱品质服务,美菱追求公平”的品牌主张,通过“冰箱开机不制冷,美菱免费送给您”、“有建议就送礼,直到冰箱送给您”、“品质服务先行赔付”等一系列举措,为冰箱行业的健康发展创造了一个诚信经营的消费环境。

如今,美菱冰箱已远销东南亚、欧美等多个国家和地区。美菱还积极参与更大范围和更高层次的全球化竞争与合作,充分整合国内资源,合理运用全球资源,用品牌美誉驱动国外市场销量,让更多国外用户能享受到高品质、高标准的美菱产品。

2010 年,公司融资 12 亿元,用于雅典娜豪华冰箱生产基地项目、冰柜扩能项目、环保节能冰箱扩能项目等项目的建设。项目建成后,美菱将新增 200 万台豪华冰箱、60 万台环保节能冰箱以及 120 万台冰柜的生产能力。美菱力争于 2014 年实现产销 1000 万台的宏伟目标。

2011 年,宏观环境严峻,国际上,欧洲债权危机愈演愈烈,欧元区经济恶化升级,美国经济仍就低迷,主要国家普遍面临主权债务压力和金融稳定风险,私人需求尚未接过拉动经济增长的接力棒;国内经济增长下滑,房价、物价涨幅明显降低,出口增长大幅回落,投资和消费增长也有不同幅度下降,经济增长率呈现继续下行态势;预计 2012 年宏观环境形势依然不容乐观,家电行业市场总量增幅快速放缓,也面临成本升高、产能过剩等多方面压力,市场竞争将更加激烈。但也存在产品结构调整、城镇化建设趋势、结婚潮的持续、家电下乡末班车的刺激放量等市场机会。

面临新的形势，公司将在董事会提出的“美菱梦”的指引下，在董事会的正确领导下，使美菱要成为一个有梦想、受人尊重、与员工共同发展的企业。美菱要倡导“机会均等、自由竞争”的企业文化，提倡艰苦奋斗的实干精神，致力于提升大众生活品质，力争成为中国领先、世界一流的家用电器企业。实现“美菱梦”，包括重塑企业文化，建立“诚信、智慧、勇气”的核心价值理念，实施“双三”战略，即第一个“三”为三大核心战略——产品战略、人才战略、成本领先战略；第二个“三”为三大重要战略——市场战略、品牌战略、国际化战略。

2012－2014 年，公司将积极开展“凤凰”行动（“凤凰”行动喻指“凤凰”涅槃，美菱二次创业），该行动的终极目标为实现未来三年内，公司冰箱（柜）产品内外销综合市场地位达到国内企业第二，为此，与公司冰箱（柜）产业相关的整机销售、产品研发、整机制造、前端配套、服务支撑等子公司（部门）将全员参与到本次行动，力争实现目标。

面向未来，在“诚智勇”的核心价值观指引下，美菱将用成长证明专业的力量，专注制冷，提升自身的核心竞争力，不断研发满足消费需求的产品，逐步把企业打造成“中国领先、世界一流”的家用电器企业。将品质服务进行到底，美菱脚步，继续！

【投资者关系管理】

公司一直高度重视投资者关系管理工作，按照公司《投资者关系管理制度》、《投资者等接待和推广工作制度》等要求，公司不断加强投资者关系管理工作，认真做好投资者来电的接听、答复以及传真、电子信箱的接收和回复。审慎对待媒体的报道，规范接待机构对公司的咨询事项。通过公司官网（http://www.meiling.com）的“投资者关系”专栏及深圳证券交易所的“互动易”平台等积极参与投资者网上交流互动活动，拓宽投资者沟通渠道，保证投资者对公司的了解。

同时，公司严格按照有关法律法规的规定和《公司信息披露管理制度》的规定，加强信息披露事务管理，履行信息披露义务，自 2011 年 1 月 26 日起，公司指定《证券时报》、《中国证券报》、《香港商报》和巨潮资讯网为公司信息披露的报纸和网站，真实、准确、及时完整地披露信息，确保所有投资者公平获取公司信息。

【内部控制】

2011 年度，公司根据相关法律法规和《公司章程》的规定，并依据《企业内部控制基本规范》（财会[2008]7 号）、深圳证券交易所《上市公司内部控制指引》等规定，结合公司具体情况，制定了《合肥美菱股份有限公司内部控制基本制度》及其配套的《合肥美菱股份有限公司内部控制应用指引》、《合肥美菱股份有限公司内部控制评价指引》等制度文件，建立了较为完备的内部控制制度，保证了公司各项业务活动的正常进行。

在经营决策和经营管理方面，公司已制定了《股东大会议事规则》、《董事会议事规则》、《监事会议事规则》、《总裁议事规则》、《独立董事制度》、《年报信息披露重大差错责任追究制度》、《内部控制制度》、《关联交易管理制度》、《重大资金往来的控制制度》、《关联方交易操作管理规范》、《对外担保管理制度》、《美菱内部控制体系工作规范》、《安全生产一般管理规定》、《合同管理制度》、《供方管理总则》、《物资采购管理程序》、《薪酬管理制度》、《员工绩效管理办法》等相关制度，通过建立和完善符合现代管理要求的法人治理结构及内部组织结构，形成科学的决策机制、执行机制和监督机制，保证公司管理目标的实现。

在财务管理方面，公司按照《公司法》、《会计法》、《企业会计准则》、《内部会计控制规范—基本规范》等法律法规的要求，制定了《财务报告编制管理办法》、《募集资金账户管理制度》、《资产有效性管控制度》、《坏账核销管理办法》、《会计科目管控细则》、《货币资金管理制度》、《费用报销实施细则》、《固定资产管理制度》等各项会计及财务管理制度，明确了会计凭证、会计账簿和会计报告的处理程序，对规范公司会计核算、加强会计监督、保障财务会计数据准确、防止错弊和堵塞漏洞提供了有力保证。通过规范公司会计行为，保证会计资料真实完整，提高会计信息质量。

在信息披露方面，公司严格执行《信息披露管理制度》、《投资者关系管理制度》、《投资者等接待和推广工作制度》、《重大事项内部报告制度》、《外部信息报送和使用管理制度》等相关制度，规范信息披露的各种程序，提高信息披露的质量，增强公司的透明度。

在防控内部交易方面，公司按照证监会《关于上市公司建立内幕信息知情人登记管理制度的规定》及深交所《信息披露业务备忘录第 34 号内幕信息知情人员登记管理事项》的相关要求，制定了《内幕知情人登记制度》、《内幕信息保密制度》等相关制度，形成了防范内幕交易的制度性约束，在定期报告、重大事项等内幕信息进展过程中严格执行相关制度的保密要求，对内幕信息知情人进行登记管理，严格保密内幕信息。报告期内，未发现相关人员利用内幕信息从事内幕交易的事项。

在内部控制检查监督部门的设置方面，公司设置内部审计法务部，内审部门是公司实现规范化运营的专业支持部门，具体负责对公司生产经营等活动进行内部审计监督，对经济效益的真实性、合法性、合理性做出合理评价，并对公司内部管理体系以及内部控制制度的执行情况进行监督检查，并对监督检查中发现的内部控制重大缺陷，及时向公司决策层及经营层报告。

【社会责任】

（一）公司的社会责任观

我们将企业社会责任奉为公司的基本价值观，公司不但致力于为股东创造价值，也为客户、供应商、员工及社会其他各界的相关人士谋求福祉，同时尊重和保护环境，并致力于保障健康和安全，这一价值观也构成公司企业文化的重要环节，并见诸于公司现有发展的项目和计划新发展的项目上。

我们的行为准则是做优秀企业公民。我们的社会责任观是以公司的发展实现股东受益、员工成长、客户满意、政府放心，坚持科学发展观，促进经济、社会和谐发展。

我们在从事经营管理活动中，亦恪守上述行为准则和积极履行社会责任观。历年来，公司不单为客户提供优质的家电类产品，而且一直坚持遵循自愿、公平、等价有偿、诚实信用的原则，遵守社会公德、商业道德，接受政府和社会公众的监督，坚持回报社会，支持社会公益事业，推动区域发展。

（二）股东和债权人权益保护

1. 完善治理结构，促进公司发展

公司按照国家有关法律法规及监管部门的有关规定，健全、完善法人治理结构，从董事会经营决策、经理层日常管理、与大股东的“五分开”、与控股股东的关联交易行为、募集资金的使用、公司经营风险的控制与规范，以及信息披露等各个环节，严格遵守相关制度，规范运作。

2. 加强公司内部管理，完善企业制度

公司已经按照《公司法》、《证券法》、《深圳证券交易所股票上市规则》、《企业会计制度》、《企业会计准则》等法律法规，建立了较为完善的、健全的、有效的内部控制制度体系，主要包括重大投资决策、关联交易决策、财务管理以及研发管理、人力资源管理、授权管理、采购管理、生产和销售管理等各个方面，定期对各项制度进行检查和评估，各项制度建立之后得到了有效地贯彻执行，对公司的生产经营起到了很大监督、控制和指导的作用。并本着勤勉尽责、严格自律、诚实守信、对全体股东负责的态度，做好内控制度的完善。

3. 回报股东

公司诚实经营，敬业奉献，以股东满意为企业经营的目标。公司深刻认识到只有提高盈利水平，才能给投资者以更丰厚的回报，才能真正实现股东利益最大化。公司立足主营业务，努力提高盈利能力。

2010 年，国际金融危机影响逐步减弱，国内经济企稳向好。

2010 年，面对激烈的行业竞争，公司积极把握"家电下乡"、"节能惠民工程"、"家电以旧换新"等产业振兴政策，在研发、生产、销售、管理创新等各方面采取了多项措施，推动各产业持续、良性发展，取得了较好的经营业绩。

2011 年，公司进一步加强公司治理，降低成本，立足主营业务，提升公司产品的科技含量和附加值水平，提高盈利能力，力争给股东带来更加丰厚的回报。

（三）职工权益保护

1. 尊重员工，依靠员工，帮助员工成长，让员工满意

公司帮助员工做好个人职业规划，为员工安居乐业做实事。倡导全员沟通，鼓励跨团队协作；注重员工培训，提升员工核心能力；鼓励员工创新，通过创新创造个人、团队和企业的价值。

2. 建立安全生产长效机制，保障职工安全健康

公司始终坚持"以人为本，关爱生命"的理念，按照"安全第一，预防为主"的方针，公司不断提高安全生产管理水平，积极推进安全生产管理的科学化、标准化、制度化、法制化进程，强化安全生产宣传教育，提高员工安全生产技能以及自我保护能力、群体防护意识，建立安全生产长效机制，促进企业健康发展。

3. 公司已依据《公司法》和公司章程的规定，建立职工监事选任制度，确保职工在公司治理中享有充分的权利。

（四）供应商、客户和消费者权益保护

1. 为客户、消费者提供高品质的产品及服务

为客户、消费者提供优质的产品，实施顾客满意战略是公司多年来不断追求的目标和方向。公司实施以顾客为导向的营销战略，在产品研发、营销等诸多环节考虑顾客的客观期望和需求。包括对市场产品建立了三包机制，设立了全国服务热线。建立了包括经销商在内的全国性的售后服务网点，为消费者提供全天候的服务等等。

公司围绕"冰箱品质服务、美菱追求公平"的品牌主张，从产品设计、原材料采购、生产制造、产品检验等各方面追求精益求精，严把质量关。在前期已开展"家电下乡十年免费保修"、"冰箱开机不制冷、美菱免费送给您"、"有意见您说话，折扣多少都不怕"、"品质体验卡"等多项系列活动基础上，2011 年与中消协联合推出了"美菱冰箱品质服务先行赔付保证金"，更加注重对消费者所提供服务内容的创新，为消费者提供更多实实在在的服务，打造了美菱品质服务的差异化优势。今年公司还持续开展了质量改善活动，加大了对市场反馈问题的整改。

2. 与供应商共同成长

公司坚持诚信经营、利益共享、互惠互利的原则，尊重供应商的合理报价，合作共赢，求得共同发展。以信息透明、对称等方式确保供应商的利益，树立了公司在供应商中的良好形象，在货源供给、采购价格、付款期限等方面公司也得到了供应商的大力支持，实现双方利益共享。

（五）环境保护和资源节约

公司环境保护方针、年度环境保护目标及成效：

2010 年，公司积极关注国家在节能环保、绿色发展方面的政策和市场技术动态，强化企业转型过程中对于绿色、节能环保发展的引导和实施。在促进绿色环保和节能增效方面，从核心技术能力的积累入手，努力贯彻绿色设计与绿色制造的理念，提升产品的环保性能，以技术创新促进节能减排和清洁生产。公司的节能技术、环保节能产品成为行业中的典范。同时，公司重点开展了节能降耗、减排和清洁生产工作，提高环境绩效，多角度落实社会责任，进一步加强和细化了对环境管理过程的监控，在全公司的共同努力下，公司总体环境方针得到有效贯彻，关键环境绩效指标全部达成，实现了全年无重大环境事故，无相关方恶性投诉的良好绩效，充分发挥整机企业的龙头带动作用，提升了公司的社会责任信誉度，带动绿色产业链的发展。

（六）坚持推进家电下乡致力改善农户生活

在"家电下乡"活动中，凭借在家电下乡中的产品、渠道、技术、研发、服务等的强大实力，全力推进实现农民得实惠、政府得民心、企业得长远利益的目标，取得了家电下乡的丰硕成果。

（七）积极推进"以旧换新"，致力节能减排

家电以旧换新工作是党中央、国务院继家电下乡之后实施的又一项惠民政策，不仅能够拉动内需、扩大消费，提升人民群众的生活品质；而且有利于提高资源利用效率，减少环境污染，促进节能减排，加快转型发展。自公司进入"以旧换新"试点企业以来，公司全面推进家电以旧换新项目在各推广省（市）的开展。

（八）积极投身社会公益事业

多年来，公司始终坚持回报社会，积极支持社会公益事业，通过农村扶贫、捐资助学、爱心工程、基础建设等多种方式，投身教育、体育、慈善、文化等领域，推动区域经济与社会和谐发展，努力成为具有使命感和责任感的优秀企业公民。

【经营业绩】

2012 年 1 – 6 月，公司实现营业收入 53.13 亿元，同比下降 2.97%；实现营业利润 1.26 亿元，同比增长 472.95%；实现归属于母公司所有者的净利润 1.11 亿元，同比下降 12.13%.

【000522】广州白云山制药股份有限公司

【基本情况】

广州白云山制药股份有限公司创业于 1973 年，1992 年 11 月经广州市人民政府批准，由广州白云山制药总厂等五家企业通过改制成立股份制企业，1993 年 11 月作为广州市首批上市公司之一在深圳证券交易所挂牌上市，现拥有总股本 4.69 亿元。2007 年销售规模达 36.1 亿元，2008 年销售规模超过 40 亿元。

公司专注于制药业，业务包括生产和经营多种剂型的中西成药、化学原料药、外用药、儿童药、保健药等系列药品。经过多年的发展，目前白云山属下共有 12 家成员企业，已全部通过了国家 GMP、GSP 认证，广州白云山化学药创新中心是广东省工程技术中心。

公司多年来致力品牌建设，是最早在国内树立药品制剂品牌的公司之一，其品牌的知名度和美誉度在全国消费者中具有强大的影响力。2006 年"白云山"商标被认定为中国驰名商标，2007 年被确定为"重点培养和发展的广东省出口名牌"称号，2008 年品牌价值被评估为 105.2 亿元。

在网络建设方面，公司以敢为天下先的勇气，30 多年前率先在全国建立自己的营销网络，目前已形成总部带动，辐射全国及亚非的营销网络。

在科技创新方面，公司实行"科技白云山"战略，与一流的科研院校、国内知名研究机构、国际抗生素巨头合作，研制具有世界先进水平的药物。目前拥有药品批文 1700 多个，有几十个品种的生产销售规模在全国制药行业中处于领先地位，其中，仙力素（头孢硫脒）粉针剂的开发和投产上市，填补了我国自行研制、开发头孢类抗生素的一个空白，并于 2007 年获得国家技术发明二等奖。公司成立了由刘昌孝院士领衔的华南首家现代中药研究院，该院被国家批准为博士后工作站；成立了由钟南山等五院士领衔的"中医药防治病毒性传染病产学研联盟"，这是目前我国中医药界产生的首个跨领域产学研联合体，形成了国家、省、市三级科技研发体系。

公司始终坚持"爱心满人间"的经营理念，勇于承担社会责任，以关爱健康、奉献爱心为己任，创业以来一直关爱社会弱势群体，孜孜不倦地追求生命健康事业。大灾面前显大爱，从早期的大兴安岭火灾、98 年洪灾，到近期的非典、南方冰雪灾、汶川地震等等，积极捐款捐药，抗击灾难；为传承中医药文化，建立了"神农草堂"中医药博物馆；公司努力建设"责任白云山、公民白云山"，首创"家庭过期药品回收机制"、"五级质量体系"、首倡"合理用药"；努力推动节能减排、环保和安全生产，获得了"全国重合同守信用"和广东省"清洁生产型企业"、"节水型企业"、"安全文化示范单位"、"客户满意服务明星企业"等多项荣誉。

今后，公司将以专业化做稳，以科学管理做好，以科技创新做强，以资本运营做大。白云山制药将建成高科技含量、高文化附加值、高市场占有率、具有强大竞争力的一流名牌企业。

【主营业务】

研制、开发、生产和经营多种剂型的中西成药、化学原料药、外用药、儿童药、保健药等系列药品。

【经营业绩】

2012 年上半年，实现营业收入 238,720 万元，比上年同期 203,437 万元增加人民币 35,283 万元，增幅 17.34%，其中：主营业务收入 236,080 万元，比上年同期 201,346 万元增加 34,734 万元，增幅 17.25%。其他业务收入 2,640 万元，比上年同期 2,091 万元增加 549 万元，增幅 26.22%。报告期实现利润总额 27,172 万元，比上年同期增幅 35.73%。

【企业文化】

企业精神：艰苦奋斗、求实进取、改革创新、爱心和谐。

【企业荣誉】

获得了"全国重合同守信用"和广东省"清洁生产型企业"、"节水型企业"、"安全文化示范单位"、"客户满意服务明星企业"等多项荣誉。

【000529】广东广弘控股股份有限公司

【基本情况】

广东广弘控股股份有限公司（股票代码 000529）是原广东美雅集团股份有限公司经重组后更名的大型省属国有控股上市公司，于 2009 年 9 月 11 日在深交所复牌。上市后企业迅速发展壮大，2010 年即进入广东省 500 强企业行列（201 名）。公司截至 2010 年 6 月 30 日资产总额为 9.47 亿元，股本总额为 5.84 亿股，主营业务为肉类食品供应和教育出版物发行，现有员工近千人。

在肉类食品供应领域，公司拥有华南地区最大的食品冷藏库和最大的肉类冷冻食品批发市场。冷藏库年吞吐量近 40 万吨，冻肉年销售量约占广东省市场的 15%；批发市场占地 20000 多平方米，成为影响华南地区和全国多个省市的冻品购销集散地、价格中心、信息中心，年交易额超过 30 亿元，经营的肉类冷冻食品约占广东省 70% 的市场份额。公司以冷冻食品仓储和销售为基础，大力发展上游养殖、屠宰和深加工以及下游货运物流，建立了以广州为中心，覆盖珠三角和港澳市场的肉类冷冻食品物流配送网络，培育出了"狮山牌南海黄鸡"系列省名牌产品和"狮山牌"省著名商标。

在教育出版物发行领域，公司全资子公司广东教育书店作为我省中小学教材发行的两条渠道之一，秉承"服务教育、服务社会"的宗旨，积极实施教材发行和市场产品经营"双轮驱动"发展战略，大力推进连锁经营模式，积极参与各类（级）教材、书刊、音像制品的发行工作，目前已在省内各市县（区）开设了 60 家连锁发行网点，形成了一张覆盖全省、服务优良、触觉灵敏、反应快捷的配送网络。

展望未来，公司将遵循科学发展观，加快技术创新和产业升级，不断提高产品质量，提升企业核心竞争力，科学处理融资、发展、价值提升、投资回报的关系，充分利用资本市场，发展现代食品冷藏物流业、食品加工业、现代畜禽业和教育出版物发行业，提升企业在行业中的地位和影响力，推动企业又好又快发展。

【主营业务】

肉类食品供应和教育出版物发行。

【经营业绩】

2012 年 1－6 月报告期内，实现营业总收入 70,462.26 万元，比上年同期增长 8.76%；营业利润 3,672.07 万元，比上年同期下降 10.95%；净利润 3,853.85 万元，比上年同期增长 7.19%，归属于母公司所有者的净利润 3,766.17 万元，比上年同期增长 9.82%。

【企业文化】

创造绿色健康的生活、提供优质安全的产品。

【企业荣誉】

"粤桥牌"曾获得国家食品行业银质奖章和广东省名优产品称号，在番禺当地有一定的知名度，是当地最早的肉制品品牌。

"狮山牌"于 2005 年和 2008 年两次获得广东省著名商标和广东省名牌产品称号。

【000532】力合股份有限公司

【基本情况】

力合股份有限公司，原名为"珠海华电股份有限公司"，成立于1992年10月28日,1994年1月3日在深圳证券交易所上市。2003年7月30日更名为"力合股份有限公司",股票简称"力合股份",证券代码"000532"。

公司股份总额344,708,340股。主要股东为珠海水务集团有限公司、深圳力合创业投资有限公司等。现任董事长李东义,总经理高振先。

公司经营范围:微电子、电力电子、环境保护产品开发、生产及销售;电力生产和电力开发;实业投资及管理;电子计算机及信息技术、生物工程;新技术、新材料及其产品的开发、生产和销售等。目前主要控股参股企业有:珠海清华科技园创业投资有限公司、珠海力合投资有限公司、珠海力合环保有限公司、珠海华冠电子科技有限公司、珠海华冠电容器有限公司、深圳力合华清创业投资有限公司、深圳力合高科技有限公司、深圳力合新媒体有限公司、深圳力合数字电视有限公司、江苏数字信息产业园发展有限公司等十几家企业。

作为一家投资控股型上市公司,我们秉承股东利益最大化的核心价值观和创新、高效、务实、包容的文化理念,立足于高新技术行业,多元化发展公共事业,在追求经济效益和履行社会责任的同时,坚持以人为本的管理模式,塑造了和谐、规范、自律的企业特质。力合股份正在全方位构建可持续发展的美好未来。

【主营业务】

电子设备、电子器件、布线产品、服务与培训、污水处理。

【经营业绩】

2012上半年报告期,公司继续加强对子公司的管理与服务,进一步完善了薪酬管理体系,强化了绩效考核,加强了预算管理及内部审计监督,努力克服国内经济不景气对公司业绩增长带来的不利影响,实现了主营业务的稳定发展。公司实现营业收入10,446.89万元,较上年同期下降10.01%,主要是2011年公司及子公司清华科技园转让了连续亏损的原子公司力合科技全部股权后,该公司营业收入不再计入合并范围,公司水质净化、科技服务、电子设备及电子元器件业务收入实现稳定增长;公司实现营业利润2,070.77万元,较上年同期调整后数据增长181.08%,实现净利润1,170.19万元,较上年同期调整后数据增长75.34%,增长的主要原因是:子公司清华科技园出售可供出售金融资产收益增加,以及子公司力合投资停止股票投资业务和转让原子公司力合科技股权后,相应业务损失减少。

【000536】华映科技(集团)股份有限公司

【基本情况】

华映科技(集团)股份有限公司前身系闽东电机(集团)股份有限公司,于1993年11月在深交所挂牌上市(股票代码"000536"股票简称"闽闽东")。公司于2009年取得中国证监会重大资产重组批复,同意公司以发行股份购买资产方式,购买中华映管股份有限公司旗下四家液晶模组公司各75%的股权。中华映管股份有限公司和大同股份有限公司成为公司的实际控制人。公司于2011年1月更名为"华映科技(集团)股份有限公司"(股票简称变更为"华映科技")。重组后公司主要从事新型平板显示器件、液晶显示屏、模组及零部件的研发、设计、生产、销售和售后服务。

2010年初,华映科技(集团)股份有限公司完成了重大资产重组,发行股份购买中华映管股份有限公司旗下大陆四家液晶模组公司——福建华映显示科技有限公司、福建华冠光电有限公司、华映视讯(吴江)有限公司、深圳华映显示科技有限公司各75%的股权,新增股份于2010年3月在深圳证券交易所成功上市(股票代码:000536),公司成为台资企业参与重大资产重组,注入资产并控股的首家A股上市企业。

【主营业务】

从事新型平板显示器件、液晶显示屏、模组及零部件的研发、设计、生产、销售和售后服务。

【经营情况】

2012年上半年报告期内,公司实现合并营业收入681,438,002.89元,实现归属母公司的净利润135,498,498.77元,比上年同期增长0.27%。

为顺应市场对中小尺寸显示产品的持续强劲需求,报告期内公司第五届董事会第二十九次会议审议通过了《关于控股子公司拟进行第二期中小尺寸平板显示产品投资的议案》,在既有的基础上增加对中小尺寸平板显示产品的投资。第二期投资完成后,公司中小平板显示产品产能将由原来的120万片/月提升到210万片/月,将进一步提升公司的产品竞争力及经营业绩。

2012下半年,全球经济环境仍不容乐观,公司仍将面临较大的挑战,但公司会在保证产品品质、加强内外部成本管理的前提下,巩固国内外客户的合作,进一步深入新产品、新应用的研究,使公司业务得以持续平稳发展。

【企业文化】

企业愿景:全方使的光电技术创新,房为视讯产品的领导者。

企业使命:追求利润、创新科技、丰富视觉生活。

企业文化:追求利润、创新科技、丰富视觉生活。

经营理念:创造革新、追求完美、团结合作、科技时尚、资源整合。

【000538】云南白药集团股份有限公司

【基本情况】

云南白药集团股份有限公司,股票简称:云南白药,股票代码:000538,是由云南民间神医曲焕章先生于1902年创制的。百余年来,云南白药在经过无数盛衰浮尘的历练后,已发展成为品牌卓越、实力雄厚的大型高科技医药企业集团。2012年公司先后入选"2012最具价值中国品牌50强","你必须知道的10个中国品牌"榜单,品牌价值高达18.97亿美元。

目前,公司下辖全资、控股、参股企业共18家,拥有以云南白药系列、三七系列和云南民族特色药品系列为主,日化、养生、保健等产品为辅,共41种剂型390余个产品,产品畅销国内市场及东南亚一带,并逐渐进入日本、欧美等发达资本市场,其中10个品种销售过亿,产品从一枝独秀发展到多点支撑,并保持着每年30%的复合增速的大型综合型医药集团。

云南白药发展到今天的规模和地位,靠的是变!是创新!是变革!公司面临复杂的外部环境,审时度势,把外在的压力转化为内在变革的动力,开展了新一轮的、建立在公司新的产业基础之上的,以制造体系改革为突破口、以企业内部组织结构和业务流程重组为切入点的变革,进行第二次企业再造。2012年是"十二五"规划深入发展和"新白药,大健康"战略继续稳步推进实施的一年,云南白药在完成令众人期盼已久的整体搬迁后,长期制约其发展的产能桎梏已被彻底打破，公司全新的产业平台已井然有序地在呈贡产业园区内运作，这个集研发创新、制造能力、管理效率、资源聚合为一体的综合服务平台能支撑起100亿规模之上的生产经营活动，将为云南白药的大健康战略层面的资源聚合提供服务，还能促进公司的技术升级、产业升级、管理升级、形象升级和服务升级。

企业的发展，不进则退，云南白药将永葆一颗永远前进向上的心，以变革为主线，继续扎实推进各项工作，聚力终端、深耕精作，聚焦后台、统筹谋变；扬长补短、协调发展、固本突新、蓄势待发，深度推进"新白药、大健康"战略实施。

【000539】广东电力发展股份有限公司

【基本情况】

广东电力发展股份有限公司（简称：粤电力）于 1992 年 9 月 8 日经广东省人民政府粤府函［1992］20 号文及广东省企业股份制试点联审小组、广东省经济体制改革委员会粤股审［1992］54 号文批准，由广东省电力集团公司、中国建设银行广东省信托投资公司、广东省电力开发公司、广东国际信托投资公司和广东发展银行发起成立。

经中国证监会批准，1993 年 10 月粤电力发行 A 股，并于同年 11 月在深圳证券交易所挂牌上市。经国务院证券委批准，1995 年 6 月粤电力 B 股发行上市。B 股发行完成后，外资股占公司总股本的 25.83%，粤电力由此转为外商投资股份有限公司。2001 年 4 月和 2010 年 5 月，粤电力分别成功增发 A 股，公司总股本达到 2,797,451,138 股。

2001 年 8 月广东省在全国率先实施"厂网分家"的电力体制改革，广东省电力集团有限公司拥有的粤电力股权由广东省粤电资产经营有限公司继续持有，2003 年 5 月广东省粤电资产经营有限公司更名为广东省粤电集团有限公司。广东省粤电集团有限公司作为控股股东，目前直接和间接持有股份占粤电力总股本的 52.51%。

粤电力的主要经营范围为"电力项目的投资、建设和经营管理，电力的生产和销售，电力行业技术咨询和服务。"

自成立以来，粤电力一直坚持"取资于民，用资于电，惠之于众"的经营宗旨和"办电为主，多元发展"的经营方针，充分发挥证券市场的融资功能，致力于广东省的电力建设。经过十余年的奋斗，从成立之初仅有 60 万千瓦的可控发电装机、13.84 亿元总资产和 13.84 亿元净资产增长到目前（2010 年 3 月 31 日）669 万千瓦可控发电装机、312.37 亿元总资产和 95.20 亿元净资产，分别增长 11.15 倍、22.57 倍和 6.88 倍，实现了电力主业规模化、能源结构多元化、企业管理规范化，成为主营业务鲜明、规模效益突出、财务实力雄厚、持续发展能力强的优质电力上市公司。

【主营业务】

电厂的发展和经营。

【经营业绩】

2012 年上半年报告期内，国民经济增长率呈现下行态势，电力需求增长低于预期，广东省内电源受到西电增送的压制，发电企业面临日益激烈的竞争局面。上半年，广东省全社会用电量 2143.73 亿千瓦时，同比增长 6.34%，统调最高负荷 7495.7 万千瓦，同比增长 5.97%，增速同比均有所回落。在我省用电需求放缓的背景下，西电大幅增送，全省购西电电量同比增加 22.3%，给省内机组构成巨大调峰压力。

报告期内，公司得益于新增机组的贡献，总体电量实现一定增长，完成合并报表口径发电量 184.24 亿千瓦时，同比增长 18.45%；完成上网电量 171.75 亿千瓦时，同比增长 18.42%，完成全年上网电量计划的 46.48%。按权益比例折算（包括参股电厂），完成权益发电量 183.33 亿千瓦时，权益上网电量 171.63 亿千瓦时，同比分别增长 24.03% 和 23.86%。

报告期内，公司受益于电价上调以及新增机组电量贡献，发电收入同比显著增加，实现营业收入 78.26 亿元，同比增长 20.95%。但由于煤价滞后反映导致燃料成本同比仍有上升，公司盈利状况尚未有效改善。报告期公司营业利润和归属于上市公司股东的净利润分别为 3.66 亿元和 2.92 亿元，同比分别下降 5.43% 和 8.18%。

【企业文化】

企业精神：取资于民、用资于电、惠之于众。

【企业荣誉】

公司连续十年在省属国有资产经营责任制考核中成绩为优，在 2011 年度中国企业 500 强中位列第 197 位、在广东省企业 500 强中位列第 22 位。

【000541】佛山电器照明股份有限公司

【基本情况】

佛山照明成立于 1958 年，是全国电光源行业大型骨干企业，国务院批准机电产品出口基地，享有自营出口业务经营权。自一九九零年以来，公司连续被评为全国经济效益最佳的 500 家大中型工业企业中，全国电器及机械制造业第一名；是全国电光源行业中规模最大、质量最好、创汇最高、效益最佳的外向型企业；1997 年入选全国轻工业十强，1999 年、2000 年、2001 年、2003 年、2004 年连续六届被上海亚商、中证报评为中国最具发展潜力上市公司 50 强。2008 年全年完成光源产品总产量 10.82 亿只，比上年增长 8%；主营业务收入 16.89 亿元，比上年度增长了 15.64%；出口创汇达到 8706 万美元，增长了 19.98%；光源产品总产量、出口创汇、净利润、人均劳动生产率等主要指标均居全国同行首位。在全行业中也是唯一一家能与国际著名三大照明公司（美国 GE、荷兰 PHILIPS、德国 OSRAM）产品竞争的国家民族工业企业。

公司以生产制造各种电光源产品为核心，主要分为民用灯、机动车灯、气体放电灯三大系列，40% 的产品出口到欧美、东南亚等 20 多个国家和地区，国内市场以广东省为根据地，到处可见"佛山照明"产品，在国内其它省份及地、县级城市已设立销售网点 2000 多家，我公司生产的各系列产品以高质量、低成本和合理的售价震撼全国市场博得了客户的好评。

公司拥有全球最新产品技术及高素质的销售队伍，具备完善、高效的运作系统和生产管理体系，致力全球电光源市场开发及服务，为客户提供世界一流的产品及服务。

【主营业务】

光源及灯具产品。

【经营业绩】

2012 上半年报告期内，欧洲债务危机持续恶化，出口形势不容乐观；国内房地产调控政策不放松，经济增速明显放缓，市场需求下降。面对不利的经济环境，公司通过坚持贯彻落实年初既定的目标和对策措施，一方面密切关注市场动态，开发 LED 等新产品，调整产品结构与营销策略，加强国内营销力度；另一方面，根据公司实际情况，强化企业内部管理，控制经营成本，努力节能降耗，力争减轻全球性经济危机对公司经营状况带来的冲击。同时，由于报告期内，公司投资的金融机构分红派息增加投资收益，致使公司主营业务利润同比虽有所下降，但整体业绩仍有所增长。

报告期内，实现营业收入106,433万元，比上年同期减少2.83%；实现利润总额15,936.64万元，比上年同期增长8.14%；归属于母公司所有者的净利润13,452.29万元，比上年同期增长14.13%。

【000544】中原环保股份有限公司

【基本情况】

公司前身为白鸽（集团）股份有限公司（以下简称“白鸽股份”），是河南省第一家上市公司，股票代码000544。白鸽股份是经河南省经济体制改革委员会豫体改字（1992）111号文批准，由第二砂轮厂进行股份制改造并采取社会募集方式设立的股份有限公司，经中国证监会批准以募集方式向社会公开发行A股股票并于1993年12月8日在深圳证券交易所上市交易，是以磨料磨具及相关产品生产经营为主，集科、工、贸为一体的大型企业。2003年11月，郑州市热力总公司（以下简称“热力公司”）对白鸽股份进行第一步资产重组，将城市集中供热优质资产置入公司，白鸽股份主营业务变更为以磨料磨具及相关产品生产经营和城市集中供热为主。2006年4月郑州市污水净化有限公司（以下简称“净化公司”）受让郑州亚能热电有限公司所持白鸽股份的股份，成为白鸽股份第二大股东。同年，根据白鸽股份股权分置改革方案，郑州市污水净化有限公司将所属的王新庄污水处理厂经营性资产与白鸽股份的磨料磨具业务相关资产和负债进行资产置换，彻底完成了对白鸽股份的资产重组，使白鸽股份成为市政公用事业上市公司。

2007年1月26日，原“白鸽（集团）股份有限公司”更名为“中原环保股份有限公司”，2007年1月30日，公司股票简称由“白鸽股份”变更为“中原环保”，股票代码仍为“000544”。公司主营业务定型为城市污水处理和集中供热。

公司两大主业为城镇污水处理和集中供热。污水处理有王新庄水务和登封水务两个污水处理厂，日处理水量43万吨，集中供热有西区供热、登封热力和新密热力三家供热单位，供热面积共有692万平方米。

【主营业务】

城镇污水处理、城市集中供热。

【公司治理】

根据《公司法》、《证券法》、《上市公司治理准则》（以下简称“《准则》”）等法律法规和规范性文件的要求，公司不断完善治理结构，改善治理状况，取得了良好成效。现公司治理状况如下：

1. 股东与股东大会

为了使股东，尤其是中小股东享有平等的地位，保证全体股东均能够充分行使自己的权利，公司在《公司章程》中明确规定了可以使用网络投票的形式，为股东表决提供便利，为确保公司规范运作，提高股东大会议事效率，保证大会程序及决议的合法性，公司逐步修改完善《股东大会议事规则》，并严格贯彻执行。公司股东大会提案、召集、召开、表决以及决议的形成均符合《上市公司股东大会规则》、《公司章程》、《股东大会议事规则》的规定。

2. 董事与董事会

《公司章程》中明确规定了董事、董事会的权利和义务，董事的组成和选举的程序、方法，以及董事会的运作程序。制定并实施了《董事会议事规则》，保证董事会的高效运作和科学决策。根据《关于在上市公司建立独立董事制度的指导意见》建立了独立董事制度。按照《准则》的有关规定设立了战略、审计、提名、薪酬与考核等董事会专门工作委员会，并修订完善了各专门工作委员会的工作细则，设立各专门工作委员会办公室为其常设办事机构，便于各专门工作委员会开展工作。

3. 监事与监事会

《公司章程》中明确规定了监事、监事会的权利和义务，监事的组成，选举的程序方法，以及监事会的运作程序。职工代表监事占监事成员的三分之一以上。制定并实施了《监事会议事规则》，确保监事会的高效运作和科学决策，公司监事及监事会认真履行了义务。

4. 控股股东与公司的关系

公司控股股东行为规范，严格依法行使出资人的权利，没有超越股东大会直接或间接干预公司的决策和经营活动的行为；没有超越股东大会、董事会任免公司高级管理人员的行为。控股股东没有对公司资产的违规占用行为，公司也没有违规为控股股东提供担保或借款。

公司基本做到与控股股东在人员、资产、财务方面的分开和机构、业务方面的独立。公司董事会、监事会和内部机构完全独立运作。

5. 同业竞争和关联交易

公司城市集中业务和污水处理业务的主要经营性资产，是从控股股东郑州市热力总公司和第二大股东郑州市污水净化有限公司以资产置换的方式置入的，与两大股东所从事的主营业务属同一行业。

公司与两大股东或其他关联关系方没有发生关联交易。

【经营状况】

2012年上半年报告期内，公司实现主营业务收入21,152.72万元，较上年同期增长10.49%。主要原因是公司各项主营业务收入均有不同程度的增长。

主营业务成本14,042.04万元，较上年同期增长24.56%。主要原因是材料成本、直接人工成本等增长幅度较大。

营业利润3,093.69万元，较上年同期下降41.17%。主要原因是主营业务成本及期间费用均有较大幅度的增长。

净利润8,139.62万元，较上年同期增长104.75%。主要原因是2008、2009、2010年度公司污水处理业务享受企业所得税“三免三减半”优惠政策，实际减免、抵减所得税合计46,611,810.66元，计入本报告期，造成本期实现净利润额的大幅增长。

【000547】神州学人集团股份有限公司

【基本情况】

神州学人集团股份有限公司即原福建省福发股份有限公司（2002年6月更名），公司改制前为原国有企业福州发电设备厂。企业创建于1955年6月，从1959年开始制造发电设备，是国内最早生产成套发电设备的厂家之一，是原国家机械部发电设备定点生产厂。1993年11月23日，经中国证券监督管理委员会批准，改制为规范化的股份制公司，同年11月30日公司股票“闽福发A”在深圳证券交易所挂牌上市。1999年12月公司被福建省科委批准认定为高新技术企业。

2002 年 11 月福建国力民生科技投资有限公司成为公司第一大股东后，通过一系列资产重组和产业结构调整，公司的产业结构已由原有单一的柴油发电机组行业转为以通讯产业为核心，同时已股权投资、机电产业及教育产业为辅助的新格局，目前已拥有重庆金美通信有限公司、福州福发发电设备有限公司、大华大陆投资有限公司等多家控股子公司，并是燕京华侨大学的唯一投资者。

公司控股子公司重庆金美通信有限责任公司的前身是原国营重庆无线电厂，2000 年改制成股份制高新技术企业，公司先后取得原人事部授牌的"博士后科研工作站"、中国人民解放军总装备部颁发的首批"装备承制单位资格证书"和原信息产业部颁发的"军工电子装备科研生产许可证"。公司主要从事军、民用通信系统及产品的开发、生产、销售和工程服务，曾先后荣获国家"科学技术进步奖"特等奖、"科技进步奖"一等奖、"国家级新产品奖"一等奖、"国防科学技术奖"二等奖等，并被授予重庆市 2005 年度"工业企业进步奖"。

2006 年度"优秀诚信企业"和"市级文明单位"、2007 年度"首届知名品牌企业"、2008 年度"最佳诚信企业"等殊荣。重庆金美公司始终坚持自主创新，不仅在科研开发、技术创新方面取得了一系列重大成果，而且承担了多个国家重点项目的系统总体和关键设备的研制任务，形成了系统集成、综合交换、无线传输、有线传输、网络电台、信息处理应用、终端设备等七大技术门类 80 多种产品，并致力于民品市场开拓，在人防通信等方面的积极作为，使企业经营效益连年攀升。2007 年销售收入突破 3.2 亿元，净利润为 6295 万元，2008 年销售收入达 3.5 亿元，净利润 6422 万元；全员劳动生产率近 60 万元。

公司涉足教育投资，是燕京华侨大学唯一的投资者，该校是北京市侨联创办的一所全日制高校，现是首都经济贸易大学直属学院，学校经过 20 多年的发展，积累了丰富的教学和管理经验，拥有优美的校园环境和现代化的教学设施。是国家学历文凭考试的首批试点学校，在教学安排、学生管理和指导学生参加自学考试等方面积累了丰富的经验，逐步形成了自己的办学特色，取得了丰硕的教学成果，赢得了良好的社会声誉。全院学生参加国家学历文凭考试连续二十四次在北京地区成绩最好。教育质量和管理工作曾多次受到市政府和上级主管部门的表彰奖励，曾荣获"全国侨界十杰"、"全国精神文明建设工作先进单位"、"中国侨联科教兴国示范基地"、"首都精神文明单位标兵"、"首都创建文明单位活动示范点"等荣誉称号。现已跻身全国民办高校的先进行列。

福州福发发电设备有限公司生产的柴油发电机组荣获国家质量银质奖（为至今同类产品全国质量最高奖），产品以其优越的性能被选为我国三大卫星发射基地的主电源，并为成功发射通讯卫星提供主电源受到中共中央、国务院、中央军委的贺电表彰。专用柴油发电机组作为替换中国南极中山考察站使用多年的美国产品获得国家海洋局颁发的"贡献奖"并被认定为南极科学考察站设备定点生产厂，产品性能及技术指标均达国际同类产品九十年代先进水平。

公司参与股权投资业务，参股了广发证券、福州商业银行等项目，并与新加坡大华银行集团的全资子公司大华投资管理（上海）有限公司共同投资建立了大华大陆投资有限公司，公司充分运用投资公司股东的各项资源，通过投资那些具有中长期增长潜力的中国企业，为所投资企业提供增值服务，并为股东获取最大投资回报。公司于 07 年投资太平洋证券，该公司于 07 年年底在上交所成功挂牌上市，为股东带来超额回报，在此期间公司还参与了奇瑞汽车、今日家具等项目的投资。

【经营情况】

2012 上半年，面对复杂多变的国内外环境，公司牢牢把握国家战略转型和通讯信息化产业蓬勃发展之机遇，遵循"科技兴企、人才强企"的战略思路，继续立足军品、深化民品，并强化项目管理，持续科技创新，加大科研管理力度，在产品研发过程中的资源配置、技术实现、评审把关等方面开展了卓有成效的工作。如：公司子公司重庆金美通信有限责任公司信息技术分公司的电池管理系统、车速传感器、自动变速箱控制器、自动售票机、自动检票机等五个产品获得由重庆市科学委员会授予的重点新产品荣誉称号；重庆金美公司的物联网研究中心研发的"多参数健康监护终端"参加了中国（重庆）国际云计算博览会，该产品是针对个人健康信息的远程监护而推出的一款便携式终端产品。

2012 上半年报告期内，公司审时度势，紧紧围绕市场，持续强化科技创新，合理调控生产节奏，不断夯实管理基础，较好完成了上半年各项任务指标，公司实现营业收入14，688.54 万元，比去年同期下降 21.04%；营业利润 9，524.74 万元，比去年同期增长 94.42%；实现净利润 8，472.12 万元，比去年同期增长 210.97%。

【企业荣誉】

曾先后荣获国家"科学技术进步奖"特等奖、"科技进步奖"一等奖、"国家级新产品奖"一等奖、"国防科学技术奖"二等奖等。

【000550】江铃汽车股份有限公司

【基本情况】

江铃于二十世纪八十年代中期在中国率先引进国际先进技术制造轻型卡车，成为中国主要的轻型卡车制造商。1993 年 11 月，公司成功在深圳证券交易所发行 A 股，成为江西省第一家上市公司，并于 1995 年在中国第一个以 ADRs 发行 B 股方式引入外资战略合作伙伴。美国福特汽车公司（"福特"）现为公司第二大股东。

作为江西较早引入外商投资的企业，江铃凭借战略合作伙伴——福特的支持，迅速发展壮大。1997 年，江铃/福特成功推出中国第一辆真正意义上中外联合开发的汽车——全顺轻客。公司吸收了世界最前沿的产品技术、制造工艺、管理理念，并以合理的股权制衡机制、高效透明的运作和高水准的经营管理，形成了规范的管理运作体制。

目前公司建立了研发、物流、销售服务和金融支持等符合国际规范的体制和运行机制，成为中国本地企业与外资合作成功的典范。公司产品有"全顺"汽车、"凯运"轻卡、"宝典"皮卡、"宝威"多功能越野车，这些产品已成为节能、实用、环保汽车的典范。

公司在中国汽车市场率先建立现代营销体系，构建了遍布全国的强大营销网络。按照销售、配件、服务、信息"四位一体"的专营模式，公司拥有近百家一级经销商，经销商总数超过 600 家。公司海外分销服务网络快速拓展，海外销量高速成长，是中国轻型柴油商用车最大出口商，并被商务部和国家发改委认定为"国家整车出口基地"，江铃品牌成为商务部重点支持的两家商用车出口品牌之一。江铃以顾客为焦点，采用福特在全球实施的服务 2000 标准模式，贯彻 JMCCares

江铃服务关怀体系，全力追求服务过程品质，顾客服务满意度评价在福特全球企业中居于前列。优质的营销、健全的网络和快速、完备的顾客服务，成为江铃在中国市场的核心竞争力。作为中国驰名商标，江铃汽车树立起中国商务车领域知名品牌的形象。

公司建立了ERP信息化支持系统，高效的物流体系实现了拉动式均衡生产；建立了JPS江铃精益生产系统，整体水平不断提升；建立了质量管理信息网络系统，推广NOVA－C、FCPA评审，运用6sigma工具不断提升产品质量、节约成本，荣获中国质量协会颁发的全国六西格玛管理推进十佳先进企业称号。全顺车以优异的品质连续三年荣获福特全球顾客满意金奖，被评为2006、2007、2008年度中国最佳商用车。在与供应商共赢的发展理念下，公司借鉴福特Q1评审模式完善供应商评价，优化整合供应体系，成为国内率先通过TS16949一体化管理审核的汽车企业。

通过吸收国际先进技术，江铃不断提高自主开发能力，江铃股份产品开发技术中心被认定为“国家级技术中心”。

【经营业绩】

2012年上半年，公司实现营业收入872，152.9万元，比上年同期减少5.42%；实现营业利润106，838.5万元，比上年同期减少17.22%，利润下降主要是由于商用车行业下滑带来的销量下降，为应对激烈的竞争环境而加大的促销投入，策略性降价以及销售组合的变化；归属于上市公司股东的净利润84，132.8万元，比上年同期减少22.01%。

【企业荣誉】

公司首席工程师荣获2012年“庐山友谊奖”

公司总裁陈远清荣获“2011年度江西省优秀创业企业家”

公司荣获“全国质量标杆示范单位”称号

公司荣获“全国六西格玛管理推进十周年优秀企业”称号

公司荣获中国环保成就奖

公司荣获国家质检总局“全国质量工作先进单位”称号

公司荣获2010年“中国机械500强”称号

公司荣获“2010年度最佳社会责任幸福企业”称号

【社会责任】

江铃“溪桥工程”是响应国家建设“和谐社会”的号召，在国家提出建设有中国特色的社会主义新农村和促进中西部地区在发展、不断扩大内需以支持经济可持续发展需要的背景下产生的。“溪桥工程”已连续开展三年，公司及其经销商捐款355万元，基金会累计投入500余万元，已在我国8省15个县市30多个乡镇援助修建便民桥52座。

公司在抗震救灾行动中，先后捐出总价值达366万元的江铃全顺救护车及540万元现金，为灾区提供的捐赠款物总计达到906万元人民币。

公司在企业取得优异经营业绩的同时，以负责任的企业公民的态度，支持社会公益事业。

【000561】陕西烽火通信集团有限公司

【基本情况】

陕西烽火通信集团有限公司（简称：烽火集团）位于欧亚大陆桥的枢纽——中国西部工业重镇宝鸡，是国家通信装备及电声器材科研生产骨干企业。

烽火集团旗下拥有从事民用通信设备和电声产品制造的上市公司——陕西烽火电子股份有限公司和以新能源项目为主的太阳能光伏、半导体照明及房地产开发等多家子公司。其主导产品有短波通信设备、超短波通信设备、紧急救生定位定向设备、机（车）内通话器、电声器件、RFID无线射频识别系统、单（多）晶硅切片、LED照明等八大系列。产品广泛应用于国防通信、应急保障、林业矿山、海洋运输等领域，并远销东南亚、北非及欧美等国际市场。

烽火集团始终坚持科技兴企，以技术创新为引领，瞄准国际先进，争创国内领先。先后研制生产了多个国内一流产品，曾荣获两项全国科学大会奖、两项国家银质奖、87项省部级科技进步奖。

我们将秉承和弘扬新时期“勤奋团结、以诚取信；求实创新、勇争第一”的烽火精神，与各界朋友携手并进，共创辉煌！

【发展理念】

尽责敬业：将自己的工作精细化，把每天做的事情都当作事业来完成，为自己的工作而感到骄傲。

创造价值：不做无用功，不做无意义的事，在为企业创造价值的同时实现个人价值。

公平公正：以公平公正为准则，正确对待每件事、每个人。

永续发展：以优质的产品报答客户，以优秀的员工为根基实现企业发展，追求经济效益和社会责任的最大化，使企业基业常青。

【企业文化】

勤奋团结：团结就是力量，团结出凝聚力，出战斗力，出生产力。团结是企业一贯的精神，是干任何事业不可缺少的首要条件。

“勤”意为：尽力多做或不断地做；“奋”意为：鼓起劲来；“勤奋”就是不懈地努力工作或学习。“团结”，包括员工之间、员工与领导之间、领导与领导之间、企业与客户之间的广泛的团结与合作。有一个团结和谐的集体，大家同心协力，扬长避短，优势互补，才能出色地完成各项工作任务，才能创造和谐的氛围，才能充分发挥团队的作用，从而推动我们的事业向前发展。

以诚取信：古语：“言必信，行必果”、“诚者天之道也，诚之者人之道也”。以真诚、善意的态度去工作，去做人，恪守承诺，讲求信誉，真诚相待，不欺不诈，是市场经济条件下取胜的法宝。

“诚”就是真诚、诚实、诚恳，中肯、实在；“信”就是信誉、信用、信任、信守。简单地说也就是用诚实争取他人的信任，确立自己的信誉。诚信作为烽火“立身处世”的准则，已被外界所广泛认同，也是烽火区别于其他企业的显著特征之一。古人云：“以诚求信，为善必真。取义得义，成仁得仁。仁义礼智，皆以诚信。”诚信不光是一种美德或礼仪，诚信也是一种无形的资产，它能产生生产力，转化成有形财富。

求实创新：这是与新时期、新的形势相适应的一种精神风貌。

“求实”是一种工作态度，是一种做人的态度。“求”就是研究、探索，“路漫漫兮，吾将上下而求索”说的就是这个道理。“实”就是真实、客观事物、实实在在。“创新”是一种精神境界。创新是企业发展的源泉和动力。创新是一项实践活动，既然是实践我们就必须本着“求实”的态度，因此，我们所说的创新是在求实的基础上的创新，是在立足企业实际情况上的创新，是在对企业实际情况充分研究、探索基础上的创新。

勇争第一：是新的历史时期工作奋斗的精神状态，是竞争意识的一种具体表现，是永不停息的奋斗目标，是在激烈的市场竞争中立足的法宝。

“勇”就是“敢”的意思，“争”就是不言放弃的意思。面对全球经济一体化的挑战，我们必须要有“勇争第一”的精神，要有一种不畏艰难一往直前的勇气，要有敢于争先的大气魄，只有如此我们才能在市场竞争中站稳脚跟，获得发展。

【企业荣誉】

陕西省文明单位

国家二级档案管理企业

全国电子企业管理优秀单位

质量管理奖陕西省重合同守信用先进单位

城市先进基层党组织

陕西省园林式企业

全国“安康杯”竞赛优胜单位会

全国五一劳动奖状

陕西省国有企业“四好”领导班子

陕西省高技能人才工作先进集体

“烽火”商标被认定为陕西省著名商标

陕西省节水型企业

【经营业绩】

2012 年 1－6 月，公司实现营业收入 29,730.84 万元，较去年同期略有增长，归属于母公司的净利润 1,520.09 万元，与去年同期相比下降 36.25%。

【000566】海南海药股份有限公司

【基本情况】

海南海药股份有限公司（简称海药）创立于 1965 年，前身为海口市制药厂。1992 年改制为股份公司，1994 年在深圳证券交易所上市至今（股票代码：000566）。下属有海口市制药厂有限公司、重庆天地药业有限责任公司、上海海药营销咨询有限公司、海南海药房地产开发有限公司等子公司。

海药是中国医药产业领域中的常青树，也是发展中的现代化高新技术企业。现有省级技术中心、研发中心、测试中心和筹建中的制药业生产力促进中心，具备各类先进的研究分析设备和成熟的技术队伍。

海药产品结构合理，剂型丰富，品类达 40 余种。知名产品有：以特素为主品牌的抗肿瘤药物系列；以枫蓼肠胃康颗粒为主品牌的中成药系列；以注射用头孢唑肟钠、头孢曲松钠、头孢西丁钠为主要品牌的抗生素系列等。产品市场对路、销售遍布全国、口碑良好。药品主要服务于中国民众，部分产品远销东南亚等地区。

海药经过二次重组，浴火中获得新生。依托海南得天独厚的自然资源和社会各界支持，海药着力于强化管理、技术创新、加强营销、提升企业的核心竞争力。海药潜心人类健康事业，造福海南经济，并回报社会和投资者，为努力成为中国一流医药现代化集团公司而不懈追求。

【企业文化】

诚信谋发展　创新铸未来

公司精神：求实、创新、团结、奉献。

企业价值观：给员工希望，给客户信任，给股东回报，给社会奉献。

企业宗旨：市场为导向，质量为生命，管理促效益，创新求发展。

【经营业绩】

截至 2012 年 6 月 30 日，经天健会计师事务所（特殊普通合伙）审计，报告期公司实现营业收入 42718.92 万元，同比增长 32.34%；实现营业利润 7127.68 万元，与去年同期相比下降 38.5%；实现归属于上市公司股东的净利润 5973.43 万元，与去年同期相比下降 46.12%，主要是去年同期公司转让海药房地产股权所得收益所致；归属于上市公司股东的扣除非经常性损益的净利润为 5469.65 万元，比去年同期增长了 63.58%。

【000582】北海港股份有限公司

【基本情况】

北海港股份有限公司原名为北海新力实业股份有限公司，成立于 1989 年，1993 年北海港务局以全部经营性资产入股北海港公司，自此公司转型主营港口行业，1995 年北海港公司股票在深圳证券交易所挂牌上市，是广西最早的上市公司之一（证券代码：000582）。为贯彻执行自治区实施北部湾港口整合的重大战略，经过有关方面部署，广西北部湾国际港务集团有限公司于 2009 年 10 月 19 日通过北海市政府无偿划转持有北海港公司的控股股权，成为公司控股股东，成功实现了北部湾三港整合。广西沿海三港从此从恶性竞争转变为协同发展。

北海港公司主业领域包括港口码头建设、国际国内集装箱、内外贸件杂散货装卸、货物仓储中转、危险品仓储中转、船货代理、外轮理货、商业贸易等，目前已发展成为一个以集装箱、件杂货、散货运输和客运码头为主，为内外贸运输服务的综合性商贸港口企业，与世界 98 个国家和地区的 218 个港口有贸易往来。公司下属企业主要有：中国北海外轮代理有限公司、广西北海港物流有限公司、北海新力进出口贸易有限公司等。

北海港公司在水路集装箱运输方面，开通了北海港—香港（中转）—世界各地外贸集装箱航线（班轮）、北海港—防城港/钦州港—中国北方各港的内贸集装箱航线、北海港—海口港—北方各港（班轮）、北海港—蛇口港/赤湾港公共驳船快线等多条国际国内集装箱航线，还将开通北海至东南亚直达航线；在铁路集装箱运输方面，开通了北海（防城港）至贵州福泉、防城港（北海）至云南干散货集装箱硫磷五定班列。在客运航线上，目前经营有石步岭港区的北海—越南下龙湾国际旅游航线；海角港区的北海—海口客滚班轮航线；北海市区环北海半岛旅游航线；旅客吞吐量达每年 40 万人次。

【企业荣誉】

2011 年，北海港公司荣获全国“安康杯”竞赛优胜企业称号。

2008 年至 2012 年，北海港公司工会连续三年荣获北海市“工会工作先进集体”称号。

2008 年至 2012 年，北海港公司连续四年荣获北海市“劳动关系和谐单位”称号。

【经营业绩】

2012 年 1－6 月报告期内，公司完成港口货物吞吐量 297.72 万吨（不含铁山港），比上年同期减幅 5.36%，其中，完成集装箱吞吐量 4.07 万标箱，比上年同期增长 22.72%；完成环岛游和海南航线港口旅客吞吐量 19.48 万人次，比上年同期增幅 6.6%。报告期内公司实现营业收入 84800.84 万元，同比增加 66191.18 万元，增幅 355.68%。

【000584】四川友利投资控股股份有限公司

【基本情况】

四川友利投资控股股份有限公司（以下简称公司）是一家民营控股的大型综合性上市公司，其前身“成都市工业展销信托股份公司”，成立于1980年，是新中国设立最早的规范的股份制企业，同年经政府批准，公司发行了新中国改革开放以来第一张股票。1990年公司更名为成都蜀都大厦股份有限公司（蜀都A），2004年更名为四川舒卡特种纤维股份有限公司（舒卡股份），2009年更名为四川友利投资控股股份有限公司（友利控股）。1995年在深圳证券交易所上市，目前总股本408,882,893股。员工总数1,175人。

2000年至2002年，公司成功实施战略调整，在稳定原有经营基础上，妥善处理了若干历史遗留问题，化解了公司财务和经营风险。改善和提高了公司的资产质量，公司内部管理、组织结构和经营结构调整成效明显。

2003年12月，江苏双良集团入主蜀都之后，逐步将江苏双良特种纤维有限公司70%的股权和江阴恒创科技有限公司持有的江阴舒卡纤维60%股权置换入公司，并通过资产转让的方式将四川恒创特种纤维有限公司75%的股权以及江阴友利特种纤维有限公司75%的股权注入公司，公司完成了以氨纶为主营业务的战略转变，逐步形成了年产氨纶3.2万吨的生产规模，提升了公司的资产质量和盈利能力，对公司获得持续发展能力、恢复融资功能，具有重大意义和显著成效。同时，公司抓住房地产发展的机遇，加大了房地产开发业务力度，先后倾力打造出桂林“金色嘉苑”、成都“帕丽湾”、天府新城CBD“蜀都中心”城市综合体等知名楼盘，“蜀都房产”已跻身于成都实力房产企业的行列。

截至2009年底，公司拥有总资产35亿元，净资产16.44亿元，总股本4.09亿股。公司的奋斗目标是：“在资本结构调整取得重大成果的基础上，坚持以新材料新技术产业为主导，实现主营业务的全面提升；加大房地产开发力度，选好项目，把房地产打造成公司新的经济和利润增长点；以增强公司核心竞争力为目标，强化管理、狠抓经营、开拓市场，为把公司建设成为成长型的绩优上市公司的目标而努力奋斗。”

【经营业绩】

2012年1－6月报告期内，公司实现营业收入52,474.80万元，比去年同期减少15.09%；实现营业利润－5,181.57万元，比去年同期减少216.57%；实现净利润－3,347.79万元，比去年同期减少209.51%。

【企业荣誉】

是新中国设立最早的规范的股份制企业，1980年经政府批准，公司发行了新中国改革开放以来第一张股票。

【000610】西安旅游股份有限公司

【基本情况】

西安旅游股份有限公司，是西北地区唯一一家旅游类国有控股上市公司，股票名称“西安旅游”，证券代码000610。公司现有22家分（子）公司，包括解放饭店、西北大酒店、关中客栈、小寨饭店、胜利饭店、渭水园温泉度假村、上林宫酒店、关中大院、长乐未央、西旅国际中心、西安光华宾馆、西旅新光华酒店、西安中旅国际旅行社、西安海外旅行社、西安国内旅行社、西安照像馆、酒店管理分公司、北海鼎盛长安酒店、西安红土创新投资公司等多家知名企业。公司总股本1.97亿元，资产总额近10亿元，员工总数3000多人。主营饭店经营与管理，餐饮服务，旅游产品开发、销售；旅游景区、景点开发；房地产开发与经营等相关业务。公司以品牌连锁酒店、旅行社、商业地产开发（租赁）、景区开发为核心业务板块，积极向控股/联营商业、物业管理服务和劳务输出等多元化领域拓展，努力以省心、放心、舒心、快捷、至尊的服务，为您的都市观光、旅游度假、休闲体验、商务会展等需求提供完美的解决方案，拓展令人耳目一新的旅游新境界。

1. 企业标识及价值

2007年6月，公司全面启用新的形象识别系统。

公司LOGO图形标识 取形于西安旅游集团LOGO朱雀图形头部，结合英文旅游“travel”中首个字母T的优雅变形，相互融汇构成了一个浑圆的整体，标识既蕴有中国传统文化底蕴，又展现出简洁大方的现代风格，表明了西安旅游股份与西安旅游集团公司之间的品牌渊源与依存关系，同时又体现了现代旅游行业的特征。标识色彩运用为赭色，借以映射西安深厚的历史文化底蕴，同时与古都西安城市建筑的主色调相吻合，彰显了西安特有的历史人文和旅游文化背景。

2. 指导思想

全力推进品牌形象传播，着力夯实企业文化建设，努力提升主业核心价值，竭力提高员工幸福指数。

3. 工作口号

解放思想、审慎务实、和谐振兴、细节完美。

4. 工作要求

善于创新，勇于拼搏，甘于奉献，高效执行，用心服务。

5. 企业精神

识大局，抓关键，敢担当，干成事。敢为人先，抓住核心，严谨务实，言必行，行必果，以业绩论英雄。

6. 公司文化氛围

公司坚持以人为本的发展理念，提倡人文关怀精神，追求人和发展目标，努力营造“快乐工作、幸福生活”的文化氛围。

7. 公司发展战略

深入贯彻落实科学发展观，紧扣国家旅游业十二五发展规划，抢抓西安建设国际化大都市和国际一流旅游目的地城市重大发展机遇，着力实施主题品牌连锁战略、项目带动战略和人才强企战略，扩张主业规模，提升主业经营业绩，恢复上市公司资本市场融资功能。以品牌连锁酒店、旅行社、商业地产开发租赁、旅游度假景区开发为重点板块，积极向控股联营商业、物业管理服务和劳务输出等多元化领域拓展。在全国旅游类上市公司中脱颖而出，成为集团排头兵，中国西部具有行业代表性的上市公司。

【经营业绩】

2012年1－6月，公司实现营业收入41,424.35万元，较上年同期增长11.99%；营业利润3,408.53万元，较上年同期增长33.14%，归属于母公司股东的净利润为2,519.85万元，较上年同期增长33.96%。

【000631】顺发恒业股份公司

【基本情况】

顺发恒业股份公司（以下简称“公司”），股票代码：000631。

【公司简述】

2011年，面对严峻的政策环境和市场形势，顺发恒业抓住时机快速去化存货，最大限度回笼资金，实现公司年度效益新高；同时，围绕打造顺发品牌，着力推进产品优化和服务升级，进一步加强内控管理，为公司健康和长远发展夯实管理基础。

【股本变动情况】

1. 股份变动情况表如下：

截止 2011 年 12 月 31 日　　　　数量单位：股

	本次变动前		本次变动增减（+，-）					本次变动后	
	数量	比例	发行新股	送股	公积金转股	其他	小计	数量	比例
一、有限售条件股份	817,054,256	78.15%				-13,458,223	-13,458,223	803,596,033	76.86%
1. 国家持股									
2. 国有法人持股	13,458,223	1.29%				-13,458,223	-13,458,223	0	0%
3. 其他内资持股	803,596,033	76.86%						803,596,033	76.86%
其中：境内非国有法人持股	803,596,033	76.86%						803,596,033	76.86%
境内自然人持股									
4. 外资持股									
其中：境外法人持股									
境外自然人持股									
5. 高管股份									
二、无限售条件股份	228,455,497	21.85%				13,458,223	13,458,223	241,913,720	23.14%
1. 人民币普通股	228,455,497	21.85%				13,458,223	13,458,223	241,913,720	23.14%
2. 境内上市的外资股									
3. 境外上市的外资股									
4. 其他									
三、股份总数	1,045,509,753	100.00%				0	0	1,045,509,753	100.00%

2. 限售股份变动情况表如下：

截止 2011 年 12 月 31 日　　　　数量单位：股

股东名称	年初限售股数	本年解除限售股数	本年增加限售股数	年末限售股数	限售原因	解除限售日期
万向资源有限公司	33,651,838	0	0	33,651,838	股改限售股份	2012 年 6 月 4 日
万向资源有限公司	736,344,195	0	0	736,344,195	重大资产重组限售	2012 年 6 月 4 日
深圳合利实业有限公司	33,600,000	0	0	33,600,000	股改限售股份	2012 年 6 月 4 日
长春高新光电发展有限公司	13,458,223	13,458,223	0	0	股改限售股份	2011 年 8 月 10 日
合计	817,054,256	13,458,223	0	803,596,033	–	–

注：报告期内，公司为股东长春高新光电发展有限公司办理了有限售条件的流通股解除限售 13,458,223 股，占公司总股本的 1.29%。上述股份已于 2011 年 8 月 10 日实现可上市流通。

2011 年 7 月 14 日，公司控股股东万向资源有限公司及其一致行动人深圳合利实业有限公司以及股东长春高新光电发展有限公司持有的公司股改限售股份限售期满。公司控股股东及其一致行动人深圳合利实业有限公司从保护社会公众利益出发，根据《上市公司重大资产重组管理办法》、《深圳证券交易所上市规则》等相关文件规定，决定将持有的股改限售股份限售期延至 2012 年 6 月 4 日，与公司重大资产重组限售股份一并办理股份解除限售。

【公司股东情况】

公司前 10 名股东情况如下：

2011 年末股东总数		39,080	本年度报告公布日前一个月末股东总数		39,201
前 10 名股东持股情况					
股东名称	股东性质	持股比例	持股总数	持有有限售条件股份数量	质押或冻结的股份数量
万向资源有限公司	境内非国有法人股	73.65%	769,996,033	769,996,033	0
深圳合利实业有限公司	境内非国有法人股	3.21%	33,600,000	33,600,000	0
长春高新光电发展有限公司	国有法人股	1.29%	13,458,223	0	0
北京和嘉投资有限公司	境内非国有法人股	1.03%	10,722,941	0	0
中轻贸易中心	境内非国有法有股	0.31%	3,199,945	0	0
唐新友	境内自然人	0.28%	2,962,400	0	0

2011 年末股东总数		39,080	本年度报告公布日前一个月末股东总数		39,201
刘自如	境内自然人	0.26%	2,733,727	0	0
陆来宝	境内自然人	0.18%	1,859,300	0	0
叶灵招	境内自然人	0.11%	1,199,000	0	0
丁爱群	境内自然人	0.10%	1,000,000	0	0

前 10 名无限售条件股东持股情况		
股东名称	持有无限售条件股份数量	股份种类
长春高新光电发展有限公司	13,458,223	人民币普通股
北京和嘉投资有限公司	10,722,941	人民币普通股
中轻贸易中心	3,199,945	人民币普通股
唐新友	2,962,400	人民币普通股
刘自如	2,733,727	人民币普通股
陆来宝	1,859,300	人民币普通股
叶灵招	1,199,000	人民币普通股
丁爱群	1,000,000	人民币普通股
杨　杉	969,800	人民币普通股
彭　玮	935,862	人民币普通股
上述股东关联关系或一致行动的说明	前十名股东中，万向资源有限公司与深圳合利实业有限公司之间存在关联关系，属于《上市公司收购管理办法》中规定的一致行动人；其他股东之间公司未知是否存在关联关系，未知是否属于《上市公司收购管理办法》中规定的一致行动人。	

【治理目标】

为提高公司管理水平和风险防范能力，根据《企业内部控制基本规范》、《上市公司内部控制指引》以及《深圳证券交易所主板上市公司规范运作指引》的要求，公司结合所处行业、经营方式、资产结构及自身业务特点，制订了相应的内控制度。报告期内，公司不断健全内部控制体系和法人治理结构，进一步加强和规范内部控制，保证了企业经营合法合规、资产安全、财务报告及信息披露真实完整，确保了公司经营活动正常、有序地进行，维护了股东、特别是中小股东以及公司的利益。

【公司建立和完善内部控制制度所进行的重要活动及工作】

根据《公司法》、《证券法》以及中国证监会发布的有关上市公司治理的规范文件性要求，公司不断完善公司法人治理结构，大力推进内控体系建设，持续深入开展公司治理活动，提高公司规范运作水平。截止报告期末，公司已建立了以《公司章程》、《股东大会议事规则》、《董事会议事规则》、《监事会议事规则》等制度为行为准则，以股东大会、董事会、监事会、管理层为主体结构的现代企业内部控制体系。并制定了一系列涵盖公司内部管理、经营管理、关联交易、信息披露等各个层面的公司内部控制制度。

2011 年，公司根据中国证监会《关于上市公司建立内幕信息知情人登记管理制度的规定》（证监会公告［2011］30 号）的有关要求，结合公司实际情况，将原建立的《顺发恒业股份公司内幕信息知情人管理制度》全面修订为《顺发恒业股份公司内幕信息知情人登记管理制度》。

【公司经营概况】

2011 年，公司根据自身资源状况和市场状况制定了灵活的营销策略，准确把握了市场节奏，通过加快推盘速度与销售进度的方式，使得商品住宅销售保持了合理的去化水平。

【公司主要财务数据和指标】

单位：元

项目	2011 年	2010 年	本年比上年增减（%）
营业总收入（元）	2,156,838,081.76	1,885,339,748.62	14.40%
营业利润（元）	694,727,158.73	597,930,434.87	16.19%
利润总额（元）	691,147,854.76	603,482,886.94	14.53%
归属于上市公司股东的净利润（元）	522,373,150.00	423,891,094.75	23.23%
归属于上市公司股东的扣除非经常性损益的净利润（元）	523,214,427.77	416,961,539.88	25.48%
经营活动产生的现金流量净额（元）	426,037,130.70	-2,312,448,009.37	118.42%

项目	2011年末	2010年末	本年末比上年末增减(%)
资产总额(元)	10,654,303,152.61	9,532,826,245.27	11.76%
负债总额(元)	8,384,838,945.09	7,782,827,062.75	7.74%
归属于上市公司股东的所有者权益(元)	2,269,464,207.52	1,749,999,182.52	29.68%
总股本(股)	1,045,509,753.00	1,045,509,753.00	0.00%
项目	2011年	2010年	本年比上年增减(%)
基本每股收益(元/股)	0.50	0.41	21.95
稀释每股收益(元/股)	0.50	0.41	21.95
扣除非经常性损益后的基本每股收益(元/股)	0.50	0.40	25.00
加权平均净资产收益率(%)	25.99%	27.69%	减少1.7个百分点
扣除非经常性损益后的加权平均净资产收益率(%)	26.03%	27.24%	减少1.21个百分点
每股经营活动产生的现金流量净额(元/股)	0.41	-2.21	118.55
项目	2011年末	2010年末	本年末比上年末增减(%)
归属于上市公司股东的每股净资产(元/股)	2.17	1.67	29.94
资产负债率(%)	78.70	81.64	减少2.94个百分点

【公司经营情况】

单位:人民币万元

主营业务分行业情况						
分行业或分产品	营业收入	营业成本	毛利率(%)	营业收入比上年增减(%)	营业成本比上年增减(%)	毛利率比上年增减(%)
房地产开发	202,588.73	105,486.34	47.93%	17.39%	2.09%	7.80%
物业管理服务	1,941.57	1,335.40	31.22%	26.63%	15.20%	6.82%
主营业务分产品情况						
房地产开发	202,588.73	105,486.34	47.93%	17.39%	2.09%	7.80%
物业管理服务	1,941.57	1,335.40	31.22%	26.63%	15.20%	6.82%

2011年,公司实现营业收入215,683.81万元,营业利润69,472.72万元,归属于母公司所有者的净利润52,237.32万元,分别同比增长14.40%、16.19%和23.23%。公司资产规模、经营业绩保持持续地增长,财务状况稳健。

投资者关系管理

公司积极做好投资者关系管理,拓宽与投资者的沟通渠道,及时更新公司信息,增强公司经营管理透明度,让投资者能够及时、全面地了解公司的生产经营情况及发展态势,提高投资者对公司的认同度;在日常接待投资者来电、来访工作中,公司投资者关系管理负责人热情、耐心地回答投资者的问题,对投资者比较关心的问题事先做好充分准备;公司在临时股东大会召开前积极做好筹备工作,为股东参加股东大会提供便利。

为便于广大投资者更深入全面地了解公司情况,公司副董事长兼总经理沈志军先生、公司副总经理兼董事会秘书程捷先生、公司财务负责人祝青先生参加了由吉林证监局举办的"2010年年度报告业绩说明会",与投资者通过"吉林上市公司投资者关系互动平台"进行交流,建立和维护了与投资者的良好互动关系。

【公司荣誉】

中国房地产报社授予顺发恒业有限公司为中国(浙江)房地产品质品牌领军企业,中国房地产品质品牌金牌浙商。

国际金钥匙联盟总部授予浙江纳德物业服务有限公司"优秀物业服务奖"。

【产品荣誉】

国际金钥匙联盟总部授予浙江纳德物业服务有限公司顺发·旺角城项目"豪华公寓小区创新服务奖"。

【000632】福建三木集团股份有限公司

【基本情况】

福建三木集团股份有限公司的前身是福州经济技术开发区建设总公司,公司成立于1984年10月,1992年12月,公司成功改制为股份制企业。1996年11月,公司股票在深圳证券交易所成功上市。从马尾吹沙造地、基础设施建设起步,到2011年,三木集团经过27年的稳健经营,不断发展壮大,成为以房地产开发和进出口贸易为两大主营业务的大型综合类企业集团。

至2011年12月31日,公司注册资本4.655亿元,总资产37.59亿元,2011年主营业务收入达44.5亿元,拥有控股、参股企业十多家。三木立足福州,面向全国,不断开拓市场,扩大房地产开发规模,打造全国性房地产品牌,房地产业务分布在福州、上海、长沙、武夷山、青岛等地,目前在福州开发的房地产项目主要有:千亩半山水岸别墅——水岸君山、五四北理想生活城——家天下·三木城、福建人才公寓等。三木的国际贸易遍及世界一百多个国家和地区,外贸进出口总额连续多年排名福州第一。

近年来,公司被评为"福建省著名商标"、"国家一级房地产开发企业"、"中国外贸进出口企业500强"、"福建省百强企业"、"福建纳税300强"、"福建省最佳形象企业"、"福建省房地产开发诚信企业"等。

三木集团以"根植社会,共创绿色未来"为企业使命,"磨砺自我,不断创新"为企业精神,以"为客户创造价值,为员工创造机会,为股东创造财富"为企业经营理念,充分发挥体制、管理、技术创新优势,朝着成为"值得信赖的企业长青树"的企业愿景迈进,不断提升企业核心竞争力。

【经营业绩】

2012年1-9月份,公司实现营业收入3,360,585,819.93元,比上年同期增长7.64%;归属于上市公司股东的净利润2,836,397.85,比上年同期减少81.21%。

【经营范围】

基础设施投资建设,土地开发,房地产综合开发(凭资质等级证书),房地产中介。建筑材料、电器机械、金属材料、化工原料、石油制品(不含汽油、煤油、柴油);纺织品、服装。自营和代理各类商品及技术的进出口业务,但国家限定公司经营或国家禁止出口的商品及技术除外,经营进料加工和"三来一补"业务,经营对外销贸易和转口贸易。

【企业荣誉】

公司被福建省房地产业协会授予"2008-2009年度先进会员单位"称号

公司被共青团福州市委、福州市希望办评为2009年度福州市"希望工程"贡献奖

公司荣获"福州市热心公益事业茉莉花银质奖章"

公司被授予"2005-2007年度全省商务系统先进集体"荣誉称号

公司荣获"2006-2007年度纳税信用A级"纳税人称号

公司团委获团省委授予的"福建省五四红旗团委"创建单位称号

【社会责任】

福州市希望工程办公室主任王询斌、三木集团工会主席吴少华、团委书记王勇一行人,带着图书与文具到闽侯县大湖东姚三木希望小学慰问全校师生。这是三木集团捐建的第

10 所三木希望小学。

福建三木集团股份有限公司获"福州市'春风行动'爱心奉献奖"、福建三木置业有限公司"福州市'春风行动'爱心奉献奖",奖项由福州市"春风行动"领导小组颁发,表彰三木集团一直以来积极参与社会公益及慈善事业,回馈社会的情怀。

三木集团在"5·12"四川汶川大地震后的第二天,就决定向地震灾区捐款 100 万元人民币,随后又积极组织控股子公司及员工捐款,集团党员还在党委的号召下,以交纳"特殊党费"的形式表达支援灾区抗震救灾的心愿。截至 2008 年 5 月 30 日下午,三木集团共为地震灾区捐款 139.2073 万元。

位于家天下·三木城内的晋安区实验小学举行隆重的揭牌仪式。该小学由三木地产投资 5500 万元建设,2007 年 10 月 19 日动工,占地面积 36 亩,建筑面积 8645 平方米,按照省标准化学校一类标准建设。

【000650】仁和药业股份有限公司

【基本情况】

仁和药业股份有限公司系在深圳证券交易所挂牌的上市公司,公司股票代码为:000650,公司的前身系九江化纤股份有限公司,是 1996 年经江西省人民政府批准,1996 年 11 月 18 日,经中国证监会证监发字(1996)318 号文批准,在深圳证券交易所正式挂牌上市的公司。2006 年公司实施重大资产重组,注入医药资产;2009 年 7 月公司向特定对象非公开发行股票,同时收购江西康美医药保健品有限公司 100% 股权、江西药都仁和制药有限公司 100% 股权。至此,公司成为拥有江西仁和药业有限公司、江西铜鼓仁和制药有限公司、江西吉安三力制药有限公司、江西康美医药保健品有限公司、江西药都仁和制药有限公司等多家子公司的现代医药生产经营企业。

公司主营业务为生产、销售中西药及健康相关产品,包括胶囊剂、颗粒剂、片剂、栓剂、软膏剂、搽剂等药品以及健康相关产品。公司主营产品:仁和可立克、优卡丹、妇炎洁、清火胶囊等。经营范围为:中药材种植;药材种苗培植;纸箱生产、销售;计算机软件开发;设计、制作、发布、代理国内各类广告;建筑材料、机械设备、五金交电及电子产品、化工产品、金属材料、文体办公用品、百货的批发、零售。(以上项目国家有专项规定的除外)。公司"仁和"商标为中国驰名商标,公司经营的"仁和可立克"、"优卡丹"、"妇炎洁"等产品是国内同类产品中的知名品牌。公司建立和巩固了遍布全国 30 个省市自治区、设有 50 余个省级办事处、480 多个地级工作站的营销网络。

公司秉承"为人类健康服务"的宗旨,遵循"人为本,和为贵"的理念,弘扬"精诚团结,与时俱进"的精神,目前正朝着建设国内一流的现代医药企业目标,稳健快速地向前发展。

【经营业绩】

2012 年 1-9 月份,公司实现营业收入 1,541,451,722.13 元,比上年同期增长 4.34%;归属于上市公司股东的净利润 173,012,890.31 元,比上年同期减少 18.57%。

【企业文化】

企业宗旨:为人类健康服务。

仁和药业致力于传统与高科技医药产品的研发与推广,把振兴祖国医药事业,产业报国、造福人类,作为自己的神圣使命。

仁和人用爱心耕耘,用激情创造,追求最完美的服务,实现奉献于人类健康事业的崇高理想。

企业理念:人为本,和为贵。

仁和药业倡导以"人本"为核心的经营管理理念,尊重人、激励人、培养人,提升全体员工的主人翁意识。

仁和药业在企业与员工、企业与客户、企业与合作伙伴之间,努力营造和建立诚信、友善、亲和、融洽的关系,共求和谐发展。

企业精神:精诚团结,与时俱进。

精诚团结,与时俱进的企业精神,强调仁和团队的凝聚力和活跃力,强调每一个团队成员的主动精神、工作热情、责任心和荣誉感,鞭策企业和员工永远站在新的起点去开拓、进取、追求、创造,永不停步。

【000651】珠海格力电器股份有限公司

【基本情况】

成立于 1991 年的珠海格力电器股份有限公司是目前全球最大的集研发、生产、销售、服务于一体的国有控股专业化空调企业,2012 年实现营业总收入 1000.84 亿元,同比增长 19.84%;净利润 73.78 亿元,同比增长 40.88%;纳税超过 74 亿元,连续 12 年上榜美国《财富》杂志"中国上市公司 100 强"。

格力空调,是中国空调业唯一的"世界名牌"产品,业务遍及全球 100 多个国家和地区。家用空调年产能超过 6000 万台(套),商用空调年产能 550 万台(套);2005 年至今,格力空调产销量连续 8 年领跑全球,用户超过 2 亿。

作为一家专注于空调产品的大型电器制造商,格力电器致力于为全球消费者提供技术领先、品质卓越的空调产品。在全球拥有珠海、重庆、合肥、郑州、武汉、石家庄、芜湖、巴西、巴基斯坦等 9 大生产基地,8 万名员工,至今已开发出包括家用空调、商用空调在内的 20 大类、400 个系列、7000 多个品种规格的产品,能充分满足不同消费群体的各种需求;拥有技术专利 8000 多项,其中发明专利 2000 多项,自主研发的超低温数码多联机组、高效直流变频离心式冷水机组、多功能地暖户式中央空调、1 赫兹变频空调、R290 环保冷媒空调、无稀土变频压缩机、双级变频压缩机等一系列"国际领先"产品,填补了行业空白,改写了空调业百年历史。

在激烈的市场竞争中,格力空调先后中标 2008 年"北京奥运媒体村"、2010 年南非"世界杯"主场馆及多个配套工程、2010 年广州亚运会 14 个比赛场馆、2014 年俄罗斯索契冬奥会配套工程等国际知名空调招标项目,在国际舞台上赢得了广泛的知名度和影响力,引领"中国制造"走向"中国创造"。

实干赢取未来,创新成就梦想。展望未来,格力电器将坚持专业化的发展战略,求真务实,开拓创新,以"缔造全球领先的空调企业,成就格力百年的世界品牌"为目标,为"中国梦"贡献更多的力量。

【企业文化】

1. 格力精神

企业精神:忠诚、友善、勤奋、进取

经营理念:制造最好的空调奉献给广大消费者

管理理念:创新永无止境

管理特色:合理化、科学化、标准化、网络化

服务理念:您的每一件小事都是格力的大事

人力资源理念：以人为本

2. 格力愿景、使命及核心价值观

愿景：缔造全球领先的空调企业，成就格力百年的世界品牌

使命：弘扬工业精神，追求完美质量，提供专业服务，创造舒适环境

核心价值观：

少说空话、多干实事

质量第一、顾客满意

忠诚友善、勤奋进取

诚信经营、多方共赢

爱岗敬业、开拓创新

遵纪守法、廉洁奉公

【经营业绩】

2012 年 1－6 月报告期内，公司实现营业收入 483.03 亿元，较上年同期增加 20.04%；实现归属于母公司所有者的净利润 28.71 亿元，较上年同期增长 30.06%，取得了不俗的经济效益。面对严峻的经济形势和激烈的市场竞争，公司逆势而上，市场份额持续提高，行业龙头地位更加巩固。

【000666】经纬纺织机械股份有限公司

【基本情况】

经纬纺织机械股份有限公司是国资委管辖的中国恒天集团有限公司旗下的以纺织机械为主业，兼营商用汽车、医疗设备、农用机械以及信托业务的上市公司。公司注册于北京经济技术开发区，为国家高新技术企业，在全国拥有 30 多家分、子公司。

截至 2011 年底，公司总资产 129.7 亿元，净资产 57.3 亿元，建有完善的科研开发、工艺技术、生产制造、采购供应、销售服务和经营管理体系，员工 14200 余人。年营业收入 100 多亿元，年利润总额近 15 多亿元，经营规模、经济效益和管理水平等方面一直位列国内同行业前茅。

在做精做强纺机主业的同时，经纬纺机还积极拓展新业务领域，形成了以纺机主业为核心、非纺机械（商用汽车、医疗设备、农用机械）、金融信托及股权投资共同发展的业务格局。农用机械有玉米收割机、挖掘装载机、饲料搅拌机等；医疗设备有热疗设备；商用汽车有载货汽车及其底盘、专用车、客车等。

公司先后获得“中央企业先进集体”、“全国五一劳动奖状”、“国家火炬计划重点高新技术企业”、“中国民族经济之花”、“中国纺织十大品牌文化企业”、“全国纺织工业优秀企业”等一系列荣誉称号。

在“十二五”发展规划中，经纬纺机以振兴中国纺织机械工业为己任，积极推进中国从“纺织大国”向“纺织强国”发展；以跻身世界一流企业、建设国际知名品牌为目标，在主业做精、产业做大、企业做强的道路上不断奋进！

【社会责任】

全球金融危机爆发之后，国际产业格局的风云变化让经纬纺机认识到，仅仅做好纺机主业，是很难抵御行业周期性波动和重大经济危机的。金融危机过后，经纬纺机着眼于企业可持续发展，在做强做优纺机主业的同时，大力进行产业拓展，同时以贴近民生、有利民生作为选择产业进入方向的原则，充分体现了经纬纺机恪守“振兴民族纺织工业，关注民生助推和谐”的社会责任，形成了以纺机主业为核心、非纺机、金融信托及股权投资共同发展的三类业务格局，分别占比 67%、3%、30%，经纬纺机抵御市场风险的能力大大增强。

2011 年公司共实现营业收入 102.5 亿元，利润总额 15.4亿元，净利润 11.6 亿元。营业收入和利润总额首次突破百亿大关和 15 亿元。在经济效益增长的同时，纺机企业职工收入平均增长了 28%，并坚持连续多年资助企业贫困职工子女就学。

2011 年公司共获得授权专利 98 项，实现纳税 10.24 亿元，对股东进行现金分红 4226.6 万元，安全生产投入 1422 万元，员工培训投入 1482.4 万元，环保投入 2702.51 万元，万元增加值综合能耗控制在 0.034 吨标准煤/万元，公益捐赠 215 万元，并荣获了中国纺织服装行业社会责任信息披露实践示范奖，在中国社会科学院发布的《中国企业社会责任报告白皮书 2011》600 家上市公司企业社会责任报告质量排名中位居第 5 名。成功参加了“十一五”国家重大科技成就展，粗细络联纺纱系统作为纺机行业重大科技成就在国家会议中心进行了展示，受到了国家领导人和业界人士的广泛赞誉与关注。在西班牙 ITMA 国际展会上，异纤分拣机、新型精梳机、高速经编机和直捻机等产品受到广大参展商和客户的好评，充分展示了公司的科技实力。

经纬纺织机械股份有限公司已连续第四年参加中国纺织服装行业社会责任年会暨中国纺织服装社会责任报告联合发布会，发布企业社会责任报告，多年来我们在履行社会责任方面进行了许多有益的探索，对社会责任的理念有了更深入的认识。

回顾过去，我们每一个进步和成绩的取得，都离不开中国恒天集团及纺织工业联合会领导的大力支持，离不开广大用户的信任，离不开全体员工的团结奋斗，离不开社会各界朋友的关心与帮助。作为中国最大的纺机制造企业，我们无时无刻不感受到重任在肩。这份责任来源于我们“打造装备旗舰、引领纺织发展”的企业使命；来源于我们“惠悦于民、恒达天下”的经营理念；更来源于我们的感恩之心。在此，我们郑重承诺，将一如既往地积极承担企业社会责任，追求和谐发展，在行业发展、社会进步和环境保护等方面做出新的、更大的贡献。

【000683】内蒙古远兴能源股份有限公司

【基本情况】

内蒙古远兴能源股份有限公司坐落在素有“地下煤海”之称的鄂尔多斯市，是一家以天然气化工、煤化工为主导，新能源化工及精细化工为发展方向的现代化能源化工企业。

公司创立于 1997 年 1 月 23 日，并于当年 1 月 31 日在深圳证券交易所挂牌上市，股票代码 000683。2007 年 8 月，公司由“内蒙古远兴天然碱股份有限公司”更名为“内蒙古远兴能源股份有限公司”，证券简称变更为“远兴能源”。

公司总资产近 60 亿元，是全国最大的天然气制甲醇企业，是中国化工百强企业，被列为国家 520 户重点企业、是中国信息化建设 500 强企业、内蒙古自治区 60 户重点企业，成为内蒙古自治区天然气化工产业排头兵企业。

公司目前拥有全资、控（参）股企业 11 家，这些企业主要分布在乌审召生态化工园区（天然气制甲醇及下游产品）、蒙大新能源化工基地（煤制甲醇及下游产品）、湾图沟矿区（煤化工产业）和乌兰察布兴和县煤炭循环经济产业园等几大工业园区。

公司主营甲醇、煤炭等能源及化工产品，综合生产能力500多万吨。其中甲醇产能达135万吨、煤炭产能300万吨，是目前全国最大的天然气制甲醇企业。公司“远兴”商标为中国驰名商标；“远兴”牌纯碱是中国名牌产品；公司“大牛地”牌甲醇被国家科技部列为“国家重点新产品计划”，荣获中华人民共和国科学技术部授予的国家重点新产品荣誉证书，是内蒙古自治区名牌产品。公司在国内建立了完善的营销网络和物流配送体系，产品远销日本、韩国、东盟及南美等国家和地区。

“十二五”期间，公司将以科学发展观和循环经济理念为指导，走资源开发高效化、园区布局规范化、产业集群化、产品链条化的集中发展道路，着力构建天然气化工、煤炭及煤化工、精细化工、新材料循环经济产业链，把公司发展成为一个成长性好、主业突出、运作规范、具有可持续发展能力的大型能源化工企业和绩优上市企业。

“倚德者致远，维信者长兴”，今天的远兴正在用昂扬进取的公众形象、和谐创新的企业文化和过硬的产品质量、良好的经济效益，塑造着远兴能源全新的企业形象；以熔铸长青基业、构建和谐企业为目标的远兴公司正沿着持续、健康、协调的和谐发展之路阔步前行！

西部大开发风帆正举，资源富集、投资环境优越、人文环境和谐的鄂尔多斯高原，是投资的热土、创业的摇篮，公司真诚地希望国内外有识之士和我公司开展合作、共抓商机、共创伟业、共享成果。

【经营情况】

2012年上半年公司共实现营业利润23473万元、归属于母公司的净利润4271万元。甲醇市场一季度运行平稳，价格较去年同期有所上升；但二季度特别是5、6月份，受国内经济下行、进口甲醇冲击、下游需求疲软等一系列因素影响，甲醇价格下行。煤炭市场上半年也是呈现前高后低的态势，从5月份起库存增加、价格下降，下半年仍将面临市场低迷、价格下降。

5月中旬，内蒙古远兴江山化工有限公司组织恢复生产，5、6月份产量较少、成本较高，加之，经济下滑导致产品价格下行，DMF（二甲基甲酰胺）处于亏损状态，但目前已实现连续、稳定运行。

2012上半年报告期内，博大实地年产50万吨合成氨、80万吨尿素项目完成投资总额24亿元，预计明年年底建成投产。

报告期内，内蒙古博源水务有限公司污水处理厂项目通过环保验收，目前污水处理系统生产运行正常，各项指标均符合设计要求及环保规范。

公司在内蒙古乌兰察布市兴和县规划的千万吨级的铁路专用线、煤炭储配物流项目，已完成前期规划，并计划于下半年开工建设。

公司参股的蒙大矿业800万吨/年煤炭项目、中煤蒙大60万吨/年煤制甲醇项目进展顺利，中煤蒙大50万吨/年工程塑料项目稳步推进。

【企业文化】

企业精神：倚德者致远，维信者长兴。

【企业荣誉】

公司“远兴”商标为中国驰名商标；“远兴”牌纯碱是中国名牌产品；公司“大牛地”牌甲醇被国家科技部列为“国家重点新产品计划”，荣获中华人民共和国科学技术部授予的国家重点新产品荣誉证书，是内蒙古自治区名牌产品。

【000700】江南模塑科技股份有限公司

【基本情况】

江南模塑科技股份有限公司地处江南水秀之乡——江苏省江阴市周庄镇。公司占地面积约50万平方米，建筑面积约20万平方米，共有员工1500余人。公司成立于1988年6月，1997年2月28日在深圳证券交易所挂牌交易，股票代码“000700”，主要从事汽车保险杠等零部件、塑料制品、模具、模塑高科技产品的开发、生产和销售，公司年汽车保险杠生产能力达160万套以上，是中国最大的汽车外饰件系统服务供应商。

自成立以来，模塑科技不断发挥自身优势，相继成为了上海大众桑塔纳桥车保险杠、上海通用别克世纪型保险杠、防擦条等汽车装饰件的独家定点生产厂商。之后，模塑科技抓住中国轿车行业的发展机遇，不断研制开发新产品，积极拓展客户网络。为提升公司核心竞争力，模塑科技采用现代高新技术，提高设计效率，缩短开发周期，提高产品质量，进一步增强了自主研发、综合集成和技术储备能力，为企业的长期可持续发展提供强有力的技术支撑。

历经20多年的风雨洗礼，模塑科技始终秉承“低成本、大规模、高速度”的发展理念，引进大批高学历、高技术人才。目前公司凭借世界一流的生产设备、完善的信息服务系统、强大的生产能力、健全的技术创新运行机制，获得越来越多优质客户的青睐，现已成为上海大众、上海通用、华晨汽车、神龙汽车、华晨宝马、北京奔驰－戴姆斯勒汽车、北京现代、福州汽车、奇瑞汽车等众多知名品牌公司的定点厂商，逐步成为行业龙头企业。

【经营理念】

企业文化核心理念：勤奋、包容、持续改进

勤奋传承和发扬传统的不怕吃苦、不怕吃亏、任劳任怨、积极向上的奋斗精神。

包容加强与世界优秀企业的合作，不断吸纳新的文化知识，不断引进先进的技术，不断提升内部人才能力和吸引优秀人才；在公司内部倡导团队合作精神，构建和谐的人际工作关系。

持续改进不断学习和实践，通过标杆管理、目标管理等先进的管理工具持续提高内部管理运营水平、保持企业核心竞争力；通过科技创新不断创造新的利润增长点和构建新的核心竞争力；保持斗志昂扬，永远不停止思考。

我们的企业战略选择：低成本、大规模、高速度

低成本通过学习先进的管理理念，运用科学的管理方法对产品价值链的每个环节进行革命性的成本控制；通过持续降低成本不断增强公司参与市场竞争的能力。

大规模通过资产的密集投入，形成规模化、批量化生产能力；通过庞大的产业群发挥规模效应和边际效应，满足汽车行业的发展需求。

高速度在企业规模不断扩大的同时保持灵活高效的工作传统，保证快速的的反应速度、开发速度、决策速度，在加速度的市场竞争环境下保持对竞争对手的优势。

我们的服务理念：贴近客户，高效服务

贴近客户我们在客户附近投资建立生产基地，并通过规模化的运营向客户提供低成本的产品和服务。

高效服务我们向各个生产基地的负责人进行充分的授权，保证能够给客户提供最迅速、最高效、最有价值的服务；

我们的管理团队、客户服务团队、研发团队、质量保证团队、生产运营团队保持定期的同客户面对面的沟通，提供全面的、及时的、完善的服务。

十六字经营方针：充分授权严格监管绩效考核持续改进

【经营业绩】

2012年上半年度公司完成营业收入97,257.95万元，较去年同期下降0.31%，实现营业利润3,732.07万元，同比下降23.05%，实现净利润2,491.61万元，同比下降15.79%。

【000701】厦门信达股份有限公司

【基本情况】

厦门信达股份有限公司致力于发展信息产业，以信息技术、信息服务和电子元器件制造为主营业务，同时经营国内外贸易、房地产，公司已经形成了以电子信息产业为主体，外贸、房地产开发为两翼的"一体两翼"的产业架构，成长为以信息产业为核心的大型高新技术企业集团。公司股票于1997年初在深交所上市（股票代码：000701），总股本24025万股，是全国有影响的IT产业股。

公司主产业信息产业形成了以超高亮度LED封装、应用研发与生产、电子元器件、电子标签研发与生产、应用软件开发等为主要支柱的产业架构。公司投资建设的国内第一条片式铝电解电容器生产线，被列入国家计委高新技术产业化示范工程，铝电解电容器产量规模在国内同行业中名列前三名，其中片式产品产量国内第一。公司还从国外引进第一条倒贴式电子标签生产线，可生产高频电子标签。公司自行研发的"机关事业单位人事管理系统"软件是福建省著名的人事管理软件。公司投资设立厦门市信达光电科技有限公司，主要从事建立超高亮度LED封装、应用研发与产业化基地。本项目属国家重点支持的高新技术产业化项目，项目生产的半导体LED照明产品是新一代环保、节能照明替代产品，市场规模巨大，前景良好。

【主营业务】

信息、贸易、房地产、仓储及其他服务。

【经营业绩】

2012年上半年报告期，公司营业收入83.82亿元，较上年同期增加18.21亿元，主要是贸易、房地产、电子信息片业务量增长所致；营业利润1.03亿元，比上年同期增加2,408.25万元，增长30.49%；归属于母公司所有者的净利润5,081.15万元，比上年同期增加360.20万元，增长7.63%。

【企业文化】

企业精神：达则兼济天下、信乃立足之本。

【企业荣誉】

公司是厦门外贸企业前五强，多次入选"福建省百强外贸企业"和"中国外贸企业500强"。

公司被国家工商总局授予"全国守合同重信用企业"称号，公司注册商标是福建省著名商标。

【000732】泰禾集团股份有限公司

【基本情况】

泰禾集团（以下简称"泰禾"）是一家在住宅和商业地产开发、化工、矿业、金融证券、生物医药等领域多元发展的上市公司（股票代码：000732）。

泰禾集团始创于1996年，2010年借壳福建三农成功上市，正式进军中国证券主板市场，成为当年全国范围内唯一实现上市的房地产类企业，并涉足矿业、氟化工等崭新领域，实现多元经营。

17年来，泰禾立足福建、面向全国，以独到的战略眼光实现前瞻性的战略布局。泰禾始终以人为本、以客户为中心，将人才竞争树立为企业发展的核心竞争力，致力于员工价值增长和企业可持续的快速稳健发展。

房地产领域，泰禾以"为当地创造作品，为当代创造精品"为理念，打造"高端精品"为己任，品质当先、战略制胜，潜心于代表未来绿色、低碳地产方向的"全面精装"深度研究，创造出一个又一个经典项目。凭借产品优越性，泰禾已迅速成长为地产翘楚，产品覆盖高端别墅、高层公寓、花园洋房、精品住宅、大型城市综合体等多种业态。在北京，首倡中式文化定制精装院落的"运河岸上的院子"与传承欧洲宫廷建筑纯正血统"泰禾红御"开创了中国别墅院落精装的先河，现已成为国宅典范及中国豪宅研究院首家豪宅研究基地，并分别荣膺"共和国国宅"和"中国十大超级豪宅"称号；福州泰禾红树林、泰禾红峪等"泰禾红"系列高端精品项目与其别墅项目南北呼应。2009年，泰禾入选"中国房地产企业品牌价值20强"，是当年度入选排行榜地产企业中唯一来自福建的地产开发商。2010年，泰禾进军中国高端商业地产，投资过百亿开创商业地产"泰禾模式"，打造城市地标及海西第一城市综合体，实现了从高端住宅地产单一开发模式向高端住宅地产和大型综合体商业地产双轨开发模式的跨越式发展。2012年4月，泰禾作为福建唯一主营业务为房地产的上市企业入选"博鳌亚洲论坛－亚洲上市企业分项竞争力2011年度发展能力50强"。2012年12月，泰禾集团品牌价值突破82亿元人民币，成为"中国房地产企业品牌价值标杆"。

化工领域，泰禾致力于在氟化工技术层面不断取得进步，力争后来居上发展成为国内优秀氟化工企业。氟化工作为新兴产业，在"十二五"规划中被单列为专项规划，2011年，泰禾投资近10亿元在福建三明化工园区建设有机氟项目，项目建成后，规模将居福建省首位，并实现年产消耗臭氧层物质（ODS）替代物、氟树脂、氟聚合物等有机氟产品合计约1.1万吨的产能。

矿业领域，集团将逐步加强投资，目前已在河北设立隆化海峡矿业有限公司，开采并生产酸级萤石粉和冶金级块矿。萤石用途广泛，是氟化工的原料，从2010年起，国家将萤石矿作为重要的战略资源，严格控制新矿的勘探与开采。泰禾力求将海峡矿业建设成标准、规范的矿山企业，并进一步从战略层面提高萤石战略储备，支持集团氟化工产业长期发展。

此外，泰禾控股股东——福建泰禾投资有限公司，拥有雄厚的资金实力和丰富的资金运作经验，现为福建海峡银行第二大股东，并战略注资东兴证券、农商银行，为泰禾的全方位发展奠定了坚实后盾。在生物医药领域，泰禾投资旗下的福建汇天生物药业有限公司拥有痛血康胶囊（国家保密配方）、蕲蛇酶注射液等八十多个品种规格的原料药及新特药品种，计划用2－3年时间实现全国布局，力争打造国内药业新航母。

九万里风鹏正举，百年店从此精彩。"精品高端"是泰禾始终不变的航向，"精进不息"是泰禾始终不渝的追求，"精彩无限"是泰禾希望带给客户的最终回报。

【主营业务】

农药、化工、和房地产开发及经营。

【经营业绩】

公司密切关注行业动态,房地产主业稳健发展。2012 年上半年报告期内公司实现营业总收入 44,869.34 万元,营业利润 4,051.38 万元,归属于上市公司股东的净利润 4,208.87 万元,分别比上年同期增长 23.64%、26.52%、80.04%。

【企业文化】

经营理念:创新为本、服务至上、诚信经营。

【企业荣誉】

泰禾集团位列"2012 年度影响中国的房地产名牌企业"榜首。2012 年 10 月福建中维房地产开发有限公司荣获福建省 2010 年度纳税百强。

2012 年 10 月泰禾集团荣获 2010 年度福州楼市销售十强企业。

【000750】国海证券股份有限公司

【基本情况】

国海证券股份有限公司前身为广西证券公司,1988 年经中国人民银行批准正式设立,是国内首批设立并在广西区内注册的唯一一家全国性证券公司。2001 年,公司增资扩股并更名为国海证券有限责任公司。2011 年 8 月,公司借壳桂林集琦药业股份有限公司在国内 A 股市场上市,更名为国海证券股份有限公司。

国海证券目前拥有 5 家分公司、58 家营业部,营业网点覆盖全国 14 个省级区域,并控股国海富兰克林基金管理有限公司和国海良时期货有限公司,全资设立国海创新资本投资管理有限公司,成为融证券、基金、期货、直投等多元业务为一体的金融服务企业。截至 2011 年 12 月 31 日,公司总资产 111.75 亿元,净资产 29.32 亿元。

站在新的起点,国海证券获得了前所未有的发展机遇,同时也将承担着更大的责任。国海证券将紧紧抓住上市带来的发展机遇,乘势而上,把公司建设成为资本充足、特色鲜明、专业精湛、服务优良,持续盈利能力强的现代企业,努力创造优异的业绩回报投资者、回报社会。

【主营情况】

证券经纪业务和投资银行业务。

【经营业绩】

2012 年,我国股票市场总体呈现低迷态势。面对不利的市场状况,公司通过资源优化配臵,抓住债券市场的投资机会,同时加强对自营业务投资规模和投资品种的风险管理,业绩较上年同期增长。

2012 年度,公司实现营业收入 14.47 亿元,较上年同比增长 13.91%;实现营业利润 1.99 亿元,较上年同比增长 31.96%;实现归属于上市公司股东的净利润 1.29 亿元,较上年同比增长 70.33%。以上指标同比增长主要是公司证券自营业务投资收益和公允价值增加所致。

截至 2012 年 12 月 31 日,公司总资产为 113.70 亿元,较上年同比增长 1.75%;归属于上市公司股东的所有者权益为 27.31 亿元,较上年同比增长 1.84%;以上指标同比无重大变化。截至 2012 年 12 月 31 日,公司股本为 17.92 亿股,较上年同比增长 150%,主要是报告期内公司实施 2011 年度利润分配及资本公积转增股本方案所致。

【企业荣誉】

国海证券参加《证券时报》主办的"'投行创造价值'高峰论坛暨 2012 中国区优秀投行评选颁奖典礼",分别荣获"2011 年度最佳企业债承销团队"、"2011 年度最具成长性债券承销团队"两项大奖。

国海证券参加《理财周报》主办的"2012 中国券商年会",荣获《理财周报》"2012 中国最具潜力发展证券公司"奖、公司齐国旗总裁荣获《理财周报》"2012 年度中国券商先生"奖。

国海证券荣获广西壮族自治区总工会授予的"广西五一劳动奖状"。

国海证券荣获"2011 年度中国农业发展银行金融债券优秀承销商"称号。

国海证券参加广西证券期货业协会举办的"2011 年度广西证券期货业优秀营业部和投资者教育先进营业部"评比活动,梧州奥奇丽路营业部、南宁滨湖路营业部、桂林中山中路营业部荣获"2011 年度广西证券期货业优秀营业部"称号;南宁教育路营业部、柳州飞鹅二路营业部、北海北海大道营业部荣获"2011 年度广西证券期货业投资者教育先进营业部"称号。

国海证券参加"怀新投资杯"中国最佳财富管理机构暨第五届中国最佳证券经纪商评选,国海证券南宁民族大道民族艺术宫营业部荣获"中国最佳投资者教育营业部"称号。

【000753】福建漳州发展股份有限公司

【基本情况】

福建漳州发展股份有限公司前身为福建双菱集团股份有限公司(证券简称:漳州发展,股票代码:000753),于 1994 年 11 月经福建省人民政府闽政体股[1994]01 号文批准成立,1997 年 6 月 26 日在深圳证券交易所挂牌上市,是福建省漳州市第一家国有控股上市公司。2001 年 9 月公司完成重大资产重组,由陶瓷制造商转变为城市基础设施运营商,目前已形成水务、贸易(汽贸、进出口贸易)和地产等业务体系。公司自上市以来,秉承"以人为本,规范管理,创新发展"的经营理念,稳健经营,持续完善法人治理结构,公司的经营管理和决策迈向科学化、民主化和规范化,同时公司还注重加强人才队伍的建设,通过考核、竞聘等方式,重点引进具有先进理念的经营人才,为公司的发展壮大和现代化经营管理增添新的活力。

深厚的产业背景、丰富的社会资源、广阔的发展前景,公司将更好的树立规范、诚信的上市公司形象,创造更加优异的业绩回馈广大投资者。

【主营业务】

陶瓷制品、建筑材料的生产、自来水生产与供应等。

【经营业绩】

2012 年 1-6 月报告期内,公司 2012 年上半年实现营业收入(合并)133,812.19 万元,同比增长 44.60%;实现营业利润 3,476.72 万元;实现净利润(归属于母公司所有者)3,005.39万元,同比下降 12.06%;营业收入较上年同期增长的主要原因是本期公司贸易业务量增加所致。

【企业文化】

企业精神:以人为本、规范管理、创新发展。

【000762】西藏矿业发展股份有限公司

【基本情况】

西藏矿业发展股份有限公司是在总公司以其部分经营性资产及相关业务重组的基础上,经西藏自治区人民政府藏政函(1997)23号文《西藏自治区人民政府关于同意募集设立西藏矿业发展股份有限公司的批复》批准,由总公司、四川者江堰海棠电冶厂、山南地区泽当供电局、西藏山南地区拉铬铁矿、西藏藏华工贸有限公司五家发起人共同发起,以社会募集方式设立的股份有限公司。

根据公司1999年2月3日董事会决议及1999年3月16日临时董事会决议,并经公司1999年3月17日股东大会决议同意,以截至1998年12月31日止公司总股本9,905.00万元为基础,按10:4的比例向全体股东以资本公积转增股本,按10:5的比例派送股票股利,公司注册资本和实收股本变更为人民币18,819.50万元。

根据公司1999年5月10日临时股东大会决议,并经中国证券监督管理委员会以证监公司字[1999]133号文批准,公司于2000年度实施配股,共配售人民币普通股1,231.50万股,实施配股后,公司实收股本为人民币20,051.00万元。

【经营情况】

2012年上半年,受国际经济形势的影响,国内宏观经济呈持续下行态势,有色金属市场持续低迷,公司主要产品销售价格下跌幅度较大,面对严峻的市场形势,公司以积极应对市场变化,努力开源节流,加强内控建设,克服不利影响,保持了公司生产经营的运行。

2012年上半年累计生产铬矿石34,443.02吨,铬盐产品465.50吨,锂盐产品1,200.17吨,电解铜305.69吨。

2012年上半年实现营业总收入25,186.36万元,较上年同期下降7.12%;实现营业利润2,305.62万元,较上年同期增长5.12%;归属于母公司股东的净利润1,450.00万元,较上年同期下降36.10%。

公司实际经营业绩较曾公开披露过的本报告期盈利预测或经营计划是否低20%以上或高20%以上。

【000796】易食集团股份有限公司

【基本情况】

易食集团股份有限公司(股票简称:易食股份,股票代码:000796)于1997年7月3日在深圳证券交易所主板上市,其前身为宝鸡(商场)集团有限公司。是国内首家以航空食品为主业的上市公司。截至2010年12月,公司市值21亿元,员工总数近3000人,拥有7家航空配餐公司,每年保障航空配餐约1500万份;拥有12条铁路餐饮保障线路,每年保障铁路餐饮约8.5万车次。

易食股份恪守"品质、创新、高效"的经营之道,倡导"从空中延伸至地面的健康饮食新体验",努力成为健康美食的倡导者和传播者,着力打造"美味、营养、安全"的绿色食品集团,业务覆盖航空配餐、铁路餐饮、酒店和医药等领域。

易食股份所辖企业包括:北京新华空港航空食品有限公司、海南航空食品有限公司、三亚汉莎航空食品有限公司、甘肃海航汉莎航空食品有限公司、新疆海航汉莎航空食品有限公司、宜昌三峡机场航空食品有限公司、天津易食航空食品有限公司、易食纵横餐饮管理(北京)有限公司、北京新华空港航空食品有限公司武汉餐饮服务分公司、广州动车组餐饮有限公司、宝鸡国贸大酒店有限公司、宝商集团陕西辰济药业有限公司等。

【企业荣誉】

北京农业产业化重点龙头企业

质量管理体系认证证书(ISO)

2010易集团董事长基金奖群策群力二等奖

2010北京天竺空港经济开发区区域经济杰出贡献奖

2009易集团机上餐食质量调查评比优质服务一等奖

2009年海航北京企业先进基层党组织

【企业文化】

四至:至诚、至善、至精、至美

变革理念:恪守诚信、追求业绩、持续创新

和而不同

以"同仁共勉"为基础,各产业企业文化各具特色又和谐共处。

根本遵旨

爱党爱国举业为民感恩社会和谐发展

基本价值观

我们心系党、国家和人民

我们立志成为世界级品牌和世界级企业

我们以感恩的心回馈社会

我们致力于促进和谐发展

兼容并存

管理理念:内修中华传统文化精粹,外融西方先进科学技术

三以:以德养身、以诚养心、以义制利

四大:大众认同、大众参与、大众成就、大众分享

以6sigma等管理理念为基础,建立了完善的管理体系和制度。

感恩之心

三为:为社会做点事,为他人做点事,为自己做点事,不枉此生

【经营业绩】

2012年1-6月,公司实现营业收入264,010,595.35元,实现归属于母公司的净利润7,734,961.53元。

【000979】中国武夷实业股份有限公司

【基本情况】

中国武夷实业股份有限公司(以下简称"中国武夷")是以房地产业为基础,投资开发为重点,外向型经济为主导的资金、技术、管理密集型大型企业,公司主要经营范围:国内外房地产投资开发、物业管理;国内外工程承包;境内外投资、兴办实业;资本运营、融资、BOT;高新技术开发、合作;装饰装修;国际贸易、建筑材料、设备进出口;国际经济技术、劳务合作等。公司在香港、澳门、菲律宾、马来西亚、澳大利亚、美国、加拿大、肯尼亚和贝宁等国家和地区以及北京、上海、南京、长春、重庆、武汉、深圳、福州、厦门、泉州、漳州、南平等市设立子公司、合资公司和分支机构。1994年以来连续17年被美国《工程新闻记录》评为国际最大225家承包商之一,并六次荣获"国际知名承包商"奖牌,1996年被福建省政府评为省"标兵企业",1998年公司通过ISO9002国际质量体系认证,1998年受国家外经贸部表彰。1997年到2002年连续5年、2005年到2006年被福建省工商局评为"重合同、守信用"单位,2002年被国家建设部批准为一级房地产资质。

中国武夷是福建建工集团总公司独家募集设立的股份公司。1997年6月,经中国证监会批准,向社会公众发行7700万股流通股,1997年7月15日公司股票在深圳证券交易所上市交易(代码000797)。1999年下半年通过资产置换,优化

了公司资产结构,至 2011 年末中国武夷总资产为 56.25 亿元,净资产为 15.22 亿元。

近年来,公司为适应市场经济变化和迎接 WTO 挑战,进行了资产重组、整合,进一步优化资产结构,发挥融资功能,增强了公司抵御风险的能力。目前,公司房地产主业走成片规模开发,低成本扩张,创武夷品牌和集约型经营发展之路,取得了显著成效。

【经营业绩】

2012 年 1 - 9 月份,公司实现营业收入 977,857,361.05 元,比上年同期增长 30.93%,主要是由于本期南京武宁,建瓯等房地产业务营业收入和境外工程承包项目营业收入较上年同期增长;归属于上市公司股东的净利润 40,878,852.70 元,比上年同期增长 6.44%,也是由于本期房地产业务和境外工程项目营业收入较上年同期增长。

【企业文化】

中国武夷实业股份有限公司弘扬"艰苦创业,开拓进取"的企业精神,积极推进企业文化建设,努力建立以价值为中心的精神文化,以客户满意为中心的经营文化,以质量为中心的行为文化,以依法治企为中心的制度文化,以内练素质、外树形象为中心的形象文化,并以先进的企业文化引导和规范企业和职工的行为。

一、企业精神

艰苦创业、开拓进取

二、企业宗旨

建一流的企业、树一流的品牌、铸一流的管理、立一流的理念、创一流的业绩、造一流的团队

三、企业经营方针

艰苦创业、严格管理、稳健经营、效益为本。

四、企业质量方针

科学管理以质取胜创新进取顾客满意

五、企业价值观

人的价值高于物的价值,共同价值高于个人价值,社会价值高于利润价值。

六、企业作风

团结进取、艰苦奋斗、雷厉风行、求真务实。

七、企业理念

思想要解放,体制要改革,事业要奋斗,生活要简朴。

八、企业口号

人无我有,人有我新,人新我特。以质取胜,以优取信。中国武夷愿与您一道建设和谐美好的家园。

九、企业发展战略

以人为本,以理念创新为前提,改革创新为动力,管理创新为主题,充分发挥公司技术、人才优势,凝聚全体员工的智慧和力量,依靠科学的管理和适应市场经济的灵活的机制,不断提高企业国际施工管理、投资开发、资本运营能力,不断提高企业的核心竞争力,实现企业发展目标。

【000798】中水集团远洋股份有限公司

【基本情况】

中水集团远洋股份有限公司是主要从事大洋性远洋渔业及相关产业的生产经营和国际经济技术合作开发的股份制上市公司。中水集团远洋股份有限公司中水集团远洋股份有限公司有中国规模最大、实力最强的综合性渔业企业中国水产(集团)总公司为主发起、经中国证券监督管理委员会批准,于 1998 年初注册成立,注册资本 2.52 亿元。公司 A 股股票于 1998 年 2 月 12 日在深圳证券交易所挂牌上市(股票名称:中水渔业,股票代码:000798)。1999 年底,公司总资产为 11.2 亿元,净资产 9.3 亿元。目前,公司在国内有分公司 3 家,全资公司 1 家,参股公司 1 家;在海外有独资、合资公司和办事处 11 家,主要分布在东南亚、大洋洲、西南非洲、拉丁美洲和美国等国家和地区。中水集团远洋股份有限公司的主要业务有远洋渔业捕捞、产品加工、储运,水产品贸易,渔船、渔机等渔需物资的进出口,对外经济技术和劳务合作等。拥有各种类型的远洋渔轮和运输船舶 57 艘,主要分布在北太平洋、南大西洋、印度洋和西南太平洋,常年进行大洋性远洋捕捞生产和经营。目前的主要产品有鳕鱼、鱿鱼、虾、金枪鱼等。

【经营业绩】

2012 年上半年报告期内,公司共生产各种鱼货 7,454 吨,同比减少 27%。其中:阿根廷鱿鱼 3,641 吨,同比增加 445%;秘鲁鱿鱼 205 吨,同比减少 95%;金枪鱼 3,608 吨,同比减少 10%。报告期内,公司累计实现营业收入 14,293 万元,比上年同期 16,898 万元减少 15%,实现利润总额 1,828 万元,比上年同期 2,102 万元减少 13%,实现归属于母公司的净利润 1,865 万元,比上年同期 2,094 万元减少 11%。

【000858】酒鬼酒股份有限公司

【基本情况】

酒鬼酒股份有限公司前身为始建于 1956 年的吉首酒厂,1997 年 07 月上市,公司股票上市地为深圳证券交易所,证券代码为 000799,股票简称"酒鬼酒"。自上市以来,企业不断发展壮大,酒鬼成为"中国驰名商标",公司曾先后荣获"全国酒文化优秀企业"、全国"五一劳动奖状"、"全国轻工业系统先进集体"、"全国先进集体"、"中国公众形象优秀企业"、"全国质量效益企业"、"全国酿酒行业优秀企业"、"全国酒文化优秀企业"、"中国公众形象优良企业"、"全国食品行业质量效益型先进企业"、"全国食品工业科技进步优秀企业"等多项荣誉。

公司主营业务为生产、销售酒鬼酒、湘泉酒、内参酒等系列白酒产品,产品畅销全国 30 多个省、市、自治区,远销美国、日本、俄罗斯、韩国、东南亚及港澳台等 20 多个国家和地区。

公司传承湘西悠久的民间传统工艺,依托湘西独特的自然地理环境和地域文化资源,独创中国白酒"馥郁香型"。酒鬼酒、湘泉酒曾荣获法国波尔多世界酒类博览会金奖、比利时布鲁塞尔世界酒类博览会金奖、中国首届食品博览会金奖、全国轻工博览会金奖、北京国际经贸博览会金奖、中国国际新产品新技术博览会金奖和中国白酒典型风格金杯奖,曾荣获"中国十大文化名酒"、"国产精品"、"中国名牌消费品"、"世界名牌消费品"等称号。

酒鬼酒公司位于湖南吉首市北郊酒鬼工业园区,旁依枝柳铁路和 1828 省道,为风景名胜区张家界、猛洞河、王村古镇至德夯苗寨、凤凰古城的必经之地,这里群山环抱,风景如画,酒鬼生态工业园已被国家旅游局列为全国首批工业旅游示范点。

2007 年,酒鬼酒公司在湖南省委、省政府及湘西州委、州政府的支持下,在社会各界的关心下,完成企业重组和改制工作。中国糖业酒类集团公司子公司中皇有限公司成为公司第一大股东。目前公司总股本 30305 万股,中皇有限公司持有

10943.4 万股，占总股本的 36.11%；中国长城资产管理有限公司持有 3636.6 万股，占总股本的 12%；其他 7 家社会法人股东持有 5000 万股，占总股本的 16.5%；社会流通股东共持有 10725 万股，占总股本的 35.39%。企业重组改制工作的成功告罄，标志着公司进入了一个崭新的发展阶段。

【主营业务】

生产、销售酒鬼酒系列、湘泉酒系列及三千年、玉金湘等其它系列白酒产品。

【经营情况】

2012 年是公司确定的“规模效益年”。1－6 月份，公司紧紧围绕“以战略为指引、以诚信为保障、以质量为根本、以管理为基础、以队伍为动力、以文化为依托、以市场为核心、以效益为目标”的指导思想，稳步推进大营销、大管理、大质量、大品牌的发展战略，各项工作取得可喜成效，公司营业收入、净利润再创历史同期最好水平。

2012 上半年报告期内本公司行业结构未发生较大变化，产品结构中加大了中高档产品的销售力度，营业收入及营业成本同比大幅增长主要为营业收入大幅增长所致。

报告期内酒类销售营业收入 928，280，472.85 元，毛利率为 77.71%。

报告期内本公司其他系列毛利率增长达 17.04% 主要系公司其他系列的部分产品价格上升所致。

【企业文化】

企业精神：艰苦创业、团结奋斗、求实创新、以优取胜。

【企业荣誉】

公司曾先后荣获“全国酒文化优秀企业”、全国“五一劳动奖状”、“全国轻工业系统先进集体”、“全国先进集体”、“中国公众形象优秀企业”、“全国质量效益企业”、“全国酿酒行业优秀企业”、“全国酒文化优秀企业”、“中国公众形象优良企业”、“全国食品行业质量效益型先进企业”、“全国食品工业科技进步优秀企业”等多项荣誉。

【000807】云南铝业股份有限公司

【基本情况】

云南铝业股份有限公司位于云南省昆明市东郊风景秀丽的阳宗海西岸，南昆铁路、昆河铁路和安石公路依傍而过。公司本部占地面积近 6000 亩，其中工业区面积约 2200 亩，生活区 500 亩，封闭式荒山绿化区 3200 亩。是全国有色行业、中西部地区工业企业中唯一一家“国家环境友好企业”，并荣获“全国文明单位”和“中华环境优秀奖”。

公司前身云南铝厂，始建于 1970 年，1998 年改制上市，是云南冶金集团股份有限公司控股的骨干企业。近年来，公司通过实施“走出去”发展战略，已成功构建了以昆明为中心，辐射具有资源能源优势地区的产业集群，构建起集铝土矿、氧化铝、电解铝、铝加工及炭素制品生产为一体的铝产业链。

公司始终坚持“依靠科技进步、定位世界一流”的发展思路，成功实施了“九五”、“十五”、“十一五”铝电解及铝加工技术改造项目，开发并推广应用了“低温低电压铝电解技术”等多项在铝行业中具有示范作用及深远影响的节能环保新技术，实现了产品产量、质量、经济效益等主要指标的大幅提升，公司竞争实力进一步增强。

公司秉承安全健康、节能环保理念，通过推行标准化管理，大力提升公司科学管理水平。1998 年以来，先后通过 ISO9001、ISO14001、OHSAS18001、ISO10012、ISO/TS16949、能源管理体系等国际标准管理体系认证，为实现高效率、低消耗和安全生产奠定了坚实的管理基础，公司的管理模式也成功转型为以全面推行国际标准化管理为主要特征的科学管理模式。

公司先后开发生产出氧化铝、预焙阳极、重熔用铝锭、铸造铝合金、电工圆铝杆、铝板带材等十大系列产品。“云铝及图”商标被国家工商行政管理总局商标局认定为中国“驰名商标”，重熔用铝锭分别在伦敦金属交易所和上海期货交易所注册，重熔用铝锭、铸造铝合金、电工圆铝杆、铝合金板带材荣获中国有色金属实物质量金杯奖和云南名牌产品称号。

“十二五”期间，公司将抓住国家有色金属调整与振兴规划以及云南省加快“桥头堡”建设等政策机遇，全面贯彻落实科学发展观，充分依托云南特有的清洁水电能源优势，遵循“节能、环保、低成本”的铝产业发展规律，加快战略布局，加快技术创新，加快实施资源优先战略和“铝电一体化”战略，用科技创新和管理创新引领可持续发展，努力建成我国科技环保领先、低成本竞争优势突出和引领产业升级的铝业强企。

【经营业绩】

2012 年上半年报告期内，公司（含控股子公司）生产铝锭及铝加工产品 27.67 万吨，同比增长约 3.9%；销售铝锭及铝加工产品 24.74 万吨，同比下降约 5.6%。报告期内，公司实现营业收入 4，005，498，742.77 元，同比增长 0.36%；实现营业利润 －117，687，541.72 元，同比下降 750.39%；实现净利润 －21，377，687.88 元，同比下降 154.91%；实现归属于母公司净利润 －25，067，807.81 元，同比下降 179.95%。

【企业文化】

企业宗旨——强企、报国、富民。

企业精神——团结、拼搏、求实、创新。

企业发展方针——树环保典范、建花园工厂、做文明员工、创一流企业。

【企业荣誉】

2010 年，荣获全国“安康杯”竞赛优胜企业。

2010 年，荣获云南省百户企业知识产权试点示范工作优秀试点企业。

2010 年，被认定为“云南省首批创新型企业”。

2010 年，荣获“云南省劳动关系和谐企业”称号。

2010 年，荣获云南省能源计量示范单位。

2010 年，荣获 2009 年度昆明地区工业企业 100 强第 6 名。

2010 年，荣获 2009 年度昆明地区工业企业纳税大户 100 强第 15 名。

2010 年，被工信部、财政部、科技部等国家 3 部委列为全国首批“资源节约型、环境友好型”企业创建试点企业。

【000812】陕西金叶科教集团股份有限公司

【基本情况】

陕西金叶科教集团股份有限公司（以下简称“陕西金叶”）前身为陕西省金叶印务有限公司，于 1992 年经陕西省经济体制改革委员会批准，经陕西省股份制领导小组办公室批复，是由陕西省印刷厂、陕西省烟草总公司、陕西省投资公司、宝鸡卷烟厂、澄城卷烟厂、延安卷烟厂、旬阳卷烟厂七家大中型企业共同发起，采用定向募集方式组建股份制公司，于 1998 年 6 月 23 日在深圳挂牌上市，股票代码 000812。

陕西金叶按照“产权明晰,权责明确,政企分开,科学管理”的原则建立了股东大会、董事局、监事会和经营管理层的权责分离、相互监督的现代企业管理结构。

陕西金叶在发展壮大的同时,不断进行产业结构调整,利用人才优势、行业特点,确立了长期发展战略,先后投资组建了陕西金叶印务有限公司、湖北金叶玉阳化纤有限公司、新疆奎屯金叶印刷有限责任公司、陕西金叶丝网印刷有限责任公司、陕西好猫卷烟材料有限公司等以烟草配套产业为主的子公司以及西北工业大学明德学院、陕西金叶房地产开发有限公司、陕西金叶万润置业有限公司、陕西金叶国际经济发展有限公司等9家控股子公司,公司参股子公司有陕西金叶西工大软件公司、西部信托投资有限公司、陕西烟草实业有限责任公司等多家公司,已经从单一印刷产业发展成为集烟草配套产业、教育产业、房地产业、进出口等为一体的大型集团公司。

近年来,陕西金叶坚持以诚实守信为企业核心价值观,遵守国家各项法律法规,完善诚信建设体系,创新诚信管理实践,积极履行社会责任,开拓进取,攻坚克难,为国家和陕西省保增长、扩内需、调结构作出了积极的贡献,在企业诚信建设中创新实践,取得了较好的成效,发挥了表率作用,为营造诚实守信、公平竞争的市场环境,推进社会信用制度建设做出了自身应有成绩。目前,企业经营状况良好,诚信经营理念强,诚信管理制度健全,积极履行社会责任,并取得较高社会认知度和良好公共记录。主要经济指标持续位于西北地区行业前茅,多次获得亿元企业、纳税大户、西安高新技术产业开发区百强企业、陕西银行同业协会“诚信企业”等荣誉称号。

“巩固烟草配套产业、提升民办教育产业、培育房地产业”,上述三产业在公司营业收入中相对贡献占比较大,目前公司经营正呈现出资产清晰,业绩向好两个最大特点。除了烟草配套业务发展迅猛外,民办教育也是公司目前或未来业绩增长的重要引擎。按照我国“教育优先发展”战略和结构调整部署,高等教育积极的宏观政策对公司的教育产业提供了一定的发展机遇,依托西北工业大学的优势品牌,明德学院可望持续发展。

伴随着集团公司集团化管控建设,公司显示出良好的发展态势,并拥有强劲的后续发展力。雄厚的技术力量与严格而学科的管理机制的完美结合、紧张和谐的文化氛围、远大的理想与追求,陕西金叶将借助西部大开发的东风和陕西“一线两带”的发展构思,迅速进入快速上升通道,将公司发展成为集团化、规模化企业。可以预见,陕西金叶科教集团股份有限公司这艘航母将带着全体股东的期冀,承蒙社会各界的关怀,步入成功,走向辉煌。

【企业文化】

公司宗旨:

为客户创造价值、为股东创造效益、为员工创造机会。

经营理念:

优质、诚信、敬业、创新。

人才理念:

人尽其才、权尽其责、利尽其功。

管理理念:

以人为本、勤勉自律、科学管理、持续发展。

【经营业绩】

2012年1-6月,实现营业收入18,455.17万元,比上年同期增长4.95%%;归属于母公司净利润1,307.83万元,比上年同期下降11.55%。

【000823】广东汕头超声电子股份有限公司

【基本情况】

广东汕头超声电子股份有限公司是一家主要从事印制线路板的企业。主要从事印制线路板、液晶显示器、超声电子仪器、超薄及特种覆铜板的研制生产和销售,是国内电子行业中技术含量高、成长性强的高新技术企业。公司旗下的汕头超声印制板公司(CCTC)享有“中国印制线路板之冠”的美誉,是国产移动通讯手机印制板的独家配套企业,数字移动通信手机用印制板产业化项目被国家发计委和信息产业部列入国家数字移动通讯产品国产化专项计划,并被国家计委认定为国家高技术产业示范工程。公司荣获工信部颁发的“2010年中国电子信息百强企业”称号;公司属下汕头超声印制板公司荣获工信部和中国电子元件行业协会颁发的“2010年中国电子元件百强企业”称号以及中国印制电路板行业协会颁发的“第9届(2009)中国印制电路行业百强企业”称号。

【主营业务】

印制线路板、液晶显示器、超声电子仪器、超薄及特种覆铜板的研制生产和销售。

【经营情况】

2012上半年报告期内,全球经济的复苏虽然缓慢,但欧美地区对传统消费类电子的需求依然保持旺盛;另外,由于国家对电子产业的鼓励和扶持政策的推动,有效提升了智能手机、车载电子、服务器以及平板电脑等电子产品的需求,在苹果和众多国产品牌智能终端需求拉动的影响下,印制板HDI类产品和电容式触摸屏产品需求旺盛,曾一度出现供不应求的状态。对此,公司紧抓行业市场带来的良好机遇,不断调整产品结构,利用公司在手机、通讯领域的市场优势,大力发展创新产品,提高主导产品的规模和技术档次,增加附加值高的订单占比,并持续强化成本管控、优化客户结构、加强产品革新、品质控制、生产线柔性等管理,使公司综合竞争力水平得以进一步提升,公司也获得较好的利润收益。

2012上半年,公司实现营业收入184,485.91万元,实现净利润16,108.62万元,同比分别增长20.58%、62.42%。

【企业文化】

企业愿景

成为国内一流、行业著名的专业电子产品制造商和服务商。

企业宗旨

客户满意、员工满意、投资者满意、社会满意。

超声精神

团结奉献团结奉献使超声坚如磐石;

诚信敬业诚信敬业是超声人的美德;

务实高效务实高效让超声充满活力;

开拓奋进开拓奋进是超声人执着的追求。

【企业荣誉】

国家高新技术企业

国家火炬计划重点高新技术企业

国家创新型企业

中国电子信息百强企业

国家级博士后科研工作站

国家高技术产业化示范工程

中国电子元件百强企业

中国印制电路行业百强企业

全国优秀外商投资企业
全国外商投资"双优"企业
国家电子信息行业优秀质量管理小组一等奖
广东省自主创新100强企业
广东省战略性新兴产业骨干企业
广东省直通车服务重点企业
广东省高新技术企业
广东省省级企业技术中心
广东省50家省级重点工程技术研究开发中心
广东省名牌产品
广东省著名商标

【000825】山西太钢不锈钢股份有限公司

【基本情况】

山西太钢不锈钢股份有限公司(简称太钢不锈)是太原钢铁(集团)有限公司1998年6月对不锈钢生产经营业务等经营性资产重组后,发行A种上市股票,公开募集设立的股份有限公司;2006年6月,太钢不锈完成对太钢(集团)钢铁主业资产的收购,拥有完整的钢铁生产工艺流程及相关配套设施。现已成为全球最大、工艺技术装备水平最高、品种规格最全的不锈钢企业。

主要产品有不锈钢、冷轧硅钢、碳钢热轧卷板、火车轮轴钢、合金模具钢、军工钢等。不锈钢、不锈复合板、高牌号冷轧硅钢、电磁纯铁、高强度汽车大梁钢、火车轮轴钢、花纹板、焊瓶钢市场占有率国内第一。不锈钢等重点产品进入石油、石化、铁道、汽车、造船、集装箱、造币等重点行业,应用于秦山核电站、三峡大坝、"和谐号"高速列车、奥运场馆、神舟系列飞船和嫦娥探月工程等重点领域。

太钢不锈拥有700多项以不锈钢为主的核心技术,技术中心在国家认定的企业技术中心排名第二。多项不锈钢技术开发与创新成果获国家科技进步奖,"太钢牌"不锈钢材获"中国名牌产品"和"中国不锈钢最具影响力第一品牌"称号。

太钢不锈与全球80多个国家和地区开展了经贸合作,不锈钢等产品在国际市场广受好评。不锈钢深加工快速发展,欧美等知名企业投资踊跃。

太钢不锈积极全面履行社会责任,全力建设资源节约型和环境友好型企业,积极支持社会公益事业;坚持以人为本的核心理念,重视安全生产,改善职工生活,和谐发展呈现新局面。

面向未来,太钢不锈将以科学发展观为统领,持续推进技术创新、管理创新和制度创新,加快建设全球最具竞争力的不锈钢企业,实现以不锈钢为主的品种、质量、成本、研发、节能、环保、效率、服务等各项指标达到国际一流水平。

【主营业务】

不锈钢和碳钢钢材生产销售。

【经营情况】

2012年上半年,欧债危机持续恶化,美国经济复苏进程波折不断,世界经济增速整体放缓;国内呈现经济增速、通胀压力"双下滑"运行态势;钢铁产能过剩、供需矛盾突出,钢材价格大幅下滑,钢铁行业微利,钢材出口形势严峻;公司围绕年度预算目标,通过优化品种结构、内部降本增效等措施,经营业绩取得较好成绩。

2012年上半年公司实现钢产量520.86万吨,比上年同期498.80万吨增长4.42%,其中不锈钢产量155.62万吨,比上年同期145.55万吨增长6.92%;公司上半年实现营业收入501.42亿元,比上年同期458.37亿元增长9.39%;实现利润总额3.28亿元,比上年同期9.08亿元降低63.89%;实现净利润3.22亿元(其中:归属于上市公司股东的净利润为3.66亿元),比上年同期8.48亿元降低62.03%。

【企业文化】

企业使命:用不锈智慧创造卓越品质。

战略目标:建设全球最具竞争力的不锈钢企业。

核心价值观:以人为本、用户至上、质量兴企、全面开放、不断创新。

【企业荣誉】

先后荣获"全国质量奖"、"全国最具社会责任感企业"、"全国模范劳动关系和谐企业"、"全国企业文化建设先进单位"、"全国绿化模范单位"、"山西省模范企业"、"山西省五一劳动奖状"、"全国质量工作先进单位"、"全国法制宣传教育先进单位"、"山西省信用示范企业"、山西省"红十字奉献之星"和"博爱一日捐银奖"等荣誉。

2011年,公司被评为"建党90周年全国党建创新十大杰出贡献单位"。

2011年,公司荣获"2011中国企业社会责任特别大奖"。

2011年,公司被评为"2010年度中国食品工业出口百强企业"。

【000858】宜宾五粮液股份有限公司

【基本情况】

宜宾五粮液股份有限公司是以五粮液及其系列酒的生产、销售为主要产业,同时生产经营精密塑胶制品、大中小高精尖注射和冲压模具现代制造产业,以及生物工程为发展产业,药业工业、印刷业、电子器件产业、物流运输和相关的服务业的具有深厚企业文化的现代化企业集团。主要从事"五粮液"及其系列白酒的生产和销售。数年来"五粮液"品牌连续在中国白酒制造业和食品行业"最有价值品牌"中排位居前。公司获得"全国质量奖开展十周年(2001－2010年)卓越组织奖"、"中国食品安全最具社会责任感企业"等多项大奖,其中国家级5项、省级6项、市级3项。公司热心参与公益事业,获得"2010年度第八届中国财经风云榜十大公益企业"奖。2010年,"五粮液"品牌价值蝉联食品行业榜首,居中国最有价值品牌第4位。公司运作进一步规范,赢得资本市场认同,获得"中国证券20年－20家最具持续成长能力上市公司"、"上市公司金牛百强"等多项荣誉。

【主营业务】

酒类产品及相关辅助产品(瓶盖、商标、标识及包装制品)的生产经营。

【经营业绩】

2012年上半年,公司实现营业收入150.50亿元、营业利润69.31亿元、净利润52.41亿元(其中:归属于上市公司股东的净利润50.46亿元),营业收入较上年同期增长42.05%,营业利润较上年同期增长50.56%,净利润较上年同期增长50.15%。

本报告期内,在宏观经济增速放缓、白酒行业受政策限制的影响下,行业内的竞争更加激烈,面对困难,公司迅速而积极地采取了一系列有效措施,调整营销策略和手段,不断强化服务意识,确保收入、利润、销量均保持较大幅度增长,各主要品牌市场表现符合或超过预期,公司呈现出良好的发展态势,经营业绩持续大幅增长，五粮液系列酒销量较上年同期增长 34.64%。

【企业文化】

企业精神：开拓、创新、竞争、拼搏、奋进。

【企业荣誉】

2011 年，"五粮液"品牌在 2011 中国最有价值品牌评价中，品牌价值 586.26 亿元，居全国白酒制造业第一位。

2011 年，公司被评为"2011 年度优秀食品工业出口企业"。

2011 年，公司荣获"第十一届全国质量奖"。

2011 年，公司荣获"2010 年度白酒制造行业销售十强企业(第一名)"。

2011 年，公司荣获"2010 年度白酒制造行业效益十强企业(第一名)"。

2011 年，公司被评为"全国质量工作先进单位"。

2011 年，公司荣获"2009 - 2010 年度食品工业科技进步优秀企业八连冠特别荣誉奖"。

2011 年，"五粮液"品牌荣获"全国顾客最佳满意十大品牌"。

2011 年，"五粮液"品牌荣获"第 6 届亚洲品牌盛典中国品牌价值冠军"。

2011 年，公司荣获"中国商标金奖"。

2011 年，公司荣获"全国模范劳动关系和谐企业"称号。

2011 年，公司荣获"2010 年度中国轻工业酿酒行业十强企业"荣誉称号。

2011 年，公司被评为"建党 90 周年全国党建创新十大杰出贡献单位"。

2011 年，公司荣获"2011 中国企业社会责任特别大奖"。

2011 年，公司被评为"2010 年度中国食品工业出口百强企业"。

【000861】广东海印集团股份有限公司

【基本情况】

广东海印集团股份有限公司(证券简称：海印股份，证券代码：000861)于 1998 年在深交所挂牌上市，公司总股本4.92 亿股。截至 2012 年 3 月中旬，公司市值近 100 亿元人民币。公司主营业务包括主题商场及综合性商业物业开发租赁、高岭土、炭黑三大领域。

多年来，海印股份保持高速与稳定的发展态势，现今公司已进入规模化发展阶段，资产规模迅速扩大，品牌价值不断提升，管理制度日趋完善。公司主题商场及综合性商业物业开发租赁业务领域，公司全资控股及附属经营管理的 18 家主题商场遍及电器、时装、家居布艺、潮流时尚、IT 数码、运动用品等行业，总营业面积(含自有和租赁物业)超过 50 万平方米，主题商场开发与管理业务现已发展成为当地行业领军；高岭土业务领域，公司属下茂名高岭科技有限公司是目前国内最大的超细粉体涂料高岭土供应商，年产规模超 30 万吨(未来将建成年产 100 万吨规模，造纸、陶瓷、化工三大产业的高岭土综合应用基地)，公司产品已成为业内第一品牌；炭黑业务领域，公司属下环星炭黑有限公司是广东工业 200 强企业，具有 40 多年炭黑生产历史，年产规模 6 万多吨，是华南区域唯一大型炭黑厂，占有华南地区炭黑市场的主要份额。

展望未来，海印股份将站在新的起点，注重股东的资本增值和企业的市场价值提升，立足广州、拓展华南、面向全国，实现本公司的可持续发展，积极稳健地开拓业务，依靠公司前瞻性的战略能力和对市场行业的精准把握，争取更加优异的业绩，并认真履行企业公民的社会责任，回馈社会，回报股东，继续赢得市场的肯定和客户的信赖。

【主营业务】

物业出租及管理、炭黑产品、高岭土产品、房地产开发、余热发电。

【经营业绩】

2012 年上半年报告期内，公司实现营业收入 961,458,290.10 元，比去年同期增长 16.15%；实现营业利润 259,462,893.52 元、利润总额 262,156,574.16 元、归属于母公司的净利润 192,802,946.87 元，分别比去年同期增长 20.00%、21.86%、21.37%。

根据 2012 年上半年的实际经营情况，公司不属于重大变化或重大变动。

【企业文化】

海印的愿景：成为受人尊敬的、具可持续发展能力的行业领先企业。

海印的使命：为顾客创造价值，为员工创造机会，为股东创造效益，为社会承担责任。

海印的价值观：诚信尽责、敬业勤奋、公平公正、整体至上。

企业理念：忠诚、敬业、勤奋、创新。

【企业荣誉】

公司产品已成为业内第一品牌；公司属下环星炭黑有限公司是广东工业 200 强企业。

【000878】云南铜业股份有限公司

【基本情况】

云南铜业股份有限公司(股票简称：云南铜业，股票代码：000878)为云南铜业(集团)有限公司(以下简称"云铜集团")控股的上市公司。公司前身为云南冶炼厂，成立于 1958 年，1998 年改制为股份制上市公司，更名为"云南铜业股份有限公司"。

公司现集采、选、冶及深加工为一体，生产和销售铜精矿及其他有色金属矿产品、高纯阴极铜、电工用铜线坯、工业硫酸、黄金、白银，并能综合回收硒、碲、铂、钯、铟等稀贵金属。其中主产品"铁峰"牌高纯阴极铜，为上海金属交易所和伦敦金属交易所注册的"中国名牌"产品；"铁峰"牌黄金取得上海黄金交易所会员资格；"铁峰"牌白银在伦敦金银协会注册交易；高纯阴极铜、电工用铜线坯、工业硫酸、金锭、银锭等长期蝉联"云南名牌"产品。公司采用世界先进的铜冶炼技术及 ISO9001—2008、GB/T28001—2001 二合一标准体系组织生产，主要经济技术指标均为全国同行业领先水平，现已发展为中国三大铜工业有色金属企业之一。

【主营业务】

有色金属冶炼与加工。

【经营业绩】

2012 年公司外部面临全球经济疲软、铜价逐步回落走低上行乏力、国内需求减弱、同行竞争加剧、云南连续三年大旱等不利因素，内部面对自产矿铜无增量、生产成本持续刚性上涨、亏损企业面增加、公司赢利水平低等严峻挑战，公司全体干部和员工上下齐心、攻坚克难、运营转型、控亏增盈，取得了一定的经营业绩。

公司通过实施一系列重点科技项目和技术改造项目，保证了公司矿山板块的可持续发展，并依靠技术进步做大做强矿山，提高采选产能，保障精矿的自给量及品质。同时，依靠自主创新做精做优冶炼板块，提高节能减排、资源综合回收利用的技术水平，发展循环经济，增加了企业的收益。

截至2012年三季度末，公司总资产达307.34亿元，净资产达69.21亿元，营业收入达299.69亿元。

【企业荣誉】

公司荣获"纳税信用等级A级证书"、"资源综合利用认定证书"、"云南省外贸企业前十强"、质量管理体系认证证书、职业健康安全管理体系认证证书，有色金属产品实物质量金杯奖（高纯阴极铜）、有色金属产品实物质量认定（电工用铜线坯）、国家资源综合利用奖（工业硫酸）、"云南省AAA级守合同重信用单位"等项奖励。主产品继续保持"中国名牌产品"称号和"云南名牌产品"称号，公司2012年取得的"云铜"商标（金属处理）获昆明市知名商标认定。

同时，公司还荣获第七届中国证券市场年会金鼎奖、第八届中国上市公司董事会"优秀董事会奖"荣誉。

【社会责任】

公司积极营造"和谐企业、绿色云铜"的良好社会责任氛围，努力以诚信获取各利益相关方的认同和尊重，实现企业的可持续发展，推动企业、员工、环境乃至整个社会的共同进步与和谐发展。公司在经营发展过程中严格履行应尽的社会职责和义务，包括安全生产、产品质量（含服务）、环境保护、资源节约、促进就业、员工权益保护等，切实做到经济效益与社会效益、短期利益与长远利益、自身发展与社会发展相互协调，实现企业与员工、企业与社会、企业与环境的健康和谐发展。

公司一直秉承以人为本的管理理念，在追求企业发展的同时，始终追求企业与员工利益的共同提升，维护员工的权益，尊重员工的创造，促进员工素质全面提高。

公司诚奉"依法经营、诚实守信、合作共赢、创造客户价值最大化"的经营理念，并将这一理念落实到营销工作的各个环节。

公司坚持诚信经营、利益共享、互惠互利的原则，尊重供应商的合理报价，努力实现合作共赢，共同发展。

公司历来重视公司社会价值的体现，始终坚持诚信为本、依法经营，积极关注社会服务和公益事业，勇于承担社会责任，积极为社会做出应有的贡献。

企业发展源于社会，回报社会是企业应尽的责任。公司积极参加社会活动。多年来，公司一直积极组织并参与社会活动，与业界及不同社团保持良好沟通，充分发挥公司内部人大代表的作用，广泛与社会群体保持紧密联系，多渠道主动收集地方政府和社区意见，实现企业与社会的和谐互动。

热心参加公益事业。公司以资源报国为己任，用实际行动反哺社会。宁洱县同心乡中心小学在2007年的地震中遭受重创，为了帮助学校更好发展，公司向普洱市宁洱县同心乡中心小学捐款3万元，向彝良县灾区捐赠3万元，易门县韩所村发生旱灾，公司捐赠6万元用于抗旱救灾，2012年，公司各项社会公益活动累计捐款30.51万元。

【000893】广州东凌粮油股份有限公司

【基本情况】

广州东凌粮油股份有限公司，证券简称：东凌粮油，证券代码：000893，国内A股市场首家大豆加工企业，业务包括油脂压榨、粮食贸易、基础物流等，下属的大豆压榨企业有广州植之元油脂实业有限公司及其全资子公司广州植之元油脂有限公司。"植之元"历经十年发展，以其稳定的质量、优良的服务在市场中享有崇高的品牌声誉。

公司拥有三条大豆油粕生产线，全套引进比利时De－Smet（迪斯美）公司的大豆加工工艺、技术和设备，从原粮接收到产品出厂，全部自动化控制，每天可加工处理7,800吨大豆，年加工能力超过220万吨。

公司拥有干散货库容9万吨，油罐2.5万吨，自备3,000吨级泊位一座和1,000吨级泊位两座，物流配送体系完善，日发货能力达16,000吨。

公司为我国最重要的商品期货交易所大连商品交易所的注册交割库，在保障本区域粮食安全及城乡居民菜篮子工程建设方面发挥着积极重要的作用。

【主营业务】

大豆油脂加工。

【经营业绩】

2012年上半年报告期内，公司主营业务收入375,019.87万元，较去年同期增长25.49%；营业利润359.72万元，较去年同期增长104.58%；归属于母公司所有者的净利润为330.36万元；较去年同期增长104.38%。

随着养殖业规模化程度的不断提高，对国内生猪存栏的稳定形成有力支撑，豆粕需求复苏，大豆压榨行业经营环境获得改善，毛利逐步提升，2012年上半年公司实现扭亏为盈。

【企业文化】

企业精神：团结、进取、创新、发展。

企业价值观：牢记诚信为本，勿忘厚德载物。

公司意识：市场竞争危机意识，企业经营风险意识，行业发展创新意识。

经营理念：业务国际化、人才社会化、决策科学化、管理现代化。

管理理念：目标明确、责任到人、科学管理、执行有力。

企业目标：创建百年粮店，成为国际一流企业。

【企业荣誉】

2012年8月，500万吨/年大豆蛋白及油脂综合生产项目被列入广东省现代产业500强。

2012年10月，被广州市民营经济发展服务局评为"广州市民营企业地方经济社会贡献优秀企业"。

2012年11月，被广州市经济贸易委员会评为广州市优势传统制造业转型升级示范企业。

2012年12月，被广东省粮食行业协会评为"广东粮食龙头企业"。

2013年1月广州植之元油脂有限公司被增城市新塘镇人民政府评为"2012年新塘镇工商企业纳税大户"。

【000905】厦门港务发展股份有限公司

【基本情况】

厦门港务发展股份有限公司原名为"厦门路桥股份有限公司"，于1999年2月3日向社会公开发行人民币普通股9500万股（A股），并于1999年4月29日在深圳证券交易所挂牌交易。经中国证监会批准和公司2004年7月29日第一次临时股东大会审议通过，公司与厦门港务集团有限公司（以下简称港务集团）于2004年8月1日进行了重大资产置换。资产置换后，公司于2004年11月22日变更为现名。

公司以"立足港口综合物流服务，实现企业价值最大化"

为宗旨，主营以港口为依托的综合物流业务以及件散杂货、内贸集装箱的装卸、堆存、仓储和助轮船靠离泊等业务。是厦门口岸唯一一家以港口为依托、拥有完善的物流通道、完整的物流链条及高端物流专业人才和信息网络的企业，在船舶代理、装卸、公证交接、助靠离泊、仓储、运输等等港口物流领域处于行业领先者的地位。

公司拥有东南沿海实力最强的国际船舶代理企业、全省规模最大的散杂货装卸码头、厦门港唯一的内贸集装箱装卸码头、福建省规模最大的集装箱运输车队、厦门港唯一提供海上专业拖轮服务的企业和先进的物流信息管理系统；同时拥有密集的物流网络，与世界一百八十多个国家和地区的客户建立了密切的业务关系，在国内经济发达的沿海和沿江地区形成密集的业务网络，并延伸至内陆经济开发地区和铁路枢纽城市。公司业务贯穿货物进出港所涉及的航运代理、理货公证、报关、陆运、集拼、报关、仓储、集装箱堆存等各环节，构成了完整而高效的港口综合物流服务供应链。

【主营业务】

以港口为依托的综合物流业务以及件散杂货、内贸集装箱的装卸、堆存、仓储、助轮船靠离泊以及贸易、建材等业务。

【经营业绩】

2012 上半年报告期内，公司实现营业收入 118,050 万元，比 2011 年上半年增长 18.20%。公司 2012 年上半年实现利润总额 12,623 万元，实现归属于上市公司股东的净利润 8,297 万元，较 2011 年上半年分别增长 7.98% 和 9.41%，利润总额及净利润增长主要系毛利率较高的港口物流业在报告期内有一定幅度的增长。

【企业文化】

企业宗旨：立足港口综合物流服务，实现企业价值最大化。

【企业荣誉】

荣获了物流企业分类最高级别—5A 级综合服务型物流企业称号。

【000906】物产中拓股份有限公司

【基本情况】

物产中拓前身南方建材是湖南省大宗商品流通行业的第一家上市公司，于 1999 年 7 月在深圳证券交易所上市，2010 年增资扩股后变更为外商投资股份有限公司，2012 年 8 月 23 日起正式更名为"物产中拓"。截至 2011 年 12 月 31 日，公司总资产 43.05 亿元，总股本 3.31 亿股。2012 年，公司位居湖南省百强企业第 13 位，服务业 50 强排名第 4 位。

物产中拓实际控制人浙江省物产集团公司实力雄厚，位列"2012 年世界 500 强"第 426 位。控股股东浙江物产国际贸易有限公司是浙江物产集团、中粮集团等共同投资的大型流通企业，在钢铁进出口领域居全国领先地位，持有公司 46.13% 的股份。

物产中拓以钢铁贸易和汽车经营为两大主业，通过"连锁经营、物流配送、电子商务、供应链金融、信息服务"五位一体的立体化经营模式，全力打造"具有领先竞争力的冶金供应链服务集成商和汽车综合服务商"。钢铁贸易方面，在湖南、湖北、广西、云南、贵州、四川、甘肃、重庆等中西部地区构建了完善的钢铁分销网络；汽车经营方面，通过整合社会要素资源，强化厂商合作，拓展湖南省内市场，铸就了良好的汽车经营服务品牌。同时，物产中拓着力发展出租车、仓储物流等多元业务，在区域市场拥有较高的知名度和美誉度。位于长沙望城的高星物流园，总规划占地 1000 亩，各项建设工作正加速推进；中拓钢铁网作为公司电子商务平台已上线试运营。

2011 年，物产中拓实现营业收入 239 亿元，销售螺纹钢、线材、板材、圆钢、带钢、钢坯等各类钢材 446 万吨，铁矿石 312 万吨，锰矿 27 万吨，铁合金 6 万余吨。旗下一汽大众、北京现代、东风日产、北汽福田及上海通用五菱等品牌 4S 店共销售各类汽车 20756 辆。三维出租车拥有 1000 余台出租车，分布在长沙、岳阳、益阳、邵阳、衡阳、吉首等地，在省内出租车行业中享有良好声誉。

【企业文化】

企业愿景：具有领先竞争力的冶金供应链服务集成商和汽车综合服务商

核心理念：以人为本，绩效理念，团队精神，追求卓越。

核心价值观：企业与时代共同进步，企业与客户共创价值，企业与员工共同发展。

【业务板块】

钢铁贸易

钢铁贸易是公司重点发展的主营业务，以螺纹钢、线材、中厚板、薄板、圆钢、带钢、钢坯、铁矿石的内外贸以及钢厂前后项业务为主。在湖南、湖北、广西、云南、贵州、四川、甘肃、重庆等中西部地区构建了完善的钢铁分销网络。

作为一家专业钢铁代理分销商，公司以满足客户需求为出发点，着力构建有竞争优势的资源配置网络，与涟钢、萍钢、冷钢、晋钢建立了稳固的战略伙伴关系，与湘钢、新钢、柳钢、水钢、承钢、武钢、德钢、达钢等国内各大钢厂建立了良好的合作关系。

公司立足中西部地区的钢材分销网络，积极拓展市场，努力开拓重点工程和终端厂家钢材配供配送业务，竭诚为终端客户提供全方位的增值服务。近年来，已为鲤鱼江电厂、益阳电厂、衡枣高速、长沙绕城高速、五强溪水电站、京珠高速公路、长沙先导区工程建设项目等湖南省境内，以及贵州三板溪水电站、西安地铁工程、武汉轻轨一号线、武汉新黄立交桥、武汉控江大道等省外多家重点工程项目配送钢材数百万吨。

公司钢铁贸易以品种规格齐全、价格透明公道、服务及时高效、资金安全放心的优势，赢得了良好的市场信誉。随着知名度和美誉度不断提高、经营规模不断扩大、影响力不断增强，公司正朝着中西部地区具有领先竞争力的冶金供应链服务集成商稳步迈进。

汽车销售与出租车业务

公司旗下拥有多家标准 4S 店，经营一汽、大众、北京现代、东风日产、东风风神、上汽通用五菱、江淮瑞风等乘用车品牌，同时还经营北汽福田、一汽解放卡车、一汽轻卡、一汽森雅、江淮轻卡等商用车品牌，在湖南省内各地市拥有众多二级经销网络。

公司下属控股公司——湖南省三维企业有限公司，注册资本 9088 万元，在长沙、岳阳、益阳、邵阳、衡阳、吉首等地拥有 1000 余台出租车，已成为湖南省内规模最大、覆盖面最广、品牌知名度最高的出租车公司之一，也是省内最先通过 ISO9001：2008 质量管理体系认证的出租车公司。

公司未来将致力于打造统一的汽车经营服务品牌，加强与主流汽车厂家及知名品牌的合作，大力发展售后服务产业，力争成为中西部地区领先的汽车综合服务商。

物流配送

物流配送是公司目前重点发展的业务之一，以物流基地为平台，钢铁贸易为载体，致力于打造五位一体新商业模式，为客户提供网上交易、网下配送的全流程服务。

公司现在湖南省衡阳市拥有一家物流基地，占地面积约为150亩，是湘南区域的钢材交易市场。公司正在长沙市望城区建设大型物流基地——湖南高星物流园发展有限公司，是一家专业提供金属材料等各类生产资料的仓储、加工配送、电子商务、金融供应链等服务的国有上市公司控股企业，注册资金1.2亿人民币，总用占地面积约70万平方米，计划建设成为中南地区大宗商品集散地和交易中心，年设计吞吐能力为500万吨。

在未来的三年内，公司将以长沙物流基地为“旗舰”，向武汉、成都、重庆等重点地区逐步拓展，形成物流配送网络，在建设物流基地的同时，打造配套运输网络能力，力争成为中西部乃至全国一流的冶金供应链集成服务企业。

电子商务

公司下属控股公司——湖南中拓电子商务有限公司，注册资本3000万元，是为实现物产中拓五位一体的商业模式而成立的合资公司。湖南中拓电子商务有限公司旨在以不断优化的钢铁线上交易流程和完善的配套服务来提升客户体验，其运营的钢铁电子商务平台——中拓钢铁网是以物产中拓连锁销售网络为经营主体的综合性钢铁交易服务平台。平台集交易、仓储、运输、加工、金融、信息六大功能模块于一体，以实体经营网络结合信息化网络的形式为客户提供专业化、智能化、全流程的一站式服务。

公司电子商务平台的目标是做钢铁电子商务行业的领跑者，将中拓钢铁网打造成为钢铁行业具有巨大影响力的平台。

【000936】江苏华西村股份有限公司

【基本情况】

江苏华西村股份有限公司是以江苏华西集团公司为主发起人设立的上市公司。1999年7月13日，经中国证监会“证监发行字(1999)81号文批准，公司3500万A股在深圳证券交易所发行。公司主要经营范围为：化工原料、化学纤维品的制造、国内贸易；危险化学品的销售。

目前公司拥有特种化纤厂、特种聚酯分厂、华西村化纤贸易有限公司和一家中外合资企业。公司已形成年产30万吨涤纶短纤维的生产能力及总容量达30万立方米的化工产品仓储业务。

江苏华西村股份有限公司依托资本市场，不断运用高新技术改造传统产业，先后从德国等国家引进了当今国际一流的先进设备，使公司的生产装备达到了国内领先、国际先进的水平。企业的装备水平得到了提升，科技含量进一步加大，为企业的持续、稳健发展打下了坚实的基础。

同时，公司积极引进各类科技人才，培育起一支高素质的科研开发的人才队伍。目前公司拥有高中级工程技术人员100多名，为公司的产品开发和科技创新注入了活力，夯实了基础。

为适应产品更新和科技创新的需要，公司设立了企业技术中心，结合各厂的技术开发部门和车间班组的技术革新，合理化建议等群众技术革新活动，使公司的科技创新工作开创了专业化管理，群众性参与的新局面，公司每年对科技创新的经费投入都在1000万元以上，开发的产品成为市场的畅销产品。

作为中国优秀乡镇企业与资本市场结合的成功典范，公司坚持相关多元化经营战略，业务涉及化纤、毛纺、服装、针织等纺织相关行业以及商业与热电业，力主发展高新技术、高附值产品，形成了聚酯纤维和毛纺两大核心主业。

【经营情况】

2012年世界经济增速减缓，外部需求不畅，外销订单大幅下滑. 国内经济同样面临增速下降，内需不足的压力，受国际原油价格走低，下游纺织服装需求放缓的影响，化纤市场需求萎缩低迷，产品价格大幅下跌，公司主营的化纤产品面临较大的经营压力，毛利率下降，经营出现亏损。本报告期公司出售华泰证券股票税后获利6,858.87万元，控股子公司江阴华西化工码头有限公司为公司贡献效益3,063.27万元，是公司利润的主要来源。

2012年1－6月，公司共实现营业收入142,971.18万元，较上年同期减少了22.43%，实现营业利润11,452.65万元，较上年同期减少了33.36%，实现归属于母公司所有者的净利润8,470.38万元，较上年同期减少了41.86%。

【000938】紫光股份有限公司

【基本情况】

紫光股份有限公司是主营信息电子产业的高科技A股上市公司。

1988年，清华大学科技开发总公司成立，这是清华大学为加速科技成果产业化成立的全校第一家综合性校办企业，也是紫光的前身。

1993年，清华大学科技开发总公司更名为清华紫光(集团)总公司，确立“紫光”商号。

1999年，清华紫光(集团)总公司发起设立清华紫光股份有限公司，同年11月在深交所成功上市，股票简称：清华紫光，股票代码：000938。

2000年，清华紫光创高106元股价，成为中国股市百元股王。

2002年，清华紫光进行资产重组，成为主营信息电子产业的高科技公司。

2006年，清华紫光顺利完成股权分置改革，并更名为紫光股份有限公司。

2007年，紫光软件总部移师无锡，紫光软件(无锡)集团有限公司成立。

2008年，紫光股份在深圳市高新技术产业园区规划建设南方产业化基地。

2008年，党和国家领导人温家宝、李长春、李源潮、刘云山、俞正声等先后视察了紫光软件(无锡)集团。

2008年，紫光股份的“UNIS”商标，被认定为中国驰名商标。

2012年，紫光扫描仪已连续14年蝉联中国扫描仪市场销量冠军。

2012年，紫光数码(苏州)集团有限公司正式成立，标志着紫光股份分销业务成功引进战略投资。

2012年，紫光股份获得2012年度“十百千工程”专项资金支持。

紫光股份有限公司以“品牌、资源、资金”为发展支点，以“简单、高效、健康”为管理思想，业务领域广泛覆盖信息电子产业的主流方向，主干产业包括以数字影像产品为代表的自主品牌信息电子产品；覆盖教育、新闻出版、交通、各类政府机构等多领域的软件与系统集成业务；以及已成为现代服务业代表的渠道增值分销业务。公司稳步实施大科技发展战略，力求以多样化的产品、系统化的技术应用和服务，多层次、持续性地满足用户不断增长的需求。十余年的创新发展，紫光股份孵化了紫光数码、紫光软件、紫光捷通等一批优质产业公司，培育了紫光图文等中美合资企业，树立了国际合作的典范。

紫光源自清华，依托清华大学的综合性人才和科技资源优势，健康可持续发展，年产值已超过 50 亿元。紫光股份是国家重点高新技术企业、国家"863 计划"成果产业化基地，历年入选中国电子信息"百强"企业，曾荣获国家技术发明奖、创新奖以及名牌产品等上百项奖励。

紫光以"承担社会责任，推动科技进步"作为企业宗旨，并在清华校训"自强不息、厚德载物"和紫光格言"文行忠信、恭宽敏惠"的指引下，构建校园文化与企业文化的完美结合。在新的历史时期，紫光希望以科学发展观为指导，持续自主创新，积极推进国家的各项技术进步，促进经济的繁荣腾飞。紫光股份与股东、员工、合作伙伴一起，携手同行，共创辉煌！

【经营业绩】

2012 年上半年，公司继续在大科技战略指导下，提高各业务领域的核心竞争力，努力克服宏观经济整体下行对市场造成的不利影响，保持了各项业务健康、稳定的发展。公司上半年实现营业收入 26.87 亿元，同比增长 13.45%，实现净利润 1,806.94 万元，同比增长 47.34%。

【000948】云南南天电子信息产业股份有限公司

【基本情况】

南天电子信息产业股份有限公司（简称南天信息），是以信息产品业务、系统集成业务、软件业务、服务业务和支付业务为主体，兼顾其它领域发展的现代化高科技企业。于 1999 年 8 月 18 日在深圳证券交易所上市（股票代码 000948），具有三十多年建设金融行业和国家部分重点行业信息化工程的丰富经验，具备较高水平的 IT 专业服务能力和技术积累，致力于信息产业高新技术的研发和推广应用。

南天是国内专业生产金融电子化专用设备的主导厂商，其生产的 PR 系列专用存折打印机 10 多年来被列为国家级重点新产品，市场占有率均达 70%，居国内同类产品市场份额第一位。BST（金融自助多功能打印设备）系列产品业被国家科技部、国家税务总局等五个部委列为国家级重点新产品，金融市场占有率 45%，连续 8 年居国内同类产品市场份额第一位。南天 BP 系列磁卡读写设备市场占有率 50%。高速打印机、POS 终端均有良好的市场份额。近年来，为积极应对行业竞争，扩大赢利范围和自身优势，南天信息又开发出了城市信息亭、轨道交通设备、自助发卡机、网银终端、网点排队机、自助缴费机、机场自助值机等产品。

经过四十余年的精耕细作，南天信息在中国金融行业信息产品市场中取得了突出的优势地位。产品不仅覆盖国内各大商业银行、专业银行及新生银行，而且已出口到台湾、香港、新加坡、韩国、马来西亚、越南、中东、俄罗斯、德国、意大利、蒙古等 28 个国家或地区。

南天信息具有三十多年软件开发与系统集成的丰富经验，涉及业务涵盖计算机软件、硬件、网络、行业知识、集成技术及专业服务等各方面。南天已实施金融应用软件产品解决方案和计算机应用系统 1000 多个，应用的网点达 5 万个，产品的先进性和实用性已受到国内银行的认同。

南天信息从事 IT 专业服务已达二十余年，与 IBM、思科等众多国际知名 IT 厂商建立起了广泛的战略合作伙伴关系。随着行业转型步伐的加快和自身升级的需要，南天信息加强了 IT 服务平台的建设力度，成功开发了 ATM 终端运营服务、BST 自助缴费终端运营服务、手机支付 POS 终端运营服务等项目。

【企业荣誉】

南天软件荣获 2012 年度"企业信用评价 AAA 级信用企业"称号。

2012 年"中国金融科技发展论坛"在京举办南天喜获"杰出企业""用户信赖产品"两项大奖。

2012 年，省科技厅正式向南天"环保型多功能高级存折打印机"和"移动支付终端 WLFP－500"两款产品下发"云南省科技厅 2012 年度重点新产品认定证书"。

2012 年南天获 IBM 中国渠道大学"2012 最佳合作伙伴奖"。

2012 年南天获"昆明市第十一届优秀企业"称号。

2012 年"广州南天实施软件过程改进实践经验"入选 2012 年度全国"质量标杆"。

2012 年 8 月 27 日，"2012 云南省 100 强企业排序发布盛典"在昆举办，南天信息今年再次入围榜单，位列第 44 位，较去年上升 3 位。

2012 年南天信息连续第十一年入选"中国软件业务收入百强"。

2011 年"南天 NANTIAN"商标荣获中国驰名商标。

【经营业绩】

2012 年上半年，报告期内，公司实现营业收入 72,570.16 万元，比上年同期减少 38.96%；实现利润总额 383.58 万元，比上年同期减少 87.39%；实现归属于母公司净利润 417.26 万元，比上年同期减少 82.01%。

【000960】云南锡业股份有限公司

【基本情况】

云南锡业股份有限公司（以下简称"公司"）是云南锡业集团有限责任公司控股、国内锡行业唯一的一家上市公司，是中国最大的锡生产、加工、出口基地，2005 以来，公司锡金属产量位居全球第一。2000 年 2 月，"锡业股份"A 股在深圳证券交易所挂牌上市，股票代码：000960。公司自上市以来，生产规模和资产规模不断扩大，现有年产 8 万吨锡、2.4 万吨铅、2.4 万吨锡化工产品、2.5 万吨锡材产品的生产能力。总资产由 1999 年的 16.34 亿元增加到 2010 年的 113.31 亿元。公司主要产品有锡锭、铅锭、铟锭、银锭、铋锭、铜精矿、锡铅焊料及无铅焊料，锡材、锡基合金、有机锡及无机锡化工产品等 40 多个系列 1470 多个品种。主导产品"云锡牌"精锡是"中国名牌产品"、国家质量免检产品，公司"云锡牌 YT"商标是"中国驰名商标"、国际知名品牌。公司产品国际市场占有率 16.75%，国内市场份额占了 41.59% 左右。

公司拥有世界上最先进的采、选、冶、深加工成套技术，拥有世界上最完整的锡采选冶及深加工产业链，拥有矿山勘探、采掘、选冶、锡化工、锡、铜、铅及其他有色金属深加工纵向一体化的产业格局。公司坚持走新型工业化道路，通过资本运作，不断稳步推进发展战略的实施，加快技术进步和产业升级，积极抢占技术制高点，在国内同行业中首家成功地引进了世界最先进的澳斯麦特技术，锡熔炼技术整体上领先世界先进水平。公司积极实施"走出去"战略,生产和经营范围不断发展,在湖南郴州形成采、选、冶一体的产业链,形成云南以外的另一生产基地,保证公司持续发展。公司除在昆明、北京、上海和全国各地的经销机构以外,在美国、德国也有营销公司。目前,公司有11下属分公司、7控股子公司、2全资子公司。

公司形成了具有鲜明自身特色的管理优势和优良的企业文化,有很好的社会形象、企业信誉和融资渠道。先后被评为"云南省文明单位"、"全国用户满意企业"、"全国精神文明建设工作先进单位"、"上市公司竞争力百强企业"等荣誉称号。

云南锡业股份有限公司将以其雄厚的实力、稳健的经营、先进的技术、精湛的工艺、优异的质量、一流的业绩以及最好的服务,厚报社会,实现产业报国,再创中国锡工业的辉煌。

【经营情况】

2012年上半年,国内外有色金属产品市场需求下降,锡、铜、铅、白银等产品价格大幅下滑,公司电力价格、锡矿产资源费、财务费用和用工成本等成本费用上升。公司面对严峻的经济形势,采取各项应对措施,着力抓好挖潜创效、严控成本、重点项目建设、资源整合及内控规范建设等重点工作,生产经营各项工作取得一定成效。

2012年1-6月份,公司生产有色金属总量72,381吨,与去年同期相比增长3.19%;生产锡化工产品8,632吨,与去年同期相比增长7.12%;生产锡材产品9,054吨,与去年同期相比减少1.42%。实现营业收入562,315.54万元,与去年同期相比下降11.54%;实现归属于母公司所有者净利润7,710.37万元,与去年同期相比下降78.25%,基本每股收益0.0851元,与去年同期相比下降78.24%。

【企业文化】

企业精神:回报、发展、诚信、和谐。

【000963】华东医药股份有限公司

华东医药股份有限公司成立于1993年,1999年公司A股股票(股票代码:000963,股票简称:华东医药)在深圳证券交易所成功发行上市。公司主要从事抗生素、中成药、化学合成药、基因工程药品的生产销售,以及中西药、中药材、医疗器械等的批零经销业务,是一家集医药研发、制药工业、药品分销、医药物流为一体的大型综合性医药上市公司,承担着国家、省、市政府药品特储任务。公司目前注册资本4.34亿元,现有职工4000余人。

公司业务分为医药商业经销和医药工业生产两大块。目前医药商业经营规模达到100亿元以上,是浙江省规模最大的医药商业企业和浙江省医药商业龙头企业。医药工业核心企业为公司控股的杭州中美华东制药有限公司,为国家高新技术企业、国家级创新型企业,是国内品种最全、产销量最大的器官移植和糖尿病药物研发生产企业,主要生产经营抗生素原料药及制剂,公司已形成稳定的产品梯队,产品盈利能力较强,主要产品有冬虫夏草菌粉(百令胶囊)、免疫抑制剂类产品(新赛斯平、赛可平、他克莫司等)、糖尿病用药(卡博平等)、消化道用药(泮立苏等)。公司医药工业2011年实现营业收入17.78亿元,实现净利润3.20亿元。

截至2011年12月31日,公司总资产为58.44亿元,归属于上市公司股东的所有者权益为15.29亿元,资产负债率为69.29%;公司2011年实现营业收入为111.31亿元,利润总额为6.13亿元。银行信用等级为AAA。

2010年,公司被中国医药企业管理协会和《医药经理人》杂志评为"国内最具竞争力医药上市公司20强";2010年和2011年,公司连续入围《中国证券报》评选的"年度金牛上市公司百强";2012年,公司继上年上榜财富中国500强后再次入围,位列第324名;2012年公司医药工业位居中国制药工业百强企业第58位,医药商业位居中国医药商业企业十强第8位。

公司始终坚持"济世、诚正、执着、务实"的核心价值观,秉承"服务大众健康"的企业使命,专注于"专科、特殊用药"的生产经营,不仅为社会提供优质的医药产品和服务,也为地方经济的快速和稳定发展做出较大的贡献。公司不断加速产业技术升级和产业结构优化,推广节能减排,增大企业吸纳就业的能力,为环境保护和社会安定尽职尽责。公司热心慈善事业,用大爱和真情回报社会,以实际行动实现"追求卓越"的宏伟目标。

【000965】天津天保基建股份有限公司

【基本情况】

天保基建股份有限公司注册于滨海新区核心区天津保税区,是目前保税区区属唯一一家国有上市公司,股票代码为000965。公司控股股东为天津天保控股有限公司,主营业务为房地产开发和基础设施建设。通过科学管理、拓展经营,公司经济效益连年提升,净资产收益率和每股收益均居天津市上市公司前列。2008年,经广大投资者网络评选,公司被评为"2008年度中国五十佳投资者上市关系公司"。在2009中期地产上市公司综合实力排行榜上,公司位居第19名。

近年来,经过不断改革创新,公司进一步完善了法人治理结构,调整了经营管理方式和业务发展模式,大力投资宜居滨海建设,目前已成功开发了滨海新区核心区"天保·金海岸"、空港青年公寓、天津国际贸易与航运服务区海景大厦等项目。同时,公司在二、三线城市的拓展项目已逐渐成熟,呼和浩特市北垣吧街、秦皇岛海景龙苑等项目相继竣工。2009年,公司在空港经济区的新项目"天保·汇津广场"高档写字楼和"天保·滨湖城"商品房项目相继启动,将打造成为精品工程,进一步树立良好的品牌形象。

随着开发项目的建成和运营,公司规模和影响力不断扩大,所开发的住宅、公寓、写字楼等多个项目受到社会各界好评,获得众多荣誉。其中,天保金海岸项目获得"最具潜力经典大盘奖"、"投资潜力楼盘奖"、天津市"结构海河杯"、天津市"市级文明工地""市级观摩工地"等奖项;天津国际贸易与航运服务区海景大厦项目获天津市建设工程质量最高奖项"金奖海河杯";空港青年公寓项目获天津市"结构海河杯"和市级文明工地称号;呼和浩特市北垣吧街项目获中国人居环境发展建设"呼和浩特市十佳商业楼盘"等奖项。

公司将继续借助资本市场平台,把握滨海新区全面开发开放的历史机遇,不断加快发展步伐,以高品质的产品和完善的服务,为宜居滨海缔造梦想生活。

【经营情况】

2012年上半年,公司实现营业收入52,038.01万元,同比下降34.52%。其中:房地产销售收入50,501.86万元,同比下降32.89%;物业出租收入1090.90万元,同比下降64.31%;其他收入445.25万元,同比下降61.76%。营业收入同比下降的原因是，报告期内因受到国内房地产市场宏观调控及限购政策的影响，以及公司项目开发周期的影响，公司可结转的收入减少，导致当期营业收入减少。

2012 年上半年，公司实现营业利润、利润总额和净利润分别为 8,666.53 万元、9,639.51 万元和 6,912.38 万元，同比分别下降 65.16%、64.67% 和 65.97%，上述盈利指标下降的主要原因是报告期内公司营业收入减少，同时国家调控政策及限购政策使公司所开发项目销售价格有一定程度降低，相应毛利率也有所降低，导致利润减少。

【000981】银亿房地产股份有限公司

【基本情况】

银亿房地产股份有限公司（股票简称：银亿股份，股票代码：000981）属于中国 500 强企业银亿集团控股企业，是深交所上市的专业房地产开发公司。经营范围涉及房地产开发、销售代理、物业管理、星级酒店等，下辖十多家全资子公司，作为专业房地产开发企业，拥有国家一级房地产开发资质，以宁波为总部，跨区域发展，历经 18 年的成功运作，凭借着雄厚的实力和卓越的品质，竣工交付总面积达 400 多万平方米，为 5 万多业主提供了各类优质物业，开发区域涉及上海、南京、南昌、舟山等长三角城市群及沈阳、大庆等环渤海湾城市群等 10 多个一、二线城市。连续 9 年上榜中国房地产百强企业，并连续 8 年名列浙江省住宅产业十大领军企业，已跻身中国房地产界最具成长性的强势品牌行列。

银亿股份一直秉持着"关注客户，关爱人生"的开发理念，致力于打造优质、精品、创新的建筑群体，创造和谐美好的人居环境，坚持"立足宁波，跨区域发展"的经营战略，初步完成了区域布局，优化了产品结构和区域分布，以加快产业扩张、加大土地资源储备，努力实现精细化管理为目标，使自身达到规模化开发、社会化融资的具有可持续发展能力的大型房地产公司。

公司开发重视产品创新，走精品路线，形成了精品住宅、高档公寓、甲级办公和大型城市综合体等完整的产品线。截至目前，公司在全国先后成功开发了 40 多个包括生活系列、世纪系列、时代系列、花园系列、大厦系列、广场系列的各类高档住宅、写字楼和商业项目。开发项目类型不断丰富和完善，已形成了以世纪城、外滩花园、金陵尚府等为代表的城市中心高档公寓系列；以清泉花园、上上城等为代表的新兴城区型综合住宅区系列；以外滩大厦、时代广场等为代表的甲级办公系列；以环球中心、海尚广场等为代表的城市综合体系列；以阳光城、万万城为代表的大型社区系列；大庆阳光城 125 万平方米大型综合社区的成功开发以及正在开发的 150 万平方米沈阳万万城，使银亿享有盛誉；以宁波环球中心顶级商业综合体为代表的打造和运营，也让银亿的品牌影响力越来越大。同时涉足高星级酒店、商业等公建项目的开发，为公司的发展战略打下了坚实的基础。

公司以各具创意的产品领跑区域楼市，力求每一个楼盘都有创新，每一个项目都有进步，得到消费者的认可和厚爱，多次荣获中国名盘 30 强、全国优秀社区环境金奖、中国绿色生态健康住宅创新示范小区金奖、全国人居经典综合大奖、全国人居经典建筑环境双金奖、首届中国金房奖、中国最具品牌创新价值示范楼盘、中国城市标志建筑（楼盘）典范、中国城市建筑新地标 TOP10、中国住区规划设计创新示范楼盘奖等众多全国性奖项与荣誉。

【企业荣誉】

银亿股份作为宁波知名的品牌房企，历经 18 年的成功运作，凭借果敢有力的决策判断，诚信务实的工作态度，不断提升和扩展，发展成为一家在全国具有一定影响力的专业房地产开发企业。秉持"关注客户，关爱人生"的开发理念，致力于打造优质、精品、创新的住宅，创造和谐美好的人居环境。在公司发展的同时也带动了区域的经济发展，获得了消费者的一致认可，树立了强劲的品牌形象。2004 年以来，公司连续 9 年上榜中国房地产百强企业；连续 8 年名列浙江省住宅产业十大领军企业。并多次荣获浙江省十大住宅领军企业、中国房地产诚信企业、节能环保年度最佳企业、和谐企业创建先进单位、消费者信得过单位等荣誉。

【社会责任】

公司积极投身社会公益事业，促进社会和谐发展。银亿一直是一个富有爱心的企业。特别是随着公司的发展与壮大，多年来，在慈善与爱心事业上不遗余力。汶川大地震时，出资 500 万元并派员到灾区援建一座中心小学；玉树地震时，向慈善总会捐助 500 万；另外，向宁波慈善总会捐赠 830 万元设立冠名慈善基金，扶助社会弱势群体；与贫困家庭结对帮扶，帮助解决困难居民的生活问题；每年向各级慈善总会、扶贫基金会、见义勇为基金会、抗癌基金会等社会机构和街道、公安武警系统等一线基层单位进行定向捐助和慰问。公司帮困基金每年还向贫困职工发放扶贫款项。在西部贵州山区和东部海岛地区援建道路和引水系统等基础设施建设，支持社会主义新农村建设，改善村民生活条件。同时，银亿股份广大干部员工也积极投身慈善捐助和结对助学等活动，真诚关爱和无私奉献成为企业文化的重要内容，为创建和谐社会做出了应有的贡献。

【经营情况】

2012 年 1－6 月，公司实现营业收入 72343 万元，同比（去年同期 185421 万元）下降了 60.98%；营业利润 19378 万元，同比（去年同期 48106 万元）下降了 59.72%；利润总额 22198 万元，同比（去年同期 47812 万元）下降了 53.57%；归属于上市公司股东的净利润 17784 万元，同比（去年同期 30454 万元）下降了 41.60%；折合每股收益 0.21 元。

2012 年上半年，公司较好的完成了半年度经营计划，但报告期内公司营业收入和净利润同比大幅下降，主要因为公司交付项目主要集中在本年度第三，第四季度，导致本报告期内主营房产销售收入下降 65.66%，净利润相应受到较大程度地影响。

【000982】宁夏中银绒业股份有限公司

【基本情况】

宁夏中银绒业股份有限公司成立于 1998 年 9 月，主要从事无毛绒、绒条、羊绒纱及羊绒制品的生产及国内外销售，是中国唯一一家专业经营羊绒及其制品的全产品系的上市公司。公司 A 股股票在深圳证券交易所挂牌交易，股票简称：中银绒业，股票代码：000982。

中银绒业总部位于中国宁夏灵武银川高新技术产业开发区（国家级），占地面积 354 亩，建筑面积 83360 多平方米，现有员工 2600 多人。有六个控股及全资子公司：宁夏阿尔法绒业有限公司（控股 61.25%）、宁夏中银绒业原料有限公司（全资）、宁夏中银邓肯服饰有限公司（全资）、（日本）中银国际股份有限公司（控股 70%），（香港）东方羊绒有限公司（全资）、

(英国)邓肯有限公司(全资);四个分支机构:上海分公司、平湖分公司,深圳分公司和北京代表处。

公司主营水洗绒、无毛绒、绒条、精纺羊绒纱线、粗纺羊绒纱线、羊绒制品的生产及销售。经过多年发展,公司产业结构体系日趋合理完善,持续经营能力增强,经营效益逐年提高,达到年收储初加工羊绒原料5000吨,年分梳无毛绒1100吨,羊绒条300吨,精纺羊绒纱线260吨、粗纺羊绒纱线700吨,羊绒衫150万件的生产能力。公司拥有多个产品品牌:"Todd & Duncan"(托德登肯)、"Brown Allan"(布朗艾伦)、"Philosofie"(菲洛索菲)等,自主品牌"菲洛索菲"荣获"宁夏名牌产品"和"宁夏著名商标"。公司通过ISO9001:2000国际质量体系复审认证和国际环保纺织认证机构Oeko-Tex Standard100的认证,建成宁夏山羊绒工程技术研究中心、自治区企业技术中心和山羊绒技术创新战略联盟,公司负责起草的"山羊绒绒条"地方标准通过自治区质量技术监督局的审核,获准发布实施,填补了羊绒条无地方标准和国家标准的空白。

公司坚持专业化、精细化的发展战略,依托原料采购优势,不断完善产业链,打造全产品系的经营平台,提升科技研发能力,以科技创新带动企业发展,依托自身信誉,形成了业界公认的行业优势,与世界前五大羊绒生产与销售企业均建立了良好的合作关系。公司自2004年起已连续七年无毛绒、绒条出口全国第一,羊绒纱及羊绒制品出口位居全国前三甲;2009-2010、2010-2011连续两个年度被中国纺织工业协会评选为中国纺织竞争力500强企业,同时被中国毛纺织协会评选为中国毛纺、毛针织行业竞争力10强企业;被国家质量监督检验检疫总局核准为国家级"出口工业产品一类生产企业"。

【经营业绩】

2012年上半年,报告期内公司实现营业收入120,966.80万元,较上年增长61.21%;公司实现净利润13619.61万元,较上年增长104.99%;归属于母公司的净利润为13575.18万元,较上年同期增加97.89%。

【企业荣誉】

2010年,被宁夏评为工业"保增长"先进企业;被宁夏轻纺工业局评为"宁夏纺织工业十强企业";公司技术研发中心被宁夏科学技术厅评为"宁夏科技管理工作先进集体"。

2011年5月,被宁夏回族自治区政府人民政府评为自治区农业产业化重点龙头企业。

2011年7月,托德邓肯牌粗梳针织绒线被中国毛纺织行业协会评为精品奖。

2011年7月,托德邓肯牌精梳针织绒线被中国毛纺织行业协会评为优质产品奖。

2011年8月,被宁夏企业100强审定发布委员会评定为首届宁夏企业100强。

2011年10月,被中国纺织工业协会评为2010-2011年度中国纺织服装企业竞争力500强;被国家检验检疫总局核准为国家级出口工业产品一类生产企业。

2011年10月,被中国纺织工业协会统计中心、中国毛纺织行业协会评为2010-2011年度中国毛纺、针织行业竞争力10强企业。

2012年7月,被中华人民共和国国务院评为全国就业先进企业荣誉称号。

2012年8月,被宁夏回族自治区科技厅、财政厅、国税局、地税局认定为高新技术企业。

【000990】诚志股份有限公司

【基本情况】

诚志股份有限公司(以下简称诚志股份或公司)是清华大学控股的高科技上市公司。目前公司是江西省重点企业,也是清华大学在生命科学、生物技术、医疗健康、液晶化工等领域成果转化的企业基地。

公司以医药化工、医疗服务为主营业务并向此凝聚核心能力,经过不断发展与积累,在北京、江西、广东、河北、辽宁、山东等地拥有18家分子公司,形成了以环渤海地区、江西地区、广东地区及辽东地区为主阵地并辐射全国的产业布局。

在未来的发展中,诚志股份将继续秉承"心诚志专、厚德载物"的核心理念,以"诚信规范、高效创新"为经营主旨,实施"以人为本,荟萃精英"的人才战略,致力于将公司打造成在集生命科技、医疗与化工产业于一体的专业化、规模化、国际化的高科技产业集团。

【经营业绩】

2012年上半年,报告期内,在全体员工的共同努力下,公司实现营业收入170,438.77万元,与上年同期相比增长了约19%;实现营业利润1,097.14万元,与上年同期相比增长12.39%;实现归属母公司所有者的净利润1,113.16万元,与上年同期相比下降了42.46%。净利润下降的主要原因是由于积极开拓国内外市场,加强业务交流,促进产品销售,从而导致期间费用尤其是销售费用和管理费用的上升。

【企业文化】

核心理念:心诚志专,厚德载物

不懈努力奋斗,创造生生不息。树立职业自尊心和自信心,宽容和谐,务实拼搏,如自然万物的滋长,谋求企业的发展和人生的成功。

经营理念:诚信规范,高效创新

诚信为园,四方宾朋齐至;规范为方,有条有理有序。勇于开拓、勇于创新、勇于竞争,以超越自我、追求卓越的精神不断攀登新高峰。

人才理念:以人为本,荟萃精英

具有共同发展愿望和理想目标的人聚为一体,把实现人生的自我价值和企业的发展要求有机结合起来,实现从人口、人力资源、人才到精英的跨越。

【000995】甘肃皇台酒业股份有限公司

【基本情况】

甘肃皇台酒业股份有限公司成立于1998年9月,位于"中国旅游标志之都"奔马的故乡——甘肃省武威市。1985年皇台酒厂创建,1998年由甘肃皇台实业(集团)有限责任公司等五家发起人共同以发起方式设立了皇台酒业股份有限公司,2000年8月7日皇台酒业股票在深圳交易所上市,股票名称:皇台酒业,股票代码:000995。公司主要经营白酒、葡萄酒,其生产规模分别为年产固态法名优白酒1万吨、名优葡萄酒1万吨、葡萄种植基地1万亩。截至2011年12月31日,公司拥有总资产4.34亿元,净资产1.77亿元,负债2.57亿元,总股本为17740.8万股。

公司是武威第一家上市公司,也是甘肃省唯一一家集名优白酒、名优葡萄酒一身的上市公司,现有职工1100多人。公司技术设备先进,检测手段完善、管理体系科学、规模示范效益和品牌效益显著,是甘肃省及西北五省区创优最多的企业。凉州皇台酒荣获包括第二届巴拿马特别金奖在内的国际、国内酒类最高奖项 100 多项,享有“南有茅台,北有皇台”的美誉。公司荣获全国优秀轻工业企业、全国轻纺系统先进企业、全国法制宣传教育先进企业、省级文明单位、甘肃省优秀企业、“重合同守信用”单位,中国白酒工业 100 强企业、“食品安全信用体系建设试点工作先进单位”等荣誉称号。

2004 年公司完成了以产权制度改革为核心的企业改制,2006 年,公司顺利完成了股权分置改革并通过了 ISO2000 食品安全管理体系、ISO9001 质量管理体系以及 ISO14001 环境管理体系认证。

2010 年 2 月公司原第一大股东北京鼎泰亨通有限公司与上海厚丰投资有限公司签署了《股权转让协议》,上海厚丰受让 19.6% 的股权(3477 万股)成为公司新的第一大股东,从此,公司生产经营步入发展的快车道,呈现出勃勃生机。

【企业精神】

一、艰苦奋斗的创业精神

二、锐意开拓的进取精神

三、执著如一的求实精神

四、一丝不苟的科学精神

五、大公无私的奉献精神

【企业理念】

企业愿景:

立足武威,面向未来,实现跨越式发展!

企业战略:

白酒产业为基础,兼顾葡萄酒产业的多元化发展道路!

营销价值观:

准——准确的市场定位,详细的市场规划,因地制宜共同制定合适的市场方案。

稳——建立长期稳定的合作关系,走渠道细化模式为合作伙伴赢得持续稳定的利润。

狠——以点为核心,重点市场重点突破;线:优化重点渠道;面:网络无盲点。

营销能力:

专业

品牌:有多年从事酒业、销售经验丰富的品牌经理,制定长期发展与短期相结合的品牌规划。

渠道:制定合适的、针对性强的市场多种渠道模板。

服务与指导:对战略合作伙伴经销商提供销售支持,包括终端规划、产品规划、进场谈判、组织落实促销方案。

培训:对经销商的销售队伍进行组织培训,提高他们的营销技能等;协助合作伙伴建立起一套完整的营销管理系统。

务实高效

务实:市场方案和政策简练务实,速度第一,完美第二;结果提前,自我退后。

高效:重执行,操作准、稳、狠。

【经营情况】

2012 年上半年,报告期内,公司继续致力于“回归与振兴”白酒业务的各项工作,产品结构,营销渠道持续优化,重点市场建设有效推进,销售区域进一步扩大,白酒的销售收入得以提升,公司实现营业总收入 5588.19 万元,比去年同期增长了 30.05%,营业总成本比去年同期减少了 29.06%(主要是由于销售费用,管理费用,减值损失分别比去年同期减少了 30.91%,45%,82.72%),“一增一减”致使公司营业利润比去年同期增长了 144.87%,利润总额比去年同期增长了 51.73%。总体来讲,2012 年上半年,尽管公司的营业收入与利润数额仍处于较低水平,但就公司经营而言,公司主营业务已经实现了盈利,扭转了多年以来主营业务亏损的局面。

【000999】华润三九医药股份有限公司

【基本情况】

华润三九医药股份有限公司(简称“华润三九”)是大型国有控股医药上市公司,前身为深圳南方制药厂。1999 年 4 月 21 日,发起设立股份制公司。2000 年 3 月 9 日在深圳证券交易所挂牌上市,股票代码 000999。公司于 2007 年 11 月底正式进入华润集团。2010 年 2 月,公司名称由“三九医药股份有限公司”正式变更为“华润三九医药股份有限公司”。

华润三九主要从事医药产品的研发、生产、销售及相关健康服务。“999”品牌是中国驰名商标。公司核心产品在国内药品市场上具有相当高的占有率和知名度。三九胃泰、999 感冒灵、999 皮炎平、999 小儿氨酚、999 正天丸、999 强力枇杷露、气滞胃痛颗粒、999 参附注射液、999 参麦注射液、舒血宁注射液、华蟾素、999 新泰林(注射用五水头孢唑啉钠)、999 中药配方颗粒等,单品种年销售均超过亿元人民币。其中,999 感冒灵系列销量连续五年位居感冒药市场第一,2011 年实现销售额 13.6 亿元。

三九胃泰、999 感冒灵、999 皮炎平、999 小儿氨酚、999 正天丸、999 强力枇杷露、气滞胃痛颗粒、999 参附注射液、999 参麦注射液、舒血宁注射液、华蟾素、999 新泰林(注射用五水头孢唑啉钠)、999 中药配方颗粒等,单品种年销售均超过亿元人民币。

2011 年,华润三九实现营业收入 55.25 亿元,较 2010 年同期增长 26.58%,实现了公司通过外延式发展促进业务增长的目标。由于成本费用上涨,2011 年实现归属于母公司所有者的净利润 7.6 亿元,同比上年略有降低;经营活动产生的现金流量净额 9.55 亿元。截至 2011 年底,公司总资产为 76 亿元。

当前,华润三九总市值为 180 亿元,稳定保持在医药行业上市公司前列。上市公司及所属多家生产制造单元为国家高新技术企业。华润三九先后获评“2008 年度中国上市公司百强金牛奖”、“2008 年度中国上市公司价值百强”、2009 年中国制药工业百强”、“2010 年度中国最具竞争力医药上市公司 20 强”等荣誉。2011 年,在中国中药协会发布首批中药行业信用评价结果,华润三九获评 AAA 级中药企业信用荣誉,荣列排行榜榜首。

经过 20 多年不懈努力,尤其是并入华润集团四年来的大力变革,华润三九现已发展成为国内大型医药类上市公司。华润三九逐步形成了自身的优势和实力。品牌优势:公司具有较强的细分市场产品品牌运作经验,“999”品牌知名度高,目标客户接受度高,是感冒药和皮肤药市场的领导品牌。近期,由世界第二大传播服务集团 WPP 发布的《2012 中国最具价值品牌 TOP50 强榜单》中,“999”品牌再度入选其中。此次共有“999”、云南白药、同仁堂 3 个医药品牌入选。“999”品牌再度入选 2012 中国最具价值品牌 TOP50 强榜。

与此同时,华润三九具有很强的渠道优势、规模和质量优势,渠道优势:公司商业网络覆盖全国。现有的合作伙伴基本涵盖了国内最优质的医药商业资源。规模和质量优势:公司多个产品年销售过亿元,建成了统一的标准化质控体系。

位于深圳市宝安区观澜高新技术产业园区内的“华润三

九医药工业园”，于2008年5月8日正式建成投产，一期工程占地11万平方米，建有颗粒剂、乳膏剂、丸剂等多个现代化生产车间和全自动化高架立体仓库。2012年，二期工程即将全部建成，华润三九总部及研发事业部、销售公司等多个部门陆续迁入。

华润三九完善董事会构成，董事会核心作用逐步强化。公司董事会成员共11名，其中独立董事4名，外部董事5名。董事会设立了审计委员会和薪酬与考核委员会，并正在设立“战略与投资委员会”。专业委员会在员工中长期激励、内部审计工作的开展等方面发挥了积极作用；公司董事会将日常经营管理权限授予经理层，对于投资等重大事项则由董事会或股东大会进行决策，充分发挥董事会在经营决策中的核心职能。2009年6月，华润三九启动风险管理项目，对公司及下属企业关键业务流程的风险管理（内控）体系进行全面梳理，对公司风险进行排查与防控。公司通过构建全面风险管理体系，进一步提高公司规范治理水平。

华润三九引入6S战略管理体系，不断完善预算管理，制定了全面预算管理体系，以战略为导向、业务战略为基础，对经营、资本支出、财务等预算进行全面管理，较好的控制了成本，提高了资金使用效率。

为了进一步提升企业的核心竞争力，华润三九不断聚集主业。一是做减法。华润三九战略定位清晰后，进一步聚焦主业，自2008年起，先后剥离了房地产、食品、医药分销、零售等非主营业务；二是做加法。通过外延式并购不断提高主业份额，先后收购了黄石、南昌、淮北等地的医药企业；2011年在集团推动下，整合了北药天然药事业部。公司医药制造业务在营业收入构成的比例从2008年的57%提高到目前的86%。2011年5月6日，华润三九医药股份有限公司与中国中医科学院在北京签署了合作意向书，双方就共建产业化生产基地和共同合作兴建医疗机构达成合作意向：由华润三九整合北京华神制药有限公司和中国中医科学院实验药厂，在北京新设公司，华润三九拟出资1.5亿元以上，持有新公司55%股权，华润三九出资主要用于在大兴工业园区兴建产业化生产基地。

面向未来，华润三九从行业发展的高度出发，在华润集团的战略框架体系下，结合企业自身特点，对战略进行了全面梳理，制定了2011－2015年的战略规划，从规模、市场地位和核心竞争力三个层面，提出了明确的战略目标，决心通过五年的努力，成为OTC市场的引领者、中药处方药市场的创新者，市场份额跻身中国制药行业前列。为此，华润三九将进一步完善“运营中心管理模式”，致力打造营销、生产、物流、研发、资金管理和品牌管理高度集中的运营体系。

为了实现“十二五”战略规划的如期落地，自2011年起，华润三九增长模式从“管理推动型”转向“战略推动型”。公司坚持塑造业绩导向文化，以绩效为衡量结果的标准，在战略指引下，鼓励全体员工勇往直前，不断创造佳绩，专注战略目标的实现；启动了基于战略落地的“组织能力提升”项目，通过分析和研讨，明确了华润三九为实现战略目标所需的关键组织能力，并结合实际制订全面提升组织能力的行动计划。

华润三九的使命、愿景及核心价值观：公司倡导“关爱、责任、卓越”的企业核心价值观，关爱大众健康，履行社会责任，追求卓越绩效，专注药品制造，打造信赖品牌，把华润三九建设成股东价值和员工价值最大化的上市公司。

【经营业绩】

2012上半年报告期内，公司实现营业收入33.05亿元，较去年同期增长23.91%，其中，制药业务营业收入较去年同期增长25.29%；实现归属于母公司所有者的净利润5.16亿元，同比增长26.85%；经营活动产生的现金流量净额3.78亿元。与年初预算相比，各项指标完成进度良好。

【企业荣誉】

华润三九先后获评“2008年度中国上市公司百强金牛奖”、“2008年度中国上市公司价值百强”、2009年中国制药工业百强”、“2010年度中国最具竞争力医药上市公司20强”等荣誉。2011年，在中国中药协会发布首批中药行业信用评价结果，华润三九获评AAA级中药企业信用荣誉，荣列排行榜榜首。

2012年“999”品牌再度入选2012中国最具价值品牌TOP50强榜。

※中小板上市公司※

【002010】浙江传化股份有限公司

【基本情况】

浙江传化股份有限公司是传化集团五大事业平台的重要组成部分，拥有员工 1000 余名，年销售额超 20 亿元，下属 3 家企业被评为国家高新技术企业，市场和生产区域覆盖中国华东、华北、华南、东北等地区，同时在西亚及东南亚等地区建有生产装置并拥有健全的海外市场网络。

公司是中国应用领域最广、系列最全、规模最大、实力最强的专用化学品生产商。其中，纺织化学品产销量世界第二、亚洲第一，DTY 油剂产销量全球第一，活性染料产销量全国前三。

“十二五”期间，在进一步做深、做大已有专用化学品并进一步开拓新应用领域基础上，公司将大力投资以合成橡胶和弹性体为主的化工新材料、C4 及 C5 深加工、以及以多晶硅为核心的新能源行业。

公司将秉承开放、合作、共赢的理念，充分发挥传化集团已有的品牌、人才、市场、技术、管理、资本等资源要素优势，全面完成传化集团“十二五”战略目标，将浙江传化股份有限公司打造成国际上有重大影响力的“专用化学品系统集成商”，成为国内化工新材料领域、C4 及 C5 深加工领域、清洁煤化工领域以及新能源行业的后起之秀，行业精英！

浙江传化股份有限公司正紧紧把握时代脉动，以行业领导者的自信与豪迈，大踏步迈向灿烂的明天。

【经营业绩】

2012 年上半年报告期内，公司实现营业收入 1,554,303,114.97 元，与去年同期相比增长 13.12%，利润总额同比增长 3.21%，归属母公司净利润同比增长 8.55%。

【企业价值观】

责任　诚信　务实　共赢

天下兴亡，匹夫有责。

小到一个人、大到一个国家，作为一个生命体，都是和崇高的责任联系在一起。传化作为一个组织，一个事业生命体，是推动社会文明进步的重要载体，肩负着对员工、对客户、对社会的责任。事业以人为本，发展以人为先。

传化乐于在开放合作中与八方朋友一同创造成果，分享成果，共生共赢，共同发展。

【企业使命】

幸福员工　成就客户　引领产业

人的终极目标是为了幸福，幸福工作是幸福生活的基础，传化致力于让员工在工作中感受成长的快乐和生命的意义。

传化人都有梦想。每个梦想都是承载着幸福的畅想和美好的希望。

【企业精神】

开拓进取　勇于创新

物质资源终会枯竭，唯有精神力量生生不息。

25 年来，在一代代传化人身上传递着的正是一份进取创新的精神。

在传化已经走过的岁月里，没有人是为了书写人生的一个句号而来。对于传化人来说，开拓进取的创业激情，是永恒的坚持；勇于创新的事业追求，是始终不变的行动；更高目标，则是传化以一贯之的追求。

开拓进取，勇于创新——人生因此而丰盈，生活因此更生动。

【002017】东信和平科技股份有限公司

【基本情况】

东信和平科技股份有限公司（以下简称“东信和平”或“公司”）是全球知名的智能卡产品及相关系统集成与整体解决方案的提供商和服务商。成立于 1998 年，目前注册资本 2.18 亿元人民币，2004 年在深圳证券交易所中小企业板上市，是国家火炬计划重点高新技术企业、国家规划布局内重点软件企业，是“广东省工程技术研究开发中心”、“广东省企业技术中心”的依托单位，设有博士后工作站，为目前国内经营规模最大的智能卡行业上市公司（股票代码：002017.SZ）。

公司的产品和服务广泛应用于通信、金融支付与安全、政府公共事业、终端通讯等主要智能卡及相关应用领域。产品和技术服务涵盖卡类、增值业务类、解决方案类、终端与工具类。其中卡类产品包括接触式智能卡、非接触式智能卡、双界面卡、磁条卡以及刮刮卡等。公司在研发能力、产业规模、管理水平、市场份额等方面均处于行业前列。

经过十余年的发展，公司已形成了强大的智能卡芯片封装、模块封装、个人化生产能力和智能卡相关系统解决方案的研发能力。累计向市场提供了芯片卡 16 亿张，刮卡 40 亿张，曾获“国际质量领袖金星奖”。拥有向全球 70 多个国家和地区提供产品与技术服务和相关解决方案的经验。随着第三代移动通信技术的发展，公司成为活跃在一卡通、移动支付、信息安全加密等新技术和新市场领域的一支生力军。

站在新的起点上，公司将积极捕捉新一代宽带移动通信网络发展机遇，继续保持和扩大在通信卡类产品领域的优势；加快电信领域高端产品、EMV 金融卡、非接触卡等高毛利产品的市场推广；紧密跟进国内银行 IC 卡升级趋势和 EMV 标准迁移带来的市场机会；继续推进全球业务布局，着力培育新业务，持续提升技术创新能力，形成卡、终端和系统的整体解决方案能力。为早日实现“国际化的智能卡产品及相关系统解决方案提供商和服务商”的发展目标而不懈努力。

【企业荣誉】

2012 年，公司喜获“全国企业文化建设优秀单位”称号。

2012 年，公司荣获“2011 年度珠海市专利申请工作先进单位”称号。

2012 年，公司作为 RFID 联盟理事会员单位参加了本次年会并在“中国物联网 RFID2011 年度评选”活动中荣获“中国 RFID 领先企业奖”。

2012 年，公司荣获“珠海市香洲区 2011 年度优秀纳税企业”称号。

2012 年，公司党组织获评“2011 年度广东省‘两新’百强党组织”称号。

2011 年，公司荣获 2011 高交会优秀参展单位及优秀产品奖。

2011 年，公司荣获“2011 年度中国移动支付产业优秀产品方案奖”。

2011 年，公司获评珠海市“劳动关系和谐企业”。

2011 年，公司被认定为“广东省战略性新兴产业骨干企业”。

2011 年，公司荣获“计算机信息系统集成二级企业资质”。

【社会责任】

四川大地震，牵动全国亿万人民的心，同样也紧紧地牵动着东信和平智能卡股份有限公司员工的心。5 月 15 日，东信和平党委、团委组织“地震无情人有情，众志成城建家园”爱心捐款活动，在员工中掀起爱心捐款的热潮，员工们纷纷加入赈灾行列，尽自己的所能帮助灾区人民重建家园。短短的两天时间内，员工们共捐爱心款 80215.60 元。5 月 16 日，公司通过珠海市慈善总会向灾区捐出第一笔爱心款总共 580215.60 元，其中包括公司捐赠的 500000 元。

【经营业绩】

2012 年上半年报告期内，公司实现营业收入 501，749，718.53 元，比上年同期增长 15.59%；实现营业利润 9，921，952.96 元，比上年同期减少 54.36%；归属于上市公司股东的净利润 17，972，903.76 元，比上年同期减少 12.45%。

【002022】上海科华生物工程股份有限公司

【基本情况】

上海科华生物工程股份有限公司创立于 1981 年，是中国规模最大的医疗诊断用品产业基地。历经多年积累，科华生物已经成为中国体外临床诊断行业的龙头企业。

科华生物是国内首家在深圳证券交易所上市的诊断用品专业公司，融产品研发、生产、销售于一体，拥有医疗诊断领域完整产业链。公司主营业务涵盖体外诊断试剂、医疗检验仪器、真空采血系统等三大领域。

作为研发驱动型高科技企业，公司依托生物技术创新中心和博士后科研工作站，创建了临床体外诊断试剂和自动化诊断仪器两大研发技术平台，逐步推进试剂和仪器的“系列化”、“一体化”发展目标；公司产品线延伸策略成效显著：已获得百余个产品生产批文，59 项试剂和仪器产品通过了欧盟 CE 认证，主要产品国内市场占有率稳居榜首；公司在打造国内最优秀营销网络的同时，积极拓展国际市场，科华品牌产品已出口至海外 22 个国家和地区，艾滋病诊断试剂被列入世界卫生组织、联合国儿童基金会、美国总统基金等国际知名机构的采购名录，并与美国克林顿基金会签署了长期供货合同。

内外兼修、精细致远。未来，科华仍将秉承“关爱生命，追求卓越”的企业宗旨，以人才为根本，以专业化、国际化为重点，以资本市场为依托，努力打造享誉中外的“科华生物”品牌，谋求百年基业。科华正努力为客户和投资者创造长期、持续的价值增长和业绩回报，为中国检验医学产业的全面崛起而全力以赴。

【经营业绩】

2012 年 1 月至 6 月，公司实现营业收入 46，320.12 万元，较去年同期增长 19.17%；营业利润 13，667.37 万元，较去年同期增长 8.02%，归属于母公司所有者净利润 11，647.11 万元，较去年同期增长 3.98%。

【企业荣誉】

上海市著名商标：“KHB”

上海名牌

上海市品牌产品：“KHB”体外诊断试剂

上海市品牌企业

上海市高新技术企业

上海市认定企业技术中心

上海市知识产权示范企业

国家人事部认定的博士后工作站

华东理工大学硕士联合培养点

上海市民营科技企业 100 强

上海市 A 类财务会计信用单位

上海市合同信用企业

上海市创新型企业

【002024】苏宁电器股份有限公司

【企业发展现状概述】

苏宁电器 1990 年创立于中国南京，是中国 3C（家电、IT、消费类电子）家电连锁零售企业的领先者，国家商务部重点培育的“全国 15 家大型商业企业集团”之一，中国最大的商业零售企业，名列中国民营企业前三强，品牌价值 815.68 亿元。

2004 年 7 月，苏宁电器（002024）在深交所上市，成为国内首家 IPO 上市的家电连锁企业，市场价值位居全球家电连锁企业前列，2011 年营业收入达 938 亿元，员工 18 万人，并在 2012 年前三季度实现营收 724 亿元。

本着稳健快速、标准化复制的开发方针，苏宁电器采取“租、建、购、并”立体开发模式，在海内外 600 多个城市，共拥有 1700 多家店面，并于 2009 年，通过海外并购进入中国香港和日本市场，拓展国际化发展道路。与此同时，苏宁电器坚持线上线下同步开发，自 2010 年旗下电子商务平台“苏宁易购“升级上线以来，产品线由家电拓展至百货、图书、虚拟产品等，目前 SKU 数已突破 150 万，非电器品类 SKU 占比超过 90%，进一步推动了苏宁超电器化的进程，目前苏宁易购已经位居国内自主 B2C 行业第二位。服务是苏宁唯一的产品。以市场为导向，以顾客为核心，苏宁电器不断创新发展，形成了多业态店面零售、定制服务、网上购物、网络分销等多种销售渠道。立足“至真至诚阳光服务”服务品牌定位，苏宁电器依托以机械化作业、信息化管理为特征的全国物流网络，实现了长途配送、短途调拨与零售配送到户一体化运作，平均配送半径 200 公里，日最大配送能力 80 多万台套，率先推行准时制送货。遍布城乡的数千家售后服务网络和 3 万多名专业售后工程师时刻响应服务需求，业内最大全国呼叫中心 24 小时提供咨询、预约、投诉和回访等服务。

【新十年战略规划】

作为新十年的起始之年，苏宁在 2011 年发布未来十年战略规划，从连锁发展、营销创新、科技转型、电子商务等方面阐述公司整体发展战略，将苏宁打造成一个在连锁地域、经营规模、科技创新、服务能力等方面都具备全球化竞争力的世界级企业。基于未来十年战略的发展，苏宁以“科技转型、智慧服务”为方向，引领行业渠道模式不断变革，开创“沃尔玛”+“亚马逊”，线上线下协同的虚实互动零售模式。

线下：一二线城市创新业态（超级店、乐购仕），三四线连锁渗透。

基于 22 年的连锁发展基础，苏宁根据市场的快速变化，在一二级市场不断加快店面结构调整与优化，进一步突出体验功能，加大 Expo 超级店与乐购仕的建设开发，提升单店质量，进一步降低经营成本，提高盈利能力。同时，针对国内广袤的三四线城市，不断进行连锁渗透。

线上：电子商务发展。

电子商务的本质是商务，苏宁易购的未来十年的定位是销售 3000 亿规模的网络生活平台。苏宁易购以实体网络发展为后台基础，共享物流、信息、和人才等后台优势，与线下实现有效的互动。2012 年 7 月，苏宁易购举行“开放平台战略发布暨 2012 供应商大会”，正式推出具有“全平台开放、全品类共建、全网络共享”三大特征的开放平台，向全品类与虚拟服务拓展。

【后台建设能力——物流、信息、人才】

苏宁的线上线下融合模式将大幅降低企业经营成本，显著提升服务消费者、供应商的能力。高效、低成本的物流体系、IT 系统，线上线下 + 零售批发支撑的巨量采购规模，带来低价、优质、便捷，持续为消费者提供最好性价比的产品和服务。预计到 2020 年，苏宁线下门店总数将达到 3500 家，销售规模 3500 亿，线上苏宁易购销售 3000 亿元。

物流建设方面到 2015 年，苏宁将在北京、上海、广州、深圳、南京、沈阳等城市兴建 12 个自动化仓库，并在全国兴建 60 个物流基地，全国近 2000 个门店也将成为苏宁全国物流网络的重要支撑点，将全国物流网络实现全面化、系统化的布局。

信息化建设方面

苏宁将以经营需要为导向，强化研发与业务的结合，加强终端安全、系统安全、数据安全以及支付安全的建设和管理水平，在全国建设 10—12 个云计算中心，加大互联网、物联网技术的应用，构建涵盖云计算、云存储、云数据的云服务模式。充分挖掘消费数据，基于客户需求，优化智能搜索以及形成有效产品推介的能力，实施精准营销，并通过提供便捷的支付方式，进一步优化客户体验，增强客户粘性以及满意度，增强电子商务运营能力。目前，苏宁 IT 研发人员已超过 4000 人，未来 10 年内，苏宁将持续不断的扩容 IT 团队，最终达到 20000 人的 IT 团队，并在美国硅谷、南京、北京建立研发中心。

人才建设方面

2002 年，苏宁设立“1200 工程”，专项引进应届毕业大学生，在过去的十年里，对其不断进行培养和深造，知识型、管理型的大学生队伍在苏宁发展过程中的价值开始凸显，并在管理梯队中占据重要地位。随着新十年“科技转型、智慧服务”的转型定位，苏宁还与 IBM、SAP 等团队合作，在美国硅谷设立联合实验室、组建共同项目组等方式，与世界知名企业交流和互派，使苏宁国际化人才团队进一步向专业领域渗透，提升综合素质。

【社会责任】

基于企业社会价值的最大化，苏宁在实现自身快速发展，积极纳税、促进就业的同时，积极参与社会公益事业，扶贫助教。2012 年，苏宁在陆续启动实施“溪桥工程”、“筑巢工程”、“多媒体梦想中心”等多个大型公益活动的同时，还在 22 周年司庆的当天捐赠 4140 万元延续公益庆生，其中，向中国宋庆龄基金会捐赠 1000 万元，用于“未来工程”大学生奖助学项目、“免费午餐”、“微博打拐”、“大病医保”、“让候鸟飞”、“梦想中心”等公益项目。向中国扶贫基金会“筑巢行动”项目再度捐赠 1000 万元，在 2012 年修建 24 所宿舍的基础上，2013 年再为西部贫困山区小学修建 20 所宿舍。向江苏省慈善总会捐赠的 1000 万元主要用于乡村教师资助项目。

22 年来，苏宁的社会责任理念伴随连锁事业的发展不断深入、扩展。苏宁的公益活动形式多样、频次高、受益人群广泛，涵盖了抗击灾害、捐赠教育、扶贫救弱、环境保护等多领域，累计捐赠善款超过 7 亿元人民币。

【002030】中山大学达安基因股份有限公司

【基本情况】

中山大学达安基因股份有限公司依托中山大学雄厚的科研平台，是以分子诊断技术为主导的，集临床检验试剂和仪器的研发、生产、销售以及全国连锁医学独立实验室临床检验服务为一体的生物医药高科技企业。公司于 2004 年 8 月在深圳证券交易所挂牌上市，成为广东省高校校办产业中第一家上市公司。

达安一贯重视技术研究的投入和人才培养，已形成良好的人才和技术优势，具有雄厚的科研实力。在人才队伍建设上，达安依托中山大学雄厚的人才资源优势，十几年来一直坚持走产、学、研相结合的道路，建设了一支由在国际国内有一定影响的优秀学科带头人挂帅的年龄、学历和职称结构合理、学术思想活跃的从事技术研究、开发和产业化的团队，拥有包括近二百位博士、硕士、留学归国人员在内 1000 多人的尖端技术和管理员工队伍，在多个专业领域承担科研项目及从事研究工作，同时还拥有大型医学专家咨询库作为坚实的技术后盾，所有这些成为达安科技创新能力底蕴深厚的根本所在。

公司总部设在广州科学城的国家高技术产业化示范工程项目基地内。该基地占地 42902 平方米，总建筑面积 36350 平方米，建有综合办公大楼、科研中心大楼，配备了国际先进的生产科研设备及仪器，建设有通过国家药品质量管理体系（GMP）、医疗器械质量管理体系（YYT0287/ISO13485）、欧盟生产质量标准（CE）和加拿大卫生署（CMDCAS）认证的诊断试剂、仪器和配套软件的生产体系。公司坚持以“科技创新、质量为本、守法诚信、服务至上”为质量方针，严格按照质量管理体系要求实行科学管理，诊断产品取得百余项国内药品及医疗器械注册证书，二十余项 CE 与 CMDCAS 证书，为公司产品进入国内及国际市场提供了有力保证。

公司拥有卫生部医药生物工程技术研究中心、广东省临床医学分子诊断工程实验室、中山大学生物技术研究所、中山大学组织配型中心、广州市抗体工程技术研究中心、广州市分子诊断工程技术研究中心等多家研究机构。以拥有国际上首个荧光定量聚合酶链式反应（FQ - PCR）诊断试剂核心技术的自主知识产权为标志，在分子诊断技术及其产品的研制、开发和应用上一直处于国内领先地位，先后承担十余项国家重点科技项目、计划项目及二十余项省、市级重点或重大科技计划项目。由公司研究开发的荧光定量 PCR 检测（FQ - PCR）技术和系列产品先后被列入国家重点攻关项目、国家高技术产业示范项目、国家高技术产业发展项目计划、国家级火炬计划项目、“九五”、“十五”、“十一五”国家科技项目（攻关）计划、“863”项目、国家重点基础研究发展计划（973 计划）、国家传染病防治重大专项、新药创制重大专项、卫生部重点攻关、广东省重点攻关和广州市重大攻关项目等在内的国家重点支持鼓励项目。

公司为实现成为中国一流的诊断产业上下游一体化供应商的战略目标，公司产品按领域布局，目前已发展成为一家拥有高新达安健康产业投资有限公司、广州市达安投资有限公司、广州市达瑞抗体工程技术有限公司、中山生物工程有限公司、安必平（LBP）医药科技有限公司、广东达元食品药品安全技术有限公司、佛山市达安医疗设备有限公司、杭州安杰思基因科技有限公司、广州市达泰生物工程技术有限公司等多家控股及参股公司的全面发展的生物高新技术企业，涵盖健康检测、产业投资、优生优育、免疫诊断、病理、食品安全、医疗器械、临床生化等领域，产品线全面进入整个体外诊断产业。

【社会责任】

汶川地震期间，2008 年 5 月 26 日，达安基因疫病快速检测专家组在我司万卓越教授的带领下赶赴宜宾市第二人民医院，捐赠一整套疫病快速检测设备及其快速检测试剂，并将对相关人员提供技术方面的现场培训及其技术支持，直到他们能完全掌握此技术才撤离。

2008 年 5 月 24 日，该专家组在万卓越教授的带领下赶赴广元市重灾区，已向广元市第一人民医院捐赠一整套疫病快速检测设备及其快速检测试剂，并对相关人员提供技术方面的现场培训及其技术支持。

【企业文化】

对于达安来说，什么是保持公司生存和发展的最基本要素？战略、组织、领导人、制度和流程等都非常重要，但与文化相比，他们都是在短期时间内可以调整的。百年企业都不是把公司的使命看成经营某一个或某一类产品，而是把经营公司本身当作自身的使命，因为一个好的创意或好的产品都会随着时间而改变，并不能保障公司的百年基业，真正不被轻易改变，并且能深刻地影响着我们每一个人行为的，是企业的文化，只有文化才是一个企业赖以基业长青的最基础的要素！达安将以长远的眼光、诚信负责的操守、共同成长的理念，发展公司的事业。与公司相关利益共同体和谐发展，以受到客户、员工、股东、合作伙伴和社会的尊敬为自身的自豪和追求，共同分享成长的价值；健康不分国界，未来的达安将逐步走向世界，在全球健康行业不断强化达安的影响力，在全球健康行业中占有一席之地。

【经营业绩】

2012 年上半年，遵照董事会提出的经营目标，在公司经营班子和全体员工的共同努力下，公司生产经营状况及财务状况良好，公司业绩实现了持续，稳步的增长，实现营业总收 261,559,751.90 元，较上年同期增长了 26.41%；实现营业利润 39,955,833.35 元，较上年同期增长了 50.65%，实现归属于母公司所有者的净利润 38,096,826.26 元，较上年同期增长了 22.57%。

【002031】广东巨轮模具股份有限公司

【基本情况】

广东巨轮模具股份有限公司位于广东省揭东经济开发区（距离揭阳潮汕机场 15 公里，距深圳市 330 公里，距厦门市 280 公里），是目前国内规模最大、技术领先和第一家上市的汽车子午线轮胎模具专业开发制造企业，（股票简称：巨轮股份，股票代码：002031），公司致力于汽车子午线轮胎模具、汽车子午线轮胎设备等装备和相关技术的开发、制造及销售，是国内轮胎模具制造技术的领航者。公司是国家火炬计划重点高新技术企业，国家创新技术创新示范企业、广东省百强民营企业、广东省装备制造业 50 家重点企业之一、广东省创新型企业。公司已建成的两个花园式现代化工业小区，总占地面积 240000 平方米，现有员工已超过 2000 人。

公司主要设备和设计软件：公司拥有各种高精尖研发、检测设备 600 多台套，购置了重复定位精度在 ±0.005 毫米以内的精密数控雕刻设备、意大利 FIDIA 高速加工中心、日本马扎克大型铣床、瑞士 WILLEMIN 五轴五联动加工中心等设备；购置了美国 SGI 计算机工作站多台以及美国 UG Ⅱ、以色列 CIMATRON、AUTOCAD2000 等先进软硬件系统从事设计、模拟、制图；购置了瑞士威力铭 W－428 五轴加工中心及美国大型三座标检测仪从事雕刻和检测；同时建立计算机信息中心，进行轮胎及模具辅助设计、配合优选、花纹设计模拟等。公司建有大型的轮胎花纹和造型数据库，关键工序实现了从产品设计、制图到加工无图纸化作业，技术装备国内一流。

公司主要产品：公司属高端装备制造业，主要研制开发、生产子午线轮胎模具和轮胎机械，主导产品有子午线轮胎活络模具、轮胎二半模具、工程车巨胎活络模具、胶囊模具、各类轮胎成型鼓、液压式硫化机等。多年来，公司依靠技术领先、坚持质量至上，产品畅销全国，其中主导产品轮胎模具类产品国内市场占有率达 35%，国内市场占有率在行业中排名第一；公司品牌形象日渐提升，产品远销美国、东南亚、欧洲等国家市场，国际客户订货明显增加，被美国固特异、英国邓录普、法国米其林、日本普利司通、意大利皮列里等国际轮胎巨头列入全球采购供应体系，成为国内外高端客户的主流供应商。

公司发展思路：公司坚持以科技创新为动力，公司十分重视技术创新，始终坚持走科技兴企之路，不断优化强化可持续发展路径，从战略高度整合企业内外资源，健全创新机制和组织架构，营造有利于创新活动的环境氛围，促进技术创新成果的产业化、商业化和收益最大化，不断增强企业核心竞争力，从而奠定了行业龙头地位。通过锻造自主创新能力和发展名牌战略，利用公司优越的资源条件和灵活机制，延揽国内外知名专家和科研人才，推动本企业乃至全行业的技术进步和人才工程，向高敏捷化、高智能化、高集成化方向发展，形成聚集品牌效应，凝合技术优势，集成优质资产，依托科研实力的高新技术产业格局；建设具有国际一流水平的子午线轮胎模具和轮胎机械开发制造基地，进入世界同行前三强，为我国模具工业、子午线轮胎工业乃至汽车工业的发展做出更大贡献。

公司科研成果：公司近几年获得较快发展，创新成果累累，承担了国家重点新产品计划项目、国家重点产业振兴和技术改造项目、国家重点火炬计划项、国家创新能力建设项目；省级科技术攻关、技改和创新项目 20 多项；拥有授权专利 33 项，已受理专利 8 项；拥有技术秘密和技术决窍 180 多项；多项科研成果获得省、市级科技进步奖，其中“巨型工程车子午线轮胎活络模具项目”获得了广东省科技进步一等奖，这是公司首次获得该奖项。公司在本产业领域技术创新中发挥积极的作用，引领本行业的国内外技术创新潮流，成为国内轮胎模具行业的领军企业。

公司知名度和影响力：公司注册商标“吉阳”获得了“广东省著名商标”称号，主导产品子午线轮胎模具获得“广东省名牌产品”称号，列入《中国高新技术产品出口目录》。公司是国内轮胎模具行业的领头羊，是我国《轮胎模具》行业标准主编写单位，中国模具工业协会副理事长单位，广东省模具工业协会名誉会长单位，并获“中国机械工业先进集体”和“中国橡胶工业协会科学带头人”称号。技术创新走在行业前茅，代表行业最先进水平，自主创新带来了公司的行业地位的提升，科技带动成长使公司发展成为具有国际竞争力的轮胎模具行业龙头，在轮胎模具行业居主导地位，引领国内轮胎模具技术发展方向，公司在模具大行业中也享有很高知名度与美誉度。

【企业荣誉】

2012 年，公司入选“中国化工装备百强企业”名单，位列第 38 名，是国内轮胎模具行业唯一获此殊荣的企业。

2012 年，巨轮股份被评为 AAAA 级标准化良好行为企业。

2012 年，巨轮股份荣获海关总署授予“AA 类企业”牌匾。

2011 年，巨轮股份荣获国家技术创新示范企业称号。

2011 年，巨轮股份荣获省科学技术奖一等奖。

2011 年，巨轮股份获评“国家火炬计划重点高新技术企业”称号。

【社会责任】

2012 年 6 月 5 日上午，揭阳职业技术学院、广东巨轮模具股份有限公司“巨轮奖、助学金颁奖仪式”在公司龙港路厂区培训中心隆重举行。巨轮股份与学院自 2005 年实现校企业合作，双方优势互补，相互支持，共同发展。6 年多以来，共有 343 位模具专业的学生获得“巨轮奖助学金”合计 38 万元的资助。2011 年 3 月份学院与巨轮股份签订联合办学协议，增加机电一体化专业的合作办学，这将更进一步拓宽联合办学的路子，推动学院的教育教学改革，促进学生技能水平的提高，校企双方的相互支持，互利互惠，必将实现联合办学的双赢。

【经营业绩】

2012 年上半年，报告期内，公司实现营业收入 304,159,802.41 元，较上年同期下降 9.42%；实现归属于上市公司股东的净利润 43,144,434.15 元，较上年同期下降 16.83%，经营活动产生的现金流量净额 37,181,335.75 元，较上年同期增长 867.11%。

【002034】浙江美欣达印染集团股份有限公司

【基本情况】

浙江美欣达印染集团股份有限公司创立于 1998 年，于 2004 年 8 月在深圳证券交易所成功挂牌上市（股票代码：002034）。经过十多年创业发展，已从一家小型民营企业，成长为以纺织印染为主业的企业集团公司。公司主要生产棉、棉氨纶、麻、涤棉的染色、印花和涂层系列休闲面料产品。公司于 2005 年至 2012 年连续 8 年蝉联中国印染行业十佳企业；2009 年以来，公司先后获得印染行业“节能减排优秀企业”、“浙江省高新技术企业”、“国家火炬计划重点高新技术企业”和“国家认定的企业技术中心”，并被国家纺织品开发中心、确认为“国家特种工装及休闲面料产品开发基地”等三十多项品牌、荣誉称号。

美欣达商标及其产品已先后获得“中国驰名商标”，“中国名牌”，“中国出口名牌”和出口免验企业称号。公司的质量、环境体系建设先后通过了 ISO9001 质量体系认证、ISO14001 环境体系认证和欧洲纺织品检定认证中心的生态纺织品标准（OEKO－TEXTANDARD100）认证。

【企业荣誉】

中国印染行业十佳企业

国家火炬计划高新技术企业

全国民营企业 500 强

中国印染行业企业文化建设杰出单位

节能减排优秀企业

2007－2008 年度中国印染行业竞争力 10 强企业

2007－2008 年度中国纺织服装企业竞争力 500 强企业

浙江省百强民营企业

浙江省绿色企业

湖州市明星企业

【企业文化】

美欣达公司董事会和全体员工奉行的核心价值理念：团队奋斗、真诚守信、追求和谐、奉献社会。真诚守信，信义为先，为客户创造价值，持续满足客户需求；追求和谐，以人为本，尊重知识和人才，构建和谐美欣达员工大家庭；奉献社会，热心公益，以公司的发展成果和真情为构建和谐社会做出贡献。

【人力资源】

美欣达自创立以来，始终坚持“以人为本”的管理理念，数十年如一日成为企业不断发展壮大的原动力。奉行“选才论德，用才以能，育才以需，留才以诚”的人才理念。

美欣达选人观：“贤者居上”，相信一个有着良好职业道德和素养的员工，在美欣达必然能找到施展一技之长的平台。“德”，是我们衡量人才的第一杆标尺。

美欣达用人观：相信知识可以通过学习获得，经验可以通过实践提升。美欣达用人重能力而非学历。能力包括但不限于推动事情的能力、专注于事情的能力、制造影响的能力和领导下属或团队协作的能力。

美欣达育人观：百年企业，百年树人。美欣达员工是企业最宝贵的财富。用人需育人，公司致力于为企业的发展不断培养复合型人才和专业型人才，也为员工个人职业生涯的发展提供良好的平台。

美欣达留人观：推行“以感情留人、以事业留人、以文化留人”的留才策略。

【社会责任】

美欣达公司以高度的社会责任感和使命感，加快推进企业转型升级，积极进行污染治理，以强有力的措施和优异的污染治理成绩，打造资源节约型和环境友好型的企业，追求企业、环境、社会的和谐统一和互惠共赢。企业贯彻落实科学发展观，积极承担企业社会责任，兼顾社会生态效益和企业经济效益，采取机制创新、落实责任、技术进步和加强管理的综合措施，推进源头控制减量化、生产过程清洁化、末端治理标准化，努力提升内循环节能减排和外循环中水回用的水平，促进企业的可持续发展。为此我公司主要采取了九项技术保障措施：

一是引进两套韩国自动化配液系统，从而在源头上减少染化料和助剂用量 10%—15%。

二是采用台湾产连续染色中样机和日本产小样机。一次放样成功率提高到 70% 以上，从而提高生产效率，降低染化料、助剂、坯布和能源消耗。

三是在前处理环节中从三步法工艺改为冷堆一步法工艺，能耗比以往降低近 35%，年节水 45 万吨。

四是耗资 350 万欧元引进瑞士退煮漂丝光高效节能联合机，对生产用水、汽、液进行全自动控制，生产废水热能全部回收利用，节能节水效率达到 40%。

五是在染色后整理环节，投资 127 万欧元，从德国引进冷堆染色机和湿蒸染色机。由于其高固色率和低水解作用的优异性能，取得了染化料用量降低 10—15%，用水量降低 20% 的效果。

六是引进重型节能高效轧车，重点解决水洗后织物烘干耗用大量蒸汽问题。节能效果明显，每年可节约蒸汽 1.8 万吨。

七是全面推行蒸汽冷淋水的回收利用，应用新型背压式疏水器，将生产线上 1000 多只烘筒的蒸汽冷淋水，全年回收高品质冷淋水 13.6 万吨。

八是对扩容蒸发器进行技术改造，应用恒压供水装置，全面回收利用扩容蒸发器冷淋水和喷射水。每小时可收集 50℃ 以上的水 35 吨，节能节水效果明显。

九是应用先进的热交换技术对废水中所含热能回收利用，每天可减少蒸汽用量 5—10%。

经过建设改造和不断提高，我们公司节能减排取得了明显的阶段性成效。公司被中国印染行业协会评选为“节能减排优秀企业”，成为全国同行业首次获此殊荣的 4 家企业之一。但节能减排工作任重而道远，我们会在今后的工作中继续贯彻落实科学发展观，不断提高节约意识和环保意识，努力为社会创造一个美好和谐的生产生活环境。

【产业发展战略】

以美欣达事业可持续发展为目标，以争创自主品牌为突破口，实施了“品牌经营、技术进步、经济规模”三位一体的发展战略。

坚持以科学发展观为指导，实施做强主业、资本运作、多元经营的发展战略，大力推进技术进步，大力创新产业领域，大力拓展品牌经营，大力弘扬企业文化，提升产品与服务的市场竞争力，促进公司快速、健康、可持续发展。

以扩大品牌效应为中心，以机制创新、品质提升、技术领先、特色服务为重点，通过引进人才、机制、技术和管理，把公司从传统加工制造型企业逐步发展为以技术、服务为依托的先进制造型企业，打造品牌生产基地，从纯产品生产发展到具有技术、服务内涵的知识产品生产，公司最终发展成为在纺织、印染、服装领域中拥有自主知识产权。

【002035】中山华帝燃具股份有限公司

【基本情况】

中山华帝燃具股份有限公司（股票简称：华帝股份，股票代码：002035）成立于 2001 年 11 月 28 日，主要从事生产和销售燃气用具、厨房用具、家用电器及企业自有资产投资、进出口经营业务。2004 年 9 月 1 日公司成功登陆深圳证券交易所，成为燃气具行业第一家中小板上市公司，现公司已形成燃气灶具、热水器、抽油烟机、消毒柜、橱柜等 500 多个品种为主的强大产品阵容，营销网络遍布海内外，全国各省区均有分支机构和终端网点，拥有专营店超过 2100 家。燃气灶具连续多年稳居国内销量第一，为中国灶具第一品牌，燃气热水器、抽油烟机销售进入全国行业三强，消毒柜销量进入全国行业前十。

目前，“华帝”被国家工商总局商标局认定为“中国驰名商标”，热水器、灶具、家用橱柜为国家质量监督检测检疫总局评选的“中国名牌产品”，抽油烟机为“国家免检产品”。

公司高度重视新产品、新技术的开发利用，公司技术中心具有完善的设计实验设备，如三维设计系统、燃烧数据实验室、自动配气、电子实验、气相分析等高科技实验设备，是国家认定企业技术中心。公司首创低氮燃烧，拥有世界领先地位的低氮氧净燃烧技术、离子感应式意外熄火保护技术，同时公司专注聚能燃烧技术开发，主导推广的燃气热水器入选国家发改委《节能产品惠民工程高效节能家用燃气热水器推广目录（第一批、第三批、第四批）》，聚能灶入选国家发改委《国家重点节能技术推广项目第三批目录》。

公司致力于做全国厨卫领导品牌，成为全球有影响力的厨卫制造和服务商，成为世界上具有竞争力、被公认和投资者认为是卓越的具有文化特色的专业企业，公司以“持续稳健、专业化、高品质、高技术、高档次”为发展模式，始终坚持“诚信、责任、创新、共赢”的企业文化核心价值，秉承“永不满足现状，为消费者及利益共同体创造最大价值”的经营理念，不断超越，快速发展。

【企业荣誉】

2012 年，公司华帝烟机获广东省名牌产品证书，华帝燃气热水器广东省名牌产品证书，华帝灶具广东省名牌产品证书。

2012 年，公司荣获“中山首届最具社会责任企业传媒大奖之最具创新能力企业”。

2011 年，公司聚能燃气灶为 2011 年广东省自主创新产品。

2011 年，公司荣获“2009 - 2011”年度广东省出口名牌。

2011 年，公司荣获高新技术企业称号。

2010 年，公司荣获“2010 年中山市十大创新企业称号”奖杯。

2010 年，公司荣获“中国质量检验协会团体会员单位”。

2010 年，公司荣获中华人民共和国第七届 2010 年度精瑞科学技术奖建筑新技术新产品奖优秀奖。

【社会责任】

公司一直以来秉持“实现自我、回馈社会”为己任，凭借自身的综合实力，先后成为北京 2008 年奥运会燃气具独家供应商以及为第九届、第十届全国运动会等多项重大运动赛事提供火炬、配套器材及技术服务，赞助世界第三大冰川考察，长期资助“春蕾班”学生、首创“华帝全国 1 + 2 红领巾助学工程”以及捐赠 200 多万资金和物资予四川地震灾区，援建希望小学等，以公益事业为荣，全力打造优秀的“企业公民”形象。

【经营情况】

2012 年上半年，公司实现营业收入 117,645.16 万元，较上年同期增长 29.73%，实现净利润（归属于母公司所有者的净利润）6,293.15 万元，较上年同期增长 13.11%。报告期内，公司的营业收入较上年同期增长 29.73%，其中主营业务收入较上年同期增长 35.60%，主要原因是公司今年成立 20 周年，上半年实行大促销回馈消费者，实施五折促销等营销策略，大大的提升了主营业务收入。报告期内，公司的销售费用较上年同期增长 47.67%，主要原因是上半年公司为达成年度经营目标，促进销售增长加大了终端及广告宣传等费用的投入，同时为刺激经销商的积极性加大了对经销商的补贴力度和奖励政策。

【002036】宁波宜科科技实业股份有限公司

【基本情况】

宁波宜科科技实业股份有限公司始创于 1956 年，是中国第一家生产黑炭衬的企业，是著名服装辅料生产厂家。在业内有“行业龙头，业界标准”的美誉。公司拥有国际领先水平的机器设备，生产配套胸衬、肩衬、腰衬、树脂衬、口袋布等系列近百个品种，3000 万套服装辅料的生产能力，成为国内衬布行业唯一进入中国服装行业双百强的企业、上市公司、国家级高新技术企业，拥有自营进出口权，通过 ISO9001 国际质量体系认证。公司以服装辅料的生产营销为主，研究开发高科技纺织材料为发展方向，主要产品“牦牛”牌黑炭衬和粘合衬系列衬布，获得了中国环境标志产品认证，获得 Oeko - Tex Standard100 国际生态纺织品认证，成为中国衬布行业第一个“绿色”品牌，被中国纺织工程学会评为首批推荐的国产衬布名牌，被法国科技质量监督评价委员会评定为向欧盟推荐的高质量科技产品。“牦牛”牌黑炭衬和粘合衬系列产品产品定位于中高档服装衬布市场，主要销往国内各知名服装生产厂家及相关企业，同时还远销日本、韩国、加拿大和港台等国家及地区。我公司与雅戈尔集团股份有限公司共同投资，于 2007 年 4 月建立汉麻产业投资股份有限公司。公司主要经营：纯纺及混纯纺. 纱线面料服装产品等。根据中国服装协会辅料专业委员会的统计，本公司在国内中高档服装用衬市场中的生产能力、销售规模、经济效益和市场占有率等综合指标排名第一，是全国最大规模的生产销售中高档服装用衬的龙头企业。

【主营业务】

主要从事“牦牛”、“宝马”黑炭衬、粘合衬系列产品和“宾霸”里布的生产与销售。

【企业文化】

YAK 的价值观

人的价值高于物的价值，即以人为本；

共同价值高于个人价值，共同的协作高于独立单干，集体高于个人，即以合为贵；

社会价值高于利润价值，社会价值高于企业价值，以德为先；

用户价值高于生产价值，即以诚为重。

YAK 精神

企业精神——进取、尽责、团结、实效

不畏艰险，兢兢业业，甘于奉献

YAK 的行为规范

企业经营原则

严谨稳健、诚信重誉、服务至上、优质优价

YAK 理念

企业目标——坚持以实业为主，多元经营、综合发展的方针，实现内外贸易、科研开发、生产加工一体化，发展成为连接国内外市场的大型产业集团。不断培育高科技产品，保持中国服装辅料行业龙头企业。

【企业愿景】

公司将继续秉持以市场为核心，以科技创新为先导，以提高效益为目标的经营理念，以不断强化核心竞争优势为主线，有效拓展海内外市场。稳步实现产品结构战略性调整，保持中国服装辅料行业龙头企业的优势地位，全面实施可持续发展战略。

【002041】山东登海种业股份有限公司

【公司概况】

山东登海种业股份有限公司是著名玉米育种和栽培专家李登海研究员为首创建的农业高科技上市企业，位居中国种业五十强第三位，是“国家认定企业技术中心”、“国家玉米工程技术研究中心(山东)”、“国家玉米新品种技术研究推广中心”和“国家首批创新型试点企业”。

1985 年，李登海研究员率先在我国成立了第一个民营玉米产业化的种子企业，并成为农业部育繁推销一体化试点单位。公司长期致力于玉米育种与高产栽培研究工作，在国内率先开展紧凑型玉米育种，以一年三至四代的育种速度开辟着中国玉米育种的创新事业，总结出“紧凑株型 + 高配合力”的玉米育种理论。现已选育出 100 多个紧凑型玉米杂交种，其中 43 个通过审定，获得 7 项发明专利和 38 项植物新品种权。为确保育种工作再上台阶，在全国设立了 32 处育种中心和试验站，建设成遍布全国的国内最大的玉米育种科研平台，拥有 216 名科研人员，其中 9 名研究员享受国务院特殊津贴。公司与国内大专院校广泛合作，开展转基因、分子标记、单倍体诱导、细胞工程、辐射、航天等高技术育种研究工作，取得了突出成果。连续 36 年持续、不间断地进行玉米高产栽培攻关研究，开创了中国玉米高产道路。连续 7 次创造和刷新了我国夏玉米高产纪录；1972 年玉米首次突破千斤关；1979 年利用自育的掖单 2 号首次突破平展型玉米的高产纪录，创出了 776.9 公斤/亩的国内夏玉米高产纪录；1980 年创造了 903.6 公斤/亩的国内春玉米高产纪录；1989 年创造了 1096.29 公斤/亩的世界夏玉米高产纪录，2005 年再次将世界夏玉米高产纪录提高到 1402.86 公斤/亩，是全国当年玉米平均产量(352.49 公斤/亩)的 4 倍。目前全世界只有两家公司连续多年进行玉米高产攻关探索，一个是美国先锋种子公司(始于 1926 年)，一个是中国的登海种业公司(始于 1972 年)。鉴于登海种业在紧凑型玉米育种与高产栽培研究方面具有突出的自主创新能力，2007 年山东省委、省政府将公司“玉米遗传育种与栽培”确定为泰山学者岗位。

在长期从事科研的过程中，登海种业取得了突出的成就，在我国率先进行了紧凑型玉米替代平展型玉米五个突破的研究，引领了紧凑型替代平展型玉米的育种方向。率先将玉米育种与高产栽培相结合，开创了紧凑型玉米育种的先河和利用良种良法配套栽培技术进行高产攻关的玉米高产道路。为充分利用黄淮海区的光热资源，开展了小麦、玉米一年两季创高产栽培研究工作，连续 16 年一年两季亩产突破吨半粮，实现了从一亩地养活一个人到一亩地养活四个人的转变。首次突破夏玉米亩产吨粮的掖单 12 号、掖单 13 号被农业部确定“八五”期间推广紧凑型玉米 1 亿亩，增产粮食 100 亿公斤项目的主推品种。登海种业先后获得国家科技进步一等奖、国家星火一等奖，山东省科技进步一等奖等 25 项国家及省部级奖励，李登海研究员获 2006 年度山东省科学技术最高奖。“九五”以来，先后承担国家、省部级课题 41 项，其中 863 计划、国家科技支撑计划等国家级课题 16 项，达到了国家级科研单位的水平，2007 年公司最新研制的“超级玉米”已被科技部列为“十一五”国家科技支撑计划重点项目。

公司注重产品质量，推行品牌战略，严格执行 ISO9001：2000 质量管理体系标准，实施全程质量监控。“登海”牌商标被评为中国驰名商标；“登海”牌玉米良种被评为山东省名牌产品。

公司育成的紧凑型玉米杂交种累计推广面积 10 亿多亩，为国家增加社会经济效益 1000 多亿元。

为进一步提高种子的生产质量，登海种业先后在甘肃、内蒙古中西部地区、宁夏、新疆等地投资建设了自己的生产基地和子(分)公司，使企业规模迅速扩大。在国际合作方面，与美国先锋公司合资成立了由登海种业控股的“山东登海先锋种业有限公司”。

今天的登海种业，面对全球经济一体化的挑战，积极学习发达国家跨国种业集团的先进经验，进行机构的改革和机制的转变，进行由普通型的育种向市场竞争力强(包括超级玉米)的品种选育方向转变，由代繁代制的基地生产向自繁自制的生产基地转变，由普通生产加工方式向烘干加工生产高质量的种子方向转变，由卖斤向卖粒的方向转变，由按重量(斤)包装向按粒包装转变，由多量播种向精量播种转变，由种子的低价位向高质量高价位的种价转变(降低每亩用种量，不损害农民利益)。同时加速在种质创新和市场服务等方面的建设，以不断创新、一切为种子用户服务为已任，加强与国家大专院校、科研单位及具有创新能力的公司和农技推广部门合作，加速超级玉米的研发和推广，将登海种业建设和发展成为保障国家粮食安全和食物安全应具备的具有国内和国际市场竞争力的产业化公司，为我国玉米生产和农业丰收做出新的贡献。

【经营业绩】

2012 年 1－6 月份，公司实现营业总收入 32062.39 万元，比上年同期下降20.73%,营业利润9341.99万元,比上年同期下降37.81%,利润总额9459.16万元,比上年同期下降-37.6%,归属于上市公司股东的净利润6911.32万元,比上年同期下降27.90%,经营活动产生的现金流量净额7846.60万元,比上年大幅度增长(上年同期为-3949.38万元),归属于上市公司股东的每股净资产3.31元,比上年同期增长3.12%。业绩下降的主要原因是公司控股子公司山东登海先锋种业有限公司的营业收入比去年同期有大幅度的下降。

【002054】广东德美精细化工股份有限公司

【基本情况】

广东德美精细化工股份有限公司(下简称德美化工)是以纺织印染助剂为主,兼营其他精细化学品的上市公司(2006年在深交所上市,股票代码002054)。公司始创于1989年,总部坐落在广东省佛山市顺德区,是广东省高新技术企业。

公司以“为行业、为人带来进步”为企业使命,始终致力于企业自身与行业技术创新体系的建设和发展,自成立以来一直与国内外著名科研单位、大专院校紧密合作,拥有省级工程技术研究开发中心、东华德美染整技术中心和企业博士后科研工作站,是国家纺织助剂产品基地。公司是广东纺织助剂行业协会的会长单位,每年都会积极协助举办助剂年会,并构建行业环保节能技术交流公益平台,与国内同行积极开展技术合作与交流,推进行业的自主创新,健康发展。

公司现有自主研发的产品900余种,多项产品填补了国家空白,有十多个产品被评为国家级新产品,并多次获得佛山市、广东省、化工部科学技术进步奖。产品质量达到国际先进水平,在业内赢得了良好声誉。

德美以市场为先导,整合人才、技术、规模、文化等优势资源,创新性的提出“技术+服务”的营销服务理念,构建起业内最具竞争力的营销服务体系。充分利用本土化的资源优势,在广东、上海、无锡、山东、河北、浙江、四川、湖北、福建等区域十余家分公司,同时,配套建立六大区域生产基地。为客户提供多样化的产品选择和最佳的工艺解决方案奠定了坚实的基础,也切实让客户充分享受到了更为便捷和周到的服务。市场占有率和品牌影响力在国内遥遥领先。

【社会责任】

公司在实现企业盈利并快速发展的同时,以自身行为不断履行着企业的社会责任,投身青少年教育、医疗条件改善、公共建设、全民体育、扶贫救灾等公益慈善行动,捐款累计400多万元。持续支持社会公益慈善事业,做良好企业公民,让更多人从中受益,得到了当地政府、社区、学校等社会组织的赞誉。

德美化工以“携手合作,共享未来”经营理念构筑了与客户、员工及业内同行合作的平台,形成了“认同公司、认同事业、认同同事、认同自我、认同客户和认同同行”合共共处的经营氛围,以优质产品和专业化服务提升客户价值,与客户携手奋进,共创未来。

【经营业绩】

2012年1-6月,受国际市场需求减弱,国内市场需求增长趋缓,国内外棉差价过大等因素影响,我国纺织行业运行呈现下滑态势。公司针对重点业务管理方面有针对性的开展工作,有效加强了市场开发力度,市场份额不断增加,纺织助剂销售收入同比增长13.24%;纺织助剂毛利率增加6.20%。

【002063】远光软件股份有限公司

【基本情况】

远光软件股份有限公司是电力行业企业管理软件及服务的主流供应商,为深交所上市公司(股票代码:002063),在电力行业企业管理软件领域占有85%以上的市场份额。公司总部及研发中心坐落于珠海科技创新海岸远光软件园,园区占地面积40000平方米。公司注册资本为33992.56万元,截止2011年,公司净资产逾9.7亿元,在全国各地设立了31个分支机构。公司是国家科技部认定的2006年国家火炬计划重点高新技术企业,也是连续八年被国家发改委、信息产业部、商务部、国家税务总局联合审定的“国家规划布局内重点软件企业”。

远光软件的核心团队已为电力行业企业管理信息化服务逾20年,致力为电力行业提供全面的管理信息化最佳解决方案。公司始终坚持自主创新,生产经营的软件产品均拥有完全自主知识产权,为全国电力行业、近六分之一的中央企业国有资产提供着优质的软件产品和可靠的技术服务。公司在技术上和市场上与IBM、HP、Oracle、Microsoft、Intel等国际知名公司建立了密切的战略合作联盟。

多年来,远光人以为客户提供一流软件和全面服务为己任,深刻把握电力行业发展脉搏。未来,中国的企业要进一步走向市场化,要推动企业的管理向着精细化方向迈进。在ERP进入成熟期的今天,像远光这样专注于行业精耕细作的厂商,能为客户提供更精确、更专业的软件及服务,因而更受客户青睐,并将引领ERP未来的发展模式。已成为中国电力行业管理软件主导厂商的远光,将发展成为世界最具行业智慧的管理软件与咨询提供商。

【企业荣誉】

2012年12月,远光软件被中华人民共和国工业和信息化部授予“计算机信息系统集成企业资质贰级”证书。

2012年12月,远光软件董事长陈利浩被珠海市人民政府授予“珠海高新区成立二十周年——突出贡献个人奖”。

2012年12月,远光软件被中国电子信息产业发展研究院授予“2012中国信息产业年度影响力企业”称号。

2012年11月,远光软件被畅享网评为2012年度中国企业级IT应用评选“领域领先企业-集团管控领域领先企业”称号。

2012年11月,远光软件董事长陈利浩被工业和信息化部电子科学技术情报研究所授予“2012中国信息产业领军人物奖”。

2012年11月,远光软件董事长陈利浩被新华社经济参考报社、商务部中国国际经济技术交流中心联合授予“2012中国经济优秀人物”荣誉称号。

2012年11月,远光软件被中国企业文化研究会授予“2012年度企业文化建设优秀单位”。

2012年11月,远光软件董事长陈利浩被中国企业文化研究会授予“2012年度企业文化建设先进工作者”。

2012年9月,远光软件被计世资讯(CCWResearch)、中国质量协会用户委员会联合授予“2012中国IT用户满意度调查——电力行业用户满意度第一”荣誉称号。

2012年9月,经中国质量协会用户委员会、工业和信息化部电子科学技术情报研究所、计世资讯联合评选,远光软件获评“集团管理软件用户推荐品牌”奖。

2012 年 9 月,远光软件被中国软件行业协会授予"2012 中国年度创新软件企业"称号。

2012 年 9 月,远光软件被广东省软件行业协会授予"2012 年(第一届)广东省软件业务收入——前百家企业"称号。

2012 年 8 月,远光软件被广东省发展和改革委员会、广东省现代服务业联合会联合授予"广东省现代服务企业重点联系企业"。

2012 年 8 月,远光软件董事长陈利浩被珠海市人民政府授予"2011 年珠海市优秀民营企业家"。

2012 年 8 月,远光软件被珠海市人民政府授予"2010 - 2012 年度·热心公益事业先进民营企业"称号。

2012 年 8 月,远光软件被珠海市人民政府授予"2011 年度·自主创新 30 强民营企业"称号。

2012 年 8 月,远光软件被珠海市人民政府授予"2011 年度·纳税 30 强民营企业"称号。

2012 年 8 月,远光软件被珠海市人民政府授予"2010 - 2011 年度·十强民营企业"称号。

【社会责任】

捐助社会

远光始终坚持"真情回报社会"的理念,倡导"社会责任伴随企业发展一路同行",以自身发展影响和带动地方经济的振兴,促进公司与社会、社区、自然的协调、和谐发展。一直以来,远光以实际行动为地方经济发展、科教卫生事业、抗灾赈灾等做出了贡献。无论汶川地震,还是西南旱灾,我们都在第一时间响应,帮助当地人民抗击自然灾害。我们还积极参与社会公益活动,资助弱势群体及贫困地区建设,实践企业公民的社会责任。

1.2006 年 3 月,远光为珠海市香洲区红十字会"香洲区巩固教育强区创建教育强市百万人行募捐活动",捐款人民币 1 万元。

2.2006 年 7 月,远光为珠海高新技术产业开发区工会工作委员会救灾捐款人民币 3 万元。

3.2008 年 5 月,远光通过政协珠海市委员会办公室捐款户向四川地震灾区捐款 33.3 万元。

4.2009 年 4 月、5 月,远光分两次向湖南省祁阳县梅溪镇小泉村捐款人民币 8 万及 4 万(合计 12 万元),帮助该村修建道路。

5.2010 年 4 月,远光向西南干旱灾区捐款 10.2 万元人民币,为云南省富民县散旦乡甸头村购买了大米、食用油,援建了一口水窖,并为村小学购买图书。

6.2010 年 7 月初,公司通过广东软件行业协会为响应"扶贫济困日"活动,捐款人民币 3 万元,支持广东省河源市龙川县老隆镇红桥村的建设。

保护环境

自然环境恶化、气候变暖加速,已经成为影响人类未来生存的世界性问题。一直以来,远光努力践行着"实现宜居和宜业、生态和发展的统一",在产业定位上追求"生态文明",发展"环境经济"。远光通过为客户开展实施企业管理信息化建设,帮助客户节能降耗、降低经营成本,提升经营管理水平,为国家建设资源节约型社会做出企业应有贡献。公司董事长陈利浩致力于在珠海市、广东省和全国范围内积极推动发展以提高能源生产和消费效率、创新能源结构为核心的低碳经济,引起从中央到地方的各级领导、各类媒体、社会各界的高度重视和评价。2010 年 1 月,他被全国政协、中国科协等单位评为"2009 年度低碳中国企业领袖"。

2008 年 7 月,远光志愿者来到珠海的母亲河——前山河畔,在数百米长的河畔清理出约 50 筐塑料制品、泡沫饭盒、碎玻璃等垃圾,用行动共同建设、维护珠海生态文明新特区,维护我们赖以生存的地球。

2009 年 3 月,远光数十名环保志愿者来到金鼎区麒麟啤酒厂门前公路边参与了义务植树活动,种下了绿色,播撒了希望。

2009 年 5 月,远光驻北京的同事们参加了"2009 春季北京国际长走大会",宣传远光人的节能环保理念,为"北京国际长走大会"专项公益基金做出贡献。

【经营业绩】

2012 上半年,公司实现营业收入 359,615,666.49 元,比上年同期增长 25.78%;实现营业利润 127,583,536.4 元,比上年同期增长 42.95%;归属于上市公司股东的净利润 112,790,358.9 元,比上年同期增长 33.22%。

【002068】江西黑猫炭黑股份有限公司

【基本情况】

2001 年,江西黑猫炭黑股份有限公司肩负光荣使命,承载厚重期待,在瓷都景德镇应运而生。全面卓越发展,规模成就黑猫!1994 年 6 月,作为景焦集团的产业延伸,黑猫股份的前身景德镇市焦化煤气总厂炭黑分厂成立,产能 8000 吨;2001 年 7 月,景焦集团进行产业整合,组建江西黑猫炭黑股份有限公司,产能 4 万吨,为企业的发展奠定了基础;2002 年 12 月,成立韩城黑猫,产能 12 万吨;2005 年 5 月,成立朝阳黑猫,产能 6 万吨;2006 年 9 月,黑猫股份在深圳证券交易所上市,成为国内第一家通过市场运作单以炭黑产品上市的公司,为企业的腾飞提供了强劲的助推力。

公司不仅将每年销售收入的 3% 用于新技术、新产品研发,还定期选送优秀员工赴国内外培训,与青岛科大等知名院校建立起战略合作关系,大力培育技术团队。至今,公司掌握的自主知识产权已达数十项。

公司始终把品质视为企业的第一生命力,树立中国炭黑行业标杆。公司拥有完善的产业体系、专业的科研人才和国际一流水准的生产检测设备,具备严格、配套的产品生产管理和质量保证体系,先后通过了 ISO9001 标准质量管理体系认证,ISO14001 标准环境管理体系认证,GB/T18001 标准职业健康安全管理体系认证,检测中心通过国家实验室认证。全过程一站式检验检测程序让黑猫股份的炭黑产品成为行业信心的保证。

18 年来,公司开发生产了几十种炭黑、白炭黑系列产品,广泛应用于各类橡胶制品。公司丰富完备的产品结构,贴心专业的技术服务,使黑猫炭黑成为广大客户值得信赖的行业领先品牌。

公司致力于建设效益领先、资源节约、环境友好的一流企业集团,不断改进炭黑生产工艺和设备,降低生产能耗,真正实现零排放,被有关部门授予"清洁文明工厂"称号,始终傲立行业前端,率先完成向高技术化、节能和环保化方向的转变,成为循环利用、节能低碳的典范。

目前,公司 7 大生产基地分布全国,数十条先进的炭黑生产线创造了近百万吨的产能,产销量连续多年位居国内同行业之首,世界炭黑行业前列。公司以充沛的产能保证和生产基地布点华东、西北、华北、东北的区位优势,为全国各地的客户提供定制化、个性化的产品和服务。产品畅销全国，其中40%远销海外，赢得海内外客户的广泛青睐。

【经营业绩】

2012年上半年报告期内，公司实现营业收入2,117,617,555.4元，比上年同期增长21.9%；实现营业利润61,621,669.82元，比上年同期增长53.58%；归属于上市公司股东的净利润77,643,855.74元，比上年同期增长131.85%。

【企业荣誉】

公司2009年荣获“江西省质量管理先进企业”称号。

公司2010年荣获中国炭黑工业60周年“科技创新先进企业”称号。

公司2011年荣获“高新技术企业”称号。

公司2011年被授予“江西名牌产品”证书。

【企业文化】

企业宗旨：为社会创造价值，让员工实现梦想。

企业精神：创新务实拼搏奉献。

企业愿景：建设效益领先、资源节约、环境友好的一流企业集团。

企业道德：诚信为本，责任为先。

企业作风：讲原则、讲奉献、讲效率。

安全理念：预防为主，珍爱生命。

发展理念：相关多元，创新发展。

经营理念：诚信、合作、双赢。

管理理念：团队精神，和谐发展。

人才理念：每个人都有才能，每个人都有机会。

企业核心价值观：以人为本，追求卓越，实现企业与员工价值最大化。

【002071】江苏宏宝五金股份有限公司

【基本情况】

江苏宏宝集团有限公司座落在美丽富饶的江南鱼米之乡——苏锡常经济发达地区，张家港市境内。北邻长江，沿江公路贯穿而过，南邻全国内陆保税区仅4.2公里。便利的交通网络，优惠的投资政策，勤劳的公司员工使得公司自创建以来便得了突飞猛进的发展。公司现有员工近1000余人，占地面积16万M2，是中国500家最大乡镇企业和最佳效益乡镇企业之一。

公司创建于1958年，是在原张家港市第二医疗器械厂的基础上建立和发展起来的。2001年公司进行了二次转制，经济运行得到了进一步提高。现集团公司下设江苏宏宝集团医疗器械有限公司及江苏宏宝集团进出口有限公司，公司主要生产无缝钢管、钛及钛合金管、单层方波焊管、不锈钢复合管及各类医疗器械等产品，集团下属各企业都通过了ISO9002质量体系认证。企业产品科技含量高，2001年，集团所产医疗器械被中国社会调查事务所确认为了中国公认名牌产品，是地方经济有力支柱。

几十年的发展历程使企业练就了一套称雄于市场经济的先进管理方法。公司领导牢牢把握住时代发展的脉搏，以科技为先导，坚持“质量第一、用户第一”的宗旨，创名牌，促经济效益的提高。并实现以人为本的科学管理方法，积极地通过资本的运作，实现资本经营，为公司实现“十五”宏伟目标而努力奋斗！

【经营情况】

2012年1-6月，受国际金融危机及国内外需求低迷等不利因素的影响，人民币相对美元升值；人工成本上升，产品订单相对上年同期有所减少，公司控股子公司宏宝光电本期尚处于筹建期，公司经营业绩出现了一定程度的下降。本报告期实现营业总收入20,838.33万元，比上年同期减少了6.39%；营业利润为224.95万元，比上年同期减少了81.72%；利润总额为244.05万元，比上年同期减少了81.84%；实现归属于母公司所有者的净利润341.02万元，较上年同期减少了67.86%。

【002074】江苏东源电器集团股份有限公司

【基本情况】

江苏东源电器集团股份有限公司（简称东源电器）位于上海市一小时经济圈的江苏南通市境内，创立于1998年11月，是国家重点高新技术企业、华东地区成套高低压开关设备生产基地，全国高压开关行业重点骨干企业、国家重合同守信用企业，ISO9001、ISO14001及OHSAS18001三标整合型管理体系认证单位。

2006年10月，东源电器A股股票在深交所中小板上市，目前注册资本25336.8万元，拥有6家控股子公司，员工1280名，其中工程科技人员占总数的36.8%。公司专业研发制造高低压开关及成套设备、智能化高低压开关设备、配网智能化、数字化电器设备、变压器及变电站、风电电控设备、船舶、环保、铁路等专用电器。历年来，公司多次受到国家发改委、工信部、国家电网公司、省（市）领导的视察指导，被誉为“崛起在黄海之滨的一颗璀璨明珠”。

东源电器拥有国家博士后工作站和省级工程技术中心，具有强大的研发实力和持续创新能力，开发和生产了一批具有自主知识产权的系列输配电设备产品。公司“顶塔”牌商标是国家工商总局认定的中国驰名商标，拥有较高的行业知名度和客户认可度。公司生产的12kV、24kV和40.5kV三个电压等级的开关设备领域占据优势地位，其中，40.5kV产品销量排名前列。目前，公司已形成以电网建设配套为主，以国家重大工程配套为辅，同时积极参与国际市场竞争的产业发展目标和销售格局。

【市场拓展】

东源电器产品已经进入国网公司及23个省网公司的招标体系、31个省、市的国家重大工程建设领域，公司产品广泛应用于新能源、铁路电气化、高铁、南水北调等国家重点工程，客户群覆盖了大唐、华能、神华、华电、龙源等国家大型企业。公司在该领域已经占据一定的市场份额，取得了良好的市场口碑，为未来在该市场的开拓打下了坚实的客户基础。此外，公司积极走出国门参与国际市场竞争，已参与东欧、东南亚、非洲和南美等地区和国家的电网建设和改造，与南非、古巴等六个国家电网公司签订了长期战略供货协议。东源电器国际营销业务在前期大量基础性工作的基础上，逐步迎来业绩的成长期。

【人力资源】

东源电器坚持优化人才管理理念和办法，实施科学合理的人力资源管理，完善引进、培养、使用、考核、激励、待遇制度，敞开胸怀招贤纳才，为企业持续创新发展战略服务。

在高层的决策和措施上，公司始终把人才工作作为企业发展的首要任务。董事长亲自召开人才和后备干部座谈会，听取意见、建议和需求，形成了培养、爱护人才的浓厚氛围。

在培训的途径上，加强对员工进行内部岗位培训的同时，采取委托"外培"深造。03 年以来先后连续三届委托大专院校办班培训员工，其中收获了许多有一定培养前途、有一定发展潜质的优秀人才，为构筑东源人才优势奠定了基础。

【社会责任】

东源电器在做大做强的同时，积极履行社会责任，为缓解社会矛盾，为大中专生、下岗职工、退伍军人以及农村富余劳力等提供就业机会，其中 2011 年至 2012 年 11 月期间，吸纳了大中专毕业生 300 人就业，同时为南通大学和南通纺院提供实习基地。

东源电器积极参加"回报社会感恩行动"，2008 年四川汶川大地震时，向灾区捐赠 150 万元电气设备并带头捐款，用于支援灾区重建；并向通州慈善基金会认捐一千万元，用于通州区慈善事业；同时，在特殊节日开展捐助献爱心活动。比如，在重阳节，向离退休老干部派发慰问金，感恩他们为东源企业发展提供的帮助；每年利用元旦春节开展访贫问苦活动，向企业所在镇周边村特困户、特困老党员老干部捐款等。用实际行动为社会公益慈善、为扶贫济困以及捐资助学，为建设和谐社会做出贡献。

【经营业绩】

2012 年 1 - 6 月，公司实现了营业总收入 39685.52 万元，同比增长 5.89%；实现利润总额 5688.47 万元，同比增长 20.08%；实现归属于上市公司股东的净利润 3977.87 万元，同比增长 22.19%。

【002076】广东雪莱特光电科技股份有限公司

【基本情况】

广东雪莱特光电科技股份有限公司（股票代码：002076）创立于 1992 年，是中国电光源产业领域最具代表性上市企业。作为政府授予的高新技术企业，研制的核心产品节能灯、HID 汽车氙气大灯、LED 照明、陶瓷金卤灯、紫外线杀菌灯及其他特种光源和配套灯具、配套电子镇流器居行业领先水平。

公司座落于改革的前沿城市——南海。拥有花园式生活区及现代化厂房，占地 10.3 万平方米。公司拥有员工 2000 多人，各类专业管理、技术人才 500 多人。2009 年，公司在四川省遂宁市建立四川雪莱特光电科技有限公司，进一步扩大生产规模，提升市场竞争力。

公司秉承"品质源于科技，科技源于人才"的经营理念，作为中国照明学会副理事长单位、中国照明电器协会常务理事单位，在创始人柴国生董事长的带领下，致力于科技创新，追求科技领先，拥有多位享受国务院特殊津贴的、电光源领域的顶级科学家。同时，公司成立企业培训学校，建立起包括"一线技术骨干、大学毕业生、后备干部、管理团队"在内的全方位人才培养体系，配备了图书室、电子阅览室，营造了良好的学习型组织氛围，明确了人才职业生涯规划，为企业保持可持续快速发展提供了强大的人才保障。

公司竭力引领电光源行业的发展趋势，潜心研究和开发新产品、新工艺、新技术，独立自主开发出多项国内领先、国际先进的核心技术。目前公司拥有 181 项国内外专利，2008 年荣获中国专利优秀奖。

公司积极开展产、学、研合作，拥有国家级实验室，成立了复旦大学电光源研究所南海实验基地、深圳清华大学研究院纳米技术应用实验室，承担并完成了国家 863 计划、火炬计划、星火计划、广东省重点新产品项目等多项国家重大课题，并取得重大成效，是国家实施奖励和科研拨款的重点扶持企业。

公司以绿色环保节能为已任，作为最早发起、参与绿色照明活动的企业，在国家的高效照明产品推广、节能减排工作中做出了不懈努力，取得了重要成效，2008、2009、2010 年连续中标国家高效照明产品政府采购，是 2008 年国家高效照明推广的样板企业，在国家绿色环保工作领域起到了重要的倡导、推动和示范作用。

作为中国最大的节能灯制造基地之一，公司率先将中国节能灯的质量推升到国际先进水平。公司拥有普通照明用自镇流荧光灯整灯生产流水线，其中拥有 14 条代表国内先进水平的荧光灯自动化生产线，年生产能力超过 1.5 亿支。

公司作为中国最大的 HID 汽车氙气灯生产制造基地之一，是国内 HID 汽车灯生产的首创者，生产出我国第一支 HID 汽车氙气灯，以独有的球泡技术，创建起 HID 汽车灯领域里的唯一民族自有知识产权体系。

公司作为 HID 汽车氙气灯国家标准的起草单位之一，是国内唯一一家有能力与汽车厂进行整车配套的生产厂家，生产的镇流器与汽车灯的质量均已达到世界先进水平。

公司在 HID 灯及配套电子镇流器领域拥有 43 项国内外专利，其中"带灯头的车用高气压放电灯"打破了国外照明巨头在全球照明行业的知识产权垄断，使我国车用氙气金卤灯水平全面达到国际先进水平，提升了中国照明行业在该领域的国际地位。

公司拥有氙气灯镇流器处理器全球首创全智能芯片技术，自主研发的 XPU"玲珑芯"氙气灯镇流器处理器将 HID 灯及配套镇流器的稳定性提升了近百倍。公司率先在全球范围提出"HID 整体技术解决方案供应商"的经营理念，在全方位、个性化、综合解决客户需求方面树起了 HID 行业的新标杆。

公司作为世界最大的紫外线杀菌灯生产制造基地之一，紫外线杀菌灯年生产能力超过 1000 万支（套）。是世界前三家、国内唯一一家有能力生产大功率紫外线产品的专业厂家，大功率技术的突破，打破了国外电光源巨头的垄断，奠定了中国照明企业在该领域的国际地位。

【企业荣誉】

2012 年，公司荣获"广东省加工贸易转型升级示范企业"称号。

2012 年，公司荣获南海区科技进步奖、科技工作先进单位荣誉。

2011 年，公司荣获 2010 年市科技进步二等奖。

2011 年，公司陶瓷金卤灯、紫光纳米杀菌器两项产品荣获"广东省自主创新产品"称号。

2010 年，公司荣获"国家火炬计划重点高新技术企业"称号。

2010 年，柴国生董事长喜获"全国照明电器行业十大功勋人物"荣誉称号。

【社会责任】

2007 年，雪莱特为了全面配合国家"节能减排全民行动"的大型活动，先后在全国范围内开展了绿色照明推广活动，并配合不同媒体进行公益宣传，将"节能减排我行动"深入贯彻到基层。9 月 24 日之 28 日，雪莱特赞助 CCTV2《节能半小时》特别节目《你来猜猜看》100 个身边节能问题，所有礼品，并现场为获胜团队发放绿色照明产品——雪莱特牌系列节能灯。

2006 年 11 月，由当地政府出资 40 万元、雪莱特捐资 20 万元共同兴建的云南省个旧市雪莱特希望小学落成并正式投入使用。此后,公司一直关注学校的建设及学生的学习情况,并多次捐资助学。历经两年的建设,崭新的教学大楼和办公楼已完工投入使用,新课桌椅也由雪莱特另行出资27500元购置送到学校,为师生定制的近九千元的校服即将交货送至学校。

【经营业绩】

2012年上半年报告期内,公司整体实现营业收入18,012.96万元,与去年同比下降3.10%,实现利润总额616.39万元,与去年同比下降15.81%;实现归属于母公司的净利润527.26万元,与去年同比下降19.35%。

【002084】广州海鸥卫浴用品股份有限公司

【基本情况】

海鸥卫浴发源于1958年的市桥五金机械厂,是一家主营手电筒生产的老字号公私合营企业。1998年,公司与香港中馀投资有限公司合资成立番禺海鸥卫浴用品有限公司。2003年8月,海鸥整体改制,正式更名为广州海鸥卫浴用品股份有限公司,并于2006年11月24日在深圳证券交易所挂牌上市。

海鸥主营业务包括:设计、开发和制造高档水暖器材、高档水龙头、排水器、暖通制控产品、卫浴配件及水龙头零组件,销售遍布欧洲、美洲和亚洲市场,主要客户包括全球前十名卫浴品牌,年销售额逾17亿人民币(2.6亿美元)。海鸥主要三大生产基地为番禺厂区、珠海厂区、齐齐哈尔厂区,员工总计3,000多名。以配套完善的生产工艺体系,从模具设计及制造、重力铸造、低压铸造、液压成型、精密锻造、数控CNC加工、自动机器人打磨抛光、多镀种电镀、PVD(真空离子镀膜)、激光打字到精益生产组装线,结合高效率的策略供应链管理系统和丰富的产品系列为客户提供如期、如质、如量、百分之百准时交货的高端卫浴产品制造服务。

公司坚持"以效率、品质、服务使海鸥公司成为世界上最具竞争力的卫浴产品制造服务供应商"的目标,不断优化生产体系,善用太阳能、地源热泵持续节能减排;创新发展绿色环保产品,完善整体配套卫浴产品系列;为中国及全球市场持续贡献优质、多元化、高附加值的制作服务。

【企业荣誉】

公司于2012年10月30日申报的"iHoming智慧家居系统"获得第十四届中国国际高新技术成果交易会"优秀产品奖"称号

公司喜获"2012中国上市公司诚信企业100强"称号

海鸥卫浴2012年分类监管评价结果为"A"

【社会责任】

2012年,9月20日,一场简单而温馨的捐赠仪式在海南万宁市北大镇兰英希望小学举办。参加本次仪式的领导有:"广东省海鸥文教基金会"理事长叶煊、秘书长崔鼎昌、海南省万宁市教育局曾强副局长、万宁市北大镇吴小媚副镇长、万宁市团市委宣传部李橙部长、兰英希望小学许振平校长。捐赠仪式上,叶煊理事长表达了对学校师生的问候,简要介绍了海鸥在公益事业上的主要贡献和公司对此次捐赠仪式的重视。随后,将基金会出资五万元购买的10台教学电脑、2张乒乓球桌、10个篮球移交给兰英希望小学许校长,希望改善学校教学条件。全体海鸥同仁在2012年3月"海鸥文明礼貌月"——"海鸥爱心飘海南"活动中捐出的83,695.85元爱心款,也在仪式中颁发给该校11位受助学生,每位学生每季度可获得430元—460元不等的助学金,一直至其小学毕业。最后,叶煊理事长和崔鼎昌秘书长一同将233份文具套装赠送给该校学童,仪式在小朋友开心的笑脸中结束。

在此次捐赠仪式前,"海鸥爱心飘海南"活动负责人陈云长和《飞翔海鸥》编辑部主编陈抗抗提前走访了兰英希望小学受助生家庭,了解他们的学习、生活状况,并向受助生家长说明助学金的捐赠方式。

广东省海鸥文教基金会秉持"关心持续教育事业,振兴中华文化"的宗旨,积极投身于慈善事业当中。2012年5月,海鸥文教基金会积极参与广东省慈善总会2012年"爱心助学,情系山区"捐款活动,帮助贫困山区农村学校完成图书室建设,给贫困山区的孩子们提供更好的学习条件。经过海鸥文教基金会深入了解后,确定对口"连州市星子镇上庄小学"符合条件,于6月19日通过广东省慈善总会向其捐赠人民币一万元,以期孩子们能够充分利用资源,增长知识,早日成为社会栋梁之才。

6月5日,在2012年"广东扶贫济困日·广州慈善日"筹款活动中,海鸥卫浴作为一家有着强烈社会责任感和使命感的企业,积极响应,向番禺慈善基金会捐赠30万元人民币。

自成立以来,公司在努力寻求自身经济发展的同时,一直秉持"结合人才、健全制度、创造利润、福利员工、回馈社会"的企业精神,积极致力于地区的环境保护、教育、文化、科学、卫生、社区建设、扶贫济困等社会公益活动,促进公司所在地区的发展。

在今年的筹款活动中,公司叶煊总经理发扬乐善好施的传统美德,个人捐赠10万元人民币,以示对社会慈善事业的支持。

【经营业绩】

2012年上半年报告期内,公司实现营业收入80,305.54万元,比上年同期73,459.22万元增加9.32%;实现营业利润991.87万元,比上年同期1872.35万元下降47.03%;实现净利润1459.15万元,比上年同期1743.47万元下降16.31%。

【002086】山东东方海洋科技股份有限公司

【公司概况】

山东东方海洋科技股份有限公司成立于2001年,于2006年11月28日在深交所挂牌上市。公司注册资本24385万元,2011年度营业收入达到7.5亿元,实现净利润9550万元。

公司主要从事水产品加工、生物科技、保税仓储物流及海水苗种繁育、养殖业务,是一家集冷藏食品加工、海水养殖、科研推广及国际贸易于一体的国家高新技术企业、农业产业化国家重点龙头企业、国家级水产良种场。

公司自成立以来始终坚持以市场为导向,以效益为中心,以发展创新为主线,大力推进体制创新、技术创新和管理创新,综合实力日益增强。目前,公司辖设6个分公司(烟台开发区分公司、牟平分公司、海阳分公司、莱州三山岛分公司、莱州芙蓉岛分公司、乳山分公司)、3个加工厂(胶原蛋白加工厂、海参加工厂、冷藏食品加工厂)、保税加工贸易基地、5家子公司(烟台山海食品有限公司、烟台得沣海珍品有限公司、山东东方海洋国际货运代理有限公司、山东东方海洋销售有限公司、通宝国际控股有限公司)。

【公司资质】

公司积极推行标准化生产和管理,先后通过欧盟卫生注册、HACCP 认证、ISO9001 认证、ISO14001 认证、OHSMS18001 认证、BRC 认证、IFS 认证、ETI 社会责任认证、GMP 认证，公司海水养殖基地获山东省无公害水产品产地认定，养殖产品大菱鲆、海参（刺参）获无公害农产品认证。

公司始终坚持"科技兴业"的发展思路，拥有一流的自主研发团队和雄厚的科研基础设施，先后被认定为首批国家星火计划龙头企业创新中心、首批全国农产品加工企业技术创新中心和国家级企业研究开发中心、中国水产加工贸易 25 强企业、中国食品加工百强龙头企业、保税物流"4A"企业，被海关评定为"双 A"企业，是中科院海洋研究所海洋科技示范基地，国家海藻工程技术研究中心。近五年来，联合承担科研课题 18 项，其中 863 计划 2 项，农业科技成果转化资金项目 2 项，国家科技支撑计划 4 项，国家海洋局公益项目 2 项，连续 10 年获得省农业良种产业化工程的项目支持；申报国家专利 34 项，已获授权 13 项；获省部级以上科技进步奖 7 项。在海带保种、育种、育苗方面建立了具有国际先进水平的海带种质资源库，培育出了"901 海带"、"东方 2 号杂交海带"、"东方 3 号杂交海带"三个国家级新品种（自 1992 年以来，全国仅四个国家级海带新品种），其中"901 海带"获国家科技进步二等奖，"东方 2 号杂交海带"获山东省科技进步一等奖。

中国渔业协会认为："公司综合竞争实力位居全国同行业、同领域前列，具有强势地位。在海带良种繁育与产业化开发方面处国际领先水平；在海水鱼类养殖及水产品加工综合利用方面处国内领先水平。"

【业务规模及主要产品】

（一）食品加工

公司主要从事水产食品精深加工及进出口业务，主要产品有鳕鱼、红鱼、真鳕、鲐鱼、竹荚鱼、虾等，产品主要销往日本、韩国、美国及欧盟等国家和地区。

冷藏加工厂的冷库是经青岛海关批准的自用型水产保税库、国家出入境检验检疫局注册的进境水产品备案存储冷库，随着水产品加工贸易基地的建成投产，公司水产品加工能力达 58,000 吨/年，现代化冷藏加工能力达 80,000 吨/次。冷藏加工厂生产管理体系完整有序，严格的品管控制计划，保证了产品的国际品质，被誉为"亚洲最具特色的食品加工厂"，现已成为全国农产品加工业示范企业。

（二）海水养殖

公司目前拥有藻类育苗室 9,000 平方米、海珍品育苗水体 22,800 立方米、鱼类工厂化育苗和养殖面积 28,000 平方米、海参养殖面积 41,400 亩。目前具备大菱鲆 500 吨，海参 1000 吨，海带育苗 11 亿株的养殖能力。

公司与中国科学院海洋研究所合作建立了"海洋科技示范基地"，主要从事海洋鱼类良种繁育、海水工厂化养殖工程技术示范及海藻良种种质的研究；于 2008 年进一步合作共建了"海珍品良种选育与健康养殖实验室"，主要从事海珍品优质抗逆良种的培育、海珍品健康苗种培育、海珍品工程化养殖设施研制、海珍品健康养殖技术体系的构建。

公司承担了"国家海藻工程技术研究中心"项目组建任务，该研究中心在全国仅此一个，项目的实施表明公司在该行业已经成为了国内的领军企业。目前，种质资源库保存了国内外 50 个海带品种（系）和 19 个裙带菜单克隆系，成功培育了"901 海带"、"东方 2 号杂交海带"、"东方 3 号杂交海带"三个国家级新品种（自 1992 年以来全国仅四个国家级海带新品种），其中 901 海带获国家科技进步二等奖，东方 2 号杂交海带是我国第一个通过品种审定并在生产中大规模应用的产品，获山东省科技进步一等奖。

公司"东方海洋"牌大菱鲆获农业部"中国名牌农产品"；"东方海洋 901 海带"获"山东省名牌产品"；"东方海洋"商标获山东省工商行政管理局"著名商标"。

（三）海珍品精深加工系列产品

公司从 2008 年下半年开始加快了水产品深加工研发进度，为培植公司新的利润增长点，与中国海洋大学合作，引进其最新科技成果，延伸产业链，利用每年加工鱼片产生的鱼皮、鱼骨等副产品，变废为宝，生产附加值高、技术含量大的胶原蛋白系列产品，生产线设计年产量 200 吨，预计实现产值 7000 万元；通过内部技术改造，引进具有国际先进水平的海参加工新技术，建成了年加工鲜参 400 吨以上的干海参加工生产线和年加工鲜参 400 吨以上的即食海参加工生产线。目前各项目进展良好，已研发出即食、液态、淡干、盐干、冻干等海参系列产品及胶原蛋白系列产品，同时已经在各地开设了海产品专卖店，初步树立了"东方海洋"的品牌效应。公司将继续立足本地，加大产品的推广和营销力度，全力开拓国内市场，并逐步建立起辐射全国的营销网络。

公司致力于新产品的研究开发，2010 年 8 月与烟台海岸带可持续发展研究所召开了"共建海岸带生物资源利用技术中心"的签约仪式暨"陆海一号"产品发布会。"陆海一号"产品以富硒深海鱼皮胶原蛋白及菊粉为主要原料，未添加其他任何化学成分。产品中的富硒胶原蛋白能够有效清除体内的自由基、排除体内的有毒金属元素，提高机体免疫力，延缓衰老；菊粉有利于维生素合成，促进矿物质吸收，明显提高抗体，增强机体免疫功能。海洋来源的富硒胶原蛋白与陆地来源的菊粉结合，二者相辅相成，协同作用，能够很好的起到增加机体免疫力、美容养颜的功能。

【发展优势】

公司主要从事海水养殖及海洋水产品加工出口业务，具有资源、技术、规模、质量控制和品牌等核心竞争优势。

（一）海域资源优势

海水的质量和养殖环境影响海珍品的品质和营养价值，随着城市化进程加快对海洋水域的污染，我国很多海域已缺乏适宜海珍品生长的清洁条件，市场资源将向拥有无污染的优质养殖海域的养殖企业集中，对优质海域资源的争夺将更加激烈。

公司所处胶东半岛海岸线虽很长，但很多海域已缺乏适应海珍品生长的清洁条件。尤其海参的生产环境对水温、水质、水深等要求很高，随着城市化的进展和气候变化，部分海域出现了环境污染或被用于其它项目开发，适宜养殖海参的海域已经非常有限。公司目前已拥有适合海参养殖国家一类水质标准的海域面积 41,400 亩，为公司未来大规模养殖奠定了基础。

（二）技术优势

公司为国家级高新技术企业、国家认定企业技术中心、国家星火计划龙头企业技术创新中心，在育种、育苗、养殖、采捕和病虫害的防治等方面有着先进的专业技术。

公司与中国科学院海洋研究所合作建立了"海洋科技示范基地"，主要从事海洋鱼类良种繁育、海水工厂化养殖工程技术示范及海藻良种种质的研究；于 2008 年进一步合作共建了"海珍品良种选育与健康养殖实验室"，主要从事海珍品优质抗逆良种的培育、海珍品健康苗种培育、海珍品工程化养殖设施研制、海珍品健康养殖技术体系的构建。

公司承担了“国家海藻工程技术研究中心”项目组建任务，该研究中心在全国仅此一个，项目的实施表明公司在该行业已经成为了国内的领军企业。

公司承担的山东省农业良种工程《海带良种资源的研究开发与利用》和国家863计划《海带裙带菜优质高产抗逆品种的培育》等课题研究项目，已取得阶段性进展。承担的山东省《速生抗逆耐高温刺参良种选育》和国家863计划《刺参、海胆高产抗逆品种选育》课题研究项目，也已取得阶段性进展。

在海参养殖方面，公司以每一年为一个周期，取该周期每天水温的最高点和最低点，分别进行底层水的温度、盐度、PH值、溶解氧等指标的测量，通过连续几个周期的测量建立了数据库，并总结不同水质环境对海参的生长影响，从而可针对不同的水质环境采取有效的应对措施。

在鲆鲽鱼养殖方面，公司采用以色列制造的水光学杀菌系统进行水质的净化，同时，公司与国家农业信息化工程技术中心协作，引进水质在线监测系统，对水位、水温、盐度、溶解氧、氨氮等5个参数进行实时监控，技术水平达到国内、国际先进水平。

（三）规模优势

公司目前拥有藻类育苗室9,000平方米、海珍品育苗水体22,800立方米、鱼类工厂化育苗和养殖面积28,000平方米、海参养殖面积41,400亩，随着水产品加工贸易基地的建成投产，公司水产品加工能力达58,000吨/年，现代化冷藏加工能力达80,000吨/次。

（四）质量控制及品牌优势

公司被出入境检验检疫部门认定为良好生产企业，在源头管理、质量体系运行以及企业自检自控能力等方面均达行业领先水平，先后通过了欧盟卫生注册、美国HACCP质量体系认证、ISO9001质量管理体系认证、ISO14001环境管理体系认证、英国BRC认证、IFS标准认证、ETI认证。

公司积极推行标准化生产和管理，建立并实施了从原料到成品的食品安全保证体系。公司海水养殖基地获山东省无公害水产品产地认定，大菱鲆、海参（刺参）获无公害农产品认证。

公司“东方海洋”牌大菱鲆获农业部“中国名牌农产品”；“东方海洋901海带”获“山东省名牌产品”；“东方海洋”商标获山东省工商行政管理局“著名商标”。

【公司所处行业发展趋势和近期发展战略】

（一）公司所处行业的发展趋势

国际金融危机导致世界经济下滑，在各国经济刺激计划实施的情况下，目前已经基本企稳和缓慢复苏。结合公司的主营业务，行业外部经营环境的发展现状及趋势对公司经营的影响可分为两个方面：

1. 公司海水养殖业务属内需产业，同时也属“三农”范畴。国家4万亿经济投资计划用于“三农”和民生方面的投入已经和正在发挥作用。中央经济工作会议在2010年经济工作的重要任务中提出，加大经济结构调整力度，要以扩大内需特别是增加居民消费需求为重点，扩大居民消费需求，增强消费对经济增长的拉动；保持惠及“三农”和民生的减税、减负、补贴和提高城乡居民收入政策的连续性和稳定性等一系列政策措施，将对公司海水养殖业务发展与经营产生重大积极影响。

2. 公司水产品加工出口业务由于受国际金融危机导致出口需求下降。目前，世界经济下滑虽有所企稳和复苏，但欧美地区和国家的贸易保护主义有所抬头，制定了一系列消费者保护法，对进口食品、农产品提出苛刻要求。同时也对我国汇率政策无端进行干预和施压，可能会对公司水产品加工出口业务产生一定的负面影响。

面对目前的行业发展趋势，市场准入门槛会越来越高，竞争将更加激烈，水产品加工企业的综合实力包括加工规模、技术装备、产品质量及各种市场准入许可、企业信誉及稳定的销售渠道和客户资源或将成为参与全球化竞争的关键因素。一些不具备上述条件的中小企业在竞争中将处于劣势，面临被挤出市场的局面，或将对公司水产品加工出口业务的发展带来机遇。

（二）近期整体发展战略

公司的发展战略为：实施产业化经营模式，创新海洋开发生态高效经营模式，构筑完善的海洋水产品养殖和水产品加工贸易产业链，建设具有核心竞争力、可持续发展的全国渔业龙头企业。具体如下：

1. 实施海域资源控制战略，实现产业扩张

利用烟台市天然海域地理优势，通过开发控制优质海域资源，形成以海参为主的大规模海珍品养殖能力，构建完善的海水产品养殖和水产品加工业务体系。同时以多种方式参与山东省内海域资源的开发，实现海水养殖的资源保障。

2. 实施技术创新战略，实现产品升级换代

在加强与高校科研机构合作的基础上，通过提高高附加值水产品养殖技术水平和资源的综合开发能力，提高加工产品科技含量和产品附加值，提升科技创新水平，实现公司产品升级和跨越式发展。

3. 实施以发展海参等海珍品养殖为重点的结构调整战略

大力发展海水养殖业务，建立完善的海参、藻类育种、育苗和养殖技术体系，实现海参养殖规模化和标准化。平衡水产品加工出口与海水养殖业务比重，弱化加工出口贸易受国际需求的制约，逐步实现产业结构的战略调整。

4. 实施市场化战略，打造公司品牌形象

根据国内外水产品发展趋势，积极推进国内外市场网络建设，引导消费取向，以市场为导向积极化解市场风险，扩大市场份额，优化经济增长方式和提高经济效益，以规模、技术和质量优势打造公司品牌形象。

【经营业绩】

2012年上半年公司归属于母公司所有者的净利润为37,576,496.38元，比上年同期增长15.19%。公司在第一季度报告中对2012年中期经营业绩的预计为“归属于上市公司股东的净利润比上年同期增长幅度为10%～30%”，报告期实际经营成果符合一季度报告的盈利预测。

【002091】江苏国泰国际集团国贸股份有限公司

【基本情况】

1998年5月，江苏国泰国际集团国贸股份有限公司（以下简称：公司）经江苏省人民政府批准设立。2006年11月，经中国证券监督管理委员会核准向社会公开发行人民币普通股，并于2006年12月在深圳证券交易所上市，股票名称：江苏国泰，代码：002091。目前公司注册资本36,000万元。

公司目前已形成外贸和化工新材料两大主业。外贸主要从事纺织、服装、机电、轻工、化工等商品的进出口贸易。公司控股子公司——张家港市国泰华荣化工新材料有限公司系高新技术企业，主要从事锂离子电池电解液和硅烷偶联剂的研

发、生产和销售。

公司坚持科学发展观，全面实施可持续发展战略，紧紧围绕外贸和化工新材料主业，着力优化业务结构，转变增长方式，提高经营质量，强化以客户需求为原动力的供应链管理，实现由贸易商向供应商的转变，加强化工新材料的研发，加大对化工新材料的投入，促进公司持续、稳定、健康发展。

公司牢记企业的社会责任，强化股东回报意识，积极、稳定、持续地回报投资者，让投资者分享公司成长和发展的成果。2006 年至 2011 年，公司每年都现金分红，累计现金分红 2.26 亿元。

【经营业绩】

2012 年 1－6 月公司实现营业收入 1,923,706,412.62 元，比上年同期下降 7.57%；营业利润为 116,235,928.66 元，比上年同期下降 11.31%；实现归属于母公司所有者的净利润 89,580,328.89 元，比上年同期下降 10.9%；经营活动产生的现金流量净额为 149,598,625.42，比上年同期增长 115.79%。

2012 年 1－3 月，公司实现归属于母公司所有者的净利润 31,735,042.06 元，比上年同期下降 25.98%；2012 年 4－6 月，公司实现归属于母公司所有者的净利润 57,845,286.83 元，比上年同期增长 0.31%。

2012 年 1－3 月报告期内，公司出口 26,157 万美元，同比下降 11.4%，其中，服装出口 13,156 万美元，同比增长9.7%。

【企业荣誉】

2011 年公司纺织品服装出口额位居中国纺织品服装出口企业排名第 7 位（中国纺织品进出口商会发布）。

公司控股子公司张家港市国泰华荣化工新材料有限公司锂离子电池电解液销量连续多年保持国内第一，近两年排名世界第二（摘自 InstituteofInformation Technology, Ltd. 2012 年 2 月报告）。

【002093】国脉科技股份有限公司

【基本情况】

创建于 1996 年的国脉科技是中国电信运维外包市场的开拓者和行业标准制订者之一。公司自创立之始即专注于第三方电信外包服务供应商的定位，致力于为客户提供标准规范化、跨越多设备厂家、贯穿多产品线的完整而丰富的通信服务解决方案，经历了电信运维外包市场自萌芽探索期至蓬勃成长期的演进历程。

作为国内电信外包服务的领跑者，国脉科技拥有完整的电信服务产业链。公司的核心业务涵盖电信网络技术服务（设计咨询、网络运维、业务流程外包、人力资源外包）、系统集成、教育培训，具有通信行业勘察设计的甲级资质、定位高端的专业运维服务能力、国家高等专科的教育培训资质，构建了 Juniper、Teradata、PacketDesign 等国际设备商在中国的全方位服务基地，形成了辐射电信、金融领域等多渠道、稳固优质的客户群体，打造了覆盖全国的销售和服务体系。基于公司在电信服务领域的卓越表现，在 2007 年、2008 年、2009 年“中国通信技术年会”中，作为唯一的本土服务商，国脉科技蝉联三年获得“年度通信产业技术服务奖”，与 IBM、爱立信等国际服务商共享殊荣。

国脉科技注册于福州市马尾国家级高新技术开发区，2006 年 12 月在中国 A 股市场的成功发行为公司开启新的成长篇章。作为国内资本市场第一只专注于电信运维外包服务的龙头企业，公司的成长浓缩且超越了中国电信运维市场的增长轨迹，2006 年－2009 年上市四年以来营业收入、净利润的年复合增长率分别为 46%、40%。展望未来，在电信运维外包已成产业趋势的全球背景下，中国电信市场独特的多设备厂商、多技术制式的并行格局以及下一代网络的渐进变革，更为中国电信运维服务业铺设了令人期待的前景。公司将继续秉承“以股东价值最大化为目标”的理念，以“创建中国一流的电信网络技术支撑服务基地”为发展目标，以广阔胸怀邀业内精英加盟，共同致力于中国电信运维服务业的精彩演绎。

【经营业绩】

2012 年 1－9 月份，公司实现营业收入 452,821,398.48 元，比上年同期减少 22.41%；归属于上市公司股东的净利润 65,500,212.33 元，比上年同期减少 38.74%，主要原因是由于本期运营商投资方向的变化（从无线投资转为接入网投资），工程建设周期延长，收入确认滞后，导致营业总收入下降；以及人力成本和财务费用上升所致。

【企业荣誉】

公司在 2007 年、2008 年“中国通信技术年会”中，作为唯一的本土服务商，国脉科技连续两年获得“年度通信产业技术服务奖”。

国脉科技入围第六届“金百强”中国上市公司董事会治理排名。

国脉科技股份有限公司进入 2006 年度中国上市公司“市值管理百佳”榜单。

【社会责任】

专业服务

通过专业规范的全方位服务，与客户共同完善信息通讯的无缝连接，丰富人们的沟通与生活，这是作为国内电信外包服务的领跑者——国脉科技遵循的信念与使命。

诚信纳税

国脉科技坚持诚信纳税，回报社会，2007 至 2010 上半年纳税累计总额已超过 13300 万元。

社会公益事业

企业发展源于社会，回报社会是企业应尽的责任。2009 年第 8 号台风“莫拉克”正面袭击福建省福州、宁德、莆田地区，登陆时近中心最大风力 12 级，该区域通讯设施受灾严重。公司先后投入 170 多名工程师、50 多部抢修车辆、大量仪器仪表和设备，在最短时间内抢通通信设施，有效保障当地各级政府和群众的抗灾联络和灾后重建工作。公司员工积极参与“益暖中华”、“敬老爱老”、“关爱特殊儿童，奉献冬日爱心”等志愿服务活动，与敬老院、孤儿院及残疾人协会等建立了较为稳定和密切的关系，通过开展社区服务、帮贫助困、无偿献血活动等活动，增强员工社会责任意识取得较好成效。

职业健康

国脉科技积极推进环境管理体系和职业健康安全管理体系的建设和实施，通过了 ISO9001:2000 质量管理认证，在环境和职业健康管理领域已经达到国内先进水平。

【企业文化】

国脉科技追求“公平、宽容”的企业文化理念，并相信公平来自于员工对企业的认同感，宽容则能产生超常规的效率。从一个相互尊重、团队精神、诚实和坦率为准则的工作环境中成长起来的国脉科技，一直在致力于建设这种存在于每一个员工每一天工作之中的公司文化。我们对服务客户的信念；

对坚持以速度、创新和质量为核心的优良业绩的承诺，以及尊重个人对集体成就所做的贡献和为生活与工作的社区服务并促进它们的发展的强烈的社会责任感，正逐步形成了具有国脉科技特色的价值观。

【002095】浙江网盛生意宝股份有限公司

【基本情况】

浙江网盛生意宝股份有限公司是一家专业从事互联网信息服务、电子商务和企业应用软件开发的高科技企业，是国内垂直专业网站开发商，国内专业 B2B 电子商务发展模式的标志性企业。2006 年 12 月 15 日，网盛生意宝在深交所正式挂牌上市（股票代码：002095），成为“国内互联网股”，并创造了“A 股神话”。

公司拥有一支由博士、硕士、学士组成的层次合理的技术开发队伍、市场开拓及服务队伍，现有员工 900 余人，平均年龄 27 岁，98% 为大学本科以上学历。公司先后在北京、上海、广州、南京、济南、郑州、成都、沈阳、韩国首尔、美国西雅图、荷兰等地设立了分支机构，形成遍布全国、辐射全球的市场及服务体系。

公司被浙江省科技厅认定为浙江省高新技术企业（浙科发高[2001]248 号），被批准为杭州高新技术产业开发区软件产业园企业（杭高新[2001]347 号）；通过软件企业认证（浙信[2001]287 号）。公司曾先后承担“国家高新技术产业化项目”、“浙江省软件产业发展计划项目”，“省经贸委推进流通企业电子商务进程项目”，“杭州市第一批高技术产业化项目”等省市乃至国家级重点项目。

公司先后创建并运营中国化工网（www. chemnet. com. cn）、全球化工网（www. chemnet. com）、中国纺织网（www. texnet. com. cn）、国际纺织网（www. TexWeb. com）、中国医药网（www. pharmnet. com. cn）等多个国内外知名的专业电子商务网站，以及国内专业化工搜索引擎 ChemIndex（www. ChemIndex. com），在行业网站运营领域具有无可比拟的经验、技术与资源优势。公司通过收购、参股的方式运营有中国服装网、中华服装网、中华纺织网、中国农业网、中国机械专家网等高成长性垂直网站，成功创造性地推出了基于“小门户 + 联盟”理念的生意人门户——生意宝（www. toocle. cn），荣获 2007 年度国家最佳商业模式，蓄势待发。

公司近年来所获得的荣誉有：公司上市事件被杭州市政府评选为 2006 年杭州市“数字事件”，被写进深交所历史并荣获 2006 年度中国上市公司百佳市值管理奖（名列第四），被国务院发展研究中心信息中心及《新经济导刊》杂志社评选为“2006 新经济十强企业奖”。公司被评为杭州市信息化示范企业、浙江省重点流通企业，公司旗下各网站多次荣获”百强网站”称号，公司创造性推出的”小门户 + 联盟”模式被授予”2007 年度最佳商业模式”。

公司对网络经济的贡献和影响得到了社会各界的赞誉和肯定，CCTV、人民日报、新华社、中新社、China Daily、中国经营报、香港大公报、香港商报、雅虎、新浪等主流媒体广泛关注报道，良好声誉、有口皆碑。

【经营业绩】

2012 年上半年报告期内公司经营业务保持稳定，财务状况良好。实现营业总收入 8073.87 万元，较 2011 年同期增加 8.08%；实现净利润 2134. 57 万元，较 2011 年同期增加 6.94%。

【002101】广东鸿图科技股份有限公司

【基本情况】

广东鸿图科技股份有限公司（简称“广东鸿图”）位于风景秀丽的肇庆市。公司成立于 2000 年 12 月，是由高要鸿图工业有限公司、广东省科技创业投资公司、广东省科技风险投资有限公司、高要市国有资产经营有限公司、广东省机械研究所等股东共同发起设立的一家国有控股企业，是国内压铸行业的龙头企业，华南地区规模最大的精密铝合金压铸件专业生产企业，广东省高新技术企业，拥有广东省唯一的省级精密压铸工程技术研究开发中心。公司具备国家汽车零部件出口基地企业资格，并已通过 ISO14001、ISO9000、ISO/TS16949 等国际质量体系认证。2006 年 12 月 29 日，公司股票在深圳证券交易所正式挂牌上市。

自上市以来，得益于资本市场的支持，公司务实经营、规范运作，在市场开拓、技术研发、人才培养、生产管理等方面取得了长足的发展，生产规模和产品质量得到大幅提升，国内外市场开拓成效显著。目前公司铝合金压铸件年生产能力已达 36000 吨；2011 年，公司实现 12. 88 亿元的年销售收入，现已形成了内销与出口并重的格局，并与国内外多家知名企业建立了长期的战略合作伙伴关系；公司产品以过硬的供货质量和服务效率得到了客户的高度认可和赞誉，2007 - 2011 连续五年获得美国通用汽车年度“全球优秀供应商”奖，同时也获得了日产、康明斯、克莱斯勒、东风本田等客户的多项嘉奖。

为进一步开拓市场和巩固客户关系，公司于 2011 年 1 月 19 日在江苏省南通市通州经济开发区成立了首家全资子公司——广东鸿图南通压铸有限公司，为实现公司“跨出去”的战略布局迈出了重要的一步。

多年来，公司一直以做优做强主业为宗旨，坚持科技创新，重视技术研发，坚持以市场为导向，积极开拓新兴领域，着力提高公司核心竞争力。新时期，新目标，广东鸿图将继续以高瞻远瞩的战略眼光、创新的精神、坚定的信念以及更从容的姿态迎接经济全球化浪潮中的各种的机遇和挑战，领跑铝合金精密压铸行业发展。

【企业荣誉】

政府颁发类：

国家火炬计划重点高新技术企业证书

广东省高新技术企业认定证书

广东省精密压铸工程技术研究开发中心

广东省企业技术中心

汽、摩等大型复杂精密铝压铸件项目的国家级火炬计划项目证书

客户认可类：

康明斯 2010 年度“最佳六西格玛 & 持续改进”奖

东风日产 2010 年度优秀供应商

美国通用 2010 年度全球优秀供应商

重庆康明斯“2010 年度合格供应商”

东风本田发动机“质量提高显著供应商”奖

日产（中国）投资有限公司“物流改善活动贡献奖”

克莱斯勒 2011 年新车型“大切诺基”成功投产“特别贡献奖”

康明斯 2011 年度“优秀供应商”奖

奇瑞汽车 2011 年度“最佳协作供应商”

协会颁奖类：

华南地区规模最大的铝合金压铸件生产企业证书

第三届中国国际压铸会议及展览会金奖、银奖纪念奖

第四届中国国际压铸会议及展览会优质铸件评比金奖

首届全国铸造行业综合百强企业

【社会责任】

2012 年 7 月由高要市委、市政府举办的"广东扶贫济困日"慈善募捐活动隆重举行，来自各行各业的企事业机构参与了此次募捐活动。公司董事长兼总经理邹剑佳出席了慈善晚宴，并代表公司捐赠 100 万元善款。

"创富思源、回报社会"是广东鸿图的企业核心价值，作为高要地区的龙头企业，公司近年来积极参与社会公益慈善事业，在做好企业生产经营的同时，大力弘扬"乐善好施、团结互助、扶贫济困、关爱奉献"的慈善精神，并用实际行动去阐释广东鸿图"和谐共进、利益共享、主动回馈社会"的企业价值取向，为地方的慈善公益事业献一份爱心，尽一份责任，彰显广东鸿图的大爱精神。

【经营业绩】

2012 年 1 到 6 月受运营商投资方向的变化，工程建设周期延长，导致收入确认滞后. 报告期内，公司实现营业收入 32,416.01 万元，比上年同 40,481.2 万元减少 19.92%；实现净利润(归属于母公司所有者)5,876.88 万元，比上年同期 8,264.83 万元下降 28.89%。

【002110】福建三钢闽光股份有限公司

【基本情况】

福建三钢闽光股份有限公司(以下简称公司)于 2001 年 12 月 26 日经福建省人民政府批准登记成立。2007 年 1 月，首次向社会公开发行股票，并于 2007 年 1 月 26 日在深圳证券交易所上市交易，发行后公司总股本为 53,470 万股，股票简称：三钢闽光，证券代码：002110。

公司是福建省内唯一采用焦化—烧结—高炉—转炉—连铸—全连轧长流程的钢铁生产企业，具有独立完整的供应、生产、销售系统和面向市场自主经营的能力，已拥有年产 500 万吨钢规模的综合生产能力，是目前福建省最大的钢铁生产基地。截至 2012 年 3 月 31 日，公司资产总额 92.65 亿元，净资产 29.62 亿元。

公司主要从事钢铁系列产品的生产和销售，主要产品有"闽光"牌优质建材、金属制品材和板材三大系列。"闽光"商标是福建省著名商标，公司产品多次获得国家"金杯奖"、"全国实施用户满意工程先进单位用户满意产品"、"冶金行业品质卓越产品"、"福建名牌产品"、"福建省用户满意产品"和"福建省优秀新产品"等荣誉称号，以及获得质量管理体系认证、环境管理体系认证、职业健康安全管理体系认证。2009 年 8 月"闽光"牌螺纹钢、线材获得上海期货交易所批准，注册成为上期所钢材交割品牌，也是目前福建省唯一的钢材期货交割品牌。同年 12 月公司经认定获得"高新技术企业证书"。

公司产品质量稳定，品牌优势突出，销售网络健全，产品销售以福建省钢材需求为依托，并辐射周边省份。公司立足区域市场，大力实施差异化战略，深入开展对标挖潜，不断提升发展质量，2011 年实现营业收入 192.82 亿元，归属于母公司所有者的净利润 25325.86 万元。2012 年上半年实现营业收入 89.56 亿元，归属于母公司的净利润 1532.63 万元。

【经营业绩】

2012 年 1－9 月份，公司实现营业收入 13,207,124,391.18 元，比上年同期减少 8.84%；归属于上市公司股东的净利润－266,135,120.00 元，比上年同期减少 207.45%。

【企业荣誉】

公司荣获中国钢铁工业协会颁发的"冶金产品实物质量认定证书"(金杯奖)。

公司荣获福建省人民政府颁发的 2009 年"福建名牌产品"称号。

公司的闽光牌热轧光圆钢筋被福建省质量协会评为"2010 年福建省用户满意产品"。

公司获得中国质量协会冶金工业协会颁发的"冶金行业品质卓越产品证书"。

【企业文化】

三钢精神

时时创新，日日进步，事事争先

价值观

创造满意——我们永恒的追求

经营理念

诚信，精品，双赢

共同愿景

打造"效益好、风气正、环境美、收入高"的国企精品

【002111】威海广泰空港设备股份有限公司

【基本情况】

威海广泰空港设备股份有限公司(以下简称"威海广泰"或"公司")位于美丽的海滨城市——山东省威海市。作为空港地面设备行业中亚洲最大的专业供应商，威海广泰于 2009 年获批组建"国家空港地面设备工程技术研究中心"，标志着公司已成为我国空港地面设备全行业的科研开发和产业化基地。

威海广泰长期专注于空港地面设备的研发和制造，2007 年 1 月，在深圳证券交易所成功上市。上市后，公司发展速度显著提升，利用上市公司融资平台，公司进行了两次融资、一次兼并重组，大大增强公司发展后劲，现已形成了以空港地面设备、消防装备板块为主，特种车辆和电力电子为新兴板块的产业格局，2012 年销售收入预计达到 8 亿元以上。

2012 年是威海广泰的优质高效年，是推行管理标准化工作全面总结的一年，公司通过五项措施全面提升企业综合效益。一是针对不同工种制定不同的职业发展通道和岗位培训计划，实行员工职业化管理。二是通过流程管理、制度规范、管理看板和六大管理运行体系的运行，实行制度化管理。三是工作流程化、管理标准化、文件格式化的推行与运用，实现标准化管理。四是逐步建立规范成本与费用控制机制、集中采购和招投标机制、预算管理与考核机制，严格控制产品制造成本，压缩采购费用，实行财务预算管理。五是运用供应链理论，通过 PDM 软件将 CAD、DAE、DAPP 进行整合，并配套上了 OA 系统、ERP 系统，实现了生产管理系统的信息化，积极推进信息化管理。2012 年公司产值能耗同比降低了 5.6%，成本降低了 15%，生产周期缩短 10%－30%，生产效率提高了 50%－100%，标准化管理初见成效。

在产业多元化发展的进程中，威海广泰始终把技术创新作为企业发展的不竭动力，坚持自主开发与外向合作开发相结合，加大技术研发力度，加快产品升级换代。公司每年都有

3－4种新产品通过省部级鉴定并投放市场，多种产品达到国内领先或国际先进水平，填补了国内空白。公司产品遍布国内各大航空公司、机场、航站、飞机维修基地、飞机制造公司和试飞院，并大量装备中国空军和海军航空兵，成为国际空港设备市场中极具竞争实力的新生力量。目前，威海广泰已累计开发了26个系列120余种型号产品，覆盖了机场机务、客舱服务、飞机货运、场道维护、油料加注和消防六大领域，能为一架飞机配齐所有地面设备。

【社会责任】

在发展的同时，威海广泰积极承担企业社会责任，秉承“同顾客以双赢，与员工共发展，给股东以回报，对社会以贡献”的企业宗旨，从2008年奥运会场到南方雪灾、汶川地震，从首都机场T3航站到重大军事演习，都有广泰产品的保障护航。此外，在公益慈善方面，截至2012年底威海广泰向社会捐款、捐物近1000万元。

经过20余年的发展壮大，威海广泰总资产达15亿元，固定资产3亿元，下属北京中卓时代消防装备科技有限公司、威海广泰空港电源设备有限公司、威海广泰特种车辆有限公司、威海广泰科技开发有限公司、广泰空港设备香港有限公司及深圳广泰空港设备维修有限公司等控股子公司及合营公司。

秉承以“客户价值为导向，持续为客户提供高质量的产品和优质的服务”的质量方针，威海广泰在北京、上海、深圳、成都、昆明、西安、乌鲁木齐、哈尔滨和香港，设有专门的售后服务基地和备件库，实现48小时到位服务的郑重承诺。威海广泰以“创世界一流品牌，广泰设备服务于全球每个机场”为目标，以“助飞航空强国”为使命，在第二次“厚积薄发”的产业扩张阶段，向低排放、低能耗、高智能化控制、先进制造工艺以及人机工程化设计方向发展，为构建民航强国做出积极贡献。

【002112】三变科技股份有限公司

【基本情况】

三变科技股份有限公司是由三变集团改组而成的大型股份制公司，是输变电行业中优秀的上市公司之一。始建于1968年，占地34万平方米，资产总值近13亿元，年生产能力2800万kVA，现有员工近1000人。公司是国家定点生产系列电力变压器的专业厂，是国家重点高新技术企业、全国质量效益型先进企业、全国变压器十强企业、浙江省高新技术企业、浙江省用户满意度企业。公司拥有国家级博士后工作站和省级企业技术中心，并建立了完善的质量、环境和职业健康“三合一”综合体系。

公司是生产系列变压器的专业厂，主要产品有220kV及以下油浸式电力变压器、树脂绝缘和H级浸渍干式变压器、防腐型石化专用变压器、组合式变电站、地埋式变压器、风电场组合式变压器、非晶合金变压器、单相自保护变压器、电缆分支箱、环网柜、开关柜、特种变压器等12大类1600多个规格品种。

公司连续进入全国变压器行业综合经济效益前十位，配电变压器、110kV变压器在变压器行业十强企业排序中名列前茅，220kV级电力变压器通过了中国机械工业联合会和浙江省经贸委联合主持的产品鉴定，“三门”牌及商标被认定为“中国驰名商标”，在国内外市场中全面提升了公司的知名度和美誉度。公司产品广泛应用于国网公司、国家航天部、三峡电站、宝钢集团、济钢集团、中国石化等等国家重大项目工程中，运行情况良好，受到了用户的高度评价。

公司在稳固国内市场的同时积极开拓国际市场，三变科技始终遵循“为股东创造利润；为顾客创造效益；为员工创造机会；为社会创造财富；与伙伴共同发展”的企业宗旨，全面落实科学发展观，提升自主创新能力，为国家经济建设提供节能降耗的基础装备保障，全面“打造国际精品，构筑百年三变”。

【经营情况】

为应对日益严峻的行业环境，公司经营层将继续努力贯彻董事会制定的经营方针，继续加强国内外市场的拓展和重点用户的突破；围绕节能，环保和高性能的主要方向不断改善现有产品的品质；继续狠抓内部管理和成本控制，通过不断深化精细核算，责任到人等方式降低产品成本，2012年上半年报告期内公司产品毛利同比增长0.18%略有上升。

【企业文化】

组织宗旨

为股东创造利润；为顾客创造效益；为员工创造机会；为社会创造财富；与伙伴共同发展。

经营理念

打造国际精品，构筑百年三变

三变要在实现不断创造社会财富的理想中发展壮大，员工在追求三变事业发展的目标中实现人生价值；保持积极和进取心态的三变人，立志使三变成为“百年老店”，而非昙花一现；先由精品，而名牌，进而跻身（世界）一流企业。

经营目标

近期：中国行业十强；

中期：中国电器五十强；

远期：世界行业百强。

三变精神

务实中共识，共融中创新，卓越中共享。

三变团队词

我们是光荣的三变人，我们的幸福源于三变的繁荣，三变的发展需要我们的创造劳动，严把质量关，确保交货期，力争出精品，持续促满意。

管理组织

本公司为达成企业经营目标，经董事会决定采取投资与经营分离的管理政策。

本公司经营上的管理组织由总经理负责，总经理为企业最高行政领导，统管及指挥企业一切经营管理活动。

【002121】深圳市科陆电子科技股份有限公司

【基本情况】

深圳市科陆电子科技股份有限公司，成立于1996年，注册资本为26446万元，2007年3月在深圳证券交易所成功上市，股票代码“002121”，2008年被认定为国家高新技术企业，目前拥有近36,000平方米的研发基地和近86,000平方米的生产基地。

科陆电子是智能电网、新能源、节能减排产品设备研发、生产及销售方面的龙头企业，较早涉足物联网行业，独立开发、自主研制并生产了100多种主要产品，荣获多项省市级科技进步奖和广东省重点新产品称号，公司已申请300多项国家专利和软件著作权，产品全部具有自主知识产权。主要包括智能变电站、智能用电系统、智能电能表、标准仪器仪表、风电变流器装置、储能与电力电源、机场专用中频静态电源、大功率光伏逆变器、高中低压变频器、高压大功率静止无功发生器 SVG、电动汽车充放电设备及检测产品、电子资产全生命周期管理系统等十几类产品。科陆电子掌握着本行业最先进的核心技术,是业内公认的智能电网领域产业链最完整的 A 股上市公司。

科陆电子借助新能源开发、低碳经济建设的良好发展机遇,通过自主创新以及产学研结合和产业联盟合作的技术创新多元化机制,合作承担了多项国家 863 计划等科技项目,并设立了“智能电网院士工作站、博士后科研工作站、深圳市企业技术中心”,建立了“深圳市智能电网产学研创新联盟”,高起点介入新能源和节能减排等新兴产业领域,积极拓展发展空间。目前,公司已基本完成在智能电网、新能源和节能减排产业领域的战略布局,努力构建智能电网、新能源和节能减排的产业结构,形成三翼一体的发展战略。

科陆电子立足先进的项目管理和创新管理模式,全心全意为用户提供专业、稳定、最具价值的产品和服务,凭借“开放务实、包容尊重、快乐执行”的独特企业文化魅力,目前已凝聚 2200 多名技术、销售、管理精英,其中 38.4% 为研发人员,并且 80% 以上的专业技术人才在电力行业具有 3 年以上的工作经验,该比例在同行业公司中位居前列。

截至目前,科陆电子的分支机构和营销网络遍布国内 30 多个主要城市,并已设立了科陆新能、科陆能源服务、科陆电源、科陆变频器、科陆电气、科陆软件、成都科陆洲等专业子公司。同时,公司以标准仪器仪表和电子式电能表为突破口,成功进入印度、巴基斯坦、丹麦、意大利、韩国、俄罗斯、厄瓜多尔、秘鲁、智利、保加利亚、孟加拉、泰国、新加坡、印度尼西亚等全球 40 多个国家和地区市场,公司国际化的经营格局正在形成。

展望未来,科陆电子将继续提高在电力测量和标准仪器领域的技术领先水平,推出更加精准的高新技术产品,力争进入世界先进行列;同时还将深入高压变频器、灵活互动的智能用电、无功补偿和能源高效转换等关键技术领域的研究,为我国的节能减排和电网治理、电能质量以及新能源开发与利用改善贡献力量。公司将通过持续的自主创新、产学研结合以及产业联盟合作等技术创新多元化机制,不断加大研发投入,把握智能电网发展的新机遇,积极拓展新能源和节能减排等新兴产业领域。以国际化的眼光,满怀信心迎接挑战,努力打造全球知名的科陆电力设备品牌,建设世界级的百年科陆企业集团。

【企业荣誉】

国家 863 计划引导项目承担单位

国家人事部批准设立博士后科研工作站

国家重点高新技术企业

国家规划布局内重点软件企业

国家火炬计划软件产业基地骨干企业

国家火炬计划项目承担单位

广东省著名商标

深圳市重点软件企业

深圳市 50 强民营企业

深圳市高新技术企业

深圳市企业技术中心

深圳市知名品牌

中小板上市公司价值 50 强

深圳市第一批自主创新行业龙头企业

中国成长百强最具发展潜力的上市公司

2008 年度中国上市公司市值管理百佳

【经营业绩】

2012 年上半年报告期内,公司实现营业总收入 704,752,766.09 元,比上年同期增长 66.25%;实现营业利润 57,080,894.90 元,比上年同期增长 11.81%;实现利润总额 71,203,612.36 元,比上年同期增长 17.90%;实现归属于上市公司股东的净利润 62,186,451.3 元,比上年同期增长 9.12%。

【002125】湘潭电化科技股份有限公司

【公司概况】

湘潭电化科技股份有限公司(以下简称“公司”)是湘潭电化集团有限公司(国有独资企业,以下简称“电化集团”)作为主发起人,联合其他四家法人于 2000 年 9 月 30 日共同发起设立,总股本 7540 万元。2007 年 4 月 3 日公司股票(股票代码:002125.SZ)在深交所成功上市。公司经营范围包括研究、开发、生产和销售电解二氧化锰、电解金属锰、电池材料和其他能源新材料。

公司是全球单厂生产规模最大、技术力量最强、质量最优的电解二氧化锰生产企业,在电解二氧化锰生产行业处于行业龙头地位。公司的宗旨为致力于打造世界一流的 EMD 生产企业。

公司主要产品为电解二氧化锰和电解金属锰。其中,电解二氧化锰分为 P 型电解二氧化锰、无汞碱锰电解二氧化锰、一次锂锰电池专用电解二氧化锰和锰酸锂专用电解二氧化锰四种类型。目前公司拥有和控制 5 条电解二氧化锰专业生产线,电解二氧化锰年生产能力为 5.1 万吨,占全球产能的 11.52%,占国内产能的 19.61%。

2001 年电解二氧化锰的“潭州”牌商标被认定为湖南省著名商标,2008 年被认定为全国驰名商标。从主发起人 1964 年生产第一吨电解二氧化锰开始,经过 40 余年的摸索和积累,公司已建立广泛、稳定的全球性客户网络,国际知名电池生产商均是本公司的主要客户,产品已经被广泛运用到几乎所有全球知名品牌的电池产品之中。

【优势分析】

1. 行业龙头优势

从全球电解二氧化锰生产能力来看,公司是全球单厂生产规模最大的电解二氧化锰生产企业,目前拥有和控制 6 条电解二氧化锰专业生产线,其中 4 条用于生产无汞碱锰电解二氧化锰,2 条主要用于生产 P 型电解二氧化锰,且公司掌握了利用现有生产线实现两种产品之间相互转换的生产技术,可以更好地适应市场的需求变化调节产品结构。

截至 2010 年 12 月 31 日,公司电解二氧化锰年生产能力为 51,000 吨,占全球主要电解二氧化锰企业总产能的 11.52%,占国内主要电解二氧化锰企业总产能的 19.61%;公司 2010 年生产入库电解二氧化锰 53,294.7 吨;完成销售电解二氧化锰 53,654.3 吨,是国内产量最大、出口最多的电解二氧化锰生产企业。

公司所处电解二氧化锰行业具有良好的发展前景,公司是行业内最大的电解二氧化锰生产企业,与竞争对手相比,管理规模和技术优势明显。

2. 产业政策优势

电解二氧化锰行业的发展与电池行业的关联度很高,电池行业的产业政策对电解二氧化锰行业的发展有着重要的指导意义。

随着日本锰酸锂动力电池在电动汽车方面的运用，全球都在加快研究锰酸锂动力电池用于电动汽车的技术。根据《中国化学与物理电源（电池）行业“十二五”发展规划》，锂离子电池和锂一次电池年增长率将达到20%，这将给电解二氧化锰的分支产品——锰酸锂专用电解二氧化锰行业带来了很大的发展空间。

国家发展改革委员会在国家“十二五”规划中正在着手制定动力汽车及动力电池的相关政策。电池行业的政策导向为我国电解二氧化锰行业发展指明了方向，有利于行业快速实现技术进步和产品升级，为我公司的经营提供了广阔的发展空间。

3.资本平台优势

湘潭电化科技股份有限公司是深交所的上市公司，上市公司未来可以不断增发股票，注入一些业绩良好、前景广阔的项目。从而不断实现规模做大，价值提升。

4.技术优势

公司是国内规模化生产电解二氧化锰历史最悠久的企业，在国际上首先开发出以碳酸锰贫矿为原料生产无汞碱锰电解二氧化锰的新工艺技术，在世界电池工业史上具有重要意义，公司与众多国内外大型知名锌锰干电池生产厂商如Duracell、高能、松下、Rayovac&Varta、南孚、中银等，保持着长期稳定的合作关系，在国内外电解二氧化锰行业享有较高的声誉。公司采用“两矿法”的生产工艺已成熟，在目前碳酸锰矿价格居高不下的情况下，相较于传统的生产工艺，两矿法生产成本较低，而且可大大减轻公司的碳酸锰原材料紧张、价格上涨等问题，降低生产成本。

5.产品质量管理优势

根据电池生产工艺的不同，各电池生产厂商对电解二氧化锰产品的质量要求不尽相同。公司自成立以来，产品质量已获得了众多国际国内知名电池厂商的认可和信赖，湖南省湘潭市质量技术监督局出具证明，认为“公司产品完全按技术标准组织生产，产品在国内同行业中质量好、产量大、出口多、国内市场占有率高。公司近三年来，未有因产品质量违反有关质量法律法规而受到处罚的情况”。公司电解二氧化锰产品1986年被国际电池材料协会选定为国际电解二氧化锰产品共同样品，1991年获得“中华人民共和国国家质量奖”，2000年、2001年公司产品均通过中国进出口质量认证中心质量体系认证。公司的产品质量管理体系已与国际接轨，是我国电解二氧化锰行业第一家通过ISO9002质量体系认证的企业。

6.品牌优势

公司目前拥有“潭州”牌商标，该商标被认定为中国驰名商标和湖南省著名商标。公司的产品由于其优秀的放电能力及超长的持久力，在国际上享誉盛名。

7.环境保护治理优势

公司的环保压力主要来自于含锰废水的排放和对大量废渣的处理。随着全球范围内环保意识的提高，各国对电池和电解二氧化锰生产均制定了相应的环保政策及对污染物排放的控制标准。公司投入大量的环保处理设施，掌握了含锰废水、废渣的处理技术，排放达到了国家标准。

公司2005年投资4500万元兴建的热电联产项目利用锅炉余热发电，热电联产项目实现了资源综合利用，每年为公司创造上千万元的利润，成为公司新的经济增长点。2006年公司投资1200万元兴建的环保二期工程通过“清污分流”，回收工业污水能用于公司生产设施冲洗，实现资源循环综合利用。2010年公司投入300万元，进行水处理三期工程建设，公司排放水锰含量仅0.4PPM，远远低于国家2PPM排放标准，环保治理成为同行业的标杆。公司目前已掌握了锰渣制作水泥辅料技术，该产品于2009年5月20日，通过了湖南省质量技术监督局和湖南省建筑材料质量监督检验授权站的检测鉴定并已进入试生产阶段，我们将尽快完善好锰渣处理系统，创新管理模式，进一步降低环保处理成本。

【发展思路】

公司坚持以科学发展观为指导，积极贯彻长株潭“两型”社会建设的重大决策和部署，打造世界一流的电解二氧化锰企业，确保龙头地位；紧跟国家产业政策，瞄准新能源产品开发，增加新的利润增长点；充分利用资本市场平台，拉长产业链，做大做强，实现跨越式发展。

【经营业绩】

2012年上半年，国际经济形势复杂多变，欧债危机持续恶化，国内经济发展速度放缓，同行业产能过剩状况日趋严重，这些都对公司及公司所处的行业造成较大负面影响。面对如此严峻的宏观经济环境和激烈的同行业竞争，公司经营团队在董事会的领导下奋勇拼搏，积极应对，基本完成了上半年的生产任务。

2012年上半年的主要经营指标如下：生产电解二氧化锰3.01万吨，较上年同期增长17.06%，销售电解二氧化锰2.30万吨，较上年同期下降13.07%；生产电解金属锰0.60万吨，销售电解金属锰0.58万吨；矿业分公司开采矿石7.61万吨，募集资金投资项目进展顺利，安全系统等已安装到位，预计到今年年底能全部完工；实现营业总收入30,717.64万元，同比下降13.32%；实现利润总额-1,304.50万元，同比下降194.78%。

【002126】浙江银轮机械股份有限公司

【基本情况】

浙江银轮机械股份有限公司是我国汽车零部件散热器行业龙头企业，1980年率先在国内试制成功不锈钢板翅式机油冷却器，主导产品机油冷却器、中冷器是中国名牌产品，产销量连续十年保持国内同行第一，“银轮牌”商标是中国驰名商标。公司是我国内燃机散热器行业标准牵头制订单位，国家级高新技术企业，国家汽车零部件出口基地企业，中国百家优秀汽车零部件供应商。先后通过了ISO9002、QS9000、VDA6.1及ISO/TS16949、ISO14001、OHSAS18001“三合一”体系认证。2007年4月18日，公司成功在深圳证券交易所上市，成为我国汽车零部件散热器行业首家民营上市公司。

经过三十多年的拼搏与创新，银轮的规模已达到20亿元，热交换器产品已形成油冷器、中冷器、散热器、冷却模块总成、尾气再循环冷却器及铝压铸件等六大系列3000多个品种规格，年产销量超过1000万件。主导产品机油冷却器、中冷器国内市场占有率分别达到45%和35%。公司的产品已由单个零部件发展到总成模块及系统，由满足欧Ⅰ欧Ⅱ排放标准的中冷器发展到能满足欧Ⅳ欧Ⅴ排放标准的EGR系统和SCR系统，由内燃机、商用车配套领域发展到轿车、工程机械、农业机械、火车机车、船舶、发电机组等配套领域并开始向民用、工业智能、环保、节能、高效产品方向延伸和发展。公司与清华大学合作开发的SCR系统于2010年2月通过济南汽车检测中心的现场检测并达到欧Ⅴ排放标准，自主开发的商用车冷却模块已成功为国内多家主机配套，与美国卡特彼勒同步开发的工程机械冷却模块已批量应用于美国卡特彼勒挖机,自主开发的轿车前端模块已通过吉利测试和验收。公司是美国卡特彼勒的战略供应商、美国康明斯公司全球采购理事会成员,是北汽福田、玉柴、潍柴、中国重汽、东风柳汽、东风商用车的热交换器战略合作伙伴。

【经营情况】

受欧债危机等国际形势的持续影响,国内经济形势下行趋势明显,汽车行业也受影响。为抵御宏观形势对公司经营的不利影响,公司董事会与管理层根据公司"品质银轮"与"体制银轮"的建设精神,开展持续改进,降低成本,"深挖潜"提高效益等内部管理优化改进措施。

2012 年 1 月至 6 月,公司实现营业收入 98,486.03 万元,同比增长 8.63%;利润总额 4,758.71 万元,同比减少 39.23%;归属于母公司所有者净利润 3,451.27 万元,同比减少 46.35%。

【企业荣誉】

公司 2012 年 12 月 28 日我公司被认定为国家创新型试点企业。

公司 2012 年 12 月 5 日公司获授台州市海外高层次人才创业创新基地。

公司 2012 年 12 月 11 日银轮公司荣获"全国就业先进单位"称号。

公司 2012 年 12 月 11 日公司荣获"第九届全国百佳优秀汽车零部件供应商"称号。

【002131】浙江利欧股份有限公司

【基本情况】

浙江利欧股份有限公司(深交所上市,证券代码 002131)系国家级高新技术企业,致力于每一台利欧产品为人类健康生活而竭诚服务。公司在民用供水、水利水务、农业灌溉、工业水处理、暖通工程、电站建设、石油化工、园林保护等关键领域发挥着至关重要的作用。

【主营业务】

民用领域

民用水泵是公司的主导产品之一,涵盖家用泵、楼宇用泵、花园泵、暖通用泵、排污泵 5 大主要行业,广泛用于花园浇灌、农业灌溉、市政给排水、空调暖通、管道增压、家庭供水、小区住宅、商业别墅等主要领域。利欧是中国最大的微小型水泵制造商。

工业领域

利欧工业泵涵盖水利水务用泵、常规电站泵、核电用泵、石油化工用泵、矿山冶金泵 5 大核心领域,并先后为国内五大发电公司、武汉钢铁、中国水利电力、中国寰球、中国石化、中国石油、南水北调工程、淮河治理工程、引黄济青工程、引滦入津工程、苏丹尼罗河泵站、印度尼西亚南望热电厂等服务。

园林领域

利欧一直专注于提供安全、高效、环保的绿色园林品产,包括碎枝机、割草机、松土机、油锯、割灌机、绿篱剪等,被广泛用于园林绿化、草坪梳理、林木修剪、庭院美化等领域。

同时,利欧还涉及清洗机械和植保机械领域,以满足农业、园林、市政的植物病虫害防治、施肥及车辆、船舶、建筑物、养殖场,市政、机场、工矿等一般清洗作业。此外,利欧还向全球输送园林产品和泵类产品所需的各种规格的电机,以满足不同的商业需求。

全球营销

利欧产品远销欧洲、北美洲、中南美洲、东南亚、中东、非洲、大洋洲等世界 120 多个国家和地区,并已在美国、意大利设立子公司。

【企业核心文化】

利欧秉承"德以立事、精以求成、速以得胜、行以致远"的核心价值观,专注发展安全环保的流体机械及园林机械,为所有利益相关者创造价值,立志提升中国水泵及园林机械行业形象,成就可持续发展的行业领跑者。

【经营情况】

2012 年上半年,国际经济形势依旧不明朗,欧债危机对全球经济造成的影响还在持续,受此影响,公司产品出口销售业务出现一定程度下滑。从国内来看,经济运行存在下行压力,受工资成本提高等诸多不利因素的影响,给众多企业生产经营带来了一定的压力。

2012 年上半年,面对诸多不利因素影响,公司管理层继续强化集团管控的力度,不断优化和调整产品结构,加大国内市场和国际新兴市场的开拓力度,为公司顺利渡过当前严峻的经济形势打下了坚实的基础。

2012 年上半年,公司实现营业收入 84,467.54 万元,同比增长 23.01%。

【002133】广宇集团股份有限公司

【基本情况】

广宇集团股份有限公司是在浙江省工商行政管理局注册登记的一家股份有限公司(上市股票代码:002133)。公司成立于 1984 年,是一家具有 20 多年房地产开发经验、国家建设部颁发一级房地产开发资质的大型集团公司。公司以"面积不大功能全,总价不高品位高"为产品核心定位,以开发高性价比商品住宅和经营具有稳定现金流的商业物业为主营业务,实现跨区域、专业化经营。公司于 2007 年 3 月顺利通过中国证监会 IPO 审核,于 2007 年 4 月正式上市,成为浙江省首家 A 股 IPO 房地产企业。

公司自 1984 年开发建设杭州市第一个旧城改造小区——"大学路住宅小区"以来,已建成观音塘小区、金钱巷小区、华藏寺巷小区、建国南路小区、金隆花园、元华广场、之江花园、胭脂新村等多个项目,近年来先后又开发了广宇·平海公寓、广宇·广复大厦、广宇·吴山鸣翠苑、广宇·河滨公寓、广宇·河滨花园、广宇·水岸雅苑、广宇·大名空间及广宇·西城年华等楼盘,在建楼盘包括广宇·黄山江南新城、广宇·肇庆星湖名郡、广宇·西城美墅、广宇·上东城等。建立了以杭州为中心、以二、三线城市为重点,跨省市发展的开发局面和战略布局。

面向未来,广宇集团将一如既往地以"服务大众、共享生活"为使命;以"知识创造财富、和谐铸就未来"为核心价值观;以专业化和精细化为经营策略,持续地提升产品和服务的内在品质价值;探索产业的资本化发展,不断开拓新的里程。

【经营业绩】

2012 年上半年,GDP 增速 7.8%,三年来首次跌破 8%;固定资产投资 150,710 亿元,同比增长 20.40%,较去年同期回落 5.2 个百分点;进出口总额 18,398.4 亿美元,同比增长 8.0%,较上年同期回落 17.8 个百分点.6 月份工业增加值同比增长 9.5%,增速回落到 2009 年峰值的一半。总体而言,上半年宏观经济下行较为明显。

从行业来看，上半年中央政府继续执行调控房价，遏制投机，鼓励刚需的房地产调控政策，房地产行业投资增速回落，商品房交易呈现量价齐跌的态势。1－6月，全国房地产开发投资30,610亿元，同比增长16.6%，比上年同期回落16.3个百分点。全国商品住宅新开工面积92,380万平方米，同比下降7.1%．商品住宅销售面积39,964万平方米，同比下降10.0%。商品住宅销售额23,314亿元，同比下降5.2%．上半年，房地产开发企业土地购置面积17,543万平方米，同比下降19.9%，调控政策对房地产市场影响显著。

【企业文化】

广宇集团使命：服务大众共享生活

广宇集团宗旨：求实、诚信、开拓、创新

广宇集团愿景：中国最优秀的学者型地产实践团队

广宇集团核心价值观——知识创造财富和谐铸就未来

"知识"指学历知识，经验知识，持续学习行业新知识

"财富"指公司价值提升，员工收入增加，员工人力资本提升，快乐和成就感

"和谐"指员工心情愉快，员工关系融洽，部门间互助协作，员工与公司关系的融洽

"未来"指公司财富价值提升、良好声誉积累以及行业影响力增强，员工薪酬提升，员工幸福指数提升以及成就感实现

广宇集团行为观——尽心做事求真务实

广宇行为的标准是——比昨天做得好，比他人做得好

"尽心"指尽最大努力把事情做到最好

"真"即认真、负责的态度，真即真诚、信任的待人之道

"实"即踏实、勤奋的作风，实即细致、稳妥的处事方式

【002135】浙江东南网架股份有限公司

【基本情况】

浙江东南网架股份有限公司始建于2001年12月，前身浙江东南网架集团有限公司成立于1984年1月，是一家集设计、制作、安装于一体的大型钢结构上市企业，为国家大跨度空间结构产业化基地实施单位、国家高新技术企业、中国钢结构协会副会长单位、全国优秀建筑企业。

公司工程专业承包资质壹级，制造资质特级，设计资质甲级，信用等级AAA，生产基地纵横广东、四川、浙江和天津；三省一市，具备年产钢结构、网架46万吨，建筑板材600万平方米的制造能力。主要生产大跨度空间桁架结构，空间网架网壳结构，高层重钢结构，轻钢结构，金属屋面系统等系列产品。产品技术水平均达国内领先、国际先进，已辐射全国各地，并远销瑞士、越南、马里、蒙古、印尼、苏丹、安哥拉、哈萨克斯坦、刚果等国家和地区。

创新是企业可持续发展的不竭动力。公司拥有良好的技术创新平台，先后成立了：钢结构网架设计院、国家级企业技术中心、国家级博士后科研工作站、工艺研究所和焊接技术试验中心等技术创新平台，不断增强自主创新能力。同时，东南网架还积极开展产学研合作，与浙江大学、西安建筑科技大学、浙江工业大学、浙江省建筑设计研究院等多家高等院校、科研单位建立了技术合作关系。

通过自主创新，东南网架新产品、新技术及新工艺层出不穷；拥有自主知识产权的产品达100多种；获授权或受理专利20多项；并承接了国家游泳中心水立方、奥运会羽毛球艺术体操比赛馆、北京射击馆、首都国际机场T3A航站楼、广州新白云机场、广州新电视塔、广东科学中心、上海虹桥交通枢纽中心、福厦线厦门西站、陕西省法门寺合十舍利塔、澳门梦幻之城、刚果布拉柴维尔玛雅玛雅国际机场等一大批规模大、科技含量高的国内外精品工程。

【经营业绩】

2012年1－6月份，公司实现营业总收入175,734.88万元，比上年同期增长0.60%；实现营业利润6,889.67万元，比上年同期增长1.52%；利润总额6,987.19万元，比上年同期增长2.25%；归属于上市公司股东的净利润5,364.50万元，比上年同期增长1.13%。截至2012年6月30日，公司总资产为571,769.33万元，比上年度期末的522,775.87万元增长9.37%；归属于上市公司股东的净资产为172,857.44万元，比去年年末的168,428.69万元增长2.63%。公司资产负债率69.31%，总体财务状况良好。

【002152】广州广电运通金融电子股份有限公司

【基本情况】

广电运通是全球领先的货币处理设备及系统解决方案提供商。在中国，广电运通是规模最大的ATM（银行自动柜员机）产品及系统解决方案供应商，实力最雄厚的AFC（轨道交通自动售检票）设备及核心模块提供商，也是最值得信赖的ATM智能化全托管服务品牌。广电运通产品及服务覆盖金融电子、轨道交通两大领域，涉及电信、电力、石油等泛金融领域，并成功进入高端金融服务外包市场。在全球，广电运通80000多台设备每天在为1000多万人次提供便利的自助服务。

广电运通由拥有50多年历史的国有企业广州无线电集团组建，自成立之日起便坚持以持续的技术创新为用户创造价值，目前广电运通研究院是亚洲乃至全球首屈一指的ATM和AFC权威研究机构。此外，广电运通拥有全套现金处理技术（包括取款、存款和现金循环）的自主知识产权，是全球掌握核心现金循环技术的几大企业之一。

广电运通还建设有全球最大的高端ATM生产基地，并精心构筑起强大的国际营销体系，在东南亚、美洲、中东、非洲等地设有海外办事处或代理机构，建立起完善的全球备件库和强大的服务网络，凭借灵活的需求定制能力、持续创新的技术能力、随时响应的服务能力，广电运通正赢得越来越多全球用户的信赖与合作。

时至今日，广电运通的ATM产品及解决方案已经广泛应用于"农、中、建、交、邮储"等中国各大主流金融机构，并远销全球70多个国家和地区。在ATM市场的激烈竞争中，广电运通稳健快速成长，连续多年位居中国ATM市场销售占有率第一，在全球ATM行业排名前6强。同时，广电运通AFC设备及核心模块在中国近30条城市轨道交通与高速铁路客运专线都得到广泛应用，极大推动了中国轨道交通的智能化进程。

"以创新的科技，便利人类生活"为使命，广电运通人将立足中国，走向世界，致力于引领全球货币识别与货币处理技术的发展，为人类创造"科技与便利完美融合"的新生活。

【企业荣誉】

2012年，公司荣获"2011年度深圳市软件业务收入前百家企业"

2012年，公司荣获首届金交会"最佳展台设计奖"

2012年，集团赵友永董事长在人民大会堂被授予"全国五一劳动奖章"

2012 年,公司荣获"2011 年度集团最大贡献单位奖"

2011 年,公司荣获"中国电子学会电子信息科学技术奖"二等奖

2011 年,公司获评"全国电子信息行业优秀企业"

2011 年,公司连续四年蝉联"全国软件百强企业"称号

2010 年,公司荣获"广州亚运会亚残运会地铁志愿者工作优秀单位"称号

【社会责任】

2010 年,由广电运通四个党支部——管理与营销党支部、硬件与结构党支部、软件与制造党支部、广电银通党支部联合组织发起的"为广西百色市那坡县合群村小学学生'献爱心'活动"圆满结束。本次活动自 12 月 6 日在科学城产业园食堂一楼设置"献爱心现场接收点"开始,就得到公司的广大党员和员工都积极参与,党支部在短短的时间就收到了诸多爱心。经党支部商议,本次收到的捐款将全部用来购买文具和书籍,连同衣物将于近期一起由支教队的罗伟坚老师亲自带给合群村小学的孩子们。

【经营情况】

报告期内,公司经营业绩稳步增长,实现营业总收入 93,633.95 万元,同比增长 7.89%其中:ATM 设备由于 2011 年底结转而来的合同以及 2012 年上半年部分新增合同实现销售,收入比上年同期增长 13.06%;实现利润总额 30,630.10 万元,同比增长 12.00%;实现归属于上市公司股东的净利润 25,639.13 万元,同比增长 11.08%。

【002157】江西正邦科技股份有限公司

【基本情况】

正邦集团成立于 1996 年,是农业产业化国家重点龙头企业,国家农产品加工技术创新机构,拥有博士后科研工作站和江西省唯一国家生猪核心育种场,先后荣获中国名牌产品、全国饲料企业 30 强、中国企业 500 强、中国养猪行业百强企业等称号。

2007 年 8 月,旗下江西正邦科技股份有限公司在深圳证券交易所上市,成为江西省民营企业首发上市公司。

集团下属农牧、农资、粮油、零售、金融投资五大产业,300 多家子/分公司,遍布二十多个省市、自治区,2011 年集团总产值突破 210 亿元大关。

正邦集团"两链三网"在 2011 年走向完善,农牧和种植两大产业链全线贯通;农资网、产业网和流通网"三张网络"在全国范围内全面铺开;农牧、种植、农资、流通、金融五大产业规模初具,并驾齐驱。目前,正邦正致力于"二次创业",打造百万亩油茶、百万吨大米、千万吨饲料、千万头生猪、亿羽鸭苗、百亿元食品产业工程等重点项目,力争成为中国农业产业化领军企业。

【经营业绩】

2012 年 1－9 月份,公司实现营业收入 10,179,715,998.62 元,比上年同期增长 28.37%;归属于上市公司股东的净利润 112,419,894.99 元,比上年同期增长 1.73%。

【企业荣誉】

公司入选中国企业 500 强

公司入选中国民营企业 500 强

公司入选中国制造企业 500 强

公司荣获全国创先争优先进基层党组织称号

公司荣获第一届全国养猪行业百强优秀企业称号

公司荣获全国猪联合育种协作组成员单位

【企业文化】

企业使命:把小公司做成大公司,把大公司做成大家的公司

企业精神:求实、和合、卓越

【002176】江西特种电机股份有限公司

【基本情况】

江西特种电机股份有限公司是一家研发、生产、销售特种电机和锂电新能源系列产品的国家高新技术企业,国家电机行业骨干企业,江西省 100 强企业,深圳证券交易所上市公司。

公司具有较强的技术创新能力和市场营销实力。自公司成立以来,先后有 3 项产品获"国家重点新产品奖",2 项产品被评定为"国家火炬计划项目",2 项目产品被认定为"科技型中小企业科技创新基金项目",19 项产品获"江西省优秀新产品"、"江西省重点新产品"奖,4 项产品被评定为"江西省高新技术产品"。

公司高度重视产品质量管理,先后通过了 ISO9001:2000 质量管理体系认证,国家强制性产品认证(3C 认证),中国船级社船用产品型式认证,欧共体安全认证(CE 认证),出口产品质量许可认证。

把公司打造成全国特种电机的重要生产基地是公司电机产业的发展目标。为此,公司坚持"高科技含量、特殊专用"的产品发展方向,走"做精做强"的产品发展道路,凭借 52 年的专业化制造经验,积淀了具有江特特色的技术创新、市场开拓和产品交付管理模式,树立了公司在特种电机领域的竞争优势。公司主要产品有起重冶金电机、高压电机、港口电机、风电电机、防爆电机等,其中起重冶金电机、风电电机等多个产品的销售额位居细分行业前列。

随着全球低碳经济的兴起以及国家对新能源产业的大力支持,以江西省《鄱阳湖生态经济区规划》实施和宜春市"亚洲锂都"建设为契机,公司加快了向锂电新能源产业方向拓展的步伐。公司先后开发生产了具有专利知识产权、主要用于生产动力电池的锂电池正极材料－富锂锰基,电动汽车驱动电机及控制系统,以锂电池为动力的高尔夫球场电动车、助老助残电动车等产品,收购整合了宜春地区丰富的锂矿资源,并向矿产资源深加工方向发展。公司计划用 5－10 年的时间,把锂电新能源产业发展成为公司又一重要主导产业,为做强做大公司规模、增强企业竞争实力奠定坚实的基础。

【经营情况】

2012 年上半年,受国家宏观经济低迷等因素的影响,公司电机产品市场需求下滑,销售受到影响,销售额下降;矿产品的开采及加工受持续雨水的影响,生产未能正常进行,经营业绩受到较大影响;碳酸锂的生产由于规模产能不大,销售收入较小;正极材料受新厂搬迁,设备调试,市场竞争激烈等因素影响,销售受到较大的影响。综上各因素,造成公司上半年总体销售收入下滑。报告期内,公司实现营业总收入 30,401.39 万元,比上年同期下降 21.33%;实现净利润 2,699.18 万元,比上年同期增长 2.3%。

【企业文化】

诚信:以诚信为立身之本,视信誉为生命

平等:客户不论大小,员工不论职位,一律平等相待

理性:经营理性、决策科学、管理规范、竞争公平

【002177】广州御银科技股份有限公司

【基本情况】

广州御银科技股份有限公司是一家致力于协助各种金融机构建立强大的金融交易网络，专业从事金融自助服务设备及软件等研发、生产销售和服务，并提供各种金融交易专业解决方案的双软高新技术企业，同时也是首家在中国导入“ATM 合作运营”概念，拥有丰富的合作运营经验，是“中国首席 ATM 合作运营商”。其主导产品是自主研发、生产、销售、运营 KINGTELLER 系列银行存取款机及主机咨询服务，公司目前已形成年产量 10000 台的生产能力，产能和销售规模在国产 ATM 制造厂商中位居前列，并于 2007 年 11 月，在深交所挂牌上市并公开发行股票。

自 2001 年以来，御银已经成为建行总行、农行总行、邮政总局、各省农信、地方商行等的入围采购商；同时也获得中国农业银行银空电子客票机的批量采购订单和南方航空公司的自助值机订单；并成为广发、深发、兴业、银联、商行、农信、城信等银行所信赖的客户。在 ATM 的合作营运市场上处于领先地位，是大型 ATM 专业运营机构，也是“国内首席 ATM 运营商”。同时，御银 ATM 已批量出口东南亚及北欧一些国家。

御银高度重视研究开发能力的提高，目前的研发人员有 300 多人，全部为大本及以上学历，并有多年的 ATM 研发工作经验，同时我司每年将销售收入的 11% 投入到研发中，其研发自主知识产权的产品获得多项国家级、省级奖项。

御银一贯注重产品质量和企业信誉，高标准、精细化、零缺陷的高品质理念始终贯穿于规划、研发、采购、生产到客户服务的整个经营过程，坚持设计规范化、采购全球化、生产标准化、检测手段多样化，御银的产品质量还源于软硬件产品均获得国家权威机构的认证。

客户满意是御银工作的标准，御银把售后服务视为渗入企业经营管理及业务增值收益的一部分，御银系统化的监督管理机制将 ATM 开机率纳入维护人员的绩效考核，专业化的服务网络和实时报修途径为用户提供全面、可靠、周到、快捷的服务。御银全国设有 280 多个服务网点，超过 5000 万元散件和整机备件库，680 多名资深的专业维护工程师，80 多辆维护车辆，为银行提供 365 天，7 * 24 小时的专业服务，承诺 20 分钟电话响应，60 分钟现场响应，60 分钟内修复或整件更换；始终坚持“三个不漏：一个不漏地记录客户来电、一个不漏地解决客户问题、一个不漏地跟踪问题处理结果；两个保证：保证按预约及时服务到位，保证服务满意率达到 100%；一个避免：坚决避免用户因同一问题拨打二次电话”，不断提高客户满意度。

御银以“科技先导、管理一流、品质优胜、服务至上”作为公司一贯的宗旨；以高标准的商业道德、质量优异、客户成功为所有商业活动的行动取向；秉承求实、创新、诚信的企业精神，研发自主品牌为主导，以现代化的管理体制与国际同行，优化研发、制造、营销、服务的每一个环节，提高经营质量，致力于成为提供银行自助产品世界级研发生产基地及多元化金融服务集团，实现“国内一流企业、国际知名品牌”长期战略目标，树立全球性的强势品牌。

【企业荣誉】

2012 年，公司荣获“广东省软件业务收入前百家企业”。

2012 年，公司在金交会荣获“最佳展台设计奖”。

2012 年，公司荣获政府授牌首批认定总部企业。

2011 年，荣获广州市 2008 - 2009 年度“A 级纳税人”荣誉证书。

2011 年，公司董秘郑蕾荣获“金牌董秘”称号。

2011 年，公司“御银”商标喜获广州市工商行政管理局延续认定为“广州市著名商标”。

【社会责任】

2011 年 3 月，广州御银新塘工厂开展了“弘扬雷锋精神 建设美好御银”主题活动，工厂各部门领导及全体员工积极参与了此次活动，大家本着能力不分大小，善举不分先后的精神纷纷向需要帮助的人奉献一片爱心，贡献一点力量。

3 月 25 日一早，副总经理徐德银先生与员工代表们来到了新塘永和敬老院，他们此次前来还带来了御银工厂全体员工热心赠送的水果、鲜花和营养品。当天徐总亲切慰问了敬老院的孤寡老人，并代表公司送去了温馨的祝福与美好的祝愿。活动中徐总提到御银股份愿与新塘敬老院继续保持联系，把“关爱老人、尊重老人、孝敬老人，帮助老人”的思想作为提升企业文化内涵的一部分，为构筑和谐社会，做出我们的贡献。

【经营业绩】

2012 年上半年，管理层围绕公司 2012 年年度经营计划有序开展各项工作。报告期内，公司实现营业总收入 485，966，393.49 元，实现利润总额 139，003，537.48 元，实现净利润 126，201，366.16 元，分别比上年同期增长 14.19%，6.47% 和 10.43%。报告期内，公司的主营业务收入较上年同期增长了 14.17%，其中 ATM 产品销售业务较上年同期增长 66.91%，主要原因是公司依靠自身的品牌优势，加大了对 ATM 产品销售业务的市场开发力度；ATM 技术，金融服务较上年同期增长 67.58%，主要是有偿维护的 ATM 设备大幅增长所致；ATM 融资租赁业务收入较上年同期减少 51.35%，主要是本期融资租赁业务的 ATM 上线台数减少所致。

【002185】天水华天科技股份有限公司

【基本情况】

天水华天科技股份有限公司成立于 2003 年 12 月，2007 年 11 月公司股票（002185）在深圳证券交易所成功发行上市。目前，企业注册资本 40613 万元，总资产 23.07 亿元，资产负债率 37.21%。企业占地面积 32.64 万平方米，建筑面积8.17万平方米，拥有各类设备、仪器 3000 多台（套）。员工 5095 人，专业技术人员 1679 人，专业研发人员 287 人，高级工程师 59 人。

企业主要从事半导体集成电路、MEMS 传感器、半导体元器件的封装测试业务。封装测试产品有 DIP、SOT、SOP、SSOP、TSSOP、LQFP、MCM（MCP）、MEMS、BGA、LGA、SiP、TSV - CSP 等系列 185 个品种。集成电路年封装能力达到 68 亿块，其中集成电路铜线制程的年封装能力达到 30 亿块；TSV - CSP 封装能力已达到 12 万片/年；集成电路成品年测试能力达到 30 亿块；CP 测试能力达到 12 万片/年。

天水华天科技股份有限公司是国家鼓励的集成电路生产企业，是我国集成电路行业工信部重点监控企业，我国电子信息行业最具潜力企业，我国最具成长性封装测试企业，我国西部地区最大的集成电路封装基地、甘肃省微电子骨干龙头企业和富有创新精神的现代化高新技术企业。企业的集成电路年封装能力和销售收入均位列我国内资及内资控股企业第三位，净利润率自 2007 年上市连续四年位居国内同行企业上市公司第一位。2010 年进出口总额位列甘肃省第四位，占天水市进出口总额的57%；收入总额位于甘肃省工业企业第37位。

企业具有完善的法人治理结构和现代公司经营管理制度，与银行之间有着良好的信贷关系，信用等级为AAA。企业的集成电路封装测试生产线通过了ISO9001、ISO/TS16949质量管理体系认证以及ISO14001环境管理体系认证。

企业建有1060家客户的强大销售网络，其中160家为国际客户，企业在北京、上海、南京、深圳、无锡、成都等国内各大主要城市设有办事处，在美国、韩国、日本、台湾、香港等国家和地区设有销售服务点。

通过近几年的快速发展，目前已形成了以天水为基地，华天科技（西安）和昆山西钛为前沿的集成电路产业发展布局。企业的发展目标是在进一步扩大、提升现有集成电路生产规模与水平的同时，大力发展BGA、CSP、SiP、MEMS、LED等先进封装业务，到2015年，实现销售额30亿元；2020年实现销售额50亿元，并进入全球前十大专业集成电路封装测试代工企业行列。

【企业荣誉】

2012年3月，华天集团党委被中共天水市企业工作委员会授予“2011年度企业党建工作先进单位”。

2012年2月，华天科技LGA－SiP封装技术被第六届（2011年度）中国半导体创新产品和技术。

2012年2月，华天科技被甘肃省人民政府授予“2011年度省长金融奖”。

2012年1月，公司被甘肃省国防科技工业局评为2011年度国防科技工业先进单位。

2011年12月，天水华天科技股份有限公司被评为2011年度全国电子信息行业最具潜力企业。

2011年11月，骆菊芬同志被授予“天水市奉献妇女事业优秀工作者”荣誉称号。

2011年10月，天水华天科技股份有限公司被天水市人民政府授予天水市科技进步奖。

2011年5月，天水华天电子集团被省人力资源和社会保障厅、省总工会、省企业联合会授予第二节甘肃省劳动关系和谐企业。

2011年3月，天水华天电子集团被天水市人民政府授予天水市园林单位。

【经营业绩】

2012年1－9月份，公司实现营业收入1,110,767,430.54元，比上年同期增加9.49%；归属于上市公司股东的净利润115,144,430.61元，比上年同期增加15.46%。

【002203】浙江海亮股份有限公司

【基本情况】

浙江海亮股份有限公司（以下简称“海亮股份”或“公司”）是海亮集团有限公司控股的中外合资股份有限公司。海亮股份自2001年成立以来，一直致力于高档铜产品的研发、生产、销售和服务，是国际知名的铜加工企业之一，为中国最大的铜管出口商，最大的精密铜棒生产企业。截至2008年12月31日，海亮股份总资产331,887.79万元，净资产150,224.83万元，有员工5100多人，实现铜管棒材销售14.70万吨，比上年增加1.92万吨，同比增长15.02%；营业收入79.06亿元，比上年增加11.38亿元，同比增长16.81%；利润总额20,206.85万元，归属于母公司的净利润17,521.22万元。

海亮股份产品可以分为铜管和铜棒两大系列，囊括了近百个牌号、数千种规格产品，广泛用于空调和冰箱制冷、建筑水管、海水淡化、装备制造、汽车工业、电子信息、交通运输、五金机械、电力等行业。近年不断推出内螺纹铜管、高档铜合金管等高端产品，使公司的产品结构日趋优化。海亮股份建立了完善的营销网络，在国内外积累了大批优质稳定的客户。公司与全球90多个国家和地区的客户有业务往来。公司的国内客户中有大量是下游行业龙头企业，国内外客户已有300多家。2008年度，海亮股份成为我国铜及铜合金管出口数量、金额最大的企业，出口铜管（含管件）8.74万吨，出口额为7.37亿美元，公司铜管出口销量接近全国出口数量的40%，继续保持精密铜管行业出口的龙头地位，国际竞争力日益增强。2007年，海亮股份被国家海关总署认定为“2006年度进出口红名单企业”。2008年，海亮股份被浙江省外经贸厅认定为“浙江出口名牌”企业。2008年，海亮股份被诸暨市市委市府授予“2008年度外商投资明星企业”称号。

公司控股的海亮研究院是省级企业技术中心，并被浙江省科技厅认定为铜加工高新技术研究开发中心、省优秀研发中心。以本公司铜加工研发机构为平台进行申请，2006年海亮集团被认定为国家级博士后科研工作站单位。海亮股份具有较强的自主创新能力，在空调与制冷用铜管、铜水（气）管及管件、铜合金管、精密铜棒的工艺、模具及新产品开发等方面取得了明显的技术突破，公司研发的技术和产品曾先后获得过国际、行业及省技术进步奖等奖项。经浙江省高新技术企业认定委员会认定，海亮股份及其子公司科宇公司、金氏公司为高新技术企业，同时上海海亮铜业为上海市奉贤区高新技术企业。

公司是铜加工行业中国家标准与行业标准的制定者之一。近三年来，公司单独制定了五项行业标准，参与制定了三项行业标准。2007公司参与制订了《铜及铜合金管材单位产品能源消耗限额》、《内螺纹铜管》国家标准并分别获得了技术标准优秀标准一、三等获。2008年公司完成了国家标准《海水淡化装置用铜合金无缝管》和行业标准《铸造铜合金锭》的制定。目前，公司已取得证书专利31项。

【主营业务】

铜管、铜板带、铜箔及其他铜制品的制造、加工。

【经营业绩】

2012年上半年，全球经济面临欧债危机、新兴经济体通胀高企，且国内经济依旧面临着增速放缓、需求萎靡，导致公司的经营业务受到了较大的影响与冲击，行业竞争日趋激烈。报告期内，实现铜管棒材销售82,630.11吨，比上年同期下降11.64%；实现营业收入546,079.56万元，比上年同期下降5.37%；实现利润总额9,207.72万元，比上年同期下降14.35%；实现归属母公司净利润8,381.39万元，比上年同期下降14.62%。

【企业文化】

发展愿景：成为全球铜加工领域中领先的学习型企业。

主要发展战略：产量规模化，产品精细化，市场高端化、客户国际化，全面提高公司的核心竞争力。

主要竞争战略：在成本控制的基础上实现产品的品质、市场以及品牌的差异化。

【企业荣誉】

2007年“海亮”商标被认定为驰名商标，公司被评为2006年度“中国最具品牌价值中小企业100强”（第二名），高精度铜管材（内螺纹铜管）在2005年获得了“中国名牌”称号，铜棒产品在2008年通过了“浙江名牌产品”的复评。“海亮”牌铜管已通过多项国际产品品质认证，并已在四十个国家和地区申请注册“海亮”牌商标。2008 年，海亮股份的热交换器用铜及铜合金无缝管、空调与制冷用无缝铜管、无缝内螺纹铜管、无缝铜水管和铜气管被中国有色金属工业协会评选为“2008 年度有色金属产品实物金杯奖”。荣获第六届（2009）中国上市公司董事会“金圆桌奖”优秀董事会 2010 年 1 月 24 日，浙江海亮股份有限公司以其诚实守信的企业特色和诚信经营的管理优势，荣获“中国诚信典型示范企业”奖，浙江省只有 3 家企业上榜。

【002214】浙江大立科技股份有限公司

【基本情况】

大立科技是建于 1984 年的浙江省测试技术研究所改制后与浙江日报报业集团有限公司、浙江省科技风险投资有限公司组建而成的股份制高新技术企业。公司股票公开发行后于 2008 年 2 月 18 日在深圳证券交易所挂牌上市（股票代码：002214），是红外和安防行业国内 A 股首家上市公司。

公司专业从事红外热像仪系列产品、安防监控产品的研发、生产和销售。经过多年稳健的发展，从一个非营利性质的研究所成长为具有较强自主研发和技术创新能力且经营业绩稳定增长的上市公司。目前，公司是国内规模最大、综合实力最强的民用红外热像仪、安防监控产品生产企业之一。

公司座落于美丽的中国杭州，拥有功能齐全、设备完善的的产业化基地以及杭州和上海两个技术研发中心，公司的技术人员占员工总数的 35% 以上，从根本上保证了技术的国内领先、国际先进水平以及持续创新的能力。同时，公司采用国际化的现代管理模式，取得 ISO9001 质量体系认证、ISO14000 环境管理体系及 CCC 认证、CE/FCC 等认证。

公司先后有多个红外热像仪产品系列获“国家级重点新产品”、一项红外热成像技术获“浙江省科学技术进步二等奖”、一项图像软件被列为“浙江省十大推荐优秀软件产品”、制冷型红外热像仪的开发被列入“国家 863 计划项目”。公司连续多年被评为“中国安防行业十大民族品牌”、“中国安防十大品牌”、“全球安防 50 强”等荣誉称号。

公司上市后将大大扩大生产能力、提高品质控制能力和研发实力，并持续不断的坚持“技术让用户放心，服务让用户满意”的企业理念，利用成熟的质量管理体系、营销管理体系和售后服务系统，为用户提供高品质的产品和专业化的服务。

大立科技将继续努力奋斗，争取成为世界一流的红外热像仪和安防行业生产企业，并用优良的业绩回报广大投资者。

【经营业绩】

2012 年 1－6 月报告期内，公司实现营业收入 9,478.04 万元，较上年同期增长 7.93%；实现营业利润 126.33 万元，较上年同期减少 56.75%，实现净利润 838.24 万元，较上年同期增长 39.57%。

截至 2012 年 6 月 30 日，公司资产总额为 64,507.46 万元，较年初减少 4.04%；股东权益 44,226.89 万元，较年初增长 1.93%。

【002215】深圳诺普信农化股份有限公司

【公司概况】

深圳诺普信农化股份有限公司（以下简称“公司”）是一家专注于农药制剂的研发、生产和销售的国家级高新技术企业，国内农药制剂企业第一家且唯一一家上市公司（股票代码 002215）。目前专注于农药制剂及水溶肥料的研发、生产和销售，依托于贴近农户的全国性营销网络、领先的产品研发平台和技术服务体系，为农民提供高效、低毒、安全的农药制剂、水溶肥料产品以及技术服务，形成了集技术研发、生产、销售推广与农技服务于一体的完整产业链。

公司是国内规模最大、产品数最多、品种最全的农药制剂企业，最大的农药水基化制剂研发及产业化基地，也是能同时提供植物保护与植物营养两方面环保型产品的少数厂家之一；拥有“诺普信”、“瑞德丰”、“标正”、“皇牌”、“兆丰年”等多个品牌，其中“诺普信”、“瑞德丰”两个品牌已被评为“广东省著名商标”。

公司于 1999 年 9 月成立，现注册资本为 3.6219 亿元，截止 2011 年 12 月 31 日，总资产 20.80 亿元，净资产 12.83 亿元；2011 年 1－12 月营业收入为 15.55 亿元，实现净利润0.82 亿元。纳税总额 1.10 亿元，产品销量排名连续四年位居全国农药制剂行业第一位。

公司是中国农药工业协会副理事长单位、广东省农药工业协会理事长单位和广东省高科技产业商会副会长单位。2006、2007 年连续两年被中国石化协会、国家统计局工业司评为“中国石油和化工行业农药制造业百强企业”；2008 年以来，分别被评为广东省知识产权优势企业、深圳市自主创新行业龙头企业、深圳市知识产权优势企业、深圳市宝安区民营百强企业等，并获得了“宝安区区长质量奖”、“宝安区科技创新区长奖”。2008 年被认定为“国家级高新技术企业”，2009 年被深圳市府第一批认定为深圳总部企业，2010 年 7 月被广东省人民政府授予“广东省民营百强企业”。

公司已建成国内领先水平的农业植物保护和植物营养生物技术产品研发平台和体系，取得了一系列突破性的重大科技成果。多年来，公司研发投入占营业收入的比例均保持在 4% 以上，目前有专职科研人员 285 人，有高级职称或博士学位人员 20 人。公司研究所被国家人社部批准建立博士后工作站，并被认定为深圳市市级工程中心（2009 年被评为优秀工程中心）。先后承担了国家科技部“十一五”科技支撑计划、国家发改委行业结构调整重大专项和深圳市高新技术示范项目等重大科技项目。共获得发明专利授权 15 项。近年来，公司取得的重大科技成果包括：（1）研发生物性、仿生性农药及水基化环保剂型系列产品 400 余个，销量占比已达 60%，遥遥领先于国内不足 20% 的平均水平，并赶超了欧美发达国家水平；（2）国内首创以天然植物油替代传统乳油中的苯、二甲苯等高毒溶剂的“绿色乳油”产品并工业化量产；（3）拥有我国创制的生物农药中生菌素的独家开发权，研发并成功产业化相关产品 9 个；（4）国内率先完成农药塑料废弃包装物回收与循环利用研究及产业化开发。公司科技创新引领了整个行业的技术进步，有力地保障了农产品安全和生态环境保护，产生了明显的经济、社会和生态效益。

经过多年的发展，公司专注于“做农民需要的药，做环保的药，指导农民用药”，孕育和培育出了优秀的企业文化，始终坚持“为农民提供最有价值的农药产品，为员工搭建最优事业平台，做全球最环保的农药企业”的“三最”企业使命不动摇，秉承“制造稳定可靠，传播稳定可靠”的事业理念，并以此指导企业的一切经营活动全面贯彻于产品研发、生产、销售等各个环节，以环保的理念和技术服务推广引导并开拓市场。

公司未来的发展方向：专注于农药制剂及植物营养产品的研发、生产和销售，加强与经销商和零售店的紧密合作，构建以县级经销商和乡镇零售大店为核心的广度、密度、深度均领先同行的全国性扁平渠道网络，培养专业化的技术营销队伍，强化多品牌差异化互补定位体系建设和管理，实现快速增长。推进研发机制创新和重大技术突破，积极研发高价值、高技术产品，加强知识产权保护和技术比较优势构建。以深圳为企业总部，进一步完善全国性产能布局和农药制剂及植物营养产品快速配送体系，打造价值型、精益型、快捷高效的供应链体系。逐步打造公司中高层人才培养机器，塑造卓越的干部队伍，强化企业文化建设，继续巩固和扩展企业在农药制剂领域的龙头地位。

【企业荣誉】

我们的公司：

国家级高新技术企业

国家级博士后科研工作站

2010 年中国农药企业 100 强前十强

广东省民营百强企业

深圳市高新技术企业

深圳市自主创新行业龙头企业

我们的产品：

2006 年 11 月，“高猛”获国家重点新产品称号。

2008 年 12 月，诺普信、瑞德丰荣获“广东省著名商标”称号。

2008 年 11 月，“瑞华牌”高效氯氟氰菊酯微乳剂获“广东省名牌产品”称号。

【经营业绩】

2012 年上半年，在大力倡导“示范推广”推动品牌建设方面，迈出了一大步；同时，公司坚定不移地践行“为农民提供最有价值农药产品，为员工搭建最优事业平台，创全球最环保农药企业”的企业使命。积极贯彻推进品牌发展战略，通过各项针对性措施的改善实施，各项工作获得了一定的突破。

2012 年上半年报告期内，公司生产经营状况良好，公司营业总收入较去年同期下降 3.88%。实现主营业务收入 111,266.07 万元，同比下降 3.27%；实现营业利润 12,990.99 万元，同比下降16.07%；实现归属于上市公司股东的净利润 11,649.91 万元，同比下降 10.35%。

【002217】山东联合化工股份有限公司

【公司简介】

山东联合化工股份有限公司于 2008 年 2 月 20 日在深圳证券交易所挂牌上市，公司位于齐鲁腹地的沂源县，是一个以合成氨生产为龙头，集多种化工产品生产及运输为一体的具有自营进出口权的化工企业，产品有硝酸、硝酸铵、三聚氰胺、硝基复合肥、合成氨、纯碱、氯化铵、硝酸钠、亚硝酸钠、甲醇、尿素、农用碳酸氢铵、氨水等。

公司系 2006 年 3 月在山东联合化工有限公司的基础上整体改制设立的股份有限公司，山东联合化工有限公司的前身是 1965 年建厂的国有企业山东东风化肥厂，于 2004 年 3 月改制为有限公司，公司有四十多年的生产历史，技术优势明显，目前公司已经申请受理各类专利 119 项，已授权专利 109 项，已授权发明专利 13 项，拥有科技成果 8 项。

公司始终遵循“循环经济”的发展原则，通过不断加大科技改造和创新，在产品结构优化、品种设置、工艺流程设置、产业链延长、资源综合利用等方面已经形成了典型的“循环经济”发展模式，企业的核心竞争力不断提升，公司被淄博市政府评为淄博市发展循环经济先进集体，被山东省列为山东省发展循环经济试点企业。公司产品齐全，结构丰富，特别是互补产品较多，生产调配灵活性较大，具有很强的市场应变能力和极大的产品结构升级空间，是山东省内合成氨行业产品结构最为合理的企业之一。

公司现拥有两家全资子公司淄博新联化物流有限公司、山东新泰联合化工有限公司，一家控股子公司山东联合丰元化工有限公司。

公司以发展地方经济为目标，在“自我加压、锐意进取”企业精神的指导下，秉承“市场为导向，诚信为根本，品牌为生命，客户为上帝”的经营理念，坚持“发展循环经济，追求良好业绩，创造美好生活”的企业使命，加大科技、管理创新力度，强化质量管理和品牌建设，完善和强化循环经济产业链，推动企业向规模化、集团化、高技术、高效益的方向发展，把联合化工建设成为国内一流的现代化大型化工企业，为客户为社会创造更大价值。

【企业荣誉】

公司主要产品硝酸铵为山东省独家生产，是采用国家标准和国际标准的“双采标”产品，多年来在省内民爆行业中享有盛誉。企业先后获得“中国化工 500 强”、“中国石油化学工业肥料制造业销售收入百强和综合效益百强”、“全国小氮肥企业效益、产品销售收入 50 强”、“山东省卓越绩效质量管理先进企业”、“山东省十大竞争力品牌”、“省级重合同守信用企业”等荣誉称号。公司产品“东风”牌商标被认定为“山东省著名商标”，工业硝酸、工业硝酸铵等主要产品荣获“山东省名牌产品”称号。

【经营情况】

2012 年上半年，公司所处化工化肥行业形势和去年同期相比不容乐观，宏观经济形势在此期间处于持续下滑状态，公司和整个行业一样面临着很大的挑战。公司主要产品硝酸、硝酸铵均因下游需求不足而出现价格一定幅度内的下滑，并在当前低位徘徊，三聚氰胺产品价格也同比小幅下滑，虽然当前价格稳定，且从长远来看该产品市场潜力广阔，但在当前经济形势下市场价格仍处于低位徘徊状态。公司主要原材料水洗块煤价格也出现了数年来的首次价格下调，但下调的幅度有限，公司生产用电价格半年来未发生变化，致使公司生产成本基本通过实施大力挖潜和资源综合利用小幅降低，公司和所在行业在困难重重的格局下艰难前进。

半年来，针对这种情形公司通过捕捉市场信息，适时调整产品结构，母公司各单位及各子公司都积极行动，从日常生产经营的每一个细节抓起，继续大力开展了转观念强作风的工作，争取将市场压力和风险化解到最小程度。

报告期内，公司实现营业收入 62,045.53 万元，较上年同期增长 4.26%；实现利润总额 1,100.36 万元，较上年下降 78.84%；实现归属于母公司所有者的净利润 584.18 万元，较上年下降 85.82%。

【002219】甘肃独一味生物制药股份有限公司

【基本情况】

甘肃独一味生物制药股份有限公司成立于 2001 年 9 月 30 日，是一家致力于现代中药、化学药、生物医药研发、生产和销售为主的制药企业，注册地位于甘肃省陇南市康县，是甘肃省首家在深圳中小板块市场挂牌上市的医药企业(股票代码:002219)，近年来公司连续被评为：甘肃省高新技术企业、甘肃省技术中心、甘肃省工程研究中心，甘肃省农业产业重点龙头企业，陇南市优秀企业，公司的拳头产品“独一味胶囊”连续三年被评为甘肃省名牌产品和陇货精品，在全国止血镇痛类临床应用中药中排名前列。

公司设立了新产品研发中心，致力于研发具有独立自主知识产权的现代医药产品，平均每年研发3－5个产品，拥有博士后、博士、硕士等专业人才40余名，先后承担国家科技部、发改委等多项国家级课题。新品研发多管齐下、稳步进行，产品储备丰富，目前独二味胶囊、独一味凝胶膏和小儿止泻凝胶膏正开展新药临床研究，新产品成功上市后将给公司带来新的利润增长点。

独一味公司未来将形成中成药、化学药、生物医药创新开拓的新局面，在以下专业领域取得突破性进展。

以中药为基础，尊崇中国传统文化，开发祖国医学宝库。

公司中药生产基地位于康县独一味工业园区内，占地136亩，拥有符合GMP标准、国内先进的片剂、软硬胶囊、糖浆、颗粒、滴丸等生产线，具有年产硬胶囊6.4亿粒、片剂4.8亿片、软胶囊2000万粒、糖浆1000万瓶、颗粒剂5000万袋的能力。

目前主要产品有独一味胶囊、参芪五味子片、脉平片、前列安通片、宫瘤宁胶囊、平喘抗炎胶囊、止咳祛痰颗粒等32个品种，其中国家药典品种多个，国家中药保护品种3个，6个全国独家生产品种。独一味胶囊为国内医药的知名品牌，保持治疗镇痛、止血同类产品中的领先地位，市场前景极为广阔。

拓展化药领域，增强企业可持续发展能力。

公司于2012年收购了奇力制药80%的股权，成功迈入化学口服药及临床输液产品领域，四川奇力制药有限公司是一家位于成都市高新区的制药企业，公司拥有80余个药品批准生产文号，包括中药、化药和输液产品，其中咳感康口服液、酮洛芬24小时缓释片等为独家产品，奇力制药相关业务结构清晰，对公司医药业务板块能够实现有效的补充，具备良好的发展潜力和较好的成长性，产品市场具有有利的上升空间和发展前景，将拓展公司在化药产业布局，有利于公司未来提高收入，增加新的利润增长点。

以创新为目的，进军生物医药，提升公司竞争力。

依照公司的发展规划，在上海投资设立了上海独一味生物科技有限公司，将借助上海的资源优势，开展与国内外有关院校和药品研发机构的合作，主要从事前沿生物大分子药物（多肽、蛋白质、抗体等）的开发应用，通过高效的信息平台对生物大分子药物方面的新技术，新工艺进行孵化，开拓新产品。

2012年3月6日上海独一味生物科技有限公司与美国旧金山湾区“Apexigen”公司签订的一份关于“一种特定的针对血管内皮生长因子受体2（VEGFR2）的人源化IgG1抗体“APX004”的《许可和商业化协议》”，标志着我们公司将正式迈入了生物医药领域。

公司一直坚持专业化的学术推广模式，有遍及全国的营销网络和完善的售后服务体系，在全国30个省、自治区、直辖市建立了40个区域市场部，拥有大量具有丰富医药营销经验和医学、药学、管理学等专业知识和技能的区域市场经理、商务专员和学术专员，销售状况良好。

公司在注重自身发展的同时，不忘回报社会，热衷于从事社会公益活动，2008年汶川大地震后，公司迅速向灾区医院捐赠了价值200万的药品，在震后第三天，公司即组织高管团队深入康县地震重灾区，给受灾员工及当地灾民及时送上了60余万元慰问金及慰问品，随后的青海玉树地震、甘肃舟曲泥石流灾害，公司都积极组织了捐款，同时在四川、甘肃康县援建了希望小学。近年来公司也多次累计向藏区农牧民捐赠大米、面粉、菜子油、茶叶等生活必需品。

2008年3月，公司在深交所中小板市场挂牌上市，成功迈进了资本市场。当前，公司正抓住机遇，开拓进取，着力于实施人才战略，加快技术创新步伐，以现代中药为基础，向化学药品、生物医药、医疗服务业领域迈进，致力于抗肿瘤药物的研究与开发，精心孕育着“肿瘤药航母”的梦想，公司有决心也有信心，通过多种多样的研发模式，持续加大研发投资，在未来不断地推出一系列的自主创新产品，以期利用创新的方式，实现公司新的飞跃。

【企业荣誉】

在“五一”国际劳动节即将来临之季，由中华全国总工会组织的2011年全国五一劳动奖状、奖章和全国工人先锋号评选结果于日前揭晓，我公司喜获“全国五一劳动奖状”。

由证监会指定权威媒体——中国证券报主办的“2009年度上市公司金牛百强奖”评选于日前揭晓，我公司喜获“2009年度上市公司回报百强金牛奖”。

【社会责任】

2012年5月28日我公司对康县王坝李家庄小学开展了爱心助学活动，为该校资助学习用具、文化用品、体育用品共计60多个品种约2300件，总价值16000余元。该校也是我公司灾后重建希望小学，此次活动亦是2007年后第二次对该校进行爱心资助，受到了社会各界的赞誉和好评。

2010年8月7日晚甘肃舟曲发生重大泥石流灾害，牵动了所有中国人的心。灾情发生后我公司积极响应县委、县政府“一方有难、八方支援”的号召，纷纷伸出援手，以自己的实际行动救助受灾群众。俗话说“众人拾柴火焰高、一分一厘都是爱”，公司生产一线员工于近日进行了积极捐款，在玉树地震及舟曲泥石流灾害中我公司基层员工共计捐款8780元。

【经营业绩】

公司紧紧围绕年初经营目标，积极应对各种不利因素，加强质量管理体系建设，确保产品质量；加大市场整合力度，扩大各产品的市场占有率，使公司保持了稳步发展。2012年1－6月，公司实现营业总收入165,524,646.01元，比去年同期增长13.11%；实现利润总额40,521,847.78元，同比增长9.43%；实现净利润34,455,198.76元，同比增长9.1%，主营收入，利润均实现了平稳增长。

【002224】浙江三力士橡胶股份有限公司

【基本情况】

浙江三力士橡胶股份有限公司是专业生产各种橡胶V带（普通包布V带、切割V带及特种传动V带）的国家行业龙头企业。公司于2008年4月2号在深交所成功上市。20多年来，企业实现了飞速发展，成为国内橡胶V带行业的领军企业、国家火炬计划重点高新技术企业、全国质量效益型先进企业、浙江省诚信企业、浙江省重点培育和发展的出口名牌企业。三力士牌橡胶V带荣获“中国名牌产品”、“国家免检产品”，“三力士”商标被认定为“中国驰名商标”。公司产品远销欧、美、亚、非70多个国家，三力士商标也已在德国、韩国、泰国、叙利亚、缅甸、土耳其等30多个国家和地区成功注册，三力士牌橡胶V带产销量、出口量均居全国同行业首位，经营效益居全国同行业前列。

公司始终坚持“以创新求发展，不断引领行业潮流；以质量为根本，用品质创造价值；视品牌为生命，全力打造世界名牌”的经营理念，生产经营过程中，把技术创新作为公司核心竞争能力的重要举措，公司拥有省级企业技术研究中心，并建立了设备齐全、功能先进的实验室。创世界名牌，打造百年企业，是一项长期的系统工程，也是企业发展的必然趋势，三力士将以上市为契机，一如既往地拼搏奋进，务实创新，开拓进取，把企业发展推向一个更高层次，为社会创造更大的贡献。

【企业荣誉】

三力士橡胶股份有限公司被授予高新技术企业。

三力士牌橡胶 V 带被评为中国名牌产品和国家免检产品。

三力士商标被认定为中国驰名商标。

三力士品牌被评定为浙江出口名牌。

三力士企业商号被延续认定为浙江省知名商号。

三力士牌汽车 V 带被认定为浙江名牌产品。

浙江省企业技术中心。

浙江省工程技术研发中心。

浙江省 2009 年度“劳动保障诚信示范企业”称号。

浙江省十大国际注册示范企业中国 V 带十强企业。

【企业文化】

1. 核心理念

使命：以产业报国、科技兴国为己任，以中国橡胶三角带行业领头人的身份引领员工成就自己，与三力士共同发展，让三力士成为国际知名的胶带行业领跑者。

愿景：成为国际胶带行业的领跑者。

价值观：用品质创造价值。

企业精神：求真，务实，创新，坚守承诺，不找借口，绝不言败。

2. 经营理念

以创新求持续发展，不断引领行业潮流；以质量为根本，用品质创造价值；视品牌为生命，全力打造世界名牌。

3. 质量方针

以顾客为关注焦点，不断提高产品服务质量；通过质量管理体系的持续、有效改进，把“三力士”打造成为值得信赖的国际橡胶品牌，实现用品质创造价值。

4. 环境方针

以环境法规为基础，减少资源消耗；积极实施污染预防，致力于构筑三力士可持续发展环境！

发展观：创新创业，精细立业，和谐发展

人才观：重德看能凭实绩

质量方针：创新为源，为顾客设计质量；精益求精，为顾客制造质量；有效控制，为顾客管理质量

HSE 方针：诚信守法预防为主关注环境节能降耗关爱员工持续改进

【经营业绩】

2012 年 1－6 月，公司实现营业收入 43，642.16 万元，比上年同期增长 1.87%；利润总额 3，403.11 万元，比上年同期增长 41.93%；归属于上公司股东的净利润 2，919.52 万元，比上年同期增长 38.84%。

【002235】厦门安妮股份有限公司

【基本情况】

厦门安妮股份有限公司（股票代码：002235，下称“安妮股份”）是以商务信息用纸的研发、生产、销售以及综合应用服务为主的大型企业集团，2009 年荣获“国家火炬计划重点高新技术企业”，同年入选福布斯“中国潜力企业”榜，是中国最大的商务信息用纸综合供应商之一。

安妮股份拥有以“安妮”为核心的多个产品品牌，产品覆盖热敏纸、无碳纸、彩色喷墨打印纸、双胶纸等 4 大系列、7000 多个规格与品种。产品主要包括 POS 机用纸、电脑打印纸、相片纸、传真纸、复印纸，其他办公用纸品，以及金融、彩票、税务、电信、物流等行业应用票据、标签等，广泛应用于商务与办公活动的各个领域。多年来，安妮股份的产品与服务深受市场好评，“安妮”商标被国家工商总局认定为“中国驰名商标”，“安妮”品牌被评为“中国办公用纸行业十大影响力品牌”。

安妮股份建有覆盖全国的生产、营销、服务网络以及特种涂布造纸、终端成品加工及印刷一体化生产体系，为广大客户提供“更快捷、更周到、更节省”的产品与服务。同时，安妮股份还致力于为核心客户提供“客户化整体解决方案”，不断提高客户价值。目前，安妮股份是中国福利彩票、各商业银行、各电信运营商、政府部门等大型企事业单位的指定供应商。

安妮股份十分重视生产与管理的科学性和社会效益，公司先后通过了 ISO9001 质量管理体系、ISO14000 环境管理体系、FSC/COC 产销监管链体系认证。

【经营业绩】

2012 年 1－9 月份，公司实现营业收入 413，484，310.27 元，比上年同期减少 12.59%；归属于上市公司股东的净利润 13，169，339.75 元，比上年同期增加 117.14%。

【企业荣誉】

公司荣获福建省标准化协会“高标准，高质量”称号

公司荣获福建工业主要行业竞争力十强、福建 AA 级信用企业称号

公司荣获 2003 年—2004 年度福建省守合同重信用企业称号

公司被人民日报社市场报评为中国办公用纸行业十大影响力品牌

“安妮”被认定为厦门优质品牌

“安妮”荣获福建省著名商标

安妮三防热敏纸“荣获厦门市优秀新产品奖”

公司荣获厦门市技术进步先进工业企业称号

【社会责任】

2008 年四川汶川特大地震，公司第一时间向所有安妮人发出倡议，尽力提供力所能及的帮助。连日来，总部和各分支的 ANNE 人积极响应号召，踊跃捐款，并主动发动亲友一起为玉树灾区捐钱捐物，真正体现了 ANNE 企业精神中的感谢社会。安妮所有员工的捐款共计 34597 元，并于 4 月 29 日委托厦门市集美区红十字会捐给玉树灾区。

2009 年 8 月 8 日，台湾的灾情深深牵动全国各族人民的心。安妮公司秉持一贯的高度社会责任感（安妮公司在历年来国家重大灾难中都积极捐献），号召全体员工向台湾灾区献爱心。总部和各分支员工积极响应公司倡议，踊跃捐款以实际行动支援台湾的救灾工作。充分诠释了安妮人“一方有难，八方支援”的精神，充分兑现了安妮公司回馈社会的承诺。

此次捐款共计 14601.5 元，已将捐款委托厦门红十字会捐给台湾灾区。虽然捐款金额不大，但这是安妮人点点滴滴爱心的汇总，饱含了安妮人的期待与祝福。

【002236】浙江大华技术股份有限公司

【基本情况】

浙江大华技术股份有限公司是领先的监控产品供应商和解决方案服务商，面向全球提供领先的视频存储、前端、显示控制和智能交通等系列化产品。公司自 2001 年推出业内首台自主研发 8 路嵌入式 DVR 以来，一直持续加大研发投入和不断致力于技术创新。每年近 10% 的销售收入投入研发，现拥有千余人研发团队，创造众多行业和世界第一，并立志打造高品质、高性价比的精品，持续为客户创造最大价值。

大华股份的营销和服务网络覆盖海内外，在国内 31 个省市，海外亚太、北美、欧洲、非洲等地建立营销和服务中心，为客户提供端对端快速、优质服务，并在业内率先实行产品保修三年。产品广泛应用于公安、金融、交通、能源、通信等关键领域，并相继同鼎三峡水电、六国峰会，奥运场馆、上海世博、广州亚运、陕西世界园艺博览会、英国伦敦地铁等重大工程项目。

大华股份作为国家级高新技术企业，2008 年 5 月成功在 A 股上市（股票代码 002236），公司拥有国家级博士后科研工作站，现已承接 3 项国家火炬计划项目、2 项国家高技术产业化重大专项，1 项国家 863 计划，4 项电子信息产业发展基金项目。已连续 4 年被列入国家规划布局内重点软件企业，拥有及获得受理专利 142 项，其中拥有发明专利 9 项，连续 7 年荣获中国安防十大品牌，连续 5 年入选《A&S》“全球安防 50 强”（2011 年位列前十），是中国平安城市建设推荐品牌和中国安防最具影响力的品牌之一。

“社会的安全，我们的责任”。大华股份将秉承“诚信、敬业、责任、创新”的企业精神，铭记“行业领先，产业报国”的使命，以“客户为中心”不断提升产品品质、服务和性价比，为客户创造更多价值，并为共同构建安全、便捷、稳定、轻松的高品质生活而不懈努力。

【经营情况】

2012 年上半年，公司围绕本年度工作计划积极开展各项工作，全面营销，不断加大对新产品的研究和开发力度，对产品线布局进行调整和完善，进一步提升存储，前端，智能交通等产品的核心竞争力，为经营业绩的提升打下良好基础。报告期内，公司实现营业总收入 129,687.08 万元，同比增长 45.02%；实现利润总额 25,616.4 万元，同比增长 75.40%；实现归属于母公司股东的净利润 22,580.96 万元，同比增长 75.17%。

2012 年上半年报告期内，公司研发支出共计 9060.28 万元，占营业总收入的 6.99%。2012 年上半年，公司共获得专利授权 13 项（其中子公司获得专利 8 项），包含发明专利 1 项，实用新型专利 5 项，外观设计专利 7 项。

【002247】浙江帝龙新材料股份有限公司

【基本情况】

帝，要求产品质量是帝王的使用标准；龙，企业的发展立于行业的龙头地位。在这样的办厂宗旨下，浙江帝龙新材料股份有限公司在 2000 年 1 月创建于浙江杭州西郊风景秀丽的国家级森林公园青山湖畔，毗邻杭徽高速公路，环境幽雅，地理位置优越，交通十分便利。

公司作为中国装饰纸行业中的首家上市企业，是专业从事装饰材料的研发设计、生产和销售的国家高新技术企业，并拥有北京帝龙（北方）新材料有限公司、成都帝龙新材料有限公司、廊坊帝龙新材料有限公司和浙江帝龙永孚新材料有限公司等四家子公司。主要生产“帝龙牌”装饰纸、浸渍纸、金属饰面板、阳极氧化铝（卷）板和 PVC 地板膜（立体木纹纸）等五大系列产品。“帝龙牌”装饰纸和“帝龙牌”浸渍纸系列产品均通过国家权威部门鉴定，被认定为“绿色环保产品”，并被广泛应用。金属饰面板和氧化铝系列产品填补国内空白，技术国内领先，取代进口，被誉为“有灵魂的金属”。

在社会各界的支持下，帝龙新材于 2008 年 6 月在深圳 A 股成功上市。凭借良好的品牌形象、优异的产品质量和扎实的服务能力，帝龙不断发展壮大，企业现占地面积 160000 平方米，标准厂房 100000 余平方米，注册资金 10020 万元，总资产 6.02 亿元。拥有国内领先水平的全自动高速装饰纸印刷生产线十八条（配套德国 ENULEC 公司静电吸墨系统）、26 色自动配墨系统一条、卧式两级浸渍纸生产线十条、金属饰面板生产线五条及荷兰引进的拉丝和磨花生产线各一条、阳极氧化铝（卷）板生产线一条。

公司自成立以来，连续被评为国家高新技术企业、中国对外贸易 AAA 级信用企业、全国优秀福利企业、浙江省高新技术企业、浙江省科技型中小企业、浙江省中小企业技术中心、浙江省专利示范企业、杭州市 AA 级标准化企业、杭州市 AAA 级信用企业；“帝龙”商标被评为浙江省著名商标，装饰纸和金属饰面板被评为浙江名牌产品。

帝龙始终以争创世界名牌产品为目标，严把产品质量关，实现了产品质量长期高质稳定。企业通过 ISO9001 质量管理、ISO14001 环境管理、ISO18001 职业健康安全管理等三大体系认证，并通过了计量体系认证，这保证了公司质量体系的有效运行。公司拥有先进的产品质量检测系统，这为产品质量实现稳定高质提供了坚实的技术支持。

公司坚持自主创新，技术进步，不断研发出新的产品，是提高公司市场竞争力的源泉。产品投放市场几年来，质量稳定提高，深受用户喜爱，目前国内已有 400 余家客户，并与 30 多家外商有供货关系。公司已开发装饰纸、金属板 2000 多个品种、5000 多个款式，品种齐全、色泽鲜艳、款式新颖，“要找花色到帝龙”的美誉在行业中口碑流传。共拥有授权专利 100 多项。四大系列产品年生产能力分别达到装饰纸 1.5 万余吨，浸渍纸 1500 万张，金属饰面板 50 万 m^2，氧化铝卷板 5000 余吨，PVC 地板膜（立体木纹纸）1300 万 m^2。装备、销量、品质均列行业前茅，在国内外装饰行业享有较高的声誉。

帝龙产品美观大方的人性化设计、顺心如意的多样性选择、超高性能的性价比是您的最佳选择。公司还可以根据客户不同的需求安排加工生产。公司产品包括品种齐全的装饰纸、花色多样的金属饰面板、美观大方的阳极氧化铝卷板、个性时尚的金魔方系列（金属马赛克），性能卓越的 PVC 地板膜（立体木纹纸），适用于建筑、装饰、家具制造材料行业，满足国内外高端客户的不同需要，产品被广泛应用于各地的房地产、家装公司、写字楼、宾馆、机关等众多工程，深受广大用户喜爱。

公司先进的技术装备、生产工艺和研发水平，是国内同行业中生产规模较大，设备、技术领先的装饰材料生产企业之一。完备的研发、生产、服务体系，独特的加工工艺，先进的生产装备，严格的质量控制体系和现场管理，以及便利的运输，是帝龙赢得市场的保障。

公司在多变及竞争激烈的市场环境条件下，掌握市场信息脉动、自我持续不断的完善,为企业的永续经营,奠定坚实的基础。以引领行业为发展目标,以客户满意为最高标准,与客户同发展,与社会共进步。

【经营业绩】

2012 年上半年报告期内,公司实现营业总收入 28,052.38 万元,同比增长 35.46%;利润总额 2,635.69 万元,同比增长 23.57%;实现归属于上市公司股东的净利润 2,287.98 万元,同比上升 29.39%;基本每股收益 0.23 元,同比上升 27.78%,较好的完成了年初制定的经营目标。

【002250】联化科技股份有限公司

【基本情况】

联化科技股份有限公司始建于 1985 年,其前身是黄岩县城关联合化工厂,总部位于中国东南沿海风景秀丽的现代化港口城市——浙江省台州市,下属控股和参股公司主要分布在浙江台州、上海、江苏盐城等地,主要从事医药、农药和其它精细化工品的生产和定制生产,可从实验室的小量定制合成,一直到商业化定制大生产,近 80% 产品销往美国、欧洲和日本等国际市场。2007 年营业总收入 9.87 亿元,位居台州市黄岩区工业企业首位,税利和出口创汇均达到历史最好水平。

二十余年的风雨历练,联化人锐意进取,坚守使命和信念,敢于争先、勇于开拓,公司经营规模不断扩大,总占地面积达到 34.34 万平方米。目前联化科技本部及联化药业主要生产原料药、医药中间体及其它特色化工品,江苏联化主要生产农药、农药中间体。公司已通过 ISO9001:2000 质量管理、ISO14001:1996 环境管理、OHASA18001 职业健康安全管理三项体系认证,日常经营和管理日臻规范化和国际化,为积极开拓国际市场和客户网络奠定了坚实的基础。

联化科技始终坚持"以人为本,科技兴厂"的经营理念,大力提升产品的科技含量,不断引进各类技术人员,公司科技人员占到员工总数的 24%,近年来完成多项省级以上科技开发项目,其中 3 个产品被列为国家级新产品。公司被认定为"国家火炬计划重点高新技术企业",浙江省"五个一批"企业、省级高新技术企业。

随着经济全球化的日益深化,联化科技紧紧把握全球市场脉搏,锐意进取,开拓创新,致力于打造亚太地区乃至全球领先的精细化学品制造基地。

【经营业绩】

2012 年上半年报告期内,公司实现营业收入 148,193.25 万元,比上年同期增长 20.15%;其中实现工业业务收入 102,813.83万元,比上年同期增长 26.96%;实现利润总额 19,406.70 万元,比上年同期增长 27.78%;实现归属于上市公司股东的净利润 16,334.99 万元,比上年同期增长 26.17%;较好地实现了上半年的各项经营计划。

【企业荣誉】

科技创新方面:

国家火炬计划重点高新技术企业

浙江省高新技术企业

浙江省高新技术产业科技创新重点企业

省级技术进步优秀企业

在企业规模方面:

全国民营企业 500 强

全省百强企业

浙江省"五个一批"重点骨干企业

浙江省诚信示范企业

出口创汇方面:

国家级出口创汇先进单位

国家级自营出口先进企业

全国出口创汇先进乡镇企业

全国自营出口民营企业 100 强

浙江省外贸出口优秀企业

环境保护方面:

浙江省绿色企业

浙江省污染治理先进企业

台州市级环境保护十佳企业

【企业文化】

使命

专注精细化学品领域,持续创新,优质服务,为人类的健康生活做出贡献。

愿景

做全球领先的精细化学品定制服务公司

公司价值观

诚信与信任:

信守承诺,可被他人所信赖,相信同事。

SHEQ 为先:

安全高于一切,优先考虑安全、健康、环保与质量,毫不妥协地遵守相关法规,追求高标准。

勇担责任:

责任是对"社会"、"员工"、"客户"、"股东"和"企业"负责。我们将不畏困难、勇于挑战,积极主动寻找解决方案,做到"使命必达"。

团队合作:

以公司整体利益最大化为宗旨,打破组织界限,整合信息和资源,全力满足客户需求。

持续改进:

在现有的技术、管理基础上,挑战现状,不断优化,提高效率、效益和客户满意度。

成就客户:

关注客户需求,帮助客户发现潜在价值,推动客户的价值实现。

【002262】江苏恩华药业股份有限公司

【基本情况】

江苏恩华药业股份有限公司为科、工、贸一体化的医药企业,是国家卫生部精神类药品定点生产单位,国家高新技术企业,国家医药百强企业,国家知识产权试点单位,国家"20 年 20 星"医药质量管理企业明星单位,国际环境认证(ISO14000)确认企业,江苏省首批创新型企业,深市中小板上市企业(深圳:002262),中国麻醉药品协会副会长单位,江苏省医药行业协会副会长单位。"恩华"商标被评为江苏省著名商标称号。

公司主要生产经营中枢神经系统用药,战略定位于中枢神经药物领域市场,主要从事中枢神经系统药物的开发、生产和销售,是国内医药行业中唯一一家专注于中枢神经药物细分市场的企业,主要类别包括麻醉类、精神类和神经类,通过多年来在产品研发、生产和服务上的不懈努力,公司已建立起完整的中枢神经系统药物产品系列和营销网络,努力打造国内重要的中枢神经系统药物的生产商和销售商。另外公司有一系列心脑血管产品处于不同的研发阶段，其中与国家军事医学科学院合作开发的国家一类抗高血压新药埃他卡林，为国内国际首创，具有全新的化学结构和作用机理，处于国际领先地位，逐步介入市场前景广阔的心脑血管药物市场。

拥有原料药和制剂药物三个大型医药 GMP 生产基地，总占地面积 600 余亩，企业具有经国家认证的原料药车间、固体制剂车间、水针剂车间、冻干粉针剂等车间，具有自动化的片剂、胶囊剂、水针剂、粉针剂、颗粒剂十余条生产线。目前具有原料药 28 种 550 吨/年；西药制剂 90 余种，固体制剂 20 亿片(粒)/年、针剂 2000 万支/年的生产规模。

根据企业发展战略，努力抓好节能降耗，环境保护，通过了国际环境认证(ISO14000)，大力发展原料药出口业务，进行欧盟 EDMF 及 FDA 认证，努力在国际市场取得一席之地。

公司十分注重技术创新，注重新产品开发，加强产学研联合，集团技术中心为国家认定企业技术中心、省级工程技术研究中心，设有省企业院士工作站、国家博士后工作站、国家博士后创新中心，承担着多项国家级重点科研项目。公司大多数产品都拥有自主的知识产权，具有核心竞争力，具有较强的综合竞争力。

【发展历程】

1958 年在全国大跃进的背景下，徐州地方政府创办了苏北地区的一家综合制药厂——徐州制药厂，初期的技术力量来自国内专业院校派遣到徐州的一批技术人员。产品涉及到眼药水、片剂、酊水剂、胶囊剂、原料药及辅料。

1962 年，三年困难时期之后，和全国的所有制药厂一样，开始一个新阶段的合并潮。此时在政府的指令下，合并了“徐州新华化工厂”、“徐州陇海化工厂”和“徐州化工研究所”。这最初的合并使得徐州医药工业的结构更加丰满。当时的国家主席刘少奇提出工业“托拉斯”化，使得华东地区形成了 11 个国有制药厂。这与全国的制药企业共同为中国的制药工业开创了崭新的运行模式。在需求大于供给的年代，这一运作模式，为解决人们的用药需求起到积极作用。

1963 年开始生产麻醉乙醚，徐州制药厂成为全国仅有的生产该产品的三个厂家之一，并从此开始涉足中枢神经药物领域。在二十世纪六十年代抗美援越时期，麻醉乙醚作为重要的战地医疗物资，是徐州制药厂的一次应用在境外的产品。

1970 年全国掀起了抓工业的高潮，徐州制药厂上马了第一个抗生素产品四环素，在全国技术大协作的精神下仅用 72 天就完成了设备制造、工艺设计、试验投产，建成了年产 20 吨生产规模，并在几年后实现了全国发酵最高单位的指标。

1972 年上马了化学合成解热镇痛药的重要产品——非那西丁，成功的解决了加压烃化、电感精馏、有机氯的控制等技术难题，成为国内仅有的几家非那西丁生产厂之一。七十年代后期，由徐州制药厂派生出来的徐州制药三分厂相继开发了硝基安定、氯硝安定等精神类药物，开始逐步形成中枢神经系列产品，成为国家精神类药物定点生产企业。

1995 年，“Nhwa 恩华”商标注册。

1996 年，以徐州第三制药厂为核心，组建了“徐州恩华药业集团”。

1999 年，在原恩华药业集团的核心企业徐州第三制药厂的基础上经过改制成立了“徐州恩华药业集团有限责任公司”。

2000 年，徐州恩华药业集团有限责任公司积极贯彻落实党的十五届四中全会提出的国有企业改革和发展的主要精神和指导方针，并根据徐州市委、市政府有关文件的精神和要求，公司进行了第二次改制，进行股权结构调整，国有资本全部退出。

2005 年，徐州恩华药业集团有限公司根据企业的自身情况和生产经营之需要，公司增加了注册资本并将名称变更为“江苏恩华药业集团有限公司”。

2007 年，以江苏恩华药业集团有限公司的十一位股东作为发起人，将江苏恩华药业集团有限公司整体变更设立为“江苏恩华药业股份有限公司”。

2008 年，经中国证券监督管理委员会“证监许可[2008]860 号”《关于核准江苏恩华药业股份有限公司首次公开发行股票的批复》和深圳证券交易所“深证上[2008]105 号”《关于江苏恩华药业股份有限公司人民币普通股股票上市的通知》同意，公司采用网下询价配售和网上定价发行相结合方式向社会公开发行人民币普通股(A 股)3,000 万股，并于 2008 年 7 月 23 日在深圳证券交易所正式挂牌上市。

恩华药业继续专注于中枢神经药物领域的产品生产、研发。产品线涉及中枢神经系统的二十多个分支系列，包括了抗精神病药、麻醉科用药、抗抑郁症药、抗焦虑药、催眠镇静药、镇痛药、抗偏头痛药、抗癫痫药、中枢兴奋药、消炎镇痛药、多发性硬化症药，以及抗阿尔茨海默病、抗帕金森氏病等四十余种药物。努力打造成中国重要的中枢神经药物生产基地。

【企业文化】

企业追求

致力于成为神经精神健康领域的主要服务者

企业精神

关爱、服务、诚信、敬业、学习、创新

充满社会爱心的人性化企业

关注人的神经精神健康事业

社会责任

恩华以提高人的神经、精神健康水平为己任，为广大中枢神经疾病患者及其家庭生活质量的改善做出自己的最大贡献

基本目标

向疾病患者提供疗效确切、高质量、较低价格、拥有较大选择范围的个性化药品体系

【经营业绩】

2012 年上半年，公司实现营业收入 964,174,272.32 元，同比增长 24.28%；实现利润总额 89,984,920.81 元，同比增长 35.65%%；实现净利润(归属于上市公司股东)76,822,399.34 元，同比增长 33.84%。

【002263】浙江大东南股份有限公司

【基本情况】

中国浙江大东南集团，地处“西施”故里——浙江诸暨，始建于 1975 年，经过三十年的奋发拼搏，已发展成为世界塑料制品业 500 强企业。现有职工 2200 人，总资产达 29.6 亿元。公司主要生产塑料薄膜和各种规格的塑料包装袋、塑料衣架及钢丝绳、钢绞线等，技术力量雄厚，先后从香港、日本、德国、英国、意大利等国家和地区引进了一系列具有国际先进水平的技术设备，开发生产了适应市场需求的高档次塑料包装基材和塑料包装产品，使企业形成了“一流的设备、一流的技术、一流的产品”的竞争优势，曾先后获得“全国 500 家综合效益最优工业企业”、“全国塑料包装制品行业龙头企业”、“全国乡镇企业出口创汇二十强企业”、“国家级重点高新技术企业”、“中国名牌产品”、“中国驰名商标”等荣誉。

进一步增强国内外市场竞争能力，公司在加大技改投入，开发高新产品的同时，又积极发展资本经营，努力拓展国际证券市场，上市发行 A 股股票并积极投资开发新型塑料包装基材。

【企业荣誉】

全国 500 家综合最优工业企业

全国出口创汇二十强企业

中国行业十强企业

中国塑料包装制品行业龙头企业

ISO9002 质量体系认证企业

国家火炬计划重点高新技术企业

欧盟市场推荐“高质量科技产品”企业

中国企业管理杰出贡献奖

浙江省“五个一批”重点骨干企业

中国制造业 500 强企业

中国驰名商标

中国名牌产品

【企业文化】

“团结、拼搏、科技、创新”这一企业精神，将永远激励大东南人不断拼搏、不断追求、不断发展。

【经营业绩】

2012 年 1－6 月份，公司利润总额 37,317,432.84 元，较上年同期减少 38.45%；归属于母公司所有者的净利润为 31,760,812.75元，较上年同期减少 22.11%。

【002266】浙江富春江水电设备股份有限公司

【基本情况】

浙江富春江水电设备股份有限公司（简称“浙富股份”）创立于 2004 年，系原水利电力部下属富春江水电设备总厂（创建于 1970 年）的改制企业，2007 年 8 月变更为浙江富春江水电设备股份有限公司。2008 年 8 月，公司在中国成功上市，年销售额 10 亿多元。公司一直致力于成套大中型水轮发电机组的研发、设计、制造和服务，先后为国内外提供 150 余台（套）大中型水轮发电机组，产品远销日本、越南、柬埔寨、印度、德国、韩国、巴基斯坦、土耳其、冰岛、伊朗、马来西亚等多个国家，现为国内外大中型水轮发电机组的主要供货商之一。

公司总部位于杭州桐庐富春江红旗畈工业功能区，距杭州市约 70 公里，离千岛湖（新安江）约 50 公里，公路、铁路、水路交通便利。在杭州设有技术研发中心，2008 年被浙江省评为博士后工作站试点单位，是浙江省第一批高新技术企业。

【经营业绩】

2012 年上半年报告期内，公司共实现营业收入 48,674.85万元，同比增长 10.60%；实现营业利润 8,766.57 万元，同比增长 13.65%；归属于上市公司股东的净利润为 7,878.91万元，同比增长 24.58%。

【企业文化】

水有七善：

“居善地”，善于自处而甘居下地，谦让。

“心善渊”，心静养，善于容纳百川，深沉渊默。

“与善仁”，行为修到同水一样助长万物地生命，善良，与人为善。

“言善信”，说话学到如潮水一样准而有信。

“正善治”，立身处世，持平正衡。

“事善能”，担当做事，调剂融和，能干。

“动善时”，把握机会，及时而动，随着动荡的趋势而动荡，跟着静止的状况而安祥澄止。

水，是孕育生命之源亦是浙富公司的立业之本，水的七善正是我们企业文化最好的表述：“谦、渊、仁、信、正、能、时”。

谦——作为近几年迅速成长起来的目前国内最大的民营水电设备专业制造商，我们的目标不是独霸市场，而是为股东、社会和员工创造更多的价值。

渊——修身养性、韬光养晦，我们吸纳来自世界的先进技术和优秀人才，不断积聚持续爆发的能量。

仁——“对手，把握成功的另一只手”，无论合作还是竞争，我们都努力创造“共赢”的局面。

信——诚信，从古至今，恒久不变，我们亦如此。

正——我们追求公正公平的合作与竞争，当然，这一切从我们的立身处世做起。

能——先进的设备、技术和管理，我们有能力满足客户的要求。

时——“机会总是留给有准备的人”，面对着瞬息万变的市场，我们已经准备好了！

上善若水——这就是我们的企业文化！

【002276】浙江万马电缆股份有限公司

【基本情况】

浙江万马电缆股份有限公司是国家大型企业浙江万马集团的核心企业。公司起源于 1992 年创建的浙江万马电缆厂，1996 年改制设立为有限责任公司，2007 年整体变更为股份有限公司，2009 年 7 月公司在深圳证券交易所挂牌上市发行 A 股（股票代码：002276）。目前占地面积 20 万平方米，总资产 23.6 亿元，拥有员工 1600 余人，其中工程技术人员 130 余人，高级技术管理人员 35 人。

公司主要产品有交联聚乙烯绝缘电力电缆、塑力电缆、控制电缆、氟塑料耐高温电缆、硅橡胶电缆、矿用电缆、预分支电缆、铝绞线及钢芯铝绞线等共 180 多个品种，产品规格达到 28000 余个，其中交联聚乙烯绝缘电缆最高电压等级可达 500kV。

公司高度重视产品质量，努力提高服务水平，及时为顾客提供优质的服务。1996 年通过了 ISO9001 质量管理体系认证、2003 年通过了 ISO14001 环境管理体系认证，并保持至今；计量水平获得省级计量检测体系合格证书；获得浙江省标准计量局《采用国际标准合格证书》；2005 年获得了 AAA 级标准化体系证书。公司拥有电缆研究所、省级企业技术中心。

公司制造的“万马神”牌交联电缆在先后获得“中国电工器材行业协会首家优等品证书”、“浙江名牌产品证书”、“中国质量万里行采购首选品牌”等荣誉。公司被列为“国家火炬计划临安电线电缆产业基地骨干企业”，并先后被评为“全国企业管理先进单位”、“浙江省最大工业企业”，是国家经贸委全国城乡电网建设与改造推荐企业。2007 年公司名列“第八届中国电气工业 100 强”第 25 位，并入榜“中国电气工业创新力 10 强”，是电线电缆行业中唯一同时获取双项殊荣的企业，2007 年底公司 110kV 超高压交联聚乙烯绝缘阻水电力电缆产业化项目入选国家科技部认定的国家火炬计划项目，2008 年公司再次名列“中国电气工业 100 强”。2009 年、2010 年和 2011 年连续三年入围中国轨道交通创新力企业 50 强，是唯一入选的电缆企业。

浙江万马电缆股份有限公司全体员工凭借强烈的进取心,始终秉承"正人正事正品"的核心理念,勇于开拓,不断进取,竭诚为广大顾客服务,为国家建设贡献自己的力量。

【经营业绩】

2012年上半年报告期内,公司实现营业收入11.46亿元,比上年同期增长了-0.10%,用铜量同比增长1.64%。实现归属于上市公司普通股股东的净利润5,832万元,比上年同期增长了11.45%。

【002286】保龄宝生物股份有限公司

【基本情况】

保龄宝生物股份有限公司创立于1997年,是以生物多糖为主导,在生物产业领域内多元化发展的国家级高新技术企业。现有员工700余人,综合产能30万吨。低聚糖、高果糖、糖醇、膳食纤维等多糖类产品广泛应用于食品工业、人类健康、环境生态、动物营养等领域。2009年在深圳证券交易所挂牌上市,成为中国功能糖A股首指。

公司在国内首家实现低聚糖的工业化生产,成功创建国家级企业技术中心、国家糖工程技术研究中心、国家农产品深加工专业技术中心,设有院士工作站、博士后工作站及"泰山学者"岗位,形成了集国家级实验室、小试、中试、孵化、扩出、工业化、产业化为一体的创新体系,科技成果3次填补国内空白,拥有各项专利23项,参与20多项国家标准的起草与修订。

公司牢记"为耕者谋利,让食者健康"的历史使命,以健康方案专家定位自我,与可口可乐、百事可乐、伊利、蒙牛等著名企业结为战略合作伙伴,积极推进"大众食品功能化,功能食品大众化",成功打造"从农田到餐桌"的产业链、价值链、安全链。依靠独创的功能糖清洁生产及资源化关键技术,建立起低碳、循环、安全的保龄宝工业生态链,形成了"低消耗、高产出,低排放、高效益,大循环、可持续"的产业发展格局。从技术到创新到创新体系,从产品开发到方案专家到标准制定者,从输出产品到输出服务到输出生活方式,从企业自身成长到外部生态优化到引领产业升级,从创造经济价值到勇担产业责任、生态责任和社会责任,体现出企业的勇气与担当。

公司决策层把战略规划、经营管理和文化建设融为一体,力促企业跨越式成长。"十二五"期间,公司将继续弘扬"感恩、责任、创新"的核心品格,以"质量经营"为主题,以"幸福企业"为目标,实施与战略客户的战略合作,推进市场工厂无缝对接,追求企业、员工、相关者共同成长,让生命闪光、让事业精彩、让世界微笑!

【行业发展概况及市场前景】

(一)功能糖行业发展概况

1. 功能糖行业介绍

功能糖是具有低热量、能提供营养、促进和改善人体生理机能的糖(醇)类产品的统称,以功能性低聚糖、功能性糖醇为主要代表。

公司的功能糖产品主要作为功能性配料应用于营养产业之功能及营养保健食品和营养、保健食品。营养产业是一个新兴产业,是传统的农业、食品、饮料、医药、中医药、保健品、化工等诸多产业相互融合渗透,并同生物学、营养学、现代加工技术等学科相结合而成的具有强大生命力的新兴产业。

2. 功能性低聚糖行业发展状况

在国际上,功能性低聚糖产业已经成为一个重要的生物技术产业,市场化品种达20多种,正在研发的品种有近百种,并催生了近300亿美元的功能食品市场及100亿美元的功能饲料市场,而且每年仍以10% -20%的速度增长,具有良好的发展前景。日本在功能性低聚糖的研究、开发与应用方面位居世界前列,早在20世纪70年底就开始研究并实现了低聚果糖的工业化生产,开创了功能性低聚糖工业化生产的先河。80年代以来,以低聚果糖、低聚异麦芽糖等为代表的各种功能性低聚糖先后开发成功并形成工业化生产规模。

我国对功能性低聚糖的研究始于20世纪80年代,到"九五"期间开始才有批量生产,本公司于1997年首先实现了低聚异麦芽糖的工业化生产。目前国内已实现工业化生产并上市的功能性低聚糖产品有低聚异麦芽糖、低聚果糖、低聚半乳糖、低聚木糖等。我国功能性低聚糖产品主要用于功能食品、营养保健食品、乳制品以及饲料,在化妆品和药物领域也有应用。

3. 功能性糖醇(赤藓糖醇)行业发展状况

赤藓糖醇是由葡萄糖经发酵而得到的一种白色晶体,具有甜味,甜度为蔗糖的70% -80%。赤藓糖醇在自然界中分布极广,如水果、蘑菇、地衣等;另外在发酵食品及哺乳动物体内也存在,是一种天然非化工合成糖醇,由于赤藓糖醇具有良好的特性,在餐桌甜味剂、食品、饮料、糖果、保健品、牙齿健康领域中具有广泛的应用前景。

1990年,日本食品法规批准赤藓糖醇可直接作为食品配料;1997年,赤藓糖醇通过美国食品与药品管理局(FDA)批准,获得美国FDA安全食品配料(GRAS)认证和允许在标签上标注"有益于牙齿健康"标语;1999年,世界粮农组织(FAO)和世界卫生组织(WHO)联合组成的食品添加剂专家委员会批准赤藓糖醇作为食用甜味剂,无需规定ADI值;1999年,澳大利亚和新西兰食品监督局批准赤藓糖醇作为食用配料。2008年,我国卫生部第13号公告正式批准赤藓糖醇为食品添加剂新品种,并可根据生产需要适量使用,使赤藓糖醇被更广泛地应用于食品生产领域。

(二)果葡糖浆行业发展概况

1. 果葡糖浆的基本情况

果葡糖浆是一种新发展的天然甜味剂,它是以酶法糖化淀粉所得的糖化液经葡萄糖异构酶的异构作用,将其中一部分葡萄糖异构成果糖,由葡萄糖和果糖而组成的一种混合糖浆液,因此果葡糖浆也称为高果糖浆或异构糖浆。

果葡糖浆与蔗糖相比,有较多功能上以及理化特性的优点,主要均来源于其成分组成中的果糖,并随着果糖组分的增加而更为显著。

2. 果葡糖浆市场发展概况

果葡糖浆在国外发展较早,美国早在1967年和1977年将F42果葡糖浆和F55果葡糖浆作为蔗糖的替代品应用于食品工业中。从1975 -1987年,美国果葡糖浆产量增加了10倍,从1975年的54万吨上升至1987年的577万吨。随后果葡糖浆在美国等发达国家迅速发展,与甘蔗糖、甜菜糖并列三大糖源。1996年,美国果葡糖浆产量达739万吨,占全世界果葡糖浆产量的73%。进入21世纪,美国果葡糖浆产量增幅逐渐放缓,2011年,美国果葡糖浆产量达到806.98万吨,产量逐渐趋于稳定。

随着蔗糖价格的逐渐上涨,果葡糖浆代替蔗糖应用于食品中的优势逐渐显露出来,加之近年来果葡糖浆在一些食品中的应用范围和深度不断拓展,果葡糖浆市场需求量猛增,呈现出了前所未有的势头,2006年我国果葡糖浆产量达到40

万吨。此后,果葡糖浆市场的增长势头依旧不减,2009 年后期到 2011 年,果葡糖浆发展进入了一个新的阶段。蔗糖价格大幅度上涨,加之国内食品工业的快速发展,尤其是含糖食品增长较快,食糖消费缺口增加,终端用糖企业使用淀粉糖的成本处于优势,使得国内淀粉糖需求增加,特别是以饮料中应用为主的果葡糖浆需求尤为旺盛,2010 年国内果葡糖浆产量已达 93.50 万吨。

【公司的行业地位与竞争优势】

(一)行业地位

作为功能糖和淀粉糖产业的领先者,公司整体实力、规模、盈利能力处于行业前列。公司通过积极创新,探索出“铁三角”营销模式,通过为客户提供全面的产品与服务,实现了高速增长,2009 - 2011 年,公司主营业务收入的年均复合增长率达 34.65% 。

在主要产品的市场占有率方面,公司凭借其多元化的产品结构以及健全的营销网络,在各细分市场领域取得了不俗的业绩。目前,公司的低聚异麦芽糖、果葡糖浆等主要产品均在其细分市场处于领先地位,低聚果糖、赤藓糖醇产品具备较强的市场竞争力,具体情况如下:

公司作为国内首家实现低聚异麦芽糖工业化生产的企业,其低聚异麦芽糖的产销量一直稳居国内第一,根据 CNFFI 的 2010 年《益生元行业国内外市场研究报告》,2009 年全国功能糖功能性低聚糖的总销量约 6.8 万吨,低聚异麦芽糖的产销量最大,所占比例约为 60%,据估算 2009 年国内低聚异麦芽糖的产销量达 4.08 万吨,2009 年公司低聚异麦芽糖销量达 2.9 万吨,因此该年公司低聚异麦芽糖的市场占有率达 70% 。

根据《2011 年中国轻工业年鉴》,2010 年我国果葡糖浆产量达 93.50 万吨,同期公司果葡糖浆产量达 10.5 万吨,销量达 9.8 万吨,产量占全国总产量的 11.23% 。

公司的年产 1 万吨低聚果糖建设项目于 2010 年 12 月建成投产,项目主打产品为 95% 高纯度粉状低聚果糖,与此同时,公司还能够提供 50% 浆状低聚果糖产品,在该细分领域具备较强竞争力。公司年产 4000 吨赤藓糖醇项目也于 2010 年 5 月建成投产,生产规模位居全国前两位。

(二)竞争优势

1. 创新优势

(1)技术创新优势

公司作为国内首家实现功能性低聚糖工业化生产的企业,开创了国内功能性低聚糖产业的先河,技术上定位于“国际跟进、国内领先”。目前公司设有国家糖工程技术研究分中心、博士后科研工作站、院士科研工作站、全国低聚糖协作秘书处、开放性的低聚糖公共检测服务平台等研发机构。此外,公司先后与山东大学、江南大学等知名院校及科研院所建立了广泛的联系或合作关系,并聘请“泰山学者”应汉杰及“千人计划”人才张维维担任公司技术顾问,形成了强大的技术创新实力。截至 2012 年 6 月 30 日,公司有 9 项产品通过省部级成果鉴定,承担完成 3 项国家攻关课题,并参与起草了多项行业标准。公司还获得了国家科技部的“国家火炬计划重点高新技术企业”,国家工信部的“国家农业信息工程中心”、中国生物发酵产业协会的“中国生物发酵产业协会科技创新奖”,山东省商务厅的“2011 - 2013 年度山东省重点培育和发展的国际知名品牌”,山东省科技厅的“高新技术企业”等荣誉和资质。

经过多年的不懈努力,并依托于前次募投项目,公司已经在功能性低聚糖、功能性糖醇以及淀粉糖等领域的信息收集、研发、小试、中试、工业化大生产、生产管理、质量控制、产品检测等产业化环节积累了成熟的技术和产品创新经验,形成了高效、持续的产业化能力。

(2)市场创新优势

公司针对功能糖行业处于市场导入期的特点,公众对功能糖的认知、接受程度正逐步提高的现状和趋势,创新性地采用技术和服务双导向的方案营销的市场开拓方式,一方面通过与下游客户合作开发,协助其进行准确的市场定位及市场开发,为公司的功能糖产品培育新兴的应用市场;另一方面通过以功能糖领域技术专家的身份协助客户开发功能糖产品,并根据客户的个性化需求定制功能产品或形成专业化配方的方式,为公司开拓新的客户群体。

2. 产品优势

(1)产品质量及认证优势

近年来,公司始终推行全面质量管理,开展“夯基固本、品质提升”的管理活动,按照国际标准组织生产,并顺利通过了美国食品药品监督管理局(FDA)的现场检查,可口可乐质量体系认证复审,以及质量管理体系、环境管理体系、职业健康安全管理体系、社会责任管理四体系审核认证、食品安全体系认证,并获得了山东省卫生厅颁发的保健食品生产企业 GMP 审查合格证明,与此同时,公司的赤藓糖醇产品还顺利通过了美国 FDA 的 GRAS 认证,为全面提升产品质量提供了保证。

公司作为国家标准化委员会成员单位,是低聚异麦芽糖、果葡糖浆、低聚果糖、食品添加剂赤藓糖醇等产品国家标准和赤藓糖醇行业标准的起草单位之一。

(2)多元化产品结构优势

目前公司的低聚糖、糖醇、果葡糖浆、其他淀粉糖四大主要系列产品,包括了低聚异麦芽糖、低聚果糖、赤藓糖醇、果葡糖浆、麦芽糊精、葡萄糖等多元化产品,且部分产品又根据客户实际需求进行规格划分,产品线丰富、规格齐全,使用范围广,产品线覆盖了从低附加值产品到高附加值产品,有助于为客户更加方便及时地提供完善的产品解决方案。借助本次非公开发行,公司将新增结晶果糖、结晶海藻糖、低聚半乳糖、高端固体糊精四种新产品,产品线将进一步丰富,产品附加值将进一步提高。

多元化的产品结构一方面有助于公司发挥产品之间的协同效应,利用不同品种、规格的产品满足不同细分市场的需求,从而扩大销售量,提高公司的产品竞争力;另一方面也能够降低公司对单一产品的依赖性,提高公司经营的稳定性。

3. 大客户资源优势

经过多年的发展,公司在国内外市场建立起健全的营销网络。近年来,公司先后通过了可口可乐、百事可乐等跨国公司的供应商资格认证,与蒙牛、伊利、惠氏、健特等国内外知名厂商建立了稳定、协作、共赢、价值共享的合作关系。公司一直实施以客户价值为导向的商务模式,坚持站在客户的角度想问题、办事情,构筑起以交付专家、方案专家、客户经理为支撑的“铁三角”营销方式,专注于肠道健康、口腔护理、免疫调节、体重控制等领域,依靠公司雄厚的技术实力和制造水平以及健全的营销网络,为食品、饮料、保健品、乳制品厂家设计产品方案,整合市场和技术资源。“铁三角”营销模式使公司明显区别于行业内竞争对手,成为公司的核心竞争优势之一。

4. 管理优势

高品质低成本的产品是企业在参与市场竞争中得以持续

发展的保证，公司的管理优势主要体现在以下几方面：

(1)实行全面预算管理，使各项费用支出得以控制

在编制每年的产供销全面经营预算中，公司都会确定下年度各部门、车间的各项费用支出额度，并将预算的执行情况与各部门的业绩挂钩，进行严格考核，各部门超出预算部分的费用支出需要通过严格的审批流程。通过实施全面预算管理，公司有效控制了各项不合理费用的发生。

(2)推行精益生产，使生产性费用得以降低

公司在制造环节导入6S管理，建立了集物资采购、成品制造、产品营销、客户服务为一体的供应链协同管理模式，推进精益化生产，在满足客户需求的同时，杜绝质量过剩和无效劳动。通过工艺革新、废料回收、资源再利用、提升员工操作技能等方式，有效地降低了生产成本。

5. 品牌优势

品牌是企业竞争力的有力保障。公司作为功能糖领域的龙头企业，在功能糖领域较高的市场占有率和稳定可靠的产品质量使得公司的品牌在业内拥有较高的知名度和美誉度。2007年9月，"保龄宝"牌产品被国家质量监督检验检疫总局评为"中国名牌产品"，2008年1月"保龄宝"商标被认定为驰名商标，保龄宝牌低聚糖被国家公众营养与发展中心推荐为营养健康倡导产品。2012年荣膺中国营养产业30强。

6. 区位优势

地理位置及产业集群使得公司具备不可复制的区位优势。公司地处禹城市，是山东省会城市济南的"卫星城"，地理位置优越，交通便利。

公司地处的山东省以及周边的河北、河南等省份均为我国玉米主产区，与其他地区的企业相比，不仅原料来源有保证、运输成本低，而且能够满足公司功能糖、淀粉糖产品未来产能扩张的需要。

禹城市是中国轻工业联合会认定的"中国功能糖城"，公司所在的禹城高新技术产业开发区为省级高新技术开发区，并位于德州生物产业国家高技术产业基地核心区，能够充分地发挥产业集群优势并享受政府的优惠政策。

【公司资质及荣誉】

- 国家重点高新技术企业
- 国家认定企业技术中心
- 国家博士后科研工作站
- 国家糖工程技术研究分中心
- 国家农产品加工专业中心
- 国家级实验室
- 国家生物制品检测及评价服务平台
- 泰山学者岗位
- 中国名牌产品
- 中国驰名商标
- 全国科普教育基地
- 山东省质量管理奖
- 山东省自主创新型企业
- 山东省功能糖产业技术创新战略联盟牵头单位
- 通过美国FDA、GRAS、KOSHER、HALAL等国际认证
- 中国食品工业综合实力100强
- 中国营养产业30强
- 中国淀粉糖20强
- 中国标准化委员会成员单位

【大事记】

1. 2012年1月在北京举办的中国生物发酵产业协会(原名中国发酵工业协会)成立二十周年庆祝活动上，保龄宝生物股份有限公司荣获"中国生物发酵产业协会科技创新奖"。

2. 2012年2月以"大家庭、大课堂、大舞台"为主题的保龄宝公司2011年会在德州禹城召开。公司董事长确立了公司年度的发展战略和主题。

3. 2012年2月中共德州市委、德州市人民政府联合评定表彰了2011年度计划生育工作优秀企业。据记者了解获悉，德州全市共有10家企业入选，保龄宝生物股份有限公司荣列其中。

4. 2012年3月28日至30日，令世人瞩目的第十六届中国国际食品添加剂和配料展在上海世博展览馆举行。保龄宝生物股份有限公司"2A48"和"2B49"展台格外抢眼，把"营养平衡、追求健康"生活方式和理念融汇得淋漓尽致，也成为此次盛会的热点之一。

5. 2012年4月14日上午的开幕式上，举行了"中国营养产业30强"的颁奖典礼。保龄宝生物股份有限公司同完美、天狮、汤臣倍健、雅培、雀巢、伊利等企业一起获得了这个荣誉。(中国营养产业百强评选委员会)

6. 2012年5月保龄宝公司战略文化管理项目正式启动

7. 2012年5月可口可乐供应商来我公司观摩

8. 2012年5月30日，德州市慈善工作暨"慈善月"活动动员大会上保龄宝公司获得慈善捐赠先进单位称号，受到市委、市府的隆重表彰。

9. 2012年5月12日由山东省科协、省发改委、省经信委、省科技厅、省国资委、省广电局、大众日报社等七部门组织开展的第四届"山东省十大杰出工程师"评选揭晓，保龄宝生物股份有限公司董事长刘宗利荣获"山东十大杰出工程师"称号。

10. 2012年5月18日省委宣传部、省委组织部、省经信委、省国资委、省总工会联合下发文件，通报表彰了一批2010—2011年度企业思想政治工作先进单位和个人，保龄宝生物股份有限公司被授予"山东省思想政治工作十佳企业"称号，是德州市唯一一家获此殊荣的企业。

11. 2012年5月山东省政府召开了全省节能考核奖励电视会议，会议表彰了2011年度节能考核获奖企业和成果，我公司被评为"山东省节能先进企业"，成为山东省唯一一家获奖的生物制造企业。

12. 2012年7月公司顺利通过清洁生产审核验收(德州市经信委、禹城市经信局、山东财源和信节能公司)。

13. 2012年7月24日，公司召开董事会审议通过了《关于公司非公开发行股票预案的议案》。

14. 2012年8月10日，公司召开股大会审议通过了《关于非公开发行股票方案的议案》、《关于修改公司章程的议案》等事项。

15. 2012年8月27日，公司收到中华人民共和国农业部第1807号公告，批准保龄宝生物股份有限公司申请的低聚异麦芽糖为新饲料添加剂，并准许在中华人民共和国境内生产、经营和使用，核发饲料和饲料添加剂新产品证书，根据《饲料和饲料添加剂管理条例》，新饲料、新饲料添加剂的保护期为5年。

16. 9月2日，"2011山东新兴产业创新示范企业"高峰论坛暨颁奖典礼在济南举行，保龄宝公司获"2011山东新兴产业创新示范企业"荣誉称号。

17. 2012年9月21日，在北京召开的2012全国轻工业企业信息化发展论坛暨表彰大会上，刘宗利董事长荣获2012年

全国轻工业企业信息化优秀领导奖。

18. 2012 年 10 月 15 日、16 日，保龄宝公司以绿色零扣分的优异成绩通过可口可乐的"社会责任认证审核"。

19. 2012 年 11 月，公司被山东省人民政府评为"山东省政产学研合作创新突出贡献企业"。

20. 2012 年 11 月 13 日至 15 日，由中国食品添加剂和配料协会主办的第十二届全国秋季食品添加剂和配料展览会（简称 FIC－秋季展）在广州成功举办，公司方案部经理李发财带领公司方案部精英团队参加了展会，并成功举办了以"食品安全形势下健康食品发展趋势"为主题的高峰论坛。

21. 2012 年 11 月 23 日，山东省科技创新与奖励大会在济南召开。保龄宝公司承担的"功能性低聚糖生物加工关键技术及产业化"项目获得山东省科技进步奖一等奖。省委书记姜异康亲自为公司董事长刘宗利颁奖。

22. 2012 年 11 月新希望集团副总裁李芳溢来我公司考察。

23. 2012 年 11 月山东省财政厅下发了《关于下达 2012 年企业技术创新能力建设专线资金预算指标的通知》，我公司申报的"糖质资源高值化生物加工重大创新平台"项目获得 300 万元补助资金。

24. 2012 年 11 月 28 日，2012 可口可乐可持续发展供应商大会上，我公司荣获"年度白金供应商奖"、"最佳可持续发展/环保奖"两项大奖。

25. 2012 年 12 月（山东省科技厅、山东省财政厅）山东省科技厅、山东省财政厅联合下发了《关于下达 2012 年山东省自主创新专项计划的通知》（鲁科专［2012］187 号）。我公司申报的"海藻糖和赤藓糖醇的产业化"项目得到立项支持（项目编号 2012CX20506），获得扶持资金 1000 万元。

26. 2012 年 12 月从山东省知识产权局获悉，保龄宝生物股份有限公司在刚刚结束的"中国专利山东明星企业"复查升级中，荣获三星级"中国专利山东明星企业"称号。

【002287】西藏奇正藏药股份有限公司

【基本情况】

西藏奇正藏药股份有限公司（简称奇正藏药）是国内最大的藏药生产企业，主要从事新型藏药的研发、生产和销售，现拥有 GMP 药厂、GSP 营销公司等全资及控股子公司 7 家，拥有 69 个药品批准文号，涵盖了心脑血管、呼吸系统、消化系统、泌尿生殖系统、神经系统、骨骼肌肉系统、妇科疾患等领域的产品，其中以奇正消痛贴膏为代表的外用止痛药物系列已畅销多年，临床有效率高，在内地拥有近 2 亿人次的使用率，在中国外用止痛药物市场连续六年销售排名第一，位居首届 OTC 产品排行榜中药外科类榜首，名列非处方药重点品牌。

奇正藏药于 1995 年创办于西藏林芝，是中国光彩事业落地西藏的首个项目，被誉为中国光彩事业科技援藏的一面旗帜，多年来扎根藏区，致力于传统藏药的传承和创新，经过十多年的发展，奇正探索出千年藏药进行现代市场转化的成功模式，形成了自身的核心优势：优秀的品牌建设、领先的渠道营销、研发创新保障新产品储备、丰富的藏区资源、翔实的现代医药学研究、优质的财务状况和深厚的文化底蕴。奇正藏药拥有中国外用止痛贴膏第一品牌产品，消痛贴膏单品销售 2008 年达到 3.57 亿元。

企业在传承基础上的创新不断获得社会认可，主导产品消痛贴膏荣获：国家科学技术进步二等奖、日内瓦国际发明金奖、中药保护品种、国家保密品种；企业荣获：首批国家创新型企业、国家火炬计划重点高新技术企业、国家级企业技术中心、国家"十一五"科技支撑计划重点项目实施单位，企业拥有 22 项专利技术，其中 9 项发明专利、69 个药品批准文号中有 9 个独家品种、5 个中药保护品种。

奇正藏药通过"向善利他，正道正业"核心价值理念的实践，探索"民族融合、文化融合、科技融合、人才融合"的经营体系，履践"弘传健康智慧，回归身心自在"的使命，开拓了藏医药产业创新发展的道路，创建了民族药企业和谐经营的模式，名列 2004 年中国私企纳税百强第 66 强，连续数年成为政府表彰的纳税诚信企业，通过产业发展带动了当地经济的进步。

面向未来，公司的发展战略是借助全球传统药物市场高速增长的良好国际大趋势，把握国家对中药、民族药重点发展支持的历史机遇，以振兴民族医药为己任，以市场需求为导向，以营销创新为动力，以技术创新和产品研发为手段，以管理创新为基础，不断提升公司营销能力、技术水平、质量水平和管理水平。聚焦疼痛药物市场，专注于藏医药产业，确立在藏药产业的主导地位，进一步增强公司综合实力和核心竞争力，实现公司的可持续快速发展，逐步实现"成为特色传统医药领域的领导者，成为员工爱戴、客户信赖、社会尊重、投资者受益的长寿企业"的愿景目标。

【经营业绩】

2012 年上半年报告期内，公司实现营业收入 33,783.81 万元，较上年同期增长 6.48%，实现营业利润 10,476.48 万元，较上年同期增长 7.53%，实现的归属于上市公司股东净利润 8,968.06 万元，较上年同期增长 7.66%。

【002292】广东奥飞动漫文化股份有限公司

【基本情况】

广东奥飞动漫文化股份有限公司是中国第一家动漫上市的公司（证券简称：奥飞动漫证券代码：002292），也是中国目前最具实力和发展潜力的动漫文化产业集团公司之一。公司以发展中国原创动漫文化产业，为世界创造快乐、智慧和梦想为使命，立志做中国动漫文化产业的领导者，打造中国最有价值的动漫产业链。自 1993 年创立以来，公司先后荣获"中国驰名商标"、"中国名牌产品"、"高新技术企业"、"国家重点动漫企业"、"中国文化企业三十强"及"国家文化产业示范基地"等。

奥飞动漫结合企业自身特色，建立清晰的产业发展战略，先以原创动画片推广玩具销售，再到以动漫内容精品品牌形象带动全产业链发展，整合动漫上下游资源，实现全产业链运营，创生从产业文化化到文化产业化的动漫产业成长路径。目前，奥飞动漫以玩具为基础，以动漫影视为核心，构建起一条从内容创作、品牌授权、媒体传播到产品设计、市场营销的完整动漫产业链。

奥飞动漫始终坚持以创新求发展，保持了内容原创及技术创新方面的持续领先优势。保持每年 4－5 部具备国际水准的原创动画片开发速度，年动画片产量达到 5000 多分钟，不仅在国内播出反应良好，版权出口至欧美及亚洲市场。动漫玩具产品方面，每年以 100 多个产品专利申请量，位列行业首位。

自有媒体和营销渠道是奥飞掌控业务发展的重要保证。

2010 年，公司成功收购嘉佳卡通，成为唯一拥有动漫频道经营权的民营企业，并通过合作方式，电视发行传播合作网络覆盖中国、辐射海外。商品销售渠道方面，奥飞拥有中国最具竞争力和渗透力、覆盖面广阔的玩具营销网络，过百家核心经销商、数千家商超 KA 专柜及上万家的零售终端，销售网络辐射海外数十个国家和地区。从而保证了奥飞内容和产品两大源头的市场占有率和覆盖率。

除了动漫产业外，奥飞亦积极拓展婴幼儿领域市场。除中国最受婴幼儿喜爱十大品牌 - 澳贝之外，还拥有"迪迪世界"、"藤木工房"、"皮诺乔"、"乐客友联"等品牌，涵盖玩具、洗护、棉品、童鞋等业务。此外，还联合华南师范大学创建了国内第一家同时也是唯一一家早教研究中心。

打造中国最具盈利能力的动漫产业链，奥飞动漫将继续加强对产业的整合力度，进入到互联网游戏、儿童教育、主题乐园等相关领域，打造中国的"迪士尼"，把中国优秀文化传播到世界各地。

【企业荣誉】

2012 年，公司作品荣获中国动画学会主办的 2012 中国动画"美猴奖"。

2012 年，公司作品《开心宝贝》荣获"广东省五个一工程奖"。

2012 年，公司荣获"最佳商业模式上市公司"奖项。

2012 年，公司入选 2012 年度广东省企业 500 强。

2011 年，蔡东青董事长当选为"2011 粤商年度人物"。

2011 年，公司入选"中国文化企业 30 强"。

【社会责任】

支持文化教育事业发展：

建立山西大同奥迪"智慧小学"，帮助改善学校办学条件。

参与"汕头市特困学生助学工程"。

连续十届组织开展"奥迪杯"全国青少年四驱车模大赛，并支持全国教育系统建立青少年车模科普俱乐部。

支持全国青少宫发展。

向山东、江西革命老区的 200 所幼儿园、150 所小学捐赠儿童益智玩具及婴童用品。

促进"产学研"一体化发展，成立高校实践基地，与华南师范大学、汕头大学、广东商学院等大专院校建立了长期合作关系。

服务社区发展与公共事业：

长江洪灾地区捐赠 50 万元。

参与社区水改工程。

"情系汶川灾区"，第一时间向灾区捐赠超过 300 万元的物资及善款。

参加由广东省团委组织的"志愿亚运、情牵玉树"爱心义卖活动。

"清泉涌动"，向云南省文山州旱灾灾区捐赠生活用水和口粮。

广州市癌症患儿家长会长期合作单位。

参与"广东扶贫济困日"活动，捐赠善款 150 万元。

向广东省志愿者事业发展基金会捐赠 100 万元，用于保障志愿服务项目的开展。

【经营业绩】

2012 上半年，公司实现营业收入 492,051,229.59 元，比上年同期增长2.93%；实现营业利润 73,117,449.88 元，比上年同期增长17.44%；归属于上市公司股东的净利润 63,113,542.83 元，比上年同期增长 6.35%。

【002299】福建圣农发展股份有限公司

【基本情况】

福建圣农发展股份有限公司的主营业务是肉鸡饲养、肉鸡屠宰加工和鸡肉销售，鸡肉的销售收入占营业收入的 95% 以上。公司鸡肉主要以分割的冻鸡肉产品形式，销售给快餐以及食品加工工业、批发市场等市场领域。法人代表傅光明先生是全国劳动模范、福建省第十一届人民代表大会代表、全国工商业联合会农业产业商会常务理事、中国光彩事业促进会理事、南平市慈善总会会长。

公司是中国最大的自养自宰白羽肉鸡专业生产企业。公司在同行业内创新性地采用了高度一体化的大规模自养自宰肉鸡经营模式，产业链集饲料加工、种鸡养殖、种蛋孵化、肉鸡饲养、肉鸡屠宰加工与销售为一体。各生产环节置于可控状态，公司在生产稳定性、疫病可防控性、食品安全、规模化经营等方面具有较大的竞争优势。

优越的地域环境：生态环境优越，公司生产基地依托武夷山自然保护区和闽江源头富屯溪，素有"绿色金库"之称，是福建省"可持续发展的生态经济区"，为生产优质无污染的鸡肉创造得天独厚的屏障条件。公司北临长三角，南接珠三角，交通便利，产品市场辐射能力强。

拥有一批长期稳定、专业化的管理团队：公司在各个生产环节中拥有一批长期从事肉鸡饲养、加工、防疫、品质管理等方面的专业技术人员和兽医队伍，拥有一批职业化的经理人队伍。

生产设备先进：公司不断引进具有世界先进水平的肉鸡饲养和加工设备，其生产水平在全国处于领先地位。

中国南方重要的鸡肉供应商：公司主要供应渠道为快餐业、食品加工业及批发市场等。公司已成为肯德基在中国的前三大鸡肉供应商之一，并已成为铭基、福喜、德克士的重要供应商。在肯德基的鸡肉供应商工厂年度质量体系审核中，本公司 2006 年、2007 年、2008 年连续三年名列第一名，并凭借良好的产品品质，成为铭基、福喜 2008 年北京奥林匹克运动会鸡肉原料的供应商。

经营目标：成为中国最重要的优质肉鸡供应商，为中国人提供高品质优质鸡肉。

【经营业绩】

2012 年 1 - 9 月份，公司实现营业收入 2,910,917,644.63 元，比上年同期增长 38.82%；归属于上市公司股东的净利润 95,729,200.36 元，比上年同期减少 69.33%。

【企业荣誉】

2009 年 4 月"圣农"商标被国家工商总局商标局评定为中国驰名商标

2009 年 1 月公司跻身"2009 中国潜力企业 200 强"

公司被评为全国精神文明建设工作先进单位

公司被评为"2008 - 2009 年度农业产业化省级重点龙头企业"

公司被评为"中国肉类食品行业强势企业"

公司被评为"2007 年福建省质量管理先进企业"

公司被评为"全国计生协工作先进单位"

公司被评为"福建省最佳信用企业"

公司被评为"福建省私营企业 100 强"

【企业文化】

企业精神

诚信、实干、协力、创优。

经营理念

共生共荣，共创共享。品质最优，成本最低。

办事原则

公正、公平、公开、合情、合理、合法。

【002304】江苏洋河酒厂股份有限公司

江苏洋河酒厂股份有限公司(苏酒集团)坐落于历史悠久的新兴城市，中国名酒之都，西楚霸王的故乡—江苏省宿迁市，背靠京杭运河，紧临宁宿徐高速、宿淮盐高速，交通畅达，酒业兴旺，发展区位优越。公司下设苏酒实业、洋河基地、双沟基地和来安基地四个分子公司，资产总额205.36亿元，主导产品有蓝色经典、珍宝坊、绵柔苏酒等。

近年来，在社会各界的关心支持下，洋河股份坚持科学发展观，开拓进取、不断创新，自2005年以来，以年均超50%的增幅，实现了企业的迅速崛起。2011年，公司营业总收入127.41亿元，同比增长67.22%，是宿迁市首家销售过百亿元的企业，是中国白酒行业前三强；入库税收44.23亿元，同比增长78%，占宿迁市财政总收入的16%。今年一季度，企业营业总收入59.62亿元，同比增长64.06%，入库税收18.63亿元，同比增长63.9%。2009年11月6日，公司在深圳证券交易所正式挂牌交易，短短两年多时间，公司总市值已突破1500亿元，在中国股市排名前20位，是江苏省市值最大的上市公司，也是深圳交易所市值最大的公司。

企业的健康快速发展得到了社会各界的高度肯定，连续7年被评为中国白酒行业经济效益十佳企业，三度荣获全国文明单位称号，先后荣获全国五一劳动奖状、中国食品工业质量效益型先进企业、中国食品工业百强企业、国家纯粮固态发酵白酒标志、全国环境保护先进单位、全国重合同守信用单位等多项殊荣。

【002306】北京湘鄂情(集团)股份有限公司

北京湘鄂情(集团)股份有限公司成立于2007年10月23日，注册于北京市海淀区，注册资本20,000万元。公司前身为北京湘鄂情酒楼有限公司，成立于1999年9月。公司主营业务为中式餐饮。2009年11月11日，公司在深圳证券交易所正式挂牌上市(证券代码:002306)，成为我国第一家在国内A股上市的民营餐饮企业。

湘鄂情雏形于荆楚大地，起步于特区深圳，发展于首都北京，现拥有“湘鄂情”、“湘鄂春”“湘鄂情·源”等多个餐饮品牌，“湘鄂情”品牌已成为全国几个中餐类中国驰名商标之一。公司在全国拥有近40家分店，遍布北京、上海、长沙、深圳、成都、武汉、株洲、太原、南京、西安、呼和浩特、合肥、海口等十余个大中城市。公司经过十几年的努力和发展，在北京及部分省会城市的中高端公务、商务餐饮及家庭餐饮市场占有重要地位。

同时，湘鄂情通过收购上海齐鼎餐饮发展有限公司90%股权，正式进入中式快餐业；以8000万元收购北京龙德华餐饮管理有限公司100%股权，进入团膳业，这是湘鄂情在现有业务基础上的延伸和拓展。

具有“湘鄂情”特色的菜品是公司的独特品质和核心竞争力。作为经营复合菜系的餐饮连锁企业，公司以湘、鄂、粤菜为主并吸收鲁、川、淮扬等各大菜系精萃，在人文情愫、营养、食疗方面独具新的特色，并将四季时蔬与稀有珍馐相融合、传统与时尚相结合的“健康美食”餐饮理念贯穿其中，逐渐形成了具有荆楚美食风格又博采众长的湘鄂情个性化菜品体系。公司独特的菜品和研发机制使公司在餐饮行业日益激烈的竞争中保持优势地位。公司旗下的“湘鄂情”品牌及提供的服务在业内和中高端客户群体中具有很高的认知度，十余年来企业誉满行业内外，在中高端餐饮市场拥有大批忠实的客户。

正是凭借着优质的服务和品牌影响力，“湘鄂情”被国家工商总局认定为“中国驰名商标”，并先后获得“全国绿色餐饮企业”、“五钻酒家、”“中国烹饪协会会员”、“全国特级酒家”、“中华餐饮名店”、“第五届全国烹饪技术比赛”团体金奖、“2008年北京市纳税千强企业连锁餐饮业前五强”、“2009年首届京城餐饮50强企业前十强”等诸多殊荣。

公司将充分利用“湘鄂情”品牌及文化的影响力和菜肴制作工艺优势，采取以“直营连锁为主体，特许加盟为辅助”的发展模式，着力进行现代企业制度建设，不断提高和壮大自身核心竞争力；将按照以品牌经营为核心、以连锁发展为重点、以工业化生产配送为支撑、统筹兼顾的发展思路，力争在横向连锁化、纵向产业化以及覆盖全国的网络化物流配送运营平台上发展为全国一流的餐饮集团，并实现国际化扩张；经过未来十年的发展，将实现国内外连锁店近百家的目标。目前，公司在董事会的正确领导下，在社会各界的大力支持和全体员工的共同努力下，立足北京，放眼全国，完善产业链，拓展新市场，朝着打造“餐饮行业新向标”，将公司建设成为一家“品牌知名、管理科学、创新能力强、核心竞争力突出”的国内著名餐饮集团的战略目标而奋勇前行。

【002317】广东众生药业股份有限公司

【基本情况】

广东众生药业股份有限公司是一家致力于人类健康产品的高新技术企业，公司始建于1979年，注册资本为18000万元，主营业务涉及药品的研发、生产与销售。在各级政府、社会各界的支持下，公司业务快速发展，综合实力不断提升，被评定为广东省优秀高新技术企业，国家火炬计划重点高新技术企业，AAA+级中国质量信用企业，获得国家、省、市各级五十余项荣誉奖。公司“众生牌”商标被评为中国驰名商标，公司“复方血栓通胶囊”、“众生丸”被评为广东省名牌产品。

广东众生药业股份有限公司一直秉承“以优质产品关爱生命，以优质产品健康大众”的企业宗旨，致力研发、制造优质产品，并以充满激情的进取心拓展市场，努力为客户提供精准、专业的服务。

在研发方面，公司关注心脑血管疾病、糖尿病及其慢性并发症、眼部疾病和退行性神经系统疾病的预防和治疗，努力研发高科技含量和自主知识产权的相应药品。在生产方面，通过严格的GMP管理，规范的生产运作体系和领先的指纹图谱质量控制技术，为患者提供质量稳定、品质优异的药品。在营销方面，由具备医药专业素质的人员，为患者、医生、商业合作伙伴提供专业化的服务，并通过形式多样的OTC推广活动，塑造众生药业优质、健康的品牌形象。

广东众生药业在成长和发展的同时也积极践行企业社会责任，一方面通过节能降耗实施清洁生产、绿色制造，履行环保义务。公司被评为广东省清洁生产企业。另一方面，公司积极履行纳税义务，2008年和2010年均被评为东莞市民营企业纳税十强。

我们相信:有付出才有回报、有创新才有价值、有品质才有市场、有健康才有未来。

广东众生药业股份有限公司将一直致力于人类健康事业,为患者提供健康产品、为员工提供职业发展平台、为合作伙伴提供协作共赢机会,一起用健康见证精彩未来。

【企业荣誉】

2012 年 8 月,广东众生药业股份有限公司被广东省企业联合会、广东省企业家协会评为 2012 年广东省企业 500 强、2012 年广东省制造业百强企业。

2012 年 7 月,广东众生药业股份有限公司被国家食品药品监督管理局南方医药经济研究所评为 2011 年度中国制药工业百强。

2012 年 1 月,广东众生药业股份有限公司被科学技术部火炬高技术产业开发中心评选为 2011 年国家火炬计划重点高新技术企业。

2012 年 1 月,广东众生药业股份有限公司被中国共产党东莞市委员会东莞市人民政府评为 2011 年度民营企业纳税大户。

2011 年 12 月,广东众生药业股份有限公司获得广东省科学技术厅评为"广东省民营科技企业"。

2011 年 11 月,广东众生药业股份有限公司获得东莞市人民政府授于"2009 年—2010 年度东莞市 50 强民营工业企业"称号。

2011 年 8 月,广东众生药业股份有限公司被广东省经济和信息化委员会评为广东省优势传统产业转型升级龙头企业。

2011 年 8 月,广东众生药业股份有限公司被中国共产党东莞市委员会东莞市人民政府评为全市产业结构调整和转型升级先进企业。

【社会责任】

为深入贯彻科学发展观,建设资源节约型和环境友好型社会,石龙镇的志愿服务活动,将以"环保石龙"为主题,开展一系列创建健康生活环境,倡导支持环保理念的活动。由石龙镇团委主办,广东众生药业股份有限公司协办的"传承奥运 · 心载环保"石龙环保单车之旅活动于6 月 22 日在美丽的东江边举行。

此次活动以健康环保为主题,包括"向白色污染 SAYNO,倡导使用环保购物袋"和"单车环保行"等环节,这与华南药业"有健康才有未来"的理念相呼应。作为一项社会公益活动,期间公司赞助了 5000 个健康时尚环保购物袋,用这种方式回馈社会是公司应尽的责任。活动当天还进行了"为奥运加油,为中国加油"签名仪式,众生志愿者服务队近 20 名青年参加了此次活动,他们在旗子上写下了对奥运,对汶川人民的祝福,尽管烈日炎炎,但以实际行动宣扬环保,传播绿色奥运是每一个志愿者的心愿。

【经营业绩】

2012 年上半年,公司实现营业收入 41,635. 33 万元,同比增长 15. 73%,实现营业利润 9,885. 49 万元,同比增长 18.63%,实现净利润 8,395. 27 万元,同比增长 10. 55%。

【002329】广西皇氏甲天下乳业股份有限公司

【基本情况】

广西皇氏甲天下乳业股份有限公司成立于 2001 年 5 月,显为中国最大的水牛奶生产加工企业,旗下共有 11 大系列,70 余个品种,销售至全国多个省区近 300 多个市县。

自 2003 年起,皇氏乳业的水牛奶系列产品产销量名列全国第一;2006 年 8 月,皇氏乳业生产的纯鲜水牛奶,无糖型乳菌饮料顺利通过进出口检查,获准出口到香港销售,成为国内首家有鲜水牛奶产品出口香港市场的乳品企业;皇氏乳业也因此被业界誉为"水牛奶之王"。

2010 年 1 月 6 日,公司 A 股在深圳证券交易所正式挂牌上市,成为行业在国内上市的第四家乳品企业,这意味着广西的乳业将迎来腾飞的时刻,标志着皇氏乳业进入了一个发展的新纪元! 公司 IPO 所募集资金,为公司将来实现超常规发展提供了充足的资金保障。

从牧草种植到牛奶养殖,从鲜奶加工到销售,皇氏乳业已经形成了完善的上下游产业链,具备了全面的竞争优势。

【企业文化】

企业核心价值观:

客户第一,开放分享,勇担责任,以结果论英雄。

企业经营理念:

为社会创造价值,为员工创造机遇,为投资者创造财富。

质量方针:

顾客至上,产品一流,追求卓越,打造皇氏品牌。

皇氏愿景:

成为中国乳品行业最受尊敬的领跑者。

皇氏使命:

坚守卓越品质,呵护你我健康。

【经营业绩】

2012 年上半年,公司充分发挥自身优势,围绕年初董事会制定的各项经营目标,加强成本控制和改善经营管理,创新优化产品结构,加大省外市场开拓力度,总体工作取得了一定进步,为推进全年各项业务的稳步实施奠定了良好基础。报告期内,公司实现营业收入 33,904. 44 万元,比上年同期增长 51. 26%,但由于新市场,新渠道推广费用较高,实现营业利润 1,613. 67 万元,比上年同期下降 44. 88%,实现归属于上市公司股东的净利润 1,877. 22 万元,比上年同期下降 44. 32%。

【002330】山东得利斯食品股份有限公司

【基本情况】

得利斯,作为注册商标,是英文"DELICIOUS"的音译,意指味道鲜美、无与伦比。此译名既与"得利斯"读音相吻合,又恰切地表现出得利斯美味营养美食的特点,是音译商标的典型案例,在传播字面意义和产品品质的同时,表达了丰富的内涵。

得利斯,顾名思义:得利于斯,在这里得到利益和好处。其文化内涵在于,企业发展得利于党的农村改革和富民政策;得利于坚持农副产品深加工、贸工农一体化、农业产业化的发展方向;得利于社会各界的支持;得利于引领潮流的高品质产品和广大消费者的厚爱;得利于全体员工的拼搏进取、忠诚奉献。

企业坚持"得利于斯、回报于斯"的创业初衷,为消费者创造最安全营养的肉类食品,为参与者提供最恒久宽广的发展平台。

2011 年,公司实现营业收入 192,528. 00 万元;营业利润 3,901. 00 万元;利润总额 5,523. 59 万元;净利润(归属于母公司股东的净利润)4,617. 83 万元;总资产 153,346. 98 万元;归属于母公司股东的净资产 129,674. 29 万元。

得利斯品质方针：

得利斯尊崇“品质高于一切”，恪守“制欲感恩”为生存理念，以“增强国人体魄，提高民族素质”为宗旨，以“改善大众饮食营养，攀登肉食科学高峰”为己任，以竭诚奉献于中华民族之崛起为终极目标，致力于为广大消费者提供最安全营养的肉食产品，践行企业核心价值，彰显企业社会责任。

【成长历程】

1. 1986 年创立。

2. 1989 年引进欧洲先进的低温肉制品生产线，率先在国内研制成功低温肉制品并进行工业化生产，促使肉食消费发生了革命性变化。

3. 1994 年，在全国首次提出“双十工程”和“菜篮子百城工程”。

4. 1999 年，得利斯被认定为中国驰名商标，获得首次山东省政府质量奖。

5. 2000 年，在中国首倡冷却肉消费理念，引领中国冷却肉消费潮流。

6. 2004 年，在“莱芜黑”猪种质资源基础上培育出“欧得莱”猪新品系。

7. 2006 年，得利斯冷却肉、低温肉制品实现直供人民大会堂、钓鱼台国宾馆。之后，得利斯产品相继直供国家发改委、国务院机关事务管理局等二十六部委办局。

8. 2007 年，基本完成高档肉制品从源头到终端一体化绿色产业链条建设。

9. 2010 年 1 月，山东得利斯食品股份有限公司股票在深交所挂牌上市。

10. 2010 年 12 月，引进研制成功帕珞斯意大利火腿，并成为肉制品行业目前唯一获得省长质量奖的企业。

【企业文化】

得利斯创建起以“六个一”思想精髓为核心的企业文化体系，其核心是“树人”，灵魂是“创新”，依托是“诚信”，措施是“自律”。

生存理念：制欲感恩。

企业宗旨：增强国人体魄提高民族素质。

企业精神：勤奋进取团结忠诚。

企业标准：凡是有利于公司建设和发展的言论和行为都是正确的；凡是不利于公司建设和发展的言论和行为都是错误的。

厂训：勤奋进取，见贤思齐，团结忠诚，唯信可立；经济社会，树人为本，仁义礼智，莫欺苍天。

厂规：挣钱时先要想想如何多挣一分钱再挣；花钱时都要想想如何能省一分钱再花；原料质量同等要价格便宜的；价格一样要质量好的；价格、质量有区别花高价买质量好的。顾客的每分钱都是血汗积累的，昧心钱一分也不赚；产品价格越高，越要秤平量足！不是物质所值的钱，多一分也不要！得利斯只赚良心钱！

顾客是衣食父母，轻视顾客就是不肖子孙；质量是企业生命，不顾质量就是自寻死路！

【企业发展规划】

以构筑从源头到终端全程控制的绿色食品产业体系，打造中国农业产业化典范企业、中国高档肉类典范企业为目标，以低温肉制品、帕珞斯火腿为龙头产品，全面开发冷却肉、调理食品及中式肉制品，着力打造年产 500 万头生猪安全肉品体系，为国内消费者提供代表国际发达国家水平的、最健康营养安全的肉食产品，以此塑造得利斯品质精良的良好社会形象，使得利斯品牌传播广大，传承久远。

【主导产品】

低温肉制品：低温肉制品生产技术和工艺最早从德国、荷兰、瑞士引进，在此基础上根据我国传统饮食习惯，从原料肉解僵成熟、肌肉嫩化、真空提取肉蛋白到低温成型蒸煮、恒温恒湿热加工等，研制形成了一整套独特先进的低温肉制品加工配方及技术，最大限度地保存了肉类蛋白质、氨基酸、维生素和多种矿物质，能迅速补充人体消耗，既强身又健脑，高标准地满足了身处信息时代的现代人的饮食需求。

冷却肉：冷却肉采用低压脉冲三点击晕、卧式真空采血、立式蒸汽烫毛、纵向横向桑拿按摩、气体火焰二次灭菌、胴体三级检疫、脱酸排毒 24 小时等国际最先进的生产工艺，实现了生猪的现代化屠宰加工。冷却肉在 0－4℃ 环境下经独特科学工艺处理，肉品呈现淡鲜红色，烹煮时水面无泡沫，气味芬芳、口感新鲜、质地柔软而富有弹性、细嫩多汁、容易咀嚼、易于消化吸收。产品的卫生、安全、营养等系数均已达到当今发达国家先进水平，被人民大会堂、钓鱼台国宾馆认定为专供产品。

帕珞斯火腿：帕珞斯火腿利用整条猪腿，在恒温条件下发酵加工而成，制作过程中不添加任何香辛料和化学添加剂，极大保存了猪肉的纯天然品质。

整个生产过程最短 6 个月，有超过 2 万种有益菌类和生物酶在火腿中分解脂肪和蛋白质，释放出有益活性氨基酸，富含人体必需微量元素，是迄今为止，世界上品质最好的火腿，被誉为肉制品中的“美食王子”。发酵火腿与红酒、奶酪也被并称为世界上最顶级、最健康的三大发酵类食品。

得利于斯，回报于斯

得利斯重视“质量兴企”，在食品质量与安全方面的辛勤耕耘，二十五年来始终怀抱一颗高度责任心，倾心打造独具特色的绿色食品产业链，为消费者创造出最美味、安全、营养的肉类食品。企业先后荣获“首批家农业产业化国家重点龙头企业”、“中国肉类 10 强企业”、“中国食品行业 100 强”、“中国最具市场竞争力品牌”、“中国驰名商标”、“中国名牌产品”“国家安全食品示范单位”、“山东省省长质量奖”等荣誉称号。党和国家领导人温家宝、曾庆红、吴官正、吴仪、回良玉、乔石、田纪云、姜春云、何鲁丽、宋平、陈慕华等先后视察公司并给予高度评价。

沉甸甸的荣誉来之不易，也更加坚定了得利斯“品质高于一切”的信念，更加注重自身品质建设。2011 年 11 月，率先在全国发布首份《食品质量与安全报告》，该报告全面总结了得利斯二十五年在保障食品质量与安全方面所做工作，这是国内首家肉类企业就食品质量与安全专门作专题报告，在当下食品安全问题成为社会热点之际，得利斯发布此份报告，体现了企业在保障食品质量安全、维护消费者权益方面的信心和决心。

公司始终坚持“得利于斯，回报于斯”的创业初衷，在自身发展的同时，推进周边社区建设和带动广大区域农民致富、农业发展；同时公司也为南方水灾、汶川地震、玉树地震、吉林水灾、孤寡老人、失学儿童、困难职工提供无私捐助。“制欲感恩”的企业理念是镌刻在得利斯发展道路上的铭言，更是实践中不断延伸引领发展的信念。

二十五载得利斯，笃守“品质高于一切”的信言！得利斯，以竭诚奉献于中华民族的崛起为终极目标，向着更具担当、更负责任的而立之年阔步迈进，向着建设中国农业产业化典范企业、中国肉类典范企业、百亿企业、百年品牌的目标，抵定青山、振臂前行！

【002333】苏州罗普斯金铝业股份有限公司

【基本情况】

苏州罗普斯金铝业股份有限公司成立于1993年，是专业生产、加工、安装、经营铝型材的中外合资企业。公司占地面积21万平方米，在职员工2000余人，其中门窗设计研发工程师及专业技术人员285人。企业采用SAP的ERP及CRM客户管理系统，并通过ISO9001质量体系认证、ISO14001环境体系认证、GJB/Z9001A、GJB9001A军工质量管理体系认证等认证，是目前中国铝合金挤型生产行业中，开发种类多、产品范围广、规模和实力一流的专业性企业。

以"罗普斯金""LPSK""第一勇"商标注册的系列铝门窗产品不仅在市场上享有良好的声誉，更是罗普斯金集团数十年致力于铝合金型材研究开发的结晶，多年来荣获国家七百多项专利。公司开发出的一系列气密性、水密性、隔音性和节能性俱佳的高品质高强度铝窗，是同类产品中的佼佼者。目前已全面上市的节能珐琅推拉气密窗、节能珐琅平开气密窗、珐琅百页窗、珐琅采光罩、幕墙、珐琅防盗门系列以及珐琅穿梭管安全窗系列已深受广大用户的青睐，也赢得专家的一致好评和肯定。

公司在十多年的经营中，已发展成为行业中的知名企业，产品获得了苏州市名牌产品，江苏省名牌产品，江苏省高新产品，全国铝合金型材十佳产品，企业荣获江苏省高新企业，江苏省双密企业，江苏省先进外商企业，信用等级AAA级，注册商标荣获江苏省著名商标，中国驰名商标等荣誉。

【企业荣誉】

第四届国家科学技术最佳成果进步奖

第四届国家专利技术优秀发明奖一等奖

苏州相城区年度纳税一等奖

苏州市科学技术进步奖

苏州相城区科技创新先进集体

【企业文化】

理念：精益求精求新求变

时代的步伐，正不断的向前迈进，人类科技进步亦一日千里，铝建材物开发更是日新月异，从原始笨重易腐蚀的铁材，演变成使用较轻的铝材，再进化至造型精致坚固耐用的各类铝门窗及铝建材。

"罗普斯金""LPSK""第一勇"秉持着一贯理念——精益求精，求新求变，致力于铝质建材的研究改进，把国际先进的铝产品技术引入中国，数十年的漫漫长路，不断突破制造的瓶颈，努力追求尽善尽美的境界。

坚持：勇要更勇好上加好

"罗普斯金""LPSK""第一勇"所独创之各类铝门窗及铝建材，除了具备普通铝材的质轻易于施工的优点外，更是潜心研制提升其抗口性、耐候性、安全性，使开发的多种高强度铝门窗，晋升为铝建材业主流，我们的心血没有白费。"罗普斯金""LPSK""第一勇"的铝门窗除获得国家专业部门的肯定外，亦获取多项产品的专利证书，并且取得世界多国的认同，从而令竞相采用。

期许：创意无限尽善尽美

人因梦想而伟大。"罗普斯金""LPSK""第一勇"各类铝门窗在不数断的创新改良下，不仅超越普通铝门窗，而且在造型，表面处理亦采用多样形式，搭配各种色彩，能让您的创意无限扩充，呈现尽善尽美的建筑工艺。而或有不足之处，还望业界先进不吝指教。

【社会责任】

公司为了弘扬中华民族传统美德，设立了罗普斯金助学基金会，在青海省、贵州省、云南省、辽宁省捐资兴建11所希望小学，资助一千多名贫困学员完成初中、高中、大学各阶段学业。

【经营业绩】

2012年1－6月，公司完成销售收入52,043.98万元，同比增长2.5%，其中铝建筑型材业务销售收入43,346.84万元，同比增长4.91%；铝工业材业务销售收入7,121.57万元，同比增长4.59%。公司实现营业利润额4,570.21万元，同比减少7.49%，其中归属于上市公司股东的扣除非经常性损益后的净利润3,886.57万元，同比减少6.77%。

【002338】长春奥普光电技术股份有限公司

【基本情况】

长春奥普光电技术股份有限公司（简称"奥普公司"或"奥普光电"）成立于2001年6月，是由中国科学院长春光学精密机械与物理研究所和广东风华高新科技股份有限公司等五个股东出资设立的高新技术企业。

奥普公司坐落在长春经济技术开发区内的中国科学院长春光电子产业园区内，总建筑面积7万平方米，注册资本8000万元，总资产7亿元。

公司主营业务为光电测控仪器设备、光学材料等产品的研发、制造、销售；主导产品有：电视测角仪、天线座、光电经纬仪光机分系统、航空/航天相机光机分系统、雷达天线座、新型医疗检测仪器、K9光学玻璃等。

公司现有员工1000余人，经过多年的经营和发展，公司已在光电测控领域形成强大的综合优势，并在技术、生产上处于国内同行业领先地位。公司拥有近2000台/套先进的精密机械、光学加工设备和检测仪器，在精密机械加工、光学材料生产、光学元器件加工等方面独有几十项关键技术，具有国内一流的光学精密机械与光学材料研发和生产能力。公司凭借在光学与精密机械等领域的技术创新和综合制造优势，曾参与了包括"神舟"号载人航天飞船在内的许多重大国家工程任务。

自成立以来，奥普公司秉承"顾客至上、精心制造、规范管理、追求卓越"的经营理念，锐意改革、不断创新，已成为国内相关领域重要的生产制造基地之一。奥普公司多种产品成功应用于载人航天工程等多项重大国家工程项目中，为我国航天事业的发展做出了应有的贡献！

目前，奥普公司正努力将自身建成中国光电仪器设备制造领域里的知名企业，为我国光电仪器设备制造事业的发展做出更大的贡献。

奥普公司愿与社会各界紧密携手、精诚合作，共同开创美好未来。

【经营业绩】

2012年上半年，公司实现营业总收入10713.09万元，同比增长10.41%；实现营业利润2245.39万元，同比下降17.91%；实现利润总额3357.34万元，同比增长18.65%。

【企业荣誉】

2009年7月，奥普公司被吉林省国防科工办评为"吉林省国防科技工业军工安全保密工作先进集体"。

2010年6月30日，奥普公司被吉林省职工技术协会授予“先进集体”。

2010 年 12 月，奥普公司被长春经开区管委会授予“2010 年度优秀企业”。

2012 年 1 月，奥普公司被长春经开区管委会授予 2011 年度优秀企业“转型升级奖”。

【企业文化】

诚信创品牌　质量求效益

顾客至上，精心制造。规范管理，追求卓越。

【002339】积成电子股份有限公司

【基本情况】

积成电子股份有限公司是国内技术领先的电力自动化、公用事业自动化整体解决方案供应商，国家重点高新技术企业、国家规划布局内重点软件企业，拥有国家计算机信息系统集成一级资质。公司下辖青岛积成、上海积成、积成慧集、华电卓识四个子公司。

积成电子主持或参与了 30 余项国家标准和行业标准的制定，取得 20 余项技术专利，40 多项产品通过省部级科技成果鉴定，其中 3 项达到国际领先水平，37 项国际先进。公司拥有 30 多项计算机软件著作权，获得 25 项国家、省市级奖励，其中电力调度自动化系统荣获国家科技进步二等奖。

积成电子建立了广泛覆盖的市场体系，以客户满意的“专家型服务”赢得市场，主要产品遍布 31 个省市自治区、300 多个地市，市场占有率居国内同行业前列，部分产品出口到新加坡、泰国等东南亚国家和地区。

面向未来，积成电子将一如既往，创新不止，在成就国际一流高科技企业的道路上阔步前进。

【企业荣誉】

ISO27001 信息安全管理体系证书

济南市市长质量奖

ISO9001:2008 质量管理体系证书

高新技术企业证书

OHSAS18000 职业健康管理体系证书

ISO14000 环境管理体系证书

国家规划布局内重点软件企业证书

计算机信息系统集成一级资质证书

中国电器行业 AAA 级企业信用等级证书

CMMI3 评估证书

中华人民共和国制造计量器具许可证

【经营业绩】

公司 2012 年上半年实现营业收入 24,432 万元，同比增长 56.5%；实现营业利润 1,282 万元，同比增长 44.13%；实现归属于母公司所有者的净利润 1,652 万元，同比增长 45.98%。

【002341】深圳市新纶科技股份有限公司

【基本情况】

深圳市新纶科技股份有限公司成立于 2002 年 12 月，2010 年 1 月 22 日，公司股票在深圳证券交易所挂牌上市（股票简称：新纶科技，股票代码：002341），公司总部坐落于深圳市南山区高新区。

公司系集防静电洁净室耗品研发、生产、销售，净化工程及超净清洗服务于一体的防静电洁净室行业系统解决方案提供商，是中国防静电洁净室行业龙头企业。

公司推行科学的管理模式，致力于构建以公司为中心的，涵盖采购商和终端客户的信息流、物流和资金流等方面共享的“推拉式”供应链系统。

公司已建立了深圳、苏州两大生产、储运基地，并拥有完善的销售与服务网络体系，已基本形成了辐射珠三角、长三角、环渤海湾及中西部地区庞大的销售网络，能为主要市场区域内的客户提供快捷、有效的贴身式服务。此外，公司还积极开拓海外市场，产品远销日韩、欧美等发达国家。

公司是国家级高新技术企业，已通过 ISO9001 国际质量体系认证、ISO14001 国际环境管理体系认证，并拥有几十项专利及研究成果，公司自主研发的产品及服务得到了国内外一大批知名企业的认可与好评。目前已与 4000 余家客户建立并保持了良好的合作关系，产品广泛应用于 IT、电子、生物工程、医药卫生、食品、精密仪器、航天航空、石油、精细化工、汽车制造等行业。

新纶科技秉承“用心创造无尘空间”的企业理想，倡导“务实、认真、敬业、创新”的核心价值观，致力于高新技术产品的研发和生产，提供优质的品牌产品与服务，净化世界各地生产者的生产环境，不断提升公司的利润与价值，促进员工、股东与社会的共同繁荣。

【经营业绩】

2012 年上半年报告期内，公司实现合并营业收入 58,150.32 万元，同比增长 40.98%；利润总额 7,355.81 万元，同比增长 63.05%；归属于上市公司股东的净利润 5,941.83 万元，同比增长 52.08%。

【002342】巨力索具股份有限公司

【基本情况】

巨力索具股份有限公司始建于 1985 年，26 年专注于索具研发制造，是目前中国规模最大、品种最齐全、制造最专业的索具制造公司，占据中国索具行业“第一品牌”的主导地位。在总部建立了索具技术研发，索具生产制造、索具检测实验三大基地；拥有国家级企业技术中心，河北省吊索具工程技术研究中心；成为了中国吊索具的行业的先锋，世界索具文明的倡导者、索具行业标准的制订者。

巨力索具不仅销售索具产品，更重要的是为客户提供吊装技术方案，解决吊装难题。

2010 年 1 月 26 日巨力索具在深交所成功上市，成就了巨力索具产业大发展、快发展，见证了巨力索具迈进成为世界最好的全能索具制造公司。

【企业荣誉】

公司是全球索具产品类别、品种规格最齐全的企业，先后获得“中国驰名商标”、“河北省名牌产品”、“河北省出口名牌”、“河北省质量效益型先进企业”、“河北省自主品牌建设重点培育企业”、“河北省畅销品牌企业”、“河北省百强企业”、“国家高新技术企业”、“河北省知识产权优势培育单位”、“河北省通用、专用设备制造业排头兵企业”等荣誉称号，2008 年 9 月，获第 29 届奥林匹克组织委员会颁发“突出贡献奖”，在行业内拥有强大的品牌影响力。2009 年，通过省级鉴定的“高强度锚杆的研制与应用”、“超高强度岸吊钢丝绳的研制”和“Φ7 × 397 特大缆索组合索股系统及分叉技术研制”三项成果；荣获河北省十大优秀发明奖；荣获“河北省吊索具工程技术研究中心”称号；巨力索具企业技术中心被认定为“国家级企业技术中心”。

【企业文化】

巨力人：用心建造中国人自己的索具行业，在中国创造世界的巨力，在世界创造中国的巨力。

愿景：做“吊索具大王”，成为世界先进吊索具的主导者。

使命：创造世界上最好的全能索具，让世界轻松起来。

宗旨：以市场为导向，以客户为关注焦点，以创造企业价值为核心。

战略：依靠自主研发，技术进步，科技创新、市场创新和严格的精益管理，成为世界上规模最大、品种最齐全、制造最专业、最好的吊索具制造公司。

【经营业绩】

2012 年 1 - 6 月，公司实现营业收入 78,689.11 万元，同比增长 3.41%；实现利润总额 9,744.68 万元，同比下降 28.75%；实现净利润 8,419.03 万元，同比下降 28.64%。

【002354】大连科冕木业股份有限公司

【基本情况】

大连科冕木业股份有限公司前身为大连科冕木业有限公司，成立于 2003 年 8 月 29 日。2007 年 5 月 9 日，根据中华人民共和国商务部“商资批[2007]854 号”文整体变更设立为大连科冕木业股份有限公司。

公司主营业务为中高档实木复合地板的研发、设计、生产和销售，包括三层实木复合地板和多层实木复合地板两大类。公司经营模式主要以 ODM 贴牌生产为主，是中国向国际市场提供实木复合地板 ODM 制造服务的最主要供应商之一，在国际市场拥有较高声誉。

公司产品 95% 以上出口，根据海关统计数据（海关商品码 44122990），公司 2006 年度实木复合地板出口量在全国出口量中约占 4.75%，位居第一。公司被中国工业经济联合会评为“2007 年中国工业行业排头兵企业”。

昆山工厂定位为品种少、数量大的中低档实木复合地板供应商，目标市场以美国市场为主。目前昆山一期年产能 80 万平方米车间已于 2007 年 7 月正式开始投产；二期设计年产能为 80 万平方米的车间预计在 2008 年上半年可以投入生产。上述二期全部完工后，整个昆山工厂年产能将达到 160 万平方米。其中将部分增加主要针对国内市场的木地板品种生产，用以推广自有“科冕”品牌，从而形成高（庄河生产）、中低档（昆山生产）产品相结合的国内生产销售模式，以适应国内市场需求。

穆棱科冕计划建设木材初加工项目，主要供应公司目前实木复合地板生产所需杨木芯条、表板以及三层实木复合地板半成品、多层实木复合地板半成品。穆棱工厂木材初加工设计产能为：年产芯条 2 万立方米（可供应年产 150 万平方米实木复合地板生产）；年产表板 150 万平方米；年产实木复合地板半成品 150 万平方米。穆棱科冕木材初加工项目计划于 2008 年上半年建设完成，并于 2008 年下半年投产。

穆棱科冕另计划建设木材综合利用项目，包括年产 6 万立方米单板层积材和年产 10 万立方米中密度纤维板生产线。新产品除部分用于现有产品生产原材料外，将主要直接面向国内外市场销售。

【经营业绩】

2012 年上半年报告期内，公司实现营业收入 167,647,473.08 元，较上年同期减少 4.77%；实现营业利润 6,972,797.63 元，较上年同期减少 34.93%，实现利润总额 18,424,860.42 元，较上年同期增长 62.3%。实现归属于上市公司股东的净利润 12,841,598.06 元，较上年同期增长 60.08%。

【002364】杭州中恒电气股份有限公司

【基本情况】

杭州中恒电气股份有限公司（股票代码：002364，简称“中恒电气”）地处风景秀丽的钱塘江畔，坐落于素有“天堂硅谷”之称的杭州国家高新技术产业开发区内。公司成立于 1996 年，是一家集科研开发、生产经营、技术服务为一体的民营股份制高新技术企业，也是中国智能高频开关电源行业的龙头企业。成立十多年来，公司一直秉承“至诚至精，中正恒久”的价值观，始终处于稳健发展态势。2010 年 3 月中恒电气在深圳证券交易所公开上市。

中恒电气专注于电力电子领域，是专业从事通信电源系统、高压直流电源（HVDC）系统、电力操作电源系统、新能源电动汽车充电系统及充换电站完整解决方案、新能源储能系统等系列产品研发、生产销售和服务的高新技术企业。是国内 48V 通信电源、240V 数据机房直流电源、电力操作电源产品的主流供应商。也是国内少数几家能满足客户个性化定制需求，提供成套电源系统产品及综合解决方案的企业之一。2012 年，随着北京中恒博瑞数字电力科技有限公司重组成为中恒电气的全资子公司，公司业务涉及面延伸到电力系统软件产品和智能电网建设等领域。

经过十几年的潜心发展，中恒电气业务涉及通信网络、电网电厂、冶金、石油化工、IT、金融、新能源等行业和领域，拥有中国移动集团、中国电信集团、中国联合通信集团、国家电网公司、南方电网公司、中国国电集团、腾讯等长期稳定的核心客户。公司产品已畅销国内 30 多个省、市、自治区和直辖市以及海外地区，售后服务网络遍布全国。

面向未来，公司始终坚持技术驱动，自主创新。公司拥有省级高频开关电源技术研究开发中心，汇集了一批由教授、博士、硕士等带队的国内电力电子行业一流的技术精英团队，而且与资深研发机构、著名学府、设计院等机构建立了长期技术合作关系，并设有“研究生工作站”。“致力于创新应用电力电子和互联网技术，为用户提供世界一流的产品”是中恒电气的使命。

凭借“守拙出奇，恒久致远”的独特气质，中恒电气成立十多年来赢得了客户、合作伙伴、业内及政府的信任、尊重和赞誉。公司在全国同行中率先通过了 3C 认证、ISO9001 质量管理体系认证、ISO14001 环境管理体系认证、OHSAS18001 职业健康安全管理体系认证。“中恒”商标是浙江省著名商标，公司先后获得中国优秀民营科技企业、浙江省重点高新技术企业、浙江省百强私营企业、高新区重点骨干企业、管理创新企业等荣誉称号，连续十年杭州市 AAA 级信用企业。

做行业内最受尊敬的科技企业是中恒电气的愿景目标。公司始终坚持技术驱动，做精做强，赢得客户尊敬；关爱员工，共享成长，赢得员工尊敬；中恒电气积极践行企业公民责任，赢得社会尊敬。

【企业荣誉】

连续十年以上被评为 AAA 级信用

五星级党组织

2011 浙江省著名商标

2010 年度重点高新技术企业

杭州市创建劳动关系和谐企业

【企业文化】

企业核心价值观：至诚至精，中正恒久。

为人至诚，为业至精。

守拙出奇，恒久致远。

企业使命：致力于创新应用电力电子和互联网技术，为用户提供世界一流的产品。

企业愿景：做业内最受尊敬的科技企业。

技术驱动，做精做强，赢得用户尊敬。

关爱员工，共享成长，赢得员工尊敬。

回报股东，回馈社会，赢得社会尊敬。

【经营业绩】

2012 年 1－6 月，公司实现营业收入 14,292 万元，比上年同期增长 12.08%；实现净利润 2,142 万元，比上年同期增长 6.06%。

【002367】康力电梯股份有限公司

【基本情况】

康力电梯股份有限公司是一家集设计、开发、制造、销售、安装和维保于一体的现代化专业电梯企业，注册资本为 38067 万元人民币。产品涵盖多种电梯类别，包括乘客电梯、观光电梯、医用电梯、载货电梯、杂物电梯、自动扶梯、自动人行道产品，具有国家质量监督检验检疫总局颁发的电梯制造、安装、改造和维修保养的 A 级资质。公司被誉为“中国电梯业的希望和骄傲”。

康力电梯股份有限公司自 1997 年成立以来，以打造民族品牌为己任，经过 15 年的发展与自主创新，在激烈的市场竞争中迅速发展壮大。中国行业企业信息发布中心（CIIIC）的统计数据显示，康力电梯销量连续 7 年（2005－2011 年）在全国市场同类产品国产品牌中排名第一。2010 年 3 月 12 日，公司在深交所成功上市，股票代码：002367。

2008 年 7 月，建筑面积达 45,000 平方米的康力二期新车间正式投入生产运行，该车间是亚洲乃至全世界最大的自动扶梯生产车间。截至目前，康力电梯股份有限公司拥有占地面积超过 280,000 平方米；拥有一座高达 92 米的电梯专用试验塔，该试验塔曾被誉为中国电梯的“第一高度”。在植根苏州的同时，公司也积极在全国范围内实施产业布局。目前，康力电梯已经在广东中山和四川成都建立生产基地。康力电梯股份有限公司构建了包括柔性生产线、数控激光切割机、多工位数据冲床、喷涂流水线、数控折板机、加工中心、焊接机器人等全套世界先进水平的各类现代化制造设备，公司具备自主设计、开发及规模生产各类电梯、扶梯系统的实力，不断引领电梯技术发展的新潮流。

康力电梯技术中心成立于 2003 年，2005 年被江苏省经济贸易委员会认定为“省级企业技术中心”，2009 年被江苏省科技厅认定为江苏省级工程技术研究中心。2011 年 11 月，康力电梯技术中心被认定为“国家级企业技术中心”，成为中国电梯行业首家被认定“国家级企业技术中心”的内资企业。中心拥有一支实力雄厚的技术研发队伍，拥有较为完备的研究开发机构和试验条件。中心十分重视并不断推动产学研合作，先后与三家院校签署机构合作协议，形成了中国建筑科学研究院建筑机械化研究分院——康力电梯“关于电扶梯整机和部件检测与标准”研发机构、南京工业大学电梯技术研究所——康力电梯“电梯扶梯关键零部件技术及控制系统”研发机构、康力电梯－浙江大学“电梯扶梯技术基础研究及电梯产品数字化设计、制造、管理关键技术及应用”院士工作站，并与哈尔滨工业大学联合开展了“十一五”国家科技支撑计划课题“既有建筑设备改造关键技术研究”。2012 年 1 月，常熟理工－康力电梯学院（本科）挂牌成立，这是国内首家电梯专业本科学院，标志着康力电梯人才选拔和培养水平又上了一个新台阶。

【企业荣誉】

康力电梯股份有限公司在 2002 年荣登“人民大会堂全国精品展示金榜”；2003 年荣获“江苏省名牌产品”称号；公司在 2003 年“中国名牌战略推进成果展览会”榜上有名；2003 年被批准为“江苏省高新技术企业”、“自营进出口企业”；被评为“苏州私营企业科技十强”和“AAA 级资信企业”。2004 年通过欧洲 CE 认证。2005 年“康力”商标荣获“中国驰名商标”称号。2006 年 6 月公司被认定为“火炬计划国家重点高新技术企业”。2006 年 8 月《省级科技名牌评定办法》制定后，康力从全国省级科技名牌中脱颖而出，入选“中国科技名牌 500 强”。2007 年 9 月康力电梯被中国质量协会评为“全国用户满意产品”；同年 11 月，康力公司荣获 2006 年“全国大中型工业企业（起重运输设备制造业）自主创新能力十强企业”。2009 年，康力电梯被评为“中国电梯行业十大用户满意品牌”。2010 年，康力电梯荣获“用户满意产品”及“用户满意服务单位”双项殊荣。公司还连续 4 年（2008－2011 年）荣获“政府采购电梯自主创新品牌”。

【企业文化】

今天的中国企业核心竞争力已经从经济上升到了文化力的决定，再也不能固步自封、妄自尊大。今后做强做大企业，将由企业所创造或整合的企业文化力来考量。创建优秀企业文化力的最终目标是确保企业在激烈竞争的经济社会中，始终保持活力和最佳的效益状态，永续经营。康力深知，只有随时随地学习，改进与吸纳，才能使我们不被残酷的竞争击垮，不被义无反顾的时代淘汰。

康力电梯创建的富有企业特性的企业文化，是在充分吸收其他先进并有效的企业文化特质的基础上，结合自身的特点，进行优化地凝炼和设计，而形成的一套对于企业的意识和行为极具实际指导意义的理念体系。它是康力电梯全体员工的意志所在，增强了企业的凝聚力，最终汇聚到企业发展的方向上来！

康力电梯经过十余年的发展，通过全体康力人的不懈努力、艰苦奋斗，取得了辉煌的成绩，成就了中国电梯行业的旗舰品牌！康力人勤奋务实、诚实守信、永续创新的创业精神，成为康力电梯优秀企业文化的核心灵魂，经过十余年的不断完善，形成了康力电梯独特的企业文化。

【经营业绩】

2012 年上半年报告期内，公司实现营业收入 81933.92 万元，同比增长 22.09%；实现归属于上市公司股东的净利润 7920.96 万元（报告期摊销股权激励成本影响净利润 685.82 万元），同比增长 13.42%，归属于上市公司股东的扣除非经常性损益的净利润 7854.20 万元，同比增长 23.61%；每股收益 0.2092 元，同比增长 7.95%，基本完成了上半年的经营目标．经营活动产生的现金流量净额为 133.13 万元，同比增长 114.12%。

【002370】浙江亚太药业股份有限公司

【基本情况】

浙江亚太药业股份有限公司是一家以化学制剂的科研、生产、销售于一体的专业化、规模化的高新技术企业，前身浙江亚太制药厂创办于1989年12月，2001年完成股份制改造，并于2010年3月16日在深交所正式挂牌上市（股票代码为002370），下属化学制剂、原料药等两大块业务。经过20多年不懈的努力，公司已发展成为厂房总占地面8.9万余平方米，公司总资产4.5亿元，员工900多人，其中大专及以上学历300余人。

目前公司公司拥有片剂（含青霉素类）、硬胶囊剂（含头孢菌素类、青霉素类）、透皮贴剂（激素类）、冻干粉针剂、粉针剂（头孢菌素类）等8个符合国家GMP标准的现代化制药生产车间，同时公司是"浙江省高新技术企业"、"国家火炬计划重点高新技术企业"。

亚太技术研发中心被评为"浙江省省级高新技术研究开发中心"。"雅泰"商标被评为"浙江省著名商标"。

在新产品开发上始终坚持走科技创新之路，已获多项国家专利，拥有国内一流的质量检测中心、药物研究所及独特的工艺和科学的管理，建立了"浙江亚太药业研发中心"以中国药科大学、沈阳药科大学、浙江省医学科学院药物研究所为技术依托，组建专业、高效的新药开发团队，专业从事透皮控释系统、抗感染、心血管、降糖类、肝炎类等药物研究开发。在生产中公司始终严把质量关，已通过ISO9001国际质量体系认证和ISO14001认证。在经营中公司始终严守"诚信双赢"的诺言，连续4年被评为绍兴市诚信企业，并被浙江省工商总局评为"重合同，守信用"单位。

目前，亚太药业的产品已经覆盖国内24个省、市、自治区，在全国各省设有50多个办事处，并力争远销多个国家和地区。公司将不断提升产品结构、强化市场，发挥科研优势，走高科技创新发展之路，树立企业品牌形象，把自身发展成为具有一流竞争力的制药企业，创亚太药业知名品牌。以一流的经营理念，一流的生产管理，造就一流的产品，铸造大众信赖的著名药企品牌，成就人类健康。

【企业荣誉】

绍兴县亩均税收示范企业

绍兴县工业企业纳税100强

绍兴市成长型工业企业二十优柯桥街道先进集体

柯桥街道纳税贡献奖

柯桥街道工业综合实力6强柯桥街道经济建设功臣（吕旭幸）

绍兴市成长型工业企业二十优

绍兴县劳动关系和谐企业

绍兴市劳动关系和谐企业

绍兴县劳动关系和谐企业

【企业文化】

亚太理念：年轻充满激情，团结不断创新，真诚关注每一个生命，为人类健康事业不断努力

作为一家医药企业，公司始终以"人类健康"为己任，致力于药品的开发、生产和销售，不断推出疗效显著、切合医生和病人需要的药品。亚太药业是一家以制剂为主的新型制药企业，现企业总体发展战略已形成多品种多剂型，骨干品种达40多种。主要商标"雅泰"是浙江省著名商标。力争把"雅泰"打造成全国知名品牌，提高企业知名度。亚太药业未来几年将不断调整产品结构、强化市场、集中自身的科研优势，走高科技创新发展之路，发展壮大企业经营规模，提高经济效益，建立完善现代化企业制度。继续发扬"理想、团队、创新、实现"的企业精神，以人类健康，亚太的使命为己任，以服务社会、造福百姓为宗旨，树立企业品牌形象，亚太药业向现代化制药企业的宏伟目标奋进。这一切都体现了亚太人真诚关注每一个生命健康，不断为人类健康带去福音。

员工核心价值观：品格—做药先做人

人是公司最重要的资本，对于医药企业更要注重人的品格，只有良好的品格才能做出值得信任的药品，我们亚太不断创立以人为核心的企业文化——理解人，尊重人，培育人，善待人，公司的一切生产经营活动正是围绕着这一宗旨展开的。

产品核心价值观：品质—品质源于细节

"不求数量，但求质量""不求规模，但求效益"，公司以完善的质量保证体系，一流的质量检测中心，独特的生产工艺，确保了每种药品的高效稳定。年轻充满激情，团结不断创新，以高质量产品、优质的服务取得广大客户和患者的信赖。

企业核心价值观：品牌—品牌是提升产品价值的核心

在执行中丰富品牌内涵，在创新中提升品牌形象，在服务中传播品牌文化，最终实现"建医药名企，创一流品牌"的目标。

【经营业绩】

2012年1－6月公司实现营业收入16,119.42万元，同比下降25.32%；实现利润总额－666.37万元，同比下降121.64%；实现归属于上市公司股东的净利润－584.18万元，同比下降122.32%。

【002372】浙江伟星新型建材股份有限公司

【基本情况】

公司创立于1999年，2007年12月20日由临海市伟星新型建材有限公司整体变更成为股份有限公司，2010年3月18日挂牌上市。目前注册资本为25,340万元。

公司自创立以来，一直专业从事高品质新型塑料管道的研发、制造和销售。主要产品为PPR管材管件、PE管材管件、HDPE双壁波纹管和PB管材管件等，主要应用于建筑内给排水、城乡（室外）给水、排水排污、采暖、燃气、电力等领域。目前，公司是国内塑料管道行业产品配套最齐全、生产规模化、经营品牌化的实力企业，也是国内PPR管道行业的技术先驱，中国塑料加工工业协会副理事长单位、中国塑料加工工业协会塑料管道专业委员会副理事长单位。曾先后荣获"2009－2010年中国最具成长性新上市公司"、"2011年中国中小板上市公司价值五十强前十强"、"2011年度中国轻工业塑料行业十强企业"、"2011年中国轻工业百强企业"等荣誉。

【经营特色】

1. 显著的竞争优势

经过十多年的稳健发展，公司积淀了三大核心竞争优势。

一是技术优势。公司是浙江省高新技术企业，拥有国家级实验室和省级技术研发中心，参与起草30多项国家和行业标准，获得100多项国家专利，先后开发投产和储备了40多项新产品新技术，多项技术填补了国内空白。

二是品牌优势。经过多年的市场开拓和培育，"伟星"已经成为国内塑料管道行业的一线品牌；成功打造了"品质上乘、服务优质、信誉卓著"的形象；公司产品曾被授予"国家免检”、“中国名牌”，“伟星”商标被认定为“中国驰名商标”，部分新品成功应用于鸟巢、水立方等奥运工程及世博会场馆建设。

三是营销模式和销售网络优势。公司区别行业内总代理制的传统营销模式，自我创新建立了一套扁平化的营销新模式，使市场主动权和竞争力得到了较大的提高。截至2011年末，公司已在全国主要城市设立了20多家销售分公司、10多家销售办事处，分销网点达16,000多家。

2. 规范的公司治理

自2007年改制设立以来，公司就按照《公司法》、《证券法》等相关法律、行政法规、部门规章和规范性文件及《公司章程》的规定和要求，建立了由股东大会、董事会、监事会、高管层组成的法人治理结构和现代企业管理制度，明确决策、执行、监督等各方面的职责权限，形成了科学有效的内控管理机制。

在信息披露方面，公司建立了严格的信息披露管理制度，清晰的重大信息传递、报告、审核及披露流程以及有效内幕信息防控体系，使投资者能够真实、准确、及时、完整地获得公司信息。公司上市以来，连续两年被深交所评为信息披露“优秀”，并被列为“信息披露直通车试点”单位。

在投资者关系管理方面，公司通过举办业绩说明会、开设投资者关系管理栏目、以及现场接待、网络互动、电话交流等多种方式扎实开展各种投资者关系活动，得到了广大投资者、社会公众和监管部门的认可，2011年公司获评“最受投资者欢迎上市公司网站”、“最佳信息披露网站”等荣誉，董秘谭梅女士获评“最佳投资者关系管理董秘”。

3. 良好的人才梯队培养机制

公司坚持“以伟星文化培育人，以伟星事业凝聚人，以业绩考核人，以学习提高人”的人本管理理念，大力引进各类专业技术人才，并有计划、有步骤地建立青年干部选拔机制，创新培育方法。比如，公司各工业园新设“见习主任助理”、“见习组长”等岗位，倡导大学生从事车间基础管理及技术等岗位，许多骨干则在市场实战中提升素质、承压转型，培育出了一大批优秀青年干部，使公司的人才结构不断优化。同时，公司不断改进选才、用才、育才和留才的系列工作，着力创造“干在伟星”的良好环境，创造各种条件和机会，选拔、培养、重用人才，使优秀人才实现“职务、平台、价值”三提升，获得成长和成就。此外，公司以伟星文化引导和帮助员工，从多方面切实保障员工的合法权益，让骨干人才安居乐业，进一步增强归属感和忠诚度，公司团队充满活力。

【社会责任】

1. 稳健发展，注重股东回报

自设立以来，公司的营业总收入、净利润均保持良好的增长态势，2007－2011年，公司营业总收入从70,052.61万元上升至169,675.52万元，年复合增长率为24.75%；净利润从8,741.91万元上升至21,925.25万元，年复合增长率为25.84%。在保持稳健发展的同时，公司将回报股东作为企业履行社会责任的重要方面，并制定了明确的利润分配政策和股东回报计划。

2. 专注绿色运营，改善生存空间

多年来，公司一直坚持绿色研发、绿色运营的理念，先后开发了二十多种新型管道产品，着力为饮用水的安全卫生、水资源的综合利用、室内新型采暖和系统排水、地下水的保护等问题提供有效的解决途径，为我国的环保事业尽心尽力。

一是绿色产品。公司PPR管以其优异的耐热、耐腐蚀、防漏水、安全卫生、无毒无味等优点，有效解决水质“二次污染”问题，成为国内建筑给水领域的主流产品，被评为“全国住宅装饰装修行业管道工程低碳、生态全行业推荐产品”；PE管以其强度高、柔韧性好、连接可靠、稳定性强、节能节水等优点，被广泛应用于城乡供水、地面辐射采暖、建筑排水等领域，不断提高人类生活品质，被建设部工程建设标准化协会评为“工程建设推荐产品”。HDPE双壁波纹管作为塑料埋地排水排污管，具有耐腐蚀、抗沉降、接头质量可靠、使用寿命长等优点，替代传统“脆性大、易断裂和漏水”的水泥管，有效保护地下水源不受污染。

二是绿色生产。公司整个生产过程为塑料的物理加工过程，没有产生废气和粉尘，仅有的废水也通过冷却处理不断循环使用，环境排放指标均达到当地环保要求；同时公司开展零排放和节能方面的技术研究，采用高效、节能、环保的新工艺，促进绿色生产。

三是绿色办公。日常工作中公司大力倡导“办公无纸化、自觉节水节电”等环保、低碳理念，将绿色办公引导为办公新时尚；并最大限度节省能源消耗，加大资源综合利用率，如建立循环水池，签订电力使用目标责任书等。

3. 生产高品质产品，为消费者提供优质产品和精致服务

公司全面通过ISO9001质量体系认证，并率先通过德国DVGW、欧盟TUV和CE等国际认证，着力对“原材料入库、生产过程质量、成品的综合性能检测”三层质量把关，以先进的技术与设备为保障，推进精益生产，提升产品品质，将严格控制“品质”作为消费者生活安全的有力保证。2011年公司获得“全国质量信得过单位”。

同时公司以消费者满意为中心，不断完善客服流程和体系，保证营销服务的规范化、顺畅化、人性化。公司市场部设立专门的免费热线和公司网站的“在线留言”平台供消费者进行产品知识、装修设计、售后安装等方面的咨询；安排专人高效处理客户投诉，提高消费者的满意度。2011年公司产品荣获“用户满意产品”、“全国房地产总工优先品牌产品”。

4. 积极参与社会公益和慈善事业，履行社会公民义务

在保持稳健发展的同时，公司一直以“做优秀法人公民，主动承担社会责任”为自我要求，一如既往地处理好与政府、行业、学校、社区、媒体、广大投资者等社会关系，积极参与社会公益和慈善事业，将企业公民的责任延伸至赈灾抗灾、新农村建设、市政道路建设、环境建设、教育文化体育事业、关爱特殊人群等众多领域。

未来公司将继续在节能、环保等多个领域践行着“高品质生活的支持者”的使命，成为竞争力、公信力、社会责任感一同成长的企业，并以蓬勃发展的势头，努力成就国内塑料管道行业龙头地位，不断迈向新的辉煌。

【经营业绩】

2012年上半年，公司实现营业总收入77,470.19万元，比上年同期增长10.58%；实现营业利润12,725.43万元，比上年同期增长0.44%；实现利润总额13,317.20万元，比上年同期增长0.58%；实现净利润10,919.02万元，比上年同期增长4.16%。

【002375】浙江亚厦装饰股份有限公司

【基本情况】

浙江亚厦装饰股份有限公司成立于1995年，注册资本15800万元。经过十多年的发展壮大，公司现已成长为中国建筑装饰行业的知名企业和龙头企业——“中国建筑装饰百强企业第二名”，先后被评为“全国守合同重信用企业”、“全国建筑工程装饰奖明星企业”、“全国建筑装饰质量服务双优单位”、“全国建筑装饰行业首批AAA级信用企业”、“浙江省建筑业重点骨干企业”、“浙江省先进建筑业企业”、“浙江省建筑业首批诚信企业”、“浙江省建筑装饰质量优胜五连冠企业”。同时，“亚厦”字号被认定为“浙江省知名商号”，“亚厦YASHA”商标被评为“中国驰名商标”。

浙江亚厦装饰股份有限公司专注于高端星级酒店、大型公共建筑、高档住宅的精装修，树立了“亚厦”在中国建筑装饰行业的一线品牌地位和高端品牌地位。公司先后承接了北京人民大会堂浙江厅、北京首都国际机场国家元首专机楼、青岛国际奥帆中心、上海世博中心、上海浦东国际机场、中国三峡博物馆、中国财政博物馆、中国海洋石油总公司办公大楼等国内知名大型公共建筑以及北京御园、杭州留庄、阳光海岸、金色海岸、鹿城广场等高档住宅的精装修工程，同时承接了FourSeasons（四季）、Banyan（悦榕）、Marriott（万豪）、InterContinental（洲际）、Hyatt（凯悦）、Hilton（希尔顿）、Starwood（喜达屋）、Accor（雅高）、Shangri－La（香格里拉）、Wyndham（温德姆）等世界顶级品牌酒店的精装修工程。2002以来，公司共荣获“鲁班奖”等59项国家级优质工程奖，“钱江杯”奖等265项省（部）级优质工程奖。

浙江亚厦装饰股份有限公司践行“装点人生，缔造和美”愿景，坚持“创新、共赢、经典”理念，本着“质量第一、信誉至上”宗旨，精心设计，优质施工，努力使客户获得最大价值和最满意服务。

【企业荣誉】

中国建筑装饰百强企业第二名

全国守合同重信用企业

全国建筑工程装饰奖明星企业

全国建筑装饰质量服务双优单位

全国建筑装饰行业首批AAA级信用企业

浙江省建筑业重点骨干企业

浙江省先进建筑业企业

浙江省建筑业首批诚信企业

浙江省建筑装饰质量优胜五连冠企业

浙江省知名商号

亚厦YASHA商标被评为中国驰名商标

【企业文化】

浙江亚厦装饰股份有限公司践行“装点人生，缔造和美”愿景，坚持“创新、共赢、经典”理念，本着“质量第一、信誉至上”宗旨，精心设计，优质施工，努力使客户获得最大价值和最满意服务。

【经营业绩】

2012年1－6月份，实现营业收入404,698.24万元，比上年同期增长38.30%，实现营业利润32,270.60万元，比上年同期增长58.11%，实现归属于母公司的净利润25,458.13万元，比上年同期增长50.74%。

【002378】崇义章源钨业股份有限公司

【基本概况】

章源钨业，位于“世界钨都”——江西省赣州市，始创于2000年，通过坚持走自主创新和“产学研”相结合的技术创新之路，逐步发展成为集钨的采选、冶炼、制粉、硬质合金与钨材生产和深加工、贸易为一体的大型钨行业骨干企业，具备钨品国营贸易出口资格和钨品出口供货资格，是江西省唯一一家钨行业上市企业，并先后被认定为国家级高新技术企业、第三批国家创新型企业和国家技术创新示范企业。

目前，章源钨业拥有6个探矿权矿区、4座采矿权矿山、5个钨冶炼及精深加工厂、1座水电站、1家全资子公司及2家参股公司，具备年产仲钨酸铵10000吨、氧化钨8000吨、钨粉6000吨、碳化钨粉6000吨、硬质合金系列1500吨的生产能力。凭借完整的钨行业产业链、强大的资源保障能力、雄厚的技术研发能力及经验丰富的钨行业技术人才，章源钨业综合实力在全国同行业中居前列，在江西省同行业中居首位。“章源”商标被认定为江西省著名商标，主导产品涵括钨产业链上中下游，能满足不同客户的多层次需求。

【经营状况与市场成就】

自成立伊始，章源钨业致力于由资源优势向产业优势的转变，加快产业转型升级步伐，不断开发资源高效开发与综合利用、清洁生产、精深加工等新技术、新工艺、新装备和新产品，所生产的APT、氧化钨、钨粉及碳化钨粉技术水平达国际先进水平，钨粉、碳化钨粉年销量连续五年居全球前列；硬质合金系列产品技术水平达国内领先水平，销量居国内前列。2009－2011年，年主营业绩连续实现30%以上的快速增长。2012年，有色金属行业整体下滑的情势下，公司主要经营业绩与上年相比虽有下降，但仍保持了较好的经济指标，处于同行业前列。2012年全年实现总产值17.3亿元，销售收入为17.4亿元，利润总额为1.6亿元。

【企业荣誉】

2006年12月，被国土资源部授予“全国矿产资源合理开发利用先进矿山企业”荣誉称号。

2007年5月，“球形、单晶、超细仲钨酸铵粉体的制取技术”获江西省科学技术进步一等奖。

2008年12月，被江西省科技厅、财政厅、税务部门联合认定为“高新技术企业”；“白（黑）钨矿洁净高效制取超高性能钨粉体成套技术及产业化”项目荣获国家科学技术进步二等奖。

2009年3月，被人力资源和社会保障部、中国有色金属工业协会联合授予“全国有色金属行业先进集体”荣誉称号。

2009年6月，被江西省人民政府评为“2008－2010年度江西省重点培育和发展的出口名牌”。

2010年10月，检测中心通过中国合格评定国家认可委员会（CNAS）实验室认可。

2011年2月，被科技部、国资委和全国总工会联合认定为“第三批国家创新型企业”。

2011年3月，被江西省人力资源和社会保障厅评为“江西省劳动保障诚信等级AAA级单位”。

2012年3月，被江西省人民政府授予“2009－2010年度江西省实施科技创新‘六个一’工程优秀创新型企业”荣誉称号。

2012年10月，被工信部和财政部认定为“国家技术创新示范企业”。

2012年12月，被江西省证监局评为“2012年度投资者保护宣传工作先进单位”。

2013年3月，淘锡坑钨矿、新安子钨锡矿被国土资源部认定为“国家级绿色矿山试点单位”。

【社会责任】

追寻企业发展的历史轨迹，章源钨业在自身不断发展壮大的同时，始终把“致富思源、义利兼顾，扶贫济困、乐善好施”作为行为准则，积极参与社会公益事业的建设，努力回报社会：大力倡导“安全、和谐、高效、创新”的人文环境，先后安置了2600多名农民工及下岗职工就业与再就业；热心社会公益事业，在抗洪抗震救灾、施桥修路、捐资助教、扶贫济困、支持赣南苏区振兴土坯房改造等方面先后捐资近3000万元，并在中南大学设立“章源钨业教育基金”500万元；连续十余年荣获省、市、县“先进民营企业”、“纳税大户”，对推动区域社会经济发展做出了应有贡献。鉴于公司及董事长长期以来对社会公益事业的支持，董事长被江西省慈善总会、江西日报社评为“2012年江西慈善突出贡献楷模”。

与此同时，章源钨业全面履行环保责任，始终将环境保护工作放在重中之重的地位，既重视经济增长数量、质量和效益指标，更重视资源、环境和安全指标，走节约发展、清洁发展、安全发展之路。一直以来，章源钨业始终认真执行国家和地方的有关环保法律法规，专门设立“安全环保部”，全面落实了建设项目环境影响评价制度，先后斥资逾亿元对各矿山和深加工厂区进行环保治理，已实现生产生活废水达到国家一级排放要求。自2007年开始实施ISO14001环境管理体系认证和清洁生产审核等环保工作，并与相关高校和科研院所开发了多项环保新技术和新装备，取得了较好的环境效益和经济效益。同时，章源钨业还建立健全了公司环境保护管理制度和环境突发事件应急预案。

【002382】山东蓝帆塑胶股份有限公司

【公司概况】

山东蓝帆塑胶股份有限公司成立于2002年12月2日，为中外合资经营企业，主营产品为一次性使用PVC手套。产品主要应用于医疗检查、医疗护理、实验室、电子产品加工、食品加工、快餐服务、家务等领域。2012年前9个月销售额为98390.84万元。目前公司产能为120亿支/年，是全球规模最大的一次性PVC手套生产企业。公司准确把握行业发展趋势，确定了“高端化、差异化”的竞争策略，战略定位于医疗级PVC手套的研发、生产与销售。公司拥有全球所有目标市场准入资质认证，与全球110多个国家和地区的客户建立了良好的合作关系，期中包括许多世界500强企业，拥有全球销售网络和大客户资源，已成为公司的重要竞争优势。

公司于2010年4月2日成功在深圳证券交易所成功上市，股票代码002382，是本行业唯一一家上市公司。公司是国家标准《一次性使用聚氯乙烯医用检查手套》(GB24786)的起草单位；由山东省科学技术厅批准依托本公司组建了山东省PVC手套工程技术研究中心，并获得山东省科技厅颁发的“高新技术企业”证书；公司是中国塑料加工工业协会副理事长单位，获得多项国家专利。

公司2012年新开工建设24条PVC手套生产线和PVC糊树脂项目，在继续扩大主业规模的同时，将产业链向上游进行延伸。

公司制定了“做大下游、挺进中游、突破上游”的中长期发展战略，未来公司将充分利用自身的资源、人才、技术和管理优势，借力于资本市场，继续实行高端化、差异化的竞争战略，生产高标准的医疗级产品，致力于提升人类的健康防护水平，做PVC手套行业的市场领跑者。

【企业文化】：

企业理念：开放包容规范

用人理念：先有司、赦小过、举贤人

【社会责任】

善尽社会责任，履行社会义务。公司于2008年5月成立蓝帆爱心站，对受灾及困难群体给予力所能及的帮扶：2008年公司向“5·12”汶川大地震灾区捐款30万元，捐赠医疗防护手套82.4万支。2011年3月11日，日本发生里氏9.0级地震并引发海啸，蓝帆向灾区捐赠价值达1万美金手套产品。2012年8月3日，受台风“达维”影响，公司的子公司“蓝帆新材料”所在地临朐县遭遇大风、强降雨自然灾害，蓝帆向临朐县受灾群众捐赠1万元。2012年10月29日，美国遭受飓风“桑迪”袭击，公司美国子公司“OmniInternational”所在地美国新罕布什尔州遭受袭击，蓝帆向美国红十字会捐款200美金。

在内部，公司大力推动产业技术持续升级，生产自动化程度有了质的提高，在行业内率先完成了由传统劳动密集型产业向技术密集型产业转型，大大改善了员工的劳动强度。公司还在节能减排方面加大投入，在这方面走在了行业最前列。

【公司荣誉】

作为一个负责任和有远见的工厂，多年来，公司一直稳健经营，锐意进取，蓝帆的发展得到社会、行业、政府及多家知名外部机构的一致认可，先后通过了FDA、CE、NSF、ASTM、ISO9001:2000、ISO13485:2003、CMDCAS的认证，获得了所有目标市场国家的准入资质。

公司不断自主研发，科研创新。已先后申请一项发明专利和十一项实用新型专利，并均得到授权。

公司连续六年被淄博市政府评为“出口创汇工作先进单位”；多次被授予“全区外贸工作先进单位”；公司董事长李振平先生先后被授予“山东省劳动模范”、“明星企业家”、“山东省个体私营经济践行科学发展观带头人”、“杰出企业家”、“临淄十大慈善家”、“行业创领者”、“中国合成树脂供销协会副理事长”等荣誉称号。公司总裁刘文静女士是中国塑料加工工业协会专家委员会委员，全国橡胶与橡胶制品标准化技术委员会胶乳制品分技术委员会委员，是淄博市第十一届党代表和潍坊市第十六届人大代表，先后荣获“建国60年影响山东60位女企业家”、“建国60年影响山东60位新鲁商”、“潍坊市十大巾帼创业新星”等称号。

【公司大事记】

2012年2月13日，蓝帆股份子公司山东朗晖石油化工有限公司年产6万吨糊树脂项目举行奠基仪式。

2012年4月26日，公司通过山东省PVC手套工程技术研究中心验收。

2012年5月24日，蓝帆学院一期管理班选送清华大学MBA学习。

2012年5月30日，蓝帆子品牌“手护佳”正式推出。蓝帆淘宝旗舰店开始运行、蓝帆官方微博上线，蓝帆搏击在电子商务大潮的第一线。

2012年6月28日，李振平董事长在中国合成树脂供销协会成立大会暨第一次全体会员大会上，被选举为中国合成树脂供销协会副理事长。

2012年7月19日，青岛科技大学与公司共同创建的“协同创新实践基地暨青年就业创业见习基地”举行揭牌仪式。

2012年9月，公司新项目《年产26亿支PVC手套生产线项目》开始建设，项目建成后公司生产线将达到137条。

2012年9月，蓝帆正式获得“山东省著名省标”荣誉称号。

【经营业绩】

2012年1-6月共生产PVC手套53.86亿支，比去年同期增长55.76%。实现营业总收入63,670.22万元,同比增长60.47%;利润总额3,532.44万元,同比增长172.93%;归属于母公司的净利润2,545.57万元,同比增长125.85%。

【002387】黑牛食品股份有限公司

【基本情况】

黑牛食品股份有限公司成立于1998年,总部座落在广东省汕头市。经过十年的精心耕耘,现已发展成为全国大型的豆奶粉生产企业之一和国内最具核心竞争力的营养麦片生产企业之一,并在食品行业具有举足轻重的地位,旗下的子公司包括揭东县黑牛食品工业有限公司、辽宁黑牛食品工业有限公司、安徽省黑牛食品工业有限公司、陕西黑牛食品工业有限公司、黑牛食品(苏州)有限公司。公司现拥有含博士、硕士在内的各类专业技术人才及国内先进的全自动生产设施。

其中位于广东揭阳市的揭东县黑牛食品工业有限公司占地面积近100亩,是早期国内大型的豆奶粉生产基地;坐落于辽宁省沈阳东陵区的辽宁黑牛食品工业有限公司占地面积近200亩,是目前国内最大、最先进的豆奶粉生产基地之一;落户于安徽合肥的安徽省黑牛食品工业有限公司,占地面积近300亩,是黑牛食品股份有限公司为响应国家"大豆行动计划"而率先投资的国内第一个双蛋白液态豆奶生产基地,其建成投产将为国人提供一种高科技、安全、绿色、健康的优质双蛋白营养饮品,促进高品位健康生活的全面升级;2008年黑牛食品股份有限公司通过设立陕西黑牛食品工业有限公司,优化了战略布局,陕西基地建成以后,将有效降低成本,保证西北、西南地区的产品供应,提高公司的整体竞争力。绿色、安全、均衡营养一直是我们黑牛食品的孜孜追求,改善国人营养结构、改善中国人体质是我们黑牛人的共同梦想。

【企业文化】

企业文化决定经营战略,企业文化指导行为。黑牛越来越认识到企业文化的价值所在,我们倡导:团结协作、以诚待人、自我完善、自强不息。我们每位员工,有如手指,各有所长,缺一不可;握成拳头,才能刚强有力,所向披靡。我们追求的,是个人与集体不断地成长;一起学习,一同努力,当我们有了统一的方向,我们就是一个无坚不摧的团队。

企业目标:打造中国双蛋白饮品第一品牌,中国豆奶饮品专家。

企业方针:坚持以人为本,以质量为生命,以市场为导向,科学管理,创新发展。

企业精神理念:我们同风雨我们共追求。

企业质量方针:人人参与,环环控制,持续改进,满足客户更新的需求。

企业价值观:团结协作、以诚待人,自我完善、自强不息。

品牌诠释

商标的整体由一头在蔚蓝的天空下健步行走的黑牛构成。牛是勤劳、勇敢的象征,善良的化身。牛的形象蕴涵了创业的艰辛,更代表着企业在不断追求进步、追求卓越。从组合图形来看,整个标志由大、小两个圆形和一个方形组合而成。"圆形"代表黑牛人的团结协作;"方形"代表黑牛人的创造力,突破力。外圆内方的外观给人以亲切和真诚的感觉,蕴涵企业"团结协作,以诚待人;自强不息,自我完善"的价值观。

从组合颜色来看,蓝色大圆代表黑牛人深邃高超的集体智慧;桔红色方形代表黑牛人充沛的活力与激情;浅黄色的正方形象征企业运作有序的组织机构;蓝天白云象征着企业气势磅礴、如日中天的发展趋势。汉语拼音"HEINIU"、英文"BLACKCOW"简洁地点明了企业朴实而高雅的名称,使企业产品富含高质量、高品位之意。

【经营业绩】

报告期内,公司实现营业收入40,970.32万元,比去年同期增长12.61%;实现利润总额5,547.45万元,同比下滑13.63%;归属于上市公司股东的净利润4,176.72万元,同比下滑12.78%。

【002391】江苏长青农化股份有限公司

【基本情况】

江苏长青农化股份有限公司系国家定点农药生产企业、国家高新技术企业,公司于2010年4月在深圳证券交易所上市,证券简称"长青股份",股票代码002391。公司现有员工1000多人,占地面积32万多平方米,总资产近20亿元,净资产17余亿元,2011年公司净利润1.13亿元。公司设备精良、自动化程度高,以合成农药、农药中间体为主,同时生产多种剂型制剂,现已具备年产万吨原药和数万吨制剂的生产能力。

公司管理严格、信誉优良,先后通过ISO9001质量体系认证、ISO14001环境管理体系认证、GB/T28001职业健康安全管理体系认证,被农业部评为"全国诚信守法企业",被国家工商行政总局评为"守合同重信用企业",被中国农药协会评为"中国农药行业责任关怀优秀企业",连续多年被评为江苏省"AAA级"资信企业。

公司注重科技进步和技术创新,与国内众多科研院所建立了产学研合作关系,聘请多名国内知名专家担任公司技术顾问,拥有国家级"博士后科研工作站"和"省级企业技术中心"两个技术平台、一个国家石化行业"A类质检机构"、一支高素质的科技攻关团队,承担过多项国家级、省级研发及技改项目,是"国家火炬计划重点高新技术企业"。

公司的"长青"商标为"中国驰名商标",现有产品中拥有中国名牌产品,国家重点新产品,省高新技术产品,省名牌产品。一流的产品质量和完善的售后服务使长青产品畅销国内20多个省、市、自治区,远销欧美、东南亚等20余个国家和地区。

公司地处古城扬州东郊,水陆交通便利,投资环境优越。公司始终坚持"质量第一、真诚服务"的宗旨,热诚希望与国内外客商开展信息交流、技术合作和贸易往来,共同促进中国农用化学工业的发展。

【经营业绩】

2012年上半年实现销售收入65,471.69万元,较上年同期增长32.47%,主要是公司除草剂、杀虫剂主要产品国际市场需求旺盛,直接出口销售额较上年同期增长79.23%,实现净利润7,849.73万元,较上年增长23.35%,扣除非经常性损益的净利润为7,813.97万元,较上年同期增期长51.75%。

【002393】天津力生制药股份有限公司

【基本情况】

天津力生制药股份有限公司系天津市医药系统的大型企业,始建于1951年,系具有50多年历史的天津市力生制药厂通过股份制改制,由天津市医药集团有限公司作为主发起人,联合天津宁发集团公司、天津市西青经济开发总公司、香港培宏公司、彭洪来先生等四家发起人共同创立,并经天津市政府批准于 2001 年 8 月 8 日正式注册成立为天津力生制药股份有限公司。公司现有员工 1100 人。主营为中、西药片剂、硬胶囊剂、颗粒剂、滴丸剂、原料药。销售面覆盖全国，部分产品出口日本、澳大利亚、韩国、欧美、东南亚国家和地区。

公司的经营理念

公司在市场激烈的竞争中，多年来严格遵循“先做好人、再做好药”的宗旨，在经营中坚持“言必信、行必果”的诚信原则，始终如一的贯彻“以德经商、以德兴企、以德待人、以德为本”，为人类健康事业做出自己应有贡献的道德理念。

公司的产品与品牌

公司多年来精心创造了“三鱼”牌男宝、“氨酚咖匹林片”（正痛片）、“力”字牌“盖胃平”、寿比山吲哒帕胺片等 100 余种系列名牌商标和药品，在全国享有盛誉。同时近两年来，又开发了有自己知识产权的新产品，为公司的快速发展增添了后劲。近年来企业多次被评为中国 100 家最大医药工业企业、改革试验先进企业、优秀企业、科技进步先进企业、荣获“全国五一劳动奖状”等光荣称号。在医药行业实现利润排名情况为 94 年第 41 名、99 年第 46 名、2001 年第 33 名。

公司的经营成果

公司在经营中，始终坚持质量就是生命，为社会提供优质产品的原则，贯彻药政部门制定的标准，产品合格率始终为 100%。企业效益和社会效益（公司利润、人均利税等指标）连续三年大幅度的增加，利润连续九年创历史最好水平。特别是近十年来，企业在稳固发展的基础上先后与日本和意大利等外商，合资成立了天津武田药品有限公司、天津田边制药有限公司、天津新内田制药有限公司、天津伊马机器有限公司。现四个合资企业全部进入投资回报期。

新世纪的发展方向

面向二十一世纪，我公司将继续坚持多年形成的“以人为本、以德治企、依法治企”的经营理念，强化“以提高企业效益为中心、以注重产品质量为生命、以加快科研开发为基础、以关爱员工生活为凝聚力”的企业宗旨，正确处理内部员工、社会、股东、供销客户等要素的互动关系，提高公司的凝聚力、增强员工的向心力、提升企业的竞争力、扩大产品的市场占有率。努力工作，回报股东，诚实诚信回报社会。

【002399】深圳市海普瑞药业股份有限公司

深圳市海普瑞药业股份有限公司（以下简称“海普瑞”或“公司”）创立于 1998 年，一直专注于在生物医药领域的发展，现已成为肝素钠原料药的全球最大供应商、美国大剂量肝素制剂用原料药的最大供应商，具备了对肝素钠行业发展举足轻重的关键影响力，并成为拥有多家子公司、千余名员工的公众企业。

海普瑞的主要产品为肝素钠原料药，来源于健康生猪的小肠粘膜，主要功能为抗凝血、抗血栓，所生产的终端制剂产品主要应用于心脑血管类疾病的治疗领域。公司客户为全球知名的跨国医药企业，如 Sanofi - Aventis，FreseniusKabi，Novartis 等。

多年来，在董事长李锂先生带领下，海普瑞专注于肝素钠原料药的研发生产领域，开创了具有全球领先水平的多项核心工艺技术，生产的肝素钠原料药具有结构完整性好、纯度高、生物安全性高等一系列显著特点，同时还拥有产品质量稳定、收率高、成本低等诸多优势。

公司根据 CGMP 标准建立的质量体系保证所有质量管理行为可追溯、可控制，通过持续高密度的培训及考核，提高员工的操作技能、综合素质和质量意识，在验证的基础上公司制定的上千份标准操作规程（SOP）文件，涵盖了从原料供应、生产到产品销售的所有环节，保证了每一批购进的原材料、辅料的质量和每一批出售的产品质量。

海普瑞积极参与国际医药市场的竞争与合作，相继获得美国 FDA 及欧盟 CEP 的药政批准，并连续三次以零缺陷的优异成绩通过 FDA 组织的现场检查。

2008 年，美国爆发了导致 80 余人死亡的“百特事件”。在这次震惊世界的质量风波中，海普瑞独善其身，成为美国市场肝素原料药供应企业中惟一一家用于生产肝素制剂不存在临床重症不良反应的企业，危机突显了海普瑞全球领先的质量优势和强大的供给能力，海普瑞成为让全球树立信心的可靠供应商。2009 年，美国 FDA 组织美国药典委员会对肝素产品采用了新的质量控制方法，李锂先生被邀请做相关演讲，成为第一位在美国药典委员会药典标准修订会议上演讲的中国人，海普瑞成为美国药典标准修订的主要参与者和标准提供者。

海普瑞以“给患者带来福音”为使命，立志成为受人尊敬的全球化制药企业，一边积极推进产业链垂直整合战略，一边持续开展产品和技术研发。近年来，公司自主研发并已相继成功申请了多项国家发明专利。公司还先后邀请了全球知名的埃森哲、IBM、普华永道等企业作为战略伙伴，科学推动全面管理变革。

十四年来，海普瑞获得了社会和市场的多种赞誉和肯定。董事长李锂在 2010 年被评为深圳特区 30 年行业领军人物，2011 年被评为首届深圳百名行业领军人物之一，2011 年荣获深圳市科学技术奖励个人最高奖——“深圳市市长奖”。公司连续多年被评为深圳市南山区纳税百强企业，成为广东省战略性新兴产业基地和博士后创新实践基地、南山区国家生态区创建工作先进单位，并被评为深圳特区 30 年杰出贡献企业，为深圳市的经济和社会发展进步做出了应有的贡献。同时，通过上下游产业联动，有力带动了合作企业所在地域的发展。公司采取高出政策要求的环保标准，投资上千万元建设了环保预处理池等环保设施，生产排水清洁处理做到了零污染排放，积极倡导和践行环保理念。

2001 年，海普瑞被深圳市科学技术局认定为高新技术企业，被国家经济贸易委员会认定为“九五”国家技术创新优秀项目；2002 年，被国家发展计划委员会认定为国家高技术产业化示范工程；2003 年，被深圳市中小企业工作领导小组认定为优强中小企业，被深圳市南山区人民政府认定为优秀民营企业；2005 年，肝素钠原料药通过美国 FDA 检查和药政批准；2007 年，被深圳市人民政府认定为民营领军骨干企业；2008 年，肝素钠原料药获得欧盟 CEP 证书；2009 年，被认定为国家级高新技术企业；2010 年，在深圳证券交易所中小板成功上市；2011 年，成为中国民营企业制造企业 500 强企业，被评为深圳特区 30 年杰出贡献企业、南山区国家生态区创建工作先进单位、广东省战略性新兴产业基地和博士后创新实践基地，“海普瑞”被评为广东省优秀自主品牌；2012 年，“海普瑞”被评为“深圳知名品牌”。

【002402】深圳和而泰智能控制股份有限公司

【基本情况】

深圳和而泰智能控制股份有限公司（简称“和而泰公司”）是专业从事智能控制器技术研发、产品设计、软件服务、产品制造的高新技术企业，是以技术创新为核心竞争能力，以规范化、国际化运营管理为发展依托，以规模化、集约化经营为竞争形态的行业龙头企业。

和而泰公司的智能控制器产品涵盖家用电器智能控制器、健康与护理产品智能控制器、电动工具智能控制器、智能建筑与家居智能控制器、汽车电子及其他类智能控制器。

和而泰公司拥有中国智能控制器行业最权威的研发队伍，专利数量、新产品数量、学术论文数量在业内遥遥领先，研发的产品已经符合FCC、CE、CQC、UL、VDE、IMQ、PSE等认证要求。中国第一套低成本商品化网络型冰箱控制系统、第一套直流变频冰箱控制系统、第一套DSP直流变频洗衣机控制系统、第一套无位置传感器正弦无刷直流变频洗衣机控制系统等多项领先技术与产品都诞生在和而泰。

和而泰公司拥有成熟完善的管理运作平台与管理体系，并全面与国际接轨。目前，公司已通过TS16949：2009/ISO9001：2008质量管理体系、ISO14001：2004环境管理体系、OHSAS18001：2007职业健康安全管理体系认证；已率先引入推广6SIGEMA、FMEA等国际先进的管理办法；已具备RoHS符合性的检测能力和完备的RoHS保障能力。

时至今日，公司已成为伊莱克斯（ELECTROLUX）、以莱特（ELECTRA）、惠而浦（WHIRLPOOL）、意黛喜（INDESIT）、西门子（SIEMENS）、松下（PANASONIC）等全球著名跨国公司在国内少数或唯一的技术开发与产品合作伙伴。

展望未来，不断进取的和而泰人将永不停息，以“领航控制产业”为阶段目标，以“改善民众生活”为历史使命，发扬“敏锐敏捷，认同认真”的企业精神，用智慧把握未来，用科技铸造辉煌，用产品服务全球，实现行业共同进步、客户共同成功的双赢前景，永做令人尊敬的企业。

【企业荣誉】

2012年2月，公司被认定为“Hunter2011年杰出供应商”。

2011年1月，公司被认定为Hunter首批认证供应商。

2011年4月，和而泰工业园一期工程如期封顶。

2011年5月，和而泰香港子公司揭幕仪式在新界大埔香港科学园顺利举行。

2011年7月，公司党支部被评为“先进基层党组织”。

2011年9月，公司被认定为“广东省知识产权示范企业”。

2011年10月，公司被评选为“2011年广东省软件和集成电路设计100强培育企业”。

2011年10月，公司被认定为“深圳市2010年度重点软件企业”。

2011年10月，公司被评选为“广东省战略性新兴产业培育企业”。

2011年10月，公司被认定为“广东省创新型试点企业”。

2010年1月，公司被评为“诚信中小企业”。

2010年1月，公司被评为“Hunter2009年杰出供应商”。

2010年2月，公司被评为“2009年度深圳市百强软件企业”。

2010年5月，公司于深交所中小板挂牌上市。

2010年6月，公司荣膺“纳税百强企业”称号。

2010年7月，公司被授予深圳市“企业爱员工、员工爱企业”活动先进企业荣誉称号。

2010年8月，公司被认定为“深圳市2009年度重点软件企业”。

2010年8月，和而泰光明工业园奠基。

【企业文化】

企业愿景：做令人尊敬的企业

企业目标：领航控制产业，改善民众生活

企业精神：敏锐敏捷，认同认真

经营方针：稳健专注，守正出奇

技术方针：把握先导技术，占有核心技术，转化实用技术

【经营业绩】

2012年1－6月，公司实现营业收入人民币27,459.20万元，较去年同期增长7.42%，实现营业利润人民币1,433.43万元，较去年同期下降了39.38%，实现归属于母公司所有者的净利润人民币1,556.84万元，较去年同期下降了33.03%。

【002413】江苏常发制冷股份有限公司

【公司概况】

江苏常发制冷股份有限公司（常发股份：002413）是经江苏省人民政府批准，于2002年12月11日发起设立的股份有限公司，公司坐落于常州市武进区，占地面积44万多平方米，建筑面积38万平方米，现有员工3000多人。公司主要从事冰箱、空调用蒸发器及冷凝器的研发、生产和销售以及铜管、铝箔、铝带、铝板的生产和销售，主要致力于为冰箱、空调等家电企业提供优质全方位的配套服务。公司的“常发牌”冰箱、空调用蒸发器及冷凝器已形成了7大系列1300多个品种，公司两器产品远销美国、意大利、澳大利亚、巴西等23个国家和地区。公司积极参与全球顶级家电供应商资质认证，通过不懈的追求和努力，已经发展了诸如海尔、海信、美的、三星、伊莱克斯、开利、LG、BSH等国内外一流的家电企业客户。

公司本着“造就高素质员工，制造高品质产品，创建高水准企业，争创高知名品牌”的经营方针，秉承“坦坦荡荡做人、踏踏实实做事”的企业理念，积极参加各项体系认证，先后通过ISO9001：2000质量体系认证、ISO14001：2004环境管理体系认证、OHSAS18001：1999职业健康安全标准体系认证、QC080000国际电工组织关于有害物质管理体系认证、美国UL认证（空调两器，列名认证）和德国电器工程师协会VDE认证（吹胀式蒸发器）。

公司“常发”牌冰箱、空调用蒸发器和冷凝器在2006年被评为“江苏省名牌产品”，同时公司被评为“江苏省优秀民营企业”、“江苏省质量管理先进企业”，2007年被评为“江苏省明星企业”，2008年被中国质量技术监督杂志社评为“全国产品质量稳定合格企业”。此外，公司还多次被三星、BSH（西门子）、海信、海尔、美的等家电企业授予“优秀供应商”、“最优分供方”、“品质突出贡献奖”等奖项。

经中国证券监督管理委员会批准，公司于2010年5月28日在深圳证券交易所上市，证券代码为“002413”，证券简称“常发股份”，公司将以崭新的面貌迎接新的发展与挑战。

【经营业绩】

2012年上半年，公司实现营业总收入702,012,182.09元，同比下降29.12%；实现营业利润41,262,112.80元，同比下降46.16%；实现利润总额43,070,433.98元，同比下降45.45%；实现归属于上市公司股东的净利润32,460,124.58元，同比下降44.60%。

【002417】福建三元达通讯股份有限公司

【基本情况】

作为专业领域的主要厂商，三元达公司拥有从部件、模块到整机，以及嵌入式软件的自主知识产权，并先后获得了“国家规划布局内重点软件企业”、“国家火炬计划重点高新技术企业”、“福建省高新技术企业”、“第一批福建省软件技术研发中心”、“福建省省级企业技术中心”、“福建省软件业十强企业”、“福建省创新型试点企业”、“中国通信设备制造企业综合实力 50 强”等多项荣誉，并通过了 ISO9001:2008 国际质量体系认证和 ISO14001:2004 环境管理体系认证。目前公司拥有电子通信广电行业通信工程类(无线通信)工程设计、工程勘察乙级资质，电信工程二级资质，通信信息网络系统集成乙级资质。

2007 年公司研发生产 PHS 通讯产品、CDMA 直放站、GSM 直放站等三项产品被中国管理科学会、中国高技术企业发展评价中心、《中国高新技术企业》期刊社等单位联合评为“最具市场价值的高新技术产品”；公司自主研发的“450MHzCDMA 直放站”被福州市人民政府评为福州市优秀新产品二等奖。2008 年公司“基于 HSDC 技术的 TD－SCDMA 智能干线放大器(MP－2010/2025)获得科学技术部等五部委颁发的“国家重点新产品”称号。2009 年，公司新型数字直放站/OT－2110 被福建省科技厅等四部门联合评为“福建省自主创新产品”，2KW 水冷广播电视发射机 TX－U/63G/D，获得获广电总局颁发的广播电视传输与发射评选项目产品优秀奖，该奖项是第一次由国内的发射机生产厂家获得。

三元达通讯成立了广电事业部、无线接入事业部和系统集成事业部等部门，在全国建立了多个分支机构，形成了一个遍布神州大地的服务网络体系。此外，三元达通讯成立了海外事业部，大力开拓海外市场，已在印度尼西亚、印度、泰国、韩国、柬埔寨等采取国际化战略。

2010 年 6 月三元达通讯在深圳中小板正式挂牌上市(股票代码:002417)，为三元达的发展史揭开了新的篇章。流动的是无尽岁月，不变的是对品质的追求。在未来的竞争中，三元达通讯将继续“为通讯无所不在”，以高品质的产品、丰富的专业经验和完善的售后支持为广大的移动通信运营商提供完善服务。

【经营业绩】

2012 年 1－9 月份，公司实现营业收入 534,434,959.06 元，比上年同期增长 23.43%；归属于上市公司股东的净利润 38,753,839.57 元，比上年同期增长 3%。

【企业荣誉】

2010 年 6 月，福建省通信管理局、福建省诚信促进会、福建省通信行业协会联合授予福建三元达通讯股份有限公司“2008－2009 年度福建省通信建设(施工)诚信企业”。

2010 年，三元达公司的数字无线直放站(ICS)被 2010 通信网络优化大会组委会、中国电子信息产业发展研究院、通信产业报社评选为“2010 通信网络优化最佳产品”。

2010 年 1 月，福建省国动委信息动员办公室颁发“国防信息物资储备点”证书。

2009 年 12 月，荣获“2009 通信产业年度 3G 发展贡献奖”。

2009 年 12 月，获“国家规划布局内重点软件企业证书”。

2009 年 10 月，中国科学技术部、环境保护部、商务部、国家质量监督检验检疫总局联合颁发三元达产品“基于 HSDC 技术的 TD－SCDMA 智能干放”国家重点新产品证书。

2009 年 8 月，三元达产品获 BIRTV2009 产品、技术及应用项目评选活动产品奖 TX－U/63G/D2KW 数字电视发射机。

2009 年 7 月，三元达公司被福建省知识产权局评选为“福建省知识产权优势企业”。

2009 年 2 月，荣获福建省著名商标“三元达、SUNNADA”。

【企业文化】

经营宗旨:秉承“为通讯无所不在”的理念，致力于无线通信技术的开拓和延伸，通过不断提升企业核心竞争力，坚持战略理念创新，创造客户，创造商业模式，营造共赢平台，使公司成为信息通信技术的领跑者。

三元达倡导的工作理念:激情工作、快乐生活。

三元达的企业精神:即“三元达精神”是:诚信、务实、和谐、创新。

三元达的行动指南:团结奉献、拼搏实干、勇于争先、创新发展。

三元达的永恒目标:务实高效、追求卓越。

三元达经营的管理理念:只有不断创业，而没有守业。

三元达的行为作风:迅速反应，立刻行动。

三元达的用人理念:人人是人才，赛马不相马。

三元达市场理念:没有不活的市场，只有不活的头脑。

三元达售后服务理念:顾客永远是对的。

三元达的质量方针:以人为本，顾客至上，有效管理，追求卓越。

三元达的环境方针:遵守法规，节能降耗，清洁生产、持续改进。

【002425】凯撒(中国)股份有限公司

【基本情况】

凯撒(中国)股份有限公司成立于 1994 年，一贯坚持采用传统细腻的裁剪以及高品质的制造工艺、将流行风尚与中国元素完美地融入到品牌风格当中。通过清晰产品定位，凯撒股份在国内成功树立了“凯撒”高端服装品牌形象，是近 20 年来坚持立足于高端市场且一直保持旺盛品牌生命力的国内少数服装企业之一。2010 年 6 月 8 日，凯撒股份在深交所 A 股中小板成功挂牌上市隆重上市公开募集资金，迎来了新的历史发展机遇。目前，凯撒股份已经形成集科、工、贸于一体的国际服装服饰集团，主要从事服装的设计研发、生产与销售，其庞大的销售网络覆盖全国，在各大中城市开设有 300 多家专卖店柜。凯撒股份的主要产品包括女装、男装、皮装、皮鞋、皮具等，深受追求高品质生活的商政界成功人士的推崇。

【企业荣誉】

“凯撒”商标被国家工商总局评为“中国驰名商标”，1999－2010 年凯撒股份连续 12 年被中国服装协会评为“中国服装行业百强企业”。凯撒股份是皮革行业的领先者，是中国皮革协会副理事长单位；1996 年凯撒股份即作为主要参与者，参与制定了国家轻工行业标准 QB/T1615－1997《皮革服装》，2006 年凯撒股份又作为主要起草人制定了上述标准的替代标准国家轻工行业标准 QB/T1615－2006《皮革服装》。

凯撒股份是唯一一家连续七届被中国皮革协会评为“中国真皮衣王”并同时拥有“中国名牌”、“中国驰名商标”、“产品质量国家免检”荣誉的企业。2003 年凯撒品牌被服装时报社、中国百货商业协会评为“最受消费者欢迎的服装品牌”。2010 年 6 月凯撒品牌被世界品牌室授予“中国 500 强最具价值品牌”的荣誉称号。上市短短一年，凯撒股份就在 2011 年就一举获得“2010 年广东上市公司发展潜力 10 强、2010 年广东上市公司最具有盈利能力 10 强”两项大奖。

【品牌内涵】

设计生活

创作的一切灵感来源于生活，设计服装也就是在设计生活。凯撒设计师凭借原始灵感，从大自然中找寻生活“精灵”。它们从遥远的意大利、法国采集最好的原材料，选择个性化的色彩和设计方略，保证了服装的高贵品质，延伸了服装的“绿色生命”，让消费者感悟世界服饰文化的脉搏，聆听设计师的心声，满足视觉和心理的需要。穿凯撒服饰，不仅是高贵身份和地位的象征，还自然感受着服饰文化的熏陶。

精雕品质

品质是企业的命脉，好产品源于用心考究的每一个细节。版型师将设计师的“灵气”转化为一条条精美曲线，用美国进口的 CAD 设备，将其人格化，充分体现东方人的体型和气质。将传统的平面裁剪改成先进、直观、国际化的立体裁剪，同时仔细琢磨裁剪每一环节的奥妙，以精良的工艺保证了服饰的高品质。

延伸服务

每天我们以真诚的微笑面对顾客，同时我们也收获了更多的阳光。良好的服务是品牌生命的延续。顾客的满意是凯撒人不倦的追求，公司着力培养和提高服务人员的综合素质，尊重顾客，热心服务，真诚的介绍产品，建立顾客档案，定期跟踪服务，设立有凯撒客服服务部，专人悉心听取顾客对产品的意见，及时为顾客解决问题。作为凯撒来说，不仅要有优质的产品，更要有优良的服务。

提升形象

良好的形象不仅是企业实力的象征，更是企业文化的最佳表达。凯撒集团进一步推行 CI 识别系统，提升凯撒国际化的品牌形象，为了给消费者营造更高雅、更舒适的购物环境，凯撒集团派出专业的装修设计队伍，对全国专店进行全新的包装，以崭新的店面形象呈现于公众。2003 年公司曾邀请香港著名艺人关之琳小姐作为凯撒女装的形象代言人，在全国大中城市举行了名流 PARTY 等公关推广活动。凯撒常年在中央电视台、凤凰卫视、各省市电视台投放凯撒品牌形象广告，高档的时装综合性杂志如《时尚》、《时尚伊人》、《时尚先生》、《时装之苑》、《航空杂志》等也刊登了凯撒的广告宣传海报。

【经营业绩】

2012 年中报，公司的产品主要分为女装，男装，皮类产品三大类，报告期内分产品的销售情况：女装的营业收入 7,516.42万元，占总营业收入的 30.96%，男装的营业收入 5,636.82万元，占总营业收入的 23.22%，皮类产品的营业收入 10,813.57 万元，占总营业收入的 44.54%。

【002427】浙江尤夫高新纤维股份有限公司

【企业概况】

浙江尤夫高新纤维股份有限公司(股票代码:002427)成立于 2003 年，并于 2010 年 6 月 8 日在深交所中小板成功上市，是一家致力于工业长丝及产业用纺织品的研发、生产和销售的国家高新技术企业。

尤夫股份是国内主要的涤纶工业长丝生产企业之一，公司重视差别化、功能性涤纶工业长丝的研发与生产，产品和技术处于国内领先水平。其产品广泛应用于矿用整芯带、帘子布、线等橡胶骨架材料，输送带工业帆布、篷盖材料、广告增强材料、阳光面料、膜结构、土工材料、汽车用安全带、吊装带、工程线绳以及管材、网类织物等产业用纺织品。

公司围绕着产业用纺织品领域，整合产业资源、依靠自主创新，实现产业升级换代。在“做精、做强、做大”主业的指引下，以人才为根本，以技术为先导，以专业化稳健经营为依托，本着“资源联合、成就共享”的经营理念，与各方建立诚信共赢良好合作关系。

【企业文化】

公司本着“资源联合、成就共享”的根本理念，以“客户、股东、员工、社会(环境)共同满意”和“可持续发展”为根本目标，重视发展包括供应商、客户、人才以及社会各界之间的诚信共赢合作。

公司的每一位员工以“每分每秒齐努力，每时每刻共分享”的尤夫企业精神，共同致力于发展尤夫企业的各项事业。

【经营业绩】

2012 年上半年报告期内，公司实现营业收入 432,245,376 元，较去年同期增长 8.61%；归属于上市公司股东的净利润 5,393,425.70 元，较去年同期下降 83.94%。

【002428】云南临沧鑫圆锗业股份有限公司

【基本情况】

云南锗业是国内第一、亚洲最大的锗系列产品生产商和供应商，是全国唯一拥有锗矿开采、火法富集、湿法提纯、区熔精炼、精深加工及研究开发一体化产业链的锗业企业。公司位于云南省临沧市，旗下拥有 6 家子公司，目前主要产品有高纯二氧化锗、区熔锗锭、红外级锗单晶、太阳能级锗单晶片、红外光学锗镜片、红外光学锗镜头、光纤用四氯化锗、砷化镓单晶片等，主要销往国内及欧洲、日本、美国等国家和地区。

云南锗业前身为云南临沧鑫圆锗业有限责任公司，始建于 1998 年 7 月，2002 年 2 月，整体变更为云南临沧鑫圆锗业股份有限公司。2010 年 6 月 8 日，经中国证券监督管理委员会批准，在深圳证券交易所上市，股票代码:002428，股票简称:云南锗业。

云南锗业是亚洲最大的锗产品生产企业，是目前国内锗产业链最为完整、锗金属保有储量最大的公司，连续多年锗金属产量超过全国 40%；拥有丰富的资源优势，截至 2009 年 12 月 31 日，拥有大寨锗矿、梅子箐煤矿两个矿山，保有锗资源储量 689.55 吨，相当于全世界上表储量的 8.02%，全国上表储量的 19.70%。2010 年至 2012 年，通过收购采矿权的方式陆续收购三个矿山，锗金属保有储量再次增加 101.1 吨，资源优势进一步提升；作为高新技术企业，云南锗业拥有强大的技术实力，在锗的开采、提炼与精深加工等技术领域具有强大的技术和研发实力，旗下锗业研究所被认定为省级企业技术中心，与北京航空航天大学共同成立了“红外光学工程中心”，实现产学研相结合，促进公司技术升级和提高产品设计能力。承担了省级新产品重点开发计划 1 项、国家级科研项目 3 项，拥有专利技术 20 项(其中发明专利 10 项)，获得 2 项省科技进步奖，起草制定了 17 项锗行业的国家标准和行业标准，公司“临鑫圆”商标被国家工商行政管理总局认定为中国驰名商标。

【企业荣誉】

国家火炬计划重点高新技术企业

国家锗材料高新技术产业化基地骨干企业

云南省省级企业技术中心

云南省科学技术进步二等奖

云南省百户优强工业企业

云南省劳动关系和谐企业

云南省百户企业知识产权试点示范工作试点单位

临沧市工人先锋号

临沧市节能减排先进集体

优强中小(非公)企业

【社会责任】

1. 安全生产

制订并严格执行安全生产制度、建立和落实安全生产责任制、注重进行安全生产培训教育、设立安全生产管理部门、确保并不断加大安全生产的资本开支。目前,采矿已达到了国家规范的机械化采矿标准和管理要求,采用充填法采矿,已按照较高的标准制定并严格执行了安全生产的相关规章制度。

2. 环境保护

设立专门的安全环保部门,安排专职人员从事环保管理工作;按照国家环保法律法规,对公司环保三废的管理制订了规章管理制度和奖惩管理办法。成立了直属湿法车间管理的废水中和站,加强了对污染物排放的管理,能够对发现的问题及时做出处理;将环境保护纳入考核指标,强化环保理念,进行严格考核,使公司全体员工认识到了在生产过程中环境保护的重要性;响应国家节能减排的号召,积极开展了清洁生产审核工作,实现了清洁生产"节能、降耗、减污、增效"的目标。目前环保治理的各项指标均已达到了国家和地方环保标准要求。

3. 低碳经济

不断加强生产工艺改进,减少单位能耗、提高金属回收率,减少资源浪费;宣传低碳环保理念,积极推动无纸化办公;建设"废弃炉渣与低品位锗矿综合回收利用工程",积极回收利用资源、提高资源利用率,减少对环境的污染。

4. 社会公益

积极参与社会公益事业、宣传公益事业,向地震灾区捐赠款物,出资设立临沧市矿山救援中心,建立临沧地区第一个专业矿山救援机构和第一支专业的矿山救援队伍,积极组织安全生产教育培训,积极促进全区矿山安全生产。

【经营情况】

2012 年 1 - 6 月,公司实现营业收入 115,621,644.63 元,比去年同期减少 5.79%;利润总额 54,603,348.59 元,比去年同期增长 6.04%;归属于上市公司股东的净利润 44,212,078.99元,比去年同期增长 0.41%。

(1)营业收入本期较上年同期下降 5.79%,主要原因系产品价格,销量的波动:二氧化锗,红外光学锗镜片的价格下降;二氧化锗,红外光学锗镜片,红外光学锗镜头的销量上升;区熔锗的价格和销量基本持平;红外锗单晶销量大幅下降。

(2)营业利润本期较上年同期下降 20.85%,主要原因系:本公司于 2011 年 6 月收购北京中科镓英半导体有限公司 65%的股权,自 2011 年 7 月将其利润表纳入合并范围,本期该子公司产生的营业利润系 - 231.53 万元;其次,除上述营业收入下降外,本期外购原料增加,使得成本增加;

(3)归属上市公司股东净利润本期较上年同期增长 0.41%,高于营业利润的增长幅度,主要原因系本期收到的各项政府补助较上年同期增长 136.24%;

(4)扣除非经常损益后归属上市公司股东净利润本期较上年同期下降 23.79%,主要原因系产品价格下降,且外购原料增加,使得成本上升。

【002438】江苏神通阀门股份有限公司

【基本情况】

江苏神通阀门股份有限公司位于江苏省启东市南阳镇,与上海隔江相望,公司距上海浦东机场 105 公里,交通便捷。公司注册资本 2.08 亿元,是国家级高新技术企业、江苏省创新型企业、节能减排示范企业和江苏省知识产权管理标准化示范企业,是中国阀门行业协会副理事长单位、全国阀门标准化技术委员会蝶阀工作组组长单位、宝钢设备与备件联合研制供应中心成员单位、中国石油化工集团公司物资供应网络成员单位、中广核核电设备国产化联合研发中心成员单位。拥有民用核安全设备设计和制造许可证、压力容器和压力管道元件特种设备制造许可证。通过了美国石油学会 API6D、API609 认证以及 ISO9001 质量管理体系、ISO10012 测量管理体系、ISO14001 环境管理体系、GB/T28001 职业健康安全管理体系认证。

本公司专业从事新型特种阀门研究、开发、生产与销售,拥有有效专利 109 项,主要生产包括蝶阀、球阀、闸阀、截止阀、止回阀、调节阀、特种专用阀等七个大类 145 个系列 2000 多个规格的产品,这些产品广泛应用于冶金、核电、火电、煤化工、石油和天然气集输及石油炼化等领域。"神通"牌和"蝶球"牌冶金特种阀门主要应用于冶金行业的高炉煤气干法除尘与煤气回收等节能减排系统,主导产品国内市场占有率达 70%以上。核电蝶阀、球阀产品方面的国内市场占有率达 90%以上。

经中国证监会核准,公司股票于 2010 年 6 月 23 日在深圳证券交易所中小企业板成功上市。作为江苏省启东市的第一家 A 股上市公司,是阀门行业十年来唯一一家在国内 A 股市场成功上市的阀门专业公司,踏入资本市场的江苏神通将面临更大的发展机遇。公司将秉承"为用户创造价值、为员工创造机会、为股东创造回报、为社会创造财富"的经营理念,"巩固冶金、发展核电、进军石化、服务能源",以创新求发展,把江苏神通建设成为国内领先,国际著名的核电阀门和冶金特种阀门的精品基地,为实现公司持续、稳定、快速的发展而努力奋斗。

【发展历程】

2001 年 1 月,江苏神通阀门有限公司成立。

2003 年 11 月,公司取得了国家质量监督检验检疫总局颁发的《特种设备制造许可证(压力管道元件)》。

2004 年 2 月,公司取得国家核安全局颁发的《民用核承压设备设计许可证》和《民用核承压设备制造许可证》。

2007 年 6 月,经国家商务部批准江苏神通阀门有限公司改制成为江苏神通阀门股份有限公司。

2008 年 10 月,公司被认定为高新技术企业。

2009 年 3 月,公司通过《中华人民共和国民用核安全机械设备设计许可证》及《中华人民共和国民用核安全机械设备制造许可证》的换证和扩证。

2010 年 6 月,经中国证券监督管理委员会核准,公司首次在深圳证券交易所中小企业板上市，发行价每股22元。

2011年3月，投资5000万元成立全资子公司上海神通企业发展有限公司，2011年6月，投资30000万元成立全资子公司江苏神通能源装备科技有限公司。

2012年2月，公司通过高新技术企业复审。

【企业文化】

企业目标：制造一流产品、造就一流人才、创建一流企业、打造百年神通。

战略愿景：国际著名、行业前三、单打冠军、受人尊重。

企业理念：要么不做，做，就一定要做到最好，有限目标，争当冠军。

企业宗旨：为用户创造价值、为员工创造机会、为社会创造财富、为股东创造回报。

企业使命：产业报国、造福人类。

市场定位：巩固冶金、发展核电、进军石化、服务能源。

企业价值观：以人为本，诚信创新，以高品质的产品和高素质的服务回报用户。

神通人形象：诚信、创新、勤奋、务实。

发展思路：靠技术把企业做强、靠管理把企业做实、靠营销把企业做大、靠人才求企业发展。

【经营业绩】

2012上半年，公司实现营业收入20,623.82万元，同比增长27.94%，利润总额为3,432.68万元，同比增长24.46%，归属于上市公司股东的净利润2,950.65万元，同比增长23.54%。

【002446】广东盛路通信科技股份有限公司

【基本情况】

广东盛路通信科技股份有限公司是国内领先的天线、射频设备及器件的生产基地，成立于1998年，公司总部占地150亩，拥有近千名员工。

公司产品主要为天线、射频有源设备、射频无源器件等1500多个品种。其中天线产品有：GSM/CDMA/3G基站、直放站天线，室内覆盖天线，终端天线，微波天线，PHS系列天线，WLAN/WiFi/WiMAX天线（2.4GHz/3.5GHz/5.8GHz），美化天线等。射频有源设备有：GSM/CDMA/WCDMA/TD－SCDMA/PHS系统各类有源模块、干线放大器、直放站等。射频无源器件有：功分器、耦合器、滤波器、双工器、环行器、隔离器、避雷器、合路器作为高新技术企业的盛路已经通过ISO9001：2000国际质量体系认证、ISO14001环境管理体系认证、OHSMS18001职业健康安全管理体系认证、RoHS认证以及泰尔认证（移动通信系统基站天线）。盛路拥有一个大型微波暗室和十多个不同类型的微波屏蔽室，并配备有100多台安捷伦的先进测量仪器仪表、多套三阶互调测试系统和近远场天线方向图测试系统；环境实验室拥有盐雾、振动、高低温恒温恒湿、紫外线耐气候、淋雨等全套实验设备。占地面积达7500平米的大型微波天线生产车间配备有数十台旋压机、油压机、数控车床等大型生产设备。

近年来盛路的销售额和纳税额均累创新高，出口额连年翻番。随着CIS的导入和SAPERP信息化平台的搭建，盛路必将拥有一个更加辉煌灿烂的明天。

【企业文化】

愿景：贴近客户，打造协同开发、快速制造、质量控制和成本控制四大优势，成为世界级设备制造商的首选。

【发展历程】

1998年12月，“佛山市三水盛路天线有限公司”成立。

2000年，获朗讯公司A级供应商资格。

2001年，荣获“广东省高新技术企业”称号。

2004年3月，荣获“广东省著名商标”称号。

2005年，被华为公司评为重点供应商。

2006年4月，微波暗室及近、远场天线综合测试系统投入使用。

2006年，中国移动集团公司的天线集中采购中标。

2006年5月，3G基站天线开始向日本市场批量供货。

2006年6月，公司更名为“广东盛路天线有限公司”，并启用新司标。

2006年9月，SAPERP上线。

2006年10月，“TD－SCDMA智能天线”项目被评为“国家火炬计划项目”。

2006年12月，获广东省政府批准，负责组建“广东省天线与射频工程技术研究开发中心”。

2006年，华为公司授予我司“2006年最佳技术支持奖”。

2007年2月，大型天线远场测试系统投入使用。

2007年3月，广东省政府认定为广东省省级企业技术中心。

2007年6月，经过股改，更名为“广东盛路通信科技股份有限公司”。

2007年7月，荣获广东省知识产权局颁发的“知识产权优势企业”称号。

2007年12月，物流中心开始投入使用。

2008年3月，通过中国联通集团的基站天线和室分天线集采厂验博士后科研工作站在我司挂牌成立。

2008年12月，被认定为“AAAA”标准化良好行为企业通过国家级“高新技术企业”认定基站天线通过泰尔认证。

2009年4月，数据信息处理中心投入使用，同时协同办公系统（OA）项目上线启用。

2009年6月，协同办公系统（OA）项目上线。

2009年12月，广东好帮手授予我司“2009年度技术支持奖”。

2010年7月13日，在深市A股成功上市，股票代码：002446。

2010年10月，汽车天线产品取得TS16949：2009汽车行业质量管理体系认证。

2010年12月，环境实验室投入使用。

【经营业绩】

2012年上半年，公司实现总营业收入147,702,057.33元，比上年同期的198,351,876.60元，减少25.54%；实现归属于母公司所有者的净利润3059,897.94元，比上年同期的12,418,163.48元，减少75.36%；截止2011年6月30日，公司总资产为839,681,562.96元，比上年同期期末的834,077,198.25元，增长0.67%；公司净资产为650,188,782.02元，比上年同期期末的647,128,884.08元，增长0.47%。

【002454】上海加冷松芝汽车空调股份有限公司

【基本情况】

上海加冷松芝汽车空调股份有限公司是由香港陈福成先生于2002年6月投资1550万美元兴建的专业研发、制造、销售商用车和乘用车空调系统的外商独资企业。

公司总部位于上海市莘庄工业区华宁路4999号，占地面积110亩，拥有员工近千人，其中中高级职称人员200余人。并控股厦门松芝、安徽松芝、重庆松芝，公司通过了ISO9001：2000质量管理体系和汽车产品合格双认证，2006年1月又通过了ISO/TS16949：2002质量管理体系认证，2007年被评为高新技术企业和外商投资先进技术企业。2008年3月经中华人民共和国商务部批准上海加冷松芝汽车空调有限公司改制为上海加冷松芝汽车空调股份有限公司，注册资本人民币1.8亿，有陈福成、北京巴士股份有限公司、南京中北（集团）股份有限公司和上海大众公用事业（集团）股份有限公司等11家股东。

公司始终坚持"高效、节能、环保"的产品战略和技术营销的市场理念，公司拥有30余项发明和实用新型专利，产品根据车辆类型和运营特点，现已向市场投放了面向公交车的LUX′、HLA、CPP和DPP系列，长途旅游客车的BBP、JLA、SZC、SZD和SZA系列，独立式DL系列，轻型客车的SZN系列，以及纯电动车JLD系列、双层客车SZB系列等十余个系列300多个型号的高质量空调系统，并致力于将轿车的换热技术应用于客车空调系统，实现最大限度的满足客户要求。

遍布全国30个省、市、区的248个安装服务中心和特约维修网点、强大的技术支持队伍、严格的服务规范，可以最大限度在售前、售中、售后环节为客户提供优质的服务。基于公司连续多年在大中型客车空调领域保持市场占有率遥遥领先的良好发展局面，松芝公司制定了"以客车空调为基础，以乘用车，小型商用车空调为发展，在汽车空调相关领域打造成科技创新、服务领先性企业"的发展蓝图，以"高技术、高质量、高服务"为工作标准，努力创建一流品牌，跻身世界汽车空调行业前列，市场范围已经遍及东南亚、非洲、中东、东欧、南美等30多个国家和地区。

公司有完备的技术标准体系，是国家客车空调标准的主要起草单位，并连续多年被中国建设部科技委城市车辆专家委员会和世界客车联盟授予"客车空调旗舰企业"、"年度最佳客车空调制造商"称号。

在"顾客满意、员工满意、股东满意"经营方针的指引下，松芝公司正在通过汽车空调产品技术升级、加强自主创新、扩展海外市场、进行管理流程再造等一系列举措，为实现公司新的，更大的跨越而不懈努力。

【经营业绩】

2012年1－9月份，公司实现营业收入1,095,314,262.62，比上年同期减少4.56%；归属于上市公司股东的净利润141,072,425.75元，比上年同期减少26.83%。

【企业荣誉】

公司荣获上海市莘庄工业区2011年度安全生产先进单位。

公司荣获东南汽车2011年度新车型设计优秀奖。

公司荣获中国国际客车大赛技术创新奖和最具实力产品奖。

【企业文化】

企业精神：团队合作、科技创新、市场导向、奉献社会

企业核心价值观：创造健康、舒适、环保、时尚的乘车环境

经营理念：以人为本、追求卓越

经营方针：顾客满意、员工满意、股东满意

质量方针：贯彻体系标准为手段，以顾客满意为核心，通过不断的测量和评审，持续赢得客户满意

【002468】浙江艾迪西流体控制股份有限公司

【公司概况】

"IDC流体控制"作为全球流体控制领域的专业服务商，服务于暖通、给水、消防、水暖配件及水处理五个市场；提供阀门、管件及软管等200多系列、上万种规格的产品；产品材质涵盖黄铜、青铜、铸铁、不锈钢等；应用于DN8～1200、PN25以下的中低压管路，可以实现对流量、压力、温度、水源节约及水质安全的控制。

"IDC流体控制"作为系统方案设计提供者、产品集成供应提供者以及合同能源管理提供者，作为最具实力的集产品研发、生产制造、物流配送、技术服务为一体的产业集团，在中国优先致力于为客户提供健康、节能、环保和智能的绿色建筑。

自20世纪90年代初开始，近20年在中国的投资，重点在于制造能力的升级、产品品质的提高和管理能力的提升。迄今为止，集团已在中国建立了4个生产基地和3个服务中心，拥有2300多位员工，已成为中国流体控制领域的领导企业之一。

集团制造基地之一——"浙江IDC流体控制股份有限公司"位于中国阀门之都——玉环，成立于2001年，为外商投资企业，注册资金1.2亿元人民币，占地4万多平方米。以"精密制造、精益生产、全面质量管理"为核心，以铜制阀门为主导产品，形成了一条涵盖各类水暖器材的完整的供应链，主要产品为各类铜制阀门，现已拥有多套完整生产线和国际先进的生产设备。同时股份公司投入上千万元人民币，建立了一流的实验室，拥有光谱分析仪、轮廓扫描仪、三维坐标仪以及疲劳试验机、低压检漏仪等46台国际先进检测设备，可以精确控制产品的质量与性能。

目前公司已获得TS16949、ISO9001：2000、ISO14001：2004、OHSAS18001：1999多项认证；通过的国际产品认证有美国UPC、UL、NSF，英国WRAS，荷兰KIWA，德国DVGW，加拿大CSA，CE认证；通过的中国产品认证有上海质量监督检验技术研究院的各项产品认证，机械工业阀门产品质量监督检测中心的各项产品认证，国家空调设备质量监督检验中心的各项产品认证；股份公司物流中心——立体仓库占地1600平方米，拥有4800个货架，4个集装箱码头，可以实现针对客户组装、包装、运输的"一站式"服务。

集团制造基地之二——"IDC万达阀门"，成立于2004年，为外商投资企业，注册资金4000万元人民币，占地2.5万平方米。同样拥有完美的生产流水线和先进的生产实验设备，主要产品除了铜制阀门，还有各种洁具、卫浴配件等产品。

集团制造基地之三——"IDC盛大软管"，成立于2005年，为外商投资企业，注册资金2000万元人民币，占地1万多平方米。专业生产中高档水暖卫浴配套的软管，拥有全套先进的软管生产设备，优质的产品是对IDC产品形成完整的产业链的有利补充。

集团制造基地之四——"IDC嘉兴暖通科技"，成立于2008年，为外商投资企业，注册资金2亿元人民币，占地14万平方米。作为"IDC流体控制"未来在中国的中心，集团投资7亿元人民币，拥有研发中心、制造中心、物流中心及实验中心，具有年产值10亿元人民币以上的制造能力。

旗下"铁阀分厂"，拥有大型机加工设备及"三面铣"、"钻孔攻丝"等专机；拥有环氧树脂粉末喷涂、电器及机械装配等

制造流水线；拥有"万能试验机"、"金相显微镜"等检测设备。具有铸铁阀门完整的制造、检测生产线，可以提供平衡阀、温控阀、水力控制阀、倒流防止器、止回阀、蝶阀、闸阀及电动执行器等产品。

"IDC 流体控制"，始终关注于持续满足客户的需求。在中国已经建立了 3 个服务中心及众多办事处，是由 200 多位受过良好教育和严格培训，并拥有高素质和充满活力的员工组成。超过 10 年的国际业务经验，为客户提供产品开发、采购、供应、质量控制及技术支持的"一站式"服务。

集团服务中心之一——"北京 IDC 暖通科技有限公司"坐拥首都高效资源优势，所成立的研发中心以市场为导向，不断吸收和开发新产品、新材料、新工艺，让 IDC 永远走在行业技术前沿。

集团服务中心之二——"宁波 IDC 国际贸易有限公司"位于历史通商名城——宁波，公司利用国际物流港的地缘优势，集 4 家制造基地的产品于一身。应对于全球市场的变化，从事信息、采购和物流业务，极大地提高了集团的服务效率。

集团服务中心之三——"上海 IDC 流体控制有限公司"，是集团面对中国客户所建立的服务机构。经"德国 RD 公司"授权，我们在中国使用"安住"品牌及技术进行产品制造、销售及技术服务。通过引进欧洲更高的应用标准、先进的暖通卫浴产品及富有经验的系统服务技术，实现 IDC 建立"理想中国"的愿景。

我们秉承"结合人才、健全制度、创造利润、福利员工、回馈社会"的经营理念。自 2007 年开始，集团计划今后至少每年捐助 1 所希望小学，至今已完成 3 所"艾迪西希望小学"的建立。

科技在变，世界在变，人类也在变；管理提升、服务提升、IDC 永不止步。

【企业文化】

我们的信念

结合人才、健全制度、创造利润、福利员工、回馈社会。

我们的使命

借由企业经营过程，致力个人的持续成长，以充分体现人的价值。

通过不懈的进步与成长，提供世界更有特色和多样化的产品，赋予人类更美好的生活。

成为世界级的企业，使中国的生产力成为全球价值链里不可或缺的一环，为中国企业建立标杆。

我们的价值观

人，既是商业活动的中心，也是企业真正的资产。

惟有个人的持续成长才能造就企业的基业长青。

成功是一个点点滴滴日积月累的过程

诚信是可持续发展的真正基础

顾客、员工与公司利益一致的决策才是最好的决策

我们的愿景

IDC 成为全球一流企业的最佳伙伴。

IDC 的员工都能成为行业精英。

IDC 成为全球最有价值的企业。

IDC 能够成就中国企业的梦想。

【社会责任】

对公司员工：

创造学习型、上进的、以厂为家的企业文化，重视每位员工的发展，乐于提供施展才华的舞台，提供多样的培训机会，丰富多彩的活动，创造优越的工作、生活、娱乐环境，为员工营造家的感觉。我们为员工免费提供现代化、人性化的住宿条件，每个房间均有独立浴室卫生间、空调、液晶电视、洗衣机、100 兆宽带网络，工厂车间安装冰蓄冷中央空调，大大改善了员工的工作环境。于厂内设置篮球场、乒乓球场，即将扩建健身房，阅览室提供员工休闲生活的乐园。

设立爱心基金会，对公司员工及社会有特殊困难、重病等需要帮助的人多次提供捐助。

对社会：

●捐赠希望小学；

一、2008 年援建项目：海南省万宁市北大镇禄马中心小学

●2008 年 12 月底签订捐助协议；

●该项目已经开工，预计在 09 年 9 月 1 日竣工并投入使用。

二、2009 年援建项目：云南省建水县青龙镇小学

●青龙镇龙潭小学位于建水县青龙镇政府所在地的西面 5 公里处，创办于 1916 年，是青龙镇办学时间最早的六年制学校。

●学校总占地面积 2017 ㎡，校舍建筑面积 708 ㎡。

●部分校舍是在古庙"关圣庙"内，部分教学用房建于 60 年代初，建盖时间较早，年久失修，708 ㎡的校舍现已全部成为危房（经建水县城镇建设局房屋安全鉴定办公室鉴定为"D"级危房），校舍摇摇欲坠，严重威胁着师生的生命安全，建盖新教学楼迫在眉睫。

●2009 年 4 月签订援建项目协议，6 月初支付捐款。

●按照协议，项目工程在 5 月 30 日前动工，09 年 12 月 15 日竣工并投入使用。

●考虑到师生的安全，项目开工日期推迟到 09 年的暑假，预计在 7 月中开工。

●向灾区捐款

目前，艾迪西集团已通过当地慈善总会向甘肃舟曲捐款 20 万元，祈愿舟曲人民早日度过难关。

【经营业绩】

2012 年 1－6 月公司完成营业收入人民币 588，193，638. 04 元，较去年同期 514，113，909. 42 元上升 14. 41%，完成营业利润人民币 6，042，790. 04 元，较去年同期人民币 34，415，095. 72 元下降 82. 44%。完成归属于上市公司股东的净利润人民币 8，249，751. 18 元，较去年同期人民币 34，354，892. 34 元下降 75. 99%。

【002489】浙江永强集团股份有限公司

【基本情况】

浙江永强 2001 年成立于浙江台州，2007 年变更为股份有限公司，2010 年 10 月于深圳证券交易所中小板正式挂牌上市，成为国内首家 IPO 上市的户外休闲家具企业。公司专业从事户外休闲家具及用品的设计研发、生产和销售，是国内最大的户外休闲家具及用品 ODM 制造商。公司产品涵盖户外休闲家具、遮阳伞、帐篷三大系列。公司目前拥有的自主品牌包括 MWH 品牌、YOTRIO 品牌等。产品主要销售地区为欧美等发达国家。

公司目前拥有宁波花园旅游用品有限公司、宁波永强国际贸易有限公司、宁波杰倍德日用品有限公司、永强户外用品（宁波）有限公司、宁波强邦户外休闲用品公司、宁波永宏户外休闲用品公司、永强（香港）有限公司、美国永强（YOTRIO-CORPORATION）、德国永强（MWHGmbH）等九家子公司。

【企业文化】

公司的宗旨就是“永远追求完美，始终自强不息”，公司的经营理念是“观念领先半步就是财富”。

【企业荣誉】

2005 年 7 月，公司获得了“2004 年台州百强民营工业企业”。

2007 年 5 月，公司获得了“2006 年五十强民营工业企业”。

2008 年 8 月，公司获得了“临海市民营企业创业之星、台州出口名牌”。

2008 年 12 月，公司获得了“浙江出口名牌”。

2009 年 1 月，公司获得了“2008 年度十大创新企业、2008 年度特别贡献企业、台州市著名商标”。

2009 年 2 月，公司获得了“2008 年度外贸自营出口十强企业”、“2008 年度工业十佳企业”、“2008 年度工业十强企业”。

2010 年，公司获得了“进出口行为规范企业”。

2010 年 2 月，公司获得了“2009 年度特别贡献企业”、“2009 年度工业十佳企业”、“2009 年企业十佳创新团队”。

2010 年 9 月，公司获得了“浙江省名牌产品”；公司获得了“中华人民共和国海关 AA 类企业”。

2011 年 2 月，公司获得了“2010 年度特别贡献企业”。

2012 年 2 月，公司获得了“2011 年度自营出口十强企业、2011 年度特别贡献企业、2011 年度工业十强企业”。

2012 年 9 月，公司获得了“2011 年度台州市进口五十强企业”。

【企业责任】

2009 年 2 月，公司获得了“临海市“双爱双评”先进企业”。

2009 年 3 月，公司获得了“慈善突出贡献奖”。

2009 年 5 月，公司获得了“临海市“强保障、促和谐”职工生活后勤保障活动示范单位”。

2009 年 12 月，公司获得了“临海市扶残助残先进集体”。

2009 年 12 月，公司获得了“台州市关心下一代工作先进集体”。

2011 年 4 月，公司获得了“浙江省“双爱双评”先进企业”。

2012 年 3 月，公司获得了“2011 年度慈善公益项目贡献奖”。

【经营业绩】

2012 年上半年，公司总体经营形势尚好，实现营业收入 17.94 亿元，同比增长 10.26%。

【002491】江苏通鼎光电股份有限公司

【基本情况】

江苏通鼎光电股份有限公司地处江、浙、沪交界的国家火炬计划光电缆产业基地——吴江市，是通鼎集团旗下专业生产光电线缆以及产业链上下游配套产品的光电缆业界优秀创新型企业，也是集产品的研发、生产、销售、服务于一体的现代化高新技术企业。公司于 2010 年 10 月在深交所成功上市（股票简称：通鼎光电，股票代码：002491）

公司以市场为导向，聚焦国家通信光电线缆行业快速发展的机遇和空间，聚焦主业、做强主业，着力推进以项目为带动的产业结构调整，在光电材料、光纤光缆、特种光电缆、通信机电设备以及物联网应用领域横向拓展、纵向延伸，产业项目多点开花。目前，公司已经拥有从光纤、光缆，到通信电缆、铁路信号电缆、射频同轴电缆、特种光电缆、光纤传感系统、机电设备几乎涵盖各大类产品的完整产业链，正在实施的光棒项目很快将实现规模化生产，特色鲜明的主业、多头并进的业务板块，形成了通鼎独特的规模优势和市场技术服务优势。

公司注重先进设备和生产工艺的引进和应用，强化生产过程控制，生产高品质的产品，满足市场需要。从芬兰、奥地利、法国、德国、美国、日本等国家引进具有国际先进水平的多条光纤、光电缆生产设备和检测仪器，在相继通过 ISO9001：2008 质量管理体系认证、ISO14001：2004 环境管理体系和 OHSAS18001 职业健康安全管理体系认证的基础上，产品通过泰尔认证中心产品单项认证，铁路信号缆产品获得中国铁路产品认证中心 CRCC 证书，出口产品通过美国 UL 认证。凭借稳定可靠的产品质量和优良的售前、售中、售后服务，公司成为中国移动、中国电信、中国联通三大运营商重要一级供应商和重要合作伙伴，获得铁道部、广电、总参、国电通信中心的进网许可证，产品覆盖全国各省、市、自治区，并远销海外。

公司坚持科技兴企和人才强企战略，不断优化产业结构，做具有市场前景的核心业务，做人无我有、人有我优的产品，实现由生产制造型企业向研发生产型企业的转型。公司吸纳、整合一批国内外享有盛誉的专家和高级技术人才，成立了院士工作站、国家级博士后科研工作站、国家级企业技术中心、企业检测中心、光纤技术联合实验室、光纤传感技术工程中心，组建企业科协，与北京邮电大学、南京邮电大学等多所院校在光电新材料和新技术研究、人才引进等诸多方面开展产学研校企合作，提升企业科技创新能力、内涵发展。2011 年累计科研立项 54 项，完成各类成果 36 项，其中高精度耐用型光纤光栅温度监测系统被列入国家创新基金项目，第三代移动通信用射频同轴电缆列入国家火炬计划；发表科技论文 18 篇；参与标准制定 8 项，其中国家标准 4 项，国家军用标准 3 项，行业标准 1 项；申报专利 51 项。截至 2012 年底，公司已拥有授权专利 193 项，其中授权发明专利 30 项，在行业内处领先地位。

人才是企业发展的源头活水。公司建立健全人才的引进、选拔、培养、使用、考核、激励机制，对高智能型人才重点引进，高技能型人才重点培养，给想干事的人机会，给能干事的人位置，给干成事的人薪酬，企业不仅汇聚了行业里知名的专家、资深学者，而且吸引众多高校毕业生前来创业发展，形成了一支结构合理、素质优良、精诚合作的创新型人才队伍，公司专科及以上员工比例以每年高于 5% 的增长速度持续上升。

凭借雄厚的实力和不断创新、追求卓越的精神，公司被认定为国家火炬计划重点高新技术企业、江苏省高新技术企业、江苏省民营科技企业，荣获中国光通信市场最佳创新企业、中国通信光电缆行业核心企业、全国质量信得过企业、全国守合同重信用企业、中国通信设备供应商 50 强、中国光纤光缆最具竞争力企业 10 强等资质荣誉，“通鼎光电”被认定为中国 500 最具价值品牌和中国驰名商标。

公司始终坚持优化发展、集约发展、安全发展、和谐发展，紧跟行业发展趋势，聚焦主业、着眼长远，拓展产业链，完善产品系列，巩固并不断提升竞争力，以质量铸就百年通鼎品牌，以诚信镌刻企业未来。

【企业荣誉】

荣获 2012 年中国光纤光缆最具竞争力企业 10 强

2012 江苏省通信光电缆出口基地骨干企业

2012 年中国电子信息百强企业

通鼎荣获文明单位

吴江市首届二十大杰出品牌

2012 年度 3A 级资信等级

通鼎荣获诚信守法先进企业

通鼎荣获江苏省民营企业纳税大户

通鼎产品获江苏名牌产品认定

通鼎光电荣获“2012 中国十佳新锐上市公司大奖”

【2012 年大事记】

8 月 25 日，江苏省经济和信息化委员会组织召开新产品省级投产鉴定会议，公司自主研发的五项新产品全部获得认可，产品技术水平达到了国内领先水平。特别是“FTTH 用圆形引入光缆”项目的技术水平更是达到了国内首创。

8 月，由江苏省知识产权局、省质量技术监督局、省财政厅联合组织的“2012 年度江苏省企业知识产权管理标准化示范创建先进单位”评审工作日前揭晓，通鼎光电荣获 2012 年度江苏省企业知识产权管理标准化示范创建先进单位。

8 月 13 日，吴江市召开江苏省通信光缆电缆出口基地、面料出口基地、电梯出口基地骨干企业表彰大会，通鼎 2011 年在出口产品研发方面做出较大贡献，被评为“江苏省通信光电缆出口基地骨干企业”。

7 月 31 日，工信部召开 2012 年电子信息百强企业发布暨工作座谈会，通鼎蝉联第 26 届中国电子信息百强企业。

6 月底，在 2012 年吴江市精神文明创建总结会议上，通鼎光电喜获“吴江市文明单位”称号。

5 月 25 - 26 日，《IPO，变革中的新机遇——2012 中国金牌高成长企业及投行领导人峰会》在苏州召开，通鼎光电荣获“2012 中国十佳新锐上市公司大奖”。

5 月 19 日，共青团通鼎委员会正式成立，召开了第一次代表大会，公司团支书升级为通鼎团委。

5 月 2 日，市政府召开了全市节能工作会议，通鼎光电获 2011 年度苏州市“能效之星”四星级企业。

4 月 9 日，董事长沈小平三度蝉联“中华慈善奖. 最具爱心捐赠个人”称号。

3 月江苏通鼎光电股份有限公司自主研发的“GYFXTF 微型光缆”项目荣获“2011 年吴江市科学技术进步奖”一等奖，“环保型贯通地线”项目则荣获“2011 年吴江市科学技术进步奖”三等奖。

3 月 14 日，公司申请的《一种扁平形室内用数字通信电缆及其制造方法》发明专利正式获得国家知识产权局的发明专利授权及证书。

3 月公司光缆二期扩产项目圆满结束，公司光缆生产能力突破 2000 万芯公里。

3 月通鼎光电生产的“通讯及电子网络用电缆”荣列“2011 年全国市场同类商品销量第一名”。

3 月通鼎获得了由江苏省委统战部、江苏省国家税务局、江苏省地方税务局、江苏省工商业联合会颁发的 2011 年度“江苏省民营企业纳税大户”。

2 月 23 日，苏州市民营经济工作会议上，通鼎再获“苏州市地标型企业”称号，董事长沈小平蝉联“苏州市优秀民营企业家”。

2 月 22 日，苏州市慈善大会上，首届“苏州慈善奖”正式亮相。通鼎获“苏州慈善标兵单位”殊荣，并成为苏州市慈善总会(基金会)荣誉会长单位。

2 月 12 日，苏州市科技局公布首批苏州市认定“创新先锋企业”名单，江苏通鼎光电股份有限公司榜上有名。

2 月公司自主研发的“分布式光纤传感定位系统”项目荣获“2011 年苏州市科学技术进步奖”二等奖，董事长沈小平为项目中作出重要贡献的主要完成人员受到表彰。

2 月吴江市加快率先基本实现现代化推进大会隆重召开，公司受到市委、市政府表彰，获得“2011 年度吴江市节能减排先进企业”称号、“2011 年度创名牌奖励”，并与江苏通鼎光电科技有限公司同获“2011 年度科技创新奖励”，光纤拉丝扩产项目获“2011 年度重点技术改造项目奖励”，董事长沈小平荣获“2011 年度吴江市优秀企业家”称号。

1 月通鼎光电牌通信光缆、通信电缆、铁路信号电缆被江苏省名牌战略推进委员会授予“江苏名牌产品”称号。

【社会责任】

公司在快速发展的同时，不遗余力回馈社会，多年来，董事长沈小平先后向慈善机构和社会公益事业捐款近 3 亿元。沈小平光荣当选江苏省人大代表，荣膺“建国 60 周年创新人物”、“全国优秀复员退伍军人”、“中国通信工业领袖人物”、“中国通信光电线缆产业突出贡献奖”、“江苏省劳动模范”、“江苏省五一劳动奖章”、“江苏省优秀企业家”、“全省依法经营履行社会责任优秀企业家”、“江苏省首届慈善之星”、“江苏省最具爱心慈善行为楷模”等称号，分别于 2010 年 4 月、2011 年 7 月和 2012 年 4 月三次蝉联“中华慈善奖”。2010 年 12 月，被江苏省慈善总会特聘为荣誉会长。

【经营业绩】

2012 上半年，公司实现营业总收入 132,014. 19 万元，比去年同期增长 58. 70%；实现归属上市公司股东的净利润 6,657. 23万元，比去年同期下降 26. 16%。

【002496】江苏辉丰农化股份有限公司

【基本情况】

江苏辉丰农化股份有限公司系国家农药定点骨干生产企业、国家火炬计划重点高新技术企业。公司位于麋鹿故乡、誉有东方湿地之都的江苏省大丰市，毗邻大丰港、盐城机场、新长铁路、204 国道、沿海高速、纳入上海两小时交通圈，有着得天独厚的地理交通优势。公司成立于 1989 年，1999 年经江苏省人民政府批准，通过股份制改造，发起成立江苏辉丰农化股份有限公司。经过 20 多年的拼搏发展，从一个名不见经传的小企业，发展成为如今集研发、生产、国内市场、渠道、国际贸易于一体的全国知名农药企业。公司现有注册资本 16000 万元。2010 年 11 月 9 日在深交所挂牌上市(证券简称“辉丰股份”股票代码：002496)。目前具有合成原药、加工、复配制剂 10 万吨的生产能力，成为世界第一的咪鲜胺研发和产业化基地；拥有生产能力世界第二、亚洲第一的辛酰溴苯腈原药研发和产业化基地；拥有中国第一的氰氟草酯原药和氟环唑原药的单线生产装置。

创立至今，公司坚持以“做中国农民买得起的好药”为理念，全力缔造“新型农资商业航母”，积极倡导履行“责任关怀”的责任竞争力理念，推进企业可持续发展战略。公司先后在行业内率先通过 ISO9001：2000 标准质量体系认证、ISO14001 环保管理体系认证以及 OHSAS18001 职业健康安全管理体系认证，并成为亚太地区首家通过跨国公司着力推行的以 Q/EHS 为核心的责任关怀体系认证的企业，并与多家全球农药行业排名前 10 位的世界 500 强企业建立了战略合作关系，跻身世界 OEM 优秀供应商行列。2008 年 11 月被国家人力资源和劳动保障部、中国石油和化学工业协会评为“全国石油和化学工业先进集体”。2010 年被中国农药工业协会评为“农药行业责任关怀十佳企业”。

【发展历程】

1989 年，注册成立大丰市农化厂，进行农药分装，当年营业额为 1.2 万美元。

1991 年，与中国农业大学合作，进行农药复配和新产品开发。

1997 年，开始合成第一个原药产品——咪鲜胺。

1998 年，企业改制，实行股份制，成立了江苏辉丰农化股份有限公司。

1999 年，开始合成第二个原药产品——辛酰溴苯腈。

2001 年，在上海成立专业化的中国市场销售公司——上海迪拜植保有限公司。

2002 年，公司通过 ISO9001:2000 质量管理体系认证。

2004 年，接受跨国公司 EHS 及 QA、QC 方面的辅导，寻求战略合作。

2005 年，创建江苏辉丰农化股份有限公司生产事业二部。

2006 年，公司通过 ISO14001、OHSAS18001 环境/职业健康安全管理体系认证。

2007 年，生产事业一部正式通过跨国公司 EHS 及 QA、QC 审查。

2007 年，车间实施 DCS 自动化控制。

2008 年，生产事业二部正式通过跨国公司 EHS 及 QA、QC 审查。

2008 年，咪鲜胺原药产能达 3800 吨/年，规模世界第一。

2008 年，荣获“全国石油和化学工业先进集体”称号。

2009 年，被国家科技部认定为“重点高新技术企业”。

2009 年，全面启动企业 ERP(企业资源规划)系统计划。

2010 年，成功在深圳股票交易所挂牌上市。

2010 年，企业当年纳税额 4000 多万元，连续两年成为大丰市工业企业第一纳税大户。

【企业文化】

核心价值理念

· 可持续盈利的业绩

· 客户服务的革新

· 安全、健康和环保责任

· 兼容各种文化和不同个性的能力

· 互相尊重和坦诚沟通

· 诚信

行为准则

· 在进行业务活动时，我们将遵守法律，恪守良好的商业惯例，尤其要做到：

· 保护人与环境

· 公平对待供应商和客户

· 遵守有关公平竞争的法律

· 如有疑问，及时征求上级领导、有关专家或法律部门的意见

【责任关怀】

环境方针

遵守相关的环境法律和法规，持续改进我们的环境行为。努力使我们的运作不对环境产生不可挽回的损害。实施对污染源的控制与管理，通过回收再利用，持续改进治理水平，减少污染的产生。通过培训，提高员工的环境意识，为可持续发展而努力。与业务有关的第三方进行沟通，将他们可能造成的不利环境影响减至最小。

职业健康安全方针

遵守国家有关安全方面的法律和法规。为我们的员工提供和保持一个安全健康的工作环境。对产品在生产、装卸、贮存和运输过程中的安全工作进行持续的改进。加强对员工的指导和培训，确保其工作中的人身安全，提高其安全意识。在安全和健康方面，我们以同样的方式对待外来人员与我们的员工。

【经营业绩】

2012 上半年实现销售收入 71422.13 万元，较上年同期增长 83.18%，主要是母公司主要产品市场销售情况较去年有明显增长，加之公司去年投资重组的企业并表所致。扣除非经常性损益的净利润为 4771.72 万元，较上年同期增期长 43.75%。

【002508】杭州老板电器股份有限公司

【基本情况】

杭州老板电器股份有限公司(股票代码:002508，股票简称:老板电器)创立于 1979 年，专业生产高端吸油烟机、燃气灶、消毒柜、电烤箱、蒸箱、电压力煲、电磁炉等厨房电器产品。经过三十余年不断地发展与壮大，现已成为中国厨房电器行业专业制造历史最长、市场份额最大、品牌价值最高、生产规模最大、产品类别最齐全、销售区域最广的龙头企业之一。

老板秉持“创新、责任、务实”的老虎钳精神，以“改善人类的烹饪环境”为企业使命，始终用行动，来体现自己“做一个让社会尊敬的企业”的理念。凭借着领先的科技和优异的品质，现已成为市场销售的领先者，行业标准的倡导者，社会责任的先行者。

正像国际诸多顶尖企业那样，驱动老板不断向前的，便是日益创新的领先科技。在 2007 年 4 月，老板的多项颠覆性创新技术产品隆重地在北京人民大会堂发布：“免拆洗 A + +”吸油烟机、“主火中置”燃气灶、“UP 精确控压”电压力煲等，刷新了一项又一项的专利纪录。2009 年 8 月 18 日，老板双劲芯技术在中国第一高楼——上海环球金融中心荣耀发布，八大权威机构，全国近百家主流媒体共同见证了中国吸油烟机行业迈入 17 立方米时代。2011 年，8 月 17 日，老板在钱塘江畔发布中国高端厨电技术趋势，再次刷新行业技术标准。

逐渐完善的销售渠道，是老板领先市场的信心来源，依托渠道而建立的完善的服务体系，是老板的坚实后盾。2010 年，老板五星全程管家服务全面升级，秉承了“努力，让您满意”的星级服务理念，通过业内首创的 KDS(厨房设计支持)服务，使老板的服务贯穿购买、安装、使用、产品、保养的全过程。

三十余年的发展和创新使老板在中国厨电领域已成为社会公认的领导品牌。老板先后被授予中国名牌、中国驰名商标等；老板品牌，连续六年荣登“中国 500 最具价值品牌”，连续六年荣膺“亚洲品牌 500 强”，吸油烟机更是取得了十四年全国销量第一。

经过三十余年的市场检验，老板已经成为中国家庭最为熟悉和喜爱的厨房电器品牌，目前有超过 3500 万的家庭享受老板带来高品质生活。未来，老板厨房电器将继续致力于不断改善和提升人类的烹饪环境，把中国悠久的饮食文化与先进的科学技术相结合，让每个家庭都享受到由精湛科技带来的轻松烹饪。

【经营业绩】

2012 年上半年报告期内，共实现营业收入 8.56 亿元，同比增长 20.63%，实现净利润 1.06 亿元，同比增长 32.68%。

【企业文化】

企业使命

致力于改善人类的烹饪环境，把中国悠久的饮食文化与

先进的科学技术相结合，让每个家庭都享受到由精湛科技带来的轻松烹饪。

最好的烹饪在中国。然而几千年来，烟熏火燎的厨房让善于烹饪的中国人爱恨交织。如何让人们对烹饪不再是劳作的心态，而还原为纯粹的烹饪乐趣？

以科技精湛的厨房电器带来舒适的厨房，不断改善人类的烹饪环境。自1979年成立伊始，老板便秉持这样的信念，决心致力于厨房电器行业，为千万家庭创造干净舒适的烹饪环境。

三十多年过去，老板始终专注于厨房电器行业精耕细作，以领导者的姿态，一次次以技术革新引领行业变革。这一切，正是因为老板始终铭记创立伊始的信念。这是老板厨房电器三十多年来矢志不渝的追求，也将是老板继续坚守的信念！

企业愿景

成为中国竞争力最强的专业厨房电器百年企业。

企业理念

做一个让社会尊敬的企业。

老板厨房电器深谙作为一个企业公民的义务和职责，并以为员工尽心，为消费者尽力，为合作伙伴尽职，为社会尽责为使命，志在成为持续为社会创造价值并因此受到社会尊敬的企业公民。

企业价值观

创新务实高效正直。

企业人才理念

以人为本，人是最大财富。

我们是公司最宝贵的财富，是公司百年传承，不断发展的最基本要素。创新责任务实的老虎钳精神凝聚了每一个老板人的力量，使我们能在不断改善人类烹饪环境的同时，还致力于创造地球环境和人类社会和谐发展的未来。公司为我们提供了实践、学习和成长的平台，帮助每个老板人成就一路畅通、可持续发展的未来。

【002513】江苏蓝丰生物化工股份有限公司

【基本情况】

江苏蓝丰生物化工股份有限公司（原江苏苏化集团新沂农化有限公司）是在江苏省新沂农药（厂）有限公司基础上，由江苏苏化集团有限公司、新沂市华益投资管理有限公司、苏州格林投资管理有限公司、苏州国嘉创业投资有限公司等四家公司参股成立的大型农化企业。公司技术优势明显、产品结构合理、质量过硬、市场发展潜力巨大。主要生产杀虫剂、杀菌剂、除草剂及精细化工中间体四大系列的产品，是中国最大的甲基硫菌灵原药生产基地，公司依据拥有光气的优势，可生产高质量的农药、医药及化工中间体。

秉承"创新农化科技，服务绿色产业"的企业使命，蓝丰通过了质量、环境、职业健康安全三个管理体系认证，公司严格按照"三合一"管理体系标准组织生产，产品赢得消费者的广泛赞誉。

蓝丰拥有省级技术开发中心，可承接各种光气化产品的开发和代理加工业务。在技术研发方面导入国际先进理念，依靠科技进步和技术创新，提升产品的附加值，全面提高产品竞争力。同时公司依托拥有自营进出口权的优势，以市场为导向，不断加大科技投入，走名牌制胜之路。

占地一平方公里的蓝丰工业园一期工程已建成投产。一个门类齐全、品种繁多、原材料配套、研发能力强、环保达标、管理先进、环境优美的大型农化产业基地已初具规模。

蓝丰还加大人才引进力度，实施国际化战略，在国外筹建分公司，立志于将蓝丰打造成中国乃至世界知名的农化品牌。

【企业文化】

核心价值观：凝聚如铁，进取如剑，亲和如家！

企业理念：关注员工工作快乐和家庭幸福，关注社会责任和可持续发展，关注企业经济效益和社会信誉。

经营法则：把企业打造成军队，把企业打造成学校，把企业打造成家庭。

【企业荣誉】

2001年5月，被江苏省人民政府评为"先进单位"。

2001年11月，被江苏省人民政府评为"重合同、守信用"企业。

2003年3月，被徐州市人民政府评为"五十强工业"企业。

2007年9月，获得徐州市品牌论坛委员会颁发的"优秀品牌贡献奖"。

2008年1月，被国家经济贸易委员会评选为"大型工业企业"。

2008年3月，全国首届农资交易会获农民信得过"十佳产品"称号。

2008年12月，公司总经理梁华中荣获全国石油和化学工业劳动模范称号。

2008年12月，甲基硫菌灵被评为"江苏省名牌产品"。

2008年12月，被评为国家级"高新科技企业"。

【经营业绩】

2012年上半年，公司实现销售收入627,309,352.19元，较去年同期增长6.17%，实现净利润38,610,410.7元，较去年同期下降29.43%。

【002514】苏州宝馨科技实业股份有限公司

【基本情况】

苏州宝馨科技实业股份有限公司成立于2001年10月，座落在江苏省苏州市高新技术产业开发区内。成立初期是台商独资企业，2007年12月整体改制成股份制企业，于2010年12月在中小企业版成功上市，股票代码002514，现注册资本为6800万元人民币。

公司的主营业务和产品是运用数控钣金技术，研发、设计、生产、销售工业级数控钣金结构件产品，主要为世界知名企业提供产品和服务。数控钣金结构件产品运用领域广泛，目前，公司的产品主要配套供应给电力、医疗、通讯、金融及新能源等领域的终端产品生产企业。

数控钣金行业是利用数控技术和数控设备，对金属薄板进行冷变形加工，从而获得特定形状、规格的金属薄板制品的加工型行业。适合于小批量、多品种、规格尺寸大、技术更新快、定制化的终端产品。运用数控钣金技术加工出来的金属薄板制品主要用于各种金属结构体的构造，通常称为数控钣金结构件产品

苏州宝馨科技致力于为客户提供包括结构设计、样品开发、结构性能测试、结构件制造、结构组装、售后维护等钣金结构件产品及技术支持的全方位解决方案，是高新技术企业。

公司秉承"创新、勤奋、诚信、尊重"的核心价值观，培育"爱岗敬业、团结进取、以人为本、唯才是用、务实求真、关爱社会"的企业文化，发挥以"速度、服务、质量"为核心竞争力的优势，通过有效的管理为客户提供最有价值的服务，致力

于成为世界一流的制造工厂，使公司永续经营，回馈员工和社会。

2003 年，公司通过了 ISO9000 质量管理体系认证，建立了一套与国际接轨的质量管理体系，通过全员参与、贯彻执行、持续改善的管理理念，力求"追求完善品质，提供客户满意的需求"；2004 年，公司导入 RoHS 管理；2005 年，公司导入 ERP 管理系统；2007 年，公司通过了 ISO14000 环境管理体系认证；2008 年，公司系列产品通过了 UL 和 VDE 认证；2010 年，公司通过了 ISO/TS16949 汽车产品质量管理体系认证；2011 年通过了 AS9100 航空产品质量管理体系认证。2012 年将导入 OHSAS18001 职业健康安全管理体系，计划在 2013 年通过认证。

【企业文化】

使命：永续经营，回馈员工和社会。

愿景：致力于成为世界一流的制造工厂。

核心价值观：创新、勤奋、诚信、尊重。

企业文化：爱岗敬业、团结进取、以人为本、唯才是用、务实求真、关爱社会。

【经营业绩】

2012 年 1－6 月，公司实现营业收入 143,644,695.81 元，比上年同期下降 2.45%；实现利润总额 21,939,803.23 元，比上年同期下降 23.55%；归属上市公司股东的净利润为 18,752,596.31元，比上年同期下降 25.8%。

【002527】上海新时达电气股份有限公司

【基本情况】

上海新时达电气股份有限公司，1995 年创立，注册商标为 STEP，是一家专业研发、生产和销售控制驱动系统，并服务全球工业与机械制造行业的高新技术上市企业，产品销往欧洲、北美、亚洲等区域。在国内拥有以下子公司：上海辛格林纳新时达电机有限公司、上海新时达电梯部件有限公司、上海新时达电线电缆有限公司、上海新时达软件技术有限公司，在海外拥有：德国新时达电气有限公司和香港国际新时达集团有限公司两家子公司。

新时达在中国和德国设立有研发中心与制造中心，目前员工 740 多名，管理、技术、研发等队伍以博士、硕士、本科生为主体。变频器新工厂建设有现代化的变频器车间、科研大楼以及专家楼等设施。近年来，每年研发投入超过销售收入的 7.99%，目前公司已取得 72 项专利证书和 26 项软件著作权，其中通过自主研发取得的发明专利有 17 项。

公司的主要产品有：控制系统，中低压变频器，电气成套柜，一体化控制，大功率变频器，高压变频器等。

变频器的应用行业非常广泛，如：纺织、机床、塑机、木工、起重、橡机、印刷包装、物料输送、过程处理、水泵、风机等其它众多领域。

公司出厂的产品都会经过严格的产品测试与试验。产品的测试有：静电测试、冷热冲击试验、振动测试、扭矩测试、EMC 测试、高低温湿热测试、、盐雾试验、包装跌落等。产品试验有：Q＋3 级、PFMEA、AOI 测试、ICT 测试等。

公司于 2006 年 4 月，开始运营 SAPERP 管理系统。自创立以来获得的品质认证如下：欧洲安全认证、欧洲 EN81 认证、北美安全认证、中国强制认证、ISO14001 认证、ISO9001 认证。

针对客户我们始终坚持我们的服务与承诺，坚持用最好的质量配备最好的服务。创新—最先进全面的高端技术；质保期—所有产品都有 24 个月保修期；服务—为满足你的要求，一年 365 天，全日 24 小时不间断服务，即时配送充足的库存为您提供即时的最佳配送时间；客户支持—为客户提供专业工程应用，技术试车和培训。在国内公司的服务网络广布，共有 4 个办事处（北京、上海、广州、成都），14 个联络处（大连、沈阳、天津、石家庄、郑州、重庆、西安、杭州、无锡、南浔、吴江、长沙、深圳、福州）。在海外也有丰富的服务网络，两个海外公司（德国、香港），产品已销往德国、英国、丹麦、苏格兰、加拿大、日本、巴西、智利、新加坡、澳大利亚、印度、巴基斯坦、土耳其、沙特阿拉伯、韩国、港澳台等国家与地区。

【经营业绩】

2012 年 1－9 月份，公司实现营业收入 599,537,836.68 元，比上年同期 20.88%；归属于上市公司股东的净利润 103,339,099.41元，比上年同期增长 10.31%。

【企业荣誉】

2005 年，新时达技术中心被认定为上海市企业技术中心，电梯控制系统被认定为上海市名牌产品。

2006 年，STEP 新时达被认定为上海市著名商标。

2007 年，电梯群控系统获得上海市科学技术发明奖，电梯控制系统被评为国家重点新产品。

2008 年，新时达国家博士后科研工作站设立。2009 年新时达—哈尔滨工业大学联合研究中心成立。

2009 年，矢量型电梯专用变频器获得上海市科学技术发明奖。

【企业文化】

企业精神：

面向世界，追求最好，永争第一。

企业价值观：

诚信，创新，卓越。

企业宗旨：

客户满意，员工自豪，社会得益。

企业使命：

为客户提供最好的控制、驱动、节能产品。

【002530】江苏丰东热技术股份有限公司

【基本情况】

江苏丰东热技术股份有限公司是由公司前身盐城丰东热处理有限公司于 2007 年 11 月 16 日整体变更设立的外商投资股份有限公司。公司主营业务一是热处理设备的研发、生产和销售，公司主营产品可控气氛炉、真空炉及合营生产高频感应热处理设备；二是使用各类热处理设备，为机械制造企业提供金属零件的专业热处理加工服务。目前，公司已形成热处理设备制造和热处理加工服务业务相互补充、相互促进的业务发展格局。

公司为国内最早从事专业热处理设备生产的厂商，是国内热处理行业龙头企业，公司自 1988 年成立以来，即选择了可控气氛炉作为主营产品，迄今已生产销售 900 多台套各类可控气氛炉供国内外客户使用，连续四年排名国内可控气氛炉销量第一位。公司生产的各类中高档热处理设备已在航空、汽车、摩托车、工程机械、机械基础件等各机械行业得到广泛的应用，部分产品出口到东南亚、俄罗斯、美国等国家和地区。

2000 年以来，开始运用自主生产的各类热处理设备，在全国机械制造业相对集中的地区开设专业热处理加工中心，目前已经在上海、南京、天津、重庆、青岛、盐城设立了六个热处理加工中心，是国内拥有专业热处理加工网点数量最多的企业，并借助热处理加工网点进一步完善了成套热处理设备的售前、售中和售后服务水平，初步形成了网络化经营格局，提升了公司核心竞争力。

公司作为中国热处理行业协会副理事长单位、全国热处理标准化技术委员会副主任委员单位以及中国机械工程学会热处理学会常务理事单位，起草制定了多项热处理行业主流设备的技术标准，并主持和参与制定了多项热处理行业节能减排及工艺技术的国家标准。

针对热处理的精密智能控制、节能环保、可控气氛和真空热处理技术等方面的课题，公司坚持走科研成果产业化、产学研结合的道路。公司与上海交通大学、南京航空航天大学联合成立了江苏省热处理及表面改性工程技术研究中心，建立了三方技术交流和合作的平台；公司内建立有企业院士工作站和企业博士后工作站，为引进高层次专业人才，提升公司研发能力，构建了创新平台。

公司拥有丰富的热处理行业经验、众多的行业专业人才、20 多年来的引进消化再创新的实践以及坚持走产学研相结合的道路，形成了独特的科技创新体系，使得公司能准确把握行业未来发展趋势，不断提升热处理设备设计和制造水平，不断提升热处理专业加工服务水平，从而打造了公司的核心竞争力，使公司产品及服务保持国内领先。

【发展历程】

1988 年

国营大丰县自行车飞轮总厂、中国银行盐城支行、日本东方和日本和华共同投资，注册成立盐城丰东

1990 年

公司正式投产运营

1993 年

被江苏省科技厅命名为首批省高新技术企业

1994 年

被评为江苏省五十佳外商投资企业

2000 年

国有控股企业改制为管理层控股企业

2001 年

“热处理数学模型和计算机模拟的研究与应用”获得热处理行业最高奖项：国务院颁发的国家科学技术进步二等奖

“智能型密封多用炉自动生产线”获得中国机械工业科学技术奖三等奖

“SUPERIA－BBH 预抽真空炉”、“UNICASE 系列其他渗碳渗氮炉热处理自动化生产线”被中国热处理行业协会评定为热处理先进设备

2002 年

“BBH 预抽真空密封多用炉”被科学技术部列入国家级火炬计划项目

“UBB 系列智能型密封多用炉自动生产线”获得江苏省火炬计划项目立项证书

和德国 ALD 真空工业股份公司正式签约合作，共同向中国及东南亚市场提供国际先进的真空热处理设备

设立盐城丰特

2003 年

“智能型热处理设备”被列入国债专项资金国家重点技术改造项目资金计划

与上海交通大学和南京航空航天大学联合成立工程中心

2004 年

被认定为国家火炬计划重点高新技术企业

“UBB 系列智能型密封多用炉自动生产线”获得江苏省高新技术产品认定证书

“BBH 预抽真空密封多用炉”获得江苏省火炬计划项目验收合格证书

收购上海丰东

2005 年

公司被认定为热处理行业“质量管理信得过企业”

收购长春丰东、青岛丰东、合资设立盐城高周波

2006 年

合资设立广州丰东

2007 年

整体变更为外商投资股份有限公司，公司名称变更为江苏丰东热技术股份有限公司

收购重庆丰东、南京丰东，设立天津丰东晨旭

“FENGDONG”商标被江苏省工商行政管理局认定为江苏省著名商标

2008 年

“智能化真空热处理设备的开发和产业化项目”被列入省级科技创新与成果转化专项引导资金支持项目

收购上海昂先

2009 年

公司被批准设立企业院士工作站

公司被批准设立企业博士后科研工作站

被江苏省高新技术企业认定管理工作协调小组认定为“高新技术企业”

公司被认定为“中国热处理行业质量管理优秀企业”

全面完成公司新厂区搬迁

上海昂先新热处理加工工厂正式开工建设（建设中）

2010 年

公司 VKNQ606090 型真空高压气淬炉、BBH600 型预抽真空热处理生产线、VKA－D60/60/90 型真空可控气氛渗氮炉被列入工业和信息化部（节能机电设备（产品）推荐目录）

公司被热处理行业协会评定为“热处理清洁生产先进技术装备制造企业”

公司首次公开发行股票于 2010 年 12 月 31 日在深圳证券交易所挂牌上市

2011 年

公司类型由股份有限公司（中外合资，未上市）变更为股份有限公司（中外合资，上市）

增资南京丰东、上海昂先、重庆丰东、青岛丰东

按证券会对上市公司的管理要求，公司开始试运行内控体系

BBHG－5000 大型预抽真空多用炉研发成功，并顺利完成客户验收交接

“智能化真空热处理设备的开发与产业化”获江苏省科技进步二等奖

【企业资质】

公司是经国家科学技术部认定的“国家火炬计划重点高新技术企业”、是按高企认定新标准经江苏省高新技术企业认定管理工作协调小组认定的“高新技术企业”；2002－2008 年公司连续被中国热处理行业协会评为“质量管理优秀企业”；“Fengdong”商标被评定为“江苏省著名商标”。公司多

项产品通过了省部级和中国热处理行业协会的科技成果鉴定，曾获得“国家科学技术进步二等奖”（目前国内热处理行业获得的最高奖项）、“教育部科技进步一等奖”、“机械工业科技进步三等奖”等奖项，公司产品项目曾被列为“国家火炬计划”、“经贸委国债”、“科技部中小企业技术创新基金”、“江苏省重大科技成果转化”“江苏省火炬计划”等项目，公司多项产品被评为“江苏省高新技术产品”和“热处理行业先进设备”。公司已通过 ISO9001：2000 质量管理体系认证和 ISO14001：2004 环境管理体系认证。

【企业文化】

公司宗旨：

提供专业系统的热处理解决方案，为客户创造价值。

经营理念：

1. 追求社会进步、公司繁荣与员工人生充实的和谐统一。

2. 立足科技、以人为本，不断推出品质和价格具有市场竞争力的产品。

3. 保持国内领先，成为国际一流的综合热处理解决方案提供商。

【经营业绩】

截至 2012 年 6 月 30 日，总资产为 2697.53 万元，净资产 879.35 万元，2012 年半年度实现营业收入 425.47 万元，营业利润 -28.98 万元，净利润 -28.98 万元。

【002535】林州重机集团股份有限公司

【基本情况】

林州重机集团股份有限公司（以下简称“本公司”或“公司”）始建于 1987 年 12 月，位于举世闻名的红旗渠畔，是国内最大的民营煤炭综采机械设备供应商。

公司于 2011 年 1 月 11 日在深圳证券交易所挂牌上市（股票简称：林州重机，股票代码：002535），注册资本 53,832.948万元，法定代表人郭现生。公司占地面积约 55 万平方米，现有职工 1400 余名。主要经营煤矿液压支架、刮板输送机、采煤机、掘进机、救生舱及其配件的制造和销售。

公司是一家跨地区的集团公司，现有：七台河重机金柱机械制造有限责任公司、鄂尔多斯市林重煤机制造有限公司、林州重机林钢钢铁有限公司、林州重机矿业有限公司四家全资子公司，北京中科林重科技有限公司、鄂尔多斯市琅赛科技有限公司、徐州中矿科光机电新技术有限公司、徐州科博机电有限公司、林州重机矿建工程有限公司五家控股子公司，鸡西金顶重机制造有限公司、辽宁通用煤机装备制造股份有限公司、西安重装澄合煤矿机械有限公司、平煤神马机械装备集团河南重机有限公司和中煤国际租赁有限公司五家参股子公司。

本公司综合实力居全国同行业前列，2002 年，公司被农业部授予“全国乡镇企业创名牌重点企业”；2004 年，公司被中国煤炭物资流通协会、中国煤炭物产集团公司评为“2003 -2004 年度中国煤炭工业支护产品十佳定点企业”；2005 年，公司被评为河南省质量管理先进企业；2006 年，公司被评为河南省诚信民营企业、河南省银行业信用优良客户；2007 年，公司被河南省发展和改革委员会授予 2007“河南之星”最佳企业；2008 年，公司被河南省人民政府确定为“河南省 100 户重点工业企业”；2009 年，公司被河南省委、省政府评为“河南省高成长型民营企业”；2010 年，公司荣获安阳市首届市长质量奖；2011 年，公司荣获高新技术企业；2012 年，公司被河南省人民政府授予“河南省 2012 年度百强企业”，林州重机的图形商标也被认定为“中国驰名商标”。

本公司属于机械装备制造业，前身为成立于 1987 年的河南省林县重型煤机设备厂。2002 年 2 月，改制为“林州重机集团有限公司”，注册资本 5,000 万元。2007 年 3 月，经股东会同意林州重机铸锻有限公司以其 5,990 万元债权进行债转股成为公司股东，公司注册资本达到 1 亿元。2007 年 12 月，公司按 1.7:1 的比例溢价增资，注册资本增加到 13,660 万元。2008 年 2 月公司整体变更为股份有限公司。2008 年 12 月公司注册资本增加到 14,360 万元。2009 年 12 月公司注册资本增加到 15,360 万元。2010 年 12 月公司发行 A 股 5,120 万股，注册资本增加到 20,480 万元。2011 年公司实行 10 送 5 并转 5 的利润分配方案后，公司注册资本增加到 40,960 万元。2011 年公司实行股权激励后，注册资本增加到 41,417.96万元，2012 年公司实行 10 送 3 的利润分配方案后，注册资本增加到 53,843.348 万元。2013 年 1 月，因部分限制性股票回购注销，注册资本变更为 53,832.948 万元。

公司近三年来经营状况良好，2009 年、2010 年、2011 年分别实现销售收入 68,477.24 万元、85,008.06 万元、110,292.73万元，分别实现净利润 5,724.79 万元、10,331.62 万元、18,229.21 万元。

公司秉承“用户满意就是我们的成功”的企业理念；以“研制一流煤矿生产安全智能化成套设备、实现煤矿生产安全、高效、零死亡”为企业使命；以“成为国内一流煤矿成套设备供应商”为企业愿景；以“诚信、高效、奋进、创新”为企业核心价值观；以“开拓经营市场，诚信至诚服务”为公司的发展主题；以“恪守信誉、优质服务、交货及时”为公司的经营宗旨；本着“用户的计划就是公司的计划，用户的成本就是公司的成本，用户的效益就是公司的效益”这一与用户结为一体的经营思想，打造煤矿机械精品，以一流服务满足用户，与用户共同创造辉煌，实现共赢。

【主营业务】

主要从事液压支架、刮板输送机、单体液压支柱等煤炭采掘设备的设计、研发、制造、销售及技术服务。

【经营业绩】

2012 年 1 - 6 月报，公司的主要经济指标继续保持良好的增长态势。公司实现营业收入 625,533,442.19 元，比上年同期增长 22.99%；利润总额 110,475,751.82 元，比上年同期增长 24.29%；归属于上市公司股东的净利润为 93,785,104.29元，比上年同期增长 40.81%。

【企业文化】

企业精神：以人为本、科学发展、奉献社会。

【企业荣誉】

2002 年，公司被农业部授予“全国乡镇企业创名牌重点企业”；2004 年，公司被中国煤炭物资流通协会、中国煤炭物产集团公司评为“2003 - 2004 年度中国煤炭工业支护产品十佳定点企业”；2005 年，公司被评为河南省质量管理先进企业；2006 年，公司被评为河南省诚信民营企业、河南省银行业信用优良客户；2007 年，公司被河南省发展和改革委员会授予 2007“河南之星”最佳企业；2008 年，公司被河南省人民政府确定为“河南省 100 户重点工业企业”；2009 年，公司被河南省委、省政府评为“河南省高成长型民营企业”；2010 年，公司荣获安阳市首届市长质量奖；2011 年，公司荣获高新技术企业；2012 年，公司被河南省人民政府授予“河南省 2012 年度百强企业”，林州重机的图形商标也被认定为“中国驰名商标”。

【002537】青岛海立美达股份有限公司

【基本情况】

青岛海立美达股份有限公司前身是青岛海立美达钢制品有限公司，成立于2004年12月，由青岛海立控股有限公司与世界500强企业日本美达王株式会社于2004年合资成立，2009年5月改制为股份有限公司。股份公司注册资本7500万元人民币，主营业务为家电零部件、汽车零部件和微特电机、电机零部件的开发、生产及配送；精密模具的开发、设计与制造等，是国内综合实力较强的家电零部件供应商。股份公司下设黄岛、扬州两个分公司和青岛海立达冲压件有限公司、青岛海立美达电机有限公司、浙江海立美达钢制品有限公司、青岛海立美达精密机械制造有限公司和湖南海立美达钢板加工配送有限公司五个全资子公司以及控股子公司青岛海立东海家电配件有限公司。

多年来，公司秉承"挑战自我，永无止境"的企业精神，将诚信视作企业的真谛，把质量视作企业的生命，与客户、员工和谐相处，合作共赢。

公司与海尔、海信、科龙、日立、三菱、LG、三星、惠而浦、扎努西、上汽通用五菱等国内外知名的家电企业及汽车企业建立了良好、稳定的合作关系，销售市场份额持续增长。公司被海信电器（北京）授予2007年度、2008年度和2009年度战略供应商；被海信空调（山东）评为2009年度优秀供应商；被青岛海信日立空调系统评为2007年度、2008年度和2009年度优秀协作厂家；被海尔零部件公司评为2008年度优秀供应商；被台湾瑞智（青岛）评为2009年度优秀供应商。

公司依托本钢、宝钢、武钢等国内著名钢铁企业，与其建立了长期战略合作关系，与日本新日铁、韩国浦项等国际知名的钢铁企业建立了良好关系，获得了强大的上游资源保障和规模成本优势。2006年公司与青岛宝井（宝钢与日本三井合资）签定了5年的战略供货协议；2009年度被武钢华北销售青岛分公司授予"战略用户"；2007年度－2009年度公司被本钢集团国际贸易公司授予"战略用户"。

2008年，公司技术中心被认定为"青岛市级企业技术中心"；截至2009年底，公司已取得和申报受理各类发明、实用新型专利30项；2009年，公司与青岛科技大学成立精密模具研发中心，被青岛科技大学授予"博士后科研工作站"，成为知名高校的教学、研究基地。

2007年度和2008年度，公司被中国外商投资企业协会评为"优秀外商投资企业"和"履行社会责任贡献突出奖"。2009年度被山东省工商局和青岛市工商局评为"守合同重信用企业"、被建设银行青岛分行评为"AAA级信用企业"、被青岛市企业联合会、青岛市企业家协会评为"青岛企业100强"之一、被青岛市民营企业协会评为"青岛市最具成长型中小企业"，06、08年度，公司被评为"家电电力器具专用配件制造行业排头兵企业"。

【企业文化】

海立愿景：做国内一流家电、汽车零部件供应商，国内一流高效节能变频电机名企。

海立核心价值观：诚信、责任、和谐、感恩。

海立精神：挑战自我，永无止境。

海立作风：诚实第一、追求完美、尽责奉献、严谨有序、关注全局、团结协作。

海立铭训：品质决定人生、思路决定出路、性格决定命运、细节决定成败。

海立观念：

创新进步观：没有思路就没有出路，没有创新就没有进步。

做人做事观：做事先做人，想做事，能做事，会做事。

选才识才观：先看阅历，后看学历；先看能力，再看学历。

人才质量观：德才兼备会重用，有德才弱将备用；有才德弱将慎用，无德无才绝不用。

技术立企观：技术立企，行业领先。

满意服务观：客户满意百分百。

责任安全观：心系责任，严防细抓。

稳健财务观：稳健财务，决策依据。

市场开拓观：市场是上帝，开拓抓先机。

终生学习观：终生学习，成就自我。

协调团队观：沟通协调，团结奋进。

节俭成本观：精打细算，节能降耗。

【经营情况】

2012年上半年，受国内外经济增速放缓、楼市调控政策的持续实施、家电下乡和以旧换新刺激政策退出等多种因素的影响，家电行业整体增速出现明显的下滑，行业利润大幅减少。上半年家电行业持续低迷运行，整体产、销数据表现均不理想，呈现整体下滑的态势。

在国内外宏观经济增速放缓及国内家电、汽车行业发展低迷的经济形势下，公司董事会认真分析外部形势，深入分析自身实际情况，以对内夯实管理基础、对外抢抓市场机遇为指导思想，通过对外狠抓市场开拓稳定经营业绩，对内加大内部管理防范经营风险，确保企业逆境中持续稳定发展。2012年上半年公司共实现营业总收入100,650.67万元，实现归属于上市公司股东的净利润3,790.00万元。

【002538】安徽省司尔特肥业股份有限公司

【基本情况】

安徽省司尔特肥业股份有限公司（简称"司尔特"）是从事高浓度磷复肥产品研发、生产和销售的专业性企业，主要产品为高浓度缓释NPK复合肥、测土配方肥系列产品以及磷酸一铵，中间产品包括硫酸、磷酸等。综合实力跻身中国磷复肥行业十强、中国化肥行业百强、安徽企业百强行列。

司尔特作为国家火炬计划重点高新技术企业，早在2003年就获得"全国守合同重信用企业"；2007年，"司尔特"商标被国家工商总局评为"中国驰名商标"；2008年第一批通过国家新一轮"高新技术企业"认定；2009年被列入"安徽省第一批产学研联合示范企业"；2010年还被列入"安徽省第二批创新型企业"；2011年1月18日，公司A股股票在深圳证券交易所成功上市（股票简称：司尔特，股票代码：002538）。

"十二五"期间，司尔特公司将充分依托"自主创新，重点跨越，支撑发展，引领未来"的指导方针，加快产业结构调整和经济增长方式的转变，依托与中国农业大学共同组建的"全国首家测土配方施肥研究基地"，着力打造中国测土配方施肥第一品牌，全面、深入、细致的推广测土配方肥。同时，加快上市募投项目——70万吨/年氨化造粒缓释复合肥搬迁扩建项目的建设步伐，全力打造一个"粮食增产、农民增收、政府满意、专家肯定、环境保护"且具有国际、国内一流水平，亿万农户最信任的磷复肥生产企业。

【主营业务】

高浓度磷复肥产品研发、生产和销售。

【经营业绩】

2012 年上半年公司实现营业收入 78,652.30 万元，比上年同期增长 10.33%，实现净利润 9388.25 万元，比上年同期增长 32.58%。

【企业文化】

企业精神：团结、求实、开拓、进取。

【企业荣誉】

2003 年获得"全国守合同重信用企业"；

2007 年，"司尔特"商标被国家工商总局评为"中国驰名商标"；

2008 年第一批通过国家新一轮"高新技术企业"认定；

2009 年被列入"安徽省第一批产学研联合示范企业"；

2010 年还被列入"安徽省第二批创新型企业"；

综合实力跻身中国磷复肥行业十强、中国化肥行业百强、安徽企业百强行列。

【002544】广州杰赛科技股份有限公司

【基本情况】

广州杰赛科技股份有限公司（简称：杰赛科技）是国家高新技术企业、广东省创新型企业和广州市重点软件企业。杰赛科技是由中国电子科技集团公司第七研究所民品部门于 2000 年转制组建的国有控股股份制企业，2011 年在深圳证券交易所中小企业板上市（证券代码：002544），注册资本 17192 万元。

杰赛科技下设十个分公司和四个子公司，业务范围涵盖电子信息与通信领域，可提供的电子通信产品和服务包括：通信网络与电子工程咨询、规划、设计和优化，电信增值业务，移动通信网络系列产品，有线/无线宽带接入产品，LED 显示与控制，数字电视机顶盒，计算机信息系统集成，无线/有线测控系统及印制电路板等。杰赛科技从技术解决方案、建设解决方案和相关网络产品等多个维度，以全流程、跨网络、多技术的优质服务，为电信运营商（中国联通、中国移动、中国电信）、广电运营商、政府机构、公共事业部门及大型企事业单位提供信息网络建设综合解决方案服务及相关网络产品；在国内率先建立了"云计算"体验中心，并凭借三十年 SCADA 系统开发及相关技术，参与国家"新一代宽带无线移动通信网"重大专项，在物联网应用方面取得了先发优势。

杰赛科技拥有的各类资质证书有：建设部颁发的电子通信广电行业专业甲级和建筑智能化系统设计专项工程设计证书（甲级）、工程勘察专业类工程测量（限通信测量）工程勘察证书（甲级）、电子/电信/建筑智能化工程施工建筑业企业资质证书（壹级）；工业和信息化部颁发的计算机信息系统集成资质证书（壹级）、通信信息网络系统集成企业资质证书（甲级）；国家发展和改革委员会颁发的电子/通信信息工程咨询证书（甲级）、评估咨询、工程项目管理工程咨询单位资格证书（丙级）；广东省公安厅颁发的安全技术防范系统设计、施工、维修资质证书（壹级）等。

杰赛科技是中国安全防范产品行业协会、广东省勘察设计协会理事单位，是中国通信企业协会、中国电子企业协会、中国工程咨询协会、广东省软件行业协会、广东省高新技术企业协会会员单位；是中国通信标准化协会、国家信息安全标准化技术委员会工作组成员单位；是信息产业部批准成立的宽带无线 IP 标准工作组成员单位，是中国 WAPI 产业联盟、中国数字家庭产业联盟、广东省 3G 产业发展联盟成员单位，是中国宽带无线多媒体项目组成员单位；是广东省信息网络安全服务指定单位。

杰赛科技是全国企事业知识产权试点企业、广东省创新型企业、广东省知识产权示范企业、广州市知识产权工作站、广州市海珠区知识产权试点示范企业。被广州市人民政府授予"2006～2008 年度广州市先进集体"荣誉称号，2009 年进入广东省制造业 100 强行列；2010 荣获年广东软件和信息服务业"杰出企业"称号；2010 年荣获"风起云涌 WAPI 创新方案奖"。公司通过了 ISO9001 质量管理体系认证和 ISO14001 环境管理体系认证。

杰赛科技拥有一批高素质的技术开发和工程技术人员，具有较强的科研开发和工程设计施工能力，在电子信息与通信领域积累了丰富的经验，可为客户提供优质的通信产品与服务：在通信网络工程规划设计与优化方面，承接了中国联通 17 个省的 GSM 网络设计、14 个省份的 CDMA 网络设计、18 个省份的 3G 网络设计，获得国家级咨询、设计奖 3 项，省部级优秀设计奖 17 项；在信息系统集成方面，承接了广州新白云国际机场航站楼控制中心工程、广州/西安地铁治安监控与通讯系统、珠海边检旅客出入境自助通关查询系统、广东科学馆智能信息系统、惠州市财政局服务大楼信息化工程、中国人民银行广州分行机房改扩建工程等。杰赛科技携手北京奥运，在 2008 北京奥运无线局域网覆盖项目中，成为基于 WAPI 标准的 WLAN 设备的最大中标厂商，产品遍布北京、天津和秦皇岛等奥运城市的 20 多个竞赛场馆；助力广州亚运，在 2009 年承建了"广州市亚运场馆建设项目智能化系统工程"，圆满地完成了大赛期间 13 个亚运场馆、15 个子系统的运行保障任务；光耀上海世博，2010 年通过重庆馆 LED 显示控制系统工程的成功实施，向世界展示了杰赛 LED 信息发布及新媒体技术的创新实力。

杰赛科技强化企业在技术创新中的主体地位，建立以企业为主体、市场为导向、产学研相结合的技术创新体系，积极与国内著名学府在产学研相结合方面进行卓有成效的合作，与清华大学、北京大学、中山大学、华南理工大学、四川大学、湖南大学、电子科技大学等国内知名学府建立了战略合作伙伴关系。目前，公司申请专利 170 余项（发明专利 130 余项）、软件著作权 50 余项、软件产品登记证书 13 项，主持或参与制定国际/国家/行业标准 30 余项，承担国家、省、市科技攻关项目 70 余项。

面向未来，杰赛科技将以卓尔不群的信息产品和技术解决方案，围绕国家战略和公司未来发展布局，立足于三网融合、物联网、"云计算"及新一代无线宽带网络应用，致力于成为最具竞争力的信息网络建设技术服务及产品的综合提供商。

【企业文化】

发展战略

公司的发展战略是：巩固基础、发展产业、创新高效

经营方针

公司的经营方针是：以专业水平创造优质产品服务社会

质量方针

公司的质量方针是：以领先的电子技术和优质的信息产品回报社会、服务国防

环境方针

公司的环境方针是：创绿色杰赛通信，造和谐自然环境

经营理念

为适应新的市场需求和发展形势，杰赛科技实施"以创新为先导，以诚信为基石，实现共生共赢"的经营理念，定位

于“以提供整体技术解决方案为主体,以基础电子元器件生产为支撑的具有强大竞争力的信息产品和服务提供商以及相关电子类产品制造商”。

公司运营从“以产品为中心”转变为“以顾客为中心”,建立起直接面向顾客的营销模式,并通过特色经营和规范管理,不断更新知识、钻研专业技术,努力提高公司产品和服务的技术含量和质量,满足不同顾客的差异化需求。

公司将有效整合资源,充分发挥整体综合优势,利用业务覆盖面广、产品种类齐全、行业知名度高和研发能力强的特点,积极致力于提供卓越的产品和优质的服务,树立杰赛品牌,成为业内最知名和最诚信的企业之一,为股东提供理想的回报。

公司使命

作为杰赛人,我们倾尽全力、为之奋斗的动力正是来源于:

我们的宗旨——致力于成为最具竞争力的信息产品与服务提供商

对客户,蕴涵了承诺与诚信,以创造一个双赢的沟通渠道和交流平台;

对伙伴,蕴涵了信心与执着,以争取一个更为广阔和长久的合作空间;

对供方,蕴含了认可与默契,以构建一条互惠的价值链;

对股东,蕴涵了期望与目标,以回报一份令人满意的收益和价值;

对员工,蕴涵了追求与愿景,以提供一个成就自我的平台;

对社会,蕴涵了需要与责任,以树立一个理想的现代企业形象。

我们的愿景——成长为国际知名的 IT 企业

正如公司英文名称(GCIScience & Technology CO., Ltd.),“GCI”的原意为:Guangzhou Communication Institute,我们也可将其意引申为:Global Communication Incorporation,通过杰赛人的努力拼搏,我们要成长为国际知名的 IT 企业。

为实现这个愿景,我们需要做到:

不断更新知识、钻研专业技术,提高公司产品和服务的技术含量和质量,满足顾客的需要。

展现“追求卓越”的人文精神,努力构建理想的生活水准。

快速、稳健地发展我们的业务,实现规模效应。

提高效率,实现业内一流的盈利水平,提升成长质量。

汇集业内最出色的专业技术和管理人员,组成高效的团队,并为其提供广阔的发展空间和富有竞争力的薪酬待遇。

树立杰赛品牌,成为业内最知名和最诚信的企业之一,为股东提供理想的回报。

保证无性别、种族、地域和信仰的歧视,在公司内部根据员工的品德和能力,提供培训、发展和升职的机会。

价值理念

公司价值理念是我们通过执行力,共同维系并必须坚持的事情,包括:

我们的企业精神——永不言败

人是要有一点精神的。当我们面对挑战、变革、压力、指责、误解等诸多逆境时,能够支持着我们勇敢面对、重新走向希望的就是一股“永不言败”的精神。只要坚持,就会有希望。作为杰赛人,更是要做到勇于拼搏、勤于攻坚、富于创新、善于竞争。

在激烈的市场竞争中,杰赛人正是秉承“永不言败”的企业精神,以此立于不败,体验成功——成功的职业生涯、成功的工作经历、成功的人生感悟。“永不言败”是杰赛文化的魂,是杰赛文化的主旋律;“永不言败”应成为每个杰赛人的一种执着、一种追求、一种信念、一种理想,杰赛人都应该有一颗“永不言败”的心。我们坚信:奋斗成就未来,努力就会有收获。天道酬勤!

我们的核心文化——高绩效文化

在杰赛,我们构建的企业文化是以绩效为导向的。企业的绩效包含着效益和效率两个方面内容。企业的生存价值和生存空间,只能通过竞争来获得,企业之间的生存竞争本质上是效率的竞争,而效率的客观表现是绩效。企业的主要目标是达成良好的绩效,经营管理的所有活动都是围绕着这个目标来进行,当然也包括企业文化的建设,这同样要以绩效为导向。企业能否持续地生存和发展,在于企业内部成员的精神价值和物质价值的创造能力,即员工的持续的高绩效行为。因此,我们的核心文化就是:高绩效文化。

在杰赛,我们追求卓越,拒绝平庸,这就是以绩效为导向的企业文化。企业要想进行变革,无论是改革分配机制,还是业务流程重组,都需要利用绩效管理系统来逐步引导,促进员工逐渐转变观念,只有员工责任意识和管理水平做到了与时俱进,才能真正促使企业与员工共同进步,确保企业的基业常青。

在杰赛,“没有功劳,也有苦劳”的观念没有立足之地。“苦劳”并不等同于“功劳”,只有“功劳”才会产生绩效,只有拼搏才能创造高绩效。市场不相信眼泪,讲求效益是企业的第一要务,只有时刻关注效益的企业才能在市场的激烈竞争中不断做优做强,才能与员工一起谋求更大的发展。

我们的核心价值观(公司训)——求实、创新、奉献、荣誉

求实:是立身的基础,是处事的根本。求实就是求是、求真。不唯书,不唯上;但唯实,更唯真。技术研发、工程服务、经营管理不允许有半点浮躁和虚伪,杰赛人应踏踏实实做人,认认真真做事。

创新:是开拓的意识,是发展的动力。唯创新才能开创新局面。我们追求速度和效率,专注于对客户和公司有影响的创新。创新需要勇于变革,在否定中创新,在创新中超越。我们必须有高瞻远瞩的眼界以及海纳百川、自我否定的胸怀,才能不断创新,超越自我,为自己、为公司、为顾客实现超额价值。

奉献:是利益的保障,是力量的基石。以公司、团队和下属的利益为己任。无私奉献不是说员工不能有强烈的自我意识、自尊心或远大的理想抱负。无私是指您所做的任何有利于自我或职业发展的决定和行动,都不能伤害到他人或妨碍工作的完成。员工必须学会为了整体的利益而放弃个人的利益。

荣誉:是昂扬的斗志,是图强的精神。公司的荣誉是全体员工价值观的共同体现。荣誉就是个人品质和行为的“道德指南针”,是责任感的体现。荣誉就是在直面危机、风险和逆境时所表现出来的勇气,就是要坚定地捍卫价值观和原则,履行自己的职责。荣誉就是捍卫公司的利益时所表现出来的强烈的责任感。

【行业地位】

公司紧紧把握历史发展机遇,经营业绩和产业规模快速提高,通过提升自主创新和研发能力,形成了从技术成果、产品到产业化应用的良性运行机制,保证了公司的可持续发展,矢志成为行业的领军企业。

荣获“中国通信业设备制造企业 50 强”荣誉称号

荣获“广州市百强企业”荣誉称号

荣获“2006～2008 年度广州市先进集体”荣誉称号

荣获“2009 年广东省制造业企业 100 强”荣誉称号

荣获“2009 海珠区重点总部企业纳税大户”荣誉称号

荣获“2009 广东省装备制造业 100 重点培育企业”荣誉称号

荣获 2009 年度“全国产学研合作先进单位”荣誉称号

荣获 2010 年“广东软件和信息服务业杰出企业”荣誉称号

荣获 2010 年度中国 WAPI 产业联盟“风起云涌 WAPI 创新方案奖”

广东省高新技术企业

广东省创新型企业

广东省自主创新 100 强企业

广东省创新方法试点企业

广东省软件企业

广州市重点软件企业

广州市优秀软件企业

全国企事业知识产权试点单位

广东省知识产权示范企业

广州市知识产权工作站

海珠区知识产权示范企业

广东省省级企业技术中心

广州市宽带接入工程技术研究开发中心

广州市海珠区测控自动化工程技术研究开发中心

【经营业绩】

2012 年上半年，公司实现营业总收入 5.76 亿元，与上年同期相比增长 6.19%；利润总额 3,644 万元，同比增长 12.64%；归属上市公司股东的净利润 2,898 万元，同比增长 10.22%。

【002553】江苏南方轴承股份有限公司

【基本概况】

江苏南方轴承股份有限公司，原名为常州市武进南方轴承有限公司。创建于 1998 年，位于沪宁高速公路中段，靠近沿江高速，常州南出口，东距浦东国际机场 280 公里，西距禄口国际机场 180 公里的江苏常州市武进高新技术开发区。公司占地面积 96000 平方米，员工 800 余人。主要生产滚针轴承和超越离合器。2006 年 6 月通过德国莱茵公司的 ISO/TS16949 体系认证。2008 年 5 月通过 ISO14001 和 OHSAS18001 环境职业健康体系认证。

在汽车领域，南方公司系列产品已向法雷奥、博世、西门子、麦格纳等世界著名汽车零部件生产商批量供货。

在摩托车领域，南方公司已成为本田、铃木、雅马哈，大长江等知名摩托车生产厂家主要配套供应商。

在工业应用领域，南方公司的产品不仅给百得、喜利得、牧田等电动工具生产企业配套，而且还广泛应用于园林机械、纺织机械、门控系统等相关行业。

目前公司产品已出口美国、英国、法国、德国、意大利、西班牙、加拿大、韩国、日本、泰国、印度、台湾等国家和地区。

【大事记】

2012 年 12 月，公司成立制度委员会。

2012 年 11 月，南方轴承捐资助学，校企联动促和谐。2011 年 2 月回顾 2010，展望 2011，公司召开 2010 年度营销大会及年度表彰大会。

2011 年 2 月，公司在深证交易所成功上市，股票代码为 002553。

2011 年 1 月，庆元旦，公司全面开展 5S 工作。

2010 年 9 月，积极响应国家“节能减排”政策，调整作息时间，举行全体员工“游世博”活动。

2010 年 9 月，开展质量月活动，并设立丰厚奖品。

2010 年 8 月，公司积极组织员工参加武进高新区第三届篮球联谊赛暨“溪湖小镇杯”篮球邀请赛。

2010 年 8 月，公司全体员工第一时间为甘肃舟曲灾区举行捐款，捐款额达人民币 36918 元。

2010 年 7 月，公司实行大早会制度，全体员工排列队形方阵，并在早会环节中增加“抓钱舞”等形式。

2010 年 6 月，汇聚公司为我公司培训“打造高绩效执行型团队”，增强企业凝聚力。

2010 年 5 月，公司外贸业务逐步增长，制定外宾来访升旗制度。

2010 年 4 月，公司积极组织员工对青海玉树地震遇难同胞进行捐款，并举行全员默哀活动。

2010 年 3 月，制定新员工入司标准，改善员工待遇。组织员工在植树节植树。

2010 年 2 月，公司整体搬入武进高新技术企业聚集区，搬迁完毕。

2010 年 1 月，年终表彰先进大会。

2010 年 12 月，载歌载舞，公司组织员工圣诞晚会，全体员工共庆圣诞。

【企业文化】

我们的愿景是：领跑中国轴承行业，成为全球汽车及工业领域首选供应商。

我们的使命是：振兴民族工业、打造世界级制造基地。

我们的宗旨是：成就员工，回馈社会，奉献最大客户价值。

我们的精神是：简单、专注、犟性。

我们的作风是：信守承诺、没有借口、绝对服从、永不言败。

【经营业绩】

2012 年 1－6 月，公司营业总收入为 11,293.99 万元，较上年同期增长 1.63%；主营业务收入 11195.84 万元，较上年同期增长 1.60%，其中国内销售额为 7,907.54 万元，较上年同期减少 1.59%；出口额为 3288.30 万元，较上年同期增长 10.19%；归属于上市公司股东的净利润为 2,035.42 万元，较上年同期增长 10.53%；归属于上市公司股东的扣除非经常性损益后的净利润为 1,980.67 万元，较上年同期增长 11.81%。

【002559】江苏亚威机床股份有限公司

【基本情况】

江苏亚威机床股份有限公司，地处风景秀丽的历史名城扬州东郊江都市，专业制造数控转塔冲床、数控激光切割机、数控折弯机、数控剪板机、折弯机、剪板机等高品质平板加工机床和数控飞剪线、分条线等高水平卷板加工机械，产品定位于中高端，数控化率达 90% 以上，是国内少数几家能够提供完整的中高端平板、卷板加工一揽子解决方案的专业金属板材成形机床企业之一，经过五十多年的发展壮大，已成为国内中高端金属板材成形机床行业的领先企业。

公司是国家火炬计划重点高新技术企业、江苏省高新技术企业、设有国家级博士后科研工作站、江苏省级技术中心；2005 年亚威牌数控冲压机床荣获首批中国名牌产品称号，公司先后被评为中国机械500强，中国机床50强；被中国机床工具工业协会授予“数控产值十佳企业”、“综合经济效益十佳企业”、“精心创品牌十佳企业”等全国性行业荣誉称号；2009年，公司被人力资源和社会保障部、中国机械工业联合会授予“全国机械行业先进集体”称号等。2011年3月3日在深圳证券交易所成功上市，被誉为“锻压机床第一股”，证券代码“002559”、证券简称“亚威股份”。

亚威股份在以董事长吉素琴女士为首的管理团队带领下，依靠敏锐的市场洞察力，对变化莫测的市场做出前瞻性的决策，对企业各个历史时期遇到的难题，积极应对、克难求进，使具有超过五十年历史的亚威焕发出新的青春活力。今天，稳健、高效、务实的管理团队带领亚威迈步向前，引领亚威在机床行业开辟新的天地。

亚威坚持技术领先战略，坚定不移的走在创新之路上，通过多年的实践探索，公司逐步建立了以技术中心为主体、各分厂技术部为支撑的两级研发体系，建有一支汇集了一大批国内外板材加工机械领域一流技术人才的研发队伍。公司注重整合国内外技术资源，先后与瑞士SMS公司、意大利SLM公司、日本日清纺公司等国外技术公司、知名企业进行技术和投资合作；与清华大学、东南大学、河海大学等国内知名高校长期保持紧密的合作关系，不断推进企业创新，管理水平的持续提升，极大地提升了产品和品牌的整体市场竞争力，也打造了亚威自己的核心优势。现拥有50多项专利，其中发明专利7项，有8个产品项目被列入国家级重点新产品、5个产品被列入国家级火炬计划、多次承担国家、省级重大科研项目，2010年，一次获得国家工信部批准承担两项科技重大项目。

坚持以质取胜战略，“质量为先、创一流品牌，诚信为本、做百年企业”的理念，严格内部管理，建立完善的质量保证体系；不断进行技术改造，近几年公司添置的主要加工、检测设备150多台套，其中有进口落地镗铣加工中心、龙门加工中心、立式加工中心、车削中心等60余台套；三座标测量仪、激光干涉仪等精大稀加工设备和检测设备（仪器）。先进加工设备、检测仪器有效保证了产品的工艺要求和制造质量。

亚威坚持品牌发展定位服务于国内外中高端市场战略，日益完善的国内国际市场营销服务网络，为用户提供个性化的数控成形加工机床定制类产品或成套设备，同时提供全方位的技术售后服务。“服务零距离、客户零烦恼”是亚威的服务理念。一套方便、快捷、高效的为客户提供优质的产品和服务的营销体系，进一步加快“亚威牌”机床走遍全国、走向世界的步伐。在国内，亚威客户遍布全国，宝钢、唐钢、青岛海尔、比亚迪、郑州宇通、华为、中兴、帝森克努伯等中高端客户均与公司建立长期战略伙伴关系。在国外，2004年“亚威牌”数控机床开始成批进入欧洲发达国家市场，近几年“亚威牌”系列数控金属成形机床产品已远销国外30多个国家和地区。

亚威股份，将注入世界一流企业的发展理念，进一步完善公司治理结构，培育具有自身特点的核心竞争力与企业文化，努力将企业打造成国际一流的金属板材加工成套解决方案供应商。

【发展历程】

1956年，公私合营成立“江都邵伯成昌铁工厂”。

1977年，公司推出国内第一批板料折弯机。

1985年，更名为国营江都机床总厂。

1989年，公司WB67Y－100/3200折弯机荣获国家银质奖；荣获机械部质量管理奖。

1993年，被省科技厅认定为国家级高新技术企业。

1994年，更名为江苏亚威机床集团公司。

2000年，公司改制设立江苏亚威机床有限责任公司。

2001年，公司与瑞士SMS公司共同出资成立中瑞合资江苏亚威爱颇特锻压机床有限公司。

2002年，公司与意大利SLM公司共同出资成立中意合资江苏亚威赛力玛锻压机械有限公司。

2004年，在欧洲荷兰投资成立SMD欧洲销售公司。

2005年，亚威牌数控冲压机床被评为中国名牌；亚威被中国机床工具工业协会授予“数控产值十佳企业”、“综合经济效益十佳企业”、“精心创品牌十佳企业”荣誉称号。

2006年，老城区工厂移师开发区，亚威平板机床、卷板机械两大制造基地初步形成；公司被中国机床工具行业授予“综合经济效益十佳企业”。

2008年，公司整体变更为江苏亚威机床股份有限公司；公司自主研发的2－2500/13000－32C双机联动大型数控折弯机出口德国。

2009年，黄海南路新厂区一期工程—数控转塔冲床技术改造项目开工建设；公司与日本日清纺公司共同投资成立日清纺亚威精密机器（江苏）有限公司。

2010年，经国家人力资源和社会保障部批准设立国家级博士后科研工作站；工信部批准承担“大型开式伺服折弯机”、“机械伺服数控转塔冲床”两项科技重大专项。

2011年，公司在深圳证券交易所成功上市；公司总部搬迁至江都市黄海南路仙城工业园；亚威被国家质量监督检验检疫总局授予“全国质量工作先进单位”。

【企业文化】

进取的亚威人是亚威股份在市场中拼搏的基石，也是亚威股份最宝贵的财富。亚威人在市场竞争中不断取胜，在反省中超越自我，在学习中超越平庸、不断进步。

亚威使命：发展先进的高效机械装备，持续为社会创造最大价值

亚威精神：

诚——诚实、诚恳、诚信为本；

精——精湛、精锐、精益求精；

和——亲和、融和、和衷共济；

新——厚新、创新、求新奋进。

亚威愿景：做世界一流的机械装备及解决方案供应商

核心价值观：人本为先，持续创新；精进图墙，持续共赢

【经营业绩】

2012上半年，实现营业总收入41,749万元，同比增长3.02%；2012年上半年实现归属于上市公司股东的净利润5,305万元，同比增长1.81%，其中实现归属于上市公司股东的扣除非经常性损益后的净利润4,715万元，同比下降1.12%。

【002573】北京国电清新环保技术股份有限公司

【基本情况】

北京国电清新环保技术股份有限公司是主要从事大型燃煤电厂烟气脱硫脱硝设施的投资、研发设计、建设及运营为主的技术领先、业绩优良的高科技电力环保综合服务商，是中关村科技园区内高新技术企业。公司创建于2001年，2011年4月登陆深交所中小板（股票代码：002573；股票简称：国电清新），注册资本2.96亿元人民币。

国电清新立足电力高端市场，拥有完全自主研发、自主知

识产权的湿法脱硫技术,其核心技术"旋汇耦合脱硫装置"取得国家专利,该技术具有脱硫除尘效率高、工况适应性强、能源消耗低等突出优势,公司对 SCR 脱硝技术等也进行了储备;同时,公司引进、消化和吸收了国际领先的活性焦干法脱硫脱硝集成净化技术,结合我国燃煤电厂实际情况进行了大量技术创新与改进,掌握了大烟气量干法集成净化的关键技术,并打破传统、开发采用褐煤制活性焦的技术和工艺,确保公司在国内的技术领先地位。

国电清新具备大型火电厂烟气脱硫脱硝工程建设总承包能力及特许经营能力,拥有环境工程大气污染防治甲级资质和环境污染治理设施运营除尘脱硫甲级资质。总部设远程监控系统,可实时同步对电厂脱硫设施运行进行远程诊断、发现问题,提出解决方案,快速有效地保证脱硫系统稳定、高效、经济运行。公司拥有一流的研发、设计、工程特许经营管理及技术服务人才队伍,拥有研究员、高级工程师等技术人员一百余名。

国电清新采用旋汇耦合技术承建的陡河发电厂 8 号 200MW 机组脱硫改造工程于 2005 年成功投产,标志着我国首次在大型火电厂发电机组上采用国内自主研发的湿法烟气脱硫技术取得成功,该项目还通过了中电联组织的脱硫设施运行检验(后评估)。此后公司秉持以自有技术做精品工程,全面拥有了 50MW、200MW、220MW、300MW、330MW、600MW 及 1000MW 机组几十台烟气脱硫装置业绩,树立了国产脱硫技术在行业中的战略地位。

2007 年国家发展改革委、国家环保总局联合下发通知开始推行火电厂烟气脱硫特许经营试点工作,产业进入市场化、专业化发展新阶段。2008 年国电清新作为首批获准参加试点的七家专业脱硫公司之一,取得首批项目中容量最大的托克托电厂 8×600MW 机组的烟气脱硫特许经营,现已全部按特许经营模式高效稳定运营,在行业内发挥了重要的示范标杆作用。

我国能源战略向西部转移,而西部富煤地区干旱缺水、生态脆弱,高度环保、深度节水技术市场前景广阔。国电清新采用活性焦干法集成净化技术率先在干法脱硫市场上取得重大突破,并将凭借技术领先优势、市场先发优势打造循环经济产业链向纵深发展。

还大地一方净土,还天空一片蓝天;还山川翠绿,还江河澄碧;国电清新"用心创造做精品工程;诚信为本求共同发展"。公司将以技术研发和管理创新持续增强企业核心竞争力,引领产业技术进步与升级,在节能环保、循环经济领域铸就中国经济可持续发展的绿色"脊梁"。

【企业荣誉】

国家住房和城乡建设部认定的环境工程(大气污染防治工程)设计专项甲级

国家环境保护部认定的环境污染治理设施运营除尘脱硫甲级资质

国家首批重新认定的高新技术企业

中国电力科学技术奖

荣登中关村 TOP100"2009 创新榜"

中国国际环境保护技术设备博览会金奖

国家重点环境保护实用技术奖

中关村高新技术企业

北京市海淀区创新企业

北京中关村企业信用促进会会员

2010 年度安全文明工作先进单位(华润电力湖北二期)

质量管理体系认证证书

环境管理体系认证证书

职业健康安全管理体系认证证书

资源综合利用认定证书

纳税信用 A 级企业

北京上市公司协会会员

呼和浩特市"十一五"主要污染物减排工作先进集体

中华全国工商业联合会环境服务业商会会员(常务理事单位)

中关村国家自主创新示范区"十百千工程"企业

环境污染治理设施运营资质证书

中华人民共和国对外承包工程资格证书

中国电力企业联合会节能环保分会副会长单位

【企业文化】

宗旨——治理污染,保护蓝天,持续发展,造福子孙;

理念——市场导向,客户至上,务实创新,争创一流;

精神——挑战自我,以人为本,自强不息,同甘共苦;

愿景——努力成为国际一流的节能环保综合服务商。

【经营业绩】

2012 年 1-6 月,实现收入人民币 18,178.03 万元,比上年同期下降 10.55%;实现利润总额人民币 5,453.33 万元,比上年同期增长 1.04%;归属于上市公司股东的净利润人民币 5,029.83 万元,比上年同期增长 7.00%。

【002580】山东圣阳电源股份有限公司

【基本情况】

山东圣阳电源股份有限公司(简称圣阳股份,股票代码:002580)是国家级高新技术企业。创建于 1991 年,2011 年 5 月在深交所中小板上市。公司专业从事通信备用电源、电力备用电源、UPS/EPS 电源、新能源储能电源、动力电源、光伏系统集成等系统方案的设计、开发和经营,是国际知名、国内领先的绿色能源制造商。

公司坚持"创新创业、精细立业、和谐发展"的发展观,全面实施绿色运营,高度重视产品设计开发、原材料采购、体系运行建设、节能环保、循环再利用等每一个环节,致力于打造绿色产业链和绿色可再生新型能源的研发。目前,公司已形成成熟的 AGM 和 GEL 两大类阀控铅酸蓄电池开发技术、锂离子电池开发技术和新能源系统集成技术;拥有"圣阳"、"ABT"、"赛耐克"、"方信"四个品牌,产品涵盖 8 大类 21 个系列 400 多个品种,并通过了 CE、UL、VDS、GOST 和泰尔认证;产品广泛应用于通信、电力、UPS、EPS、新能源储能和动力能源等领域,远销 30 多个国家和地区,畅销国内外市场。

公司不断汲取世界先进技术,提升自主创新能力,积极与国内外高校和研究机构建立起了紧密的合作关系,建立了省级院士工作站、省级技术研发中心和工程技术中心。公司拥有 100 多人的研发队伍,拥有多项发明专利,先后参与国家和行业十多项技术产品标准的制定,为国家规范管理、行业健康发展做出了积极贡献。

【经营理念】

公司秉承"细分市场、专业经营"的经营理念,以为客户提供专业化、现场化、主动化服务为宗旨,通过完善的营销服务网络,标准的服务规范,实现了从传统的维护保养服务向提前发现客户潜在需求、为客户创造价值的服务转型,努力与客户结成战略合作伙伴关系,实现合作共赢。

公司持续贯彻"让客户满意,让政府放心"的经营宗旨,积极响应国家“转方式、调结构”的宏观政策，致力于绿色可再生能源的开发、循环经济的推进，争取为构建和谐社会、实现人类、社会和自然的和谐共存做出积极贡献。

【企业荣誉】

公司是业内首家通过出口产品免验审核的企业和中华环境友好企业，是国际 ALABC 组织成员、中国标准化协会和中国电器工业协会铅酸蓄电池分会副理事长单位、中国电池工业协会和中国化学与物理电源行业协会常务理事单位，是中国汽车工程学会电动汽车分会、中国通信标准化协会、中国电源学会、太阳能和风能储能电池标准起草委员会委员，是业内为数不多的具有危险废物经营资质的企业。圣阳商标先后被授予“山东省著名商标”、“中国驰名商标”等荣誉称号，连续多年被国家和行业授予 AAA 级信誉企业称号。

【企业文化】

愿景：发展实业，用企业舞台创造价值惠利社会，沉积生存意义。

使命：竭尽全力，以优势的产品提供永不枯竭的动力，满足客户需求。

公司精神：以德立身，尽责敬业，团队至上，追求更好。

发展观：创新创业，精细立业，和谐发展。

人才观：重德看能凭实绩。

质量方针：创新为源，为顾客设计质量；精益求精，为顾客制造质量；有效控制，为顾客管理质量。

HSE 方针：诚信守法预防为主关注环境节能降耗关爱员工持续改进。

【经营业绩】

2012 年 1 -6 月，公司实现营业收入 58,467.36 万元，同比增长 50.31%；归属于母公司所有者净利润 2,340.72 万元，较去年同期增长 9.86%。

【002581】淄博万昌科技股份有限公司

【公司概况】

淄博万昌科技股份有限公司是国内最大的原甲酸三甲酯、原甲酸三乙酯生产供应商，是集研发、生产、销售于一体的国家级高新技术企业、国家火炬计划重点高新技术企业，2011 年 5 月 20 日在深交所中小企业板挂牌上市(002581.SZ)。

自 2000 年 1 月成立以来，公司一直致力于丙烯腈装置氢氰酸废气的综合利用。在国内首创“废气氢氰酸法”生产原甲酸三甲酯、原甲酸三乙酯新工艺，是对传统“金属钠法”工艺的一次创新，属循环经济、资源综合利用新技术。与其他“合成氢氰酸法”工艺相比具有明显的成本优势，曾获“尤里卡”世界发明博览会金奖，具有产品含量高、生产成本低、无三废排放等优点。

公司拥有省级企业技术中心、山东省院士工作站、山东省氢氰酸应用工程技术研究中心等研发机构。与 20 多家高等院校、科研院所建立了紧密的“产学研”合作关系，同时聘请国内外知名专家、教授担任技术顾问。目前已获得授权发明专利 6 项，实用新型专利 6 项，申报已受理专利 7 项，拥有专有技术 30 多项。

公司建立了严格的质量保证体系并高效运行，拥有先进的质量检验设备与仪器，产品出厂合格率 100%，销往国内二十多个省、市、自治区并出口到欧盟、美国、巴西、加拿大、印度、日本、韩国等二十多个国家和地区，是国内外同行业的龙头，已成为先正达、拜耳、辉瑞、帝斯曼等世界 500 强企业的供应商，与新和成、新华制药、浙江医药等国内企业建立了长期战略合作伙伴关系，深受用户信赖。

公司高度重视安全环保、节能减排，已通过 ISO9001 质量体系认证、ISO14001 环境体系认证、GB/T28000 职业健康安全管理体系认证以及安全标准化认证，被山东省人民政府授予山东省安全生产先进企业、山东省环保先进企业、山东省资源综合利用先进企业等称号，并通过了山东省环保厅的清洁生产验收。

公司坐落在有着齐国故都、聊斋故里、陶瓷名城、足球起源地之称的我国重点医药化工基地——山东省淄博市。公司将发扬“创新、高效、诚信、共赢”的企业精神，秉承“科学发展、特色发展、和谐发展”的经营理念，依靠科技创新，发展循环经济，力争把最好的产品、最好的质量、最好的服务奉献给客户与社会，以优异的经营业绩回报股东、回报投资者、回报职工、回报社会！

【企业文化】

企业精神：创新、高效、诚信、共赢。

经营理念：打造循环经济，实现资源综合利用。

发展理念：科学发展、特色发展、和谐发展。

企业愿景：努力建设和谐万昌，文明万昌，平安万昌。

万昌科技坚持“以人为本、创新发展、品质一流、诚信共赢”发展战略，努力成为一个“高科技、高盈利”、“创造财富、回报社会”“资源节约型、环境友好型”可持续发展的新型企业。

【经营业绩】

2012 年上半年，公司实现营业收入 14,865.16 万元，比上年同期增长 45.32%；实现营业利润 5,883.72 万元，比上年同期增长 65.48%；实现净利润 4,986.18 万元，比上年同期增长 63.17%。

【002586】浙江省围海建设集团股份有限公司

【基本情况】

浙江省围海建设集团股份有限公司（以下简称“公司”）前身是成立于 1988 年 6 月 25 日的浙江省水利厅围垦开荒机具管理站，是由浙江省水利厅出资设立的全民所有制企业，曾名浙江省围垦工程处、浙江省围海工程公司。2003 年 10 月 31 日改制为浙江省围海建设股份有限公司。2007 年 9 月 20 日更名为浙江省围海建设集团股份有限公司。2011 年 5 月 25 日以每股发行价为人民币 19.00 元向社会公开发行人民币普通股(A 股)2,700 万股。2011 年 6 月 2 日，“围海股份”股票在深圳证券交易所中小企业板挂牌上市。

公司是国内最早从事海堤建设的专业公司，也是中国水利系统规模最大的海堤建设专业企业，公司成功上市后，被誉为中国海堤建设第一股。公司具有水利水电工程施工总承包壹级、港口与航道工程施工总承包贰级等十余项资质，已成为国内最具实力的海堤建设一体化服务商。截止 2011 年末，公司累计完成 330 多项工程，建造高标准海堤长度达 680 多公里，新增各类用地面积 120 多万亩，比一个新加坡的国土面积还要大。

公司通过持续的工艺、技术创新及设备创新，现拥有 3 项发明专利和 10 多项实用新型专利，成为中国海堤工程专有技术和专有设备的创新者。其中箱涵式水闸浮运安装工艺、复杂软基上爆破挤淤筑堤方法等一系列施工工艺及技术，自主研发的液压对开驳、桁架式土方筑堤机、活塞式淤泥远距离输送装置、深水软基处理作业船等一系列科技创新设备，使公司在海堤建设的施工工艺、技术及施工经验等方面已经达到国内领先水平或国际先进水平。2011 年,公司完成成果鉴定 4 项,3 项国内领先,1 项国际领先。完成企业标准制定 1 项,获得 6 项部级工法,9 项新产品申报均已获得公示。公司先后获得第七届宁波市发明创新大赛发明创新奖银奖和铜奖、宁波市科技进步三等奖、中国专利年会创新奖等。公司的"软基筑堤系列船舶"获得了中国绿色环境保护协会的绿色之星认证。同时,公司被认定为宁波市级建设行业企业技术中心,围海海堤防工程技术中心被认定为市级工程技术中心。

经过多年发展,公司在海堤工程建设方面的核心技术、专用设备、施工工艺、研发创新、质量品牌、管理团队和区域市场等方面形成了突出的竞争优势。公司未来继续坚持"科技围海、绿色围海、品牌围海"的总体发展战略,将海堤工程施工做专、做精、做强、做大,进一步提高市场占有率和品牌影响力,成为国内水利系统海堤工程建设行业的持续领跑者。同时,适度向相关业务领域延伸,培育新的利润增长点,保持企业的持续稳定发展,并为保护沿海地区人民生命财产安全,拓展我国沿海地区经济和社会和谐发展空间作出更大贡献。

【特色化的主营业务】

公司主营业务为海堤工程、城市防洪工程、河道工程、水库工程及其他水利工程,依靠自身技术优势,为客户提供工程勘察、设计、施工、科研、设备、管理、咨询等一体化服务,已发展成为全国水利系统在海岸堤坝、海口城防、近岸海域工程建设规模最大的专业公司之一。

海堤工程主要包括防护性海堤、围海海堤、填海造地海堤、促淤堤、港口海堤、渔港防波堤、交通海堤等。其中,围海海堤、防护性海堤是公司目前海堤建设的主要方向。

海堤工程是抵御台风和风暴潮、保护沿海地区人民生命财产安全的重要屏障。我国东南沿海的海堤工程地基大多为淤泥质粘土,一般含水率达到 50 - 70%。要在这样的地基上建造高标准海堤,施工难度极大,工艺要求极高。公司凭借整体优势,有效拓展沿海地区经济和社会和谐发展空间,促进了沿海地区社会效益、经济效益和生态效益的提高,在国内海堤工程建设领域铸就了多项经典工程,打造了知名的市场品牌。

【专业化的经典工程】

(1)东海大桥连接段海堤工程:是世界上第一条高速公路海堤。该项工程位于外海深海区,风大、浪高、流急、软基深厚,公司通过创新专用施工设备、应用计算机控制分级加载等新技术和新工艺,创造了高速公路海堤施工水下最深(35 米)、堤身最高(44 米)、堤顶最宽(55 米)的"三项世界纪录"。项目先后荣获"全国十大建设科技成就奖"、"中国建筑工程鲁班奖"、"国家优质工程金质奖"和"新中国成立 60 周年 100 项经典暨精品工程"等称号。

(2)温州半岛浅滩灵霓海堤工程:是国内最长的跨海大堤。该项工程地处我国东海典型的海洋性淤泥软基和强海潮区域,具有高压缩性、高含水量、高灵敏度、超低强度等地基特点。工程完工后连年经受台风频繁考验,安然无恙,实现了温州和洞头间"陆岛连接"的千年梦想,被时任浙江省委书记习近平同志誉为"造福人民的一大壮举"。

(3)舟山东港海堤工程:该工程是国内第一个采用深水区排水板插设、箱涵式水闸浮运安装、活塞式土方输送船筑堤等先进施工技术手段,实现了海上机械化、高效立体化施工的工程项目。该海堤建成后所围区域已发展成为全国唯一不占用一分耕地的省级经济开发区。

(4)漩门二期堵港工程:是当时国内最大的深水堵港工程。该工程的漩门港宽 1080m,港底高程最低为 -25.0m,集水深、流急、深厚软基等施工高难度于一体,为国内施工难度最大的深水堵港工程。工程建成后,已成为集现代与生态农业示范、农业科学研究、观光休闲于一体的综合型生态湿地,被授予"中国最佳生态旅游示范区"称号,同时也是我国最大的蓄淡水库(面积相当于 6 个杭州西湖)。

(5)玉环坎门渔港防波堤工程:是当时我国渔业系统中建设规模最大、技术难度最高、围域面积最广的渔港防波堤工程。工程建成后形成 5.3 平方公里的海域面积,成为能容纳 3,000 余艘渔船抛锚避风的良港,满足了各类船只卸货补给等需要,成为全国最大的一级群众渔港。

此外,公司在海堤水闸和水库大坝建造上也创造了多项精品工程,如:福建长乐外文武大型水闸工程,是福建省修建的第一座外海滩区大型围垦工程中的配套挡潮闸,也是一座在开敞式海域大浪区、高潮差、粉细砂地基上建设的高质量水闸;台州里墩水库大坝工程,是国内第一座在 30 米以上超深厚软土地基上采用塑料排水板、复合土工膜和粘土斜墙工艺建设的土石坝,大坝施工期累计沉降量达 7.5 米,打破了当时 5.2 米的亚洲纪录。

【人才储备】

经过多年的发展,公司已汇聚了大批成熟的管理人才和专业技术人才。拥有 20 多位行业资深专家,100 多位中高级专业人才,300 多位各类青年技术人员。团队具有丰富的行业管理经验,技术人员结构覆盖公司业务的各个领域。截至 2011 年末,公司共有在册员工 544 人,其中大专以上学历人数达 392 人,占公司员工总数的 72.06%;专业技术人员 405 人,占公司员工总数的 74.45%;30 岁及以下员工 247 人,占公司员工总数的 45.40%。公司员工结构合理,中青年员工在实践中进步,并逐步成长为公司的骨干力量,是公司持续发展的有力保障。

【公司荣誉】

公司是国内水利系统海堤工程建设行业的领跑者,海堤工程施工专业技术及设备的创新者,经典海堤工程的铸造者。公司先后荣获"全国优秀施工企业"、"全国优秀水利企业"、"全国文明单位"、"重合同、守信用企业"、"浙江省优秀建筑施工企业"、"宁波市支援青川县灾后恢复重建先进单位"等多项荣誉称号,被浙江省人民政府誉为"千里标准海塘建设的一支劲旅"。公司及所承建项目曾荣获"鲁班奖"、"詹天佑奖"、"建国六十周年百项经典工程奖"等百余项省部级以上荣誉。公司注册商标"力克莱"还被评为宁波市著名商标。

【企业文化】

多年来,公司一直坚持"科技围海、绿色围海、品牌围海"的总体发展战略,公司企业文化的内容主要体现在三个层面。

一是精神文化层面。涵盖公司核心价值观、企业精神、企业哲学、企业理念、企业道德等,形成了体现在"勇于拼搏的精神,开拓创新的精神,精诚协作的精神,团队共进的精神,超越服务的精神"的"精诚、超越、共进"的围海精神;彰显"两个共长、两个和谐、三赢理念",坚持以人为本的价值导向;倡导"让围海的服务超越顾客的期望"经营理念;服务社会、回报社会的企业责任。

二是制度文化层面。伴随公司的数十载改革发展,实现了从人管人到制度管人、再到文化管理的新阶段,建立起制度化与人性化相结合的围海公司管理模式。

三是物质文化层面。公司各级领导高度重视企业文化建设工作,坚持把企业文化建设做为一项长期的系统工程来抓。

公司新大楼装修之际，加大对文化设施建设的投入力度，设有电子阅览室、图书室、室内健身场所、教育培训室、多动能厅等职工日常活动场所。除这些齐全的硬件设施外，公司的网站、内刊《新拓》、公告栏等文化宣传阵地与载体，都做到了更新及时、传播广泛，员工的参与度也较高，在职工文化建设中作用明显。同时，公司组建的围海登山队、篮球队、乒乓球队等，每周都有自己的活动时间；公司年会、庆典、联欢会，都由员工们自编自导自演，参与度极高；趣味运动会、象棋围棋、歌咏赛、演讲比赛、征文比赛也都搞得有声有色。

公司企业文化建设的远景规划是：将围海集团打造成服务优质、市场占有率高、核心竞争力强的现代化企业集团，营造人本和谐的企业发展环境，以科技围海引领市场、绿色围海变革市场，品牌围海开拓市场，成就公司百年围海的愿景。

【发展思路】

公司面临前所未有发展良机。首先是水利事业前景广阔。中央一号文件将发展水利事业提高到事关国家长治久安、经济可持续发展、生态环境和谐、民生安居乐业的战略高度，并决定今后十年投入4万亿资金，治理江河湖泊，建设防风暴潮海堤，改善民生用水等工程建设。大水利给公司发展带来大机遇。其次，海洋经济发展方兴未艾。中央提出陆海统筹，发展海洋经济战略。“十二五”规划对海洋经济作出详尽规划，国务院先后批准沿海11个省市海洋经济发展规划，批准山东、广东、浙江为蓝色经济发展示范区，批准舟山为海洋经济发展试验区。这标志着我国已进入蓝色经济、海洋时代。

公司借力宏观政策利好机遇，统筹调整了发展思路，即：

发展愿景——建设蓝色经济、打造百年围海；

发展战略——以科技围海引领市场，绿色围海变革市场，品牌围海开拓市场，智慧围海打造市场。

公众围海——以卓越的业绩，持续稳定的增长，赢得投资者的支持和信任。

【经营业绩】

2012年1－6月，公司实现营业收入55,934.14万元，同比增长17.41%；实现营业利润3,439.78万元，同比增长20.27%；实现归属于上市公司股东的净利润2,553.67万元，同比增长26.12%。

【002588】史丹利化肥股份有限公司

【公司概况】

史丹利化肥股份有限公司是一家集高塔复合肥及其它新型复合肥研发、生产和销售的大型现代化复合肥企业。公司成立于1995年，现有总资产38.6亿元，占地面积3000亩，年生产能力220万吨，是全国最大的高塔复合肥生产基地。“史丹利”品牌价值高达27.2亿元。2011年，各项经济指标创历史最高水平，荣获“临沂市十佳企业”。

2011年6月10日，史丹利A股在深圳证券交易所隆重挂牌上市（股票简称：史丹利，股票代码：002588），融资11.375亿元，为公司跨越式发展奠定了坚实的基础。

史丹利化肥公司总部位于山东省临沭县，在吉林、山东德州、广西贵港、湖北当阳、河南遂平和宁陵等地拥有7家子公司，实现了在全国生产、营销和服务的总体布局。

史丹利化肥公司先后创造了“两个中国第一”：中国第一条尿基高塔复合肥生产线、中国第一代最高含量54%复合肥。目前，公司在全国31个省、市、自治区建立了以县级为单位的2000个销售网点，产品远销日本、澳大利亚等国家和地区。

史丹利化肥公司在同行业第一个引入国际先进的SAP信息管理系统，实现了工业化和信息化的高度融合，为生产、营销的健康运行提供了有力地信息管理保障。

史丹利化肥公司被国家科技部认定为“国家重点高新技术企业”；商标被国家工商行政管理总局认定为“中国驰名商标”；高塔复合肥、两步氨化法硫酸钾复合肥、熔体造粒多元素高效缓释作物专用肥、同步型缓释水稻专用肥被科技部、环保部、商务部、国家质检总局联合认定为“国家重点新产品”。

史丹利化肥公司拥有国家博士后科研工作站和院士工作站，先后承担国家重大科技成果转化项目、国家火炬计划、国家星火计划、国家重点新产品计划等20余项国家重大科研项目，参与制定国家标准3项，研发新产品80多个，获得国家专利51项。“高塔熔体造粒复合肥新产品”、“熔体料浆塔式造粒复合肥关键技术与应用”、“熔体造粒多肽稳定性肥料关键技术与应用”、“熔体造粒腐植酸功能性专用肥关键技术与应用”四项科技成果达到国际先进水平。

史丹利化肥公司塔式熔体造粒缓释复合肥、两步氨化法新型硫酸钾复合肥、液态硫酸铵转鼓造粒复合肥项目被科技部列入“国家火炬计划”；多功能一体化复合肥项目被列入“国家星火计划”。

史丹利化肥公司高塔复合肥生产技术荣获国家科技部创新基金；高塔复合肥生产技术开发项目列入国家科技部创新基金项目；自主研发的生物腐植酸复合肥获得国家发明专利，与同步型缓释水稻专用肥一并被国家科技部列入国家农业科技成果转化项目，进入产业化全面实施阶段。

史丹利化肥公司作为中国复合肥行业的领跑者，2008年，相继与国家杂交水稻研究中心、国家玉米研究中心（山东）、国家小麦研究中心缔结战略合作联盟，使国家三大农作物科研权威机构胜利会师史丹利公司，实现了良种良肥的强强联合，创新了中国农业合作模式。

2009年，史丹利化肥公司与清华大学化工系实现产学研合作，围绕提高肥料利用率和解决肥料面源污染两大课题，以高塔复合肥后续技术和绿色控释肥为攻关方向，在更高层次、更宽领域实现复合肥的创新发展。

2011年，史丹利化肥公司与中国农业科学院土壤肥料研究中心建立战略合作关系，双方通过技术研发和资源配置的有机整合，在科技项目转化、创新平台建设、人才队伍培养和新型复合肥料研发等方面进行深度、系统、全面的合作，打造中国新型肥料品牌。

展望未来，史丹利化肥公司前景更加美好。史丹利公司已是行业的佼佼者，特别是集结了中国农业领域最顶尖科学家的技术优势，奠定了加快发展的基础。“打好基础翻一番、奋战两年过百亿”，真正成为全国最大、质量最优、效益最好的复合肥企业，在世界树起一个著名的国际品牌。

【企业文化】

经营理念

以科技提升品质兴产业为民报国

企业精神

学习沟通自我超越敬业奉献团结协作

企业宗旨

对用户：提供绿色高效产品传播健康环保理念

对客户：合作双赢共同成长

对股东：高度负责长效回报

对员工：学习培训成就自我

对社会:注重环保造福于民

管理理念

科学化市场化系统化

人才理念

国际化专业化品牌化

质量理念

品牌是企业的形象质量是企业的生命

质量目标

一次性抽检合格率 100% 客户满意率 100%

服务理念

品质立业以信为本质量零缺陷服务零距离

品牌宣言

追求卓越勇于创新热忱服务回报社会

史丹利的使命

创造美好农业

史丹利的核心竞争力

学习力创新力整合力

史丹利的战略目标

全力建设“五年工程”,即 5 年内成为中国和世界复合肥行业的领导者,

再兴建 6 条高塔熔体造粒复合肥生产线,销售收入突破 100 亿元。

史丹利企业文化的具体表现

诚信、感恩、尊重、合作、分享、创新

史丹利人的特征

有胸怀、有远见、有思维、有品格

史丹利人的价值观

(1)人的价值大于物的价值

(2)企业价值大于个人价值

(3)社会价值大于企业价值

史丹利人的工作观

把生活和工作理解成一个学习、创新、创造意义的过程。

【2012 年大事记】

2012 年 11 月,在 2012 年度全国石油和化工科技奖励表彰大会上,公司荣获科技进步一等奖,被授予“全国石油和化工行业复混肥工程研究中心”。

2012 年 11 月,在中国植物营养与肥料学会第八届代表大会暨 2012 年学术年会上,总经理高进华当选为学会理事,公司为理事单位。

2012 年 11 月,在中国磷肥工业协会第六届会员大会上,总经理高进华当选为协会副理事长,公司为副理事长单位。

2012 年 10 月,国家质检总局副局长魏传忠莅临公司视察。

2012 年 8 月,公司进入 2012 年中国民营企业制造业 500 强。

2012 年 8 月,总经理高进华当选临沭县企业家协会会长。

2012 年 8 月,史丹利化肥遂平公司一期工程生产线顺利投产。

2012 年 6 月,公司隆重召开上市周年庆暨 2012 年全国经销商峰会。

2012 年 6 月,史丹利·姚基金希望小学隆重奠基。

2012 年 4 月,山东省省长姜大明在第十六届西洽会上视察公司展位。

2012 年 4 月,公司正式成为国际肥料工业协会会员。

【经营业绩】

2012 年上半年,公司实现营业收入 271,848.80 万元,同比增长 17.81%,实现营业利润 18,279.87 万元,同比增长 18.53%,实现净利润 15,405.84 万元,同比增长 28.18%。

【002592】南宁八菱科技股份有限公司

【基本情况】

南宁八菱科技股份有限公司成立于 2001 年 7 月,是一家集科、工、贸为一体,专业研发、生产、销售管带式铜质或铝质热交换器产品的自治区级高新技术企业。公司生产的产品主要应用于汽车、工程机械、国防装备、计算机等市场领域;客户主要分布于中国、美国、澳大利亚等全球市场。由于询价机构不足 20 家,2011 年 4 月 11 日过会的八菱科技成为 A 股市场首家中止发行公司。

八菱科技公司致力于热交换器的研发、生产和销售,涉及产品 500 多种;凭借先进的技术,过硬的品质,产品年销量超过 180 万台。目前主要配套市场有一汽解放公司、一汽柳州特种汽车厂、东风柳州汽车公司、上汽通用五菱公司、重庆长安汽车股份有限公司、奇瑞汽车公司、柳州工程机械股份有限公司、玉柴机器股份有限公司等。

公司拥有 300 多台(套)热交换器生产、测试设备,其中引进的德国高频制管机、瑞典双波浪制带机、美国氮气保护铜质硬钎焊炉、美国换热性能风洞试验台和英国随炉炉温跟踪测试仪等均是目前国际上最先进的散热器制造和测试的关键技术设备。

同时,公司还是国内第一家掌握铜质硬钎焊工艺技术并应用于批量生产的企业,也是继美国 UAR 和 Radac,俄罗斯 Shaaz、法国 Berry、日本 Najico 之后,世界上第六家掌握并应用铜质硬钎焊技术的企业。

公司通过引进、消化和再创新,成功地在国内率先掌握管带式换热器行业领先水平的三项核心技术:铜质硬钎焊工艺技术、双波浪散热带结构技术、耐高压热交换芯体与单元结构技术。

【企业荣誉】

2008 年,公司荣获中国内燃机工业协会颁发的《中国内燃机工业诞辰一百周年成就奖》。

2009 年,公司获得南宁市高新区年度技术创新“三等奖”。

2010 年,公司荣获中国内燃机工业协会颁发的“中国内燃机零部件行业排头兵企业”称号。

【企业文化】

公司秉承“成就顾客、成就八菱、成就自我”的宗旨,以不断进取的姿态,与时俱进,打造属于自己的品牌!

【经营业绩】

2012 年上半年实现营业收入、利润总额和净利润分别为 27,108.68 万元、4,657.74 万元和 4,403.88 万元,比上年同期分别增长了 4.84%,5.67% 和 8.50%。

【002596】海南瑞泽新型建材股份有限公司

【基本情况】

海南瑞泽新型建材股份有限公司成立于 2002 年 4 月,原名称为“三亚瑞泽混凝土配送有限公司”。2008 年 8 月完成股份有限公司整体变更。公司名称变更为“海南瑞泽新型建材股份有限公司”。目前公司注册资金壹亿叁仟肆佰万元人民币,公司成立以来,领导层带领全体职工鼓足干劲抓生产、一心一意谋发展,坚持社会效益和经济效益并举的原则,将

"质量第一"和"服务至上"贯穿于企业运营的全过程,使公司在短短的几年时间里迅速成长壮大,由创建初期的单一混凝土配送企业,发展成为一家规格品种齐全的商品混凝土生产与配送、新型墙体材料生产与配送的股份制企业。公司的产品主要用于海南省内各大型建设项目,包括国家和省市大型城市基地设施、交通工程及大型住宅项目。

总公司下属各已投产的企业生产及经营状况良好,业务收入及上缴利税呈逐年递增态势,为当地社会和经济的发展做出了积极的贡献。公司先后被国家和省级政府授予"海南省品牌企业"、"诚信纳税企业"、"海南省工业经济发展十大功勋企业"、"中国AAA级质量信用企业"、"计量认证合格企业"、"安置就业先进民营企业"、"中国改革开放30年最具社会责任感品牌企业"、"中国质量信用企业百强单位"、"海南省节能减排十大功勋企业"等荣誉称号,公司被海南省工业经济联合会选为副理事长单位、被海南省民营经济协会选为"常务理事单位"

【企业文化】

强在创新,胜在服务

精在管理,利在发展

【经营业绩】

2012年上半年,公司实现营业收入4.49亿元,同比增长39.34%;实现利润总额0.41亿元,同比下降2.13%;实现归属母公司净利润0.31亿元,同比下降4.45%。

【002599】北京盛通印刷股份有限公司

【基本情况】

北京盛通印刷股份有限公司成立于2000年11月,注册资金13200万元。公司性质:上市公司,证券代码:002599,证券简称:盛通股份,公司上市时间:2011年7月15日。主要从事全彩出版物综合印刷服务,并定位于出版物和商业印刷的高端市场,主要承印大型高档全彩杂志、豪华都市报、大批量商业宣传资料等快速印品以及高档彩色精装图书。

在开发区内公司拥有两个现代化印刷生产基地,总建筑面积为6.3万平方米。生产基地内装备了世界一流的设备,现印前配有四套CTP系统,印刷设备拥有高斯SUNDAY2000/24商业卷筒纸胶印机、海德堡M600卷筒纸胶印机、三菱16SSS商业卷筒纸胶印机,海德堡八色平张印刷机,五色印刷机及数台海德堡四色平张印刷机,印后配有马天尼精装联动生产线、马天尼胶装联动生产线和骑马订联动生产线等,包装配有全自动装袋封口机。现有员工1000余人,年营业额数亿元人民币,连续四年被评为"中国印刷百强企业"。是中国书刊印制企业中最具规模最具竞争力的企业之一,服务的客户遍及国内,并在海外赢得良好声誉。

自设立以来,公司始终坚持"专业、高效、服务、创新"的经营理念,以"为读者奉献最为精美书籍"为宗旨,为客户提供整体出版物印刷服务解决方案,目前公司拥有国际最先进的商业印刷设备、严整的印刷工艺流程和精细化管理体系,设备配套能力处于国际领先水平,具备全年全天候连续生产能力。公司承印的精装图书精美纷呈,并在2007年、2010年分别荣获首届和第二届中国出版"政府奖"(印刷复制类);在全国的快速商业印刷市场中公司拥有十分突出的印刷和装订的产能,公司承印的彩色期刊品种在中国邮政发行畅销期刊(2009年度)中占比近20%,在市场中具有强大的影响力。

目前,公司已与新华社瞭望周刊社、北青传媒集团、北京桦榭广告有限公司、人民教育出版社、外语教学与研究出版社(外研社)、中国少年儿童新闻出版总社、三联书店出版社、中国地图出版社、中国电力出版社、中国铁道出版社、中国纺织出版社、北京师范大学出版社等几十家大型出版社、传媒公司建立了长期稳固的合作关系,主要承担如《瞭望》、《瞭望东方》、《环球》、《国家财经》、《证券市场周刊》、《南风窗》、《看天下》、《理财周刊》、《昕薇》、《嘉人》、《健康之友》、《心理月刊》、《都市主妇》、《商界时尚》、《旅伴》、《汽车之友》、《第五频道》、《兵器知识》等上百种大型彩色期刊杂志的长期印刷任务。同时,公司还积极涉足国际市场,并与俄罗斯OLMA、俄罗斯RSO、德国NGV、丹麦EGMONT为代表的欧洲多家出版集团建立了良好的合作关系,出色的产品质量、交货能力和优质服务都受到了国内外客户的充分肯定。

【企业荣誉】

公司屡获殊荣,获得了中国国家新闻出版总署举办的首届(2007年)和第二届(2010年)中国出版"政府奖"(印刷复制类),印刷质量获得政府部门的肯定。北京质量协会印刷分会2008年度至2011年度授予公司质量管理十佳企业;2010年北京印刷协会和北京新闻出版局授予公司诚信企业;同年公司被中国国家新闻出版总署评为第二届中国出版政府奖先进出版单位。多家出版社把公司评为指定印刷企业和最佳合作伙伴。在奥运会、世博会、建国六十周年国庆等国家大型活动中,公司与出版社合作为社会提供了丰富的印刷产品和服务。在全国十万多家印刷企业中公司自2008年起连续四年被中国印刷技术研究所《印刷经理人》杂志评为中国印刷百强企业。

【企业文化】

企业理念:以人为本、创新争先、诚信为根、服务永续

企业内刊:《盛通人》由公司企管部主办,创刊于2006年

企业活动:企业年会、员工生日会、企业运动会、年度旅游、活跃的志愿者们

【经营业绩】

2012上半年,公司实现营业收入247,257,960.83元,相比去年同期的营业收入219,747,780.09元,增长12.52%.归属上市公司股东的净利润14,972,437.80元较上年同期21,516,872.26元减少30.42%。

【002614】厦门蒙发利科技(集团)股份有限公司

【基本情况】

厦门蒙发利科技(集团)股份有限公司创立于1996年,主要从事按摩器具产品的设计、研发、生产和销售,是目前国内最大的按摩器具产业集团。2011年9月9日,公司在深圳交易所挂牌上市(股票代码:002614),是中国按摩器具行业唯一上市的龙头企业。

公司注册资本为2.4亿元人民币,总部位于厦门,在国内外设有11家全资及控股子公司。截至目前,蒙发利出口份额和工业产值已连续六年保持国内行业第一,不仅是中国医药保健品进出口商会按摩器具分会理事长单位,也是中国按摩器具行业相关产品国家标准的主要制定者。

蒙发利拥有按摩器具行业最具规模的技术研发团队,700多名专业人才,每年投入近8000万元研发费用用于科技创新和专利技术开发。截至2012年10月31日,公司已获得186项专利技术,其中多项自主研发的核心技术已达到国际先进或国际领先水平。公司研发生产的产品品类逾千种,涵盖了

保健按摩产品的大部分品类，每年推出的各类新产品数量占当年销售额的比重超过 50%。

多年来，蒙发利通过与全球知名品牌的合作已建起了科学严谨的品质管控系统，先后通过 ISO9001、美国 UL/FCC/CETL/ETL 认证、欧盟 CE 认证、德国 GS 认证、英国 BS 认证、日本 PSE 认证、韩国 KC 认证、台湾 CNS 认证、沙特阿拉伯 SASO 认证等，优秀的品质保障保证了国际标准的高品质产品，市场遍及美国、加拿大、欧盟、日本、东南亚等主要国家和地区。近年来，蒙发利积极开拓国内市场，发展自有品牌。目前集团旗下品牌"OGAWA 奥佳华"、"Cozzia"正在快速有序的推进中。

【经营业绩】

2012 年上半年报告期内，实现归属于上市公司股东的净利润为 472 万元，同比下降 86.97%。

【企业荣誉】

2009 年高新技术企业

蒙发利为福建省企业知名字号

医保商会五届理事会兼职副会长单位

中国按摩器具研发出口基地

2010 年厦门企业 100 强

2011 年度出口超亿美元企业

【企业文化】

勤奋创新，合作分享。

【002623】常州亚玛顿股份有限公司

【基本情况】

常州亚玛顿股份有限公司是成立于 2006 年 9 月的高新技技术企业、江苏省创新型企业、福布斯最具潜力企业，2011 年 10 月 13 日在深交所中小板上市。

公司成立伊始就坚持科技创新，是国内首家研发和生产应用纳米材料在大面积光伏玻璃上镀制减反射膜的企业，产品技术处于行业领先地位。性能可靠的减反膜有效地提高了光伏组件发电输出功率，取得了快速增长的经济和社会效益。

公司十分重视人才的引进、培养和使用，并与中科院等单位建立了紧密有效的产学研合作平台。公司建立了市级光伏功能性材料与技术重点实验室以及省级工程技术研究中心。公司即将投放市场的高性能透明导电玻璃和厚度≤2mm 玻璃的钢化及镀膜产品将给薄膜电池和新型双玻组件等产品带来重大的价值和发展意义。

亚玛顿的产品已越来越受到国内外著名企业的青睐，公司正在积极推进 3450 万㎡/年的产能计划以满足客户需求。亚玛顿将在国家十二五规划对新材料（功能性膜材料）及新能源政策的有力推动下，用科技进步产品为客户和社会创造更大的价值。

【企业文化】

企业精神：自加压力、争创一流

企业使命：为客户创造价值、为员工增加福利、为社会创造财富

员工精神：奉献、进取

质量方针：科技创新、持续改进、制造品质一流的产品

环境方针：守法降耗、清洁生产、开展放心满意绿色亚玛顿

【发展历程】

2006 年 9 月，常州亚玛顿光伏玻璃有限公司新设成立。

2007 年 1 月，"高透光率光伏玻璃"产业化项目顺利通过省科技厅成果转化项目立项。

2008 年 12 月，通过国家新标准"高新技术企业"认定。

2009 年 5 月，"江苏省高透光率光伏玻璃工程技术研究中心"获省科技厅授牌。

2010 年 4 月，获"江苏省创新型企业称号"。

2010 年 6 月，公司名称变更为常州亚玛顿股份有限公司。

2010 年 8 月，发布拟首次公开发行股票接受上市辅导的公告。

2011 年 1 月，"亚玛顿"牌商标被认定为江苏省著名商标。

2011 年 1 月，入选《福布斯》2010 中国潜力企业榜，位列江苏第一，全国第十六。

2011 年 2 月，被评为常州市 2010 年度工业五星级企业。

2011 年 4 月，江苏省委罗志军书记视察我公司。

2011 年 5 月，国家工信部批准，我公司为《太阳能光伏用减反射膜玻璃》行业标准的起草单位。

2011 年 5 月，国际 SEMI 协会批准，我公司为《光伏玻璃镀膜国际标准》起草单位。

2011 年 6 月，山西省党政代表团在江苏省委罗志军书记，省长李学勇的陪同下来我公司考察。

2011 年 8 月，荣获江苏省高成长型中小企业称号。

2011 年 8 月，常州亚玛顿股份有限公司首发申请获证监会发审委审核通过。

2011 年 10 月，常州亚玛顿股份有限公司在深交所正式挂牌交易。（证券简称：亚玛顿、证券代码：002623）

2011 年 12 月，全国人大副委员长路甬祥视察亚玛顿。

2012 年 1 月，入选《福布斯》2011 年度最具潜力上市企业排行榜，位列第四。

2012 年 1 月，被评为常州市 2011 年度工业五星企业。

2012 年 2 月，"多功能高透光率光伏玻璃产业化"喜获江苏省科学技术三等奖。

【经营业绩】

2012 年上半年，公司实现营业总收入 35,873.88 万元，较去年同期比较增长了 35.7%；实现营业利润 8,124.24 万元，较去年同期比较下降了 25.67%；实现利润总额 8,099.72 万元，较去年同期比较下降了 27.26%；实现净利润 6,884.77 万元，较去年同期比较下降了 27.19%。

【002624】浙江金磊高温材料股份有限公司

【公司概况】

浙江金磊高温材料股份有限公司是生产和销售不锈钢、特殊钢及其他冶炼和建材用耐火材料的高新技术企业。公司还承担设计、研发、制造、安装、施工、维护为一体的"全程在线"整体承包服务。公司年产 15 万吨耐火材料，实力雄厚，信誉良好，获得了客户和社会的一致认可，被评为"德清县优强企业"、"湖州市重点骨干企业"、"湖州市优质企业"、"银行 AAA 级信用单位"和"高新技术企业"等。

公司成立于 1999 年，座落于浙江省湖州市德清县，位于杭嘉湖平原之上，属太湖流域长江三角洲经济区。海陆空运输便利发达，地理位置得天独厚。

公司占地面积 150 亩，员工 800 多名，2010 年销售收入 3.5 亿元，是国内耐火材料重点制造企业之一。公司产品齐全、环保。其中，代表"绿色耐材"的超高纯镁钙砖是我们公司的拳头产品，替代 AOD 炉用镁铬砖，具有良好的抗渣性和

高温稳定性。我公司对该产品的研制和开发获得湖州市科技进步三等奖，在行业中也具有举足轻重的地位。经过十几年的锤炼，公司发展蒸蒸日上，与国内外多家企业和科技研究机构建立了战略合作伙伴关系，金磊盛名享誉世界。

公司通过 ISO9001 质量管理体系和 ISO14001 环境管理体系认证，体系全面贯穿于整个设计、研制开发、生产和销售（服务）过程中，使得各项生产经营活动实现了模式化、程序化的科学管理。通过不断的引进和自身培养人才，公司已经拥有了一支集科研、开发、生产为一体的骨干队伍。

真金不怕火炼。公司将朝着国际一流耐火材料生产商和服务商的方向不断努力，力争将公司打造成世界龙头企业。

【企业大事记】

2000 年 9 月，通过 ISO9001 质量管理体系。

2003 年 5 月，年产 15000 吨烧成镁钙砖项目获得批复。

2004 年 4 月，15000 吨烧成镁钙砖项目试生产。

2004 年 5 月，成功研制超高纯镁钙砖，打破了南方地区绝无镁钙砖的传言。同时搬入新厂区，建立第一条镁钙砖生产线。

2005 年 3 月，第二条镁钙砖生产线投产。

2006 年 7 月，超高纯镁钙砖被浙江省科技厅认定为高新科技产品。

2006 年 12 月，第三条镁钙砖生产线投产。

2006 年 12 月，超高纯镁钙砖的研制与开发被评为湖州市科技进步三等奖。

2008 年 4 月，自制回转窑成功投产，为公司超高纯镁钙砖的生产提供了重要的原材料保障，大大提高了超高纯镁钙砖的产品质量。

2008 年 7 月，公司被评为“银行 AAA 级信用单位”。

2008 年 9 月，RH 炉用耐火材料研发成功 CL012：46：27。

2009 年 7 月，公司被誉为“浙江省高新技术企业”。

2009 年 8 月，成功研发出低碳镁钙砖。

2009 年 8 月，获得专利技术“一种精炼炉炉底的砌筑方法”。

2009 年 9 月，获得外观设计专利“耐火砖（1）”、“耐火砖（2）”、“耐火砖（3）”。

2009 年 10 月，“无水树脂结合高性能镁钙碳砖研发项目”被列入“浙江省新产品开发项目”。

2009 年 10 月，第四条镁钙砖生产线投产。

2009 年 10 月，通过 ISO14001 环境管理体系。

2010 年 5 月，新技术中心落成。

2010 年 5 月，公司通过清洁生产工作审核验收。

2010 年 6 月，公司技术中心被浙江省技术厅认定为“省级高新技术企业研究开发中心”。

2010 年 8 月，第五条镁钙砖生产线投产。

2010 年 10 月，公司技术中心被浙江省经信委、财政厅等五部门认定为“浙江省省级企业技术中心”。

【企业文化】

经营理念：诚信是基础、服务是重点、质量是关键、共赢是目的

企业宗旨：发展企业、贡献国家、服务社会

企业精神：用心创造耐火材料的未来

企业愿景：成为全球最具有竞争力的内火材料制造商和服务商

【经营业绩】

2012 年上半年实现营业总收入 18003.82 万元，比上年同期下降 19.15%；实现归属于母公司的净利润为 1989.76 万元，比上年同期下降 44.45%；基本每股收益 0.1 元，比上年同期下降 79.27%。

【002626】厦门金达威集团股份有限公司

【基本情况】

厦门金达威集团股份有限公司创立于 1997 年 11 月 24 日，是国家火炬计划重点高新技术企业、厦门市首批新认证的高新技术企业。2011 年 10 月 28 日在中国深圳证券交易所挂牌上市（股票简称：金达威；股票代码：002626）。

公司现已在厦门和呼和浩特投资建成四个生产基地，拥有 1000 多名在职员工。截止 2011 年 12 月 31 日公司净资产超过 12 亿元人民币。

公司以提高人类健康生活品质为宗旨，致力于营养强化剂和生物医药领域的创新和发展。公司自成立以来不断探索现有技术的优化升级和新产品的研发生产，走自主创新发展和产、学、研相结合的道路，已承担多项国家和省市重点科技计划项目，完成多个国家火炬计划项目的产业化。公司坚持“相关技术、相关产品、相关领域多元化”的发展战略，已形成了一个覆盖面广、相关性强、技术及功能相辅相成、具有自主知识产权的产品组合体系。

公司先后通过了 ISO9001 质量管理体系、ISO14001 环境管理体系、ISO22000 食品安全管理体系、HACCP 管理体系、食品 GMP、FAMI－QS 质量安全管理体系以及 KOSHER 和 HALAL 等认证。

公司生产的辅酶 Q10、微藻 DHA、植物性 ARA、维生素 A 和维生素 D3 等五大系列产品广泛应用于医药、保健品、食品、化妆品和饲料等领域，远销全球数十个国家和地区，是行业内知名的营养强化剂生产企业。

【经营业绩】

2012 年上半年报告期内，实现营业收入 332，877，119.21 元，较上年同期增长 15.24%；公司实现归属于上市股东的净利润 63，874，398.56 元，相比去年同期下降了 19.74%。

【企业荣誉】

2010 年 2 月省创新性试点企业

2010 年 12 月知识产权试点企业

2011 年度“厦门市技术进步先进工业企业”称号

2011 年度“厦门市十佳创新型企业”称号

【企业文化】

经营理念

创造价值追求卓越

企业精神

精于技术诚于协作

勇于创新乐于奉献

质量方针

质量和信誉是我们的生命

服务和创新是我们的根本

安全和健康是我们的承诺

团队倡导

一流技术一流管理

一流品质一流服务

环境方针

遵守法规提升意识

清洁生产减污增效

科学管治持续改进

【002633】申科滑动轴承股份有限公司

【基本情况】

申科滑动轴承股份有限公司位于浙江省诸暨市，距杭州市中心 80 公里，距宁波港 200 公里，距上海港 350 公里。

公司坚持以科技创新为主导，先后开发了 DQY 系列端盖式球面滑动轴承、VTB 系列推力滑动轴承、60 万千瓦汽轮发电机可倾瓦轴承、ZQK 系列座式滑动轴承以及电机用 ZH 型动静压座式滑动轴承等新产品。其中，DQY 系列端盖式球面滑动轴承、60 万千瓦汽轮发电机可倾瓦轴承、ZQK 系列座式滑动轴承已被评为国家重点新产品。

公司主要生产交直流电机、汽轮发电机、汽轮机、水轮机、风机、水泵、压缩机及其他旋转机器用的轴承。产品广泛用于机械工业、化学工业、电力工业、钢铁工业、水利工程、冶金、矿山及水泥等领域，并出口巴基斯坦、土耳其、印度、日本、澳大利亚、孟加拉国、英国等国家。

公司还相继通过了 ISO9001 质量体系认证，ISO14001 环境体系认证及 ISO1800 职业健康认证，2000 年成为同行业中首家省高新技术企业，2005 年又荣获国家重点高新技术企业称号，在国家统计局评选的全国大中型工业企业自主创新能力行业十强企业榜中，列轴承、齿轮、传动和驱动部件制造第三位，成为行业内公认的国内集研发、生产、销售于一体的最具实力的滑动轴承专业生产厂家之一。

在积极实施新产品开发的同时，公司还不断加大技改投入力度，从 2003 年开始，共投入 1.2 亿元资金进行技术改造，使生产能力发生了巨大变化。技改投入为公司与外商合作奠定了较好的硬件基础，2005 年，申科与西门子（siemens）、通用电气（GE）、阿尔斯通（Alstom）等全球能源设施领域领先的专业公司建立了供货合作关系，2007 年 10 月，通过了西门子公司供应商资格认证，成为西门子亚洲地区第一家滑动轴承供应商。

经中国核工业总公司东方工程有限责任公司认证，公司目前被确认为该公司的合格供方。这是全国第一家获此殊荣的滑动轴承供应商。

公司董事长何全波先生被选举为诸暨市人大代表，总经理何建东先生被选举为诸暨市政协委员，公司以此为契机，进一步抢抓机遇，不断加大技改投入力度，注重企业品牌建设和新产品研发，主动接轨国际市场，增强企业核心竞争力，努力把申科打造成具有"国内第一、国际领先"水平的大企业。

申科滑动轴承股份有限公司将一如既往地以可靠的产品质量、完美的售后服务、按期交货，让顾客更满意。

【经营业绩】

2012 年上半年报告期内，公司实现营业收入 12,911.95 万元，同比上升 6.95%；实现利润总额 927.36 万元，同比下降 60.35%；实现净利润 830.76 万元，同比下降 58.69%。

【企业文化】

使命

持续满足市场对优质、安全、可靠的滑动轴承的需求，促进中国民族制造业的发展：打破欧美日对滑动轴承高端市场的统治，使申科品牌响彻世界。

愿景

成为国际顶尖的滑动轴承制造商：公司愿通过不断的超越自我，突破极限，使公司的生产、制造、销售达到世界一流水平。

核心价值观

以人为本、诚信天下、求真务实、开拓创新：

以人为本——以人为核心，最大限度的尊重爱护员工。

诚信天下——以诚信为根本，发展企业，与客户建立长期的值得信赖的友好合作关系。

求真务实——以市场经济为主体，解放思想，实事求是。从根本上把握企业发展规律。

开拓创新——以科学技术为主导，不断挖掘企业自身潜能，突破自我，实现可持续发展。

【002641】永高股份有限公司

【基本情况】

永高股份有限公司系深交所中小企业板上市公司，证券简称"永高股份"，代码 002641。其前身是浙江永高塑业发展有限公司（永高塑业），而永高塑业的前身是黄岩永高塑胶制品有限公司，成立于 1993 年 3 月。永高股份是公元塑业集团有限公司最大的核心子公司，是中国化学建材研发制造龙头企业，一直从事塑料管道研发、制造与销售。目前旗下拥有 7 家全资子公司，分别是上海公元建材发展有限公司、深圳市永高塑业发展有限公司、广东永高塑业发展有限公司、天津永高塑业发展有限公司、重庆永高塑业发展有限公司、浙江金诺铜业有限公司以及台州市黄岩精杰塑业发展有限公司。

永高股份作为中国塑料加工工业协会和塑料管道专委会副理事长单位及全国塑料制品标准化技术委员会塑料管材管件及阀门分技术委员会（SAC/TC48/SC3）核心委员单位，在行业界发挥了重要作用。公司参与制定了 10 余项塑料管道产品国家标准，在提高行业产品质量和技术水平、品牌建设和打造诚信企业等方面作出了表率，为我国化学建材推广应用和产业化发展、促进与国际管道行业同步发展作出了一定的贡献。2003 年以来，"ERA 公元"牌产品和"ERA 公元"商标先后荣获"国家免检产品"、"中国名牌产品"和中国驰名商标等称号；公司先后获"浙江省首批诚信示范企业"、"全国诚信守法乡镇企业"、"国家火炬计划高新技术企业"、国家级"高新技术企业"、浙江省工业行业龙头骨干企业和"民营企业全国 500 强"等多项荣誉。公司产品销售网络覆盖国内 28 个省市区，一级重点经销商 600 多家，产品广泛应用于国内许多重点建设工程如"上海东方巴黎"、"南京奥体中心"和"北京世纪城"等。在国际市场，"ERA 公元"产品已远销欧美、中东、非洲和东南亚众多国家或地区。

永高股份秉承持续创新、永攀新高的精神，"十二五"期间，公司将进一步加快发展步伐，加大技术改造力度，提高自主创新能力，努力开发新型塑料管道产品，推进技术进步和产业升级，并实施走出去战略，积极参与国际竞争，把"ERA 公元"产品推向更广阔的国内外市场。

【经营业绩】

2012 年上半年，公司实现营业收入 11.45 亿，同比 10.55 亿增加 9,000 万元，增长 8.52%。

【企业荣誉】

2010 年

浙江省著名商标证书

ERA 公元商标被国家工商行政管理总局认定

上海市管道行业质量诚信优胜企业

被评为第八批"市级文明单位

台州市践行科学发展观先进基层党组织

台州市治安安全先进单位

台州慈善突出贡献奖

台州市 2008 – 2009 年度“讲、比”竞赛活动先进集体

荣获上海市“诚信企业”称号

浙江省工业循环经济示范企业

2011 年

上海公元建材发展有限公司被评为“2002 – 2011 上海装饰材料市场连续十年行业领军企业”

上海公元建材发展有限公司公元牌管材、管件被评为“2011 年上海装饰材料市场畅销品牌”

上海公元建材发展有限公司公元牌管材、管件被评为“2011 年上海装饰材料市场消费者满意产品”

【企业文化】

公司愿景

全力打造充满生命活力、独具个性魅力的现代知名企业。

公司目标

做精、做实、做强、做大

公司使命

成己达人，奉献社会；成人达己，人我共赢

核心价值观

内诚于心，外信于人

人才观

德为先、能为基、勤为贵

用人理念

海纳百川、有容乃大

工作作风

言必行、行必果、过必纠

团队理念

创造快乐团队、共享团队快乐

管理者修养

克己修身、平和待人、沉稳处世、清净接物

企业作风

精细务实、稳健迅捷

管理理念

制度至上、情理交融

客户理念

客户是公司的衣食父母

质量方针

精益求精、至善至美

经营方针

市场第一、用户至上、品牌为根、诚信为本

员工理念

以事业心推动公司发展；以责任心落实每个细节；以进取心追求自我完善

座右铭

诚实做人、踏实做事

环保理念

保护生态环境，建设美好家园

宣传口号

永高股份，永攀塑业高峰

“公元”塑业，塑造新世界

与昨天比较，才知今日之得失；与同行比较，方明自身之长短

比较使公元知己知彼，谨慎守成；比较令公元信心百倍，大胆创业

开创永高新天地、谱写塑业新篇章

承载历史、开创未来

永高忠于员工，永高与员工同发展；永高忠于社会，永高与社会共进步

人品产品争一品、创业创新创名牌

专注品质，创造美好

【002644】兰州佛慈制药股份有限公司

【基本情况】

兰州佛慈制药股份有限公司主要从事中成药、西药及中药材生产和销售。其前身佛慈制药厂 1929 年始建于上海，有着 80 年的生产经营历史，建厂伊始，就提出了“科学提炼，改良国药”的办厂宗旨，开中药工业化生产之先河，首创了中药浓缩丸剂型，是“中药西制”思想的倡导者和实践者。2006 年被国家商务部首批认定为“中华老字号”企业。

1931 年，佛慈产品即开始销往东南亚、日本一带，以“选材道地、工艺精良、疗效确切、服用方便”，受到海外华人的欢迎。史料记载：发行以来，用者称誉，风行遐迩，供不应求……

1956 年为支援大西北建设，利用甘肃丰富的药材资源迁入素有中药天然宝库美誉之称的甘肃兰州。目前，公司已发展成为集天然药物研究开发、中药现代剂型生产，具有专业提供中药提取物加工能力的现代制药企业。拥有员工 1400 余名，药学、医学、化学、生物学、经济学等高、中级工程师、药师等各类专业人员近 400 人。拥有一批国内外高、精、尖检测仪器和生产设备。浓缩丸剂、片剂、膏剂、颗粒剂、胶囊剂等十种剂型生产线全部通过国家 GMP 认证，企业的生产工艺水平、技术装备、人员素质达到国内中药生产企业先进水平。先后通过了澳大利亚 TGA 组织的 GMP 认证及多次复验，产品在 PIC 协约国得到认可，跻身中国中药工业生产企业 50 强。企业综合经济指标连续多年位居全国行业前列。

现有 344 个品种的产品，有独家产品 11 个（中药保护品种 4 个，国家发明专利产品 4 个）。骨干品种覆盖了补益类、安神类、止咳化痰平喘类、活血化瘀类及解表清热、利水渗湿类等多个药品类别，产品以“选料好、工艺精、品质优、疗效显著”受到消费者的信赖和推崇。佛慈牌浓缩丸系列中成药被誉为中国中药名品，行销全国并出口至美国、加拿大、日本、新加坡、印尼、泰国、马来西亚、德国、荷兰、新西兰、澳大利亚等 27 个国家和地区，是目前中国中药出口时间最早、出口品种最多的企业，多年来名列中国中成药出口企业 10 强。名列中国中药生产百强榜。

80 年来，佛慈制药秉承“我佛慈悲，药物普救众生”的朴素愿望，用独创的中药浓缩丸塑制法工艺，以生产“品质优、疗效好”的中药浓缩丸受到消费者的推崇而蜚声海内外，赢得了世人的关注，树立了佛慈“安全、专业、健康、关怀、温暖”的品牌形象，形成了企业独特的文化魅力。2007 年，佛慈制药在安宁经济技术开发区征地 326 亩，计划投资 5.89 亿元建设佛慈医药工业园区，引进欧美、日本等发达国家最先进的制药设备和技术，对生产工艺流程进行全方位技术升级，公司坚持以“建设一流项目、引进一流工艺技术设备；推行一流管理、培养一流员工队伍；打造一流品牌、创造一流经营业绩”为目标，向具有国际先进技术水平和研发能力的现代化中药企业迈进，着力打造产、学、研为一体，国内一流、国际知名的现代中药企业。

在崇尚自然、回归自然的今天，佛慈将一如既往坚持以科

技为先导，致力于中药现代化、国际化，为人类的健康服务。

【企业荣誉】

2011 年，公司荣获甘肃省第二届劳动关系和谐企业称号。

2011 年，公司荣获 2010 年度国有先进企业称号。

2011 年，公司荣获 2010 兰州经济最具推动力十大企业称号。

2011 年，公司荣获 2010 年度兰州市企业景气调查先进单位称号。

【企业文化】

佛慈企业的经营理念

审时度势紧跟产业现代发展趋势

创新求变高举国药科学改良旗帜

科学发展协调自然社会资源优势

慈和为基打造行业强势文化品牌

整合营销提升市场核心竞争能力

以人为本实现企业发展最大价值

【社会责任】

2012 年，佛慈制药一直关注交通警察的身体健康问题，特别从公司生产的三百多个产品中精心挑选具有抗尘护肺、减轻烟害、抗衰延寿等作用的佛慈牌麦味地黄丸，向兰州市 800 多名执勤交警进行爱心捐赠，以改善交警职业健康状况，减轻汽车尾气对交警造成的伤害。

2010 年 8 月 7 日深夜，我省甘南藏族自治州舟曲县发生历史罕见的特大山洪泥石流灾害，造成重大人员伤亡和财产损失。我公司在第一时间向受灾地区伸出援助之手，为救灾工作尽绵薄之力，向省民政厅捐赠 15 万元现金，并通过省红十字会、兰州市药监局捐赠价值 20 万元的药品，8 月 26 日公司再次组织相关人员将价值 3.6 万元的灾区急需药品送往舟曲。

2008 年 5 月 12 日下午 14 点 28 分，四川省汶川县发生里氏 8.0 级地震。灾情发生后，公司全体员工同全国人民一样焦虑和担忧，为救灾中的英勇事迹所感动，灾区同胞的安危牵动着佛慈 1500 名员工的心。面对这场特大的地震灾害，公司董事长贾朝民同志在第一时间召集会议进行了紧急动员和周密部署，率先向四川汶川县赠送价值 29.954 万元的药品，5 月 14 日，公司向甘肃省内医药行业和医药批发企业以及公司员工发起倡议，倡议大家尽己所能，采用各种方式，尽快帮助灾区人民重建家园。倡议贴出后，1542 名员工积极响应，慷慨解囊，共捐款 200000 元。

【经营业绩】

2012 年上半年实现营业收入 13,391.57 万元，同比增长 6.17%；实现净利润 1,279.98 万元，同比下降 14.39%；归属于上市公司股东的净利润 12,799,822.37 元，同比减少 14.39%。

【002651】成都利君实业股份有限公司

【基本情况】

成都利君实业股份有限公司于 2012 年 1 月 6 日在深圳证券交易所中小企业板成功挂牌上市，股票代码：002651。公司成立于 1999 年，注册资本 4.01 亿元，位于四川省成都市武侯区武科东二路 5 号，是一家专业从事水泥、矿山行业粉磨工艺及核心设备研发、制造、销售和服务的高新技术企业，国际领先的专业粉磨系统整体解决方案提供商。

公司一直致力于研究开发高效、节能、环保的大小型辊压机及其配套设备，现技术处于国内领先、国际先进技术水平，公司的产品和信誉在国内外水泥装备及冶金矿山行业均得到了高度认可，并起到了举足轻重的作用，是国内最大的辊压机研究开发、制造生产基地之一。

公司主营业务是以粉磨系统的关键设备辊压机为核心，面向水泥生产、原矿开采后的矿物加工等多个应用领域，为客户提供高效节能的粉磨系统装备及配套的技术服务。公司的主导产品辊压机作为水泥与矿山等行业粉磨系统的核心设备，是国家大力支持和鼓励发展的节能减排新产品，是机械行业中的水泥、矿山专用设备制造设备。公司凭借核心管理与技术团队多年的技术积累和行业经验，于 2003 年成功自主研制出第一台水泥辊压机并投放市场。经过多年的研究与开发，凭借强大的创新实力和卓越的产品品质，成功的将辊压机推向矿山粉磨、水泥生料、化工粉磨市场。2008 年，公司在国内首创将辊压机应用于水泥生料粉磨，申请获得了“水泥生料终粉磨系统”国家发明专利权，近年来公司在水泥生料终粉磨市场份额稳居第一位；公司在国内率先将辊压机应用到矿山粉磨系统，针对不同的工况条件和矿石类别研发设计了不同的粉磨系统，突破了辊压机的应用范围，2010 年公司在矿山粉磨辊压机市场占有率达 90% 以上。公司生产的 CLF 系列辊压机及配套的 V 型选粉机已广泛应用于水泥生料、熟料粉磨、冶金矿山等领域，获得了装备制造行业的广泛赞誉。

公司自成立以来，坚持以“弘扬民族品牌、壮大民族工业、”为己任，按照“以人为本、科技创新、开创市场、整合资源”的经营管理理念，坚持“自主研发、自主创新”方针，依照《国家重点鼓励发展的产业、产品和技术目录》要求，在提高产品产量、质量、降低电耗、能耗和低碳排放等方面取得突破，研发了多项新产品、新工艺。公司技术中心在 2006 年通过了四川省省级认定，现公司拥有矿山粉磨、水泥生料等 6 项发明专利、51 项实用新型专利，多项专利和技术成果获四川省和成都市科技进步奖。公司不断加大对技术中心的投入，汇聚行业锋锐技术团队不断创新，在水泥、矿山粉磨辊压机的研发、制造及系统工艺设计方面不断超越，现技术处于国内领先、国际先进水平。

经过多年的努力，公司的产品及信用得到了行业内外的认同，2005 年公司自主研发的“CLF 智能化高效节能辊压机”被国家科技部纳入“国家火炬计划项目”；2006 年公司技术中心通过了四川省省级认定；2007 年被中国建材机械工业协会授予“中国水泥机械龙头企业”称号；2007 年公司产品“LEEJUN 牌水泥辊压机”被国家质检总局授予“中国名牌产品”称号；2008 年公司研究开发的“辊压机粉磨系统”被国家发改委列为“第一批国家重点节能技术推广项目”；2009 年公司被国家建材机械行业评为“标准化工作先进集体”。公司通过了 ISO9001 质量管理体系、ISO14001 环境管理体系和 CE 认证，先后获得了“四川省质量管理先进企业”、“四川省建设创新型企业”、“中国建材机械工业企业信用评价 AAA 级”、“四川省质量信用 AAA 用户”等多项荣誉和资质证。

【技术研发】

公司坚持以技术创新的成果占领市场，实现技术创新与市场开发结合，极大的推动了企业的快速发展。公司进入规模生产起，一直保持销售、生产与上缴税金的同步增长，取得了良好的经济效益和社会效益。

公司技术中心在 2006 年通过了四川省省级认定，研发大楼建筑面积约 2500 平方米，建立了机械、液压、工艺、电气、自动化等系统专业实验室，及矿山材料综合实验室及矿石加工分析实验室，引进了国内外先进的检验、测试实验仪器设备，从事粉磨材料、工艺、系统等方面的专业研究，为公司辊压机产品及粉磨系统的持续技术创新研究与开发提供了保障。在水泥建材行业，公司首家将辊压机成功应用于水泥生料粉磨系统，处于行业引领地位；在冶金矿山行业，公司成功研发并制造出了具有独立知识产权的可更换式改性柱钉辊面，其独有的柱钉快速修复功能和侧端面保护技术，为高压辊磨机在矿物加工领域的应用打下坚实的基础。

公司技术中心实行主任负责制，由专家委员会监管，分为项目部、研发部和新工艺实验部。公司以良好的发展前景、优秀的企业文化、良好的激励机制吸引了大批粉磨技术领域的顶尖人才，技术中心的研究开发人员均毕业于北航、东北大学、南航、哈工大、武汉工大等国内名校。公司制定了一系列激励制度，有效地激励研发人员不断地进行技术创新。公司也积极与国内外知名单位和科研院所进行项目合作开发，成立了高压辊磨机矿物加工综合试验室，专门对高压辊磨机在矿物加工领域粉磨工艺的研究和应用，为客户提供个性化的粉磨工艺选择。

公司的产品及粉磨系统以高效、节能、环保、稳定性强等特点得到了行业内外的赞誉及认可，公司研发生产的辊压机设备及粉磨系统先后被评为“中国名牌产品”，被列入“国家重点节能技术推广项目”，公司及技术中心人员被相关单位评为“标准化工作先进集体”、“标准化工作先进工作者”。

公司以科技创新为核心，随着业务的不断扩大，公司将始终保持一定的、持续的对研发机构的建设和投入，不断提高公司的技术水平和核心竞争力，为国内外用户及时提供品质优异、技术先进的水泥、矿物等各领域加工专用设备。

【002653】西藏海思科药业集团股份有限公司

【基本情况】

西藏海思科药业集团股份有限公司，注册地位于西藏山南地区泽当镇香曲东路8号，注册资本40,010万元，法人代表为王俊民先生，行业性质属于医药制造业。公司始终坚持“市场导向、研发驱动、技术领先”的经营理念，现已拥有员工共1200余人，其中包括50名博士、近百名硕士。

上市后，公司在资本市场上以诚实守信著称，主要体现在业绩真实、信息公开透明方面，上市后业绩大增，在资本市场上取得了良好表现。

海思科集团技术力量雄厚，研发中心拥有包括多名博士、硕士等各类科研人员200余人，研发实力在化学制药行业中名列前茅。2000年成立以来累计开发成功35个品种，其中首仿上市18个，超过50%。现任首席科学家邓炳初博士有着多年海外研发经验，2005年全球上市的重要抗癌新药索坦（舒尼替尼）就是邓博士在美国辉瑞期间作为第一发明人发明的。目前公司在仿制药、小分子化学创新药及单克隆抗体等三个专业领域启动了50余个新项目的研究开发。

经过多年积累，研发中心已经成功建立了四个国内领先的新药开发技术平台：具备国际先进水平的新型肠外营养注射剂系列药物技术开发平台、新型难溶注射剂工艺技术开发平台、多室袋包装技术开发平台以及新型难溶口服制剂技术开发平台，有效提高了研发效率，为巩固集团公司核心竞争优势奠定了雄厚的技术基础。目前已经申请发明专利52项，取得发明专利证书10项，正在开发的新产品达40余项，其中近两年内预计投产上市的新产品多达10余个。

公司五大主导产品全部系国内首家创新仿制，主打品种均占有较高市场份额，处于领导地位。其中，肝胆疾病用药多烯磷脂酰胆碱注射液占81%的市场份额，肠外营养药转化糖注射液系列占市场份额53.9%。公司产品基本上都进入了国家或各省医保目录，产品覆盖了国内70%以上的三级甲等医院，在国内临床医生及患者当中树立了较高的专业品牌知名度。

公司的主要产品有：小容量注射液、大容量注射液、冻干粉针三个大类，其中小容量注射液包括多烯磷脂酰胆碱注射液、盐酸纳美芬注射液、甲磺酸多拉司琼注射液、多种微量元素注射液（Ⅱ）、复方维生素注射液（4）、葡萄糖酸依诺沙星注射液等品种；大容量注射液包括转化糖注射液、转化糖电解质注射液、中/长链脂肪乳注射液（C8－24）、复方氨基酸注射液（18AA－Ⅶ）、羟乙基淀粉200/0.5氯化钠注射液、甘油果糖氯化钠注射液等品种；粉针包括注射用脂溶性维生素系列、注射用夫西地酸钠、注射用盐酸罗哌卡因、注射用头孢地秦钠、注射用三磷酸胞苷二钠等品种。

海思科集团拥有健全的销售网络和成熟的营销渠道，在产品占据明显优势的前提下，公司依据“战略合作、利益共享”的原则打造起覆盖全国主要省市地区的庞大销售网络。通过区域代理制的销售模式，公司管理的代理商超过千家，覆盖约3,000家二级以上医院。并以有效的学术支持和销售管理，使公司拥有强大的终端控制力，同时，借助代理商的地区资源优势，共同拓展市场，大大缩短了产品市场导入期，使得市场销售效率大大提高。

公司的核心管理团队由专业的创始股东、职业经理人以及卓越的科学家组成。公司的创始股东分别是企业管理、医药营销、医药科研等专业领域的专家，外聘的职业经理人在销售、财务、生产等领域专业能力出众，再加上以具有国际一流水准的邓炳初博士为代表的极富创新能力的科学家，形成了一个完整而富有战斗力的管理团队。

辽宁海思科制药有限公司

辽宁海思科制药有限公司成立于2005年5月19日，2011年7月被认定为国家级高新技术企业，建有符合国家GMP标准的各类厂房及配套设施4万余平方米。拥有小容量注射剂、冻干粉针剂、头孢无菌原料及头孢无菌制剂、玻瓶大输液、多室袋软袋输液等8条专业生产线。目前获得了盐酸纳美芬注射液、甲磺酸多拉司琼注射液、注射用头孢地秦钠、复方氨基酸注射液（18AA－VII）等9个药品生产批准文号，其中甲磺酸多拉司琼注射液为国家三类新药。

四川海思科制药有限公司

四川海思科制药有限公司成立于2007年8月，坐落于成都市温江区海峡两岸科技产业开发园，占地面积33266平方米，投资额7280万元。公司生产的品种广泛涉及心血管、抗感染、消化系统、精神系统等多个领域，许多产品是国内独家或少数几家生产。公司建有胶囊剂、片剂、颗粒剂及原料药等多条生产线。现有及正在申报的新药二十余个，涉及心血管、肝病、糖尿病等多个领域，立足于为国内患者提供最新、最优质的药品。

【主营业务】

化药制剂及原料药的研发、生产和销售。

【经营业绩】

海思科的上市丰富、提升了A股市场中的西藏板块。海思科上市后，更加努力地发展业务以回报自治区、回报政府、回报投资者。2012年，海思科实现净利润4.43亿，比去年同期增长了 41.87%。海思科的努力在资本市场引起了强烈的反响,使海思科的股价大幅度领先于大盘,在全部 2453 个上市公司中排第 100 名,在 701 个中小板上市公司中排 21 名,超过了 97% 的其他公司;在 146 家医药业上市公司中排第 10 名。

海思科积极回馈股东,彰显投资价值,2012 年上市后即出台丰厚的 2011 年现金分红方案,派发现金红利 2.4 亿元,名列西藏所有上市公司第一位。2013 年初出台的股利分配方案为每 10 股转增 10 股并派发现金红利 7.5 元(共计现金红利 3 亿元),受到投资者的热烈欢迎。

海思科也积极回馈社会、热心社会公益事业。上市前累计支付约 2500 万元用于支援西藏山南地区农业建设,同时通过捐款捐物、捐资助学等向山南当地牧民送去关心和温暖。上市后为西藏山南地区举办的雅砻文化节捐资 300 万元,同时牵手长江商学院 50 余名社会各界精英,走进西藏进行"雪域高原公益行",为西藏地区小学、医院等公益机构捐款共计 1300 多万元,是自长江商学院成立以来捐款数额最高,参与人数最多的一次活动。公司还利用在西藏地区的影响力,为西藏的招商引资牵线搭桥,为西藏地区的经济发展贡献出自己的力量。

【企业文化】

角色:不断创新的资源整合者

定位:市场导向下的高效新药仿创专家

愿景:致力于成为医药领域前沿的专业开发者

使命:让国内广大患者快速分享到国际最新医药技术成果

【企业荣誉】

2009 年,非公有制企业纳税百强第一名(西藏自治区)

2009 年度,纳税百强企业第二名(西藏自治区)

2010 年度,纳税百强企业第一名(西藏自治区)

2011 年度,西藏自治区纳税百强排行榜第四名

2011 - 2013 年度,高新技术企业(西藏自治区科学技术厅西藏自治区财政厅西藏自治区国家税务局)

2012 年,第五批创新型试点企业(科技部国务院国资委中华全国总工会)

2012 年,制药企业信用评价 AA 级信用企业(中国化学制药工业协会)

【002669】上海康达化工新材料股份有限公司

【基本情况】

上海康达化工新材料股份有限公司自成立以来一直致力于胶粘剂领域的研究与应用事业,是国内最大的专业胶粘剂生产、研发型企业之一。公司是中国工业胶粘剂协会常务理事单位,上海市粘接技术协会副理事长单位,上海市高新技术企业。康达新材是"胶的专家",公司所属的"万达"牌系列工业粘合剂先后荣获上海市著名商标,上海名牌产品等荣誉,目前可为国内外广大用户提供环氧胶、聚氨酯胶、丙烯酸酯 AB 胶、α - 氰基丙烯酸酯胶、光敏胶、硅橡胶、厌氧胶、丁基热熔胶、工业修补剂、喷涂聚脲系列等 200 多种规格型号的产品,并广泛应用于扬声器制造、能源电厂、交通运输、防腐耐磨、港口矿山、军用装备、机械设备、电子电器、建筑加固等诸多领域。公司上下奉行"追求真善美、力创高精尖、奋战夺效益、心诚迎客来"的企业精神,成为国内外众多品牌公司指定产品供应商。

公司拥有专业的胶粘剂技术研究所,下设十几个课题小组,立足于科技创新,以开发环保型产品和能源领域应用产品为主要目标,致力于解决用户在生产、应用和维修过程中遇到的施胶工艺、配套施胶设备及各种粘接、密封难题,提供快速专业的技术服务和售后服务。康达新材,中国工业粘合剂供应商,二十余年的专业研发生产经验,诚为国内外业务伙伴提供个性化的粘接技术解决方案。

【主营业务】

胶粘剂的研发、生产、销售和服务。

【经营业绩】

2012 上半年公司的营业收入仅为 10868.1 万元,较上年同期减少 36.41%;实现营业利润 1760.5 万元,比上年同期减少 55.64%;归属于上市公司股东的净利润 1566.69 万元,比上年同期减少 53.94%。

【企业文化】

企业目标:我们一直在努力,做中国胶粘剂行业第一品牌。

企业价值观念:为用户创造价值、感动用户。

企业精神:追求真善美、力创高精尖、奋战夺效益、心诚迎客来。

企业作风:不断学习、立即行动、没有任何借口。

【企业荣誉】

公司改性丙烯酸酯结构胶系列产品在国内市场的销量始终排名第一。

公司在内资企业中最早通过 GL 认证,并实现规模生产,打破了跨国公司对该领域的垄断。

公司研究所为上海市认定的企业技术中心,检测中心为国家认可的实验室。

【002672】东江环保股份有限公司

【基本情况】

东江环保股份有限公司(以下简称为"公司")位于广东省深圳市南山区高新区北区,创立于 1999 年 9 月,是一家专业从事废弃物管理和环境服务的高科技环保企业。2003 年 1 月,公司在香港联交所创业板挂牌上市,成为国内第一家在境外上市的民营环保企业;2010 年 9 月,公司由香港联交所创业板转至主板上市,股票代码:00895;2012 年 4 月 26 日,公司首次公开发行 A 股股票并成功于深圳证券交易所上市,股票代码:002672。公司注册资本 150,476,374 元,法定代表人为张维仰。

公司立足于工业废物处理业务,积极拓展市政废物处理业务,配套发展环境工程及服务和贸易及其他等增值性业务。公司拥有多家控股、参股企业,业务网络覆盖中国珠江三角洲、长江三角洲和西南地区等 20 余城市,20 余个行业,客户超过 1 万家。

公司先后被评为"国家环保骨干企业"、"国家资源节约与环境保护重大示范工程单位"、"国家首批循环经济试点单位"、"高新技术企业"等荣誉。近年来,公司保持业绩的持续增长,营业收入由 2009 年的 8.35 亿元增加至 2011 年的 15.01亿元,年复合增长率为 34.07%。

【主营业务】

1. 工业废物处理业务

公司所从事的工业废物处理业务包括工业废物的处理处置和资源化利用,主要是通过化学、物理和生物等手段对工业企业产生的有毒有害的废液、污泥及废渣等废物进行减量化

处理和无害化处置，并将废物中具有再利用价值的物质转化为资源化产品。

2. 市政废物处理业务

公司所从事的市政废物处理业务包括市政废物的处理处置和再生能源利用，主要是对城市生活垃圾进行清运和卫生填埋；对市政污水处理过程中产生的污泥进行稳定化/固化改性填埋；对建筑废弃物和餐厨垃圾进行处理及综合利用；利用生活垃圾填埋场所产生的填埋气进行发电。此外，填埋气发电项目和公司联合投资的煤矿乏风减排项目可减少温室气体的排放，符合《京都议定书》规定的清洁发展机制，项目经联合国 CDM 执行理事会批准后，二氧化碳核准减排量可在国际市场交易。

3. 增值性配套服务

公司所从事的增值性配套服务包括环境工程及服务和贸易及其他。环境工程及服务主要是提供环境保护设施工程的技术咨询、设计、建设、运营管理，以及环境影响评价和环境检测等。贸易及其他主要是购销本公司及其主要工业客户所需的辅助化工原料。

【展望】

未来，公司将把握中国环保产业蓬勃发展的大好时机，围绕自身的技术优势、规模优势和管理优势，致力于各类废物的无害化、减量化和资源化利用；持续加强研发实力，特别是对工业及市政废物处理处置深度和广度的研究，不断拓展废物利用种类及提升资源化产品的附加值；同时注重市场格局、产业结构和产品组合的部署，通过技术、产品和业务模式的不断创新，持续提升核心竞争力，努力打造现代化、科技化、规模化和具有国际水准的领先环保企业，为实现社会、经济和环境的可持续协调发展做出更大贡献。

【002682】福建龙洲运输股份有限公司

福建龙洲运输股份有限公司经福建省人民政府批准，于 2003 年 8 月 29 日注册成立，注册资本 16000 万元。公司资产总额、营运车辆数、营运班线数、一二级客运站数量全省排名第一，客运量排名第二，是福建省道路运输行业的龙头企业。

公司总部位于全国著名老区、原中央苏区福建省龙岩市。作为国家一级道路旅客运输企业、二级道路货物运输企业，公司以“汽车客运、货运、客运站”三项业务为核心，延伸产业链，业务涉及汽车销售与维修、成品油销售、交通职业教育与培训等，公司营业收入一直保持“持续、健康、稳定”的增长。公司先后荣获全国模范职工之家、全国先进劳动争议调解组织、全国五一劳动奖状、全国厂务公开民主管理先进单位、全国交通运输企业文化建设优秀单位、中国道路运输百强诚信企业 12 强、福建省文明单位、福建省先进基层党组织、福建省最佳信用企业等荣誉称号。

公司在不断变化的市场需求中深耕细作，坚持做大做强主业，着力提升企业核心竞争力。公司班线覆盖了闽西、闽北城乡和省内各主要城市，并向广东、广西、浙江等地辐射。同时，公司依托旅游产业、文化产业等政策扶持契机，快速发展旅游客运；深度开发农村客运市场，提高市场占有率，实现城乡客运一体化；大力拓展货运业务，在龙岩地区散装水泥运输市场上处于行业地位领先，随着城市化和工业化进程的不断加快，交通基础设施投资力度不断加大，百亿产业、百亿园区的不断增加，带来巨大货运市场，货运业务将成为公司新的利润增长点。

公司自成立以来，建立健全法人治理结构，不断完善内控体系，高度重视企业信息化建设，全面实施车辆 GPS 监控系统，并形成较为完整的现代道路运输企业一体化信息平台。随着海西经济区发展战略上升为国家战略，海西经济区“三纵八横”高速公路主体格局的形成，福建龙岩、南平两市作为一级网络中心，将进一步增强幅射和带动作用，逐渐成为连接东南沿海与内陆地区的交通枢纽。公司将逐步扩大对江西、浙江、广东等周边地区的业务覆盖，实现资产规模、经营业绩的稳步增长，在巩固福建省道路运输行业龙头地位的同时，快速成长为国内道路运输行业的领先企业。

2012 年 6 月 12 日公司在深交所挂牌上市，成为福建省首家道路运输上市企业和龙岩市首家在深交所上市的企业。公司将始终以“安全、快速、创造、卓越”为经营理念，以“精诚服务、造福社会”为服务理念，以“全方位满足人的高层次要求，全身心创造人的高品位生活”为使命，全力快速创建中国道路运输市场领导品牌，实现股东、企业、客户、员工、社会的和谐共赢。

【002694】顾地科技股份有限公司

【公司简介】

“顾地”品牌创建于 1979 年，是中国难燃 PVC 电工管和线槽的发明者和制造者，作为推动中国塑胶管道“以塑代钢”的先行者，顾地自创业以来，秉承“追求卓越品质，尽显顾地精华”的经营理念和“勇于创新、追求更高”的信念，引领了塑胶界一系列改革浪潮，为国家的建设和社会的繁荣做出了巨大贡献。

顾地科技股份有限公司于 2010 年整体改制设立，2012 年 8 月 13 日成功发行 3600 万股 A 股后，8 月 16 日登陆深圳证券交易所中小板，股票简称“顾地科技”，股票代码“002694”。目前公司在湖北、重庆、佛山、北京、河南、马鞍山、邯郸、甘肃拥有八家生产基地。公司主要生产 PVC－U 给排水管、PVC－M 高抗冲给水管、抗菌 PP－R 冷热水管、PP－R 铝塑稳态管、PE－RT 地暖管、PE 给水及燃气管、PVC－C 高压电力护套管、PVC－U 双壁波纹管、HDPE 双壁波纹管、钢带增强 HDPE 螺旋波纹管等产品，广泛应用于建筑内给排水、市政给水、燃气、建筑采暖、市政排水排污等领域。近几年来公司产品的产量和销售额均呈快速增长趋势，公司营销网络遍布华北、华东、西南、西北、华南、华中各区域，产品畅销全国 23 个省（市）、自治区，同时远销中亚、东南亚、非洲等国家和地区，公司是目前国内最具规模和影响力的塑胶建材制造商之一。

公司是中国塑料加工协会副理事长单位、中国塑协管道专委会副秘书长单位，同时也是全国塑料制品标准化技术委员会塑料管材、管件及阀门分技术委员会的核心成员单位，在行业内具有较高的知名度和美誉度。

公司拥有一支强大的科研团队，拥有近百名高学历、高水平的专业科研技术人才，近年来在国内外公开发表学术论文近 400 余篇，著书三本，获得省部级科技成果奖两项。公司拥有 4 项发明专利、19 项实用新型专利，两家省级技术中心，技术实力雄厚。最近几年，公司先后通过了 ISO9001 国际质量体系认证、ISO14001 环境体系认证、ISO18001 职业安全认证、压力管道元件制造许可认证及国家节水产品认证等多种准入制度，公司曾荣获“中国名牌产品”等称号。

“山前有路，山外有山”，为适应时代的发展，顾地科技将加快创新的脚步，在不断加强规范管理的同时，积极开拓市场，寻求环保建材领域的发展机会，把公司建设成为中国最具规模、最具实力也最具魅力的现代化企业，建"百年企业，百亿企业"。

【社会责任】

公司为员工提供必要的社会保障计划，注重员工职业培训与发展，始终坚持以人才为根本的理念，提高员工的整理素质。持续优化员工关怀体系，努力为员工提供更好的工作环境及更多的人文关怀。公司响应政府号召，向社会招贤纳士，特别是为广大刚毕业的学生、退伍军人和农民工提供广阔的就业机会和成长平台，2011 年新招聘员工 400 余人。2011 年 12 月 31 日公司共有员工 2000 余人。

作为高新技术企业，作为推动我国塑料管道行业"以塑代钢"的先行者，公司加快科技创新，参与标准制定，促进行业发展。

公司一直遵守国家法律，诚信经营，依法纳税。自公司成立以来一直为当地纳税大户。2009 年上缴税款 2,988.13 万元，2010 年上缴税款 4,287.37 万元，2011 年上缴税款 7,417.87万元。

公司采用积极的分红政策，以业绩表现回馈股东。公司章程规定公司每年以现金形式分配的利润不少于当年实现的可供分配利润的 15%。

公司三十余年，以高度的社会责任感积极投身社会公益事业，牵手"希望工程"，以延续顾地科技热心公益，关注民生的企业传统，传递顾地科技感恩客户、回馈社会的企业文化。

【002697】成都红旗连锁股份有限公司

红旗连锁创建于 2000 年 6 月 22 日。2010 年 6 月 9 日，整体变更为成都红旗连锁股份有限公司。公司已发展成为中国西部最具规模的以连锁经营、物流配送、电子商务为一体的商业连锁企业，是中国 A 股市场首家便利连锁超市上市企业（股票代码 002697）。目前在四川省内已开设 1300 余家连锁超市，就业员工 13000 余人，仅 2011 年及 2012 年上缴税收及社会保险达 5 亿元以上，拥有三座现代化的物流配送中心，与上千家供货商建立了良好的互利双赢的商业合作关系。2002 年"红旗"商标经国家工商总局商标局核准注册，并先后被认定为成都市著名商标、四川省著名商标、中国驰名商标。

公司经营业绩跨入中国服务业企业 500 强、全国商业企业百强、中国零售百强企业、中国连锁百强企业、四川企业 100 强、四川商业企业最大规模 10 强；荣获中国"最具成长性企业"、中国优秀诚信企业、中国消费者协会全国商业服务业"诚信单位"、全国商务系统先进集体、全国和谐商业企业；四川省现代流通先进企业、四川省优势商业零售企业、成都市首批大企业大集团培育企业、成都市再就业工作先进集体、成都市纳税先进企业等荣誉。红旗连锁的健康发展，为推动现代服务业腾飞及地方经济社会发展做出了积极贡献。

红旗连锁坚持"以人为本"的理念，结合政府实施再就业工程，率先制定了对下岗职工和失业人员优先招聘的原则，为党和政府分忧，为人民群众解难。成立十二年时间，公司迅速发展成为拥有上万名职工的大型企业，并做到了所有员工参加社会保险。公司管理层大专文化程度占 80% 以上，数千名下岗或失业人员在红旗连锁找到了适合自己发展的工作岗位。公司在用人标准上不拘一格，根据每个人的特点、能力，提供一个合适的舞台让其发挥，真正做到"人尽其才，适才而用"，并将不同层次、特点的人有机的结合起来，优化人才配置，把人力资源变人力资本。

红旗连锁在"服务大众、方便人民"的服务宗旨下，不断探索、拓展多元化服务项目。红旗宾馆、红旗连锁网购商城等多个重点服务项目的成功开发极大地丰富了公司的经营内容。目前公司在保持多种经营特色的基础上，先后拓展开发安装四川广电星空数字移动电视、分众传媒，从而为供应商提供了多媒体广告宣传平台和建立消费者信息交流平台。红旗连锁还在各门店开展了公交卡消费和充值、电信缴费、电费充值、燃气收费、自来水费代收、中国移动手机充值、联通缴费、机票代售、拉卡拉电子支付系统（信用卡还款、手机充值、支付宝充值等）、地税发票代配、报刊零售、移动积分兑换等多项便民服务，同时陆续在门店铺设红旗便民自助终端。这一系列便民、利民的优质服务项目，不仅体现红旗连锁"诚信经商、便民利民"的经营宗旨，而且更加贴心服务消费者，得到消费者的一致赞许。

为落实国家解决"三农"问题的有关精神，按照商务部"万村千乡"工程的要求，响应省委省政府、市委市政府"推进城乡一体化建设"、"扩大内需，启动农村市场，带动周边经济发展"的号召，红旗连锁将连锁店和"村村放心店"开到了偏远农村、乡镇，目前已开设 200 余家，使广大农民朋友同样能享受到物美价廉、品优质好的商品，极大地方便了当地农民朋友的购物。红旗连锁将农民朋友种植的西瓜、苹果、蜜柚、脐橙、桔子、核桃、花生等直接进入红旗连锁各分店销售，这不仅使消费者在各超市购买到方便、实惠、放心的农产品，还为农村经济的发展提供一个良好销售平台。

企业置身于社会，服务于社会；求生于社会，回报于社会。在"来源于社会、回报于社会"精神的指导下，十二年来，红旗连锁为社会公益事业、献爱心等活动捐赠达两千余万元（5·12 汶川大地震发生后，红旗连锁累计向灾区捐款 500 余万元及大量救灾物资）。公司坚持大众化的经营方针，以"诚信经商、便民利民"为经营宗旨，塑造"您的好邻居"的市场形象，让全体员工深刻领会为人民服务的内在涵义，积极支持社会公益事业。

※创业板上市公司※

【300008】上海佳豪船舶工程设计股份有限公司

【公司简介】

上海佳豪船舶工程设计股份有限公司（BESTWAY）创立于2001年10月29日，是目前国内规模最大、实力最强的专业民用船舶与海洋工程综合性研究设计企业之一，也是国内船舶科技类首家在深圳证券交易所挂牌的上市公司（股票代码：300008）。公司作为行业内第一家由国家认定的高新技术企业和行业内最先获得中国船级社船舶和海上设施设计最高资质评估证书的科技企业，十年来已独立研发和设计了400余型船型，成功交付了2000余艘（项）各类船舶和海洋工程项目。公司曾获得多项省部级科技进步成果一等奖、二等奖、发明专利奖等等，并已拥有20项授权专利技术（其中1项发明专利，19项实用新型专利）和1项已申请受理待授权的发明专利。根植于技术和创新，公司正致力于从单一的船舶设计型企业向船舶行业技术服务全面提供商转型。努力打造“国内领先、世界一流”的科技集团公司。

公司与国内外航运界和造船界有着广泛良好的合作关系，拥有最为完整的包括研发设计、基本设计、详细设计、生产设计以及技术监理的技术服务链，可以为客户提供各种运输船舶、海洋工程及船舶、特种船舶和军用辅助船舶等项目的设计、咨询业务，同时还提供船舶机电工程项目的工程监理（监造）、投资顾问以及设计工程承包等全方位服务。公司推行的“同仁持股模式”的治理结构和市场化的灵活高效的运行机制已培养和引进了一大批船舶和海洋工程研发设计领域的优秀人才和专家团队，公司下设船舶工程和海洋工程两个设计研发中心，拥有三个船舶专业设计部，一个海洋工程专业设计部，一个数字化设计信息中心和“船舶与海洋工程电力推进系统仿真”和“船舶与海洋工程虚拟仿真”二个实验室。公司先后设立了科技发展有限公司、船舶与海洋工程研发有限公司、上海佳豪罗尔斯－罗伊斯联合设计团队以及游艇发展有限公司和游艇营运有限公司，近期又成功收购上海美度沙家具制造有限公司（持有70%的股份）。公司业务正从单一的设计向技术服务链两端拓展，发展至目前具有设计、服务、产品三大板块内容的勃勃生机的创业板上市公司。公司现有在职专业科技人员420余名，其中具备中高级专业技术职称的有190余名，高工及以上专业职称的有80余名，研究员和教授级高工20余名。

公司已形成了强大的计算机辅助设计能力，并构建了较为完整的协同设计信息平台，除自主开发了一些设计软件外，还引进了国内外专业设计软件：如TRIBON、NAPA、HYDROSTAR、ARIANE、NASTRAN、MASTERSHIP、SB3DS等总体性能、耐波性、结构有限元计算分析软件和全三维立体设计建模软件等，确保了设计水平和效率的不断提升。公司一万多平米的基于数字化船舶设计标准建设的高度智能化、现代化的研发大楼的启用也为公司全面实现数字化船舶设计目标，进一步提升各类船舶和海洋工程装备的设计能力、研发水平、设计周期奠定了坚实的基础。

公司依靠持续不断的全方位技术创新和研发投入，已完全具备设计满足国际上所有船级社规范、国际公约要求的各类大型、复杂的现代运输船舶、客船、特种船以及海洋工程船舶和装备的业务能力，并为国内外船东研发设计灵便型散货船、杂货船、多用途船、硫磺运输船、新型沥青专用运输船、化学品船、大型起重船、海洋铺管船、自卸转载平台、海上顶推船组、水工型拖轮、超大型打桩船、沙桩船、特种砼搅拌船等船舶，VLCC及VLOC等船改装设计技术也取得了市场的首肯。公司设计的船型除推向国内市场外，许多产品还出口到欧美、东南亚、中东等国家，受到了国内外业界的高度关注和赞誉。

公司下属全资子公司上海佳船工程设备监理有限公司是中国设备监理协会的副理事长单位，现有50余名资深专职监理工程师，并已获得国家级的设备监理单位资格和上海市工程设备监理单位甲级资质。公司2004年成立以来已为国内外船东和业主监造和监理了100多艘船舶和海洋工程产品以及30余项水工及起重机监理项目，也是目前国内最大的船舶监理单位之一。

公司已全面进入游艇产业，主要涉及游艇研发、设计、制造、销售、使用、保养、修理、旅游和赛事等一系列活动，从游艇俱乐部的服务到与游艇相关的度假、休闲、旅游及各种商务活动，并包括游艇驾照培训和考核、专用码头建设和管理、游艇维修、俱乐部建设和运营管理、零配件制造、内部环境装修、专业保险等。目前已与意大利FIPA游艇集团公司签订战略合作协议，得到FIPA公司的技术转让和支持，将在上海奉贤游艇基地生产MAIORA20S型游艇以及获得FIPA授权独家代理MAIORA其他艇型的销售。

BESTWAY将始终秉承“以人为本、科技创新”的企业理念，而且“创新”更将成为公司转型发展的最大推力。BESTWAY坚持“追求完善服务、技术不断创新”的质量方针和“产品合格率100%，顾客满意率100%”的质量目标，努力将企业打造成国内最具国际竞争力的创新型船舶和海洋工程科技企业。我们将会以更为进取开拓的精神全心全意为广大客户提供周到、完善、迅捷的一流技术服务。

【佳豪服务概述】

上海佳豪始终将自身的未来战略发展定位在行业科技服务的最前沿，大力拓展新的业务模式和业务渠道，除了原有工程监理业务以外，新开辟了工程咨询业务、船舶设计工程总承包业务、船舶游艇及船用配套设备的进出口业务，助推并完善服务链，打造船舶行业综合服务品牌，成功实现向行业技术服务全面提供商的转型。

我们的优势

· 完整的服务链和完备的技术服务能力满足客户各种需求

· 积极响应客户需求，灵活提供相应服务

· 丰富的船舶设计和建造经验

· 国际化的人才结构，良好的沟通能力

· 上海佳豪整体资源统一调配，提供强大的技术和服务支撑

· 快速响应，即时服务

【经营业绩】

公司2012年上半年实现了营业收入15,520.74万元，较上年同期增长14.18%，实现营业利润3,989.60万元，较上年同期增长2.81%，实现归属于母公司净利润3,567.37万元，较上年同期增长1.39%。公司2012年上半年新签设计、工程、监理服务合同10,745.8万元，其中，船舶工程设计及海洋工程设计合同5,696万元，工程项目（包括EPC项目）合同4,226万元，监理及监造服务合同807.3万元。

【300014】惠州亿纬锂能股份有限公司

【基本情况】

惠州亿纬锂能股份有限公司自 2001 年成立以来，围绕着"追求卓越、质量优先、创造价值、言而有信、团队合作"的企业核心价值观，历经 10 年的快速发展，现已成为中国锂电池行业的领先企业；公司于 2009 年 10 月在深圳创业板上市，是首批 28 家创业板企业之一（股票代码：300014. SZ）。

亿纬锂能始终坚持自主开发和技术创新，目前已拥有 59 项国家专利，其中 2 项发明专利获得国家知识产权局授予的"中国专利优秀奖"，并在锂/亚硫酰氯、锂/二氧化锰和锂/二硫化铁等一次锂电池领域拥有技术和生产规模的优势。公司的主要产品锂/亚硫酰氯电池在国内市场的占有率遥遥领先，并已成为具有国际先进技术水平的绿色高能锂电池的全球主要供应商之一。产品广泛应用于全球智能表计、汽车电子、安防、数据通信和智能交通等领域。

在全球新能源产业不断升级的背景下，亿纬锂能引进了先进的自动化生产设备和尖端的分析测试仪器，研发并生产各种规格的高性能的锂二次电池，包括聚合物锂离子电池、方形和柱形液态锂离子电池、锂离子动力与储能电池等，产品广泛应用于消费类电子产品、便携式电子设备、电动工具、电动自行车和储能动力等应用领域。同时，公司正在不断提升生产规模，积极打造具有国际竞争力的锂二次电池生产基地，力争在 2011 年实现日产 30 万只锂离子电池的阶段目标。

公司拥有了一支以董事长/总经理刘金成博士为统帅和以二院院士为代表的资深专家顾问组成的高素质的研发团队，并采用同美国 NanoMas Technologies，Inc. 和中国科学院物理所、武汉大学、华南理工大学等业界机构合作的方式，确保公司始终保持锂离子电池行业技术前沿的行列；公司也先后被认定为国家火炬计划重点高新技术企业、省级企业技术中心和广东省锂电池工程技术研究开发中心。在发展各种安全可靠的锂离子电池体系的同时，公司也充分发挥近 10 年的电池组合业务的经验，积极开发智能电池管理系统，形成完整的锂离子电池组的设计、电芯制造、和电池组合的综合能力。

公司也建立了完整的质量管理体系，分别通过了 ISO9001 质量管理体系和 ISO14001 环境管理体系的认证。2010 年又成功通过了 ISO/TS16949：2009 的质量体系认证，打开了通向汽车电子领域 OEM 市场的大门。目前，公司大部分产品均已通过了 UN、UL、CE 和 CCC 认证，符合 RoHS 指令要求。

亿纬锂能致力于成为一个技术领先的高能锂能源领域的先进制造企业。所以亿纬人以"做世界上最好的锂电池，成为行业领先企业"为公司愿景，以"为社会提供高可靠性的锂电池"为使命，不断强化技术的领先地位，努力提高产品品质，积极开拓全球的战略市场，持续提升客户满意度。

【企业荣誉】

2010 年，评定为创新基金实施十周年先进企业。

2010 年，由科技厅认定为广东省"百强创新型企业培育工程"示范企业。

2010 年，由国家人力资源部批准建立"博士后科研工作站"。

2011 年，锂电池研发中心即将建成，目标 2012 年由省级升级为国家级技术中心。

2011 年，被认定为"广东省战略性新兴产业骨干企业"首批 50 强之一。

【经营业绩】

2012 年上半年报告期内，公司实现营业总收入 222，546，865.13 元，比上年同期增长 12.39%；实现净利润 37，761，402.33 元，比上年同期降低 1.77%，但扣除非经常性损益的净利润为 38，453，142.90 元，比上年同期增长 0.62%。

【300017】网宿科技股份有限公司

【基本情况】

网宿科技股份有限公司（股票代码：300017）前身是上海网宿科技发展有限公司，成立于 2000 年 1 月，于 2009 年 10 月在深圳证券交易所创业板挂牌上市。网宿科技是国内领先的互联网业务平台提供商，持有中华人民共和国工业和信息化部颁发的《中华人民共和国增值电信业务经营许可证》。在全国拥有北京、上海、广州、深圳四个营销分公司以及位于厦门的研发中心，在南京、济南、厦门、深圳、天津、香港设有 8 家子公司。

公司自 2000 年成立以来一直致力于为客户提供国内领先的互联网业务平台服务。主营业务是为各类网站提供配套的互联网业务平台综合服务，目前主要产品包括 CDN（内容分发加速网络）服务与 IDC（互联网数据中心）服务，为各类门户网站、新闻媒体类网站、视频音频类网站、电子商务类网站、企业类网站、社交类网站、政府类网站、广播电视类网站等客户提供服务器的托管与网络接入、内容的分发与加速等互联网业务平台解决方案。

内容分发网络业务（Content Delivery Network）简称 CDN，指公司通过在现有的 Internet 中增加一层新的网络架构，将网站的内容发布到最接近用户的网络边缘，使用户可以就近取得所需的内容，解决 Internet 网络拥挤的状况，提高用户访问网站的响应速度，从技术上全面解决由于网络带宽小、用户访问量大、网点分布不均等原因所造成的用户访问网站响应速度慢的问题。公司 CDN 业务具体包括：网页加速、流媒体加速、下载加速、全站加速（WSA）、CDN 配套服务及增值服务等。其中，网宿全站加速（WSA）是国内唯一提供全站加速的解决方案，可一键实现全面、高效、快捷的全站加速。WSA 的推出彻底打破了以往行业内单项内容加速的局面，可以对网站所有内容进行整体加速与实时优化。为客户轻松解决加速难题并提供良好的安全性和稳定性保障。

互联网数据中心业务（Internet DataCenter）简称 IDC，指公司利用已有的互联网通信线路、带宽资源，建立标准化的电信专业级机房环境，为企业、政府提供服务器托管、租用以及相关增值等方面的全方位服务。本公司 IDC 业务包括：主机托管（带宽租用、空间租用），主机租用，增值服务等。

经过十多年的发展，公司积累了丰富的行业经验，其专业的产品和服务得到了业界的一致认可，公司被评为"国家火炬计划重点高新技术企业"、"上海市名牌"、"上海市著名商标"、并顺利通过了 ISO9001：2008 质量管理体系认证；公司自主研发的网宿全站加速软件（WSA）被评定为"上海市高新技术成果转化项目"、"网宿 CDN 平台软件 V2.0"被凭为国家重点新产品并被纳入火炬计划项目。另外，作为中国 CDN 及 IDC 业务的领军企业，公司率先发布了《2011 年第一季度互联网报告》，以通过定期发布报告的方式，为公众及互联网企业提供一个崭新的视角来了解中国互联网的发展状况。

公司不断学习先进投资者关系管理经验，以更好的方式和途径使广大投资者能够平等地获取公司经营管理、未来发展等信息，构建与投资者的良好互动关系。

凭借专业的运营经验，敏锐的市场前瞻性，坚实的客户基础，强大的技术开发能力，诚信的品牌形象，网宿科技正在联合国内外合作伙伴，不断创新，共同为各类互联网业务量身打造不同类型的互联网业务平台。在今后的发展中，公司将围绕经营目标和任务，切实加强科学管理，大力发展主营业务，加大自主创新力度，完善新产品功能与服务能力，凝聚优秀人才，提升营销能力、完善营销体系，加强运维与服务质量，增强管理力度与效率，致力于成为卓越的互联网业务平台提供商。

【企业荣誉】

2012 年度

4 月，网宿获易观国际电子商务解决方案之星称号。

4 月，网宿入围 2010 年中国行业电子商务优秀服务商 30 强。

4 月，网宿获 2010 年中国制造业信息化工程创新之星称号。

6 月，网宿 WSA 被评为 2010 – 2011 年度国资企业最满意的制造业信息化解决方案。

8 月，网宿全站加速系统荣获上海市嘉定区科学技术进步奖三等奖。

9 月，网宿云分发网络平台软件被认定为上海市高新技术成果转化项目。

11 月，网宿入选亿邦动力 2011 第六届中国网上零售服务商 20 强。

11 月，网宿 WSA 荣获创新中国十大新技术应用奖。

11 月，网宿入选 2011 中国科技创新型中小企业百强。

12 月，网宿 WSA 荣获 2011 中国信息产业年度优秀解决方案奖。

12 月，网宿获 DoNews 互联网年度最佳 IDC 运营商称号。

12 月，网宿被评为 2011 年度数据中心优秀运维管理单位。

【经营业绩】

2012 年上半年，公司主营业务收入和利润均保持稳定增长，实现营业总收入 3.54 亿元，较上年同期增长 51.71%；实现营业利润 3,365.41 万元，较上年同期增长 106.03%；实现净利润为 3,546.02 万元，较上年同期增长 78.70%。

【300020】银江股份有限公司

【基本情况】

银江股份有限公司是中国领先的智慧城市解决方案提供商。公司是中国第一批、浙江省第一家创业板上市企业（股票代码 300020）。公司总部位于杭州西湖科技经济园，拥有 12000 多平方米的现代化科研大楼——中国智谷 · 高新科技园和 50000 多平方米的现代化科研基地——中国智谷 · 西湖软件园。

公司以“致力智慧城市建设”为企业愿景，率先在国内提出智慧城市的理念，通过智能识别、移动计算、信息融合和云计算等核心自主技术的运用，致力于为智慧交通、智慧医疗、智慧建筑、智慧能源、智慧教育、智慧环境、智慧旅游、智慧金融等行业用户提供先进的解决方案和产品。银江股份连续被评为中国交通智能化整体解决方案综合竞争力排名第一、中国医疗数字化无线医护系统和临床移动信息解决方案综合竞争力排名全国第一，也是中国智能建筑行业十大品牌企业。

公司长期专注于技术创新，拥有强大的企业研发中心、雄厚的技术实力、完整的技术支持和技术服务团队。公司与清华大学、浙江大学等著名高校建立了联合研究机构，多个自主研发产品和科技成果获得中国优秀软件产品、国家火炬计划项目、国家重大科技专项。公司拥有国家专利、各类软件著作权多项，并作为主要成员承担或参与了多个国家标准以及行业标准的制定。

目前，公司在全国设立了五大区域运营中心，全国化市场战略稳步推进，实现“推动城市进步，保障百姓安康”的企业使命。

【经营业绩】

2012 年上半年报告期内，公司实现营业收入 622,740,398.93 元，同比增长 69.88%；营业利润 50,150,796.47 元，同比增长48.32%；实现归属于上市公司股东的净利润 43,295,007.77 元，同比增长 51.63%。

【300021】甘肃大禹节水集团股份有限公司

甘肃大禹节水集团股份有限公司创建于 2000 年，发展至今已成为集节水灌溉材料研发、制造、销售与节水灌溉工程设计、施工、服务为一体的专业化节水灌溉工程系统提供商，国内规模最大、品种最全、技术水平最高，实力最强的行业龙头企业。现辖天津、兰州、新疆、内蒙古、酒泉、武威、定西等八大节水灌溉产品生产基地、水利水电工程公司、设计院和近百家海内外营销服务分支机构，水利水电工程公司具有国家水电工程二级施工资质，设计院具有节水灌溉丙级设计资质。从业人员 2000 多人。2009 年 10 月公司在创业板成功上市，成为国内第一家专业从事节水灌溉材料供应和工程施工的上市公司。股票名称：大禹节水，股票代码：300021。现总市值达 30 多亿元人民币。

公司主营生产滴灌管（带）、施肥器、过滤器和输配水管材等 5 大类 20 多个系列近 1000 个品种的节水灌溉器材，年产滴灌管（带）25.6 亿米、管材 8.3 万吨、管件 40 吨、施肥过滤及自控系统 1 万台（套），产品辐射中国数千万亩节水农田，远销中东、美国、韩国、泰国、南非、澳大利亚、印度、欧洲、非洲等 20 多个国家和地区。

甘肃大禹节水集团公司是国家科技部认定的国家级重点高新技术企业，已承担实施国家“863”计划、“948”计划、星火计划、火炬计划等重点科技研究项目 30 多项，先后开发成功国家重点新产品 3 个，拥有“压力补偿滴头”等 45 项科技成果。公司始终坚持“质量是生命，品质大于天”的原则，使产品质量达到国内领先和国际先进水平，2003 年通过 ISO9001：2000 标准质量管理体系认证。建设完成国家西部专项、国家农业科技成果转化、日协贷款节水灌溉工程等产业化推广发展项目 20 多项，在节水灌溉科技创新、高新技术产品研发出口和产学研一体化建设等方面取得了显著的成效。

【企业荣誉】

2001 年以来，公司连续被甘肃省工商行政管理局评为“守合同、重信用”企业，被甘肃省银行评为“AAA 级信用企业”和“信贷诚信企业”。“甘肃省首批星火产业带示范企业”。内镶式滴灌管、PVC 管材等主要产品荣获“甘肃省十大优秀专利”、“甘肃省名牌产品”，大禹商标被评为中国驰名商标、甘肃省著名商标，荣获了甘肃省用户满意企业、甘肃省科技进步一等奖、全国工商联科学技术二等奖等，获得了国家重点新产品，企业科技成果自主创新奖等几十项科技成果。2008 年以来，公司先后被授予“全国五一劳动奖状”、“甘肃省五一劳动奖”，甘肃省科技厅、工信委等七部门授予的“甘肃省创新企业奖”和省工信委颁发的“2009 年度成长型中小企业优秀企业奖”，“国家重点高新技术企业”称号、“国家高技术产业化示范工程”及“国家高技术产业化十年成就奖”、国家“十一五”科技计划执行突出贡献奖等一百多项荣誉。

【社会责任】

2012 年 12 月 26—27 日，大禹节水集团向全体职工发起了为大禹节水新疆公司员工马军帮同志进行献爱心捐款的倡议活动。

2012 年 12 月，马军帮同志的爱人梁晓丽被确诊为恶性纤维组织细胞瘤，病情严重、情况危急，必须依靠手术和放疗维持治疗，但是巨额的手术费和治疗费压在马军帮同志身上，给他的家庭生活带来了极大的困难。大禹节水集团相关领导了解到此情况后，本着团结互助“一方有难，八方支援”的精神，号召全体职工伸出友爱之手，以捐款方式为马军帮同志的家庭提供关怀和帮助。

病魔无情，人间有爱。大禹节水集团总工会在第一时间号召全体员工奉献爱心，组织紧急募捐，一场爱心捐款活动迅速在大禹节水集团展开，从集团各职能部门到各子分公司，从公司高层领导到车间一线员工都主动伸出援手，用真心、真情、真爱向困难同事献上一份爱心，给予一份帮助，在短短不到两天的募捐时间里，已收到爱心捐款累计近 8 万元，大禹节水集团将会在第一时间把爱心资金送至困难同事家人手中。

2011 年 10 月 13 日下午，在甘肃大禹节水集团股份有限公司工会委员会的倡议下，大禹公司组织开展了一场向公司员工奉献爱心的捐款活动。此次献爱心捐款活动是为大禹集团酒泉公司工程技术中心一位年仅 23 岁的脑出血普通员工于永龙，2011 年 10 月 6 日早晨在洗漱时突然晕倒，立即送往金塔医院进行 CT 检查后，被诊断为脑出血，随后转往酒泉市人民医院。大禹集团公司总工会也在第一时间号召全体员工奉献爱心，组织紧急募捐，一场爱心捐款活动迅速在全公司展开，从集团公司各职能部门到各子分公司，从公司高层领导到车间一线员工都主动伸出援手，用真心、真情、真爱向困难同事献上一份爱心，给予一份帮助，在短短不到一天的募捐时间里，5.6 万余元的捐款已在第一时间送至困难同事家人手中。

【经营业绩】

2012 年上半年报告期内，公司实现营业收入 22,670.45 万元，比上年同期增长 52.79%，营业利润 1,097.41 万元，比上年同期下降 28.22%，归属于母公司净利润 903.04 万元，比上年同期下降 29.10%。公司整体经营状况稳定，但增速放缓。

【300044】深圳市赛为智能股份有限公司

【基本情况】

深圳市赛为智能股份有限公司（股票代码：300044）成立于 1997 年 2 月，2010 年 1 月在创业板上市，注册资本 1 亿元。赛为智能是国内最专业的智能化系统解决方案提供商之一，拥有智能化行业的“三甲”资质，是中国建筑业协会智能建筑分会首批副会长单位。赛为智能构建了水利智能化、轨道智能化、建筑智能化、铁路智能化四大产业体系，连续多年被中国建筑业协会评定为智能工程完成量全国 50 强、全国智能建筑行业十大品牌企业，企业实力位居国内同类企业前列。赛为智能是国家级高新技术企业、博士后创新实践基地、深圳市重点软件企业、软件百强企业、首批自主创新行业龙头企业，深圳市人民政府直通车服务企业，通过了瑞士 SGS 公司 ISO9001：2008 质量体系认证、CMMIL3 认证、环境、职业健康安全管理体系认证。赛为智能参与了多项国家标准、行业标准的制定，承担过“十一五”国家科技攻关计划重大项目与国家火炬计划项目，拥有实用新型专利、软件产品登记、科技成果等自主知识产权几十项。

【经营业绩】

2012 年上半年报告期内，公司实现营业收入 11,732.93 万元，同比增长 43.40%；实现营业利润 1,412.43 万元，同比增长 0.16%；实现归属于母公司股东的净利润为 1,396.98 万元，同比增长 5.99%。

【企业文化】

核心价值观：

以人为本，应用科学知识创造最大经济和社会效益，服务社会，回报社会。

企业精神：

赛作为，为赛为有为，为富强，强中华更强。

经营宗旨：

技术一流，携手双赢，服务再三，誉满四海。

郑重承诺：

接一个项目，留一件精品；做一个工程，树一块样板。

战略目标：

誓做中国和世界智能化领域排头兵，为民族工业树立典范，力争成为中华科技工业之魂。

【300055】北京万邦达环保技术股份有限公司

【基本情况】

北京万邦达环保技术股份有限公司，1998 年 4 月在北京成立；历经 12 年艰苦创业，2010 年 2 月 26 日，于深圳证券交易所成功上市，股票代码 300055，现注册资本 2.288 亿元，市值约 50 亿元。

目前，公司拥有三个分公司和三家控股子公司，分公司分别是：北京万邦达环保技术股份有限公司宁夏分公司、北京万邦达环保技术股份有限公司庆阳分公司和北京万邦达环保技术股份有限公司鞍山分公司。三家控股子公司为：宁夏万邦达水务有限公司，注册资本 5000 万元，持股 100%；吉林省固体废物处理有限责任公司，注册资本 1.62 亿元，持股 92.59%；江苏万邦达环保科技有限公司，注册资本 1.0 亿元，持股 100%。

【业务范围】

环境保护工程的技术研发、技术咨询、技术服务；投资与资产管理；专业承包；货物进出口；技术进出口；代理进出口；销售机械设备、电器设备、五金交电、化工产品（不含危险化学品及一类易制毒化学品）、仪器仪表。

【企业荣誉】

2012 年，环境污染治理设施运营甲级资质证书——环保部。

2009 年，工程设计与施工甲级资质证书——住建部。

2011 年，工程项目管理丙级资格证书——国家发改委。

2011 年，工程咨询单位丙级资格证书——国家发改委。

2010 年，房屋建筑工程施工总承包三级资质证书——北京市住建委。

2011 年，环境管理体系认证证书 - 北京中水源禹国环认证中心。

2011 年,质量管理体系认证证书-北京中水源禹国环认证中心。

2009 年,高新技术企业-北京市科委、市财政局、市国税局、市地税局。

2011 年,北京市环境保护产业协会会员——北京市环境保护产业协会。

2010 年,中关村高新技术企业-中关村科技园区管理委员会。

2011 年,中关村企业信用促进会会员——北京中关村企业信用促进会。

公司是国内为数不多的同时具有工程设计与施工、环境污染治理设施运营甲级资质的水处理公司。

【企业宗旨】

通过专业知识为客户提供专家级的水处理系统整体解决方案,致力为客户的水处理系统提供优质完善并可持续发展的解决方案和创新技术,保护企业安全生产和环境,优化运行时间,减少维修和运行费用,并提高产品质量,让客户需求得到最大化满足。

【经营模式】

万邦达已经形成了治理石油化工和煤化工等水系统为专长的技术研发和工程承揽中心,以及相配套的水系统运行管理和售后服务体系,简称"EPC + C"模式。公司将服务范围由"单一工业污水 EPC"拓展到集给水、排水、中水回用为一体的"全方位 EPC",形成了从设计—总包—托管运营的一站式服务方式。通过横向全方位服务和纵向全寿命周期服务,石化、煤化水处理行业进入壁垒进一步提高,是快速低成本扩张的有效模式,更有效的帮助客户实施工业生产全过程的水污染控制管理。

【项目简介】

万邦达成功开发工业污水回用、工业废水处理、循环冷却水处理、凝液水精制、净水处理、脱盐水处理、管理运行、能源再生利用等百余种水处理流程,且承接了中石油吉林石化炼油厂污水处理改造、中国石油抚顺石化 80 万吨乙烯项目水系统、中石油庆阳石化污水处理场、中国石油庆阳石化污水回用、神华集团宁夏煤业甲醇污水处理及回用、神华集团宁夏煤业二甲醚污水处理及回用、神华集团宁夏煤业煤制烯烃污水处理及回用、中煤榆林甲醇醋酸系列深加工及综合利用项目一期(Ⅰ)工程污水、回用水及脱盐水装置 EPC 工程等数十个工业水处理工程。

【经营业绩】

2012 年上半年,公司实现营业收入 19,912.35 万元,同比增长 32.56%;实现营业利润 4,872.60 万元,同比增长 40.60%;实现归属于母公司的净利润 3,939.22 万元,同比增长 37.48%;经营活动产生的现金流量净额 1,909.62 万元,同比增长 80.78%。

【300058】北京蓝色光标品牌管理顾问股份有限公司

【基本情况】

蓝色光标是一家以提供公共关系服务为基础的品牌管理服务的现代服务企业,公司创立于 1996 年。目前旗下拥有三个独立的品牌:蓝色光标、智扬公关、欣风翼,公司现有员工近 700 人。

公司主要业务和服务范围包括:公共关系策略咨询、公众传播、媒体关系、危机管理、投资者关系、企业形象管理、活动管理等。业务领域涵盖 IT、电信、金融、医疗、快速消费品、耐用消费品(汽车、家电)、政府及非赢利组织。

作为中国本土公共关系行业最著名的品牌之一,蓝色光标从成立之日起,一直秉承"专业立身、卓越执行"的经营理念,致力于为企业客户提供以公共关系服务为主的品牌管理专业服务,从媒体传播和现场活动的直接效果开始,到影响目标受众的认知、观点和态度,到最终促进企业品牌形象的提升和销售的增加,帮助客户一步一步地取得竞争优势和商业成功。十多年来,正是在这一理念的指导下,蓝色光标引领了本土公共关系行业的兴起和繁荣,从 IT 领域发展到电信、汽车、金融、医疗、快速消费品、政府及非赢利组织,从北京、上海、广州等中心城市发展到全国。

作为中国本土公共关系行业的领军企业,蓝色光标创造了中国公共关系行业的多个第一:自 2001 年行业协会——中国国际公共关系协会定期公布年度公共关系企业 TOP20 排行榜以来,蓝色光标每年均位居前列,是唯一一家连续多年入榜的中国本土公共关系服务企业;2006 年凭借出色的服务业绩和稳固的优异客户群体,荣获亚太地区著名营销杂志《Media》"年度最佳专业公司"大奖,成为首获亚太公共关系大奖的中国本土公共关系企业;2007 年,蓝色光标名列美国权威公关咨询机构霍尔姆斯报告(TheHolmesReport)公布的全球公共关系企业 250 强第 75 位,成为唯一一家入选全球公共关系企业百强的中国本土公共关系企业;2008 年,蓝色光标在霍尔姆斯报告(TheHolmesReport)公布的 2008 亚太公关报告中,再次被评为 2008 年度大中华区最佳公关公司(GreaterChinaConsultancyoftheYear);2009 年公司入选福布斯(Forbes)中文版公布的 2009 中国潜力企业 250 强。

蓝色光标服务的客户多为各个行业的领军企业,其中全球 500 强企业有 28 家。目前长期为联想、思科、佳能、腾讯、索尼、索尼爱立信、AMD、微软、三星、摩托罗拉、诺基亚、广州丰田、克莱斯勒、宝马、箭牌口香糖、美赞臣、博世、西门子、雅诗兰黛、葛兰素史克、辉瑞、杜邦、家乐福、摩根斯坦利等客户提供服务。

【企业文化】

公司愿景

使蓝色光标成为受人敬仰的公共关系专业品牌,使我们的员工成为受人尊敬的公关人。

核心价值观

员工至上

员工是蓝色光标发展壮大的源泉和根本动力。在蓝色光标,没有任何东西可以超越员工的利益,尊重和保护员工是管理人员义不容辞的责任。在员工需要的时候,公司永远是最可以信赖和依靠的坚强后盾。

客户是上帝

客户是上帝,这是融入所有蓝色光标人脑海中最根本的意识,每一个蓝色光标人都会用尽自己的全部心血让我们的客户感到满意。

事实为本

做为一家提供专业公共关系服务的企业,无论在对外与客户进行交流或者对内进行团队协作间的沟通,都要本着坚持事实这一原则,因为这是我们的立身之本。

尊重和宽容

尊重和宽容的心态是构建和谐工作环境的基础,是团队合作的强有力保证。对于规模日益壮大的蓝色光标来讲,尊重和宽容是至关重要的组织文化内核。

整体利益高于一切

在蓝色光标飞速发展的今天,我们不遗余力地宣扬整体利益高于一切的观念,强调大局观,强调团结和协作,就是因为这是我们不断发展进步的基石,只有更好地实现组织的整体利益,个体利益才会有更多的保障。

【企业荣誉】

2010 年,第九届中国公共关系案例大赛蓝色光标获得最佳议题管理奖,以及一金三银。

2009 年,福布斯中文版"2009 中国最具潜力企业榜单",蓝色光标传播集团位列 122 位。

2008 年,the Holmes Report 发布 2008 亚太公关报告,蓝色光标公共关系机构获得"年度大中华区最佳公关公司"大奖。

2008 年,第八届中国公共关系案例大赛,蓝色光标公共关系机构获得一个杰出公共关系大奖,以及一金二银。

2007 年,the Holmes Report 发布全球公关公司排名,蓝色光标公共关系机构位居全球 75 位。

2007 年,亚太公共关系大奖,智扬公关顾问机构获得企业社会责任类专项奖。

2006 年,亚太公共关系大奖,蓝色光标公共关系机构获得"年度公关公司"大奖。

2006 年,第七届中国公共关系案例大赛,蓝色光标公共关系机构获得一金四银;智扬公关顾问机构获得一金一银。

2004 年,第六届中国公共关系案例大赛,蓝色光标公共关系机构获得一金四银。

2002 年,第五届中国公共关系案例大赛,蓝色光标公共关系机构获得三金三银。

【大事记】

2012 年,投资上海智臻网络

2012 年,收购今久广告

2010 年,成立电通蓝标

2011 年,收购精准阳光品牌

2011 年,收购美广互动品牌

2011 年,投资金融公关 Aries International

2011 年,收购思恩客 SNK 品牌

2011 年,投资上海励唐会展策划

2008 年,收购欣风翼业务品牌

2008 年,完成整体改制

【经营业绩】

2012 年 1-6 月,公司实现营业收入 89,743.45 万元,同比增长 164.65%;归属于上市公司股东净利润 10,893.68 万元,同比增长 102.35%。

【300062】福建中能电气股份有限公司

【基本情况】

福建中能电气股份有限公司(简称"中能电气")前身为福建中能电气有限公司,成立于2002 年。2007 年 11 月,公司依法整体变更设立为福建中能电气股份有限公司。2010 年 3 月公司在深圳证券交易所首次公开发行股票并成功上市,股票代码 300062。中能电气于 2010 年 8 月控股武汉市武昌电控设备有限公司,2012 年 2 月增资控股上海臻源电力电子有限公司。

公司坚持引进消化与自主创新的战略,经过十多年的发展已经成为一家输配电行业一二次设备整体解决方案供应商。公司先后研究开发出具有世界先进水平、适合中国国情的电力产品,产品范围覆盖预制插拔式可分离连接器、冷缩电力电缆附件、电缆分支箱、户内外环网柜、箱式变电站、高低压开关柜、动力配电箱、地埋式配电设备、户内外真空断路器、故障指示器、变电站综合自动化系统、配电自动化及电能质量综合治理等。

中能电气中压预制式电缆附件在国内品牌企业中处于龙头地位。产品通过了欧洲著名电力实验室荷兰 KEMA 的型式试验以及北美著名电力实验室 LAPEM 的认证,不仅在国内各地区大量长期安全运行,还出口到美国、墨西哥、澳大利亚、日本、韩国、英国、沙特、印度、巴西等三十多个国家和地区。另外中能电气采取引进技术消化吸收的 ELE12KVC - GIS 环网柜产品本地化特点突出,在国际品牌企业主导的市场中,该产品在国内品牌企业中居于领先位置。

近年来,以智能电网的市场需求为出发点,中能电气大力加快一次设备智能化进程,目前已经在环网柜、电缆分支箱、中低压成套及电缆附件等多种一次设备中集成了智能化测控模块。基于一二次设备的紧密结合中能电气可为客户提供变电站综合自动化、配电自动化、工厂供电及用电自动化、轨道交通环控自动化等整体解决方案。

中能电气在技术开发、产品研制、经营管理和产品质量控制等方面精益求精,以 ISO9001 质量管理、ISO14001 环境管理和 OHSAS18000 职业健康安全管理三合一管理体系为基础,建立了完善的全面质量、环境和职业健康安全管理体制。

"诚信、勤勉、自律;承担、探索、超越",中能电气愿秉承此理念,不断进取,持续创新,用更可靠的产品和更优质的服务创造客户价值,与客户共同进步。

【经营业绩】

2012 年上半年,公司实现营业收入 133,170,899.26 元,同比下降 5.53%;实现营业利润 21,736,452.35 元,同比下降 40.71%;实现利润总额 22,574,818.69 元,同比下降 38.53%;实现归属上市公司股东净利润 20,186,978.96 元,同比下降 16.17%。

【企业荣誉】

2010 年 1 月,公司产品获得福建省自主创新产品证书。

2010 年 7 月,获得安康杯安全竞赛优胜班组称号。

2010 年 7 月,中能商标荣获福建省著名商标。

2010 年 7 月,福州市知识产权示范企业。

2010 年 7 月,环网柜产品荣获 2010 福州市优秀新产品二等奖。

2010 年 7 月,2 项产品获福州市产品质量奖。

2010 年 7 月,获得质量,环境和职业健康安全三合一管理体系认证证书。

【企业文化】

中能电气愿景

成为国际电力输配电领域的领军企业

中能电气现阶段战略

公司各项主导产品保持或达到国内行业第一的市场地位

"CEE"品牌在国际范围内成为知名品牌

中能电气企业精神

真诚来自实力,永恒源于创新

【真诚来自实力】

诚实为本,信誉第一:诚信指做人、做事、做企业的态度。我们倡导诚实信誉是以正直为基础。即我们要正直诚信对待同事、客户、供应商和其他合作者,让他们视中能电气为可信赖的合作伙伴。

【永恒源于创新】

科学创新,持续改进:满足客户的需求,激发员工的主动性和创造性,有利于企业流程的完善;创新需要基于企业全局思考:各自为政,本位思考的创新将会损害企业的整体效率;创新必须重视反馈并坚持持续改进,不断优化我们的工作。

【300063】广东天龙油墨集团股份有限公司

【基本情况】

广东天龙油墨集团股份有限公司成立于2001年,前身为1993年成立的肇庆油墨厂。公司总部位于广东省肇庆市金渡工业园区,专业从事研发、生产、销售:"天龙牌"水性环保油墨、溶剂油墨、胶印油墨、丙烯酸树脂以及松香、松节油、松香树脂、α、B－蒎烯等产品的高新科技企业。经过十八年的快速发展,天龙集团已在全国成立十家控股子公司,十五家分公司,并建立了以总部研发、技术为支撑,各区域的网点辐射全国的庞大销售体系。公司水性油墨连续十三年稳居全国行业首位,是中国乃至东南亚地区行业龙头企业。

天龙集团自成立依始就确立了科技兴企的发展战略,面对强大的竞争对手和日益严峻的市场环境,天龙集团在国内同行中率先建立了产品技术研发中心,并与湘潭大学、中山大学等七家化工院校建立了紧密的产、学、研联盟,依托"广东省水性油墨工程技术研究开发中心"开发出了一批具有自主知识产权的优势产品,并随着集团发展和壮大,在2011年新推出"天龙牌"脂松香、松节油、a、B－蒎烯、松香树脂等一系列林产化工产品,预计松香年产量可达25,000吨。产品定位"高质、专业",立足为各化工企业、包装企业提供高质环保的产品和全面优质的服务。

【经营业绩】

2012年上半年,实现营业总收入16,401.24万元,较上年增加1,350.35万元,增长8.97%;实现营业利润823.29万元,较上年减少255.36万元,降幅23.67%;实现归属于公司普通股股东的净利润799.91万元,较上年同期减少44.04万元,下降5.22%。

【企业荣誉】

2009年4月广东省先进集团

肇庆市优秀中国特色社会主义事业建设者奖章

【企业文化】

广东天龙油墨集团股份有限公司非常注重塑造自身企业形象和培养企业文化气息,产品品牌实质上就是一种企业文化,是企业实力的化身,内涵的体现,充分反映了诚实守信、生气勃勃、奋发不息的现代化企业经营理念。历经风雨,终成大气,天龙集团的企业文化就是所有天龙人的精神支柱和无形后盾。

【300065】北京海兰信数据科技股份有限公司

【基本情况】

北京海兰信数据科技股份有限公司成立于2001年,立足于航海电气与信息化领域,主要从事航海电气与信息化产品的研发、生产、销售及服务。拥有自主品牌的船载航行数据记录仪(VDR)、船舶远程监控管理系统(VMS)、船舶操舵仪(SCS)、雷达(RADAR)、电子海图显示与信息系统(ECDIS)、电罗经(GYRO)、桥楼航行值班报警系统(BNWAS)、综合船桥系统(IBS)、船舶电子集成系统(VEIS)、全球海上遇险和安全系统(GMDSS)等民用航海电子领域系列产品。2004年,海兰信成为中国海军指定供应商,取得国家武器装备科研生产许可证,通过国家二级保密资格认证、军品质量管理体系、海军装备质量管理体系认证。

"尽职尽责、持续创新"是海兰信的核心价值观。在此价值观的指导下,海兰信着力贯彻和执行"两网一心"的企业发展战略,即以自主产品为核心,同时不断完善和强化全球服务网与市场营销网。目前,海兰信已在欧洲、美国、加拿大、印度等,全球30多个国家和地区设立了70多个服务网点,拥有完善的全球服务网;在上海、广州、烟台、香港及越南等重点地区设立了多个营销中心,构建了完整的营销网络。

2010年3月26日,海兰信在深圳证券交易所挂牌上市。上市后的海兰信站在了新的发展平台之上,迎来了新的发展机遇。截至2011年底,海兰信总资产达7亿元,员工约400余人。

【经营业绩】

2012年上半年报告期内,公司实现营业收入123,414,235.18元,比上年同期增长42.28%;营业利润6,727,122.05元,比上年同期降低53.08%;利润总额11,588,922.67元,比上年同期降低37.88%;归属于普通股股东的净利润9,405,070.19元,比上年同期降低42.05%。

【企业荣誉】

2010年,中关村信用培育双百工程。

2010年,VDR获得"中国造船工程学会品牌产品"。

2010年,德勤－中国高科技、高成长500强企业。

2010年,北京市软件与信息服务业"四个一批"企业。

2010年,中关村国家自主创新示范区评为"重大科技成果产业化突出贡献单位"。

2010年,中关村企业信用促进会评为"瞪羚四星级企业"。

2010年,VMS获得"第十三届技术市场金桥奖"。

2009年,中关村国家自主创新示范区首批"创新型企业"。

2009年,VDR获得"第四届中国技术市场协会金桥奖"。

2009年,VDR、VMS被列为"北京市自主创新产品"。

【企业文化】

尽职尽责

尽职是指严谨勤勉、忠于职守。尽职是对员工职业素养的要求,也是公司存在的基础。尽职精神体现公司对效率和品质的追求。

尽责是指不回避责任,勇于担负责任,面对责任全力以赴。"尽责"包含公司对客户负责任,对员工负责任,对社会负责任,对股东负责任。

持续创新

创新是公司获得竞争优势的唯一途径,创新让企业充满活力并获得发展动力。创新包括管理创新、技术创新和市场创新等。

【300066】江西三川水表股份有限公司

【基本情况】

江西三川水表股份有限公司于2004年5月经江西省工商行政管理局登记设立,主要发起人为江西三川集团有限公司,目前注册资本为10400万元,主要产品有节水型水表、智能卡式水表、网络远传水表、直读式电子远传水表、环保不锈钢水表、复式水表、多路共管供水系统、给排水管材管件、水司管理应用软件等。公司是中国城镇供水排水协会常务理事单位、中国仪器仪表行业协会理事单位、中国计量协会水表工作委员会副秘书长单位。公司建有江西三川、山东三川南北两大生产基地,水表年生产能力800万台。产品覆盖中国大陆,远销东南亚、美洲、非洲等海外市场,国内市场占有率连续十年保持同行业领先。

公司系国家高新技术企业,拥有发明专利、实用新型专利及外观专利授权共计22项,是国内水表行业拥有专利最多的企业之一,具有引领和推动行业技术发展的能力;公司主导产品通过了江西省科技厅新产品新技术鉴定及科学技术成果鉴定,其核心技术——滴水计量级智能型水表成套技术在国内同行业中处于领先地位,达到国际先进水平。公司产品先后荣获中国名牌、国家免检、全国用户满意产品、建设部推广产品、中国水协推荐产品称号。"三川牌"注册商标,是国内水表行业目前唯一由国家工商行政管理总局认定的中国驰名商标。

2010年3月26日,三川股份正式在深圳证券交易所挂牌上市,成为中国资本市场首家以水表为主业的上市公司。三川股份的正式上市,开启了公司发展的新格局,预示着公司将在资本市场助推下插上快速腾飞的翅膀。三川股份将秉承"务实、创变、卓越"的企业精神,以务实的精神,不断创新、追求卓越,努力打造中国水工行业一流品牌。

【经营业绩】

2012年上半年报告期内,公司实现营业收入25,744.82万元,同比增长30%;实现营业利润3,994.53万元,同比增长32.55%;实现归属于上市公司股东的净利润3,025.34万元,同比增长16.25%。

【企业荣誉】

公司多项产品获得江西省自主创新产品证书、重点新产品证书、优秀新产品证书

公司荣获诚信纳税先进单位称号

公司荣获全国轻工业卓越绩效先进企业称号

公司荣获鹰潭市十大科技创新企业

公司被授予高新技术企业证书

公司荣获抗冰支援突出贡献单位称号

【社会责任】

公司为鹰潭市经济技术开发区中小学免除学杂费捐助15万元。

公司出资36万元投资基础设施,解决了郊区居民几十年都没有解决的安全用水、用电问题。

2008年四川遭受地震灾害,公司第一时间为灾区捐送价值10万余元的水表、全体员工捐赠的善款及特殊党费。

2008年南方特大雨雪冰冻灾害,公司挺身而出、全力以赴,春节期间加班加点为灾区赶制水表,朱平经理春节期间在将救灾水表运往贵州灾区的途中不幸牺牲。

【企业文化】

经营宗旨:勇于创新,精于制造,诚于服务,供需双赢。

企业精神:务实,创变,卓越。

【300068】浙江南都电源动力股份有限公司

【基本情况】

浙江南都电源动力股份有限公司(简称:南都电源,股票代码:300068)是国家高新技术企业。公司创立于1994年9月,2010年4月在A股创业板上市。公司主营业务为通信后备电源、动力电源、储能电源、系统集成及相关产品的研发、制造、销售和服务;主导产品为阀控密封蓄电池、锂离子电池、燃料电池及相关材料。产品广泛应用于通信、电力、铁路等基础性产业;太阳能、风能、智能电网、电动汽车、储能电站等战略性新兴产业;电动自行车电池、通讯终端应用电池等民生产业。经过十余年的发展,公司已成为国内外电池行业的领导者,公司品牌"NARADA"已成为中国驰名商标和享誉全球的知名品牌。

公司拥有卓越的技术创新能力。设有南都电源研究院、国家认可实验室、博士后科研工作站和杭州市院士专家工作站,配备了国际最先进的科研试验和综合测试设备。拥有以院士为首,国内外教授、专家组成的具有丰富理论与实践经验的研发团队。公司迄今已提出百余项自主知识产权申请,其中发明专利几十项,已获得57项专利授权。在储能应用领域,拥有大型储能、离网储能、分布式储能的系统设计及集成技术;在动力应用领域,拥有电动汽车、电动叉车、电动自行车等车用超级电池、锂离子电池技术;在通信应用领域,拥有IDC等交换机房用、基站用、UPS用等阀控电池、锂电池、燃料电池技术,其中适用于高温环境下的环保节能电池为国际首创,具有巨大的经济及生态效益;在新型材料方面,拥有锂离子电池正负极材料、阀控电池正负极材料、电解质材料等多项核心技术。

公司形成了全球销服一体化的营销体系,拥有最具专业化、国际化的营销团队,是国内同行业中海外市场占有率最高的企业。营销网络遍及世界五十余个国家和地区,中国市场覆盖29个省、市、区,海外市场已进入欧洲、中东、非洲、亚太、美洲等70余国,先后成立了南都亚太、南都英国、南都菲律宾、南都马来西亚、南美办事处等营销服务机构,构建了迅捷、优质的物流通道。

公司秉承"严选材、精制造、高技术、诚服务"的质量方针,导入精益生产理念,建立了涵盖研发、生产、销售全过程的质量管理体系;坚持绿色环保的制造理念,注重全员职业健康安全,打造敬业、创新、开放、进取的企业文化,成为具有高度社会责任感的企业公民。公司先后通过了挪威船级社(DNV)ISO9001和TL9000质量管理体系认证,ISO14001环境管理体系认证,OHSAS18001职业健康安全管理体系认证和法国BV公司SA8000社会责任体系认证,为实现企业的国际化开辟了一条绿色通道。

公司确定以"通信、动力、储能"为未来发展的三大支撑产业,逐步从提供通信后备电源产品的制造商向提供通信、动力及储能电源系统解决方案的供应商发展。公司以技术、品牌为核心,参与国际竞争,借助资本力量,助力企业做强做大,南都电源以务实、创新、进取的精神推动全球新能源发展。

【经营业绩】

2012年上半年报告期内,公司实现营业收入14.41亿元,较上年同期增长148.59%;实现营业利润8,359.66万元,较上年同期增长349.47%;实现归属于上市公司股东的净利润5,051.41万元,较去年同期增长200.78%。

【300075】北京数字政通科技股份有限公司

【基本情况】

北京数字政通科技股份有限公司成立于2001年,2010年在深圳证券交易所上市(股票代码:300075)。是中国领

先的智慧城市应用与信息服务提供商，在数字化城市综合管理领域市场占有率超过50%，居于绝对领先的地位。公司以“创新数字城市，成就政通人和”为己任，迄今为止已经为包括北京、上海、天津、重庆、广州在内的200多个国内城市客户提供并实施了全面的数字化城市管理解决方案，在网格化城市管理、网格化社会管理、综合执法管理、综合管网管理、国土资源管理、城市规划管理、市政管理和信访管理等城市管理领域拥有广泛的客户案例。同时，为满足中国城市客户不断增长的服务需求，公司还提供二维/三维基础地理数据、实景影像数据、部件数据和人口房屋数据等城市核心应用数据的采集、普查与管理服务，及满足数字城市管理系统运行规范的专业服务外包、坐席托管等各种增值服务。

公司注册资金8400万元，净资产8.8亿元，员工总数逾600人，其中专业技术人员占比超过80%。公司总部位于北京，在北京和武汉设有研发中心，并在上海、武汉、天津、成都、开封、温州、宁波和威海等多个城市设有子/分公司。

【企业荣誉】

2012年初，数字政通的业务已经覆盖逾200个城市，开始探索城市管理与社会管理相融合的软件架构新模式，获得中国信息化推进联盟颁发的“政府行业金软件”大奖。

【企业文化】

我们的使命

对股东：以前瞻的眼光，高效的管理，稳健的发展实现股东价值最大化；

对员工：以人为本，倾心为员工营造和谐向上的工作氛围，帮助员工实现个人职业发展和价值提升；

对业界：以行业领先为己任，协同业界整体发展与进步；

对社会：努力工作，共建和谐，创造价值，回报社会。

我们的愿景

成为中国领先的数字城市软件开发、运营与增值服务综合提供商，拥有丰富的自主知识产权产品，建立可持续发展的商业模式，为客户创造价值、为员工创造机会、为投资者创造财富，成为受人尊敬的企业。

核心价值观

诚信、和谐、求实、创新

发展理念

· 技术创新推动政府管理与体制创新

人才理念

唯才是用，唯德重用

· 员工是数字政通价值的缔造者，具有强烈进取心、创新力、良好沟通能力、并具有优秀团队精神的人才是企业的核心竞争力；

· 创造公平、公正、公开的竞争环境，不拘一格降人才；

· 重用高度认同数字政通企业理念的人才。

技术理念

· 不断创新，并在实践中沉淀并推广成熟技术，是数字政通应用研发的核心理念；

· 把创新和经验与标准结合，使系统建设化繁杂为规范，是数字政通发展的原动力。

【经营业绩】

2012年1－6月，公司实现营业收入4928.94万元，比上年同期增长了98.06%；实现营业利润1289.78万元，比上年同期增长了41.97%；实现归属于母公司净利润1457.11万元，比上年同期增长了51.11%。

【300077】国民技术股份有限公司

【基本情况】

国民技术股份有限公司于2000年源于国家“909”集成电路专项工程成立，2010年4月在创业板上市（代码：300077），是我国安全芯片、无线射频芯片的领军企业。

公司是国家级高新技术企业，国家规划布局内重点软件企业、广东省自主创新、战略新兴产业骨干企业、深圳自主创新行业龙头企业。公司主要产品被科技部授予国家自主创新产品称号。

公司累计承担9项国家“863”计划重大课题、3项国家发改委信息安全专项示范工程项目、2项国家级火炬计划项目以及国家重大科技专项。同时，公司为国家商用密码可信计算、电子交易等多个国家商用密码专项组发起单位和标准起草单位，中国可信计算联盟产业联盟的发起者之一。公司自身重视知识产权积累，多项专利已通过国际PCT专利审查，在多个国家部署落地。

【主营业务】

公司以信息安全、SoC、无线射频为核心技术发展方向，涵盖IC设计前端至后端全过程技术，产品涉及安全主控芯片、智能卡芯片、可信计算及移动支付整体解决方案、移动通讯射频芯片、数字电视模块、功率放大器等多个方向及领域。

【经营理念】

公司理解，不断满足人需求的本质，是科技发展的必然规律。为此，公司以“人本需求”为理念推动公司产品研制、营销以及内部管理建设，将不遗余力地为公众提供可使网络生活更安全、更便捷的产品。

【经营业绩】

2012年1－6月，公司实现营业收入23,045.33万元，同比下降26.07%；营业利润760.85万元，同比下降83.71%；归属于普通股股东的净利润3,092.48万元，同比下降47.51%。

【300079】北京数码视讯科技股份有限公司

【基本情况】

北京数码视讯科技集团（SUMAVISION TECHNOLOGIES GROUP），成立于2000年，是由北京歌华有线、湖南电广传媒、清华科技园注资的高新技术集团化上市企业。2010年成功登陆创业板后，数码视讯集团凭借雄厚资本迅速完成产业布局，立足广播电视行业、业务延伸至通信行业、文化传媒、智能交通、创业投资、物联网、系统集成、技术服务等多个高新技术领域，致力于成为中国数字电视及三网融合龙头企业。

数码视讯集团目前拥有七大全资机构：北京数码视讯软件技术发展有限公司、鼎点视讯科技有限公司、北京数码视讯科技股份有限公司、北京星际无双文化传媒有限公司、北京数码视讯建设发展有限公司、北京数码视讯创业投资有限公司（筹）、北京完美星空传媒有限公司。

数码视讯集团拥有400位硕博士研究员、近千人的行业顶级技术研发团队、所有核心技术拥有自主知识产权、60余项技术专利，数百项著作权专利。数码视讯为各界用户提供三网融合全部解决方案。集团相继推出了云彩中间件、全业务平台（电视商城、代缴费、可视电话、三屏游戏……）、广电安全平台、播控平台、双向网络改造（CCMTS＋EPON）、

IPQAM(24/48/192 频点)、全 IP 传输/备份平台、直播星备份平台、VOD/PUSHVOD/时移电视系统、2D 转 3D 解决方案、CMMB/DTMB 全系统、广告/台标/字幕随播系统、高清落地视音频转码方案、卫星通信与网络流媒体、智能交通/联网监控等解决方案。目前,数码视讯已为全球 90 余个国家及地区,全国三十多个省及直辖市,超过 1000 个地市、县电视台(网络公司)提供专业的服务,极大地推进了数字电视的发展进程。

展望未来,数码视讯将凭借雄厚的资本优势,立足数字电视行业,扩宽完善产业布局,以资本为纽带,以十二年创新精神为基石,以三网融合为使命,以让每个人都享受数字生活为目标,继续缔造属于数码视讯新传奇。

【企业荣誉】

北京软件行业协会团体会员。

2010 中关村高成长企业 TOP100 获奖单位。

成为北京民营科技实业协会(2001 年度)副会长单位。

福布斯评为“中国最具潜力上市企业”。

公司数字电视全 IP 平台荣获“北京市品牌产品”称号。

获得“金蝉奖——最具投资价值上市公司”称号。

2010 广播电视十大优秀企业 TOP10。

荣获“北京中关村企业优秀会员”。

数码视讯成功登陆创业板 A 股,迈入集团化发展的新时代。

【企业文化】

三个发展:

公司与员工共同发展

公司与客户共同发展

公司与社会共同发展

三个精神:

创业精神团队精神创新精神

公司理念:

【质量理念】产品就是人品

【品牌理念】口碑是最好的广告

【运营理念】以创新为本做百年名企

【管理理念】向军队学管理——没有任何借口

【经营业绩】

2012 年 1 - 6 月,实现营业总收入 201,521,713.9 元,同比增长 2.56%,实现净利润 92,252,714.78 元,同比增长 1.26%。

【300081】恒信移动商务股份有限公司

【基本情况】

恒信移动商务股份有限公司成立于 2001 年,专注于移动信息产品的销售与服务,为个人客户和行业客户提供从硬件到软件、从销售到服务的全面解决方案。公司于 2010 年在深交所创业板成功上市(股票简称:恒信移动,股票代码:300081),是国内唯一一家既有专业地面数码零售连锁业务,又有移动信息技术研发和业务平台运营经验的企业。

公司在移动信息产品销售服务、移动信息服务平台、3G 终端的应用等方面具有领先优势,拥有自主研发能力,创造了“地面销售体验平台、内容集成和技术服务”的营销模式,实现了业务结构和经营模式的持续创新。

公司连锁经营超过 600 家营业网点、11 家售后服务中心、拥有 3000 多名业务销售顾问,并通过创新的服务模式与零售新技术结合,为消费者提供专业的移动信息产品销售与服务;在与运营商合作领域,公司拥有 23 省的业务平台,覆盖从个人娱乐到行业应用等多个业务;在移动互联网领域,公司通过整合商家和消费者的需求,构建了移动商业信息服务新模式。

面向未来,恒信移动将秉承“以客户长远需求为目标”的经营理念,依托公司在移动信息产品的集成销售能力、运营商信息平台的业务支撑能力、行业客户的移动信息化整体服务能力、商业连锁的管理能力,为客户提供价值,为股东创造利润,和员工分享成功。

【企业荣誉】

被人民日报社网络中心、中国乡镇企业发展论坛组委会、乡镇企业导报杂志社联合评为中国最具发展潜力百强民营企业之一。

美国伊利诺斯大学负责主办的国际音乐信息检索评测比赛(MIREX)第一名。

河北省消费者协会成立二十周年 3·15 特别贡献奖。

河北省第八届消费者信得过单位。

河北省维修行业“文明经营、优质服务”先进单位。

河北省第七届消费者信得过产品。

【企业文化】

企业宗旨

让企业与客户之间的距离更近

企业价值观

为客户创造价值,为股东创造利益,为员工创造成功。

企业理念

尊敬客户,尊重员工,爱护世界。

企业愿景

成为中国最成功的移动电子商务服务提供商。

企业口号

恒信以致远。

职业道德

遵纪守法克己奉公

文明经商优质服务

商品优良信誉第一

维护公德公平竞争

【经营业绩】

2012 年 1 - 6 月,公司实现营业收入 61995.97 万元,比去年同期上升 52.25%,利润总额为 - 1478.84 万元,比去年同期下降 209.89%,净利润为 - 1440.91 万元,比去年同期下降 186.49%。

【300084】兰州海默科技股份有限公司

兰州海默科技股份有限公司设立于 2000 年 12 月。公司是国际多相计量领域的技术领导者,是亚洲市场上领先的油田多相计量整体解决方案提供商。

多相计量技术被国际能源界列举为“决定未来油气工业成功的五大关键技术”之一。公司自主创新的多相流量计产品被国家发改委批准为“国家工业过程自动化重大专项”,并获得科技部“中小型科技企业创新基金”的无偿资助。该技术的推广应用对于在新的油气田(特别是海洋、沙漠油田和边际油田)的开发中节省大量投资、缩短建设周期、简化生产操作、保护环境和提高能源综合利用水平等具有重要意义。

公司在多相计量领域拥有完整的、自主的知识产权,已在中国、美国、英国等国家取得多项发明专利,并获得了“第十届中国专利奖”优秀奖。公司的技术和产品经英国国家工程实验室（NEL）等国际权威机构的测试和认证，主要性能指标超过国外同类产品，技术上达到国际领先水平。由于采用了自主创新的核心技术和生产工艺，加上利用中国和印度等地富有竞争力的人力资源，公司的产品和服务的成本明显低于竞争对手。“技术领先”和“成本领先”是公司的两大核心竞争优势。

公司是目前国际市场上主要的提供多相计量产品和服务的四家厂商之一，已获准成为阿曼石油、阿布扎比石油、壳牌、道达尔、康菲、中国海油和中国石油等二十几家国内外主流的石油公司的合格供应商，产品和服务远销中东、北非、东南亚、中亚和欧洲等地区，公司在国际市场上有着广阔的发展空间。公司目前在中国、阿曼和阿联酋等市场上占有较大的市场份额，处于市场领导地位。

公司主要业务是为向石油天然气上游工业的客户提供代表当前技术发展水平的多相计量产品，多相测井服务，以及多相计量产品的应用和售后技术服务。上述产品和服务涵盖了油田勘探、开发和生产全过程中对多相计量技术的需求，从产品、服务和应用等三个层面上构成了油田多相计量整体解决方案。公司提供的产品解决方案具体包括：油井多相流量计、总量计量多相流量计、湿气多相流量计、低产油井测量装置（LPT）和高性能油井测量装置（HPT）等；服务解决方案具体包括：生产井计量测试服务、作业井评价测试服务和勘探井试油测试服务等；产品应用解决方案具体包括：多相计量产品的安装调试及试运行服务、预防性维护服务、现场标定及检定服务和性能保障服务等。

无论是通过上述设备、服务还是整体解决方案，公司为客户提供的最终产品都是石油天然气勘探和开发过程中所需的准确、可靠、实时的油气井产量数据以及其他过程信息；客户利用这些数据和信息，可以实施生产优化和改善油藏管理的有效措施，以达到增加产量、提高采收率或延长油气井生命周期等目的。

与传统的测试分离器相比，多相计量技术能够实现油气井的连续、在线和实时的测量和监控，并且为客户节省大量的投资、降低操作费用和提高作业效率。与同行业竞争对手相比，我们的多相计量设备测量范围更广、精度更高、性能价格比更优；我们提供的多相测井服务作业效率更高、服务总成本更低。公司的核心能力在于，根据客户的个性化需求提供量身定制的多相计量整体解决方案并且将其快速投放市场。

综上所述，由于我们的存在，显著提高了油气井产量数据和过程信息的准确性、实时性和可获得性，并且大幅度降低了获取这些数据和信息的成本，从而使得客户通过生产优化措施实现油气增产和通过改善油藏管理实现油田可持续开采的战略在技术上和商业上都变得更加可行。

【企业荣誉】

2011 年公司荣获甘肃省政府“省长金融奖”。

2011 年公司董事长窦剑文先生荣获“十佳优秀企业家”荣誉称号，海默科技“多相流量计”项目被列为“十大科技创新成果”。

2009 年海默科技凭借其国际领先的多相计量技术以及过硬的产品质量和服务质量，荣获中国海油颁发的“突出贡献优秀承包商奖”。

【社会责任】

2010 年 8 月 7 日晚至 8 日凌晨，甘肃省甘南藏族自治州舟曲县因强降雨引发滑坡泥石流，堵塞嘉陵江上游支流白龙江形成堰塞湖，造成重大人员伤亡，电力、交通、通讯中断。

天灾无情，人间有爱。灾难面前，需要的是关怀，需要的是爱心，让我们为灾区人民撑起一片蓝天，为灾区人民点燃生命的希望。虽然我们无法阻止灾害给灾区人民带来的伤害，但我们能够将我们的爱心汇聚成爱的火焰，去温暖每一位灾区人民的心。为此，海默科技决定向甘肃舟曲县捐款，支援当地的学校重建工作。本次公司向舟曲灾区捐款金额为人民币 57.957 万元（其中：公司捐款 50 万元；职工个人捐款 7.957 万元）。

【经营业绩】

2012 年上半年报告期内，实现营业利润 54.38 万元，比上年同期下降 91.51%，实现净利润 195.33 万元，同比下降 64.15%。

【300086】海南康芝药业股份有限公司

【基本情况】

康芝药业是海南首家创业板上市的制药企业，也是海南省近年来发展最快、效益最好、规模最大的医药企业之一。目前，公司拥有 5 条国际先进的颗粒自动化生产线，年产 20 亿袋，是亚洲产能最大的、自动化程度最高的颗粒生产线。

十多年来，康芝药业始终秉承“诚善行药、福泽人类”的企业宗旨，确立“做医药精品、做专业市场”的经营策略，把“专注儿童健康”作为公司战略目标。

2007 年，“康芝”牌被评为“中国高新科技优秀品牌”。

2008 年，康芝药业被国务院经济发展研究中心评为“全国百佳企业”和“中国改革开放 30 年最具社会责任感品牌企业”。

2009 年，康芝药业被评为“海口市创新型企业”。

2010 年，康芝药业被评为“中国十大最具成长力的医药企业”之一，公司“儿科药高技术产业化项目”被列入国家发展改革委下达的《2010 年第二批产业技术研发资金高技术产业发展项目投资计划》。

康芝药业的系列产品高度契合中国儿童的疾病特征，拥有多种专门针对儿童研制的药品，包括解热镇痛、感冒、抗生素、呼吸系统、消食定惊和营养六大类的西药和中药品种。

康芝药业非常注重新产品、新技术研发和投入，已建立的技术平台包括：药物合成研究室、药物分析研究室、药物制剂研究室、中药提取分离研究室和中药研究室等，并与国内知名高校和科研机构建立了长期的技术合作关系。

康芝首创专业化合作代理营销模式，建立了扁平化的销售网络平台，以“深度营销，融合多赢”的经营理念，打造了一支富有专业精神和实践经验的营销团队，建立了包括 1000 多家代理商和超过 3 万个销售终端的营销网络，牢牢占据基层医疗市场的制高点。

【企业荣誉】

康芝获海南省著名商标（2009－2012）。

海南康芝药业股份有限公司获全国百佳企业。

中国改革开放 30 年最具社会责任感品牌企业荣誉称号。

2009 中国创业企业百强。

洪江游获海南省工业经济杰出企业家。

海南省最具影响力的工业明星企业。

瑞芝清—海南省著名商标。

海口市创新型企业荣誉称号。

中国高新技术产业优秀品牌。

中国新型工业化贡献奖。

海南省最具影响力的工业明星企业。

洪江游被授予中国经济百名新锐人物。

洪江游荣获海南省首届"非公有制经济人士突出贡献奖"业。

洪江游被授予"中国新型工业化卓越贡献奖章"荣誉称号。

【企业文化】

企业宗旨:诚善行药福泽人类

企业精神:真诚、关爱、创新

价值观:天道酬勤

行为准则:以诚待人以和为贵

经营理念:长期合作共赢

企业战略:专注儿童健康

经营策略:做医药精品做专业市场

【经营情况】

2012 年上半年,公司实现营业收入 18,859.60 万元,比去年同期增加39.91%;实现营业利润514.62 万元,比去年同期下降 79.99%;利润总额为 669.92 万元,比去年同期下降 75.38%;归属于上市公司股东的净利润为 549.45 万元,比去年同期下降 75.17%。

【300095】江西华伍制动器股份有限公司

【基本情况】

江西华伍制动器股份有限公司是一家主要从事工业制动器及其控制系统研发、设计、制造和销售的企业,该公司是目前国内生产规模最大、产品品种最全、行业覆盖面最广并且具备较强自主创新能力的工业制动器专业生产商和工业制动系统解决方案提供商,公司组建的"江西省工业制动器工程技术研究中心"为省级技术研究中心。目前,从事专业技术设计和研发的工程技术人员达 49 名,其中教授级高工 1 名,高级工程师 13 名,工程师 25 名。本公司首席专家聂春华先生是我国工业制动器行业的知名专家、学术带头人、教授级高级工程师和享受国务院政府特殊津贴的专家。近年来,公司完成了 20 多个系列的新产品研发,多个产品获国家级或省级新产品称号,公司主要产品的技术指标均为国内领先,部分产品已达到国际先进水平。公司已取得多项认证,包括 ISO9001 质量管理体系认证、欧盟 CE 认证、北美 UL 认证、中国船级社 CCS 入级检验证书和美国船级社 ABS 入级检验证书。是我国工业制动器现有六项行业标准中五项行业标准的第一起草单位。公司市场占有率居行业首位,是我国工业制动器的龙头企业。

公司本部地处赣江之滨被誉为"物华天宝、人杰地灵"的城市,距江西省会南昌市区仅 58 公里,沪昆铁路、粤赣、沪昆高速贯穿其中,地理优越,交通便捷。公司总占地面积 300 亩,下辖三家子公司,企业员工近千人。崇尚创新、勇于负责、公平正义、诚信互敬、积极向上、廉洁奉公是该公司的价值观。为进一步做强做大,公司已启动"精心打造中国制动器精品,全力塑造世界制动器名牌"战略发展规划,现正打造年生产工业制动器能力达 20 万台(套),世界规模最大的工业制动器生产基地,为"配套国产部件、振兴民族工业"而奋勇拼搏。

作为行业内国内市场首家也是目前唯一一家上市公司,公司在行业内有着较为明显的品牌优势,多年来公司一直致力于为客户生产最好最为安全的制动器产品及其控制系统,在行业内有着众多稳定的客户,品牌效应得到了很好的推广,品牌知名度也得到了稳步提高,并与上海振华重工(集团)股份有限公司建立了长期稳固的战略合作伙伴关系。公司的主要客户包括上海振华重工、宝钢集团有限公司、武汉钢铁(集团)公司、太原重型机械(集团)制造有限公司、大连重工起重集团有限公司等业内知名企业,并配套上海振华重工的港口机械产品出口到全球七十八个国家和地区的两百多个港口码头。

【经营业绩】

2012 年上半年,公司实现营业收入 146,934,962.65 元,比上年同期减少 7.94%,实现营业利润 20,815,136.48,比上年同期增长 11.21%,归属于上市公司股东的净利润 17,531,016.07元,比上年同期增长 3.54%。

【发展战略】

专注于工业制动器行业,抓住我国装备制造业快速发展的历史性机遇,坚持专业化、国际化的发展方向,通过"自主创新、产品升级、先进制造、规模发展"的发展方式,加速推动公司由工业制动器生产商及工业制动系统解决方案提供商转变为具有突出自主创新能力、核心竞争力显著、成长性良好的工业制动系统"综合服务商"。

【社会责任】

绿色环保:

公司通过投入先进的设备、改进生产工艺、加大研发投入、并严格遵守相关的法律、法规,通过采取各种有效措施,减少企业对环境影响,促进企业和社会的和谐发展,建设一、二、三期污水处理场;工业炉窑、锅炉废气治理;垃圾分类、定置存放、定点处置;废渣综合治理;噪声源治理;按环境管理体系标准手册、程序文件对建设项目进行环境影响评价,实施环保"三同时"管理。

清洁生产:

根据行业能耗先进水平,制定能源消耗年计划及指标,确保超过国家要求,构建三级能源管理体系;推广利用节能新技术、新材料、新设备、新工艺,所有设备在设计、选型等诸方面都强调节能和成本控制;建立循环用水系统,选用当今最先进、节能的设备,同时选用清洁能源为燃料,减少能源使用对环境的影响。有效控制能源消耗。

【公益事业】

公司以负责任的企业公民的态度,支持社会公益事业。为了回报地方政府和社区居民对公司发展的支持,公司多年来一直致力于地方教育、文化、体育、卫生事业的发展。2006 年公司出资 40 万元修建丰城道路和剑邑大桥,在"汶川"地震和"玉树"地震期间,公司第一时间在董事长聂景华的带领下,发动公司全体员工,通过中国红十字会、丰城市红十字会累计向灾区捐款达 100 多万元。十余年来,公司累计捐款 200 余万元。

【人力资源】

公司通过人力资源规划进行人才结构调整、人员素质提升、管理理念提升工作,以满足公司战略目标的需要。2011 年末公司共有员工 873 人,其中行政管理人员 351 人,生产及技术人员 522 人;大专以上学历 279 人,从事科学研究研发人员 96 人。公司通过对营销人员以及一线工人进行有针对性地培训,全面提高人员素质;实行外部引进与内部培养相结合的方式培养一批有创造性的优秀人才;建立健全能上能下、竞争上岗、薪酬与贡献挂钩的人员聘任和激励机制。

【企业文化】

核心理念——因为专注,所以专业

因为专注，所以能始终如一，执着于研究与开发，不断推陈出新。

因为专业，所以能诚实衬信，品质保证，深得用户信赖。

发展理念：效率是目标、质量是生命、服务是保证。

管理理念：文化的熏陶、制度的约束。

经营理念：研究和开发、进取与和谐。

市场理念：先做人，后做事。

技术理念：不断创新、精益求精、领先一步。

人才理念：人才是财富之源。

安全理念：世间万物有情，唯有安全无价。

竞争理念：没有人能打败你，除非你自己。

团队理念：厚则聚众、众聚则强。

价值理念：人个价值源于企业，企业价值源于社会。

【300112】深圳万讯自控股份有限公司

【基本情况】

深圳万讯自控股份有限公司，1994 年成立，注册资金 1.61亿，是一家专注于过程自动化仪器仪表产品研发、生产、销售和工程服务的国家级高新技术企业、A 股上市企业（股票代码：300112）。

作为中国过程自动化仪表新技术的领先提供商，万讯始终秉承“与您共享世界新技术成果”的经营理念，与客户、合作伙伴、员工和股东始终共享成果与智慧，获得了健康发展。目前，深圳总部拥有自有产权的现代化办公大楼，在江苏无锡等地建造了大型生产制造基地。

万讯拥有一支经验丰富、研发能力强、核心人员稳定的研发团队，建立了 IPD（集成产品研发）研发管理体系和相关产品实验室，形成了较强的自主创新能力，产品技术和品质达到国际水平，多数通过 CE、EX、PTB 等权威认证，并屡获殊荣，拥有专利 14 项、非专利技术 43 项。

万讯建立了完善、广泛的营销网络，拥有一支 140 多人的专业营销和售后服务队伍，经销商和办事处覆盖了中国主要省份和地市，为设计院、工程商以及行业用户提供全方位服务，在国内设有 21 个办事处，并在香港设有全资子公司，成为同行业企业中营销体系最齐全、营销网络覆盖面最广的公司之一。

万讯自控拥有专家型创业核心管理团队以及高效的管理体系，长期聘请著名顾问公司（如 IMSC 中国工业品营销研究院、美国 Watson Wyatt 公司等）协助建立企业管理体系，导入实施 ERP（企业资源计划）、CRM（客户关系管理）等管理系统；公司通过 ISO9001 质量管理体系认证，引入 TQM（全面质量管理）体系，全面提升了公司的质量管理水平；建立人力资源管理体系，在组织结构、职位管理、绩效评估、薪酬体系等方面进行系统建设，使公司形成一支长期合作、精诚团结、具备国际化视野的专家型创业核心团队，确保了企业的长期健康发展。

展望未来，万讯将秉承“与您共享世界新技术成果”的经营方针，发挥市场、技术、成本、管理等方面综合竞争优势，巩固公司在中国自动化仪表行业中的领先提供商地位，为客户、员工、股东创造持久回报。为民族过程自动化产业的发展以及社会的和谐贡献力量。

【企业荣誉】

国家高新技术企业

深圳市高新技术企业

深圳市机械行业协会会员

深圳市高新技术产业协会理事单位

深圳市民营科技企业

广东省著名商标深圳知名品牌

深圳仪器仪表与自动化行业优强单位

【企业文化】

核心价值观：创新、责任、团队、诚信、共享

创新：不断创新与鼓励创新是公司持续发展的保证。

责任：负责任的公司，负责任的人；永不满足，不断进取，我们肩负着为中国社会发展作出更大贡献的使命。

团队：提倡团队合作精神，希望以团队的力量而不是精英个人的能力来赢得竞争。

诚信：诚实地做人，信任地做事。

共享：成果共享使万讯走到了今天，智慧的共享将使万讯走向辉煌的明天。

企业使命

作为过程自动化仪表产品的供应商及相关工程项目的服务商，通过提供具有国际水准的优质产品和卓越的服务，为客户创造价值，促进中国自动化技术的应用与发展水平，并以此来推动中国社会工业化进程。

企业愿景

成为自动化仪表行业里受人尊敬的世界级企业

经营方针

与您共享世界新技术成果

经营理念

顾客满意全面满足顾客需求

重视员工相互尊重、共同发展

追求卓越改进永无止境

【经营业绩】

2012 年 1－6 月，实现营业收入 106,317,020.98 元，其中主营业务收入 105,991,421.6 元，其他业务收入 325,599.38 元，营业收入总额较上年同期上升了 43.6%。

【300113】杭州顺网科技股份有限公司

【基本情况】

杭州顺网科技股份有限公司创立于 2005 年 7 月，是国内领先的网吧平台服务商。创立之初，顺网科技即秉承“用户第一”的经营理念，通过一款网吧管理软件——“网维大师”构建了国内领先的网吧管理平台，产品上线发展近 6 年，用户数达到 9 万余家网吧，占国内网吧同类软件市场的 46% 以上。基于已有平台规模发展出的媒体平台—“星传媒”已经成为互联网内容厂商重要的媒体及营销平台，为 95% 以上的网络游戏公司提供营销服务，也与百度、腾讯、淘宝等一线互联网公司保持密切的合作关系。同时，我们积极利用已有的平台效应，和广大的互联网内容厂商合作，打造一站式的互联网娱乐平台—“云海”。丰富的娱乐内容、时尚简单的用户使用界面、一站式的会员服务系统、个性化的应用功能等设计均是以网民为中心，以简单畅游体验为使命。

2010 年 8 月，顺网科技顺利在国内创业板上市，成为业内目前唯一一家上市公司。2011 年 11 月，腾讯注资顺网科技 1.3 亿，成为第四大股东；2012 年 6 月，顺网科技成功收购全国领先的网吧计费软件公司成都吉胜，网吧规模迅速扩大。

顺网科技以“成为领先的互联网娱乐大卖场”作为自己的愿景目标，在成功进入互联网娱乐这个最重要的网吧市场

后,我们还将不断开拓新的细分市场,为家庭用户、学校等用户服务,满足更多用户的互联网娱乐需求。

顺网科技一直以行业发展为己任,坚持自主创新,拥有多项软件著作权和专利。作为全国高新软件企业,顺网发展6年来得到了国家、省、市、区领导的大力支持,获得《国家级高新技术企业》、《杭州市十佳文明办网示范单位》、《杭州市十佳科技创新企业》、《杭州市最具投资价值企业》、《高速成长企业》等荣誉称号。

【经营业绩】

2012 年上半年报告期内,公司实现营业收入 113,435,024.01 元,比上年同期增长 56.95%,归属于上市公司股东的净利润 34,745,829.27 元,比上年同期增长 52.42%。

【企业文化】

愿景:

成为领先的互联网娱乐大卖场

使命:

为人们提供简单的互联网畅游体验

价值观:

1.用户第一

尊重用户利益,与用户共赢,是我们的发展之道。我们希望与所有的合作伙伴共同发展,以合作伙伴的成功来衡量我们的成功。当我们在设计产品的时候,我们会站在用户的角度思考如何满足用户需求;当我们设计商业模式的时候,一旦商业利益和用户利益冲突,我们以用户利益为先。

2.简单

我们不仅追求产品上的简单易用,在公司内部交流、管理制度、工作方法,我们都崇尚简单。只有这样,我们才可以提升效率,专心为用户提供好的产品和服务。

3.追求卓越

超越自我、精益求精,是我们一直不变的求索。对员工而言,我们为每一个人提供学习的机会,营造提升的平台。完成工作任务并不是唯一目的,我们希望每一名员工时刻关注学习和进步,不断提升自己的知识、经验、技能,以成为工作领域的专家为自己的终极目标。

【300116】陕西坚瑞消防股份有限公司

【基本情况】

陕西坚瑞消防股份有限公司(以下简称:坚瑞消防)是全球消防行业的领跑者,是一家集产品研发、生产、销售及服务紧密结合,为用户提供消防系统解决方案的高新技术企业,并通过 ISO9001:2008 质量管理体系认证。公司核心团队始创于 1999 年,总部位于西安市高新技术产业开发区。经过多年发展,“坚瑞消防”于 2010 年 9 月 2 日在深圳证券交易所首发上市,成为中国 A 股市场消防第一股,股票代码:300116。

坚瑞消防以核心技术为基础,面向市场需求,形成了以自主研发 DKL 高端品牌的 S 型热气溶胶灭火装置、便携式气溶胶灭火器为主,七氟丙烷气体灭火系统、IG541 惰性混合气体灭火系统、超细干粉灭火装置为辅的消防灭火系统产品系列。火灾报警控制系统及电气火灾监控系统等系列产品的研发生产,成功满足了其他细分市场的需求。公司产品成功应用于国内外的 10000 多项工程。同时部分产品已取得欧盟 CE 认证及越南、印度尼西亚、文莱等国的官方认证。美国 UL,英国 BRE/LPCB 等其他重要国际认证项目现已取得了突破性进展。

作为中国消防行业中为数不多的具备国际核心竞争力的企业之一,坚瑞消防拥有关于 S 型气溶胶灭火产品的国际、国内核心技术专利以及其他各项专利 40 余项,是经过国家认定的高新技术企业。凭借雄厚的技术力量,公司先后参与制定了:《气体灭火系统设计规范》(GB50370-2005)、陕西省地方标准《热气溶胶自动灭火系统设计、施工及验收规范》(DB61/368-2005)等多项消防行业国家标准、行业标准及规范。

作为中国消防行业中为数不多的具备国际核心竞争力的企业之一,坚瑞消防拥有关于 S 型气溶胶灭火产品的国际、国内核心技术专利以及其他各项专利 40 余项,是经过国家认定的高新技术企业。凭借雄厚的技术力量,公司先后参与制定了:《气体灭火系统设计规范》(GB50370-2005)、陕西省地方标准《热气溶胶自动灭火系统设计、施工及验收规范》(DB61/368-2005)等多项消防行业国家标准、行业标准及规范。

【企业荣誉】

2003 年 12 月,获得《生产高效灭火气溶胶的组合物》发明专利证书。

2004 年 3 月,获得《一种冷却,消焰剂的配方和制作工艺》发明专利证书。

2004 年 5 月,获得《适用于电器设备的高效无腐蚀气溶胶灭火剂》发明专利证书。

2005 年 10 月,获得《一种产生气态灭火剂的组合物》发明专利证书。

2007 年 6 月,通过 ISO9001:2000 质量管理体系认证。

2008 年 6 月,获得《双向横喷式气溶胶灭火装置》实用新型专利证书。

22010 年 12 月,全世界最小的便携式灭火器诞生于陕西坚瑞消防股份有限公司,与此同时获得欧盟 CE 认证。

2012 年 8 月,坚瑞消防全新灭火产品 - 组合而固定式拿下欧盟 CE 认证。

【企业文化】

坚瑞使命:

捍卫人类和生命的财产安全。

坚瑞愿景:

三年内,国内消防前三名;六年内,国内消防第一名;在未来的十年之内,坚瑞消防将努力置身于世界消防行业前十名,成为国际知名的消防公司。

坚瑞核心价值观:

诚信,专注,创新,责任。

恪守着捍卫人类生命财产安全的使命,“坚瑞消防”在未来将以不断创新的高新科技产品及优质的服务,竭诚为广大用户提供完善的消防系统解决方案,为用户生命财产安全架设最坚固的防线,造福万家。

【经营业绩】

2012 年 1-6 月,公司实现营业收入 55,038,202.61 元,较去年同期上升 33.91%;利润总额 -6,512,253.79 元,较去年同期下降 200.89%;归属于上市公司股东的净利润 -8,238,047.76元,较去年同期下降 247.79%。

【300129】上海泰胜风能装备股份有限公司

【基本情况】

上海泰胜风能装备股份有限公司(英文名称:Shanghai Taisheng Wind Power Equipment Co., Ltd.),前身为上海泰胜电力工程机械有限公司,于 2001 年 4 月 13 日成立,于 2010

年10月19日成功登陆中国深圳证券交易所创业板(公司证券简称为泰胜风能,英文简称为TSP,股票代码为300129)。

泰胜风能总部位于上海金山区,是中国最早专业从事风机塔架制造的公司之一,也是国内外知名的风力发电机配套塔架专业制造商。公司目前注册资本324,000万元,主营风力发电设备、钢结构、化工设备制造安装、货物和技术的进出口业务、风力发电设备、辅件、零件销售等。

公司资产优良、资质优异、市场布局合理,具有国内领先的生产技术及批量制造能力。公司国内生产型分支机构分别分布于江苏东台、内蒙包头、内蒙呼伦贝尔、新疆哈密等地,并在加拿大安大略省兴建海外生产制造基地,上述分支机构临近中国及北美风资源最优良的地区,具有强大的区域优势。公司始终秉承"以市场为导向、以技术为根本、以客户为基石"的经营理念,立足国内拓展国际市场,已与VESTAS、Gamesa、GEwind、金风科技、华能、中广核、大唐等中外知名企业建立了长期合作关系,在风电塔架行业形成了较高的知名度和良好的信誉度。

公司是《风力发电机组塔架》国家标准、《风力发电机组环形锻件》国家标准、《海上风力机组设计要求》国家标准制定的参与者,获得了ISO9001:2008国际质量体系认证、ISO14001:2004环境管理体系、OHSAS18001:2007职业健康安全管理体系认证,多次填补国内塔架行业空白,是国内资质优良、技术优势明显的行业引领者。

【经营业绩】

2012年上半年报告期内,公司营业总收入为309,710,765.00元,比去年同期增加了9.21%;营业利润为33,720,263.73元,比去年同期增加了53.68%;净利润为37,716,205.70元,比去年同期增加了55.70%。

【企业荣誉】

2010上海金山50强

2010金山专利试点单位证书

全国质量,信誉,服务AAA证书

2010全国质量信得过产品证书

2011上海市著名商标

【企业文化】

永不满足,追求卓越

精工制造,仁德经营

塑造最可信赖的企业

打造最可信赖的企业

想用户所想创世界名牌

以市场为导向,以技术为根本,以客户为基石

【300133】浙江华策影视股份有限公司

【基本情况】

浙江华策影视股份有限公司创立于2005年10月,是一家致力于制作、发行影视产品的文化创意企业,旗下全资子公司有浙江金球影业有限公司、浙江金溪影视有限公司、杭州大策广告有限公司,是国内目前规模最大、实力最强的民营影视企业之一,也是经国家商务部、文化部、国家广电总局、新闻出版总署四部委批准的首批国家文化出口重点企业。2010年10月26日,公司于深圳证券交易所创业板上市,成为国内第一家以电视剧为主营业务的上市企业。

公司以"做全球最好的华语影视剧,传播优秀中华文化"为宗旨,抓住国内文化产业快速发展的机遇,坚持精品、大片的产品定位,题材规划齐全,涵盖古装、年代、现代、偶像、家庭伦理、情景剧等,实施"策划一批,投拍一批,外购一批,发行一批,储备一批"的滚动式发展策略,成功制作了上千集思想性、艺术性、商业性俱佳的精品电视剧,多部作品荣获中宣部"五个一工程"奖、全国电视剧"飞天奖"、"金鹰奖"及国际电视节所设电视剧最高奖项。

公司建立起企划制作、投资控制、营销研发的完整产业链,自制剧、合拍剧、外购剧三大业务并举,制作与销售并举,国内与海外两个市场并举,以强大的发行营销能力、有效的风险成本控制能力、以剧本为核心的资源整合能力及国际化的理念与合作,实现了电视剧业务的产业化、规模化发展,成为国内最专业、最优质的影视内容提供商。公司目前长期稳定合作的电视台已覆盖全国所有省份(含港、澳、台),影视剧产品热销海内外,并率先开发网络、新媒体及衍生业务,在全球华语影视市场呈现出强势的发展态势。

公司秉承"诚信为本、互利共赢"的理念,以领先的行业地位、快速增长的业绩收益、可持续发展的经营模式,成为中国最具盈利能力和品牌美誉度的华语影视企业。未来,公司将继续强化精品化、国际化、商业化的优势,提升团队的创新理念与竞争力,致力于传播中华文明,全力以赴打造华人文化传媒旗舰。

【经营业绩】

2012年上半年报告期内,公司实现营业收入309,376,904.93元,比上年同期增长82.88%,扣除股权激励成本16,390,000.00元及影院亏损后实现利润总额142,287,907.32元,比上年同期增长32.05%,归属于公司普通股股东的净利润为106,392,353.95元,比上年同期增长32.36%。

【300136】深圳市信维通信股份有限公司

【基本情况】

深圳市信维通信股份有限公司(简称"信维通信")是一家技术水平国内领先、致力于移动终端天线系统产品的研发、生产、销售及服务的高新技术企业及上市公司。公司于2010年11月上市,股票代码:300136,简称:信维通信,现注册资本13334万,面积10000平方米,主要产品为移动终端天线,可应用于手机、笔记本电脑及上网本等各类便携式移动终端通信设备,目前产品主要应用于手机行业。除销售移动终端天线产品外,公司还为客户提供移动终端天线系统设计方案和手机整机射频无线性能测试及解决方案。

公司分别在深圳和上海设有研发中心,负责产品的研发及技术支持。公司搭建了一支国内技术一流的研发团队,其中有多名通信领域博士、硕士和高级工程师。从前期项目导入至项目完成,这支团队为客户提供一系列技术支持。在客户整机设计方案阶段,积极参与客户射频、结构等设计工作,为客户整机方案提供专业的天线设计参考意见和指导,力求使客户整体项目性能达到最优化。

为了有效缩短产品开发时间,公司还自建了塑胶和五金模具车间。强大的硬件设施保障,为快速而周到地服务客户提供了坚实的物质基础。

由于公司的技术创新优势,公司在国内品牌手机天线市场上取得了领先的市场地位;同时,还获得了国际知名品牌手机公司的认可,成为国际知名厂商天线的供应商,并已经实现向国际知名厂商批量供应公司产品。公司一直坚持秉承"以客户为导向"的服务理念,与客户分享技术、产品和服务的综

合价值。未来公司还将进一步提升技术创新、测试能力和快速反应等核心能力。以开拓更多的国内外优质客户。

以打造"世界终端天线的中国品牌"为使命，自成立以来，公司坚持自主创新，不断扩大影响力，已发展成为积聚资源和人才的平台。

广阔的发展空间，良好的工作环境和氛围，合理的薪资是公司求才、育才、留才的基本保障。

【发展历程】

2006 年 4 月，信维在深圳成立。

2006 年 6 月，安装法国 SatimoSG24 的微波暗室。

2006 年 8 月，通过 ISO9001:2000 认证。

2006 年 11 月，通过 ISO14001:2004 认证。

2006 年底，荣获"步步高 2006 年度供应商卓越贡献奖"。

2007 年 5 月，建成塑胶模具车间。

2007 年 7 月，获 QC080000 认证(符合 RoHS)。

2007 年 8 月，取得企业自营进出口权。

2007 年 9 月，获"深圳市高新技术企业"称号。

2007 年 9 月，引进瑞士 DASY4 系统，成立测 SAR 实验室。

2007 年底，荣获"金立 2007 年度优秀供应商"称号。

2008 年 3 月，荣获"实用新型专利——小型双频天线证书"。

2008 年 3 月，成立上海研发中心，安装美国 ETSAMS8500 微波暗室。

2008 年 4 月，荣获"步步高 2007 年度最佳商业合作伙伴奖"。

2008 年 6 月，获"深圳市高新技术产业协会理事单位"称号。

2008 年 8 月，建成塑胶模具车间。

2008 年 12 月，获"国家高新技术企业"称号。

2009 年 9 月，通过 TS16949 认证。

2009 年 11 月，整体变更为股份公司，注册资本 5,000 万元。

2009 年 12 月，获"2007－2008 年度深圳市宝安区科技创新奖"。

2009 年 12 月，纳入"深圳市宝安区民营中小企业成长计划工程"。

2010 年 3 月，荣获"2010 福布斯中国潜力企业"。

2010 年 11 月，成功登陆创业板。

2010 年 11 月，获"2009 年度深圳市宝安区科技创新奖"。

2011 年 3 月，获"步步高 2010 年度优秀合作伙伴"称号。

【企业文化】

信维文化

在市场中锻炼成长

信达于人，维立于己

以人为本，勇于创新，品质为先

信维理念

团结、敬业、勤奋、认真

公司定位

业内技术领先

专业移动终端天线供应商

使命

打造"世界终端天线的中国品牌"

【经营业绩】

2012 上半年，公司实现营业收入 6029.54 万元，同比下降 16.86%，实现归属于上市公司股东的净利润 1514.96 万元，同比下降 54.94%。

【300142】云南沃森生物技术股份有限公司

【基本情况】

云南沃森生物技术股份有限公司创立于 2001 年，是一家专业从事生物医药领域研发、生产与营销的现代生物制药企业，为国家认定的高新技术企业和国家企业技术中心。公司于 2010 年 11 月在中国深圳证券交易所创业板上市(股票简称:沃森生物;股票代码:300142)。沃森生物致力于向国内外市场提供安全优质和技术先进的疫苗、血液制品等生物药品。

公司总部位于中国云南省昆明市。目前，公司拥有员工已超过 1000 人，在昆明国家高新区拥有一现代化的研发中心，在云南玉溪高新区和江苏泰州中国医药城各有一现代化的疫苗生产基地和中试基地，营销网络覆盖中国 30 个省市、2000 多个县区。

【发展历程】

2012 年 4 月至 2012 年 9 月，公司投资上海丰茂以及上海沃森进军治疗性单抗药物领域，投资河北大安制药进军血液制品行业。

2011 年 12 月，公司在玉溪隆重召开庆典大会，庆祝沃森生物成立十周年。

2011 年 11 月，公司荣获国家认定企业技术中心。

2010 年 11 月，公司在深圳证券交易所创业板挂牌上市。证券简称为"沃森生物"，证券代码为"300142"。

2010 年 9 月，公司上市申请通过中国证监会审核。

2009 年 9 月，公司第二个自主研发与生产的产品"冻干 A、C 群脑膜炎球菌多糖结合疫苗"投产上市销售。

2009 年 7 月，中国创业板开启，公司正式申报上市并进入审核程序。

2009 年 4 月，江苏沃森在泰州中国医药城正式注册成立。

2008 年，12 月，"b 型流感嗜血杆菌结合疫苗"产品以高品质获得市场广泛认可，第一个销售财务年为公司贡献净利润超过 3000 万元;冻干 A、C 群脑膜炎球菌多糖结合疫苗产业化项目列为国家发改委"国家高技术产业化示范工程"。

2008 年 8 月，公司荣选为北京奥运会奥运圣火传递手单位。

2008 年 2 月，引入 PE，公司开启 IPO 上市进程。

2007 年 10 月，公司第一个疫苗 GMP 车间建成投产，第一个自主研发和自行产业化的疫苗产品"b 型流感嗜血杆菌结合疫苗"投放市场，并于当年实现盈利业绩。

2006 年 11 月，公司承担又一国家高技术研究发展计划(863 计划)"新型佐剂 CpG 脱氧寡核苷酸(CpGODN)用于乙型肝炎(HBV)疫苗的制备研究"重大攻关课题。至此以独立承担三个 863 课题雄踞同行前列，标志着公司疫苗领域研发水平处于国内领先水平。

2005 年 3 月，公司玉溪沃森生产基地奠基，公司从研发型企业向研产销全产业链企业迈进。同时公司获批承担第二个国家高技术研究发展计划(863 计划)国家一类新药"冻干剂 A、C 群脑膜炎多糖结合疫苗产业化技术研究"重大攻关课题。

2004 年 11 月，公司规划实施疫苗自行产业化战略，启动"玉溪疫苗生产基地"规划建设。同期，成功引入 VC 合作伙伴，公司注册资本增资至 1126 万元。

2003 年 6 月，公司规划开展细菌性疫苗研发战略，全面启动实施传统病毒疫苗、基因重组疫苗和细菌性疫苗研发布局。

2002 年 11 月，公司第一次获批独立承担国家高技术研究发展计划（863 计划）“精制甲型肝炎灭活疫苗（Vero 细胞）的中试研究”重大攻关课题。

2001 年 1 月，公司创立，注册资本 126 万，注册地为中国云南省昆明高新技术开发区。同期，在昆明金鼎山的疫苗研究室建成投入使用并立项开发病毒性疫苗。

【企业文化】

企业理念：

让中国的孩子用世界上最好的疫苗，让人人生而健康。让人们分享科技带来的健康快乐，是沃森生物存在意义与价值所在。每一个人无论富有或贫穷、无论种族与肤色都有要求生命健康的权利，健康是快乐人生的基础和前提，健康快乐是人类最美好也是最终极的追求。

【社会责任】

2008 年 5 月 12 日 14 时 28 分 04 秒，四川汶川发生 8 级特大强烈地震，灾区生灵涂炭、满目疮痍。

地震过后，党和政府以及社会各界给予汶川极大的关怀和帮助。

云南沃森生物技术股份有限公司充分发扬“一方有难，八方支援”的民族精神，各级员工积极贡献力量，纷纷捐款以示关爱，公司及员工一共向云南红十字会捐赠十万元人民币。随即，沃森派员工采购一批救灾日常物资赴灾区慰问疾控站线的人员。

当沃森员工抵达灾区了解到因突如其来的地震破坏了灾区的整个疾控冷链系统时，沃森立即配合卫生部门在第一时间采购了 28 台冰箱，无偿为灾区配置了冷链设备，成都江堰灾区成为了第一个恢复常规预防接种的地区。

沃森用自己的实际行动，尽全力承担起那份社会责任。

【经营业绩】

2012 年 1－9 月，公司实现营业收入 35，187.61 万元，较去年同期增长 19.1%；实现净利润 15，537.96 万元，较去年同期增长 15.22%，扣除非经常性损益的净利润为 11，713.32 万元，较去年同期增长 11.71%。

【300144】杭州宋城旅游发展股份有限公司

【基本情况】

杭州宋城旅游发展股份有限公司连续三届获得“中国文化企业 30 强”称号，是全国文化体制改革工作先进单位、中国十大最具影响力文化产业示范基地之一，以“主题公园＋文化演艺”为主营模式，成功打造了“宋城”和“千古情”品牌。

宋城股份旗下拥有宋城旅游管理分公司、杭州乐园有限公司、杭州宋城艺术团有限公司、杭州宋城产业营销有限公司、杭州独木桥网络科技有限公司、三亚千古情旅游演艺有限公司、泰安千古情旅游演艺有限公司、丽江茶马古城旅游发展有限公司、石林宋城旅游演艺有限公司、武夷山武夷千古情旅游发展有限公司、阿坝州九寨千古情旅游发展有限公司等子公司。

“西湖观光，宋城怀古，杭州乐园休闲度假游”已成为华东乃至中国最热门的旅游路线之一；《宋城千古情》成为世界三大名秀之一，已接待游客 3500 多万人，在文化大发展的背景下，公司正在全国一线旅游目的地打造千古情系列节目和主题公园。未来宋城股份将在社会各界的关心和支持下，继续优化“主题公园＋文化演艺”的经营模式，力争成为世界上市值最高的文化演艺集团。

【经营业绩】

2012 年上半年报告期内，公司实现营业收入 23，964.14 万元，比上年同期增长 13.07%；营业利润为 12，900.34 万元，比上年同期增长 6.14%；归属于公司普通股股东的净利润为 12，734.00 万元，比上年同期增长 22.01%．公司各项业绩指标保持平稳的增长，主营业务发展良好，整体经营业绩符合预期。

【300152】徐州燃控科技股份有限公司

【基本情况】

徐州燃控科技股份有限公司（简称“燃控科技”）主要从事电站、石化、冶金、垃圾处理、新能源、建材等行业的燃烧及控制技术研发、产品设计制造、设备成套、销售与技术服务，涉及新能源、新材料、节能、环保、光机电仪一体化等高新技术领域，在企业规模、技术水平等方面均占据行业主导地位，尤其在节油节能环保型的各类点火及燃烧系统的开发生产上处于领先水平。公司下设全资子公司武汉华是能源环境工程有限公司、徐州燃烧控制研究院有限公司、徐州燃控科技生物能源有限公司。2010 年 12 月 29 日，燃控科技在深圳证券交易所创业板挂牌上市，揭开了公司的历史新篇章。

作为国内电站锅炉自动点火技术的开创者，燃控科技自创立之日起始终坚持以科技创新引领企业发展的方针，高度重视新技术、新产品的研发，是国家新标准认定的高新技术企业、江苏省十佳民营企业、江苏省创新型试点企业，设有国家级博士后科研工作站、江苏省企业院士工作站、江苏省企业技术中心和江苏省燃烧与控制工程技术研究中心，完成了多项国家、省火炬计划项目及科技攻关项目。

30 年的发展，燃控科技培养了一支经验丰富、技术过硬、专业齐备、结构合理且富有朝气的研发、设计、制造、销售与工程技术服务团队，“聚厚德博学之人，创世界高精产品”始终是燃控科技人的宗旨与目标。

燃控科技具备完善的研发、制造、试验、检测手段与质量保证体系，通过了 ISO9001－2008 质量管理体系认证、ISO14001－2004 环境管理体系认证、GB/T28001－2001 职业健康安全管理体系认证，拥有 1072 平方米的大型燃烧试验室，能够模拟真实工况进行等离子无油点火系统、双强少油煤粉点火系统、燃油、燃气、水煤浆、工业废液、废气等燃烧设备的燃烧试验与数据采集。

燃控科技是锅炉点火燃烧技术领域的引领者，其产品、技术和服务获得了国内外用户的普遍认可，先后获得了国家电力规划总院、电力设备成套局、中国石油化工集团、机械、冶金等行业颁发的产品推荐证书，并与国内各大锅炉厂、设计院和电力、石化、冶金等行业的上千家用户有着良好的合作关系，也是 FW、ALSTOM、GEEnergy、BHK、DOOSAN、SAMIA 等国际公司的长期合作伙伴，产品畅销全国，并出口到印度、印度尼西亚、伊朗、巴基斯坦、苏丹、泰国、菲律宾、孟加拉国、马来西亚等国家，在国内外享有良好声誉和较高的知名度。

燃控科技积极致力于提升节能、环保与新能源领域的技术研发与产业化能力，占地 450 亩的“节能环保设备研发制造中心”建设项目已初具规模，燃控科技人愿和各界朋友共同携手走向更美好的明天。

【企业文化】

企业精神：正心厚德，志存高远。

核心价值:志坚言信,明辨笃行,优势互补,和谐共赢。

经营理念:聚厚德博学之人,创世界高精产品。

人才战略:以人为本,海纳百川。

服务承诺:满足用户所需,永远是我们的任务。

发展战略:以诚信赢市场,以创新谋发展。

社会责任:以节能、环保、新能源领域的技术创新实现企业对子孙后代的承诺。

【经营业绩】

2012 上半年,公司实现营业收入 18,135.64 万元,同比增长 40.41%。实现营业利润 4,465.23 万元,同比增长 2.85%;实现净利润 3859.88 万元,同比增长 2.91%。

【300166】北京东方国信科技股份有限公司

【基本情况】

北京东方国信科技股份有限公司(以下简称"公司")成立于 1997 年 7 月,于 2008 年 6 月整体变更为股份有限公司。公司是北京市科委、北京市财政局、北京市国家税务局和北京市地方税务局共同认定的高新技术企业,福布斯 2012 中国最具潜力上市公司 100 强。公司 2011 年 1 月 25 日于深圳证券交易所创业板上市,股票简称"东方国信",股票代码"300166"。现公司注册资本 12,150 万元。

公司主营业务是提供完整的企业商业智能系统解决方案,包括软件产品开发与销售、技术服务和相应的系统集成等。商业智能(BI)是让商务运作智能化,企业数据智能化,从管理到分析再到预测。商业智能是采用数学、统计、人工智能等科学方法,从大量数据中挖掘出隐含的,先前位置的,对决策有用的潜在价值的关系、模型和趋势,并用这些知识和规则建立用于决策支持的模型,为商业智能系统服务的各业务领域提供决策支持的方法。经过多年来在 BI 行业的精心钻研和务实经营,公司形成了以企业数据平台、数据分析平台和基于 BI 的 CRM 应用三类产品为核心的一套成熟的商业智能系统解决方案。

企业数据平台是商业智能系统的基础,该平台集中了企业所有的生产经营数据,形成了企业唯一的数据仓库,生产和经营所采用的每一个数据都来自企业数据平台。通过设计科学合理的企业数据模型,整合企业所有生产系统的数据,形成统一的数据共享平台,再向生产系统提供完整的数据共享,并基于这些数据进行经营分析决策、数据挖掘、营销数据应用等一系列针对企业经营活动的数据支撑。

数据分析平台建立在企业数据平台之上,可以满足企业经营活动中高层决策人员、业务管理人员、专业分析人员、一线营销人员对数据分析应用的需求。数据分析平台利用统计分析和数据挖掘技术,结合实际业务问题建立业务分析模型,通过将数据信息与分析模型相结合,对企业在经营管理中涉及的客户、产品、渠道等关键要素进行分析,从而为企业经营管控与决策提供系统支撑。

基于 BI 的 CRM 应用不但实现传统客户关系管理中的业务流程,还通过对用户使用行为进行数据挖掘分析和知识发现,帮助企业将客户数据转化成客户知识,这对企业制订营销与维系策略起到关键作用。基于 BI 的 CRM 应用通过将数据分析平台的分析模型引入到 CRM 系统中,为精细化的营销和服务提供目标选择、策略评估、结果分析,提高企业的服务水平,提高营销的效果与效率。

公司秉承"诚信立业,创新行远"的企业精神,奉行"精准决策、高效执行"的管理理念,坚持自主研发的路线,在商业智能领域,拥有电信行业通用数据模型、数据清洗、稽核、元数据、分析图表引擎、可视化报表设计、基于语义层的即席查询、挖掘模型、广义工作流、业务服务规则引擎等多项核心技术。以核心技术为依托,公司研发的商业智能产品能够充分满足客户在数据仓库建设、经营分析、决策支持、数据挖掘、客户服务与营销等众多领域的需求,并且在实施过程中能够进行灵活定制,满足不同客户的差异化需求。领先的专业技术优势、"贴身服务 + 随需而变"的服务优势、长期稳定的客户资源优势、高素质、专业化的团队凝聚优势、全面增值的品牌优势是公司的核心竞争力,共同构成了公司的核心竞争优势。

公司已与国内电信运营商中国联通、中国电信及中国移动等企业建立了长期良好的合作关系。公司是中国联通与中国电信最大的 BI 应用软件供应商,已与中国联通总部及其所属的 26 个省分公司和中国电信 16 个省分公司客户建立了战略合作伙伴关系。同时也是中国移动全资子公司中国铁通商业智能系统的三家核心厂商之一,目前公司业务也积极布局向其他行业拓展。

公司经营业绩保持着高速的增长,自 2007 年度始,公司营业收入年复合增长率达到 58.61%,净利润年复合增长率达到 139.59%。2011 年度,公司实现营业总收入 17,881.13 万元,同比增长 47.48%;实现归属于上市公司股东净利润 5,757.06 万元,同比增长 36.51%。截至 2011 年 12 月 31 日,公司总资产 73,586.79 万元,净资产 67,062.41 万元。

公司上市后通过收购和设立子公司扩展公司业务和产品线,目前公司拥有五家全资控股子公司。2011 年 12 月公司收购北京东华信通,介入中国移动市场;2011 年 3 月公司成立东方国信(天津)全资子公司,介入通信产品营销以及呼叫外包业务、呼叫中心运营和呼叫人才的培训等业务,在天津子公司强劲盈利能力的良好示范下,公司今年先后成立了吉林、四川和北京三家子公司,成为了公司的新兴盈利增长点。

未来公司将依托国家鼓励软件产业发展的若干政策,紧密跟踪国内外商业智能的技术走向,深入调研国内市场各行业客户的实际需求,巩固技术领先优势和行业地位,强化核心竞争力,持续推出深层次的产品与服务,推进产业扩张战略,拓展更广泛的商业智能领域市场,保持经营规模持续稳定增长,逐步将公司打造成为民族商业智能全产业链第一品牌企业。

【企业文化】

公司使命:提供精品服务,创造社会价值,优绩回报股东,事业成就员工。

公司愿景:成为国内商业智能和数据管理软件领域领先的软件开发商和服务提供商。

核心价值:诚信立业,创新行远。

经营理念:以市场求发展,以管理求效益,以研发求创新。

管理理念:细节决定成败,高效创造价值,责任成就事业。

服务理念:超越顾客期待,服务成就未来;贴身服务,随需而动。

人才理念:德才兼备,优化配置,鼓励创新,绩效为先。

【企业荣誉】

在 2012 年 1 月《福布斯》中文版发布其 2012 年度首份榜单"中国潜力企业榜"中,我公司被列入"2012 中国最具潜力 100 家上市公司"榜单中。这是《福布斯》第八次对中国中小企业进行全面、独立调研,并首次将上市公司与非上市公司分开评选、排名,分别呈现了"中国最具潜力上市企业"与"中国最具潜力非上市企业”两张榜单。

【经营业绩】

2012 年 1 月 - 6 月，公司实现营业总收入 11,367.60 万元，较上年同期增长 53.43%，实现归属于上市公司股东净利润 2,619.01 万元，同比增长 9.44%。

【300169】常州天晟新材料股份有限公司

【基本情况】

常州天晟新材料股份有限公司成立于 1998 年，发展至今已拥有 5 个全资子公司，2 个控股子公司及 3 个孙公司。公司于 2008 年 6 月改制为股份有限公司，注册资本 28050 万元。2011 年 1 月 25 日，公司在深交所创业板成功上市。

公司拥有独立的研发机构。公司的技术中心，是江苏省高分子泡沫材料工程技术研究中心、省级企业技术中心、GL 认证的独立实验室。技术中心包含项目实验室、会议室、培训室、分析室、测试室、应用室、情报室等部门，配备了先进的试验室设备和检测仪器。此外，公司还拥有先进的结构泡沫材料测试技术和专业人员，测试仪器与测试技术已与国际接轨，达到国内领先水平。公司技术中心检测实验室已通过国家认可委员会（CNAS）认定。

【市场成就】

天晟公司作为全国知名的高分子发泡材料专业生产商，一直致力于高分子发泡材料的研究、开发、生产和销售，是江苏省高新技术企业。公司在软质泡沫材料、结构泡沫材料及上述材料的后加工产品领域，均处于市场领先地位。

公司的 PE、EVA、SBR、CR 等软质发泡产品品种齐全，运动用品系列设计新颖，市场覆盖面广，并与国内外知名客户建立了长期合作关系。公司加工成套事业部拥有 10 万级和 1 万级净化中心，所生产的高分子材料加工品主要为国内外知名家电、通讯、IT、汽车等品牌进行配套。近年来，公司自主研发的高新技术产品——结构泡沫材料 Strucell 系列产品，已成功跨入风力发电、轨道交通、船舶制造、节能建筑等领域，填补了国内空白。

公司通过了 ISO14001 环保体系认证和 ISO9000 质量保证体系认证。公司的高性能清洁能源设备材料[结构泡沫芯材]，被批准为江苏省重大科技成果转化项目。同时，该材料通过了德国劳氏船级社 GL 风电认证；轨道交通用结构泡沫材料通过了德国 DIN5510 燃烧性能认证、法国 NFF16 - 101 燃烧测试认证；运动休闲类产品通过了欧洲 ROHS 认证、瑞士 SGS 认证；汽车配套类产品，通过了劳氏质量认证有限公司/国际汽车特别工作组（IATF）的 ISO/TS16949 认证；家电配套类产品通过了 JIS 标准认证。公司将精益化生产、闭环管理及 JIT 等先进的管理理念和模式，科学地运用于生产经营，使公司近年来核心竞争优势凸现，发展迅速。

【行业地位】

国内唯一结构泡沫材料规模化生产的制造商

国内唯一风机叶片制造材料国产化的供应商

国内唯一高分子泡沫材料工程技术研究中心

世界第二个 pvc 结构泡沫技术来源

国家行业标准的起草者

国家火炬计划重点高新技术企业

江苏省重大成果转化专项资金（1200 万无偿）承担单位

【企业文化】

管理是企业永恒的主题，而企业文化建设也是管理现代化的重要手段，某种意义上说，管理也是文化。

公司在大力倡导市场经济观念和现代企业意识的过程中，适时总结、提炼，形成了自己的企业精神——诚信、创新、荣誉、务实。

企业文化建设总体思路：

a. 围绕一个中心：股份公司的“成为高分子泡沫材料和复合夹芯技术领域的领导者”的中长期发展战略。

b. 抓好两个重点：理念系统的设计和宣导、识别系统的推广和规范。

c. 做好三篇文章：整合理念，引导价值取向；强化学习，提升团队素质；打造品牌，展示“天晟”形象。

d. 培养四种意识：立足市场的竞争意识、面向未来的发展意识、放眼全球的开放意识和与时俱进的创新意识。

e. 形成五种能力：强大的企业凝聚力、强劲的市场竞争力、强烈的领导感召力、旺盛的员工创造力和持久的品牌影响力。

【企业荣誉】

2011 年度常州市科学技术进步奖

高新技术企业证书

江苏省民营科技企业证

省高新技术企业铜牌

市企业技术中心铜牌

市科技型中小企业

高成长型中小企业

中国名企

江苏省高分子泡沫材料工程技术研究中心

08 年省级科技成果转化

高新技术产品证书

国家权威检测达标产品

GL 认证证书

火炬计划证书

质量管理体系认证证书

环境管理体系认证证书

【企业社会责任与大事记】

1. 天晟获“2011 年度常州市科学技术进步奖”殊荣

天晟“PVC 结构泡沫材料的研发及产业化”项目一举获得“2011 年度常州市科学技术进步奖”一等奖。

天晟自主研发的 strucell 结构泡沫，打破国外技术壁垒，填补国内空白，自 2009 年推向市场以来，取得显著的经济效益和社会效益，成为寡头垄断的行业龙头产品。天晟也以此为契机，创业板成功上市。

常州市历来重视企业的科技创新和科技成果发展，此次常州市科技进步奖的奖励重点在自主技术创新、拥有自主知识产权并已实施的科技成果。天晟的“PVC 结构泡沫材料的研发及产业化”项目一早就获得市政府给予的高度重视和资金支持，此番更因为成果转化显著、技术领先或同步世界前沿科技而获得嘉奖。

2. 天晟“丁苯橡胶发泡板材及其制备方法”获专利认证

2012 年 1 月 11 日，国家知识产权局授予常州天晟新材料股份有限公司“丁苯橡胶发泡板材及其制备方法”发明专利权。

丁苯橡胶发泡板材是一种新一代的高分子材料，在压缩过程中具有较高的能量吸收能力而被广泛的使用在包装防护领域，同时又具有良好的声音阻尼能力，是理想的防噪声材料。

在传统工艺中存在生产过程不连续的的弊端，天晟很好的解决了这一问题，取得了技术上的突破。这种制备方法能有效节能降耗，满足了节约型社会的要求而更具竞争力。

3. 天晟新材增资1900万拓展国际市场

为了提升国际市场拓展能力，进一步提高公司盈利能力，天晟新材拟使用自有资金1900万元人民币，对全资子公司常州天晟进出口有限公司进行增资，完成增资后，天晟进出口将使用该笔资金进行现有资本金的补充，进行市场开拓，扩大产品销售。

常州天晟进出口有限公司自营和代理各类商品及技术的进出口业务，注册资本人民币100万元，2009至2011年，天晟进出口实现营业收入分别为4147万元、4854万元、4900万元；对应净利润分别为180万元、120万元、68.3万元。

天晟进出口增资完成后，将进一步扩大公司产品的销售市场，从而有效提升公司产品的市场竞争力，为公司长期稳定发展提供有力的支撑。该项目是公司实现战略目标的重要组成部分，对公司未来发展规划、增强成长性方面有着重要的作用。

4. 2012上海国际高性能复合材料展览会天晟华丽亮相

6月6日－8日，上海新国际博览中心展馆内人潮涌动，2012上海国际高性能复合材料展览会在此举行。天晟受邀参加展会，展台位于展馆醒目位置。

此次天晟展示了Strucell结构泡沫系列，软质发泡系列以及模切和胶带系列产品，并别出心裁地把新产品作为装饰材料展现在现场。来访的客户对天晟Strucell为芯材的复合板材表现出了浓厚兴趣。同时，天晟的模切系列产品和胶带系列产品也吸引了不少海内外买家。

5. "无卤阻燃液及应用该无卤阻燃液的阻燃海绵的制备方法"获专利认证

2012年6月6日，常州天晟新材料股份有限公司"无卤阻燃液及应用该无卤阻燃液的阻燃海绵的制备方法"取得了国家知识产权局授予的发明专利证书。

此专利技术与公司主要技术直接相关，通过专有技术进行处理，解决了发泡材料部分低阻燃性能缺陷，拓宽了应用领域及特殊应用部位，同时对发泡材料进行了功能复合化开发，目前已应用于公司现有产品生产，专利的取得有利于公司充分发挥自主知识产权的优势，增强公司的核心竞争力。

6. 天晟收购青岛图博公司签字仪式日前举行

2012年8月18日，在青岛，天晟收购图博公司签字仪式圆满完成。青岛图博板材有限公司主要生产PC和PP蜂窝板，该产品填补了国内市场的空白。公司拥有从德国引进的圈套现代化塑料蜂窝板生产线，产品广泛应用于汽车工业、空气整流、船舶工业、燃气除硫、建筑、人体保护产品、玻璃钢、制冷等行业。未来，塑料蜂窝板行业的市场热点是中国、巴西、印度等发展中国家的基础设施建设，前景广阔。

天晟作为国内高分子发泡及芯材领域的佼佼者，此次收购图博，可以扩充天晟结构芯材种类，延展应用领域，使夹芯材料不局限于传统意义上的泡沫材料，而以蜂窝板作为有效补充，产品系列可以延伸到天晟目前市场以外的行业，例如，建材，装饰等，并在较短时间内在塑料蜂窝领域占据相对垄断地位。图博依托天晟技术中心的研发实力，可加速拓展图博产品系列，逐步完成从基材供应商到板材、制品生产商的过渡，提高产品附加值。

7. 天晟参加18届中国国际复合材料工业技术展览会

9月5－7日，第18届中国国际复合材料工业技术展览会于上海世博展览馆举行，天晟参展90平米，这是自2008年以来天晟连续第五次参加该展。

【经营业绩】

2012上半年，公司实现营业收入25,994.87万元，同比增长38.83%；净利润3,815.84万元，同比增长34.19%；归属于母公司股东的净利润3,948.71万元，同比增长40.57%。

【300175】朗源股份有限公司

【公司概况】

朗源股份有限公司(股票简称：朗源股份，代码：300175)是山东省首家农业行业创业板上市公司，坐落在山东省烟台市龙口高新技术产业园区，系由烟台广源果蔬有限公司整体变更设立的股份有限公司，成立于2002年.是中外合资企业。公司的经营范围包括水果、蔬菜、葡萄干、坚果、果仁的种植、储存、加工、销售。朗源公司拥有水果基地80000多亩，拥有5.2万吨保鲜库(气调库、保鲜库)和厂区3处，占地面积380多亩。

多年来，朗源股份有限公司秉承"诚信做人，踏实做事"的企业道德准则，致力于标准化果园种植管理和制度化生产经营，建立了有效的食品安全控制体系和追溯管理系统。

民以食为天，产品健康安全是企业的发展命脉。公司的各个业务环节包括种植管理、采购，仓储和加工采用标准化模式管理，使得公司的产品安全性得到保障。公司部分协议基地获得GLOBALGAP(全球良好农业操作规范)认证，主要产品生产环节获得HACCP(食品加工过程中的危害分析及关键控制点)认证及BRC(英国零售商工会为食品供应商专门制定的质量体系审核标准)认证，主要产品获得KOSHER(洁食/犹太食品安全)认证及QS(中国食品质量安全)认证。

我们一直致力于自主品牌的经营，以"广源"和"朗源"品牌出口鲜苹果和葡萄干产品，在东南亚鲜果市场和欧洲葡萄干市场有较高的品牌知名度和认可度，建立了坚实可靠的客户基础，与众多国际及当地知名的大型公司保持良好合作。朗源品牌葡萄干在欧洲市场是唯一可以替代土耳其葡萄干的中国葡萄干产品。公司将先进设备和技术有效结合，自主创立了一整套符合欧美标准化加工要求的加工生产线，成为国内唯一一条通过英国BRC认证的自动化葡萄干加工生产线，产品可直供英国超市，是国内同行业中唯一一家将葡萄干产品大规模出口到西欧高端市场的企业。公司在农产品种植环节和消费市场之间建立了紧密的纽带，建立并施行了一套从果园种植一直到销售终端的标准管理体系。这套产品上的体系与公司构建的"公司+协议基地"的组织架构相结合，使得公司的产品赢得极高的市场信任。而高的市场美誉度反过来促进了公司每年的采购规模，又赢得了农户的信任，如此形成了良性循环。

经过10多年的经营，产品远销欧洲、北美、东南亚、中东、澳洲等几十个国家和地区，奠定了公司在新鲜苹果和葡萄干加工出口领域的龙头地位。我们将继续坚持"倡导绿色、保障健康、诚信为本、质量立业"的经营理念，继续实践与创新，力求为消费者提供鲜美可口、绿色健康、安全优质的产品。

【发展历程】

2002年3月，烟台广源果蔬有限公司成立。

2009年5月，烟台广源果蔬有限公司整体变更为朗源股份有限公司。

2011年2月15日，朗源股份有限公司成功在创业板上市。

2011年4月，成立朗源股份有限公司下属子公司吐鲁番嘉禾农业开发有限公司。

2011年8月，朗源实业(上海)有限公司成立。

【经营业绩】

2012年1月至6月主营业务构成如下：外销营业收入为135064362.6元，占主营业务总额的60.78%。内销营业收入为87162505.26元，占主营业务总额的39.22%(其中：华北地区营业收入为1602046.89元；华中地区营业收入为1098942.49元；华南地区营业收入为452300.89元；华东地区营业收入为73581968.05元；西南地区营业收入为571592.92元；东北地区营业收入为1188184.07元；西北地区营业收入为8667469.95元)。

【300181】浙江佐力药业股份有限公司

【基本情况】

浙江佐力药业股份有限公司发起设立于2000年1月，是一家集科研、生产、销售于一体的国家高新技术制药企业。2011年2月22日，公司成功在深圳证券交易所创业板上市，成为湖州市第一家创业板上市企业。

佐力药业位于德清县武康镇，坐落于风景秀丽的避暑胜地莫干山脚下。占地面积200余亩，建筑面积6万多平方米，拥有现代化的原料药、片剂、胶囊剂、颗粒剂和冻干粉针等生产流水线，公司研发中心是省级高新技术研究开发中心、浙江省企业技术中心。

佐力药业坚持以关心、关爱人类健康为己任，努力实践“辅佐人类身体健康，致力祖国医药发展”的宗旨，立足于药用真菌生物发酵技术生产中药产品。通过多年的研发、改进，实现了珍稀中药材——乌灵参的产业化生产，实现了传统中药材和现代生物技术的结合。乌灵参是生长在地下深处废弃白蚁巢内的一种药用真菌，具有很高的滋补功能和药用价值，极为珍稀。由于生长环境特殊，采获十分困难，且不易人工栽培。公司利用从天然乌灵参中分离获得的菌种，运用现代生物发酵技术，实现了乌灵参发酵菌粉(乌灵菌粉)的工厂化、规模化生产。

1998年，公司获得了乌灵菌粉和乌灵胶囊两个国家中药一类新药；1999年，“真菌中药乌灵参”通过“浙江省高新科技成果”认定，其研制水平在同行业属国内领先水平；2001年，“一类新药乌灵胶囊的研制”被评为“九五”国家重点科技攻关计划优秀科技成果；2004年，乌灵胶囊进入国家医保目录；2006年，乌灵胶囊取得《中药保护品种证书》；2009年，灵莲花颗粒取得了新药证书和生产批件；2010年，“珍稀药用真菌乌灵参的工业化生产关键技术及其临床应用”被定为“国家秘密技术”；2012年，灵泽片取得了新药证书和生产批件。

公司以市场为导向，不断加强对乌灵菌粉的深度研究，围绕乌灵菌粉开发系列产品，公司的乌灵系列品种“乌灵胶囊”(补肾健脑，养心安神，从根本入手调理睡眠)、“灵莲花颗粒”(治疗更年期综合症)、“灵泽片”(治疗前列腺增生)，均为独家生产，具有自主知识产权。

作为一家医药上市公司，佐力药业又是浙江省湖州市安置残疾员工最多的一家民政福利企业。公司一直秉承“关爱，担当，感恩”的理念，关心关爱员工。截止2012年9月30日，共有员工1047人，其中残疾员工285人。公司在享受优惠政策，追求经济利益，加快发展步伐的同时，通过合理安置残疾人，关爱残疾员工，使他们在佐力药业的职业平台上找到自信、尊严和发展的天地。在日常管理中，公司坚持“管理人性化，质量标准化，保卫军事化，服务星级化”的“四化”管理，将规范化管理融入到每个流程、细节当中。

公司凭借独具的竞争优势、特色的企业文化和担当的创业精神，先后荣获“国家级火炬高新技术企业”、“国家高新技术企业”、“全国模范劳动关系和谐企业”、“全国五一劳动奖章”、全国模范职工之家”、“浙江省绿色企业”、“AAA级守合同重信用单位”、“浙江省文明单位”、“浙江省优秀民营企业”、“民企党建百家促进和谐劳动关系示范典型”、“浙江省创新型示范企业”、“浙江省企业文化优秀单位”、“湖州市扶残助残先进集体”、浙江首届“助残爱心企业”等诸多荣誉，树立了良好的口碑。

基于公司良好的发展态势以及强劲的发展潜能，我们的战略定位为：以乌灵系列产品为起点，以药用真菌药的产业化为己任，打造国内药用真菌制药领域的专业化制药企业。

【2012年大事记】

1月，灵泽片获得《药品注册批件》及《新药证书》，该产品上市后，将成为继乌灵胶囊、灵莲花颗粒以后的又一个独家生产品种，进一步丰富公司乌灵系列产品，对公司今后的业绩提升产生积极影响。

1月13日，公司召开了主题为“精彩佐力，感谢有你；辉煌佐力，再耀明天”的2011年度年会。在年会上，公司董事长俞有强发表了《精彩2011，奋进2012》的重要讲话，在充分肯定了2011年度公司取得的佳绩的同时对2012年的重点工作提出了新的要求。

3月3日，国家科技部领导李雄一行莅临公司考察，李雄一行参观了我公司研发中心，他对佐力药业近年来研发工作取得的成绩给予了充分肯定，并希望企业能够继续加大科技创新投入，切实提高技术水平，加强企业的核心竞争力。

5月，我公司获得了注射用克林霉素磷酸酯0.6g规格的药品补充申请批件。

7月，公司“新增年产200吨乌灵菌粉生产技术升级改造和扩产项目”顺利通过了新版GMP认证。该项目作为中央投资项目，又是募集资金投资项目，新版GMP认证的顺利通过将有利于提高公司乌灵菌粉生产能力，促进企业技术升级，也将进一步推动公司向高科技、现代化的大型真菌发酵领域领先企业迈进。

7月20日，公司召开了2012年度中期工作会议，在会上，董事长俞有强发表了讲话，要求认清国内经济形势，把握资本市场平台，通过进一步加强内部管理，创新思路，抢抓机遇，实现公司又好又快发展。

9月6日，公司召开了管理人员“真抓实干、争先破难”攻坚活动动员大会，本次大会号召公司管理人员立刻行动起来，充分发挥管理人员的带头作用，把挑战转化为动力，把机遇转化为优势，为“利用资本市场平台加快公司发展”贡献自己的智慧和力量。

12月3日，我公司被评为浙江省首届“助残爱心企业”。

【经营情况】

2012年1-6月，公司实现营业收入15,953.61万元，比上年同期增长25.92%；实现利润总额3407.07万元，比上年同期增长18.66%；实现归属于上市公司股东的净利润3052.16万元，比上年同期增长19.13%。

【300182】北京捷成世纪科技股份有限公司

【基本情况】

公司前身北京捷成世纪科技发展有限公司成立于2006年8月23日,2009年10月28日整体变更为北京捷成世纪科技股份有限公司(以下简称捷成股份)。捷成股份是北京市科学技术委员会认定的软件企业,北京市科学技术委员会、北京市财政局、北京市国家税务局和北京市地方税务局联合认定的高新技术企业,科学技术部、中国科学院和北京人民政府联合认定的创新型试点企业。

捷成股份专门从事音视频整体解决方案的设计、开发与实施,是目前国内最具实力的专业音视频整体解决方案产品提供商之一。主要市场为广电行业,并涵盖部队、互联网科技公司、政府机关、科研院校、事业单位及其他音视频领域。

公司主要产品包括媒体资产管理系统解决方案、高标清非编制作网解决方案、全台多元异构一体化网络解决方案、全台网整体信息安全解决方案和全台统一监测与监控解决方案,广泛应用于中央电视台、上海文广等各级广播电台、电视台、有线电视网络公司,以及部队、文化部、新闻出版总署、国家气象局等多家行业用户。捷成股份作为三网融合的生力军还参与了央视国际网络、浙江华数、深圳天威视讯等三网融合平台的建设。

捷成股份还积极参与多个国标和行业标准的起草和制定。公司是国家广电总局标准化工作委员会成员单位,中国广播影视数字版权管理论坛执行委员单位,国家新闻出版总署标准化技术委员会成员单位。

捷成股份秉持"融合领先科技,铸就卓越品牌,诚信开拓进取,勤奋严谨创新"的理念,致力于音视频领域的信息技术创新,公司的多个产品和实施项目先后荣获了国家广电总局的多个"科技创新一等奖",还获得了中国广播电视设备工业协会、中国电子学会等多个奖项。是业内"广播电视十大民族品牌奖"、"科技创新优秀企业奖"等多项大奖的获得者。

捷成股份于2011年2月22日在深圳交易所成功上市(股票代码300182),是业内第一家独立上市的企业。捷成股份将利用这一契机抓住我国广电行业及其他领域的数字化、网络化、高清化和三网融合大发展大建设的历史机遇,进一步提高核心竞争力和市场占有率,融合领先科技,开拓进取创新,为广电行业的大发展提供全新的技术、产品和更优质的服务。

【主营业务】

为视音频领域客户提供视音频技术及内容创新服务,专业从事视音频整体解决方案的设计、开发与实施。

【经营业绩】

截至2012第三季度报告期末,公司实现营业总收入45,496.53万元,同比增长72.08%;利润总额7,908.62万元,同比增长27.23%;实现归属于上市公司股东的净利润6,609.28万元,同比增长24.24%,公司整体经营依旧保持着持续快速的增长。

【企业文化】

企业理念:融合领先科技,铸就卓越品牌,诚信开拓进取,勤奋严谨创新。

【企业荣誉】

2012年荣获中国广播电视设备工业协会2011年度科技创新奖优秀企业奖;

"CIBN互联网电视节目服务与播控平台"荣获中国广播电视设备工业协会2011年度科技创新奖;

"捷成广电存储管理监控平台"荣获中国广播电视设备工业协会2011年度科技创新奖;

成功入选福布斯"中国最具潜力上市企业"排行榜;"NC-SP内容集成服务平台"荣获BIRTV2012产品、技术及应用项目评选活动产品奖;

"安全运维审计系统"荣获BIRTV2012产品、技术及应用项目评选活动产品奖。

【300186】广东大华农动物保健品股份有限公司

【基本情况】

广东大华农动物保健品股份有限公司(股票简称:大华农,股票代码:300186)是一家专注于兽药研制、生产和销售的高新技术企业,主要产品包括兽用生物制品、兽用药物制剂以及饲料添加剂等,是国家农业部指定的高致病性禽流感疫苗、高致病性猪蓝耳病灭活疫苗、高致病性猪蓝耳病活疫苗定点生产企业。公司于2011年3月8日在深圳证券交易所创业板挂牌上市,是广东云浮第一家登陆资本市场的上市公司。

公司成立于2002年7月,下辖肇庆大华农生物药品有限公司、新兴大华农禽蛋有限公司和广东惠牧贸易有限责任公司三个法人独资企业,建有9个按农业部GMP要求组建的生产车间,拥有9个国家新兽药证书,200多个国家产品批准文号,157个种类的兽药产品,25个疫苗产品,以及年产150万枚SPF种蛋的实验动物中心。产品已覆盖全国各省市,同时远销埃及、印尼、越南等中东及东南亚地区。

公司拥有一支100多人的长期从事高新技术产品研究、开发的专业研发队伍,其中博士16人,硕士45人,并组建有广东省兽用生物制品技术研究与应用企业重点实验室、广东省动物保健品工程技术研究开发中心、广东省院士专家企业工作站等自主创新科研平台,与中山大学合建了生物安全三级(BSL-3)实验室,与华南农业大学共建"产学研技术合作平台"、"宠物保健品研究工程中心"和"华南动物疫病检测中心",还与上海兽医研究所、哈尔滨兽医研究所、中国农业大学、珠江水产所、中国兽医药品监察所、中国动物疫病预防控制中心等科研机构和高等院校成功搭建了长期的产学研合作关系。

截至2012年12月底,公司获得广东省高新技术产品5个,广东省自主创新产品3个,专利10项。先后承担有国家火炬计划、国家星火计划、国家863计划、国家绿色农用生物产品高技术产业化专项、国家农业科技成果转化资金项目等20多项省级以上科研项目。其中,"高致病性猪蓝耳病活疫苗高技术产业化示范工程"项目在2011年获得国家发改委绿色农用生物产品高技术产业化专项立项。其他多个项目还获得省级以上科技进步奖,如《禽流感动物模型、免疫机理及疫苗研制与推广》项目荣获"2012年广东省科学技术进步奖一等奖"。

公司以"做动物保健专家,为人类健康服务"为使命,始终致力于新型、环保、安全、绿色的高科技产品的开发、生产和推广应用。"大华农"品牌赢得了行业和客户的广泛认可,被国家行业协会评为"兽用生物制品类10强企业"、"兽药制剂类30强企业",同时还多次荣获"广东省制造业、服务业100强"、"广东省守合同重信用企业"、"广东省诚信示范企业"等荣誉称号,公司商标被认定为"广东省著名商标",禽流感疫苗荣获了"广东省名牌产品"称号。

【主营业务】

兽药的研发、生产和销售。

【经营业绩】

2012 年 1－9 月，实现销售收入 5.96 亿元，比上年同期增长 24.78%；利润总额 13,569.97 万元，同比增长 22.61%；净利润 11,636.32 万元，比上年同期增长 21.38%。公司资产总额 211,675.61 万元，净资产 200,914.52 万元，资产负债率 5.08%。资产状况优良，盈利能力良好。

【企业文化】

企业使命：做动物保健专家，为人类健康服务。

【企业荣誉】

公司被国家行业协会评为“兽用生物制品类 10 强企业”、“兽药制剂类 30 强企业”，同时还多次荣获“广东省制造业、服务业 100 强”、“广东省守合同重信用企业”、“广东省诚信示范企业”等荣誉称号，公司商标被认定为“广东省著名商标”，禽流感疫苗荣获了“广东省名牌产品”称号。

【300196】江苏长海复合材料股份有限公司

【基本情况】

江苏长海复合材料股份有限公司成立于 2002 年 10 月，位于江苏常州武进区遥观镇塘桥，注册资本 12,000 万元，是一家集科研、产品开发、生产、销售、服务于一体的高新技术企业；系中国玻纤协会会员、理事；中国建筑防水材料协会会员、理事；中国玻璃纤维钢工业协会会员。2011 年 3 月，公司成功登陆资本市场，在深圳交易所创业板 A 股市场挂牌上市（证券简称长海股份，证券代码 300196）。

本公司系国内领先的玻纤制品及玻纤复合材料生产企业，是国内规模最大的无纺玻纤制品综合生产企业之一，也是国内规模最大的玻纤复合隔板生产企业。公司拥有从玻纤生产、玻纤制品深加工到玻纤复合材料制造的完整玻纤产业链，为国内少数能制造高端玻纤毡制品并不断进行制品深加工的高新技术企业。控股子公司新长海专业生产无碱玻璃纤维，拥有江苏省第一条年产 3 万吨无碱玻纤池窑拉丝生产线，系继巨石集团、泰山玻纤之后第三家掌握国际先进天然气纯氧燃烧工艺技术的生产企业。

目前，公司已形成以玻璃纤维增强材料、玻璃纤维特种毡、新型复合材料为主的三大产品系列，品种覆盖各种无碱、中碱玻璃纤维纱、短切毡、缝编毡、方格布与网格布；各种玻纤表面毡、屋面毡、地毯毡、地面毡、贴面毡、蓄电池复合隔板以及新型石膏板贴面材料涂层毡系列等。产品的终端用户覆盖汽车制造、电子信息、建材装饰、道路交通、石油管道等各大工业领域。

【经营业绩】

公司营业收入 2012 年 1－9 月 397,612,534.71 元较去年同期 322,082,155.75 元增加 75,530,378.96 元，增长 23.45%。

【企业荣誉】

公司 2004 年通过 ISO9001：2000 质量体系认证，2005 年荣获全国防水材料行业建设奖，被江苏省科学技术厅认定为高新技术企业，产品 EMC100g/㎡ 薄型玻璃纤维汽车顶蓬专用原丝短切毡被认定为省高新技术产品，2006 年列入江苏省火炬计划项目，2007 年列入国家火炬计划项目；2007 年公司产品新型超细玻璃纤维复合隔板被认定为省高新技术产品；2008 年，公司通过 ISO14001：2004 环境质量体系认证，市级清洁生产验收，获国家级节能减排重大奖励；2009 年，公司通过高新技术企业资格认定，产品玻璃纤维湿法薄毡、玻璃纤维涂层毡被认定为江苏省高新技术产品。2010 年“常海”被认定为省著名商标，“常海”牌薄型玻璃纤维短切毡被认定为江苏省名牌产品。同年，公司开发的玻璃纤维复合短切毡被评为江苏省高新技术产品，2012 年 4 月，“常海”被认定为中国驰名商标。企业信用（合同）、企业信用和银行信用等级均为“AAA”级。

2010 年公司被江苏省经济和信息化委员会认定为省级企业技术中心、被江苏省科学技术厅批准为依托单位组建“江苏省特种玻璃纤维复合材料工程技术研究中心”。

目前，公司拥有实用新型专利 8 项，发明专利 1 项，同时，有 4 项实用新型专利和 7 项发明专利正在申请中，公司有 7 个产品被认定为省级高新技术产品。

【300201】徐州海伦哲专用车辆股份有限公司

【基本情况】

徐州海伦哲专用车辆股份有限公司是引进国际先进技术与外资合资成立，专业生产以高空作业车为主的专用车辆的国家定点企业。公司成立于 2005 年 3 月，于 2011 年 4 月 7 日成功登陆创业板市场，现有股本 17600 万元人民币。公司坐落于国家级经济技术开发区——徐州经济技术开发区，是国家高新技术企业，与中国科学院自动化研究所、东南大学、大连理工大学、中国矿业大学、江苏大学等建立了长期合作关系，并与 CTE、TEREX、BIZZOCCHI 等国际知名企业建立长期合作关系，引进欧美最先进的产品和技术。

海伦哲公司现有折叠臂、伸缩臂、混合臂、自行式四大系列，作业高度 9—45 米，40 余个规格的高空作业车；100—800KW 系列移动电源车；车载式旁路带电作业成套设备系列（全自动布缆车、变压器车、负荷转移车、负荷开关车、绝缘工具车）；埋杆车系列、应急抢修车系列和军用抢修车等专用汽车产品。拥有行业最多的专利技术，已申报国家专利 118 项，批准授权的 70 项，其中发明专利 11 项。公司具有完善的质量保证体系，通过了 ISO9001 质量管理体系、ISO14000 环境管理体系和 ISO18000 职业健康安全管理体系认证。

公司在以市场需求为导向的基础上形成了“以研发创新为基础，以差异化设计定制为核心，以柔性制造为支撑，以精细化服务为保障”的独特经营模式，为电力、市政、园林、石化、通信等行业客户提供包括高空作业方案设计、产品开发、生产制造、技术支持及维修服务在内的产品及服务解决方案，于 2009 年成为国内最大的高空作业车产品与服务提供商。

【发展历程】

2005 年 3 月，江苏省机电研究所有限公司与外资股东共同出资，成立徐州波菲特专用车辆有限公司。

2005 年 11 月，董事会同意将徐州波菲特专用车辆有限公司变更为徐州海伦哲专用车辆有限公司。

2009 年 4 月，股改后整体变更为徐州海伦哲专用车辆股份有限公司。

2011 年 4 月，徐州海伦哲专用车辆股份有限公司创业板上市。

【企业荣誉】

海伦哲牌高空作业车被授予江苏名牌产品。

XHZ5180TZJ 型钻孔立杆车被认定高新技术产品。

XHZ5100TDY 型电源车被认定高新技术产品。

XHZ5071JGK 型高空作业车被认定高新技术产品。

XHZ5211JGK 型高空作业车被评定为江苏省首台(套)重大装备产品。

XHZ5062JGK 型高空作业车荣获徐州市科技进步奖三等奖。

荣获江苏省标准化示范创建单位。

荣获江苏省标准化示范创建先进单位。

荣获徐州市先进创新平台管理先进集体。

【经营业绩】

2012 年上半年,公司实现营业收入 964,174,272.32 元,同比增长 24.28%;实现利润总额 89,984,920.81 元,同比增长 35.65%%;实现净利润(归属于上市公司股东 76,822,399.34 元,同比增长 33.84%。

【300208】青岛市恒顺电气股份有限公司

【基本情况】

青岛市恒顺电气股份有限公司是专业生产电力电容器、电力电抗器、电力互感器、无功补偿和滤波成套装置的高新技术企业。公司成立于 1998 年,经过十多年的发展,现占地面积达 65000 多平方米,资产规模和销售额持续快速增长,人均综合效益指标位居全国电容器行业前列。

公司注重科技创新,目前拥有专利和先进技术数十项,并将大量研发成果实现产业化。公司所生产的无功补偿成套装置包括高压并联无功补偿及 MCR 型动态无功补偿装置,该系列产品涵盖 3 - 110kV 电压等级,是国内厂商中涵盖电压等级最高的产品系列;生产的滤波装置包括无源滤波装置、有源滤波装置,是国内唯一拥有从 0.4kV—110kV 电压等级无源滤波装置成功运行经验的厂家。电压等级覆盖了 6—110kV 全部高压等级,容量最大单套达到 150Mvar。近年开发的互感器(CT、CVT)系列产品,无局放放电线圈系列产品、可调电抗器(SVC)系列产品,均属国内领先技术。2009 年公司开始进行特高压产品的开发研制,已对 ±800kV— ±1000kV 特高压直流输电系统用并联及滤波装置(超高压滤波塔)项目进行立项研发,该项目已完成方案设计,这标志着公司具备了 500kV 及以下电压等级电容器及装置的设计及制造能力。

公司产品主要应用于电网系统,目前公司已取得国家电网和南方电网招标资质。此外,公司产品还被广泛应用于石油、石化、煤炭、有色、橡胶、钢铁、水泥、港口、电子等众多行业。

2011 年 4 月 26 日,公司正式上市,股票代码:300208。出色的技术实力、管理能力、产品实力转化为恒顺电气稳定高速增长的动力及近年来优异的业绩表现。

视电网安全高效为己任,为电网节能环保而努力的恒顺人走过了艰辛而自豪的创业之旅,今天以先进的技术、优异的质量、良好的服务崭露头角的恒顺人将借助资本之力,带着履行社会责任、建设百年品牌的崇高远景开始新的征程。

【企业荣誉】

山东名牌企业

青岛市高新技术企业

青岛市最具成长型中小企业

青岛市突出贡献企业

青岛市最具融资价值企业

AAA 级信誉企业

西安交通大学产学研优秀合作单位

山东省中小企业自主创新奖

青岛市科学技术奖

青岛市认定企业技术中心

青岛市优秀内资企业

A 级纳税信用等级单位

ISO9001:2000 管理体系认证

【企业文化】

使命:视电网安全高效为己任,为电网节能环保而努力,履行恒顺电气社会责任

愿景:建设恒顺电气百年品牌

价值观:知恩报恩善始善终有情有义唯善而行

文化观:上善若水厚德载物

管理理念:以人为本追求卓越

人才理念:德才兼备能位匹配

科技理念:科技领先市场无边

安全理念:珍惜生命拒绝事故

质量理念:质量在我心中精品在我手中

服务理念:客户的需求是我们的第一追求

【经营业绩】

2012 年 1 - 6 月,公司实现营业收入 16,117.18 万元,比上年同期增加14.72%;营业利润 4,027.12 万元,比上年同期增加 31.87%;利润总额 4,129.7 万元,比上年同期增加 14.72%;归属于上市公司股东的净利润 3,778.55 万元,比上年同期增加 22.08%。

【300211】江苏亿通高科技股份有限公司

【基本概况】

江苏亿通高科技股份有限公司是一家专业从事广播电视设备制造及视频监控系统研发、安装的高科技股份制公司。公司于 2011 年在深圳证券交易所上市(股票代码:300211),目前公司注册资本 5374.6 万元,占地总面积 5 万多平方米,现有员工近 500 人,各类专业技术人员占员工总数的 30% 以上。亿通科技是"江苏省制造业信息化示范工程 ERP 示范企业"、"江苏省 AAA 级重合同、守信用"企业,并通过了 ISO9001 质量管理体系及 ISO14001 环境管理体系认证,同时公司拥有自营进出口权。公司的"亿通"品牌被评为 2010、2011 广播电视"十大传输民族品牌",同时被评为"江苏省名牌产品"称号和"江苏省著名商标"。

公司是国家火炬计划"重点高新技术企业和江苏省高新技术企业",内设两处研发中心:一是"江苏省企业技术中心",下设光传输设备、数字通讯产品、双向放大器、无源器件、软件开发等五个科研开发室;二是与南京邮电大学共建的"江苏省数字电视网络设备工程技术研究中心",共同开发融合 CATV 和 IP 网络的新型超宽带光接入系统关键技术与设备研制,具体内容包括:MOCA 终端设备虚拟局域网(VLAN)配置和综合网管系统软件。上述两个研发中心均同时承担公司具有自主知识产权产品的研发工作。

2009 年 3 月经江苏省人事厅批准,在公司内部设立"江苏省博士后创新实践基地";2009 年 6 月公司和南京邮电大学签约共建"教育部蓝火计划试点工程";2010 年 2 月经江苏省教育厅认定,公司和南京邮电大学共建"江苏省企业研究生工作站"。

公司已经取得专利 35 项,其中发明专利 4 项、实用新型专利 6 项、外观设计专利 25 项,公司拥有 18 项计算机软件著作权,同时公司还掌握了 10 项核心技术。近年来,公司的产

品还获得多项技术进步奖项。

【主营业务】

公司主要从事广播电视设备制造，具体包括：有线电视网络传输设备、终端接收设备的研发、制造及销售，提供有线电视网络系统软件服务、以及基于有线电视网络系统技术之上的智能化监控工程服务。

【主要产品和生产能力】

历经十多年的风雨历程，亿通科技从小到大，由弱到强，企业创出了声誉，产品创出了信誉，现已成为国内有线电视传输设备制造行业名列前茅的骨干企业。现配备有包括：15台进口高速自动贴片机、8台回流焊机、6台波峰焊机、9台丝网印刷机等在内的各类先进设备及30余条流水生产线，同时还拥有美国、日本、德国先进的测试仪器仪表和环境试验、工艺老化筛选等装置200台（套），具有400万台（件）的年生产装配能力，能全方位满足产品研制开发和生产检测的需求，确保产品质量和性能。

目前产品涵盖1550nm和1310nm光纤传输设备、750/860MHz双向放大器、5—1000MHz无源器件、GEPON、EOC新一代光纤以太网传输设备和HFC网络管理系统等。公司依托强大的科研力量，主导产品已覆盖包括上海、天津、南京、重庆等80%的省会和中心城市，用户达300余家，其中GEPON（FTTH用ONU）已打开国际市场。

公司还具有建筑智能化工程设计与施工资质，公司研发的“平安城市”大型监控集成软件及网络一体摄像机、多功能球机、数字硬盘录像机、网络存储服务器等产品，为实施“平安城市”社会面监控提供了有力保障。目前，“平安城市”项目已在常熟、太仓等地开始实施，并取得了一定的成果。

【企业文化】

在“公司追求卓越，全员倡导奉献”的企业文化领导下，本着“诚信为本，稳健经营”的企业宗旨，坚持“创新设计，精密制造”的经营方针，不断追求“更新、更精、更优”，做有线宽带网络传输设备的领跑者，不断做大、做强、做优，共创中国广电更加美好的未来！

【企业荣誉】

国家火炬计划重点高新技术企业。

江苏省高新技术企业。

江苏省博士后创新实践基地。

江苏省研究生工作站。

江苏省AAA级重合同守信用企业。

江苏省高成长型中小企业。

江苏省数字电视网络设备工程技术研究中心。

江苏省物联网应用示范工程建设单位。

中国广播电视设备工业协会2011科技创新奖。

两化（信息化与工业化）融合示范试点企业。

【产品荣誉】

YTHN/C同轴以太网（Home Plug）——江苏省高新技术产品和江苏省优秀新产品。

基于DOCSIS方案的EOC系统——江苏省重点技术创新产品。

面向IPTV的智能家庭网关——江苏省重点技术创新产品。

YTMN同轴以太网设备（MOCA）——江苏省高新技术产品。

数字光站平台——江苏省重点技术创新产品。

1550nm光放大器——2012年江苏省重点技术创新产品。

数字多媒体光纤终端D/V－ONU——江苏省高新技术产品。

新一代以太网无源光网络设备——江苏省高新技术产品。

【经营业绩】

2012年1－6月，公司实现营业收入8940.87万元，同比下降17.24%；实现营业利润463.94万元，同比下降53.01%，归属于普通股股东的净利润819.52万元，同比下降11.33%。本次业绩下降主要原因由于受目前有线电视行业三网融合进展情况和受行业市场招标价格竞争的影响；公司募投项目的实施开展增加了固定资产折旧，维护费用及人员薪酬，福利等成本费用及受国外光纤到户改造项目实施计划的影响。

【300213】北京佳讯飞鸿电气股份有限公司

【基本情况】

北京佳讯飞鸿电气股份有限公司（300213）成立于1995年初，是一家专注于通信、信息领域的新技术及新产品的自主研发与生产，并实现规模销售的通信设备及解决方案提供商，为用户提供技术支持、产品销售、售后跟踪服务以及系统技术保障等服务，是用户可信赖的合作伙伴。

十余年来，佳讯飞鸿以交换技术、CTI技术、无线技术、语音视频通信技术为依托，自主研发出了数字指挥调度、应急通讯、综合监控、人工话务、数字录音、CTI与信息服务六大系列、数十余个适应客户需求的产品线，被广泛应用于国内外市场，涉及铁路、国防、轨道交通、石油、石化、煤炭、冶金、电力、金融等多种行业，尤其在国内铁路、轨道交通、国防等领域佳讯产品占据了非常领先的市场份额。

凭借扎实的技术功底和优秀的创新能力，佳讯飞鸿已经成为国内最具实力的专业指挥调度产品提供商之一，先后承接了国家“863”课题、国家火炬计划、国家发改委重大专项、科技部技术创新基金、信息产业部电子信息产业发展基金、北京市工业发展基金、中关村重大专项资金支持的数十项国家和北京市的重大科研项目。在祖国60年华诞庆典阅兵指挥部通信保障、北京奥运会安保、上海世博会安保、“神六”升空、“神七”飞天、“天宫一号/神舟八号”交会对接、“十七大”召开、“嫦娥一号”发射、“长城2号”国家反恐怖指挥系统演习、北京市非紧急救助服务中心系统以及青藏铁路建设等国家重大事件中，佳讯飞鸿的产品表现优异，赢得广大客户的高度赞誉。

作为高科技企业，佳讯飞鸿坚持走自主创新之路。截止目前佳讯飞鸿掌握了多网络混合组网技术、电路交换及IP交换技术、回波抵消和噪音抑制技术、大容量音视频会议技术以及高可靠性冗灾技术等指挥调度通信领域的核心技术，并同时参与主要应用领域指挥调度通信产品标准的制订。在同业竞争中，佳讯飞鸿多次与国内外竞争厂家同台竞争并获得优势。

在巩固并纵深拓展国内市场的同时，佳讯飞鸿积极开拓海外市场，使产品成功应用在非洲及东南亚等国的基础建设中，并陆续与俄罗斯、乌兹别克斯坦、越南等境外客户建立了良好的合作关系。

【企业荣誉】

十几年的发展历程中，佳讯飞鸿也获得了诸多的社会肯定和认可：国家优秀火炬计划项目承担单位、全国“双爱双评”活动先进企业、AAA级资信等级企业、北京市技术创新先进企业、北京市守信企业、北京市专利试点优秀企业、北京市第七届“科技之光”评选中荣获优秀企业奖等，更在2008和2009年度连续被《福布斯》评选为“中国最具潜力企业”。

【企业文化】

公司愿景：

做世界领先的指挥调度与控制系统提供商

公司使命：

致力于通信信息领域的技术应用创新，为客户提供安全可靠的系统和解决方案，使客户的指挥调度业务更加便捷、高效。

佳讯飞鸿公司核心价值观：

协作进取、务实创新、快乐工作、健康生活

【社会责任】

佳讯飞鸿在企业发展和社会公益事务上的多年积极表现，得到了政府、行业、社会各界的广泛关注和认可，被北京市总工会、北京市委统战部、北京市工商业联合会、北京市外商投资企业协会、北京市私营个体经济协会授予“劳动关系和谐企业”；被北京市工商业联合会和北京市商会授予“精神文明单位”；被北京市私营个体经济协会授予“精神文明单位”；被北京市首都精神文明建设委员会授予“文明单位”；被北京青少年发展基金会授予“爱心企业”等荣誉；被中华全国总工会评为全国“双爱双评”先进企业。

涓涓细流，汇成江海。

佳讯飞鸿相信，再小的爱心，积累起来也能温暖世界。

作为一家民营企业，佳讯飞鸿的不断成长，离不开社会各界的关心和支持。十几年来，佳讯时刻不忘感恩社会。我们牢记“实业报国，回馈社会”的理念，将企业利益与社会责任紧密结合在一起，并先后捐资建立了两所“北京佳讯飞鸿希望小学”，为军队和疾病防治中心捐赠设备，在2008年南方雪灾及“5·12”汶川大地震时积极捐款、捐物。

【经营业绩】

2012年1－6月，公司实现营业收入14,293.31万元，较上年同期基本持平，实现营业利润531.05万元，较上年同期下降68.21%，净利润实现933.25万元，较上年同期下降47.59%。

【300214】山东日科化学股份有限公司

【公司概况】

山东日科化学股份有限公司是由留日归国博士赵东日先生于2003年12月创建的集科研、生产、销售和技术服务于一体的高新技术企业，总部位于省级开发区——山东省昌乐经济开发区内，南接胶济铁路，北临济青高速。公司下设山东日科新材料有限公司、山东日科塑胶有限公司、山东日科进出口贸易有限公司三个全资子公司及控股子公司山东日科橡塑科技有限公司。公司建有山东省塑料改性工程技术研究中心和潍坊市企业技术中心，先后承担国家、省、市科技计划14项，申请国家发明专利15项（已获授权的11项），现已通过质量、环境、职业健康安全三个体系认证。

公司的主导产品有丙烯酸酯类抗冲改性剂、PVC加工助剂、PVC发泡调节剂、新型PVC抗冲改性剂ACM树脂、MBS抗冲改性剂、AMB抗冲改性剂、PMMA/ASA彩色共挤料以及ABS抗冲改性剂等系列产品，综合产能达到8万吨/年，是世界最大的丙烯酸酯类PVC改性剂制造供应商之一，也是国内塑料助剂行业首家上市企业。

公司产品国内市场占有率达到40%以上，在深圳、沈阳、北京、上海、杭州、无锡、成都、广州等地均设立了办事处，并出口到美国、欧盟、韩国、以色列、土耳其、印度、乌克兰、东南亚等国家和地区，出口量列国内同行业第一位。公司凭借卓越的产品质量和完善的售后服务，获得越来越多客户的认可。

【企业荣誉】

2006年12月，公司被山东省中小企业生产力促进中心评为“2006年度生产力促进奖”。

2008年9月，公司董事长赵东日博士获得省发明创业奖二等奖。

2008年12月，公司被山东省科技厅、山东财政厅、山东国税局等五厅局认定为高新技术企业。

2009年10月，公司“HL”合力牌商标被评为山东省著名商标。

2009年11月，公司“氯化聚乙烯－丙烯酸烷基酯互穿网络共聚物ACM研制开发项目”获山东省技术发明三等奖、潍坊市科学技术进步奖二等奖。

2009年12月，公司“耐候性、抗冲击性、加工性能优良的聚氯乙烯混合物”专利项目获山东省专利奖二等奖。

2010年1月18日，公司董事长赵东日博士因“氯化聚乙烯－丙烯酸烷基酯互穿网络共聚物ACM”研制成功，被山东省人民政府评为山东省科学技术奖获得者。

2010年2月1日，公司获中国塑料加工工业协会颁发《中国塑料行业（首批）企业信用等级评价AAA级证书》。

2010年11月，公司被山东省科技厅、山东省知识产权局认定为中国专利山东明星企业。

2010年，公司被山东省工商业联合会评为“2010年山东最具发展潜力民营企业”。

2011年5月11日，公司于深圳证券交易所成功上市，股票简称“日科化学”，股票代码300214。

【企业文化】

企业哲学：止于至真。

企业宗旨：致力于石油化工资源的合理配置和有效使用。

企业价值观：为客户提供全面的解决方案，追求客户利益和社会利益的最大化。

企业社会责任：对员工负责，对社会负责，为国家排忧解难。

企业目标：成为世界塑料领域独一无二的解决方案探索者。

企业理念：尊重差异、尊重人才、坚持不懈、追求完美。

【经营业绩】

2012年上半年报告期内，公司实现营业收入514,714,410.37元，比上年同期增长6.92%；营业利润72,309,943.14元，比上年同期增长27.37%；实现归属于上市公司股东的净利润65,093,295.49元，比上年同期增长30.52%。

【300221】广东银禧科技股份有限公司

【基本情况】

银禧科技创立于1997年（股票简称：银禧科技，代码300221），是一家集高性能高分子新材料研发、生产和销售于一体的国家级高新技术企业。经过10多年的发展，公司在东莞虎门、道滘和苏州吴中建立了生产研发基地，形成年产近7万吨改性高分子材料的生产能力，成为中国最重要的高分子新材料生产企业之一。

基于对新材料发展趋势的深刻理解，由教授、博士业内专家和技术骨干组成的银禧研发团队不断致力于多种高性能、高环保的高分子新材料产品的创新和应用，产品多次荣获国家级和省级重点新产品称号。银禧的自主创新能力得到业内的认可并引领行业的发展方向。

今天，银禧的产品涵盖了阻燃、耐候、增强增韧、塑料合金、热塑性弹性体、生物降解、其它高功能产品等7大系列，广泛应用于电子电气、电线电缆、家用电器、照明、轨道交通、高等级公路、汽车、医疗器械、卫浴、文体用品等领域。

银禧在改性塑料行业中深耕不辍，屡获殊荣，先后荣获“全国优秀民营科技企业”、“全国民营科技企业创新奖”、“广东省著名商标”、“国家级高新技术企业”、“东莞市市长奖”等荣誉称号。

在未来，银禧将继续秉承“人文、技术、学习”的核心价值观，为客户提供优质的产品和服务，为员工营造“积极、向上、和谐”的人文环境和发展平台，为股东和合作伙伴实现价值最大化，为社会、为国家担当起“企业公民”的责任，致力于成为高分子新材料应用领域的领先者。

【经营情况】

2012年上半年，公司实现营业收入439,057,767.17元，比上年同期增长19.8%；实现营业利润31,243,994.32元，比上年同期减少8.96%；归属于上市公司股东的净利润27,442,422.00元，比上年同期减少4.63%。

【企业荣誉】

公司荣获高新技术企业称号。

公司成为广东省工程技术研究开发中心和企业技术中心。

公司荣获中国优秀民营科技企业称号。

公司荣获东莞市专利培育企业称号。

公司荣获东莞市科学技术进步奖一等奖。

【300233】山东金城医药化工股份有限公司

【基本情况】

山东金城医药化工股份有限公司(简称“金城医药”，股票代码:300233)成立于2004年，是淄博金城集团核心控股子公司。2011年6月22日，在深圳证券交易所成功上市，成为淄博市第一家创业板上市企业，正式迈入资本市场。目前，金城医药拥有山东金城柯瑞化学有限公司、山东汇海医药化工有限公司和山东金城钟化生物药业有限公司三家全资子公司。

公司自设立以来，一直致力于头孢类医药中间体和生物制药的研发、生产和销售，已发展成为国内最大的头孢抗生素侧链中间体生产厂商和国内知名生物制药厂企。主导产品有AE－活性酯、头孢他啶活性酯、呋喃铵盐、谷胱甘肽等三十多种，与哈药集团制药总厂、福抗药业、齐鲁安替、珠海联邦、丽珠医药、苏州东瑞、广州白云山等几十个国内知名制药企业达成战略合作关系，产品远销美国、意大利、瑞士、奥地利、印度、日本、韩国、伊朗等十几个国家和地区。

金城医药一直把创新作为企业发展的源动力，始终将“持续加大科技投入、推动科技创新、打造科技竞争力”作为企业发展的中心战略。公司作为国家高新技术企业，国家火炬计划、山东省科技攻关计划实施单位，拥有1个院士工作站、1个博士后工作站、两个省级技术中心及3个专业实验室。2012年2月14日，公司与济南大学共同研发的“第三代头孢抗菌素中间体活性酯关键技术及产业化”项目在国家科学技术奖励大会上获得“2011年度国家科技进步奖二等奖”。

当前，公司以“调整、升级、转型、发展”战略为方向，不断推进企业科学发展，积极通过“转方式调结构”，调整产品结构，提升产业层次，综合运用内涵式、外延式、并购式发展方式，不断加大技术创新力度，引进培养综合素质高的科技、管理等复合型人才，已逐步实现由头孢类医药中间体向生物制药的产业转变。

【企业荣誉】

山东金城医药化工股份有限公司素以产品质量过硬、服务优良而取信于国内外广大客户，企业始终坚持“质量第一，用户至上”的经营宗旨，不断上新创新，产品销售遍布国内各大制药企业，并远销欧亚等十几个国家和地区，深得客户信任和好评。

国家火炬计划重点高新技术企业。

国家博士后科研工作站。

国家科技技术进步奖二等奖。

中国石油和化学工业协会一等奖。

山东省企业技术中心。

山东省头孢类工程技术中心

山东省头孢类医药中间体产业技术创新战略联盟。

山东省院士工作站。

山东省重合同守信用企业。

山东省专利明星企业。

山东省管理创新优秀企业。

头孢他啶、头孢克肟产品列入国家重点新产品。

AE－活性酯、呋喃铵盐列入国家火炬计划。

山东省科技进步一等奖。

国家科技进步奖二等奖。

【经营业绩】

2012年上半年，公司营业总收入为36,492.83万元，较上年同期降低9.49%。营业利润、利润总额较上年同期分别降低75.78%、69.53%，归属于普通股股东的净利润较上年同期降低69.15%。

【300239】包头东宝生物技术股份有限公司

【基本情况】

包头东宝生物技术股份有限公司成立于1997年，地处包头稀土高新区，是一家专业的生物制品国家级高新技术企业。公司注册资本15196万元。截至2012年6月，拥有总资产近4亿元，总市值20多亿元。2011年7月6日在深圳证券交易所成功上市。股票简称“东宝生物”，股票代码“300239”。是内蒙古自治区第一家在创业板上市的民营企业，也是包头市第一家登陆国内A股的民营企业。公司主营“金鹿”牌明胶、“圆素”牌胶原蛋白及“白云”牌磷酸氢钙产品。

多年来，公司注重品牌建设，凭借先进的生产设备和技术、科学严细的质量管理、精益求精的制造理念和对品质的不断追求，保证了产品质量能够持续稳定地满足客户需求。“客户至尊”、“超客户需求服务”等市场理念赢得了更多的客户。产品畅销国内外，受到用户广泛认可，品牌知名度不断提升。企业产品获“内蒙古自治区名牌产品”荣誉。公司技术中心被认定为自治区级技术中心。公司通过了ISO9001国际质量体系认证、HACCP食品安全管理体系认证。公司获全国明胶先进企业荣誉。公司产业化示范工程被国家发改委授予“国家高技术产业化示范工程”牌匾。2010年，东宝生物与中科院理化所历时两年多时间共同开发出千位级道尔顿“圆素”牌小分子量骨胶原蛋白。该技术为中国发明专利技术，并获得自治区乌兰夫基金企业科技创新奖。经权威机构检测产品质量指标达到国际同类产品先进水平。系列粉剂、果汁饮品、面膜、眼膜、眼霜等产品深受消费者欢迎。

2011 年 11 月，“中科院理化所—东宝生物胶原蛋白与明胶工程应用研发中心”挂牌成立，进一步提升了公司的研发实力，为企业持续发展奠定了坚实基础。

公司地处内蒙古，拥有丰富的骨料资源，立足高档生物制品的专业化生产，借助资本市场的融资手段，利用 3 - 5 年的时间，把企业发展成为以明胶生产为基础，以胶原蛋白等延伸产品为发展方向的行业领军企业，为中国生物产业做出新的贡献，为人类对健康和美的追求作出最大的贡献。

【经营业绩】

2012 年上半年报告期内，公司实现营业收入 159,385,542.06 元，比上年同期增长 12.44%；实现营业利润 26,029,667.46 元，比上年同期增长 55.47%；归属于上市公司股东的净利润 23,470,003.65 元，比上年同期增长 56.20%。

【企业文化】

核心价值观：

人是一切要素中最宝贵的财富，人的价值大于物的价值。

客户是我们全体员工和投资者的衣食父母，客户至尊，永不改变。

制造精细产品是我们的第一使命。

创新、改进、不断满足客户需求是我们企业发展的根本。

经营理念：

员工为本、客户至尊。

【企业荣誉】

公司通过了 ISO9001 国际质量体系认证、HACCP 食品安全管理体系认证。公司获全国明胶先进企业荣誉。公司产业化示范工程被国家发改委授予“国家高技术产业化示范工程”牌匾。

2010 年，东宝生物与中科院理化所历时两年多时间共同开发出千位级道尔顿“圆素”牌小分子量骨胶原蛋白。该技术为中国发明专利技术，并获得自治区乌兰夫基金企业科技创新奖。经权威机构检测产品质量指标达到国际同类产品先进水平。

2012 年 10 月，公司荣获第一财经中国资本力年会“年度最佳融资范例奖”和“年度最佳创业板 IPO 上市公司”殊荣。

【300243】山东瑞丰高分子材料股份有限公司

【公司概况】

山东瑞丰高分子材料股份有限公司成立于 1994 年，属国家级高新技术企业，注册商标为“鲁山”公司主要从事 PVC 助剂的研发、制造和销售，主导产品为：丙烯酸酯类抗冲改性剂、丙烯酸酯类加工助剂、抗冲改性剂 MBS 树脂和超高分子量 PVC 发泡制品调节剂、抗冲改性剂 CPE、PVC 润滑剂。产品广泛应用于聚氯乙烯（PVC）门窗、管道、管件、装饰板、发泡板、片材等硬制品。

公司拥有专门的高分子材料研究所，并建立了一支创新意识好、开拓能力强、专业知识丰富、基础知识扎实的科研开发队伍。研究所为科研人员提供了布拉本德转矩流变仪、炼塑机、万能制样机、平板流化仪、气相色谱仪、电子显微镜等先进的仪器设备和良好的工作环境，推动 PVC 助剂的研发和应用，近几年来，科研人员成功地开发出了 20 多个 PVC 助剂新产品，并投放到国内、国际市场。

公司秉承“求真、务实、开拓、奉献”的企业精神，深化企业内部管理，建立了严格的质量管理体系，并于 2003 年通过了 ISO9001：2000 质量管理体系的认证。公司自建成投产以来，以其性能优良、质量稳定的产品品质，及时准确的信息反馈，完善的售后服务体系，健全的经营机制，赢得了客户的信任和支持，产品畅销国内市场，并出口到亚洲，欧洲，美洲等国际市场。

【企业文化】

一、质量方针：

以人为本，以质取胜，严细管理，真诚服务。

二、质量目标：

1. 产品一次验收合格率为 98%，力争每年递增 0.5%，向 100% 靠拢。

2. 顾客退货或投诉率≤1%。

三、质量承诺：

1. 产品质量责任承担

我公司各项产品均严格按公司企业标准执行，若由于我公司产品超出企业标准而给客户造成的损失将由我公司负责承担全部损失或双方协商处理。

若应客户的要求对产品作指标外的调整，且产品指标在双方约定的范围之内，如果出现损失，我公司将不承担责任，但双方应密切合作，尽量减少损失并作进一步适当的调整。

特别说明：

1）我公司产品的各项质量指标是参考国内外同类产品制造商的企业标准及综合 PVC 加工商对产品的使用要求和实际效果制定的，各项质量指标仅对我公司产品及使用厂家负责。

2）我公司的各项质量指标可根据使用商的建议作指标外的适当调整。

2. 售后服务承诺

1）认真履行每一份销售合同，严格按《经济合同法》保护客户的权益。

2）尊重每一个客户的需要，根据客户的不同特点，开展服务活动。

3）从整体观点出发，尊重不同的企业文化。

4）积极提高职工的基本素质，稳定企业的产品质量。

5）更新观念，保持不断地创新精神。

6）产品实行“三包”，送货上门，做到“送货及时、保质保量”，因在运输途中造成的产品丢失及破损由我公司承担。

7）实行产品跟踪服务，利用反馈信息及时调整产品质量指标，以适应使用商要求。

【经营业绩】

2012 年上半年公司实现营业总收入 402,741,167.74 元，同比增长 2.43%；实现营业利润 28,544,732.45 元，同比下降 9.97%；实现利润总额 29,077,734.02，同比下降 9.15%；实现归属于上市公司股东的净利润 23,535,340.90，同比下降 13.24%。

【300244】浙江迪安诊断技术股份有限公司

【基本情况】

浙江迪安诊断技术股份有限公司（简称“迪安诊断”或“迪安”）成立于 2001 年，是以提供诊断服务外包为核心业务的独立第三方医学诊断服务机构，凭借具有迪安特色的“服务＋产品”一体化商业模式成为行业领先者，并于2011年7月率先上市（股票代码：300244）。

作为迪安主营业务的独立医学实验室，是涵盖专业冷链物流、高新检验技术、IT技术等新型现代服务业态的全新运营模式，属于现代科技型服务业。通过集中检验、集约经营和连锁化发展，可以提高公共卫生资源利用率，优化医学检验资源，降低医疗费用并促进检验技术发展。

目前，迪安依托全国连锁化医学实验室的平台，致力于技术创新与商业模式创新，业务涉及司法鉴定、诊断产品销售、诊断技术研发、CRO等领域，并不断完善“服务＋产品”一体化的专业服务体系，创造诊断项目齐全、标本流程高效、诊断结果准确、咨询服务权威的第三方医学诊断服务模式，形成了整合营销竞争优势，确定了全国连锁化、规模化复制的扩张策略，通过纵向与横向的有效资源整合，加快全国布局速度，启动了公共检测平台的多服务领域拓展与上下游产业链的整合式发展战略。

迪安拥有由硕士、博士及国内外医学诊断领域顶尖学者组成的专家团队，与罗氏诊断、法国梅里埃、NMS、美国比尔·梅琳达·盖茨基金会等世界一流企业及机构，复星医药、温州医学院、浙江清华长三角研究院生物技术与医药研究所等国内知名企业、院校、研究院等形成战略合作，是“国家科技支撑计划”多项课题承担单位。旗下杭州迪安医学检验中心、南京迪安医学检验所为国家高新技术企业。

【发展历程】

2001年，杭州迪安基因技术有限公司成立。

2004年7月，杭州迪安医学检验中心有限公司成立，开始检验外包业务发展。

2004年11月，杭州迪安基因工程有限公司成立，开展体外诊断产品代理。

2007年4月，南京迪安医学检验所有限公司成立，迈出全国连锁化发展的第一步。

2008年5月，杭州迪安医学检验中心司法鉴定所成立，成为国内唯一一家建立在独立实验室平台上的、获得正式资质的第三方鉴定机构。

2009年9月，上海复星、软银中国和迪安签署战略合作协议，迪安完成了首轮融资。

2010年5月，杭州迪安医疗控股有限公司（前身为杭州迪安基因技术有限公司）整体变更改制，更名为浙江迪安诊断技术股份有限公司。

2011年7月19日，在深圳证券交易所A股创业板正式挂牌上市，成为中国医学诊断服务外包行业第一股。

【企业文化】

核心价值观：

持志虚心立根抱节

持志不凋对事业的执着和对梦想的坚持，使我们拥有坚强的信念，坚忍不拔的毅力和势在巅峰的雄心壮志。

虚心凌云以虚怀若谷的态度，不断学习和创新；以宽容和包容的心态，取各家之所长。

立根出林以踏实、勤奋的工作作风，专注于医学诊断服务领域。守正出奇、聚众成林。

抱节成龙敬天爱人，做有礼有节有责任心的人，诚信正直，才能争取最广泛的支持，实现合作共赢。

企业理念：

创新引领行业发展

企业使命：

精益求精，用心呵护健康

企业愿景：

成为卓越的诊断服务机构

企业精神：

坚持梦想、学习创新、勤奋踏实、合作诚信

【企业荣誉】

2009年

2009年度杭州市服务业先进企业

2009年度企业信用等级AAA级

2009中国创业企业百强

“汇丰杯”第二届浙商隐形冠军

2010年

中国检验医学优秀医学独立实验室

上海迪安荣获2010·世博会国家认可医学独立实验室

中国品牌文化典范单位

浙江省服务业重点企业

亚太企业精神奖2010－中国

2011年

浙江省级高新技术企业研发中心

2010年度浙江省最佳雇主企业

21世纪最佳商业模式奖

2012年

省级高校毕业生就业见习示范基地

杭州市著名商标

2010－2012年连续三年中国癌症基金会社会公益奖

【经营业绩】

2012年上半年，公司实现营业收入31,604.73万元，较上年同期增长46.26%，实现净利润3,116.27万元，较上年同期增长44.12%；归属于公司普通股股东的净利润为3,069.9万元，较上年同期增长35.7%。

【300247】安徽桑乐金股份有限公司

【基本情况】

安徽桑乐金股份有限公司成立于1995年，位于合肥国家高新技术开发区，注册资本8175万元，是一家专业研发、生产和销售便携式桑拿设备和远红外桑拿设备的国家级高新技术企业。公司荣获海关A类企业资格，安徽省出口名牌，安徽省著名商标，第16届亚洲运动会公益企业，绿色环保首选品牌等荣誉称号。2011年7月29日，公司在深交所创业板成功上市，证券简称为“桑乐金”，证券代码为“300247”。

桑乐金在合肥、芜湖建立两大生产基地，2012年产能达3.8万台家用远红外桑拿房和20万台便携式桑拿产品。企业通过了ISO9001质量管理体系认证和ISO14001环境管理体系认证；产品通过了3C、德国GS、欧盟CE、北美ETL、沙特SASO、澳大利亚SAA等国际安全认证。公司在国内设有22个办事机构，在全国设立了160个授权经销商，同时产品远销海外70多个国家和地区，尤其受到欧美和中东客户的青睐。

桑乐金致力于为全球客户提供技术领先，品质卓越的家用桑拿设备。公司拥有远红外线转换和能源高效利用技术、PID温度控制技术、多重安全保护技术、人性化设计数据模型技术、系统集成智能控制技术等一系列核心技术，获得29项国家专利，是省认定的企业技术研发中心，2010年初与中科院共建全国首家远红外健康促进技术中心。是行业内少数拥有持续自主创新能力和自主品牌的企业之一。

"将桑乐金打造成为世界著名品牌,成为全球最大的桑拿设备整合运营商",为了实现这一企业愿景,公司将不断充分发挥自身在技术、规模、品质及营销服务上的优势,坚持不懈,锐意进取,致力技术和产品创新,拓宽家用养生桑拿产品领域;持续巩固和提升企业核心竞争力。

【经营业绩】

2012 年上半年,公司主营业务发展基本保持平稳. 报告期内,公司实现营业收入 9,482.28 万元,同比增长 11.00%;实现净利润 1,248.25 万元,同比下降 34.90%。

【企业荣誉】

2012 年 2 月,"桑乐金"牌家用桑拿房荣获"安徽名牌产品"称号。

2012 年 1 月,获得合肥市高新技术开发区授予的"上市特别贡献奖"称号。

2012 年 1 月,获得安徽省商务厅评定的"入世十周年安徽十佳外向型贡献企业"奖项。

2011 年 6 月,公司被合肥海关授予 A 类企业资格。

2011 年 6 月,公司荣获徽商银行合肥分行"2010 年度信用等级评定 AA 级企业"。

2011 年 1 月,桑乐金等 5 家企业获"出口优秀工业企业"称号。

2010 年 12 月,金道明董事长荣获省"2009 年度发展非公有制经济优秀创业者"荣誉。

2010 年 12 月,公司荣获 2010 年第六届中国家居发展年会颁发的"科技家居杰出企业"奖项。

2010 年 12 月,新型远红外保健桑拿房被认定为"安徽省高新技术产品"。

2010 年 6 月,公司获得安徽省商务厅等四部门联合评定的"2009 安徽省民营企业出口创汇 50 强企业"称号。

2009 年 12 月,公司获得安徽省商务厅授予的"2010 - 2011 年度安徽出口名牌"称号。

【300252】深圳金信诺高新技术股份有限公司

【基本情况】

深圳金信诺高新技术股份有限公司是一家致力于中高端射频同轴电缆及组件的研发、生产与销售的民营企业。公司前身系成立于 2002 年 4 月 2 日的深圳市金信诺电缆技术有限公司,2010 年 3 月 24 日依法整体变更为深圳金信诺高新技术股份有限公司,2011 年 8 月 18 日,成功登陆深圳证券交易所创业板,股票简称"金信诺",股票代码"300252",注册资本 1.08 亿元。

公司主要从事中高端射频同轴电缆的研发、生产和销售,主导产品包括半柔电缆、低损电缆、稳相电缆、军标系列电缆、半刚电缆、轧纹电缆等,广泛应用于移动通信、微波通信、广播电视、隧道通信、通信终端、军用电子、航空航天等领域。

公司目前是国内射频同轴电缆品种最全、半柔射频同轴系列产品规模最大、具有较强品牌影响力的中高端射频同轴电缆生产企业之一,固定客户囊括了移动通信领域和军事领域最重要的企业以及多个军工单位。根据中国电子元件行业协会光电线缆分会的统计,2009 年,公司半柔射频同轴电缆的国内市场占有率为 40%,市场占有率排名第一;低损射频同轴电缆的国内市场占有率为 33%,市场占有率排名第二;此外,公司还是目前国内极少数可以取代进口高端稳相电缆的生产企业之一。

2011 年底,公司顺利完成收购常州市武进凤市通信设备有限公司 70% 股权相关事宜,此举将打造公司在射频同轴电缆、连接器等天馈产品上的一站式供货能力,增强在华为、爱立信线缆总包业务上的竞争力。

【发展历程】

2002 年 4 月 2 日,金信诺公司诞生于深圳市南山区塘尾小区一间工业厂房内,创业初始仅有 3 人,同年开发出半刚铁氟龙同轴电缆产品,获得国内外知名企业合格指定供应商。

2003 年 1 月,第一条生产线建成并投入生产,同年开发出半柔系列产品,年销售额翻番。

2004 年 8 月,被深圳市科技和信息局认定为高新技术企业,享受高新技术政策优惠;同年被国家科学技术部认定为国家科技成果重点推广示范基地重点推广示范企业,巨大的潜在发展使公司获得了知名风险投资公司的巨额投资。

2005 年 5 月,被国家科学技术部认定为国家级火炬计划项目承担单位,独立承担"第三代移动通讯专用信号电缆"项目的研发和生产;同时,公司成功开发并销售了低损、半刚、半柔、RG 系列、50 欧姆等多个系列的电缆产品。

2006 年 12 月,半柔系列 PTFE 射频同轴电缆荣获广东省重点新产品荣誉称号。

2007 年 3 月 15 日,控股全资子公司赣州金信诺电缆技术有限公司正式成立并投入使用。

2007 年 12 月,公司技术核心人员参加中国电子技术标准化研究所召开的同轴通信电缆国际标准提案起草会议,由我司起草的五项国际标准提案已提交至国际电工委员会并纳入 IECTC46A《同轴电缆》规范中,奠定了公司在射频同轴电缆技术中的行业领先地位。

2007 年,金信诺公司荣获南山区民营领军企业荣誉称号,同年,荣获深圳市自主创新百强中小企业荣誉称号。

2008 年 6 月 27 日,在《中国企业家》杂志社主办的"未来之星"活动中,公司作为行业内的技术领先企业,被提名为"2008 未来之星,中国最具成长力企业"。

2008 年 7 月 25 日,公司乔迁至深圳软件园,揭开了公司发展史上具有划时代意义的一幕。

2009 年 3 月 8 日,公司成立工程技术中心,被评为深圳市级工程技术中心单位,展示我司在科技创新与能力提升的综合实力。

2009 年 9 月 25 日,公司被评为国家级高新技术企业,是我司多年来注重科技创新成果的结晶,也是我司发展史上又一个标志性的里程碑。

2010 年 9 月 12 日,赣州金信诺电缆技术有限公司自建工业园一期厂房竣工投入使用。

2010 年 10 月 10 日,公司进行股份制改造,由原来的深圳市金信诺电缆技术有限公司更名为深圳金信诺高新技术股份有限公司。

2010 年 10 月 14 日,公司正式通过中国空军总装备部颁发的武器装备承制许可单位。

2011 年 8 月 18 日,深圳金信诺高新技术股份有限公司首次公开发行股票并于深交所创业板正式挂牌上市,股票代码 300253,简称:金信诺,是公司发展历程的又一里程碑与转折点。

2011 年 10 月 12 日,公司分别在美国、印度、巴西等国注册全资控股子公司,正式迈向国际舞台。

2012 年 1 月 6 日，公司控股凤市通讯设备有限公司，完成电缆与器件的完整产业链整合。

2012 年 1 月 8 日，金信诺高新技术股份有限公司深圳制造基地由石岩搬迁至龙岗坪地高桥工业园区。

2012 年 6 月 5 日，赣州金信诺电缆技术有限公司自建工业园二期工程正式动工，预计在 2015 年正式投入使用。

2012 年 6 月 28 日，公司起草的半柔电缆总规范 IEC 国际标准（标准编号：IEC61196 - 1 - 109）正式通过并颁布实施。

【企业文化】

诚信、创造、融合、责任

诚信

· 金信诺承诺一切经营管理活动均遵守国家法律法规，在社会及行业中树立良好的典范。

· 金信诺良好的经营和持续发展壮大是回馈社会的最基本承诺。

· 金信诺作为企业公民所尽到的社会责任必然依赖于全体员工的勤奋敬业和热情奉献，同时也必须为提高自己和家人的生活品质而努力工作。

· 金信诺把对所有客户的承诺视为公司经营的命脉和第一信条。

· 金信诺全体员工必须明白：做人的第一信条即为守信，守信于社会、守信于公司、守信于同事、守信于上级及下级。

· 金信诺全体员工必须敬老爱幼（包括尊敬师长、孝敬父母、抚养子女等）、遵守一切的社会公德。

· 有作为才有地位，得到团队、同事、他人乃至社会大众的认可与肯定是与自身的努力与最终的成果密不可分的。

创造

· 金信诺对创造的理解是：一份耕耘，一份收获，天上永远没有可以掉下来的馅饼。为了实现金信诺全体员工的人生价值，我们必须靠勤劳的双手和智慧的大脑。故对昨天没有做好的今天一定要做好，今天无法做到的明天想办法也要一定做到。

· 持续创新是金信诺获得持续竞争力的关键。

· 金信诺鼓励员工有组织的创造（包括技术改良和管理革新）活动与持续改善，并给予物质上的支持和奖励。

· 金信诺要求全体员工（尤其是管理层）必须持续改善工作绩效，永不安于及满足现状，追求卓越，绝不允许做一天和尚撞一天钟、抱着得过且过思想工作的员工。

融合

· 金信诺全体员工必须明白，科学与技术肯定是日新月异的，故全体员工必须以谦卑的心态虚心学习，博众家之长，技术上力求精益求精，管理上以宽广博大的胸怀接收管理革新。

· 在所有的学习、创新与改善的实践活动中，金信诺包容失败，但要求对学习、创新与改善的实践活动追求必须有不认输、不妥协的企业精神。

责任

· 对社会大众负责、对董事会股东利益负责、对员工负责、对客户负责。

· 对公司负责、对员工负责、对自己的管理岗位所承担的职能负责。

· 遵守公司制度和一切社会公德，对公司负责、对自己所生产的产品品质、效率效能和对自己的岗位职责要求负责。

【经营业绩】

2012 上半年，公司实现营业收入 25,856.88 万元，同比减少 11.95%；利润总额 2,991.34 万元，同比减少 6.19%；归属于上市公司股东的净利润 2,229.68 万元，同比减少 19.13%；经营活动产生的现金流量净额 -3,117.60 万元。

【300266】杭州兴源过滤科技股份有限公司

【基本情况】

杭州兴源过滤科技股份有限公司创建于 1992 年，是国内一家以提供压滤机过滤系统集成服务为特色的制造商和服务商。兴源过滤集物料及过滤工艺研究、控制系统设计、压滤机生产、系统调试服务于一体，为环保领域的污泥处理处置提供专业的过滤系统整体解决方案，同时涉及矿物及加工、化工、食品和生物医药等领域。

在二十多年的发展历程中，兴源过滤逐步确立了在国内压滤机行业的技术领先地位，成为中国压滤机行业的技术领跑者和新应用市场的开拓者，并率先走入资本市场。兴源过滤是中国压滤机行业标准主起草单位、全国压滤机标准化工作组秘书处单位、国家火炬计划重点高新技术企业、全国企事业知识产权试点单位、浙江省首批国家重点扶持高新技术企业、浙江省首批专利示范企业、浙江省首批标准创新型企业、浙江省高新技术企业研究开发中心、浙江省企业技术中心、浙江省创新型试点企业、杭州市科技创新十佳高新技术企业、杭州市院士专家工作站。

2011 年 9 月 27 日，兴源过滤首次公开发行股票并在创业板成功挂牌上市，成为中国压滤机行业首家上市公司。

公司根据《公司法》、《证券法》等相关法律、法规的要求，建立了比较科学和规范的法人治理结构，完善了相关内部控制制度。公司股东大会、董事会、监事会、独立董事和董事会秘书能够依法规范运作，管理效率不断提高，保障了公司经营管理的有序进行，保证中小股东充分行使权力。

公司建立、健全公司信息披露工作制度，制订了《信息披露管理制度》、《资者关系管理制度》、《对外信息报送和使用管理制度》、《内幕信息知情人登记管理制度》、《特定对象来访接待管理制度》、《突发事件应急管理制度》、《年报信息披露重大差错责任追究制度》等制度，科学组织和协调公司的信息披露事项，做好投资者关系管理，公平、公开、公正对待每一位投资者，公司控股股东、实际控制人、董事会和公司高管确保所披露信息的真实、准确、完整。

【社会责任】

兴源过滤积极参与社会活动，关注并引领行业和区域的发展，勇于承担社会责任。公司是全国压滤机标准化工作组副组长单位、中国石油和化学工业联合会过滤分离技术专业组组长单位、中国分离机械协会副理事长单位、中国环境保护产业协会水污染治理委员会副主任委员单位、浙江省机械工业联合会副会长单位、杭州市余杭区高新技术企业协会理事长单位，对中国分离机械行业的发展和当地区域经济的发展作出较大贡献。

企业发展源于社会，回报社会是企业应尽的责任。公司注重企业的社会价值体现，把为社会创造繁荣作为所应承担社会责任的一种承诺，以自身发展影响和带动地方经济振兴。

展望未来，公司将继续坚持技术创新、品牌建设，促进公司持续快速增长；同时，不断完善公司社会责任管理体系建设，加强与各利益相关方的沟通与交流，继续支持社会公益，扶助弱势群体，促进公司与各相关利益方的协调发展，合力创造更大的可持续发展空间。

【300267】湖南尔康制药股份有限公司

【基本情况】

湖南尔康制药股份有限公司成立于 2003 年 10 月，于 2011 年 9 月 27 日在深交所挂牌上市，公司坐落在风景秀丽的国家级浏阳经济技术开发区内。自成立以来，公司一直从事医药产品的研发、生产和销售，主要业务包括药用辅料及新型抗生素产品。公司是国内品种最全、规模最大的专业药用辅料生产企业之一，并且是国内少数几家拥有新型青霉素类抗生素——磺苄西林钠原料药和成品药注册批件的企业之一。目前，公司拥有 116 个药用辅料品种，可为各种片剂、针剂、硬胶囊剂、颗粒剂、丸剂、口服液等药品的生产提供药用辅料，主要产品包括药用甘油、药用蔗糖、药用乙醇、药用丙二醇、药用氢氧化钠等。

公司秉承“专业成就未来，品质铸就辉煌”的经营理念，将药用辅料的生产专业化、品种系列化、应用科学化、服务优质化作为公司发展方向，将药用辅料的质量安全视为企业的生命，利用公司在药用辅料领域的优势，努力提升药用辅料的质量水平，推动药用辅料标准体系建设，积极开发针对各种制剂的药用辅料产品，实现产品品种规模化、产品质量标准化，将公司打造为我国药用辅料行业的领导者，并在新兴抗生素领域占有一席之地。

【经营业绩】

2012 上半年，公司业绩保持稳步增长，2012 年 1－6 月公司实现营业收入 39，390. 26 万元，较去年同期增长26. 64%；实现营业利润 9，494. 94 万元，较去年同期增长 37. 07%；归属于上市公司股东扣除非经常性损益的净利润 8，238. 10 万元，较去年同期增长 41. 32%。

【企业荣誉】

尔康制药荣获“2011 年度最具投资价值企业奖”称号。

2011 年 9 月 27 日成功上市，药用辅料第一家上市企业。

尔康制药被长沙市人民政府评为“2011 年利税过 1 亿元企业”。

尔康制药荣获“十佳原辅料民族品牌品牌”。

【企业文化】

良好的企业文化是尔康制药在市场中拼搏的基石，也是尔康人最宝贵的财富。尔康人在市场竞争中不断取胜，在反省中超越自我，在学习中超越平庸、不断进步。

我们的使命：一切为了药品的安全

我们的愿景：成为国内药用辅料行业的领导者

我们的核心价值观：和谐、忠诚、勤奋、绩效

和谐：企业成功＋员工成长

忠诚：听话＋照做

勤奋：敬业＋负责

绩效：能力＋行动＋效果

【300270】杭州中威电子股份有限公司

【基本情况】

杭州中威电子股份有限公司（OB Telecom Electronics Co.，Ltd）成立于 2000 年，是浙江省高新技术企业、软件企业。公司是国内专业安防数字视频联网监控领域的创业板上市公司。中威电子长期专注于数字视频联网监控领域产品的研发和生产，尤其在数字视频传输控制领域——是国内数字视频光纤传输技术领域的开拓者和领先者。

秉承“创新成就梦想”的理念，从 2000 年到2005 年，中威电子在国内率先推出全系列数字视频光端机产品，多项创新技术成为了数字视频传输行业事情实上的标准。2006 年以来，公司最具创新的“VAR 光平台”系列产品在国内得到广泛应用。目前，公司推出了从前端高清数字摄像机，中间高清数字视频传输，到中心高清数字视频综合平台、高清数字视频存储的全系列高清数字视频联网监控产品，并以第三代高清数字视频监控系统“VAR3S 高清数字视频综合平台”为核心，公司致力于为平安城市、智能交通、高速公路、金融监控等领域提供专业化行业高清数字视频联网监控整体解决方案。

公司产品在平安城市、智能交通、高速公路、公安、金融、水利、石油、电力、军队、煤矿、广播电视等众多领域得到广泛的应用，并成功中标 2008 北京奥运会及 2010 上海世博会主要场馆。公司是深受用户信赖和推崇的数字视频联网解决方案提供商，相关产品市场占有率跃居全国领先地位。

公司通过 ISO9001：2008 质量管理体系认证，CE、FCC、RoHS 等国际认证。公司荣获“中国优秀安防产品企业”、“中国交通科技自主创新十大杰出单位”荣誉，并荣膺“中国安防最具影响力十大品牌”“a&s 中国安防民族十大品牌”等称号。

【经营业绩】

2012 年上半年公司（含控股子公司，下同）实现销售收入 72，073，023. 23 元，比 2011 年同期增长 21. 06%；公司实现营业利润 23，609，460. 47 元，比 2011 年同期增长 35. 07%；实现净利润 25，103，073. 86 元，比 2011 年同期增长 36. 56%。业务的增长主要是开发市场，拓展业务，增加收入所致。

【300273】珠海和佳医疗设备股份有限公司

【基本情况】

珠海和佳医疗设备股份有限公司成立于 1996 年，注册资本 20，002. 5 万元。2011 年 10 月 26 日，公司在深圳证券交易所成功上市，股票简称“和佳股份”，股票代码“300273”。多年来，公司秉承“一切为客户创造价值”的经营理念，精耕于国内医疗设备市场，通过不断的自主研发和技术创新，发展成为国内领先的综合性医疗设备、技术和服务提供商，产品及业务覆盖了肿瘤微创治疗、医用气体及净化工程、医学影像、常规诊疗、生物电子和医院整体建设等多个领域。

公司作为国内肿瘤微创治疗技术和设备领域的领导者，目前是国内第一家，也是唯一一家能提供较为完整的肿瘤微创综合治疗解决方案的企业，设备覆盖近万家医院，并成功为 300 多家医院建设肿瘤综合治疗中心，社会效益显著；在医用气体领域，公司完成了技术和市场的全面超越，医用分子筛制氧系统以其安全、低能耗、全自控和实时在线监测等特点，在客户中获得了“医用制氧专家”的称号；在净化工程领域，公司跳出工程模式的局限，全力打造数字化的洁净手术部系统；在医学影像领域，公司致力于建设基层医疗机构数字化影像远程诊断系统，并多次在政府医学影像产品采购中中标，是中标量和中标额最大的供应商之一。

公司坚持走科技创新之路，拥有多项自主研发的专利，获得“国家高新技术企业”、“广东省知识产权示范企业”、“珠海市十强民营企业”等称号；肿瘤治疗设备工程技术研发中心被认定为“广东省企业技术中心”、数字化诊断治疗设备工程技术研究开发中心被认定为“广东省工程技术研究开发中心”；“肿瘤微创综合治疗设备高技术产业化示范工程”和“医

学数字影像设备系列产品技术改造项目”被列入国家级重点专项项目，并获得政府专项资金支持。

公司视产品质量为企业的生命，已通过ISO13485：2003医疗器械质量管理体系认证及ISO9001：2008国际质量体系认证，产品质量得到临床医院、患者和行业管理部门的广泛认可。

公司遵循“市场区域广度覆盖”和“客户关系深度发展”的原则，建立了遍布全国28个省（市）的营销网络，与近万家医疗机构建立了广泛而稳固的合作关系，为客户提供全方位的售后服务及技术支持。

和容天下，科技更佳！作为中国医疗行业最优秀的企业之一，和佳致力于人类健康事业，坚持为客户提供超越价值的产品和服务，并为实现世界级卓越企业的目标而不懈奋斗！

【企业文化】

企业理念

和容天下，科技更佳

核心价值观

一切为客户创造价值

企业使命

致力于人类健康事业，为客户提供超越价值的产品和服务

企业愿景

中国的和佳、世界的和佳，成为中国医疗器械行业综合能力和先进技术水平的代表，成长为世界级的卓越企业，为客户、员工、股东和社会创造价值。

人才理念

做人求和、做事求佳

【企业荣誉】

2009年度，自主创新30强民营企业。

2010年，获得“一种制氧设备及制氧方法”发明专利。

2010年，广东省工程技术研究开发中心—“广东省数字化诊断治疗设备工程技术研究开发中心”。

2010年，省部产学研合作重大项目—“聚醚醚酮人工骨专用料制备及人性化加工技术的研发及产业化”。

2010年，珠海市科学技术研究与开发专项资金项目—“一体化医用制氧机的研发及产业化”。

2010年，广东省中小企业创新产业化示范基地。

2010年，广东省著名商标。

2010年，广东省知识产权示范企业。

2010年，珠海市十强民营企业。

2011年，广东省第一批战略性新兴产业政银企合作专项资金项目—肿瘤微创综合治疗设备技术改造项目。

2011年，第一批产业技术研究与开发资金计划项目—肿瘤高频微波双频热疗系统的研发及产业化。

2011年，广东省部产学研结合重大项目—新型射频消融肿瘤治疗系统的研发及产业化。

2011年，珠海市科学技术研究与开发专项资金项目—放射性粒子穿刺电磁导航系统的研发及产业化。

2011年，度珠海市技术改造项目—医用高频高压发生器技术改造项目。

2011年，通过国家高新技术企业复审。

2011年，第十三届中国专利外观设计优秀奖—体外高频热疗机。

2011年，珠海市专利奖励证书（优秀奖）—肿瘤治疗机及其测试方法。

【企业战略】

公司将秉承“一切为客户创造价值”的理念，坚持把产品质量当作企业尊严的起点，始终致力于打造中国医疗健康产业的著名品牌，致力于发展成为国内医疗健康产业的领导者。

未来三年，公司将依托自身的核心竞争力，全面提升技术创新、业务开拓能力，不断强化公司在全国肿瘤微创综合治疗设备和医用分子筛制氧及工程业务细分市场中的领导者地位，并在医用数字化影像领域实现快速发展，力争将公司建设成为国内医疗器械行业一流的整体解决方案提供商。

公司依托国家新医改和产业发展政策，在现有强大的营销网络和客户资源平台上，将充分整合资源，积极拓宽产品线，充分满足客户的需求。一方面，将全面提高技术研究中心的研发能力，努力建成医疗设备领域内国家级企业技术研发中心；另一方面，将继续扩大产品种类和规模，努力成长为国内最大的综合医疗设备供应商。

在市场营销方面，公司将充分发挥目前在肿瘤微创治疗和医用分子筛制氧设备及工程领域取得的市场优势，坚持以学术推广为核心的市场营销理念，构建多种销售模式有效互补的立体营销体系。以分线营销管理为契机，加强营销团队建设，提升营销管理专业化程度。拓建海内外营销网络，推进公司品牌战略建设，逐步实现和佳品牌国际化，从而不断提高现有产品和新产品的市场占有率，以保证业绩的持续高速增长。

为适应业务发展的需要，公司将在现有人员的基础上，按需引进各类人才，优化人才结构，重点引进具有实践经验及能力的技术人才、市场营销人才、管理人才、资本运作人才。公司还将积极探索、建立对各类人才有持久吸引力的绩效评价体系和相应的激励机制，使公司人才资源稳定，实现人力资源的可持续发展，从而建立一支高素质的人才队伍。

为了实现可持续发展，公司将对医疗行业内具备技术优势或市场优势的中小型企业进行考察，准备在未来以投资控股、参股等方式收购兼并一批具有一定规模和良好发展潜力的企业，这将对公司生产规模的扩大、生产成本的降低、产品及技术水平的完善和市场份额的提高起到重要作用。

【社会责任】

作为优秀的社会公民，和佳对客户、员工、股东和社会诚实守信，履行社会责任并积极回馈社会。和佳自1996年创立以来，坚持诚信经营，曾多次获得政府部门颁发的“守合同重信用企业”、“A级纳税人”、“珠海市税收贡献百强企业”称号。

2003年，SARS爆发期间，和佳分别向珠海市卫生局和国家卫生部捐赠了价值为15万元、102万元的医疗设备，其中，亚低温治疗仪等产品在抗击非典时起到了积极作用，公司董事长郝镇熙先后被珠海市和广东省政府授予“抗击非典先进工作者”和“抗击非典型肺炎二等功”称号。

2007年，和佳与中华慈善总会合作成立“医相肿瘤专项救助资金”项目，并先后为家境贫困的肿瘤患者捐款100万元。

2008年，面对突如其来的四川特大地震灾害，和佳第一时间为灾区捐献20万元现金以及价值200多万元的医疗设备及物品。

2010年，青海省玉树藏地震后，和佳捐出10万元现金以及价值90万元设备，其中微波治疗仪、中频静电治疗仪各10台，为灾区奉献爱心。

和佳还多次发起面向企业困难职工和社会弱势群体的捐赠活动，把爱心洒向公司和社会，彰显企业的社会责任和对弱势群体的关爱。

【经营业绩】

2012 上半年,公司实现营业总收入 27,358.83 万元,比上年同期增长 28.82%;营业利润为 5,709.52 万元,比上年同期增长 34.84%;利润总额 6,274.97 万元,同比增长29.62%;归属于上市公司股东的净利润 5,044.96 万元,同比增长 34.83%。

【300280】南通锻压设备股份有限公司

【基本情况】

南通锻压设备股份有限公司(简称南通锻压)是专业从事锻压设备的研发、生产和销售,并为客户提供个性化、多样化、系统化金属及非金属成形解决方案的高新技术企业。公司系国内金属成形机床行业重点骨干企业、"江苏省创新型企业"、"江苏省民营科技企业"、"江苏科技型中小企业"。

公司主要生产各类液压机、机械压力机等数十个规格、上百个品种的锻压设备,产品适用于汽车、航空航天、核电、船舶等诸多行业和领域,畅销国内三十多个省、市、区,并出口美国、欧洲、日本、东南亚等国家和地区。"庆华"商标被授予江苏省著名商标,"庆华"牌液压机被认定为江苏名牌产品。

公司注重科技进步,建有与自身发展相适应的技术中心,拥有一支结构合理、专业齐全、经验丰富的数十人科研团队,具有优秀的研发能力。公司现为"江苏省超大吨位锻压设备工程技术研究中心"建设单位,承担了国家及省、市多项科技计划项目。公司拥有液压机、机械压力机全套自主知识产权,近几年先后开发出60MN 框架式热模锻液压机、60MN 汽车纵梁液压机、40MN 快速锻造液压机、大型框架式数控多点压边单动拉深液压机以及闭式双点、四点机械压力机等新、特产品数百个,部分产品的技术达到国际水平。

公司已于 2011 年 12 月 29 日成功在深圳证券交易所创业板上市(股票代码:300280),顺利登陆资本市场,公司也将以上市作为新的发展契机,以公司发展战略为导向,通过募集资金投资项目的顺利实施,巩固和增强公司在国内锻压设备行业的优势地位,促使公司持续、健康、快速的发展,不断提升公司价值,实现投资者利益最大化。

当前,公司正抓住国家振兴装备制造业的契机,积极实施人才开发战略,不断加大科技投入。未来公司将在保持现有液压机市场传统优势的同时,实现液压机和机械压力机产品的协同发展,抓住我国汽车、船舶、航空航天、军工、轻工家电、石油化工等行业对大型、精密成形机床装备的迫切需求,积极实施人才开发战略,不断加大科技投入,将公司打造为国家重点锻压设备创新及生产基地之一。

【300281】广东金明精机股份有限公司

【基本情况】

广东金明精机股份有限公司,成立于 1987 年,是一家集研发、设计、生产、销售于一体的专业塑料机械设备供应商。公司主要产品包括薄膜吹塑设备和中空成型设备两大类,是国家级重点高新技术企业、国家海关总署双 A 认证企业,2011 年在深圳证券交易所创业板上市,股票简称:金明精机,股票代码:300281。

公司秉承"靠科技振兴企业"的经营理念,多层共挤技术达到了同行业的最高技术水平,"下吹三层共挤(旋转牵引)水冷式薄膜吹塑机组"、"五层共挤薄膜吹塑机组"、"三层共挤热收缩薄膜(POF)吹塑机组"、"双工位五层共挤双模头中空成型机"等产品一直保持国内领先水平。

金明精机经过多年的精耕细作,引进德国、英国、美国、西班牙等国际先进的制造加工设备,凭借严格的质量监控体系,公司产品已通过 ISO9001 国际质量体系认证、ISO14001 国际环境体系认证和 CE 安全认证。公司现拥有覆盖全球的销售网络,产品远销东南亚、北美、南美、中东、非洲等地的 42 个国家和地区,已成为全球知名的塑料机械设备供应商。

【企业荣誉】

2008 年,公司被认定中国吹塑装备与功能膜产业基地。

2009 年,公司被评为广东省装备制造业 50 骨干企业。

2010 年,公司被授予全国企事业知识产权试点单位。

2011 年,公司被列为"2011 强制性国家标准起草单位"。

2011 年,公司荣获高新技术企业证书。

2011 年,公司荣获广东省名牌产品证书。

2011 年,公司被授予广东省中小企业创新产业化示范基地。

2012 年,公司入选中国塑料机械制造业综合实力 20 强企业。

【社会责任】

诚信建设:

公司将诚信作为企业制定经营战略的一项基本行为准则,在企业内部建立严格科学的管理制度、商业道德行为准则和职业道德规范,促进企业信守合同、友好合作、公平竞争;同时,公司将诚信作为对社会应尽的责任和义务,承担起维护社会整体利益的责任,以诚信守法的实际行动树立良好的企业形象和社会信誉,从而提高企业自身的竞争力,实现企业的稳定持续协调发展。

维护员工权益:

公司高度重视维护员工合法权益,为员工提供高于同行业平均水平的薪资、良好优厚的福利待遇和国家规定的房补、养老、失业、医疗各种保险等基本权益,并建设了环境优美、设施一流的员工生活区,每个员工宿舍都装上了空调,并在宿舍区建立了职工篮球场,给员工创造了一个良好的生活环境;同时公司建立起员工职业技能培训中心,鼓励员工通过自主学习来获取更高的职业资格;制定了相应的激励机制,为员工提供良好的职业发展机会。

环境保护:

公司始终将环境保护当作企业的一项重要任务来抓,始终秉承"坚持清洁生产,保护生存环境"的方针,坚持推行清洁生产,车间实行 6S 管理,大力发展循环经济,为推动企业的可持续发展、创建资源节约型社会和环境友好型社会做了不懈地努力,得到了广泛认可。

安全生产:

公司一直把安全生产工作作为重要内容来抓。对职工进行安全生产教育,积极组织各种安全检查和考核。公司制定了安全措施,利用宣传栏、宣传牌、警示牌等形式宣传安全工作的重要性,有效的杜绝了安全事故的发生。

维护投资者权益:

公司依法召集、召开股东大会,为股东提供多种参与股东大会投票的条件,如现场参会投票、通过网络投票等,保障股东能够充分行使其权利。设立专职人员从事投资者关系管理,通过不定期举行网上路演、现场接待等多种方式,积极与投资者进行互动交流,使投资者尽可能全面地了解企业的生产经营状况。公司坚持"真实、准确、完整、及时、公平"的信息披露原则，不断加强高管人员诚信守法和勤勉尽责意识，杜绝出现信息披露违规和内幕交易等违法违规行为，保护所有股东和投资者的平等合法权益。公司制定了明确的利润分配政策，公司利润分配政策保持连续性和稳定性，重视对投资者的合理投资回报。

公共关系和社会公益事业：

公司在经营活动中，积极、主动地与政府部门、行业协会、监管机构以及相关媒体保持畅通的交流和联络，主动接受政府部门、监管机构的行政监督和监管检查，也非常重视社会公众及新闻媒体对公司的舆论监督和报道评论，力争营造友善、和谐的公共关系。公司历来积极参加社会公益活动，投身社会公益慈善事业。

公司依法经营，依法纳税，为社会和国家发展做贡献。公司把依法纳税作为履行社会责任、回馈社会的最基本要求，长期以来如实申报纳税，及时缴纳税款。

【经营业绩】

2012 年 1－6 月，报告期内，公司实现营业总收入 112,699,301.91 元，较去年同期略低 7.67%；实现营业利润 18,566,988.32 元，较去年同期减少 28.49%；实现利润总额 25,417,453.27 元，较去年同期略低 6.76%；实现净利润 21,740,085.29 元，较去年同期略增 3.4%。

【300292】江苏吴通通讯股份有限公司

【基本情况】

江苏吴通通讯股份有限公司成立于 1999 年 06 月，位于江苏省苏州市相城区黄桥工业园，是中国通信标准化协会、中国 TD 产业联盟和中国电子元件行业协会的会员单位。公司专业从事无线通信射频连接系统和光纤连接产品的研发、生产及销售。

公司主要经营无线通信射频连接系统和光纤连接产品两大类。无线通信射频连接系统主要包括射频连接器件、连接结构件和无源器件等；光纤连接产品主要包括光纤连接器、光分路器/耦合器、光纤配线架、光纤交接箱等。公司产品广泛应用于无线通信基站系统、无线通信网络优化覆盖系统以及 FTTX 领域等。

公司已经通过 ISO9001：2008 质量管理体系认证和 ISO14001：2004 环境管理体系认证。公司“吴通”商标已被认定为苏州市知名商标和江苏省著名商标。2010 年，公司建立了苏州市射频微波器件工程技术研究中心。目前，公司产品拥有多项专利，部分产品被认定为高新技术产品，射频同轴连接器产品被认定为 2010 年苏州名牌产品。

公司作为国家高新技术企业，始终坚持“以人为本，科技创新”的管理理念，以敏捷管理模式提高企业快速反应能力，持续改进质量管理的有效性，运用 ERP 信息管理系统为客户提供一流的产品和服务，为客户创造最大价值，将公司打造成为国内一流的专业化通信互连产品和互连解决方案供应商。

【300314】宁波戴维医疗器械股份有限公司

【基本情况】

宁波戴维医疗器械股份有限公司创立于 1992 年，是一家集自主研制、生产和销售为一体的国家级高新技术企业，主要生产婴儿培养箱、运输用培养箱、婴儿辐射保暖台、新生儿黄疸治疗系列设备等医疗器械。

历经近二十年的开拓与发展，公司现已成长为国内最大的婴儿培养箱等婴儿保育设备的专业制造商，素以提供高品质的产品和优质的服务而闻名。公司具有完整的质量保障体系，是国内率先通过 ISO9000 国际质量管理体系认证的五家医疗器械生产企业之一。凭借高品质的产品和优质的服务，“戴维”品牌目前已深入用户心中，产品遍布全球，国内市场占有率名列前茅，在技术开发和应用上处于领先地位。

未来，公司将秉承创始人陈云勤先生的企业信条“决不为目前的利益而出卖未来”，不断创新，以严谨、高效和可靠的作风，确保“成为全球最大的婴儿保育设备生产基地”这一目标能得以实现。

【经营业绩】

2012 年 1 至 6 月，公司实现营业收入 118,157,162.99 元，同比增长 28.99%；实现利润总额 40,913,426.66 元，同比增长 70.27%；实现净利润 34,679,078.08 元，同比增长 92.87%。

【企业荣誉】

2010 年度，象山县“安康杯”竞赛。

2010 年 4 月，宁波工业品牌 TOP50 企业。

2010 年，龙头企业。

2010 年，综合性创新企业。

2010 年，象山县大中专毕业生实践基地。

2011 年，浙江省著名商标。

【企业文化】

顾客是企业的根基，企业的生存是基于顾客的信赖。我们以诚信的态度、先进的产品、优良的品质、周到的服务，引导市场，积累顾客，实现永续经营。

员工是企业宝贵的资产，我们致力于创造人尽其才、机遇均等、同心协力和和谐的工作环境。重视员工的培养和成长，使人人乐业尽能，共同为永续经营而努力。

我们坚持文明经营，不忘社会责任，以无限爱心，呵护生命最初，以不懈努力，推动医疗器械产业发展，并凭借员工的热情和团队的力量，创造良好的顾客评价，深挚的员工归属，稳固的市场地位和卓越的经营业绩，共创永续经营。

【300321】山东同大海岛新材料股份有限公司

【基本情况】

山东同大海岛新材料股份有限公司是中国产业用纺织品行业协会副理事长单位、中国塑料加工工业协会副会长单位。借助国内领先的技术研发实力和长期的专业研发，公司在超纤革领域获得多项具有领先水平的技术成果。公司核心技术人员研发的“束状超细纤维聚氨酯服装面料及生产方法”、“高强度超细纤维仿真复合革及其制造方法”和“一种熔融共混海岛纤维及其生产方法”均获授国家发明专利，“PA6/PE 共混海岛法超细纤维及人造麂皮的系列化产品开发和产业化”于 2007 年被中华人民共和国国务院评为国家科学技术进步二等奖，并有多项产品先后获得中国纺织工业协会科技进步奖、山东省科技进步奖、潍坊市科技奖、国家重点新产品、国家火炬计划项目等。

【主营业务】

海岛型超细纤维革、合成革、鞋材、服装面料及辅料（不含棉纺）、沙发革、汽车内饰及座套、球革、手套面料、高档擦拭布等系列产品的研发、生产和销售。

【经营业绩】

2012 上半年，公司实现销售收入 290,900,576.47 元、同比下降 11.93%，利润 25,349,186.12 元，同比下降 33.18%。

【企业文化】

企业精神：学习、创新、诚信、奉献。

【企业荣誉】

2005 年，公司被国家科技部认定为“国家火炬计划重点高新技术企业”，被中国纺织工业协会认定为“纺织科技型企业”，公司生产的“同大”牌超纤革 2005 年被认定为“中国名牌产品”；

2006 年，公司被中国塑料加工工业协会和中国产业用纺织品行业协会共同批准为“中国超纤产业基地”；

2008 年，公司被评为国家“高新技术企业”；

2009 年，经山东省科学技术厅认定的“山东省海岛新材料工程技术研究中心”在公司挂牌成立；

2009 年，被中国产业用纺织品行业协会授予 2008 ~ 2009 年度“中国产业用纺织品行业贡献奖”；

2010 年，被山东省轻工集体企业联社、山东省轻工纺织工会委员会授予“山东省轻工联社系统改革开放三十年突出贡献奖”。

【300325】江苏德威新材料股份有限公司

【基本概况】

江苏德威新材料股份有限公司（以下简称公司）位于中国十大百强县（市）之一的江苏省太仓市沙溪镇南，是一家专业从事线缆用高分子材料的研发、生产和销售的高新技术企业，同时也是江苏省新材料创业基地中塑胶材料的主要成员之一。公司于 2012 年 6 月 1 日在深圳证券交易所创业板上市。

公司前身苏州德威实业有限公司成立于 1995 年，2001 年变更为江苏德威新材料股份有限公司。公司自成立以来以技术研发为核心，以产品为导向，以质量为基础，面向全国市场，大力推行品牌实施战略。经过数十年的不断发展壮大，公司目前已成为拥有注册资本为 8000 万元，下辖子公司和分公司的大型现代化高分子材料研发和生产企业。

公司目前已经通过 ISO9001、TS16949 管理体系认证，是国内电缆行业少数通过美国 UL 检验机构产品安全认证的企业之一；同时，也是一家集美标、德标和日标于一体的汽车电线绝缘料的合格供应商；公司投资建设了大型技术开发中心，配备完善的试验设备检测仪器，拥有一支经验丰富的科技队伍，并聘请国内外材料行业的知名专家作为公司的长期技术顾问。2001 年至今公司先后有 4 项产品被评为国家级重点新产品，5 项产品获得发明专利，1 项产品列入国家火炬计划，3 项产品列入江苏省火炬计划，16 项产品被评为江苏省高新技术产品，公司商标为中国驰名商标。

公司拥有的生产设备，技术水平居于国内领先地位，拥有多条瑞士 Coperion 公司制造的具有世界领先水平的全封闭自动造粒 BUSS 生产线。主要生产 XLPE 绝缘材料、内外屏蔽材料、汽车线束绝缘材料、弹性体材料、UL 系列材料及通用 PVC 材料共六大系列、数百个品种，覆盖了绝缘材料、屏蔽材料、护套材料三大类。公司产品广泛应用于电力（火力、风力、核电）、汽车、船舶、铁路、家电、通信、建筑等多个领域。同时，公司凭借优异的产品质量和管理已成为上海通用汽车，大众配套供应的电缆料供应商。

“欲穷千里目，更上一层楼”，公司将不断提升科技实力，提高产品质量，完善营销网络，建立健全售后服务体系，全面强化企业品牌建设，力争成为中国高分子材料研发、生产领域的一支奇葩。

【主营业务】

线缆用高分子材料的研发、生产、销售

【企业荣誉】

2012 - 2017 年，获新能源汽车用高新证书；

2012 年 4 月，获得了“江苏省创新型企业”称号；

2012 - 2013 年，获苏州质量奖证书；

2012 年 6 月，被江苏远东国际评估咨询有限公司授予“AAA”级资信等级证书。

【经营业绩】

2012 年上半年，公司实现营业收入 310,262,497.94 元，比上年同期增长 8.86%（销量比上年同期增长了 22.77%），主要原因是产品价格整体随石油价格下降出现了不同程度的下降所致；实现营业利润 30,509,961.38 元，比上年同期下降 4.24%，主要原因是公司实施营销战略处于全国范围推进的初期，销售费用和管理费用增长幅度较大而导致实现的营业利润下降；实现净利润 27,213,543.47 元，比上年同期增长 1.19%。

【300338】长沙开元仪器股份有限公司

【基本情况】

长沙开元仪器股份有限公司致力于煤质采制化全套设备的研发、生产和销售，在煤质采制化设备方面拥有关键技术和自主知识产权，是我国煤质检测领域产业化水平最高、技术水平最先进、产品品种最齐全的专业煤质仪器设备制造厂商。

公司位于国家级长沙经济技术开发区，成立于 1992 年；为了科学、系统、全面地解决好煤质管理过程中的各种问题，公司产品从煤质化验分析领域覆盖到环保制样和全自动机械化采样领域，并以其在煤质全面精细化管理技术的领先优势而享誉全球。产品国内市场份额第一，产品已出口到 30 多个国家和地区。

公司一直大力打造行业内领先的煤质设备生产平台，引入了行业内首屈一指的现代化生产设备和工艺技术，引进了先进的 PLM、CAPP 管理系统，依靠先进的制造工艺、精良的加工机械装备、完善的检测手段和严格的质量保证体系，不断提升产品品质，打造了开元产品的强大竞争力。

公司坚持走创新发展之路，建有行业内唯一的省级企业技术中心。拥有一支机械、电子、软件等专业技术水平高、经验丰富的技术队伍，奠定了人才领先优势，在基础研究、前沿技术跟踪方面发挥了重要作用，支撑了公司可持续高速发展。

【成长之路】

1992 年，成立“长沙煤质电脑仪器厂”，成为国内较早的专业煤质仪器生产厂家。

1994 年，销售额登上国内同行业榜首地位，并在以后的十八年发展中始终保持行业第一。

1995 年，开始研发机械化采样装置，并为萍乡电厂研发了国内第一台桥式汽车采样机。

2000 年，公司通过 ISO9001 国际质量体系认证。

2001 年，公司获得经外经贸部批准的自营进出口权。成为国内煤质行业中唯一能直接出口的企业。

2006 年，公司成为国内行业内唯一能提供煤质采、制、化整体解决方案的企业。

2008 年，获得欧盟 CE 认证证书，为进军欧洲及其它海外市场铺平了道路。

2009 年，将原有“省级技术中心”提升为研究院，不断提升创新能力。

2010 年，5E 商标被国家工商总局认定为中国驰名商标；

2011 年，国内行业内科技创新能力最强、实力最雄厚的现代化企业。

2012 年，首次公开发行股票并在创业版成功上市。

【核心价值】

诚信

我们坚信诚信是个人乃至企业生存和发展的基石，我们始终把诚信理念视为经营之本，把诚信作为提升企业核心竞争力的重要资源来培育。通过个人的职业道德、企业信誉，保证开元仪器 5E 品牌一直值得客户信赖和推崇。

创新

我们持续努力，不断探求、追寻和挖掘客户最核心的需求，奉献我们全部的智慧和力量，从部分满足做到真正 100% 的满足客户需求，实践与客户携手共促发展的科研理念。我们将目光始终放在积极推动中国煤质检测技术标准建设的长远目标，坚持创新，不断研发新技术、新产品，构建开元仪器的核心竞争力。

责任

我们只选用经层层筛选、严格测试的元器件，采用现代化的生产管理体系，以 ISO9001 国际质量管理体系标准为基础，建设充分、适宜、高效的质量管理体系，永远不忽视从原材料到产品全程质量链中的任何环节，为客户提供优质、便捷、安全、可靠的产品。

贡献

我们懂得思想构筑未来，文化成就高度，我们将永远把“满足客户才能发展自我”作为核心理念，我们将不断秉承、打造与时俱进的开元文化，并将以此引领我们的思想和行为，实现成为东半球能源分析仪器设备领域标志性企业的伟大梦想。

与客户共同成长

从为客户提供实验室设备，到帮助客户量身建设标准化整体实验室及采制化全过程解决方案，以帮助客户应对其当前的挑战，我们力求不断推陈出新，为客户建立竞争的优势。从被动的单一产品知识培训，到主动的上门与客户做专门全过程解决方案交流，以加强与客户的沟通，促进自身的发展。我们信奉“优良服务为顾客”的服务理念，“一流的速度、一流的技能、一流的培训”将会伴随我们为您服务的方方面面，最大程度地满足客户的需求。

【300339】江苏润和软件股份有限公司

【基本情况】

江苏润和软件股份有限公司成立于 2006 年。公司主营业务是为国际、国内客户提供专业领域的软件外包服务，并致力于打造专业化软件外包高端品牌。

公司以南京为总部及开发基地，在日本东京、美国波士顿、硅谷、新加坡设立了海外控股子公司，在北京、西安、上海、杭州、武汉设立了国内分公司。

公司自设立以来，一直坚持“国际化、专业化、高端化”的发展思路。通过结合离岸成本优势，累积行业技术经验以及灵活调度企业内外部资源，已在“供应链管理软件”、“智能终端嵌入式软件”和“智能电网信息化软件”等领域打造了具有一定市场影响力的高端软件外包服务品牌，外包业务内容以行业解决方案为基础，涵盖咨询、设计、开发、测试、维护等软件全生命周期作业，进入了全球软件外包价值链的高端。

公司是信息技术服务国家标准（ITSS）工作组的全权成员单位，同时也是外包专业组副组长单位；润和软件先后通过了 ISO9001：2008、CMMI3 等质量体系和模型的认证；润和软件还获得了国家规划布局内重点软件企业、江苏省高新技术企业、江苏省服务外包重点企业、江苏省首批技术先进型服务企业和中国服务外包成长型企业等多项荣誉资质，并入选全球著名财经媒体《福布斯》“2011 中国潜力企业榜”。

为了适应江苏省软件外包产业快速发展的形势，也响应南京市提出的建设中国（南京）软件谷的号召，加速推进建设中国软件名城，充分发挥润和在软件外包领域的经验和优势，2006 年底公司启动了润和软件外包园项目，项目将建成为 12 万平方米建筑，可容纳 2 万人规模的软件园区。

面向未来，润和软件将立足于计算机软件开发与咨询业，加速发展高端软件外包业务，推动国际市场与国内市场同步、互动发展，深耕专业领域与细分市场，不断增加核心竞争力，持续提升行业地位，打造中国领先的国际化高端软件外包服务品牌。

【主营业务】

国际、国内客户提供专业领域的软件外包服务。

【经营业绩】

2012 年前 3 季度，公司实现营业收入 23，889.76 万元，较上年同期增长 8，213.28 万元，增幅为 52.39%；实现利润总额 4，633.78 万元，较上年同期增长 1，376.99 万元，增幅为 42.28%；实现归属于母公司的净利润 3，957.49 万元，较上年同期增长 1，206.01 万元，增幅为 43.83%。

【企业文化】

企业愿景：成为中国领先的国际化的高端软件外包服务商

企业使命：通过我们的专业化服务让信息技术更好地服务于客户，推动中国信息化的发展

企业理念：创新、知识、团队

行为准则：以人为本，以客为尊；勤勉务实，开拓创新

【企业荣誉】

国家规划布局内重点软件企业、江苏省高新技术企业、江苏省服务外包重点企业、江苏省首批技术先进型服务企业和中国服务外包成长型企业等多项荣誉资质，并入选全球著名财经媒体《福布斯》“2011 中国潜力企业榜”。

三板上市公司

【430102】北京科若思技术开发股份有限公司

【公司概况】

北京科若思技术开发股份有限公司是一家专注于油田信息化,矿山安全和地质勘查领域的国家级高新技术企业,是国内最具创新力的油井油藏管理与微地震技术方案的综合提供商,拥有北京市国土资源局颁发的地质勘查资质证书,具有一般贸易进出口权。

公司成立于1999年,由行业知名专家创建,核心技术团队由多名地质、地球物理、油藏工程、生产工程、测井和数据传输等方面的专家组成,拥有从油气勘探开发理论,建模,系统开发到综合性解决方案设计的全面经验。公司研发和营运总部位于北京,拥有覆盖全国的渠道体系和技术支持,并在加拿大设有国际技术中心。公司产品和服务包括:微地震技术在油气田和矿山综合研究与应用,非常规油气勘探开发的技术研究,井下套管状态诊断,数字油田与智能油井,光纤测井,综合性地质勘查和矿山水库地质灾害估。

公司始终坚持技术开发为先导,在国内首次提出利用微地震监测技术为多种能源开发过程提供有效技术服务的理论,并自主研发了微地震采集,无线传输与专家分析系统。该系统具有自主知识产权,技术水平达到国内先进水平。微地震监测技术是国际油田信息化和数字油田建设的核心技术,可以精细描述了油气田压裂裂缝方位、形态及其随时间的变化,从而指导压裂过程和区块井网布置,极大提高了油田采收率,降低了开发成本,已广泛应用在油气田评价,开发和生产各个阶段。作为国内油田工业微地震监测技术的先行者和市场领导者,公司在大庆油田,胜利油田,长庆油田,辽河油田等国内20多个油田和蒙古等中亚国家,到目前为止累计完成水力压裂、注水前缘微地震监测2000井次,3000层次,是国家863油气开发重点攻关项目的参与者,为解决复杂岩性,复杂储集空间的油气藏地质评价难题和油田中后期剩余油分析和油藏动态监测,油井技术状况监测提供了先进有效的测量手段。公司陆续开发并成功推广了系列化的微地震监测系统,拥有多项独立知识产权。公司践行国际化的技术合作战略,为客户提供卓越的产品和服务,特别是在数字油田,智能油井,光纤测井,深井信息采集和可视化技术等领域的应用。

公司贯彻执行全面质量管理,拥有完善的产品和服务体系,严格的流程控制和品质管理,先后通过北京市安全生产许可,HSE,ISO14000和ISO9000等认证。公司倡导HSSE文化,全体成员遵守HSSE的各项规定,通过培训和持续改进,保持公司HSSE的在行业里的领先地位。公司一直秉承诚信、责任、创新、合作的理念,致力成为国内一流。具有创造力和国际竞争力的能源资源技术的综合服务公司。

【企业文化】

愿景:通过持续的创新研发投入,不断改善产品和服务,提升对客户,员工和合作伙伴的价值,成为全球油气上游行业技术服务和解决方案的优质提供商。

使命:通过创新技术,服务增产,积极应对全球能源和环境挑战。

价值观:诚信责任创新合作。

【核心技术】

微地震监测技术是20世纪90年代逐渐发展起来的一项新兴前缘的物探技术,通过观测分析天然或生产活动中的微小地震来监测生产活动的影响和效果以及地下状态变化,可以应用于油气藏管理,煤矿开采监测,矿山压力监测,地质灾害监测等多个领域。公司自主设计研发的微地震监测与专家分析系统,在水力压裂,水驱前缘监测和油藏描述中的应用已经取得很好效果。随着对震源机制和辐射方式的深入研究以及互联网技术的快速发展,微地震监测技术已逐步成为油藏监测管理的主流技术,贯穿于油田勘探开发的全过程。该项技术经过多年的实际应用,为石油天然气、核工业、可溶性矿藏开发的能源企业生产过程提供了可靠的数据分析,得到了客户的一致认可,并连续数年在国内低渗透油田的微地震监测领域处于领先地位。

公司坚持“采集系统立体化阵列化,传输系统实时化数字化,数据分析系统集成化细分化”的三大科研导向,先后开发出多系列的采集系统,传输系统,数据处理系统和解释系统,具体如下:

信号采集系统:地表多站式,浅埋多站式。

信号传输系统:模拟无线传输,数字无线传输

数据处理系统:无源微地震数据处理系统,注水分布分析处理系统,井壁裂缝三维岩拓系统,四维无源微地震裂缝分析系统,三维裂缝影像分析系统,无源微地震裂缝实时监测系统。

技术优势:

首先解决微地震信号自动识别;

大量数据、远距离数字无线传输、实时定位、解释技术;

低噪音,高动态范围,GPS控时采样数据采集技术;

针对不同需求的微地震监测方案及监测、解释技术。

技术可靠性:

微地震信号可靠性:依赖微地震信号识别技术及数据采集技术,在这方面的技术优势保证了微地震信号的可靠性。

震源定位的可靠性:采用最新的网格搜索技术定位。

解释结果可靠性:方位误差小于6度,尺度误差小于10度。

服务的可靠性:公司承诺,对油田的需求,24小时内做出响应。

【430110】百拓商旅(北京)网络科技股份有限公司

【公司概况】

百拓商旅网(baitour.com)——中国领先的B2B商旅产品净价结算交易平台。公司依托先进的技术,立足于中国网络商旅市场,为传统大型航空代理企业(机票产品)及其他商旅产品(酒店、旅游产品)供应商与分销商、采购商之间的零风险交易、结算,构架起一座完全中性的电子商务网络桥梁

百拓商旅网(baitour.com)——根据机票代理行业异地出票代理费普遍偏低的现状,整合了全国各地区机票产品供应商最优秀的销售政策,使各地代理人以及众多分销商通过百拓商旅平台系统自动优选异地政策的功能,实现收益最大化。同时也服务于遍及全国乃至世界的分销商——整合资源,实现多赢。

百拓商旅网(baitour.com)——国内第一家真正支持国际机票产品实时查询预订交易的平台。根据国内众多二类代理以及小型一类代理企业,对于本地及异地出发的国际运价信息相对闭塞的现状,整合了北京、上海、广州等国际航线集中

城市的最低的运价，使各地代理人以及众多分销商可以通过百拓商旅平台轻松查询、预订及购买到各地出港最低运价，实现收益最大化。

百拓商旅网(baitour. com)——现已推出国内、国际机票以及特价机票产品；国内、国际机票散客拼团产品；机场贵宾服务产品等的实时查询、预定及在线交易；我们还将于近期推出特价酒店产品、旅游产品等。目前百拓商旅网的国内机票产品供应商共有80余家，国际机票产品供应商近20家。基本覆盖了国内各主要通航城市。

对分销商而言，他们不需要增加任何额外成本，只要能上网，就可以瞬间通过百拓商旅平台找到遍及全国各地的资源供应商提供的最优产品，最大限度的提高收益。对供应商而言，他们不需要增加任何额外的业务推广成本，便通过百拓商旅平台获得了遍布各地，数以万计的分销商，量的累积必然提升了供应商与上游航空企业的议价能力，获得更好的产品。再通过百拓商旅平台与广大的分销商一起分享。

百拓商旅网(baitour. com)凭借其先进的核心技术、创新的商务模式，完美的行业解决方案、可靠的信息安全体系、便捷的支付结算系统、以客户(供应商及分销商)为本的平台理念，构建了强大的电子商务运营管理平台，包括在线实时查询、透明的收益、实时预定、净价支付、出票、退款等多种业务功能，完全兼容供应商及分销商的传统业务流程。可以说，给各地供应商及分销商提供了一个传统业务向线上移值的完美解决方案。并且本着“合作才能共赢”的运营理念，我们的核心系统向所有资源供应商及分销商开放，欢迎有志于改变传统运营模式，拓展电子商务交易模式的供应商、分销商与我们联系。

【核心优势】

一、完全中性的技术公司

百拓商旅网的开发、运营商为百拓商旅(北京)网络科技有限公司——完全中性的网络技术公司，致力于向广大商旅企业提供个性化电子商务解决方案。百拓商旅网是我们用来整合各地优势资源，为广大商旅企业所用的中性平台，也是我们展现我们技术优势的载体。

二、技术最领先全程自动化

领先的国内、国际电子客票净价结算交易系统，实现了国内与国际机票政策实时查询、预订、在线实时收款和付款、自动出票，打印报销凭证，订单实时管理和修改、实时交易净价结算、报表统计与查看等功能，交易全程无需人工干预，为您节省人员成本。

百拓商旅平台提供了诸如特价机票的实时查询预订；国内、国际机票散客拼团产品发布；机场贵宾服务产品发布的功能，还将于近期上线特价酒店，旅游产品的功能，极大满足了代理人对于高低端用户服务的需求，同时满足了拥有特殊产品(包机、切位等)代理人的需求。

百拓商旅网为机票供应商提供的交易净价结算系统，可随时进行交易处理以及交易明细查询并可查对相关财务信息，为您对业务分析提供必要的数据。供应商可自行设置员工登陆帐号，分配管理权限，便于员工管理；同时提供了强大的分销商管理功能，如预付款及授信功能、行程单管理等满足代理人对于下级分销管理的绝大多数需求。

本系统在全国各城市发展机票供应商加入，无形中产生了巨大的联盟力量，形成分布全国的经营网络；联盟内，机票供应商在需求异地机票时，可以通过联盟内的其他机票供应商获得如本港出票般优惠的政策；由此，它便成为全国机票代理人的资源共享平台，使机票供应商得到异地优势资源的支持，共同提升市场竞争力；机票供应商不用花费多少成本，即可将资源呈几何级数地扩大，与此同时每个机票供应商也都借助联盟的力量增加了机票销售的几率。

我们为您提供了全套的电子机票的销售和支付手段，让您在激烈的市场竞争中游刃有余，随着平台在全国范围内不断推广而分销用户越来越多，越具备优势的机票供应商收到的订单将越多，无需供应商投入推广成本便可获得更多的客户资源。

百拓商旅网对每个城市的加盟供应商采取排他性原则，以保护供应商在百拓商旅网上的利益，前提是城市供应商应提供当地最优的产品政策以及最优的服务品质。

【430113】中交远洲信息技术(北京)股份有限公司

【公司概况】

中交远洲信息技术(北京)有限公司，专业从事公路建设项目管理系统、智能交通及互联网络应用等与交通产业密切相关的信息管理系统的研发。公司经过几年的发展，迄今为止已成功开发了eROAD系列产品，涵盖协同办公、工程建设、运营养护、智能交通等多个领域，能多层面地满足公路交通行业不同用户信息化管理的需求，在大型信息管理系统开发方面积累了丰富的经验，形成了系统化的全面解决方案。

中交远洲和河北省交通厅、公路局及其他相关单位合作，圆满完成了“公路工程项目管理系统”、“农村公路项目建设计划管理系统、“公路绿化管理系统”、“河北省公路出行信息服务系统”、“河北省交通厅科技计划项目管理系统”、“河北交通厅财务处贷款台帐管理系统”“河北省治理超限超载网站”、“河北省交通厅公路管理局网站”等系统的研发工作，其中“公路工程项目管理系统”还荣获河北省交通厅2004年度优秀科技成果二等奖。

公司拥有一支高素质的、紧跟世界信息发展技术潮流的专业研发队伍，同时还有一批资深的工程理论和实践经验丰富的工程领域专家。经过多年的业务发展和市场应用，公司产品形成了以工程项目管理系统为核心，覆盖工程建设和管理全过程的信息化管理解决方案，并在交通建设领域得到广泛应用，获得了很高的经济和社会效益，得到了用户的一致好评。

依托于中交远洲交通科技集团强大的背景优势，公司的发展目标就是要抓住机遇，以成熟的技术、丰富的产品线和完善的服务体系，成为交通信息产业的主力软件公司。

【公司背景】

中交远洲信息技术(北京)有限公司是中交远洲交通科技集团的下属公司，中交远洲交通科技集团是一家集交通技术研究、开发、公路勘察、设计、咨询、施工以及交通仪器设备研发制造和计算机软件开发为一体的综合性控股企业集团。集团自1998年创立以来，始终坚持以市场需求为导向，以人才发展为战略，以科技创新争市场，以求真务实谋生存，以合作共赢求发展，秉承“创新、求实、合作、发展”的企业发展理念，不懈追求“服务、快乐、和谐、幸福”的企业发展理想，不断由小变大，由弱变强。集团目前技术力量雄厚，已由创立之初的7人，发展到现在的356人，拥有一批优秀的项目经理、岩土工程专家和道路桥梁高级工程技术人员，以及优秀的博士生、硕士生和本科生，其中博士5人、EMBA工商管理硕士5人、工学硕士27人、工程硕士9人、技术专家11人、高级工程师36人、工程师72人。集团公司为了加快高素质技术人员的培养，同清华大学土木水利工程学院合作创立了博士后工作站，还在长安大学设立了“中交远洲奖学基金”。

中交远洲集团目前已经具有工程咨询甲级、招投标代理甲级、工程勘测综合甲级、公路设计甲级、工程试验与检测、岩土与地基工程一级、工程地质灾害治理甲级、公路养护一类、二类甲级、高新技术企业、双软认证企业等资质。

【430115】北京世纪阿姆斯生物技术股份有限公司

【公司概况】

北京世纪阿姆斯生物技术股份有限公司坐落在中国农大国际创业园，公司成立于1996年，2011年改制为股份有限公司，公司下属3个子公司、一个生产基地。于2012年4月10日在深圳证券交易所成功挂牌新三板，股份简称（阿姆斯），股份代码（430115）。

公司拥有现代化的微生物实验室及先进的菌种发酵成套设备，并已着手创建阿姆斯生物工程技术中心，且形成液体菌种剂、颗粒菌种剂及复合生物肥料的规模化生产能力，十余年发展阿姆斯始终秉承发展绿色农业的理念，专业、专注投身于中国微生物肥料领域的研究，并以高新生物技术为核心，有机、生态、绿色、环保为主题，集科研开发、生产销售、项目产业化于一体，主要系列化产品有：阿姆斯牌微生物菌种剂、土壤修复剂、根瘤菌菌剂、复合微生物肥料、生物有机肥、生物鱼肥、秸秆腐熟剂、有机物料腐熟剂、餐厨垃圾处理剂等四大类五十多个品种，产品综合质量和多项技术指标处于国际先进、国内领先水平，在历年农业部组织的全国性质量安全普查中，均为合格，受到农业部及广大用户的好评。

1997年阿姆斯公司获农业部第一个微生物肥料登记证，在首批全国颁发的八个登记证中阿姆斯一举获得五个。1998年国家科委成果办在北京召开推广“阿姆斯复合微生物肥料生产及应用技术推广会”，并向全国发文推广，同年列入北京市重大科技成果推广计划，2000年阿姆斯复合菌剂及微生物肥料产业化项目相继被列入海淀区、北京市和国家级星火计划，并获北京市海淀区科技进步一等奖，2001年被中国绿色食品中心认定为AA级绿色食品生产资料。2002年被北京市科委授予“北京市星火科技先导型示范企业”称号，微生物菌剂系列产品自2008年开始通过有机认证，同年公司整个生产、管理方式通过ISO9001管理体系认证。2012年科技部授予“十一五国家星火科技先进集体”，发展至今公司拥有14个微生物肥料登记证，11个注册商标，4个自主创新产品证书。公司始终坚持以市场为导向的研究开发，1996年以来先后承担并主持20余项国家各部委支持项目，包括3项国家级星火计划，3项北京市星火计划项目，并参与了农业部生物肥料标准的制定，自主研发的有机物料腐熟剂在全国土壤有机质提升秸秆腐熟还田项目中在全国25个省市的农田秸秆还田项目中得到广泛使用和好评。中央电视台、人民日报、科技日报、农民日报、中国改革报、香港商报、华夏时报、中国质量报等多家媒体、电台多次大幅报道。

依据北京市建设国家现代农业科技城的总体规划精神，为从生产源头保障食品安全，在北京市科委倡导下，2012年5月由北京世纪阿姆斯生物技术股份有限公司牵头的12家肥料企业和中国农业微生物菌种保藏管理中心等3家高校院所联合发起成立的“首都生物肥料科技创新服务联盟”，平台的成立标志着生物肥料行业我们又迈向了新的高度，推动生物肥料行业发展发挥着重要的作用。

北京总部为公司科研、生产、销售和财务管理中心，是一个以市场为导向、科研为依托，人才为中心、管理为手段的生物农业企业，中国农业大学、中国农科院等多家权威科研机构作为公司强大的技术依托，且拥有一批博士、硕士、高级农艺师和各方面资深专家组成的优秀团队，在强化内部机制的同时，营销管理也不断得到强化，初步形成了一个适应农村市场推广模式和广借社会之力，建立网外网，实行网网交融、分片协调，统一管理的阿姆斯绿色肥业连锁经营体系。

公司坚持“以人为本、关爱家园、务实创新、共同发展”的企业精神，始终贯彻“致力于人类健康和农业可持续发展”的伟大目标和企业核心理念，致力于打造“中国生物肥世纪阿姆斯”系列知名品牌，使阿姆斯成长为微生物肥料行业的旗舰企业，我们愿同社会各界一道为实现这一目标而携手共进。

【企业文化】

阿姆斯企业文化是价值的引导，创新是生存的根本。它是在起步的发展历程中积累和逐渐完善的文化体系，阿姆斯文化以创新为先导、以品质为基础、以技术为保障、以价值为手段、以满意为目标，以服务持续发展。阿姆斯始终致力于人类健康农业可持续发展的伟大事业，服务中国三农。这个目标使阿姆斯的发展与阿姆斯员工个人追求的价值完美地结合在一起，每一位阿姆斯人将在实现这一目标的过程中，充分实现个人的价值与追求。

一个目标：打造中国生物肥料的知名品牌

专业、专心、专注投身于中国微生物领域的研究，打造中国最具竞争力和成长性的微生物肥料品牌，而倾心致力于人类健康和农业的可持续发展的伟大事业。

二大平台：资源平台、网络平台

创想未来研发平台的搭建，市场互动，相互促进，提升企业的竞争力和成长性。全力借助农资连锁流通网络平台，形成强大稳定的农资分销能力。

三件法宝：创新、整合、学习

我们坚持，始终领先半步是唯一不被淘汰的法宝。因此，我们不断创新，引领行业的变革。我们相信：整合是参与国际竞争取得后发优势的必由之路。因此，我们携手行业内优秀企业，并肩同道，为提升中国微生物产业竞争力而共同奋斗。我们认为，解决问题的办法永远比问题多。因此，我们“兼收并蓄”打造一个微生物行业里的联盟型组织。

四项原则：令投资者、合作伙伴、员工、消费者四方满意

以快速增长的销售业绩、市场份额，强大的现金流，稳定的回报令投资者满意；以共享平台资源（资金、管理、信息、技术等），互补双赢的发展模式令合作伙伴满意；以良好的学习环境和个人发展空间，共同成长的企业文化氛围令员工满意。以优质产品、专业服务及优惠价格，令消费者满意。

五条保障：机制、管理、人才、技术、信息

以民营、上市、国际化的企业运作机制，使灵活、创新、激励、约束、监督、成为企业快速、稳定发展的根本保障；实行流程的标准化管理，提升执行力，保证公司的目标、战略得以准确地实施；精英共同体的人才战略，共同成长的文化氛围和蒸蒸日上的事业平台，保障企业充足人力资源供应；以中国农大的研发能力和完善的技术服务系统，作为企业保持竞争优势和开辟新的利润增长点的重要保障。信息一体化建设，实现物流、资金流、信息流有机结合，提高风险控制能力，实现资源共享，确保企业准确决策和高效运营。

阿姆斯理念

用人理念：以人为本，人人是人才，赛马不相马服务理念：手把手教、心连心学、提高品质增效益、为农民排难解忧。

发展理念：变则通、新则存、诚则达。

管理理念：管理是一种实践，其本质不在于“知”而在于“行”。

员工牢记：没有完美的人生、但有威慑的人格魅力；外树形象、内素修养。

竞争理念：价格的竞争只是手段、价值才是最高的竞争。

合作理念：我们遵循三个公式：1. 客户的回报 > 我们的利益；2. 客户的感激 > 我们的真诚 + 行动；3. 客户的收益 > 感激 + 投资。

信念与承诺

以人为本、关爱家园、务实创新、共同发展。做不好的项目不做，做了的项目一定要做好。维护合作者的权益，才会获得本该属于我们的一份。我们真诚把客户视为共同促进绿色农业，提高人类健康水平伟大事业的伙伴。没有客户的精诚合作，不会有阿姆斯的成就。我们观念中的优质是：生产中的每一道工序，市场中的每一个环节不求最大，但求最好。

【发展历程】

2009 年，阿姆斯通过 ISO9001 - 2000 质量管理体系认证，获得认证证书。

2009 年 - 2011 年，阿姆斯产品每年都通过了有机产品认证，并获得有机产品认证证书。

2009 年 - 2010 年，阿姆斯承担“小麦玉米秸秆等有机废弃物专用快速腐熟剂的研发与应用”项目。

2010 年，阿姆斯承担“主要粮食作物秸秆快速还田生物处理技术的应用开发”农业科技成果转化资金项目。

2010 年 - 2011 年，阿姆斯承担“抗病性绿色生物肥的研发及在设施农业上的应用”星火计划项目。

2010 年，阿姆斯获三项自主创新产品证书。

2010 年，全国农业技术推广服务中心发文通知推广阿姆斯秸秆腐熟剂。

2011 年，阿姆斯牌有机物料腐熟剂获北京市自主创新产品证书。

2011 年 9 月，公司顺利通过股份制改造，公司名称更改为：北京世纪阿姆斯生物技术股份有限公司。

2011 年 11 月，阿姆斯获得十一五“国家星火计划执行优秀团队奖”。

2012 年 3 月，公司成功在新三板挂牌实现交易，股票代码：430115。

2012 年 4 月，成立首都生物肥料科技创新服务联盟。

2012 年 7 月，阿姆斯有机物料腐熟剂、三力肥、生物有机肥获新产品证书。

【430119】北京鸿仪四方辐射技术股份有限公司

【公司概况】

北京鸿仪四方辐射技术股份有限公司位于北京市通州区工业开发区广利街 18 号，占地面积 30 亩，成立于 2003 年 11 月 19 日，是一家利用非动力核技术从事辐射加工技术服务的高新技术企业，注册资本 3085. 36 万元，控股方为北京市射线应用研究中心，经营范围为技术服务；技术推广；技术开发；技术咨询；技术转让。于 2012 年 4 月 18 日在中关村股份报价转让系统正式挂牌，成为我国辐射加工服务领域第一家登陆资本市场的企业。证券代码：430119，证券简称：鸿仪四方。

鸿仪四方公司拥有国内领先、国际先进水平的拖轨式和悬挂链式 γ 辐照装置各一座，均已建成并投入使用。悬挂链式辐照装置设计装源能力为 200 万居里，拖轨式辐照装置设计装源能力为 500 万居里。为适应客户数量不断增加的需要，通过增建和扩建，使公司产品库房的建筑面积增加到了 9600 余平方米，已改造成具有“六防”功能的库房，顾客产品全部存放于防火、防水、防盗、防风、防晒、防鼠患的封闭式储存环境中。

鸿仪四方公司主营业务为辐射加工技术服务。到 2012 年初，公司已进行辐射加工的产品包括了食品、药品、医疗用品、调味品、保健品、包装材料、化工材料、化妆品、辐射接枝改性材料等 12 大类 1000 余种，涉及客户总数超过 1000 余家。年辐射加工总量达到 3 万吨、辐射加工产品产值超过 6 亿元人民币，鸿仪四方公司作为北京地区最大的辐射加工基地，为首都北京市及其周边地区的公共医疗卫生事业做出了应有的贡献。

企业的发展需要坚强的领导核心，鸿仪四方公司董事长为北京市射线应用研究中心主任、研究员鲍矛先生，是射线中心的第一代建设者，“首都劳动奖章”获得者，全国“五・一”劳动奖章获得者，同时兼任中国同位素与辐射加工行业协会副理事长；中国同位素与辐射行业协会辐射加工专业委员会主任，北京核学会副理事长。材料研究领域的研究项目主持人，北京市科学技术研究院“高素质人才创新团队培养计划”首席专家，是多项专利的发明人；鸿仪四方公司总经理为国家环保部辐射安全专家、高级工程师陈坚女士，有着从事辐照加工事业 20 多年的丰富经验，承担和参与了多项包括国家科委（现国家科技部）、北京市财政局、北京市工业促进局的地、市级重点项目和国家标准的编制工作，曾获得北京市科技进步二等奖表彰，是多项专利的发明人。

在短短几年的企业发展历程中，鸿仪四方公司获得了国家、地方以及行业内的充分肯定。公司先后被认定为国家级高新技术企业和中关村高新技术企业；公司于 2011 年 10 月成为“北京中关村企业信用促进会”会员，信用评级被评为 Azc -，并成为中关村“瞪羚企业”。被中国同位素与辐射行业协会认定为“行业认证合格单位”、“全国食品辐照加工信誉单位”和“理事单位”；公司还得到了通州区政府的高度肯定，曾荣获通州区“企业自主创新奖”、通州区“纳税 500 万元以上的企业”、通州区“张家湾镇 2009 年度文明单位”等表彰；在科技创新方面，公司被北京市知识产权局批准为“专利试点合格单位”，截止到 2012 年初，公司通过自主研发共申请专利 17 项，其中发明专利 5 项（1 项已取得授权），实用新型专利 12 项（均已取得授权），另外拥有 7 项计算机软件著作权和 1 项商标注册权；在安全生产方面，公司曾荣获北京市“2009 年度内部单位安防工作先进集体”称号，北京市当年仅有两家企业获此荣誉；在质量管理方面，公司独立建造了百级无菌实验室，已经形成了符合辐射灭菌相关法律法规的完整的剂量控制系统，拥有一整套完善和行之有效的质量管理体系，已通过 ISO9001、ISO13485 和日本药事法认证；公司提供的所有技术服务活动均已实现内部网络化控制。

在公司董事会、总经理、经营管理团队和全体员工多年的共同努力下，鸿仪四方公司在各方面不断发展壮大，前瞻国际技术趋势、紧跟市场发展动态，以良好的仓储环境、全程的国际化运营模式为客户提供着优质、高效、安全可靠、价格优惠的辐射加工技术服务。现已发展成为设备先进、技术一流、环境优雅、全国著名的绿色辐射加工技术服务基地。

【发展历程】

2003 年 11 月 19 日，原鸿仪四方公司注册成立，注册资本 200 万元，经营范围以辐照技术开发、技术服务、技术培训和咨询为主。

2005 年 9 月，首次装载钴源 30 万居里，具备辐照技术服务能力。

2006 年 11 月，北京市射线应用研究中心在北京市科学研究院的大力支持下收购原北京鸿仪四方辐射技术有限公司，开始注入全新的管理理念和经营模式。

2007 年 4 月，总经理宗慧奇先生获得“第四届全国辐射加工行业产业化推进奖”优秀个人荣誉称号。

2007 年 6 月，完成首次增资扩股，注册资本达到 1566 万元。

2007 年 7 月，通过“日本药事法 GMP 质量管理体系”认证。

2007 年 9 月，通过“ISO9001：2000 质量管理体系”认证；通过“ISO13485：2003 质量管理体系”认证。

2008 年 4 月，董事长鲍矛先生获得“全国五一劳动奖章”荣誉称号。

2008 年 5 月，被美中国际合作交流促进会授予“中国指定合作企业”称号。

2008 年 10 月，被中国同位素与辐射行业协会评为“行业认证合格单位”。

2009 年 6 月，公司 500 万居里辐照装置正式投入运行，辐照技术服务能力大幅提高。

2009 年 8 月，通过“日本药事法 GMP 质量管理体系”换证审核。

2009 年 9 月，公司一次性申报发明专利 2 项、实用新型专利 6 项、软件著作权 7 项。为公司的知识产权建设开创先河。

2009 年 11 月，荣获北京市“2009 年度内部单位安防工作先进集体”称号。

2009 年 11 月，获得北京市科学技术委员会、北京市财政局、北京市国家税务局、北京市地方税务局联合颁发的全国《高新技术企业证书》。

2010 年 1 月，被评为通州区“张家湾镇 2009 年度文明单位”。

2010 年 1 月，获得通州区“纳税 500 万元以上的企业”表彰。

2010 年 3 月，总经理宗慧奇先生获得通州区“2009 年度园区优秀企业经营者”荣誉称号。

2010 年 3 月，获得通州区“企业自主创新奖”表彰。

2010 年 5 月，被北京市知识产权局认定为“北京市专利试点单位”。

2010 年 6 月，被中国同位素与辐照行业协会评为“全国食品辐照加工信誉单位”。

2010 年 7 月，通过“ISO13485：2003 质量管理体系”换证审核。

2010 年 8 月，通过“ISO9001：2008 质量管理体系”换证审核。

2010 年 9 月，完成再次增资扩股，注册资本达到 3085.36 万元。

2010 年 11 月，获得《中关村高新技术企业》证书。

2011 年 3 月，通过北京市知识产权局年度考核，获得“专利试点”证书。

2011 年 3 月，取得一项商标注册权。

2011 年 7 月，成为中国同位素与辐射行业协会“理事单位”。

2011 年 9 月，成功取得股份制公司的营业执照，经营范围为技术服务；技术推广；技术开发；技术咨询；技术转让。

2011 年 10 月，成为“北京中关村企业信用促进会”会员，信用评级被评为 Azc -，并成为中关村“瞪羚企业”。

2012 年 4 月 18 日，成功挂牌中关村代办股份转让系统（新三板）（证券代码：430119）。

2012 年 6 月 8 日，成功获准首批发行中小企业私募债券。

2012 年 9 月，完成整体 VI 设计。

2012 年 12 月 6 日，成为中关村首批“瞪羚重点培育企业”。

【430120】北京金润方舟科技股份有限公司

【公司概况】

北京金润方舟科技股份有限公司（简称：金润科技）成立于 1998 年，作为国内领先的建筑软件开发商，为业主、设计院、承包商、工程咨询公司提供一流的建设行业全过程解决方案。金润科技员工数量超过 200 人，总部位于北京市海淀区拥有自有房产的亿城中心，并在全国超过 20 多个省市设有分支机构或代理商。

金润科技作为国内领先的建筑造价软件开发商，为业主、设计院、承包商、造价咨询公司提供一流的造价系列软件产品、工程量钢筋计算和造价咨询服务，造价及招投标产品系列包括：预算大师，金润清单软件，金润算量软件，金润钢筋软件，金润技术标系列软件（标书、网络计划、平面图），金润家装预算软件，金润资料管理软件，金润施工计算软件。金润预算大师系列建筑软件秉承了金润人长期以来坚持的这种务实品质，加之多年积累的行业经验和我们追求卓越，专注细节，完善的服务，杰出的成功案例，使金润 · 预算大师系列建筑软件必定成为您控制造价，招标投标的正确选择。

此外，作为国内领先的电子招投标软件开发商，金润专业的电子招投标解决方案、处于行业领先的异地远程评标系统及其自主知识产权的电子标书技术已经稳稳地站在该领域的最前沿，成为中国唯一真正掌握建设工程招投标全过程电子化全部核心技术的软件开发商。公司承担了建设部 2006 年科研课题《建设工程电子标书技术应用及标准》，并通过了建设部专家的验收鉴定。从 2005 年第一个试点项目开始，到今天已经成功为北京、长沙、成都、福州、辽宁，甘肃等省市提供了一流的全过程电子招投标整体解决方案。根据实施地区招投标部门主管、评标专家及招投标企业的调查反馈，金润科技电子招投标解决方案真正做到了大幅度提高招投标效率、招投标全过程公平公正性，大幅度降低了招投标成本，是一套真正贴近建设行业招投标实际特点的电子化招投标解决方案。

十四年来，金润科技始终坚持产品领先，服务至上的经营理念，为广大客户提供了最优秀的软件产品和服务；未来十四年，金润科技将一如既往的为建筑行业提供有价值的软件产品和专业服务，使金润产品成为建筑行业最具影响力的软件，为有效推动有形建筑市场的稳健发展做出杰出贡献。

【企业文化】

企业使命：

增强核心竞争力，全力推进我国建设行业信息化建设。

企业核心价值观：

用心做事，诚信为人，以人为本，创新为魂，专业之道，惟精惟一。

企业愿景：

以品质提升价值，做中国建设行业最值得信赖的软件企业。

企业精神：

守纪，创新，勤奋，和谐，高效，奉献。

【公司优势】

电子招投标国家标准、重要课题指定参编单位；

金润科技是即将出台的国家标准《电子招标投标系统技术规范》重要参编单位；

建设部课题《建设工程电子标书及标准》承担单位，并通过验收鉴定；

唯一两次受邀参加《中国招标投标高层论坛》并发表论文的建设行业电子招投标软件公司；

唯一受邀参加《中国电子招投标论坛》，发表论文并做发言的建设行业电子招投标软件公司；多次得到全国各类媒体、电台、专访报道。

拥有自主知识产权的核心技术

GDF 数字纸张技术：金润电子标书是在建设部课题《电子标书应用及标准研究》的基础上开发了基于自主知识产权的 GDF(General Document Format)版式文件的电子标书系统。利用 GDF 数字纸张技术，实现了从文件格式生成、签章、加密与封装在电子招投标过程中的应用。而国内其他软件厂商一般只能应用国外第三方的版式文件格式，因不能掌握其核心技术，而无法实现大量电子招投标过程需要的核心功能。为了增加通用性，新版的金润的电子标书可支持内核 GDF、PDF 双格式。

电子印章技术：与国内其他软件商购买使用第三方控件不同，金润科技拥有自主知识产权基于数字纸张的电子印章技术，包括批量盖章、手写签章、网上远程盖章，数字底纹等，这些技术在电子招投标文件中发挥了非常重要的作用。

已注册商标，申请专利的防病毒技术：为了防止在标书的传递、存储、展示过程中可能受到病毒、木马、蠕虫等有害程序的威胁，除了常规的防火墙和过滤方案之外，本系统提供了一套专用防病毒方案，能够彻底解决病毒问题。

文件流技术：针对远程评标或网上评标的特点，我们设计并实现了 http 文件流技术，该技术可以无需将大容量的标书文件下载到本地，并且有强大的兼容性，能实现与各系统的无缝连接，使专家在远程评标时，访问电子标书文档更加快捷方便。

多年丰富的实施经验

金润科技自 2005 年研发电子招投标系统以来，已经在全国十余个省市实施成功。金润科技积累了丰富的经验，形成了一套完整的实施流程和规范，有效确保了系统的成功实施。正是由于金润公司成熟的实施模式，得以大幅缩短实施时间，节约经费和人力成本，最大限度地保证了实施成功率。

完整前沿的解决方案

金润电子招投标整体解决方案实现从项目报建到合同备案全过程的信息化，实现了招标人在线招标、投标人在线投标、交易中心在线服务、评标专家本地和远程异地评标、监管部门全过程监管，是一套真正全过程电子化的安全招投标解决方案。

十二年技术的沉淀

金润科技成立于 1998 年，是最早一批专注建筑软件的企业，目前，金润科技的造价及招投标管理软件、项目信息及沟通管理软件、通用文档处理及电子印章系统三大软件系列，是用户量最多的建筑软件供应商之一。

强大的研发团队

一套优秀的系统其涉及面广，专业性强，需要经验丰富的研发和实施人员为依托，才能保障系统成功的研发和实施。金润科技经过十余年的发展，培养了一批对建设领域有深刻认识的研发团队，能够对行业有深刻的理解，精准把握客户需求，为电子化系统提供完善的整体解决。

软件之间可轻松互导

金润清单系列软件可与 EXCEL 进行互导，金润算量系列软件可以转换成 TXT、Access、Word 文件，预算软件和清单软件的结果可快速导入到算量清单软件中，并且预算数据可以和清单数据互导，预算大师数据可以导入到金润清单中，金润清单数据也可以导入到预算大师。多种软件的互导极大的方便了用户的操作，大大节省的用户的工作时间。

【发展历程】

2010 年

4 月，公司成为中国土木工程学会建筑市场与招标投标研究分会第五届理事会理事单位，公司总经理杨健先生担任中国土木工程学会建筑市场与招标投标研究分会第五届理事会理事。

5 月，成功破解大容量电子标书远程异地评阅技术难题，基于资格后审的远程异地评标系统在福建全省成功运行。

9 月，荣获 2010 年度中国行业信息化电子招投标最佳解决方案。

2009 年

2 月，金润全过程网络化招投标系统在多地成功运行，引领招投标进入网络化时代。

4 月，荣获北京企业评价协会(BEEA)科技创新成果。

8 月，推出金润清单 V6.1(升级版)。

9 月，荣获由北京企业评价协会颁发的“北京市科技创新成果奖”。

2008 年

3 月，基于专利技术的防病毒前端机和标盾成功应用，彻底解决系统病毒之忧。

9 月，北京金润科技开发公司被评为“质量诚信消费者信得过单位”以及“AAA 级质量诚信会员单位”。

11 月，北京金润方舟软件科技有限公司被推荐为用户满意企业。

12 月，推出金润清单 V6.0(2008 清单软件)。

2007 年

2 月，金润公司推出基于 CAD 平台的钢筋 2007。

5 月，发明围标串标可疑行为识别技术，在长沙、北京等多地招投标监管发挥重要作用。

7 月，承担建设部课题《电子标书应用技术及标准》并成功通过验收。

10 月，北京金润科技正式入选"中国优秀企业数据库"。

2006 年

3 月 15 日，金润科技荣获“北京市守信企业”称号。

6 月，韩国参观团来我公司参观访问。

7 月，我公司算量软件获“第九届中国国际软件博览会金奖”。

10 月,金润科技与北京工业大学——建筑工程学院校企合作签约仪式圆满闭幕。

11 月,北京金润科技应邀参加"第三届中国电子政务建设论坛"。

2005 年

12 月 26 日,北京金润方舟软件科技有限公司被推荐为用户满意企业。

11 月 2 日,北京金润科技应邀参加"第三届中国电子政务建设论坛"。

10 月 31 日,北京金润科技正式入选"中国优秀企业数据库"。

10 月 19 日,金润科技被收录进"中国优秀企业数据库"。

10 月 17 日,金润科技与北京工业大学——建筑工程学院校企合作签约仪式圆满闭幕。

9 月 30 日,北京金润科技开发公司被评为"质量诚信消费者信得过单位"以及"AAA 级质量诚信会员单位"。

9 月 26 日,韩国参观团来我公司参观访问。

9 月 20 日,金润科技与北京航空航天大学——土木工程系校企合作签约仪式昨日举行。

9 月 5 日,北京金润科技开发有限公司正式成为"中关村企业信用促进会"会员。

7 月 19 日,热烈祝贺我公司算量软件获"第九届中国国际软件博览会金奖"。

6 月 30 日,我公司应邀参加"亚太区工料测量师第九届年会"。

5 月 17 日,金润公司荣誉产品——金润软件,被收录进建设部"首批推广应用技术产品目录"。

2004 年

2 月,公司员工突破 100 人,研究生以上学历占到 30% 以上,开始步入大型科技研发公司的行列。

5 月,公司客户数目突破 15000 家,市场分额继续扩大。

10 月,公司在整个外地市场完成了基本布局,与 16 个省份达成了软件合作协议。

12 月,公司整体迁入了条件更为优越的海淀区亿城中心,办公面积逾 500 平米,仍为自有房产。

【430121】北京英福美信息科技股份有限公司

【公司概况】

英福美软件公司在软件外包领域走过了 16 年的风雨历程,饱含着三代管理团队为之付出的心血,经历了几乎是所有中国企业家们都曾经历过的创业,发展,低谷,重整,失败,徘徊,奋进的艰苦历程。我们没有气馁,没有放弃,我们始终坚信中国的软件企业一定会迎来大发展的时代。我们执著,我们勤奋,对信念孜孜不倦地追求终于感动了股东,感动了客户,感动了开发团队,我们开创着英福美软件公司的一个崭新阶段。

英福美软件正在以"英才汇聚,福馨同创,美好未来"的企业氛围,迎接公司高速发展所面临的新挑战。

我们在坚持"以客户为中心,以质量为第一,以效率为驱动力,以人为本"的企业精神的同时,提出了以"速度,创新,全球化"为发展方向的企业目标。在不断强调"崇尚诚信,服务顾客,追求质量,规范管理"的质量方针的基础上,提出并达到了"产品按时交付率 100%,顾客满意度 95%"的质量目标,赢得了各方顾客的高度评价和信赖。

我们的信念聚集了一批有见识有朝气,技术精湛,勇于创新,奋起拼搏的优秀人才,拥有一支高素质,高水平,具有顽强战斗力和很强执行力,充满活力和激情的骨干团队。我们一向重视人才培养,从不吝惜在人才培养上的投入。我们认为只有为人才铺设一条职业生涯成长之路,才能为中国的 IT 外包服务企业找到真正的发展方向。企业为人才培养投入,人才成长就会给企业带来更高的增值效益。

我希望并且坚信我们所取得的成就必将吸引更多的 IT 优秀人才的加盟,必将吸引和留住更多的海内外客户的订单。我们的口号是:让我们与时俱进与客户共同成长!让我们的企业在快速发展中健康地成长!让我们的事业更加辉煌!

【公司规模】

北京英福美软件公司创立于 2005 年 8 月。核心技术团队来自于原北京工大计算机软件开发公司。公司是为了建立现代化的企业运营机制,更好地满足国内国外 IT 服务市场快速增长的需要,向更高,更快,更强方向发展迈出的重要的一步。公司名称来源于"英才汇聚,福馨同创,美好未来",简称:英福美软件,英文缩写:IFMSOFT。新公司聚集了一批有见识有朝气,技术精湛,勇于创新拼搏的优秀人才,拥有一支高素质,高水平,特别能打硬战,充满战斗力的骨干团队。其核心骨干成员均有在国外多年从事软件开发,系统设计的经验。

英福美软件立足于对日软件外包业务,吸收和引进了国外先进的经营理念,管理经验和 IT 技术。建立了崇尚诚信,追求质量,不断进取,踏实工作的公司文化。通过严格的质量管理和过程改进,不断地拓展日本和国内系统开发市场,在地理信息系统(GIS),3PL 物流系统,企业资源管理规划系统(ERP)以及管理信息系统(MIS),医疗设备图像处理系统等领域提供让顾客满意的最优秀的服务。

英福美软件拥有包括 UNIX 工作站在内的各种先进设备。具有开发中文,英文,日文多语言版本系统的能力。具有 WINDOWS,UNIX 操作系统;ORACLE,DB2,SQLSERVER 等数据库;VC + +,JAVA,. NET 等开发语言的实力,拥有自主架构的 JAVA 平台,VB. NET 平台和 C#平台。

英福美软件坚持弘扬"以人为本,团结合作"的精神,增强企业的凝聚力,营造和谐的工作环境,发挥每一位员工的创造力,把每一位员工的成就汇聚为企业的成功。英福美软件愿意在平等互利,相互信赖的基础上,与社会各界密切合作,依靠先进的技术,完善的管理,优异的质量,周到的服务为每一位客户的成功与发展贡献我们的力量。

【主要客户】

微软(中国)有限公司

日本东芝医疗系统株式会社

东芝(中国)有限公司

日本富士通 FFC 株式会社

日本两備株式会社

日本株式会社 ADU

日本吴计算中心

日本株式会社 FJTSC

联想集团(北京)有限公司

神州数码控股有限公司

日本富士电机(大连)有限公司

北京赛迪网信息技术有限公司

北京富士通系统工程有限公司

北京市城市建设档案馆

北京市城市规划管理局

【430122】北京中控智联科技股份有限公司

【公司概况】

中控智联成立于2006年，于2012年5月18日在新三板挂牌上市，股票代码：430122。至今已发展成为一家集研发、生产、销售为一体的高新技术型股份公司，产品线涵盖了嵌入式计算机模块（ETX，COM Express，Qseven），工业主板，嵌入式无风扇工控机，行业应用整系统，抗恶劣环境系统及OEM定制服务等。

中控智联始终以尖端科技为公司的核心发展引擎，致力于为中国工业自动化控制行业客户提供嵌入式系统解决方案，帮客户快速推出自己的嵌入式产品，并于2009年，一次性通过ISO－9001/2000国际质量管理体系认证，使公司为客户提供的服务更为细致周到。

中控智联拥有一支强大的精英研发团队，依托自主研发的核心技术，优质高效的服务体系，以及量身定制的行业解决方案，为嵌入式应用领域客户提供软硬件开发工具、嵌入式系统完整解决方案。团队汇聚了具有丰富研发经验硬件专家，基于X86、ARM等系列嵌入式微处理器，研发、生产，可运行Windows，linux，QNX等操作系统的嵌入式硬件平台，并可根据客户需求开发各种功能组合的嵌入式计算机产品。

我们的服务得到了军工、电信、铁路、交通、电力、航天等行业用户的认可，先后承接了移动3G信号测试项目、国家重点军工企业的军用笔记本开发项目、海军船用监测设备开发项目、电力科学院的通讯管理机改造项目、铁路DMI项目以及航天卫星测控系统项目等行业重点开发项目，中控智联用优质的解决方案和完善快速的售后服务为客户的成功打下基础。

在中国工业自动化迅速发展的今天，中控智联为客户提供个性化嵌入式产品解决方案，帮您快速推出自己的嵌入式产品。我们希望成为世界级的嵌入式产品解决方案的领导者，我们会不断朝着这个美好的目标而努力。

【公司荣誉】

北京市科学技术委员会颁发的《国家高新技术企业证书》。

北京市科学技术委员会颁发的《软件产品登记证书》。

北京中水卓越认证有限公司颁发的《质量管理体系认证证书》。

国家版权局颁发的《计算机软件著作权登记证书》。

北京市科学技术委员会颁发的《软件企业认定证书》。

中关村科技园区管理委员会颁发的《中关村高新技术企业》。

【企业文化】

1．专注

专注于推出嵌入式产品解决方案

2．责任

对自己负责、对客户负责、对社会负责

3．创新

鼓励创新，不断推出新颖可靠的嵌入式产品方案

4．高效

追求效率，勇于接受挑战

5．分享

分享成功、分享快乐

愿景：成为世界领先的嵌入式产品解决方案提供商

使命：努力创造多赢的战略格局，快速推动工业自动化的发展水平

【430124】北京汉唐自远技术股份有限公司

【公司简介】

北京汉唐自远技术股份有限公司成立于2001年6月，总部坐落于中关村国家自主创新示范区——清华科技园。企业致力于音视频融合通信技术、政府移动管理平台、数字会议室系统、医疗信息管理平台等音视频整体解决方案的信息技术服务。拥有华东、华南、华中、华北、西南、西北、东北七大业务平台，业务覆盖全国，是业内领先的音视频融合通信解决方案提供商。

十余年来，汉唐自远始终坚持走自主创新发展道路，不断加大研发投入力度。自主研发的核心技术包括数字视频处理技术、数字音频处理技术、融合通信技术、视频会议录播技术等，并取得多项自主知识产权。

汉唐自远是国家高新技术企业，注重知识管理、以人为本，2008年被评为中关村“学习型企业先进单位”。

汉唐自远始终坚持诚信优质的经营理念，通过ISO9001质量管理体系认证，荣获工商局颁发的守信企业。

企业通过产品与服务，与国内外数千用户保持着长期友好的合作，汉唐自远将继续以政府移动管理平台、数字会议室系统、医疗信息管理平台等音视频融合通信解决方案为业务核心，并不断探索新技术、开拓新应用，以满足用户需求、提供高品质的服务为己任。

汉唐自远依靠专业的技术支持团队、精诚敬业的职业品质，获得客户的一致好评。自2005年起，便服务于以中共中央宣传部、国家人力资源和社会保障部、国家审计署、国家核应急响应中心为代表的国家部委系统；以北京市政府应急指挥中心为代表的二百多个政府行业用户；以中石油为代表的近二百个大型企业用户。用企业卓越的品质和优质的服务创造了一个又一个业绩。

【发展历程】

2012年，代办股份转让系统挂牌，证券代码：430124。

2011年，公司改制设立北京汉唐自远技术股份有限公司。

2010年，承接中石油举办的中国、哈萨克斯坦、土库曼斯坦、乌兹别克斯坦四国元首出席的中国—中亚天然气管道投产通气仪式的技术保障。

2009年，成功举办16个国家部委信息化研讨会；协助完成中华人民共和国成立60周年庆典保障工作；协助国家核应急响应中心完成第一次全国核事故演习。

2008年，协助北京市政府应急指挥中心圆满完成奥运会和残奥会的应急保障工作；承建国家核应急响应中心应急指挥系统；承建中共中央宣传部、国家人力资源部和社会保障部视频会议系统；承建江苏省邮政——国家邮政系统第一个高清视频会议系统；荣获第一批国家高新技术企业。

2007年，设立全国7大服务平台，业务由北京扩展至全国。

2006年，喜迁新办公区，拥有了自主产权的办公场所。

2005年，进军多媒体领域，开始致力于音视频产品的研发、生产与技术服务；与北京市信息化办公室达成战略合作，并承接北京市应急指挥中心视频会议系统的建设及服务；成功举办了北京18区县56个委办局应急指挥工作系统中音视频产品的使用培训；成为华为公司重要战略合作伙伴。

2004年，荣获北京市高新技术企业并取得系统集成资质。

2003年，承接北京2000所中小学的校园网建设；企业成

立之初立足教育行业，协助完成了北京四中、中国戏曲学院等校园网建设，开启了校园网从百兆到千兆改造的先河。

2001 年，北京汉唐自远技术有限公司注册成立。

【430125】北京都市鼎点科技股份有限公司

【公司概况】

北京都市鼎点科技有限公司成立于 2004 年，位于北京市丰台区中关村科技园区总部基地，是一家专业从事煤矿井下无功功率动态补偿及矿井自动化建设的高新技术公司，是北京市科委认定的高新技术研发和生产型企业，拥有自主知识产权和多项发明专利证书。公司自成立之日起，以发展矿用电力节能降耗产品为主要经营目标，一直专心致力于矿用动态无功补偿产品研发，以国家发改委和国家环保总局提出矿井供电系统功率因数不得低于 0.9 的数值为标准，及时推出了可提高功率因数到 0.95 左右的 WBB 系列矿用隔爆型动态无功功率补偿装置。

北京都市鼎点在山西省太原市注册有分公司作为研发中心和生产基地，拥有高素质的产品研发技术人员，涵盖自动化控制、供电保护、电网净化、机械加工、无功补偿等多个技术领域。公司"研发、生产、服务"三大过程控制严格遵守 ISO9000 质量管理体系，从满足客户实际需求出发，研制为矿井生产带来"安全、经济"两大效益的产品，严格控制产品的生产质量，完善售后服务体系。公司检验设备齐全完善，配备有无功功率模拟实验检验平台、过流过压检验平台、防爆实验检验平台、耐压检验平台等。

公司为煤矿行业客户提供全方面的服务和解决方案，下属有一个研发中心，一个生产基地和两大事业部。研发中心和生产基地主要是研发矿用隔爆型动态无功功率补偿装置，为煤矿提供节能装置和解决方案；电力产品事业部负责南京中德公司（国电南瑞科技股份有限公司的子公司，负责国电南瑞在国家电网外所有行业的产品销售）旗下的全系列产品在煤炭行业的产品销售、技术服务。系统集成事业部负责矿井综合自动化产品以及解决方案，为煤炭行业建设"数字化矿山"提供整套系统设计、施工等服务。

公司立足首都北京，公司产品目前已经全面覆盖国内产煤大省，在大中型煤炭企业与我公司均有业务往来。已经在使用的国内煤炭企业有：山西焦煤集团、山西晋煤集团、山西潞安集团、山西阳煤集团、河北冀中能源峰峰公司、河北冀中能源邯郸公司、河北开滦集团、河南平煤集团、河南义煤集团、山东兖州矿业集团、山东临沂矿业集团、黑龙江龙煤集团等。

北京都市鼎点始终秉承其在无功补偿领域的技术经验和优势，不断开拓进取，凭借其"专业、诚信、负责"的经营理念，及"先进的技术、优秀的人才、科学的管理"的管理理念，以一流的管理团队为核心，卓越的技术人才队伍和营销团队为后盾，持续不断的为行业客户、提供先进的技术产品、领先的解决方案和全面的专业服务，力求为煤矿企业节能降耗、改善井下用电质量、优化电气控制，为中国煤炭事业提供最优质的产品和最完善的服务。

北京都市鼎点科技有限公司的全体同仁本着团结、诚信的精神，精益求精的态度，时刻把握科技命脉，将最新科技成果带给用户，用高新科技与您共创美好的未来。

【企业文化】

我们的文化：

诚信、共赢、创新、激情、谦逊、感恩

我们的使命：

为客户提供技术领先的设备及解决方案

我们的愿景：

为客户提供优质的专业服务

为合作伙伴提供通畅的市场渠道

为员工提供广阔的发展平台

齐心协力共创辉煌

【发展历程】

2011 年 10 月 28 日，北京都市鼎点参加北京第十四届中国国际煤炭设备展览会。

2011 年 10 月 10 日，北京都市鼎点科技有限公司取得 ISO9000 质量管理体系认证。

2011 年 9 月 21 日，北京都市鼎点科技有限公司取得三项专利证书。

2011 年 9 月 14 日，北京都市鼎点科技有限公司取得生产许可证书。

2011 年 9 月 8 日，北京都市鼎点参加中国（山西）国际煤炭工业装备及能源展览会。

2011 年 8 月 24 日，北京都市鼎点在山西晋城召开矿井节能及供用电保护系统交流会。

2011 年 6 月 14 日，北京都市鼎点举办《矿用隔爆型无功补偿装置》行业标准首次研讨会。

2011 年 4 月 11 日，北京都市鼎点新产品取得矿用产品安全标志证书。

2011 年 1 月 24 日，北京都市鼎点新产品取得防爆电器设备防爆合格证书。

2010 年 5 月 19 日，北京都市鼎点在太原市正式注册山西分公司作为生产基地。

2010 年 3 月 1 日，北京都市鼎点与太原不锈钢产业园区签订项目投资合作书。

2009 年 9 月 26 日，北京都市鼎点获得中关村科技园区企业创新支持资金。

2009 年 6 月 26 日，北京都市鼎点科技有限公司取得高新技术企业证书。

2008 年 12 月 23 日，第一代矿用隔爆型无功补偿装置取得矿用产品安全标志证书。

2008 年 9 月 16 日，第一代矿用隔爆型无功补偿装置取得防爆合格证书。

2007 年 3 月 27 日，北京都市鼎点科技有限公司在山西太原市成立办事处。

2004 年 4 月 5 日，北京都市鼎点科技有限公司在北京市丰台区科技园区注册。

【企业效益】

社会效益：

为进一步落实《国务院关于做好建设节约型社会近期重点工作的通知》（国发［2005］21 号）精神，加强重点耗能企业节能管理，根据有关法律法规，国家发展改革委、国家能源办、国家统计局、国家质检总局、国务院国资委近期下发通知，决定从 2006 年开始，在钢铁、有色、煤炭、电力、石油石化、化工、建材、纺织、造纸等 9 个重点耗能行业组织开展千家企业节能行动。

国家发改委、国家环保总局下发了（发改能资［2007］1456 号）《煤矿工业节能减排工作意见的通知》第十二条明确规定：煤矿井下宜采用动态无功补偿和就地无功补偿。矿井平均功率因数不得低于 0.9。

在耗能煤矿企业深入开展节能降耗工作，不仅能够降低企业成本，而且对缓解经济发展面临的能源和环境约束具有显著的社会效益。

经济效益：

计算办法一：

井下供电系统加装无功补偿是节能降耗的有效措施，经补偿后可以提高功率因数，功率因数的高低直接反映电能的实际利用率，由于井下负荷在系统中所处位置的不同，井下电网基本状况各有不同，所以加装相同补偿容量后，在不同的系统中节约电量也各不相同，为了便于计算补偿后经济效益，采用无功经济当量 K 进行节电效果的概算办法。减少 1kvar 无功消耗，引起与系统有功损失下降值，根据测算在 6－10KV 系统中，K＝0.1。

如果功率因数由 0.6 提高到 0.95，则每 KW 所需补偿的无功电容是 1.04Kvar，依据井下电机运行时间，每天按 20 小时计算，则每 KW 补偿后一年降低的有功损耗电量损失为 1.04×0.1×20×365＝759.2KW.h，按照 0.5 元/KW 平均电价计算，每 KW 每年可节约电费 0.5×759.2＝379.6 元。

一个年产 300 万吨的煤矿，井下总负荷按照 15000KW 计算，三个综采 2500KW×3＝7500KW，三个掘进 500KW×3＝1500KW，三个开拓 400KW×3＝1200KW，皮带运输（含主带）2000KW，其他负荷 2800KW。

那么，300 万吨矿井全年加装补偿后节省电费为 15000×379.6＝5694000 元，在一年半时间内全部收回投资费用。

计算办法二：

6KV 高压从地面变电站经 ZQ3×120 ㎜共 5000m 铠装电缆途经中央变分开关送到采区变电所。采区变电所分别送出三路负荷，二路将 6KV 高压送往综采工作面移动变电站，距离 2000m，另一路送往综采工作面运输巷机头配电点，距离 800m，电缆均为 ZQ3×50 ㎜。工作面移动变电站安装有两台 1250KVA 变压器，1 号变压器负荷有采煤机、转载机、破碎机共 970KW；2 号变压器负荷有运输机、液泵、水泵共 935KW；皮带头配电点干变容量为 800KVA，负荷 2×315KW 皮带运输机。3 台变压器二次电压均为 1140V，要求由 0.65 经补偿后到达 0.96。

安全效益：

井下供电系统不采用无功补偿，因系统合成电流大导致线路、接线盒、变压器、各级开关、电动机绝缘下降老化，进而引发漏电、短路，变压器、电动机、开关烧毁或过流顶闸，同时引起系统电压低，无法启动电机投入运行等各类电气事故，甚至更为严重的是导致漏电伤人，引爆瓦斯煤尘爆炸等恶性事故的几率大大增加，如果加装无功补偿后，线路电流下降 25% 左右，上述各种事故相对就会明显减少，电气事故率下降必然使设备的完好率上升，这样生产效率就会提高，所以用井下无功补偿技术对安全供电、矿井安全、人身安全具有重要的意义。

【430127】北京塞尔瑟斯仪表科技股份有限公司

【公司概况】

北京塞尔瑟斯仪表科技股份有限公司是全球著名的过程仪表和暖通仪表制造商。作为测控技术的领先者，SAILSORS 的暖通仪表/变送器/流量计在北美和欧洲已畅销十年。

SAILSORS 平均每年有两项发明专利，这使我们在核心技术方面保持世界领先水平。例如：机械式磁螺旋微压测量技术，现场总线和多参数测量技术，热式风速和质量流量测量技术，红外二氧化碳测量技术等。SAILSORS 在北京设有研发/生产/销售和服务机构，并有十余个办事处分布在各地区。我们可以在 24 小时内对大部分客户需求提供快速反应和相关服务。先进的产品和体贴入微的服务，为 SAILSORS 赢得了极佳的口碑。

“创新科技，服务全球”是 SAILSORS 在中国的经营理念。即以 SAILSORS 的领先科技和中国的制造成本向世界范围的客户提供物超所值的产品和服务。中国不仅是发展最快的市场，同时也是世界的工厂。自 SAILSORS 成立以来，我们在流量计/变送器/差压表等领域的出口量每年以 30% 的速度增长。

SAILSORS 深信工业测量是保证产品质量、优化过程控制、确保现场安全、实现环境保护的重要因素。我们将坚持“创新科技，服务全球”的经营理念，与中国员工和客户在一起与时俱进，为中国的经济建设付出不懈努力！

【企业文化】

追求

在工业和商业测控领域，实现客户的梦想。以制度和文化为驱动力，进行以核心竞争力为基础的业务扩张和管理变革；通过以人为本的持续增长及不断的反省和学习，建立享誉世界的 Sailsors 品牌和跨国公司，从而使 Sailsors 成为基业长春的百年老店。

精神

保持高尚的情操，对人永远的尊重是 Sailsors 凝聚力的源泉；职业道德和商业道德是我们的行为准则；追求卓越，允许失败，摒弃平庸是我们的发展要求；专业、学习、创新、敬业、务实，合作是我们的文化精髓。

价值

Sailsors 认为人才、技术、管理、产品、机会是公司成长的主要牵引力。企业的成功来源于员工的创造性劳动，来源于知识和技术的载体——人才，来源于管理者的能力和资本的合理利用。Sailsors 认为劳动、知识、企业家、资本创造了公司的价值。

人才

认同公司经营理念，在自己的岗位上勤于进取和创新的员工都是公司的人才。Sailsors 不以学历和资历作为衡量人才的标准：公司提倡先做人后做事，重视实际能力和业绩；提倡身先士卒，以身作则。永远培养和寻找最优秀的人是 Sailsors 持续成长的内在要求。

质量

质量是指产品和服务质量，质量是指对外部顾客和内部顾客的质量。ISO9000 和 6 希格玛是我们的质量标准。

执行

战略目标的实现依赖于对战略的执行能力。执行就是将计划落到实处，一步步实施的过程。通过阶段性的绩效考核，建立执行与结果之间的必须联系，杜绝眼高手低，只说不干。Sailsors 要求全体员工以言出必践的工作作风提高整个公司的运作效率。

纪律

纪律是致胜的关键。公司各部门必须协同作业，不善于沟通合作的人不能担当关键岗位。员工在公司制度面前人人平等，在位要受控，升迁靠竞争，届满要轮岗，末位要淘汰。不迁就有功的员工，提倡自主管理。

利益

Sailsors 认同商业目标和操作是为了使从事 Sailsors 事业

的人获得物质利益和精神振奋。Sailsors 主张在顾客、员工合作者之间结成利益共同体。按劳分配,按资分配,效率优先,兼顾公平,可持续发展,是我们价值分配的基本原则。

责任

Sailsors 以产业报国为己任。通过引领技术和产品的更新换代潮流,不断提升为顾客及合作伙伴创造的价值。Sailsors 以企业目标带动员工个人目标,负有帮助员工追求幸福生活和成就个人事业的责任。

【430128】北京广厦网络技术股份公司

【公司概况】

北京广厦网络技术股份公司(以下简称广厦网络),其前身北京广厦网络技术有限公司,成立于 2000 年 7 月。经过多年的经营发展,公司规模由小变大,综合实力不断增强,在 2011 年进行股份制改革,更名为股份公司,并于 2012 年 7 月 5 日正式在深交所新三板挂牌上市。公司注册资金 1500 万元,资产总规模 5600 万元,是专注于通信网络建设与信息服务的专业性公司。多年来,公司服务于以广电及通信运营商为主导的通信行业,提供涵盖通信网络规划、建设、运营维护三大环节的整体解决方案,近年来公司着力打造技术研发团队,从事基于无线宽带接入、物联网远程监控、IDC 及云计算运营等产品及技术服务的研发、生产、销售,并提供基于客户需求的解决方案及技术支持,服务行业从通信领域逐渐向电子、电力、石油、交通、新能源等领域扩展及延伸。"以光速传递信息,以数字承载文明,用网络链接世界"为企业愿景的广厦人,专心构建着信息网络的高速公路。公司先后荣获《北京市双软企业认证》、《北京市高新技术企业认证》、《北京市中关村高新技术企业认证》、ISO9000 质量管理体系认证,拥有《通信信息网络系统集成》和《电信工程专业承包》两项经营许可资质。

作为通信服务领域市场化、专业化、规范化的信息产业技术服务商,推动城市信息化、数字化、智能化进程的行业标志性企业,广厦网络以"通信基础网络服务、公共信息服务、专业信息服务"为经营发展主线,业务涵盖各类通信基站机房的网络规划、选址、建设;网络设备安装、调试;信息管道、光缆敷设,网络运行维护;驻地网建设、楼宇智能化、互联网宽带接入等综合数据与语音业务:

一、通信基础网络服务体系——网络中心、系统集成中心、工程中心

公司设有三大业务中心,长期为电信主导运营商,提供信息基础网络建设、网络优化、系统集成等专业性服务。内容涵盖各类通信基站机房的选址、施工建设,通信网络设备安装、调试;信息管道、光缆敷设,网络、基站运行维护等业务。

二、公共信息服务体系——数据业务部、电子渠道部

公司设有数据业务部和电子渠道部,专门负责驻地网、局域网、楼宇智能化、互联网宽带接入、专线接入等综合数据类和语音类业务,以满足公众对公共网络信息的便捷需求。

三、专业信息服务体系——产品研发、销售

广厦网络,是通信网络新技术发展与应用的开拓者。2011 年,公司从北美引进了以 OFDM 技术为核心的世界领先的"非视距无线传输技术",协助国内外电信运营商、政府专网及相关行业,发展大功率、高带宽、低时延、非视距无线网络传输服务。目前客户已涵盖中国知名电信运营商,如中国移动、中国联通、中国电信等公司。同时,顺应国内外物联网迅猛发展之势,公司充分利用通信网络资源与布局优势,结合智能终端及云计算等新技术,自行投资研发了《广厦网络物联网信息管理平台》。该平台,以物联网应用及数字化即时管理为核心,为客户提供无线监控、远程抄表、系统告警、设备运行数据分析、数据储存等"远程即时管理"服务,是网络智能化应用的综合信息管理平台。目前该系统已通过网络运行测试,即将进行大范围应用及市场推广。

广厦网络,现有员工 70 余人,80% 为本科以上学历,年均营业额在亿元以上。公司作为通信领域内的专业信息服务公司,在建立现代企业制度的基础上,本着市场、产品、技术、财务和管理互补的原则,加强公司新产品的研发和市场拓展工作,迈出了涉足高科技领域,提高产品科技含量,开展多元化、国际化经营的新步伐。广厦网络愿为国内外电信运营商、通信设备制造商、终端用户,提供优质、专业的网络信息技术服务。

【发展历程】

2012 年 7 月 5 日,深交所新三板挂牌上市。

2012 年 6 月 13 日,取得中国证券业协会关于推荐北京广厦网络技术股份公司挂牌报价文件的备案确认函。

2012 年 3 月 16 日,股改完成并更名为股份公司。

2011 年 3 月 30 日,在中国移动北京公司基站建设中荣获 2011 年第一季度"最佳谈站奖"。

2011 年 2 月 21 日,北京广厦网络技术有限公司取得计算机信息系统集成企业三级资质证书。

2011 年 1 月 25 日,取得韩国授权北京市总代理,北京广厦网络技术有限公司成为《CESS》牌电气节电器(系列规格型号)中国经销商。

2011 年 1 月 12 日,荣获二零一零年度中国移动北京公司工程建设中心"冲锋陷阵奖"(奖杯和证书)。

2011 年 1 月,荣获中国移动北京公司集团客户部 2010 年度转型业务优秀业绩三等奖。

2010 年 10 月 29 日,北京广厦网络技术有限公司取得《质量管理体系认证》证书。

2010 年 8 月 30 日,在中国移动北京公司网优中心组织的"提高选址工作协议签署数量"劳动竞赛中,获得优胜奖。

2010 年 8 月 6 日,因在 2010 年上半年集团(中国移动)业务代理工作中表现优秀,被授予"转型业务信息化收入一等奖"及"优质客户拓展二等奖"。

2010 年 3 月 26 日,取得中华人民共和国国家版权局颁发的计算机软件著作权登记证书,软件名称分别为"视频会议系统"、"网络安全管理软件"、"联络中心系统"、"网络办公软件"、"网络基站检测软件"、"网络终端控制软件"。

2010 年 1 月 5 日,取得北京市住房和城乡建设委员会颁发的安全生产许可证。

2010 年 1 月,荣获中国移动北京公司朝阳分公司"2009 年转型拓展先锋奖"。

2010 年 1 月,荣获 2009 年度中国移动北京公司集团业务代理渠道工作,转型业务"开拓先锋奖"(奖杯和证书)。

2009 年 8 月 24 日,北京广厦网络技术有限公司取得北京市住房和城乡建设委员会颁发的建筑业企业资质证书——电信工程专业承包三级。

2009 年 3 月 20 日,公司正式组织出局管道工程施工工作,使公司由单一服务型企业向多元化发展迈出了坚实的一步。

2008 年 12 月 30 日,广厦网络公司入围北京移动传输中心管道中心的出局管道施工招标。

2008 年 9 月,奥运会圆满结束后,中国移动北京公司召开奥运会保障工作总结表彰会，广厦网络公司获得嘉奖，荣获“来之能战，战之能胜”锦旗一面。

2008 年 5 月 28 日，鉴于在网优中心近一年的磨练、发展，取得了良好的信誉，为与传输中心合作奠定了坚实的基础，正式为其进行光缆交接间的选址业务。

2008 年 5 月 25 日，经过与中国移动北京公司东南区、西北区的合作，正式进入网优中心开展 2G 站点选址业务。

2007 年 12 月 7 日，公司决定将移动选址、基站类业务正式交由田野负责，将一诺公司员工并入广厦网络，所有员工、业务人员、选址工作全部交由田野总裁来管理、协调，公司逐步走进规模化、规范化的管理模式。

2007 年 11 月 15 日，北京广厦网络技术有限公司与北京移动网优达成共识，开始独家接手政府站选址工作，为其解决了一部分政府疑难站点。

2007 年 10 月 27 日，北京一诺世恒工程管理咨询有限公司工商手续全部注册完毕，替代选址项目部正式运营。

2007 年 10 月 19 日，完成天通苑第一套购房站的购买工作，为移动公司的基站建设拓展了新的渠道。

2007 年 7 月 18 日，组建外围选址团队，成立了广厦网络选址项目部。

2007 年 5 月，北京广厦网络技术有限公司组建内部团队为中国移动北京公司进行 TD 站选址工作，开启了广厦网络发展新纪元。

【企业文化】

企业发展目标

坚持以通信网络构建、优化业务为核心，兼顾有限相关多元化发展，努力打造公司核心产品(服务)与核心竞争力。

五年打基础，成为国内业绩优秀的上市公司；

十年练内功，成为通信网络行业内佼佼者；

二十年服务海内外，成为有独特竞争优势的国际级通信服务企业。

企业使命

让人人感知时代脉动，让世界尽享信息文明。

释义：信息即时传递的使者。一切围绕人类对信息、思想、情感的即时获取与传送，致力于将世间任何脱离了重力吸引的东西，通过网络即时传递到人们所需要的任何地方，使人类文明触手可及。关乎人文，以化天下。

企业精神

成长、高效、务实

成长：只有个人成长，才能推动组织成长。没有永恒的业务，只有永恒的团队。

自立立人，自达达人。关注自身成长，关注团队进步。

务实：理想重要，现实更重要。要想实现理想，必先学会在现实中求得生存。

有应对新事物、新格局的勇气，有适者生存的清醒，有需求决定机会的认知。

高效：比别人更先想到，比别人更快做到。

结果导向压强原则，不为失败找借口，只为成功找方法。

【430129】北京极品无限科技发展股份有限公司

【公司概况】

北京极品无限科技发展股份有限公司(A - onesoft)，成立于 2005 年，是从事手机游戏开发与运营的资深企业，拥有工信部核准的电信增值业务全国运营牌照，是国家批准的高新技术企业。2012 年 6 月，极品无限正式在深圳证券交易所挂牌，证券简称“极品无限”，证券代码“430129”。

从 2012 年开始，北京极品无限将研发重心调整至智能平台手机游戏，目前已经在 Android、iOS 等平台研发了多款单机、网游等产品，获得了业界的好评。同时，公司树立全球化战略，把“将快乐带给全世界”作为奋斗目标，利用多年经营建立起来的 400 余家全球游戏推广媒体、30 余家海内外电信运营商及终端厂商的良好合作关系，立足国内，面向海外，将极品无限发展成为全球顶尖的手机游戏的研发、运营和发行商。

2012 年是极品无限成功业务转型的一年，是对极品无限未来发展有里程碑意义的一年。

这一年，极品无限成功将研发重心转向智能机游戏和网络游戏，成功研发出自有知识产权的跨平台客户端开发引擎和网游服务器开发引擎，弥补了转型期间技术积累的欠缺，最大程度降低了技术和产品风险。2012 年全年，公司正式发布“疯狂熊猫 CrazyPada”在 ios 平台创造了 20 天下载量突破 30 万的佳绩，其 Android 版本在中国移动游戏基地游戏评审中受评委的青睐并获得第 1 名的优异成绩。基于 Alljoyn 局域网和移动网技术的网络游戏“宝石疯狂 GemFrenzy”发布 1 周后下载量突破 40 万，标志着公司网络游戏技术和产品能力达到国内领先水平。截至 2012 年底，公司另有 1 款智能机单机产品和 1 款智能机网游产品进入最后测试调试阶段，预计 2013 年 2 月底正式发行；3 款智能机网游产品正在研发中，其中 1 款预计在 2013 年上半年正式发行，2 款预计在 2013 年下半年发行。

这一年，极品无限立足国内，布局海外，开启全球化战略，开始在国际舞台上展露锋芒。2012 年 6 月，极品无限在美国纽约成立全资子公司 A - ONESOFTLLC.，负责对北美、拉美等地区的市场拓展。2012 年 7 月，美国圣地亚哥召开的高通年度合作伙伴大会上，极品无限作为高通最重要的战略合作伙伴之一受邀参加。通过将近 1 年的努力，极品无限的业务遍布了美国本土和南美的部分国家，至 2012 年底，公司海外收入几乎与国内收入持平，实现了业务上战略性的转型。2012 年 6 月 28 日，北京极品无限科技发展股份有限公司(A - onesoft)正式在深圳证券交易所挂牌。证券简称：极品无限，证券代码：430129。

极品无限成立于 2005 年 4 月 18 日，主营业务为手机终端单机游戏、手机终端网络游戏的开发与运营，目前已开发多种类单机及联网游戏产品 240 余款，产品类别涉及休闲益智、角色扮演、动作冒险、图铃音类应用、社区阅读、飞行射击、策略棋牌、实用工具等。相关手机终端网络游戏产品已经上线并运营良好。

成功挂牌新三板将是极品无限一个新的里程碑，使公司在规范治理结构、拓展融资渠道、扩大经营规模、加强技术创新和承担社会责任等方面都将达到一个更高的水平。作为移动端产品研发及运营的高新技术企业，极品无限本身拥有强大的自主研发能力，将为新三板注入新鲜的血液，同时也会发挥模范带头作用。

极品无限将以此为起点，进一步完善公司治理结构，充分调用合理资源，拓展市场渠道，不断提升极品无限的产品质量，精益求精，树立一流的品牌口碑，并不断增强公司的自主研发能力，突破创新，努力实现“One Dream One Game”的宏伟目标，用最优质的产品，将欢乐传遍全世界。

【社会责任】

北京极品无限以回馈社会为已任，通过吸纳就业、培养人才、缴纳税收等多种方式服务社会、回馈社会，不断为推动社会经济发展贡献力量。同时，通过极品无限的自身力量，即优质手机游戏产品的研发、运营、引进和代理等，不断向广大人民群众输入品质优秀的高端手机娱乐产品，努力证明移动胡亮网行业作为新兴的朝阳产业，对社会、对经济发展、对广大人民的精神生活需求都做出了巨大贡献。

【公司愿景】

One Dream One Game！——做最好的产品，给予全世界欢乐！

【430132】北京国铁科林科技股份有限公司

【公司概况】

北京国铁科林科技有限公司是专业从事饮用净化水设备研发、制造、安装与售后服务一体化技术创新型企业。公司以“健康、节能”为根本宗旨，提高人类的健康水平为奋斗目标，以不断提高产品质量和服务质量为立厂之本。

公司坚持走技术创新之路，研制开发出多项高新技术产品，已获9项国家专利。在商用机领域，公司研发出代表新一代饮水设备的旗帜性产品——即热式净化开水器，集净化、即时速热等八大功能于一身，成为国内开水器产品中技术含量最高产品，是目前国内唯一无热水箱加热的厂家，获国际发明博览会金奖。

在家用纯水机领域，公司率先开发出国内第一台大制水量浓水无流失纯水机。从根本上解决了纯水机浪费水的弊端。公司以独到的设计理念，为学校研发的成套饮水设备，成为健康、节能、环保的典范。被教育部建设部“国家节能型生态校园建设工程组委会”作为首选产品向全国推荐。

因本公司产品的性能和节能环保优势，被北京市政府、市人大、市委、中央办公厅、国务院各部、奥运会、中华世纪坛、宇航员训练基地、国务院和北京市政府系统各宾馆饭店等千余家单位选用，受到高度赞誉。成功入围中央国家机关节能型电开水器采购项目。

公司经数年发展，现已初具规模。注册资金1100万元，获八项国家专利，一项国际发明金奖。成为北京市最大、科技水平领先的开水器生产企业，职员60%以上是本科学历，具有强劲研发实力。

公司于2012年7月18日成功上市，为全国开水器行业首家上市公司。

【企业荣誉】

公司研发的即热式净化开水器荣膺国际发明博览会金奖。

因本公司产品节能显著，北京市政府特授予奖旗一面。

本公司产品被列入“北京市节能节水减排新技术目录”及“政府采购目录”。

本公司在“中央国家机关节能型电开水器采购项目（GC－GC100198）”中，光荣中标。

本公司被评为“2011年北京市重点节能低碳技术”企业。

本公司晋升为国家级高新技术企业。

【企业精神】

猎犬般的敏锐：及时捕捉国内外先进的科技信息与市场信息。

脱兔般的迅捷：产品研发，市场开拓要不失时机争分夺秒。

豹子般的胆略：朝着既定的目标不畏千难万险，勇往直前。

燕子般的细腻：制造工艺要学燕子衔泥精雕细刻，一丝不苟。

蚂蚁般的韧劲：像蚂蚁啃骨头那样，孜孜不倦，不达目的誓不罢休。

鲲鹏般的志向：高瞻远瞩，敢为天下先，不断攀登科技高峰。

【430134】北京中科可来博电子科技股份有限公司

【公司概况】

北京中科可来博电子科技股份有限公司（前身为北京中科可来博电子技术有限公司，成立于1999年11月）是一家专业从事高新技术成果商品化、产业化转化，从事高新技术电子、电器节能新产品的开发、生产和经营业务的国家高新技术企业。

公司根据市场的要求和需要，为解决目前大量电器使用中存在的安全和可靠性问题，通过转化多项专利和技术，开发生产了独具特色的“可来博”牌安全电源转换器系列产品、高安全高可靠PDU机柜专用电源分配器系列产品、安全墙壁开关插座系列产品、智能控制节能供电系列产品、高低压变配电箱柜五大系列产品。2008年12月，公司按国家高新技术企业标准重新认定并首批成为北京市重新认定的国家高新技术企业。

可来博公司通过了ISO9001：2000国际质量体系认证和国际认证联盟IQNet认证，建立了产品质量管理和保证体系，有关系列产品已通过CCC国家强制性产品认证和“绿色环保指令”ROHS认证。

“可来博”安全插座转换器产品已连续十次通过国家和北京市质量监督抽查检测合格，特别是在2001年度国家监督专项抽查的36种移动式插座转换器中，“可来博”安全插座转换器是惟一合格的中间转换器产品。2002年可来博“安全电源插座转换器”被列入国家重点新产品项目。2003年可来博“安全墙壁插座”被列入国家重点新产品项目。2003年可来博公司入编2003年《中国政府采购供应商名录》。2008年，可来博“五路可编程PLC自动控制安全节能转换器”被批准列入北京市科技型中小企业技术创新资金支持项目；可来博“高安全高可靠PDU机柜专用电源分配器”、“安全墙壁开关插座”、“STY－1－55G航天专用等独立开关控制安全电源转换器”、“大功率空调专用安全电源转换器”、“单开关2000系列防雷型安全电源转换器”、“单开关组合型安全电源转换器”、“网络专用安全电源转换器”、“组合式旅行安全转换器”八类产品被认定为“北京市自主创新产品”。2009年，可来博公司成为中央国家机关信息类产品政府集中采购协议供货商。

目前，“可来博”产品已成功用于“神舟”五号、“神舟”六号、“神舟”七号中国载人航天飞船和“嫦娥一号”、“嫦娥二号”探月卫星以及“神舟”八号、“神舟”九号与“天宫一号”交会对接任务的所有试验、发射和测控现场，对保障飞船、卫星通讯、测控设备系统供配电安全和可靠性，发挥了重要作用。“可来博”高安全、高可靠机柜专用PDU电源分配器产品成功用于我国最新研制的曙光5000A百万亿次超级计算机的改进供配电系统中，保障了我国超级计算机系统的安全可靠测试和试验运行。

【发展历程】

第一阶段

1993年，由中国科学院电子学研究所主办成立北京可来博电子应用技术开发公司，注册资本30万元，为国有全资企业。

第二阶段

1999年，公司改制重组，由中科院电子所和所属职工共同出资，组建成立北京中科可来博电子技术有限公司，注册资本为100万元。

第三阶段

2006年，增资100万元，注册资本为200万元。

第四阶段

2009年，增资200万元，注册资本为400万元。

第五阶段

2011年，增资300万元，注册资本为700万元。

第六阶段

2011年，公司完成股份制改造，经北京市工商行政管理局海淀分局核准，公司更名为北京中科可来博电子科技股份有限公司，注册资本为800万元。

【理念体系】

理念：

追求创新、服务社会、诚信合作、共同发展

目标：

发挥中科院电子所的专业技术优势，集中解决现代电器供电安全和可靠性问题。

宗旨：

向用户出售安全可靠产品，为用户提供热情售后服务。

【430137】北京金信润天信息技术股份有限公司

【公司概况】

北京金信润天信息技术股份有限公司（简称公司，深交所股票交易代码：430137）于2001年8月成立，是以IT信息技术咨询、系统集成、应用软件开发、网络运维服务为核心，为企业提供IT整体解决方案的高新技术企业。

公司坚持以客户为中心，以服务为导向，以“创新、争先、超越”为企业精神，为中国的行业客户提供全方位的精致到位的服务，以专业的服务产品和解决方案帮助客户实现业务整合，提高效率，根本提升企业的行业竞争力。

十年来，我们已经为数百个用户提供优质的IT服务，用户遍布金融、广电、通讯、政府、电力能源、商贸零售等行业，特别在金融行业市场，包括中国建设银行、中国工商银行以及中小股份制银行、城市银行取得了不俗的业绩，获得了客户的高度肯定。

公司拥有强大的专业化技术队伍、完善的客户服务体系以及覆盖全国的服务网络；公司拥有工信部颁发的计算机系统集成一级资质，是国家高新技术企业、北京市中关村科技园区的重点瞪羚企业，北京市经济信息委员会确定的“四个一批”工程的高成长企业；公司与业界知名IT厂商如CISCO、HP、IBM、H3C、AVAYA、POLYCOM、F5、华为、星网锐捷、EMC、INFORMIX、SYBASE等建立了良好合作关系，形成强有力的综合实力，建立了专业的IT服务商的企业品牌形象。

【企业资质】

国家信息产业部颁发的“计算机信息系统集成资质一级认证”。

国家科技部颁发的“国家高新技术企业证书”。

通过ISO9001:2008质量管理体系认证。

通过ISO20000服务质量管理体系认证。

中关村信用促进会会员。

中关村瞪羚三星级企业。

中关村园区高新技术企业。

2012年度信用等级证书：Azc。

【人员资质】

自2001年成立至今，公司长期从事金融行业的系统集成和项目开发，积累了丰富的网络集成、应用软件开发产品、运维服务的经验。建立了一支极具丰富经验的专业技术服务队伍。公司现有技术人员本科以上学历占总人数的84%以上，大部分具有研发、实施全国性大项目的经验，拥有大量专业化的产品认证和服务认证。

【客服体系】

我们的服务宗旨是：全面解决、一次到位，随时响应、保障有力，制度规范、服务周到。

公司的服务体系以客户服务中心为主体，为客户提供服务客户。公司的服务体系由值班工程师组、客户服务中心经理、专家顾问组、技术部、市场部组成。

我们的服务优势体现在拥有业内标准质量的技术支持服务、具备成熟的服务过程升级管理控制流程，以及专业的服务合同管理等方面。多年的系统集成服务历程，百余个成功案例，服务对象涉及电信、金融、广电、教育、企业等多种行业，积累了丰富的网络规划、设计、实施、运维、优化、故障排除等经验，为客户提供专业化服务已经成为我公司在IT业内得以出类拔萃的最大优势所在。

客户通过热线电话、网站、传真、Email等方式向客户服务中心申告服务，客户服务中心对每个服务请求都将建立Case，调配技术支持人员，监督跟踪Case处理的全过程，直到Case关闭。服务完成后，CASE关闭，客户服务中心把服务过程记录汇总，并做客户满意度调查。

公司拥有“技术队伍、远程支持、知识库、服务管理”等多种服务资源、完善的服务组织和标准的服务流程，从而保障客户服务品质，并以不断的创新和自我完善来持续改进和提高客户满意度。

【430140】上海新眼光医疗器械股份有限公司

【公司概况】

上海新眼光医疗器械股份有限公司—（NewEyes）是一家集（医疗投资、管理、医院数字化新型设备开发、生产）于一体的综合性企业，公司成立于2005年，是专业从事医疗数字化，医疗信息化，智能化医疗产品研发，生产，销售和服务的高新技术企业。公司核心人员主要来自国内外知名大学及中国军队高科技人才。通过不断对临床需求与科技前沿技术的整合，逐渐形成了现在以数字化影像信息存储与传输系统、数字化医院整体解决方案、3D手术显微镜录像系统、手术显微镜录像系统、眼科无线PACS传输管理、眼底照相机数字化改造系统、裂隙灯图像处理系统、三维医学影像诊断与教学系统、远程会诊与教学系统、管理为一体的医疗数字产品，并为医院信息化建设及发展提供医疗信息化解决方案、信息系统集成解决方案、数字化手术室解决方案、急救临床信息系统、重症监护信息系统、手术麻醉信息系统、及一体化手术室解决方案。公司总部坐落在上海同济大学国家级科技园是集办公、研发、为一体的工业园。公司实行董事会领导下董事长负责制，下设总经办、研发中心、市场部、国际部、销售部、大客户服务部、技术部，新眼光建立了强大的营销网络，成立了以上海为核心的总部，在全国拥5家分公司，代理商50多家，国际市包括、亚洲、欧洲、美洲等分销合作伙伴，并与全球著名跨国集团在技术、市场、服务等领域建立了长期的战略伙伴关系。

【发展历程】

2005年4月，公司成立于2005年座落于上海同济大学国家科技园。

2006年2月，获得上海市高科技企业，软件著作权3项。

2007年6月，获得上海市双软企业，高新技术成果转换。

2008年9月，获得国家创新基金，共有专利、著作权13项。

2009年8月，成功开发国际市场、产品进入美洲、欧洲、亚洲、非洲等国家。

2010年4月，获得上海市发明二等奖一项，发明专利一项。

2011年10月，获得上海市高新技术企业，并成立外科部主营“数字化手术室”项目。

2011年11月，成功获得上海市政府创业基金会投资。

2011年12月，成功收购一家专业医学软件开发公司，从单一科室产品发展到全面几十款产品。

【公司理念】

核心价值观核心价值观。

团队创新诚信敬业高效。

我们的宗旨

从事于医疗设备的研究、开发、制造、分销、服务和医院经营，促进世界医疗事业的发展。

我们的愿景

成为医疗行业中有竞争力的、有强大持续发展能力的、有卓越企业文化的高科技企业。

我们的使命

为民族医疗产业的振兴作贡献，为全民族医疗健康事业发展谋智慧，为人类社会的进步承担自己的责任。

【研究开发】

新眼光—(New Eyes)自2005年创立以来，立足“自主创新、自主品牌”的发展战略，不断在技术、营销、品牌等方面积极探索，迅速发展成为中国领先的高科技医疗数字化设备研发制造公司。公司现有员工100余人，产值及销售额逐年按50%的速度递增。新眼光凭借前瞻的市场意识和综合实力，在十余年的发展历程中，在医学影像设备和医院信息化管理系统的技术和市场得到充足积淀后，又医疗数字化改造光学接口及麻醉领域迈进，目前共向市场推出了数字化数字化影像信息存储与传输系统、数字化手术室解决方案、急救临床信息系统、重症监护信息系统、手术麻醉信息系统、及一体化手术室解决方案数字化医院整体解决方案、3D手术显微镜录像系统、手术显微镜录像系统、眼科无线PACS传输管理、眼底照相机数字化改造系统、裂隙灯图像处理系统、三维医学影像诊断与教学系统、远程会诊与教学系统系列产品，部分产品获得了省级新产品奖、国家级科学进步奖。

新眼光凭借优良的产品性能、完善的客户服务，全球营销网络，运筹帷幄，在海内外市场打造了新眼光国际竞争力和全球知名度，成为全球医疗健康产业最具价值的中国品牌之一。新眼光在国内的5个直属办事处，新加坡、欧洲、美洲等代理机构，以及超过50家代理商，构建了一个庞大完善的服务营销网络。新眼光产品遍布全球20余个国家和地区，新眼光销售额以每年50%的增长率飞速发展。

新眼光自成立之日起，就立志要振兴民族医疗产业，为人类社会的进步承担自己的责任，新眼光的愿景是成为医疗行业中有竞争力的、有强大持续发展能力的、有卓越企业文化的高科技企业。尽管前面还有很长的路要走，但年轻的新眼光始终充满活力，满怀激情，迈着坚定的步伐，朝着既定的目标奋进。

【430141】天津久日化学股份有限公司

【公司概况】

天津久日化学股份有限公司成立于1998年，注册资金5326.3万元，是专业性光引发剂、紫外线吸收剂、精细化工品制造商，生产规模已达千吨级，部分产品已是全球最大的生产者。总部位于天津滨海高新技术产业园区——华苑产业园，拥有1800m^{2}办公室及研发实验室。公司现有两个工厂，分别位于天津市北辰科技园区(占地7000m^2)、山东省无棣新海化工园区(占地105000m^2)。

久日化学拥有强大的技术实力和科研力量，公司现有员工300余人，其中硕士学历以上人员19人，技术开发人员40余人，大专及以上学历的占总人数的40%。公司总部设有800m^{2}的现代化研发中心，并聘请了多名南开大学资深教授任技术顾问。公司产品均为自主研发，凭借强大的技术实力和科研力量，公司被评为“国家级高新技术企业”，研发中心被认定为“市级企业技术中心”。久日化学的系列光引发剂开发及产业化项目已列入天津市重大产业化项目和自主创新项目。公司已通过ISO9001:2008质量体系认证，同时通过严格的生产管理和完善的品质控制，为客户生产出高品质的产品，为久日化学的产品赢得了信誉，使久日化学成为UV光固化行业的名牌企业之一。

久日化学拥有强大的经营团队，领导班子成员年富力强，大多具有硕士或博士学位，拥有丰富的有机化工专业理论知识和生产管理经验。公司董事长兼总经理赵国锋博士为南开大学化学学院教授，不仅有着深厚的专业知识，而且担任过多家规模企业的总经理，具有很高的管理水平和丰富的生产管理经验。

久日化学的光引发剂系列产品ITX、DETX、2－PTX、4－PTX、TPO、TPO－L、369、184、1173、907、PBZ、MBZ等已远销欧美各国；久日化学至今已申请国家发明专利17项，其中已授权10项；科技进步三等奖1项；天津市火炬计划2项；天津市自主创新产品3项；天津市专利金奖；天津市科技小巨人企业；天津市科技企业创新工程二等奖1项等。

久日化学是以技术为背景的规模型生产企业，技术优势是本公司能迅猛发展的最重要因素。公司是全球重要的光引发剂产品制造商和供应商，秉承“诚信合作，互惠共赢”的经营理念，以优质的产品，优质的服务为客户创造价值，在UV光固化行业中拥有很高的声誉。产品畅销南北美洲、欧洲、亚洲、澳洲，在国际市场上的竞争优势显著突出，企业影响力及产品品牌力得到了很好的构建和加强。

久日化学着眼于全球化经营发展战略，始终坚持以科技为根本、以市场为导向、以质量为保证、以技术为核心的运营方式，致力于成为全球光引发剂行业最卓越的生产商和供应商之一。

【发展历程】

1998年，天津久日化学工业有限公司由公司董事长兼总经理赵国锋发起，南开大学的教授创业者们联合筹建。主要生产农药产品。

2000年，开始生产光引发剂ITX，开始进入光引发剂行业。

2007 年，公司开始对产品结构进行战略调整，确定光引发剂为公司主要业务。

2008 年起，公司开始进入快速发展通道，销售收入和销售利润大幅增长。

2010 年，开始筹建新的生产基地，在山东无棣化工园内建立占地 150 亩的现代化生产工厂。

2011 年 6 月，天津久日化学工业有限公司更名为天津久日化学股份有限公司，开始新的战略部署，立志于成为全球最卓越的光引发剂制造商和供应商。

2012 年 7 月，山东工厂正式投入生产。

2012 年 9 月，公司挂牌新三板。

【430143】湖北武大有机硅新材料股份有限公司

【公司简介】

湖北武大有机硅新材料股份有限公司成立于 2000 年 12 月 29 日，是由武汉大学作为主发起人，在整体改制武汉大学化工厂的基础上发起设立的股份有限公司。目前公司总股本为 8000 万股，武汉大学资产投资经营管理有限公司为公司第一大股东，作为高校背景、行业领先的高科技企业，公司也吸引了以中国创业投资机构 5 强之一的深圳市达晨创业投资有限公司为首的多家创新投资公司、风险投资公司的入股。2012 年 9 月 7 日，公司在深圳证券交易所代办股份转让系统成功挂牌（武大科技，代码 430143），成为国务院批准新三板扩容后首批挂牌的企业之一。

公司主营业务是精细有机硅材料的研究开发、生产、销售和技术服务。有机硅材料是以自然界含量最丰富的硅矿为主要资源（有别于以石油、煤、天然气为资源）、性能优异的一类新型材料，其应用已遍及生活、工业和国防等几乎所有的领域，是发达国家 21 世纪重点发展的新材料之一，也是我国重点支持和鼓励的高新技术产业。有机硅材料主要包括有机硅单体、硅烷偶联剂、硅橡胶、硅树脂和硅油等产品类型，是一个品种多样（近万种）、应用极其广泛的行业。

武汉大学在有机硅领域的研究开发和产业化已有 54 年的历史，是目前公认有机硅研究开发力量和成果转化能力最强的高校之一。1958 年，诞生了湖北武大有机硅新材料股份有限公司的前身——武汉大学化工厂（新中国最早的一批高校校办工厂），毛泽东主席曾亲临视察。经历曲折而又辉煌的 50 多年，武大有机硅科技成果的转化结出了丰硕的果实，产品应用包括：毛主席纪念堂水晶棺涂层，原子弹爆炸高空及地下摄影仪保护材料，卫星用航天磁记录材料，波音 737 及 747 航空轮胎助剂，故宫、西安大雁塔和香港牛棚艺术村等文物保护材料等等。进入 21 世纪后，武汉大学化工厂整体改制为湖北武大有机硅新材料股份有限公司，开始了科技与资本和市场相结合的道路。武大有机硅驶入了发展的快车道，实现了历史性的跨越，从资产百万元的校办工厂发展成净资产 2 亿元的现代股份制企业。公司以武汉大学为依托共建了“有机硅化合物及材料教育部工程研究中心”，公司自身拥有“湖北省有机硅及其改性材料工程技术研究中心”等多个研究开发平台，在有机硅烷领域的研究开发实力在国内首屈一指，培养了一大批有机硅研发人才，形成了以卓仁禧院士、张先亮教授、廖俊教授级高工等为代表的几代研究开发团队，多年来，在有机硅领域获得国家科学大会奖、国家发明奖、国家重大技术装备成果奖、国家和省部级科技进步奖等 10 多项，通过省、部级鉴定成果 20 多项，承担国家自然科学基金、国家高新技术产业化示范工程项目、国家级火炬计划项目、国家科技型中小企业创新基金项目、国家科技成果重点推广项目、国防科工委民口配套项目、国家”十一. 五”科技支撑计划项目（参与）、湖北省科技攻关重大专项项目等 30 多项。

武大有机硅不仅开发、生产及销售有机硅烷产品，还致力于提供相应的技术服务和推进硅烷偶联剂生产技术革新。公司是直接法合成工艺的倡导者和技术持有者，作为一种更先进更环保的生产工艺，全世界仅有少数企业拥有其技术及专利。武大有机硅经过多年的生产运行和放大试验，2011 年由公司投资建设的全球第二条、中国首条采用直接法合成三烷氧基硅烷的万吨级大规模生产装置建设成功，标志着公司成为了继美国迈图公司之后全球第二个掌握大规模直接法生产工艺技术的企业，也确立了国内直接法工艺技术领导者的地位。

随着公司核心技术——直接法生产工艺技术得以完善和提升，为公司以烷氧基硅烷为原料的产业链发展奠定了坚实的基础，同时不断创新高效环保生产工艺，深度开发具有自主知识产权的以烷氧基硅烷为原料的硅烷偶联剂系列产品、乙烯基硅烷下游产品以及各种衍生高性能、功能性硅材料，实现“建立新型精细有机硅产业体系”的战略转型。公司的技术创新能力和市场地位越来越得到市场和客户的肯定，公司产品的三分之一出口到欧美、日韩等国家和地区，具备了较强的核心竞争能力。经过多年的创业，公司已经拥有很好的发展和起飞的平台，公司将继续坚持把直接法合成烷氧基硅烷做大做强，公司和工程中心将继续保持国内有机硅领域的领先地位，加强与国际国内企业的合作，利用公司技术储备，构建新型精细有机硅产业体系，并朝着资本市场迈进，力争实现新的跨越。

【荣誉及奖励】

2003 年，中国氟硅有机材料工业协会决定在武汉大学成立协会技术培训中心，为全国各研究单位和企业的技术或管理人员提供不同层次的培训，提高学员的理论知识水平、研究开发能力及实践操作技能，从而促进我国氟硅有机材料行业及相关行业的发展。该中心每年开办基础培训班和高级研究班为我国培养了一大批专业人才。

2003 年，武大有机硅首先采用乙炔加成法技术建成 700 吨/年的乙烯基氯硅烷生产装置，2007 年又建成年产千吨级乙烯基三烷氧基硅烷生产装置。这是我国以乙炔为原料，采用硅氢化新技术合成乙烯基氯硅烷和乙烯基三烷氧基硅烷的第一套大规模生产装置，也是目前规模最大的生产装置。该项目系国家重点科技成果推广计划、国家科技型中小企业技术创新基金项目。

2003 年，公司获得湖北省科技进步一等奖。

2006 年，公司获得湖北省科技进步三等奖。

2007 年，公司获得国家火炬计划项目证书。

2008 年，湖北武大有机硅“有机硅系列产品开发及产业化”被列为湖北省重大科技专项项目。

2008 年，公司“有机硅新材料研发及产业化团队”由湖北省科技厅推荐，经湖北省组织部批准，荣获湖北省首批重点产业创新团队称号，公司总经理廖俊荣获首批重点产业创新团队带头人殊荣。

2009 年，公司被评为湖北省首批 150 家创新型试点企业。

2010 年，经湖北省科技厅批准，公司组织建设“湖北省有机硅改性材料工程技术研究中心”。

2010 年，公司获得国家火炬计划项目证书。

2011 年，由公司投资建设的全球第二条、中国首条采用直接法合成三烷氧基硅烷的万吨级大规模生产装置建设成功，标志着公司成为了继美国迈图公司之后全球第二个掌握大规模直接法生产工艺技术的企业，也确立了国内直接法工艺技术领导者的地位。该项目系国家高新技术产业化示范工程新材料项目。

2011 年，公司获得湖北省科技进步三等奖。

【430144】北京煦联得节能科技股份有限公司

【公司概况】

北京托尼艾得节能科技有限公司成立于 2008 年 12 月 1 日，于 2011 年 4 月 21 日正式更名为北京煦联得节能科技有限公司，2011 年 8 月 18 日再次更名为北京煦联得节能科技股份有限公司。

2011 年 4 月 10 日，北京煦联得节能科技有限公司成立上海子公司——上海煦和节能科技有限公司。

北京煦联得节能科技股份有限公司是中国首家运用客户“零投资”获得节能环保的“热自来水供应服务”—合同能源管理的商业模式的专业化节能服务公司。公司以外包的方式为客户提供设计、安装、施工、运行管理维护的全方位服务。

2010 年 9 月，公司获得战略投资，成为由清华启迪创投公司领投，由北京市发改委和北京市财政局参股设立的“北京市新能源与环保创业投资基金”成立以来投资的首家从事节能环保、新能源、清洁技术等环保行业的企业。

2011 年 3 月，公司获得国家级高新企业认证，同时，成为国家发改委和国家财政部审定的国家级合同能源管理企业。公司业务已成功应用到了 HolidayInn 上地智选酒店、锦江之星、如家酒店、格林豪泰和汉庭酒店等全国知名连锁酒店上，获得显著的节能效果和客户的一致好评。

【企业文化】

公司成立以来，已经为全国大型连锁酒店量身订做了节能热水供应系统，并积累了丰富的技术和经验，顺应世界节能环保主题，全面打造绿色典范，提供自来水般方便的热水。

我们的理念：我们以“零投资”“零管理”“零维护”的核心理念，为客户提供省时省心的专业服务。

我们的宗旨：诚信、专业、服务至上，不断创新事业是我们的目标，顾客的满意是我们追求的唯一标准，我们的成功离不开您的支持，我们希望我们能努力为客户打造适合自己且环保节约的方案，同时提倡“以环保节能为本”的精神，努力营造有利于世界的低碳生活。

人才策略：公司重视人才素质培养，奉行“以人为本”的原则，全面实施适合专业人才充分发挥的管理体制。

【团队介绍】

立足于节能环保业，力求以专业取胜，在技术上精益求精。T&I 拥有业界资深专业团队，为酒店节能热水供应做全程专业外包服务。

市场部

在我们的团队中，市场部是客户的向导。煦联得市场部以客户实际情况为出发点，以客户需求为导向，采用先进的 CRM 客户管理模式，为客户提供更直接、更专业、更有效的解决方案。

技术部

我们的热水供应系统并非单一的设备叠加，而是由资深太阳能热泵领域专家团队为酒店量身设计的节能热水供应系统，通过节能设备的优化组合、节能系统的合理设计，真正实现节能减排、绿色环保。

工程部

煦联得工程部负责根据系统设计进行施工，将节能热水供应系统合理实施到酒店中。工程部采用规范的 PM 管理程序，积累了丰富的施工经验。在施工的过程中充分考虑酒店的实际情况，合理利用空间，最小化改造幅度，不占用酒店营业面积；合理规划施工时间，严格规范施工进程，完全不影响酒店正常营业。扫除客户施工过程中空间和时间问题上的担忧。

服务部

煦联得以客户服务为核心，拥有专业的系统维护技术人员，随时为客户排忧解难。煦联得技术团队自主研发了远程监控系统，通过实时监控视频及实时数据报表分析并掌握系统运行状况，及时发现并排除故障。而对于客户的投诉及报修，则会在第一时间给予反馈，并在最短的时间内给予解决。

【430147】中矿龙科能源科技(北京)股份有限公司

【公司概况】

中矿龙科能源科技（北京）股份有限公司（简称：中矿龙科）成立于 2008 年，注册资金 3000 万元，总部位于北京海淀区信息路 1 号上地国际创业园 A 座，是北京中关村企业信用促进会会员单位、北京软件企业协会会员单位、海淀区创新企业、中关村科技园高新技术企业、北京市软件企业、国家高新技术企业。

中矿龙科是一家专注于煤矿行业，为煤矿安全生产及管理提供相关设备、软件与产品，集研发、生产、销售和服务于一体的国家级高新技术企业。2010 年 10 月公司通过了 ISO9001 质量体系认证。2012 年 9 月中矿龙科股份公司成功挂牌“新三板”（股票代码：430147）。

公司产品中试基地——燕郊分公司面积近 3000 平米，配套生产企业十余家，产品生产能力完全可以满足市场的需求。燕郊分公司拥有专业的生产设备和检测设备，严格执行检验流程，产品质量符合标准要求。

公司现有四个系列数十种产品：

其一为粉尘防治系列产品，包括煤尘抑制剂、煤层注水增强剂、管道自动加液混合装置、水气两相雾化喷嘴、水气两相雾化控制装置、巷道水气两相雾化降尘装置、机载水气两相雾化降尘装置、巷道高效洒水车等。

其二为瓦斯防治产品，包括煤层瓦斯抽采孔用三角钻杆、主动式煤层瓦斯压力测定仪、抽采后剩余瓦斯压力监测装置、柔性深钻孔瓦斯涌出初速度测定仪等。

其三为煤矿综合业务协同处理平台，主要包括煤矿综合业务协同办公系统、煤矿机电设备管理系统、煤矿综合调度管理系统、煤矿人力资源管理系统、矿务公开多媒体查询系统等多个针对煤矿管理的软件产品，并在此基础上为煤矿客户提供定制化、个性化服务。

其四为大型电气设备故障诊断与维护产品，主要包括从日本引进的高次谐波电气设备故障诊断仪、隔爆型高次谐波电气设备故障诊断仪、矿用本安型振动式设备点检仪等专业监测与检测性维护设备。

为了更好地服务于全国煤矿企业，中矿龙科已在全国范围内设立了西北销售分公司、西南办事处、东北办事处、华东办事处、山西办事处等多处驻外机构。公司全体员工以全心全意为煤矿安全生产服务为责任和目标，拥有专业水平的服务团队，可以实现对客户要求的快速响应、及时到达并解决问题，为客户提供全程、优质、专业的服务。

中矿龙科一直秉承"严谨、周到、创新、共赢"的企业宗旨，以企业信誉为生命，以市场需求为导向，以科技创新为依托，向用户提供高技术含量的优质产品，并谋求与国内外企业有识之士共同发展。

【发展历程】

2008 年 8 月 1 日，成立中矿龙科能源科技（北京）有限公司，地址位于海淀区清华东路 16 号能源与安全科技园 906 室，注册资本金 600 万元。

2009 年 8 月 27 日，获得海淀区创新企业称号，证书编号为海创字 12603 号，有效期 3 年。

2009 年 8 月 27 日，获得中关村高新技术企业称号，证书编号为 20092011260308，有效期 3 年。

2009 年 12 月 14 日，获得国家高新技术企业称号，证书编号为 GR200911001871，有效期 3 年。

2010 年 7 月 28 日，加入北京中关村企业信用促进会。

2010 年 10 月 26 日，通过方圆 ISO9001 质量体系认证，有效期 2010 年 10 月 26 日至 2013 年 10 月 25 日。

2010 年 11 月，公司产品"煤层注水增强剂"获海淀区创新资金无偿资助 20 万元。

2011 年 5 月，"煤层注水增强剂"项目同时获得科技部中小企业科技创新基金无偿资助 50 万元。

2011 年 11 月 11 日，引进战略投资者，有限公司注册资金增到 3000 万元。

2012 年 4 月，成立燕郊分公司，负责样机试制和生产。

2012 年 5 月，在华北科技学院设立"中矿龙科"助学金。

2012 年 5 月 8 日，公司正式该名为"中矿龙科能源科技（北京）股份有限公司"。

2012 年 9 月 7 日，公司进入股份代办系统通过中国证券业协会的备案（第 147 号）。

2012 年 9 月 21 日，公司成功登陆"新三板"，证券名称：中矿龙科，证券代码：430147。

2012 年 10 月 12 日，成立西北销售分公司。

2012 年 10 月 18 日，公司获得"软件企业"证书。

【430155】北京康辰亚奥技术股份有限公司

【公司概况】

北京康辰亚奥技术股份有限公司是北京市科委、北京市财政局、北京市国家税务局、北京市地方税务局批准认定的高新技术企业。公司主要从事网络通信系统、数字视频系统的产品开发、销售及技术服务。

公司坚持走自主研发的道路，汇聚了一批有经验、高素质的技术人员，专注于企业统一通信和视频监控领域的技术创新、产品研发。自公司成立以来已经取得了会议管理系统、综合通信调度系统、彩铃管理系统、图像监控系统等 10 多项软件著作权和实用新型专利。公司依托核心技术，为包括公安、司法、电信、银行、房地产等行业一大批重要客户提供了产品销售和技术服务。同时公司取得了计算机信息系统集成企业三级资质、安防工程企业一级资质。

公司拥有一支高素质的管理团队，在重视技术开发工作的同时，强化企业管理工作，2006 年公司获得 ISO9000 质量管理体系认证证书。一直以来，公司秉承"客户至上，诚信守约"的原则，建立了完善、高效的客户服务体系；建立了 ERP 企业管理平台，实现企业内部控制的准确、有序；实施股权激励机制，使公司骨干分享公司的利润增长；重视员工培训，创造有利于人才成长的企业环境。

北京康辰亚奥技术股份有限公司全体员工将在客户、股东的支持下，同心协力把公司建设成为客户满意、技术先进、效益突出、员工团结、环境友好的高素质企业。

【企业荣誉】

国家高新技术企业

安防工程企业一级资质

计算机信息系统集成企业三级资质

国际 ISO9001 质量体系认证

北京市通信行业协会会员

北京安全防范行业协会理事单位会员

【430156】上海科曼车辆部件系统股份有限公司

【公司概况】

公司成立于 2001 年 11 月 26 日，并于 2011 年 12 月 8 日改制为"股份有限公司"，2012 年 10 月 26 日于深交所中关村非上市股份公司代办股份转让系统（简称"新三板"）挂牌，证券简称"科曼股份"，股份代码 430156。

公司主要致力于安全、节能、环保、舒适化、模块化、电子数据化车辆关键部件系统产品的开发与生产，为用户提供具有自主品牌、自主知识产权的商用汽车全空气悬架系统等车辆关键部件系统产品和解决方案，是一家高速发展的商用汽车全空气悬架系统提供商。

公司以"技术领先、质量领先、服务领先"为企业质量方针，秉着"技术的科曼——让驾乘更舒适、更安心"的产品品牌理念，注重部件系统的优化、匹配、集成及与主机厂的同步开发工程，强调协助主机厂对整车、部件系统技术方案的优化，以此与主机厂建立战略联盟关系。

公司自 2001 年 11 月成立以来，于 2003 年 9 月通过了 ISO9001:2000 质量管理体系认证，于 2008 年 8 月通过了 ISO/TS16949 质量管理体系认证，于 2012 年 9 月通过了 ISO14001 环境管理体系认证和 OHSAS18001 职业健康安全管理体系认证。

公司是上海市高新技术企业、上海市小巨人培育企业、上海市专利工作培育企业、嘉定区专利工作试点企业，公司承担了国家科技部科技型中小企业创新基金项目、国家"863"计划项目（子项目）、国家火炬计划项目等国家级科研计划项目任务。

目前公司申报的实用新型或发明专利覆盖了 100% 产品。已经申报了 50 多项发明和实用新型专利，其中 1 项发明专利和 42 项实用新型专利已经取得专利证书。

公司自成立以来，先后成功推出中型客车、大型客车、客车独立悬架、载货汽车、半挂车、轻型客车空气悬架系统，以及车辆自动称重系统、气囊自动调节式汽车空调压缩机支架等近 200 个品种的车辆关键系统产品，覆盖货运、客运、旅游、公交和团体等用车领域。是国内近 40 家知名汽车企业的合格供应商，同时产品远销印尼、马来西亚等多个国家和地区。公司 2002 年至 2011 年这 10 年的销售收入年复合增长率达到 78%，国内市场占有率达 20% 以上。

【发展历程】

2002 年获"金龙联合汽车工业(苏州)有限公司 2002 年度技术创新奖"。

2004 年 1 月申请专利 4 项,6 月申请专利 4 项,12 月申请专利 6 项,共申请专利 14 项。

科曼大、中型客车平台空气悬架系统产品通过上海市科委组织的鉴定。

KM12、KM18 两个系列空气悬架产品获"2004 年上海市嘉定区科技进步奖"。

获中国民营科技企业创新奖。

"商用汽车全空气悬架系统匹配技术及产品总成"项目获 2004 年度国家中小企业创新基金无偿援助。

2005 年科曼的商用汽车全空气悬架系统被认定为"上海市高新技术成果转化项目奖"。

KM08-12/KM13-18 全空气悬架系统被认定为上海市专利产品。

通过上海市高新技术企业认定。

科曼 KM08-12 全空气悬架获"上海市重点新产品证书"。

科曼的商用汽车全空气悬架系统匹配技术及产品总成获"上海市火炬计划项目奖"。

科曼 KM13-18 空气悬架获第二届全国客车大赛"中国客车最佳零部件奖"。

获"金龙联合工业(苏州)有限公司 2005 年度优秀供应商奖"。

2006 年获东风杭州汽车有限公司 2005 年度优秀供应商。

获"苏州金龙年度优秀供应商奖"。

获"国家火炬计划项目奖"。

获"福田欧 V2006 年度优秀供应商奖"。

2007 年获"东风杭州汽车有限公司 2006 年度优秀供应商奖"。

获"中国重汽配套产品定点供应商"。

获上海市高新技术成果转化项目百佳奖。

科曼"商用汽车全空气悬架系统"获"2006 年上海市高新技术成果转化项目百佳奖"。

获"中国客车零部件奖"。

获 2007 年第三届中国客车国际客车大赛"中国客车优秀零部件奖"。

获"2006 年上海市嘉定区发明创造专利奖和专利实施效益奖"。

被认定为上海市专利工作培育企业。

获"纪念中国客车工业 50 周年荣誉证书"。

2008 年获嘉定区小巨人企业称号。

获"2008 年度嘉定区先进制造业杰出经营者奖"。

获"2008 年度上海市嘉定区先进制造业金奖"。

获 2008 年嘉定区高科技园区"优秀企业杰出贡献奖"。

获"包头北奔重型汽车配套资格"。

获得"上海市嘉定区科技创新奖"。

2009 年获"2008 年度福田欧 V 客车优秀供应商奖"。

获"第四届中国国际客车大赛——CIBI 客车零部件技术创新奖"。

获"全运会优秀服务商奖"。

科曼"商用汽车全空气悬架系统"获"2008 年度上海市高新技术成果转化项目百佳奖"。

获"北汽福田技术创新奖"。

获上海嘉定工业区科技创新奖。

2010 年科曼"商用汽车全空气悬架系统"获"2009 年度上海市高新技术成果转化项目百佳奖"。

获"福田汽车 2010 年度技术创新奖"。

2011 年科曼的"独立悬架"荣获影响中国客车行业——配套安全节能推荐产品奖。

获"第十一届亚运服务优秀供应(配套)商奖"。

获"中国恒天百路佳客车 2011 年度优秀供应商奖"。

获"金龙联合汽车工业(苏州)有限公司 2011 年度技术开发奖"。

2011 年 12 月 8 日科曼改制为"股份有限公司"。

2012 年获中国重汽济南商用车 2010~2011 年合格供应商奖。

2012 年 10 月 26 日于深交所中关村非上市股份公司代办股份转让系统(简称"新三板")挂牌,证券简称"科曼股份",股份代码 430156。

【企业荣誉】

2010 年 6 月,科曼"商用汽车全空气悬架系统"获"2009 年度上海市高新技术成果转化项目百佳奖"。

2009 年 6 月,科曼"商用汽车全空气悬架系统"获"2008 年度上海市高新技术成果转化项目百佳奖"。

2009 年,获上海嘉定工业区科技创新奖。

2008 年 12 月,获 2008 年嘉定区高科技园区"优秀企业杰出贡献奖"。

2008 年 12 月,获"2008 年度上海市嘉定区先进制造业金奖"。

2008 年 12 月,获"2008 年度嘉定区先进制造业杰出经营者奖"。

2008 年,获得"上海市嘉定区科技创新奖"。

2008 年 1 月,获嘉定区小巨人企业称号。

2007 年 10 月,被认定为上海市专利工作培育企业。

2007 年 3 月,科曼"商用汽车全空气悬架系统"获"2006 年上海市高新技术成果转化项目百佳奖"。

2007 年 3 月,获上海市高新技术成果转化项目百佳奖。

2007 年 6 月,获"2006 年上海市嘉定区发明创造专利奖和专利实施效益奖"。

2005 年 2 月,科曼的商用汽车全空气悬架系统被认定为"上海市高新技术成果转化项目奖"。

2006 年 9 月,获国家火炬计划项目奖。

2005 年 11 月,科曼的商用汽车全空气悬架系统匹配技术及产品总成获"上海市火炬计划项目奖"。

2005 年 10 月,科曼 KM08-12 全空气悬架获"上海市重点新产品证书"。

2005 年 9 月,通过上海市高新技术企业认定。

2005 年 6 月,KM08-12/KM13-18 全空气悬架系统被认定为上海市专利产品。

2004 年 12 月,获中国民营科技企业创新奖。

2004 年 12 月,KM12、KM18 两个系列空气悬架产品获"2004 年上海市嘉定区科技进步奖"。

2004 年 12 月,"商用汽车全空气悬架系统匹配技术及产品总成"项目获 2004 年度国家中小企业创新基金无偿援助。

2004 年 6 月,科曼大、中型客车平台空气悬架系统产品通过上海市科委组织的鉴定。

2004 年 1 月,申请专利 4 项,6 月申请专利 4 项,12 月申请专利 6 项,共申请专利 14 项。

【430159】天津创世生态景观建设股份有限公司

【公司概况】

天津创世生态景观建设股份有限公司成立于1997年，注册于天津市南开区，注册资金5000万元。公司总部坐落于南开区赢寰大厦，是集生态环境建设与修复，环境景观设计，生态环境投资，苗木新品研发、交易为一体的全产业链城市景观生态系统运营公司，具有城市园林绿化一级资质。公司于2012年11月在深圳交易所完成新三版挂牌。

创世生态以生态环境修复、景观建设及转基因苗木、苗木交易为主营业务。主要服务客户群体为：政府、上市企业、房地产开发公司、苗木企业及农户。

公司先后在天津、河北、辽宁等重点经济区域中，承揽了多项工程。其中，外环线综合整治绿化工程荣获“2010年度市政金杯示范工程”；蓟运河景观茶淀小城镇段工程、汉沽河西公园工程、天津港保税区生活区二期项目——B05－1区住宅项目景观绿化工程荣获“省部级城市园林绿化优质工程一等奖”；大项目乙烯合资楼与中控绿化工程、天津胡家园30#地样板区景观工程、北塘基础设施一期绿化三标段工程、保定市旧城府河片区改造回迁安置房建设项目景观工程荣获“省部级城市园林绿化优质工程二等奖”。

创世生态始终秉承“以客户满意为创世骄傲”的企业宗旨，公司于2006年过ISO9000质量管理体系认证，ISO14001环境管理体系认证，职业健康安全管理体系认证，并连年获得天津市人民政府授予的“守合同、重信用”公司称号。

创世生态一直关注自然、城市与人的关系，致力研究并建立一种经济与自然环境和谐共生的绿色发展模式。以“立足环渤海，开拓中西部”为发展战略，为中西部生态较弱地区的生态文明建设投入精力，在国家大政策方针指导下，在产业需求下，贡献我们的力量，做好我们的项目，为成为全国知名生态景观建设者而努力奋斗。

【发展历程】

1995年7月，大港项目部成立。

1997年，天津市创世园艺有限公司成立。

1997年，天津市创世苗木繁育基地建成。

2000年，天津市创世苗木繁育基地扩建为400亩。

2003年，取得城市园林绿化企业资质二级证书。

2003年，办公地址迁到翡翠城。

2003年，加入天津市园林绿化行业协会，成为会员单位。

2006年9月，通过ISO9000质量管理体系认证。

2007年12月，获得天津市人民政府颁发的“守合同重信誉”单位称号。

2008年，初汉沽项目部成立。

2009年3月，办公地址由翡翠城迁到南开区赢寰大厦。

2009年11月，获得“林木种子经营许可证”、“林木种子生产许可证”。

2009年12月，取得城市园林绿化企业资质一级证书。

2010年，初邯郸项目部成立。

2010年1月，成立天津市大易环境景观设计有限公司。

2010年3月，成立保定世创房地产开发有限公司。

2010年5月，参加国际风景园林师（IFLA）第47届大会。

2010年6月，参加“中国天津第十七届投资贸易洽谈会”。

2010年7月，乔迁瀛寰大厦六楼办公。

2010年8月，举办优质工程评选活动。

2010年9月，天津市大易环境景观设计有限公司取得风景园林工程设计乙级资质。

2010年11月，天津市大易环境景观设计有限公司通过ISO9000质量管理体系认证。

2010年12月，天津市外环线综合整治绿化工程获得“国家市政金杯奖”。

2011年1月，ISO140000环境管理体系认证、ISO28000职业健康安全管理体系认证。

2011年3月，获得中国园林绿化AAA级信用企业。

2011后10月，改公司名称为“天津创世生态景观建设股份有限公司”。

2012年2月，申报天津市科技型中小企业。

【展望未来】

天津创世生态景观建设股份有限公司以踏实的创业精神、雄厚的实力基础、科学的经营管理方式，在激烈的市场竞争中崛起、壮大并跻身于园林景观名牌企业之林。在我们未来的战略规划中，正在思考和探索资本的介入，借助资本的力量使我们发展的更快更强。公司在管理模式、财务制度、资金运作、成本控制等各个方面都在按此战略调整发展，将景观设计、施工、苗木产销等投入产出各个环节纳入自身控制内，从而提高核心竞争力，形成适合战略发展需要的经营理念方式。

公司正稳步迈入高速发展期，向着一个管理优秀、品牌含金量高的综合类园林绿化企业发展。利用良好的品牌效应来进一步促进公司资本的积累，吸引其他资本的介入使我们发展的更强劲，从而实现企业发展的良性循环。

公司为共建美丽、和谐、人性化的人居环境，打造精品工程，创新与发展营销体系，壮大公司综合实力，为社会奉献更多精品和提供更多满意的服务。将站在新的高度，以全球化的视野和期望，以“开拓环渤海，走向全国”为发展战略，为成为国际化现代园林建设者的旗手而努力奋斗。

【430160】天津三泰晟驰科技股份有限公司

【公司概况】

天津三泰晟驰科技股份有限公司是国内地区较早从事高温工业电视系统、防爆产品、安防产品、远距离调度电视系统、大屏幕投影拼接解决方案、公共广播系统以及智能卡等产品研发、生产、销售和工程于一体的高新企业。并在2003年成功开发出“高炉炉顶红外摄像系统“。

公司长期秉承卓越的技术创新和先进的经营服务理念为海洋石油、炼油、天燃气、钢铁、冶金、等工业提供完备的视频解决方案。我们是根据客户提出的实际需求和针对不同领域所存在的特殊要求，按照国际工业标准和实践标准进行设计和应用。

“追求卓越品质、保持领先技术、真诚服务客户”是我们的宗旨；“用高新技术提升传统产业，以一流产品和服务不断满足客户需求”是我们的质量方针；以市场为导向、以创新求突破、以新品争效益、以服务求客户、以技术为支撑、以制度降成本、以质量求信誉是三泰人的行为准则。

我们坚信，通过我们全体员工的不懈努力，用我们高新技术产品与优良的技术服务，与您携手，未来将带给我们更大的发展空间和美好的前景。

【企业文化】

1. 公司的企业理念是“风雨同舟，共同奋斗”。

2. 公司的质量方针是“用高新技术提升传统产业，以一流产品和服务不断满足顾客需求”。

3. 公司永远以市场为导向，经营方针是“营销是龙头，质量是生命，管理出效益”。营销、技术和管理三者是有机联系的整体，缺一不可。

4. 公司的企业精神是“创新高效，团结拼搏，追求卓越，励精图治”。

【企业荣誉】

2001 年获得 ISO9001:2000 质量体系认证证书。

2002 年高炉炉顶红外摄像系统获国家科技部创新基金奖励并取得国家专利。

2003 年天津市人民政府授予“守合同重信用单位”称号。

2004 年高炉炉顶红外摄像系统获国家重点新产品奖。

2007 年获得 CE 质量认证证书。

【430161】武汉光谷信息技术股份有限公司

【公司概况】

武汉光谷信息技术股份有限公司作为武汉东湖高新区首批 5 家试点企业之一，2012 年 11 月 6 日正式登陆“新三板”（全国中小企业股份交易系统），股份名称光谷信息，股份代码 430161。公司于 2007 年 8 月 20 日成立，2011 年 4 月 28 日由武汉蓝星信息技术股份有限公司更名为武汉光谷信息技术股份有限公司，注册资金 2000 万元，性质为股份有限公司。

在公司管理与决策方面，依照《公司法》和公司章程，公司已形成股东会、董事会、监事会、经营管理团队和部门分级授权管理和决策机制。

在管理过程和质量体系方面，公司所有集成、软件、服务产品和项目全面遵循 CMMI、ISO9001:2000、ISO27001 标准和规范。深入推进和持续改进 ISO9000 质量管理体系，适时完成 CMMI 和 ITIL 体系认证，全面提升公司的管理能力。

公司是相关行业标准的制订者之一，是国家经信委 ITSS 服务标准试点实施单位之一，是湖北省国土资源数据中心标准编制单位，湖北省电子政务总体设计组成员单位之一，是武汉三网融合全媒体技术创新产业联盟成员单位之一。公司拥有领先的核心技术，自主研发的 10 余项核心技术和 31 项软件著作权为公司奠定了行业技术领先优势。

公司于 2007 年通过湖北省“双软”企业认定；2004 年首次获得工信部“计算机系统集成二级”企业资质（2008 年通过复杂变更）；2009 年通过武汉市外包服务企业认定；2011 年通过科技部高新技术企业认定，同年加入工信部 ITSS 标准组织并成为全权会员单位、入选湖北省“优秀软件企业”和“优秀信息化解决方案企业”；连续二年（2011 与 2012 年）入选东湖高新区“瞪羚企业”。

公司管理层中董事长、副董事长、总经理具有 15 年以上同行业工作经验，其他人员具有 10 年以上同行业工作经验，2 人为人事部颁发的正高职高级工程师，历经多种体制、机制和模式的企业，具有较强的技术、经营和管理能力。坚持“坦诚做人、踏实做事、勤勉尽职、阳光向上”的理念。

公司技术人员中 9 人为人事部颁发的高级工程师，5 人为工信部颁发的高级项目经理，14 人为工信部颁发的项目经理，50 余人获得第三方中高级资质认证。已建立致力新技术和新产品研发的“企业研发中心”，随着业务的发展，公司计划用 2 年的时间打造一支高级项目经理、高级工程师和资深行业专家占比达到 50% 左右的核心人才队伍，为公司发展提供人才保障。

公司长期致力于基础应用软件的组件、工具、框架、应用模式等的研发与积累，专注于为国土、电力和电网、医疗和教育等部门提供专业的 IT 基础支撑环境咨询与服务、管理信息系统应用及优化，是拥有多项自主知识产权的软件企业。按照《上市公司行业分类指引》，公司属于 G87 计算机应用服务业的子项 G8701 计算机软件开发与咨询。主要的业务类型包括软件产品及服务、系统集成服务、运维外包服务等。

公司自组建以来，一直致力于自主知识产权的核心技术能力的构建，围绕信息技术在特定行业市场的应用，形成了基础技术、通用业务和行业应用三个层次的产品梯队。在行业应用产品梯队中，国土系列产品和电力电网系列产品主要依托基础技术产品；DMS（数字媒体系统）系列产品则主要依托通用业务产品。

未来两年，公司将进一步调整和优化人力资源结构，加强在基础软件技术，国土、电监、数字媒体等领域的研发投入，创新技术、产品和商业模式。加快建设全国市场与服务体系的步伐，充分利用人才战略、创新战略、市场战略、资本战略，将公司打造为区域领先和全国知名的软件服务企业，为实现“打造百年企业、成为最佳雇主”的企业发展愿景奠定坚实的基础。

【发展历程】

2011 年 1 月，公司成为武汉企业信用建设促进会团体会员单位，获得企业信用 AAA 等级证书。

2011 年 1 月，获得华中电网企业一体化信息平台系统著作权。

2011 年 3 月，公司加入 ITSS 国家信息技术服务标准组，成为其全权成员单位。

2011 年 4 月，公司正式更名为“武汉光谷信息技术股份有限公司”。

2011 年 4 月，《基于主机与存储控制器相结合的储存虚拟化研究与应用》获得湖北省科学技术成果鉴定。

2011 年 5 月，光谷信息正式加入湖北省安防行业协会，取得安防工程企业二级资质证书。

2011 年 6 月，光谷信息入选 2010－2011 年度湖北省“优秀软件企业”、“优秀软件产品及优秀信息化解决方案”。

2011 年 7 月，光谷信息正式加入国家信息技术服务标准工作组，成为全权成员单位。

2011 年 7 月，光谷信息获得湖北省地质灾害远程会商及应急指挥系统 V1.0 著作权。

2011 年 8 月，光谷信息入选东湖高新开发区第一批“瞪羚企业”。

2011 年 9 月，获得国土资源信息公共服务平台系统 V1.0 著作权。

2011 年 9 月，获得基于目录的用户管理系统 V1.0 著作权。

2011 年 9 月，获得基于数字媒体技术的社区综合信息发布平台系统 V1.0 著作权。

2011 年 9 月，获得基于数字媒体技术的医疗服务平台系统 V1.0 著作权。

2011 年 9 月，承担湖北省发改委光电子信息专项项目。

2011 年 10 月，获得《土地开发整理项目实施管理系统 V2.0》著作权及软件产品登记证书、《政务大厅信息发布系统 V1.0》著作权。

2011 年 12 月，取得省高新技术企业认定证书。

2011 年 12 月，取得湖北省水利水电行业信用 A 等级证书。

2011 年 12 月，获得《光谷信息国土资源电子政务系统

V1.0》著作权及软件产品登记证书。

2012 年 1 月，获得《国土资源数据编制与管理信息系统 V1.0》、《基于 ITSS 服务与运管平台系统 V1.0》、《基于 J2EE 的业务快速搭建平台系统 V1.0》、《基于审批的国土资源应用数据的挖掘与展现平台系统 V1.0》著作权。

2012 年 3 月，光谷信息正式成为湖北省软件行业协会理事单位。

2012 年 11 月，光谷信息正式登陆“新三板”（全国中小企业股份交易系统）股份名称光谷信息，股份代码 430161。

【430166】北京一正启源科技发展股份有限公司

【历史沿革】

2005 年 6 月 10 日，承载着两个年轻人梦想的一正启源在北京海淀中关村成立。

2006 年，一正启源在软件服务领域崭露头角，同年成为微软金牌合作伙伴。

2007 年，一正启源获得高新技术企业认证，并与国内外众多知名企业建立战略合作伙伴关系。

2008 年，一正启源 Share Point 技术研究院在京落成；公司获得 ISO9001 国际质量体系认证。

2009 年，一正启源被北京市知识产权局认定为专利试点企业，并获得海淀创新企业证书；青云协同门户系统在 Share Point 技术研究院正式立项。

2010 年，一正启源与航天科工、科技集团分别建立了长期战略合作伙伴关系；同年成功申报科技部创新基金；凭借其雄厚的实力拥有了自主商标权及相应核心技术的知识产权。

2011 年，一正启源自主研发的青云协同门户系统获得“中国云计算最佳产品奖”；同年取得 CMMI3 级国际认证资质。

2012 年，公司完成改制，正式更名为：北京一正启源科技发展股份有限公司；同年获得中国企业“21 未来之星”——最具成长性新兴企业。

【关于一正启源】

北京一正启源科技发展股份有限公司（Egensource Technologies Co.，Ltd 以下简称“一正启源”）成立于 2005 年，总部位于北京，是一家采用 CMMI 软件开发过程管理及 ISO9001 管理体系认证等多重国际标准规范的高科技软件公司。

公司集软件研发、产品销售、技术服务、信息化咨询于一体，通过自主研发的青云协同门户办公系统、企业应用集成（EAI）、ERPSurrounding 等系列产品及解决方案，长期以来服务于国有大中型企业、著名外资企业，致力于企业协同及智慧工作领域中工作流程简化、管理内容细化和文档收集条理化，提升业务洞察力，推进业务绩效。公司拥有雄厚的研究开发实力及丰富的项目实施经验，并在多年的软件项目中获得了客户的一致好评和高度认可。

一正启源一直以为客户创造更大价值为己任，准确定位用户需求，提供全面、专业、量身定制的应用解决方案，推动企业软件服务与创新平台的建设，积极吸收专业人才和顶尖核心技术，不断进取、积极创新，真正提升企业管理水平与竞争力。

一正启源的核心竞争力

完全自主知识产权，掌握产品核心技术；

完整技术升级策略，产品占据同行业技术前沿；

完善产品继承体系，伴随技术升级产品升级；

我们历经 8 年跻身国内顶尖软件服务提供商行列。

首屈一指的高科技产品，依循“前沿、高端、国际、专业”的技术研发战略，在协同工作、文档管理、流程管理、内容管理、项目管理、知识管理、信息门户等系统开发上具有卓越的创新能力。

国内顶尖的 IT 团队，雄厚的技术实力，致力于为客户提供先进的软件产品和优质的技术服务。

360 度面向全球市场，与 Microsoft、神州数码等国内外知名企业建立战略合作伙伴关系。

不胜枚举的经典客户，先后为航天科工集团、航天科技集团、全国社保基金会、天津海关、天狮集团、国机集团、索爱等大型企事业单位构建信息化管理平台。

【典型客户】

国家军工航天体系：

航天二院、航天四院、航天五院、航天科技集团、

政府行政机构：

全国社保基金、中关村软件园、北京市服务外包企业平台

集团公司：

中国国机集团、搜狐、思科中国、华兴资本、华北高速公路股份有限公司、索尼爱立信、爱国者数码科技集团、天狮集团、天骏传媒、英飞尼迪投资集团、易程科技股份、汉柏科技、富士通、长治商业银行、励展博览集团、永泰红磡控股集团、北京低碳清洁能源研究所、中国银行、达索析统、国电南自、北斗星通、中粮集团。

【企业文化】

“一正启源“的核心行为理念

团结：一正启源自从成立以来，始终以“上下同欲者胜”为公司的核心行为意识。面对商业挑战，相互支持、互相协作配合、顾全大局；明确工作任务和共同目标，在工作中尊重他人，虚心诚恳，积极主动协助同事做好各项工作。通过包容、理解形成平衡协调的氛围，实现组织内部协同合作，保持步调一致，方向一致，认识一致，实现力量凝聚和共同目标。这正是一正启源对全体员工的要求。

周到：为客户服务的过程中，我们始终坚持“为客户多想一步，为客户多做一步”的原则，站在客户的角度，对客户负责；对待客户全身心投入、自动自发，善始善终的态度；以周到全面的服务，在商业挑战中赢得成功。

勤勉：勤勉尽职是员工发展和进步的根本途径。作为一正的员工，我们在工作中坚持努力不懈，勤劳勤勉的精神，不断自励、反思、改进，全力以赴，持之以恒。在学习的基础上，追求争先创优、超越自我，锐意进取。实现个人的发展与企业综合实力的提升。

学习：在一正启源，我们提倡学习。作为一名合格的一正员工，你不仅需要有扎实的专业技能与卓越的职业素养，而且需要有持续改进的能力、虚心向竞争对手学习的意识。及时发现自身不足，用最快的速度最短的时间追赶、超越对手。在工作中不断学习，在学习中积累成长。

“一正启源“的核心价值观

一正启源看重的——为客户解决问题，增加企业价值，增加持续改进与创新的能力

公司视人才为企业的第一资源，坚持以人为本，共同成长的社会责任准则。公司善待员工，切实维护员工的根本利益，充分尊重员工的价值和愿望，保证员工与企业共同发展；公司善待客户，以客户为中心，始于客户需求，终于客户满意；公司善待合作伙伴，互利互惠，合作共赢，努力营造健康、和谐、有序的发展环境；

我们在原则上，绝对相信积累与创新；

我们在事业上，积极发展奋进，以提升公司的全方位价值为第一要务；

我们在行动上，宁愿牺牲个人，顾全团队；

我们在精神上，以能服务社会为最大光荣。

【社会责任】

绿色办公

节能是必要的，也是可能的，但搜索技术带来的巨大的社会进步和其他损耗的减少，到底该怎么算，恐怕不是个简单的算术题。一正启源面向企业提供创新的信息化管理解决方案，帮助企业优化现有应用，降低应用投入成本，合理规划信息门户，提高业务反应的敏捷性与可控性，推动行业可持续发展，构建绿色节能的企业成长平台。

回馈社会

一正启源始终坚持回报社会的理念，于 2011 年成立一正基金，以"分享、希望"为宗旨，热心于社会公益事业，以实际行动为社会公益、教育、赈灾救助和环保等作出积极贡献。一正员工通过各种方式，积极为创建可持续发展及和谐环境贡献力量，公司也鼓励员工在休闲时间参与社区服务和进行慈善捐助。

【430167】北京四利通控制技术股份有限公司

【公司概况】

北京四利通控制技术股份有限公司是电气传动控制与电能应用行业内具有自主科研开发能力、自主生产制造能力及优质工程服务能力的高新技术企业。

公司主要产品有电气传动类和电能质量管理类。其中，电气传动类产品主要有：石油钻机电驱动控制装置、石油钻机顶部驱动控制装置、柴油发电机组控制装置、交流变频调速装置、大功率直流传动控制装置、矿井提升电传动控制装置、工业自动化过程控制系统以及新型一体可视化司钻操作系统等；电能质量管理类产品主要有：APF 有源电力滤波装置、AFE 有源前端装置、SVG 静态无功发生器、TSC 实时无功功率动态补偿装置。

石油钻机电驱动控制系统，为中石化、中石油、中海油等公司成功配套 200 多台套，设备系列涵盖了 4000 米～9000 米交、直流电驱动钻机、独立转盘驱动钻机、工业电网变频驱动复合钻机，陆地、沙漠以及海洋钻井平台等。设备成功应用于胜利油田、中原油田、江苏油田、西南石油局、塔里木、克拉玛依、延长、辽河、大庆及渤海、东海、南海和北部湾海域等国内地区以及塔吉克斯坦、沙特、科威特、伊朗、埃及、也门、印度、印尼、苏丹、肯尼亚、墨西哥湾等国家。在页安气开采领域，我公司与页安气开采企业积极合作。利用丰富的工作经验为用户提供先进、成熟的控制技术；同时，持续不断地优化产品性价比，全心全意为用户提供富有价值空间的页安气电控装置。

公司座落于北京中关村科技园区，自成立以来，始终坚持以科技创新为先导，以推动行业技术进步为己任，吸收国内外先进技术和管理理念，依靠高素质的管理及技术团队，秉持"一切为了客户"的企业精神，不断强化自身核心竞争能力，提高产品与服务质量，在为广大国内外客户提供优质专业服务的同时，增强了公司的品牌竞争能力，在业内树立了良好的口碑。

公司以先进的经营理念、广阔的发展空间吸引了大批优秀管理及技术人才的加盟，建立了良好的用人机制和系统的培训体系，打造了一支理念先进、专业扎实、技术过硬、服务高效的专业化团队，使公司在企业管理、新产品开发及技术创新等方面成果斐然，先后取得实用新型专利 10 多项、发明专利 1 项以及软件著作权 20 多项。

在未来的发展过程中，公司全体员工将继续以高度敬业的精神，利用自身独具特色的技术、服务优势，打造精英团队，充实产品结构、全心全意服务于客户，力争为国家节能降耗、产业转型、装备制造等伟大事业做出贡献。

【企业文化】

企业宗旨：客户利益至上、其次公司利益、充分保障员工利益、努力实现社会效益。

企业精神：一切源于客户，一切为了客户。

企业目标：电气传动与电能应用行业旗舰品牌。

服务理念：让客户享受我们的服务。

【430170】金易通科技(北京)股份有限公司

【公司概况】

金易通科技（北京）股份有限公司是注册在北京中关村科技园区的国家高新技术企业，并于 2012 年 12 月 12 日在中关村新三板成功挂牌上市，股票简称金易通，股票代码（430170）。

公司专门提供煤炭洗选技术全方位解决方案。自 2009 年成立以来，业务规模迅速扩大，研发成果转化速度加快，目前主要从事选煤厂的系统化设计、建造，选煤设备的设计研发制造，选煤厂的安装调试、运营，公司拥有三十多项国家专利技术，在以创新工艺系统解决方案为基础的技术、以技术创新为特征的产品设计技术、以高效化为目标的系统集成/产品模块化技术、以客户需求为向导的持续技术创新方面有独特优势。

公司是经北京市科学技术委员会、北京市财政局、北京市国家税务局、北京市地方税务局认定的高新技术企业（证书编号：GR201011000208）；经中关村科技园区管理委员会认定的中关村高新技术企业（证书编号：20092011262008）；经中关村科技园区海淀园管理委员会认定的海淀区创新型企业（证书编号：海创字 12620 号），并通过经中国质量认证中心（CQC）认定的 ISO9001：2008 和 GB/T19001－2008 质量管理体系认证和经 IQNet（国际认证联盟）认定的 ISO9001：2008 质量管理体系认证，注册号为 00111Q210991R0S/1100。

公司现有金易通（天津）矿业装备有限公司和德国欧润德工业技术有限责任公司 2 个全资子公司，有唐山市科汇流体机械开发有限公司生产加工中心。

公司与德国 STC 筛分技术设计与工程公司、德国 SKG 洗选技术与设备供应公司展开全方面合作，引进国内所不具备的国际先进的设备加工制造技术、设计方法、组织管理措施、服务态度，坚持"品质卓越、服务高效"的经营理念，全面服务于国内客户，并作为这两个公司在中国的独家总代理和合作伙伴。

公司拥有原煤炭科学研究院、煤炭设计院、中国矿业大学的多位技术专家，以及国内选煤设备制造厂的制造专家和国内知名大型选煤厂的生产专家，依托中关村及北京各大学院的地域、技术和人才的独特优势，成为国内少数能够为煤炭加工利用企业提供全方位系统化煤炭洗选解决方案的公司。公司愿凭借优秀的产品和技术，在行业内树立综合工艺系统解决方案及成套设备提供商的高端品牌形象。

【企业文化】

一、企业使命

致力于产品品质和生活品质的改善，提升客户、企业、员工价值。

二、核心价值观

尊重、沟通、诚信。

三、企业目标

发掘潜藏的创造力，不断创新，追求卓越，迎合顾客潜在需求。

四、企业宗旨

赋台予人，实现人生价值；永续经营，保障员工利益。

五、价值共识

没有企业，什么都没有。

六、企业道德风尚

规范有据，人性在理，责任到我，决不推辞。

七、公司精神

团结、务实、创新。

八、经营理念

营销理念：以客户为中心，以诚信为基石，管理和改善客户关注点。

服务理念：用热情换得真情，用真诚获得忠诚。

品牌理念：一流的员工打造一流的品牌。

质量理念：市场是镜子，用户是标准。

用人理念：以贡献定报酬，凭责任定待遇。

创新理念：变则立，不变则废。

发展理念：培养训练有素的人，形成训练有素的思想，采取训练有素的行动，遵循从积累到突破的发展模式。

企业哲学：把易的事情做好，把难的事情做到。

危机理念：坚持成功信念，面对残忍事实，不论多大困难，坚信困境与机遇并存。

诚信理念：老老实实做人，踏踏实实做事，干干净净挣钱。

九、员工守则

热爱祖国，忠诚公司；

爱岗敬业，勤奋工作；

钻研技术，勇于创新；

遵纪守法，诚实信用；

互尊互爱，礼貌待人；

修身养心，回报社会。

【430171】北京电信易通信息技术股份有限公司

【公司概况】

北京电信易通信息技术有限公司成立于2001年，注册资金1000万元，是从事通信设备的开发、生产、销售以及各类电信服务、网络系统集成、智能大厦（小区）系统集成和多媒体通讯的高科技企业。公司通过了ISO9000质量体系认证，具备计算机系统集成乙级资质。

公司在通信网络技术领域中有雄厚的技术力量和丰富的实践经验。公司现有员工400余人，其中各类专业技术支持和开发人员达120余人，汇集了计算机与交换机专业、计算机网络系统、综合布线系统、无线及微波通信系统、保安监控系统、楼宇自控系统、项目管理、电子工程概算等专业人才。

公司致力于系统集成工程，建立起了一整套服务一体化保证体系，对系统调研、系统规划、方案论证、工程设计、安装调试、技术支持、维修维护等各个环节采取规范化施工标准化作业的现代化企业管理模式。

易通IDC拥有到中国骨干网ChinaNet的高速带宽，为企业用户提供优质、快速、畅捷的接入服务。易通数据中心以高科技手段为客户提供多项网络增值服务，向所有用户提供全方位、个性化以及综合ISP、ICP和电子商务的数据及信息服务。

公司拥有丰富管理经验的核心层管理人员，充满活力富有创意的开发队伍，积极进取的销售队伍和以“服务为本，客户之上”的售后服务队伍。

近几年来，北京电信易通信息技术有限公司依靠雄厚的技术力量和经济实力，秉承“开拓进取、追求卓越、永远创新、一流服务”的经营理念，经过不懈地努力，不断的发展进取，在业界树立了良好的企业形象。

【发展历程】

2011年6月，北京市交管局工业以太网交换机项目正式启动。

2010年12月，YT-3G/W-1产品入围中国工行3G组网项目。

2010年7月，中标北京市政府视频会议组网项目。

2010年3月，电信易通正式推出YT-3G视频产品系列。

2010年1月，中标中石油生产经营电话专网组网项目。

2009年6月，电信易通推出YT-3G路由器产品。

2009年，与惠普达成战略合作伙伴，成为其自助终端产品的制造及销售商。

2008年7月，为512汶川大地震灾区捐款。

2007年8月，为跆拳道锦标赛，新闻中心提供网络集成及维护，并获得该项赛事突出贡献奖。

2006年，承建北京市公安交通管理局全北京道路违章监控系统建设工程。

2006年，为中非高峰合作论坛新闻中心提供网络集成及维护，并获得该项赛事突出贡献奖。

2005年，成为中国网通（集团）有限公司北京分公司奥运酒店宽带维护商。

2005年，成为中国网通（集团）有限公司北京市分公司酒店计费系统设备指定供应商。

2004年9月，成功为2004年中国网球公开赛新闻中心提供网络集成及维护，并获得该项赛事突出贡献奖。

2004年7月，成功为2004年亚洲杯足球赛新闻中心提供网络集成及维护，并获得该项赛事突出贡献奖。

2004年7月，成为中央电视台通信保障系统的指定维护商，为中央电视台提供了可靠的通信保障支撑。

2001年12月，由电信易通公司提供宽带服务的亚运村龙都国际公寓、天和大厦互联网宽带增值业务正式运营。

2000年，获得ISP服务商资格并建立起IDC网络管理中心，为多家企事业单位提供互联网接入、主机或服务器托管、域名注册等服务。

2000年，北京电信易通信息技术有限公司注册成立。

【430174】北京沃捷文化传媒股份有限公司

【公司概况】

北京沃捷文化传媒股份有限公司成立于2009年，是一家专业从事机场户外运营的广告公司，致力于全国各大机场及市区户外媒体建设开发与经营管理；现主要媒体项目包括首都机场及全国其他机场各类媒体、全国廊桥媒体、市内大型户外媒体，其他新型媒体共四大媒体版块，全面覆盖中高端商务群体领域；目前是首都机场户外单立柱及楼顶大牌等大型户外媒体保有量最大的公司之一；是目前国内廊桥媒体保有量第一的媒体公司；现已逐步形成以北京为核心，辐射全国机场的经营格局。经过近两年的不懈努力,媒体网络现已覆盖全国近 20 个大中型机场;我们将陆续开发一系列更优质的媒体资源,为广告主提供更多样、更具个性化的媒体选择。

精彩沃捷:

北京首都机场户外立柱及楼顶大牌等大型户外媒体保有量最大的公司之一。

全国机场廊桥媒体经营数量最多的公司之一,完全垄断北京首都机场三个航站楼所有廊桥媒体。

打造了全国机场展位的运营网络。

建立了完善的全国一、二、三线各级城市市区户外媒体的运营网络。

在短短的 3 年内,沃捷传媒以专业的服务、优质的媒体资源赢得了客户的信赖,创造了超过 10 亿元的销售业绩。

核心业务:

机场廊桥:首都机场 3 座航站楼全部 106 座廊桥;经营上海、南京、天津、重庆、成都等十几座城市经营廊桥媒体。

机场户外:首都机场 3 座航站楼 2 条机场高速上收费站周边共 8 座单立柱;上海、南京、青岛等其他城市机场立柱。

实物展位:首都机场 T3 航站楼、上海、广州、长沙等机场车展位;首都机场、广州机场体验区媒体。

市区户外:与全国各级城市一手媒体供应商建立了长期战略合作关系,可为客户量身定制执行户外媒体投放。

专业服务:

优质资源:沃捷只选择最好的媒体经营,全面考量地理位置、客流量、覆盖率、视觉效果、独占性等因素。

优化方案:针对每个客户的实际需求合理布局,提供最优化的媒体组合方案,以达到效果最大化的合理投放。

高效服务:沃捷专业的服务团队 24 小时待命,尽最大努力完成工作使命,保证媒体发布顺畅无误。

效果评估:我们注重媒体对于客户销售的实效,可以为客户提供专业的效果评估,为客户的下一步选择提供有效的参考。

我们仍将继续努力,为更多的客户提供优质服务,创造更多、更高的价值!

【430178】上海白虹软件科技股份有限公司

【公司概况】

上海白虹软件科技有限公司,总部位于国家级软件园－上海浦东张江高科技园国家信息安全基地内,致力于网络信息安全领域的技术研究、产品开发、安全集成与整体服务,是一家为相关部门提供计算机取证及互联网取证产品与服务、信息安全技术服务的专业化企业。

公司成立于2009 年,目前在全国设有武汉分公司(武汉研发中心位于武汉光谷软件园),贵州分公司(贵阳),华北办事处(石家庄),华南办事处(福州),东北办事处(沈阳)。短短的三年时间公司从创立之初的几个人迅速发展到目前的 100 多人(2012 年 12 月),其中包括博士、硕士及众多技术、管理等高级人才。公司于 2012 年 6 月在东吴证券辅导的基础上改制为上海白虹软件科技股份有限公司。公司于 2012 年 12 月在“新三板”挂牌上市,证券名称:白虹软件,证券代码:430178。

公司自成立以来,依托雄厚的技术实力和研发背景,一直致力于自有知识产权软硬件产品的研制和开发,在网络信息安全领域推出了一系列具有国内外先进水平的产品,为广大用户提供专业而完善的解决方案,可靠而安全的系统集成,优质而周到的技术服务,相关产品成功应用到多个省、直辖市和地区。目前公司形成了包括“电子数据现场取证”、“电子数据主动取证”、“互联网数据主动取证”、“互联网数据实时取证”、“电子邮件取证”、“网络渗透测试”、“移动终端取证”、“互联网内容安全搜索”等十几个系列数十款成熟产品。公司目前已经形成了自己的研发和技术服务中心,已发展成为国内领先的电子数据取证于互联网取证的产品服务提供商。

公司从创立之初就坚持自主研发和技术创新,至今已经取得软件著作权 33 项。先后被认定为上海市“软件企业”和“高新技术企业”,并于 2012 年获得了科技部科技型中小企业创新基金。

【企业文化】

企业愿景

成为业内有影响力、竞争力、管理规范的优秀企业。

白虹使命

帮助员工实现梦想,帮助客户走向成功。

白虹战略

通过企业文化吸引优秀人才,通过科学管理提升竞争力。

经营理念

提供让客户满意的产品与服务。

【发展历程】

2009 年 8 月,上海白虹软件科技有限公司成立。

2009 年 11 月,上海白虹软件科技有限公司武汉分公司成立。

2009 年 12 月,公司自主研发的 6 个产品获得了《软件著作权》和《软件产品登记证书》,相关产品取得了良好的市场反馈。

2010 年 8 月,公司自主研发的 5 个产品获得了《软件著作权》和《软件产品登记证书》,相关产品取得了良好的市场反馈。

2010 年 9 月,公司在福州成立了华南办事处。

2010 年 10 月,公司荣获上海市《软件企业》称号。

2011 年 7 月,公司自主研发的 6 个产品获得了《软件著作权》和《软件产品登记证书》,相关产品取得了良好的市场反馈。

2011 年 8 月,公司在沈阳成立了东北办事处。

2011 年 8 月,公司在石家庄成立了华北办事处。

2011 年 8 月,上海白虹软件科技有限公司贵阳分公司成立。

2011 年 12 月,武汉分公司乔迁至武汉东湖开发区光谷大道 58 号光谷总部国际 5 栋 4 楼。

2012 年 7 月,公司荣获科技部科技型中小企业技术创新基金。

2012 年 8 月,公司整体变更为上海白虹软件科技股份有限公司。

2012 年 8 月,公司乔迁至上海浦东新区碧波路 572 弄 116 号 2 栋 B 幢。

2012 年 10 月,上海白虹软件科技股份有限公司荣获 2012 年首批高新技术企业。

2012 年 11 月,上海市浦东金融局局长以及相关领导亲临公司检查指导工作、肯定了我司的工作成效和自主创新精神。

2012 年 12 月 25 日,上海白虹软件科技股份有限公司正式在“新三板”挂牌上市,证券名称为“白虹软件”,证券代码为 430178。

【430179】上海宇昂水性新材料科技股份有限公司

【公司概况】

上海宇昂水性新材料科技股份有限公司是全国功能高分子行业委员会牵头创建的以水溶性高分子为特色的集研发，生产，营销及应用为一体的创新型，科技型，成长型，外向型的高新技术企业。公司总部位于上海浦东张江国家高新技术园区，旗下还拥有上海宇昂新材料科技有限公司和上海宇昂生物科技有限公司。在张江药谷高科技园区拥有国内一流的以生物医药合成及水性高分子的研发为特色的实验室，在上海同济大学拥有以小分子及有机中间体的合成为特色的联合实验室，在上海郊区建立1000T/YPVPI的生物医药工厂，在山东东营设有800T/YPVP系列产品生产基地，在北京，广州与乌鲁木齐设立分支机构，在澳大利亚悉尼，美国旧金山，巴西圣保罗，阿根廷布宜诺斯艾利斯，韩国首尔，英国沃灵顿，巴基斯坦卡拉奇设立办事处。在同济大学及襄樊学院建立后备人才培育基地；公司主要经营PVP，PEO，PAM系列为主的水溶性高分子产品、精细化工产品、生物医药原辅料及医药有机中间体，兼营港口机械设计与港机配件及电子器械等。公司拥有自营进出口权，为上海市高新技术企业，上海市火矩计划项目评定企业，上海市高新技术成果转化企业，上海市及国家创新基金评定企业，上海市出口创汇信用企业，上海市海关进出口A类企业，上海市财务信用A类企业，为全国功能高分子行业委员理事单位，为获得行业突出贡献奖的明星企业及秘书处所在地。

凭借着在精细化学，生物医药，尤其是水溶性高分子领域的技术及资源优势，公司自2005年初成立伊始便取得了迅猛的发展。公司创立了的优质品牌并得到了国内外广大客户的信赖，其拥有核心专利技术及自主知识产权的PVP系列产品已经行销欧洲北美，南美，澳洲，非洲，亚太，中东等数十个国家与地区。公司拥有的核心专利技术中科院评定处于国内领先，国际先进的水平。

作为全国功能高分子行业委员会秘书处，公司除了正常的生产运营外，还负责行业委员会的日常管理工作，会务会展工作，对外交流与考察工作，行业论文收录编辑工作，公司与行业委员会的200多家科研院所，企事业单位保持着亲密的协作关系。

【公司目标】

上海宇昂水性新材料科技股份有限公司所创立的优质品牌得到了国内外广大客户的信赖，其拥有核心专利技术及自主知识产权的PVP系列产品已经行销欧洲、北美、南美、澳洲、非洲、亚太、中东等数十个国家与地区。公司拥有的核心专利技术被中科院评定处于国内领先、国际先进的水平。相信不远的将来，上海宇昂水性新材料科技股份有限公司会在世界水溶性高分子行业占据应有的一席之地，成为中国水溶性高分子行业的领头企业，为中国WSPs民族企业的崛起争光添彩。

【公司主旨】

上海宇昂水性新材料科技股份有限公司全体同仁以“尊重科学、追求完美”为宗旨，尊崇“诚实守信”的商业道德，坚持“以客户为中心”的服务理念，发扬气宇轩昂、斗志昂扬的企业精神，愿与国内外的新老客户携手共创美好明天。未来的宇昂将踏着市场化发展的脚步坚定不移地向前发展，充分发挥国际运作优势，使公司的核心业务向国内外延伸，逐步形成并不断强化。公司坚持把资源控制、技术研发和市场营销相互结合形成产业价值链及相关的产业群体。为国家建设和社会发展做出新的更大的贡献。

【430181】北京道从交通安全科技股份有限公司

【公司概况】

北京道从交通科技有限公司为国家高新技术企业，总部位于北京市中关村科技园区石景山园。公司主要从事交通安全技术的研究开发、技术咨询以及安全设施类新产品的生产销售、施工安装等业务，并致力于为公路和城市道路提供“系统化、一站式、高附加值”的交通安全解决方案。

公司业务起始于1999年，经10余年的发展，在交通安全防护领域积累了雄厚实力，核心团队具有10年以上的本行业从业经验，主持或参与完成的技术咨询和研究项目50余项，获得各项专利40余项，其中发明专利5项，获得省部级科技进步奖项累计20余项，参与编写的国家、行业或地方标准共计8项。

公司拥有一批国内外知名的交通安全专家，并与教育部“道路安全与环境工程研究中心”等多家知名研究机构建立了战略合作关系。公司自主研发的“中国车辆有限元模型库”为国内唯一，集成开发的“交通安全设施计算机仿真计算集成应用系统”达到了国际先进水平。

公司现已拥有新建高速公路交通安全防护、运营高速公路交通安全防护、城市道路交通安全防护、低等级公路交通安全防护等四大系列30余种产品，能够全面解决目前公路及城市道路安全防护中的弱点和漏洞问题。

公司产品已在包括上海世博会配套工程、山西忻阜高速和江西永武高速等交通运输部示范工程、上海长江隧桥工程等重点工程在内的30多个公路工程项目上应用。

公司将继续秉承“安全、环保、低碳、美观”的发展理念，不断推进交通安全领域的技术进步，为实现人类“交通事故零死亡”的理想奋斗！

【技术实力】

公司现有各类研究人员共14人，其中硕士5人、博士4人。研究团队涉及道路、交通、桥梁、结构、力学、汽车、机械、安全等多个专业，知识结构配置合理，协作配合的经验丰富。核心团队具有10年以上的本行业从业经验，主持或参与完成的技术咨询或研究项目50余项，获得各项专利40余项，其中发明专利5项，获得省部级科技进步奖项累计20余项，参与编写的国家、行业或地方标准共计8项。

公司注重与国内外同行的技术沟通和交流，鼓励员工参加各类国内外的学术交流会议。公司拥有多名知名专家组成的专家委员会，能够定期为员工提供技术培训或业务指导。公司已经与教育部“道路安全与环境工程技术中心”建立了战略合作关系，是美国LSTC公司在中国交通安全领域的技术合作伙伴，并与清华大学交通研究所、北京工业大学交通工程系等国内外知名的研究机构保持长期合作。

公司自主集成开发的“交通安全设施计算机仿真计算集成应用系统”，专门用于中国交通安全设施的研究开发；公司针对中国公路和城市道路上的车辆组成和特点，采用真实车辆拆解和有限元建模技术，自主研发了大客车、小轿车、公交车、大货车等系列车辆模型，形成了适合中国国情的“中国车辆有限元模型库”；该项技术使我公司计算机仿真分析的计算精度达到国际先进水平，为安全设施研究开发的快速、准确、适用提供了保障。

【430184】北方跃龙科技(北京)股份有限公司

【公司概况】

北方跃龙科技(北京)股份有限公司,简称"北方跃龙科技",是由北京市科委、北京市财政局、北京市国税局、北京市地税局联合认定的高新技术企业、软件企业。于2006年创建于中关村科技园区上地信息产业基地,2012年改制为股份制,总部设在北京,并在福州设有办事处。

公司为一家国内领先的专注于石油、石化领域信息化、自动化全面融合解决方案的服务商,拥有自主知识产权的系列软硬件产品:集团(公司)级经营管理系统、卡系统(卡中心、发卡、充值、会员卡)、油(气)站经营管理系统、油库经营管理系统以及各种智能集线(控制)器、嵌入式智能终端设备等;并提供企业标准化管理咨询、IT技术服务。

公司一直坚持以高素质的人才为基石,以特色的技术服务为宗旨,以高效的管理团队为保障,秉承"公平、务实、团结、创新"的核心理念,为客户、员工和公司共同发展搭建了一个优质的平台,为海内外的客户提供最适合的产品和服务,互惠共赢,共同发展。

客户是企业的上帝,满足客户的需要是企业生存的基石,我们通过提供完善的售前、售中、售后服务,来满足客户的需要,同时充分尊重客户的意愿并且保障客户的利益。

【企业优势】

1. 公司团队

公司在软件开发、行业信息化建设、系统集成领域组建了一支具有一流的专业技术背景和深厚管理经验的团队;拥有一批包括软件设计、开发、网络规划和实施等方面经验丰富的行业专家、项目管理专家、产品与技术服务专家。

2. 公司所拥有的技术

公司是首批经过四部门重新认定的高新技术企业,是中关村高新技术企业协会的会员。公司的管理团队有着丰富的技术研发背景,利用多年的技术从业经验,培养出了一支高素质的技术服务和研发团队。秉承"早期介入,高效创新,服务延伸"的独特理念,研制开发了多项自主知识产权产品。

在加油站产品领域,我们掌握了从加油机板卡设计到IC卡发卡系统,加油站中央管理系统软件,罐容表标定系统、水上加油船管理系统软件、协议转换控制器、加油站专有POS系统、FCC等系列产品。我们的产品可以支持GILBARCO加油机、GVR液位仪、托垦恒山、美国稳牌、正星、三盈、长空、榕兴等主流加油设备厂家产品。

在油料输送和油库行业,我们提供了基于业务数据流的信息化和自动化一体化解决方案,掌握了从油罐车管理、门禁、自动付油、卸油及办公自动化等模块。本系统成功应用于广东南村油库、湖南长沙油库和浙江舟山项目。

在石化系统集成和数据整合领域,我们有实际管理超过3000个加油站的信息管理系统和省公司级完整信息系统整合的经验,我们是本行业内唯一提供从加油机系统设计、加油站系统管理设计、到公司级系统整合的专业化信息厂家。我们组织完成了广东中石化数据整合系统和门户建设项目,中标完成了中石化森美(福建)石油有限公司的加油站零售管理系统和公司级的信息整合平台,包含零售管理、商客管理、仓储管理、内控信用管理、客户关系管理、财务报表、综合计划管理、统一权限管理、存储备份、单点登录、网银资金监控、记账折让、损益管理等十多个模块。

在市政领域,我们有基于网络的大型城市夜景照明系统的成功案例,这些案例主要包括北京2008年奥运会西二环景观照明示范工程、上海世博会长宁区夜景照明控制示范工程等。

3. 行业经验

加油机设计经验(长吉卓越系列(IC卡)加油机,B-MODEL系列加油机,B05系列加油机,CEEIC卡系统);

油站附属设备设计(长吉集线器、RTBIC卡集线器、GVR液位仪前置数据转换器、RTBIC卡智能数据采集器);

加油站系统设计经验(广东IC卡POS系统2300座加油站、中石化福建全省800多座加油站、RTBIC卡自发卡系统、油品、非油品管理系统);

油库自动化、信息化一体化解决方案(中石化广东南村油库、中石化湖南长沙4座油库、浙江舟山50万立方油库、中航油);

分散数据系统整合经验(广东中石化数据整合项目);

集团公司信息系统整合经验,包含了零管业务处理模块、零售数据分析统计模块、各类系统数据接口、记账折让管理模块、资金监控模块、发规报表模块、商客报表模块、仓储报表及数据采集管理模块、财务报表模块、公共数据管理模块、系统管理模块、信用管理模块、客户关系管理模块、加油卡充值卡模块等(中石化森美(福建)石油有限公司);

系统级设计经验(怀柔开发区电力监控系统设计、北京西二环路奥运会景观照明远程集中控制系统设计和实施)。

我们不是万能的技术专家,但是我们有着出色的现场组织和实施经验,特别擅长加油站相关设备软硬件一体化产品的设计开发和现场应用,从加油站级的装机到新产品的现场试验,我们先后参与了中石化、中石油IC系统标准的研讨和制定以及实际产品的试制、认证、现场试验、批量生产各个环节。熟悉加油站业务操作流程、安全作业规程、油站设备性能等,可以有效保证项目安全、准时、可靠交付使用。

【430185】北京普瑞塞特物联科技股份有限公司

【公司概况】

北京普瑞塞特控制系统科技有限公司创建于2004年,现坐落于北京市海淀区高新科技园区。依托中关村优势科技力量和人才资源,北京普瑞塞特致力于智能工业、智慧城市物联网解决方案的研发和推广应用,已先后研发出起重机安全控制系统、起重机远程监控系统、工程机械现场总路线控制系统与远程集群监控网络系统、路灯与景观灯远程智能控制系统等多个高新科技产品,并取得了良好的经济效益和社会效益,获得了行业和用户的普遍好评。公司现有各类专家10余人和20余人的售后技术支持人员,拥有多项专利和软件著作权。

公司的主要业务包括:

1. 为城市路灯与景观照明提供远程智能控制系统

普瑞塞特城市路灯与景观照明远程智能控制系统,是为城市照明和城市景观提供统一的管理、监测和控制方案。在保障城市照明需求和景观需求的同时,达到综合节能减排、管理效率全面提升、维护成本有效控制的目的。

2. 为工程机械生产企业提供智能安全控制与检测系统产品和解决方案

普瑞塞特根据不同工程机械的产品特性和生产流程进行设计、开发和定制智能安全控制与检测系统,为工程机械生产企业提供适应产品和生产需要的智能安全控制系统和全面解决方案,保障工程机械的作业安全,提高工程机械的工作效率和用户满意度，增强工程机械产品的市场竞争力。

3. 为工程机械设备用户提供智能安全控制与检测系统安装维修和技术支持服务

普瑞塞特系列产品采用标准化全兼容设计，能够应用于国内外各类品牌和型号的工程机械设备，根据不同行业工程机械设备用户的需要提供智能安全控制与检测系统产品的安装和维修服务，有效改善工程机械设备工作状况，保障工程机械设备作业安全，提高工程机械设备工作效率，延长工程机械设备使用期限。

4. 为特殊工程机械设备设计和定制智能安全控制与检测系统

除标准化系列产品以外，普瑞塞特依托自身强大的技术开发实力和丰富的行业应用经验，针对特殊类型的工程机械设备安全控制的需要进行独特设计，提供定制化智能安全控制与检测系统和解决方案。

【企业文化】

我们的使命

作为安全保障与监控产品的生产企业，注重安全，尊重生命是我们的使命。作为一个付责任的企业，创造更加安全、人性化的生产作业环境是公司一贯的诉求。

公司的愿景

建立主营行业的技术领导地位。由此带来技术的领先、行业标准的制定，行业趋势的倡导。未来将实现进一步的人性化监控与控制并存，在保障安全的情况下，为产品使用者创造更加人性化和细致的操作环境。

企业精神

诚信 - 更坦率、真诚、表里如一。

专业 - 重视科学研究，力求专业，使监控更加精确。

创新 - 抛开常规的思维方式和办事方法，勇于用科学的方法挑战自己。

团队 - 精英团队组合，团队中每一个人都紧密合作、知识分享、共同进步。

我们的价值观

唯有科技带来监控的精确，是安全监控与操作的根本基础。

科技的不断创新和注重细节是公司的发展原动力。

我们以科技为公司根本。

我们的经营宗旨

我们对用户负责——不仅是我们的直接客户，更是对我们的产品使用人员；我们注重用户与我们和我们产品的每一个细节，关怀使用者的生命安全。

我们对员工负责——尊重员工的尊严和价值，我们是一家人，公司是每一个员工充分展示自己能力和才华的创作室。

我们对社会负责——我们的产品，是以保障人身安全为目的。优质的产品和服务质量，表达着我们对社会负责的态度和贡献。

【企业荣誉】

2010 年，由中关村科技园区管理委员会认定为“瞪羚企业”，并于同年 8 月份取得北京中关村企业信用促进会会员资格。

2010 年 6 月，获得《软件产品登记证书》。

2010 年 4 月，获得中华人民共和国国家版权局认定的“计算机软件著作权登记证书”。

2009 年 9 月，由中关材科技园区管理委员会颁发的“中关村科技园区小企业创新支持资金资金立项证书”。

2009 年 6 月，由北京市科学技术委员会、北京市财政局、北京市国家税务局、北京市地方税务局联合认定为高新技术企业。

2009 年 6 月，由中关村科技园区海淀园管理委员会认定为海淀区创新企业证书。

2009 年 6 月，由中关村科技园区管理委员会认定为中关村高新技术企业。并成为北京中关村高新技术企业协会会员。

2008 年 11 月，获得欧盟 CE 认证证书。

2008 年 10 月，由北京市科学技术委员会认定为软件企业。

【430186】北京国承瑞泰科技股份有限公司

【公司概况】

北京国承瑞泰科技股份有限公司（简称 GCPMC，证券简称：国承瑞泰，证券代码 430186）是一家专业工程项目管理公司，同时也是国内第一家且唯一一家已经在国家高新技术园区，中关村新三板挂牌的工程项目管理公司，并已通过 ISO9000 质量管理体系认证。我公司专注于石油化工领域及煤化工领域，主要业主提供项目管理研究、技术开发、项目前期咨询、建设工程项目管理（PM）、建设工程项目管理承包（PMC）、业主管理团队（IPMT）、建设工程招投标、项目管理培训和国际合作等服务。我公司与国内优秀企业在石油化工设计、采购管理、施工管理和监理、水煤浆燃料技术开发等方面进行着紧密合作，在技术实力和人才储备方面有着得天独厚的优势，能够最大限度的提高工程建设质量，并节约投资。

GCPMC 企业宗旨是整合先进的项目管理资源，引入国内管理领域的最新成果，建设卓越的项目管理平台，提供优质的项目管理服务，打造创新型的项目管理专业化公司。GCPMC 拥有国内优秀的项目管理专家资源，其中不乏教授级高级工程师及博士生导师；同时拥有雄厚的硬件资源和享有国家著作权的自主研发的项目管理软件。我司内部组织机构专为项目管理工作需要设计构建，并已形成一套行之有效的规范化、程序化的工作制度。我们的一切，只为不如业主赋予我们的使命。

【企业文化】

公司愿景

成为中国工程项目管理行业的领跑者。

公司战略

短期目标

使我公司快速成为集“咨询 + PMC + EPC”三重专业能力的、优秀的综合性管理公司。

中期目标

以我公司为起点，动员全行业推动中国企业 PMC 管理规范化和制度化。

长期目标

忠实的继承完善老一辈项目管理者的经验。

使公司成为中国 PMC 管理行业的缔造者。

并培养造就出新一代职业项目经理人，为社会作出突出贡献。

公司宗旨

协助业主管理。

培养项目经理。

互惠互赢经营。

努力回报社会。

【管理团队】

一、董事会成员

董事长——司徒泽湘

曾任中国石化北京燕化石油化工股份有限公司副董事长、副总经理，在石油化工建设方面具有优良的业绩和丰富的管理经验。三十余年来，先后承建过催化裂化、常减压、重整加氢、乙烯、聚丙烯、聚乙烯、苯乙烯、聚苯乙烯、苯酚丙酮、间甲酚、色母粒、丁基橡胶、制苯、乙烯裂解炉、己内酰胺等炼油及化工装置，其中 71 万吨/年乙烯、200 万吨/年重油催化裂化、20 万吨/年聚乙烯的规模在我国同类装置中名列前茅，3 万吨/年丁基橡胶在我国首次建设。同时还承建过电站、锅炉、罐区等配套工程。主抓的采用国产钢板建造的 10 万立方米原油储罐获得成功，220 吨/时水煤浆蒸汽锅炉在我国首次建成。

二、高层管理团队

总经理——池敏华

高级工程师，1984 年毕业于北京化工大学，曾长期任职于中国石化工程建设公司（SEI），担任过多个大中型石化项目的高级项目经理。曾就职于北京石油化工设计院有限公司，担任副院长主管人事部、行政部、财务部和生产部，有着丰富的项目管理经验和公司管理经验。

副总经理——马力

高级工程师，1983 年毕业于太原工学院化工机械专业，先后在太化公司设计研究院、化学工业第二设计院、北京石油化工设计院有限公司任职。获得国家压力容器设计审批员、分析设计审批员、设计鉴定评审员资格。担任过多个项目的项目经理，具有丰富的非标设备设计经验。

副总经理——严义忠

教授级高级工程师，一级注册咨询工程师，一级建造师。1985 年毕业于武汉工业大学，研究生学历，曾任职于中国五环化学工程公司（原化工部第四设计院），担任工艺室主任、高级项目经理，参与多个大中型石化项目的管理。2006 年就职于北京石油化工设计院有限公司（BPDI），担任总承包事业部副部长，具有丰富的工程总承包和工程管理经验。

副总经理——毛卫华

MBA，1993 年毕业于青岛化工学院化工工艺专业，获得工商管理硕士，曾任职于中石化集团燕化公司研究院、北京石油化工设计院有限公司，参加多个大中型石化项目的设计工作。担任过管理总监、经营管理部经理，具有丰富的经营管理经验。

副总经理——张举民

高级工程师，MBA，国家首批注册化工师。1982 年毕业于合肥工业大学化学工程系；先后曾任职于化工部第二设计院工艺高级工程师、项目经理；KaevernerJohnBrown 项目经理；WorleyParsons 高级项目经理和项目总监及中石油高级顾问等职务。参与过国际、国内多个大型项目的设计、采购、施工、试车的项目管理工作。范围涵盖了项目前期研究、新技术开发；石油化工、海上平台、城市煤气和食品制药项目以及大型燃机联合循环发电项目。在项目 EPC 总承包方面有丰富管理经验。

副总经理——王劲松

高级采购师，于 1988 年和 1995 年分别毕业于海军后勤学院物资管理专业和中国人民大学贸易经济专业，先后在中国人民解放军后勤部物资油料部、中冶京诚工程技术有限公司、中国恩菲工程技术有限公司、寰球工程项目管理（北京）有限公司任职，参与过军队后勤装备、战略物资的采购工作，以及在中冶集团、中石油等多个大中型工程项目担任过采购经理、采购部经理等职务，具有丰富的采购管理经验。

三、专家团队

水煤浆专家——汪景武

汪景武曾于 50 年代在莫斯科矿业学院和西伯利亚冶金工业学院学习，60 年代回国在中国矿业大学执教，1970 年调入北京煤炭设计研究院工作。1973 年被燃料化学工业部任命为院副工程师，国家水煤浆工程技术中心工程设计研究所所长，教授级高级工程师。

汪景武先后主持设计建成了一批有国内自主产权的水煤浆工程，包括不同工艺的水煤浆制备厂、水煤浆添加剂制备厂等新建工程和燃油工业锅炉、燃油工业窑炉、燃油电站锅炉改烧水煤浆工程，并对多条长距离水煤浆管道系统工程进行了可行性研究。主要著作有：《煤矿矿井采矿设计手册》、《机械工程手册》、《浆体管道输送设备实用选型手册》，先后在国内外发表 20 多篇论文。

汪景武是我国水煤浆工程设计的开拓者和先行者，获多项科技进步奖和优秀设计奖，享受政府特殊津贴，荣获国务院授予的全国先进工作者、能源部授予的全国能源工业劳动模范、中央国家机关工委授予的中央国家机关优秀共产党员及煤炭部机关党委授予的煤炭工业部直属机关优秀共产党员等荣誉。

【430187】北京全有时代科技股份有限公司

【公司概况】

北京全有时代科技股份有限公司是国内金属板带深加工领域的国家级高新技术企业，公司从设计研发、制造、安装、调试为一体的专业从事冶金成套设备、金属板带深加工成套设备、金属表面涂覆成套设备等工程项目。主要产品设备有：酸洗机组、冷轧机组、平整机组、拉矫机组、纵剪机组、重卷机组、脱脂机组、镀锌机组、彩涂机组等，从机械、电气、液压设备制造到安装调试的“交钥匙”工程。

公司工程技术人员均来自国内大型企业和国营单位退休工程师，设计经验丰富。公司十分重视对国外和国内冶金设备技术科研的开发和使用，已拥有二十多项国家专利技术，酸洗机组、平整机组、拉矫机组在国内市场占有率处于领先地位。公司产品用户遍布北京、河北、河南、天津、辽宁、吉林、山东、浙江、江苏、湖北、四川、广东等省市，国营企业用户有首钢、武钢、通钢等，多年来由于设备质量稳定，优质的售后服务赢得了用户的一致好评，有着广阔的市场和良好的信誉。

公司于 2008 年被评定为国家级高新技术企业，同年荣获北京市丰台区科学技术奖，2009 年荣获北京市科技型中小企业技术创新资金、国家科技部科技型中小企业技术创新基金，2010 年荣获国家火炬计划产业化项目企业、北京市自主创新产品企业。

我公司的发展宗旨是：

始于客户需求，终于用户满意！

【企业文化】

企业精神

新思维、快节奏、高标准、多奉献经营理念。

树立诚信、追求卓越。

工作作风

严肃、严格、严明。

我们的产品就是为您提供高质量的服务，我们将持之以恒、努力不懈地提高服务水平，坚持把顾客完全满意度作为评价和改进我们一切工作的标准。我们深知，顾客对我们服务的满意度，直接影响着我们的发展前景和对社会的回报。作为一个正在发展中的企业，我们对自己所肩负的责任的定位就是："服务客户最优、回报社会最大"。

【430189】北京七彩亮点环能技术股份有限公司

【公司概况】

北京七彩亮点环能技术有限公司成立于2004年（北京七色光彩科技有限公司），2010年更名为北京七彩亮点环能技术有限公司，是一家以灯具研发、生产、销售于一体的高新技术企业。公司销售总部位于北京最具活力的商务区——CBD商圈。目前，公司自有厂房和办公区共占地3000平米，有标准的防尘防静电生产车间和流水生产线。并计划与北京大学、中科院半导体所，合建LED工程实验室。

公司以先进的技术手段和科学的管理方法推进企业的发展，建立建全的质量管理体系，通过了ISO9001质量管理体系认证、ISO14001环境管理体系认证和OHSAS18001职业健康安全管理体系认证等多方认证。多项产品通过欧洲安规标准和国家技术质量部门的质量检验，部份产品通过了CE、UL认证。

目前，公司荣获"中关村高新技术企业"、"中关村最具发展潜力信用企业"、"北京照明学会团体会员单位"、"北京中关村企业信用促进会团体会员单位"、"中国照明学会团体会员单位"等殊荣，并获得LED计算机软件著作国家6项专利及其它11项国家专利。

近年来，公司"七彩亮点"品牌等系列产品由最初的可靠、实用向高品质、高技术方向发展。公司凭借卓越的产品质量和完善的售前、售后服务，使公司品牌美誉度与知名度得以快速提升，公司的业务伙伴已遍布全国、港澳台、中东、欧美等国家和地区。

公司秉承"诚信赢得天下，品质铸就辉煌"的公司理念，坚持"快速反应，立刻行动"的企业精神，将"创造环保、节能产品是我们不懈的追求"作为公司的使命，强化技术创新，注重团队建设，努力把公司打造成为国内一流、具有国际竞争力、卓越的企业。

【企业文化】

治厂方针：诚信赢得天下，品质铸就辉煌。

分配理念：一份耕耘，一份收获。

学习理念：求生必须求知。

企业精神：快速反应，立刻行动。

绩效管理：岗位靠竞争，薪酬凭贡献，升迁靠业绩。

彩亮点使命：创造环保、节能产品是我们不懈的追求。

【430190】北京新瑞理想软件股份有限公司

【公司简介】

北京新瑞理想软件股份有限公司（简称：新瑞理想）前身为北京瑞尊理想软件技术有限公司，2012年9月14日正式更名为北京新瑞理想软件股份有限公司。2012年12月21日在深交所新三板挂牌，证券简称：新瑞理想，证券代码：430190。

新瑞理想是中国技术领先的企业级应用平台和软件服务提供商。新瑞理想以推动信息化建设为己任，倡导先进的技术理念，以科技驱动工作，凭借先进、成熟的技术核心和雄厚的研发力量，自主研发企业级应用平台，同时致力于为政府、企业用户量身定制信息化应用系统和行业解决方案。

新瑞理想成立之初就推出了J2EE架构的水晶平台系列软件，具有先进开放、易学易用、稳定可靠等特点与优势，在上百个大型项目成功应用可以充分证明，同时在项目实施过程中不断完善和丰富。全新推出的水晶平台6版本系列软件（简称：水晶6），包括：水晶企业级应用平台、水晶办公平台、水晶门户平台，基于先进技术框架，全面支持云计算，支撑敏捷开发大型、企业级业务管理软件、协同管理软件、云网站群和信息门户。乘水晶6隆重面市之东风，新瑞理想倡导"成果产业化与合作"计划，将水晶平台由公司实施项目自用提升到"全面推向市场"重要战略，追求与合作伙伴和最终用户共享成果、合作共赢、共同发展的目标，帮助合作伙伴全面提升技术实力和市场竞争力，赢得更多商业机会和更大利益，帮助最终用户快速实现信息化战略目标。

新瑞理想拥有强大的技术实施力量和丰富的项目实施经验，应用水晶平台为许多部委、省市政府部门和国有大型企业、大中型企业客户定制协同管理软件、业务管理软件、网站群和信息门户，涉及水利、林业、农业、科技、税务、教育、质检、安监等政府行业和石油、电信、金融、电力等企业，典型项目包括：国家林业局综合办公系统、全国森林公园/国有林场/种苗基地/自然保护区网站群系统、科技部国家科技计划信息管理系统、水利部综合办公系统、全国水利行业电子公文交换系统、中国石油天然气集团公司专网办公系统、河南省林业执法与监督综合管理系统、山东省水利厅行业许可审批系统、北京市农业局农资企业信用管理系统等。

新瑞理想励精图治，改革创新，开拓进取，经过多年不懈努力，积累了大量的客户、丰富的产品研发和项目实施经验，取得了令人瞩目的业绩。今天，新瑞理想已经迈出大步前进的步伐，我们会继续秉承科技创新精神，不断为用户奉献技术和性能一流的软件产品、更优质的技术服务，同时，树立"产品促进合作、产品推动项目"新理念，为公司发展注入新动力、新活力，引领新瑞理想再创辉煌，成为国内顶尖软件企业。

【430193】北京紫新报通科技股份有限公司

【公司概况】

Uniflows（全称北京紫新报通科技股份有限公司）多年来一直专注于新闻出版及印刷行业的软件产品开发及销售，为新闻出版业以及印刷业提供尖端科技产品以及应用软件整体解决方案。

紫新报通正式成立于2003年12月，经过多年奋斗，已经发展成为拥有十余项自主知识产权的软件产品，遍布中国大陆200余家客户数万人每天都在使用紫新报通自主研发的产品在进行新闻内容生产以及印刷，在中国大陆每天发行的各类报纸中有近千种报纸是采用紫新报通自主研发的报通报业数字化工作流程管理软件Dotflow输出的电子文件进行印刷的。

进入2012年，紫新报通将涉足商业印刷以及数码印刷领域，其中：

面向传统商业印刷领域的解决方案是iPrint网络印刷电子商务平台以及数字化合版流程管理系统。

面向数码印刷领域的解决方案是有图影像印品定制及分享平台。

瞄准高端开拓创新

作为国内新闻出版及印刷领域的领先厂商，Uniflows 始终坚持“创新”作为企业战略最重要的关键词，也坚持“创新”作为企业文化最重要的组成部分。

近年来，我们一直致力于提供全媒体整体解决方案及服务，打造数字化内容产业的一体化平台，助推中国新闻出版以及印刷领域的科技进步。

在数字化工作流程、数字报刊、网站内容管理，全媒体，移动互联网等相关领域都取得了丰硕的研究成果。

公司长期深入报纸，期刊，出版社，印刷企业等领域的研发及销售，先后成功研发出报通报业数字化工作流程、全媒体复合出版系统，全媒体内容管理系统、数字报刊系统、流媒体播出系统、豹眼稿件监控系统、智能搜索及分析引擎、互联网舆情监测系统等软件产品。

其中，紫新报通报业数字化工作流程系统位居国内报业印前领先地位，是国内报业出版印刷应用领域首选产品；一直处于领先地位的紫新报通数字报刊系统，蜚声报业，多年来受到近百家客户的好评！“紫新报通内容管理系统，流媒体平台”也已拥有了众多的报业客户。

海纳百川团队制胜

目前，公司技术研发人员占 60%，强大的技术储备和人才优势使公司处于业界领先地位。凭借自主产品强大的技术优势、可靠度与美誉度，紫新报通在激烈的市场竞争中取得了令人瞩目的成就先后荣获国家科技部、北京市和中关村科技园区的嘉奖和资助。

客户至上合作共赢

多年来，我们服务过中国海洋石油总公司、中国日报、中国青年报、光明日报、北京日报、湖北日报、深圳报业集团、安徽日报、宁波数字电视有限公司、中国冶金报、中国旅游报、中国教育报、中国石油报、玉溪日报等众多新闻媒体，广电单位以及报纸印刷企业。

遍布新闻出版及印刷行业 200 余家自主软件产品的客户，就是紫新报通技术研发实力的最好见证。

自我创新不断发展

紫新报通不断向合作伙伴和客户学习中吸取智慧，在为合作伙伴和客户服务过程中积累经验，在不断挑战中自我完善，创新发展。

面对未来，紫新报通将一如既往在专注领域激流勇进，开拓进取，为客户提供尽善尽美的服务。

【企业荣誉】

2011 年 2 月，获得《紫新报通标引反解系统 V6.0》计算机著作权登记证书。

2010 年 9 月，获得《紫新报通智能搜索引擎系统 V1.0》计算机著作权登记证书。

2010 年 5 月，获得《紫新报通报业数字化工作流程管理软件 V4.0》计算机著作权登记证书。

2009 年 9 月，获得《紫新报通内容管理系统 V6.0》计算机著作权登记证书。

获得《紫新报通数字报刊系统 V6.0》计算机著作权登记证书。

2009 年 8 月，获得《紫新报通流媒体播出系统 V6.0》计算机著作权登记证书。

2007 年 12 月，获得国家双软认证，成为双软认证企业。

2010 年 5 月，获得《紫新报通报业数字化工作流程管理软件 V4.0》计算机著作权登记证书。

2006 年 8 月，获得科技部颁发的科技型中小企业创新基金支持，获奖项目为《豹眼稿件监控系统》。

2007 年 7 月，获得《飞翔互联网综合业务系统 V5.0》计算机著作权登记证书。

2006 年 5 月，获得《豹眼稿件监控系统 V1.0》计算机著作权登记证书。

2005 年 12 月，获得《报通报业数字化工作流程软件 V1.1》及《报彩报业真网点数码打样软件》计算机著作权登记证书。

2004 年 1 月，获得高新技术企业证书。

【430194】北京锐风行艺术交流股份有限公司

【公司概况】

北京锐风行艺术交流股份有限公司是中国目前最具影响力的专业公共信息传播设计提供商之一，是行业内目前唯一获得“中关村高新技术企业”认证的文化创意类企业。

公司自 2009 年组建以来，始终坚持以公共信息传播研究和媒体市场分析为基础，以开创性的传播模式设计和视听传播形态创意为核心，为客户的市场推广和品牌营销提供全方位的解决方案，制作最具销售力的视觉产品，整合、维护和提升客户的市场形象和品牌价值。

公司的专营业务涉及公共信息传播设计、宣传片 &TVC 创意与制作、政府公关与大型活动策划、CG 动画片创作设计、电视节目策划与制作、电影电视剧策划与拍摄。

三年来，公司秉承“新锐风范，择善而行”的经营宗旨，坚守“睿智、创新、负责、卓越”的企业精神，为客户提供“细致、周到、优质、高效”的全方位服务，积累了丰富的经验，锻炼出了一个“锐意创新、勤奋争先，服务为本、择善而行”的优秀团队。2012 年，公司作为值得信赖的优质企业又喜获认证，成为“中关村企业信用促进会”会员，这是公司在行业内又一独享的荣誉，也是市场对公司多年来艰苦努力、敬业创新的认同和肯定。

面对未来，我们将始终保持清醒的头脑，兢兢业业地做事，踏踏实实地做人，以更加优异的专业服务践行我们的职责和使命，以更加坚韧的开拓精神赢得市场的尊重和公司未来的光明前景。

【公司理念】

北京锐风行艺术交流股份有限公司秉承“新锐风范，择善而行”的经营宗旨，坚守“睿智、创新、负责、卓越”的企业精神，为客户提供“细致、周到、优质、高效”的全方位服务。

睿智：品牌品位与市场形象。

创新：企业活力与竞争意识。

负责：服务态度与职业操守。

卓越：市场形象与企业目标。

新锐服务，风行天下。

创新锐之风，行诚善之路。

公司地位：

专业技术位居前列。

整体策略行业领先。

行业优势：

北京锐风行艺术交流股份有限公司不只是一个单纯的制作公司，具有优于其他公司的媒体市场研究、品牌运营策略、品牌营销推广、包装模式创新以及视频业务拓展、媒体活动策划等竞争优势。

【430198】武汉微创光电股份有限公司

【公司概况】

武汉微创光电股份有限公司成立于2001年，位于东湖高新技术开发区“武汉·中国光谷”，专业从事视频监控产品的研发、生产和销售，是国家认定的“高新技术企业”。

微创光电核心创业团队全部来自着名光电企业——武汉邮电科学研究院，通过建立规范的现代企业法人治理结构，汇集了一大批资深的光纤通信、视频处理、电子技术和企业管理方面的专业人才，在视频监控领域形成了独特的综合性技术优势。公司产品开发团队十几年来主持和参加过多项国家和原信息产业部重大研究课题、多项国际电信联盟(ITU)和国家/行业技术标准的研究和制定，取得了一系列丰硕的技术成果。微创光电生产、销售的全部产品均为自主研发，拥有完整的自主知识产权，并获得多项技术专利和软件着作权。

微创光电是视频监控产品的领先供货商。提供一系列高速行业视频监控解决方案和平台化产品。产品广泛应用于高速公路、城市智能交通、铁路、城市社会治安监控以及其它视频监控领域。公司的产品线、产品出货量、品牌美誉度、市场占有率等主要指标均居于国内同行业前列，并赢得包括“3111试点工程推荐优秀安防企业产品”、“平安城市建设推荐品牌”、“中国安防知名品牌”、历届“中国安防产业100强企业”，以及“首届武汉名牌产品”、“湖北省科技路线图重点培育企业”、“湖北省最具投资潜力的科技型中小企业”等众多荣誉。

微创光电拥有同行业中顶级的科研、生产仪表和装备，所生产的各系列视频监控产品已获得了CE/FCC认证、原信息产业部电信设备入网许可证、湖北省公安厅安全技术防范产品生产登记批准书并通过了公安部、原信息产业部、国家广电总局、交通部等部门的权威检验检测。

微创光电通过了挪威船级社ISO9001:2000质量管理体系、ISO14001和OHSAS18001环境和职业健康安全管理体系第三方审核认证。公司还通过建立“困难援助基金”和“慈善基金”等方式，积极担负起企业对员工和社会的责任。

本着“精益求精、持续改进、永不满足、务求最好”的公司理念，微创光电不断向市场推出极富竞争力的新产品，并为广大客户提供多层次的个性化延伸服务。我们的服务目标是：“让您的客户满意！”

【企业文化】

企业理想

“永续经营，实业报国”脚踏实地找差距、打基础、强实力、做实业、创价值，不慕浮华虚荣，不投机取巧，相信天道酬勤；把企业发展与民族复兴和国家富强联系在一起，竭尽一个企业的微薄之力。让微创在一个伟大的理想、一种崇高的精神的感召下，聚集起一批同路人共铸辉煌。平衡短期生存与长期发展，形成优良的资本组合，培育企业长久生命力。

企业责任

——对股东：创造经济价值；

——对员工：保证安全与健康，提供发展平台，共享发展成果；

——对客户：增加客户价值；

——对政府：增加税收收入；

——对社会：爱护环境，参与公益和慈善事业；

——对供方：互利合作伙伴。

组织氛围

平等、积极、合作、务实、坦诚、正气。

【发展历程】

2001年8月成立，注册资本1020万元。

2001年，新型系列模拟视频光端机(01系列)量产。

2002年，国内率先推出全系列4V、8V(622M、1.25G平台)非压缩数字视频光端机(02系列)；双绞线(03系列)产品量产，并在行业内造成深刻影响。

2002年起，产品实现批量出口。

2002年，通过高新技术企业认定。

2003年，16V(2.5G平台)、CWDM/ADM数字视频光端机研发成功，8bit产品(02E系列)大量投产。

2004年，02C系列研发转产，全面取代模拟视频光端机。

2005年，代表业界最高技术水平的高端网管型02H系列研发成功并转产，2M接口MPEG-2/4编解码器产品转产。

2005年，首批入选“湖北省重点培育100家科技型中小企业”。

2005年，荣获“中国安防知名品牌”。

2006年，首届“中国安防产业50强”，2007“中国安防产业100强”，2008“中国安防百强企业”。

2006年，荣获“3111”试验工程推荐品牌。

2006年，荣获湖北省科技厅“五个一百工程”企业。

2006年，2.5G链路式光端机研制成功，02C系列全面改型升级成功，EthernetMPEG-2/4编解码器产品启动，公安三四级网专用设备投放市场。

2007年9月，通过DNV(挪威船级社)ISO9000、ISO14001和OHSAS18001认证。

2008年，荣获“武汉市中小型企业成长工程”企业。

荣获2008-2009年湖北省安防行业AAA级诚信企业。

荣获2009-2010年平安城市建设推荐优秀安防产品。

2009年度，WELLTRANS牌视频监控传输产品为武汉名牌产品(武汉市人民政府)。

2010年，荣获湖北省科技型中小企业成长路线图计划“重点培育企业”。

2010年，荣获武汉市自主创新产品(WTOS-VL)。

2010年，荣获东湖新技术开发区自主创新产品(WTOS-VL/WTOS-VP)。

2010年，荣获国家重点新产品。

荣获中国安全防范产品行业协会会员(中国安全防范产品行业协会2010年)。

2011年，荣获全国安防用户满意产品品牌(中国公共安全杂志社颁)。

【核心优势】

技术亮点

在国内率先研制出非压缩数字视频光端机，对国内视频监控领域光端机从模拟到数字传输的转化起到了重大的推动作用；

在国内率先推出单波长16路2.5G光传输平台数字视频光端机和16节点级联型光端机；

具有完整的产品线。从点到点光端机到节点式级联光端机；从单波长到CWDM；从155M到2.5G光传输平台；从20Km传输距离到100Km传输距离；从视频光端机到视/音频/数据/以太网光端机、爱峰对讲光端机；从普通光端机到广播级视/音频光端机；从常规数字光端机到模块化、网管型数字光端机；从非压缩数字光端机到 MPEG2 或 MPEG4 压缩编译码器等等；

配合网管型光端机开发的 eGuide 网管软件支持基于 SNMP 的网络接口或基于私有协议的异步数据接口，其功能强大、兼容性强、接口直观友好、运行稳定可靠，是一个电信级的网络管理平台，在多次比试评测中屡获好评；

具有先进的专业化仪器和装备，如美国泰克 VM700A 视频测试仪、美国泰克 AM700 音频测试仪、美国泰克高速数字存储示波器、惠普光波测试仪、通信性能分析仪、Smartbits 网络分析仪、高低温试验箱和 SMT 生产线等，为产品开发和产品性能提供了有力保证。

产品生产和质量控制

公司通过了由挪威船级社第三方审核的 ISO9001:2000、ISO14001:2004、OHSAS18001:1999 质量体系认证。

关键元器件全部采用国际知名公司 Agilent、NS、Philips、AD、Maxim 等的产品，并且全部从这些公司授权的一级代理商处直接采购；原材料供货商全部经过考察认证，严格筛选。

先进的视频监控光纤传输产品专业化生产线，配备 TektronixVM700A 视频测试仪、TektronixAM700 音频测试仪、TektronixTDS－620 数字示波器、Smartbits－2000 网络分析仪、HP37717BPDH/SDH 测试仪、HP86120 光波长仪、Agilent8163 光多用表、100Km 超长测试光纤、高温老化房等仪器设备，所有产品都要经过 50℃、48 小时高温老化以及 100% 带纤测试。

完善的产品生产和质量控制流程、严格的生产过程控制和详细的测试记录，保证产品生产质量和可追溯性。

所有光端机产品出厂前 100% 由质量管理部进行全检，严格保证产品出厂质量。

产品服务保证

公司可为用户提供系统方案、设备组网和人员培训等方面的售前技术支持。

公司可为用户提供系统设备组网方案验证实验、开通调试、试运行等售前和售中技术支持。

4 小时售后电话支持和服务。

公司可提供现场工程技术督导服务。

现场服务及时，国内大部分地区可以保证 12 小时内到达现场。

产品维修及时，可以为用户提供故障产品替换服务，保证用户的使用少受影响。

【430202】北京星河康帝思科技开发股份有限公司

【公司概况】

北京星河康帝思科技开发股份有限公司位于中国硅谷北京中关村，系集开发、生产、销售于一体的高新技术企业。自 1999 年成立以来，全体星河人在社会各界的大力支持下，结合中国电子业生产的特点，吸取各家所长，秉承“以优异技术，卓越品质，生产出一流产品；以诚信精神，团体力量，创造出辉煌事业。”的企业训言，研制并生产出自己的在线测试仪（ICT）。十三年来，依靠良好的设备性能，及时完善的售后服务与技术支持，我们成功地服务于国内外 2000 多家电子企业，受到了从国内的著名企业海尔、格力、TCL、新科、步步高、万利达，到世界知名公司 PANASONIC、SANYO、HITACHI、ELCOTEQ、M－FLEX、FOXCONN 等公司的普遍好评！并建立了良好的合作关系。产品涉足 IT、通讯、家电、计算机、军工、航空航天、汽车电子等领域。而且我们凭借优秀的研发队伍，对产品不断推陈出新，持续扩大产品线。线缆测试仪、背板测试仪、炉温测试仪、VFD 功能测试仪的推出均受到客户的高度赞誉；电路板动态功能测试仪（ATE）、全自动在线测试仪（ALTASICT）、各种工装、治具、针床（Fixture）的优良品质得到了诸多电子厂商的青睐；代理及自行研发的光学测试（AOI）、飞针测试仪、X 光测试仪（X－RAY）、探针等多种检测设备更是独领风骚。到 97 年底，我公司已经成为国内规模最大的自动化测试设备供应商，市场确立了 SRC 在自动化测试领域内第一品牌的领导地位。

产品不仅获得了北京市高新技术产业开发试验区拳头产品称号，而且被评为北京市科技开发扶持项目。1999 年以来我公司连续被评为北京市海淀园首批信誉免检企业、北京市高新技术企业、高新技术产业园先进企业、创新企业、守信企业等称号。04 年又顺利通过了 ISO9000 质量保证体系认证及 GJB 军标认证，使 SRC 成为了中国印制电路板测试专家的代名词，公司在在线测试仪（ICT）及自动光学检测仪（AOI）产品上拥有十多项专利技术。

在服务上，我们首创了 2 小时响应制服务，提供热情、周到、迅捷的二十四小时咨询、到厂服务。为进一步完善服务体系，我们专业的软件工程师已经开发了远程遥控及远程控制系统，可以随时随地帮助用户解决困难、提供技术支持。并在深圳设有分公司。

近几年，SRC 适时地把发展目标放在了国际市场上，积极同国际同行进行交流、合作、协作的同时与印度、新加坡、比利时、意大利的伙伴建立了合作代理关系。产品已远销俄罗斯、巴西、巴基斯坦及东南亚各国等。

【企业文化】

1. 目标

十年（2016 年）内进入中国电子百强，三十年做到国内电子十强、电子测试及专用设备行业前两名。

2. 愿景

让世界知道，中国制造就是优质产品。

3. 价值观

企业存在的基本目的是为获取利润，但最终目的是为人类创造价值。

4. 经营哲学

人才，不仅是企业发展的手段，更是企业发展的目的。

5. 精神

技术立身，产业报国。

6. 座右铭

永远把今天看作落后。

7. 理念

我创造，我快乐！

8. 风尚

高素质员工才会创造高技术企业。

踏踏实实做事，老老实实做人。

能力和业绩足以证明你与众不同。

只有不断尝试，才能不断创新。

9. 形象定位

为推动中国电子加工工业自动化、产业化、规模化发展而提供卓越服务的高科技企业。

10. 训言

以优异技术、卓越品质生产出一流产品；

以诚信精神、团体力量创造出辉煌事业。

【430203】兴和鹏能源技术(北京)股份有限公司

【公司概况】

兴和鹏能源技术(北京)股份有限公司前身为兴和鹏能源技术(北京)有限公司,成立于2008年3月,是一家以定向、测量、地质导向为核心技术,致力于为各类特殊工艺井提供技术服务的高新技术企业,是国内最领先的多分支水平井项目技术服务商。

公司下属全资子公司奥润恩特能源技术(北京)有限公司是稠油开采行业中的领军者。

公司核心业务:煤层气开发领域的全面技术服务,包括地质条件与储层评估,储层与产能模拟,多分支水平井的设计、定向和地质导向服务,欠平衡设计与实施,多井连通等;油气井领域的技术服务,主要有定向井设计、定向/MWD测量现场服务、SAGD特殊工艺井磁导向服务等。

公司拥有雄厚的技术力量,丰富的实战经验,领先的技术设备,在行业内积累了良好的口碑。

【经营业绩】

公司近几年主要生产经营业绩(含子公司):

2007年8月,成功完成新奥气化采煤项目一期的水平井施工。

2007年11月,成功为美国远东能源公司沁南水平井项目提供定向连通作业。

2008年4月,顺利完成山西阳泉矿务局SG－01H井煤层气分支井项目作业。

2008年5月,新奥气化采煤二期项目的水平井施工。

2008年8月,成功完成山西潞安矿务局LA－01H煤层气分支井项目作业。

2008年11月,成功为中石油新疆油田公司重32井区SAGD项目4对井的SAGD特殊工艺技术服务。

2009年1月,成功完成中石油钻井院山西郑平01－1井煤层气多分支井定向、地质导向技术服务。

2009年2月,成功完成中石化华东分公司和顺煤层气项目和平1井远端对接井的施工。这是中石化第一口远端对接煤层气井。

2009年4月、8月,顺利完成江苏淮安深井盐井井下对接连通服务。

2009年9月,成功为SHELL公司提供NSL－01H井水平段连通、地质导向、测量施工技术服务。

2009年11月,再次成功完成中石油新疆油田公司重37井区SAGD项目3对井的SAGD特殊工艺技术服务。

2010年3－10月,顺利完成富地柳林公司FL－H1－L与FL－H2－L两口煤层气多分支水平井的核心技术服务。

2010年8－12月,顺利完成SHELL公司NSL－02H,NSL－03H,NSL－04H三口煤层气多分支水平井的技术服务。

2010年12月,成功为贵州煤田地质局ZL－01H地面瓦斯抽放水平井施工。

2010年3－12月,成功为格瑞克公司18口煤层气直井造穴工作。

2010年3－12月,顺利完成西安煤科院及盐井客户4口远端对接井施工。

2011年1－12月,成功完成格瑞克公司数三十口直井造穴工作及10口远端对接井对接技术服务。

2011年1－11月,成功完成富地柳林公司FL－H3－L,FL－H4－L与FL－H6－L三口8000米双煤层多分支水平井核心技术服务。

2011年11月,成功为潞安集团余吾煤矿高抽巷LA－02H－1井水平分支井大包钻井施工。

2012年3月,成功为潞安集团余吾煤矿LA－02H－2高抽巷水平井分支井大包钻井施工。

2012年1－5月,成功完成格瑞克公司8口远端对接井对接技术服务。

2012年3月,成功完成中石油廊坊分院晋城郑试平9U远端对接井技术服务。

2012年5月,成功完成富地柳林公司FL－H5－L井8000米阶梯式双煤层多分支水平井核心技术服务。

2012年5－11月,完成中石油新疆油田公司重SAGD项目20对井的SAGD特殊工艺技术服务。完成石油新疆油田公司2口火驱井技术服务。

2012年7－10月,完成中海油公司2组远端连通水平井技术服务。

2012年7－12月,完成河南豫中公司2组远端连通水平井技术服务。

【公司理念】

精益求精,专业品质

公司秉承一贯的专业技术品质,并致力于持续的技术研发,不断精进。

诚信为本,客户价值

诚信是公司的立足之本,经营之魂,对客户以诚相待,时刻以实现客户最大价值为原则。

广结善缘,求同存异

与人为善,广结善缘,取长补短,求同存异,共同促进行业进步。

求实求稳,审时度势

先生存,后发展。优先打造公司基础价值,不断充实公司技术内涵,伺机延伸发展,提升公司价值定位。

快乐创造,共享价值

积极营造轻松快乐的工作氛围,关注员工福利和职业发展。共同创造,价值共享。

【公司愿景】

保持位势,跟踪前进,做煤层气水平井服务领域的国家青年队。

积极铺垫,伺机先发,成为煤矿安全市场(地面瓦斯抽采)的一支重要力量。

抓住契机,贴身服务,成为大型石油集团海外油气勘探开发的主要服务商,国际油气服务领域的一支新生力量。

依托优势技术,围绕现有领域,兼收并蓄,延伸发展,不断丰富技术内涵,提升价值定位。(可供探讨或已经涉及的领域有储气库、碳捕捉与封存、页岩气、碳减排交易、地下煤气化等,均与现有主业关系密切。)

坚定方向,苦练内功,控制风险,平衡发展,脚踏实地,步步为营,力争五年内实现上市目标。

【430204】北京石竹科技股份有限公司

【公司概况】

北京石竹科技股份有限公司,创立于2001年,位于中关村高新技术开发区,是一家快速发展中的高科技企业。公司致力于嵌入平台产品、固态存储产品、先进航电网络产品和云平台支撑软件产品的研发、生产和销售以及智能嵌入系统、高性能海量存储系统、综合航电仿真系统、高性能网络计算系统的集成和开发服务。

自成立以来,公司始终坚持"科学发展、自主创新"的发展理念,不断增强核心技术及产品的自主研发能力,已先后向市场投放一系列技术领先、性能卓越的软硬件产品,其中部分科研项目获得政府专项基金发展支持,部分产品荣获多项国家专利。同时,公司通过和高等院校、科研院所及实验室等建立产学研合作关系,进一步提高了核心技术原创能力和科研成果转化能力;通过国际合作引进和消化先进技术及二次创新,在较短的时间内开发出系列具有自主知识产权的新技术、新产品、新服务。截至目前,公司拥有商标3项,实用新型专利5项,软件著作权5项,以及正在受理中的发明专利2项。

长期以来,公司始终坚持"质量第一、顾客至上、持续改进、精益求精"的质量方针,不断满足用户和市场对产品质量不断提升的需求,并通过了GB/T19001-2008以及GJB9001B-2009质量管理体系认证。公司具备为用户提供从硬件产品、软件产品、系统集成到专业服务的一揽子产品和系统解决方案。嵌入平台提供基于标准总线VPX/VME/ATCA/CPCI/PC104+/COMe的嵌入模块产品、实时软件产品和实时网络产品。固态存储提供固态电子盘、固态存储卡以及固态存储阵列产品,主要包括基于PATA/SATA等标准接口协议的2.5 SSD、PCIe/mSATA/XMC/PMC/CPCI/VPX等接口规格的存储卡产品、FC/IB/ETH/PCIe接口的嵌入式和上架式高性能阵列存储产品。先进航电提供新一代航电网络FC-AE/FC-AV/AFDX/TTE等协议接口模块和航电网络测试、仿真产品,以及1553B/A429/CAN/RS232/1394B等航电总线接口模块和总线仿真记录产品。网络软件提供高性能网络集群计算平台管理软件、云平台企业数据中心管理软件、云平台企业管理软件等产品。

除标准的货架产品外,公司还提供基于上述产品的智能嵌入平台的系统集成和应用开发服务,提供综合航电测试仿真以及高性能计算平台和云计算平台的解决方案和系统集成服务。多年来,依据自主核心技术和产品优势,公司承接并完成了多项行业系统装备的模块定制开发项目,以及综合航电仿真系统、高速信号处理和记录系统、测试测量和仿真系统、智能实时嵌入控制系统、商用高性能计算系统、高性能视频记录系统等众多系统集成项目。

公司十分重视发展过程中的管理制度及规范的建立和完善,从公司创立之初就着手建立了一套完整高效的信息化运营管理系统,使公司各项业务规范化、流程化,通过该系统,实现了公司办公的网络化,业务工作的流程化,极大地提高了信息的传达和共享,极大地提高了公司运营管理效率。我们深知,人才是一个企业持续、稳定、健康、科学发展的根本,公司坚持以人为本,建立和完善了人才的选、用、育、留体系,培养了一支德才兼备、年富力强的以高级人才为骨干的专业化研发、管理和服务团队。

为拓展和强化公司本地化的销售和技术服务能力,公司在北京、上海、西安、成都、武汉、广州、沈阳、香港等地设有销售办事处和联络处,客户范围覆盖航天、航空、兵器、船舶、石油、交通、电子、通信、医疗、工业自动化等诸多行业。公司完整的销售网络、完备的科研生产管理体系和完善的售前售后服务体系,确保在第一时间内向国内外用户提供最新的技术、最优质的产品、最满意的服务。

【发展历程】

2001年,公司成立,主营:高端嵌入系统,计算机集群。

2002年,超讯计算集群获中关村高新区黄卡产品认证。

2003年,公司发布超讯SCI系列计算集群并获得中小规模计算集群应用,支持2D/3D网络拓扑结构。

2004年,公司发布超讯IB系列计算集群,首次将高性能计算集群互联网络带宽提升到10Gbps,并在国内获得大范围应用。

2005年,公司自主开发的中小企业信息平台软件开始使用并小范围推广。

2006年,公司第一块自主研发的电子盘产品获中关村高新区黄卡产品认证,成立存储和记录产品研发部开发系列固态存储产品。

2007年,存储和记录产品研发部自主开发成功3.125Gbps高带宽光纤接口卡,支持2D/3D网格互联并成功应用于中小规模集群。

2008年,存储和记录产品研发部成功研制CFR-200嵌入式存储阵列系统,产品获得项目批量应用。

2009年,公司第一块自主研发的1553B航电卡开发成功并获得应用,成立航电网络产品研发部开发系列航电网络产品。

2009年,航电网络产品研发部开发成功系列A429航电卡并成功推广应用。

2009年,航电网络产品研发部成功研发完全具有自主知识产权的全功能1553BIP核,采用该IP核的全功能1553B航电卡成功应用于实验室仿真系统。

2009年,存储和记录产品部成功开发采用PowerPCCPU的第一代存储主控制板/单板计算机,并成功应用于多个嵌入式存储项目。

2010年,公司自主开发的中小企业信息平台改版升级发布,成功申请软件著作权,成立软件产品研发部开发高性能和云计算平台管理软件及云计算服务软件。

2010年,国内第一套全中文界面1553B总线分析仿真软件开发FlightPack-1553B研发成功,成功申请软件著作权,并应用于部分航电实验室综合仿真系统。

2010年,航电网络产品研发部成功实现AFDX网络协议栈,开发成功第一代AFDX交换机并完成和国外进口产品的兼容性通信测试。

2011年,存储和记录产品研发部成功研制航电网络数据记录器,并成功应用于多个测试试验项目。

2011年,存储和记录产品研发部发布系列电子盘及存储卡,最高读写速率高达500MB/s,产品性能达到国内领先水平。

2011年,航电网络产品研发部研制成功JPEG2000图像视频压缩卡,并开发出基于压缩码流合并技术的图像拼接技术,为国内外首创。

2012年,1553B总线自动切换的系统成功申请国家专利保护。

2012年,具有物理自毁功能的固态存储设备成功申请国家专利保护。

2012年,高性能遥测图像记录项目获得科技部中小型创新基金发展支持。

2012年,公司通过GJB9001B-2009质量管理体系认证。

证券服务机构

※会计师事务所※

北京天圆全会计师事务所有限公司

【基本概况】

北京天圆全会计师事务所有限公司（简称“天圆全”）创立于1984年6月，总部设在北京，是国内成立最早的会计师事务所之一，经过20多年发展，成为服务功能完善的大型会计师事务所之一，位居全国百强事务所之列。创建至今，始终恪守“独立、客观、公正”原则，坚持“宁要发展一百年，不要风险收入一百万”的经营方针，以“一流的人才、一流的服务、一流的质量、一流的信誉”为客户提供审计、企业风险管理、企业管理咨询、财务咨询、战略及运营等超值高效的专业服务，有力地推动了客户的成功进程。

“以人为本，信誉至上，追求完美”的企业文化使全所员工形成强大的凝聚力，“天圆全人”视客户责任、社会责任及公司责任为己任，追求卓越的执业风格无不体现在执业过程的各个环节，以建成具备国际服务功能的会计师事务所为目标，重视加强员工的国际业务培训，使执业人员专业素质不断提升，赢得了国际间同行的好评和敬重。天圆全在人力资源、质量控制、专业水平方面具有优势。

【人力资源状况】

天圆全现有从业人员323名，形成了由审计、咨询、业务培训、市场信息等部门组成的功能完善的事务所，现有注册会计师163名，其中1名被中国注册会计师协会选拔为注册会计师领军人才，持有注册评估师资格的有56名，持有证券许可证的会计师21名，持有注册税务师资格的32名。具有注册会计师执业证书的人员占全部人员的56%，大学以上学历人员占95%，35岁以下人员占70%，形成了人员结构合理，知识经验丰富的专业人才队伍。并有多名注册会计师担任相关部门的专家委员会委员。

天圆全始终坚持“以人为本，信誉至上，追求完美”的企业精神。在发展过程中，始终体现以人为本的思想，尊重每个员工，发挥每个员工的才智，创建员工发展的平台和空间是天圆全一贯秉承的信念。

【相关制度保障】

天圆全遵照《注册会计师法》和《证券法》，按照财政部、证监会、银监会、保监会、国资委等的相关部门颁布的相关规章，依据中国注册会计师协会制定的《审计准则》，制定了完善的执业质量控制制度，制定了完善的保密制度，制定了完善的执业程序及相关标准，使得出具的报告符合财政部、证监会、国资委、银监会、保监会、行业协会及交易所等各方要求。

【技术优势】

天圆全重视信息化建设，引进了先进的审计软件，并使审计人员熟练掌握，使得审计效率和审计质量大大提高。天圆全制定了较高的质量标准，使得审计质量具有高水平。

天圆全重视员工外语水平的提高，对外语水平高的员工优先任用，使之能够发挥更高的效能，并适应国际化会计服务的要求。

天圆全重视员工的业务培训，积极参加财政部、证监会、行业协会及交易所的相关培训，积极参加证券业务的相关研讨，特别重视在公司首次公开发行股票（主板、创业板的IPO）业务方面的培训，使得天圆全在证券业务方面具有优势。天圆全每年组织一次大规模的为期2周的集中培训和研讨，内容包括职业道德教育、审计程序执行、审计质量控制、上市公司审计特别事项要求、疑难会计问题等，使得执业人员的业务能力始终保持在较高水平。

【天圆全持有的行政许可证】

注册会计师执业许可证，从事证券、期货相关业务审计业务许可证，从事金融相关业务许可证。

【主要业务活动】

天圆全主要从事审计、验资、其他鉴证业务、大型企业的财务管理咨询活动。

天圆全擅长执行上市公司年度审计、公司首次公开发行股票（IPO）业务审计、上市公司资产重组审计、反向收购（买壳上市）业务的审计事务。

天圆全擅长执行公司合并、分立、股权重组等各项股权交易业务的审计。

天圆全开展财务咨询业务，执行公司的内部控制设计、执行公司内部控制审计等业务，开展、企业风险管理、企业管理咨询、财务咨询、战略及运营咨询。

【执业经验及主要业务结构】

公司先后为国内山东黄金、莱钢股份、烟台万华、南天信息、南山铝业、科达股份、中通客车、鲁西化工、鲁能泰山、山东药玻等众多知名企业成功地完成股票首发及增发业务的审计。

担任基金公司财务顾问，为多家基金公司的收购、参股等活动提供咨询意见。

担任多家大型国有企业常年审计机构，从事国资委委托的大型国企年度审计中，部分项目承担主审所的任务。曾为中国石油、中国网通、中国烟草、航天工业集团、山东黄金集团、首都机场等执行过审计业务。

担任多家大型民营企业的审计机构。

先后接受财政部门委托对行政事业单位收支及财政资金的经济效益进行过专项审计。先后为多家商业银行、保险公司、证券公司、期货公司等金融类企业执行审计业务。

天圆全会计师事务所成立至今，从事证券相关业务服务90余户，从事金融相关业务30余户，为5000余户企业执行过审计业务，培训财会相关人员万余人次。

天圆全在近三年的业务中国有企业相关业务约占50%，上市公司相关业务约占35%，咨询及其他业务约占15%，业务领域涉及金融、证券、信息技术、房地产、建筑、煤炭、冶金、制造、化工、酿造、农业、医药、电信、电子、交通、水利、电力、军工、机关行政事业单位等各行业，并实施大型企业的财务管理咨询。

【天圆全的信誉和荣誉】

天圆全自设立开始，始终把信誉放在首位，天圆全始终坚持“以质量求信誉，以信誉求发展”的企业宗旨和“公平、公正、优质、高效”的经营理念。始终严格遵守执业道德，遵守承诺，谨慎执业，工作质量强调“精确、及时、完整”，严守委托人及被审计单位的商业秘密。

由于“天圆全”人视客户责任，社会责任及公司责任为己任，追求卓越的执业风格，得到了社会、政府和行业主管部门的认可和好评。

天圆全凭借优秀的业务能力，诚信与公平的声誉，获得各类资质和荣誉，被财政部授予“全国先进财会工作集体”称号，被山东省国资委评选为“清产核资十佳中介机构”。先后数位员工获得全国优秀注册会计师称号。

【良好的公共关系】

天圆全在遵守相关法律法规的前提下，服从财政部、证监会、注册会计师各级协会的监督与指导，能及时地获得财政部、证监会、国资委等相关政策以及证券、期货交易所、行业协会的相关信息，并能争取这些部门的指导和支持，更好地服务于会计市场、证券市场。

天圆全会计师事务所将一如既往，面向最活跃、最具有潜力的会计服务市场，为客户提供国际水准的综合服务。

北京兴华会计师事务所

【基本概况】

北京兴华会计师事务所目前是中国前20强会计师事务所之一。自1992年成立以来，北京兴华在社会各界大力支持下，经过全体同仁的不懈努力，在股票发行与上市、企业重组、公司改制、国企审计及财务咨询等专业服务方面具有极强的实力和出色的业绩，目前已有上市公司客户近40家。

北京兴华一直保持高速增长，2009年业务收入为1.92亿元，全国行业排名18位，北京市行业排名11位，2010年业务收入为1.8亿元，全国行业排名19位，北京市行业排名13位，2011年业务收入为2.8亿元，全国行业排名19位，北京市行业排名12位。

北京兴华总部设在北京，现有十位权益合伙人，在职员工1100余名，注册会计师520余名。经财政部门批准，本所相继在贵州、广东、湖北、黑龙江、湖南、安徽、福建、山东、河北、吉林、四川、上海、深圳、西安设立14家分所，现已成为国内颇具影响力的知名会计师事务所之一。

北京兴华一直秉承以客户为本的执业服务理念，正确处理服务与监督的关系，赢得了监管机构和客户的好评。

北京兴华业务涉及审计、评估、咨询等各个领域，拥有国有大型企业审计资质、证券期货相关业务审计资质、金融相关业务审计资质、司法鉴定资质。北京兴华所属公司拥有证券业评估资质、甲级工程造价咨询资质、税务审计资质等。

北京兴华的管理团队由经验丰富、年富力强的资深专业人士组成。董事长兼首席合伙人王全洲先生拥有超过二十年从事与审计、评估、咨询相关的专业工作经历，对企业改制上市、年度审计、企业收购兼并、再融资等具有丰富经验和指导能力，并在财税、经贸、金融、证券各界拥有广泛、良好的社会关系与资源。

北京兴华于2000年经财政部批准，正式成为马施云国际成员所并自此跨入国际审计市场，为近十家企业境外上市提供了审计服务。

北京兴华一贯坚持专业化机制与制度建设，建立健全了股东会、董事会和监事会三会治理机构，董事会下设发展战略委员会、风险管理委员会、质量控制与技术标准委员会、分所管理委员会等专业委员会，并建立了一套完整的事务所管理制度及执业规程。

诚信铸就品牌，专业提升价值，北京兴华将一直秉承“独立、客观、公正”的原则，坚守职业道德，为客户提供最优质的服务！

【发展历程】

1992年12月，经北京市财政局京财会(1992)2254号文件批准，成立北京兴华会计师事务所。

1995年11月，经财政部、中国证监会财会协字(1995)32号文件批准，取得证券期货相关业务审计资格。

1998年11月，率先改制为有限责任公司，经北京市工商局注册成立北京兴华会计师事务所有限责任公司。

2000年1月，加入马施云国际，成为马施云国际成员所。

2001年3月，经中国人民银行、财政部银发(2001)50号文件批准，取得从事金融相关审计业务资格。

2005年12月，北京兴华与北京正义会计师事务所、北京中金华会计师事务所合并。

2006年8月，北京兴华与天海会计师事务所合并。

2007年12月，北京兴华与华夏会计师事务所合并。

2008年1月，北京兴华成立贵阳分公司和湖北分所。

2008年6月，北京兴华成立西安分所。

2008年8月，北京兴华成立广州分公司。

2009年2月，北京兴华深圳分所成立。

2009年3月，北京兴华黑龙江分所成立。

2009年7月，北京兴华四川分所成立。

2009年10月，北京兴华湖南分所成立。

2009年12月，北京兴华与中润华会计师事务所合并。

2010年10月，北京兴华山东分所成立。

2010年11月，北京兴华上海分所、厦门分所成立。

2010年12月，北京兴华安徽分所、河北分所成立。

2011年2月，北京兴华吉林分所成立。

2012年2月，北京兴华荣获上海股权交易中心专业服务机构会员资格。

2012年10月，北京兴华通过国防科工局军工保密资格审查认证中心军工涉密业务咨询服务安全保密条件现场审查。

【企业文化】

兴华人在多年的工作实践中，积极致力于企业文化建设，通过不断吸纳融汇中西方文化精髓，逐步积淀出了深厚的人文底蕴，培育出了具有鲜明特色的企业文化，使企业充满了生机和活力。我们崇尚一个业内知名的大所应具有社会责任的理念。我们既是这种理念的倡导者，也是这种理念的实践者。兴华慈善基金会的设立便是这种理念的具体实践。进入北京兴华，你会为我们的热情和真诚所感动，你更会被我们执着的奉献精神和专业精神所折服。

北京中证天通会计师事务所有限公司

【基本概况】

北京中证天通会计师事务所有限公司是经北京市财政局批准，依据《公司法》和《注册会计师法》设立的有限责任公司，是原北京中证国华会计师事务所有限公司与原北京天通会计师事务所有限公司实施实质合并的一家综合性大型中介服务机构。注册资本500万元。公司业务范围包括：企业会计报表审计；企业注册资本(金)验证；办理企业合并、分立、清算事宜中的审计；经济效益、经营业绩专项审计；企事业单位领导任期经济责任审计；企事业单位领导离任审计；证券、期货相关业务审计；从事金融相关审计业务；国有及非国有资产评估；基本建设施工预决(结)算审计验证；甲级工程造价咨询；财务咨询业务；法律、行政法规规定的其他审计业务。

【发展简史】

原北京中证国华会计师事务所是由湖北省审计厅、财政厅所属的事务所改制、发展形成的，成立于80年代初，是我国第一批获准设立的事务所之一，第一批获准从事证券相关业务审计资格的事务所之一，并为我国首批8家具有甲级工程造价咨询资质并能进行混业经营的大型事务所之一，业务范围遍及全国，拥有一大批资深的注册会计师、资产评估师和造价工程师，具有很高的专业水准、较强的业务能力和丰富执业经验。原北京天通会计师事务所是经北京市财政局批准、财政部核准于2004年3月设立，由知名的财务专家和资深的注册会计师发起，主要业务骨干均来源国内一家具有证券业资格的大型会计师事务所，由于其出色的服务理念和能力，迅速建立了包括中国石油天然气集团总公司、中国烟草总公司、国家开发投资公司、中国节能投资公司等知名企业和机构在内的客户群，事业获得了快速发展，合并前拥有专业人员110名，均为富有进取精神和专业能力的青年才俊，其专业才华和服务水平受到了广泛的认可和好评。合并后的中证天通会计师事务所优势互补，实质融合，不仅扩大了规模（2010年度在中国注册会计师协会依据2009年度情况综合评价全国百强事务所中位于第40名），而且核心竞争力有了明显增强，各项事业呈现出快速、稳健发展发展的良好局面。

【团队建设】

北京中证天通会计师事务所有限公司把人才建设作为事务所发展的基石。截止2009年底，北京总部及湖北分所、广东分所、安徽分所、山东分所，共有从业人员330名，平均年龄30.2岁，具有三年以上事务所工作经验的专业人员近80%，五年以上事务所工作经验的的专业人员近60%。其中注册会计师208名（含具有证券从业资格人员22名）、注册资产评估师30名；北京总部拥有从业人员206名，注册会计师103名。注册资产评估师25人，注册造价师33人，已通过注册税务师资格考试20人。从业人员中具有审计、会计、经济、工程等中级以上技术人员193人，占职工总人数的58%，人才素质较好，业务能力较强。

北京中证天通会计师事务所具有特许从事证券期货业务审计在内的各种业务审计资质。事务所对外提供的专业服务及良好的内部治理机制均受到了主管机关、监管机构的充分肯定，深受客户的欢迎与好评。事务所及专业人员在多年的执业过程中没有任何不良记录。我们服务的客户遍布除台湾地区、香港及澳门特别行政区以外的国内各省、市、自治区，涉及金融、电信、机械、轻工、冶金、电力、石油、化工、汽车、造船、电子、电器、仪表、建材、建筑、农业、交通、航空、高科技、房地产、旅游、内外贸、证券、投资等国民经济各个行业。

北京中证天通会计师事务所荣誉董事长孙耀南先生，曾于湖北省审计厅多个岗位担任处长，领导和管理大型会计师事务所多年，是我国知名的政府审计及社会审计方面的专家，兼任中国工程造价协会常务理事、湖北省上市促进会副理事长等职务。董事长、主任会计师张先云先生是国内知名的财务会计专家，曾在财政部会计司从事近十年的会计制度及准则的研究和拟定工作，并先后担负国家政策性银行总行财务管理、大型国企及股份公司财务总监等岗位的领导工作，具有较高的政策理论水平和丰富的实务经验，兼任中国成本研究会和中国中青年财务成本研究理事或常务理事。先后编纂《金融企业会计制度讲解》、《企业会计实务》、《财务管理》、《事业单位财务与会计》、《基本建设投资与管理》、《新编基本建设财务与会计》等专业著作400余万字。北京中证天通会计师事务所在孙耀南先生的指导与支持下，在张先云先生的带领下，专业团队秉承苦练内功、严谨执业、开拓进取、服务至上的服务理念，把自己从事的注册会计师职业作为一项孜孜以求的事业，刻苦学习，勤奋工作，打造一流的服务品牌，为广大客户提供高品质的专业服务。北京中证天通会计师事务所还积极投身财会及相关领域的理论研究，为中国成本研究会和中国中青年财务成本研究会理事单位，具有很强的理论水平和专业实力。积极支持财经院校财会专业的教学和科研工作，现为中国人民大学商学院、北方工业大学会计系本科教学实习基地，并与北方工业大学共同设立“天通会计专业知识竞赛杯”，鼓励并奖励在会计知识学习中获得好成绩的青年学子。

【执业理念】

事务所以苦练内功、严谨执业、开拓进取、服务至上作为自己的服务理念。

大华会计师事务所

【基本概况】

大华会计师事务所是国内最具规模的八大会计师事务所之一，是国内首批获准从事H股上市审计资质的事务所，是财政部大型会计师事务所集团化发展试点事务所，BDO国际会计公司中国成员所，2011年业务收入超过8亿元人民币，在中国注册会计师行业排名中居前十位。

大华拥有一支能够提供高度专业服务的团队，从业人员2600多人，具有中国注册会计师资格者800多人，中国注册会计师协会资深会员6人；具有美国、英国和澳大利亚等国外发达国家注册会计师资格、能够提供国际业务服务的专业人员约30人；获得“中国注册会计师行业领军后备人才”称号的专家有近11人；被中国证监会先后聘任为发审委委员的3人；此外还有业内外知名的各类杰出业务专家100余人，这些专家在财务会计、审计、税务、公司治理和战略管理咨询、内部控制、风险管理、全面预算管理、企业购并重组、IT审计和国际化业务等方面具有业内领先的水平。大华管理团队和专家团队中的很多成员都具有博士和硕士学位。同时，大华还与上海财经大学、东北财经大学等院校有人才和专业研究等方面的合作，由此形成了以国内著名的上海财经大学和东北财经大学作为专业学术依托的战略合作关系。

大华各类业务资质齐全，不仅能够从事国内上市公司审计、特大型中央和地方国有企业审计、大型金融保险企业审计，同时经PCAOB认可具有美国上市公司审计业务执业资格，2010年取得H股上市公司审计业务资质。尤其是我们依托BDO国际会计公司的全球服务网络，可以为进入中国的国际公司和走进国际的中国企业提供全球化的审计和咨询等优质专业服务。公司常年审计客户二千余家，业务范围包括审计鉴证、管理咨询、资产评估、工程咨询、税务服务等，服务对象主要为上市公司、大型国有企业、金融保险企业、外商投资企业等，涉及航空、金融、电子、电力、化工、造纸、旅游、房地产、电信、交通运输、能源、机械、农业、林业、餐饮、食品、酒店、医药等多个行业领域，并多次接受政府部门和国际组织委托承担其他特殊目的专项审计。事务所2008年至2010年的业务收入均在5亿元以上。

【执业理念】

大华坚持按照新起点规划未来、高标准开展工作、高水平科学发展的企业宗旨，坚持“以人为本、精益求精”的内部管控理念，构建“规范、协调、高效”的一体化管理机制，以维护公众利益为目标，建立有效的内部管理制度体系，全面提升执业水平，着力打造业内公认、社会信赖、管理规范、服务一流的品牌事务所，竭诚为社会提供优质、高效的专业服务，传承大华的优秀文化，再造民族会计品牌的辉煌。

【执业资质】

注册会计师法定业务执业资质。

证券、期货相关业务许可证。

H 股业务审计资格。

司法鉴定许可证。

从事金融相关审计业务资格。

从事特大型企业审计资格。

PCAOB 注册执业资格。

大信会计师事务所

【基本概况】

大信会计师事务所（以下简称大信）系由我国现代会计先行者吴英豪先生创建于 1945 年。由其学子——武汉大学兼职教授吴益格先生重建于 1985 年，是我国注册会计师行业恢复重建后成立的第一家合伙会计师事务所。

目前大信总部（注册地）设在北京，在上海、武汉、山东、深圳设有四个区域性业务总部，分辖 24 个直属审计业务部及重庆、四川、河南、广西、青岛、江苏、广东、云南、浙江、贵州等分所，还在香港设立大信梁学濂（香港）会计师事务所。常年客户达 3000 余家，包括中央企业 30 家，省属大型国企 86 家，H 股、B 股、A 股上市公司近百家，拟上市公司近百家。遍布全国二十余个省、市、自治区。

2009 年全所员工达到 2518 人，其中 CPA873 人，包括英国皇家特许 CPA 及香港 CPA。2010 年实现业务收入过 6 亿元，居中国注册会计师协会 2011 年“百强所”综合排名第十位（本土所第六位）；上市公司客户量连续十二年居中国证监会排名前十位；国务院国资委备选中介机构综合排名第五位；国家审计署备选中介机构综合排名第六位。被媒体誉为“一家受上市公司欢迎的会计师事务所”、“注册会计师行业一个知名品牌”。

大信的专业力量在发展中壮大成长。现已形成一支以“三师”（注册会计师、注册税务师、注册造价师）为核心，人数逾 1000 人的专业团队。并以其规模和实力，获得会计中介机构各种执业资格，包括 H 股企业审计资质；财政部、中国证监会颁发的证券、期货相关业务审计；建设部批准颁发的工程造价咨询（甲级）资质；国土资源部颁发的土地咨询 A 级资质；国务院国资委授予的中央企业审计资质。

大信在不断发展壮大的过程中，逐步建立健全了内部治理结构和质量控制标准，同时形成了“四大”服务专长：即上市公司审计与股份制改制服务，金融审计及其他法定审计服务，工程造价咨询服务，企业管理咨询服务。大信直接控制的 4 个全资专业子公司有：中大信（北京）工程造价咨询有限公司、中京睿信（北京）管理咨询有限公司、北京大信税务师事务所有限公司、大信安鹏投资咨询（上海）有限公司，上述全资专业子公司 2011 年业务收入总额逾 2 亿元。

大信常年服务的客户主要有中国保利集团、中国华电集团、中国核工业建设集团、国家开发投资公司、中国化学工程集团、武汉钢铁（集团）公司、中国兵器装备集团、中国船舶重工集团等大型、特大型企业。

大信恢复重建以来，事业取得了长足发展，成为目前中国实力较强、服务功能较齐全、品牌信誉度较高的全国性大型会计中介机构。2010 年 12 月，大信荣获财政部和中国证监会批准的 H 股企业审计资质。2010 年 11 月，大信正式加盟 PKF 国际会计网络。PKF 国际在 IAB《国际会计公告》2010 年度排行榜中位居第十位。大信是 PKF 国际在中国的唯一成员所，通过 PKF 国际的网络支持，帮助中国客户实现全球境外并购、上市等境外业务。

【主要客户】

大信在不断发展壮大的过程中，逐步建立健全了各种专业服务质量标准和质量控制制度，确保服务的高质量和高水平，赢得了广大客户的赞扬和信赖，形成了客户遍布中国北京、湖北、湖南、山东、山西、广东、广西、四川、重庆、内蒙、安徽、江西、辽宁、黑龙江、上海、福建、河北、江苏、浙江、深圳及香港等省、市、自治区的广泛客户群体。

【服务专长】

大信培植有一支 800 余名 CPA（包括获得英国特许 CPA 和香港 CPA）的执业队伍，他们熟悉中国各行业及国际会计准则，装配有先进的电脑软件系统，并具有为中国保利集团、中国华电集团、中国核工业建设集团等一批大型、特大型国有中央企业审计服务经验，可为大型国企及其他各类企业提供各种法定要求的审计及鉴证服务，包括：

企业的中期、年度会计报表审计。

企业财务报表审阅。

预测性财务信息审核。

企业内部控制见证及评价。

公司重组、分立、破产、清算审计。

经济责任审计及离任审计。

外汇年检业务的审计。

其他法定要求的审计。

福建华兴会计师事务所有限公司

【基本概况】

福建华兴会计师事务所有限公司是在原福建省财政厅所属的福建华兴会计师事务所基础上于 1998 年脱钩改制组建的，于 1999 年元月正式成立，注册资本 200 万元。福建华兴会计师事务所有限公司具有中国证监会、财政部颁发的从事证券期货相关业务审计资格，中国人民银行、财政部颁发的金融审计资格以及国有大中型企业审计、资产评估、房地产评估和基建工程预决算审核等资格，是中国银行间市场交易商协会会员，服务范围包括：会计审计服务、工商登记服务、税务咨询服务、资产评估服务、基本建设项目审计、工程造价咨询服务、管理咨询服务等。2008 年实现收入近 5000 万元，连续多年被中国注册会计师协会评为中国百强会计师事务所。

福建华兴会计师事务所有限公司从诞生至今已走过了二十多年不平凡历程，在工作中积累了丰富经验，建设了一支高素质、高学历的人才队伍，现拥有从业人员 180 多名，其中，注册会计师 97 名、注册资产评估师 30 名、注册税务师 24 名、此外还有注册造价师、房地产估价师、土地估价师等多种专业人才。

我公司最高权利机构为股东大会。公司董事、监事由股东大会选举产生，并分别组成董事会、监事会，董事会聘用经营管理层。各职能部门设置由董事会研究批准决定，现设有业务一部、业务二部、业务三部、业务四部、业务五部、业务六部、业务七部、业务八部、专业标准部、信息咨询部、业务发展部、人力资源部、行政部、财务室、电算化部、顾问室等职能部门，并在发展中以福建华兴会计师事务所有限公司为核心组建了福建华兴会计师集团，开办了北京分所、厦门分所、福建华兴资产评估房地产土地估价有限公司和福州华兴正风财务咨询有限公司,初步形成了跨区域的服务能力,能够为客户提供全面的审计、会计、评估和咨询等服务。

在多年的工作中,我们一贯恪守以质量求生存、以信誉求发展的建所方针,认真执行财政部、中注协制定的各项执业规范,不断完善业务工作质量控制制度,严格遵守《中国注册会计师职业道德准则》,在社会上和客户中牢固树立了"独立、客观、公正"的良好形象。目前我公司以不断提高执业质量为突破口,推动业务健康快速发展。

【执业理念】

福建华兴会计师事务所有限公司经过了二十多年的的市场锤炼,始终坚持"独立、客观、公正"的执业道德规范,本着"务实、高效、服务第一"的办所宗旨,建立了一套科学有效的经营管理机制和科学的执业规范体系,利用先进的电脑网络管理系统,进行业务管理和质量控制,无违法违纪行为。同时,组建了相关的法律法规文档库、专业技术咨询范本库、典型案例分析资料库等专业数据库,增强了服务能力。

【成就业绩】

福建华兴会计师事务所有限公司为各类客户提供的服务中,以为证券、期货、金融企业、股份制企业、国有企业、外资企业和其他大中型企业提供审计、资产评估和财务顾问服务见长,涉及的行业有能源、交通运输、石油、化工、冶金、机械、矿业、电子、建筑以及金融、证券等,客户遍布全国各地。本所客户包括福建东百集团股份有限公司、厦门钨业股份有限公司、中国武夷实业股份有限公司、福建省南纸股份有限公司、福建七匹狼实业股份有限公司、兴业银行股份有限公司等27家上市公司及兴业证券股份有限公司、福州市商业银行等金融企业,东南(福建)汽车工业有限公司、福建JVC电子有限公司、百事可乐饮料有限公司、LG麦可龙(福建)电子公司等外商投资企业及外国企业,福建省东南电化股份有限公司、福建省南平电缆股份有限公司、福建省交通运输(控股)公司、福建石油化工集团公司等大中型国有企业,是一家具有较大影响的会计师事务所。业务收入近5000万元,在会计服务行业具有较强的社会影响力。

华普天健会计师事务所(北京)有限公司

【基本概况】

华普天健会计师事务所(北京)有限公司(以下简称"华普天健"或"本所")系2008年由安徽华普会计师事务所与辽宁天健会计师事务所有限公司合并成立。合并前两家事务所均具有证券从业资格,均为近年来中国注册会计师协会公布的"百强所",两所强强联合,秉承原有的管理经验和优良的行业信誉,优化资源配置,在企业文化、专业标准、质量控制和风险管理等方面形成了一整套科学规范的管理体系,成为一家年收入逾2亿元,具有强大竞争力的大型会计师事务所,入选国务院国有资产监督管理委员会"2010年－2013年审计项目会计师事务所"。中注协2012年公示的2011年度行业排名中名列第二十一位。2011年度首次公开发行A股的客户上市及通过审核数量已达17家,2011年首次公开发行股票客户数位列全国行业第四名。2011年A股上市公司客户数量全国第十名。在由证券时报主办的2012年"中国区优秀投行"评选活动中,获得"最佳IPO会计师事务所"称号(全国仅此一家)。此外,本所还获得了"A股上市十大最佳会计师事务所"荣誉称号。

华普天健会计师事务所总部设在北京,在上海、合肥、沈阳、济南和广州设有五个分所,截至2011年,本所先后共为境内70多家A股上市公司、200余家拟上市公司、30余家发行企业债券企业及300余家其他企业常年提供专业服务,业务区域遍及全国二十七个省市自治区,在华东、华北、东北、华南等区域形成了庞大的客户群体,客户领域涉及金融、证券、能源、交通运输、通讯、机械、建筑、新材料、房地产、电子、生物工程、医药、化工、家电、商业、纺织、旅游、食品、农业、林业等各行业。合理的网络布局和贯通各行各业的业务分布使我们积累了丰富的市场经验,也打造了由多个领域的专业人员组成的专家队伍。

原安徽华普所是安徽省最大的一家会计师事务所,目前占据安徽省证券业务60%以上的市场份额,近几年业务收入的年均增长率保持在30%以上,在安徽省及华东地区周边省、市享有较高的声誉,几年来安徽华普所IPO"首发"业务的数量在国内事务所中一直处于前位,在国内证券业务细分市场取得了良好业绩,在同业及合作伙伴中赢得了较高声誉。与原安徽华普所一样,辽宁天健所也是原隶属于当地财政厅的一家会计师事务所,是原"天健"系成员所之一,目前为东北地区最大的会计师事务所,经营稳健,拥有一支素质较好的执业团队。

合并后的华普天健领取中华人民共和国财政部、中国证券监督管理委员会证书序号000084"会计师事务所证券、期货相关业务许可证",其工作业绩等相关内容具体介绍如下:

【工作业绩】

根据中国证券监督管理委员会公布的证券期货相关审计市场分析资料,2004年度全国共有87家公司首次公开发行股票(以下简称"IPO"),43家会计师事务所提供了IPO审计服务,安徽华普客户数位列全国第二。2005年全国共有15家公司首次公开发行股票,12家会计师事务所提供发行审计服务,安徽华普客户数位列全国第四。2007年全国共有123家首次公开发行A股股票公司上市,43家会计师事务所提供发行审计服务,安徽华普客户数位列全国第三。2011年首次公开发行股票客户数量全国行业第四位。

截至目前,本所先后为60多家上市公司提供了IPO审计服务,根据2009年初深圳证券交易所保荐机构联席工作会议对"会计师事务所参与中小企业板IPO项目数排名",本所中小企业板IPO家数14家,全国排名第六位。据统计,2010年首次公开发行A股的客户数全国排名列第十三位,2010年上市公司客户数全国排名第十五位。在本所200余家拟上市公司客户中,约1/3的企业拟申报创业板,行业遍及新材料、生物制药、体检医疗、电子商务、安全技术、营销服务、防静电制品、半导体、机械制造等诸多行业。

此外,本所还先后为30余家公司发行企业债券提供审计服务,在安徽地区发债客户数位于全省第一,在全国城投公司发债审计工作中处于领先地位,2009年、2010年发行企业债客户数全国排名第二位。

【社会声誉】

华普天健人恪守"独立、客观、公正"的执业准则,依赖全体同仁良好的职业操守、严谨的工作作风、务实的工作态度和较高的专业水平,赢得了客户和同行的信赖与支持,树立了良好的职业形象和品牌效应。

建所20多年来,华普天健多次接受过证券监管部门、财政部门、审计部门、行业监管部门等单位的相关检查,华普天健的执业质量得到了中国证监会及其他相关监管部门的广泛认同和充分肯定，在业内享有良好的社会声誉。

【信息资源】

华普天健在多年的工作实践中，积累了广泛的社会资源和丰富的信息资源，不仅与证券监管机构、财税部门、审计部门、国有资产管理等部门或机构建立了良好的沟通渠道，同时，还与众多的券商、律师等其他中介机构建立了良好的工作关系和畅通的信息渠道，并得到了各部门及其他中介机构广泛的认同和尊重。华普天健通过众多的IPO项目与活跃在中国证券市场的发行保荐机构和律师保持了良好的合作关系，在与平安证券、华泰联合证券、国元证券、国信证券、中信证券、华林证券、广发证券、国金证券、光大证券、兴业证券、海通证券、宏源证券、民生证券、日信证券等发行保荐机构和国浩、天银、天元、天禾、承义、安泰达、君和等律师事务所的合作中，华普天健的敬业精神、服务态度、工作质量均获得各中介机构的一致好评。

【人才优势】

本所现拥有员工700人，90%以上员工年龄在35岁以下，注册会计师近300人，其中注册会计师行业领军人才8人，其中安徽分所拥有员工近400人，注册会计师134人，并拥有第一届、第二届创业板发审委专职委员、中国注册会计师协会常务理事、惩戒委员会委员、注册管理委员会委员、注册会计师考试制度改革境内专家咨询组专家；财政部企业内部控制标准委员会咨询专家、全国注册会计师考试办公室特聘专家；省级行业协会副会长、常务理事、审计业务咨询专家；全国及省级先进会计工作者、省级"杰出注册会计师"等优秀员工和一大批具有较高专业素养的注册会计师。众多的行业精英使我们有能力为客户提供高效、优质的服务，并积极参政议政、为行业的发展做出贡献。

【风险控制】

根据《中国注册会计师独立审计准则》、《中国注册会计师质量控制基本准则》的要求，华普天健多年来建立了"四个层次、三级复核"的质量控制组织机构，建立了一系列严格的内部质量控制制度，形成了一整套完整有效的质量保证体系。对于IPO项目，本所要求在报送申报资料前必须经过风险控制委员会审核，对于上市公司项目，要求质量控制部独立复核人员在第一时间将复核意见报送主任会计师、各分所所长及分管项目的副主任会计师，众多IPO及上市公司质量控制复核意见的汇报、交流与沟通，使本所高层管理人员对IPO及上市公司业务的风险控制有较好的把握，对IPO项目上市过程中各种问题的处理富有经验。

【制度建设】

本所根据中国注册会计师执业准则及《会计师事务所所质量控制准则第5101号——业务质量控制》的有关要求，修订完善了本所的《业务质量控制制度》，制定了相关十一项配套文件，并在原安徽华普60余项业务管理指令、业务操作指南及技术提示的基础上，修订下发了多项业务操作指南，其中与IPO密切相关的业务操作指南有：《业务操作指南第1号——年度报表审计》、《业务操作指南第7号——上市公司与关联方往来专项说明》、《业务操作指南第8号——内部控制鉴证》、《业务操作指南第10号——非经常性损益审核》、《业务操作指南第11号——原始财务报表与申报财务报表差异情况审阅》、《业务操作指南第12号——主要税种纳税情况及税收优惠情况审核》、《业务操作指南第13号——会后重大财务事项审核》、《业务操作指南第14号——验资》、《业务操作指南第15号——盈利预测审核》等等。

【业务创新】

华普天健在激烈竞争的IPO市场上，敢为天下先，由于极强的技术创新能力，创造了一个又一个行业第一。华普天健承办的IPO项目中，上海延华智能科技股份有限公司(002178)成为中国专门从事楼宇智能化业务的首家上市公司，罗莱家纺股份有限公司(002293)成为全国家纺行业第一家上市公司，苏州金螳螂建筑装饰股份有限公司(002081)成为中国建筑装饰行业上市公司第一股，安徽科大讯飞信息科技股份有限公司(002230)成为语音产业第一股，合肥荣事达三洋电器股份有限公司(600983)作为中国第一家外资家电企业成功上市，安徽雷鸣科化股份有限公司(600985)成为中国民爆行业上市公司第一股，铜陵三佳科技股份有限公司(600520)成为中国模具行业第一家上市公司，铜陵有色金属集团股份有限公司(000630)成为中国铜业境内首家上市公司，安徽桑乐金股份有限公司(300247)成为中国专业桑拿设备制造商境内首家上市公司，洽洽食品股份有限公司(002557)成为中国炒货行业境内首家上市公司，江苏恒立高压油缸有限公司(601100)成为生产挖掘机专用油缸和重型装备非标高压油缸境内首家上市公司。

【理论研究】

华普天健非常注重新制度新政策的学习和执业经验的总结。先后在中国财政经济出版社出版《IPO项目改制上市程序及审核要点》、《上市公司重大置换资产若干财务税收问题》、《上市公司关联方交易政策沿革及其审计问题》、《首次执行企业会计准则探析》、《资产负债表债务法下所得税会计应用释例》等专著专刊，与北京注册会计师协会合作协办《北京注册会计师》(2006第5期)，并参与了中国注册会计师协会《财务报表审计工作底稿编制指南》、《中小企业财务报表审计工作底稿编制指南》等课题研究。华普天健员工在《中国证券报》、《注册会计师视野》、《财会研究》、《税收科技》、《安徽财会》等杂志上发表了数篇专业论文。

【增值服务】

华普天健每年都举办客户培训班，邀请中国证监会、财政部、证券交易所等部门或机构的专家及知名人士，就当前证券市场的热点问题、IPO审核、上市公司监管及最新会计理论与实务等进行专题讲座，不仅为客户提供了业务指导，更重要的是加强了与证券监管等部门及客户的沟通与交流，扩大了对外影响，收到了良好的效果，深得客户的一致好评。

除会计报表审计之外，华普天健在执业过程中还十分注重了解客户相关情况，结合执业中发现的问题为客户提供关于公司治理、财务管理、内部控制、企业并购、税务咨询等管理咨询服务。尤其是在内部控制服务方面，协助企业满足财政部等五部委关于《企业内部控制基本规范》的要求，也是帮助企业借此机会提升管理，利用我们为国际和国内企业提供服务的丰富经验，帮助和促进企业的IPO进程。通过华普天健不间断的后续服务，华普天健客户的规范意识、治理结构、内部管理、财务核算都得到了明显的加强和提高。

华寅五洲会计师事务所

【基本概况】

华寅五洲会计师事务所（特殊普通合伙）是中国颇具规模的专业服务机构，系浩信国际（HLB）会计网络之中国成员机构。其前身五洲松德联合会计师事务所与华寅会计师事务所有限责任公司均为具有证券期货审计资质的大型会计师事务所,2011 年 12 月,为进一步扩大事务所规模,提升核心竞争力,双方实现机构合并,合并后机构名称变更为华寅五洲会计师事务所(特殊普通合伙)。

华寅五洲发展目标。坚持内涵发展与外延扩张并举的发展战略,依托事务所的资源优势及区位优势,推动事务所母体规模提速发展,同时运用兼并重组等现代运营手段,不断扩大事务所的规模及影响力,并以事务所为基础,整合资产评估、工程造价、税务、管理咨询等专业机构,实施集团化、多元化经营,拓展事务所的服务边界,助力事务所做大做强,并且通过机制创新和制度再造,优化事务所内部治理结构,塑造并保持先进的合伙文化,不断提高专业队伍的整体素质,持续提升事务所的核心竞争力,在合作共赢的前提下,借助知名国际会计网络逐步深化国际化经营,力争用三至五年时间,将事务所打造成为位列中国注册会计师行业品牌及信誉卓著的中国本土大型会计师事务所。

华寅五洲专业团队。华寅五洲拥有一支年轻的高素质的专业团队,目前员工总数 1200 余人,绝大多数具有大学本科以上学历,其中,中国注册会计师 500 余名,并拥有中国注册会计师行业领军人才 4 名。华寅五洲专业团队凭借其丰富的专业知识和行业阅历,可以帮助客户有效地考虑到可能遇到的问题并提出前瞻的、可执行的专业建议,并随时跟进行业准则,以保证在任何时候都能满足客户的专业性要求。

华寅五洲服务领域华寅五洲有审计、资产评估、管理咨询、税务服务、工程造价咨询等业务板块,并拥有:证券期货业务审计资格、证券期货业务资产评估资格、国有大型企业审计资格、金融业务审计资格、工程造价甲级资格、司法鉴定资格等。华寅五洲所拥有的资质条件能够有力地支撑我们为客户提供高品质、全方位的一站式专业化服务。

华寅五洲经营网络。华寅五洲管理总部设在北京,机构注册地为天津,并在北京、上海、深圳、广州、新疆、广西、湖南、甘肃、河南设立分所。在国际化经营方面,华寅五洲依托 HLB 的全球网络和经验,可以为跨国经营的中国企业和在华投资的国际跨国公司提供更为优质的审计咨询等专业化服务。

华寅五洲经营业绩。近年来,华寅五洲业务收入和人员规模持续提升,连续两年在中国注册会计师行业综合评价中居于前 20 位之列,2011 年业务规模达到 3.3 亿元。随着机构整体发展战略的实施,华寅五洲的核心竞争力将不断增强,服务领域和服务范围将不断扩大,华寅五洲也将会取得跨越式发展。

华寅五洲主要客户。多年来,华寅五洲为众多国内、国际知名客户提供专业服务,并与客户建立了恒久稳定的合作关系。

中国经济快速发展以及经济全球化进程的加快,使中介服务行业面临前所未有的机遇和挑战,华寅五洲将审时度势,把握契机,直面挑战,秉承持续超越自我、追求卓越品质的经营理念,向更高层次、更高标准、更高水平的规模化经营目标迈进。

立信会计师事务所

【基本概况】

立信会计师事务所(以下简称“立信”)由中国会计泰斗潘序伦先生于 1927 年在上海创建,是中国建立最早和最有影响的会计师事务所之一。1986 年复办,2000 年成立上海立信长江会计师事务所有限公司,2007 年更名为立信会计师事务所有限公司。立信依法独立承办注册会计师业务,具有证券期货相关业务从业资格。2010 年,立信获得首批 H 股审计执业资格。2010 年 12 月改制成为国内第一家特殊普通合伙会计师事务所。

经过八十余年的长足发展,立信在业务规模、执业质量和社会形象方面都取得了国内领先的地位。2001 年起,立信在全国会计师事务所签发国内上市公司审计报告数量排行榜上一直保持第一。经中注协全国前百家会计师事务所综合评价排名统计,2002—2006 年度连续五年立信排名均列第五位(前四家均为国际“四大”),2007—2010 年立信排名位列第六位。2011 年度,立信业务收入达到 15 亿元,居国内所第一。

2000 年,立信加入国际网络提前实现了专业服务与国际接轨,并扎实培养了一批国际化人才。2009 年,立信加入全球第五大国际会计网络——BDO 国际,通过与境外成员所的交流,锻炼、巩固和发展了立信跨境业务的经验与优势。

2000 年至 2012 年间,经由中华人民共和国财政部批准,立信又相继在北京、深圳等地设立了二十七家分支机构,立信在打造本土最具核心竞争优势的专业服务机构的同时,逐步完善和实现战略布局,为顺应国际资本市场一体化发展趋势,立信人正以诚信和专业铸就着民族品牌。

立信现有从业人员 6000 余名,其中执业注册会计师 1400 余名。总部设在上海,设有七个专业委员会,以及审计业务部、国际业务部、银行业务部及审计风险管理部、信息技术部、教育培训部、管理咨询部、税务部、资产评估部、工程造价咨询部、信息鉴证部、公司清算部、市场与品牌推广部、会计政策研究中心、产学研基地等与业务相关的部门。现有客户遍布全国各地,其中上市公司近 300 家,IPO 公司 300 余家,外商投资企业 2000 余家,并为中石油等众多大型央企、国有集团、银行、证券公司、期货经纪公司、保险公司、信托公司、基金公司等提供审计及相关业务。

【执业理念】

独立、公正、客观是立信一贯秉承的原则。在信用经济和信息社会化的时代中,立信人将永远恪守职业道德,勤勉尽责,坚持执业质量,保护公众利益,承担社会责任,为国内外委托人提供高品质、高附加值的专业服务。

【执业资质】

注册会计师法定业务执业资质。

证券、期货相关业务许可证。

司法鉴定许可证。

从事金融相关审计业务资格。

从事特大型企业审计资格。

A 股公司补充审计业务及首次发行证券的专项复核业务资格。

美国 PCAOB 资格认证。

利安达会计师事务所有限责任公司

【基本概况】

REANDA,中文简称利安达,在中国注册会计师协会注册的名称为利安达会计师事务所有限责任公司。利安达注册资本为 600 万元人民币,累计提取的职业风险金 2000 多万元人民币,职业责任保险累计赔偿限额达到 8000 万元人民币。利安达集团目前具有财政部和中国证监会批准的执行证券、期货相关业务审计资格、财政部和中国证监会批准的执行证券、期货相关业务评估资格、财政部和中国人民银行批准的从事金融审计相关业务资格、中国注册会计师协会和国务院国资委核准的承担大型及特大型国有企业审计资格、北京市司法局批准的司法鉴定资格及在美国 PCAOB 和加拿大 CPAB 注册，具有为在美国和加拿大等北美国家证券市场上市的公司提供专业服务的资格。

利安达自 1993 年成立以来，经过 17 年的长足发展，先后在香港、哈尔滨、珠海、沈阳、长春、天津、济南、深圳、大连、长沙、杭州、郑州、成都、上海、秦皇岛、厦门、武汉、重庆、青岛、昆明等主要城市设有 20 多个分支机构或战略联盟，系具有相当规模的会计集团网络之一，拥有了一大批在国内外享有很高知名度的客户网络。2009 年度业务收入约 4 亿人民币，进入了全国注册会计师行业前十名的行列。

【执业理念】

利安达本着守法自律、客观公正、薄利重义、优质高效的宗旨，不断加快规模化、规范化、国际化发展的步伐，努力与国际会计师行业接轨，培养了一批熟悉国内外会计、审计准则的注册会计师队伍，目前利安达已经具备了在审计、会计、税务、财务、投融资及管理咨询等领域，特别是便利地为客户进入国际资本市场提供满意的、全方位、全球性的专业服务，并且仍在继续扩大服务范围。

【团队建设】

利安达自成立以来，一直坚持以人为本的原则，广纳贤才，经过 17 年的发展已经拥有一批能吃苦、会战斗、年富力强的专业人才，专业领域涉及审计、评估、金融、税务、会计、管理咨询、投融资和工程造价等多个方面。利安达现有员工超过 1500 人（北京本部 600 多人），平均年龄约 30 岁，其中注册会计师近 700 人，具有证券业资格的注册会计师 156 人，注册评估师 100 多人，注册税务师 80 多人。员工中，有 5% 的人员曾经在国外工作或学习过，其中有多人曾在国内外的“四大”供职多年，有来自于台湾和马来西亚的咨询和国际会计准则专家，从事国际业务的员工中有三分之一具有 ACCA、CPAAustralia、CGA 等国际专业资格；98% 以上的人员具有大学专科以上学历，同时还有 13% 的高级会计师、高级工程师等高级专业人才。

利安达的员工具备着不同的教育和工作经历，来自于经济管理、金融贸易、机械电子、文学艺术、工程技术等专业背景，使我们的员工能顺利地服务于不同的行业和领域。随着事业的发展，利安达在实现规模化、规范化、国际化的过程中，将不断地吸纳国内外的优秀人才，逐步实行人才的国际化，并且引进和安排国内外先进的职工培训项目，注重培养员工的敬业精神和团队精神，有计划地提高员工技术水平和客户沟通能力，形成一支奉行“质量第一、客户至上”执业原则、具备会计、审计、财务、税务、金融等多方面知识和经验的专业服务队伍。

【社会活动】

保持与社会各界的良好关系是利安达发展完善自己的重要途径。事务所成立以来，利安达先后与国家计委、财政部、外经贸部、国家经贸委、中国人民银行、中国证监会、国家税务总局、中国注册会计师协会、北京注册会计师协会、全国及北京市工商业联合会、新华社、人民日报、国际金融报、中国财经报等政府部门、行业组织、社会媒体建立了良好的、稳定的关系，在注重发挥中介机构作用、积极提供信息咨询服务的同时，还积极协助政府部门举办各种政策法规专题研讨会，先后成功地主办、协办了中国注册会计师法颁布一周年座谈会、外贸体制改革一周年座谈会、市场经济与中介机构经济学家座谈会、“社会中介机构在构建和谐社会中的作用”先进性教育活动专题研讨会等大型活动，获得了社会各界的好评。

近几年来，利安达会计师事务所及董事长兼主任会计师黄锦辉同志不仅积极参加各项社会活动，而且积极投身于希望工程和光彩事业等慈善事业，尽力安排各种下岗、待业和失业的人员，努力回报社会。2002 年积极参加中国儿童少年基金会开展的“长城做证、爱心永存、关注未来、救助孩子”慈善捐助活动，共计捐款 6570 元。响应中国注册会计师协会的倡议，向内蒙古受灾居民捐献物品件数累计近百件。在事务所内部积极开展“献爱心、救助贫困员工”的活动，为发生意外事故、家庭困难的职工家属支付 10 万元的资助。利安达会计师事务所先后在湖北省洪湖市成立了洪湖市利安达希望小学、在小汤山经贸子弟学校建立了教师奖励基金，向湖北洪湖利安达希望小学捐赠奖学金、学习用具、电脑等物品，价值约 5 万多元。2003 年初发生的突如其来“非典”事件中，利安达积极参与北京市非公有经济人士联谊会倡议的“抗击非典、奉献爱心”的捐助活动。主任会计师黄锦辉同志积极参加北京市红十字会活动资助北京地区贫困儿童 2 人。2005 年 1 月，董事长兼主任会计师黄锦辉同志个人捐资 1 万元，通过中央统战部和陕西省统战部为陕西渭南华县华夏英才希望小学助学捐款，黄锦辉同志被聘为希望小学的名誉校长。黄锦辉同志作为全国工商联执委，作为中介机构的代表参加了红丝带基金的活动，并且被基金会聘为“红丝带基金财务顾问”，接受了由全国政协副主席、全国工商联主席黄孟复同志颁发的聘书，无偿为红丝带基金提供财务咨询，出具财务年度审计报告。这些充分体现了利安达强烈的社会责任感，并树立起利安达优良的社会公众形象。

山东天恒信会计师事务所

【基本概况】

山东天恒信会计师事务所（以下简称“天恒信”）其前身系成立于 1985 年 12 月的山东临沂会计师事务所，隶属于临沂市财政局，1998 年脱钩改制为有限责任会计师事务所，注册资本 400 万元，是山东省最先改制的 5 家会计师事务所之一。

经财政部和中国证监会批准，天恒信于 1996 年获取证券期货相关业务审计资格，系全国具有证券期货相关业务审计资格 54 家事务所之一、山东省具有证券期货相关业务审计资格 3 家事务所之一；2001 年经中国人民银行和财政部批准，具有金融相关业务审计资格；天恒信还拥有独立的评估公司、工程造价（甲级资质）咨询公司和招标代理公司，为社会提供资产评估和工程造价咨询服务。

天恒信总部设在山东临沂市，在济南、济宁设有分所，在北京有独立执业机构。连续 8 年稳居中国注册会计师协会“会计师事务所综合评价”百强之列。

天恒信是我国恢复注册会计师制度后最早成立的会计服务机构之一，拥有一批既有专业知识，又有丰富实践经验的审计、会计、税务、管理咨询和工程技术等各类专业人员 300 多人。其中：注册会计师 103 人，具有中高级专业技术职务人员占员工总数的 60% 以上，已成为国内注册会计师行业执业资质比较齐全、技术力量雄厚、内部管理规范、社会信誉良好的大型事务所之一。各项业务已辐射全国。先后为 14 家上市公司提供了年报审计服务和 6 家公司首发 IPO 上市审计服务；为鲁能集团、鲁商集团、鲁信集团、枣矿集团、浪潮集团、国投控股等多家国有大型企业集团提供会计、审计和咨询服务；为临商银行、济宁商业银行、山东兰山农村合作银行等多家金融企业提供年报审计服务；为中化国际、招金集团提供多项企业兼并、收购审计和尽职调查咨询服务。我们的工作，得到各级政府、行业监管部门及服务客户的广泛好评。

注册会计师行业正处在快速发展的时代，机遇和挑战同在，发展和竞争并存。天恒信人将以饱满的热情和开拓进取的精神，只争朝夕，与社会各界同仁携手并肩，为社会提供高水准的专业服务，永无止境地追求卓越！

【执业理念】

天恒信始终秉承"诚信天下、执信永恒"的办所宗旨，恪守"独立、客观、公正"的执业原则，以"为客户创造价值、与客户共同成长"为理念，培养了一支优秀的注册会计师队伍，确保"优质、高效"的执业水平，为社会提供全方位的会计、审计、咨询、评估、工程造价咨询和企业并购等方面的专业化服务。

【主要业务】

企业上市审计业务。

国有大型企业集团、金融企业审计业务。

企业兼并、收购审计及尽职调查业务。

咨询培训业务。

资产评估业务。

工程造价咨询决算审计业务。

招标代理业务。

美国 PCAOB 资格认证。

上海众华沪银会计师事务所

【基本概况】

上海众华沪银会计师事务所是由我国会计界著名人士上海社会科学院王文彬教授于一九八五年创立，原名上海社会科学院会计师事务所。一九八七年王文彬教授又创立了上海中华会计师事务所。一九九三年上海社会科学院会计师事务所与上海中华会计师事务所合并并更名为上海中华社科会计师事务所。一九九九年又更名为上海众华会计师事务所。二零零零年上海众华会计师事务所与上海荣安会计师事务所合并并更名为上海众华沪银会计师事务所。

众华沪银拥有近八百名专业人士，近 300 名中国注册会计师，并拥有多名英国、美国、台湾、香港等国家和地区的注册会计师。众华沪银的服务包括审计、会计、税务、咨询等。服务对象包括境内外上市公司，大型国企、外资企业、民营企业等。

【执业资质】

1985 年 11 月，经国家外经贸部批准，取得涉外业务执业资格；

1993 年 7 月，经国家财政部与中国证监会批准，取得证券期货相关业务执业资格；

2000 年，经国家财政部和中国人民银行批准，取得金融相关审计业务资格；

2000 年，经上海市财政局的批准，取得大型国有集团企业的审计业务资格；

2001 年 2 月，经国家财政部批准，取得了 B 股、H 股及其他境外投资的审计资格；

2001 年起，经上海市司法局和上海市最高人民法院授权，取得司法审计业务资格；

2004 年 8 月，经美国公众上市公司会计监督委员会的备案，取得美国上市公司的审计资格；

2009 年 2 月，经财政部与中国证券监督管理委员会审查，获批新一批证券期货相关业务资格。

【成就业绩】

我所在 20 多年的执业历程中，一直享有良好的声誉，我们在石油、机械、房地产、金融、电子、卫生等各领域积累了丰富的审计和会计服务经验，使我们跻身于全国先进会计师事务所行列。

【执业理念】

众华沪银是国内外知名的专业服务机构，主要提供审计、会计、税务、咨询等专业服务。

始终坚持诚信、服务、专业的发展理念、一贯追求高品质的服务标准。

深圳市鹏城会计师事务所有限公司

【基本概况】

深圳市鹏城会计师事务所有限公司（以下简称鹏城所）成立于 1992 年，是一家具有证券、期货审计资格的大型会计师事务所。本所现有从业人员 500 余人，其中中国注册会计师 200 多人，具有证券、期货相关业务资格注册会计师 50 余人，高级会计师、高级工程师、高级经济师 30 人，资产评估专业人员、工程技术人员 60 人，是一个以中国注册会计师为主体，拥有多方面专业人才的大型社会中介机构。

鹏城所前身为深圳市审计局的深圳市审计师事务所，擅长于国有企业审计领域，业务涉及不同类型的国有大中型企业，特别是在 2006 年顺利完成了广东水电二局股份有限公司的 A 股发行审计，在国有企业改制上市审计中具有明显的优势。自 1993 年以来，先后独立完成了上百项大型国有企业清产核资、审计、评估业务项目。2003 年本所接受委托对国家国资委直接管辖的中国大唐电信、中国糖业集团、中华通信、南方电网、三九集团等大型国有企业进行年度会计报表审计和清产核资审计。本所接受有关部门委托，对广东核电、广州东华实业公司进行清产核资工作。从 1993 年开始本所对深圳市能源集团、市交通运输公司、市运发实业公司、市客货运公司、市西湖汽车公司、市公共汽车公司、特发集团、城建集团、赛格集团、机场集团、自来水集团、深房集团、建材集团、园林集团、旅游集团、奥康德集团、物业集团、外贸集团、盐田港集团等几十个国有企业集团公司进行过清产核资审计、年度会计报表审计、整体资产评估、经理经济责任审计与离任审计等。

鹏城所除具有一般会计师事务所的审计验证资格外，还具有执行证券、期货相关审计业务资格、金融相关审计业务资格、会计鉴定、中央及地方国有企业审计查证资格、外债审计资格、资产评估资格、土地房屋评估资格、建筑工程造价咨询资格。鹏城所总部设在深圳，并在北京、上海、广州、济南、沈阳、香港等地设有分所。鹏城所客户现以上市公司、金融机构、国有大中型企业为主，业务范围遍及全国 20 多个大中城市。现承办中金岭南等近百家上市公司的年度审计业务，在全国名列第三。拟上市的公司审计客户有 100 多家。鹏城所 2010 年审计业务收入 1.5 亿多人民币，居全国前列。本所精于上市公司审计业务，拥有一支高素质、经验丰富、业务过硬的上市公司审计队伍，能为上市公司提供一流的服务。

2004 年 5 月，本所接受中国证监会的委托对南方证券公司进行审计，审计结果得到中国证监会的好评。2004 年 10 月接受中国人民银行稳定局的委托对辽宁证券进行全面清产核资审计，并对其发行四十多亿元的个人债券进行专项审计，审计结果得到中国人民银行及国家有关监管部门的充分肯定。

鹏城所在执业过程中与国际著名四大国际会计公司以及香港、台湾、新加坡等地的会计师事务所建立了卓有成效的业务合作关系，积累了与境外会计师事务所合作的丰富经验，充分了解国际会计师的执业惯例，熟悉国际会计准则及有关监督和管理规范，吸取了国际会计公司的先进经验和成熟的审计方法。在为客户提供审计服务的同时，为帮助客户改善经营管理，加强内部控制，加快与国际惯例接轨进程，适应加入WTO后面临新形势环境新的机遇与挑战，提供专业咨询，努力追求与客户共同发展的目标。

鹏城所通过建立民主与集中合理统一的科学管理体制，保证了事务所健康、稳定的持续发展，保证了事务所资源的合理配置和业务质量的有效控制。

【执业理念】

鹏城所在发展过程中始终坚持“以质量求信誉，以信誉求发展”的执业理念，制订了严格的内部管理制度和一系列科学的业务规范，建立了以三级审核为核心的质量控制体系，通过各种形式的培训和研讨保障专业人员知识的及时更新和业务水平的不断提高，尤其重视现代化审计手段的充分利用，编制使用合并会计报表软件、金融业务专用审计软件等电脑应用软件，大大提高了审计的效率与质量。我们谨记会计师事务所的社会责任，坚持“诚信为本”，以谨慎的执业态度、科学的工作方法为客户提供高质量的服务。几年来，鹏城所的服务得到了客户和政府有关部门的广泛赞誉。

【执业资质】

注册会计师法定业务执业资质。

证券、期货相关业务。

司法鉴定业务。

从事金融相关审计业务资格。

天健会计师事务所

【基本概况】

天健会计师事务所成立于1983年12月，是由一批我国资深注册会计师投资创办的全国性大型专业会计中介服务机构。2012年根据中国注册会计师协会排序，位列全国内资所第三。收入规模逾十亿元。现有从业人员3000余人，注册会计师1200人，公司注册地和总部设在杭州，并在北京、上海、重庆、深圳、湖南、广东、山东、安徽、云南、湖北、四川、香港、台湾等地设有执业机构。

按照“质量导向、信誉至上”的方针，构筑“一业为主、多元发展”的格局，天健拥有包括财政部和中国证监会批准的证券期货相关审计业务、中国人民银行和财政部批准的金融相关审计业务等20多项执业资格；2010年12月7日，天健获得从事H股企业审计资格，位列全国第二；天健也是国务院国有资产监督管理委员会审定的全国30家从事特大型国有企业审计的会计师事务所之一。

天健拥有30年的丰富执业经验和雄厚的专业服务能力。截至2012年1月底，拥有包括省内外A股、B股、H股上市公司、大型国企、外商投资企业等在内的固定客户2000多家。其中上市公司客户240余家，按承办上市公司家数排名，在具有证券、期货相关执业资格的会计师事务所中，位居全国第二。

自2009年下半年首次公开发行股票（IPO）重启以来至2011年12月底，由天健承办的139家企业顺利过会，其中IPO企业89家，位居全国第一；截至2011年底，天健承办的深圳中小企业板上市公司61余家，在具有证券、期货相关执业资格的会计师事务所中，位居全国第一。

在长期的执业工作中，天健一贯坚持专业报国、服务社会的宗旨，管理层和执业团队以丰富的专业知识和勤勉敬业的精神，为客户创造价值，与企业共同发展。

我们将在规范执业、稳健经营的基础上，专注务实、勇于创新、超越自我、追求卓越，以更好地帮助客户在不断变化的改革和发展环境中，应对和破解相关现实专业问题，以实现客户价值的最大化。

【执业理念】

“天行健，君子以自强不息”。天健人将奉行规范执业、稳健经营的理念，坚持诚信客观、公正服务的原则，实施立足本土、面向国际的战略，与时俱进，开拓创新，沿着规范化、信息化的正确轨道，向着中华一流、世界知名的国际化事务所的发展目标挺进！

【执业资质】

天健在长期的执业过程中，积累了丰富的执业经验，获得了各级政府部门的肯定和市场的认可，拥有的主要执业资格包括：

注册会计师法定业务。

证券期货相关审计业务。

H股企业审计业务。

金融相关审计业务。

从事特大型国有企业审计资格。

税务代理。

工程造价咨询（甲级）。

工程预结算审价（一级）。

国家建设项目工程预决算审计验证（A级）。

工程咨询（甲级）。

招投标代理资格。

司法会计鉴定。

破产管理人资格。

希格玛会计师事务所有限公司

【基本概况】

希格玛所是经国家工商总局核准设立的大型综合性会计师事务所，是全国最早成立的八家会计师事务所之一。希格玛所机构建全，队伍精干，资格齐全，管理规范，以雄厚的实力位居中国百强会计师事务所之列。

希格玛所注册地中国西安，在北京、甘肃、厦门等地设有分所，在北京设有管理总部。事务所现有员工520余人，其中具有注册会计师221人、注册评估师、注册税务师、造价工程师等各类资格的专业人员占员工总数的70%以上，平均年龄37岁。

希格玛所具有证券期货相关业务资格、大型国有企业审计资格、工程造价咨询甲级资格，招投标代理甲级资格，同时也是国家国资委常年聘请的特别技术助理单位。

希格玛所秉承“诚信、严谨、求实、”的职业精神，坚持“独立、客观、公正”的执业原则，依靠科学的管理和雄厚的人才优势，提供各类专业服务，特别是在企业重组、改制上市、税务筹划和管理咨询等方面具有丰富的实践经验。

希格玛所现已形成以证券期货相关业务为龙头，财务审计、工程造价审核、管理咨询为核心，集税务筹划、司法鉴定和专业培训等业务于一体的服务网络，业务涉及各行各业、市场分布全国20多个省、市和自治区。希格玛所以优质高效的服务赢得了社会各界的充分认可，正以全新的姿态，立足中国，走向世界。

【执业理念】

希格玛所秉承“诚信、严谨、求实、”的职业精神，坚持“独立、客观、公正”的执业原则，依靠科学的管理和雄厚的人才优势，提供各类专业服务。

【业务范围】

财务审计。

工程招标代理。

工程造价咨询。

税务服务。

管理咨询。

信永中和会计师事务所

【基本概况】

信永中和会计师事务所的发展历史可以追溯到上个世纪八十年代初期。近30年来，伴随中国改革开放的历程，由小到大、由大到强，以其专业人员三千余人、数亿元的收入、可信赖的质量、高品质的专业能力，成为当今国内最具声望、最具规模的综合性会计师事务所之一。

信永中和在坚持自己一贯不为外界所动的定力、稳扎稳打的做风的前提下，顺应做大做强之势，把握时机、主动进击，成功地合并了14家机构，使信永中和的整体力量再上层楼。形成了总部位于北京，并在上海、深圳、成都、西安、天津、青岛、长沙、长春、大连、广州、银川、济南、昆明、福州、南京和乌鲁木齐设有16家境内分所，在香港、新加坡、日本、澳大利亚设有4家境外成员所。信永中和的境内分支机构均实行一体化管理，迄今为止，国内会计师事务所真正做到一体化管理唯此一家。

成立至今，信永中和的专业服务领域不断向纵深发展，并逐步扩大，目前，信永中和拥有证券期货相关业务审计、工程造价甲级资格等执业资质，业务范围涉及审计、管理咨询、会计税务服务和工程造价等多个领域。无论是审计还是造价咨询，信永中和都拥有相关行业的所有执业资质，而且全部为该行业最高资质。信永中和可以同时为客户提供符合中国内地和香港地区要求的专业服务，在为国内企业提供符合中国会计准则服务的同时，也能够为在香港联交所上市的H股公司提供审计等服务。

信永中和拥有健全的内部管理制度。总部对全国各分所实行高度一体化管理体制，并据此建立了涵盖各方面的全国统一的内部管理制度，包括人力资源管理制度、财务管理制度、业务管理制度、IT管理制度、培训管理制度、行政管理制度及分所管理办法等。并通过组织体系、职能委员会并借助强大的事务所管理平台（协同管理系统、财务管理信息系统等）得到贯彻落实。

信永中和具有强大的合并整合能力，在连年成功完成数次联合兼并后，规模得以不断扩大，我们并未因大规模合并而改变改变信永中和一贯的追求和经营方略，依托优秀的内部治理系统，依然是大而不散，大而不乱，大而有序；依然保持高度一体化、集约化的管理体系，依然被业内外认为是最强大的事务所。我们正在朝着又大又强的目标稳步前行。

【社会责任】

信永中和多年来始终关注与社会和谐发展，在力所能及的条件下积极承担社会责任，运用团队的专业能力积极回报社会。

自2009年以来，北京市政府每年拆迁补偿所拨付的大量资金需要委托中介机构进行鉴证，该委托事项耗时长、用人多、收益低、矛盾复杂。但信永中和认为这是一项事关国计民生的工作，本着责任为先的大局观，积极接受政府委托参与补偿标准制定、拆迁补偿认定等工作，而且派出事务所的骨干力量，主动出谋献策，得到政府相关部门高度评价。

信永中和本着时刻不忘行业发展的使命感，将诚信建设作为事务所发展的生命线，用诚信为我国经济发展的安全运行提供客观的会计信息。2010年2月12日中央电视台新闻联播中，将信永中和作为“用诚信铸就行业生命”的典型进行了肯定。

在当前的历史阶段，提供面向国际的会计信息服务，是我国注册会计师行业着力解决的课题。信永中和本着勇于承当、迎接挑战的行业发展的责任感，坚持加大投入建设事务所的国际化服务能力。早在2005年信永中和的国际化就迈出了坚实的步伐，近年来一直走在本土会计师事务所会计业务国际化的前列。在2010年7月9日中央电视台财经频道经济信息联播播出的“会计师事务所打造国际影响力”新闻中得到了赞许，财政部副部长李勇和财政部副部长王军亦在对我所的考察中给予了高度评价。

信永中和一直积极配合国家有关部门的政策研究和行业专业发展工作。受国家国资委邀请，与国资委工作人员一起，历时两年时间编写并于2009年3月出版了《国有企业内部控制框架》一书，成为指引国企加强和改善内部控制的主要参考文本。并且协助国家国资委完成了对汽车、石油、电信3个重要行业的分析报告，为政府部门政策制定和推行做出了力所能及的贡献。

信永中和自2004年以来，相继为长期服务客户的高层管理工作者义务举办了“信永中和财务论坛2004——企业改革与财务会计”、“信永中和财务论坛2005——公司治理与风险控制”、“信永中和财务论坛2007——新会计准则及实务”及“信永中和财务论坛2009——内部控制与企业发展”，信永中和希望藉此为促进企业可持续发展尽一份绵薄之力，并以此回馈社会，表达我们的社会责任。

【团队建设】

信永中和拥有一批年富力强、充满活力、团结和谐且富有理想和责任的国际化的以合伙人为核心的高级管理团队。截止2012年6月30日，共有百余位涵盖审计、管理咨询、工程造价和税务领域的合伙人，其中包括十多位香港、新加坡、日本和澳大利亚合伙人。他们具有资深的专业工作经历、精湛的专业素养和丰富的执业和管理经验，平均年龄约为42岁。信永中和成立以来，尽管期间进行了多次合并重组，规模也不断扩大，但在健康的信永中和合伙文化以及在此基础上建立起来的内部治理结构和符合行业发展规律的管理体系和制度的保证下，高级管理团队一直保持高度和谐稳定的关系。大家拥有共同的理念，同心同德、和衷共济、真正达到了“人和智和”的境界。合伙人之间相互支持，优势互补，共同发展，共享事务所的发展成果。应该说，多年来，我们的合伙人虽然来自五湖四海，但内部团结和谐，没有帮派，合伙人及高管之间没有发生过重大矛盾和冲突，更从没有发生到处告状的情况。合并加入的合伙人也都能很快融入，稳固而团结的合伙人团队令国内其他大所艳羡。这种强调协同、相互支持、共同发展的合伙文化成为信永中和快速、和谐、健康发展的有力保障。

中勤万信会计师事务所

【基本概况】

中勤万信会计师事务所（以下简称中勤万信）创建于1992年，其前身为湖北万信会计师事务所，2000年1月与柏勤会计师事务所合并变更为中勤万信会计师事务所，经财政部批准成立，在北京工商行政管理局登记注册，注册资本300万元，法定代表人张金才，主任会计师胡柏和。1994年成为DFK INTERNATIONAL会计师联合组织的正式成员，为客户提供全球性的服务。

公司在全国范围内独立执业，在北京有办公场所1800m²，武汉办公场所1500m²，深圳办公场所1200m²；并在上海、郑州、西安、邯郸、海南、辽宁等省市设立了分所、办事处等机构。公司目前客户遍布全国二十多个省市，服务领域涉及工业、交通、运输、金融、证券、期货、保险、商业、农业、邮电通讯、医药卫生、房地产业等。

中勤万信拥有一批具备财务、会计、审计、税务、金融、机电、土木建筑、电脑软件、管理咨询等方面知识和经验的专业人员，现有从业人员350人，其中，注册会计师163人，注册评估师32人，注册造价师12人，注册税务师12人。高级项目经理以上人员曾到欧美、澳大利亚、香港接受业务培训和工作。事务所执业人员平均年龄在30岁左右，现已形成一支职业道德优良、整体业务素质良好、人才结构合理的执业队伍。中勤万信与国际知名的会计师事务所建立了合作关系，定期与国外同行互访、交流、业务考察。

十几年的发展历程，为我们积累了丰富的事务所管理经验，形成了具有中勤万信特色的企业文化，培养和锻炼了每位职员正直豁达、团结进取的观念与意识。优秀的品格培养、艰苦的工作磨炼、宽松的人文环境，使每一个项目服务团队都能在欢愉的心境下努力完成各种具有挑战性的工作。这种企业文化是我们的宝贵财富。

我们拥有全新的现代审计理念，审计业务服务不仅仅停留在审计技术、审计程序与审计报告上，更专致于为客户提供超值服务，致力于为客户解决问题，提出改进建议、解决方案，以期达到最佳效果。全新的服务理念与服务意识，使我们同众多的客户建立了长期战略合作伙伴关系。

我们深知每个人的素质提高一小步，整个团队的素质就提高一大步的道理。为客户提供优质高效的服务，始终是我们锲而不舍追求的目标，为实现这一目标我们采取了全方位的管理手段与措施，从职员的职业道德教育开始到综合知识的学习、掌握，以及对实际问题的解决能力进行严格的立体培训。承传先进事务所管理理念和先进的项目管理经验，不断总结实际工作中的经验教训，使我们在项目的时间管理，业务操作系统控制、质量与风险控制和审计程序恰当运用等方面驾轻就熟，从而保证了我们有能力为客户提供优质高效的服务。

【执业理念】

开拓、诚信、勤勉、公正。

【企业文化】

我们的战略目标：为客户创造价值。

我们的理念：开拓、诚信、勤勉、公正。

我们的服务宗旨：为客户提供高效的服务。

我们的道德准则：独立、客观、公正、廉洁。

【业务范围】

查账验证。

验资。

管理咨询。

资产评估。

房地产评估。

土地评估咨询。

工程造价咨询。

税务服务。

中瑞岳华会计师事务所

【基本概况】

中瑞岳华会计师事务所拥有30年发展历史，是我国第一家转制的特殊普通合伙制会计师事务所，被财政部、证监会授予第一批H股审计资格。中瑞岳华会计师事务所凝聚科学发展的强大合力，致力于集团化、规模化发展和民族品牌的创建，为客户提供一流服务。在中国注册会计师协会发布的2008－2011年度《会计师事务所综合评价前百家信息》中，中瑞岳华连续四年名列本土所第一，成为国内最大的本土会计师事务所。

中瑞岳华具备强大的人力资源优势，通过不断提高个体素质，增强群体协作能力，建立科学的专业技能考评体系、专业级别体系以及分层次、针对性、系统化、制度化的专业培训体系，充分挖掘人合潜力，实现以人为本的发展目标。目前，中瑞岳华拥有执业人员三千余名，财政部、中注协培养的行业领军人才11名。

中瑞岳华坚持做大做强“走上去”、国际化发展“走出去”的跨越式战略，不断完善内部治理结构，在上海、天津、辽宁、青海、福建、河南、四川、山东、吉林、江苏、山西、陕西、云南、深圳、湖北、湖南、黑龙江、青岛、浙江、重庆、广东、新疆等省市设立了22家分所，在香港设立了中瑞岳华（香港）会计师事务所，在新加坡设立了中瑞岳华（新加坡）会计师事务所，形成了强大的国际市场服务网络。

近年来，中瑞岳华以严谨的专业态度、成熟的工作经验、良好的沟通能力，为国家电网、南方电网、中海油、中远集团、航空工业集团、鞍钢集团、中煤集团、中外运集团等40余家国务院国资委直属中央企业、120余家上市公司、近2000家常年审计客户提供高品质、全方位的中介服务。

【执业理念】

中瑞岳华始终坚持诚信为本、勤勉尽责的执业理念，通过先进的技术手段、一流的工作效率、国际化的执业网络，为中国资本市场的稳定和繁荣，为中国经济社会的发展作出贡献。

【服务范围】

1. 鉴证及相关服务

财务报表审计

财务报表审阅

内部控制鉴证

预测性财务信息审核

对财务信息执行商定程序

代编财务信息

2. 管理咨询

企业发展战略咨询

企业内外环境分析

企业发展方向和目标审视

企业核心竞争能力评估

资产经营与并购重组咨询

企业资产经营和并购重组的市场研究
目标企业研究
企业并购、重组方式的选择
企业经营管理咨询
财务管理咨询
企业内部控制制度设计、评价
企业财务会计制度设计
人力资源的开发与管理咨询
担任常年财务顾问
企业管理信息化咨询
ERP 规划与实施
财务管理信息系统的建设与实施

3. 资产评估

企业价值评估
单项资产评估
房地产评估
知识产权评估
清算价值评估
造价咨询

建设项目建议书及可行性研究投资估算、项目经济评价报告的编制和审核

建设项目概预算的编制与审核

建设项目工程合同价款的确定;合同价款的签订与调整及工程款支付,工程结算报告的编制及审核

工程竣工决算报告的编制及审核
建设项目全过程或阶段的管理和服务
工程造价信息服务

4. 税务代理

代理纳税申报
提供税务咨询
协助税收筹划
开展税务审计
举办税务培训
办理税务登记
制作涉税文书
担任常年税务顾问
开展网上税收信息服务

中审亚太会计师事务所

【基本概况】

中审亚太会计师事务所是由中审会计师事务所总所及其属下部分分所,于 2008 年 11 月与亚太中汇会计师事务所“强强联合”更名为现称的。注册资本 1900 万元人民币。

中审会计师事务所成立于 1988 年 8 月,隶属于国家审计署,为司局级事业单位。1999 年经财政部和审计署批准脱钩改制为中审会计师事务所。

原亚太中汇会计师事务所成立于 1983 年,隶属于云南省财政厅和国家外汇管理局,是国内从业历史较长和较早取得证券、期货相关业务审计资质的会计师事务所之一。

中审亚太目前在全国各地拥有 20 家分所,分布在云南、山西、陕西、天津、河北、上海、浙江、福建、安徽、广东、深圳、湖北、湖南、贵州、海南、四川、重庆、黑龙江、吉林等省(市)和香港特区。

中审亚太现有从业人员 2430 人,其中:注册会计师 790 人,拥有注册咨询师、国际内部审计师、注册造价工程师、注册税务师、土地估价师、信息工程师、律师等双项或多项执业资格人员 470 余人,占从业人员总数的 52%。

中审亚太的业务覆盖全国各行各业,为广大客户提供财务报表、企业重组、资本运作、公司改制、股票发行与上市、财政投资、企事业经济责任、企业清算、投资决算、司法鉴定等审计和财务咨询服务。

近年来,为适应国内企业向国际市场“走出去”之需求,我们先后在香港、巴西、西班牙、墨西哥、蒙古、新加坡、斐济、印度尼西亚、马来西亚、埃塞俄比亚、摩洛哥、老挝、苏丹、马尔代夫等 30 多个国家和地区为国内企业提供专业服务。

本所还具有集团型的税务咨询、资产评估、工程造价咨询等执业机构,可以满足不同客户服务需求。

2009 年,总收入 4.06 亿元;2010 年,总收入 4.87 亿元;2011 年,总收入近 5 亿元。在全国百强会计师事务所历年综合排名中,一直位列本土所前 10 名。

【团队建设】

我们拥有一支知识化、年轻化、专业化、有经验的执业团队。硕士、本科以上学历人数占从业人员的 90% 以上;年龄在 50 岁以下,年富力强、精力充沛、身体健康人员占从业人数的 90% 以上;拥有注册会计师、注册咨询师、注册评估师、注册造价工程师、注册税务师、土地估价师、信息工程师、律师等 600 余人,占从业人员的 80%,其中不少人员具有双项或多项执业资质,能够胜任各行各业客户委托的各类审计咨询及相关服务。同时,团队中还拥有一批资深专家作为高层技术顾问。我们拥有一支知识化、年轻化、专业化的服务团队。注册会计师 790 人,占全员的 37%;注册资产评估师 198 人;注册税务师 79 人;注册造价工程师 188 人,4 项资质人员共计 1255 人,占从业人员总数的 52%;具有高中级职称 898 人,占全员的 37%;具有本科以上学历的 1603 人,占全员的 66%;平均年龄 33 岁,行业领军人才 3 名,同时还有一批资深专家作为技术顾问。能够为各行务业客户提供相应的审计、咨询业务。

【服务领域】

审计业务

提供证券、期货业务审计,企业重组改制审计,企业年度会计报表审计,司法鉴定,经济责任审计,会计报表审阅,公司清算审计,验资,企业收购、转让审计,特定事项审计,绩效薪酬审计,清产核资审计,其他等审计业务。

资产评估

北京亚超资产评估有限公司是由原中审会计师事务所有限公司评估部与亚太中汇会计师事务所有限公司评估部重组合并成立,具有证券业务资产评估资格。

2008 年 7 月成立,现有从业人员 68 人,注册评估师总人数达到 62 人,在云南、湖北、贵州、海南等省市设有 4 家分公司。2009 年营业收入 1781 万元,主要客户为大型特大型中央企业、国有企业、金融企业、上市公司、拟上市公司、国际公司等。

北京亚超依托中审和亚太中汇的良好执业背景,业务分布广阔,遍及全国 30 多个省、市、自治区,100 多个城市和香港特别行政区,以及英国、蒙古、美国、坦桑尼亚、埃塞俄比亚等国家。

管理咨询

提供企业内控设计,企业财务管理体系设计,企业绩效评价,财务、会计制度,税收策划,会计电算化培训,企业改制和

企业上市策划，国际会计，人力资源管理咨询，国际审计，企业战略咨询，学术交流，业务流程再造等管理咨询业务。

工程造价

中审世纪国际工程造价咨询（北京）有限公司的前身为中审会计师事务所有限公司工程审核部，具有工程造价咨询甲级资质。

2006 年底，根据建设部[2006]年 149 号令，于 2006 年 11 月 29 日成立中审世纪国际造价咨询（北京）有限公司，承担了原中审会计师事务所有限公司工程审核部的全部业务，原中审会计师事务所有限公司的注册造价工程师、造价员及管理人员全部转入中审世纪。注册资金 200 万元。具有工程造价甲级企业资质。公司现有员工 68 人，其中：注册造价工程师 43 人，高级工程师 7 人，工程师 39 人。多年来，在业务一直稳步上升同时，营业收入逐年增加，2009 年营业收入 3077 万元。

中审世纪中审和亚太中汇的良好执业背景，业务分布广阔，为政府机关、社会团体、科研教育、文化体育、医疗卫生、冶金机械、石油化工、电力煤炭、铁路交通、航空航天、电子通信、农林水利、银行保险、中外合资企业和境外企业等行业提供工程造价审计和咨询等专项服务。

会计与税务

提供代理纳税申报，代理税务登记，代编会计报表，代理记帐等业务。

【企业文化】

本所坚持以人为本，崇尚社会公德、个人品德、职业道德、家庭美德，全力构建以“诚信决定生存、知识充实事业、创新成就辉煌、专业回报社会”为核心的企业价值观，并通过全体员工的努力，建设和谐向上的企业，以提高企业知名度、文明度，增强企业凝聚力、竞争力为目的。

经营理念：质量打造信誉，信誉筑就品牌，品牌赢得市场。

管理理念：用文化凝聚团队、用制度规范行为、用事业成就人生，营造事业留人、待遇留人、感情留人、合伙文化留人的氛围。

奋斗目标：科学发展，开拓创新，保十争五，铸造百年名所。

发展目标：规范化、集团化、国际化、多功能、高水准。

服务理念：质量第一、信誉至上、勤勉尽责。

执业原则：独立、客观、公正、严谨。

质量控制理念：执业质量是生命线、执业程序是防火墙、工作底稿是护身符。

合伙文化：人合、心合、事合、志合。

人才理念：尊重人格、培育英才、唇齿相依、共同发展。

员工行为准则：

恪守社会公德、崇尚个人品德、严格职业道德、坚守家庭美德；

真诚敬业爱岗，尽力履行职责，刻苦学习专业，努力开拓进取；

真诚敬业爱岗，尽力履行职责，刻苦学习专业，努力开拓进取；

坚持诚信为人，尊重上司同仁，善于团结合作，践行秉公办事；

信守以所为家，维护集体声誉，抵制不良风气，爱护公共财物；

讲求仪容仪表，珍爱个人形象，完美行为举止，文明待宾迎客。

※律师事务所※

金杜律师事务所

金杜律师事务所是亚太地区最大律师事务所联盟，在中国、澳大利亚、香港及其他国际金融中心共拥有 21 个办公室，全球员工总人数达 3800 人，能同时提供中国、香港、澳大利亚和英国法律服务。

2012 年，Acritas Sharplegal 旗下的国际著名刊物《全球精英品牌指南》通过对全球 5000 家大型跨国企业法律顾问的调查问卷做出国际律所排名，金杜律师事务所荣登国际律所排名第 16 名。

金杜作为成立最早的中国合伙制律师事务所之一，经过 20 年的发展，在为中国企业提供服务的几乎所有法律服务领域具备了丰富的经验和卓越的综合实力，在融资、外商投资、公司事务、证券业务、并购、国际贸易、争议解决业务、知识产权保护、劳动法、反垄断、公司合规业务、破产重整、不良资产处置、资产证券化、风险投资和杠杆收购业务等各个方面都处于中国法律服务的最前沿。金杜目前在中国（包括香港）拥有 230 多名合伙人，1200 多名律师及法律专业人士，员工总数近 2000 人，在国内外商界和同行中赢得了很高的声誉和评价。

金杜是中国最早取得从事证券业务资格的律师事务所之一。多年来金杜曾代表发行人及承销商参与过数百件各类境内外股票首次公开发行及增发业务，并协助客户处理与股权融资、债券融资、基金、上市公司并购重组以及上市公司日常咨询等大量业务，客户涵盖了化工、房地产、建筑、制造、交通运输、金融保险、能源矿产、电信传媒、医疗保健、食品农业、零售贸易等众多的行业类别，并在能源矿产和金融保险行业取得了卓越成绩。四大国有商业银行（工商银行、农业银行、中国银行、交通银行）、五大保险公司（中国人保、中国人寿、平安保险、太平洋保险、新华保险）、众多证券公司及中国石油、中国海洋石油、神华能源、兖州煤业、大同煤业等大型国企都是我们的长期客户。

金杜律师事务所奖项

金杜 20 年来获得各类国内、国际法律大奖上百个，其中 2012 年度：

被 legal business，The lawyer Awards 评为“年度最佳国际律师事务所”。

被钱伯斯亚太大奖及国际金融法律评论亚洲大奖评为“年度最佳中国律师事务所”。

被亚洲法律事务所中国大奖评为“年度最佳北京律师事务所”。

被 Asian－Mena 杂志调研报告评为“年度最佳保险领域律师事务所”。

和记港口控股信托上市项目被亚洲法律杂志中国/东南亚地区大奖评为“年度最佳股票市场交易大奖”。

兖州煤业发行担保票据交易项目被中国法律商务大奖评为“年度最佳交易大奖”。

国枫凯文律师事务所

国枫凯文是由北京市凯文律师事务所与北京市国枫律师事务所合并且更名而来的一家具有高度专业化并致力于提供综合性、全方位法律服务的全国性规模化合伙制律师事务所。

其总部设在北京，并在上海、深圳、广州、重庆、成都和西安设有分所。

国枫凯文集中了一批高素质、经验丰富且有理想并勇于实践的专业法律人才，国枫凯文律师均在国内外著名高等学府接受过正规、严格的法学教育及专业训练，其中众多律师拥有国内外著名法学院的博士或硕士学位。

国枫凯文为国内外客户提供全方位、多层次的专业法律服务。国枫凯文内部按照专业化分工设立专业部门，在执业过程中，国枫凯文奉行专业分工与团队协作并举的原则。在国枫凯文，客户得到的不仅是某个律师的专业服务，而是国枫凯文律师团队的集体经验、智慧和判断力，以及专业化、高效率协作机制的有效支持。

国枫凯文与社会各界、有关政府机构、世界主要国家和地区的若干律师事务所保持着良好的业务联系与合作。国枫凯文是 Meritas 国际律师事务所组织的唯一中国会员，该组织在世界范围内 70 多个国家拥有超过 175 个会员，近 7000 名专业律师，可在全球范围内提供优质、高效的法律服务。

良好的法律专业能力、丰富的律师实务经验、广泛的社会资源整合、高效率的办公方式和为客户高度负责的执业精神是国枫凯文为客户提供优质法律服务的基础。

国枫凯文律师愿以服务国家、奉献社会为己任，以优质、高效的专业化法律服务为客户创造价值、与客户共同发展、共铸辉煌。

国枫凯文竞争优势

流程化、标准化的专业操作模式

国枫凯文建立了一套较为完善的客户拓展、客户利益冲突防范、服务项目立项、服务团队组建、服务项目主办与协调、服务质量控制及风险防范的内部审核、服务跟踪与信息反馈、项目财务信息管理等整个服务流程的内部控制、管理制度和体系，以实现对法律服务专业品质的追求。

专业化、系统化、个性化的客户服务模式

国枫凯文旨在向客户提供以事前防范为主、事后补救为辅的全方位、系统化法律服务；针对不同客户对法律服务的不同需求，国枫凯文通过调配、整合不同专业的优势资源形成具有针对性的专业服务团队，以协助客户解决问题及实现其经营、发展目标。

集约化、信息化的内部管理模式

国枫凯文实行资源集约管理，借助有效的内部管理机制，使律师之间根据业务需要在不违反各自所承担之保密义务的基础上实现跨越地域、专业的业务经验分享以及专业服务能力的完善，同时实现对专业分工有序、岗位职责明确、律师服务质量的有效指导与监督。

国枫凯文客户分布

国枫凯文的客户包括众多国内大中型企业、外资、民营公司，其中不乏世界 500 强企业和著名跨国公司；客户所属产业领域十分广泛，包括电信、航空、钢铁、矿业、铁路、石油、化工、汽车、电力、公共事业、港口、银行、保险、投资、软件、高科技、文化传媒、体育、餐饮娱乐、商业零售、贸易等。

国枫凯文业务领域

国枫凯文的业务领域主要包括：公司证券业务、金融法律业务、房地产与工程业务、外商投资及涉外业务、知识产权业务、诉讼与仲裁业务。

公司证券业务是国枫凯文的核心业务之一，在公司证券业务领域国枫凯文保持着骄人的业绩并居于领先位置。2007 年，国枫凯文位列中国证监会排名的股票首次公开发行法律业务、再融资法律业务和境外发行法律业务的第八位、第四位及第三位；2009 年，在 LawFirm50 公布的最新排名中，位列中国最佳证券业务律师事务所第三名；同年获得年度风险投资本土最佳法律顾问；2010 年，获评为中国上市公司最信赖律师事务所；2011 年，国枫凯文更以 21 个项目数量位居全国从事证券法律业务的律师事务所（单体）年度通过审核 IPO 项目业绩排名之首，并再次获评为中国上市公司最信赖律师事务所。同年，事务所被 ALB《亚洲法律杂志》评为 2011 年度“ALB 中国发展最迅速的十家律师事务所”之一，2012 年，北京国枫凯文律师事务所荣获“全国法律服务最具竞争力十大诚信品牌”和“2012 年度中国企业上市优秀服务机构金手指奖”称号；此外，国枫凯文还入选了亚太地区权威杂志 ALB《亚洲法律杂志》发布的 2012 年度“中国律所规模二十强”排行榜；2012 年度清科中国创业投资暨私募股权投资排名中，国枫凯文入围 2012 年中国企业境内上市法律顾问机构 10 强，名列第二位；汤森路透亚洲股权及股权相关法律顾问交易数量排名中排第八位。

大成律师事务所

【基本概况】

大成律师事务所于 1992 年 4 月创建，是中国成立最早、规模最大的合伙制律师事务所之一。遵循改革创新的思路，大成建立了覆盖全国、遍布世界重要地区及城市的大成全球化法律服务网络。大成已在全国设立了 30 家国内分所，遍及全国主要大中城市。此外，大成也在境外的纽约、巴黎、洛杉矶、新加坡、香港、台北等地设立了 26 家境外分支机构、代表处及成员单位。2009 年，大成作为中国区唯一成员加入了世界最大的、汇集全球顶级律师事务所、会计师事务所、投资公司、金融机构等专业性服务企业和公司的独立专业服务组织 World Service Group（世界服务集团），将大成全球化法律服务网络与 WSG 全球网络实现了链接，使大成客户服务体系更广泛地覆盖全球。

在中国资本市场的舞台上，作为最早取得从事证券业务资格的律师事务所之一，大成扮演着十分重要的角色。大成的资本市场业务覆盖了从上游的股权基金资本筹集，到中游的私人股权投资，以及下游的公司 IPO 及资本退出的整个资本市场价值链条。

大成证券与资本市场领域法律服务包括但不限于：

· 各类基金的设立、募资、投资
· 企业境内外 IPO
· 上市公司再融资
· 担任主承销商法律顾问
· 并购重组（含借壳上市）
· 私募股权投融资
· 战略投资及风险投资
· 各类债券的发行
· 信托投融资
· 资产证券化
· 期货、期权及其他金融衍生品交易
· 企业改制及产权交易
· 大型项目建设及资本运作
· 担任各类基金管理公司常年法律顾问
· 担任上市公司常年法律顾问

在资本市场与证券业务领域，凭借其独特而强大的全球化法律服务优势和出色的业绩，大成在国际律师界、商界及政府部门获得广泛好评，并享有良好声誉，已经成为最知名的中国律师事务所之一。

信达律师事务所

【基本概况】

信达律师事务所于 1993 年在深圳设立，是中国最早获批设立的合伙制律师事务所之一。总部办公地点位于深圳市中心商务区核心地带，与未来的深圳证券交易所办公大楼仅一路之隔。

公司与证券业务是信达律师所的核心业务。经过二十年的经营与发展，信达律师所在全国证券法律业务领域已享有盛誉，并成为证券法律服务界的品牌律师事务所之一。近年来，信达律师所参与完成了数百家企业境内外首次公开发行股票、公开与非公开增发股票、配股、公司债券发行等项目，为众多企业提供资产重组、重大收购、股份制改造等法律业务，并参与多家海外收购等项目。

信达律师所长期以来与境内外各类证券服务机构保持着良好的业务联系，并多次受邀参与证券监管部门或其他政府组织的证券类法律、法规、规章的研讨、修订和培训工作。

二十年的执业过程中，信达律师所荣获诸多荣誉，是 Legal 500 及亚洲法学在中国推荐的律师事务所之一。

【律师团队】

信达律师所拥有合伙人近四十名，主办律师、律师助理上百名，律师多毕业于国内外著名法学院校，其中 80% 以上获硕士及以上学位。部分资深律师执业超过二十年，并有律师受聘担任了深圳证券交易所的上市委员会委员、中国证监会创业板发行审核委员会委员、深圳国际仲裁院仲裁员、多家证券公司的内核委员、深交所特聘的企业改制上市培训专家以及多个地方政府上市领导小组办公室的专家团成员等。近年来，信达律师所多名律师前往英美等国留学深造，之后回所继续执业，为信达律师所的律师团队增添了国际化、多元化因素。

【业务领域】

· 证券、投资、公司业务
· 房地产开发管理及融资业务
· 商事仲裁和诉讼业务
· 银行、金融业务
· 破产及非破产清算业务
· 劳动关系及劳资争议业务
· 外商投资业务
· 常年法律顾问及综合性法律服务

【业绩展示】

近五年，信达参与完成了企业境内外首次公开发行股票项目和上市公司再融资项目近六十个；其中首发项目包括荣盛石化（002493. SZ）、欣旺达（300207. SZ）、川大智胜（002253. SZ）、英飞拓（002528. SZ）、达实智能（002421. SZ）、珠海鼎利（300050. SZ）、量子高科（300149. SZ）、星河生物（300143. SZ）、新城控股（1030. HK）、长虹佳华（8016. HK）、百勤油服（2178. HK）等；再融资以及重大重组等其他证券项目包括中信海直可转债、德豪润达非公开发行和公司债、日海通讯非公开发行、德福莱中小企业债、嘉力达中小企业债、新城控股公司债、万科 B 股转 H 股、深能源重大资产重组暨非公开发行等。

信达目前担任万科股份（000002. SZ）、招商地产（000024. SZ）、华联控股（000036. SZ）、中航地产（00003. SZ）、中信海直（000099. SZ）、粤华包（200986. SZ）、长城科技（0074. HK）等数十家主板、中小板和创业板上市公司以及境外上市公司的常年法律顾问。

信达与境内外投资机构保持广泛和长期的合作，提供过法律服务的投资机构包括赛富、平安信托、光大控股、东方富海、同创伟业、高特佳、深创投、厚生投资、TCL 创投等境内外知名机构；

2009 年，信达荣获《亚洲法律杂志》（ALB）主办的“ALB China Law Award 2009 深圳律师事务所”年度大奖；2011 年，信达被《证券时报》主办的中国最具竞争力创投机构（CCVC/PE）评选为 2010 年度最佳中介机构——“年度最佳律师事务所”。

金诚同达律师事务所

【基本概况】

金诚同达创立于 1992 年年底，其总部设在北京，并在上海、深圳、沈阳、西安、成都、乌鲁木齐设有分所和办公室。金诚同达现拥有 260 多位优秀的专业律师，已发展成为中国境内规模最大、最富活力的律师事务所之一。2000 年金诚同达被司法部命名为“部级文明律师事务所”，2005 年被中华全国律师协会评为“全国优秀律师事务所”，2006 年被《亚洲法律事务》杂志（ALB）评选为“亚洲地区蓬勃发展中的 30 家律所”。

【专业团队】

金诚同达集萃了众多跨领域的专家型法律人才，其中众多律师拥有美国、欧洲、日本等知名法学院的教育背景和美国、英国、德国、日本、香港的律师事务所工作经验。金诚同达秉承“守信金诚，励志同达”的理念和“同心合力，事业腾达”的目标，倡导“法理精神、一品服务”和“服务创造价值”。金诚同达致力于运用其资深专业技术和丰富实践经验竭诚为客户提供专业、全方位的法律服务。金诚同达律师能够切实地从客户的立场和观点出发并结合案件具体情况，在各个业务领域都提供高水准的优质法律服务。金诚同达以学者型的严谨态度、专家型的服务水平、团队型的合作模式和国际化的质量标准严格要求自己。金诚同达正在成为客户最为信任和依赖的重要伙伴。

【公司与证券业务】

金诚同达是最早拥有证券法律业务从业资格的律师事务所之一，自中国证券市场创立阶段即开始从事相关法律服务，多年来累积了丰富的专业知识和实务经验。金诚同达深谙公司及证券类法律、法规和监管规则，熟悉公司及证券类业务的运作与流程，同相关部门和中介机构建立了长期的、良好而稳定的沟通与合作关系。多年来，金诚同达承办的证券业务，包括为拟上市公司提供股份制改造、在境内外发行股票并上市（包括在国内外主板、中小企业板、创业板、三板以及其他类别的证券市场上市）的法律服务（IPO），为上市及非上市公司的私募、增发、配股、股权转让、重组（包括借壳上市等）、改制（包括国有企业改制等）、股权收购与反收购、重大资产收购、重大投资（包括独资、合资、合作、联营及其他类型的投资等），发行优先股、债券（包括可转债、分离交易可转债、企业债券、公司债券、金融债券、短期融资券等）、权证、股权或期权激励（奖励）等提供法律服务，以及为证券公司、期货公司、各类基金与投资公司提供相关法律服务等。此外，金诚同达还为各类公司提供常年法律顾问服务，及诉讼、仲裁、清算、破产等其他法律服务。

【业绩】

金诚同达办理的具有里程碑意义的项目如下：

·第一家境内跨交易所多家上市公司合并

·第一家股权分置改革后全流通概念下上市公司

·第一批中小企业板上市公司

·第一家信托公司通过吸收合并方式借壳上市

·第一家由律师组成清算工作组全面接管清算证券公司

·第一家国有控股上市公司公开实行股权激励制度

·第一家上市公司采用托管方式进行业务整合并解决同业竞争问题

·第一批财务公司发行金融债券

·第一家上市公司通过国家股全部回购进行股权重组并实现国有公司民营化

·第一家持续赢利上市公司全额资产置换彻底改变主营业务

·第一家上市公司国有大股东通过实施破产进行债务重组和股权重组

·第一家突破既往规则通过定向转增进行股权分置改革

嘉源律师事务所

【基本概况】

嘉源专长于证券、金融、企业产权、公司治理以及投资、工程、国际商事等领域，是中国金融市场尤其是资本市场居于领先地位的合伙制律师事务所。十余年来，我们协助数百家境内外企业进行了重组改制、境内外股票发行上市和投资、收购兼并、工程承包等工作。

嘉源律师团队熟通中国及境外法律，既洞察中国金融市场发展变化，又谙悉国际资本市场运作规则，以卓越的专业服务使嘉源成为每个客户最值得信赖的伙伴。

【市场地位】

嘉源一直是中国金融市场法律服务的主要机构之一。在国内国际股票发行市场、企业改制以及收购兼并、外资等业务领域，嘉源以卓越的服务确立了一流律师事务所的地位。

【专业团队】

嘉源专门从事资本市场法律业务的律师近七十位。我们的业务骨干在加入嘉源之前，曾服务于国内外知名律师事务所、证券、投资机构及科研院校，积累了丰富的业务经验。如今，中国企业与海外资本市场的联系日趋紧密，这对证券律师的素质提出了更高的要求。嘉源的多位律师毕业于英、美著名法学院，并有国际知名律师事务所的工作经历。除了对中国及境外法律精深的理解，他们还谙熟于国际资本市场的运作规则。

【业务资格】

经司法部和证监会批准，嘉源具有从事证券法律业务资格。

经证监会和司法部批准，嘉源具有从事涉及境内权益的境外公司相关法律业务资格。

经司法部和财政部批准，嘉源具有从事国有资产产权法律事务的资格。

【荣誉】

多年来，嘉源律师良好的专业能力与上佳表现获得市场的广泛认同，嘉源屡获殊荣，例如：

2012 年 5 月 31 日，嘉源荣获“最佳上市服务律师事务所金手指奖”。

2012 年 5 月 31 日，由中国中小企业协会主办的“2012 年中国企业 IPO 高端峰会”在北京举行。嘉源荣获“2012 年中国企业上市优秀服务机构金手指奖——最佳上市服务律师事务所”奖项。

“金手指奖”主要表彰在中国企业海内外上市过程中做出突出贡献的保荐机构、PE/VC、律师事务所、会计师事务所、保荐人、财经公关、资产评估事务所、上市培训机构等。

出席本次峰会的有政府机构、证券交易所、证券公司和投行、会计师事务所、律师事务所、VC/PE、拟上市企业等 IPO 相关行业的 400 多位专家。嘉源合伙人贺伟平律师出席了本次盛会。

2012 年 5 月 25 日，嘉源荣获“2011 年度最佳 IPO 律师事务所”称号。

2012 年 5 月 25 日，由证券时报社主办的“投行创造价值”高峰论坛暨 2012 中国区优秀投行评选颁奖典礼在江苏省无锡市举行。嘉源荣获“2011 年度最佳 IPO 律师事务所”（全国三家之一）称号。

本次活动是证券时报社举办的第六届投行盛会，也是投行业内规格最高的盛会。出席本次盛会的嘉宾有来自人民日报社、中国证监会、深沪交易所、证券业协会、江苏省政府、无锡市委的相关领导。参会人员包括来自国内近 50 家证券公司的高管、近 20 家商业银行的投资银行业务主管以及会计事务所等第三方中介机构合伙人，参会人员接近 200 人。我所资深合伙人颜羽律师、合伙人黄国宝律师出席了本次盛会。

2012 年 4 月 9 日，嘉源名列彭博社 2011 年度全球法律顾问排行榜前茅。

嘉源律师事务所通过向客户提供高质量的个性化法律服务，在世界范围内享有广泛声誉。彭博社近日发布 2011 年度全球法律顾问排行榜，嘉源律师事务所名列前茅：

1. A 股 IPO 发行人法律顾问第 4 名。

2. H 股 IPO 发行人法律顾问全球排名第 14 名。

3. 亚洲（不含日本）IPO 发行人法律顾问第 8 名。

4. 全球 IPO 发行人法律顾问第 18 名。

注：以上排名以各律师事务所参与的项目的交易量为依据。

2012 年 2 月 6 日，汤森路透 Thomson Reuters 投资银行交易数据团队对外发布了全球 2011 年资本市场股权和债券发行法律顾问回顾报告。

嘉源律师事务所排名如下：

亚太地区 G3 债券（不含澳大利亚、中亚）——承销商的法律顾问：本所所以 1 项交易位列亚洲第 15 名。

2012 年 1 月 20 日，汤森路透 Thomson Reuters 投资银行交易数据团队对外发布了全球 2011 年全年的并购法律顾问回顾报告。

嘉源律师事务所排名如下：

已公布的中国参与的交易—本所排名中国第 14 名。

已完成的中国参与的交易—本所排名中国第 10 名。

德恒律师事务所

【基本概况】

德恒律师事务所是中国规模最大的综合性律师事务所之一，于 1993 年 1 月创建于北京，原名中国律师事务中心，1995 年更名为德恒律师事务所。自创始之日起，德恒就恪守“勤勉尽责、竭诚服务、追求公正”的宗旨，秉承“德行天下、恒信自然”的理念，致力于为客户提供优质、高效的法律服务，经过近二十年辛勤耕耘，获得中外社会各界的高度赞誉，现已形成遍布中国和世界主要城市的服务网络和客户群。自2007年起，德恒一直排名全国律所前三强（据 ALB 排名）。

【机构与人员】

德恒在中国首倡全球合伙制度，除北京总部外，还在上海、广州、深圳等地设立了21家国内分所，在纽约、海牙、巴黎、布鲁塞尔、迪拜设立了5家国外分支机构，在全球范围内建立100个合作机构，凭借多种语言优势、信息资源和现代化办公手段，形成了全球化、网络化、紧密型服务体系，可为国内外客户提供全方位、高质量的法律服务。

德恒拥有一流的律师队伍，全球律师专业人员逾1300人，其中北京总部400人。德恒律师80%以上有硕士、博士学位，具备在国内外立法、司法、行政机关、跨国公司、大型国企、金融证券机构的工作经验。德恒律师持有美国联邦最高法院、联邦上诉法院、纽约州、新泽西州、佛罗里达州、俄亥俄州、加利福尼亚州、欧洲共同体、巴黎上诉法院等律师执照，能熟练运用英语、法语、德语、日语等多种语言从事法律服务。

【优势领域】

德恒以“法律服务的国家队”来要求自己，积极投身于国家经济发展的主战场，与大型国企和政府部门保持了良好的长期合作关系，先后为三峡工程、南水北调、中铁建 A+H 股上市、农行 A+H 股上市等重大项目提供法律服务，并担任财政部、卫生部、国家能源局等部委的法律顾问。

德恒的传统优势领域，包括国内外股票、债券的发行、承销、上市，投资基金，国内外企业分拆、购并，公司改制，资产重组，破产清偿，有形与无形产权交易，中国企业海外融资、投资，海外投资者对中国投资、融资，国际招投标，信息通信，房地产开发经营、重大建设项目等。德恒在这些领域已经积累了极为丰富的经验，多次获得“年度最佳本地 IPO 项目奖”、“年度最佳股权市场项目大奖”、“最佳股权交易”等各项殊荣。

【特色】

德恒创新管理机制，建立了公司证券、融资并购、知识产权、建设地产、国际业务、诉讼仲裁、研究发展等六大中心平台，统一调配人力和业务资源，创造了系统集成、重点支持、全面服务的一站式服务模式，拥有强大的团队协作服务能力。这也是我们在重大项目办理中如此成功的原因之一。

德恒高度重视研发工作，以此推动业务提升和创新。德恒通过对经济发展趋势和客户需求等方面的研究，不断拓展法律服务产业链，做到“研究在前，布局在先，做好预案，积极服务，持续跟进”。德恒近年来在新能源、中国企业“走出去”等领域积极展开布局，同时开发了声誉管理、风险控制等新型综合性业务，使自身一直处于法律服务行业的领先地位。

德恒律师事务所参加了第三批深入学习实践科学发展观活动。期间，国家副主席、中央深入学习实践科学发展观活动领导小组组长习近平等领导同志视察我所，对学习实践活动给予有力指导，极大鼓舞了全所律师。

【德恒宗旨】

自创始之日起，德恒一直恪守“勤勉尽责、竭诚服务、追求公正”的宗旨，秉承“德行天下、恒信自然”的理念，致力于为客户提供优质、高效的法律服务。

【未来】

德行天下，恒信自然。德恒人将精益求精，继续为中外客户提供一流的法律服务。

【专业领域】

德恒在公司、证券等法律服务领域信誉良好、业绩优良，拥有一支稳定、经验丰富且勇于拼搏和创新的团队，在证券发行上市、证券投资基金及产业投资基金法律服务领域业绩显著，赢得了广泛、持久、稳定的一流客户群，其中包括长江三峡总公司、长江电力、大唐集团、华能集团、中国铁道建筑总公司、中国农业银行、中信证券等，涉及领域包括金融、证券、机械制造、房地产、能源、医药、交通运输、港口、公路、桥梁、水务、环保、电信等。

公司证券部主要服务内容：

普通公司的筹建、设立、转股、增资
企业产权界定、公司制改建、股份制改造
公司治理和合规
协助设计公司股权激励计划和方案
公司资产和股权托管
公司税务筹化和保险安排
公司债权债务重组、清收、变现
公司解散、破产、清算、拍卖
A 股（境内上市内资股）首次公开发行上市
B 股（境内上市外资股）首次公开发行上市
上市公司配股、增发、非公开发行、可转债发行
境内公司境外发行上市（H、N、S 股、CDR 等）
境外注册中资公司境外发行上市（红筹股）
外商投资
境外投资
收购和兼并
私募股权基金的设立和管理

观韬律师事务所

【基本概况】

观韬律师事务所成立于1994年2月，是总部设于中国北京的专业化、综合性大型律师事务所。经过数年不断的开拓、创新和发展，观韬律师事务所在法律服务、专业建设和律师团队等方面已成为中国优秀律师事务所之一。

2000年11月，国家司法部授予本所为《中华人民共和国司法部部级文明所》。2005年、2008年和2011年，中华全国律师协会连续三次授予本所为《全国优秀律师事务所》。自2005年至今，观韬律师事务所因在资本市场、银行与金融、公司与并购、国际贸易、工程基建与能源资源、重组与破产、房地产、争议解决等业务领域具有良好的业绩和声誉，多次入选《钱伯斯亚洲》、《钱伯斯全球》、《亚太法律500强》、《国际金融法律评论1000》、《亚洲法律评论》等国际知名法律评级机构的排名领域，并有数名律师入选排名律师。在“亚洲法律杂志中国法律大奖”历年的评选中，观韬律师事务所均获得包括“年度最佳北京律师事务所”和“年度最佳中国律师事务所”等多项奖项提名，并于2008年荣获“年度最佳能源和资源交易大奖”、于2009年和2011年两次荣获“年度破产清算和重组律师事务所”大奖，在2012年“亚洲法律杂志中国法律大奖”评选中获得多达9个年度奖项的提名。

观韬律师事务所的法律服务范围涵盖了银行、证券、保险、电信、大型基本建设、房地产、机械制造、交通、能源和自然资源、电力工程、环境保护、旅游、化工、医药、科研和服务业等领域。法律服务业务涉及国际投资、国际贸易、反倾销、反垄

断、收购与兼并、私募/风险投资、资产重组、银行和非银行金融机构风险处置和破产清算、产权界定、股份制改造、股票和债券的发行、知识产权、高新技术、金融、招标与投标、国际税法,以及反洗钱、行政法业务等诸多方面。同时,在传统的商业诉讼与仲裁法律事务方面亦具有良好业绩。

观韬律师事务所除北京总部以外,在上海、深圳、大连、西安、成都、济南、厦门、香港、天津等地设有分所,以便为不同地区的委托人提供更加有效、及时的法律服务。观韬律师事务所在相关专业方面还与境外和港、澳地区的律师行具有良好的业务合作关系。观韬与亚司特(Ashurst)国际律师行建立了联盟关系。亚司特是一间总部位于英国的国际律师行。通过与亚司特律师行的紧密合作,使我们可以在全球的平台上、持之以恒地为我们的国内及国际客户提供有价值的、全方位的法律服务。

观韬律师事务所拥有一支理论深厚、经验丰富、勤勉尽责、服务诚信、业绩良好、追求卓越的律师工作团队,并拥有多名相关专业的法律专家,能够为不同行业、不同客户提供全过程的综合性法律服务。

【业务领域】

反垄断业务

资本市场业务

公司、并购与商事业务

大型基建和房地产业务

银行与金融业务

诉讼与仲裁业务

破产业务

知识产权与电信传媒业务

国际投资与贸易业务

海事海商及船舶融资业务

能源与项目融资业务

行政法业务

招投标业务

【执业理念】

坚持追求卓越,诚信勤勉,高效优质是观韬律师事务所的理念,委托人利益高于一切是观韬律师事务所的价值观。

【观韬荣誉】

2013年2月,观韬在能源、工程与基建领域获得钱伯斯2013中国大奖提名。

2012年12月,观韬律师事务所大连分所被大连市司法局评为“2011年度大连市优秀律师事务所”,季建国律师获得“2011年度辽宁省优秀律师”、“2011年度大连市优秀律师”荣誉称号,金玉成律师获评“2011年度大连市优秀律师”。

2012年10月,观韬律师事务所被ALB《亚洲法律杂志》中国版评选为2012年“全国律所规模二十强”。

2012年11月,亚太法律500强(Asia Pacific Legal500)公布了2013年业务领域排名。观韬律师事务所在银行与金融、资本市场、公司与并购、争议解决、工程与能源、公司与并购(上海区域)等业务领域获得较高排名。合伙人孙东峰、孙东莹、萧红明、魏凯、杨光、徐玲也在各自业务领域被评为推荐律师。

2012年10月,国际金融法律评论(IFLR1000)公布了2013年中国金融律所业务领域排名。观韬律师事务所在银行与项目融资、资本市场、并购、私募与风险投资等业务领域获得较高排名。合伙人崔利国、李岩、孙东峰、闫芃芃、孙东莹、萧红明也在各自业务领域被评为杰出律师。

2012年7月2日,观韬律师事务所大连分所党支部被大连市司法局党委评为创先争优先进基层党组织,金玉成律师被评为优秀党支部书记。

2012年6月,观韬律师事务所获得“北京市律师行业创先争优先进集体”荣誉称号。

2012年5月,观韬律师事务所获得“2009－2011年度北京市优秀律师事务所”荣誉称号。吕立秋律师当选第九届北京市律师协会理事。

广发律师事务所

【基本概况】

广发律师事务所于投资银行、公司与商业、金融、房地产等领域提供法律服务的专业机构,以上述领域的领跑者为期许而不懈努力。专业化的特色较之许多综合性律所在上述业务领域更具有竞争优势。

我们的客户大部分是行业的有力竞争者和领先者。和客户一起成长是我们坚实的理念。广发为中国财富400强10%以上的企业、部分世界财富500强企业以及其它各种实体担任外聘律师,或提供重要的法律代理服务,其范围涵盖上市公司、拟上市公司、国有大中型企业、民营公司、金融机构、投资公司等。广发特别在金融证券领域颇有建树,已成功为数十家上市公司提供法律服务,涵盖国内A、B股、新加坡红筹、香港H股和红筹(创业板或主板)、纳斯达克、纽约交易所上市等,赢得众多客户赞许。

【专业领域】

专业化发展模式使广发律师事务所在金融证券领域颇有建树,是为数不多的、拥有广泛声誉的中国金融证券业律师事务所。已成功为国内数十家公司提供与证券发行上市相关的法律服务,范围涵盖国内A、B股、新加坡红筹、香港H股和红筹(创业板或主板)、纳斯达克、纽约交易所上市等,赢得了客户广泛赞许。

在融资业务领域,广发提供的法律服务包括但不限于:

· 法律审慎调查;

· 公司治理结构的建立;

· 公司改制及重组;

· 公司证券的发行、增发及上市;

· 包括:国内上交所主板和深圳中小企业板的股票首次发行上市,公司股票配售及增发;

· 红筹股的发行与上市;

· 境内外优先股发行上市;

· 认股权证发行与上市;

· 国内企业债券的发行与上市;

· 私募;

· 股权或资产置换;

· 信息披露;

· 上市公司日常法律服务;

· 基金。

【组织】

我们相信,管理模式是一个律师事务所能否可持续发展的关键。广发是实行统一公司制管理的律师事务所。事务所由一名首席管理合伙人领导,并由不同业务组别的协调人和区域管理合伙人协助其工作。部门之间相互协助、相互配合,旨在就某些特别复杂的法律专业及受法规高度监管的行业提供跨部门的服务。

公司制的管理模式有利于最大可能的利用广发的各种资源优势。

公司制的管理模式有别于大多数律所的松散型管理，为项目作业提供强有力的后勤保障和支持，同时也加强了对项目质量的监控。广发对各项目采取团队化作业模式，其优点在于能发挥团队律师的各自优势，便于项目的整体衔接与充分沟通；

公司制的管理模式有利于广发与包括同行在内的各类中外中介机构建立良好的合作关系；

公司制的管理模式有利于广发与各级地方政府、行业监督管理部门及其他部门建立良好的沟通能力。

【处事方式】

我们坚持与客户沟通。公司制的管理、团队化的服务方式确保客户与我们的联系畅通无阻；规范、亲切并具有效率，以最好最快的服务帮助客户达到目标。我们的专业能力保证我们异常敏锐地洞察客户的目标，充分理解我们所处理的问题的实质及客户的忧虑。我们认为，无限的沟通有助于为客户提供更全面的解决方案，提升我们的服务价值。

【法律费用】

费用、效率和价值始终是我们与客户共同关注的事项。

我们相信管理模式是提供有效法律服务的关键，而公司制的管理能保证法律费用的一致性。

虽然我们可以就事务所之间的费率和执业作比较，但是，客户最关心的是解决问题的能力和效率，我们的管理模式确保以事务所的资源和能力提供客户最合理的方案并最有效率的解决问题，在此基础上，从而最有效的控制成本。

鉴于我们在执业管理中的利益，以及我们不断努力提高的办事效率，我们仍然沿用了国际上通行的传统收费惯例，即根据完成工作所花的时间按小时向客户收费。然而，我们也认识到许多客户愿意采用其它非计时方法收费；所以，我们在多种情况下与客户共同做出了适宜于特定情况的既公平又有效的其它收费安排。

在有些情况下，审慎地为客户做出特定的收费安排能促进客户与事务所的关系，也有助于双方达到更远大的目标。

【人员配备】

广发的一位合伙人专职监管事务所与每一位客户之间的关系。该合伙人深受客户信赖。客户委托的事项均由对该领域最富有经验、驻于适当地点的律师负责承办。我们提供团队化服务，每一个客户由一支由数名律师组成的核心队伍提供服务，其成员都谙熟客户的特殊需求和目标，包括业务、人事、办事程序，以及该客户与事务所之间的整体关系。

我们相信这种安排能为客户提供法律服务上的连贯性，节省延续法律咨询的费用，并且使客户能获得精通其业务和所涉行业的律师提供法律服务。我们承诺，保证每位客户对我们的人员调配安排都感到满意。

【技术】

广发承诺以创新的、符合成本效益的方式应用技术，以期更好地满足客户的需要。事务所内部以及事务所与客户之间的合作联系可以通过先进的通讯网络、网站和通行的应用软件进行。

现有技术和及时的更新，确保我们能在第一时间获得大量专业信息和行业信息，以应对不断提升的客户要求。

我们关心技术的进步，任何有助于提升法律服务价值的技术在力所能及的前提下我们都愿意尝试，我们深刻理解技术对于法律服务水准和客户层次提升所带来的巨大影响。

国浩律师事务所

【基本概况】

国浩律师集团事务所成立于1998年6月，由北京市张涌涛律师事务所、上海市万国律师事务所、深圳市唐人律师事务所基于合并而共同发起设立，并在中华人民共和国司法部登记注册。前述三家事务所业已于1992年及1993年间组建，至今已有逾十九年的历史。

2011年3月，国浩律师集团事务所更名为国浩律师事务所。国浩律师事务所现有200余名合伙人，90%以上的合伙人具有硕士、博士学位和高级职称，其中多名合伙人为我国某一法律领域及相关专业之著名专家和学者。国浩律师事务所拥有执业律师、律师助理、律师秘书及支持保障人员近1500人。

【机构布局】

国浩律师事务所是中国最大的跨地域合伙制律师事务所之一，在北京、上海、深圳、杭州、广州、昆明、天津、成都、宁波、福州、西安、南京、南宁、香港及巴黎等十五地设有分支机构，在北京设立的国浩锐思知识产权代理公司也已正式开业。

【香港联营】

国浩律师事务所现有200余名合伙人，90%以上的合伙人具有硕士、博士学位和高级职称，其中多名合伙人为我国某一法律领域及相关专业之著名专家和学者。国浩律师事务所拥有执业律师、律师助理、律师秘书及支持保障人员近1500人。

【客户关系】

国浩律师事务所律师与客户合作无间，真实、彻底地了解每一位客户的业务特点和法律需求，并提出准确、精深的专业意见，提供富于创新的法律服务。国浩律师事务所的业务范围业已覆盖整个中国及世界多个国家和地区。

【专业资格】

国浩律师事务所律师经司法部、中国证券监督管理委员会审核，具有从事证券业务之专业资格。经司法部、原国家科委、原国家国有资产管理局审核，具有从事产权界定之专业资格。经司法部、原国家计委审核，具有从事国家基本建设大中型项目招投标业务之专业资格。经司法部、原经贸部审核，具有从事外贸企业股份制改造职工持股业务之专业资格。

本所系香港联合交易所、美国纽约证券交易所、美国NASDAQ证券交易市场、澳大利亚悉尼证券交易所、新加坡证券交易所等境外证券交易机构认可的可为证券发行上市及公司并购项目出具法律意见的中国律师事务所。

【专业业绩】

国浩律师事务所业务遍及证券与资本市场、公司与商业、金融与银行、国际投资、基础设施建设、知识产权、海商海事、新能源等所有经济发展的重点领域。尤其是在资本市场，国浩在境内外IPO、再融资、重大资产重组、收购兼并等综合指标上几乎每年均排名行业第一。

【专业分工】

国浩律师事务所设有证券与资本市场专业委员会、公司与商业专业委员会、银行与金融专业委员会、国际投资专业委员会、基础设施建设专业委员会、知识产权专业委员会等六个专业化法律服务机构，开创了中国律师业规模化、专业化、团队化之先河。

【专业理念】

国浩律师事务所对涉及的众多服务领域,都特别强调出色的专业服务、对交易的商业理解、成本的控制以及快速的反应。

【内部管理】

国浩律师事务所建立高效和负责的内部汇报制度,工作气氛友好轻松,以确保内部信息迅速传递,使处理客户事务的专业委员会及相关律师之间保持紧密联系和配合。

【支持保障】

国浩律师事务所设有专门的研究机构为相关专业委员会及执业律师搜集资料并协助律师了解有关法律和产业的发展情况。

【学术成果】

国浩律师事务所出版的内部刊物《国浩法律研究》受到广大客户的关注,已成为与客户联系的桥梁,宣传财经法律的论坛。本集团还先后与法律出版社合作出版了《国浩法律文库》,与北京大学出版社合作出版了《国浩财经文库》。

【专家统领】

国浩律师事务所以人为本,注意培育人才成长和发展的环境和氛围。专家主事、学者掌舵,成为国浩律师事务所人力资源积聚和配置最鲜明的特点之一。

【专业信念】

国浩律师事务所相信,为使学识精湛高深,业务蒸蒸日上,一定要坚持律师的忠诚独立和勤勉尽责,确保全体专业人员经验丰富、热爱工作,保持国浩律师事务所处理客户事务的一贯作风,即:高效、诚实、信用、审慎、果断。

海问律师事务所

【基本概况】

海问律师事务所创立于1992年5月,是一家领先的合伙制的中国律师事务所。海问在广泛的法律服务领域积累了为人称道的经验与专长。基于其在诸多规模巨大、结构复杂和涉及跨境的交易中所体现出的创造性和专业经验,海问已成为一家在证券发行、兼并与收购、私募股权投资及商事争议解决等领域最受欢迎的中国律师事务所。

海问目前共有约100名律师在北京和上海办公室工作。海问的律师毕业于中国和海外一流的法学院,其中许多律师拥有在著名国际律师事务所工作的经历。深厚的专业知识、丰富的实践经验以及出色的团队精神使得海问能为客户提供高质量、全方位的服务。

海问的专业服务得到了境内外客户以及国际法律和金融业内人士的广泛认可。海问曾获得诸多嘉奖,例如《国际金融法律评论》(International Financial Law Review)和《亚洲法律与实践》(Asia Law & Practice)授予的"最佳中国律师事务所"奖项。在2012年钱伯斯(Chambers and Partners)中国法律奖评选中,海问获得"资本市场:债务与股权年度最佳中国律师事务所"奖项。

【荣誉奖项】

"资本市场:债务与股权年度最佳中国律师事务所",钱伯斯中国法律奖2012,钱伯斯法律评级机构;

"2011年度中国最佳并购团队",《中国法律与实践》;

"2011年度最佳并购交易",(在吉利收购沃尔沃项目中担任收购方律师),《亚洲法律杂志中国》;

"2011年度最佳股本交易",(在中国农业银行首次公开发行项目中担任承销商律师),《亚洲法律杂志》;

"2011年度最佳债权与股本相关交易",(在合和公路于香港发行人民币债券项目中担任承销商律师),《国际金融法律评论》;

"2010年度资本市场最佳律师事务所",钱伯斯亚洲法律奖(中国),钱伯斯法律评级机构;

"2010年度最佳债券市场交易"和"2010年度中国最佳交易",(在中国政府于境外发行人民币债券项目中担任承销商律师),《亚洲法律杂志》;

【专业领域】

证券业务

在证券发行领域,海问一直被公认为是具有先驱地位的中国律师事务所,并且在诸多涉及中国发行人的开创性交易中发挥了重要作用。作为在资本市场表现杰出的中国律师事务所,我们在众多境内外证券发行交易中为国际和国内投资银行或发行人提供法律服务。这些交易涵盖股票首次公开发行、股票增发和各类债券发行等。海问曾在下列项目中担任中国法律顾问:

第一批的若干A股发行及上市项目;

第一个B股发行及在上海证券交易所上市项目;

第一个H股发行及在香港联合交易所上市项目;

第一个N股发行及在纽约证券交易所上市项目;

第一个L股发行及在伦敦证券交易所上市项目;

第一个中国发行人美国存托凭证(ADR)发行项目;

第一个中国发行人在香港联合交易所和上海证券交易所两地上市项目;

第一个中国发行人在香港联合交易所和纽约证券交易所两地上市项目;

第一个中国发行人在上海证券交易所、香港联合交易所和纽约证券交易所三地上市项目;

第一个中国发行人在上海证券交易所和香港联合交易所两地同步上市项目;

第一个由外国主权发行体(中国中央政府)发行100年期美元债券(扬基债券)项目;

第一个由中国中央政府在香港发行人民币国债的项目;

第一个国际金融开发机构在境内发行人民币债券(熊猫债券)项目;

第一个中国内地金融机构在香港发行人民币债券项目;

第一个境外公司在香港发行人民币公司债券(点心债券)项目。

并购与公司业务

海问在兼并与收购法律服务领域表现卓越。我们的并购律师广泛参与金额巨大、结构复杂和具有创新意义的国内和跨境的并购交易,包括收购重大资产、企业合并、股权收购、重组及设立合资企业等。我们在并购交易中曾为收购方、被收购方、贷款人或财务顾问提供法律服务。我们的客户包括国内外的公司、投资银行、风险投资基金、私募股权基金和商业银行等。

我们曾参与众多大型复杂的并购交易,并一直被国内和国际投资银行向其客户推荐为中国最好的并购律师事务所之一。

在极为复杂的并购交易中,我们的律师亦能够提供中肯的专业意见,从而有成效和高效率地筹划交易结构并使之得以实施。除了专事并购业务的律师团队之外,我们的争议解决、证券、公司与银行、反垄断、劳动、税务、知识产权、房地产、环境和其他专业领域的同事亦时常参与其中，提供相关专业建议，协助客户完成并购交易。

【争议解决】

争议解决在中国具有独特的挑战性。海问充分认识这些挑战，并致力于向公司客户提供其所需的高质量的争议解决专业服务。

我们的争议解决团队注重于解决国际和国内贸易、外商直接投资、证券交易、建设项目和知识产权等领域的争议。海问以符合最佳国际惯例的方式，成功代表境内外客户处理了数百起的仲裁和诉讼案件。

多年来，我们在争议解决方面的服务质量已为商界所认可。我们在争议解决业务中代理的境内外客户包括 IBM、艾默生、德国拜尔、德意志银行、蒂森克虏伯、富士施乐、惠普公司、霍尼韦尔、加拿大皇家银行、甲骨文、联邦快递、美国宝洁公司、美国空气产品公司、日本 NEC、神户钢铁、雅虎、中纺、中国华电工程、中国华润、中国五矿、中粮、中石化和中银集团等。

华堂律师事务所

【基本概况】

华堂律师事务所（以下简称“华堂”）1998 年在北京成立，是经中华人民共和国司法部批准设立的合伙制律师事务所。华堂由若干在法律实务、法律研究领域卓有成就的专家型律师组成。华堂的大部分律师已执业多年，大多数律师为教授、专家或具有硕士以上学位，部分律师具有海外学习或工作背景。

建所以来非常注重年轻优秀人才的吸收和培养，招聘了多名毕业于国内外著名法学院校的律师。

华堂和社会各界、政府机构、境内外若干中介机构保持着良好的业务联系与合作，能够在不同领域为客户提供及时、有效的法律服务。华堂律师具有丰富的承办各类法律业务的实践经验，承办了若干在国内外有重大影响的项目和案件。

经过多年的发展，华堂在律师界涉及业务领域广泛，专业特色突出，在股票发行与上市、企业并购、公司资产重组、外商投资、国际贸易、金融、保险、房地产、私募基金、风险投资、涉外诉讼仲裁等领域业绩不菲，积累了丰富的经验。

华堂律师不仅重视法律实务，而且致力于法学理论研究与探讨。多名律师曾参与国家法律、法规及政府规章的起草、制定工作。

华堂律师具有深厚的法律功底、较高的业务素养和合理的知识结构，熟练掌握外语、具有工程技术、财务会计、金融税务等专业知识。

多年来，华堂严格遵循行业公认的律师执业标准和准则，恪守勤勉尽责、客户至上、竭诚服务、追求公正的宗旨，以实现委托人合法权益最大化为目标，致力于为客户提供优质、高效的法律服务，受到中外社会各界的肯定和好评。

华堂的客户范围不仅包括境内外自然人和各类公司、企业、社团，也包括中央地方政府有关部门。不同领域的法律事务，由专长该领域的合伙人或资深律师主办；凡重大、复杂项目或案件，均由合伙人或资深的专业律师组成项目小组研究讨论，制定具体的项目方案并实施。

华堂愿以全体律师的经验、智慧、判断力和勤勉的执业精神，竭诚为中外客户提供优质、全面、高效的法律服务。

华堂全体律师希望通过自身的不断努力和进取，为中国经济的发展、为中国与世界各国在经济、技术、贸易等领域的交往与合作，提供适应全球经济发展需要的法律服务。

【专业领域】

1. 金融证券

华堂是经中华人民共和国司法部、中国证券监督管理委员会核准的具有从事证券法律业务资格的律师事务所。华堂能够为股份有限公司股票境内外发行、上市；股份制改组、资产重组、股权转让等提供专门的法律服务。包括：

公司的重组改制；

股份制公司的股权转让；

企业收购、兼并与转让；

审查公司招股说明书等文件；

起草、审查、修改公司章程和其他相关发行文件；

审查公司股票的发行与上市方案并出具法律意见书；

审查公司的物权、债权及债务凭证；

参与公司重组、债权债务调整、公司组织结构安排等事务；

银行贷款及委托贷款合同的审核；

融资租赁有关事宜；

贷款担保的审核及担保纠纷处理；

储蓄纠纷的处理；

票据、存单纠纷的处理；

保险合同有关法律事务；

保险合同的索赔与理赔；

其他有关金融证券的法律事务并购与公司业务。

2. DM 法律业务

华堂所是我国最早介入 CDM 领域的律师事务所，已经为此成立专业团队从事研究和服务。争议解决普通企业并购重组。

华堂律师事务所就股份制改组、资产重组、股权转让等提供专门的法律服务。包括：

公司的重组改制；

股份制公司的股权转让；

企业收购、兼并与转让；

起草、审查、修改公司章程等其他相关文件；

参与公司重组、债权债务调整、公司组织结构安排等事务；

与企业并购重组相关的其他法律事务。

3. 房地产企业并购重组

华堂律师事务所就房地产企业就项目收购、资产并购、股权并购等提供专门的法律服务。包括：

并购前的法律尽职调查；

资产并购或股权并购框架协议的谈判和拟定；

并购中的跟进和相关重大问题法律意见书的出具；

起草、审查、修改公司章程等其他相关文件；

参与公司重组、债权债务调整、公司组织结构安排等事务；

涉及并购后公司治理结构和公司激励机制等。

4. 房地产业务

房地产开发与重组；

土地使用权招投标之法律服务；

房地产私募基金的设立和运作；

土地使用权出让、转让、出租与抵押；

房地产销售、预售、转让；

房地产合同签约、预售登记；

房地产按揭贷款；

房地产抵押、租赁；

房地产诉讼与仲裁；

房地产税费及其他法律问题。

5. 知识产权

6. 国际贸易

7. 贸易与合同

8. 诉讼、仲裁

业绩介绍

华聚氨酯股份有限公司股份制改造及股票发行上市

威海广泰空港设备股份有限公司股份制改造及股票发行上市

山东东阿阿胶股份有限公司股份制改造和股票发行上市

烟台东方电子信息产业股份有限公司股票发行上市

南通富士通微电子股份有限公司股份制改造及股票发行上市

江苏通鼎光电股份有限公司股份制改造及股票发行上市

山东鲁北化工股份有限公司股份制改造及股票发行上市

山东鲁能泰山电器股份有限公司股份制改造和股票发行上市

山东海化集团股份公司股份制改造及股票发行上市

山东万杰高科股份有限公司股份制改造及股票发行上市

山东铝业公司股份制改造和股票发行上市

山东南山实业股份有限公司股票发行上市

北京隆源实业股份有限公司股份制改造、股票发行上市

海南港澳实业股份有限公司股份收购

中建一局第四建筑工程公司股份制改造

凯旋燃器具股份有限公司股份制改造

四川广汉向阳实业股份有限公司股份制改造

北京柳首席俱乐部股份有限公司特别清算

海南金海股份有限公司股份制改造

太原双塔刚玉股份有限公司股份制改造

内蒙古赤峰富龙热力股份有限公司股份制改造及发行上市

山东胜利股份有限公司股票发行上市及配股

山东省四砂股份有限公司股份制改造

葫芦岛锌业股份有限公司配股主承销商律师

林海股份有限公司配股主承销商律师

山东华泰纸业股份有限公司股票发行上市主承销商律师

浙江金鹰股份有限公司股票发行上市主承销商律师

吉林电力股份有限公司股票发行上市主承销商律师

烟台华联发展集团股份有限公司配股主承销商律师

上海益民百货股份有限公司配股主承销商律师

上海振华港口机械股份有限公司增资发行

得利斯集团公司产权界定及改制

国投原宜股份有限公司股权转让

大鹏证券有限责任公司增资扩股

河北证券有限责任公司增资扩股

天骥投资基金清理规范

盛源投资有限公司上市公司股份收购

山东得利斯农业科技股份有限公司重组改造

洛阳证券有限责任公司增资扩股

烟台万华合成革集团公司债转股工作

中国信达资产管理公司与某公司债转股法律事务

辽宁新太科技股份有限公司股票发行上市主承销商律师

山东九发食用菌股份有限公司股权分置改革

山东鲁抗医药股份有限公司股票增发与上市

渤海集团股份有限公司转让上市公司壳资源

山西晋城无烟煤矿业集团有限责任公司收购化工企业

中国服装股份有限公司资产重组、股权分置改革

中国华能集团公司专项法律服务

威海金泓化工有限公司改制

北京天鸿集团公司国有股权转让

北京海淀科技园建设股份有限公司国有股权挂牌转让

MAE ENGINEERING LTD. 与北京建工集团有限责任公司、北京北安建达物业管理有限公司成立中外合资企业项目法律顾问

山东鲁西化工有限公司非公开发行股票上市及短期融资券

中国新纪元有限公司与北京天鸿集团公司将持有的北京中关村科学建设股份有限公司国有股权挂牌转让

环球律师事务所

【基本概况】

环球律师事务所（“环球所”），1984 年由中国国际贸易促进委员会（CCPIT）根据国务院相关规定设立，2001 年初改制为合伙制。环球所是中国改革开放后最早成立、在中国律师业中居于显著领先地位的大型综合性律师事务所。

环球所在外商投资、公司并购、公司上市、国际融资、私募及风险投资、能源和基础设施投资、海商海事、反倾销、国际商事仲裁等众多法律服务领域均在国内同行业处于领先地位，多年来一直被亚太法律 500 强（Asia Pacific Legal 500）、钱伯斯（Chambers）、亚洲法律评论（AsiaLaw Profiles），亚洲法律业务（Asian Legal Business）和国际金融（International FinanceReview）等国际权威的法律行业评论机构评选为中国最佳律师事务所之一。

【众多第一】

第一例

环球办理的堪称中国第一例的案件和项目包括：

第一个以项目融资方式从境外筹资的电站——山东日照电厂；

第一件应用国际商会 DOCDEX 规则解决信用证纠纷的案件——北京市商业银行信用证案；

第一、第二个中国企业发行 N 股并在纽约证券交易所上市项目——1992 年华晨中国汽车工业控股有限公司和 1994 年中国玉柴国际有限公司上市项目；

第一个中国企业在斯德哥尔摩的仲裁案——广东三水中外合资公司在瑞典斯德哥尔摩商会仲裁院仲裁案；

第一件代理申请承认和执行外国海事仲裁裁决成功的案件——“嘉顿门”轮案；

第一次涉及 1969 年国际油污损害民事责任公约（CLC）的海上溢油污染诉讼案件——“烟救油 2”轮油污案；

第一个离岸资产证券化项目——中国远洋运输公司（COSCO）1997 年海外应收账款的资产证券化项目；

第一个在岸资产证券化项目——中国华融资产管理公司 2003 年总额为人民币 132.5 亿元的债权资产信托处置项目；

第一个“证券价格操纵”案的刑事辩护——吕梁等人被控操纵中科创业（0048）证券价格案，涉案金额人民币 51 亿元；

第一个军工集团公司民品主业整体上市——2009 年中

国船舶重工股份有限公司 A 股上市及 2010 年重大资产重组；

第一个两家 NASDAQ 上市公司的中国业务与资产合并项目——新浪和分众传媒 2008 年合并户外广告业务项目，交易额约 100 亿人民币；

第一个国内控股公司完全以境外业务和境外资产在国内发行 A 股的项目——招商能源运输股份有限公司 A 股上市；

第一个国有企业以国内 A 股公司股份在海外反向收购红筹股上市公司并实现买壳上市——2009 年天津港集团以其持有的天津港股份（SH：600717）的股权买壳收购天津港发展（HK：3382），收购金额约 100 亿人民币。

【专业领域】

资本市场

公司与投资

收购与兼并

私募股权和风险投资

银行与融资

国际贸易

海商海事

竞争法

争议解决

航空法

知识产权

税务

项目建设与建筑

房地产

保险

破产法

【荣誉资质】

环球在彭博（Bloomberg）《2010 年中国并购排行榜》中名列亚太地区律师所的前茅

环球所获得 2010 年度"银行业务最佳律师事务所"大奖

钱伯斯亚洲 2010

TheAsia Pacific Legal 500（2009/2010）

TheAsia Pacific Legal 500（2008/2009）

2006 年和 2007 年《TheAsia Pacific Legal 500》

《亚太律师事务所五百强》（2002－2003 版）

锦天城律师事务所

【基本概况】

锦天城律师事务所是一家提供全方位法律服务的、全国领先的中国律师事务所，在北京、杭州、深圳、苏州、南京、成都、重庆和太原设有分所。锦天城是唯一一家总部设在上海的全国性律师事务所。锦天城致力于在瞬息万变的商业环境中为境内外客户制定高水平的法律解决方案并提供高效率的法律服务。

锦天城坚持优质、高效的服务理念和整体的团队服务方式，对客户的每一个项目和案件提供细致的法律分析，落实流畅的沟通机制，提供切实可行的法律建议，并通过诉讼与非诉讼的手段积极进取地解决问题。

【荣誉奖项】

锦天城多次被司法部、地方司法局、律师协会以及国际知名法律媒体和权威评级机构列为中国最顶尖的法律服务提供者之一，位居全国十大品牌律师事务所前列。

锦天城多次获得中华全国律师协会颁发的"全国优秀律师事务所"荣誉称号以及上海市司法行政系统先进集体、上海市文明单位、上海市司法局集体三等功、浦东新区文明单位、浦东新区司法行政系统政务信息工作一等奖等荣誉。此外，锦天城在杭州、深圳等地的分所也多次获得当地优秀律师事务所和先进集体称号。

Asia Pacific Legal 500 曾在《中国商业律师事务所指南》中评价锦天城是一家在外商直接投资、公司和商业法律领域顶尖的上海律师事务所，是"其他律师事务所希望成为的公司和商业律师事务所"。

《亚洲法律杂志》（ALB）在其每年举办的"中国法律年度大奖"中多次授予锦天城重大奖项和提名。近几年来，锦天城所获奖项和提名包括"中国律师事务所大奖"、"上海律师事务所大奖"、"年度最佳中国公司法务"等综合性奖项和各主要业务领域奖项。此外，我们曾获得"年度管理合伙人奖"提名和多次"中国律师事务所最佳雇主"称号。

钱伯斯法律评级机构（Chambers and Partners）近期授予锦天城连续三年"领先中国律师事务所"证书。

【专业领域】

公司与并购公司及并购业务始终是锦天城具有传统优势的核心执业领域。锦天城的律师和专业人员凭借丰富的执业经验，依赖团队的专业实力，立足广泛积累的商业资源，为境内外各种规模、类型、行业和性质的客户在众多领域提供完整的法律服务。

证券与资本市场锦天城一直是中国证券业领域的主要法律服务提供者，并且也是证券业务最为多样化的中国律师事务所之一。在国内具有证券业务资格的律师事务所中，我们是代表发行人在上海和深圳主板上市与发行数量最多的律师事务所之一。在多年的实务积累中，锦天城与相关国家和地区的证券监管部门、证券交易所以及各类中介机构建立了良好的合作关系，确保为客户提供最优质的法律服务。

银行与金融自成立之初，锦天城就开始为跨国银行的中国业务和本地化提供法律服务，是国内最早从事相关法律服务的律师事务所之一。我们的银行和金融业务律师长期为国内外主要金融机构提供高端银行金融法律服务，获得市场的高度认可。

房地产与基础设施作为立足于上海的全国性律师事务所，我们借助完善的全国服务网络、对本土法律背景和市场前沿信息的把握以及坚实的专业优势，在房地产和基础设施业务领域积累了丰富的经验，并为客户提供卓有成效的法律建议。

知识产权锦天城的知识产权专业团队由享誉业界的资深专家领衔，致力于为客户提供全方位的知识产权专业法律服务，一直处于知识产权服务领域的领先地位，成功代理了大量疑难、复杂和有重大社会影响的知识产权争议案件，在知识产权领域具有极高的知名度和良好的声誉。

国际贸易随着中国对外贸易在过去数十年中的迅猛发展，锦天城的国际贸易法律业务也有了长足的发展。迄今为止，锦天城已经在贸易救济措施案件、WTO 争端解决案件、海关法及进出口业务咨询等关键业务领域积累了丰富的经验，在国内该业务领域处于领先地位。

争议解决争端解决是锦天城的传统业务与核心优势。多年来我们成功地将这一传统优势进行改革和深化，形成了一套完整的争端解决体系，为客户的各种诉讼纠纷提供法律解决方案。通过我们在全国的实践经验和国际业务合作网络，我们已经建立了国内首屈一指的争端解决业务机制。

竞天公诚律师事务所

【基本概况】

竞天公诚是中国最早获准设立的合伙制律师事务所之一。自成立以来,竞天公诚一直致力于在各个专业领域为客户提供卓越高效的法律服务。经过近二十年的稳健发展,竞天公诚已成为中国最具规模的综合性律师事务所之一,在诸多领域处于国内领先地位。竞天公诚目前战略性地选择在北京、上海、深圳和成都设立办公室,为国内外客户提供全方位的法律服务。

竞天公诚的律师均拥有良好的专业知识背景,很多律师曾在有关政府部门、国内外律师事务所和企业从事法律服务,在相关专业领域积累了丰富的执业经验。竞天公诚还通过不间断的业务学习和培训,持续地提高其律师团队的专业服务水平。细致的专业分工和一体化的管理制度,则进一步确保了竞天公诚能够长久地为客户提供富有深度的、全方位的法律服务。

竞天公诚的卓越服务在业界赢得了很高的声誉和评价。

【专业领域】

证券与资本市场

外商直接投资

银行和融资

兼并与收购

私募投资和风险资本

海外投资

房地产

电信、媒体和科技

能源和自然资源

基础设施

反垄断

知识产权

劳动法

破产、重整与清算

争议解决

【荣誉奖项】

钱伯斯法律评级机构(Chambers & Partners)的出版物“钱伯斯亚太地区——亚洲领先商事律师”(2012 版)在“银行和金融”“资本市场:债券和证券”“公司/并购”“私募股权:并购投资”“争议解决”“能源 & 自然资源”“商事法律:中国南部”和“房地产”8 个领域内推荐本所为“领先律师事务所”。

钱伯斯法律评级机构(Chambers & Partners)的出版物“钱伯斯全球——客户指南”(2012 版)在““银行和金融”“资本市场:债券和证券”“公司/并购”“争议解决”“能源 & 自然资源”5 个领域内推荐本所为“领先律师事务所”。

2012 年 12 月 4 日,本所 6 项交易获得《商法》杂志 2012 年度杰出交易奖项。其中:

双汇发展全面要约收购及重大资产重组交易被评为年度最佳对内并购交易;

大连万达并购 AMC 被评为年度最佳对外并购交易;

内蒙古伊泰煤炭香港上市被评为年度最佳海外股权交易;

中国交通建设上海 A 股上市被评为年度最佳国内股权交易;

宝钢发行 65 亿债券被评为年度最佳债权交易;

兖州煤业下属公司发行 10 亿美元债券被评为年度最佳债权交易。

2012 年 9 月 13 日,在《中国法律与实务》(《ChinaLaw & Practice》)举办的颁奖晚会上,竞天公诚律师事务所荣获资本市场最佳中国律师事务所。

本所承办的宝钢集团有限公司发行人民币债项目,万达集团并购 AMC 等项目分别荣获最佳债券交易和最佳并购交易提名奖。

君合律师事务所

【基本概况】

君合律师事务所成立于 1989 年 4 月 15 日,是中国最早设立的合伙制律师事务所之一。自其成立以来,君合即致力于提供一流的商业与诉讼法律服务,其在中国律师业重建和发展过程中的先锋作用为业内所共知。历经十几年的发展,君合现已成为一家提供全方位法律服务、在许多法律服务专业领域占据领先地位的律师事务所,并将继续努力不断提高其专业服务水平。

君合总部设于北京,在上海、深圳、广州、大连、海口、香港、纽约和硅谷设有分支机构。君合现有执业律师及其他专业人员四百余名,工作语言有中文(包括普通话、上海话、粤语)、英文、日文等。全所范围内一体化的计算机管理系统及一流的通讯设施,更从硬件上保证了君合可及时向客户提供高质量的法律服务。

君合在以其卓越的服务水准和出色的工作业绩获得客户高度赞誉的同时,还获得了国内外专业机构的认可和奖励。

君合是两大国际律师组织 MULTILAW 及 LEX MUNDI 中唯一的中国律师事务所代表。

【丰富的业务经验】

与大多数中国律师事务所不同,君合经受住了时间的考验并在经济变革及社会变迁的浪潮中坚持不懈。在中国改革开放之初,社会对成熟法律体制的需求日渐明显。君合的创始人迎合了这样的需求,并成为中国最早设立的私人律师事务所之一。

君合创业之初颇为不易。我们没有其他律师事务所的先例可以参考;君合本身就是一个先例。君合将私有化律师执业从例外变成了常规。如今,二十年过去了,君合已经成为一家卓越的、全方位服务的律师事务所,在世界各地均设有分支机构。

【管理及团队】

要成为一名出色的律师不仅仅需要积累经验。这同样需要正直、创新的思考能力以及团队合作的精神和素质。君合在聘用律师时十分看重这些素质和能力。从第一天始,君合的创始人坚信,君合事务所的大门永远向有潜力的律师开放。

君合依赖于这些有无限潜力的律师,以在所内建立一个良好的内部管理系统。团队合作是交易成功的基础。君合参与的国际商业交易往往十分复杂并涉及多个领域的法律问题。每一个交易都要求很多君合律师发挥其特长,也正是通过这样的合作,我们能够全面有效地为我们的客户提供服务。

【尽职勤勉】

仅仅看到自身需求的律师事务所是无法成为一个好的律师事务所的。君合设立的宗旨永远是将客户的利益放在第一位,我们也因为坚守这一宗旨而知名于这个行业。九十年代,君合引入利益冲突检索规则,而这一做法后来为中国律师协会所采纳。律师与客户之间的忠诚往往是双向的,对客户持续的忠诚意味着客户对律师事务所持续的忠诚。君合每年获得的无数奖项见证了我们对这一原则的承诺。

【创新的思考能力】

君合许多律师海外的学习或工作经历，并将他们国际化的视角融入到中国法律体系中。数十年前，君合为新的商业交易建立了当时法律中并无先例的法律架构。

如今，君合超过90%的合伙人毕业于国外法学院或曾在国外生活、工作。我们对国外法律行业和国外商业模式有着很深的理解和认知。

【将来】

没有人能预测二十年后的君合会是如何，但我们拥有一个良好的基础继续保持君合领先律师事务所的地位。

我们并非要成为最大的律师事务所；我们希望基于客户的需求去发展，而无损我们服务的质量。中国正发展为一个全球商业枢纽，君合愿为未来法律和商业发展开拓新的道路。

【社会责任】

君合在中国的影响力不仅体现于提供优质的法律服务，还包括了其高度的社会责任感。君合作为一个有影响力的大所，深知其社会责任感对于同行业的积极影响，因此一直致力于公益事业。

君合投入大量人力物力，支持教育项目、设立奖学金、提供法律服务以及参与公益事业。君合通过各种不同的方式，为诸多项目提供服务和支持，以期中国的年轻一代能够获得良好的教育，有更光明的未来。

1994 年君合成立五周年之际，君合设立了中国律师界的第一个奖学金项目"君合律师人才奖学金"，奖励北京地区高等院校法学专业的优秀学生。

君合还致力于西部地区希望小学建设事业。2007 年 8 月中旬，由北京市律协捐助的 6 所希望小学的孩子们受邀到北京过暑假，君合等 6 家律师事务所给孩子们安排了寓教于乐的参观游艺项目。

2007 年 6 月，君合发动组织了为北京市太阳村特殊儿童救助研究中心的孩子们献爱心、送温暖活动，君合的几十名合伙人、律师、行政人员及其子女都参与到活动中，与孩子们一起迎接"六一儿童节"的到来。

君合通过提供无偿法律服务的方式参与到新公民计划中，这是南都基金会成立后发起的第一个大型公益活动。君合的许多合伙人和律师积极参与，无偿为外来务工人员及其子女教育、心理健康和基本保障等问题提供相关法律服务。2007 年 9 月 15 日，君合应邀与社会各界人士一起出席了朝阳第一新公民学校的开学典礼，这也是君合重点参与并提供法律服务的第一所新公民学校。

2006 年，南都基金会在筹备阶段就主动向君合询问是否能够提供法律上的帮助，在了解到南都基金会的成立是为促进全国公益事业发展、致力于解决新中国转型时期产生的各种社会问题、推动社会的公平与和谐等宗旨之后，君合表示积极参与。

2006 年 11 月，君合参加了为社会公益机构免费提供法律服务的 NPP(Non－Profit Partners)公益组织，致力于促进中国公益事业的更好发展。

君合多年来一直向春蕾计划及希望工程捐款，资助贫困孩子上学。

【荣誉奖项】

2012 年 11 月 16 日，The M&A Atlas Awards 2012 颁奖晚会在香港举行，君合获得了公司业务年度最佳项目奖（中等规模市场）：合兴集团公司收购 Summerfield Profits 公司。

2012 年 9 月 13 日，在北京举行的 China Law & Practice Awards 2012 年年度法律评奖的颁奖晚会上，君合获得以下 2 项大奖：

PRC Firm of the Year 2012。

PRC Mergers & Acquisitions Team of the Year 2012。

2012 年 9 月 7 日，在香港举行的 ALB Hong Kong Law Awards 2012 年年度法律评奖的颁奖晚会上，君合香港分所获得年度最佳中国律师事务所香港分所。

2012 年 6 月 14 日，在法国巴黎举行的 International Legal Alliance Summit & Awards 评选的颁奖晚会中，君合第四次荣获"年度中国最佳律师事务所"金奖。

2012 年 3 月 28 日，ALB China Law Awards 2012 颁奖晚会在北京举行，君合获得"年度最佳中国律师事务所"、"年度最佳银行业律师事务所"、"年度最佳诉讼律师事务所"、"年度最佳税务律师事务所"、"年度最佳股票市场项目－Hutchison Port Holdings Trust Singapore IPO and listing on SGX"五项大奖。

2012 年 2 月 23 日，IFLR Asia Awards 2012 颁奖晚会在香港举行，君合获得了以下奖项：

Equity Deal of the Year－Prada IPO。

2012 年 2 月 23 日，Chambers China Awards 2012 颁奖晚会在北京举行，君合获得年度最佳公司与并购律师事务所、年度最佳工程与基础设施律师事务所两项大奖。

君泽君律师事务所

【基本概况】

君泽君律师事务所（"君泽君"）于 1995 年创立，总部位于北京，是国内最早也是最大的合伙制律师事务所之一。

君泽君在全国 7 个城市设有办公室，现有 50 多名合伙人及 300 多名执业律师，他们来自民商事法律的代表性专业领域、具有宽广的视野、丰富的经验、突出的执业专长以及超群的专业优势；他们绝大多数都毕业于国内外著名的学校，拥有良好的教育背景；许多律师还具有立法机构、司法机关、行政部门以及金融、证券、信托、股权投资、企业和高等院校、研究机构等工作阅历；多名律师曾参与国家重要法律、法规、部门规章以及行业、领域行业规则的论证、起草和修订工作。

君泽君拥有一大批对金融、资本市场、各类产业投资、基础设施及公用事业、税收、房地产与建筑工程、知识产权、国际投资和贸易及争议解决等领域有深刻理解和丰富实践经验的律师团队。

君泽君多年来始终专注于中国金融及资本市场的制度创新、业务创新、产品创新。君泽君的精英律师团队在金融机构设立、改组和重组，结构性融资，金融产品创新特别是信托产品、金融衍生品及其他创新金融产品的研发设计方面处于中国市场的最领先地位；君泽君律师在证券发行和上市、私募股权投资、产业整合及并购、外商直接投资和并购、基础设施及公用事业、保险资产管理及运营、不良资产处理、医疗健康产业整合、房地产等领域的法律服务中居于国内领先地位。在上述领域，君泽君曾经或正在承办众多创新、领先或代表性的案例。

君泽君一贯倡导及践行以服务客户为核心，深化专业分工，优化及灵活配置法律服务资源，使君泽君能够为来自不同文化和产业领域的客户提供高品质、个性化和增值型的法律服务。君泽君拥有广泛及稳固的客户群体，其中既包括百余家境内外主要金融机构、数十家世界五百强公司，也包括众多拥有良好声誉和业绩的大型国有企业、上市公司和树立了竞争优势或具有高成长性的民营企业。君泽君同时也为国内外政府机构、国际组织、政府间组织、商会、行业协会等提供中国法律服务。

君泽君律师长期积极参与国家立法机关和金融监管机构的诸多立法或修法活动。君泽君在学术、专业领域的持续深度研究能力和良好声誉赢得了监管机构、业界、客户的广泛肯定和尊重。除日常法律研究工作外，君泽君还编辑出版《金融创新与法律》，《君泽君资讯》，与人民大学合办信托与基金研究所，出版《信托与基金研究》。君泽君可以针对行业特征、客户及其业务的个性需求，提供专业法律报告等延伸法律服务，力求为客户提供更多层面的增值服务。

此外，君泽君积极投身法律服务相关的公益事业，参与公益诉讼，践行着律师的社会责任和执业良知。

得益于中国市场经济的稳健增长以及商业法律环境的日益成熟，经过近20年的辛勤耕耘及对执业品质的不懈追求，且秉承为客户提供高质量服务、为社会创造价值的宗旨，君泽君在中国民商事法律的多个领域始终保持着领先地位和专业优势，是中国国内具有领先地位及最优秀的律师事务所之一。

【业务领域】

君泽君现有金融部、国际业务部、投资银行部、公司事务部、税务部、房地产与建筑事务部、诉讼与仲裁部、国际贸易与政府规章部、知识产权部等九个业务部门。同时，为了提升专业素养，君泽君设有研究与信息部；为了更了解客户需求，不断改善服务质量和效率，确保业务合规和避免利益冲突，君泽君还设有客户服务部。

君泽君的理念：客户利益至上，并与客户共同发展。

君泽君律师团队

合伙人40余名，律师专业人员200多人；

半数以上具有硕士、博士学位；

半数以上具有五年以上的专业律师从业经验；

绝大多数律师具有政府部门、金融证券、产业投资、司法系统、高教单位等双重或多重工作阅历；

多名律师参与信托法、证券投资基金法、公司法证券法及许多法规和部门规章等文件的起草和修订；

经常受邀出访境外客户、合作伙伴以及出席国际性专业会议。

【服务方式】

团队协作是君泽君的核心服务方式，君泽君向客户提供法律服务时，强调团队作用和协作精神，以团队方式开展具体服务，并充分利用本所资源最大限度的满足客户需求。

对比较重大或疑难的服务项目或某项法律问题，君泽君将依靠如下四个层面的服务保障和监督体系，确保为客户提供最优质的法律服务：

项目工作小组：针对每个法律事务项目的特点，配备具有相关经验和专业技能的律师，组成项目工作小组，提供服务；

项目内核机构：由本所资深律师组成，对项目办理工作提供指导性意见，参与项目办理最佳方案及核心问题的讨论；

部门会议：对于大型项目，可由业务部门主管牵头，组织项目小组成员研究讨论，负责把控项目进展的关键环节和整体协调；

业务指导工作委员会：在行使专业培训、项目质量监管等通常职责外，对于个案事务中出现的重大疑难问题，召集项目小组成员、相关部门主管及所内其他有相关知识和经验的资深律师（必要时还可外请专家）研究讨论解决方案。

此外，君泽君还设立专业的研发部门，除日常法律研究和提升工作外，还编辑出版《金融创新与法律》，《君泽君资讯》，与人民大学合办信托与基金研究所，出版《信托与基金研究》。并可以针对行业特征、客户及其业务的个性需求，提供专业法律报告等延伸法律服务，力求为客户提供更多层面的增值服务。

君致律师事务所

【基本概况】

北京市君致律师事务所（简称“君致”）总部位于北京，是一家专长于证券、金融、投资（PE）、并购、企业治理以及国际商事等领域的综合型合伙制律师事务所，具有银行间市场交易商协会会员资格、天津股权交易所会员资格等从事资本市场业务的相应资质，业务领域包括证券与资本市场、银行与金融、并购与重组、私募股权投资与风险投资、外商投资与境外投资、反垄断与反不正当竞争、知识产权、房地产与建筑工程、国际贸易救济、诉讼与仲裁。

多年来，君致承办了数百宗境内外股票发行与上市、债券发行与上市及投资、资产重组、收购兼并业务，在业内树立了良好的口碑。君致所与境内外众多知名证券公司、会计师事务所、评估机构、评估级机构等建立了广泛的联系与业务合作，与业务主管部门建立了良好的沟通渠道。

君致律师团队均受过良好的法学教育，熟通中国及境外法律，谙悉资本市场运作规则，秉持客户至上的理念，致力于为客户提供一流的法律解决方案，以卓越的专业服务使君致成为客户值得信赖的伙伴。

君致愿与国内外客户一道，缔造财富、创造和谐。

【业务领域】

作为一家致力于提供全面商业法律服务的律师事务所，在多年的执业过程中，君致为众多的国内外客户提供了各专业领域的法律服务。为保证提供高质量的法律服务以适应法律服务专业化的要求，君致的每个律师通常专注并专长于某一两个业务领域。当客户需要涉及不同领域的综合法律服务时，各业务领域的律师可随时提供支持和紧密协作。

君致的主要业务领域包括：

证券与资本市场

银行与金融

并购与重组

私募股权投资与风险投资

外商投资与境外投资

反垄断与反不正当竞争

贸易救济

房地产与建筑工程

知识产权

诉讼与仲裁

【经营理念】

“专业、至诚、高效、优质”的服务理念，坚持“格物求真，君方致正”的文化理念，尊崇“客户至上”的执业精神，尽心竭力为客户提供优质可行的商业解决方案。

【君致团队】

北京市君致律师事务所（简称“君致”）秉承“格物求真，君方致正”的理念，以高素质的律师人才为基础，实行严格、科学的管理,凭借优良的办公环境和现代化的办公设备,积累了丰富的执业经验。

君致的合伙人、执业律师,均受过良好的法学教育,他们大都毕业于北京大学、中国人民大学、武汉大学、中国政法大学等著名学府,多数具有法律硕士或博士学位。

君致的合伙人和执业律师大多为执业多年的资深律师,具有较高的执业素质和专业水平,能够熟练运用中英文进行工作,部分律师曾赴美国、英国、加拿大等国家留学,具有在国外的律师事务所执业的经验。这些聚集在君致的优秀律师以其精深广博的专业知识、扎实的专业能力、丰富的执业经验、广泛的社会联系,为客户提供高质量的法律服务。

君致实行严格、科学的管理,对于客户的每一项具体工作,君致都指派相关领域的资深律师组成专门的律师团队、为客户提供高水准、专业化的法律服务。

在执业过程中,君致与政府部门、社会团体、企事业单位及相关的中介组织建立了长期、紧密的合作关系,还专门聘请政府部门、大专院校、科研院所的有关专家学者作为本所顾问。同时君致还向客户、相关的行业协会和其他专业机构及时提供中国最新的民商事法律、法规、规章、政策的信息和动态。

通力律师事务所

【基本概况】

通力律师事务所是一家执业领域包括金融、公司和商业的中国领先律师事务所。我们坚持与客户一起工作的理念,通过与客户的良好沟通,在充分理解客户商业需要的基础上,坚持务实但又富有建设性的法律问题处理方法,以帮助实现客户的商业追求。

通力自 1998 年在中国的金融中心设立时起,就始终走在金融法律和公司法律发展的最前沿。许多国际金融机构和跨国公司客户向通力律师寻求创造性、战略性的法律服务,以适应其在中国本土化的进程,并寻求中国本地法律环境的保护,以避免在中国适用外国法律所带来的风险。我们运用专业技术,发挥想象力,不断创新,迅速成为了银行金融、资本市场以及公司领域的中国法律服务市场领先者。

通力曾为中国第一家外商控股上市公司设计法律框架,帮助通过收购兼并设立外商投资股份公司;为中外客户就其国内商务活动创造了资产信托融资模式,帮助外资银行建立人民币融资和信贷操作规程及制订人民币标准文本;参与中国第一只开放式基金和第一只指数基金的发行设立;为香港上海汇丰银行和香港上海商业银行对上海银行的投资提供法律服务,开创了境外银行入股中国本地银行的先河。

中国加入世界贸易组织这一事件对中国和其它国家的经济发展产生了深远的影响。通力对在这一背景下收购兼并和公司融资交易量的迅速增长和交易复杂度的增加做出了最为敏锐和迅捷的反应,并已成为该市场上的先驱者。在我们 2002 年完成花旗银行对上海浦东发展银行战略投资这一开创性的交易后,银行领域的市场化和重组业务及日益活跃的并购活动占据了我们的公司和银行的业务领域。我们参加了恒生银行对兴业银行的投资、澳洲联邦银行对济南商业银行及杭州商业银行的投资,以及法国巴黎银行对南京商业银行的投资和通用电器消费信贷与深圳发展银行的信用卡合作。我们在中国并购领域的领先地位也包括上海汽车集团对韩国双龙汽车的收购、杜邦向 Koch 出售 DTI 业务、中远太平洋对中国最大的集装箱码头和其他码头的投资、摩根大通和摩根斯坦利对中国房地产的投资,这一切均表明和应和了日益活跃的国际公司整合其中国业务布局、中国市场及中国公司“走出去”的市场趋势。

近年来,通力在公司并购、银行金融、项目融资和基础设施以及基金等业务领域持续保持着国内领先的地位,越来越多的跨国公司、金融机构和国内大型公司成为我们的日常客户。同时,通力在诉讼仲裁、私人股权投资、知识产权等业务领域亦日渐壮大,如《学习的革命》版权诉讼和瑞士银行出口信贷诉讼等均金额巨大、社会影响力广泛。通力亦致力于继续扩大和强化日本业务的同时,以更好地为客户提供专业并且有效的法律服务。

【执业理念】

服务于客户,实现交易

我们的宗旨是帮助客户实现其商业目的,我们的工作不仅是帮助客户避免风险,而且是解决问题,促使交易成功。客户的成功就是衡量我们成功的标准。我们富有实践经验且具有商业意识的律师团队正是通力与客户共同成功的最大保证。

国际性的眼光与当地经验的结合

我们的合伙人和业务律师中许多人均具有在境外(美国、英国、法国、日本、香港、澳大利亚、韩国)从业、执业或接受教育和职业培训的经历。这些背景使得我们对于法律服务具有国际性的眼光并对跨国商业活动拥有更多、更深的理解。同时,作为中国这个新兴法律服务市场的参与者,我们在中国市场的执业实践,在本土市场上的扎根发展以及我们对中国市场和文化的了解和专业优势则是我们的立身之本。

与市场同步发展

我们敏锐的市场意识和与政府机构良好的合作关系使得我们能充分关注活跃发展的市场动向,并始终透析最前沿的法律变革。我们始终坚持让客户了解最新的市场发展动态,以使得我们的客户能够清晰明确地把握随时涌现的商机。

【特色】

向客户提供优质服务的目标要求我们不断地增强律师个人专业素质和团队合作能力。为使我们的律师能持续地拥有最高标准的法律专业知识和实践经验,我们建立了具有明确针对性的、互动性的培训机制。同时,我们也聘请国际性的专业机构负责合伙人、业务律师和秘书的部分培训项目。我们坚信,我们的竞争力并不仅仅依赖于合伙人的能力,而是取决于事务所的每位成员。

我们先进的高科技设施和通讯设备创造性地改进了我们与客户协同工作的方式。通过不断地提高我们的效率和反应能力及以法律简报、专题报告、研讨会和集中培训等方式与员工和客户共享法律信息,我们始终保持着对客户商业需求的高度关注,从而不断提高我们的竞争力。

一体化的合伙

我们的成长依赖于全体合伙人、业务律师和辅助人员的倾力奉献和通力合作。我们依赖并重视事务所的每一成员。怀着这样的信念,我们坚定不移地走事务所一体化的道路,为客户提供一体化的服务。

一体化的执业模式

执业水准的一致性、人员的稳定性以及视野、经验、专业诀窍和资源的共享一直是通力努力的方向。我们所有的客户均能不受时空限制而与我们的律师取得联系并获得服务。我们在一个办公地点的律师经常与其它办公地点的各个领域的律师通力合作,使我们的客户均能在不同的地方获得同样质量的法律服务。

跨专业服务方式

为满足不断提高的处理复杂和专业交易的要求，我们建立了覆盖银行金融、资本市场、公司以及诉讼仲裁等领域的专业部门。与此同时，客户的需求也使我们比以往任何时候更加注重专业部门之间的合作。例如，我们一些银行金融的律师正与收购兼并的律师合作一些金融机构的并购交易。

充满活力的事务所文化

人才是我们最有价值的财富。我们致力于建设培育精英、彰显才华、团队合作和忠诚守信的事务所文化。由于我们执业领域的多样性，我们十分重视培养年青业务律师在广泛执业领域的实践经验。我们的每一位业务律师均能与多位合伙人进行合作，从而有机会接触并学习多样化的业务知识、执业技巧和风格，获得迅速的成长。事务所因而保持不断的活力。

【优质服务】

服务无界限

随着我们在全国范围内业务参与的不断增加和处理重大复杂交易能力的声誉的逐渐增强，通力经常性地成为客户全国性业务活动中的首选中国律师事务所。由此，我们的执业范围绝不仅限于我们已设有或将设有办公地点的城市。通力可在客户需要我们出现的任何地区提供法律服务。通力植根于上海和北京，但我们清楚地意识到，通力的未来植根在每一个客户需要我们法律服务的地区。

文化和语言

当我们代表在中国投资的国际客户或在海外投资的国内客户进行跨境交易时，除了提供法律服务，我们还经常为处于不同的法律和商业背景的交易各方沟通起到了桥梁作用。我们拥有精通英语、法语、日语和韩语的律师和一支训练有素的翻译队伍辅助律师的工作。

国际协作

作为一家拥有众多国际客户并经常参与跨国交易的律师事务所，我们与在纽约、伦敦、巴黎、东京、香港、新加坡和首尔等国际金融中心及其它世界主要城市的国际性律师事务所建立了长期、良好、紧密的合作关系。在跨国交易中，我们可根据客户的要求，利用上述广泛的国际协作关系，为我们的客户提供最可信赖的法律服务。

【专业领域】

资产管理

银行与项目融资

资本市场/公司融资

公司和商业

纠纷解决

金融机构

收购兼并/资产重组

私人股权投资/风险投资

房地产

税务/海关

天元律师事务

【基本概况】

北京市天元律师事务所创立于1992年，是中国成立时间最早和规模最大的合伙制律师事务所之一。天元的总部位于北京，并在上海设有分所。

天元拥有优秀的律师团队。天元目前有执业律师及其他专业人士共200多名。天元的绝大多数律师获有国内外著名法学院校的硕士、博士学位，其中，很多律师拥有在国际知名律师事务所或公司法律部门多年的工作或学习经历。天元律师能够以普通话、英语、法语、日语、韩国语提供法律服务。

天元一直秉持专业、敬业、勤业的理念，致力于为客户提供高质量、高效率、全方位的法律服务。天元作为国内大型综合性律师事务所之一，其业务涵盖了公司并购与重组、证券与资本市场、外商直接投资、境外投资与反向收购、金融和银行、知识产权、房地产、基础设施建设、项目融资、政府采购与招投标、信息产业、资讯与媒体服务、娱乐与传媒、矿产和自然资源、国际贸易、海商与海事、诉讼与仲裁（按业务领域的顺序排序）等多个法律服务领域。同时，天元还不断开发和拓展新的律师业务，或者新的法律服务模式。天元在中国律师业发展过程中创造了多项第一，例如，天元是第一家代表中国企业（如中建总公司、中冶集团、国航等）处理因第一次海湾战争遭受损失向联合国索赔委员会进行国际索赔的律师事务所；天元是中国律师界第一个代表中国企业与国际奥委会谈判申请成为奥运全球战略合作伙伴（TOP项目）的中国律师事务所，等等。

十几年来，天元的法律服务获得了客户的认可和信赖。1998年，天元成为司法部授予的全国首届20家部级“文明律师事务所”之一。2005年，中华全国律师协会授予天元“全国优秀律师事务所”荣誉称号。2008年，天元再次被中华全国律师协会授予“全国优秀律师事务所”荣誉称号。2011年，天元再次被中华全国律师协会评为“2008－2010年度全国优秀律师事务所”。

天元将不断致力于以诚信、勤勉和审慎的态度为客户提供一流的法律服务！

【荣誉奖项】

天元秉持专业、敬业、勤业的律师执业理念，为委托单位、为社会大众提供优质、高效的法律服务，在业内获得广泛好评，并获得主管机关授予的多项荣誉称号或者权威业内机构评选的奖项。

1998年，天元被中国司法部评为首批20家“部级文明律师事务所”之一。

2003年至今，天元多次获得Legal500、Asialaw、Chambers、Mergermarket等国际法律评级机构的奖项和评级推荐。

1998年至2004年，天元均被授予“北京市优秀律师事务所”、“人民满意的律师事务所”、“文明律师事务所”等荣誉称号。

2005年，天元被中华全国律师协会评为“全国优秀律师事务所”，刘艳律师被评为“全国优秀律师”、王立华律师受到全国律协的嘉奖、任艳玲律师被评为“北京市优秀律师”。

2008年，天元被中华全国律师协会评为“2005－2007年度全国优秀律师事务所”。

2010年7月，据《亚洲法律事务》（ALB）统计，本所入选全国律师事务所规模二十强。

2011年，天元再次被中华全国律师协会评为“2008－2010年度全国优秀律师事务所”；天元周研律师被司法部授予“律师行业创先争优党员律师标兵”称号。

2012年，天元被北京市司法局、北京市律师协会评为“2009年—2011年度北京市优秀律师事务所”；同年，天元朱小辉律师被评为“北京市优秀律师”；任艳玲律师被评为“北京市十佳女律师”；柴杰律师、刘玉霞律师被评为“北京市优秀留学归国律师”；郭威律师被评为“北京市优秀青年律师”

和"北京市创优争优先进个人"。

【内部治理结构与队建设】

天元在不断拓展新客户群体和新业务领域的同时，也不断反思自身的风险控制制度、内部治理结构和业务工作流程。天元基本实现了工作流程的全程电子化管理，并通过反复实践委托开发了一系列适合律师事务所工作特征和需要的工作软件，这在全国律师事务所中处于领先甚至超前水平。

天元在事务所文化上非常强调团队合作精神，并将之充分体现在律师工作之中。天元自 1992 年成立以来，在不断壮大的前提下保持了整个所的机构设置和律师骨干力量的稳定性，这保证了天元在承接大型项目需要多位合伙人、律师进行合作攻关时，可以在第一时间保证有足够的人员投入任何急迫、复杂的律师工作，最大限度上减少内部协调成本，充分发挥团队合作优势。

【研究能力和国际法律服务能力】

天元内部形成了一支理论功底深厚、实务经验丰富的法律研究队伍。该队伍常年定期对成型的案件诉讼仲裁和法律合同文本进行整理、分析、修正和补充，实现诉讼业务和与非诉业务之间的交流与互动。同时，天元不断从各种信息来源，包括参与国家相关机构组织的有关政策、法律法规或司法解释的起草、论证和制定工作、热点难点经济法律问题的专家研讨会等途径搜索法律服务产业新的增长点以及新的法律业务。

天元的客户群包括经常进行国际合作的大型企业集团和政府机关，以及大批的国外或跨国公司的客户，因此天元律师在工作中随时都保持着国际性的眼光，并且具有非常系统的国际法律资源和丰富的国际工作经验。天元与全球主要的知名律师事务所及各类法律服务机构保持着长期友好的业务协作关系，常年互派律师进行交流与访问，因此天元在业务中对中国法以外的问题可以随时获得国外法律机构的帮助和支持。

【专业领域】

外商直接投资是天元的传统业务领域之一。我们在这一领域的经验涵盖了从基础设施、制造业到新兴的高科技、媒体、娱乐业和特许经营等各个行业。天元有多名律师拥有欧美及日本等国的法律学位、律师资格和国外工作经历，密切关注并及时掌握中国有关外商投资和公司运作方面的法律法规的发展，并同时了解国际商业实践。因此，天元能够准确地理解国内外客户在外商直接投资领域中的项目意图，为实现客户拟定的商业目标提供最佳的法律方案。天元在外商直接投资领域提供的法律服务主要包括：

· 投资项目结构设计。

· 法律尽职调查。

· 在项目立项和谈判初期阶段协助项目各投资方解决保密、知识产权保护、费用分担、可行性研究及谈判过程中涉及的法律程序性问题。

· 协助起草项目申请书、可行性研究报告。

· 起草相关法律文件，包括项目申请、项目可行性研究报告、合资合同及章程、资产转让协议、土地使用权协议、场地租赁协议、厂房建筑承包文件、与劳务聘用相关的文件、材料供应协议、国内或出口销售协议、技术许可协议、商标许可协议、以及外商投资企业的股权转让协议等文件。

· 参与项目谈判。

· 就投资过程中涉及的税务优惠、土地使用、环保、行业管制、外汇等问题提供专项的意见。

· 就政府关于外商投资的审批与登记提供咨询意见并协助办理有关法定程序和手续。

· 在投资完成后协助客户进行企业日常经营的合规性审查和监督。

· 外商投资企业的公司重组、解散与清算的各项法律事务。

【社会责任】

在发展业务的同时，天元一直积极承担作为现代社会企业公民的社会责任。自 1992 年成立以来，天元持续不断地捐助希望小学，在北京大学和北京四中等知名学府设立天元基金或奖学金，为贫困、受灾地区捐款，参加国家及有关部委的立法研究以及提供无偿的法律援助。

通商律师事务所

【基本概况】

通商律师事务所（下称"通商"）经北京市司法局批准于一九九二年五月十六日在北京正式成立，并分别在深圳和上海设立了分所。

通商共有职员二百三十五人，其中合伙人五十七人，律师及律师助理一百三十二人。通商的律师均为年富力强、经验丰富的中青年专业律师，在金融、公司、投资、证券、税务、贸易、房地产、诉讼与仲裁等领域有着数年的律师执业经验。他们分别具有在英国、美国、加拿大、德国、日本或香港的律师事务所实习或工作的经历，其中多位律师在英国、美国、德国及加拿大等著名的法学院取得博士、硕士学位。所有律师均毕业于国内一流的大学，绝大多数律师获得了法学硕士以上的学位。

本着"一切为了客户的利益"的宗旨，通商以为客户提供高质量、高效率的专业化服务为己任。通商在力求充分发挥每位律师专长的基础上，注重以整体的服务水平和人员素质，竭诚满足客户的各种具体要求。

遵循"严谨、效率、责任"的原则，通商建立了严格的业务管理制度，每位律师均配备专职秘书和专用电脑，每位客户的文件与资料均存入电脑系统，以保证为客户提供及时、有效、连贯、准确的服务。通商设有专门的资料室和专职资料员，及时收集各种法律、经济、金融、证券、商业等方面的最新信息。

通商律师在涉外法律服务方面的丰富经历，使得通商在短时期内与美国、英国、香港、澳大利亚和西欧的许多国际性律师事务所建立了广泛密切的合作联系。通商的客户可以通过这种联系迅速获得第一流的国际化、专业化服务。

通商鼓励每位律师在金融与商务方面掌握广泛而深入的专业知识和实践经验，培养对各种法律规范的深刻理解，以及对社会环境的充分认识。通商依靠全体律师整体的经验、专业知识和能力，以及所有律师及工作人员的协调配合，在充分理解客户的具体需要的基础上，以迅速有效的方式为客户的各种要求提供具体可行的安排。

【专业领域】

金融与银行

· 国际商业贷款，包括长、短期贷款、出口信贷、银团贷款和项目融资。

· 国内贷款合同及有关文件的准备，包括工商贷款、外资企业贷款、外汇贷款、技术改造贷款和抵押贷款。

· 租赁，包括国际租赁、国内租赁、融资租赁和飞机租赁。

· 信托投资

· 投资基金

公司

· 企业改组及公司设立（股份有限公司或有限责任公司）

· 公司的合并及分立
· 公司收购
· 股份的转让、赠与、继承和抵押
· 公司清盘、清算、破产以及债务的强制执行
· 公司融资安排

证券

· 国内金融机构境外发行债券
· 国内企业债券发行
· 国内企业股票异地上市和境外上市

房地产建筑工程业务

· 国有土地使用权的协议出让与招标、拍卖、挂牌出让
· 国有土地使用权转让
· 土地一级开发
· 土地征收、征用和拆迁补偿安置
· 房地产开发企业的设立与股权转让
· 房地产项目的融资
· 房屋和土地使用权抵押
· 建设工程施工、设计、勘察、监理的招标投标
· 建设工程施工总包和分包合同
· 建筑工程款结算
· 房屋的买卖和租赁
· 物业管理
· 争议解决

基础设施建设及项目融资

· 火力、水力和天然气发电项目的投资兴建
· 隧道、桥梁、铁路、机场、码头和公路项目的投资兴建
· 煤炭、石油和天然气资源的勘探、开采和运输和销售合同
· 项目结构的设计
· 项目公司的设立
· 项目招投标
· 项目融资(包括国际金融机构贷款、银团贷款)和担保
· 项目的成套设备供应包括国际性采购
· 外商投资和 BOT 运营
· 环境保护
· 项目转让和税务安排
· 争议解决

外商投资

· 合资、合作及外商独资企业的组建
· 关于投资环境和投资方式的法律咨询
· 海洋石油开发
· 外国公司在北京设立代表机构

税务

· 国内外投资税务计划与安排
· 公司税务
· 外商投资企业的税务问题
· 融资交易和融资租赁的税务
· 房地产开发的税务问题

贸易、商务及其它

· 各类贸易合同及法律文件
· 国际贸易
· 有关进出口贸易的融资及银行业务,包括信用证及流通票据的法律事宜
· 国际国内招标与投标
· 海商法事务
· 酒店管理的法律事务
· 管理服务合同

诉讼与仲裁

· 各类商业及财务纠纷
· 知识产权纠纷
· 在中国进行涉外仲裁的案件代理
· 为国外仲裁提供有关中国法律的意见
· 法院判决与仲裁裁决的执行

知识产权

· 专利、商标和版权的许可转让
· 专利、商标和版权的侵权调查与诉讼
· 计算机软件保护
· 技术引进与出口

万商天勤律师事务所

【基本概况】

万商天勤律师事务所是一家能够提供全面法律服务的综合性律师事务所,总部设在北京,在北京、深圳、上海等地设有办公室,拥有律师和专业人员二百余人。

汇集了活跃于公司、证券、金融、保险、城市基础设施、建筑、房地产、环境、能源、政府法律事务等各个专业领域的优秀律师。基于对客户业务领域的深入了解,万商天勤凭借卓越的专业能力和高效的解决方案,成为客户长久信赖的合作伙伴。

秉承专业、务实、高效、优质的服务理念,万商天勤在持续巩固自身优势业务的同时,稳健拓展国际化、多元化的新领域,充分满足客户不断发展的新需求。

【荣誉奖项】

英国媒体 Acquisition International Magazine 举办的 2012 年度全球法律大奖评选活动中,荣获“最佳能源律师事务所大奖”。

英国法律媒体 Lawyer Monthly 近日公布的 2012 法律大奖名录中,凭借过去一年卓越的证券业务成绩,被授予“2012 年度中国最佳资本市场法律顾问”。

北京市第九次律师代表大会开幕式上,本所荣获“2009 - 2011 年度北京市优秀律师事务所”光荣称号。

全球知名金融杂志 Finance Monthly 近日公布的“Global Awards 2012”评选中,成功摘得“2012 年度中国最佳基础设施律师事务所”大奖。

【专业领域】

万商天勤是最早获得中国证监会和司法部批准的“从事证券法律业务”及“从事涉及境内权益的境外公司相关业务”的律师事务所之一,先后为超过一百家的企业境内外首次公开发行、再融资、收购、兼并和重大资产重组等项目提供法律服务。

万商天勤汇集了一批在境内外股票发行上市、收购兼并、资产重组、上市公司再融资、基金投资、证券交易、上市公司法人治理等领域具有丰富经验的专业人才,多位合伙人受聘担任中国证监会发行审核委员会委员及上海证券交易所、深圳证券交易所上市委员会委员。

万商天勤在行业内较早设立了“资本市场业务发展与指导委员会”,对证券业务实行收案审核、专业支持及内核等管理机制,在事务所证券及资本市场业务发展指引、质量控制、风险控制等方面发挥着重要作用。

此外,万商天勤曾受中国证监会委托,参与了多个上市公司监管的部门规章和规范性文件的起草和修订工作,包括

《关于在上市公司建立独立董事制度的指导意见》、《上市公司治理准则》、《关于进一步加强股份有限公司公开募集资金管理的通知》、《上市公司章程指引》、《上市公司股东大会规范意见》等。

万商天勤凭借在证券业务领域的卓越业绩，赢得了行业监管机构和业界的认可：

2009 年，根据中国证监会发布的 2008 年全国律师事务所从事证券法律业务综合统计结果，本所综合排名第 6；其中，股票首次公开发行法律服务排名第 7，再融资法律服务排名第 5，境外发行法律业务排名第 5。

2008 年入选彭博杂志（Bloomberg）发布的中国境内 IPO 发行人法律顾问 15 强。

2009 年入选彭博杂志（Bloomberg）发布的中国境内 IPO 发行人法律顾问 10 强。

2010 年入选彭博杂志（Bloomberg）发布的中国境内 IPO 发行人法律顾问 10 强。

2011 年入围中国上市公司与城市发展论坛"中国上市公司最信赖律师事务所"。

2011 年入选商法（China Business Law Journal）"中国证券市场优秀律师事务所名录"。

2011 年荣获 Lawyer Monthly"中国最佳资本市场法律顾问"。

瑛明律师事务所

【基本概况】

瑛明律师事务所成立于 1998 年，是中国领先的商务律师事务所之一，并在中国内地和香港都具有从事中国法律业务的资格。我们为客户提供全面的法律服务，尤其擅长资本市场、投资并购、公司法、证券法、破产法、房地产法、知识产权和反垄断法律服务。

瑛明所在上海、北京和香港都设有办公室，并拥有超过 90 名员工，为国内外客户提供量身定制的法律服务。

尽职尽责地为客户提供全面、务实，且收费适当的优质法律服务是我们的承诺。我们向客户提供专业负责、并能实现利益最大化的法律服务，能针对客户的问题提供综合性、可操作性强的解决方案。

视客户为商务上的战略伙伴是我们服务的特色。基于我们丰富的法律实践经验和对中国商业运作环境的深刻理解，我们充分理解客户的商业目标，因此我们不仅仅狭隘地解答单一的法律问题，而是为实现客户的商业目标作出周详完整的考虑。

本所律师来自中国和普通法国家，熟悉相关法域的商业和投融资法律问题，能熟练地使用中文和英文与客户交流，并擅长于和不同国家、不同法域的合作伙伴共同工作，为客户提供高质量的法律服务。

我们的客户包括业内领先的跨国公司、金融机构，以及国内各行业的知名国有企业、民营企业、社会团体和政府部门。多年来，瑛明所取得的杰出成绩在业内赢得了很高的声誉和评价。

多年来，瑛明所取得的接触成绩在业内赢得了很高的声誉和评价。

【业务领域】

自 1998 年成立以来，瑛明律师事务所就致力于为国内外客户提供全面的商业和投资领域的法律服务。在多年的执业过程中，瑛明所为国内外各个行业的公司、金融机构、政府部门、中介机构等提供了量身定制的法律服务。

我们的业务范围主要包括：资本市场、投资与并购、公司法、反垄断与反不正当竞争、破产、重组和清算、房地产、知识产权和争议解决。

我们团队中的律师都是各自法律服务领域中的专家，除了具备扎实的法律基础和广泛的实践经验外，还密切关注业务领域的最新动向，从而为客户提供及时、准确的建议和意见。

当客户的需求涉及不同的法律服务领域时，我们的法律服务团队能通力合作，为客户提供跨领域、综合性、一站式的法律服务。

【执业理念】

言而有信，言之有据，言之有理。

【业内高度声誉和评价】

《钱伯斯亚太法律指南》

（2012）

· 股权和债权资本市场的领先律所

"市场观察员认为瑛明律师事务所在北京、上海和香港市场上均占有重要地位，并且在上海证券交易所和纽约证券交易所相关工作中始终占有稳定的一席……"

消息来源称："资本市场中一个历史悠久并居行业领导地位的品牌。"

《亚洲法律》

（2011）

"位于上海的瑛明律师事务所在证券领域享有颇高的声誉。该所参与的项目包括：晶科能源控股有限公司在纽约发行美国存托股票，涉及金额 1 亿美元；国药控股股份有限公司在香港联交所主板 IPO，涉及金额 87.3 亿港元（11 亿美元）；阿特斯（加拿大太阳能公司）的后续发行，涉及金额 1.033 亿美元。主办律师包括林忠律师、江浩雄律师和陈瑛明律师。"

《钱伯斯亚太法律指南》

（2011）

· 股权和债权资本市场的领先律所

"瑛明律师事务所在过去一年承办了一系列知名的国内发行及海外上市项目。受重点关注项目包括：晶科能源在纽约证券交易所发行上市，涉及金额 6400 万美元；中元华电发行上市，涉及金额 7700 万美元。"

《法律 500 强》

（2011 - 2012）

· 推荐律所：银行与金融（上海）

"瑛明律师事务所不仅在资本市场享有盛名，同时该所还为众多外资银行和金融机构提供法律服务。专业的法律服务包括：制度建立和文件起草，为担保及无担保信贷业务、辛迪加贷款、应收账款融资及证券化提供法律咨询服务。此外，该所也承接相关日常法律事务，如交易程序、账户文件准备，以及在人民币贷款文件及其他人民币业务方面为银行提供法律咨询服务。主办律师为江浩雄律师。"

· 推荐律所：资本市场（上海）

"瑛明律师事务所定位于为境内外客户提供中国资本市场的法律服务。该所以其在股权、债权及衍生产品、公司重组、战略股权投资、监管事项及法律尽职调查方面表现出的为公众认可的专业素养，为发行人、承销商以及其他金融机构提供良好的法律服务。2010 年度，该所在晶科能源在纽约证券交易所发行上市及发行美国存托股票项目中担任中国法律顾问。此外，该所还在北京启明星辰首次公开发行A股于深圳证券交易所上市项目中担任首席发行方律师,首次公开募集金额达6.25亿元人民币。主办律师为陈瑛明律师。”

· 推荐律所:公司及并购业务(上海)

“瑛明律师事务所在为跨国及境内客户提供法律服务方面具备丰富的经验,之前曾为包括阿特斯(加拿大太阳能公司)和上海维塔士游戏在内的客户提供专业服务。该所还曾为费森尤斯医药用品上海子公司起草中国销售合同及厂房扩建建设服务合同,以确保相关文件符合中国法律法规;为西氏医药服务公司在工厂建设方面提供法律服务,服务内容包括取得土地、申请许可及审阅建设合同。林忠律师领导的国际业务部主要致力于直接投资及跨境并购业务。”

中伦律师事务所

【基本概况】

中伦律师事务所创立于1993年,是中国司法部最早批准设立的合伙制律师事务所之一。经过数年快速、稳健的发展壮大,中伦已成为中国规模最大的综合性律师事务所之一。中伦目前在北京、上海、深圳、广州、武汉、成都、东京、香港和伦敦设有办公室。

一家综合性律师事务所,旨在为客户的商业活动提供全面的法律支持。中伦拥有近180名合伙人和近700名专业人员。各合伙人分别专精于特定的专业领域。通过合理的专业分工和紧密的团队合作,中伦有能力在各个领域为客户提供高质量的中国法律服务。在长期执业过程中,中伦并与多家境外知名律师事务所建立起了良好的合作关系,通过与其密切的合作,中伦有能力为客户在中国境外的投资及商务活动提供有力的法律支持。

中伦拥有一批既有丰富经验,又有深厚理论基础的律师。中伦的合伙人大多毕业于国内外著名法学院,不少合伙人并在国际著名律师行工作多年。在成为中伦的合伙人之前,均已在其相关专业领域执业多年,并已经取得良好的业绩。中伦的律师及助理律师在加入中伦前,均需接受严格的遴选,且均为遴选中的佼佼者。中伦并通过各种各样的培训以提高助理律师的服务水平。

中伦拥有广泛的客户群体,其中既包括世界五百强这样的大型跨国公司,也包括业绩良好的大型国有企业和成长型企业;既包括传统的制造业企业,也包括国内外著名的投资银行、保险公司、私募基金、地产商、通讯、信息技术、旅游等服务型企业;中伦同时也为政府机构、国际组织、外国驻华使(领)馆、商会等提供中国法律服务。

【执业理念】

客户至上

客户是我们的衣食父母。我们所有的价值:成就感、荣誉、社会地位等等,均依赖于客户的成功。在帮助客户成功的同时,也就实现了自身的成功。

客户至上也来源于我们对客户所负有的受信义务(fiduciaryduty)。我们在制度上保证了当客户利益与其他利益构成竞争时,客户利益将受到绝对优先的保护。

团队合作

中伦认识到:建立在科学分工基础上的团队合作能够保证客户在任何一方面的事务都能够得到最优秀的服务。团队合作也有助于控制客户的支出,从而增强事务所的竞争力。基于这些认识,中伦较早地通过制度化的安排,以保证团队合作。

【务实创新】

作为扎根中国,但又具有国际视野和经验的律师事务所,中伦熟悉中国的政治、社会和人文环境,能够提供契合客户需求的法律服务及切实可行的专业意见和建议。

中伦认识到,在一个快速发展的转型社会,商业需求永远领先于法律。为真正解决客户的问题,律师需要具备较强的学习、研究能力,富有创新精神。中伦的创新能力从早在20世纪90年代初期引进香港房地产法律服务经验以及在资产证券化等新兴业务的深入研究可以得到最好的说明。

【专业领域】

房地产与建设工程
公司融资/资本市场
公司收购、兼并及重组
私募股权与风险资本
外商直接投资/外资并购
银行与金融
结构性融资与资产证券化
项目融资
酒店/旅游开发与管理
城市基础设施
竞争法与反垄断
国际贸易
海事海商
海外投资
能源与自然资源
信息技术、电信、传媒与娱乐
知识产权
劳动法
破产重整与清算
争议解决
媒体和娱乐
税法

【社会责任】

作为一所具有社会责任感的综合性律师事务所,中伦格外珍视社会对自身的育培,同时也十分重视对社会的回馈。在北京市中伦律师事务所2010年度第一次合伙人会议上,全体合伙人一致通过并做出决定,设立“中伦公益基金”。

为了更好地开展公益活动,事务所专门成立了由十一位合伙人组成的公益基金理事会,负责事务所的公益事业。为了有序、规范的开展公益基金项目,中伦公益基金在成立之初制定了《中伦公益基金章程》。

中伦公益基金自设立之日起,合伙人及律师、工作人员就积极捐款,北京总所和各地分所同时举行多场公益基金募捐活动,中伦人积极践行着履行社会责任的承诺。

中伦公益基金捐赠的项目、领域持续增加,经中伦公益基金理事会审慎调研、讨论通过的公益基金项目,均持续运作并且中伦员工均积极参与其中。

中瑞律师事务所

【基本概况】

北京市中瑞律师事务所成立于1998年,是一家综合性合伙制律师事务所。中瑞现有律师六十余名,全体人员共计八十余人,其中,半数以上执业律师具有超过十年的律师执业经历；二十余名律师具有科技、经济、管理等复合学科的教育和工作背景。中瑞律师均受过国内或国外名牌大学的法学教育及专业培训，半数律师具有硕士、博士学位；数名律师曾在美国、英国、香港等国家和地区的律师机构执业。中瑞非常重视律师与专业人员的培养，先后派出多名律师赴美、英等国家研习、深造，并有计划地聘请国内外知名专家学者、司法界资深人士来所讲座授课，使本所执业律师不断提高理论水平和执业技能。

中瑞密切关注中国经济改革和法制化进程，同时高度关注创新科技给经济、社会生活及法律带来的深刻变化，研究并介入有关行业政策、规范和标准的制定，因此，中瑞深刻理解中国的法律制度，并在此基础上谙熟处理法律事务的技巧。中瑞时时追踪国际政治、经济、法律和文化变化的信息，积极参与经济全球化涉及的法律事务。

经过10余年的稳步发展，中瑞律师事务所与社会各界建立了广泛而稳定的联系，赢得了众多客户的信任，在业界享有良好的口碑。中瑞的业务在这十余年间不断拓展深化，业务涵盖了金融、银行、公司、证券、房地产与工程建设、知识产权、能源与基础设施、诉讼与仲裁等多数法律服务领域，特别是在金融、银行、公司、证券、诉讼与仲裁等传统优势业务上，中瑞取得了骄人的成绩；中瑞勇于开展客户零风险代理业务，并取得了不斐的成就。

中瑞律师事务所具有良好的办公环境，并配备了网络办公系统和现代化办公设备。中瑞开发、应用一整套律师事务所办公与管理软件，建立了中瑞向客户提供优质高效法律服务的后援保障系统。

【执业理念】

提供高水准的法律服务是中瑞人矢志不渝的工作目标，为了把中瑞的工作目标变成中瑞人的行动自觉，提高服务意识和服务水平，增强中瑞凝聚力，提升中瑞核心竞争力，中瑞人在积极进取中逐渐形成了自己特有的文化，概括起来即“舍得”、“用心”、“创新”、“执著”的中瑞理念。理念就是方向，理念就是形象，中瑞必定在自己特有理念的指引下渐行渐远。

舍得

中瑞舍得，舍乃付出也，中瑞人致力于客户的所托，并且将客户对我们的信任视为一种荣誉。受人所托，忠人之事，中瑞人始终把客户的利益放在首位，尽其可能最大限度维护客户的利益。中瑞人不讳所得，但视客户的认可与满意为最大所得，视客户的信任为最为宝贵的财富与荣誉。

专业

中瑞追求卓越，志在以专业的水准帮助客户全面、客观地把握大局。工欲善其事，必先利其器，中瑞高度重视自己的执业水平，并集聚了一支专家型的律师团队，以期以渊博的学识、专业的技能为客户提供专业、高效的法律服务。

创新

中瑞人深谙客户的法律诉求，因此，把工作的着力点放在追求服务的实效上，致力于为客户谋求实际的利益。中瑞人充分认识到，只有思维创新才能不断高效地服务于客户，才能不断为工作开创新局面，因此，中瑞人总是不断在开拓新思路、创新新方案，也因此中瑞为众多客户解决了疑难。

执著

权利的实现和事业的成就不是总是一帆风顺，正因为此，练就了中瑞一颗执著之心。中瑞人胸怀法治和进取精神，从不轻言放弃，而是创新求变，竭力维护客户应有的法律权益，尽力帮助客户达成自己的目标。在执著的进取中，中瑞人也真诚感受着客户成功的喜悦。

专业领域

1. 金融与保险业务

金融与保险业务是中瑞最具核心竞争力的业务领域之一。伴随着银行商业化和金融市场全面开放的进程，专业金融法律服务逐渐成为中国律师的重要业务领域。中瑞自八十年代初就开始涉足金融法律服务领域，有多名律师专注于金融与保险法律事务的研究，并且在为金融与保险机构提供专业法律服务的过程中，积累了非常丰富的经验。中瑞对金融与保险法律事务研究深入，经验丰富，能为中外客户提供全方位高质量的法律服务。

2. 建筑工程、房地产法律事务

中瑞在房地产与工程业务领域具有十分丰富的从业经验，拥有一批资深的执业律师，参与了诸多房地产或工程的开发与交易，为众多中外著名房地产或工程开发商提供了包括开发、建筑、抵押、融资、销售、租赁、资产权益转让等一系列专业法律服务。中瑞的客户包括许多在中国房地产或工程开发领域成绩卓著的公司，房地产与工程业务也因而成为中瑞的核心业务之一。

3. 公司与证券业务

公司与证券业务是中瑞的传统优势业务之一，也是中瑞的核心业务之一。中瑞是最早取得国家司法部和中国证监会联合颁发的从事证券业务资格的律师事务所之一。中瑞多名律师曾参与《公司法》、《股票条例》、《证券法》（草案）等法律法规的起草工作，对中国现行的公司、证券的法律、法规有着透彻的了解和准确的把握。多年来，中瑞律师处理了数百件公司和证券法律事务，取得了不斐的成绩，深深赢得了客户的信赖，中瑞已经确立了在公司、证券法律服务领域中的领先地位。

4. 国际投资与贸易法律事务

协助外国公司在华设立合资经营、合作经营、外商独资企业，就有关投资形式、土地使用、外汇管制、政府税收、技术转让、专利和商标使用许可、知识产权保护和劳资关系、股权收购和公司清算等各方面的法律问题提供咨询意见；起草和制作各种投资所需的法律文件。

协助中国公司与境外设立合资经营、合作经营企业、独资企业，就涉及投资形式、工业产权或专有技术的作价与转让、贷款与其他方式融资及其担保、土地使用权及不动产作价出资转让或出租与抵押、董事会及其决策安排、项目筹建、雇员协议、企业财务与审计、外汇及保险、企业及股东的税收、企业股东之间纠纷处理等提供咨询意见。

5. 公司法律事务

境内公司组建：

参与设计投资方案，参加公司组建谈判，制作公司组建合同、章程，办理公司注册登记手续。

境外公司设立：

制定公司设立方案，与境外律师共同制作公司股东协议、章程，办理公司注册登记手续，申领公司注册证书、商业登记证书，安排提供公司注册地和公司秘书，办理公司的年检注册手续。

公司合并、分立、收购、重组：

参与公司合并、分立、收购、重组的方案设计，对目标公司进行尽职调查，参与有关商务谈判，排除并购、重组过程中的法律障碍，草拟、审查、修改、制作公司合并、分立、收购、重组相关的法律文件、合同文本、出具法律意见书。

公司股份制改造：

协助企业制定重组方案，包括资产剥离或合并、土地使用权处置、股权设置、股本结构设计等，并草拟、审查、修改、制订公司股份制改造、优化资本结构的实施方案，协助公司建立、完善法人治理结构。

公司股权转让、拍卖：

参与公司股权转让、拍卖方案设计，参加商业谈判，草拟、审查、修改、制作股权转让文件，协助办理公司变更登记手续。

公司托管、租赁、承包的策划与实施：

参与方案设计，参加谈判，草拟、审查、修改、制作相关法律文件。

公司法人治理结构设计：

协助公司设立内部业务部门，建立、完善公司内部管理制度，建立适合现代企业制度的法人治理结构和公司运营模式，协助公司处理经营运作中的法律事务。

6. 诉讼与仲裁

诉讼与仲裁业务也是中瑞最具核心竞争力的业务领域之一，中瑞诉讼律师在重大诉讼与仲裁方面取得了显著的成就。中瑞代理案件的审级主要集中在最高人民法院、各省高级人民法院或中级人民法院，并代理了大量重大仲裁案件。中瑞诉讼律师在诉讼与仲裁方面经验丰富、技能娴熟，并有多名律师曾长期在最高人民法院从事审判或执行工作，或在国务院各部委工作，或在省级人民法院工作。中瑞擅长客户零风险代理业务，使客户在不承担任何风险的前提下实现自己应有的权益。中瑞律师代理诉讼或仲裁案件，实行专业化分工，相互配合，确保根据案件纠纷的特点提出最佳的解决方案，确保最大限度维护客户的利益。

7. 知识产权法律事务

中瑞多年来一直在密切关注知识产权保护事业在中国的发展，不断在研讨客户在商标、专利、著作权及不正当竞争等领域的法律需求，不断在探索解决知识产权法律事务的最佳路径。中瑞善于代理重大、复杂的知识产权案件；善于协助客户建立起严密的知识产权保护体系；善于对侵犯客户版权、专利、商标、软件和商业秘密的行为进行调查。中瑞在处理知识产权法律事务能力方面走在同行业的前列，知识产权业务是中瑞的重要业务领域。

中咨律师事务所

【基本概况】

中咨律师事务所成立于1993年4月8日，是最早经司法部批准设立的合伙制律师事务所之一。中咨所是综合性的大型律师事务所，拥有经验丰富的专业律师、专利及商标代理人，提供多样化的专业性法律服务。

中咨所现有包括法律、专利、商标、会计、税务等各类专业人员300余名，70%以上获得硕士、博士学位，其中包括执业律师、专利代理人、商标代理人、注册会计师80余人，合伙人30余名。部分律师曾在国际知名律师事务所执业，或在国外专门法律机构接受过专业培训。中咨律师拥有在中国立法、司法、法学教育、行政管理部门、国有企事业单位、跨国公司工作的经历。许多律师具有在美国、日本、英国、法国、德国、加拿大、俄罗斯、香港的律师事务所工作、学习的经历。中咨律师工作语言包括英文、日文、法文、德文、俄文等多种语言专业领域。

【专业资格资质】

执业律师资格

专利代理人资格

商标代理人资格

注册会计师资格

中咨所获得从事证券法律业务资质、从事涉外证券业务资质、基本建设项目招投标法律服务资质、破产管理人资质、科技企业产权界定法律服务资质、企业职工持股法律服务资质、北京产权交易所知识产权交易经纪资格、涉外专利代理法律服务资格、商标代理服务资格等。

【专业领域】

知识产权法律事务

公司与并购法律事务

证券法律事务

国际投资与贸易法律事务

金融法律事务

房地产法律事务

清算与破产法律事务

基础设施与项目融资法律事务

环境与资源法律事务

诉讼与仲裁法律事务

劳动法律事务

【大事记】

1. 1993年4月8日，经司法部批准创建中咨律师事务所。主任赵玉林，主要成员有贾军、苏胜、孙军豹、巩沙、吴犇、伊建林。

2. 1993年10月，在北京首都宾馆举行盛大宴会，庆贺中咨所与香港廖何陈律师事务所成功建立业务合作关系。与会者近300人，包括公安部、最高检、最高法、司法部的部级领导干部与会祝贺并指导工作。

3. 1995年中咨所与日本名列前茅的大型律师事务所森综合法律事务所建立了紧密地合作关系，从此中咨所开展了不少的日本业务。如：轰动世界的状告日本东芝笔记本电脑诉讼，我所代表日方参与诉讼。

4. 1999年7月，经过5年多的不懈努力，经司法部同意并经中国知识产权局批准，中咨所获得涉外专利代理业务的资质。至此，中咨所不但在国内业务大有拓展，同时欧、美、日等大量的涉外业务涌入中咨所，中咨所的业务平台大有拓展。

5. 2001年中咨所主要创始人赵玉林律师因年龄和身体原因，辞去本所主任，鉴于他对本所的重大贡献，所里授予她为中咨所终身名誉主任，大家一致推选贾军律师为新主任。

6. 2002年中咨所成功的在上海开办了分所。

7. 自2001年以来，随着我所业务领域及数量的不断壮大，我所合伙人队伍也不断壮大，合伙人从原来的6位已壮大成30位，他们是：黄革生、段承恩、杨晓光、陈学民、林柏楠、张楠、王卫军、杨利、詹敏、蒋红毅、殷斌、胡剑鸣、张继文、刘海力、高伟、郑中军、李娜、于静、吴鹏、刘金辉、童新朝、吴建峰、张慧茹、杨学芳、张晓森、韩传华。

8. 因我所律师队伍的不断增加，2004年10月，我所办公地点由朝阳联合大厦迁至西城区国际投资大厦，办公面积达到3000多平米。

9. 为了规范所里的工作，所里决定设立管理委员会。2005年4月27日，全体合伙人会议无记名投票选举贾军、赵玉林、殷斌、王卫军为我所管委会成员。

10. 2005年5月7日，中咨所召开首次管委会成员会议，主要会议内容以明确管委会成员具体分工事宜展开讨论。

11.2005 年 5 月 16 日，中咨所在北京市律协党办的要求下，成立了党支部，党支部成员为赵玉林、贾军、孙军豹、胡剑鸣、杨利、张和伏六名党员，党支部成员一致推举贾军为党支部书记。

12.2008 年至今，我所吸收了李春谊、石磊、王伟、郭晓雷、段方华、董海锋律师加入我所合伙人队伍。随着我所人员队伍的不断壮大，现有的办公面积已经不能满足办公需求，2008 年 1 月，我所办公地址由国际投资大厦迁至新时代大厦，办公面积达 4000 多平米。

13.2011 年管委会任期已满，管委会成员赵玉林主任和王卫军律师申请不再担当管委会成员，2011 年 4 月 27 日，我所召开全体合伙人大会，全体合伙人以不记名投票选举出了新一届的管委会成员，他们分别是贾军、殷斌、杨学芳、张晓森、高伟。

※资产评估机构※

北方亚事资产评估有限责任公司

【基本概况】

北京北方亚事资产评估有限责任公司创始于 1993 年，是由原国家国有资产管理局批准成立，财政部和中国证监会联合授予证券期货从业资格的大型综合性资产评估机构。

公司成立至今，坚持以"恪守职业道德、遵守资产评估准则、保障服务质量"为宗旨，成功为数千家不同规模、不同类型的企业提供了以企业并购重组、改制上市、合资合作、融资、财务报告、战略管理为目的的专业评估服务，尤其在无形资产评估领域有杰出建树，受到了财政部、国资委、证监会及客户的高度评价。

主要客户有：中石油、中国神华集团、中国铝业总公司、中国保利集团、中种集团、中国包装总公司、中冶集团、北汽福田、双鹤药业、青岛双星、鲁能集团、汇源果汁、华龙面业、露露集团、河南许继集团、山西潞安集团、罗蒙服饰、浙江飞跃集团、正大（中国）、红牛饮料、格兰仕集团、志高空调、柳钢股份、山西焦化、泸州老窖等。

公司总部设在北京市，目前下设河北、山西、湖北、河南、海南、浙江、甘肃、四川、内蒙、广西、山东、江西等十几家分公司，新疆、宁夏、福建分公司正在筹备中。汇聚了国内一批评估领域的资深专家，形成了阵容强大的评估专家团队，其中中国注册资产评估师 120 名，中国注册会计师、土地估价师、房地产估价师、矿业权估价师、注册税务师数十人，能够以多年积累的专业知识和经验，为企业发展过程中遇到的资产评估需求提供全面、周到、细致的服务。

公司为适应企业全球经营管理、资本运作的需求，与美国、欧盟及港、台评估机构有着密切的合作，具有与境内外中介机构沟通协调的丰富经验，可为企业进入国际资本市场提供优质服务。

我们愿与海内外各界精诚合作，共谋发展，为二十一世纪人类进步和经济发展献计献策！

【服务宗旨】

以"独立、科学、客观、公正"为执业宗旨

以"诚实、智慧和勤奋"为行业信条

以"一流服务、延伸服务、全程服务"为客户承诺

天健兴业资产评估有限公司

【基本概况】

天健兴业资产评估有限公司是由原天健兴业资产评估有限公司和原中华财务会计咨询有限公司资产评估业务及原北京德威评估有限责任公司整合而成的大型评估机构。评估业务始于 1991 年，是国内最早从事资产评估业务的专业机构。

目前，天健兴业资产评估有限公司在业务规模、评估师数量、专业水准、服务理念等诸多方面均保持行业领先优势，成为中国注册资产评估行业最具竞争能力、最具创新能力的专业评估机构之一。

【核心价值观】

以质求信恪守德操

奉行"服务、勤勉、协作、卓越"的执业宗旨

恪守"独立、客观、公平、公正"的执业准则

以人为本共同发展

坚持以人为本的发展理念

谋求个人与集体利益的统一

实现天健兴业与客户的共同发展

术业专工融贯中西

承继中华民族文化的优秀传统

以高品质的专业服务赢得市场

以优秀的专业才能获得社会认同

创新进取追求卓越

以振兴和推进中国注册资产评估师行业做大作强为已任

以卓越的专业水准为客户提供高品质的专业化增值服务

【服务领域】

评估专业服务

资产评估范围为企业整体价值评估和单项资产评估

评估涉及的单项资产类型包括：

不动产估价，包括房屋建筑物、构筑物，土地使用权估价

机器设备，交通运输设备，电子设备

股权价值评估

无形资产评估，包括专有技术和专利权、商标权、著作权、特许经营权、商誉等

探矿权和采矿权评估

不良资产评估

项目评估和投资评审及管理咨询等业务，包括：

贷款项目评估

项目可行性研究

投资评审

并购财务顾问

财务管理咨询

其他相关服务

项目可行性

投资评审

企业重组兼并及上市过程中的财务顾问

【专业优势】

专业经验

为国民经济各行业的数百家企业提供了各种目的的资产评估及相关咨询服务；遍及国内所有省市，共计承办各种评估目的的评估业务万余项。

涉及金融、保险、电力、石油、化工、电信、广播、冶金、机械、电子、建材、商业、农业等领域；累计评估资产超过 15 万亿

元，在国内资产评估同行业内处于领先，资产评估业务收入在同行业内连年居于领先地位。

专业技术

具有针对各行业特点开发的资产评估操作规范、各型价格数据库、项目控制软硬件系统等，能够保证在任何复杂情况下，项目得以有序开展和执业质量得到有效控制。富有特色的职业后续教育和培训体系确保每一层级的专业人员能够在各自层级上最大限度地发挥出其专业能力。依托相关政府机构、科研院所的强有力的技术支持，可以确保将任何前沿的、复杂的项目均置于及时的更高水准的专业指导下。

专业网络

以卓越的专业水准成功实施集团规模资产评估业务的成功之处，得益于北京、上海、深圳、辽宁、江苏、山东、湖南、安徽等地区业务部和乌鲁木齐、武汉、成都、西安、重庆、济南、石家庄、太原、郑州、福州等各地区办事处在项目控制中心统一领导下的通力合作；得益于先进的软、硬件支持系统，完备的知识库，科学的工作流程和完善的内控制度，为集团企业客户提供就近、简便、低成本的网络化服务。

专业沟通

以诚信、严谨、协作、创新著称，执业质量得到政府监管部门、行业监管部门及客户的高度认可，从未受到各级监管机构和部门的任何处罚，在评估业界一直保持着零投诉的良好执业记录。同时这种长期以来建立起来的专业信任也使我们赢得了与各级政府监管部门、行业监管部门以及其他合作机构的良好沟通渠道。

北京中企华资产评估有限责任公司

【基本概况】

中企华公司原隶属国家体改委，系中央直属专职评估机构，中国资产评估协会常务理事单位、中国矿业权评估师协会常务理事单位。1999 年脱钩改制后成为以注册评估师为股东的有限责任公司。一直秉承“至诚至信、严谨公平”的理念。公司是中国评估行业的第一品牌，保持多项评估行业第一的纪录：具有评估行业全部最高资质，包括从事证券业务资产评估许可证、探矿权采矿权评估资质、全国范围内从事土地评估业务资质等。经营业绩连续十五年（1997 年至 2011 年）位居行业榜首。率先通过 ISO9001 质量管理体系认证，且为目前国内唯一通过此项认证的专职评估机构。承办大项目最多并打造多项“精品工程”，平均每年评估资产量在 100 亿元以上的项目数十个。累计评估总资产超过 50 万亿元。

【团队建设】

国内最强的评估专业阵容，从业人数达 1800 人。汇聚了一批评估专业领域的资深专家，学有专长的博士、硕士。其中不乏中国证监会发审委委员、中评协资产评估准则专家组成员、中评协后续教育委员会委员、中评协资产评估考试培训专家组成员等。业内最早设立分公司且分支机构数量最多的专职评估机构。注册资产评估师总人数排名第一。

【成就业绩】

截至目前，公司始终保持评估行业的最高的市场份额：公司为 2011 年度进入全球财富 500 强的内地企业全部提供过资产评估及相关服务；中国百强企业中，80% 以上企业我公司为其提供过资产评估及相关服务；53 户国有重要骨干企业中，我公司为其中近 90% 提供过资产评估服务；国内大型国企海外上市项目的资产评估市场份额，中企华公司占 65%，特大型项目占 90% 以上。

中企华公司除服务于大型国有企业外，近年来还成功为众多跨国公司提供评估服务，如美国埃克森美孚、杜邦、勒克维尔、鲁博润、江森自控、IRI 国际、德纳、UNIFI；加拿大鲍尔、庞巴迪；德国拜耳、西门子；法国斯伦贝谢；英国 Lowand Bonar PLC；意大利扎努西；芬兰诺基亚；日本松下电工；韩国三星、浦项制铁；新加坡胜科；泰国正大集团；香港中华电力、TOM 集团、新世界、渣氏集团、李嘉诚旗下长江集团等等。

【良好的声誉】

公司执业质量得到政府监管部门、海内外投资者、境外监管当局的高度认可。从未受到证券监管机构、评估管理机构的任何处罚，在客户中享有专业过硬、服务过硬、质量过硬、对重点难点问题突破最为过硬的声誉。

此外公司与财政部、国资委、证监会、商务部等政府管理部门保持畅通的沟通渠道和良好的工作关系。

中企华公司具有和境内外中介机构沟通协调的丰富经验，彼此间建立了良好的合作关系。中企华的“合作、沟通、协调”精神在业内有口皆碑。

中同华资产评估有限公司

【基本概况】

中同华资产评估有限公司（以下简称“中同华”）的前身设立于 1993 年，是北京市首家获得证券期货相关业务资格的资产评估公司。中同华是由原中瑞华恒信会计师事务所资产评估部、原岳华会计师事务所资产评估部及原北京德威资产评估有限公司于 2007 年底强强联合，合并成立的一家独立的资产评估公司，注册资本 1000 万元，具有由财政部、中国证监会授予的证券期货相关业务评估资格以及全国范围内土地估价资质、房地产估价资质。

中同华自成立以来，公司规模不断发展、壮大，业务收入稳步上升，为数千家客户提供了资产评估服务。客户分布全国 31 个省、市、自治区，遍及航空、航天、能源、电力、钢铁、石油石化、冶金、化工、金融、船舶、信息技术服务、电子、交通运输、仓储、机械、汽车、传媒与文化、建材、医药卫生、国防、房地产、轻工、贸易等行业。

核心价值观：团结合作、恪尽职守、锐意进取

团结合作

真诚待人待己，以人为本为尊，
理解支持合作，友善互助团结，
携手共创一流团队；

恪尽职守

遵守国家法律，讲究职业道德，
坚持行业准则，提升服务质量，
确保客观公正独立；

锐意进取

关注行业动向，更新知识结构。
适应形势需求，创新应用技术，
立足行业发展前列。

【大事记】

2012 年 1 月，荣获“信托业务信息服务系统荣誉服务机构用户”称号。

2011 年 9 月，成为北京金融资产交易所会员单位。

2011 年 8 月，中瑞华房地产土地评估有限责任公司名称变更为中同华房地产土地评估有限公司。

2011 年 5 月，公司注册资金增加至 1000 万元。

2011 年 4 月，北京注册会计师协会发布《北京地区 2010 年度 100 家会计师事务所、50 家资产评估机构信息》，中同华资产评估公司 2010 年度收入为 56,422,309 元，名列第五名。

2011 年 3 月，季珉董事长、吕艳冬副总经理被财政部金融司确定为“金融企业国有资产评估项目评审专家”。

2011 年 2 月，通过 GB/T19001 - 2008/ISO9001：2008 标准管理体系认证证书。

2011 年 1 月，中国证监会公布《从事证券期货业务资产评估机构目录》，中同华资产评估有限公司名列其中。

2010 年 10 月，中国资产评估协会在京召开 2010 年度重点课题招标评审会，中同华的《收益法评估参数确定实证研究》课题研究中标。此次重点课题招标共有 11 项，有 33 家单位（投标联合体）参与投标，投标课题涉及企业价值评估、财务报告目的的评估以及知识产权评估等资产评估前沿领域的研究。

2010 年 9 月，董事长季珉当选中评协第四届理事会理事、金牌会员。

2010 年 7 月，中瑞华房地产土地评估有限责任公司取得全国范围内从事土地评估业务资格。

2010 年 7 月，中同华资产评估有限公司上海分公司成立。

2010 年 4 月，北京注册会计师协会发布《北京地区 2009 年度 100 家会计师事务所、50 家资产评估机构信息》，中同华资产评估公司以业务收入 6060 万元的业绩名列评估机构第四名。

2010 年 3 月，赵强被中国资产评估协会聘请负责牵头起草制订《著作权资产评估指导意见》和参与起草制订《注册评估师胜任能力指南》。

2010 年 3 月，经中国资产评估协会推荐，国际评估准则理事会批准，赵强被聘任为国际评估准则修订专家委员会成员，主要负责企业价值评估 DCF 准则的修订工作。该委员会专家由世界各地的评估专家组成，拟对部分国际评估准则进行修改。

2010 年 1 月，北京注册会计师协会发布《北京注协各专门委员会委员组成名单》，季珉董事长当选注册资产评估师专业技术指导及教育培训委员会委员，赵强当选注册资产评估师惩戒委员会委员。

2009 年 12 月，公司名称变更为中同华资产评估有限公司。

2009 年 11 月。美国企业价值评估师、分析师协会（IACVA）授予赵强 CVA 专业资格证书。

2009 年 1 月，财政部发布通知，正式批复北京岳华德威资产评估有限公司等 16 家资产评估机构自 2009 年 1 月 1 日起，继续从事证券、期货相关评估业务，包括涉及各类已发行或者拟发行证券的企业的各类资产评估业务，以及涉及证券及期货经营机构、证券及期货交易所、证券投资基金及其管理公司、证券登记结算机构等的资产评估业务。

2008 年 11 月，获中评协授予的“2008 资产评估行业巾帼文明岗”荣誉称号。

2007 年 12 月，岳华会计师事务所评估部与中恒信德威评估有限责任公司合并成立岳华德威资产评估有限公司。

2007 年 4 月，中瑞华恒信会计师事务所评估部与北京德威资产评估有限责任公司合并成立中恒信德威评估有限责任公司。

2002 年 5 月，中瑞华房地产土地评估有限责任公司成立。

2000 年 1 月，中同华前身之一中瑞华恒信会计师事务所成立。

1999 年 5 月，中同华前身之一岳华会计师事务所成立。

1993 年 6 月，中同华前身之一北京德威资产评估有限责任公司成立。

德正信资产评估有限公司

【基本概况】

德正信资产评估有限公司（简称“DIAL”）前身为深圳市资产评估事务所于 1988 年成立。

· 为第一家在中国成立的独立专业评估公司，并是第一批获得证券业评估资质的评估公司之一。

· 提供全面的评估服务，包括：整体企业、无形资产、物业及土地使用权，和机器设备评估等。

· 经常为全国各地的客户提供顾问服务，当中包括：外资跨国公司以及中国国有或私营上市公司等；服务目的包括并购、公司重组、中外合资等。

· 评估顾问服务经验遍及许多行业，如：能源、石油及天然气、基建、金融及电讯等。

全面资产评估服务包括但不限于

· 中国资产或业务的交易

· 合资企业

· 中国税务申报

· 涉及国有企业的交易

· 公司非现金注册资本验资

· 中国国内上市筹备

· 涉及中国国内上市公司的并购

· 中国法律诉讼参考

· 因中国政府要求导致非现金资产处置、迁移、或征收之补偿金参考

· 按中国企业会计准则编制的财务报告

法定评估及证券业评估资质

根据国内要求，某些中国企业的交易行为，例如资产或股权转让，需要独立评估报告呈报国资委（SASAC）及/或其他政府机构（法定评估）。此外，只有少数国内评估机构（当中包括 DIAL）得到财政部（MOF）和中国证监会（CSRS）批准，从事国内上市公司的资产评估工作，以及其金融资产包括期权及衍生工具的评估（证券业评估资质）。

DIAL 的国际合作机构 - 美国评值

为了给国内客户提供更全面及符合国际会计或评估要求的服务，DIAL 与全球最著名的国际独立评估机构 - 美国评值成为了合作机构。美国评值于 1896 年在美国的密尔瓦基（Milwaukee）成立，至今已有超过 115 年历史，并在全球 27 个国家设有超过 50 个办事处。美国评值对全球的资产评估拥有最丰富的经验，并熟悉各国家或地区的当地会计准则及评估或其他法定要求。美国评值亦是全球其中一间最早进行无形资产价值评估的独立评估机构。透过紧密的合作和联系，美国评值为 DIAL 提供国际性评估技术支持，让国内的客户透过 DIAL 的服务，得到既符合中国本地的评估要求，又符合国际认可的评估服务，有利客户节省成本及时间。为客户提供同时符合国际准则及中国法定要求的评估报告，就是我们独特的全方位评估服务。

北京国融兴华资产评估有限责任公司

【发展历程】

1995 年 3 月,经国家国有资产管理局国资评 1995 字第 44 号文件批准,正式组建中建资产评估事务所;

1995 年 5 月,经国家国有资产管理局、中国证券监督管理委员会批准,取得从事证券业务资产评估许可证;

1999 年 10 月,经北京市国有资产管理局京国资估(1999)514 号文件批准,脱钩改制设立北京六合正旭资产评估有限责任公司,具有证券业资格;

2009 年 1 月,经财政部、证监会财企(2009)2 号文件批准,继续从事证券、期货相关评估业务;

2010 年 11 月,经北京市工商管理局批准,北京六合正旭资产评估有限责任公司更名为:北京国融兴华资产评估有限责任公司;

2010 年 12 月,经北京市财政局京财企许可(2010)0124 号文件批准,换发了资产评估资格证书(证书编号:11020056);同时经财政部、证监会批准换发了证券期货业务评估资格证书(证书编号:0100021010)国融兴华现在是中国资产评估协会理事单位、北京市注册会计师协会常务理事单位。

【公司治理】

北京国融兴华资产评估有限责任公司(以下简称"国融兴华")正式组建于 1995 年 3 月,其前身为中建资产评估有限责任公司,在中国资产评估行业拥有较高知名度和美誉度,是国内评估行业的"先行者"和"开拓者",是我国最早从事证券业资产评估业务的机构之一。自组建以来,国融兴华在社会各界大力支持下,经过全体同仁的不懈努力,在股票发行与上市、企业重组、公司改制、融资、产权交易等专业服务领域具有极强的实力和出色的业绩。

近几年来,国融兴华一直保持较高增长,2008 年业务收入 997 万元,北京市行业排名 18 位,2009 年业务收入 1617 万元,北京市行业排名 13 位,2010 年业务收入 2770 万元,北京市行业排名 9 位。

国融兴华总部设在北京,目前公司员工 100 余名,注册资产评估师 70 余名,注册会计师 20 余名,注册房地产估价师、注册土地估价师、注册矿业权评估师及注册造价师等相关资质 10 余名。经财政部门批准相继在山西、云南、辽宁设立分公司。

国融兴华始终致力于把技术积累和管理创新作为企业持续发展的重要支撑,设立了专业技术委员会、质量风险控制委员会、分所管理委员会等,建立了一套完整的事务所管理制度及执业规程。

【专业领域】

国融兴华在中国资产评估行业拥有较高知名度和美誉度,是国内评估行业的"先行者"和"开拓者"。1992 年执业以来,我们的客户遍布全国,广泛涉及金融、证券、保险、冶金、电力、石油、化工、电信、电子、通讯、汽车、船舶、军工、能源、机械制造、生物医药、交通、港口、建筑、房地产、建材、文化、传媒、轻工、纺织、农牧、食品、旅游、酒店、物流、高科技、商业、城市公用事业等国民经济各个行业领域。

评估目的涉及企业改制、股权转让、公司 IPO、重大资产重组、收购兼并、设立公司、资产处置、破产清算、租赁、承包、法律诉讼、资产及股份置换、企业融资及评估咨询服务等。

评估对象包括上述评估目的涉及的整体资产(企业价值)评估以及设备、生产线、建筑物、房地产、长期投资等各类有形单项资产和商标(品牌)、专利、专有技术、探矿权和采矿权、资源性资产、计算机软件、著作权、特许权、土地使用权等无形资产。

在从事法定和传统评估业务的基础上我们开拓了企业尽职调查、为会计报表服务、投资价值分析、可行性研究等新兴的专业领域的业务。

【公司文化】

"专业中介服务、发现价值、创造价值"是国融兴华的核心价值观。国融兴华全体同仁,将继续秉承"质量第一、信誉至上、为客户提供增值服务"的宗旨,恪守"独立、科学、客观、公正"的执业原则,以精湛的专业能力和高度负责的专业精神,力求为客户发掘潜在价值、客观反映价值、最大限度实现价值,并努力通过增值服务协助客户在商业竞争中不断取得成功。

北京恒信德律资产评估有限公司

【基本概况】

北京恒信德律资产评估有限公司的前身是广东恒信德律会计师事务所有限公司。

广东恒信德律会计师事务所有限公司经广东省财政厅批准成立于 1985 年,是广东省成立较早的会计师事务所之一。1993 年取得国家证监会和财政部颁发的证券许可证。

2008 年 7 月经广东省财政厅批准,广东恒信德律会计师事务所有限公司分立为广东恒信德律资产评估有限公司和广东恒信德律会计师事务所有限公司。2010 年 12 月注册地迁至北京,并更名为北京恒信德律资产评估有限公司。

北京恒信德律资产评估有限公司拥有资产评估资格、证券类评估资格、土地评估资格。目前有注册资产评估师 37 人,土地估价师 10 人,房地产估价师 6 人,造价工程师 2 人,高级工程师 3 人。

北京恒信德律资产评估有限公司以"评估 + 管理建议或咨询(增值服务)"的方式,在改制上市、上市公司并购、增股、融资、产权转让、资产重组、资产处置、拍卖、抵押评估等方面为客户提供综合配套服务;并用丰富的实践经验,依据企业实际情况提供增值服务的解决方案。

【执业理念】

北京恒信德律资产评估有限公司崇尚以最简单的形式,最可行的方案,让客户直观、真切感受服务的价值。

【服务项目】

企业整体资产评估

单项资产评估

房地产评估探矿权和采矿权评估

土地使用权评估

无形资产评估

其他服务

培训服务

江苏华信资产评估有限公司

【基本概况】

江苏华信资产评估有限公司(简称华信评估),具咨询、鉴证服务综合性业务平台,是江苏省内大型专业评估机构。

华信评估源于江苏省财政厅、国资委组建的江苏资产评估公司,始创于1994年,2000年改制,2010年初与江苏苏亚金城资产评估有限公司合并,真正实现了省内资产评估机构的强强联合,具资产评估行业最高资质—财政部、证监会联合颁发的证券期货相关业务的资产评估机构资格,通过了ISO9001:2008质量管理体系论证,经批准为东南大学资产评估专业的研究生工作站。

本公司现有注册资产评估师70多名,注册房地产估价师17名,注册土地估价师8名,具有硕士学历5名,本科学历以上占70%,有高级职称15人、中级职称46人。已分别在徐州、连云港、镇江和扬州设立了分公司,承接和完成了两千个项目的评估,评估总资产人民币超过数万亿元,涉及几十个不同行业。

华信评估一贯奉行恪尽职守的工作态度,诚信执业的工作作风,创新创优的服务理念,为客户发现价值、公证价值、实现价值。按照资产评估准则和ISO9001质量体系的要求,公司建立了完善的质量控制体系,累计完成的2000多项评估咨询项目,从未受到证券监管机构和行业管理机构的任何处罚,其执业质量得到包括客户、政府监管部门和投资者的高度认可,在中国资产评估协会组织的2009年全国27家证券业评估机构的执业质量检查中得分排列第一位。

【公司核心团队简介】

王大云,名誉董事长,研究生学历,注册资产评估师,高级经济师,全国"十佳"女注册资产评估师,中评协全国第三次代表大会理事;江苏省资产评估协会副会长、常务理事,江苏省评协技术支持委员会主任,江苏省资产评估协会后续教育师资。2008年11月荣获纪念改革开放30周年全国优秀创业女性特别贡献奖。在公司治理和专业领域方面都很有建树,对大型国有企业的股权评估、机器设备船舶评估和司法鉴定涉及的各项评估等方面颇有研究。

胡兵,董事长,公司法定代表人,研究生学历,获硕士学位,注册资产评估师、注册会计师、注册房地产估价师、注册价格鉴证师、江苏省注册咨询专家。江苏省委宣传部、江苏省审计厅、南京市国资委重大项目评审特聘专家,江苏省资产评估协会申诉与维权委员会委员。曾任江苏苏亚金诚资产评估有限公司总经理,荣获2009年度南京市国资委外聘专家优秀奖。从事资产评估行业十多年,始终独立、客观、公正的原则,具有丰富的理论知识和实践经验,具有良好的职业道德,求实创新,处处为客户考虑,在企业价值评估和上市重组咨询方面有多年的成功经验。

马国彩,中国资产评估协会评估准则技术委员会委员,注册资产评估师,注册房地产估价师,注册税务师,注册土地评估师,高级工程师。江苏省评估协会后续教育师资,江苏省国资委、南京市国资委重大项目评审特聘专家,中国东方资产管理公司南京办事处资产评估外聘专家咨询小组专家成员,南京市房地产管理局拆迁评估专家库成员。2010年10月荣获中国资产评估协会首届"金牌"会员。多年注重专业研究,在股权价值评估、无形资产评估、各类损失评估方面颇有造诣,在企业上市、重组、购并的股权价值评估和各类资产评估方面积累了丰富的执业经验。

张建立,中国注册资产评估师,注册造价工程师,注册房地产估价师,注册土地估价师,高级工程师,南京市国资局重大项目评审特聘专家,南京市城市房屋拆迁评估专家委员会专家,南京市鼓楼区、下关区、雨花区、玄武区、白下区的重大项目评审特聘专家。荣获2009年度南京市国资委外聘专家优秀奖。在房地产估价、拆迁评估、工程造价和金融不良资产评估方面很有研究并有多年的执业经验。在各类损失评估、投资项目评估、房地产估价和土地估价方面颇有造诣。

俞家清,中国注册资产评估师,中国注册会计师,获得南京大学会计专业硕士学位,江苏省国资委评审专家组成员、江苏省科委项目评审专家。曾有大型企业多年从事企业财务管理工作的实务经验,熟知新旧会计政策,又有多年的审计工作经历。从事资产评估行业十多年来,先后服务于江苏舜天、弘业股份、南钢股份、南京中北、悦达投资等省内有影响力的上市公司,具备丰富的评估理论知识和实践经验,在企业价值评估、无形资产评估和IPO策划、企业内控管理、财务及税务咨询等方面有多年的成功经验。

【业务范围】

资产评估;投资项目评估;经济咨询服务;房地产评估;企业形象策划;人才培训;工程造价咨询;土地评估。我们可以提供的服务包括:

1. 企业价值评估

包括:股份制改造、公司上市(IPO)、股权转让、重大资产重组、公允价值计量、股权质押、股东增资等各种经济行为涉及的全部股权或部分股权价值评估。

2. 无形资产评估

包括:专利、专有技术;商标、著作权(计算机软件、出版物、电影、电视剧等);特许经营权;营销网络、合同权益、商标、商誉等无形资产的评估,电影、电视、出版等文化资产的收益权价值的评估。

3. 不动产评估

包括:土地房地产评估、土地、房地产价值咨询、房地产项目投资分析、项目策划及可行性研究、房地产拆迁损失等。

4. 机器设备、车辆及船舶的评估

包括司法鉴定、资产转让、抵押、实物出资、资产重组、资产处置、破产清算等经济行为涉及的各类机器设备、车辆、船舶等实物资产的评估等

5. 各类损失评估

包括:各种人为或非人为因素(拆迁、搬迁、碰撞、水侵、火灾、爆炸等)造成的各类财产损失的司法鉴定和价值评估等。

6. 各类新型评估业务

包括:森林资源资产评估、公允价值计量、资产减值测试、债权价值评估、财政资金绩效评价、为被审计单位的财务报表编制提供估值服务等新型评估业务。

7. 各类咨询服务

包括:企业战略购并、内部控制体系评价、各项财政资金运用评价、金融不良资产价值咨询、投资项目咨询、企业收购或入股前的尽职调查、财务咨询服务、税务咨询服务等。

开元资产评估有限公司

【基本概况】

开元资产评估有限公司(简称开元评估),开元评估系经财政部、中国证监会、国家工商总局、北京市财政局批准注册的具有资产评估资格(证书编号:No. 43020011)、证券期货相关业务评估资格(证书编号:0100039016)、全国范围内执业的专业资产评估机构,从事各类单项资产评估、企业整体资产评估、市场所需的其他资产评估或者项目评估以及评估咨询等业务。

开元评估于1992年10月取得资产评估资格，是我国最早取得资产评估资格的机构之一，1993年4月经中国证监会及原国家国有资产管理局批准成为全国首批21家获得证券业务评估资格的评估机构之一，2009年2月，经财政部、中国证监会联合批准，获准继续从事证券、期货相关业务评估资格。

开元评估注册地和总部设在北京。自2008年以来，根据财政部、证监会关于推动评估机构做大做强的有关文件精神，开元评估立足北京，面向全国，2008年12月设立湖南分公司暨湖南业务总部，2011年1月设立湖北分公司，2012年5月设立四川分公司，同时在安徽设有业务分部。截至2012年6月，公司拥有注册资产评估师67名，房地产估价师12名，土地估价师13名，同时，拥有注册会计师、造价工程师、注册税务师资格的人员不乏少数。

二十年来，开元评估秉着“开诚立信、元道惟专”的企业精神，为国民经济各行各业的数百家客户提供了各种目的、多种资产类型的资产评估及相关咨询服务，足迹遍及国内所有省市，共计承办各种评估及咨询业务两千多项，涉及金融、保险、电力、石油、化工、电信、传媒、冶金、矿产、机械、电子、建材、商业、农业等领域。多年的沉淀尤其是近几年的发展，开元评估在评估师人数、业务规模、服务网络，以及评估经验、评估胜任能力等方面在国内同行业中均具备了一定的领先优势，为国内具影响力的评估机构之一。

【执业理念】

开元评估以至精至诚的执业精神，尽职尽责的工作态度，创新创优的服务特质提供评估服务，执业质量得到政府监管部门、行业主管部门、行业协会及客户的高度认可，从未受到各级监管部门和行业协会的任何处罚，在评估业界一直保持着零投诉的良好执业记录。同时这种长期以来建立起来的专业信任也使我们赢得了与各级政府监管部门、行业主管部门以及其他合作机构的良好沟通渠道。

开元评估愿以高水准的专业技能和高品质的专业服务真诚为广大客户朋友提供优质的评估服务，为客户发现价值、鉴证价值、实现价值！

【专业领域】

开元评估具有企业整体资产评估、房地产、机器设备、流动资产等各类单项资产评估以及金融资产、森林资源资产等特殊新型资产评估等评估专业资深专家和相应资质，可以提供一揽子评估及咨询服务。

开元评估对非货币资产出资、企业改制并上市、并购重组、资产及股权转让、引进战投、私募股权投资、创投定价、管理层收购、员工持股计划、资产及商誉减值测试和公允价值计量、税基评估等经济行为有深刻的理解，为各类经济行为提供符合评估目的的优质评估专业服务。

开元评估视不同评估目的、对象和环境，把发现价值、公证价值和实现价值的功能在评估服务中充分地体现和发挥，为客户当好把握价值的专家。

坤元资产评估有限公司

【基本概况】

坤元资产评估有限公司的前身是浙江国有资产评估中心，成立于1990年10月，是浙江省首家经国家批准成立、获得资产评估资格证书、依法独立承办资产评估业务，具有法人资格的专业资产评估机构。1993年4月经国家国有资产管理局和中国证券监督管理委员会联合批准，成为全国首批21家获得证券业务资产评估资格的评估机构之一。2000年3月，整体脱钩改制后，由注册资产评估师发起设立浙江天健资产评估有限公司，并得到了浙江省建设厅颁发的房地产估价资格。2002年9月，更名为浙江勤信资产评估有限公司。2009年1月，经审核再次荣获财政部、证监会授予证券期货相关业务资产评估资格；2009年3月浙江勤信资产评估有限公司与浙江东方资产评估有限公司合并。浙江东方资产评估有限公司全体从业人员加盟勤信评估。2010年6月为响应财政部《关于推动评估机构做大做强做优的指导意见》，实现公司做大做强做优的发展战略目标，浙江勤信资产评估有限公司更名为坤元资产评估有限公司。2001年12月在公司房地产评估部的基础上成立浙江天地房地产事务所有限公司，取得了在全国范围内从事土地估价业务的资质，并于2006年7月承接了浙江勤信资产评估有限公司的房地产评估资质，并更名为浙江勤信房地产土地估价有限公司。2003年4月发起成立的浙江天健保险公估有限公司是浙江省第一家从事保险公估业务的保险中介机构，具有中国保险监督管理委员会颁发的从事保险公估业务许可证书。

【发展历程】

1990年10月，成立浙江省国有资产评估中心。

1993年4月，更名浙江资产评估公司，并取得证券业务资产评估资格。

2000年3月，浙江资产评估公司改制设立浙江天健资产评估有限公司。

2000年3月，浙江天健资产评估有限公司取得房地产估价资格。

2001年12月，浙江天健资产评估有限公司房地产部从业人员加盟浙江天地房地产事务所有限公司，并取得在全国范围内从事土地估价的资格。

2002年9月，浙江天健资产评估有限公司更名为浙江勤信资产评估有限公司。

2003年4月，发起设立浙江省第一家从事保险公估业务的机构——浙江天健保险公估有限公司。

2005年10月，浙江天地房地产事务所有限公司更名为浙江勤信不动产估价有限公司。

2006年7月，浙江天地房地产事务所有限公司承继浙江勤信资产评估有限公司的房地产估价资格，并更名为浙江勤信房地产土地估价有限公司。

2009年1月，浙江勤信资产评估有限公司被重新授予证券业务资产评估资格。

2009年3月，浙江勤信资产评估有限公司与浙江东方资产评估有限公司合并，浙江东方资产评估有限公司全部员工加盟浙江勤信资产评估有限公司。

2010年6月，浙江勤信资产评估有限公司更名为坤元资产评估有限公司。

【业务范围】

一、上市公司资产评估业务

企事业单位在发生组建或改制为上市公司、发行或增发股票境外上市（包括间接上市）以非现金资产配股以及涉及上市公司的兼并收购、股权转让、对外投资等经济行为时的整体或单项资产评估业务。

二、银行、证券、期货等金融企业的资产评估业务

金融企业在发生组建或改制为股份有限公司、发行或增发股份以及涉及金融企业的兼并收购，股权转让、对外投资、贷款处置等经济行为时的整体或单项资产评估业务。

三、国有资产和非国有资产评估业务

国有和非国有企业在发生下列经济行为时的整体或单项资产评估业务：

1. 股份拍卖或转让；
2. 企业兼并出售、联营、股份；
3. 设立中外合资、合作经营企业；
4. 资产抵押、担保、租赁；
5. 企业清算。

四、单项土地和房产估价业务

1. 集体土地房屋拆迁评估；
2. 城市土地房屋拆迁评估；
3. 房产和土地的抵押、担保、拍卖、投资评估；
4. 房地产课税评估；
5. 房地产价值和项目咨询；
6. 其他房地产、土地评估业务。

五、保险公估业务

1. 保险标的投保前的检验、估价及风险评估；
2. 保险标的出险后的查勘、检验、估损及理算。

六、资产评估司法鉴定业务

受法院和当事人委托涉及资产评估的司法鉴定业务。

执业理念

执业规范化，发展专业化。经营多元化，服务社会化。

上海立信资产评估有限公司

【基本概况】

立信品牌建立于1926年，上海立信资产评估有限公司成立于1996年，是一家管理科学、社会信誉较高的具备证券业从业资格的专业资产评估机构。公司拥有百余名各类专业技术人才，长期活跃于市场经济的改革浪潮之中。

公司在业内首家通过ISO质量认证，并取得业内唯一的IQNET证书，所出具的报告得到美国、日本、英国、德国、法国等39个国家和地区的认可。近年来，公司成功完成过上汽、港务、百联、锦江、农工商等几十家特大型企业的改制上市评估，还完成过通用电气、通用汽车、索尼、大众汽车、三菱、罗氏、东芝、朗讯等世界500强企业委托的评估项目；评估业务总量从2004年至今每年均超过3000万元。公司规模、评估质量和业务收入等在国内评估界一直名列前茅。

2005年～2007年，公司负责全国资产评估工作底稿准则和工作底稿参考格式的制定，并参与了资产评估报告准则、无形资产评估准则、国有资产评估报告指南、专利评估指南等规范性文件的制定，对行业发展做出了积极的贡献。

立信评估这一品牌多年来一直得到社会各界的认可，公司注册商标被认定为“上海市著名商标”。公司弘扬我国杰出的会计专家、教育家潘序伦博士所倡导的“信以立志、信以守身、信以处事、信以待人”的立信精神，立足上海，面向全国，展望国际市场，立志建成一流的评估公司。

【企业荣誉】

公司是国内较早拥有证券业评估从业资格、资产评估A级资格、房地产评估一级资格的评估机构。2001年，我市对所有评估机构进行过一次综合测评，立信评估被评为排名前十佳的首家；2003年、2004年公司实质性业务量位居全国同行业前茅。国家统计局举办的《中国信息报》在首版列示“上海立信资产评估有限公司是中国著名的资产评估机构”。

【质量控制】

立信评估拥有较强的项目管理和内部质量控制制度。这是我们能够保质保量完成评估项目的根本保证。

【建立完善的项目管理流程】

项目管理流程是公司项目管理的基础，也是公司项目风险控制和提高评估质量的关键。公司从成立至今，一直高度重视公司的项目管理。通过多年的发展，公司建立了相对健全的项目流程管理体系。

【建立ISO质量认证体系】

为从根本上提高评估质量，公司自成立开始，就一直扎扎实实地加强基础建设，大力创新。1998年，公司在行业中率先建立了ISO9001质量保证体系，通过了香港品质保证局ISO9001质量认证；2000年通过了英国认可UKAS的认可，并获得了IQNET鉴定证书，公司评估报告可以得到39个国家和地区的认可。自从ISO体系建立以后，公司便严格按照ISO体系的要求，对内部管理和评估报告质量进行严格的控制。

【通过制度明确规定评估过程各结点的质量要求】

为让项目经理、评估师、项目助理等明确评估过程中各个步骤的质量要求，公司制定了评估操作规范及项目流程管理办法，明确规定评估过程中各节点的质量目标和要求、所参考的规范文件、控制标准以及相关的质量记录等。因此，在业务洽谈、尽职调查、签订合同、收集资料、现场资产清查、汇总报告、三级审核、信息反馈等阶段，公司专业人员都能按照相应的规定执业，保证服务质量和效率。

【完善的三级审核机制】

公司对资产评估报告书实行三级审核制度：项目经理负责一级审核；总评估师负责二级审核（在二级审核中又分为一审、二审和三审，分别由一审人员、副总评估师和总评估师负责；在审核中如发现重大问题，则由总师室审核人员亲自到现场复核）；法定代表人负责三级审核，公司法定代表人对质量控制制度承担最终责任。经三级审核程序后的评估报告书加盖公章后正式出具；需经评估核准、备案的报告，应经国资委核准、备案后才能出具报告。

为进一步提高评估质量，公司还根据评估准则等规定，制定了《评估报告打分依据》和《工作底稿评分标准》。质管办和总师室对每份报告进行客观的评分，有效地防范评估风险，从而更好的保障各方的合法权益。

【建立了防范风险的规定】

为了有效地防范评估风险，公司管理制度中对项目风险防范做了严格的规定。项目人员在项目承接前、项目进行中以及项目即将完成时，或评估人员的独立性受到干扰等其他情况下都应当做好风险防范工作，以有效规避评估风险。公司除严格按照上级主管部门的要求提取风险基金外，还购买了执业责任保险。

【信息资源支持】

公司从1998年便在行业内率先开发了资产评估软件，并已在全国推广。为进一步提高评估质量，在工作底稿准则和工作底稿参考格式出台之后，公司开发了新的资产评估软件，将工作底稿制定和资产评估功能融入新的资产评估系统。此外，公司还在业内率先研发了合同信用评估软件和专利评估软件。公司三项软件皆取得计算机软件著作权证书。

【建立严格的培训制度】

为深入贯彻落实公司质量管理方针，保证一线评估人员能够充分理解和领悟行业及公司内部对质量的规定和措施，公司每周一召开会议，组织业务人员进行业务学习；学习内容包括公司制度中的有关规定以及当前财政部、证监会、国资委及评估协会的相关文件。此外，公司总师室根据政策的变化和项目审核中发现的一些问题，适时制订和发布总师室《通知》，要求评估人员及时执行。公司建立了内网及员工电子邮箱，将规定和通知等重要内容发布在内网上，并通过邮件发给各位员工。

银信资产评估有限公司

【基本概况】

银信资产评估有限公司是目前上海地区规模最大、长江以南地区规模最大的具有专业水准的资产评估机构，注册资本为人民币5,000万元。近年业务收入位列全国同行业前茅。

公司总部设在上海市南京东路61号5楼，公司立足上海，面向全国。为全国各地客户提供各类资产评估、信用评估、信用管理咨询、房地产估价、企业融资及投资、并购尽职调查、产权交易代理等专业性服务，项目遍布全国20多个省及直辖市，涉及石油、石化、电力、汽车、金融、机械电子、纺织、航天航空、地铁交通、外贸、百货、连锁超市、医药、房地产、酒店、高科技和综合等行业。

不断提升的市场份额

通过不懈努力，公司不断提高自身市场份额，公司为2010年度进入全球财富500强的48家中国企业提供过资产评估及相关服务；曾为54%的中国百强企业提供过资产评估及相关服务。

公司除服务于大型国有企业外，近年来还成功为众多跨国公司提供评估服务，如美国的可口可乐、江森自控、伟世通、通用汽车、固特异、当纳利、艾利、国民淀粉化学；德国的拜耳、西门子、捷德；法国的卡朋罗兰、欧莱雅、里奥贝纳、奥尼姆；荷兰的荷皇天地、飞利浦；日本的索尼、爱普生、迪爱生、松下电工、丸红株式会社、伊藤忠、三菱。

强大的人力资源保证

注册资产评估师人数华东地区排名第一。公司现有从业人员145人，其中注册资产评估师87人，房地产估价师17人，土地估价师14人，注册会计师18人，工程造价师、注册税务师和效绩评价师多名，各类工程、技术、经济类专业人员70%以上具有中高级专业职称。此外，还拥有一大批研究机构和大学的专家、学者，提供强大的技术和理论支持。

评估信息资源系统的支持

公司依据ISO9000对质量管理的要求，开发了评估信息资源支持系统，能够将计算机与评估机构的需要自然地结合起来，操作简单、功能全面、方便升级，具备远程操作的模块化设计的网络系统。包括系统设置、市场管理、项目管理、项目操作、行政管理、信息查询与统计、文件打印、基础信息设置、应用工具、帮助等功能模块。能够对评估机构所存在的各种信息进行采集、整理、汇总、分析与查询，既便于日常管理工作的运用，又便于对历史资料与信息进行查询分析。

丰富的专家资源

我们拥有丰富的专家资源，并建立自己的专家库，专家资源涉及金融、机电、纺织、交通、钢铁、化工、汽车、飞机制造、船舶、房地产、水务等诸多行业。

我们还与复旦大学、同济大学、交通大学上海大学等上海知名高校建立有长期的合作与信息交流关系；与上海主要集团和控股公司有长期业务往来，在业务沟通和合作中，逐步建立和完善了本公司的专家库，在许多重大项目和特殊资产评估中聘用专家以充实评估团队，更好地为客户提供专家意见。

畅通的沟通渠道

长期以来我们依据强大的市场占有率，始终与国家资产管理、政府采购部门及资产评估审核机构（如国资委、财政部、证监会、发改委、商务部、税务总局、上海市国有资产监督管理委员会委、上海财政局、上海税务局、上海市资产评审中心等）保持顺畅的沟通渠道，在行业内拥有良好的信誉。

良好的协作服务

公司一直十分重视与国资监管部门的沟通，并与其他中介机构保持良好的交流协作关系。在保持传统评估业务发展的同时，积极拓展新的业务渠道，加强服务深度，不断探索，创建公司特色。公司一贯坚持独立、客观、公正、科学的执业宗旨，为客户提供热忱而诚信的专业化服务，因而获得了国有资产管理部门及国内外客户的广泛赞誉，并且多次荣获“上海市十佳评估企业”称号。

企业价值评估

企业并非各项资产的简单堆砌，而是构成企业的各项资产的有机组合。因此企业价值也并非构成企业各项资产价值的简单相加。特别是具有悠久历史、良好管理、著名品牌、核心技术、优秀人力资源及其他独特资源的企业，其企业价值可能远远大于其各种看得见的资产价值之和。

在企业合资、企业重组并购、股权交易、财务报告、税务重组、企业上市等各种目的下，均需要独立客观的企业价值评估，对企业整体价值、全部股权价值或部分股权价值进行分析估算并提供专业意见。银信评估长期以来从事企业价值评估，成功为众多国际著名企业与国内知名企业的项目提供专业评估服务。

银信评估提供的企业价值评估服务符合国内规范和准则，同时也可以提供符合《国际评估准则》（IVS）、《美国评估准则》（USPAP）等要求的专业评估服务，获得客户、合作各方与政府部门的广泛认同。

房地产评估

银信评估及其下属房地产评估公司从成立开始就一直从事房地产评估业务，服务范围包括：

房地产交易评估

房地产抵押评估

房地产拆迁补偿评估

房地产纳税税基评估

企业上市涉及土地与房地产评估

企业重组涉及房地产评估

处置金融不良资产涉及房地产评估

财务报告涉及房地产评估

银信评估对房地产与土地市场有丰富的见解，能为客户提供符合当地实际情况的专业房地产评估意见与独到的咨询服务。

机器设备及无形资产评估

机器设备评估对于涉及工业企业的评估显得尤为重要，银信评估从成立以来就一直从事机器设备评估业务。银信评估的设备评估师均具有工业企业背景，具有丰富的工程技术经验。对各行各业的丰富经验，让银信评估能准确评估一般通用设备与专用设备；银信评估坚持采用有效的评估方法及技巧，确保优质评估服务，切合客户业务所需。无论是根据现有固定资产会计记录，或者通过实地盘点资产进行评估，银信评估的专业团队能为您提供最佳的评估服务。

银信评估的无形资产评估服务包括对商标、专利、专有技术等知识产权,新药配方、软件、版权、客户关系、商誉等的评估。

无形资产在企业资产中占据着越来越重要的地位。2006年中国《公司法》放宽无形资产出资比例的要求,而新颁的企业会计准则对无形资产的确认、计量等又提出新的要求,使得银信评估所擅长的无形资产评估在企业合资合作、设立公司等重大经济行为中的作用越发重要。

企业上市 & 上市公司资产评估

根据中国相关法律、法规,企业改制为股份有限公司以及上市公司重组与资产交易需具有"证券期货相关业务评估资格证书"的资产评估机构出具资产评估报告。

银信评估是全国第一批具备证券业务资产评估资格的专业评估机构,为企业股份制改制以及上市公司的资产重组、资产交易、以财务报告目的评估等提供全面的评估服务。

银信评估自成立以来,为包括中国南方航空股份有限公司在内的众多企业股份制改造与 IPO 提供了专业评估服务,为大量国内上市公司以及部分香港、新加坡上市公司提供评估服务。

银行抵押品评估

银信评估涉及的抵、质押品除了一般的房地产之外,还包括机器设备、股权、商标等多种资产。"银信评估"对各种类型资产的全面综合的评估能力,能为银行提供多种各种类型资产抵押价值的专业意见。

银信评估服务的银行除了国内的五大商业银行、新兴的股份制商业银行、国家政策性银行,还包括花旗银行等外资银行。

国有资产评估

根据中国国有资产的管理政策,凡是涉及国有资产(包括国有控股企业资产)的资产交易、合资合作、企业改制、股权变动等,均需要由具有财政部颁发的"资产评估资格证书"的评估机构进行评估,并由各级国有资产管理部门进行资产评估报告评审与备案等审批工作。"银信评估"长期从事国有资产的评估,为众多国有企业改制上市、国有企业重大重组与合资合作项目提供评估服务,受到各级国有资产评估部门和国有企业的高度认可。

企业并购评估

中国经济的多元化与世界经济的全球化使得中国企业并购日益普遍。在企业并购中,独立的评估服务是协助并购双方达成交易的重要组成部分。

银信评估长期为企业并购提供独立评估服务,银信评估的评估既能满足国内的评估规范要求,又能符合国际评估惯例。在并购评估服务中,银信评估专业能力以及与国际"四大"会计师行、投行等在内的并购各方财务顾问的良好合作,使得银信评估的评估服务得到并购双方的肯定,银信评估的评估报告也获得各级政府部门的认可。

以财务报告为目的的评估

银信评估紧跟中国新企业会计准则、国际财务报告准则和美国通用会计准则的最新发展,为广大客户提供以财务报告为目的的评估服务。

银信评估专业人员对中国会计准则、国际财务报告准则、美国通用会计准则进行深入的研究,并与会计师、审计师进行深度交流。

银信评估在合并成本分摊(PPA)、投资性房地产、减值测试、无形资产与商誉估值、金融工具公允价值估值等领域为客户提供优质服务,从独立性、专业性的角度出发帮助客户、审计师有效提高相关企业财务报告的有用性和相关性。

针对财务状况和资产的尽职调查

尽职调查的目的是使投资人尽可能地发现有关他们要购买的公司或资产的全部情况。从投资人的角度来说,尽职调查就是风险管理。对投资人来说,并购本身存在着各种各样的风险,诸如,目标公司过去财务帐册的准确性;购并以后目标公司的主要员工、供应商和顾客是否会继续留下来;是否存在任何可能导致目标公司运营或财务运作分崩离析的任何义务。因而,投资人有必要通过实施尽职调查来补救买卖双方在信息获知上的不平衡,通过尽职调查明确存在的风险和问题。在此基础上,投资人可以有效进行买卖双方谈判,明确相关风险和义务的承担方式。并决定在何种条件下继续进行收购活动。

银信评估充分意识到尽职调查在收购中的重要作用,成为在国内评估公司中最早开展尽职调查业务的评估公司。

中发国际资产评估有限公司

【基本概况】

中发国际成立于 1993 年,是中国最早的资产评估专业机构,也是国内第一家获得中国证监会和原国家国有资产管理局联合颁发的从事证券业资产评估资格证书的资产评估专业机构。

中发国际的业务主要包括资产评估和咨询。评估范围涵盖设立公司、企业股份化改制、发行股票上市、股权转让、企业兼并、收购或分立、联营、组建集团、中外合作、中外合资、租赁、承包、融资、抵押贷款、法律诉讼、破产清算等项目或事项涉及的整体性企业资产评估以及单项资产评估。

中发国际公司本部现有员工 72 人,其中评估师近 50 人,大学本科学历以上占 95%。公司在黑龙江省设有分所,在四川省设有办事处,在黑龙江、上海、陕西、大连、深圳等地设有成员或合作机构。根据项目需要,中发国际可直接动员的评估专业人员数百人。

为众多国有大中型企业重组改制及上市提供优质的资产评估服务是中发国际的业务特色之一。成立至今,累计完成了数百家大中型企业资产评估工作,评估总值超过 25000 亿人民币。其中:评估资产规模在 10 亿元以上的项目超过了 100 个;评估资产规模在 50 亿元以上的项目有近 30 个;评估资产规模在 100 亿元以上的项目超过 20 个。服务领域涉及金融、建材、建筑、运输、港口、房地产、旅游、酒店、家电、能源、交通、电力、石化、电信、物流、电子通讯、制造、轻工、纺织等十多个行业。业务范围覆盖全国。

中发国际服务过的大型国有企业包括:兵器装备集团、航空工业集团、中化集团、中国五矿、中国铁建、中建总公司、中冶科工、中交集团、中铁快运、中外运、中石化、大唐集团、国电集团、华电集团、长江三峡、国家电网、葛洲坝集团、华润集团、彩虹集团、中国建材、厦门港、海南农垦、中海集运、湖南有色、燕山石化、镇海炼化、上海石化、中国蓝星集团、兵器工业总公司、中国银行、北人印刷等。

中发国际近年来业务收入稳步有升。根据北京注册会计师协会网站上对外公布的结果,在北京地区的资产评估机构中一直名列前茅。2008 年排名第六,2007 年业务收入名列第三,2006 年业务收入名列第四。

【经营范围】

中发国际的服务主要包括资产评估和咨询。

资产评估

资产价值评估服务所涉及的经济行为包括设立公司、企业股份化改制、发行股票上市、股权转让、以股抵债、企业收购兼并或分立、联营、组建集团、中外合作、中外合资、租赁、承包、融资、抵押贷款、法律诉讼、破产清算；评估对象包括上述项目或事项涉及的整体性企业资产评估以及单项资产评估，包括机器设备、专业生产线、建筑物、房地产、流动资产、长期投资等各类有形资产单项资产和商标、专利、专有技术、探矿权和采矿权、资源性资产、计算机软件、著作权、特许权、土地使用权等无形资产。

为各类客户企业提供相关的改制重组、并购联合、集团化、项目融资、境内外上市等投资咨询服务以及包括企业战略、组织结构、财务管理、涉外经营、市场营销、人力资源开发等内容的管理咨询服务。

【执业理念】

中发国际一贯坚持“专业发现价值，诚信打造品牌”的经营理念。十分专注于评估专业的理论研究和实践探索，不断提高专业水平，积累专业优势，培育专业素质和专业理念。十分专注于发掘、吸引专业人才，珍惜和重视专业人才的使用和成长。诚实信用、公平公正是评估师立身之本，也是公司立业之道。中发国际以至诚待客户，以至信誉海内，诚实竞争，信用先行。

“操守规范，质量为先”是诚信的基础和体现。公司通过制订统一、规范的内部控制制度对公司运营和业务流程进行全面监控与管理，还制订了严格的项目质量控制方面的监督与管理执行程序，以保证为客户提供诚实信用、经得起历史检验和推敲的服务。

中锋资产评估公司

【基本概况】

中锋资产评估公司原隶属财政部，是财政部批准的第一批具有资产评估资质的评估机构，以及由证监会、财政部批准的第一批具有从事证券评估资质的评估机构。1999 年，脱钩改制成为以注册资产评估师为投资主体的有限责任公司。

公司是国内大型专业评估机构之一，中国资产评估协会常务理事单位。具有财政部认证的资产评估资格（证书编号：11020074），以及财政部和中国证券监督管理委员会共同确认的从事证券业务资产评估资格（证书编号：0100026012）、公司还具有国家国土资源部颁发的土地估价 A 级资格（全国范围内从事土地评估业务）（证书编号：A201011035）、经国土资源部批准取得探矿权、采矿权评估资格（证书编号：矿权评资［2000］003 号）、经北京市国土资源和房屋管理局批准取得城市房屋拆迁资格（文号：京国土房管拆字［2002］318 号）。

中锋评估公司评估师曾经负责了中国第一家赴香港上市的公司（青岛啤酒）、第一家赴美国上市（华能国际电力）、第一家赴新加坡上市的公司（中国航油）、第一家在美国、英国、香港、上海四地上市的公司（中国石化）的评估工作，负责了中国第一例矿业权评估、第一例无形资产评估项目。

我们的业务网络遍布全国 30 个省市自治区及香港特别行政区，作为国内专业服务的佼佼者，客户包括国内大型重要企业及美国、德国、日本等二十余个国家，业务涉及机械、轻工、冶金、电力、石油、化工、铁路、汽车、造船、电子、电器、仪表、建材、建筑、农业、交通、航空、高科技、金融、房地产、旅游、内外贸、证券、投资等国民经济各个行业领域。

中锋资产评估有限责任公司十分重视按照国际评估规范进行执业，公司评估师受国内外客户和国际组织的聘请，曾先后赴美洲、欧洲、非洲、大洋洲和亚洲其它国家和地区进行资产评估执业工作，积累了大量的国际评估经验，近年来为境内外矿业企业并购、重组行为提供了优质的资产评估服务；与此同时，还先后派出评估师赴美国、日本、加拿大、香港等国家和地区研修，多次参加在中国举办的国际评估论坛和其他研讨活动，促进了中国资产评估与国际的接轨。

此外，我们受国际大型知名企业和众多国内企业的委托，为这些企业提供了编制项目建议书、预可行性研究报告、可行性研究报告，以及企业改制策划、法律咨询等多方面的服务。

【服务宗旨】

我们始终遵循“以质量求信誉，以信誉求发展”的宗旨，恪守独立、客观、科学、公正的原则，坚持廉洁、高效、实事求是的工作作风，坚持合法、合理的工作原则，维护各方的正当权益。

我们面对经济全球化的机遇与挑战，继续增强竞争实力，以资产评估业务为主，拓宽其他业务涵盖面，力求建立团结、稳定、高素质的管理层及执业队伍，以科学健全的内部控制制度打造“中锋”评估品牌。

【社会责任】

1. 公司董事长张梅参加了财政部组织的农业银行、信达资产管理公司改制上市专家评审工作；公司董事长张梅、执行总裁崔劲、副总经理刘国强参加了《金融国有资产评估报告指南》审核、修改、论证工作；公司董事长张梅参加了《中国注册资产评估师胜任能力指南》、《评估准则——业务质量控制》、《著作权资产评估指导意见》审核；公司执行总裁崔劲作为主要起草人之一参加了《著作权资产评估指导意见》起草工作。

2. 公司董事长张梅、执行总裁崔劲出席了由国家知识产权局、中评协举办的知识产权价值评估能力建设研讨会；公司董事长张梅参加了中评协人才培养工作研讨会；公司副总经理刘国强参加了中评协组织的资深会员及专家赴美培训考察团；公司派员工潘伟立参与中评协标准部工作；公司部门经理鹿学军参加了北京注册会计师协会组织的 2010 年资产评估行业检查。

3. 公司董事长张梅作为全国工商联执委出席全国工商联十届四次执委会议；公司董事长张梅参加中央统战部组织的全国优秀社会主义建设者重庆考察团慰问活动。

4. 公司董事长张梅担任北京工商大学硕士指导、中央财经大学兼职教授、上市公司独立董事；公司董事长张梅被全国工商联女企业家商会授予“优秀女企业家贡献奖”；公司执行总裁崔劲担任中国证监会并购重组专家咨询委员会委员，同时担任中央财经大学、中科院等多所大学兼职教授、上市公司独立董事。

5. 公司承担中评协《知识产权评估人才培养机制研究》课题研究；公司执行总裁崔劲参与《中国资产评估》杂志数十篇稿件审核工作；公司员工在《中国资产评估》杂志发表文章数篇。

6. 公司董事长张梅为青海玉树灾区捐赠 5 万元，公司向幸福工程捐赠 12 万元，认养汶川地震灾区孤儿。

北京中科华资产评估有限公司

【基本概况】

北京中科华资产评估有限公司(以下简称本公司),于2008年7月11日经北京市财政局以“京财企许可[2008]0078号”文件批准,由原北京中科华会计师事务所有限公司符合出资人条件的注册资产评估师等执业人员共同出资,分立设立的资产评估专营公司。2008年7月30日完成分立设立工商注册,法人营业执照注册号为110000011242444。新公司同时继承原北京中科华会计师事务所有限公司的证券业评估资格。新的证券业评估资格证书将统一由财政部和国家证券监督管理委员会颁布。

【服务范围】

证券、期货相关业务及金融业资产评估;

整体资产、单项资产(固定资产、流动资产、无形资产和其他资产)评估;

资产评估业务咨询、信息服务及人员培训;

工程预决算审计、工程咨询;

财务、税务、企业改制重组咨询。

组织架构及从业人员状况

本公司实行董事会领导下的主任会计师负责制,现有股东6人,董事会由5人组成。

本公司设评估一部、评估二部、综合部、质量控制与培训部、投资咨询及市场部、办公室等部门。

本公司在青海西宁、辽宁沈阳、吉林长春、海南海口、湖南长沙设有分公司,在广东深圳、河南郑州、山东青岛、四川成都、陕西西安、宁夏银川、甘肃兰州、浙江杭州、福建福州等省市设有办事处。

本公司现有员工58人,其中注册资产评估师43人,土地估价师6人,房地产估价师8人,高级工程师7人,高级经济师3人,高级会计师3人,工程师19人(部分员工具有多个资格)。

近年来完成的主要业务

本公司客户主要分布在北京、吉林、陕西、四川、浙江、广东、海南、青海、辽宁、甘肃、河南、湖南、福建、宁夏、内蒙、西藏等地。业务延伸至国内其他省市。

本公司资产评估业务以上市公司、拟上市公司、大中型国有企业改制整体评估为主,服务于各种类型企业,评估资产涉及各种类型。已独立完成多家上市公司和拟上市公司的评估以及各种不同类型的资产评估。主要有:中牧实业股份有限公司军马场评估项目、吉林华润生化股份有限公司投资项目、中国招商银行股份有限公司法人股评估项目、中国农村发展信托投资公司、中煤信托投资有限公司、中国神马集团有限责任公司、长江三峡工程、北京城市宾馆、北京赛特饭店、赛特广场、赛特购物中心等公司。

【经营理念】

我们将一如既往,坚持独立、客观、科学、公正的原则,以“质量第一、服务第一、效益第一”为目标,本着诚信、勤勉、敬业的态度,提高执业水平与专业技能,多层次、全方位地为全国社会各界提供高效、优质、满意的中介服务。

广东中联羊城资产评估有限公司

【基本概况】

广东中联羊城资产评估有限公司是目前我国资产评估业界最大评估机构和唯一集团公司——中联评估咨询集团成员机构,具有悠久历史、丰富经验、完备资格和顶尖人才。中联羊城成长过程可以归纳为三个时期:

1. 成立于资产评估的启蒙阶段

中联羊城前身为立信羊城会计师事务所资产评估部,组建于1989年中国资产评估行业的萌芽阶段,是我国和广东省资产评估行业的先行者之一。

2. 成长于资本市场的发展历程

在成立之后的二十年间,乘着我国资本市场发展的东风,立信羊城会计师事务所资产评估部的业务范围不断扩展,评估实力不断增强。1991年作为全省首批资产评估机构取得资产评估资格,并于1993年取得从事证券业务资产评估资格;2004年,取得建设部房地产估价资格及国土资源部土地估价资格。2005年起,评估业绩跻身全省前三位,2009年以后评估业绩均位列全省第一。

3. 成就于中介机构的壮大时期

2008年5月8日,按照财政部第22号令《资产评估机构审批管理办法》等相关规定,中联羊城新设分立为广东立信羊城资产评估与土地房地产估价有限公司。2009年3月,通过了对原证券业务评估机构的严格审核和重新认定,取得财政部、中国证券监督管理委员会联合颁发的证券期货相关评估业务资格证书,同时成为中国资产评估协会、广东省资产评估协会、土地估价协会、房地产估价协会等常务理事、理事单位。

2010年10月,根据财政部推动评估行业做优、做强、做大的部署,广东立信羊城资产评估与土地房地产估价有限公司与中联资产评估有限公司签署了战略整合协议,正式更名为“广东中联羊城资产评估有限公司”,并与中联资产评估有限公司南方分公司合并,成为中联评估集团的成员之一,在技术研发、服务产品开发、专业培训、质保风控等方面实行深层次优势互补的合作。

【公司的资质与服务】

(一)执业资格

中联羊城作为国内早期从事资产评估业务的机构之一,同时拥有目前中国评估行业中的资产评估、房地产估价、土地估价三大执业资格,并具有代表评估机构最高水平的证券期货相关业务评估资格。

1. 证券期货相关业务评估资格证书

财政部、中国证券监督管理委员会联合颁发

2. 资产评估资格证书

中华人民共和国财政部颁发

3. 房地产价格评估机构资格

广东省建设厅颁发

4. 土地评估机构资格

广东省土地估价师协会颁发

5. 中联集团补充资格:

国土资源部颁发的土地评估A级资质

探矿权、采矿权评估资格

(二)服务内容

中联羊城评估提供的各种专业服务包括:

1. 企业整体或部分改建为(股份)有限公司资产评估

2. 公司上市(发行A、B、H、S股等)资产及企业价值评估

3. 中外合资合作、企业联营等非货币资产对外投资资产评估

4. 资产(股权)转让、置换、拍卖、破产清算的资产评估

5. 债权和金融、证券类资产评估
6. 知识产权无形资产规划和评估
7. 为财务报告服务资产评估
8. 投资项目尽职调查和可行性报告
9. 企业改制、上市及产权变动中涉及的土地估价
10. 司法案件鉴定及仲裁、公证等财产评估
11. 评估复核、评估咨询及地价咨询
12. 房地产投资项目规划和投资可行性报告

【公司技术实力介绍】

(一)评估业绩

中联羊城成立22年来,一直致力为股份公司、国有企业、外商独资企业、中外合资、合作企业、集体企业、民营企业、事业单位等各种经济实体客户提供不同需求下的资产评估服务。

截至2010年12月,中联羊城先后为40多家公司首次公开发行股票(IPO)、上市公司定向增发和股份制改造提供资产评估服务,其中有23家公司已分别在境内外通过IPO或借壳成功上市,一家公司已获得证监会发行委员会的审核通过,准备发行工作。同时,中联羊城为60多家境内外上市公司提供包括重大资产重组、收购兼并、合资合作、资产转让、对外投资等资产评估服务。

目前,我们的业务涉及客户包括北京、上海、天津、重庆、辽宁、山东、河北、河南、山西、青海、内蒙古、四川、西藏、浙江、江苏、湖北、湖南、福建、江西、广西、贵州等22个省(自治区),以及香港、澳门、泰国、澳洲等地区和国家。

“羊城评估”从2008年~2010年,资产评估业务收入分别为:1096万元、1516万元、1853万元。三年平均业务收入逾1500万元,受到广东省资产评估协会的嘉奖。根据2009、2010年广东省资产评估协会公布的全省评估机构业绩排名,“羊城评估”连续两年排名第一。

(二)背靠中联评估集团

中联资产评估集团公司是目前国内最大规模的评估咨询机构,也是唯一经财政部批准成立的评估集团公司。其前身为财政部和国家经贸委联合组建的中国经济技术投资担保公司评审部,创立于1994年。集团具有财政部和中国证监会颁发的证券期货相关业务评估资格;国土资源部颁发的全国执业土地评估资质,以及探矿权、采矿权评估资格。集团内具有60多位国内财政金融界、产业界、经济界、评估界著名专家,负责评估工作技术指导,100多名担当项目负责人的注册资产评估师,200多名涵盖各主要产业领域及房地产、土地评估的专家队伍,500多名集团伙伴机构评估专业人员。

根据财政部推动评估行业做优、做强、做大的部署,中联评估集团分别与全国各地40家以上的大型评估机构签署战略合作协议,整合成为中联评估集团,是我国第一家以集团式经营的超大型评估机构。中联评估集团成立揭牌仪式于2011年3月29日在人民大会堂隆重举行。

以下是中联评估咨询集团拥有的行业专家类型和数量
中国评估协会资深评估师3人
中国证券重组委员会委员2人
中国证券发审委员会委员2人
财政部会计准则委员会咨询专家1人
国资委常聘评估报告审核专家10人
中评协资产评估准则专家组成员3人
中评协申诉委员会主任委员1人
中评协珠宝评估专委会副主任委员1人
中评协惩戒委员会委员1人
中评协执业责任鉴定委员会委员1人
中评协注册管理委员会委员1人
中评协专业技术援助委员会委员1人
中国矿业权评估协会常务理事1人
中国矿业权评估协会标准委员会副主任委员1人
中国土地估价协会理事1人

(三)人才资源

中联羊城拥有一支由中国注册资产评估师、注册房地产估价师、注册土地估价师、注册造价工程师、注册会计师等专业人士组成的评估队伍,此外,还拥有数量众多涵盖各行业工程、技术、设备和经济分析高级人员组成的专家团队。现有的高级管理层是超过18年执业经验的资深评估专家,核心骨干人员均为超过10年执业经验、拥有各项资质的专业评估师。

公司现有在册职工人数83人,注册资产评估师数量居于国内和广东省资产评估机构前列。配合我们的专家队伍,可以满足不同行业、不同类型的大型、超大型企业资产评估业务要求。其中:
中国注册资产评估师42名
中国注册房地产估价师14名
中国注册土地估价师13名
中国注册造价工程师5名
中国注册会计师20名
森林资源资产评估师9名

(四)公司其他竞争优势

1. 具有丰富的大型资产评估项目操作经验

中联羊城已为数十家国有企业或民营企业提供公司股份制改造资产评估服务。据统计,2005年—2010年中联羊城完成公司制改造评估的共321家,其中已有107家公司已成功在A股或H股股票市场上市。另外,中联羊城还为近50家在境内外上市的股份公司提供重大资产重组、收购兼并、合资合作、资产转让等资产评估服务。

2009年以来,中联羊城陆续完成了包括广东省广播电视网络股份有限公司设立、广州市地下铁道总公司的公司制改建、顺德农村信用合作社改制为农村商业银行、广州钢铁集团有限公司资产重组、广州国际信托投资公司资产重组等每家企业总资产均超过200亿以上的大型集团公司改制重组资产评估工作。通过这些项目,锻炼出一批能承担超大型集团和跨地域资产评估项目的项目经理队伍。

2. 与其他中介机构合作方面

素有与协同工作的境内外各类型中介机构融洽合作的良好作风,特别是与众多的券商(包括广发证券、中银国际、广州证券、招商证券、中建投、民生证券、东海证券等)进行过紧密合作共同完成了较多企业IPO上市或上市公司重组项目。我们必将能在各个工作环节上协调沟通各方关系,处理好可能遇到的各种有关问题。

“羊城评估”在省内包括佛山、惠州、湛江、中山、肇庆、汕头等地拥有办事处或紧密合作伙伴,可满足全省范围内的多区域、同时进场,在统一调配和统一质量控制标准下,开展并联作业的资产评估项目。

3. 与评估管理部门和国有资产监管部门关系方面

通过长期从事资产评估的工作实践,我公司与各种管理部门建立了良好的工作关系。同时,我们积极参与行业协会的各种活动、派出业务骨干支持证监会、行业协会组织的行业质量检查、业务培训和授课,以及参与国有资产管理部门组织的资产评估报告审核。此外,我们还积极参与国有企业的改

革和股份制改造研讨工作，为企业和地方经济的发展出谋献策，成功协办《2008 中国城市国资论坛——广州》。

4. 提供资产评估及其相关方面全方位中介服务

我公司具有经验丰富的中国注册评估师人员数量位居国内评估机构前列，并拥有一批由工程、财经等各种专业人员组成的专职评估队伍，保证受托的资产评估工作能最大限度地满足评估目的要求，并按时、按质、按量地完成各项工作。此外，我公司与立信羊城会计师事务所仍保留着紧密的合作关系，能运用自身包括资产评估、会计、审计、工程造价、税务等技术储备和技术资源，为客户提供资产评估及其相关方面全方位严格、规范、专业、高效的中介服务，这是我公司区别于其他专营评估机构的优势所在。

5. 公司文化和团队精神

“中联羊城”以“团结、效率、质量、服务”为理念，创造开放、研讨的学习氛围，培育勤奋、严谨的工作精神，建设员工和公司共同成长的平台，形成人才和业务并肩发展的良好循环。多年来形成一个稳定的以中国注册资产评估师为核心的评估师队伍，并培养了一批年轻的专职评估人才，组成了一个以中、青年为主的评估梯队，使公司充满活力和干劲。

中水致远资产评估有限公司

【基本概况】

中水致远资产评估有限公司是由中水资产评估有限公司与安徽致远资产评估有限公司合并而成，系经中华人民共和国财政部、中国证券监督管理委员会、国家工商行政管理局批准登记注册的具有资产评估资格、证券期货相关业务评估资格（证书编号：0100041017）、全国范围执业的专业资产评估机构，从事各类单项资产、企业整体资产评估、市场所需要的其他资产评估、价值咨询或者项目评估等。

中水资产评估有限公司的前身——中水资产评估事务所，成立于 1996 年，是直属于中华人民共和国水利部的事业单位。1999 年经改制变更为中水资产评估有限公司，系具有资产评估资格、证券期货相关业务评估资格（证书编号：0100041017）、全国范围执业的专业资产评估机构。

安徽致远资产评估有限公司系根据安徽省财政厅 2008 年 6 月 27 日财企［2008］622 号批复，由原安徽华普会计师事务所分立设立（分立前原资产评估部已于 1989 年开始从事资产评估业务，证券期货相关业务评估资格已于 1993 年 5 月取得），承继原安徽华普会计师事务所的资产评估资格（含证券期货相关业务评估资格）；是安徽省最大的评估机构。

根据财政部、中国证监会关于证券业评估机构做大做强有关文件精神，2010 年 12 月，中水资产评估有限公司与安徽致远资产评估有限公司签订合并重组协议。2011 年 11 月，经北京市财政局文件，中水资产评估有限公司与安徽致远资产评估有限公司获得合并备案批复。

中水致远资产评估有限公司在北京市、安徽省合肥市设有业务总部，在四川省成都市设有四川分公司，在山西省太原市设有山西分公司，在海南省海口市、山东省淄博市设有业务部。在辽宁省沈阳市、河南省郑州市、山东省潍坊市拥有成员机构。

凭借跨系统、多学科的技术经济综合优势和高层次专家人才资源，长期以来，中水致远资产评估有限公司为广大国内客户提供了高水平、高效率、高质量的资产评估及相关服务，得到客户认可和好评。公司业绩与规模在北京地区众多家资产评估机构中始终保持在第一层次行列。

经过多年的实践，中水致远资产评估有限公司积累了丰富的企业上市、改组、投资、融资、合资合作、资产重组、产权交易等资产评估业务经验，组成了一支精于开拓、业务熟练、经验丰富、作风优良的专业队伍，业务涉及广泛，尤其是在涉及资本市场、国有资产以及其他资产单位相关评估业务与政策方面，经验丰富。

在以往的工作中，中水致远资产评估有限公司与国有资产管理部门、证券监督管理部门等有关部委建立了良好的工作关系，并与国内许多知名财务顾问公司、会计师事务所、房地产估价机构、税务师事务所及法律服务单位保持着良好的合作关系。

【经营范围】

中水致远评估具有企业整体评估、各类单项资产评估、金融资产评估、金融不良资产处置评估、土地使用权评估、房地产评估、矿业权评估、森林资源资产评估等评估专业资深专家和相应法定资质，可以提供一揽子评估咨询服务。

中水致远评估对非货币资产出资、企业改制和并购重组、跨国企业并购、资产及股权转让、引进战投、私募股权投资、创投定价、管理层收购、员工持股计划、资产及商誉减值测试和公允价值计量、税基评估等经济行为有深刻的理解，为各类经济行为提供符合评估目的的优质评估专业服务。

中水致远评估视不同评估目的、对象和环境，把发现价值、公证价值和实现价值的功能在评估服务中充分地体现和发挥，为客户当好把握价值的专家。

【执业理念】

以受托忠事为理念，以服务企业为目标，以执业道德为准绳，以专业精神为追求，中水致远资产评估有限公司愿以高水准的专业技能和高品质的专业服务真诚为广大客户朋友提供优质、满足需求的评估服务，发现价值。

中天华资产评估公司

【基本概况】

中天华资产评估公司起源于 1982 年成立的财政部直属机构中华会计师事务所，是中国第一家获得相关执业资格并从事资产评估业务的机构，也是我国第一批完成脱钩改制并获批准继续执业的专营资产评估公司，是国内具有资产评估资格、证券期货相关业务评估资格、探矿权采矿权评估资格的大型综合性评估机构之一。累计为千余家企业提供了资产评估服务及企业改制与资产重组咨询服务，涉及行业包括石油化工、电力、能源、矿业权、航空机场、通信通讯、汽车制造、钢铁、港口、运输、生物制药、高科技、农业、商业服务业、房地产、高速公路、电器、旅游、纺织、机械制造、造纸、传媒、食品饮料等几乎所有领域，评估项目遍及全国各地，评估资产金额总计过万亿。在北京注册会计师协会公布的资产评估机构行业排名中营业额连续多年保持十强之列。

【执业理念】

中天华理念：守望诚信，相信勤奋

中天华目标：中天华的理想目标是定位于公正性的中介机构向委托方提供独立客观的资产评估报告。

中天华的现实目标是为洁身自好的专业人士构建平台。

学习与做事：探赜索隐，洁静精微

“探赜（音泽）索隐”源自《系辞传》意为“以探究之态度领悟万事之（赜）道理，以索求之精神发现万物之（隐）本质”。

是中天华的执业精神。

“洁静精微”源自孔子对《易经》的评价。洁静是做人，精微是做事。中天华将其发扬光大为“洁身自好君子风范；宁静志远思想境界；精益求精职业精神；体贴入微服务理念”。是中天华的执业追求。

中天华把“探赜索隐”“洁静精微”中国传统文化的精神作为经营企业重要的执业理念，是力所能及地把善的力量和创新能力引导到我们所能影响的范围的一个过程。

为客户提供价值评估服务的过程不仅是对资产价值和企业价值的提炼和体现，也是对自身价值的提炼和提高。中天华为客户提供的每一项成功服务成就的不仅是交易的各方更是中天华和中天华人自身。

合伙人路程：共同学习，使价值观日趋一致

共同维护，使规章制度日臻完善

共同参与，使社会活动日渐扩大

专业理念：提炼价值，成就你我

部门经理日常工作：客户要见；人员要练；报告要看；钱财要算。

中天华“三大纪律、八项注意”

三大纪律：

1. 一切行动听指挥
2. 服务客户有耐心
3. 不拿报告做坏事

八项注意：

1. 说话和气，重要会议着正装。
2. 客户问，必有答，不知道，别乱讲。
3. 有计划，有程序，有数据，有依据。有没有，看底稿。
4. 客户回复及时；报告时间守时；收款、报销及时；底稿归档及时。
5. 三个市场（股市、楼市、债市）都要学习。
6. 中介圈内（会计、律师、券商等）有朋友。
7. 有问题，问上级，工作关系不越级。
8. 上级关心下级发展。

务实的工作作风：

1. 人际要有见面；
2. 事物要有比较；
3. 思想要有决断。

评估技巧之一：评估有交易；交易要双赢；双赢看损益；损益见功底。

工作底稿的认知：工作底稿的规范——前人的智慧

工作底稿的使用——今人的智慧

【企业荣誉】

中天华主要合伙人主持或曾参加中国第一批企业上市的评估、第一家合资企业的评估、第一家银行、第一家国际知名饮料公司、第一家国际零售业的评估。

中天华主要合伙人最早一批受托参加起草资产评估准则、矿业权评估准则，且参加人数最多参加起草准则的数量和范围最大和最广泛。

中天华董事长曾是唯一的评估机构代表在第一次由中国主办的国际评估大会上发表论文并现场演讲的嘉宾。

公司主要合伙人参加国土资源部主办的2007年中国国际矿业大会，并作为中国矿业权评估师代表进行发言。

中天华接受中国矿业权评估师协会委托，编制《中国矿业权评估准则－收益途径评估方法规范》（CMVS12100－2008）。公司主要合伙人参加中国矿业权评估准则发布会，并荣获《中国矿业权评估准则编制证书》。

中天华是多家大型央企和国资委的入围机构。

公司董事长李晓红当选中国资产评估协会理事、北京市注册会计师协会常务理事、北京注册会计师协会行业发展与宣传委员会委员、首届中国资产评估协会珠宝首饰艺术品评估专业委员会委员。

公司董事戎婷当选矿权评估协会第一届理事、中国矿业权评估师协会教育委员会委员。

公司副总经理兼首席评估师杨剑萍当选北京注册会计师协会注册资产评估师专业技术指导及教育培训委员会委员。

公司副总经理张亮当选北京注册会计师协会注册资产评估师惩戒委员会委员、北京市注册会计师协会理事。

中天华对新准则的颁布反应快捷，率先翻译出版《以财务报告目的的公允价值评估》译著。

中通诚资产评估有限公司

【基本概况】

中通诚集团下辖中通诚资产评估有限公司和北京中通诚信工程造价咨询有限公司。中通诚资产评估有限公司成立于1993年，具有财政部、中国证监会共同授予的证券业评估资格，注册资金500万元，公司总部设在北京，在江苏、广西、福建等地设有分公司；北京中通诚信工程造价咨询有限公司成立于2004年，具有工程造价咨询甲级资质。

公司拥有一支高素质的专业人才队伍。现有从业人员200余名，其中：注册资产评估师102名，房地产估价师8名，注册造价工程师16人；博士、硕士和高级职称人员占60%以上。分支机构及合作所从业人员200余名，常年合作的稳定专家人员300多名。专业人员涉及机电设备、国际贸易、国际金融、物流、财会、房地产、公路、港口、船舶等各领域，并与相关大专院校和科研院所建立了密切联系。

中通诚集团在全国政协委员、中国资产评估协会副会长、董事长刘公勤女士的领导下，在资产评估、企业资本运作以及工程造价、竣工决算等方面具有丰富的知识和经验，不仅能为客户提供优质的全方位一条龙评估业务服务，还提供从投资项目的可行性分析，到企业重组、上市、收购、租赁和转让等全方位的咨询业务服务，先后为国内外著名的大中型企业、资产管理公司等近千家客户提供过包括设立股份公司、债转股、股权转让、资产重组等在内的资产评估业务服务和与资本运作相关的咨询服务，并出任多家大型企业集团的评估顾问。业务范围涉及运输、物流、科技、石化、铁道、煤矿、百货、外贸、旅游、房地产等各个领域，服务金额总值达数万亿元。

同时，中通诚集团对评估理论进行了深入研究，主持并参与了多个国家部委级的有关评估的课题研究以及专业书籍的编撰工作，具有丰富的实践操作经验和理论知识。

中通诚集团自成立以来，始终坚持“独立、客观、公正、科学”的资产评估原则，和“诚信、务实、以人为本、客户至上”的经营理念，凭借自身“严格、严谨、求实、高效”的工作作风和诚信、热情、优质的全方位服务，与投资银行、律师、会计师等其他中介机构建立了默契的合作关系，并与国家有关行政管理部门建立了密切的联系，在广大客户和业内人士中享有良好的声誉。

【行业地位】

中通诚集团通过多年努力，在行业中确立了自己的领先位置。董事长刘公勤女士在2004年作为评估行业唯一代表，当选中国人民政治协商会议全国委员会委员；2005 年作为评估行业机构唯一代表当选中国资产评估协会副会长；2006 年被中国资产评估协会认定为资深会员，当选为全国十佳女评估师。

同时，副总经理金大鹏、潘宇分别是中国资产评估协会专业技术委员会、企业价值评估专业委员会委员。金大鹏、潘宇、翟新利、张树帆、张兰恒均多次作为国务院国资委特聘专家出席大型评估项目核准会议。

【企业文化】

中通诚资产评估有限公司——我们的大家庭。

你在世上走，我在人间行，你在地球的那一端，我在地球的这一边，相隔万里星空，同样的目标使我们走入了一个大家庭。

你在追求真理，我在寻求梦想，你在海洋的尽头，我在江河的起源，远离万水千山，同样的目标使我们走入了一个大家庭。

中资资产评估有限公司

【基本概况】

中资资产评估有限公司，始创于 1992 年 12 月，其前身为中国国际工程咨询公司中咨资产评估事务所。1999 年 6 月，根据财政部“财评字［1999］119 号”《关于资产评估机构脱钩改制的通知》的要求，中咨资产评估事务所实行脱钩改制，组建为以中国注册资产评估师为投资主体，专业从事资产评估业务的有限责任公司。2000 年 6 月，中咨资产评估事务所完成脱钩改制工作，并正式更名为“中资资产评估有限公司”。

目前成员机构包括：北京中资房地产评估有限公司、北京中资信达会计师事务所有限公司、北京中泰信达投资咨询有限公司。中资资产评估有限公司是国内最大的专业评估机构之一，具有财政部认证的正式资产评估资格，以及原国家国有资产管理局和中国证券监督管理委员会共同确认的从事证券业务资产评估资格，是中国资产评估协会九家常务理事单位之一和北京市注册会计师协会常务理事单位之一。

中资具有国土资源部颁发的可在全国范围内从事土地评估业务的 A 级资格、国土资源部颁发的从事探矿权和采矿权评估资格、建设部颁发的一级房地产价格评估机构资格、国家发展和改革委员会颁发的工程咨询甲级资格、北京市财政局颁发的准予执行注册会计师法定业务执业证书等，同时我公司也是最高人民法院以及北京市高级人民法院指定的司法鉴定机构，并于 2005 年成为北京市发改委政府投资咨询机构库的三家入选评估机构之一。

公司始终恪守独立、客观、公正原则，本着精诚敬业、热情周到的服务精神，力求为客户发掘潜在价值、客观反映价值、最大限度实现价值。迄今已高质量完成各类资产评估业务逾千项，评估资产额超过 3 万亿元人民币，其中逾七成评估项目涉及国有企业改制重组及股权转让等经济行为，广泛涉及矿山、冶金、石油、化工、电子、汽车、船舶、军工、核工业、航空、航天、轻工、纺织、煤炭、机械制造、医药、建筑、农牧、食品、旅游、交通、城市公用事业、金融、证券等行业，主要客户包括中国电信集团、中国石化集团、中国石油天然气集团、中国移动集团、中国国电集团、国家电网集团、上海宝钢集团、中国核工业集团、中国兵器工业总公司、中国航空工业第二集团、中国普天信息产业集团、中国工商银行、国家开发银行、国家开发投资公司、中信集团、中国人民保险公司、中国人寿保险公司、中国第一汽车集团、中国医药集团等跻身世界 500 强的企业集团及行业龙头企业，累计完成上市评估项目 140 多项，列评估机构前茅。

【经营范围】

资产评估业务

中资评估作为全国著名的、具有多种最高资质执业资格的专业评估机构，愿以我们坚实的技术力量、规范的评估方法和操作程序、丰富的实践经验，以及良好的社会关系，为广大客户提供科学优质的资产评估及相关咨询服务，致力于为客户发掘潜在价值、客观反映价值、最大限度实现价值。

房地产评估业务

中资评估作为全国著名的、具有多种最高资质执业资格的专业评估机构，愿以我们坚实的技术力量、规范的评估方法和操作程序、丰富的实践经验，以及良好的社会关系，为广大客户提供科学优质的资产评估及相关咨询服务，致力于为客户发掘潜在价值、客观反映价值。

土地评估业务

中资评估具有国土资源部颁发的“可以在全国范围内从事土地评估业务”的资格（土地估价最高资格）可以为广大客户提供。

工程咨询业务

中资评估具有工程咨询的甲级资格，可以为客户提供综合、机械、建筑、农业、化工、轻工等专业的规划咨询、项目建议书及可行性研究报告的编制服务，具有丰富的工程咨询和投资咨询经验。

资产评估业务

中资评估作为全国著名的、具有多种最高资质执业资格的专业评估机构，愿以我们坚实的技术力量、规范的评估方法和操作程序、丰富的实践经验，以及良好的社会关系，为广大客户提供科学优质的资产评估及相关咨询服务，致力于为客户发掘潜在价值、客观反映价值、最大限度实现价值。

众华资产评估有限公司

【基本概况】

众华资产评估有限公司前身为大连财政局下属的中华会计师事务所，成立于 1988 年 3 月，2000 年改制成立大连众华资产评估有限公司，1993 年经国家国有资产管理局、中国证券监督管理委员会以国资办发［1993］28 号文批准从事证券业务的资产评估资格（证券从业资格号为 0000034），1999 年取得债转股业务资格，2002 年取得司法鉴定业务资格，同年取得大连市国有企业改制评估资格，2005 年取得市直事业单位改制及其他财政评估业务资格，2006 年辽宁省财政厅资产评估资格。近年在东北地区综合规模排名第一。

2008 年 6 月 20 日经辽宁省财政厅以辽财企函（2008）222 号文批准更名为辽宁众华资产评估有限公司。注册资本：200 万元。

2009 年 1 月经过财政部、证监会以财企［2009］2 号文件批准从事证券、期货相关评估业务（证券从业资格号为 0240022001），为东北地区第一家通过重新审核并换发证书的证券业评估机构。

【经营宗旨】

本公司坚持“以质量求信誉，以信誉求发展”的方针，主要为大型企业、股份公司、三资企业以及金融、证券、投资公司等各类企业服务。本公司在承办客户委托的各项业务中，遵守中华人民共和国的法律、法规及资产评估的相关规定，并遵循国际公认的工作原则。

本公司坚持独立、客观、公正和保密原则，严格履行与客户商定的条款，为客户提供高质量、高效率的服务。

【业务情况】

评估业务收入逐年递增，近几年每年完成评估项目百余项，收入超过千万。

内部质量控制：较为规范，从未受过任何处罚。

【业务范围】

资产评估：企业改制上市的资产评估、债转股的资产评估、司法鉴定评估、产权交易及产权变动的资产评估、财产抵押评估等。

咨询：经济咨询、管理咨询、投资咨询等。

【机构人员】

本公司设上市评估部、司法鉴定评估部、无形资产评估部、金融资产评估部、综合业务部、咨询业务部、培训开发部、行政办公室等部门，为企业提供各种类型的整体和单项评估及其它服务。本公司有从业人员五十余名，其中注册评估师四十名，具有高级职称的有十多名，硕士以上学历十多名，博士学历三人，包括经济、财会、工程、法律等各类专业人员，实现了老、中、青年龄结构互补，以青为主，同时高、中、初级业务人员搭配适当的良好结构，为向社会各界提供优质高效服务打下了基础。

本公司法定代表人李宜2007年被中国资产评估协会评为首届青年优秀评估师。

本公司李宜作为主要参与人参与制订资产评估准则。

本公司获得2008资产评估行业巾帼文明岗荣誉称号。

本公司参与了财政部中国资产评估协会《企业价值类型》等准则的制定。

本公司在2009年度全国证券业评估机构行业检查中位列第一。

本公司法定代表人李宜2010年荣获资产评估行业首届金牌会员称号。

【成就业绩】

本公司近年来主要从事了企业改制、上市及拟上市，产权变动、产权交易、投资、抵押、无形资产价值鉴定以及债转股等各类评估业务，企业性质涉及国企、三资企业、集体企业、私营企业、股份制企业等，企业类型包括生产型企业、商业企业、银行、证券公司、信托投资公司等。

业务地域遍布东北、华北、华东、华南、西南等十几个省市、自治区。

其中包括：

1. 企业改制上市

黑龙江华冠科技股份有限公司、辽宁远洋渔业股份有限公司、山东渤海集团股份有限公司、内蒙古草原兴发股份有限公司、大连冷冻机股份有限公司、大连商场股份有限公司、大连渤海饭店股份有限公司、大连显像管股份有限公司、大连北大车行股份有限公司、大连大杨创世股份有限公司、壹桥苗业股份有限公司、山东日科化学有限公司、山东日科新材料有限公司、吉林中路新材料有限责任公司、吉林工程建设监理公司、清华同方水务有限公司等。

2. 上市公市配股、定向增发、收购

国电电力股份有限公司、中国水电顾问集团公司、大连热电股份有限公司、赤峰富龙热力股份有限公司、中铁铁龙集装箱物流股份有限公司、友谊集团股份有限公司、辽宁时代股份有限公司、黑龙江华电能源股份有限公司等。

3. 金融类资产评估

参与财政部及银监局对各银行的检查，对大连华信信托投资股份有限公司、中科证券、民安证券、五洲证券、中信证券、大通证券、外高桥期货公司、良运期货公司、辽粮期货公司、大连市商业银行、中辽国际信托投资公司、大连信托投资公司、沈阳信托投资公司、沈阳国际信托投资公司、建行信托投资公司等进行过评估。

4. 司法鉴定评估

参与了联通集团公司、中科证券、大起集团公司等多项司法鉴定项目。

5. 企业改制上市发行B股

瓦房店轴承股份有限公司、大连冷冻机股份有限公司等。

6. 资产置换与处置

广东佛奥集团与湖北万鸿集团股份有限公司、广新生态园有限公司与吉林高斯达股份有限公司、青岛海信集团公司、赤峰富龙热力股份有限公司、黑龙江佳木斯纸业股份有限公司、中石油大连公司、中石油吉化公司、中冶实久建设有限公司等。

7. 国有企业改制、增资、扩股

大连重工起重集团公司、大连友谊集团有限公司、大连盛道集团有限公司、大连天百集团有限公司、中国华录集团公司、华信信托股份有限公司、黑龙江龙涤集团、黑龙江马迭尔集团、大显网络股份有限公司、大连春柳河污水处理厂、大连电瓷厂、大连出租汽车总公司、大连磁头厂、大连港房屋开发公司、大化集团磷铵厂、内蒙古金河公司等。

8. 企业股权转让

新太科技股份有限公司、大化集团有限公司、成大股份有限公司、大冷股份有限公司、营口港股份有限公司、大商集团股份有限公司、菲菲农业股份有限公司、华能－小野田水泥有限公司、辉瑞制药有限公司、中国工商银行大连信托投资公司等。

9. 无形资产评估

大连船舶重工有限公司、营口盼盼集团有限公司、本溪啤酒厂、大连饭店。

10. 咨询业务

为大连港口岸物流网、华录·松下电子信息有限公司、香格里拉酒店有限公司、可口可乐饮料有限公司、通用电气（中国）有限公司、日本东京三菱日联银行、日本瑞穗银行、韩国外换银行、香港南洋商业银行、日本财产保险公司、以及中资金融、证券、投资机构等提供了各类咨询代理服务。

证券公司营业部

齐鲁证券有限公司青岛分公司

齐鲁证券有限公司青岛分公司成立于 2012 年 1 月 13 日，作为职能部门，负责管辖青岛地区所属营业部，注册地位于青岛市崂山区金融中心，依山傍海，环境优美，交通便利。

青岛分公司的成立，是齐鲁证券适应市场变化、行业发展和自身管理规模不断扩大的新形势而采取的重要举措。分公司的成立，体现了齐鲁证券立足山东，辐射全国资本市场的经营指导思想，将在推动地方产业结构调整升级，促进经济增长方式转变等方面发挥积极作用。

未来，青岛分公司将以证券经纪业务为基础，不断完善服务网络，加大对机构客户的服务力度，全面整合区域内投资银行、固定收益、新三板、投资顾问模块的人力资源和业务资源，建成齐鲁证券在青岛地区的综合业务落地平台。

青岛江西路证券营业部

齐鲁证券青岛江西路营业部创建于 1994 年 9 月，是青岛市最早的证券经营机构之一。营业部坐落于人气鼎盛的江西路与云霄路交界处，东临福州路，西接南京路，交通非常便利。

目前，营业部营业面积 4500 平方米，拥有多间贵宾室，客户室装修清新典雅，设备先进配套齐全。一楼交易大厅设有大屏幕行情显示及多台自助终端，可充分满足广大中小投资者的需要。营业部设立咨询热线：85735842/85735844，随时为您答疑解难，大量的证券分析报告及时为客户提供操作参考。营业部还经常组织理财沙龙、投资报告会，邀请资深证券分析师和投资高手与投资者进行面对面的交流。十多年来，江西路营业部凭借优质的服务和先进的技术设施赢得了广大投资者的青睐，未来，营业部将进一步提高经营管理水平，帮助广大投资者实现资产的保值增值。

特色服务：

1. “财富泰山”品牌产品——我公司研究开发的特色服务品牌。它根据您的实际情况为您量身打造符合您的产品，会根据国内国际环境，市场趋势指导您该如何操作。先在公司网站注册，然后根据您的实际情况填写测试表格，然后可以得知适合您的产品，目前可以免费体验 14 天。

2. “如意结”理财账户——我公司开发的支持单客户多银行的业务。一个客户可以开通多个银行的三方存管账户。持身份证和股东卡到我部柜台开通您想连通的银行的三方存管协议，然后持协议去此银行的任何一个营业部开通即可。目前该理财账户免费开通。

3. “融易网”——最新公司网站（www. qlzq. com. cn）。我公司客户可以注册，并凭账号登陆。“财富空间”可以实时显示您的资产信息，并提供您所持股票公司的信息；“天机汇”可以为您实现网页交易，即在网页登陆交易即可，非常方便。资讯丰富，功能强大，欢迎您登陆。

4. 我部具有开展融资融券业务资格——融资融券交易又称“证券信用交易”，是指投资者向有资格的证券公司提供担保物，借入资金买入上市证券或借入上市证券并卖出的行为。具体而言，即在证券价格低位时缴纳保证金从证券公司借入资金买入证券，以便在证券价格走高之后卖出，在归还证券公司借入资金的同时赚取差价；在证券价格高位时缴纳保证金从证券公司借入证券卖出，以便在证券价格走低之后低价买回同种证券，在归还证券公司借入证券的同时赚取差价。

客户如果申请该项业务，需满足两个基本条件：

普通账户资产个人客户 50 万，机构客户 100 万。

开户时间不少于 18 个月，且在本公司从事证券交易满半年。

我部融资融券业务费用低、手续便捷，是让投资收益倍增的好方法。

青岛香港中路民航大厦营业部

齐鲁证券有限公司青岛香港中路民航大厦证券营业部，于 2010 年 7 月从老市区西部搬迁至此，伴随着中国证券市场的规范发展，在“诚信、规范、敬业、实效”的企业精神指引下，齐鲁证券青岛民航大厦营业部走上了一条高速发展之路，经营业绩有望不断增长。新营业部位于青岛市香港中路 30 号，繁华东部的中心，地处青岛商务黄金地段，室外写字楼林立；室内整洁明快、幽雅。营业面积 1000 余平方米，设有中户厅（室）、大户室、贵宾室 30 余间（套）。一流的硬件设施，双备份千兆交换网络系统，多媒体高速单向数据接收，双向卫星报盘，行情揭示快捷，交易通道畅通。并与中国工商银行、中国建设银行等多家银行开办第三方存管业务；本部共配备 400 余台品牌股票专用电脑、自助委托系统、128 门电话委托线路。本营业部共由 14 位员工组成，是一只精干的队伍。我部配备多名专职投资咨询分析师，提供全天侯的个性化理财服务，配备高档的办公家俱，使用起来随心应手；营业部席位号：沪 A（22921）、沪 B（90139）、深 A（231218）、深 B（231299）。超前完善的服务措施，博采众长的信息咨询为投资者提供个性化服务，帮投资者树立正确的投资理念。营业部长年坚持“以人为本、科学管理、稳健经营、开拓进取”的经营理念，竭诚为广大投资者提供最优质的投资环境和最真诚的服务。

特色服务：

业务范围：证券经纪

资金划转方式：中国建设银行、中国工商银行、中国银行、中国农业银行、招商银行、兴业银行、华夏银行、交通银行、中信银行、民生银行、光大银行、浦发银行等三方存管。

交易方式：网上委托、电话委托、自助委托、驻留委托、柜台委托。

现场行情揭示与分析系统：钱龙系统、钱龙动态分析系统、钱龙静态分析系统、大智慧动态分析系统。

资讯服务：维赛特财经、钱龙资讯。

投资咨询服务：通过现场、网络平台、短信、电子邮件等多种信息发送手段向客户提供市场走势判断、市场热点、个股推荐、政策分析、行业研究等信息及研究报告。

特色服务：掌上股市、短信服务。

青岛香港中路营业部

齐鲁证券青岛香港中路营业部位于青岛市南区香港中路 100 号，毗邻奥帆赛举办地浮山湾，处于金融一条街繁华地段，营业面积 1600 平方米，设有中户厅（室）、大户室、贵宾室。周边银行众多，交通便利。营业部拥有一支风格稳健、经验丰富的投资理财专家队伍，建立了有效的风险防范体系，各种信息资料齐全，并在客户管理上采取投资顾问制度，投资顾问对客户实行全天候的理财咨询服务。营业部长年坚持“以人为本、科学管理、稳健经营、开拓进取”的经营理念，竭诚为广大投资者提供最优质的投资环境和最真诚的服务。

特色服务：

1. ETF 套利服务

2. 股票和股指期货间的期现套利服务

3. 齐鲁证券掌 e 通手机证券平台

掌 e 通手机证券是我公司为广大客户精心打造的一款自有品牌手机炒股软件。其特点为:运行稳定高效,使用操作便捷;提供丰富的专业资讯和及时的全球市场信息,支持财富泰山、单客户多银行等公司特色产品和服务。主要功能模块包括我的地盘、行情走势、分类排名、基金超市、委托交易、齐鲁资讯、全球市场、财富泰山、在线服务。

胶南珠海中路营业部

齐鲁证券胶南珠海中路营业部位于山东省胶南市珠海中路 273 号,位于胶南市区中部,交通方便。经营范围主要包括证券代理买卖,代理还本付息、分红派息,证券代保管、签证,代理证券登记开户等。

自创建伊始,即凭借一流设备、一流人才、一流的服务、一流的管理跻身一流证券营业部行列,市场份额逐年上升,多年来,营业部一直恪守"稳健、规范、诚信"的宗旨,尽心尽力服务广大客户,在胶南地区广大股民心目中享有良好的声誉。

营业部现有上百台工作站,多间装修豪华的贵宾室和大户室,为客户打造舒适优雅的投资环境;

实现了证券帐户与多家银行存款帐户之间银证转帐业务,方便客户资金存取;

开通了电话委托、网上交易、手机炒股、自助委托于一身的委托交易系统。全新、高性能的服务器,畅通、高速、安全的数据传输通道;

齐鲁证券胶南珠海中路营业部全体员工在此竭诚欢迎您的加入,期待用您的智慧和我们的服务共创新的财富。

特色服务:

1."财富泰山"品牌产品——我公司研究开发的特色服务品牌。它根据您的实际情况为您量身打造符合您的产品,会根据国内国际环境,市场趋势指导您该如何操作。先在公司网站注册,然后根据您的实际情况填写测试表格,然后可以得知适合您的产品,目前可以免费体验 10 天。

2."如意结"理财账户——我公司开发的支持单客户多银行的业务。一个客户可以开通多个银行的三方存管账户。持身份证和股东卡到我部柜台开通您想连通的银行的三方存管协议,然后持协议去此银行的任何一个营业部开通即可。目前该理财账户免费开通。

3."融易网"——最新公司网站(www. qlzq. com. cn)。我公司客户可以注册,并凭账号登陆。"财富空间"可以实时显示您的资产信息,并提供您所持股票公司的信息;"天机汇"可以为您实现网页交易,即在网页登陆交易即可,非常方便。资讯丰富,功能强大,欢迎您登陆。

4."掌 e 通"手机证券是我公司为广大客户精心打造的一款自有品牌手机炒股软件,通过此软件客户直接应用手机即可实现证券委托交易。其特点为:运行稳定高效,使用操作便捷;提供丰富的专业资讯和及时的全球市场信息,支持财富泰山、单客户多银行等公司特色产品和服务。主要功能模块包括我的地盘、行情走势、分类排名、基金超市、委托交易、齐鲁资讯、全球市场、财富泰山、在线服务。

青岛正阳路证券营业部

齐鲁证券有限公司青岛正阳路营业部,成立于 2009 年 3 月,是青岛市城阳区唯一合法的证券经营机构,营业部坐落于城阳区正阳路东部繁华的商业区。

目前,营业部营业面积 1200 平方米,拥有多间贵宾室,客户室装修清新典雅,设备先进配套齐全。一楼交易大厅设有大屏幕行情显示及多台自助终端,可充分满足广大中小投资者的需要。营业部设立咨询热线:0532 - 66961266,随时为您答疑解难,大量的证券分析报告及时为客户提供操作参考。营业部还经常组织理财沙龙、投资报告会,邀请资深证券分析师和投资高手与投资者进行面对面的交流。自开业以来,青岛正阳路营业部凭借优质的服务和先进的技术设施赢得了广大投资者的青睐。未来,营业部将进一步提高经营管理水平,帮助广大投资者实现资产的保值增值。

特色服务:

1. 齐鲁证券"如意结"是我公司推出的单客户多银行第三方存管业务,此服务模式为业内首创。在单客户多银行存管体系下,投资者可自主选择多家银行,实现证券账户与多个存管银行账户之间资金的灵活调配。该项业务解决了证券交易资金在不同银行间存、取、划转时间长的难题,特别是对于法人机构、打新一族和资金周转很快的投资者提供了更为全面的服务。

2. 齐鲁证券"财富泰山"经纪服务产品是我公司推出的以齐鲁证券研究所为主导,通过整合分析师资源和重新识别细分客户资源而建立起来的服务产品和服务品牌。其主要内容是重新识别和细分客户,根据客户的风险承受能力和理财经验的不同,形成专业特点相异的九类产品,通过网页浏览和发送短信的形式为客户的投资理财提供资讯方面的依据和参考。

3. 齐鲁证券"掌 e 通"手机证券是我公司为广大客户精心打造的一款自有品牌手机炒股软件,通过此软件客户直接应用手机即可实现证券委托交易。其特点为:运行稳定高效,使用操作便捷;提供丰富的专业资讯和及时的全球市场信息,支持财富泰山、单客户多银行等公司特色产品和服务。主要功能模块包括我的地盘、行情走势、分类排名、基金超市、委托交易、齐鲁资讯、全球市场、财富泰山、在线服务。

4. 齐鲁证券"融易网"我公司客户可以注册,并凭账号登陆。"财富空间"可以实时显示您的资产信息,并提供您所持股票公司的信息;"天机汇"可以为您实现网页交易,即在网页登陆交易即可,非常方便。资讯丰富,功能强大,欢迎您注册登陆。

特色产品服务

1. 国债正、逆回购:国债回购收益率大大高于同期银行存款利率水平,又不用承担股价波动的风险,是风险相对较小的投资品种。

2. ETF 套利:一二级市场间 T + 0 套利,不论市场上涨还是下跌,只要存在溢价或折价交易,理论上都有套利机会。

3. 股指期现套利:股指期货套利是指利用股指期货市场存在的不合理价格,同时参与股指期货与股票现货市场交易,或者同时进行不同期限,不同(但相近)类别股票指数合约交易,以赚取差价的行为。

4. 融资融券:我部现已获批开展融资融券业务。满足条件的客户即可申请办理融资融券信用账户,进行融资融券交易。

特色服务:营业部专职投资顾问"一对一"服务,提供涉及证券及证券相关产品的投资建议,投资建议内容包括专业研究成果、投资参考及理财规划建议等。

胶州福州南路营业部

齐鲁证券胶州福州南路营业部创建于 2011 年 12 月。营业部坐落于人气鼎盛的胶州市福州南路 9 号,交通非常便利。

目前,营业部营业面积 800 平方米,拥有多间贵宾室,客户室装修清新典雅,设备先进配套齐全。一楼交易大厅设有大屏幕行情显示及多台自助终端，可充分满足广大中小投资者的需要。营业部设立咨询热线：87230075/87230077，随时为您答疑解难，大量的证券分析报告及时为客户提供操作参考。营业部还经常组织理财沙龙、投资报告会，邀请资深证券分析师和投资高手与投资者进行面对面的交流。胶州福州南路营业部凭借优质的服务和先进的技术设施赢得了广大投资者的青睐，未来，营业部将进一步提高经营管理水平，帮助广大投资者实现资产的保值增值。

特色服务：

业务范围：A、B 股、国债及国债回购、基金及开放式基金销售。

资金划转方式：与建行、工行、农行、中行、交行、招商银行以及兴业等银行开通"保证金第三方存管"业务。

交易方式：刷卡交易、钱龙自助、电话委托、网上交易、掌上股市。是市内最早开通网上交易的券商、市内最早开通"保证金第三方存管"的券商。

行情揭示与分析系统：深沪采用先进高速单向卫星行情传输系统。最新的钱龙动态分析软件系统，行情揭示每分钟达 8－10 笔。

资讯系统：港澳、龙讯等，并推出多份投资理财参考和举办股市沙龙，协助客户作出正确的投资决策。

投资咨询服务：实行客户分组管理，客户经理（经纪人）与客户实行一对一服务。为重点和机构客户提供投资组合和投资研究报告，注重对客户价值投资理念的培养，并与国内一些大型证券研究机构共享一些资源平台。

齐鲁证券"如意结"

"如意结"是我公司推出的单客户多银行第三方存管业务，此服务模式为业内首创。在单客户多银行存管体系下，投资者可自主选择多家银行，实现证券账户与多个存管银行账户之间资金的灵活调配。该项业务解决了证券交易资金在不同银行间存、取、划转时间长的难题，特别是对于法人机构、打新一族和资金周转很快的投资者提供了更为全面的服务。

齐鲁证券"掌 e 通"

"掌 e 通"手机证券是我公司为广大客户精心打造的一款自有品牌手机炒股软件，通过此软件客户直接应用手机即可实现证券委托交易。其特点为：运行稳定高效，使用操作便捷；提供丰富的专业资讯和及时的全球市场信息，支持财富泰山、单客户多银行等公司特色产品和服务。主要功能模块包括我的地盘、行情走势、分类排名、基金超市、委托交易、齐鲁资讯、全球市场、财富泰山、在线服务。

齐鲁证券"财富泰山"

"财富泰山"经纪服务产品是我公司推出的以齐鲁证券研究所为主导，通过整合分析师资源和重新识别细分客户资源而建立起来的服务产品和服务品牌。其主要内容是重新识别和细分客户，根据客户的风险承受能力和理财经验的不同，形成专业特点相异的九类产品，通过网页浏览和发送短信的形式为客户的投资理财提供资讯方面的依据和参考。

中信建投证券福州东街证券营业部

一、营业部简介

中信建投证券成立于 2005 年 11 月 2 日，是经中国证监会批准设立的全国性大型综合证券公司。公司拥有实力强大的股东背景，公司股东北京国有资本经营管理中心、中央汇金投资有限责任公司、世纪金源投资集团有限公司和中信证券股份有限公司，均为拥有雄厚资本实力、成熟资本运作经验与较高社会知名度的大型企业。公司在为政府、企业、机构和个人投资者提供优质专业的金融服务过程中，建立了良好的声誉，成为目前行业最高级别的 A 类 AA 级证券公司。

公司旗下福州东街营业部，前身为华夏证券股份有限公司福州东街证券营业部，成立于 1995 年，位于福建省福州市中心繁华商业区——东街口，周围有便利的交通网络、繁华商业区、高档写字楼、配套完善的社区，营业面积 1600 平方米。营业部经营规范稳健，业绩优良，连续多年荣获福建省证券期货业协会颁发的"福建省优秀证券营业部"光荣称号。

中信建投证券福州东街营业部全体员工本着"服务创造价值，诚信赢得客户"、"诚以待人，敬以治事"的经营理念，坚持竭诚为广大投资者提供诚信、优质的专业理财服务。

二、营业部的主要产品和服务

1. 为股票、债券、基金、期货（IB）、ETF 套利、期现套利及相关衍生产品交易客户提供交易通道服务；

2. 为客户证券投资交易提供融资融券服务；

3. 为客户提供公司资产管理理财产品及相关服务；

4. 为客户提供投资顾问服务；

5. 为客户提供公司授权业务范围内的其他证券产品和服务。

三、营业部的服务特色

1. 全牌照的产品和服务。营业部依托总公司的强大实力，拥有现有证券经纪、期货 IB、融资融券、基金销售、固定收益类资管理财产品销售等全部业务牌照，可以为客户提供多样化的产品和全方位的服务。

2. 贴身的投资顾问服务。公司精心制作了适合于不同客户的"智"系列资讯和投顾产品；营业部汇集了一批经验丰富的投资顾问，通过专业的投资建议、一对一专属服务，为中高端客户提供高品质的投资顾问专业服务。营业部通过广播系统、电子邮件、手机短信、网络交流平台等各种交流手段，及时向场内、外客户提供各种资讯和投资顾问资讯服务，帮助客户及时掌握市场动态、规避的市场风险。

3. 个性化的需求定制服务。营业部根据公司类客户和中高端客户的需求，制定个性化的服务方案和解决办法，满足客户个性化的投融资需求。

4. 持续的客户培训服务。营业部数年如一日坚持举办周末客户大讲堂，定期举办各类专题讲座、股评报告会、市场研讨会、产品分析会、专业培训班，满足投资者的不同需求，为客户提供专业化的理财培训服务，以灵活多样的沟通交流方式开展投资者教育活动。

5. 快捷的交易通道服务。

营业部网络设备一流，采用千兆网络系统、软件系统达到 C2 级安全标准，卫星传送深沪行情，高速准确。公司拥有多款网上交易、手机炒股普通交易软件和多种高端专业版软件、专业定制的套利软件和融资融券交易软件，快捷直观，操作便利。

四、营业部获得的殊荣

1. 在 2009 年－2010 年福建省证券期货业评优活动中获福建省期货业协会"优秀证券营业部"称号。

2. 2010 年、2011 年荣获公司系统内"基金理财优秀营业部"称号。

3. 2011 年荣获福建省证券期货业协会"投资者教育先进单位"称号。

4. 荣获福建省反洗钱协会"2011 年度先进单位"称号。

5. 2012 年荣获上海证券交易所"蓝筹市场创新业务宣传

先进营业部”称号。

五、营业部总经理介绍

张震星，男，1963 年 11 月生，中国党员，大学本科学历，经济学学士学位，会计学副教授，中国注册会计师。曾在武汉国际信托投资公司证券业务总部、北京证券有限责任公司、瑞银证券有限责任公司从事证券业务。现兼任福建省证券期货业协会理事、中信建投证券福建省中心营业部总经理。

营业部地址：福州市东街 33 号武夷中心三楼

邮政编码：350001

营业部咨询电话：0591 －87556158

0591 －87529713

0591 －87660663（传真）

公司委托电话：95587

公司网址：www. csc108. com

中信建投证券北京安立路证券营业部

一、营业部简介

中信建投证券北京安立路营业部地处交通便利的北京市朝阳区亚运村，硬件设施齐全，设有钱龙行情机和数十台自助委托系统，并设有贵宾区和大中户室。此外，我部还拥有多支高素质的专业理财服务团队。自营业部成立以来始终秉承“服务创造价值，诚信赢得客户”的服务理念，不断提高服务质量，创新服务形式，扩大业务规模。截止 2011 年共有客户 10 万多，保证金规模 240 多亿元，在北京所有券商营业部中位居前六，多次获得“中国百强证券营业部”和“北京市十佳营业部”。

二、营业部服务

营业部常规业务有：证券经纪业务、基金代销业务、专户理财业务、期货 IB 业务和融资融券业务。安立路营业部秉承“先人而动，为客户赢得先机”的理念，紧密结合市场，不断推陈出新。致力于信托理财产品、期现套利交易、公募一对多等高端产品的开发和推广，帮助“大小非”高端客户进行市值管理、提供股权质押融资渠道。

三、营业部荣誉

1. 2000 年被评为公司先进基层党支部。

2. 2001 年公司“集体嘉奖”荣誉。

3. 2002 年在公司第一届客户经理投资拉力赛中荣获团体第一名。

4. 2003 年被授予“先进集体”称号。

5. 2004 年获得证监局、金融工会和证券业协会联合颁发的“首都证券业创建文明行业规范化服务达标活动”优秀创建奖。

6. 2006 年获得公司“经纪业务利润突出贡献”金奖；被授予“先进基层党组织”称号。

7. 2007 年荣获公司“先进集体”称号。

8. 2009 年获得公司“利润贡献奖”；被评为公司基金销售最佳营业部，银证合作明星营业部。

9. 2010 年在 CCTV 证券资讯频道北京首届营业部之星评选中获得“最佳管理奖”；被公司评为基金理财最佳营业部。

10. 2011 年在“颂歌献给党”首都金融系统职工庆祝建党 90 周年歌咏比赛中荣获三等奖。

11. 2012 年在证券时报最佳财富管理机构评选中被授予“百强营业部”荣誉。

中信建投证券北京东直门南大街证券营业部

一、营业部概况

中信建投证券股份有限公司是经中国证监会批准设立的全国性综合类证券公司。目前在全国共设有近 130 个营业网点，覆盖全国 20 个省（市）近 70 个城市，是国内网点覆盖面较广的证券公司之一。公司主要业务指标均位于同行业前十名，是证监会认定的 A 类 AA 级证券公司。

中信建投证券北京东直门南大街营业部成立于 1993 年，前身是著名的“华夏东四营业部”，是中信建投证券（原“华夏证券”）在北京成立的第一家营业部，也是北京证券市场最早的开拓者之一。营业部曾单独完成了北人机、同仁堂、歌华有线等公司的上市发行工作。目前，东直门营业部是中信建投乃至全国证券系统中规模最大、管理最完善的旗舰营业部之一，市场份额常年保持在全国前 10 名。

多年来，中信建投证券东直门营业部始终坚持规范经营、合规运作的发展模式，将风险控制尤其是客户的资金安全放在首位，是全国唯一一家被中央金融工委授予“全国金融系统先进文明单位”称号的证券经营机构。同时，营业部一直在进行着由简单的营销平台向拥有自主创新能力的财富管理中心的转型，成为业界知名的创新型营业部。目前营业部已拥有近百人的员工队伍，创建了 20 个专业化的理财团队，打造了从低风险到高风险的全方位理财产品线，在固定收益、股票、期货衍生品、信托产品、私募基金、融资融券、专户一对多等业务领域跻身于全国营业部的一流水平。截止目前，营业部总资产已突破了 500 亿元，客户数量高达 10 万，在业界位于领先水平。

二、营业部服务特色

在传统的股票经纪业务萎缩的时候，仅仅针对于客户证券资产的投顾服务已经无法满足客户的全面理财需求，证券公司经纪业务线的竞争实质从外在市场的拓展转向了内部架构的设计，创造客户需求产品的速度和满足客户需求的能力成为了竞争力的新体现。

中信建投证券东直门营业部依赖其前期与客户建立深度联系、细致了解客户需求的优势，先于市场对金融全产品线进行了布局，组建了 20 余个专业化的产品团队，吸引了大约 100 位专业人才。产品线的设计全方位覆盖了从低风险需求到高风险需求的各类投资品种，涉及内容包括：

（一）低风险类投资品种

国债回购与逆回购

货币市场基金

保本型基金

（二）中低风险类投资品种

国债

信用债

普通开放式债券型基金

分级债基 A 类份额

封闭式分级债基

（三）中等风险类投资品种

可转债

分级债基 B 类份额

分级股票基金 A 类份额

混合型基金

股指期货期限套利

可转债套利

事件套利

(四)中高风险类投资品种

股票型基金

基金一对多专户

阳光私募投资产品

资产管理计划

基金超市

(五)高风险投资品种

商品期货

股指期货

融资融券

分级股票基金 B 类份额

(六)机构特色服务

限售股服务

企业融资平台

财务顾问业务

新三板业务

私募股权投资

定向增发

股指期货套期保值

(七)营业部其他特色服务

投顾咨询服务

财富管理

私人客户交流会

B 股之家

延伸平台

……

三、营业部经营理念及业绩

营业部长期以来一致致力于服务广大投资者,秉承"服务创造价值,诚信赢得信赖"的经营理念,成为中信建投乃至全国证券系统中规模最大、管理最完善的旗舰营业部之一。

在市场上刚刚出现散户机构化、产品服务化趋势时,东直门营业部已能够依据客户需求,及时、准确、灵活的运用金融工具和金融产品,实现对客户全方位的财富管理,帮助客户实现跨领域、跨地域的金融投资。在此基础上,东直门营业部又组建了私人银行业务团队,为资产过千万的高端客户量身定制产品,如私募股权投资、养老规划等。

尤其令人惊喜的是,东直门营业部逐渐改变了传统的经纪业务利润结构,从 90% 利润来源于股票交易的创收模式转变成为了非通道式业务收入超过 30% 的新型创收模式,率先在追求多元化利润来源的道路上迈出了具有前瞻性的一步。

行业佣金的不断下滑,使券商经纪业务的发展举步艰难,在 2010 年佣金雪崩的背景下,中信建投证券东直门营业部逆势而为,走在行业的前列,率先抵住低佣金的压力,大力发展各专业化产品线,抢占创新业务高地,获取了新的利润增长点,为后期打造多元化、差异化服务做了充足准备。东直门营业部 2010 年创利 1.1 亿,全年佣金率下降仅为 9%,市场占比高达 1.01‰,成为了证券业的一朵奇葩,入选了清华大学金融家论坛的优秀案例。

目前,营业部各子项目的利润排名多数都名列前茅,显示出较为强劲的竞争力,为下一阶段打造业内最领先的产品事业部奠定了雄厚的基础。

四、营业部所获奖项

近年来,东直门营业部分别在架构建设、人才培养、产品布局、价值管理等方面做出了有益的探索,得到了业界广泛认可,获得了一系列嘉奖:

2000 年,被中国证券业协会评为"2000 年度全国优秀证券营业部"。

2001 年,荣获证券系统唯一的"全国金融系统文明建设先进单位"称号。

2003 年,获 2003 年度"首都文明单位"称号。

2004 年,在首都金融业创建文明行业活动中,被评为"先进网点"。

2006 年,获 2006 年度"首都文明单位"称号,并获中信建投"突出贡献"金奖。

2007 年,获 2007 年度"首都文明单位"称号,并获中信建投"优秀营业部"称号。

2008 年,荣获证券时报首届"大智慧杯"评选的中国明星证券营业部"二十强"。

2008 年,营业部在全国 3000 多家营业部交易量排名中名列第 5 名,并获中信建投"先进集体"称号。

2009 年,荣获 2009 年度中信建投系统"明星营业部"和"服务模式创新奖"。

2009 年,荣获 2009 年度中国券商势力榜"中国证券公司十大营业部"称号。

2010 年,东直门营业部获得"2009 年明星营业部"称号。

2010 年,东直门营业部获得北京市总工会"首都工人先锋号"称号。

2010 年,东直门营业部获得证券业协会"自律工作先进单位"称号。

2010 年,东直门营业部获得 CCTV 证券财经频道"首届营业部之星 2010 最佳分析师团队"、"2010 年特别贡献奖"称号。

2010 年,东直门营业部获得证券时报"第四届'大智慧杯'中国明星营业部二十强"称号。

2011 年,东直门营业部获得中信建投系统"五年功勋营业部"称号。

2011 年,东直门营业部获得中信建投系统首届"扬帆杯"知识技能大赛冠军。

中信建投证券北京南大红门路证券营业部

中信建投证券股份有限公司北京南大红门路证券营业部地处北京南中轴路,地理位置优越,交通便利。营业部前身是证券服务部,最早成立于 2000 年,并于 2008 年升级成为证券营业部。长期以来,营业部以一流的专业团队、丰富的从业经验和稳健的经营作风,不断努力,开拓进取。凭借着始终如一的热情服务和持续稳步增长的业绩,营业部于 2010 年获得了中信建投证券股份有限公司授予的"明星营业部"称号。

依托中信建投证券股份有限公司总部的强大实力,结合营业部自身优势,我部提供四大特色服务:

1. 丰富的投资理财产品:代理 A、B 股、融资融券、三板、国债、封闭式基金、开放式基金、公司企业债、信托理财交易、基金一对多、定向资产管理计划、现金理财产品等;

2. 全面的交易委托通道:为客户提供网上交易、web 交易、手机交易、电话委托、现场交易等多种委托方式,保证了交易通道的畅通、高效;

3. 专业的财富管理咨询:营业部"财富管家"投顾团队由金牌投资顾问张勇博士亲自带队,为签约客户的投资交易提供个性化一对一指导。给客户带来每日沟通、每周讲座、每月报告的贴心服务，为每名客户提供更精确的投资咨询服务；

4. 贴心的融资需求方案：机构融资业务、企业上市发行、私募债发行、约定购回业务、证券质押贷款、代理证券质押业务等。

投顾简介

首席投资顾问张勇，1975 年 9 月出生，西安交通大学金融学博士，西北政法大学经济学硕士，通过注册金融分析师（CFA）一级考试，曾在国信证券西安营业部、国都证券研究所、国都证券中关村营业部从事投资分析和咨询工作。具有 15 年证券市场投资经验，擅长基本面分析和选股，投资风格稳健，对行业的方向性选择较为准确。目前在中信建投证券北京南大红门路证券营业部担任首席投资顾问，带领团队开展年费制投顾咨询服务，突破了券商普遍通过提高佣金费率收费的模式，使客户利益得到保障，实现券商和客户的双赢。

中信建投证券北京燕山燕房路证券营业部

中信建投证券股份有限公司北京燕山燕房路证券营业部成立于 2001 年，是目前北京房山地区唯一一家证券经营机构，拥有人才、资源、管理的充分积累和储蓄，是业务品种齐全，交易系统安全先进的一家证券营业部，经过近 10 年的积累，得到了房山地区居民的认可和好评，燕山营业部实现了交易总量和证券资产保有量的快速增长。

燕山营业部现有经营面积 900 余平方米，80 个中户席位及 8 间大户室环境优美，舒适，安静；150 多台行情委托设备，迅速稳定。在本营业部可以进行 A 股、B 股、权证、债券、债券回购、可转换债券、封闭式基金、开放式基金、LOF 和 ETF 基金的投资，股指期货可以模拟操作。委托方式多种多样：现场刷卡、热自助、电话交易、网上交易、手机炒股等。

历经近 10 年的发展，燕山营业部始终坚持强化管理，规范经营，坚持以人为本，积极拓展各项业务，为广大人民提供了优质的服务。凭借良好的市场信誉，独特的经营管理模式，丰富的行业经验及突出的咨询服务等优势，坚持开拓创新，以经纪业务为基础，大力开拓市场，不断提升综合竞争能力，努力为广大客户提供最安全、最优秀、最高效的服务。

中信建投证券北京燕山向阳路证券营业部真诚的希望与您携手未来，共创规范、高效、安全、便捷的和谐市场，共同迈进和谐殿堂。

中信建投证券长沙芙蓉中路证券营业部

中信建投证券股份有限公司长沙市芙蓉中路营业部地处长沙“华尔街”——芙蓉中路二段九号。银行、保险、超市、酒店遍布四周，交通便利、CBD 核心，并有专用免费停车场。是您投资理财的风水宝地。

我营业部始终坚持“规范、严谨、诚信、务实、卓越、创新”的经营原则。目前拥有高效安全的网络、海量的研究资讯、丰富的专业投资经验、高素质的人才队伍、畅通的交易跑道、最优的佣金费率。

营业部设备安全先进，环境优雅舒适，周边生活服务配套设施应有尽有，交易品种齐全，员工从业经验丰富，拥有一支资深的投资顾问队伍，并凭借全国一流的研究实力，能够为您提供优质的信息咨询服务。营业部全体员工深信：事业的成功，源于专业、忠诚的服务理念和锐意进取的创新精神。

我部业务规范，发展迅猛，是获得湖南为数不多首批经纪人资格的营业部，也是市场少数几家拥有各项创新业务齐全的营业部，其中如基金超市、IB 业务、各种套利、资产管理、信托理财和即将获批的融资融券业务。

中信建投长沙芙蓉中路营业部的愿景和目标是：愿秉承专业勤勉执业，追求客户卓越成功。我营业部真诚的希望与您一同携手未来，共创规范、高效、安全、便捷的和谐市场，共同迈进财富的殿堂。

我们为您提供的专业个性化的理财服务：

股海领航

“重要财经头条、突发政策消息、市场短期走势、板块涨跌冷暖、主流资金动向”股海领航助您全程掌握。我们会及时将大盘、板块、个股的有关消息和研判结果，通过短信发送给您；通过手机发送“11”到“95587”即可免费定制。

108 小秘书

“您的股票，我的关心”，这里不仅有每日资讯，新股提示，配股等资讯，还有您的持仓个股的报告等。“108 秘书”内置于通达信网上交易软件的安装包内，随网上交易软件启动并在线自动升级，使用起来十分方便。

证券大讲堂

每周五下午 15:20 开始，进行股票、权证基金、债券等投资知识的培训。根据投资者的实际情况，由浅入深，内容涵盖了基本面分析、技术分析及实战技法的主要层面。每周资深分析师即时解盘，跟踪下周热点板块及主题，推荐下周及时关注股票池。

手机证券

“股票无处不在，行情如影随形”，只要您拥有指定机型，可以通过手机登陆中信建投证券网 wap. csc108. com 下载专用软件，就可以用手机浏览股市行情，查阅相关信息，并且可以通过手机进行股票交易。

基金超市

中信建投基金超市让您真正实现“一站式购物”，我们代理了当前市场绝大部分基金产品，股票型、混合型、债券型、货币型，并设有专业的基金理财顾问，真情满足你的个性化投资需要。我司“基金超市”选择最多，佣金最低。

尊贵客户理财咨询 QQ 群

“专业理财、专家服务”，尊贵客户理财咨询 QQ 群是我们为高端客户提供的更为及时、快捷、个性化的交流平台。早间视点、早间荐股、午间荐股、盘后追踪等等资讯及时提供，证券分析师提供实时在线咨询服务，免费的专业邮箱系统向核心客户发送各种专业级研究报告、行业研究、政策点评。

白金客户尊享”一对一”理财咨询服务

一对一即时服务：致力于为 100 万以上白金客户提供量身定制的“一对一”的尊贵服务，不断提高投资服务的专业化，个性化水平。开盘时间即时在线，致力于为您提供高效、便利、体贴、温馨的投资理财咨询服务。您的股票是否有投资价值，由我们的专业分析师团队及时为您解读。

海量研究资讯

在总公司研究所强大的研发实力背景下，我们根据客户需求，精心筛选制作了各类研究资讯产品。比如具有较高实战参考价值的《中信建投长沙芙蓉中路月度投资策略》，每月提供给场内外投资者。此外，我们还通过营业部的中央广播系统、个性化咨询等方式等及时向场内、外客户提供盘面动态变化的分析，及时提示市场机会或注意回避的风险。

精彩理财定向资产管理计划

中信建投精彩理财定向资产管理计划一期主要针对100万以上的高端客户，以投资新兴产业和大众消费类产业为主，重点挖掘有潜力成为大市值的公司；传统行业中重点关注资源类、产业升级和盈利模式转变的投资机会。

丰富的创新理财服务

我营业部有资质和业务支持目前证券市场上多种创新理财服务。我部属于2009年第一批申请IB资格验收的24家证券营业部中之一。同时，重点规划各项套利工作，其中包括商品套利、期现套利、ETF套利、分级基金套利等多种形式和品种，充分使较大资金客户获得稳定、客观、无风险收益。此外，我司目前还有在信托业务上也有了夯实的业务基础，大小非管理方面也有充分的经验和人员支持，并且，我司融资融券业务审批已上会，预计近期即顺利获批。

中信建投证券郴州解放路证券营业部

中信建投证券拥有实力强大的股东背景，北京国有资本经营管理中心、中央汇金投资有限责任公司、世纪金源投资集团有限公司与中信证券股份有限公司均为拥有雄厚资本实力、成熟资本运作经验与较高社会知名度的大型企业。

中信建投证券郴州解放路营业部地处“四面青山翠屏，草色花香尽得春”的湖南省郴州市，位于郴州市解放路33号建行大楼三楼。位置非常优越，交通十分便利。本着“客户利益”的宗旨，以“设施一流、服务一流、管理一流、咨询一流”的形象，为广大投资者提供一个“舒适、优雅、满意”的投资环境。

营业部拥有丰富多样的投资品种：A股、B股、权证、三板交易、开放式基金、国债、企业债、封闭式基金、融资融券、投资顾问等等；

交易通道方便快捷

三方存管：营业部已开通工商银行、建设银行、农业银行、中国银行、交通银行等商业银行的转账业务通道。

网上交易：中信建投通达信、大智慧网上行情和中信建投网上交易系统，下载快捷，操作便利，交易系统稳定、安全、快捷。

手机炒股：中信建投同花顺、移动证券、财神通、掌上股市多种选择，操作简单快捷，让您随时随地掌握股市动态。

周末股民学校：

我营业部与上海证券报联合举办股民培训学校，每周六上午9:00在营业部大厅由我营业部资深分析师为您服务。主要分析技术指标，讲解操作方法，讲解当前热点板块及个股；对新股民进行股票、基金、期货等方面的培训，资讯产品的介绍，投资者的答疑。

短信服务：

营业部每天汇总消息，选出关于股票市场的重大资讯，每天发送到您的手机上。本服务需要您的确认，咨询电话0735－2226666。

本公司有着一支充满着激情的营销团队，在2009年总公司举行的春节营销活动中，我营业部的营销活动获得了总公司的一致好评，授予荣誉证书，获得优胜单位奖。

联系电话：

咨询：0735－2226666　24小时为您服务

投诉电话：0735－2163570

传真：0735－2261100

中信建投证券广州黄埔东路证券营业部

中信建投证券黄埔东路营业部是黄埔区最大的经中国证监会批准成立的合法证券经营机构，拥有超过16年的经纪业务历史，现已与多家银行共同打造三方存管业务。黄埔东路营业部多年来坚持“服务创造价值，诚信赢得客户”的核心价值观，注重专业的理财服务，不断提升综合竞争能力，努力为广大客户提供最安全、最优质、最高效的服务，现已成为黄埔区内设施完备、服务一流、客户最多、业务品种最多、成交量最大的证券营业部，是投资者进行金融投资的首选之地，本部理财服务内容包括：

1. 黄埔论坛：每月的第一个星期和第三个星期周六，由我部的基金专员和股票资深分析师针对投资基础知识、投资者风险教育、近期行情热点做相应解析，与参会者就当前证券市场热点、投资策略、投资机会、投资品种等问题进行交流和讨论。

2. 营业部博客（http://zxjthp.blog.sohu.com）：每日大量资讯时时更新，开盘前推出“营业部视点”为您全天的操作指明方向助您的投资一臂之力。

3. 公共邮箱（zxjthp@sohu.com，密码：666666）：为您节省邮箱空间，给您呈现无限资讯。

4. 短信提醒：新股发行上市、权证行权、新老基金信息、市场出现重大波动时的短信提醒等，让您掌握第一手信息。

5. 大型证券市场投资报告会：每年不定期多次组织证券市场动态解析、行业趋势分析和技术操作策略等专题报告会，邀请业内知名专家主讲，报告内容独到，据有很高的针对性和操作性，是营业部的贵宾级服务项目。

6. 特色理财服务产品

1）“智胜”理财产品系列

选择“智胜”服务级别的客户可享受由中信建投证券经济研究所及中信建投投资管理团队用网络平台、电子邮件、手机短信和电话咨询方式提供优质研究报告及投资咨询服务，服务内容包括：

《信息早读》：在最短时间内概览股市各项信息，掌握最新市场动向。

《中信建投视点》：综合市场热点，明确操作策略。

《短线股票池》：综合基本面，技术面精心选股。

《新资讯》：从基本面着手进行行业分析，包括操作策略、焦点板块、个股推荐。

2）“智尊”产品理财系列

选择“智尊”服务的客户在享受“智胜”所有服务同时，还享受由中信建投证券配备专属投资专家提供的一对一投资顾问服务。投资顾问将通过电话、短信、网络、现场约见等多种服务渠道和服务方式为客户提供投资指导、投资管理及其他综合性投资秘书服务。服务内容包括：

《早间快递》：搜集整理最新信息，更强的专业性，更广泛的内容、更深层次的评论。

《盘后追踪》：点评当日行情，掌握后市脉络。

《月度策略》：从基本面、技术面把脉月度市场投资策略，提供月度个股投资机会。

《新资讯（特刊）》：根据市场动态信息与实时市场表现，发掘个股投资机会。

《黄金牛》周刊：从股票市场、基金市场、债券市场、期货市场以及专题研究对证券市场进行全面分析。

中信建投证券广州天河路证券营业部

一、营业部简介

中信建投证券股份有限公司是我国资产状况最好的全国性证券公司之一，经过开拓奋进，已发展成为实力雄厚、业务齐全、队伍精干、营业网点覆盖全国主要城市的大型 A 类 AA 级综合类券商。

广州天河路营业部地处广州市中心商业区，位于体育中心游泳馆二楼——正佳广场正对面，地理优势明显，交通十分便利。营业部自成立以来，坚持“管理、创新、规范、发展”的经营方针，以经纪业务为基础，全面发展；以防范风险为前提，规范经营；以强化管理为保障，注重服务；以加大创新为突破，勇于开拓。不断提升综合竞争能力，努力为广大客户提供最安全、最优质、最高效的服务。“服务创造价值，诚信赢得客户”是广州天河路营业部的核心价值观，营业部始终追求专业化的服务体系与人性化的管理内涵，员工勤勉执业，真诚地期望与您携手未来，共建规范、高效、安全便捷的和谐市场，共同迈进财富殿堂。

二、设施先进，品种齐全

两层共 1000 多平米的交易大厅，宽敞明亮；30 多间大中户室，舒适温馨；200 多台行情委托设备，迅捷稳定。

营业部具有先进的“OA 办公系统”、“PC 无盘上网系统”；每日有专职信息员精心筛选的各类信息、研究报告和投资建议提供给您；证券财经报刊、中信建投公司内参、维赛特信息等专业资讯，供您随时查阅。我营业部还依托总公司强大的研究力量，培植本营业部的分析师，凭借研究和信息优势，对您进行投资指导。强大的“资讯超市”提供的专业资讯定能助您运筹帷幄、决胜股海。

您可以在本营业部进行 A 股、B 股、债券、债券回购、可转换债券、封闭式基金、开放基金及其他金融衍生产品的投资。特别是开放基金投资，中信建投代销品种在国内券商中最为齐全，并且具有良好的售前指导和售后服务，我营业部已成为名副其实的“基金超市”。除基本的证券交易业务、开放式基金业务外，我营业部还开展一系列创新业务，诸如新股合作配售、代理配售及各类金融产品投资咨询、中介服务等业务，以期实现“金融超市”。

三、特色服务

1. 分析师短信

由分析师每天发送的市场评论和个股推荐的信息。另外盘前分析、盘中提示、特别提示、新股或基金发行上市、权证到期风险提示、重大政策信息短评等短信提醒，让您在第一时间掌握信息，更好地把握投资机会。

2. 智多星资讯服务

营业部依托总公司强大的投顾平台，根据客户需求可为客户依次提供“智胜”、“智尊”、“智多星”服务，产品类别分资讯类、策略类及荐股类，全方位、多层次地满足客户各种投资需求。

3. 定期开办股民学校

定期于每周三举办股民学校。由资深证券分析师向客户讲解市场情况，企业基本面，各行业概况，近期热点，分析最近出台及有望出台的政策，让投资者及时获取信息，紧跟市场节奏，把握买卖时机。

4. 市场深度分析报告

中信建投研究所现拥有近 50 名分析师，并设有博士后科研工作站，其中 17 名高级分析师均为接受国际培训的证券分析师。客户可上中信建投网站 http://www.csc108.com 上查看由中信建投证券研究所编制的《新资讯》、《新股定价报告》等资讯产品，和有关行业及上市公司研究的专项策略报告等。

5. 基金超市与基金套餐组合

中信建投证券是业内最早开展开放式基金业务的证券公司。代销品种最多，基金产品安全。投资者可以通过电话、网上、柜台多种快捷委托方式进行申购开放式基金。投资者通过我公司网上交易系统购买开放式基金，其购买手续费率享有优惠。

6. 证券市场投资报告会

营业部经常适时不定地点地举行投资报告会。一般都是联合银行或其它金融机构共同开展，内容主要为证券市场动态解析、行业趋势分析和技术操作策略等专题报告会，证券知识教授等。报告内容独到，据有很高的针对性和操作性，是营业部的贵宾级服务项目。

中信建投证券海口海府大道证券营业部

一、营业部概况

中信建投证券海口营业部，位于人杰地灵的海口市海府大道。目前已扎根海南 18 年，打造了一支投资经验丰富的专业理财团队，为营业部客户提供股票投资、基金理财、股指期货及融资融券平台和一系列专业化的中高端理财服务。

二、经营理念

百川坚守“归”之本色终成沧海而永不涸，大海坚守“容”之本色乃成浩瀚之洋。中信建投证券海口营业部始终坚守企业“诚信、专注、成长、共赢”的经营理念，日益积淀其 A 类 AA 级品牌券商的功力和底蕴。其“交易量、净利润、市场占比”多项指标在海南各券商营业部中长期居首位。营业部积极响应各监管部门监管思想，做到强化内部管理、稳健经营、党建活动，2012 年度营业部总经理薛祥秋同志被选举为海南证券业协会兼职副会长、营业部并荣获了 2010 年度海南省金融发展专项资金突出贡献奖、2010 年度公司级利润增长奖、2010 年度公司基金理财优秀营业部、2011 年度海南证券业界庆建党 90 周年红歌赛三等奖。

量身定制的特色化服务：

1. 贴心服务

客户重仓股跟踪提醒：与客户共享喜悦、分担忧虑

电子邮件服务：随时提供专业的深度分析报告

手机短信服务、飞信服务、短信互动

MSN、QQ 平台：实现客服人员与客户的实时交流

营业部互联网子站、共用邮箱：专业资讯、轻松共享

经常性的电话回访：时刻关心客户投资方向

新股申购、配股、新股上市、实时性理财产品提示：不遗漏任何的投资机会

专职客服人员服务：贴心的服务、亲切的交流

2. 个性化理财服务

每日分析师盘中实量解盘：及时捕捉短线机会

资深专家实时操作指导：投资趋势、长短机会尽在掌握

理财产品推荐：配置合理化、个性化的理财产品组合

周末股市沙龙：每周定期与分析师面对面交流

客户俱乐部：为客户提供交流、健身休闲、理财一体化的周到服务

三、营业部经理

薛祥秋，1998 年毕业于重庆大学，具有 12 年证券从业经验。2001－2005 年曾任职华夏证券，曾担任证券投资分析师、理财中心负责人等职务，深入研究与分析股票、债券等投资产品，对证券市场方向的发展具有前瞻性和敏锐性。薛祥秋先生对股票、国债、基金、可转换债券、以及金融创新产品分析方面具备丰富的投资管理经验，对信托、有限合伙等形式的阳光私募基金产品有深入研究，曾在 2007 年参与设计推出第一支套利型阳光私募基金。2005 年起任职中信建投证券，2008 年至今任职中信建投证券股份有限公司海口海府大道证券营业部总经理，全面负责、主持海口营业部各项工作，海口营业部历经三年的发展，交易量、市场占比、利润等各项指标稳居海南省首位。

中信建投证券杭州庆春路证券营业部

中信建投证券股份有限公司杭州市庆春路证券营业部成立于 2005 年 12 月 19 日，资本金 500 万元，实际营业面积 1400 平方米左右，经营范围包括沪深 A 股、B 股、基金、国债等证券代理买卖、代理沪、深证券帐户开户等。营业部实行总经理负责制，设总经理一人、副总经理二人，下设四个部门，分别为客户服务部、业务拓展部、财务部和电脑部，现有员工 30 人。

杭州营业部地处市中心，毗邻美丽的西子湖畔，环境优雅，交通十分便利。营业部采用数据网络专线和卫星频道传输的先进通讯设备，实现柜台委托、热自助委托、磁卡委托、场内（外）电话委托、场外报盘、家庭远程委托、自助交割等多种灵活多样的交易方式，提供博采众长的信息咨询和方便快捷的转帐途径，200 余台行情、自助委托机和多条电话中继线，保证投资者交易的安全与高速。共有近 20 余间大户室和贵宾室，投资环境舒适宽松，除了提供保证正常交易的软件和设备，还配备专用分析软件和资讯信息系统。为了给投资者提供一个环境良好的投资私密空间，每个房间均独立开设明窗和空调，能够保持很好的通风和室温，并配备独立的卫生间、空调系统、有线电视和宽带上网，时刻让投资者享受着贵宾级的待遇。

营业部自成立以来，始终坚持奉行“依法经营、规范管理、合法受益”的经营准则，以规范统揽全局，将规范管理始终贯穿于我们的经营方针中。营业部日常注重加强对工作人员的职业道德教育、服务意识教育和风险意识教育，加强业务培训，狠抓服务质量，改善服务环境，坚持以投资者资产增值为己任，突出亲情化、人情化服务理念，为投资者提供高品质的个性化服务。营业部的所有投资者均能享受到方便、快速、热情的“提醒制度”及“入市一路通”的特色化服务。“入市一路通”培训由专业人士担任，内容主要涉及公司概况、服务特色、证券交易方式及交易品种基础知识、技术指标、软件使用和投资技巧等；凡是开通网上交易的投资者，我们均免费赠送软件，并提供上门安装服务及网上交易培训。

此外，我们的专业咨询人员每日都将亲临现场提供全面、周到的咨询服务，实行 7×24 小时不间断咨询服务，只要投资者拨打 87066620，我们的工作人员将 24 小时候命接受投资者提出的任何咨询；同时中信建投证券网上交易的在线经纪人将通过互联网解答投资者提出的任何疑问，根据投资者的自身投资组合随时提供您持股方案的调整建议，使投资者能获得最高的投资收益；我们还会通过短信、邮件等形式定期不定期将政策面信息、行业研究报告、公司调研报告、个股咨讯产品等信息及时传递到投资者手中，使每位投资者能在第一时间得到最新的市场分析咨询及有关宏观政策、行业与个股方面的特殊信息，帮助投资者把握市场热点，掌握市场动态。

营业部设立了“基金超市”，“基金超市”主要代理所有开放式基金品种，全面支持基金管理公司开通的定时定额投资、后端收费、基金转换等新业务，堪称目前国内品种最全的基金超市，投资者可以通过一个帐号即可实现开放式基金、股票、债券、封闭式基金的投资交易，可通过电话委托、网上交易、磁卡、手机进行认购、申购、赎回和信息查询，根据各类基金的风险与收益特征及个人的不同风险偏好，科学地构建个性化的基金投资组合，投资者还可参加营业部与基金公司定期安排各种形式基金专家见面会，让投资者直面基金经理。

展望未来，我们将一如既往的用真诚的微笑和饱满的热情为每位投资者提供专业、全面的服务，让投资者时刻体验到宾至如归的温馨感受，优质超值的服务是我们对投资者永久不变的承诺，中信建投证券杭州市庆春路营业部热切地等待您的光临。

中信建投证券股份有限公司湖南分公司

中信建投证券股份有限公司是经中国证监会批准设立的全国性大型综合证券公司。公司注册地为北京，注册资本为 61 亿元，是目前行业评级最高级别的 A 类 AA 级证券公司。

中信建投证券股份有限公司湖南分公司是中信建投证券在湖南省的分支机构，主要经营证券经纪业务。代理 A 股、B 股、基金、国债、企业债、可转债、国债回购、期货 IB 业务、固定收益产品、各种理财产品、市值管理、现金管理、大宗交易，还可开展融资融券业务、私募信托业务、柜台交易业务、新三板业务、投资顾问业务等。湖南分公司现辖 7 家证券营业部。其中湖南省会城市长沙市三家，省内地级市株洲市、衡阳市、郴州市、张家界市各一家，分公司驻长沙。

湖南分公司在以总经理田兵为首的经营班子的领导下，锐意进取，开拓创新。在整合优化内部资源的基础上，搭建了综合业务服务平台，强化了业务条线的功能，使营业部在新的业务支持平台上成为客户的财富管理者。将“通道型”的营业部重塑成“理财型”的营业部，在营业部业务转型上开始了新的步伐。

中信建投证券济南经四路证券营业部

中信建投证券济南经四路证券营业部成立于 1994，营业部面积 1980 平方米，有舒适的大客户交易室及功能齐备的中户室和宽敞明亮的散户交易大厅，地处市中心、交通便利。我部全体同仁秉承“诚信、稳健、创新、求精”的经营理念，倾心致力于为广大投资者提供精品服务。

特色服务：

办理深沪 A、B 股证券帐户实时开户；三板市场开户、期货帐户开户及融资融券业务。

开通数字电话委托系统 95587，提供电话查询、交易服务及人工服务，更加方便快捷，安全稳定。场外客户可使用电话委托、手机证券以及中信建投网上交易系统。

网上交易方便、快捷，网上交易软件下载地址：www.csc108.com。

办理开放式基金账户开户和认购、申购、赎回业务。

开通建行、工行、中信、招商等多家商业银行的三方存管业务。

人工咨询电话 0531 - 86908917、86908918、4008888108，帮助您解答交易疑难。

提供全面、深入的中信建投研究所新资讯，并对核心客户定期通过手机短信等方式提供研究所高质量研究咨询报告交易系统。

采用金证 3.5 电话委托交易产品和 5.2 柜台自助交易产品，提供最全面的交易服务。

场内客户通过营业部提供的乾隆证券分析系统 + 嵌入式自助委托系统，维赛特财经资讯信息和恒生自助委托交易系统，进行随心所欲的股票分析和自助委托交易。

地址：济南市经四路 267 号(经四纬一路路北)

外贸大楼一、二、三层

咨询电话：86908917、86908918

投诉电话：4008888108

营业部邮箱：Zxjt - jnjs@ 163. com

中信建投证券南京江宁金箔路营业部

中信建投证券股份有限公司成立于 2005 年 11 月 2 日，是全国性大型综合证券公司。2010 年，公司在《新财富》杂志年度评选中当选“本土最佳投行”及“进步最快研究机构”第 2 名，“最具影响力研究机构”第 10 名；在《证券时报》年度评选中一举揽获“最具成长投行”，“主板最佳投行”，“最具影响力项目”，“最具投资价值保荐项目”等奖项。2010 年，中信建投证券在中国证监会组织的证券公司分类评价中获得目前业界最高的 A 类 AA 级评级。2011 年公司获得第四届《证券时报》中国最佳证券经纪商，“智系列资讯产品”获最佳经纪业务服务品牌，在《和讯网》评选中获得“最佳风险管理券商”。

中信建投证券股份有限公司南京江宁金箔路营业部，坐落于南京市江宁区中心位置，营业面积 1500 平方米，成立于 1996 年。是一家历史悠久的证券营业部。营业部成立 15 年来，始终坚持“诚信、专注、成长、共赢”的经营理念，并将“让客户满意”作为我们为之努力的目标。

中信建投证券股份有限公司南京江宁金箔路营业部是一支年青的团队，员工平均年龄 28 岁，他们来自五湖四海，满怀激情地追逐梦想，分享中国证券资本市场地快速成长；营业部是一支成长的团队，市场份额连续 4 年增长 20% 以上，他们脚踏实地，练好内功，积极面对营业部业务的转型；营业部是一支专业的团队，员工学历均在本科以上，其中硕士学历占 30%，他们大部分来自全国“211 工程”名牌大学，营业部投顾团队成员从业年限均在 10 年以上，经验丰富，专业过硬，是您最具责任感的投资顾问。2011 年被证券时报评选为中国最佳营业部投顾团队。

营业部近年成绩：

2009 年 2 月荣获基金销售“优秀营业部”

2009 年 11 月荣获公司银证合作“明星营业部”

2010 年 12 月荣获公司 2010 年度先进集体

2011 年 6 月荣获公司“扬帆杯”专业技能大赛江苏赛区冠军

2011 年 7 月荣获 2011 年度“中国最佳营业部投顾团队”

伍凝辉，曾分别就职于江苏省淮海投资公司、南方证券南京分公司、华夏证券龙蟠中路营业部、中信建投证券珠江路营业部，具有丰富的证券投资经验。十几年的证券工作经历，造就了诚信、务实、进取、共赢的工作作风。2007 年，伍凝辉被任命为中信建投证券珠江路营业部江宁服务部经理。在投顾团队建设方面，储备与培养了一批实力超群的投顾人员。他们个个身经百战，屡获殊荣。2011 年，被证券时报评选为中国最佳投顾团队。

营业部地址：南京江宁金箔路 1039 号黄金海岸广场

深圳席位号：A 股(213800)、B 股(056000)

委托电话：95587

客服咨询电话：025 - 52288200 025 - 51195916

公司网站：www. csc108. com

手机 WAP 网站：wap. csc108. com

中信建投证券南京珠江路证券营业部

一、营业部概况

中信建投证券股份有限公司成立于 2005 年 11 月 2 日，是中国证监会批准设立的全国性大型综合证券公司。总部设在北京，目前在全国设有 130 余家营业部，遍布全国 27 个省份近百个大中城市，其中江苏地区有 10 家营业网点。中信建投证券拥有实力强大的股东背景，北京国有资本经营管理中心、中央汇金投资有限责任公司、世纪金源投资集团有限公司与中信证券股份有限公司均为拥有雄厚资本实力，成熟资本运作经验与较高社会知名度的大型企业。

中信建投证券自成立以来，经营业绩与主要业务指标排名持续位居同业前列。公司股票及债券承销金额与主承销家数连续多年位于同业前茅，公司股票基金代理交易量和市场占比始终稳居同业前十名。

公司旗下南京珠江路证券营业部，位于江苏省南京市珠江路电子一条街上，近期营业部已经完成搬迁，新址迁往南京市河西新城，位于南京河西龙江板块黄金位置的龙园西路 58 号黄河大厦，营业面积近两千平方米，搬迁后营业部更名为中信建投证券股份有限公司南京龙园西路证券营业部。前身中信建投证券股份有限公司南京珠江路证券营业部，成立于 1996 年。营业部成立以来，始终坚持“服务创造价值，诚信赢得客户”的经营理念，始终以稳健、规范、诚信的经营方针和良好的信誉取信于投资者。营业部设备安全先进，环境优雅舒适，交易大厅宽敞明亮。具备一流硬件设施的多功能演示厅，高档舒适的 VIP 室，服务配套周致，营业部拥有大型培训室和会议室，可以满足员工和投资者培训和各类会议的需求。珠江路营业部的交易品种齐全，员工从业经验丰富，营业部凭借资深的投资顾问团队，依托总公司全国一流的研究实力，积极倡导“诚信、专注、成长、共赢”的文化理念，竭诚为社会各界朋友和广大客户提供优质金融服务，打造一流证券营业部而不懈努力。

中信建投证券南京珠江路债券营业部全体员工以源于专业、忠诚的服务理念和锐意进取的创新精神为广大投资者提供一系列产品和特色服务：

(一)投资产品

1. 股票投资
2. 债券投资
3. 基金投资
4. ETF 基金套利
5. 期现套利

6. 权证交易

7. 融资融券业务

8. 各类信托产品

9. 中信建投证券集合理财系列产品

（二）增值服务特色

1. 优质投顾服务：营业部财富管理中心汇集了一批经验丰富的投资顾问，依托总公司的强大实力，经过数年研究试行，研发"智多星"投资顾问服务，通过专业的投资建议、盘中指导、一对一专属投资咨询，为中高端客户提供高品质的金融专家服务。

2. 强大客服平台：建立强大的客户服务平台，资深的专业人士随时响应投资者的需求，及时向场内、外客户提供盘面动态变化的分析，及时提示市场机会或注意回避的风险，分析师提供实时在线咨询；理财规划师提供一对一专属服务。

3. 丰富产品渠道：全面丰富的产品线满足客户资产配置的需求。营业部在重视证券基础业务的同时，开拓了信托等不同风格投资品种，以求满足不同风险偏好投资者的不同投资需求，并依托该产品线为客户提供更科学、更完善的资产配比建议。

4. 全面资讯支持：免费的专业邮箱系统向核心客户发送各种专业机研究报告、行业研究、政策点评；QQ 群、短信中心为每一位订阅客户发送所需个性化信息，及时跟踪市场动向。

5. 各类投资沙龙：营业部定期举办各类专题讲座、股评报告会、培训班，满足投资者不同需要，培养投资者的市场分析能力。根据投资者的实际情况，由浅入深，内容涵盖基本面分析、技术分析、实战技法及投资品推介等主要层面。

（三）方便快捷的交易通道

1. 网络一流：营业部网络设备一流，采用千兆网络系统、软件系统达到 C2 级安全标准，卫星传送深沪行情，高速准确。电话委托：95587，24 小时服务热线：025－58006232

2. 转账方便：目前我部已经开通工商银行、建设银行、招商银行、中国银行、农业银行、交通银行、浦东发展银行、兴业银行、华夏银行、中信银行、深圳发展银行、广东发展银行、光大银行、民生银行、北京银行等十几家银行的转账业务通道。单客户多银行业务开通后，支持投资者资金在不同银行主辅账户间自由划转。

3. 网上交易：中信建投通达信、同花顺网上交易专业版，下载快捷，操作便利。

4. 手机炒股：中信建投同花顺，真实直观、操作简单方便快捷。

二、营业部总经理介绍

龚如舜，男，现任中信建投证券股份有限公司江苏分公司总经理，兼南京珠江路证券营业部经理。具 15 年证券从业经历。1987 年毕业于中国人民大学财政金融专业，1990 年进入湖南省建设银行益阳中心支行工作，先后担任国际业务部、信托投资公司、证券部门经理，1996 年 12 月至 2003 年 4 月被聘任为泰阳证券有限责任公司益阳证券营业部、北京证券营业部营业部经理。2006 年 6 月进入中信建投证券投资银行部工作，历任南昌子固路证券营业部经理，2010 年 1 月，公司内部调动，被聘任为江苏省分公司筹备组负责人，2011 年兼任南京珠江路证券营业部经理。

今年证券投资环境更难把握，行业竞争更趋严峻。券商牌照放开，轻型营业部的准许设立加剧了市场环境的竞争。券商经纪业务中占最重要的佣金收入的份额将进一步被瓜分和萎缩，优质客户资源的争夺战愈演愈烈。面对这样艰难的市场环境，南京珠江路营业部在营业部经理的带领下，另辟蹊径，券商传统经营模式和盈利模式无法适应发展需求，我们就尝试经营转型，避开佣金战拉客户难的市场困扰，走出了与众不同的探索之路。根据客户投资需求，开发不同的产品满足客户的需要，大力拓展信托业务的发展，尝试新三板及 IPO 等投行项目的开发，引入新利润增长点，目前营业部自主设计开发结构化和管理型信托产品 12 单，产品托管总规模达 10 多亿，资产规模的快速提升保障了市场份额。在全营业部上下共同努力下，珠江路营业部实现了 2008 至 2010 年连续三年市场占比、佣金贡献率双增长，营业部占比从 0.017% 提升至 0.032%，营业部在公司系统内排名从 87 位急速上升到前 30 名。这对一家基础薄弱规模偏小的营业部实属不易。

三、经营业绩与理念

在营业部总经理龚总的正确领导下，珠江路营业部学习型营业部建设活动开展的如火如荼，通过学习"促进营销、促进服务、促进管理、促进团队建设，从而实现各项工作的全面发展"的经营理念，为逆境中的营业部点亮一盏明灯。2011 年营业部更加明确转型思路，工作重点坚持以公司提出的"提升创新能力，加快转型步伐，着力打造经纪业务核心竞争力"为经纪业务工作主基调，加快营业部经纪业务有效转型的步伐。

营业部尝试转型试点，积极拓展信托业务的开发，以产品促销售，丰富产品线，根据客户结构变化和需求变化，开发产品来满足客户不同需求，服务客户，增强客户忠诚度，从而有效改善收入结构，促进收入多元化发展。从而进一步遏制市场份额的下降趋势，通过不断扩大客户资产规模，提升客户资产增值能力，开发新增客户和维护盘活老客户，齐头并进，通过产品、服务和营销的联动，逐步树立公司品牌，实现市场份额的稳步提升。2011 年营业部资产规模为 17.3 亿元，2011 年市场占比 0.366‰，营业部共计开发结构化管理型信托产品 12 单，产品总规模达 10 亿元。2009 年营业部荣获公司授予的"基金销售最佳营业部"奖，2010 年营业部因各项业务表现突出，被公司授予"2010 年度先进营业部"称号。成绩的取得极大地调动和鼓舞了员工的工作激情和团队战斗力，团队竞争力得以迅速提高。

相信 2012 年，入驻新址的南京珠江路营业部将会以崭新的面貌迎接未来的挑战，以一流的环境与服务，为广大投资者提供更加高效、周全的优质服务，满足各界朋友和投资者的需要。

中信建投证券青岛瞿塘峡路营业部

中信建投证券青岛营业部自 1995 年成立十余年来，秉承"发展是硬道理"、"客户利益至上"的经营宗旨，努力为广大投资者提供高层次的投资服务，加强业务拓展、业务创新以及风险规避，取得了良好的经济效益和社会效益，曾连续两年被青岛市政府授予"青岛市证券十佳"荣誉称号。

在对客户的日常服务中，营业部实施个性化经纪服务，追求人性化服务。营业部推出"3A 服务"品牌，即在任何时候（Anytime）、任何地点（Anywhere）、以任何形式（Anyhow），为客户提供全方位、多角度的投资服务，努力实现"双向含金量"效应。营业部要求全体员工切实树立"服务意识"，不断提高服务的深度和广度，为客户提供多层次的服务，包括咨询人员深入客户群体的"零距离"投资顾问服务、细化分析客户状况、满足个性投资需求的"差异化"服务。营业部利用总公司研究所强大研发优势,扩大信息资源的渠道等项服务,针对不同客户群对交易的要求具有差异,个体客户投资具有自己的行为偏好和价值取向的情况,为他们提供不同的投资策略指导。营业部还以客户价值命题为导向,追求一对一服务,做到人性化服务和知识化服务二者的同步与统一。通过以上举措,为客户提供高附加值的服务,提高了营业部整体服务的"含金量"水平,在服务客户中产生了较好效果。

营业部在岛城券商中最先开设了"开放式基金超市",开展对投资者进行开放式基金的知识培训,在有关媒体开展开放式基金的业务知识宣传,并在交易大厅内设立基金专柜,,使营业部在开放式基金销售方面取得较好的成绩,基金的代销量在青岛券商中稳居前列。

营业部加强对非现场客户的技术支持和服务工作,顺应电子商务的发展趋势,加大对网络交易的投入,确立在网上交易领域的优势。营业部在原电话委托、网上交易等非现场交易模式的基础上,又为投资者提供了一种便利、快捷的交易方式,开通了手机炒股业务,得到了广大投资者的追捧。

为解决投资者在交易时间无法来营业部办理开户、咨询等业务的情况,营业部推出了全年"无休日"活动,每周六、周日办理沪、深A、B股东账户预约开户业务,并为新老客户提供投资咨询服务,使上班族可在闲暇时间办理好有关业务。

我营业部坚信:"没有疲软的市场,只有疲软的服务。"欢迎广大投资者来我营业部进行投资交易,我们将竭诚为您提供一流的服务。您的选择是我们的幸运,您的收益是我们的目标,你的满意是我们最大的欣慰。

中信建投证券深圳福中路证券营业部

中信建投证券福中路营业部鼠年新春正式开业,我部位于金田路与福中路交界荣超经贸中心十六楼(市民中心东侧),依托莲花山,面向福田CBD,营业部为客户提供快速领先的钱龙十档行情,天天在线的投资咨询,每间大户室均配备液晶显示器+快速稳定的上网电脑,助您股海泛舟,一路成功。营业部设备安全先进,环境优雅舒适,周边生活服务配套设施应有尽有,交易品种齐全,员工从业经验丰富,拥有一支资深的投资顾问队伍,并凭借中信体系全国一流的研究实力,能够为您提供优质的信息咨询服务。营业部全体员工深信:服务创造价值,诚信赢得客户。

交易通道方便快捷:

1. 营业部网络设备一流,采用千兆网络系统、软件系统达到C2级安全标准,卫星传送深沪行情,高速准确。电话委托:95587。

2. 第三方存管:目前我部已开通工商银行、建设银行、招商银行、中国银行、农业银行、交通银行、浦东发展银行、兴业银行、华夏银行、中信银行、深圳发展银行、广东发展银行、光大银行、民生银行、北京银行等十几家银行的转账业务通道。

3. 网上交易:中信建投通达信、同花顺网上交易专业版,下载快捷,操作便利。

4. 手机炒股:中信建投同花顺,真实直观、操作简单方便快捷、专为出差在外的您的量身订做。

增值服务特色:

1. 强大的客户服务平台,资深的专业人士随时响应您的需求。客服热线:82789781 研究咨询电话:82789793、82789935、82789690、82789685、82789665、82789803。

2. 我们精心制作了由营业部知名分析师主笔、具有较高实战参考价值的《中信建投福中路每日投资内参》,每天开市前提供给场内外投资者。通过营业部的中央广播系统、个性化咨询等方式等及时向场内、外客户提供盘面动态变化的分析,及时提示市场机会或注意回避的风险。

3. 证券分析师提供实时在线咨询服务,免费的专业邮箱系统向核心客户发送各种专业级研究报告、行业研究、政策点评;短信中心为每一订阅客户发送所需个性化信息。

4. VIP客户的一对一专家顾问服务。

5. 投资者学习园地:为培养投资者的市场分析能力,我们定期举办各类专题讲座、股评报告会、培训班,满足您的不同需要。根据投资者的实际情况,由浅入深,内容涵盖了基本面分析、技术分析及实战技法的主要层面。

金融产品更丰富

债券:国债现货及回购交易、债券承销、代办客户招投标。

基金:封闭式基金交易、开放式基金代销。

定向增发:可优先认购中信建投承销的定向增发股份及网下新股配售等。

深交所席位号:245800。

我们希望能够通过全新的客户服务升级,为广大客户朋友提供更加丰富的产品和更方便快捷的服务。

中信建投证券深圳深南中路证券营业部

中信建投证券深南中路证券营业部成立于2005年12月,现坐落于深圳市深南中路国际文化大厦18楼。地理环境优越、交通便利、环境舒适。目前营业部面积2100平方米,分别设有中户区、功能理财区和大户室数间,为您提供舒适的交易及理财环境。

深南中路营业部以其稳健的经营、雄厚的实力、成熟的产品和丰富的客户服务深得广大客户信赖,打造了卓越的投资品牌,与客户建立了长期稳固的合作关系。我部秉承"以客户为中心,以市场为导向,强化营业部治理,追求卓越效益,创建一流券商营业部"的宗旨,依托其总公司研究所一流的研究实力和丰富的经验,为客户提供全方位、高品质的投资服务,与广大客户携手共创美好未来。

合作三方存款银行:目前我部已开通工商银行、建设银行、招商银行、中国银行、农业银行、交通银行、浦东发展银行、兴业银行、华夏银行、中信银行、深圳发展银行、广东发展银行、光大银行、民生银行、北京银行等十五家银行的转账业务通道。

高端技术服务

1. 我公司投巨资对交易系统进行大规模升级改造,手机炒股、短信服务、CallCenter服务等都已接入系统,无论现场下单、终端自助委托、电话委托、网上交易等都可以支持全部业务品种,可以确保客户实时成交,实现证券交易的安全、高效、便捷。

2. 网上交易软件:中信建投通达信、同花顺网上交易专业版,下载快捷,操作便利。

3. 手机炒股:中信建投同花顺,真实直观、操作简单方便快捷、专为出差在外的您的量身订做。

增值特色服务

内部资讯:结合总公司研究所和营业部分析师观点研发而成的资讯。主要为客户提供个股推荐、大盘走势、热点板块、操作策略和基金视点等。

分析师短信:由中信建投证券研究所分析师和营业部分

析师着力精心为投资者打造的特色服务平台。主要有潜力股推荐、个股诊断、重大事件及特别提示等服务。

早间快递：提供国内外金融股票市场的最新消息。

投资讲座：每周二、四举办各类金融投资理财讲座、专业化的股评报告会、股票大讲堂，邀请金融投资理财专家及证券投资实战操作高手与客户做面对面交流活动。

专业客户服务团队

一对一即时服务：致力于为高端客户提供量身定制的“一对一”的尊贵服务，不断提高投资服务的专业化，个性化水平。

专家在线服务：致力于为客户提供高效、便利、体贴、温馨的投资理财咨询服务。

您的股票是否有投资价值，由我们的分析师团队及时为你解读。

中信建投证券深圳市宝安前进一路证券营业部

一、素质优良的员工团队

营业部员工平均从业时间超过 10 年，勤勉敬业、经验丰富；分析师团队具备扎实的专业理论知识和丰富的实战从业经验，对股票、基金、期货均有较深的研究，将根据您的个人状况，为您提供专业的理财服务。

二、丰富的投资品种

包括股票、基金、债券、权证、以及期货及股指期货等业务，可满足您多样化的投资需求。新业务：融资融券业务已经开通。

三、专业理财服务

1. 依靠行业领先的中信建投研究所，萃取研究资讯精华，为客户提供高质量的投资资讯；详情见营业部博客：http://blog. sina. com. cn/zxjtba。

2. 投资顾问服务，由注册执业分析师为大客户提供“一对一”专门服务。

3. 手机免费短信服务，为投资者提供重要信息提示和研究资讯，免去您纷繁的信息收集工作之累。

办理方法：凡在我部开户的客户，使用中国移动号码手机的，编辑短信 11 发送至 95587；使用联通号码的，致电 27787838 申请。

4. “邀您发”理财俱乐部，不定期举办投资讲座，邀请有影响力的专业人士介绍投资知识，分析趋势与机会，促进信息交流。

四、先进的信息技术

客户可以通过互联网、手机、电话或现场方便快捷地交易，获得投资参考资讯。

五、整洁优雅的营业环境

营业部在高档写字楼内拥有 1200 平米营业部面积，环境整洁优雅，空中花园和灵芝公园风景宜人，投资之余，您还可以放松身心，享受风景。

中信建投证券深圳中核大厦营业部

一、营业部概况

中信建投证券股份有限公司成立于 2005 年 11 月 2 日，是全国性大型综合证券公司。公司总部位于北京，截至 2010 年底，公司在境内拥有 125 家证券营业部和 11 家期货营业部，分布在北京、上海、天津、重庆等直辖市，以及华北、东北、华东、中南、西南、西北等地区 27 个省份近百个大中城市。中信建投证券拥有实力强大的股东背景，北京国有资本经营管理中心、中央汇金投资有限责任公司、世纪金源投资集团有限公司与中信证券股份有限公司均为拥有雄厚资本实力、成熟资本运作经验与较高社会知名度的大型企业。2010 年，公司在《新财富》杂志年度评选中当选“本土最佳投行”及“进步最快研究机构”第 2 名、“最具影响力研究机构”第 10 名；在《证券时报》年度评选中一举揽获“最具成长性投行”、“主板最佳投行”、“最具影响力项目”、“最具投资价值保荐项目”等奖项。经过多年努力，公司已经成为一家资产优良、内控严密、管理先进、效益良好的优质证券公司。2010 年，中信建投证券在中国证监会组织的证券公司分类评价中获得目前业内最高的 A 类 AA 级评级。

公司旗下的深圳中核大厦营业部，位于深圳市主干道深南大道中段核心位置，营业面积 1100 多平方米。前身为华夏证券振华路营业部，成立于 1993 年，是深圳一家历史悠久的证券营业部之一。营业部成立十八年来，始终坚持“服务创造价值，与客户共同成长”的经营理念，并将“让客户满意”作为我们为之努力的目标。营业部自开业以来，始终以稳健、规范、诚信的经营方针和良好的信誉取信于投资者。营业部设备安全先进，环境优雅舒适，周边生活服务配套设施应有尽有，交易品种齐全，员工从业经验丰富，拥有一批资深的投资顾问团队，并凭借总公司全国一流的研究实力，能够为投资者提供优质的信息咨询服务。

中信建投证券中核大厦营业部全体员工以“源于专业、忠诚的服务理念和锐意进取的创新精神”为广大投资者提供以下产品和特色服务：

（一）投资产品

1. 股票投资；
2. 债券投资
3. 基金投资；
4. ETF 基金套利；
5. 期现套利；
6. 权证交易；
7. 融资融券业务；
8. 中信建投证券集合理财系列产品。

（二）增值服务特色

1. 依托总公司的强大实力，营业部财富管理中心汇集了一批经验丰富的投资顾问，通过专业的投资建议、一对一专属投资顾问服务，为高端客户提供高品质的金融专家服务。

2. 建立强大的客户服务平台，资深的专业人士随时响应投资者的需求。

3. 精心制作了覆盖股票、债券、基金及融资融券、期现套利等衍生产品的全系列资讯产品。通过营业部的中央广播系统、个性化咨询等方式等及时向场内、外客户提供盘面动态变化的分析，及时提示市场机会或注意回避的风险。

4. 证券分析师提供实时在线咨询服务，免费的专业邮箱系统向核心客户发送各种专业级研究报告、行业研究、政策点评；短信中心为每一订阅客户发送所需个性化信息。

5. 投资者学习园地：为培养投资者的市场分析能力，我们定期举办各类专题讲座、股评报告会、培训班，满足您的不同需要。根据投资者的实际情况，由浅入深，内容涵盖了基本面分析、技术分析及实战技法的主要层面。

（三）方便快捷的交易通道

1. 营业部网络设备一流，采用千兆网络系统、软件系统达到C2级安全标准，卫星传送深沪行情，高速准确。电话委托：95587，24小时服务热线：13570844423。

2. 第三方存管：目前我部已开通工商银行、建设银行、招商银行、中国银行、农业银行、交通银行、浦东发展银行、兴业银行、华夏银行、中信银行、深圳发展银行、广东发展银行、光大银行、民生银行、北京银行等十几家银行的转账业务通道。

3. 网上交易：中信建投通达信、同花顺网上交易专业版，下载快捷，操作便利。

4. 手机炒股：中信建投同花顺，真实直观、操作简单方便快捷、专为出差在外的您的量身订做。

二、营业部总经理介绍

钱锐，1966年7月出生，学士，中共党员，具有丰富的金融行业经历，曾分别就职于交通银行哈尔滨分行、海通证券哈尔滨营业部、广发投资控股有限责任公司、平安证券深南中路营业部。十几年的金融工作经验，造就了严谨、务实的工作作风，现任中信建投证券股份有限公司深圳中心营业部总经理兼深圳中核大厦营业部总经理，

2008年6月，钱锐被任命为中信建投证券振华路（我部曾用名）营业部总经理，2008年上半年中信建投证券振华路营业部由于诸多原因，市场占比、排名等迅速下降，并且历史遗留问题众多，使营业部陷入了经营困局。她临危受命，并没有消极等待，而是面对困难，凭借着自己激情，审时度势，通过重新搭建组织架构、快速解决历史遗留包袱、建立创新的营销体系和客户服务模式等一系列举措，经过两年多的努力拼搏，营业部的各项经营指标得到较为惊人的改观，重塑了营业部的核心竞争力，使营业部在深圳这个竞争最激烈的市场上，排名稳步上升。

2011年，中核大厦营业部升级为中信建投证券深圳中心营业部，钱锐同志担任中心营业部总经理。

三、营业部经营业绩及经营理念

近几年营业获得的成绩与荣誉：

1. 1998年、1999年、2000年、2002年、2005年、2006年六度连续荣获深圳市证券业协会颁发的“优秀证券营业部”称号。

2. 2006年获公司系统内“经纪业务市场占比提升最快”金奖。

3. 2010年获公司系统内“优秀集体奖”。

4. 2010年获公司系统内“跨越障碍、走向成功”优秀营销案例奖。

5. 在深圳这个竞争激烈的市场上，营业部的市场占比从2008年的0.024%、2009年的0.026%到2010年的0.03%，近几年保持着10%的复合增长。管理的客户总资产规模从2008年13.86亿元，上升到2010年底的61多亿元，两年间资产规模增长了近3.4倍。

6. 2011年，营业部升级为中信建投证券深圳中心营业部，下辖深圳地区四个营业部。

中核大厦营业部在业务经营中不断提高客户服务质量，在2009年初举行了“首届客户服务节”，充分利用市场行情，因势利导地加强对客户的投资指导和咨询服务：以“客户服务节”形式，全新推出了“金股信平台”、“短信通服务”、“玉锦囊远程服务台”、“财富直通车投资者俱乐部”、“24小时服务热线”“咨询产品采购篮”、“首问负责制”等多项个性化的服务内容。2010年，营业部组建了财富管理中心，将全力为投资者提供优质、高效、个性化服务提升到了更高的层次。

中信建投证券沈阳小西路证券营业部

沈阳营业部成立于1994年11月，是中信建投证券公司唯一驻沈机构。本营业部成立至今，依托总公司的强大支持，始终坚持把客户资产的保值增值作为努力方向，并致力于为客户构建一个专业、便捷、高品质和多层次的综合性理财服务平台。

投资品种齐全

中信建投证券沈阳营业部针对投资者的不同风险偏好，提供多种交易品种，如：沪深A股、B股、商品期货、股指期货、开放式基金、权证、国债、信托、三板以及其他金融衍生产品。

服务细致入微

中信建投证券沈阳营业部拥有一支优秀的客户服务团队，我们秉承以客户需求为导向的宗旨，根据客户的不同投资需求，及时提供个性化和差异化服务。

理财视角独特

中信建投证券沈阳营业部仅以客户资产保值、增值为出发点，在已有投资品种之外，还特别为客户提供更多诸如银行、信托、典当、融资等非证券业务咨询服务。

客户服务中心——从细微处着手，让客户体会“与众不同”

营业部客户服务中心分别设立普通客户与VIP贵宾两个通道，针对VIP客户实行1对1服务，针对普通客户开设基础理财讲堂，针对机构客户提供“蓝海理财”策略报告。每年定期邀请著名基金研究员、国内知名实战专家与客户交流、沟通。

投资顾问团队——以客户利益为核心，不搞短期功利推荐

营业部信息研发中心精选高学历、实战经验丰富的分析师，每日为VIP客户提供覆盖全国90%以上知名研究机构的分析报告、中信建投证券“智”系列产品，以及“私募内参”等。

基金销售中心——以对客户负责的态度为己任

营业部基金销售中心由“基金超市”和“基金折扣店”演变发展而来，在销售手续费大幅优惠的前提下，还为客户量身制订出极具个性化的基金资产配置方案。

商品期货中心——规避单边股市的风险，健全投资结构

营业部商品期货中心通过中信建投期货公司交易平台，进行国内所有的商品期货、黄金期货投资与投机交易，定期邀请实战专家解盘。

中信建投证券天津解放南路证券营业部

中信建投证券股份有限公司是国内最大的券商之一，市场占有率始终位于国内一百多家证券公司的前十位。天津解放南路营业部市场交易排名在本市位居八十家证券营业部的前三位，综合排名多年位居天津市场首位，软硬件条件在津门傲视群雄。更为可贵的是，客户的获利能力、参与范围、综合素养尽皆蜚声津门。

营业部特色服务

开放式基金：我营业部代销300多种开放式基金，是代销品种最为齐全的金融机构。可以通过电话委托、网上交易等方式进行开放式基金的申购赎回、分红方式修改、基金转换、定时定额等业务。有140余种基金网上申购实行四折的优惠费率。比如您在银行等其它网点申购一万元的基金手续费通常为150元左右，而利用中信建投网上交易系统进行申购手

续费只有 60 元。

手机短信和电子邮件:针对营业部市值 5 万以上的客户免费发送,内容主要包括:券商报告、短线投资机会、基金动态、营业部活动、重大信息等。移动用户需编辑短信"11"发送到"106579777705"开通。

MSN 在线答疑:由营业部员工随时解答您的各种问题,包括个股诊断、证券常识等。MSN:zxjtgp@ hotmail

理财讲座:讲座内容主要包括:证券市场走势、机构研究报告的解读、理财知识及技巧、基金、债券、A、B 股及其他衍生金融品种的选择等。根据客户不同的风险偏好、资金运作时间及资金运作规模,量身定做个性化的投资方案。帮您避免风险,获得最大收益。

《新资讯》和《分析师短信》:《新资讯》和《分析师短信》是中信建投研究所推出的资讯产品。《新资讯》为每周二、四推出,《分析师短信》为每日开盘前推出。

紧跟股票市场热点,推荐当前最佳投资品种。内容精炼,通俗易懂,实效性极强。

电话委托语音提示:通过电话进行委托的客户可以通过电话委托系统中的语音提示获取新股发行、上市信息、重要通知等。

公司网站:我公司网站内容丰富、功能齐全,不仅有各种投资咨询信息、业务介绍,而且可以下载多种行情软件、委托软件和防病毒软件,非常适于上网方便的投资者,网址:www. csc108. com。

手机炒股:客户通过在手机上安装行情交易软件,并通过网络传输数据,实现看行情、做委托的需要,费用低廉。

网址:wap. csc108. com

营业部电话委托号码:23002330

咨询电话:28221787、28022793

投诉电话:28021028

短信定制电话:28022793

中信建投证券襄樊襄城鼓楼巷证券营业部

中信建投证券股份有限公司襄樊市襄城鼓楼巷证券营业部成立于 1993 年,地处襄城十字街鼓楼巷 1 号,交通十分便利,地理位置优越,是投资理财的理想之地. 。

襄樊营业部自成立以来,一直本着"客户利益至上"的宗旨,以"设施一流、服务一流、管理一流、 咨询一流"的形象,为广大投资者提供一个"舒适、优雅、满意"的投资环境。发展至今,现已成为本市设施完备、客户最多、代理品种最多最全、交易便捷、服务专业、资金存管安全、成交量最大的证券营业部。

中信建投襄樊营业部在 2005 年获得由中国证监会颁发的"湖北省十佳营业部"的殊荣,是襄樊市唯一获此荣誉的营业部。2009 年又荣获 2009 中国·武汉金融博览会"十佳优质文明服务金融机构"的荣誉称号。此荣誉称号是湖北省金融部门建国 60 周年纪念活动中唯一获奖的地市级金融机构。

丰富齐全的投资品种

中信建投证券为您提供沪深 A 股、B 股、开放式基金、封闭式基金、ETF、LOF、国债、企业债、公司债、创业板、三板、报价转让、权证、期货等投资理财产品,几乎涵盖了证券交易市场所有投资品种。

优惠强大的基金超市平台

中信建投证券为您提供业内率先推出的"基金超市"和"基金套餐"服务,500 余只封闭、开放式基金认购、申购、定时定投、基金转换,为您量身选择,并可享有网上交易费率优惠 4 折起。

专业及时的投资咨询服务

中信建投证券经纪业务依托研究所强大的研究力量,每日向您提供《早间快递》、《中信建投视点》、《盘后追踪》、《分析师短信》等专业及时的投资资讯。

中信建投证券为您建立了总公司和营业部上下统一互补的短信服务平台,将丰富的专业资讯和研究成果及时传递到您的手中。

安全快捷的交易方式

中信建投证券为您提供网上交易、电话委托、手机炒股等多种交易方式。其中,中信建投证券网络交易平台是国内首家通过 ISO9001—2000 质量体系标准的证券公司交易网,系统稳定,交易迅速;"同花顺"、"移动证券"和"掌上股市"等手机证券,为您开启"掌上金融超市"。

"一户通"服务助您实现以一个资金账户同时完成股票、权证、债券、基金等投资品种的买卖操作,结合多种远程委托方式让您真正做到"一户在手,通行天下"。

方便贴心的日常服务支持

中信建投证券为您提供多种日常支持服务:呼叫中心(400-8888-108);客服在线(0710-3533141);全国市话收费的委托电话(95587);短信提醒(今日提示和特别提示);投资理财大课堂(营业部现场每周六上午九点半定期提供)。

中信建投证券,期待您的加入,成为我们尊贵的客户,我们将以优质专业的服务,与您共创财富未来。

中信建投证券兴化建设路证券营业部

一、营业部概况

中信建投证券成立于 2005 年 11 月 2 日,是经中国证监会批准设立的全国性大型综合证券公司,在全国 28 个省、市、自治区设有 135 家证券营业部,并设有中信建投资本管理有限公司、中信建投期货经纪有限公司两家子公司。在为政府、企业、机构和个人投资者提供优质专业的金融服务过程中,公司建立了良好的声誉,成为目前行业最高级别的 A 类 AA 级证券公司。

中信建投证券股份有限公司兴化建设路营业部,位于兴化市市中心,营业部面积 600 平米,成立于 2001 年,是兴化地区最早的证券营业部,营业部成立 12 年来,兴化营业部秉承"抬头看路,埋头做事,以人为本,创新思路,完美团队"的经营思路,并将"让客户满意"作为我们为之努力的目标。

二、营业部总经理介绍

黄志军,男,具有丰富的证券行业经历,曾分别就职于华夏证券泰州营业部、中信建投证券泰州营业部。十几年的证券工作经验,造就了严谨、务实的工作作风,现任中信建投证券股份有限公司兴化建设路营业部总经理。2008 年,黄志军被任命为中信建投证券泰州营业部兴化服务部经理,在他的带领下,兴化营业部市场占比较筹建初期翻了五倍,客户资产规模翻了近三倍。

三、营业部经营理念

中信建投证券股份有限公司兴化建设路营业部积极倡导建设学习型营业部的理念,营业部坚持以人为本,以邻为师,以史为鉴,着力提升员工的综合素质,立足培养现代化的人才,为客户提供多元化的投融资、财富管理等优质服务。通过建立员工的学习培训制度，提高专业技能为目的的知识考核培训，努力提高员工的综合业务素质和综合服务水平。

营业部在员工中开展“人人争当团队长”活动，引导员工树立以客户为中心，以业务为导向，有作为才能有地位，积极承担企业社会责任的企业理念，倡导团队合作精神和争先意识；倡导合规文化，丰富员工的业余文化生活，陶冶情操，营造和谐文化。

中信建投证券张家界子午东路证券营业部

中信建投证券股份有限公司是经中国证监会批准，由中信证券股份有限公司和中国建银投资有限责任公司共同发起设立的全国性综合A类AA级证券公司。注册于中国北京，注册资本金61亿元。是一家资产优良、内控严密、管理先进、效益良好的优质证券公司。现有135个营业网点覆盖全国22个省（市）70多个城市。

中信建投证券股份有限公司张家界子午东路证券交易营业部，地处素有“奇峰三千，秀水八百”、“人间仙境”之称的湖南省张家界市，地理位置非常优越、交通十分便利。

作为湖南省张家界市目前唯一合法的证券经营机构，中信建投证券股份有限公司张家界子午东路证券交易营业部始终坚持规范经营、至诚服务的原则，营业部以齐全的业务品种、先进快捷的交易系统及一批优秀的专业人才队伍为广大投资者提供高品质、专业化的服务。

经营项目

股东帐户开户：深圳A股、深圳B股、上海A股、上海B股股东帐户。

股票业务：深圳A股、深圳B股、上海A股、上海B股的股票买卖。

基金业务：开放式基金、封闭式基金。

债券业务：企业债券、国债、可转换公司债。

权证业务：认购权证、认沽权证。

期货咨询：上海期货交易所、郑州和大连商品期货交易所的期货品种。

特色产品及服务

市场深度分析报告：定期向客户提供由中信建投证券研究所编制的《新资讯》、《投资月刊》、《每周投资报告综述》，有关行业及上市公司研究的专项策略报告等。

基金超市：独具优势的开放式基金超市项目，能够提供国内市场中最为齐全的开放式基金品种和套餐服务，能够让客户感受到产品一应俱全，服务一步到位的基金理财效果。

大型投资报告会：每年不定期多次组织证券市场动态解析、行业趋势分析和技术操作策略等专题报告会。

营业部博客（http://blog. cnfol. com/haibl）：开盘前推出研究所“中信建投视点”为您全天的操作指明方向，收盘后盘后分析为您解析盘中热点。

短信提醒：盘中市场热点变化、板块及个股机会与风险、新股发行与上市、配股缴款、基金发行、营业部投资报告会等，我们都会通过短信及时提醒，让您掌握第一手信息。

QQ群在线：我们通过QQ群32013909、27277571及时将我们的各种咨询产品、对市场的看法与分析及时的传递给客户。

电话提醒：帮您看管股票帐户，对您所持股票出现增发、配股、权证行权等情况时由客服人员电话提醒您及时进行操作，以免延误时机。

顾问服务：针对我们的VIP客户提供一对一的顾问式服务。

中信建投证券重庆汉渝路证券营业部

中信建投证券重庆汉渝路营业部成立于1994年，历史悠久、实力雄厚，是重庆市首屈一指的券商营业部。我部（原“华夏证券汉渝路营业部”）地处沙坪坝汉渝路，交通十分便利，竭诚提供证券（股票、基金、债券及期货等）的代理买卖、承销上市以及投资咨询等服务，做您投资理财的专业顾问。

资深团队 专业顾问

专业、成熟的员工队伍，历经中国证券市场熊牛转换的磨练，拥有资深的投资经验、完备的服务模型、独特成熟的市场观察思路，为您的投资一路护航。

总部资讯 产品多样

中信建投研究所特色策略报告《中信建投视点》，展现国内最强研究分析实力；“汉渝早参”专业观点把握行情走向，及时建议捕捉市场瞬间机会；基金超市可买到最齐全的基金产品。

创新体系 个性服务

针对贵宾客户设立“智系列”贵宾服务：“交易顾问中心”和“财富管理中心”。

针对有个性化投资策略需求的客户设立“智系列”套餐服务：价值赢家、短线乐园、成长之星、金色年华、安心回报、新兴动力。

除此以外普通客户配备“一对一”的专属服务经理，为您提供全方位证券咨询服务。

中信建投证券株洲建设中路证券营业部

中信建投证券株洲建设中路营业部成立于2005年12月，位于株洲市中心千金文化广场的三楼和五楼，营业面积两仟六百多平米，设备先进，环境舒适，交通便利，是投资者理想的投资理财场所。

团结务实，为股民服务是我部经营的理念，十多年的规范经营打造了我营业部一支精干、专业、经验丰富的客户服务队伍。我们诚意邀请您的加盟，一起分享我国国民经济快速发展的成果。我们愿与您共享中信建投证券丰富的信息资源和资讯产品，以更多的新产品、新服务来满足您的需要，我们将以满腔的热情、优质的服务答谢您的支持和厚爱。

特色服务：

每天下午三点进行当天交易点评。

每周周六上午进行一周的周评与分析。

公司经营项目：

股东帐户开户：深圳、上海股东帐户。

股票业务：上海交易所A、B股，深圳交易所A股、B股。

基金业务：开放式基金、封闭式基金。

债券业务：企业债券、国债、可转换公司债、国债回购。

权证业务：认购权证、认沽权证。

期货业务：上海期货交易所、郑州和大连商品期货交易所的期货品种。

开通三方存管的银行：

工商银行、建设银行、农行银行、浦发银行、中国银行、中信银行、交通银行、招商银行、民生银行、光大银行、华夏银行、深圳发展银行。

中国银河证券北京金融街证券营业部

中国银河证券股份有限公司北京金融街证券营业部原名北京月坛证券营业部，于 2009 年 11 月更名，成立于 1994 年 5 月 5 日，时为北京工总行信托证券营业部；1998 年 9 月，更名为中国华融信托投资公司北京证券交易营业部；2000 年 8 月，并入中国银河证券公司为中国银河证券有限责任公司北京月坛证券营业部；2007 年 4 月更名为中国银河证券股份有限公司北京月坛证券营业部；现为中国银河证券股份有限公司北京地区的中心营业部。服务上“客户至上”、经营上“数一数二”是金融街营业部历来弘扬的企业精神，其精髓文化“比学赶超传帮带”塑造出一支与时俱进、拼搏进取的职业队伍。十几年来，在广大客户的关爱下，营业部每年一个台阶，正以日新月异的快速变化发展着，取得了不菲的成绩：客户队伍不断壮大，目前已 7 万多户，客户资产总值 7000 亿元左右；各项经营指标在北京 220 多家营业部中名列前茅；先后获得“首都文明标兵单位”、“证券业规范化服务优秀单位”、2006 年“全国金融系统‘五一’劳动奖状”、2008 年“迎奥运、讲文明、树新风”活动先进集体、2008、2009、2010、2011 连续四年获评“中国明星证券营业部二十强”，2011 年由北京证监局推荐参评全国文明单位。

金融街营业部毗邻金融街，地处繁华市区，交通十分便利；设有大、中户室和散户交易厅，交易环境宽敞舒适；开通了工行、招行、建行、中行等 16 家银行的三方存管业务，实现客户交易保证金的实时划转；拥有 1620 条电话委托线路，提供网上交易服务，保证了交易通道的畅通、快捷、高效；取得代办股份转让主办券商资格，提供三板股份确权、交易和过户以及中关村园区股份转让服务；提供期货 IB 业务服务；首批获融资融券业务资格；首批获买断式购回业务试点资格。

金融街营业部一贯秉承规范经营、以客户为中心的价值理念，致力于为客户提供更优的金融产品、更好的服务、更具人文特色的交易环境。

1. 地铁路线：地铁复兴门站下车，向北 200 米，路口再向东走约 500 米。

2. 乘车路线：乘 7 路、38 路至辟才胡同站下车；68 路、48 路至辟才胡同西口站下车。

3. 自驾路线：北京市西城区丰汇园 21 号楼，月坛南桥向东走约 800 米，路北（中国大唐东侧）。

4. 现场办理沪、深股东账户、基金账户、国债账户，免费开立资金账户。

5. 取得代办股份主办券商资格，提供三板股份确权、交易和过户以及中关村园区股份转让服务。

6. 开通工行、招行、建行、中行、交行、农行、民生、华夏、光大、兴业、广发、浦发、中信、北京、上海、深圳发展共 16 家银行三方存管，实现资金实时转账。

7. 功能强大的网上交易系统，更加方便、快捷、安全地为投资者提供服务。

8. 代销所有开放式基金产品。

9. 现场每日举办证券知识讲座或股评，为投资者答疑解惑，指引投资方向。

10. 手机短信提供交易信息提醒、重大政策提示、当日盘面点评服务；互联网邮件发送独家资讯。

11. 建立客户服务视频网站，推出早间财富观点、机构观点集萃、热点跟踪、视频收市股评等资讯信息。

12. 周日不休息，方便上班族办理开户、并开户理财课堂。

2012中国证券业界优秀企业家汇展

（排名不分先后）

崔殿国	张建台	张有喜	贺正刚	耿养谋	黄顺福	杜传志
何国纯	杨绵绵	麻云燕	张丽君	赵德胜	陈　平	石维国
高宝玉	谢洪先	汪海涛	张增光	多吉罗布	俞　培	郭本恒
张相军	曹世如	明国珍	张近东	刘相学	薛道成	吴景龙
郭现生	刘平春	刘世春	李　玮	姜喜运	闫冰竹	郭　友
翟建强	刘建武	洪家新	黄崇胜	李跃先	李广元	彭晓东
郑和平	杨国文	万卫方	王俊民	张利国	王相荣	王　军
刘肇怀	于宝池	孟　凯	侯　毅	于国权	杨　振	赵　嘉

崔殿国 先生

中国北车股份有限公司 董事长

崔殿国，男，1954 年 2 月出生，先后毕业于西安交通大学气体动力工程专业、东北财经大学工商管理专业，获工学学士和工商管理硕士学位，中共党员，教授级高级工程师，享受国务院政府特殊津贴。现任中国北方机车车辆工业集团公司总经理、党委副书记，中国北车股份有限公司董事长、党委书记。

崔殿国先生运用科学先进的经营管理理念，推动了中国北车快速发展。领导构建了集团母子公司管理体系，主持制定了中国北车中长期发展规划纲要，主持建立了效绩目标管理和考核体系。中国北车总资产规模由 2000 年的 172 亿元增长到 2011 年的 972.6 亿元。

崔殿国先生组织并主持了铁路机车、货车、动车组和城市轨道车辆的升级换代和自主创新。产品占有我国轨道交通装备 50% 以上的市场份额，覆盖国内全部铁路市场和 90% 以上已开通城轨交通的城市，出口 60 多个国家和地区。CRH380BL 新一代高速动车组创造了时速 487.3 公里的最新速度纪录，是京沪高铁主力车型。

2008 年规划成立了中国北车股份有限公司，2009 年在上海证券交易所成功上市，致力打造优秀上市公司典范。2010 年，中国北车获选成为上证 180、上证 50、中证 100、两岸三地 500 指数样本股，2011 年入选上证公司治理指数、上证公司基本面指数，获得资本市场高度认可。

崔殿国先生先后主编了《SSJ3 型电力机车》、《机车车辆可靠性设计及应用》、《中国铁路货车发展的回顾与展望》、《现代制造企业信息化》等著述，主持并参与制定了《中国铁路机车车辆工业科技发展“十五”计划纲要》等重大规划。

崔殿国先生是中国内燃机协会常务理事、中国铁道学会常务理事，中国企业联合会、中国企业家协会理事会副会长。

张建台 先生

天津市房地产发展（集团）股份有限公司 董事长

张建台先生，1955 年出生，中共党员，在职研究生，正高级工程师。现任天津市房地产发展（集团）股份有限公司董事长。历任公司总经理助理、总经济师、总经理。

公司董事会带领经理班子和全体员工通过不懈努力，积极应对政策调控，保障房和商品房销售均取得历史最好成绩，超额完成了年度经济指标，实现了历史性突破。2010 年在建工程面积达到 207.15 万m²，竣工面积 68.9 万m²，完成商品房销售面积 58.07 万m²；实现利润总额 3.88 亿元，净利润 2.26 亿元；总资产 126.83 亿元，净资产 40.09 亿元。

张有喜 先生

大同煤业股份有限公司　董事长

张有喜先生，48 岁，大学毕业，高级工程师。曾任大同矿务局挖金湾矿采煤副总工程师、生产副矿长、大同矿务局雁崖矿党委书记、四老沟矿矿长。现任公司董事长、法人代表。

贺正刚 先生

四川和邦股份有限公司　董事长

贺正刚，男，汉族，1954 年生，中国籍，无永久境外居住权，EMBA 学历，四川省第十二届人大代表。

1971 年至 1992 年就职于乐山市商业局。

1993 年至今任四川和邦投资集团有限公司董事长。

2012 年 8 月至今任四川和邦投资集团有限公司总裁。

2002 年至今任四川和邦股份有限公司董事长。

耿养谋 先生

北京昊华能源股份有限公司 董事长

耿养谋，1962 年出生，1984 年参加工作，研究生学历，教授级高工，北京昊华能源股份有限公司董事长，曾荣获北京市十佳青工、优秀青年工程师、优秀青年知识分子、五四奖章、科技进步三等奖、优秀创业企业家、优秀企业家荣誉称号。

2002 年底，京煤集团发起成立了昊华能源公司，刚刚跨入不惑之年的他出任董事长，开始了艰苦的创业历程。十年来，凭籍着睿智与果敢，带领着管理团队，贯彻落实科学发展观，以产业政策为导向，准确把握煤炭工业发展趋势，积极推动企业观念、战略、管理和技术创新，顽强拼搏，克难攻坚，克服了宏观经济调整、矿产资源整顿、煤炭产业规划和产业政策调整、投融资体制改革、股权分置改革、金融危机、资本市场波动等一系列因素影响，公司在 2010 年 3 月 31 日成功上市，登陆资本市场，顺利实现了实体经济与资本市场的有效对接，步入了国内先进企业之林。

在他带领下，公司总资产由 8 亿元上升到 108 亿元（截至 2011 年末），翻了 12 倍多；员工收入年均增长 22.7%；百万吨工亡率逐年下降，2011 年首次实现为零。

凭借着骄人的经营业绩，2010 年，公司进入中国能源 500 强，位列 265 位，入选上证 180 指数、沪深 300 指数和治理板块样本股。管理层也荣膺中国证券"金紫荆奖"的"最佳管理团队奖"。

辉煌成果和殊荣的取得，离不开全体员工的共同努力，更离不开公司带头人——耿养谋的引领带动和辛勤耕耘。他以自己人格力量赢得广大员工的信任，他以自己的远见卓识为企业的发展插上了有力的翅膀。在他的带领下，公司正在向着国际化不断迈进！

黄顺福 先生

四川川投能源股份有限公司 董事长

黄顺福，男，中共党员，研究生，教授级高级工程师。曾任四川省计经委工业综合处处长，四川省秀山县副县长，四川省轻工业厅副厅长、党组成员，四川省雅安地委副书记，四川省轻工总会副会长、会长（正厅级）、党组副书记、书记，四川省交通厅常务副厅长、党组副书记（正厅级），四川省第八届省委委员，四川省南充市市委书记、市人大常委会主任，公司第六届董事会董事长。现任全国十六大党代表、全国十一届人大代表，四川省投资集团有限责任公司董事长、党委书记，公司董事长。

杜传志 先生

日照港股份有限公司　董事长

杜传志，男，1961 年 12 月生，汉族，山东郓城人，第一学历大学，工学学士，应用研究员，教授级高级政工师。1982 年 8 月由西安公路学院公路系工民建专业毕业后参加工作，1987 年 12 月加入中国共产党。现任日照港集团有限公司董事长、党委书记，日照港股份有限公司董事长。

杜传志同志致力于港口工作 30 年，把青春、激情和全部心血融入日照港这片热土，从建设一线到管理一线，一步步成长为企业"掌舵人"。自 2005 年 11 月全面主持日照港集团工作，2006 年 5 月担任日照港集团董事长、党委书记，2007 年 2 月就任上市公司董事长，他以企业家的卓越胆识和果敢魄力，团结带领全港员工实现了港口发展的全面跨越。他立足于日照港的地理区位、自然条件、集疏运、大腹地等独特优势，本着前瞻性、科学性与现实性相结合的原则，明确提出了"高起点规划、综合型建设、现代化管理、跨越式发展"的总体思路，明确了日照港建设综合性、现代化、国际化骨干枢纽港和区域性国际物流中心的战略定位，与山东半岛蓝色经济区建设相结合，将日照港的发展战略和发展定位上升到国家发展战略高度；他解放思想，求真务实，团结带领全港员工，实现了日照港快速迅猛发展，使日照港由开港之初单一的煤炭输出港发展成为全球重要的能源及原材料中转基地。2006 年港口年货物吞吐量突破 1 亿吨，成为我国沿海最年轻的亿吨大港，2010 年吞吐量跨越两亿吨，创造了"四年再造亿吨港"的发展奇迹，目前日照港在全国沿海港口排名第九位，在山东省排名第二位；他坚持生产经营和资本运营"双轮驱动"，2006 年日照港首发上市以来，连续 7 次资本运作累计 70.85 亿元，并实现了与 30 多家国内外大型企业的成功合作。杜传志同志先后荣获山东省"八五"重点工程建设二等功、山东省"富民兴鲁"劳动奖章、中国海员工会"金锚奖"、山东省劳动模范、山东省优秀企业家、山东省"爱国拥军"一等功、全国劳动模范等荣誉称号，并光荣当选党的十七大代表、省九次党代会代表。

何国纯 先生

广西五洲交通股份有限公司　董事长

何国纯先生，1958 年 8 月生，在职研究生学历，高级会计师，中共党员。1978 年 10 月至 1980 年 11 月在广西交通学校财会专业读书；1980 年 11 月至 1985 年 9 月在广西百色公路段工作；1985 年 9 月至 1987 年 7 月在西安公路学院公路运输财会专业大专班学习；1987 年 7 月至 1989 年 1 月在广西百色公路段工作；1989 年 1 月至 1990 年 2 月在广西航运学校任教师；1990 年 2 月至 2008 年 7 月在广西区交通厅财务处工作，先后任副主任科员、主任科员、副处长、处长职务（其间 :1996 年 9 月 -1999 年 7 月在广西大学社会科学与管理学院政治经济专业研究生班学习）；2008 年 7 月至今在广西五洲交通股份有限公司任董事长、党总支书记。目前兼任广西五洲交通股份有限公司下属企业职务：广西万通国际物流有限公司、广西凭祥万通国际物流有限公司董事长（2008 年 10 月至今），广西五洲房地产有限公司董事长（2009 年 11 月至今），广西坛百高速公路有限公司董事长（2010 年 12 月至）。兼任中国交通会计学会常务理事、广西交通会计学会会长。

杨绵绵 女士

青岛海尔股份有限公司 董事长

杨绵绵，女，生于1941年，中共党员，工程技术应用研究员。现任海尔集团公司总裁、党委副书记、董事局常务副主席；青岛海尔股份有限公司第六届董事会董事长。全国人大第七届、第八届、第九届、第十届、第十一届代表。杨绵绵女士自1984年起任海尔集团高管，具有丰富的管理经验和行业经验。2006年-2008年连续被美国《福布斯》杂志评为“全球最具有影响力的女性之一”，是唯一连续三年上榜的中国女性。2010年，在第20届全球妇女峰会上荣获唯一一个“企业杰出女领导”奖。2011年，杨绵绵荣获“2011领袖女性亚洲论坛”颁发的“最具创新女企业家”奖。2011年，美国《财富》杂志发布“全球50位最有影响力的商界女性”（美国以外世界50位商界女强人），杨绵绵领衔中国女性企业家，这是她第七次入选该排行榜。

麻云燕 先生

广东信达律师事务所 负责人、高级合伙人

麻云燕律师1984年毕业于北京大学法律系，曾长期从事国际商务与投资领域的法学教学工作。1994年9月加入广东信达律师事务所，现为高级合伙人，事务所负责人，并兼任人民大学律师学院兼职教授。

荣誉和成就

2012年受聘担任华南国际经济贸易仲裁委员会（又称“深圳国际仲裁院”）仲裁员；

2009年获选为中国证监会首届创业板发行审核委员会委员，并连任两届；

2006年获选为深圳证券交易所第四届上市委员会委员。

成功案例：深万科公开以及非公开增资发行、公司债、可转债以及已公告正在进行的B to H、中粮地产配股、中信海直可转债、招商地产可转债发行；皖通高速H股增发A股；川大智胜、达实智能、大富科技、欣旺达、AAC等多家公司境内外首次公开发行股票并上市项目；华联控股、中航地产、深能源等重大重组暨定向增发项目。

在《证券时报》、《上海证券报》、《新财富》等证券报刊上发表过《中美上市公司关联人士售股应遵循的规则》、《可转债持有人利益的保护》等数篇与收购兼并等证券法律业务相关的文章。

张丽君 先生

北京翠微大厦股份有限公司　董事长

张丽君，北京翠微集团总经理，北京翠微大厦股份有限公司董事长，工商管理硕士，全国劳动模范，五一劳动奖章获得者。作为翠微的领军人物，张丽君董事长重责、慎权、淡利，带领全体翠微人用心血和智慧将翠微品牌打造成享誉京城的成熟名品百货名店，翠微先后荣获了全国第一批“金鼎百货店”、“全国文明单位”、“全国顾客满意企业”等800多项荣誉称号。

多年来，翠微在以张丽君董事长为核心的团队领导下，坚持以品牌、效益、发展为主线，坚持以人为本，坚定不移地提高经营管理效益，提升翠微品牌，增强发展能力，推动企业在新起点上实现跨越再发展。2012年5月3日，翠微股份实现了在上海证券交易所首次公开发行A股主板上市，正式迈入资本市场，在新起点上，董事长张丽君表示：上市对于翠微发展来讲，掀开了新的发展篇章。我们将继续秉承“心诚业精、志在非凡”的企业精神，学习和引进国际、国内现代零售业的管理理念和技术，不断完善管理模式，提升品牌价值，抓住机遇做强、做大。我们会将社会各界对我们的殷切期望和深厚情谊，转化为自强不息的动力，在新的起点上，续写更加灿烂辉煌的新篇章。

赵德胜 先生

四川川投能源股份有限公司　董事长

赵德胜，男，中共党员，研究生，高级经济师，享受国务院特殊政府津贴。曾任四川仪陇县经委副主任，建设银行仪陇县支行行长，建设银行南充地区分行副行长，建设银行广安地区分行行长、党组书记，建设银行南充地区分行行长、党组书记，南充市人民政府副市长，四川省投资集团有限责任公司副总经理、董事、党委委员、党委副书记、纪委书记、工会主席，公司第六届董事会董事、第六届和第七届监事会主席。现任四川省投资集团有限责任公司党委委员、副董事长，公司副董事长、总经理。

陈 平 先生

马应龙药业集团股份有限公司　董事长

陈平，男，1962年11月生，博士、高级经济师。现任中国宝安集团股份有限公司执行董事、营运总裁，马应龙药业集团股份有限公司董事长。曾任安信投资有限公司董事长、香港恒丰国际投资有限公司总裁、中国宝安集团股份有限公司总经济师、副总经理、常务副总裁等职务。

组织参与了多起企业收购兼并及资源整合案例，其主持收购并整合的马应龙药业集团股份有限公司由一家单一的生产型企业改造成为涉足于药品生产、批发、零售和研发，连锁医院等多功能、专业化的医药上市公司，各项经济指标均有大幅度提高，成为社会各界所公认的国有企业改革成功之典范。

荣获中国医药行业十大杰出经理人、中国医药行业十大创新人物、全国优秀企业家、全国企业文化优秀成果主要创造者、湖北省五一劳动奖章、湖北省十大经济风云人物、湖北荆楚功勋企业六十年60人、武汉地区十大杰出青年企业家、武汉地区十大杰出创业家、最受尊敬和喜爱的创业家等称号。

石维国 先生

中天城投集团股份有限公司　副董事长

石维国，男，1966年3月生。

1984. 9—1988. 7	北京大学计算机系软件专业
1988. 7—1991	北大计算机研究所
1991—1995	北京正明科贸公司
1995—1999	北京融通技术公司
1999—2002	北京北大融通公司
2002—2003	中诚信托投资有限公司
2003. 12—2006. 8	贵州燃气（集团）有限责任公司董事长
2006. 8	金世旗国际控股份有限公司董事
2007. 2- 至今	中天城投集团股份有限公司董事、副董事长

高宝玉 先生

营口港务股份有限公司　董事长

高宝玉，男，汉族，工学硕士学位，高级工程师，1954 年 10 月出生于辽宁省台安县，1974 年 8 月加入中国共产党，1977 年 10 月参加工作，营口市第十三届、十四届人大代表，全国第十届、十一届人大代表。现任营口港务集团有限公司(以下简称“港务集团”总裁、党委副书记，营口港务股份有限公司(以下简称“营口港”)董事长。

1999 年底起，高宝玉同志担任港务集团主要负责人以来，认真贯彻落实“三个代表”重要思想和科学发展观，在省委省政府、市委市政府的正确领导和大力支持下，始终坚持把科学发展作为港口管理的第一要务，不断提高战略决策和经营管理能力。港口吞吐量持续稳定增长，规模迅速壮大，社会影响力及经济牵引力不断提升，在营口市乃至辽宁省对外开放工作中发挥着越来越重要的窗口作用。

在经营管理上，高宝玉同志坚持和完善内部经营指标考核体系，大力实施资本运营，积极稳健地进行企业内部机构、人事、工资等项改革，通过了 IS09001 质量体系认证，获得辽宁省质量领域的最高奖项—辽宁省省长质量奖，港口经营管理在现代化轨迹上扎实推进。

在高宝玉同志的领导下，整个港口年吞吐量 1999 年 1945 万吨，2011 年完成货物吞吐量 2. 61 亿吨，集装箱 403. 3 万标准箱；货物吞吐量位列全国沿海港口第 9 名。

高宝玉同志先后荣获了辽宁省劳动模范、优秀共产党员、优秀青年企业家、全国优秀科技工作者、全国“五一”劳动奖章、首届全国青年企业家、全国治安综合治理先进工作者等多种荣誉称号。

他领导下的港务集团多年来形成了“自加压力、勇于吃苦、不畏风险、敢为人先”的企业精神，同时先后荣获了全国“五一”劳动奖状、全国文明单位、全国思想政治工作优秀企业、全国精神文明建设先进单位、全国交通运输节能减排优秀贡献企业、全国交通战备规划建设先进单位、全国军民共建社会主义精神文明先进单位、全国守合同重信用企业等多种荣誉称号。

从担任营口港董事长以来，积极促进营口港的上市事宜，经过不断的努力，营口港于 2002 年 1 月 31 日正式在上海证券交易所上市。经过 10 年的不断发展，股本由 IPO 时的 2. 5 亿股增加至近 11 亿股，总资产由 3. 86 亿元增加至 11. 33 亿元，净资产由 2. 51 亿元增加近 50 亿元。10 年来，高宝玉同志领导的营口港充分利用资本市场，为营口港生产规模的不断扩大，吞吐能力的不断增强，经营效益的不断增长而努力奋斗。

谢洪先　先生

四川川投能源股份有限公司　副总、董秘

谢洪先，男，中共党员，硕士研究生，高级会计师。曾任成都飞机工业公司供应财务科副科长；成飞华西通用航空公司计划财务部经理；光大证券投资银行三部经理、高级经理、西部总部党支部组织委员、成都党支部支部书记、业务执行董事；朝华科技(集团)股份有限公司资金财务总部总经理；四川九龙电力集团有限公司总经理助理；公司证券事务管理部经理、总经理助理。现任公司党委委员、董事会秘书。

汪海涛 先生

西部矿业股份有限公司 董事长

汪海涛，男，1968年8月出生，中共党员，高级经济师；武汉大学法学硕士、经济学博士，美国芝加哥大学商学院MBA。中国青年企业家协会副会长，中国国际商会副会长，中国矿业联合会主席团主席，北京市青海企业商会会长。汪先生自2011年3月至今任本公司第四届董 事会董事、董事长；现兼任西部矿业集团有限公司董事长、西部矿业集团（香港）有限公司董事、西宁特钢集团有限责任公司董事；2009年9月至2011年2月任本公司第三届董事会董事长；2006年2月至2009年9月任西部矿业集团有限公司总裁。汪先生还曾先后在国泰证券有限责任公司、大连商品交易所、光大证券有限责任公司等单位工作。

张增光 先生

唐山冀东水泥股份有限公司 董事长

张增光，男，汉族，山东招远人，中共党员，研究生学历，高级工程师，1981年至1989年在冀东水泥厂（冀东发展集团公司前身）制造车间工作，1989年至1990年担任伊拉克卡尔巴拉水泥厂厂长助理，1990年至1995年担任冀东水泥厂制造车间主任，1995年至1996年担任冀东水泥厂长助理，1996年至1998年担任河北省冀东水泥集团公司副总经理、唐山冀东水泥股份有限公司副总经理，1997年至1998年担任河北省冀东水泥集团公司总经理、党委副书记，唐山冀东水泥有限责任公司总经理、党委副书记，2002年至2005年担任河北省冀东水泥集团公司党委书记、总经理、唐山冀东水泥股份有限公司党委书记、总经理，2005年担任河北省冀东水泥集团公司（2009年更名为冀东发展集团公司）党委书记、董事长，唐山冀东水泥股份有限公司党委书记、董事长。

张增光担任冀东发展集团公司主要领导以来，公司总资产由1997年的36.4亿元增长到325亿元，水泥产能由280万吨增长到6000万吨。冀东发展集团公司由单一的水泥生产企业发展成为以水泥生产、装备制造为主业，集水泥工厂设计、机电设备与自动化控制系统设计与制造、工程建设、物流配送、商品混凝土、干粉砂浆等多种经营为一体的大型综合企业集团。冀东发展集团公司先后荣获了"全国优秀企业（金马奖）"、全国"五一劳动奖状"、"全国思想政治工作优秀企业"、"全国先进基层党组织"、"全国精神文明创建工作先进单位"、"全国建材系统先进集体"、"中国企业信息化500强"、"中国建材系统质量管理优秀企业"等100多项荣誉称号。他本人先后荣获"河北省优秀企业家"、"河北省建材行业功臣厂长（经理）"、"河北省企业家创业奖"、"河北省优秀党务工作者"、"河北省科技成果完成者"、"全国劳动模范"等荣誉称号。

多吉罗布 先生

西藏天路股份有限公司　董事长

多吉罗布，男，藏族，党员，1973 年 5 月出生，1997 年 8 月参加工作，硕士研究生，工程师；曾任西藏自治区交通厅科研所技术员；西藏天路交通股份有限公司副总工程师；西藏天路交通股份有限公司党委委员、董事会秘书兼董事会办公室主任；西藏天路股份有限公司副董事长、党委副书记、总经理，西藏自治区青年企业协会第三届副会长，西藏自治区第七届青联常委，现任西藏天路建筑工业集团有限公司董事长、党委副书记，西藏天路股份有限公司董事长、党委书记，中国青年企业家协会常务理事，区直机关青年联合会第一届委员会副主席，西藏青年企业家协会副会长。

俞培俤 先生

上海大名城企业股份有限公司　董事长

俞培俤（YU PUI TAI），男，1960 年出生，籍贯福建省福清市，印尼华侨，香港永久居民。现任香港名城企业集团董事局主席。主要社会职务：世界华人华侨（亚洲）青年总商会会长、亚太华商联合会常务副会长、全国工商联房地产商会副会长、香港福建社团联会永远名誉会长、福建省总商会副会长、福建省政协委员、福州市侨联副主席、福建省企业联合会常务副会长、福州慈善总会永远名誉会长等。

1986 年，俞培俤先生创立了香港名城企业集团，随之先后创立香港利伟集团、名城远洋、名城电子、名城钢铁、名城矿业、名城企业（福建）集团以及上海大名城企业股份有限公司、东福实业公司等属下及其关联的 20 余家公司，净资产累计逾 300 多亿港元。其所属上海大名城企业股份有限公司在上海证券交易所成功挂牌上市，为同时拥有 A 股及 B 股的上市公司（A 股代码为 600094，B 股代码为 900940）。2011 年度，俞培俤先生家族资产荣膺美国福布斯全球排名第 960 名，中国香港前 100 名。

名城企业集团福建总部连续三年在福建省综合纳税排名均保持在全省前 20 位，纳税金额为全省民营企业第一、房地产行业第一，连续三年受福建省政府全省百强纳税企业表彰。同时，连续三届荣获国务院侨办授予的"全国百家明星侨资企业"称号，全国房地产协会授予的"全国房地产百强企业"称号，并被评为中国 AAA 级信用企业，重合同守信用单位。俞培俤先生多次荣膺世界亚太华商组织授予的"全球华商突出贡献年轻领袖"、"最具社会责任华侨领袖"、"优秀企业管理者"等个人殊荣。

俞培俤先生始终关注社会，热心公益与慈善事业，回馈社会，在家乡和祖国内地发生重大自然灾害时，慷慨解囊，积极参与赈灾救灾；其公司在福州成立名城慈善专项基金，每年投入专款逾亿元人民币，并推动官方成立福州慈善总会。据不完全统计，历年累计捐资公益与慈善事业超过 1.5 亿元，被授予福建省捐资公益事业特殊贡献奖。

俞培俤先生认真履行政协委员职责，积极建言献策，参政议政。始终秉承爱国、爱港、爱乡的精神，在积极参与祖国内地各项经济建设的同时，始终怀着坚决维护香港繁荣稳定的信念，充分发挥带头骨干作用，积极参与香港重大社会事务，为香港顺利回归祖国、维护香港的繁荣稳定和促进香港与内地的合作和交流做出了积极贡献，得到有关方面的充分肯定和赞誉。

郭本恒 先生

光明乳业股份有限公司　总裁

郭本恒，男，食品学博士，教授级高工，博士生导师，现任光明乳业股份有限公司总裁，乳业生物技术国家重点实验室主任。自2007年出任起，即进行了大刀阔斧的改革，将公司的战略确定为"聚焦乳业、发展新鲜、突破常温"，通过战略改变、架构重组、产品聚焦、供应链整合、企业文化打造等一系列革新措施，提升品牌内涵，打造明星产品，使公司销售屡创新高。2007-2010年，郭本恒确定了"复苏—成长—腾飞"的光明发展三步曲，并带领全体光明人艰苦作战，三年累计增长47.55%，并成功实施了对新西兰Synlait Milk乳品公司的收购，成为国内第一家实现海外并购的乳品公司。

他着力推动科技创新，作为乳业科技的领军人物，兼任上海奶业行业协会会长、上海市食品学会副理事长、中国畜产品加工学会副理事长、中国食品技术学会理事，被评选为中国乳品加工业"十大杰出科技人物"、全国青年星火带头人标兵、全国五一劳动奖章、上海市领军人才、上海市科技创业领军人物、上海市优秀学科带头人获得者等。在乳品基础理论和科研成果应用研究领域，他已著书11部，拥有发明专利14项，获得国家、省部级科技奖励20项。主持承担国家"十五"科技攻关、"十一五"科技支撑计划、发改和技术中心科研平台建设等重大项目4项，国家"973"项目、"862"项目、国家自然科学基金项目、国家科技支撑计划（攻关）项目课题和子课题10余项，上海市经委、农委、科委科研项目9项，负责完成的科研成果获得10余项奖项，达到国内领先、国际先进水平。

张相军 先生

山东金岭矿业股份有限公司　董事长

张相军，男，生于1962年，高级工程师，采矿工程专业大学本科毕业。1985年7月起在山东金岭铁矿工作，历任召口分矿见习技术员、技术组组长、召口分矿副矿长。1993年2月起担任山东金岭铁矿副矿长。1997年1月至2009年3月担任山东金岭铁矿矿长。2006年10月起担任山东金岭矿业股份有限公司董事、董事长。2009年2月起任山东钢铁集团有限公司总经理助理、山东钢铁集团矿业有限公司董事、总经理。现任山东金岭矿业股份有限公司董事长、总经理，山东钢铁集团有限公司总经理助理、组织部部长、山东钢铁集团矿业有限公司董事。

曹世如 女士

成都红旗连锁股份有限公司党委书记、董事长、总经理

曹世如女士，成都红旗连锁股份有限公司党委书记、董事长、总经理，全国第九、十次妇代会代表，四川省第九次党代会代表、四川省第十、十一届人大代表、四川省妇联常委，成都市第十、十一、十二次党代会代表、成都市第九、十届人大代表。现任成都零售商协会会长。

红旗连锁在她的带领下现已发展成为中国西部最具规模的以连锁经营、物流配送、电子商务为一体的商业连锁企业。目前在四川省内已开设1300余家连锁超市，就业员工13000余人，仅2011年及2012年1-9月上缴税收及社会保险达4.8亿元以上；拥有三座现代化的物流配送中心；与上千家供货商建立了良好的互利双赢的商业合作关系。公司经营业绩跨入中国服务业企业500强、全国商业企业百强、中国零售百强企业、中国连锁百强企业、中国零售业区域明星企业、四川企业100强、四川商业企业最大规模10强；荣获中国“最具成长性企业”、中国优秀诚信企业、中国消费者协会全国商业服务业“诚信单位”、全国商务系统先进集体、全国和谐商业企业；四川省现代流通先进企业、四川省优势商业零售企业、成都市首批大企业大集团培育企业、成都市再就业工作先进集体、成都市纳税先进企业等荣誉。

明国珍 女士

青岛海尔股份有限公司　董事会秘书

明国珍，女，生于1964年。经济学硕士，高级经济师。曾任中国金融学院投资系讲师、投资经济教研室副主任；中国光大国际信托投资公司资金部业务员、总经理办公室副主任、主任、经营管理部总经理兼人事部总经理、公司总经理助理，光大国际投资咨询公司常务副总；中国证券业协会分析师专业委员会办公室主任，协会资格管理部副主任，协会执业标准委员会副主任。现任青岛海尔股份有限公司副总经理、董事会秘书。

2012年所获荣誉

2011年度最佳投资者公共关系上市公司及金牌董秘：青岛海尔 -- 明国珍

2011金治理·资本创新公司董秘奖：青岛海尔—明国珍

2011年第八届新财富金牌董秘：青岛海尔—明国珍

2012年第八届上市公司董事会“金圆桌奖”：最具创新力董秘—明国珍

2012年度中国上市公司最佳创富董秘榜：青岛海尔—明国珍

2011年度主板上市公司百佳董秘：青岛海尔—明国珍

十大金牌上市公司董秘（和讯财经风云榜）：青岛海尔—明国珍

张近东 先生

苏宁电器股份有限公司　董事长

张近东，1963年出生，中国人民政治协商会议第十一届全国委员会委员、中国民间商会副会长、江苏省第十一届人民代表大会代表、苏宁电器股份有限公司董事长。

1990年苏宁电器创立于江苏南京，目前已成为中国最大的商业零售企业，名列中国民营企业前三强。2011年销售规模突破1900亿元，员工18万人，连锁网络覆盖海内外600多个城市，在中国大陆、香港地区及日本市场共拥有1700多家连锁店，品牌价值达815.68亿元，位列中国民营企业前三强，是中国最大的商业企业。

经过22年的发展，张近东先生坚持服务创新和后台优先发展战略，带领企业先后开创了“自营服务”、“3C+模式”、“后台战略”、“智慧苏宁”等一系列经营管理创新模式。随着苏宁新十年战略的发布，张近东先生也带领苏宁在线上线下融合发展，开创了“沃尔玛”+“亚马逊”的领先零售模式，并在2012年家电行业普遍遇冷的情况下，实现苏宁业绩的稳步增长。基于苏宁2012年的表现，福布斯将2012中国年度商业人物的唯一殊荣授予张近东，以认可和鼓励其在不甚乐观的宏观商业环境中，带领苏宁向困难和自我发起挑战的决心和勇气。福布斯认为，张近东体现了其一直崇尚的企业家精神。

在新的发展战略下，针对全新的商业模式，张近东旨在依托线上线下两大开放平台，建设智慧型供应链，在前台，基于多渠道、多业态的零售平台，苏宁将广泛拓展和整合各类产品、内容和服务，为消费者提供一站式的购物休闲娱乐的生活解决方案；在后端，苏宁通过全面整合各类社会资源，将采购、物流、资金、IT等核心竞争能力开放给产业链合作伙伴，构建良性稳健的零售生态圈。

2012年，苏宁依托两大平台不断推进“去电器化”战略，线上苏宁易购通过开放平台不断引进更多品类的供应商，并在9月出资6600万美元收购红孩子，承接“红孩子”及“缤购”两大品牌和公司的资产、业务，全面升级苏宁易购母婴、化妆品的运营，进一步推进易购品类拓展、精细运营；线下实体店面通过苏宁电器和乐购仕进行双品牌运作，推出全新一代苏宁Expo超级店，经营品类涵盖3C、传统家电、图书、百货、日用品、金融产品、虚拟产品等，并集合智能服务升级营造出全新购物体验，是苏宁“科技转型”的具体体现，预计未来三年内改造升级400家。

未来，苏宁将带来全品类综合经营、线上线下虚实互动、供应链物流IT全面开放的新型零售模式，布局实体零售、电子商务、定制销售“全渠道”，经营实物、虚拟、整体解决方案“全品类”，覆盖个人消费者、家庭用户、中小企业用户“全客群”。

在未来战略稳步践行的同时，张近东重视社会责任的履行，除积极承担产业发展、吸纳就业、依法纳税等责任外，还带领苏宁积极投身社会公益事业。2008年，张近东个人捐赠5000万元支援汶川抗震救灾，创下当时个人捐赠之最。多年来，苏宁累计公益捐赠也已超过7亿元，由于企业经营出色、积极履行社会责任，苏宁经营管理案例被录入多所知名大学商学院管理教材。

张近东先后被中华全国工商联合会授予“优秀中国特色社会主义事业建设者”，被国家民政部授予“中华慈善奖”，荣获“CCTV2006年度经济人物”，被党中央、国务院授予“全国劳动模范”荣誉称号，被中华青年联合会授予“中国青年五四奖章”，被中华慈善总会授予“中国十大公益楷模”，被《中国企业家》杂志连续五年评为“中国最具影响力的25位企业领袖”，被美国《财富》杂志评选为“中国最具影响力的25位商界领袖”和“2010年度中国商人”，被中国扶贫基金会授予“中国消除贫困奖”。

刘相学 先生

鲁银投资集团股份有限公司 董事长

刘相学先生任职鲁银集团董事长、总经理以来，针对公司产业分散、主业定位不明确、盈利能力低的现状，以振兴发展鲁银为己任，率先垂范，以身作则，团结带领领导班子和广大员工，紧紧围绕董事会和股东大会确定的各项任务目标，开拓进取、扎实工作，通过完善制度体系、加强基础管理、化解潜在风险、调整产业结构等手段，公司经济效益发生了历史性变化，使鲁银驶入发展的快车道，生产经营各项工作保持积极、快速、健康的发展态势。

在建立健全、严格施行三会一层法人治理结构基本制度和一系列管理规章制度的基础上，以内控制度建设为契机，健全完善各项管理制度，实现了由粗放型管理向精细化管理的转变，管理的效率和效果显著提升。推进管理规范化，制定严格的经济责任制和项目节点流程管理，进一步规范招标管理制度，开展品种效益测算，建立人员薪酬动态审批制度，做好上市公司信息披露工作，加强董事监事人员培训。近年来建立健全规章制度 60 余项，促进了公司规范化运作水平进一步提升。

改善机关作风，积极组织各项调研活动。形成了日常调研、定期调研、管理层基层蹲点调研和专题调研相结合的调研体系。创立公司内部刊物《鲁银信息》和远程视频会议系统，为上下沟通和实时管理搭建了平台；集团公司机关服务意识、大局观念和监督指导作用大大增强。

强化计划管理、健全激励导向机制。改变单一计划指标，形成计划、奋斗和冲刺三档计划指标的经营计划体系，充分发挥经营计划对生产经营工作的引导和激励作用。建立起了以“净资产收益率”为核心的经济责任考核体系，形成了科学的业绩评价体系，实现了经济责任与经济利益的紧密结合。打破分配平均主义，进行分配体制改革，有效强化了员工钻研岗位技能、专业技术的积极性。

积极推进新产业培育，产业结构调整优化取得新成效。与青岛豪杰矿业签订股权转让与矿产资源开发合作协议，成功进入铁矿采选业，培育了公司发展新的利润增长点。使公司产业链条更趋完善。立足当前，着眼长远，积极推进公司发展战略研究，完成了“十二五”产业整合规划编制工作，进一步明确“十二五”期间公司发展方向及产业定位，为公司持续健康发展奠定了基础。

着力解决历史遗留问题。克服各种阻力圆满完成对巨额亏损、已严重资不抵债的烟台药业的股权转让工作，彻底摆脱了这一长期困扰集团发展的历史包袱，有效地改善了公司资产质量。

创新管理，促进集团跨越式发展。2010 年初，在通盘考虑公司发展现状及市场形势的基础上，审时度势提出了“产品产量全面达产达效，利润指标向过亿元冲刺，实现生产经营两大跨越”的经营目标，团结带领广大干部职工，开拓创新、扎实工作、努力拼搏、抢抓机遇，圆满完成了生产经营两大跨越的任务目标，经济效益实现跨越式攀升，利润总额实现 1. 136 亿元，净利润达到 1. 067 亿元，实现了突破亿元大关的目标。2010 年末，实现年销售收入 42. 94 亿元，比上年增长 20. 21%；年利税总额 1. 9 亿元，比上年增长 71. 67%，谱写出鲁银发展的崭新篇章。

强化企业文化建设。紧紧围绕企业中心任务积极推进形势任务教育和各种形式的主题系列活动，建立劳动竞赛的长效机制，推进合理化建议活动和“争先创优”活动深入开展，推行学习型组织创建工作，将学习型组织创建与企业文化创建有机结合，以先进的企业文化凝聚员工，营造积极向上的企业文化氛围，形成推动鲁银各项事业再上新台阶的强大合力。

鲁银投资集团股份有限公司董事长、总经理、刘相学先生主要荣誉：

莱钢集团劳动模范；在实现 1000 万吨钢奋斗目标中做出突出贡献，获个人一等功一次、二等功一次；创造的“实施钢铁成本系统优化大纲，促进成本持续降低”荣获 2006 年度管理创新与进步项目一等奖、2007 年度山东省企业管理现代化创新成果一等奖、第二十一届山东省企业管理现代化创新及优秀应用成果一等奖；创造的“面向企业价值最大化的管理效益纵深行”荣获第二十届省级一等企业管理现代化创新及优秀应用成果。

薛道成 先生

山西西山煤电股份有限公司　董事长

薛道成，出生于1962年，山西孝义人。大学学历，成绩优异的采煤高级工程师，中共党员。现任山西焦煤集团有限责任公司董事、党委常委，西山煤电（集团）有限责任公司董事长、党委书记和山西西山煤电股份有限公司董事长、党委书记。

山西西山煤电股份有限公司于1999年煤炭市场低迷时，由西山煤电集团公司以优质资产注入设立，公司股票于2000年7月26日以“中国焦煤资源第一股”在深交所挂牌交易，成为山西省属煤炭系统内率先实行现代企业制度并成功发行上市的企业。西山煤电股票的成功上市，为这个具有近五十年发展历史的老企业注入了生机和活力，从此驶入资本市场快车道演绎了一条资源型企业可持续推进、跨越式发展的精彩轨迹！

公司上市后始终秉承诚信经营、规范运作、创新发展、回报社会的理念，坚持以循环经济发展模式为依托，紧紧把握以主业为重心，以构建“煤－电－材”、“煤－焦－化”两条煤基产业链为重点，把资本重点投向主业以及关联产业，真正把企业的竞争优势建立在已有的资源要素和延伸产业链条的基础上。陆续建成全国最大的燃用洗中煤坑口发电厂，成为全国循环经济项目的典范；利用煤矸石综合利用发电取代了七十二台锅炉，净化和美化了矿区环境；京唐西山焦化项目的建成投产打造了公司又一支柱产业，建立了积极参与环渤海经济圈建设的桥头堡；开发建设的兴县矿区千万吨级矿井及洗煤厂更是极大地提升了公司的规模实力和盈利水平。

薛道成董事长坚持引领公司走可持续健康发展之路，牢牢把握“安全和发展”两大主题，围绕“做大做强煤炭主业、积极发展相关产业、控股参股上下游企业”的发展思路，积极调整产业结构。通过自主建设和联合开发建设两种方式不断加快发展延伸产业链，实现了公司由粗放型向集约型，单一型到多元化的转型发展，极大提高了公司的核心竞争能力、可持续发展能力和抵御市场风险能力。资源整合工作圆满收官，极大地增强了公司发展后劲；成功并购2×60万千瓦武乡电厂，不仅使公司在电煤市场的博弈中有了回旋之地，更为延伸煤电气材化循环经济项目提供了广阔的发展空间。上市至今，公司煤炭产能由成立之初的600万吨增加至目前近3000万吨，电力装机容量由零跃升到目前3200MW，焦炭产能由零提升到540万吨，公司可持续健康发展的基础更加巩固。

企业发展的同时不忘惠及民生。薛道成董事长提出的全面建设安全、富足、宜居、幸福的新西山建设的宏伟目标，极大激发了干部职工参与新西山建设的热情和活力，旧区改造、保障性住房建设、棚户区治理三大民生工程正在有序推进，力争打造全国最美矿区。

薛道成董事长非常重视公司的投资者关系管理工作。公司上市以来，一贯坚持做好信息披露工作，按照规范要求，做到信息披露的真实、准确和完整。薛道成董事长强调一定要把公司最真实的一面展现给投资者，让投资者充分地了解公司。公司致力于认真做好投资者来电来访，深入与投资者沟通交流，了解并掌握投资者需求，细致诚恳地向投资者讲解公司的价值、文化和理念，公司的价值观始终与广大投资者保持趋同和一致。今年“走进上市公司投资者开放日”主题活动在西山煤电隆重举行，通过互动交流，展示了公司现代、文明的工业厂区，规范、高效的工作作风和务实、坦诚的企业精神风貌，赢得了广大投资者的高度信赖和称誉。

公司上市以来，西山煤电股票长期被作为深证成指、深证100、巨潮100、沪深300指数样本股，在资本市场上表现良好。公司以稳健的经营、高额的利润大幅回报了广大投资者，确立了在煤炭板块的龙头地位，彰显了大盘蓝筹绩优股风范，其价值被广大机构和个人投资者充分认同。公司连续多年跻身“中国上市公司百强”，多次荣获“最具持续投资价值上市公司”、“最佳诚信经营上市公司”、“中国主板上市公司最佳董事会”、“最佳股东回报上市公司”等称号，薛道成董事长荣获“2012年中国上市公司最受尊敬企业家”称号。

作为公司的领头人，面对当前严峻的经济形势，如何在深化改革开放、倡导转型跨越的大环境里走出独具特色的不断发展壮大之路，深感任重而道远。今后，公司将继续保持和发扬煤炭企业的优良传统，充分利用好山西综改试验区诸多先行先试政策，紧紧抓住当前资本市场的新变化与新机遇，坚持“以煤为基、多元发展”，继续围绕煤炭主业做文章，凝智聚力，共谋发展，通过资源扩张、项目并购和技术改造，率先走出一条资源型地区转型跨越发展的新路径，将西山煤电打造成主营业务突出、核心竞争力强、品牌影响巨大的上市公司。

吴景龙 先生

内蒙古蒙电华能热电股份有限公司 董事长

吴景龙，男，1965年生，汉族，高级工商管理硕士，博士研究生，教授级高级工程师。吴景龙先生曾在内蒙古送变电公司任技术员、副主任、主任、经理、党委副书记等职。2003年后曾任内蒙古电力（集团）有限责任公司基建部主任、工程管理部经理；北方联合电力有限责任公司副总经理、党委委员；内蒙古能源发电投资有限公司总经理、党委副书记等职。现任北方联合电力有限责任公司总经理、党委副书记及内蒙古蒙电华能热电股份有限公司董事长。

内蒙华电作为自治区电力能源行业的支柱企业，吴景龙同志深知企业的特殊使命，在经营发展中自觉履行政治责任、经济责任和社会责任。在全国和自治区"两会"保电、奥运保电、春节、国庆等重大节日期间，主持制定详尽的保电措施，亲自深入一线指导工作，确保了各个时期重要保电供热任务。近年来，在电煤价格持续高位运行的巨大压力下，每年承担4亿多亏损，讲政治，保供热，确保了自治区6个盟市5500多万平方米居民冬季供热安全。针对能源行业实际，吴景龙同志自觉履行"三色"公司使命，将"上大压小"、节能减排、发展循环经济、实现清洁发展上升到企业战略的高度予以重视和实施。截至2010年底，所属发电企业已全部达到"资源节约型、环境友好型"企业。全面开展脱硫设备改造工作，北方公司运行机组除尘率、二氧化硫排放量和氮氧化物指标均达到国家要求标准。北方公司所属达拉特发电厂等6家单位进入内蒙古10家全区节能突出贡献企业和10家全区减排突出贡献企业，受到内蒙古自治区通报表彰。

吴景龙同志和他的领导团队自觉将企业发展融入到和谐内蒙古建设之中，积极承担社会责任。2008年以来，北方公司先后4次为汶川地震、南方冰雪灾害、鄂尔多斯黄河凌汛和甘肃舟曲特大泥石流灾害抢险救灾等捐款1500多万元，并积极参与金秋助学、定点扶贫和社会主义新农村新牧区建设，为内蒙古经济社会发展做出了应有贡献，北方公司也荣获内蒙古党委宣传部等六单位联合颁发的"最具爱心企业"荣誉称号。

同时，作为上市公司控股股东北方公司的总经理，也以大力支持上市公司的发展作为主要任务，尤其是在资本运作；解决"一厂多制"、"同业竞争"；上市公司内控建设；投资者关系工作等方面，更是给与了上市公司强有力的支持；公司向煤电一体化及电力外送方面的发展转变迈出了重要一步。

随着监管部门对上市公司规范运作与治理要求的提高，在吴景龙董事长的大力支持下，公司不断完善相关制度，结合公司内控体系的建设调整工作，进一步优化、完善了相关信息传递及披露流程，克服了公司分支机构多、分布地域广的困难，通过积极工作，避免了信息漏报。通过主动提示各方信息保密及披露职责，避免了信息泄露。通过逐步完善信息披露工作、关联交易、资金占用等方面的流程控制，使公司各年度信息披露质量得到了各方的认可，2009年获得上海证券交易所"十佳信息披露提名奖"。同年，在大股东的强力支持下，公司成功实施了资产置换方案，使上市公司彻底扭转亏损局面，解决了进行置换的三个电厂所存在的"一厂多制"问题，减少了同业竞争与关联交易，维护了公司在资本市场的信誉度，为后续的资本运作奠定了良好的基础。

吴景龙董事长一直以处理好公司与投资者之间的关系为重，公司自上市以来，一直与投资者保持了良好的关系，得到了监管部门、社会机构及投资者的认可。为了与投资者全方位的沟通，公司通过丰富多样的渠道和形式，与来自全国各地的投资者保持密切有效的交流，参与了多次大型投资者会议，听取了解市场观点及对公司未来经营的建议并给予反馈，增进相互了解，树立了公司形象。同时，公司不断加强信息收集工作，及时掌握公司动态、市场传闻，加强快速反应机制，有效防范化解市场风险。

2011年，公司控股股东北方电力根据中国证监会内蒙古监督局关于解决北方电力与内蒙华电同业竞争问题的要求，为支持公司业务发展，避免同业竞争，公司作出"将内蒙华电作为北方联合电力有限责任公司煤电一体化等业务的最终整合平台；北方联合电力有限责任公司将根据相关资产状况，逐步制定和实施资产整合的具体方案，力争用五年左右时间，将相关所属资产在盈利能力以及其他条件成熟时，逐步注入内蒙华电；北方联合电力有限责任公司在项目开发、投资、建设等方面优先支持内蒙华电；北方联合电力有限责任公司将继续履行之前作出的各项承诺，以支持内蒙华电的持续稳定发展"的承诺。

在公司2011年非公开发行股票项目中，北方电力已将魏家峁煤电有限责任公司全部股权以及聚达发电有限责任公司全部股权注入本公司，从而进一步减少了上市公司与北方电力之间的"同业竞争"与关联交易，部分解决了达拉特电厂的"一厂多制"问题。

2011年12月，北方电力又根据上述承诺，对所属资产进行了筛选，明确了在2012、2013年可以分批启动注入公司的资产内容。

在吴景龙董事长的积极协调下，内蒙华电2011年非公开发行股票工作获得圆满成功。该项工作自2011年2月启动，4月确定了发行方案，8月12日公司将发行方案上报中国证监会，于10月17日获得中国证监会发审委无条件审核通过，10月26日获得证监会发行批文。从申报到获得核准批文仅仅用了2个月的时间。2012年3月8日，公司最终以7.76元/股的发行价格向包括博时基金、南方电网等十名投资者非公开发行不超过6亿股A股，募集资金总额46.56亿元，公司非公开增发获得足额认购。3月14日，认购资金全部到位。

内蒙华电本次非公开发行股票工作，取得了多项突破与创新。同时，公司本次非公开发行是近年来A股市场最成功的非公开发行案例之一。

今后，内蒙华电董事会在吴景龙董事长的带领下，将全面贯彻落实股东大会各项决议，以百折不挠的信心，攻坚克难的决心，求真务实，推进公司又好又快发展，为股东建设健康持续发展的能源公司。

郭现生 先生

林州重机集团股份有限公司 董事长、总经理

郭现生，男，高级经济师，在职研究生，出生于 1962 年 5 月，河南林州人。现任林州重机集团股份有限公司董事长，林州重机集团控股有限公司执行董事，七台河重机金柱机械制造有限责任公司执行董事，鸡西金顶重机制造有限公司执行董事，北京中科虹霸科技有限公司副董事长、总经理。曾任林县重型煤机设备厂厂长，林州重机（集团）公司董事长兼总经理，林州重机集团有限公司董事长兼总经理。

1987 年 12 月，郭现生先生以资本 70 万元在当时的河南林县注册建立了林县重型煤机设备厂，经营煤矿机械配件和机件加工。1994 年 3 月，郭现生先生以林县重型煤机设备厂为核心，组织建立了林州重机（集团）公司并担任董事长兼总经理，带领公司全体员工奋力拼搏。在短短的几年间，使公司迅速成长为当地具备一定规模的煤矿设备经销商。2008 年 2 月，此时的公司正式变更为林州重机集团股份有限公司，注册资本 13660 万元；2009 年 12 月，注册资本增加到 15360 万元。2011 年 1 月公司在深圳证券交易所成功上市，注册资本达 20480 万元。目前，公司已成为煤矿机械六大系列四十多种产品以及虹膜考勤系统和井下移动跟踪系统、专业锻造加工为一体的多行业、跨地区的集团公司，国内最大的民营煤炭综采机械设备供应商。公司通过了 IS09000/IS014000/OHSAS18000 体系认证，连续多年被评为省级“重合同、守信用”企业，“全面质量管理达标企业”。系全国煤矿“十佳”支护产品、综机配件、机电配件定点生产企业。是全国第一批国家级征信企业和中国质量守信企业；被河南省政府列入“河南省 100 户重点工业企业”、“河南省重点转型升级企业名单”、“河南省 2011 年度规模效益百强企业名单”。

郭现生先生牢记“为用户服务，为社会服务，为人民服务”创业理念，以振兴我国煤炭机械行业为己任，高瞻远瞩，不断为企业谋求长远的发展动力。积极履行社会责任，将林州重机发展成果惠及社会各方，为和谐社会建设做出了突出贡献。

公司始终把科技作为第一生产力，特别注意收集国际国内煤机行业的科技信息，努力培育企业的核心竞争力。总经理每年主持召开一次专家委员会会议，分析当前国际国内煤机行业的技术发展状况，运用专家分析法、头脑风暴等方法，评估林州重机现有技术水平及技术发展方向。公司建立了河南省认定的企业技术中心，2010 年 3 月 16 日经林州市政府批准又成立了《林州市煤矿机械设计院》，下设北京研究所、郑州研究所。积极开展技术研发，缩短与国际先进技术水平的差距，占领技术制高点。开发具有自主知识产权的专利技术刮板输送机用帘式电缆槽、重型有轨台车、破碎机动力部侧连接装置等等 19 余项。

公司十分重视生产经营过程给环境、能耗、安全、卫生等带来的社会影响，努力实施和创建安全节能环保型企业。多年来严格按照国家行业控制的标准持续进行综合治理，相继制定《特殊环境及特种作业管理规定》、《消防管理规定》、《安全检查管理规定》等，明确责任单位和责任人，并采取系统控制方法，监控环境、节能降耗、安全生产、公共卫生等。

在安全生产方面，公司持续开展“安全生产月”、“百日安全无事故”、“消防演练”等活动，增强员工安全意识。在节能减耗方面，公司以节能技术、节能工艺研制出高压辊磨等节能产品，并投资上千万元用于更新添置高清洁工艺设备，在工件的热处理和消应力过程中，由原来的煤炭加热到目前所用的电加热，总体使企业每年节约标准煤 2 万吨，减排烟尘、粉尘及 S02 等 400 吨，实现源头治理和过程消减。通过了 GB/T24001 环境管理体系认证和 GB/T28001 职业健康安全管理体系认证及矿用产品安全标志认证、特种设备制造许可认证等。

在文化建设方面，公司倡导学习型团队理念，创建横向沟通学习型组织，大力开展安全生产、技术创新、模范班组、QC 小组、6S 管理小组等活动，鼓励开展丰富多彩的群众性文体活动；这些跨职能学习型组织在公司蓬勃发展、呈现出多样性管理补充和促进员工队伍素质提高优势，对打破部门壁垒、加强部门之间的横向沟通、技术创新、降低成本起到了重要作用，同时也融洽了员工关系，增强了企业凝聚力。

郭现生先生一如既往浇注着对煤炭行业的热情与对公司的感情，他将继续用大力发展来为行业发展出力、为社会和谐出力、为环保建设出力。

刘平春 先生

深圳华侨城股份有限公司　总经理

刘平春，男，1955年出生，本科学历，高级政工师。曾任华侨城经济发展总公司总经理助理兼策划部总经理，本公司董事兼总裁、党委书记、董事长，华侨城集团副总裁，深圳欢乐谷董事长，北京华侨城副董事长、总经理(兼)，上海华侨城董事长，锦绣中华董事长，深圳世界之窗副董事长，华侨城酒店集团董事长、党委书记，云南华侨城董事长。现任华侨城集团党委常委，暨南大学深圳旅游学院院长，公司党委副书记、总裁、董事。同时兼任中国旅游协会副会长、中国旅游景区协会会长、中国上市公司协会副会长、深圳上市公司协会副会长。

管理经验及成就业绩

刘平春同志长期从事旅游产业战略规划、大型旅游项目投资开发与经营管理，以及上市公司运营等工作，拥有20多年的管理工作经验。参与了所属锦绣中华、世界之窗主题公园董事会工作，指导其坚持高品位与特色经营，不断更新改造，使两景区一直保持旺盛的活力与生命力；参与领导了中国新一代主题公园"欢乐谷"的规划建设及经营管理，成功实现了华侨城主题公园产品的换代与升级，并实现"欢乐谷"的全国连锁。

多年来，刘平春同志积极探索创新主题公园产业的发展模式，实现了华侨城主题公园全国布点布局和连锁发展；在探索主题公园科学管理模式，加强"软实力"培养等战略问题上也进行了长期的研究和实践，领导了中国第一套主题公园企业管理标准的编制，推动中国主题公园运营管理与国际先进水平的接轨。在长期的实践中刘平春同志对中国旅游业发展特别是主题旅游产业的发展形成了深入的认识和独到的见解，曾多次应邀参加中国旅游投资洽谈会、中国旅游发展论坛、中国文化产业新年论坛、IT经理世界年会等各类学术交流并发表主题演讲，其发言被收录在《2005中国旅游景区发展报告》、《2006中国旅游投资报告》等出版物中公开发行。

1997年，刘平春同志参与华侨城集团旅游资产上市的筹组工作，并先后担任上市公司"深圳华侨城控股股份有限公司"董事总裁、董事长，运用资本市场支持旅游企业投资发展，实现了华侨城旅游产业的快速扩张。2009年11月，华侨城集团依托股份公司平台实现主营业务整体上市，刘平春担任"深圳华侨城股份有限公司"董事总裁，为股份公司进一步整合资源、统筹运作、加速发展奠定了基础。

十四年来华侨城股份公司一直保持良好的发展状态，公司资产总值由8.02亿元增长到628亿元，净资产从上市初的5.79亿元上升到163亿元。目前，华侨城已拥有主题景区13处，累计接待游客2亿人次。2007年至2011年，华侨城连续进入年入园千万人次以上的全球旅游景区集团八强，也是跻身八强的唯一亚洲企业。

社会荣誉

2011年5月，华侨城A荣获中国房地产研究会、中国房地产协会和中国房地产测评中心授予的"2011中国房地产上市公司综合实力二十强"；10月，"2011中国最佳雇主榜单"在北京会议中心隆重揭晓，华侨城A荣获"中国最具投资潜力的品牌雇主"殊荣，该活动由国际人力资源管理协会、首都经济贸易大学、中国雇主品牌论坛理事会、中企联合(北京)人力资源管理中心等单位联合主办，《企业管理》杂志、《职业》杂志、《中国品牌》杂志 、English Glasgow University CRMP和搜狐财经协办；12月，在《每日经济新闻》报社举办的2011中国上市公司领袖高峰论坛暨上市公司口碑榜活动中，华侨城A荣获"2011中国上市公司口碑榜·最佳大股东"称号；同月，经世界经理人集团、世界企业家杂志和世界金融实验室共同评选，华侨城A被世界金融实验室、世界企业家杂志授予"2011中国最受尊敬50家上市公司"称号。2012年5月，由中共中央宣传部和国家科技部组织召开的"文化与科技融合座谈会"上，光明日报社和经济日报社发布了第四届"文化企业30强"名单，华侨城A继2011年第三届"文化企业30强"再次入选；7月，由中国证券报主办的第14届中国上市公司高端对话暨金牛奖颁奖典礼在天津举行，华侨城A荣登"2011年度金牛上市公司百强"榜单，并荣获"2011年度金牛上市公司百强"、"2011年度金牛基业常青公司"两大奖项。

2011年12月，在由深圳市企业联合会、深圳市企业家协会、深圳报业集团、深圳广电集团、《时代商家》杂志社联手深圳近80家行业协会举办的首届深圳百名行业领军人物评选活动中，刘平春总裁荣获"深圳百名行业领军人物"称号；在2011年度中国旅游投资"ITIA(艾蒂亚)"评选活动中，刘平春总裁荣获国际旅游投资协会颁发的"中国旅游投资领袖人物"奖。

在这些业绩与荣誉背后，在刘平春同志的领导下，华侨城打造了中国旅游第一品牌，创造了独特的商业模式，培育了片综合开发的核心竞争力，锻炼了一支具有国际竞争力的人才队伍，推动了中国现代旅游产业的崛起，践行了中国企业公民的社会责任。

刘世春 先生

金融街控股股份有限公司 董事长

刘世春，1968 年 3 月生，中共党员，香港科技大学工商管理硕士，高级工程师。2000 年 6 月起任金融街控股股份有限公司董事，2001 年 4 月至 2011 年 6 月任金融街控股股份有限公司总经理，2011 年 7 月至今任金融街控股股份有限公司董事长。

刘世春先生为北京市西城区人大代表，获得北京市第十九届“五四奖章”、首届“西城区十大杰出青年”、第八届“北京十大杰出青年”和第十一届“中国五四青年奖章”等荣誉称号。

李 玮 先生

齐鲁证券有限公司 董事长

李玮，男，1962 年 4 月出生，山东省莱芜市人，中共党员，经济学博士，高级会计师。现任齐鲁证券有限公司董事长、党委书记，兼任山东证券业协会会长、山东省金融学会第七届理事会副会长、山东省金融家与企业家俱乐部理事、山东大学校董等社会职务。

【工作经历】1983 年 -2000 年在莱钢集团有限公司财务处工作，历任会计、副科长、科长、副处长、处长；2000 年 9 月任莱钢集团有限公司副总经理兼总会计师；2002 年 10 月任莱钢集团有限公司总会计师、鲁银投资集团股份有限公司党委书记、董事长、总裁；2003 年 1 月增选为莱钢集团有限公司董事；2003 年 7 月兼任齐鲁证券有限公司董事长；2007 年 8 月任齐鲁证券有限公司董事长；2008 年 4 月任齐鲁证券有限公司党委书记、董事长，主持齐鲁证券有限公司全面工作。

【工作业绩】李玮同志就任齐鲁证券之际，公司曾一度陷入严重的生存危机。按照省委省政府决策和部署，莱钢集团控股齐鲁证券，李玮同志临危受命，出任公司董事长，在随后的几年，着力化解公司风险、重组整合山东证券资源、带领公司积极优化创新发展，使齐鲁证券由年亏损上亿元的高风险经纪类小型券商，跃升为拥有 140 余家分支机构，控股期货、基金和直投公司，年盈利达几十亿元，具有较高行业地位的大型综合创新类券商。

在长期的工作实践中，李玮同志以科学发展观为指导，将科学发展、和谐发展的理念贯彻到各项工作中，为山东资本市场的发展付出了巨大的努力。担任齐鲁证券有限公司董事长以来，脚踏实地，富于创新，锐意进取，带领齐鲁证券不断实现新的跨越。

姜喜运 先生

恒丰银行股份有限公司　董事长

姜喜运，现任恒丰银行党委书记、董事长。高级经济师，教授级高级政工师。1949年11月生人，祖籍山东莱西，1970年1月参加工作，1976年6月入党，本科学历。历任山东黄县建委副主任、烟台住房储蓄银行副行长、行长、党组书记。2003年组织领导烟台住房储蓄银行整体更名改制为恒丰银行，列全国第11家股份制商业银行。因业绩卓著，被推选为中共烟台市九届、十届全会代表。曾获"山东省优秀企业思想政治工作者"、"烟台市五一劳动奖章"、"烟台市优秀共产党员"、"烟台市精神文明建设先进工作者"、"烟台市优秀思想政治工作者"等10多项荣誉称号。

闫冰竹 先生

北京银行　党委书记、董事长

闫冰竹，男，1953年出生，经济学硕士，工商管理硕士，高级经济师，享受国务院特殊津贴专家。现任北京银行董事长，中国共产党第十七次全国代表大会代表，第十一届全国政协委员，中共北京市委委员，中国银行业协会副会长，中国青年企业家协会副会长，中国金融学会常务理事，北京市金融学会副会长。

闫冰竹先生金融从业30余年，1996年参与组建北京银行并出任首任行长，2002年至今担任董事长，是中国金融业改革开放30年的见证者和实践者。

闫冰竹先生先后荣获"十大中华经济英才"、"年度创新经理人"、"中国城市商业银行年度人物"、"北京市先进工作者"、"中国金融网年度金融人物"、"中国十佳金融新锐人物"、"北京市优秀党务工作者"、"中国银行业年度人物"、"中国金融年度人物"、"十大中华经济英才"、"中国企业最具创新力十大领军人物"、"北京优秀创业企业家"、"全球华商领军人物"、"中国改革贡献人物"、"30年中国品牌人物贡献奖"、"北京优秀创业企业家"、"全国十大经济新闻人物"、"亚洲品牌创新人物奖"、"CEO年度人物"及"百强企业领袖奖"等多项荣誉称号，为中国金融事业的发展做出了重要贡献。

闫冰竹先生还拥有丰硕的研究成果，先后编著《商业银行价值管理》，主编《转型时期商业银行发展理论与实践》、《商业银行风险管理与内部控制》等书籍，并在《金融时报》、《中国金融》等核心报刊杂志上发表专业论文100余篇。

郭 友 先生

中国光大银行　行长

郭友先生自 2004 年 8 月起任公司执行董事、行长。现任中国光大（集团）总公司副董事长。1994 年 11 月至 1998 年 8 月，曾任国家外汇管理局外汇储备业务中心外汇交易部主任、国家外汇管理局中国投资公司（新加坡）总经理、中国人民银行外资金融机构管理司副司长。1998 年加入公司，历任中国光大银行副行长、副董事长，中国光大（集团）总公司执行董事、副总经理兼光大控股行政总裁等职务。毕业于黑河师范学校、黄河大学美国研究所，后获西南财经大学金融学专业博士学位，高级经济师。

翟建强 先生

财达证券有限责任公司　总经理

翟建强，男，1964 年 7 月出生，河北省蠡县人，硕士研究生，正高级会计师，中共党员。1982 年 9 月至 1986 年 7 月就读于河北大学政治经济学专业；1996 年 9 月至 1998 年 7 月就读于河北大学世界经济学专业，获得硕士学位；2003 年 5 月至 2005 年 5 月，就读新加坡南洋理工大学，获得工商管理硕士学位。1986 年 7 月至 1992 年 3 月，河北省财政厅工作；1992 年 4 月至 1994 年 12 月，河北省财政厅国债服务中心副主任科员；1995 年 1 月至 1999 年 2 月，河北财达证券公司总经理助理；1999 年 2 月至 2002 年 4 月，河北财达证券公司副总经理；2002 年 4 月至 2005 年 11 月，河北财达证券经纪有限责任公司副总经理；2005 年 11 月至今财达证券有限责任公司总经理。

翟建强同志曾获“河北优秀经营管理者”、“河北省创业企业家”、“有突出贡献的经营管理人才”称号。主持撰写的课题《关于设立河北省创业风险投资引导基金的思考》，获“河北省科学技术成果”奖，经专家论证达到国内先进水平；2010 年，组织编写了《现代企业上市融资指南》，对普及上市知识，推动河北企业上市发挥了重要作用，曾以第三名的优异成绩当选“2010 年度河北十大经济风云人物”。

在翟建强同志带领下，公司实现了从小到大、从区域走向全国、从经纪类到综合类券商的三大跨越，使财达证券从一个名不见经传的地方性小券商成长为一家规模较大、盈利能力较强，知名度较高的 A 类证券公司。2007、2009、2010、2011 年公司四度荣获“河北省金融贡献奖”；2010 年河北纳税百强企业；2009、2010 年分获“2009 年中国券商势力榜第 18 位、2010 中国最具发展潜力证券公司”殊荣。

刘建武 先生

西部证券股份有限公司　董事长

刘建武先生，1965年6月出生，中共党员，经济学博士，高级经济师。曾任陕西省计划委员会干部、西安市人民政府办公厅秘书、处长，西安高新区管委会园区管理办副主任，西安高科集团地产开发公司副总经理，西安市投资服务中心副主任，陕西省投资集团(有限)公司金融证券部经理。现任陕西省投资集团(有限)公司董事，陕西证券期货业协会会长，纽银梅隆西部基金管理有限公司董事，2005年10月任西部证券股份有限公司董事长。

洪家新 先生

华鑫证券有限责任公司　总裁

洪家新先生，1955年生，1996年7月，在中国人民解放军空军政治学院本科毕业(在职攻读)，现任华鑫证券有限责任公司法人代表、总裁。

公司成立以后，2005年7月洪家新先生担任华鑫证券公司副总裁，根据董事会扭亏为盈的总体要求，并制定了走特色、差异化发展道路。洪家新先生分析了公司现状，华鑫证券公司属于中小券商，资源有限，因此，不能按部就班走大多数证券公司“小而全”的发展道路，而应跳出常规，借船出海，实现突破。由此，制定了“以合资合作为突破、以金融控股为架构、以组织创新促发展、以高端业务树品牌”的特色、差异化发展战略。为此，洪家新先生对公司组织机构转型，成立合资工作小组；组建优秀团队，特别是招聘组建了50名投行业务人才；激励措施到位，建立了市场化为导向的薪酬激励机制；集中力量重点做大经纪、自营、资产管理、期货四大板块。经过5年艰苦奋斗，公司净资产增长4.83倍，公司从单一证券经纪业务为主转型为综合性业务的金融控股集团。

为达到期货扩张为重点，2009年，洪家新先生向董事会提出大胆收购上海金城期货经纪有限公司51%股权。该公司由于历史原因，经营长期处于停滞状态，员工仅十几人，客户资产仅几百万元，，经董事会批准后，2010年1月，该公司正式更名为华鑫期货有限公司，洪家新先生采取“三三制(三管齐下组建团队、三项建设加强内控、三个阶段稳步推进)”推动期货公司发展。不到2年，期货资产规模突破5亿，成为公司新的重点板块，推动了金融衍生产品领域实现现货、期货纵向一体化。

洪家新先生为做大经纪业务，首先搭好平台，2007年，公司对高达几十万户账户开展清理，经过近1年努力，终于在2008年2月全国第一家通过验收，获得中国证监会颁布的“账户规范工作先进集体”殊荣，这是中国证券行业自成立以来，目前唯一由证监会颁布的行业先进称号。2008年成功增资扩股，注册资本金由10亿元增资到16亿元；员工从350人增至600人；公司近几年投入超过1千亿，成功搭建了综合性业务平台。洪家新先生还重组营业部，带动业务创新：组建中心营业部、建设旗舰营业部、搬迁新设营业部。经过证券业务重组，不仅做大了经纪业务，而且至2010年公司经纪业务收入占比从90%以上降低到63%，收入结构也得到明显优化，整体抗风险能力有效提高。

黄崇胜 先生

怡球金属资源再生（中国）股份有限公司 董事长

黄崇胜先生，于 1957 年出生于台湾高雄县永安乡的渔户人家。从小艰苦的生活环境，促使他奋发图强，立志要改变家里的现状，他 相信命运掌握在自己的手中，并为此而一直努力着。

1984 年，黄崇胜背井离乡，来到马来西亚，在巴西古当工业区 创立了"怡球金属熔化有限公司"，公司主要从事铝合金锭的生产加工。黄崇胜对于铝合金锭的制造始终不渝，他期望通过废旧资源的回收利 用，减少资源浪费，将人们赖以生存的地球环境变得更美好。企业在 不断发展的同时，黄崇胜早已将目光投入中国大陆这片充满活力和商 机的热土。2001 年，黄崇胜在中国江苏省太仓市浮桥镇再生资源加 工区成立怡球金属资源再生（中国）股份有限公司，公司当前注册资 本为 4.10 亿元人民币，公司的主营业务是利用所回收的各种废旧铝 资源，进行分选、加工、熔炼等工序，生产出再生铝合金产品，达到 铝金属资源循环利用的目的。目前是中国铝资源再生领域的龙头企业之一，生产和节能技术水平领先，是我国循环经济产业的典型企业。公司并于 2012 年 4 月 23 日在上海证券交易所首次公开发行 A 股成 功挂牌上市，股票简称：怡球资源，股票代码：601388。

近年来，公司在黄崇胜董事长的亲自带领下，先后获得太仓市十 大出口创汇大户、销售大户、纳税大户，江苏名牌产品、江苏省循环 经济试点单位、江苏省高新技术企业、江苏省企业技术中心、江苏省 外资研发机构等荣誉；并通过 ISO/TS16949：2002 质量管理体系、ISO14001 环境管理体系认证。公司生产的产品质量达到了较高的标准，目前公司是国内仅有的少数几家铝合金锭产品在伦敦金属交易所(LME)注册并能实际交割销售的生产企业之一，标志着公司的产品 质量已经符合国际市场的标准。

公司在发展的同时，也非常注重产业的环保，于 1996 年先后加 入国际再生资源协会 BIR 和废旧循环利用工业协会 ISRI，而黄崇胜 董事长本人也荣获太仓市环境保护"十佳"工作者称号。

白手创业的艰辛，黄崇胜深有体会，但他坚信：质量是企业保持 品牌的基础；创新是企业永续经营的条件；诚信是企业赖以生存的保 证。公司将继续全力打造绿色铝合金产业，做大循环经济产业、创造 一流再生铝基地，为社会和经济的发展提供可靠的资源保障，并朝着 亚洲第一，世界第一的愿景迈进。

李跃先 先生

太阳鸟游艇股份有限公司 董事长

李跃先，汉族，1963 年 3 月出生，本科文化，中共党员，高级工程师，中国造船工程学会复合材料委员会理事，中国船艇协会副理事长，中国交通企业管理协会客运旅游工作委员会副理事长，中国标技委复材船艇委员会委员，中国小艇标准化技术委员会委员。现任太阳鸟游艇股份有限公司董事长、总裁。

李跃先先生曾获国家经贸部科技成果二等奖、湖南省"星火带头人"称号；获湖南省人民政府"优秀科技工作者"称号；获益阳市政府"十大优秀青年企业家"称号；2000 年被湖南省政府授予"优秀民营企业家"称号；2002 年太阳鸟公司进入湖南民营 500 强；2009 年获益阳市十大"企业明星"称号、荣获益阳市建国 60 年、改革开放 30 年企业先进个人称号；2011 年太阳鸟被认定为中国驰名商标，荣获益阳市人民政府授予"创业之星"称号、2011 年中国质量评价协会科技创新卓越领导者奖；2012 年获湖南省人民政府科学技术进步奖、2012 年度全国交通运输企业节能减排优秀推进个人。

李广元 先生

四川明星电缆股份有限公司　董事长

李广元先生，1975年生，中国国籍，无永久境外居留权，大学本科学历，中共党员，高级经济师，四川省第十一届人大代表。曾任安徽华星电缆集团有限公司四川分公司总经理、四川明星电缆有限公司董事长，现任四川明星电缆股份有限公司董事长、党委书记、全国青年联合会委员、中国青年企业家协会理事、中国检察官教育基金会理事、中国电力发展促进会常务副理事长、四川工商联常委、四川光彩事业促进会副会长、四川省青年联合会常委。2006年获四川省“优秀青年”、乐山市“优秀共产党员”等荣誉称号，2008年获乐山市“抗震救灾优秀共产党员”荣誉称号，被评为“全国工商联抗震救灾先进个人”，2009年获“中华慈善事业特殊贡献奖”，被授予“全国机械工业优秀企业家”、“四川省非公有制企业党建之星”等荣誉称号，2010年被授予中华慈善奖“最具爱心慈善行为楷模”、四川省“优秀中国特色社会主义事业建设者”、乐山市“十大杰出人才”等称号。

彭晓东 先生

湖北武大有机硅新材料股份有限公司　董事长

彭晓东，男，1972年10月出生，中国国籍，无境外永久居住权。1994年毕业于武汉大学，本科学历。1994年至2000年曾担任天津华农进出口公司业务部经理。2004年至2007年曾担任天津昊翔置业有限公司董事长，2007年至今担任武汉武大立元投资管理有限公司董事长，2007年曾担任公司副董事长，2011年至今担任本公司董事长。

郑和平 先生

山东得利斯食品股份有限公司 董事长

郑和平先生，中国籍，中共党员，1951 年出生，专科学历，山东得利斯食品股份有限公司(以下简称"得利斯")董事长，高级经济师，中国乡镇企业家委员会副会长，中国肉类协会副会长，中国乡镇企业协会乡镇企业家委员会常务理事，农业部乡镇企业研究院首席研究员，潍坊市慈善总会荣誉会长，第九届全国人大代表，第八届、第十一届山东省人大代表。曾荣获"富民兴鲁劳动奖章"、"山东省优秀科技拔尖人才"、"首批山东省农村科技大王"、"山东省双十大科技兴企新闻人物"、"全国一级星星火炬奖章"、"首届肉类产业十大杰出科技人物"，"全国食品工业十大新闻人物"、"全国农村十大致富带头人"、"全国乡镇企业家"、"农业龙头企业建设特别贡献奖"、"齐鲁光彩奖章"、"全国乡镇企业科技进步先进工作者"、"中国农产品加工十大新闻人物"和"中国农村十大致富带头人物"等荣誉称号。

郑和平先生作为得利斯董事长，不断推进贸工农一体化、农业产业化进程，大力发展民营经济，取得了显著的成绩。由他创办的得利斯集团，现已发展成为国家大型一档企业、首批农业产业化经营国家重点龙头企业、中国肉类行业 10 强及中国食品行业 100 强企业，得利斯商标及产品先后荣获中国驰名商标、中国名牌产品和中国最具市场竞争力品牌等多项荣誉称号。党和国家领导人温家宝、曾庆红、回良玉等先后视察公司并给予高度评价。

郑和平先生以"改善大众饮食营养，攀登肉食科学高峰"为己任，用优质产品和科学理念引导消费潮流，被誉为"中国低温肉品第一人"。他紧紧围绕创建中国农业产业化典范企业目标，全力打造从粮油加工、良种繁育、标准饲养、畜牧饲料、生猪屠宰、肉品加工、生物工程到物流销售一体化的绿色食品产业体系，不断完善从源头到终端全程控制的肉食品产业链条，拉起了农业、畜牧、食品和生物四大科技平台框架。他始终坚持贸工农一体化、农业产业化的经营方向，根植农村，心系农民，全面加快 500 万头生猪产业体系建设步伐，不断增强龙头企业的带动能力。2011 年，得利斯集团的总资产为 102507.27 万元，净资产为 82041.43 万元，实现营业收入 161821.86 万元，净利润为 4501.1 万元，实现了经济效益和社会效益同步增长。经过 20 年锤炼，得利斯获得了广泛的市场认同，产品进入人民大会堂、钓鱼台国宾馆，出口港澳、俄罗斯、新加坡等国家地区。

公司将加快完善年产 500 万头生猪产业体系，达到年存栏 25 万头父母代种猪，出栏 500 万头肥猪，年产 150 万吨饲料，45 万吨肉品，20 万吨高档肉制品的规模。同时打造物流商业体系，在主要城市建设 100 家城市展示服务中心。整个体系年可实现总产值 160 亿元以上，利税 15 亿元，出口创汇 2 亿美元，带动农民增收 15 亿元。从而全面提升公司竞争力，为实现"百城万店、百社万场、百亿企业、百年品牌"的目标奠定基础，为农民增收、农村改观、农业增效、建设社会主义新农村贡献力量。

杨国文 先生

江苏长海复合材料股份有限公司 董事长

杨国文先生，中国国籍，无境外居留权，1957 年出生，大专学历，高级经济师，中共党员。历任遥观镇建筑工程队队长、常州市台钻厂副厂长、常州市武进长江淀粉化工有限公司总经理，常州市长海玻纤制品有限公司（以下简称"长海玻纤"）董事长。现任公司董事长。通过多年发展与自主创新，公司在强手如林的市场竞争中脱颖而出，成为玻纤行业中的佼佼者，目前公司玻纤制品生产销售规模位居江苏第一。在国内，从东部到西部、从海南到吉林，长海玻纤制品以其优异的品质，得到了国内 300 多家企业的一致认可；在国外，北美、南美、欧洲、中东、东南亚、大洋洲、非洲……30 多个国家和地区打上了长海的标记。长海，将以大海一样的辽阔胸襟和深远发展眼光，从容面对未来市场变化带来的机遇和挑战，始终不渝的坚持自己的目标——"成为国内第一、国际领先的新型复合材料行业领军人物！"

万卫方 先生

江苏吴通通讯股份有限公司　董事长

万卫方，男，1965年11月出生，汉族，高级经济师，江苏吴通通讯股份有限公司法人代表、董事长。公司主要从事移动通信基站天馈系统产品的研发、生产和销售。2011年公司实现销售额2亿余元，上缴税收2500多万元，利润近3000万元。

自公司成立以来，万卫方带领吴通公司积极投身自主创新、科学发展的时代潮流，投身建设环保型、节约型、和谐型社会的伟大事业，闯出了一条当今民营企业与时俱进、科学发展的成功之路。在经济实力不断增强的同时，公司先后支持教育事业、慈善事业和新农村建设等各项公益事业，累计出资和捐资百余万元，表达了亲民、爱民、助民的手足之情。正因为这样，吴通公司和万卫方连续赢得了一项项殊荣。公司先后被授予"江苏省创新型企业"、"高新技术企业"、"中国通信市场最有影响力的行业品牌"、"中国电子元件百强企业"等荣誉称号。万卫方多次被选为相城区政协委员、优秀党员、人大代表、社会主义事业建设者，积极参政议政为一方百姓谋取更大的福利。

万卫方尊重人才，敢于授权，敢于创新，采用现代化管理模式，创建学习型企业，重视人才培训及人才晋升，每年企业用于各类培训的费用就达20多万元，使职工有了前进的动力。公司获得多项发明专利和实用新型专利，先后和南邮、北邮和东南大学达成了实习教育协议，为毕业生提供实习基地。截止2010年，公司射频同轴连接器产品挤身国内同行业前三名："吴通"商标已被认定为苏州市知名商标和江苏省著名商标。

2012年2月29日，通过不懈努力，吴通通讯成功上市，开启了企业发展史上新的篇章。未来，万卫方将带领吴通公司借助资本市场的力量，将公司打造成为国内一流的专业化通信互连产品和互连解决方案供应商。

王俊民 先生

西藏海思科药业集团股份有限公司 董事长、总经理

王俊民，西藏海思科药业集团股份有限公司董事长，1968年出生，中国国籍，毕业于沈阳药科大学，2007年起任海思科有限公司董事长。现任海思科集团董事长、总经理；兼任成都康信执行董事、总经理，辽宁海思科执行董事。

王俊民董事长是国内最早敏锐地意识到国际到期专利药孕育着巨大的市场机会的企业家之一。他于2000年建立了海思科的前身成都博瑞医药科技开发有限公司，最初专注于新药研发，截止2012年12月，累计开发成功35个品种，其中首仿上市18个，超过50%。在新药研发取得一定成绩后，王董事长凭借其卓越的战略眼光，决定公司实行新药开发、合作生产、自主销售的崭新经营模式。公司上市后，成为医药企业中唯一采用该模式的上市公司。

王董事长带领着海思科人，以务实精神，在成长中不断创新，经过短短几年的奋斗，海思科实现了跨越式发展，目前已由一个小型民营研究所发展成为以新药研发为核心，集药品制造、药品销售等多个领域的专业化多功能的医药类集团化上市公司，并成为为数极少的在化学制药领域迈入创新药研制的公司。员工从当初的十几人发展至今天的1200余人，市值超过120亿，在146家上市医药公司中排第24名。

张利国 先生

北京国枫凯文律师事务所　首席合伙人

张利国律师，1989年毕业于北京大学法律系，获国际经济法硕士学位。在校期间加入中国共产党。研究生毕业后，曾就职于北京市医药总公司、中国汽车进出口总公司等企业。1994年创办了北京市国方律师事务所，2005年国方律师事务所重组设立了北京市国枫律师事务所，张利国律师任国枫所主任。2012年北京市国枫律师事务所与北京市凯文律师事务所合并，成立了北京国枫凯文律师事务所，张利国律师为事务所首席合伙人。

王相荣 先生

浙江利欧股份有限公司　董事长

王相荣，男，中国国籍。1972年2月生，大学本科学历，工程师，现就读于上海交通大学安泰经济与管理学院EMBA班；全国农业机械标准化技术委员会委员、中国农业机械协会排灌机械分会副会长、中国农业机械学会理事、中水网专家委员会副主任委员、浙江农业机械工业行业协会副理事长；中国青联第十一届委员会委员、中国青年企业家协会常务理事、浙江省青年企业家协会副会长；台州市人大代表。2001年5月至2005年1月，任浙江利欧电气有限公司执行董事兼总经理，2005年2月至今任公司董事长，2009年8月8日至今兼任公司总经理，同时担任利欧控股集团有限公司董事长，浙江大农实业有限公司董事长，温岭市利欧小额贷款有限公司董事长，湖南利欧泵业有限公司董事长，大连华能耐酸泵厂有限责任公司董事长，台州新科环保研究所有限公司执行董事，温岭市利恒机械有限公司的执行董事，温岭利欧贸易有限公司执行董事，台州利欧矿业投资有限公司执行董事，温岭市广源房地产开发有限公司董事，上海磊利汽车贸易有限公司的监事。

王 军 先生

包头东宝生物技术股份有限公司　董事长

王军先生，1951 年出生，1984 年开始创业。高级经济师，北京大学高层经理工商管理高级研修班结业。内蒙古自治区九届、十届、十一届人民代表大会代表，被评选为“全国乡镇企业家”，“内蒙古自治区优秀中国特色社会主义建设者”。兼任包头东宝实业（集团）有限公司执行董事、东宝圆素（北京）科贸有限责任公司董事长、行业协会副理事长、包头市工商联副会长。

多年来，王军董事长带领东宝生物团队取得了一个又一个丰硕成果，不断体现出其卓越的领导才能。2008 年，他领导的东宝生物公司被认定为国家级高新技术企业；2009 年，他主持的国家高技术产业化示范工程顺利通过验收，2010 年该工程被国家发改委授予“国家高技术产业化示范工程”牌匾，以表彰其对我国生物领域高技术产业化工作所做的贡献；2008 年开始到 2011 年，他主持的东宝生物胶原蛋白项目组与中科院理化所专家共同成功开发出千位级道尔顿小分子量骨胶原蛋白。“圆素”牌骨胶原蛋白已成功申报中国发明专利，并获自治区科技成果奖。“圆素”产品经权威机构检测质量指标达国际同类产品水平。系列粉剂、果汁饮品、面膜、眼膜、眼霜等成功进入市场，深受消费者欢迎。

2011 年 7 月 6 日，公司在深圳证券交易所创业板成功上市。股票简称“东宝生物”，股票代码“300239”。是内蒙古自治区第一家在创业板上市的民营企业，也是包头市第一家登陆国内 A 股的民营企业。

2012 年以来，王军董事长领导下的东宝生物募投项目顺利建成，主营业务发展良好，业绩实现大幅增长。

2013 年是“十二五”关键之年，我们相信在王军董事长的正确领导下，借力资本市场、不断创新的东宝生物必将不断提升企业竞争力，取得新的、更大的成绩。

刘肇怀 先生

深圳英飞拓科技股份有限公司　董事长

刘肇怀，男，广东梅州人，1995 年取得美国国籍，中山大学物理系无线电专业本科，美国犹他大学物理学硕士，美国犹他大学物理学硕博士。

经历：

美国普林斯顿大学电机工程系博上后研究员
美国 NEC 普林斯顿研究院研究员
曾在国外发表科研论文 44 篇
1993 年成立美国洛泰克，担任总裁
2000 年成立 INFINOVA，LLC，担任总裁
深圳英飞拓科技股份有限公司前身英飞拓有限董事长
深圳英飞拓科技股份有限公司董事长（现任）
英飞拓国际董事长兼总裁（现任）
美国英飞拓董事长兼总裁（现任）
香港英飞拓董事长兼总裁（现任）
JHL INFINITE LLC 总裁（现任）

获奖荣誉：

2008 年 12 月被《中国公共安全》杂志社评为“改革开放 30 年影响中国安防 30 人”。
2009 年 4 月被《中国交通信息产业》杂志社评为“中国交通信息产业 10 周年优秀企业家”。

于宝池 先生

唐山冀东装备工程股份有限公司 董事、总经理

于宝池先生，毕业于中南矿冶学院，工程硕士，教授级高级工程师。1986年加入河北省冀东水泥厂，1997年7月至2005年5月任唐山冀东水泥股份有限公司副总经理；2005年6月任唐山冀东水泥股份有限公司副董事长、副总经理。2006年5月至2012年2月，为唐山冀东水泥股份有限公司董事会董事、副董事长。2006年5月至2011年6月14日，担任唐山冀东水泥股份有限公司副总经理。2011年6月15日，出任本公司董事、总经理。

于宝池在担任唐山冀东水泥股份公司副董事长、副总经理、总工程师期间，坚持与社会协调发展的科学理念，大力发展以纯低温余热发电、资源综合利用为代表的清洁生产、循环经济技术，实现了企业经济责任、社会责任、政治责任的协调统一。公司2009、2010年连续两年获得河北省委、省政府“节能减排目标考核优秀单位”称号。

在于宝池的努力下，冀东发展集团以旗下盾石机械公司、盾石建筑公司、盾石筑炉公司和盾石电气公司重组唐陶股份于2010年12月31日获中国证监会批复，2011年3月完成了股权交割，7月13日原唐山陶瓷股份公司正式更名为“冀东装备工程股份有限公司”，成功实现了冀东发展集团装备工程板块的成功上市，为冀东发展集团实现“以建材为主，多业并举，科工贸一体，营业收入超千亿元的国际化大型企业集团”的奋斗目标奠定了坚实的基础。

孟 凯 先生

北京湘鄂情集团股份有限公司 董事长、总裁

孟凯先生，1969年出生，中国国籍，无永久境外居留权，中专学历。孟凯先生曾在深圳赤湾港务有限公司工作、曾任深圳南海粮食有限公司工程主管、深圳市湘鄂情酒楼有限公司董事长兼总经理、北京湘鄂情酒楼有限公司董事长兼总经理、深圳湘鄂情董事长兼总裁。孟凯先生现任本公司董事长、深圳湘鄂情董事长、北京市湘鄂情投资管理有限公司董事长、中国烹饪协会副会长。

侯 毅 先生

深圳市新纶科技股份有限公司　董事长、总裁

侯毅先生，1969 年出生于吉林，研究生学历。先后供职于深圳赛纶实业、深圳毅腾实业，2002 年 12 月创立深圳市新纶科技有限公司，任董事长兼总裁。2007 年 6 月起任深圳市新纶科技股份有限公司董事长兼总裁至今；2007 年 12 月起任深圳市防静电行业协会会长至今；2010 年当选深圳市第五届人大代表。现任新纶科技董事长兼总裁。

侯毅先生一直专注于防静电／洁净室行业，作为行业领军企业的创始人，侯毅先生秉承创新的管理模式和经营理念，首次提出并践行“推拉式供应链”的发展战略，致力于实施“以公司为中心的，涵盖采购商和终端客户的推拉式供应链”，将新纶科技发展成为“防静电／洁净室行业系统解决方案提供商”，并于 2010 年 1 月在深圳证券交易所中小板上市，是目前中国防静电／洁净室行业唯一的上市公司。经侯毅先生带领的管理团队的苦心经营，公司上市以来经营业绩保持了快速稳健的增长态势。

于国权 先生

江苏长青农化股份有限公司　董事长

于国权，男，中国国籍，1960 年 12 月生，本科学历，高级经济师，全国优秀乡镇企业家。1978 年进入江都农药厂工作，1985 年至 1999 年历任江都农药厂财务科长、副厂长、厂长，1999 年至 2001 年任江苏长青集团有限公司董事长、总经理。2001 年 1 月起任本公司董事长、总经理。

杨 振 先生

加加食品集团股份有限公司 董事长

杨振，1962年出生，中国国籍，无境外永久居留权，湖南宁乡人，大学文化，高级经济师，现任加加食品集团股份有限公司（下称加加食品）董事长、总经理。个人先后荣获"全国优秀乡镇企业家"、"全国青年致富带头人"、"中国调味品行业十大风云人物"、"全国农村青年创业致富带头人"、"长沙市劳动模范"等称号，担任中国调味品协会常务理事，湖南省人大代表。

杨振领导的加加食品成立于1996年，现已拥有"加加"、"盘中餐"、"九陈香"、"汤宜"、"伊能"几大品牌；公司先后荣获"中国名牌"、"中国驰名商标"、"国家级农业产业化重点龙头企业"、"国家食品工业重点企业"、"全国酿造酱油示范企业"、"食品安全示范单位"等荣誉称号。

2011年，加加食品实现销售收入16.8亿元，利税2.9亿元，综合实力位居中国调味品行业第三位，并于2012年1月6日成功登陆A股市场，被誉为"中国酱油第一股"。公司募投项目建设于国家级宁乡经济技术开发区内的"加加食品科技工业园"，将建成"年产20万吨优质酱油项目"、"年产1万吨优质茶籽油项目"以及"中国酱油博物馆"、"中国茶油博物馆"。这是实施公司产业发展战略、实现产品结构升级、不断提升盈利能力的重要举措。

加加食品将以食品工业园为产业发展新起点，继续创新战略和战术，创新工艺和技术，创新产品和营销，创新管理和商业模式，力争5年内实现销售收入50亿元，并积极引领行业进步，实现再造一个中国酱油市场的宏伟目标。

赵 嘉 先生

北京一正启源科技发展股份有限公司 董事长

赵嘉，1980年出生。北京一正启源科技发展股份有限公司董事长。赵董事长果敢、雷厉风行的工作作风为其事业的开拓奠定了坚实的基础。作为一正启源的创立者，他尤其注重培养员工的团队合作精神，注重效率、关注细节，敏锐的观察力与前瞻性为一正启源的迅速发展带来了变革性的动力，短短几年内，公司客户遍布航天业及众多知名企业，成功的树立了行业标杆形象。自从2005年公司创办以来，经过8年发展，一正启源从一家IT项目型企业，最终成长为专业化的软件服务提供商。近年来公司盈利状况良好，为此微软授予他的企业2011年度"门户协作"及"数字化营销"金牌合作伙伴资质。2012年一正启源荣获中国企业"21未来之星"—最具成长性新兴企业。

目前，一正启源逐步面向全球市场，年轻有为的他将带领自己的优秀团队创造更多的奇迹。